用电检查考核与工作必备法规技术标准

《用电检查考核与工作必备法规技术标准》编写组　编

中国水利水电出版社
www.waterpub.com.cn

内 容 提 要

本书根据原电力工业部颁布的《用电检查管理办法》、《用电检查法规汇编》、《用电检查技术标准汇编》等规定进行选编。在选编的过程中注重新老规程的更替，注重新形势下用电检查工作的内涵的变化，注重收集国家电网公司和南方电网公司的新规程。主要内容包括：用电检查必备法律法规及用电检查必备技术标准两篇。必备技术标准篇又分电业安全、运行技术、工程设计、工程施工验收、电能质量、电能计量等六部分。

本书在培训考核时可与各种版本的《用电检查资格考核培训教材》及《用电检查资格考试习题与解答》配套使用；在日常工作中也可作为用电检查人员和电力营销人员的必备案头工具书。

图书在版编目（CIP）数据

用电检查考核与工作必备法规技术标准/《用电检查
考核与工作必备法规技术标准》编写组编 . —北京：中国
水利水电出版社，2009
ISBN 978 - 7 - 5084 - 6049 - 9

Ⅰ. 用… Ⅱ. 用… Ⅲ.①用电管理—法规—汇编—中国
②用电管理—标准—汇编—中国 Ⅳ.
D922.292.9 TM92 - 65

中国版本图书馆 CIP 数据核字（2008）第 174823 号

书　　　名	**用电检查考核与工作必备法规技术标准**
作　　　者	《用电检查考核与工作必备法规技术标准》编写组　编
出 版 发 行	中国水利水电出版社（北京市三里河路6号　100044） 网址：www.waterpub.com.cn E - mail：sales @ waterpub.com.cn 电话：(010) 63202266（总机）、68367658（营销中心）
经　　　售	北京科水图书销售中心（零售） 电话：(010) 88383994、63202643 全国各地新华书店和相关出版物销售网点
排　　　版	中国水利水电出版社微机排版中心
印　　　刷	北京市地矿印刷厂
规　　　格	184mm×260mm　16 开本　60 印张　1987 千字
版　　　次	2009 年 2 月第 1 版　2009 年 2 月第 1 次印刷
印　　　数	0001—4000 册
定　　　价	**176.00 元**

前　言

国家有关法律法规规定，对危害供电、用电安全和扰乱供电、用电秩序的，供电企业有权制止，凭携带用电检查证的查电人员有权进入用户进行用电安全检查。为保障电网的安全、稳定、经济运行，维护正常的供用电秩序，保护双方的合法权益，切实履行好《中华人民共和国电力法》规定的用电检查任务，规范供电企业用电检查人员的查电行为，原电力工业部于 1996 年 8 月 21 日以第 6 号部令颁布了《用电检查管理办法》。根据该办法的规定，对担任用电检查职务人员的资格必须经过考核认定。实行这项制度的目的，在于提高用电检查队伍的素质，保障用电检查人员具有相应的查电能力与水平，确保用电检查工作合法有效地进行。

随着电力体制改革向市场化方向不断的深入，"客户服务"成为电力营销工作的核心。在电力营销工作的新形式下，用电检查工作除了依法履行查电职责外，还被赋予了新的内涵。用电检查人员应向客户提供安全用电知识和技术帮助，提供合理的用电业务、电费电价的咨询，提供供用电法律等方面咨询服务，这就要求用电检查人员必须具备过硬的业务能力和从业素质。

用电检查资格的认定，需要经过申请、培训、考核、发证等几道程序。为规范用电检查一、二、三级资格证的取证培训，提高用电检查人员岗位技能水平，确保用电检查工作合法有效地进行，编者根据多年培训考核的丰富经验，在用电检查资格考试科目的基础上，选编了用电检查人员考核和日常工作必备的法律法规及最新版本的技术标准。考核培训时，本书可与各种版本的《用电检查资格考核培训教材》、《二、三级用电检查资格考核培训教材》及《用电检查资格考核习题与解答》等配套使用。日常工作时，本书是用电检查人员必备的案头工具书。

本书编写组成员有：丁毓山、田有文、黄书红、叶常容、王晋生、熊才清、刘志、腾国清、钟树海、姜新明。在此向所有支持和关心本汇编编写出版工作的单位和个人表示衷心的感谢。

提供资料并参加本书部分编写工作的还有：潘利杰、张娜、石宝香、李新歌、尹建华、苏跃华、刘海龙、李小方、李爱丽、王志玲、李自雄、陈海龙、韩国民、刘力侨、任翠兰、张洋、李翱翔、孙雅欣、李景、赵振国、任芳、吴爽、李勇高、杜涛涛、李启明、郭会霞、霍胜木、李青丽、谢成康、马荣花、张贺丽、薛金梅、李荣芳、孙洋洋、余小冬、丁爱荣、王文举、徐文华、李键、孙运生、王敏州、杨国伟、刘红军、白春东、魏健良、周凤春、董小玫、吕会勤、孙金力、孙建华、孙志红、孙东生、王惊、李丽丽等。

由于编写组人员专业水平、经验所限，本汇编疏漏和不妥之处在所难免，热忱期望读者和同行批评指正。

作者

2009 年 2 月

目　　录

前言

第一篇　用电检查必备法律法规

 1　中华人民共和国电力法（中华人民共和国主席令第六十号）……………………… 1

 2　中华人民共和国计量法（1985 年 9 月 6 日颁布，1986 年 7 月 1 日实施）………… 5

 3　中华人民共和国安全生产法（2002 年 6 月 29 日颁布，2002 年 11 月 1 日实施）… 7

 4　用电检查管理办法（电力工业部令第 6 号）……………………………………… 14

 5　供电营业规则（电力工业部令第 8 号）…………………………………………… 16

 6　电力供应与使用条例（国务院令第 196 号）……………………………………… 27

 7　电力设施保护条例及细则（国务院令第 239 号）………………………………… 30

 8　居民用户家用电器损坏处理办法（电力工业部令第 7 号）……………………… 34

 9　供电营业区划分及管理办法（电力工业部 1996 年 5 月 19 日颁布，1996 年 9 月 1 日实施）… 35

10　《供电营业区划分及管理办法》补充规定（电力工业部　电政法〔1997〕283 号）… 37

11　供用电监督管理办法（电力工业部令第 4 号）…………………………………… 38

12　关于审理触电人身损害赔偿案件若干问题的解释（最高人民法院　法释〔2001〕3 号）… 40

13　关于确定民事侵权精神损害赔偿责任若干问题的解释（最高人民法院　法释〔2001〕7 号）… 41

14　功率因数调整电费办法〔(83) 水电财字第 215 号文件，1983 年 12 月 2 日〕… 42

15　关于加强电力设施保护工作的若干意见（国家电力公司　国电发〔2001〕296 号）… 45

16　电工进网作业许可证管理办法（国家电力监管委员会 15 号令）………………… 46

17　电网调度管理条例（中华人民共和国国务院 1993 年 2 月 19 日颁布，
1993 年 11 月 1 日实施）……………………………………………………………… 48

18　电力监管条例（中华人民共和国国务院 2005 年 2 月 15 日颁布，2005 年 5 月 1 日实施）… 50

19　供电服务监管办法(试行)（国家电力监管委员会 2005 年 6 月 3 日颁布，
2005 年 8 月 1 日实施）……………………………………………………………… 52

20　电力安全生产监管办法（国家电力监管委员会 2004 年 3 月 9 日颁布，
2004 年 3 月 9 日实施）……………………………………………………………… 54

21　中华人民共和国经济合同法（节选）（1981 年 12 月 13 日第五届全国人民代表大会第四次
会议通过根据 1993 年 9 月 2 日第八届全国人民代表大会常务委员会第三次
会议《关于修改〈中华人民共和国经济合同法〉的决定》修正）………………… 56

22　中华人民共和国涉外经济合同法（节选）（国家主席令第 22 号）（1985 年 3 月 21 日第六届
全国人民代表大会常务委员会第十次会议通过）………………………………… 57

23　中华人民共和国节约能源法（节选）（国家主席令第 90 号）（1997 年 11 月 1 日第八届全国
人民代表大会常务委员会第二十八次会议通过）………………………………… 58

24　中华人民共和国民事诉讼法（节选）（国家主席令第 44 号）（1991 年 4 月 9 日第七届全国
人民代表大会第四次会议通过）…………………………………………………… 59

25 中华人民共和国刑法（节选）（国家主席令第 83 号）（1979 年 7 月 1 日第五届全国人民代表
大会第二次会议通过，1997 年 3 月 14 日第八届全国人民代表大会第五次会议修订） ·········· 60

26 中华人民共和国仲裁法（节选）（国家主席令第 31 号）（1994 年 8 月 31 日第八届全国人民代表
大会常务委员会第九次会议通过） ·········· 61

27 中华人民共和国民法通则（节选）（国家主席令第 37 号）（1986 年 4 月 12 日第六届全国人民
代表大会第四次会议通过） ·········· 63

28 水利电力部门电测、热工计量仪表和装置检定、管理的规定
（国务院国函〔1986〕59 号） ·········· 65

29 中华人民共和国治安管理处罚条例（节选）（1986 年 9 月 5 日第六届全国人民代表大会常务
委员会第十七次会议通过 根据 1994 年 5 月 12 日第八届全国人民代表大会常务委员会
第七次会议《关于修改〈中华人民共和国治安管理处罚条例〉的决定》修正） ·········· 66

30 部分省市防治窃电地方性法规摘要（粤检字〔1999〕第 1 号） ·········· 66

第二篇 用电检查必备技术标准

一、电业安全 ·········· 71

1 电业安全工作规程（电力线路部分）（DL 409—1991） ·········· 71

2 电业安全工作规程（发电厂和变电所电气部分）（DL 408—1991） ·········· 81

3 国家电网公司电力安全工作规程（变电站和发电厂电气部分） ·········· 100

4 国家电网公司电力安全工作规程（电力线路部分） ·········· 143

5 电业生产事故调查规程（DL 558—1994） ·········· 168

6 农电事故调查统计规程（DL/T 633—1997） ·········· 178

7 电力生产事故调查暂行规定（国家电力监管委员会令第 4 号） ·········· 182

8 国家电网公司电力生产事故调查规程（国家电网安监〔2005〕145 号） ·········· 185

9 中国南方电网有限责任公司电力生产事故调查规程（CSG/MS 0406—2005） ·········· 214

10 建设工程施工现场供用电安全规范（GB 50194—1993） ·········· 233

11 农村低压电气安全工作规程（DL 477—2001） ·········· 240

12 农村安全用电规程（DL 493—2001） ·········· 250

13 国家电网公司客户安全用电服务若干规定（试行）（国家电网营销〔2007〕49 号） ·········· 253

二、运行技术 ·········· 255

1 3～110kV 电网继电保护装置运行整定规程（DL/T 584—1995） ·········· 255

2 电力变压器运行规程（DL/T 572—1995） ·········· 259

3 农村低压电力技术规程（DL/T 499—2001） ·········· 267

4 微机继电保护装置运行管理规程（DL/T 587—1996） ·········· 302

5 电力设备预防性试验规程（DL/T 596—1996） ·········· 308

6 国家电网公司输变电设备状态检修试验规程（Q/GDW 168—2008） ·········· 360

7 电力设备预防性试验规程（南方电网生〔2004〕3 号，Q/CSG1 0007—2004） ·········· 405

8 架空配电线路及设备运行规程（试行）（SD 292—1988） ·········· 452

9 电力线路防护规程（水利电力部〔79〕水电规字第 6 号） ·········· 462

10 电力电缆运行规程（电力工业部〔79〕电生字 53 号） ·········· 463

11 架空送电线路运行规程（电力工业部 〔79〕电生字 53 号） ·········· 480

12 继电保护及安全自动装置运行管理规程（水利电力部 〔82〕水电生字第 11 号） ·········· 486

三、工程设计 ·· 490

  1 供配电系统设计规范（GB 50052—1995）······························· 490

  2 低压配电设计规范（GB 50054—1995）······························· 494

  3 10kV 及以下变电所设计规范（GB 50053—1994）················ 507

  4 架空绝缘配电线路设计技术规程（DL/T 601—1996）············ 513

  5 交流电气装置的接地（DL/T 621—1997）·························· 523

  6 交流电气装置的过电压保护和绝缘配合（DL/T 620—1997）···· 539

  7 电力装置的继电保护和自动装置设计规范（GB 50062—1992）· 564

  8 35～110kV 变电所设计规范（GB 50059—1992）················· 572

  9 3～110kV 高压配电装置设计规范（GB 50060—1992）··········· 583

  10 导体和电器选择设计技术规定（DL/T 5222—2005）············· 592

  11 高压配电装置设计技术规程（DL/T 5352—2006）················ 638

  12 继电保护和安全自动装置技术规程（GB/T 14285—2006）······ 651

  13 国家电网公司业扩供电方案编制导则（试行）（国家电网营销［2007］655 号）··· 681

  14 国家电网公司业扩报装管理规定（试行）（国家电网营销［2007］49 号）··· 689

  15 并联电容器装置设计规范（GB 50227—95）····················· 691

  16 电测量及电能计量装置设计技术规程（DL/T 5137—2001）····· 701

四、工程施工验收 ·· 710

  1 电气装置安装工程 35kV 及以下架空电力线路施工及验收规范（GB 50173—1992）··· 710

  2 电气装置安装工程 低压电器施工及验收规范（GB 50254—1996）··· 718

  3 电气装置安装工程 电力变流设备施工及验收规范（GB 50255—1996）··· 723

  4 电气装置安装工程 盘、柜及二次回路结线施工及验收规范（GB 50171—1992）··· 728

  5 电气装置安装工程 蓄电池施工及验收规范（GB 50172—1992）··· 731

  6 电气装置安装工程 电缆线路施工及验收规范（GB 50168—2006）··· 735

  7 电气装置安装工程 爆炸和火灾危险环境电气装置施工及验收规范（GB 50257—96）··· 746

  8 电气装置安装工程 高压电器施工及验收规范（GBJ 147—90）··· 754

  9 电气装置安装工程 电气设备交接试验标准（GB 50150—2006）··· 768

  10 电气装置安装工程 接地装置施工及验收规范（GB 50169—2006）··· 799

  11 电气装置安装工程 起重机电气装置施工及验收规范（GB 50256—96）··· 807

  12 电气装置安装工程 旋转电机施工及验收规范（GB 50170—2006）··· 811

  13 电气装置安装工程 电力变压器、油浸电抗器、互感器施工及验收规范（GBJ 148—90）··· 816

  14 电气装置安装工程 母线装置施工及验收规范（GBJ 149—90）··· 824

  15 架空绝缘配电线路施工及验收规程（DL/T 602—1996）········ 835

  16 建筑电气工程施工质量验收规范（GB 50303—2002）·········· 847

  17 110kV 及以上送变电工程启动及竣工验收规程（DL/T 782—2001）··· 870

五、电能质量 ·· 878

  1 电能质量 电力系统频率允许偏差（GB/T 15945—1995）········· 878

  2 电能质量 供电电压允许偏差（GB/T 12325—2003）············· 878

  3 电能质量 电压波动和闪变（GB 12326—2000）················· 879

  4 电能质量 三相电压允许不平衡度（GB/T 15543—1995）······· 887

  5 电能质量 公用电网谐波（GB/T 14549—1993）··············· 888

    6 电力系统电压和无功电力管理条例（中华人民共和国能源部 1988 年颁布，1988 年实施）········ 891

    7 国家电网公司电力系统无功补偿配置技术原则（国家电网公司 2004 年 8 月 24 日颁布，

      2004 年 8 月 24 日实施）··· 893

六、电能计量 ··· 896

    1 电能计量装置安装接线规则（DL/T 825—2002）·· 896

    2 电能计量装置技术管理规程（DL/T 448—2000）·· 903

    3 电能计量装置检验规程（SD 109—1983）··· 922

    4 电能计量柜（GB/T 16934—1997）·· 939

    5 电能计量装置的安装、使用规定（华北电集营〔2001〕102 号）························· 949

第一篇　用电检查必备法律法规

1 中华人民共和国电力法

（中华人民共和国主席令第六十号）

第一章　总　则

第一条　为了保障和促进电力事业的发展，维护电力投资者、经营者和使用者的合法权益，保障电力安全运行，制定本法。

第二条　本法适用于中华人民共和国境内的电力建设、生产、供应和使用活动。

第三条　电力事业应当适应国民经济和社会发展的需要，适当超前发展。国家鼓励、引导国内外的经济组织和个人依法投资开发电源，兴办电力生产企业。

电力事业投资，实行谁投资、谁收益的原则。

第四条　电力设施受国家保护。

禁止任何单位和个人危害电力设施安全或者非法侵占、使用电能。

第五条　电力建设、生产、供应和使用应当依法保护环境，采用新技术，减少有害物质排放，防治污染和其他公害。

国家鼓励和支持利用可再生能源和清洁能源发电。

第六条　国务院电力管理部门负责全国电力事业的监督管理。国务院有关部门在各自的职责范围内负责电力事业的监督管理。

县级以上地方人民政府经济综合主管部门是本行政区域内的电力管理部门，负责电力事业的监督管理。县级以上地方人民政府有关部门在各自的职责范围内负责电力事业的监督管理。

第七条　电力建设企业、电力生产企业、电网经营企业依法实行自主经营、自负盈亏，并接受电力管理部门的监督。

第八条　国家帮助和扶持少数民族地区、边远地区和贫困地区发展电力事业。

第九条　国家鼓励在电力建设、生产、供应和使用过程中，采用先进的科学技术和管理方法，对在研究、开发、采用先进的科学技术和管理方法等方面作出显著成绩的单位和个人给予奖励。

第二章　电力建设

第十条　电力发展规划应当根据国民经济和社会发展的需要制定，并纳入国民经济和社会发展计划。

电力发展规划，应当体现合理利用能源、电源与电网配套发展、提高经济效益和有利于环境保护的原则。

第十一条　城市电网的建设与改造规划，应当纳入城市总体规划。城市人民政府应当按照规划，安排变电设施用地、输电线路走廊和电缆通道。

任何单位和个人不得非法占用变电设施用地、输电线路走廊和电缆通道。

第十二条　国家通过制定有关政策，支持、促进电力建设。

地方人民政府应当根据电力发展规划，因地制宜，采取多种措施开发电源，发展电力建设。

第十三条　电力投资者对其投资形成的电力，享有法定权益。并网运行的，电力投资者有优先使用权；未并网的自备电厂，电力投资者自行支配使用。

第十四条　电力建设项目应当符合电力发展规划，符合国家电力产业政策。

电力建设项目不得使用国家明令淘汰的电力设备和技术。

第十五条　输变电工程、调度通信自动化工程等电网配套工程和环境保护工程，应当与发电工程项目同时设计、同时建设、同时验收、同时投入使用。

第十六条　电力建设项目使用土地，应当依照有关法律、行政法规的规定办理；依法征用土地的，应当依法支付土地补偿费和安置补偿费，做好迁移居民的安置工作。

电力建设应当贯彻切实保护耕地、节约利用土地的原则。

地方人民政府对电力事业依法使用土地和迁移居民，应当予以支持和协助。

第十七条 地方人民政府应当支持电力企业为发电工程建设勘探水源和依法取水、用水。电力企业应当节约用水。

第三章　电力生产与电网管理

第十八条 电力生产与电网运行应当遵循安全、优质、经济的原则。

电网运行应当连续、稳定，保证供电可靠性。

第十九条 电力企业应当加强安全生产管理，坚持安全第一、预防为主的方针，建立、健全安全生产责任制度。

电力企业应当对电力设施定期进行检修和维护，保证其正常运行。

第二十条 发电燃料供应企业、运输企业和电力生产企业应当依照国务院有关规定或者合同约定供应、运输和接卸燃料。

第二十一条 电网运行实行统一调度、分级管理。任何单位和个人不得非法干预电网调度。

第二十二条 国家提倡电力生产企业与电网、电网与电网并网运行。具有独立法人资格的电力生产企业要求将生产的电力并网运行的，电网经营企业应当接受。

并网运行必须符合国家标准或者电力行业标准。

并网双方应当按照统一调度、分级管理和平等互利、协商一致的原则，签订并网协议，确定双方的权利和义务；并网双方达不成协议的，由省级以上电力管理部门协调决定。

第二十三条 电网调度管理办法，由国务院依照本法的规定制定。

第四章　电力供应与使用

第二十四条 国家对电力供应和使用，实行安全用电、节约用电、计划用电的管理原则。

电力供应与使用办法由国务院依照本法的规定制定。

第二十五条 供电企业在批准的供电营业区内向用户供电。

供电营业区的划分，应当考虑电网的结构和供电合理性等因素。一个供电营业区内只设立一个供电营业机构。

省、自治区、直辖市范围内的供电营业区的设立、变更，由供电企业提出申请，经省、自治区、直辖市人民政府电力管理部门会同同级有关部门审查批准后，由省、自治区、直辖市人民政府电力管理部门发给《供电营业许可证》。跨省、自治区、直辖市的供电营业区的设立、变更，由国务院电力管理部门审查批准并发给《供电营业许可证》。供电营业机构持《供电营业许可证》向工商行政管理部门申请领取营业执照，方可营业。

第二十六条 供电营业区内的供电营业机构，对本营业区内的用户有按照国家规定供电的义务；不得违反国家规定对其营业区内申请用电的单位和个人拒绝供电。

申请新装用电、临时用电、增加用电容量、变更用电和终止用电，应当依照规定的程序办理手续。

供电企业应当在其营业场所公告用电的程序、制度和收费标准，并提供用户须知资料。

第二十七条 电力供应与使用双方应当根据平等自愿、协商一致的原则，按照国务院制定的电力供应与使用办法签订供用电合同，确定双方的权利和义务。

第二十八条 供电企业应当保证供给用户的供电质量符合国家标准。对公用供电设施引起的供电质量问题，应当及时处理。

用户对供电质量有特殊要求的，供电企业应当根据其必要性和电网的可能，提供相应的电力。

第二十九条 供电企业在发电、供电系统正常的情况下，应当连续向用户供电，不得中断。因供电设施检修、依法限电或者用户违法用电等原因，需要中断供电时，供电企业应当按照国家有关规定事先通知用户。

用户对供电企业中断供电有异议的，可以向电力管理部门投诉；受理投诉的电力管理部门应当依法处理。

第三十条 因抢险救灾需要紧急供电时，供电企业必须尽速安排供电，所需供电工程费用和应付电费依照国家有关规定执行。

第三十一条 用户应当安装用电计量装置。用户使用的电力电量，以计量检定机构依法认可的用电计量装置的记录为准。

用户受电装置的设计、施工安装和运行管理，应当符合国家标准或者电力行业标准。

第三十二条 用户用电不得危害供电、用电安全和扰乱供电、用电秩序。

对危害供电、用电安全和扰乱供电、用电秩序的，供电企业有权制止。

第三十三条　供电企业应当按照国家核准的电价和用电计量装置的记录，向用户计收电费。

供电企业查电人员和抄表收费人员进入用户，进行用电安全检查或者抄表收费时，应当出示有关证件。

用户应当按照国家核准的电价和用电计量装置的记录，按时交纳电费；对供电企业查电人员和抄表收费人员依法履行职责，应当提供方便。

第三十四条　供电企业和用户应当遵守国家有关规定，采取有效措施，做好安全用电、节约用电和计划用电工作。

第五章　电价与电费

第三十五条　本法所称电价，是指电力生产企业的上网电价、电网间的互供电价、电网销售电价。

电价实行统一政策，统一定价原则，分级管理。

第三十六条　制定电价，应当合理补偿成本，合理确定收益，依法计入税金，坚持公平负担，促进电力建设。

第三十七条　上网电价实行同网同质同价。具体办法和实施步骤由国务院规定。

电力生产企业有特殊情况需另行制定上网电价的，具体办法由国务院规定。

第三十八条　跨省、自治区、直辖市电网和省级电网内的上网电价，由电力生产企业和电网经营企业协商提出方案，报国务院物价行政主管部门核准。

独立电网内的上网电价，由电力生产企业和电网经营企业协商提出方案，报有管理权的物价行政主管部门核准。

地方投资的电力生产企业所生产的电力，属于在省内各地区形成独立电网的或者自发自用的，其电价可以由省、自治区、直辖市人民政府管理。

第三十九条　跨省、自治区、直辖市电网和独立电网之间、省级电网和独立电网之间的互供电价，由双方协商提出方案，报国务院物价行政主管部门或者其授权的部门核准。

独立电网与独立电网之间的互供电价，由双方协商提出方案，报有管理权的物价行政主管部门核准。

第四十条　跨省、自治区、直辖市电网和省级电网的销售电价，由电网经营企业提出方案，报国务院物价行政主管部门或者其授权的部门核准。

独立电网的销售电价，由电网经营企业提出方案，报有管理权的物价行政主管部门核准。

第四十一条　国家实行分类电价和分时电价。分类标准和分时办法由国务院确定。

对同一电网内的同一电压等级、同一用电类别的用户，执行相同的电价标准。

第四十二条　用户用电增容收费标准，由国务院物价行政主管部门会同国务院电力管理部门制定。

第四十三条　任何单位不得超越电价管理权限制定电价。供电企业不得擅自变更电价。

第四十四条　禁止任何单位和个人在电费中加收其他费用；但是，法律、行政法规另有规定的，按照规定执行。

地方集资办电在电费中加收费用的，由省、自治区、直辖市人民政府依照国务院有关规定制定办法。

禁止供电企业在收取电费时，代收其他费用。

第四十五条　电价的管理办法，由国务院依照本法的规定制定。

第六章　农村电力建设和农业用电

第四十六条　省、自治区、直辖市人民政府应当制定农村电气化发展规划，并将其纳入当地电力发展规划及国民经济和社会发展计划。

第四十七条　国家对农村电气化实行优惠政策，对少数民族地区、边远地区和贫困地区的农村电力建设给予重点扶持。

第四十八条　国家提倡农村开发水能资源，建设中、小型水电站，促进农村电气化。

国家鼓励和支持农村利用太阳能、风能、地热能、生物质能和其他能源进行农村电源建设，增加农村电力供应。

第四十九条　县级以上地方人民政府及其经济综合主管部门在安排用电指标时，应当保证农业和农村用电的适当比例，优先保证农村排涝、抗旱和农业季节性生产用电。

电力企业应当执行前款的用电安排，不得减少农业和农村用电指标。

第五十条　农业用电价格按照保本、微利的原则确定。

农民生活用电与当地城镇居民生活用电应当逐步实行相同的电价。

第五十一条　农业和农村用电管理办法，由国务院依照本法的规定制定。

第七章　电力设施保护

第五十二条　任何单位和个人不得危害发电设施、变电设施和电力线路设施及其有关辅助设施。

在电力设施周围进行爆破及其他可能危及电力设施安全的作业的，应当按照国务院有关电力设施保护的规定，经批准并采取确保电力设施安全的措施后，方可进行作业。

第五十三条　电力管理部门应当按照国务院有关电力设施保护的规定，对电力设施保护区设立标志。

任何单位和个人不得在依法划定的电力设施保护区内修建可能危及电力设施安全的建筑物、构筑物，不得种植可能危及电力设施安全的植物，不得堆放可能危及电力设施安全的物品。

在依法划定电力设施保护区前已经种植的植物妨碍电力设施安全的，应当修剪或者砍伐。

第五十四条　任何单位和个人需要在依法划定的电力设施保护区内进行可能危及电力设施安全的作业时，应当经电力管理部门批准并采取安全措施后，方可进行作业。

第五十五条　电力设施与公用工程、绿化工程和其他工程在新建、改建或者扩建中相互妨碍时，有关单位应当按照国家有关规定协商，达成协议后方可施工。

第八章　监督检查

第五十六条　电力管理部门依法对电力企业和用户执行电力法律、行政法规的情况进行监督检查。

第五十七条　电力管理部门根据工作需要，可以配备电力监督检查人员。

电力监督检查人员应当公正廉洁，秉公执法，熟悉电力法律、法规，掌握有关电力专业技术。

第五十八条　电力监督检查人员进行监督检查时，有权向电力企业或者用户了解有关执行电力法律、行政法规的情况，查阅有关资料，并有权进入现场进行检查。

电力企业和用户对执行监督检查任务的电力监督检查人员应当提供方便。

电力监督检查人员进行监督检查时，应当出示证件。

第九章　法律责任

第五十九条　电力企业或者用户违反供用电合同，给对方造成损失的，应当依法承担赔偿责任。

电力企业违反本法第二十八条、第二十九条第一款的规定，未保证供电质量或者未事先通知用户中断供电，给用户造成损失的，应当依法承担赔偿责任。

第六十条　因电力运行事故给用户或者第三人造成损害的，电力企业应当依法承担赔偿责任。

电力运行事故由下列原因之一造成的，电力企业不承担赔偿责任：

（一）不可抗力；

（二）用户自身的过错。

因用户或者第三人的过错给电力企业或者其他用户造成损害的，该用户或者第三人应当依法承担赔偿责任。

第六十一条　违反本法第十一条第二款的规定，非法占用变电设施用地、输电线路走廊或者电缆通道的，由县级以上地方人民政府责令限期改正；逾期不改正的，强制清除障碍。

第六十二条　违反本法第十四条规定，电力建设项目不符合电力发展规划、产业政策的，由电力管理部门责令停止建设。

违反本法第十四条规定，电力建设项目使用国家明令淘汰的电力设备和技术的，由电力管理部门责令停止使用，没收国家明令淘汰的电力设备，并处五万元以下的罚款。

第六十三条　违反本法第二十五条规定，未经许可，从事供电或者变更供电营业区的，由电力管理部门责令改正，没收违法所得，可以并处违法所得五倍以下的罚款。

第六十四条　违反本法第二十六条、第二十九条规定，拒绝供电或者中断供电的，由电力管理部门责令改正，给予警告；情节严重的，对有关主管人员和直接责任人员给予行政处分。

第六十五条　违反本法第三十二条规定，危害供电、用电安全或者扰乱供电、用电秩序的，由电力管理部门责令改正，给予警告；情节严重或者拒绝改正的，可以中止供电，可以并处五万元以下的罚款。

第六十六条　违反本法第三十三条、第四十三条、第四十四条规定，未按照国家核准的电价和用电计量装置的记录向用户计收电费、超越权限制定电价或者在电费中加收其他费用的，由物价行政主管部门给予警告，责令返还违法收取的费用，可以并处违法收取费用五倍以下的罚款；情节严重的，对有关主管人员和直接责任人员给予行政处分。

第六十七条　违反本法第四十九条第二款规定，减少农业和农村用电指标的，由电力管理部门责令改正；情节严重的，对有关主管人员和直接责任人员给予行政处分；造成损失的，责令赔偿损失。

第六十八条　违反本法第五十二条第二款和第五十四条规定，未经批准或者未采取安全措施在电力设施周围或者在依法划定的电力设施保护区内进行作业，危及电力设施安全的，由电力管理部门责令停止作业、恢复原状并赔偿损失。

第六十九条　违反本法第五十三条规定，在依法划定的电力设施保护区内修建建筑物、构筑物或者种植植物、堆放物品，危及电力设施安全的，由当地人民政府责令强制拆除、砍伐或者清除。

第七十条 有下列行为之一，应当给予治安管理处罚的，由公安机关依照治安管理处罚条例的有关规定予以处罚；构成犯罪的，依法追究刑事责任：

（一）阻碍电力建设或者电力设施抢修，致使电力建设或者电力设施抢修不能正常进行的；

（二）扰乱电力生产企业、变电所、电力调度机构和供电企业的秩序，致使生产、工作和营业不能正常进行的；

（三）殴打、公然侮辱履行职务的查电人员或者抄表收费人员的；

（四）拒绝、阻碍电力监督检查人员依法执行职务的。

第七十一条 盗窃电能的，由电力管理部门责令停止违法行为，追缴电费并处应交电费五倍以下的罚款；构成犯罪的，依照刑法第一百五十一条或者第一百五十二条的规定追究刑事责任。

第七十二条 盗窃电力设施或者以其他方法破坏电力设施，危害公共安全的，依照刑法第一百零九条或者第一百一十条的规定追究刑事责任。

第七十三条 电力管理部门的工作人员滥用职权、玩忽职守、徇私舞弊，构成犯罪的，依法追究刑事责任；尚不构成犯罪的，依法给予行政处分。

第七十四条 电力企业职工违反规章制度、违章调度或者不服从调度指令，造成重大事故的，比照刑法第一百一十四条的规定追究刑事责任。

电力企业职工故意延误电力设施抢修或者抢险救灾供电，造成严重后果的，比照刑法第一百一十四条的规定追究刑事责任。

电力企业的管理人员和查电人员、抄表收费人员勒索用户、以电谋私，构成犯罪的，依法追究刑事责任；尚不构成犯罪的，依法给予行政处分。

第十章 附 则

第七十五条 本法自 1996 年 4 月 1 日起施行。

附：

刑法有关条款

第一百零九条 破坏电力、煤气或者其他易燃易爆设备，危害公共安全，尚未造成严重后果的，处三年以上十年以下有期徒刑。

第一百一十条 破坏交通工具、交通设备、电力煤气设备、易燃易爆设备造成严重后果的，处十年以上有期徒刑、无期徒刑或者死刑。

过失犯前款罪的，处七年以下有期徒刑或者拘役。

第一百一十四条 工厂、矿山、林场、建筑企业或者其他企业、事业单位的职工，由于不服管理、违反规章制度，或者强令工人违章冒险作业，因而发生重大伤亡事故，造成严重后果的，处三年以下有期徒刑或者拘役；情节特别恶劣的，处三年以上七年以下有期徒刑。

第一百五十一条 盗窃、诈骗、抢夺公私财物数额较大的，处五年以下有期徒刑、拘役或者管制。

第一百五十二条 惯窃、惯骗或者盗窃、诈骗、抢夺公私财物数额巨大的，处五年以上十年以下有期徒刑；情节特别严重的，处十年以上有期徒刑或者无期徒刑，可以并处没收财产。

2 中华人民共和国计量法

（1985 年 9 月 6 日颁布，1986 年 7 月 1 日实施）

第一章 总 则

第一条 为了加强计量监督管理，保障国家计量单位制的统一和量值的准确可靠，有利于生产、贸易和科学技术的发展，适应社会主义现代化建设的需要，维护国家、人民的利益，制定本法。

第二条 在中华人民共和国境内，建立计量基准器具、计量标准器具，进行计量检定，制造、修理、销售、使用计量器具，必须遵守本法。

第三条 国家采用国际单位制。

国际单位制计量单位和国家选定的其他计量单位，为国家法定计量单位。国家法定计量单位的名称、符号由国务院公布。

非国家法定计量单位应当废除。废除的办法由国务院制定。

第四条 国务院计量行政部门对全国计量工作实施统一监督管理。

县级以上地方人民政府计量行政部门对本行政区域内的计量工作实施监督管理。

第二章 计量基准器具、计量标准 器具和计量检定

第五条 国务院计量行政部门负责建立各种计量基准器具，作为统一全国量值的最高依据。

第六条 县级以上地方人民政府计量行政部门根据

本地区的需要，建立社会公用计量标准器具，经上级人民政府计量行政部门主持考核合格后使用。

第七条　国务院有关主管部门和省、自治区、直辖市人民政府有关主管部门，根据本部门的特殊需要，可以建立本部门使用的计量标准器具，其各项最高计量标准器具经同级人民政府计量行政部门主持考核合格后使用。

第八条　企业、事业单位根据需要，可以建立本单位使用的计量标准器具，其各项最高计量标准器具经有关人民政府计量行政部门主持考核合格后使用。

第九条　县级以上人民政府计量行政部门对社会公用计量标准器具，部门和企业、事业单位使用的最高计量标准器具，以及用于贸易结算、安全防护、医疗卫生、环境监测方面的列入强制检定目录的工作计量器具，实行强制检定。未按照规定申请检定或者检定不合格的，不得使用。实行强制检定的工作计量器具的目录和管理办法，由国务院制定。

对前款规定以外的其他计量标准器具和工作计量器具，使用单位应当自行定期检定或者送其他计量检定机构检定，县级以上人民政府计量行政部门应当进行监督检查。

第十条　计量检定必须按照国家计量检定系统表进行。国家计量检定系统表由国务院计量行政部门制定。

计量检定必须执行计量检定规程。国家计量检定规程由国务院计量行政部门制定。没有国家计量检定规程的，由国务院有关主管部门和省、自治区、直辖市人民政府计量行政部门分别制定部门计量检定规程和地方计量检定规程，并向国务院计量行政部门备案。

第十一条　计量检定工作应当按照经济合理的原则，就地就近进行。

第三章　计量器具管理

第十二条　制造、修理计量器具的企业、事业单位，必须具备与所制造、修理的计量器具相适应的设施、人员和检定仪器设备，经县级以上人民政府计量行政部门考核合格，取得《制造计量器具许可证》或者《修理计量器具许可证》。

制造、修理计量器具的企业未取得《制造计量器具许可证》或者《修理计量器具许可证》的，工商行政管理部门不予办理营业执照。

第十三条　制造计量器具的企业、事业单位生产本单位未生产过的计量器具新产品，必须经省级以上人民政府计量行政部门对其样品的计量性能考核合格，方可投入生产。

第十四条　未经国务院计量行政部门批准，不得制造、销售和进口国务院规定废除的非法定计量单位的计量器具和国务院禁止使用的其他计量器具。

第十五条　制造、修理计量器具的企业、事业单位必须对制造、修理的计量器具进行检定，保证产品计量性能合格，并对合格产品出具产品合格证。

县级以上人民政府计量行政部门应当对制造、修理的计量器具的质量进行监督检查。

第十六条　进口的计量器具，必须经省级以上人民政府计量行政部门检定合格后，方可销售。

第十七条　使用计量器具不得破坏其准确度，损害国家和消费者的利益。

第十八条　个体工商户可以制造、修理简易的计量器具。

制造、修理计量器具的个体工商户，必须经县级人民政府计量行政部门考核合格，发给《制造计量器具许可证》或者《修理计量器具许可证》后，方可向工商行政管理部门申请营业执照。

个体工商户制造、修理计量器具的范围和管理办法，由国务院计量行政部门制定。

第四章　计量监督

第十九条　县级以上人民政府计量行政部门，根据需要设置计量监督员。计量监督员管理办法，由国务院计量行政部门制定。

第二十条　县级以上人民政府计量行政部门可以根据需要设置计量检定机构，或者授权其他单位的计量检定机构，执行强制检定和其他检定、测试任务。

执行前款规定的检定、测试任务的人员，必须经考核合格。

第二十一条　处理因计量器具准确度所引起的纠纷，以国家计量基准器具或者社会公用计量标准器具检定的数据为准。

第二十二条　为社会提供公证数据的产品质量检验机构，必须经省级以上人民政府计量行政部门对其计量检定、测试的能力和可靠性考核合格。

第五章　法律责任

第二十三条　未取得《制造计量器具许可证》、《修理计量器具许可证》制造或者修理计量器具的，责令停止生产、停止营业，没收违法所得，可以并处罚款。

第二十四条　制造、销售未经考核合格的计量器具新产品的，责令停止制造、销售该种新产品，没收违法所得，可以并处罚款。

第二十五条　制造、修理、销售的计量器具不合格的，没收违法所得，可以并处罚款。

第二十六条 属于强制检定范围的计量器具，未按照规定申请检定或者检定不合格继续使用的，责令停止使用，可以并处罚款。

第二十七条 使用不合格的计量器具或者破坏计量器具准确度，给国家和消费者造成损失的，责令赔偿损失，没收计量器具和违法所得，可以并处罚款。

第二十八条 制造、销售、使用以欺骗消费者为目的的计量器具的，没收计量器具和违法所得，处以罚款；情节严重的，并对个人或者单位直接责任人员按诈骗罪或者投机倒把罪追究刑事责任。

第二十九条 违反本法规定，制造、修理、销售的计量器具不合格，造成人身伤亡或者重大财产损失的，比照《刑法》第一百八十七条的规定，对个人或者单位直接责任人员追究刑事责任。

第三十条 计量监督人员违法失职，情节严重的，依照《刑法》有关规定追究刑事责任；情节轻微的，给予行政处分。

第三十一条 本法规定的行政处罚，由县级以上地方人民政府计量行政部门决定。本法第二十七条规定的行政处罚，也可以由工商行政管理部门决定。

第三十二条 当事人对行政处罚决定不服的，可以在接到处罚通知之日起十五日内向人民法院起诉；对罚款、没收违法所得的行政处罚决定期满不起诉又不履行的，由作出行政处罚决定的机关申请人民法院强制执行。

第六章 附 则

第三十三条 中国人民解放军和国防科技工业系统计量工作的监督管理办法，由国务院、中央军事委员会依据本法另行制定。

第三十四条 国务院计量行政部门根据本法制定实施细则，报国务院批准施行。

第三十五条 本法自1986年7月1日起施行。

3 中华人民共和国安全生产法

（2002年6月29日颁布，2002年11月1日实施）

第一章 总 则

第一条 为了加强安全生产监督管理，防止和减少生产安全事故，保障人民群众生命和财产安全，促进经济发展，制定本法。

第二条 在中华人民共和国领域内从事生产经营活动的单位（以下统称生产经营单位）的安全生产，适用本法；有关法律、行政法规对消防安全和道路交通安全、铁路交通安全、水上交通安全、民用航空安全另有规定的，适用其规定。

第三条 安全生产管理，坚持安全第一、预防为主的方针。

第四条 生产经营单位必须遵守本法和其他有关安全生产的法律、法规，加强安全生产管理，建立、健全安全生产责任制度，完善安全生产条件，确保安全生产。

第五条 生产经营单位的主要负责人对本单位的安全生产工作全面负责。

第六条 生产经营单位的从业人员有依法获得安全生产保障的权利，并应当依法履行安全生产方面的义务。

第七条 工会依法组织职工参加本单位安全生产工作的民主管理和民主监督，维护职工在安全生产方面的合法权益。

第八条 国务院和地方各级人民政府应当加强对安全生产工作的领导，支持、督促各有关部门依法履行安全生产监督管理职责。

县级以上人民政府对安全生产监督管理中存在的重大问题应当及时予以协调、解决。

第九条 国务院负责安全生产监督管理的部门依照本法，对全国安全生产工作实施综合监督管理；县级以上地方各级人民政府负责安全生产监督管理的部门依照本法，对本行政区域内安全生产工作实施综合监督管理。

国务院有关部门依照本法和其他有关法律、行政法规的规定，在各自的职责范围内对有关的安全生产工作实施监督管理；县级以上地方各级人民政府有关部门依照本法和其他有关法律、法规的规定，在各自的职责范围内对有关的安全生产工作实施监督管理。

第十条 国务院有关部门应当按照保障安全生产的要求，依法及时制定有关的国家标准或者行业标准，并根据科技进步和经济发展适时修订。

生产经营单位必须执行依法制定的保障安全生产的国家标准或者行业标准。

第十一条 各级人民政府及其有关部门应当采取多种形式，加强对有关安全生产的法律、法规和安全生产知识的宣传，提高职工的安全生产意识。

第十二条 依法设立的为安全生产提供技术服务的中介机构，依照法律、行政法规和执业准则，接受生产经营单位的委托为其安全生产工作提供技术服务。

第十三条 国家实行生产安全事故责任追究制度，依照本法和有关法律、法规的规定，追究生产安全事故责任人员的法律责任。

第十四条　国家鼓励和支持安全生产科学技术研究和安全生产先进技术的推广应用,提高安全生产水平。

第十五条　国家对在改善安全生产条件、防止生产安全事故、参加抢险救护等方面取得显著成绩的单位和个人,给予奖励。

第二章　生产经营单位的安全生产保障

第十六条　生产经营单位应当具备本法和有关法律、行政法规和国家标准或者行业标准规定的安全生产条件;不具备安全生产条件的,不得从事生产经营活动。

第十七条　生产经营单位的主要负责人对本单位安全生产工作负有下列职责:

(一)建立、健全本单位安全生产责任制;

(二)组织制定本单位安全生产规章制度和操作规程;

(三)保证本单位安全生产投入的有效实施;

(四)督促、检查本单位的安全生产工作,及时消除生产安全事故隐患;

(五)组织制定并实施本单位的生产安全事故应急救援预案;

(六)及时、如实报告生产安全事故。

第十八条　生产经营单位应当具备的安全生产条件所必需的资金投入,由生产经营单位的决策机构、主要负责人或者个人经营的投资人予以保证,并对由于安全生产所必需的资金投入不足导致的后果承担责任。

第十九条　矿山、建筑施工单位和危险物品的生产、经营、储存单位,应当设置安全生产管理机构或者配备专职安全生产管理人员。

前款规定以外的其他生产经营单位,从业人员超过三百人的,应当设置安全生产管理机构或者配备专职安全生产管理人员;从业人员在三百人以下的,应当配备专职或者兼职的安全生产管理人员,或者委托具有国家规定的相关专业技术资格的工程技术人员提供安全生产管理服务。

生产经营单位依照前款规定委托工程技术人员提供安全生产管理服务的,保证安全生产的责任仍由本单位负责。

第二十条　生产经营单位的主要负责人和安全生产管理人员必须具备与本单位所从事的生产经营活动相应的安全生产知识和管理能力。

危险物品的生产、经营、储存单位以及矿山、建筑施工单位的主要负责人和安全生产管理人员,应当由有关主管部门对其安全生产知识和管理能力考核合格后方可任职。考核不得收费。

第二十一条　生产经营单位应当对从业人员进行安全生产教育和培训,保证从业人员具备必要的安全生产知识,熟悉有关的安全生产规章制度和安全操作规程,掌握本岗位的安全操作技能。未经安全生产教育和培训合格的从业人员,不得上岗作业。

第二十二条　生产经营单位采用新工艺、新技术、新材料或者使用新设备,必须了解、掌握其安全技术特性,采取有效的安全防护措施,并对从业人员进行专门的安全生产教育和培训。

第二十三条　生产经营单位的特种作业人员必须按照国家有关规定经专门的安全作业培训,取得特种作业操作资格证书,方可上岗作业。

特种作业人员的范围由国务院负责安全生产监督管理的部门会同国务院有关部门确定。

第二十四条　生产经营单位新建、改建、扩建工程项目(以下统称建设项目)的安全设施,必须与主体工程同时设计、同时施工、同时投入生产和使用。安全设施投资应当纳入建设项目概算。

第二十五条　矿山建设项目和用于生产、储存危险物品的建设项目,应当分别按照国家有关规定进行安全条件论证和安全评价。

第二十六条　建设项目安全设施的设计人、设计单位应当对安全设施设计负责。

矿山建设项目和用于生产、储存危险物品的建设项目的安全设施设计应当按照国家有关规定报经有关部门审查,审查部门及其负责审查的人员对审查结果负责。

第二十七条　矿山建设项目和用于生产、储存危险物品的建设项目的施工单位必须按照批准的安全设施设计施工,并对安全设施的工程质量负责。

矿山建设项目和用于生产、储存危险物品的建设项目竣工投入生产或者使用前,必须依照有关法律、行政法规的规定对安全设施进行验收;验收合格后,方可投入生产和使用。验收部门及其验收人员对验收结果负责。

第二十八条　生产经营单位应当在有较大危险因素的生产经营场所和有关设施、设备上,设置明显的安全警示标志。

第二十九条　安全设备的设计、制造、安装、使用、检测、维修、改造和报废,应当符合国家标准或者行业标准。

生产经营单位必须对安全设备进行经常性维护、

保养，并定期检测，保证正常运转。维护、保养、检测应当作好记录，并由有关人员签字。

第三十条 生产经营单位使用的涉及生命安全、危险性较大的特种设备，以及危险物品的容器、运输工具，必须按照国家有关规定，由专业生产单位生产，并经取得专业资质的检测、检验机构检测、检验合格，取得安全使用证或者安全标志，方可投入使用。检测、检验机构对检测、检验结果负责。

涉及生命安全、危险性较大的特种设备的目录由国务院负责特种设备安全监督管理的部门制定，报国务院批准后执行。

第三十一条 国家对严重危及生产安全的工艺、设备实行淘汰制度。

生产经营单位不得使用国家明令淘汰、禁止使用的危及生产安全的工艺、设备。

第三十二条 生产、经营、运输、储存、使用危险物品或者处置废弃危险物品的，由有关主管部门依照有关法律、法规的规定和国家标准或者行业标准审批并实施监督管理。

生产经营单位生产、经营、运输、储存、使用危险物品或者处置废弃危险物品，必须执行有关法律、法规和国家标准或者行业标准，建立专门的安全管理制度，采取可靠的安全措施，接受有关主管部门依法实施的监督管理。

第三十三条 生产经营单位对重大危险源应当登记建档，进行定期检测、评估、监控，并制定应急预案，告知从业人员和相关人员在紧急情况下应当采取的应急措施。

生产经营单位应当按照国家有关规定将本单位重大危险源及有关安全措施、应急措施报有关地方人民政府负责安全生产监督管理的部门和有关部门备案。

第三十四条 生产、经营、储存、使用危险物品的车间、商店、仓库不得与员工宿舍在同一座建筑物内，并应当与员工宿舍保持安全距离。生产经营场所和员工宿舍应当设有符合紧急疏散要求、标志明显、保持畅通的出口。禁止封闭、堵塞生产经营场所或者员工宿舍的出口。

第三十五条 生产经营单位进行爆破、吊装等危险作业，应当安排专门人员进行现场安全管理，确保操作规程的遵守和安全措施的落实。

第三十六条 生产经营单位应当教育和督促从业人员严格执行本单位的安全生产规章制度和安全操作规程；并向从业人员如实告知作业场所和工作岗位存在的危险因素、防范措施以及事故应急措施。

第三十七条 生产经营单位必须为从业人员提供符合国家标准或者行业标准的劳动防护用品，并监督、教育从业人员按照使用规则佩戴、使用。

第三十八条 生产经营单位的安全生产管理人员应当根据本单位的生产经营特点，对安全生产状况进行经常性检查；对检查中发现的安全问题，应当立即处理；不能处理的，应当及时报告本单位有关负责人。检查及处理情况应当记录在案。

第三十九条 生产经营单位应当安排用于配备劳动防护用品、进行安全生产培训的经费。

第四十条 两个以上生产经营单位在同一作业区域内进行生产经营活动，可能危及对方生产安全的，应当签订安全生产管理协议，明确各自的安全生产管理职责和应当采取的安全措施，并指定专职安全生产管理人员进行安全检查与协调。

第四十一条 生产经营单位不得将生产经营项目、场所、设备发包或者出租给不具备安全生产条件或者相应资质的单位或者个人。

生产经营项目、场所有多个承包单位、承租单位的，生产经营单位应当与承包单位、承租单位签订专门的安全生产管理协议，或者在承包合同、租赁合同中约定各自的安全生产管理职责；生产经营单位对承包单位、承租单位的安全生产工作统一协调、管理。

第四十二条 生产经营单位发生重大生产安全事故时，单位的主要负责人应当立即组织抢救，并不得在事故调查处理期间擅离职守。

第四十三条 生产经营单位必须依法参加工伤社会保险，为从业人员缴纳保险费。

第三章 从业人员的权利和义务

第四十四条 生产经营单位与从业人员订立的劳动合同，应当载明有关保障从业人员劳动安全、防止职业危害的事项，以及依法为从业人员办理工伤社会保险的事项。

生产经营单位不得以任何形式与从业人员订立协议，免除或者减轻其对从业人员因生产安全事故伤亡依法应承担的责任。

第四十五条 生产经营单位的从业人员有权了解其作业场所和工作岗位存在的危险因素、防范措施及事故应急措施，有权对本单位的安全生产工作提出建议。

第四十六条 从业人员有权对本单位安全生产工作中存在的问题提出批评、检举、控告；有权拒绝违章指挥和强令冒险作业。

生产经营单位不得因从业人员对本单位安全生产工作提出批评、检举、控告或者拒绝违章指挥、强令冒险作业而降低其工资、福利等待遇或者解除与其订立的劳动合同。

第四十七条　从业人员发现直接危及人身安全的紧急情况时,有权停止作业或者在采取可能的应急措施后撤离作业场所。

生产经营单位不得因从业人员在前款紧急情况下停止作业或者采取紧急撤离措施而降低其工资、福利等待遇或者解除与其订立的劳动合同。

第四十八条　因生产安全事故受到损害的从业人员,除依法享有工伤社会保险外,依照有关民事法律尚有获得赔偿的权利的,有权向本单位提出赔偿要求。

第四十九条　从业人员在作业过程中,应当严格遵守本单位的安全生产规章制度和操作规程,服从管理,正确佩戴和使用劳动防护用品。

第五十条　从业人员应当接受安全生产教育和培训,掌握本职工作所需的安全生产知识,提高安全生产技能,增强事故预防和应急处理能力。

第五十一条　从业人员发现事故隐患或者其他不安全因素,应当立即向现场安全生产管理人员或者本单位负责人报告;接到报告的人员应当及时予以处理。

第五十二条　工会有权对建设项目的安全设施与主体工程同时设计、同时施工、同时投入生产和使用进行监督,提出意见。

工会对生产经营单位违反安全生产法律、法规,侵犯从业人员合法权益的行为,有权要求纠正;发现生产经营单位违章指挥、强令冒险作业或者发现事故隐患时,有权提出解决的建议,生产经营单位应当及时研究答复;发现危及从业人员生命安全的情况时,有权向生产经营单位建议组织从业人员撤离危险场所,生产经营单位必须立即作出处理。

工会有权依法参加事故调查,向有关部门提出处理意见,并要求追究有关人员的责任。

第四章　安全生产的监督管理

第五十三条　县级以上地方各级人民政府应当根据本行政区域内的安全生产状况,组织有关部门按照职责分工,对本行政区域内容易发生重大生产安全事故的生产经营单位进行严格检查;发现事故隐患,应当及时处理。

第五十四条　依照本法第九条规定对安全生产负有监督管理职责的部门(以下统称负有安全生产监督管理职责的部门)依照有关法律、法规的规定,对涉及安全生产的事项需要审查批准(包括批准、核准、许可、注册、认证、颁发证照等,下同)或者验收的,必须严格依照有关法律、法规和国家标准或者行业标准规定的安全生产条件和程序进行审查;不符合有关法律、法规和国家标准或者行业标准规定的安全生产条件的,不得批准或者验收通过。对未依法取得批准或者验收合格的单位擅自从事有关活动的,负责行政审批的部门发现或者接到举报后应当立即予以取缔,并依法予以处理。对已经依法取得批准的单位,负责行政审批的部门发现其不再具备安全生产条件的,应当撤销原批准。

第五十五条　负有安全生产监督管理职责的部门对涉及安全生产的事项进行审查、验收,不得收取费用;不得要求接受审查、验收的单位购买其指定品牌或者指定生产、销售单位的安全设备、器材或者其他产品。

第五十六条　负有安全生产监督管理职责的部门依法对生产经营单位执行有关安全生产的法律、法规和国家标准或者行业标准的情况进行监督检查,行使以下职权:

(一)进入生产经营单位进行检查,调阅有关资料,向有关单位和人员了解情况。

(二)对检查中发现的安全生产违法行为,当场予以纠正或者要求限期改正;对依法应当给予行政处罚的行为,依照本法和其他有关法律、行政法规的规定作出行政处罚决定。

(三)对检查中发现的事故隐患,应当责令立即排除;重大事故隐患排除前或者排除过程中无法保证安全的,应当责令从危险区域内撤出作业人员,责令暂时停产停业或者停止使用;重大事故隐患排除后,经审查同意,方可恢复生产经营和使用。

(四)对有根据认为不符合保障安全生产的国家标准或者行业标准的设施、设备、器材予以查封或者扣押,并应当在十五日内依法作出处理决定。

监督检查不得影响被检查单位的正常生产经营活动。

第五十七条　生产经营单位对负有安全生产监督管理职责的部门的监督检查人员(以下统称安全生产监督检查人员)依法履行监督检查职责,应当予以配合,不得拒绝、阻挠。

第五十八条　安全生产监督检查人员应当忠于职守,坚持原则,秉公执法。

安全生产监督检查人员执行监督检查任务时,必须出示有效的监督执法证件;对涉及被检查单位的技术秘密和业务秘密,应当为其保密。

第五十九条　安全生产监督检查人员应当将检查

的时间、地点、内容、发现的问题及其处理情况，作出书面记录，并由检查人员和被检查单位的负责人签字；被检查单位的负责人拒绝签字的，检查人员应当将情况记录在案，并向负有安全生产监督管理职责的部门报告。

第六十条　负有安全生产监督管理职责的部门在监督检查中，应当互相配合，实行联合检查；确需分别进行检查的，应当互通情况，发现存在的安全问题应当由其他有关部门进行处理的，应当及时移送其他有关部门并形成记录备查，接受移送的部门应当及时进行处理。

第六十一条　监察机关依照行政监察法的规定，对负有安全生产监督管理职责的部门及其工作人员履行安全生产监督管理职责实施监察。

第六十二条　承担安全评价、认证、检测、检验的机构应当具备国家规定的资质条件，并对其作出的安全评价、认证、检测、检验的结果负责。

第六十三条　负有安全生产监督管理职责的部门应当建立举报制度，公开举报电话、信箱或者电子邮件地址，受理有关安全生产的举报；受理的举报事项经调查核实后，应当形成书面材料；需要落实整改措施的，报经有关负责人签字并督促落实。

第六十四条　任何单位或者个人对事故隐患或者安全生产违法行为，均有权向负有安全生产监督管理职责的部门报告或者举报。

第六十五条　居民委员会、村民委员会发现其所在区域内的生产经营单位存在事故隐患或者安全生产违法行为时，应当向当地人民政府或者有关部门报告。

第六十六条　县级以上各级人民政府及其有关部门对报告重大事故隐患或者举报安全生产违法行为的有功人员，给予奖励。具体奖励办法由国务院负责安全生产监督管理的部门会同国务院财政部门制定。

第六十七条　新闻、出版、广播、电影、电视等单位有进行安全生产宣传教育的义务，有对违反安全生产法律、法规的行为进行舆论监督的权利。

第五章　生产安全事故的应急救援与调查处理

第六十八条　县级以上地方各级人民政府应当组织有关部门制定本行政区域内特大生产安全事故应急救援预案，建立应急救援体系。

第六十九条　危险物品的生产、经营、储存单位以及矿山、建筑施工单位应当建立应急救援组织；生产经营规模较小，可以不建立应急救援组织的，应当指定兼职的应急救援人员。

危险物品的生产、经营、储存单位以及矿山、建筑施工单位应当配备必要的应急救援器材、设备，并进行经常性维护、保养，保证正常运转。

第七十条　生产经营单位发生生产安全事故后，事故现场有关人员应当立即报告本单位负责人。

单位负责人接到事故报告后，应当迅速采取有效措施，组织抢救，防止事故扩大，减少人员伤亡和财产损失，并按照国家有关规定立即如实报告当地负有安全生产监督管理职责的部门，不得隐瞒不报、谎报或者拖延不报，不得故意破坏事故现场、毁灭有关证据。

第七十一条　负有安全生产监督管理职责的部门接到事故报告后，应当立即按照国家有关规定上报事故情况。负有安全生产监督管理职责的部门和有关地方人民政府对事故情况不得隐瞒不报、谎报或者拖延不报。

第七十二条　有关地方人民政府和负有安全生产监督管理职责的部门的负责人接到重大生产安全事故报告后，应当立即赶到事故现场，组织事故抢救。

任何单位和个人都应当支持、配合事故抢救，并提供一切便利条件。

第七十三条　事故调查处理应当按照实事求是、尊重科学的原则，及时、准确地查清事故原因，查明事故性质和责任，总结事故教训，提出整改措施，并对事故责任者提出处理意见。事故调查和处理的具体办法由国务院制定。

第七十四条　生产经营单位发生生产安全事故，经调查确定为责任事故的，除了应当查明事故单位的责任并依法予以追究外，还应当查明对安全生产的有关事项负有审查批准和监督职责的行政部门的责任，对有失职、渎职行为的，依照本法第七十七条的规定追究法律责任。

第七十五条　任何单位和个人不得阻挠和干涉对事故的依法调查处理。

第七十六条　县级以上地方各级人民政府负责安全生产监督管理的部门应当定期统计分析本行政区域内发生生产安全事故的情况，并定期向社会公布。

第六章　法律责任

第七十七条　负有安全生产监督管理职责的部门的工作人员，有下列行为之一的，给予降级或者撤职的行政处分；构成犯罪的，依照刑法有关规定追究刑事责任：

（一）对不符合法定安全生产条件的涉及安全生产的事项予以批准或者验收通过的；

（二）发现未依法取得批准、验收的单位擅自从事有关活动或者接到举报后不予取缔或者不依法予以处理的；

（三）对已经依法取得批准的单位不履行监督管理职责，发现其不再具备安全生产条件而不撤销原批准或者发现安全生产违法行为不予查处的。

第七十八条　负有安全生产监督管理职责的部门，要求被审查、验收的单位购买其指定的安全设备、器材或者其他产品的，在对安全生产事项的审查、验收中收取费用的，由其上级机关或者监察机关责令改正，责令退还收取的费用；情节严重的，对直接负责的主管人员和其他直接责任人员依法给予行政处分。

第七十九条　承担安全评价、认证、检测、检验工作的机构，出具虚假证明，构成犯罪的，依照刑法有关规定追究刑事责任；尚不够刑事处罚的，没收违法所得，违法所得在五千元以上的，并处违法所得二倍以上五倍以下的罚款，没有违法所得或者违法所得不足五千元的，单处或者并处五千元以上二万元以下的罚款，对其直接负责的主管人员和其他直接责任人员处五千元以上五万元以下的罚款；给他人造成损害的，与生产经营单位承担连带赔偿责任。

对有前款违法行为的机构，撤销其相应资格。

第八十条　生产经营单位的决策机构、主要负责人、个人经营的投资人不依照本法规定保证安全生产所必需的资金投入，致使生产经营单位不具备安全生产条件的，责令限期改正，提供必需的资金；逾期未改正的，责令生产经营单位停产停业整顿。

有前款违法行为，导致发生生产安全事故，构成犯罪的，依照刑法有关规定追究刑事责任；尚不够刑事处罚的，对生产经营单位的主要负责人给予撤职处分，对个人经营的投资人处二万元以上二十万元以下的罚款。

第八十一条　生产经营单位的主要负责人未履行本法规定的安全生产管理职责的，责令限期改正；逾期未改正的，责令生产经营单位停产停业整顿。

生产经营单位的主要负责人有前款违法行为，导致发生生产安全事故，构成犯罪的，依照刑法有关规定追究刑事责任；尚不够刑事处罚的，给予撤职处分或者处二万元以上二十万元以下的罚款。

生产经营单位的主要负责人依照前款规定受刑事处罚或者撤职处分的，自刑罚执行完毕或者受处分之

日起，五年内不得担任任何生产经营单位的主要负责人。

第八十二条　生产经营单位有下列行为之一的，责令限期改正；逾期未改正的，责令停产停业整顿，可以并处二万元以下的罚款：

（一）未按照规定设立安全生产管理机构或者配备安全生产管理人员的；

（二）危险物品的生产、经营、储存单位以及矿山、建筑施工单位的主要负责人和安全生产管理人员未按照规定经考核合格的；

（三）未按照本法第二十一条、第二十二条的规定对从业人员进行安全生产教育和培训，或者未按照本法第三十六条的规定如实告知从业人员有关的安全生产事项的；

（四）特种作业人员未按照规定经专门的安全作业培训并取得特种作业操作资格证书，上岗作业的。

第八十三条　生产经营单位有下列行为之一的，责令限期改正；逾期未改正的，责令停止建设或者停产停业整顿，可以并处五万元以下的罚款；造成严重后果，构成犯罪的，依照刑法有关规定追究刑事责任：

（一）矿山建设项目或者用于生产、储存危险物品的建设项目没有安全设施设计或者安全设施设计未按照规定报经有关部门审查同意的；

（二）矿山建设项目或者用于生产、储存危险物品的建设项目的施工单位未按照批准的安全设施设计施工的；

（三）矿山建设项目或者用于生产、储存危险物品的建设项目竣工投入生产或者使用前，安全设施未经验收合格的；

（四）未在有较大危险因素的生产经营场所和有关设施、设备上设置明显的安全警示标志的；

（五）安全设备的安装、使用、检测、改造和报废不符合国家标准或者行业标准的；

（六）未对安全设备进行经常性维护、保养和定期检测的；

（七）未为从业人员提供符合国家标准或者行业标准的劳动防护用品的；

（八）特种设备以及危险物品的容器、运输工具未经取得专业资质的机构检测、检验合格，取得安全使用证或者安全标志，投入使用的；

（九）使用国家明令淘汰、禁止使用的危及生产安全的工艺、设备的。

第八十四条　未经依法批准，擅自生产、经营、储存危险物品的，责令停止违法行为或者予以关闭，

没收违法所得，违法所得十万元以上的，并处违法所得一倍以上五倍以下的罚款，没有违法所得或者违法所得不足十万元的，单处或者并处二万元以上十万元以下的罚款；造成严重后果，构成犯罪的，依照刑法有关规定追究刑事责任。

第八十五条 生产经营单位有下列行为之一的，责令限期改正；逾期未改正的，责令停产停业整顿，可以并处二万元以上十万元以下的罚款；造成严重后果，构成犯罪的，依照刑法有关规定追究刑事责任：

（一）生产、经营、储存、使用危险物品，未建立专门安全管理制度、未采取可靠的安全措施或者不接受有关主管部门依法实施的监督管理的；

（二）对重大危险源未登记建档，或者未进行评估、监控，或者未制定应急预案的；

（三）进行爆破、吊装等危险作业，未安排专门管理人员进行现场安全管理的。

第八十六条 生产经营单位将生产经营项目、场所、设备发包或者出租给不具备安全生产条件或者相应资质的单位或者个人的，责令限期改正，没收违法所得；违法所得五万元以上的，并处违法所得一倍以上五倍以下的罚款；没有违法所得或者违法所得不足五万元的，单处或者并处一万元以上五万元以下的罚款；导致发生生产安全事故给他人造成损害的，与承包方、承租方承担连带赔偿责任。

生产经营单位未与承包单位、承租单位签订专门的安全生产管理协议或者未在承包合同、租赁合同中明确各自的安全生产管理职责，或者未对承包单位、承租单位的安全生产统一协调、管理的，责令限期改正；逾期未改正的，责令停产停业整顿。

第八十七条 两个以上生产经营单位在同一作业区域内进行可能危及对方安全生产的生产经营活动，未签订安全生产管理协议或者未指定专职安全生产管理人员进行安全检查与协调的，责令限期改正；逾期未改正的，责令停产停业。

第八十八条 生产经营单位有下列行为之一的，责令限期改正；逾期未改正的，责令停产停业整顿；造成严重后果，构成犯罪的，依照刑法有关规定追究刑事责任：

（一）生产、经营、储存、使用危险物品的车间、商店、仓库与员工宿舍在同一座建筑内，或者与员工宿舍的距离不符合安全要求的；

（二）生产经营场所和员工宿舍未设有符合紧急疏散需要、标志明显、保持畅通的出口，或者封闭、堵塞生产经营场所或者员工宿舍出口的。

第八十九条 生产经营单位与从业人员订立协议，免除或者减轻其对从业人员因生产安全事故伤亡依法应承担的责任的，该协议无效；对生产经营单位的主要负责人、个人经营的投资人处二万元以上十万元以下的罚款。

第九十条 生产经营单位的从业人员不服从管理，违反安全生产规章制度或者操作规程的，由生产经营单位给予批评教育，依照有关规章制度给予处分；造成重大事故，构成犯罪的，依照刑法有关规定追究刑事责任。

第九十一条 生产经营单位主要负责人在本单位发生重大生产安全事故时，不立即组织抢救或者在事故调查处理期间擅离职守或者逃匿的，给予降职、撤职的处分，对逃匿的处十五日以下拘留；构成犯罪的，依照刑法有关规定追究刑事责任。

生产经营单位主要负责人对生产安全事故隐瞒不报、谎报或者拖延不报的，依照前款规定处罚。

第九十二条 有关地方人民政府、负有安全生产监督管理职责的部门，对生产安全事故隐瞒不报、谎报或者拖延不报的，对直接负责的主管人员和其他直接责任人员依法给予行政处分；构成犯罪的，依照刑法有关规定追究刑事责任。

第九十三条 生产经营单位不具备本法和其他有关法律、行政法规和国家标准或者行业标准规定的安全生产条件，经停产停业整顿仍不具备安全生产条件的，予以关闭；有关部门应当依法吊销其有关证照。

第九十四条 本法规定的行政处罚，由负责安全生产监督管理的部门决定；予以关闭的行政处罚由负责安全生产监督管理的部门报请县级以上人民政府按照国务院规定的权限决定；给予拘留的行政处罚由公安机关依照治安管理处罚条例的规定决定。有关法律、行政法规对行政处罚的决定机关另有规定的，依照其规定。

第九十五条 生产经营单位发生生产安全事故造成人员伤亡、他人财产损失的，应当依法承担赔偿责任；拒不承担或者其负责人逃匿的，由人民法院依法强制执行。

生产安全事故的责任人未依法承担赔偿责任，经人民法院依法采取执行措施后，仍不能对受害人给予足额赔偿的，应当继续履行赔偿义务；受害人发现责任人有其他财产的，可以随时请求人民法院执行。

第七章 附   则

第九十六条 本法下列用语的含义:

危险物品,是指易燃易爆物品、危险化学品、放射性物品等能够危及人身安全和财产安全的物品。重大危险源,是指长期地或者临时地生产、搬运、使用或者储存危险物品,且危险物品的数量等于或者超过临界量的单元(包括场所和设施)。

第九十七条 本法自 2002 年 11 月 1 日起施行。

4 用电检查管理办法

(电力工业部令第 6 号)

第一章 总   则

第一条 为规范供电企业的用电检查行为,保障正常供用电秩序和公共安全,根据《电力法》、《电力供应与使用条例》和国家有关规定,制定本办法。

第二条 电网经营企业、供电企业及其用电检查人员和被检查的用电户,必须遵守本办法。

第三条 用电检查工作必须以事实为依据,以国家有关电力供应与使用的法规、方针、政策,以及国家和电力行业的标准为准则,对用户的电力使用进行检查。

第二章 检查内容与范围

第四条 供电企业应按照规定对本供电营业区内的用户进行用电检查,用户应当接受检查并为供电企业的用电检查提供方便。用电检查的内容是:

一、用户执行国家有关电力供应与使用的法规、方针、政策、标准、规章制度情况;

二、用户受(送)电装置工程施工质量检验;

三、用户受(送)电装置中电气设备运行安全状况;

四、用户保安电源和非电性质的保安措施;

五、用户反事故措施;

六、用户进网作业电工的资格、进网作业安全状况及作业安全保障措施;

七、用户执行计划用电、节约用电情况;

八、用电计量装置、电力负荷控制装置、继电保护和自动装置、调度通讯等安全运行状况;

九、供用电合同及有关协议履行的情况;

十、受电端电能质量状况;

十一、违章用电和窃电行为;

十二、并网电源、自备电源并网安全状况。

第五条 用电检查的主要范围是用户受电装置,但被检查的用户有下列情况之一者,检查的范围可延伸至相应目标所在处:

一、有多类电价的;

二、有自备电源设备(包括自备发电厂)的;

三、有二次变压配电的;

四、有违章现象需延伸检查的;

五、有影响电能质量的用电设备的;

六、发生影响电力系统事故需作调查的;

七、用户要求帮助检查的;

八、法律规定的其他用电检查。

第六条 用户对其设备的安全负责。用电检查人员不承担因被检查设备不安全引起的任何直接损坏或损害的赔偿责任。

第三章 组织机构及人员资格

第七条 用电检查实行按省电网统一组织实施,分级管理的原则,并接受电力管理部门的监督管理。

第八条 各跨省电网、省级电网和独立电网的电网经营企业,在其用电管理部门应配备专职人员,负责网内用电检查工作。其职责是:

一、负责受理网内供电企业用电检查人员的资格申请、业务培训、资格考核和发证工作;

二、依据国家有关规定,制订并颁发网内用电检查管理的规章制度;

三、督促检查供电企业依法开展用电检查工作;

四、负责网内用电检查的日常管理和协调工作。

第九条 供电企业在用电管理部门配备合格的用电检查人员和必要的装备,依照本办法规定开展用电检查工作。其职责是:

一、宣传贯彻国家有关电力供应与使用的法律、法规、方针、政策以及国家和电力行业标准、管理制度。

二、负责并组织实施下列工作:

1. 负责用户受(送)电装置工程电气图纸和有关资料的审查;

2. 负责用户进网作业电工培训、考核并统一报送电力管理部门审核、发证等事宜;

3. 负责对承装、承修、承试电力工程单位的资质考核,并统一报送电力管理部门审核、发证;

4. 负责节约用电措施的推广应用;

5. 负责安全用电知识宣传和普及教育工作;

6. 参与对用户重大电气事故的调查;

7. 组织并网电源的并网安全检查和并网许可

工作。

三、根据实际需要，按本办法第四条规定的内容定期或不定期地对用户的安全用电、节约用电、计划用电状况进行监督检查。

第十条　根据用电检查工作需要，用电检查职务序列为一级用电检查员、二级用电检查员、三级用电检查员。

第十一条　对用电检查人员的资格实行考核认定。用电检查资格分为：一级用电检查资格，二级用电检查资格，三级用电检查资格三类。

第十二条　申请一级用电检查资格者，应已取得电气专业高级工程师或工程师、高级技师资格；或者具有电气专业大专以上文化程度，并在用电岗位上连续工作5年以上；或者取得二级用电检查资格后，在用电检查岗位工作5年以上者。

申请二级用电检查资格者，应已取得电气专业工程师、助理工程师、技师资格；或者具有电气专业中专以上文化程度，并在用电岗位连续工作3年以上；或者取得三级用电检查资格后，在用电检查岗位工作3年以上者。

申请三级用电检查资格者，应已取得电气专业助理工程师、技术员资格；或者具有电气专业中专以上文化程度，并在用电岗位工作1年以上；或者已在用电检查岗位连续工作5年以上者。

第十三条　用电检查资格由跨省电网经营企业或省级电网经营企业组织统一考试，合格后发给相应的《用电检查资格证书》。

《用电检查资格证书》由国务院电力管理部门统一监制。

第十四条　聘任为用电检查职务的人员，应具备下列条件：

一、作风正派，办事公道、廉洁奉公。

二、已取得相应的用电检查资格。聘为一级用电检查员者，应具有一级用电检查资格；聘为二级用电检查员者，应具有二级及以上用电检查资格；聘为三级用电检查员者，应具有三级及以上用电检查资格。

三、经过法律知识培训，熟悉与供用电业务有关的法律、法规、方针、政策、技术标准以及供用电管理规章制度。

第十五条　三级用电检查员仅能担任0.4千伏及以下电压受电的用户的用电检查工作。二级用电检查员能担任10千伏及以下电压供电用户的用电检查工作。一级用电检查员能担任220千伏及以下电压供电用户的用电检查工作。

第四章　检 查 程 序

第十六条　供电企业用电检查人员实施现场检查时，用电检查员的人数不得少于两人。

第十七条　执行用电检查任务前，用电检查人员应按规定填写《用电检查工作单》，经审核批准后，方能赴用户执行查电任务。查电工作终结后，用电检查人员应将《用电检查工作单》交回存档。

《用电检查工作单》内容应包括：用户单位名称、用电检查人员姓名、检查项目及内容、检查日期、检查结果，以及用户代表签字等栏目。

第十八条　用电检查人员在执行查电任务时，应向被检查的用户出示《用电检查证》，用户不得拒绝检查，并应派员随同配合检查。

第十九条　经现场检查确认用户的设备状况、电工作业行为、运行管理等方面有不符合安全规定的，或者在电力使用上有明显违反国家有关规定的，用电检查人员应开具《用电检查结果通知书》或《违章用电、窃电通知书》一式两份，一份送达用户并由用户代表签收，一份存档备查。

第二十条　现场检查确认有危害供用电安全或扰乱供用电秩序行为的，用电检查人员应按下列规定，在现场予以制止。拒绝接受供电企业按规定处理的，可按国家规定的程序停止供电，并请求电力管理部门依法处理，或向司法机关起诉，依法追究其法律责任。

一、在电价低的供电线路上，擅自接用电价高的用电设备或擅自改变用电类别用电的，应责成用户拆除擅自接用的用电设备或改正其用电类别，停止侵害，并按规定追收其差额电费和加收电费；

二、擅自超过注册或合同约定的容量用电的，应责成用户拆除或封存私增电力设备，停止侵害，并按规定追收基本电费和加收电费；

三、超过计划分配的电力、电量指标用电的，应责成其停止超用，按国家有关规定限制其所用电力并扣还其超用电量或按规定加收电费；

四、擅自使用已在供电企业办理暂停使用手续的电力设备或启用已被供电企业封存的电力设备的，应再次封存该电力设备，制止其使用，并按规定追收基本电费和加收电费；

五、擅自迁移、更动或操作供电企业用电计量装置、电力负荷控制装置、供电设施以及合同（协议）约定由供电企业调度范围的用户受电设备的，应责成其改正，并按规定加收电费；

六、未经供电企业许可，擅自引入（或供出）电源或者将自备电源擅自并网的，应责成用户当即拆除接线，停止侵害，并按规定加收电费。

第二十一条　现场检查确认有窃电行为的，用电检查人员应当场予以中止供电，制止其侵害，并按规定追补电费和加收电费。拒绝接受处理的，应报请电力管理部门依法给予行政处罚；情节严重，违反治安管理处罚规定的，由公安机关依法予以治安处罚；构成犯罪的，由司法机关依法追究其刑事责任。

第五章　检查纪律

第二十二条　用电检查人员应认真履行用电检查职责，赴用户执行用电检查任务时，应随身携带《用电检查证》，并按《用电检查工作单》规定项目和内容进行检查。

第二十三条　用电检查人员在执行用电检查任务时，应遵守用户的保卫保密规定，不得在检查现场替代用户进行电工作业。

第二十四条　用电检查人员必须遵纪守法，依法检查，廉洁奉公，不徇私舞弊，不以电谋私。违反本条规定者，依据有关规定给予经济的、行政的处分；构成犯罪，依法追究其刑事责任。

第六章　附　　则

第二十五条　本办法自 1996 年 9 月 1 日起施行。

5 供电营业规则

（电力工业部令第 8 号）

第一章　总　　则

第一条　为加强供电营业管理，建立正常的供电营业秩序，保障供用双方的合法权益，根据《电力供应与使用条例》和国家有关规定，制定本规则。

第二条　供电企业和用户在进行电力供应与使用活动中，应遵守本规则的规定。

第三条　供电企业和用户应当遵守国家有关规定，服从电网统一调度，严格按指标供电和用电。

第四条　本规则应放置在供电企业的用电营业场所，供用户查阅。

第二章　供电方式

第五条　供电企业供电的额定频率为交流 50 赫兹。

第六条　供电企业供电的额定电压：

1. 低压供电：单相为 220 伏，三相为 380 伏；
2. 高压供电：为 10、35（63）、110、220 千伏。

除发电厂直配电压可采用 3 千伏或 6 千伏外，其他等级的电压应逐步过渡到上列额定电压。

用户需要的电压等级不在上列范围时，应自行采取变压措施解决。

用户需要的电压等级在 110 千伏及以上时，其受电装置应作为终端变电站设计，方案需经省电网经营企业审批。

第七条　供电企业对申请用电的用户提供的供电方式，应从供用电的安全、经济、合理和便于管理出发，依据国家的有关政策和规定、电网的规划、用电需求以及当地供电条件等因素，进行技术经济比较，与用户协商确定。

第八条　用户单相用电设备总容量不足 10 千瓦的可采用低压 220 伏供电。但有单台设备容量超过 1 千瓦的单相电焊机、换流设备时，用户必须采取有效的技术措施以消除对电能质量的影响，否则应改为其他方式供电。

第九条　用户用电设备容量在 100 千瓦及以下或需用变压器容量在 50 千伏安及以下者，可采用低压三相四线制供电，特殊情况也可采用高压供电。

用电负荷密度较高的地区，经过技术经济比较，采用低压供电的技术经济性明显优于高压供电时，低压供电的容量界限可适当提高。具体容量界限由省电网经营企业作出规定。

第十条　供电企业可以对距离发电厂较近的用户，采用发电厂直配供电方式，但不得以发电厂的厂用电源或变电站（所）的站用电源对用户供电。

第十一条　用户需要备用、保安电源时，供电企业应按其负荷重要性、用电容量和供电的可能性，与用户协商确定。

用户重要负荷的保安电源，可由供电企业提供，也可由用户自备。遇有下列情况之一者，保安电源应由用户自备：

1. 在电力系统瓦解或不可抗力造成供电中断时，仍需保证供电的；
2. 用户自备电源比从电力系统供给更为经济合理的。

供电企业向有重要负荷的用户提供的保安电源，应符合独立电源的条件。有重要负荷的用户在取得供电企业供给的保安电源的同时，还应有非电性质的应急措施，以满足安全的需要。

第十二条　对基建工地、农田水利、市政建设等非永久性用电，可供给临时电源。临时用电期限除经供电企业准许外，一般不得超过六个月，逾期不办理延期或永久性正式用电手续的，供电企业应终止供电。

使用临时电源的用户不得向外转供电，也不得转让给其他用户。供电企业也不受理其变更用电事宜。如需改为正式用电，应按新装用电办理。

因抢险救灾需要紧急供电时，供电企业应迅速组织力量，架设临时电源供电。架设临时电源所需的工程费用和应付的电费，由地方人民政府有关部门负责从救灾经费中拨付。

第十三条　供电企业一般不采用趸售方式供电，以减少中间环节。特殊情况需开放趸售供电时，应由省级电网经营企业报国务院电力管理部门批准。

趸购转售电单位应服从电网的统一调度，按国家规定的电价向用户售电，不得再向乡、村层层趸售。

电网经营企业与趸购转售电单位应就趸购转售事宜签订供用电合同，明确双方的权利和义务。

趸购转售电单位需新装或增加趸购容量时，应按本规则的规定办理新装增容手续。

第十四条　用户不得自行转供电。在公用供电设施尚未到达的地区，供电企业征得该地区有供电能力的直供用户同意，可采用委托方式向其附近的用户转供电力，但不得委托重要的国防军工用户转供电。

委托转供电应遵守下列规定：

1. 供电企业与委托转供户（以下简称转供户）应就转供范围、转供容量、转供期限、转供费用、转供用电指标、计量方式、电费计算、转供电设施建设、产权划分、运行维护、调度通信、违约责任等事项签订协议。

2. 转供区域内的用户（以下简称被转供户），视同供电企业的直供户，与直供户享有同样的用电权利，其一切用电事宜按直供户的规定办理。

3. 向被转供户供电的公用线路与变压器的损耗电量应由供电企业负担，不得摊入被转供户用电量中。

4. 在计算转供户用电量、最大需量及功率因数调整电费时，应扣除被转供户、公用线路与变压器消耗的有功、无功电量、最大需量按下列规定折算：

（1）照明及一班制：每月用电量 180 千瓦时，折合为 1 千瓦；

（2）二班制：每月用电量 360 千瓦时，折合为 1 千瓦；

（3）三班制：每月用电量 540 千瓦时，折合为 1 千瓦；

（4）农业用电：每月用电量 270 千瓦时，折合为 1 千瓦；

5. 委托的费用，按委托的业务项目的多少，由双方协商确定。

第十五条　为保障用电安全，便于管理，用户应将重要负荷与非重要负荷、生产用电与生活区用电分开配电。

新装或增加用电的用户应按上述规定确定内部的配电方式，对目前尚未达到上述要求的用户应逐步进行改造。

第三章　新装、增容与变更用电

第十六条　任何单位或个人需新装用电或增加用电容量、变更用电都必须按本规则规定，事先到供电企业用电营业场所提出申请，办理手续。

供电企业应在用电营业场所公告办理各项用电业务的程序、制度和收费标准。

第十七条　供电企业的用电营业机构统一归口办理用户的用电申请和报装接电工作，包括用电申请书的发放及审核、供电条件勘查、供电方案确定及批复、有关费用收取、受电工程设计的审核、施工中间检查、竣工检验、供用电合同（协议）签约、装表接电等项业务。

第十八条　用户申请新装或增加用电时，应向供电企业提供用电工程项目批准的文件及有关的用电资料，包括用电地点、电力用途、用电性质、用电设备清单、用电负荷、保安电力、用电规划等，并依照供电企业规定的格式如实填写用电申请书及办理所需手续。

新建受电工程项目在立项阶段，用户应与供电企业联系，就工程供电的可能性、用电容量和供电条件等达成意向性协议，方可定址，确定项目。

未按前款规定办理的，供电企业有权拒绝受理其用电申请。

如因供电企业供电能力不足或政府规定限制的用电项目，供电企业可通知用户暂缓办理。

第十九条　供电企业对已受理的用电申请，应快速确定供电方案，在下列期限内正式书面通知用户：

居民用户最长不超过五天；低压电力用户最长不超过十天；高压单电源用户最长不超过一个月；高压双电源用户最长不超过二个月。若不能如期确定供电方案时，供电企业应向用户说明原因。用户对供电企业答复的供电方案有不同意见时，应在一个月内提出意见，双方可再行协商确定。用户应根据确定的供电方案进行受电工程设计。

第二十条　用户新装或增加用电，在供电方案确定后，应按国家的有关规定向供电企业交纳新装增容供电工程贴费（以下简称供电贴费）。

第二十一条　供电方案的有效期，是指从供电方案正式通知书发出之日起至交纳供电贴费并受电工程开工日为止。高压供电方案的有效期为一年，低压供电方案的有效期为三个月，逾期注销。

用户遇有特殊情况，需延长供电方案有效期的，应在有效期到期前十天向供电企业提出申请，供电企业应视情况予以办理延长手续。但延长时间不得超过前款规定期限。

第二十二条　有下列情况之一者，为变更用电。用户需变更用电时，应事先提出申请，并携带有关证明文件，到供电企业用电营业场所办理手续，变更供用电合同：

1. 减少合同约定的用电容量（简称减容）；
2. 暂时停止全部或部分受电设备的用电（简称暂停）；
3. 临时更换大容量变压器（简称暂换）；
4. 迁移受电装置用电地址（简称迁址）；
5. 移动用电计量装置安装位置（简称移表）；
6. 暂时停止用电并拆表（简称暂拆）；
7. 改变用户的名称（简称更名或过户）；
8. 一户分列为两户及以上的用户（简称分户）；
9. 两户及以上用户合并为一户（简称并户）；
10. 合同到期终止用电（简称销户）；
11. 改变供电电压等级（简称改压）；
12. 改变用电类别（简称改类）。

第二十三条　用户减容，须在五天前向供电企业提出申请。供电企业应按下列规定办理：

1. 减容必须是整台或整组变压器的停止或更换小容量变压器用电。供电企业在受理之日后，根据用户申请减容的日期对设备进行加封。从加封之日起，按原计费方式减收其相应容量的基本电费。但用户申请为永久性减容的或从加封之日起期满二年又不办理恢复用电手续的，其减容后的容量已达不到实施两部制电价规定容量标准时，应改为单一制电价计费；

2. 减少用电容量的期限，应根据用户所提出的申请确定，但最短期限不得少于六个月，最长期限不得超过二年；

3. 在减容期限内，供电企业应保留用户减少容量的使用权。用户要求恢复用电，不再交付供电贴费；超过减容期限要求恢复用电时，应按新装或增容手续办理；

4. 在减容期限内要求恢复用电时，应在五天前向供电企业办理恢复用电手续，基本电费从启封之日起计收；

5. 减容期满后的用户以及新装、增容用户，二年内不得申办减容或暂停。如确需继续办理减容或暂停的，减少或暂停部分容量的基本电费应按百分之五十计算收取。

第二十四条　用户暂停，须在五天前向供电企业提出申请。供电企业应按下列规定办理：

1. 用户在每一日历年内，可申请全部（含不通过受电变压器的高压电动机）或部分用电容量的暂时停止用电两次，每次不得少于十五天，一年累计暂停时间不得超过六个月。季节性用电或国家另有规定的用户，累计暂停时间可以另议；

2. 按变压器容量计收基本电费的用户，暂停用电必须是整台或整组变压器停止运行。供电企业在受理暂停申请后，根据用户申请暂停的日期对暂停设备加封。从加封之日起，按原计费方式减收其相应容量的基本电费；

3. 暂停期满或每一日历年内累计暂停用电时间超过六个月者，不论用户是否申请恢复用电，供电企业须从期满之日起，按合同约定的容量计收其基本电费；

4. 在暂停期限内，用户申请恢复暂停用电容量用电时，须在预定恢复日前五天向供电企业提出申请。暂停时间少于十五天者，暂停期间基本电费照收；

5. 按最大需量计收基本电费的用户，申请暂停用电必须是全部容量（含不通过受电变压器的高压电动机）的暂停，并遵守本条1至4项的有关规定。

第二十五条　用户暂换（因受电变压器故障而无相同容量变压器替代，需要临时更换大容量变压器），须在更换前向供电企业提出申请。供电企业应按下列规定办理：

1. 必须在原受电地点内整台的暂换受电变压器；

2. 暂换变压器的使用时间，10千伏及以下的不得超过二个月，35千伏及以上的不得超过三个月。逾期不办理手续的，供电企业可中止供电；

3. 暂换的变压器经检验合格后才能投入运行；

4. 暂换变压器增加的容量不收取供电贴费，但对两部制电价用户须在暂换之日起，按替换后的变压器容量计收基本电费。

第二十六条　用户迁址，须在五天前向供电企业提出申请。供电企业应按下列规定办理：

1. 原址按终止用电办理，供电企业予以销户。新址用电优先受理；

2. 迁移后的新址不在原供电点供电的，新址用

电按新装用电办理;

3. 迁移后的新址在原供电点供电的,且新址用电容量不超过原址容量,新址用电不再收取供电贴费。新址用电引起的工程费用由用户负担;

4. 迁移后的新址仍在原供电点,但新址用电容量超过原址用电容量的,超过部分按增容办理;

5. 私自迁移用电地址而用电者,除按本规则第一百条第5项处理外,自迁新址不论是否引起供电点变动,一律按新装用电办理。

第二十七条 用户移表(因修缮房屋或其他原因需要移动用电计量装置安装位置),须向供电企业提出申请。供电企业应按下列规定办理:

1. 在用电地址、用电容量、用电类别、供电点等不变情况下,可办理移表手续;

2. 移表所需的费用由用户负担;

3. 用户不论何种原因,不得自行移动表位,否则,可按本规则第一百条第5项处理。

第二十八条 用户暂拆(因修缮房屋等原因需要暂时停止用电并拆表),应持有关证明向供电企业提出申请。供电企业应按下列规定办理:

1. 用户办理暂拆手续后,供电企业应在五天内执行暂拆;

2. 暂拆时间最长不得超过六个月。暂拆期间,供电企业保留该用户原容量的使用权;

3. 暂拆原因消除,用户要求复装接电时,须向供电企业办理复装接电手续并按规定交付费用。上述手续完成后,供电企业应在五天内为该用户复装接电;

4. 超过暂拆规定时间要求复装接电者,按新装手续办理。

第二十九条 用户更名或过户(依法变更用户名称或居民用户房屋变更户主),应持有关证明向供电企业提出申请。供电企业应按下列规定办理:

1. 在用电地址、用电容量、用电类别不变条件下,允许办理更名或过户;

2. 原用户应与供电企业结清债务,才能解除原供用电关系;

3. 不申请办理过户手续而私自过户者,新用户应承担原用户所负债务。经供电企业检查发现用户私自过户时,供电企业应通知该户补办手续,必要时可中止供电。

第三十条 用户分户,应持有关证明向供电企业提出申请。供电企业应按下列规定办理:

1. 在用电地址、供电点、用电容量不变,且其受电装置具备分装的条件时,允许办理分户;

2. 在原用户与供电企业结清债务的情况下,再办理分户手续;

3. 分立后的新用户应与供电企业重新建立供用电关系;

4. 原用户的用电容量由分户者自行协商分割,需要增容者,分户后另行向供电企业办理增容手续;

5. 分户引起的工程费用由分户者负担;

6. 分户后受电装置应经供电企业检验合格,由供电企业分别装表计费。

第三十一条 用户并户,应持有关证明向供电企业提出申请,供电企业应按下列规定办理:

1. 在同一供电点,同一用电地址的相邻两个及以上用户允许办理并户;

2. 原用户应在并户前向供电企业结清债务;

3. 新用户用电容量不得超过并户前各户容量之总和;

4. 并户引起的工程费用由并户者负担;

5. 并户的受电装置应经检验合格,由供电企业重新装表计费。

第三十二条 用户销户,须向供电企业提出申请。供电企业应按下列规定办理:

1. 销户必须停止全部用电容量的使用;

2. 用户已向供电企业结清电费;

3. 查验用电计量装置完好性后,拆除接户线和用电计量装置;

4. 用户持供电企业出具的凭证,领还电能表保证金与电费保证金。

办完上述事宜,即解除供用电关系。

第三十三条 用户连续六个月不用电,也不申请办理暂停用电手续者,供电企业须以销户终止其用电。用户需再用电时,按新装用电办理。

第三十四条 用户改压(因用户原因需要在原址改变供电电压等级),应向供电企业提出申请。供电企业应按下列规定办理:

1. 改为高一等级电压供电,且容量不变者,免收其供电贴费。超过原容量者,超过部分按增容手续办理;

2. 改为低一等级电压供电时,改压后的容量不大于原容量者,应收取两级电压供电贴费标准差额的供电贴费。超过原容量者,超过部分按增容手续办理;

3. 改压引起的工程费用由用户负担。

由于供电企业的原因引起用户供电电压等级变化的,改压引起的用户外部工程费用由供电企业负担。

第三十五条 用户改类,须向供电企业提供申请，供电企业应按下列规定办理：

1. 在同一受电装置内，电力用途发生变化而引起用电电价类别改变时，允许办理改类手续；

2. 擅自改变用电类别，应按本规则第一百条第1项处理。

第三十六条 用户依法破产时，供电企业应按下列规定办理：

1. 供电企业应予销户，终止供电；

2. 在破产用户原址上用电的，按新装用电办理；

3. 从破产用户分离出去的新用户，必须在偿清原破产用户电费和其他债务后，方可办理变更用电手续，否则，供电企业可按违约用电处理。

第四章 受电设施建设与维护管理

第三十七条 用户受电设施的建设与改造应当符合城乡电网建设与改造规划。对规划中安排的线路走廊和变电站建设用地，应当优先满足公用供电设施建设的需要，确保土地和空间资源得到有效利用。

第三十八条 用户新装、增装或改装受电工程的设计安装、试验与运行应符合国家有关标准；国家尚未制订标准的，应符合电力行业标准；国家和电力行业尚未制订标准的，应符合省（自治区、直辖市）电力管理部门的规定和规程。

第三十九条 用户受电工程设计文件和有关资料应一式两份送交供电企业审核。高压供电的用户应提供：

1. 受电工程设计及说明书；

2. 用电负荷分布图；

3. 负荷组成、性质及保安负荷；

4. 影响电能质量的用电设备清单；

5. 主要电气设备一览表；

6. 节能篇及主要生产设备、生产工艺耗电以及允许中断供电时间；

7. 高压受电装置一、二次接线图与平面布置图；

8. 用电功率因数计算及无功补偿方式；

9. 继电保护、过电压保护及电能计量装置的方式；

10. 隐蔽工程设计资料；

11. 配电网络布置图；

12. 自备电源及接线方式；

13. 供电企业认为必须提供的其他资料。

低压供电的用户应提供负荷组成和用电设备清单。

第四十条 供电企业对用户送审的受电工程设计文件和有关资料，应根据本规则的有关规定进行审核。审核的时间，对高压供电的用户最长不超过一个月；对低压供电的用户最长不超过十天。供电企业对用户的受电工程设计文件和有关资料的审核意见应以书面形式连同审核过的一份受电工程设计文件和有关资料一并退还用户，以便用户据以施工。用户若更改审核后的设计文件时，应将变更后的设计再送供电企业复核。

用户受电工程的设计文件，未经供电企业审核同意，用户不得据以施工，否则，供电企业将不予检验和接电。

第四十一条 无功电力应就地平衡。用户应在提高用电自然功率因数的基础上，按有关标准设计和安装无功补偿设备，并做到随其负荷和电压变动及时投入或切除，防止无功电力倒送。除电网有特殊要求的用户外，用户在当地供电企业规定的电网高峰负荷时的功率因数，应达到下列规定：

100千伏安及以上高压供电的用户功率因数为0.90以上。

其他电力用户和大、中型电力排灌站、趸购转售电企业，功率因数为0.85以上。

农业用电，功率因数为0.80。

凡功率因数不能达到上述规定的新用户，供电企业可拒绝接电。对已送电的用户，供电企业应督促和帮助用户采取措施，提高功率因数。对在规定期限内仍未采取措施达到上述要求的用户，供电企业可中止或限制供电。

功率因数调整电费办法按国家规定执行。

第四十二条 用户受电工程在施工期间，供电企业应根据审核同意的设计和有关施工标准，对用户受电工程中的隐蔽工程进行中间检查。如有不符合规定的，应以书面形式向用户提出意见，用户应按设计和施工标准的规定予以改正。

第四十三条 用户受电工程施工、试验完工后，应向供电企业提出工程竣工报告，报告应包括：

1. 工程竣工图及说明；

2. 电气试验及保护整定调试记录；

3. 安全用具的试验报告；

4. 隐蔽工程的施工及试验记录；

5. 运行管理的有关规定和制度；

6. 值班人员名单及资格；

7. 供电企业认为必要的其他资料或记录。

供电企业接到用户的受电装置竣工报告及检验申请后，应及时组织检验。对检验不合格的，供电企业应以书面形式一次性通知用户改正，改正后予以再次检验，直至合格。但自第二次检验起，每次检验前用户须按规定交纳重复检验费。检验合格后的十天内，供电企业应派员装表接电。

重复检验收费标准，由省电网经营企业提出，报经省有关部门批准后执行。

第四十四条　公用路灯、交通信号灯是公用设施，应由当地人民政府及有关管理部门投资建设，并负责维护管理和交纳电费等事项。供电企业可接受地方有关部门的委托，代为设计、施工与维护管理公用路灯，并照章收取费用，具体事项由双方协商确定。

第四十五条　用户建设临时性受电设施，需要供电企业施工的，其施工费用应由用户负担。

第四十六条　用户独资、合资或集资建设的输电、变电、配电等供电设施建成后，其运行维护管理按以下规定确定：

1.属于公用性质或占用公用线路规划走廊的，由供电企业统一管理。供电企业应在交接前，与用户协商，就供电设施运行维护管理达成协议。对统一运行维护管理的公用供电设施，供电企业应保留原所有者在上述协议中确认的容量。

2.属于用户专用性质，但不在公用变电站内的供电设施，由用户运行维护管理。如用户运行维护管理确有困难，可与供电企业协商，就委托供电企业代为运行维护管理有关事项签订协议。

3.属于用户共用性质的供电设施，由拥有产权的用户共同运行维护管理。如用户共同运行维护管理确有困难，可与供电企业协商，就委托供电企业代为运行维护管理有关事项签订协议。

4.在公用变电站内由用户投资建设的供电设备，如变压器、通信设备、开关、刀闸等，由供电企业统一经营管理。建成投运前，双方应就运行维护、检修、备品备件等事项宜签订交接协议。

5.属于临时用电等其他性质的供电设施，原则上由产权所有者运行维护管理，或由双方协商确定，并签订协议。

第四十七条　供电设施的运行维护管理范围，按产权归属确定。责任分界点按下列各项确定：

1.公用低压线路供电的，以供电接户线用户端最后支持物为分界点，支持物属供电企业。

2.10千伏及以下公用高压线路供电的，以用户厂界外或配电室前的第一断路器或第一支持物为分界点，第一断路器或第一支持物属供电企业。

3.35千伏及以上公用高压线路供电的，以用户厂界外或用户变电站外第一基电杆为分界点。第一基电杆属供电企业。

4.采用电缆供电的，本着便于维护管理的原则，分界点由供电企业与用户协商确定。

5.产权属于用户且由用户运行维护的线路，以公用线路分支杆或专用线路接引的公用变电站外第一基电杆为分界点，专用线路第一基电杆属用户。

在电气上的具体分界点，由供用双方协商确定。

第四十八条　供电企业和用户分工维护管理的供电和受电设备，除另有约定者外，未经管辖单位同意，对方不得操作或更动；如因紧急事故必须操作或更动者，事后应迅速通知管辖单位。

第四十九条　由于工程施工或线路维护上的需要，供电企业须在用户处进行凿墙、挖沟、掘坑、巡线等作业时，用户应给予方便，供电企业工作人员应遵守用户的有关安全保卫制度。用户到供电企业维护的设备区作业时，应征得供电企业同意，并在供电企业人员监护下进行工作。作业完工后，双方均应及时予以修复。

第五十条　因建设引起建筑物、构筑物与供电设施相互妨碍，需要迁移供电设施或采取防护措施时，应按建设先后的原则，确定其担负的责任。如供电设施建设在先，建筑物、构筑物建设在后，由后续建设单位负担供电设施迁移、防护所需的费用；如建筑物、构筑物的建筑在先，供电设施建设在后，由供电设施建设单位负担建筑物、构筑物的迁移所需的费用；不能确定建设的先后者，由双方协商解决。

供电企业需要迁移用户或其他供电企业的设施时，也按上述原则办理。

城乡建设与改造需迁移供电设施时，供电企业和用户都应积极配合，迁移所需的材料和费用，应在城乡建设与改造投资中解决。

第五十一条　在供电设施上发生事故引起的法律责任，按供电设施产权归属确定。产权归属于谁，谁就承担其拥有的供电设施上发生事故引起的法律责任。但产权所有者不承担受害者因违反安全或其他规章制度，擅自进入供电设施非安全区域内而发生事故引起的法律责任，以及在委托维护的供电设施上，因代理方维护不当所发生事故引起的法律责任。

第五章　供电质量与安全供用电

第五十二条　供电企业和用户都应加强供电和用电的运行管理，切实执行国家和电力行业制订的有关安全供用电的规程制度。用户执行其上级主管机关颁发的电气规程制度，除特殊专用的设备外，如与电力行业标准或规定有矛盾时，应以国家和电力行业标准或规定为准。

供电企业和用户在必要时应制订本单位的现场规程。

第五十三条 在电力系统正常状况下，供电频率的允许偏差为：

1. 电网装机容量在 300 万千瓦及以上的，为±0.2 赫兹；

2. 电网装机容量在 300 万千瓦以下的，为±0.5 赫兹。

在电力系统非正常状况下，供电频率允许偏差不应超过±1.0 赫兹。

第五十四条 在电力系统正常状况下，供电企业供到用户受电端的供电电压允许偏差为：

1. 35 千伏及以上电压供电的，电压正、负偏差的绝对值之和不超过额定值的 10%；

2. 10 千伏及以下三相供电的，为额定值的±7%；

3. 220 伏单相供电的，为额定值的+7%，−10%。

在电力系统非正常状况下，用户受电端的电压最大允许偏差不应超过额定值的±10%。

用户用电功率因数达不到本规则第四十一条规定的，其受电端的电压偏差不受此限制。

第五十五条 电网公共连接点电压正弦波畸变率和用户注入电网的谐波电流不得超过国家标准 GB/T 14549—1993 的规定。

用户的非线性阻抗特性的用电设备接入电网运行所注入电网的谐波电流和引起公共连接点电压正弦波畸变率超过标准时，用户必须采取措施予以消除。否则，供电企业可中止对其供电。

第五十六条 用户的冲击负荷、波动负荷、非对称负荷对供电质量产生影响或对安全运行构成干扰和妨碍时，用户必须采取措施予以消除。如不采取措施或采取措施不力，达不到国家标准 GB 12326—1990 或 GB/T 15543—1995 规定的要求时，供电企业可中止对其供电。

第五十七条 供电企业应不断改善供电可靠性，减少设备检修和电力系统事故对用户的停电次数及每次停电持续时间。供用电设备计划检修应做到统一安排。供用电设备计划检修时，对 35 千伏及以上电压供电的用户的停电次数，每年不应超过一次；对 10 千伏供电的用户，每年不应超过三次。

第五十八条 供电企业和用户应共同加强对电能质量的管理。因电能质量某项指标不合格而引起责任纠纷时，不合格的质量责任由电力管理部门认定的电能质量技术检测机构负责技术仲裁。

第五十九条 供电企业和用户的供用电设备计划检修应相互配合，尽量做到统一检修。用电负荷较大，开停对电网有影响的设备，其停开时间，用户应提前与供电企业联系。

遇有紧急检修需停电时，供电企业应按规定提前通知重要用户，用户应予以配合；事故断电，应尽速修复。

第六十条 供电企业应根据电力系统情况和电力负荷的重要性，编制事故限电序位方案，并报电力管理部门审批或备案后执行。

第六十一条 用户应定期进行电气设备和保护装置的检查、检修和试验，消除设备隐患，预防电气设备事故和误动作发生。

用户电气设备危及人身和运行安全时，应立即检修。

多路电源供电的用户应加装连锁装置，或按照供用双方签订的协议进行调度操作。

第六十二条 用户发生下列用电事故，应及时向供电企业报告：①人身触电死亡；②导致电力系统停电；③专线掉闸或全厂停电；④电气火灾；⑤重要或大型电气设备损坏；⑥停电期间向电力系统倒送电。

供电企业接到用户上述事故报告后，应派员赴现场调查，在七天内协助用户提出事故调查报告。

第六十三条 用户受电装置应当与电力系统的继电保护方式相互配合，并按照电力行业有关标准或规程进行整定和检验。由供电企业整定、加封的继电保护装置及其二次回路和供电企业规定的继电保护整定值，用户不得擅自变动。

第六十四条 承装、承修、承试受电工程的单位，必须经电力管理部门审核合格，并取得电力管理部门颁发的《承装（修）电力设施许可证》。

在用户受电装置上作业的电工，应经过电工专业技能的培训，必须取得电力管理部门颁发的《电工进网作业许可证》，方准上岗作业。

第六十五条 供电企业和用户都应经常开展安全供用电宣传教育，普及安全用电常识。

第六十六条 在发供电系统正常情况下，供电企业应连续向用户供应电力。但是，有下列情形之一的，须经批准方可中止供电：

1. 对危害供用电安全，扰乱供用电秩序，拒绝检查者；

2. 拖欠电费经通知催交仍不交者；

3. 受电装置经检验不合格，在指定期间未改善者；

4. 用户注入电网的谐波电流超过标准，以及冲击负荷、非对称负荷等对电能质量产生干扰与妨碍，在规定期限内不采取措施者；

　　5. 拒不在期限内拆除私增用电容量者；

　　6. 拒不在限期内交付违约用电引起的费用者；

　　7. 违反安全用电、计划用电有关规定，拒不改正者；

　　8. 私自向外转供电力者。

　　有下列情形之一者，不经批准即可中止供电，但事后应报告本单位负责人：

　　1. 不可抗力和紧急避险；

　　2. 确有窃电行为。

　　第六十七条　除因故中止供电外，供电企业需对用户停止供电时，应按下列程序办理停电手续：

　　1. 应将停电的用户、原因、时间报本单位负责人批准。批准权限和程序由省电网经营企业制定；

　　2. 在停电前三至七天内，将停电通知书送达用户，对重要用户的停电，应将停电通知书报送同级电力管理部门；

　　3. 在停电前 30 分钟，将停电时间再通知用户一次，方可在通知规定时间实施停电。

　　第六十八条　因故需要中止供电时，供电企业应按下列要求事先通知用户或进行公告：

　　1. 因供电设施计划检修需要停电时，应提前七天通知用户或进行公告；

　　2. 因供电设施临时检修需要停止供电时，应当提前 24 小时通知重要用户或进行公告；

　　3. 发供电系统发生故障需要停电、限电或者计划限、停电时，供电企业应按确定的限电序位进行停电或限电。但限电序位应事前公告用户。

　　第六十九条　引起停电或限电的原因消除后，供电企业应在三日内恢复供电。不能在三日内恢复供电的，供电企业应向用户说明原因。

第六章　用电计量与电费计收

　　第七十条　供电企业应在用户每一个受电点内按不同电价类别，分别安装用电计量装置。每个受电点作为用户的一个计费单位。

　　用户为满足内部核算的需要，可自行在其内部装设考核能耗用的电能表，但该表所示读数不得作为供电企业计费依据。

　　第七十一条　在用户受电点内难以按电价类别分别装设用电计量装置时，可装设总的用电计量装置，然后按其不同电价类别的用电设备容量的比例或实际可能的用电量，确定不同电价类别用电量的比例或定量进行分算，分别计价。供电企业每年至少对上述比例或定量核定一次，用户不得拒绝。

　　第七十二条　用电计量装置包括计费电能表（有功、无功电能表及最大需量表）和电压、电流互感器及二次连接线导线。计费电能表及附件的购置、安装、移动、更换、校验、拆除、加封、启封及表计接线等，均由供电企业负责办理，用户应提供工作上的方便。

　　高压用户的成套设备中装有自备电能表及附件时，经供电企业检验合格、加封并移交供电企业维护管理的，可作为计费电能表。用户销户时，供电企业应将该设备交还用户。

　　供电企业在新装、换装及现场校验后应对用电计量装置加封，并请用户在工作凭证上签章。

　　第七十三条　对 10 千伏及以下电压供电的用户，应配置专用的电能计量柜（箱）；对 35 千伏及以上电压供电的用户，应有专用的电流互感器二次线圈和专用的电压互感器二次连接线，并不得与保护、测量回路共用。电压互感器专用回路的电压降不得超过允许值。超过允许值时，应予以改造或采取必要的技术措施予以更正。

　　第七十四条　用电计量装置原则上应装在供电设施的产权分界处。如产权分界处不适宜装表的，对专线供电的高压用户，可在供电变压器出口装表计量；对公用线路供电的高压用户，可在用户受电装置的低压侧计量。当用电计量装置不安装在产权分界处时，线路与变压器损耗的有功与无功电量均须由产权所有者负担。在计算用户基本电费（按最大需量计收时）、电度电费及功率因数调整电费时，应将上述损耗电量计算在内。

　　第七十五条　城镇居民用电一般应实行一户一表。因特殊原因不能实行一户一表计费时，供电企业可根据其容量按公安门牌或楼门单元、楼层安装共用的计费电能表，居民用户不得拒绝合用。共用计费电能表内的各用户，可自行装设分户电能表，自行分算电费，供电企业在技术上予以指导。

　　第七十六条　临时用电的用户，应安装用电计量装置。对不具备安装条件的，可按其用电容量、使用时间、规定的电价计收电费。

　　第七十七条　计费电能表装设后，用户应妥为保护，不应在表前堆放影响抄表或计量准确及安全的物品。如发生计费电能表丢失、损坏或过负荷烧坏等情况，用户应及时告知供电企业，以便供电企业采取措施。如因供电企业责任或不可抗力致使计费电能表出现或发生故障的，供电企业应负责换表，不收费用；其他原因引起的，用户应负担赔偿费或修理费。

　　第七十八条　用户应按国家有关规定，向供电企业存出电能表保证金。供电企业对存入保证金的用户出具保证金凭证，用户应妥为保存。

第七十九条　供电企业必须按规定的周期校验、轮换计费电能表，并对计费电能表进行不定期检查。发现计量失常时，应查明原因。用户认为供电企业装设的计费电能表不准时，有权向供电企业提出校验申请，在用户交付验表费后，供电企业应在七天内检验，并将检验结果通知用户。如计费电能表的误差在允许范围内，验表费不退；如计费电能表的误差超出允许范围时，除退还验表费外，并应按本规则第八十条规定退补电费。用户对检验结果有异议时，可向供电企业上级计量检定机构申请检定。用户在申请验表期间，其电费仍应按期交纳，验表结果确认后，再行退补电费。

第八十条　由于计费计量的互感器、电能表的误差及其连接线电压降超出允许范围或其他非人为原因致使计量记录不准时，供电企业应按下列规定退补相应电量的电费：

1. 互感器或电能表误差超出允许范围时，以"0"误差为基准，按验证后的误差值退补电量。退补时间从上次校验或换装后投入之日起至误差更正之日止的二分之一时间计算。

2. 连接线的电压降超出允许范围时，以允许电压降为基准，按验证后实际值与允许值之差补收电量。补收时间从连接线投入或负荷增加之日起至电压降更正之日止。

3. 其他非人为原因致使计量记录不准时，以用户正常月份的用电量为基准，退补电量，退补时间按抄表记录确定。

退补期间，用户先按抄见电量如期交纳电费，误差确定后，再行退补。

第八十一条　用电计量装置接线错误、保险熔断、倍率不符等原因，使电能计量或计算出现差错时，供电企业应按下列规定退补相应电量的电费：

1. 计费计量装置接线错误的，以其实际记录的电量为基数，按正确与错误接线的差额率退补电量，退补时间从上次校验或换装投入之日起至接线错误更正之日止。

2. 电压互感器保险熔断的，按规定计算方法计算值补收相应电量的电费；无法计算的，以用户正常月份用电量为基准，按正常月与故障月的差额补收相应电量的电费，补收时间按抄表记录或按失压自动记录仪记录确定。

3. 计算电量的倍率或铭牌倍率与实际不符的，以实际倍率为基准，按正确与错误倍率的差值退补电量，退补时间以抄表记录为准确定。

退补电量未正式确定前，用户应先按正常月用量交付电费。

第八十二条　供电企业应当按国家批准的电价，依据用电计量装置的记录计算电费，按期向用户收取或通知用户按期交纳电费。供电企业可根据具体情况，确定向用户收取电费的方式。

用户应按供电企业规定的期限和交费方式交清电费，不得拖延或拒交电费。

用户应按国家规定向供电企业存出电费保证金。

第八十三条　供电企业应在规定的日期抄录计费电能表读数。

由于用户的原因未能如期抄录计费电能表读数时，可通知用户待期补抄或暂按前次用电量计收电费，待下次抄表时一并结清。因用户原因连续六个月不能如期抄到计费电能表读数时，供电企业应通知该用户得终止供电。

第八十四条　基本电费以月计算，但新装、增容、变更与终止用电当月的基本电费，可按实用天数（日用电不足24小时的，按一天计算）每日按全月基本电费三十分之一计算。事故停电、检修停电、计划限电不扣减基本电费。

第八十五条　以变压器容量计算基本电费的用户，其备用的变压器（含高压电动机），属冷备用状态并经供电企业加封的，不收基本电费；属热备用状态的或未经加封的，不论使用与否都计收基本电费。用户专门为调整用电功率因数的设备，如电容器、调相机等，不计收基本电费。

在受电装置一次侧装有连锁装置互为备用的变压器（含高压电动机），按可能同时使用的变压器（含高压电动机）容量之和的最大值计算其基本电费。

第八十六条　对月用电量较大的用户，供电企业可按用户月电费确定每月分若干次收费，并于抄表后结清当月电费。收费次数由供电企业与用户协商确定，一般每月不少于三次。对于银行划拨电费的，供电企业、用户、银行三方应签订电费划拨和结清的协议书。

供用双方改变开户银行或账号时，应及时通知对方。

第八十七条　临时用电用户未装用电计量装置的，供电企业应根据其用电容量，按双方约定的每日使用时数和使用期限预收全部电费。用电终止时，如实际使用时间不足约定期限二分之一的，可退还预收电费的二分之一；超过约定期限二分之一的，预收电费不退；到约定期限时，得终止供电。

各 100 米)，江河电缆一般不小于线路两侧各 100 米 (中、小河流一般不小于各 50 米) 所形成的两平行线内的水域。

第三章　电力设施的保护

第十一条　县以上地方各级电力管理部门应采取以下措施，保护电力设施：

(一) 在必要的架空电力线路保护区的区界上，应设立标志，并标明保护区的宽度和保护规定；

(二) 在架空电力线路导线跨越重要公路和航道的区段，应设立标志，并标明导线距穿越物体之间的安全距离；

(三) 地下电缆铺设后，应设立永久性标志，并将地下电缆所在位置书面通知有关部门；

(四) 水底电缆敷设后，应设立永久性标志，并将水底电缆所在位置书面通知有关部门。

第十二条　任何单位或个人在电力设施周围进行爆破作业，必须按照国家有关规定，确保电力设施的安全。

第十三条　任何单位或个人不得从事下列危害发电设施、变电设施的行为：

(一) 闯入发电厂、变电站内扰乱生产和工作秩序，移动、损害标志物；

(二) 危及输水、输油、供热、排灰等管道 (沟) 的安全运行；

(三) 影响专用铁路、公路、桥梁、码头的使用；

(四) 在用于水力发电的水库内，进入距水工建筑物 300 米区域内炸鱼、捕鱼、游泳、划船及其他可能危及水工建筑物安全的行为；

(五) 其他危害发电、变电设施的行为。

第十四条　任何单位或个人，不得从事下列危害电力线路设施的行为：

(一) 向电力线路设施射击；

(二) 向导线抛掷物体；

(三) 在架空电力线路导线两侧各 300 米的区域内放风筝；

(四) 擅自在导线上接用电器设备；

(五) 擅自攀登杆塔或在杆塔上架设电力线、通信线、广播线，安装广播喇叭；

(六) 利用杆塔、拉线作起重牵引地锚；

(七) 在杆塔、拉线上拴牲畜、悬挂物体、攀附农作物；

(八) 在杆塔、拉线基础的规定范围内取土、打桩、钻探、开挖或倾倒酸、碱、盐及其他有害化学物品；

(九) 在杆塔内 (不含杆塔与杆塔之间) 或杆塔与拉线之间修筑道路；

(十) 拆卸杆塔或拉线上的器材，移动、损坏永久性标志或标志牌；

(十一) 其他危害电力线路设施的行为。

第十五条　任何单位或个人在架空电力线路保护区内，必须遵守下列规定：

(一) 不得堆放谷物、草料、垃圾、矿渣、易燃物、易爆物及其他影响安全供电的物品；

(二) 不得烧窑、烧荒；

(三) 不得兴建建筑物、构筑物；

(四) 不得种植可能危及电力设施安全的植物。

第十六条　任何单位或个人在电力电缆线路保护区内，必须遵守下列规定：

(一) 不得在地下电缆保护区内堆放垃圾、矿渣、易燃物、易爆物，倾倒酸、碱、盐及其他有害化学物品，兴建建筑物、构筑物或种植树木，竹子；

(二) 不得在海底电缆保护区内抛锚、拖锚；

(三) 不得在江河电缆保护区内抛锚、拖锚、炸鱼、挖沙。

第十七条　任何单位或个人必须经县级以上地方电力管理部门批准，并采取安全措施后，方可进行下列作业或活动：

(一) 在架空电力线路保护区内进行农田水利基本建设工程及打桩、钻探、开挖等作业；

(二) 起重机械的任何部位进入架空电力线路保护区进行施工；

(三) 小于导线距穿越物体之间的安全距离，通过架空电力线路保护区；

(四) 在电力电缆线路保护区内进行作业。

第十八条　任何单位或个人不得从事下列危害电力设施建设的行为：

(一) 非法侵占电力设施建设项目依法征用的土地；

(二) 涂改、移动、损害、拔除电力设施建设的测量标桩和标记；

(三) 破坏、封堵施工道路，截断施工水源或电源。

第十九条　未经有关部门依照国家有关规定批准，任何单位和个人不得收购电力设施器材。

第四章　对电力设施与其他设施互相妨碍的处理

第二十条　电力设施的建设和保护应尽量避免或减少给国家、集体和个人造成的损失。

第二十一条　新建架空电力线路不得跨越储存易燃、易爆物品仓库的区域；一般不得跨越房屋，特殊情况需要跨越房屋时，电力建设企业应采取安全措施，并与有关单位达成协议。

第二十二条　公用工程、城市绿化和其他工程在新建、改建或扩建中妨碍电力设施时，或电力设施在新建、改建或扩建中妨碍公用工程、城市绿化和其他工程时，双方有关单位必须按照本条例和国家有关规定协商，就迁移、采取必要的防护措施和补偿等问题达成协议后方可施工。

第二十三条　电力管理部门应将经批准的电力设施新建、改建或扩建的规划和计划通知城乡建设规划主管部门，并划定保护区域。

城乡建设规划主管部门应将电力设施的新建、改建或扩建的规划和计划纳入城乡建设规划。

第二十四条　新建、改建和扩建电力设施，需要损害农作物，砍伐树木、竹子，或拆迁建筑物及其他设施的，电力建设企业应按照国家有关规定给予一次性补偿。

在依法划定的电力设施保护区内种植的或自然生长的可能危及电力设施安全的树木、竹子，电力企业应依法予以修剪或砍伐。

第五章　奖励与惩罚

第二十五条　任何单位或个人有下列行为之一，电力管理部门应给予表彰或一次性物质奖励：

（一）对破坏电力设施或哄抢、盗窃电力设施器材的行为检举、揭发有功；

（二）对破坏电力设施或哄抢、盗窃电力设施器材的行为进行斗争，有效地防止事故发生；

（三）为保护电力设施而同自然灾害作斗争，成绩突出；

（四）为维护电力设施安全，做出显著成绩。

第二十六条　违反本条例规定，未经批准或未采取安全措施，在电力设施周围或在依法划定的电力设施保护区内进行爆破或其他作业，危及电力设施安全的，由电力管理部门责令停止作业、恢复原状并赔偿损失。

第二十七条　违反本条例规定，危害发电设施、变电设施和电力线路设施的，由电力管理部门责令改正；拒不改正的，处 10000 元以下的罚款。

第二十八条　违反本条例规定，在依法划定的电力设施保护区内进行烧窑、烧荒、抛锚、拖锚、炸鱼、挖沙作业，危及电力设施安全的，由电力管理部门责令停止作业、恢复原状并赔偿损失。

第二十九条　违反本条例规定，危害电力设施建设的，由电力管理部门责令改正、恢复原状并赔偿损失。

第三十条　凡违反本条例规定而构成违反治安管理行为的单位或个人，由公安部门根据《中华人民共和国治安管理处罚条例》予以处罚；构成犯罪的，由司法机关依法追究刑事责任。

第六章　附　　则

第三十一条　国务院电力管理部门可以会同国务院有关部门制定本条例的实施细则。

第三十二条　本条例自发布之日起施行。

电力设施保护条例实施细则

（1999 年 3 月 18 日国家经
贸委、公安部令第 8 号）

第一条　根据《电力设施保护条例》（以下简称《条例》）第三十一条规定，制定本实施细则。

第二条　本细则适用于中华人民共和国国境内国有、集体、外资、合资、个人已建或在建的电力设施。

第三条　电力管理部门、公安部门、电力企业和人民群众都有保护电力设施的义务。各级地方人民政府设立的由同级人民政府所属的有关部门和电力企业（包括：电网经营企业、供电企业、发电企业）责任人组成的电力设施保护领导小组，负责领导所辖行政区域内电力设施的保护工作，其办事机构设在相应的电网经营企业，负责电力设施保护的日常工作。

电力设施保护领导小组，应当在电力线路沿线组织群众护线，群众护线组织成员由相应的电力设施保护领导小组发给护线证件。

各省（自治区、直辖市）电力管理部门可制定办法，规定群众护线组织形式、权利、义务、责任等。

第四条　电力企业必须加强对电力设施的保护工作。对危害电力设施安全的行为，电力企业有权制止并可以劝其改正、责其恢复原状、强行排除妨害，责令赔偿损失、请求有关行政主管部门和司法机关处理，以及采取法律、法规或政府授权的其他必要手段。

第五条　架空电力线路保护区，是为了保证已建架空电力线路的安全运行和保障人民生活的正常供电而必须设置的安全区域。在厂矿、城镇、集镇、村庄等人口密集地区，架空电力线路保护区为导线边线在最大计算风偏后的水平距离和风偏后距建筑物的水平安全距离之和所形成的两平行线内的区域。各级电压导线边线在计算导线最大风偏情况下，距建筑物的水平安全距离如下：

1 千伏以下	1.0 米
1~10 千伏	1.5 米
35 千伏	3.0 米
66~110 千伏	4.0 米
154~220 千伏	5.0 米
330 千伏	6.0 米
500 千伏	8.5 米

第六条　江河电缆保护区的宽度为：

（一）敷设于二级及以上航道时，为线路两侧各 100 米所形成的两平行线内的水域；

（二）敷设于三级以下航道时，为线路两侧各 50 米所形成的两平行线内的水域。

第七条　地下电力电缆保护区的宽度为地下电力电缆线路地面标桩两侧各 0.75 米所形成两平行线内区域。

发电设施附属的输油、输灰、输水管线的保护区依本条规定确定。

在保护区内禁止使用机械掘土、种植林木；禁止挖坑、取土、兴建建筑物和构筑物；不得堆放杂物或倾倒酸、碱、盐及其他有害化学物品。

第八条　禁止在电力电缆沟内同时埋设其他管道。

未经电力企业同意，不准在地下电力电缆沟内埋设输油、输气等易燃易爆管道。管道交叉通过时，有关单位应当协商，并采取安全措施，达成协议后方可施工。

第九条　电力管理部门应在下列地点设置安全标志：

（一）架空电力线路穿越的人口密集地段；

（二）架空电力线路穿越的人员活动频繁的地区；

（三）车辆、机械频繁穿越架空电力线路的地段；

（四）电力线路上的变压器平台。

第十条　任何单位和个人不得在距电力设施周围 500 米范围内（指水平距离）进行爆破作业。因工作需要必须进行爆破作业时，应当按国家颁发的有关爆破作业的法律法规，采取可靠的安全防范措施，确保电力设施安全，并征得当地电力设施产权单位或管理部门的书面同意，报经政府有关管理部门批准。

在规定范围外进行的爆破作业必须确保电力设施的安全。

第十一条　任何单位或个人不得冲击、扰乱发电、供电企业的生产工作秩序，不得移动、损害生产场所的生产设施及标志物。

第十二条　任何单位或个人不得在距架空电力线路杆塔、拉线基础外缘的下列范围内进行取土、打桩、钻探、开挖或倾倒酸、碱、盐及其他有害化学物品的活动：

（一）35 千伏及以下电力线路杆塔、拉线周围 5 米的区域；

（二）66 千伏及以上电力线路杆塔、拉线周围 10 米的区域。

在杆塔、拉线基础的上述距离范围外进行取土、堆物、打桩、钻探、开挖活动时，必须遵守下列要求：

（一）预留出通往杆塔、拉线基础供巡视和检修人员、车辆通行的道路；

（二）不得影响基础的稳定，如可能引起基础周围土壤、砂石滑坡，进行上述活动的单位或个人应当负责修筑护坡加固；

（三）不得损坏电力设施接地装置或改变其埋设深度。

第十三条　在架空电力线路保护区内，任何单位或个人不得种植可能危及电力设施和供电安全的树木、竹子等高秆植物。

第十四条　超过 4 米高度的车辆或机械通过架空电力线路时，必须采取安全措施，并经县级以上的电力管理部门批准。

第十五条　架空电力线路一般不得跨越房屋。对架空电力线路通道内的原有房屋，架空电力线路建设单位应当与房屋产权所有者协商搬迁，拆迁费不得超出国家规定标准；特殊情况需要跨越房屋时，设计建设单位应当采取增加杆塔高度、缩短档距等安全措施，以保证被跨越房屋的安全。被跨越房屋不得再行增加高度。超越房屋的物体高度或房屋周边延伸出的物体长度必须符合安全距离的要求。

第十六条　架空电力线路建设项目和公用工程、城市绿化及其他工程之间发生妨碍时，按下述原则处理：

（一）新建架空电力线路建设工程、项目需穿过林区时，应当按国家有关电力设计的规程砍伐出通道，通道内不得再种植树木；对需砍伐的树木由架空电力线路建设单位按国家的规定办理手续和付给树木所有者一次性补偿费用，并与其签订不再在通道内种植树木的协议。

（二）架空电力线路建设项目、计划已经当地城市建设规划主管部门批准的，园林部门对影响架空电力线路安全运行的树木，应当负责修剪，并保持今后树木自然生长最终高度和架空电力线路导线之间的距离符合安全距离的要求。

（三）根据城市绿化规划的要求，必须在已建架空电力线路保护区内种植树木时，园林部门需与电力管理部门协商，征得同意后，可种植低矮树种，并由园林部门负责修剪以保持树木自然生长最终高度和架空电力线路导线之间的距离符合安全距离的要求。

（四）架空电力线路导线在最大弧垂或最大风偏后与树木之间的安全距离为：

电压等级	最大风偏距离	最大垂直距离
35～110 千伏	3.5 米	4.0 米
154～220 千伏	4.0 米	4.5 米
330 千伏	5.0 米	5.5 米
500 千伏	7.0 米	7.0 米

对不符合上述要求的树木应当依法进行修剪或砍伐，所需费用由树木所有者负担。

第十七条　城乡建设规划主管部门审批或规划已建电力设施（或已经批准新建、改建、扩建、规划的电力设施）两侧的新建建筑物时，应当会同当地电力管理部门审查后批准。

第十八条　在依法划定的电力设施保护区内，任何单位和个人不得种植危及电力设施安全的树木、竹子或高秆植物。

电力企业对已划定的电力设施保护区域内新种植或自然生长的可能危及电力设施安全的树木、竹子，应当予以砍伐，并不予支付林木补偿费、林地补偿费、植被恢复费等任何费用。

第十九条　电力管理部门对检举、揭发破坏电力设施或哄抢、盗窃电力设施器材的行为符合事实的单位或个人，给 2000 元以下的奖励；对为保护电力设施与自然灾害作斗争，成绩突出或为维护电力设施安全作出显著成绩的单位或个人，根据贡献大小，给予相应物质奖励。

对维护、保护电力设施作出重大贡献的单位或个人，除按以上规定给予物质奖励外，还可由电力管理部门、公安部门或当地人民政府根据各自的权限给予表彰和荣誉奖励。

第二十条　下列危害电力设施的行为，情节显著轻微的，由电力管理部门责令改正；拒不改正的，处 1000 元以上 10000 元以下罚款：

（一）损坏使用中的杆塔基础的；

（二）损坏、拆卸、盗窃使用中或备用塔材、导线等电力设施的；

（三）拆卸、盗窃使用中或备用变压器等电力设备的。

破坏电力设备、危害公共安全构成犯罪的，依法追究其刑事责任。

第二十一条　下列违反《电力设施保护条例》和本细则的行为，尚不构成犯罪的，由公安机关依据《中华人民共和国治安管理处罚条例》予以处理：

（一）盗窃、哄抢库存或者已废弃停止使用的电力设施器材的；

（二）盗窃、哄抢尚未安装完毕或尚未交付使用单位验收的电力设施的；

（三）其他违反治安管理的行为。

第二十二条　电力管理部门为保护电力设施安全，对违法行为予以行政处罚，应当依照法定程序进行。

第二十三条　本实施细则自发布之日起施行，原能源部、公安部 1992 年 12 月 2 日发布的《电力设施保护条例实施细则》同时废止。

8　居民用户家用电器损坏处理办法

（电力工业部令第 7 号）

第一条　为保护供用电双方的合法权益，规范因电力运行事故引起的居民用户家用电器损坏的理赔处理，公正、合理地调解纠纷，根据《电力法》、《电力供应与使用条例》和国家有关规定，制定本办法。

第二条　本办法适用于由供电企业以 220/380 伏电压供电的居民用户，因发生电力运行事故导致电能质量劣化，引起居民用户家用电器损坏时的索赔处理。

第三条　本办法所称的电力运行事故，是指在供电企业负责运行维护的 220/380 伏供电线路或设备上因供电企业的责任发生的下列事件：

1. 在 220/380 伏供电线路上，发生相线与零线接错或三相相序接反；

2. 在 220/380 伏供电线路上，发生零线断线；

3. 在 220/380 伏供电线路上，发生相线与零线互碰；

4. 同杆架设或交叉跨越时，供电企业的高电压线路导线掉落到 220/380 伏线路上或供电企业高电压线路对 220/380 伏线路放电。

第四条　由于第三条列举的原因出现若干户家用

务时，应出示《供用电监督证》。被检查的单位应接受检查，并根据监督人员依法提出的要求，提供有关情况、回答有关询问、协助提取证据、出示工作证件等。

第七条　供用电监督人员依法执行监督公务时，应遵守被检查单位的保卫保密规定；现场勘查不得直接或替代他人从事电工作业，也不得非法干预被检查单位正常的生产调度工作。

第三章　监督检查人员资格

第八条　各级电力管理部门应依法配备供用电监督管理人员。担任供用电监督管理工作的人员必须是经过国家考试合格，并取得相应任聘资格证书的人员。

第九条　供用电监督资格由个人提出书面申请，经申请人所在单位同意，县以上电力管理部门推荐，接受专门知识和技能的培训，参加全国统一组织的考试，合格后发给《供用电监督资格证》。

第十条　申请供用电监督资格者应具备下列条件：

1. 作风正派、办事公道、廉洁奉公；

2. 具有电气专业中专以上或相当学历的文化程度；

3. 有三年以上从事供用电专业工作的实际经验和相应的管理能力；

4. 经过法律知识培训，熟悉电力方面的法律、行政法规和电力技术的标准以及供用电管理规章。

第十一条　省级电力管理部门负责本行政区域内的供用电监督管理人员的资格申请、审查和专门知识及技能的培训工作。

国务院电力管理部门负责供用电监督资格的全国统一考试，并对合格者颁发《供用电监督资格证》。

《供用电监督资格证》由国务院电力管理部门统一制作。

第十二条　县以上电力管理部门必须从取得《供用电监督资格证》的人员中，择优聘用供用电监督人员，报经省电力管理部门批准，并取得《供用电监督证》后，方能从事电力监督管理工作。

《供用电监督证》由国务院电力管理部门统一制作。

第四章　电力违法行为查处

第十三条　各级电力管理部门负责本行政区域内发生的电力违法行为查处工作。上级电力管理部门认为必要时，可直接查处下级电力管理部门管辖的电力违法行为，也可将自己查处的电力违法事件交由下级电力管理部门查处。对电力违法行为情节复杂，需由上一级电力管理部门查处更为适宜时，下级电力管理部门可报请上一级电力管理部门查处。

第十四条　电力管理部门对下列方式要求处理的电力违法事件，应当受理：

1. 用户或群众举报的；

2. 供电企业提请处理的；

3. 上级电力管理部门交办的；

4. 其他部门移送的。

电力管理部门对受理的电力违法事件，可视电力违法事件性质和危及电网安全运行的紧迫程度，可依法在现场查处，也可立案处理。

第十五条　电力违法行为，可用书面和口头方式举报。口头方式举报的事件，受理人应详细记录并经核对无误后，由举报人签章。举报人举报的事件如不愿使用真实姓名的，电力管理部门应尊重举报人的意愿。

第十六条　电力管理部门发现受理的举报事件不属于本部门查处的，应及时向举报人说明，同时将举报信函或笔录移送有权处理的部门。对明显的治安违法行为或刑事违法行为，电力管理部门应主动协助公安、司法机关查处。

第十七条　符合下列条件之一的电力违法行为，电力管理部门应当立案：

1. 具有电力违法事实的；

2. 依照电力法规可能追究法律责任的；

3. 属于本部门管辖和职责范围内处理的。

第十八条　符合立案条件的，应填写《电力违法行为受理、立案呈批表》，经电力管理部门领导批准后立案。

经批准立案的事件，应及时指派承办人调查。现场调查时，调查承办人应填写《电力违法案件调查笔录》。调查结束后，承办人应提出《电力违法案件调查报告》。

第十九条　电力管理部门对危及电网运行安全或人身安全的违法行为，当供电企业在现场制止无效时，应当即指派供用电监督人员赶赴现场处理，制止违法行为，以确保电网和人身安全。

第二十条　案件调查结束后，应视案情可依法作出下列处理：

1. 对举报不实或证据不足，未构成违法事实的，应报请批准立案主管领导准予撤销；

2. 对违法事实清楚，证据确凿的，应依法作出行政处罚决定，并发出《违反电力法规行政处罚决定通知书》，并送达当事人；

3. 违法行为已构成犯罪的，应及时将案件移送司法机关，依法追究其刑事责任。

第二十一条　案件处理完毕后，承办人应及时填写《电力违法案件结案报告》，经主管领导批准后结案。案情重大或上级交办的案件结束后，应向上一级电力管理部门备案。

第二十二条　当事人对行政处罚决定不服的，可在接到《违反电力法规行政处罚决定通知书》之日起，十五日内向作出行政处罚决定机关的上一级机关申请复议；对复议决定不服的，可在接到复议决定之日起十五日内，向人民法院起诉。当事人也可在接到处罚决定通知书之日起的十五日内，直接向人民法院起诉。对不履行处罚决定的，由作出处罚决定的机关向人民法院申请强制执行。

第五章　行　政　处　罚

第二十三条　违反《电力法》和国家有关规定，未取得《供电营业许可证》而从事电力供应业务者，电力管理部门应以书面形式责令其停止营业，没收其非法所得，并处以违法所得五倍以下的罚款。

第二十四条　违反《电力法》和国家有关规定，擅自伸入或跨越其他供电企业供电营业区供电者，电力管理部门应以书面形式责令其拆除伸入或跨越的供电设施，作出书面检查，没收其非法所得，并处以违法所得四倍以下的罚款。

第二十五条　违反《电力法》和国家有关规定，擅自向外转供者，电力管理部门应以书面形式责令其拆除转供电设施，作出书面检查，没收其非法所得，并处以违法所得三倍以下的罚款。

第二十六条　供电企业未按《电力法》和国家有关规定中规定的时间通知用户或进行公告，而对用户中断供电的，电力管理部门责令其改正，给予警告；情节严重的，对有关主管人员和直接责任人员给予行政处分。

第二十七条　供电企业违反规定，减少农业和农村用电指标的，电力管理部门责令改正；情况严重的，对有关主管人员和直接责任人员给予行政处分；造成损失的，责令赔偿损失。

第二十八条　电力管理部门对危害供电、用电安全，扰乱正常供电、用电秩序的行为，除协助供电企业追缴电费外，应分别给予下列处罚：

1. 擅自改变用电类别的，应责令其改正，给予警告；再次发生的，可下达中止供电命令，并处以一万元以下的罚款。

2. 擅自超过合同约定的容量用电的，应责令其改正，给予警告；拒绝改正的，可下达中止供电命令，并按私增容量每千瓦（或千伏安）100元，累计总额不超过五万元的罚款。

3. 擅自超过计划分配的用电指标用电的，应责令其改正，给予警告，并按超用电力、电量分别处以每千瓦每次五元和每千瓦时十倍电度电价，累计总额不超过五万元的罚款；拒绝改正的，可下达中止供电命令。

4. 擅自使用已经在供电企业办理暂停使用手续的电力设备，或者擅自启用已经被供电企业查封的电力设备的，应责令其改正，给予警告；启用电力设备危及电网安全的，可下达中止供电命令，并处以每次二万元以下的罚款。

5. 擅自迁移、更动或者擅自操作供电企业的用电计量装置、电力负荷控制装置、供电设施以及约定由供电企业调度的用户受电设备，且不构成窃电和超指标用电的，应责令其改正，给予警告；造成他人损害的，还应责令其赔偿；危及电网安全的，可下达中止供电命令，并处以三万元以下的罚款。

6. 未经供电企业许可，擅自引入、供出电力或者将自备电源擅自并网的，应责令其改正，给予警告；拒绝改正的，可下达中止供电命令，并处以五万元以下的罚款。

第二十九条　电力管理部门对盗窃电能的行为，应责令其停止违法行为，并处以应交电费五倍以下的罚款；构成违反治安管理行为的，由公安机关依照治安管理处罚条例的有关规定予以处罚；构成犯罪的，依照刑法第一百五十一条或者第一百五十二条的规定追究刑事责任。

第六章　附　　　则

第三十条　本办法自一九九六年九月一日起施行。

12 关于审理触电人身损害赔偿案件若干问题的解释

（最高人民法院　法释［2001］3号）

为正确审理因触电引起的人身损害赔偿案件，保护当事人的合法权益，根据《中华人民共和国民法通则》（以下简称民法通则）、《中华人民共和国电力法》和其他有关法律的规定，结合审判实践经验，对审理此类案件具体应用法律的若干问题解释如下：

第一条　民法通则第一百二十三条所规定的"高压"包括1千伏（kV）及其以上电压等级的高压电；1千伏（kV）以下电压等级为非高压电。

第二条 因高压电造成人身损害的案件，由电力设施产权人依照民法通则第一百二十三条的规定承担民事责任。

但对因高压电引起的人身损害是由多个原因造成的，按照致害人的行为与损害结果之间的原因来确定各自的责任。致害人的行为是损害后果发生的主要原因，应当承担主要责任；致害人的行为是损害后果发生的非主要原因，则承担相应的责任。

第三条 因高压电造成他人人身损害有下列情形之一的，电力设施产权人不承担民事责任：

（一）不可抗力；

（二）受害人以触电方式自杀、自伤；

（三）受害人盗窃电能，盗窃、破坏电力设施或者因其他犯罪行为而引起触电事故；

（四）受害人在电力设施保护区从事法律、行政法规所禁止的行为。

第四条 因触电引起的人身损害赔偿范围包括：

（一）医疗费：指医院对因触电造成伤害的当事人进行治疗所收取的费用。医疗费根据治疗医院诊断证明、处方和医药费、住院费的单据确定。

医疗费还应当包括继续治疗费和其他器官功能训练费以及适当的整容费。继续治疗费既可根据案情一次性判决，也可根据治疗需要确定赔偿标准。

费用的计算参照公费医疗的标准。

当事人选择的医院应当是依法成立的、具有相应治疗能力的医疗、卫生院、急救站等医疗机构。当事人应当根据受损害的状况和治疗需要就近选择治疗医院。

（二）误工费：有固定收入的，按实际减少的收入计算。没有固定收入或者无收入的，按事故发生地上年度职工平均年工资标准计算。误工时间可以按照医疗机构的证明或者法医鉴定确定；依此无法确定的，可以根据受害人的实际损害程度和恢复状况等确定。

（三）住院伙食补助费和营养费：住院伙食补助费应当根据受害人住院或者在外地接受治疗期间的时间，参照事故发生地国家机关一般工作人员的出差伙食补助标准计算。人民法院应当根据受害人的伤残情况、治疗医院的意见决定是否赔偿营养费及其数额。

（四）护理费：受害人住院期间，护理人员有收入的，按照误工费的规定计算；无收入的，按照事故发生地平均生活费计算，也可以参照护工市场价格计算。受害人出院以后，如果需要护理的，凭治疗医院证明，按伤残等级确定。残疾用具费应一并考虑。

（五）残疾人生活补助费：根据丧失劳动能力的程度或伤残等级，按照事故发生地平均生活费计算。自定残之月起，赔偿二十年。但五十周岁以上的，年龄每增加一岁减少一年，最低不少于十年；七十周岁以上的，按五年计算。

（六）残疾用具费：受害残疾人因日常生活或辅助生产劳动需要必须配制假肢、代步车等辅助器具的，凭医院证明按照国产普通型器具的费用计算。

（七）丧葬费：国家或者地方有关机关有规定的，依该规定；没有规定的，按照办理丧葬实际支出的合理费用计算。

（八）死亡补偿费：按照当地平均生活费计算，补偿二十年。对七十周岁以上的，年龄每增加一岁少计一年，但补偿年限最低不少于十年。

（九）被抚养人生活费：以死者生前或者残者丧失劳动能力前实际抚养的、没有其他生活来源的人为限，按当地居民基本生活费标准计算。被抚养人不满十八周岁的，生活费计算到十八周岁。被抚养人无劳动能力的，生活费计算二十年，但五十周岁以上的，年龄每增加一岁抚养费少计一年，但计算生活费的年限最低不少于十年；被抚养人七十周岁以上的，抚养费只计五年。

（十）交通费：是指救治触电受害人实际必需的合理交通费用，包括必须转院治疗所必需的交通费。

（十一）住宿费：是指受害人因客观原因不能住院，也不能住在家里确需就地住宿的费用，其数额参照事故发生地国家机关一般工作人员的出差住宿标准计算。

当事人的亲友参加处理触电事故所需交通费、误工费、住宿费、伙食补助费，参照第一款的有关规定计算，但计算费用的人数不超过三人。

第五条 依照前条规定计算的各种费用，凡实际发生和受害人急需的，应当一次性支付；其他费用，可以根据数额大小、受害人需求程度、当事人的履行能力等因素确定支付时间和方式。如果采用定期金赔偿方式，应当确定每期的赔偿额，并要求责任人提供适当的担保。

第六条 因非高压电造成的人身损害赔偿可以参照第四条和第五条的规定处理。

13 关于确定民事侵权精神损害赔偿责任若干问题的解释

（最高人民法院　法释〔2001〕7号）

为在审理民事侵权案件中正确确定精神损害赔偿责任，根据《中华人民共和国民法通则》等有关法律规定，结合审判实践经验，对有关问题作如下解释：

第一条 自然人因下列人格权利遭受非法侵害，向人民法院起诉请求赔偿精神损害的，人民法院应当依法予以受理：

（一）生命权、健康权、身体权；

（二）姓名权、肖像权、名誉权、荣誉权；

（三）人格尊严权、人身自由权。

违反社会公共利益、社会公德侵害他人隐私或者其他人格利益，受害人以侵权为由向人民法院起诉请求赔偿精神损害的，人民法院应当依法予以受理。

第二条 非法使被监护人脱离监护，导致亲子关系或者近亲属间的亲属关系遭受严重损害，监护人向人民法院起诉请求赔偿精神损害的，人民法院应当依法予以受理。

第三条 自然人死亡后，其近亲属因下列侵权行为遭受精神痛苦，向人民法院起诉请求赔偿精神损害的，人民法院应当依法予以受理：

（一）以侮辱、诽谤、贬损、丑化或者违反社会公共利益、社会公德的其他方式，侵害死者姓名、肖像、名誉、荣誉；

（二）非法披露、利用死者隐私，或者以违反社会公共利益、社会公德的其他方式侵害死者隐私；

（三）非法利用、损害遗体、遗骨，或者以违反社会公共利益、社会公德的其他方式侵害遗体、遗骨。

第四条 具有人格象征意义的特定纪念物品，因侵权行为而永久性灭失或者毁损，物品所有人以侵权为由，向人民法院起诉请求赔偿精神损害的，人民法院应当依法予以受理。

第五条 法人或者其他组织以人格权利遭受侵害为由，向人民法院起诉请求赔偿精神损害的，人民法院不予受理。

第六条 当事人在侵权诉讼中没有提出赔偿精神损害的诉讼请求，诉讼终结后又基于同一侵权事实另行起诉请求赔偿精神损害的，人民法院不予受理。

第七条 自然人因侵权行为致死，或者自然人死亡后其人格或者遗体遭受侵害，死者的配偶、父母和子女向人民法院起诉请求赔偿精神损害的，列其配偶、父母和子女为原告；没有配偶、父母和子女的，可以由其他近亲属提起诉讼，列其他近亲属为原告。

第八条 因侵权致人精神损害，但未造成严重后果，受害人请求赔偿精神损害的，一般不予支持，人民法院可以根据情形判令侵权人停止侵害、恢复名誉、消除影响、赔礼道歉。

因侵权致人精神损害，造成严重后果的，人民法院除判令侵权人承担停止侵害、恢复名誉、消除影响、赔礼道歉等民事责任外，可以根据受害人一方的请求判令其赔偿相应的精神损害抚慰金。

第九条 精神损害抚慰金包括以下方式：

（一）致人残疾的，为残疾赔偿金；

（二）致人死亡的，为死亡赔偿金；

（三）其他损害情形的精神抚慰金。

第十条 精神损害的赔偿数额根据以下因素确定：

（一）侵权人的过错程度，法律另有规定的除外；

（二）侵害的手段、场合、行为方式等具体情节；

（三）侵权行为所造成的后果；

（四）侵权人的获利情况；

（五）侵权人承担责任的经济能力；

（六）受诉法院所在地平均生活水平。

法律、行政法规对残疾赔偿金、死亡赔偿金等有明确规定的，适用法律、行政法规的规定。

第十一条 受害人对损害事实和损害后果的发生有过错的，可以根据其过错程度减轻或者免除侵权人的精神损害赔偿责任。

第十二条 在本解释公布施行之前已经生效施行的司法解释，其内容有与本解释不一致的，以本解释为准。

14 功率因数调整电费办法

[（83）水电财字第 215 号文件，
1983 年 12 月 2 日]

鉴于电力生产的特点，用户用电功率因数的高低对发、供、用电设备的充分利用、节约电能和改善电压质量有着重要影响。为了提高用户的功率因数并保持其均衡，以提高供电用双方和社会的经济效益，特制定本办法。

功率因数的标准值及其适用范围：

功率因数标准 0.90，适用于 160 千伏安以上的高压供电工业用户（包括社队工业用户）、装有带负荷调整电压装置的高压供电电力用户和 3200 千伏安及以上的高压供电电力排灌站；

功率因数标准 0.85，适用于 100 千伏安（千瓦）

及以上的其他工业用户（包括社队工业用户），100千伏安（千瓦）及以上的非工业用户和100千伏安（千瓦）及以上的电力排灌站；

功率因数标准0.80，适用于100千伏安（千瓦）及以上的农业用户和趸售用户，但大工业用户未划由电业直接管理的趸售用户，功率因数标准应为0.85。

功率因数的计算：

凡实行功率因数调整电费的用户，应装设带有防倒装置的无功电度表，按用户每月实用有功电量和无功电量，计算月平均功率因数；

凡装有无功补偿设备且有可能向电网倒送无功电量的用户，应随其负荷和电压变动及时投入或切除部分无功补偿设备，电业部门并应在计费计量点加装有防倒装置的反向无功电度表，按倒送的无功电量与实用无功电量两者的绝对值之和，计算月平均功率因数；

根据电网需要，对大用户实行高峰功率因数考核，加装记录高峰时段内有功、无功电量的电度表，据以计算月平均高峰功率因数；对部分用户还可试行高峰、低谷两个时段分别计算功率因数，由试行的省、市、自治区电力局或电网管理局拟订办法，报水

利电力部审批后执行。

电费的调整：

根据计算的功率因数，高于或低于规定标准时，在按照规定的电价计算出其当月电费后，再按照"功率因数调整电费表"（表一、二、三）所规定的百分数增减电费。如用户的功率因数在"功率因数调整电费表"所列两数之间，则以四舍五入计算。

根据电网的具体情况，对不需增设补偿设备，用电功率因数就能达到规定标准的用户，或离电源点较近，电压质量较好、勿需进一步提高用电功率因数的用户，可以降低功率因数标准或不实行功率因数调整电费办法，但须经省、市、自治区电力局批准，并报电网管理局备案。降低功率因数标准的用户的实际功率因数，高于降低后的功率因数标准时，不减收电费，但低于降低后的功率因数标准时，应增收电费。

本办法正式颁发执行后，1976年颁发的《电热价格》中的《力率调整电费办法》即同时废止。

本办法解释权属水利电力部。

表　一　　　　以0.90为标准值的功率因数调整电费表

减收电费		增收电费			
实际功率因数	月电费减少（%）	实际功率因数	月电费增加（%）	实际功率因数	月电费增加（%）
0.90	0.00	0.89	0.5	0.75	7.5
0.91	0.15	0.88	1.0	0.74	8.0
0.92	0.30	0.87	1.5	0.73	8.5
0.93	0.45	0.86	2.0	0.72	9.0
0.94	0.60	0.85	2.5	0.71	9.5
0.95～1.00	0.75	0.84	3.0	0.70	10.0
		0.83	3.5	0.69	11.0
		0.82	4.0	0.68	12.0
		0.81	4.5	0.67	13.0
		0.80	5.0	0.66	14.0
		0.79	5.5	0.65	15.0
		0.78	6.0	功率因数自0.64及以下，每降低0.01电费增加2%	
		0.77	6.5		
		0.76	7.0		

表二　　　　　　　　　　以 0.85 为标准值的功率因数电费调整表

减收电费		增收电费			
实际功率因数	月电费减少（%）	实际功率因数	月电费增加（%）	实际功率因数	月电费增加（%）
0.85	0.0	0.84	0.5	0.70	7.5
0.86	0.1	0.83	1.0	0.69	8.0
0.87	0.2	0.82	1.5	0.68	8.5
0.88	0.3	0.81	2.0	0.67	9.0
0.89	0.4	0.80	2.5	0.66	9.5
0.90	0.5	0.79	3.0	0.65	10.0
0.91	0.65	0.78	3.5	0.64	11.0
0.92	0.80	0.77	4.0	0.63	12.0
0.93	0.95	0.76	4.5	0.62	13.0
		0.75	5.0	0.61	14.0
		0.74	5.5	0.60	15.0
0.94~1.00	1.10	0.73	6.0	功率因数自 0.59 及以下，每降低 0.01 电费增加 2%	
		0.72	6.5		
		0.71	7.0		

表三　　　　　　　　　　以 0.80 为标准值的功率因数电费调整表

减收电费		增收电费			
实际功率因数	月电费减少（%）	实际功率因数	月电费增加（%）	实际功率因数	月电费增加（%）
0.80	0.0	0.79	0.5	0.65	7.5
0.81	0.1	0.78	1.0	0.64	8.0
0.82	0.2	0.77	1.5	0.63	8.5
0.83	0.3	0.76	2.0	0.62	9.0
0.84	0.4	0.75	2.5	0.61	9.5
0.85	0.5	0.74	3.0	0.60	10.0
0.86	0.6	0.73	3.5	0.59	11.0
0.87	0.7	0.72	4.0	0.58	12.0
0.88	0.8	0.71	4.5	0.57	13.0
0.89	0.9	0.70	5.0	0.56	14.0
0.90	1.0	0.69	5.5	0.55	15.0
0.91	1.15	0.68	6.0	功率因数自 0.54 及以下，每降低 0.01 电费增加 2%	
0.92~1.00	1.3	0.67	6.5		
		0.66	7.0		

15 关于加强电力设施保护工作的若干意见

（国家电力公司　国电发〔2001〕296号）

电力设施是电力工业发展的物质基础，负担着生产、输送、分配电力的任务，具有点多、面广、线长、裸露野外的特点。长期以来，电力设施（特别是输电设施）遭受外力破坏的情况不断发生，给国民经济和人民生活造成了严重损失，并影响了政治和社会治安的稳定。

为了落实党中央、国务院领导关于"研究防范并打击电力设施被盗工作"的重要指示及贯彻中央社会治安工作会议精神，保障发、供、用电的安全，为国民经济、社会治安、人民生活创造一个良好的氛围，现对国家电力公司系统电力设施保护工作提出以下意见：

一、切实加强电力设施保护工作的领导

各级电力企业领导既要从企业本身，更要从社会发展、政治稳定的大局出发，充分认识做好电力设施保护工作的重要性和必要性，切实加强对电力设施保护工作的领导。

1. 要真正把电力设施保护工作纳入企业管理的工作中，由一名行政领导负责，与生产、建设、经营工作同计划、同布置、同考核、同奖惩。

2. 电力企业要主动争取地方政府和同级经贸委对电力设施保护工作的支持，根据国务院颁布的《电力设施保护条例》及其《实施细则》的规定和电力体制的改革发展，结合本地区实际，调整电力设施保护工作的领导组织和办事机构，即"电力设施保护领导小组"及其办公室，组织协调、研究解决本地区电力设施保护工作中的有关问题。

二、营造电力设施保护工作良好的法制环境

电力设施遍布城乡，电力与人民的生活息息相关，与人民的利益密切相连，电力设施保护最具广泛性和群众性，只有不断发动群众、依靠群众，深入持久地搞好电力法律法规的宣传教育，才能保障电力设施的安全。

1. 宣传教育要因地制宜突出重点。发电单位要以"块"为主，做好厂区及周边地区的宣传教育；供电单位要"条块"结合做好变电站周围和电力线路沿线厂矿、企业、机关、学校和乡镇、村组群众的宣传教育；电建单位要以"点"为主做好施工点附近乡镇、村组群众的宣传教育。

2. 宣传教育要灵活多样讲求实效。充分利用电视、广播等现代媒体，举办各种电力设施保护的知识竞赛；广泛印发张贴保护电力设施的"通告"、"公告"、宣传材料和标语口号，做到家喻户晓，老少皆知。

3. 宣传教育要正反结合抓好典型。要大力表彰、宣传保护电力设施的模范人物和优秀事迹；要密切与公安部门的联系，运用典型案件适时召开公捕公判大会，以震慑犯罪、教育群众。

4. 在做好集中宣传教育的同时，更要重视经常性宣传教育。要发挥专业巡线员，义务护线员的作用，有的放矢地开展宣传教育工作，通过宣传教育使广大人民群众自觉地参与保护电力设施工作。

电力企业要在同级地方政府的授权下，在繁华街道安装永久性宣传标语或广告；要根据《电力设施保护条例》及其《实施细则》的要求把电力设施保护标志牌安装工作落到实处，以适应电力设施保护行政执法工作的需要。

三、建立完善电力保卫机构，从严管理电力保卫队伍

各级电力企业保卫机构是电力企业电力设施保护工作的职能部门，是各级地方《电力设施保护领导小组》的办事机构，配合地方各级公安部门打击盗窃破坏电力设施的犯罪行为。

1. 各级电力企业在机构改革中，要从目前社会治安环境的实际状况出发，从保护电力设施对国民经济发展、人民生活水平提高以及社会稳定重要性的高度出发，进一步健全、加强电力企业的保卫机构建设。

2. 电力保卫机构要严格管理，健全各项规章制度，完善考核、奖励、内外监督措施，建立主要岗位竞争上岗、优胜劣汰的激励与约束机制。

3. 电力保卫队伍要加强纪律作风、职业道德、勤政廉洁的教育，提高广大电力保卫干部的综合素质，建成既懂专业知识，又懂法律知识，既能从事电力设施保护工作，又能配合协助公安部门查案的工作队伍。

对于在电力保卫工作中，交通、通信和勘查器材装备相对落后问题，电力企业领导要逐步予以解决。

四、不断提高电力企业电力设施保护自防自卫能力

电力企业要坚持立足自我，练好内功，提高电力设施保护工作的自防自卫能力，这是在当前社会治安和技术条件下，保障电力设施安全的基础。

1. 加强电力设施保护人防工作：要继续加强对专业巡线队伍的管理，落实岗位责任制，不断提高专业巡线员巡视到位率和消缺率；要积极探索市场经济条件下群众护线工作的新路子、新办法，总结推广新经验，充分调动群众护线员的积极性，真正使群众护线组织的作用得到充分发挥，各省电力公司要结合实际情况，依据现行财务制度，在预算中落实护线经费。

2. 加大电力设施保护工作物防和技防的投入力度：各单位在电力设施技术防范上要加大投入，不断提高电力设施保护技术措施和手段的科技含量。

新建的输电线路和变电所要按规定配置防盗技术装置，对老线路和变电所也要根据资金状况，列出计划，逐年进行技防改造。

五、加强重点工程的安全保卫

重点工程建设单位要制定周密的工程总体保卫方案和措施抓好保卫组织的建设和守护力量的配合，抓好施工现场的安全防范、案件查处和周边环境治理。坚决打击盗窃、哄抢电力设备、器材，阻拦施工、聚众闹事等违法活动，为工程建设创造良好的内外部环境，确保重点工程顺利施工。

六、努力提高电力设施保护工作的社会化水平

电力设施保护工作是一项社会性为主兼具技术性的工作，是一项涉及社会方方面面的系统工程，各级电力企业要充分认识到做好电力设施保护工作的长期性、复杂性、艰巨性，要动员社会方方面面的力量，努力提高电力设施保护工作的社会化水平。

1. 电力企业要紧紧依靠地方政府积极争取地方政府的支持，对电力设施保护工作中的实际问题要积极向有关部门反映，请他们想方设法帮助解决行政执法中出现的问题，避免和减少外力损坏事件的发生，保护企业合法权益。

2. 电力企业的保卫部门要主动配合公安部门，对于盗窃破坏电力设施的案件，加大打击力度，争取尽早尽快破案。要主动与公安、工商等部门密切配合共同对发电厂和变电所周围、输电线路沿线的废旧金属冶炼点、收购点进行经常性的清理整顿，堵塞和控制犯罪分子的销赃渠道，减少盗窃破坏电力设施案件的发生。

各级电力企业都要建立必要的例会制度和统计分析工作，总结部署电力设施保护工作和协调解决电力设施保护工作的重大问题，把电力设施保护工作纳入制度化、规范化管理的轨道。

16 电工进网作业许可证管理办法

（国家电力监管委员会 15 号令）

第一章 总　则

第一条　为了加强进网作业电工的管理，规范电

工进网作业许可行为，保障供用电安全，根据《电力供应与使用条例》和国家有关规定，制定本办法。

第二条　电工进网作业许可的考试、申请、受理、审查、决定、注册和监督检查，适用本办法。

第三条　国家电力监管委员会负责组织全国电工进网作业许可考试，指导、监督全国电工进网作业许可证的颁发和管理。

国家电力监管委员会派出机构（以下称许可机关）负责辖区内电工进网作业许可的考试、受理、审查、决定、注册和日常监督检查。

第四条　电工进网作业许可证是电工具有进网作业资格的有效证件。进网作业电工应当按照本办法的规定取得电工进网作业许可证并注册。未取得电工进网作业许可证或者电工进网作业许可证未注册的人员，不得进网作业。

本办法所称进网作业电工，是在用户的受电装置或者送电装置上，从事电气安装、试验、检修、运行等作业的人员。

第五条　许可机关颁发和管理电工进网作业许可证，应当遵循公开、公平、公正原则，接受社会监督。

第二章 分　类

第六条　电工进网作业许可证分为低压、高压、特种三个类别。

取得低压类电工进网作业许可证的，可以从事0.4 千伏以下电压等级电气安装、检修、运行等低压作业。

取得高压类电工进网作业许可证的，可以从事所有电压等级电气安装、检修、运行等作业。

取得特种类电工进网作业许可证的，可以在受电装置或者送电装置上从事电气试验、二次安装调试、电缆作业等特种作业。

第七条　进网作业电工应当在电工进网作业许可证确定的作业范围内从事进网作业。

第三章 考　试

第八条　电工进网作业许可实行国家统一考试制度。

电工进网作业许可考试实行全国统一大纲、统一命题、统一组织。

第九条　国家电力监管委员会负责统一组织考试，审定考试科目、考试大纲和合格标准，对考试进行检查、监督和指导。

许可机关负责辖区内考试的具体组织和实施

工作。

第十条　许可机关组织实施电工进网作业许可考试，应当公开举行，事先公布考试的报名条件、报考办法、考试科目、考试大纲和考试时间。

第十一条　电工进网作业许可考试包括笔试、实际操作考试两部分。

第十二条　参加电工进网作业许可考试的人员，考试成绩合格的，由许可机关颁发考试合格通知书。考试成绩有效期为5年。

第四章　申　请

第十三条　申请电工进网作业许可证，应当在许可机关规定的时间内以书面形式提出。

第十四条　申请电工进网作业许可证应当具备下列条件：

（一）年满十八周岁，且男不满六十周岁、女不满五十五周岁；

（二）初中以上文化程度；

（三）电工进网作业许可考试成绩合格且在有效期内；

（四）身体健康，没有妨碍进网作业的疾病或者生理缺陷。

第十五条　申请电工进网作业许可应当提供下列材料：

（一）申请书；

（二）身份证复印件；

（三）1寸免冠正面彩色近照两张；

（四）电工进网作业许可考试合格通知书；

（五）学历证书复印件；

（六）二级以上医院提供的体检结果。

第五章　受理与决定

第十六条　许可机关收到申请，应当对申请材料是否齐全、是否符合法定形式进行审查，并根据下列情况分别作出处理：

（一）申请材料存在可以当场更正的错误的，应当允许申请人当场更正；

（二）申请材料不齐全或者不符合法定形式的，应当当场或者在5日内一次告知申请人需要补正的全部内容；

（三）申请材料齐全、符合法定形式的，或者申请人按照许可机关的要求提交全部补正申请材料的，向申请人发出受理通知书。

第十七条　许可机关应当自受理之日起20日内作出许可决定。作出准予许可决定的，应当自作出决定之日起10日内通知申请人，颁发许可证；作出不予许可决定的，以书面形式通知申请人，通知书中应当说明不予许可的理由，并告知申请人享有依法申请行政复议或者提起行政诉讼的权利。

第六章　注　册

第十八条　电工进网作业许可证应当到许可机关注册。注册分为初始注册和续期注册。注册有效期为3年。

第十九条　许可机关按照本办法第十七条作出准予许可决定时，应当同时办理初始注册手续。

第二十条　注册有效期届满，被许可人需要继续从事进网作业的，应当在注册有效期届满前30日内向许可机关提出续期注册申请。逾期未办理续期注册手续的，视为未注册，不得从事进网作业。

注册有效期届满，被许可人中止从事进网作业，需要再从事进网作业的，应当经许可机关续期注册，方可从事进网作业。

第二十一条　申请续期注册，应当提供下列材料：

（一）电工进网作业许可证；

（二）被许可人的进网作业行为记录；

（三）被许可人掌握进网作业规定、学习新技术和接受事故案例教学等情况的证明材料；

（四）二级以上医院提供的体检结果。

中止从事进网作业后，再申请续期注册的，应当向许可机关提供前款第（一）项、第（三）项、第（四）项规定的材料，并提供通过许可机关组织的实际操作考核的证明材料。

第二十二条　许可机关应当自收到续期注册申请材料之日起15日内作出是否准予续期注册的决定。作出准予续期注册决定的，办理续期注册手续。

作出不予续期注册决定的，以书面形式通知申请人，说明不予续期注册的理由，并告知申请人享有依法申请行政复议或者提起行政诉讼的权利。

第七章　监督检查

第二十三条　国家电力监管委员会应当加强对许可机关实施电工进网作业许可的监督检查，及时纠正实施许可中的违法行为。

许可机关应当对被许可人从事进网作业情况进行监督检查。

第二十四条　许可机关应当对辖区内从事进网作业的被许可人建立管理档案，实行跟踪管理，履行监督责任。

第二十五条　被许可人进网作业，应当随身携带电工进网作业许可证。

第二十六条 许可机关依法对从事进网作业人员进行下列检查：

（一）进网作业人员是否取得电工进网作业许可证并注册；

（二）进网作业范围是否符合许可的作业范围；

（三）进网作业行为、安全保障措施是否符合进网作业规定。

第二十七条 许可机关有权制止未取得电工进网作业许可证或者电工进网作业许可证未注册的人员进网作业，有权制止进网作业电工违章操作，有权对存在安全隐患的进网作业环境提出整改要求。

第二十八条 许可机关的检查情况和有关处理结果应当记录，由检查人员签字后归档。公众有权查阅许可机关的检查记录。

第二十九条 进网作业电工的用人单位应当配合许可机关对被许可人的监督检查工作，及时向许可机关通报被许可人的进网作业情况。

用人单位不得安排未取得电工进网作业许可证或者电工进网作业许可证未注册的人员进网作业，不得为被许可人提供虚假证明，不得打击报复拒绝违规进网作业的人员和举报进网作业存在安全隐患的人员。

第三十条 任何单位和个人不得伪造、变造电工进网作业许可证；被许可人不得涂改、倒卖、出租、出借、转让电工进网作业许可证。

第三十一条 电工进网作业许可证如有丢失、破损，被许可人应当及时向许可机关说明情况，并按照规定申请换发或者补发。

第三十二条 有下列情形之一的，许可机关应当依法办理电工进网作业许可证的注销手续：

（一）被许可人死亡的；

（二）被许可人身体状况不再适合进网作业的；

（三）电工进网作业许可被依法撤销、撤回，或者电工进网作业许可证被依法吊销的。

第三十三条 任何组织或者个人发现违法从事进网作业的行为，有权向许可机关举报，许可机关应当及时核实处理，并对举报有功人员予以奖励。

第八章　罚　则

第三十四条 许可机关工作人员滥用职权、玩忽职守、徇私舞弊，对直接负责的主管人员和其他直接责任人员依法给予行政处分；构成犯罪的，依法追究刑事责任。

第三十五条 未依法取得电工进网作业许可证或者未按照规定注册，从事进网作业的，许可机关应当责令其停止相关活动，并处 500 元以下罚款。

第三十六条 申请人隐瞒有关情况或者提供虚假申请材料的，许可机关不予受理并给予警告，1 年内不再受理其许可申请。

第三十七条 被许可人采取欺骗、贿赂等不正当手段取得电工进网作业许可证或者注册的，许可机关应当撤销许可或者注册，3 年内不再受理其许可申请或者注册申请；构成犯罪的，依法追究刑事责任。

第三十八条 被许可人未按照规定从事进网作业，或者超出许可范围从事进网作业的，许可机关责令改正，给予警告，并处 200 元以下罚款。

第三十九条 被许可人涂改、倒卖、出租、出借电工进网作业许可证，或者以其他形式非法转让电工进网作业许可的，许可机关应当给予警告，并处 500 元以下罚款；构成犯罪的，依法追究刑事责任。

第四十条 被许可人进网作业未随身携带电工进网作业许可证的，许可机关应当责令改正、给予警告，并处 100 元以下罚款。

第四十一条 用人单位招用或者安排未取得电工进网作业许可证或者电工进网作业许可证未注册的人员从事进网作业，或者不按照规定配合许可机关监督检查的，许可机关给予警告，并处 10000 元以下罚款。

第九章　附　则

第四十二条 电工进网作业许可证由国家电力监管委员会统一印制。

第四十三条 本办法自 2006 年 3 月 1 日起施行。

17 电网调度管理条例

（中华人民共和国国务院 1993 年 2 月 19 日颁布，1993 年 11 月 1 日实施）

第一章　总　则

第一条 为了加强电网调度管理，保障电网安全，保护用户利益，适应经济建设和人民生活的需要，制定本条例。

第二条 本条例所称电网调度，是指电网调度机构（以下简称调度机构）为保障电网的安全、优质、经济运行，对电网运行进行的组织、指挥、指导和协调。电网调度应当符合社会主义市场经济的要求和电网运行的客观规律。

第三条　中华人民共和国境内的发电、供电、用电单位以及其他有关单位和个人，必须遵守本条例。

第四条　电网运行实行统一调度、分级管理的原则。

第五条　任何单位和个人不得超计划分配电力和电量，不得超计划使用电力和电量；遇有特殊情况，需要变更计划的，须经用电计划下达部门批准。

第六条　国务院电力行政主管部门主管电网调度工作。

第二章　调度系统

第七条　调度机构的职权及其调度管辖范围的划分原则，由国务院电力行政主管部门确定。

第八条　调度机构直接调度的发电厂的划定原则，由国务院电力行政主管部门确定。

第九条　调度系统包括各级调度机构和电网内的发电厂、变电站的运行值班单位。下级调度机构必须服从上级调度机构的调度。调度机构调度管辖范围内的发电厂、变电站的运行值班单位，必须服从该级调度机构的调度。

第十条　调度机构分为五级：国家调度机构，跨省、自治区、直辖市调度机构，省、自治区、直辖市级调度机构，省辖市级调度机构，县级调度机构。

第十一条　调度系统值班人员须经培训、考核并取得合格证书方得上岗。调度系统值班人员的培训、考核办法由国务院电力行政主管部门制定。

第三章　调度计划

第十二条　跨省电网管理部门和省级电网管理部门应当编制发电、供电计划，并将发电、供电计划报送国务院电力行政主管部门备案。调度机构应当编制下达发电、供电调度计划。值班调度人员可以按照有关规定，根据电网运行情况，调整日发电、供电调度计划。值班调度人员调整日发电、供电调度计划时，必须填写调度值班日志。

第十三条　跨省电网管理部门和省级电网管理部门编制发电、供电计划，调度机构编制发电、供电调度计划时，应当根据国家下达的计划、有关的供电协议和并网协议、电网的设备能力，并留有备用容量。对具有综合效益的水电厂（站）的水库，应当根据批准的水电厂（站）的设计文件，并考虑防洪、灌溉、发电、环保、航运等要求，合理运用水库蓄水。

第十四条　跨省电网管理部门和省级电网管理部门遇有下列情形之一，需要调整发电、供电计划时，应当通知有关地方人民政府的有关部门：

（一）大中型水电厂（站）入库水量不足；

（二）火电厂的燃料短缺；

（三）其他需要调整发电、供电计划的情形。

第四章　调度规则

第十五条　调度机构必须执行国家下达的供电计划，不得克扣电力、电量，并保证供电质量。

第十六条　发电厂必须按照调度机构下达的调度计划和规定的电压范围运行，并根据调度指令调整功率和电压。

第十七条　发电、供电设备的检修，应当服从调度机构的统一安排。

第十八条　出现下列紧急情况之一的，值班调度人员可以调整日发电、供电调度计划，发布限电、调整发电厂功率、开或者停发电机组等指令；可以向本电网内的发电厂、变电站的运行值班单位发布调度指令：

（一）发电、供电设备发生重大事故或者电网发生事故；

（二）电网频率或者电压超过规定范围；

（三）输变电设备负载超过规定值；

（四）主干线路功率值超过规定的稳定限额；

（五）其他威胁电网安全运行的紧急情况。

第十九条　省级电网管理部门、省辖市级电网管理部门、县级电网管理部门应当根据本级人民政府的生产调度部门的要求、用户的特点和电网安全运行的需要，提出事故及超计划用电的限电序位表，经本级人民政府的生产调度部门审核，报本级人民政府批准后，由调度机构执行。限电及整个电网调度工作应当逐步实现自动化管理。

第二十条　未经值班调度人员许可，任何人不得操作调度机构调度管辖范围内的设备。电网运行遇有危及人身及设备安全的情况时，发电厂、变电站的运行值班单位的值班人员可以按照有关规定处理，处理后应当立即报告有关调度机构的值班人员。

第五章　调度指令

第二十一条　值班调度人员必须按照规定发布各种调度指令。

第二十二条　在调度系统中，必须执行调度指令。调度系统的值班人员认为执行调度指令将危及人身及设备安全的，应当立即向发布指令的值班调度人员报告，由其决定调度指令的执行或者撤销。

第二十三条　电网管理部门的负责人，调度机构的负责人以及发电厂、变电站的负责人，对上级调度机构的值班人员发布的调度指令有不同意见时，可以向上级电网电力行政主管部门或者上级调度机构提出，但是在其未作出答复前，调度系统的值班人员必须按照上级调度机构的值班人员发布的调度指令执行。

第二十四条　任何单位和个人不得违反本条例干预调度系统的值班人员发布或者执行调度指令；调度系统的值班人员依法执行公务，有权拒绝各种非法干预。

第六章　并网与调度

第二十五条　并网运行的发电厂或者电网，必须服从调度机构的统一调度。

第二十六条　需要并网运行的发电厂与电网之间以及电网与电网之间，应当在并网前根据平等互利、协商一致的原则签订并网协议并严格执行。

第七章　罚　则

第二十七条　违反本条例规定，有下列行为之一的，对主管人员和直接责任人员由其所在单位或者上级机关给予行政处分：

（一）未经上级调度机构许可，不按照上级调度机构下达的发电、供电调度计划执行的；

（二）不执行有关调度机构批准的检修计划的；

（三）不执行调度指令和调度机构下达的保证电网安全的措施的；

（四）不如实反映电网运行情况的；

（五）不如实反映执行调度指令情况的；

（六）调度系统的值班人员玩忽职守、徇私舞弊，尚不构成犯罪的。

第二十八条　调度机构对于超计划用电的用户应当予以警告；经警告，仍未按照计划用电的，调度机构可以发布限电指令，并可以强行扣还电力、电量；当超计划用电威胁电网安全运行时，调度机构可以部分或者全部暂时停止供电。

第二十九条　违反本条例规定，未按照计划供电或者无故调整供电计划的，电网应当根据用户的需要补给少供的电力、电量。

第三十条　违反本条例规定，构成违反治安管理行为的，依照《中华人民共和国治安管理处罚条例》的有关规定给予处罚；构成犯罪的，依法追究刑事责任。

第八章　附　则

第三十一条　国务院电力行政主管部门可以根据

本条例制定实施办法。省、自治区、直辖市人民政府可以根据本条例制定小电网管理办法。

第三十二条　本条例由国务院电力行政主管部门负责解释。

第三十三条　本条例自一九九三年十一月一日起施行。

18　电力监管条例

（中华人民共和国国务院 2005 年 2 月 15 日颁布，2005 年 5 月 1 日实施）

第一章　总　则

第一条　为了加强电力监管，规范电力监管行为，完善电力监管制度，制定本条例。

第二条　电力监管的任务是维护电力市场秩序，依法保护电力投资者、经营者、使用者的合法权益和社会公共利益，保障电力系统安全稳定运行，促进电力事业健康发展。

第三条　电力监管应当依法进行，并遵循公开、公正和效率的原则。

第四条　国务院电力监管机构依照本条例和国务院有关规定，履行电力监管和行政执法职能；国务院有关部门依照有关法律、行政法规和国务院有关规定，履行相关的监管职能和行政执法职能。

第五条　任何单位和个人对违反本条例和国家有关电力监管规定的行为有权向电力监管机构和政府有关部门举报，电力监管机构和政府有关部门应当及时处理，并依照有关规定对举报有功人员给予奖励。

第二章　监管机构

第六条　国务院电力监管机构根据履行职责的需要，经国务院批准，设立派出机构。国务院电力监管机构对派出机构实行统一领导和管理。

国务院电力监管机构的派出机构在国务院电力监管机构的授权范围内，履行电力监管职责。

第七条　电力监管机构从事监管工作的人员，应当具备与电力监管工作相适应的专业知识和业务工作经验。

第八条　电力监管机构从事监管工作的人员，应当忠于职守，依法办事，公正廉洁，不得利用职务便利谋取不正当利益，不得在电力企业、电力调度交易机构兼任职务。

第九条　电力监管机构应当建立监管责任制度和监管信息公开制度。

第十条　电力监管机构及其从事监管工作的人员依法履行电力监管职责，有关单位和人员应当予以配合和协助。

第十一条　电力监管机构应当接受国务院财政、监察、审计等部门依法实施的监督。

第三章　监管职责

第十二条　国务院电力监管机构依照有关法律、行政法规和本条例的规定，在其职责范围内制定并发布电力监管规章、规则。

第十三条　电力监管机构依照有关法律和国务院有关规定，颁发和管理电力业务许可证。

第十四条　电力监管机构按照国家有关规定，对发电企业在各电力市场中所占份额的比例实施监管。

第十五条　电力监管机构对发电厂并网、电网互联以及发电厂与电网协调运行中执行有关规章、规则的情况实施监管。

第十六条　电力监管机构对电力市场向从事电力交易的主体公平、无歧视开放的情况以及输电企业公平开放电网的情况依法实施监管。

第十七条　电力监管机构对电力企业、电力调度交易机构执行电力市场运行规则的情况，以及电力调度交易机构执行电力调度规则的情况实施监管。

第十八条　电力监管机构对供电企业按照国家规定的电能质量和供电服务质量标准向用户提供供电服务的情况实施监管。

第十九条　电力监管机构具体负责电力安全监督管理工作。

国务院电力监管机构经商国务院发展改革部门、国务院安全生产监督管理部门等有关部门后，制订重大电力生产安全事故处置预案，建立重大电力生产安全事故应急处置制度。

第二十条　国务院价格主管部门、国务院电力监管机构依照法律、行政法规和国务院的规定，对电价实施监管。

第四章　监管措施

第二十一条　电力监管机构根据履行监管职责的需要，有权要求电力企业、电力调度交易机构报送与监管事项相关的文件、资料。

电力企业、电力调度交易机构应当如实提供有关文件、资料。

第二十二条　国务院电力监管机构应当建立电力监管信息系统。

电力企业、电力调度交易机构应当按照国务院电力监管机构的规定将与监管相关的信息系统接入电力监管信息系统。

第二十三条　电力监管机构有权责令电力企业、电力调度交易机构按照国家有关电力监管规章、规则的规定如实披露有关信息。

第二十四条　电力监管机构依法履行职责，可以采取下列措施，进行现场检查：

（一）进入电力企业、电力调度交易机构进行检查；

（二）询问电力企业、电力调度交易机构的工作人员，要求其对有关检查事项作出说明；

（三）查阅、复制与检查事项有关的文件、资料，对可能被转移、隐匿、损毁的文件、资料予以封存；

（四）对检查中发现的违法行为，有权当场予以纠正或者要求限期改正。

第二十五条　依法从事电力监管工作的人员在进行现场检查时，应当出示有效执法证件；未出示有效执法证件的，电力企业、电力调度交易机构有权拒绝检查。

第二十六条　发电厂与电网并网、电网与电网互联，并网双方或者互联双方达不成协议，影响电力交易正常进行的，电力监管机构应当进行协调；经协调仍不能达成协议的，由电力监管机构作出裁决。

第二十七条　电力企业发生电力生产安全事故，应当及时采取措施，防止事故扩大，并向电力监管机构和其他有关部门报告。电力监管机构接到发生重大电力生产安全事故报告后，应当按照重大电力生产安全事故处置预案，及时采取处置措施。

电力监管机构按照国家有关规定组织或者参加电力生产安全事故的调查处理。

第二十八条　电力监管机构对电力企业、电力调度交易机构违反有关电力监管的法律、行政法规或者有关电力监管规章、规则，损害社会公共利益的行为及其处理情况，可以向社会公布。

第五章　法律责任

第二十九条　电力监管机构从事监管工作的人员有下列情形之一的，依法给予行政处分；构成犯罪的，依法追究刑事责任：

（一）违反有关法律和国务院有关规定颁发电力业务许可证的；

（二）发现未经许可擅自经营电力业务的行为，不依法进行处理的；

（三）发现违法行为或者接到对违法行为的举报后，不及时进行处理的；

（四）利用职务便利谋取不正当利益的。

电力监管机构从事监管工作的人员在电力企业、电力调度交易机构兼任职务的，由电力监管机构责令改正，没收兼职所得；拒不改正的，予以辞退或者开除。

第三十条 违反规定未取得电力业务许可证擅自经营电力业务的，由电力监管机构责令改正，没收违法所得，可以并处违法所得5倍以下的罚款；构成犯罪的，依法追究刑事责任。

第三十一条 电力企业违反本条例规定，有下列情形之一的，由电力监管机构责令改正；拒不改正的，处10万元以上100万元以下的罚款；对直接负责的主管人员和其他直接责任人员，依法给予处分；情节严重的，可以吊销电力业务许可证：

（一）不遵守电力市场运行规则的；

（二）发电厂并网、电网互联不遵守有关规章、规则的；

（三）不向从事电力交易的主体公平、无歧视开放电力市场或者不按照规定公平开放电网。

第三十二条 供电企业未按照国家规定的电能质量和供电服务质量标准向用户提供供电服务的，由电力监管机构责令改正，给予警告；情节严重的，对直接负责的主管人员和其他直接责任人员，依法给予处分。

第三十三条 电力调度交易机构违反本条例规定，不按照电力市场运行规则组织交易的，由监管机构责令改正；拒不改正的，处10万元以上100万元以下的罚款；对直接负责的主管人员和其他直接责任人员，依法给予处分。

电力调度交易机构工作人员泄露电力交易内幕信息的，由电力监管机构责令改正，并依法给予处分。

第三十四条 电力企业、电力调度交易机构有下列情形之一的，由电力监管机构责令改正；拒不改正的，处5万元以上50万元以下的罚款，对直接负责的主管人员和其他直接责任人员，依法给予处分；构成犯罪的，依法追究刑事责任：

（一）拒绝或者阻碍电力监管机构及其从事监管工作的人员依法履行监管职责的；

（二）提供虚假或者隐瞒重要事实的文件、资料的；

（三）未按照国家有关电力监管规章、规则的规定披露有关信息的。

第三十五条 本条例规定的罚款和没收的违法所得，按照国家有关规定上缴国库。

第六章 附 则

第三十六条 电力企业应当按照国务院价格主管部门、财政部门的有关规定缴纳电力监管费。

第三十七条 本条例自2005年5月1日起施行。

19 供电服务监管办法（试行）

（国家电力监管委员会2005年6月3日颁布，
2005年8月1日实施）

第一章 总 则

第一条 为了加强供电服务监管，规范供电服务行为，维护电力使用者的合法权益和社会公共利益，根据《电力监管条例》和有关法律、行政法规的规定，制定本办法。

第二条 本办法适用于国家电力监管委员会及其派出机构（以下简称电力监管机构）对供电企业提供供电服务的情况实施监管。

本办法所称供电企业是指依法取得电力业务许可证、从事供电业务的企业。

第三条 供电企业应当按照法律、行政法规和规章的规定，向用户提供质量合格、价格合理、行为规范的供电服务，并接受电力监管机构的监管。

第四条 供电服务监管应当依法进行，并遵循公开、公正、效率的原则。

第二章 监 管 内 容

第五条 电力监管机构对供电企业履行电力社会普遍服务义务的情况实施监管。

供电企业应当按照国家规定履行电力社会普遍服务义务，保障任何人能够以普遍可以接受的价格获得最基本的供电服务。

第六条 电力监管机构对供电企业的供电质量实施监管。

在电力系统正常的情况下，供电企业的供电质量应当符合下列规定：

（一）向用户提供的电能质量符合国家标准或者电力行业标准；

（二）城市地区年供电可靠率不低于99.00%，城市居民用户受电端电压合格率不低于95.00%。

农村地区年供电可靠率和农村居民用户受电端电压合格率由电力监管机构根据各地实际情况规定。

第七条 电力监管机构依法对供电企业执行国家规定的电价政策和收费标准的情况实施监管。

第八条 电力监管机构对供电企业实施电力需求侧管理的情况进行监管。

供电企业应当按照国家规定实施电力需求侧管理，指导用户科学用电、合理用电和节约用电。

第九条 电力监管机构对供电企业按规定披露信息的情况实施监管。

供电企业应当在营业场所显著位置公示用电业务的办理程序、电价和收费标准。

供电企业应当按照电力监管机构的要求，披露停电、限电和事故抢修处理等信息。

第十条 电力监管机构对供电企业办理用电业务的情况实施监管。

供电企业办理用电业务的期限应当符合下列规定：

（一）向用户提供供电方案的期限，自受理用户用电申请之日起，一般居民用户不超过 5 个工作日，低压电力用户不超过 10 个工作日，高压单电源用户不超过 30 个工作日，高压双电源用户不超过 60 个工作日；

（二）对用户受电工程设计文件和有关资料审核的期限，自受理之日起，低压电力用户不超过 10 个工作日，高压电力用户不超过 30 个工作日；

（三）给用户装表接电的期限，自受电装置检验合格并办结相关手续之日起，一般居民用户不超过 3 个工作日，低压电力用户不超过 5 个工作日，高压电力用户不超过 7 个工作日。

第十一条 电力监管机构对供电企业向用户受电工程提供服务的情况实施监管。

供电企业应当对用户受电工程建设提供必要的业务咨询和技术标准咨询；对用户受电工程进行竣工检验，应当执行国家有关标准；发现用户受电设施存在故障隐患时，应当及时告知用户并指导其制定有效的解决方案。

供电企业不得对用户受电工程指定设计单位、施工单位和设备材料供应单位。

第十二条 电力监管机构对供电企业实施停电、限电规定的情况进行监管。

在电力系统正常的情况下，供电企业应当连续向用户供电。需要停电或者限电的，应当符合下列规定：

（一）因供电设施计划检修需要停电的，供电企业应当提前 7 日公告停电区域、停电线路、停电时间，并通知重要用户；

（二）因供电设施临时检修需要停电的，供电企业应当提前 24 小时通知重要用户；

（三）因电网发生故障或者电力供需紧张等原因需要停电、限电的，供电企业应当按照批准的有序用电方案执行。

引起停电或者限电的原因消除后，供电企业应当尽快恢复正常供电。

第十三条 电力监管机构对供电企业履行紧急供电义务的情况实施监管。

因抢险救灾、突发事件需要紧急供电时，供电企业应当及时提供电力供应。

第十四条 电力监管机构对供电企业处理供电故障的情况实施监管。

供电企业应当建立完善的报修服务制度，公开报修电话，24 小时受理供电故障报修。

供电企业应当迅速处理供电故障，尽快恢复正常供电。供电企业工作人员到达现场抢修的时限，自接到报修之时起，城区范围不超过 60 分钟，农村地区不超过 120 分钟，边远、交通不便地区不超过 240 分钟。因天气、交通等特殊原因无法在规定时限内到达现场的，应当向用户作出解释。

第十五条 电力监管机构对供电企业处理用电投诉的情况实施监管。

供电企业应当建立用电投诉处理制度，公开投诉电话。对用户的投诉，供电企业应当自接到投诉之日起 10 个工作日内提出处理意见并答复用户。

第三章 监 管 措 施

第十六条 电力监管机构根据供电服务监管的需要，有权要求供电企业按照规定报送电压合格率、供电可靠率、重大的用电投诉及其处理情况等信息。

电力监管机构应当定期对供电企业报送和披露的信息进行核查，发现违法行为及时处理。

第十七条 电力监管机构按照规定可以依法采取下列现场检查措施：

（一）进入供电企业进行检查；

（二）询问有关人员，要求其对检查事项做出说明；

（三）查阅、复制与检查事项有关的文件、资料、投诉记录等，对可能被转移、隐匿、损毁的文件、资料、投诉记录等予以封存；

（四）对检查中发现的违法行为，有权当场予以纠正或者要求限期改正。

第十八条 电力监管机构可以根据监管工作的需

要，在用户中开展供电服务情况调查并向社会公布调查结果。

第十九条　电力监管机构可以向社会公布供电企业违反本办法的行为。

第二十条　对供电企业未按照本办法规定实施供电服务的，电力监管机构应当予以记录；造成重大损失或者重大影响的，电力监管机构可以对供电企业的主管人员和其他直接责任人员依法提出处理意见和建议。

第二十一条　任何单位和个人对违反本办法和国家有关供电服务监管规定的行为有权向电力监管机构举报，电力监管机构应当按照有关规定及时处理。

第四章　罚　则

第二十二条　电力监管机构从事监管工作的人员违反电力监管有关规定，损害供电企业、用户的合法权益以及社会公共利益的，依法给予行政处分；构成犯罪的，依法追究刑事责任。

第二十三条　供电企业违反本办法第六条、第八条、第九条、第十条、第十一条、第十二条、第十四条、第十五条规定的，由电力监管机构责令改正；情节严重的，给予警告。

第二十四条　供电企业违反本办法第七条规定的，电力监管机构应当及时向有关部门提出价格行政处罚建议。

第二十五条　供电企业违反本办法第五条、第十三条规定的，由电力监管机构责令改正，给予警告；情节严重的，对直接负责的主管人员和其他直接责任人员，依法给予处分。

第二十六条　供电企业有下列情形之一的，由电力监管机构责令改正；拒不改正的，处 5 万元以上 50 万元以下的罚款，对直接负责的主管人员和直接责任人员，依法给予处分；构成犯罪的，依法追究刑事责任：

（一）拒绝或者阻碍电力监管机构及其从事监管工作的人员依法履行监管职责的；

（二）提供虚假或者隐瞒重要事实的文件、资料的；

（三）未按照规定披露有关信息的。

第二十七条　对于违反本办法并造成严重后果的供电企业主管人员或者直接责任人员，电力监管机构可以建议将其调离现任岗位，3 年内不得担任供电企业同类职务。

第二十八条　非因供电企业的原因造成供电服务质量达不到标准的，供电企业不承担责任。

第五章　附　则

第二十九条　在电力监管机构颁发电力业务许可证前，本办法所称供电企业是指依法取得《供电营业许可证》的企业。

第三十条　本办法自 2005 年 8 月 1 日起试行。

20　电力安全生产监管办法

（国家电力监管委员会 2004 年 3 月 9 日颁布，2004 年 3 月 9 日实施）

第一章　总　则

第一条　为了有效实施电力安全生产监管，保障电力系统安全，维护社会稳定，依据《中华人民共和国安全生产法》、《中华人民共和国电力法》等有关法律法规，制定本办法。

第二条　电力安全生产必须坚持"安全第一，预防为主"的方针。

第三条　电力安全生产的目标是维护电力系统安全稳定，保证电力正常供应，防止和杜绝人身死亡、大面积停电、主设备严重损坏、电厂垮坝、重大火灾等重、特大事故以及对社会造成重大影响的事故发生。

第四条　国家提倡和鼓励电力企业使用、研制和不断推广有利于保证电力系统安全、可靠的先进适用的技术装备和采用科学的管理方法，实现电力安全生产的技术创新和管理创新。

第五条　本办法适用于在中华人民共和国境内从事电力生产和经营的电网经营企业、供电企业、发电企业。

第二章　电力安全生产监督管理

第六条　按照国务院授权，国家电力监管委员会（以下简称电监会）具体负责全国电力安全生产监督管理工作，国家安全生产监督管理局负责全国电力安全生产综合管理工作。

第七条　电监会设立电力安全生产监管机构，行使以下电力安全监督管理职责：

（一）负责依法组织制定电力安全生产的规章、标准。

（二）组织电力安全生产大检查，督促落实安全生产各项措施。

（三）负责全国电力安全生产信息的统计、分析、发布。

（四）对全国电力行业发生的重大、特大安全生产事故组织调查。

（五）组织对电力企业安全生产状况进行检查、诊断、分析和评估。

（六）对电力安全生产工作中做出贡献者给予表彰奖励，对事故负有责任的单位和人员提出处罚建议。

第三章　电力企业安全生产责任

第八条　电力企业是电力安全生产的责任主体。国家电网公司和中国南方电网有限责任公司分别负责所辖范围内的电网安全，南方电网与其他区域电网联网线路的安全责任由国家电网公司承担，具体在联网协议中明确。发电企业按照"谁主管、谁负责"的原则分别对所辖范围内的企业安全生产负责。

第九条　各电力企业对本单位的安全生产全面负责。其主要行政负责人是安全生产第一责任人。

（一）建立并层层落实安全生产责任制。

（二）建立健全电力安全生产保证体系和电力安全生产监督体系；严格遵守国家有关电力安全的法律、法规及行业规程、标准。

（三）制定电力安全生产事故应急处理预案。

（四）督促、检查安全生产工作，及时消除事故隐患。

（五）实施安全生产教育培训。

第四章　电力系统安全

第十条　电网经营企业、供电企业、发电企业、电力用户有责任共同维护电力系统的安全稳定。

第十一条　电力系统运行坚持统一调度、分级管理的原则，建立统一、科学的调度协调体系。

第十二条　电网运行管理部门和电网调度机构应当严格执行《电力系统安全稳定导则》，防止电网失稳导致崩溃；组织编制适合本网实际的事故应急处理预案。

第十三条　各级电网调度机构是电网事故处理的指挥中心，值班调度员是电网事故处理的指挥员。

调度机构应当加强网、厂协调，建立电力系统安全的长效机制，严格执行调度规程，做到令行禁止。

发生危及电力系统安全的事故或遇有危及电网安全的情况时，调度机构有权采取必要的手段和应急措施。

第十四条　并网运行的发电厂，其涉及电网安全、稳定的励磁系统和调速系统，继电保护系统和安全自动装置，调度通信和自动化设备等应满足所在电网的要求。

第十五条　电力用户应当满足电网安全性要求，在使用电力过程中要遵守安全用电的规定。

第十六条　电力企业要加强电力设施保护，严防违章施工、偷盗电力设施等严重危害电力安全的情况发生。

第五章　电力安全生产信息报送

第十七条　各电网经营企业、供电企业、发电企业要按照电监会关于电力安全生产信息报送的规定报送电力安全生产信息。

第十八条　当发生重大、特大人身事故、电网事故、设备损坏事故、电厂垮坝事故和火灾事故时，要立即向电监会报告，时间不得超过 24 小时。同时抄报国家安全生产监督管理局和所在地政府有关部门。

第十九条　电力安全生产信息的报送应当及时、准确，不得隐瞒不报、谎报或者拖延不报。

第六章　事故调查处理

第二十条　电力企业发生事故后，事故现场有关人员应当立即报告本单位负责人。单位负责人接到事故报告后，应当迅速采取有效措施，组织抢救，防止事故扩大，减少人员伤亡和财产损失，并按照规定向有关单位报告。

第二十一条　事故调查处理权限：

死亡 3 人以上或 500 万元（人民币）以上直接损失的重、特大事故，以及电网大面积停电事故，由电监会负责调查处理。其中造成死亡 30 人以上或 2000 万元（人民币）以上直接损失的特大事故按照国家安全生产监督管理局的要求由国家安全生产监督管理局负责调查处理。

电监会认为有必要调查的事故，也遵从本规定。

第二十二条　事故调查应当按照实事求是、尊重科学的原则，及时、准确地查明事故原因、事故性质和事故责任，总结事故教训，提出整改措施，并对事故责任者提出处理意见。

第二十三条　在事故调查时，事故调查单位有权采取下列措施：

（一）对事故现场进行调查取证，要求发生事故所在单位和相关人员保护好事故现场，并提供与事故有关的原始记录、资料及其他有关材料。

（二）要求事故单位和相关人员就事故涉及的问题限期做出解释和说明。

（三）认为有必要的其他措施。

第二十四条　事故发生后，经调查确定为责任事故的，电监会将依照有关法律、法规的规定追究责任单位和责任人的责任。

第七章　附　　则

第二十五条　电网经营企业、供电企业、发电企业可以依据本办法制订实施办法。

第二十六条　本办法自发布之日起施行。

21　中华人民共和国经济合同法（节选）

（1981年12月13日第五届全国人民代表大会第四次会议通过根据1993年9月2日第八届全国人民代表大会常务委员会第三次会议《关于修改〈中华人民共和国经济合同法〉的决定》修正）

第一章　总　　则

第八条　购销、建设工程承包、加工承揽、货物运输、供用电、仓储保管、财产租赁、借款、财产保险以及其他经济合同，除法律另有规定的以外，均适用本法的规定。

第二章　经济合同的订立和履行

第九条　当事人双方依法就经济合同的主要条款经过协商一致，经济合同就成立。

第十条　代订经济合同，必须事先取得委托人的委托证明，并根据授权范围以委托人的名义签订，才对委托人直接产生权利和义务。

第十一条　国家根据需要向企业下达指令性计划的，有关企业之间应当依照有关法律、行政法规规定的企业的权利和义务签订合同。

第十二条　经济合同应具备以下主要条款：

一、标的（指货物、劳务、工程项目等）；

二、数量和质量；

三、价款或者酬金；

四、履行的期限、地点和方式；

五、违约责任。

根据法律规定的或按经济合同性质必须具备的条款，以及当事人一方要求必须规定的条款，也是经济合同的主要条款。

第十三条　经济合同用货币履行义务时，除法律或者行政法规另有规定的以外，必须用人民币计算和支付。

除国家允许使用现金履行义务的以外，必须通过银行转账或者票据结算。

第十四条　当事人一方可向对方给付定金。经济合同履行后，定金应当收回，或者抵作价款。

给付定金的一方不履行合同的，无权请求返还定金。接受定金的一方不履行合同的，应当双倍返还定金。

第十五条　经济合同当事人一方要求保证的，可由保证人担保。被保证的当事人不履行合同的，按照担保约定由保证人履行或者承担连带责任。

第十六条　经济合同被确认无效后，当事人依据该合同所取得的财产，应返还给对方。有过错的一方应赔偿对方因此所受的损失；如果双方都有过错，各自承担相应的责任。

违反国家利益或社会公共利益的合同，如果双方都是故意的，应追缴双方已经取得或者约定取得的财产，收归国库所有。如果只有一方是故意的，故意的一方应将从对方取得的财产返回对方；非故意的一方已经从对方取得或约定取得的财产，应收归国库所有。

第三章　经济合同的变更和解除

第二十六条　凡发生下列情况之一者，允许变更或解除经济合同：

一、当事人双方经协商同意，并且不因此损害国家利益和社会公共利益；

二、由于不可抗力致使经济合同的全部义务不能履行；

三、由于另一方在合同约定的期限内没有履行合同。

属于前款第二项或第三项规定的情况的，当事人一方有权通知另一方解除合同。因变更或解除经济合同使一方遭受损失的，除依法可以免除责任的以外，应由责任方负责赔偿。

当事人一方发生合并、分立时，由变更后的当事人承担或分别承担履行合同的义务和享受应有的权利。

第二十七条　变更或解除经济合同的通知或协议，应当采取书面形式（包括文书、电报等）。除由于不可抗力致使经济合同的全部义务不能履行或者由于另一方在合同约定的期限内没有履行合同的情况以外，协议未达成之前，原经济合同仍然有效。

第二十八条　经济合同订立后，不得因承办人或法定代表人的变动而变更或解除。

第四章　违反经济合同的责任

第二十九条　由于当事人一方的过错，造成经济合同不能履行或者不能完全履行，由有过错的一方承担违约责任；如属双方的过错，根据实际情况，由双方分别承担各自应负的违约责任。

对由于失职、渎职或其他违法行为造成重大事故或严重损失的直接责任者个人，应追究经济、行政责任直至刑事责任。

第三十条　当事人一方由于不可抗力的原因不能履行经济合同的，应及时向对方通报不能履行或者需要延期履行、部分履行经济合同的理由，在取得有关证明以后，允许延期履行、部分履行或者不履行，并可根据情况部分或全部免予承担违约责任。

第三十一条　当事人一方违反经济合同时，应向对方支付违约金。如果由于违约已给对方造成的损失超过违约金的，还应进行赔偿，补偿违约金不足的部分。对方要求继续履行合同的，应继续履行。

第三十二条　违约金、赔偿金应在明确责任后10天内偿付，否则按逾期付款处理。

第三十七条　违反供用电合同的责任。

一、供电方的责任：

供电方要按照国家规定的供电标准和合同规定安全供电。因故限电，应事先通知用电方。如无正当理由限电或由于供电方的责任断电，应赔偿用电方由此而造成的损失。

二、用电方的责任：

用电方要根据合同规定用电。因特殊情况需要超负荷用电或不能按规定时间用电时，应事先通知供电方。如无正当理由超负荷用电或不按规定时间用电，应偿付违约金。

违反供用水合同、供用电合同的责任，可参照本条规定处理。

第五章　经济合同纠纷的调解和仲裁

第四十二条　经济合同发生纠纷时，当事人可以通过协商或者调解解决。当事人不愿通过协商、调解解决或者协商、调解不成的，可以依据合同中的仲裁条款或者事后达成的书面仲裁协议，向仲裁机构申请仲裁。当事人没有在经济合同中订立仲裁条款，事后又没有达成书面仲裁协议的，可以向人民法院起诉。

仲裁作出裁决，由仲裁机构制作仲裁裁决书。对仲裁机构的仲裁裁决，当事人应当履行。当事人一方在规定的期限内不履行仲裁机构的仲裁裁决的，另一方可以申请人民法院强制执行。

第四十三条　经济合同争议申请仲裁的期限为2年，自当事人知道或者应当知道其权利被侵害之日起计算。

22　中华人民共和国涉外经济合同法（节选）

（国家主席令第22号）

（1985年3月21日第六届全国人民代表大会常务委员会第十次会议通过）

第一章　总　　则

第一条　为了保障涉外经济合同当事人的合法权益，促进我国对外经济关系的发展，特制定本法。

第二条　本法的适用范围是中华人民共和国的企业或者其他经济组织同外国的企业和其他经济组织或者个人之间订立的经济合同（以下简称合同）。但是，国际运输合同除外。

第三条　订立合同，应当依据平等互利、协商一致的原则。

第四条　订立合同，必须遵守中华人民共和国法律，并不得损害中华人民共和国的社会公共利益。

第五条　合同当事人可以选择处理合同争议所适用的法律。当事人没有选择的，适用与合同有最密切联系的国家的法律。

在中华人民共和国境内履行的中外合资经营企业合同、中外合作经营企业合同、中外合作勘探开发自然资源合同，适用中华人民共和国法律。

中华人民共和国法律未作规定的，可以适用国际惯例。

第六条　中华人民共和国缔结或者参加的与合同有关的国际条约同中华人民共和国法律有不同规定的，适用该国际条约的规定。但是，中华人民共和国声明保留的条款除外。

第二章　合同的订立

第十二条　合同一般应当具备以下条款：

一、合同当事人的名称或者姓名、国籍、主营业所或者住所；

二、合同签订的日期、地点；

三、合同的类型和合同标的的种类、范围；

四、合同标的的技术条件、质量、标准、规格、数量；

五、履行的期限、地点和方式；

六、价格条件、支付金额、支付方式和各种附带的费用；

七、合同能否转让或者合同转让的条件；

八、违反合同的赔偿和其他责任；

九、合同发生争议时的解决方法；

十、合同使用的文字及其效力。

第十四条 对于需要较长期间连续履行的合同，当事人应当约定合同的有效期限，并可以约定延长合同期限和提前终止合同的条件。

第四章 合同的转让

第二十六条 当事人一方将合同权利和义务的全部或者部分转让给第三者的，应当取得另一方的同意。

第二十七条 中华人民共和国法律、行政法规规定应当由国家批准成立的合同，其权利和义务的转让，应当经原批准机关批准。但是，已批准的合同中另有约定的除外。

第五章 合同的变更、解除和终止

第二十九条 有下列情形之一的，当事人一方有权通知另一方解除合同：

一、另一方违反合同，以致严重影响订立合同所期望的经济利益；

二、另一方在合同约定的期限内没有履行合同，在被允许推迟履行的合理期限内仍未履行；

三、发生不可抗力事件，致使合同的全部义务不能履行；

四、合同约定的解除合同的条件已经出现。

第三十二条 变更或者解除合同的通知或者协议，应当采用书面形式。

第三十三条 中华人民共和国法律、行政法规规定应当由国家批准成立的合同，其重大变更应当经原批准机关批准，其解除应当报原批准机关备案。

第六章 争议的解决

第三十七条 发生合同争议时，当事人应当尽可能通过协商或者通过第三者调解解决。

当事人不愿协商、调解的，或者协商、调解不成的，可以依据合同中的仲裁条款或者事后达成的书面仲裁协议，提交中国仲裁机构或者其他仲裁机构仲裁。

第三十八条 当事人没有在合同中订立仲裁条款，事后又没有达成书面仲裁协议的，可以向人民法院起诉。

23 中华人民共和国节约能源法（节选）

（国家主席令第 90 号）

（1997 年 11 月 1 日第八届全国人民代表大会常务委员会第二十八次会议通过）

第一章 总 则

第二条 本法所称能源，是指煤炭、原油、天然气、电力、焦炭、煤气、热力、成品油、液化石油气、生物质能和其他直接或者通过加工、转换而取得有用能的各种资源。

第四条 节能是国家发展经济的一项长远战略方针。

国务院和省、自治区、直辖市人民政府应当加强节能工作，合理调整产业结构、企业结构、产品结构和能源消费结构，推进节能技术进步，降低单位产值能耗和单位产品能耗，改善能源的开发、加工转换、输送和供应，逐步提高能源利用效率，促进国民经济向节能型发展。

国家鼓励开发、利用新能源和可再生能源。

第二章 节 能 管 理

第十二条 固定资产投资工程项目的可行性研究报告，应当包括合理用能的专题论证。

固定资产投资工程项目的设计和建设，应当遵守合理用能标准和节能设计规范。

达不到合理用能标准和节能设计规范要求的项目，依法审批的机关不得批准建设；项目建成后，达不到合理用能标准和节能设计规范要求的，不予验收。

第十三条 禁止新建技术落后、耗能过高、严重浪费能源的工业项目。禁止新建的耗能过高的工业项目的名录和具体实施办法，由国务院管理节能工作的部门会同国务院有关部门制定。

第十七条 国家对落后的耗能过高的用能产品、设备实行淘汰制度。

淘汰的耗能过高的用能产品、设备的名录由国务院管理节能工作的部门会同国务院有关部门确定并公布。具体实施办法由国务院管理节能工作的部门会同国务院有关部门制定。

第十九条　县级以上各级人民政府统计机构应当会同同级有关部门，做好能源消费和利用状况的统计工作，并定期发布公报，公布主要耗能产品的单位产品能耗等状况。

第三章　合理使用能源

第二十一条　用能单位应当按照合理用能的原则，加强节能管理，制定并组织实施本单位的节能技术措施，降低能耗。

用能单位应当开展节能教育，组织有关人员参加节能培训。

未经节能教育、培训的人员，不得在耗能设备操作岗位上工作。

第二十二条　用能单位应当加强能源计量管理，健全能源消费统计和能源利用状况分析制度。

第二十三条　用能单位应当建立节能工作责任制，对节能工作取得成绩的集体、个人给予奖励。

第二十四条　生产耗能较高的产品的单位，应当遵守依法制定的单位产品能耗限额。

超过单位产品能耗限额用能，情节严重的，限期治理。限期治理由县级以上人民政府管理节能工作的部门按照国务院规定的权限决定。

第二十五条　生产、销售用能产品和使用用能设备的单位和个人，必须在国务院管理节能工作的部门会同国务院有关部门规定的期限内，停止生产、销售国家明令淘汰的用能产品，停止使用国家明令淘汰的用能设备，并不得将淘汰的设备转让给他人使用。

第二十六条　生产用能产品的单位和个人，应当在产品说明书和产品标识上如实注明能耗指标。

第二十七条　生产用能产品的单位和个人，不得使用伪造的节能质量认证标志或者冒用节能质量认证标志。

第二十八条　重点用能单位应当按照国家有关规定定期报送能源利用状况报告。能源利用状况包括能源消费情况、用能效率和节能效益分析、节能措施等内容。

第二十九条　重点用能单位应当设立能源管理岗位，在具有节能专业知识、实际经验以及工程师以上技术职称的人员中聘任能源管理人员，并向县级以上人民政府管理节能工作的部门和有关部门备案。

能源管理人员负责对本单位的能源利用状况进行监督、检查。

第三十条　单位职工和其他城乡居民使用企业生产的电、煤气、天然气、煤等能源应当按照国家规定计量和交费，不得无偿使用或者实行包费制。

第三十一条　能源生产经营单位应当依照法律、法规的规定和合同的约定向用能单位提供能源。

第四章　节能技术进步

第三十七条　建筑物的设计和建造应当依照有关法律、行政法规的规定，采用节能型的建筑结构、材料、器具和产品，提高保温隔热性能，减少采暖、制冷、照明的能耗。

第三十九条　国家鼓励发展下列通用节能技术：

（一）推广热电联产、集中供热，提高热电机组的利用率，发展热能梯级利用技术，热、电、冷联产技术和热、电、煤气三联供技术，提高热能综合利用率；

（二）逐步实现电动机、风机、泵类设备和系统的经济运行，发展电机调速节电和电力电子节电技术，开发、生产、推广质优、价廉的节能器材，提高电能利用效率；

（三）发展和推广适合国内煤种的流化床燃烧、无烟燃烧和气化、液化等洁净煤技术，提高煤炭利用效率；

（四）发展和推广其他在节能工作中证明技术成熟、效益显著的通用节能技术。

24 中华人民共和国民事诉讼法（节选）

（国家主席令第44号）
（1991年4月9日第七届全国人民代表
大会第四次会议通过）

第二章　管　辖

第二十四条　因合同纠纷提起的诉讼，由被告住所地或者合同履行地人民法院管辖。

第二十五条　合同的双方当事人可以在书面合同中协议选择被告住所地、合同履行地、合同签订地、原告住所地、标的物所在地人民法院管辖，但不得违反本法对级别管辖和专属管辖的规定。

第二十一章　执行的申请和移送

第二百一十七条　对依法设立的仲裁机构的裁决，一方当事人不履行的，对方当事人可以向有管辖权的人民法院申请执行。受申请的人民法院应当执行。

被申请人提出证据证明仲裁裁决有下列情形之一的，经人民法院组成合议庭审查核实，裁定不予执行：

（一）当事人在合同中没有订有仲裁条款或者事后没有达成书面仲裁协议的；

（二）裁决的事项不属于仲裁协议的范围或者仲裁机构无权仲裁的；

（三）仲裁庭的组成或者仲裁的程序违反法定程序的；

（四）认定事实的主要证据不足的；

（五）适用法律确有错误的；

（六）仲裁员在仲裁该案时有贪污受贿，徇私舞弊，枉法裁决行为的。

人民法院认定执行该裁决违背社会公共利益的，裁定不予执行。

裁定书应当送达双方当事人和仲裁机构。

仲裁裁决被人民法院裁定不予执行的，当事人可以根据双方达成的书面仲裁协议重新申请仲裁，也可以向人民法院起诉。

25 中华人民共和国刑法（节选）

（国家主席令第83号）
（1979年7月1日第五届全国人民代表大会第二次会议通过，1997年3月14日第八届全国人民代表大会第五次会议修订）

第二十九条　教唆他人犯罪的，应当按照他在共同犯罪中所起的作用处罚。教唆不满十八周岁的人犯罪的，应当从重处罚。

如果被教唆的人没有犯被教唆的罪，对于教唆犯，可以从轻或者减轻处罚。

第三十条　公司、企业、事业单位、机关、团体实施的危害社会的行为，法律规定为单位犯罪的，应当负刑事责任。

第三十一条　单位犯罪的，对单位判处罚金，并对其直接负责的主管人员和其他直接责任人员判处刑罚。本法分则和其他法律另有规定的，依照规定。

第一百零九条　破坏电力、煤气或者其他易燃易爆设备，危害公共安全，尚未造成严重后果的，处三年以上十年以下有期徒刑。

第一百一十条　破坏交通工具、交通设备、电力煤气设备、易燃易爆设备造成严重后果的，处十年以上有期徒刑、无期徒刑或者死刑。

过失犯前款罪的，处七年以下有期徒刑或者拘役。

第一百一十四条　工厂、矿山、林场、建筑企业或者其他企业、事业单位的职工，由于不服管理、违反规章制度，或者强令工人违章冒险作业，因而发生重大伤亡事故，造成严重后果的，处三年以下有期徒刑或者拘役；情节特别恶劣的，处三年以上七年以下有期徒刑。

第一百一十八条　破坏电力、燃气或者其他易燃易爆设备，危害公共安全，尚未造成严重后果的，处三年以上十年以下有期徒刑。

第一百一十九条　破坏交通工具、交通设施、电力设备、燃气设备、易燃易爆设备，造成严重后果的，处十年以上有期徒刑、无期徒刑或者死刑。

过失犯前款罪的，处三年以上七年以下有期徒刑；情节较轻的，处三年以下有期徒刑或者拘役。

第一百三十四条　工厂、矿山、林场、建筑企业或者其他企业、事业单位的职工，由于不服管理、违反规章制度，或者强令工人违章冒险作业，因而发生重大伤亡事故或者造成其他严重后果的，处三年以下有期徒刑或者拘役；情节特别恶劣的，处三年以上七年以下有期徒刑。

第一百三十五条　工厂、矿山、林场、建筑企业或者其他企业、事业单位的劳动安全设施不符合国家规定，经有关部门或者单位职工提出后，对事故隐患仍不采取措施，因而发生重大伤亡事故或者造成其他严重后果的，对直接责任人员，处三年以下有期徒刑或者拘役；情节特别恶劣的，处三年以上七年以下有期徒刑。

第一百三十七条　建设单位、设计单位、施工单位、工程监理单位违反国家规定，降低工程质量标准，造成重大安全事故的，对直接责任人员，处五年以下有期徒刑或者拘役，并处罚金；后果特别严重的，处五年以上十年以下有期徒刑，并处罚金。

第一百四十六条　生产不符合保障人身、财产安全的国家标准、行业标准的电器、压力容器、易燃易爆产品或者其他不符合保障人身、财产安全的国家标准、行业标准的产品，或者销售明知是以上不符合保障人身、财产安全的国家标准、行业标准的产品，造成严重后果的，处五年以下有期徒刑，并处销售金额百分之五十以上二倍以下罚金；后果特别严重的，处五年以上有期徒刑，并处销售金额百分之五十以上二倍以下罚金。

第一百五十一条　盗窃、诈骗、抢夺公私财物数额较大的,处五年以下有期徒刑、拘役或者管制。

第一百五十二条　惯窃、惯骗或者盗窃、诈骗、抢夺公私财物数额巨大的,处五年以上十年以下有期徒刑;情节特别严重的,处十年以上有期徒刑或者无期徒刑,可以并处没收财产。

第二百六十四条　盗窃公私财物,数额较大或者多次盗窃的,处三年以下有期徒刑、拘役或者管制,并处或者单处罚金;数额巨大或者有其他严重情节的,处三年以上十年以下有期徒刑,并处罚金;数额特别巨大或者有其他特别严重情节的,处十年以上有期徒刑或者无期徒刑,并处罚金或者没收财产;有下列情形之一的,处无期徒刑或者死刑,并处没收财产。

(一)盗窃金融机构,数额特别巨大的;

(二)盗窃珍贵文物,情节严重的。

第二百七十一条　公司、企业或者其他单位的人员,利用职务上的便利,将本单位财物非法占为己有,数额较大的,处五年以下有期徒刑或者拘役;数额巨大的,处五年以上有期徒刑,可以并处没收财产。

国有公司、企业或者其他国有单位中从事公务的人员和国有公司、企业或者其他国有单位委派到非国有公司、企业以及其他单位从事公务的人员有前款行为的,依照本法第三百八十二条、第三百八十三条的规定定罪处罚。

第三百八十二条　国家工作人员利用职务上的便利,侵吞、窃取、骗取或者以其他手段非法占有公共财物的,是贪污罪。

受国家机关、国有公司、企业、事业单位、人民团体委托管理、经营国有财产的人员,利用职务上的便利,侵吞、窃取、骗取或者以其他手段非法占有国有财物的,以贪污论。

与前两款所列人员勾结,伙同贪污的,以共犯论处。

第三百八十三条　对犯贪污罪的,根据情节轻重,分别依照下列规定处罚:

(一)个人贪污数额在十万元以上的,处十年以上有期徒刑或者无期徒刑,可以并处没收财产;情节特别严重的,处死刑,并处没收财产。

(二)个人贪污数额在五万元以上不满十万元的,处五年以上有期徒刑,可以并处没收财产;情节特别严重的,处无期徒刑,并处没收财产。

(三)个人贪污数额在五千元以上不满五万元的,处一年以上七年以下有期徒刑;情节严重的,处七年

以上十年以下有期徒刑。个人贪污数额在五千元以上不满一万元的,犯罪后有悔改表现、积极退赃的,可以减轻处罚或者免予刑事处罚,由其所在单位或者上级主管机关给予行政处分。

(四)个人贪污数额不满五千元,情节较重的,处二年以下有期徒刑或者拘役;情节较轻的,由其所在单位或者上级主管机关酌情给予行政处分。

对多次贪污未经处理的,按照累计贪污数额处罚。

26　中华人民共和国仲裁法(节选)

(国家主席令第 31 号)

(1994 年 8 月 31 日第八届全国人民代表
大会常务委员会第九次会议通过)

第一章　总　　则

第一条　为保证公正、及时地仲裁经济纠纷,保护当事人的合法权益,保障社会主义市场经济健康发展,制定本法。

第二条　平等主体的公民、法人和其他组织之间发生的合同纠纷和其他财产权益纠纷,可以仲裁。

第三条　下列纠纷不能仲裁:

(一)婚姻、收养、监护、扶养、继承纠纷;

(二)依法应当由行政机关处理的行政争议。

第四条　当事人采用仲裁方式解决纠纷,应当双方自愿,达成仲裁协议。没有仲裁协议,一方申请仲裁的,仲裁委员会不予受理。

第五条　当事人达成仲裁协议,一方向人民法院起诉的,人民法院不予受理,但仲裁协议无效的除外。

第六条　仲裁委员会应当由当事人协议选定。

仲裁不实行级别管辖和地域管辖。

第七条　仲裁应当根据事实,符合法律规定,公平合理地解决纠纷。

第八条　仲裁依法独立进行,不受行政机关、社会团体和个人的干涉。

第九条　仲裁实行一裁终局的制度。裁决作出后,当事人就同一纠纷再申请仲裁或者向人民法院起诉的,仲裁委员会或者人民法院不予受理。

裁决被人民法院依法裁定撤销或者不予执行的,当事人就该纠纷可以根据双方重新达成的仲裁协议申请仲裁,也可以向人民法院起诉。

第三章　仲 裁 协 议

第十六条　仲裁协议包括合同中订立的仲裁条款和以其他书面方式在纠纷发生前或者纠纷发生后达成的请求仲裁的协议。

仲裁协议应当具有下列内容：

（一）请求仲裁的意思表示；

（二）仲裁事项；

（三）选定的仲裁委员会。

第十七条　有下列情形之一的，仲裁协议无效：

（一）约定的仲裁事项超出法律规定的仲裁范围的；

（二）无民事行为能力人或者限制民事行为能力人订立的仲裁协议；

（三）一方采取胁迫手段，迫使对方订立仲裁协议的。

第十八条　仲裁协议对仲裁事项或者仲裁委员会没有约定或者约定不明确的，当事人可以补充协议；达不成补充协议的，仲裁协议无效。

第十九条　仲裁协议独立存在，合同的变更、解除、终止或者无效，不影响仲裁协议的效力。

仲裁庭有权确认合同的效力。

第二十条　当事人对仲裁协议的效力有异议的，可以请求仲裁委员会作出决定或者请求人民法院作出裁定。一方请求仲裁委员会作出决定，另一方请求人民法院作出裁定的，由人民法院裁定。

当事人对仲裁协议的效力有异议，应当在仲裁庭首次开庭前提出。

第四章　仲 裁 程 序

第一节　申请和受理

第二十一条　当事人申请仲裁应当符合下列条件：

（一）有仲裁协议；

（二）有具体的仲裁请求和事实、理由；

（三）属于仲裁委员会的受理范围。

第二十二条　当事人申请仲裁，应当向仲裁委员会递交仲裁协议、仲裁申请书及副本。

第二十三条　仲裁申请书应当载明下列事项：

（一）当事人的姓名、性别、年龄、职业、工作单位和住所，法人或者其他组织的名称、住所和法定代表人或者主要负责人的姓名、职务；

（二）仲裁请求和所根据的事实、理由；

（三）证据和证据来源、证人姓名和住所。

第二十四条　仲裁委员会收到仲裁申请书之日起五日内，认为符合受理条件的，应当受理，并通知当事人；认为不符合受理条件的，应当书面通知当事人不予受理，并说明理由。

第二十五条　仲裁委员会受理仲裁申请后，应当在仲裁规则规定的期限内将仲裁规则和仲裁员名册送达申请人，并将仲裁申请书副本和仲裁规则、仲裁员名册送达被申请人。

被申请人收到仲裁申请书副本后，应当在仲裁规则规定的期限内向仲裁委员会提交答辩书。仲裁委员会收到答辩书后，应当在仲裁规则规定的期限内将答辩书副本送达申请人。被申请人未提交答辩书的，不影响仲裁程序的进行。

第二十六条　当事人达成仲裁协议，一方向人民法院起诉未声明有仲裁协议，人民法院受理后，另一方在首次开庭前提交仲裁协议的，人民法院应当驳回起诉，但仲裁协议无效的除外；另一方在首次开庭前未对人民法院受理该案提出异议的，视为放弃仲裁协议，人民法院应当继续审理。

第二十七条　申请人可以放弃或者变更仲裁请求。被申请人可以承认或者反驳仲裁请求，有权提出反请求。

第二十八条　一方当事人因另一方当事人的行为或者其他原因，可能使裁决不能执行或者难以执行的，可以申请财产保全。

当事人申请财产保全的，仲裁委员会应当将当事人的申请依照民事诉讼法的有关规定提交人民法院。

申请有错误的，申请人应当赔偿被申请人因财产保全所遭受的损失。

第二十九条　当事人、法定代理人可以委托律师和其他代理人进行仲裁活动。委托律师和其他代理人进行仲裁活动的，应当向仲裁委员会提交授权委托书。

第三节　开庭和裁决

第三十九条　仲裁应当开庭进行。当事人协议不开庭的，仲裁庭可以根据仲裁申请书、答辩书以及其他材料作出裁决。

第四十条　仲裁不公开进行。当事人协议公开的，可以公开进行，但涉及国家秘密的除外。

第四十一条　仲裁委员会应当在仲裁规则规定的期限内将开庭日期通知双方当事人。当事人有正当理由的，可以在仲裁规则规定的期限内请求延期开庭。是否延期，由仲裁庭决定。

第四十二条　申请人经书面通知，无正当理由不到庭或者未经仲裁庭许可中途退庭的，可以视为撤回仲裁申请。

被申请人经书面通知，无正当理由不到庭或者未经仲裁庭许可中途退庭的，可以缺席裁决。

第四十三条 当事人应当对自己的主张提供证据。仲裁庭认为有必要收集的证据，可以自行收集。

第四十四条 仲裁庭对专门性问题认为需要鉴定的，可以交由当事人约定的鉴定部门鉴定，也可以由仲裁庭指定的鉴定部门鉴定。

根据当事人的请求或者仲裁庭的要求，鉴定部门应当派鉴定人参加开庭。当事人经仲裁庭许可，可以向鉴定人提问。

第四十五条 证据应当在开庭时出示，当事人可以质证。

第四十六条 在证据可能灭失或者以后难以取得的情况下，当事人可以申请证据保全。当事人申请证据保全的，仲裁委员会应当将当事人的申请提交证据所在地的基层人民法院。

第四十七条 当事人在仲裁过程中有权进行辩论。辩论终结时，首席仲裁员或者独任仲裁员应当征询当事人的最后意见。

第四十八条 仲裁庭应当将开庭情况记入笔录。当事人和其他仲裁参与人认为对自己陈述的记录有遗漏或者差错的，有权申请补正。如果不予补正，应当记录该申请。

笔录由仲裁员、记录人员、当事人和其他仲裁参与人签名或者盖章。

第四十九条 当事人申请仲裁后，可以自行和解。达成和解协议的，可以请求仲裁庭根据和解协议作出裁决书，也可以撤回仲裁申请。

第五十条 当事人达成和解协议，撤回仲裁申请后反悔的，可以根据仲裁协议申请仲裁。

第五十一条 仲裁庭在作出裁决前，可以先行调解。当事人自愿调解的，仲裁庭应当调解。调解不成的，应当及时作出裁决。

调解达到协议的，仲裁庭应当制作调解书或者根据协议的结果制作裁决书。调解书与裁决书具有同等法律效力。

第五十二条 调解书应当写明仲裁请求和当事人协议的结果。调解书由仲裁员签名，加盖仲裁委员会印章，送达双方当事人。

调解书经双方当事人签收后，即发生法律效力。

在调解书签收前当事人反悔的，仲裁庭应当及时作出裁决。

第五十三条 裁决应当按照多数仲裁员的意见作出，少数仲裁员的不同意见可以记入笔录。仲裁庭不能形成多数意见时，裁决应当按照首席仲裁员的意见

作出。

第五十四条 裁决书应当写明仲裁请求、争议事实、裁决理由、裁决结果、仲裁费用的负担和裁决日期。当事人协议不愿写明争议事实和裁决理由的，可以不写。裁决书由仲裁员签名，加盖仲裁委员会印章。对裁决持不同意见的仲裁员，可以签名，也可以不签名。

第五十五条 仲裁庭仲裁纠纷时，其中一部分事实已经清楚，可以就该部分先行裁决。

第五十六条 对裁决书中的文字、计算错误或者仲裁庭已经裁决但在裁决书中遗漏的事项，仲裁庭应当补正；当事人自收到裁决书之日起三十日内，可以请求仲裁庭补正。

第五十七条 裁决书自作出之日起发生法律效力。

第六章 执 行

第六十二条 当事人应当履行裁决。一方当事人不履行的，另一方当事人可以依照民事诉讼法的有关规定向人民法院申请执行。受申请的人民法院应当执行。

第六十三条 被申请人提出证据证明裁决有民事诉讼法第二百一十七条第二款规定的情形之一的，经人民法院组成合议庭审查核实，裁定不予执行。

第六十四条 一方当事人申请执行裁决，另一方当事人申请撤销裁决的，人民法院应当裁定中止执行。

人民法院裁定撤销裁决的，应当裁定终结执行。撤销裁决的申请被裁定驳回的，人民法院应当裁定恢复执行。

第八章 附 则

第七十四条 法律对仲裁时效有规定的，适用该规定。法律对仲裁时效没有规定的，适用诉讼时效的规定。

27 中华人民共和国民法通则（节选）

（国家主席令第 37 号）

（1986 年 4 月 12 日第六届全国人民代表大会第四次会议通过）

第二章 公民（自然人）

第一节 民事权利能力和民事行为能力

第九条 公民从出生时起到死亡时止，具有民事

权利能力，依法享有民事权利，承担民事义务。

第十条 公民的民事权利能力一律平等。

第十一条 18周岁以上的公民是成年人，具有完全民事行为能力，可以独立进行民事活动，是完全民事行为能力人。

16周岁以上不满18周岁的公民，以自己的劳动收入为主要生活来源的，视为完全民事行为能力人。

第十二条 10周岁以上的未成年人是限制民事行为能力人，可以进行与他的年龄、智力相适应的民事活动；其他民事活动由他的法定代理人代理，或者征得他的法定代理人的同意。

不满10周岁的未成年人是无民事行为能力人，由他的法定代理人代理民事活动。

第十三条 不能辨认自己行为的精神病人是无民事行为能力人，由他的法定代理人代理民事活动。

不能完全辨认自己行为的精神病人是限制民事行为能力人，可以进行与他的精神健康状况相适应的民事活动；其他民事活动由他的法定代理人代理，或者征得他的法定代理人的同意。

第十四条 无民事行为能力人、限制民事行为能力人的监护人是他的法定代理人。

第十五条 公民以他的户籍所在地的居住地为住所，经常居住地与住所不一致的，经常居住地视为住所。

第三章 法   人

第二节 企 业 法 人

第四十一条 全民所有制企业、集体所有制企业有符合国家规定的资金数额，有组织章程、组织机构和场所，能够独立承担民事责任，经主管机关核准登记，取得法人资格。

在中华人民共和国领域内设立的中外合资经营企业、中外合作经营企业和外资企业，具备法人条件的，依法经工商行政管理机关核准登记，取得中国法人资格。

第四十二条 企业法人应当在核准登记的经营范围内从事经营。

第四十三条 企业法人对它的法定代表人和其他工作人员的经营活动，承担民事责任。

第四十四条 企业法人分立、合并或者有其他重要事项变更，应当向登记机关办理登记并公告。

企业法人分立、合并，它的权利和义务由变更后的法人享有和承担。

第四十五条 企业法人由于下列原因之一终止：

（一）依法被撤销；

（二）解散；

（三）依法宣告破产；

（四）其他原因。

第四十六条 企业法人终止，应当向登记机关办理注销登记并公告。

第四十七条 企业法人解散，应当成立清算组织，进行清算。企业法人被撤销、被宣告破产的，应当由主管机关或者人民法院组织有关机关和有关人员成立清算组织，进行清算。

第四十八条 全民所有制企业法人以国家授予它经营管理的财产承担民事责任。集体所有制企业法人以企业所有的财产承担民事责任。中外合资经营企业法人、中外合作经营企业法人和外资企业法人以企业所有的财产承担民事责任，法律另有规定的除外。

第四十九条 企业法人有下列情形之一的，除法人承担责任外，对法定代表人可以给予行政处分、罚款，构成犯罪的，依法追究刑事责任：

（一）超出登记机关核准登记的经营范围从事非法经营的；

（二）向登记机关、税务机关隐瞒真实情况、弄虚作假的；

（三）抽逃资金、隐匿财产逃避债务的；

（四）解散、被撤销、被宣告破产后，擅自处理财产的；

（五）变更、终止时不及时申请办理登记和公告，使利害关系人遭受重大损失的；

（六）从事法律禁止的其他活动，损害国家利益或者社会公共利益的。

第六章 民 事 责 任

第二节 违反合同的民事责任

第一百一十一条 当事人一方不履行合同义务或者履行合同义务不符合约定条件的，另一方有权要求履行或者采取补救措施，并有权要求赔偿损失。

第一百一十二条 当事人一方违反合同的赔偿责任，应当相当于另一方因此所受到的损失。

当事人可以在合同中约定，一方违反合同时，向另一方支付一定数额的违约金；也可以在合同中约定对于违反合同而产生的损失赔偿额的计算方法。

第一百一十三条 当事人双方都违反合同的，应当分别承担各自应负的民事责任。

第一百一十四条 当事人一方因另一方违反合同受到损失的，应当及时采取措施防止损失的扩大；没有及时采取措施致使损失扩大的，无权就扩大的损失要求赔偿。

第一百一十五条　合同的变更或者解除，不影响当事人要求赔偿损失的权利。

第一百一十六条　当事人一方由于上级机关的原因，不能履行合同义务的，应当按照合同约定向另一方赔偿损失或者采取其他补救措施，再由上级机关对它因此受到的损失负责处理。

第四节　承担民事责任的方式

第一百三十四条　承担民事责任的方式主要有：

（一）停止侵害；
（二）排除妨碍；
（三）消除危险；
（四）返还财产；
（五）恢复原状；
（六）修理、重作、更换；
（七）赔偿损失；
（八）支付违约金；
（九）消除影响、恢复名誉；
（十）赔礼道歉。

以上承担民事责任的方式，可以单独适用，也可以合并适用。

人民法院审理民事案件，除适用上述规定外，还可以予以训诫、责令具结悔过、收缴进行非法活动的财物和非法所得，并可以依照法律规定处以罚款、拘留。

第九章　附　则

第一百五十三条　本法所称的"不可抗力"，是指不能预见、不能避免并不能克服的客观情况。

28　水利电力部门电测、热工计量仪表和装置检定、管理的规定

（国务院国函〔1986〕59号）

为实施《中华人民共和国计量法》（以下简称计量法），现对水利电力部门电测、热工计量仪表和装置检定、管理工作，规定如下：

一、根据电力生产、科研和经营管理的特殊需要，在业务上属水利电力部门管理的各企业、事业单位内部使用的电测、热工计量仪表和装置，按计量法

第七条规定，由水利电力部建立本部门的计量标准，并负责检定、管理。根据计量法第二十条规定，授权水利电力部门计量检定机构对所属单位的电测、热工最高计量标准执行强制检定。水利电力部门的电测、热工最高计量标准，接受国家计量基准的传递和监督。

二、在业务上属水利电力部门管理的各企业、事业单位，其电测、热工最高计量标准的建标考核，由被授权执行强制检定的水利电力部门计量检定机构考核合格后使用；属地方人民政府或其他单位管理的，由有关地方人民政府计量局主持考核合格后批准使用。

三、在业务上属水利电力部门管理的各企业、事业单位内部使用的强制检定的工作计量器具，授权水利电力部门计量检定机构执行强制检定。县级以上地方人民政府计量局负责对其计量工作检查、指导。

四、水利电力部门管理的用于结算、收费的电能计量仪表和装置，按照方便生产、利于管理的原则，根据计量法第二十条规定，授权水利电力部门计量检定机构执行强制检定。县级以上地方人民政府计量局对其考核检定人员，建立和执行计量规章制度及检定工作，负责监督检查。

属地方人民政府管理的用于结算、收费的电能计量仪表和装置，以及其他企业、事业单位使用的电能计量仪表和装置的检定、管理办法，由地方人民政府决定。

五、水利电力部门计量检定机构在计量器具的强制检定中，可根据需要开展修理业务，其工作受有关人民政府计量局检查、指导。

六、水利电力部门计量检定机构被授权执行强制检定工作的人员，在有关人民政府计量局监督下，由水利电力部门组织考核、发证。在此规定发布之前，水利电力部门已进行的考核有效。

七、水利电力部门要对授权检定的计量工作加强管理，保证结算、收费电能计量仪表和装置的准确。当用户对计量准确性提出质疑时，应负责认真查处。对违反计量法律、法规的行为，由县级以上地方人民政府计量局按计量法有关规定追究法律责任。

八、水利电力部门所属供电单位与其他部门用电单位因电能计量准确度发生的纠纷，先由上一级水利电力部门会同对方主管部门进行第一次复核调解。对第一次调解不服的，可向双方再上一级主管部门申请第二次调解。

对调解后仍未达成一致的问题，由相应的人民政府计量局主持仲裁检定，以国家电能计量基准或社会

公用电能计量标准检定的数据为准。

29 中华人民共和国治安管理处罚条例（节选）

（1986年9月5日第六届全国人民代表大会
常务委员会第十七次会议通过　根据1994年
5月12日第八届全国人民代表大会常务
委员会第七次会议《关于修改〈中华
人民共和国治安管理处罚条例〉
的决定》修正）

第一章　总　则

第一条　为加强治安管理，维护社会秩序和公共安全，保护公民的合法权益，保障社会主义现代化建设的顺利进行，制定本条例。

第二条　扰乱社会秩序，妨碍公共安全，侵犯公民人身权利，侵犯公私财产，依照《中华人民共和国刑法》的规定构成犯罪的，依法追究刑事责任；尚不够刑事处罚，应当给予治安管理处罚的，依照本条例处罚。

第三条　在中华人民共和国领域内发生的违反治安管理行为，除法律有特别规定的以外，适用本条例。

在中华人民共和国船舶或者航空器内发生的违反治安管理行为，也适用本条例。

第四条　公安机关对违反治安管理的人，坚持教育与处罚相结合的原则。

第十五条　机关、团体、企业、事业单位违反治安管理的，处罚直接责任人员；单位主管人员指使的，同时处罚该主管人员。

30 部分省市防治窃电地方性法规摘要

一、广东省关于办理窃电案件的意见

（粤检字〔1999〕第1号）

各市、县（区）人民检察院、法院、公安局、电力局：

为保护国家电能不受非法侵占，依法维护电力供应、使用的正常秩序，严厉打击窃电违法犯罪活动，

现对如何正确执行好《刑法》、《电力法》以及国务院颁布施行的《电力供应与使用条例》的有关规定，提出一些具体的意见，供我省公、检、法部门在办案中内部掌握：

一、窃电

窃电，是指用电户以非法占有为目的，采取隐蔽或其他非法手段窃用电能的行为。

二、窃电行为的确认

有下列行为之一的可认定为窃电行为：

1. 在供电企业的供电设施上擅自接线用电；

2. 绕越供电企业的用电计量装置用电；

3. 伪造或者开启法定的或者授权的计量检定机构加封的用电计量装置封印用电；

4. 故意损坏供电企业用电计量装置用电；

5. 故意使供电企业的用电计量装置计量不准或者失效用电；

6. 采用其他方法窃用电能。

三、窃电量与金额的确认

1. 在供电企业设施上，擅自接线用电的，所窃电量按私接设备额定容量（千伏安视同千瓦）乘以实际使用时间计算确定。

2. 以其他行为窃电的，所窃电量按计费电能表标定电流值（对装有限流器的，按限流器额定电流值）所指的容量乘以实际窃用的时间计算确定。

3. 窃电时间无法查明的，可以分别按下列方法计算窃电量：

（1）按同属性单位正常用电的单耗和产品产量相乘计算用电量，加上其他辅助用电量后与抄见电量对比的差额；

（2）在总表上窃电，按分表电量总和与总表抄见电量的差额计算；

（3）按历史上正常月份用电量与窃电后抄见电量的差额，并根据实际用电变化情况进行调整；

（4）以上方法仍不能确认的，窃电日数每年以180天计算，每日窃电时间，电力用户按12h计算，照明用户按6h计算。

4. 窃电金额=（窃电电量）×〔电力销售价格（含税）〕+（国家、省物价部门规定按电量收取的其他合法费用）。

5. 窃电量、窃电金额由受损的供电部门的上级电能计量检定部门核定。

四、对窃电行为的处罚

1. 窃电的，由电力管理部门责令停止违法行为，追缴电费并处电费五倍以下罚款，同时承担供用电合同违约责任。对窃电数额较大，情节严重的，按盗窃

罪的有关规定追究刑事责任。

单位窃电，除按以上第一款追究责任外，还应追究实施窃电行为教唆、指使、胁迫、引诱、协助者的刑事责任。

2. 殴打、公然侮辱履行职务的查电人员，拒绝、阻碍电力监督人员依法执行职务的，依法予以治安处罚或劳动教养。构成犯罪的，依法追究刑事责任。

二、云南省查处窃电行为条例

（2000 年 12 月 1 日云南省第九届人民代表大会常务委员会第十九次会议通过）

第一条　为了维护供用电秩序和社会公共安全，预防和打击窃电行为，保障电网经营企业、电力供应企业（以下统称供电企业）和电力用户的合法权益，根据《中华人民共和国电力法》和有关法律、法规，结合本省实际，制定本条例。

第二条　县级以上人民政府经济贸易行政主管部门是电力行政管理部门，负责本行政区域内查处窃电行为的监督管理工作。

公安、工商、质量技术监督等部门按照各自的职责，配合电力行政管理部门依法维护供用电秩序，查处、制止窃电行为。

第三条　禁止任何单位和个人以任何方式窃电。

禁止胁迫、指使、教唆、协助他人窃电或者向他人传授窃电方法。

禁止生产、销售、提供、使用窃电装置。

第四条　鼓励单位和个人维护供用电秩序，举报窃电行为。

对举报窃电的，应当给予保密；经查证举报的窃电行为属实的，供电企业应当对举报者予以奖励。

第五条　以非法占用电能为目的，实施下列不计或者少计电量行为的，属于窃电行为：

（一）擅自在供用电设施上接线用电；

（二）伪造用电计量装置封印用电；

（三）擅自开启计量鉴定机构或经授权的供电企业加封的用电计量装置用电；

（四）绕越或者损坏用电计量装置用电；

（五）虽不损坏用电计量装置，但致使用电计量装置计量不准或者失效；

（六）安装窃电装置用电；

（七）采用其他方式窃电。

第六条　窃电时间能够查明的，窃电量按照下列方法确定：

（一）擅自在供用电设施上接线用电的，按照所接设备的额定容量乘以窃电时间计算；

（二）以其他方式窃电的，按照计费电能表的最大额定电流值所对应的容量乘以窃电时间计算。

在高电压上窃电的，计算窃电量还应当乘以相应的倍率。

第七条　窃电时间难以查明的，窃电量按照下列方法确定：

（一）按照同类产品平均用电的单耗与窃电用户生产的产品产量相乘，加上其他辅助用电量，再减去抄见电量；

（二）在总表上窃电的，按照各分表电量之和减去总表抄见电量的差额计算；

（三）按照该用户正常月份的用电量减去窃电后的抄见电量。

按照前款规定仍不能确定的，窃电时间至少按 180 日计算，但最多不超过 365 日；生产经营用户每日至少按 12h 计算，其他用户每日按 6h 计算。

第八条　确定窃电金额的电价标准，按照国家或者省核定的当时当地的电价标准执行。

第九条　供电企业依法配备的用电检查人员，应当按划定的供电营业区范围维护正常供用电秩序，进行用电检查。

用电检查人员进行用电检查，查处窃电行为时，不得少于两人，并须先出示工作证和用电检查证。被检查的用户不得拒绝。

检查中发现窃电行为应予处罚时，供电企业应当报告电力行政管理部门，由电力行政管理部门依照本条例第十二条的规定处理。

第十条　用电检查人员检查中发现用户涉嫌窃电的，可以采取下列措施：

（一）向有关当事人和证人调查，制作调查笔录；

（二）查阅、复印有关资料；

（三）采用录像、摄影等手段收集窃电的证据；

（四）查封窃电的装置；

（五）申请证据保全。

第十一条　经现场检查确认用户窃电的，供电企业应当予以制止，向其发出《制止窃电通知书》，并可以中止供电；同时应当报请电力行政管理部门依法处理。但是中止供电会导致用户生产设备造成重大损害或者给社会公共利益造成损害的除外。在对窃电者中止供电时，不得影响其他用户正常用电。

窃电者按所窃电量补交电费并承担违约责任后，供电企业即应当恢复供电。

用户对中止供电有异议的，可以自被中止供电之日起 15 日内向电力行政管理部门投诉；电力行政管理部门应当自接到投诉之日起 7 日内依法处理。

第十二条 对供电企业报送或者其他部门移送处理的窃电案件，电力行政管理部门应当在 30 日内按下列规定处理：

（一）窃电行为事实不清、证据不足的，予以撤消；

（二）窃电行为事实清楚、证据确凿的，作出行政处罚决定；

（三）窃电行为情节严重，构成犯罪的，交司法机关处理。

第十三条 电力用户被窃电的，由窃电行为发生地的供电企业依照本条例的有关规定负责查处，并由电力行政管理部门依照本条例第十四条的规定对窃电者予以处罚；构成犯罪的，依法追究刑事责任。

第十四条 窃电行为不构成犯罪的，由电力行政管理部门责令窃电者停止违法行为、向供电企业交清电费；并处所窃电量的电费一倍以上五倍以下的罚款。

单位窃电的，除依照前款规定处理外，还应当由其上级主管部门或者行政监察机关对直接负责的主管人员和其他直接责任人员给予行政处分。

第十五条 违反本条例第三条第二款规定，胁迫、指使、教唆、协助他人窃电，或者向他人传授窃电方法，不构成犯罪的，由电力行政管理部门责令停止违法行为，没收违法所得，并处 2 千元以上 1 万元以下的罚款。

违反本条例第三条第三款规定，生产、销售、提供窃电装置的，由电力行政管理部门或者有关部门责令停止违法行为，没收违法所得、窃电装置和生产窃电装置的设备，并处 1 万元以上 5 万元以下的罚款。

第十六条 因窃电行为造成供用电设施损坏、导致发生大面积停电事故或者他人人身伤亡、财产损害的，窃电者应当依法承担民事责任。构成犯罪的，依法追究刑事责任。

第十七条 拒绝、阻碍用电检查人员依法执行职务的，由公安机关依照治安管理处罚条例予以处罚；构成犯罪的，依法追究刑事责任。

第十八条 电力行政管理部门、供电企业在查处窃电行为工作中，违法行使职权，给当事人的合法权益造成损害的，应当依法承担赔偿责任。

电力行政执法人员和用电检查人员在查处窃电行为工作中玩忽职守、滥用职权、徇私舞弊的，依法给予行政处分；造成民事损害的，依法承担赔偿责任；

构成犯罪的，依法追究刑事责任。

第十九条 本条例自 2001 年 1 月 1 日起施行。

三、北京市预防和查处窃电行为条例

（2003 年 7 月 18 日北京市第十二届人民代表大会常务委员会第五次会议通过）

第一条 为预防和查处窃电行为，保障供电企业和用户的合法权益，维护供用电秩序和电力运行安全，根据《中华人民共和国电力法》和有关法律、法规，结合本市实际，制定本条例。

第二条 本条例所称窃电行为是指以非法占用电能为目的，采用秘密手段实施的下列不计或者少计电量的用电行为：

（一）在供电企业的供电设施或者其他用户的用电设施上擅自接线用电；

（二）绕越法定的用电计量装置用电；

（三）伪造或者开启法定的或者授权的计量检定机构加封的用电计量装置封印用电；

（四）故意损坏法定的用电计量装置用电；

（五）故意使法定的用电计量装置计量不准或者失效用电；

（六）使用特制的装置窃电；

（七）采用其他方法窃电。

第三条 任何单位和个人不得以任何方式窃电，不得胁迫、指使、协助他人窃电，不得向他人传授窃电方法，不得制造、出售窃电装置。任何单位和个人都有权制止和检举窃电行为。

第四条 市和区、县人民政府负责电力行政管理的部门依法进行本行政区域内的供用电监督管理，对供电企业和用户执行电力法律、法规的情况进行监督检查。

本市各级公安、检察、审判机关和工商行政管理、质量技术监督等部门按照各自的职责，依法维护供用电秩序，保护供电企业和用户的合法权益。

第五条 电力管理部门依法配备电力监督检查人员。电力监督检查人员有权向供电企业或者用户了解有关执行电力法律、法规的情况，查阅有关资料，并进入现场进行检查。发现窃电行为，有权予以制止和查处。

第六条 电力监督检查人员进行监督检查时，不得少于两人，并应当出示由市电力管理部门核发的《电力监督检查证》。

第七条 供电企业安装和使用的用电计量装置须

经法定的或者授权的计量检定机构认可并加封。供电企业应当对安装在用户处的用电计量装置进行定期检查，并按照规定的周期对用电计量装置的计费电能表进行校验、轮换。

第八条　供电企业和用户应当根据平等自愿、协商一致的原则签订供用电合同，明确双方的权利和义务。

第九条　供电企业应当加强管理，定期或者不定期地进行用电安全检查，加强防范窃电技术的研究开发，采用和推广防范窃电的技术和装备。

第十条　供电企业依法配备用电检查人员。用电检查人员应当熟悉与供用电业务有关的法律、法规、政策、技术标准和供用电管理制度，并经相应的资格考试合格后，持《用电检查证》上岗工作。用电检查人员进入用户的用电现场依法进行用电安全检查时，不得少于两人，并应当出示《用电检查证》。用户对用电检查人员依法履行职责，应当给予配合。

第十一条　用电检查人员在检查中发现用户有窃电行为或者窃电嫌疑的，应当立即向供电企业报告，由供电企业提请电力管理部门调查处理或者向公安机关报案。用电检查人员对于现场发现的窃电行为，有权制止，并应当制作用电检查笔录，保存证据。

第十二条　供电企业为制止窃电行为，根据《中华人民共和国电力法》和《中华人民共和国合同法》的规定中断供电，应当符合下列条件：

（一）予以事先通知；

（二）采取了防范设备重大损失、人身伤害的措施；

（三）不影响社会公共利益或者危害社会公共安全；

（四）不影响其他用户正常用电。

用户对供电企业以窃电为由中断供电有异议的，可以向电力管理部门投诉。受理投诉的电力管理部门应当及时处理，在3日内作出是否恢复供电的决定。

第十三条　有下列情形之一的，供电企业应当在24h内恢复供电：

（一）被中断供电的用户停止窃电行为并承担了相应责任；

（二）被中断供电的用户按照《中华人民共和国合同法》的规定提供了适当担保；

（三）电力管理部门作出了恢复供电的决定。

供电企业由于供电设备的原因不能按照前款规定按时恢复供电的，应当向用户说明情况，并同时告知供电时间。

第十四条　用户认为自身的合法权益受到窃电行为侵害的，可以报告电力管理部门调查处理或者向公安机关报案。

第十五条　电力管理部门对有下列情形之一的窃电案件，应当受理，并指派电力监督检查人员调查处理：

（一）用户报告的；

（二）知情人举报的；

（三）供电企业提请调查处理的；

（四）上级电力管理部门交办的；

（五）其他部门移送的。

电力管理部门应当为窃电案件的举报者保密。

第十六条　电力管理部门对于受理的窃电案件，违法事实清楚、情节轻微的，可以依法当场作出行政处罚决定；情节复杂、需要调查确认的，应当在受理之日起7日内作出是否立案的决定；决定立案的，应当在立案之日起30日内作出下列处理：

（一）对事实不清、证据不足或者举报不实的案件，予以撤销；

（二）对事实清楚、证据确凿的案件，依法作出行政处罚决定。

第十七条　窃电量按下列方法计算确定：

（一）以本条例第二条第一项所列方法窃电的，按照所接设备的额定容量乘以实际窃电时间计算确定；

（二）以本条例第二条第二项至第七项所列方法窃电的，可以根据情况，采用以下方法计算确定：

1. 按照同属性单位正常用电的单位产品耗电量或者同类产品平均用电的单耗乘以窃电者的产品产量，加上其他辅助用电量，再减去用电计量装置的抄见电量计算确定；

2. 按照窃电后用电计量装置的抄见电量与窃电前正常的月平均用电量的差额，并根据实际用电变化确定；窃电前正常用电超过6个月的，按6个月计算月平均用电量；窃电前正常用电不足6个月的，按实际正常用电时间计算月平均用电量；

3. 采用上述方法难以计算窃电量的，按照用电计量装置标定电流值（对装有限流器的，按限流器整定电流值）所指的容量，乘以实际窃电时间计算确定；通过互感器窃电的，计算窃电量时还应当乘以相应的互感器倍率。实际窃电时间无法查明时，窃电量按照国家有关规定确定。

第十八条　窃电金额按照窃电量乘以本市价格行政管理部门核定的目录电价计算。窃电金额的计算由电力管理部门负责。

第十九条　违反本条例第三条规定的，按照下列规定处理：

（一）盗窃电能的，由电力管理部门责令停止违法行为，追缴电费并处应交电费5倍以下的罚款；

（二）制造窃电装置的，由质量技术监督部门责令停止违法行为，没收窃电装置及违法所得，并处1000元以上5万元以下的罚款；

（三）出售窃电装置的，由工商行政管理部门责令停止违法行为，没收窃电装置及违法所得，并处1000元以上5万元以下的罚款；

（四）胁迫、指使、协助他人窃电或者向他人传授窃电方法的，由电力管理部门责令停止违法行为，没收违法所得，并处500元以上1万元以下的罚款。

第二十条 单位实施窃电行为或者制造、出售窃电装置的，负责查处的有关行政管理部门应当将行政处罚情况记入本市的信用信息系统。

第二十一条 拒绝、阻碍电力监督检查人员执行公务或者殴打、侮辱依法履行职责的用电检查人员的，由公安机关依照《中华人民共和国治安管理处罚条例》的规定处罚。

第二十二条 供电企业违反本条例第十二条、第十三条规定中断供电或者未按时恢复供电，给用户造成损失的，应当依法承担赔偿责任。

第二十三条 盗窃电能造成供用电设施损坏、停电事故或者导致他人人身伤害、财产损失的，窃电者应当依法承担民事责任。

第二十四条 电力管理部门及有关行政管理部门违反本条例规定，没有履行法定职责或者滥用职权的，由上级行政机关或者监察机关责令改正，对直接负责的主管人员和其他直接责任人员依法给予行政处分。

第二十五条 违反本条例规定的行为，构成犯罪的，依法追究刑事责任。

第二十六条 本条例自2003年9月1日起施行。

四、上海市公安局、上海市电力工业局关于严禁窃电的通告

（沪公发〔1998〕299号）

为了贯彻执行《中华人民共和国电力法》，保障电力安全运行，维护正常供用电秩序和公共安全，严禁窃电行为，特通告如下：

一、电能是国家财产，受国家法律保护。任何单位和个人都有保护国家电力资源不受非法侵占的义务，同时有权制止一切窃电行为。

二、本市电力、公安部门应当认真贯彻执行《中华人民共和国电力法》，依法严肃查处窃电行为。

三、本市企事业单位、机关团体、街道里委以及其他社会组织，都要积极宣传和贯彻《中华人民共和国电力法》，加强对群众的法制教育，遵守有关法律、法规和规章，共同维护国家利益不受侵犯。

四、任何单位或者个人有下列行为之一的，以窃电论处：

1. 在供电企业的供电设施上，擅自接线用电的；

2. 绕越供电企业用电计量装置用电的；

3. 伪造或者开启供电企业加封的用电计量装置封印用电的；

4. 故意损坏供电企业用电计量装置的；

5. 故意使供电企业用电计量装置不准或者失效的；

6. 采用其他方法窃电的。

五、电力监督检查人员或者供电企业查电人员在用电现场检查中，发现并确认单位或者个人有窃电行为的，应当予以制止，供电企业可以中止供电；窃电者应当按照所窃电量补交电费，并承担补交电费3倍的违约使用电费；拒绝承担窃电责任的，由供电企业报请电力管理部门依法处理；构成犯罪的，由司法机关依法追究刑事责任。

六、因窃电造成供电企业设备损坏的，由责任人赔偿全部修复费用。

七、电力监督检查人员或者供电企业查电人员在进行用电检查时，应当出示由市政府颁发的《行政执法证》或者电力部门制发的《用电检查证》。

伪造检查证件或者冒充检查人员进行违法犯罪活动的，由公安部门依法进行处理。

八、有下列行为，应当给予治安处罚的，由公安部门按照《中华人民共和国治安管理处罚条例》予以处罚；构成犯罪的，依法追究刑事责任：

（一）拒绝、阻碍电力监督检查人员依法执行公务的；

（二）殴打、公然侮辱履行职务的查电人员或者抄表的收费人员的。

九、电力监督检查人员滥用职权、玩忽职守、徇私舞弊中构成犯罪的，依法追究刑事责任；尚不构成犯罪的，依法给予行政处分。

供电企业查电人员勒索用户、以电谋私，构成犯罪的，依法追究刑事责任；尚不构成犯罪的，依法给予行政处分。

十、对举报或者协助查获窃电行为的人员，电力部门应当予以保密，并对有功人员给予奖励。

第二篇 用电检查必备技术标准

一、电业安全

1 电业安全工作规程（电力线路部分）

（DL 409—1991）

第一章 总 则

第1条 为了切实保证职工在生产中的安全和健康以及电力系统发、供、配电设备的安全运行，结合电力生产多年来的实践经验，制定本规程。

各单位的领导干部和电气工作人员，必须严格执行本规程。

第2条 安全生产，人人有责。各级领导必须以身作则，要充分发动群众，依靠群众；要发挥安全监察机构和群众性的安全组织的作用，严格监督本规程的贯彻执行。

第3条 本规程适用于运用中的发、变、送、配、农电和用户电气设备上工作的一切人员（包括基建安装人员）。

各单位可根据现场情况制定补充条文，经厂（局）主管生产的领导（总工程师）批准后执行。

所谓运用中的电气设备，系指全部带有电压或一部分带有电压及一经操作即带有电压的电气设备。

第4条 电气设备分为高压和低压两种：

高压电气设备：对地电压在250V以上者；

低压电气设备：对地电压在250V及以下者。

第5条 电气工作人员必须具备下列条件：

一、经医师鉴定，无妨碍工作的病症（体格检查约两年一次）；

二、具备必要的电气知识，且按其职务和工作性质，熟悉《电业安全工作规程》（发电厂和变电所电

气部分、电力线路部分、热力和机械部分）的有关部分，并经考试合格；

三、学会紧急救护法（附录六），特别要学会触电急救。

第6条 电力线路工作人员对本规程应每年考试一次。因故间断电气工作连续三个月以上者，必须重新温习本规程，并经考试合格后，方能恢复工作。

参加带电作业人员，应经专门培训，并经考试合格、领导批准后，方能参加工作。

新参加电气工作的人员、实习人员和临时参加劳动的人员（干部、临时工等），必须经过安全知识教育后，方可下现场随同参加指定的工作，但不得单独工作。

对外单位派来支援的电气工作人员，工作前应介绍现场电气设备接线情况和有关安全措施。

第7条 任何工作人员发现有违反本规程，并足以危及人身和设备安全者，应立即制止。

第8条 对认真遵守本规程者，应给予表扬和奖励；对违反本规程者，应认真分析，加强教育，分别情况，严肃处理。对造成严重事故者，应按情节轻重，给予行政或刑事处分。

第9条 本规程所指的安全用具必须符合附录四、附录五的要求。

第二章 线路运行和维护

第一节 线路巡视

第10条 巡线工作应由有电力线路工作经验的人担任。新人员不得一人单独巡线。偏僻山区和夜间巡线必须由两人进行。暑天、大雪天，必要时由两人进行。

第11条 单人巡线时，禁止攀登电杆和铁塔。夜间巡线应沿线路外侧进行；大风巡线应沿线路

上风侧前进，以免万一触及断落的导线。

事故巡线应始终认为线路带电，即使明知该线路已停电，亦应认为线路随时有恢复送电的可能。

第 12 条　巡线人员发现导线断落地面或悬吊空中，应设法防止行人靠近断线地点 8m 以内，并迅速报告领导，等候处理。

第二节　倒 闸 操 作

第 13 条　倒闸操作应使用倒闸操作票（见附录三）。倒闸操作人员应根据值班调度员（线路工区值班员）的操作命令（口头或电话）填写倒闸操作票。操作命令应清楚明确，受令人应将命令内容向发令人复诵，核对无误。事故处理可根据值班调度员的命令进行操作，可不填写操作票。

第 14 条　操作票应用钢笔或圆珠笔填写，票面应清楚整洁，不得任意涂改。操作票要填写设备双重名称，即设备名称和编号。操作人和监护人应先后在操作票上分别签名。倒闸操作前，应按操作票顺序与模拟图核对相符。操作前、后，都应检查核对现场设备名称、编号和断路器（开关）、隔离开关（刀闸）的断、合位置。操作完毕，受令人应立即报告发令人。

第 15 条　倒闸操作应由两人进行，一人操作，一人监护，并认真执行监护复诵制。发布命令和复诵命令都应严肃认真，使用正规操作术语，准确清晰，按操作票顺序进行逐项操作，每操作完一项，做一个"√"记号。操作机械传动的断路器（开关）或隔离开关（刀闸）时，应戴绝缘手套。没有机械传动的断路器（开关）、隔离开关（刀闸）和跌落熔断器（保险），应使用合格的绝缘棒进行操作。雨天操作应使用有防雨罩的绝缘棒。

凡登杆进行倒闸操作时，操作人员应戴安全帽，并使用安全带。

操作柱上油断路器（开关）时，应有防止断路器（开关）爆炸的措施，以免伤人。

第 16 条　操作中发生疑问时，不准擅自更改操作票，必须向值班调度员或工区值班员报告，待弄清楚后再进行操作。

第 17 条　更换配电变压器跌落熔断器（保险）熔丝（保险丝）的工作，应先将低压刀闸和高压隔离开关（刀闸）或跌落熔断器（保险）拉开。摘挂跌落熔断（保险）管时，必须使用绝缘棒，并有专人监护。其他人员不得触及设备。

第 18 条　雷电时，严禁进行倒闸操作和更换熔丝（保险丝）工作。

第 19 条　如发生严重危及人身安全情况时，可不等待命令即行断开电源，但事后应立即报告领导。

第三节　测 量 工 作

第 20 条　电气测量工作，至少应由两人进行，一人操作，一人监护。夜间进行测量工作，应有足够的照明。

第 21 条　测量人员必须了解仪表的性能，使用方法，正确接线，熟悉测量的安全措施。

第 22 条　杆塔、配电变压器和避雷器的接地电阻测量工作，可以在线路带电的情况下进行。解开或恢复电杆、配电变压器和避雷器的接地引线时，应戴绝缘手套。严禁接触与地断开的接地线。

第 23 条　测量低压线路和配电变压器低压侧的电流时，可使用钳形电流表，应注意不触及其他带电部分，防止相间短路。

第 24 条　带电线路导线的垂直距离（导线弛度、交叉跨越距离）可用测量仪或在地面用抛挂绝缘绳的方法测量。严禁使用皮尺、线尺（夹有金属丝者）等测量带电线路导线的垂直距离。

第四节　砍 伐 树 木

第 25 条　在线路带电情况下，砍伐靠近线路的树木时，工作负责人必须在工作开始前，向全体人员说明：电力线路有电，不得攀登杆塔；树木、绳索不得接触导线。

第 26 条　上树砍剪树木时，不应攀抓脆弱和枯死的树枝。人和绳索应与导线保持安全距离。应注意马蜂，并使用安全带。

不应攀登已经锯过的或砍过的未断树木。

第 27 条　为防止树木（树枝）倒落在导线上，应设法用绳索将其拉向与导线相反的方向。绳索应有足够的长度，以免拉绳的人员被倒落的树木砸伤。树枝接触高压带电导线时，严禁用手直接去取。

第 28 条　砍剪的树木下面和倒树范围内应有专人监护，不得有人逗留，防止砸伤行人。

第三章　保证安全的组织措施

第一节　工作票制度

第 29 条　在电力线路上工作，应按下列方式进行：

一、填用第一种工作票（见附录一）；

二、填用第二种工作票（见附录二）；

三、口头或电话命令。

第 30 条 填用第一种工作票的工作为：

一、在停电线路（或在双回线路中的一回停电线路）上的工作；

二、在全部或部分停电的配电变压器台架上或配电变压器室内的工作。

所谓全部停电，系指供给该配电变压器台架或配电变压器室内的所有电源线路均已全部断开者。

第 31 条 填用第二种工作票的工作为：

一、带电作业；

二、带电线路杆塔上的工作；

三、在运行中的配电变压器台上或配电变压器室内的工作。

第 32 条 测量接地电阻，涂写杆塔号，悬挂警告牌，修剪树枝，检查杆根地锚，打绑桩，杆、塔基础上的工作，低压带电工作和单一电源低压分支线的停电工作等，按口头和电话命令执行。

第 33 条 工作票签发人可由线路工区（所）熟悉人员技术水平、熟悉设备情况、熟悉本规程的主管生产领导人、技术人员或经供电局主管生产领导（总工程师）批准的人员来担任。工作票签发人不得兼任该项工作的工作负责人。

第 34 条 工作票所列人员的安全责任。

一、工作票签发人：

1. 工作必要性；

2. 工作是否安全；

3. 工作票上所填安全措施是否正确完备；

4. 所派工作负责人和工作班人员是否适当和充足。

二、工作负责人（监护人）：

1. 正确安全地组织工作；

2. 结合实际进行安全思想教育；

3. 工作前对工作班成员交待安全措施和技术措施；

4. 严格执行工作票所列安全措施，必要时还应加以补充；

5. 督促、监护工作人员遵守本规程；

6. 工作班人员变动是否合适。

三、工作许可人（值班调度员、工区值班或变电所值班员）：

1. 审查工作必要性；

2. 线路停、送电和许可工作的命令是否正确；

3. 发电厂或变电所线路的接地线等安全措施是否正确完备。

四、工作班成员：

认真执行本规程和现场安全措施，互相关心施工

安全，并监督本规程和现场安全措施的实施。

第 35 条 工作票应用钢笔或圆珠笔填写一式两份，应正确清楚，不得任意涂改。如有个别错、漏字要修改时，应字迹清楚。工作票一份交工作负责人，一份留存签发人或工作许可人处。

第 36 条 一个工作负责人只能发给一张工作票。

第一种工作票，每张只能用于一条线路或同杆架设且停送电时间相同的几条线路。第二种工作票，对同一电压等级、同类型工作，可在数条线路上共用一张工作票。

在工作期间，工作票应始终保留在工作负责人手中；工作终结后交签发人保存三个月。

第 37 条 第一、二种工作票的有效时间，以批准的检修期为限。

第 38 条 事故紧急处理不填工作票，但应履行许可手续，作好安全措施。

第二节 工作许可制度

第 39 条 填用第一种工作票进行工作，工作负责人必须在得到值班调度员或工区值班员的许可后，方可开始工作。

第 40 条 线路停电检修，值班调度员必须在发电厂、变电所将线路可能受电的各方面都拉闸停电，并挂好接地线后，将工作班、组数目，工作负责人的姓名，工作地点和工作任务记入记录簿内，才能发出许可工作的命令。

第 41 条 许可开始工作的命令，必须通知到工作负责人，其方法可采用：

一、当面通知；

二、电话传达；

三、派人传达。

第 42 条 对于许可开始工作的命令，在值班调度员或工区值班员不能和工作负责人用电话直接联系时，可经中间变电所用电话传达。中间变电所值班员应将命令全文记入操作记录簿，并向工作负责人直接传达。电话传达时，上述三方必须认真记录，清楚明确，并复诵核对无误。

第 43 条 严禁约时停、送电。

第 44 条 填用第二种工作票的工作，不需要履行工作许可手续。

第三节 工作监护制度

第 45 条 完成工作许可手续后，工作负责人（监护人）应向工作班人员交代现场安全措施、带电部位和其他注意事项。工作负责人（监护人）必须始

终在工作现场，对工作班人员的安全应认真监护，及时纠正不安全的动作。

分组工作时，每个小组应指定小组负责人（监护人）。在线路停电时进行工作，工作负责人（监护人）在班组成员确无触电危险的条件下，可以参加工作班工作。

第46条 工作票签发人和工作负责人，对有触电危险、施工复杂容易发生事故的工作，应增设专人监护。专责监护人不得兼任其他工作。

第47条 如工作负责人必须离开工作现场时，应临时指定负责人，并设法通知全体工作人员及工作许可人。

第四节 工作间断制度

第48条 在工作中遇雷、雨、大风或其他任何情况威胁到工作人员的安全时，工作负责人或监护人可根据情况，临时停止工作。

第49条 白天工作间断时，工作地点的全部接地线仍保留不动。如果工作班须暂时离开工作地点，则必须采取安全措施和派人看守，不让人、畜接近挖好的基坑或接近未竖立稳固的杆塔以及负载的起重和牵引机械装置等。恢复工作前，应检查接地线等各项安全措施的完整性。

第50条 填用数日内工作有效的第一种工作票，每日收工时如果要将工作地点所装的接地线拆除，次日重新验电装接地线恢复工作，均须得到工作许可人许可后方可进行。

如果经调度允许的连续停电、夜间不送电的线路，工作地点的接地线可以不拆除，但次日恢复工作前应派人检查。

第五节 工作终结和恢复送电制度

第51条 完工后，工作负责人（包括小组负责人）必须检查线路检修地段的状况以及在杆塔上、导线上及瓷瓶上有无遗留的工具、材料等，通知并查明全部工作人员确由杆塔上撤下后，再命令拆除接地线。接地线拆除后，应即认为线路带电，不准任何人再登杆进行任何工作。

第52条 工作终结后，工作负责人应报告工作许可人，报告方法如下：

一、从工作地点回来后，亲自报告；

二、用电话报告并经复诵无误。电话报告又可分为直接电话报告或经由中间变电所转达两种。经中间变电所转达报告，应按照第42条规定的手续办理。

第53条 工作终结的报告应简明扼要，包括下列内容：

工作负责人姓名，某线路上某处（说明起止杆塔号，分支线名称等）工作已经完工，设备改动情况，工作地点所挂的接地线已全部拆除，线路上已无本班组工作人员，可以送电。

第54条 工作许可人在接到所有工作负责人（包括用户）的完工报告后，并确知工作已经完毕，所有工作人员已由线路上撤离，接地线已经拆除，并与记录簿核对无误后方可下令拆除发电厂、变电所线路侧的安全措施，向线路恢复送电。

第四章 保证安全的技术措施

第一节 停 电

第55条 进行线路作业前，应作好下列停电措施：

一、断开发电厂、变电所（包括用户）线路断路器（开关）和隔离开关（刀闸）；

二、断开需要工作班操作的线路各端断路器（开关）、隔离开关（刀闸）和熔断器（保险）；

三、断开危及该线路停电作业，且不能采取安全措施的交叉跨越、平行和同杆线路的断路器（开关）和隔离开关（刀闸）；

四、断开有可能返回低压电源的断路器（开关）和隔离开关（刀闸）。

第56条 应检查断开后的断路器（开关）、隔离开关（刀闸）是否在断开位置；断路器（开关）、隔离开关（刀闸）的操作机构应加锁；跌落式熔断器（保险）的熔断（保险）管应摘下；并应在断路器（开关）或隔离开关（刀闸）操作机构上悬挂"线路有人工作，禁止合闸！"的标示牌。

第二节 验 电

第57条 在停电线路工作地段装接地线前，要先验电，验明线路确无电压。验电要用合格的相应电压等级的专用验电器。

330kV 及以上的线路，在没有相应电压等级的专用验电器的情况下，可用合格的绝缘杆或专用的绝缘绳验电。验电时，绝缘棒的验电部分应逐渐接近导线，听其有无放电声。确定线路是否确无电压。验电时，应戴绝缘手套，并有专人监护。

第58条 线路的验电应逐相进行。检修联络用的断路器（开关）或隔离开关（刀闸）时，应在其两侧验电。

对同杆塔架设的多层电力线路进行验电时，先验低压，后验高压，先验下层，后验上层。

第三节 挂接地线

第 59 条 线路经过验明确实无电压后，各工作班（组）应立即在工作地段两端挂接地线。凡有可能送电到停电线路的分支线也要挂接地线。

若有感应电压反映在停电线路上时，应加挂接地线。同时，要注意在拆除接地线时，防止感应电触电。

第 60 条 同杆塔架设的多层电力线路挂接地线时，应先挂低压，后挂高压，先挂下层，后挂上层。

第 61 条 挂接地线时，应先接接地端，后接导线端，接地线连接要可靠，不准缠绕。拆接地线时的程序与此相反。装、拆接地线时，工作人员应使用绝缘棒或戴绝缘手套，人体不得碰触接地线。

若杆塔无接地引下线时，可采用临时接地棒，接地棒在地面下深度不得小于 0.6m。

第 62 条 接地线应有接地和短路导线构成的成套接地线。成套接地线必须用多股软铜线组成，其截面不得小于 25mm²。如利用铁塔接地时，允许每相个别接地，但铁塔与接地线连接部分应清除油漆，接触良好。

严禁使用其他导线作接地线和短路线。

两线一地制系统的线路经验电后，装接地线的规定，由各供电局自行规定。

第五章 一般安全措施

第一节 挖 坑

第 63 条 挖坑前，必须与有关地下管道、电缆的主管单位取得联系，明确地下设施的确实位置，做好防护措施。组织外来人员施工时，应交待清楚，并加强监护。

第 64 条 在超过1.5m深的坑内工作时，抛土要特别注意防止土石回落坑内。

第 65 条 在松软土地挖坑，应有防止塌方措施，如加挡板、撑木等。禁止由下部掏挖土层。

第 66 条 在居民区及交通道路附近挖的基坑，应设坑盖或可靠围栏，夜间挂红灯。

第 67 条 塔脚检查，在不影响铁塔稳定的情况下，可以在对角线的两个基脚同时挖坑。

第 68 条 进行石坑、冻土坑打眼时，应检查锤把、锤头及钢钎子。打锤人应站在扶钎人侧面，严禁站在对面，并不得带手套，扶钎人应带安全帽。钎头有开花现象时，应更换修理。

第 69 条 变压器台架的木杆打帮桩时，相邻两杆不得同时挖坑。承力杆打帮桩挖坑时，应采取防止倒杆的措施。使用铁钎时，注意上方导线。

第二节 立杆和撤杆

第 70 条 立、撤杆塔等重大施工项目（具体项目由供电局决定）应制定安全技术措施，并经局主管生产领导（总工程师）批准。

立、撤杆要设专人统一指挥。开工前，讲明施工方法及信号，工作人员要明确分工、密切配合、服从指挥。在居民区和交通道路上立、撤杆时，应设专人看守。

第 71 条 立、撤杆要使用合格的起重设备，严禁过载使用。

第 72 条 立杆过程中，杆坑内严禁有人工作。除指挥人员及指定人员外，其他人员必须在远离杆下1.2倍杆高的距离以外。

第 73 条 立杆及修整杆坑时，应有防止杆身滚动、倾斜的措施，如采用叉杆和拉绳控制等。

第 74 条 顶杆及叉杆只能用于竖立轻的单杆，不得用铁锹、桩柱等代用。立杆前，应开好"马道"。工作人员要均匀地分配在电杆的两侧。

第 75 条 利用旧杆立、撤杆，应先检查杆根，必要时应加设临时拉绳。

第 76 条 使用吊车立、撤杆时，钢丝绳套应吊在杆的适当位置以防止电杆突然倾倒。

第 77 条 在撤杆工作中，拆除杆上导线前，应先检查杆根，做好防止倒杆措施，在挖坑前应先绑好拉绳。

第 78 条 使用抱杆立杆时，主牵引绳、尾绳、杆塔中心及抱杆顶应在一条直线上。抱杆应受力均匀，两侧拉绳应拉好，不得左右倾斜。固定临时拉线时，不得固定在有可能移动的物体上，或其他不可靠的物体上。

第 79 条 杆塔起立离地后，应对各吃力点处做一次全面检查，确无问题，再继续起立。起立60°后，应减缓速度，注意各侧拉绳。

第 80 条 已经立起的电杆，只有在杆基回土夯实完全牢固后，方可撤去叉杆及拉绳。杆下工作人员应戴安全帽。

第 81 条 整体组立杆塔，还应制定具体施工安全措施。

第三节 杆、塔上工作

第 82 条 上木杆前，应先检查杆根是否牢固。

新立电杆在杆基未完全牢固以前，严禁攀登。遇有冲刷、起土、上拔的电杆，应先培土加固或支好杆架或打临时绳后，再行上杆。

凡松动导、地线，拉线的电杆，应先检查杆根，并打好临时拉线或支好架杆后，再行上杆。

第83条 上杆前，应先检查登杆工具，如脚扣、升降板、安全带、梯子等是否完整牢靠。

第84条 攀登杆塔脚钉时，应检查脚钉是否牢固。

第85条 在杆、塔上工作，必须使用安全带和戴安全帽。安全带应系在电杆及牢固的构件上，应防止安全带从杆顶脱出或被锋利物伤害。系安全带后必须检查扣环是否扣牢。在杆塔上作业转位时，不得失去安全带保护。杆塔上有人工作时，不准调整或拆除拉线。

第86条 检修杆塔不得随意拆除受力构件，如需要拆除时，应事先作好补强措施。调整倾斜杆塔时，应先打好拉线。

第87条 使用梯子时，要有人扶持或绑牢。

第88条 上横担时，应检查横担朽腐锈蚀情况，检查时安全带应系在主杆上。

第89条 现场人员应戴安全帽。杆上人员应防止掉东西，使用的工具、材料应用绳索传递，不得乱扔。杆下应防止行人逗留。

第四节 放线、撤线和紧线

第90条 放、换导线等重大施工项目（具体项目由供电局决定）应制订安全技术措施，并经局主管生产领导（总工程师）批准。

放线、撤线和紧线工作，均应设专人统一指挥、统一信号，检查紧线工具及设备是否良好。

第91条 交叉跨越各种线路、铁路、公路、河流等放、撤线时，应先取得主管部门同意，做好安全措施，如搭好可靠的跨越架、在路口设专人持信号旗看守等。

第92条 紧线前，应检查导线有无障碍物挂住。紧线时，应检查接线管或接线头以及过滑轮、横担、树枝、房屋等有无卡住现象。工作人员不得跨在导线上或站在导线内角侧，防止意外跑线时抽伤。

第93条 紧线、撤线前，应先检查拉线、拉桩及杆根。如不能适用时，应加设临时拉绳加固。

第94条 严禁采用突然剪断导、地线的做法松线。

第五节 爆 破

第95条 炸药和雷管应分别运输、携带和存放，严禁和易燃物放在一起，并应有专人保管。运输中雷管应有防震措施。携带雷管时，必须将引线短路。电雷管与电池不得由同一人携带。雷雨天不应携带电雷管，并应停止爆破作业。在强电场附近不得使用电雷管。

如在车辆不足的情况下，允许同车携带少量炸药（不超过10kg）和雷管（不超过20个）。携带雷管人员应坐在驾驶室内，车上炸药应有专人管理。

第96条 爆破人员应经过专门培训。爆破工作应有专人指挥。

第97条 运送和装填炸药时，不得使炸药受到强烈冲击挤压，严禁使用金属物体往炮眼内推送炸药，应使用木棒轻轻捣实。

第98条 电雷管的接线和点火起爆必须由同一人进行。火雷管的导火索长度应能保证点火人离开危险区范围。点火者于点燃导火索后应立即离开危险区。

第99条 爆破基坑应根据土壤性质、药量、爆破方法等规定危险区。一般钻孔闷炮危险区半径应为50m；土坑开花炮危险区半径应为100m；石坑危险区半径应为200m；裸露药包爆破的危险区半径不小于300m。

如用深孔爆破加大药力时，应按具体情况扩大危险范围。

第100条 爆破现场的工作人员都应戴安全帽。准备起爆时，除点导火索的人以外，都必须离开危险区进行隐蔽。

起爆前要再次检查危险区内是否有人停留，并设人警戒。放炮过程中严禁任何人进入危险区内。

第101条 如需在坑内点火放炮时，应事先考虑好点火人能迅速、安全地离开坑内的措施。

第102条 雷管和导火索连接时，应使用专用钳子夹雷管口，严禁碰雷汞部分，严禁用牙咬雷管。

第103条 如遇有哑炮时，应等20min后再去处理。不得从炮眼中抽取雷管和炸药。重新打眼时，深眼要离原眼0.6m；浅眼要离原眼0.3~0.4m，并与原眼方向平行。

第104条 爆破时应考虑对周围建筑物、电力线、通信线等设施的影响，如有砸碰可能时，应采取特殊措施。

第六节 起重运输一般规定

第105条 起重工作必须由有经验的人领导，并应统一指挥、统一信号，明确分工，做好安全措施。

工作前，工作负责人应对起重工作和工具进行全面检查。

第106条　起重机械，如绞磨、汽车吊、卷扬机、手摇绞车等，必须安置平稳牢固，并应设有制动和逆制装置。

第107条　当重物吊离地面后，工作负责人应再检查各受力部位，无异常情况后方可正式起吊。

第108条　在起吊、牵引过程中，受力钢丝绳的周围、上下方、内角侧和起吊物的下面，严禁有人逗留和通过。

第109条　起吊物体必须绑牢，物体若有棱角或特别光滑的部分时，在棱角和滑面与绳子接触处应加以包垫。.

第110条　使用开门滑车时，应将开门勾环扣紧，防止绳索自动跑出。

第111条　起重时，在起重机械的滚筒上至少应绕有五圈钢丝绳，拖尾钢丝绳应随时拉紧，并应由有经验的人负责。

第112条　起重机具均应有铭牌标明允许工作荷重，不得超铭牌使用。无铭牌或自造的起重机具，必须经试验合格后，方准使用。

第113条　起重钢丝绳的安全系数应符合下列规定：

一、用于固定起重设备为3.5；

二、用于人力起重为4.5；

三、用于机动起重为5～6；

四、用于绑扎起重物为10；

五、用于供人升降用为14。

第114条　起重机具应妥善保管，列册登记，定期检查试验，具体规定见附录五。

第115条　钢丝绳应定期浸油，遇有下列情况之一者应予报废：

一、钢丝绳在一个节距中有表1内的断丝根数者；

二、钢丝绳断股者；

三、钢丝绳的钢丝磨损或腐蚀达到原来钢丝直径的40％及以上，或钢丝绳受过严重退火或局部电弧烧伤者；

四、钢丝绳压扁变形及表面起毛刺严重者；

五、钢丝绳断丝数量不多，但断丝增加很快者。

第116条　使用车辆、船舶运输，不得超载。运电杆、变压器和线盘必须绑扎牢固，防止滚动、移动伤人。

第117条　装卸电杆应防止散堆伤人。当分散卸车时，每卸完一处，必须将车上其余的电杆绑扎牢固后，方可继续运送。

表 1　　　　　　　**钢丝绳断丝根数**

最初的安全系数	钢丝绳结构							
	6×19 $=114+1$		6×37 $=222+1$		6×61 $=366+1$		18×19 $=342+1$	
	逆捻	顺捻	逆捻	顺捻	逆捻	顺捻	逆捻	顺捻
小于6	12	6	22	11	36	18	36	18
6～7	14	7	26	13	38	19	38	19
大于7	16	8	30	15	40	20	40	20

第118条　多人抬杆，必须同肩，步调一致，起放电杆时应互相呼应。

第119条　凡用绳子牵引杆子上山，必须将杆子绑牢，钢丝绳不得触磨地面，爬山路线两侧5m以内，不得有人停留或通过。

第六章　配电变压器台上的工作

第120条　配电变压器台（架、室）停电检修时，应使用第一种工作票；同一天内几处配电变压器台（架、室）进行同一类型工作，可使用一张工作票。高压线路不停电时，工作负责人应向全体人员说明线路上有电，并加强监护。

第121条　在配电变压器台（架、室）上进行工作，不论线路已否停电，必须先拉开低压刀闸［不包括低压熔断器（保险）］，后拉开高压隔离开关（刀闸）或跌落熔断器（保险），在停电的高压引线上接地。上述操作在工作负责人监护下进行时，可不用操作票。

第122条　在吊起或放落变压器前，必须检查配电变压器台的结构是否牢固。

吊起或放落变压器时，应遵守邻近带电部分有关规定。

第123条　配电变压器停电做试验时，台架上严禁有人，地面有电部分应设围栏，悬挂"止步，高压危险！"的标示牌，并有专人监护。

第124条　进行电容器停电工作时，应先断开电源，将电容器放电接地后，才能进行工作。

第125条　线路柱上断路器（开关）、隔离开关（刀闸）、跌落式熔断器（保险）进行检修时，必须在连接该设备的两侧线路全部停电，并验电接地后，才能进行工作。

第七章　邻近带电导线的工作

第一节　在带电线路杆塔上的工作

第126条　在带电杆塔上刷油，除鸟窝，紧杆塔螺丝，检查架空地线（不包括绝缘架空地线），查看金具、瓷瓶工作时，作业人员活动范围及其所携带的工具、材料等，与带电导线最小距离不得小于表 2 的规定。

表 2　在带电线路杆塔上工作与带电导线最小安全距离

电压等级 (kV)	安全距离 (m)	电压等级 (kV)	安全距离 (m)
10 及以下	0.70	154	2.00
20～35	1.00	220	3.00
44	1.20	330	4.00
60～110	1.50	500	5.00

进行上述工作必须使用绝缘无极绳索、绝缘安全带，风力应不大于 5 级，并应有专人监护。

如不能保持表 2 要求的距离时，应按照带电作业工作进行。

第 127 条　在 10kV 及以下的带电杆塔上进行工作，工作人员距最下层高压带电导线垂直距离不得小于 0.7m。

第二节　邻近或交叉其他电力线路的工作

第 128 条　停电检修的线路如与另一回带电线路相交叉或接近，以致工作时可能和另一回导线接触或接近至危险距离以内，见表 3，则另一回线路也应停电并予接地。接地线可以只在工作地点附近安装一处。

表 3　邻近或交叉其他电力线路工作的安全距离

电压等级 (kV)	安全距离 (m)	电压等级 (kV)	安全距离 (m)
10 及以下	1.0	154～220	4.0
35（20～44）	2.5	330	5.0
60～110	3.0	500	6.0

另一回线路的停电和接地，应填用第一种工作票并按照本规程第三、四章的规定同样办理。若另一回电力线路属于其他单位，则工作负责人应向该单位要求停电和接地，并在确实看到该线路已经接地后，才可开始工作。

工作中应采取防止损伤另一回线的措施。

如邻近或交叉的线路不能停电时，必须遵守第 129 条至第 132 条的规定。

第 129 条　在带电的电力线路邻近进行工作时，有可能接近带电导线至危险距离以内时，必须做到以下要求：

一、采取一切措施，预防与带电导线接触或接近至危险距离以内。牵引绳索和拉绳等至带电导线的最小距离应符合表 3 的规定。

二、作业的导、地线还必须在工作地点接地。绞车等牵引工具必须接地。

第 130 条　在交叉档内放落、降低或架设导、地线工作，只有停电检修线路在带电线路下面时才可进行，但必须采取防止导、地线产生跳动或过牵引而与带电导线接近至危险范围以内的措施。

第 131 条　停电检修的线路如在另一回线路的上面，而又必须在该线路不停电情况下进行放松或架设导、地线以及更换瓷瓶等工作时，必须采取安全可靠的措施。安全措施应由工作人员充分讨论后经工区批准执行。措施应能保证：

一、检修线路的导线、地线牵引绳索等与带电线路的导线必须保持足够的安全距离；

二、要有防止导、地线脱落、滑跑的后备保护措施。

第 132 条　在发电厂、变电所出入口处或线路中间某一段有两条以上的相互靠近的（100m 以内）平行或交叉线路上，要求：

一、做判别标志、色标或采取其他措施，以使工作人员能正确区别哪一条线路是停电线路。

二、在这些平行或交叉线路上进行工作时，应发给工作人员相对应线路的识别标记。

三、登杆塔前经核对标记无误，验明线路确已停电并挂好地线后，方可攀登。

四、在这一段平行或交叉线路上工作时，要设专人监护，以免误登有电线路杆塔。

第三节　同杆塔架设多回线路中部分线路停电的工作

第 133 条　在同杆共架的多回线路中，部分线路停电检修，应在工作人员对带电导线最小距离不小于表 2 规定的安全距离时，才能进行。

第 134 条　遇有 5 级以上的大风时，严禁在同杆塔多回线路中进行部分线路停电检修工作。

第 135 条　工作票签发人和工作负责人对停电检修的一回线路的正确称号应特别注意。多回线路中的每一回线路都应有双重称号，即：线路名称、左线或右线和上线或下线的称号。面向线路杆塔号增加的方向，在左边的线路称为左线，在右边的线路称为右线。

工作票中应填写停电检修线路的双重称号。

第136条　工作负责人在接受许可开始工作的命令时，应向工作许可人问明哪一回线路（左右线或上下线）已经停电接地，同时在工作票上记下工作许可人告诉的停电线路的双重称号，然后核对所指的停电的线路是否与工作票上所填的线路相符。如不符或有任何疑问时，工作负责人不得进行工作，必须查明已停电的线路确实是哪一回线路后，方能进行工作。

第137条　在停电线路地段装设的接地线，应牢固可靠防止摆动。断开引线时，应在断引线的两侧接地。

如在绝缘架空地线上工作时，应先将该架空地线接地。

第138条　工作开始以前，工作负责人应向参加工作人员指明哪一回线路已经停电，哪一回线路仍带电，以及工作中必须特别注意的事项。

第139条　为了防止在同杆塔架设多回线路中误登有电线路，还应采取如下措施：

一、各条线路应用标志、色标或其他方法加以区别，使登杆塔作业人员能在攀登前和在杆塔上作业时，明确区分停电和带电线路；

二、应在登杆塔前发给作业人员相对应线路的识别标记；

三、作业人员登杆塔前核对标记无误，验明线路确已停电并挂好地线后，方可攀登；

四、登杆塔和在杆塔上作业时，每基杆塔都应设专人监护。

第140条　在杆塔上进行工作时，严禁进入带电侧的横担，或在该侧横担上放置任何物件。

第141条　绑线要在下面绕成小盘再带上杆塔使用。严禁在杆塔上卷绕绑线或放开绑线。

第142条　向杆塔上吊起或向下放落工具、材料等物体时，应使用绝缘无极绳圈传递，保持表3的安全距离。

第143条　放线或架线时，应采取措施防止导线或架空地线由于摆动或其他原因而与带电导线接近至危险范围以内。

在同杆塔架设的多回线路上，下层线路带电，上层线路停电作业时，不准做放、撤导线和地线的工作。

第144条　绞车等牵引工具应接地，放落和架设过程中的导线亦应接地，以防止带电的线路发生接地短路时产生感应电压。

第八章　带电作业（略）

参见《电业安全工作规程（发电厂和变电所电气部分）》。

第九章　电力电缆工作（略）

参见《电业安全工作规程（发电厂和变电所电气部分）》。

附录一
电力线路第一种工作票

编号：

1. 工区、所（工段）名称：＿＿＿＿＿＿＿＿

2. 工作负责人姓名：＿＿＿＿＿＿＿＿

3. 工作班人员：＿＿＿＿＿＿＿共＿＿人

4. 停电线路名称（双回线路应注明双重称号）：＿＿＿＿＿＿＿＿＿＿＿＿＿＿＿＿＿＿

5. 工作地段（注明分、支路名称，线路的起止杆号）：＿＿＿＿＿＿＿＿＿＿＿＿＿＿

6. 工作任务：＿＿＿＿＿＿＿＿＿＿＿＿＿＿＿＿＿＿＿＿＿＿＿＿＿＿＿＿＿＿

7. 应采取的安全措施〔包括拉开的隔离开关（刀闸）、断路器（开关）、应停电的范围〕：＿＿＿＿＿＿＿＿＿＿＿＿＿＿＿＿＿＿

保留的带电线路或带电设备：＿＿＿＿＿＿＿＿＿＿＿＿＿＿＿＿＿＿

应挂的地线：

线路名称及杆号				
接地线编号				

8. 计划工作时间：自＿＿年＿＿月＿＿日＿＿时＿＿分
　　　　　　　　至＿＿年＿＿月＿＿日＿＿时＿＿分

9. 许可开始工作的命令：

许可的命令方式	许可人	许可工作的时间
		年　月　日　时　分

10. 工作终结的报告：

终结报告的方式	许可人	终结报告的时间

工作票签发人（签字）：　　　　　年　　月　　日

工作负责人（签字）：＿＿＿＿＿＿＿＿＿＿

备　注　栏

＿＿＿＿＿＿＿＿＿＿＿＿＿＿＿＿

年　　月　　日

附录二
电力线路第二种工作票

编号：

1. 工区、所（工段）名称：＿＿＿＿＿＿＿
2. 工作负责人姓名：＿＿＿＿＿＿＿
3. 工作班人员：＿＿＿＿＿＿　共＿＿人
4. 工作的线路或设备名称：＿＿＿＿＿

工作范围：＿＿＿＿＿＿＿＿＿＿＿＿＿

工作任务：＿＿＿＿＿＿＿＿＿＿＿＿＿

＿＿＿＿＿＿＿＿＿＿＿＿＿＿＿＿＿＿

＿＿＿＿＿＿＿＿＿＿＿＿＿＿＿＿＿

5. 计划工作时间：自＿年＿月＿日＿时＿分
　　　　　　　　　至＿年＿月＿日＿时＿分
6. 执行本工作应采取的安全措施：＿＿＿＿

＿＿＿＿＿＿＿＿＿＿＿＿＿＿＿＿＿＿

7. 通知调度：（工区值班员）

工作开始时间：＿年＿月＿日＿时＿分

工作完工时间：＿年＿月＿日＿时＿分

工作票签发人：　　　　　工作负责人：

附录三
倒闸操作票格式

供电局（或线路工区）倒闸操作票　　编号：

操作开始时间：　　年　月　日　时　分， 终了时间：　　日　时　分	
操作任务：	
顺序	操 作 项 目
备注：	

操作人：　　　　　监护人：　　　　　工作许可人：

附录四
常用电气绝缘工具试验
一览表（略）

参见《电业安全工作规程（发电厂和变电所电气部分）》。

附录五
登高、起重工具试验标准表

分类	名　称	试验静重 （允许工作倍数）	试验周期	外表检查周期	试荷时间 （min）	试验静拉力 （N）
登高工具	安全带　大带 　　　　　小带		半年一次	每月一次	5	2205 1470
	安全腰绳		半年一次	每月一次	5	2205
	升降板		半年一次	每月一次	5	2205
	脚扣		半年一次	每月一次	5	980
	竹（木）梯		半年一次	每月一次	5	试验荷重 1765N
起重工具	白棕绳	2	每年一次	每月一次	10	
	钢丝绳	2	每年一次	每月一次	10	
	铁链	2	每年一次	每月一次	10	
	葫芦及滑车	1.25	每年一次	每月一次	10	
	扒杆	2	每年一次	每月一次	10	
	夹头及卡	2	每年一次	每月一次	10	
	吊钩	1.25	每年一次	每月一次	10	
	绞磨	1.25	每年一次	每月一次	10	

附录六
紧急救护法

参见《国家电网公司电力安全工作规程（发电厂和变电所电气部分）》。

2 电业安全工作规程(发电厂和变电所电气部分)

(DL 408—1991)

第一章 总 则

第1条 为了切实保证职工在生产中的安全和健康以及电力系统、发供配电设备的安全运行,结合电力生产多年来的实践经验,制定本规程。

各单位的领导干部和电气工作人员,必须严格执行本规程。

第2条 安全生产,人人有责。各级领导必须以身作则,要充分发动群众,依靠群众;要发挥安全监察机构和群众性的安全组织的作用,严格监督本规程的贯彻执行。

第3条 本规程适用于运用中的发、变、送、配、农电和用户电气设备上工作的一切人员(包括基建安装人员)。

各单位可根据现场情况制定补充条文,经厂(局)主管生产的领导(总工程师)批准后执行。

所谓运用中的电气设备,系指全部带有电压或一部分带有电压及一经操作即带有电压的电气设备。

第4条 电气设备分为高压和低压两种:

高压:设备对地电压在250V以上者;

低压:设备对地电压在250V及以下者。

第5条 电气工作人员必须具备下列条件:

一、经医师鉴定,无妨碍工作的病症(体格检查约两年一次)。

二、具备必要的电气知识,且按其职务和工作性质,熟悉《电业安全工作规程》(发电厂和变电所电气部分、电力线路部分、热力和机械部分)的有关部分,并经考试合格。

三、学会紧急救护法(见附录七),特别要学会触电急救。

第6条 电气工作人员对本规程应每年考试一次。因故间断电气工作连续三个月以上者,必须重新温习本规程,并经考试合格后,方能恢复工作。

参加带电作业人员,应经专门培训,并经考试合格、领导批准后,方能参加工作。

新参加电气工作的人员、实习人员和临时参加劳动的人员(干部、临时工等),必须经过安全知识教育后,方可下现场随同参加指定的工作,但不得单独工作。

对外单位派来支援的电气工作人员,工作前应介绍现场电气设备结线情况和有关安全措施。

第7条 任何工作人员发现有违反本规程,并足以危及人身和设备安全者,应立即制止。

第8条 对认真遵守本规程者,应给予表扬和奖励。对违反本规程者,应认真分析,加强教育,分别情况,严肃处理。对造成严重事故者,应按情节轻重,予以行政或刑事处分。

第9条 本规程所指的安全用具必须符合附录五、附录六的要求。

第二章 高压设备工作的基本要求

第一节 发电厂和变电所的值班工作

第10条 值班人员必须熟悉电气设备。单独值班人员或值班负责人还应有实际工作经验。

第11条 高压设备符合下列条件者,可由单人值班:

一、室内高压设备的隔离室设有遮栏,遮栏的高度在1.7m以上,安装牢固并加锁者;

二、室内高压开关的操作机构用墙或金属板与该开关隔离,或装有远方操作机构者。

单人值班不得单独从事修理工作。

第12条 不论高压设备带电与否,值班人员不得单独移开或越过遮栏进行工作;若有必要移开遮栏时,必须有监护人在场,并符合表1的安全距离。

表1 设备不停电时的安全距离

电压等级(kV)	安全距离(m)	电压等级(kV)	安全距离(m)
10及以下(13.8)	0.70	154	2.00
20~35	1.00	220	3.00
44	1.20	330	4.00
60~110	1.50	500	5.00

第二节 高压设备的巡视

第13条 经企业领导批准允许单独巡视高压设备的值班员和非值班员,巡视高压设备时,不得进行其他工作,不得移开或越过遮栏。

第14条 雷雨天气,需要巡视室外高压设备时,应穿绝缘靴,并不得靠近避雷器和避雷针。

第15条 高压设备发生接地时,室内不得接近故障点4m以内,室外不得接近故障点8m以内。进入上述范围人员必须穿绝缘靴，接触设备的外壳和架构时，应戴绝缘手套。

第16条 巡视配电装置，进出高压室，必须随手将门锁好。

第17条 高压室的钥匙至少应有三把，由配电值班人员负责保管，按级移交。一把专供紧急时使用，一把专供值班员使用，其他可以借给许可单独巡视高压设备的人员和工作负责人使用，但必须登记签名，当日交回。

第三节 倒闸操作

第18条 倒闸操作必须根据值班调度员或值班负责人命令，受令人复诵无误后执行。发布命令应准确、清晰、使用正规操作术语和设备双重名称，即设备名称和编号。发令人使用电话发布命令前，应先和受令人互报姓名。值班调度员发布命令的全过程（包括对方复诵命令）和听取命令的报告时，都要录音并作好记录。倒闸操作由操作人填写操作票（见附录一）。单人值班，操作票由发令人用电话向值班员传达，值班员应根据传达，填写操作票，复诵无误，并在"监护人"签名处填入发令人的姓名。

每张操作票只能填写一个操作任务。

第19条 停电拉闸操作必须按照断路器（开关）——负荷侧隔离开关（刀闸）——母线侧隔离开关（刀闸）的顺序依次操作，送电合闸操作应按与上述相反的顺序进行。严防带负荷拉合刀闸。

为防止误操作，高压电气设备都应加装防误操作的闭锁装置（少数特殊情况下经上级主管部门批准，可加机械锁）。闭锁装置的解锁用具（包括钥匙）应妥善保管，按规定使用，不许乱用。机械锁要一把钥匙开一把锁，钥匙要编号并妥善保管，方便使用。所有投运的闭锁装置（包括机械锁）不经值班调度员或值长同意不得退出或解锁。

第20条 下列项目应填入操作票内：

应拉合的断路器（开关）和隔离开关（刀闸），检查断路器（开关）和隔离开关（刀闸）的位置，检查接地线是否拆除，检查负荷分配，装拆接地线，安装或拆除控制回路或电压互感器回路的熔断器（保险），切换保护回路和检验是否确无电压等。

操作票应填写设备的双重名称，即设备名称和编号。

第21条 操作票应用钢笔或圆珠笔填写，票面应清楚整洁，不得任意涂改。操作人和监护人应根据模拟图板或结线图核对所填写的操作项目，并分别签名，然后经值班负责人审核签名。特别重要和复杂的操作还应由值长审核签名。

第22条 开始操作前，应先在模拟图板上进行核对性模拟预演，无误后，再进行设备操作。操作前应核对设备名称、编号和位置，操作中应认真执行监护复诵制。发布操作命令和复诵操作命令都应严肃认真，声音洪亮清晰。必须按操作票填写的顺序逐项操作。每操作完一项，应检查无误后做一个"√"记号，全部操作完毕后进行复查。

第23条 倒闸操作必须由两人执行，其中一人对设备较为熟悉者作监护。单人值班的变电所倒闸操作可由一人执行。

特别重要和复杂的倒闸操作，由熟练的值班员操作，值班负责人或值长监护。

第24条 操作中发生疑问时，应立即停止操作并向值班调度员或值班负责人报告，弄清问题后，再进行操作。不准擅自更改操作票，不准随意解除闭锁装置。

第25条 用绝缘棒拉合隔离开关（刀闸）或经传动机构拉合隔离开关（刀闸）和断路器（开关），均应戴绝缘手套。雨天操作室外高压设备时，绝缘棒应有防雨罩，还应穿绝缘靴。接地网电阻不符合要求的，晴天也应穿绝缘靴。雷电时，禁止进行倒闸操作。

第26条 装卸高压熔断器（保险），应戴护目眼镜和绝缘手套，必要时使用绝缘夹钳，并站在绝缘垫或绝缘台上。

第27条 断路器（开关）遮断容量应满足电网要求。如遮断容量不够，必须将操作机构用墙或金属板与该断路器（开关）隔开，并设远方控制，重合闸装置必须停用。

第28条 电气设备停电后，即使是事故停电，在未拉开有关隔离开关（刀闸）和做好安全措施以前，不得触及设备或进入遮栏，以防突然来电。

第29条 在发生人身触电事故时，为了解救触电人，可以不经许可，即行断开有关设备的电源，但事后必须立即报告上级。

第30条 下列各项工作可以不用操作票：

一、事故处理；

二、拉合断路器（开关）的单一操作；

三、拉开接地刀闸或拆除全厂（所）仅有的一组接地线。

上述操作应记入操作记录簿内。

第31条 操作票应先编号，按照编号顺序使用。作废的操作票，应注明"作废"字样，已操作的注明"已执行"的字样。上述操作票保存三个月。

第四节 高压设备上工作
的安全措施分类

第32条 在运用中的高压设备上工作,分为三类:

一、全部停电的工作,系指室内高压设备全部停电(包括架空线路与电缆引入线在内),通至邻接高压室的门全部闭锁,以及室外高压设备全部停电(包括架空线路与电缆引入线在内)。

二、部分停电的工作,系指高压设备部分停电,或室内虽全部停电,而通至邻接高压室的门并未全部闭锁。

三、不停电工作系指:

1. 工作本身不需要停电和没有偶然触及导电部分的危险者;

2. 许可在带电设备外壳上或导电部分上进行的工作。

第33条 在高压设备上工作,必须遵守下列各项:

一、填用工作票或口头、电话命令;

二、至少应有两人在一起工作;

三、完成保证工作人员安全的组织措施和技术措施。

第三章 保证安全的组织措施

第34条 在电气设备上工作,保证安全的组织措施为:

一、工作票制度;

二、工作许可制度;

三、工作监护制度;

四、工作间断、转移和终结制度。

第一节 工作票制度

第35条 在电气设备上工作,应填用工作票或按命令执行,其方式有下列三种:

一、填用第一种工作票(见附录二);

二、填用第二种工作票(见附录三);

三、口头或电话命令。

第36条 填用第一种工作票的工作为:

一、高压设备上工作需要全部停电或部分停电者;

二、高压室内的二次接线和照明等回路上的工作,需要将高压设备停电或做安全措施者。

第37条 填用第二种工作票的工作为:

一、带电作业和在带电设备外壳上的工作;

二、控制盘和低压配电盘、配电箱、电源干线上的工作;

三、二次接线回路上的工作,无需将高压设备停电者;

四、转动中的发电机、同期调相机的励磁回路或高压电动机转子电阻回路上的工作;

五、非当值值班人员用绝缘棒和电压互感器定相或用钳形电流表测量高压回路的电流。

第38条 其他工作用口头或电话命令。

口头或电话命令,必须清楚正确,值班员应将发令人、负责人及工作任务详细记入操作记录簿中,并向发令人复诵核对一遍。

第39条 工作票要用钢笔或圆珠笔填写一式两份,应正确清楚,不得任意涂改,如有个别错、漏字需要修改时,应字迹清楚。

两份工作票中的一份必须经常保存在工作地点,由工作负责人收执,另一份由值班员收执,按值移交。值班员应将工作票号码、工作任务、许可工作时间及完工时间记入操作记录簿中。

在无人值班的设备上工作时,第二份工作票由工作许可人收执。

第40条 一个工作负责人只能发给一张工作票。工作票上所列的工作地点,以一个电气连接部分为限。

如施工设备属于同一电压、位于同一楼层、同时停送电,且不会触及带电导体时,则允许在几个电气连接部分共用一张工作票。

开工前工作票内的全部安全措施应一次做完。

建筑工、油漆工等非电气人员进行工作时,工作票发给监护人。

第41条 在几个电气连接部分上依次进行不停电的同一类型的工作,可以发给一张第二种工作票。

第42条 若一个电气连接部分或一个配电装置全部停电,则所有不同地点的工作,可以发给一张工作票,但要详细填明主要工作内容。几个班同时进行工作时,工作票可发给一个总的负责人,在工作班成员栏内只填明各班的负责人,不必填写全部工作人员名单。

若至预定时间,一部分工作尚未完成,仍须继续工作而不妨碍送电者,在送电前,应按照送电后现场设备带电情况,办理新的工作票,布置好安全措施后,方可继续工作。

第43条 事故抢修工作可不用工作票,但应记入操作记录簿内,在开始工作前必须按本规程第四章的规定做好安全措施,并应指定专人负责监护。

第44条 线路、用户检修班或基建施工单位在发电厂或变电所进行工作时，必须由所在单位（发电厂、变电所或工区）签发工作票并履行工作许可手续。

第45条 第一种工作票应在工作前一日交给值班员。临时工作可在工作开始以前直接交给值班员。

第二种工作票应在进行工作的当天预先交给值班员。

第46条 若变电所距离工区较远或因故更换新工作票不能在工作前一日将工作票送到，工作票签发人可根据自己填好的工作票用电话全文传达给变电所值班员，传达必须清楚，值班员应根据传达做好记录，并复诵核对。若电话联系有困难，也可在进行工作的当天预先将工作票交给值班员。

第47条 第一、二种工作票的有效时间，以批准的检修期为限。第一种工作票至预定时间，工作尚未完成，应由工作负责人办理延期手续。延期手续应由工作负责人向值班负责人申请办理，主要设备检修延期要通过值长办理。工作票有破损不能继续使用时，应补填新的工作票。

第48条 需要变更工作班中的成员时，须经工作负责人同意。需要变更工作负责人时，应由工作票签发人将变动情况记录在工作票上。若扩大工作任务，必须由工作负责人通过工作许可人，并在工作票上增填工作项目。若须变更或增设安全措施者，必须填用新的工作票，并重新履行工作许可手续。

第49条 工作票签发人不得兼任该项工作的工作负责人。工作负责人可以填写工作票。

工作许可人不得签发工作票。

第50条 工作票签发人应由分场、工区（所）熟悉人员技术水平、熟悉设备情况、熟悉本规程的生产领导人、技术人员或经厂、局主管生产领导批准的人员担任。工作票签发人名单应书面公布。

工作负责人和允许办理工作票的值班员（工作许可人）应由分场或工区主管生产的领导书面批准。

第51条 工作票中所列人员的安全责任：

一、工作票签发人：

1. 工作必要性；

2. 工作是否安全；

3. 工作票上所填安全措施是否正确完备；

4. 所派工作负责人和工作班人员是否适当和足够，精神状态是否良好。

二、工作负责人（监护人）：

1. 正确安全地组织工作；

2. 结合实际进行安全思想教育；

3. 督促、监护工作人员遵守本规程；

4. 负责检查工作票所载安全措施是否正确完备和值班员所做的安全措施是否符合现场实际条件；

5. 工作前对工作人员交待安全事项；

6. 工作班人员变动是否合适。

三、工作许可人：

1. 负责审查工作票所列安全措施是否正确完备，是否符合现场条件；

2. 工作现场布置的安全措施是否完善；

3. 负责检查停电设备有无突然来电的危险；

4. 对工作票中所列内容即使发生很小疑问，也必须向工作票签发人询问清楚，必要时应要求作详细补充。

四、值长：

负责审查工作的必要性和检修工期是否与批准期限相符以及工作票所列安全措施是否正确完备。

五、工作班成员：

认真执行本规程和现场安全措施，互相关心施工安全，并监督本规程和现场安全措施的实施。

第二节 工作许可制度

第52条 工作许可人（值班员）在完成施工现场的安全措施后，还应：

一、会同工作负责人到现场再次检查所做的安全措施，以手触试，证明检修设备确无电压；

二、对工作负责人指明带电设备的位置和注意事项；

三、和工作负责人在工作票上分别签名。

完成上述许可手续后，工作班方可开始工作。

第53条 工作负责人、工作许可人任何一方不得擅自变更安全措施，值班人员不得变更有关检修设备的运行结线方式。工作中如有特殊情况需要变更时，应事先取得对方的同意。

第三节 工作监护制度

第54条 完成工作许可手续后，工作负责人（监护人）应向工作班人员交待现场安全措施、带电部位和其他注意事项。工作负责人（监护人）必须始终在工作现场，对工作班人员的安全认真监护，及时纠正违反安全的动作。

第55条 所有工作人员（包括工作负责人），不许单独留在高压室内和室外变电所高压设备区内。

若工作需要（如测量极性、回路导通试验等），且现场设备具体情况允许时，可以准许工作班中有实际经验的一人或几人同时在他室进行工作，但工作负责人应在事前将有关安全注意事项予以详尽的指示。

第56条　工作负责人(监护人)在全部停电时,可以参加工作班工作。在部分停电时,只有在安全措施可靠,人员集中在一个工作地点,不致误碰导电部分的情况下,方能参加工作。

工作票签发人或工作负责人,应根据现场的安全条件、施工范围、工作需要等具体情况,增设专人监护和批准被监护的人数。

专责监护人不得兼做其他工作。

第57条　工作期间,工作负责人若因故必须离开工作地点时,应指定能胜任的人员临时代替,离开前应将工作现场交待清楚,并告知工作班人员。原工作负责人返回工作地点时,也应履行同样的交接手续。

若工作负责人需要长时间离开现场,应由原工作票签发人变更新工作负责人,两工作负责人应做好必要的交接。

第58条　值班员如发现工作人员违反安全规程或任何危及工作人员安全的情况,应向工作负责人提出改正意见,必要时可暂时停止工作,并立即报告上级。

第四节　工作间断、转移和终结制度

第59条　工作间断时,工作班人员应从工作现场撤出,所有安全措施保持不动,工作票仍由工作负责人执存。间断后继续工作,无需通过工作许可人。每日收工,应清扫工作地点,开放已封闭的通路,并将工作票交回值班员。次日复工时,应得值班员许可,取回工作票,工作负责人必须事前重新认真检查安全措施是否符合工作票的要求后,方可工作。若无工作负责人或监护人带领,工作人员不得进入工作地点。

第60条　在未办理工作票终结手续以前,值班员不准将施工设备合闸送电。

在工作间断期间,若有紧急需要,值班员可在工作票未交回的情况下合闸送电,但应先将工作班全班人员已经离开工作地点的确切根据通知工作负责人或电气分场负责人,在得到他们可以送电的答复后方可执行,并应采取下列措施:

一、拆除临时遮栏、接地线和标示牌,恢复常设遮栏,换挂"止步,高压危险!"的标示牌;

二、必须在所有通路派专人守候,以便告诉工作班人员"设备已经合闸送电,不得继续工作",守候人员在工作票未交回以前,不得离开守候地点。

第61条　检修工作结束以前,若需将设备试加工作电压,可按下列条件进行:

一、全体工作人员撤离工作地点;

二、将该系统的所有工作票收回,拆除临时遮栏、接地线和标示牌,恢复常设遮栏;

三、应在工作负责人和值班员进行全面检查无误后,由值班员进行加压试验。

工作班若需继续工作时,应重新履行工作许可手续。

第62条　在同一电气连接部分用同一工作票依次在几个工作地点转移工作时,全部安全措施由值班员在开工前一次做完,不需再办理转移手续,但工作负责人在转移工作地点时,应向工作人员交待带电范围、安全措施和注意事项。

第63条　全部工作完毕后,工作班应清扫、整理现场。工作负责人应先周密的检查,待全体工作人员撤离工作地点后,再向值班人员讲清所修项目、发现的问题、试验结果和存在问题等,并与值班人员共同检查设备状况,有无遗留物件,是否清洁等,然后在工作票上填明工作终结时间,经双方签名后,工作票方告终结。

第64条　只有在同一停电系统的所有工作票结束,拆除所有接地线、临时遮栏和标示牌,恢复常设遮栏,并得到值班调度员或值班负责人的许可命令后,方可合闸送电。

第65条　已结束的工作票,保存三个月。

第四章　保证安全的技术措施

第66条　在全部停电或部分停电的电气设备上工作,必须完成下列措施:

一、停电;

二、验电;

三、装设接地线;

四、悬挂标示牌和装设遮栏。

上述措施由值班员执行。对于无经常值班人员的电气设备,由断开电源人执行,并应有监护人在场〔两线一地制系统验电、装设接地线措施,由局(厂)自行规定〕。

第一节　停　电

第67条　工作地点,必须停电的设备如下:

一、检修的设备;

二、与工作人员在进行工作中正常活动范围的距离小于表2规定的设备;

三、在44kV以下的设备上进行工作,上述安全距离虽大于表2规定,但小于表1规定,同时又无安全遮栏措施的设备;

四、带电部分在工作人员后面或两侧无可靠安全措施的设备。

第68条　将检修设备停电，必须把各方面的电源完全断开（任何运用中的星形接线设备的中性点，必须视为带电设备）。禁止在只经断路器（开关）断开电源的设备上工作。必须拉开隔离开关（刀闸），使各方面至少有一个明显的断开点。与停电设备有关的变压器和电压互感器，必须从高、低压两侧断开，防止向停电检修设备反送电。

表2　**工作人员工作中正常活动范围与带电设备的安全距离**

电压等级 （kV）	安全距离 （m）	电压等级 （kV）	安全距离 （m）
10及以下(13.8)	0.35	154	2.00
20～35	0.60	220	3.00
44	0.90	330	4.00
60～110	1.50	500	5.00

第69条　断开断路器（开关）和隔离开关（刀闸）的操作能源。隔离开关（刀闸）操作把手必须锁住。

第二节　验　电

第70条　验电时，必须用电压等级合适而且合格的验电器，在检修设备进出线两侧各相分别验电。验电前，应先在有电设备上进行试验，确证验电器良好。如果在木杆、木梯或木架构上验电，不接地线不能指示者，可在验电器上接地线，但必须经值班负责人许可。

第71条　高压验电必须戴绝缘手套。验电时应使用相应电压等级的专用验电器。

330kV及以上的电气设备，在没有相应电压等级的专用验电器的情况下，可使用绝缘棒代替验电器，根据绝缘棒端有无火花和放电噼啪声来判断有无电压。

第72条　表示设备断开和允许进入间隔的信号、经常接入的电压表等，不得作为设备无电压的根据。但如果指示有电，则禁止在该设备上工作。

第三节　装设接地线

第73条　当验明设备确已无电压后，应立即将检修设备接地并三相短路。这是保护工作人员在工作地点防止突然来电的可靠安全措施，同时设备断开部分的剩余电荷，亦可因接地而放尽。

第74条　对于可能送电至停电设备的各方面或停电设备可能产生感应电压的都要装设接地线，所装接地线与带电部分应符合安全距离的规定。

第75条　检修母线时，应根据母线的长短和有无感应电压等实际情况确定地线数量。检修10m及以下的母线，可以只装设一组接地线。在门形架构的线路侧进行停电检修，如工作地点与所装接地线的距离小于10m，工作地点虽在接地线外侧，也可不另装接地线。

第76条　检修部分若分为几个在电气上不相连接的部分〔如分段母线以隔离开关（刀闸）或断路器（开关）隔开分成几段〕，则各段应分别验电接地短路。接地线与检修部分之间不得连有断路器（开关）或熔断器（保险）。降压变电所全部停电时，应将各个可能来电侧的部分接地短路，其余部分不必每段都装设接地线。

第77条　在室内配电装置上，接地线应装在该装置导电部分的规定地点，这些地点的油漆应刮去，并划下黑色记号。

所有配电装置的适当地点，均应设有接地网的接头。接地电阻必须合格。

第78条　装设接地线必须由两人进行。若为单人值班，只允许使用接地刀闸接地，或使用绝缘棒合接地刀闸。

第79条　装设接地线必须先接地端，后接导体端，且应接触良好。拆接地线的顺序与此相反。装、拆接地线均应使用绝缘棒和戴绝缘手套。

第80条　接地线应用多股软铜线，其截面应符合短路电流的要求，但不得小于 $25mm^2$ 。接地线在每次装设以前应经过详细检查。损坏的接地线应及时修理或更换。禁止使用不符合规定的导线作接地或短路之用。

接地线必须使用专用的线夹固定在导体上，严禁用缠绕的方法进行接地或短路。

第81条　高压回路上的工作，需要拆除全部或一部分接地线后始能进行工作者〔如测量母线和电缆的绝缘电阻，检查断路器（开关）触头是否同时接触〕，如：

一、拆除一相接地线；

二、拆除接地线，保留短路线；

三、将接地线全部拆除或拉开接地刀闸。

必须征得值班员的许可（根据调度员命令装设的接地线，必须征得调度员的许可），方可进行。工作完毕后立即恢复。

第82条　每组接地线均应编号，并存放在固定地点。存放位置亦应编号,接地线号码与存放位置号码必须一致。

第 83 条　装、拆接地线,应做好记录,交接班时应交待清楚。

第四节　悬挂标示牌和装设遮栏

第 84 条　在一经合闸即可送电到工作地点的断路器(开关)和隔离开关(刀闸)的操作把手上,均应悬挂"禁止合闸,有人工作!"的标示牌(见附录四)。

如果线路上有人工作,应在线路断路器(开关)和隔离开关(刀闸)操作把手上悬挂"禁止合闸,线路有人工作!"的标示牌,标示牌的悬挂和拆除,应按调度员的命令执行。

第 85 条　部分停电的工作,安全距离小于表 1 规定距离以内的未停电设备,应装设临时遮栏。临时遮栏与带电部分的距离,不得小于表 2 的规定数值。临时遮栏可用干燥木材、橡胶或其他坚韧绝缘材料制成,装设应牢固,并悬挂"止步,高压危险!"的标示牌。

35kV 及以下设备的临时遮栏,如因工作特殊需要,可用绝缘挡板与带电部分直接接触。但此种挡板必须具有高度的绝缘性能,并符合附录五的要求。

第 86 条　在室内高压设备上工作,应在工作地点两旁间隔和对面间隔的遮栏上和禁止通行的过道上悬挂"止步,高压危险!"的标示牌。

第 87 条　在室外地面高压设备上工作,应在工作地点四周用绳子做好围栏,围栏上悬挂适当数量的"止步,高压危险!"标示牌,标示牌必须朝向围栏里面。

第 88 条　在工作地点悬挂"在此工作!"的标示牌。

第 89 条　在室外架构上工作,则应在工作地点邻近带电部分的横梁上,悬挂"止步,高压危险!"的标示牌。此项标示牌在值班人员的监护下,由工作人员悬挂。在工作人员上下用的铁架和梯子上应悬挂"从此上下!"的标示牌。在邻近其他可能误登的带电架构上,应悬挂"禁止攀登,高压危险!"的标示牌。

第 90 条　严禁工作人员在工作中移动或拆除遮栏、接地线和标示牌。

第五章　线路作业时发电厂和变电所的安全措施

第 91 条　线路的停送电均应按照值班调度员或有关单位书面指定的人员的命令执行。严禁约时停、送电。停电时,必须先将该线路可能来电的所有断路器(开关)、线路隔离开关(刀闸)、母线隔离开关(刀闸)全部拉开,用验电器验明确无电压后,在所有线路上可能来电的各端装接地线,线路隔离开关(刀闸)操作把手上挂"禁止合闸,线路有人工作!"的标示牌。

第 92 条　值班调度员必须将线路停电检修的工作班组数目、工作负责人姓名、工作地点和工作任务记入记录簿。

工作结束时,应得到工作负责人(包括用户)的竣工报告,确认所有工作班组均已竣工,接地线已拆除,工作人员已全部撤离线路,并与记录簿核对无误后,方可下令拆除发电厂或变电所内的安全措施,向线路送电。

第 93 条　当用户管辖的线路要求停电时,必须得到用户工作负责人的书面申请方可停电,并做好安全措施,恢复送电,必须接到原申请人的通知后方可进行。

第六章　带电作业

第一节　一般规定

第 94 条　本章的规定适用于在海拔1000m及以下交流 10～500kV 的高压架空电力线路、变电所(发电厂)电气设备上采用等电位、中间电位和地电位方式进行的带电作业,以及低压带电作业。

两线一地的线路及其电气设备上不宜进行带电作业。

第 95 条　带电作业应在良好天气下进行。如遇雷、雨、雪、雾不得进行带电作业,风力大于 5 级时,一般不宜进行带电作业。

在特殊情况下,必须在恶劣天气进行带电抢修时,应组织有关人员充分讨论并采取必要的安全措施,经厂(局)主管生产领导(总工程师)批准后方可进行。

第 96 条　对于比较复杂,难度较大的带电作业新项目和研制的新工具必须进行科学试验,确认安全可靠,编出操作工艺方案和安全措施,并经厂(局)主管生产领导(总工程师)批准后方可进行和使用。

第 97 条　带电作业工作票签发人和工作负责人应具有带电作业实践经验。工作票签发人必须经厂(局)领导批准,工作负责人也可经工区领导批准。

第 98 条　带电作业必须设专人监护。监护人应由有带电作业实践经验的人员担任。监护人不得直接操作。监护的范围不得超过一个作业点。复杂的或高杆塔上的作业应增设（塔上）监护人。

第99条 带电作业工作票签发人和工作负责人对带电作业现场情况不熟悉时，应组织有经验的人员到现场查勘。根据查勘结果作出能否进行带电作业的判断，并确定作业方法和所需工具以及应采取的措施。

第100条 带电作业工作负责人在带电作业工作开始前应与调度联系，工作结束后应向调度汇报。

第101条 带电作业有下列情况之一者应停用重合闸，并不得强送电：

一、中性点有效接地的系统中有可能引起单相接地的作业。

二、中性点非有效接地的系统中有可能引起相间短路的作业。

三、工作票签发人或工作负责人认为需要停用重合闸的作业。

严禁约时停用或恢复重合闸。

第102条 在带电作业过程中如设备突然停电，作业人员应视设备仍然带电。工作负责人应尽快与调度联系，调度未与工作负责人取得联系前不得强送电。

第二节 一般技术措施

第103条 进行地电位带电作业时，人身与带电体间的安全距离不得小于表3的规定。

第104条 35kV及以下的带电设备，不能满足表3规定的最小安全距离时，必须采取可靠的绝缘隔离措施。

表3 人身与带电体的安全距离

电压等级 (kV)	10	35	63(66)	110	220	330	500
距离 (m)	0.4	0.6	0.7	1.0	1.8(1.6)[1]	2.6	3.6[2]

注 1）因受设备限制达不到1.8m时，经厂（局）主管生产领导（总工程师）批准，并采取必要的措施后，可采用括号内（1.6m）的数值。

2）由于500kV带电作业经验不多，此数据为暂定数据。

第105条 绝缘操作杆，绝缘承力工具和绝缘绳索的有效长度不得小于表4的规定。

第106条 更换绝缘子或在绝缘子串上作业时，良好绝缘子片数不得小于表5的规定。

表4 绝缘工具最小有效绝缘长度

电压等级 (kV)	有效绝缘长度（m）	
	绝缘操作杆	绝缘承力工具、绝缘绳索
10	0.7	0.4
35	0.9	0.6
63（66）	1.0	0.7
110	1.3	1.0
220	2.1	1.8
330	3.1	2.8
500	4.0	3.7

表5 良好绝缘子最少片数

电压等级 (kV)	35	63（66）	110	220	330	500
片数	2	3	5	9	16	23

第107条 更换直线绝缘子串或移动导线的作业，当采用单吊线装置时，应采取防止导线脱落时的后备保护措施。

第108条 在绝缘子串未脱离导线前，拆、装靠近横担的第一片绝缘子时，必须采用专用短接线或穿屏蔽服方可直接进行操作。

第109条 在市区或人口稠密的地区进行带电作业时，工作现场应设置围栏，严禁非工作人员入内。

第三节 等电位作业

第110条 等电位作业一般在63（66）kV及以上电压等级的电力线路和电气设备上进行。若须在35kV及以下电压等级采用等电位作业时，应采取可靠的绝缘隔离措施。

第111条 等电位作业人员必须在衣服外面穿合格的全套屏蔽服（包括帽、衣、裤、手套、袜和鞋），且各部分应连接好，屏蔽服内还应穿阻燃内衣。

严禁通过屏蔽服断、接接地电流、空载线路和耦合电容器的电容电流。

第112条 等电位作业人员对地距离应不小于表3的规定，对邻相导线的距离应不小于表6的规定。

表6 等电位作业人员对邻相导线的最小距离

电压等级 (kV)	10	35	63(66)	110	220	330	500
距离 (m)	0.6	0.8	0.9	1.4	2.5	3.5	5.0

第 113 条　等电位作业人员在绝缘梯上作业或沿绝缘梯进入强电场时,其与接地体和带电体两部分间所组成的组合间隙不得小于表 7 的规定。

表 7　　　组合间隙最小距离

电压等级 (kV)	35	63 (66)	110	220	330	500
距离 (m)	0.7	0.8	1.2	2.1	3.1	4.0

第 114 条　等电位作业人员沿绝缘子串进入强电场的作业,只能在 220kV 及以上电压等级的绝缘子串上进行。扣除人体短接的和零值的绝缘子片数后,良好绝缘子片数不得小于表 5 的规定,其组合间隙不得小于表 7 的规定。若组合间隙不满足表 7 的规定,应加装保护间隙。

第 115 条　等电位作业人员在电位转移前,应得到工作负责人的许可,并系好安全带。转移电位时人体裸露部分与带电体的距离不应小于表 8 的规定。

表 8　　转移电位时人体裸露部分与
带电体的最小距离

电压等级 (kV)	35～63 (66)	110～220	330～500
距 离 (m)	0.2	0.3	0.4

第 116 条　等电位作业人员与地面作业人员传递工具和材料时,必须使用绝缘工具或绝缘绳索进行,其有效长度不得小于表 4 的规定。

第 117 条　沿导、地线上悬挂的软、硬梯或飞车进入强电场的作业应遵守下列规定:

一、在连续档距的导、地线上挂梯(或飞车)时,其导、地线的截面不得小于:

　　　钢芯铝绞线　　　120mm²
　　　铜绞线　　　　　70mm²
　　　钢绞线　　　　　50mm²

二、有下列情况之一者,应经验算合格,并经厂(局)主管生产领导(总工程师)批准后才能进行:

　　1. 在孤立档距的导、地线上的作业;

　　2. 在有断股的导、地线上的作业;

　　3. 在有锈蚀的地线上的作业;

　　4. 在其他型号导、地线上的作业;

　　5. 二人以上在导、地线上的作业。

三、在导、地线上悬挂梯子前,必须检查本档两

端杆塔处导、地线的紧固情况。挂梯载荷后地线及人体对导线的最小间距应比表 3 中的数值增大 0.5m,导线及人体对被跨越的电力线路、通信线路和其他建筑物的最小距离应比表 3 的安全距离增大 1m。

四、在瓷横担线路上严禁挂梯作业,在转动横担的线路上挂梯前应将横担固定。

第 118 条　等电位作业人员在作业中严禁用酒精、汽油等易燃品擦拭带电体及绝缘部分,防止起火。

第四节　带电断、接引线

第 119 条　带电断、接空载线路,必须遵守下列规定:

一、带电断、接空载线路时,必须确认线路的终端断路器(开关)〔或隔离开关(刀闸)〕确已断开,接入线路侧的变压器、电压互感器确已退出运行后,方可进行。

严禁带负荷断、接引线。

二、带电断、接空载线路时,作业人员应戴护目镜,并应采取消弧措施,消弧工具的断流能力应与被断、接的空载线路电压等级及电容电流相适应。如使用消弧绳,则其断、接的空载线路的长度不应大于表 9 的规定,且作业人员与断开点应保持 4m 以上的距离。

表 9　　　使用消弧绳断、接空载
线路的最大长度

电压等级 (kV)	10	35	63 (66)	110	220
长度 (km)	50	30	20	10	3

注　线路长度包括分支在内,但不包括电缆线路。

三、在查明线路确无接地,绝缘良好,线路上无人工作且相位确定无误后才可进行带电断、接引线。

四、带电接引时未接通相的导线及带电断引时已断开相的导线将因感应而带电。为防止电击,应采取措施后才能触及。

五、严禁同时接触未接通的或已断开的导线两个断头,以防人体串入电路。

第 120 条　严禁用断、接空载线路的方法使两电源解列或并列。

第 121 条　带电断、接耦合电容器时,应将其信号、接地刀闸合上并应停用高频保护。被断开的电容器应立即对地放电。

第 122 条　带电断、接空载线路、耦合电容器、避雷器等设备时，应采取防止引流线摆动的措施。

第五节　带电短接设备

第 123 条　用分流线短接断路器（开关）、隔离开关（刀闸）等载流设备时，必须遵守下列规定：

一、短接前一定要核对相位。

二、组装分流线的导线处必须清除氧化层，且线夹接触应牢固可靠。

三、35kV 及以下设备使用的绝缘分流线的绝缘水平应符合表 17 的规定。

四、断路器（开关）必须处于合闸位置，并取下跳闸回路熔断器（保险），锁死跳闸机构后，方可短接。

五、分流线应支撑好，以防摆动造成接地或短路。

第 124 条　阻波器被短接前，严防等电位作业人员人体短接阻波器。

第 125 条　短接开关设备或阻波器的分流线截面和两端线夹的载流容量，应满足最大负荷电流的要求。

第六节　带电水冲洗

第 126 条　带电水冲洗一般应在良好天气时进行，风力大于四级，气温低于零下 3℃，雨天、雪天、雾天及雷电天气不宜进行。

第 127 条　带电水冲洗作业前应掌握绝缘子的脏污情况，当盐密值大于表 10 临界盐密值的规定时，一般不宜进行水冲洗，否则，应增大水电阻率来补救。避雷器及密封不良的设备不宜进行带电水冲洗。

表 10　　带电水冲洗临界盐密值[1]　（仅适用于 220kV 及以下）

爬电比距[2] （mm/kV）	发电厂及变电所支柱绝缘子							
	14.8～16（普通型）				20～31（防污型）			
水电阻率 （Ω·cm）	1500	3000	10000	50000 及以上	1500	3000	10000	50000 及以上
临界盐密 （mg/cm²）	0.02	0.04	0.08	0.12	0.08	0.12	0.16	0.2
爬电比距[2] （mm/kV）	线路悬式绝缘子							
	14.8～16（普通型）				20～31（防污型）			
水电阻率 （Ω·cm）	1500	3000	10000	50000 及以上	1500	3000	10000	50000 及以上
临界盐密 （mg/cm²）	0.05	0.07	0.12	0.15	0.12	0.15	0.2	0.22

注　1）330kV 及 500kV 等级的临界盐密值尚不成熟，暂不列入。
　　2）爬电比距指电力设备外绝缘的爬电距离与设备最高工作电压之比。

第 128 条　带电水冲洗用水的电阻率一般不低于 1500Ω·cm，冲洗 220kV 变电设备时水电阻率不应低于 3000Ω·cm，并应符合表 10 的要求。每次冲洗前都应用合格的水阻表测量水电阻率，应从水枪出口处取水样进行测量。如用水车等容器盛水，每车水都应测量水电阻率。

第 129 条　以水柱为主绝缘的大、中、小型水冲（喷嘴直径为 3mm 及以下者称小水冲；直径为 4～8mm 者称中水冲；直径为 9mm 及以上者称大水冲），其水枪喷嘴与带电体之间的水柱长度不得小于表 11 规定。大、中型水冲水枪喷嘴均应可靠接地。

第 130 条　由水柱、绝缘杆、引水管（指有效绝缘部分）组成的小水冲工具，其组装绝缘应满足如下要求：

表 11　喷嘴与带电体之间的水柱长度（m）

喷嘴直径（mm）		3 及以下	4～8	9～12	13～18
电压 等级 (kV)	63（66）及以下	0.8	2	4	6
	110	1.2	3	5	7
	220	1.8	4	6	8

一、在工作状态下应能耐受表 17 规定的试验电压。

二、在最大工频过电压下流经操作人员人体的电流应不超过 1mA，试验时间不小于 5min。

第 131 条　利用组合绝缘的小水冲工具进行冲洗时，冲洗工具严禁触及带电体。引水管的有效绝缘部分不得触及接地体。

操作杆的使用及保管均按带电作业工具的有关规定执行。

第132条 带电冲洗前应注意调整好水泵压强,使水柱射程远且水流密集。当水压不足时,不得将水枪对准被冲洗的带电设备。冲洗用水泵应良好接地。

第133条 带电水冲洗应注意选择合适的冲洗方法。直径较大的绝缘子宜采用双枪跟踪法或其他方法,并应防止被冲洗设备表面出现污水线。当被冲绝缘子未冲洗干净时,水枪切勿强行离开,以免造成闪络。

第134条 带电水冲洗前要确知设备绝缘是否良好。有零值及低值的绝缘子及瓷质有裂纹时,一般不可冲洗。

第135条 冲洗悬垂绝缘子串、瓷横担、耐张绝缘子串时,应从导线侧向横担侧依次冲洗。冲洗支柱绝缘子及绝缘瓷套时,应从下向上冲洗。

第136条 冲洗绝缘子时应注意风向,必须先冲下风侧,后冲上风侧,对于上、下层布置的绝缘子应先冲下层,后冲上层,还要注意冲洗角度,严防邻近绝缘子在溅射的水雾中发生闪络。

第七节　带电爆炸压接

第137条 带电爆炸压接应使用工业8号纸壳火雷管。

第138条 为防止雷管在电场中自行起爆,引爆系统(包括雷管、导火索、拉火管)必须全部屏蔽。

引爆方式可采用地面引爆和等电位引爆。当采用等电位引爆时,应做到:引爆系统与导线连接牢固;安装引爆系统时,作业人员应始终与导线保持等电位;导火索应有足够的长度,以保证作业人员安全撤离。

第139条 炸药爆炸会降低空气绝缘。为保证安全,应遵守下列规定:

一、爆炸时爆炸点对地及相间的安全距离应满足表12的规定。

表 12　爆炸点对地及相间的安全距离

电压等级(kV)	63 (66) 及以下	110	220	330	500
距离(m)	2.0	2.5	3.0	3.5	5

二、如不能满足表12的规定,可在药包外包食盐或聚胺脂泡沫塑料,以减小由于爆炸时造成的空气绝缘降低。

第140条 爆炸压接时所有工作人员均应撤到爆炸点30m以外雷管开口端反向的安全区。

第141条 爆炸压接时,爆炸点距绝缘子、分流线、金属承力工具、绝缘工具的距离应大于表13的规定,否则,应采取保护措施。

表 13　爆炸点距邻近物的最小距离

邻近物	承力工具及分流线	绝缘子	绝缘工具
距离(m)	0.4	0.6	1.0

第142条 若分裂导线间距小于0.4m,应设法加大距离或采取保护措施。

第143条 出现瞎炮时,应按《电业安全工作规程》(热力和机械部分)的有关规定处理。爆炸压接使用的炸药、雷管、导火索、拉火管均为易燃易爆物品,均应按上述规程有关规定加以管理。

第八节　感应电压防护

第144条 在330～500kV电压等级的线路杆塔上及变电所构架上作业,应采取防静电感应措施,例如,穿着静电感应防护服等。

第145条 带电更换架空地线或架设耦合地线时,应通过放线滑车可靠接地。

第146条 绝缘架空地线应视为带电体。作业人员与绝缘架空地线之间的距离不应小于0.4m。如需在绝缘架空地线上作业应用接地线将其可靠接地或用等电位方式进行。

第147条 用绝缘绳索传递大件金属物品(包括工具、材料等)时,杆塔或地面上作业人员应将金属物品接地后再接触,以防电击。

第九节　高架绝缘斗臂车

第148条 使用前应认真检查,并在预定位置空斗试操作一次,确认液压传动、回转、升降、伸缩系统工作正常,操作灵活,制动装置可靠,方可使用。

第149条 绝缘臂的有效绝缘长度应大于表14的规定,并应在其下端装设泄漏电流监视装置。

表 14　绝缘臂的最小长度

电压等级(kV)	10	35～63 (66)	110	220
长度(m)	1.0	1.5	2.0	3.0

第150条 绝缘臂下节的金属部分,在仰起回转过程中,对带电体的距离应按表3的规定值增

加 0.5m。

工作中车体应良好接地。

第 151 条　绝缘斗用于 10～35kV 带电作业时，其壁厚及层间绝缘水平应满足表 17 耐受电压的规定。

第 152 条　操作绝缘斗臂车人员应熟悉带电作业的有关规定，并经专门培训，在工作过程中不得离开操作台，且斗臂车的发动机不得熄火。

第十节　带电气吹清扫

第 153 条　用于气吹的操作杆和出气软管，应按表 17 相应电压等级要求耐压试验合格。储气风包、出气软管及辅助罐等压力容器应作水压试验（108N/cm²）。

第 154 条　喷嘴宜用硬质绝缘材料制成。若用金属材料制作时，其长度不宜超过 100mm。喷嘴内径以 3.5～6mm 为宜。

第 155 条　用作辅料的锯末，须经 16～30 目筛网筛选和干燥。装入辅料罐前，应用 2500V 摇表测量，其绝缘电阻应大于 9000MΩ。

第 156 条　现场作业前，应认真检查空气压缩机是否正常，风包安全阀门是否动作可靠，风包内有余水时，应先放完。空气压缩机的排气压力以 59～98N/cm² 为宜。

第 157 条　带电气吹操作人员工作中，必须戴护目镜、口罩和防尘帽。

操作人员宜站在上风侧位置作业，且须保持表 3 规定的安全距离。

第 158 条　在带电气吹作业时，作业人员应注意喷嘴不得垂直电瓷表面及定点气吹，以免损坏电瓷和釉质表面层。

第 159 条　带电气吹清扫时，如遇喷嘴锯末阻塞，应先减压，再行消除障碍。

第十一节　保护间隙

第 160 条　保护间隙的接地线应用多股软铜线。其截面应满足接地短路容量的要求，但最小不得小于 25mm²。

第 161 条　圆弧形保护间隙的距离应按表15的规定进行整定。

表 15　　　圆弧形保护间隙定值

电压等级（kV）	220	330
间隙距离（m）	0.7～0.8	1.0～1.1

第 162 条　使用保护间隙时，应遵守下列规定：

一、悬挂保护间隙前，应与调度联系停用重合闸。

二、悬挂保护间隙应先将其与接地网可靠接地，再将保护间隙挂在导线上，并使其接触良好。拆除程序相反。

三、保护间隙应挂在相邻杆塔的导线上，悬挂后，须派专人看守，在有人畜通过的地区，还应增设围栏。

四、装、拆保护间隙的人员应穿全套屏蔽服。

第十二节　带电检测绝缘子

第 163 条　使用火花间隙检测器检测绝缘子时，应遵守下列规定：

一、检测前应对检测器进行检测，保证操作灵活，测量准确。

二、针式及少于 3 片的悬式绝缘子不得使用火花间隙检测器进行检测。

三、检测 35kV 及以上电压等级的绝缘子串时，当发现同一串中的零值绝缘子片数达到表 16 的规定，应立即停止检测。

如绝缘子串的总片数超过表 16 规定时，零值绝缘子片数可相应增加。

表 16　　　一串中允许零值绝缘子片数

电压等级（kV）	35	63 (66)	110	220	330	500
绝缘子串片数	3	5	7	13	19	28
零值片数	1	2	3	5	4	6

四、应在干燥天气进行。

第十三节　低压带电作业

第 164 条　低压带电作业应设专人监护，使用有绝缘柄的工具，工作时站在干燥的绝缘物上进行，并戴手套和安全帽，必须穿长袖衣工作，严禁使用锉刀、金属尺和带有金属物的毛刷、毛掸等工具。

第 165 条　高低压同杆架设，在低压带电线路上工作时，应先检查与高压线的距离，采取防止误碰带电高压设备的措施。在低压带电导线未采取绝缘措施时，工作人员不得穿越。在带电的低压配电装置上工作时，应采取防止相间短路和单相接地的绝缘隔离措施。

第 166 条　上杆前应先分清火、地线，选好工作位置。断开导线时，应先断开火线，后断开地线。搭接导线时，顺序应相反。

人体不得同时接触两根线头。

第十四节　带电作业工具的保管与试验

第 167 条　带电作业工具应置于通风良好、备有红外线灯泡或去湿设施的清洁干燥的专用房间存放。

第168条 高架绝缘斗臂车的绝缘部分应有防潮保护罩，并应存放在通风、干燥的车库内。

第169条 在运输过程中，带电绝缘工具应装在专用工具袋、工具箱或专用工具车内，以防受潮和损伤。

第170条 不合格的带电作业工具应及时检修或报废，不得继续使用。

第171条 发现绝缘工具受潮或表面损伤、脏污时，应及时处理并经试验合格后方可使用。

第172条 使用工具前应仔细检查其是否损坏、变形、失灵，并使用2500V绝缘摇表或绝缘检测仪进行分段绝缘检测（电极宽2cm，极间宽2cm），阻值应不低于700MΩ。操作绝缘工具时应戴清洁、干燥的手套，并应防止绝缘工具在使用中脏污和受潮。

第173条 带电作业工具应设专人保管，登记造册，并建立每件工具的试验记录。

第174条 带电作业工具应定期进行电气试验及机械试验。其试验周期为：

电气试验：预防性试验每年一次，检查性试验每年一次，两次试验间隔半年。

机械试验：绝缘工具每年一次，金属工具两年一次。

第175条 绝缘工具电气试验项目及标准见表17。

表17 **绝缘工具的试验项目及标准**

额定电压 (kV)	试验长度 (m)	1min工频耐压 (kV)		5min工频耐压 (kV)		15次操作冲击耐压 (kV)	
		出厂及型 式试验	预防性 试验	出厂及型 式试验	预防性 试验	出厂及型 式试验	预防性 试验
10	0.4	100	45	—	—	—	—
35	0.6	150	95	—	—	—	—
63 (66)	0.7	175	175	—	—	—	—
110	1.0	250	220	—	—	—	—
220	1.8	450	440	—	—	—	—
330	2.8	—	—	420	380	900	800
500	3.7	—	—	640	580	1175	1050

操作冲击耐压试验宜采用$250/2500\mu s$的标准波，以无一次击穿、闪络为合格。

工频耐压试验以无击穿、无闪络及过热为合格。

高压电极应使用直径不小于30mm的金属管，被试品应垂直悬挂。接地极的对地距离为$1.0\sim1.2m$。接地极及接高压的电极（无金具时）处以50mm宽金属箔缠绕。试品间距不小于500mm，单导线两侧均压球直径不小于200mm，均压球距试品不小于1.5m。

试品应整根进行试验，不得分段。

第176条 绝缘工具的检查性试验条件是：将绝缘工具分成若干段进行工频耐压，每300mm耐压75kV，时间为1min，以无击穿、闪络及过热为合格。

第177条 组合绝缘的水冲洗工具应在工作状态下进行电气试验。除按表17的项目和标准试验外（指220kV及以下电压等级），还应增加工频泄漏试验，试验电压见表18。泄漏电流以不超过1mA为合格，试验时间5min。

表18 **组合绝缘水冲洗工具工频**
泄漏试验电压值

额定电压 (kV)	10	35	63(66)	110	220
试验电压 (kV)	15	46	80	110	220

试验时的水电阻率为$1500\Omega\cdot cm$（适用于220kV及以下电压等级）。

第178条 带电作业工具的机械试验标准：

静荷重试验：2.5倍允许工作负荷下持续5min，工具无变形及损伤者为合格。

动荷重试验：1.5倍允许工作负荷下实际操作3次，工具灵活、轻便，无卡住现象者为合格。

第179条 屏蔽服衣裤最远端点之间的电阻值均不得大于20Ω。

第七章　发电机、同期调相机和高压
电动机的维护工作（略）

第八章　在六氟化硫电气
设备上的工作

第 191 条　装有 SF_6 设备的配电装置室和 SF_6 气体实验室，必须装设强力通风装置。风口应设置在室内底部。

第 192 条　在室内，设备充装 SF_6 气体时，周围环境相对湿度应≤80%，同时必须开启通风系统，并避免 SF_6 气体漏泄到工作区。工作区空气中 SF_6 气体含量不得超过 1000ppm。

第 193 条　SF_6 新气应具有厂家名称、装灌日期、批号及质量检验单。SF_6 新气到货后应按有关规定进行复核、检验，合格后方准使用。SF_6 新气标准见附录八。

在气瓶内存放半年以上的 SF_6 气体，使用前应先检验其水分和空气含量，符合标准后方准使用。

第 194 条　SF_6 电气设备投运前，应检验设备气室内 SF_6 气体水分和空气含量。

设备运行后每三个月检查一次 SF_6 气体含水量，直至稳定后，方可每年检测一次含水量。SF_6 气体有明显变化时，应请上级复核。

第 195 条　主控制室与 SF_6 配电装置室间要采取气密性隔离措施。

第 196 条　工作人员进入 SF_6 配电装置室，必须先通风 15min，并用检漏仪测量 SF_6 气体含量。尽量避免一人进入 SF_6 配电装置室进行巡视，不准一人进入从事检修工作。

第 197 条　工作人员不准在 SF_6 设备防爆膜附近停留，若在巡视中发现异常情况，应立即报告，查明原因，采取有效措施进行处理。

第 198 条　进入 SF_6 配电装置低位区或电缆沟进行工作应先检测含氧量（不低于 18%）和 SF_6 气体含量是否合格。

第 199 条　在 SF_6 配电装置室低位区应安装能报警的氧量仪和 SF_6 气体泄漏警报仪。这些仪器应定期试验，保证完好。

第 200 条　设备解体检修前，必须对 SF_6 气体进行检验。根据有毒气体的含量，采取安全防护措施。检修人员需着防护服并根据需要配戴防毒面具。打开设备封盖后，检修人员应暂离现场 30min。取出吸附剂和清除粉尘时，检修人员应戴防毒面具和防护手套。

第 201 条　设备内的 SF_6 气体不得向大气排放，应采用净化装置回收，经处理合格后方准使用。

设备抽真空后，用高纯氮气冲洗 3 次〔压力为 $9.8×10^4$ Pa（1 个大气压）〕。将清出的吸附剂、金属粉末等废物放入 20%氢氧化钠水溶液中浸泡 12 小时后深埋。

第 202 条　从 SF_6 气体钢瓶引出气体时，必须使用减压阀降压。当瓶内压力降至 $9.8×10^4$ Pa（1 个大气压）时，即停止引出气体，并关紧气瓶阀门，戴上瓶帽，防止气体泄漏。

第 203 条　发生紧急事故应立即开启全部通风系统进行通风。发生设备防爆膜破裂事故时，应停电处理，并用汽油或丙酮擦拭干净。

第 204 条　进行气体采样和处理一般渗漏时，要戴防毒面具并进行通风。

第 205 条　检修结束后，检修人员应洗澡，把用过的工器具、防护用具清洗干净。

第 206 条　SF_6 气瓶应放置在阴凉干燥、通风良好、敞开的专门场所，直立保存，并应远离热源和油污的地方，防潮、防阳光暴晒，并不得有水分或油污粘在阀门上。

搬运时，应轻装轻卸。

第 207 条　未经检验的 SF_6 新气气瓶和已检验合格的气体气瓶应分别存放，不得混淆。

第九章　在停电的低压配电装置
和低压导线上的工作

第 208 条　低压配电盘、配电箱和电源干线上的工作，应填用第二种工作票。

在低压电动机和照明回路上工作，可用口头联系。

上述工作至少由两人进行。

第 209 条　低压回路停电的安全措施：

一、将检修设备的各方面电源断开取下熔断器（保险），在刀闸操作把手上挂"禁止合闸，有人工作！"的标示牌。

二、工作前必须验电。

三、根据需要采取其他安全措施。

第 210 条　停电更换熔断器（保险）后，恢复操作时，应戴手套和护目眼镜。

第十章　在继电保护、仪表等
二次回路上的工作

第 211 条　下列情况应填用第一种工作票：

一、在高压室遮栏内或与导电部分小于表 1 规定的安全距离进行继电器和仪表等的检查试验时，需将高压设备停电的；

二、检查高压电动机和起动装置的继电器和仪表需将高压设备停电的。

第 212 条 下列情况应填用第二种工作票：

一、一次电流继电器有特殊装置可以在运行中改变定值的。

二、对于连于电流互感器或电压互感器二次绕组并装在通道上或配电盘上的继电器和保护装置，可以不断开所保护的高压设备。

上述工作至少由两人进行。

第 213 条 继电保护人员在现场工作过程中，凡遇到异常情况（如直流系统接地等）或断路器（开关）跳闸时，不论与本身工作是否有关，应立即停止工作，保持现状，待查明原因，确定与本工作无关时方可继续工作；若异常情况是本身工作所引起，应保留现场并立即通知值班人员，以便及时处理。

第 214 条 工作前应做好准备，了解工作地点一次及二次设备运行情况和上次的检验记录、图纸是否符合实际。

第 215 条 现场工作开始前，应查对已做的安全措施是否符合要求，运行设备与检修设备是否明确分开，还应看清设备名称，严防走错位置。

第 216 条 在全部或部分带电的盘上进行工作时，应将检修设备与运行设备前后以明显的标志隔开（如盘后用红布帘，盘前用"在此工作"标志牌等）。

第 217 条 在保护盘上或附近进行打眼等振动较大的工作时，应采取防止运行中设备掉闸的措施，必要时经值班调度员或值班负责人同意，将保护暂时停用。

第 218 条 在继电保护屏间的通道上搬运或安放试验设备时，要与运行设备保持一定距离，防止误碰运行设备，造成保护误动作。清扫运行设备和二次回路时，要防止振动，防止误碰，要使用绝缘工具。

第 219 条 继电保护装置做传动试验或一次通电时，应通知值班员和有关人员，并由工作负责人或由他派人到现场监视，方可进行。

第 220 条 所有电流互感器和电压互感器的二次绕组应有永久性的、可靠的保护接地。

第 221 条 在带电的电流互感器二次回路上工作时，应采取下列安全措施：

一、严禁将电流互感器二次侧开路；

二、短路电流互感器二次绕组，必须使用短路片或短路线，短路应妥善可靠，严禁用导线缠绕；

三、严禁在电流互感器与短路端子之间的回路和导线上进行任何工作；

四、工作必须认真、谨慎，不得将回路的永久接地点断开；

五、工作时，必须有专人监护，使用绝缘工具，并站在绝缘垫上。

第 222 条 在带电的电压互感器二次回路上工作时，应采取下列安全措施：

一、严格防止短路或接地。应使用绝缘工具，戴手套。必要时，工作前停用有关保护装置；

二、接临时负载，必须装有专用的刀闸和熔断器（保险）。

第 223 条 二次回路通电或耐压试验前，应通知值班员和有关人员，并派人到各现场看守，检查回路上确无人工作后，方可加压。

电压互感器的二次回路通电试验时，为防止由二次侧向一次侧反充电，除应将二次回路断开外，还应取下一次熔断器（保险）或断开刀闸。

第 224 条 检验继电保护和仪表的工作人员，不准对运行中的设备、信号系统、保护压板进行操作，但在取得值班人员许可并在检修工作盘两侧开关把手上采取防误操作措施后，可拉合检修开关。

第 225 条 试验用刀闸必须带罩，禁止从运行设备上直接取试验电源，熔丝配合要适当，要防止越级熔断总电源熔丝。试验结线要经第二人复查后，方可通电。

第 226 条 保护装置二次回路变动时，严防寄生回路存在，没用的线应拆除，临时所垫纸片应取出，接好已拆下的线头。

第十一章 电 气 试 验

第一节 高 压 试 验

第 227 条 高压试验应填写第一种工作票。

在一个电气连接部分同时有检修和试验时，可填写一张工作票，但在试验前应得到检修工作负责人的许可。

在同一电气连接部分，高压试验的工作票发出后，禁止再发出第二张工作票。

如加压部分与检修部分之间的断开点，按试验电压有足够的安全距离，并在另一侧有接地短路线时，可在断开点的一侧进行试验，另一侧可继续工作。但此时在断开点应挂有"止步，高压危险！"的标示牌，并设专人监护。

第 228 条 高压试验工作不得少于两人。试验负责人应由有经验的人员担任，开始试验前，试验负责人应对全体试验人员详细布置试验中的安全注意事项。

第 229 条 因试验需要断开设备接头时，拆前应做好标记，接后应进行检查。

第 230 条　试验装置的金属外壳应可靠接地；高压引线应尽量缩短，必要时用绝缘物支持牢固。

试验装置的电源开关，应使用明显断开的双极刀闸。为了防止误合刀闸，可在刀刃上加绝缘罩。

试验装置的低压回路中应有两个串联电源开关，并加装过载自动掉闸装置。

第 231 条　试验现场应装设遮栏或围栏，向外悬挂"止步，高压危险！"的标示牌，并派人看守。被试设备两端不在同一地点时，另一端还应派人看守。

第 232 条　加压前必须认真检查试验结线，表计倍率、量程，调压器零位及仪表的开始状态，均正确无误，通知有关人员离开被试设备，并取得试验负责人许可，方可加压。加压过程中应有人监护并呼唱。

高压试验工作人员在全部加压过程中，应精力集中，不得与他人闲谈，随时警戒异常现象发生，操作人应站在绝缘垫上。

第 233 条　变更结线或试验结束时，应首先断开试验电源，放电，并将升压设备的高压部分短路接地。

第 234 条　未装地线的大电容被试设备，应先行放电再做试验。高压直流试验时，每告一段落或试验结束时，应将设备对地放电数次并短路接地。

第 235 条　试验结束时，试验人员应拆除自装的接地短路线，并对被试设备进行检查和清理现场。

第 236 条　特殊的重要电气试验，应有详细的试验措施，并经厂（局）主管生产的领导（总工程师）批准。

第二节　使用携带型仪器
的测量工作

第 237 条　使用携带型仪器在高压回路上进行工作，需要高压设备停电或做安全措施的，应填用第一种工作票，并至少由两人进行。

第 238 条　除使用特殊仪器外，所有使用携带型仪器的测量工作，均应在电流互感器和电压互感器的低压侧进行。

第 239 条　电流表、电流互感器及其他测量仪表的接线和拆卸，需要断开高压回路者，应将此回路所连接的设备和仪器全部停电后，始能进行。

第 240 条　电压表、携带型电压互感器和其他高压测量仪器的接线和拆卸无需断开高压回路者，可以带电工作。但应使用耐高压的绝缘导线，导线长度应尽可能缩短，不准有接头，并应连接牢固，以防接地和短路。必要时用绝缘物加以固定。

使用电压互感器进行工作时，先将低压侧所有接线接好，然后用绝缘工具将电压互感器接到高压侧。工作时应带手套和护目眼镜，站在绝缘垫上，并

应有专人监护。

第 241 条　连接电流回路的导线截面，应适合所测电流数值。连接电压回路的导线截面不得小于 $1.5mm^2$。

第 242 条　非金属外壳的仪器，应与地绝缘，金属外壳的仪器和变压器外壳应接地。

第 243 条　所有测量用装置均应设遮栏和围栏，并悬挂"止步，高压危险！"的标示牌。仪器的布置应使工作人员距带电部分不小于表 1 规定的安全距离。

第三节　使用钳形电流表
的测量工作

第 244 条　值班人员在高压回路上使用钳形电流表的测量工作，应由两人进行。非值班人员测量时，应填第二种工作票。

第 245 条　在高压回路上测量时，严禁用导线从钳形电流表另接表计测量。

第 246 条　测量时若需拆除遮栏，应在拆除遮栏后立即进行。工作结束，应立即将遮栏恢复原位。

第 247 条　使用钳形电流表时，应注意钳形电流表的电压等级。测量时戴绝缘手套，站在绝缘垫上，不得触及其他设备，以防短路或接地。

观测表计时，要特别注意保持头部与带电部分的安全距离。

第 248 条　测量低压熔断器（保险）和水平排列低压母线电流时，测量前应将各相熔断器（保险）和母线用绝缘材料加以包护隔离，以免引起相间短路，同时应注意不得触及其他带电部分。

第 249 条　在测量高压电缆各相电流时，电缆头线间距离应在 300mm 以上，且绝缘良好，测量方便者，方可进行。

当有一相接地时，严禁测量。

第 250 条　钳形电流表应保存在干燥的室内，使用前要擦拭干净。

第四节　使用摇表测量绝缘的工作

第 251 条　使用摇表测量高压设备绝缘，应由两人担任。

第 252 条　测量用的导线，应使用绝缘导线，其端部应有绝缘套。

第 253 条　测量绝缘时，必须将被测设备从各方面断开，验明无电压，确实证明设备无人工作后，方可进行。在测量中禁止他人接近设备。

在测量绝缘前后，必须将被试设备对地放电。

测量线路绝缘时，应取得对方允许后方可进行。

第 254 条　在有感应电压的线路上（同杆架设的

双回线路或单回路与另一线路有平行段)测量绝缘时,必须将另一回线路同时停电,方可进行。

雷电时,严禁测量线路绝缘。

第255条 在带电设备附近测量绝缘电阻时,测量人员和摇表安放位置,必须选择适当,保持安全距离,以免摇表引线或引线支持物触碰带电部分。移动引线时,必须注意监护,防止工作人员触电。

第十二章 电力电缆工作

第256条 电力电缆停电工作应填用第一种工作票,不需停电的工作应填用第二种工作票。工作前必须详细核对电缆名称,标示牌是否与工作票所写的符合,安全措施正确可靠后,方可开始工作。

第257条 挖掘电缆工作,应由有经验人员交待清楚后才能进行。挖到电缆保护板后,应由有经验的人员在场指导,方可继续工作。

挖掘电缆沟前,应做好防止交通事故的安全措施。在挖出的土堆起的斜坡上,不得放置工具、材料等杂物。沟边应留有走道。

第258条 挖掘出的电缆或接头盒,如下面需要挖空时,必须将其悬吊保护,悬吊电缆应每隔约1.0~1.5m吊一道。悬吊接头盒应平放,不得使接头受到拉力。

第259条 敷设电缆时,应有专人统一指挥。电缆走动时,严禁用手搬动滑轮,以防压伤。

移动电缆接头盒一般应停电进行。如带电移动时,应先调查该电缆的历史记录,由敷设电缆有经验的人员,在专人统一指挥下,平正移动,防止绝缘损伤爆炸。

第260条 锯电缆以前,必须与电缆图纸核对是否相符,并确切证实电缆无电后,用接地的带木柄的铁钎钉入电缆芯后,方可工作。扶木柄的人应戴绝缘手套并站在绝缘垫上。

第261条 熬电缆胶工作应有专人看管。熬胶人员,应戴帆布手套及鞋盖。搅拌或掐取溶化的电缆胶或焊锡时,必须使用预先加热的金属棒或金属勺子,防止落入水分而发生爆溅烫伤。

第262条 进电缆井前,应排除井内浊气。电缆井内工作,应戴安全帽,并做好防火、防水及防止高空落物等措施,电缆井口应有专人看守。

第263条 水底电缆提起放在船上工作时,应使船体保持平衡。船上应具备足够的救生圈,工作人员应穿救生衣。

第264条 制做环氧树脂电缆头和调配环氧树脂工作过程中,应采取有效的防毒和防火措施。

第十三章 其他安全措施

第265条 使用携带型火炉或喷灯时,火焰与带电部分的距离:电压在10kV及以下者,不得小于1.5m;电压在10kV以上者,不得小于3m。不得在带电导线、带电设备、变压器、油断路器(油开关)附近将火炉或喷灯点火。

第266条 在屋外变电所和高压室内搬动梯子、管子等长物,应两人放倒搬运,并与带电部分保持足够的安全距离。

第267条 工作地点应有充足的照明。

第268条 进入高空作业现场,应戴安全帽。高处作业人员必须使用安全带。

高处工作传递物件,不得上下抛掷。

第269条 雷电时,禁止在室外变电所或室内的架空引入线上进行检修和试验。

第270条 遇有电气设备着火时,应立即将有关设备的电源切断,然后进行救火。对带电设备应使用干式灭火器、二氧化碳灭火器等灭火,不得使用泡沫灭火器灭火。对注油设备应使用泡沫灭火器或干燥的砂子等灭火。发电厂和变电所控制室内应备有防毒面具,防毒面具要按规定使用并定期进行试验,使其经常处于良好状态。

第271条 在带电设备周围严禁使用钢卷尺、皮卷尺和线尺(夹有金属丝者)进行测量工作。

第272条 在电容器组上或进入其围栏内工作时,应将电容器逐个多次放电并接地后,方可进行。

附录一
倒闸操作票格式

发电厂(变电所)倒闸操作票 编号:

操作开始时间: 年 月 日 时 分,终了时间: 日 时 分			
操作任务:			
∨	顺序	操作项目	
备 注:			

操作人: 监护人: 值班负责人: 值长:

附录二
第一种工作票格式

发电厂（变电所）第一种工作票

第＿＿号

1. 工作负责人（监护人）：＿＿＿＿＿班组：＿＿＿＿

2. 工作班人员：＿＿＿＿＿共＿＿＿＿人

3. 工作内容和工作地点：＿＿＿＿＿＿＿＿＿

＿＿＿＿＿＿＿＿＿＿＿＿＿＿＿＿＿＿＿＿

4. 计划工作时间：自　年　月　日　时　分

至　年　月　日　时　分

5. 安全措施：

下列由工作票签发人和工作许可人（值班员）填写：

应拉断路器（开关）和隔离开关（刀闸），包括填写前已拉断路器（开关）和隔离开关（刀闸）（注明编号）	已拉断路器（开关）和隔离开关（刀闸）（注明编号）
应装接地线（注明确实地点）	已装接地线（注明接地线编号和装设地点）
应设遮栏、应挂标示牌	已设遮栏、已挂标示牌（注明地点）
	工作地点保留带电部分和补充安全措施
工作票签发人签名：	
收到工作票时间： 　　年　月　日　时　分	工作许可人签名：
值班负责人签名：	值班负责人签名：

（发电厂值长签名：　　　　　）

6. 许可开始工作时间：＿＿年＿＿月＿＿日＿＿时＿＿分

工作许可人签名：＿＿＿＿工作负责人签名：＿＿＿

7. 工作负责人变动：

原工作负责人＿＿＿＿离去，变更＿＿＿＿为工作负责人。

变动时间：＿＿＿年＿＿月＿＿日＿＿时＿＿分

工作票签发人签名：＿＿＿＿＿＿＿

8. 工作票延期，有效期延长到：＿＿＿＿年＿＿

月＿＿日＿＿时＿＿分

工作负责人签名：＿＿＿＿＿＿值长或值班负责人签名：＿＿＿＿＿

9. 工作终结：

工作班人员已全部撤离，现场已清理完毕。

全部工作于＿＿＿年＿＿月＿＿日＿＿时＿＿分结束。

工作负责人签名：＿＿＿＿＿＿＿工作许可人签名：＿＿＿＿＿

接地线共＿＿＿＿＿＿＿组已拆除。

值班负责人签名：＿＿＿＿＿＿＿

10. 备注：＿＿＿＿＿＿＿＿＿＿＿＿＿＿

＿＿＿＿＿＿＿＿＿＿＿＿＿＿＿＿＿＿＿＿

＿＿＿＿＿＿＿＿＿＿＿＿＿＿＿＿＿＿＿＿

＿＿＿＿＿＿＿＿＿＿＿＿＿＿＿＿＿＿＿＿

附录三
第二种工作票格式

发电厂（变电所）第二种工作票　　编号：

1. 工作负责人（监护人）：＿＿＿＿＿班组：＿＿＿＿

工作班人员：＿＿＿＿＿＿＿＿＿＿

2. 工作任务：＿＿＿＿＿＿＿＿＿＿＿＿＿

＿＿＿＿＿＿＿＿＿＿＿＿＿＿＿＿＿＿＿＿

3. 计划工作时间：自＿＿＿年＿月＿日＿时＿分

至＿＿＿年＿月＿日＿时＿分

4. 工作条件（停电或不停电）：＿＿＿＿＿＿＿

＿＿＿＿＿＿＿＿＿＿＿＿＿＿＿＿＿＿＿＿

5. 注意事项（安全措施）：＿＿＿＿＿＿＿＿＿

＿＿＿＿＿＿＿＿＿＿＿＿＿＿＿＿＿＿＿＿

＿＿＿＿＿＿＿＿＿＿＿＿＿＿＿＿＿＿＿＿

工作票签发人签名：＿＿＿＿＿＿＿＿

6. 许可开始工作时间：＿＿＿＿年＿＿＿月＿＿＿日＿＿＿时＿＿＿分

工作许可人（值班员）签名：＿＿＿＿工作负责人签名：＿＿＿

7. 工作结束时间：＿＿＿年＿＿月＿＿日＿＿时＿＿分

工作负责人签名：＿＿＿＿工作许可人（值班员）签名：＿＿＿

8. 备注：＿＿＿＿＿＿＿＿＿＿＿＿＿＿＿＿

＿＿＿＿＿＿＿＿＿＿＿＿＿＿＿＿＿＿＿＿

＿＿＿＿＿＿＿＿＿＿＿＿＿＿＿＿＿＿＿＿

＿＿＿＿＿＿＿＿＿＿＿＿＿＿＿＿＿＿＿＿

附录四
标 示 牌 式 样

序 号	名 称	悬挂处所	式 样		
			尺寸(mm)	颜 色	字 样
1	禁止合闸,有人工作!	一经合闸即可送电到施工设备的断路器(开关)和隔离开关(刀闸)操作把手上	200×100 和 80×50	白 底	红 字
2	禁止合闸,线路有人工作!	线路断路器(开关)和隔离开关(刀闸)把手上	200×100 和 80×50	红 底	白 字
3	在此工作!	室外和室内工作地点或施工设备上	250×250	绿底,中有直径210mm白圆圈	黑字,写于白圆圈中
4	止步,高压危险!	施工地点邻近带电设备的遮栏上;室外工作地点的围栏上;禁止通行的过道上;高压试验地点;室外构架上;工作地点邻近带电设备的横梁上	250×200	白底红边	黑字,有红色箭头
5	从此上下!	工作人员上下用的铁架、梯子上	250×250	绿底,中有直径210mm白圆圈	黑字,写于白圆圈中
6	禁止攀登,高压危险!	工作人员上下的铁架邻近可能上下的另外铁架上,运行中变压器的梯子上	250×200	白底红边	黑字

附录五
常用电气绝缘工具试验一览表

序 号	名 称	电压等级(kV)	周期	交流耐压(kV)	时间(min)	泄漏电流(mA)	附 注
1	绝缘棒	6~10	每年一次	44	5		
		35~154		四倍相电压			
		220		三倍相电压			
2	绝缘挡板	6~10	每年一次	30	5		
		35 (20~44)		80	5		
3	绝缘罩	35 (20~44)	每年一次	80	5		
4	绝缘夹钳	35及以下	每年一次	三倍线电压	5		
		110		260			
		220		400			
5	验电笔	6~10	每六个月一次	40	5		发光电压不高于额定电压的25%
		20~35		105			

续表

序 号	名 称	电压等级 （kV）	周期	交流耐压 （kV）	时间 （min）	泄漏电流 （mA）	附 注
6	绝缘手套	高压	每六个月一次	8	1	≤9	
		低压		2.5		≤2.5	
7	橡胶绝缘靴	高压	每六个月一次	15		≤7.5	
8	核相器电阻管	6	每六个月一次	6	1	1.7～2.4	
		10		10		1.4～1.7	
9	绝缘绳	高压	每六个月一次	105/0.5m	5		

附录六
登高安全工具试验标准表

名 称	试验静拉力 （N）	试验 周期	外表检 查周期	试验时间 （min）
安全带 大皮带 小皮带	2205 1470	半年 一次	每月 一次	5
安全绳	2205	半年 一次	每月 一次	5
升降板	2205	半年 一次	每月 一次	5
脚 扣	980	半年 一次	每月 一次	5
竹（木）梯	试验荷重 1765N （180kg）	半年 一次	每月 一次	5

附录七
紧 急 救 护 法

参见《国家电网公司安全工作规程（变电站和发电厂电气部分）》。

3 国家电网公司电力安全工作规程（变电站和发电厂电气部分）

1 总则

1.1 为加强电力生产现场管理，规范各类工作人员的行为，保证人身、电网和设备安全，依据国家有关法律、法规，结合电力生产的实际，制定本规程。

1.2 作业现场的基本条件

1.2.1 作业现场的生产条件和安全设施等应符合有关标准、规范的要求，工作人员的劳动防护用品应合格、齐备。

1.2.2 经常有人工作的场所及施工车辆上宜配备急救箱，存放急救用品，并应指定专人经常检查、补充或更换。

1.2.3 现场使用的安全工器具应合格并符合有关要求。

1.2.4 各类作业人员应被告知其作业现场和工作岗位存在的危险因素、防范措施及事故紧急处理措施。

1.3 作业人员的基本条件

1.3.1 经医师鉴定，无妨碍工作的病症（体格检查每两年至少一次）。

1.3.2 具备必要的电气知识和业务技能，且按工作性质，熟悉本规程的相关部分，并经考试合格。

1.3.3 具备必要的安全生产知识，学会紧急救护法，特别要学会触电急救。

1.4 教育和培训

1.4.1 各类作业人员应接受相应的安全生产教育和岗位技能培训，经考试合格上岗。

1.4.2 作业人员对本规程应每年考试一次。因故间断电气工作连续3个月以上者，应重新学习本规程，并经考试合格后，方能恢复工作。

1.4.3 新参加电气工作的人员、实习人员和临时参加劳动的人员（管理人员、临时工等），应经过安全知识教育后，方可下现场参加指定的工作，并且不得单独工作。

1.4.4 外单位承担或外来人员参与公司系统电气工作的工作人员应熟悉本规程、并经考试合格，方可参加工作。工作前，设备运行管理单位应告知现场电气设备接线情况、危险点和安全注意事项。

1.5 任何人发现有违反本规程的情况，应立即制止，经纠正后才能恢复作业。各类作业人员有权拒绝违章指挥和强令冒险作业；在发现直接危及人身、电网和设备安全的紧急情况时，有权停止作业或者在采取可能的紧急措施后撤离作业场所，并立即报告。

1.6　在试验和推广新技术、新工艺、新设备、新材料的同时，应制定相应的安全措施，经本单位总工程师批准后执行。

1.7　电气设备分为高压和低压两种：

高压电气设备：对地电压在 1000V 及以上者；

低压电气设备：对地电压在 1000V 以下者。

1.8　本规程适用于运用中的发、输、变、配电和用户电气设备上的工作人员（包括基建安装、农电人员），其他单位和相关人员参照执行。

所谓运用中的电气设备，系指全部带有电压、一部分带有电压或一经操作即带电压的电气设备。

各单位可根据现场情况制定本规程补充条款和实施细则，经本单位主管生产的领导（总工程师）批准后执行。

2　高压设备工作的基本要求

2.1　一般安全要求

2.1.1　运行人员应熟悉电气设备。单独值班人员或运行值班负责人还应有实际工作经验。

2.1.2　高压设备符合下列条件者，可由单人值班或单人操作：

1）室内高压设备的隔离室设有遮栏，遮栏的高度在 1.7m 以上，安装牢固并加锁者；

2）室内高压断路器（开关）的操动机构（操作机构）用墙或金属板与该断路器（开关）隔离或装有远方操动机构（操作机构）者。

2.1.3　无论高压设备是否带电，工作人员不得单独移开或越过遮栏进行工作；若有必要移开遮栏时，应有监护人在场，并符合表 2-1 的安全距离。

2.1.4　10、20、35kV 配电装置的裸露部分在跨越人行过道或作业区时，若导电部分对地高度分别小于 2.7、2.8、2.9m，该裸露部分两侧和底部须装设护网。

2.1.5　户外 35kV 及以上高压配电装置场所的行车通道上，应根据表 2-2 设置行车安全限高标志。

2.1.6　室内母线分段部分、母线交叉部分及部分停电检修易误碰有电设备的，应有明显标志的永久性隔离挡板（护网）。

2.1.7　待用间隔（母线连接排、引线已接上母线的备用间隔）应有名称、编号，并列入调度管辖范围。其隔离开关（刀闸）操作手柄、网门应加锁。

2.1.8　在手车开关拉出后，应观察隔离挡板是否可靠封闭。封闭式组合电器引出电缆备用孔或母线的终端备用孔应用专用器具封闭。

表 2-1　　　　　　　　　　　　　设备不停电时的安全距离

电压等级（kV）	10 及以下（13.8）	20、35	63（66）、110	220	330	500
安全距离（m）	0.70	1.00	1.50	3.00	4.00	5.00

注　表 2-1 中未列电压按高一档电压等级的安全距离。

表 2-2　　　　　　　车辆（包括装载物）外廓至无遮栏带电部分之间的安全距离

电压等级（kV）	35	63（66）	110	220	330	500
安全距离（m）	1.15	1.40	1.65（1.75 注）	2.55	3.25	4.55

注　括号内数字为 110kV 中性点不接地系统所使用。

2.1.9　运行中的高压设备其中性点接地系统的中性点应视作带电体。

2.2　高压设备的巡视

2.2.1　经本单位批准允许单独巡视高压设备的人员巡视高压设备时，不得进行其他工作，不得移开或越过遮栏。

2.2.2　雷雨天气，需要巡视室外高压设备时，应穿绝缘靴，并不得靠近避雷器和避雷针。

2.2.3　火灾、地震、台风、洪水等灾害发生时，如要对设备进行巡视时，应得到设备运行管理单位有关领导批准，巡视人员应与派出部门之间保持通信联络。

2.2.4 高压设备发生接地时，室内不得接近故障点 4m 以内，室外不得接近故障点 8m 以内。进入上述范围人员应穿绝缘靴，接触设备的外壳和构架时，应戴绝缘手套。

2.2.5 巡视配电装置，进出高压室，应随手关门。

2.2.6 高压室的钥匙至少应有 3 把，由运行人员负责保管，按值移交。一把专供紧急时使用，一把专供运行人员使用，其他可以借给经批准的巡视高压设备人员和经批准的检修、施工队伍的工作负责人使用，但应登记签名，巡视或当日工作结束后交还。

2.3　倒闸操作

2.3.1 倒闸操作应根据值班调度员或运行值班负责人的指令，受令人复诵无误后执行。发布指令应准确、清晰，使用规范的调度术语和设备双重名称，即设备名称和编号。发令人和受令人应先互报单位和姓名，发布指令的全过程（包括对方复诵指令）和听取指令的报告时双方都要录音并作好记录。操作人员（包括监护人）应了解操作目的和操作顺序。对指令有疑问时应向发令人询问清楚无误后执行。

2.3.2 倒闸操作可以通过就地操作、遥控操作、程序操作完成。遥控操作、程序操作的设备应满足有关技术条件。

2.3.3 倒闸操作的分类：

2.3.3.1 监护操作：由两人进行同一项的操作。

　　监护操作时，其中一人对设备较为熟悉者作监护。特别重要和复杂的倒闸操作，由熟练的运行人员操作，运行值班负责人监护。

2.3.3.2 单人操作：由一人完成的操作。

　　1）单人值班的变电站操作时，运行人员根据发令人用电话传达的操作指令填用操作票，复诵无误。

　　2）实行单人操作的设备、项目及运行人员需经设备运行管理单位批准，人员应通过专项考核。

2.3.3.3 检修人员操作：由检修人员完成的操作。

　　1）经设备运行管理单位考试合格、批准的本企业的检修人员，可进行 220kV 及以下的电气设备由热备用至检修或由检修至热备用的监护操作，监护人应是同一单位的检修人员或设备运行人员。

　　2）检修人员进行操作的接、发令程序及安全要求应由设备运行管理单位总工程师（技术负责人）审定，并报相关部门和调度机构备案。

2.3.4 操作票：

2.3.4.1 倒闸操作由操作人员填用操作票（见附录 A）。

2.3.4.2 操作票应用钢笔或圆珠笔逐项填写。用计算机开出的操作票应与手写格式一致；操作票票面应

清楚整洁，不得任意涂改。操作人和监护人应根据模拟图或接线图核对所填写的操作项目，并分别签名，然后经运行值班负责人（检修人员操作时由工作负责人）审核签名。每张操作票只能填写一个操作任务。

2.3.4.3 下列项目应填入操作票内：

　　1）应拉合的设备［断路器（开关）、隔离开关（刀闸）、接地刀闸等］，验电，装拆接地线，安装或拆除控制回路或电压互感器回路的熔断器，切换保护回路和自动化装置及检验是否确无电压等；

　　2）拉合设备［断路器（开关）、隔离开关（刀闸）、接地刀闸等］后检查设备的位置；

　　3）进行停、送电操作时，在拉、合隔离开关（刀闸），手车式开关拉出、推入前，检查断路器（开关）确在分闸位置；

　　4）在进行倒负荷或解、并列操作前后，检查相关电源运行及负荷分配情况；

　　5）设备检修后合闸送电前，检查送电范围内接地刀闸已拉开，接地线已拆除。

2.3.4.4 操作票应填写设备的双重名称。

2.3.5 倒闸操作的基本条件：

2.3.5.1 有与现场一次设备和实际运行方式相符的一次系统模拟图（包括各种电子接线图）。

2.3.5.2 操作设备应具有明显的标志，包括：命名、编号、分合指示、旋转方向、切换位置的指示及设备相色等。

2.3.5.3 高压电气设备都应安装完善的防误操作闭锁装置。防误闭锁装置不得随意退出运行，停用防误闭锁装置应经本单位总工程师批准；短时间退出防误闭锁装置时，应经变电站站长或发电厂当班值长批准，并应按程序尽快投入。

2.3.5.4 有值班调度员、运行值班负责人正式发布的指令（规范的操作术语），并使用经事先审核合格的操作票。

2.3.5.5 下列三种情况应加挂机械锁：

　　1）未装防误闭锁装置或闭锁装置失灵的隔离开关（刀闸）手柄和网门；

　　2）当电气设备处于冷备用且网门闭锁失去作用时的有电间隔网门；

　　3）设备检修时，回路中的各来电侧隔离开关（刀闸）操作手柄和电动操作隔离开关（刀闸）机构箱的箱门。

　　机械锁要一把钥匙开一把锁，钥匙要编号并妥善保管。

2.3.6 倒闸操作的基本要求：

2.3.6.1 停电拉闸操作应按照断路器（开关）—负

荷侧隔离开关（刀闸）—电源侧隔离开关（刀闸）的顺序依次进行，送电合闸操作应接与上述相反的顺序进行。严禁带负荷拉合隔离开关（刀闸）。

2.3.6.2 开始操作前，应先在模拟图（或微机防误装置、微机监控装置）上进行核对性模拟预演，无误后，再进行操作。操作前应先核对设备名称、编号和位置，操作中应认真执行监护复诵制度（单人操作时也应高声唱票），宜全过程录音。操作过程中应按操作票填写的顺序逐项操作。每操作完一步，应检查无误后做一个"√"记号，全部操作完毕后进行复查。

2.3.6.3 监护操作时，操作人在操作过程中不得有任何未经监护人同意的操作行为。

2.3.6.4 操作中发生疑问时，应立即停止操作并向发令人报告。待发令人再行许可后，方可进行操作。不准擅自更改操作票，不准随意解除闭锁装置。解锁工具（钥匙）应封存保管，所有操作人员和检修人员严禁擅自使用解锁工具（钥匙）。若遇特殊情况，应经值班调度员、值长或站长批准，方能使用解锁工具（钥匙）。单人操作、检修人员在倒闸操作过程中严禁解锁。如需解锁，应待增派运行人员到现场后，履行批准手续后处理。解锁工具（钥匙）使用后应及时封存。

2.3.6.5 用绝缘棒拉合隔离开关（刀闸）或经传动机构拉合断路器（开关）和隔离开关（刀闸），均应戴绝缘手套。雨天操作室外高压设备时，绝缘棒应有防雨罩，还应穿绝缘靴。接地网电阻不符合要求的，晴天也应穿绝缘靴。雷电时，一般不进行倒闸操作，禁止在就地进行倒闸操作。

2.3.6.6 装卸高压熔断器，应戴护目眼镜和绝缘手套，必要时使用绝缘夹钳，并站在绝缘垫或绝缘台上。

2.3.6.7 断路器（开关）遮断容量应满足电网要求。如遮断容量不够，应将操动机构（操作机构）用墙或金属板与该断路器（开关）隔开，应进行远方操作，重合闸装置应停用。

2.3.6.8 电气设备停电后（包括事故停电），在未拉开有关隔离开关（刀闸）和做好安全措施前，不得触及设备或进入遮栏，以防突然来电。

2.3.6.9 单人操作时不得进行登高或登杆操作。

2.3.6.10 电气设备操作后的位置检查应以设备实际位置为准，无法看到实际位置时，可通过设备机械位置指示、电气指示、仪表及各种遥测、遥信信号的变化，且至少应有两个及以上指示已同时发生对应变化，才能确认该设备已操作到位。

2.3.6.11 在发生人身触电事故时，为了抢救触电

人，可以不经许可，即行断开有关设备的电源，但事后应立即报告调度和上级部门。

2.3.7 下列各项工作可以不用操作票：
1) 事故应急处理；
2) 拉合断路器（开关）的单一操作；
3) 拉开或拆除全站（厂）唯一的一组接地刀闸或接地线。
上述操作在完成后应作好记录，事故应急处理应保存原始记录。

2.3.8 同一变电站的操作票应事先连续编号，计算机生成的操作票应在正式出票前连续编号，操作票按编号顺序使用。作废的操作票，应注明"作废"字样，未执行的应注明"未执行"字样，已操作的应注明"已执行"字样。操作票应保存一年。

2.4 高压设备上工作

2.4.1 在运用中的高压设备上工作，分为三类：

2.4.1.1 全部停电的工作，系指室内高压设备全部停电（包括架空线路与电缆引入线在内），并且通至邻接高压室的门全部闭锁，以及室外高压设备全部停电（包括架空线路与电缆引入线在内）。

2.4.1.2 部分停电的工作，系指高压设备部分停电，或室内虽全部停电，而通至邻接高压室的门并未全部闭锁。

2.4.1.3 不停电工作系指：
1) 工作本身不需要停电并且没有偶然触及导电部分的危险；
2) 许可在带电设备外壳上或导电部分上进行的工作。

2.4.2 在高压设备上工作，应至少由两人进行，并完成保证安全的组织措施和技术措施。

3 保证安全的组织措施

3.1 电气设备上安全工作的组织措施
3.1.1 工作票制度；
3.1.2 工作许可制度；
3.1.3 工作监护制度；
3.1.4 工作间断、转移和终结制度。

3.2 工作票制度

3.2.1 在电气设备上的工作，应填用工作票或事故应急抢修单，其方式有下列6种：
1) 填用变电站（发电厂）第一种工作票（见附录B）。
2) 填用电力电缆第一种工作票（见附录C）。
3) 填用变电站（发电厂）第二种工作票（见附录D）。

4）填用电力电缆第二种工作票（见附录 E）。

5）填用变电站（发电厂）带电作业工作票（见附录 F）。

6）填用变电站（发电厂）事故应急抢修单（见附录 G）。

3.2.2　填用第一种工作票的工作为：

1）高压设备上工作需要全部停电或部分停电者。

2）二次系统和照明等回路上的工作，需要将高压设备停电者或做安全措施者。

3）高压电力电缆需停电的工作。

4）其他工作需要将高压设备停电或要做安全措施者。

3.2.3　填用第二种工作票的工作为：

1）控制盘和低压配电盘、配电箱、电源干线上的工作。

2）二次系统和照明等回路上的工作，无需将高压设备停电者或做安全措施者。

3）转动中的发电机、同期调相机的励磁回路或高压电动机转子电阻回路上的工作。

4）非运行人员用绝缘棒和电压互感器定相或用钳型电流表测量高压回路的电流。

5）大于表 2-1 距离的相关场所和带电设备外壳上的工作以及无可能触及带电设备导电部分的工作。

6）高压电力电缆不需停电的工作。

3.2.4　填用带电作业工作票的工作为：

带电作业或与邻近带电设备距离小于表 2-1 规定的工作。

3.2.5　填用事故应急抢修单的工作为：

事故应急抢修可不用工作票，但应使用事故应急抢修单。

3.2.6　工作票的填写与签发：

3.2.6.1　工作票应使用钢笔或圆珠笔填写与签发，一式两份，内容应正确、清楚，不得任意涂改。如有个别错、漏字需要修改，应使用规范的符号，字迹应清楚。

3.2.6.2　用计算机生成或打印的工作票应使用统一的票面格式，由工作票签发人审核无误，手工或电子签名后方可执行。

工作票一份应保存在工作地点，由工作负责人收执；另一份由工作许可人收执，按值移交。工作许可人应将工作票的编号、工作任务、许可及终结时间记入登记簿。

3.2.6.3　一张工作票中，工作票签发人、工作负责人和工作许可人三者不得互相兼任。工作负责人可以填写工作票。

3.2.6.4　工作票由设备运行管理单位签发，也可由经设备运行管理单位审核且经批准的修试及基建单位签发。修试及基建单位的工作票签发人及工作负责人名单应事先送有关设备运行管理单位备案。第一种工作票在工作票签发人认为必要时可采用总工作票、分工作票，并同时签发。总工作票、分工作票的填用、许可等有关规定由单位主管生产的领导（总工程师）批准后执行。

3.2.6.5　供电单位或施工单位到用户变电站内施工时，工作票应由有权签发工作票的供电单位、施工单位或用户单位签发。

3.2.7　工作票的使用：

3.2.7.1　一个工作负责人只能发给一张工作票，工作票上所列的工作地点，以一个电气连接部分为限。

如施工设备属于同一电压、位于同一楼层，同时停、送电，且不会触及带电导体时，则允许在几个电气连接部分使用一张工作票。

开工前工作票内的全部安全措施应一次完成。

3.2.7.2　若一个电气连接部分或一个配电装置全部停电，则所有不同地点的工作，可以发给一张工作票，但要详细填明主要工作内容。几个班同时进行工作时，工作票可发给一个总的负责人，在工作班成员栏内，只填明各班的负责人，不必填写全部工作人员名单。

若至预定时间，一部分工作尚未完成，需继续工作而不妨碍送电者，在送电前，应按照送电后现场设备带电情况，办理新的工作票，布置好安全措施后，方可继续工作。

3.2.7.3　在几个电气连接部分上依次进行不停电的同一类型的工作，可以使用一张第二种工作票。

3.2.7.4　在同一变电站或发电厂升压站内，依次进行的同一类型的带电作业可以使用一张带电作业工作票。

3.2.7.5　持线路或电缆工作票进入变电站或发电厂升压站进行架空线路、电缆等工作，应增填工作票份数，工作负责人应将其中一份工作票交变电站或发电厂工作许可人许可工作。

上述单位的工作票签发人和工作负责人名单应事先送有关运行单位备案。

3.2.7.6　需要变更工作班成员时，须经工作负责人同意，在对新工作人员进行安全交底手续后，方可进行工作。非特殊情况不得变更工作负责人，如确需变更工作负责人应由工作票签发人同意并通知工作许可人，工作许可人将变动情况记录在工作票上。工作负责人允许变更一次。原、现工作负责人应对工作任务和安全措施进行交接。

3.2.7.7 在原工作票的停电范围内增加工作任务时，应由工作负责人征得工作票签发人和工作许可人同意，并在工作票上增填工作项目。若需变更或增设安全措施者应填用新的工作票，并重新履行工作许可手续。

3.2.7.8 变更工作负责人或增加工作任务，如工作票签发人无法当面办理，应通过电话联系，并在工作票登记簿和工作票上注明。

3.2.7.9 第一种工作票应在工作前一日预先送达运行人员，可直接送达或通过传真、局域网传送，但传真的工作票许可应待正式工作票到达后履行。临时工作可在工作开始前直接交给工作许可人。

第二种工作票和带电作业工作票可在进行工作的当天预先交给工作许可人。

3.2.7.10 工作票有破损不能继续使用时，应补填新的工作票。

3.2.8 工作票的有效期与延期：

3.2.8.1 第一、二种工作票和带电作业工作票的有效时间，以批准的检修期为限。

3.2.8.2 第一、二种工作票需办理延期手续，应在工期尚未结束以前由工作负责人向运行值班负责人提出申请（属于调度管辖、许可的检修设备，还应通过值班调度员批准），由运行值班负责人通知工作许可人给予办理。第一、二种工作票只能延期一次。

3.2.9 工作票所列人员的基本条件：

工作票的签发人应是熟悉人员技术水平、熟悉设备情况、熟悉本规程，并具有相关工作经验的生产领导人、技术人员或经本单位主管生产领导批准的人员。工作票签发人员名单应书面公布。

工作负责人应是具有相关工作经验，熟悉设备情况、熟悉工作班人员工作能力和本规程，经工区（所、公司）生产领导书面批准的人员。

工作许可人应是经工区（所、公司）生产领导书面批准的有一定工作经验的运行人员或经批准的检修单位的操作人员（进行该工作任务操作及做安全措施的人员）；用户变、配电站的工作许可人应是持有效证书的高压电工。

专责监护人应是具有相关工作经验、熟悉设备情况和本规程的人员。

3.2.10 工作票所列人员的安全责任：

3.2.10.1 工作票签发人：

1）工作必要性和安全性；

2）工作票上所填安全措施是否正确完备；

3）所派工作负责人和工作班人员是否适当和

充足。

3.2.10.2 工作负责人（监护人）：

1）正确安全地组织工作；

2）负责检查工作票所列安全措施是否正确完备和工作许可人所做的安全措施是否符合现场实际条件，必要时予以补充；

3）工作前对工作班成员进行危险点告知，交待安全措施和技术措施，并确认每一个工作班成员都已知晓；

4）严格执行工作票所列安全措施；

5）督促、监护工作班成员遵守本规程，正确使用劳动防护用品和执行现场安全措施；

6）工作班成员精神状态是否良好，变动是否合适。

3.2.10.3 工作许可人：

1）负责审查工作票所列安全措施是否正确完备，是否符合现场条件；

2）工作现场布置的安全措施是否完善，必要时予以补充；

3）负责检查检修设备有无突然来电的危险；

4）对工作票所列内容即使发生很小疑问，也应向工作票签发人询问清楚，必要时应要求作详细补充。

3.2.10.4 专责监护人：

1）明确被监护人员和监护范围；

2）工作前对被监护人员交待安全措施，告知危险点和安全注意事项；

3）监督被监护人员遵守本规程和现场安全措施，及时纠正不安全行为。

3.2.10.5 工作班成员：

1）熟悉工作内容、工作流程，掌握安全措施，明确工作中的危险点，并履行确认手续；

2）严格遵守安全规章制度、技术规程和劳动纪律，对自己在工作中的行为负责，互相关心工作安全，并监督本规程的执行和现场安全措施的实施；

3）正确使用安全工器具和劳动防护用品。

3.3 工作许可制度

3.3.1 工作许可人在完成施工现场的安全措施后，还应完成以下手续，工作班方可开始工作：

3.3.1.1 会同工作负责人到现场再次检查所做的安全措施，对具体的设备指明实际的隔离措施，证明检修设备确无电压。

3.3.1.2 对工作负责人指明带电设备的位置和工作过程中的注意事项。

3.3.1.3 和工作负责人在工作票上分别确认、签名。

3.3.2 运行人员不得变更有关检修设备的运行接线方式。工作负责人、工作许可人任何一方不得擅自变更安全措施，工作中如有特殊情况需要变更时，应先取得对方的同意。变更情况及时记录在值班日志内。

3.4 工作监护制度

3.4.1 工作票许可手续完成后，工作负责人、专责监护人应向工作班成员交待工作内容、人员分工、带电部位和现场安全措施，进行危险点告知，并履行确认手续，工作班方可开始工作。工作负责人、专责监护人应始终在工作现场，对工作班人员的安全认真监护，及时纠正不安全的行为。

3.4.2 所有工作人员（包括工作负责人）不许单独进入、滞留在高压室内和室外高压设备区内。

若工作需要（如测量极性、回路导通试验等），而且现场设备允许时，可以准许工作班中有实际经验的一个人或几人同时在它室进行工作，但工作负责人应在事前将有关安全注意事项予以详尽的告知。

3.4.3 工作负责人在全部停电时，可以参加工作班工作。在部分停电时，只有在安全措施可靠，人员集中在一个工作地点，不致误碰有电部分的情况下，方能参加工作。

工作票签发人或工作负责人，应根据现场的安全条件、施工范围、工作需要等具体情况，增设专责监护人和确定被监护的人员。

专责监护人不得兼做其他工作。专责监护人临时离开时，应通知被监护人员停止工作或离开工作现场，待专责监护人回来后方可恢复工作。

3.4.4 工作期间，工作负责人若因故暂时离开工作现场时，应指定能胜任的人员临时代替，离开前应将工作现场交待清楚，并告知工作班成员。原工作负责人返回工作现场时，也应履行同样的交接手续。

若工作负责人必须长时间离开工作的现场时，应由原工作票签发人变更工作负责人，履行变更手续，并告知全体工作人员及工作许可人。原、现工作负责人应做好必要的交接。

3.5 工作间断、转移和终结制度

3.5.1 工作间断时，工作班人员应从工作现场撤出，所有安全措施保持不动，工作票仍由工作负责人执存，间断后继续工作，无需通过工作许可人。每日收工，应清扫工作地点，开放已封闭的通路，并将工作票交回运行人员。次日复工时，应得到工作许可人的许可，取回工作票，工作负责人应重新认真检查安全措施是否符合工作票的要求，并召开现场站班会后，方可工作。若无工作负责人或专责监护人带领，工作人员不得进入工作地点。

3.5.2 在未办理工作票终结手续以前，任何人员不准将停电设备合闸送电。

在工作间断期间，若有紧急需要，运行人员可在工作票未交回的情况下合闸送电，但应先通知工作负责人，在得到工作班全体人员已经离开工作地点、可以送电的答复后方可执行，并应采取下列措施：

1）拆除临时遮栏、接地线和标示牌，恢复常设遮栏，换挂"止步，高压危险！"的标示牌；

2）应在所有道路派专人守候，以便告诉工作班人员"设备已经合闸送电，不得继续工作"，守候人员在工作票未交回以前，不得离开守候地点。

3.5.3 检修工作结束以前，若需将设备试加工作电压，应按下列条件进行：

1）全体工作人员撤离工作地点；

2）将该系统的所有工作票收回，拆除临时遮栏、接地线和标示牌，恢复常设遮栏；

3）应在工作负责人和运行人员进行全面检查无误后，由运行人员进行加压试验。

工作班若需继续工作时，应重新履行工作许可手续。

3.5.4 在同一电气连接部分用同一工作票依次在几个工作地点转移工作时，全部安全措施由运行人员在开工前一次做完，不需再办理转移手续。但工作负责人在转移工作地点时，应向工作人员交待带电范围、安全措施和注意事项。

3.5.5 全部工作完毕后，工作班应清扫、整理现场。工作负责人应先周密地检查，待全体工作人员撤离工作地点后，再向运行人员交待所修项目、发现的问题、试验结果和存在问题等，并与运行人员共同检查设备状况、状态，有无遗留物件，是否清洁等，然后在工作票上填明工作结束时间。经双方签名后，表示工作终结。

待工作票上的临时遮栏已拆除，标示牌已取下，已恢复常设遮栏，未拉开的接地线、接地刀闸已汇报调度，工作票方告终结。

3.5.6 只有在同一停电系统的所有工作票都已终结，并得到值班调度员或运行值班负责人的许可指令后，方可合闸送电。

3.5.7 已终结的工作票、事故应急抢修单应保存一年。

4 保证安全的技术措施

4.1 电气设备上安全工作的技术措施

4.1.1 停电；

4.1.2 验电；

4.1.3 接地；

4.1.4 悬挂标示牌和装设遮栏（围栏）。

上述措施由运行人员或有权执行操作的人员执行。

4.2 停电

表 4-1　工作人员工作中正常活动范围与带电设备的安全距离

电压等级 （kV）	10 及以下 （13.8）	20、35	63（66）、 110	220	330	500
安全距离 （m）	0.35	0.60	1.50	3.00	4.00	5.00

注　表 4-1 中未列电压按高一档电压等级的安全距离。

4.2.1.3 在 35kV 及以下的设备处工作，安全距离虽大于表 4-1 规定，但小于表 2-1 规定，同时又无绝缘挡板、安全遮栏措施的设备；

4.2.1.4 带电部分在工作人员后面、两侧、上下，且无可靠安全措施的设备；

4.2.1.5 其他需要停电的设备。

4.2.2 检修设备停电，应把各方面的电源完全断开（任何运用中的星形接线设备的中性点，应视为带电设备）。禁止在只经断路器（开关）断开电源的设备上工作。应拉开隔离开关（刀闸），手车开关应拉至试验或检修位置，应使各方面有一个明显的断开点（对于有些设备无法观察到明显断开点的除外）。与停电设备有关的变压器和电压互感器，应将设备各侧断开，防止向停电检修设备反送电。

4.2.3 检修设备和可能来电侧的断路器（开关）、隔离开关（刀闸）应断开控制电源和合闸电源，隔离开关（刀闸）操作把手应锁住，确保不会误送电。

4.2.4 对难以做到与电源完全断开的检修设备，可以拆除设备与电源之间的电气连接。

4.3 验电

4.3.1 验电时，应使用相应电压等级而且合格的接触式验电器，在装设接地线或合上接地刀闸处对各相分别验电。验电前，应先在有电设备上进行试验，确证验电器良好；无法在有电设备上进行试验时可用高压发生器等确证验电器良好。如果在木杆、木梯或木架上验电，不接地线不能指示者，可在验电器绝缘杆尾部接上接地线，但应经运行值班负责人或工作负责人许可。

4.3.2 高压验电应戴绝缘手套。验电器的伸缩式绝缘棒长度应拉足，验电时手应握在手柄处不得超过护环，人体应与验电设备保持安全距离。雨雪天气时不得进行室外直接验电。

4.3.3 对无法进行直接验电的设备，可以进行间接验电。即检查隔离开关（刀闸）的机械指示位置、电

4.2.1 工作地点，应停电的设备如下：

4.2.1.1 检修的设备；

4.2.1.2 与工作人员在进行工作中正常活动范围的距离小于表 4-1 规定的设备；

气指示、仪表及带电显示装置指示的变化，且至少应有两个及以上指示已同时发生对应变化；若进行遥控操作，则应同时检查隔离开关（刀闸）的状态指示、遥测、遥信信号及带电显示装置的指示进行间接验电。

330kV 及以上的电气设备，可采用间接验电方法进行验电。

4.3.4 表示设备断开和允许进入间隔的信号、经常接入的电压表等，如果指示有电，则禁止在设备上工作。

4.4 接地

4.4.1 装设接地线应由两人进行（经批准可以单人装设接地线的项目及运行人员除外）。

4.4.2 当验明设备确已无电后，应立即将检修设备接地并三相短路。电缆及电容器接地前应逐相充分放电，星形接线电容器的中性点应接地，串联电容器及与整组电容器脱离的电容器应逐个放电，装在绝缘支架上的电容器外壳也应放电。

4.4.3 对于可能送电至停电设备的各方面都应装设接地线或合上接地刀闸，所装接地线与带电部分应考虑接地线摆动时仍符合安全距离的规定。

4.4.4 对于因平行或邻近带电设备导致检修设备可能产生感应电压时，应加装接地线或工作人员使用个人保安线，加装的接地线应登录在工作票上，个人保安接地线由工作人员自装自拆。

4.4.5 在门型架构的线路侧进行停电检修，如工作地点与所装接地线的距离小于 10m，工作地点虽在接地线外侧，也可不另装接地线。

4.4.6 检修部分若分为几个在电气上不相连接的部分［如分段母线以隔离开关（刀闸）或断路器（开关）隔开分成几段］，则各段应分别验电接地短路。降压变电站全部停电时，应将各个可能来电侧的部分接地短路，其余部分不必每段都装设接地线或合上接地

刀闸。

4.4.7　接地线、接地刀闸与检修设备之间不得连有断路器（开关）或熔断器。若由于设备原因，接地刀闸与检修设备之间连有断路器（开关），在接地刀闸和断路器（开关）合上后，应有保证断路器（开关）不会分闸的措施。

4.4.8　在配电装置上，接地线应装在该装置导电部分的规定地点，这些地点的油漆应刮去，并划有黑色标记。所有配电装置的适当地点，均应设有与接地网相连的接地端，接地电阻应合格。接地线应采用三相短路式接地线，若使用分相式接地线时，应设置三相合一的接地端。

4.4.9　装设接地线应先接接地端，后接导体端，接地线应接触良好，连接应可靠。拆接地线的顺序与此相反。装、拆接地线均应使用绝缘棒和戴绝缘手套。人体不得碰触接地线或未接地的导线，以防止感应电触电。

4.4.10　成套接地线应用有透明护套的多股软铜线组成，其截面不得小于 $25mm^2$，同时应满足装设地点短路电流的要求。

禁止使用其他导线作接地线或短路线。

接地线应使用专用的线夹固定在导体上，严禁用缠绕的方法进行接地或短路。

4.4.11　严禁工作人员擅自移动或拆除接地线。高压回路上的工作，需要拆除全部或一部分接地线后始能进行工作者〔如测量母线和电缆的绝缘电阻，测量线路参数，检查断路器（开关）触头是否同时接触〕，如：

1）拆除一相接地线；

2）拆除接地线，保留短路线；

3）将接地线全部拆除或拉开接地刀闸。

上述工作应征得运行人员的许可（根据调度员指令装设的接地线，应征得调度员的许可），方可进行。工作完毕后立即恢复。

4.4.12　每组接地线均应编号，并存放在固定地点。存放位置亦应编号，接地线号码与存放位置号码应一致。

4.4.13　装、拆接地线，应做好记录，交接班时应交待清楚。

4.5　悬挂标示牌和装设遮栏（围栏）

4.5.1　在一经合闸即可送电到工作地点的断路器（开关）和隔离开关（刀闸）的操作把手上，均应悬挂"禁止合闸，有人工作！"的标示牌（见附录I）。

如果线路上有人工作，应在线路断路器（开关）和隔离开关（刀闸）操作把手上悬挂"禁止合闸，线路有人工作！"的标示牌。

对由于设备原因，接地刀闸与检修设备之间连有断路器（开关），在接地刀闸和断路器（开关）合上后，在断路器（开关）操作把手上，应悬挂"禁止分闸！"的标示牌。

在显示屏上进行操作的断路器（开关）和隔离开关（刀闸）的操作处均应相应设置"禁止合闸，有人工作！"或"禁止合闸，线路有人工作！"以及"禁止分闸！"的标记。

4.5.2　部分停电的工作，安全距离小于表2-1规定距离以内的未停电设备，应装设临时遮栏，临时遮栏与带电部分的距离，不得小于表4-1的规定数值，临时遮栏可用干燥木材、橡胶或其他坚韧绝缘材料制成，装设应牢固，并悬挂"止步，高压危险！"的标示牌。

35kV及以下设备的临时遮栏，如因工作特殊需要，可用绝缘挡板与带电部分直接接触。但此种挡板应具有高度的绝缘性能，并符合附录J要求。

4.5.3　在室内高压设备上工作，应在工作地点两旁及对面运行设备间隔的遮栏（围栏）上和禁止通行的过道遮栏（围栏）上悬挂"止步，高压危险！"的标示牌。

4.5.4　高压开关柜内手车开关拉出后，隔离带电部位的挡板封闭后禁止开启，并设置"止步，高压危险！"的标示牌。

4.5.5　在室外高压设备上工作，应在工作地点四周装设围栏，其出入口要围至临近道路旁边，并设有"从此进出！"的标示牌。工作地点四周围栏上悬挂适当数量的"止步，高压危险！"标示牌，标示牌应朝向围栏里面。若室外配电装置的大部分设备停电，只有个别地点保留有带电设备而其他设备无触及带电导体的可能时，可以在带电设备四周装设全封闭围栏，围栏上悬挂适当数量的"止步，高压危险！"标示牌，标示牌应朝向围栏外面。

严禁越过围栏。

4.5.6　在工作地点设置"在此工作！"的标示牌。

4.5.7　在室外构架上工作，则应在工作地点邻近带电部分的横梁上，悬挂"止步，高压危险！"的标示牌。在工作人员上下铁架或梯子上，应悬挂"从此上下！"的标示牌。在邻近其他可能误登的带电架构上，应悬挂"禁止攀登，高压危险！"的标示牌。

4.5.8　严禁工作人员擅自移动或拆除遮栏（围栏）、标示牌。

5　线路作业时变电站和发电厂的安全措施

5.1　线路的停、送电均应按照值班调度员或线路工作许可人的指令执行。严禁约时停、送电。停电时，应先将该线路可能来电的所有断路器（开关）、线路隔离开关（刀闸）、母线隔离开关（刀闸）全部拉开，手车开关应拉至试验或检修位置，验明确无电压后，在线路上所有可能来电的各端装设接地线或合上接地刀闸。在线路断路器（开关）和隔离开关（刀闸）操作把手上均应悬挂"禁止合闸，线路有人工作！"的标示牌，在显示屏上断路器（开关）和隔离开关（刀闸）的操作处均应设置"禁止合闸，线路有人工作！"的标记。

5.2　值班调度员或线路工作许可人应将线路停电检修的工作班组数目、工作负责人姓名、工作地点和工作任务记入记录簿。

工作结束时，应得到工作负责人（包括用户）的工作结束报告，确认所有工作班组均已竣工，接地线已拆除，工作人员已全部撤离线路，并与记录簿核对无误后，方可下令拆除变电站或发电厂内的安全措施，向线路送电。

5.3　当用户管辖的线路要求停电时，应得到用户停送电联系人的书面申请，经批准后方可停电，并做好安全措施。恢复送电，应接到原申请人的工作结束报告，做好录音并记录后方可进行。用户停送电联系人的名单应在调度和有关部门备案。

6　带电作业

6.1　一般规定

6.1.1　本章的规定适用于在海拔 1000m 及以下交流 10～500kV 的高压架空电力线路、变电站（发电厂）电气设备上，采用等电位、中间电位和地电位方式进行的带电作业，以及低压带电作业。

在海拔 1000m 以上带电作业时，应根据作业区不同海拔高度，修正各类空气与固体绝缘的安全距离和长度、绝缘子片数等，编制带电作业现场安全规程，经本单位主管生产领导（总工程师）批准后执行。

6.1.2　带电作业应在良好天气下进行。如遇雷电（听见雷声、看见闪电）、雪雹、雨雾不得进行带电作业，风力大于 5 级时，一般不宜进行带电作业。

在特殊情况下，必须在恶劣大气进行带电抢修时，应组织有关人员充分讨论并编制必要的安全措施，经本单位主管生产领导（总工程师）批准后方可进行。

6.1.3　对于比较复杂、难度较大的带电作业新项目和研制的新工具，应进行科学试验，确认安全可靠，编制操作工艺方案和安全措施，并经本单位主管生产领导（总工程师）批准后，方可进行和使用。

6.1.4　参加带电作业的人员，应经专门培训，并经考试合格，企业书面批准后，方能参加相应的作业。带电作业工作票签发人和工作负责人、专责监护人应由具有带电作业实践经验的人员担任。

6.1.5　带电作业应设专责监护人。监护人不得直接操作。监护的范围不得超过一个作业点。复杂或高杆塔作业必要时应增设（塔上）监护人。

6.1.6　带电作业工作票签发人或工作负责人认为有必要时，应组织有经验的人员到现场查勘，根据查勘结果作出能否进行带电作业的判断，并确定作业方法和所需工具以及应采取的措施。

6.1.7　带电作业有下列情况之一者应停用重合闸，并不得强送电：

6.1.7.1　中性点有效接地的系统中有可能引起单相接地的作业。

6.1.7.2　中性点非有效接地的系统中有可能引起相间短路的作业。

6.1.7.3　工作票签发人或工作负责人认为需要停用重合闸的作业。

严禁约时停用或恢复重合闸。

6.1.8　带电作业工作负责人在带电作业工作开始前，应与值班调度员联系。需要停用重合闸的作业和带电断、接引线应由值班调度员履行许可手续。带电工作结束后应及时向值班调度员汇报。

6.1.9　在带电作业过程中如设备突然停电，作业人员应视设备仍然带电。工作负责人应尽快与调度联系，值班调度员未与工作负责人取得联系前不得强送电。

6.2　一般安全技术措施

6.2.1　进行地电位带电作业时，人身与带电体间的安全距离不得小于表 6-1 的规定。35kV 及以下的带电设备，不能满足表 6-1 规定的最小安全距离时，应采取可靠的绝缘隔离措施。

表 6-1　　　　　带电作业时人身与带电体的安全距离

电压等级（kV）	10	35	63（66）	110	220	330	500
距离（m）	0.4	0.6	0.7	1.0	1.8 (1.6)*	2.2	3.4 (3.2)**

*　因受设备限制达不到 1.8m 时，经单位主管生产领导（总工程师）批准，并采取必要的措施后，可采用括号内（1.6m）的数值。

**　海拔 500m 以下。500kV 取 3.2m 值，但不适用于 500kV 紧凑型线路。海拔在 500～1000m 时，500kV 取 3.4m 值。

6.2.2 绝缘操作杆、绝缘承力工具和绝缘绳索的有效绝缘长度不得小于表 6-2 的规定。

表 6-2 绝缘工具最小有效绝缘长度

电压等级 (kV)	有效绝缘长度 (m)	
	绝缘操作杆	绝缘承力工具、绝缘绳索
10	0.7	0.4
35	0.9	0.6
63 (66)	1.0	0.7
110	1.3	1.0
220	2.1	1.8
330	3.1	2.8
500	4.0	3.7

6.2.3 带电作业不得使用非绝缘绳索（如棉纱绳、白棕绳、钢丝绳）。

6.2.4 带电更换绝缘子或在绝缘子串上作业，应保证作业中良好绝缘子片数不得少于表 6-3 的规定。

表 6-3 带电作业中良好绝缘子最少片数

电压等级 (kV)	35	63 (66)	110	220	330	500
片数	2	3	5	9	16	23

6.2.5 更换直线绝缘子串或移动导线的作业，当采用单吊线装置时，应采取防止导线脱落时的后备保护措施。

6.2.6 在绝缘子串未脱离导线前，拆、装靠近横担的第一片绝缘子时，应采用专用短接线或穿屏蔽服方可直接进行操作。

6.2.7 在市区或人口稠密的地区进行带电作业时，工作现场应设置围栏，派专人监护，严禁非工作人员入内。

6.2.8 非特殊需要，不应在跨越处下方或邻近有电力线路或其他弱电线路的档内进行带电架、拆线的工作。如需进行，则应制定可靠的安全技术措施，经本单位生产领导（总工程师）批准后，方可进行。

6.3 等电位作业

6.3.1 等电位作业一般在 63（66）kV 及以上电压等级的电力线路和电气设备上进行。若需在 35kV 电压等级进行等电位作业时，应采取可靠的绝缘隔离措施。10kV 及以下电压等级的电力线路和电气设备上不得进行等电位作业。

6.3.2 等电位作业人员应在衣服外面穿合格的全套屏蔽服（包括帽、衣裤、手套、袜和鞋），且各部分应连接良好。屏蔽服内还应穿着阻燃内衣。

严禁通过屏蔽服断、接接地电流、空载线路和耦合电容器的电容电流。

6.3.3 等电位作业人员对地距离应不小于表 6-1 的规定，对相邻导线的距离应不小于表 6-4 的规定。

表 6-4 等电位作业人员对邻相导线的最小距离

电压等级 (kV)	35	63 (66)	110	220	330	500
距离 (m)	0.8	0.9	1.4	2.5	3.5	5.0

6.3.4 等电位作业人员在绝缘梯上作业或者沿绝缘梯进入强电场时，其与接地体和带电体两部分间隙所组成的组合间隙不得小于表 6-5 的规定。

表 6-5 等电位作业中的最小组合间隙

电压等级 (kV)	35	63 (66)	110	220	330	500
距离 (m)	0.7	0.8	1.2	2.1	3.1	4.0

6.3.5 等电位作业人员沿绝缘子串进入强电场的作业，一般在 220kV 及以上电压等级的绝缘子串上进行。其组合间隙不得小于表 6-5 的规定。若不满足表 6-5 的规定，应加装保护间隙。扣除人体短接的和零值的绝缘子片数后，良好绝缘子片数不得小于表 6-3 的规定。

6.3.6 等电位作业人员在电位转移前，应得到工作负责人的许可。转移电位时，人体裸露部分与带电体的距离不应小于表 6-6 的规定。

表 6-6 等电位作业转移电位时人体裸露部分与带电体的最小距离

电压等级 (kV)	35、63 (66)	110、220	330、500
距离 (m)	0.2	0.3	0.4

6.3.7 等电位作业人员与地电位作业人员传递工具和材料时，应使用绝缘工具或绝缘绳索进行，其有效长度不得小于表 6-2 的规定。

6.3.8 沿导、地线上悬挂的软、硬梯或飞车进入强电场的作业应遵守下列规定：

6.3.8.1　在连续档距的导、地线上挂梯（或飞车）时，其导、地线的截面不得小于：钢芯铝绞线和铝合金绞线 120mm²；钢绞线 50mm²（等同 OPGW 光缆和配套的 LGJ—70/40 导线）。

6.3.8.2　有下列情况之一者，应经验算合格，并经本单位主管生产领导（总工程师）批准后才能进行：

　　1）在孤立档的导、地线上的作业；

　　2）在有断股的导、地线和锈蚀的地线上的作业；

　　3）在 6.3.8.1 条以外的其他型号导、地线上的作业；

　　4）两人以上在同档同一根导、地线上的作业。

6.3.8.3　在导、地线上悬挂梯子、飞车进行等电位作业前，应检查本档两端杆塔处导、地线的紧固情况。挂梯载荷后，应保持地线及人体对下方带电导线的安全间距比表 6-1 中的数值增大 0.5m；带电导线及人体对被跨越的电力线路、通信线路和其他建筑物的安全距离应比表 6-1 中的数值增大 1m。

6.3.8.4　在瓷横担线路上严禁挂梯作业，在转动横担的线路上挂梯前应将横担固定。

6.3.9　等电位作业人员在作业中严禁用酒精、汽油等易燃品擦拭带电体及绝缘部分，防止起火。

6.4　带电断、接引线

6.4.1　带电断、接空载线路，应遵守下列规定：

6.4.1.1　带电断、接空载线路时，应确认线路的另一端断路器（开关）和隔离开关（刀闸）确已断开，接入线路侧的变压器、电压互感器确已退出运行后，方可进行。

　　严禁带负荷断、接引线。

6.4.1.2　带电断、接空载线路时，作业人员应戴护目镜，并应采取消弧措施。消弧工具的断流能力应与被断、接的空载线路电压等级及电容电流相适应。如使用消弧绳，则其断、接的空载线路的长度不应大于表 6-7 规定，且作业人员与断开点应保持 4m 以上的距离。

表 6-7　　**使用消弧绳断、接空载**
线路的最大长度

电压等级 （kV）	10	35	63	110	220
长度 （km）	50	30	20	10	3

注　线路长度包括分支在内，但不包括电缆线路。

6.4.1.3　在查明线路确无接地、绝缘良好、线路上无人工作且相位确定无误后，才可进行带电断、接引线。

6.4.1.4　带电接引线时未接通相的导线及带电断引线时，已断开相的导线将因感应而带电。为防止电击，应采取措施后人员才能触及。

6.4.1.5　严禁同时接触未接通的或已断开的导线两个断头，以防人体串入电路。

6.4.2　严禁用断、接空载线路的方法使两电源解列或并列。

6.4.3　带电断、接耦合电容器时，应将其信号、接地刀闸合上并应停用高频保护。被断开的电容器应立即对地放电。

6.4.4　带电断、接空载线路、耦合电容器、避雷器、阻波器等设备引线时，应采取防止引流线摆动的措施。

6.5　带电短接设备

6.5.1　用分流线短接断路器（开关）、隔离开关（刀闸）、跌落式熔断器（保险）等载流设备，应遵守下列规定：

6.5.1.1　短接前一定要核对相位。

6.5.1.2　组装分流线的导线处应清除氧化层，且线夹接触应牢固可靠。

6.5.1.3　35kV 及以下设备使用的绝缘分流线的绝缘水平应符合表 6-13 的规定。

6.5.1.4　断路器（开关）应处于合闸位置，并取下跳闸回路熔断器（保险），锁死跳闸机构后，方可短接。

6.5.1.5　分流线应支撑好，以防摆动造成接地或短路。

6.5.2　阻波器被短接前，严防等电位作业人员人体短接阻波器。

6.5.3　短接开关设备或阻波器的分流线截面和两端线夹的载流容量，应满足最大负荷电流的要求。

6.6　带电水冲洗

6.6.1　带电水冲洗一般应在良好天气时进行。风力大于 4 级，气温低于 −3℃，或雨天、雪天、沙尘暴、雾天及雷电天气时不宜进行。冲洗时，操作人员应戴绝缘手套、穿绝缘靴。

6.6.2　带电水冲洗作业前应掌握绝缘子的脏污情况，当盐密度大于表 6-8 最大临界盐密值的规定，一般不宜进行水冲洗，否则，应增大水电阻率来补救。避雷器及密封不良的设备不宜进行带电水冲洗。

6.6.3　带电水冲洗用水的电阻率一般不低于 1500 Ω·cm，冲洗 220kV 变电设备水电阻率不低于 3000 Ω·cm，并应符合表 6-8 的要求。每次冲洗前，都应用合格的水阻表测量水电阻率，应从水枪出口处取水样进行测量。如用水车等容器盛水，每车水都应测量水电阻率。

表6－8   带电水冲洗临界盐密值①（仅适用于220kV及以下）

爬电比距② （mm/kV）	发电厂及变电站支柱绝缘子或密闭瓷套管							
	14.8～16（普通型）				20～31（防污型）			
临界盐密值 （mg/cm²）	0.02	0.04	0.08	0.12	0.08	0.12	0.16	0.2
水电阻率 （Ω·cm）	1500	3000	10000	50000 及以上	1500	3000	10000	50000 及以上
爬电比距② （mm/kV）	线路悬式绝缘子							
	14.8～16（普通型）				20～31（防污型）			
临界盐密值 （mg/cm²）	0.05	0.07	0.12	0.15	0.12	0.15	0.2	0.22
水电阻率 （Ω·cm）	1500	3000	10000	50000 及以上	1500	3000	10000	50000 及以上

① 330kV及以上等级的临界盐密值尚不成熟，暂不列入。

② 爬电比距指电力设备外绝缘的爬电距离与设备最高工作电压之比。

6.6.4 以水柱为主绝缘的大、中型水冲（喷嘴直径为4～8mm者称中水冲；直径为9mm及以上者称大水冲），其水枪喷嘴与带电体之间的水柱长度不得小于表6－9的规定。大、中型水枪喷嘴均应可靠接地。

表6－9   喷嘴与带电体之间的水柱长度（m）

喷嘴直径 （mm）		4～8	9～12	13～18
电压等级 （kV）	63（66）及以下	2	4	6
	110	3	5	7
	220	4	6	8

6.6.5 带电冲洗前应注意调整好水泵压强，使水柱射程远且水流密集。当水压不足时，不得将水枪对准被冲洗的带电设备。冲洗用水泵应良好接地。

6.6.6 带电水冲洗应注意选择合适的冲洗方法。直径较大的绝缘子宜采用双枪跟踪法或其他方法，并应防止被冲洗设备表面出现污水线。当被冲绝缘子未冲洗干净时，严禁中断冲洗，以免造成闪络。

6.6.7 带电水冲洗前要确知设备绝缘是否良好。有零值及低值的绝缘子及瓷质有裂纹时，一般不可冲洗。

6.6.8 冲洗悬垂、耐张绝缘子串、瓷横担时，应从导线侧向横担侧依次冲洗。冲洗支柱绝缘子及绝缘瓷套时，应从下向上冲洗。

6.6.9 冲洗绝缘子时，应注意风向，应先冲下风侧，后冲上风侧；对于上、下层布置的绝缘子应先冲下层，后冲上层。还要注意冲洗角度，严防临近绝缘子在溅射的水雾中发生闪络。

6.7 带电清扫机械作业

6.7.1 进行带电清扫工作时，绝缘操作杆的有效长度不得小于表6－2的规定。

6.7.2 在使用带电清扫机械进行清扫前，应确认：清扫机械工况（电机及控制部分、软轴及传动部分等）完好，绝缘部件无变形、脏污和损伤，毛刷转向正确，清扫机械已可靠接地。

6.7.3 带电清扫作业人员应站在上风侧位置作业，应戴口罩、护目镜。

6.7.4 作业时，作业人的双手应始终握持绝缘杆保护环以下部位，并保持带电清扫有关绝缘部件的清洁和干燥。

6.8 感应电压防护

6.8.1 在330kV及以上电压等级的线路杆塔上及变电站构架上作业，应采取防静电感应措施，例如，穿静电感应防护服、导电鞋等（220kV线路杆塔上作业时宜穿导电鞋）。

6.8.2 绝缘架空地线应视为带电体。在绝缘架空地线附近作业时，作业人员与绝缘架空地线之间的距离不应小于0.4m。如需在绝缘架空地线上作业，应用接地线将其可靠接地或采用等电位方式进行。

6.8.3 用绝缘绳索传递大件金属物品（包括工具、材料等）时，杆塔或地面上作业人员应将金属物品接地后再接触，以防电击。

6.9 高架绝缘斗臂车作业

6.9.1 高架绝缘斗臂车应经检验合格。斗臂车操作人员应熟悉带电作业的有关规定，并经专门培训，考试合格、持证上岗。

6.9.2 高架绝缘斗臂车的工作位置应选择适当，支撑应稳固可靠，并有防倾覆措施。使用前应在预定位置空斗试操作一次，确认液压传动、回转、升降、伸缩系统工作正常、操作灵活，制动装置可靠。

6.9.3　绝缘斗中的作业人员应正确使用安全带和绝缘工具。

6.9.4　高架绝缘斗臂车操作人员应服从工作负责人的指挥，作业时应注意周围环境及操作速度。在工作过程中，高架绝缘斗臂车的发动机不应熄火。接近和离开带电部位时，应由斗臂中人员操作，但下部操作人员不得离开操作台。

6.9.5　绝缘臂的有效绝缘长度应大于表 6-10 的规定，且应在下端装设泄漏电流监视装置。

表 6-10　　绝缘臂的最小有效绝缘长度

电压等级（kV）	10	35、63（66）	110	220
长度（m）	1.0	1.5	2.0	3.0

6.9.6　绝缘臂下节的金属部分，在仰起回转过程中，对带电体的距离应按表 6-1 的规定值增加 0.5m。工作中车体应良好接地。

6.10　保护间隙

6.10.1　保护间隙的接地线应用多股软铜线。其截面应满足接地短路容量的要求，但不得小于 25mm²。

6.10.2　圆弧形保护间隙的距离应按表 6-11 的规定进行整定。

表 6-11　　圆弧形保护间隙整定值

电压等级（kV）	220	330
间隙距离（m）	0.7～0.8	1.0～1.1

6.10.3　使用保护间隙时，应遵守下列规定：

6.10.3.1　悬挂保护间隙前，应与调度联系停用重合闸。

6.10.3.2　悬挂保护间隙应先将其与接地网可靠接地，再将保护间隙挂在导线上，并使其接触良好。拆除的程序与其相反。

6.10.3.3　保护间隙应挂在相邻杆塔的导线上，悬挂后，应派专人看守，在有人、畜通过的地区，还应增设围栏。

6.10.3.4　装、拆保护间隙的人员应穿全套屏蔽服。

6.11　带电检测绝缘子

6.11.1　使用火花间隙检测器检测绝缘子时，应遵守下列规定：

6.11.1.1　检测前应对检测器进行检测，保证操作灵活，测量准确。

6.11.1.2　针式及少于 3 片的悬式绝缘子不得使用火花间隙检测器进行检测。

6.11.1.3　检测 35kV 及以上电压等级的绝缘子串时，当发现同一串中的零值绝缘子片数达到表 6-12 的规定时，应立即停止检测。

表 6-12　　一串中允许零值绝缘子片数

电压等级（kV）	35	63（66）	110	220	330	500
绝缘子串片数	3	5	7	13	19	28
零值片数	1	2	3	5	4	6

如绝缘子串的片数超过表 6-12 的规定时，零值绝缘子允许片数可相应增加。

6.11.1.4　应在干燥天气进行。

6.12　低压带电作业

6.12.1　低压带电作业应设专人监护。

6.12.2　使用有绝缘柄的工具，其外裸的导电部位应采取绝缘措施，防止操作时相间或相对地短路。工作时，应穿绝缘鞋和全棉长袖工作服，并戴手套、安全帽和护目镜，站在干燥的绝缘物上进行。严禁使用锉刀、金属尺和带有金属物的毛刷、毛掸等工具。

6.12.3　高低压同杆架设，在低压带电线路上工作时，应先检查与高压线的距离，采取防止误碰带电高压设备的措施。在低压带电导线未采取绝缘措施时，工作人员不得穿越。在带电的低压配电装置上工作时，应采取防止相间短路和单相接地的绝缘隔离措施。

6.12.4　上杆前，应先分清相、零线，选好工作位置。断开导线时，应先断开相线，后断开零线。搭接导线时，顺序应相反。

人体不得同时接触两根线头。

6.13　带电作业工具的保管、使用和试验

6.13.1　带电作业工具的保管：

6.13.1.1　带电作业工具应存放于通风良好，清洁干燥的专用工具房内。工具房门窗应密闭严实，地面、墙面及顶面应采用不起尘、阻燃材料制做。室内的相对湿度应保持在 50%～70%。室内温度应略高于室外，且不宜低于 0℃。

6.13.1.2　带电工具房进行室内通风时，应在干燥的天气进行，并且室外的相对湿度不得高于 75%。通风结束后，应立即检查室内的相对湿度，并加以调控。

6.13.1.3　带电作业工具房应配备：湿度计，温度计，抽湿机（数量以满足要求为准），辐射均匀的加热器，足够的工具摆放架、吊架和灭火器等。

6.13.1.4　带电作业工具应统一编号、专人保管、登

记造册，并建立试验、检修、使用记录。

6.13.1.5 有缺陷的带电作业工具应及时修复，不合格的应及时报废，严禁继续使用。

6.13.1.6 高架绝缘斗臂车应存放在干燥通风的车库内，其绝缘部分应有防潮措施。

6.13.2 带电作业工具的使用：

6.13.2.1 带电作业工具应绝缘良好、连接牢固、转动灵活，并按厂家使用说明书、现场操作规程正确使用。

6.13.2.2 带电作业工具使用前应根据工作负荷校核满足规定安全系数。

6.13.2.3 带电作业工具在运输过程中，带电绝缘工具应装在专用工具袋、工具箱或专用工具车内，以防受潮和损伤。发现绝缘工具受潮或表面损伤、脏污时，应及时处理并经试验或检测合格后方可使用。

6.13.2.4 进入作业现场应将使用的带电作业工具放

置在防潮的帆布或绝缘垫上，防止绝缘工具在使用中脏污和受潮。

6.13.2.5 带电作业工具使用前，仔细检查确认没有损坏、受潮、变形、失灵，否则禁止使用。并使用2500V 及以上兆欧表或绝缘检测仪进行分段绝缘检测（电极宽 2cm，极间宽 2cm），阻值应不低于 700MΩ。操作绝缘工具时应戴清洁、干燥的手套。

6.13.3 带电作业工具的试验：

6.13.3.1 带电作业工具应定期进行电气试验及机械试验，其试验周期为：

电气试验：预防性试验每年一次，检查性试验每年一次，两次试验间隔半年。

机械试验：绝缘工具每年一次，金属工具两年一次。

6.13.3.2 绝缘工具电气预防性试验项目及标准见表 6-13。

表 6-13　　　　　　　　　　　　　绝缘工具的试验项目及标准

额定电压（kV）	试验长度（m）	1min 工频耐压（kV）		5min 工频耐压（kV）		15 次操作冲击耐压（kV）	
		出厂及型式试验	预防性试验	出厂及型式试验	预防性试验	出厂及型式试验	预防性试验
10	0.4	100	45	—	—	—	—
35	0.6	150	95	—	—	—	—
63（66）	0.7	175	175	—	—	—	—
110	1.0	250	220	—	—	—	—
220	1.8	450	440	—	—	—	—
330	2.8	—	—	420	380	900	800
500	3.7	—	—	640	580	1175	1050

操作冲击耐压试验宜采用 250/2500μs 的标准波，以无一次击穿、闪络为合格。工频耐压试验以无击穿、无闪络及过热为合格。

高压电极应使用直径不小于 30mm 的金属管，被试品应垂直悬挂，接地极的对地距离为 1.0～1.2m。接地极及接高压的电极（无金属时）处，以 50mm 宽金属铂缠绕。试品间距不小于 500mm，单导线两侧均压球直径不小于 200mm，均压球距试品不小于 1.5m。

试品应整根进行试验，不得分段。

6.13.3.3 绝缘工具的检查性试验条件是：将绝缘工具分成若干段进行工频耐压试验，每 300mm 耐压75kV，时间为 1min，以无击穿、闪络及过热为合格。

6.13.3.4 带电作业高架绝缘斗臂车电气试验标准见

附录 K。

6.13.3.5 组合绝缘的水冲洗工具应在工作状态下进行电气试验。除按表 6-13 的项目和标准试验外（指220kV 及以下电压等级），还应增加工频泄漏试验，试验电压见表 6-14。泄漏电流以不超过 1mA 为合格。试验时间 5min。

表 6-14　　组合绝缘的水冲洗工具工频泄漏试验电压值

额定电压（kV）	10	35	63（66）	110	220
试验电压（kV）	15	46	80	110	220

试验时的水电阻率为 1500Ω·cm（适用于220kV 及以下的电压等级）。

6.13.3.6 屏蔽服衣裤任意两端点之间的电阻值均不得大于 20Ω。

6.13.3.7 带电作业工具的机械试验标准：

1) 在工作负荷状态承担各类线夹和连接金具荷重时，应按有关金具标准进行试验。

2) 在工作负荷状态承担其他静荷载时，应根据设计荷载，按 SD165《电力建设施工机具设计基本要求（输电线路施工机具篇）》的规定进行试验。

3) 在工作负荷状态承担人员操作荷载时：

静荷重试验：2.5 倍允许工作负荷下持续 5min，工具无变形及损伤者为合格。

动荷重试验：1.5 倍允许工作负荷下实际操作 3 次，工具灵活、轻便、无卡住现象为合格。

7 发电机、同期调相机和高压电动机的检修、维护工作

7.1 检修发电机、同期调相机和高压电动机应填用变电站（发电厂）第一种工作票。

7.2 发电厂主要机组（锅炉、汽机、发电机、水轮机、水泵水轮机）停用检修，只需第一天办理开工手续，以后每天开工时，应由工作负责人检查现场，核对安全措施。检修期间工作票始终由工作负责人保存在工作地点。

在同一机组的几个电动机上依次工作时，可填用一张工作票。

7.3 检修发电机、同期调相机应做好下列安全措施：

7.3.1 断开发电机、励磁机（励磁变压器）、同期调相机的断路器（开关）和隔离开关（刀闸）。

7.3.2 待发电机和同期调相机完全停止后，在其操作把手、按钮和机组的启动装置、励磁装置、同期并车装置、盘车装置的操作把手上悬挂"禁止合闸，有人工作！"的标示牌。

7.3.3 若本机尚可从其他电源获得励磁电流，则此项电源亦应断开，并悬挂"禁止合闸，有人工作！"的标示牌。

7.3.4 断开断路器（开关）、隔离开关（刀闸）的操作电源。如调相机有启动用的电动机，还应断开此电动机的断路器（开关）和隔离开关（刀闸），并悬挂"禁止合闸，有人工作！"的标示牌。

7.3.5 将电压互感器从高、低压两侧断开。

7.3.6 在发电机和断路器（开关）间或发电机定子三相出口处（引出线）验明无电压后，装设接地线。

7.3.7 检修机组中性点与其他发电机的中性点连在一起的，则在工作前应将检修发电机的中性点分开。

7.3.8 检修机组装有二氧化碳或蒸汽灭火装置的，

则在风道内工作前，应采取防止灭火装置误动的必要措施。

7.3.9 检修机组装有可以堵塞机内空气流通的自动闸板风门的，应采取措施保证使风门不能关闭，以防窒息。

7.3.10 氢冷机组应采取关闭至氢气系统的相关阀门，加堵板等隔离措施。

7.4 转动着的发电机、同期调相机，即使未加励磁，亦应认为有电压。

禁止在转动着的发电机、同期调相机的回路上工作，或用手触摸高压绕组。必须不停机进行紧急修理时，应先将励磁回路切断，投入自动灭磁装置，然后将定子引出线与中性点短路接地，在拆装短路接地线时，应戴绝缘手套、穿绝缘靴或站在绝缘垫上，并戴防护眼镜。

7.5 测量轴电压和在转动着的发电机上用电压表测量转子绝缘的工作，应使用专用电刷，电刷上应装有 300mm 以上的绝缘柄。

7.6 在转动着的电机上调整、清扫电刷及滑环时，应由有经验的电工担任，并遵守下列规定：

1) 工作人员应特别小心，不使衣服及擦拭材料被机器挂住，扣紧袖口，发辫应放在帽内；

2) 工作时站在绝缘垫上（该绝缘垫为常设固定型绝缘垫），不得同时接触两极或一极与接地部分，也不能两人同时进行工作。

7.7 检修高压电动机和启动装置时，应做好下列安全措施：

7.7.1 断开电源断路器（开关）、隔离开关（刀闸），经验明确无电压后装设接地线或在隔离开关（刀闸）间装绝缘隔板，手车开关应从成套配电装置内拉出并关门上锁；

7.7.2 在断路器（开关）、隔离开关（刀闸）操作把手上悬挂"禁止合闸，有人工作！"的标示牌；

7.7.3 拆开后的电缆头应三相短路接地；

7.7.4 做好防止被其带动的机械（如水泵、空气压缩机、引风机等）引起电动机转动的措施，并在阀门（风门）上悬挂"禁止合闸，有人工作！"的标示牌。

7.8 禁止在转动着的高压电动机及其附属装置回路上进行工作。必须在转动着的电动机转子电阻回路上进行工作时，应先提起碳刷或将电阻完全切除。工作时要戴绝缘手套或使用有绝缘把手的工具，穿绝缘靴或站在绝缘垫上。

7.9 电动机的引出线和电缆头以及外露的转动部分均应装设牢固的遮栏或护罩。

7.10 电动机及起动装置的外壳均应接地。禁止在转

动中的电动机的接地线上进行工作。

7.11　工作尚未全部终结,而需送电试验电动机或起动装置时,应收回全部工作票并通知有关机械部分检修人员后,方可送电。

8　在六氟化硫电气设备上的工作

8.1　装有 SF_6 设备的配电装置室和 SF_6 气体实验室,应装设强力通风装置,风口应设置在室内底部,排风口不应朝向居民住宅或行人。

8.2　在室内,设备充装 SF_6 气体时,周围环境相对湿度应不大于 80%,同时应开启通风系统,并避免 SF_6 气体泄漏到工作区。工作区空气中 SF_6 气体含量不得超过 $1000\mu L/L$。

8.3　主控制室与 SF_6 配电装置室间要采取气密性隔离措施。SF_6 配电装置室与其下方电缆层、电缆隧道相通的孔洞都应封堵。SF_6 配电装置室及下方电缆层隧道的门上,应设置"注意通风"的标志。

8.4　SF_6 配电装置室、电缆层(隧道)的排风机电源开关应设置在门外。

8.5　在 SF_6 配电装置室低位区应安装能报警的氧量仪或 SF_6 气体泄漏报警仪,在工作人员人口处也要装设显示器。这些仪器应定期试验,保证完好。

8.6　工作人员进入 SF_6 配电装置室,人口处若无 SF_6 气体含量显示器,应先通风 15min,并用检漏仪测量 SF_6 气体含量合格。尽量避免一人进入 SF_6 配电装置室进行巡视,不准一人进入从事检修工作。

8.7　工作人员不准在 SF_6 设备防爆膜附近停留。若在巡视中发现异常情况,应立即报告,查明原因,采取有效措施进行处理。

8.8　进入 SF_6 配电装置低位区或电缆沟进行工作,应先检测含氧量(不低于 18%)和 SF_6 气体含量是否合格。

8.9　在打开的 SF_6 电气设备上工作的人员,应经专门的安全技术知识培训,配置和使用必要的安全防护用具。

8.10　设备解体检修前,应对 SF_6 气体进行检验。根据有毒气体的含量,采取安全防护措施。检修人员需穿着防护服并根据需要配戴防毒面具。打开设备封盖后,现场所有人员应暂离现场 30min。取出吸附剂和清除粉尘时,检修人员应戴防毒面具和防护手套。

8.11　设备内的 SF_6 气体不得向大气排放,应采用净化装置回收,经处理合格后方准使用。回收时作业人员应站在上风侧。

设备抽真空后,用高纯度氮气冲洗 3 次[压力为 $9.8\times10^4 Pa$(1 个大气压)]。将清出的吸附剂、金属粉末等废物放入 20% 氢氧化钠水溶液中浸泡 12h 后深埋。

8.12　从 SF_6 气体钢瓶引出气体时,应使用减压阀降压。当瓶内压力降至 $9.8\times10^4 Pa$(1 个大气压)时,即停止引出气体,并关紧气瓶阀门,戴上瓶帽。

8.13　SF_6 配电装置发生大量泄漏等紧急情况时,人员应迅速撤出现场,开启所有排风机进行排风。未配戴隔离式防毒面具人员禁止入内。只有经过充分的自然排风或恢复排风后,人员才准进入。发生设备防爆膜破裂时,应停电处理,并用汽油或丙酮擦拭干净。

8.14　进行气体采样和处理一般渗漏时,要戴防毒面具并进行通风。

8.15　SF_6 断路器(开关)进行操作时,禁止检修人员在其外壳上进行工作。

8.16　检修结束后,检修人员应洗澡,把用过的工器具、防护用具清洗干净。

8.17　SF_6 气瓶应放置在阴凉干燥、通风良好、敞开的专门场所,直立保存,并应远离热源和油污的地方,防潮、防阳光曝晒,并不得有水分或油污粘在阀门上。

搬运时,应轻装轻卸。

9　在停电的低压配电装置和低压导线上的工作

9.1　低压配电盘、配电箱和电源干线上的工作,应填用变电站(发电厂)第二种工作票。

在低压电动机和在照明回路上的工作可不填用工作票,应做好相应记录,该工作至少由两人进行。

9.2　低压回路停电的安全措施:

9.2.1　将检修设备的各方面电源断开取下熔断器,在开关(或刀闸)操作把手上挂"禁止合闸,有人工作!"的标示牌;

9.2.2　工作前应验电;

9.2.3　根据需要采取其他安全措施。

9.3　停电更换熔断器后,恢复操作时,应戴手套和护目眼镜。

10　二次系统上的工作

10.1　下列情况应填用变电站(发电厂)第一种工作票:

10.1.1　在高压室遮栏内或与导电部分小于表 2-1 规定的安全距离进行继电保护、安全自动装置和仪表等及其二次回路的检查试验时,需将高压设备停电的;

10.1.2　在高压设备继电保护、安全自动装置和仪表、自动化监控系统等及其二次回路上工作需将高压设备停电或做安全措施者；

10.1.3　通信系统同继电保护、安全自动装置等复用通道（包括载波、微波、光纤通道等）的检修、联动试验需将高压设备停电或做安全措施者；

10.1.4　在经继电保护出口跳闸的发电机组热工保护、水车保护及其相关回路上工作需将高压设备停电或做安全措施者。

10.2　下列情况应填用变电站（发电厂）第二种工作票：

10.2.1　继电保护装置、安全自动装置、自动化监控系统在运行中改变装置原有定值时不影响一次设备正常运行的工作；

10.2.2　对于连接电流互感器或电压互感器二次绕组并装在屏柜上的继电保护、安全自动装置上的工作，可以不停用所保护的高压设备或不需做安全措施的；

10.2.3　在继电保护、安全自动装置、自动化监控系统等及其二次回路，以及在通信复用通道设备上检修及试验工作，可以不停用高压设备或不需做安全措施的；

10.2.4　在经继电保护出口的发电机组热工保护、水车保护及其相关回路上工作，可以不停用高压设备的或不需做安全措施的。

10.3　检修中遇有下列情况应填用二次工作安全措施票（见附录 H）：

10.3.1　在运行设备的二次回路上进行拆、接线工作；

10.3.2　在对检修设备执行隔离措施时，需拆断、短接和恢复同运行设备有联系的二次回路工作。

10.4　二次工作安全措施票执行：

10.4.1　二次工作安全措施票的工作内容及安全措施内容由工作负责人填写，由技术人员或班长审核并签发；

10.4.2　监护人由技术水平较高及有经验的人担任，执行人、恢复人由工作班成员担任，按二次工作安全措施票的顺序进行。

　上述工作至少由两人进行。

10.5　工作人员在现场工作过程中，凡遇到异常情况（如直流系统接地等）或断路器（开关）跳闸时，不论与本身工作是否有关，应立即停止工作，保持现状，待查明原因，确定与本工作无关时方可继续工作；若异常情况或断路器（开关）跳闸是本身工作所引起，应保留现场并立即通知运行人员，以便及时处理。

10.6　工作前应做好准备，了解工作地点、工作范围、一次设备及二次设备运行情况、安全措施、试验方案、上次试验记录、图纸、整定值通知单是否齐备并符合实际，检查仪器、仪表等试验设备是否完好，核对微机保护及安全自动装置的软件版本号等是否符合实际。

10.7　现场工作开始前，应检查已做的安全措施是否符合要求，运行设备和检修设备之间的隔离措施是否正确完成，工作时还应仔细核对检修设备名称，严防走错位置。

10.8　在全部或部分带电的运行屏（柜）上进行工作时，应将检修设备与运行设备前后以明显的标志隔开。

10.9　在继电保护装置、安全自动装置及自动化监控系统屏（柜）上或附近进行打眼等振动较大的工作时，应采取防止运行中设备误动作的措施，必要时向调度申请，经值班调度员或运行值班负责人同意，将保护暂时停用。

10.10　在继电保护、安全自动装置及自动化监控系统屏间的通道上搬运或安放试验设备时，不能阻塞通道，要与运行设备保持一定距离，防止事故处理时通道不畅，防止误碰运行设备，造成相关运行设备继电保护误动作。清扫运行设备和二次回路时，要防止振动，防止误碰，要使用绝缘工具。

10.11　继电保护、安全自动装置及自动化监控系统做传动试验或一次通电时，应通知运行人员和有关人员，并由工作负责人或由他指派专人到现场监视，方可进行。

10.12　所有电流互感器和电压互感器的二次绕组应有一点且仅有一点永久性的、可靠的保护接地。

10.13　在带电的电流互感器二次回路上工作时，应采取下列安全措施：

10.13.1　严禁将电流互感器二次侧开路。

10.13.2　短路电流互感器二次绕组，应使用短路片或短路线，严禁用导线缠绕。

10.13.3　在电流互感器与短路端子之间导线上进行任何工作，应有严格的安全措施，并填用"二次工作安全措施票"。必要时申请停用有关保护装置、安全自动装置或自动化监控系统。

10.13.4　工作中严禁将回路的永久接地点断开。

10.13.5　工作时，应有专人监护，使用绝缘工具，并站在绝缘垫上。

10.14　在带电的电压互感器二次回路上工作时，应采取下列安全措施：

10.14.1　严格防止短路或接地。应使用绝缘工具，戴手套。必要时，工作前申请停用有关保护装置、安全自动装置或自动化监控系统；

10.14.2 接临时负载，应装有专用的隔离开关（刀闸）和熔断器；

10.14.3 工作时应有专人监护，严禁将回路的安全接地点断开。

10.15 二次回路通电或耐压试验前，应通知运行人员和有关人员，并派人到现场看守，检查二次回路及一次设备上确无人工作后，方可加压。

电压互感器的二次回路通电试验时，为防止由二次侧向一次侧反充电，除应将二次回路断开外，还应取下电压互感器高压熔断器或断开电压互感器一次隔离开关（刀闸）。

10.16 检验继电保护、安全自动装置、自动化监控系统和仪表的工作人员，不准对运行中的设备、信号系统、保护连接片进行操作，但在取得运行人员许可并在检修工作盘两侧断路器（开关）把手上采取防误操作措施后，可拉合检修断路器（开关）。

10.17 试验用闸刀应有熔丝并带罩，被检修设备及试验仪器禁止从运行设备上直接取试验电源，熔丝配合要适当，要防止越级熔断总电源熔丝。试验接线要经第二人复查后，方可通电。

10.18 继电保护装置、安全自动装置和自动化监控系统的二次回路变动时，应按经审批后的图纸进行，无用的接线应隔离清楚，防止误拆或产生寄生回路。

10.19 试验工作结束后，按"二次工作安全措施票"逐项恢复同运行设备有关的接线，拆除临时接线，检查装置内无异物，屏面信号及各种装置状态正常，各相关连接片及切换开关位置恢复至工作许可时的状态。

11　电气试验

11.1　高压试验

11.1.1 高压试验应填用变电站（发电厂）第一种工作票。

在一个电气连接部分同时有检修和试验时，可填用一张工作票，但在试验前应得到检修工作负责人的许可。

在同一电气连接部分，高压试验工作票发出时，应先将已发出的检修工作票收回，禁止再发出第二张工作票。如果试验过程中，需要检修配合，应将检修人员填写在高压试验工作票中。

如加压部分与检修部分之间的断开点，按试验电压有足够的安全距离，并在另一侧有接地短路线时，可在断开点的一侧进行试验，另一侧可继续工作。但此时在断开点应挂有"止步，高压危险！"的标示牌，

并设专人监护。

11.1.2 高压试验工作不得少于两人。试验负责人应由有经验的人员担任，开始试验前，试验负责人应向全体试验人员详细布置试验中的安全注意事项，交待邻近间隔的带电部位，以及其他安全注意事项。

11.1.3 因试验需要断开设备接头时，拆前应做好标记，接后应进行检查。

11.1.4 试验装置的金属外壳应可靠接地；高压引线应尽量缩短，并采用专用的高压试验线，必要时用绝缘物支持牢固。

试验装置的电源开关，应使用明显断开的双极刀闸。为了防止误合刀闸，可在刀刃上加绝缘罩。

试验装置的低压回路中应有两个串联电源开关，并加装过载自动跳闸装置。

11.1.5 试验现场应装设遮栏或围栏，遮栏或围栏与试验设备高压部分应有足够的安全距离，向外悬挂"止步，高压危险！"的标示牌，并派人看守。被试设备两端不在同一地点时，另一端还应派人看守。

11.1.6 加压前应认真检查试验接线，使用规范的短路线，表计倍率、量程、调压器零位及仪表的开始状态均正确无误，经确认后，通知所有人员离开被试设备，并取得试验负责人许可，方可加压。加压过程中应有人监护并呼唱。

高压试验工作人员在全部加压过程中，应精力集中，随时警戒异常现象发生，操作人应站在绝缘垫上。

11.1.7 变更接线或试验结束时，应首先断开试验电源、放电，并将升压设备的高压部分放电、短路接地。

11.1.8 未装接地线的大电容被试设备，应先行放电再做试验。高压直流试验时，每告一段落或试验结束时，应将设备对地放电数次并短路接地。

11.1.9 试验结束时，试验人员应拆除自装的接地短路线，并对被试设备进行检查，恢复试验前的状态，经试验负责人复查后，进行现场清理。

11.1.10 变电站、发电厂升压站发现有系统接地故障时，禁止进行接地网接地电阻的测量。

11.1.11 特殊的重要电气试验，应有详细的安全措施，并经单位主管生产的领导（总工程师）批准。

11.2　使用携带型仪器的测量工作

11.2.1 使用携带型仪器往高压回路上进行工作，至少两人进行。需要高压设备停电或做安全措施的，应填用变电站（发电厂）第一种工作票。

11.2.2 除使用特殊仪器外，所有使用携带型仪器的测量工作，均应在电流互感器和电压互感器的二次侧

进行。

11.2.3 电流表、电流互感器及其他测量仪表的接线和拆卸，需要断开高压回路者，应将此回路所连接的设备和仪器全部停电后，始能进行。

11.2.4 电压表、携带型电压互感器和其他高压测量仪器的接线和拆卸无需断开高压回路者，可以带电工作。但应使用耐高压的绝缘导线，导线长度应尽可能缩短，不准有接头，并应连接牢固，以防接地和短路。必要时用绝缘物加以固定。

使用电压互感器进行工作时，先应将低压侧所有接线接好，然后用绝缘工具将电压互感器接到高压侧。工作时应戴手套和护目眼镜，站在绝缘垫上，并应有专人监护。

11.2.5 连接电流回路的导线截面，应适合所测电流数值。连接电压回路的导线截面不得小于 $1.5mm^2$。

11.2.6 非金属外壳的仪器，应与地绝缘，金属外壳的仪器和变压器外壳应接地。

11.2.7 测量用装置必要时应设遮栏或围栏，并悬挂"止步，高压危险！"的标示牌。仪器的布置应使工作人员距带电部位不小于表 2−1 规定的安全距离。

11.3 使用钳形电流表的测量工作

11.3.1 运行人员在高压回路上使用钳形电流表的测量工作，应由两人进行。非运行人员测量时，应填用变电站（发电厂）第二种工作票。

11.3.2 在高压回路上测量时，严禁用导线从钳形电流表另接表计测量。

11.3.3 测量时若需拆除遮栏，应在拆除遮栏后立即进行。工作结束，应立即将遮栏恢复原状。

11.3.4 使用钳形电流表时，应注意钳形电流表的电压等级。测量时戴绝缘手套，站在绝缘垫上，不得触及其他设备，以防短路或接地。

观测表计时，要特别注意保持头部与带电部分的安全距离。

11.3.5 测量低压熔断器（保险）和水平排列低压母线电流时，测量前应将各相熔断器（保险）和母线用绝缘材料加以护隔离，以免引起相间短路，同时应注意不得触及其他带电部分。

11.3.6 在测量高压电缆各相电流时，电缆头线间距离应在 300mm 以上，且绝缘良好，测量方便者，方可进行。

当有一相接地时，严禁测量。

11.3.7 钳形电流表应保存在干燥的室内，使用前要擦拭干净。

11.4 使用兆欧表测量绝缘的工作

11.4.1 使用兆欧表测量高压设备绝缘，应由两人进行。

11.4.2 测量用的导线，应使用相应的绝缘导线，其端部应有绝缘套。

11.4.3 测量绝缘时，应将被测设备从各方面断开，验明无电压，确实证明设备无人工作后，方可进行。在测量中禁止他人接近被测设备。

在测量绝缘前后，应将被测设备对地放电。

测量线路绝缘时，应取得许可并通知对侧后方可进行。

11.4.4 在有感应电压的线路上测量绝缘时，应将相关线路同时停电，方可进行。

雷电时，严禁测量线路绝缘。

11.4.5 在带电设备附近测量绝缘电阻时，测量人员和兆欧表安放位置，应选择适当，保持安全距离，以免兆欧表引线或引线支持物触碰带电部分。移动引线时，应注意监护，防止工作人员触电。

12 电力电缆工作

12.1 电力电缆工作的基本要求

12.1.1 工作前应详细核对电缆名称、标志牌与工作票所写的相符，安全措施正确可靠后，方可开始工作。

12.1.2 填用电力电缆第一种工作票的工作应经调度的许可，填用电力电缆第二种工作票的工作可不经调度的许可。若进入变配电站、发电厂工作，都应经当值运行人员许可。

12.1.3 电力电缆设备的标志牌要与电网系统图、电缆走向图和电缆资料的名称一致。

12.1.4 变配电站的钥匙与电力电缆附属设施的钥匙应专人严格保管，使用时要登记。

12.2 电力电缆作业时的安全措施

12.2.1 电缆施工的安全措施：

12.2.1.1 电缆直埋敷设施工前应先查清图纸，再开挖足够数量的样洞和样沟，摸清地下管线分布情况，以确定电缆敷设位置及确保不损坏运行电缆和其他地下管线。

12.2.1.2 为防止损伤运行电缆或其他地下管线设施，在城市道路红线范围内不应使用大型机械来开挖沟槽，硬路面面层破碎可使用小型机械设备，但应加强监护，不得深入土层。若要使用大型机械设备时，应履行相应的报批手续。

12.2.1.3 掘路施工应具备相应的交通组织方案，做好防止交通事故的安全措施。施工区域应用标准路栏等严格分隔，并有明显标记，夜间施工人员应佩带反光标志，施工地点应加挂警示灯，以防行人或车辆等误入。

12.2.1.4 沟槽开挖深度达到 1.5m 及以上时，应采取措施防止土层塌方。

12.2.1.5 沟槽开挖时，应将路面铺设材料和泥土分别堆置，堆置处和沟槽应保持通道供施工人员正常行走。在堆置物堆起的斜坡上不得放置工具材料等器物，以免滑入沟槽损伤施工人员或电缆。

12.2.1.6 挖到电缆保护板后，应由有经验的人员在场指导，方可继续进行，以免误伤电缆。

12.2.1.7 挖掘出的电缆或接头盒，如下面需要挖空时，应采取悬吊保护措施。电缆悬吊应每 1～1.5m 吊一道；接头盒悬吊应平放，不得使接头盒受到拉力；若电缆接头无保护盒，则应在该接头下垫上加宽加长木板，方可悬吊。电缆悬吊时，不得用铁丝或钢丝等，以免损伤电缆护层或绝缘。

12.2.1.8 移动电缆接头一般应停电进行。如必须带电移动，应先调查该电缆的历史记录，由有经验的施工人员，在专人统一指挥下，平正移动，以防止损伤绝缘。

12.2.1.9 锯电缆以前，应与电缆走向图图纸核对相符，并使用专用仪器（如感应法）确切证实电缆无电后，用接地的带绝缘柄的铁钎钉人电缆芯后，方可工作。扶绝缘柄的人应戴绝缘手套并站在绝缘垫上。

12.2.1.10 开启电缆井井盖、电缆沟盖板及电缆隧道入孔盖时应使用专用工具，同时注意所立位置，以免滑脱后伤人。开启后应设置标准路栏围起，并有人看守。工作人员撤离电缆井或隧道后，应立即将井盖盖好，以免行人碰盖后摔跌或不慎跌入井内。

12.2.1.11 电缆隧道应有充足的照明，并有防火、防水、通风的措施。电缆井内工作时，禁止只打开一只井盖（单眼井除外）。进入电缆井、电缆隧道前，应先用吹风机排除浊气，再用气体检测仪检查井内或隧道内的易燃易爆及有毒气体的含量是否超标，并作好记录。电缆沟的盖板开启后，应自然通风一段时间后方可下井沟工作。电缆井、隧道内工作时，通风设备应保持常开，以保证空气流通。

12.2.1.12 充油电缆施工应做好电缆油的收集工作，对散落在地面上的电缆油要立即覆上黄沙或砂土，及时清除，以防行人滑跌和车辆滑倒。

12.2.1.13 在 10kV 跌落熔丝与 10kV 电缆头之间，宜加装过渡连接装置，使工作时能与熔丝上桩头有电部分保持安全距离。在 10kV 跌落熔丝上桩头有电的情况下，未采取安全措施前，不得在熔丝下桩头新装、调换电缆尾线或吊装、搭接电缆终端。如必须进行上述工作，则应采用专用绝缘罩隔离，在下桩头加装接地线。工作人员站在低位，伸手不得超过熔丝下桩头，并设专人监护。

　　上述加绝缘罩的工作应使用绝缘工具。

雨天禁止进行以上工作。

12.2.1.14 使用携带型火炉或喷灯时，火焰与带电部分的距离：电压在 10kV 及以下者，不得小于 1.5m；电压在 10kV 以上者，不得小于 3m。不得在带电导线、带电设备、变压器、油断路器（开关）附近以及在电缆夹层、隧道、沟洞内对火炉或喷灯加油及点火。

12.2.1.15 制作环氧树脂电缆头和调配环氧树脂工作过程中，应采取有效的防毒和防火措施。

12.2.1.16 电缆施工完成后应将穿越过的孔洞进行封堵，以达到防水或防火的要求。

12.2.1.17 非开挖施工的安全措施：

　　1）采用非开挖技术施工前，应首先探明地下各种管线及设施的相对位置；

　　2）非开挖的通道，应离开地下各种管线及设施足够的安全距离；

　　3）通道形成的同时，应及时对施工的区域进行灌浆等措施，防止路基的沉降。

12.2.2 电力电缆线路试验安全措施：

12.2.2.1 电力电缆试验要拆除接地线时，应征得工作许可人的许可（根据调度员指令装设的接地线，应征得调度员的许可），方可进行。工作完毕后立即恢复。

12.2.2.2 电缆耐压试验前，加压端应做好安全措施，防止人员误入试验场所。另一端应挂上警告牌。如另一端是上杆的或是锯断电缆处，应派人看守。

12.2.2.3 电缆的试验过程中，更换试验引线时，应先对设备充分放电，作业人员应戴好绝缘手套。

12.2.2.4 电缆耐压试验分相进行时，另两相电缆应接地。

12.2.2.5 电缆试验结束，应对被试电缆进行充分放电，并在被试电缆上加装临时接地线，待电缆尾线接通后才可拆除。

12.2.2.6 电缆故障声测定点时，禁止直接用手触摸电缆外皮或冒烟小洞，以免触电。

13　一般安全措施

13.1 任何人进入生产现场（办公室、控制室、值班室和检修班组室除外），应戴安全帽。

13.2 工作场所的照明，应该保证足够的亮度。在操作盘、重要表计、主要楼梯、通道、调度室、机房、控制室等地点，还应设有事故照明。

13.3 变、配电站及发电厂遇有电气设备着火时，应立即将有关设备的电源切断，然后进行救火。消防器材的配备、使用、维护，消防通道的配置等应遵守 DL5027—1993《电力设备典型消防规程》的规定。

13.4 电气工具和用具应由专人保管，定期进行检查。使用时，应按有关规定接入漏电保护装置、接地线。使用前应检查电线是否完好，有无接地线，不合格的不准使用。

13.5　凡在离地面（坠落高度基准面）2m 及以上的地点进行的工作，都应视作高处作业。

13.6　高处作业应使用安全带（绳），安全带（绳）使用前应进行检查，并定期进行试验。安全带（绳）应挂在牢固的构件上或专为挂安全带用的钢架或钢丝绳上，并不得低挂高用，禁止系挂在移动或不牢固的物件上〔如避雷器、断路器（开关）、隔离开关（刀闸）、电流互感器、电压互感器等支持件上〕。在没有脚手架或者在没有栏杆的脚手架上工作，高度超过 1.5m 时，应使用安全带或采取其他可靠的安全措施。

13.7　高处作业应使用工具袋，较大的工具应固定在牢固的构件上，不准随便乱放，上下传递物件应用绳索拴牢传递，严禁上下抛掷。

13.8　在未做好安全措施的情况下，不准登在不坚固的结构上（如彩钢板屋顶）进行工作。

13.9　梯子应坚固完整，梯子的支柱应能承受作业人员及所携带的工具、材料攀登时的总重量，硬质梯子的横木应嵌在支柱上，梯阶的距离不应大于 40cm，并在距梯顶 1m 处设限高标志。梯子不宜绑接使用。

13.10　在户外变电站和高压室内搬动梯子、管子等长物，应两人放倒搬运，并与带电部分保持足够的安全距离。

　　在变、配电站（开关站）的带电区域内或临近带电线路处，禁止使用金属梯子。

13.11　在带电设备周围严禁使用钢卷尺、皮卷尺和线尺（夹有金属丝者）进行测量工作。

附　　录

附录 A　变电站（发电厂）倒闸操作票格式

变电站（发电厂）倒闸操作票

单位_____　　编号_____

发令人		受令人		发令时间：		年　月　日　时　分
操作开始时间： 　　年　月　日　时　分				操作结束时间： 　　　　年　月　日　时　分		
（　）监护下操作（　）单人操作（　）检修人员操作						
操作任务：						
顺序		操　作　项　目				✓
备注：						
操作人：　　监护人：　　　值班负责人（值长）：						

附录 B 变电站（发电厂）第一种工作票格式

变电站（发电厂）第一种工作票

单位＿＿＿＿＿ 编号＿＿＿＿＿

1. 工作负责人（监护人）＿＿＿＿＿班组＿＿＿＿＿

2. 工作班人员（不包括工作负责人）

＿＿＿＿＿＿＿＿＿＿＿＿＿＿＿＿＿＿＿＿＿＿＿＿＿＿＿＿＿＿＿＿

＿＿＿＿＿＿＿＿＿＿＿＿＿＿＿＿＿＿＿＿＿＿＿＿＿＿＿＿＿＿＿＿

＿＿＿＿＿＿＿＿＿＿＿＿＿＿＿＿＿＿＿＿＿＿＿＿＿＿＿＿＿＿＿＿

＿＿＿＿＿＿＿＿＿＿＿＿＿＿＿＿＿＿＿＿＿共＿＿＿人。

3. 工作的变配电站名称及设备双重名称

＿＿＿＿＿＿＿＿＿＿＿＿＿＿＿＿＿＿＿＿＿＿＿＿＿＿＿＿＿＿＿＿

4. 工作任务

工 作 地 点 及 设 备 双 重 名 称	工 作 内 容

5. 计划工作时间

自＿＿＿年＿＿＿月＿＿＿日＿＿＿时＿＿＿分

至＿＿＿年＿＿＿月＿＿＿日＿＿＿时＿＿＿分

6. 安全措施（必要时可附页绘图说明）

应拉断路器（开关）、隔离开关（刀闸）	已执行 *
应装接地线、应合接地刀闸（注明确实地点、名称及接地线编号*）	已执行
应设遮栏、应挂标示牌及防止二次回路误碰等措施	已执行

* 已执行栏目及接地线编号由工作许可人填写。

工作地点保留带电部分或注意事项（由工作票签发人填写）：	补充工作地点保留带电部分和安全措施（由工作许可人填写）：

工作票签发人签名_____　签发日期：_____年_____月_____日

7. 收到工作票时间
_____年_____月_____日_____时_____分
运行值班人员签名_____　工作负责人签名_____

8. 确认本工作票1～7项
工作负责人签名_____　工作许可人签名_____
许可开始工作时间：_____年_____月_____日_____时_____分

9. 确认工作负责人布置的任务和本施工项目安全措施
工作班组人员签名
_____
_____
_____
_____
_____

10. 工作负责人变动情况

原工作负责人_____离去，变更_____为工作负责人
工作票签发人_____ ____年___月_____日_____时_____分
工作人员变动情况（增添人员姓名、变动日期及时间）：
_____
_____
_____
_____
　　　　　　　　　　工作负责人签名_____

11. 工作票延期
有效期延长到_____年_____月_____日_____时_____分
工作负责人签名_____ _____年_____月_____日_____时_____分
工作许可人签名_____ _____年_____月_____日_____时_____分

12. 每日开工和收工时间（使用一天的工作票不必填写）

收工时间				工作负责人	工作许可人	开工时间				工作许可人	工作负责人
月	日	时	分			月	日	时	分		

13. 工作终结
全部工作于_____年_____月_____日_____时_____分结束，设备及安全措施已恢复至开工前状态，工作人员已全部撤离，材料工具已清理完毕，工作已终结。
工作负责人签名_____　工作许可人签名_____

14. 工作票终结
临时遮栏、标示牌已拆除，常设遮栏已恢复。未拆除或未拉开的接地线编号等共_____组、接地刀闸（小车）共_____副（台），已汇报调度值班员。
工作许可人签名_____ _____年_____月_____日_____时_____分

15. 备注

（1）指定专责监护人 ＿＿＿＿＿＿ 负责监护

＿＿＿＿＿＿＿＿＿＿＿＿＿＿＿＿＿＿＿（地点

及具体工作）

（2）其他事项 ＿＿＿＿＿＿＿＿＿＿＿＿＿

＿＿＿＿＿＿＿＿＿＿＿＿＿＿＿＿＿＿＿＿＿＿

＿＿＿＿＿＿＿＿＿＿＿＿＿＿＿＿＿＿＿＿＿＿

附录 C　电力电缆第一种工作票格式

电力电缆第一种工作票

单位＿＿＿＿＿＿　编号＿＿＿＿＿＿

1. 工作负责人（监护人）＿＿＿＿＿班组＿＿＿＿

2. 工作班人员（不包括工作负责人）

＿＿＿＿＿＿＿＿＿＿＿＿＿＿＿＿＿＿＿＿＿＿＿＿

＿＿＿＿＿＿＿＿＿＿＿＿＿＿＿＿＿共＿＿＿人。

3. 电力电缆双重名称＿＿＿＿＿＿＿＿＿＿＿＿＿＿

4. 工作任务

工作地点或地段	工 作 内 容

5. 计划工作时间

自＿＿＿年＿＿＿月＿＿＿日＿＿＿时＿＿＿分

至＿＿＿年＿＿＿月＿＿＿日＿＿＿时＿＿＿分

6. 安全措施（必要时可附页绘图说明）

(1) 应拉开的设备名称、应装设绝缘挡板			
变配电站或线路名称	应拉开的断路器（开关）、隔离开关（刀闸）、熔断器（保险）以及应装设的绝缘挡板（注明设备双重名称）	执行人	已执行
(2) 应合接地刀闸或应装接地线			
接地刀闸双重名称和接地线装设地点		接地线编号	执行人
(3) 应设遮栏，应挂标示牌			
(4) 工作地点保留带电部分或注意事项（由工作票签发人填写）		(5) 补充工作地点保留带电部分和安全措施（由工作许可人填写）	

工作票签发人签名＿＿＿＿＿＿＿签发日期＿＿＿＿年

＿＿＿月＿＿＿日＿＿＿时＿＿＿分

7. 确认本工作票 1～5 项

工作负责人签名＿＿＿＿＿＿

8. 补充安全措施

＿＿＿＿＿＿＿＿＿＿＿＿＿＿＿＿＿＿＿＿＿＿＿＿

＿＿＿＿＿＿＿＿＿＿＿＿＿＿＿＿＿＿＿＿＿＿＿＿

＿＿＿＿＿＿＿＿＿＿＿＿＿＿＿＿＿＿＿＿＿＿＿＿

_____

_____

工作负责人签名_____

9. 工作许可

　　（1）在线路上的电缆工作：

工作许可人_____用_____方式许可自_____年_____月_____日_____时_____分起开始工作。工作负责人签名_____

　　（2）在变电站或发电厂内的电缆工作：

　　安全措施项所列措施中_____（变配电站/发电厂）部分已执行完毕。

　　工作许可时间_____年_____月_____日_____时_____分。

工作许可人签名_____　　工作负责人签名_____

10. 确认工作负责人布置的任务和本施工项目安全措施

　　工作班组人员签名

_____

_____

_____

_____

_____

_____

11. 每日开工和收工时间（使用一天的工作票不必填写）

收工时间				工作负责人	工作许可人	开工时间				工作许可人	工作负责人
月	日	时	分			月	日	时	分		

12. 工作票延期

　　有效期延长到_____年_____月_____日_____时_____分

　　工作负责人签名_____　_____年_____月_____日_____时_____分

　　工作许可人签名_____　_____年_____月_____日_____时_____分

13. 工作负责人变动

　　原工作负责人_____离去，变更_____为工作负责人。

　　工作票签发人_____　_____年_____月_____日_____时_____分

14. 工作人员变动（增添人员姓名、变动日期及时间）

_____

_____

_____

　　　　　　　　　工作负责人签名_____

15. 工作终结

　　（1）在线路上的电缆工作：工作人员已全部撤离，材料工具已清理完毕，工作终结；所装的工作接地线共_____副已全部拆除，于_____年_____月_____日_____时_____分工作负责人向工作许可人_____用_____方式汇报。

　　　　　　　　　工作负责人签名_____

　　（2）在变配电站或发电厂内的电缆工作：在_____（变配电站/发电厂）工作于_____年_____月_____日_____时_____分结束，设备及安全措施已恢复至开工前状态，工作人员已全部撤离，材料工具已清理完毕。

　　工作许可人签名_____　工作负责人签名_____

16. 工作票终结

　　临时遮栏、标示牌已拆除，常设遮栏已恢复；

　　未拆除或拉开的接地线编号_____等共_____组、接地刀闸共_____副（台），已汇报调度。

　　　　　　　　　工作许可人签名_____

17. 备注

　　（1）指定专责监护人_____负责监护_____（地点及具体工作）

（2）其他事项：_____

_____

_____

附录 D　变电站（发电厂）第二种工作票格式

变电站（发电厂）第二种工作票

单位_____　编号_____

1. 工作负责人（监护人）_____班组_____
2. 工作班人员（不包括工作负责人）

_____

_____

_____共_____人。

3. 工作的变配电站名称及设备双重名称

4. 工作任务

工作地点或地段	工作内容

5. 计划工作时间

自_____年_____月_____日_____时_____分

至_____年_____月_____日_____时_____分

6. 工作条件（停电或不停电，或邻近及保留带电设备名称）

_____

_____

7. 注意事项（安全措施）_____

_____

_____

工作票签发人签名_____签发日期_____年_____月_____日_____时_____分

8. 补充安全措施（工作许可人填写）_____

_____

9. 确认本工作票1~8项

许可工作时间：_____年_____月_____日_____时_____分

工作负责人签名_____　工作许可人签名_____

10. 确认工作负责人布置的任务和本施工项目安全措施

工作班人员签名

_____

_____

_____

11. 工作票延期

有效期延长到_____年_____月_____日_____时_____分

工作负责人签名_____年_____月_____日_____时_____分

工作许可人签名_____年_____月_____日_____时_____分

12. 工作票终结

全部工作于_____年_____月_____日_____时_____分结束，工作人员已全部撤离，材料工具已清理完毕。

工作负责人签名_____年_____月_____日_____时_____分

工作许可人签名_____年_____月_____日_____时_____分

13. 备注

_____

_____

_____

附录 E　电力电缆第二种工作票格式

电力电缆第二种工作票

单位_____　编号_____

1. 工作负责人（监护人）_____班组_____
2. 工作班人员（不包括工作负责人）

_____

_____共_____人。

3. 工作任务

电力电缆双重名称	工作地点或地段	工作内容

4. 计划工作时间

自_____年_____月_____日_____时_____分

至_____年_____月_____日_____时_____分

5. 工作条件和安全措施

_____

_____

_____

　　工作票签发人签名_____

　　签 发 日 期 _____年_____月_____日

_____时_____分

6. 确认本工作票 1～5 项内容　工作负责人签名____

7. 补充安全措施（工作许可人填写）

_____

_____

8. 工作许可

　　（1）在线路上的电缆工作：工作开始时间

_____年_____月_____日_____时_____分。

工作负责人签名_____

　　（2）在变电站或发电厂内的电缆工作：

　　安全措施项所列措施中_____（变配电站/发电厂）部分，已执行完毕。

　　许可自_____年_____月_____日_____时_____分起开始工作。

　　工作许可人签名_____工作负责人签名_____

9. 确认工作负责人布置的本施工项目安全措施

　　工作班人员签名

_____

_____

10. 工作票延期

　　有效期延长到_____年_____月_____日_____时_____分

　　工作负责人签名_____　　_____年_____月_____日_____时_____分

　　工作许可人签名_____　　_____年_____月_____日_____时_____分

11. 工作负责人变动

　　原工作负责人_____离去，变更_____为工作负责人。

　　工作票签发人签名_____　　_____年_____月_____日_____时_____分

12. 工作票终结

　　（1）在线路上的电缆工作：

　　工作结束时间_____年_____月_____日_____时_____分

　　工作负责人签名_____

　　（2）在变配电站或发电厂内的电缆工作：

　　在_____（变配电站/发电厂）工作于

_____年_____月_____日_____时_____分结束，工作人员已全部退出，材料工具已清理完毕。

　　工作许可人签名_____　　工作负责人签名_____

13. 备注

_____

_____

附录 F　变电站（发电厂）带电作业工作票格式

变电站（发电厂）带电作业工作票

　　单位_____　　编号_____

1. 工作负责人（监护人）_____班组_____

2. 工作班人员（不包括工作负责人）

_____

_____

_____共_____人。

3. 工作的变配电站名称及设备双重名称

_____

4. 工作任务

工 作 地 点 或 地 段	工 作 内 容

5. 计划工作时间

　　自_____年_____月_____日_____时_____分

　　至_____年_____月_____日_____时_____分

6. 工作条件（等电位、中间电位或地电位作业，或邻近带电设备名称）

_____

_____

7. 注意事项（安全措施）

_____

_____

_____

　　工作票签发人签名_____签发日期_____年_____月_____日

8. 确认本工作票 1～7 项　工作负责人签名_____

9. 指定_____为专责监护人　专责监护人签名_____

10. 补充安全措施（工作许可人填写）

_____

_____

_____

11. 许可工作时间

_____年_____月_____日_____时_____分

　　工作许可人签名_____　工作负责人签名_____

12. 确认工作负责人布置的任务和本施工项目安全措施

　　工作班组人员签名

_____

_____

13. 工作票终结

　　全部工作于_____年_____月_____日_____时_____分结束，工作人员已全部撤离，材料工具已清理完毕。

　　工作负责人签名_____　工作许可人签名_____

14. 备注

_____

_____

_____

附录 G　变电站（发电厂）事故应急抢修单格式

变电站（发电厂）事故应急抢修单

单位_____　编号_____

1. 抢修工作负责人（监护人）_____班组_____

2. 抢修班人员（不包括抢修工作负责人）

_____共_____人。

3. 抢修任务（抢修地点和抢修内容）

_____

4. 安全措施

_____

_____

5. 抢修地点保留带电部分或注意事项

_____

_____

6. 上述 1~5 项由抢修工作负责人_____根据抢修任务布置人_____的布置填写。

7. 经现场勘察需补充下列安全措施

_____

_____

_____

　　经许可人（调度/ 运行人员）_____同意

（_____月_____日_____时_____分）后，已执行。

8. 许可抢修时间

_____年_____月_____日_____时_____分

　　许可人（调度/ 运行人员）_____

9. 抢修结束汇报

　　本抢修工作于_____年_____月_____日_____时_____分结束。

　　现场设备状况及保留安全措施：_____

_____

　　抢修班人员已全部撤离，材料工具已清理完毕，事故应急抢修单已终结。

　　抢修工作负责人_____　许可人（调度/运行人员）_____

填写时间_____年_____月_____日_____时_____分

附录 H　二次工作安全措施票格式

二次工作安全措施票

单位_____　编号_____

被试设备名称				
工作负责人		工作时间	月　日	签发人
工作内容：				

安全措施：包括应打开及恢复连接片、直流线、交流线、信号线、联锁线和联锁开关等，按工作顺序填用安全措施。

序号	执行	安全措施内容	恢复

执行人：   监护人：   恢复人：   监护人：

附录 I 标 示 牌 式 样

标 示 牌 式 样

名　称	悬　挂　处	式　样		
		尺　寸 （mm×mm）	颜　色	字　样
禁止合闸，有人工作！	一经合闸即可送电到施工设备的断路器（开关）和隔离开关（刀闸）操作把手上	200×160 和 80×65	白底，红色圆形斜杠，黑色禁止标志符号	黑字
禁止合闸，线路有人工作！	线路断路器（开关）和隔离开关（刀闸）把手上	200×160 和 80×65	白底，红色圆形斜杠，黑色禁止标志符号	黑字
禁止分闸！	接地刀闸与检修设备之间的断路器（开关）操作把手上	200×160 和 80×65	白底，红色圆形斜杠，黑色禁止标志符号	黑字
在此工作！	工作地点或检修设备上	250×250 和 80×80	衬底为绿色，中有直径 200mm 和 65mm 白圆圈	黑字，写于白圆圈中
止　步，高压危险！	施工地点临近带电设备的遮栏上；室外工作地点的围栏上；禁止通行的过道上；高压试验地点；室外构架上；工作地点临近带电设备的横梁上	300×240 和 200×160	白底，黑色正三角形及标志符号，衬底为黄色	黑字
从此上下！	工作人员可以上下的铁架、爬梯上	250×250	衬底为绿色，中有直径 200mm 白圆圈	黑字，写于白圆圈中
从此进出！	室外工作地点围栏的出入口处	250×250	衬底为绿色，中有直径 200mm 白圆圈	黑体黑字，写于白圆圈中
禁止攀登，高压危险！	高压配电装置构架的爬梯上，变压器、电抗器等设备的爬梯上	500×400 和 200×160	白底，红色圆形斜杠，黑色禁止标志符号	黑字

注　在计算机操作系统图上断路器（开关）和隔离开关（刀闸）的操作处所设置的"禁止合闸，有人工作！"、"禁止合闸，线路有人工作！"和"禁止分闸"的标记可参照上表中有关标示牌的式样。

附录 J　绝缘安全工器具试验项目、周期和要求

绝缘安全工器具试验项目、周期和要求

序号	器具	项目	周期	要求					说明
1	电容型验电器	A. 起动电压试验	1年	起动电压值不高于额定电压的 40%，不低于额定电压的 15%					试验时接触电极应与试验电极相接触
		B. 工频耐压试验	1年	额定电压 (kV)	试验长度 (m)	工频耐压 (kV)			
						1min	5min		
				10	0.7	45	—		
				35	0.9	95	—		
				63	1.0	175	—		
				110	1.3	220	—		
				220	2.1	440	—		
				330	3.2	—	380		
				500	4.1	—	580		
2	携带型短路接地线	A. 成组直流电阻试验	不超过 5 年	在各接线鼻之间测量直流电阻，对于 25，35，50，70，95，120mm² 的各种截面,平均每米的电阻值应分别小于 0.79, 0.56,0.40,0.28,0.21,0.16mΩ					同一批次抽测，不少于 2 条，接线鼻与软导线压接的应做该试验
		B. 操作棒的工频耐压试验	4 年	额定电压 (kV)	试验长度 (m)	工频耐压 (kV)			试验电压加在护环与紧固头之间
						1min	5min		
				10	—	45	—		
				35	—	95	—		
				63	—	175	—		
				110	—	220	—		
				220	—	440	—		
				330	—	—	380		
				500	—	—	580		
3	个人保安线	成组直流电阻试验	不超过 5 年	在各接线鼻之间测量直流电阻，对于 10，16，25mm² 各种截面,平均每米的电阻值应小于 1.98，1.24，0.79mΩ					同一批次抽测，不少于两条

序号	器具	项 目	周 期	要 求				说 明
4	绝缘杆	工频耐压试验	1年	额定电压（kV）	试验长度（m）	工频耐压（kV） 1min	工频耐压（kV） 5min	
				10	0.7	45	—	
				35	0.9	95	—	
				63	1.0	175	—	
				110	1.3	220	—	
				220	2.1	440	—	
				330	3.2	—	380	
				500	4.1	—	580	
5	核相器	A. 连接导线绝缘强度试验	必要时	额定电压（kV）	工频耐压（kV）	持续时间（min）		浸在电阻率小于 100 Ω·m 水中
				10	8	5		
				35	28	5		
		B. 绝缘部分工频耐压试验	1年	额定电压（kV）	试验长度（m）	工频耐压（kV）	持续时间（min）	
				10	0.7	45	1	
				35	0.9	95	1	
		C. 电阻管泄漏电流试验	半年	额定电压（kV）	工频耐压（kV）	持续时间（min）	泄漏电流（mA）	
				10	10	1	≤2	
				35	35	1	≤2	
		D. 动作电压试验	1年	最低动作电压应达 0.25 倍额定电压				
6	绝缘罩	工频耐压试验	1年	额定电压（kV）	工频耐压（kV）	持续时间（min）		
				6～10	30	1		
				35	80	1		
7	绝缘隔板	A. 表面工频耐压试验	1年	额定电压（kV）	工频耐压（kV）	持续时间（min）		电极间距离 300mm
				6～35	60	1		
		B. 工频耐压试验	1年	额定电压（kV）	工频耐压（kV）	持续时间（min）		
				6～10	30	1		
				35	80	1		

续表

序号	器具	项目	周期	要　　　求			说　　　明
8	绝缘胶垫	工频耐压试验	1年	额定电压等级	工频耐压(kV)	持续时间(min)	使用于带电设备区域
				高压	15	1	
				低压	3.5	1	
9	绝缘靴	工频耐压试验	半年	工频耐压(kV)	持续时间(min)	泄漏电流(mA)	
				25	1	≤10	
10	绝缘手套	工频耐压试验	半年	电压等级	工频耐压(kV)	持续时间(min) 泄漏电流(mA)	
				高压	8	1　　≤9	
				低压	2.5	1　　≤2.5	
11	导电鞋	直流电阻试验	穿用不超过200h	电阻值小于100kΩ			

注　接地线如用于各电源侧和有可能倒送电的各侧均已停电、接地的线路时,其操作棒预防性试验的工频耐压可只做10kV级,且试验周期可延长到不超过5年一次。

附录 K　带电作业高架绝缘斗臂车电气试验标准表

带电作业高架绝缘半臂车电气试验标准表

电压等级(kV)	试验部件	试验项目、标准					备　　　注
		交接试验		预防性试验			
		工频耐压	泄漏电流	工频耐压	泄漏电流	沿面放电	
各级电压	单层作业	50kV 1min	—	45kV 1min	—	—	斗浸水中 高出水面200mm
	作业斗内斗	50kV 1min	—	45kV 1min	—	—	
	作业斗外斗	20kV 1min	—	0.4m 20kV ≤0.2mA	0.4m 45kV 1min		泄漏电流试验为沿面试验
	液压油	油杯:2.5mm电极,6次试验平均击穿电压≥20kV,任一单独击穿电压≥10kV					更换、添加的液压油应试验合格

电压等级（kV）	试验部件	试验项目、标准					备注
		交接试验		预防性试验			
		工频耐压	泄漏电流	工频耐压	泄漏电流	沿面放电	
10	上臂（主臂）	0.4m 50kV 1min	—	0.4m 45kV 1min	—	—	耐压试验为整车试验，但在绝缘臂上应增设试验电极
	下臂（套筒）	50kV 1min	—	45kV 1min	—	—	
	整车	—	1.0m 20kV ≤0.5mA	—	1.0m 20kV ≤0.5mA	—	在绝缘臂上增设试验电极
35	上臂（主臂）	0.6m 105kV 1min	—	0.6m 95kV 1min	—	—	耐压试验为整车试验，但在绝缘臂上应增设试验电极
	下臂（套筒）	50kV 1min	—	45kV 1min	—	—	
	整车	—	1.5m 70kV ≤0.5mA	—	1.5m 70kV ≤0.5mA	—	在绝缘臂上增设试验电极
63	上臂（主臂）	0.7m 175kV 1min	—	0.7m 175kV 1min	—	—	耐压试验为整车试验，但在绝缘臂上应增设试验电极
	下臂（套筒）	50kV 1min	—	45kV 1min	—	—	
	整车	—	1.5m 70kV ≤0.5mA	—	1.5m 70kV ≤0.5mA	—	在绝缘臂上增设试验电极。同时，核对泄漏表
110	上臂（主臂）	1.0m 250kV 1min	—	1.0m 220kV 1min	—	—	耐压试验为整车试验，但在绝缘臂上应增设试验电极
	下臂（套筒）	50kV 1min	—	45kV 1min	—	—	
	整车	—	2.0m 126kV ≤0.5mA	—	2.0m 126kV ≤0.5mA	—	在绝缘臂上增设试验电极。同时，核对泄漏表
220	上臂（主臂）	1.8m 450kV 1min	—	1.8m 440kV 1min	—	—	耐压试验为整车试验，但在绝缘臂上应增设试验电极
	下臂（套筒）	50kV 1min	—	45kV 1min	—	—	
	整车	—	3.0m 252kV ≤0.5mA	—	3.0m 252kV ≤0.5mA	—	在绝缘臂上增设试验电极。同时，核对泄漏表

附录 L　登高工器具试验标准表

登高工器具试验标准表

序号	名称	项目	周期	要求			说明
				种类	试验静拉力（N）	载荷时间（min）	
1	安全带	静负荷试验	1年	围杆带	2205	5	牛皮带试验周期为半年
				围杆绳	2205	5	
				护腰带	1470	5	
				安全绳	2205	5	
2	安全帽	冲击性能试验	按规定期限	受冲击力小于4900N			使用寿命：从制造之日起，塑料帽≤2.5年，玻璃钢帽≤3.5年
		耐穿刺性能试验	按规定期限	钢锥不接触头模表面			
3	脚扣	静负荷试验	1年	施加1176N静压力，持续时间5min			
4	升降板	静负荷试验	半年	施加2205N静压力，持续时间5min			
5	竹（木）梯	静负荷试验	半年	施加1765N静压力，持续时间5min			

附录 M　紧急救护法

M1　通则

M1.1　紧急救护的基本原则是在现场采取积极措施，保护伤员的生命，减轻伤情，减少痛苦，并根据伤情需要，迅速与医疗急救中心（医疗部门）联系救治。急救成功的关键是动作快，操作正确。任何拖延和操作错误都会导致伤员伤情加重或死亡。

M1.2　要认真观察伤员全身情况，防止伤情恶化。发现伤员意识不清、瞳孔扩大无反应、呼吸、心跳停止时，应立即在现场就地抢救，用心肺复苏法支持呼吸和循环，对脑、心重要脏器供氧。心脏停止跳动后，只有分秒必争地迅速抢救，救活的可能才较大。

M1.3　现场工作人员都应定期接受培训，学会紧急救护法，会正确解脱电源，会心肺复苏法，会止血、会包扎，会转移搬运伤员，会处理急救外伤或中毒等。

M1.4　生产现场和经常有人工作的场所应配备急救箱，存放急救用品，并应指定专人经常检查、补充或更换。

M2　触电急救

M2.1　触电急救应分秒必争，一经明确心跳、呼吸停止的，立即就地迅速用心肺复苏法进行抢救，并坚持不断地进行，同时及早与医疗急救中心（医疗部门）联系，争取医务人员接替救治。在医务人员未接替救治前，不应放弃现场抢救，更不能只根据没有呼吸或脉搏的表现，擅自判定伤员死亡，放弃抢救。只有医生有权做出伤员死亡的诊断。与医务人员接替时，应提醒医务人员在触电者转移到医院的过程中不得间断抢救。

M2.2　迅速脱离电源

M2.2.1　触电急救，首先要使触电者迅速脱离电源，越快越好。因为电流作用的时间越长，伤害越重。

M2.2.2　脱离电源，就是要把触电者接触的那一部分带电设备的所有断路器（开关）、隔离开关（刀闸）或其他断路设备断开；或设法将触电者与带电设备脱离开。在脱离电源过程中，救护人员也要注意保护自身的安全。

M2.2.3 低压触电可采用下列方法使触电者脱离电源：

（1）如果触电地点附近有电源开关或电源插座，可立即拉开开关或拔出插头，断开电源。但应注意到拉线开关或墙壁开关等只控制一根线的开关，有可能因安装问题只能切断中性线而没有断开电源的相线。

（2）如果触电地点附近没有电源开关或电源插座（头），可用有绝缘柄的电工钳或有干燥木柄的斧头切断电线，断开电源。

（3）当电线搭落在触电者身上或压在身下时，可用干燥的衣服、手套、绳索、皮带、木板、木棒等绝缘物作为工具，拉开触电者或挑开电线，使触电者脱离电源。

（4）如果触电者的衣服是干燥的，又没有紧缠在身上，可以用一只手抓住他的衣服，拉离电源。但因触电者的身体是带电的，其鞋的绝缘也可能遭到破坏，救护人不得接触触电者的皮肤，也不能抓他的鞋。

（5）若触电发生在低压带电的架空线路上或配电台架、进户线上，对可立即切断电源的，则应迅速断开电源，救护者迅速登杆或登至可靠地方，并做好自身防触电、防坠落安全措施，用带有绝缘胶柄的钢丝钳、绝缘物体或干燥不导电物体等工具将触电者脱离电源。

M2.2.4 高压触电可采用下列方法之一使触电者脱离电源：

（1）立即通知有关供电单位或用户停电。

（2）戴上绝缘手套，穿上绝缘靴，用相应电压等级的绝缘工具按顺序拉开电源开关或熔断器。

（3）抛掷裸金属线使线路短路接地，迫使保护装置动作，断开电源。注意抛掷金属线之前，应先将金属线的一端固定可靠接地，然后另一端系上重物抛掷，注意抛掷的一端不可触及触电者和其他人。另外，抛掷者抛出线后，要迅速离开接地的金属线8m以外或双腿并拢站立，防止跨步电压伤人。在抛掷短路线时，应注意防止电弧伤人或断线危及人员安全。

M2.2.5 脱离电源后救护者应注意的事项：

（1）救护人不可直接用手、其他金属及潮湿的物体作为救护工具，而应使用适当的绝缘工具。救护人最好用一只手操作，以防自己触电。

（2）防止触电者脱离电源后可能的摔伤，特别是

当触电者在高处的情况下，应考虑防止坠落的措施。即使触电者在平地，也要注意触电者倒下的方向，注意防摔。救护者也应注意救护中自身的防坠落、摔伤措施。

（3）救护者在救护过程中特别是在杆上或高处抢救伤者时，要注意自身和被救者与附近带电体之间的安全距离，防止再次触及带电设备。电气设备、线路即使电源已断开，对未做安全措施挂上接地线的设备也应视作有电设备。救护人员登高时应随身携带必要的绝缘工具和牢固的绳索等。

（4）如事故发生在夜间，应设置临时照明灯，以便于抢救，避免意外事故，但不能因此延误切除电源和进行急救的时间。

M2.2.6 现场就地急救：触电者脱离电源以后，现场救护人员应迅速对触电者的伤情进行判断，对症抢救。同时设法联系医疗急救中心（医疗部门）的医生到现场接替救治。要根据触电伤员的不同情况，采用不同的急救方法。

（1）触电者神志清醒、有意识，心脏跳动，但呼吸急促、面色苍白，或曾一度昏迷、但未失去知觉。此时不能用心肺复苏法抢救，应将触电者抬到空气新鲜，通风良好地方躺下，安静休息1～2h，让他慢慢恢复正常。天凉时要注意保温，并随时观察呼吸、脉搏变化。

（2）触电者神志不清，判断意识无，有心跳，但呼吸停止或极微弱时，应立即用仰头抬颏法，使气道开放，并进行口对口人工呼吸。此时切记不能对触电者施行心脏按压。如此时不及用人工呼吸法抢救，触电者将会因缺氧过久而引起心跳停止。

（3）触电者神志丧失，判定意识无，心跳停止，但有极微弱的呼吸时，应立即施行心肺复苏法抢救。不能认为尚有微弱呼吸，只需做胸外按压，因为这种微弱呼吸已起不到人体需要的氧交换作用，如不及时人工呼吸即会发生死亡，若能立即施行口对口人工呼吸法和胸外按压，就能抢救成功。

（4）触电者心跳、呼吸停止时，应立即进行心肺复苏法抢救，不得延误或中断。

（5）触电者和雷击伤者心跳、呼吸停止，并伴有其他外伤时，应先迅速进行心肺复苏急救，然后再处理外伤。

（6）发现杆塔上或高处有人触电，要争取时间及早在杆塔上或高处开始抢救。触电者脱离电源后，应迅速将伤员扶卧在救护人的安全带上（或在适当地方躺平），然后根据伤者的意识、呼吸及颈动脉搏动情况来进行前（1）～（5）项不同方式的急救。应提醒

的是高处抢救触电者，迅速判断其意识和呼吸是否存在是十分重要的。若呼吸已停止，开放气道后立即口对口（鼻）吹气2次，再测试颈动脉，如有搏动，则每5s继续吹气1次；若颈动脉无搏动，可用空心拳头叩击心前区2次，促使心脏复跳。若需将伤员送至地面抢救，应再口对口（鼻）吹气4次，然后立即用绳索参照图M1所示的下放方法，迅速放至地面，并继续按心肺复苏法坚持抢救。

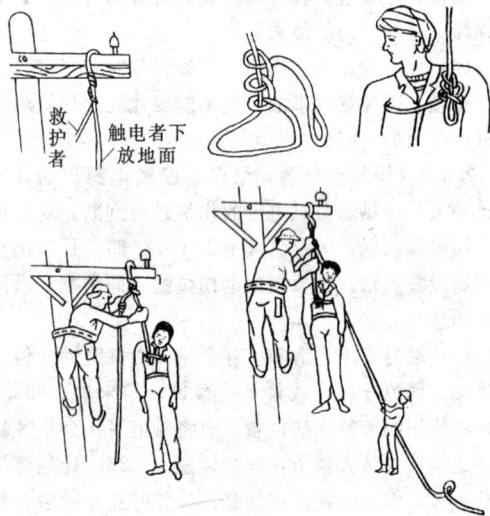

救护者　触电者下放地面

图 M1　杆塔上或高处触电者放下方法

（7）触电者衣服被电弧光引燃时，应迅速扑灭其身上的火源，着火者切忌跑动，方法可利用衣服、被子、湿毛巾等扑火，必要时可就地躺下翻滚，使火扑灭。

M2.3　伤员脱离电源后的处理

M2.3.1　判断意识和通畅呼吸道：

M2.3.1.1　判断伤员有无意识的方法：

（1）轻轻拍打伤员肩部，高声喊叫，"喂！你怎么啦？"，如图M2所示。

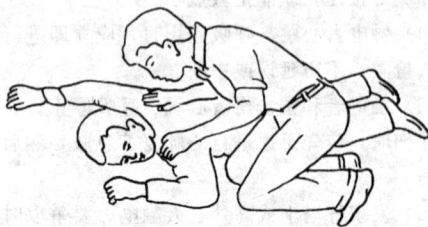

图 M2　判断伤员有无意识

（2）如认识，可直呼喊其姓名。有意识，立即送医院。

（3）无反应时，立即用手指甲掐压人中穴、合谷穴约5s。

注意，以上3步动作应在10s以内完成，不可太长，伤员如出现眼球活动、四肢活动及疼痛感后，应即停止掐压穴位，拍打肩部不可用力太重，以防加重可能存在的骨折等损伤。

M2.3.1.2　呼救：一旦初步确定伤员神志昏迷，应立即招呼周围的人前来协助抢救，哪怕周围无人，也应该大叫"来人啊！救命啊！"，如图M3所示。

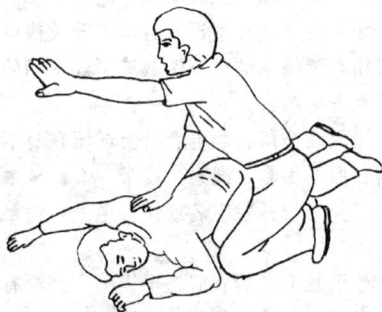

图 M3　呼救

注意，一定要呼叫其他人来帮忙，因为一个人作心肺复苏术不可能坚持较长时间，而且劳累后动作易走样。叫来的人除协助作心肺复苏外，还应立即打电话给救护站或呼叫受过救护训练的人前来帮忙。

M2.3.1.3　将伤员旋转适当体位：正确的抢救体位是：仰卧位。患者头、颈、躯干平卧无扭曲，双手放于两侧躯干旁。

如伤员摔倒时面部向下，应在呼救同时小心将其转动，使伤员全身各部成一个整体。尤其要注意保护颈部，可以一手托住颈部，另一手扶着肩部，使伤员头、颈、胸平稳地直线转至仰卧，在坚实的平面上，四肢平放，如图M4所示。

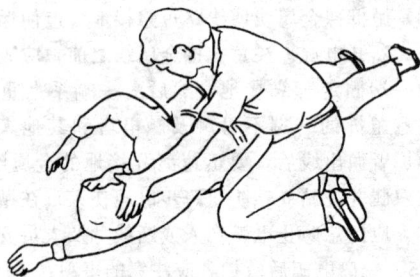

图 M4　放置伤员

注意，抢救者跪于伤员肩颈侧旁，将其手臂举过头，拉直双腿，注意保护颈部。解开伤员上衣，暴露胸部（或仅留内衣），冷天要注意使其保暖。

M2.3.2　通畅气道：当发现触电者呼吸微弱或停止时，应立即通畅触电者的气道以促进触电者呼吸或便于抢救。通畅气道主要采用仰头举颏（颌）法。即一手置于前额使头部后仰，另一手的食指与中指置于下颌骨近下颏或下颌角处，抬起下颏（颌），如图 M5 和图 M6 所示。注意：严禁用枕头等物垫在伤员头下；手指不要压迫伤员颈前部、颏下软组织，以防压迫气道，颈部上抬时不要过度伸展，有假牙托者应取出。儿童颈部易弯曲，过度抬颈反而使气道闭塞，因此不要抬颈牵拉过甚。成人头部后仰程度应为 90°，儿童头部后仰程度应为 60°，婴儿头部后仰程度应为 30°，颈椎有损伤的伤员应采用双下颌上提法。

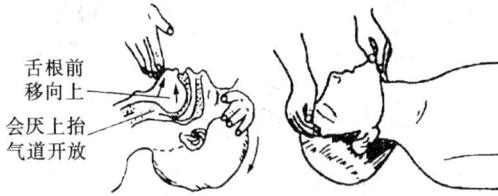

舌根前移向上
会厌上抬
气道开放

图 M5　仰头举颏法　　图 M6　抬起下颏法

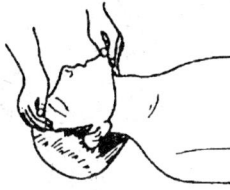

M2.3.3　判断呼吸：在通畅呼吸道之后，由于气道通畅可以明确判断呼吸是否存在。维持开放气道位置，用耳贴近伤员口鼻，头部侧向伤员胸部，眼睛观察其胸有无起伏；面部感觉伤员呼吸道有无气体排出；或耳听呼吸道有无气流通过的声音，如图 M7 所示。

注意：①保持气道开放位置；②观察 5s 左右时间；③有呼吸者，注意保持气道通畅；④无呼吸者，立即进行口对口人工呼吸；⑤通畅呼吸道：部分伤员因口腔、鼻腔内异物（分泌物、血液、污泥等）导致气道阻塞时，应将触电者身体侧向一侧，迅速将异物用手指抠出；⑥不通畅而产生窒息，以致心跳减慢。可因呼吸道畅通后，随着气流冲出，呼吸恢复，而致心跳亦恢复。

M2.3.4　判断伤员有无脉搏：在检查伤员的意识、呼吸、气道之后，应对伤员的脉搏进行检查，以判断伤员的心脏跳动情况。具体方法如下：

（1）在开放气道的位置下进行（首次人工呼吸后）。

（2）一手置于伤员前额，使头部保持后仰，另一手在靠近抢救者一侧触摸颈动脉。

（3）可用食指及中指指尖先触及气管正中部位，男性可先触及喉结，然后向两侧滑移 2～3cm，在气

管旁软组织处轻轻触摸颈动脉搏动，如图 M8 所示。

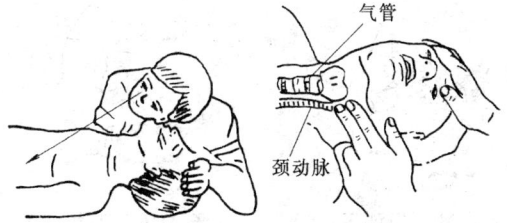

气管
颈动脉

图 M7　看、听、试伤员呼吸　图 M8　触摸颈动脉搏

注意：①触摸颈动脉不能用力过大，以免推移颈动脉，妨碍触及；②不要同时触摸两侧颈动脉，造成头部供血中断；③不要压迫气管，造成呼吸道阻塞；④检查时间不要超过 10s；⑤未触及搏动，心跳已停止，或触摸位置有错误；触及搏动：有脉搏、心跳，或触摸感觉错误（可能将自己手指的搏动感觉为伤员脉搏）；⑥判断应综合审定：如无意识，无呼吸，瞳孔散大，面色紫绀或苍白，再加上触不到脉搏，可以判定心跳已经停止；⑦婴、幼儿因颈部肥胖，颈动脉不易触及，可检查肱动脉，肱动脉位于上臂内侧腋窝和肘关节之间的中点，用食指和中指轻压在内侧，即可感觉到脉搏。

不同状态下电击伤患者的急救措施见表 M1。

表 M1　　不同状态下电击伤患者的急救措施

神志	心跳	呼吸	对症救治措施
清醒	存在	存在	静卧、保暖、严密观察
昏迷	停止	存在	胸外心脏按压术
昏迷	存在	停止	口对口（鼻）人工呼吸
昏迷	停止	停止	同时作胸外心脏按压和口对口（鼻）人工呼吸

M2.4　口对口（鼻）呼吸

当判断伤员确实不存在呼吸时，应即进行口对口（鼻）的人工呼吸，其具体方法是：

（1）在保持呼吸通畅的位置下进行。用按于前额一手的拇指与食指，捏住伤员鼻孔（或鼻翼）下端，以防气体从口腔内经鼻孔逸出，施救者深吸一口气屏住并用自己的嘴唇包住（套住）伤员微张的嘴。

（2）用力快而深地向伤员口中吹（呵）气，同时仔细地观察伤员胸部有无起伏，如无起伏，说明气未吹进，如图 M9 所示。

（3）一次吹气完毕后，应即与伤员口部脱离，轻轻抬起头部，面向伤员胸部，吸入新鲜空气，以便作下一次人工呼吸。同时使伤员的口张开，捏鼻的手也

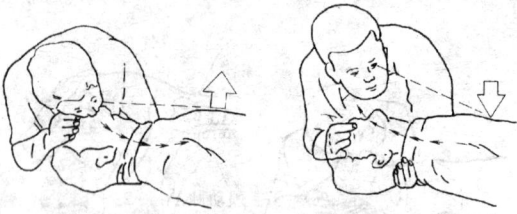

图 M9　口对口吹气　　　图 M10　口对口吸气

可放松，以便伤员从鼻孔通气，观察伤员胸部向下恢复时，则有气流从伤员口腔排出，如图 M10 所示。

抢救一开始，应即向伤员先吹气两口，吹气有起伏者，人工呼吸有效；吹气无起伏者，则表示气道通畅不够，或鼻孔处漏气、或吹气不足、或气道有梗阻。

注意：①每次吹气量不要过大，大于 1200ml 会造成胃扩张；②吹气时不要按压胸部，如图 M11 所示；③儿童伤员需视年龄不同而异，其吹气量约为 800ml 左右，以胸廓能上抬时为宜；④抢救一开始的首次吹气两次，每次时间约 1～1.5s；⑤有脉搏无呼吸的伤员，则每 5s 吹一口气，每分钟吹气 12 次；⑥口对鼻的人工呼吸，适用于有严重的下颌及嘴唇外伤，牙关紧闭，下颌骨骨折等情况的伤员，难以采用口对口吹气法；⑦婴、幼儿急救操作时要注意，因婴、幼儿韧带、肌肉松弛，故头不可过度后仰，以免气管受压，影响气道通畅，可用一手托颈，以保持气道平直；另一方面婴、幼儿口鼻开口均较小，位置又很靠近，抢救者可用口贴住婴幼儿口与鼻的开口处，施行口对口鼻呼吸。

M2.5　人工循环（体外按压）

人工建立的循环方法有两种：第一种是体外心脏按压（胸外按压），第二种是开胸直接压迫心脏（胸内按压）。在现场急救中，采用的是第一种方法，应牢记掌握。

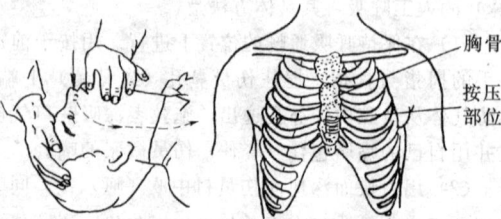

图 M11　吹时不要压胸部　　图 M12　胸外按压位置

M2.5.1　按压部位：胸骨中 1/3 与下 1/3 交界处，如图 M12 所示。

M2.5.2　伤员体位：伤员应仰卧于硬板床或地上。

如为弹簧床，则应在伤员背部垫一硬板。硬板长度及宽度应足够大，以保证按压胸部时，伤员身体不会移动。但不可因找寻垫板而延误开始按压的时间。

M2.5.3　快速测定按压部位的方法：快速测定按压部位可分 5 个步骤，如图 M13 所示。

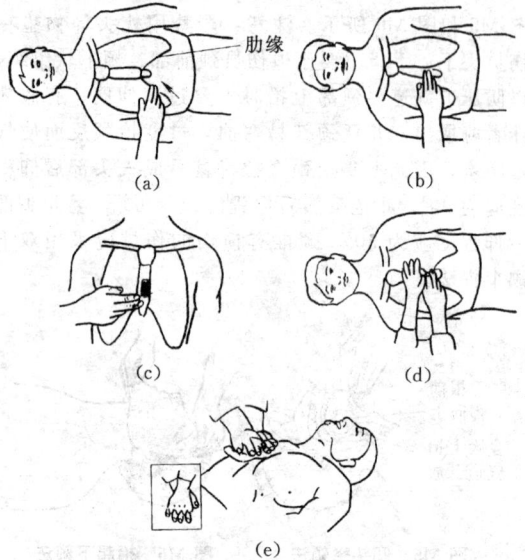

图 M13　快速测定按压部位分解图

(a) 二指沿肋弓向中移滑；(b) 切迹定位标志；
(c) 按压区；(d) 掌根部放在按压区；
(e) 重叠掌根

(1) 首先触及伤员上腹部，以食指及中指沿伤员肋弓处向中间移滑，如图 M13 (a) 所示。

(2) 在两侧肋弓交点处寻找胸骨下切迹。以切迹作为定位标志。不要以剑突下定位如图 M13 (b) 所示。

(3) 然后将食指及中指两横指放在胸骨下切迹上方，食指上方的胸骨正中部即为按压区，如图 M13 (c) 所示。

(4) 以另一手的掌根部紧贴食指上方，放在按压区，如图 M13 (d) 所示。

(5) 再将定位之手取下，重叠将掌根放于另一手背上，两手手指交叉抬起，使手指脱离胸壁，如图 M13 (e) 所示。

M2.5.4　按压姿势：正确的按压姿势，如图 M14 所示。抢救者双臂绷直，双肩在伤员胸骨上方正中，靠自身重量垂直向下按压。

M2.5.5　按压用力方式：

(1) 按压应平稳，有节律地进行，不能间断。

(2) 不能冲击式的猛压。

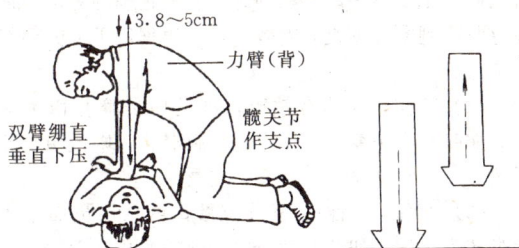

图 M14　按压正确姿势　　图 M15　按压用力方式

（3）下压及向上放松的时间应相等，如图 M15 所示。压按至最低点处，应有一明显的停顿。

（4）垂直用力向下，不要左右摆动。

（5）放松时定位的手掌根部不要离开胸骨定位点，但应尽量放松，务使胸骨不受任何压力。

M2.5.6　按压频率：按压频率应保持在 100 次/min。

M2.5.7　按压与人工呼吸比例：按压与人工呼吸的比例关系通常是，单人为 15：2，双人复苏为 5：1，婴儿、儿童为 5：1。

M2.5.8　按压深度：通常，成人伤员为 3.8～5cm，5～13 岁伤员为 3cm，婴幼儿伤员为 2cm。

M2.5.9　胸外心脏按压常见的错误：

（1）按压除掌根部贴在胸骨外，手指也压在胸壁上，这容易引起骨折（肋骨或肋软骨）。

（2）按压定位不正确，向下易使剑突受压折断而致肝破裂。向两侧易致肋骨或肋软骨骨折，导致气胸、血胸。

（3）按压用力不垂直，导致按压无效或肋软骨骨折，特别是摇摆式按压更易出现严重并发症，如图 M16（a）所示。

（4）抢救者按压时肘部弯曲，因而用力不够，按

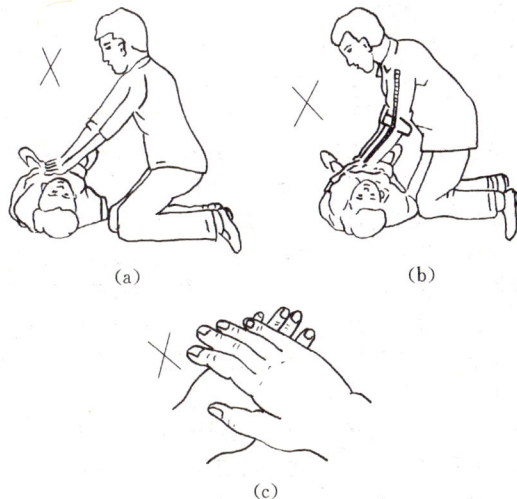

图 M16　常见的心肺复苏错误的手法

压深度达不到 3.8～5cm，如图 M16（b）所示。

（5）按压冲击式，猛压，其效果差，且易导致骨折。

（6）放松时抬手离开胸骨定位点，造成下次按压部位错误，引起骨折。

（7）放松时未能使胸部充分松弛，胸部仍承受压力，使血液难以回到心脏。

（8）按压速度不自主地加快或减慢，影响按压效果。

（9）双手掌不是重叠放置，而是交叉放置，如图 M16（c）所示胸外心脏按压常见错误。

M2.6　心肺复苏法

M2.6.1　操作过程有以下步骤：

（1）首先判断昏倒的人有无意识。

（2）如无反应，立即呼救，叫"来人啊！救命啊！"等。

（3）迅速将伤员放置于仰卧位，并放在地上或硬板上。

（4）开放气道（仰头举颏或颌）。

（5）判断伤员有无呼吸（通过看、听和感觉来进行）。

（6）如无呼吸，立即口对口吹气两口。

（7）保持头后仰，另一手检查颈动脉有无搏动。

（8）如有脉搏，表明心脏尚未停跳，可仅做人工呼吸，每分钟 12～16 次。

（9）如无脉搏，立即在正确定位下在胸外按压位置进行心前区叩击 1～2 次。

（10）叩击后再次判断有无脉搏，如有脉搏即表明心跳已经恢复，可仅做人工呼吸。

（11）如无脉搏，立即在正确的位置进行胸外按压。

（12）每作 15 次按压，需做两次人工呼吸，然后再在胸部重新定位，再作胸外按压，如此反复进行，直到协助抢救者或专业医务人员赶来。按压频率为 100 次/min。

（13）开始 1min 后检查一次脉搏、呼吸、瞳孔，以后每 4～5min 检查一次，检查不超过 5s，最好由协助抢救者检查。

（14）如用担架搬运伤员，应该持续作心肺复苏，中断时间不超过 5s。

M2.6.2　心肺复苏操作的时间要求：

0～5s：判断意识。

5～10s：呼救并放好伤员体位。

10～15s：开放气道，并观察呼吸是否存在。

15～20s：口对口呼吸两次。

20～30s：判断脉搏。

30～50s：进行胸外心脏按压 15 次，并再人工呼吸 2 次，以后连续反复进行。

以上程序尽可能在 50s 以内完成，最长不宜超过 1min。

M2.6.3 双人复苏操作要求：

（1）两人应协调配合，吹气应在胸外按压的松弛时间内完成。

（2）按压频率为 100 次/min。

（3）按压与呼吸比例为 15：2，即 15 次心脏按压后，进行 2 次人工呼吸。

（4）为达到配合默契，可由按压者数口诀 1，2，3，4，…，14 吹，当吹气者听到"14"时，做好准备，听到"吹"后，即向伤员嘴里吹气，按压者继而重数口诀 1，2，3，4，…，14 吹，如此周而复始循环进行。

（5）人工呼吸者除需通畅伤员呼吸道、吹气外，还应经常触摸其颈动脉和观察瞳孔等，如图 M17 所示。

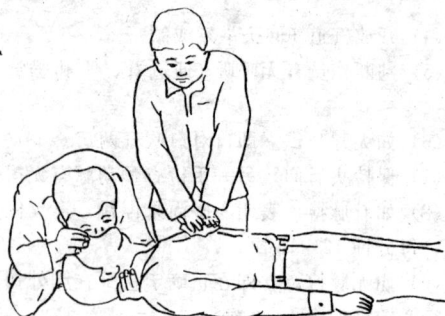

图 M17 双人复苏法

M2.6.4 心肺复苏法注意事项：

（1）吹气不能在向下按压心脏的同时进行。数口诀的速度应均衡，避免快慢不一。

（2）操作者应站在触电者侧面便于操作的位置，单人急救时应站立在触电者的肩部位置；双人急救时，吹气人应站在触电者的头部，按压心脏者应站在触电者胸部、与吹气者相对的一侧。

（3）人工呼吸者与心脏按压者可以互换位置，互换操作，但中断时间不超过 5s。

（4）第二抢救者到现场后，应首先检查颈动脉搏动，然后再开始作人工呼吸。如心脏按压有效，则应触及到搏动，如不能触及，应观察心脏按压者的技术操作是否正确，必要时应增加按压深度及重新定位。

（5）可以由第三抢救者及更多的抢救人员轮换操作，以保持精力充沛、姿势正确。

M2.7 心肺复苏的有效指标、转移和终止

M2.7.1 心肺复苏的有效指标：心肺复苏术操作是

否正确，主要靠平时严格训练，掌握正确的方法。而在急救中判断复苏是否有效，可以根据以下五方面综合考虑：

（1）瞳孔。复苏有效时，可见伤员瞳孔由大变小。如瞳孔由小变大、固定、角膜混浊，则说明复苏无效。

（2）面色（口唇）。复苏有效，可见伤员面色由紫绀转为红润，如若变为灰白，则说明复苏无效。

（3）颈动脉搏动。按压有效时，每一次按压可以摸到一次搏动，如若停止按压，搏动亦消失，应继续进行心脏按压；如若停止按压后，脉搏仍然跳动，则说明伤员心跳已恢复。

（4）神志。复苏有效，可见伤员有眼球活动，睫毛反射与对光反射出现，甚至手脚开始抽动，肌张力增加。

（5）出现自主呼吸。伤员自主呼吸出现，并不意味可以停止人工呼吸。如果自主呼吸微弱，仍应坚持口对口呼吸。

M2.7.2 转移和终止：

M2.7.2.1 转移：在现场抢救时，应力争抢救时间，切勿为了方便或让伤员舒服去移动伤员，从而延误现场抢救的时间。

现场心肺复苏应坚持不断地进行，抢救者不应频繁更换，即使送往医院途中也应继续进行。鼻导管给氧绝不能代替心肺复苏术。如需将伤员由现场移往室内，中断操作时间不得超过 7s；通道狭窄、上下楼层、送上救护车等的操作中断不得超过 30s。

将心跳、呼吸恢复的伤员用救护车送医院时，应在伤员背部放一块宽、阔适当的硬板，以备随时进行心肺复苏。将伤员送到医院而专业人员尚未接手前，仍应继续进行心肺复苏。

M2.7.2.2 终止：何时终止心肺复苏是一个涉及到医疗、社会、道德等方面的问题。不论在什么情况下，终止心肺复苏，决定于医生，或医生组成的抢救组的首席医生，否则不得放弃抢救。高压或超高压电击的伤员心跳、呼吸停止，更不应随意放弃抢救。

M2.7.3 电击伤伤员的心脏监护：被电击伤并经过心肺复苏抢救成功的电击伤员，都应让其充分休息，并在医务人员指导下进行不少于 48h 的心脏监护。因为伤员在被电击过程中，由于电压、电流、频率的直接影响和组织损伤而产生的高钾血症，以及由于缺氧等因素，引起的心肌损害和心律失常，经过心肺复苏抢救，在心跳恢复后，有的伤员还可能会出现"继发性心脏跳停止"，故应进行心脏监护，以对心律失常和高钾血症的伤员及时予以治疗。

对前面详细介绍的各项操作，现场心肺复苏法应

进行的抢救步骤可归纳如图 M18 所示。

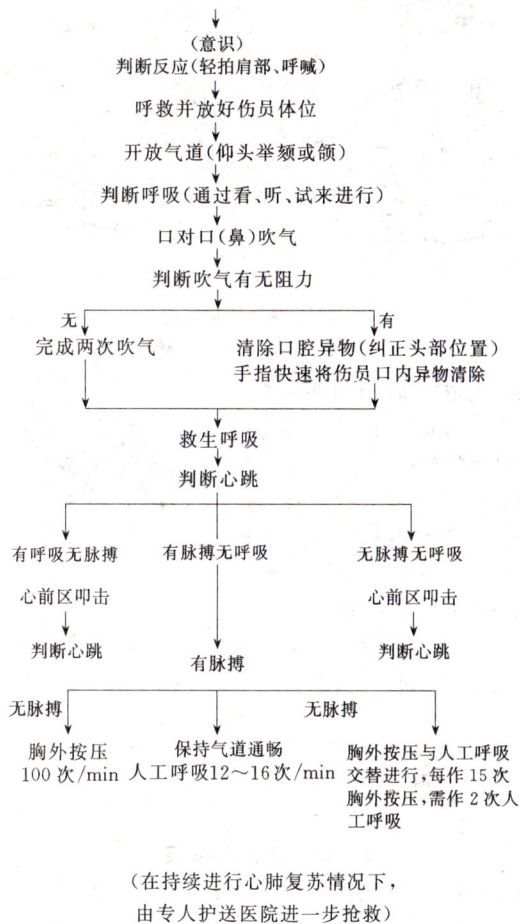

（意识）
判断反应（轻拍肩部、呼喊）

呼救并放好伤员体位

开放气道（仰头举颏或颌）

判断呼吸（通过看、听、试来进行）

口对口（鼻）吹气

判断吹气有无阻力

无 ——————————→ 有

完成两次吹气   清除口腔异物（纠正头部位置）
                          手指快速将伤员口内异物清除

救生呼吸

判断心跳

有呼吸无脉搏   有脉搏无呼吸   无脉搏无呼吸

心前区叩击   心前区叩击

判断心跳   有脉搏   判断心跳

无脉搏   无脉搏

胸外按压   保持气道通畅   胸外按压与人工呼吸
100 次/min   人工呼吸12～16次/min 交替进行，每作 15 次
                                    胸外按压，需作 2 次人
                                    工呼吸

（在持续进行心肺复苏情况下，
由专人护送医院进一步抢救）

图 M18　现场心肺复苏的抢救程序

M2.8　抢救过程注意事项

M2.8.1　抢救过程中的再判定：

1) 按压吹气 1 min 后（相当于单人抢救时做了 4 个 15：2 压吹循环），应用看、听、试方法在 5～7s 时间内完成对伤员呼吸和心跳是否恢复的再判定。

2) 若判定颈动脉已有搏动但无呼吸，则暂停胸外按压，而再进行 2 次口对口人工呼吸，接着每 5s 吹气一次（即每分钟 12 次）。如脉搏和呼吸均未恢复，则继续坚持心肺复苏法抢救。

3) 抢救过程中，要每隔数分钟再判定一次，每次判定时间均不得超过 5～7s。在医务人员未接替抢救前，现场抢救人员不得放弃现场抢救。

M2.8.2　现场触电抢救，对采用肾上腺素等药物应持慎重态度。如没有必要的诊断设备条件和足够的把握，不得乱用。在医院内抢救触电者时，由医务人员经医疗仪器设备诊断，根据诊断结果决定是否采用。

M3　创伤急救

M3.1　创伤急救的基本要求

M3.1.1　创伤急救原则上是先抢救，后固定，再搬运，并注意采取措施，防止伤情加重或污染。需要送医院救治的，应立即做好保护伤员措施后送医院救治。急救成功的条件是：动作快，操作正确，任何延迟和误操作均可加重伤情，并可导致死亡。

M3.1.2　抢救前先使伤员安静躺平，判断全身情况和受伤程度，如有无出血、骨折和休克等。

M3.1.3　外部出血立即采取止血措施，防止失血过多而休克。外观无伤，但呈休克状态，神志不清，或昏迷者，要考虑胸腹部内脏或脑部受伤的可能性。

M3.1.4　为防止伤口感染，应用清洁布片覆盖。救护人员不得用手直接接触伤口，更不得在伤口内填塞任何东西或随便用药。

M3.1.5　搬运时应使伤员平躺在担架上，腰部束在担架上，防止跌下。平地搬运时伤员头部在后，上楼、下楼、下坡时头部在上，搬运中应严密观察伤员，防止伤情突变。伤员搬运时的方法见图 M19 所示。

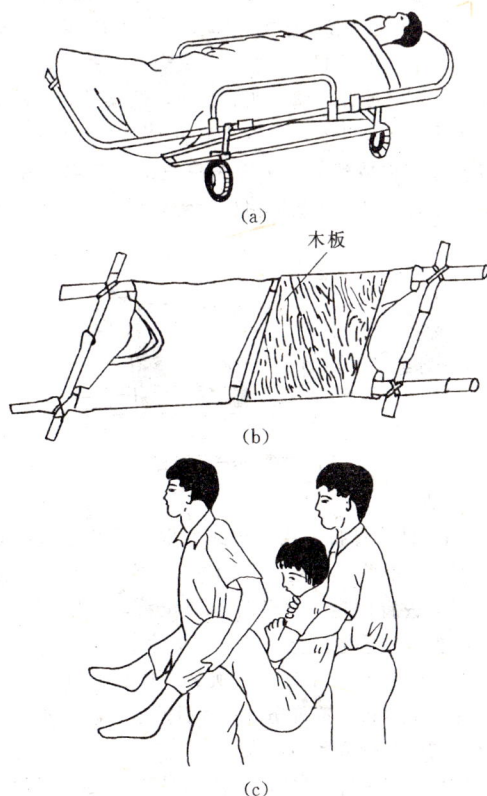

图 M19　搬运伤员

(a) 正常担架；(b) 临时担架及木板；(c) 错误搬运

M3.2 止血

M3.2.1 伤口渗血：用较伤口稍大的消毒纱布数层覆盖伤口，然后进行包扎。若包扎后仍有较多渗血，可再加绷带适当加压止血。

M3.2.2 伤口出血呈喷射状或鲜红血液涌出时，立即用清洁手指压迫出血点上方（近心端），使血流中断，并将出血肢体抬高或举高，以减少出血量。

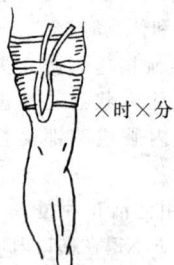

图 M20 止血带

M3.2.3 用止血带或弹性较好的布带等止血时，如图 M20 所示，应先用柔软布片或伤员的衣袖等数层垫在止血带下面，再扎紧止血带以刚使肢端动脉搏动消失为度。上肢每 60min，下肢每 80min 放松一次，每次放松 1～2min。开始扎紧与每次放松的时间均应书面标明在止血带旁。扎紧时间不宜超过 4h。不要在上臂中 1/3 处和窝下使用止血带，以免损伤神经。若放松时观察已无大出血可暂停使用。

M3.2.4 严禁用电线、铁丝、细绳等作止血带使用。

M3.2.5 高处坠落、撞击、挤压可能有胸腹内脏破裂出血。受伤者外观无出血但常表现面色苍白，脉搏细弱，气促，冷汗淋漓，四肢厥冷，烦躁不安，甚至神志不清等休克状态，应迅速躺平，抬高下肢，如图 M21 所示，保持温暖，速送医院救治。若送医院途中时间较长，可给伤员饮用少量糖盐水。

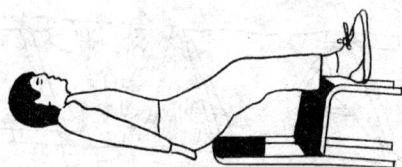

图 M21 抬高下肢

M3.3 骨折急救

M3.3.1 肢体骨折可用夹板或木棍、竹竿等将断骨上、下方两个关节固定，如图 M22 所示，也可利用伤员身体进行固定，避免骨折部位移动，以减少疼痛，防止伤势恶化。

开放性骨折，伴有大出血者，应先止血，再固定，并用干净布片覆盖伤口，然后速送医院救治。切勿将外露的断骨推回伤口内。

M3.3.2 疑有颈椎损伤，在使伤员平卧后，用沙土袋（或其他代替物）放置头部两侧（如图 M23 所示）使颈部固定不动。应进行口对口呼吸时，只能采用抬

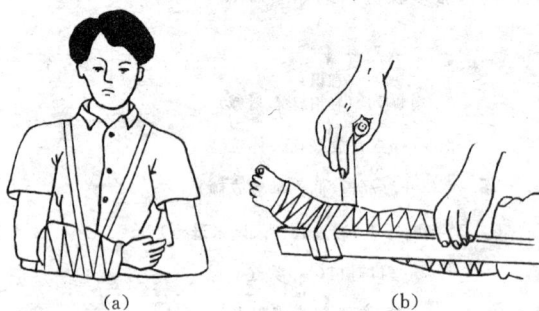

图 M22 骨折固定方法

(a) 上肢骨折固定；(b) 下肢骨折固定

颏使气道通畅，不能再将头部后仰移动或转动头部，以免引起截瘫或死亡。

M3.3.3 腰椎骨折应将伤员平卧在平硬木板上，并将腰椎躯干及二侧下肢一同进行固定预防瘫痪（如图 M24 所示）。搬动时应数人合作，保持平稳，不能扭曲。

图 M23 颈椎骨折固定

图 M24 腰椎骨折固定

M3.3.4 骨折固定和注意事项：

M3.3.4.1 骨折固定应先检查意识、呼吸、脉搏及处理严重出血；

M3.3.4.2 骨折固定的夹板长度应能将骨折处的上下关节一同加以固定；

M3.3.4.3 骨断端暴露时，不要拉动。

M3.4 颅脑外伤

M3.4.1 应使伤员采取平卧位，保持气道通畅，若有呕吐，应扶好头部和身体，使头部和身体同时侧转，防止呕吐物造成窒息。

M3.4.2 耳鼻有液体流出时，不要用棉花堵塞，只可轻轻拭去，以利降低颅内压力。也不可用力擤鼻，排除鼻内液体，或将液体再吸入鼻内。

M3.4.3 颅脑外伤时，病情可能复杂多变，禁止给予饮食，速送医院诊治。

M3.5 烧伤急救

M3.5.1 电灼伤、火焰烧伤或高温气、水烫伤均应保持伤口清洁。伤员的衣服鞋袜用剪刀剪开后除去。伤口全部用清洁布片覆盖，防止污染。四肢烧伤时，

先用清洁冷水冲洗，然后用清洁布片或消毒纱布覆盖送医院。

M3.5.2　强酸或碱灼伤应迅速去被溅染衣物，现场立即用大量清水彻底冲洗，要彻底，然后用适当的药物给予中和；冲洗时间不少于 20min；被强酸烧伤应用 5％碳酸氢钠（小苏打）溶液中和；被强碱烧伤应用 0.5％～5％醋酸溶液或 5％氯化铵或 10％枸橼酸液中和。

M3.5.3　未经医务人员同意，灼伤部位不宜敷搽任何东西和药物。

M3.5.4　送医院途中，可给伤员多次少量口服糖盐水。

M3.6　冻伤急救

M3.6.1　冻伤使肌肉僵直，严重者深及骨骼，在救护搬运过程中动作要轻柔，不要强使其肢体弯曲活动，以免加重损伤，应使用担架，将伤员平卧并抬至温暖室内救治。

M3.6.2　将伤员身上潮湿的衣服剪去后用干燥柔软的衣服覆盖，不得烤火或搓雪。

M3.6.3　全身冻伤者呼吸和心跳有时十分微弱，不应误认为死亡，应努力抢救。

M3.7　动物咬伤急救

M3.7.1　毒蛇咬伤后，不要惊慌、奔跑、饮酒，以免加速蛇毒在人体内扩散。

M3.7.1.1　咬伤大多在四肢，应迅速从伤口上端向下方反复挤出毒液，然后在伤口上方（近心端）用布带扎紧，将伤肢固定，避免活动，以减少毒液的吸收。

M3.7.1.2　有蛇药时可先服用，再送往医院救治。

M3.7.2　犬咬伤：

M3.7.2.1　犬咬伤后应立即用浓肥皂水冲洗伤口，同时用挤压法自上而下将残留伤口内唾液挤出，然后再用碘酒涂搽伤口。

M3.7.2.2　少量出血时，不要急于止血，也不要包扎或缝合伤口。

M3.7.2.3　尽量设法查明该犬是否为"疯狗"，对医院制订治疗计划有较大帮助。

M3.8　溺水急救

M3.8.1　发现有人溺水应设法迅速将其从水中救出，呼吸心跳停止者用心肺复苏法坚持抢救。曾受水中抢救训练者在水中即可抢救。

M3.8.2　口对口人工呼吸因异物阻塞发生困难，而又无法用手指除去时，可用两手相叠，置于脐部稍上正中线上（远离剑突）迅速向上猛压数次，使异物退出，但也不要用力太大。

M3.8.3　溺水死亡的主要原因是窒息缺氧。由于淡水

在人体内能很快经循环吸收，而气管能容纳的水量很少，因此在抢救溺水者时不应"倒水"而延误抢救时间，更不应仅"倒水"而不用心肺复苏法进行抢救。

M3.9　高温中暑急救

M3.9.1　烈日直射头部，环境温度过高，饮水过少或出汗过多等可以引起中暑现象，其症状一般为恶心、呕吐、胸闷、眩晕、嗜睡、虚脱，严重时抽搐、惊厥甚至昏迷。

M3.9.2　应立即将病员从高温或日晒环境转移到阴凉通风处休息。用冷水擦浴，湿毛巾覆盖身体，电扇吹风，或在头部置冰袋等方法降温，并及时给伤员口服盐水。严重者送医院治疗。

M3.10　有害气体中毒急救

M3.10.1　气体中毒开始时有流泪、眼痛、呛咳、咽部干燥等症状，应引起警惕。稍重时会头痛、气促、胸闷、眩晕。严重时会引起惊厥昏迷。

M3.10.2　怀疑可能存在有害气体时，应即将人员撤离现场，转移到通风良好处休息。抢救人员进入险区应带防毒面具。

M3.10.3　已昏迷病员应保持气道通畅，有条件时给予氧气吸入。呼吸心跳停止者，按心肺复苏法抢救，并联系医院救治。

M3.10.4　迅速查明有害气体的名称，供医院及早对症治疗。

4　国家电网公司电力安全工作规程（电力线路部分）

1　总则

1.1　为加强电力生产现场管理，规范各类工作人员的行为，保证人身、电网和设备安全，依据国家有关法律、法规，结合电力生产的实际，制定本规程。

1.2　作业现场的基本条件

1.2.1　作业现场的生产条件和安全设施等应符合有关标准、规范的要求，工作人员的劳动防护用品应合格、齐备。

1.2.2　经常有人工作的场所及施工车辆上宜配备急救箱，存放急救用品，并应指定专人经常检查、补充或更换。

1.2.3　现场使用的安全工器具应合格并符合有关要求。

1.2.4　各类作业人员应被告知其作业现场和工作岗位存在的危险因素、防范措施及事故紧急处理措施。

1.3　作业人员的基本条件

1.3.1　经医师鉴定，无妨碍工作的病症（体格检查每两年至少一次）。

1.3.2　具备必要的电气知识和业务技能，且按工作性质，熟悉本规程的相关部分，并经考试合格。

1.3.3　具备必要的安全生产知识，学会紧急救护法，特别要学会触电急救。

1.4　教育和培训

1.4.1　各类作业人员应接受相应的安全生产教育和岗位技能培训，经考试合格上岗。

1.4.2　作业人员对本规程应每年考试一次。因故间断电气工作连续 3 个月以上者，应重新学习本规程，并经考试合格后，方能恢复工作。

1.4.3　新参加电气工作的人员、实习人员和临时参加劳动的人员（管理人员、临时工等），应经过安全知识教育后，方可下现场参加指定的工作，并且不得单独工作。

1.4.4　外单位承担或外来人员参与公司系统电气工作的工作人员应熟悉本规程、并经考试合格，方可参加工作。工作前，设备运行管理单位应告知现场电气设备接线情况、危险点和安全注意事项。

1.5　任何人发现有违反本规程的情况，应立即制止，经纠正后才能恢复作业。各类作业人员有权拒绝违章指挥和强令冒险作业；在发现直接危及人身、电网和设备安全的紧急情况时，有权停止作业或者在采取可能的紧急措施后撤离作业场所，并立即报告。

1.6　在试验和推广新技术、新工艺、新设备、新材料的同时，应制定相应的安全措施，经本单位总工程师批准后执行。

1.7　电气设备分为高压和低压两种：

高压电气设备：对地电压在 1000V 及以上者；

低压电气设备：对地电压在 1000V 以下者。

1.8　本规程适用于运用中的发、输、变、配电和用户电气设备上的工作人员（包括基建安装、农电人员），其他单位和相关人员参照执行。

所谓运用中的电气设备，系指全部带有电压、一部分带有电压或一经操作即带有电压的电气设备。

各单位可根据现场情况制定本规程补充条款和实施细则，经本单位主管生产的领导（总工程师）批准后执行。

2　保证安全的组织措施

2.1　电力线路安全工作的组织措施

1）现场勘察制度；

2）工作票制度；

3）工作许可制度；

4）工作监护制度；

5）工作间断制度；

6）工作结束和恢复送电制度。

2.2　现场勘察制度

2.2.1　进行电力线路施工作业或工作票签发人和工作负责人认为有必要现场勘察的施工（检修）作业，施工、检修单位均应根据工作任务组织现场勘察，并做好记录。

2.2.2　现场勘察应查看现场施工（检修）作业需要停电的范围、保留的带电部位和作业现场的条件、环境及其他危险点等。

根据现场勘察结果，对危险性、复杂性和困难程度较大的作业项目，应编制组织措施、技术措施、安全措施，经本单位主管生产领导（总工程师）批准后执行。

2.3　工作票制度

2.3.1　在电力线路上工作，应按下列方式进行：

1）填用电力线路第一种工作票（见附录 A）。

2）填用电力电缆第一种工作票（见附录 B）。

3）填用电力线路第二种工作票（见附录 C）。

4）填用电力电缆第二种工作票（见附录 D）。

5）填用电力线路带电作业工作票（见附录 E）。

6）填用电力线路事故应急抢修单（见附录 F）。

7）口头或电话命令。

2.3.2　填用第一种工作票的工作为：

1）在停电的线路或同杆（塔）架设多回线路中的部分停电线路上的工作。

2）在全部或部分停电的配电设备上的工作。

所谓全部停电，系指供给该配电设备上的所有电源线路均已全部断开者。

3）高压电力电缆停电的工作。

2.3.3　填用第二种工作票的工作为：

1）带电线路杆塔上的工作。

2）在运行中的配电设备上的工作。

3）高压电力电缆不需停电的工作。

2.3.4　填用带电作业工作票的工作为：

带电作业或与邻近带电设备距离小于表 5－1 规定的工作，以及低压带电作业。

2.3.5　填用事故应急抢修单的工作为：

事故应急抢修可不用工作票，但应使用事故应急抢修单。

2.3.6　按口头或电话命令执行的工作为：

1）测量接地电阻；

2）修剪树枝；

3）杆、塔底部和基础等地面检查、消缺工作；

4）涂写杆塔号、安装标志牌等，工作地点在杆塔最下层导线以下，并能够保持表5－2安全距离的工作；

5）接户、进户装置上的低压带电工作和单一电源低压分支线的停电工作。

2.3.7　工作票的填写与签发

2.3.7.1　工作票应用钢笔或圆珠笔填写一式两份，字迹应正确清楚。不得任意涂改。如有个别错、漏字需要修改时，应使用规范的符号，字迹应清楚。

用计算机生成或打印的工作票应使用统一的票面格式。由工作票签发人审核无误，手工或电子签名后方可执行。

工作票一份交工作负责人，一份留存工作票签发人或工作许可人处。工作票应提前交给工作负责人。

2.3.7.2　一张工作票中，工作票签发人和工作许可人不得兼任工作负责人。工作负责人可以填写工作票。

2.3.7.3　工作票由设备运行管理单位签发，也可经设备运行管理单位审核合格且经批准的修试及基建单位签发。修试及基建单位的工作票签发人、工作负责人名单应事先送有关设备运行管理单位备案。

2.3.8　工作票的使用

2.3.8.1　第一种工作票，每张只能用于一条线路或同一个电气连接部位的几条供电线路或同（联）杆塔架设且同时停送电的几条线路。第二种工作票，对同一电压等级、同类型工作，可在数条线路上共用一张工作票。

在工作期间，工作票应始终保留在工作负责人手中。

2.3.8.2　一个工作负责人只能给一张工作票。若一张停电工作票下设多个小组工作，每个小组应指定工作负责人（监护人），并使用工作任务单。

工作任务单应写明工作任务、停电范围、工作地段的起止杆号及补充的安全措施。工作任务单一式两份，由工作票签发人或工作负责人签发，一份留存，一份交小组负责人执行。工作结束后，由小组负责人交回工作任务单，向工作负责人办理工作结束手续。

2.3.8.3　一回线路检修（施工），其邻近或交叉的其他电力线路需进行配合停电和接地时，应在工作票中列入相应的安全措施。若配合停电线路属于其他单位，应由检修（施工）单位事先书面申请，经配合线路的设备运行管理单位同意并实施停电、接地。

2.3.9　工作票的有效期与延期

第一、二种工作票和带电作业工作票的有效时间，以批准的检修期为限。第一种工作票需办理延期手续，应在有效时间尚未结束以前由工作负责人向工作许可人提出申请，经同意后给予办理。

2.3.10　工作票所列人员的基本条件

2.3.10.1　工作票签发人应由熟悉人员技术水平、熟悉设备情况、熟悉本规程并具有相关工作经验的生产领导人、技术人员或经本单位主管生产领导批准的人员担任。工作票签发人名单应书面公布。

2.3.10.2　工作负责人（监护人）、工作许可人应由有一定工作经验、熟悉本规程、熟悉工作班成员的工作能力、熟悉工作范围内的设备情况，并经工区（所、公司）生产领导书面批准的人员担任。

2.3.10.3　专责监护人应是具有相关工作经验，熟悉设备情况和本规程的人员。

2.3.11　工作票所列人员的安全责任

2.3.11.1　工作票签发人：

1）工作必要性和安全性；

2）工作票上所填安全措施是否正确完备；

3）所派工作负责人和工作班人员是否适当和充足。

2.3.11.2　工作负责人（监护人）：

1）正确安全地组织工作；

2）负责检查工作票所列安全措施是否正确完备和工作许可人所做的安全措施是否符合现场实际条件，必要时予以补充；

3）工作前对工作班成员进行危险点告知、交待安全措施和技术措施，并确认每一个工作班成员都已知晓；

4）督促、监护工作班成员遵守本规程、正确使用劳动防护用品和执行现场安全措施；

5）工作班成员精神状态是否良好；

6）工作班成员变动是否合适。

2.3.11.3　工作许可人：

1）审查工作必要性；

2）线路停、送电和许可工作的命令是否正确；

3）许可的接地等安全措施是否正确完备。

2.3.11.4　专责监护人：

1）明确被监护人员和监护范围；

2）工作前对被监护人员交待安全措施、告知危险点和安全注意事项；

3）监督被监护人员遵守本规程和现场安全措施，及时纠正不安全行为。

2.3.11.5　工作班成员：

1）明确工作内容、工作流程、安全措施、工作中的危险点，并履行确认手续；

2）严格遵守安全规章制度、技术规程和劳动纪律，正确使用安全工器具和劳动防护用品；

3）相互关心工作安全，并监督本规程的执行和现场安全措施的实施。

2.4 工作许可制度

2.4.1 填用第一种工作票进行工作，工作负责人应在得到全部工作许可人的许可后，方可开始工作。

2.4.2 线路停电检修，工作许可人应在线路可能受电的各方面（含变电站、发电厂、环网线路、分支线路）都拉闸停电，并挂好接地线后，方能发出许可工作的命令。

调度值班员或工区值班员在向工作负责人发出许可工作的命令前，应将工作班组名称、数目、工作负责人姓名、工作地点和工作任务记入记录簿内。

2.4.3 许可开始工作的命令，应通知工作负责人。其方法可采用：

1）当面通知；

2）电话下达；

3）派人送达。

电话下达时，工作许可人及工作负责人应记录清楚明确，并复诵核对无误。对直接在现场许可的停电工作，工作许可人和工作负责人应在工作票上记录许可时间，并签名。

2.4.4 若停电线路作业还涉及其他单位配合停电的线路时，工作负责人应在得到指定的配合停电设备运行管理单位联系人通知这些线路已停电和接地，并履行工作许可书面手续后，才可开始工作。

2.4.5 严禁约时停、送电。

2.4.6 填用电力线路第二种工作票时，不需要履行工作许可手续。

2.5 工作监护制度

2.5.1 完成工作许可手续后，工作负责人、专责监护人应向工作班成员交待工作内容、人员分工、带电部位和现场安全措施、进行危险点告知，并履行确认手续，工作班方可开始工作。工作负责人、专责监护人应始终在工作现场，对工作班人员的安全进行认真监护，及时纠正不安全的行为。

在线路停电时进行工作，工作负责人在班组成员确无触电等危险的条件下，可以参加工作班工作。

2.5.2 工作票签发人和工作负责人对有触电危险、施工复杂容易发生事故的工作，应增设专责监护人和确定被监护的人员。

专责监护人不得兼做其他工作。专责监护人临时

离开时，应通知被监护人员停止工作或离开工作现场，待专责监护人回来后方可恢复工作。

2.5.3 工作期间，工作负责人因故暂时离开工作现场时，应指定能胜任的人员临时代替，离开前应将工作现场交待清楚，并告知工作班成员。原工作负责人返回工作现场时，也应履行同样的交接手续。

若工作负责人长时间离开工作的现场时，应由原工作票签发人变更工作负责人，履行变更手续，并告知全体工作人员及工作许可人。

2.6 工作间断制度

2.6.1 在工作中遇雷、雨、大风或其他任何情况威胁到工作人员的安全时，工作负责人或专责监护人可根据情况，临时停止工作。

2.6.2 白天工作间断时，工作地点的全部接地线仍保留不动。如果工作班须暂时离开工作地点，则应采取安全措施和派人看守，不让人、畜接近挖好的基坑或未竖立稳固的杆塔以及负载的起重和牵引机械装置等。恢复工作前，应检查接地线等各项安全措施的完整性。

2.6.3 填用数日内工作有效的第一种工作票，每日收工时如果将工作地点所装的接地线拆除，次日恢复工作前应重新验电并接地线。

如果经调度允许的连续停电、夜间不送电的线路，工作地点的接地线可以不拆除，但次日恢复工作前应派人检查。

2.7 工作终结和恢复送电制度

2.7.1 完工后，工作负责人（包括小组负责人）应检查线路检修地段的状况，确认在杆塔上、导线上、绝缘子串上及其他辅助设备上没有遗留的个人保安线、工具、材料等，查明全部工作人员确由杆塔上撤下后，再命令拆除工作地段所挂的接地线。接地线拆除后，应即认为线路带电，不准任何人再登杆进行工作。

多个小组工作，工作负责人应得到所有小组负责人工作结束的汇报。

2.7.2 工作终结后，工作负责人应及时报告工作许可人，报告方法如下：

2.7.2.1 当面报告；

2.7.2.2 用电话报告并经复诵无误。

若有其他单位配合停电线路，还应及时通知指定的配合停电设备运行管理单位联系人。

2.7.3 工作终结的报告应简明扼要，并包括下列内容：工作负责人姓名，某线路上某处（说明起止杆塔号、分支线名称等）工作已经完工，设备改动情况，工作地点所挂的接地线、个人保安线已全部拆除，线

路上已无本班组工作人员和遗留物，可以送电。

2.7.4　工作许可人在接到所有工作负责人（包括用户）的完工报告，并确认全部工作已经完毕，所有工作人员已由线路上撤离，接地线已经全部拆除，与记录簿核对无误并作好记录后，方可下令拆除各侧安全措施，向线路恢复送电。

2.7.5　已终结的工作票、事故应急抢修单、工作任务单应保存一年。

3　保证安全的技术措施

3.1　电力线路安全工作的技术措施
1）停电；
2）验电；
3）装设接地线；
4）使用个人保安线；
5）悬挂标示牌和装设遮栏（围栏）。

3.2　停电

3.2.1　进行线路停电作业前，应做好下列安全措施：

3.2.1.1　断开发电厂、变电站、开闭所、配电站（所）、环网设备（包括用户设备）等线路断路器（开关）和隔离开关（刀闸）；

3.2.1.2　断开需要工作班操作的线路各端（含分支）断路器（开关）、隔离开关（刀闸）和熔断器（保险）；

3.2.1.3　断开危及该线路停电作业，且不能采取相应安全措施的交叉跨越、平行和同杆架设线路（包括用户线路）的断路器（开关）、隔离开关（刀闸）和熔断器（保险）；

3.2.1.4　断开有可能返回低压电源的断路器（开关）、隔离开关（刀闸）和熔断器（保险）。

3.2.2　停电设备的各端，应有明显的断开点（对无法观察到明显断开点的设备除外）。断路器（开关）、隔离开关（刀闸）的操动机构（操作机构）上应加锁；跌落式熔断器的熔管应摘下。

3.3　验电

3.3.1　在停电线路工作地段装接地线前，要先验电，验明线路确无电压。验电应使用相应电压等级、合格的接触式验电器。

330kV 及以上的线路，可使用合格的绝缘棒或专用的绝缘绳验电。验电时，绝缘棒或绝缘绳的验电部分应逐渐接近导线，根据有无放电声和火花来判断线路是否确无电压。验电时应戴绝缘手套。

3.3.2　验电前，宜先在有电设备上进行试验，确认验电器良好；无法在有电设备上进行试验时，可用高压发生器等确证验电器良好。

验电时，人体应与被验电设备保持表 5-1 的距

离，并设专人监护。使用伸缩式验电器时，应保证绝缘的有效长度。

3.3.3　对无法进行直接验电的设备，可以进行间接验电，即检查隔离开关（刀闸）的机械指示位置、电气指示、仪表及带电显示装置指示的变化，但至少应有两个及以上的指示或信号已发生对应变化；若进行遥控操作，则应同时检查隔离开关（刀闸）的状态指示、遥测、遥信信号及带电显示装置的指示，进行间接验电。

3.3.4　对同杆塔架设的多层电力线路进行验电时，先验低压、后验高压，先验下层、后验上层，先验近侧、后验远侧。禁止工作人员穿越未经验电、接地的 10kV 及以下线路对上层线路进行验电。

线路的验电应逐相进行。检修联络用的断路器（开关）、隔离开关（刀闸）或其组合时，应在其两侧验电。

3.4　装设接地线

3.4.1　线路经验明确无电压后，应立即装设接地线并三相短路。各工作班工作地段两端和有可能送电到停电线路的分支线（包括用户）都要验电、挂接地线。挂、拆接地线应在监护下进行。

配合停电的线路可以只在工作地点附近装设一处接地线。

3.4.2　禁止工作人员擅自变更工作票中指定的接地线位置。如需变更，应由工作负责人征得工作票签发人同意。

3.4.3　同杆塔架设的多层电力线路挂接地线时，应先挂低压、后挂高压，先挂下层、后挂上层，先挂近侧、后挂远侧。拆除时次序相反。

3.4.4　成套接地线应用有透明护套的多股软铜线组成，其截面不得小于 25mm²，同时应满足装设地点短路电流的要求。

禁止使用其他导线作接地线或短路线。

接地线应使用专用的线夹固定在导体上，严禁用缠绕的方法进行接地或短路。

3.4.5　装设接地线应先接接地端，后接导线端，接地线应接触良好，连接可靠。拆接地线的顺序与此相反。装、拆接地线均应使用绝缘棒或专用的绝缘绳。人体不得碰触接地线或未接地的导线。

3.4.6　利用铁塔接地或与杆塔接地装置电气上直接相连的横担接地时，允许每相分别接地，但杆塔接地电阻和接地通道应良好。杆塔与接地线联结部分应清除油漆，接触良好。

3.4.7　对于无接地引下线的杆塔，可采用临时接地体。接地体的截面积不得小于 190mm²（如 φ16 圆

钢）。接地体在地面下深度不得小于 0.6m。对于土壤电阻率较高地区，如岩石、瓦砾、沙土等，应采取增加接地体根数、长度、面积或埋地深度等措施改善接地电阻。

3.4.8 在同杆塔架设多回线路杆塔的停电线路上装设的接地线，应采取措施防止接地线摆动，并满足表5-1安全距离的规定。

断开耐张杆塔引线时，应先在断开引线的两侧装设接地线。

3.4.9 电缆及电容器接地前应逐相充分放电，星形接线电容器的中性点应接地，串联电容器及与整组电容器脱离的电容器应逐个放电，装在绝缘支架上的电容器外壳也应放电。

3.5　使用个人保安线

3.5.1 工作地段如有邻近、平行、交叉跨越及同杆塔架设线路，为防止停电检修线路上感应电压伤人，在需要接触或接近导线工作时，应使用个人保安线。

3.5.2 个人保安线应在杆塔上接触或接近导线的作业开始前挂接，作业结束脱离导线后拆除。装设时，应先接接地端，后接导线端，且接触良好，连接可靠。拆个人保安线的顺序与此相反。

3.5.3 个人保安线应使用有透明护套的多股软铜线，截面积不得小于 $16mm^2$，且应带有绝缘手柄或绝缘部件。严禁以个人保安线代替接地线。

3.5.4 在杆塔或横担接地通道良好的条件下，个人保安线接地端允许接在杆塔或横担上。

3.6　悬挂标示牌和装设遮栏（围栏）

3.6.1 在一经合闸即可送电到工作地点的断路器（开关）、隔离开关（刀闸）的操作处，均应悬挂"禁止合闸，线路有人工作！"或"禁止合闸，有人工作！"的标示牌。

3.6.2 进行地面配电设备部分停电的工作，人员工作时距设备小于表 3-1 安全距离以内的未停电设备，应增设临时围栏。临时围栏与带电部分的距离，不得小于表 3-2 的规定。临时围栏应设置牢固，并悬挂"止步，高压危险！"的标示牌。35kV 及以下设备的临时围栏，如因工作特殊需要，可用绝缘隔板与带电部分直接接触。绝缘隔板的绝缘性能应符合附录 J 的要求。

表 3-1　　设备不停电时的安全距离

电压等级（kV）	10 及以下	20、35	63（66）、110
安全距离（m）	0.70	1.00	1.50

表 3-2　　工作人员工作中正常活动范围与带电设备的安全距离

电压等级（kV）	10 及以下	20、35	63（66）、110
安全距离（m）	0.35	0.60	1.50

注 表 3-1、表 3-2 未列电压应选用高一档电压等级的安全距离。

3.6.3 在城区或人口密集区地段施工时，工作场所周围应装设遮栏（围栏）。

3.6.4 高压配电设备做耐压试验时，应在周围设围栏，围栏上应悬挂适当数量的"止步，高压危险！"标示牌。严禁工作人员在工作中移动或拆除围栏和标示牌。

4　线路运行和维护

4.1　线路巡视

4.1.1 巡线工作应由有电力线路工作经验的人员担任。单独巡线人员应考试合格并经工区（公司、所）主管生产领导批准。电缆隧道、偏僻山区和夜间巡线应由两人进行。暑天、大雪天等恶劣天气，必要时由两人进行。单人巡线时，禁止攀登电杆和铁塔。

4.1.2 雷雨、大风天气或事故巡线，巡视人员应穿绝缘鞋或绝缘靴；暑天、山区巡线应配备必要的防护工具和药品；夜间巡线应携带足够的照明工具。

4.1.3 夜间巡线应沿线路外侧进行；大风巡线应沿线路上风侧前进，以免万一触及断落的导线；特殊巡视应注意选择路线，防止洪水、塌方、恶劣天气等对人的伤害。

事故巡线应始终认为线路带电。即使明知该线路已停电，亦应认为线路随时有恢复送电的可能。

4.1.4 巡线人员发现导线、电缆断落地面或悬吊空中，应设法防止行人靠近断线地点 8m 以内，以免跨步电压伤人，并迅速报告调度和上级，等候处理。

4.1.5 进行配电设备巡视的人员，应熟悉设备的内部结构和接线情况。巡视检查配电设备时，不得越过遮栏或围墙。进出配电设备室（箱），应随手关门，巡视完毕应上锁。单人巡视时，禁止打开配电设备柜门、箱盖。

4.2　倒闸操作

4.2.1 倒闸操作应使用倒闸操作票（见附录 G）。倒闸操作人员应根据值班调度员（工区值班员）的操作指令（口头、电话或传真、电子邮件）填写或打印倒闸操作票。操作指令应清楚明确，受令人应将指令内容向发令人复诵，核对无误。发令人发布指令的全过程（包括对方复诵指令）和听取指令的报告时，都要录音并作好记录。

事故紧急处理和拉合断路器（开关）的单一操作可不使用操作票。

4.2.2　操作票应用钢笔或圆珠笔逐项填写。用计算机开出的操作票应与手写格式票面统一。操作票票面应清楚整洁，不得任意涂改。操作票应填写设备双重名称，即设备名称和编号。操作人和监护人应根据模拟图或接线图核对所填写的操作项目，并分别签名。

4.2.3　倒闸操作前，应按操作票顺序在模拟图或接线图上预演核对无误后执行。

操作前、后，都应检查核对现场设备名称、编号和断路器（开关）、隔离开关（刀闸）的断、合位置。电气设备操作后的位置检查应以设备实际位置为准，无法看到实际位置时，可通过设备机械指示位置、电气指示、仪表及各种遥测、遥信信号的变化，且至少应有两个及以上的指示已同时发生对应变化，才能确认该设备已操作到位。

4.2.4　倒闸操作应由两人进行，一人操作，一人监护，并认真执行唱票、复诵制。发布指令和复诵指令都应严肃认真，使用规范操作术语，准确清晰，按操作票顺序逐项操作，每操作完一项，应检查无误后，做一个"√"记号。操作中发生疑问时，不准擅自更改操作票，应向操作发令人询问清楚无误后再进行操作。操作完毕，受令人应立即汇报发令人。

4.2.5　操作机械传动的断路器（开关）或隔离开关（刀闸）时，应戴绝缘手套。没有机械传动的断路器（开关）、隔离开关（刀闸）和跌落式熔断器（保险），应使用合格的绝缘棒进行操作。雨天操作应使用有防雨罩的绝缘棒，并戴绝缘手套。

操作柱上断路器（开关）时，应有防止断路器（开关）爆炸时伤人的措施。

4.2.6　更换配电变压器跌落式熔断器（保险）熔丝（保险丝）的工作，应先将低压刀闸和高压隔离开关（刀闸）或跌落式熔断器（保险）拉开。摘挂跌落式熔断器（保险）的熔管时，应使用绝缘棒，并应有专人监护。其他人员不得触及设备。

4.2.7　雷电时，严禁进行倒闸操作和更换熔丝（保险丝）工作。

4.2.8　如发生严重危及人身安全情况时，可不等待指令即行断开电源，但事后应立即报告调度或设备运行管理单位。

4.3　测量工作

4.3.1　直接接触设备的电气测量工作，至少应由两人进行，一人操作，一人监护。夜间进行测量工作，应有足够的照明。

4.3.2　测量人员应了解仪表的性能、使用方法和正确接线，熟悉测量的安全措施。

4.3.3　杆塔、配电变压器和避雷器的接地电阻测量工作，可以在线路和设备带电的情况下进行。解开或恢复配电变压器和避雷器的接地引线时，应戴绝缘手套。严禁直接接触与地断开的接地线。

4.3.4　测量低压线路和配电变压器低压侧的电流时，可使用钳形电流表。应注意不触及其他带电部分，以防相间短路。

4.3.5　带电线路导线的垂直距离（导线弛度、交叉跨越距离），可用测量仪或使用绝缘测量工具测量。严禁使用皮尺、普通绳索、线尺等非绝缘工具进行测量。

4.4　砍剪树木

4.4.1　在线路带电情况下，砍剪靠近线路的树木时，工作负责人应在工作开始前，向全体人员说明：电力线路有电，人员、树木、绳索应与导线保持表5-2的安全距离。

4.4.2　砍剪树木时，应防止马蜂等昆虫或动物伤人。上树时，不应攀抓脆弱和枯死的树枝，并使用安全带。安全带不得系在待砍剪树枝的断口附近或以上。不应攀登已经锯过或砍过的未断树木。

4.4.3　砍剪树木应有专人监护。待砍剪的树木下面和倒树范围内不得有人逗留，防止砸伤行人。为防止树木（树枝）倒落在导线上，应设法用绳索将其拉向与导线相反的方向。绳索应有足够的长度，以免拉绳的人员被倒落的树木砸伤。砍剪山坡树木应做好防止树木向下弹跳接近导线的措施。

4.4.4　树枝接触或接近高压带电导线时，应将高压线路停电或用绝缘工具使树枝远离带电导线至安全距离。此前严禁人体接触树木。

4.4.5　大风天气，禁止砍剪高出或接近导线的树木。

4.4.6　使用油锯和电锯的作业，应由熟悉机械性能和操作方法的人员操作。使用时，应先检查所能锯到的范围内有无铁钉等金属物件，以防金属物体飞出伤人。

5　邻近带电导线的工作

5.1　在带电线路杆塔上的工作

5.1.1　在带电杆塔上进行测量、防腐、巡视检查、紧杆塔螺栓、清除杆塔上异物等工作，作业人员活动范围及其所携带的工具、材料等，与带电导线最小距离不得小于表5-1的规定。

表 5-1　在带电线路杆塔上工作与
带电导线最小安全距离

电压等级 (kV)	安全距离 (m)	电压等级 (kV)	安全距离 (m)
10 及以下	0.70	220	3.00
20～35	1.00	330	4.00
63 (66) ～110	1.50	500	5.00

进行上述工作，应使用绝缘无极绳索，风力应不大于 5 级，并应有专人监护。如不能保持表 5-1 要求的距离时，应按照带电作业要求工作或停电进行。

5.1.2　在 10kV 及以下的带电杆塔上进行工作，工作人员距最下层带电导线垂直距离不得小于 0.7m。

5.2　邻近或交叉其他电力线路的工作

5.2.1　停电检修的线路如与另一回带电线路相交叉或接近，以致工作时人员和工器具可能和另一回导线接触或接近至表 5-2 安全距离以内时，则另一回线路也应停电并予接地。如邻近或交叉的线路不能停电时，应遵守 5.2.2～5.2.4 条的规定。工作中应采取防止损伤另一回线的措施。

表 5-2　邻近或交叉其他电力线
工作的安全距离

电压等级 (kV)	安全距离 (m)	电压等级 (kV)	安全距离 (m)
10 及以下	1.0	220	4.0
20、35	2.5	330	5.0
63 (66)、110	3.0	500	6.0

5.2.2　邻近带电的电力线路进行工作时，有可能接近带电导线至表 5-2 安全距离以内时，应做到以下要求：

1) 采取有效措施，使人体、导线、施工机具、牵引绳索和拉绳等与带电导线符合表 5-2 安全距离规定；

2) 作业的导、地线还应在工作地点接地。绞车等牵引工具应接地。

5.2.3　在交叉档内松紧、降低或架设导、地线的工作，只有停电检修线路在带电线路下面时才可进行，但应采取防止导、地线产生跳动或过牵引而与带电导线接近至表 5-2 安全距离以内的措施。

停电检修的线路如在另一回线路的上面，而又应在该线路不停电情况下进行放松或架设导、地线以及更换绝缘子等工作时，应采取安全可靠的措施。安全措施应经工作人员充分讨论后，经工区批准执行。措施应能保证：

1) 检修线路的导、地线牵引绳索等与带电线路

的导线应保持表 5-2 规定的安全距离；

2) 要有防止导、地线脱落、滑跑的后备保护措施。

5.2.4　在变电站、发电厂出入口处或线路中间某一段有两条以上相互靠近的平行或交叉线路时，要求：

1) 每基杆塔上都应有双重名称；

2) 经核对停电检修线路的双重名称无误，验明线路确已停电并挂好地线后，工作负责人方可宣布开始工作；

3) 在该段线路上工作，登杆塔时要核对停电检修线路的双重名称无误，并设专人监护，以防误登有电线路杆塔。

5.3　同杆塔架设多回线路中部分线路停电的工作

5.3.1　在同杆塔架设的多回线路中，部分线路停电检修，应在工作人员对带电导线最小距离不小于表 5-1 规定的安全距离时，才能进行。

严禁在有同杆塔架设的 10kV 及以下线路带电情况下，进行另一回线路的登杆停电检修工作。

5.3.2　遇有 5 级以上的大风时，严禁在同杆塔多回线路中进行部分线路停电检修工作。

5.3.3　工作票签发人和工作负责人对停电检修线路的称号应特别注意正确填写和检查。多回线路中的每回线路都应填写双重称号（即线路双重名称和位置称号，位置称号指上线、中线或下线和面向线路杆塔号增加方向的左线或右线）。

5.3.4　工作负责人在接受许可开始工作的命令时，应与工作许可人核对停电线路双重称号无误。如不符或有任何疑问时，不得开始工作。

5.3.5　为了防止在同杆塔架设多回线路中误登有电线路，还应采取以下措施：

5.3.5.1　每基杆塔应设识别标记（色标、判别标志等）和双重名称；

5.3.5.2　工作前应发给作业人员相对应线路的识别标记；

5.3.5.3　经核对停电检修线路的识别标记和双重名称无误，验明线路确已停电并挂好接地线后，工作负责人方可发令开始工作；

5.3.5.4　登杆塔和在杆塔上工作时，每基杆塔都应设专人监护；

5.3.5.5　作业人员登杆塔前应核对停电检修线路的识别标记和双重名称无误后，方可攀登。登杆塔至横担处时，应再次核对停电线路的识别标记与双重称号，确实无误后方可进入停电线路侧横担。

5.3.6　在杆塔上进行工作时，不得进入带电侧的横担，或在该侧横担上放置任何物件。

5.3.7 绑线要在下面绕成小盘再带上杆塔使用。严禁在杆塔上卷绕或放开绑线。

5.3.8 在停电线路一侧吊起或向下放落工具、材料等物体时，应使用绝缘无极绳圈传递，物件与带电导线的安全距离应保持表 5-2 的规定。

5.3.9 放线或撤线、紧线时，应采取措施防止导线或架空地线由于摆（跳）动或其他原因而与带电导线接近至危险距离以内。

在同杆塔架设的多回线路上，下层线路带电，上层线路停电作业时，不得进行放、撤线和地线的工作。

5.3.10 绞车等牵引工具应接地，放落和架设过程中的导线亦应接地，以防止产生感应电。

5.4　邻近高压线路感应电压的防护

5.4.1 在 330kV 及以上电压等级的带电线路杆塔上及变电站构架上作业，应采取穿着静电感应防护服、导电鞋等防静电感应措施（220kV 线路杆塔上作业时宜穿导电鞋）。

5.4.2 带电更换架空地线或架设耦合地线时，应通过金属滑车可靠接地。

5.4.3 绝缘架空地线应视为带电体。作业人员与绝缘架空地线之间的距离不应小于 0.4m。如需在绝缘架空地线上作业时，应用接地线或个人保安线将其可靠接地或采用等电位方式进行。

5.4.4 用绝缘绳索传递大件金属物品（包括工具、材料等）时，杆塔或地面上作业人员应将金属物品接地后再接触，以防电击。

6　一般安全措施

6.1　一般规定

6.1.1 任何人进入生产现场（办公室、控制室、值班室和检修班组除外），应戴安全帽。

6.1.2 工作场所的照明，应该保证足够的亮度。

6.1.3 遇有电气设备着火时，应立即将有关设备的电源切断，然后进行救火。消防器材的配备、使用、维护、消防通道的配置等应遵守 DL5027—1993《电力设备典型消防规程》的规定。

6.1.4 电气工具和用具应由专人保管，定期进行检查。使用时，应按有关规定接入漏电保护装置、接地线。使用前应检查电线是否完好，有无接地线，不合格的不准使用。

6.1.5 杆塔上作业应在良好的天气下进行，在工作中遇有 6 级以上大风以及雷暴雨、冰雹、大雾、沙尘暴等恶劣天气时，应停止工作。特殊情况下，确需在恶劣天气进行抢修时，应组织人员充分讨论必要的安全措施，经本单位主管生产的领导（总工程师）批准

后方可进行。

6.2　高处作业

6.2.1 凡在离地面（坠落高度基准面）2m 及以上的地点进行的工作，都应视做高处作业。

6.2.2 高处作业时，安全带（绳）应挂在牢固的构件上或专为挂安全带用的钢架或钢丝绳上，并不得低挂高用，禁止系挂在移动或不牢固的物件上［如避雷器、断路器（开关）、隔离开关（刀闸）、互感器等支持不牢固的物件］。系安全带后应检查扣环是否扣牢。

6.2.3 上杆塔作业前，应先检查根部、基础和拉线是否牢固。新立电杆在杆基未完全牢固或做好临时拉线前，严禁攀登。遇有冲刷、起土、上拔或导地线、拉线松动的电杆，应先培土加固，打好临时拉线或支好杆架后，再行登杆。

6.2.4 登杆塔前，应先检查登高工具和设施，如脚扣、升降板、安全带、梯子和脚钉、爬梯、防坠装置等是否完整牢靠。禁止携带器材登杆或在杆塔上移位。严禁利用绳索、拉线上下杆塔或顺杆下滑。

上横担进行工作前，应检查横担连接是否牢固和腐蚀情况，检查时安全带（绳）应系在主杆或牢固的构件上。

6.2.5 在杆塔高空作业时，应使用有后备绳的双保险安全带，安全带和保护绳应分挂在杆塔不同部位的牢固构件上，应防止安全带从杆顶脱出或被锋利物伤害。人员在转位时，手扶的构件应牢固，且不得失去后备保护绳的保护。220kV 及以上线路杆塔宜设置高空作业工作人员上下杆塔的防坠安全保护装置。

6.2.6 高处作业应使用工具袋，较大的工具应固定在牢固的构件上，不准随便乱放。上下传递物件应用绳索拴牢传递，严禁上下抛掷。

在高处作业现场，工作人员不得站在作业处的垂直下方，高空落物区不得有无关人员通行或逗留。在行人道口或人口密集区从事高处作业，工作点下方应设围栏或其他保护措施。

杆塔上下无法避免垂直交叉作业时，应做好防落物伤人的措施，作业时要相互照应，密切配合。

6.2.7 在气温低于零下 10℃ 时，不宜进行高处作业。确因工作需要进行作业时，作业人员应采取保暖措施，施工场所附近设置临时取暖休息所，并注意防火。高处连续工作时间不宜超过 1h。

在冰雪、霜冻、雨雾天气进行高处作业，应采取防滑措施。

6.2.8 在未做好安全措施的情况下，不准在不坚固的结构（如彩钢板屋顶）上进行工作。

6.2.9 梯子应坚固完整，梯子的支柱应能承受作业

人员及所携带的工具、材料攀登时的总重量，硬质梯子的横档应嵌在支柱上，梯阶的距离不应大于40cm，并在距梯顶1m处设限高标志。梯子不宜绑接使用。

6.2.10　在杆塔上水平使用梯子时，应使用特制的专用梯子。工作前应将梯子两端与固定物可靠连接，一般应由一人在梯子上工作。水平使用普通梯子应经过验算、检查合格。

6.2.11　在架空线路上使用软梯作业或用梯头进行移动作业时，软梯或梯头上只准一人工作。工作人员到达梯头上进行工作和梯头开始移动前均将梯头的封口可靠封闭，否则应使用保护绳防止梯头脱钩。

6.3　坑洞开挖与爆破

6.3.1　挖坑前，应与有关地下管道、电缆等地下设施的主管单位取得联系，明确地下设施的确切位置，做好防护措施。组织外来人员施工时，应将安全注意事项交待清楚，并加强监护。

6.3.2　挖坑时，应及时清除坑口附近浮土、石块，坑边禁止外人逗留。在超过1.5m深的基坑内作业时，向坑外抛掷土石应防止土石回落坑内。作业人员不得在坑内休息。

6.3.3　在土质松软处挖坑，应有防止塌方措施，如加挡板、撑木等。不得站在挡板、撑木上传递土石或放置传土工具。禁止由下部掏挖土层。

6.3.4　在下水道、煤气管线、潮湿地、垃圾堆或有腐质物等附近挖坑时，应设监护人。在挖深超过2m的坑内工作时，应采取如戴防毒面具、向坑中送风等安全措施。监护人应密切注意挖坑人员，防止煤气、沼气等有毒气体中毒。

6.3.5　在居民区及交通道路附近开挖的基坑，应设坑盖或可靠遮栏，加挂警告标牌，夜间挂红灯。

6.3.6　塔脚检查时，在不影响铁塔稳定的情况下，可以在对角线的两个塔脚同时挖坑。

6.3.7　进行石坑、冻土坑打眼或打桩时，应检查锤把、锤头及钢钎。作业人员应戴安全帽。扶钎人应站在打锤人侧面。打锤人不得戴手套。钎头有开花现象时，应及时修理或更换。

6.3.8　变压器台架的木杆打帮桩时，相邻两杆不得同时挖坑。承力杆打帮桩挖坑时，应采取防止倒杆时的措施。使用铁钎时，应注意上方导线。

6.3.9　炸药和雷管应分别运输、携带和存放，严禁和易燃物放在一起，并应有专人保管。运输中雷管应有防震措施。携带雷管时，应将引线短路。电雷管与电池不得同一人携带。雷雨天不应携带电雷管，并应停止爆破作业。在强电场附近不得使用电雷管。

如在车辆不足的情况下，允许同车携带少量炸药

（不超过10kg）和雷管（不超过20个）。携带雷管人员应坐在驾驶室内，车上炸药应有专人管理。

6.3.10　爆破人员应经过专门培训，持证上岗。爆破工作应有专人指挥。

6.3.11　运送和装填炸药时，不得使炸药受到强烈冲击挤压，严禁使用金属物体往炮眼内推送炸药，应使用木棒轻轻捣实。

6.3.12　电雷管的接线和点火起爆应由同一人进行。火雷管的导火索长度应能保证点火人离开危险区范围。点火者于点燃导火索后应立即离开危险区。

6.3.13　爆破基坑应根据土壤性质、药量、爆破方法等规定危险区。一般钻孔闷炮危险区半径应为50m；土坑开花炮危险区半径应为100m；石坑危险区半径应为200m；裸露药包爆破的危险区半径不小于300m。

如用深孔爆破加大药力时，应按具体情况扩大危险范围。

6.3.14　准备起爆时，除点导火索的人以外，都应离开危险区进行隐蔽。

起爆前要再次检查危险区内是否有人停留，并设人警戒。放炮过程中严禁任何人进入危险区内。

6.3.15　如需在坑内点火放炮时，应事先考虑好点火人能迅速、安全地离开坑内的措施。

6.3.16　雷管和导火索连接时，应使用专用钳子夹雷管口，严禁碰雷汞部分，严禁用牙咬雷管。

6.3.17　如遇有哑炮时，应等20min后再去处理。不得从炮眼中抽取雷管和炸药。重新打眼时，深眼要离原眼0.6m；浅眼要离原眼0.3～0.4m，并与原眼方向平行。

6.3.18　爆破时应考虑对周围建筑物、电力线、通信线等设施的影响，如有砸碰可能时，应采取特殊措施。

6.4　起重与运输

6.4.1　起重工作应由有经验的人统一指挥，指挥信号应简明、统一、畅通，分工应明确。参加起重工作的人员应熟悉起重搬运方案和安全措施。

工作前，工作负责人应对起重工作和工器具进行全面的检查。

6.4.2　起重机械，如绞磨、汽车吊、卷扬机、手摇绞车等，应安置平稳牢固，并应设有制动和逆止装置。制动装置失灵或不灵敏的起重机械禁止使用。

6.4.3　起重机械和起重工具的工作荷重应有铭牌规定，使用时不得超出。

流动式起重机，工作前应按说明书的要求平整停机场地，牢固可靠地打好支腿。电动卷扬机应可靠接地。

6.4.4　起吊物体应绑牢，物体若有棱角或特别光滑的部分时，在棱角和滑面与绳子接触处加以包垫。

6.4.5　吊钩应有防止脱钩的保险装置。使用开门滑

车时，应将开门勾环扣紧，防止绳索自动跑出。

6.4.6 当重物吊离地面后，工作负责人应再检查各受力部位和被吊物品，无异常情况后方可正式起吊。

6.4.7 在起吊、牵引过程中，受力钢丝绳的周围、上下方、内角侧和起吊物的下面，严禁有人逗留和通过。吊运重物不得从人头顶通过，吊臂下严禁站人。

6.4.8 起重钢丝绳的安全系数应符合下列规定：

6.4.8.1 用于固定起重设备为 3.5；

6.4.8.2 用于人力起重为 4.5；

6.4.8.3 用于机动起重为 5～6；

6.4.8.4 用于绑扎起重物为 10；

6.4.8.5 用于供人升降用为 14。

6.4.9 起重工作时，臂架、吊具、辅具、钢丝绳及重物等与带电体的最小安全距离不得小于表6-1的规定：

表 6-1　　　　　　　　　　　起重机械与带电体的最小安全距离

线路电压（kV）	<1	1～20	35～110	220	330	500
与线路最大风偏时的安全距离（m）	1.5	2	4	6	7	8.5

6.4.10 复杂道路、大件运输前应组织对道路进行勘查，并向乘车人员交底。

6.4.11 运输爆破器材，氧气瓶、乙炔气瓶等易燃、易爆物件时，应遵守《化学危险物品安全管理条例》的规定，并设标志。

6.4.12 装运电杆、变压器和线盘时应绑扎牢固，并用绳索绞紧；混凝土泥杆、线盘的周围应塞牢，防止滚动、移动伤人。运载超长、超高或重大物件时，物件重心应与车厢承重中心基本一致，超长物件尾部应设标志。严禁客货混装。

6.4.13 装卸电杆等笨重物件应采取措施，防止散堆伤人。分散卸车时，每卸一根之前，应防止其余杆件滚动；每卸完一处，应将车上其余的杆件绑扎牢固后，方可继续运送。

6.4.14 凡使用机械牵引杆件上山，应将杆身绑牢，钢丝绳不得触磨岩石或坚硬地面，爬山路线左右两侧5m以内，不得有人停留或通过。

6.4.15 人力运输的道路应事先清除障碍物，山区抬运笨重的物件应事先制定运输方案，采取必要的安全措施。

6.4.16 多人抬扛电杆时应同肩，步调一致，起放电杆时应相互呼应协调。重大物件不得直接用肩扛运，雨、雪后抬运物件时应有防滑措施。

6.4.17 在吊起或放落箱式配电设备、变压器、柱上断路器（开关）或隔离开关（刀闸）前，应检查台、构架结构是否牢固。

6.5　杆塔施工与检修

6.5.1 立、撤杆塔应设专人统一指挥。开工前，要交待施工方法、指挥信号和安全组织、技术措施，工作人员要明确分工、密切配合、服从指挥。在居民区和交通道路附近立、撤杆时，应具备相应的交通组织方案，并设警戒范围或警告标志，必要时派专人看守。

6.5.2 立、撤杆要使用合格的起重设备，严禁过载使用。

6.5.3 立、撤杆塔过程中基坑内严禁有人工作。除指挥人及指定人员外，其他人员应在离开杆塔高度的1.2倍距离以外。

6.5.4 立杆及修整杆坑时，应有防止杆身倾斜、滚动的措施，如采用拉绳和叉杆控制等。

6.5.5 顶杆及叉杆只能用于竖立 8m 以下的拔稍杆，不得用铁锹、桩柱等代用。立杆前，应开好"马道"。工作人员要均匀地分配在电杆的两侧。

6.5.6 利用已有杆塔立、撤杆，应先检查杆塔根部，必要时增设临时拉线或其他补强措施。在带电设备附近进行立撤杆塔工作，杆塔、拉线与临时拉线应与带电设备保持足够的安全距离，且有防止立、撤杆塔过程中拉线跳动的措施。

6.5.7 使用吊车立、撤杆塔时，钢丝绳套应吊在电杆的适当位置，以防止电杆突然倾倒。

6.5.8 在撤杆工作中，拆除杆上导线前，应先检查杆根，做好防止倒杆措施，在挖坑前应先绑好拉绳。

6.5.9 使用抱杆立、撤杆塔时，主牵引绳、尾绳、杆塔中心及抱杆顶应在一条直线上。抱杆下部应固定牢固，抱杆顶部应设临时拉线控制，临时拉线应均匀调节并由有经验的人员控制。抱杆受力均匀，两侧拉绳应拉好，不得左右倾斜。固定临时拉线时，不得固定在有可能移动的物体上，或其他不可靠的物体上。

6.5.10 整体立、撤杆塔前应进行全面检查，各受力、连接部位全部合格方可起吊。立、撤杆塔过程中，吊件垂直下方、受力钢丝绳的内角侧严禁有人。杆顶起立离地约0.8m时，应对杆塔进行一次冲击试验，对各受力点处作一次全面检查，确无问题，再继续起立；起立70°后，应减缓速度，注意各侧拉线；起立至80°时，停止牵引，用临时拉线调整杆塔。

6.5.11 牵引时，不得利用树木或外露岩石作受力桩，临时拉线不得固定在有可能移动或其他不可靠的物体上。一个锚桩上的临时拉线不得超过二根；临时拉线绑扎工作应由有经验的人员担任。临时拉线应在永久拉线全部安装完毕承力后方可拆除。

6.5.12 已经立起的电杆，回填夯实后方可撤去拉绳及叉杆。回填土块直径应不大于 30mm，每回填 150mm 应夯实一次。杆基未完全夯实牢固和拉线杆塔在拉线未制作完成前，严禁攀登。

　　杆塔施工中不宜用临时拉线过夜；需要过夜时，应对临时拉线采取加固措施。

6.5.13 杆塔分段吊装时，上下段连接牢固后，方可继续进行吊装工作。分段分片吊装，应将各主要受力材连接牢固后，方可继续施工。

6.5.14 杆塔分解组立时，塔片就位时应先低侧、后高侧。主材和侧面大斜材未全部连接牢固前，不得在吊件上作业。提升抱杆时应逐节提升，严禁提升过高。单面吊装时，抱杆倾斜不宜超过 15°；双面吊装时，抱杆两侧的荷重、提升速度及摇臂的变幅角度应基本一致。

6.5.15 检修杆塔不得随意拆除受力构件，如需要拆除时，应事先作好补强措施。调整杆塔倾斜、弯曲、拉线受力不均或迈步、转向时，应根据需要设置临时拉线及其调节范围，并应有专人统一指挥。

　　杆塔上有人时，不得调整或拆除拉线。

6.5.16 在起吊部件过程中，严禁采用边吊边焊的工作方法。只有在摘除钢丝绳后，方可进行焊接。

6.5.17 在可能引起火灾的场所附近进行焊接工作时，应备有必要的消防器材。进行焊接工作时，应设有防止金属熔渣飞溅、掉落引起火灾的措施以及防止烫伤、触电、爆炸等措施。焊接人员离开现场前，应检查现场有无火种留下。

6.6 放线、紧线与撤线

6.6.1 放线、撤线和紧线工作均应有专人指挥、统一信号，并做到通信畅通、加强监护。工作前应检查放线、撤线和紧线工具及设备是否良好。

6.6.2 交叉跨越各种线路、铁路、公路、河流等放、撤线时，应先取得主管部门同意，做好安全措施，如搭好可靠的跨越架、封航、封路、在路口设专人持信号旗看守等。

6.6.3 紧线前，应检查导线有无障碍物挂住，紧线时，应检查接线管或接线头以及过滑轮、横担、树枝、房屋等处有无卡住现象。如遇导、地线有卡、挂住现象，应松线后处理。处理时操作人员应站在卡线处外侧，采用工具、大绳等撬、拉导线。严禁用手直接拉、推导线。

6.6.4 放线、撤线和紧线工作时，人员不得站在或跨在已受力的牵引绳、导线的内角侧和展放的导、地线圈内以及牵引绳或架空线的垂直下方，防止意外跑

线时抽伤。

6.6.5 紧线、撤线前，应检查拉线、桩锚和杆塔。必要时，应加固桩锚或加设临时拉绳。

6.6.6 严禁采用突然剪断导、地线的做法松线。

7 配电设备上的工作

7.1 配电设备上工作的一般规定

7.1.1 配电设备［包括：高压配电室、箱式变电站、配电变压器台架、低压配电室（箱）、环网柜、电缆分支箱］停电检修时，应使用电力线路第一种工作票；同一天内几处高压配电室、箱式变电站、配电变压器台架进行同一类型工作，可使用一张工作票。高压线路不停电时，工作负责人应向全体人员说明线路上有电，并加强监护。

7.1.2 在高压配电室、箱式变电站、配电变压器台架上进行工作，不论线路是否停电，应先拉开低压侧刀闸，后拉开高压侧隔离开关（刀闸）或跌落式熔断器（保险），在停电的高、低压引线上验电、接地。上述操作在工作负责人监护下进行时，可不用操作票。

7.1.3 进行配电设备停电作业前，应断开可能送电到待检修设备、配变各侧的所有线路（包括用户线路）断路器（开关）、隔离开关（刀闸）和熔断器（保险），并验电、接地后，才能进行工作。

7.1.4 两台及以上配电变压器低压侧共用一个接地体时，其中任一台配电变压器停电检修，其他配电变压器也应停电。

7.1.5 配电设备验电时，应戴绝缘手套。如无法直接验电，可以按 3.3.3 条的规定进行间接验电。

7.1.6 进行电容器停电工作时，应先断开电源，将电容器充分放电、接地后才能进行工作。

7.1.7 配电设备接地电阻不合格时，应戴绝缘手套方可接触箱体。

7.1.8 配电设备应有防误闭锁装置，防误闭锁装置不得随意推出运行。倒闸操作过程中严禁解锁。如需解锁，应履行批准手续。解锁工具（钥匙）使用后应及时封存。

7.1.9 配电设备中使用的普通型电缆接头，严禁带电插拔。可带电插拔的肘型电缆接头，不宜带负荷操作。

7.2 架空绝缘导线作业

7.2.1 架空绝缘导线不应视为绝缘设备，作业人员不得直接接触或接近。架空绝缘线路与裸导线线路停电作业的安全要求相同。

7.2.2 架空绝缘导线应在线路的适当位置，设立验电接地环或其他验电接地装置，以满足运行、检修工作的需要。

7.2.3 禁止工作人员穿越未停电接地或未采取隔离措施的绝缘导线进行工作。

7.3 装表接电

7.3.1 带电装表接电工作时，应采取防止短路和电弧灼伤的安全措施。

7.3.2 电能表与电流互感器、电压互感器配合安装时，应有防止电流互感器二次开路和电压互感器二次短路的安全措施。

7.3.3 所有配电箱、电表箱均应可靠接地且接地电阻应满足要求；工作人员在接触运用中的配电箱、电表箱前，应检查接地装置是否良好，并用验电笔确认其确无电压后，方可接触。

7.3.4 当发现配电箱、电表箱箱体带电时，应断开上一级电源将其停电，查明带电原因，并作相应处理。

8　带电作业

8.1 一般规定

8.1.1 本章的规定适用于在海拔1000m及以下交流10～500kV的高压架空电力线路、变电站（发电厂）电气设备上，采用等电位、中间电位和地电位方式进行的带电作业，以及低压带电作业。

在海拔1000m以上带电作业时，应根据作业区不同海拔高度，修正各类空气与固体绝缘的安全距离和长度、绝缘子片数等，并编制带电作业现场安全规程，经本单位主管生产领导（总工程师）批准后执行。

8.1.2 带电作业应在良好天气下进行。如遇雷电（听见雷声、看见闪电）、雪雹、雨雾不得进行带电作业。风力大于5级时，一般不宜进行带电作业。

在特殊情况下，应在恶劣天气进行带电抢修时，应组织有关人员充分讨论并编制必要的安全措施，经本单位主管生产领导（总工程师）批准后方可进行。

8.1.3 对于比较复杂、难度较大的带电作业新项目和研制的新工具，应进行科学试验，确认安全可靠，编出操作工艺方案和安全措施，并经本单位主管生产

领导（总工程师）批准后，方可进行和使用。

8.1.4 参加带电作业的人员，应经专门培训，并经考试合格、企业书面批准后，方能参加相应的作业。带电作业工作票签发人和工作负责人、专责监护人应由具有带电作业实践经验的人员担任。

8.1.5 带电作业应设专责监护人。监护人不得直接操作。监护的范围不得超过一个作业点。复杂或高杆塔作业必要时应增设（塔上）监护人。

8.1.6 带电作业工作票签发人或工作负责人认为有必要时，应组织有经验的人员到现场勘察，根据勘察结果做出能否进行带电作业的判断，并确定作业方法和所需工具以及应采取的措施。

8.1.7 带电作业有下列情况之一者应停用重合闸，并不得强送电：

8.1.7.1 中性点有效接地的系统中有可能引起单相接地的作业；

8.1.7.2 中性点非有效接地的系统中有可能引起相间短路的作业；

8.1.7.3 工作票签发人或工作负责人认为需要停用重合闸的作业。

严禁约时停用或恢复重合闸。

8.1.8 带电作业工作负责人在带电作业工作开始前，应与调度值班员联系。需要停用重合闸的作业，应由调度值班员履行许可手续。带电作业结束后应及时向调度值班员汇报。

8.1.9 在带电作业过程中如设备突然停电，作业人员应视设备仍然带电。工作负责人应尽快与调度联系，值班调度员未与工作负责人取得联系前不得强送电。

8.2 一般安全技术措施

8.2.1 进行地电位带电作业时，人身与带电体间的安全距离不得小于表8-1的规定。35kV及以下的带电设备，不能满足表8-1规定的最小安全距离时，应采取可靠的绝缘隔离措施。

表8-1　　人身与带电体的安全距离

电压等级（kV）	10	35	63（66）	110	220	330	500
距离（m）	0.4	0.6	0.7	1.0	1.8（1.6）*	2.2	3.4（3.2）**

* 220kV带电作业安全距离因受设备限制达不到1.8m时，经本单位主管生产领导（总工程师）批准，并采取必要的措施后，可采用括号内1.6m的数值。

** 海拔500m以下，500kV取3.2m值。但不适用于500kV紧凑型线路。海拔在500～1000m时，500kV取3.4m值。

8.2.2 绝缘操作杆、绝缘承力工具和绝缘绳索的有效绝缘长度不得小于表8-2的规定。

8.2.3 带电作业不得使用非绝缘绳索（如棉纱绳、白棕绳、钢丝绳）。

8.2.4 带电更换绝缘子或在绝缘子串上作业，应保证作业中良好绝缘子片数不少于表8-3的规定。

8.2.5 更换直线绝缘子串或移动导线的作业，当采用单吊线装置时，应采取防止导线脱落的后备保护措施。

表 8 - 2　　　绝缘工具最小有效绝缘长度

电压等级 （kV）	有效绝缘长度（m）	
	绝缘操作杆	绝缘承力工具、绝缘绳索
10	0.7	0.4
35	0.9	0.6
63（66）	1.0	0.7
110	1.3	1.0
220	2.1	1.8
330	3.1	2.8
500	4.0	3.7

表 8 - 3　　　　良好绝缘子最少片数

电压等级 （kV）	35	63 （66）	110	220	330	500
片数	2	3	5	9	16	23

8.2.6　在绝缘子串未脱离导线前，拆、装靠近横担的第一片绝缘子时，应采用专用短接线或穿屏蔽服方可直接进行操作。

8.2.7　在市区或人口稠密的地区进行带电作业时，工作现场应设置围栏，派专人监护，严禁非工作人员入内。

8.2.8　非特殊需要，不应在跨越处下方或邻近有电力线路或其他弱电线路的档内进行带电架、拆线的工作。如特殊需要，则应制定可靠的安全技术措施，经本单位生产领导（总工程师）批准后，方可进行。

8.3　等电位作业

8.3.1　等电位作业一般在 63（66）kV 及以上电压等级的电力线路和电气设备上进行。若须在 35kV 电压等级进行等电位作业时，应采取可靠的绝缘隔离措施。10kV 及以下电压等级的电力线路和电气设备上不得进行等电位作业。

8.3.2　等电位作业人员应在衣服外面穿合格的全套屏蔽服（包括帽、衣裤、手套、袜和鞋），且各部分应连接良好。屏蔽服内还应穿着阻燃内衣。

　　严禁通过屏蔽服断、接接地电流，空载线路和耦合电容器的电容电流。

8.3.3　等电位作业人员对接地体的距离应不小于表8-1的规定，对相邻导线的距离应不小于表8-4的规定。

表 8 - 4　　　等电位作业人员对邻相
导线的最小距离

电压等级 （kV）	35	63（66）	110	220	330	500
距离 （m）	0.8	0.9	1.4	2.5	3.1	5.0

8.3.4　等电位作业人员在绝缘梯上作业或者沿绝缘梯进入强电场时，其与接地体和带电体两部分间隙所组成的组合间隙不得小于表 8-5 的规定。

表 8 - 5　　　等电位作业中的最小组合间隙

电压等级 （kV）	35	63（66）	110	220	330	500
距离 （m）	0.7	0.8	1.2	2.1	3.1	4.0

8.3.5　等电位作业人员沿绝缘子串进入强电场的作业，一般在 220kV 及以上电压等级的绝缘子串上进行。其组合间隙不得小于表 8-5 的规定。若不满足表 8-5 的规定，应加装保护间隙。扣除人体短接的和零值的绝缘子片数后，良好绝缘子片数不得小于表 8-3 的规定。

8.3.6　等电位作业人员在电位转移前，应得到工作负责人的许可。转移电位时，人体裸露部分与带电体的距离不应小于表 8-6 的规定。

表 8 - 6　　　等电位作业转移电位时人体裸露
部分与带电体的最小距离

电压等级 （kV）	35～63（66）	110～220	330～500
距离 （m）	0.2	0.3	0.4

8.3.7　等电位作业人员与地电位作业人员传递工具和材料时，应使用绝缘工具或绝缘绳索进行，其有效长度不得小于表 8-2 的规定。

8.3.8　沿导、地线上悬挂的软、硬梯或飞车进入强电场的作业应遵守下列规定：

8.3.8.1　在连续档距的导、地线上挂梯（或飞车）时，其导、地线的截面不得小于：钢芯铝绞线和铝合金绞线 120mm²；钢绞线 50mm²（等同 OPGW 光缆和配套的 LGJ—70/40 型导线）。

8.3.8.2　有下列情况之一者，应经验算合格，并经本单位主管生产领导（总工程师）批准后才能进行：

　　1）在孤立档的导、地线上的作业；

　　2）在有断股的导、地线和锈蚀的地线上的作业；

　　3）在 8.3.8.1 条以外的其他型号导、地线上的作业；

　　4）两人以上在同档同一根导、地线上的作业。

8.3.8.3　在导、地线上悬挂梯子、飞车进行等电位作业前，应检查本档两端杆塔处导、地线的紧固情况。挂梯载荷后，应保持地线及人体对下方带电导线的安全间距比表 8-1 中的数值增大 0.5m；带电导线及人体对被跨越的电力线路、通信线路和其他建筑物的安全距离应比表 8-1 中的数值增大 1m。

8.3.8.4 在瓷横担线路上严禁挂梯作业，在转动横担的线路上挂梯前应将横担固定。

8.3.9 等电位作业人员在作业中严禁用酒精、汽油等易燃品擦拭带电体及绝缘部分，防止起火。

8.4 带电断、接引线

8.4.1 带电断、接空载线路，应遵守下列规定：

8.4.1.1 带电断、接空载线路时，应确认线路的另一端断路器（开关）和隔离开关（刀闸）确已断开，接入线路侧的变压器、电压互感器确已退出运行后，方可进行。

严禁带负荷断、接引线。

8.4.1.2 带电断、接空载线路时，作业人员应戴护目镜，并应采取消弧措施。消弧工具的断流能力应与被断、接的空载线路电压等级及电容电流相适应。如使用消弧绳，则其断、接的空载线路的长度不应大于表 8-7 规定，且作业人员与断开点应保持 4m 以上的距离。

表 8-7　使用消弧绳断、接空载线路的最大长度

电压等级 (kV)	10	35	63 (66)	110	220
长度 (km)	50	30	20	10	3

注 线路长度包括分支在内，但不包括电缆线路。

8.4.1.3 在查明线路确无接地、绝缘良好、线路上无人工作且相位确定无误后，方可进行带电断、接引线。

8.4.1.4 带电接引线时未接通相的导线及带电断引线时，已断开相的导线将因感应而带电。为防止电击，应采取措施后才能触及。

8.4.1.5 严禁同时接触未接通的或已断开的导线两个断头，以防人体串入电路。

8.4.2 严禁用断、接空载线路的方法使两电源解列或并列。

8.4.3 带电断、接耦合电容器时，应将其信号、接地刀闸合上并应停用高频保护。被断开的电容器应立即对地放电。

8.4.4 带电断、接空载线路、耦合电容器、避雷器、阻波器等设备引线时，应采取防止引流线摆动的措施。

8.5 带电短接设备

8.5.1 用分流线短接断路器（开关）、隔离开关（刀闸）、跌落式熔断器（保险）等载流设备，应遵守下列规定：

8.5.1.1 短接前一定要核对相位；

8.5.1.2 组装分流线的导线处应清除氧化层，且线夹接触应牢固可靠；

8.5.1.3 35kV 及以下设备使用的绝缘分流线的绝缘水平应符合表 8-13 的规定；

8.5.1.4 断路器（开关）应处于合闸位置，并取下跳闸回路熔断器（保险），锁死跳闸机构后，方可短接；

8.5.1.5 分流线应支撑好，以防摆动造成接地或短路。

8.5.2 阻波器被短接前，严防等电位作业人员人体短接阻波器。

8.5.3 短接开关设备或阻波器的分流线截面和两端线夹的载流容量，应满足最大负荷电流的要求。

8.6 带电清扫机械作业

8.6.1 进行带电清扫工作时，绝缘操作杆的有效长度不得小于表 8-2 的规定。

8.6.2 在使用带电清扫机械进行清扫前，应确认：清扫机械工况（电机及控制部分、软轴及传动部分等）完好，绝缘部件无变形、脏污和损伤，毛刷转向正确，清扫机械已可靠接地。

8.6.3 带电清扫作业人员应站在上风侧位置作业，应戴口罩、护目镜。

8.6.4 作业时，作业人的双手应始终握持绝缘杆保护环以下部位，并保持带电清扫有关绝缘部件的清洁和干燥。

8.7 带电爆炸压接

8.7.1 带电爆炸压接应使用工业 8 号纸壳火雷管。

8.7.2 为防止雷管在电场中自行起爆，引爆系统（包括雷管、导火索、拉火管）应全部屏蔽。

引爆方式可采用地面引爆和等电位引爆。当采用等电位引爆时，应做到：引爆系统与导线连接牢固；安装引爆系统时，作业人员应始终与导线保持等电位；导火索应有足够的长度，以保证作业人员安全撤离。

8.7.3 炸药爆炸会降低空气绝缘。为保证安全，应遵守下列规定：

8.7.3.1 爆炸时，爆炸点对地及相间的安全距离应满足表 8-8 的规定。

表 8-8　爆炸点对地及相间的安全距离

电压等级 (kV)	63 (66) 及以下	110	220	330	500
距离 (m)	2.0	2.5	3.0	3.5	5

8.7.3.2　如不能满足表 8-8 的规定,可在药包外包食盐或聚胺脂泡沫塑料,以减小由于爆炸时造成的空气绝缘的降低。

8.7.4　爆炸压接时,所有工作人员均应撤离爆炸点 30m 以外与雷管开口端反向的安全区。

8.7.5　爆炸压接时,爆炸点距绝缘子、分流线、金属承力工具、绝缘工具之间的距离应大于表 8-9 的规定,否则,应采取保护措施。

表 8-9　　爆炸点距离邻近物的距离

邻近物	承力工具及分流线	绝缘子	绝缘工具
距离(m)	0.4	0.6	1.0

8.7.6　若分裂导线间距小于 0.4m,应设法加大距离或采取保护措施。

8.7.7　出现瞎炮时,应按《电业安全工作规程(热力和机械部分)》的有关规定处理。爆炸压接使用的炸药、雷管、导火索、拉火管均为易燃、易爆物品,均应按上述规程的有关规定加以管理。

8.8　高架绝缘斗臂车作业

8.8.1　高架绝缘斗臂车应经检验合格。斗臂车操作人员应熟悉带电作业的有关规定,并经专门培训,考试合格、持证上岗。

8.8.2　高架绝缘斗臂车的工作位置应选择适当,支撑应稳固可靠,并有防倾覆措施。使用前应在预定位置空斗试操作一次,确认液压传动、回转、升降、伸缩系统工作正常、操作灵活,制动装置可靠。

8.8.3　绝缘斗中的作业人员应正确使用安全带和绝缘工具。

8.8.4　高架绝缘斗臂车操作人员应服从工作负责人的指挥,作业时应注意周围环境及操作速度。在工作过程中,高架绝缘斗臂车的发动机不应熄火。接近和离开带电部位时,应由斗臂中人员操作,但下部操作人员不得离开操作台。

8.8.5　绝缘臂的有效绝缘长度应大于表 8-10 的规定,且应在下端装设泄漏电流监视装置。

表 8-10　　绝缘臂的最小有效绝缘长度

电压等级(kV)	10	35~63(66)	110	220
长度(m)	1.0	1.5	2.0	3.0

8.8.6　绝缘臂下节的金属部分,在仰起回转过程中,对带电体的距离应按表 8-1 的规定值增加 0.5m。工作中车体应良好接地。

8.9　保护间隙

8.9.1　保护间隙的接地线应用多股软铜线,其截面应满足接地短路容量的要求,但不得小于 25mm^2。

8.9.2　圆弧形保护间隙的距离应按表 8-11 的规定进行整定。

表 8-11　　圆弧形保护间隙整定值

电压等级(kV)	220	330
间隙距离(m)	0.7~0.8	1.0~1.1

8.9.3　使用保护间隙时,应遵守下列规定:

8.9.3.1　悬挂保护间隙前,应与调度联系停用重合闸。

8.9.3.2　悬挂保护间隙应先将其与接地网可靠接地,再将保护间隙挂在导线上,并使其接触良好。拆除的程序与其相反。

8.9.3.3　保护间隙应挂在相邻杆塔的导线上,悬挂后应派专人看守,在有人、畜通过的地区,还应增设围栏。

8.9.3.4　装、拆保护间隙的人员应穿全套屏蔽服。

8.10　带电检测绝缘子

8.10.1　使用火花间隙检测器检测绝缘子时,应遵守下列规定:

8.10.1.1　检测前,应对检测器进行检测,保证操作灵活,测量准确。

8.10.1.2　针式及少于 3 片的悬式绝缘子不得使用火花间隙检测器进行检测。

8.10.1.3　检测 35kV 及以上电压等级的绝缘子串时,当发现同一串中的零值绝缘片数达到表 8-12 的规定,应立即停止检测。

表 8-12　　一串绝缘子串中允许零值绝缘子片数

电压等级(kV)	35	63(66)	110	220	330	500
绝缘子串片数	3	5	7	13	19	28
零值片数	1	2	3	5	4	6

如绝缘子串的片数超过表 8-12 的规定时,零值绝缘子允许片数可相应增加。

8.10.1.4　应在干燥天气进行。

8.11　低压带电作业

8.11.1　低压带电作业应设专人监护。

8.11.2　使用有绝缘柄的工具,其外裸的导电部位应采取绝缘措施，防止操作时相间或相对地短路。工作时，应穿绝缘鞋和全棉长袖工作服，并戴手套、安全帽和护目镜，站在干燥的绝缘物上进行。严禁使用锉刀、金属尺和带有金属物的毛刷、毛掸等工具。

8.11.3　高低压同杆架设，在低压带电线路上工作时，应先检查与高压线的距离，采取防止误碰带电高压设备的措施。在低压带电导线未采取绝缘措施时，工作人员不得穿越。在带电的低压配电装置上工作时，应采取防止相间短路和单相接地的绝缘隔离措施。

8.11.4　上杆前，应先分清相、中性线，选好工作位置。断开导线时，应先断开相线，后断开中性线。搭接导线时，顺序应相反。

　　人体不得同时接触两根线头。

8.12　带电作业工具的保管、使用和试验

8.12.1　带电作业工具的保管

8.12.1.1　带电作业工具应存放于通风良好、清洁干燥的专用工具房内。工具房门窗应密闭严实，地面、墙面及顶面应采用不起尘、阻燃材料制做。室内的相对湿度应保持在 50%～70%。室内温度应略高于室外，且不宜低于 0℃。

8.12.1.2　带电工具房进行室内通风时，应在干燥的天气进行，并且室外的相对湿度不得高于 75%。通风结束后，应立即检查室内的相对湿度，并加以调控。

8.12.1.3　带电作业工具房应配备：湿度计、温度计、抽湿机（数量以满足要求为准），辐射均匀的加热器，足够的工具摆放架、吊架和灭火器等。

8.12.1.4　带电作业工具应统一编号、专人保管、登记造册，并建立试验、检修、使用记录。

8.12.1.5　有缺陷的带电作业工具应及时修复，不合格的应予报废，严禁继续使用。

8.12.1.6　高架绝缘斗臂车应存放在干燥通风的车库内，其绝缘部分应有防潮措施。

8.12.2　带电作业工具的使用

8.12.2.1　带电作业工具应绝缘良好、连接牢固、转动灵活，并按厂家使用说明书、现场操作规程正确使用。

8.12.2.2　带电作业工具使用前应根据工作负荷校核满足规定安全系数。

8.12.2.3　带电作业工具在运输过程中，带电绝缘工具应装在专用工具袋、工具箱或专用工具车内，以防受潮和损伤。发现绝缘工具受潮或表面损伤、脏污时，应及时处理并经试验或检测合格后方可使用。

8.12.2.4　进入作业现场，应将使用的带电作业工具放置在防潮的帆布或绝缘垫上，防止绝缘工具在使用中脏污和受潮。

8.12.2.5　带电作业工具使用前，仔细检查确认没有损坏、受潮、变形、失灵，否则禁止使用。并使用 2500V 及以上绝缘摇表或绝缘检测仪进行分段绝缘检测（电极宽 2cm，极间宽 2cm），阻值应不低于 700MΩ。操作绝缘工具时应戴清洁、干燥的手套。

8.12.3　带电作业工具的试验

8.12.3.1　带电作业工具应定期进行电气试验及机械试验，其试验周期为：

　　电气试验：预防性试验每年一次，检查性试验每年一次，两次试验间隔半年。

　　机械试验：绝缘工具每年一次，金属工具两年一次。

8.12.3.2　绝缘工具电气预防性试验项目及标准见表 8-13。

表 8-13　　　　　　　　　　　绝缘工具的试验项目及标准

额定电压（kV）	试验长度（m）	1min 工频耐压（kV）		5min 工频耐压（kV）		15 次操作冲击耐压（kV）	
		出厂及型式试验	预防性试验	出厂及型式试验	预防性试验	出厂及型式试验	预防性试验
10	0.4	100	45	—	—	—	—
35	0.6	150	95	—	—	—	—
63（66）	0.7	175	175	—	—	—	—
110	1.0	250	220	—	—	—	—
220	1.8	450	440	—	—	—	—
330	2.8	—	—	420	380	900	800
500	3.7	—	—	640	580	1175	1050

操作冲击耐压试验宜采用 $250/2500\mu s$ 的标准波，以无一次击穿、闪络为合格。工频耐压试验以无击穿、无闪络及过热为合格。

高压电极应使用直径不小于 30mm 的金属管，被试品应垂直悬挂，接地极的对地距离为 $1.0\sim1.2m$。接地极及接高压的电极（无金具时）处，以 50mm 宽金属铂缠绕。试品间距不小于 500mm，单导线两侧均压球直径不小于 200mm，均压球距试品不小于 1.5m。

试品应整根进行试验，不得分段。

8.12.3.3 绝缘工具的检查性试验条件是：将绝缘工具分成若干段进行工频耐压试验，每 300mm 耐压 75kV，时间为 1min，以无击穿、闪络及过热为合格。

8.12.3.4 带电作业高架绝缘斗臂车电气试验标准见附录 I。

8.12.3.5 屏蔽服衣裤任意两端点之间的电阻值均不得大于 20Ω。

8.12.3.6 带电作业工具的机械试验标准

　　1）在工作负荷状态承担各类线夹和连接金具荷重时，应按有关金具标准进行试验；

　　2）在工作负荷状态承担其他静荷载时，应根据设计荷载，按 SD165《电力建设施工机具设计基本要求（输电线路施工机具篇）》的规定进行试验；

　　3）在工作负荷状态承担人员操作荷载时：

　　静荷重试验：2.5 倍允许工作负荷下持续 5min，工具无变形及损伤者为合格。

　　动荷重试验：1.5 倍允许工作负荷下实际操作 3 次，工具灵活、轻便、无卡住现象为合格。

9 施工机具和安全工器具的使用、保管、检查和试验

9.1 一般规定

9.1.1 施工机具和安全工器具应统一编号，专人保管。入库、出库、使用前应进行检查。禁止使用损坏、变形、有故障等不合格的施工机具和安全工器具。机具的各种监测仪表以及制动器、限位器、安全阀、闭锁机构等安全装置应齐全、完好。

9.1.2 自制或改装和主要部件更换或检修后的机具，应按 SD165《电力建设施工机具设计基本要求（输电线路施工机具篇）》的规定进行试验，经鉴定合格后方可使用。

9.1.3 机具应由了解其性能并熟悉使用知识的人员操作和使用。机具应按出厂说明书和铭牌的规定使用。

9.1.4 起重机械的操作和维护应遵守 GB 6067《起重机械安全规程》。

9.2 施工机具的使用要求

9.2.1 各类绞磨和卷扬机

9.2.1.1 绞磨应放置平稳，锚固应可靠，受力前方不得有人。锚固绳应有防滑动措施。

9.2.1.2 牵引绳应从卷筒下方卷入，排列整齐，并与卷筒垂直，在卷筒上不得少于 5 圈（卷扬机不得少于 3 圈）。钢绞线不得进入卷筒。导向滑车应对正卷筒中心。滑车与卷筒的距离：光面卷筒不应小于卷筒长度的 20 倍，有槽卷筒不应小于卷筒长度的 15 倍。

9.2.1.3 人力绞磨架上固定磨轴的活动挡板应装在不受力的一侧，严禁反装。人力推磨时推磨人员应同时用力。绞磨受力时人员不得离开磨杠，防止飞磨伤人。作业完毕应取出磨杠。拉尾绳不应少于 2 人，应站在锚桩后面，且不得在绳圈内。绞磨受力时，不得用松尾绳的方法卸荷。

9.2.1.4 拖拉机绞磨两轮胎应在同一水平面上，前后支架应受力平衡。严禁带拖斗牵引。拖拉机头牵引的绞磨应与牵引绳的最近转向点保持 5m 以上的距离。

9.2.2 抱杆

9.2.2.1 选用抱杆应经过计算或负荷校核。独立抱杆至少应有四根拉绳，人字抱杆应有二根拉绳，所有拉绳均应固定在牢固的地锚上，必要时经校验合格。

9.2.2.2 抱杆有下列情况之一者严禁使用：

　　1）圆木抱杆：木质腐朽、损伤严重或弯曲过大；

　　2）金属抱杆：整体弯曲超过杆长的 1/600。局部弯曲严重、磕瘪变形、表面严重腐蚀、裂纹或脱焊；

　　3）抱杆脱帽环表面有裂纹或螺纹变形。

9.2.3 导线联结网套

导线穿入联结网套应到位，网套夹持导线的长度不得少于导线直径的 30 倍。网套末端应以铁丝绑扎不少于 20 圈。

9.2.4 双钩紧线器

应经常润滑保养。出现换向爪失灵、螺杆无保险螺丝、表面裂纹或变形等现象时严禁使用。紧线器受力后应至少保留 1/5 有效丝杆长度。

9.2.5 卡线器

其规格、材质应与线材的规格、材质相匹配。卡线器有裂纹、弯曲、转轴不灵活或钳口斜纹磨平等缺陷时应予报废。

9.2.6 放线架

支撑在坚实的地面上，松软地面应采取加固措施。放线轴与导线伸展方向应形成垂直角度。

9.2.7　地锚

分布和埋设深度，应根据其作用和现场的土质设置。

9.2.8　链条葫芦

9.2.8.1　使用前应检查吊钩、链条、转动装置及刹车装置，吊钩、链轮或倒卡变化以及链条磨损达直径的15％者严禁使用，刹车片严禁沾染油脂。

9.2.8.2　操作时，手拉链或扳手的拉动方向应与链轮槽方向一致，不得斜拉硬扳；操作人员不得站在葫芦正下方。葫芦的起重链不得打扭，并不得拆成单股使用。使用中如发生卡链，应将受力部位封固后方可

进行检修。

9.2.8.3　葫芦带负荷停留较长时间或过夜时，应将手拉链或扳手绑扎在起重链上，并采取保险措施。

9.2.9　钢丝绳

9.2.9.1　钢丝绳应按出厂技术数据使用。无技术数据时，应进行单丝破断力试验。

9.2.9.2　钢丝绳应定期浸油，遇有下列情况之一者应予报废：

1）钢丝绳在一个节距中有表9-1所示的断丝根数者；

表9-1　　　　　　　　　　　　　　　　　**钢 丝 绳 断 丝 根 数**

最初的安全系数	钢 丝 绳 结 构							
	$6\times19=114+1$		$6\times37=222+1$		$6\times61=366+1$		$18\times19=342+1$	
	逆捻	顺捻	逆捻	顺捻	逆捻	顺捻	逆捻	顺捻
小于6	12	6	22	11	36	18	36	18
6～7	14	7	26	13	38	19	38	19
大于7	16	8	30	15	40	20	40	20

2）钢丝绳的钢丝磨损或腐蚀达到原来钢丝直径的40％及以上，或钢丝绳受过严重退火或局部电弧烧伤者；

3）绳芯损坏或绳股挤出；

4）笼状畸形、严重扭结或弯折；

5）钢丝绳压扁变形及表面起毛刺严重者；

6）钢丝绳断丝数量不多，但断丝增加很快者。

9.2.9.3　钢丝绳端部用绳卡固定连接时，绳卡压板应在钢丝绳主要受力的一边，不得正反交叉设置；绳卡间距不应小于钢丝绳直径的6倍；绳卡数量应符合有关规定。

9.2.9.4　插接的环绳或绳套，其插接长度应不小于钢丝绳直径的15倍，且不得小于300mm。新插接的钢丝绳套应作125％允许负荷的抽样试验。

9.2.9.5　通过滑轮及卷筒的钢丝绳不得有接头。滑轮、卷筒的槽底或细腰部直径与钢丝绳直径之比应遵守下列规定：

起重滑车：机械驱动时不应小于11；人力驱动时不应小于10。

绞磨卷筒：不应小于10。

9.2.10　汽车吊、斗臂车

9.2.10.1　汽车吊、斗臂车的使用应遵守ZBJ 80002《汽车起重机和轮胎起重机安全规程》的规定。

9.2.10.2　汽车吊、斗臂车应在水平地面上工作，其允许倾斜度不得大于3°，支架应支撑在坚实的地面上，否则应采取加固措施。

9.2.10.3　在斗臂上工作应使用安全带。不得用汽车吊悬挂吊篮上人作业。不得用斗臂起吊重物。

9.2.10.4　在带电设备区域内使用汽车吊、斗臂车时，车身应使用不小于16mm²的软铜线可靠接地。在道路上施工应设围栏，并设置适当的警示标志。

9.3　施工机具的保管、检查和试验

9.3.1　施工机具应有专用库房存放，库房要经常保持干燥、通风。

9.3.2　施工机具应定期进行检查、维护、保养。施工机具的转动和传动部分应保持其润滑。

9.3.3　对不合格或应报废的机具应及时清理，不得与合格的混放。

9.3.4　起重机具的检查、试验要求应满足附录L的规定。

9.3.5　汽车吊试验应遵守GB 5905《起重机试验、规范和程序》，维护与保养应遵守ZBJ 80001《汽车起重机和轮胎起重机维护与保养》的规定。斗臂车机械试验、维护与保养参照以上规程执行。

9.4　安全工器具的保管、使用、检查和试验

9.4.1　安全工器具的保管

9.4.1.1　安全工器具宜存放在温度为−15～+35℃、相对湿度为80％以下、干燥通风的安全工器具室内。

9.4.1.2　安全工器具室内应配置适用的柜、架，并不得存放不合格的安全工器具及其他物品。

9.4.1.3　携带型接地线宜存放在专用架上，架上的号码与接地线的号码应一致。

9.4.1.4 绝缘隔板和绝缘罩应存放在室内干燥、离地面 200mm 以上的架上或专用的柜内。使用前应擦净灰尘。如果表面有轻度擦伤，应涂绝缘漆处理。

9.4.1.5 绝缘工具在储存、运输时不得与酸、碱、油类和化学药品接触，并要防止阳光直射或雨淋。橡胶绝缘用具应放在避光的柜内，并撒上滑石粉。

9.4.2 安全工器具的使用和检查

9.4.2.1 安全工器具使用前的外观检查应包括绝缘部分有无裂纹、老化、绝缘层脱落、严重伤痕，固定连接部分有无松动、锈蚀、断裂等现象。对其绝缘部分的外观有疑问时应进行绝缘试验合格后方可使用。

9.4.2.2 绝缘操作杆、验电器和测量杆：允许使用电压应与设备电压等级相符。使用时，作业人员手不得越过护环或手持部分的界限。雨天在户外操作电气设备时，操作杆的绝缘部分应有防雨罩或使用带绝缘子的操作杆。使用时人体应与带电设备保持安全距离，并注意防止绝缘杆被人体或设备短接，以保持有效的绝缘长度。

9.4.2.3 携带型短路接地线：接地线的两端夹具应保证接地线与导体和接地装置都能接触良好、拆装方便，有足够的机械强度，并在大短路电流通过时不致松脱。携带型接地线使用前应检查是否完好，如发现绞线松股、断股、护套严重破损、夹具断裂松动等均不得使用。

9.4.2.4 绝缘隔板和绝缘罩：绝缘隔板和绝缘罩只允许在 35kV 及以下电压的电气设备上使用，并应有足够的绝缘和机械强度。用于 10kV 电压等级时，绝缘隔板的厚度不应小于 3mm，用于 35kV 电压等级不应小于 4mm。现场带电安放绝缘隔板及绝缘罩时，应戴绝缘手套、使用绝缘操作杆，必要时可用绝缘绳索将其固定。

9.4.2.5 安全帽：安全帽使用前，应检查帽壳、帽衬、帽箍、顶衬、下颏带等附件完好无损。使用时，应将下颏带系好，防止工作中前倾后仰或其他原因造成滑落。

9.4.2.6 安全带：其腰带和保险带、绳应有足够的机械强度，材质应有耐磨性，卡环（钩）应具有保险装置，操作应灵活。保险带、绳使用长度在 3m 以上的应加缓冲器。

9.4.2.7 脚扣和登高板：金属部分变形和绳（带）损伤者禁止使用。特殊天气使用脚扣和登高板应采取防滑措施。

9.4.3 安全工器具试验

9.4.3.1 各类安全工器具应经过国家规定的型式试验、出厂试验和使用中的周期性试验，并做好记录。

9.4.3.2 应进行试验的安全工器具如下：
1）规程要求进行试验的安全工器具；
2）新购置和自制的安全工器具；
3）检修后或关键零部件经过更换的安全工器具；
4）对安全工器具的机械、绝缘性能发生疑问或发现缺陷时。

9.4.3.3 安全工器具经试验合格后，应在不妨碍绝缘性能且醒目的部位粘贴合格证。

9.4.3.4 安全工器具的电气试验和机械试验可由各使用单位根据试验标准和周期进行，也可委托有资质的试验研究机构试验。

9.4.3.5 各类绝缘安全工器具试验与周期要求见附录 J。

10 电力电缆工作

10.1 电力电缆工作的基本要求

10.1.1 工作前应详细核对电缆名称、标志牌与工作票所写的相符，安全措施正确可靠后，方可开始工作。

10.1.2 填用电力电缆第一种工作票的工作应经调度的许可。填用电力电缆第二种工作票的工作可不经调度的许可。若进入变配电站、发电厂工作都应经当值运行人员许可。

10.1.3 电力电缆设备的标志牌要与电网系统图、电缆走向图和电缆资料的名称一致。

10.1.4 变配电站的钥匙与电力电缆附属设施的钥匙应专人严格保管，使用时要登记。

10.2 电力电缆作业时的安全措施

10.2.1 电缆施工的安全措施

10.2.1.1 电缆直埋敷设施工前应先查清图纸，再开挖足够数量的样洞和样沟，摸清地下管线分布情况，以确定电缆敷设位置及确保不损坏运行电缆和其他地下管线。

10.2.1.2 为防止损伤运行电缆或其他地下管线设施，在城市道路红线范围内不应使用大型机械来开挖沟槽，硬路面面层破碎可使用小型机械设备，但应加强监护，不得深入土层。若要使用大型机械设备时，应履行相应的报批手续。

10.2.1.3 掘路施工应具备相应的交通组织方案，做好防止交通事故的安全措施。施工区域应用标准路栏等严格分隔，并有明显标记，夜间应加挂警示灯，以防行人或车辆等误入。

10.2.1.4 沟槽开挖深度达到 1.5m 及以上时，应采取措施防止土层塌方。

10.2.1.5 沟槽开挖时，应将路面铺设材料和泥土分别堆置，堆置处和沟槽应保持通道供施工人员正常行走。在堆置物堆起的斜坡上不得放置工具材料等器物，以免滑入沟槽伤害施工人员或损坏电缆。

10.2.1.6 挖到电缆保护板后，应由有经验的人员在场指导，方可继续进行，以免误伤电缆。

10.2.1.7 挖掘出的电缆或接头盒，如下面需要挖空时，应采取悬吊保护措施。电缆悬吊应每 1～1.5m 吊一道；接头盒悬吊应平放，不得使接头盒受到拉力；若电缆接头无保护盒，则应在该接头下垫上加宽加长木板，方可悬吊。电缆悬吊时，不得用铁丝和钢丝等，以免损伤电缆护层或绝缘。

10.2.1.8 移动电缆接头一般应停电进行。如应带电移动，应先调查该电缆的历史记录，由有经验的施工人员，在专人统一指挥下，平正移动，以防止损伤绝缘。

10.2.1.9 锯电缆以前，应与电缆走向图图纸核对相符，并使用专用仪器（如感应法）确切证实电缆无电后，用接地的带绝缘柄的铁钎钉入电缆芯后，方可工作。扶绝缘柄的人应戴绝缘手套并站在绝缘垫上。

10.2.1.10 开启电缆井井盖、电缆沟盖板及电缆隧道入孔盖时应使用专用工具，同时注意所立位置，以免滑脱后伤人。开启后应设置标准路栏围起，并有人看守。工作人员撤离电缆井或隧道后，应立即将井盖盖好，以免行人碰盖后摔跌或不慎跌入井内。

10.2.1.11 电缆隧道应有充足的照明，并有防火、防水、通风的措施。电缆井内工作时，禁止只打开一只井盖（单眼井除外）。进入电缆井、电缆隧道前，应先用吹风机排除浊气，再用气体检测仪检查井内或隧道内的易燃易爆及有毒气体的含量是否超标，并做好记录。电缆沟的盖板开启后，应自然通风一段时间后方可下井工作。电缆井、隧道内工作时，通风设备应保持常开，以保证空气流通。

10.2.1.12 充油电缆施工应做好电缆油的收集工作，对散落在地面上的电缆油要立即覆上黄沙或砂土，及时清除，以防行人滑跌和车辆滑倒。

10.2.1.13 在 10kV 跌落熔丝与 10kV 电缆头之间，宜加装过渡连接装置，使工作时能与熔丝上桩头有电部分保持安全距离。在 10kV 跌落熔丝上桩头有电的情况下，未采取安全措施前，不得在熔丝下桩头新装、调换电缆尾线或吊装、搭接电缆终端头。如应进行上述工作，则应采用专用绝缘罩隔离，在下桩头加装接地线。工作人员站在低位，伸手不得超过熔丝下桩头，并设专人监护。上述加绝缘罩工作应使用绝缘工具。

雨天禁止进行以上工作。

10.2.1.14 使用携带型火炉或喷灯时，火焰与带电

部分的距离：电压在 10kV 及以下者，不得小于 1.5m；电压在 10kV 以上者，不得小于 3m。不得在带电导线、带电设备、变压器、油断路器（开关）附近以及在电缆夹层、隧道、沟洞内对火炉或喷灯加油及点火。

10.2.1.15 制作环氧树脂电缆头和调配环氧树脂工作过程中，应采取有效的防毒和防火措施。

10.2.1.16 电缆施工完成后应将穿越过的孔洞进行封堵，以达到防水或防火的要求。

10.2.1.17 非开挖施工的安全措施：

1）采用非开挖技术施工前，应首先探明地下各种管线及设施的相对位置。

2）非开挖的通道，应离开地下各种管线及设施足够的安全距离。

3）通道形成的同时，应及时对施工的区域进行灌浆等措施，防止路基的沉降。

10.2.2 电力电缆线路试验安全措施

10.2.2.1 电力电缆试验要拆除接地线时，应征得工作许可人的许可（根据调度员命令装设的接地线，应征得调度员的许可），方可进行。工作完毕后立即恢复。

10.2.2.2 电缆耐压试验前，加压端应做好安全措施，防止人员误入试验场所。另一端应挂上警告牌。如另一端是上杆的或是锯断电缆处，应派人看守。

10.2.2.3 电缆的试验过程中，更换试验引线时，应先对设备充分放电。作业人员应戴好绝缘手套。

10.2.2.4 电缆耐压试验分相进行时，另两相电缆应接地。

10.2.2.5 电缆试验结束，应对被试电缆进行充分放电，并在被试电缆上加装临时接地线，待电缆尾线接通后才可拆除。

10.2.2.6 电缆故障声测定点时，禁止直接用手触摸电缆外皮或冒烟小洞，以免触电。

附　　录

附录 A　电力线路第一种工作票格式

电力线路第一种工作票

单位_____　　编号_____

1. 工作负责人（监护人）_____班组_____

2. 工作班人员（不包括工作负责人）

_____共_____人。

3. 工作的线路或设备双重名称（多回路应注明

双重称号）

_____

4. 工作任务

工作地点或地段 （注明分、支线路名称、线路的起止杆号）	工作内容

5. 计划工作时间

自 _____ 年 _____ 月 _____ 日

_____时_____分

至 _____ 年 _____ 月 _____ 日

_____时_____分

6. 安全措施（必要时可附页绘图说明）

6.1　应改为检修状态的线路间隔名称和应拉开的断路器（开关）、隔离开关（刀闸）、熔断器（保险）（包括分支线、用户线路和配合停电线路）：____

_____

_____

6.2　保留或邻近的带电线路、设备：_____

_____

_____

6.3　其他安全措施和注意事项：_____

_____

6.4　应挂的接地线

线路名称及杆号					
接地线编号					

工作票签发人签名_____ ____年____月

____日

工作负责人签名_____ ____年____月

____日____时____分收到工作票

7. 确认本工作票1～6项，许可工作开始

许可方式	许可人	工作负责人签名	许可工作的时间
			年　月　日　时　分

8. 确认工作负责人布置的任务和本施工项目安全措施

工作班组人员签名

_____

9. 工作负责人变动情况

原工作负责人_____离去，变更_____为工作负责人

工作票签发人_____ _____年____月____日____时____分

工作人员变动情况：（增添人员姓名、变动日期及时间）

_____

_____

工作负责人签名_____

10. 工作票延期

有效期延长到_____年_____月____日____时____分

工作负责人签名_____ ____年____月____日____时____分

工作许可人_____ ____年____月____日____时____分

11. 工作票终结

11.1　现场所挂的接地线编号_____共_____组，已全部拆除、带回。

11.2　工作终结报告：

终结报告的方式	许可人	工作负责人签名	终结报告时间
			年　月　日　时　分

12. 备注

(1) 指定专责监护人_____负责监护_____（地点及具体工作）

(2) 其他事项：_____

_____

附录B　电力电缆第一种工作票格式

见本篇第一部分3内容。

附录C　电力线路第二种工作票格式

电力线路第二种工作票

单位_____　编号_____

1. 工作负责人（监护人）_____班组_____

2. 工作班人员（不包括工作负责人）

_____

_____共_____人。

3. 工作任务

线路或设备名称	工作地点、范围	工作内容

4. 计划工作时间

自_____年___月___日___时___分

至_____年___月___日___时___分

5. 注意事项（安全措施）

_____

_____

_____

工作票签发人签名_____　_____年___月___

日___时___分

工作负责人签名_____　_____年___月___

日___时___分

6. 确认工作负责人布置的任务和本施工项目安全措施

工作班组人员签名：

_____

_____

_____

7. 工作开始时间：_____年___月___

日___时___分　工作负责人签名_____

工作完工时间：_____年___月___日___

时___分　工作负责人签名_____

8. 备注

_____

_____

_____

附录 D　电力电缆第二种工作票格式

见本篇第一部分 3 内容。

附录 E　电力线路带电作业工作票格式

电力线路带电作业工作票

单位_____　编号_____

1. 工作负责人（监护人）_____班组_____

2. 工作班人员（不包括工作负责人）

_____共_____人。

3. 工作任务

线路或设备名称	工作地点、范围	工作内容

4. 计划工作时间

自_____年_____月_____日_____时_____分

至_____年_____月_____日_____时_____分

5. 停用重合闸线路（应写双重名称）

_____

_____

_____

6. 工作条件（等电位、中间电位或地电位作业，或邻近带电设备名称）

_____

_____

_____

7. 注意事项（安全措施）

_____

_____

工作票签发人签名_____签发日期___年___月

___日___时___分

8. 确认本工作票 1～7 项

工作负责人签名_____

9. 工作许可

调度许可人（联系人）_____　工作负责人

签名_____

10. 指定_____为专责监护人

专责监护人签名_____

11. 补充安全措施（工作许可人填写）

_____

_____

_____

12. 确认工作负责人布置的任务和本施工项目安全措施

工作班人员签名：

_____

_____

_____

13. 工作终结汇报调度许可人（联系人）_____

工作负责人签名_____　_____年___月

___日___时___分

14. 备注

_____

_____

附录 F　电力线路事故应急抢修单格式

电力线路事故应急抢修单

单位_____　编号_____

1. 抢修工作负责人（监护人）_____班组_____

2. 抢修班人员（不包括抢修工作负责人）
_____共_____人。

3. 抢修任务（抢修地点和抢修内容）

_____

_____

4. 安全措施

_____

_____

5. 抢修地点保留带电部分或注意事项

_____

6. 上述1～5项由抢修工作负责人_____根据抢修任务布置人_____的布置填写。

7. 经现场勘察需补充下列安全措施

_____

_____

经许可人（调度/运行人员）_____同意（___月___日___时___分）后，已执行。

8. 许可抢修时间

_____年___月___日___时___分　许可人（调度/运行人员）___

9. 抢修结束汇报

本抢修工作于_____年___月___日___时___分结束。

现场设备状况及保留安全措施：_____

_____

_____

抢修班人员已全部撤离，材料工具已清理完毕，事故应急抢修单已终结。

抢修工作负责人_____许可人（调度/运行人员）_____

填写时间_____年_____月_____日_____时___分

附录 G　电力线路倒闸操作票格式

电力线路倒闸操作票

单位_____　编号_____

发令人		受令人		发令时间： 　年　月　日　时　分	
操作开始时间： 　年　月　日　时　分			操作结束时间： 　年　月　日　时　分		
操作任务					
顺序	操作项目				√
备　注					
操作人：			监护人：		

附录 H 标示牌式样

见本篇第一部分 3 内容。

附录 I 带电作业高架绝缘斗臂车电气试验标准表

见本篇第一部分 3 内容。

附录 J 绝缘安全工器具试验项目、周期和要求

见本篇第一部分 3 内容。

附录 K 登高工器具试验标准表

见本篇第一部分 3 内容。

附录 L 起重机具检查和试验周期、质量参考标准

起重机具检查和试验周期、质量参考标准

编号	起重工具名称	检查与试验质量标准	检查与预防性试验周期
1	白棕绳	检查：绳子光滑、干燥无磨损现象	每月检查一次
		试验：以 2 倍容许工作荷重进行 10min 的静力试验，不应有断裂和显著的局部延伸	每年试验一次
2	钢丝绳（起重用）	检查：①接口可靠，无松动现象；②钢丝绳无严重磨损现象；③钢丝断裂根数在规程规定限度以内	每月检查一次（非常用的钢丝绳在使用前应进行检查）
		试验：以 2 倍容许工作荷重进行 10min 的静力试验，不应有断裂和显著的局部延伸现象	每年试验一次
3	铁链	检查：①链节无严重锈蚀，无磨损；②链节无裂纹	每月检查一次
		试验：以 2 倍容许工作荷重进行 10min 的静力试验，链条不应有断裂、显著的局部延伸和个别链节拉长等现象	每年试验一次
4	葫芦（绳子滑车）	检查：①葫芦滑轮完整灵活；②滑轮吊杆（板）无磨损现象，开口销完整；③吊钩无裂纹、变形；④棕绳光滑无任何裂纹现象（如有损伤须经详细鉴定）；⑤润滑油充分	每月检查一次
		试验：①新安装或大修后，以 1.25 倍容许工作荷重进行 10min 的静力试验后，以 1.1 倍容许工作荷重作动力试验，不应有裂纹，显著局部延伸现象；②一般的定期试验，以 1.1 倍容许工作荷重进行 10min 的静力试验	每年试验一次
5	夹头、卡环等	检查：丝扣良好，表面无裂纹	每年检查一次
		试验：以 2 倍容许工作荷重进行 10min 的静力试验	每年试验一次
6	电动及机动绞磨	检查：①齿轮箱完整，润滑良好；②吊杆灵活，铆接处螺丝无松动或残缺；③钢丝绳无严重磨损现象，断丝根数在规程规定范围以内；④吊钩无裂纹变形；⑤滑轮滑杆无磨损现象；⑥滚筒突缘高度至少应比最外层绳索的表面高出该绳索的一个直径。吊钩放在最低位置时，滚筒上至少剩 5 圈绳索，绳索固定点良好；⑦机械转动部分防护罩完整，开关及电动机外壳接地良好；⑧卷扬限制器在吊钩升起距起重构架 300mm 时自动停止；⑨荷重控制器动作正常；⑩制动器灵活良好	6 个月检查一次；第（3）项应使用前进行检查；第（7）、（8）、（9）、（10）项应每月试验检查一次
		试验：①新安装的或经过大修的以 1.25 倍容许工作荷重升起 100mm 进行 10min 的静力试验后，以 1.1 倍容许工作荷重作动力试验，制动效能应良好，且无显著的局部延伸；②一般的定期试验，以 1.1 倍容许工作荷重进行 10min 的静力试验	每年试验一次

续表

编号	起重工具名称	检查与试验质量标准	检查与预防性试验周期
7	千斤顶	检查：①顶重头形状能防止物件的滑动；②螺旋或齿条千斤顶，防止螺杆或齿条脱离丝扣的装置良好；③螺纹磨损率不超过20％；④螺旋千斤顶，自动制动装置良好	每年检查一次
		试验：①新安装的或经过大修的，以1.25倍容许工作荷重进行10min的静力试验后，以1.1倍容许工作荷重作动力试验，结果不应有裂纹和显著局部延伸现象；②一般的定期试验，以1.1倍容许工作荷重进行10min的静力试验	每年试验一次
8	吊钩、卡线器、双钩紧线器	检查：①无裂纹或显著变形；②无严重腐蚀、磨损现象；③牙口、刃口中、转动部分灵活、无卡涩现象	半年检查一次
		试验：以1.25倍容许工作荷重进行10min静力试验，用放大镜或其他方法检查，不应有残余变化、裂纹及裂口	每年试验一次
9	抱杆	检查：①金属抱杆无弯曲变形、焊口无开焊；②无严重腐蚀；③抱杆帽无裂纹、变形	每月查一次、使用前检查
		试验：以1.25倍容许工作荷重进行10min静力试验	每年试验一次
10	其他起重工具	试验：以≥1.25倍容许工作荷重进行10min静力试验（无标准可依据时）	每年试验一次、使用前检查

注　1. 新的起重设备和工具，允许在设备证件发出日起12个月内不需重新试验。

2. 一切机械和设备在大修后应试验，而不应受预防性试验期限的限制。

3. 各项试验结果应作好记录。

附录M　紧急救护法

见《国家电网公司电力安全工作规程（发电厂变电所电气部分）》。

5　电业生产事故调查规程

(DL 558—1994)

1　总则

1.1　电力工业的安全生产对国民经济和人民生活关系极大，也是电力企业提高经济效益的基础。全体电业职工必须贯彻"安全第一、预防为主"的方针，坚持保人身、保电网、保设备的原则，切实保证电力安全生产，更好地为用户服务。根据国家有关法律、法规和电力部门的有关规程、规范，结合电力工业生产的内在规律，制订本规程。

1.2　制订本规程的目的是通过对事故的调查分析和统计，总结经验教训，研究事故规律，开展反事故斗争，促进电力生产全过程安全管理，并通过反馈事故信息，为提高规划、设计、施工安装、调试、运行和检修水平以及设备制造质量的可靠性提供依据。

1.3　发生事故应立即进行调查分析。调查分析事故必须实事求是，尊重科学，严肃认真，要做到事故原因不清楚不放过，事故责任者和应受教育者没有受到教育不放过，没有采取防范措施不放过（以下简称"三不放过"）。

1.4　各级领导应负责贯彻执行本规程，并积极支持安全监察（以下简称"安监"）机构和安监人员监督本规程的实施，不得擅自修改和违反。有关部门应按本规程的规定，各自做好相应的工作。

安监人员应认真做好生产全过程的安全监督和监察，并有权利、有责任直接向上级安监部门反映本规程的贯彻执行情况和问题。

1.5　发供电生产中发生的事故，凡涉及电力规划、设计、制造、施工安装、调试和集中检修等有关企业和个人，均应通过事故调查和原因分析，追查其事故责任。

1.6　本规程适用于全国电力行业。

2　事故

2.1　电力生产事故的确定

发生下列情况之一者定为电力生产事故。

2.1.1 电力生产人身伤亡

按国务院颁发的《企业职工伤亡事故报告和处理规定》及劳动部现行的有关规定在电力生产中构成的人身死亡、重伤、轻伤事故。

2.1.1.1 职工从事与电力生产有关的工作过程中发生的人身伤亡（含生产性急性中毒造成的伤亡，下同）。

2.1.1.2 职工在电力生产区域内，由于企业的劳动条件或作业环境不良，企业管理不善发生的伤亡。

2.1.1.3 职工在电力生产区域内，由于他人从事电力生产工作中的不安全行为造成的伤亡。

2.1.1.4 职工在电力生产区域内，由于设备或设施不安全，导致突发性事件，如设备爆炸、火灾、生产建（构）筑物倒塌等造成的伤亡。

2.1.1.5 停薪留职职工和已退休而又被本企业聘用人员、本企业雇用或借用外企业职工、民工和代训工、实习生、短期参加劳动的其他人员，在本企业的车间、班组及作业现场，从事有关的电力生产工作过程中发生的人身伤亡。

2.1.1.6 政府机关、劳动部门、上级主管部门组织有关人员进行检查或劳动时，在生产区域内发生本企业负有责任的上述人员伤亡。

2.1.1.7 本企业领导的多种经营企业，承包与电力生产有关的工作中，发生的人身伤亡。

2.1.1.8 两个及以上企业在同一生产区域、同一作业场所进行电力生产交叉作业时，发生由本企业负有同等及以上责任的"本企业"和"非本企业"人员的伤亡。

2.1.1.9 职工从事与电力生产有关的工作时，发生由本企业负同等及以上责任的交通事故而造成的伤亡。

2.1.1.10 凡非本企业领导的具备法人资格企业（不论其经济形式如何）承包与电力生产有关的工作中，发生本单位负有一定责任的人身伤亡。

2.1.2 设备非计划停运，降低出力和少送电（热）

2.1.2.1 电力系统、发电厂和3kV及以上供电设备的异常运行引起了对用户少送电（热）。

2.1.2.2 大机组在电业管理局、省（自治区、直辖市）电力工业局和电力工业部归口管理的公司（以下简称电管局、省电力局）批准期限内因其计算机控制保护装置或单项重要热工保护装置动作跳闸，引起发电机组停运，超过下列规定时间：

600MW 及以上机组	6h
300～600MW 以下机组	3h
100～300MW 以下机组	2h

2.1.2.3 锅炉、汽（水、燃气）轮机、发电机、调相机（含静止补偿器）、主变压器、500kV高压电抗器、输电线路、3kV及以上的配电线路（含电缆）的非计划检修或停止备用，达到下列条件之一者。

1）没有预先在6h以前向调度申请，并得到正式批准。

2）没有按调度规定的起止时间停止和恢复送电（热）或备用。

3）设备停用时间超过了下列规定：

a. 容量600MW及以上机组的锅炉、汽轮发电机组192h；

b. 容量300～600MW以下机组的锅炉、汽轮发电机组、500kV直流换流变压器168h；

c. 容量100～300MW以下机组的锅炉（包括各种压力的液态排渣炉）、汽轮发电机组、转轮直径大于5m的低水头轴流水轮机；330kV及以上交直流输变电设备、线路和直流换流站主设备及主要控制保护装置、110kV及以上充油电力电缆120h；

d. 高压、次高压锅炉和汽轮发电机组、其他水轮发电机组，500kV直流输电的其他设备，220kV及以上的变压器、断路器，其他电力电缆72h；

e. 中低压锅炉和汽轮发电机组，燃气轮机、调相机；110kV及以上输电线路48h；

f. 20～110kV以下发供电电气设备36h；

g. 由于辅助设备或公用系统的原因引起机组停用；20kV以下高压配电设备24h。

2.1.2.4 发电厂的异常运行引起了全厂有功出力降低，比电力系统调度规定的有功负荷曲线值低10%以上，并且延续时间超过1h。

2.1.2.5 发电厂和装有调相设备的变电所异常运行，引起了无功出力降低，比电力系统调度规定的无功负荷曲线值低10%以上，并且延续时间超过1h。

2.1.2.6 锅炉、汽（水、燃气）轮机、发电机、主变压器、线路被迫停止运行，属于下列情况之一者：

1）被迫停止运行系由于人员误操作（还包括人员误动、误碰）引起；

2）停用时间超过2.1.2.3条之3）的规定；

3）停运当时虽没有引起对用户少送电（热）或造成电网限电，但在高峰负荷时，引起了对用户少送电（热）或造成电网限电。

2.1.2.7 主要发供电设备的计划检修超过了批准的期限。

2.1.2.8 备用的主要发供电设备，不能按调度规定的时间投入运行。

2.1.2.9 电力系统发生稳定破坏或瓦解。

2.1.3 电能质量降低

2.1.3.1 电力系统频率偏差超出以下数值：

装机容量在 3000MW 及以上电力系统，频率偏差超出 50Hz±0.2Hz，延续时间 1h 以上；或频率偏差超出 50Hz±1Hz，延续时间 15min 以上；

装机容量在 3000MW 以下电力系统，频率偏差超出 50Hz±0.5Hz，延续时间 1h 以上；或频率偏差超出 50Hz±1Hz，延续时间 15min 以上。

2.1.3.2 电力系统监视控制点电压超过了电力系统调度规定的电压曲线数值的 ±5%，且延续时间超过 2h；或超过规定数值的 ±10%，且延续时间超过 1h。

2.1.4 经济损失

2.1.4.1 因故障造成发供电设备、公用系统设备及施工机械损坏，直接经济损失达到 5 万元。

2.1.4.2 由于生产用油、酸、碱、树脂等泄漏，生产车辆和运输工具损坏等造成直接经济损失达到 2 万元。

2.1.4.3 生产区域失火，直接经济损失超过 1 万元。

2.1.5 其他

2.1.5.1 主要发供电设备异常运行已达到规程规定的紧急停止运行条件，而未停止运行。

2.1.5.2 电站锅炉或专用压力容器爆炸。

2.1.5.3 锅炉运行中的压力超过工作安全门动作压力的 30%；汽轮机运行中超速达到额定转速的 1.12 倍以上；水轮机运行中超速达到紧急关导叶或下闸的转速。

2.1.5.4 发生带负荷拉、合隔离开关、带电挂（合）接接地线（接地刀闸）、带接地线（接地刀闸）合断路器（隔离开关）。

2.1.5.5 锅炉发生大批炉管腐蚀或烧坏，需要更换该部件（水冷壁、省煤器、过热器、再热器、预热器）管子达该部件管子总重量的 5% 以上。

2.1.5.6 100MW 及以上汽轮机大轴弯曲，需要进行直轴处理。

2.1.5.7 100MW 及以上汽轮机叶片折断。

2.1.5.8 100MW 及以上发电机绝缘损坏，需要更换损坏的线棒或铁芯。

2.1.5.9 120MVA 及以上主变压器绕组绝缘损坏。

2.1.5.10 220kV 及以上线路倒杆塔。

2.1.5.11 由于水工设备、水工建筑损坏或其他原因，造成水库不能正常蓄水、泄洪或其他损失。

2.1.5.12 对其他情节严重、性质恶劣的异常情况，本单位或上级主管部门可认定为事故。

2.2 由于同一原因而引起多次事故，或一次事故涉及几个单位时，事故的统计

2.2.1 发电厂由于燃煤（油）质量、煤湿等原因，在一个运行班的值班时间内，发生多次灭火停炉、降低出力构成事故者，可统计 1 次事故。

2.2.2 一条线路由于同一原因在 4h 内发生多次跳闸事故时，可定为 1 次事故。

2.2.3 同一个供电局的几条线路或几个变电所，由于自然灾害，如覆冰、暴风、水灾、火灾、地震、泥石流等原因，发生多条线路、多个变电所跳闸停电时，可统计 1 次事故，但须得到主管单位的认可。

2.2.4 一个单位发生了事故，扩大成系统事故时该单位应定为 1 次事故，管辖该系统的调度部门统计 1 次系统事故。

2.2.5 一个单位发生事故时，系统内另一个单位或几个单位由于本单位的过失又造成异常运行并构成事故者，后一个或几个单位要各统计 1 次事故。

2.2.6 输电线路发生瞬时故障，由于继电保护或断路器失灵，在断路器跳闸后拒绝重合，定为管辖该继电保护或断路器单位的电气（变电）事故；如果输电线路发生永久性故障，虽然继电保护或断路器失灵，未能重合，应定为管辖线路单位的输电事故。

2.2.7 配电线路发生故障，扩大到发电厂或变电所的母线停电或主变压器停电时，供电局应定为 1 次变电事故，发电厂则定为 1 次电气事故。

2.2.8 一条线路由两个及以上供电局负责维修，该线路故障跳闸构成事故时，如果各局经过检查均未发现故障点，应各统计 1 次事故。

2.2.9 由于电网调度机构过失，如下达调度命令错误、保护定值错误、误动、误碰等，造成发供电设备异常运行并构成事故时，调度应定为 1 次事故。如果发供电单位也有过失，亦应统计 1 次事故。

2.2.10 由于用户设备故障，引起发供电单位线路跳闸构成事故时，如有用电监察的责任时，供电局应定为 1 次事故。

2.2.11 35kV 及以下的直配线（或用户专用线），线路发生故障构成事故时，可定为配电事故。

2.2.12 由于通信失灵造成延误送电或扩大事故者，除事故单位定为事故以外，有责任的有关通信单位亦应统计 1 次事故。

2.2.13 网、省局直属的实行独立核算的集中检修单位，承包电力生产检修工作中，发生了设备事故，双方都有责任，则不分主、次，双方各统计 1 次事故；如果责任分不清，同样各统计 1 次事故；如果一方有责任，另一方无责任，则有责任一方定为 1 次事故。

2.2.14 一次事故中如同时发生人身伤亡事故和设备事故，应分别各定为 1 次事故。

2.3　事故性质的确定

事故根据其性质的严重程度及经济损失的大小，分为特别重大事故、重大事故、一般事故。

2.3.1 特别重大事故（以下简称特大事故）

2.3.1.1 人身死亡事故一次达 50 人及以上者。

2.3.1.2 电力事故造成直接经济损失 1000 万元及以上者。

2.3.1.3 大面积停电造成下列后果之一者。

　　1）电力系统减供负荷超过下列数值：

全网负荷	减供负荷
10000MW 及以上	30％
5000～10000MW 以下	40％或 3000MW
1000～5000MW 以下	50％或 2000MW

　　2）中央直辖市全市减供负荷 50％及以上；省会城市全市停电。

2.3.1.4 其他性质特别严重事故，经电力工业部认定为特大事故者。

2.3.2 重大事故

2.3.2.1 人身死亡事故一次达 3 人及以上，或人身伤亡事故一次死亡与重伤达 10 人及以上者。

2.3.2.2 大面积停电造成下列后果之一者。

　　1）电力系统减供负荷超过下列数值：

全网负荷	减供负荷
10000MW 及以上	10％
5000～10000MW 以下	15％或 1000MW
1000～5000MW 以下	20％或 750MW
1000MW 以下	40％或 200MW

　　2）中央直辖市全市减供负荷 30％及以上；省会或重要城市（名单由电管局、省电力局确定），全市减供负荷 50％及以上。

2.3.2.3 装机容量达 200MW 及以上的发电厂，或电网容量在 3000MW 以下，装机容量达 100MW 及以上的发电厂（包括电管局、省电力局自行指定的电厂）一次事故使两台及以上机组停止运行，并造成全厂对外停电。

2.3.2.4 下列变电所之一发生全所停电：

　　1）电压等级为 330kV 及以上的变电所；

　　2）枢纽变电所（名单由电管局、省电力局确定）；

　　3）一次事故中有 3 个 220kV 变电所全所停电。

2.3.2.5 发供电设备、施工机械严重损坏，直接经济损失达 150 万元。

2.3.2.6 25MW 及以上机组的锅炉、汽（水、燃气）轮机、发电机、调相机、水工设备和建筑，31.5MVA 及以上主变压器，220kV 及以上输电线路和断路器、主要施工机械严重损坏，30 天内不能修复或原设备修复后不能达到原来铭牌出力和安全水平。

2.3.2.7 其他性质严重事故，经电管局、省电力局（或企业主管单位）认定为重大事故者。

2.3.3 一般事故

特大事故、重大事故以外的事故，均为一般事故。

3　障碍

3.1　一类障碍

发生下列情况之一者定为一类障碍。

3.1.1 设备非计划停运或降低出力未构成事故者。

3.1.1.1 主要发供电设备被迫停止运行、非计划检修或停止备用。

3.1.1.2 发电厂的大机组因计算机控制保护装置或单项重要热工保护装置动作跳闸，引起发电机组停运，在电管局或省电力局批准期内，停运未超过 2.1.2.2 条规定的时间。

3.1.1.3 发电厂的异常运行，引起全厂有功出力降低，比调度规定的有功负荷曲线的值低 5％以上，并且延续时间超过 1h；或一台主机组实际出力下降 50％以上，并且延续时间超过 15min；或一台机组出力下降到零。

3.1.1.4 发电厂和装有调相机的变电所的异常运行，引起无功出力比电力系统调度规定的无功负荷曲线值低 10％以上，并且延续时间超过 30min；或一台调相机机组（包括调相运行的发电机组）的无功出力下降到零。

3.1.1.5 按电力系统调度调峰要求，锅炉带最低负荷运行时发生灭火停炉，但非人员过失造成，而且未引起设备损坏或对用户少送电（热）。

3.1.1.6 燃煤、燃油锅炉确因来煤、来油质量差造成的灭火停炉，但未引起设备损坏或对用户少送电（热）。

3.1.1.7 抽水蓄能机组不能按调度规定正常抽水。

3.1.2 电能质量降低。

3.1.2.1 电力系统频率偏差超出以下数值：

装机容量在 3000MW 及以上电力系统，频率偏差超出 50±0.2Hz，延续时间 30min 以上；或频率偏差超出 50±1Hz，延续时间 10min 以上。

装机容量 3000MW 以下电力系统，频率偏差超出 50±0.5Hz，延续时间 30min 以上；或频率偏差超出 50±1Hz，延续时间 10min 以上。

3.1.2.2 电力系统监视控制点电压超过电力系统调

度规定的电压曲线数值的±5%，并且延续时间超过
1h，或超过规定数值的±10%，并且延续时间超
过30min。

3.1.3　其他

3.1.3.1　事先经过电管局、省电力局（或企业主管
单位）批准进行的科学技术实验项目，在实行中由于
非本单位人员过失所造成的设备异常运行，且未造成
严重后果者。

3.1.3.2　老旧小发电机组和起次要作用的输变电设
备，发生非本单位人员过失造成的异常运行，且未造
成严重后果者。

3.1.3.3　用户过失引起的线路跳闸事故，发供电单
位没有事故责任者。

3.1.3.4　线路故障，断路器跳闸后经自动重合闸重
合良好者；或由于断路器遮断容量不足，经发电厂、
供电局总工程师批准，报上级主管单位备案停用自动
重合闸的断路器跳闸后3min内强送良好者。

3.1.3.5　为了抢救人的生命和抢险救灾而紧急停止
设备运行。

3.1.4　由于同一原因引起多次障碍，或一次障碍涉
及几个单位时，参照2.2条规定执行。

3.2　二类障碍

　　二类障碍的标准，由各电管局、省电力局（或企
业主管单位）自行制订。

4　事故调查

4.1　各类事故（一类障碍）的调查

4.1.1　特大事故的调查

　　特大事故按照国务院1989年第34号令《特别重
大事故调查程序暂行规定》进行。

　　特大事故发生后，按照事故发生单位的隶属关
系，由省、自治区、直辖市人民政府或者电力工业部
组织成立特大事故调查组，负责事故的调查工作。调
查组中应包括有关电管局、省电力局（或企业主管单
位）的领导及其安监部门、生技（基建）部门和试验
研究机构的人员。根据发生事故的具体情况，调查组
中还应包括公安部门、监察部门、计划综合部门、劳
动部门等单位人员，并应当邀请人民检察机关和工会
派员参加。

　　特大事故调查组根据调查工作的需要，可以选聘
其他部门或单位的人员参加，也可以聘请有关专家进
行技术鉴定和财产损失评估。

4.1.2　重大人身伤亡事故的调查

　　重大人身伤亡事故的调查，按照国务院1991年
第75号令《企业职工伤亡事故报告和处理规定》

进行。

　　重大人身伤亡事故发生后，按照企业的隶属关系
由电管局、省电力局（或企业主管单位）会同同级劳
动部门、公安部门、监察部门、工会组成事故调查
组，进行调查。调查组中应包括安监部门、生技（基
建）部门及其他有关部门，并由电管局、省电力局局
长（或分管生产或基建的副局长）担任组长。该调查
组还应当邀请人民检察机关派员参加，还可邀请其他
部门的人员和有关专家参加。

4.1.3　重大设备事故的调查

　　重大设备事故由发生事故单位组织调查组进行调
查。调查组成员中应包括安监部门、生技（基建）部
门以及其他有关部门，并有有关车间（工区、工地）
的负责人和有关专业人员参加，由事故单位领导担任
组长。必要时，上级主管单位应指派安监人员和有关
专业人员参加调查，也可聘请有关专家进行技术鉴定
和财产损失评估。特别严重的事故或涉及两个及以上
发供电单位、施工单位的重大设备事故，主管电管
局、省电力局（或企业主管单位）的领导人应亲自或
授权有关部门组织调查。

4.1.4　死亡事故、重伤事故的调查

　　死亡事故和重伤事故按照国务院1991年第75号
令《企业职工伤亡事故报告和处理规定》进行。

　　死亡事故由企业主管部门会同企业所在地设区的
市（或者相当于设区的市一级）劳动部门、公安部
门、工会组成事故调查组，进行调查。调查组中应包
括安监部门、生技（基建）部门及有关专业部门。该
调查组还应当邀请人民检察机关派员参加，还可邀请
其他部门的人员和有关专家参加，由企业主管部门的
领导任组长。

　　重伤事故由企业领导或其指定人员组织安监、生
技（基建）、劳资等有关人员以及工会成员参加事故
调查组，进行调查。

4.1.5　一般设备事故的调查

　　一般设备事故由发生事故单位的领导组织调查。
安监、生技（基建）部门等有关专业人员和有关车间
（工区、工地）领导以及专业人员参加。对只涉及一
个车间（工区、工地）且情节比较简单的一般设备事
故，也可以指定发生事故的车间（工区、工地）领导
组织调查。性质严重和涉及两个及以上的发供电单
位、施工单位的一般设备事故，上级主管单位应派人
参加调查或组织调查。

　　一般电力系统事故根据事故涉及的范围，分别由
主管该电力系统的电管局、省电力局或供电局的领导
组织调查，安监部门、调度部门、生技（基建）部门

和有关的发供电单位的领导和专业人员参加。对特大和重大的电力系统事故，应按4.1.1、4.1.3条的规定组织事故调查组，进行调查。

配电事故由事故发生部门的领导负责调查，必要时，安监人员和有关专业人员参加。对性质严重的配电事故，供电局领导应亲自参加调查。

4.1.6 轻伤事故的调查

轻伤事故由事故发生部门的领导组织有关人员进行调查，性质严重时，安监、生技（基建）、劳资等有关人员以及工会成员应参加。

4.1.7 一类障碍的调查

一类障碍由车间（工区、工地）的领导组织调查，必要时，上级安监人员和有关专业人员参加。性质严重者，发供电单位、施工单位的领导应亲自参加调查。

4.1.8 事故调查组成员

事故调查组成员应当符合下列条件：

1) 具有事故调查所需要的某一方面专长；

2) 与所发生事故没有直接利害关系。

4.2 事故现场的保护

4.2.1 事故发生后，事故单位必须派专人严格保护事故现场并迅速抢救伤员。未经调查和记录的事故现场，不得任意变动。

4.2.2 特大事故发生后，事故单位应立即通知当地公安部门，并要求派人负责现场的保护和收集证据工作，同时报主管部门。

4.2.3 事故发生后，企业安监人员（发生重大伤亡或死亡事故时会同当地劳动部门）和参加事故调查的有关人员应迅速赶赴现场，立即记录，并对事故现场和损坏的设备进行照像，绘制草图，收集资料。对特大事故、重大事故、死亡事故和其他严重事故还应立即组织录像。

未经调查和记录的事故现场，不得任意变动。需要紧急抢修恢复运行而变动事故现场者，必须经安监部门和企业有关领导同意。

4.2.4 因抢救伤员，防止事故扩大以及疏通交通等，需要移动现场物件者，应当做出标志、绘制现场简图并写出书面记录，妥善保存现场必要的痕迹、物证。

4.2.5 各单位安监部门都应配备事故调查所需照像、摄像、录音器材以及交通工具等装备。

4.2.6 特大和重大火灾事故现场勘察按公安消防部门规定进行，事故单位的保卫和安监部门应配合。

4.3 事故原始资料的收集

4.3.1 事故发生后，当值值班人员或现场作业人员和在场的其他有关人员在下班离开事故现场前，必须尽快分别如实提供现场情况和写出事故的原始材料，并保证其真实性。

4.3.2 事故发生后，事故调查组有权向事故发生单位、有关部门及有关人员了解事故的有关情况并索取有关资料，任何单位和个人不得拒绝。

事故调查组组成之前，安监部门要及时收集有关资料，并妥善保管。

4.3.3 事故调查人员应查阅有关运行、检修、试验、验收的记录文件和事故发生时的录音、故障录波图、计算机打印记录等；必要时尚应查阅设计、制造、施工安装、调试的资料。事故调查人员还应检查有关规程和上级指示的执行情况以及作必要的模拟试验和计算等。

4.3.4 事故调查人员在调查以后应及时整理出说明事故情况的图表和分析事故所必需的各种资料和数据。

4.3.5 事故现场所有搜集到的物件（如破损部件、碎片、残留物等）应保持原样，不准冲洗擦拭，并贴上标签，注明地点、时间、管理者。

4.4 事故调查组及其成员的职责

4.4.1 查明事故发生的原因、过程和人员伤亡、设备损坏、经济损失情况。

4.4.2 确定事故的性质和责任。

4.4.3 提出事故处理意见和防范措施的建议。

4.4.4 按时写出《事故调查报告书》。

4.5 事故调查内容

4.5.1 设备事故发生前，设备和系统的运行情况；人身事故发生前，受害人和肇事者的健康状况，过去的事故记录，工作内容、开始时间、许可情况，作业时的动作（或位置），有关人员的违章违纪情况等。

4.5.2 事故发生的时间、地点、气象情况，事故经过、扩大及处理情况。

人身事故尚应了解受害人和肇事者的姓名、性别、年龄、文化程度、工种、技术等级、工龄、本工种工龄等，并应查明受害人和肇事者的技术水平、接受安全教育情况。

4.5.3 仪表、自动装置、断路器、保护、故障录波器、调整装置、遥测遥信、遥控、录音装置和计算机等的记录和动作情况。上报时只需书面说明动作正确与否，但原始记录需要妥善保存归档备查。

4.5.4 设备资料（包括订货合同等）、设备损坏情况和损坏原因。

4.5.5 现场规程制度是否健全，规程制度本身及执行中暴露的问题。

4.5.6 企业管理、安全责任制和技术培训等方面存在的问题。

4.5.7 规划、设计、制造、施工安装、调试、运行、检修等质量方面存在的问题。

4.5.8 人身事故场所周围的环境（包括照明、湿度、温度、通风、声响、色彩度、道路、工作面状况以及工作环境中有毒、有害物质取样分析记录），安全防护设施和个人防护用品的情况（了解其有效性、质量及使用时是否符合规定）。

4.6 原因和责任分析

4.6.1 在调查分析的基础上，应明确事故发生、扩大的直接原因和间接原因。

4.6.2 根据事故调查所确认的事实，通过对直接原因和间接原因的分析，确定事故中的直接责任者和领导责任者。在直接责任者和领导责任者中，根据其在事故发生过程中的作用，确定主要责任者、次要责任者和扩大责任者，并确定各级领导对事故应负的责任。

在报告中要写明责任者的姓名、职务、技术等级。

4.6.3 发供电设备投产后发生的事故，如与设计、制造、施工安装、调试、集中检修等单位有关时，应通知有关单位派人参加调查分析。由上述单位造成的责任事故，都应根据"三不放过"的原则，追查事故责任。被追查单位在收到《事故调查报告书》后如对事故原因、责任分析的认定有异议时，应于15天内向事故批复单位提出申诉，由上级主管部门或电力工业部裁决。

4.7 领导责任

凡因下列情况造成事故者，应追究有关领导责任：

1) 违反安全职责，或企业安全生产责任制不落实。

2) 对贯彻上级和本单位提出的安全要求和反事故措施不力。

3) 对频发的重复性事故不能有力制止。

4) 对职工安全培训不力、考核不严，造成职工不能安全操作者。

5) 现场规程制度不健全。

6) 现场安全防护装置、安全工器具和个人防护用品不全或不合格。

7) 重大设备缺陷未及时组织排除。

8) 违章指挥，强令工人冒险作业或违章作业。

4.8 防止对策

4.8.1 防止同类事故今后再发生的对策，必须落实负责执行的单位、人员和完成时间。

4.8.2 计划、生技（基建）、财务部门必须优先保证执行防止事故对策所需的技术和安全措施费用。

4.9 处理原则

4.9.1 事故责任确定后，要按照人事管理权限对事故责任人员提出处理意见。

4.9.2 对下列情况应从严处理：

1) 因忽视安全生产，违章指挥、违章作业，玩忽职守或者发现事故隐患、危害情况而不及时采取有效措施，造成严重后果的，对责任人员要依法追究其刑事责任。

2) 在调查中采取弄虚作假、隐瞒真相或以各种方式进行阻挠者。

3) 在事故发生后隐瞒不报、谎报或故意迟延不报、故意破坏事故现场或者无正当理由拒绝接受调查，以及拒绝提供有关情况和资料者。

4.9.3 在事故处理中积极恢复设备运行和救护、安置伤亡人员，并主动反映事故真相，使事故调查顺利进行的有关事故责任人员，可酌情从宽处理。

4.10 其他

4.10.1 特大事故和重大事故调查组写出《事故调查报告书》后，应报送组织调查的部门。经组织调查的部门同意，调查组工作即告结束。

4.10.2 事故单位收到重大人身伤亡和重大设备事故、死亡和重伤事故事故调查组写出的《事故调查报告书》后，应提出《事故处理报告》报上级主管单位。由电管局、省电力局（或企业主管单位）或劳动部门作出批复，并将批复文件送各参加调查的部门。

4.10.3 事故归档资料必须完整，根据情况应有：

1) 职工伤亡事故登记表或设备事故报告；

2) 事故调查报告书、事故处理报告书及批复文件；

3) 现场调查笔录、图纸、仪器表计打印记录、资料、照片、录像带等；

4) 技术鉴定和试验报告；

5) 物证、人证材料；

6) 直接和间接经济损失材料；

7) 事故责任者的自述材料；

8) 医疗部门对伤亡人员的诊断书；

9) 发生事故时的工艺条件、操作情况和设计资料；

10) 处分决定和受处分人的检查材料；

11) 有关事故的通报、简报及成立调查组的有关文件；

12) 事故调查组的人员名单、内容包括姓名、职务、职称、单位等。

5　统计报告

5.1　统计填报单位和审批汇总单位

5.1.1　发电厂、供电局、火电及送变电施工单位、水电施工项目单位、电力系统的网调、省调调度机构和集中检修单位为统计及填报事故的基层单位。

5.1.2　省电力局（或企业主管单位）、电管局为各类报告、报表的审批汇总单位。

5.2　统计报表种类

5.2.1　《事故报告》：分为《人身伤亡事故报告》、《设备事故报告》和《设备一类障碍报告》（格式见附录 B 表 B1～B3）。

5.2.2　《事故调查报告书》：分为《人身伤亡事故调查报告书》和《设备事故调查报告书》（格式见附录 B）。

5.2.3　《事故综合月（年）报表》：分为《人身伤亡事故综合月（年）报表》Ⅰ、Ⅱ、Ⅲ、《发电设备事故（一类障碍）综合月（年）报表》Ⅰ、Ⅱ和《供电设备事故（一类障碍）综合月（年）报表》Ⅰ、Ⅱ（格式分别见附录 B 表 B4～B10）。

5.2.4　《年度安全考核项目报表》：分为《年度发电安全考核项目报表》Ⅰ、Ⅱ和《年度供电安全考核项目报表》Ⅰ、Ⅱ（格式分别见附录 B 表 B11～B14）。

5.3　《事故报告》

5.3.1　《人身伤亡事故报告》填报范围：所有人身轻伤、重伤、死亡事故（按一人一张填报，同一次事故的事故编号应相同）。

5.3.2　《设备事故报告》和《设备一类障碍报告》填报范围：所有设备事故（不含配电事故）和一类障碍。

5.3.3　发生 5.3.1 条和 5.3.2 条填报范围内的事故（一类障碍）后，事故单位应于次月 10 日前将《事故报告》，一式两份上报省电力局（或企业主管单位）；省电力局（或企业主管单位）审阅提出意见后，10 天内将其中一份批复给事故单位，并汇总下属单位全部《事故报告》后于该月 20 日前报电管局，同时抄报电力工业部。电管局和部直属省电力局（或企业主管单位）汇总后于 25 日前报电力工业部（包括计算机软盘，下同）。

一般系统事故的《事故报告》由管辖该系统的调度机构填报。

所有人身轻伤的《事故报告》只上报至省电力局（或企业主管单位）。

5.3.4　特大事故、重大事故、人身死亡事故和系统事故因情况比较复杂，调查分析和处理的时间较长，事故单位应先将简要情况填报《事故报告》，按规定日期报出，待事故分析清楚，做出结论后，再对原《事故报告》作修正，但重新填写的《事故报告》必须在调查处理结束后的第 5 天内报出。

5.4　《事故调查报告书》

5.4.1　《事故调查报告书》填报范围：

1）人身重伤、死亡事故。

2）特大事故、重大事故。

3）对社会造成严重影响的事故。

5.4.2　发生特大事故后应在 60 天内、发生重大事故和人身死亡、重伤事故后应在 45 天内报送出《事故调查报告书》。遇特殊情况，向电力工业部或电管局、省电力局（或企业主管单位）申述理由并经同意后，可分别延长至 90 天和 60 天；特大事故结案时间最迟不得超过 150 天。

5.4.3　发生 5.4.1 条规定范围内的事故后，事故单位应按 5.4.2 条规定的报出时间，填报《人身伤亡事故调查报告书》、《设备事故调查报告书》，一式四份上报省电力局（或企业主管单位）；省电力局（或企业主管单位）审阅提出意见后，20 天内批回一份，并报电管局。电管局和部直属省电力局（或企业主管单位）汇总审阅后于 5 天内转报电力工业部。

5.5　月（年）度统计报表

5.5.1　《事故综合月（年）报表》：基层统计填报单位应按月分别填报《人身伤亡事故综合月报表》、《发电设备事故（一类障碍）综合月报表》、《供电设备事故（一类障碍）综合月报表》，并于次月 10 日前送省电力局（或企业主管单位）。省电力局汇总后于 20 日前报电管局，同时抄报电力工业部。电管局和部直属省电力局（或企业主管单位）汇总后于 25 日前报送电力工业部。

补报的事故，可在下月同时报出。

统计填报单位应在上报年末月度统计报表的同时，将年度统计报表送出。

5.5.2　《年度安全考核项目报表》：基层统计填报单位每年应分别填报《年度发电安全考核项目报表》和《年度供电安全考核项目报表》，于次年 2 月底前报送省电力局（或企业主管单位）。省电力局汇总后于次年 3 月 20 日前报送电管局，同时抄报电力工业部。电管局和部直属省电力局（或企业主管单位）汇总后于 3 月 25 日前报送电力工业部。

5.6　统计报告的其他规定

5.6.1　对事故的统计报告，要及时、准确、完整，并与设备可靠性管理相结合，全面评价安全水平。

5.6.2　发生特大、重大、人身死亡、两人及以上的人身重伤和性质严重的设备损坏事故，事故单位必须在 24h 内用电话或传真、电报快速向省电力局（或企业主管单位）和地方有关部门报告，省电力局应立即向电管局和电力工业部转报。直属省电力局和水、火电施工企业应立即向电力工业部转报。

　　发生人身特大、重大和死亡事故后，事故单位应在向省电力局（或企业主管单位）报告的同时，直接向电管局和电力工业部报告。

5.6.3　《设备事故报告》或《设备一类障碍报告》应由事故发生部门的专业技术人员填写，经事故单位的领导和安监工程师审核后上报。

　　如事故涉及两个及以上的车间、工区，则各有关车间、工区的专职技术人员应先分别写出事故原始报告，由发生事故单位的安监人员综合后写出《设备事故报告》或《设备一类障碍报告》，经领导审核后上报。

5.6.4　如一个事故涉及两个及以上的事故统计单位，则各单位领导应指派专人先分别写出事故原始报告，由主管单位裁定其中一个单位综合后写出《设备事故报告》或《设备一类障碍报告》。

5.6.5　《事故调查报告书》应由事故调查组写出，经事故单位的领导和安监工程师审核后上报。特大和重大事故的《事故调查报告书》应经上级有关部门的审核后上报。

5.6.6　电力生产中如发生涉及到制造、设计、施工安装、调试、修造、集中检修等单位责任的设备事故，由电力生产事故统计填报单位会同上述有关责任单位共同进行事故调查，并填报《设备事故报告》或《设备一类障碍报告》、《事故调查报告书》。《事故调查报告书》如事故统计单位单方面提出时，应附有论证充分的分析和结论，还应多填写若干份，由省电力局（或企业主管单位）发送上述有关责任单位。如对方在 15 天内不答复，则视为这些单位同意事故分析意见；如对方提出不同意见，经省电力局（或企业主管单位）研究，若有必要则应重新组织调查分析，重新填写《设备事故报告》或《设备一类障碍报告》、《事故调查报告书》。

　　集中检修单位负责填报本单位的《人身事故调查报告书》。

5.6.7　配电事故统计报告办法，由电管局、省电力局自行规定。

5.6.8　下列事故，事故单位应上报录像带：

　　1）特大事故和重大事故；

　　2）人身死亡事故；

　　3）对社会造成严重影响的事故和其他性质严重的设备事故。

6　安全考核

6.1　安全考核项目

6.1.1　发电厂、供电局、火电及送变电施工单位、水电施工项目单位、电力系统网调、省调和集中检修单位，省（自治区、直辖市）电力公司（含部归口管理的电力生产性质公司，以下简称省电力公司）、电力集团公司、水电施工企业均应由其上级主管单位分别就以下项目进行安全考核。

6.1.1.1　发电厂：安全记录，发电事故率，全厂非计划停运次数，全厂发电机组等效可用系数，人身重伤率，死亡人数及重大、特大事故次数。

6.1.1.2　供电局：安全记录，输电事故率，变电事故率，10kV 供电可靠率，人身重伤率，死亡人数及重大、特大事故次数。

6.1.1.3　电力系统网调、省调：安全记录，系统事故次数，系统频率合格率，电力系统中枢点电压合格率，人身重伤率，死亡人数和重大、特大事故次数。

6.1.1.4　集中检修单位：安全记录，人身重伤率，死亡人数和重大、特大事故次数。

6.1.1.5　火电及送变电施工单位、水电施工项目单位：人身重伤率，死亡人数和重大、特大事故次数。

6.1.1.6　电力集团公司、省电力公司、水火电施工企业：死亡人数，重大、特大事故次数。

6.1.1.7　发电厂、供电局、火电及送变电施工单位、水电施工项目单位、电力系统网调、省调和集中检修单位等对内部车间（县供电局、工区、工地、队、所）进行安全考核的项目由各单位自行确定。

6.1.1.8　各生产单位的人身负伤严重度只作统计，暂不考核。

6.1.2　电力行业的设计、施工安装、调试、修造单位和多种经营企业，均应由上级主管部门进行安全考核。

6.2　有关安全考核项目的计算统计办法

6.2.1　安全记录

　　安全记录为连续无事故的累计天数，凡发生事故，除下列情况外，均应中断事故单位的安全记录。

6.2.1.1　人身轻伤。

6.2.1.2　配电事故。

6.2.1.3　新发供电设备投产后，发生主要由于设计、制造、施工安装、调试、集中检修等单位责任造成的一般事故。

6.2.1.4　确因来煤质量差（无本单位自行采购不当

因素），又无混煤条件，经改造难以取得成效而发生的锅炉运行中灭火停炉、降低出力事故。

6.2.1.5 发供电设备因覆冰、暴风、洪水、火灾、地震、泥石流等自然灾害超过设计标准承受能力而发生的事故。

6.2.1.6 不可预见或无法事先防止的外力破坏事故。

6.2.1.7 无法采取预防措施的户外小动物事故。

6.2.1.8 完全由网调、省调或集中检修单位的责任引起的发供电设备事故，仅中断网调、省调或集中检修单位的安全记录。

6.2.1.9 6.2.1.4～6.2.1.8条所列事故为重大或特大事故，则不论原因与责任所属，均应中断本单位的安全记录。

6.2.2 有关人身安全考核项目的计算办法

$$人身重伤率(‰)=\frac{列入统计的重伤人数}{年平均职工人数}\times1000‰$$

$$人身负伤严重度(损失工日/人)=\frac{\sum\begin{matrix}列入统计\\的轻伤者\\折算损失\\工日\end{matrix}+\sum\begin{matrix}列入统计\\的重伤者\\折算损失\\工日\end{matrix}}{\begin{matrix}列入统计的\\轻伤人数\end{matrix}+\begin{matrix}列入统计的\\重伤人数\end{matrix}}$$

6.2.3 有关发电设备安全考核项目的计算办法

$$发电事故率(次/台年)=\frac{列入统计的发电设备事故次数(次)}{发电机(调相机)台数(台·年)}$$

$$全厂非计划停运次数(次)=\frac{\sum 列入统计的发电机组非计划停运次数}{}$$

$$全厂发电机组等效可用系数(\%)=\frac{\begin{matrix}全厂发电\\机组加权\\平均可用\\小时\end{matrix}-\begin{matrix}全厂发电机\\组加权平均\\降低出力等\\效停运小时\end{matrix}}{统计期间小时}\times100\%$$

其中

$$全厂发电机组加权平均可用小时=\frac{\sum_{i=1}^{n}G_iA_i}{\sum_{i=1}^{n}G_i}$$

$$全厂发电机组加权平均降低出力等效停运小时=\frac{\sum_{i=1}^{n}G_iE_i}{\sum_{i=1}^{n}G_i}$$

式中　A_i——第 i 台发电机组统计期间可用小时，h；

E_i——第 i 台发电机组统计期间降低出力等效停运小时，h；

G_i——第 i 台发电机组毛最大容量，MW。

6.2.4 有关供电设备安全考核项目的计算办法

$$输电事故率[次/(百公里·年)]=\frac{列入统计的输电线路事故次数(次)}{输电线路总长度(百公里·年)}$$

$$变电事故率[次/(台·年)]=\frac{列入统计的变电事故次数(次)}{主变压器(调相机)总台数(台·年)}$$

$$10kV供电可靠率=\left(1-\frac{用户平均停电时间}{统计期间时间}\right)\times100\%$$

6.2.5 电力系统频率合格率按国家电力调度通信中心的规定统计计算。

6.2.6 电力系统中枢点电压合格率按国家电力调度通信中心的规定统计计算。

附录 A
主辅设备分类说明
（补充件）

A1　主要发供电设备系指下列设备：

a. 火力发电厂的锅炉、汽轮机、燃气轮机；

b. 水力发电厂的水轮机、抽水蓄能水泵轮机、主要水工设施和建筑物（包括水坝、闸门、压力水管、隧道、调压井、蓄水池、水渠等）；

c. 发电厂和供电局的电气设备：发电机（包括励磁系统）、调相机（静止补偿器）、变频机、3kV及以上的主变压器、电抗器、高压母线和配电变压器、断路器、线路（电力电缆）等（但不包括3kV及以上的厂（所）用其他电气设备）；

d. 换流站主设备：换流阀、换流变压器、交流滤波器、直流滤波器、平波电抗器、断路器、接地极。

A2　主要辅助设备：系指那些发生了故障就能直接影响发供电主要设备安全运行的辅助设备，如：磨煤机、排粉机、一次风机、送吸风机、电（汽）动给水泵、炉水强制循环泵、回转式空气预热器、锅炉除尘器、循环水泵、凝结水泵、除氧器、高压加热器、单元机组的旁路系统以及与上述设备配套的电动机、消弧线圈、厂（所）用变压器、厂（所）用母线、3kV及以上隔离开关、互感器、避雷器、蓄电池、运煤车、轮船、翻车机、堆取料机、抓煤机、闸门启闭机等；换流站中500kV直流穿墙套管、冷却水泵以及火电厂的机炉电自动控制用的计算机等等。

A3　主要施工机械：起吊设备、运输设备、挖掘设备、钻探设备、张力设备等。

A4　主要保护：系指电气设备和线路的继电保护中的主保护；作用于停炉、停机的各种热力机械保护；

大机组的锅炉 FSSS 系统；汽机自动监控装置；换流站中的阀控系统、站控系统以及继电保护装置等。

各电管局、省电力局（或企业主管单位）对上述设备可根据情况予以补充。

附录 B
统计报表格式
（补充件）

参见《国家电网公司电力生产事故调查规程》。

6 农电事故调查统计规程

（DL/T 633—1997）

1 范围

本规程是对农电生产事故和农村触电死亡事故进行调查、分析和统计工作的依据。

本规程适用于全国农电系统的企事业单位及其电（热）力用户。

2 引用标准

略。

3 总则

3.1 发生事故必须按本规程上报并立即进行调查分析。调查分析事故必须实事求是，尊重科学，严肃认真。要坚持做到事故原因不清楚不放过，事故责任者和应受教育者没有受到教育不放过，没有采取防范措施不放过（以下简称"三不放过"原则）。

3.2 农电部门的各级领导应负责贯彻执行本规程，积极支持安全监察（以下简称"安监"）机构和安监人员监督本规程的实施，不得擅自修改和违反。各有关部门应按本规程做好相应的工作。

安监人员应认真做好农电生产和农村用电全过程的安全监察和宣传工作，并有权利、有责任直接地向上级安监部门反映在贯彻执行本规程过程中出现的情况和问题。

3.3 农电生产和农村用电中发生的事故，凡涉及电力规划、设计、制造、施工安装等有关单位和个人时，均应通过事故调查和原因分析，进行事故责任追溯，指出存在的问题和应负的责任；追溯期限以合同保证期为限，合同没有规定的以该设备投产后两年为限。对构成治安处罚或刑事犯罪的，由公安机关或司法机关给予处罚或追究刑事责任。

4 事故

4.1 农电生产事故的确定

发生下列情况之一的，定为农电生产事故。

4.1.1 产权属县电力企业或由其代管的20kV以上的设备，造成非计划停运、降低出力或对用户少送电（热）者。

4.1.2 农电职工（包括本企业的固定职工、合同制职工和从本企业成本中支付报酬的各种用工形式的人，以下统称"职工"），发生符合 DL 558 中 2.1.1 所述情况者。

4.1.3 经济损失。

4.1.3.1 造成发供电设备、仪器仪表或施工机械损坏，修复或重置发生的总费用达到 5 万元者；

4.1.3.2 生产原料流失，如油、酸、碱、树脂等泄漏，或生产用车辆、运输工具等损坏，造成直接经济损失达到 2 万元者；

4.1.3.3 生产区域发生火灾，直接经济损失超过 1 万元者。

4.1.4 配电事故。

4.1.4.1 由县电力企业管理（含代替）的 20kV 及以下高压配电设备，由于本企业的责任发生下列情况之一，且仅造成少送电量时，定为配电事故。

a）高压配电线路的倒杆断线；

b）配电变压器损坏，且 24h（山区或边远地区可延长到 36h）不能恢复送电者；

c）高压配电线路的柱上开关损坏，且 24h（山区或边远地区可延长到 36h）不能恢复送电者；

d）电力电缆（含电缆头）发生爆炸者；

e）处理故障过程中因判断错误引发对用户少送电量者；

f）设备异常，被迫停止运行超过 36h 者；

g）一切误操作（含调度端的遥动误操作）。

4.1.4.2 由县电力企业管理（含代管）的 66kV 及以下直配线路（或用户专用线，包括电缆）或直配变压器发生故障构成事故时，亦定为配电事故。

4.1.5 经本企业认定并经主管单位核准的其他事故。

4.1.6 同一原因引起多次事故的认定。

4.1.6.1 发电厂由于燃料质量差或雨天煤湿等原因，在一个运行班的值班时间内，发生多次灭火停炉、降低出力时，可定为 1 次事故。

4.1.6.2 一条线路由于同一原因在4h内发生多次跳闸事故时，可定为 1 次事故。

4.1.6.3 同一供电企业，由于自然灾害，如覆冰、暴风、水灾、火灾、地震、泥石流等原因，发生多条线路、多个变电所跳闸停电时，可定为1次事故，但须得到主管单位的认可。

4.1.7 一次事故涉及几个单位时的事故认定。

4.1.7.1 一个单位发生的事故扩大成系统事故时，除该单位应定为1次事故外，管辖该系统的调度部门亦应定为1次系统事故。

4.1.7.2 一个单位发生事故时，系统内另一个单位或几个单位由于本单位的过失又造成异常运行并构成事故者，称为派生事故，派生事故亦应定为1次事故。

4.1.7.3 输电线路发生瞬时故障时，由于继电保护或断路器失灵，在断路器跳闸后拒绝重合，对管辖该继电保护或断路器的单位应定为电气（变电）事故；如果输电线路发生永久性故障，虽然继电保护或断路器失灵而未能重合，则只对管辖该线路的单位定为输电事故。

4.1.7.4 配电线路发生故障，并扩大为发电厂或变电所的母线停电或主变压器停电时，对于供电企业，定为1次变电事故；对于发电厂，则定为1次电气事故。

4.1.7.5 由两个及以上供电企业负责维修的同一线路发生故障跳闸构成事故时，如果各企业经过检查均未发现故障点，应分别定为1次事故。

4.1.7.6 由于调度机构的过失（如调度命令错误、保护定值错误、误动、误碰等）造成发供电设备异常运行并构成事故时，对调度应定为1次事故。如果发供电单位也有过失，亦应定为1次事故。

4.1.7.7 由用户设备故障引起发供电单位线路跳闸构成的事故，如发供电单位有责任时，发供电单位定为1次事故。

4.1.7.8 由于通信失灵造成延误送电或扩大事故者，除事故单位定为事故外，有责任的通信单位亦应定为1次事故。上报时可合并定为1次事故，但作说明。

4.1.7.9 电力系统内实行独立核算的集中检修单位，在承包农电生产的检修工作中发生设备事故时，若双方都有责任，则不分主、次，各定为1次事故；如果责任分不清，同样各定为1次事故；如果一方有责任，另一方无责任，则仅对有责任一方定为1次事故。

4.1.7.10 如一次事故中同时发生人身伤亡事故和设备事故，应各定为1次事故。

4.2 农村触电死亡事故的确定

4.2.1 凡因触及农村电网电力设施或用电设施，造成非电力企业职工人身死亡事故，均定为农村触电死亡事故；但对以下事故，经县级公安、检察等部门认定，市级农电主管部门核实，并经省级农电主管部门同意后，不作为农村触电死亡事故认定。

　　a) 利用电力或电力设施谋害他人或进行自杀者；

　　b) 因盗窃或破坏电力设施造成自身或他人死亡者；

　　c) 因盗窃或破坏国家、集体或他人财物造成自身或他人触电死亡者；

　　d) 精神病人或间歇性精神病人发作期触及合格的电力设施造成自身死亡者；

　　e) 乡镇及以上企事业单位在其厂区或工作区内发生的触电死亡事故；

　　f) 非农业人口发生的触电死亡事故；

　　g) 由于不可抗拒的因素（如自然灾害）超过国家或行业规定的设计防范标准，造成电力设施损坏而引起的人身触电死亡事故。

4.2.2 农村触电死亡事故按原因可分为：设备安装不合格；设备失修；违章作业；缺乏安全用电常识；私拉乱接；其他。

4.3 事故性质的确定

　　根据事故性质的严重程度及经济损失的大小，分为特别重大事故、重大事故和一般事故。

4.3.1 特别重大事故（以下简称"特大事故"）。

4.3.1.1 人身死亡事故一次达50人及以上者；

4.3.1.2 造成直接经济损失达1000万元及以上者；

4.3.1.3 性质特别严重、经国务院电力管理部门认定为特大事故者。

4.3.2 重大事故。

4.3.2.1 人身死亡事故一次达3人及以上，或人身伤亡事故一次死亡与重伤达10人及以上者；

4.3.2.2 大面积停电造成减供负荷超过200MW者；

4.3.2.3 造成发供电设备或施工机械严重损坏，直接经济损失达150万元者；

4.3.2.4 25MW及以上的发电设备，31.5MVA及以上的主变压器或大型、贵重的施工机械严重损坏，30天内不能修复或修复后不能达到原来铭牌出力和安全水平者；

4.3.2.5 其他性质严重的事故，经省级电力管理部门认定为重大事故者。

4.3.3 一般事故。

　　除特大事故、重大事故以外的事故，均定为一般事故。

5 障碍

5.1 发生下列情况之一的，定为障碍。

5.1.1 降低出力未构成事故者。

5.1.2 由于发供电企业的责任，造成 35kV 及以上变电所的母线电压超过调度规定的电压曲线数值的 ±5%，且延续时间超过 1h；或超过规定数值的 ±10%，且延续时间超过 30min 的电压质量降低。

5.1.3 其他。

5.1.3.1 事先经过省级及以上农电部门批准进行的科学技术实验项目，在实行中由于非本单位人员过失造成的设备异常运行，但未造成严重后果者。

5.1.3.2 经省级及以上电力管理部门事先认定的老旧小发电机组和输变电设备，发生非本单位人员过失造成的设备异常运行，但未造成严重后果者。

5.1.3.3 由用户过失引起的线路跳闸事故，且发供电单位没有事故责任者。

5.1.3.4 线路发生故障，断路器跳闸后自动重合闸成功者。或因断路器遮断容量不足，经发电厂、供电局总工程师批准，并报上级主管单位备案停用自动重合闸的断路器，跳闸后 3min 内强送成功者。

5.1.3.5 为抢险救灾（包括人员和物资）而紧急停止设备运行者。

5.1.4 由同一原因引起的多次障碍，或一次障碍涉及几个单位时，比照 4.1.6 和 4.1.7 的规定执行。
　　对"障碍"的统计办法，暂由各省农电部门自行制定。

6 事故调查

　　在事故的调查、处理过程中，应遵守回避制度，以免影响对事故的公正分析和处理，还应特别注意对事故现场的保护和原始资料的收集工作，在坚持"三不放过"原则的基础上，认真分析事故原因、明确事故责任、制定行之有效的防止对策、按时写出事故报告并按人事管理权限提出处理意见。

6.1 农电生产事故及障碍的调查
　　遵照 DL 558 的有关规定执行。

6.2 农村触电死亡事故的调查

6.2.1 发生农村触电死亡事故时，村电工应立即赶赴出事地点，保护现场，抢救触电人员，并尽快报告乡电管站；乡电管站应立即派人到现场协助工作，同时向县电力企业报告。

6.2.2 县电力企业接到事故报告后，应尽快派人赶赴现场，按 6.2.3 进行事故调查。在未查清事故原因，又未采取有效措施前，不得破坏现场，不能盲目送电。

6.2.3 事故调查工作应由县电力企业负责人会同县劳动、公安、检察等有关部门组成调查组，进行现场

调查；同时用电报、电话或传真向上级农电部门报告。

6.2.4 发生特大、重大农村触电死亡事故时，应立即报告当地公安部门，保护现场、收集证据，并按照 DL 588 中 4.1 的有关规定组成调查组，进行调查、处理。

6.2.5 调查组的任务是：找出事故发生的原因，查明事故的责任和责任者，按有关规定提出处理意见，填写事故报告，并按 6.2.3、6.2.4 的规定上报。

6.3 事故责任的划分

6.3.1 农电生产事故，应在调查分析的基础上，明确事故发生及扩大的直接原因和间接原因，确定直接责任者和领导责任者，并根据其在事故发生过程中的作用，确定主要责任者、次要责任者和扩大责任者，同时确定各级领导对事故应负的领导责任。

6.3.2 农村触电死亡事故，应按产权隶属关系及事故性质划分事故责任。

6.3.2.1 因设备质量不良，选型、安装不当，或维修、管理不符合规程要求造成触电死亡事故时，设备产权所属者或有书面协议承担代管义务者应承担主要责任或全部责任；与事故相关的责任者则应承担相应责任。

6.3.2.2 对于产权虽属用户，但有书面协议由他人或单位承担代管义务的设备，因代管者的失误直接造成人身触电死亡事故时，代管者应负主要责任或全部责任。

6.3.2.3 用户的电力设施经电力企业验收合格后的安全保证期，在没有外力破坏或其他环境变化的条件下，一般以合同保证期为限；合同没有规定的，则以投产后两年为限。

6.3.2.4 由下列原因之一造成本人或他人的人身触电伤亡事故，应由肇事者本人负全部责任；未成年人或无自制能力者，应由其家长或监护人负全部责任；造成电力设施损坏或停电事故的，电力企业有权要求其赔偿全部损失；触犯刑律的，电力企业应协同公安、检察部门依法追究肇事者的刑事责任。

　　a) 私自攀登合格的变压器台架、电杆或摇动拉线；

　　b) 家用电器或照明设备超过使用年限失修漏电；

　　c) 私拉乱接或其他违章用电；

　　d) 在电力线路附近盖房、打井或从事其他劳动时，误触合格的电力设施；

　　e) 玩忽职守、违章作业；

　　f) 电工或其他人利用职权违章指挥；

　　g) 利用电力设施自杀或谋害他人；

h）盗窃或破坏电力设施，盗窃或破坏国家、集体或他人财物；

i）私设电网；

j）车辆或机械碰撞电力设施；

k）超高、超宽物品通过带电设施，引起安全距离不够；

l）私自向停电设备送电。

6.3.2.5 由于不可抗拒的因素（如自然灾害）超过国家或行业规定的设计防范标准，造成电力设施损坏而引起人身触电死亡事故时，通过事故调查，并经公安、检察等部门认定，不予追究责任。

6.3.2.6 在由单位组织的活动中，凡因违反安全用电规定引发的触电死亡事故，由组织活动的单位负主要责任。

6.3.2.7 其他由多种因素造成的人身触电死亡事故，均应根据情况分清主次责任。

7 统计报告

在农电生产事故的统计报告工作中，各网、省农电管理部门应与安监部门协同规定本省农电事故的上报渠道，避免漏报或重报。

7.1 统计填报单位和审批汇总单位

7.1.1 县（市、区）发、供电企业为统计及填报事故的基层单位。

7.1.2 地（市）农电安全管理部门将基层的各类报告、报表审批汇总后上报。

7.1.3 网、省局农电安全管理部门将所辖单位的各类报告、报表审批汇总后，上报电力工业部农村电气化司。

7.2 统计报告、报表的种类

7.2.1 事故报告。

7.2.1.1 农电生产事故报告分以下两类。

a）人身伤亡事故报告，其格式见附录 A 表 A1；

b）设备事故报告，其格式见附录 A 表 A2。

注：表 A1、表 A2 分别与 DL 558 附录 B 的表 B1、表 B2 相同。

7.2.1.2 农村触电死亡事故报告，其格式见附录 A 表 A3。

7.2.2 事故调查报告书。

对"农电生产事故"和"重大、特大农村人身触电死亡事故"，要求写出事故调查报告书。

7.2.2.1 农电生产事故调查报告书，分以下两类。

a）人身伤亡事故调查报告书，其格式见附录 A 的 A4；

b）设备事故调查报告书，其格式见附录 A 的 A5。

注：表 A4、表 A5 分别与 DL 588 附录 B 的相应内容相同。

7.2.2.2 重大、特大农村触电死亡事故调查报告书，其格式见附录 A 的 A6。

7.2.3 农电生产事故报表。

7.2.3.1 年报表。

年报表是各级农电部门进行年度安全统计、分析安全生产情况的依据。它分为以下七类：

a）农电生产事故情况综合年报表，其格式见附录 B 表 B1；

b）农电生产人身事故分析年报表，其格式见附录 B 表 B2；

c）农电生产人身事故隶属关系及分月统计年报表，其格式见附录 B 表 B3；

d）农电生产事故（率）统计月（年）报表，其格式见附录 B 表 B4，需计算事故率；

e）主变压器/配电变压器烧毁情况年报表，其格式见附录 B 表 B5；

f）农电生产场所火灾事故情况年报表，其格式见附录 B 表 B6；

g）农电生产人身事故分类统计月（年）报表，其格式见附录 B 表 B7，不需填写累计人数。

7.2.3.2 月报表。月报表是本单位分析安全生产情况和上级农电部门了解、分析所辖单位安全情况的依据，可分为以下两类：

a）农电生产事故（率）统计月（年）报表，其格式见附录 C 表 C1，内容同附录 B 表 B4，但不需计算事故率；

b）农电生产人身事故分类统计月（年）报表，其格式见附录 C 表 C2，内容同附录 B 表 B7，但需填写累计人数。

7.2.4 农村用电事故报表。

7.2.4.1 年报表。

a）农村用电事故情况综合年报表，其格式见附录 D 表 D1；

b）农村触电死亡事故情况及分月统计年报表，其格式见附录 D 表 D2；

c）农村触电死亡事故分类统计年（月）报表，其格式见附录 D 表 D3；

d）农村用电火灾事故和漏电保护器情况年报表，其格式见附录 D 表 D4。

7.2.4.2 月报表。

农村触电死亡事故分类统计年（月）报表，其格式见附录 E 表 E1，内容同附录 D 表 D3。

7.3　月（年）度统计报表的填报

7.3.1　基层统计填报单位应按月填报 7.2.3.2 所列报表，并于次月 5 日前报地（市）电力局农电安全主管部门。地（市）电力局应于当月 10 日前报（或抄报）省农电局（处）；省农电局（处）汇总后于当月 20 日前报电力工业部农村电气化司。

补报的事故，可与下月报表同时报出。

7.3.2　基层年度统计报表填报的时间，由各省农电局（处）自行规定，但省农电局（处）应于 3 月 20 日前将 7.2.3.1 所列的报表报送电力工业部农村电气化司。

7.4　事故的报告程序

7.4.1　农电生产事故的报告程序。

7.4.1.1　发生农电生产事故（不含配电事故）后，事故单位应于次月 5 日前将事故报告一式三份上报地（市）电力局农电安全主管部门；地（市）电力局审核后，于当月 10 日前上报省电力局农电局（处）一式两份；省农电局（处）审阅后，于当月 20 日前报网局农电局（处）及电力工业部农村电气化司（报告形式包括计算机软盘，下同）。

7.4.1.2　发生特大事故、重大事故和生产人身死亡事故时的事故报告，按 DL 558 的规定报出。

7.4.2　农村触电死亡事故的报告程序。

按照 6.2 农村触电死亡事故的调查相同的程序，与农电生产事故报告同时上报。

7.5　统计报告的其他规定

7.5.1　对事故的统计报告，要及时、准确、完整，并与设备可靠性管理相结合，全面评价安全水平。

7.5.2　发生特大、重大事故（包括农村用电部分）、生产人身死亡、两人及以上生产人身重伤和性质严重的设备损坏事故，事故单位必须在 24h 内用电话、传真或电报快速向地（市）电力局、省农电局（处）和地方有关部门报告，省农电局（处）应立即向网局和电力工业部转报。

在发生特大、重大事故（包括农村用电部分）或生产人身死亡事故后，事故单位应在向地（市）电力局和省农业局（处）报告的同时，直接向网局和电力工业部报告；报告办法和形式，应遵照 DL 558 的规定。

7.5.3　配电事故的报告办法由省农电局（处）自行制定。

8　安全考核

8.1　农电生产安全考核项目按照 DL 558 的规定执行，但对超过设计防范标准的雷害事故和县级电力企业无责任的农村用电事故不进行考核。

8.2　农电生产安全考核项目的计算统计方法，除采用 DL 558 中规定的计算方法和公式外，对配电事故率应按式（1）计算

$$配电事故率 ［次/（百 km·年）］$$

$$= \frac{本规定列入统计的配电事故次数（次）}{配电线路总长度（百 km·年）} \quad (1)$$

8.3　农村用电安全考核的项目和计算公式。

8.3.1　农村千公里线路触电死亡率的计算公式为

$$农村千公里线路触电死亡率 ［人/（千 km·年）］$$

$$= \frac{全省一年农村触电死亡人数（人）}{全省农村高、低压线路(含电缆)总长度(千 km)} \quad (2)$$

8.3.2　农村千万千瓦·时用电量触电死亡率的计算公式为

$$农村千万千瓦·时用电量触电死亡率 ［人/（千万 kW·h·年）］$$

$$= \frac{全省一年农村触电死亡人数（人）}{全省农业用电量（千万 kW·h）} \quad (3)$$

8.3.3　低压漏电保护器。对于低压漏电保护器，应满足 DL 499 的要求。

附　录

参见《国家电网公司电力生产事故调查规程》。

7　电力生产事故调查暂行规定

（国家电力监管委员会令第 4 号）

第一章　总　则

第一条　为了及时报告、调查、统计、处理电力生产事故，规范电力生产事故管理和调查行为，制定本规定。

第二条　电力生产事故调查的任务是贯彻安全第一、预防为主的方针，总结经验教训，研究电力生产事故规律，采取预防措施，防止和减少电力生产事故的发生。

第三条　电力生产事故调查应当实事求是、尊重科学，做到事故原因未查清不放过，责任人员未处理不放过，整改措施未落实不放过，有关人员未受到教育不放过。

第四条 电力生产事故统计报告应当及时、准确、完整。电力生产事故统计分析应当与可靠性分析相结合，全面评价安全水平。

第五条 任何单位和个人对违反本规定的行为、隐瞒电力生产事故或者阻碍电力生产事故调查的行为，有权向国家电力监管委员会（以下简称电监会）及其派出机构、政府有关部门举报。

第六条 本规定适用于中华人民共和国境内的电力企业。

第二章　事故定义和级别

第七条 电力企业发生有下列情形之一的人身伤亡，为电力生产人身事故：

（一）员工从事与电力生产有关的工作过程中，发生人身伤亡（含生产性急性中毒造成的人身伤亡，下同）的；

（二）员工从事与电力生产有关的工作过程中，发生本企业负有同等以上责任的交通事故，造成人身伤亡的；

（三）在电力生产区域内，外单位人员从事与电力生产有关的工作过程中，发生本企业负有责任的人身伤亡的。

电力生产人身事故的等级划分和标准，执行国家有关规定。

第八条 电网发生有下列情形之一的大面积停电，为特大电网事故：

（一）省、自治区电网或者区域电网减供负荷达到下列数值之一的：

1. 电网负荷为 20000 兆瓦以上的，减供负荷 20%；

2. 电网负荷为 10000 兆瓦以上不满 20000 兆瓦的，减供负荷 30%或者 4000 兆瓦；

3. 电网负荷为 5000 兆瓦以上不满 10000 兆瓦的，减供负荷 40%或者 3000 兆瓦；

4. 电网负荷为 1000 兆瓦以上不满 5000 兆瓦的，减供负荷 50%或者 2000 兆瓦。

（二）直辖市减供负荷 50%以上的。

（三）省和自治区人民政府所在地城市以及其他大城市减供负荷 80%以上的。

第九条 电网发生有下列情形之一的大面积停电，为重大电网事故：

（一）省、自治区电网或者区域电网减供负荷达到下列数值之一的：

1. 电网负荷为 20000 兆瓦以上的，减供负荷 8%；

2. 电网负荷为 10000 兆瓦以上不满 20000 兆瓦的，减供负荷 10%或者 1600 兆瓦；

3. 电网负荷为 5000 兆瓦以上不满 10000 兆瓦的，减供负荷 15%或者 1000 兆瓦；

4. 电网负荷为 1000 兆瓦以上不满 5000 兆瓦的，减供负荷 20%或者 750 兆瓦；

5. 电网负荷为不满 1000 兆瓦的，减供负荷 40%或者 200 兆瓦。

（二）直辖市减供负荷 20%以上的。

（三）省和自治区人民政府所在地城市以及其他大城市减供负荷 40%以上的。

（四）中等城市减供负荷 60%以上的。

（五）小城市减供负荷 80%以上的。

第十条 电力企业发生有下列情形之一的事故，为一般电网事故：

（一）110 千伏以上省级电网或者区域电网非正常解列，并造成全网减供负荷达到下列数值之一的：

1. 电网负荷为 20000 兆瓦以上的，减供负荷 4%；

2. 电网负荷为 10000 兆瓦以上不满 20000 兆瓦的，减供负荷 5%或者 800 兆瓦；

3. 电网负荷为 5000 兆瓦以上不满 10000 兆瓦的，减供负荷 8%或者 500 兆瓦；

4. 电网负荷为 1000 兆瓦以上不满 5000 兆瓦的，减供负荷 10%或者 400 兆瓦；

5. 电网负荷为不满 1000 兆瓦的，减供负荷 20%或者 100 兆瓦。

（二）变电所 220 千伏以上任一电压等级母线全停的。

（三）电网电能质量降低，造成下列情形之一的：

1. 装机容量 3000 兆瓦以上的电网，频率偏差超出 50±0.2 赫兹，且延续时间 30 分钟以上；或者频率偏差超出 50±0.5 赫兹，且延续时间 15 分钟以上。

2. 装机容量不满 3000 兆瓦的电网，频率偏差超出 50±0.5 赫兹，且延续时间 30 分钟以上；或者频率偏差超出 50±1 赫兹，且延续时间 15 分钟以上。

3. 电压监视控制点电压偏差超出电力调度规定的电压曲线值±5%，且延续时间超过 2 小时；或者电压偏差超出电力调度规定的电压曲线值±10%，且延续时间超过 1 小时。

第十一条 电力企业发生设备、设施、施工机械、运输工具损坏，造成直接经济损失超过规定数额的，为电力生产设备事故。

电力生产设备事故的等级划分和标准，执行本规定第十二条、第十三条和国家有关规定。

第十二条 装机容量 400 兆瓦以上的发电厂，一次事故造成 2 台以上机组非计划停运，并造成全厂对外停电的，为重大设备事故。

第十三条　电力企业有下列情形之一，未构成重大设备事故的，为一般设备事故：

（一）发电厂 2 台以上机组非计划停运，并造成全厂对外停电的；

（二）发电厂升压站 110 千伏以上任一电压等级母线全停的；

（三）发电厂 200 兆瓦以上机组被迫停止运行，时间超过 24 小时的；

（四）电网 35 千伏以上输变电设备被迫停止运行，并造成对用户中断供电的；

（五）水电厂由于水工设备、水工建筑损坏或者其他原因，造成水库不能正常蓄水、泄洪或者其他损坏的。

第十四条　火灾事故的定义、等级划分和标准，执行国家有关规定。

第三章　事故调查

第十五条　电力企业发生事故后，应当按照国家有关规定，及时向上级主管单位和当地人民政府有关部门如实报告。

第十六条　电力企业发生重大以上的人身事故、电网事故、设备事故或者火灾事故，电厂垮坝事故以及对社会造成严重影响的停电事故，应当立即将事故发生的时间、地点、事故概况、正在采取的紧急措施等情况向电监会报告，最迟不得超过 24 小时。

第十七条　电力生产事故的组织调查，按照下列规定进行：

（一）人身事故、火灾事故、交通事故和特大设备事故，按照国家有关规定组织调查；

（二）特大电网事故、重大电网事故、重大设备事故由电监会组织调查；

（三）一般电网事故、一般设备事故由发生事故的单位组织调查。

涉及电网企业、发电企业等两个或者两个以上企业的一般事故，进行联合调查时发生争议，一方申请电监会处理的，由电监会组织调查。

第十八条　电力生产事故的调查，按照下列规定进行：

（一）事故发生后，发生事故的单位应当迅速抢救伤员和进行事故应急处理，并派专人严格保护事故现场。未经调查和记录的事故现场，不得任意变动。

（二）事故发生后，发生事故的单位应当立即对事故现场和损坏的设备进行照相、录像、绘制草图。

（三）事故发生后，发生事故的单位应当立即组织有关人员收集事故经过、现场情况、财产损失等原始材料。

（四）发生事故的单位应当及时向事故调查组提供完整的相关资料。

（五）事故调查组有权向发生事故的单位、有关人员了解事故情况并索取有关资料，任何单位和个人不得拒绝。

（六）事故调查组在《事故调查报告书》中应当明确事故原因、性质、责任、防范措施和处理意见。

（七）根据事故调查组对事故的处理意见，有关单位应当按照管理权限对发生事故的单位、责任人员进行处理。

第四章　统计报告

第十九条　电力生产事故的统计和报告，按照电监会《电力安全生产信息报送暂行规定》办理。

涉及电网企业、发电企业等两个以上企业的事故，如果各企业均构成事故，各企业都应当按照有关规定统计、上报。

一起事故既符合电网事故条件，又符合设备事故条件的，按照"不同等级的事故，选取等级高的事故；相同等级的事故，选取电网事故"的原则统计、上报。

伴有人身事故的电网事故或者设备事故，应当按照本规定要求将人身事故、电网事故或者设备事故分别统计、上报。

第二十条　按照国家有关规定，由人民政府有关部门组织调查的事故，发生事故的单位应当自收到《事故调查报告书》之日起一周内，将有关情况报送电监会。

第二十一条　发电企业、供电企业和电力调度机构连续无事故的天数累计达到 100 天为一个安全周期。

发生重伤以上人身事故，发生本单位应承担责任的一般以上电网事故、设备事故或者火灾事故，均应当中断安全周期。

第五章　附　　则

第二十二条　本规定下列用语的含义：

（一）电力企业，是指以发电、输变电、供电、电力调度、电力检修、电力试验、电力建设等为主要业务的企业（单位）。

（二）员工，是指企业（单位）中各种用工形式的人员，包括固定工、合同工，临时聘用、雇用、借用的人员，以及代训工和实习生。

（三）与电力生产有关的工作，是指发电、输变电、供电、电力调度、电力检修、电力试验、电力建设等生产性工作，如电力设备（设施）的运行、检修维护、施工安装、试验、生产性管理工作以及电力设备的更新改造、业扩、用户电力设备的安装、检修和试验等工作。

（四）电力生产区域，是指与电力生产有关的运行、检修维护、施工安装、试验、修配场所，以及生产仓库、汽车库、线路及电力通信设施的走廊等。

（五）第七条第一款第（三）项中的"本企业负有责任"，是指有下列情形之一的，本企业负有责任：

1. 资质审查不严，项目承包方不符合要求；

2. 在开工前未对承包方负责人、工程技术人员和安监人员进行全面的安全技术交底，或者没有完整的记录；

3. 对危险性生产区域内作业未事先进行专门的安全技术交底，未要求承包方制定安全措施，未配合做好相关的安全措施（包括有关设施、设备上设置明确的安全警告标志等）；

4. 未签订安全生产管理协议，或者协议中未明确各自的安全生产职责和应当采取的安全措施。

（六）区域电网，是指华北、东北、西北、华东、华中和南方电网。

（七）电网负荷，是指电力调度机构统一调度的电网在事故发生前的负荷。

（八）大城市、中等城市、小城市，是指《中华人民共和国城市规划法》规定的大城市、中等城市、小城市。

（九）电网非正常解列包括自动解列、继电保护及安全自动装置动作解列。

（十）施工机械，是指大型起吊设备、运输设备、挖掘设备、钻探设备、张力牵引设备等。

（十一）直接经济损失包括更换的备品配件、材料、人工和运输所发生的费用。如设备损坏不能再修复，则按同类型设备重置金额计算损失费用。保险公司赔偿费和设备残值不能冲减直接经济损失费用。

（十二）全厂对外停电，是指发电厂对外有功负荷降到零。虽电网经发电厂母线转送的负荷没有停止，仍视为全厂对外停电。

（十三）电网减供负荷波及多个省级电网时，除引发事故的省级电网计算一次事故外，区域电网另计算一次，其电网负荷按照区域电网事故前全网负荷计算。减供负荷的计算范围与计算电网负荷时的范围相同。

（十四）城市的减供负荷，是指市区范围的减供负荷，不包括市管辖的县或者县级市。

（十五）电力设备事故包括电气设备发生电弧引燃绝缘（包括绝缘油）、油系统（不包括油罐）、制粉系统损坏起火等。

第二十三条 各电力企业应当根据本规定制定与生产事故调查相关的内部规程。

第二十四条 本规定自 2005 年 3 月 1 日起施行。1994 年 12 月 22 日原电力工业部发布的《电业生产事故调查规程》同时废止。

8 国家电网公司电力生产事故调查规程

（国家电网安监〔2005〕145 号）

1 总则

1.1 为贯彻"安全第一，预防为主"方针，加强国家电网公司系统的安全监督管理，通过对人身、电网、设备事故的调查分析和统计，总结经验教训，研究事故规律，采取预防措施，特制定本规程。

1.2 事故调查必须按照实事求是、尊重科学的原则，及时、准确地查清事故原因，查明事故性质和责任，总结事故教训，提出整改措施，并对事故责任者提出处理意见。做到事故原因不清楚不放过，事故责任者和应受教育者没有受到教育不放过，没有采取防范措施不放过，事故责任者没有受到处罚不放过（简称"四不放过"）。

1.3 事故统计报告要及时、如实、准确、完整；事故统计分析应与设备可靠性分析相结合，全面评价安全水平。统计和考核实行分级管理。

1.4 任何单位和个人不得对本规程做出降低事故性质标准的解释；任何单位和个人对违反本规程、隐瞒事故或阻碍事故调查的行为有权越级反映。

1.5 本规程适用于国家电网公司系统的生产性企业和单位以及管理生产性企业的区域电网公司、省（直辖市、自治区，下同）电力公司和国家电网公司直属公司，其他企业参照执行。

生产性企业和单位指以输变电、供电、发电、调度、检修、试验、电力建设等为主要业务的企业（包括上述企业领导的与电力生产有关的多种经营企业）和单位。

【释义】本企业领导（含代管）的多经企业是指该多经企业虽具有独立法人地位，但其法人代表及主要领导由本企业任命及管理，或资产是全资、控股的。

1.6 本规程用于国家电网公司系统内部安全监督和安全管理，其事故（障碍）定义、调查程序、统计结果、考核项目不作为处理和判定民事责任的依据。

2 事故（障碍）

2.1 人身事故

2.1.1 发生以下情况之一者定为电力生产人身伤亡事故。

2.1.1.1 职工从事与电力生产有关工作过程中发生的人身伤亡（含生产性急性中毒造成的伤亡，下同）。

【释义】职工是指由企业支付工资的各种用工形式的职工，包括固定职工、合同制职工、临时工和企业招用的临时农民工、退休人员等。

与电力生产有关的工作系指输变电、供电、发电、试验、电力建设、调度等生产性工作。如设备设施的运行、检修、施工安装、试验、生产性管理工作（领导和管理部门人员到生产现场检查、巡视、调研属生产性管理工作）以及电力设备的更新改造、业扩、用户电力设备的安装、检修和试验等工作，包括在外地区、外系统从事与电力生产有关工作时发生的人身伤亡事故。

电力生产有关工作过程中发生的人身伤亡包括劳动过程中违反劳动纪律而发生的人身伤亡。

职工在劳动过程中因病导致伤亡，经县以上医院诊断和劳动安全生产监督管理部门调查，确认系职工本人疾病造成的，不按职工伤亡事故统计。

职工"干私活"发生伤亡不作为电力生产伤亡事故，但有下列情况之一的不作为"干私活"：

1) 具体工作人员的工作任务是由上级（包括班组长）安排的；

2) 具体工作人员的行为不是以个人得利为目的。

生产性急性中毒系指生产性毒物中毒。食物中毒和职业病不属本规程统计范围。

2.1.1.2 本企业聘用人员、本企业雇用或借用的外企业职工、民工和代训工、实习生、短期参加劳动的其他人员，在本企业的车间、班组及作业现场，从事电力生产有关的工作过程中发生的人身伤亡。

2.1.1.3 职工在电力生产区域内，由于企业的劳动条件或作业环境不良，企业管理不善，设备或设施不安全（包括非运行单位责任导致的设备或设施不安全），发生设备爆炸、火灾、生产建（构）筑物倒塌等造成的人身伤亡。

【释义】电力生产区域系指与电力生产有关的运行、检修、施工安装、试验、修配场所，以及生产仓库、汽车库、线路及电力通信设施的走廊等。

2.1.1.4 职工在电力生产区域内，由于他人从事电力生产工作中的不安全行为造成的人身伤亡。

【释义】本条中的"他人"系指本企业或非本企业人员。

2.1.1.5 职工从事与电力生产有关的工作时，发生由本企业负同等及以上责任的交通事故而造成的人身伤亡。

【释义】凡职工（含司机及乘车职工）从事电力生产有关工作中，发生由公安机关调查处理的道路交通事故，且在《道路交通事故责任认定书》中判定本方负有"同等责任"、"主要责任"或"全部责任"，则本企业职工中伤亡人员作为电力生产事故。

凡生产区域内及进厂、进变电站的专用道路或乡村道路（交警部门不处理事故的道路）机动车辆（含汽车类、电瓶车类、拖拉机类、施工车辆类及有轨车辆类等）在行驶中发生挤压、坠落、撞车或倾覆；行驶时人员上下车；发生车辆跑车等造成的人员伤亡事故，本方负有"同等责任"、"主要责任"或"全部责任"的本企业职工中伤亡人员应作为电力生产事故统计上报，并向当地劳动安全生产监督管理部门上报，事故类别填"车辆伤害"。

凡职工乘坐企业的交通车上下班、参加企业组织的文体活动、外出开会等发生的交通事故，不作为电力生产事故。

2.1.1.6 职工或非本企业的人员在事故抢险过程中发生的人身伤亡。

2.1.1.7 两个及以上企业在同一生产区域从事与电力生产有关工作时，发生由本企业负同等及以上责任的非本企业人员的人身伤亡。

2.1.1.8 非本企业领导的具备法人资格企业（不论其经济形式如何）承包与电力生产有关的工作中，发生本企业负以下之一责任的人身伤亡：

1) 资质审查不严，承包方不符合要求；

2) 开工前未对承包方负责人、工程技术人员和安监人员进行应由发包方进行的全面的安全技术交底，且没有完整的记录；

3) 对危险性生产区域内作业未事先进行专门的安全技术交底，未要求承包方制定安全措施，未配合做好相关的安全措施（含有关设施、设备上设置明确的安全警告标志等）。

4) 未签订安全生产管理协议，或协议中未明确各自的安全生产职责和应当采取的安全措施以及未指定专职安全生产管理人员进行安全检查与协调。

【释义】资质审查包括有关部门核发的营业执照

和资质证书，法人代表资格证书，施工简历和近三年安全施工记录；施工负责人、工程技术人员和工人的技术素质是否符合工程要求；特殊工种是否持证上岗；施工机械、工器具及安全防护设施、安全用具是否满足施工需要；具有两级机构的承包方是否有专职安全管理机构；施工队伍超过 30 人的是否配有专职安全员，30 人以下的是否设有兼职安全员。

危险性生产区域是指容易发生触电、高空坠落、爆炸、爆破、起吊作业、中毒、窒息、机械伤害、火灾、烧烫伤等引起人身伤亡和设备事故的场所。

2.1.1.9 政府机关、上级管理部门组织有关人员进行检查或劳动时，在生产区域内发生本企业负有责任的上述人员的人身伤亡。

2.1.2 人身事故等级划分

2.1.2.1 特大人身事故

一次事故死亡 10 人及以上者。

2.1.2.2 重大人身事故

一次事故死亡 3 人及以上，或一次事故死亡和重伤 10 人及以上，未构成特大人身事故者。

2.1.2.3 一般人身事故

未构成特、重大人身事故的轻伤、重伤及死亡事故。

【释义】 按劳动部 1993 年 9 月劳办（1993）140 号文《企业职工伤亡事故报告统计问题解答》第 48 条规定，如职工负伤后，在 30 天内死亡的（因医疗事故而死亡的除外，但必须得到医疗事故鉴定部门的确认），均按死亡统计；超过 30 天后死亡的，不再进行死亡补报和统计；轻伤转为重伤也按此原则补报和统计。

重伤事故的确定按 1960 年（60）中劳护久字第 56 号文《关于重伤事故范围的意见》规定。轻伤事故指受伤职工歇工在一个工作日以上，但够不上重伤者。

2.2 电网事故

2.2.1 特大电网事故

2.2.1.1 电网大面积停电造成下列后果之一者：

1）省电网或跨省电网减供负荷达到下列数值：

电网负荷	减供负荷
20000MW 及以上	20％
10000～20000MW 以下	30％或 4000MW
5000～10000MW 以下	40％或 3000MW
1000～5000MW 以下	50％或 2000MW

2）中央直辖市减供负荷 50％及以上；省会城市及其他大城市减供负荷 80％及以上。

【释义】 电网负荷指省电网、区域电网调度统一调度的电网在事故发生前电网负荷。

减供负荷波及多个省电网时，除引发事故的省电网计算一次事故外，区域电网另计算一次，其电网负荷按照区域电网事故前全网负荷计算。

减供负荷的计算范围与计算电网负荷时的范围相同。

中央直辖市、省会城市和其他大城市减供负荷指市区范围的减供负荷，不包括市管辖的县（含县级市）。

大城市是指市区和近郊区非农业人口 50 万及以上的城市。

2.2.1.2 其他经国家电网公司认定为特大事故者。

2.2.2 重大电网事故

未构成特大电网事故，符合下列条件之一者定为重大电网事故：

2.2.2.1 电网大面积停电造成下列后果之一者：

1）省电网或跨省电网减供负荷达到下列数值：

电网负荷	减供负荷
20000MW 及以上	8％
10000～20000MW 以下	10％或 1600MW
5000～10000MW 以下	15％或 1000MW
1000～5000MW 以下	20％或 750MW
1000MW 以下	40％或 200MW

2）中央直辖市减供负荷 20％及以上；省会及其他大城市减供负荷 40％及以上；中等城市减供负荷 60％及以上；小城市减供负荷 80％及以上。

【释义】 中等城市是指市区和近郊区非农业人口 20 万及以上、不满 50 万的城市；小城市是指市区和近郊区非农业人口不满 20 万的城市。

其他释义同 2.2.1.1。

2.2.2.2 电网瓦解

110kV 及以上省电网或跨省电网非正常解列成三片及以上，其中至少有三片每片内事故前发电出力以及供电负荷超过 100MW，并造成全网减供负荷达到下列数值：

电网负荷	减供负荷
20000MW 及以上	4％
10000～20000MW 以下	5％或 800MW
5000～10000MW 以下	8％或 500MW
1000～5000MW 以下	10％或 400MW
1000MW 以下	20％或 100MW

【释义】 非正常解列包括自动解列、继电保护及安全自动装置动作解列。其他释义同 2.2.1.1。

2.2.2.3 发生下列变电站全停情况之一者：

1）330kV 及以上变电站（不包括事故前实时运行方式为单一线路供电者）；

2）220kV 枢纽变电站；

3）一次事故中 3 个及以上 220kV 变电站（含电厂升压站，不包括事故前实时运行方式为单一线路串接供电者）。

【释义】对电网安全运行影响重大的枢纽变电站名单由区域电网公司、省电力公司根据电网结构确定。

变电站（含开关站、换流站、变频站）全所停电系指该变电站各级电压母线转供负荷（不包括所用电）均降到零。

2.2.2.4 其他经国家电网公司或区域电网公司、省电力公司、国家电网公司直属公司认定为重大事故者。

2.2.3 一般电网事故

未构成特、重大电网事故，符合下列条件之一者定为一般电网事故：

2.2.3.1 电网失去稳定。

【释义】电网失去稳定系指同一电网中，并列运行的两个或几个电源间的局部电网或全网引起振荡，振荡超过一个周期（功角超过 360°），不论时间长短，或是否拉入同步。

2.2.3.2 110kV 及以上电网非正常解列成三片及以上。

【释义】每一片电网不论是否造成电网减供负荷，均适用本条。

本条中三片不包括装机容量 50MW 及以下的地方电厂孤立运行的片。

2.2.3.3 110kV 及以上省级电网或者区域电网非正常解列，并造成全网减供负荷达到下列数值：

电网负荷	减供负荷
20000MW 及以上	4%
10000～20000MW 以下	5%或 800MW
5000～10000MW 以下	8%或 500MW
1000～5000MW 以下	10%或 400MW
1000MW 以下	20%或 100MW

2.2.3.4 变电站内 220kV 及以上任一电压等级母线全停。

【释义】220kV 及以上的"线路变压器组"、直接连接（中间无母线）系统，其主变压器停电适用本条。

2.2.3.5 110kV（含 66kV 双电源供电）变电站全停。

2.2.3.6 电网电能质量降低，造成下列后果之一：

1）频率偏差超出以下数值：

装机容量在 3000MW 及以上电网，频率偏差超出 50 ± 0.2Hz，且延续时间 30min 以上；或偏差超出 50 ± 0.5Hz，且延续时间 15min 以上。

装机容量在 3000MW 以下电网，频率偏差超出 50 ± 0.5Hz，且延续时间 30min 以上；或偏差超出 50

±1Hz，且延续时间 15min 以上。

2）电压监视控制点电压偏差超出电网调度规定的电压曲线值±5%，且延续时间超过 2h；或偏差超出±10%，且延续时间超过 1h。

2.2.3.7 电网安全水平降低，出现下列情况之一者：

1）实时为联络线运行的 220kV 及以上线路、母线主保护非计划停运，造成无主保护运行（包括线路、母线陪停）；

2）电网输电断面超稳定限额运行时间超过 1h；

3）区域电网、省网实时运行中的备用有功功率小于下列数值，且时间超过 2h：

电网发电负荷	备用有功功率（占电网发电负荷%值）
40000MW 及以上	2%或系统内的最大单机容量
20000～40000MW	3%或系统内的最大单机容量
10000～20000MW	4%或系统内的最大单机容量
10000MW 及以下	5%或系统内的最大单机容量

4）切机、切负荷、振荡解列、低频低压解列等安全自动装置非计划停用时间超过 240h；

5）系统中发电机组 AGC 装置非计划停用时间超过 240h；

6）地区供电公司及以上调度自动化系统、通信系统失灵延误送电或影响事故处理。

【释义】线路、母线主保护指能瞬时切除全线路、母线故障的保护装置。下同。

备用有功功率是指处于母线且立即可以带负荷的旋转备用功率（含能立即启动的水电机组及燃气机组），用以平衡瞬间负荷波动与预计误差。下同。

2.2.3.8 其他经区域电网公司、省电力公司、国家电网公司直属公司或本单位认定为事故者。

2.2.4 电网一类障碍

未构成电网事故，符合下列条件之一者定为电网一类障碍：

2.2.4.1 电网非正常解列。

2.2.4.2 电网电能质量降低，造成下列后果之一：

1）频率偏差超出以下数值：

装机容量在 3000MW 及以上电网频率偏差超出 50 ± 0.2Hz，且延续时间 20min 以上；或偏差超出 50 ± 0.5Hz，且延续时间 10min 以上。

装机容量 3000MW 以下电网频率偏差超出 50 ± 0.5Hz，且延续时间 20min 以上；或偏差超出 50 ± 1Hz，且延续时间 10min 以上。

2）电压监视控制点电压偏差超出电网调度规定的电压曲线值±5%，且延续时间超过 1h；或偏差超出±10%，且延续时间超过 30min。

2.2.4.3 电网安全水平降低,出现下列情况之一者:

1)电网输电断面超稳定限额运行时间超过30min;

2)区域电网、省网实时运行中的备用有功功率小于下列数值,且时间超过30min:

电网发电负荷　　　备用有功功率(占电网发电负荷%值)

40000MW及以上　　2%或系统内的最大单机容量

20000~40000MW　　3%或系统内的最大单机容量

10000~20000MW　　4%或系统内的最大单机容量

10000MW及以下　　5%或系统内的最大单机容量

3)切机、切负荷、振荡解列、低频低压解列等安全自动装置非计划停用时间超过120h;

4)220kV及以上线路、母线主保护非计划停运,导致主保护非计划单套运行时间超过24h;

5)系统中发电机组AGC装置非计划停用时间超过120h;

6)地区供电公司及以上调度自动化系统、通信系统失灵影响系统正常指挥;

7)通信电路非计划停用,造成远方跳闸保护、远方切机(切负荷)装置由双通道改为单通道,时间超过24h。

2.2.5 电网二类障碍

电网二类障碍标准由区域电网公司、省电力公司及国家电网公司直属公司自行制定

2.3 设备事故

2.3.1 特大设备事故

2.3.1.1 电力设备(包括设施,下同)损坏,直接经济损失达1000万元者。

【释义】直接经济损失包括更换的备品配件、材料、人工和运输费用。如设备损坏不能再修复,则按同类型设备重置金额计算损失费用。

保险公司赔偿费不能冲减直接经济损失费用。

2.3.1.2 生产设备、厂区建筑发生火灾,直接经济损失达到100万元者。

【释义】直接经济损失计算方法见公安部1998年11月16日发布的《火灾直接财产损失统计方法》(GA185—1998)。

电气设备发生电弧起火引燃绝缘(包括绝缘油)、油系统(不包括油罐)、制粉系统损坏起火等,上述情况企业内部定为设备事故。如果失火殃及其他设备、物资、建(构)筑物时,则定为电力生产火灾事故,下同。

2.3.1.3 其他经国家电网公司认定为特大事故者。

2.3.2 重大设备事故

未构成特大设备事故,符合下列条件之一者定为重大设备事故:

2.3.2.1 电力设备(包括设施)、施工机械损坏,直接经济损失达500万元。

【释义】直接经济损失计算见2.3.1.1条释义。

施工机械系指大型起吊设备、运输设备、挖掘设备、钻探设备、张力牵引设备等。

2.3.2.2 100MW及以上机组的锅炉、汽轮机、发电机、抽水蓄能发电电动机损坏,50MW及以上水轮机、抽水蓄能水泵、水轮机、燃气轮机、供热机组损坏,40天内不能修复或修复后不能达到原铭牌出力;或虽然在40天内恢复运行,但自事故发生日起3个月内该设备非计划停运累计时间达40天。

【释义】设备损坏的"修复时间"是指设备损坏停运开始至设备重新投入运行或转为备用为止。

为尽快恢复正常运行,使用备品备件在40天内恢复运行,且损坏设备本身的实际修复时间未超过40天的也可视为40天内恢复运行。

2.3.2.3 220kV及以上主变压器、换流变压器、换流器(换流阀本体及阀控设备,下同)、交流滤波器、直流滤波器、直流接地极、母线、输电线路(电缆)、电抗器、组合电器(GIS)、断路器损坏,30天内不能修复或修复后不能达到原铭牌出力;或虽然在30天内恢复运行,但自事故发生日起3个月内该设备非计划停运累计时间达30天。

【释义】为尽快恢复正常运行,使用备品备件在30天内恢复运行,且损坏设备本身的实际修复时间未超过30天的也可视为30天内恢复运行。

2.3.2.4 符合以下条件之一的发电厂,一次事故使2台及以上机组停止运行,并造成全厂对外停电:

1)发电机组容量400MW及以上的发电厂;

2)电网装机容量在5000MW以下,发电机组容量100MW及以上的发电厂;

3)其他区域电网公司、省电力公司指定的发电厂。

只有1条线路对外的(指事故前的实时运行方式)或只有一台升压变压器运行的发电厂(如水电厂、燃机电厂等),若该线路故障时断路器跳闸或由于升压变压器故障构成全厂停电者除外。

【释义】"发电厂"是指地理位置独立的发电厂。"发电机组容量"是指发电厂的总装机容量。全厂对外停电,指全厂对外有功负荷降到零。机组当时可能未停,带厂用电运行,仍作为"全厂对外停电"。

虽电网经发电厂母线转送的负荷没有停止,或装有调相机的发电厂发电机全停,调相机未停,仍视为

全厂停电。

一次事故使 2 台及以上机组停止运行，包括 1 台机组故障停运后，由于处理不当使其他机组也相继被迫停止运行。

电网装机容量是指参加电网统一调度的所有并网发电厂的投产机组总容量。

2.3.2.5 生产设备、厂区建筑发生火灾，直接经济损失达到 30 万元者。

【释义】 见 2.3.1.2。

2.3.2.6 其他经国家电网公司或区域电网公司、省电力公司、国家电网公司直属公司认定为重大事故者。

2.3.3 一般设备事故

未构成特、重大设备事故，符合下列条件之一者定为一般设备事故：

2.3.3.1 发电设备和 35kV 及以上输变电设备（包括直配线、母线）的异常运行或被迫停止运行后引起对用户少送电（热）。

2.3.3.2 发电机组、35kV 及以上输变电主设备被迫停运，虽未引起对用户少送电（热）或电网限电，但时间超过 24h。

【释义】 发电机组、输变电主设备是指：

1）锅炉、汽轮机、燃气轮机、水轮机、抽水蓄能水泵水轮机、发电机（包括励磁系统）、抽水蓄能发电电动机、调相机（静止补偿装置）、变频机；主要水工设施和建筑物（包括水坝、闸门、压力水管道、隧道、调压井、蓄水池、水渠等）。

2）35kV 及以上的主变压器、电抗器、高压母线、配电变压器、断路器、线路（电缆）、220kV 及以上高压厂用变压器等。

3）换流器、换流变压器、交流滤波器、直流滤波器、平波电抗器、断路器、接地极等。

2.3.3.3 发电机组、35kV 及以上输变电主设备非计划检修、计划检修延期或停止备用，达到下列条件之一：

1）虽提前 6h 提出申请并得到调度批准，但发电机组停用时间超过 168h 或输变电设备停用时间超过 72h。

2）没有按调度规定的时间恢复送电（热）或备用。

【释义】 发电机组、输变电主设备范围见 2.3.3.2。

非计划检修系指计划大修、计划小修、计划节日检修和公用系统设备的计划检修以外的一切检修（不包括由于断路器多次切断故障电流后，进行的内部检查）。非计划检修停用时间是指设备停止运行起，至设备修复后重新投入运行或报备用的时间。

发电机、调相机、主变压器、电抗器、线路的断路器跳闸即认为设备停止运行。

非计划检修结合计划大、小修安排时，若该设备的计划大修提前时间超过 60 天，计划小修提前时间超过 30 天，则检修时间仍按非计划停运时间计算。

原计划检修未过半前，经上级管理部门批准的检修延长时间视为计划检修期。

如果系统备用容量充足和运行方式许可，不限电就能安排非计划检修，调度应尽早安排，不受 6h 之限，避免拖长设备异常运行时间，加重设备的损坏。

2.3.3.4 装机容量 400MW 以下的发电厂全厂对外停电。

装机容量 400MW 及以上的发电厂或装机容量在 5000MW 以下的电网中的 100MW 及以上的发电厂，单机运行时发生的全厂对外停电。

【释义】 同 2.3.2.4。

2.3.3.5 3kV 及以上发供电设备发生下列恶性电气误操作：带负荷误拉（合）隔离开关、带电挂（合）接地线（接地开关）、带接地线（接地开关）合断路器（隔离开关）。

2.3.3.6 3kV 及以上发供电设备因以下原因使主设备异常运行或被迫停运：

1）一般电气误操作：

a. 误（漏）拉合断路器（开关）、误（漏）投或停继电保护及安全自动装置（包括连接片）、误设置继电保护及安全自动装置定值；

b. 下达错误调度命令、错误安排运行方式、错误下达继电保护及安全自动装置定值或错误下达其投、停命令；

2）继电保护及安全自动装置的人员误动、误碰、误（漏）接线；

3）继电保护及安全自动装置（包括热工保护、自动保护）的定值计算、调试错误；

4）热机误操作：误停机组、误（漏）开（关）阀门（挡板）、误（漏）投（停）辅机等；

5）监控过失：人员未认真监视、控制、调整等。

【释义】 见 2.3.3.2。

2.3.3.7 设备、运输工具损坏，化学用品（如酸、碱、树脂等）及燃油、润滑油、绝缘油泄漏等，经济损失达到 10 万元及以上。

【释义】 见 2.3.1.2。化学用品及油泄漏在计算经济损失时尚应包括地方环保部门的罚款和清污费用。

2.3.3.8　由于水工设备、水工建筑损坏或其他原因，造成水库不能正常蓄水、泄洪或其他损坏。

2.3.3.9　发供电设备发生下列情况之一：

1）炉膛爆炸；

2）锅炉受热面腐蚀或烧坏，需要更换该部件（水冷壁、省煤器、过热器、再热器、预热器）管子或波纹板达该部件管子或波纹板总重量的5%以上；

3）锅炉运行中的压力超过工作安全门动作压力的3%，汽轮机运行中超速达到额定转速的1.12倍以上，水轮机运行中超速达到紧急关导叶或下闸的转速；

4）压力容器和承压热力管道爆炸；

5）100MW及以上汽轮机大轴弯曲，需要进行直轴处理；

6）100MW及以上汽轮机叶片折断或通流部分损坏；

7）100MW及以上汽轮机发生水击；

8）100MW及以上汽轮发电机组，50MW及以上水轮机组、抽水蓄能水泵水轮机组、燃气轮机和供热发电机组烧损轴瓦；

9）100MW及以上发电机绝缘损坏；

10）120MVA及以上变压器绕组绝缘损坏；

11）220kV及以上断路器、电压互感器、电流互感器、避雷器爆炸；

12）220kV及以上线路倒杆塔。

2.3.3.10　主要发供电设备异常运行已达到规程规定的紧急停止运行条件而未停止运行。

2.3.3.11　生产设备、厂区建筑发生火灾，经济损失达到1万元。

【释义】见2.3.1.2。

2.3.3.12　其他经区域电网公司、省电力公司、国家电网公司直属公司或本单位认定为事故者。

2.3.4　设备一类障碍

未构成设备事故，符合下列条件之一者定为设备一类障碍：

2.3.4.1　10kV（6kV）供电设备（包括母线、直配线）的异常运行或被迫停运引起了对用户少送电。

2.3.4.2　发电机组、35kV及以上输变电主设备被迫停运、非计划检修或停止备用。

【释义】见2.3.3.2和2.3.3.3。

2.3.4.3　35～110kV断路器、电压互感器、电流互感器、避雷器爆炸，未造成少送电。

2.3.4.4　110kV及以上线路故障，断路器跳闸后经自动重合闸重合成功。

2.3.4.5　抽水蓄能机组不能按调度规定抽水。

2.3.4.6　经上级管理部门或本单位认定为一类障碍者。

2.3.5　设备二类障碍

设备二类障碍标准由区域电网公司、省电力公司及国家电网公司直属公司自行制定。

2.4　事故归属

2.4.1　不同管理体系下的事故归属

2.4.1.1　区域电网公司、省电力公司、国家电网公司直属公司直属、全资、控股的生产性企业发生的人身、电网、设备事故，代管发供电企业的电力生产人身事故、有运行责任的设备事故汇总为上述公司的事故。

2.4.1.2　国家电网公司系统内产权与运行管理相分离的，事故归属依据代管协议确定；代管协议未作明确的，按照以下原则确定：

1）运行管理单位人员人身事故定为运行管理单位的事故；

2）电网及设备事故中，运行管理单位有责任的，定为运行管理单位的事故；

3）电网及设备事故中，运行管理单位没有责任的，定为产权所有单位的事故。

2.4.1.3　发供电企业管理的多种经营企业以及由该多种经营企业全资、控股或管理的公司，从事与电力生产有关的工作中发生的人身事故定为该发供电企业的事故。

【释义】电力企业职工借调到多种经营企业从事电力生产工作中，发生人身事故，也适用于本条。

2.4.1.4　任何企业承包发供电企业的工作中，造成发供电企业的电网、设备事故均定为发供电企业的事故。

2.4.2　一次事故涉及几个单位时事故的归属

2.4.2.1　一个单位发生了事故，扩大成电网事故时该单位定为一次事故，管辖该电网的单位定为一次电网事故；一个省发生电网事故波及跨省电网，该省网定为一次事故，跨省区域电网定为一次事故。

2.4.2.2　一个单位发生事故时，电网内另一个单位或几个单位由于本单位的过失又造成事故扩大，后一个或几个单位各定为一次事故。

2.4.2.3　输电线路发生瞬时故障，由于继电保护或断路器失灵，在断路器跳闸后拒绝重合，定为管辖该继电保护或断路器单位的电气（变电）事故；如果输电线路发生永久性故障，无论继电保护或断路器是否失灵，均应定为管辖线路单位的输电事故。

2.4.2.4　线路发生故障，扩大到发电厂或变电站的母线停电或主变压器停运时，供电企业应定为一次事故，发电厂则定为一次事故。

2.4.2.5 一条线路由两个及以上供电企业负责维修，该线路故障跳闸构成事故时，如果各供电企业经过检查均未发现故障点，应各定一次事故。

【释义】一条线路由两个及以上供电企业负责维修，该线路跳闸后，若一方提供了故障录波图（或故障测距仪记录，下同），计算出的故障点在对方，而对方未能提供故障录波图时，双方经现场检查虽未发现故障点，则定为未录波的一方发生事故。

如一方提供了故障录波图，计算出的故障点在本侧，对方有录波设备而未能提供故障录波图时，则双方各定为一次事故。

当分析双方的录波图计算的结果有矛盾时，则双方各定为一次事故。

2.4.2.6 由于电网调度机构过失，如下达调度命令错误、保护定值错误、误动、误碰等，造成发供电设备异常运行并构成事故时，调度应定为一次事故。如果发供电企业也有过失，亦应定为一次事故。

2.4.2.7 一次事故中如同时发生人身事故和电网、设备事故，应分别各定为一次事故。

2.4.3 由于同一原因而引起多次事故的认定

2.4.3.1 一条线路由于同一原因在 16h 内发生多次跳闸停运时，可统计为一次事故。

2.4.3.2 同一个供电（输电）企业的几条线路或几个变电站，由于同一次自然灾害，如覆冰、暴风、雷击、水灾、火灾、地震、泥石流等原因，发生多条线路、多个变电站跳闸停运时，可统计为一次事故。

由于同一次自然灾害引发同一个省的几个供电（输电）企业多条线路、多个变电站跳闸停运时，可由省电力公司统计为一次事故。

2.4.3.3 发电厂由于燃煤（油）质量差、煤湿等原因，在一个运行班的值班时间内，发生多次灭火停炉、降低出力，可统计为一次事故。

3 事故调查

3.1 即时报告

3.1.1 电力生产企业发生人身死亡事故和重伤事故，应立即用电话、电传、电子邮件等按资产关系或管理关系向隶属的区域电网公司、省电力公司、国家电网公司直属公司和企业所在地方政府安全生产监督管理部门、公安部门、工会报告。

区域电网公司、省电力公司、国家电网公司直属公司接到人身死亡和 3 人以上重伤事故报告后，应在 16h 内以书面材料向国家电网公司报告，同时，省电力公司向区域电网公司报告。

【释义】 生产企业的事故，一律经省电力公司、区域电网公司、国家电网公司直属公司转报国家电网公司，下同。

3.1.2 电力生产企业发生电网和设备事故，应立即用电话、电传、电子邮件按资产关系及管理关系向隶属的区域电网公司、省电力公司、国家电网公司直属公司报告。

其中，重大及以上电网和设备事故及下列一般电网及设备事故，区域电网公司、省电力公司、国家电网公司直属公司接到报告后，应在 16h 内以书面材料向国家电网公司报告，同时，省电力公司向区域电网公司报告。

必须在事故发生后 16h 内向国家电网公司和区域电网公司报告的事故为：

1) 220kV 变电站全所停电或 3 座及以上 110kV 变电站全所停电；

2) 500kV 输变电设备被迫停运；

3) 电网事故减供负荷达 100MW 及以上；

4) 直属发电厂发生全厂停电；

5) 220kV 及以上电压等级变电站和直属发电厂恶性误操作事故及误调度事故；

6) 220kV 及以上电压等级的输电线倒杆塔事故；

7) 对重要用户停电（热）并造成严重影响的。

3.1.3 即时报告应包括以下内容：

1) 事故发生的时间、地点、单位；

2) 事故发生的简要经过、伤亡人数、直接经济损失的初步估计，设备损坏和电网停电影响的初步情况；

3) 事故发生原因的初步判断。

3.2 调查组织

3.2.1 人身事故

3.2.1.1 特大人身事故

特大人身事故的调查，执行国务院《特别重大事故调查程序暂行规定》及其他相关规定。

【释义】《特别重大事故调查程序暂行规定》由国务院于 1989 年 3 月 29 日以第 34 号令发布。

特大道路交通事故执行 1992 年 1 月 1 日国务院发布的《道路交通事故处理办法》和 1992 年 8 月 10 日公安部第 10 号令《道路交通事故处理程序规定》。

3.2.1.2 重大人身事故

重大人身事故的调查执行国务院《企业职工伤亡事故报告和处理规定》及其相关规定。

【释义】《企业职工伤亡事故报告和处理规定》由国务院于 1991 年 3 月 1 日以第 75 号令发布。

3.2.1.3 一般人身伤亡事故

一般死亡事故的调查执行国务院《企业职工伤亡事故报告和处理规定》及其相关规定。

重伤事故由企业领导或其指定人员组织安监、生技（基建）、劳资（社保）等有关人员以及工会成员成立事故调查组进行调查。事故报告由安监人员填写。

轻伤事故由企业事故发生部门的领导组织有关人员进行调查。性质严重的，安监、生技（基建）、劳资（社保）、工会等部门派人参加。事故报告由安监人员或车间安全员填写。

3.2.2 电网事故
3.2.2.1 特大电网事故
特大电网事故由国家电网公司组织成立调查组，报国家电监委备案后组织调查。调查组可根据发生事故的具体情况，邀请有关地方政府部门和有关的发电公司等参加。

3.2.2.2 重大电网事故
重大电网事故根据涉及范围分别由区域电网公司、省电力公司、国家电网公司直属公司组织事故调查组，报国家电网公司备案后进行调查。跨大区电网、跨省电网的重大电网事故由国家电网公司或其授权的区域电网公司、省电力公司、国家电网公司直属公司组织调查组进行调查，并邀请有关地方政府部门和有关的发电公司等参加。

调查组可根据发生事故的具体情况，指定有关供电企业、发电厂参加；涉及非国家电网公司所属的并网电厂和地方电网企业，则应邀请其参加调查。

调查组由事故调查单位的领导主持，安监、调度、生技（基建）等部门人员参加。

3.2.2.3 一般电网事故
一般电网事故应根据事故涉及范围，分别由负责运行管理（经营）、调度该电网的区域电网公司、省电力公司、国家电网公司直属公司、市（地区级）供电企业或受区域电网公司、省电力公司、国家电网公司直属公司委托的部门组织调查组进行调查，并由事故调查组组织单位的技术人员填写事故报告。

调查组可根据发生事故的具体情况，指定有关供电企业、发电厂参加；涉及非国家电网公司所属的并网电厂和地方电网企业，应邀请其参加调查。

调查组由事故调查单位的领导组织，安监、调度、生技（基建）及营销等部门人员参加。

3.2.2.4 电网一类障碍
电网一类障碍一般由调度部门负责组织调查，必要时上级安监部门和有关专业人员参加。一类障碍报告由调度部门技术人员填写。

3.2.3 设备事故
3.2.3.1 特大设备事故
特大设备事故的调查执行国务院《特别重大事故调查程序暂行规定》及其他相关规定。

国家电网公司认定的特大设备事故，由国家电网公司或其授权部门组织调查组进行调查。调查组由事故调查单位的领导组织，安监、生技（基建）、调度等部门人员组成；涉及非国家电网公司所属的并网发电和地方电网企业，应邀请其（含其上级管理部门）参加。

3.2.3.2 重大设备事故
重大设备事故由发生事故的单位组织调查组进行调查。产权与运行管理分离的，以资产所有者单位为主组织调查，也可委托运行管理单位组织调查。

特别严重的或涉及设备制造单位或两个及以上发供电单位、施工企业的重大设备事故，由区域电网公司、省电力公司、国家电网公司直属公司组织或授权有关单位组织调查。

调查组由事故调查单位的领导主持，安监、生技（基建）、调度以及其他有关部门和车间（工区、工地）负责人参加。必要时，上级管理部门应指派安监人员和有关专业人员参加调查；涉及非国家电网公司所属的并网电厂和地方电网企业，应邀请其参加。

3.2.3.3 一般设备事故
一般设备事故由发生事故的单位组织调查组进行调查。产权与运行管理分离的，以资产所有者单位为主组织调查，也可以委托运行管理单位组织调查。

性质严重和涉及两个及以上发供电单位、施工企业的一般设备事故，上级管理部门应指派安监人员和有关专业人员参加调查或组织调查。

调查组一般由事故调查单位的领导组织，安监、生技（基建）、调度以及其他有关部门和车间（工区、工地）人员参加调查；涉及非国家电网公司所属的并网电厂和地方电网企业，应邀请其参加。

只涉及一个车间（工区、工地）且情节比较简单的一般设备事故，也可以指定发生事故的车间（工区、工地）负责人组织调查。

事故报告由事故调查组织单位的技术人员填写。

3.2.3.4 设备一类障碍
设备一类障碍由车间（工区、工地）负责人组织调查。必要时，安监人员和有关专业人员参加。

性质严重者，由发供电企业、施工企业的领导组织调查。

一类障碍报告由企业或车间（工区、工地）技术人员填写。

3.2.4 非国家电网公司所属的并网电厂和地方电网企业发生的事故涉及国家电网公司所属企业时，国家电网公司所属企业应配合或参加其事故调查。若该事故调查组认为国家电网公司所属企业在该起事故中负有责任时，该企业的上级部门应提出意见或加以确认，若有异议，则应提出复议或请有关部门仲裁。

3.3 调查程序

3.3.1 保护事故现场

3.3.1.1 事故发生后，事故单位必须迅速抢救伤员并派专人严格保护事故现场。未经调查和记录的事故现场，不得任意变动。

发生国务院《特别重大事故调查程序暂行规定》所规定的特大事故，事故单位尚应立即通知当地政府和公安部门，并要求派人保护现场。

3.3.1.2 事故发生后，事故单位应立即对事故现场和损坏的设备进行照相、录像、绘制草图、收集资料。

3.3.1.3 因紧急抢修、防止事故扩大以及疏导交通等，需要变动现场，必须经企业有关领导和安监部门同意，并做出标志、绘制现场简图、写出书面记录，保存必要的痕迹、物证。

【释义】本条中"事故现场简图"是指：事故现场示意图，热力和电气系统事故时实时方式状态图，受害者位置图等，并标明尺寸。

3.3.2 收集原始资料

3.3.2.1 事故发生后，企业安监部门或其指定的部门应立即组织当值值班人员、现场作业人员和其他有关人员在下班离开事故现场前分别如实提供现场情况并写出事故的原始材料。

安监部门要及时收集有关资料，并妥善保管。

3.3.2.2 事故调查组成立后，安监部门及时将有关材料移交事故调查组。

事故调查组应根据事故情况查阅有关运行、检修、试验、验收的记录文件和事故发生时的录音、故障录波图、计算机打印记录等，及时整理出说明事故情况的图表和分析事故所必需的各种资料和数据。

3.3.2.3 事故调查组在收集原始资料时应对事故现场搜集到的所有物件（如破损部件、碎片、残留物等）保持原样，并贴上标签，注明地点、时间、物件管理人。

3.3.2.4 事故调查组有权向事故发生单位、有关部门及有关人员了解事故的有关情况并索取有关资料，任何单位和个人不得拒绝。

3.3.3 调查事故情况

3.3.3.1 人身事故应查明伤亡人员和有关人员的单位、姓名、性别、年龄、文化程度、工种、技术等级、工龄、本工种工龄等。

电网或设备事故应查明发生的时间、地点、气象情况；查明事故发生前设备和系统的运行情况。

3.3.3.2 查明电网或设备事故发生经过、扩大及处理情况。

人身事故应查明事故发生前工作内容、开始时间、许可情况、作业程序、作业时的行为及位置、事故发生的经过、现场救护情况。

3.3.3.3 查明与电网或设备事故有关的仪表、自动装置、断路器、保护、故障录波器、调整装置、遥测遥信、遥控、录音装置和计算机等记录和动作情况。

人身事故应查明事故发生前伤亡人员和相关人员的技术水平、安全教育记录、特殊工种持证情况和健康状况，过去的事故记录，违章违纪情况等。

3.3.3.4 调查设备资料（包括订货合同、大小修记录等）情况以及规划、设计、制造、施工安装、调试、运行、检修等质量方面存在的问题。

人身事故应查明事故场所周围的环境情况（包括照明、湿度、温度、通风、声响、色彩、道路、工作面状况以及工作环境中有毒、有害物质和易燃易爆物取样分析记录）、安全防护设施和个人防护用品的使用情况（了解其有效性、质量及使用时是否符合规定）。

3.3.3.5 查明电网事故造成的损失，包括波及范围、减供负荷、损失电量、用户性质；查明事故造成的设备损坏程度、经济损失。

3.3.3.6 了解现场规程制度是否健全，规程制度本身及其执行中暴露的问题；了解企业管理、安全生产责任制和技术培训等方面存在的问题；事故涉及两个及以上单位时，应了解相关合同或协议。

3.3.4 分析原因责任

3.3.4.1 事故调查组在事故调查的基础上，分析并明确事故发生、扩大的直接原因和间接原因。必要时，事故调查组可委托专业技术部门进行相关计算、试验、分析。

3.3.4.2 事故调查组在确认事实的基础上，分析是否人员违章、过失、违反劳动纪律、失职、渎职；安全措施是否得当；事故处理是否正确等。

3.3.4.3 根据事故调查的事实，通过对直接原因和间接原因的分析，确定事故的直接责任者和领导责任者；根据其在事故发生过程中的作用，确定事故发生的主要责任者、次要责任者、事故扩大的责任者。

3.3.4.4 凡事故原因分析中存在下列与事故有关的问题，确定为领导责任：

1）企业安全生产责任制不落实；

2）规程制度不健全；

3）对职工教育培训不力；

4）现场安全防护装置、个人防护用品、安全工器具不全或不合格；

5）反事故措施和安全技术劳动保护措施计划不落实；

6）同类事故重复发生；

7）违章指挥。

3.3.5　提出防范措施

事故调查组应根据事故发生、扩大的原因和责任分析，提出防止同类事故发生、扩大的组织措施和技术措施。

3.3.6　提出人员处理意见

3.3.6.1 事故调查组在事故责任确定后，要根据有关规定提出对事故责任人员的处理意见。由有关单位和部门按照人事管理权限进行处理。

3.3.6.2 对下列情况应从严处理：

1）违章指挥、违章作业、违反劳动纪律造成事故的；

2）事故发生后隐瞒不报、谎报或在调查中弄虚作假、隐瞒真相的；

3）阻挠或无正当理由拒绝事故调查，拒绝或阻挠提供有关情况和资料的。

3.3.6.3 在事故处理中积极恢复设备运行和抢救、安置伤员；在事故调查中主动反映事故真相，使事故调查顺利进行的有关事故责任人员，可酌情从宽处理。

3.4　事故调查报告书

3.4.1 重大及以上电网和设备事故、重伤及以上人身事故以及上级部门指定的事故，事故调查组写出《事故调查报告书》后，应报送组织事故调查的单位。经事故调查的组织单位同意后，事故调查工作即告结束。

3.4.2 事故调查的组织单位收到事故调查组写出的《事故调查报告书》后，应立即提出《事故处理报告》，报上级主管单位或政府安全生产监督管理部门。批复单位为国家电网公司、区域电网公司、省电力公司、国家电网公司直属公司的，批复后应将批复文件送各参加调查的单位或部门。

3.4.3 事故调查结案后，事故调查的组织单位应将有关资料归档，资料必须完整，根据情况应有：

1）伤亡事故登记表（表1）或电网、设备事故报告；

2）事故调查报告书、事故处理报告书及批复文件；

3）现场调查笔录、图纸、仪器表计打印记录、资料、照片、录像带等；

4）技术鉴定和试验报告；

5）物证、人证材料；

6）直接和间接经济损失材料；

7）事故责任者的自述材料；

8）医疗部门对伤亡人员的诊断书；

9）发生事故时的工艺条件、操作情况和设计资料；

10）处分决定和受处分人的检查材料；

11）有关事故的通报、简报及成立调查组的有关文件；

12）事故调查组的人员名单，内容包括姓名、职务、职称、单位等。

4　统计报告

4.1　事故报告

4.1.1 下列事故应由事故调查组填写事故调查报告书：

1）人身死亡、重伤事故，填写《人身伤亡事故调查报告书》（表3）；

2）重大及以上电网事故，填写《电网事故调查报告书》（表8）；

3）重大及以上设备事故，填写《设备事故调查报告书》（表9）；

4）其他由国家电网公司、区域电网公司、省电力公司、国家电网公司直属公司根据事故性质及影响程度指定填写的。

4.1.2 事故调查报告书由事故调查的组织单位以文件形式在事故发生后的30天内报送出。特殊情况下，经国家电网公司同意可延至60天。由政府部门进行调查的事故上报时限从其规定。

4.1.3 区域电网公司、省电力公司、国家电网公司直属公司接到事故调查报告后，8天内以文件形式批复给事故调查的组织单位，同时报国家电网公司，省电力公司尚应报区域电网公司。

事故调查组织单位为区域电网公司、省电力公司、国家电网公司直属公司的，直接报国家电网公司，省电力公司尚应报区域电网公司。

4.1.4 符合4.1.1条所列事故（重伤事故除外），应随《事故调查报告书》上报事故影像资料。

4.1.5 一个单位发生一起事故（障碍），并伴有人身伤亡时，按以下原则统计报告：

1）伴有人身事故的电网、设备事故（障碍），人身事故和电网、设备事故（障碍）应按第2章规定分别各统计1次。

2）一起事故（障碍）既构成电网事故（障碍）条件，也构成设备事故（障碍）条件时，遵循"不同等级，等级优先；相同等级，电网优先"的原则统计报告。

4.1.6 因发电厂原因造成电网事故的，发电厂应根据本厂实际后果定相应等级的设备事故（障碍），管辖该电网的单位则视后果一次相应等级的电网事故（障碍）。

4.2　月度报告、报表

4.2.1 区域电网公司、省电力公司、国家电网公司直属公司于每月1日前将上月事故快报以传真或电子邮件方式报国家电网公司，同时，省电力公司报区域电网公司。

4.2.2 事故快报应包括以下内容：

1）发电设备事故和一类障碍次数；

2）供电设备事故和一类障碍次数；

3）电网事故和一类障碍次数；

4）人身死亡和重伤人数；

5）特大、重大事故次数；

6）恶性误操作事故次数；

7）人身、电网、设备事故发生的时间、地点、单位，事故发生的简要经过、伤亡人数、直接经济损失的初步估计，设备损坏和电网停电影响的初步情况，事故发生原因的初步判断。

4.2.3 所有事故和一类障碍均应分别填写以下报告、报表：

1）《人身伤亡事故报告》（表2）；

2）《电网事故报告》（表4）；

3）《电网一类障碍报告》（表5）；

4）《设备事故报告》（表6）；

5）《设备一类障碍报告》（表7）；

6）《月（年）综合统计表》（表10、表11、表12）。

4.2.4 人身伤亡事故报告中，一次事故多人伤亡，按一人一张填报，每张事故报告中的事故编号应相同。

电网、设备事故（一类障碍）报告中，一个事故涉及两个及以上的单位，应分别写出事故报告，由上级管理部门综合后写出报告。

事故（一类障碍）报告经填报单位的领导和安监工程师审核后上报。

4.2.5 填报单位应于次月5日前将事故及一类障碍（10kV供电设备一类障碍除外）报告、月综合报表及软盘报区域电网公司、省电力公司、国家电网公司直

属公司；区域电网公司、省电力公司、国家电网公司直属公司于次月10日前将事故及一类障碍报告的审阅意见批复填报单位，同时以电子邮件方式报国家电网公司（人身轻伤事故除外），省电力公司尚应报区域电网公司。

4.2.6 符合4.1.1条的事故，事故单位应先将简要情况填写事故报告，并按规定日期报出，待事故调查结束做出结论后5天内，再将原报告做出修正并报出。其他原因需要补报或对原报告做出修正的，随下月报告同时报出。

4.2.7 非国家电网公司所属的并网电厂和地方电网企业发生由国家电网公司所属企业负同等及以上责任的事故时，国家电网公司所属企业应将其与本企业事故同等对待，并与本企业事故报告、月报一并上报。

4.2.8 发供电设备正式移交生产前发生的电网或设备事故列入基建范围（含施工企业）统计。

4.3　季度报告

区域电网公司、省电力公司、国家电网公司直属公司应在每个季度第一个月的5日前以传真或电子邮件方式向国家电网公司上报上个季度下属发供电企业的年内安全记录、连续安全记录和安全周期个数。

4.4　年度报表

填报单位应于次年1月20日前将《＿＿＿＿年度事故综合分析表》（表13）报送区域电网公司、省电力公司、国家电网公司直属公司。区域电网公司、省电力公司、国家电网公司直属公司汇总后于次年1月底前将《＿＿＿＿年度事故综合分析表》（表13）、12月份的《月（年）度综合统计表》（表10、表11、表12）报国家电网公司，同时，省电力公司报区域电网公司。

4.5　填报及审批

4.5.1 区域电网公司、省电力公司、国家电网公司直属公司及市（地区级）供电企业、超高压公司（局）、发电厂、火电及输变电施工企业、省级及以上调度部门、集中检修单位等为填报单位。施工企业和县供电企业的事故填报，执行国家电网公司有关规定。

涉及一个供电企业、一个或多个发电厂的电网事故，供电企业作为填报单位；涉及两个及以上供电企业的电网事故，区域电网公司、省电力公司、国家电网公司直属公司为填报单位。

【释义】省级及以上调度部门包括：国家电网公司调度通信中心、区域电网调度通信中心和省电网调度通信中心三级，下同。

4.5.2 区域电网公司、省电力公司、国家电网公司直属公司为其下属单位各类报告、报表的审批汇总单位。

5 安全考核

5.1 考核项目

5.1.1 区域电网公司、省电力公司、国家电网公司直属公司：特大、重大事故次数，恶性误操作事故次数，死亡人数。

非国家电网公司所属的并网电厂和地方电网企业发生由国家电网公司所属企业负同等及以上责任的特大、重大事故次数。

5.1.2 省及以上调度部门：特大、重大事故次数，死亡、重伤人数，电网事故次数，设备事故次数，安全周期个数。

非国家电网公司所属的并网发电厂和地方电网企业发生的由国家电网公司所属企业负同等及以上责任的特大、重大事故次数，电网事故次数，设备事故次数。

【释义】电网、设备事故次数包括不中断安全记录的事故次数。安全记录达100天，称为一个安全周期。下同。

5.1.3 市（地区级）供电企业、超高压公司（局）：特大、重大事故次数，死亡、重伤人数，电网事故次数，设备事故次数，安全周期个数。

非国家电网公司所属的并网发电厂和地方电网企业发生的由国家电网公司所属企业负同等及以上责任的特大、重大事故次数，电网事故次数，设备事故次数。

5.1.4 发电厂：特大、重大事故次数，死亡、重伤人数，设备事故次数，安全周期个数。

非国家电网公司所属的并网发电厂和地方电网企业发生的由国家电网公司所属企业负同等及以上责任的特大、重大事故次数，电网事故次数，设备事故次数。

5.1.5 县级供电企业的安全考核项目由区域电网公司、省电力公司自行制定。

5.1.6 集中检修单位：特大、重大事故次数，死亡、重伤人数，设备事故次数，安全周期个数。

非国家电网公司所属的并网发电厂和地方电网企业发生的由国家电网公司所属企业负同等及以上责任的特大、重大事故次数，电网事故次数，设备事故次数。

5.1.7 施工企业（单位）考核项目按有关规定执行。

5.2 安全记录

安全记录为连续无事故的累计天数，安全记录达到100天为一个安全周期。除以下特、重大事故和一般事故外，无论原因和责任归属，均应中断事故发生单位的安全记录。

5.2.1 发供电设备因覆冰、暴风、雷击、水灾、火灾、地震、泥石流等自然灾害超过设计标准承受能力和人力不可抗拒而发生的特、重大电网和设备事故不中断安全记录。

【释义】本条规定所指的是那些超过设计计算标准的、人力不可抗拒的自然灾害所造成的事故。如由于本单位设计或施工安装不当等原因使设备的抗自然灾害能力达不到规定要求，则仍应中断安全记录。

雷击导致输电线路故障若要作为"超过设计标准承受能力而发生的事故"，则应在事故报告中说明其防雷设计、设备选型、避雷线防雷角、故障点杆塔接地电阻值、防雷设施预试情况、避雷器动作计数记录等以证实确实超过设计承受能力。雷击引起发电厂和变电站接地网故障的必须中断记录。

污闪事故不能作为自然灾害。

5.2.2 发生以下一般事故不中断安全记录。

5.2.2.1 人身轻伤事故。

5.2.2.2 新投产发电设备和110kV及以上输变电设备（包括成套性继电保护及安全自动装置）一年以内发生由于设计、制造、施工安装、调试、集中检修等单位主要责任造成的事故。

【释义】新投产设备和110kV输变电设备只限于国家电网公司、区域电网公司、省电力公司、国家电网公司直属公司批准的基建项目和重大改项目。

5.2.2.3 运行30年及以上的50MW及以下发电机组、31.5MVA及以下主变压器和35kV输电线路事故，非本单位人员过失者。

【释义】此类设备必须事先经过区域电网公司、省电力公司、国家电网公司直属公司鉴定认可。

5.2.2.4 地形复杂地区夜间无法巡线的35～220kV的输电线路或不能及时得到批准开挖检修的城网地下电缆，停运后未引起对用户少送电或电网限电，停运时间不超过72h者。

5.2.2.5 纯系输变电设备故障引起发电厂构成2.3.3.4条的一般性全厂停电事故。

5.2.2.6 发电机组因电网安全运行需要设置的安全自动切机装置，由于电网原因造成的自动切机装置动作，使机组被迫停机构成事故者。若切机后由于人员处理不当或设备本身故障构成事故条件的，仍应中断安全记录。

5.2.2.7 电网因安全自动装置正确动作或调度运行人员按事故处理预案进行处理的非人员责任的电网失去稳定事故。若由于人员处理不当或设备本身故障构成事故者，仍应中断安全记录。

5.2.2.8 事先经过上级管理部门批准进行的科学技

术实验项目，由于非人员过失所造成的事故。

5.2.2.9 不可预见或无法事先防止的外力破坏事故。

【释义】不可预见指器材被盗、车辆碰撞电力设施及他人在电力设施附近射击、狩猎、砍树、开挖、爆破、起吊作业、盖房等。

但对于电力器材被偷盗、电力线路杆塔（包括拉线）附近被开挖，以及砍伐树木等引起线路事故，若系运行维护工作不到位而未及时发现并加以处理；或电杆位置不当，该迁移而未迁移；或在电杆周围应该采取防护措施而未采取措施，发生车辆撞电杆事故；或运行中的电力设施未按电气设备运行规程要求设置

警告标志或采取其他必要的安全防护措施，导致他人误登、误碰电气设备构成事故等，都应视作本单位有责任而中断安全记录。

5.2.2.10 非国家电网公司所属的并网电厂、地方电网企业及用户过失引起的 35kV 及以上输变电设备（包括直配线）跳闸事故，并且发供电单位没有事故责任者。

5.2.2.11 无法采取预防措施的户外小动物引起的事故。

5.2.2.12 为了抢救人员生命而紧急停止设备运行构成的事故。

附表

表 1 　　　　　　　　　　　　**伤 亡 事 故 登 记 表**

本表共＿＿＿＿页，第＿＿＿＿页码

单位名称：＿＿＿＿＿＿＿＿；＿＿＿＿＿＿＿＿车间（工地、工区、队）

发生事故日期：＿＿＿年＿＿＿月＿＿＿日＿＿＿时＿＿＿分

事故类别＿＿＿＿主要原因分析＿＿＿＿制表日期＿＿＿年＿＿＿月＿＿＿日

姓　名	伤害情况（死、重、轻）	工种及级别	性　别	年　龄	本工种工龄	附　注

事故经过和原因：

预防事故重复发生的措施：

单位负责人＿＿＿＿＿　　　　　　　　制表人＿＿＿＿＿

表 2　人身伤亡事故报告

（汇总）单位（章）：

事故简题：

本报告共　页，第　页

事故编号	事故单位	上级单位	隶属关系	经济类型	事故发生时间 年 月 日 时 分	事故等级	事故类别	事故伤害人数	事故归属	安全记录	直接经济损失（千元）	气象条件	温度
			国网直属	国网全资		重大伤亡	触电	死重轻	生产				℃

姓名	伤害程度	性别	年龄	工龄	工种1	工种2	本工种工龄	用工类别	有无职业禁忌	紧急救护	触电类别	触电电压 kV	伤害类型	受伤部位	有无附图
	死亡												中度灼伤		

起因物	致害物	危险作业分类	不安全状态	不安全行为	事故直接原因	直接责任	事故间接原因	间接责任	是否报电监会
									是（否） 事故等级

事故经过：

事故暴露问题、防止对策、执行人及完成期限：

单位领导：　　安监审核人：

网、省公司领导批复： 签名：	网、省公司安监部门批复： 填报人： 签名：

填报日期：　年　月　日

表 3 人身伤亡事故调查报告书

1. 企业详细名称_____ 地址电话_____
2. 业别_____ 分级隶属关系：（中央、省、专、市、县）_____直接主管部门_____
3. 发生事故日期____年____月____日____时____分____车间（工地、工区、队）
4. 事故类别_____主要原因分析_____
5. 这次事故伤亡情况：死亡____人 重伤____人 轻伤____人

姓名	伤害情况 （死、重、轻）	工种 及级别	性别	年龄	本工种 工龄	受过何种 安全教育	估计财 物损失	附注

6. 事故的经过和原因：
7. 预防事故重复发生的措施，执行措施的负责人、完成期限，以及执行情况的检查人：
8. 对事故的责任分析和对责任者的处理意见：
9. 参加调查的单位和人员（注明职别）：
10. 附件清单（包括图纸、资料、原始记录、笔录、试验和分析计算资料、事故照片、录像等）

企业负责人_____制表人_____
____年____月____日

表 4

电网事故报告

填报（汇总）单位（章）：

本报告共　页，第　页

事故简题：

事故编号	上级公司名称	事故责任单位	事故单位	产权单位	事故起止日期	停运时间	设备分类	事故等级	事故类别	气象条件	安全记录

事故起止日期：年 月 日 时 分 至 年 月 日 时 分

停运时间：h min

气象条件：温度 ℃　事故时电压（kV）最高 最低　事故时频率（Hz）最高 最低

电网事故涉及范围

下列电压（kV）	变电站共 座	输电线路共 条	发电机组共 台
750	500	330	220	110	66			
						750 500 330 220 110	≥600 ≥300 ≥200 ≥100 <100	

全停非全停 全停非全停 全停非全停 全停非全停 全停非全停 全停非全停

事故原因及责任

	设备分类	部件分类	零部件分类	技术分类	错误类型	制造厂	型号	投产年月	原因1 责任1	原因2 责任2
一、二次设备								年 月		
事故起因设备								年 月		
扩大事故设备								年 月		

最高电压（kV）　事故电压（kV）　事故中电网瓦解片数

损坏设备

	设备分类	部件分类	损坏程度	运行状态

不正确动作（或停用）的继电保护及安全自动装置

保护装置名称	电压等级（kV）	运行状态	错误类型	技术分类	保护装置名称	电压等级（kV）

事故损失

直接经济损失（千元）　减供负荷（MW）

有无附图　是否报电监会 是（否）　事故等级　涉及单位

1. 事故原因经过、扩大、处理情况：
2. 暴露问题：
3. 事故责任人姓名、职务：
4. 防止对策、执行人、完成期限：
5. 调度部门、供电公司领导：

安监审核人：

填报人：

填报日期：　年 月 日

网、省公司安监部门批复：　　签名：　　签名：

网、省公司领导批复：

电网一类障碍报告

表 5

填报（汇总）单位（章）：

事故简题：

本报告共　　页，第　　页

事故编号	上级公司名称	事故责任单位	事故单位	产权单位	事故起止日期	停运时间	设备分类	事故等级	事故类别	气象条件	安全记录
					年 月 日 时 分 至 / 年 月 日 时 分	h min				温度 ℃	

电网事故涉及范围

下列电压 (kV) 变电站共　座						下列电压 (kV) 输电线路共　条					下列容量 (MW) 发电机组共　台				
750	500	330	220	110	66	750	500	330	220	110	≥600	≥300	≥200	≥100	<100
全停/非全停	全停/非全停	全停/非全停	全停/非全停	全停/非全停	全停/非全停										

事故时 电压 (kV)		事故时 频率 (Hz)		事故损失		事故中电网瓦解片数	最高电压 (kV)	事故电压 (kV)	损坏程度	损坏设备		涉及单位
最高	最低	最高	最低	减供负荷 (MW)	直接经济损失 (千元)					部件分类	设备分类	

事故原因及责任

原因 1	原因 2	责任 1	责任 2	是否报监会	事故等级
				是（否）	

	设备分类	部件分类	零部件分类	技术分类	制造厂	型号	投产年月	运行状态
事故起因设备							年 月	
扩大事故设备							年 月	

一、二次设备 | 设备分类 | 部件分类 | 技术分类 |

不正确动作（或停用）的继电保护及安全自动装置

保护装置名称	电压等级 (kV)	技术分类	错误类型	运行状态	保护装置名称	电压等级 (kV)	错误类型	技术分类	运行状态	有无附图

1. 事故原因经过、扩大、处理情况：

2. 暴露问题：

3. 事故责任人姓名、职务：

4. 防止对策、执行人、完成期限：

5. 调度部门、供电公司领导：

安监审核人　　　　　　　　　　　签名：　　　　　　　　　　填报人：

网、省公司　　　　　　　　　　　网、省公司
领导批复　　　　　　　　　　　　安监部门批复　　　　　　　　　签名：

填报日期：　　年　月　日

设备事故报告

表6

填报（汇总）单位（章）：

事故简题：

本报告共　页，第　页

事故编号	上级公司名称	事故责任单位	事故单位	产权单位	事故起止日期	停动时间	设备分类	事故等级	事故类别	气象条件	安全记录
					年 月 日 时 分 至 年 月 日 时 分	h min				℃	

主设备规范

设备编号	容量 (t/h,MW,MVA)	相当容量 (最高电压)	主汽温度	事故压力 (kV、MPa)	型号 制造厂	制造年月	投产年月	大修年月	少发电量 (万 kWh)	少送电量 (万 kWh)	直接经济损失 (千元)
			℃			年 月	年 月	年 月			

事故原因及责任

一、二次设备	设备分类	部件分类	零部件分类	技术分类	型号 制造厂	原因1	原因2	责任1	责任2	设备分类	部件分类	损坏程度

不正确动作（或停用）的继电保护及安全自动装置

保护装置名称	电压等级 (kV)	技术分类	运行状态	错误类型	保护装置名称	电压等级 (kV)	技术分类	错误类型	运行状态	是否报电监会	事故等级
										是（否）	

有无附图

1. 事故原因经过、扩大、处理情况：

2. 暴露问题：

3. 事故责任人姓名、职务：

4. 防止对策、执行人、完成期限：

5. 厂（公司）领导（总工程师）：

	签名：	安监审核人：	填报人：

网、省公司安监部门批复

网、省公司领导批复

签名：　　　　　　　　　　填报日期：　年　月　日

表7

设 备 一 类 障 碍 报 告

填报（汇总）单位（章）：

事故简题：

本报告共　页　第　页

事故编号	上级公司名称	事故单位	事故责任单位	产权单位	事故起止日期 年月日时分 至 年月日时分	停动时间 h min	设备分类	事故等级	事故类别	气象条件 ℃	安全记录

主 设 备 规 范

设备编号	容量 (t/h,MW,MVA)	相当容量（最高电压）(kV)	主汽温度 ℃	事故压力 (kV, MPa)	型号 制造厂	制造年月 年 月	投产年月 年 月	大修年月 年 月	事故损失 少发电量（万 kWh）	少送电量（万 kWh）	直接经济损失（千元）

事 故 原 因 及 责 任

部件分类	设备分类	技术分类	零部件分类	型号 制造厂	原因1	原因2	责任1	责任2	损坏设备 部件分类	设备分类	损坏程度

一、二次设备

不正确动作（或停用）的继电保护及安全自动装置

保护装置名称	电压等级 (kV)	技术分类	运行状态	错误类型	错误类型	技术分类	电压等级 (kV)	运行状态	是否报电监会 是（否）	事故等级	有无附图

1. 事故原因经过、扩大、处理情况：

2. 暴露问题：

3. 事故责任人姓名、执行人、职务：

4. 防止对策、完成期限：

5. 厂（公司）领导（总工程师）：

网、省公司安监部门批复：　　　签名：	安监审核人：	填报人：　签名：
网、省公司领导批复：		填报日期：　年　月　日

表 8　　　　　　　　　　　电 网 事 故 调 查 报 告 书

1. 事故名称：_____

2. 事故单位名称：_____

3. 事故等级：_____；事故类别：_____

4. 事故起止时间：_____年_____月_____日_____时_____分至

　　　　　　　　_____年_____月_____日_____时_____分

5. 事故前电网运行工况（事故前运行实时工况、气象条件等）：

6. 事故发生、扩大和处理情况：

7. 事故原因及扩大原因：

8. 事故损失及影响情况（少发电量、减供负荷、损坏设备、直至经济损失、对重要用户影响等）：

9. 事故暴露问题：

10. 防止事故重复发生的对策、执行人和完成期限：

11. 事故责任分析和对责任者的处理意见：

12. 参加事故调查组的单位及成员名单和签名：

13. 附件清单（包括图纸、资料、原始记录、笔录、试验和分析计算资料、事故照片录像）等：

　　　　　　　　　　　　　　　　　事故调查组组长、副组长签名：_____

　　　　　　　　　　　　　　　　　主持事故调查单位负责人：_____

　　　　　　　　　　　　　　　　　主持事故调查单位盖章：_____

　　　　　　　　　　　　　　　　　报出日期：_____年___月___日

表 9　　　　　　　　　　　设 备 事 故 调 查 报 告 书

1. 事故名称：_____

2. 事故单位名称：_____

3. 事故等级：_____；事故类别：_____

4. 事故起止时间：_____年_____月_____日_____时_____分至

　　　　　　　　_____年_____月_____日_____时_____分

5. 主设备情况（主设备规范、制造厂、投产日期、最近一次大修日期等）：

6. 事故前工况：

7. 事故发生、扩大和处理情况：

8. 事故原因及扩大原因：

9. 事故损失情况（少发电量、少送电量、设备损坏情况、直接经济损失、损坏设备修复时间等）：

10. 事故暴露问题：

11. 防止事故重复发生的对策、执行人和完成期限：

12. 事故责任分析和对事故责任者的处理意见：

13. 参加事故调查组的单位及成员名单及签名：

14. 附件清单（包括图纸、资料、原始记录、笔录、试验和分析计算资料、事故照片录像等）：

　　　　　　　　　事故调查组组长、副组长签名：_____

　　　　　　　　　主持事故调查单位负责人：_____

　　　　　　　　　主持事故调查单位盖章：_____

　　　　　　　　　报出日期：_____年___月___日

表 10　　　　　　　　　　　　　　　　　　　　　　　　发电厂电力生产事故、

_____年_____月_____日

填报（汇总）单位（章）：

类别＼单位	人身部分（人）																		设备		
	死亡			重伤			轻伤			合计									锅		
										事故			其中特重大			障碍			事故		
	本月	累计		本月	累计		本月	累计		本月	累计		本月	累计		本月	累计		本月	累计	
		今年	去年		今年	去年		今年	去年		今年	去年		今年	去年		今年	去年		今年	去年
合计																					

单位领导：_____　　　　　　　　　　　　　　　　　审核人：_____

一类障碍月（年）综合统计表

本表共＿＿＿＿页，第＿＿＿＿页　　　　制表日期＿＿＿年＿＿＿月＿＿＿日

部　分　（次）																								年内创安全周期数（个）
炉			汽、水、燃气轮机						电　气						其　他									
障　碍			事　故			障　碍			事　故			障　碍			事　故			障　碍			事　故			障　碍		
本月	累计		本月	累计		本月	累计		本月	累计		本月	累计		本月	累计		本月	累计		本月	累计		本月	累计	
	今年	去年		今年	去年		今年	去年		今年	去年		今年	去年		今年	去年		今年	去年		今年	去年		今年	去年

制表人：＿＿＿＿＿＿

表 11　　　　　　　　　　　　　　　　　　　　　　　　　**供电公司电力生产事故、**

　　　　　　　　　　　　　　　　　　　_____年_____月_____日

填报（汇总）单位（章）：

类别 \ 单位	人身部分（人）									电　网 合　计								
	死　亡			重　伤			轻　伤			事　故			其中特重大			障　碍		
	本月	累计		本月	累计		本月	累计		本月	累计		本月	累计		本月	累计	
		今年	去年		今年	去年		今年	去年		今年	去年		今年	去年		今年	去年
合　计																		

领导：_____　　　　　　　　　　审核人：_____

一类障碍月（年）综合统计表

本表共_____页，第_____页　　　　　　　　　　　　制表日期_____年_____月_____日

设备　部　分　（次）																		年内创安全周期数（个）
电　网　部　分									设　备　部　分									
事　故			其中特重大			障　碍			事　故			其中特重大			障　碍			
本月	累计		本月	累计		本月	累计		本月	累计		本月	累计		本月	累计		
	今年	去年		今年	去年		今年	去年		今年	去年		今年	去年		今年	去年	

制表人：_____

表 12　　　　　　　　　　　　　　　　　　　　　　　　_____公司电力生产事故、

_____年_____月_____日

填报（汇总）单位（章）：

类别 \ 单位	人身部分（人）						电网部分（次）					
	死亡			重伤			事故					
	本月	累计		本月	累计		本月	累计		本月	累计	
合计		今年	去年		今年	去年		今年	去年		今年	去年

公司领导：_____　　　　　　　　　　审核人：_____

一类障碍月（年）度综合统计表

本表共＿＿＿＿＿页，第＿＿＿＿＿页　　　　　　制表日期＿＿＿＿＿年＿＿＿＿＿月＿＿＿＿＿日

供电设备部分（次）									发电设备部分（次）									年内创安全周期数（个）
事　故			其中特重大			障　碍			事　故			其中特重大			障　碍			
本月	累计		本月	累计		本月	累计		本月	累计		本月	累计		本月	累计		
	今年	去年		今年	去年		今年	去年		今年	去年		今年	去年		今年	去年	

制表人：＿＿＿＿＿＿＿＿

表 13

填报（汇总）单位（章）：　　　　　　　　　　　　　　　　　　　　　　　　　　　　　　　　_____年度

类别 单位	死亡人数 (人)	人身重伤			供电事故			变电事故		
		重伤人数 (人)	职工人数 (人)	重伤率 (‰)	次数 (次)	变电容量 (MVA)	事故率 [次/(MVA·年)]	次数 (次)	变压器 (台)	事故率 [次/(台·年)]
合　计										

公司领导：_____　　　　　　　　　　　　　　　　　　　　　　　审核人：_____

事故综合分析表

输电事故			发电事故				特重大电网事故（次）	特重大设备事故（次）	恶性误操作事故（次）
次数（次）	线路长度（百 km）	事故率[次/（百 km·年）]	次数（次）	发电机组（台）	机组容量（MW）	事故率[次/（台·年）]			

制表人：＿＿＿＿＿＿＿＿

9 中国南方电网有限责任公司电力生产事故调查规程

（CSG/MS 0406—2005）

1 范围

本规程适用于公司系统生产单位以及管理生产单位的公司直属机构或分、子公司。农电、代管生产单位可参照执行。

本规程用于公司系统内部安全管理，其事故定义、调查程序、统计结果、考核项目不作为处理和判定民事责任的依据。

2 规范性引用文件

略。

3 术语和定义

略。

4 总则

4.1 为了及时报告、调查、统计、处理电力生产事故，规范公司系统电力生产事故管理和调查行为，依据《电力生产事故调查暂行规定》（国家电力监管委员会令第4号）及国家有关安全生产的法律法规、行业规程和标准，制定本规程。

4.2 事故调查的任务是贯彻"安全第一、预防为主"的方针，总结经验教训，研究电力生产事故规律，采取预防措施，防止和减少电力生产事故的发生。

4.3 事故调查应当实事求是、尊重科学，做到事故原因未查清不放过，责任人员未处理不放过，整改措施未落实不放过，有关人员未受到教育不放过。

4.4 事故报告应当及时、准确、完整，为公司安全生产管理和监督提供科学依据，统计分析应当与可靠性分析相结合，全面评价安全水平。事故统计和考核实行分级管理。

4.5 对违反本规程的行为、隐瞒或阻碍事故调查的行为，任何单位和个人有权越级报告。

5 事故和障碍

5.1 人身事故

5.1.1 电力生产人身事故

发生以下情形之一的人身伤亡，为电力生产人身事故：

5.1.1.1 员工从事电力生产有关工作过程中，发生人身伤亡（含生产性急性中毒造成的人身伤亡，下同）的。

【释义】电力生产有关工作过程中发生的人身伤亡包括工作过程中违反劳动纪律而发生的人身伤亡。

生产性急性中毒系指生产性毒物中毒。食物中毒和职业病不属本规程统计范围。

员工在工作过程中因病导致伤亡，经县以上医院诊断和安全生产监督管理部门调查，确认系员工本人疾病造成的，不按电力生产人身事故统计。

员工"干私活"发生伤亡不作为电力生产伤亡事故，但有下列情况之一的不作为"干私活"：

（1）具体工作人员的工作任务是由上级（包括班组长）安排的；

（2）具体工作人员的行为不是以个人得利为目的。

5.1.1.2 员工从事电力生产有关工作过程中，发生本单位负有同等及以上责任的交通事故，造成人身伤亡的。

【释义】员工（含司机及乘车员工）从事电力生产有关工作中，发生由公安机关调查处理的道路交通事故，且在《道路交通事故责任认定书》中判定本方负有"同等责任"、"主要责任"或"全部责任"，且造成本单位员工伤亡的，作为电力生产事故。

电力生产区域内发生机动车辆在行驶中发生挤压、坠落、撞车或倾覆；行驶时人员上下车，发生车辆跑车等造成的本单位员工伤亡事故，本方负有"同等责任"、"主要责任"或"全部责任"，应作为电力生产事故统计上报，并向当地安全生产监督管理部门上报，事故类别填"车辆伤害"。

员工乘坐单位的交通车上下班、参加单位组织的文体活动、外出开会等发生的交通事故，不作为电力生产事故。

5.1.1.3 在电力生产区域内，外单位人员从事电力生产有关工作过程中，发生本单位负有责任的人身伤亡的。

【释义】本单位负有责任，是指有下列情形之一：

（1）资质审查不严，项目承包方不符合要求；

（2）在开工前未对承包方负责人、工程技术人员和安监人员进行全面的安全技术交底，或者没有完整的记录；

（3）对危险性生产区域内作业未事先进行专门的安全技术交底，未要求承包方制定安全措施，未配合做好相关的安全措施（包括有关设施、设备上设置明确的安全警告标志等）；

（4）未签订安全生产管理协议，或者协议中未明确各自的安全生产职责和应当采取的安全措施。

资质审查包括有关部门核发的营业执照和资质证书，法人代表资格证书，施工简历和近 3 年安全施工记录；施工负责人、工程技术人员和工人的技术素质是否符合工程要求；特殊工种是否持证上岗；施工机械、工器具及安全防护设施、安全用具是否满足施工需要；具有两级机构的承包方是否有专职安全管理机构；施工队伍超过 30 人的是否配有专职安全员，30人以下的是否设有兼职安全员。

危险性生产区域是指容易发生触电、高空坠落、爆炸、爆破、起吊作业、中毒、窒息、机械伤害、火灾、烧烫伤等引起人身伤亡和设备事故的场所。

5.1.2　人身事故等级划分

5.1.2.1　特大人身伤亡事故：一次死亡 10 人及以上的事故。

5.1.2.2　重大人身伤亡事故：一次死亡 3～9 人的事故。

5.1.2.3　一般人身伤亡事故：一次死亡 1～2 人（包括多人事故时的轻伤和重伤）的事故。

【释义】按劳动部 1993 年 9 月劳办 [1993] 140号文《企业职工伤亡事故报告统计问题解答》第 48条规定，如职工负伤后，在 30 天内死亡的（因医疗事故而死亡的除外，但必须得到医疗事故鉴定部门的确认），均按死亡统计；超过 30 天后死亡的，不再进行死亡补报和统计；轻伤转为重伤也按此原则补报和统计。

5.1.2.4　重、轻伤事故：未发生人员死亡的人身事故。

【释义】重伤事故的确定按 1960 年（60）中劳护久字第 56 号文《关于重伤事故范围的意见》规定。轻伤事故指受伤职工歇工在一个工作日以上，但够不上重伤者。

5.2　电网事故和障碍

5.2.1　特大电网事故

电网发生有下列情形之一的大面积停电，为特大电网事故：

5.2.1.1　省、自治区电网或南方电网减供负荷达到下列数值之一的：

电网负荷	减供负荷
20000MW 及以上	20％
10000MW～20000MW 以下	30％或 4000MW
5000MW～10000MW 以下	40％或 3000MW
1000MW～5000MW 以下	50％或 2000MW

【释义】电网负荷，是指电力调度机构统一调度的电网在事故发生前的负荷。

电网减供负荷波及多个省级电网时，其电网负荷按照南方电网事故前全网负荷计算。减供负荷的计算范围与计算电网负荷时的范围相同。

5.2.1.2　省和自治区人民政府所在地城市以及其他大城市减供负荷 80％及以上的。

【释义】大城市是指市区和近郊区非农业人口 50万以上的城市；中等城市是指市区和近郊区非农业人口 20 万以上、不满 50 万的城市。小城市是指市区和近郊区非农业人口不满 20 万的城市。

城市的减供负荷，是指市区范围的减供负荷，不包括市管辖的县或者县级市。

5.2.2　重大电网事故

未构成特大电网事故，符合下列条件之一者，定为重大电网事故。

5.2.2.1　省、自治区电网或南方电网减供负荷达到下列数值之一的：

电网负荷	减供负荷
20000MW 及以上	8％
10000MW～20000MW 以下	10％或 1600MW
5000MW～10000MW 以下	15％或 1000MW
1000MW～5000MW 以下	20％或 750MW
1000MW 以下	40％或 200MW

5.2.2.2　省和自治区人民政府所在地城市以及其他大城市减供负荷 40％及以上的。

5.2.2.3　中等城市减供负荷 60％及以上的。

5.2.2.4　小城市减供负荷 80％及以上的。

5.2.3　A 类一般电网事故

未构成特、重大电网事故，符合下列条件之一者，定为 A 类一般电网事故。

5.2.3.1　110kV 及以上省级电网或者南方电网非正常解列，并造成全网减供负荷达到下列数值之一的：

电网负荷	减供负荷
20000MW 及以上	4％
10000MW～20000MW 以下	5％或 800MW
5000MW～10000MW 以下	8％或 500MW
1000MW～5000MW 以下	10％或 400MW
1000MW 以下	20％或 100MW

【释义】电网非正常解列包括自动解列、继电保护及安全自动装置动作解列。

5.2.3.2　变电站 220kV 及以上任一电压等级母线被迫全部停止运行。

【释义】 被迫停止运行是指设备未经调度批准而停止运行的状态，或者不能按规定立即投入运行的状态。

5.2.3.3 电网电能质量降低，造成下列情形之一的：

（1）装机容量 3000MW 及以上的电网，频率偏差超出 50±0.2Hz，且延续时间 30min 以上；或者频率偏差超出 50±0.5Hz，且延续时间 15min 以上。

（2）装机容量不满 3000MW 的电网，频率偏差超出 50±0.5Hz，且延续时间 30min 以上；或者频率偏差超出 50±1Hz，且延续时间 15min 以上。

（3）电压监视控制点电压偏差超出电力调度规定的电压曲线值±5%，且延续时间超过 2h；或者电压偏差超出电力调度规定的电压曲线值±10%，且延续时间超过 1h。

【释义】 电网装机容量是指参加电网统一调度的所有并网发电厂的投产机组总容量。

当调度使用电压控制范围代替电压曲线时，电压越限（越上限或越下限）的持续时间超过 2h，也适用本条。

5.2.4 B 类一般电网事故

未构成特、重大电网事故，符合下列条件之一者，定为 B 类一般电网事故：

5.2.4.1 110kV 及以上电网失去稳定。

【释义】 电网失去稳定是指同一电网中，由于大干扰或小干扰，使并列运行的两个或几个电源间失去同步或电网电压失去稳定。电网一旦发生失去稳定的情况，不论是否采用自动措施，也不论是否重新恢复稳定，都适用本条。

5.2.4.2 省间 500kV（含香港 400kV）及以上电网非正常解列。

5.2.4.3 110kV 及以上电网非正常解列成三片及以上。

【释义】 每一片电网不论是否造成电网减供负荷，均适用本条。本条中三片不包括装机容量 50MW 及以下的地方电厂孤立运行的片。

5.2.4.4 发生下列情况之一的：

（1）220kV 及以上母线、联络线运行的线路、变压器的主保护非计划停运，造成无主保护运行；

（2）电网输电断面超稳定限额运行时间超过 1h；

（3）切机、切负荷、振荡解列、低频低压解列、安稳装置等安全自动装置非计划停运时间超过 168h，导致电网安全水平降低；

（4）地（市）级及以上调度机构调度自动化系统失灵超过 1h，调度通信系统通信中断超过 2h。

【释义】 线路、母线、变压器主保护指能瞬时切除全线路、母线、变压器故障的保护装置。

非计划停运是指设备处于不可用而又不是计划停运的状态。

电网安全水平降低既包括电网低于安全运行标准的情况，也包括为满足电网安全运行标准被迫修改发电、输电、供电计划的情况。

本条调度自动化系统失灵是指自动化主站系统因故障（包括电源故障）使其主要功能不可用，导致调度人员不能利用该系统对电网进行监视和控制。

本条调度通信系统通信中断是指调度专用的通信系统因故障（包括电源故障）不可用，导致调度机构与其所管辖 3 个及以上厂站的调度专用通信联系全部中断。

5.2.4.5 其他经公司或分、子公司认定为 B 类一般电网事故者。

5.2.5 电网一类障碍

未构成事故，符合下列条件之一者，为电网一类障碍：

5.2.5.1 110kV 及以上电网非正常解列。

5.2.5.2 220kV 及以上电网发生低频振荡持续时间超过 3min。

【释义】 低频振荡是指电网由于弱阻尼或负阻尼，在小干扰下发生的频率为 0.2Hz～2.5Hz 范围内的持续振荡现象。

5.2.5.3 变电站 220kV 及以上电压等级任一段母线被迫停止运行。

【释义】 220kV 及以上的"线路变压器组"、直接连接（中间无母线）系统，其主变压器停电适用本条。

5.2.5.4 电网电能质量降低，造成下列后果之一：

（1）频率偏差超出以下数值：

1）装机容量在 3000MW 及以上电网频率偏差超出 50±0.2Hz，且延续时间 20min 以上；或偏差超出 50±0.5Hz，且延续时间 10min 以上。

2）装机容量 3000MW 以下电网频率偏差超出 50±0.5Hz，且延续时间 20min 以上；或偏差超出 50±1Hz，且延续时间 10min 以上。

（2）电压监视控制点电压偏差超出电网调度规定的电压曲线值±5%，且延续时间超过 1h；或偏差超出±10%，且延续时间超过 30min。

【释义】 当调度使用电压控制范围代替电压曲线时，电压越限（越上限或越下限）的持续时间超过 1h，也适用本条。

5.2.5.5 发生下列情况之一的：

（1）电网输电断面超稳定限额运行时间超

过 15min。

（2）南方电网、省网实时运行中的备用有功功率小于下列数值，且时间超过 1h：

电网发电负荷　　　　备用有功功率
　　（百分值为备用占电网发电负荷的比例）
40000MW 及以上　　2%或电网内的最大单机出力
20000MW～40000MW　3%或电网内的最大单机出力
10000MW～20000MW　4%或电网内的最大单机出力
10000MW 以下　　　5%或电网内的最大单机出力

【释义】备用有功功率是指接于母线且立即可以带负荷的发电侧旋转备用功率（含能立即启动的水电机组及燃气机组），用以平衡瞬间负荷波动与预计误差。

（3）切机、切负荷、振荡解列、低频低压解列等安全自动装置非计划停运时间超过 72h，导致电网安全水平降低。

（4）220kV 及以上线路、母线、变压器主保护非计划停运，导致主保护非计划单套运行时间超过 36h。

（5）地（市）级及以上调度机构调度自动化系统失灵超过 30min、调度通信系统通信中断超过 1h。

（6）通信电路非计划停运，造成远方跳闸保护、远方切机（切负荷）装置由双通道改为单通道，时间超过 30h。

5.2.6　电网二类障碍

电网二类障碍的规定由公司直属机构或分、子公司自行制定。

5.3　设备事故和障碍

5.3.1　特大设备事故

符合下列情形之一者，为特大设备事故。

5.3.1.1　生产单位一次事故造成设备、设施、施工机械、运输工具损坏，直接经济损失人民币达 2000 万元者。

【释义】施工机械，是指大型起吊设备、运输设备、挖掘设备、钻探设备、张力牵引设备等。

直接经济损失包括更换的备品配件、材料、人工和运输所发生的费用。如设备损坏不能再修复，则按同类型设备重置金额计算损失费用。保险公司赔偿费和设备残值不能冲减直接经济损失费用。

5.3.1.2　电力生产设备、厂区建筑发生火灾，直接经济损失达到 100 万元者。

【释义】直接经济损失计算方法见公安部 1998 年 11 月 16 日发布的《火灾直接财产损失统计方法》（GA185—1998）。

电气设备发生电弧起火引燃绝缘（包括绝缘油）、

油系统（不包括油罐）、制粉系统损坏起火等，上述情况企业内部定为设备事故。如果失火殃及其他设备、物资、建（构）筑物时，则定为电力生产火灾事故。

5.3.2　重大设备事故

未构成特大设备事故，符合下列条件之一者，为重大设备事故：

5.3.2.1　装机容量 400MW 及以上的发电厂，一次事故造成 2 台及以上机组非计划停运，并造成全厂对外停电。

【释义】"发电厂"是指地理位置独立的发电厂。

一次事故使 2 台及以上机组非计划停运，包括 1 台机组非计划停运后，由于处理不当使其他机组也相继非计划停止运行。

全厂对外停电，是指发电厂对外有功负荷降到零。虽电网经发电厂母线转送的负荷没有停止，仍视为全厂对外停电。

5.3.2.2　生产单位一次事故造成设备、设施、施工机械、运输工具损坏，直接经济损失人民币 500 万元及以上不满 2000 万元。

5.3.2.3　电力生产设备、厂区建筑发生火灾，直接经济损失达到 30 万元。

5.3.3　A 类一般设备事故

未构成特、重大设备事故，符合下列条件之一者，为 A 类一般设备事故。

5.3.3.1　电网 35kV 及以上输变电设备被迫停止运行，并造成对用户中断供电。

【释义】对用户中断供电，不论用户当时是否正在用电，均适用于本条。

对用户中断供电不包括有计划地安排用户停电、限电、调整负荷。

线路自动重合闸重合成功或线路、母线备自投动作，恢复对用户供电的，不算对用户中断供电。

5.3.3.2　发电厂 2 台及以上机组非计划停运，并造成全厂对外停电。

5.3.3.3　发电厂升压站 110kV 及以上任一电压等级母线被迫全部停止运行。

5.3.3.4　发电厂 200MW 及以上机组被迫停止运行，时间超过 24h。

5.3.3.5　水电厂由于水工设备、水工建筑损坏或者其他原因，造成水库不能正常蓄水、泄洪或者其他损坏。

5.3.3.6　生产单位一次事故造成设备、设施、施工机械、运输工具损坏，直接经济损失人民币 50 万元及以上不满 500 万元。

5.3.4　B类一般设备事故

　　未构成特、重大设备事故，符合下列条件之一者，为B类一般设备事故。

5.3.4.1　3kV及以上发电设备、6kV及以上输变电设备发生下列恶性电气误操作：

　　(1) 带负荷误拉（合）隔离刀闸；

　　(2) 带电挂（合）接地线（接地刀闸）；

　　(3) 带接地线（接地刀闸）合开关（隔离刀闸）。

5.3.4.2　50MW及以上发电机组、35kV及以上输变电主设备因以下人为原因被迫停止运行。

　　(1) 一般电气误操作：误（漏）拉合开关、误（漏）投或停继电保护及安全自动装置（包括压板）、误设置继电保护及安全自动装置定值；下达错误调度命令、错误安排运行方式、错误下达继电保护及安全自动装置定值或错误下达其投、停命令。

　　(2) 人员误动、误碰设备。

　　(3) 热机误操作：误停机组、误（漏）开（关）阀门（挡板）、误（漏）投（停）辅机等。

　　(4) 小动物碰触户内设备。

　　(5) 继电保护及安全自动装置的人员误（漏）接线。

　　(6) 继电保护及安全自动装置（包括热工保护、自动保护）的定值计算、调试错误。

　　(7) 监控过失：人员未认真监视、控制、调整等。

　　【释义】发电、输变电主设备是指：

　　(1) 锅炉、汽轮机、燃气轮机、水轮机、抽水蓄能水泵水轮机、发电机（包括励磁系统）、抽水蓄能发电电动机、调相机（静止补偿装置）、变频机；主要水工设施和建筑物（包括水坝、闸门、压力水管道、隧道、调压井、蓄水池、水渠等）。

　　(2) 35kV及以上的主变压器、母线、电抗器、开关、输电线路（电缆）、组合电器（GIS）和220kV及以上高压厂用变压器等。

　　(3) 换流器、换流变压器、交流滤波器、直流滤波器、平波电抗器、开关、接地极、串联补偿设备等。

5.3.4.3　500kV及以上输变电主设备被迫停止运行，时间超过1h。

5.3.4.4　直流输电系统单极闭锁，时间超过1h。

5.3.4.5　直流输电系统双极闭锁。

5.3.4.6　小于200MW发电机组、110kV～220kV输变电主设备被迫停止运行，时间超过24h。

5.3.4.7　220kV及以上开关、电压互感器、电流互感器、避雷器以及其他电容性设备爆炸。

5.3.4.8　220kV及以上输电线路杆塔倒塌。

5.3.4.9　120MVA及以上变压器绕组绝缘损坏。

5.3.4.10　110kV及以上输变电主设备有缺陷，经调度同意后停止运行，修复时间超过30天。

　　【释义】设备的"修复时间"是指设备从停运开始至设备重新投入运行或转为备用为止的时间。

　　使用备品备件在30天内恢复正常运行，也可视为30天内使设备重新投入运行。

5.3.4.11　50MW及以上发电主设备有缺陷，经调度同意后停止运行，修复时间超过40天。

5.3.4.12　发电设备发生下列情况之一：

　　(1) 炉膛爆炸；

　　(2) 锅炉受热面腐蚀或烧坏，需要更换该部件（水冷壁、省煤器、过热器、再热器、预热器）管子或波纹板达该部件管子或波纹板总重量的5%以上；

　　(3) 锅炉运行中的压力超过工作安全门动作压力的3%；汽轮机运行中超速达到额定转速的1.12倍以上；水轮机运行中超速达到紧急关导叶或下闸的转速；

　　(4) 压力容器和承压热力管道爆炸；

　　(5) 100MW及以上汽轮机大轴弯曲，需要进行直轴处理；

　　(6) 100MW及以上汽轮机叶片折断或通流部分损坏；

　　(7) 100MW及以上汽轮机发生水击；

　　(8) 100MW及以上汽轮发电机组、50MW及以上水轮机组、抽水蓄能水泵水轮机组、燃气轮机和供热发电机组烧损轴瓦；

　　(9) 100MW及以上发电机绝缘损坏。

5.3.4.13　电力生产设备、厂区建筑发生火灾，直接经济损失达到5万元。

5.3.4.14　其他经公司或分、子公司认定为B类一般设备事故者。

5.3.5　设备一类障碍

　　未构成事故，符合下列条件之一者，为设备一类障碍：

5.3.5.1　变电站10kV母线异常运行或被迫停止运行引起了对用户少送电。

5.3.5.2　35kV及以上开关、电压互感器、电流互感器、避雷器以及其他电容性设备爆炸。

5.3.5.3　发电机组、110kV及以上输变电主设备被迫停止运行。

5.3.5.4　直流输电系统单极闭锁。

5.3.5.5　换流（逆变）站控制系统、站用电系统异常导致直流输电系统少送电。

5.3.5.6 35kV 及以上输电线路杆塔倒塌。

5.3.5.7 15MVA 及以上变压器绕组绝缘损坏。

5.3.5.8 220kV 及以上线路故障，开关跳闸后经自动重合闸重合成功。

5.3.5.9 发电、输变电主设备有缺陷，经调度同意后停止运行，但设备停运时间超过 168h。

5.3.5.10 抽水蓄能机组不能按调度规定抽水。

5.3.5.11 生产单位一次障碍造成设备、设施、施工机械、运输工具损坏，直接经济损失人民币 10 万元及以上不满 50 万元。

5.3.6 设备二类障碍

设备二类障碍的规定由公司直属机构或分、子公司自行制定。

6 事故归属和认定

6.1 不同管理体系下的事故归属

6.1.1 公司系统的公司直属机构或分、子公司直属、全资、控股（包括相对控股）的生产单位发生的人身、电网、设备事故汇总为相应公司和单位的事故。

6.1.2 产权与运行管理相分离的，事故归属依据代管协议确定。代管协议未作明确的，按以下原则确定：

（1）运行管理单位员工人身事故，为运行管理单位事故。

（2）电网及设备事故中，运行管理单位有责任的，为运行管理单位事故。

（3）电网及设备事故中，运行管理单位无责任的，为产权所有单位事故。

6.1.3 公司系统发供电单位管理的多种经营企业以及由该多种经营企业全资、控股或管理的公司，其员工从事电力生产有关工作中发生的人身事故为该发供电单位的事故。

【释义】本条所指多种经营单位，包括具备法人资格或独立核算的单位。

本条所指发供电单位管理的多种经营企业是指其主要管理人员由该发供电单位任命或在该发供电单位兼任职务。

6.1.4 任何企业承包公司系统发、供电单位的工作中，造成发供电单位的电网、设备事故均为发供电单位的事故。

6.2 涉及几个单位的事故认定

6.2.1 一个发供电单位发生事故时，电网内另一个或几个发供电单位由于本单位的过失造成事故扩大，后一个或几个单位各定为一次事故。管理这些发供电单位的公司直属机构或分、子公司汇总统计为一次事故。

6.2.2 输电线路发生瞬时故障，由于继电保护或开关等变电设备失灵导致事故发生，定为管辖该变电设备单位的事故；如果输电线路发生永久性故障，无论变电设备是否失灵，均应定为管辖线路单位的事故。

6.2.3 一条线路由两个及以上单位负责维护，该线路故障跳闸构成事故时，如果各单位经过检查均未发现故障点，应各定为一次事故。

【释义】一条线路由两个及以上单位负责维修，该线路跳闸后，若一方提供了故障录波图（或故障测距仪记录，下同），计算出的故障点在对方，而对方未能提供故障录波图时，双方经现场检查虽未发现故障点，则定为未录波的一方发生事故。

如一方提供了故障录波图，计算出的故障点在本侧，对方有录波设备而未能提供故障录波图时，则双方各定为一次事故。

当分析双方的录波图计算的结果有矛盾时，则双方各定为一次事故。

6.2.4 由于电网调度机构员工过失，如下达调度命令错误、运行方式安排不当、保护等定值整定错误、误动、误碰设备、监控过失等，造成发供电设备异常运行并构成事故时，调度机构定为一次事故。如果发供电单位也有过失，亦应定为一次事故。

6.3 同时符合多种事故条件的事故认定

6.3.1 一起事故既符合电网事故条件，又符合设备事故条件的，按照不同等级的事故，选取等级高的事故认定；相同等级的事故，选取电网事故的原则认定。

【释义】一起事故既符合 A 类一般电网事故又符合 A 类一般设备事故，选取 A 类一般电网事故。

一起事故既符合 A 类一般设备事故又符合 B 类一般电网事故或 B 类一般设备事故，选取 A 类一般设备事故。

6.3.2 伴有人身事故的电网或设备事故，应分别认定一次人身事故、电网或设备事故。

6.4 由于同一原因引起的多次事故的认定

6.4.1 一条线路由于同一原因在 24h 内发生多次事故时，可认定为一次事故。

6.4.2 同一个供电单位由于自然灾害，如覆冰、风灾、水灾、地震、泥石流、火灾、雷害等原因，发生多条线路、多个变电站跳闸停运时，可认定为一次事故。

由于同一自然灾害引发同一个公司直属机构或分、子公司所属的几个发供电单位多条线路、多个变电站跳闸、发电设备停运构成事故时，该几个发供电单位各认定一次事故，管理这些发供电单位的公司直属机构或分、子公司汇总统计为一次事故。

6.4.3 发电厂由于燃煤（油）质量差、煤湿等原因，在一个运行班的值班时间内，发生多次灭火停炉、降低出力，可认定为一次事故。

7 事故调查

7.1 调查组织

7.1.1 人身事故

7.1.1.1 特大人身伤亡事故

特大人身事故的调查，执行国务院《特别重大事故调查程序暂行规定》及其他相关规定。

公司安全生产第一责任人或委托分管行政副职组织公司有关部门人员以及管理事故单位的公司直属机构或分、子公司有关人员成立调查组进行调查，并配合政府部门组织的事故调查工作。

事故调查报告由事故调查组安监人员填写。

7.1.1.2 重大人身伤亡事故

重大人身伤亡事故的调查执行国务院《企业职工伤亡事故报告和处理规定》及其相关规定。

公司分管行政副职组织公司有关部门负责人以及管理事故单位的公司直属机构或分、子公司的安全生产第一责任人组成事故调查领导小组，指导事故调查工作。

管理事故单位的公司直属机构或分、子公司的分管行政副职组织本单位安监、人事（社保）、工会以及有关部门人员和事故单位安全生产第一责任人等有关人员成立调查组进行调查，并配合政府部门组织的事故调查工作。公司相关部门可派员参加调查。

事故调查报告由事故调查组安监人员填写。

7.1.1.3 一般人身伤亡事故

一般人身伤亡事故的调查执行国务院《企业职工伤亡事故报告和处理规定》及其相关规定。

事故单位安全生产第一责任人组织安监、人事（社保）、工会以及有关部门人员成立调查组进行调查，并配合政府部门组织的事故调查工作。管理事故单位的公司直属机构或分、子公司相关部门可派员参加调查。

事故调查报告由事故调查组安监人员填写。

7.1.1.4 重伤事故

重伤事故由事故单位分管行政副职组织安监、人事（社保）、工会以及有关部门人员成立事故调查组进行调查。

事故调查报告由事故调查组安监人员填写。

7.1.1.5 轻伤事故

轻伤事故由事故部门负责人组织有关人员进行调查，性质严重的，安监、人事（社保）、工会以及有关部门派员参加。

事故调查报告由安监人员或事故部门安全员填写。

7.1.2 电网事故

7.1.2.1 特大电网事故

特大电网事故由公司组织成立调查组，报国家电力监管委员会备案后组织调查。调查组可根据发生事故的具体情况，邀请有关地方政府部门和有关的发电公司等参加。

调查组由公司安全生产第一责任人或委托分管行政副职组织公司有关部门人员以及管辖事故电网的公司直属机构或分、子公司有关人员成立调查组进行调查。

事故调查报告由事故调查组组织有关单位的技术人员填写。

7.1.2.2 重大电网事故

重大电网事故由公司组织成立调查组，或委托分、子公司组成事故调查组报国家电力监管委员会备案后进行调查，调查组可根据发生事故的具体情况，邀请有关地方政府部门和有关的发电公司等参加。

涉及多个分、子公司管辖电网的事故，公司分管行政副职或总工程师组织公司有关部门人员以及管辖电网的公司直属机构或分、子公司有关人员组成调查组进行调查。

只涉及一个子公司管辖电网的事故，公司分管行政副职或总工程师组织公司有关部门负责人和管辖事故电网的子公司安全生产第一责任人组成事故调查领导小组，指导事故调查。管辖事故电网的子公司分管行政副职或总工程师组织安监、生技、调度以及有关部门和有关单位人员成立调查组进行调查。公司相关部门可派员参加调查。

事故调查报告由事故调查组组织有关单位的技术人员填写。

7.1.2.3 一般电网事故

涉及多个分、子公司管辖电网的事故和发生500kV及以上电网失去稳定、省间500kV（含香港400kV）及以上电网非正常解列等事故，由公司组织中国南方电网电力调度通信中心和管辖事故电网的分、子公司以及有关部门、有关单位人员成立调查组进行调查。

涉及一个子公司管辖电网内多个地区电网的事故，由管辖事故电网的子公司分管行政副职或总工程师组织安监、生技、调度以及有关部门人员和事故单位有关人员成立事故调查组进行调查。

涉及一个地区电网的事故，由事故单位分管行政副职或总工程师组织安监、生技、调度以及有关部门人员成立调查组进行调查。

超高压输电公司管辖设备故障或异常引发的电网事故，由超高压输电公司分管行政副职或总工程师组织有关部门人员成立调查组进行调查，公司有关部门、中国南方电网电力调度通信中心及有关子公司可派员参加调查。

调查组可根据事故的具体情况，邀请有关地方政府部门和有关发电公司参加。

事故调查报告由事故调查组的技术人员填写。

7.1.2.4 电网一类障碍

电网一类障碍一般由管辖该电网的地（市）级调度通信部门或生技部门组织调查，必要时，安监及其他有关部门派员参加。障碍报告由组织调查部门的技术人员填写。

超高压输电公司管辖设备故障或异常引发的电网一类障碍，由其所属单位组织调查。障碍报告由其所属单位的技术人员填写。

7.1.3 设备事故

7.1.3.1 特大设备事故

特大设备事故的调查执行国务院《特别重大事故调查程序暂行规定》及其相关规定。

公司分管行政副职组织公司有关部门人员和管理事故单位的公司直属机构或分、子公司有关人员成立调查组进行调查，并配合政府部门组织的事故调查工作。

调查组可根据事故的具体情况，邀请有关发电公司或设备生产厂家、工程施工等单位参加。

事故调查报告由事故调查组组织有关单位的技术人员填写。

7.1.3.2 重大设备事故

重大设备事故由管理事故单位的公司直属机构或分、子公司分管行政副职或总工程师组织安监、生技（或基建）以及有关部门和事故单位人员成立调查组进行调查。公司相关部门可派员参加调查。必要时，公司分管行政副职可组织公司有关部门和管理事故单位的公司直属机构或分、子公司负责人组成事故调查领导小组，指导事故调查。

产权与运行管理分离的，以资产所有单位为主组织调查，也可以委托运行管理单位组织调查。

调查组可根据事故的具体情况，邀请有关发电公司或设备生产厂家、工程施工等单位参加。

事故调查报告由事故调查组组织有关单位的技术人员填写。

7.1.3.3 一般设备事故

一般设备事故由事故单位组织调查组进行调查。产权与运行管理分离的，以资产所有单位为主组织调查，也可以委托运行管理单位组织调查。

性质严重或涉及两个及以上发供电单位、施工单位的一般设备事故，上级管理部门组织调查或可指派安监和有关专业人员参加调查。

调查组一般由事故单位负责人组织安监、生技（或基建）以及其他有关部门人员参加；只涉及一个部门且情节比较简单的一般设备事故，也可以指定事故部门负责人组织调查。

调查组可根据事故的具体情况，邀请有关发电公司或设备生产厂家、工程施工等单位参加。

事故调查报告由事故调查组的技术人员填写。

7.1.3.4 设备一类障碍

设备一类障碍由事故单位的事故部门组织调查，必要时，安监、生技（或基建）及其他有关部门派员参加。

障碍报告由事故部门的技术人员填写。

7.2 调查程序

7.2.1 事故现场处理

7.2.1.1 事故发生后，事故单位必须迅速抢救事故受伤人员和进行事故应急处理，采取措施制止事故蔓延扩大，并派专人严格保护事故现场。未经调查和记录的事故现场，不得任意变动。

7.2.1.2 事故发生后，事故单位和部门应及时对事故现场和损坏的设备进行照相、录像，绘制草图，收集资料。

7.2.1.3 因紧急抢修、防止事故扩大以及疏导交通等，需要变动现场，必须经单位有关领导和安监部门同意，并做出标志、绘制事故现场简图、写出书面记录，保存必要的痕迹、物证。

【释义】本条中"事故现场简图"是指：事故现场示意图，热力和电气系统事故时实时方式状态图，受害者位置图等，并标明尺寸。

7.2.2 收集原始资料

7.2.2.1 事故发生后，安监部门或其指定的部门应立即组织当值值班人员、现场作业人员和其他有关人员在下班离开事故现场前，分别如实提供现场情况并写出事故的原始材料。安监部门要及时收集有关资料，并妥善保管。

7.2.2.2　事故调查组成立后，安监部门应及时将有关材料移交事故调查组。

事故调查组应根据事故情况，查阅有关运行、检修、试验、验收的记录文件和事故发生时的录音、故障录波图、监控系统打印记录等，及时整理出说明事故情况的图表和分析事故所必需的各种资料和数据。

7.2.2.3　事故调查组在收集原始资料时应对事故现场搜集到的所有物件（如破损部件、碎片、残留物等）保持原样，并贴上标签，注明地点、时间、物件管理人。

7.2.2.4　事故调查组有权向事故单位有关部门及有关人员了解事故的有关情况并索取有关资料，任何单位和个人不得拒绝和隐瞒。

7.2.3　调查事故情况

7.2.3.1　人身事故应查明：

（1）伤亡人员和有关人员的单位、姓名、性别、年龄、文化程度、工种、技术等级、工龄、本工种工龄等。

（2）事故发生前工作内容、开始时间、许可情况、作业程序、作业时的行为及位置、事故发生的经过、现场救护情况。

（3）事故发生前伤亡人员和相关人员的技术水平、安全教育记录、特殊工种持证情况和健康状况、过去的事故记录，违章违纪情况等。

（4）事故场所周围的气象和环境情况（包括照明、湿度、温度、通风、声响、色彩度、道路、工作面状况以及工作环境中有毒、有害物质和易燃易爆物取样分析记录）、安全防护设施和个人防护用品的使用情况（了解其有效性、质量及使用时是否符合规定）。

7.2.3.2　电网或设备事故应查明：

（1）发生的时间、地点、气象情况，事故发生前设备和系统的运行情况。

（2）发生经过、扩大及处理情况，事故造成的损失，包括波及范围、减供负荷、损失电量、受影响的重要用户等情况。

（3）有关的仪表、自动装置、开关、保护、故障录波器、调整装置、遥测遥信、遥控、录音装置和监控系统等记录和动作情况。

（4）电网或设备事故调查设备资料（包括订货合同、大小修记录等）情况以及规划、设计、制造、施工安装、调试、运行、检修等质量方面存在的

问题。

7.2.3.3　了解现场规程制度是否健全，规程制度本身及其执行中暴露的问题；了解单位安全管理、安全生产责任制和技术培训等方面存在的问题；事故涉及两个及以上单位时，应了解相关合同或协议。

7.2.4　分析原因责任

7.2.4.1　事故调查组在事故调查的基础上，分析并明确事故发生、扩大的直接原因和间接原因。必要时，事故调查组可委托专业技术部门进行相关计算、试验、分析。

7.2.4.2　事故调查组在确认事实的基础上，分析人员是否违章、过失、违反劳动纪律、失职、渎职，安全措施是否得当，事故处理过程是否正确等。

7.2.4.3　根据事故调查的事实，通过对直接原因和间接原因的分析，确定事故的直接责任者和间接责任者；根据其在事故发生过程中的作用，确定事故发生的主要责任者、次要责任者、扩大责任者。

7.2.4.4　凡事故原因分析中存在下列与事故有关的问题，确定为领导责任：

（1）单位安全生产责任制不落实；

（2）规程制度不健全；

（3）对职工教育培训不力；

（4）现场安全防护装置、个人防护用品、安全工器具不全或不合格；

（5）反事故措施和安全技术劳动保护措施计划不落实；

（6）同类事故重复发生；

（7）违章指挥。

7.2.5　提出防范措施

事故调查组应根据事故发生、扩大的原因和责任分析，提出防止同类事故发生、扩大的组织措施和技术措施。

7.2.6　提出人员处理意见

7.2.6.1　事故调查组在责任确定后，要根据有关规定提出对有关责任人员的处理意见，按照人事管理权限，经事故调查组织单位或上级主管单位的安全生产委员会审查同意后，由有关单位和部门进行处理。

【释义】重大及以上人身、电网、设备事故，涉及多个分、子公司管辖电网的一般事故，发生 500kV 及以上电网失去稳定、省间 500kV（含香港 400kV）及以上电网非正常解列等事故，以及事故单位为公司直属机构的事故，上级主管单位为公司。

一般人身和重伤事故，其他一般电网、设备事故，上级主管单位为各分、子公司。

7.2.6.2 对下列情况应从重处理:

(1) 违章指挥、违章作业、违反劳动纪律造成事故的;

(2) 事故发生后隐瞒不报、谎报或在调查中弄虚作假、隐瞒真相的;

(3) 阻挠或无正当理由拒绝事故调查,拒绝或阻挠提供有关情况和资料的。

7.2.6.3 在事故处理中积极恢复设备运行和抢救、安置伤员;在事故调查中主动反映事故真相,使事故调查顺利进行的有关事故责任人员,可按规定酌情从轻处理。

7.3 事故调查报告书

7.3.1 重伤及以上人身事故、重大及以上电网、设备事故以及上级安监部门指定的一般事故,调查组应编制《事故调查报告书》(见表1~表4),并报送事故调查组织单位。经事故调查组织单位同意后,调查工作即告结束。

7.3.2 事故调查组织单位收到《事故调查报告书》后,应于5个工作日内以正式文件形式将事故调查处理的情况报上级主管单位,并随文同时报送《事故调查报告书》。上级主管单位应在10个工作日内批复,批复文件应送各参加调查的单位或部门。

7.3.3 事故调查结案后,事故调查组织单位应将有关资料归档,资料必须完整,根据情况应有:

(1) 人身伤亡事故报告或电网、设备事故报告(见表5、表6、表8);

(2) 事故调查报告书、事故处理报告书及批复文件;

(3) 现场调查笔录、图纸、仪器表计打印记录、资料、照片、录像等;

(4) 技术鉴定和试验报告;

(5) 物证、人证材料;

(6) 直接和间接经济损失材料;

(7) 事故责任者的自述材料;

(8) 医疗部门对伤亡人员的诊断书;

(9) 发生事故时的工艺条件、操作情况和设计资料;

(10) 处分决定和受处分人的检查材料;

(11) 有关事故的通报、简报及成立调查组的有关文件;

(12) 调查组的人员名单,内容包括姓名、职务、职称、单位等。

7.4 调查时限

7.4.1 人身事故

7.4.1.1 由政府有关部门组织的一般及以上人身事故调查,调查工作完成期限按政府有关规定执行。

7.4.1.2 公司内部组织的一般及以上人身伤亡事故调查,调查组应在事故发生后45天内完成事故调查工作,并向事故调查组织单位提交人身事故调查报告书。

7.4.1.3 公司内部组织的重伤事故调查,调查组应在事故发生后15个工作日内完成事故调查工作,并向事故调查组织单位提交人身事故调查报告书。轻伤事故调查,事故调查部门应在事故发生后7个工作日内完成事故调查工作。

7.4.2 重大及以上电网、设备事故

调查组应在事故发生后30天内完成事故调查工作,并向事故调查组织单位提交电网或设备事故调查报告书。事故原因复杂,需要进行大量试验和测试工作的,经公司安生部同意可延至60天。由于特殊原因在规定期限内不能完成事故调查工作,事故调查组织单位应提出处理建议逐级上报,由公司做出处理决定。

7.4.3 一般电网、设备事故

一般电网、设备事故发生后15天内,调查组应完成事故调查工作,并向事故调查组织单位提交电网、设备事故调查报告书,或电网、设备事故调查报告。事故原因复杂,需要进行试验和测试工作的,经管理事故单位的公司直属机构或分、子公司同意可延至30天。由于特殊原因在规定期限内不能完成事故调查工作,事故调查组织单位应提出处理建议逐级上报,由管理事故单位的公司直属机构或分、子公司做出处理决定。

7.4.4 一类障碍

一类障碍发生后7天内,障碍组织调查部门应完成障碍调查工作,并完成电网或设备障碍报告的填写工作。

8 统计报告

8.1 职责

8.1.1 公司系统各级安监部门是管辖范围内的事故信息归口管理部门,负责审核、汇总、分析和对内发布各类事故信息,并负责向上级安监部门报送事故信息。

8.1.2 公司系统各级安监部门对其报送的事故信息的及时性、准确性、完整性负责。向上级安监部门报送的事故报告、统计表,必须经本单位分管领导审核、签署,并加盖公章。

8.1.3 公司系统上级安监部门负责对下级安监部门的事故信息进行监督检查。

8.1.4 向国家有关部门和国家电监会及其下属机构报送的事故信息由公司安生部按国家有关规定办理。向各级地方政府有关部门报送的事故信息由各分、子公司及其所属单位安监部门按所在地政府有关规定办理。

8.2 快速报告

8.2.1 发生以下事故时，事故单位在组织处理或抢救的同时，应在 4h 内口头报告管理事故单位的公司直属机构或分、子公司安监部门，16h 内填报《电力生产事故快速报告》（见表 10）：

8.2.1.1 一般及以上电网、设备事故。

8.2.1.2 员工或外单位人员从事与电力生产有关的工作过程中，发生的人身重伤及以上事故。

8.2.2 发生人身死亡事故，3 人及以上群伤事故，重大及以上电网、设备事故和下列一般事故，管理事故单位的公司直属机构或分、子公司应在 6h 内口头报告公司安生部，24h 内填报《电力生产事故快速报告》（见表 10）：

8.2.2.1 220kV 及以上电网失去稳定或发生低频振荡。

8.2.2.2 省间以及南方电网与国家电网、香港、澳门、其他国家的电网非正常解列。

8.2.2.3 直流输电系统双极闭锁。

8.2.2.4 500kV 及以上变电站主变压器、GIS 设备故障停运和 220kV 及以上母线全停。

8.2.2.5 220kV 及以上变电站全停。

8.2.2.6 发电厂全停或主设备损坏。

8.2.2.7 恶性误操作。

8.2.2.8 对重要用户停电并造成严重影响，或其他可能造成重大不良社会影响的生产安全事故。

8.2.3 发生人身死亡事故，事故单位应按照所在地地方政府有关规定，向所在地政府安全生产监督管理部门、公安部门、工会报告。

8.3 定期报告

8.3.1 周报告。

每周四 18：00 前，各公司直属机构及分、子公司安监部门应将上周五至本周四发生的一般及以上的事故汇总报送公司安生部，报送格式见表 11。

8.3.2 月度报告。

8.3.2.1 公司系统各单位于每月 10 日前，将上月本单位发生的事故、一类障碍报告（见表 5～表 9）按照管理和产权关系报送各公司直属机构及分、子公司安监部门。

各公司直属机构及分、子公司安监部门于每月 15 日前，将上月本单位发生的重伤及以上人身事故和电网、设备事故数据库，按规定格式报送公司安生

部；于每月 25 日前将上述事故报告（见表 5、表 6、表 8）和《电力生产事故、一类障碍月度综合统计表》（见表 12）报送公司安生部。

8.3.2.2 各公司直属机构及分、子公司安监部门于每月 25 日前，应将本单位印发的安全生产月报或简报报送公司安生部。

8.3.3 年度报告。

8.3.3.1 公司系统各单位于每年 1 月 15 日前，将本单位上一年《电力生产事故、一类障碍年度综合统计表》（见表 12），按照管理和产权关系报送各公司直属机构及分、子公司安监部门。

8.3.3.2 各公司直属机构及分、子公司于每年 1 月 25 前，将本单位《电力生产事故、一类障碍年度综合统计表》（见表 12）报送公司安生部。

8.3.3.3 各公司直属机构及分、子公司于每年 1 月底前，将本单位年度安全生产情况分析报告报送公司安生部。

8.4 事故通报

一般及以上人身死亡事故，重大以上电网、设备事故，性质恶劣或造成严重影响的一般事故，事故发生后 5 个工作日内，各公司直属机构及分、子公司应印发事故快报，事故调查处理结束后 10 个工作日内，印发事故通报，并报送公司安生部。对具有典型警示作用的事故，公司印发事故快报或通报。

9 安全考核

9.1 考核项目

9.1.1 公司对各公司直属机构及分、子公司的安全考核项目按照公司有关的安全生产考核规定执行。

9.1.2 省级电网调度机构的安全考核项目按照中国南方电网电力调度通信中心和各子公司有关的安全生产考核规定执行。

9.1.3 各公司直属机构及分、子公司的直属地（市）级发、供电单位的安全考核项目应包括（但不限于）：重大及以上事故次数，死亡、重伤人数，有责任的一般电网、设备事故次数，安全周期个数。

【释义】 电力生产单位员工按劳务协议借调到外单位工作，且其工作完全由外单位安排，发生人身事故，该电力生产单位统计为一起人身事故，但不予考核。

9.1.4 各公司直属机构及分、子公司的直属电力建设单位安全考核项目应包括（但不限于）：重大及以上事故次数，死亡、重伤人数，本单位负主要责任的电网、设备事故次数。

9.1.5 其他单位安全考核项目由其上级单位确定。

9.2 安全记录

发电单位、供电单位和电力调度机构连续无事故的天数累计达到 100 天为一个安全周期。所有特大事故、重大事故和除以下情况外的一般事故，无论原因和责任归属，均应中断事故单位的安全记录：

9.2.1 人身轻伤事故。

9.2.2 新投产发电设备和 110kV 及以上输变电设备（包括成套性继电保护及安全自动装置）一年以内发生由于设计、制造、施工安装、调试、集中检修等单位主要责任造成的事故。

【释义】新投产设备和 110kV 输变电设备只限于各公司直属机构及分、子公司批准的基建项目和重大更改项目。

9.2.3 运行 30 年及以上的 50MW 及以下发电机组、31.5MVA 及以下主变压器和 35kV 输电线路事故，非本单位人员过失者。

【释义】此类设备必须事先经过各公司直属机构及分、子公司生产技术部门鉴定认可。

9.2.4 完全由设备质量原因引起，无本单位人员和运行管理责任的电网、设备事故。

【释义】本单位或上级单位已制定反措施施，本单位未认真执行导致事故发生的；或虽然没有措施，但同类型事故在本单位重复发生的，应中断安全记录。

9.2.5 全部由输变电设备故障引起发电厂机组被迫停机构成事故。

9.2.6 发电机组因电网安全运行需要设置的安全自动切机装置，由于电网原因造成的自动切机装置动作，使机组被迫停机构成事故。

9.2.7 因安全自动装置正确动作或调度运行人员按事故处理预案进行处理的非人员责任的电网失去稳定事故。

9.2.8 事先经过各公司直属机构及分、子公司主管部门批准进行的科学技术试验项目，由于非人员过失所造成的事故。

9.2.9 发供电设备因覆冰、风灾、水灾、火灾、地震、泥石流、雷击等自然灾害超过设计标准承受能力而发生的事故。

【释义】本条规定所指的是那些超过设计计算标准的、人力不可抗拒的自然灾害所造成的事故。如由于本单位设计或施工安装不当等原因使设备的抗自然灾害能力达不到规定要求，则仍应中断安全记录。

雷击导致输电线路故障若要作为"超过设计标准承受能力而发生的事故"，则应在事故报告中说明其防雷设计、故障点杆塔接地电阻值等以证实确实超过设计承受能力。雷击引起发电厂和变电站接地网故障的必须中断安全记录。

污闪事故不能作为自然灾害。

因山火导致发电厂或变电站内设备事故，或一年内同一档输电线路重复发生事故的，必须中断安全记录。

9.2.10 不可预见或无法事先防止的外力破坏事故。

【释义】不可预见指器材被盗、车辆碰撞电力设施及他人在电力设施附近射击、狩猎、砍树、开挖、爆破、起吊作业、盖房等。

但对于电力器材被偷盗、电力线路杆塔（包括拉线）附近被开挖，以及砍伐树木等引起线路事故，若系运行维护工作不到位而未及时发现并加以处理；或电杆位置不当，该迁移而未迁移；或在电杆周围应该采取防护措施而未采取措施，发生车辆撞电杆事故；或运行中的电力设施未按电气设备运行规程要求设置警告标志或采取其他必要的安全防护措施，导致他人误登、误碰电气设备构成事故等，都应视作本单位有责任而中断安全记录。

9.2.11 无法采取预防措施的户外小动物引起的事故。

9.2.12 为了抢救人员生命而紧急停止设备运行构成的事故。

表 1 人身事故调查报告书

1. 事故简称：

2. 企业详细名称：　　　　　　　　业别：

3. 企业隶属关系：

　上级直接管理单位：

　产权控股单位：

4. 企业经济类型：

5. 企业详细地址：

　联系电话：　　　　　传真电话：

　　　　　　　　　　　E - mail：

6. 企业成立时间：　　　年　　月　　日

　注册地址：

　所有制性质：

　执照情况：

　经营范围：

7. 事故起止时间：　年　月　日　时　分至　　年　月　日　时　分

8. 事故发生地点：

9. 事故现场紧急救护情况：

10. 事故发生时气象及自然灾害情况：

　　气温：　　℃　　　　其他（晴、阴、……）

11. 事故归属：

12. 安全周期是否中断：是（　）否（　）

13. 事故等级（事故性质）：

14. 事故类别：

15. 本次事故伤亡情况：死亡　人，重伤　人，轻伤　人

16. 本次事故经济损失情况（包括直接经济损失和间接经济损失）：

17. 危险作业分类：

18. 事故发生时不安全状态：

19. 事故发生时不安全行为：

20. 触电类别：

21. 事故经过（包括事故发生过程描述、主要违章事实和事故后果等）：

22. 事故报告、抢救和搜救情况：

23. 事故原因分析（包括直接原因、间接原因、扩大原因）：

24. 对事故的责任分析和对责任人的处理意见（包括责任人的基本情况、责任认定事实、责任追究的法律依据及处理建议，并按以下顺序排列：移送司法机关的、给予党政处分或经济处罚的、对事故单位的处罚建议）：

　　事故责任者（包括领导责任、直接责任者、主要责任者、次要责任者、事故扩大责任者）：

25. 预防事故重复发生的措施，执行措施的负责人、完成期限，以及执行情况的检查人（还包括从技术和管理等方面对地方政府、有关部门和事故单位提出的整改建议，以及对国家有关部门在制定政策和法规规章及标准等方面提出的建议）：

26. 调查组成员情况：

姓名	性别	职务	职称	所在工作单位
联系电话	事故调查中担任职务		签名	

27. 本次事故伤亡人员具体情况：

序号	姓名	性别	年龄	本工种工龄	主管工作	工种1	工种2

受过何种安全教育	伤害情况	伤害程度	伤残等级	附注

28. 附清单（包括：事故现场平面图纸及有关事故照片、资料、原始记录、笔录、录像、事故发生时的气象地质资料、有关部门出具的诊断书、鉴定结论或技术报告、试验和分析计算资料、经济损失计算及统计表、成立事故调查组的有关文件、事故处理报告书、有关事故通报简报、处分决定和受处分单位及责任人的检查材料等）：

29. 人身伤亡事故调查报告书复印件

　　　　　　　事故单位负责人：

　　　　　　　填　　报　　人：

　　　　　　　报　出　日　期：　年　月　日

表 2　　　　　　电网事故调查报告书

1. 事故简称：

2. 企业详细名称：　　　　　业别：

3. 企业隶属关系：

　　上级直接管理单位：

　　产权控股单位：

4. 企业经济类型：

5. 企业详细地址：

　　联系电话：　　　传真电话：　　E-mail：

6. 企业成立时间：　　　年　月　　日

　　注册地址：

　　所有制性质：

　　执照情况：

　　经营范围：

7. 事故起止时间：　　年　月　日　时　分至　年　月　日　时　分

8. 事故发生地点：

9. 事故发生时气象及自然灾害情况：

　　气温：　　℃　　　　其他（晴、阴……）

10. 事故归属：

11. 安全周期是否中断：是（　）　否（　）

12. 事故等级（事故性质）：

13. 事故类别：

14. 本次事故经济损失情况（包括直接经济损失和间接经济损失）：

15. 事故前电网运行工况（运行实时工况等）：

16. 事故经过（包括事故发生过程、扩大过程、主要违章事实、事故后果和处理情况等）：

17. 事故报告、抢救和搜救情况：

18. 事故原因分析（包括直接原因、间接原因、扩大原因）：

19. 事故暴露的问题：

20. 事故损失及影响情况（事故后果，少发电量、减供负荷、损坏设备、对重要用户影响等）：

21. 对事故的责任分析和对责任人的处理意见（包括责任人的基本情况、责任认定事实、责任追究的法律依据及处理建议，并按以下顺序排列：移送司法机关的、给予党政处分或经济处罚的、对事故单位的处罚建议）：

事故责任者（包括领导责任、直接责任者、主要责任者、次要责任者、事故扩大责任者）：

22. 预防事故重复发生的措施，执行措施的负责人、完成期限，以及执行情况的检查人（还包括从技术和管理等方面对地方政府、有关部门和事故单位提出的整改建议，以及对国家有关部门在制定政策和法规、规章及标准等方面提出的建议）：

23. 调查组成员情况：

姓名	性别	职务	职称	所在工作单位

联系电话	事故调查中担任职务	签名

24. 附清单（包括事故现场平面图纸及事故照片、资料、原始记录、笔录、录像、事故发生时的气象地质资料、有关部门出具的鉴定结论或技术报告、试验和分析计算资料、经济损失计算及统计表、成立事故调查组的有关文件、事故处理报告书、有关事故通报简报、处分决定和受处分单位及责任人的检查材料等）：

25. 电网事故调查报告书原件或复印件

事故调查组组长、副组长签名：

主持事故调查单位负责人签名：

主持事故调查单位盖章：

报 出 日 期：   年   月   日

表 3   设备事故调查报告书

1. 事故简称：

2. 企业详细名称：   业别：

3. 企业隶属关系：

上级直接管理单位：

产权控股单位：

4. 企业经济类型：

5. 企业详细地址：

联系电话：   传真电话：

E - mail：

6. 企业成立时间：   年   月   日

注册地址：

所有制性质：

执照情况：

经营范围：

7. 事故起止时间：   年   月   日   时   分至

年   月   日   时   分

8. 事故发生地点：

9. 事故发生时气象及自然灾害情况：

气温：   ℃   其他（晴、阴……）

10. 事故归属：

11. 安全周期是否中断：是（   ）   否（   ）

12. 事故等级（事故性质）：

13. 事故类别：

14. 本次事故经济损失情况（包括直接经济损失和间接经济损失）：

15. 事故前工况：

16. 事故主设备情况（设备规范、制造厂、投产日期、最近一次大修日期等）：

17. 事故经过（包括事故发生过程、扩大过程、主要违章事实、事故后果和处理情况等）：

18. 事故报告、抢救和搜救情况：

19. 事故原因分析（包括直接原因、间接原因、扩大原因）：

20. 事故暴露问题：

21. 事故损失及影响情况（事故后果，少发电量、减供负荷、损坏设备、对重要用户影响等）：

22. 对事故的责任分析和对责任人的处理意见（包括责任人的基本情况、责任认定事实、责任追究的法律依据及处理建议，并按以下顺序排列：移送司法机关的、给予党政处分或经济处罚的、对事故单位的处罚建议）：

事故责任者（包括领导责任、直接责任者、主要责任者、次要责任者、事故扩大责任者）：

23. 预防事故重复发生的措施，执行措施的负责人、完成期限，以及执行情况的检查人（还包括从技术和管理等方面对地方政府、有关部门和事故单位提出的整改建议，以及对国家有关部门在制定政策和法规、规章及标准等方面提出的建议）：

24. 调查组成员情况：

姓名	性别	职务	职称	所在工作单位

联系电话	事故调查中担任职务	签名

25. 附清单（包括事故现场平面图纸及事故照片、资料、原始记录、笔录、录像、事故发生时的气象地质资料、有关部门出具的鉴定结论或技术报告、试验和分析计算资料、经济损失计算及统计表、成立事故调查组的有关文件、事故处理报告书、有关事故通报简报、处分决定和受处分单位及责任人的检查材料等）：

26. 设备事故调查报告书原件或复印件

事故调查组组长、副组长签名：
主持事故调查单位负责人签名：
主持事故调查单位盖章：
报 出 日 期：　年　月　日

表 4　　火灾事故调查报告书

1. 事故简称：
2. 企业详细名称：　　　　业别：
3. 企业隶属关系：
上级直接管理单位：
产权控股单位：
4. 企业经济类型：
5. 企业详细地址：
联系电话：　　　传真电话：
E-mail：
6. 企业成立时间：　年　月　日
注册地址：
所有制性质：
执照情况：
经营范围：
7. 事故起止时间：年 月 日 时 分至
年 月 日 时 分
8. 事故发生地点：
9. 事故发生时气象及自然灾害情况：

气温：　　℃　　其他（晴、阴……）
10. 事故归属：
11. 安全周期是否中断：　是（　）　否（　）
12. 事故等级（事故性质）：
13. 事故类别：
14. 本次事故经济损失情况（包括直接经济损失和间接经济损失）：
15. 事故经过（包括事故发生过程、扩大过程、主要违章事实、事故后果及影响和处理情况等）：
16. 事故报告、抢救和搜救情况：
17. 事故原因分析（包括直接原因、间接原因、扩大原因）：
18. 事故暴露问题：
19. 对事故的责任分析和对责任人的处理意见（包括责任人的基本情况、责任认定事实、责任追究的法律依据及处理建议，并按以下顺序排列：移送司法机关的、给予党政处分或经济处罚的、对事故单位的处罚建议）：

事故责任者（包括领导责任、直接责任者、主要责任者、次要责任者、事故扩大责任者）：
20. 预防事故重复发生的措施，执行措施的负责人、完成期限，以及执行情况的检查人（还包括从技术和管理等方面对地方政府、有关部门和事故单位提出的整改建议，以及对国家有关部门在制定政策和法规、规章及标准等方面提出的建议）：

21. 调查组成员情况：

姓名	性别	职务	职称	所在工作单位

联系电话	事故调查中担任职务	签名

22. 附清单（包括事故现场平面图纸及事故照片、资料、原始记录、笔录、录像、事故发生时的气象地质资料、有关部门出具的鉴定结论或技术报告、试验和分析计算资料、经济损失计算及统计表、成立事故调查组的有关文件、事故处理报告书、有关事故通报简报、处分决定和受处分单位及责任人的检查材料等）：

23. 火灾事故调查报告书复印件

事故单位负责人：
填　报　人：
报 出 日 期：　年　月　日

表 5　　　　　　　　　　　　　　　**人身伤亡事故报告**

填报单位（章）：＿＿＿＿＿＿　　事故简题 ＿＿＿＿＿＿＿　　　　　　　本表共＿＿＿页，第＿＿＿页

事故编号	上级单位名称	事故单位	隶属关系	经济类型	事故发生时间	事故等级	事故类别	伤害情况	事故归属	安全记录	姓名	性别	年龄	工龄
					年月日时分									

用工类别	工种 1	紧急救护（现场）	伤害程度	受伤部位		起因物	危险作业分类	触电类别	气象条件及自然灾害
本工种工龄	工种 2	有无职业禁忌	直接经济损失 千元			致害物	1. 2. 3. 4.	触电电压	气温 ℃

不安全状态	不安全行为	事故直接原因	责任分类	事故间接原因	责任分类	有无附件
1. 2. 3. 4.	1. 2. 3. 4.	1. 2. 3. 4.	1. 2. 3. 4.	1. 2. 3. 4.	1. 2. 3. 4.	

事故经过：

事故原因暴露问题、防止对策、执行人及完成期限：

单位领导：　　　　　　　　　　安监审核人：　　　　　　　　　　填报人：

网、省公司领导批复	签名：	网、省公司安监部门批复	签名：	填报质量评价
				A　B　C　D

填报日期：　　年　　月　　日

表 6　　　　　　　　　　　　　　　**电网事故报告**

填报单位：（章）：＿＿＿＿＿＿　　事故简题 ＿＿＿＿＿＿＿　　　　　　　本表共＿＿＿页，第＿＿＿页

事故编号	上级单位名称	事故单位	事故起止时间		事故延续时间 h min	设备分类	事故类别	事故等级	温度（℃）	气象条件	事故主要责任单位	安全记录
			年月日时分至	年月日时分								

电网事故涉及范围

下列电压（kV）变电站共　座										电压（kV）输电线路　条				下列容量（MW）发电机组共　台					事故时频率（Hz）		事故时电压（kV）		事故中电网瓦解片数	减供负荷（MW）	直接经济损失（千元）
750 以上		500		220		110		35		750以上	500	220	110	≥600	>300	>200	>100	<100	最高	最低	最高	最低			
全停	非全停	全停	非全停	全停	非全停	全停	非全停	全停	非全停																

事故原因及责任　　　　　　　　　　　　　　　　损坏设备

事故起因设备	一、二次设备	设备分类	部件分类	零部件名	技术分类	型号	制造厂	投产年月	原因1	责任1	原因2	责任2	设备分类	部件分类	损坏程度
扩大事故设备															

不正确动作（或停用）的继电保护				不正确动作（或停用）的安全自动装置				附件	电网电气接线附图	涉及单位
保护名称	电压等级(kV)	技术分类	错误类型	运行状态	装置名称	电压等级(kV)	技术分类	错误类型	运行状态	

1. 事故经过、扩大、处理情况：

2. 事故原因及暴露问题：

3. 事故责任人姓名、职务：

4. 防止对策、执行人、完成期限：

5. 单位领导：　　　　　　　　　　安监审核人：　　　　　　　　　　填报人：

网、省公司领导批复	签名：	网、省公司安监部门批复	签名：	填报质量评价
				A　B　C　D

填报日期：　　年　　月　　日

表 7 电 网 一 类 障 碍 报 告

填报单位(章)：＿＿＿＿＿＿＿ 事故简题＿＿＿＿＿＿＿ 本表共＿＿＿页,第＿＿＿页

障碍编号	上级单位名称	障碍单位	障碍起止时间	障碍延续时间	设备分类	障碍类别	气象条件	温度(℃)	障碍主要责任单位	安全记录
			年 月 日 时 分至 年 月 日 时 分	h min						

电网障碍涉及范围										障碍时频率(Hz)		障碍时电压(kV)		障碍时电网瓦解片数	障碍损失	
下列电压(kV)变电站共 座					电压(kV)输电线路 条			下列容量(MW)发电机组共 台							减供负荷(MW)	直接经济损失(千元)
750以上	500	220	110	35	750以上	500	220	110	≥600	≥300	≥200	≥100	<100	最高	最低	最高	最低				

（以下列展开）

750以上	500	220	110	35	750以上	500	220	110	≥600	≥300	≥200	≥100	<100	最高	最低	最高	最低		减供负荷(MW)	直接经济损失(千元)

事故原因及责任											损坏设备		
障碍起因设备	一、二次设备	设备分类	部件分类	零部件名	技术分类	型号	制造厂	投产年月	原因1	责任1	原因2	责任2	设备分类	部件分类	损坏程度
扩大障碍设备													

不正确动作(或停用)的继电保护					不正确动作(或停用)的安全自动装置					附件	电网电气接线附图
保护名称	电压等级(kV)	技术分类	错误类型	运行状态	装置名称	电压等级(kV)	技术分类	错误类型	运行状态		

1. 障碍经过、扩大、处理情况：
2. 障碍原因及暴露问题：
3. 障碍责任人姓名、职务：
4. 防止对策、执行人、完成期限：
5. 单位领导： 安监审核人： 填报人：

网、省公司领导批复	签名：	网、省公司安监部门批复	签名：	填报质量评价 A B C D

填报日期： 年 月 日

表 8 设 备 事 故 报 告

填报单位(章)：＿＿＿＿＿＿＿ 事故简题＿＿＿＿＿＿＿ 本表共＿＿＿页,第＿＿＿页

事故编号	上级单位名称	事故单位	事故起止时间	设备停运时间	设备分类	事故类别	事故等级	气象条件	温度(℃)	事故主要责任单位	安全记录
			年 月 日 时 分至 年 月 日 时 分	h min							

主 设 备 规 范										事故损失		
设备编号	容量(t/h;MW;MVA)	相当容量(最高电压)	压力(MPa;kV)	主汽温度	型号	制造厂	制造年月	投产年月	大修年月	少发电量(万kWh)	少送电量(万kWh)	直接经济损失(千元)
				℃			年 月	年 月	年 月			

事 故 原 因 及 责 任											损 坏 设 备		
一、二次设备	设备分类	部件分类	零部件名	技术分类	型号	制造厂	投产年月	原因1	责任1	原因2	责任2	设备分类	部件分类	损坏程度

不 正 确 动 作 的 保 护 情 况					不正确动作(或停用)的安全自动装置					附件	附图	涉及单位
保护名称	电压等级(kV)	技术分类	错误类型	运行状态	装置名称	电压等级(kV)	技术分类	错误类型	运行状态			

1. 事故经过、扩大、处理情况：
2. 事故原因及暴露问题：
3. 事故责任人姓名、职务：
4. 防止对策、执行人、完成期限：
5. 单位领导： 安监审核人： 填报人：

网、省公司领导批复	签名：	网、省公司安监部门批复	签名：	填报质量评价 A B C D

填报日期： 年 月 日

表9　　　　　　　　　　　　　　　　　　　　设备一类障碍报告

填报单位（章）：_____　　　　　事故简题_____　　　　　本表共____页，第____页

障碍编号	上级单位名称	障碍单位	障碍起止时间		设备停运时间	设备分类	障碍类别	气象条件	温度（℃）	障碍主要责任单位	安全记录
			年 月 日 时 分至 年 月. 日 时 分		h　min						

主　设　备　规　范										障　碍　损　失		
设备编号	容量（t/h；MW；MVA）	相当容量（最高电压）	压力（MPa；kV）	主汽温度	型号	制造厂	制造年月	投产年月	大修年月	少发电量（万 kWh）	少送电量（万 kWh）	直接经济损失（千元）
				℃			年 月	年 月	年 月			

障　碍　原　因　及　责　任											损　坏　设　备		
一、二次设备	设备分类	部件分类	零部件名	技术分类	型号	制造厂	投产年月	原因1	责任1	原因2	责任2	设备分类	部件分类	损坏程度

不 正 确 动 作 的 保 护 情 况					不 正 确 动 作（或停用）的 安 全 自 动 装 置					附件	附图
保护名称	电压等级（kV）	技术分类	错误类型	运行状态	装置名称	电压等级（kV）	技术分类	错误类型	运行状态		

1. 障碍经过、扩大、处理情况：
2. 障碍原因及暴露问题：
3. 障碍责任人姓名、职务：
4. 防止对策、执行人、完成期限：
5. 单位领导：　　　　　　　　　　安监审核人：　　　　　　　　　填报人：

网、省公司领导批复	签名：		网、省公司安监部门批复	签名：	填报质量评价
					A　B　C　D

　　　　　　　　　　　　　　　　　　　　　　　　　填报日期：　　　年　　月　　日

表10　　　　　　　**中国南方电网有限责任公司电力生产事故快速报告**

填报单位（公章）：_____　　　　　　　　　　　填报时间：　年　月　日　时　分

发生事故单位		直接上级单位	
事故简题			
事故起止时间		年 月 日 时 分 秒～ 年 月 日 时 分 秒	

1. 事故发生、扩大和应急救援处理过程的简要情况：

2. 初步原因判断：

3. 事故后果（伤亡情况、停电影响、设备损坏或可能造成不良社会影响等）的初步估计：

备　注	

安监部门负责人：　　　　　　　　　　　　　　　　　　　　　　填报人：

表 11　　　　　　　**中国南方电网有限责任公司电力生产事故周报**

填报单位：　　　　　　　　　　　　　年　月　日　　　　　　　　　　　　　填报人：

序号	事故性质	事　故　内　容　简　况
1		
2		
3		
4		
5		

注：1. 此表于每周四 18:00 以前用电子邮件或传真方式发至公司安生部。

　　　　邮件地址：anjian - info@csg. net. cn。

　　2. 上报内容：上周五至本周四发生的一般及以上事故。一般事故注明 A、B 类别。

表 12　　　　　　　**_____公司电力生产事故、一类障碍月(年)综合统计表**

　　　　　　　　　　　　___年___月

填报(汇总)单位(章)：_____　　本表共___页,第___页　制表日期___年___月___日

类别	人身部分(人)						电网部分(次)						供电设备部分(次)						发电设备部分(次)						年内创安全周期(个)
	死亡		重伤		轻伤		事故		其中特大		障碍		事故		其中特重大		障碍		事故		其中特重大		障碍		
	本月	累计	本月	累计	本月	累计	本月	累计	本月	累计	本月	累计	本月	累计	本月	累计	本月	累计	本月	累计	本月	累计	本月	累计	
单位		今年 去年		今年 去年		今年 去年		今年 去年		今年 去年		今年 去年		今年 去年		今年 去年		今年 去年		今年 去年		今年 去年		今年 去年	
合计																									

公司领导：_____　　　　　　　审核人：_____　　　　　　　制表人：_____

10 建设工程施工现场供用电安全规范

（GB 50194—1993）

1 总则

1.0.1 为在建设工程施工现场供用电中贯彻执行"安全第一、预防为主"的方针，确保在施工现场供用电中的人身安全和设备安全，并使施工现场供用电设施的设计、施工、运行及维护做到安全可靠，确保质量，经济合理，制定本规范。

1.0.2 本规范适用于一般工业与民用建设工程，电压在10kV及以下的施工现场供用电设施的设计、施工、运行及维护。但不适用于水下、井下和矿井等特殊工程。

1.0.3 建设工程施工现场供用电的安全、可靠，除执行本规范外，尚应符合国家现行有关标准、规范的规定。

2 发电设施、变电设施、配电设施

2.1 发电设施

2.1.1 在远离电源或电源不能满足要求的施工现场，可装设柴油发电机、列车电站等发电设施。

2.1.2 发电站的站址选择应符合下列要求：

2.1.2.1 靠近负荷中心。

2.1.2.2 交通运输及线路引出方便。

2.1.2.3 设在污染源全年最小频率风向的下风侧。

2.1.2.4 远离施工危险地段。

2.1.3 发电站站区内平面布置应符合下列要求：

2.1.3.1 建筑物力求紧凑，符合生产运行程序。

2.1.3.2 发电机房设在站区内全年最小频率风向的上风侧；控制室、配电室设在机房的下风侧。

2.1.3.3 冷却水池、喷水池设在机房和室外配电装置冬季最小频率风向的上风侧。

2.1.3.4 站内地面排水坡度不应小于0.5%。

2.1.4 燃油罐宜采用钢制油罐，其数量不应少于2个。

2.1.5 事故油池应设在发电机房外，其与发电机房外墙的距离不应小于5m。事故油池的贮油量不应少于全部日用燃油的燃油量。

2.1.6 柴油机应有单独的排烟管道和消音器；发电机房内架空敷设的排烟管应设隔热层。地沟内的排烟管穿越油管路时应采取防火措施。发电机房外垂直敷设的排烟管至发电机房的距离不得小于1m；排烟

管的管口应高出屋檐，且不小于1m。

2.1.7 移动式柴油发电机停放的地点应平坦，并宜高出周围地面0.25～0.3m。柴油发电机拖车的前后轮应卡住。

2.1.8 移动式柴油发电机的拖车应有可靠的接地。

2.1.9 移动式柴油发电机拖车上部应设防雨棚。防雨棚应牢固、可靠。

2.1.10 移动式柴油发电机周围4m内不得使用火炉和喷灯，不得存放易燃物。

2.1.11 柴油发电机的总容量应满足最大负荷的需要和大容量电动机起动时的要求。起动时母线电压不应低于额定电压的80%。

2.1.12 并列运行的柴油发电机应装设同期装置。

2.1.13 柴油发电机的出口侧应装设短路保护、过负荷保护及低电压保护等装置。

2.1.14 发电站内应设可在带电场所使用的消防设施，并应设在便于取用的地方。

2.2 变电设施、配电设施

2.2.1 变电所、配电所的所址选择应符合下列要求：

2.2.1.1 靠近电源，交通运输方便。

2.2.1.2 接近负荷中心，便于线路的引入和引出。

2.2.1.3 所区不受洪水冲浸、不积水，地面排水坡度不小于0.5%。

2.2.1.4 设在污染源的全年最小频率风向下风侧，并避开易燃易爆危险地段和有剧烈振动的场所。

2.2.2 变压器室、控制室及配电室的建筑应符合下列要求：

2.2.2.1 防雨，防风沙；防火等级不低于三级，其中变压器室不低于二级。

2.2.2.2 采用百叶窗或窗口装金属网，金属网孔不大于10mm×10mm。

2.2.2.3 邻街采光高窗的下檐与室外地面高度不小于1.8m。

2.2.2.4 门向外开，其高度与宽度便于设备出入。

2.2.2.5 面积与高度满足配电装置的维护与操作所需的安全距离，并符合国家现行有关标准的规定。

2.2.3 容量在400kVA及以下的变压器，可采用杆上安装。杆上变压器的底部距地面的高度不应小于2.5m。

2.2.4 容量在400kVA以上的变压器应采用地面安装。装设变压器的平台应高出地面0.5m，其四周应装设高度不小于1.7m的围栏。围栏与变压器外廓的距离不得小于1m，并应在其明显部位悬挂警告牌。

2.2.5 室外变电台变压器的高压侧和低压侧分别装设高、低压熔断器；熔断器距地面的垂直距离，高压不

宜小于 4.5m，低压不宜小于 3.5m。各相熔断器间的水平距离，高压不应小于 0.5m，低压不应小于 0.3m。

2.2.6 位于人行道树木间的变压器台，在最大风偏时，其带电部位与树梢间的最小距离，高压不应小于 2m，低压不应小于 1m。

2.2.7 变压器的引线与电缆连接时，电缆及其终端头，均不应与变压器外壳直接接触。

2.2.8 采用箱式变电站供电时，其外壳应有可靠的保护接地。接地系统应符合产品技术要求；装有仪表和继电器的箱门，必须与壳体可靠连接。

2.2.9 箱式变电站安装完毕或检修后，投入运行前应对其内部的电气设备进行检查和电气性能试验，合格后方可投入运行。

3　架空配电线路及电缆线路

3.1　电杆选择及埋设

3.1.1 电杆宜采用钢筋混凝土杆。钢筋混凝土电杆不得露筋，并不得有环向裂纹和扭曲等缺陷。若采用木杆和木横担，其材质必须坚实，不得有腐朽、劈裂及其他损伤。木杆总长度不宜小于 8m，梢径不宜小于 140mm。

3.1.2 电杆埋设应符合下列要求：

3.1.2.1 不得有倾斜、下沉及杆基积水等现象，不能满足要求时应加底盘或卡盘。

3.1.2.2 回填土时应将上块打碎，每回填 0.5m 夯实一次。杆坑应设防沉土台，其高度应超出地面 0.3m。

3.1.2.3 电杆埋设深度应符合设计要求，当设计无要求时宜符合表 3.1.2 的规定。

表 3.1.2　　　电杆埋设深度（m）

杆高	8.0	9.0	10	11	12	13
埋深	1.5	1.6	1.7	1.8	1.9	2.0

注　遇有土质松软、流砂、地下水位较高等情况时，应做特殊处理。

3.1.2.4 严寒地区应埋在冻土层以下。

3.1.2.5 装设变压器的电杆，其埋设深度不宜小于 2m。

3.1.3 拉线埋设应符合下列要求：

3.1.3.1 拉线坑的深度宜为 1.2～1.5m。

3.1.3.2 拉线与电杆的夹角不宜小于 45°，当受到地形限制时不得小于 30°。

3.1.3.3 终端杆的拉线及耐张杆承力拉线与线路方向应对正；分角拉线与线路分角方向应对正；防风拉线与线路方向应垂直。

3.1.3.4 拉线从导线之间穿过时，应装设拉线绝缘子。拉线绝缘子距地面的高度不应小于 2.5m。

3.2　线路架设

3.2.1 供电线路路径的选择应合理，应避开易撞、易碰、易受雨水冲刷和气体腐蚀的地带，并应避开热力管道、河道和施工中交通频繁等场所。

3.2.2 施工现场内的低压架空线路在人员频繁活动区或大型机具集中作业区，应采用绝缘线。绝缘线不得成束架空敷设，并不得直接捆绑在电杆、树木、脚手架上，不得拖拉在地面上；埋地敷设时必须穿管，管内不得有接头，其管口应密封。

3.2.3 导线截面的选择应满足下列要求：

3.2.3.1 导线中的负荷电流不应大于导线允许载流量。

3.2.3.2 线路末端的允许电压降不应大于额定值的 5%。

3.2.3.3 导线跨越铁路、公路或其他电力线路时，铜绞线截面不得小于 16mm²；钢芯铝绞线截面不得小于 25mm²；铝绞线不得小于 35mm²。

3.2.4 线路相互交叉时，不同线路导线之间最小垂直距离应符合表 3.2.4 的规定。

表 3.2.4　　　线路交叉时导线之间最小垂直距离（m）

线路电压（kV）		<1	1～10
交叉电力线路（kV）	<1	1	2
	1～10	2	2

3.2.5 线路导线与地面的最小距离，在最大弧垂时应符合表 3.2.5 的规定。

表 3.2.5　　　在最大弧垂时导线与地面的最小距离（m）

区　　域	线路电压（kV）	
	<1	1～10
人员频繁活动区	6	6.5
非人员频繁活动区	5	5.5
极偏僻区	4	4.5
公路	6	7
铁路轨顶	7.5	7.5

3.2.6 线路导线在最大弧垂和最大风偏时与建筑物凸出部分的最小距离应符合表 3.2.6 的规定。

3.2.7 当施工现场几种线路同杆架设时，高压线路必须位于低压线路上方；电力线路必须位于通讯线路上方；同杆架设的线路横担最小垂直距离应符合表 3.2.7 的规定值。

表 3.2.6　导线与建设物凸出部分之间的最小距离（m）

项　目	线路电压（kV）	
	<1	1～10
垂直距离	2.5	3.0
边导线水平距离	1.0	1.5

表 3.2.7　同杆架设的线路横担最小垂直距离（m）

同杆线路	直线杆	分支杆或转角杆
高压与高压	0.8	0.45/0.6注
高压与低压	1.2	1.0
低压与低压	0.6	0.3
低压与通讯	1.2	

注　转角或分支线为单回路，其分支线横担距主干线横担为 0.6m；为双回路时，其分支线横担距上排主干线横担为 0.45m，距下排主干线横担为 0.6m。

3.2.8　线路不同档距时的弧垂应符合国家现行标准中 10kV 及以下架空线路安装曲线的规定。

3.2.9　在同一档距内，一根导线的接头不得多于 1 个；同一条线路在同一档距内接头不应超过 2 个。

3.2.10　架空线路跨越公路、铁路或其他电力线路及厂内道路处不应有接头。

3.3　电缆敷设

3.3.1　供电电缆应沿道路路边或建筑物边缘埋设，并宜沿直线敷设；转弯处和直线段每隔 20m 处应设电缆走向标志。

3.3.2　电缆直埋时，其表面距地面的距离不宜小于 0.2～0.7m；电缆上下应铺以软土或砂土，其厚度不得小于 100mm，并应盖砖保护。

3.3.3　电缆与铁路、厂区道路交叉处，应敷设在坚固的保护管内；管的两端宜伸出路基 2m。

3.3.4　低压电缆（不包括油浸电缆）需架空敷设时，应沿建筑物、构筑物架设，其架设高度不应低于 2m；接头处应绝缘良好，并应采取防水措施。

3.3.5　电缆直埋时，电缆之间，电缆与其他管道、道路、建筑物等之间平行和交叉时的最小距离应符合表 3.3.5 的规定。严禁将电缆平行敷设于管道的上方或下方。特殊情况应按下列规定执行：

3.3.5.1　电力电缆间、控制电缆间以及它们相互之间在交叉点前后 1m 范围内，当电缆穿入管中或用隔板隔开时，其交叉距离可减为 0.25m。

3.3.5.2　电缆与热力管道（管沟）及热力设备平行、

交叉时，应采取隔热措施，使电缆周围土壤的温升不超过 10℃。

3.3.5.3　电缆与热力管道（管沟）、油管道（管沟）、可燃气体及易燃液体管道（管沟）、热力设备或其他管道（管沟）之间，虽距离能满足要求，但检修管路可能伤及电缆时，在交叉点前后 1m 范围内，尚应采取保护措施；当交叉距离不能满足要求时，应将电缆穿入管中，其距离可减为 0.25m。

表 3.3.5　电缆之间、电缆与管道、道路、建筑物之间平行和交叉时的最小距离

项　目	最小距离（m）	
	平行	交叉
电力电缆之间及其与控制电缆之间	0.10	0.50
控制电缆间	—	0.50
热管道（管沟）及热力设备	2.00	0.50
油管道（管沟）	1.00	0.50
可燃气体及易燃液体管道（沟道）	1.00	0.50
其他管道（沟道）	0.50	0.50
铁路路轨	3.00	1.00
公路	1.50	1.00
城市街道路面	1.00	0.70
电杆基础（边线）	1.00	—
建筑物基础（边线）	0.60	—
排水沟	1.00	0.50

3.3.6　进入变电所、配电所的电缆沟或电缆管，在电缆敷设完成后应将管口堵实。

4　接地保护及防雷保护

4.1　接地保护

4.1.1　当施工现场设有专供施工用的低压侧为 380/220V 中性点直接接地的变压器时，其低压侧应采用保护导体和中性导体分离接地系统（TN-S 系统）（图 4.1.1-1）或电源系统接地，保护导体就地接地系统（TT 系统）（图 4.1.1-2）。但由同一电源供电的低压系统，不宜同时采用上述两种系统。

4.1.2　Ⅰ类电气设备的金属外壳及与该电气设备连接的金属构架，必须采取可靠的接地保护。

注：Ⅰ类电气设备的确定应符合现行国家标准的规定。

4.1.3　接零保护应符合下列规定：

4.1.3.1　架空线路终端、总配电盘及区域配电箱与

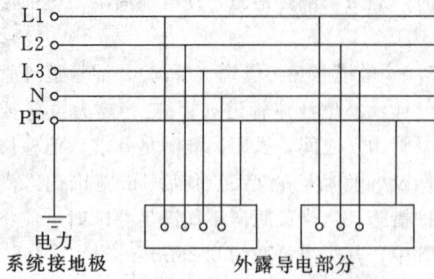

图 4.1.1-1　TN-S 系统

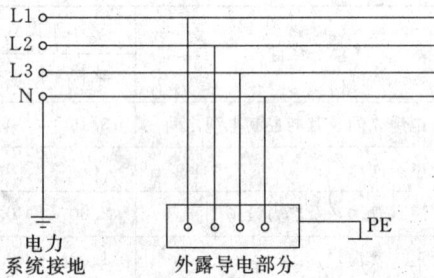

图 4.1.1-2　TT 系统

电源变压器的距离超过 50m 以上时，其保护零线（PE 线）应作重复接地，接地电阻值不应大于 10Ω。

4.1.3.2　接引至电气设备的工作零线与保护零线必须分开。保护零线上严禁装设开关或熔断器。

4.1.3.3　保护零线和相线的材质应相同，保护零线的最小截面应符合表 4.1.3 的规定。

表 4.1.3　保护零线最小截面

相线截面（mm²）	保护零线最小截面（mm²）
$S \leqslant 16$	S
$16 < S \leqslant 35$	16
$S > 35$	$S/2$

4.1.3.4　接引至移动式电动工具或手持式电动工具的保护零线必须采用铜芯软线，其截面不宜小于相线的 1/3，且不得小于 1.5mm²。

4.1.4　用电设备的保护地线或保护零线应并联接地，并严禁串联接地或接零。

4.1.5　当施工现场不单独装设低压侧为 380/220V 中性点直接接地的变压器而利用原有供电系统时，电气设备应根据原系统要求作保护接零或保护接地。

4.1.6　保护地线或保护零线采用焊接、压接、螺栓连接或其他可靠方法连接。严禁缠绕或钩挂。

4.1.7　低压用电设备的保护地线可利用金属构件、钢筋混凝土构件的钢筋等自然接地体，但严禁利用输送可燃液体、可燃气体或爆炸性气体的金属管道作为保护地线。

4.1.8　利用自然接地体作保护地线时应符合下列要求：

4.1.8.1　保证其全长为完好的电气通路。

4.1.8.2　利用串联的金属构件作保护地线时，应在金属构件之间的串接部位焊接金属连接线，其截面不得小于 100mm²。

4.2　防雷保护

4.2.1　位于山区或多雷地区的变电所、配电所应装设独立避雷针；高压架空线路及变压器高压侧应装设避雷器或放电间隙。

4.2.2　施工现场和临时生活区的高度在 20m 及以上的井字架、脚手架、正在施工的建筑物以及塔式起重机、机具、烟囱、水塔等设施，均应装设防雷保护。

4.2.3　高度在 20m 以上的大钢模板，就位后应及时与建筑物的接地线连接。

5　常用电气设备

5.1　一般规定

5.1.1　采用的电气设备应符合现行国家标准的规定，并应有合格证件，设备应有铭牌。

5.1.2　使用中的电气设备应保持完好的工作状态，严禁带故障运行。

5.1.3　电气设备不得超铭牌运行。

5.1.4　固定式电气设备应标志齐全。

5.2　配电箱和开关箱

5.2.1　配电箱和开关箱应安装牢固，便于操作和维修。

5.2.2　落地安装的配电箱和开关箱，设置地点应平坦并高出地面，其附近不得堆放杂物。

5.2.3　配电箱、开关箱的进线口和出线口宜设在箱的下面或侧面，电源的引出线应穿管并设防水弯头。

5.2.4　配电箱、开关箱内的导线应绝缘良好、排列整齐、固定牢固，导线端头应采用螺栓连接或压接。

5.2.5　具有 3 个回路以上的配电箱应设总刀闸及分路刀闸。每一分路刀闸不应接 2 台或 2 台以上电气设备，不应供 2 个或 2 个以上作业组使用。

5.2.6　照明、动力合一的配电箱应分别装设刀闸或开关。

5.2.7　配电箱、开关箱内安装的接触器、刀闸、开关等电气设备，应动作灵活，接触良好可靠，触头没有严重烧蚀现象。

5.3　熔断器和插座

5.3.1　熔断器的规格应满足被保护线路和设备的要求；熔体不得削小或合股使用，严禁用金属线代替熔丝。

5.3.2 熔体应有保护罩。管型熔断器不得无管使用；有填充材料的熔断器不得改装使用。

5.3.3 熔体熔断后，必须查明原因并排除故障后方可更换；装好保护罩后方可送电。

5.3.4 更换熔体时严禁采用不合规格的熔体代替。

5.3.5 插销和插座必须配套使用。Ⅰ类电气设备应选用可接保护线的三孔插座，其保护端子应与保护地线或保护零线连结。

5.4 移动式电动工具和手持式电动工具

5.4.1 手持式电动工具的管理、使用、检查和维修，应符合现行国家标准《手持式电动工具管理、使用、检查和维修安全技术规程》的规定。

5.4.2 长期停用或新领用的移动式电动工具和手持式电动工具在使用前应进行检查，并应测绝缘。

5.4.3 移动式电动工具、手持式电动工具通电前应做好保护接地或保护接零。

5.4.4 移动式电动工具、手持式电动工具应加装单独的电源开关和保护，严禁1台开关接2台及2台以上电动设备。

5.4.5 移动式电动工具的电源开关应采用双刀开关控制，其开关应安装在便于操作的地方。

5.4.6 移动式电动工具、手持式电动工具当采用插座连接时，其插头、插座应无损伤、无裂纹，且绝缘良好。

5.4.7 使用移动式电动工具因故离开现场暂停工作或遇突然停电时，应拉开电源开关。

5.4.8 移动式电动工具和手持式电动工具，应加装高灵敏动作的漏电保护器。

5.4.9 移动式电动工具和手持式电动工具的电源线，必须采用铜芯多股橡套软电缆或聚氯乙烯绝缘聚氯乙烯护套软电缆。电缆应避开热源，且不得拖拉在地上。当不能满足上述要求时，应采取防止重物压坏电缆等措施。

5.4.10 移动式电动工具和手持式电动工具需要移动时，不得手提电源线或转动部分。

5.4.11 移动式电动工具和手持式电动工具使用完毕后，必须在电源侧将电源断开。

5.4.12 使用手持式电动工具应戴绝缘手套或站在绝缘台上。

5.5 电焊机

5.5.1 根据施工需要，电焊机宜按区域或标高层集中设置，并应编号。

5.5.2 布置在室外的电焊机应设置在干燥场所，并应设棚遮蔽。

5.5.3 电焊机的外壳应可靠接地，不得多台串联接地。

5.5.4 电焊机各线卷对电焊机外壳的热态绝缘电阻值不得小于0.4MΩ。

5.5.5 电焊机的裸露导电部分和转动部分应装安全保护罩。直流电焊机的调节器被拆下后，机壳上露出的孔洞应加设保护罩。

5.5.6 电焊机一次侧的电源线必须绝缘良好，不得随地拖拉，其长度不宜大于5m。

5.5.7 电焊机的电源开关应单独设置。直流电焊机的电源应采用启动器控制。

5.5.8 电焊把钳绝缘必须良好。

5.5.9 电焊机二次侧引出线宜采用橡皮绝缘铜芯软电缆，其长度不宜大于30m。

5.6 起重机

5.6.1 起重机电气设备的安装，应符合现行国家标准《电气装置安装工程起重机电气装置施工及验收规范》的规定。

5.6.2 塔式起重机上的电气设备，应符合现行国家标准《塔式起重机安全规程》中的要求。

5.6.3 起重机电源电缆的长度，应符合产品技术要求。

5.6.4 轨道式起重机电源电缆收放通道附近应清洁，不得堆放其他设备、材料和杂物。

5.6.5 轨道式起重机自动卷线装置动作必须灵活可靠；电缆不得在地上拖拉。

5.6.6 中、小型起重机上或其附近，应设能断开电源的开关。

5.6.7 起重机械的电源电缆应经常检查，必要时应设专人维护。

5.6.8 未经有关人员批准，起重机上的电气设备和接线方式不得随意改动。

5.6.9 起重机上的电气设备应定期检查，发现缺陷应及时处理。在起吊过程中不得进行电气检修工作。

5.6.10 起重机电气设备的检修和试运行，必须取得其他专业人员的配合。

5.6.11 塔式起重机的防雷及接地，应符合现行国家标准《塔式起重机安全规程》的规定及产品技术要求，其接地应可靠。利用自然接地体时，应保证有良好的电气通路。

5.6.12 轨道式起重机轨道两端，应各设一组接地装置，当轨道较长时，每隔20m应加装一组接地装置。

6　特殊环境

6.1　易燃、易爆环境

6.1.1 施工现场供用电电气设备及电力线路的选型

和安装，应符合现行国家标准《爆炸和火灾危险环境电力装置设计规范》及《电气装置安装工程爆炸和火灾危险环境电气装置施工及验收规范》的规定。

6.1.2　在易燃、易爆环境中，严禁产生火花。当不能满足要求时，应采取安全措施。

6.1.3　照明灯具应选用防爆型，导线应采用防爆橡胶绝缘线。

6.1.4　使用手持式或移动式电动工具应采取防爆措施。

6.1.5　严禁带电作业。更换灯泡应断开电源。

6.1.6　电气设备正常不带电的外露导电部分，必须接地或接零。保护零线不得随意断开；当需要断开时，应采取安全措施，工作完结后应立即恢复。

6.2　腐蚀环境

6.2.1　变电所、配电所宜设在全年最小频率风向的下风侧，不宜设在有腐蚀性物质装置的下风侧。

6.2.2　变电所、配电所与重腐蚀场所的最小距离应符合表6.2.2的规定。

表6.2.2　变电所、配电所与重腐蚀场所的最小距离（m）

	Ⅰ类腐蚀环境	Ⅱ类腐蚀环境
露天变电所、配电所	50	80
室内变电所、配电所	30	50

注　Ⅰ类腐蚀环境和Ⅱ类腐蚀环境的确定应符合国家现行标准规范的规定。

6.2.3　6～10kV配电装置设在户外时，应选用户外防腐型电气设备。

6.2.4　6～10kV配电装置设在户内时，应选用户内防腐型电气设备。户内配电装置的户外部分，可选用高一级或两级电压的电气设备。

6.2.5　在腐蚀环境的10kV及以下线路采用架空线路时，应采用水泥杆、角钢横担和耐污绝缘子。绝缘子和穿墙套管的额定电压，应提高一级或两级。1kV及以下架空线路，宜选用塑料绝缘电线或防腐铝绞线。1kV以上架空线路，宜选用防腐钢芯铝绞线。

6.2.6　配电线路宜采用全塑电缆明敷设。在Ⅰ类和Ⅱ类腐蚀环境中，不宜采用绝缘电线穿管的敷设方式或电缆沟敷设方式。

6.2.7　腐蚀环境中的电缆芯线中间不宜有接头。电缆芯线的端部，宜用接线鼻子与设备连接。

6.2.8　密封式配电箱、控制箱等设备的电缆进、出口处，应采取密封防腐措施。

6.2.9　重腐蚀环境中的架空线路应采用铜导线。

6.2.10　重腐蚀环境中的照明，应采用防腐密闭式灯具。

6.3　特别潮湿环境

6.3.1　在特别潮湿的环境中，电气设备、电缆、导线等，应选用封闭型或防潮型。

6.3.2　电气设备金属外壳、金属构架和管道均应接地良好。

6.3.3　移动式电动工具和手提式电动工具，应加装漏电保护器或选用双重绝缘设备。长期停用的电动工具，使用前应测绝缘。

6.3.4　行灯电压不应超过12V。

6.3.5　潮湿环境不宜带电作业，一般作业应穿绝缘靴或站在绝缘台上。

7　照明

7.0.1　照明灯具和器材必须绝缘良好，并应符合现行国家有关标准的规定。

7.0.2　照明线路应布线整齐，相对固定。室内安装的固定式照明灯具悬挂高度不得低于2.5m，室外安装的照明灯具不得低于3m。安装在露天工作场所的照明灯具应选用防水型灯头。

7.0.3　现场办公室、宿舍、工作棚内的照明线，除橡套软电缆和塑料护套线外，均应固定在绝缘子上，并应分开敷设；穿过墙壁时应套绝缘管。

7.0.4　照明电源线路不得接触潮湿地面，并不得接近热源和直接绑挂在金属构架上。在脚手架上安装临时照明时，在竹木脚手架上应加绝缘子，在金属脚手架上应设木横担和绝缘子。

7.0.5　照明开关应控制相线。当采用螺口灯头时，相线应接在中心触头上。

7.0.6　使用行灯应符合下列要求：

7.0.6.1　电压不得超过36V。

7.0.6.2　在金属容器和金属管道内使用的行灯，其电压不得超过12V。

7.0.6.3　行灯应有保护罩。

7.0.6.4　行灯的手柄应绝缘良好且耐热、防潮。

7.0.6.5　行灯的电源线应采用橡套软电缆。

7.0.6.6　行灯变压器必须采用双绕组型。行灯变压器一、二次侧均应装熔断器；金属外壳应做好保护接地或接零措施。

7.0.7　严禁将行灯变压器带进金属容器或金属管道内使用。

7.0.8　变电所及配电所内的配电盘、配电柜及母线的正上方，不得安装灯具（封闭母线及封闭式配电盘、配电柜除外）。

7.0.9　照明灯具与易燃物之间，应保持一定的安全距离，普通灯具不宜小于 300mm；聚光灯、碘钨灯等高热灯具不宜小于 500mm，且不得直接照射易燃物。当间距不够时，应采取隔热措施。

8 安全技术管理

8.0.1 供用电设施投入运行前，用电单位应建立、健全用电管理机构，组织好运行、维护专业班组，明确管理机构与专业班组的职责。

8.0.2 用电单位应建立、健全供用电设施的运行及维护操作规定；运行及维护人员必须学习这些操作规定，熟悉本单位的供用电系统。

8.0.3 用电单位必须建立用电安全岗位责任制，明确各级用电安全负责人。

8.0.4 用电设施的运行及维护人员必须具备下列条件：

8.0.4.1 经医生检查无妨碍从事电气工作的病症。

8.0.4.2 掌握必要的电气知识，考试合格并取得合格证书。

8.0.4.3 掌握触电解救法和人工呼吸法。

8.0.5 用电单位的运行及维护人员，必须学习和熟悉本规范的有关规定，并应每年考试一次。因故间断工作连续 3 个月以上者，必须重新学习本规范，并经考试合格后方可恢复电气工作。

8.0.6 新参加工作的维护电工、临时工、实习人员，上岗前必须经过安全教育，考试合格后在正式电工带领下，方可参加指定的工作。

8.0.7 变电所（配电所）值班人员应具备的条件：

8.0.7.1 熟悉本变电所（配电所）的系统、运行方式及电气设备性能。

8.0.7.2 持证上岗，掌握运行操作技术。

8.0.7.3 能认真执行本单位制定的各种规章制度。

8.0.8 变电所（配电所）值班负责人或单独值班人，应由有实践经验的人员担任。

8.0.9 变电所（配电所）值班人员单独值班时，不得从事检修工作。

8.0.10 变电所（配电所）内必须配备足够的绝缘手套、绝缘杆、绝缘垫、绝缘台等安全工具及防护设施。

8.0.11 供用电设施的运行及维护，必须配备足够的常用电气绝缘工具，并按有关规定，定期进行电气性能试验。电气绝缘工具严禁挪做它用。

8.0.12 各种电气设施应定期进行巡视检查，每次巡视检查的情况和发现的问题应记入运行日志内。

8.0.12.1 低压配电装置、低压电器和变压器，有人值班时，每班应巡视检查 1 次。无人值班时，至少应每周巡视 1 次。

8.0.12.2 配电盘应每班巡视检查 1 次。

8.0.12.3 架空线路的巡视和检查，每季不应少于 1 次。

8.0.12.4 车间或工地设置的 1kV 以下的分配电盘和配电箱，每季度应进行 1 次停电检查和清扫。

8.0.12.5 500V 以下的铁壳开关及其他不能直接看到刀闸的开关，应每月检查 1 次。

8.0.13 室外施工现场供用电设施除经常维护外，遇大风、暴雨、冰雹、雪、霜、雾等恶劣天气时，应加强对电气设备的巡视和检查；巡视和检查时，必须穿绝缘靴且不得靠近避雷器和避雷针。

8.0.14 新投入运行或大修后投入运行的电气设备，在 72h 内应加强巡视，无异常情况后，方可按正常周期进行巡视。

8.0.15 供用电设施的清扫和检修，每年不宜少于 2 次，其时间应安排在雨季和冬季到来之前。

8.0.16 电气设备或线路的停电检修，应遵守下列规定：

8.0.16.1 一次设备完全停电，并切断变压器和电压互感器二次侧开关或熔断器。

8.0.16.2 设备或线路切断电源并经验电确无电压后，方可装设接地线，进行工作。

8.0.16.3 工作地点均应悬挂相应的标示牌。

8.0.17 在靠近带电部分工作时，应设监护人。工作人员在工作中正常活动范围与带电设备的最小安全距离，应符合表 8.0.17 的规定。

表 8.0.17 工作人员正常活动范围与带电设备最小安全距离

设备电压 （kV）	距离 （m）
6 及以下	0.35
10	0.6

8.0.18 用电管理应符合下列要求：

8.0.18.1 现场需要用电时，必须提前提出申请，经用电管理部门批准，通知维护班组进行接引。

8.0.18.2 接引电源工作，必须由维护电工进行，并应设专人进行监护。

8.0.18.3 施工用电用毕后，应由施工现场用电负责人通知维护班组，进行拆除。

8.0.18.4 严禁非电工拆装电气设备，严禁乱拉乱接电源。

8.0.18.5 配电室和现场的开关箱、开关柜应加锁。

8.0.18.6 电气设备明显部位应设"严禁靠近，以防触电"的标志。

8.0.18.7 接地装置应定期检查。

8.0.18.8 施工现场大型用电设备、大型机具等，应有专人进行维护和管理。

11 农村低压电气安全工作规程

(DL 477—2001)

1 范围

本规程规定了农村低压电网安全工作的基本要求和保证安全的措施，适用于县级及以下从事低压电气工作的人员。

2 引用标准

略。

3 名词术语

3.1 低压 Low voltage

本规程所指的低压为设备对地电压在 250V 及以下者。

3.2 紧急事故处理 The manipulating of the emergencies

对于可能造成人身触电、使设备事故扩大、引发系统故障、导致电气火灾等类事故的处理。

3.3 低压间接带电作业 Low voltage indirect electriferous jobs

系指工作人员与带电设备非直接接触，即手持绝缘工具对带电设备进行作业。

4 基本要求

4.1 电气工作人员

4.1.1 电气工作人员必须具备下列条件：

a) 经县级以上医疗机构鉴定，身体健康，无妨碍工作的病症（体检两年一次）；

b) 具备必要的电气知识，熟悉本规程及有关规程、规定，并经考试合格；

c) 掌握紧急救护法（见附录 A）。

4.1.2 电气工作人员中断电气工作连续 3 个月以上者，必须重新学习本规程，经考试合格后方能恢复工作。

4.1.3 电气工作人员应熟悉所管辖的电气设备。

4.2 电气设备

4.2.1 低压电气设备和设施的安装及运行，均应符合 DL 499 规程的要求。

4.2.2 配电室应备有必要的安全用具和消防器材。

4.2.3 电气设备主要部位应标明相色。

4.2.4 正常时不带电，故障时可能带电的电气设备的金属外壳及配电盘（箱）应有可靠接地。

4.3 巡视检查

4.3.1 巡视检查时，禁止攀登电杆或配电变压器台架，也不得进行其他工作。夜间巡视检查时，应沿线路的外侧进行；遇有大风时，应沿线路的上风侧进行，以免触及断落的导线。发现倒杆、断线，应立即派人看守，设法阻止行人通过，并与导线接地点保持 4m 以上的距离，同时应尽快将故障点的电源切断。

事故巡视检查时，应始终认为该线路处在带电状态，即使该线路确已停电，亦应认为该线路随时有送电的可能。

4.3.2 巡视检查配电装置时，进出配电室应随手关门，巡视完毕必须上锁。

4.3.3 在巡视检查中，发现有威胁人身安全的缺陷时，应采取全部停电、部分停电或其他临时性安全措施。

4.3.4 巡视检查设备时，不得越过遮栏或围墙。

4.4 电气操作

4.4.1 电气操作必须根据值班负责人的命令执行，执行时应由两人进行，低压操作票由操作人填写，每张操作票只能执行一个操作任务。

4.4.2 下列电气操作应使用低压操作票（见附录 B）：

a) 停、送总电源的操作；

b) 挂、拆接地线的操作；

c) 双电源的触、并列操作。

4.4.3 电气操作前，应核对现场设备的名称、编写和开关、刀开关的分、合位置。操作完毕后，应进行全面检查。

4.4.4 电气操作顺序：停电时应先断开开关，后断开刀开关或熔断器；送电时与上述顺序相反。

4.4.5 合刀开关时，当刀开关动触头接近静触头时，应快速将刀开关合入，但当刀开关触头接近合闸终点时，不得有冲击；拉刀开关时，当动触头快要离开静触头时，应快速断开，然后操作至终点。

4.4.6 开关、刀开关操作后，应进行检查。合闸后，应检查三相接触是否良好，连动操作手柄是否制动良好；拉闸后，应检查三相动、静触头是否断开，动触头与静触头之间的空气距离是否合格，连动操作手柄是否制动良好。

4.4.7 操作时如发现疑问或发生异常故障，均应停止操作；待问题查清、处理后，方可继续操作。

4.4.8 严禁以投切熔件的方法对线路（干线或分支线）进行送（停）电操作。

5　保证安全工作的组织措施

在低压电气设备上工作，保证安全的组织措施：

a) 工作票制度；

b) 工作许可制度；

c) 工作监护制度和现场看守制度；

d) 工作间断和转移制度；

e) 工作终结、验收和恢复送电制度。

5.1　工作票制度

5.1.1 在低压电气设备或线路上工作，应按下列方式进行：

a) 填写低压第一种工作票（停电作业）（见附录C）；

b) 填写低压第二种工作票（不停电作业）（见附录D）；

c) 口头指令。

5.1.2 填写低压第一种工作票的工作：

凡是低压停电工作均应使用低压第一种工作票。

5.1.3 填写低压第二种工作票的工作：

凡是低压间接带电作业，均应使用低压第二种工作票。

5.1.4 不需停电进行作业，如：刷写杆号或用电标语、悬挂警告牌、修剪树枝、检查杆根或为杆根培土等工作，可按口头指令执行。

5.1.5 工作票由工作负责人填写，工作票签发人签发。工作许可人发出许可开始工作的命令后，工作负责人负责带领全体工作人员完成工作任务。

工作票签发人由供电所熟悉技术和现场设备的人员，或电力用户有经验的人员担任。工作票签发人应经县供电企业考核批准。

工作负责人由供电营业所人员或电力用户电工担任。

工作许可人必须由本供电所或电力用户电气运行人员担任。

5.1.6 工作负责人和工作许可人不得签发工作票。工作票签发人不得兼任该项工作的工作负责人和工作许可人。

工作负责人和工作许可人，应由两人分别担任。工作负责人不宜进行检修、试验工作，但在确保

安全的情况下，可以参加检修、试验工作。

工作许可人在本班组工作人员不足的情况下，可作为班组成员参加本班组工作，但不能担任工作负责人。

5.1.7 工作票中所列人员的安全责任：

a) 工作票签发人：

1) 工作项目是否必要；

2) 工作是否安全；

3) 工作票上所填安全措施是否正确完备；

4) 所派工作负责人和全体工作人员是否适当和充足。

b) 工作负责人：

1) 正确安全地组织作业；

2) 结合实际进行安全思想教育；

3) 检查工作许可人所做的现场安全措施是否与工作票所列的措施相符；

4) 工作前对全体工作人员交待工作任务和安全措施；

5) 督促工作人员遵守本规程；

6) 班组成员实施全面监护。

c) 工作许可人：

1) 审查工作票所列安全措施是否正确完备，是否符合现场实际；

2) 正确完成工作票所列的安全措施；

3) 工作前向工作负责人交待所做的安全措施；

4) 正确发出许可开始工作的命令。

d) 班组成员：

认真执行本规程和现场安全措施，互相关心施工安全，并监督本规程和现场安全措施的实施。

5.1.8 对大型或较复杂的工作，工作负责人填写工作票前应到现场勘查，根据实际情况制订安全、技术及组织措施。

5.1.9 工作票要用钢笔或圆珠笔填写，一式两份。填写应正确清楚，不得任意涂改；如有个别错字、漏字需要修改时，字迹应清楚；必要时可附图说明。

5.1.10 工作票签发人接到工作负责人已填好的工作票，应认真审查后签发；对复杂工作或对安全措施有疑问时，应及时到现场进行核查，并在开工前一天把工作票交给工作负责人。

5.1.11 工作负责人接到工作许可命令后，应向全体工作人员交待现场安全措施、带电部位和其他注意事项，并询问是否有疑问，工作班全体成员确认无疑问后，工作班成员必须在签名栏签名。

5.1.12 一个工作负责人只能发给一张工作票。工作票上所列的地点，以一个电气连接部分为限，如同一

地点同时停送电，则允许在几个电气连接部分共用一张工作票。

5.1.13 工作期间，一份工作票应始终保留在工作负责人手中，另一份由工作许可人保存。工作中，不允许增加工作票内没有填写的工作内容。

5.1.14 紧急事故处理可不填写工作票，但应履行许可手续，做好安全措施，执行监护制度。

5.1.15 已执行的工作票，由供电所保存，保存期3个月。

5.1.16 口头指令应记载在值班记录中，主要内容为：工作任务、人员、时间及注意事项等。

5.1.17 工作票制度的其他要求参照 DL 408 标准执行。

5.2 工作许可制度

5.2.1 工作负责人未接到工作许可人许可工作的命令前，严禁工作。

5.2.2 工作许可人完成工作票所列安全措施后，应立即向工作负责人逐项交待已完成的安全措施。工作许可人还应以手指背触试，以证明要检修的设备确已无电。对临近工作地点的带电设备部位，应特别交待清楚。

当所有安全措施和注意事项交待、核对完毕后，工作许可人和工作负责人应分别在工作票上签字，写明工作开始日期、时间，此时，工作许可人即可发出许可工作的命令。

5.2.3 每天开工与收工，均应履行工作票中"开工和收工许可"手续。

5.2.4 严禁约时停、送电。

5.3 工作监护制度和现场看守制度

5.3.1 工作监护人由工作负责人担任，当施工现场用一张工作票分组到不同的地点工作时，各小组监护人可由工作负责人指定。

5.3.2 工作期间，工作监护人必须始终在工作现场，对工作人员的工作认真监护，及时纠正违反安全的行为。

5.3.3 工作负责人在工作期间不宜更换，工作负责人如需临时离开现场，则应指定临时工作负责人，并通知工作许可人和全体成员。工作负责人如需长期离开现场，则应办理工作负责人更换手续，更换工作负责人必须经工作票签发人批准，并设法通知全体工作人员和工作许可人，履行工作票交接手续，同时在工作票备注栏内注明。

5.3.4 为确保施工安全，工作负责人可指派一人或数人为专责监护人、看守人，在指定地点负责监护、看守任务。监护、看守人员要坚守工作岗位，不得擅

离职守，只有得到工作负责人下达"已完成监护、看守任务"命令时，方可离开岗位。

5.3.5 安全措施的设置与设备的停送电操作应由两人进行，其中一人为监护人。

5.4 工作间断制度

5.4.1 在工作中如遇雷、雨、大风或其他情况并威胁工作人员的安全时，工作负责人可下令临时停止工作。

5.4.2 工作间断时，工作地点的全部安全措施仍应保留不变。工作人员离开工作地点时，要检查安全措施，必要时应派专人看守。

5.4.3 在工作间断时间内，任何人不得私自进入现场进行工作或碰触任何物件。

5.4.4 恢复工作前，应重新检查各项安全措施是否正确完整，然后由工作负责人再次向全体工作人员说明，方可进行工作。

5.4.5 每天工作开始与结束，均应在低压第一种工作票中履行许可与终结手续。每天工作结束后，工作负责人应将工作票交工作许可人。次日开工时，工作许可人与工作负责人履行完开工手续后，再将工作票交还工作负责人。

5.5 工作终结、验收和恢复送电制度

5.5.1 全部工作完毕后，工作人员应清扫、整理现场。在对所进行的工作实施竣工检查后，工作负责人方可命令所有工作人员撤离工作地点，向工作许可人报告全部工作结束。

5.5.2 工作许可人接到工作结束的报告后，应会同工作负责人到现场检查验收任务完成情况，确无缺陷和遗留的物件后，在工作票上填明工作终结时间，双方签字，工作票即告终结。

5.5.3 工作票终结后，工作许可人即可拆除所有安全措施，然后恢复送电。

6 保证安全工作的技术措施

在全部停电和部分停电的电气设备上工作时，必须完成下列技术措施：

    a) 停电（断开电源）；

    b) 验电；

    c) 挂接地线；

    d) 装设遮栏和悬挂标示牌。

6.1 停电

6.1.1 工作地点需要停电的设备：

    a) 施工、检修与试验的设备；

    b) 工作人员在工作中，正常活动范围边沿与设备带电部位的安全距离小于 0.7m；

c) 在停电检修线路的工作中，如与另一带电线路交叉或接近，其安全距离小于 1.0m（10kV 及以下）时，则另一带电回路应停电；

d) 工作人员周围临近带电导体且无可靠安全措施的设备；

e) 两台配电变压器低压侧共用一个接地体时，其中一台配电变压器低压出线停电检修，另一台配电变压器也必须停电。

6.1.2 工作地点需要停电的设备，必须把所有有关电源断开，每处必须有一个明显断开点。

6.1.3 断开开关的操作电源，刀开关操作把手必须制动。

6.2　验电

6.2.1 在停电设备的各个电源端或停电设备的进出线处，必须用合格的相应电压等级的专用验电笔进行验电。验电前应先在带电设备上进行试验，以验证验电笔是否完好，然后在线路、设备的 A、B、C 三相和中性线导体上，逐相验明确无电压。

6.2.2 不得以设备分合位置标示牌的指示、母线电压表指示零位、电源指示灯泡熄灭、电动机不转动、电磁线圈无电磁响声及变压器无响声等，作为判断设备已停电的依据。

6.2.3 检修开关、刀开关或熔断器时，应在断口两侧验电。杆上电力线路验电时，应先验下层，后验上层；先验距人体较近的导线，后验距人体较远的导线。

6.3　挂接地线

6.3.1 经验明停电设备两端确无电压后，应立即在检修设备的工作点（段）两端导体上挂接地线。

为防止工作地段失去接地线保护，断开引线时，应在断开的引线两侧挂接地线。

6.3.2 凡有可能送电到停电检修设备上的各个方面的线路（包括零线）都要挂接地线。同杆架设的多层电力线路挂接地线时，应先挂下层导线，后挂上层导线；先挂离人体较近的导线（设备），后挂离人体较远的导线（设备）。

6.3.3 当运行线路对停电检修的线路或设备产生感应电压而又无法停电时，应在检修的线路或设备上加挂接地线。

6.3.4 挂接地线时，必须先将地线的接地端接好，然后再在导线上挂接。拆除接地线的程序与此相反。接地线与接地极的连接要牢固可靠，不准用缠绕方式进行连接，禁止使用短路线或其他导线代替接地线。若设备处无接地网引出线时，可采用临时接地棒接地，接地棒在地面下的深度不得小于 0.6m。为了确保操作人员的人身安全，装、拆接地线时，应使用绝缘棒或戴绝缘手套，人体不得接触接地线或未接地的导体。

6.3.5 严禁工作人员或其他人员移动已挂接好的接地线。如需移动时，必须经过工作许可人同意并在工作票上注明。

6.3.6 接地线由一根接地段与三根或四根短路段组成。接地线必须采用多股软裸铜线，每根截面不得小于 16mm²。严禁使用其他导线作接地线。

6.3.7 由单电源供电的照明用户，在户内电气设备停电检修时，如果进户线刀开关或熔断器已断开，并将配电箱门锁住，可不挂接地线。

6.4　装设遮栏和悬挂标示牌

6.4.1 在下列开关、刀开关的操作手柄上应悬挂"禁止合闸，有人工作"的标示牌：

a) 一经合闸即可送电到工作地点的开关、刀开关；

b) 已停用的设备，一经合闸即可启动并造成人身触电危险、设备损坏，或引起总剩余电流动作保护器动作的开关、刀开关；

c) 一经合闸会使两个电源系统并列，或引起反送电的开关、刀开关。

6.4.2 在以下地点应挂"止步，有电危险"的标示牌：

a) 运行设备周围的固定遮栏上；

b) 施工地段附近带电设备的遮栏上；

c) 因电气施工禁止通过的过道遮栏上；

d) 低压设备做耐压试验的周围遮栏上。

6.4.3 在以下邻近带电线路设备的场所，应挂"禁止攀登，有电危险"的标示牌：

a) 工作人员或其他人员可能误登的电杆或配电变压器的台架；

b) 距离线路或变压器较近，有可能误攀登的建筑物。

6.4.4 装设的临时木（竹）遮栏，距低压带电部分的距离应不小于 0.2m，户外安装的遮栏高度应不低于 1.5m，户内应不低于 1.2m。临时装设的遮栏应牢固、可靠。

6.4.5 严禁工作人员和其他人员随意移动遮栏或取下标示牌。

7　架空线路工作

7.1　挖坑工作

7.1.1 挖坑前必须了解有关地下管道、电缆等设施的敷设情况，并与有关主管部门取得联系，明确地下设施的确切位置。施工时，应在地面上做出标志，做好防护措施，加强监护。

7.1.2 在松软土地上挖坑，应有防止塌方措施，如加挡板、撑木等，禁止由下部掏挖土层。

7.1.3 在居民区及交通道路附近挖的坑，应设坑盖或可靠围栏，夜间应挂红灯，防止行人陷入坑内。

7.1.4 石坑、冻土坑打眼时，应检查锤把、锤头及钢钎。打锤人应站在扶钎人侧面，严禁站在对面，并不得戴手套；扶钎人应戴安全帽、手套及其他护具。钎头有开花现象时，应更换修理。

7.1.5 承力杆打帮桩挖坑时，应采取防止倒杆的措施。

7.2 立杆和撤杆工作

7.2.1 立、撤杆要设专人统一指挥。开工前应讲明施工方法及信号。工作人员要明确分工、密切配合、服从指挥。在居民区和交通道路上立杆、撤杆时，应设专人看守，防止行人接近。

7.2.2 立、撤杆要使用合格的起重、支撑设备和拉绳，使用前应仔细检查，必要时要进行试验。使用方法应正确，严禁过载使用。

7.2.3 立杆过程中，杆坑和杆下禁止有人工作或走动，除指挥人及指定人员外，其他人员必须离开 1.2 倍杆高的距离。

7.2.4 立杆及修整杆坑时，应有防止杆身滚动、倾斜的措施，如：采用叉杆和拉绳控制等。

7.2.5 顶杆及叉杆只能用于竖立重量较轻的单杆，不得用铁锹、桩柱等代用。立杆前应开好"马道"，工作人员要均匀地分配在电杆两侧。

7.2.6 利用旧杆做支撑物立、撤杆时，应首先检查杆根；必要时应加设临时拉绳。

7.2.7 使用吊车立、撤杆时，绳套应吊在杆的重心偏上位置，防止电杆失去平衡而突然倾倒。

7.2.8 在撤杆工作中，拆除杆上导线前，应先检查杆根；在挖坑前应先绑好拉绳，并采取防止倒杆措施。

7.2.9 使用抱杆立杆时，主牵引绳、尾绳、电杆中心及抱杆顶应在一条直线上。抱杆应均匀受力，两侧拉绳应拉好，不得左右倾斜。

7.2.10 电杆起立离地后，应对各受力点处做一次全面检查，特别是拉绳及其连接点和拉桩。经检查确无问题，再继续起立。起立 60° 后，应减缓速度，注意各侧拉绳。

7.2.11 已经起立的电杆，只有在杆基回土夯实完全牢固后，方可撤去叉杆及拉绳。

7.3 电杆上工作

7.3.1 上杆前应先检查杆根是否牢固。新立电杆在杆基完全牢固以前，严禁攀登。遇有冲刷、起土、上拔的电杆，应先培土加固，支好架杆或打临时拉线后，再上杆。

凡需松动导线、拉线的电杆应先检查杆根，并打好临时拉线或支好架杆后再上杆。

7.3.2 上杆前应先检查登杆工具，如脚扣、踏板、安全带、梯子等，必须完整、牢靠。

7.3.3 在电杆上工作，必须使用安全带和戴安全帽。安全带应系在电杆及牢固构件上，应防止安全带从杆顶冒出或被锋利物伤害。系好安全带后，必须检查扣环是否扣牢。杆上作业转位时，不得失去安全带保护。电杆上有人工作时，不得调整或拆除拉线。

7.3.4 使用梯子时，要有人扶持或绑牢。

7.3.5 攀登横担时，应检查横担及紧固件是否牢固、良好。

7.3.6 现场人员应戴安全帽。杆上人员应防止掉东西，使用的工具、材料均应用绳索传递，不得抛扔，杆下严禁行人逗留。

7.3.7 遇有大雾、雷雨或五级以上大风时，严禁登杆作业。

7.4 放线、撤线和紧线

7.4.1 放线、撤线和紧线工作，均应设专人统一指挥、统一信号，应检查紧线工具及设备，确保良好。

7.4.2 放、撤各种与线路、铁路、公路、河流等交叉跨越的线路时，应先取得有关部门的同意，采取安全措施，如搭设可靠的跨越架、在路口设专人持信号旗看守等。

7.4.3 紧线、撤线前应先检查拉线、拉桩及杆根。如不牢固时，应加设临时拉绳加固。

7.4.4 紧线前，应检查导线有无被障碍物挂住。紧线时，应检查接线管或接线头以及滑轮、横担、树枝、房屋等有无卡住。如发现导线被挂住、卡住，应停止紧线，并妥善处理。工作人员不得跨在导线上或站在转角侧内，防止意外跑线时抽伤。

7.4.5 严禁采用突然剪断导线的作法撤线。

7.5 起重运输的一般规定

7.5.1 起重工作必须由有经验的人领导，并应统一指挥、统一信号，明确分工，做好安全措施。工作前，工作负责人应对起重工具做全面检查。

7.5.2 起重机械，如绞磨、吊车、卷扬机、绞车等必须安置平稳牢固，并应设有制动和逆止装置。

7.5.3 当重物吊离地面后，工作负责人应再次检查各受力部位，在无异常情况后，方可正式起吊。

7.5.4 在起吊、牵引过程中，受力钢丝绳的周围、上下方、转角侧内和起吊物的下面，严禁人员逗留和通过。

7.5.5 起吊物体必须绑牢。物体若有棱角或特别光滑的部位时，在棱角和光滑面与绳子接触处应加以包垫。

7.5.6 使用开门滑轮时，应将开门勾环扣紧，防止绳索自动跑出。

7.5.7 起重时，在起重机械的滚筒上至少应绕有5圈钢丝绳。拖尾钢丝绳应随时拉紧，并应由有经验的人负责。

7.5.8 起重机具均应经试验合格后方可使用，并按铭牌标明的允许工作荷重使用，不得超铭牌作用。

7.5.9 使用车辆、船舶运输，不得超载。在运电杆和线盘时，必须绑扎牢固，防止滚动、移动伤人。

7.5.10 将卸电杆应防止散堆伤人。当分散卸车时，每卸完一处，必须将车上其余的电杆分布均匀、绑扎牢固后，方可继续运送。

7.5.11 起放电杆时，应互相呼应。

7.5.12 用绳子牵引电杆上山，必须将电杆绑牢，绳子不得触磨地面。爬山路线两侧5m以内，不得有人停留或通过。

7.5.13 起重工具应妥善保管，列册登记，定期检查，按期试验（详见附录E）。

8 邻近带电导线的工作

8.1 在低压带电线路电杆上的工作

8.1.1 在带电电杆上工作时，只允许在带电线路的下方，处理水泥杆裂纹、加固拉线、拆除鸟窝、紧固螺丝、查看导线金具和绝缘子等工作。作业人员活动范围及其所携带的工具、材料等与低压带电导线的最小距离不得小于0.7m。

8.1.2 在带电电杆上进行拉线加固工作，只允许调整拉线下把的绑扎或补强工作，不得将连接处松开。

8.2 邻近或交叉其他电力线路的工作

8.2.1 新架或停电检修的线路（指放线、撤线或紧线、松线、落线等工作）如与另一强电、弱电线路邻近或交叉，以致工作时将可能和另一回导线接触或接近至危险距离以内（见表1），则均应对另一线路采取停电或其他安全措施。

表1   低压线路邻近或交叉其他
电力线路工作的安全距离

电压等级 kV	安全距离 m	电压等级 kV	安全距离 m
10及以下	1.0	220	4.0
35（20~44）	2.5	330	5.0
66、110	3.0		

8.2.2 为了防止新架或停电检修线路的导线产生跳动，或因过牵引引起导线突然脱落、滑跑而发生意外，应用绳索将导线牵拉牢固或采用其他安全措施。

8.2.3 为防止登杆作业人员错误登杆而造成人身触电事故，与检修线路邻近的带电线路的电杆上必须挂标示牌，或派专人看守。

8.3 同杆架设多回低压线路中的停电检修工作

8.3.1 同杆架设的多回线路中的任一回路检修，其他线路都必须停电，并均必须挂接地线。

8.3.2 停电检修的每一回线路均应具有双重称号，即：线路名称、左（右）线或上（下）线的称号（面向线路杆号增加的方向，在左边的线路称为左线，在右边的线路称为右线）。

工作票中应填写线路的双重称号。

9 低压间接带电作业

9.1 进行间接带电作业时，作业范围内电气回路的剩余电流动作保护器必须投入运行。

9.2 低压间接带电工作时应设专人监护，工作人员必须穿着长袖衣服和绝缘鞋、戴绝缘手套、使用有绝缘手柄的工具。

9.3 间接带电作业，应在天气良好的条件下进行。

9.4 在带电的低压配电装置上工作时，应采取防止相间短路和单相接地短路的隔离措施。

9.5 在紧急情况下，允许用有绝缘柄的钢丝钳断开带电的绝缘照明线。断线时，应分相进行。断开点应在导线固定点的负荷侧。被断开的线头，应用绝缘胶布包扎、固定。

9.6 带电断开配电盘或接线箱中的电压表和电能表的电压回路时，必须采取防止短路或接地的措施。

9.7 更换户外式熔断器的熔丝或拆搭接头时，应在线路停电后进行。如需作业时必须在监护人的监护下进行间接带电作业，但严禁带负荷作业。

9.8 严禁在电流互感器二次回路中带电工作。

10 室内线路和电动机

10.1 在不能负重的顶棚、天花板上工作时，梁与梁之间应用厚长板条搭桥，必要时应系好安全带后方可进行工作。工作地点应有足够照明。

10.2 在墙壁上用钢钎打孔工作，应戴防护眼镜，扶钎手应戴手套。

10.3 新安装的电动机，在试车前不得安装皮带。确认电动机转向正确后，方可停电安装皮带。皮带运行中应不跑偏、不打滑、不磨边，皮带周围应有安全防护设施。

10.4 电动机外壳必须可靠接地。

10.5 严禁对运行中的电动机进行维修工作。严禁使用无风扇护罩、无靠背轮护罩及无轴端盖的电动机。

10.6 田间、场院使用的电动机应装设剩余电流动作保护器。

10.7 严禁带电移动电动机。停电移动时，应防止电源线被拉断。

11　砍伐树木工作

11.1 砍伐靠近带电线路的树木时，工作负责人在工作前，必须向全体工作人员说明电力线路有电，不得攀登电杆；树木、绳索不得接触导线。

11.2 上树砍剪树枝时，不应攀抓脆弱和枯死的树枝，不应攀登已经锯过或砍过而未断开的树枝。人和绳索应与导线保持足够的安全距离，应注意蜂虫蜇咬，并使用安全带。

11.3 发现树枝有接触导线现象，必须在线路停电后进行处理。

11.4 为防止树木倒落在导线上，应设法用绳索把树枝拉向与导线相反的方向。绳索应有足够的长度和强度，以免伤人。树枝接触带电导线时，禁止人员接近。

11.5 砍剪树枝时，应有专人监护，树下方不得有人逗留，防止砸伤。

11.6 大风、下雨及潮湿天气，不应进行砍剪树枝工作；如确需工作时，应采取安全措施。

12　测量工作与仪表使用

12.1 电气测量工作，应在无雷雨和干燥天气下进行。测量时，一般由两人进行，即一人操作，一人监护。夜间进行测量时，应有足够的照明。

测量人员必须了解测量仪表的性能、使用方法和正确接线，熟悉测量工作的安全措施及注意事项。

12.2 测量电压、电流时，应戴线手套或绝缘手套，手与带电设备的安全距离应保持在 100mm 以上，人体与带电设备应保持足够的安全距离。

12.3 电压测量工作，应在较小容量的开关上、熔丝的负荷侧进行，不允许直接在母线上测量。

12.4 测量配电变压器低压侧线路负荷时，可使用钳形电流表。使用时，应防止短路或接地。

12.5 测试低压设备绝缘电阻时，应使用 500V 兆欧表，并做到：

a) 被测设备应全部停电，并与其他连接的回路断开；

b) 设备在测量前后，都必须分别对地放电；

c) 被测设备应派人看守，防止外人接近；

d) 穿过同一管路中的多根绝缘线，不应有带电运行的线路；

e) 在有感应电压的线路上（同杆架设的双回线路或单回线路与另一线路有平行段）测量绝缘时，必须将另一回线路同时停电后方可进行。

12.6 测试低压电网中性点接地电阻时，必须在低压电网和该电网所连接的配电变压器全部停电的情况下进行；测试低压避雷器独立接地体接地电阻时，应在停电状态下进行。

12.7 测量架空线路对地面或对建筑物、树木以及导线与导线之间的距离时，一般应在线路停电后进行。带电测量时，应使用清洁、干燥的绝缘尼龙绳，严禁使用皮尺、线尺。

12.8 使用兆欧表时应注意以下安全事项：

a) 测试用的导线为绝缘线，其端部应有绝缘护套；

b) 在带电设备附近测量绝缘电阻时，测量人员和兆欧表的位置必须选择适当，保持安全距离，以免兆欧表引线或引线支持物触碰带电部分。移动引线时，必须注意监护，防止工作人员触电；

c) 摇测电容器时，兆欧表必须在额定转速状态下，方可用测电笔接触或离开电容器（即开始或停止摇测）。

12.9 使用钳形电流表时，应注意以下安全事项：

a) 使用钳形电流表时，应注意钳形电流表的电压等级和电流值档位。测量时，应戴绝缘手套，穿绝缘鞋。观测数值时，要特别注意人体与带电部分保持足够的安全距离；

b) 测量回路电流时，应选有绝缘层的导线上进行测量，同时要与其他带电部分保持安全距离，防止相间短路事故发生。测量中禁止更换电流档位；

c) 测量低压熔断器或水平排列的低压母线电流时，应将熔断器或母线间绝缘材料加以相间隔离，以免引起短路。同时应注意不得触及其他带电部分。

12.10 使用万用表时，应注意以下安全事项：

a) 测量时，应确认转换开关、量程、表笔的位置正确；

b) 在测量电流或电压时，如果对被测电压、电流值不清楚，应将量程置于最高档次。不得带电转换量程；

c) 测量电阻时，必须将被测回路的电源切断。

13　安全工器具的使用与保管

13.1 安全工器具、仪表、标示牌等应分类存放在干燥、通风良好的室内，并经常保持整洁。

　　绝缘杆（棒）应垂直存放在支架上或悬挂起来，但不得接触墙壁；绝缘手套应用专用支架存放；仪表和绝缘鞋、绝缘夹等应存放在柜内；验电笔（器）存于盒（箱）内；接地线应编号，放在固定地点。安全工器具上面不准存放其他物件，橡胶制品不可与油脂类接触。

13.2　工器具及仪表等应分类编号登记，定期进行检查，按期进行绝缘和机械试验（登高、起重工具试验表见附录 E；常用电气绝缘工具试验表见附录 F）。

13.3　接地线、标示牌和临时遮栏的数量，应根据低压电网的规模或设备数量配备（标示牌式样见附录 G）。

14　其他

14.1　进入高空作业现场，应戴安全帽，1.5m 及以上高处作业人员必须使用安全带或采取其他可靠的安全措施。高处工作传递物件，不得抛掷。

14.2　雷电天气禁止在室内外电气设备上进行操作和维修。

14.3　严禁带电移动或维修、试验各种电器设备（包括家用电器）。

14.4　在带电设备周围严禁使用钢卷尺、皮卷尺和线尺（夹有金属丝者）进行测量。

14.5　在电容器组上工作时，应将电容器逐个多次对地放电后，方可进行。

14.6　用户有自备电源的，必须采取防反送电措施（如加装联锁、闭锁装置等），以防用户自备电源在电网停电时向电网反送电。

14.7　遇有电气设备火灾时，应立即将有关设备的电源切断，然后进行救火。对带电设备应使用干式灭火器、二氧化碳灭火器、1211 灭火器、四氯化碳灭火器等；对停电的注油设备应使用干燥的沙子或泡沫灭火器等灭火。在室外使用灭火器时，使用人员应站在上风侧。

附录 A
（标准的附录）
紧 急 救 护 法

见本篇第一部分 3。

附录 B
（标准的附录）
低 压 操 作 票

单位：　　　　　　编号：

操作开始时间：	年　月　日　时　分		终了时间：　日　时　分	
操作任务：				
√	顺　序	操　作　项　目		
备注：				

操作人：　　　　　　　监护人：

附录 C
（标准的附录）
低压第一种工作票（停电作业）

编号：＿＿＿＿

1. 工作单位及班组：＿＿＿＿＿＿＿＿＿＿＿＿

2. 工作负责人：＿＿＿＿＿＿＿＿＿＿＿＿＿＿

3. 工作班成员：＿＿＿＿＿＿＿＿＿＿＿＿＿＿

4. 停电线路、设备名称（双回线路应注明双重称号）：＿＿＿＿＿＿＿＿＿＿＿＿＿＿＿＿＿＿＿＿
＿＿＿＿＿＿＿＿＿＿＿＿＿＿＿＿＿＿＿＿＿＿＿
＿＿＿＿＿＿＿＿＿＿＿＿＿＿＿＿＿＿＿＿＿＿＿

5. 工作地段（注明分、支线路名称，线路起止杆号）：＿＿＿＿＿＿＿＿＿＿＿＿＿＿＿＿＿＿＿＿＿
＿＿＿＿＿＿＿＿＿＿＿＿＿＿＿＿＿＿＿＿＿＿＿

6. 工作任务：＿＿＿＿＿＿＿＿＿＿＿＿＿＿＿

7. 应采取的安全措施（应断开的开关、刀开关、熔断器和应挂的接地线，应设置的围栏、标示牌等）：
＿＿＿＿＿＿＿＿＿＿＿＿＿＿＿＿＿＿＿＿＿＿＿
＿＿＿＿＿＿＿＿＿＿＿＿＿＿＿＿＿＿＿＿＿＿＿
＿＿＿＿＿＿＿＿＿＿＿＿＿＿＿＿＿＿＿＿＿＿＿

保留的带电线路和带电设备：＿＿＿＿＿＿＿＿

应挂的接地线：

线路设备及杆号				
接地线编号				

8. 补充安全措施：＿＿＿＿＿＿＿＿＿＿＿＿＿
工作负责人填：＿＿＿＿＿＿＿＿＿＿＿＿＿
工作票签发人填：＿＿＿＿＿＿＿＿＿＿＿
工作许可人填：＿＿＿＿＿＿＿＿＿＿＿＿

9. 计划工作时间：
自＿＿＿＿年＿＿月＿＿日＿＿时＿＿分至＿＿年＿＿月＿＿日＿＿时＿＿分

工作票签发人：＿＿＿＿＿＿＿签发时间：＿＿＿年＿＿月＿＿日＿＿时＿＿分

10. 开工和收工许可：

开工时间 （日时分）	工作负责人 （签名）	工作许可人 （签名）	收工时间 （日时分）	工作负责人 （签名）	工作许可人 （签名）

11. 工作班成员签名：＿＿＿＿＿＿＿＿＿＿＿

12. 工作终结：
现场已清理完毕，工作人员已全部离开现场。
全部工作于＿＿＿＿年＿＿＿＿月＿＿＿日＿＿＿时＿＿＿分结束。
工作负责人签名：＿＿＿＿＿＿
工作许可人签名：＿＿＿＿＿＿

13. 需记录备案内容（工作负责人填）：

14. 附线路走径示意图：

注：此工作票除注明外均由工作负责人填写。

附录 D
（标准的附录）
低压第二种工作票（不停电作业）

编号：＿＿＿＿

1. 工作单位：＿＿＿＿＿＿＿＿＿＿＿＿＿＿

2. 工作负责人：＿＿＿＿＿＿＿＿＿＿＿＿＿

3. 工作班成员：＿＿＿＿＿＿＿＿＿＿＿＿＿

4. 工作任务：＿＿＿＿＿＿＿＿＿＿＿＿＿＿

5. 工作地点与杆号：＿＿＿＿＿＿＿＿＿＿＿
＿＿＿＿＿＿＿＿＿＿＿＿＿＿＿＿＿＿＿＿＿＿＿

6. 计划工作时间：自＿＿＿年＿＿＿月＿＿＿日＿＿＿时＿＿＿分至＿＿＿年＿＿＿月＿＿＿日＿＿＿时＿＿＿分

7. 注意事项（安全措施）：＿＿＿＿＿＿＿
＿＿＿＿＿＿＿＿＿＿＿＿＿＿＿＿＿＿＿＿＿＿＿
＿＿＿＿＿＿＿＿＿＿＿＿＿＿＿＿＿＿＿＿＿＿＿

8. 工作票签发人（签名）：＿＿＿＿＿年＿＿＿月＿＿＿日＿＿＿时＿＿＿分
工作负责人（签名）：（开工）＿＿＿＿年＿＿＿月＿＿＿日＿＿＿时＿＿＿分
（终结）＿＿＿＿年＿＿＿月＿＿＿日＿＿＿时＿＿＿分

工作许可人（签名）：（开工）_____年_____月

_____日_____时_____分

（终结）_____年_____月

_____日_____时_____分

9. 现场补充安全措施（工作负责人填）：_____

工作许可人填：_____

10. 备注：_____

11. 工作班成员签名：

注：此工作票除注明外均由工作负责人填写。

附录 E
（标准的附录）
登高、起重工具试验表

分类	名称		试验静拉力 N	试验静重（允许工作倍数）	试验周期	外表检查周期	试验时间 min	备注
登高工具	安全带	大带	2205		半年1次	每月1次	5	
		小带	1470					
	安全腰带		2205		半年1次	每月1次	5	
	升降板		2205		半年1次	每月1次	5	
	脚扣		980		半年1次	每月1次	5	
	竹（木）梯				半年1次	每月1次	5	试验荷重1800N
起重工具	白棕绳		2	每年1次	每月1次	10	
	钢丝绳		2	每年1次	每月1次	10	
	铁链		2	每年1次	每月1次	10	
	葫芦及滑车		1.25	每年1次	每月1次	10	
	扒杆		2	每年1次	每月1次	10	
	夹头及卡		2	每年1次	每月1次	10	
	吊钩		1.25	每年1次	每月1次	10	
	绞磨		1.25	每年1次	每月1次	10	

附录 F
（标准的附录）
常用电气绝缘工具试验表

序号	名称	电压等级 kV	测试周期	交流耐压 kV	时间 min	泄漏电流 mA	备注
1	绝缘棒	6～10	6个月	40	5		
		0.5		10			
2	验电笔	6～10		40	5		发光电压不高于额定电压的25%
		0.5		4	1		
3	绝缘手套	低压	6个月	2.5	1	＜2.5	
4	橡胶绝缘鞋	低压		2.5	1	＜2.5	
5	绝缘绳	低压		105/0.5m	5		

附录 G
（标准的附录）
标 示 牌 式 样

序号	名　　称	悬 挂 处 所	式　样		
			尺寸 mm	底色	字色
1	禁止合闸，有人工作！	一经合闸，即可送电到施工设备的开关和刀开关操作把手上	120×80	白底	红字
2	止步，有电危险！	施工地点临近带电设备的遮栏上；室外工作地点的围栏上；禁止通行的过道上；低压试验地点；室外构架上；工作地点临近带电设备的横梁上	250×200	白底红边	黑字，有红色电符号
3	禁止攀登，有电危险！	工作人员或其他人员上下的铁架、铁塔和台上；距离线路较近的建筑物上	250×200	白底红边	黑字

注：标示牌的两面颜色和字都为同一式样。

12 农村安全用电规程

（DL 493—2001）

1 范围

规程规定了农村安全用电的基本要求和责任方的职责，适用于管理、经营、使用农村电网的各级电力管理部门、电力企业、电力使用者（以下简称为用户）。

2 引用标准

下列标准所包含的条文，通过在本标准中引用而构成为本标准的条文。本标准出版时，所示版本均为有效。所有标准都会被修订，使用本标准的各方应探讨使用下列标准最新版本的可能性。

GB/ T 13869—1992　用电安全导则

DL/ T 477—2001　农村低压电气安全工作规程

DL/ T 499—2001　农村低压电力技术规程

DL/ T 633—1997　农电事故调查统计规程

《电力设施保护条例》（国务院令 239 号 1998 年1 月 7 日）

3 名词解释

3.1 用户受、用电设施 the effector and consumer of the user

指按产权属用户的配电变压器、低压配电室（箱）、低压线路、接户线、进户线、室内配线和动力设备、用电器具及其相应的保护、控制等电气装置。

3.2 特低电压限值 the limitation of especially low voltage

指在最不利的情况下（预计到所有应考虑的外部因素，如电网电压的容差等），允许存在于两个可同时触及的可导电部分间的最高电压。

3.3 特低电压 especially low voltage

指在特低电压限值范围的电压，在相应条件下对人员不会有危险的。

4 安全用电管理中各责任方的职责

4.1 电力管理部门的职责：

4.1.1 负责农村安全用电的监督管理。

4.1.2 制订、宣传、普及有关农村安全用电的法律、法规知识以及安全用电常识。

4.1.3 监督有关农村安全用电的法律、法规和电力技术标准的执行。

4.1.4 协调处理安全用电纠纷，协助司法机关对农村人身触电伤亡事故的调查和处理。

4.1.5 负责对在用户受、送电装置上作业的电工的考核和承装、承修、承试电力设施单位的资格审查，并核发许可证。

4.1.6 依法保护电力设施和保障电力建设安全顺利进行。

4.2 电力企业的职责：

4.2.1 接受电力管理部门对安全用电的监督和管理。

4.2.2 执行国家及电力管理部门颁布的电力法律、法规、政策和电力技术规程、行业管理标准中有关安全用电工作的规定。

4.2.3 协助电力管理部门制订农村安全用电管理规章制度和安全用电知识的宣传、普及工作。

4.2.4 协助做好辖区内人身触电伤亡事故的调查和处理工作。

4.2.5 依法开展安全用电检查工作。

4.2.6 受电力管理部门委托，负责对在用户受、送电装置上作业的电工的上岗培训、考核工作和承装、承修、承试电力设施单位的资质考核，统一报送电力管理部门审核、发证。

4.2.7 组织对自备电源用户的安全检查及其电气设施的验收。

4.2.8 依法保护电力设施。

4.2.9 建立健全安全用电工作的基础资料、用户档案和保障安全用电的工作制度。

4.2.10 向电力管理部门报告农村安全用电情况。

4.3 电力使用者的职责：

4.3.1 执行国家及电力管理部门的电力法律、法规、政策和电力规程中有关安全用电的规定。

4.3.2 接受电力管理部门对安全用电的监督和管理。

4.3.3 接受电力企业依法开展的用电检查。

4.3.4 做好预防事故工作，制定并落实反事故措施。

4.3.5 必须安装防触、漏电的剩余电流动作保护器，并做好运行维护工作。

4.3.6 学习并掌握安全用电知识。

4.3.7 发生事故后必须保护事故现场，配合做好对人身触电伤亡事故的调查和处理工作。

4.3.8 严格执行《电力设施保护条例》，做好对电力设施的保护工作。

4.3.9 企、事业电力用户，必须配备专职或兼职电气工作人员（以下称用户电工），并接受当地电力管理部门的监督。

4.3.10 企、事业电力用户按规定建立健全产权范围内的安全用电工作的基础资料、用电设施检修和运行的工作台账等以及保障安全用电的工作制度。

4.3.11 企、事业电力用户应按规定及时上报电力事故。

4.3.12 用户电工应具备下列基本条件：

　　a) 必须接受当地电力管理部门和电力企业的业务指导，身体健康，无妨碍工作的病症。事业心、责任心强，具有良好的社会公德和职业道德，不以权谋私；

　　b) 具有初中及以上文化程度；

　　c) 熟悉和遵守有关电力安全、技术等法规和规程，熟练掌握操作技能，熟练掌握"人身触电紧急救护法"；

　　d) 必须经电力企业培训、考核，电力管理部门审查合格；

　　e) 能从事用户产权范围内的用电设备运行维护和安全用电工作。

4.3.13 电力使用者在承装、承修、承试电力设施时：

　　a) 接受电力管理部门的监督和管理；

　　b) 执行国家及电力管理部门的电力法律、法规、政策和电力技术规程、行业管理标准以及有关安全用电工作的规定；

　　c) 接受电力企业的资质考核和电力管理部门的资格审查，并取得相应资质；

　　d) 接受电力企业依法开展的用电检查工作；

　　e) 接受电力企业对承装、承修、承试电力设施的验收。

5　安全用电

5.1 安全用电、人人有责。

5.2 用户受、用电设施的选型、设计、安装和运行维护应符合国家和行业的有关标准的规定。

5.3 用户用电或临时用电应向当地电力企业申请。

5.4 用电设施安装应符合 DL/T 499 规定的要求，验收合格后方可接电，不准私拉乱接用电设备。临时用电期间用户应设专人看管临时用电设施，用完及时拆除。

5.5 严禁私自改变低压系统运行方式，禁止采用"一相一地"方式用电。

5.6 严禁私设电网防盗和捕鼠、狩猎、捕鱼。

5.7 严禁使用挂钩线、破股线、地爬线和绝缘不合格的导线接电。

5.8 严禁攀登、跨越电力设施的保护围墙或遮栏。

5.9 严禁往电力线、变压器上扔东西。

5.10 不准在电力线附近放炮采石。

5.11 不准靠近电杆挖坑或取土，不准在电杆上拴牲畜，不准破坏拉线，以防倒杆断线。

5.12 不准在电力线路上挂晒衣物。晒衣线（绳）与低压电力线要保持 1.25m 以上的水平距离。

5.13 不准通信线、广播线与电力线同杆架设。通信线、广播线和电力线进户时要明显分开。

5.14 不得在电力线路的保护区内盖房子、打井、打场、堆柴草、栽树和种植自然生长最终高度与电力线路的导线之间不符合垂直和水平安全距离规定的竹子、树木。

5.15 在电力线附近立井架、修理房屋和砍伐树木时，必须经当地电力企业或产权人同意，采取防范措施。当发生纠纷时，由当地电力管理部门依法协调。

5.16 演戏、放电影、钓鱼和集会等活动要远离架空电力线路和其他带电设备，防止触电伤人。

5.17 船只通过跨河线时，应及早放下桅杆；马车通过电力线时，不要扬鞭；机动车辆行驶或田间作业时，不要碰电杆和拉线。

5.18 教育儿童不玩弄电气设备、不爬电杆、不摇晃拉线、不爬变压器台，不要在电力线附近打鸟、放风筝和有其他损坏电力设施、危及安全的行为。

5.19 发现电力线断落时，不要靠近；如距离导线的落地点 8m 以内时，应及时将双脚并立，按导线落地点反方向跳离，并看守现场或立即找电工处理。

5.20 发现有人触电，不要赤手拉触电人，应尽快断开电源，并按 DL 477—2001 附录 A《紧急救护法》进行抢救。

5.21 必须跨房的低压电力线与房顶的垂直距离应保持 2.5m 及以上，对建筑物的水平距离应保持 1.25m 及以上。

5.22 架设电视天线时应远离电力线路，天线杆与高低压电力线路的最小距离应大于杆高 3.0m，天线拉线与上述电力线路的净空距离应大于 3.0m。

5.23 剩余电流动作保护器动作后，应迅速查明跳闸原因，排除故障后方能投运。

5.24 家庭用电禁止拉临时线和使用带插座的灯头。

5.25 用户发现有线广播喇叭发出怪叫时，不准乱动设备，要先断开广播开关，再找电工处理。

5.26 擦拭灯头、开关、电器时，要断开电源后进行。要换灯泡时，要站在干燥木凳等绝缘物上。

5.27 用电器具出现异常，如电灯不亮、电视机无影或无声，电冰箱、洗衣机不启动等情况时，要先断开电源，再作修理，如果用电器具同时出现冒烟、起火或爆炸的情况，不要赤手去切断电源开关，应尽快找电工处理。

5.28 用电器具的外壳、手柄开关、机械防护有破损、失灵等有碍安全情况时，应及时修理，未经修复不得使用。

5.29 Ⅰ类用电器具及其启动装置外露可导电部分，均应按照低压电力系统运行方式的要求装设保护接地。

5.30 新购置和长时间停用的用电设备，使用前应检查绝缘情况。

5.31 为防止电气火灾事故，用户应遵守下列规定：

a) 用电负荷不得超过导线的允许载流量，发现导线有过热的情况，必须立即停止用电，并报告电工检查处理。

b) 熔断器的熔体等各种过流保护器、剩余电流动作保护装置，必须按国家和行业的有关规程的要求装配，保持其动作可靠；不得随意加大熔体的规格，不得以其他金属导体代替熔体。

c) 使用电热器具，应与易燃易爆物体保持安全距离，无自动控制的电热器具，人离去时应断开电源。

d) 防火检查应按照有关规定进行。

发生电气火灾时，要先断开电源再行灭火，严禁用水熄灭电气火灾。

5.32 有爆炸危险场所、严重腐蚀场所、高温场所的安全检查应按 GB/T 13869 的要求及有关规定执行。

5.33 彩灯的安装应满足下列要求：

a) 彩灯应采用绝缘电线。干线和分支线的最小截面除满足安全电流外，不应小于 2.5mm²，灯头线不应小于 1.0mm²。每个支路负荷电流不应超过 10A。导线不能直接承力，导线支持物应安装牢固，彩灯应采用防水灯头。

b) 供彩灯的电源，除总保护控制外，每个支路应有单独过流保护装置，并加装剩余电流动作保护器。

c) 彩灯的导线在人能接触的场所，应有"电气危险"的警告牌。

d) 彩灯对地面距离小于 2.5m 时，应采用特低电压。

5.34 用电设备采用特低安全电压（交流有效值 55V 以下）供电时，必须满足下列条件：

a) 特低电压要由隔离变压器提供。禁止直接使用自耦变压器、分压器、半导体整流装置作为电源；安全隔离变压器不允许放在金属容器内使用，不应与热体接触，也不要放在潮湿的地方。

在潮湿地方使用安全隔离变压器的，其电压不应超过特低电压限值 33V；

b) 使用特低电压的插座与插头必须配套装设，并具备其他电压系统不能插入的特点；

c) 工作在特低电压下的电路，必须与其他电气系统和任何无关的可导电部分实行电气上的隔离；

d) 当采用 33V 以上的特低电压时，必须采取防止直接接触带电体的保护措施。

5.35 用户自备电源和不并网电源的使用和安装应符合国家电力技术标准和有关规程的规定和要求。凡有自备电源或备用电源的用户，在投入运行前要向电力部门提出申请并签订协议，必须装设在电网停电时防止向电网返送电的安全装置（如联锁、闭锁装置等）。

5.36 凡需并网运行的农村电源必须依法与电力企业签订《并网协议》后方可并网运行。

5.37 当发生农村人身触电伤亡事故时，按 DL/T 633 的规定进行事故调查处理和责任划分。

13 国家电网公司客户安全用电服务若干规定(试行)

（国家电网营销 [2007] 49 号）

第一章 总 则

第一条 为加强客户安全用电服务，规范用电检查行为，维护正常供用电秩序和保障公共安全，提高安全用电水平，制定本规定。

第二条 本规定所称的客户安全用电服务包括：为客户安全用电提供业务指导和技术服务，履行用电检查职责。

第三条 本规定适用于国家电网公司各区域电网公司、省（自治区、直辖市）电力公司。

第二章 职责与要求

第四条 建立客户安全用电服务工作机制。各级营销部门负责客户安全用电服务的归口管理，组织协调安全、生产、调度等部门完成用电安全管理过程的业务指导及技术服务工作。

第五条 各省（自治区、直辖市）公司营销部门负责制定客户安全用电服务的管理制度和工作目标，对地市供电公司实行指导监督与管理考核。

第六条 地市供电公司营销部门负责客户安全用电服务工作的业务管理及组织实施，协调安全、生产、调度等部门完成相应专业技术工作。

第七条 客户服务中心负责履行用电检查职责，并协调组织专业部门开展客户受电装置试验、消缺，以及继电保护装置和安全自动装置的定值计算、整定、传递、校验等技术服务工作。

第八条 客户安全用电服务由客户服务中心"一口对外"，内部按职责分工，统筹协调。各专业部门

要积极配合，相互协调，确保责任到位，流程通畅。建立为客户安全用电提供技术服务的专业队伍，切实提高服务质量。

第九条 积极向客户宣传国家及电力行业有关安全用电方面的法规、政策、技术标准及规章制度。积极使用先进的技术手段和设备，为提高客户受电装置安全运行及健康水平提供技术支持。

第三章 受电工程设计审核与检验

第十条 客户受电工程设计的审核应依照国家、行业标准和要求进行，以有关设计安装、试验和运行的标准为依据，积极推行典型设计，倡导采用降低能耗的先进技术和产品。

第十一条 客户服务中心应及时将受电工程设计的审核意见以书面形式反馈给客户，并督促客户按照审核意见对受电工程设计文件进行修改。审核内容包括客户自备保安电源及其投入切换装置。

受电工程设计的审核时间，低压客户不超过 10 天，高压客户不超过一个月。

第十二条 在客户受电工程施工期间，用电检查人员应根据审核同意的设计文件和有关施工及技术标准等，对隐蔽工程进行中间检查及施工质量抽检，包括电缆沟和隧道，电缆直埋敷设工程，接地装置工程，变压器、断路器等电气设备特性试验等，及时发现和纠正不符合技术规程要求的施工工艺及质量问题，并以书面形式向客户提出消除安全隐患的指导意见，提高受电工程的施工质量。

第十三条 客户服务中心应及时组织安全、生产、调度等相关部门对客户受电工程进行竣工检验。检验的重点是与电网连接的一次设备安全性能，电气设备特性试验，受电装置进线保护和自动装置的整定值及其与客户内部保护之间的配合情况，保安电源及非电性质的保安措施，双电源及保安电源闭锁装置的可靠性，以及保证安全用电的技术措施，帮助、指导客户提高用电安全技术管理水平。

第四章 受电装置试验与消缺

第十四条 客户服务中心负责组织实施客户受电装置安全服务的具体工作。按照国家颁布的 DL/T 596《电气设备预防性试验规程》、继电保护检验规程等技术规程或技术标准，建立客户受电装置安全服务档案。对高压供电的客户，以书面形式向客户告知电气设备和保护装置的试验及检验周期要求，并由客户签收。主动提供安全用电及发现、消除受电装置缺陷等不安全因素的专业技术指导、咨询和帮助。

第十五条 对客户委托的受电装置电气试验、保护及通信装置检验等工作，客户服务中心应立即协调生产、调度等专业部门组织安排好相关准备工作，并在 3 个工作日内将工作安排计划答复客户。

第十六条 主动跟踪客户受电装置的安全运行情况，及时督促客户消除受电装置的安全隐患。帮助客户分析问题，提出整改建议。

（一）对客户受电装置存在的缺陷、没有按规定的周期进行电气试验及保护检验等安全隐患，应向客户耐心说明其危害性和整改要求，以书面形式留下整改意见，并由客户签收。

（二）指导帮助并监督高压供电客户完成安全隐患整改。客户不实施安全隐患整改并危及电网或公共用电安全的，应立即报告当地政府有关部门和电力监管机构予以处理，并根据《供用电合同》约定，按照规定程序予以停电。

第五章　保护和自动装置整定与检验

第十七条 与电网相连接的客户进线继电保护和安全自动装置（包括备自投电源、同期并列、低周减载等）的服务是客户安全服务的重要工作内容，由客户服务中心统一组织实施。

第十八条 调度部门负责客户进线保护及安全自动装置的定值计算，生产部门负责现场整定和定期检验，用电检查人员负责现场检查，并向客户服务中心报告现场检查的异常情况，客户服务中心统一组织对异常情况的整改处理。服务管理流程如下：

（一）客户提供定值计算所需的基础资料；

（二）调度部门进行定值计算，并按有关规定履行定值单执行程序；

（三）生产部门进行现场检验，并将检验报告提交客户服务中心；

（四）客户服务中心向客户移交定值检验报告。

第十九条 调度部门负责审核客户内部继电保护方式与其进线保护方式的相互配合，防止因保护定值配合不当，客户内部保护不正确动作而引发电网越级跳闸事故。

第六章　用电安全检查

第二十条 客户服务中心负责客户用电安全检查

服务工作。在用电安全检查服务时，必须遵守《用电检查管理办法》、《电业安全工作规程》及客户有关现场安全工作规定，不得操作客户的电气装置及电气设备。

第二十一条 用电安全检查分为定期检查、专项检查和特殊性检查。定期检查可以与专项检查相结合。

定期检查是指根据规定的检查周期和客户安全用电实际情况，制定检查计划，并按照计划开展的检查工作。低压动力客户，每两年至少检查一次。

专项检查是指每年的春季、秋季安全检查以及根据工作需要安排的专业性检查，检查重点是客户受电装置的防雷情况、设备电气试验情况、继电保护和安全自动装置等情况。对 10kV 及以上电压等级的客户，每年必须开展春、秋季安全专项检查。

特殊性检查是指因重要保电任务或其他需要而开展的用电安全检查。

第二十二条 用电安全检查的主要内容：

（一）自备保安电源的配置和维护是否符合安全要求；

（二）闭锁装置的可靠性和安全性是否符合技术要求；

（三）受电装置及电气设备安全运行状况及缺陷处理情况；

（四）是否按规定的周期进行电气试验，试验项目是否齐全，试验结果是否合格，试验单位是否符合要求；

（五）电能计量装置、负荷管理装置、继电保护和自动装置、调度通信等安全运行情况；

（六）并网电源、自备电源并网安全状况；

（七）安全用电防护措施及反事故措施。

第七章　附　　则

第二十三条 各区域电网公司、省（自治区、直辖市）电力公司根据本规定制定本单位实施细则。

第二十四条 本规定由国家电网公司营销部负责解释并监督执行。

第二十五条 本规定自发布之日起试行。

二、运 行 技 术

1　3～110kV电网继电保护装置运行整定规程

（DL/T 584—1995）

1　总则

1.1　本规程是电力系统继电保护运行整定的具体规定，与电力系统继电保护相关的设计、调度运行部门应共同遵守。

1.2　本规程是3～110kV电网的线路、母线、并联电容器、并联电抗器以及变压器保护中与电网保护配合有关的继电保护运行整定的基本依据。高频保护、断路器失灵保护、导引线纵联保护等参照 DL/T 559—94《220～500kV电网继电保护装置运行整定规程》整定。

1.3　按照 DL 400—91《继电保护和安全自动装置技术规程》（简称规程）的规定，配置结构合理、质量优良和技术性能满足运行要求的继电保护及自动重合闸装置是电网继电保护的物质基础；按照本规程的规定进行正确的运行整定是保证电网稳定运行、减轻故障设备损坏程度的必要条件。

1.4　3～110kV电网继电保护的整定应满足选择性、灵敏性和速动性的要求，如果由于电网运行方式、装置性能等原因，不能兼顾选择性、灵敏性和速动性的要求，则应在整定时，按照如下原则合理取舍：

  a. 地区电网服从主系统电网；

  b. 下一级电网服从上一级电网；

  c. 局部问题自行消化；

  d. 尽可能照顾地区电网和下一级电网的需要；

  e. 保重要用户供电。

1.5　继电保护装置能否充分发挥作用，继电保护整定是否合理，继电保护方式能否简化，从而达到电网安全运行的最终目的，与电网运行方式密切相关。为此，继电保护部门与调度运行部门应当相互协调，密切配合。

1.6　继电保护和二次回路的设计和布置，应当满足电网安全运行的要求，同时也应便于整定、调试和运行维护。

1.7　为了提高电网的继电保护运行水平，继电保护运行整定人员应当及时总结经验，对继电保护的配置和装置性能等提出改进意见和要求。各网省局继电保护运行管理部门，可根据本规程基本原则制定运行整定的相关细则，以便制造、设计和施工部门有所遵循。

1.8　对继电保护特殊方式的处理，应经所在单位总工程师批准，并备案说明。

2　继电保护运行整定的基本原则

2.1　3～110kV 电网的继电保护，应当满足可靠性、选择性、灵敏性及速动性四项基本要求，特殊情况的处理原则见本规程第 1.4 条。

2.2　继电保护的可靠性：

2.2.1　继电保护的可靠性主要由配置结构合理、质量优良和技术性能满足运行要求的继电保护装置以及符合有关规程要求的运行维护和管理来保证。

2.2.2　任何电力设备（电力线路、母线、变压器等）都不允许无保护运行。运行中的电力设备，一般应有分别作用于不同断路器，且整定值有规定的灵敏系数的两套独立的保护装置作为主保护和后备保护，以确保电力设备的安全。对于不满足上述要求的特殊情况，按本规程第 1.8 条的规定处理。

2.2.3　3～110kV 电网继电保护一般采用远后备原则，即在临近故障点的断路器处装设的继电保护或该断路器本身拒动时，能由电源侧上一级断路器处的继电保护动作切除故障。

2.2.4　如果变压器低压侧母线无母线差动保护，电源侧高压线路的继电保护整定值对该低压母线又无足够的灵敏系数时，应按下述原则考虑保护问题。

  a. 如变压器高压侧的过电流保护对该低压母线有规程规定的灵敏系数时，则在变压器的低压侧断路器与高压侧断路器上配置的过电流保护将成为该低压母线的主保护及后备保护。在此种情况下，要求这两套过流保护经不同的直流熔断器供电。

  b. 如变压器高压侧的过电流保护对该低压母线无灵敏系数时，则在变压器的低压侧断路器上应配置两套完全独立的过电流保护作为该低压母线的主保护及后备保护。在此种情况下，要求这两套过流保护接于不同的电流互感器，经不同的直流熔断器供电并分别作用于该低压侧断路器与高压侧断路器（或变压器各侧断路器)。

2.2.5 对中低压侧接有并网小电源的变压器,如变压器小电源侧的过电流保护不能在变压器其他侧母线故障时可靠切除故障,则应由小电源并网线的保护装置切除故障。

2.2.6 对于装有专用母线保护的母线,还应有满足灵敏系数要求的线路或变压器的保护实现对母线的后备保护。

2.3 继电保护的选择性:

2.3.1 选择性是指首先由故障设备或线路本身的保护切除故障,当故障设备或线路本身的保护或断路器拒动时,才允许由相邻设备、线路的保护或断路器失灵保护切除故障。为保证选择性,对相邻设备和线路有配合要求的保护和同一保护内有配合要求的两元件,其灵敏系数及动作时间,在一般情况下应相互配合。

2.3.2 遇如下情况,允许适当牺牲部分选择性。

a. 接入供电变压器的终端线路,无论是一台或多台变压器并列运行(包括多处 T 接供电变压器或供电线路),都允许线路侧的速动段保护按躲开变压器其他侧母线故障整定。需要时,线路速动段保护可经一短时限动作。

b. 对串联供电线路,如果按逐级配合的原则将过分延长电源侧保护的动作时间,则可将容量较小的某些中间变电所按 T 接变电所或不配合点处理,以减少配合的级数,缩短动作时间。

c. 双回线内部保护的配合,可按双回线主保护(例如横差保护)动作,或双回线中一回线故障时两侧零序电流(或相电流速断)保护纵续动作的条件考虑,确有困难时,允许双回线中一回线故障时,两回线的延时保护段间有不配合的情况。

d. 在构成环网运行的线路中,允许设置预定的一个解列点或一回解列线路。

2.3.3 变压器电源侧过电流保护的整定,原则上主要考虑为保护变压器安全的最后一级跳闸保护,同时兼作其他侧母线及出线故障的后备保护,其动作时间及灵敏系数视情况可不作为一级保护参与选择配合,但动作时间必须大于所有配出线后备保护的动作时间(包括变压器过电流保护范围可能伸入的相邻和相隔线路)。

2.3.4 线路保护范围伸出相邻变压器其他侧母线时,可按下列顺序优先的方式考虑保护动作时间的配合。

a. 与变压器同电压侧指向变压器的后备保护的动作时间配合;

b. 与变压器其他侧后备保护跳该侧总路断路器

动作时间配合;

当下一级电压电网的线路保护范围伸出相邻变压器上一级电压其他侧母线时,还可按下列顺序优先的方式考虑保护动作时间的配合;

c. 与其他侧出线后备保护段的动作时间配合;

d. 与其他侧出线保全线有规程规定的灵敏系数的保护段动作时间配合。

2.4 继电保护的灵敏性:

2.4.1 电力设备电源侧的继电保护整定值应对本设备故障有规定的灵敏系数,同时应力争继电保护最末一段整定值对相邻设备故障有规定的灵敏系数。

2.4.2 对于 110kV 电网线路,考虑到在可能的高电阻接地故障情况下的动作灵敏系数要求,其最末一段零序电流保护的电流定值不应大于 300A(一次值),此时,允许线路两侧零序保护相继动作切除故障。

2.4.3 在同一套保护装置中闭锁、起动和方向判别等辅助元件的灵敏系数应大于所控的保护测量元件的灵敏系数。

2.5 继电保护的速动性:

2.5.1 地区电网满足主网提出的整定时间要求,下一级电压电网满足上一级电压电网提出的整定时间要求,必要时,为保证主网安全和重要用户供电,应在地区电网或下一级电压电网适当的地方设置不配合点。

2.5.2 对于造成发电厂厂用母线或重要用户母线电压低于额定电压的 (50～60)% 的故障,以及线路导线截面过小,不允许延时切除故障时,应快速切除故障。

2.5.3 除 2.3.2 条及少数有稳定问题的线路外,线路保护动作时间的整定应以保护电力设备的安全和满足规程要求的选择性为主要依据,不必要求过分的快速性。

2.5.4 手动合闸或重合闸重合于故障线路,应有速动保护快速切除故障。

2.5.5 采用高精度时间继电器,以缩短动作时间级差。综合考虑断路器跳闸断开时间,整套保护动作返回时间,时间继电器的动作误差等因素,在条件具备的地方,保护的配合可以采用 0.3s 的时间级差。

2.6 按下列原则考虑距离保护振荡闭锁装置的运行整定:

2.6.1 35kV 及以下线路距离保护一般不考虑系统振荡误动问题。

2.6.2 下列情况的 66～110kV 线路距离保护不应经振荡闭锁:

a. 单侧电源线路的距离保护;

b. 在现有可能的运行方式下，无振荡可能的双侧电源线路的距离保护；

c. 躲过振荡中心的距离保护段；

d. 预定作为解列线路的距离保护；

e. 动作时间不小于 0.5s 的距离Ⅰ段、不小于 1.0s 的距离Ⅱ段和不小于 1.5s 的距离Ⅲ段。

注：系统最长振荡周期按 1.5s 考虑。

2.6.3 有振荡时可能误动的 66～110kV 线路距离保护装置一般应经振荡闭锁控制，但在重合闸前和重合闸后，均应有不经振荡闭锁控制的保护段。

2.6.4 有振荡误动可能的 66～110kV 线路的相电流速断定值应可靠躲过线路振荡电流。

2.6.5 在单相接地故障转换为三相故障，或在系统振荡过程中发生不接地的相间故障时，可适当降低保护装置快速性的要求，但必须保证可靠切除故障，允许个别的相邻线路相间距离保护无选择性跳闸。

2.7 110kV 及以下电网均采用三相重合闸，自动重合闸方式的选定，应根据电网结构、系统稳定要求、发输电设备的承受能力等因素合理地考虑。

2.7.1 单侧电源线路选用一般重合闸方式。如保护采用前加速方式，为补救相邻线路速动段保护的无选择性动作，则宜选用顺序重合闸方式。

当断路器断流容量允许时，单侧电源终端线路也可采用两次重合闸方式。

2.7.2 双侧电源线路选用一侧检无压，另一侧检同步重合闸方式，也可酌情选用下列重合闸方式：

a. 带地区电源的主网终端线路，宜选用解列重合闸方式，终端线路发生故障，在地区电源解列后，主网侧检无压重合；

b. 双侧电源单回线路也可选用解列重合闸方式。

发电厂的送出线路，宜选用系统侧检无压重合，电厂侧检同步重合或停用重合闸的方式。

2.8 配合自动重合闸的继电保护整定应满足如下基本要求：

2.8.1 自动重合闸过程中，必须保证重合于故障时快速跳闸，重合闸不应超过预定次数，相邻线路的继电保护应保证有选择性。

2.8.2 零序电流保护的速断段和后加速段，在恢复系统时，如果整定值躲不开合闸三相不同步引起的零序电流，则应在重合闸后延时 0.1s 动作。

2.8.3 自动重合闸过程中，如相邻线路发生故障，允许本线路后加速保护无选择性跳闸。

2.9 对 110kV 线路纵联保护运行有如下要求：

2.9.1 在旁路断路器代线路断路器运行时，应能保留纵联保护继续运行。

2.9.2 在本线路纵联保护退出运行时，如有必要，可加速线路两侧的保全线有规程规定的灵敏系数段，此时，加速段保护可能无选择性动作，应备案说明。

2.10 只有两回线路的变电所，当本所变压器全部退出运行时，两回线路可视为一回线，允许变电所两回线路电源侧的保护切除两回线中任一回线的故障。

2.11 对于负荷电流与线路末端短路电流数值接近的供电线路，过电流保护的电流定值按躲负荷电流整定，但在灵敏系数不够的地方应装设负荷开关或有效的熔断器。

2.12 在电力设备由一种运行方式转为另一种运行方式的操作过程中，被操作的有关设备均应在保护范围内，允许部分保护装置在操作过程中失去选择性。

2.13 在保护装置上进行试验时，除了必须停用该保护装置外，还应断开保护装置启动其他系统保护装置和安全自动装置的相关回路。

2.14 不宜采用专门措施闭锁电流互感器二次回路断线引起的线路和变压器零序电流保护可能的误动作。

3 继电保护对电网接线和调度运行的配合要求

3.1 合理的电网结构是电力系统安全稳定运行的基础，继电保护装置能否发挥积极作用，与电网结构及电力设备的布置是否合理有密切关系，必须把它们作为一个有机整体统筹考虑，全面安排。对严重影响继电保护装置保护性能的电网结构和电力设备的布置，应限制使用，下列问题应综合考虑：

3.1.1 宜采用环网布置，开环运行的方式。

3.1.2 宜采用双回线布置，单回线-变压器组运行的终端供电方式。

3.1.3 向多处供电的单电源终端线路，宜采用 T 接的方式接入供电变压器。

以上三种方式均以自动重合闸和备用电源自动投入来增加供电的可靠性。

3.1.4 地区电源带就地负荷，宜以单回线或双回线在一个变电站与主系统单点联网，并在联网线路的一侧或两侧断路器上装设适当的解列装置（如低电压、低频率、零序电压、零序电流、振荡解列、阻抗原理的解列装置，需要时，还可加装方向元件）。

3.1.5 不宜在电厂向电网送电的主干线上接入分支线或支接变压器。

3.1.6 尽量避免短线路或串成环的接线方式。

3.2 继电保护能否保证电网安全稳定运行，与调度运行方式的安排密切相关。在安排运行方式时，下列问题应综合考虑：

3.2.1 注意保持电网中各变电所变压器的接地方式相对稳定。

3.2.2 避免在同一厂、所母线上同时断开所连接的两个及以上运行设备（线路、变压器），当两个厂、所母线之间的电气距离很近时，也要避免同时断开两个及以上运行设备。

3.2.3 在电网的某些点上以及与主网相连的有电源的地区电网中，应设置合适的解列点，以便采取有效的解列措施，确保主网的安全和地区电网重要用户供电。

3.2.4 避免采用多级串供的终端运行方式。

3.2.5 避免采用不同电压等级的电磁环网运行方式。

3.2.6 不允许平行双回线上的双T接变压器并列运行。

3.3 因部分继电保护装置检验或故障停运导致继电保护性能降低，影响电网安全稳定运行时，应采取下列措施：

3.3.1 酌情改变电网运行接线和调整运行潮流，使运行中的继电保护动作性能满足电网安全稳定运行的要求。

3.3.2 临时更改继电保护整定值，在不能兼顾选择性、灵敏性、速动性要求时，按第 1.4 条进行合理的取舍。

3.4 重要枢纽变电所的 110kV 母线差动保护因故退出运行危及系统稳定运行时，应采取下列措施：

3.4.1 尽可能缩短母线差动保护的停用时间。

3.4.2 不安排母线及连接设备的检修，尽可能避免在母线上进行操作，减少母线故障的几率。

3.4.3 应考虑当母线发生故障时，由后备保护延时切除故障，不会导致电网失去稳定；否则应改变母线接线方式、调整运行潮流。必要时，可由其他保护带短时限跳开母联或分段断路器，或酌情按计算提出的要求加速后备保护，此时，如被加速的后备保护可能无选择性跳闸，应备案说明。

4　继电保护整定的规定

4.1　一般规定

4.1.1 整定计算所需的发电机、调相机、变压器、架空线路、电缆线路、并联电抗器、串联补偿电容器的阻抗参数均应采用换算到额定频率的数值。下列参数必须使用实测值：

a. 三相三柱式变压器的零序阻抗；

b. 66kV 及以上架空线路和电缆线路的阻抗；

c. 平行线之间的零序互感阻抗；

d. 双回线路的同名相间和零序的差电流系数；

e. 其他对继电保护影响较大的有关参数。

4.1.2 以下的假设条件对一般短路电流计算是许可的：

a. 忽略发电机、调相机、变压器、110kV 架空线路和电缆线路等阻抗参数的电阻部分，66kV 及以下的架空线路和电缆，当电阻与电抗之比 $R/X>0.3$ 时，宜采用阻抗值 $Z=\sqrt{R^2+X^2}$，并假定旋转电机的负序电抗等于正序电抗，即 $X_2=X_1$。

b. 发电机及调相机的正序电抗可采用 $t=0$ 的初瞬态值 X'' 的饱和值。

c. 发电机电势可以假定均等于 1（标么值）且相位一致，只有在计算线路全相振荡电流时，才考虑线路两侧发电机综合电势有一定的相角差。

d. 不考虑短路电流的衰减，对利用机端电压励磁的发电机出口附近的故障，应从动作时间上满足保护可靠动作的要求。

e. 各级电压可以采用标称电压值或平均电压值，而不考虑变压器分接头实际位置的变动。

f. 不计线路电容电流和负荷电流的影响。

g. 不计故障点的相间电阻和接地电阻。

h. 不计短路暂态电流中的非周期分量。

对有针对性的专题分析和对某些装置特殊需要的计算时，可以根据需要采用某些更符合实际情况的参数和数据。

4.1.3 合理地选择运行方式是改善保护效果，充分发挥保护效能的关键之一。继电保护整定计算应以常见运行方式为依据。所谓常见运行方式，是指正常运行方式和被保护设备相邻近的一回线或一个元件检修的正常检修方式。对特殊运行方式，可以按专用的运行规程或依据当时实际情况临时处理。

4.1.3.1 对同杆并架的双回线，应考虑双回线同时检修或同时跳开的情况。

4.1.3.2 发电厂有两台机组时，一般应考虑两台机组同时停运的方式；有三台及以上机组时，一般应考虑其中两台容量较大的机组同时停运的方式。

4.1.3.3 应以调度运行方式部门提供的系统运行方式书面资料为整定计算的依据。

4.1.3.4 110kV 电网变压器中性点接地运行方式应尽量保持变电所零序阻抗基本不变。遇到使变电所零序阻抗有较大变化的特殊运行方式时，应根据运行规程规定或根据当时的实际情况临时处理。

a. 发电厂只有一台主变压器，则变压器中性点宜直接接地运行，当变压器检修时，按特殊情况处理。

b. 发电厂有接于母线的两台主变压器，则宜保持一台变压器中性点直接接地运行。如由于某些原因，正常运行时必须两台变压器中性点均直接接地运行，则当一台主变压器检修时，按特殊情况处理。

c. 发电厂有接于母线的三台及以上主变压器，则宜两台变压器中性点直接接地运行，并把它们分别接于不同的母线上，当不能保持不同母线上各有一个接地点时，按特殊情况处理。

视具体情况，正常运行时也可以一台变压器中性点直接接地运行，当变压器全部检修时，按特殊情况处理。

d. 变电所变压器中性点的接地方式应尽量保持地区电网零序阻抗基本不变，同时变压器中性点直接接地点也不宜过分集中，以防止事故时直接接地的变压器跳闸后引起其余变压器零序过电压保护动作跳闸。

e. 自耦变压器和绝缘有要求的变压器中性点必须直接接地运行，无地区电源的单回线供电的终端变压器中性点不宜直接接地运行。

f. 当某一短线路检修停运时，为改善保护配合关系，如有可能，可以用增加中性点接地变压器台数的办法来抵销线路停运时对零序电流分配的影响。

4.1.4 有配合关系的不同动作原理的保护定值，允许酌情按简化方法进行配合整定。

4.1.5 计算保护定值时，一般只考虑常见运行方式下，一回线或一个元件发生金属性简单故障的情况。

4.1.6 保护灵敏系数允许按常见运行方式下的单一不利故障类型进行校验。线路保护的灵敏系数除去设计原理上需靠纵续动作的保护外，必须保证在对侧断路器跳闸前和跳闸后，均能满足规定的灵敏系数要求。

在复杂电网中，当相邻元件故障而其保护或断路器拒动时，允许按其他有足够灵敏系数的支路相继跳闸后的接线方式，来校验本保护作为相邻元件后备保护的灵敏系数。

4.1.7 为了提高保护动作的可靠性，单侧电源线路的相电流保护不应经方向元件控制；零序电流保护一般不应经方向元件控制。

双侧电源线路的相电流和零序电流保护，如经核算在可能出现的不利运行方式和不利故障类型下，均能与背侧线路保护配合，也不宜经方向元件控制；在复杂电网中，为简化整定配合，如有必要，零序电流保护可经方向元件控制。为不影响零序电流保护的动作性能，方向元件要有足够的灵敏系数。

4.1.8 躲区外故障、躲振荡、躲负荷、躲不平衡电压等整定，或与有关保护的配合整定，都应考虑必要的可靠系数。对于两种不同动作原理保护的配合或有互感影响时，应选取较大的可靠系数。

4.2 继电保护装置整定的具体规定

（略）

2 电力变压器运行规程

（DL/T 572—1995）

1 主题内容与适用范围

本规程规定了电力变压器（下称变压器）运行的基本要求、运行方式、运行维护、不正常运行和处理，以及安装、检修、试验、验收的要求。

本规程适用于电压为 1kV 及以上的电力变压器，电抗器、消弧线圈、调压器等同类设备可参照执行。国外进口的电力变压器，一般按本规程执行，必要时可参照制造厂的有关规定。

2 引用标准

（略）

3 基本要求

3.1 保护、冷却、测量装置

3.1.1 变压器应按有关标准的规定装设保护和测量装置。

3.1.2 油浸式变压器本体的安全保护装置、冷却装置、油保护装置、温度测量装置和油箱及附件等应符合 GB 6451 的要求。

干式变压器有关装置应符合相应技术要求。

3.1.3 变压器用熔断器保护时，熔断器性能必须满足系统短路容量、灵敏度和选择性的要求。分级绝缘变压器用熔断器保护时，其中性点必须直接接地。

3.1.4 装有气体继电器的油浸式变压器，无升高坡度者（制造厂规定不需安装坡度者除外），安装时应使顶盖沿气体继电器方向有 1%～1.5% 的升高坡度。

3.1.5 变压器冷却装置的安装应符合以下要求：

a. 按制造厂的规定安装全部冷却装置；

b. 强油循环的冷却系统必须有两个独立的工作电源并能自动切换。当工作电源发生故障时，应自动投入备用电源并发出音响及灯光信号；

c. 强油循环变压器，当切除故障冷却器时应发出音响及灯光信号，并自动（水冷的可手动）投入备用冷却器；

d. 风扇、水泵及油泵的附属电动机应有过负载、短路及断相保护；应有监视油泵电机旋转方向的装置；

e. 水冷却器的油泵应装在冷却器的进油侧，并保证在任何情况下冷却器中的油压大于水压约

0.05MPa（制造厂另有规定者除外）。冷却器出水侧应有放水旋塞；

f. 强油循环水冷却的变压器，各冷却器的潜油泵出口应装逆止阀；

g. 强油循环冷却的变压器，应能按温度和（或）负载控制冷却器的投切。

3.1.6 变压器应按下列规定装设温度测量装置：

a. 应有测量顶层油温的温度计（柱上变压器可不装），无人值班变电站内的变压器应装设指示顶层油温最高值的温度计；

b. 1000kVA 及以上的油浸式变压器、800kVA 及以上的油浸式和 630kVA 及以上的干式厂用变压器，应将信号温度计接远方信号；

c. 8000kVA 及以上的变压器应装有远方测温装置；

d. 强油循环水冷却的变压器应在冷却器进出口分别装设测温装置；

e. 测温时，温度计管座内应充有变压器油；

f. 干式变压器应按制造厂的规定，装设温度测量装置。

3.1.7 无人值班变电站内20000kVA 及以上的变压器，应装设远方监视负载电流和顶层油温的装置。

无人值班的变电站内安装的强油循环冷却的变压器，应有保证在冷却系统失去电源时，变压器温度不超过规定值的可靠措施，并列入现场规程。

3.2 有关变压器运行的其它要求

3.2.1 大中型变压器应有永久或临时性起吊钟罩设施及所需的工作场地。

3.2.2 释压装置的安装应保证事故喷油畅通，并且不致喷入电缆沟、母线及其他设备上，必要时应予遮挡。

3.2.3 变压器应有铭牌，并标明运行编号和相位。

安装在变压器室内或台上、柱上的配电变压器亦应编号并悬挂警告牌。

3.2.4 变压器在运行情况下，应能安全地查看储油柜和套管油位、顶层油温、气体继电器，以及能安全取气样等，必要时应装设固定梯子。

3.2.5 室（洞）内安装的变压器应有足够的通风，避免变压器温度过高。装有机械通风装置的变压器室，在机械通风停止时，应能发出远方信号。变压器的通风系统一般不应与其他通风系统连通。

3.2.6 变压器室的门应采用阻燃或不燃材料，并应上锁。门上应标明变压器的名称和运行编号，门外应挂"止步，高压危险"标志牌。

3.2.7 安装油浸式电力变压器的场所应按有关设计规程规定设置消防设施和事故储油设施，并保持完好状态。

3.2.8 安装在地震裂度为七级及以上地区的变压器，应考虑下列防震措施：

a. 将变压器底盘固定于轨道上；

b. 变压器套管与软导线连接时，应适当放松；与硬导线连接时应将过渡软连接适当加长；

c. 冷却器与变压器分开布置时，变压器应经阀门、柔性接头、连接管道与冷却器相连接；

d. 变压器应装用防震型气体继电器；

e. 柱上变压器的底盘应与支架固定，上部应与柱绑牢。

3.2.9 当变压器所在系统的实际短路表观容量大于 GB 1094.5 中表 2 规定值时，应在订货时向制造厂提出要求；对运行中变压器应采取限制短路电流的措施。变压器保护动作的时间应小于承受短路耐热能力的持续时间。

3.2.10 如在变压器上安装反映绝缘情况的在线监测装置，其电气信号应经传感器采集，并保持可靠接地。采集油中溶解气样的装置，应具有良好的密封性能。

3.3 技术文件

3.3.1 变压器投入运行前，施工单位需向运行单位移交下列技术文件和图纸。

3.3.1.1 新设备安装竣工后需交：

a. 制造厂提供的说明书、图纸及出厂试验报告；

b. 本体、冷却装置及各附件（套管、互感器、分接开关、气体继电器、压力释放阀及仪表等）在安装时的交接试验报告、器身吊检时的检查及处理记录等；

c. 安装全过程（按 GBJ 148 和制造厂的有关规定）记录；

d. 变压器冷却系统、有载调压装置的控制及保护回路的安装竣工图；

e. 油质化验及色谱分析记录；

f. 备品配件清单。

3.3.1.2 检修竣工后需交：

a. 变压器及附属设备的检修原因及检修全过程记录；

b. 变压器及附属设备的试验记录；

c. 变压器的干燥记录；

d. 变压器的油质化验、色谱分析、油处理记录。

3.3.2 每台变压器应有下述内容的技术档案：

a. 变压器履历卡片；

b. 安装竣工后所移交的全部文件；

c. 检修后移交的文件；

d. 预防性试验记录；

e. 变压器保护和测量装置的校验记录；

f. 油处理及加油记录；

g. 其他试验记录及检查记录；

h. 变压器事故及异常运行（如超温、气体继电器动作、出口短路、严重过电流等）记录。

3.3.3 变压器移交外单位时，必须将变压器的技术档案一并移交。

4 变压器运行方式

4.1 一般运行条件

4.1.1 变压器的运行电压一般不应高于该运行分接额定电压的105%。对于特殊的使用情况（例如变压器的有功功率可以在任何方向流通），允许在不超过110%的额定电压下运行，对电流与电压的相互关系如无特殊要求，当负载电流为额定电流的 K（$K \leqslant 1$）倍时，按以下公式对电压 U 加以限制

$$U(\%) = 110 - 5K^2 \qquad (1)$$

并联电抗器、消弧线圈、调压器等设备允许过电压运行的倍数和时间，按制造厂的规定。

4.1.2 无励磁调压变压器在额定电压±5%范围内改换分接位置运行时，其额定容量不变。如为−7.5%和10%分接时，其容量按制造厂的规定；如无制造厂规定，则容量应相应降低2.5%和5%。

有载调压变压器各分接位置的容量，按制造厂的规定。

4.1.3 油浸式变压器顶层油温一般不超过表1的规定（制造厂有规定的按制造厂规定）。当冷却介质温度较低时，顶层油温也相应降低。自然循环冷却变压器的顶层油温一般不宜经常超过 85 ℃。

表 1 油浸式变压器顶层油温一般规定值

冷却方式	冷却介质最高温度（℃）	最高顶层油温（℃）
自然循环自冷、风冷	40	95
强迫油循环风冷	40	85
强迫油循环水冷	30	70

经改进结构或改变冷却方式的变压器，必要时应通过温升试验确定其负载能力。

4.1.4 干式变压器的温度限值应按制造厂的规定。

4.1.5 变压器三相负载不平衡时，应监视最大一相的电流。

接线为 YN，yn0 的大、中型变压器允许的中性线电流，按制造厂及有关规定。接线为 Y，yn0（或 YN，yn0）和 Y，zn11（或 YN，zn11）的配电变压器，中性线电流的允许值分别为额定电流的25%和40%，或制造厂的规定。

4.2 变压器在不同负载状态下的运行方式

4.2.1 油浸式变压器在不同负载状态下运行时，一般应按 GB/T 15164 油浸式电力变压器负载导则（以下简称负载导则）的规定执行。变压器热特性计算按制造厂提供的数据进行。当无制造厂数据时，可采用 GB/T 15164 中第二篇表 2 所列数据。

4.2.2 变压器的分类，按负载导则变压器分为三类：

a. 配电变压器。电压在 35kV 及以下，三相额定容量在 2500kVA 及以下，单相额定容量在 833kVA 及以下，具有独立绕组，自然循环冷却的变压器。

b. 中型变压器。三相额定容量不超过 100MVA 或每柱容量不超过 33.3MVA，具有独立绕组，且额定短路阻抗（Z）符合式（2）要求的变压器。

$$Z \leqslant (25 - 0.1 \times 3S_r / W)\% \qquad (2)$$

式中：W——有绕组的芯柱数；

S_r——额定容量，MVA。

自耦变压器按等值容量考虑，等值容量的计算见附录。

c. 大型变压器。三相额定容量 100MVA 以上，或其额定短路阻抗大于式（2）计算值的变压器。

4.2.3 负载状态的分类。

a. 正常周期性负载：

在周期性负载中，某段时间环境温度较高，或超过额定电流，但可以由其他时间内环境温度较低，或低于额定电流所补偿。从热老化的观点出发，它与设计采用的环境温度下施加额定负载是等效的。

b. 长期急救周期性负载：

要求变压器长时间在环境温度较高，或超过额定电流下运行。这种运行方式可能持续几星期或几个月，将导致变压器的老化加速，但不直接危及绝缘的安全。

c. 短期急救负载：

要求变压器短时间大幅度超额定电流运行。这种负载可能导致绕组热点温度达到危险的程度，使绝缘强度暂时下降。

4.2.4 负载系数的取值规定。

a. 双绕组变压器：取任一绕组的负载电流标么值；

b. 三绕组变压器：取负载电流标么值最大的绕组的标么值；

c. 自耦变压器：取各侧绕组和公共绕组中，负载电流标么值最大的绕组的标么值。

4.2.5 负载电流和温度的限值。

各类负载状态下的负载电流和温度的限值如表2所示，顶层油温限值为105℃。当制造厂有关于超额定电流运行的明确规定时，应遵守制造厂的规定。

表2   变压器负载电流和温度限值

负载类型		配电变压器	中型电力变压器	大型电力变压器
正常周期性负载	负载电流(标么值)	1.5	1.5	1.3
	热点温度与绝缘材料接触的金属部件的温度(℃)	140	140	120
长期急救周期性负载	负载电流(标么值)	1.8	1.5	1.3
	热点温度与绝缘材料接触的金属部件的温度(℃)	150	140	130
短期急救负载	负载电流(标么值)	2.0	1.8	1.5
	热点温度与绝缘材料接触的金属部件的温度(℃)		160	160

4.2.6 附件和回路元件的限制。

变压器的载流附件和外部回路元件应能满足超额定电流运行的要求，当任一附件和回路元件不能满足要求时，应按负载能力最小的附件和元件限制负载。

变压器的结构件不能满足超额定电流运行的要求时，应根据具体情况确定是否限制负载和限制的程度。

4.2.7 正常周期性负载的运行。

4.2.7.1 变压器在额定使用条件下，全年可按额定电流运行。

4.2.7.2 变压器允许在平均相对老化率小于或等于1的情况下，周期性地超额定电流运行。

4.2.7.3 当变压器有较严重的缺陷（如冷却系统不正常、严重漏油、有局部过热现象、油中溶解气体分析结果异常等）或绝缘有弱点时，不宜超额定电流运行。

4.2.7.4 正常周期性负载运行方式下，超额定电流运行时，允许的负载系数 K_2 和时间，可按 GB/T15164 的下述方法之一确定：

a. 根据具体变压器的热特性数据和实际负载周期图，用第二篇温度计算方法计算；

b. 查第三篇第15章的图9～图12中的曲线。

4.2.8 长期急救周期性负载的运行。

4.2.8.1 长期急救周期性负载下运行时，将在不同

程度上缩短变压器的寿命，应尽量减少出现这种运行方式的机会；必须采用时，应尽量缩短超额定电流运行的时间，降低超额定电流的倍数，有条件时（按制造厂规定）投入备用冷却器。

4.2.8.2 当变压器有较严重的缺陷（如冷却系统不正常，严重漏油，有局部过热现象，油中溶解气体分析结果异常等）或绝缘有弱点时，不宜超额定电流运行。

4.2.8.3 长期急救周期性负载运行时，平均相对老化率可大于1甚至远大于1。超额定电流负载系数 K_2 和时间，可按 GB/T 15164 的下述方法之一确定：

a. 根据具体变压器的热特性数据和实际负载图，用第二篇温度计算方法计算；

b. 查第三篇第16章急救周期负载表中的表7～表30。

4.2.8.4 在长期急救周期性负载下运行期间，应有负载电流记录，并计算该运行期间的平均相对老化率。

4.2.9 短期急救负载的运行。

4.2.9.1 短期急救负载下运行，相对老化率远大于1，绕组热点温度可能大到危险程度。在出现这种情况时，应投入包括备用在内的全部冷却器（制造厂有规定的除外），并尽量压缩负载、减少时间，一般不超过0.5h。当变压器有严重缺陷或绝缘有弱点时，不宜超额定电流运行。

4.2.9.2 0.5h短期急救负载允许的负载系数 K_2 见表3。

4.2.9.3 在短期急救负载运行期间，应有详细的负载电流记录。并计算该运行期间的相对老化率。

4.2.10 干式变压器的正常周期性负载和急救负载的运行要求，按制造厂规定和相应导则的要求。

4.2.11 无人值班变电站内变压器超额定电流的运行方式，可视具体情况在现场规程中规定。

4.3 其他设备的运行条件

串联电抗器、接地变压器、调压器等设备超额定电流运行的限值和负载图表，按制造厂的规定。消弧线圈和接地变压器在系统单相接地时的运行时间和顶层油温应不超过制造厂的规定。

4.4 强迫冷却变压器的运行条件

4.4.1 强油循环冷却变压器运行时，必须投入冷却器。空载和轻载时不应投入过多的冷却器（空载状态下允许短时不投）。各种负载下投入冷却器的相应台数，应按制造厂的规定。按温度和（或）负载投切冷却器的自动装置应保持正常。

4.4.2 油浸（自然循环）风冷和干式风冷变压器，风扇停止工作时，允许的负载和运行时间，应按制造厂的规定。油浸风冷变压器当冷却系统故障停风扇

后，顶层油温不超过 65℃ 时，允许带额定负载运行。

4.4.3 强油循环风冷和强油循环水冷变压器，当冷却系统故障切除全部冷却器时，允许带额定负载运行

20min。如 20min 后顶层油温尚未达到 75℃，则允许上升到 75℃，但在这种状态下运行的最长时间不得超过 1h。

表 3　　　　　　　　　　　　　　**0.5h 短期急救负载的负载系数 K_2 表**

变压器类型	急救负载前的负载系数 K_1	环境温度 ℃							
		40	30	20	10	0	−10	−20	−25
配电变压器（冷却方式 ONAN）	0.7	1.95	2.00	2.00	2.00	2.00	2.00	2.00	2.00
	0.8	1.90	2.00	2.00	2.00	2.00	2.00	2.00	2.00
	0.9	1.84	1.95	2.00	2.00	2.00	2.00	2.00	2.00
	1.0	1.75	1.86	2.00	2.00	2.00	2.00	2.00	2.00
	1.1	1.65	1.80	1.90	2.00	2.00	2.00	2.00	2.00
	1.2	1.55	1.68	1.84	1.95	2.00	2.00	2.00	2.00
中型变压器（冷却方式 ONAN 或 ONAF）	0.7	1.80	1.80	1.80	1.80	1.80	1.80	1.80	1.80
	0.8	1.76	1.80	1.80	1.80	1.80	1.80	1.80	1.80
	0.9	1.72	1.80	1.80	1.80	1.80	1.80	1.80	1.80
	1.0	1.64	1.75	1.80	1.80	1.80	1.80	1.80	1.80
	1.1	1.54	1.66	1.78	1.80	1.80	1.80	1.80	1.80
	1.2	1.42	1.56	1.70	1.80	1.80	1.80	1.80	1.80
中型变压器（冷却方式 OFAF 或 OFWF）	0.7	1.50	1.62	1.70	1.78	1.80	1.80	1.80	1.80
	0.8	1.50	1.58	1.68	1.72	1.80	1.80	1.80	1.80
	0.9	1.48	1.55	1.62	1.70	1.80	1.80	1.80	1.80
	1.0	1.42	1.50	1.60	1.68	1.78	1.80	1.80	1.80
	1.1	1.38	1.48	1.58	1.66	1.72	1.80	1.80	1.80
	1.2	1.34	1.44	1.50	1.62	1.70	1.76	1.80	1.80
中型变压器（冷却方式 ODAF 或 ODWF）	0.7	1.45	1.50	1.58	1.62	1.68	1.72	1.80	1.80
	0.8	1.42	1.48	1.55	1.60	1.66	1.70	1.78	1.80
	0.9	1.38	1.45	1.50	1.58	1.64	1.68	1.70	1.70
	1.0	1.34	1.42	1.48	1.54	1.60	1.65	1.70	1.70
	1.1	1.30	1.38	1.42	1.50	1.56	1.62	1.65	1.70
	1.2	1.26	1.32	1.38	1.45	1.50	1.58	1.60	1.70
大型变压器（冷却方式 OFAF 或 OFWF）	0.7	1.50	1.50	1.50	1.50	1.50	1.50	1.50	1.50
	0.8	1.50	1.50	1.50	1.50	1.50	1.50	1.50	1.50
	0.9	1.48	1.50	1.50	1.50	1.50	1.50	1.50	1.50
	1.0	1.42	1.50	1.50	1.50	1.50	1.50	1.50	1.50
	1.1	1.38	1.48	1.50	1.50	1.50	1.50	1.50	1.50
	1.2	1.34	1.44	1.50	1.50	1.50	1.50	1.50	1.50
大型变压器（冷却方式 ODAF 或 ODWF）	0.7	1.45	1.50	1.50	1.50	1.50	1.50	1.50	1.50
	0.8	1.42	1.48	1.50	1.50	1.50	1.50	1.50	1.50
	0.9	1.38	1.45	1.50	1.50	1.50	1.50	1.50	1.50
	1.0	1.34	1.42	1.48	1.50	1.50	1.50	1.50	1.50
	1.1	1.30	1.38	1.42	1.50	1.50	1.50	1.50	1.50
	1.2	1.26	1.32	1.38	1.45	1.50	1.50	1.50	1.50

5　变压器的运行维护

5.1　变压器的运行监视

5.1.1　安装在发电厂和变电站内的变压器，以及无人值班变电站内有远方监测装置的变压器，应经常监视仪表的指示，及时掌握变压器运行情况。监视仪表的抄表次数由现场规程规定。当变压器超过额定电流运行时，应做好记录。

无人值班变电站的变压器应在每次定期检查时记录其电压、电流和顶层油温，以及曾达到的最高顶层油温等。对配电变压器应在最大负载期间测量三相电流，并设法保持基本平衡。测量周期由现场规程规定。

5.1.2　变压器的日常巡视检查，可参照下列规定：

a. 发电厂和变电站内的变压器，每天至少一次；每周至少进行一次夜间巡视；

b. 无人值班变电站内容量为3150kVA及以上的变压器每10天至少一次，3150kV以下的每月至少一次；

c. 2500kVA及以下的配电变压器，装于室内的每月至少一次，户外（包括郊区及农村的）每季至少一次。

5.1.3　在下列情况下应对变压器进行特殊巡视检查，增加巡视检查次数：

a. 新设备或经过检修、改造的变压器在投运72h内；

b. 有严重缺陷时；

c. 气象突变（如大风、大雾、大雪、冰雹、寒潮等）时；

d. 雷雨季节特别是雷雨后；

e. 高温季节、高峰负载期间；

f. 变压器急救负载运行时。

5.1.4　变压器日常巡视检查一般包括以下内容：

a. 变压器的油温和温度计应正常，储油柜的油位应与温度相对应，各部位无渗油、漏油；

b. 套管油位应正常，套管外部无破损裂纹、无严重油污、无放电痕迹及其它异常现象；

c. 变压器音响正常；

d. 各冷却器手感温度应相近，风扇、油泵、水泵运转正常，油流继电器工作正常；

e. 水冷却器的油压应大于水压（制造厂另有规定者除外）；

f. 吸湿器完好，吸附剂干燥；

g. 引线接头、电缆、母线应无发热迹象；

h. 压力释放器或安全气道及防爆膜应完好无损；

i. 有载分接开关的分接位置及电源指示应正常；

j. 气体继电器内应无气体；

k. 各控制箱和二次端子箱应关严，无受潮；

l. 干式变压器的外部表面应无积污；

m. 变压器室的门、窗、照明应完好，房屋不漏水，温度正常；

n. 现场规程中根据变压器的结构特点补充检查的其他项目。

5.1.5　应对变压器作定期检查（检查周期由现场规程规定），并增加以下检查内容：

a. 外壳及箱沿应无异常发热；

b. 各部位的接地应完好；必要时应测量铁芯和夹件的接地电流；

c. 强油循环冷却的变压器应作冷却装置的自动切换试验；

d. 水冷却器从旋塞放水检查应无油迹；

e. 有载调压装置的动作情况应正常；

f. 各种标志应齐全明显；

g. 各种保护装置应齐全、良好；

h. 各种温度计应在检定周期内，超温信号应正确可靠；

i. 消防设施应齐全完好；

j. 室（洞）内变压器通风设备应完好；

k. 贮油池和排油设施应保持良好状态。

5.1.6　下述维护项目的周期，可根据具体情况在现场规程中规定：

a. 清除储油柜集污器内的积水和污物；

b. 冲洗被污物堵塞影响散热的冷却器；

c. 更换吸湿器和净油器内的吸附剂；

d. 变压器的外部（包括套管）清扫；

e. 各种控制箱和二次回路的检查和清扫。

5.2　变压器的投运和停运

5.2.1　在投运变压器之前，值班人员应仔细检查，确认变压器及其保护装置在良好状态，具备带电运行条件。并注意外部有无异物，临时接地线是否已拆除，分接开关位置是否正确，各阀门开闭是否正确。变压器在低温投运时，应防止呼吸器因结冰被堵。

5.2.2　运用中的备用变压器应随时可以投入运行。长期停运者应定期充电，同时投入冷却装置。如系强油循环变压器，充电后不带负载运行时，应轮流投入部分冷却器，其数量不超过制造厂规定空载时的运行台数。

5.2.3　变压器投运和停运的操作程序应在现场规程中规定，并须遵守下列各项：

a. 强油循环变压器投运时应逐台投入冷却器，

并按负载情况控制投入冷却器的台数；水冷却器应先启动油泵，再开启水系统；停电操作先停水后停油泵，冬季停用时将冷却器中的水放尽。

b. 变压器的充电应在有保护装置的电源侧用断路器操作，停运时应先停负载侧，后停电源侧。

c. 在无断路器时，可用隔离开关投切110kV及以下且电流不超过2A的空载变压器；用于切断20kV及以上变压器的隔离开关，必须三相联动且装有消弧角；装在室内的隔离开关必须在各相之间安装耐弧的绝缘隔板。若不能满足上述规定，又必须用隔离开关操作时，须经本单位总工程师批准。

d. 允许用熔断器投切空载配电变压器和66kV及以下的站用变压器。

5.2.4 新投运的变压器应按 GBJ 148 中 2.10.1 条和2.10.3 条规定试运行。更换绕组后的变压器参照执行，其冲击合闸次数为3次。

5.2.5 新装、大修、事故检修或换油后的变压器，在施加电压前静止时间不应少于以下规定：

110kV 及以下 24h；

220kV 及以下 48h；

500kV 及以下 72h。

若有特殊情况不能满足上述规定，须经本单位总工程师批准。

装有储油柜的变压器，带电前应排尽套管升高座、散热器及净油器等上部的残留空气。对强油循环变压器，应开启油泵，使油循环一定时间后将气排尽。开泵时变压器各侧绕组均应接地，防止油流静电危及操作人员的安全。

5.2.6 在110kV及以上中性点有效接地系统中，投运或停运变压器的操作，中性点必须先接地。投入后可按系统需要决定中性点是否断开。

5.2.7 干式变压器在停动和保管期间，应防止绝缘受潮。

5.2.8 消弧线圈投入运行前，应使其分接位置与系统运行情况相符，且导通良好。消弧线圈应在系统无接地现象时投切。在系统中性点位移电压高于0.5倍相电压时，不得用隔离开关切消弧线圈。

5.2.9 消弧线圈运行中从一台变压器的中性点切换到另一台时，必须先将消弧线圈断开后再切换。不得将两台变压器的中性点同时接到一台消弧线圈的中性母线上。

5.3 瓦斯保护装置的运行

5.3.1 变压器运行时瓦斯保护装置应接信号和跳闸，有载分接开关的瓦斯保护应接跳闸。

用一台断路器控制两台变压器时，如其中一台转

入备用，则应将备用变压器重瓦斯改接信号。

5.3.2 变压器在运行中滤油、补油、换潜油泵或更换净油器的吸附剂时，应将其重瓦斯改接信号，此时其他保护装置仍应接跳闸。

5.3.3 当油位计的油面异常升高或呼吸系统有异常现象，需要打开放气或放油阀门时，应先将重瓦斯改接信号。

5.3.4 在预报可能有地震期间，应根据变压器的具体情况和气体继电器的抗震性能，确定重瓦斯保护的运行方式。

地震引起重瓦斯动作停运的变压器，在投运前应对变压器及瓦斯保护进行检查试验，确认无异常后方可投入。

5.4 变压器的压力释放器接点宜作用于信号

5.5 变压器分接开关的运行维护

5.5.1 无励磁调压变压器在变换分接时，应作多次转动，以便消除触头上的氧化膜和油污。在确认变换分接正确并锁紧后，测量绕组的直流电阻。分接变换情况应作记录。10kV及以下变压器和消弧线圈变换分接时的操作和测量工作，可在现场规程中自行规定。

5.5.2 变压器有载分接开关的操作，应遵守如下规定：

a. 应逐级调压，同时监视分接位置及电压、电流的变化；

b. 单相变压器组和三相变压器分相安装的有载分接开关，宜三相同步电动操作；

c. 有载调压变压器并联运行时，其调压操作应轮流逐级或同步进行；

d. 有载调压变压器与无励磁调压变压器并联运行时，两变压器的分接电压应尽量靠近；

e. 应核对系统电压与分接额定电压间的差值，使其符合本规程4.1.1的规定。

5.5.3 变压器有载分接开关的维护，应按制造厂的规定进行，无制造厂规定者可参照以下规定：

a. 运行6～12个月或切换2000～4000次后，应取切换开关箱中的油样作试验；

b. 新投入的分接开关，在投运后1～2年或切换5000次后，应将切换开关吊出检查，此后可按实际情况确定检查周期；

c. 运行中的有载分接开关切换5000～10000次后或绝缘油的击穿电压低于25kV时，应更换切换开关箱的绝缘油；

d. 操作机构应经常保持良好状态；

e. 长期不调和有长期不用的分接位置的有载分接开关，应在有停电机会时，在最高和最低分接间操

作几个循环。

5.5.4 为防止开关在严重过负载或系统短路时进行切换，宜在有载分接开关控制回路中加装电流闭锁装置，其整定值不超过变压器额定电流的 1.5 倍。

5.6 发电厂厂用变压器，应加强清扫，防止污闪、封堵孔洞，防止小动物引起短路事故；应记录近区短路发生的详细情况。

5.7 变压器的并列运行

5.7.1 变压器并列运行的基本条件：

　　a. 联结组标号相同；

　　b. 电压比相等；

　　c. 短路阻抗相等。

　　电压比不等或短路阻抗不等的变压器，在任何一台都满足本规程 4.2 节规定的情况下，也可并列运行。

　　短路阻抗不同的变压器，可适当提高短路阻抗高的变压器的二次电压，使并列运行变压器的容量均能充分利用。

5.7.2 新装或变动过内外连接线的变压器，并列运行前必须核定相位。

5.7.3 发电厂升压变压器高压侧跳闸时，应防止厂用变压器严重超过额定电流运行。厂用电倒换操作时应防止非同期。

5.8 变压器的经济运行

5.8.1 变压器的投运台数应按负载情况，从安全、经济原则出发，合理安排。

5.8.2 可以相互调配负载的变压器，应考虑合理分配负载，使总损耗最小。

6　变压器的不正常运行和处理

6.1 运行中的不正常现象和处理

6.1.1 值班人员在变压器运行中发现不正常现象时，应设法尽快消除，并报告上级和做好记录。

6.1.2 变压器有下列情况之一者应立即停运。若有运用中的备用变压器，应尽可能先将其投入运行：

　　a. 变压器声响明显增大，很不正常，内部有爆裂声；

　　b. 严重漏油或喷油，使油面下降到低于油位计的指示限度；

　　c. 套管有严重的破损和放电现象；

　　d. 变压器冒烟着火。

6.1.3 当发生危及变压器安全的故障，而变压器的有关保护装置拒动时，值班人员应立即将变压器停运。

6.1.4 当变压器附近的设备着火、爆炸或发生其他情况，对变压器构成严重威胁时，值班人员应立即将变压器停运。

6.1.5 变压器油温升高超过制造厂规定或表1规定值时，值班人员应按以下步骤检查处理：

　　a. 检查变压器的负载和冷却介质的温度，并与在同一负载和冷却介质温度下正常的温度核对；

　　b. 核对温度测量装置；

　　c. 检查变压器冷却装置或变压器室的通风情况。

　　若温度升高的原因是由于冷却系统的故障，且在运行中无法修理者，应将变压器停运修理；若不能立即停运修理，则值班人员应按现场规程的规定调整变压器的负载至允许运行温度下的相应容量。

　　在正常负载和冷却条件下，变压器温度不正常并不断上升，且经检查证明温度指示正确，则认为变压器已发生内部故障，应立即将变压器停运。

　　变压器在各种超额定电流方式下运行，若顶层油温超过 105℃ 时，应立即降低负载。

6.1.6 变压器中的油因低温凝滞时，应不投冷却器空载运行，同时监视顶层油温，逐步增加负载，直至投入相应数量冷却器，转入正常运行。

6.1.7 当发现变压器的油面较当时油温所应有的油位显著降低时，应查明原因。补油时应遵守本规程 5.3.2 的规定，禁止从变压器下部补油。

6.1.8 变压器油位因温度上升有可能高出油位指示极限，经查明不是假油位所致时，则应放油，使油位降至与当时油温相对应的高度，以免溢油。

6.1.9 铁芯多点接地而接地电流较大时，应安排检修处理。在缺陷消除前，可采取措施将电流限制在 100mA 左右，并加强监视。

6.1.10 系统发生单相接地时，应监视消弧线圈和接有消弧线圈的变压器的运行情况。

6.2 瓦斯保护装置动作的处理

6.2.1 瓦斯保护信号动作时，应立即对变压器进行检查，查明动作的原因，是否因积聚空气、油位降低、二次回路故障或是变压器内部故障造成的。如气体继电器内有气体，则应记录气量，观察气体的颜色及试验是否可燃，并取气样及油样做色谱分析，可根据有关规程和导则判断变压器的故障性质。

　　若气体继电器内的气体为无色、无臭且不可燃，色谱分析判断为空气，则变压器可继续运行，并及时消除进气缺陷。

　　若气体是可燃的或油中溶解气体分析结果异常，应综合判断确定变压器是否停运。

6.2.2 瓦斯保护动作跳闸时，在查明原因消除故障前不得将变压器投入运行。为查明原因应重点考虑以下因素，作出综合判断：

a. 是否呼吸不畅或排气未尽；

b. 保护及直流等二次回路是否正常；

c. 变压器外观有无明显反映故障性质的异常现象；

d. 气体继电器中积聚气体量，是否可燃；

e. 气体继电器中的气体和油中溶解气体的色谱分析结果；

f. 必要的电气试验结果；

g. 变压器其它继电保护装置动作情况。

6.3 变压器跳闸和灭火

6.3.1 变压器跳闸后，应立即查明原因。如综合判断证明变压器跳闸不是由于内部故障所引起，可重新投入运行。

若变压器有内部故障的征象时，应作进一步检查。

6.3.2 变压器跳闸后，应立即停油泵。

6.3.3 变压器着火时，应立即断开电源，停运冷却器，并迅速采取灭火措施，防止火势蔓延。

7 变压器的安装、检修、试验和验收

7.1 变压器的安装项目和要求，应按 GBJ 148 中第一章和第二章的规定，以及制造厂的特殊要求。

7.2 运行中的变压器是否需要检修和检修项目及要求，应在综合分析下列因素的基础上确定：

a. 电力变压器检修工艺导则推荐的检修周期和项目；

b. 结构特点和制造情况；

c. 运行中存在的缺陷及其严重程度；

d. 负载状况和绝缘老化情况；

e. 历次电气试验和绝缘油分析结果；

f. 与变压器有关的故障和事故情况；

g. 变压器的重要性。

7.3 变压器有载分接开关是否需要检修和检修项目及要求，应在综合分析下列因素的基础上确定：

a. 有载分接开关运行维修导则推荐的检修周期和项目；

b. 制造厂有关的规定；

c. 动作次数；

d. 运行中存在的缺陷及其严重程度；

e. 历次电气试验和绝缘油分析结果；

f. 变压器的重要性。

7.4 变压器的试验周期、项目和要求，按电力设备预防性试验规程的规定。

7.5 运行中的变压器是否需要干燥，应在出现下述现象时，经综合分析作出判断：

a. 折算至同一温度下的 $tg\delta$ 值超过电力设备预防性试验规程的参考限值；较上次测得值增高 30% 以上；

b. 折算至同一温度下的绝缘电阻值较上次测得值降低 30% 以上，吸收比和极化指数均低于电力设备预防性试验规程的参考限值；

c. 变压器有明显的进水受潮迹象。

7.6 新安装变压器的验收应按 GBJ 148 第二章 2.10 节的规定和制造厂的要求。

7.7 变压器检修后的验收按 DL/T 573 和电力设备预防性试验规程的有关规定进行。

附 录
自耦变压器的等值容量
（补充件）

本附录适用于额定容量 200MVA 及以下的三相自耦变压器的等值容量变换，其等值容量 S_t 不超过 100MVA。等值容量在 0～100MVA 之间时，其相应的短路阻抗 Z_t 从 25% 线性降至 15%。

组成三相变压器组的单相变压器，其额定容量及等值容量的适用限值分别不超过 66.6MVA/柱 和 33.3MVA/柱。

三相自耦变压器等值变换：

$$S_t = S_r / (U_1 - U_2) / U_1$$
$$Z_t = Z_r U_1 / (U_1 - U_2)$$

自耦变压器每柱额定容量变换：

$$S_t = S_r / W \times (U_1 - U_2) / U_1$$
$$Z_t = Z_r U_1 / (U_1 - U_2)$$

式中：U_1——高压侧主分接额定电压，kV；

U_2——低压侧额定电压，kV；

S_r——自耦变压器额定容量，MVA；

S_t——等值容量，MVA；

Z_t——相应于 S_t 的短路阻抗，%；

Z_r——相应于 S_r 的短路阻抗，%；

W——心柱数。

3 农村低压电力技术规程

（DL/T 499—2001）

1 范围

本标准规定了农村低压电力网的基本技术要求，适用于 380V 及以下农村电力网的设计、安装、运行及检验。对用电有特殊要求的农村电力用户应执行其他相关标准。

各级电力管理部门从事农电的工作人员、电力企业从事农电的工作人员、农村电力网中用户单位的电气工作人员应熟悉并执行本标准。

2　引用标准

（略）

3　低压电力网

3.1　低压电力网的构成

自配电变压器低压侧或直配发电机母线，经由监测、控制、保护、计量等电器至各用户受电设备的380V 及以下供用电系统组成低压电力网。

3.2　配电变压器的装置要求

3.2.1　农村公用配电变压器应按"小容量、密布点、短半径"的原则进行建设与改造，配电变压器应选用节能型低损耗变压器，变压器的位置应符合下列要求：靠近负荷中心；避开易爆、易燃、污秽严重及地势低洼地带；高压进线、低压出线方便；便于施工、运行维护。

3.2.2　正常环境下配电变压器宜采用柱上安装或屋顶式安装，新建或改造的非临时用电配电变压器不宜采用露天落地安装方式。经济发达地区的农村也可采用箱式变压器。

3.2.3　柱上安装或屋顶安装的配电变压器，其底座距地面不应小于 2.5m。

表 1　可燃油油浸变压器外廓与变压器室墙壁和门的最小净距

变压器容量　　kVA	100～1000	1250 及以上
变压器外廓与后壁、侧壁净距　　mm	600	800
变压器外廓与门净距　　mm	800	1000

3.2.4　安装在室外的落地配电变压器，四周应设置安全围栏，围栏高度不低于 1.8m，栏条间净距不大于 0.1m，围栏距变压器的外廓净距不应小于 0.8m，各侧悬挂"有电危险，严禁入内"的警告牌，变压器底座基础应高于当地最大洪水位，但不得低于 0.3m。

3.2.5　安装在室内的配电变压器，室内应有良好的自然通风。可燃油油浸变压器室的耐火等级应为一级。变压器外廓距墙壁和门的最小净距不应小于表 1 规定。

3.2.6　配电变压器的容量应根据农村电力发展规划选定，一般按 5 年考虑。若电力发展规划不明确或实

施的可能性波动很大，则可依当年的用电情况按下式确定：

$$S = R_S P$$

式中：S——配电变压器在计划年限内（5 年）所需容量（kVA）；

P——一年内最高用电负荷（kW）；

R_S——容载比，一般取 1.5～2。

3.2.7　配电变压器应在铭牌规定的冷却条件下运行。油浸式变压器运行中的顶层油温不得高于 95℃，温升不得超过 55K。

3.2.8　配电变压器连接组别宜采用为 Y，yn0 或 D，yn11。配电变压器的三相负荷应尽量平衡，不得仅用一相或两相供电。对于连接组别为 Y，yn0 的配电变压器，中性线电流不应超过低压侧额定电流的 25%；对于连接组别为 D，yn11 的配电变压器，中性线电流不应超过低压侧额定电流的 40%。

3.2.9　配电变压器的昼夜负荷率小于 1 的情况下，可在高峰负荷时允许有适量的过负荷，过负荷的倍数和允许的持续时间可参照图 1 的曲线确定。

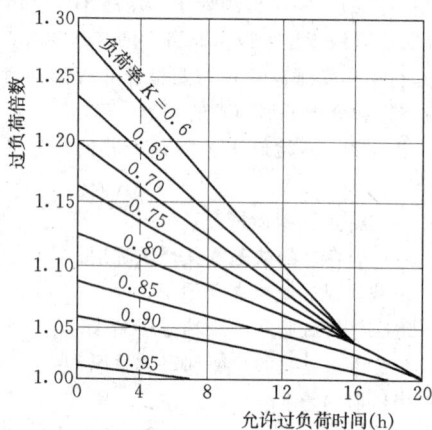

图 1　变压器负荷率小于 1 允许过负荷时间和倍数

3.2.10　配电变压器各相负荷不平衡时，按如下两式确定过负荷电流：

$$I_U^2 + I_V^2 + I_W^2 \leqslant 3I_N^2$$

$$I_U、I_V、I_W \leqslant 1.3I_N$$

式中：$I_U、I_V、I_W$——U、V、W 相负荷电流；

I_N——低压侧额定电流。

3.3　供电半径和电压质量

3.3.1　低压电力网的布局应与农村发展规划相结合，一般采用放射形供电，供电半径一般不大于 500m，也可根据具体情况参照表 2 确定。

3.3.2　供电电压偏差应满足的要求：

表2　　　　　　　　　　　受电设备容量密度与供电半径参考值

供电半径 m　受电设备容量密度 kW/km² 供电区域地形	<200	200~400	400~1000	>1000
块状（平地）	0.7~1.0	<0.7	<0.5	0.4
带状（山地）	0.8~1.5	<0.7	<0.5	—

380V 为±7%；

220V 为−10%~+7%。

对电压有特殊要求的用户，供电电压的偏差值由供用电双方在合同中确定。

注：供电电压系指供电部门与用户产权分界处的电压，或由供用电合同所规定的电能计量点处的电压。

3.4 低压电力网接地方式及装置要求

3.4.1 农村低压电力网宜采用 TT 系统，城镇、电力用户宜采用 TN-C 系统；对安全有特殊要求的可采用 IT 系统。

同一低压电力网中不应采用两种保护接地方式。

3.4.2 TT 系统：变压器低压侧中性点直接接地，系统内所有受电设备的外露可导电部分用保护接地线（PEE）接至电气上与电力系统的接地点无直接关连的接地极上，如图2所示。

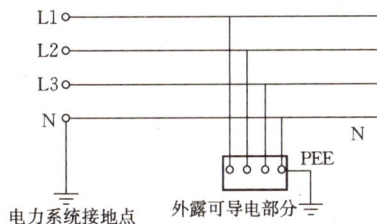

图2　TT 系统

3.4.3 TN-C 系统：变压器低压侧中性点直接接地，整个系统的中性线（N）与保护线（PE）是合一的，系统内所有受电设备的外露可导电部分用保护线（PE）与保护中性线（PEN）相连接，如图3所示。

3.4.4 IT 系统：变压器低压侧中性点不接地或经高

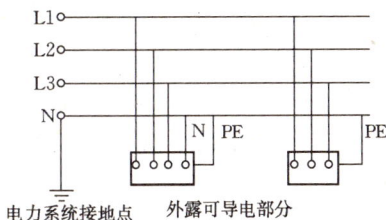

图3　TN-C 系统

阻抗接地，系统内所有受电设备的外露可导电部分用保护接地线（PEE）单独地接至接地极上，如图4所示。

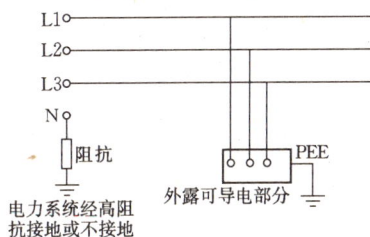

图4　IT 系统

3.4.5 采用 TT 系统时应满足如下要求：

3.4.5.1 除变压器低压侧中性点直接接地外，中性线不得再行接地，且应保持与相线同等的绝缘水平。

3.4.5.2 为防止中性线机械断线，其截面不应小于表3的规定。

表3　　　按机械强度要求中性线与相线的配合截面　　　mm²

相线截面 S	S≤16	16<S≤35	S>35
中性线截面 S_0	S	16	S/2

注：相线的材质与中性线的材质相同时有效。

3.4.5.3 必须实施剩余电流保护，包括：

——剩余电流总保护、剩余电流中级保护（必要时），其动作电流应满足第5.5.1条的要求；

——剩余电流末级保护。

剩余电流末级保护应满足以下条件：

$$R_e I_{op} \leqslant U_{lim}$$

式中：R_e——受电设备外露可导电部分的接地电阻（Ω）；

U_{lim}——通称电压极限（V），在正常情况下可按50V（交流有效值）考虑；

I_{op}——剩余电流保护器的动作电流（A），应满足5.5.2的要求。

3.4.5.4 中性线不得装设熔断器或单独的开关装置。

3.4.5.5 配电变压器低压侧及各出线回路，均应装设过电流保护，包括：

——短路保护；

——过负荷保护。

3.4.6 采用 TN－C 系统时应满足如下要求：

a) 为了保证在故障时保护中性线的电位尽可能保持接近大地电位，保护中性线应均匀分配地重复接地，如果条件许可，宜在每一接户线、引接线处接地。

b) 用户端应装设剩余电流末级保护，其动作电流按 5.5.2 的要求确定。

c) 保护装置的特性和导线截面必须这样选择：当供电网内相线与保护中性线或外露可导电部分之间发生阻抗可忽略不计的故障时，则应在规定时间内自动切断电源。

为了满足本项要求，应满足以下条件：

$$Z_{sc} I_{op} \leqslant U_0$$

式中：Z_{sc}——故障回路阻抗（Ω）；

I_{op}——保证在表 4 所列时间内保护装置动作电流（A）；

U_0——对地标称电压（V）。

表 4 最大接触电压持续时间

最大切断时间 t s	预期的接触电压（交流有效值）V	最大切断时间 t s	预期的接触电压（交流有效值）V
5	50	0.2	110
1	75	0.1	150
0.5	90	0.05	220

d) 保护中性线的截面不应小于表 3 的规定值。

e) 配电变压器低压侧及各出线回路，应装设过流保护，包括：

——短路保护；

——过负荷保护。

f) 保护中性线不得装设熔断器或单独的开关装置。

3.4.7 采用 IT 系统时应满足如下要求：

a) 配电变压器低压侧及各出线回路均应装设过流保护，包括：

——短路保护；

——过负荷保护。

b) 网络内的带电导体严禁直接接地。

c) 当发生单相接地故障，故障电流很小，切断供电不是绝对必要时，则应装设能发出接地故障音响

或灯光信号的报警装置，而且必须具有两相在不同地点发生接地故障的保护措施。

d) 各相对地应有良好的绝缘水平，在正常运行情况下，从各相测得的泄漏电流（交流有效值）应小于 30mA。

e) 不得从变压器低压侧中性点配出中性线作 220V 单相供电。

f) 变压器低压侧中性点和各出线回路终端的相线均应装设高压击穿熔断器。

3.5 电气接线要求

3.5.1 变压器低压侧的电气接线应满足如下基本要求：

a) 装设电能计量装置；

b) 变压器容量在 100kVA 以上者，宜装设电流表及电压表；

c) 低压进线和出线应装设有明显断开点的开关；

d) 低压进线和出线应装设自动断路器或熔断器。

3.5.2 严禁利用大地作相线、中性线、保护中性线。

4 配电装置

4.1 一般要求

4.1.1 配电变压器低压侧应按下列规定设置配电室或配电箱：

a) 宜设置配电室的配电变压器：

1) 周围环境污秽严重的地方；

2) 容量较大、出线回路较多而不宜采用配电箱的；

3) 供电给重要用户需经常监视运行的。

b) 除 4.1.1a) 所述以外的配电变压器低压侧可设置配电箱。

c) 排灌专用变压器的配电装置可安装于机泵房内。

4.1.2 配电变压器低压侧装设的计收电费的电能计量装置，应符合 GBJ 63 标准和《供电营业规则》的规定。

4.1.3 配电变压器低压侧配电室或配电箱应靠近变压器，其距离不宜超过 10m。

4.2 配电箱

4.2.1 配电变压器低压侧的配电箱，应满足以下要求：

a) 配电箱的外壳应采用不小于 2.0mm 厚的冷轧钢板制作并进行防锈蚀处理，有条件也可采用不小于 1.5mm 厚的不锈钢等材料制作；

b) 配电箱外壳的防护等级（参见附录 A），应根据安装场所的环境确定。户外型配电箱采取防止外

部异物插入触及带电导体的措施;

c) 配电箱的防触电保护类别(参见附录H)应为Ⅰ类或Ⅱ类;

d) 箱内安装的电器,均应采用符合国家标准规定的定型产品;

e) 箱内各电器件之间以及它们对外壳的距离,应能满足电气间隙、爬电距离以及操作所需的间隔;

f) 配电箱的进出引线,应采用具有绝缘护套的绝缘电线或电缆,穿越箱壳时加套管保护。

4.2.2 室外配电箱应牢固的安装在支架或基础上,箱底距地面高度不低于 1.0m,并采取防止攀登的措施。

4.2.3 室内配电箱可落地安装,也可暗装或明装于墙壁上。落地安装的基础应高出地面 50mm～100mm。暗装于墙壁时,底部距地面 1.4m;明装于墙壁时,底部距地面 1.2m。

4.3 配电室

4.3.1 配电室进出引线可架空明敷或暗敷,明敷设宜采用耐气候型电缆或聚氯乙烯绝缘电线,暗敷设宜采用电缆或农用直埋塑料绝缘护套电线,敷设方式应满足下列要求:

a) 架空明敷耐气候型绝缘电线时,其电线支架不应小于 40mm×40mm×4mm 角钢,穿墙时,绝缘电线应套保护管。出线的室外应做滴水弯,滴水弯最低点距离地面不应小于 2.5m。

b) 采用农用直埋塑料绝缘塑料护套电线时,应在冻土层以下且不小于 0.8m 处敷设,引上线在地面以上和地面以下 0.8m 的部位应有套管保护。

c) 采用低压电缆作进出线时,应符合第 8 章低压电力电缆的规定。

4.3.2 配电室进出引线的导体截面应按允许载流量选择。主进回路按变压器低压侧额定电流的 1.3 倍计算,引出线按该回路的计算负荷选择。

4.3.3 配电室一般可采用砖、石结构,屋顶应采用混凝土预制板,并根据当地气候条件增加保温层或隔热层,屋顶承重构件的耐火等级不应低于二级,其他部分不应低于三级。

4.3.4 配电室内应留有维护通道:

固定式配电屏为单列布置时,屏前通道为 1.5m;

固定式配电屏为双列布置时,屏前通道为 2.0m;

屏后和屏侧维护通道为 1.0m,有困难时可减为 0.8m。

4.3.5 配电室的长度超过7m时,应设两个出口,并应布置在配电室两端,门应向外开启;成排布置的配电屏其长度超过 6m 时,屏后通道应设两个出口,并

宜布置在通道的两端。

4.4 配电屏及母线

4.4.1 配电屏宜采用符合我国有关国家标准规定的产品,并应有生产许可证和产品合格证。

4.4.2 配电屏出厂时应附有如下的图和资料:

a) 本屏一次系统图、仪表接线图、控制回路二次接线图及相对应的端子编号图;

b) 本屏装设的电器元件表,表内应注明生产厂家、型号规格。

4.4.3 配电屏的各电器、仪表、端子排等均应标明编号、名称、路别(或用途)及操作位置。

4.4.4 配电屏应牢固的安装在基础型钢上,型钢顶部应高出地面 10mm,屏体内设备与各构件连接应牢固。

4.4.5 配电屏内二次回路的配线应采用电压不低于500V,电流回路截面不小于 2.5mm²,其他回路不小于 1.5mm² 的铜芯绝缘导线。配线应整齐、美观、绝缘良好、中间无接头。

4.4.6 配电屏内安装的低压电器应排列整齐。

4.4.7 控制开关应垂直安装,上端接电源,下端接负荷。开关的操作手柄中心距地面一般为 1.2m～1.5m;侧面操作的手柄距建筑物或其他设备不宜小于 200mm。

4.4.8 控制两个独立电源的开关应装有可靠的机械和电气闭锁装置。

4.4.9 母线宜采用矩形硬裸铝母线或铜母线,截面应满足允许载流量、热稳定和动稳定的要求。

4.4.10 支持母线的金属构件、螺栓等均应镀锌,母线安装时接触面应保持洁净,螺栓紧固后接触面紧密,各螺栓受力均匀。

4.4.11 母线相序排列应符合表5的规定(面向配电屏)。

表5　　　　　　　母线的相序排列

相　别	垂直排列	水平排列	前后排列
U	上	左	远
V	中	中	中
W	下	右	近
N、PEN	最下	最右	最近

注

1 在特殊情况下,如果按此相序排列会造成母线配置困难,可不按本表规定;

2 N线或 PEN线如果不在相线附近并行安装,其位置可不按本表规定。

4.4.12　母线应按下列规定涂漆相色：

U 相为黄色，V 相为绿色，W 相为红色，中性线为淡蓝色，保护中性线为黄和绿双色。

4.4.13　室内配电装置的母线应满足如下安全距离：

带电体至接地部分：20mm；

不同相的带电体之间：20mm；

无遮栏裸母线至地面：屏前通道为 2.5m，低于 2.5m 时应加遮护，遮护后护网高度不应低于 2.2m；屏后通道为 2.3m，当低于 2.3m 时应加遮护，遮护后的护网高度不应低于 1.9m。不同时停电检修的无遮栏裸母线之间水平距离为 1875mm；与电器连接处不同相裸母线最小净距离为 12mm。

4.4.14　母线与母线、母线与电器端子连接时，应符合下列规定：

a) 铜与铜连接时，室外高温且潮湿或对母线有腐蚀性气体的室内，必须搪锡，在干燥的室内可直接连接；

b) 铝与铝连接时，可采用搭接，搭接时应净洁表面并涂以导电膏；

c) 铜与铝连接时，在干燥的室内，铜导体应搪锡，室外或较潮湿的室内应使用铜铝过渡板，铜端应搪锡。

4.4.15　相同布置的主母线、分支母线、引下线及设备连接线应一致，横平竖直，整齐美观。

4.4.16　硬母线搭接连接时，应符合以下要求：

a) 母线应矫正平直，切断面应平整。

b) 矩形母线的搭接连接，应符合表 6 的规定。

c) 母线弯曲时应符合以下规定（见图 5）：

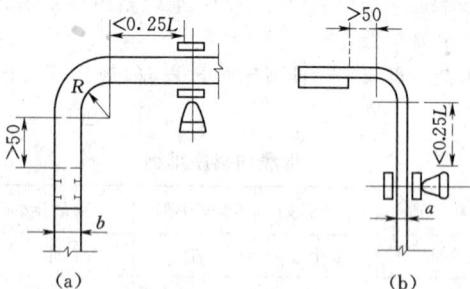

图 5　硬母线的立弯与平弯

（a）立弯母线；（b）平弯母线

a—母线厚度；b—母线宽度；L—母线两支持点间的距离

1) 母线开始弯曲处距最近绝缘子的母线支持夹板边缘不应大于 0.25L，但不得小于 50mm；

2) 母线开始弯曲处距母线连接位置不应小于 50mm；

3) 矩形母线应减少直角弯曲，弯曲处不得有裂

纹及显著的折皱，母线的最小弯曲半径应符合表 7 的规定；

4) 多片母线的弯曲度应一致。

d) 矩形母线采用螺栓固定搭接时，连接处距支柱绝缘子的支持夹板边缘不应小于 50mm；上片母线端头与下片母线平弯开始处的距离不应小于 50mm，见图 6。

e) 母线扭转 90°时，其扭转部分的长度应为母线宽度的 2.5～5 倍，见图 7。

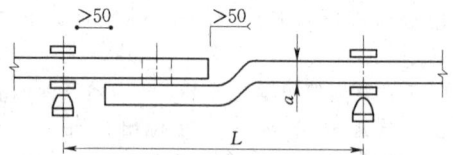

图 6　矩形母线搭接

L—母线两点支持点之间的距离；a—母线厚度

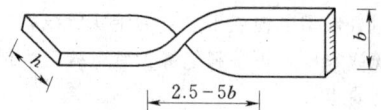

图 7　母线扭转 90°

b—母线的宽度

4.4.17　母线接头螺孔的直径宜大于螺栓直径 1mm；钻孔应垂直，螺孔间中心距离的误差不超过±0.5mm。

4.4.18　母线的接触面加工必须平整、无氧化膜。经加工后其截面减少值：铜母线不应超过原截面的 3%；铝母线不应超过原截面的 5%。

4.4.19　矩形母线的弯曲、扭转宜采用冷弯，如需热弯时，加热温度不应超过 250℃。

4.5　控制与保护

4.5.1　配电室（箱）进、出线的控制电器和保护电器的额定电压、频率应与系统电压、频率相符，并应满足使用环境的要求。

4.5.2　配电室（箱）的进线控制电器按变压器额定电流的 1.3 倍选择；出线控制电器按正常最大负荷电流选择。手动开断正常负荷电流的，应能可靠地开断 1.5 倍的最大负荷电流；开断短路电流的，应能可靠地切断安装处可能发生的最大短路电流。

4.5.3　熔断器和熔体的额定电流应按下列要求选择：

a) 配电变压器低压侧总过流保护熔断器的额定电流，应大于变压器低压侧额定电流，一般取额定电流的 1.5 倍，熔体的额定电流应按变压器允许的过负荷倍数和熔断器的特性确定。

表6　　　　　　　　　　　　　　　矩形母线搭接要求

搭接形式	类别	序号	连接尺寸 mm			钻孔要求		螺栓规格
			b_1	b_2	a	ϕ mm	个数	
	直线连接	1	125	125	b_1 或 b_2	21	4	M20
		2	100	100	b_1 或 b_2	17	4	M16
		3	80	80	b_1 或 b_2	13	4	M12
		4	63	63	b_1 或 b_2	11	4	M10
		5	50	50	b_1 或 b_2	9	4	M8
		6	45	45	b_1 或 b_2	9	4	M8
	直线连接	7	40	40	80	13	2	M12
		8	31.5	31.5	63	11	2	M10
		9	25	25	50	9	2	M8
	垂直连接	10	125	125		21	4	M20
		11	125	100～80		17	4	M16
		12	125	63		13	4	M12
		13	100	100～80		17	4	M16
		14	80	80～63		13	4	M12
		15	63	63～50		11	4	M10
		16	50	50		9	4	M8
		17	45	45		9	4	M8
	垂直连接	18	125	50～40		17	2	M16
		19	100	63～40		17	2	M16
		20	80	63～40		15	2	M14
		21	63	50～40		13	2	M12
		22	50	45～40		11	2	M10
		23	63	31.5～25		11	2	M10
		24	50	31.5～25		9	2	M8
	垂直连接	25	125	31.5～25	60	11	2	M10
		26	100	31.5～25	50	9	2	M8
		27	80	31.5～25	50	9	2	M8
	垂直连接	28	40	40～31.5		13	1	M12
		29	40	25		11	1	M10
		30	31.5	31.5～25		11	1	M10
		31	25	22		9	1	M8

表 7 母线最小弯曲半径 (*R*) 值 mm

母线种类	弯曲方式	母线断面尺寸	最小弯曲半径		
			铜	铝	钢
矩形母线	平弯	50mm×5mm 及其以下	2a	2a	2a
		125mm×10mm 及其以下	2a	2.5a	2a
	立弯	50mm×5mm 及其以下	1b	1.5b	0.5b
		125mm×10mm 及其以下	1.5b	2b	1b

b) 出线回路过流保护熔断器的额定电流，不应大于总过流保护熔断器的额定电流，熔体的额定电流按回路正常最大负荷电流选择，并应躲过正常的尖峰电流，可参照下式选取。

对于综合性负荷回路：

$$I_N \geqslant I_{\max \cdot st} + (\sum I_{\max} - I_{\max \cdot N})$$

对于照明回路：

$$I_N \geqslant K_m \sum I_{\max}$$

式中：I_N——熔体额定电流（A）；

$I_{\max \cdot st}$——回路中最大一台电动机的起动电流（A）；

$\sum I_{\max}$——回路正常最大负荷电流（A）；

$I_{\max \cdot N}$——回路中最大一台电动机的额定电流（A）；

K_m——熔体选择系数，白炽灯、荧光灯 K_m 取 1，高压汞灯、钠灯 K_m 取 1.5。

c) 熔断器极限分断能力应满足下式：

$$I_{oc} \geqslant I_k^{(3)}$$

式中：I_{oc}——熔断器极限分断能力，A；

$I_k^{(3)}$——安装处的三相短路电流（周期有效值），A。

d) 熔断器的灵敏度应满足下式：

$$I_{\min \cdot k} \geqslant K_{op} I_N$$

式中：K_{op}——熔体动作系数，一般取 4；

$I_{\min \cdot k}$——被保护线段的最小短路电流（A），对于 TT、TN-C 系统为单相短路电流，对于 IT 系统为两相短路电流；

I_N——熔体额定电流（A）。

4.5.4 配电变压器低压侧总自动断路器应具有长延时和瞬时动作的性能，其脱扣器的动作电流应按下列要求选择：

a) 瞬时脱扣器的动作电流，一般为控制电器额定电流的 5 或 10 倍；

b) 长延时脱扣器的动作电流可根据变压器低压侧允许的过负荷电流确定。

4.5.5 出线回路自动断路器脱扣器的动作电流应比上一级脱扣器的动作电流至少应低一个级差。

a) 瞬时脱扣器，应躲过回路中短时出现的尖峰负荷。

对于综合性负荷回路：

$$I_{op} \geqslant K_{rel}(I_{\max \cdot st} + \sum I_{\max} - I_{\max \cdot N})$$

对于照明回路：

$$I_{op} \geqslant K_c \sum I_{\max}$$

式中：I_{op}——瞬时脱扣器的动作电流，A；

K_{rel}——可靠系数，取 1.2；

$I_{\max \cdot st}$——回路中最大一台电动机的起动电流，A；

$\sum I_{\max}$——回路正常最大负荷电流，A；

$I_{\max \cdot N}$——回路中最大一台电动机的额定电流，A；

K_c——照明计算系数，取 6。

b) 长延时脱扣器的动作电流，可按回路最大负荷电流的 1.1 倍确定。

4.5.6 选出的自动断路器应作如下校验：

a) 自动断路器的分断能力应大于安装处的三相短路电流（周期分量有效值）。

b) 自动断路器灵敏度应满足下式要求：

$$I_{\min} \geqslant K_{op} I_{op}$$

式中：$I_{\min}$——被保护线段的最小短路电流，A，对于 TT、TN-C 系统，为单相短路电流，对于 IT 系统为两相短路电流；

I_{op}——瞬时脱扣器的动作电流 A；

K_{op}——动作系数，取 1.5。

注：一般单相短路电流较小，很难满足要求，可用长延时脱扣器作后备保护。

c) 长延时脱扣器在 3 倍动作电流时，其可返回时间应大于回路中出现的尖峰负荷持续的时间。

5 剩余电流保护

5.1 保护范围

5.1.1 剩余电流动作保护是防止因低压电网剩余电流造成故障危害的有效技术措施，低压电网剩余电流保护一般采用剩余电流总保护（中级保护）和末级保护的多级保护方式。

    a) 剩余电流总保护和中级保护的范围是及时切除低压电网主干线路和分支线路上断线接地等产生较大剩余电流的故障。

    b) 剩余电流末级保护装于用户受电端，其保护的范围是防止用户内部绝缘破坏、发生人身间接接触电等剩余电流所造成的事故，对直接接触触电，仅作为基本保护措施的附加保护。

5.1.2 剩余电流动作保护器对被保护范围内相—相、相—零间引起的触电危险，保护器不起保护作用。

5.2 一般要求

5.2.1 剩余电流动作保护器，必须选用符合 GB 6829 标准，并经中国电工产品认证委员会认证合格的产品。

5.2.2 剩余电流动作保护器安装场所的周围空气温度，最高为 +40℃，最低为 −5℃，海拔不超过 2000m，对于高海拔及寒冷地区及周围空气温度，高于+40℃低于−5℃运行的剩余电流动作保护器可与制造厂家协商定制。

5.2.3 剩余电流动作保护器的安装场所应无爆炸危险、无腐蚀性气体，并注意防潮、防尘、防震动和避免日晒。

5.2.4 剩余电流动作保护器的安装位置，应避开强电流电线和电磁器件，避免磁场干扰。

5.3 保护方式

5.3.1 采用 TT 系统方式运行的，应装设剩余电流总保护和剩余电流末级保护。对于供电范围较大或有重要用户的农村低压电网可增设剩余电流中级保护。

5.3.2 剩余电流总保护有如下方式：安装在电源中性点接地线；安装在电源进线回路上；安装在各条配电出线回路上。

5.3.3 剩余电流中级保护可根据网络分布情况装设在分支配电箱的电源线上。

5.3.4 剩余电流末级保护可装在接户或动力配电箱内，也可装在用户室内的进户线上。

5.3.5 TT 系统中的移动式电器、携带式电器、临时用电设备、手持电动器具，应装设剩余电流末级保护（Ⅱ类和Ⅲ类电器除外）。

5.3.6 剩余电流动作保护器动作后应自动开断电源，对开断电源会造成事故或重大经济损失的用户，其装置方式按 GB 13955 规定执行。

5.3.7 剩余电流保护方式，可根据实际运行需要进行选定。

5.4 剩余电流保护装置

5.4.1 剩余电流总保护、剩余电流中级保护及三相动力电源的剩余电流末级保护，宜采用具有漏电保护、短路保护或过负荷保护功能的剩余电流断路器，当采用组合式保护器时，宜采用带分励脱扣的低压断路器。

5.4.2 单相剩余电流末级保护，应选用剩余电流保护和短路保护为主的剩余电流断路器。

5.4.3 剩余电流断路器、组合式剩余电流动作保护器的电源控制开关，其通断能力应能可靠的开断安装处可能发生的最大短路电流。

5.4.4 组合式剩余电流动作保护器的零序电流互感器为穿心式时，其穿越的主回路导线宜并拢，并注意防止在正常工作条件下不平衡磁通引起的误动作。

5.4.5 组合式剩余电流动作保护器外接控制回路的电线，应采用单股铜芯绝缘电线，截面不应小于 1.5mm²。

5.4.6 单独安装的剩余电流断路器或组合式保护器的剩余电流继电器，宜安装在配电盘的正面便于操作的位置。

5.5 额定剩余动作电流

5.5.1 剩余电流总保护在躲过农村低压电网正常剩余电流情况下，额定剩余动作电流应尽量选小，以兼顾人身间接接触触电保护和设备的安全。剩余电流总保护的额定剩余动作电流宜为固定分档可调，其最大值可参照表 8 确定。

表 8　剩余电流总保护额定剩余动作电流　mA

电网剩余电流情况	非阴雨季节	阴雨季节
剩余电流较小的电网	50	200
剩余电流较大的电网	100	300

注：剩余电流动作保护器主要特征参数见附录 B。

5.5.2 农村低压电网选用二级保护时，额定剩余动作电流可参照表 9 确定。

表 9　二级保护额定剩余动作电流　mA

二级保护	总保护	末级保护
额定剩余动作电流	100～200	≤30[1]

    1) 家用电器、固定安装电器、移动式电器、携带式电器及临时用电设备为 30mA；手持式电动器具为 10mA；特别潮湿的场所为 6mA（常用低压电器技术数据参见附录 J）。

5.5.3 农村低压电网选用三级保护时，额定剩余动作电流可参照表10确定。

表 10　　三级保护额定剩余动作电流　　mA

三级保护	总保护	中级保护	末级保护
额定剩余动作电流	200～300	60～100	≤30[1]

　　1）家用电器、固定安装电器、移动式电器及临时用电设备为30mA；手持式电动器具为10mA；特别潮湿的场所为6mA（常用低压电器技术数据参见附录J）。

5.6 剩余电流动作保护器分断时间

5.6.1 快速动作型保护器，其最大分断时间应符合表11的规定。

表 11　　快速动作型保护器分断时间

$I_{\Delta n}$[1]　A	I_n[2]　A	最大分断时间　s		
		$I_{\Delta n}$	$2I_{\Delta n}$	$5I_{\Delta n}$
≥0.03	任何值	0.2	0.1	0.04
	只适用≥40[3]	0.2	—	0.15

　　1）$I_{\Delta n}$ 为额定剩余动作电流。
　　2）I_n 为保护器额定电流。
　　3）为组合式剩余电流动作保护器（包括断路器的断开时间）。

5.6.2 农村低压电网选用二级保护时，为确保保护器动作的选择性，总保护必须选用延时型剩余电流动作保护器，其分断时间与末级保护的分断时间应符合表12的规定。

表 12　　二级保护的最大分断时间　　s

二级保护	总保护	末级保护
最大分断时间	0.3	≤0.1

　　注：延时型剩余电流动作保护器的延时时间的级差为0.2s。

5.6.3 农村低压电网选用三级保护时，为确保保护器动作的选择性，总保护和中级保护必须选用延时型剩余电流动作保护器，其相互间的配合应符合表13的规定。

表 13　　三级保护的最大分断时间　　s

三级保护	总保护	中级保护	末级保护
最大分断时间	0.5	0.3	≤0.1

5.7 各级保护的技术参数

各级保护的技术参数如表14所示。

表 14　　额定剩余动作电流、分断时间表

三级保护	总保护	中级保护	末级保护
额定剩余动作电流 mA	200～300	60～100	≤30
最大分断时间 s	0.5	0.3	≤0.1

5.8 检测

5.8.1 安装剩余电流总保护的农村低压电网，其剩余电流不应大于剩余电流动作保护器额定剩余动作电流的50%。

5.8.2 装设剩余电流动作保护器的电动机及其他电气设备的绝缘电阻不应小于0.5MΩ。

5.8.3 装设在进户线的剩余电流动作保护器，其室内配线的绝缘电阻，晴天不宜小于0.5MΩ；雨天不宜小于0.08MΩ。

5.8.4 剩余电流动作保护器安装后应进行如下检测：
　　a）带负荷分、合开关3次，不得误动作；
　　b）用试验按钮试跳3次，应正确动作；
　　c）各相用1kΩ左右试验电阻或40W～60W灯泡接地试跳3次，应正确动作。

6　架空电力线路

6.1 一般要求

6.1.1 计算负荷：应结合农村电力发展规划确定，一般可按5年考虑。

6.1.2 路径选择应符合下列要求：
　　a）应与农村发展规划相结合，方便机耕，少占农田；
　　b）路径短，跨越、转角少，施工、运行维护方便；
　　c）应避开易受山洪、雨水冲刷的地方，严禁跨越易燃、易爆物的场院和仓库。

6.1.3 线路设计的气象条件：应根据当地的气象资料（采用10年一遇的数值）和附近已有线路的运行经验确定。如选出的气象条件与典型气象区接近时，一般采用典型气象区所列数值（典型气象区参见附录J）。

6.1.4 当采用架空绝缘电线时，其气象条件应按DL/T 601标准的规定进行校核。

6.1.5 线路设计要考虑地区污染和大气污染情况（架空线路污秽分级标准参见附录K）。

6.2 导线

6.2.1 农村低压电力网应采用符合GB/T 1179标准

规定的导线。禁止使用单股、破股（拆股）线和铁线。

居民密集的村镇可采用符合 GB 12527 标准规定的架空绝缘电线（参见附录 C），但应满足 6.1.4 规定的条件。

6.2.2 铝绞线、钢芯铝绞线的强度安全系数不应小于 2.5；架空绝缘电线不应小于 3.0。强度安全系数 K 可用下式表示：

$$K \geqslant \frac{\sigma}{\sigma_{max}}$$

式中：σ——导线的抗拉强度（N/mm²）；

σ_{max}——导线的最大使用应力（N/mm²）。

6.2.3 选择导线截面时应符合下列要求：

a) 按经济电流密度选择，见图 8；

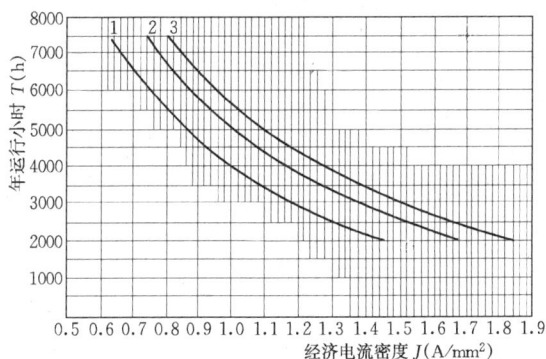

图 8　软导线经济电流密度

曲线 1—导线为 LJ 线，10kV 及以下导线；曲线 2—导线为 LGJ 型，10kV 及以下导线；曲线 3—导线为 LGJ、LGJQ 型，35～220kV 导线

b) 线路末端的电压偏差应符合 3.3.2 的规定；

c) 按允许电压损耗校核时：自配电变压器二次侧出口至线路末端（不包括接户线）的允许电压损耗不大于额定低压配电电压（220V、380V）的 7％；

d) 导线的最大工作电流，不应大于导线的允许载流量；

e) 铝绞线、架空绝缘电线的最小截面为 25mm²，也可采用不小于 16mm² 的钢芯铝绞线；

f) TT 系统的中性线和 TN‑C 系统的保护中性线，其截面应按允许载流量和保护装置的要求选定，但不应小于 3.4.5.2 中表 3 的规定。单相供电的中性线截面应与相线相同。

6.2.4 施放导线时，应采取防止导线损伤的措施，并应进行外观检查：铝绞线、钢芯铝绞线表面不得有腐蚀的斑点、松股、断股及硬伤的现象。架空绝缘电

线：表面不得有气泡、鼓肚、砂眼、露芯、绝缘断裂及绝缘霉变等现象。

6.2.5 铝绞线、钢芯铝绞线、架空绝缘电线有硬弯或钢芯铝绞线钢芯断一股时应剪断重接，接续应满足下列要求：

a) 铝绞线、钢芯铝绞线：宜采用压接管；

b) 架空绝缘电线：芯线采用圆形压接管；外层绝缘恢复宜采用热收缩管；

c) 导线接续前应用汽油清洗管内壁及被连接部分导线的表面，并在导线表面涂一层导电膏后再行压接。

6.2.6 同一档距内，每根导线只允许一个接头，接头距导线固定点不应小于 0.5m，不同规格、不同金属和纹向的导线，严禁在一个耐张段内连接。

6.2.7 铝绞线在同一截面处不同的损伤面积应按下列要求处理：

a) 损伤截面占总截面 5％～10％时，应用同金属单股线绑扎，单股线直径应不小于 2mm，绑扎长度不应小于 100mm；

b) 损伤截面占总截面 10％～20％时，应用同金属单股线绑扎，单股线直径应不小于 2mm，绑扎长度不应小于：

　1）LJ—35 型及以下：140mm；

　2）LJ—95 型及以下：280mm；

　3）LJ—185 型及以下：340mm。

c) 损伤截面积超过 20％或因损伤导致强度损失超过总拉断力的 5％时，应将损伤部分全部割去，应采用压接管重新接续。

6.2.8 钢芯铝绞线在同一截面处不同的损伤面积，应按 GB 50173 标准的规定要求处理；架空绝缘导线在同一截面处不同的损坏面积应按 DL/T 602 标准的规定要求处理。

6.2.9 架空绝缘电线的绝缘层操作时，应用耐气候型号的自粘性橡胶带至少缠绕 5 层作绝缘补强。

6.2.10 架空绝缘电线施放后，用 500V 兆欧表摇测 1min 后的稳定绝缘电阻，其值应不低于 0.5MΩ。

6.2.11 导线的设计弧垂，各地可根据已有线路的运行经验或按所选定的气象条件计算确定。考虑导线初伸长对弧垂的影响，架线时应将铝绞线和绝缘铝绞线的设计弧垂减少 20％，钢芯铝绞线设计弧垂减少 12％。

6.2.12 档距内的各相弧垂应一致，相差不应大于 50mm。同一档距内，同层的导线截面不同时，导线弧垂应以最小截面的弧垂确定。

6.2.13 常用导线结构及技术指标见附录 D。

6.3　绝缘子

6.3.1　架空导线应采用与线路额定电压相适应的绝缘子固定，其规格根据导线截面大小选定。

6.3.2　绝缘子应采用符合 GB/T 773、GB/T 1386.1 标准的电瓷产品。

6.3.3　直线杆一般采用针式绝缘子或蝶式绝缘子，耐张杆采用蝶式或线轴式绝缘子，也可采用悬式绝缘子。中性线、保护中性线应采用与相线相同的绝缘子。

6.3.4　绝缘子在安装前应逐个清污并作外观检查，抽测率不少于 5%。

　　a) 绝缘子的铁脚与瓷件应结合紧密，铁脚镀锌良好，瓷釉表面光滑、无裂纹　缺釉、破损等缺陷。

　　b) 用 2500V 兆欧表摇测 1min 后的稳定绝缘电阻，其值不应小于 20MΩ。

6.4　横担及铁附件

6.4.1　线路横担及其铁附件均应热镀锌或其他先进的防腐措施。镀锌铁横担具体规格应通过计算确定，但不应小于：

　　直线杆采用角钢时：50mm×50mm×5mm；

　　承力杆采用角钢时：2 根 50mm×50mm×5mm。

6.4.2　单横担的组装位置，直线杆应装于受电侧；分支杆、转角杆及终端杆应装于拉线侧。横担组装应平整，端部上、下和左右斜扭不得大于 20mm。

6.4.3　用螺栓连接构件时，应符合下列要求：

　　a) 螺杆应与构件面垂直，螺头平面与构件间不应有间隙；

　　b) 螺母紧好后，露出的螺杆长度，单螺母不应少于两个螺距；双螺母可与螺杆相平。当必须加垫圈时，每端垫圈不应超过两个；

　　c) 螺栓穿入方向：顺线路者从电源侧穿入；横线路者面向受电侧由左向右穿入；垂直地面者由下向上穿入。

6.5　导线排列、档距及线间距离

6.5.1　导线一般采用水平排列，中性线或保护中性线不应高于相线，如线路附近有建筑物，中性线或保护中性线宜靠近建筑物侧。同一供电区导线的排列相序应统一。路灯线不应高于其他相线、中性线或保护中性线。

6.5.2　线路档距，一般采用下列数值：

　　a) 铝绞线、钢芯铝绞线：集镇和村庄为 40m～50m；田间为 40m～60m；

　　b) 架空绝缘电线：一般为 30m～40m，最大不应超过 50m。

6.5.3　导线水平线间距离，不应小于下列数值：

　　a) 铝绞线或钢芯铝绞线：档距 50m 及以下为 0.4m；档距 50m～60m 为 0.45m；靠近电杆的两导线间距离，不应小于 0.5m。

　　b) 架空绝缘电线：档距 40m 及以下为 0.3m；档距 40m～50m 为 0.35m；靠近电杆的两导线间距为 0.4m。

6.5.4　低压线路与高压线路同杆架设时，横担间的垂直距离，不应小于下列数值：

　　直线杆：1.2m；

　　分支和转角杆：1.0m。

6.5.5　未经电力企业同意，不得同杆架设广播、电话、有线电视等其他线路。低压线路与弱电线路同杆架设时电力线路应敷设在弱电线路的上方，且架空电力线路的最低导线与弱电线路的最高导线之间的垂直距离，不应小于 1.5m。

6.5.6　同杆架设的低压多回线路，横担间的垂直距离不应小于下列数值：直线杆为 0.6m；分支杆、转角杆为 0.3m。

6.5.7　线路导线每相的过引线、引下线与邻相的过引线、引下线或导线之间的净空距离，不应小于 150mm；导线与拉线、电杆间的最小间隙，不应小于 50mm。

6.6　电杆、拉线和基础

6.6.1　电杆宜采用符合 GB 4623 标准规定的定型产品，杆长宜为 8m，梢径为 150mm。

6.6.2　混凝土电杆的最大使用弯矩，不应大于混凝土电杆的标准检验弯矩（参见附录 E）。

6.6.3　各类电杆的运行工况，应计算下列工况的荷载：

　　a) 最大风速、无冰、未断线；

　　b) 覆冰、相应风速、未断线；

　　c) 最低温度、无冰、无风、未断线（适用于转角杆、终端杆）。

6.6.4　混凝土电杆组立前应作如下检查：

　　a) 电杆表面应光滑，无混凝土脱落、露筋、跑浆等缺陷；

　　b) 平放地面检查时，不得有环向或纵向裂缝，但网状裂纹、龟裂、水纹不在此限；

　　c) 杆身弯曲不应超过杆长的 1/1000；

　　d) 电杆的端部应用混凝土密封。

6.6.5　电杆的埋设深度，应根据土质及负荷条件计算确定，但不应小于杆长的 1/6。电杆的倾覆稳定安全系数不应小于：直线杆为 1.5；耐张杆为 1.8；转角、终端杆为 2.0。

6.6.6　电杆组立后（未架线），杆位横向偏离线路中心线不应大于 50mm。

6.6.7 架线后，杆身倾斜：直线杆杆梢位移，不应大于杆梢直径的1/2；转角杆应向外倾斜；终端杆应向拉线侧倾斜，其杆梢位移不应大于杆梢直径。

6.6.8 转角、分支、耐张、终端和跨越杆均应装设拉线，拉线及其铁附件均应热镀锌。

6.6.9 拉线一般固定在横担下不大于0.3m处。拉线与电杆夹角为45°，若受地形限制，不应小于30°。

6.6.10 跨越道路（非公路）的水平拉线，对路面的垂直距离不应低于5m，拉线柱应向张力反方向倾斜10°～20°。

6.6.11 拉线宜采用镀锌钢绞线，强度安全系数不应小于2.0，截面不应小于25mm²。

6.6.12 拉线的底把宜采用直径不小于16mm的热镀锌圆钢制成的拉线棒，连接处应采用双螺母，其外露地面部分的长度应为露出地面0.5m～0.7m。

6.6.13 拉线盘需具有一定抗弯强度，宜采用钢筋混凝土预制块，其规格不应小于150mm×250mm×500mm。

6.6.14 拉线的埋设深度，应根据土质条件和电杆的倾覆力矩确定，其抗拔稳定安全系数不应小于：直线杆为1.5，耐张杆为1.8，转角杆、终端杆为2.0。

6.6.15 穿越和接近导线的电杆拉线必须装设与线路电压等级相同的拉线绝缘子。拉线绝缘子应装在最低导线以下，应保证在拉线绝缘子以下断拉线情况下，拉线绝缘子距地面不应小于2.5m。

6.6.16 拉紧绝缘子的强度安全系数不应小于3.0。

6.6.17 拉线坑、杆坑的回填土、应每填0.3m夯实一次，最后培起高出地面0.3m的防沉土台，在拉线和电杆易受洪水冲刷的地方，应设保护桩或采取其他加固措施。

6.7 对地距离和交叉跨越

6.7.1 导线对地面和交叉跨越物的垂直距离，应按导线最大弧垂计算；对平行物的水平距离，应按导线最大风偏计算，并计及导线的初伸长和设计、施工误差。

6.7.2 裸导线对地面、水面、建筑物及树木间的最小垂直和水平距离，应符合下列要求：

　　a) 集镇、村庄（垂直）：6m；

　　b) 田间（垂直）：5m；

　　c) 交通困难的地区（垂直）：4m；

　　d) 步行可达到的山坡（垂直）：3m；

　　e) 步行不能达到的山坡、峭壁和岩石（垂直）：1m；

　　f) 通航河流的常年高水位（垂直）：6m；

　　g) 通航河流最高航行水位的最高船桅顶（垂直）：1m；

　　h) 不能通航的河湖冰面（垂直）：5m；

　　i) 不能通航的河湖最高洪水位（垂直）：3m；

　　j) 建筑物（垂直）：2.5m；

　　k) 建筑物（水平）：1m；

　　l) 树木（垂直和水平）：1.25m。

6.7.3 架空绝缘电线对地面、建筑物、树木的最小垂直、水平距离应符合下列要求：

　　a) 集镇、村庄居住区（垂直）：6m；

　　b) 非居住区（垂直）：5m；

　　c) 不能通航的河湖冰面（垂直）：5m；

　　d) 不能通航的河湖最高洪水位（垂直）：3m；

　　e) 建筑物（垂直）：2m；

　　f) 建筑物（水平）：0.2m；

　　g) 街道行道树（垂直）：0.2m；

　　h) 街道行道树（水平）：0.5m。

6.7.4 低压电力线路与弱电线路交叉时，电力线路应架设在弱电线路的上方；电力线路电杆应尽量靠近交叉点但不应小于对弱电线路的倒杆距离。电力线路与弱电线路的交叉角以及最小距离应符合下列规定：

　　a) 与一级弱电线路的交叉角不小于45°；

　　b) 与二级弱电线路的交叉角不小于30°；

　　c) 与弱电线路的距离（垂直、水平）：1m。

弱电线路等级参见附录L。

6.7.5 低压电力线路与铁路、道路、通航河流、管道、索道及各种架空线路交叉或接近时，应符合表15的要求。

表 15　　　　　　　架空电力线路与各种工程设施交叉接近时的基本要求

编号	项目	一		二		三		四		五					六	
		铁路		道路		通航河流		弱电线路		电力线路（kV）					特殊管道	铁索道
		标准轨距	窄轨	一、二级公路	三、四级公路	主要	次要	一、二级	三级	1.0以下	6～10	35～110	154～220	330		
1	导线最小截面	铝绞线及铝合金线为35mm²，其他导线为16mm²														
2	导线在跨越档内的接头	不应接头	—	不应接头	—	不应接头	—	—	—	—	—	—	—	—	不应接头	
3	导线支持方式	双固定	—	双固定	单固定	双固定	单固定	双固定	单固定	单固定	—	—	—	—	双固定	

续表

编号	项目		一 铁路		二 道路		三 通航河流		四 弱电线路		五 电力线路（kV）					特殊管道	六 铁索道
			标准轨距	窄轨	一、二级公路	三、四级公路	主要	次要	一、二级	三级	1.0以下	6~10	35~110	154~220	330		
4	最小垂直距离(m)	项目	至轨顶 / 至承力索或接触线		至路面		至50年一遇洪水位 / 至最高航行水位的最高船桅顶		至被跨越线		至导线					电力线在下面	电力线在上面 / 电力线在下面时至电力线上的保护设施
		低压	7.5 / 3.0	6.0 / 3.0	6.0		6.0 / 1.0		1.0		1	2	3	4	5		1.5 / 1.5
5	最小水平距离(m)	项目	电杆外缘至轨道中心		电杆中心至路面边缘		与拉纤小路平行时,边导线至斜坡上缘		在路径受限制地区、两线路边导线间		在路径受限制地区,两线路外边侧导线间						在路径受限制地区至管索道任何部分
		低压	交叉：5.0 平行：杆高加3.0		0.5		最高电杆高度		1.0		2.5	2.5	5.0	7.0	9.0		1.5
6	备注				公路分级见附录		开阔地区的最小水平距离不得小于电杆高度		两平行线路在开阔地区的水平距离不应小于电杆高度		两平行线路在开阔地区的水平距离不应小于电杆高度						在路径不受限制地区与管索道的水平距离不应小于电杆高度

注　低压架空电力线路与二、三级弱电线路、低压线路、公路交叉跨越的导线最小截面可按 6.2.3 规定执行。

7　地埋电力线路

7.1　一般要求

7.1.1　地埋电力线路（简称地埋线）的电线必须符合 JB 2171 标准的规定（参见附录 F）。

7.1.2　白蚁聚居、鼠类活动频繁、土壤中含有腐蚀塑料的物质、岩石或碎石地区，不宜敷设地埋线。

7.1.3　地埋线的敷设路径和电线的计算负荷，应与农村发展规划相结合通盘考虑，一般不应少于 5 年。

7.2　地埋线

7.2.1　地埋线的型号选择，北方宜采用耐寒护套或聚乙烯护套型；南方采用普通护套型，严禁用无护套的普通塑料绝缘电线代替。

7.2.2　地埋线的截面选择，除应满足 6.2.3 有关规定外，其截面不应小于 4mm²。

7.2.3　地埋线的接续宜采用压接。接头处的绝缘和护套的恢复，可用自粘性塑料绝缘带缠绕包扎或用热收缩管的办法。

　　当采用缠绕包扎时，一般至少缠绕 5 层作绝缘恢复，再缠 5 层作为护套。包扎长度应在接头两端各伸延 100mm，缠绕时严防灰尘、水分混入、严禁用黑胶布包扎接头。

7.2.4　地埋线的接续也可引出地面用接线箱连接。

7.3　敷设

7.3.1　地埋线应敷设在冻土层以下，其深度不宜小于 0.8m。

7.3.2　地埋线一般应水平敷设，线间距离为 50mm～100mm，电线至沟边距离不应小于 50mm。

7.3.3　地埋线的沟底应平坦坚实，无石块和坚硬杂物，并铺设一层 100mm～200mm 厚的松软细土或细砂，当地形高度变化时应作平缓斜坡。线路转向时，拐弯半径不应小于地埋线外径的 15 倍。

7.3.4　地埋线施放前，必须浸水 24h 后，用 2500V 兆欧表摇测 1min，其稳定绝缘电阻应符合有关技术标准的规定。

7.3.5　环境温度低于0℃或雨、雪天，不宜敷设地埋线。

7.3.6　放线时，应作外表检查：

　　a）绝缘护套不得有机械损伤、砂眼、气泡、鼓肚、漏芯、粗细不匀等现象；

　　b）芯线不偏心、无硬弯、无断股；

　　c）无腐蚀霉变现象。

7.3.7　放线时应将地埋线托起，严禁在地面上拖拉。谨防打卷、扭折和其他机械损伤。

7.3.8　地埋线在沟内应水平面蛇形敷设，遇有接头、接线箱、转弯处、穿管处，应留有余度伸缩弯的半径不应小于地埋线外径的 15 倍，沟内各相接头应错开。

7.3.9 地埋线与其他地下工程设施相互交叉、平行时，其最小距离应符合表 16 的规定。

表 16　　地埋线与其他地下设施交叉、平行时允许的最小距离　　m

地下设施名称	平行	交叉
地埋电力线路	0.5	0.5 (0.25)
10kV 及以下电力电缆	0.5	0.5 (0.25)
通信电缆	0.5	0.5 (0.25)
自来水管	0.5	0.5 (0.25)

注：表中括号内数字是指地埋线有穿管保护或加隔板的最小距离。

7.3.10 地埋线穿越铁路、公路时，应加钢管套保护，管的内径不应小于地埋线外径的 1.5 倍，管内不得有接头，保护管距公路路面、铁轨路基面、不应小于 1.0m。

7.3.11 地埋线引出地面时，自埋设深处起至接线箱应套装硬质保护管，管的内径不应小于地埋线外径的 1.5 倍。

7.4　接线箱

7.4.1 地埋线路的分支、接户、终端及引出地面的接线处，应装设地面接线箱，其位置应选择在便于维护管理、不易碰撞的地方。

7.4.2 接线箱内应采用符合我国有关国家标准的产品，并应满足 4.2.1 的规定。

7.4.3 接线箱应牢固安装在基础上，箱底距地面不

应小于 1m。

7.5　填埋

7.5.1 回填土前应核对相序，做好路径、接头与地下设施交叉的标志和保护。

7.5.2 回填土应接以下步骤进行：

1）回填土应从放线端开始，逐步向终端推移，不应多处同时进行。

2）电线周围应填细土或细砂，覆土 200mm 后，可放水让其自然下沉或用人排步踩平，禁用机械夯实。

3）用 2500V 兆欧表复测绝缘电阻，并与埋设前所测电阻相比，若阻值明显下降时，应查明原因进行处理。

4）当复测绝缘电阻无明显下降时，才可全面回填土，回填土时禁用大块泥土投击，回填土应高出地面 200mm。

8　低压电力电缆

8.1　农村低压电力电缆选用要求

8.1.1 一般采用聚氯乙烯绝缘电缆或交联聚乙烯绝缘电缆；

8.1.2 在有可能遭受损伤的场所，应采用有外护层的铠装电缆；在有可能发生位移的土壤中（沼泽地、流沙、回填土等）敷设电缆时，应采用钢丝铠装电缆。

8.1.3 电缆截面的选择，一般按电缆长期允许载流量和允许电压损耗确定，并考虑环境温度变化、土壤热阻率等影响，以满足最大工作电流作用下的缆芯温度不超过按电缆使用寿命确定的允许值。聚氯乙烯电缆允许载流量及持续工作的缆芯工作温度见表 17。

表 17　　聚氯乙烯绝缘电缆允许持续载流量（建议性基础值）

敷设方式		空气中数值 A		直　埋　数　值　A			
护套		无钢铠护套		无钢铠护套		有钢铠护套	
缆芯数		二芯	三芯或四芯	二芯	三芯或四芯	二芯	三芯或四芯
缆芯截面 mm²	10	44	38	62	52	59	50
	16	60	52	83	70	79	68
	25	79	69	105	90	100	87
	35	95	82	136	110	131	105
	50	121	104	157	134	152	129
	70	147	129	184	157	180	152
	95	181	155	226	189	217	180
	120	211	181	254	212	249	207
	150	242	211	287	242	273	237
	185	—	246	—	273	—	264
	240	—	294	—	319	—	310
	300	—	328	—	347	—	347
缆芯最高工作温度℃		70					
环境温度℃		40		25			

注：1　表中系铝芯电缆数值，铜芯电缆的允许持续载流量可以乘以 1.29；
　　2　直埋敷设土壤热阻系数不小于 1.2。

8.1.4 农村三相四线制低压供电系统的电力电缆应选用四芯电缆。

8.2 电缆路径

敷设电缆应选择不易遭受各种损坏的路径。

a) 应使电缆不易受到机械、振动、化学、水锈蚀、热影响、白蚁、鼠害等各种损伤。

b) 便于维护。

c) 避开规划中的施工用地或建设用地。

d) 电缆路径较短。

8.3 电缆敷设

8.3.1 敷设电缆前，应检查电缆表面有无机械损伤；并用 1kV 兆欧表摇测绝缘，绝缘电阻一般不低于 10MΩ。

8.3.2 敷设电缆时应符合的要求：

a) 直埋电缆的深度不应小于 0.7m，穿越农田时不应小于 1m。直埋电缆的沟底应无硬质杂物，沟底铺 100mm 厚的细土或黄砂，电缆敷设时应留全长 0.5%～1% 的裕度，敷设后再加盖 100mm 的细土或黄砂，然后用水泥盖板保护，其覆盖宽度应超过电缆两侧各 50mm，也可用砖块替代水泥盖板。

b) 电缆穿越道路及建筑物或引出地面高度在 2m 以下的部分，均应穿钢管保护。保护管长度在 30m 以下者，内径不应小于电缆外径的 1.5 倍，超过 30m 以上者不应小于 2.5 倍，两端管口应做成喇叭形，管内壁应光滑无毛刺，钢管外面应涂防腐漆。电缆引入及引出电缆沟、建筑物及穿入保护管时，出入口和管口应封闭。

c) 交流四芯电缆穿入钢管或硬质塑料管时，每根电缆穿一根管子。单芯电缆不允许单独穿在钢管内（采取措施者除外），固定电缆的夹具不应有铁件构成的闭合磁路。

8.3.3 电缆的埋设深度，电缆与各种设施接近与交叉的距离，电缆之间的距离和电缆明装时的支持间距离应符合表 18 的规定。

8.3.4 敷设电缆时，应防止电缆扭伤和过分弯曲。电缆弯曲半径与电缆外径比值，不应小于下列规定：

聚氯乙烯护套多芯电力电缆为 10 倍；

交联聚乙烯护套多芯电力电缆为 15 倍。

8.3.5 低压塑料绝缘电力电缆室内终端头可采用自粘性绝缘带包扎或采用预制式绝缘首套；室外终端头宜采用热缩终端头加绝缘带包扎或预制式绝缘首套加绝缘带包扎的方式。

8.3.6 直埋电缆拐弯、接头、交叉、进入建筑物等地段，应设明显的方位标桩。直线段应适当增设标桩，标桩露出地面以 150mm 为宜。

表 18 电缆装置中的最小距离 m

项 目		最小距离	
		平行	交叉
电力电缆间及其与控制电缆间	一般情况	0.1	0.5
	穿管或用隔板隔开	0.1	0.25
电缆与各种设施接近与交叉净距离	公路	1.5	1.0
	集镇街道路面	1.00	0.70
	可燃气体与易燃液体管道（沟）	1.00	0.50
	热力管道（沟）	2.00	0.50
	其他管道	0.50	0.50
	建筑物基础（边线）	0.60	—
	杆基础（边线）	1.00	—
	排水沟	1.00	0.50

8.3.7 电缆经过含有酸碱、矿渣、石灰等场所，不应直接埋设。若必须经过该地段时，应采用缸瓦管、水泥管等防腐保护措施。在有腐蚀性气体的场所电缆明敷时，应采用防腐型电缆。

8.3.8 直埋电缆不应平行敷设在各种管道上面或下面。

8.3.9 电缆沿坡敷设时，中间接头应保持水平，多条电缆同沟敷设时，中间接头的位置应前、后错开，其净距不应小于 0.5m。

8.3.10 在钢索上悬吊电缆固定点间的距离应符合设计要求，无特殊规定的不应超过下列数值：

水平敷设：电力电缆为 750mm；

垂直敷设：电力电缆为 1500mm。

8.3.11 电缆钢支架及安装应符合的要求：

所用钢材应平直，无显著扭曲，切口处应无卷边、毛刺；

支架应安装牢固、横平竖直；

支架必须先涂防腐底漆、油漆应均匀完整；

安装在湿热、盐雾以及有化学腐蚀地区的电缆支架，应作特殊的防腐处理或热镀锌，也可采用其他耐腐蚀性能较好的材料制作支架。

8.3.12 电缆在支架上敷设时，支架间距离不应大于下列数值：

水平敷设：电力电缆为 0.8m；

垂直敷设：电力电缆为 1.5m。

8.3.13 易燃、易爆及腐蚀性气体场所内电缆明敷时，应穿管保护，管口应封闭。

8.3.14 同一电缆芯线的两端，相色应一致，且与连接的母线相色相同。

8.3.15 三相四线制系统中，不应采用三芯电缆另加单芯电缆作零线，严禁利用电缆外皮作零线。

9 接户与进户装置

9.1 接户线、进户线的确定

9.1.1 用户计量装置在室内时，从低压电力线路到用户室外第一支持物的一段线路为接户线；从用户室外第一支持物至用户室内计量装置的一段线路为进户线。

9.1.2 用户计量装置在室外时，从低压电力线路到用户室外计量装置的一段线路为接户线；从用户室外计量箱出线端至用户室内第一支持物或配电装置的一段线路为进户线。

9.2 计量装置

9.2.1 低压电力用户计量装置应符合 GB/T 16934 的规定。

9.2.2 农户生活用电应实行一户一表计量，其电能表箱宜安装于户外墙上。

9.2.3 农户电能表箱底部距地面高度宜为1.8m～2.0m，电能表箱应满足坚固、防雨、防锈蚀的要求，应有便于抄表和用电检查的观察窗。

9.2.4 农户计量表后应装设有明显断开点的控制电器、过流保护装置。每户应装设末级剩余电流动作保护器。

9.3 接户线、进户线装置要求

9.3.1 接户线的相线和中性线或保护中性线应从同一基电杆引下，其档距不应大于25m，超过25m时，应加装接户杆，但接户线的总长度（包括沿墙敷设部分）不宜超过50m。

9.3.2 接户线与低压线如系铜线与铝线连接，应采取加装铜铝过渡接头的措施。

9.3.3 接户线和室外进户线应采用耐气候型绝缘电线，电线截面按允许载流量选择，其最小截面应符合表19的规定。

表 19　接户线和室外进户线最小允许截面　mm²

架设方式	档距	铜线	铝线
自电杆引下	10m及以下	2.5	6.0
	10m～25m	4	10.0
沿墙敷设	6m及以下	2.5	6.0

9.3.4 沿墙敷设的接户线以及进户线两支持点间的距离，不应大于6m。

9.3.5 接户线和室外进户线最小线间距离一般不小

于下列数值：

　　自电杆引下：150mm；

　　沿墙敷设：100mm。

9.3.6 接户线两端均应绑扎在绝缘子上，绝缘子和接户线支架按下列规定选用：

　　a）电线截面在16mm² 及以下时，可采用针式绝缘子，支架宜采用不小于50mm×5mm的扁钢或40mm×40mm×4mm角钢，也可采用50mm×50mm的方木；

　　b）电线截面在16mm² 以上时，应采用蝶式绝缘子，支架宜采用50mm×50mm×5mm的角钢或60mm×60mm的方木。

9.3.7 接户线和进户线的进户端对地面的垂直距离不宜小于2.5m。

9.3.8 接户线和进户线对公路、街道和人行道的垂直距离，在电线最大弧垂时，不应小于下列数值：

　　公路路面：6m；

　　通车困难的街道、人行道：3.5m；

　　不通车的人行道、胡同：3m。

9.3.9 接户线、进户线与建筑物有关部分的距离不应小于下列数值：

　　与下方窗户的垂直距离：0.3m；

　　与上方阳台或窗户的垂直距离：0.8m；

　　与窗户或阳台的水平距离：0.75m；

　　与墙壁、构架的水平距离：0.05m。

9.3.10 接户线、进户线与通信线、广播线交叉时，其垂直距离不应小于下列数值：

　　接户线、进户线在上方时：0.6m；

　　接户线、进户线在下方时：0.3m。

9.3.11 进户线穿墙时，应套装硬质绝缘管，电线在室外应做滴水弯，穿墙绝缘管应内高外低，露出墙壁部分的两端不应小于10mm；滴水弯最低点距地面小于2m时进户线应加装绝缘护套。

9.3.12 进户线与弱电线路必须分开进户。

10 无功补偿

10.1 一般要求

10.1.1 低压电力网中的电感性无功负荷应用电力电容器予以就地充分补偿，一般在最大负荷月的月平均功率因数应达到下列规定：

　　农村公用配电变压器不低于0.85；

　　100kVA 以上的电力用户不低于0.9。

10.1.2 应采取防止无功向电网倒送的措施。

10.1.3 低压电力网中的无功补偿应按下列原则设置：

a）固定安装年运行时间在 1500h 以上，且功率大于 4.0kW 的异步电动机，应实行就地补偿，与电动机同步投切；

b）车间、工厂安装的异步电动机，如就地补偿有困难时可在动力配电室集中补偿。

10.1.4　异步电动机群的集中补偿应采取防止功率因数角超前和产生自励过电压的措施。

10.2　补偿容量

10.2.1　单台电动机的补偿容量，应根据电动机的运行工况确定：

a）机械负荷惯性小的（切断电源后，电动机转速缓慢下降的），补偿容量可按 0.9 倍电动机空载无功功率配置，即：

$$Q_{com} = 0.9\sqrt{3}U_N I_0$$

式中：Q_{com}——电动机所需补偿容量（kvar）；

　　　　U_N——电动机额定电压（kV）；

　　　　I_0——电动机空载电流（A）。

电动机的空载电流，可由厂家提供，如无，可参照下式确定：

$$I_0 = 2I_N(1 - \cos\varphi_N)$$

式中：I_0——电动机空载电流（A）；

　　　　I_N——电动机额定电流（A）；

　　　　$\cos\varphi_N$——电动机额定负荷时功率因数。

b）机械负荷惯性较大时（切断电源后，电动机转速迅速下降的）：

$$Q_{com} = (1.3 \sim 1.5)Q_0$$

式中：Q_{com}——电动机所需补偿容量，kvar；

　　　　Q_0——电动机空载无功功率，kvar。

10.2.2　车间、工厂集中补偿容量 Q_{com}，可按下式确定，也可直接查表 20 得出：

$$Q_{com} = P_{av}(tg\varphi_1 - tg\varphi_2)$$

式中：P_{av}——用户最高负荷月平均有功功率（kW）；

　　　　$tg\varphi_1$——补偿前功率因数角的正切值；

　　　　$tg\varphi_2$——补偿到规定的功率因数角正切值。

10.2.3　配电变压器的无功补偿容量可按表20进行配置。容量在 100kVA 以上的专用配电变压器，宜采用无功自动补偿装置。

10.3　就地补偿装置应符合 JB 7115 标准的规定

10.3.1　直接起动的电动机补偿电容器，可采用低压三相电容器直接并于电动机的接线端子上，如图 9 所示。

10.3.2　星—三角起动的电动机的补偿电容器，可采用如图 10 的接线方式。

10.3.3　集中补偿电容器装置应符合 JB 7113 规定，其接线原理示意如图 11。

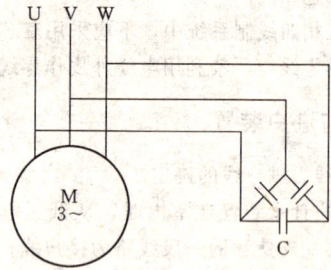

图 9　三相电容器并联接线

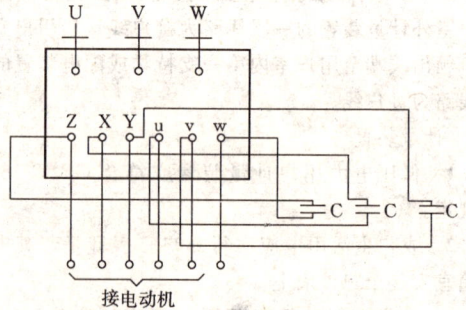

图 10　星—三角起动电动机的补偿电容器接线

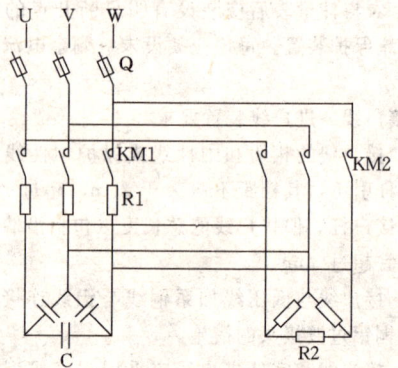

图 11　集中补偿的电容器接线

Q—跌开式熔断器；KM1、KM2—接触器；
R1—切合电阻；R2—放电电阻

注：1. 关合：先合 KM1，延时 0.2ms～0.5ms 后合 KM2。

　　2. 断开：先开 KM2，延时后再开 KM1。

10.3.4　电容器开关容量应能断开电容器回路而不重燃和通过涌流能力，其额定电流一般可按电容器额定电流的 1.3～1.5 倍选取。

10.3.5　为抑制断开时的过电压及合闸涌流，集中补偿的电容器宜加装切合电阻，其阻值应按电容器组容抗的 0.2～0.3 倍选取。

10.3.6　电容器（组）应装设熔断器，其断流量不应

表 20　　　　　　　　　　　　　　　　无 功 补 偿 容 量 表

补偿前	为得到所需 $\cos\varphi_2$ 每千瓦负荷所需电容器千乏数											
$\cos\varphi_1$	0.70	0.75	0.80	0.82	0.84	0.86	0.88	0.90	0.92	0.94	0.96	0.98
0.30	2.16	2.30	2.42	2.49	2.53	2.59	2.65	2.70	2.76	2.82	2.89	2.98
0.35	1.66	1.80	1.93	1.98	2.03	2.08	2.14	2.19	2.25	2.31	2.38	2.47
0.40	1.27	1.41	1.54	1.60	1.65	1.70	1.76	1.81	1.87	1.93	2.00	2.09
0.45	0.97	1.11	1.24	1.29	1.34	1.40	1.45	1.50	1.56	1.62	1.69	1.78
0.50	0.71	0.85	0.98	1.04	1.09	1.14	1.20	1.25	1.31	1.37	1.44	1.53
0.52	0.62	0.76	0.89	0.95	1.00	1.05	1.11	1.16	1.22	1.28	1.35	1.44
0.54	0.54	0.68	0.81	0.86	0.92	0.97	1.02	1.08	1.14	1.20	1.27	1.36
0.56	0.46	0.60	0.73	0.78	0.84	0.89	0.94	1.00	1.05	1.12	1.19	1.28
0.58	0.39	0.52	0.66	0.71	0.76	0.81	0.87	0.92	0.98	1.04	1.11	1.20
0.60	0.31	0.45	0.58	0.64	0.69	0.74	0.80	0.85	0.91	0.97	1.04	1.13
0.62	0.25	0.39	0.52	0.57	0.62	0.67	0.73	0.78	0.84	0.90	0.97	1.06
0.64	0.18	0.32	0.45	0.51	0.56	0.61	0.67	0.72	0.78	0.84	0.91	1.00
0.66	0.12	0.26	0.39	0.45	0.49	0.55	0.60	0.66	0.71	0.78	0.85	0.94
0.68	0.06	0.20	0.33	0.38	0.43	0.49	0.54	0.60	0.65	0.72	0.79	0.88
0.70	—	0.14	0.27	0.33	0.38	0.43	0.49	0.54	0.60	0.66	0.73	0.82
0.72	—	0.08	0.22	0.27	0.32	0.37	0.43	0.48	0.54	0.60	0.67	0.76
0.74	—	0.03	0.16	0.21	0.26	0.32	0.37	0.43	0.48	0.55	0.62	0.71
0.746	—	—	0.11	0.16	0.21	0.26	0.32	0.37	0.43	0.50	0.56	0.65
0.75	—	—	0.05	0.11	0.16	0.21	0.27	0.32	0.38	0.44	0.51	0.60
0.80	—	—	—	0.05	0.10	0.16	0.21	0.27	0.33	0.39	0.46	0.55
0.82	—	—	—	—	0.05	0.10	0.16	0.22	0.27	0.33	0.40	0.49
0.84	—	—	—	—	—	0.05	0.11	0.16	0.22	0.28	0.35	0.44
0.86	—	—	—	—	—	—	0.06	0.11	0.17	0.23	0.30	0.39
0.88	—	—	—	—	—	—	—	0.06	0.11	0.17	0.25	0.33
0.90	—	—	—	—	—	—	—	—	0.06	0.12	0.19	0.28
0.92	—	—	—	—	—	—	—	—	—	0.06	0.13	0.22
0.94	—	—	—	—	—	—	—	—	—	—	0.07	0.16

低于电容器（组）的短路故障电流，熔断器的额定电流一般可按电容器额定电流的 1.5～2.5 倍选取。

10.3.7 电容器（组）应设放电电阻，但以下情况可不再另设放电电阻：

a) 不经开断电器直接与电动机绕组相连接的电容器；

b) 出厂时，电容器内已装设放电电阻。

10.3.8 电容器的放电电阻，应满足如下要求：

a) 非自动切换的电容器组，电容器断电 1min 后，其端电压不应超过 75V，放电电阻值可按下式确定：

$$R = t_1 / \left[C\ln(\sqrt{2U_C} / 75) \right]$$

式中：R——放电电阻（Ω）；

t_1——放电降到 75V 以下所需时间（s）；

C——电容器电容（F）；

U_C——电容器额定电压（V）。

b) 自动切换的电容器组，开合时电容器上的残压不应高于 $0.1U_C$，放电电阻值可按下式确定：

$$R = 0.38t_2 / C$$

式中：t_2——切合之间的最短时间间隔（s）。

c) 放电电阻按长期运行条件考虑，有功损耗不应大于 1W/ kvar。

10.4 安装

10.4.1 电容器（组）的连接电线应用软导线，截面应根据允许的载流量选取，电线的载流量可按下述确定：

单台电容器为其额定电流的 1.5 倍；

集中补偿为总电容电流的 1.3 倍。

10.4.2 电容器的安装环境，应符合产品的规定条件：

a) 海拔不超过 1000m 的地区（非湿热带）可采用符合 GB/T 17886.1 标准规定的定型产品；

b) 海拔在 1000m～5000m 的高原地区，应采用符合 GB/T 6915 标准规定的定型产品；

c) 海拔在 1000m 以下的热带地区，应采用符合 GB/T 6916 标准规定的定型产品。

10.4.3 室内安装的电容器（组），应有良好的通风条件，使电容器由于热损耗产生的热量，能以对流和辐射散发出来。

10.4.4 室外安装的电容器（组），其安装位置，应尽量减小电容器受阳光照射的面积。

10.4.5 当采用中性点绝缘的星形连接组时，相间电容器的电容差不应超过三相平均电容值的 5%。

10.4.6 集中补偿的电容器组，宜安装在电容器柜内分层布置，下层电容器的底部对地面距离不应小于 300mm，上层电容器连线对柜顶不应小于 200mm，电容器外壳之间的净距不宜小于 100mm（成套电容器装置除外）。

10.4.7 电容器的额定电压与低压电力网的额定电压相同时，应将电容器的外壳和支架接地。当电容器的额定电压低于电力网的额定电压时，应将每相电容器的支架绝缘，且绝缘等级应和电力网的额定电压相匹配。

11　接地与防雷

11.1　工作接地

11.1.1 TT、TN-C 系统配电变压器低压侧中性点直接接地。

11.1.2 电流互感器二次绕组（专供计量者除外）一端接地。

11.2　保护接地

11.2.1 在 TT 和 IT 系统中，除Ⅱ类和Ⅲ类电器外，所有受电设备（包括携带式和移动式电器）外露可导电部分应装设保护接地。

11.2.2 在 TT 和 IT 系统中，电力设备的传动装置、靠近带电部分的金属围栏、电力配线的金属管、配电盘的金属框架、金属配电箱以及配电变压器的外壳应装设保护接地。

11.2.3 在 IT 系统中，装设的高压击穿熔断器应装设保护接地。

11.2.4 在 TN-C 系统中，各出线回路的保护中性线，其首末端、分支点及接线处应装设保护接地。

11.2.5 与高压线路同杆架设的 TN-C 系统中的保护中性线，在共敷段的首末端应装设保护接地。

11.3　接保护中性线

11.3.1 在 TN-C 系统中，除Ⅱ类和Ⅲ类电器外，所有受电设备（包括携带式、移动式和临时用电电器）的外露可导电部分用保护线接保护中性线。

11.3.2 在 TN-C 系统中，电力设备的传动装置、配电盘的金属框架、金属配电箱，用保护线接保护中性线。

性线。

11.3.3 在 TN-C 系统中，保护中性线的接法应正确，如图 3 所示，即是从电源点保护中性线上分别连接中性线和保护线，其保护线与受电设备外露可导电部分相连，严禁与中性线串接。

11.3.4 保护线应采用绝缘电线，其截面应能保证短路时热稳定的要求，如按表 3 选择时，一般均能满足热稳定要求，可不作校验。

11.4　接地电阻

11.4.1 工作接地和保护接地的电阻（工频）在一年四季中均应符合本规程的要求。

11.4.2 配电变压器低压侧中性点的工作接地电阻，一般不应大于 4Ω，但当配电变压器容量不大于 100kVA 时，接地电阻可不大于 10Ω。

11.4.3 非电能计量的电流互感器的工作接地电阻，一般可不大于 10Ω。

11.4.4 在 IT 系统中装设的高压击穿熔断器的保护接地电阻，不宜大于 4Ω，但当配电变压器容量不大于 100kVA 时，接地电阻可不大于 10Ω。

11.4.5 TN-C 系统中保护中性线的重复接地电阻，当变压器容量不大于 100kVA，且重复接地点不少于 3 处时，允许接地电阻不大于 30Ω。

11.4.6 TT 系统中，在满足 5.5.2～5.5.3 的情况下，受电设备外露可导电部分的保护接地电阻，可按下式确定：

$$R_e \leqslant \frac{U_{lom}}{I_{op}}$$

式中：R_e——接地电阻（Ω）；

　　　U_{lom}——通称电压极限（V），在正常情况下可按 50V（交流有效值）考虑；

　　　I_{op}——按 5.5.2～5.5.3 所确定的剩余电流保护器的动作电流（A）。

11.4.7 在 IT 系统中，受电设备外露可导电部分的保护接地电阻，必须满足：

$$R_e \leqslant \frac{U_{lom}}{I_k}$$

式中：R_e——接地电阻（Ω）；

　　　U_{lom}——通称电压极限（V），在正常情况下可按 50V（交流有效值）考虑；

　　　I_k——相线与外露可导电部分之间发生阻抗可忽略不计的第一次故障电流，I_k 值要计及泄露电流（A）。

11.4.8 电力设备的传动装置、靠近带电部分的金属围栏、电力金属管配线、配电屏的金属框架、金属配电箱的保护接地电阻，在 TT 系统中应满足 11.4.6

的要求，在 TT 系统中应满足 11.4.7 的要求。

11.4.9 在 IT 系统中的高土壤电阻率的地区（沙土、多石土壤）保护接地电阻可允许不大于 30Ω。

11.4.10 不同用途、不同电压的电力设备，除另有规定者外，可共用一个总接地体，接地电阻应符合其中最小值的要求。

11.5 接地体和保护接地线

11.5.1 接地体可利用与大地有可靠电气连接的自然接地物，如连接良好的埋设在地下的金属管道、金属井管、建筑物的金属构架等，若接地电阻符合要求时，一般不另设人工接地体。但可燃液体、气体、供暖系统等金属管道禁止用作保护接地体。

11.5.2 利用自然接地体时，应用不少于两根保护接地线在不同地点分别与自然接地体相连。

11.5.3 人工接地体应符合下列要求：

a) 垂直接地体的钢管壁厚不应小于 3.5mm；角钢厚度不应小于 4.0mm，垂直接地体不宜少于 2 根（架空线路接地装置除外），每根长度不宜小于 2.0m，极间距离不宜小于其长度的 2 倍，末端入地 0.6m；

b) 水平接地体的扁钢厚度不应小于 4mm，截面不小于 48mm²，圆钢直径不应小于 8mm，接地体相互间距不宜小于 5.0m，埋入深度必须使土壤的干燥及冻结程度不会增加接地体的接地电阻值，但不应小于 0.6m；

c) 接地体应作防腐处理。

11.5.4 在高土壤电阻率的地带，为能降低接地电阻，宜采用如下措施：

a) 延伸水平接地体，扩大接地网面积；

b) 在接地坑内填充长效化学降阻剂；

c) 如近旁有低土壤电阻率区，可引外接地。

11.5.5 自被保护电器的外露可导电部分接至接地体地上端子的一段导线称为保护接地线（PEE），对其有如下要求：

a) 在 TT 系统中，保护接地线的截面应能满足在短路电流作用下热稳定的要求，如按表 3 选择时，一般均能满足热稳定要求，可不作校验。

b) 在 IT 系统中，保护接地线应能满足两相在不同地点产生接地故障时，在短路电流作用下热稳定的要求，如果满足了下述条件，即满足了本条要求：

1) 接地干线的允许载流量不应小于该供电网中容量最大线路的相线允许载流量的 1/2；

2) 单台受电设备保护接地线的允许载流量，不应小于供电分支相线允许载流量的 1/3；

c) 在 TN-C 系统中，保护中性线的重复接地线，应满足 11.5.5a）的规定。

11.5.6 采用钢质材料作保护接地线时，在 TT 系统中和 IT 系统中除分别满足 11.5.5 的规定外，其最小截面应符合表 21 的要求。

表 21　钢质保护接地线的最小规格　mm²

类别	室内	室外	类别	室内	室外
圆钢直径	5	6	扁钢厚度	3	4
扁钢截面	24	48	角钢厚度	2	2.5

11.5.7 采用铜铝线作保护接地线时，在 TT 系统中和 IT 系统中除分别满足 11.5.5 的规定外，其最小截面应符合表 22 的要求。不得用铝线在地下作接地体的引上线。

11.5.8 钢质保护接地线与铜、铝导线的等效导电截面按表 23 确定。

表 22　铜、铝保护接地线的最小截面　mm²

种类	铜	铝	种类	铜	铝
明设裸导线	4.0	6.0	电缆的保护接地芯线	1.0	1.5
绝缘电线	1.5	2.5			

表 23　钢、铝、铜的等效截面

扁　钢	铝（mm²）	铜（mm²）
15mm×2mm	—	1.3～2.0
15mm×3mm	6	3
20mm×4mm	8	5
30mm×4mm 或 40mm×3mm	16	8
40mm×4mm	25	12.5
60mm×5mm	35	17.5～25
80mm×8mm	50	35
100mm×8mm	75	47.5～50

11.6 接地装置的连接

11.6.1 接地装置的地下部分应采用焊接，其搭接长度：扁钢为宽度的 2 倍；圆钢为直径的 6 倍。

地下接地体应有引上地面的接线端子。

11.6.2 保护接地线与受电设备的连接应采用螺栓连接，与接地体端子的连接，可采用焊接或螺栓连接。采用螺栓连接时，应加装防松垫片。

11.6.3 每一受电设备应用单独的保护接地线与接地体端子或接地干线连接，该接地干线至少应有两处在不同地点与接地体相连。禁止用一根保护接地线串接几个需要接地的受电设备。

11.6.4 携带式、移动式电器的外露可导电部分必须用电缆芯线作保护接地线或作保护线。该芯线严禁通过工作电流。

11.7　接地装置形式及其计算电阻（工频）

11.7.1　配电变压器和车间、作坊的接地装置，宜采用复合式环形闭合接地网。

复合式环形闭合接地网的垂直接地体不少于 2 根，水平接地网面积不小于 100m² 时，接地网的工频接地电阻可按下式计算：

$$R = \rho \left(\frac{1}{4r} + \frac{1}{L} \right)$$

式中：R——工频接地电阻（Ω）；

　　　r——接地网的等效半径（m）；

　　　L——水平接地体和垂直接地体的总长度（m）；

　　　ρ——土壤电阻率（Ω·m）。

ρ 的取值：砂质黏土为 100；黄土为 250；砂土为 500。

11.7.2　固定安装电器以及其他需作保护接地的设施，可根据周围地形和土壤种类参照表 24 选择接地型式。

表 24　　　　　　　　　　　　人工接地装置工频接地电阻值

型式	简图	圆钢 φ20mm	钢管 φ50mm	角钢 50mm×50mm×5mm	扁钢 40mm×4mm	土壤电阻率 Ω·m 100	250	500
		材料尺寸（mm）及用量（m）				工频接地电阻 Ω		
单根	0.6m / 2.5m		2.5			30.2	75.4	151
		2.5				37.2	92.9	186
					2.5	32.4	81	162
2 根	5m		5.0	2.5		10.0	25.1	50.2
					2.5	10.5	26.2	52.5
3 根	5m 5m	7.5		5.0		6.65	16.6	33.2
					5.0	6.92	17.3	34.6
4 根	5m 5m 5m	10.0		7.5		5.08	12.7	25.4
					7.5	5.29	13.2	26.5
6 根	5m 3×5m 5m	15.0		25.0		3.58	8.95	17.9
					25.0	3.73	9.32	18.6

11.8　防雷保护

11.8.1　在下列场所应装设符合 GB 11032 标准规定要求的低压避雷器：

a）多雷区（年平均雷电日大于 40 日的地区）和易受雷击地段的配电变压器低压侧各出线回路的首端；

b）在多雷区和易受雷击的地段，直接与架空电力线路相连的排灌站、车间和重要用户的接户线；

c）在多雷区和易受雷击的地段，架空线路与电缆或地埋线路的连接处。

11.8.2　在下列处所应将绝缘子铁脚接地：

a）在多雷区和易受雷击地段的接户线；

b）人员密集的教室、影剧院、礼堂等公共场所的接户线；

c）电动机的引接线。

11.8.3　防雷接地电阻，按雷雨季考虑，而且按工频值计及。

11.8.4　低压避雷器的接地电阻不宜大于 10Ω。

11.8.5　绝缘子铁脚的接地电阻不宜大于 30Ω，但 50m 内另有接地点时，铁脚可不接地。

11.8.6　雷电区的划分见附录 M。

12　临时用电

12.1　临时用电是指小型基建工地、农田基本建设和非正常年景的抗旱、排涝等用电，时间一般不超过 6 个月。临时用电不包括农业周期性季节用电，如脱粒机、小电泵、黑光灯等电力设备。

12.2　临时用电架空线路应满足的要求：

a）应采用耐气候型的绝缘电线（参见附录 G），最小截面为 6mm²；

b）电线对地距离不低于 3m；

c) 档距不超过 25m；

d) 电线固定在绝缘子上，线间距离不小于 200mm；

e) 如采用木杆，梢径不小于 70mm。

12.3 临时用电应装设配电箱，配电箱内应配装控制保护电器、剩余电流动作保护器和计量装置。配电箱外壳的防护等级应按周围环境确定，防触电类别可为Ⅰ类或Ⅱ类。

12.4 如临时用电线路超过 50m 或有多处用电点时，应分别在电源处设置总配电箱，在用电点设置分配电箱，总、分配电箱内均应装设剩余电流动作保护器。

12.5 配电箱对地高度宜为 1.3m～1.5m。

12.6 临时线路不应跨越铁路、公路（公路等级参见附录 N）和一、二级通信线路，如需跨越时必须满足本标准 6.7.4 及 6.7.5 的规定。

附录 A
（标准的附录）
电器外壳防护等级

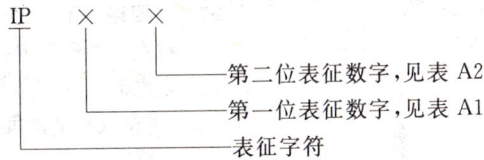

IP ×× 第二位表征数字，见表 A2
第一位表征数字，见表 A1
表征字符

表 A1　　　　　　　　　第 一 位 表 征 数 字

第一位表征数字	防 护 等 级	
	简　述	含　义
2	防止大于 12mm 的固体异物	能防止手指或长度不大于 80mm 的类似物体触及壳内带电部分或运动部件 能防止直径大于 12mm 的固体异物进入壳内
3	防止大于 2.5mm 的固体异物	能防止直径（或厚度）大于 2.5mm 的工具、金属线等进入壳内 能防止直径大于 2.5mm 的固体异物进入壳内
4	防止大于 1mm 的固体异物	能防止直径（或厚度）大于 1mm 的工具、金属线等进入壳内 能防止直径大于 1mm 的固体异物进入壳内
5	防尘	不能完全防止尘埃进入壳内，但进尘量不足以影响电器的正常运行
6	尘密	无尘埃进入

表 A2　　　　　　　　　第 二 位 表 征 数 字

第二位表征数字	防 护 等 级	
	简　述	含　义
0	无防护	无专门防护
1	防滴水	垂直滴水应无有害影响
2	15°防滴	当电器从正常位置的任何方向倾斜至 15°以内任一角度时，垂直滴水应无有害影响
3	防淋水	与垂直线成 60°范围以内的淋水应无有害影响
4	防溅水	承受任何方向的溅水应无有害影响
5	防喷水	承受任何方向的喷水应无有害影响
6	防海浪	承受猛烈的海浪冲击或强烈喷水时，电器的进水量应不致达到有害的影响

附录 B

（标准的附录）

剩余电流动作保护器主要特性参数

B1　额定频率，Hz。

额定频率的优选值为 50Hz。

注：本附录内容依据国家标准 GB 6829 的规定。

B2　额定电压，U_N。

额定电压的优选值为 220、380V。

B3　辅助电源额定电压，U_{SN}。

辅助电源额定电压的优选值：

直流：12、24、48、60、110、220V。

交流：12、24、48、220、380V。

B4　额定电流，I_N。

额定电流优选值：

6、10、16、20、25、32、40、50、63、80、100、125、160、200A。

B5　额定剩余动作电流，$I_{\Delta on}$。

额定剩余电流的优选值为：

0.006、0.01、0.03、0.05、0.1、0.3、0.5A。

B6　额定剩余不动作电流（$I_{\Delta no}$）的优选值为 $0.5I_{\Delta n}$。

a）带短路保护的剩余电流动作保护器额定接通分断能力，如主电路接通分断应符合 GB 10963 的要求，如采用低压断路器时，应符合 GB 14048.2 的要求。

b）不带短路保护的剩余电流动作保护器的额定短路接通分断能力的最小值如表 B1 所示。

B7　主回路中不导致误动作的过流极限值

在主回路没有剩余电流情况下，能够流过而不导致剩余电流动作保护器动作的最大电流值不应小于 $6I_N$（平衡或不平衡负载）。

表 B1　　　　　　　　额定短路接通分断能力的最小值　　　　　　　　　　A

额定电流 I_N	额定短路接通分断电流 I_m	额定电流 I_N	额定短路接通分断电流 I_m
$I_N \leq 10$	500（300）	$100 < I_N \leq 150$	1500
$10 < I_N \leq 50$	500	$150 < I_N \leq 200$	2000
$50 < I_N \leq 100$	1000	$200 < I_N \leq 250$	2500

注：括号内的值目前仍允许使用。

附录 C

（标准的附录）

额定电压 1kV 及以下架空绝缘

电缆（GB 12527）标准

表 C1　　　　　　　　　　架 空 绝 缘 电 缆 型 号

型　号	名　　称	额定电压 U_0/U kV	芯数	导体截面 mm²
JKV	架空铜芯聚氯乙烯绝缘电缆			
JKLV	架空铝芯聚氯乙烯绝缘电缆			
JKLH	架空铝合金芯聚氯乙烯绝缘电缆			
JKY	架空铜芯聚乙烯绝缘电缆			
JKLY	架空铝芯聚乙烯绝缘电缆	0.6/1.0	1, 2, 4	16～240/ 10～120
JKLHY	架空铝合金芯聚乙烯绝缘电缆			
JKYJ	架空铜芯交联聚乙烯绝缘电缆			
JKLYJ	架空铝芯交联聚乙烯绝缘电缆			
JKLHYJ	架空铝合金芯交联聚乙烯绝缘电缆			

注：J—架空线；V—聚氯乙烯；L—铝芯；Y—聚乙烯；HL—铝合金；YJ—交联聚乙烯。

表 C2   架空绝缘电缆结构和技术参数

导体标称截面 mm²	导体中最少单线根数 紧压圆 铜芯	导体中最少单线根数 紧压圆 铝、铝合金芯	导体外径（参考值）mm	绝缘标称厚度 mm	单芯电缆平均外径上限 mm	20℃时导体电阻不大于 Ω/km 铜芯 硬铜	20℃时导体电阻不大于 Ω/km 铜芯 软铜	铝芯	铝合金芯	额定工作温度时最小绝缘电阻率 MΩ·km 70℃	额定工作温度时最小绝缘电阻率 MΩ·km 90℃	电缆拉断力 N 硬铜芯	电缆拉断力 N 铝芯	电缆拉断力 N 铝合金芯
10	6	6	3.8	1.0	6.5	1.906	1.83	3.08	3.574	0.0067	0.67	3471	1650	2514
16	6	6	4.8	1.2	8.0	1.198	1.15	1.91	2.217	0.0065	0.65	5486	2517	4022
25	6	6	6.0	1.2	9.4	0.749	0.727	1.20	1.393	0.0054	0.54	8465	3762	6284
35	6	6	7.0	1.4	11.0	0.540	0.524	0.868	1.007	0.0054	0.54	11731	5177	8800
50	6	6	8.4	1.4	12.3	0.399	0.387	0.641	0.744	0.0046	0.46	16502	7011	12569
70	12	12	10.0	1.4	14.4	0.276	0.268	0.443	0.514	0.0040	0.40	23461	10354	17596
95	15	15	11.6	1.6	16.5	0.1999	0.193	0.320	0.371	0.0039	0.39	31759	13727	23880
120	18	15	13.0	1.6	18.1	0.158	0.153	0.253	0.294	0.0035	0.35	39911	17339	30164
150	18	15	14.6	1.8	20.2	0.128	—	0.206	0.239	0.0035	0.35	49505	21033	37706
185	30	30	16.2	2.0	22.5	0.1021	—	0.164	0.190	0.0035	0.35	61846	26732	46503
240	34	30	18.4	2.2	25.6	0.0777	—	0.125	0.145	0.0034	0.34	79823	34679	60329

表 C3   架空绝缘电缆在空气温度为 30℃ 时的长期允许载流量

导体标称截面 mm²	铜导体 A PVC	铜导体 A PE	铝导体 A PVC	铝导体 A PE	铝合金导体 A PVC	铝合金导体 A PE
16	102	104	79	81	73	75
25	138	142	107	111	99	102
35	170	175	132	136	122	125
50	209	216	162	168	149	154
70	266	275	207	214	191	198
95	332	344	257	267	238	247
120	384	400	299	311	276	287
150	442	459	342	356	320	329
185	515	536	399	416	369	384
240	615	641	476	497	440	459

注
1 PVC—聚氯乙烯为基材的耐气候性能的绝缘材料；
  PE—聚乙烯为基材的耐气候性能的绝缘材料。
2 当空气温度不为 30℃ 时，应将表中架空绝缘电线的长期允许载流量乘以校正系数 K，其值见表 C4。

表 C4   架空绝缘电线长期允许载流量的温度校正系数 K

在下列温度（℃）时载流量校正系数 K 的值									
−40	−30	−20	−10	0	+10	+20	+30	+35	+40
1.66	1.58	1.50	1.41	1.32	1.22	1.12	1.00	0.94	0.87

附录 D
（标准的附录）
常用导线结构及技术指标

表 D1　　　　　　　　　　　　　　铝 绞 线

标称截面 mm²	实际截面 mm²	结构尺寸 根数/直径 根/mm	计算直径 mm	20℃时直流电阻 Ω/km	拉断力 N	弹性系数 N/mm²	热膨胀系数 (10⁻⁶/℃)	载流量 A			计算质量 kg/km	制造长度 m
								70℃	80℃	90℃		
25	24.71	7/2.12	6.36	1.188	4	60	23.0	109	129	147	67.6	4000
35	34.36	7/2.50	7.50	0.854	5.55	60	23.0	133	159	180	94.0	4000
50	49.48	7/3.55	9.00	0.593	7.5	60	23.0	166	200	227	135	3500
70	69.29	7/3.55	10.65	0.424	9.9	60	23.0	204	246	280	190	2500
95	93.27	19/2.50	12.50	0.317	15.1	57	23.0	244	296	338	257	2000
95	94.23	19/4.14	12.42	0.311	13.4	60	23.0	246	298	341	258	2000
120	116.99	19/2.80	14.00	0.253	17.8	57	23.0	280	340	390	323	1500
150	148.07	19/3.15	15.75	0.200	22.5	57	23.0	323	395	454	409	1250
185	182.80	19/3.50	17.50	0.162	27.8	57	23.0	366	450	518	504	1000
240	236.38	19/3.98	19.90	0.125	33.7	57	23.0	427	528	610	652	1000
300	297.57	37/3.20	22.40	0.099	45.2	57	23.0	490	610	707	822	1000

注：资料来自 1989 年版工程师通用手册。

表 D2　　　　　　　　　　　　　钢 芯 铝 绞 线

标称截面 mm²	实际截面 mm²		铝钢截面比	结构尺寸 根数/直径 根/mm		计算直径 mm		直流电阻 20℃ Ω/km	拉断力 N	热膨胀系数 ×10⁻⁶ (1/℃)	弹性系数 N/mm²	载流量 A			计算质量 kg/km	制造长度 不小于 m
	铝	钢		铝	钢	导线	钢芯					70℃	80℃	90℃		
16	15.3	2.54	6.0	6/1.8	1/1.8	5.4	1.8	1.926	5.3	19.1	78	82	97	109	61.7	1500
25	22.8	3.80	6.0	6/2.2	1/2.2	6.6	2.2	1.289	7.9	19.1	89	104	123	139	92.2	1500
35	37.0	6.16	6.0	6/2.8	1/2.8	8.4	2.8	0.796	11.9	19.1	78	138	164	183	149	1000
50	48.3	8.04	6.0	6/3.2	1/3.2	9.6	3.2	0.609	15.5	19.1	78	161	190	212	195	1000
70	68.0	11.3	6.0	6/3.8	1/3.8	11.4	3.8	0.432	21.3	19.1	78	194	228	255	275	1000
95	94.2	17.8	5.03	28/2.07	7/1.8	13.68	5.4	0.315	34.9	18.8	80	248	302	345	401	1500
95	94.2	17.8	5.03	7/4.14	7/1.8	13.68	5.4	0.312	33.1	18.8	80	230	272	304	398	1500
120	116.3	22.0	5.3	28/2.3	7/2.0	15.20	6.0	0.255	43.1	18.8	80	281	344	394	495	1500
120	116.3	22.0	5.3	7/4.6	7/2.0	15.20	6.0	0.253	40.9	18.8	80	256	303	340	492	1500
150	140.8	26.6	5.3	28/2.53	7/2.2	16.72	6.6	0.211	50.8	18.8	80	315	387	444	598	1500
185	182.4	34.4	5.3	28/2.88	7/2.5	19.02	7.5	0.163	65.7	18.8	80	368	453	522	774	1500
240	228.0	43.1	5.3	28/3.22	7/2.8	21.28	8.4	0.130	78.6	18.8	80	420	520	600	969	1500
300	317.5	59.7	5.3	28/3.8	19/2	25.2	10.0	0.0935	111	18.8	80	511	638	740	1348	1000

附录 E

（标准的附录）

环形预应力混凝土电杆标准检验弯矩

表 E1　　　　　　　　　　环形预应力混凝土电杆标准检验弯矩　　　　　　　　　　kgf·m*

梢径（mm）荷重**			ϕ100mm		ϕ130mm			
L(m)	L_1(m)	L_2(m)	50	75	75	100	125	150
6.0	4.75	1.0	238	356	356	475	594	712
6.5	5.15	1.1	258	386	386	515	644	772
7.0	5.55	1.2	278	416	416	555	694	832
7.5	6.0	1.25	—	—	450	600	750	900
8.0	6.45	1.3	—	—	484	645	806	968
8.5	6.85	1.4	—	—	—	—	—	—
9.0	7.25	1.5						1088

注
* 1kgf·m＝9.806N·m。
** 1kgf＝9.806N。
1 标准检验弯矩即支持点断面处弯矩，等于荷重乘以荷重点高度。
2 破坏弯矩为标准检验弯矩的两部。
3 L表示杆长；L_1表示荷重点高度；L_2表示支持点高度。
4 梢端至荷重点距离为0.25m。

附录 F

（标准的附录）

额定电压 450／750V 及以下农用直埋铝芯塑料
绝缘塑料护套电线（JB 2171 标准）

表 F1　　　　　　　　　　　型 号 和 名 称

型　号	名　称	适用地区
NLYV	农用直埋铝芯聚乙烯绝缘，聚氯乙烯护套电线	一般地区
NLYV—H	农用直埋铝芯聚乙烯绝缘，耐寒聚氯乙烯护套电线	一般及寒冷地区
NLYV—Y	农用直埋铝芯聚乙烯绝缘，防蚁聚氯乙烯护套电线	白蚁活动地区
NLYY	农用直埋铝芯聚乙烯绝缘，黑色聚乙烯护套电线	一般及寒冷地区
NLVV	农用直埋铝芯聚氯乙烯绝缘，聚氯乙烯护套电线	一般地区
NLVV—Y	农用直埋铝芯聚氯乙烯绝缘，防蚁聚氯乙烯护套电线	白蚁活动地区

注
横线前面字符，N 表示农用直埋，L 表示铝芯，Y 表示聚乙烯，V 表示聚氯乙烯；横线后面字符，H 表示防寒性，Y 表示防白蚁。

表 F2 规 格

标准截面 mm²	根数/单线 标称直径 根/mm	绝缘标称厚度 mm		护套标称厚度 mm		平均外径 mm 非紧压导电线芯	
		PE	PVC	PVC	PE	下限	上限
4	1/2.25	0.8		1.2		6.0	6.9
6	1/2.76	0.8		1.2		6.4	7.4
10	7/1.35	1.0		1.4		8.2	9.8
16	7/1.70	1.0		1.4		9.2	10.9
25	7/2.14	1.2		1.4		10.8	12.8
35	7/2.52	1.2		1.6		12.2	14.4
50	19/1.79	1.4		1.6		13.5	16.2
70	19/2.14	1.4		1.6		15.0	18.5
95	19/2.52	1.6		2.0		18.2	21.5

标准截面 mm²	平均外径 mm 紧压导电线芯		20℃时导体电阻 Ω/km	绝缘电阻不小于 MΩ·km NLYV, NLYY NLYV—H, NLYV—Y		NLVV NLVV—Y	
	下限	上限	不大于	20℃	70℃	20℃	70℃
4	—	—	7.39	6.00	300	8	0.0085
6	—	—	4.91			7	0.0070
10			3.08			7	0.0085
16	9.1	10.9	1.91			6	0.0058
25	10.5	12.6	1.20	600	300	5	0.0050
35	11.8	14.1	0.868			5	0.0040
50	13.2	15.7	0.641			5	0.0045
70	14.8	17.4	0.443			5	0.0035
95	17.6	20.5	0.320			5	0.0035

表 F3 地埋线的允许载流量

标称截面 mm²	长期连续负荷允许载流量 A	标称截面 mm²	长期连续负荷允许载流量 A
4	31	35	135
6	40	50	165
10	55	70	205
16	80	95	250
25	105		

注

1 土壤温度 25℃;

2 导电线芯最高允许工作温度：65℃;

3 如土壤温度不为 25℃时，允许载流量乘以温度校正系数，见表 F4。

表 F4　　　　　　　　　　　　　温 度 校 正 系 数

实际环境温度 ℃	校正系数 K	实际环境温度 ℃	校正系数 K
5	1.22	30	0.935
10	1.17	35	0.865
15	1.12	40	0.791
20	1.06	45	0.707
25	1.00	—	—

附录 G
（标准的附录）
其他用途的绝缘电线

G1　额定电压300／500V及以下橡皮绝缘固定敷设电线（JB/DQ 7141标准）见表G1、表G2。

G2　橡皮绝缘编织软电线（GB 3958）

适用于交流 300V 及以下室内照明灯具、家用电器和工具的绝缘电线型号，如表 G3、G4、G5 所列。

表 G1　　　　　　　额定电压 300／500V 及以下橡皮绝缘固定敷设电线

型　号	名　　称	主要用途
BXW	铜芯橡皮绝缘氯丁护套电线	适用于户内明敷和户外
BLXW	铝芯橡皮绝缘氯丁护套电线	特别是寒冷地区
BXY	铜芯橡皮绝缘黑色聚乙烯护套电线	适用于户内穿管和户外
BLXY	铝芯橡皮绝缘黑色聚乙烯护套电线	特别是寒冷地区

注：B表示固定敷设，X表示橡皮绝缘，W表示氯丁护套，Y表示聚乙烯护套，L表示铝芯；铜芯无字符表示。

表 G2　　　　　　　　BXW、BLXW、BXY、BLXY 型橡皮绝缘电线

导体标称截面 mm²	导电线芯根数/单线标称直径 根/mm	绝缘与护套厚度之和标称值 mm	绝缘最薄点厚度不小于 mm	护套最薄点厚度不小于 mm	平均外径上限 mm	20℃时导体电阻不大于 Ω/km		
						铜芯	镀锡铜芯	铝芯
0.75	1/0.97	1.0	0.4	0.2	3.9	24.5	24.7	—
1.0	1/1.13	1.0	0.4	0.2	4.1	13.1	18.2	—
1.5	1/1.38	1.0	0.4	0.2	4.4	12.1	12.2	—
2.5	1/1.78	1.0	0.6	0.2	5.0	7.41	7.56	11.8
4	1/2.25	1.0	0.6	0.2	5.6	4.61	4.70	7.39
6	1/2.76	1.2	0.6	0.25	6.8	3.08	3.11	4.91
10	7/1.35	1.2	0.75	0.25	8.3	1.83	1.84	3.08
16	7/1.70	1.4	0.75	0.25	10.1	1.15	1.16	1.91
25	7/2.14	1.4	0.9	0.30	11.8	0.727	0.731	1.20
35	7/2.52	1.6	0.9	0.30	13.8	0.524	0.529	0.868
50	19/1.78	1.6	1.0	0.30	15.4	0.387	0.391	0.641
70	19/2.14	1.8	1.0	0.35	18.2	0.263	0.270	0.443
95	19/2.52	1.8	1.1	0.35	20.6	0.193	0.195	0.320
120	37/2.03	2.0	1.2	0.40	23.0	0.153	0.154	0.253
150	37/2.25	2.0	1.3	0.40	25.0	0.124	0.126	0.206
185	37/2.52	2.2	1.3	0.40	27.9	0.0991	0.100	0.164
240	61/2.25	2.4	1.4	0.40	31.4	0.0754	0.0762	0.125

表 G3　　　　　　　　　　RX 型 软 电 线

标称截面 mm²	导电线芯结构根数/单线直径 根/mm	绝缘标称厚度 mm	电 线 外 径 mm				直流电阻 不大于 Ω/km	
			2 芯		3 芯		不镀锡铜芯	镀锡铜芯
			最小	最大	最小	最大		
0.3	16/0.15	0.6	4.1	6.0	4.3	6.4	71.3	73.0
0.4	23/0.15	0.6	4.5	6.4	4.8	6.9	49.6	51.1
0.5	28/0.15	0.8	5.4	7.6	5.7	8.1	40.2	41.3
0.75	42/0.15	0.8	5.8	8.0	6.2	8.6	26.8	27.5
1	32/0.20	0.8	6.2	8.4	6.6	9.0	20.1	20.6
1.5	43/0.20	0.8	8.8	9.0	7.2	9.6	13.7	14.1
2.5	77/0.20	1.0	9.3	12.1	10.0	13.0	8.2	8.46
4	126/0.20	1.0	10.4	13.3	11.1	14.3	5.1	5.24

表 G4　　　　　　　　　　RXH 型 软 电 线

标称截面 mm²	导电线芯结构根数/单线直径 根/mm	绝缘标称厚度 mm	电 线 外 径 mm				直流电阻不大于 Ω/km	
			2 芯		3 芯		不镀锡铜芯	镀锡铜芯
			最小	最大	最小	最大		
0.3	16/0.15	0.6	4.3	5.7	4.6	6.1	69.2	71.2
0.4	23/0.15	0.6	4.7	6.1	5.0	6.5	48.2	49.6
0.5	28/0.15	0.6	4.9	6.3	5.2	6.7	39.0	40.1
0.75	42/0.15	0.6	5.4	6.8	5.7	7.2	26.0	26.7
1.0	32/0.20	0.6	5.7	7.2	6.1	7.6	19.5	20.0
1.5	43/0.20	0.8	7.1	8.7	7.6	9.3	13.3	13.7
2.5	77/0.20	0.8	9.8	11.6	10.5	12.4	7.98	8.21
4.0	126/0.20	0.8	10.9	12.7	11.7	13.6	4.95	5.09

表 G5　　　　　　　　　　RXS 型 软 电 线

标称截面 mm²	导电线芯结构根数/单线直径 根/mm	绝缘标称厚度 mm	每根编织绝缘线芯平均外径最大值 mm	软电流直流电阻不大于 Ω/km	
				不镀锡铜芯	镀锡铜芯
0.3	16/0.15	0.6	3.0	69.2	71.2
0.4	23/0.15	0.6	3.1	48.2	49.6
0.5	28/0.15	0.6	3.2	39.0	40.1
0.75	42/0.15	0.6	3.4	26.0	26.7
1	32/0.20	0.6	3.6	19.5	20.0
1.5	43/0.20	0.8	4.4	13.3	18.7
2.5	77/0.20	0.8	5.2	7.98	8.21
4	126/0.20	0.8	5.7	4.95	5.09

注：R 表示软电线，X 表示橡皮绝缘，H 表示橡皮保护层总编织圆形，S 表示编织双绞。

附录 H
（提示的附录）
按防触电方式的电器分类

H1　0 类电器

依靠基本绝缘来防止触电危险的电器。它没有接地保护的连接手段。

H2　I 类电器

该类电器的防触电保护不仅依靠基本绝缘，而且还需要一个附加的安全预防措施。其方法是将电器外露可导电部分与已安装在固定线路中的保护接地导体连接起来。

H3　II 类电器

该类电器在防触电保护方面，不仅依靠基本绝缘，而且还有附加绝缘。在基本绝缘损坏之后，依靠附加绝缘起保护作用。其方法是采用双重绝缘或加强绝缘结构，不需要接保护线或依赖安装条件的措施。

H4　Ⅲ类电器

该类电器在防触电保护方面，依靠安全电压供电，同时在电器内部任何部位均不会产生比安全电压高的电压。

附录 I
（提示的附录）
农村常用低压电器型号及技术数据

表 I1　　　　　HK2 系列开启式负荷开关（瓷底胶盖熔断器式刀开关）

额定电流 A	极数	额定电压 V	控制异步电动机功率 kW	熔体额定电流 A	熔体最大分断电流（cosϕ＝0.6） A
10	2	250	1.1	10	500
15	2	250	1.5	15	500
30	2	250	3.0	30	1000
15	3	380	2.2	15	500
30	3	380	4.0	30	1000
60	3	380	5.5	60	1500

注：开关触刀最大分断能力，当 cosϕ＝0.6 时，为额定电流的 2 倍。

表 I2　　　　　HH10□系列开关熔断器组

型号规格	额定电流 A		接通电流 I A	分断电流 I_c A	接通电压 V	熔断短路电流 kA
	AC－21、AC－22	AC－23				
HH10□-20	20	8	80	64		
HH10□-32	32	14	140	112	1.1×415	50
HH10□-63	63	25	250	200		
HH10□-100	100	40	400	320		

表 I3　　　　　HH11□系列熔断器式开关

型号规格	额定电流 A	接通电流 A		分断电流 A		熔断短路电流 kA
	AC－22、AC－23	AC－22	AC－23	AC－22	AC－23	
HH11□-100	100	300	400	300	320	
HH11□-200	200	600	800	600	640	50
HH11□-315	315	945	1000	945	800	
HH11□-400	400	1200	1300	1200	1000	

注　1　AC－21 表示通断电阻性负荷，包括适当过负荷；

　　2　AC－22 表示通断电阻和电感混合负荷，包括适当的过负荷；

　　3　AC－23 表示通断电感性负荷、电动机负荷。

表 I4 RT14 系列有填料封闭管式圆筒形熔断器

额定电压 V	额定电流 A		额定分断能力		熔体耗散功率 W
	支持件	熔断体	kA	$\cos\phi$	
380	20	2、4、6、10、16、20	100	0.1~0.2	≤3
	32	2、4、6、10、16、20、25、32			≤5
	63	10、16、20、25、32、40、50、63			≤9.5

熔体额定电流 I_N A	约定时间 h	约定不熔断电流 I_{Nf}	约定熔断电流 I_f
		A	
$I_N \leqslant 4$			$2.1 I_N$
$4 < I_N \leqslant 10$	1	$1.5 I_N$	$1.9 I_N$
$10 < I_N \leqslant 25$		$1.4 I_N$	$1.75 I_N$
$25 < I_N \leqslant 63$		$1.3 I_N$	$1.6 I_N$

表 I5 QJ10 系列自耦减压起动器

型 号	被控 Y 系列电动机功率 kW	Y 系列电动机额定电流 A	热继电器动作电流 A	一次或数次连续起动时间 s
QJ10 – 11	11	24.6	24.6	30
QJ10 – 15	15	31.4	31.4	
QJ10 – 18.5	18.5	37.6	37.6	
QJ10 – 22	22	43	43	40
QJ10 – 30	30	58	58	
QJ10 – 37	37	71.8	71.8	
QJ10 – 45	45	85.2	85.2	
QJ10 – 55	55	105	105	60
QJ10 – 75	75	142	142	

表 I6 QX4 系列自动星—三角起动器技术数据

型 号	控制功率 kW	额定电压 V	额定电流 A	热元件动作电流 A	延时调节范围 s	短时工作操作频率 次/h
QX4 – 17	17	380	33	19	13	30
QX4 – 30	30	380	58	34	17	30
QX4 – 55	55	380	105	61	24	30
QX4 – 75	75	380	142	85	30	30
QX4 – 125	125	380	260	100~160	14~60	30

表 I7　　　　　　　　　　　**万能式（框架式）空气断路器**

型　号	壳架等级额定电流 A	可选定额定电流 I_N A	额定通断能力 kA	保护功能		操作方法	
				过负荷	短路	手动	电动
DW10-200	200	100、150、200	10	√	√	√	√
DW10-400	400	100、150、200、250、300、350、400	15	√	√	√	√
DW10-600	600	500、600	15	√	√	√	√
DW10-1000	1000	400～1000	20	√	√	√	电磁铁
DW15-200	200	100、160、200	200/50	√	√	√	电磁铁
DW15-400	400	200、315、400	250/88	√	√	√	电磁铁
DW15-630	630	315、400、630	300/126	√	√	√	电磁铁
DW15-1000	1000	630、800、1000	400/300	√	√	√	电动

注：分子为瞬时通断能力，分母为延时通断能力。

表 I8　　　　　　　　　　　**塑 壳 式 空 气 断 路 器**

型　号	壳架等级额定电流 A	可选定额定电流 I_N A	额定通断能力 kA	保护功能		操作方法	
				过负荷	短路	手动	电动
DZ10-100	100	15、20、25、50、100	6、9、12	√	√	√	×
DZ10-250	250	100、120、140、170、200、225、250	30①	√	√	√	√
DZ10-600	600	200、250、300、350、400、500、600	50①	√	√	√	√
DZ15-40	40	6、10、15、20、30、40	2.5	√	√	√	×
DZ15-60	60	10、15、20、40、60	5.0	√	√	√	
DZ20-100	100	16、20、32、48、50、63、80、100	18	√	√	√	
DZ20-200	200	100、125、160、180、200	25	√	√		
DZ20-400	400	200、250、315、400	42	√	√		
DZ20-630	630	400、500、600	30	√	√		
DZ20-1250	1250	630、700、800、1000、1250	50	√	√		
DZ12	60	15、20、30、40、50、60	3.0	√	√	√	
DZX19-63	63	10、20、30、40、50、63	10	√	√	√	

① DZ10 的通断能力为短路峰值。

表 I9　　　　　　　　　　　　　　　　　交 流 接 触 器

| 型　号 | 额定绝缘电压 V | AC－1 | | AC－2 | | AC－3　I类AC－4 | | 额定控制功率 AC－3 kW |
| | | 额定电压 220V、380V | | 额定电压 220V、380V | | 额定电压 220V、380V | | |
		额定电流 A	操作频率 次/h	额定电流 A	操作频率 次/h	额定电流 A	操作频率 次/h	
CJ20－10	660	10	1200	—	—	10	1200/300	2.2
CJ20－16	660	16	1200	—	—	16	1200/300	4.5
CJ20－25	660	32	1200	—	—	25	1200/300	5.5
CJ20－40	660	55	1200	—	—	40	1200/300	11.0
CJ20－63	660	80	1200	63	300	63	1200/300	18.0
CJ20－100	660	125	1200	100	300	100	1200/300	28.0
CJ20－160	660	200	1200	160	300	160	1200/300	48.0
CJ20－250	660	315	600	250	300	250	600/30	80.0
CJ20－400	660	400	600	400	300	400	600/30	115.0
CJ20－630	660	630	600	630	300	630	600/30	175.0

注：表中操作频率栏中，分子是 AC－3 I 类，分母是 AC－4 类。

表 I10　　　　　　　　　　　　低压无间隙金属氧化物避雷器

| 避雷器额定电压（有效值）kV | 系统额定电压（有效值）kV | 避雷器持续运行电压（有效值）kV | 标称放电电流1.5kA | |
			雷电冲击电流残压（峰值）不大于 kV	直流（mA）参考电压不小于 kV
0.28	0.22	0.240	1.3	0.6
0.500	0.38	0.420	2.6	1.2

附录 J
（提示的附录）
典 型 气 象 区

表 J1　　　　　　　　　　　　　　　　典 型 气 象 区

气象区		I	II	III	IV	V	VI	VII
大气温度 ℃	最　高	+40						
	最　低	−5	−10	−5	−20	−20	−40	−20
	导线覆冰	—			−5			
	最大风	+10	+10	−5	−5	−5	−5	−5
风速 m/s	最大风	30	25	25	25	25	25	25
	导线覆冰	10						
	最高、最低气温	0						
覆冰厚度，mm		—	5	5	5	10	10	15
冰的密度		0.9						

注：最大风速系指离地面10m高、10年一遇10min平均最大值。

附录 K

（提示的附录）

架空线路污秽分级标准（GB 50061 标准）

表 K1 架空线路污秽分级标准

污秽等级	污秽条件			瓷绝缘单位泄漏距离 cm/kV	
	污秽特征	盐密 mg/cm		中性点直接接地	中性点非直接接地
0	大气清洁地区及离海岸 50km 以上地区	0~0.03（强电解质） 0~0.06（弱电解质）		1.6	1.9
1	大气轻度污染地区或大气中等污染地区 盐碱地区，炉烟污秽地区，离海岸 10~50km 的地区，在污闪季节中干燥少雾（含毛毛雨）或雨量较多时	0.03~0.10		1.6~2.0	1.9~2.4
2	大气中等污染地区：盐碱地区，炉烟污秽地区，离海岸 3~10km 地区，在污闪季节潮湿多雾（含毛毛雨），但雨量较少时	0.05~0.10		2.0~2.5	2.4~3.0
3	大气严重污染地区：大气污秽而又有重雾的地区，离海岸 1~3km 地区及盐场附近重盐碱地区	0.10~0.25		2.5~3.2	2.4~3.0
4	大气特别污染地区：严重盐雾侵袭地区，离海岸 1km 以内地区	>0.25		3.2~3.8	3.8~4.5

附录 L

（提示的附录）

弱电线路等级

一级——首都与各省（市）、自治区政府所在地及其相互间联系的主要线路；首都至各重要工矿城市、海港的线路以及由首都通达国外的国际线路；由邮电部指定的其他国际线路和国防线路。

铁道部与各铁路局及各铁路局之间联系用的线路；以及铁路信号自动闭塞装置专用线路。

国家电力公司与各网、省电力公司的中心调度所以及国家电力公司中心调度所联系的线路；各网、省电力公司之间及其内部的多通道回路、遥控线路。

二级——各省（市）、自治区政府所在地与各地（市）、县及其相互间的通信线路；相邻两省（自治区）各地（市）、县相互间的通信线路；一般市内电话线路。

铁路局与各站、段及站段相互间的线路，以及铁路信号闭塞装置的线路。

各网、省电力公司的中心调度所与各地（市）电力公司调度所及各主要发电厂和变电所联系的线路、遥测线路。

三级——县至乡、镇、村的县内线路和两对以下的城郊线路；铁路的地区线路及有线广播线路。

各网、省电力公司所属的其他弱电流线路。

其他各部门及机关（包括军事机关）所属弱电流线路等级可参照本附录与有关单位磋商确定。

附录 M

（提示的附录）

雷电区划分

表 M1 雷电区划分

雷电区名称	年平均雷暴日数（日）
少雷区	不超过 15
多雷区	超过 40
雷电活动特殊强烈区	超过 90 或根据运行经验雷害特别严重地区

附录 N
（提示的附录）
公　路　等　级

高速公路：专供汽车分向、分车道行驶，并全部控制出入的干线公路。

四车道：一般能适应按各种汽车折合成小客车的远景设计年限 20 年，年平均昼夜交通量为 25000～55000 辆；

六车道：一般能适应按各种汽车折合成小客车的远景设计年限 20 年，年平均昼夜交通量为 45000～80000 辆；

八车道：一般能适应按各种汽车折合成小客车的远景设计年限 20 年，年平均昼夜交通量为 60000～100000 辆。

一级公路：供汽车分向、分车道行驶的公路。一般能适应按各种汽车折合成小客车的远景设计年限 20 年，年平均昼夜交通量为 15000～30000 辆。

二级公路：一般能适应按各种车辆折合成中型载重汽车的远景设计年限 15 年，年平均昼夜交通量为 3000～7500 辆。

三级公路：一般能适应按各种车辆折合成中型载重汽车的远景设计年限 10 年，年平均昼夜交通量为 1000～4000 辆。

四级公路：一般能适应按各种车辆折合成中型载重汽车的远景设计年限 10 年，年平均昼夜交通量为：双车道 1500 辆以下，单车道 200 辆以下。

附录 O
（提示的附录）
名　词　术　语

（略）

4　微机继电保护装置运行管理规程

（DL/T 587—1996）

1　范围

本标准规定了微机继电保护装置在技术管理、检验管理、运行规定和职责分工等方面的要求。

本标准适用于 35kV 及以上电力系统中电力主设备和线路的微机继电保护装置。

2　引用标准

（略）

3　总则

3.1　微机继电保护是继电保护技术发展的重要方向。为了加强微机继电保护装置的运行管理工作，实现电力系统的安全稳定运行，特制定本标准。

3.2　调度人员、现场运行人员和继电保护人员在微机继电保护装置的运行管理工作中均应以本标准为依据，规划、设计、施工、科研、制造等工作也应满足本标准有关章条的要求。

3.3　从事微机继电保护专业工作的人员，应具有中专及以上文化水平。从事 220kV 及以上线路或 200MW 及以上机组的微机继电保护专业工作的人员，应具有大专及以上文化水平，并保持相对稳定。对继电保护专业人员、运行人员和专业领导应定期进行培训。

3.4　下列人员应熟悉本标准：

3.4.1　网（省、地区）调调度人员、继电保护人员及专业领导。

3.4.2　各电业局（供电局）、发电厂主管继电保护工作的调度（试验）所长、电气分场主任和继电保护所所长。

3.4.3　发电厂、变电所电气运行值班人员，电气专责工程师。

3.4.4　各电业局（供电局）、发电厂继电保护班长、继电保护专责工程师、微机继电保护整定计算和检验维护人员。

3.4.5　各单位主管运行、基建、电气试验和电气检修的领导。

3.5　各网局、省局、电业局（供电局）、发电厂应依据本标准制定具体装置的运行规程，其中应对一些特殊要求作出补充，并结合本标准同时使用。

3.6　微机继电保护装置室内月最大相对湿度不应超过 75%，应防止灰尘和不良气体侵入。微机继电保护装置室内环境温度应在 5～30℃ 范围内，若超过此范围应装设空调。对微机继电保护装置的要求按 DL 478—92 中的 4.1.1 执行。

3.7　微机继电保护装置的使用年限一般为 10～12 年。

4　职责分工

微机继电保护装置的运行管理工作应统一领导、分级管理。

4.1 网（省）调继电保护机构

4.1.1 负责直接管辖范围内微机继电保护装置的配置、整定计算和运行管理。

4.1.2 负责全网（省）局各种类型微机继电保护装置的技术管理。

4.1.3 贯彻执行上级颁发的有关微机继电保护装置规程和标准，结合具体情况，为本网（省）调调度人员制定、修订微机继电保护装置调度运行规程，组织制定、修订本网（省）内使用的微机继电保护装置检验规程。

4.1.4 负责微机继电保护装置的动作分析。负责对微机继电保护装置不正确动作造成的重大事故或典型事故进行调查，并及时下发改进措施和事故通报。

4.1.5 统一管理直接管辖范围内微机继电保护装置的程序，各网（省）局对同一型号微机继电保护装置应使用相同的程序，更改程序应下发程序通知单。

4.1.6 负责对网（省）调调度人员进行有关微机继电保护装置运行方面的培训工作；负责对现场继电保护人员进行微机继电保护装置的技术培训。

4.1.7 各网（省）调对微机继电保护装置应指定专责人，专责人应熟练掌握微机继电保护装置的软、硬件。

4.1.8 各网（省）调应负责微机继电保护装置维修中心工作，维修中心对每种微机继电保护应备一套完整的装置，并有足够的备品、备件。

4.2 电业局（供电局）、发电厂继电保护机构

4.2.1 负责微机继电保护装置的日常维护、定期检验和输入定值。

4.2.2 按地区调度及发电厂管辖范围，定期编制微机继电保护装置整定方案和处理日常运行工作。

4.2.3 贯彻执行上级颁发的有关微机继电保护装置规程和标准，负责为地区调度及现场运行人员编写微机继电保护装置调度运行规程和现场运行规程。

4.2.4 统一管理直接管辖范围内微机继电保护装置的程序，同一型号微机继电保护装置应使用相同的程序，更改程序应下发程序通知单。

4.2.5 负责对现场运行人员和地区调度人员进行有关微机继电保护装置的培训。

4.2.6 微机继电保护装置发生不正确动作时，应调查不正确动作原因，并提出改进措施。

4.2.7 熟悉微机继电保护装置原理及二次回路，负责微机继电保护装置的异常处理。

4.2.8 了解变电所综合自动化系统中微机继电保护装置的有关内容。

4.3 调度人员

4.3.1 了解微机继电保护装置的原理。

4.3.2 批准和监督直接管辖范围内的各种微机继电保护装置的正确使用与运行。

4.3.3 处理事故或系统运行方式改变时，微机继电保护装置使用方式的变更应按有关规程、规定执行。

4.3.4 在系统发生事故等不正常情况时，调度人员应根据断路器及微机继电保护装置的动作情况处理事故，并做好记录，及时通知有关人员。根据短路电流曲线或微机继电保护装置的测距结果，给出巡线范围，及时通知有关单位。

4.3.5 参加微机继电保护装置调度运行规程的审核。

4.4 现场运行人员

4.4.1 了解微机继电保护装置的原理及二次回路。

4.4.2 负责与调度人员核对微机继电保护装置的整定值，负责进行微机继电保护装置的投入、停用等操作。

4.4.3 负责记录并向主管调度汇报微机继电保护装置（包括投入试运行的微机继电保护装置）的信号指示（显示）及打印报告等情况。

4.4.4 执行上级颁发的有关微机继电保护装置规程和规定。

4.4.5 掌握微机继电保护装置打印（显示）出的各种信息的含义。

4.4.6 根据主管调度命令，对已输入微机继电保护装置内的各套定值，允许现场运行人员用规定的方法来改变定值。

4.4.7 现场运行人员应掌握微机继电保护装置的时钟校对、采样值打印（显示）、定值清单打印（显示）、报告复制、按规定的方法改变定值、保护的停投和使用打印机等操作。

4.4.8 在改变微机继电保护装置的定值、程序或接线时，要有主管调度的定值、程序及回路变更通知单（或有批准的图样）方允许工作。

4.4.9 对微机继电保护装置和二次回路进行巡视。

5 运行规定

5.1 一条线路两端的同一型号微机高频保护软件版本应相同。

5.2 各网（省）调应统一规定微机继电保护装置中各保护段的名称及作用。

5.3 现场运行人员应定期对微机继电保护装置进行采样值检查和时钟校对，检查周期不得超过一个月。

5.4 微机继电保护装置在运行中需要改变已固化好的成套定值时，由现场运行人员按规定的方法改变定值，此时不必停用微机继电保护装置，但应立即打印

（显示）出新定值清单，并与主管调度核对定值。

5.5　微机继电保护装置动作（跳闸或重合闸）后，现场运行人员应按要求作好记录和复归信号，并将动作情况和测距结果立即向主管调度汇报，然后复制总报告和分报告。

5.6　现场运行人员应保证打印报告的连续性，严禁乱撕、乱放打印纸，妥善保管打印报告，并及时移交继电保护人员。无打印操作时，应将打印机防尘盖盖好，并推入盘内。现场运行人员应定期检查打印纸是否充足、字迹是否清晰。

5.7　微机继电保护装置出现异常时，当值运行人员应根据该装置的现场运行规程进行处理，并立即向主管调度汇报，继电保护人员应立即到现场进行处理。

5.8　微机继电保护装置插件出现异常时，继电保护人员应用备用插件更换异常插件，更换备用插件后应对整套保护装置进行必要的检验，异常插件送维修中心（或制造厂）修理。

5.9　在下列情况下应停用整套微机继电保护装置：

　　a）微机继电保护装置使用的交流电压、交流电流、开关量输入、开关量输出回路作业；

　　b）装置内部作业；

　　c）继电保护人员输入定值。

5.10　带高频保护的微机线路保护装置如需停用直流电源，应在两侧高频保护装置停用后，才允许停直流电源。

5.11　若微机线路保护装置和收发信机均有远方起动回路，只能投入一套远方起动回路。

5.12　运行中的微机继电保护装置直流电源恢复后，时钟不能保证准确时，应校对时钟。

5.13　微机高频保护年投入运行时间应大于 330 天。

5.14　远方更改微机继电保护装置定值或操作微机继电保护装置时，应根据现场有关运行规定，并有保密和监控手段，以防止误整定和误操作。

5.15　微机继电保护装置与通信复用通道时，通道设备的维护和调试均由通信人员负责。当通信人员在通信设备或复用通道上工作而影响微机继电保护装置的正常工作时，应由通信值班人员通知当地变电所（发电厂）运行值长，变电所（发电厂）运行值长向主管调度申请停用有关微机继电保护装置，经主管调度批准后，由主管调度下令给有关变电所（发电厂）运行值长，将两端有关微机继电保护装置停用，然后由变电所（发电厂）运行值长通知通信值班人员进行工作。

　　对于复用载波机接口装置的维护和调试工作应视安装地点而异。若安装在通信机房，则由通信人员负

责；若安装在继电保护室，则由继电保护人员负责。

6　技术管理

6.1　微机继电保护装置投运时，应具备如下的技术文件：

　　a）竣工原理图、安装图、技术说明书、电缆清册等设计资料；

　　b）制造厂提供的装置说明书、保护屏（柜）电原理图、装置电原理图、分板电原理图、故障检测手册、合格证明和出厂试验报告等技术文件；

　　c）新安装检验报告和验收报告；

　　d）微机继电保护装置定值和程序通知单；

　　e）制造厂提供的软件框图和有效软件版本说明；

　　f）微机继电保护装置的专用检验规程。

6.2　运行资料（如微机继电保护装置的缺陷记录、装置动作及异常时的打印报告、检验报告和 6.1 所列的技术文件等）应由专人管理，并保持齐全、准确。

6.3　运行中的装置作改进时，应有书面改进方案，按管辖范围经继电保护主管机构批准后方允许进行。改进后应作相应的试验，并及时修改图样资料和做好记录。

6.4　电力系统各级继电保护机构，对直接管辖的微机继电保护装置，应统一规定检验报告的格式。对检验报告的要求见附录 B。

6.5　电力系统各级继电保护机构，对所管辖的微机继电保护装置的动作情况，应按照《电力系统继电保护及电网安全自动装置评价规程》进行统计分析，并对装置本身进行评价。对不正确的动作应分析原因，提出改进对策，并及时报主管部门。

6.6　为了便于运行管理和装置检验，同一电业局（供电局）、发电厂的微机继电保护装置型号不宜过多。

6.7　各网（省）调应结合本网（省）实际情况，制定 220kV 及以上电力系统微机继电保护装置的配置及选型原则，使全网（省）保护装置规范化和标准化。按调度操作范围确定系统保护装置的配置及保护方式，并统一全网（省）微机继电保护装置原理接线图。35～110kV 电力系统微机继电保护装置应有基层局（厂）应用的经验总结，经网（省）调复核并同意后，方可在网（省）电力系统中推广应用，做到同一地区微机继电保护装置规范化和标准化。

6.8　各电业局（供电局）、发电厂对每一种型号的微机继电保护装置应配备一套完好的备用插件。

6.9　投入运行的微机继电保护装置应设有专责维护人员，建立完善的岗位责任制。

7 检验管理

7.1 对运行中或准备投入运行的微机继电保护装置，应按电力工业部颁布的《继电保护及系统安全自动装置检验条例》和有关微机继电保护装置检验规程进行定期检验和其他各种检验工作，检验工作应尽量与被保护的一次设备同时进行。

7.2 每套微机继电保护装置定检周期和时间原则规定如下：

新安装的保护装置1年内进行1次全部检验，以后每6年进行1次全部检验（220kV及以上电力系统微机线路保护装置全部检验时间一般为2～4天）；每1～2年进行1次部分检验（220kV及以上电力系统微机线路保护装置部分检验时间一般为1～2天）。

7.3 检验微机继电保护装置时，为防止损坏芯片，应注意如下问题：

7.3.1 微机继电保护屏（柜）应有良好可靠的接地，接地电阻应符合设计规定。用使用交流电源的电子仪器（如示波器、频率计等）测量电路参数时，电子仪器测量端子与电源侧应绝缘良好，仪器外壳应与保护屏（柜）在同一点接地。

7.3.2 检验中不宜用电烙铁，如必须用电烙铁，应使用专用电烙铁，并将电烙铁与保护屏（柜）在同一点接地。

7.3.3 用手接触芯片的管脚时，应有防止人身静电损坏集成电路芯片的措施。

7.3.4 只有断开直流电源后才允许插、拔插件。

7.3.5 拔芯片应用专用起拔器，插入芯片应注意芯片插入方向，插入芯片后应经第二人检验无误后，方可通电检验或使用。

7.3.6 测量绝缘电阻时，应拔出装有集成电路芯片的插件（光耦及电源插件除外）。

7.4 使用微机继电保护装置的发电厂、电业局（供电局）应配备微机型试验仪、记忆示波器等专用仪器、仪表。

7.5 装有微机继电保护装置的变电所、发电厂的试验电源，一次侧应为三角形接线，二次侧应为三相四线制的星形接线，相电压为（100/3）V，容量不应小于10kVA。

7.6 微机继电保护装置现场检验应做以下几项内容：

a）测量绝缘；

b）检验逆变电源（拉合直流电流，直流电源缓慢上升、缓慢下降时逆变电源和微机继电保护装置应能正常工作）；

c）检验固化的程序是否正确；

d）检验数据采集系统的精度和平衡度；

e）检验开关量输入和输出回路；

f）检验定值单；

g）整组检验；

h）用一次电流及工作电压检验。

7.7 根据系统各母线处最大、最小阻抗，核对微机继电保护装置的线性度能否满足系统的要求。特别应注意微机继电保护装置中电流变换器二次电阻、电流比例系数与微机继电保护装置线性度之间的关系。

7.8 检验所用仪器、仪表应由检验人员专人管理，特别应注意防潮、防震。仪器、仪表应保证误差在规定范围内。使用前应熟悉其性能和操作方法，使用高级精密仪器一般应有人监护。

8 对制造、设计、审核、验收的要求

8.1 对插件结构的要求：

应满足DL 478—92中4.8.2的要求。

8.2 每面微机继电保护屏出厂前，应整屏作整组试验。

8.3 对装置的要求：

8.3.1 硬件：

在设计产品时，应考虑到可靠性、可维护性和可扩展性。软件版本的升级不应变更硬件。

8.3.2 软件：

软件编制一般按功能划分，做到标准化、模块化，并便于功能的扩充。对现场的信息参数宜编制独立的参数模块，以便于在运行中修改。具有录波功能的微机继电保护装置，其模拟量的数据文件，应能转化成标准格式输出（如 comtrade）。

8.4 不应使用在直流电源恢复（包括缓慢恢复）时不能自起动的直流逆变电源。

8.5 引至微机继电保护装置的空触点，应经光电隔离后进入微机继电保护装置。

8.6 微机继电保护装置只能以空触点或光耦输出。

8.7 微机高频保护中应能打印（显示）出收发信机的收信继电器触点的动作情况。

8.8 微机继电保护装置应能保证在中央信号回路发生短路时不会误动。

8.9 微机继电保护装置应具有足够的抗电磁扰动能力（如具有抗御1MHz和100kHz衰减振荡波干扰、辐射电磁场干扰、静电放电干扰、快速瞬变干扰及冲击电压干扰的能力）。

8.10 微机继电保护装置应设有在线自动检测。在微机继电保护装置中微机部分任一元件损坏（包括CPU）时都应发出装置异常信息，并在必要时自动闭

锁相应的保护。但对保护装置的出口回路的设计，应以简单可靠为主，不宜为了实现对出口回路的完全自检而在此回路增加可能降低可靠性的元件。

8.11　微机继电保护装置的所有输出端子不应与其弱电系统（指 CPU 的电源系统）有电的联系。

8.12　微机继电保护装置应设有自恢复电路，在因干扰而造成程序走死时，应能通过自恢复电路恢复正常工作。

8.13　微机继电保护装置在断开直流电源时不应丢失报告。

8.14　微机继电保护装置应具有自动对时功能。

8.15　对于同一型号微机继电保护装置的停用段应规定统一的整定符号。

8.16　为提高集成电路芯片接触的可靠性，宜将除存放程序的 EPROM 外的所有集成电路芯片直接焊在印刷板上。

8.17　微机继电保护装置应使用工业级及以上的芯片、电容器和其他元器件，并严格筛选。

8.18　制造厂应保证微机继电保护装置内部变换器（如电流变换器、电压变换器、电抗变压器等）的线性度。

8.19　微机继电保护装置打印（显示）的信息，应简洁、明了、规范。

8.20　变电所综合自动化系统中的微机继电保护装置功能应相对独立，当后台机或网络系统出现故障时，不应影响微机继电保护装置的正常运行。

8.21　110kV 及以上电力系统的微机线路保护装置应具有测量故障点距离的功能。

8.22　微机变压器、发电机变压器组和母线差动保护装置应具有在正常运行中显示差电和差流超限报警的功能。

8.23　微机变压器保护装置所用的电流互感器二次宜采用 Y 形接线，其相位补偿和电流补偿系数由软件实现。

8.24　微机母线保护装置不宜用辅助变流器，该装置宜能自动识别母线运行方式。

8.25　为了便于运行管理，由不同制造厂生产的同一种微机继电保护装置的端子排列宜一致。

8.26　同一条线路两端宜配置相同型号的微机高频保护。

8.27　同一种微机继电保护装置的组屏方案不宜过多。

8.28　组屏设计方面应注意：

8.28.1　微机线路保护屏（柜）的电流输入、输出端子排排列应与电力工业部"四统一"原则一致。

8.28.2　同一型号的微机继电保护组屏时，统一零序电流和零序电压线圈的极性端，通过改变微机保

护屏（柜）端子上的连线来适应不同电压互感器接线的要求。

8.28.3　为防止由交流电流、交流电压和直流回路进入的干扰引起微机继电保护装置不正常工作，应在微机继电保护装置的交流电流、交流电压回路和直流电源的入口处，采取抗干扰措施。

8.28.4　微机继电保护屏（柜）应设专用接地铜排，屏（柜）上的微机继电保护装置和收发信机中的接地端子均应接到屏（柜）上的接地铜排，然后再与控制室接地线可靠连接接地。

8.28.5　与微机继电保护装置出口继电器触点连接的中间继电器线圈两端应并联消除过电压回路。

8.29　微机继电保护屏宜用柜式结构。

8.30　为保证微机继电保护装置可靠工作，其二次回路应按 GB 14285—93 中 4.22 给出的措施执行。用于微机继电保护装置的电流、电压和信号触点引入线，应采用屏蔽电缆，屏蔽层在开关场和控制室同时接地。

8.31　对于新建的 220kV 及以上线路、变压器和 200MW 及以上容量的发电机变压器组，如全部采用微机继电保护装置，则宜配置双套。

8.32　所有微机继电保护装置与其他数字设备之间的通信规约宜统一。

8.33　在新建、扩建变电工程及更改工程的设计中，安装微机继电保护装置时，应配置必要的试验设备和专用工具。

8.34　凡第一次采用国外微机继电保护装置，必须经部质检中心进行动模试验（按部颁试验大纲），确认其性能、指标等完全满足我国电网对微机继电保护装置的要求后方可选用。

8.35　对新安装的微机继电保护装置进行验收时，应以订货合同、技术协议、设计图样和技术说明书等有关规定为依据，按有关规程和规定进行调试，并按定值通知单进行整定。检验整定完毕，并经验收合格后方允许投入运行。

8.36　新设备投入运行前，基建单位应按电力工业部颁布的《火力发电厂基本建设启动验收规程》和 GB 50171—92 等的有关规定，与运行单位进行图样资料、仪器仪表、调试专用工具、备品备件和试验报告等移交工作。

8.37　新建、扩建、改建工程使用的微机继电保护装置，发现质量不合格的，应由制造厂负责处理。

9　定值和程序管理

9.1　各网（省）调应根据 DL/T 559—94 的规定制定 220～500kV 电网微机继电保护装置整定计算

原则。

9.2　各电业局（供电局）应根据 DL/T 584—95 的规定制定 35～110kV 电网微机继电保护装置整定计算原则。

9.3　对定值通知单规定如下：

9.3.1　现场微机继电保护装置定值的变更，应按定值通知单的要求执行，并依照规定日期完成。

如根据一次系统运行方式的变化，需要变更运行中保护装置的整定值时，应在定值通知单上说明。

在特殊情况急需改变保护装置定值时，由调度（值长）下令更改定值后，保护装置整定机构应于两天内补发新定值通知单。

9.3.2　旁路断路器代线路断路器时，若旁路与被代线路的电流互感器变比相同，则旁路微机继电保护装置各段定值与被代线路保护装置各段定值宜相同。

9.3.3　对定值通知单的控制字宜给出具体数值。为了便于运行管理，各网（省）局对于微机继电保护装置中每个控制字的选择应尽量统一，不宜太多。

9.3.4　定值通知单应有计算人、审核人签字并加盖"继电保护专用章"方能有效。定值通知单应按年度编号，注明签发日期、限定执行日期和作废的定值通知单号等，在无效的定值通知单上加盖"作废"章。

9.3.5　定值通知单一式 4 份，其中下发定值通知单的继电保护机构自存 1 份、调度 1 份、运行单位 2 份（现场及继电保护专业各 1 份）。

新安装保护装置投入运行后，施工单位应将定值通知单移交给运行单位。

运行单位接到定值通知单后，应在限定日期内执行完毕，并在继电保护记事簿上写出书面交待，将"回执"寄回发定值通知单单位。

9.3.6　定值变更后，由现场运行人员与网（省）调调度人员核对无误后方可投入运行。调度人员和现场运行人员应在各自的定值通知单上签字和注明执行时间。

9.4　110kV 及以上系统微机继电保护装置整定计算所需的电力主设备及线路的参数，应使用实测参数值。新投运的电力主设备及线路的实测参数应于投运前 1 个月，由运行单位统一归口提交负责整定计算的继电保护机构。

9.5　各网（省）调应统一管理直接管辖范围内微机继电保护装置的程序，各网（省）调应设继电保护试验室，新的程序通过试验室的全面试验后，方允许在现场投入运行。试验室线路保护静态模拟试验项目见附录 A。

9.6　程序通知单管理

9.6.1　微机继电保护装置的程序变更应按主管调度继电保护机构签发的程序通知单严格执行。

9.6.2　程序通知单一式 2 份，其中下发程序通知单的继电保护机构 1 份、现场继电保护机构 1 份。

新安装保护装置投入运行后，施工单位应将程序通知单移交给运行单位。

运行单位接到程序通知单后，应在限定日期内执行完毕，并按规定向运行人员写好书面交待，将"回执"寄回发程序通知单单位。

9.6.3　程序通知应按年度编号，注明程序版本号、CRC 校验码（或程序和数）、拷贝日期、签发日期、限定执行日期、拷贝人签字、审核人签字、使用单位签字和作废的程序通知单号等，并加盖"继电保护专用章"后方能有效。在无效的程序通知单上加盖"作废"章。

9.7　微机继电保护装置定值通知单和程序通知单应设专人管理，登记在册，定期监督检查。

附录 A
试验室线路保护静态模拟试验项目

A1　区内（外）单相、两相接地，两相、三相短路时的行为。

A2　区内转换性故障时的动作行为。

A3　非全相过程中再故障的动作行为。

A4　选相性能试验。

A5　瞬时性故障和永久性故障时，保护装置与重合闸协同工作的动作行为。

A6　手合在永久性故障上的动作行为。

A7　反向短路的方向性能。

A8　电压互感器二次回路的单相、两相、三相断线后再发生单相接地故障时的动作行为。

A9　先区外故障后区内故障的动作行为。

A10　拉、合直流电源时的动作行为。

A11　跳、合闸出口继电器触点断、合直流继电器时的动作行为。

A11　检验模数变换系统。

A12　检验定值单的输入功能。

A13　检验动作值与整定值是否相符。

附录 B
检 验 报 告 要 求

检验必须有完整、正规的检验报告，检验报告的内容一般应包括下列各项：

B1　被试设备的名称、型号、制造厂、出厂日期、出厂编号、装置的额定值；

B2　检验类别（新安装检验、全部检验、部分检验、事故后检验）；

B3　检验项目名称；

B4　检验条件和检验工况；

B5　检验结果及缺陷处理情况；

B6　有关说明及结论；

B7　使用的主要仪器、仪表的型号和出厂编号；

B8　检验日期；

B9　检验单位的试验负责人和试验人员名单；

B10　试验负责人签字。

5 电力设备预防性试验规程

(DL/T 596—1996)

1　范围

本标准规定了各种电力设备预防性试验的项目、周期和要求，用以判断设备是否符合运行条件，预防设备损坏、保证安全运行。

本标准适用于 500kV 及以下的交流电力设备。

本标准不适用于高压直流输电设备、矿用及其它特殊条件下使用的电力设备，也不适用于电力系统的继电保护装置、自动装置、测量装置等电气设备和安全用具。

从国外进口的设备应以该设备的产品标准为基础，参照本标准执行。

2　引用标准

（略）。

3　定义、符号

（略）。

4　总则

4.1　试验结果应与该设备历次试验结果相比较，与同类设备试验结果相比较，参照相关的试验结果，根据变化规律和趋势，进行全面分析后做出判断。

4.2　遇到特殊情况需要改变试验项目、周期或要求时，对主要设备需经上一级主管部门审查批准后执行；对其它设备可由本单位总工程师审查批准后执行。

4.3　110kV 以下的电力设备，应按本规程进行耐压试验（有特殊规定者除外）。110kV 及以上的电力设备，在必要时应进行耐压试验。

50Hz 交流耐压试验，加至试验电压后的持续时间，凡无特殊说明者，均为 1min；其它耐压试验的试验电压施加时间在有关设备的试验要求中规定。

非标准电压等级的电力设备的交流耐压试验值，可根据本规程规定的相邻电压等级按插入法计算。

充油电力设备在注油后应有足够的静置时间才可进行耐压试验。静置时间如无制造厂规定，则应依据设备的额定电压满足以下要求：

500kV　　　　>72h

220 及 330kV　>48h

110kV 及以下　>24h

4.4　进行耐压试验时，应尽量将连在一起的各种设备分离开来单独试验（制造厂装配的成套设备不在此限），但同一试验电压的设备可以连在一起进行试验。已有单独试验记录的若干不同试验电压的电力设备，在单独试验有困难时，也可以连在一起进行试验，此时，试验电压应采用所连接设备中的最低试验电压。

4.5　当电力设备的额定电压与实际使用的额定工作电压不同时，应根据下列原则确定试验电压：

a）当采用额定电压较高的设备以加强绝缘时，应按照设备的额定电压确定其试验电压；

b）当采用额定电压较高的设备作为代用设备时，应按照实际使用的额定工作电压确定其试验电压；

c）为满足高海拔地区的要求而采用较高电压等级的设备时，应在安装地点按实际使用的额定工作电压确定其试验电压。

4.6　在进行与温度和湿度有关的各种试验时（如测量直流电阻、绝缘电阻、tgδ、泄漏电流等），应同时测量被试品的温度和周围空气的温度和湿度。

进行绝缘试验时，被试品温度不应低于 +5℃，户外试验应在良好的天气进行，且空气相对湿度一般不高于 80%。

4.7　在进行直流高压试验时，应采用负极性接线。

4.8　如产品的国家标准或行业标准有变动，执行本规程时应作相应调整。

4.9　如经实用考核证明利用带电测量和在线监测技术能达到停电试验的效果，经批准可以不做停电试验或适当延长周期。

4.10　执行本规程时，可根据具体情况制定本地区或本单位的实施规程。

5　旋转电机

5.1　同步发电机和调相机

5.1.1　容量为 6000kW 及以上的同步发电机的试验项目、周期和要求见表1，6000kW 以下者可参照执行。

表 1　　　　　　　　　　　　容量为 6000kW 及以上的同步发电机的试验项目、周期和要求

序号	项目	周期	要求	说明
1	定子绕组的绝缘电阻、吸收比或极化指数	1）1 年或小修时 2）大修前、后	1）绝缘电阻值自行规定。若在相近试验条件（温度、湿度）下，绝缘电阻值降低到历年正常值的 1/3 时，应查明原因 2）各相或各分支绝缘电阻值的差值不应大于最小值的 100% 3）吸收比或极化指数：沥青浸胶及烘卷云母绝缘吸收比不应小于 1.3 或极化指数不应小于 1.5；环氧粉云母绝缘吸收比不应小于 1.6 或极化指数不应小于 2.0。水内冷定子绕组自行规定	1）额定电压为 1000V 以上者，采用 2500V 兆欧表，量程一般不低于 10000MΩ 2）水内冷定子绕组用专用兆欧表 3）200MW 及以上机组推荐测量极化指数
2	定子绕组的直流电阻	1）大修时 2）出口短路后	汽轮发电机各相或各分支的直流电阻值，在校正了由于引线长度不同而引起的误差后相互间差别以及与初次（出厂或交接时）测量值比较，相差不得大于最小值的 1.5%（水轮发电机为 1%）。超出要求者，应查明原因	1）在冷态下测量，绕组表面温度与周围空气温度之差不应大于 ±3℃ 2）汽轮发电机相间（或分支间）差别及其历年的相对变化大于 1% 时，应引起注意
3	定子绕组泄漏电流和直流耐压试验	1）1 年或小修时 2）大修前、后 3）更换绕组后	1）试验电压如下： 全部更换定子绕组并修好后 …… 3.0U_n 局部更换定子绕组并修好后 …… 2.5U_n 大修前 运行 20 年及以下者 …… 2.5U_n 大修前 运行 20 年以上与架空线直接连接者 …… 2.5U_n 大修前 运行 20 年以上不与架空线直接连接者 …… (2.0～2.5)U_n 小修时和大修后 …… 2.0U_n 2）在规定试验电压下，各相泄漏电流的差别不应大于最小值的 100%；最大泄漏电流在 20μA 以下者，相间差值与历次试验结果比较，不应有显著的变化 3）泄漏电流不随时间的延长而增大	1）应在停机后清除污秽前热状态下进行。处于备用状态时，可在冷态下进行。氢冷发电机应在充氢后氢纯度为 96% 以上或排氢后氢量在 3% 以下时进行，严禁在置换过程中进行试验 2）试验电压按每级 0.5U_n 分阶段升高，每阶段停留 1min 3）不符合 2）、3）要求之一者，应尽可能找出原因并消除，但并非不能运行 4）泄漏电流随电压不成比例显著增长时，应注意分析 5）试验时，微安表应接在高压侧，并对出线套管表面加以屏蔽。水内冷发电机汇水管有绝缘者，应采用低压屏蔽法接线；汇水管直接接地者，应在不通水和引水管吹净条件下进行试验。冷却水质应透明纯净，无机械混杂物，导电率在水温 20℃ 时要求：对于开启式水系统不大于 5.0×10² μS/m；对于独立的密闭循环水系统为 1.5×10² μS/m
4	定子绕组交流耐压试验	1）大修前 2）更换绕组后	1）全部更换定子绕组并修好后的试验电压如下： （见下表） 2）大修前或局部更换定子绕组并修好后试验电压为：	1）应在停机后清除污秽前热状态下进行。处于备用状态时，可在冷状态下进行。氢冷发电机试验条件同本表序号 3 的说明 1） 2）水内冷电机一般应在通水的情况下进行试验，进口机组按厂家规定，水质要求同本表序号 3 说明 5） 3）有条件时，可采用超低频（0.1Hz）耐压，试验电压峰值为工频试验电压峰值的 1.2 倍 4）全部或局部更换定子绕组的工艺过程中的试验电压见附录 A

表内项目 4 要求 1）的电压表：

容量 kW 或 kVA	额定电压 U_n V	试验电压 V
小于 10000	36 以上	2U_n+1000 但最低为 1500
10000 及以上	6000 以下	2.5U_n
10000 及以上	6000～18000	2U_n+3000
10000 及以上	18000 以上	按专门协议

续表

序号	项目	周期	要求		说　明
4	定子绕组交流耐压试验	1) 大修前 2) 更换绕组后	运行 20 年及以下者	$1.5U_n$	
			运行 20 年以上与架空线路直接连接者	$1.5U_n$	
			运行 20 年以上不与架空线路直接连接者	$(1.3\sim1.5)U_n$	
5	转子绕组的绝缘电阻	1) 小修时 2) 大修中转子清扫前、后	1) 绝缘电阻值在室温时一般不小于 0.5MΩ 2) 水内冷转子绕组绝缘电阻值在室温时一般不应小于 5kΩ		1) 采用 1000V 兆欧表测量。水内冷发电机用 500V 及以下兆欧表或其它测量仪器 2) 对于 300MW 以下的隐极式电机，当定子绕组已干燥完毕而转子绕组未干燥完毕，如果转子绕组的绝缘电阻值在 75℃ 时不小于 2kΩ，或在 20℃ 时不小于 20kΩ，允许投入运行 3) 对于 300MW 及以上的隐极式电机，转子绕组的绝缘电阻值在 10～30℃ 时不小于 0.5MΩ
6	转子绕组的直流电阻	大修时	与初次（交接或大修）所测结果比较，其差别一般不超过 2%		1) 在冷态下进行测量 2) 显极式转子绕组还应对各磁极线圈间的连接点进行测量
7	转子绕组交流耐压试验	1) 显极式转子大修时和更换绕组后 2) 隐极式转子拆卸套箍后，局部修理槽内绝缘和更换绕组后	试验电压如下：		1) 隐极式转子拆卸套箍只修理端部绝缘时，可用 2500V 兆欧表测绝缘电阻代替 2) 隐极式转子若在端部有铝鞍，则在拆卸套箍后作绕组对铝鞍的耐压试验。试验时将转子绕组与轴连接，在铝鞍上加电压 2000V 3) 全部更换转子绕组工艺过程中的试验电压值按制造厂规定
			显极式和隐极式转子全部更换绕组并修好后	额定励磁电压 500V 及以下者为 $10U_n$，但不低于 1500V；500V 以上者为 $2U_n+4000V$	
			显极式转子大修时及局部更换绕组并修好后	$5U_n$，但不低于 1000V，不大于 2000V	
			隐极式转子局部修理槽内绝缘后及局部更换绕组并修好后	$5U_n$，但不低于 1000V，不大于 2000V	
8	发电机和励磁机的励磁回路所连接的设备（不包括发电机转子和励磁机电枢）的绝缘电阻	1) 小修时 2) 大修时	绝缘电阻值不应低于 0.5MΩ，否则应查明原因并消除		1) 小修时用 1000V 兆欧表 2) 大修时用 2500V 兆欧表

序号	项目	周期	要　求	说　明
9	发电机和励磁机的励磁回路所连接的设备（不包括发电机转子和励磁机电枢）的交流耐压试验	大修时	试验电压为1kV	可用2500V兆欧表测绝缘电阻代替
10	定子铁芯试验	1) 重新组装或更换、修理硅钢片后 2) 必要时	1) 磁密在1T下齿的最高温升不大于25K，齿的最大温差不大于15K，单位损耗不大于1.3倍参考值，在1.4T下自行规定 2) 单位损耗参考值见附录A 3) 对运行年久的电机自行规定	1) 在磁密为1T下持续试验时间为90min，在磁密为1.4T下持续时间为45min。对直径较大的水轮发电机试验时应注意校正由于磁通密度分布不均匀所引起的误差 2) 用红外热像仪测温
11	发电机组和励磁机轴承的绝缘电阻	大修时	1) 汽轮发电机组的轴承不得低于0.5MΩ 2) 立式水轮发电机组的推力轴承每一轴瓦不得低于100MΩ；油槽充油并顶起转子时，不得低于0.3MΩ 3) 所有类型的水轮发电机，凡有绝缘的导轴承，油槽充油前，每一轴瓦不得低于100MΩ	汽轮发电机组的轴承绝缘，用1000V兆欧表在安装好油管后进行测量
12	灭磁电阻器（或自同期电阻器）的直流电阻	大修时	与铭牌或最初测得的数据比较，其差别不应超过10%	
13	灭磁开关的并联电阻	大修时	与初始值比较应无显著差别	电阻值应分段测量
14	转子绕组的交流阻抗和功率损耗	大修时	阻抗和功率损耗值自行规定。在相同试验条件下与历年数值比较，不应有显著变化	1) 隐极式转子在膛外或膛内以及不同转速下测量。显极式转子对每一个转子绕组测量 2) 每次试验应在相同条件、相同电压下进行，试验电压峰值不超过额定励磁电压（显极式转子自行规定） 3) 本试验可用动态匝间短路监测法代替
15	检温计绝缘电阻和温度误差检验	大修时	1) 绝缘电阻值自行规定 2) 检温计指示值误差不应超过制造厂规定	1) 用250V及以下的兆欧表 2) 检温计除埋入式外还包括水内冷定子绕组引水管出水温度计

序号	项目	周期	要　　求	说　　明
16	定子槽部线圈防晕层对地电位	必要时	不大于 10V	1) 运行中检温元件电位升高、槽楔松动或防晕层损坏时测量 2) 试验时对定子绕组施加额定交流相电压值,用高内阻电压表测量绕组表面对地电压值 3) 有条件时可采用超声法探测槽放电
17	汽轮发电机定子绕组引线的自振频率	必要时	自振频率不得介于基频或倍频的 $\pm 10\%$ 范围内	
18	定子绕组端部手包绝缘施加直流电压测量	1) 投产后 2) 第一次大修时 3) 必要时	1) 直流试验电压值为 U_n 2) 测试结果一般不大于下表中的值 手包绝缘引线接头,汽机侧隔相接头 —— 20μA;100MΩ 电阻上的电压降值为 2000V 端部接头(包括引水管锥体绝缘)和过渡引线并联块 —— 30μA;100MΩ 电阻上的电压降值为 3000V	1) 本项试验适用于 200MW 及以上的国产水氢氢汽轮发电机 2) 可在通水条件下进行试验,以发现定子接头漏水缺陷 3) 尽量在投产前进行,若未进行则投产后应尽快安排试验
19	轴电压	大修后	1) 汽轮发电机的轴承油膜被短路时,转子两端轴上的电压一般应等于轴承与机座间的电压 2) 汽轮发电机大轴对地电压一般小于 10V 3) 水轮发电机不作规定	测量时采用高内阻(不小于 100kΩ/V)的交流电压表
20	定子绕组绝缘老化鉴定	累计运行时间 20 年以上且运行或预防性试验中绝缘频繁击穿时	见附录 A	新机投产后第一次大修有条件时可对定子绕组做试验,取得初始值
21	空载特性曲线	1) 大修后 2) 更换绕组后	1) 与制造厂(或以前测得的)数据比较,应在测量误差的范围以内 2) 在额定转速下的定子电压最高值: a) 水轮发电机为 $1.5U_n$(以不超过额定励磁电流为限) b) 汽轮发电机为 $1.3U_n$(带变压器时为 $1.1U_n$) 3) 对于有匝间绝缘的电机最高电压持续时间为 5min	1) 无起动电动机的同步调相机不作此项试验 2) 新机交接未进行本项试验时,应在 1 年内做不带变压器的 $1.3U_n$ 空载特性曲线试验;一般性大修时可以带主变压器试验

序号	项目	周期	要　　求	说　　明
22	三相稳定短路特性曲线	1) 更换绕组后 2) 必要时	与制造厂出厂（或以前测得的）数据比较，其差别应在测量误差的范围以内	1) 无起动电动机的同步调相机不作此项试验 2) 新机交接未进行本项试验时应在 1 年内做不带变压器的三相稳定短路特性曲线试验
23	发电机定子开路时的灭磁时间常数	更换灭磁开关后	时间常数与出厂试验或更换前相比较应无明显差异	
24	检查相序	改动接线时	应与电网的相序一致	
25	温升试验	1) 定、转子绕组更换后 2) 冷却系统改进后 3) 第一次大修前 4) 必要时	应符合制造厂规定	如对埋入式温度计测量值有怀疑时，用带电测平均温度的方法进行校核

5.1.2 各类试验项目：

定期试验项目见表 1 中序号 1、3。

大修前试验项目见表 1 中序号 1、3、4。

大修时试验项目见表 1 中序号 2、5、6、8、9、11、12、13、14、15、18。

大修后试验项目见表 1 中序号 1、3、19、21。

5.1.3 有关定了绕组干燥问题的规定。

5.1.3.1 发电机和同步调相机大修中更换绕组时，容量为 10MW（MVA）以上的定子绕组绝缘状况应满足下列条件，而容量为 10MW（MVA）及以下时满足下列条件之一者，可以不经干燥投入运行：

a) 沥青浸胶及烘卷云母绝缘分相测得的吸收比不小于 1.3 或极化指数不小于 1.5，对于环氧粉云母绝缘吸收比不小于 1.6 或极化指数不小于 2.0。水内冷发电机的吸收比和极化指数自行规定。

b) 在 40℃时三相绕组并联对地绝缘电阻值不小于 (U_n+1) MΩ（取 U_n 的千伏数，下同），分相试验时，不小于 $2(U_n+1)$ MΩ。若定子绕组温度不是 40℃，绝缘电阻值应进行换算。

5.1.3.2 运行中的发电机和同步调相机，在大修中未更换绕组时，除在绕组中有明显进水或严重油污（特别是含水的油）外，满足上述条件时，一般可不

经干燥投入运行。

5.2 直流电机

5.2.1 直流电机的试验项目、周期和要求见表 2。

5.2.2 各类试验项目：

定期试验项目见表 2 中序号 1。

大修时试验项目见表 2 中序号 1、2、3、4、5、6、7、9。

大修后试验项目见表 2 中序号 11。

5.3 中频发电机

5.3.1 中频发电机的试验项目、周期和要求见表 3。

5.3.2 各类试验项目：

定期试验项目见表 3 中序号 1。

大修时试验项目见表 3 中序号 1、2、3、4。

5.4 交流电动机

5.4.1 交流电动机的试验项目、周期和要求见表 4。

5.4.2 各类试验项目：

定期试验项目见表 4 中序号 1、2。

大修时试验项目见表 4 中序号 1、2、3、6、7、8、9、10。

大修后试验项目见表 4 中序号 4、5。

容量在 100kW 以下的电动机一般只进行序号 1、4、13 项试验，对于特殊电动机的试验项目按制造厂规定。

表 2　　　　　　　　　　直流电机的试验项目、周期和要求

序号	项 目	周 期	要　　求	说　　明
1	绕组的绝缘电阻	1）小修时 2）大修时	绝缘电阻值一般不低于 0.5MΩ	1）用 1000V 兆欧表 2）对励磁机应测量电枢绕组对轴和金属绑线的绝缘电阻
2	绕组的直流电阻	大修时	1）与制造厂试验数据或以前测得值比较，相差一般不大于 2%；补偿绕组自行规定 2）100kW 以下的不重要的电机自行规定	
3	电枢绕组片间的直流电阻	大修时	相互间的差值不应超过正常最小值的 10%	1）由于均压线产生的有规律变化，应在各相应的片间进行比较判断 2）对波绕组或蛙绕组应根据在整流子上实际节距测量电阻值
4	绕组的交流耐压试验	大修时	磁场绕组对机壳和电枢对轴的试验电压为 1000V	100kW 以下不重要的直流电机电枢绕组对轴的交流耐压可用 2500V 兆欧表试验代替
5	磁场可变电阻器的直流电阻	大修时	与铭牌数据或最初测量值比较相差不应大于 10%	应在不同分接头位置测量，电阻值变化应有规律性
6	磁场可变电阻器的绝缘电阻	大修时	绝缘电阻值一般不低于 0.5MΩ	1）磁场可变电阻器可随同励磁回路进行 2）用 2500V 兆欧表
7	调整碳刷的中心位置	大修时	核对位置是否正确，应满足良好换向要求	必要时可做无火花换向试验
8	检查绕组的极性及其连接的正确性	接线变动时	极性和连接均应正确	
9	测量电枢及磁极间的空气间隙	大修时	各点气隙与平均值的相对偏差应在下列范围： 3mm 以下气隙±10% 3mm 及以上气隙±5%	
10	直流发电机的特性试验	1）更换绕组后 2）必要时	与制造厂试验数据比较，应在测量误差范围内	1）空载特性：测录至最大励磁电压值 2）负载特性：仅测录励磁机负载特性；测量时，以同步发电机的励磁绕组作为负载 3）外特性：必要时进行 4）励磁电压的增长速度：在励磁机空载额定电压下进行
11	直流电动机的空转检查	1）大修后 2）更换绕组后	1）转动正常 2）调速范围合乎要求	空转检查的时间一般不小于 1h

表 3　　　　　　　　　　　　中频发电机的试验项目、周期和要求

序号	项目	周期	要求	说明
1	绕组的绝缘电阻	1）小修时 2）大修时	绝缘电阻值不应低于 0.5MΩ	1000V 以下的中频发电机使用 1000V 兆欧表测量；1000V 及以上者使用 2500V 兆欧表测量
2	绕组的直流电阻	大修时	1）各相绕组直流电阻值的相互间差别不超过最小值的 2% 2）励磁绕组直流电阻值与出厂值比较不应有显著差别	
3	绕组的交流耐压试验	大修时	试验电压为出厂试验电压的 75%	副励磁机的交流耐压试验可用 1000V 兆欧表测绝缘电阻代替
4	可变电阻器或起动电阻器的直流电阻	大修时	与制造厂数值或最初测得值比较相差不得超过 10%	1000V 及以上中频发电机应在所有分接头上测量
5	中频发电机的特性试验	1）更换绕组后 2）必要时	与制造厂试验数据比较应在测量误差范围内	1）空载特性：测录至最大励磁电压值 2）负载特性：仅测录励磁机的负载特性；测录时，以同步发电机的励磁绕组为负载 3）外特性：必要时进行
6	温升	必要时	按制造厂规定	新机投运后创造条件进行

表 4　　　　　　　　　　　　交流电动机的试验项目、周期和要求

序号	项目	周期	要求	说明
1	绕组的绝缘电阻和吸收比	1）小修时 2）大修时	1）绝缘电阻值： a）额定电压 3000V 以下者，室温下不应低于 0.5MΩ b）额定电压 3000V 及以上者，交流耐压前，定子绕组在接近运行温度时的绝缘电阻值不应低于 U_nMΩ（取 U_n 的千伏数，下同）；投运前室温下（包括电缆）不应低于 U_nMΩ c）转子绕组不应低于 0.5MΩ 2）吸收比自行规定	1）500kW 及以上的电动机，应测量吸收比（或极化指数），参照表 1 序号 1 2）3kV 以下的电动机使用 1000V 兆欧表；3kV 及以上者使用 2500V 兆欧表 3）小修时定子绕组可与其所连接的电缆一起测量，转子绕组可与起动设备一起测量 4）有条件时可分相测量
2	绕组的直流电阻	1）1 年（3kV 及以上或 100kW 及以上） 2）大修时 3）必要时	1）3kV 及以上或 100kW 及以上的电动机各相绕组直流电阻值的相互差别不应超过最小值的 2%；中性点未引出者，可测量线间电阻，其相互差别不应超过 1% 2）其余电动机自行规定 3）应注意相互间差别的历年相对变化	

序号	项 目	周 期	要 求	说 明
3	定子绕组泄漏电流和直流耐压试验	1) 大修时 2) 更换绕组后	1) 试验电压：全部更换绕组时为 $3U_n$；大修或局部更换绕组时为 $2.5U_n$ 2) 泄漏电流相间差别一般不大于最小值的 100%，泄漏电流为 $20\mu A$ 以下者不作规定 3) 500kW 以下的电动机自行规定	有条件时可分相进行
4	定子绕组的交流耐压试验	1) 大修后 2) 更换绕组后	1) 大修时不更换或局部更换定子绕组后试验电压为 $1.5U_n$，但不低于 1000V 2) 全部更换定子绕组后试验电压为 $(2U_n+1000)$ V，但不低于 1500V	1) 低压和 100kW 以下不重要的电动机，交流耐压试验可用 2500V 兆欧表测量代替 2) 更换定子绕组时工艺过程中的交流耐压试验按制造厂规定
5	绕线式电动机转子绕组的交流耐压试验	1) 大修后 2) 更换绕组后	试验电压如下： |	不可逆式	可逆式 | |---|---|---| | 大修不更换转子绕组或局部更换转子绕组后 | $1.5U_k$，但不小于1000V | $3.0U_k$，但不小于2000V | | 全部更换转子绕组后 | $2U_k+1000V$ | $4U_k+1000V$ |	1) 绕线式电机已改为直接短路起动者，可不做交流耐压试验 2) U_k 为转子静止时在定子绕组上加额定电压于滑环上测得的电压
6	同步电动机转子绕组交流耐压试验	大修时	试验电压为 1000V	可用 2500V 兆欧表测量代替
7	可变电阻器或起动电阻器的直流电阻	大修时	与制造厂数值或最初测得结果比较，相差不应超过 10%	3kV 及以上的电动机应在所有分接头上测量
8	可变电阻器与同步电动机灭磁电阻器的交流耐压试验	大修时	试验电压为 1000V	可用 2500V 兆欧表测量代替
9	同步电动机及其励磁机轴承的绝缘电阻	大修时	绝缘电阻不应低于 0.5MΩ	在油管安装完毕后，用 1000V 兆欧表测量
10	转子金属绑线的交流耐压	大修时	试验电压为 1000V	可用 2500V 兆欧表测量代替
11	检查定子绕组的极性	接线变动时	定子绕组的极性与连接应正确	1) 对双绕组的电动机，应检查两分支间连接的正确性 2) 中性点无引出者可不检查极性

序号	项　目	周　期	要　　　　求	说　　　明
12	定子铁芯试验	1）全部更换绕组时或修理铁芯后 2）必要时	参照表1中序号10	1）3kV或500kW及以上电动机应做此项试验 2）如果电动机定子铁芯没有局部缺陷，只为检查整体叠片状况，可仅测量空载损耗值
13	电动机空转并测空载电流和空载损耗	必要时	1）转动正常，空载电流自行规定 2）额定电压下的空载损耗值不得超过原来值的50％	1）空转检查的时间一般不小于1h 2）测定空载电流仅在对电动机有怀疑时进行 3）3kV以下电动机仅测空载电流不测空载损耗
14	双电动机拖动时测量转矩—转速特性	必要时	两台电动机的转矩—转速特性曲线上各点相差不得大于10％	1）应使用同型号、同制造厂、同期出厂的电动机 2）更换时，应选择两台转矩—转速特性相近似的电动机

6　电力变压器及电抗器

6.1　电力变压器及电抗器的试验项目、周期和要求见表5。

6.2　电力变压器交流试验电压值及操作波试验电压值见表6。

6.3　油浸式电力变压器（1.6MVA以上）

6.3.1　定期试验项目

见表5中序号1、2、3、4、5、6、7、8、10、11、12、18、19、20、23，其中10、11项适用于330kV及以上变压器。

6.3.2　大修试验项目

a）一般性大修见表5中序号1、2、3、4、5、6、7、8、9、10、11、17、18、19、20、22、23、24，其中10、11项适用于330kV及以上变压器。

b）更换绕组的大修见表5中序号1、2、3、4、5、6、7、8、9、10、11、13、14、15、16、17、18、19、20、22、23、24、25，其中10、11项适用于330kV及以上变压器。

6.4　油浸式电力变压器（1.6MVA及以下）

6.4.1　定期试验项目见表5中序号2、3、4、5、6、7、8、19、20，其中4、5项适用于35kV及以上变电所用变压器。

6.4.2　大修试验项目见表5中序号2、3、4、5、6、7、8、9、13、14、15、16、19、20、22，其中13、14、15、16适用于更换绕组时，4、5项适用于35kV及以上变电所用变压器。

6.5　油浸式电抗器

6.5.1　定期试验项目见表5中序号1、2、3、4、5、6、8、19、20（10kV及以下只作2、3、6、7）。

6.5.2　大修试验项目见表5中序号1、2、3、4、5、6、8、9、10、11、19、20、22、23、24，其中10、11项适用于330kV及以上电抗器（10kV及以下只作2、3、6、7、9、22）。

6.6　消弧线圈

6.6.1　定期试验项目见表5中序号1、2、3、4、6。

6.6.2　大修试验项目见表5中序号1、2、3、4、6、7、9、22，装在消弧线圈内的电压、电流互感器的二次绕组应测绝缘电阻（参照表5中序号24）。

6.7　干式变压器

6.7.1　定期试验项目见表5中序号2、3、7、19。

6.7.2　更换绕组的大修试验项目见表5中序号2、3、7、9、13、14、15、16、17、19，其中17项适用于浇注型干式变压器。

6.8　气体绝缘变压器

6.8.1　定期试验项目见表5中序号2、3、7和表38中序号1。

6.8.2　大修试验项目见表5中序号2、3、7、19、表38中序号1和参照表10中序号2。

6.9　干式电抗器试验项目

在所连接的系统设备大修时作交流耐压试验见表5中序号7。

6.10　接地变压器

6.10.1　定期试验项目见表5中序号3、6、7。

表 5 电力变压器及电抗器的试验项目、周期和要求

序号	项目	周期	要 求	说 明
1	油中溶解气体色谱分析	1) 220kV 及以上的所有变压器、容量 120MVA 及以上的发电厂主变压器和 330kV 及以上的电抗器在投运后的 4、10、30 天 (500kV 设备还应增加 1 次在投运后 1 天) 2) 运行中：a) 330kV 及以上变压器和电抗器为 3 个月；b) 220kV 变压器为 6 个月；c) 120MVA 及以上的发电厂主变压器为 6 个月；d) 其余 8MVA 及以上的变压器为 1 年；e) 8MVA 以下的油浸式变压器自行规定 3) 大修后 4) 必要时	1) 运行设备的油中 H_2 与烃类气体含量 (体积分数) 超过下列任何一项值时应引起注意：总烃含量大于 150×10^{-6} H_2 含量大于 150×10^{-6} C_2H_2 含量大于 5×10^{-6} (500kV 变压器为 1×10^{-6}) 2) 烃类气体总和的产气速率大于 0.25ml/h (开放式) 和 0.5ml/h (密封式)，或相对产气速率大于 10%/月则认为设备有异常 3) 对 330kV 及以上的电抗器，当出现痕量 (小于 5×10^{-6}) 乙炔时也应引起注意；如气体分析虽已出现异常，但判断不至于危及绕组和铁芯安全时，可在超过注意值较大的情况下运行	1) 总烃包括：CH_4、C_2H_6、C_2H_4 和 C_2H_2 四种气体 2) 溶解气体组分含量有增长趋势时，可结合产气速率判断，必要时缩短周期进行追踪分析 3) 总烃含量低的设备不宜采用相对产气速率进行判断 4) 新投运的变压器应有投运前的测试数据 5) 测试周期中 1) 项的规定适用于大修后的变压器
2	绕组直流电阻	1) 1～3 年或自行规定 2) 无励磁调压变压器变换分接位置后 3) 有载调压变压器的分接开关检修后 (在所有分接侧) 4) 大修后 5) 必要时	1) 1.6MVA 以上变压器，各相绕组电阻相互间的差别不应大于三相平均值的 2%，无中性点引出的绕组，线间差别不应大于三相平均值的 1% 2) 1.6MVA 及以下的变压器，相间差别一般不大于三相平均值的 4%，线间差别一般不大于三相平均值的 2% 3) 与以前相同部位测得值比较，其变化不应大于 2% 4) 电抗器参照执行	1) 如电阻相间差在出厂时超过规定，制造厂已说明了这种偏差的原因，按要求中 3) 项执行 2) 不同温度下的电阻值按下式换算 $$R_2 = R_1\left(\frac{T + t_2}{T + t_1}\right)$$ 式中 R_1、R_2 分别为在温度 t_1、t_2 时的电阻值；T 为计算用常数，铜导线取 235，铝导线取 225 3) 无励磁调压变压器应在使用的分接锁定后测量
3	绕组绝缘电阻、吸收比或 (和) 极化指数	1) 1～3 年或自行规定 2) 大修后 3) 必要时	1) 绝缘电阻换算至同一温度下，与前一次测试结果相比应无明显变化 2) 吸收比 (10～30℃ 范围) 不低于 1.3 或极化指数不低于 1.5	1) 采用 2500V 或 5000V 兆欧表 2) 测量前被试绕组应充分放电 3) 测量温度以顶层油温为准，尽量使每次测量温度相近 4) 尽量在油温低于 50℃ 时测量，不同温度下的绝缘电阻值一般可按下式换算 $$R_2 = R_1 \times 1.5^{(t_1 - t_2)/10}$$ 式中 R_1、R_2 分别为温度 t_1、t_2 时的绝缘电阻值 5) 吸收比和极化指数不进行温度换算

序号	项　目	周　期	要　　求	说　　明
4	绕组的 tgδ	1) 1～3 年或自行规定 2) 大修后 3) 必要时	1) 20℃ 时 tgδ 不大于下列数值： 　330～500kV　0.6% 　66～220kV　0.8% 　35kV 及以下　1.5% 2) tgδ 值与历年的数值比较不应有显著变化（一般不大于 30%） 3) 试验电压如下： <table><tr><td>绕组电压 10kV 及以上</td><td>10kV</td></tr><tr><td>绕组电压 10kV 以下</td><td>U_n</td></tr></table>4) 用 M 型试验器时试验电压自行规定	1) 非被试绕组应接地或屏蔽 2) 同一变压器各绕组 tgδ 的要求值相同 3) 测量温度以顶层油温为准，尽量使每次测量的温度相近 4) 尽量在油温低于 50℃ 时测量，不同温度下的 tgδ 值一般可按下式换算 $tgδ_2 = tgδ_1 × 1.3^{(t_2-t_1)/10}$ 式中 $tgδ_1$、$tgδ_2$ 分别为温度 t_1、t_2 时的 tgδ 值
5	电容型套管的 tgδ 和电容值	1) 1～3 年或自行规定 2) 大修后 3) 必要时	见第 9 章	1) 用正接法测量 2) 测量时记录环境温度及变压器（电抗器）顶层油温
6	绝缘油试验	1) 1～3 年或自行规定 2) 大修后 3) 必要时	见第 13 章	
7	交流耐压试验	1) 1～5 年（10kV 及以下） 2) 大修后（66kV 及以下） 3) 更换绕组后 4) 必要时	1) 油浸变压器（电抗器）试验电压值按表 6（定期试验按部分更换绕组电压值） 2) 干式变压器全部更换绕组时，按出厂试验电压值；部分更换绕组和定期试验时，按出厂试验电压值的 0.85 倍	1) 可采用倍频感应或操作波感应法 2) 66kV 及以下全绝缘变压器，现场条件不具备时，可只进行外施工频耐压试验 3) 电抗器进行外施工频耐压试验
8	铁芯（有外引接地线的）绝缘电阻	1) 1～3 年或自行规定 2) 大修后 3) 必要时	1) 与以前测试结果相比无显著差别 2) 运行中铁芯接地电流一般不大于 0.1A	1) 采用 2500V 兆欧表（对运行年久的变压器可用 1000V 兆欧表） 2) 夹件引出接地的可单独对夹件进行测量
9	穿心螺栓、铁轭夹件、绑扎钢带、铁芯、线圈压环及屏蔽等的绝缘电阻	1) 大修后 2) 必要时	220kV 及以上者绝缘电阻一般不低于 500MΩ，其它自行规定	1) 采用 2500V 兆欧表（对运行年久的变压器可用 1000V 兆欧表） 2) 连接片不能拆开者可不进行

序号	项 目	周 期	要 求	说 明
10	油中含水量		见第 13 章	
11	油中含气量		见第 13 章	
12	绕组泄漏电流	1）1～3 年或自行规定 2）必要时	1）试验电压一般如下： | 绕组额定电压 kV	3	6～10	20～35	66～330	500
直流试验电压 kV	5	10	20	40	60	 2）与前一次测试结果相比应无明显变化	读取 1min 时的泄漏电流值
13	绕组所有分接的电压比	1）分接开关引线拆装后 2）更换绕组后 3）必要时	1）各相应接头的电压比与铭牌值相比，不应有显著差别，且符合规律 2）电压 35kV 以下，电压比小于 3 的变压器电压比允许偏差为 ±1%；其它所有变压器：额定分接电压比允许偏差为 ±0.5%，其它分接的电压比应在变压器阻抗电压值（%）的 1/10 以内，但不得超过 ±1%	
14	校核三相变压器的组别或单相变压器极性	更换绕组后	必须与变压器铭牌和顶盖上的端子标志相一致	
15	空载电流和空载损耗	1）更换绕组后 2）必要时	与前次试验值相比，无明显变化	试验电源可用三相或单相；试验电压可用额定电压或较低电压值（如制造厂提供了较低电压下的值，可在相同电压下进行比较）
16	短路阻抗和负载损耗	1）更换绕组后 2）必要时	与前次试验值相比，无明显变化	试验电源可用三相或单相；试验电流可用额定值或较低电流值（如制造厂提供了较低电流下的测量值，可在相同电流下进行比较）
17	局部放电测量	1）大修后（220kV 及以上） 2）更换绕组后（220kV 及以上、120MVA 及以上） 3）必要时	1）在线端电压为 $1.5U_m/\sqrt{3}$ 时，放电量一般不大于 500pC；在线端电压为 $1.3U_m/\sqrt{3}$ 时，放电量一般不大于 300pC 2）干式变压器按 GB 6450 规定执行	1）试验方法符合 GB 1094.3 的规定 2）周期中"大修后"系指消缺性大修后，一般性大修后的试验可自行规定 3）电抗器可进行运行电压下局部放电监测

序号	项　目	周　期	要　　求	说　　明
18	有载调压装置的试验和检查	1) 1年或按制造厂要求 2) 大修后 3) 必要时		
	1) 检查动作顺序，动作角度		范围开关、选择开关、切换开关的动作顺序应符合制造厂的技术要求，其动作角度应与出厂试验记录相符	
	2) 操作试验：变压器带电时手动操作、电动操作、远方操作各2个循环		手动操作应轻松，必要时用力矩表测量，其值不超过制造厂的规定，电动操作应无卡涩，没有连动现象，电气和机械限位动作正常	
	3) 检查和切换测试： a) 测量过渡电阻的阻值			
	b) 测量切换时间		与出厂值相符	有条件时进行
	c) 检查插入触头、动静触头的接触情况，电气回路的连接情况		三相同步的偏差，切换时间的数值及正反向切换时间的偏差均与制造厂的技术要求相符	
	d) 单、双数触头间非线性电阻的试验		动、静触头平整光滑，触头烧损厚度不超过制造厂的规定值，回路连接良好	
	e) 检查单、双数触头间放电间隙		按制造厂的技术要求	
	4) 检查操作箱			
	5) 切换开关室绝缘油试验		无烧伤或变动	
	6) 二次回路绝缘试验		接触器、电动机、传动齿轮、辅助接点、位置指示器、计数器等工作正常 符合制造厂的技术要求，击穿电压一般不低于25kV 绝缘电阻一般不低于1MΩ	采用2500V兆欧表

续表

序号	项目	周期	要求	说明
19	测温装置及其二次回路试验	1) 1～3 年 2) 大修后 3) 必要时	密封良好，指示正确，测温电阻值应与出厂值相符 绝缘电阻一般不低于 1MΩ	测量绝缘电阻采用 2500V 兆欧表
20	气体继电器及其二次回路试验	1) 1～3 年（二次回路） 2) 大修后 3) 必要时	整定值符合运行规程要求，动作正确绝缘电阻一般不低于 1MΩ	测量绝缘电阻采用 2500V 兆欧表
21	压力释放器校验	必要时	动作值与铭牌值相差应在±10%范围内或按制造厂规定	
22	整体密封检查	大修后	1) 35kV 及以下管状和平面油箱变压器采用超过油枕顶部 0.6m 油柱试验（约 5kPa 压力），对于波纹油箱和有散热器的油箱采用超过油枕顶部 0.3m 油柱试验（约 2.5kPa 压力），试验时间 12h 无渗漏 2) 110kV 及以上变压器，在油枕顶部施加 0.035MPa 压力，试验持续时间 24h 无渗漏	试验时带冷却器，不带压力释放装置
23	冷却装置及其二次回路检查试验	1) 自行规定 2) 大修后 3) 必要时	1) 投运后，流向、温升和声响正常，无渗漏 2) 强油水冷装置的检查和试验，按制造厂规定 3) 绝缘电阻一般不低于 1MΩ	测量绝缘电阻采用 2500V 兆欧表
24	套管中的电流互感器绝缘试验	1) 大修后 2) 必要时	绝缘电阻一般不低于 1MΩ	采用 2500V 兆欧表
25	全电压下空载合闸	更换绕组后	1) 全部更换绕组，空载合闸 5 次，每次间隔 5min 2) 部分更换绕组，空载合闸 3 次，每次间隔 5min	1) 在使用分接上进行 2) 由变压器高压或中压侧加压 3) 110kV 及以上的变压器中性点接地 4) 发电机变压器组的中间连接无断开点的变压器，可不进行
26	油中糠醛含量	必要时	1) 含量超过下表值时，一般为非正常老化需跟踪检测： 运行年限 / 糠醛量 mg/L： 1～5: 0.1；5～10: 0.2；10～15: 0.4；15～20: 0.75 2) 跟踪检测时，注意增长率 3) 测试值大于 4mg/L 时，认为绝缘老化已比较严重	建议在以下情况进行： 1) 油中气体总烃超标或 CO、CO_2 过高 2) 500kV 变压器和电抗器及 150MVA 以上升压变压器投运 3～5 年后 3) 需了解绝缘老化情况

续表

序号	项目	周期	要求	说明
27	绝缘纸（板）聚合度	必要时	当聚合度小于 250 时，应引起注意	1) 试样可取引线上绝缘纸、垫块、绝缘纸板等数克 2) 对运行时间较长的变压器尽量利用吊检的机会取样
28	绝缘纸（板）含水量	必要时	含水量（质量分数）一般不大于下值： <table><tr><td>500kV</td><td>1%</td></tr><tr><td>330kV</td><td>2%</td></tr><tr><td>220kV</td><td>3%</td></tr></table>	可用所测绕组的 tgδ 值推算或取纸样直接测量。有条件时，可按部颁 DL/T 580—96《用露点法测定变压器绝缘纸中平均含水量的方法》标准进行测量
29	阻抗测量	必要时	与出厂值相差在 ±5%，与三相或三相组平均值相差在 ±2% 范围内	适用于电抗器，如受试验条件限制可在运行电压下测量
30	振动	必要时	与出厂值比不应有明显差别	
31	噪声	必要时	与出厂值比不应有明显差别	按 GB 7328 要求进行
32	油箱表面温度分布	必要时	局部热点温升不超过 80K	

表 6　　　　　　　　电力变压器交流试验电压值及操作波试验电压值

额定电压 kV	最高工作电压 kV	线端交流试验电压值 kV		中性点交流试验电压值 kV		线端操作波试验电压值 kV	
		全部更换绕组	部分更换绕组	全部更换绕组	部分更换绕组	全部更换绕组	部分更换绕组
<1	≤1	3	2.5	3	2.5	—	—
3	3.5	18	15	18	15	35	30
6	6.9	25	21	25	21	50	40
10	11.5	35	30	35	30	60	50
15	17.5	45	38	45	38	90	75
20	23.0	55	47	55	47	105	90
35	40.5	85	72	85	72	170	145
66	72.5	140	120	140	120	270	230
110	126.0	200	170 (195)	95	80	375	319
220	252.0	360 395	306 336	85 (200)	72 (170)	750	638
330	363.0	460 510	391 434	85 (230)	72 (195)	850 950	722 808
500	550.0	630 680	536 578	85 140	72 120	1050 1175	892 999

注：1. 括号内数值适用于不固定接地或经小电抗接地系统。

　　 2. 操作波的波形为：波头大于 20μs，90% 以上幅值持续时间大于 200μs，波长大于 500μs；负极性三次。

6.10.2 大修试验项目见表 5 中序号 2、3、6、7、9、15、16、22，其中 15、16 项适用于更换绕组时进行。

6.11 判断故障时可供选用的试验项目

本条主要针对容量为 1.6MVA 以上变压器和 330、500kV 电抗器，其它设备可作参考。

a) 当油中气体分析判断有异常时可选择下列试验项目：

——绕组直流电阻

——铁芯绝缘电阻和接地电流

——空载损耗和空载电流测量或长时间空载（或轻负载下）运行，用油中气体分析及局部放电检测仪监视

——长时间负载（或用短路法）试验，用油中气体色谱分析监视

——油泵及水冷却器检查试验

——有载调压开关油箱渗漏检查试验

——绝缘特性（绝缘电阻、吸收比、极化指数、tgδ、泄漏电流）

——绝缘油的击穿电压、tgδ

——绝缘油含水量

——绝缘油含气量（500kV）

——局部放电（可在变压器停运或运行中测量）

——绝缘油中糠醛含量

——耐压试验

——油箱表面温度分布和套管端部接头温度

b) 气体继电器报警后，进行变压器油中溶解气体和继电器中的气体分析。

c) 变压器出口短路后可进行下列试验：

——油中溶解气体分析

——绕组直流电阻

——短路阻抗

——绕组的频率响应

——空载电流和损耗

d) 判断绝缘受潮可进行下列试验：

——绝缘特性（绝缘电阻、吸收比、极化指数、tgδ、泄漏电流）

——绝缘油的击穿电压、tgδ、含水量、含气量（500kV）

——绝缘纸的含水量

e) 判断绝缘老化可进行下列试验：

——油中溶解气体分析（特别是 CO、CO_2 含量及变化）

——绝缘油酸值

——油中糠醛含量

——油中含水量

——绝缘纸或纸板的聚合度

f) 振动、噪音异常时可进行下列试验：

——振动测量

——噪声测量

——油中溶解气体分析

——阻抗测量

7　互感器

7.1 电流互感器

7.1.1 电流互感器的试验项目、周期和要求，见表 7。

7.1.2 各类试验项目

定期试验项目见表 7 中序号 1、2、3、4、5。

大修后试验项目见表 7 中序号 1、2、3、4、5、6、7、9、10、11（不更换绕组，可不进行 6、7、8 项）。

7.2 电压互感器

7.2.1 电磁式和电容式电压互感器的试验项目、周期和要求分别见表 8 和表 9。

7.2.2 各类试验项目：

定期试验项目见表 8 中序号 1、2、3、4、5。

大修时或大修后试验项目见表 8 中序号 1、2、3、4、5、6、7、8、9、10、11（不更换绕组可不进行 9、10 项）和表 9 中序号 1、2、3。

8　开关设备

8.1 SF_6 断路器和 GIS

8.1.1 SF_6 断路器和 GIS 的试验项目、周期和要求见表 10。

表 7　　　　　　　　　　　电流互感器的试验项目、周期和要求

序号	项目	周期	要求	说明
1	绕组及末屏的绝缘电阻	1) 投运前 2) 1～3 年 3) 大修后 4) 必要时	1) 绕组绝缘电阻与初始值及历次数据比较，不应有显著变化 2) 电容型电流互感器末屏对地绝缘电阻一般不低于 1000MΩ	采用 2500V 兆欧表

续表

序号	项 目	周 期	要　　求	说　　明
2	tgδ 及电容量	1) 投运前 2) 1～3 年 3) 大修后 4) 必要时	1) 主绝缘 tgδ（%）不应大于下表中的数值，且与历年数据比较，不应有显著变化：	1) 主绝缘 tgδ 试验电压为 10kV，末屏对地 tgδ 试验电压为 2kV

1) 主绝缘 tgδ（%）不应大于下表中的数值，且与历年数据比较，不应有显著变化：

电压等级 kV		20～35	66～110	220	330～500
大修后	油纸电容型	—	1.0	0.7	0.6
	充油型	3.0	2.0	—	—
	胶纸电容型	2.5	2.0	—	—
运行中	油纸电容型	—	1.0	0.8	0.7
	充油型	3.5	2.5	—	—
	胶纸电容型	3.0	2.5	—	—

2) 电容型电流互感器主绝缘电容量与初始值或出厂值差别超出 ±5% 范围时应查明原因

3) 当电容型电流互感器末屏对地绝缘电阻小于 1000MΩ 时，应测量末屏对地 tgδ，其值不大于 2%

说明：
2) 油纸电容型 tgδ 一般不进行温度换算，当 tgδ 值与出厂值或上一次试验值比较有明显增长时，应综合分析 tgδ 与温度、电压的关系，当 tgδ 随温度明显变化或试验电压由 10kV 升到 $U_m/\sqrt{3}$ 时，tgδ 增量超过 ±0.3%，不应继续运行

3) 固体绝缘互感器可不进行 tgδ 测量

序号	项 目	周 期	要　　求	说　　明
3	油中溶解气体色谱分析	1) 投运前 2) 1～3 年（66kV 及以上） 3) 大修后 4) 必要时	油中溶解气体组分含量（体积分数）超过下列任一值时应引起注意： 总烃 100×10^{-6} H_2 150×10^{-6} C_2H_2 2×10^{-6}（110kV 及以下） 　　　　1×10^{-6}（220～500kV）	1) 新投运互感器的油中不应含有 C_2H_2 2) 全密封互感器按制造厂要求（如果有）进行
4	交流耐压试验	1) 1～3 年（20kV 及以下） 2) 大修后 3) 必要时	1) 一次绕组按出厂值的 85% 进行。出厂值不明的按下列电压进行试验：	

电压等级 kV	3	6	10	15	20	35	66
试验电压 kV	15	21	30	38	47	72	120

2) 二次绕组之间及末屏对地为 2kV

3) 全部更换绕组绝缘后，应按出厂值进行

序号	项 目	周 期	要 求	说 明
5	局部放电测量	1）1～3 年（20～35kV 固体绝缘互感器） 2）大修后 3）必要时	1）固体绝缘互感器在电压为 $1.1U_m/\sqrt{3}$ 时，放电量不大于 100pC，在电压为 $1.1U_m$ 时（必要时），放电量不大于 500pC 2）110kV 及以上油浸式互感器在电压为 $1.1U_m/\sqrt{3}$ 时，放电量不大于 20pC	试验按 GB 5583 进行
6	极性检查	1）大修后 2）必要时	与铭牌标志相符	
7	各分接头的变比检查	1）大修后 2）必要时	与铭牌标志相符	更换绕组后应测量比值差和相位差
8	校核励磁特性曲线	必要时	与同类型互感器特性曲线或制造厂提供的特性曲线相比较，应无明显差别	继电保护有要求时进行
9	密封检查	1）大修后 2）必要时	应无渗漏油现象	试验方法按制造厂规定
10	一次绕组直流电阻测量	1）大修后 2）必要时	与初始值或出厂值比较，应无明显差别	
11	绝缘油击穿电压	1）大修后 2）必要时	见第 13 章	

注：投运前是指交接后长时间未投运而准备投运之前，及库存的新设备投运之前。

表 8　　　　　　　　　　　电磁式电压互感器的试验项目、周期和要求

序号	项 目	周 期	要 求	说 明
1	绝缘电阻	1）1～3 年 2）大修后 3）必要时	自行规定	一次绕组用 2500V 兆欧表，二次绕组用 1000V 或 2500V 兆欧表

序号	项目	周期	要　求	说　明
2	tgδ（20kV 及以上）	1）绕组绝缘： a）1～3 年 b）大修后 c）必要时 2）66～220kV 串级式电压互感器支架： a）投运前 b）大修后 c）必要时	1）绕组绝缘 tgδ（%）不应大于下表中数值： （见下表）	串级式电压互感器的 tgδ 试验方法建议采用末端屏蔽法，其它试验方法与要求自行规定
3	油中溶解气体的色谱分析	1）投运前 2）1～3 年（66kV 及以上） 3）大修后 4）必要时	油中溶解气体组分含量（体积分数）超过下列任一值时应引起注意： 总烃 100×10^{-6} H_2 150×10^{-6} C_2H_2 2×10^{-6}	1）新投运互感器的油中不应含有 C_2H_2 2）全密封互感器按制造厂要求（如果有）进行
4	交流耐压试验	1）3 年（20kV 及以下） 2）大修后 3）必要时	1）一次绕组按出厂值的 85% 进行，出厂值不明的，按下列电压进行试验： （见下表） 2）二次绕组之间及末屏对地为 2kV 3）全部更换绕组绝缘后按出厂值进行	1）串级式或分级绝缘式的互感器用倍频感应耐压试验 2）进行倍频感应耐压试验时应考虑互感器的容升电压 3）倍频耐压试验前后，应检查有否绝缘损伤
5	局部放电测量	1）投运前 2）1～3 年（20～35kV 固体绝缘互感器） 3）大修后 4）必要时	1）固体绝缘相对地电压互感器在电压为 $1.1U_m/\sqrt{3}$ 时，放电量不大于 100pC，在电压为 $1.1U_m$ 时（必要时），放电量不大于 500pC。固体绝缘相对相电压互感器，在电压为 $1.1U_m$ 时，放电量不大于 100pC 2）110kV 及以上油浸式电压互感器在电压为 $1.1U_m/\sqrt{3}$ 时，放电量不大于 20pC	1）试验按 GB 5583 进行 2）出厂时有试验报告者投运前可不进行试验或只进行抽查试验

序号 2 要求栏内表格：

温度 ℃		5	10	20	30	40
35kV 及以下	大修后	1.5	2.5	3.0	5.0	7.0
	运行中	2.0	2.5	3.5	5.5	8.0
35kV 以上	大修后	1.0	1.5	2.0	3.5	5.0
	运行中	1.5	2.0	2.5	4.0	5.5

2）支架绝缘 tgδ 一般不大于 6%

序号 4 要求栏内表格：

电压等级 kV	3	6	10	15	20	35	66
试验电压 kV	15	21	30	38	47	72	120

序号	项 目	周 期	要 求	说 明
6	空载电流测量	1) 大修后 2) 必要时	1) 在额定电压下，空载电流与出厂数值比较无明显差别 2) 在下列试验电压下，空载电流不应大于最大允许电流 中性点非有效接地系统 $1.9U_n/\sqrt{3}$ 中性点接地系统 $1.5U_n/\sqrt{3}$	
7	密封检查	1) 大修后 2) 必要时	应无渗漏油现象	试验方法按制造厂规定
8	铁芯夹紧螺栓（可接触到的）绝缘电阻	大修时	自行规定	采用 2500V 兆欧表
9	联接组别和极性	1) 更换绕组后 2) 接线变动后	与铭牌和端子标志相符	
10	电压比	1) 更换绕组后 2) 接线变动后	与铭牌标志相符	更换绕组后应测量比值差和相位差
11	绝缘油击穿电压	1) 大修后 2) 必要时	见第 13 章	

注：投运前指交接后长时间未投运而准备投运之前，及库存的新设备投运之前。

表 9　　　　　　　　　　　电容式电压互感器的试验项目、周期和要求

序号	项 目	周 期	要 求	说 明
1	电压比	1) 大修后 2) 必要时	与铭牌标志相符	
2	中间变压器的绝缘电阻	1) 大修后 2) 必要时	自行规定	采用 2500V 兆欧表
3	中间变压器的 $tg\delta$	1) 大修后 2) 必要时	与初始值相比不应有显著变化	

注：电容式电压互感器的电容分压器部分的试验项目、周期和要求见第 12 章。

表 10　　　　　　　　　　SF_6 断路器和 GIS 的试验项目、周期和要求

序号	项 目	周 期	要 求	说 明
1	断路器和 GIS 内 SF_6 气体的湿度以及气体的其它检测项目		见第 13 章	

序号	项 目	周 期	要 求	说 明
2	SF₆气体泄漏试验	1) 大修后 2) 必要时	年漏气率不大于1%或按制造厂要求	1) 按 GB 11023 方法进行 2) 对电压等级较高的断路器以及 GIS，因体积大可用局部包扎法检漏，每个密封部位包扎后历时5h，测得的 SF₆ 气体含量（体积分数）不大于 30×10⁻⁶
3	辅助回路和控制回路绝缘电阻	1) 1～3 年 2) 大修后	绝缘电阻不低于2MΩ	采用 500V 或 1000V 兆欧表
4	耐压试验	1) 大修后 2) 必要时	交流耐压或操作冲击耐压的试验电压为出厂试验电压值的80%	1) 试验在 SF₆ 气体额定压力下进行 2) 对 GIS 试验时不包括其中的电磁式电压互感器及避雷器，但在投运前应对它们进行试验电压值为 Uₘ 的 5min 耐压试验 3) 罐式断路器的耐压试验方式：合闸对地；分闸状态两端轮流加压，另一端接地。建议在交流耐压试验的同时测量局部放电 4) 对瓷柱式定开距型断路器只作断口间耐压
5	辅助回路和控制回路交流耐压试验	大修后	试验电压为2kV	耐压试验后的绝缘电阻值不应降低
6	断口间并联电容器的绝缘电阻、电容量和tgδ	1) 1～3 年 2) 大修后 3) 必要时	1) 对瓷柱式断路器和断口同时测量，测得的电容值和tgδ与原始值比较，应无明显变化 2) 罐式断路器（包括 GIS 中的 SF₆ 断路器）按制造厂规定 3) 单节电容器按第12章规定	1) 大修时，对瓷柱式断路器应测量电容器和断口并联后整体的电容值和tgδ，作为该设备的原始数据 2) 对罐式断路器（包括 GIS 中的 SF₆ 断路器）必要时进行试验，试验方法按制造厂规定
7	合闸电阻值和合闸电阻的投入时间	1) 1～3 年（罐式断路器除外） 2) 大修后	1) 除制造厂另有规定外，阻值变化允许范围不得大于±5% 2) 合闸电阻的有效接入时间按制造厂规定校核	罐式断路器的合闸电阻布置在罐体内部，只有解体大修时才能测定

序号	项目	周期	要求	说明
8	断路器的速度特性	大修后	测量方法和测量结果应符合制造厂规定	制造厂无要求时不测
9	断路器的时间参量	1）大修后 2）机构大修后	除制造厂另有规定外，断路器的分、合闸同期性应满足下列要求： 相间合闸不同期不大于 5ms 相间分闸不同期不大于 3ms 同相各断口间合闸不同期不大于 3ms 同相各断口间分闸不同期不大于 2ms	
10	分、合闸电磁铁的动作电压	1）1～3 年 2）大修后 3）机构大修后	1）操动机构分、合闸电磁铁或合闸接触器端子上的最低动作电压应在操作电压额定值的 30%～65% 之间 2）在使用电磁机构时，合闸电磁铁线圈通流时的端电压为操作电压额定值的 80%（关合电流峰值等于及大于 50kA 时为 85%）时应可靠动作 3）进口设备按制造厂规定	
11	导电回路电阻	1）1～3 年 2）在修后	1）敞开式断路器的测量值不大于制造厂规定值的 120% 2）对 GIS 中的断路器按制造厂规定	用直流压降法测量，电流不小于 100A
12	分、合闸线圈直流电阻	1）大修后 2）机构大修后	应符合制造厂规定	
13	SF₆ 气体密度监视器（包括整定值）检验	1）1～3 年 2）大修后 3）必要时	按制造厂规定	
14	压力表检验（或调整），机构操作压力（气压、液压）整定值校验，机械安全阀校验	1）1～3 年 2）大修后	按制造厂规定	对气动机构应校验各级气压的整定值（减压阀及机械安全阀）
15	操动机构在分闸、合闸、重合闸下的操作压力（气压、液压）下降值	1）大修后 2）机构大修后	应符合制造厂规定	
16	液（气）压操动机构的泄漏试验	1）1～3 年 2）大修后 3）必要时	按制造厂规定	应在分、合闸位置下分别试验
17	油（气）泵补压及零起打压的运转时间	1）1～3 年 2）大修后 3）必要时	应符合制造厂规定	
18	液压机构及采用差压原理的气动机构的防失压慢分试验	1）大修后 2）机构大修时	按制造厂规定	

续表

序号	项目	周期	要求	说明
19	闭锁、防跳跃及防止非全相合闸等辅助控制装置的动作性能	1) 大修后 2) 必要时	按制造厂规定	
20	GIS中的电流互感器、电压互感器和避雷器	1) 大修后 2) 必要时	按制造厂规定，或分别按第7章、第14章进行	

8.1.2 各类试验项目：

定期试验项目见表10中序号1、3、6、7、10、11、13、14、16、17。

大修后试验项目见表10中序号1、2、3、4、5、6、7、8、9、10、11、12、13、14、15、16、17、18、19、20。

8.2 多油断路器和少油断路器

8.2.1 多油断路器和少油断路器的试验项目、周期和要求见表11。

8.2.2 各类试验项目：

定期试验项目见表11中序号1、2、3、4、6、7、13、14。

大修后试验项目见表11中序号1、2、3、4、5、6、7、8、9、10、11、12、13、14、15。

8.3 磁吹断路器

8.3.1 磁吹断路器的试验项目、周期、要求见表11中的序号1、4、5、6、8、10、11、12、13。

表11 多油断路器和少油断路器的试验项目、周期和要求

序号	项目	周期	要求	说明
1	绝缘电阻	1) 1～3年 2) 大修后	1) 整体绝缘电阻自行规定 2) 断口和有机物制成的提升杆的绝缘电阻不应低于下表数值： MΩ | 试验类别	额定电压 kV			
	<24	24～40.5	72.5～252	363
大修后	1000	2500	5000	10000
运行中	300	1000	3000	5000		使用2500V兆欧表
2	40.5kV及以上非纯瓷套管和多油断路器的tgδ	1) 1～3年 2) 大修后	1) 20℃时多油断路器的非纯瓷套管的tgδ（%）值见表20 2) 20℃时非纯瓷套管断路器的tgδ（%）值，可比表20中相应的tgδ（%）值增加下列数值： 	额定电压 kV	≥126	<126	40.5 (DW1—35 / DW1—35D)
tgδ（%）值的增加数	1	2	3		1) 在分闸状态下按每支套管进行测量。测量的tgδ超过规定值或有显著增大时，必须落下油箱进行分解试验。对不能落下油箱的断路器，则应将油放出，使套管下部及灭弧室露出油面，然后进行分解试验 2) 断路器大修而套管不大修时，应按套管运行中规定的相应数值增加 3) 带并联电阻断路器的整体tgδ（%）可相应增加1

序号	项 目	周 期	要 求	说 明
3	40.5kV 及以上少油断路器的泄漏电流	1) 1～3 年 2) 大修后	1) 每一元件的试验电压如下： | 额定电压 kV	40.5	72.5～252	≥363
直流试验电压 kV	20	40	60 | 2) 泄漏电流一般不大于 10μA	252kV 及以上少油断路器提升杆（包括支持瓷套）的泄漏电流大于 5μA 时，应引起注意
4	断路器对地、断口及相间交流耐压试验	1) 1～3 年 （12kV 及以下） 2) 大修后 3) 必要时 （72.5kV 及以上）	断路器在分、合闸状态下分别进行，试验电压值如下： 12～40.5kV 断路器对地及相间按 DL/T 593 规定值； 72.5kV 及以上者按 DL/T 593 规定值的 80%	对于三相共箱式的油断路器应作相间耐压，其试验电压值与对地耐压值相同
5	126kV 及以上油断路器提升杆的交流耐压试验	1) 大修后 2) 必要时	试验电压按 DL/T 593 规定值的 80%	1) 耐压设备不能满足要求时可分段进行，分段数不应超过 6 段（252kV），或 3 段（126kV），加压时间为 5min 2) 每段试验电压可取整段试验电压值除以分段数所得值的 1.2 倍或自行规定
6	辅助回路和控制回路交流耐压试验	1) 1～3 年 2) 大修后	试验电压为 2kV	
7	导电回路电阻	1) 1～3 年 2) 大修后	1) 大修后应符合制造厂规定 2) 运行中自行规定	用直流压降法测量，电流不小于 100A
8	灭弧室的并联电阻值，并联电容器的电容量和 tgδ	1) 大修后 2) 必要时	1) 并联电阻值应符合制定厂规定 2) 并联电容器按第 12 章规定	
9	断路器的合闸时间和分闸时间	大修后	应符合制造厂规定	在额定操作电压（气压、液压）下进行
10	断路器分闸和合闸的速度	大修后	应符合制造厂规定	在额定操作电压（气压、液压）下进行
11	断路器触头分、合闸的同期性	1) 大修后 2) 必要时	应符合制造厂规定	
12	操动机构合闸接触器和分、合闸电磁铁的最低动作电压	1) 大修后 2) 操动机构大修后	1) 操动机构分、合闸电磁铁或合闸接触器端子上的最低动作电压应在操作电压额定值的 30%～65% 间 2) 在使用电磁机构时，合闸电磁铁线圈通流时的端电压为操作电压额定值的 80%（关合电流峰值等于及大于 50kA 时为 85%）时应可靠动作	

序号	项 目	周 期	要 求	说 明
13	合闸接触器和分、合闸电磁铁线圈的绝缘电阻和直流电阻，辅助回路和控制回路绝缘电阻	1) 1～3 年 2) 大修后	1) 绝缘电阻不应小于 2MΩ 2) 直流电阻应符合制造厂规定	采用 500V 或 1000V 兆欧表
14	断路器本体和套管中绝缘油试验		见第 13 章	
15	断路器的电流互感器	1) 大修后 2) 必要时	见第 7 章	

8.3.2 各类试验项目：

定期试验项目见表 11 中序号 1、4、6、13。

大修后试验项目见表 11 中序号 1、4、5、6、8、10、11、12、13。

8.4 低压断路器和自动灭磁开关

8.4.1 低压断路器和自动灭磁开关的试验项目、周期和要求见表 11 中序号 12 和 13。

8.4.2 各类试验项目：

定期试验项目见表 11 中序号 13。

大修后试验项目见表 11 中序号 12 和 13。

8.4.3 对自动灭磁开关尚应作常开、常闭触点分合切换顺序，主触头、灭弧触头表面情况和动作配合情况以及灭弧栅是否完整等检查。对新换的 DM 型灭磁开关尚应检查灭弧栅片数。

8.5 空气断路器

8.5.1 空气断路器的试验项目、周期和要求见表 12。

8.5.2 各类试验项目：

定期试验项目见表 12 中序号 1、3、4。

大修后试验项目见表 12 中序号 1、2、3、4、5、6、7、8、9、10、11、12、13、14。

8.6 真空断路器

8.6.1 真空断路器的试验项目、周期和要求见表 13。

表 12　　　　　　　　　　空气断路器的试验项目、周期和要求

序号	项 目	周 期	要 求	说 明
1	40.5kV 及以上的支持瓷套管及提升杆的泄漏电流	1) 1～3 年 2) 大修后	1) 试验电压如下： 额定电压 kV：40.5 / 72.5～252 / ≥363 直流试验电压 kV：20 / 40 / 60 2) 泄漏电流一般不大于 10μA，252kV 及以上者不大于 5μA	
2	耐压试验	大修后	12～40.5kV 断路器对地及相间试验电压值按 DL/T 593 规定值；72.5kV 及以上者按 DL/T 593 规定值的 80%	126kV 及以上有条件时进行
3	辅助回路和控制回路交流耐压试验	1) 1～3 年 2) 大修后	试验电压为 2kV	

序号	项　目	周　期	要　　求	说　　明
4	导电回路电阻	1）1～3 年 2）大修后	1）大修后应符合制造厂规定 2）运行中的电阻值允许比制造厂规定值提高 1 倍	用直流压降法测量，电流不小于 100A
5	灭弧室的并联电阻，均压电容器的电容量和 tgδ	大修后	1）并联电阻值符合制造厂规定 2）均压电容器按第 12 章规定	
6	主、辅触头分、合闸配合时间	大修后	应符合制造厂规定	
7	断路器的分、合闸时间及合分时间	大修后	连续测量 3 次均应符合制造厂规定	
8	同相各断口及三相间的分、合闸同期性	大修后	应符合制造厂规定，制造厂无规定时，则相间合闸不同期不大于 5ms；分闸不同期不大于 3ms；同相断口间合闸不同期不大于 3ms；分闸不同期不大于 2ms	
9	分、合闸电磁铁线圈的最低动作电压	大修后	操动机构分、合闸电磁铁的最低动作电压应在操作电压额定值的 30%～65%间	在额定气压下测量
10	分闸和合闸电磁铁线圈的绝缘电阻和直流电阻	大修后	1）绝缘电阻不应小于 2MΩ 2）直流电阻应符合制造厂规定	采用 1000V 兆欧表
11	分闸、合闸和重合闸的气压降	大修后	应符合制造厂规定	
12	断路器操作时的最低动作气压	大修后	应符合制造厂规定	
13	压缩空气系统、阀门及断路器本体严密性	大修后	应符合制造厂规定	
14	低气压下不能合闸的自卫能力试验	大修后	应符合制造厂规定	

表13　　　　　　　　　　　　　真空断路器的试验项目、周期、要求

序号	项　目	周　期	要　　求	说　　明
1	绝缘电阻	1）1～3年 2）大修后	1）整体绝缘电阻参照制造厂规定或自行规定 2）断口和用有机物制成的提升杆的绝缘电阻不应低于下表中的数值： MΩ （见下表） 	
2	交流耐压试验（断路器主回路对地、相间及断口）	1）1～3年（12kV及以下） 2）大修后 3）必要时（40.5、72.5kV）	断路器在分、合闸状态下分别进行，试验电压值按DL/T 593规定值	1）更换或干燥后的绝缘提升杆必须进行耐压试验，耐压设备不能满足时可分段进行 2）相间、相对地及断口的耐压值相同
3	辅助回路和控制回路交流耐压试验	1）1～3年 2）大修后	试验电压为2kV	
4	导电回路电阻	1）1～3年 2）大修后	1）大修后应符合制造厂规定 2）运行中自行规定，建议不大于1.2倍出厂值	用直流压降法测量，电流不小于100A
5	断路器的合闸时间和分闸时间，分、合闸的同期性，触头开距，合闸时的弹跳过程	大修后	应符合制造厂规定	在额定操作电压下进行
6	操动机构合闸接触器和分、合闸电磁铁的最低动作电压	大修后	1）操动机构分、合闸电磁铁或合闸接触器端子上的最低动作电压应在操作电压额定值的30%～65%间 在使用电磁机构时，合闸电磁铁线圈通流时的端电压为操作电压额定值的80%（关合峰值电流等于或大于50kA时为85%）时应可靠动作 2）进口设备按制造厂规定	
7	合闸接触器和分、合闸电磁铁线圈的绝缘电阻和直流电阻	1）1～3年 2）大修后	1）绝缘电阻不应小于2MΩ 2）直流电阻应符合制造厂规定	采用1000V兆欧表
8	真空灭弧室真空度的测量	大、小修时	自行规定	有条件时进行
9	检查动触头上的软联结夹片有无松动	大修后	应无松动	

序号1 要求中的绝缘电阻数值表：

试验类别	额定电压　kV		
	＜24	24～40.5	72.5
大修后	1000	2500	5000
运行中	300	1000	3000

8.6.2 各类试验项目：

定期试验项目见表 13 中序号 1、2、3、4、7。

大修时或大修后试验项目见表 13 中序号 1、2、3、4、5、6、7、8、9。

8.7 重合器（包括以油、真空及 SF$_6$ 气体为绝缘介质的各种 12kV 重合器）

8.7.1 重合器的试验项目、周期和要求见表 14。

表 14　　　　　　　　　　重合器的试验项目、周期和要求

序号	项　目	周　期	要　　求	说　　明
1	绝缘电阻	1）1～3 年 2）大修后	1）整体绝缘电阻自行规定 2）用有机物制成的拉杆的绝缘电阻不应低于下列数值： 大修后　1000MΩ 运行中　300MΩ	采用 2500V 兆欧表测量
2	SF$_6$ 重合器内气体的湿度	1）大修后 2）必要时	见第 13 章	
3	SF$_6$ 气体泄漏	1）大修后 2）必要时	年漏气率不大于 1% 或按制造厂规定	
4	控制回路的绝缘电阻	1）1～3 年 2）大修后	绝缘电阻不应低于 2MΩ	采用 1000V 兆欧表
5	交流耐压试验	1）1～3 年 2）大修后	试验电压为 42kV	试验在主回路对地及断口间进行
6	辅助和控制回路的交流耐压试验	大修后	试验电压为 2kV	
7	合闸时间，分闸时间，三相触头分、合闸同期性，触头弹跳	大修后	应符合制造厂的规定	在额定操作电压（液压、气压）下进行
8	油重合器分、合闸速度	大修后	应符合制造厂的规定	在额定操作电压（液压、气压）下进行，或按制造厂规定
9	合闸电磁铁线圈的操作电压	1）大修后 2）必要时	在额定电压的 85%～115% 范围内应可靠动作	
10	导电回路电阻	1）大修后 2）必要时	1）大修后应符合制造厂规定 2）运行中自行规定	用直流压降法测量，电流值不得小于 100A
11	分闸线圈直流电阻	大修后	应符合制造厂规定	
12	分闸起动器的动作电压	大修后	应符合制造厂规定	
13	合闸电磁铁线圈直流电阻	大修后	应符合制造厂规定	
14	最小分闸电流	大修后	应符合制造厂规定	
15	额定操作顺序	大修后	操作顺序应符合制造厂要求	
16	利用远方操作装置检查重合器的动作情况	大修后	按规定操作顺序在试验回路中操作 3 次，动作应正确	
17	检查单分功能可靠性	大修后	将操作顺序调至单分，操作 2 次，动作应正确	
18	绝缘油试验	大修后	见第 13 章	

8.7.2 各类试验项目：

定期试验项目见表14中序号1、4、5。

大修后试验项目见表14中序号1、2、3、4、5、6、7、8、9、10、11、12、13、14、15、16、17、18。

8.8 分段器（仅限于12kV级）

8.8.1 SF₆分段器

8.8.1.1 SF₆分段器的试验项目、周期和要求见表15。

8.8.1.2 各类试验项目：

定期试验项目见表15中序号1、2。

大修后试验项目见表15中序号1、2、3、4、5、6、7、8、9。

8.8.2 油分段器

8.8.2.1 油分段器的试验项目、周期和要求除按表15中序号1、2、3、4、5、6、7进行外，还应按表16进行。

表15　　　　　　　　　　　　　　SF₆分段器的试验项目、周期和要求

序号	项目	周期	要求	说明
1	绝缘电阻	1) 1～3年 2) 大修后	1) 整体绝缘电阻值自行规定 2) 用有机物制成的拉杆的绝缘电阻值不应低于下列数值： 大修后　1000MΩ 运行中　300MΩ 3) 控制回路绝缘电阻值不小于2MΩ	一次回路用2500V兆欧表 控制回路用1000V兆欧表
2	交流耐压试验	1) 1～3年 2) 大修后	试验电压为42kV	试验在主回路对地及断口间进行
3	导电回路电阻	1) 大修后 2) 必要时	1) 大修后应符合制造厂规定 2) 运行中自行规定	用直流压降法测量，电流值不小于100A
4	合闸电磁铁线圈的操作电压	1) 大修后 2) 必要时	在制造厂规定的电压范围内应可靠动作	
5	合闸时间、分闸时间两相触头分、合闸的同期性	大修后	应符合制造厂的规定	在额定操作电压（液压、气压）下进行
6	分、合闸线圈的直流电阻	大修后	应符合制造厂的规定	
7	利用远方操作装置检查分段器的动作情况	大修后	在额定操作电压下分、合各3次，动作应正确	
8	SF₆气体泄漏	1) 大修后 2) 必要时	年漏气率不大于1%或按制造厂规定	
9	SF₆气体湿度	1) 大修后 2) 必要时	见第13章	

表16　　　　　　　　　　　　　　油分段器的试验项目、周期和要求

序号	项目	周期	要求	说明
1	绝缘油试验	1) 大修后 2) 必要时	见第13章	
2	自动计数操作	大修后	按制造厂的规定完成计数操作	

8.8.2.2 各类试验项目：

定期试验项目见表 15 中序号 1、2。

大修后试验项目见表 15 中序号 1、2、3、4、5、6、7 及表 16 中序号 1、2。

8.8.3 真空分段器

8.8.3.1 真空分段器的试验项目、周期和要求按表 15 中序号 1、2、3、4、5、6、7 和表 16 中序号 1、2

进行。

8.8.3.2 各类试验项目：

定期试验项目见表 15 中序号 1、2。

大修后试验项目见表 15 中序号 1、2、3、4、5、6、7 和表 16 中序号 1、2。

8.9 隔离开关

8.9.1 隔离开关的试验项目、周期和要求见表 17。

表 17　　　　　　　　　　　　　　隔离开关的试验项目、周期和要求

序号	项 目	周 期	要 求	说 明
1	有机材料支持绝缘子及提升杆的绝缘电阻	1) 1~3 年 2) 大修后	1) 用兆欧表测量胶合元件分层电阻 2) 有机材料传动提升杆的绝缘电阻值不得低于下表数值： 　　　　　　　　　　　　　　　　MΩ <table><tr><td rowspan="2">试验类别</td><td colspan="2">额定电压　kV</td></tr><tr><td>＜24</td><td>24~40.5</td></tr><tr><td>大修后</td><td>1000</td><td>2500</td></tr><tr><td>运行中</td><td>300</td><td>1000</td></tr></table>	采用 2500V 兆欧表
2	二次回路的绝缘电阻	1) 1~3 年 2) 大修后 3) 必要时	绝缘电阻不低于 2MΩ	采用 1000V 兆欧表
3	交流耐压试验	大修后	1) 试验电压值按 DL/T 593 规定 2) 用单个或多个元件支柱绝缘子组成的隔离开关进行整体耐压有困难时，可对各胶合元件分别做耐压试验，其试验周期和要求按第 10 章的规定进行	在交流耐压试验前、后应测量绝缘电阻；耐压后的阻值不得降低
4	二次回路交流耐压试验	大修后	试验电压为 2kV	
5	电动、气动或液压操动机构线圈的最低动作电压	大修后	最低动作电压一般在操作电源额定电压的 30%~80% 范围内	气动或液压应在额定压力下进行
6	导电回路电阻测量	大修后	不大于制造厂规定值的 1.5 倍	用直流压降法测量，电流值不小于 100A
7	操动机构的动作情况	大修后	1) 电动、气动或液压操动机构在额定的操作电压（气压、液压）下分、合闸 5 次，动作正常 2) 手动操动机构操作时灵活，无卡涩 3) 闭锁装置应可靠	

8.9.2 各类试验项目：

定期试验项目见表17中序号1、2。

大修后试验项目见表 17 中 1、2、3、4、5、6、7。

8.10 高压开关柜

8.10.1 高压开关柜的试验项目、周期和要求见表18。

8.10.2 配少油断路器和真空断路器的高压开关柜的各类试验项目。

定期试验项目见表18中序号1、5、8、9、10、13。

大修后试验项目见表18中序号1、2、3、4、5、6、7、8、9、10、13、15。

表 18　　　　　　高压开关柜的试验项目、周期和要求

序号	项 目	周 期	要 求	说 明
1	辅助回路和控制回路绝缘电阻	1）1~3 年 2）大修后	绝缘电阻不应低于2MΩ	采用 1000V 兆欧表
2	辅助回路和控制回路交流耐压试验	大修后	试验电压为 2kV	
3	断路器速度特性	大修后	应符合制造厂规定	如制造厂无规定可不进行
4	断路器的合闸时间、分闸时间和三相分、合闸同期性	大修后	应符合制造厂规定	
5	断路器、隔离开关及隔离插头的导电回路电阻	1）1~3 年 2）大修后	1）大修后应符合制造厂规定 2）运行中不大于制造厂规定值的 1.5 倍	隔离开关和隔离插头回路电阻的测量在有条件时进行
6	操动机构合闸接触器和分、合闸电磁铁的最低动作电压	1）大修后 2）机构大修后	参照表 11 中序号 12	
7	合闸接触器和分合闸电磁铁线圈的绝缘电阻和直流电阻	大修后	1）绝缘电阻应大于 2MΩ 2）直流电阻应符合制造厂规定	采用 1000V 兆欧表
8	绝缘电阻试验	1）1~3 年（12kV 及以上） 2）大修后	应符合制造厂规定	在交流耐压试验前、后分别进行
9	交流耐压试验	1）1~3 年（12kV 及以上） 2）大修后	试验电压值按 DL/T 593 规定	1）试验电压施加方式：合闸时各相对地及相间；分闸时各断口 2）相间、相对地及断口的试验电压值相同
10	检查电压抽取（带电显示）装置	1）1 年 2）大修后	应符合制造厂规定	
11	SF$_6$ 气体泄漏试验	1）大修后 2）必要时	应符合制造厂规定	
12	压力表及密度继电器校验	1~3 年	应符合制造厂规定	
13	五防性能检查	1）1~3 年 2）大修后	应符合制造厂规定	五防是：①防止误分、误合断路器；②防止带负荷拉、合隔离开关；③防止带电（挂）合接地（线）开关；④防止带接地线（开关）合断路器；⑤防止误入带电间隔

序号	项　目	周　期	要　求	说　明
14	对断路器的其它要求	1) 大修后 2) 必要时	根据断路器型式，应符合 8.1、8.2、8.6条中的有关规定	
15	高压开关柜的电流互感器	1) 大修后 2) 必要时	见第7章	

8.10.3 配 SF_6 断路器的高压开关柜的各类试验项目：

定期试验项目见表18中序号1、5、8、9、10、12、13。

大修后试验项目见表18中1、2、3、4、5、6、7、8、9、10、11、13、14、15。

8.10.4 其它型式高压开关柜的各类试验项目：

其它型式，如计量柜，电压互感器柜和电容器柜等的试验项目、周期和要求可参照表18中有关序号进行。柜内主要元件（如互感器、电容器、避雷器等）的试验项目按本规程有关章节规定。

8.11 镉镍蓄电池直流屏

8.11.1 镉镍蓄电池直流屏（柜）的试验项目、周期和要求见表19。

表19　　　　　　　　镉镍蓄电池直流屏（柜）的试验项目、周期和要求

序号	项　目	周　期	要　求	说　明
1	镉镍蓄电池组容量测试	1) 1年 2) 必要时	按 DL/T 459 规定	
2	蓄电池放电终止电压测试	1) 1年 2) 必要时		
3	各项保护检查	1年	各项功能均应正常	检查项目有： a) 闪光系统 b) 绝缘监察系统 c) 电压监视系统 d) 光字牌 e) 声响
4	镉镍屏（柜）中控制母线和动力母线的绝缘电阻	必要时	绝缘电阻不应低于10MΩ	采用 1000V 兆欧表。有两组电池时轮流测量

8.11.2 各类试验项目：

定期试验项目见表19中序号1、2、3。

定期试验项目见表20中序号1、2。

大修后试验项目见表20中序号1、2、3、4、5。

9　套管

9.1 套管的试验项目、周期和要求见表20。

9.2 各类试验项目。

10　支柱绝缘子和悬式绝缘子

发电厂和变电所的支柱绝缘子和悬式绝缘子的试验项目、周期和要求见表21。

表20　　　　　　　　　套管的试验项目、周期和要求

序号	项　目	周　期	要　求	说　明
1	主绝缘及电容型套管末屏对地绝缘电阻	1) 1~3年 2) 大修（包括主设备大修）后 3) 必要时	1) 主绝缘的绝缘电阻值不应低于10000MΩ 2) 末屏对地的绝缘电阻不应低于1000MΩ	采用 2500V 兆欧表

序号	项目	周期	要求	说明
2	主绝缘及电容型套管对地末屏 $tg\delta$ 与电容量	1) 1～3 年 2) 大修（包括主设备大修）后 3) 必要时	1) 20℃时的 $tg\delta$（%）值应不大于下表中数值：（见下表） 2) 当电容型套管末屏对地绝缘电阻小于 1000MΩ 时，应测量末屏对地 $tg\delta$，其值不大于 2% 3) 电容型套管的电容值与出厂值或上一次试验值的差别超出±5% 时，应查明原因	1) 油纸电容型套管的 $tg\delta$ 一般不进行温度换算，当 $tg\delta$ 与出厂值或上一次测试值比较有明显增长或接近左表数值时，应综合分析 $tg\delta$ 与温度、电压的关系。当 $tg\delta$ 随温度增加明显增大或试验电压由 10kV 升到 $U_m/\sqrt{3}$ 时，$tg\delta$ 增量超过±0.3%，不应继续运行 2) 20kV 以下纯瓷套管及与变压器油连通的油压式套管不测 $tg\delta$ 3) 测量变压器套管 $tg\delta$ 时，与被试套管相连的所有绕组端子连在一起加压，其余绕组端子均接地，末屏接电桥，正接线测量
3	油中溶解气体色谱分析	1) 投运前 2) 大修后 3) 必要时	油中溶解气体组分含量（体积分数）超过下列任一值时应引起注意： $H_2\ 500\times10^{-6}$ $CH_4\ 100\times10^{-6}$ $C_2H_2\ 2\times10^{-6}$（110kV 及以下） 1×10^{-6}（220～500kV）	
4	交流耐压试验	1) 大修后 2) 必要时	试验电压值为出厂值的 85%	35kV 及以下纯瓷穿墙套管可随母线绝缘子一起耐压
5	66kV 及以上电容型套管的局部放电测量	1) 大修后 2) 必要时	1) 变压器及电抗器套管的试验电压为 $1.5U_m/\sqrt{3}$ 2) 其它套管的试验电压为 $1.05U_m/\sqrt{3}$ 3) 在试验电压下局部放电值（pC）不大于：（见下表）	1) 垂直安装的套管水平存放 1 年以上投运前宜进行本项目试验 2) 括号内的局部放电值适用于非变压器、电抗器的套管

序号 2 项目要求表1：

		电压等级 kV	20～35	66～110	220～500
大修后	充油型		3.0	1.5	—
	油纸电容型		1.0	1.0	0.8
	充胶型		3.0	2.0	—
	胶纸电容型		2.0	1.5	1.0
	胶纸型		2.5	2.0	—
运行中	充油型		3.5	1.5	—
	油纸电容型		1.0	1.0	0.8
	充胶型		3.5	2.0	—
	胶纸电容型		3.0	1.5	1.0
	胶纸型		3.5	2.0	—

序号 5 项目要求表3：

	油纸电容型	胶纸电容型
大修后	10	250（100）
运行中	20	自行规定

注：1. 充油套管指以油作为主绝缘的套管。

2. 油纸电容型套管指以油纸电容芯为主绝缘的套管。

3. 充胶套管指以胶为主绝缘的套管。

4. 胶纸电容型套管指以胶纸电容芯为主绝缘的套管。

5. 胶纸型套管指以胶纸为主绝缘与外绝缘的套管（如一般室内无瓷套胶纸套管）。

表 21　　　　　　发电厂和变电所的支柱绝缘子和悬式绝缘子的试验项目、周期和要求

序号	项　目	周　期	要　求	说　明
1	零值绝缘子检测（66kV 及以上）	1～5 年	在运行电压下检测	1）可根据绝缘子的劣化率调整检测周期 2）对多元件针式绝缘子应检测每一元件
2	绝缘电阻	1）悬式绝缘子 1～5 年 2）针式支柱绝缘子 1～5 年	1）针式支柱绝缘子的每一元件和每片悬式绝缘子的绝缘电阻不应低于 300MΩ，500kV 悬式绝缘子不低于 500MΩ 2）半导体釉绝缘子的绝缘电阻自行规定	1）采用 2500V 及以上兆欧表 2）棒式支柱绝缘子不进行此项试验
3	交流耐压试验	1）单元件支柱绝缘子 1～5 年 2）悬式绝缘子 1～5 年 3）针式支柱绝缘子 1～5 年 4）随主设备 5）更换绝缘子时	1）支柱绝缘子的交流耐压试验电压值见附录 B 2）35kV 针式支柱绝缘子交流耐压试验电压值如下： 两个胶合元件者，每元件 50kV；三个胶合元件者，每元件 34kV 3）机械破坏负荷为 60～300kN 的盘形悬式绝缘子交流耐压试验电压值均取 60kV	1）35kV 针式支柱绝缘子可根据具体情况按左栏要求 1）或 2）进行 2）棒式绝缘子不进行此项试验
4	绝缘子表面污秽物的等值盐密	1 年	参照附录 C 污秽等级与对应附盐密度值检查所测盐密值与当地污秽等级是否一致。结合运行经验，将测量值作为调整耐污绝缘水平和监督绝缘安全运行的依据。盐密值超过规定时，应根据情况采取调爬、清扫、涂料等措施	应分别在户外能代表当地污染程度的至少一串悬垂绝缘子和一根棒式支柱上取样，测量在当地积污最重的时期进行

注：运行中针式支柱绝缘子和悬式绝缘子的试验项目可在检查零值、绝缘电阻及交流耐压试验中任选一项。玻璃悬式绝缘子不进行序号 1、2、3 项中的试验，运行中自破的绝缘子应及时更换。

11　电力电缆线路

11.1　一般规定

11.1.1　对电缆的主绝缘作直流耐压试验或测量绝缘电阻时，应分别在每一相上进行。对一相进行试验或测量时，其它两相导体、金属屏蔽或金属套和铠装层一起接地。

11.1.2　新敷设的电缆线路投入运行 3～12 个月，一般应作 1 次直流耐压试验，以后再按正常周期试验。

11.1.3　试验结果异常，但根据综合判断允许在监视条件下继续运行的电缆线路，其试验周期应缩短，如在不少于 6 个月时间内，经连续 3 次以上试验，试验结果不变坏，则以后可以按正常周期试验。

11.1.4　对金属屏蔽或金属套一端接地，另一端装有护层过电压保护器的单芯电缆主绝缘作直流耐压试验时，必须将护层过电压保护器短接，使这一端的电缆金属屏蔽或金属套临时接地。

11.1.5　耐压试验后，使导体放电时，必须通过每千伏约 80kΩ 的限流电阻反复几次放电直至无火花后，才允许直接接地放电。

11.1.6　除自容式充油电缆线路外，其它电缆线路在停电后投运之前，必须确认电缆的绝缘状况良好。凡停电超过一星期但不满一个月的电缆线路，应用兆欧表测量该电缆导体对地绝缘电阻，如有疑问时，必须用低于常规直流耐压试验电压的直流电压进行试验，加压时间 1min；停电超过一个月但不满一年的电缆线路，必须作 50% 规定试验电压值的直流耐压试验，加压时间 1min；停电超过一年的电缆线路必须作常规的直流耐压试验。

11.1.7　对额定电压为 0.6/1kV 的电缆线路可用 1000V 或 2500V 兆欧表测量导体对地绝缘电阻代替直流耐压试验。

11.1.8　直流耐压试验时，应在试验电压升至规定值后 1min 以及加压时间达到规定时测量泄漏电流。泄漏电流值和不平衡系数（最大值与最小值之比）只作为判断绝缘状况的参考，不作为是否能投入运行的判

据。但如发现泄漏电流与上次试验值相比有很大变化，或泄漏电流不稳定，随试验电压的升高或加压时间的增加而急剧上升，应查明原因。如系终端头表面泄漏电流或对地杂散电流等因素的影响，则应加以消除；如怀疑电缆线路绝缘不良，则可提高试验电压（以不超过产品标准规定的出厂试验直流电压为宜）或延长试验时间，确定能否继续运行。

11.1.9 运行部门根据电缆线路的运行情况、以往的经验和试验成绩，可以适当延长试验周期。

11.2 纸绝缘电力电缆线路

本条规定适用于粘性油纸绝缘电力电缆和不滴流油纸绝缘电力电缆线路。纸绝缘电力电缆线路的试验项目、周期和要求见表 22。

11.3 橡塑绝缘电力电缆线路

橡塑绝缘电力电缆是指聚氯乙烯绝缘、交联聚乙烯绝缘和乙丙橡皮绝缘电力电缆。

11.3.1 橡塑绝缘电力电缆线路的试验项目、周期和要求见表 24。

表 22　　　　　　　　　　　纸绝缘电力电缆线路的试验项目、周期和要求

序号	项目	周期	要求	说明
1	绝缘电阻	在直流耐压试验之前进行	自行规定	额定电压 0.6/1kV 电缆用 1000V 兆欧表；0.6/1kV 以上电缆用 2500V 兆欧表（6/6kV 及以上电缆也可用 5000V 兆欧表）
2	直流耐压试验	1）1～3 年 2）新作终端或接头后进行	1）试验电压值按表 23 规定，加压时间 5min，不击穿 2）耐压 5min 时的泄漏电流值不应大于耐压 1min 时的泄漏电流值 3）三相之间的泄漏电流不平衡系数不应大于 2	6/6kV 及以下电缆的泄漏电流小于 $10\mu A$，8.7/10kV 电缆的泄漏电流小于 $20\mu A$ 时，对不平衡系数不作规定

表 23　　　　　　　　　　　纸绝缘电力电缆的直流耐压试验电压　　　　　　　　　　　kV

电缆额定电压 U_0/U	直流试验电压	电缆额定电压 U_0/U	直流试验电压	电缆额定电压 U_0/U	直流试验电压
1.0/3	12	6/6	30	21/35	105
3.6/6	17	6/10	40	26/35	130
3.6/6	24	8.7/10	47		

表 24　　　　　　　　　　　橡塑绝缘电力电缆线路的试验项目、周期和要求

序号	项目	周期	要求	说明
1	电缆主绝缘绝缘电阻	1）重要电缆：1 年 2）一般电缆： a）3.6/6kV 及以上 3 年 b）3.6/6kV 以下 5 年	自行规定	0.6/1kV 电缆用 1000V 兆欧表；0.6/1kV 以上电缆用 2500V 兆欧表（6/6kV 及以上电缆也可用 5000V 兆欧表）
2	电缆外护套绝缘电阻	1）重要电缆：1 年 2）一般电缆： a）3.6/6kV 及以上 3 年 b）3.6/6kV 以下 5 年	每千米绝缘电阻值不应低于 $0.5M\Omega$	采用 500V 兆欧表。当每千米的绝缘电阻低于 $0.5M\Omega$ 时应采用附录 D 中叙述的方法判断外护套是否进水 本项试验只适用于三芯电缆的外护套，单芯电缆外护套试验按本表第 6 项
3	电缆内衬层绝缘电阻	1）重要电缆：1 年 2）一般电缆： a）3.6/6kV 及以上 3 年 b）3.6/6kV 以下 5 年	每千米绝缘电阻值不应低于 $0.5M\Omega$	采用 500V 兆欧表。当每千米的绝缘电阻低于 $0.5M\Omega$ 时应采用附录 D 中叙述的方法判断内衬层是否进水

序号	项　目	周　期	要　求	说　明
4	铜屏蔽层电阻和导体电阻比	1）投运前 2）重作终端或接头后 3）内衬层破损进水后	对照投运前测量数据自行规定	试验方法见11.3.2条
5	电缆主绝缘直流耐压试验	新作终端或接头后	1）试验电压值按表25规定，加压时间 5min，不击穿 2）耐压 5min 时的泄漏电流不应大于耐压 1min 时的泄漏电流	
6	交叉互联系统	2～3 年	见11.4.4条	

注：为了实现序号2、3和4项的测量，必须对橡塑电缆附件安装工艺中金属层的传统接地方法按附录 E 加以改变。

11.3.2　铜屏蔽层电阻和导体电阻比的试验方法：

a）用双臂电桥测量在相同温度下的铜屏蔽层和导体的直流电阻。

b）当前者与后者之比与投运前相比增加时，表明铜屏蔽层的直流电阻增大，铜屏蔽层有可能被腐蚀；当该比值与投运前相比减少时，表明附件中的导体连接点的接触电阻有增大的可能。

11.4　自容式充油电缆线路

11.4.1　自容式充油电缆线路的试验项目、周期和要求见表 26。

表 25　　　　橡塑绝缘电力电缆的直流耐压试验电压　　　　kV

电缆额定电压 U_0/U	直流试验电压	电缆额定电压 U_0/U	直流试验电压	电缆额定电压 U_0/U	直流试验电压
1.8/3	11	8.7/10	37	64/110	192
3.6/6	18	21/35	63	127/220	305
6/6	25	26/35	78		
6/10	25	48/66	144		

表 26　　　　自容式充油电缆线路的试验项目、周期和要求

序号	项　目	周　期	要　求	说　明
1	电缆主绝缘直流耐压试验	1）电缆失去油压并导致受潮或进气经修复后 2）新作终端或接头后	试验电压值按表27规定，加压时间 5min，不击穿	
2	电缆外护套和接头外护套的直流耐压试验	2～3 年	试验电压6kV，试验时间1min，不击穿	1）根据以往的试验成绩，积累经验后，可以用测量绝缘电阻代替，有疑问时再作直流耐压试验 2）本试验可与交叉互联系统中绝缘接头外护套的直流耐压试验结合在一起进行
3	压力箱 a）供油特性 b）电缆油击穿电压 c）电缆油的 tgδ	与其直接连接的终端或塞止接头发生故障后	见11.4.2条 不低于 50kV 不大于 0.005（100℃时）	见11.4.2条 见11.4.5.1条 见11.4.5.2条

续表

序号	项　目	周　期	要　求	说　明
4	油压示警系统 a）信号指示 b）控制电缆线芯对地绝缘	6个月 1～2年	能正确发出相应的示警信号 每千米绝缘电阻不小于1MΩ	见11.4.3条 采用100V或250V兆欧表测量
5	交叉互联系统	2～3年		见11.4.4条
6	电缆及附件内的电缆油 a）击穿电压 b）tgδ c）油中溶解气体	2～3年 2～3年 怀疑电缆绝缘过热老化或终端或塞止接头存在严重局部放电时	不低于45kV 见11.4.5.2条 见表28	

表 27　　　　　　　　自容式充油电缆主绝缘直流耐压试验电压　　　　　　　　kV

电缆额定电压 U_0/U	GB 311.1规定的雷电冲击耐受电压	直流试验电压	电缆额定电压 U_0/U	GB 311.1规定的雷电冲击耐受电压	直流试验电压
48/66	325 350	163 175	190/330	1050 1175 1300	525 590 650
64/110	450 550	225 275			
127/220	850 950 1050	425 475 510	290/500	1425 1550 1675	715 775 840

11.4.2　压力箱供油特性的试验方法和要求：

试验按 GB 9326.5 中 6.3 进行。压力箱的供油量不应小于压力箱供油特性曲线所代表的标称供油量的 90%。

11.4.3　油压示警系统信号指示的试验方法和要求：

合上示警信号装置的试验开关应能正确发出相应的声、光示警信号。

11.4.4　交叉互联系统试验方法和要求：

交叉互联系统除进行下列定期试验外，如在交叉互联大段内发生故障，则也应对该大段进行试验。如交叉互联系统内直接接地的接头发生故障时，则与该接头连接的相邻两个大段都应进行试验。

11.4.4.1　电缆外护套、绝缘接头外护套与绝缘夹板的直流耐压试验：试验时必须将护层过电压保护器断开。在互联箱中将另一侧的三段电缆金属套都接地，使绝缘接头的绝缘夹板也能结合在一起试验，然后在每段电缆金属屏蔽或金属套与地之间施加直流电压5kV，加压时间 1min，不应击穿。

11.4.4.2　非线性电阻型护层过电压保护器。

a）碳化硅电阻片：将连接线拆开后，分别对三组电阻片施加产品标准规定的直流电压后测量流过电阻片的电流值。这三组电阻片的直流电流值应在产品标准规定的最小和最大值之间。如试验时的温度不是20℃，则被测电流值应乘以修正系数（120－t）/100（t 为电阻片的温度，℃）。

b）氧化锌电阻片：对电阻片施加直流参考电流后测量其压降，即直流参考电压，其值应在产品标准规定的范围之内。

c）非线性电阻片及其引线的对地绝缘电阻：将非线性电阻片的全部引线并联在一起与接地的外壳绝缘后，用1000V兆欧计测量引线与外壳之间的绝缘电阻，其值不应小于10MΩ。

11.4.4.3　互联箱。

a）接触电阻：本试验在作完护层过电压保护器的上述试验后进行。将闸刀（或连接片）恢复到正常工作位置后，用双臂电桥测量闸刀（或连接片）的接触电阻，其值不应大于20μΩ。

b）闸刀（或连接片）连接位置：本试验在以上交叉互联系统的试验合格后密封互联箱之前进行。连接位置应正确。如发现连接错误而重新连接后，则必须重测闸刀（或连接片）的接触电阻。

11.4.5 电缆及附件内的电缆油的试验方法和要求。

11.4.5.1 击穿电压：试验按 GB/T 507 规定进行。在室温下测量油的击穿电压。

11.4.5.2 tgδ：采用电桥以及带有加热套能自动控温的专用油杯进行测量。电桥的灵敏度不得低于 $1×10^{-5}$，准确度不得低于 1.5%，油杯的固有 tgδ 不得大于 $5×10^{-5}$，在 100℃ 及以下的电容变化率不得大于 2%。加热套控温的控温灵敏度为 0.5℃ 或更小，升温至试验温度 100℃ 的时间不得超过 1h。

电缆油在温度 100±1℃ 和场强 1MV/m 下的 tgδ 不应大于下列数值：

53/66～127/220kV	0.03
190/330kV	0.01

11.4.6 油中溶解气体分析的试验方法和要求按 GB 7252 规定。电缆油中溶解的各气体组分含量的注意值见表 28，但注意值不是判断充油电缆有无故障的唯一指标，当气体含量达到注意值时，应进行追踪分析查明原因，试验和判断方法参照 GB 7252 进行。

表 28　　　　　　　　电缆油中溶解气体组分含量的注意值

电缆油中溶解气体的组分	注意值$×10^{-6}$（体积分数）	电缆油中溶解气体的组分	注意值$×10^{-6}$（体积分数）
可燃气体总量	1500	CO_2	1000
H_2	500	CH_4	200
C_2H_2	痕量	C_2H_6	200
CO	100	C_2H_4	200

12　电容器

12.1 高压并联电容器、串联电容器和交流滤波电容器

12.1.1 高压并联电容器、串联电容器和交流滤波电容器的试验项目、周期和要求见表 29。

12.1.2 定期试验项目见表 29 中全部项目。

12.1.3 交流滤波电容器组的总电容值应满足交流滤波器调谐的要求。

12.2 耦合电容器和电容式电压互感器的电容分压器

12.2.1 耦合电容器和电容式电压互感器的电容分压器的试验项目、周期和要求见表 30。

表 29　　　高压并联电容器、串联电容器和交流滤波电容器的试验项目、周期和要求

序号	项目	周期	要求	说明
1	极对壳绝缘电阻	1）投运后 1 年内 2）1～5 年	不低于 2000MΩ	1）串联电容器用 1000V 兆欧表，其它用 2500V 兆欧表 2）单套管电容器不测
2	电容值	1）投运后 1 年内 2）1～5 年	1）电容值偏差不超出额定值的 -5%～+10% 范围 2）电容值不应小于出厂值的 95%	用电桥法或电流电压法测量
3	并联电阻值测量	1）投运后 1 年内 2）1～5 年	电阻值与出厂值的偏差应在 ±10% 范围内	用自放电法测量
4	渗漏油检查	6 个月	漏油时停止使用	观察法

表 30　　　耦合电容器和电容式电压互感器的电容分压器的试验项目、周期和要求

序号	项目	周期	要求	说明
1	极间绝缘电阻	1）投运后 1 年内 2）1～3 年	一般不低于 5000MΩ	用 2500V 兆欧表

序号	项目	周 期	要 求	说 明
2	电容值	1）投运后1年内 2）1～3年	1）每节电容值偏差不超出额定值的－5%～+10%范围 2）电容值大于出厂值的102%时应缩短试验周期 3）一相中任两节实测电容值相差不超过5%	用电桥法
3	tgδ	1）投运后1年内 2）1～3年	10kV下的tgδ值不大于下列数值： 油纸绝缘 0.005 膜纸复合绝缘 0.002	1）当tgδ值不符合要求时，可在额定电压下复测，复测值如符合10kV下的要求，可继续投运 2）电容式电压互感器低压电容的试验电压值自定
4	渗漏油检查	6个月	漏油时停止使用	用观察法
5	低压端对地绝缘电阻	1～3年	一般不低于100MΩ	采用1000V兆欧表
6	局部放电试验	必要时	预加电压 $0.8 \times 1.3 U_m$，持续时间不小于10s，然后在测量电压 $1.1 U_m / \sqrt{3}$ 下保持1min，局部放电量一般不大于10pC	如受试验设备限制预加电压可以适当降低
7	交流耐压试验	必要时	试验电压为出厂试验电压的75%	

12.2.2 定期试验项目见表30中序号1、2、3、4、5。

12.2.3 电容式电压互感器的电容分压器的电容值与出厂值相差超出±2%范围时，或电容分压比与出厂试验实测分压比相差超过2%时，准确度0.5级及0.2级的互感器应进行准确度试验。

12.2.4 局部放电试验仅在其他试验项目判断电容器绝缘有疑问时进行。放电量超过规定时，应综合判断。局部放电量无明显增长时一般仍可用，但应加强监视。

12.2.5 带电测量耦合电容器的电容值能够判断设备的绝缘状况，可以在运行中随时进行测量。

12.2.5.1 测量方法：

在运行电压下，用电流表或电流变换器测量流过耦合电容器接地线上的工作电流，并同时记录运行电压，然后计算其电容值。

12.2.5.2 判断方法：

a）计算得到的电容值的偏差超出额定值的－5%～+10%范围时，应停电进行试验。

b）与上次测量相比，电容值变化超过±10%时，应停电进行试验。

c）电容值与出厂试验值相差超出±5%时，应增加带电测量次数，若测量数据基本稳定，可以继续运行。

12.2.5.3 对每台由两节组成的耦合电容器，仅对整台进行测量，判断方法中的偏差限值均除以2。本方法不适用于每台由三节及四节组成的耦合电容器。

12.3 断路器电容器

断路器电容器的试验项目、周期和要求见表31。

12.4 集合式电容器

集合式电容器的试验项目、周期和要求见表32。

12.5 高压并联电容器装置

装置中的开关、并联电容器、电压互感器、电流互感器、母线支架、避雷器及二次回路按本规程的有关规定。

12.5.1 单台保护用熔断器。

单台保护用熔断器的试验项目、周期和要求见表33。

12.5.2 串联电抗器。

12.5.2.1 串联电抗器的试验项目、周期和要求见表34。

12.5.2.2 各类试验项目：

定期试验项目见表34中序号1、3、4。

大修时或大修后试验项目见表34中序号1、2、3、4、5、6、7。

12.5.3 放电线圈

12.5.3.1 放电线圈的试验项目、周期和要求见表35。

表 31　　　　　　　　　　断路器电容器的试验项目、周期和要求

序号	项目	周期	要求	说明
1	极间绝缘电阻	1) 1～3 年 2) 断路器大修后	一般不低于 5000MΩ	采用 2500V 兆欧表
2	电容值	1) 1～3 年 2) 断路器大修后	电容值偏差应在额定值的 ±5% 范围内	用电桥法
3	tgδ	1) 1～3 年 2) 断路器大修后	10kV 下的 tgδ 值不大于下列数值： 油纸绝缘 0.005 腹纸复合绝缘 0.0025	
4	渗漏油检查	6 个月	漏油时停止使用	

表 32　　　　　　　　　　集合式电容器的试验项目、周期和要求

序号	项目	周期	要求	说明
1	相间和极对壳绝缘电阻	1) 1～5 年 2) 吊芯修理后	自行规定	1) 采用 2500V 兆欧表 2) 仅对有六个套管的三相电容器测量相间绝缘电阻
2	电容值	1) 投运后 1 年内 2) 1～5 年 3) 吊芯修理后	1) 每相电容值偏差应在额定值的 −5%～+10% 的范围内，且电容值不小于出厂值的 96% 2) 三相中每两线路端子间测得的电容值的最大值与最小值之比不大于 1.06 3) 每相用三个套管引出的电容器组，应测量每两个套管之间的电容量，其值与出厂值相差在 ±5% 范围内	
3	相间和极对壳交流耐压试验	1) 必要时 2) 吊芯修理后	试验电压为出厂试验值的 75%	仅对有六个套管的三相电容器进行相间耐压
4	绝缘油击穿电压	1) 1～5 年 2) 吊芯修理后	参照表 36 中序号 6	
5	渗漏油检查	1 年	漏油应修复	观察法

表 33　　　　　　　　　　单台保护用熔断器的试验项目、周期和要求

序号	项目	周期	要求	说明
1	直流电阻	必要时	与出厂值相差不大于 20%	
2	检查外壳及弹簧情况	1 年	无明显锈蚀现象，弹簧拉力无明显变化，工作位置正确，指示装置无卡死等现象	

表 34　　　　　　　　　　串联电抗器的试验项目、周期和要求

序号	项目	周期	要求	说明
1	绕组绝缘电阻	1) 1～5 年 2) 大修后	一般不低于 1000MΩ（20℃）	采用 2500V 兆欧表
2	绕组直流电阻	1) 必要时 2) 大修后	1) 三相绕组间的差别不应大于三相平均值的 4% 2) 与上次测量值相差不大于 2%	

序号	项目	周期	要求	说明
3	电抗（或电感）值	1）1～5年 2）大修后	自行规定	
4	绝缘油击穿电压	1）1～5年 2）大修后	参照表36中序号6	
5	绕组 tgδ	1）大修后 2）必要时	20℃下的 tgδ（%）值不大于： 35kV 及以下 3.5 66kV2.5	仅对 800kvar 以上的油浸铁芯电抗器进行
6	绕组对铁芯和外壳交流耐压及相间交流耐压	1）大修后 2）必要时	1）油浸铁芯电抗器，试验电压为出厂试验电压的 85% 2）干式空心电抗器只需对绝缘支架进行试验，试验电压同支柱绝缘子	
7	轭铁梁和穿芯螺栓（可接触到）的绝缘电阻	大修时	自行规定	

表 35　　　　　　　放电线圈的试验项目、周期和要求

序号	项目	周期	要求	说明
1	绝缘电阻	1）1～5年 2）大修后	不低于 1000MΩ	一次绕组用 2500V 兆欧表，二次绕组用 1000V 兆欧表
2	绕组的 tgδ	1）大修后 2）必要时	参照表 8 中序号 2	
3	交流耐压试验	1）大修后 2）必要时	试验电压为出厂试验电压的 85%	用感应耐压法
4	绝缘油击穿电压	1）大修后 2）必要时	参照表 36 中序号 6	
5	一次绕组直流电阻	1）大修后 2）必要时	与上次测量值相比无明显差异	
6	电压比	必要时	符合制造厂规定	

12.5.3.2 各类试验项目：

定期试验项目见表 35 中序号 1。

大修后试验项目见表 35 中序号 1、2、3、4、5。

13　绝缘油和六氟化硫气体

13.1　变压器油

13.1.1 新变压器油的验收，应按 GB 2536 或 SH 0040 的规定。

13.1.2 运行中变压器油的试验项目和要求见表 36，试验周期如下：

a）330kV 和 500kV 变压器、电抗器油，试验周期为 1 年的项目有序号 1、2、3、5、6、7、8、9、10；

b）66～220kV 变压器、电抗器和 1000kVA 及以上所、厂用变压器油，试验周期为 1 年的项目有序号 1、2、3、6，必要时试验的项目有 5、8、9；

c）35kV 及以下变压器油试验周期为 3 年的项目有序号 6；

d）新变压器、电抗器投运前、大修后油试验项目有序号 1、2、3、4、5、6、7、8、9（对 330、500kV 的设备增加序号 10）；

e）互感器、套管油的试验结合油中溶解气体色谱分析试验进行，项目按第 7、9 章有关规定；

f）序号 11 项目在必要时进行。

表 36　　　　　　　　　　　　　变压器油的试验项目和要求

序号	项　目	要　　　求		说　　明
		投入运行前的油	运 行 油	
1	外观	透明、无杂质或悬浮物		将油样注入试管中冷却至 5℃在光线充足的地方观察
2	水溶性酸 pH 值	≥5.4	≥4.2	按 GB 7598 进行试验
3	酸值　mgKOH/g	≤0.03	≤0.1	按 GB 264 或 GB 7599 进行试验
4	闪点（闭口）　℃	≥140（10 号、25 号油） ≥135（45 号油）	1) 不应比左栏要求低 5℃ 2) 不应比上次测定值低 5℃	按 GB 261 进行试验
5	水分　mg/L	66～110kV≤20 220kV≤15 330～500kV≤10	66～110kV≤35 220kV≤25 330～500kV≤15	运行中设备，测量时应注意温度的影响，尽量在顶层油温高于 50℃时采样，按 GB 7600 或 GB 7601 进行试验
6	击穿电压　kV	15kV 以下≥30 15～35kV≥35 66～220kV≥40 330kV≥50 500kV≥60	15kV 以下≥25 15～35kV≥30 66～220kV≥35 330kV≥45 500kV≥50	按 GB/T 507 和 DL/T 429.9 方法进行试验
7	界面张力（25℃）mN/m	≥35	≥19	按 GB/T 6541 进行试验
8	tgδ（90℃）　%	330kV 及以下≤1 500kV　≤0.7	300kV 及以下≤4 500kV　≤2	按 GB 5654 进行试验
9	体积电阻率（90℃）Ω·m	≥6×10^{10}	500kV≥1×10^{10} 330kV 及以下≥3×10^9	按 DL/T 421 或 GB 5654 进行试验
10	油中含气量（体积分数）　%	330kV 500kV ≤1	一般不大于 3	按 DL/T 423 或 DL/T 450 进行试验
11	油泥与沉淀物（质量分数）　%		一般不大于 0.02	按 GB/T 511 试验，若只测定油泥含量，试验最后采用乙醇—苯（1:4）将油泥洗于恒重容器中，称重
12	油中溶解气体色谱分析	变压器、电抗器 互感器 套管 电力电缆	见第 6 章 见第 7 章 见第 9 章 见第 11 章	取样、试验和判断方法分别按 GB 7597、SD304 和 GB 7252 的规定进行

注：1. 对全密封式设备如互感器，不易取样或补充油，应根据具体情况决定是否采样。

　　2. 有载调压开关用的变压器油的试验项目、周期和要求按制造厂规定。

13.1.3　设备和运行条件的不同，会导致油质老化速度不同，当主要设备用油的 pH 值接近 4.4 或颜色骤然变深，其它指标接近允许值或不合格时，应缩短试验周期，增加试验项目，必要时采取处理措施。

13.1.4　关于补油或不同牌号油混合使用的规定。

13.1.4.1　补加油品的各项特性指标不应低于设备内的油。如果补加到已接近运行油质量要求下限的设备油中，有时会导致油中迅速析出油泥，故应预先进行混油样品的油泥析出和 tgδ 试验。试验结果无沉淀物产生且 tgδ 不大于原设备内油的 tgδ 值时，才可混合。

13.1.4.2 不同牌号新油或相同质量的运行中油，原则上不宜混合使用。如必须混合时应按混合油实测的凝点决定是否可用。

13.1.4.3 对于国外进口油、来源不明以及所含添加剂的类型并不完全相同的油，如需要与不同牌号油混合时，应预先进行参加混合的油及混合后油样的老化试验。

13.1.4.4 油样的混合比应与实际使用的混合比一致，如实际使用比不详，则采用 1∶1 比例混合。

13.2 断路器油

13.2.1 断路器专用油的新油应按 SH0351 进行验收。

13.2.2 运行中断路器油的试验项目、周期和要求见表 37。

13.3 SF₆ 气体

13.3.1 SF₆ 新气到货后，充入设备前应按 GB 12022 验收。抽检率为十分之三。同一批相同出厂日期的，只测定含水量和纯度。

13.3.2 SF₆ 气体在充入电气设备 24h 后，方可进行试验。

13.3.3 关于补气和气体混合使用的规定：

　　a）所补气体必须符合新气质量标准，补气时应注意接头及管路的干燥；

　　b）符合新气质量标准的气体均可混合使用。

13.3.4 运行中 SF₆ 气体的试验项目、周期和要求见表 38。

表 37　　　　　　　　　　　　运行中断路器油的试验项目、周期和要求

序号	项　目	要　求	周　期	说　明
1	水溶性酸 pH 值	≥4.2	1）110kV 及以上新设备投运前或大修后检验项目为序号 1～7，运行中为 1 年，检验项目序号 4	按 GB 7598 进行试验
2	机械杂质	无		外观目测
3	游离碳	无较多碳悬浮于油中		外观目测
4	击穿电压　kV	110kV 以上： 投运前或大修后≥40 运行中≥35 110kV 及以下： 投运前或大修后≥35 运行中≥30	2）110kV 以下新设备投运前或大修后检验项目为序号 1～7。运行中不大于 3 年，检验项目为序号 4 3）少油断路器（油量为 60kg 以下）小于 3 年或以换油代替	按 GB/T 507 和 DL/T 429.9 方法进行试验
5	水分　mg/L	110kV 以上： 投运前或大修后≤15 运行中≤25 110kV 及以下： 投运前或大修后≤20 运行中≤35		见表 36 序号 5
6	酸　值 mgKOH/g	≤0.1		按 GB 264 或 GB 7599 进行试验
7	闪点（闭口）℃	不应比新油低 5		按 GB261 进行试验

表 38　　　　　　　　　　　　运行中 SF₆ 气体的试验项目、周期和要求

序号	项　目	周　期	要　求	说　明
1	湿度（20℃体积分数）10⁻⁶	1）1～3 年（35kV 以上） 2）大修后 3）必要时	1）断路器灭弧室气室 大修后不大于 150 运行中不大于 300 2）其它气室 大修后不大于 250 运行中不大于 500	1）按 GB12022、SD306 [六氟化硫气体中水分含量测定法（电解法）] 和 DL506—92《现场 SF₆ 气体水分测定方法》进行 2）新装及大修后 1 年内复测 1 次，如湿度符合要求，则正常运行中 1～3 年 1 次 3）周期中的"必要时"是指新装及大修后 1 年内复测湿度不符合要求或漏气超过表 10 中序号 2 的要求和设备异常时，按实际情况增加的检测

续表

序号	项 目	周 期	要 求	说 明
2	密度（标准状态下）　kg/m³	必要时	6.16	按 SD 308《六氟化硫新气中密度测定法》进行
3	毒性	必要时	无毒	按 SD 312《六氟化硫气体毒性生物试验方法》进行
4	酸度　μg/g	1）大修后 2）必要时	≤0.3	按 SD 307《六氟化硫新气中酸度测定法》或用检测管进行测量
5	四氟化碳（质量分数）　%	1）大修后 2）必要时	1）大修后≤0.05 2）运行中≤0.1	按 SD 311《六氟化硫新气中空气—四氟化碳的气相色谱测定法》进行
6	空气（质量分数）　%	1）大修后 2）必要时	1）大修后≤0.05 2）运行中≤0.2	见序号 5
7	可水解氟化物　μg/g	1）大修后 2）必要时	≤1.0	按 SD 309《六氟化碳气体中可水解氟化物含量测定法》进行
8	矿物油　μg/g	1）大修后 2）必要时	≤10	按 SD 310《六氟化硫气体中矿物油含量测定法（红外光谱法）》进行

14　避雷器

14.1　阀式避雷器的试验项目、周期和要求见表 39。

14.2　金属氧化物避雷器的试验项目、周期和要求见表 40。

14.3　GIS 用金属氧化物避雷器的试验项目、周期和要求：

　　a）避雷器大修时，其 SF₆ 气体按表 38 的规定；

　　b）避雷器运行中的密封检查按表 10 的规定；

　　c）其它有关项目按表 40 中序号 3、4、6 规定。

15　母线

15.1　封闭母线

15.1.1　封闭母线的试验项目、周期和要求见表 41。

15.1.2　各类试验项目：

　　大修时试验项目见表 41 中序号 1、2。

15.2　一般母线

15.2.1　一般母线的试验项目、周期和要求见表 42。

15.2.2　各类试验项目：

　　定期试验项目见表 42 中序号 1、2。

　　大修时试验项目见表 42 中序号 1、2。

16　二次回路

16.1　二次回路的试验项目、周期和要求见表 43。

16.2　各类试验项目

　　大修时试验项目见表 43 中序号 1、2。

17　1kV 及以下的配电装置和电力布线

　　1kV 及以下的配电装置和电力布线的试验项目、周期和要求见表 44。

18　1kV 以上的架空电力线路

　　1kV 以上的架空电力线路的试验项目、周期和要求见表 45。

19　接地装置

19.1　接地装置的试验项目、周期和要求见表 46。

19.2　接地装置的检查项目、周期和要求见表 47。

20　电除尘器

20.1　高压硅整流变压器的试验项目、周期和要求见表 48。

20.2　低压电抗器的试验项目、周期和要求见表 49。

20.3　绝缘支撑及连接元件的试验项目、周期和要求见表 50。

20.4　高压直流电缆的试验项目、周期和要求见表 51。

20.5　电除尘器本体壳体对地网的连接电阻一般小于 1Ω。

20.6　高、低压开关柜及通用电气部分按有关章节执行。

表 39　　　　　　　　　　　　　阀式避雷器的试验项目、周期和要求

序号	项　目	周　期	要　求	说　明
1	绝缘电阻	1) 发电厂、变电所避雷器每年雷雨季前 2) 线路上避雷器 1~3 年 3) 大修后 4) 必要时	1) FZ（PBC. LD）、FCZ 和 FCD 型避雷器的绝缘电阻自行规定，但与前一次或同类型的测量数据进行比较，不应有显著变化 2) FS 型避雷器绝缘电阻应不低于 2500MΩ	1) 采用 2500V 及以上兆欧表 2) FZ、FCZ 和 FCD 型主要检查并联电阻通断和接触情况
2	电导电流及串联组合元件的非线性因数差值	1) 每年雷雨季前 2) 大修后 3) 必要时	1) FZ、FCZ、FCD 型避雷器的电导电流参考值见附录 F 或制造厂规定值，还应与历年数据比较，不应有显著变化 2) 同一相内串联组合元件的非线性因数差值，不应大于 0.05；电导电流相差值（％）不应大于 30% 3) 试验电压如下： 元件额定电压 kV：3 6 10 15 20 30 试验电压 U_1 kV：— — — 8 10 12 试验电压 U_2 kV：4 6 10 16 20 24	1) 整流回路中应加滤波电容器，其电容值一般为 0.01~0.1μF，并应在高压侧测量电流 2) 由两个及以上元件组成的避雷器应对每个元件进行试验 3) 非线性因数差值及电导电流相差值计算见附录 F 4) 可用带电测量方法进行测量，如对测量结果有疑问时，应根据停电测量的结果作出判断 5) 如 FZ 型避雷器的非线性因数差值大于 0.05，但电导电流合格，允许作换节处理，换节后的非线性因数差值不应大于 0.05 6) 运行中 PBC 型避雷器的电导电流一般应在 300~400μA 范围内
3	工频放电电压	1) 1~3 年 2) 大修后 3) 必要时	1) FS 型避雷器的工频放电电压在下列范围内： 额定电压 kV：3 6 10 放电电压 kV 大修后：9~11 16~19 26~31 放电电压 kV 运行中：8~12 15~21 23~33 2) FZ、FCZ 和 FCD 型避雷器的电导电流值及 FZ、FCZ 型避雷器的工频放电电压参考值见附录 F	带有非线性并联电阻的阀型避雷器只在解体大修后进行
4	底座绝缘电阻	1) 发电厂、变电所避雷器每年雷雨季前 2) 线路上避雷器 1~3 年 3) 大修后 4) 必要时	自行规定	采用 2500V 及以上的兆欧表

序号	项目	周期	要求	说明
5	检查放电计数器的动作情况	1）发电厂、变电所内避雷器每年雷雨季前 2）线路上避雷器 1～3 年 3）大修后 4）必要时	测试 3～5 次，均应正常动作，测试后计数器指示应调到"0"	
6	检查密封情况	1）大修后 2）必要时	避雷器内腔抽真空至（300～400）×133Pa 后，在 5min 内其内部气压的增加不应超过 100Pa	

表 40   **金属氧化物避雷器的试验项目、周期和要求**

序号	项目	周期	要求	说明
1	绝缘电阻	1）发电厂、变电所避雷器每年雷雨季节前 2）必要时	1）35kV 以上，不低于 2500MΩ 2）35kV 及以下，不低于 1000MΩ	采用 2500V 及以上兆欧表
2	直流 1mA 电压（U_{1mA}）及 $0.75U_{1mA}$ 下的泄漏电流	1）发电厂、变电所避雷器每年雷雨季前 2）必要时	1）不得低于 GB 11032 规定值 2）U_{1mA} 实测值与初始值或制造厂规定值比较，变化不应大于 ±5% 3）$0.75U_{1mA}$ 下的泄漏电流不应大于 50μA	1）要记录试验时的环境温度和相对湿度 2）测量电流的导线应使用屏蔽线 3）初始值系指交接试验或投产试验时的测量值
3	运行电压下的交流泄漏电流	1）新投运的 110kV 及以上者投运 3 个月后测量 1 次；以后每半年 1 次；运行 1 年后，每年雷雨季节 1 次 2）必要时	测量运行电压下的全电流、阻性电流或功率损耗，测量值与初始值比较，有明显变化时应加强监测，当阻性电流增加 1 倍时，应停电检查	应记录测量时的环境温度，相对湿度和运行电压。测量宜在瓷套表面干燥时进行。应注意相间干扰的影响
4	工频参考电流下的工频参考电压	必要时	应符合 GB 11032 或制造厂规定	1）测量环境温度 20±15℃ 2）测量应每节单独进行，整相避雷器有一节不合格，应更换该节避雷器（或整相更换），使该相避雷器为合格
5	底座绝缘电阻	1）发电厂、变电所避雷器每年雷雨季前 2）必要时	自行规定	采用 2500V 及以上兆欧表
6	检查放电计数器动作情况	1）发电厂、变电所避雷器每年雷雨季前 2）必要时	测试 3～5 次，均应正常动作，测试后计数器指示应调到"0"	

表 41　　　　　　　　　封闭母线的试验项目、周期和要求

序号	项目	周期	要求	说明
1	绝缘电阻	大修时	1) 额定电压为 15kV 及以上全连式离相封闭母线在常温下分相绝缘电阻值不小于 50MΩ 2) 6kV 共箱封闭母线在常温下分相绝缘电阻值不小于 6MΩ	采用 2500V 兆欧表
2	交流耐压试验	大修时	（见下表）	

额定电压 kV	试验电压 kV	
	出厂	现场
≤1	4.2	3.2
6	42	32
15	57	43
20	68	51
24	70	53

表 42　　　　　　　　　一般母线的试验项目、周期和要求

序号	项目	周期	要求	说明
1	绝缘电阻	1) 1～3 年 2) 大修时	不应低于 1MΩ/kV	
2	交流耐压试验	1) 1～3 年 2) 大修时	额定电压在 1kV 以上时，试验电压参照表 21 中序号 3；额定电压在 1kV 及以下时，试验电压参照表 44 中序号 2	

表 43　　　　　　　　　二次回路的试验项目、周期和要求

序号	项目	周期	要求	说明
1	绝缘电阻	1) 大修时 2) 更换二次线时	1) 直流小母线和控制盘的电压小母线，在断开所有其它并联支路时不应小于 10MΩ 2) 二次回路的每一支路和断路器、隔离开关、操作机构的电源回路不小于 1MΩ；在比较潮湿的地方，允许降到 0.5MΩ	采用 500V 或 1000V 兆欧表
2	交流耐压试验	1) 大修时 2) 更换二次线时	试验电压为 1000V	1) 不重要回路可用 2500V 兆欧表试验代替 2) 48V 及以下回路不做交流耐压试验 3) 带有电子元件的回路，试验时应将其取出或两端短接

表 44　　　　　　　　1kV 及以下的配电装置和电力布线的试验项目、周期和要求

序号	项　目	周　期	要　　求	说　　明
1	绝缘电阻	设备大修时	1) 配电装置每一段的绝缘电阻不应小于 0.5MΩ 2) 电力布线绝缘电阻一般不小于 0.5MΩ	1) 采用 1000V 兆欧表 2) 测量电力布线的绝缘电阻时应将熔断器、用电设备、电器和仪表等断开
2	配电装置的交流耐压试验	设备大修时	试验电压为 1000V	1) 配电装置耐压为各相对地，48V 及以下的配电装置不做交流耐压试验 2) 可用 2500V 兆欧表试验代替
3	检查相位	更动设备或接线时	各相两端及其连接回路的相位应一致	

注：1. 配电装置指配电盘、配电台、配电柜、操作盘及载流部分。
　　2. 电力布线不进行交流耐压试验。

表 45　　　　　　　　1kV 以上的架空电力线路的试验项目、周期和要求

序号	项　目	周　期	要　　求	说　　明
1	检查导线连接管的连接情况	1) 2 年 2) 线路检修时	1) 外观检查无异常 2) 连接管压接后的尺寸及外形应符合要求	铜线的连接管检查周期可延长至 5 年
2	悬式绝缘子串的零值绝缘子检测（66kV 及以上）	必要时	在运行电压下检测	玻璃绝缘子不进行此项试验，自破后应及时更换
3	线路的绝缘电阻（有带电的平行线路时不测）	线路检修后	自行规定	采用 2500V 及以上的兆欧表
4	检查相位	线路连接有变动时	线路两端相位应一致	
5	间隔棒检查	1) 3 年 2) 线路检修时	状态完好，无松动无胶垫脱落等情况	
6	阻尼设施的检查	1) 1~3 年 2) 线路检修时	无磨损松动等情况	
7	绝缘子表面等值附盐密度	1 年	参照附录 C 污秽等级与对应附盐密度值检验所测盐密值与当地污秽等级是否一致。结合运行经验，将测量值作为调整耐污绝缘水平和监督绝缘安全运行的依据。盐密值超过规定时，应根据情况采取调整爬距、清扫、涂料等措施	在污秽地区积污最重的时期进行测量。根据沿线路污染状况，每 5~10km 选一串悬垂绝缘子测试

注：关于架空电力线路离地距离、离建筑物距离、空气间隙、交叉距离和跨越距离的检查，杆塔和过电压保护装置的接地电阻测量、杆塔和地下金属部分的检查，导线断股检查等项目，应按架空电力线路和电气设备接地装置有关规程的规定进行。

表 46　　　　　　　　　接地装置的试验项目、周期和要求

序号	项 目	周 期	要 求	说 明
1	有效接地系统的电力设备的接地电阻	1）不超过6年 2）可以根据该接地网挖开检查的结果斟酌延长或缩短周期	$R \leqslant 2000/I$ 或 $R \leqslant 0.5\Omega$，（当 $I > 4000A$ 时） 式中　I—经接地网流入地中的短路电流，A； 　　　R—考虑到季节变化的最大接地电阻，Ω	1）测量接地电阻时，如在必须的最小布极范围内土壤电阻率基本均匀，可采用各种补偿法，否则，应采用远离法 2）在高土壤电阻率地区，接地电阻如按规定值要求，在技术经济上极不合理时，允许有较大的数值。但必须采取措施以保证发生接地短路时，在该接地网上： 　a）接触电压和跨步电压均不超过允许的数值 　b）不发生高电位引外和低电位引内 　c）3~10kV 阀式避雷器不动作 3）在预防性试验前或每3年以及必要时验算一次 I 值，并校验设备接地引下线的热稳定
2	非有效接地系统的电力设备的接地电阻	1）不超过6年 2）可以根据该接地网挖开检查的结果斟酌延长或缩短周期	1）当接地网与 1kV 及以下设备共用接地时，接地电阻 $R \leqslant 120/I$ 2）当接地网仅用于 1kV 以上设备时，接地电阻 $R \leqslant 250/I$ 3）在上述任一情况下，接地电阻一般不得大于 10Ω 式中　I—经接地网流入地中的短路电流，A； 　　　R—考虑到季节变化最大接地电阻，Ω	
3	利用大地作导体的电力设备的接地电阻	1年	1）长久利用时，接地电阻为 $R \leqslant \dfrac{50}{I}$ 2）临时利用时，接地电阻为 $R \leqslant \dfrac{100}{I}$ 式中　I—接地装置流入地中的电流，A； 　　　R—考虑到季节变化的最大接地电阻，Ω	
4	1kV 以下电力设备的接地电阻	不超过6年	使用同一接地装置的所有这类电力设备，当总容量达到或超过 100kVA 时，其接地电阻不宜大于 4Ω。如总容量小于 100kVA 时，则接地电阻允许大于 4Ω，但不超过 10Ω	对于在电源处接地的低压电力网（包括孤立运行的低压电力网）中的用电设备，只进行接零，不作接地。所用零线的接地电阻就是电源设备的接地电阻，其要求按序号 2 确定，但不得大于相同容量的低压设备的接地电阻
5	独立微波站的接地电阻	不超过6年	不宜大于 5Ω	

序号	项目	周期	要求	说明
6	独立的燃油、易爆气体贮罐及其管道的接地电阻	不超过 6 年	不宜大于 30Ω	
7	露天配电装置避雷针的集中接地装置的接地电阻	不超过 6 年	不宜大于 10Ω	与接地网连在一起的可不测量，但按表 47 序号 1 的要求检查与接地网的连接情况
8	发电厂烟囱附近的吸风机及引风机处装设的集中接地装置的接地电阻	不超过 6 年	不宜大于 10Ω	与接地网连在一起的可不测量，但按表 47 序号 1 的要求检查与接地网的连接情况
9	独立避雷针（线）的接地电阻	不超过 6 年	不宜大于 10Ω	在高土壤电阻率地区难以将接地电阻降到 10Ω 时，允许有较大的数值，但应符合防止避雷针（线）对罐体及管、阀等反击的要求
10	与架空线直接连接的旋转电机进线段上排气式和阀式避雷器的接地电阻	与所在进线段上杆塔接地电阻的测量周期相同	排气式和阀式避雷器的接地电阻，分别不大于 5Ω 和 3Ω，但对于 300～1500kW 的小型直配电机，如不采用 SDJ7《电力设备过电压保护设计技术规程》中相应接线时，此值可酌情放宽	

序号	项目	周期	要求		说明
11	有架空地线的线路杆塔的接地电阻	1) 发电厂或变电所进出线 1～2km 内的杆塔 1～2 年 2) 其它线路杆塔不超过 5 年	当杆塔高度在 40m 以下时，按下列要求，如杆塔高度达到或超过 40m 时，则取下表值的 50%，但当土壤电阻率大于 2000Ω·m，接地电阻难以达到 15Ω 时可增加至 20Ω		对于高度在 40m 以下的杆塔，如土壤电阻率很高，接地电阻难以降到 30Ω 时，可采用 6～8 根总长不超过 500m 的放射形接地体或连续伸长接地体，其接地电阻可不受限制。但对于高度达到或超过 40m 的杆塔，其接地电阻也不宜超过 20Ω

土壤电阻率 Ω·m	接地电阻 Ω
100 及以下	10
100～500	15
500～1000	20
1000～2000	25
2000 以上	30

序号	项目	周期	要求		说明
12	无架空地线的线路杆塔接地电阻	1) 发电厂或变电所进出线 1～2km 内的杆塔 1～2 年 2) 其它线路杆塔不超过 5 年			

种类	接地电阻 Ω
非有效接地系统的钢筋混凝土杆、金属杆	30
中性点不接地的低压电力网的线路钢筋混凝土杆、金属杆	50
低压进户线绝缘子铁脚	30

注：进行序号 1、2 项试验时，应断开线路的架空地线。

表 47　　　　　　　　　　　　　　接地装置的检查项目、周期和要求

序号	项　目	周　期	要　求	说　明
1	检查有效接地系统的电力设备接地引下线与接地网的连接情况	不超过 3 年	不得有开断、松脱或严重腐蚀等现象	如采用测量接地引下线与接地网（或与相邻设备）之间的电阻值来检查其连接情况，可将所测的数据与历次数据比较和相互比较，通过分析决定是否进行挖开检查
2	抽样开挖检查发电厂、变电所地中接地网的腐蚀情况	1) 本项目只限于已经运行 10 年以上（包括改造后重新运行达到这个年限）的接地网 2) 以后的检查年限可根据前次开挖检查的结果自行决定	不得有开断、松脱或严重腐蚀等现象	可根据电气设备的重要性和施工的安全性，选择 5～8 个点沿接地引下线进行开挖检查，如有疑问还应扩大开挖的范围

表 48　　　　　　　　　　　　　　高压硅整流变压器的试验项目、周期和要求

序号	项　目	周　期	要　求	说　明
1	高压绕组对低压绕组及对地的绝缘电阻	1) 大修后 2) 必要时	＞500MΩ	采用 2500V 兆欧表
2	低压绕组的绝缘电阻	1) 大修后 2) 必要时	＞300MΩ	采用 1000V 兆欧表
3	硅整流元件及高压套管对地的绝缘电阻	1) 大修后 2) 必要时	＞2000MΩ	
4	穿芯螺杆对地的绝缘电阻	1) 大修后 2) 必要时	不作规定	
5	高、低压绕组的直流电阻	1) 大修后 2) 必要时	与出厂值相差不超出±2％范围	换算到 75℃
6	电流、电压取样电阻	1) 大修后 2) 必要时	偏差不超出规定值的±5％	
7	各桥臂正、反向电阻值	1) 大修后 2) 必要时	桥臂间阻值相差小于 10％	
8	变压器油试验	1) 1 年 2) 大修后	参照表 36 中序号 1、2、3、6	
9	油中溶解气体色谱分析	1) 1 年 2) 大修后	参照表 5 中序号 1，注意值自行规定	
10	空载升压	1) 大修时 2) 更换绕组后 3) 必要时	输出 $1.5U_n$，保持 1min，应无闪络，无击穿现象，并记录空载电流	不带电除尘器电场

表 49　　　　　　　　低压电抗器的试验项目、周期和要求

序号	项 目	周 期	要 求	说 明
1	穿心螺杆对地的绝缘电阻	大修时	不作规定	
2	绕组对地的绝缘电阻	大修后	>300MΩ	
3	绕组各抽头的直流电阻	必要时	与出厂值相差不超出±2%范围	换算到 75℃
4	变压器油击穿电压	大修后	>20kV	参照表 36 序号 6

表 50　　　　　　　　绝缘支撑及连接元件的试验项目、周期和要求

序号	项 目	周 期	要 求	说 明
1	绝缘电阻	更换后	>500MΩ	采用 2500V 兆欧表
2	耐压试验	更换后	直流 100kV 或交流 72kV，保持 1min 无闪络	

表 51　　　　　　　　高压直流电缆的试验项目、周期和要求

序号	项 目	周 期	要 求	说 明
1	绝缘电阻	大修后	>1500MΩ	采用 2500V 兆欧表
2	直流耐压并测量泄漏电流	1) 大修后 2) 重做电缆头时	电缆工作电压的 1.7 倍，10min，当电缆长度小于 100m 时，泄漏电流一般小于 30μA	

附　录

（略）。

6　国家电网公司输变电设备状态检修试验规程

（Q/GDW 168—2008）

1　范围

本标准规定了交流、直流电网中各类高压电气设备巡检、检查和试验的项目、周期和技术要求，用以判断设备是否符合运行条件，保证安全运行。

本标准适用于国家电网公司电压等级为 66kV～750kV 的交流和直流输变电设备。35kV 及以下电压等级设备由各单位自行规定。

2　规范性引用文件

（略）。

3　定义和符号

下列定义和符号适用于本标准。

3.1

状态检修　Condition – based Maintenance

状态检修是企业以安全、可靠性、环境、成本为基础，通过设备状态评价、风险评估、检修决策，达到运行安全可靠、检修成本合理的一种检修策略。

3.2

设备状态量　Equipment Condition Indicators

直接或间接表征设备状态的各类信息，如数据、声音、图像、现象等。

3.3

例行检查　Routine Maintenance

定期在现场对设备进行的状态检查，含各种简单保养和维修，如污秽清扫、螺丝紧固、防腐处理、自备表计校验、易损件更换、功能确认等。

3.4

巡检　Routine Inspection

为掌握设备状态，对设备进行的巡视和检查。

3.5

例行试验　Routine Test

为获取设备状态量，评估设备状态，及时发现事故隐患，定期进行的各种带电检测和停电试验。需要设备退出运行才能进行的例行试验称为停电例行试验。

3.6

　　诊断性试验　Diagnostic Test

　　巡检、在线监测、例行试验等发现设备状态不良，或经受了不良工况，或受家族缺陷警示，或连续运行了较长时间，为进一步评估设备状态进行的试验。

3.7

　　带电检测　Energized Test

　　在运行状态下，对设备状态量进行的现场检测。

3.8

　　初值　Initial Value

　　指能够代表状态量原始值的试验值。初值可以是出厂值、交接试验值、早期试验值、设备核心部件或主体进行解体性检修之后的首次试验值等。初值差定义为：(当前测量值－初值)/初值×100％。

3.9

　　注意值　Attention Value

　　状态量达到该数值时，设备可能存在或可能发展为缺陷。

3.10

　　警示值　Warning Value

　　状态量达到该数值时，设备已存在缺陷并有可能发展为故障。

3.11

　　家族缺陷　Family Defect

　　经确认由设计、和/或材质、和/或工艺共性因素导致的设备缺陷称为家族缺陷。如出现这类缺陷，具有同一设计、和/或材质、和/或工艺的其他设备，不论其当前是否可检出同类缺陷，在这种缺陷隐患被消除之前，都称为有家族缺陷设备。

3.12

　　不良工况　Undesirable Service Condition

　　设备在运行中经受的、可能对设备状态造成不良影响的各种特别工况。

3.13

　　基准周期　Benchmark Interval

　　本标准规定的巡检周期和例行试验周期。

3.14

　　轮试　In Turn Testing

　　对于数量较多的同厂同型设备，若例行试验项目的周期为 2 年及以上，宜在周期内逐年分批进行，这一方式称为轮试。

3.15

　　U_0

　　电缆设计用的导体与金属屏蔽或金属套之间的额定电压有效值。

3.16

　　U_m

　　设备最高工作电压有效值。

4　总则

4.1　设备巡检

　　在设备运行期间，按规定的巡检内容和巡检周期对各类设备进行巡检，巡检内容还应包括设备技术文件特别提示的其他巡检要求。巡检情况应有书面或电子文档记录。

　　在雷雨季节前，大风、降雨（雪、冰雹）、沙尘暴之后，应对相关设备加强巡检；新投运的设备、对核心部件或主体进行解体性检修后重新投运的设备，宜加强巡检；日最高气温 35℃ 以上或大负荷期间，宜加强红外测温。

4.2　试验分类和说明

4.2.1　试验分类

　　本标准将试验分为例行试验和诊断性试验。例行试验通常按周期进行，诊断性试验只在诊断设备状态时根据情况有选择地进行。

4.2.2　试验说明

　　若存在设备技术文件要求但本标准未涵盖的检查和试验项目，按设备技术文件要求进行。若设备技术文件要求与本标准要求不一致，按严格要求执行。

　　新设备投运满 1 年（220kV 及以上）或满 1 年～2 年（110kV/66kV），以及停运 6 个月以上重新投运前的设备，应进行例行试验。对核心部件或主体进行解体性检修后重新投运的设备，可参照新设备要求执行。

　　现场备用设备应视同运行设备进行例行试验；备用设备投运前应对其进行例行试验；若更换的是新设备，投运前应按交接试验要求进行试验。

　　除特别说明，所有电容和介质损耗因数一并测量的试验，试验电压均为 10kV。

　　在进行与环境温度、湿度有关的试验时，除专门规定的情形之外，环境相对湿度不宜大于 80％，环境温度不宜低于 5℃，绝缘表面应清洁、干燥。若前述环境条件无法满足时，可采用第 4.3.5 条进行分析。

4.3　设备状态量的评价和处置原则

4.3.1　设备状态评价原则

　　设备状态的评价应该基于巡检及例行试验、诊断性试验、在线监测、带电检测、家族缺陷、不良工况等状态信息，包括其现象强度、量值大小以及发展趋势，结合与同类设备的比较，做出综合判断。

4.3.2　注意值处置原则

有注意值要求的状态量，若当前试验值超过注意值或接近注意值的趋势明显，对于正在运行的设备，应加强跟踪监测；对于停电设备，如怀疑属于严重缺陷，则不宜投入运行。

4.3.3　警示值处置原则

有警示值要求的状态量，若当前试验值超过警示值或接近警示值的趋势明显，对于运行设备应尽快安排停电试验；对于停电设备，消除此隐患之前一般不应投入运行。

4.3.4　状态量的显著性差异分析

在相近的运行和检测条件下，同一家族设备的同一状态量不应有明显差异，否则应进行显著性差异分析，分析方法见附录 A。

4.3.5　易受环境影响状态量的纵横比分析

本方法可作为辅助分析手段。如 A、B、C 三相（设备）的上次试验值和当前试验值分别为 a_1、b_1、c_1、a_2、b_2、c_2，在分析设备 A 当前试验值 a_2 是否正常时，根据 $a_2/(b_2+c_2)$ 与 $a_1/(b_1+c_1)$ 相比有无明显差异进行判断，一般不超过 $\pm 30\%$ 可判为正常。

4.4　基于设备状态的周期调整

4.4.1　周期的调整

本标准给出的基准周期适用于一般情况。对于停电例行试验，其周期可以依据设备状态、地域环境、电网结构等特点，在基准周期的基础上酌情延长或缩短，调整后的周期一般不小于 1 年，也不大于本标准所列基准周期的 1.5 倍。

4.4.2　可延迟试验的条件

符合以下各项条件的设备，停电例行试验可以在 4.4.1 条周期调整后的基础上延迟 1 个年度：

a) 巡检中未见可能危及该设备安全运行的任何异常；

b) 带电检测（如有）显示设备状态良好；

c) 上次例行试验与其前次例行（或交接）试验结果相比无明显差异；

d) 没有任何可能危及设备安全运行的家族缺陷；

e) 上次例行试验以来，没有经受严重的不良工况。

4.4.3　需提前试验的情形

有下列情形之一的设备，需提前或尽快安排例行或/和诊断性试验：

a) 巡检中发现有异常，此异常可能是重大质量隐患所致；

b) 带电检测（如有）显示设备状态不良；

c) 以往的例行试验有朝着注意值或警示值方向发展的明显趋势，或者接近注意值或警示值；

d) 存在重大家族缺陷；

e) 经受了较为严重不良工况，不进行试验无法确定其是否对设备状态有实质性损害。

如初步判定设备继续运行有风险，则不论是否到期，都应列入最近的年度试验计划，情况严重时，应尽快退出运行，进行试验。

4.5　解体性检修的适用原则

本条适用于直流系统设备。存在下列情形之一的设备，需要对设备核心部件或主体进行解体性检修，不适宜解体性检修的应予以更换：

a) 例行或诊断性试验表明存在重大缺陷的设备；

b) 受重大家族缺陷警示，为消除隐患，需对核心部件或主体进行解体性检修的设备；

c) 依据设备技术文件之推荐或运行经验，需对核心部件或主体进行解体性检修的设备。

5　交流设备

5.1　油浸式电力变压器和电抗器

5.1.1　油浸式电力变压器、电抗器巡检及例行试验（见表 1、表 2）

表 1　　　　　　　　油浸式电力变压器和电抗器巡检项目

巡检项目	基准周期	要　求	说明条款
外观	1.330kV 及以上：2 周；2.220kV：1 月；3.110kV/66kV：3 月	无异常	见 5.1.1.1a) 条
油温和绕组温度		符合设备技术文件之要求	见 5.1.1.1b) 条
呼吸器干燥剂（硅胶）		1/3 以上处于干燥状态	见 5.1.1.1c) 条
冷却系统		无异常	见 5.1.1.1d) 条
声响及振动		无异常	见 5.1.1.1e) 条

表2　　　　　　　　　　　　　油浸式电力变压器和电抗器例行试验项目

例行试验项目	基准周期	要　求	说明条款
红外热像检测	1. 330kV 及以上：1 月； 2. 220kV：3 月； 3. 110kV/66kV：半年	无异常	见 5.1.1.2 条
油中溶解气体分析	1. 330kV 及以上：3 月； 2. 220kV：半年； 3. 110kV/66kV：1 年	1. 乙炔≤1μL/L（330kV 及以上） 　　　≤5μL/L（其他）（注意值）； 2. 氢气≤150μL/L（注意值）； 3. 总烃≤150μL/L（注意值）； 4. 绝对产气速率： 　　≤12mL/d（隔膜式）（注意值）； 　　或≤6mL/d（开放式）（注意值）； 5. 相对产气速率≤10%/月（注意值）	见 5.1.1.3 条
绕组电阻	3 年	1. 相间互差不大于 2%（警示值）； 2. 同相初值差不超过±2%（警示值）	见 5.1.1.4 条
绝缘油例行试验	1. 330kV 及以上：1 年； 2. 220kV 及以下：3 年	见 7.1 条	见 7.1 条
套管试验	3 年	见 5.6 条	见 5.6 条
铁心绝缘电阻	3 年	≥100MΩ（新投运 1000MΩ）（注意值）	见 5.1.1.5 条
绕组绝缘电阻	3 年	1. 绝缘电阻无显著下降； 2. 吸收比≥1.3 或极化指数≥1.5 或绝缘电阻≥10000MΩ（注意值）	见 5.1.1.6 条
绕组绝缘介质损耗因数（20℃）	3 年	1. 330kV 及以上：≤0.005（注意值）； 2. 220kV 及以下：≤0.008（注意值）	见 5.1.1.7 条
有载分接开关检查（变压器）	见 5.1.1.8 条	见 5.1.1.8 条	见 5.1.1.8 条
测温装置检查	3 年	无异常	见 5.1.1.9 条
气体继电器检查		无异常	见 5.1.1.10 条
冷却装置检查		无异常	见 5.1.1.11 条
压力释放装置检查	解体性检修时	无异常	见 5.1.1.12 条

5.1.1.1　巡检说明

a）外观无异常，油位正常，无油渗漏。

b）记录油温、绕组温度、环境温度、负荷和冷却器开启组数。

c）呼吸器呼吸正常；当 2/3 的干燥剂受潮时应予更换；若干燥剂受潮速度异常，应检查密封，并取油样分析油中水分（仅对开放式）。

d）冷却系统的风扇运行正常，出风口和散热器无异物附着或严重积污；潜油泵无异常声响、振动，油流指示器指示正确。

e）变压器声响和振动无异常，必要时按 GB/T 1094.10 测量变压器声级；如振动异常，可定量测量。

5.1.1.2　红外热像检测

检测变压器箱体、储油柜、套管、引线接头及电缆等，红外热像图显示应无异常温升、温差和/或相对温差。检测和分析方法参考 DL/T 664。

5.1.1.3　油中溶解气体分析

除例行试验外，新投运、对核心部件或主体进行解体性检修后重新投运的变压器，在投运后的第 1、4、10、30 天各进行一次本项试验。若有增长趋势，即使小于注意值，也应缩短试验周期。烃类气体含量较高时，应计算总烃的产气速率。取样及测量程序参考 GB/T 7252，同时注意设备技术文件的特别提示

（如有）。

当怀疑有内部缺陷（如听到异常声响）、气体继电器有信号、经历了过负荷运行以及发生了出口或近区短路故障，应进行额外的取样分析。

5.1.1.4　绕组电阻

有中性点引出线时，应测量各相绕组的电阻；若无中性点引出线，可测量各线端的电阻，然后换算到相绕组，换算方法参见附录 B。测量时铁心的磁化极性应保持一致。要求在扣除原始差异之后，同一温度下各相绕组电阻的相互差异应在 2% 之内。此外，还要求同一温度下，各相电阻的初值差不超过 ±2%。电阻温度修正按式（1）进行。

$$R_2 = R_1 \left(\frac{T_K + t_2}{T_K + t_1} \right) \tag{1}$$

式中，R_1、R_2 分别表示温度为 t_1、t_2 时的电阻；T_K 为常数，铜绕组 T_K 为 235，铝绕组 T_K 为 225。

无励磁调压变压器改变分接位置后，有载调压变压器分接开关检修后及更换套管后，也应测量一次。

电抗器参照执行。

5.1.1.5　铁心绝缘电阻

绝缘电阻测量采用 2500V（老旧变压器 1000V）绝缘电阻表。除注意绝缘电阻的大小外，要特别注意绝缘电阻的变化趋势。夹件引出接地的，应分别测量铁心对夹件及夹件对地绝缘电阻。

除例行试验之外，当油中溶解气体分析异常，在诊断时也应进行本项目。

5.1.1.6　绕组绝缘电阻

测量时，铁心、外壳及非测量绕组应接地，测量绕组应短路，套管表面应清洁、干燥。采用 5000V 绝缘电阻表测量。测量宜在顶层油温低于 50℃ 时进行，并记录顶层油温。绝缘电阻受温度的影响可按式（2）进行近似修正。绝缘电阻下降显著时，应结合介质损耗因数及油质试验进行综合判断。测试方法参考 DL/T 474.1

$$R_2 = R_1 \times 1.5^{(t_1-t_2)/10} \tag{2}$$

式中，R_1、R_2 分别表示温度为 t_1、t_2 时的绝缘电阻。

除例行试验之外，当绝缘油例行试验中水分偏高，或者怀疑箱体密封被破坏，也应进行本项试验。

5.1.1.7　绕组绝缘介质损耗因数

测量宜在顶层油温低于 50℃ 且高于零度时进行，测量时记录顶层油温和空气相对湿度，非测量绕组及外壳接地，必要时分别测量被测绕组对地、被测绕组对其他绕组的绝缘介质损耗因数。测量方法可参考 DL/T 474.3。

测量绕组绝缘介质损耗因数时应同时测量电容

值，若此电容值发生明显变化应予以注意。

分析时应注意温度对介质损耗因数的影响。

5.1.1.8　有载分接开关检查

以下步骤可能会因制造商或型号的不同有所差异，必要时参考设备技术文件。

每年检查一次的项目：

a) 储油柜、呼吸器和油位指示器应按其技术文件要求检查。

b) 在线滤油器应按其技术文件要求检查滤芯。

c) 打开电动机构箱，检查是否有任何松动、生锈；检查加热器是否正常。

d) 记录动作次数。

e) 如有可能，通过操作 1 步再返回的方法，检查电机和计数器的功能。

每 3 年检查一次的项目：

a) 在手摇操作正常的情况下，就地电动和远方各进行一个循环的操作，无异常。

b) 检查紧急停止功能以及限位装置。

c) 在绕组电阻测试之前检查动作特性，测量切换时间；有条件时测量过渡电阻，电阻值的初值差不超过 ±10%。

d) 油质试验：要求油耐受电压 ≥30kV，如果装备有在线滤油器，要求油耐受电压 ≥40kV；不满足要求时，需要对油进行过滤处理，或者换新油。

5.1.1.9　测温装置检查

每 3 年检查一次，要求外观良好，运行中温度数据合理，相互比对无异常。

每 6 年校验一次，可与标准温度计比对，或按制造商推荐方法进行，结果应符合设备技术文件要求。同时采用 1000V 绝缘电阻表测量二次回路的绝缘电阻，一般不低于 1MΩ。

5.1.1.10　气体继电器检查

每 3 年检查一次气体继电器整定值，应符合运行标准和设备技术文件要求，动作正确。

每 6 年测量一次气体继电器二次回路的绝缘电阻，应不低于 1MΩ，采用 1000V 绝缘电阻表测量。

5.1.1.11　冷却装置检查

运行中，流向、温升和声响正常，无渗漏。强油水冷装置的检查和试验按设备技术文件要求进行。

5.1.1.12　压力释放装置检查

按设备技术文件要求进行检查，应符合要求。一般要求开启压力与出厂值的标准偏差在 ±10% 之内或符合设备技术文件要求。

5.1.2　油浸式电力变压器和电抗器诊断性试验（见表3）

表 3   油浸式电力变压器、电抗器诊断性试验项目

诊断性试验项目	要　　　求	说明条款
空载电流和空载损耗测量	见 5.1.2.1 条	见 5.1.2.1 条
短路阻抗测量	初值差不超过±3％（注意值）	见 5.1.2.2 条
感应耐压和局部放电测量	1. 感应耐压：出厂试验值的 80％； 2. 局部放电：$1.3U_m\sqrt{3}$，≤300pC（注意值）	见 5.1.2.3 条
绕组频率响应分析	见 5.1.2.4 条	见 5.1.2.4 条
绕组各分接位置电压比	初值差不超过±0.5％（额定分接位置）；±1.0％（其他）（警示值）	见 5.1.2.5 条
直流偏磁水平检测（变压器）	见 5.1.2.6 条	见 5.1.2.6 条
电抗器电抗值测量	初值差不超过±5％（注意值）	见 5.1.2.7 条
纸绝缘聚合度测量	聚合度≥250（注意值）	见 5.1.2.8 条
绝缘油诊断性试验	见 7.2 条	见 7.2 条
整体密封性能检查	无油渗漏	见 5.1.2.9 条
铁心接地电流测量	≤100mA（注意值）	见 5.1.2.10 条
声级及振动测定	符合设备技术文件要求	见 5.1.2.11 条
绕组直流泄漏电流测量	见 5.1.2.12 条	见 5.1.2.12 条
外施耐压试验	出厂试验值的 80％	见 5.1.2.13 条

5.1.2.1　空载电流和空载损耗测量

诊断铁心结构缺陷、匝间绝缘损坏等可进行本项目。试验电压尽可能接近额定值。试验电压值和接线应与上次试验保持一致。测量结果与上次相比不应有明显差异。对单相变压器相间或三相变压器两个边相，空载电流差异不应超过 10％。分析时一并注意空载损耗的变化。

5.1.2.2　短路阻抗测量

诊断绕组是否发生变形时进行本项目。应在最大分接位置和相同电流下测量。试验电流可用额定电流，亦可低于额定值，但不应小于 5A。

5.1.2.3　感应耐压和局部放电测量

验证绝缘强度或诊断是否存在局部放电缺陷时进行本项目。感应电压的频率应在 100Hz～400Hz。电压为出厂试验值的 80％，时间按式（3）确定（单位为秒），但应在 15s～60s 之间。试验方法参考 GB/T 1094.3。

$$t = \frac{120 \times 额定频率}{试验频率} \qquad (3)$$

在进行感应耐压试验之前，应先进行低电压下的相关试验以评估感应耐压试验的风险。

5.1.2.4　绕组频率响应分析

诊断是否发生绕组变形时进行本项目。当绕组扫频响应曲线与原始记录基本一致时，即绕组频响曲线的各个波峰、波谷点所对应的幅值及频率基本一致时，可以判定被测绕组没有变形。测量和分析方法参

考 DL/T 911。

5.1.2.5　绕组各分接位置电压比

对核心部件或主体进行解体性检修之后或怀疑绕组存在缺陷时进行本项目。结果应与铭牌标识一致。

5.1.2.6　直流偏磁水平检测

当变压器声响、振动异常时进行本项目。

5.1.2.7　电抗器电抗值测量

怀疑线圈或铁心（如有）存在缺陷时进行本项目。测量方法参考 GB 10229。

5.1.2.8　纸绝缘聚合度测量

诊断绝缘老化程度时进行本项目。测量方法参考 DL/T 984。

5.1.2.9　整体密封性能检查

对核心部件或主体进行解体性检修之后，或重新进行密封处理之后进行本项目。采用储油柜油面加压法，在 0.03MPa 压力下持续 24h，应无油渗漏。检查前应采取措施防止压力释放装置动作。

5.1.2.10　铁心接地电流测量

在运行条件下测量流经接地线的电流，大于 100mA 时应予注意。

5.1.2.11　声级及振动测定

当噪声异常时，可定量测量变压器声级，测量参考 GB/T 1094.10。如果振动异常，可定量测量振动水平，振动波主波峰的高度应不超过规定值，且与同

型设备无明显差异。

5.1.2.12　绕组直流泄漏电流测量

怀疑绝缘存在受潮等缺陷时进行本项目，测量绕组短路加压，其他绕组短路接地，施加直流电压值为40kV（330kV及以下绕组）、60kV（500kV及以上绕组），加压60s时的泄漏电流与初值比应没有明显增加，与同型设备比没有明显差异。

5.1.2.13　外施耐压试验

仅对中性点和低压绕组进行，耐受电压为出厂试验值的80%，时间为60s。

5.1.2.14　干式电抗器

巡检项目包括表1所列外观、声响及振动；例行试验包括表2所列红外热像检测、绕组电阻、绕组绝缘电阻；诊断性试验包括表3中电抗器电抗值测量、声级及振动、空载电流和空载损耗测量。

5.2　SF_6气体绝缘电力变压器

5.2.1　SF_6气体绝缘电力变压器巡检及例行试验（见表4、表5）

表4　SF_6气体绝缘电力变压器巡检项目

巡检项目	基准周期	要　求	说明条款
外观及气体压力	1.220kV及以上：1月；2.110kV/66kV：3月	无异常	见5.2.1.1a）条
气体和绕组温度		符合设备技术文件之要求	见5.2.1.1b）条
声响及振动		无异常	见5.2.1.1c）条

表5　SF_6气体绝缘电力变压器例行试验项目

例行试验项目	基准周期	要　求	说明条款
红外热像检测	半年	无异常	见5.2.1.2条
绕组电阻	3年	1. 相间互差不大于2%（警示值）；2. 同相初值差不超过±2%（警示值）	见5.1.1.4条
铁心（有外引接地线）绝缘电阻	3年	≥100MΩ（新投运1000MΩ）（注意值）	见5.1.1.5条
绕组绝缘电阻	3年	1. 绝缘电阻无显著下降；2. 吸收比≥1.3或极化指数≥1.5或绝缘电阻≥10000MΩ（注意值）	见5.1.1.6条
绕组绝缘介质损耗因数（20℃）	3年	<0.008（注意值）	见5.1.1.7条
SF_6气体湿度检测	1年	见8.1条	见8.1条
有载分接开关检测	1.220kV：1年；2.110kV/66kV：3年	见5.1.1.8条	见5.1.1.8条
测温装置检查		无异常	见5.1.1.9条
压力释放装置检查	解体性检修时	无异常	见5.1.1.12条

5.2.1.1　巡检说明

a）外观无异常，气体压力指示值正常。

b）记录油温、绕组温度、环境温度、负荷和冷却器开启组数，冷却器工作状态正常。

c）变压器声响无异常；如果振动异常，可定量测量。

5.2.1.2　红外热像检测

检测变压器箱体、套管、引线接头及电缆等，红外热像图显示应无异常温升、温差和/或相对温差。检测及分析方法参考DL/T 664。

5.2.2　SF_6气体绝缘电力变压器诊断性试验（见表6）

5.2.2.1　气体密度表（继电器）校验

数据显示异常或达到制造商推荐的校验周期时进行本项目。校验按设备技术文件要求进行。

5.2.2.2　SF_6气体密封性检测

当气体密度（压力）显示有所降低或定性检测发现气体泄漏时进行本项目。检测方法可参考GB/T 11023。

5.3　电流互感器

5.3.1　电流互感器巡检及例行试验（见表7、表8）

表 6   SF₆ 气体绝缘电力变压器诊断性试验项目

诊断性试验项目	要　　求	说明条款
空载电流测量	见 5.1.2.1 条	见 5.1.2.1 条
短路阻抗测量	初值差不超过±3%（注意值）	见 5.1.2.2 条
感应耐压和局部放电测量	1. 感应耐压：出厂试验值的 80%； 2. 局部放电：$1.3U_m/\sqrt{3}$ 下，≤300pC（注意值）或符合制造商要求	见 5.1.2.3 条
绕组频率响应分析	见 5.1.2.4 条	见 5.1.2.4 条
绕组各分接位置电压比	初值差不超过±0.5%（额定分接位置）；±1.0%（其他）（警示值）	见 5.1.2.5 条
气体密度表（继电器）校验	符合设备技术条件要求	见 5.2.2.1 条
SF₆ 气体成分分析	见 8.2 条	见 8.2 条
SF₆ 气体密封性检测	≤0.1%/年或符合设备技术文件要求（注意值）	见 5.2.2.2 条

表 7   电流互感器巡检项目

巡检项目	基准周期	要　　求	说明条款
外观检查	1. 330kV 及以上：2 周； 2. 220kV：1 月； 3. 110kV/66kV：3 月	外观无异常	见 5.3.1.1 条

表 8   电流互感器例行试验项目

例行试验项目	基准周期	要　　求	说明条款
红外热像检测	1. 330kV 及以上：1 月； 2. 220kV：3 月； 3. 110kV/66kV：半年	无异常	见 5.3.1.2 条
油中溶解气体分析（油纸绝缘）	1. 正立式≤3 年； 2. 倒置式≤6 年	1. 乙炔≤2μL/L（110kV/66kV） 　　　≤1μL/L（220kV 及以上）（注意值）； 2. 氢气≤150μL/L（注意值）； 3. 总烃≤100μL/L（注意值）	见 5.3.1.3 条
绝缘电阻	3 年	1. 一次绕组初值差不超过−50%（注意值）； 2. 末屏对地（电容型）>1000MΩ（注意值）	见 5.3.1.4 条
电容量和介质损耗因数（固体绝缘或油纸绝缘）	3 年	1. 电容量初值差不超过±5%（警示值）； 2. 介质损耗因数 tanδ 满足下表要求（注意值） | U_m（kV）	126/72.5	252/363	≥550
tanδ	≤0.008	≤0.007	≤0.006	 聚四氟乙烯缠绕绝缘：≤0.005 超过注意值时，参考 5.3.1.5 条原则判断	见 5.3.1.5 条
SF₆ 气体湿度检测（SF₆ 绝缘）	3 年	≤500μL/L（注意值）	见 8.1 条

5.3.1.1　巡检说明

a) 高压引线、接地线等连接正常；本体无异常声响或放电声；瓷套无裂纹；复合绝缘外套无电蚀痕迹或破损；无影响设备运行的异物。

b) 充油的电流互感器无油渗漏，油位正常，膨胀器无异常升高；充气的电流互感器气体密度值正常，气体密度表（继电器）无异常。

c) 二次电流无异常。

5.3.1.2　红外热像检测

检测高压引线连接处、电流互感器本体等，红外热像图显示应无异常温升、温差和/或相对温差。检测和分析方法参考 DL/T 664。

5.3.1.3　油中溶解气体分析

取样时，需注意设备技术文件的特别提示（如有），并检查油位应符合设备技术文件之要求。制造商明确禁止取油样时，宜作为诊断性试验。

5.3.1.4　绝缘电阻

采用 2500V 绝缘电阻表测量。当有两个一次绕组时，还应测量一次绕组间的绝缘电阻。一次绕组的绝缘电阻应大于 3000MΩ，或与上次测量值相比无显著变化。有末屏端子的，测量末屏对地绝缘电阻。测量结果应符合要求。

5.3.1.5　电容量和介质损耗因数

测量前应确认外绝缘表面清洁、干燥。如果测量值异常（测量值偏大或增量偏大），可测量介质损耗因数与测量电压之间的关系曲线，测量电压从 10kV 到 $U_m/\sqrt{3}$，介质损耗因数的增量应不大于 ±0.003，且介质损耗因数不超过 0.007（$U_m \geq 550kV$）、0.008（U_m 为 363kV/252kV）、0.01（U_m 为 126kV/72.5kV）。

当末屏绝缘电阻不能满足要求时，可通过测量末屏介质损耗因数作进一步判断，测量电压为 2kV，通常要求小于 0.015。

5.3.2　电流互感器诊断性试验（见表 9）

表 9　　　　　电流互感器诊断性试验项目

诊断性试验项目	要　求	说明条款
绝缘油试验（油纸绝缘）	见 7.1 条	见 7.1 条
交流耐压试验	1. 一次绕组：试验电压为出厂试验值的 80%； 2. 二次绕组之间及末屏对地 2kV	见 5.3.2.1 条
局部放电测量	$1.2U_m/\sqrt{3}$ 下： ≤20pC（气体）； ≤20pC（油纸绝缘及聚四氟乙烯缠绕绝缘）； ≤50pC（固体）（注意值）	见 5.3.2.2 条
电流比校核	符合设备技术文件要求	见 5.3.2.3 条
绕组电阻测量	与初值比较，应无明显差别	见 5.3.2.4 条
气体密封性检测（SF₆ 绝缘）	≤1%/年或符合设备技术文件要求（注意值）	见 5.3.2.5 条
气体密度表（继电器）校验	见 5.3.2.6 条	见 5.3.2.6 条

5.3.2.1　交流耐压试验

需要确认设备绝缘介质强度时进行本项目。一次绕组的试验电压为出厂试验值的 80%、二次绕组之间及末屏对地的试验电压为 2kV，时间为 60s。

如 SF₆ 电流互感器压力下降到 0.2MPa 以下，补气后应做老练和交流耐压试验。试验方法参考 GB 1208。

5.3.2.2　局部放电测量

检验是否存在严重局部放电时进行本项目。测量方法参考 GB 1208。

5.3.2.3　电流比校核

对核心部件或主体进行解体性检修之后或需要确认电流比时进行本项目。在 5%～100% 额定电流范围内，从一次侧注入任一电流值，测量二次侧电流，校核电流比。

5.3.2.4　绕组电阻测量

红外检测温升异常或怀疑一次绕组存在接触不良时，应测量一次绕组电阻。要求测量结果与初值比没有明显增加，并符合设备技术文件要求。

二次电流异常或有二次绕组方面的家族缺陷时，应测量二次绕组电阻，分析时应考虑温度的影响。

5.3.2.5　气体密封性检测

当气体密度表显示密度下降或定性检测发现气体泄漏时进行本项试验。方法可参考 GB/T 11023。

5.3.2.6 气体密度表（继电器）校验

数据显示异常或达到制造商推荐的校验周期时进行本项目。校验按设备技术文件要求进行。

5.4 电磁式电压互感器

5.4.1 电磁式电压互感器巡检及例行试验（见表10、表11）

表 10   电磁式电压互感器巡检项目

巡检项目	基准周期	要　　求	说明条款
外观检查	1.330kV 及以上：2周； 2.220kV：1月； 3.110kV/66kV：3月	外观无异常	见5.4.1.1条

表 11   电磁式电压互感器例行试验项目

例行试验项目	基准周期	要　　求	说明条款
红外热像检测	1.330kV 及以上：1月； 2.220kV：3月； 3.110kV/66kV：半年	无异常	见5.4.1.2条
绕组绝缘电阻	3年	1. 一次绕组初值差不超过-50%（注意值）； 2. 二次绕组$\geqslant 10M\Omega$（注意值）	见5.4.1.3条
绕组绝缘介质损耗因数	3年	1. $\leqslant 0.02$（串级式）（注意值）； 2. $\leqslant 0.005$（非串级式）（注意值）	见5.4.1.4条
油中溶解气体分析（油纸绝缘）	3年	1. 乙炔$\leqslant 2\mu L/L$（注意值）； 2. 氢气$\leqslant 150\mu L/L$（注意值）； 3. 总烃$\leqslant 100\mu L/L$（注意值）	见5.4.1.5条
SF_6 气体湿度检测（SF_6 绝缘）	3年	$\leqslant 500\mu L/L$（注意值）	见8.1条

5.4.1.1 巡检说明

a) 高压引线、接地线等连接正常；无异常声响或放电声；瓷套无裂纹；复合绝缘外套无电蚀痕迹或破损；无影响设备运行的异物。

b) 油位正常（油纸绝缘）或气体密度值正常（SF_6 绝缘）。

c) 二次电压无异常，必要时带电测量二次电压。

5.4.1.2 红外热像检测

红外热像检测高压引线连接处、本体等，红外热像图显示应无异常温升、温差和/或相对温差。测量和分析方法参考 DL/T 664。

5.4.1.3 绕组绝缘电阻

一次绕组用 2500V 绝缘电阻表，二次绕组采用 1000V 绝缘电阻表。测量时非被测绕组应接地。同等或相近测量条件下，绝缘电阻应无显著降低。

5.4.1.4 绕组绝缘介质损耗因数

测量一次绕组的介质损耗因数，一并测量电容量，作为综合分析的参考。测量方法参考 DL/T 474.3。

5.4.1.5 油中溶解气体分析

取样时，需注意设备技术文件的特别提示（如有），并检查油位应符合设备技术文件之要求。制造商明确禁止取油样时，宜作为诊断性试验。

5.4.2 电磁式电压互感器诊断性试验（见表12）

5.4.2.1 交流耐压试验

需要确认设备绝缘介质强度时进行本项目。试验电压为出厂试验值的 80%，时间为 60s。一次绕组采用感应耐压，二次绕组采用外施耐压。对于感应耐压试验，当频率在 $100Hz\sim400Hz$ 时，持续时间应按式（3）确定，但不少于 15s。进行感应耐压试验时应考虑容升现象。试验方法参考 GB 1207。

5.4.2.2 局部放电测量

检验是否存在严重局部放电时进行本项目。在电压幅值为 $1.2U_m/\sqrt{3}$ 下测量，测量结果符合技术要求。测量方法参考 GB 1207。

5.4.2.3 电压比校核

对核心部件或主体进行解体性检修之后或需要确

认电压比时进行本项目。在 80%～100% 的额定电压范围内,在一次侧施加任一电压值,测量二次侧电压,验证电压比。简单检查可取更低电压。

5.4.2.4　励磁特性测量

对核心部件或主体进行解体性检修之后或计量要求时进行本项目。试验时,电压施加在二次端子上,电压波形为标准正弦波。测量点至少包括额定电压的 0.2、0.5、0.8、1.0、1.2 倍,测量出对应的励磁电流,与出厂值相比应无显著改变;与同一批次、同一型号的其他电磁式电压互感器相比,彼此差异不应大于 30%。

5.5　电容式电压互感器

5.5.1　电容式电压互感器巡检及例行试验（见表 13、表 14）

表 12　　　　　　　　　　　**电磁式电压互感器诊断性试验项目**

诊断性试验项目	要　　求	说明条款
交流耐压试验	1. 一次绕组耐受 80% 出厂试验电压; 2. 二次绕组之间及末屏对地 2kV	见 5.4.2.1 条
局部放电测量	$1.2U_m/\sqrt{3}$ 下: 　≤20pC（气体）; 　≤20pC（液体浸渍）; 　≤50pC（固体）（注意值）	见 5.4.2.2 条
绝缘油试验（油纸绝缘）	见 7.1 条	见 7.1 条
SF_6 气体成分分析（SF_6 绝缘）	见 8.2	见 8.2 条
支架介质损耗测量	支架介质损耗≤0.05	—
电压比校核	符合设备技术文件要求	见 5.4.2.3 条
励磁特性测量	见 5.4.2.4 条	见 5.4.2.4 条
气体密封性检测（SF_6 绝缘）	≤1%/年或符合设备技术文件要求（注意值）	见 5.3.2.5 条
气体密度表（继电器）（SF_6 绝缘）	符合设备技术文件要求	见 5.3.2.6 条

表 13　　　　　　　　　　　**电容式电压互感器巡检项目**

巡检项目	基准周期	要　　求	说明条款
外观检查	1.330kV 及以上：2 周; 2.220kV：1 月; 3.110kV/66kV：3 月	外观无异常	见 5.5.1.1 条

表 14　　　　　　　　　　　**电容式电压互感器例行试验项目**

例行试验项目	基准周期	要　　求	说明条款
红外热像检测	1.330kV 及以上：1 月; 2.220kV：3 月; 3.110kV/66kV：半年	无异常	见 5.5.1.2 条
分压电容器试验	3 年	1. 极间绝缘电阻≥5000MΩ（注意值）; 2. 电容量初值差不超过±2%（警示值）; 3. 介质损耗因数 　≤0.005（油纸绝缘）（注意值）; 　≤0.0025（膜纸复合）（注意值）	见 5.5.1.3 条
二次绕组绝缘电阻	3 年	≥10MΩ（注意值）	见 5.5.1.4 条

5.5.1.1 巡检说明

a）高压引线、接地线等连接正常；无异常声响或放电声；瓷套无裂纹；无影响设备运行的异物。

b）油位正常。

c）二次电压无异常，必要时带电测量二次电压。

5.5.1.2 红外热像检测

红外热像检测高压引线连接处、本体等，红外热像图显示应无异常温升、温差和/或相对温差。检测和分析方法参考 DL/T 664。

5.5.1.3 分压电容器试验

在测量电容量时宜同时测量介质损耗因数，多节串联的应分节独立测量。试验时应按设备技术文件要求并参考 DL/T 474 进行。

除例行试验外，当二次电压异常时也应进行本项目。

5.5.1.4 二次绕组绝缘电阻

二次绕组绝缘电阻可用 1000V 绝缘电阻表测量。

5.5.2 电容式电压互感器诊断性试验（见表15）

表15 电容式电压互感器诊断性试验项目

诊断性试验项目	要　　求	说明条款
局部放电测量	$1.2U_m/\sqrt{3}$下，≤10pC	见5.5.2.1条
电磁单元感应耐压试验	试验电压为出厂试验值的80％或按设备技术文件要求	见5.5.2.2条
电磁单元绝缘油击穿电压和水分测量	见7.1条	见5.5.2.3条
阻尼装置检查	符合设备技术文件要求	—

5.5.2.1 局部放电测量

诊断是否存在严重局部放电缺陷时进行本项目。试验在完整的电容式电压互感器上进行。在电压值为 $1.2U_m/\sqrt{3}$ 下测量，测量结果符合技术要求。试验电压不能满足要求时可将分压电容按节进行。

5.5.2.2 电磁单元感应耐压试验

试验前把电磁单元与电容分压器分开，若产品结构原因在现场无法拆开的可不进行耐压试验。试验电压为出厂试验值的80％或按设备技术文件要求进行，时间为60s。进行感应耐压试验时，耐压时间按式（3）进行折算，但应在15s～60s之间。试验方法参考 GB/T 4703。

5.5.2.3 电磁单元绝缘油击穿电压和水分测量

当二次绕组绝缘电阻不能满足要求或存在密封缺陷时，进行本项目。

5.6 高压套管

本节所述套管包括各类设备套管和穿墙套管，"充油"包括纯油绝缘套管、油浸纸绝缘套管和油气混合绝缘套管；"充气"包括 SF_6 绝缘套管和油气混合绝缘套管；"电容型"包括所有采用电容屏均压的套管等。

5.6.1 高压套管巡检及例行试验（见表16、表17）

5.6.1.1 巡检说明

a）高压引线、末屏接地线等连接正常；无异常声响或放电声；瓷套无裂纹；复合绝缘外套无电蚀痕迹或破损；无影响设备运行的异物。

b）充油套管油位正常、无油渗漏；充气套管气体密度值正常。

5.6.1.2 红外热像检测

检测套管本体、引线接头等，红外热像图显示应无异常温升、温差和/或相对温差。检测和分析方法参考 DL/T 664。

5.6.1.3 绝缘电阻

包括套管主绝缘和末屏对地绝缘的绝缘电阻。采用 2500V 绝缘电阻表测量。

5.6.1.4 电容量和介质损耗因数测量

对于变压器套管，被测套管所属绕组短路加压，其他绕组短路接地。如果试验电压加在套管末屏的试验端子，则必须严格控制在设备技术文件许可值以下（通常为 2000V），否则可能导致套管损坏。

表16 高 压 套 管 巡 检 项 目

巡检项目	基准周期	要　　求	说明条款
外观检查	1. 330kV 及以上：2周； 2. 220kV：1月； 3. 110kV/66kV：3月	无异常	见 5.6.1.1 条
油位及渗漏检查（充油）		无异常	
气体密度值检查（充气）		符合设备技术文件要求	

表 17　　　　　高压套管例行试验项目

例行试验项目	基准周期	要　求	说明条款
红外热像检测	1. 330kV 及以上：1 月； 2. 220kV：3 月； 3. 110kV/66kV：半年	无异常	见 5.6.1.2 条
绝缘电阻	3 年	1. 主绝缘：≥10000MΩ（注意值）； 2. 末屏对地：≥1000MΩ（注意值）	见 5.6.1.3 条
电容量和介质损耗因数（20℃）（电容型）	3 年	1. 电容量初值差不超过±5%（警示值）； 2. 介质损耗因数符合以下要求： 　500kV 及以上≤0.006（注意值） 　其他（注意值）： 　油浸纸：≤0.007 　聚四氟乙烯缠绕绝缘：≤0.005 　树脂浸纸：≤0.007 　树脂粘纸（胶纸绝缘）：≤0.015	见 5.6.1.4 条
SF_6 气体湿度检测（充气）	3 年	符合设备技术文件要求	见 8.1 条

测量前应确认外绝缘表面清洁、干燥。如果测量值异常（测量值偏大或增量偏大），可测量介质损耗因数与测量电压之间的关系曲线，测量电压从 10kV 到 $U_m/\sqrt{3}$，介质损耗因数的增量应不大于±0.003，且介质损耗因数不超过 0.007（$U_m \geqslant 550kV$）、0.008（U_m 为 363kV/252kV）、0.01（U_m 为 126kV/72.5kV）。分析时应考虑测量温度影响。

不便断开高压引线且测量仪器负载能力不足时，试验电压可加在套管末屏的试验端子，套管高压引线接地，把高压接地电流接入测量系统。此时试验电压必须严格控制在设备技术文件许可值以下（通常为2000V）。要求与上次同一方法的测量结果相比无明显变化。出现异常时需采用常规测量方法验证。

5.6.2　高压套管诊断性试验（见表 18）

表 18　　　　　高压套管诊断性试验项目

诊断性试验项目	要　求	说明条款
油中溶解气体分析（充油）	1. 乙炔≤1μL/L（220kV 及以上） 　≤2μL/L（其他）（注意值）； 2. 氢气≤500μL/L（注意值）； 3. 甲烷≤100μL/L（注意值）	见 5.6.2.1 条
末屏（如有）介质损耗因数	≤0.015（注意值）	见 5.6.2.2 条
交流耐压和局部放电测量	1. 交流耐压：出厂试验值的 80%； 2. 局部放电（$1.05U_m/\sqrt{3}$）： 　油浸纸、复合绝缘、树脂浸渍、充气≤10pC； 　树脂粘纸（胶纸绝缘）≤100pC（注意值）	见 5.6.2.3 条
气体密封性检测（充气）	≤1%/年或符合设备技术文件要求（注意值）	见 5.3.2.5 条
气体密度表（继电器）校验（充气）	符合设备技术文件要求	见 5.3.2.6 条
SF_6 气体成分分析（充气）	见 8.2 条	见 8.2 条

5.6.2.1　油中溶解气体分析

在怀疑绝缘受潮、劣化，或者怀疑内部可能存在过热、局部放电等缺陷时进行本项目。取样时，务必注意设备技术文件的特别提示（如有），并检查油位

应符合设备技术文件之要求。

5.6.2.2　末屏介质损耗因数

当套管末屏绝缘电阻不能满足要求时，可通过测量末屏介质损耗因数作进一步判断。试验电压应控制

在设备技术文件许可值以下（通常为 2000V）。

5.6.2.3　交流耐压和局部放电测量

需要验证绝缘强度或诊断是否存在局部放电缺陷时进行本项目。如有条件应同时测量局部放电。交流耐压为出厂试验值的 80%，时间 60s。

对于变压器（电抗器）套管，应拆下并安装在专门的油箱中单独进行。试验方法参考 GB/T 4109。

5.7　SF₆ 断路器

5.7.1　SF₆ 断路器巡检及例行试验（见表 19 和表20）

表 19　　　　　　　　　**SF₆ 断 路 器 巡 检 项 目**

巡检项目	基准周期	要　求	说明条款
外观检查	1.500kV 及以上：2 周； 2.220kV/330kV：1 月； 3.110kV/66kV：3 月	外观无异常	见 5.7.1.1 条
气体密度值检查		密度符合设备技术文件要求	
操动机构状态检查		状态正常	

表 20　　　　　　　　　**SF₆ 断路器例行试验项目**

例行试验项目	基准周期	要　　求	说明条款
红外热像检测	1.500kV 及以上：1 月； 2.330kV/220kV：3 月； 3.110kV/66kV：半年	无异常	见 5.7.1.2 条
主回路电阻测量	3 年	≤制造商规定值（注意值）	见 5.7.1.3 条
断口间并联电容器电容量和介质损耗因数	3 年	1. 电容量初值差不超过±5%（警示值）； 2. 介质损耗因数： 　油浸纸≤0.005 　膜纸复合≤0.0025（注意值）	见 5.7.1.4 条
合闸电阻阻值及合闸电阻预接入时间	3 年	初值差不超过±5%（注意值） 预接入时间符合设备技术文件要求	见 5.7.1.5 条
例行检查和测试	3 年	见 5.7.1.6 条	见 5.7.1.6 条
SF₆ 气体湿度检测	3 年	见 8.1 条	见 8.1 条

5.7.1.1　巡检说明

a) 外观无异常；无异常声响；高压引线、接地线连接正常；瓷件无破损、无异物附着；并联电容器无渗漏。

b) 气体密度值正常。

c) 加热器功能正常（每半年）。

d) 操动机构状态正常（液压机构油压正常；气动机构气压正常；弹簧机构弹簧位置正确）。

记录开断短路电流值及发生日期，记录开关设备的操作次数。

5.7.1.2　红外热像检测

检测断口及断口并联元件、引线接头、绝缘子等，红外热像图显示应无异常温升、温差和/或相对温差。判断时，应该考虑测量时及前 3h 负荷电流的变化情况。测量和分析方法可参考 DL/T 664。

5.7.1.3　主回路电阻测量

在合闸状态下，测量进、出线之间的主回路电阻。测量电流可取 100A 到额定电流之间的任一值，测量方法和要求参考 DL/T 593。

当红外热像显示断口温度异常、相间温差异常，或自上次试验之后又有 100 次以上分、合闸操作，也应进行本项目。

5.7.1.4　断口间并联电容器电容量和介质损耗因数

在分闸状态下测量。对于瓷柱式断路器，与断口一起测量；对于罐式断路器（包括 GIS 中的断路器），按设备技术文件规定进行。测试结果不符合要求时，可对电容器独立进行测量。

5.7.1.5　合闸电阻阻值及合闸电阻预接入时间

同等测量条件下，合闸电阻的初值差应满足要求。合闸电阻的预接入时间按设备技术文件规定校核。对于不解体无法测量的情况，只在解体性检修时进行。

5.7.1.6 例行检查和测试

a) 轴、销、锁扣和机械传动部件检查，如有变形或损坏应予更换。

b) 瓷绝缘件清洁和裂纹检查。

c) 操动机构外观检查，如按力矩要求抽查螺栓、螺母是否有松动，检查是否有渗漏等。

d) 检查操动机构内、外积污情况，必要时需进行清洁。

e) 检查是否存在锈迹，如有需进行防腐处理。

f) 按设备技术文件要求对操动机构机械轴承等活动部件进行润滑。

g) 分、合闸线圈电阻检测，检测结果应符合设备技术文件要求，没有明确要求时，以线圈电阻初值差不超过±5%作为判据。

h) 储能电动机工作电流及储能时间检测，检测结果应符合设备技术文件要求。储能电动机应能在85%～110%的额定电压下可靠工作。

i) 检查辅助回路和控制回路电缆、接地线是否完好；用1000V绝缘电阻表测量电缆的绝缘电阻，应无显著下降。

j) 缓冲器检查，按设备技术文件要求进行。

k) 防跳跃装置检查，按设备技术文件要求进行。

l) 联锁和闭锁装置检查，按设备技术文件要求进行。

m) 并联合闸脱扣器在合闸装置额定电源电压的85%～110%范围内，应可靠动作；并联分闸脱扣器在分闸装置额定电源电压的65%～110%（直流）或85%～110%（交流）范围内，应可靠动作；当电源电压低于额定电压的30%时，脱扣器不应脱扣。

n) 在额定操作电压下测试时间特性，要求：合、分指示正确，辅助开关动作正确；合、分闸时间，合、分闸不同期，合一分时间满足技术文件要求且没有明显变化；必要时，测量行程特性曲线做进一步分析。除有特别要求的之外，相间合闸不同期不大于5ms，相间分闸不同期不大于3ms；同相各断口合闸不同期不大于3ms，同相分闸不同期不大于2ms。

对于液（气）压操动机构，还应进行下列各项检查或试验，结果均应符合设备技术文件要求：

a) 机构压力表、机构操作压力（气压、液压）整定值和机械安全阀校验。

b) 分闸、合闸及重合闸操作时的压力（气压、液压）下降值。

c) 在分闸和合闸位置分别进行液（气）压操动机构的泄漏试验。

d) 液压机构及气动机械，进行防失压慢分试验和非全相合闸试验。

5.7.2 SF₆断路器诊断性试验（见表21）

表21 SF₆断路器诊断性试验项目

诊断性试验项目	要 求	说明条款
气体密封性检测	≤1%/年或符合设备技术文件要求（注意值）	见5.3.2.5条
气体密度表（继电器）校验	符合设备技术文件要求	见5.3.2.6条
交流耐压试验	见5.7.2.1条	见5.7.2.1条
SF₆气体成分分析	见8.2条	见8.2条

交流耐压试验：对核心部件或主体进行解体性检修之后或必要时进行本项试验。包括相对地（合闸状态）和断口间（罐式、瓷柱式定开距断路器，分闸状态）两种方式。试验在额定充气压力下进行，试验电压为出厂试验值的80%，频率不超过300Hz，耐压时间为60s，试验方法参考DL/T 593。

5.8 气体绝缘金属封闭开关设备（GIS）

5.8.1 GIS巡检及例行试验（见表22、表23）

5.8.1.1 巡检说明

a) 外观无异常：声音无异常；高压引线、接地线连接正常；瓷件无破损、无异物附着。

b) 气体密度值正常。

c) 操动机构状态正常（液压机构油压正常；气动机构气压正常；弹簧机构弹簧位置正确）。

表22 GIS 巡 检 项 目

巡检项目	基准周期	要 求	说明条款
外观检查	1.500kV及以上：2周；2.220kV/330kV：1月；3.110kV/66kV：3月	外观无异常	见5.8.1.1条
气体密度值检查		密度符合设备技术文件要求	
操动机构状态检查		状态正常	

表 23　　　　　　　　　　　　　　GIS 例 行 试 验 项 目

例行试验项目	基准周期	要　　求	说明条款
红外热像检测	1.500kV 及以上：1月； 2.330kV/220kV：3月； 3.110kV/66kV：半年	无异常	见5.8.1.2条
主回路电阻测量	按制造商规定或自定	≤制造商规定值（注意值）	见5.8.1.3条
元件试验	见5.8.1.4条	见5.8.1.4条	见5.8.1.4条
SF$_6$气体湿度检测	3年	见8.1条	见8.1条

d）记录开断短路电流值及发生日期；记录开关设备的操作次数。

5.8.1.2　红外线热像检测

检测各单元及进、出线电气连接处，红外热像图显示应无异常温升、温差和/或相对温差。分析时，应该考虑测量时及前3h负荷电流的变化情况。测量和分析方法可参考DL/T 664。

5.8.1.3　主回路电阻测量

在合闸状态下测量。当接地开关导电杆与外壳绝缘时，可临时解开接地连接线，利用回路上两组接地开关的导电杆直接测量主回路电阻；若接地开关导电杆与外壳的电气连接不能分开，可先测量导体和外壳的并联电阻R_0和外壳电阻R_1，然后按式（4）进行计算主回路电阻R。若GIS母线较长、间隔较多，宜分段测量

$$R = \frac{R_0 R_1}{R_1 - R_0} \qquad (4)$$

测量电流可取100A到额定电流之间的任一值，测量方法可参考DL/T 593。

自上次试验之后又有100次以上分、合闸操作，也应进行本项目。

5.8.1.4　元件试验

各元件试验项目和周期按设备技术文件规定或根据状态评价结果确定。试验项目的要求参考设备技术文件或本标准有关章节。

5.8.2　GIS诊断性试验（见表24）

表 24　　　　　　　　　　　　　　GIS 诊 断 性 试 验 项 目

诊断性试验项目	要　　求	说明条款
主回路绝缘电阻	无明显下降或符合设备技术文件要求（注意值）	见5.8.2.1条
主回路交流耐压试验	试验电压为出厂试验值的80%	见5.8.2.2条
局部放电测量	可带电测量或结合耐压试验同时进行	
气体密封性检测	≤1%/年或符合设备技术文件要求（注意值）	见5.3.2.5条
气体密度表（继电器）校验	符合设备技术文件要求	见5.3.2.6条
SF$_6$气体成分分析	见8.2条	见8.2条

5.8.2.1　主回路绝缘电阻

交流耐压试验前进行本项目。用2500V绝缘电阻表测量。

5.8.2.2　主回路交流耐压试验

对核心部件或主体进行解体性检修之后或检验主回路绝缘时进行本项试验。试验电压为出厂试验值的80%，时间为60s。有条件时可同时测量局部放电量。试验时，电磁式电压互感器和金属氧化物避雷器应与主回路断开，耐压结束后，恢复连接，并应进行电压为U_m、时间为5min的试验。

5.9　少油断路器

5.9.1　少油断路器的巡检及例行试验（见表25、表26）

5.9.1.1　巡检说明

a）外观无异常；声音无异常；高压引线、接地线连接正常；瓷件无破损、无异物附着；无渗漏油。

b）操动机构状态正常（液压机构油压正常；气压机构气压正常；弹簧机构弹簧位置正确）。

c）记录开断短路电流值及发生日期（如有）；记录开关设备的操作次数。

5.9.1.2　绝缘电阻测量

采用2500V绝缘电阻表测量，分别在分、合闸状态下进行。要求绝缘电阻大于3000MΩ，且没有显著下降。测量时注意外绝缘表面泄漏的影响。

表 25   少油断路器巡检项目

巡检项目	基准周期	要　求	说明条款
外观检查	1.220kV：1 月； 2.110kV/66kV：3 月	外观无异常	见 5.9.1.1 条

表 26   少油断路器例行试验项目

例行试验项目	基准周期	要　求	说明条款
红外热像检测	1.220kV：3 月； 2.110kV/66kV：半年	无异常	见 5.7.1.2 条
绝缘电阻测量	3 年	≥3000MΩ	见 5.9.1.2 条
主回路电阻测量	3 年	≤制造商规定值（注意值）	见 5.7.1.3 条
直流泄漏电流	3 年	≤10μA（66kV～220kV）（注意值）	见 5.9.1.3 条
断口间并联电容器的电容量和介质损耗因数	3 年	1. 电容量初值差不超过±5%（警示值）； 2. 介质损耗因数： 　膜纸复合绝缘≤0.0025 　油纸绝缘≤0.005（注意值）	见 5.9.1.4 条
例行检查和测试	3 年	见 5.7.1.6 条	见 5.7.1.6 条

5.9.1.3　直流泄漏电流

每一元件的试验电压均为 40kV。试验时应避免高压引线及连接处电晕的干扰，并注意外绝缘表面泄漏的影响。

5.9.1.4　断口并联电容器的电容量和介质损耗因数

在分闸状态下测量。测量结果不符合要求时，可以对电容器独立进行测量。

5.9.2　少油断路器诊断性试验项目（见表 27）

表 27　少油断路器诊断性试验项目

诊断性试验项目	要　求	说明条款
交流耐压试验	见 5.9.2.1 条	见 5.9.2.1 条

5.9.2.1　交流耐压试验

对核心部件或主体进行解体性检修之后或必要时进行本项试验。包括相对地（合闸状态）和断口间

（分闸状态）两种方式。试验电压为出厂试验值的80%，频率不超过 400Hz，耐压时间为 60s，试验方法参考 DL/T 593。

5.10　真空断路器

5.10.1　真空断路器巡检及例行试验（见表 28、表 29）

5.10.1.1　巡检说明

a）外观无异常；高压引线、接地线连接正常；瓷件无破损、无异物附着。

b）操动机构状态检查正常（液压机构油压正常；气压机构气压正常；弹簧机构弹簧位置正确）。

c）记录开断短路电流值及发生日期；记录开关设备的操作次数。

5.10.1.2　例行检查和测试

检查动触头上的软连接夹片，应无松动；其他项目参见 5.7.1.6 条。

表 28   真空断路器巡检项目

巡检项目	基准周期	要　求	说明条款
外观检查	3 月	外观无异常	见 5.10.1.1 条

表 29   真空断路器例行试验项目

例行试验项目	基准周期	要　求	说明条款
红外热像检测	半年	无异常	见 5.7.1.2 条
绝缘电阻测量	3 年	≥3000MΩ	见 5.9.1.2 条
主回路电阻测量	3 年	初值差＜30%	见 5.7.1.3 条
例行检查和测试	3 年	见 5.10.1.2 条	见 5.10.1.2 条

5.10.2　真空断路器诊断性试验（见表 30）

表 30　真空断路器诊断性试验项目

诊断性试验项目	要　求	说明条款
灭弧室真空度的测量	符合设备技术文件要求	见 5.10.2.1 条
交流耐压试验	试验电压为出厂试验值的 80%	见 5.10.2.2 条

5.10.2.1　灭弧室真空度的测量

按设备技术文件要求或受家族缺陷警示进行真空灭弧室真空度的测量，测量结果应符合设备技术文件要求。

5.10.2.2　交流耐压试验

对核心部件或主体进行解体性检修之后或必要时进行本项试验。包括相对地（合闸状态）、断口间（分闸状态）和相邻相间三种方式。试验电压为出厂试验值的 80%，频率不超过 400Hz，耐压时间为 60s，试验方法参考 DL/T 593。

5.11　隔离开关和接地开关

5.11.1　隔离开关和接地开关巡检及例行试验（见表 31、表 32）

表 31　隔离开关和接地开关巡检项目

巡检项目	基准周期	要　求	说明条款
外观检查	1. 500kV 及以上：2 周； 2. 220kV/330kV：1 月； 3. 110kV/66kV：3 月	外观无异常	见 5.11.1.1 条

表 32　隔离开关和接地开关例行试验项目

例行试验项目	基　准　周　期	要　求	说明条款
红外热像检测	1. 500kV 及以上：1 月； 2. 220kV/330kV：3 月； 3. 110kV/66kV：半年	无异常	见 5.11.1.2 条
例行检查	3 年	见 5.11.1.3 条	见 5.11.1.3 条

5.11.1.1　巡检说明

检查是否有影响设备安全运行的异物；检查支柱绝缘子是否有破损、裂纹；检查传动部件、触头、高压引线、接地线等外观是否有异常；检查分、合闸位置及指示是否正确。

5.11.1.2　红外热像检测

用红外热像仪检测开关触头等电气连接部位，红外热像图显示应无异常温升、温差和/或相对温差。判断时，应考虑检测前 3h 内的负荷电流及其变化情况。测量和分析方法可参考 DL/T 664。

5.11.1.3　例行检查

a）就地和远方各进行 2 次操作，检查传动部件是否灵活；

b）接地开关的接地连接良好；

c）检查操动机构内、外积污情况，必要时需进行清洁；

d）抽查螺栓、螺母是否有松动，是否有部件磨损或腐蚀；

e）检查支柱绝缘子表面和胶合面是否有破损、裂纹；

f）检查动、静触头的损伤、烧损和脏污情况，情况严重时应予更换；

g）检查触指弹簧压紧力是否符合技术要求，不符合要求的应予更换；

h）检查联锁装置功能是否正常；

i）检查辅助回路和控制回路电缆、接地线是否完好，用 1000V 绝缘电阻表测量电缆的绝缘电阻，应无显著下降；

j）检查加热器功能是否正常；

k）按设备技术文件要求对轴承等活动部件进行润滑。

5.11.2　隔离开关和接地开关诊断性试验（见表 33）

表 33　隔离开关和接地开关诊断性试验项目

诊断性试验项目	要　求	说明条款
主回路电阻	≤制造商规定值（注意值）	见 5.11.2.1 条
支柱绝缘子探伤	无缺陷	见 5.11.2.2 条

5.11.2.1　主回路电阻

下列情形之一，测量主回路电阻：

a）红外热像检测发现异常；

b）上一次测量结果偏大或呈明显增长趋势，且又有 2 年未进行测量；

c）自上次测量之后又进行了 100 次以上分、合闸操作；

d）对核心部件或主体进行解体性检修之后。

测量电流可取 100A 到额定电流之间的任一值，

测量方法参考 DL/T 593。

5.11.2.2 支柱绝缘子探伤

下列情形之一，对支柱绝缘子进行超声探伤抽检：

a）有此类家族缺陷，隐患尚未消除；

b）经历了 5 级以上地震。

5.12 耦合电容器

5.12.1 耦合电容器巡检及例行试验（见表 34、表 35）

表 34 耦合电容器巡检项目

巡检项目	基准周期	要 求	说明条款
外观检查	1. 330kV 及以上：2 周； 2. 220kV：1 月； 3. 110kV/66kV：3 月	外观无异常	见 5.12.1.1 条

表 35 耦合电容器例行试验项目

例行试验项目	基准周期	要 求	说明条款
红外热像检测	1. 330kV 及以上：1 月； 2. 220kV：3 月； 3. 110kV/66kV：半年	无异常	见 5.12.1.2 条
极间绝缘电阻	3 年	$\geqslant 5000 M\Omega$	见 5.12.1.3 条
低压端对地绝缘电阻	3 年	$\geqslant 100 M\Omega$	
电容量和介质损耗因数	3 年	1. 电容量初值差不超过 $\pm 5\%$（警示值）； 2. 介质损耗因数：膜纸复合 $\leqslant 0.0025$，油浸纸 $\leqslant 0.005$（注意值）	见 5.12.1.4 条

5.12.1.1 巡检说明

电容器无油渗漏；瓷件无裂纹；无异物附着；高压引线、接地线连接正常。

5.12.1.2 红外热像检测

检测电容器及其所有电气连接部位，红外热像图显示应无异常温升、温差和/或相对温差。检测和分析方法参考 DL/T 664。

5.12.1.3 绝缘电阻

极间绝缘电阻采用 2500V 绝缘电阻表测量，低压端对地绝缘电阻采用 1000V 绝缘电阻表测量。

5.12.1.4 电容量和介质损耗因数

多节串联的应分节测量。测量前应确认外绝缘表面清洁、干燥，分析时应注意温度影响。

5.12.2 耦合电容器诊断性试验（见表 36）

5.12.2.1 交流耐压试验

需要验证绝缘强度时进行本项目。试验电压为出厂试验值的 80%，耐受时间为 60s。

5.12.2.2 局部放电测量

诊断是否存在严重局部放电缺陷时进行本项目。测量方法参见 DL/T 417。

5.13 高压并联电容器和集合式电容器

5.13.1 高压并联电容器和集合式电容器巡检及例行试验项目（见表 37、表 38）

5.13.1.1 巡检说明

电容器无油渗漏、无鼓起；高压引线、接地线连接正常。

5.13.1.2 红外热像检测

表 36 耦合电容器诊断性试验项目

诊断性试验项目	要 求	说明条款
交流耐压试验	试验电压为出厂试验值的 80%，时间为 60s	见 5.12.2.1 条
局部放电测量	在 $1.1 U_m / \sqrt{3}$ 下，$\leqslant 10 pC$	见 5.12.2.2 条

表 37   **高压并联电容器和集合式电容器巡检项目**

巡检项目	基准周期	要　　求	说明条款
外观检查	1 年或自定	外观无异常，无渗油现象	见 5.13.1.1 条

表 38   **高压并联电容器和集合式电容器例行试验项目**

例行试验项目	基准周期	要　　求	说明条款
红外热像检测	1 年或自定	无异常	见 5.13.1.2 条
绝缘电阻	自定（≤6 年）；新投运 1 年内	≥2000MΩ	见 5.13.1.3 条
电容量测量	自定（≤6 年）；新投运 1 年内	见 5.13.1.4 条	见 5.13.1.4 条

检测电容器及其所有电气连接部位，红外热像图显示应无异常温升、温差和/或相对温差。测量和分析方法参考 DL/T 664。

5.13.1.3　绝缘电阻

a) 高压并联电容器极对壳绝缘电阻；

b) 集合式电容器极对壳绝缘电阻；有 6 支套管的三相集合式电容器，应同时测量其相间绝缘电阻。

采用 2500V 绝缘电阻表测量。

5.13.1.4　电容量测量

电容器组的电容量与额定值的标准偏差应符合下列要求：

a) 3Mvar 以下电容器组：−5％～10％；

b) 3Mvar～30Mvar 电容器组：0％～10％；

c) 30Mvar 以上电容器组：0％～5％。

且任意两线端的最大电容量与最小电容量之比值应不超过 1.05。

当测量结果不满足上述要求时应逐台测量。单台电容器电容量与额定值的标准偏差应在 −5％～10％ 之间，且初值差小于 ±5％。

5.14　金属氧化物避雷器

5.14.1　金属氧化物避雷器巡检及例行试验（见表 39、表 40）

表 39   **金属氧化物避雷器巡检项目**

巡检项目	基准周期	要　　求	说明条款
外观检查	1.500kV 及以上：2 周； 2.220kV/330kV：1 月； 3.110kV/66kV：3 月	外观无异常	见 5.14.1.1 条

表 40   **金属氧化物避雷器例行试验项目**

例行试验项目	基准周期	要　　求	说明条款
红外热像检测	1.500kV 及以上：1 月； 2.220kV/330kV：3 月； 3.110kV/66kV：半年	无异常	见 5.14.1.2 条
运行中持续电流检测	1 年	见 5.14.1.3 条	见 5.14.1.3 条
直流 1mA 电压（U_{1mA}）及在 $0.75U_{1mA}$ 下漏电流测量	1.3 年（无持续电流检测）；2.6 年（有持续电流检测）	1. U_{1mA} 初值差不超过 ±5％ 且不低于 GB 11032 规定值（注意值）； 2. $0.75U_{1mA}$ 漏电流初值差 ≤30％ 或 ≤50μA（注意值）	见 5.14.1.4 条
底座绝缘电阻		≥100MΩ	见 5.14.1.5 条
放电计数器功能检查	见 5.14.1.6 条	功能正常	见 5.14.1.6 条

5.14.1.1　巡检说明

a) 瓷套无裂纹；复合外套无电蚀痕迹；无异物附着；均压环无错位；高压引线、接地线连接正常。

b) 若计数器装有电流表，应记录当前电流值，并与同等运行条件下其他避雷器的电流值进行比较，要求无明显差异。

c) 记录计数器的指示数。

5.14.1.2　红外热像检测

用红外热像仪检测避雷器本体及电气连接部位，红外热像图显示应无异常温升、温差和/或相对温差。测量和分析方法参考 DL/T 664。

5.14.1.3　运行中持续电流检测

具备带电检测条件时，宜在每年雷雨季节前进行本项目。

通过与同组间其他金属氧化物避雷器的测量结果相比较做出判断，彼此应无显著差异。

5.14.1.4　直流 1mA 电压 (U_{1mA}) 及 $0.75U_{1mA}$ 下漏电流测量

对于单相多节串联结构应逐节进行。U_{1mA} 偏低或 $0.75U_{1mA}$ 下漏电流偏大时，应先排除电晕和外绝缘表面漏电流的影响。除例行试验之外，有下列情形之一的金属氧化物避雷器，也应进行本项目：

a) 红外热像检测时，温度同比异常；

b) 运行电压下持续电流偏大；

c) 有电阻片老化或者内部受潮的家族缺陷，隐患尚未消除。

5.14.1.5　底座绝缘电阻

用 2500V 的绝缘电阻表测量。

5.14.1.6　放电计数器功能检查

如果已有 3 年以上未检查，有停电机会时进行本项目。检查完毕应记录当前基数。若装有电流表，应同时校验电流表，校验结果应符合设备技术文件要求。

5.14.2　金属氧化物避雷器诊断性试验（见表41）

表41　　金属氧化物避雷器诊断性试验

诊断性试验项目	要　求	说明条款
工频参考电流下的工频参考电压	应符合 GB 11032 或制造商规定	见 5.14.2.1 条
均压电容的电容量	电容量初值差不超过±5%或满足制造商的技术要求	见 5.14.2.2 条

5.14.2.1　工频参考电流下的工频参考电压

诊断内部电阻片是否存在老化、检查均压电容等缺陷时进行本项目，对于单相多节串联结构应逐节进行。方法和要求参考 GB 11032。

5.14.2.2　均压电容的电容量

如果金属氧化物避雷器装备有均压电容，为诊断其缺陷可进行本项目。对于单相多节串联结构应逐节进行。

5.15　电力电缆

5.15.1　电力电缆巡检及橡塑绝缘电缆、充油电缆例行试验（见表42～表44）

表42　　　　　　　　电力电缆巡检项目

巡检项目	基准周期	要　求	说明条款
外观检查	1.330kV 及以上：2 周；2.220kV：1 月；3.110kV/66kV：3 月	电缆终端及可见部分外观无异常	见 5.15.1.1 条
橡塑绝缘电力电缆带电测试外护层接地电流（适用时）	1.330kV 及以上：2 周；2.220kV：1 月；3.110kV/66kV：3 月	1. 电流满足设计值要求；2. 三相不平衡度不应有明显变化	

表43　　　　　　　　橡塑绝缘电缆例行试验项目

例行试验项目	基准周期	要　求	说明条款
红外热像检测	1.330kV 及以上：1 月；2.220kV：3 月；3.110kV/66kV：半年	电缆终端及接头无异常（若可测）	见 5.15.1.2 条
运行检查	1.220kV 及以上：1 年；2.110kV/66kV：3 年	见 5.15.1.3 条	见 5.15.1.3 条

续表

例行试验项目	基准周期	要　　求	说明条款
主绝缘绝缘电阻	3 年	无显著变化（注意值）	见 5.15.1.4 条
外护套及内衬层绝缘电阻	3 年	见 5.15.1.5 条	见 5.15.1.5 条
交叉互联系统	3 年	应符合相关技术要求	见 5.15.1.6 条
电缆主绝缘交流耐压试验	1.220kV 及以上：3 年； 2.110kV/66kV：6 年	1.220kV 及以上：电压为 $1.36U_0$，时间为 5min； 2.110kV/66kV：电压为 $1.6U_0$，时间为 5min	见 5.15.1.7 条

表 44   充油电缆例行试验项目

例行试验项目	基准周期	要　　求	说明条款
红外热像检测	1.220kV/330kV：3 月； 2.110kV/66kV：半年	电缆终端及其接头无异常（若可测）	见 5.15.1.2 条
运行检查	1.220kV/330kV：1 年； 2.110kV/66kV：3 年	见 5.15.1.3 条	见 5.15.1.3 条
交叉互联系统	3 年	见 5.15.1.6 条	见 5.15.1.6 条
油压示警系统	3 年	见 5.15.1.8 条	见 5.15.1.8 条
压力箱	3 年	见 5.15.1.9 条	见 5.15.1.9 条

5.15.1.1　巡检说明

a) 检查电缆终端外绝缘是否有破损和异物，是否有明显的放电痕迹；是否有异味和异常声响。

b) 充油电缆油压正常，油压表完好。

c) 引入室内的电缆入口应该封堵完好，电缆支架牢固，接地良好。

5.15.1.2　红外热像检测

红外热像检测电缆终端、中间接头、电缆分支处及接地线（如可测）、红外热像图显示应无异常温升、温差和/或相对温差。测量和分析方法参考 DL/T 664。

5.15.1.3　运行检查

通过人孔或者类似入口，检查电缆是否存在过度弯曲、过度拉伸、外部损伤、敷设路径塌陷、雨水浸泡、接地连接不良、终端（含中间接头）电气连接松动、金属附件腐蚀等危及电缆安全运行的现象。特别注意电缆各支撑点绝缘是否出现磨损。

5.15.1.4　主绝缘绝缘电阻

用 5000V 绝缘电阻表测量。绝缘电阻与上次相比不应有显著下降，否则应做进一步分析，必要时进行诊断性试验。

5.15.1.5　外护套及内衬层绝缘电阻

采用 1000V 绝缘电阻表测量。当外护套或内衬层的绝缘电阻（MΩ）与被测电缆长度（km）的乘积值小于 0.5 时，应判断其是否已破损进水。用万用表测量绝缘电阻，然后调换表笔重复测量，如果调换前后的绝缘电阻差异明显，可初步判断已破损进水。对于 110kV 及以上电缆测量外护套绝缘电阻。

5.15.1.6　交叉互联系统

a) 电缆外护套、绝缘接头外护套、绝缘夹板对地直流耐压试验。试验时应将护层过电压保护器断开，在互联箱中将另一侧的所有电缆金属套都接地，然后每段电缆金属屏蔽或金属护套与地之间加 5kV 直流电压，加压时间为 60s，不应击穿。

b) 护层过电压保护器检测。护层过电压保护器的直流参考电压应符合设备技术要求；护层过电压保护器及其引线对地的绝缘电阻用 1000V 绝缘电阻表测量，应大于 10MΩ。

c) 检查互联箱闸刀（或连接片）连接位置，应正确无误；在密封互联箱之前测量闸刀（或连接片）的接触电阻，要求不大于 20μΩ 或符合设备技术文件要求。

除例行试验外，如在互联系统大段内发生故障，应对该大段进行试验；如互联系统内直接接地的接头发生故障，与该接头连接的相邻两个大段都应进行试验。试验方法参考 GB 50150。

5.15.1.7　电缆主绝缘交流耐压试验

　　采用谐振电路，谐振频率应在 300Hz 以下。220kV 及以上试验电压为 $1.36U_0$；110kV/66kV 试验电压为 $1.6U_0$，时间 5min。如试验条件许可，宜同时测量介质损耗因数和局部放电。

　　新做终端、接头或受其他试验项目警示，需要检验主绝缘强度时也应进行本项目。

5.15.1.8　油压示警系统

　　每半年检查一次油压示警系统信号装置，合上试验开关时，应能正确发出相应的示警信号。

　　每 3 年测量一次控制电缆线芯对地绝缘电阻，采用 250V 绝缘电阻表，绝缘电阻（$M\Omega$）与被测电缆长度（km）的乘积值应不小于 1。

5.15.1.9　压力箱

　　a）供油特性：压力箱的供油量不应小于供油特性曲线所代表的标称供油量的 90%；

　　b）电缆油击穿电压 ≥50kV，测量方法参考 GB/T 507；

　　c）电缆油介质损耗因数 <0.005，在油温 100±1℃ 和场强 1MV/m 的测试条件下测量，测量方法参考 GB/T 5654。

5.15.2　橡塑绝缘电缆、自容式充油电缆诊断性试验（见表 45、表 46）

表 45　　　　　　　　　　橡塑绝缘电缆诊断性试验项目

诊断性试验项目	要　　求	说明条款
铜屏蔽层电阻和导体电阻比	见 5.15.2.1 条	见 5.15.2.1 条
介质损耗量	见 5.15.2.2 条	见 5.15.2.2 条

表 46　　　　　　　　　　自容式充油电缆诊断性试验项目

诊断性试验项目	要　　求			说明条款
电缆及附件内的电缆油	见 5.15.2.3 条			见 5.15.2.3 条
主绝缘直流耐压试验	直流试验电压			见 5.15.2.4 条
	电缆 U_0 kV	雷电冲击耐受电压 kV	直流试验电压 kV	
	48	325	165	
		350	175	
	64	450	225	
		550	275	
	127	850	425	
		950	475	
		1050	510	
	190	1050	525	
		1175	585	
		1300	650	

5.15.2.1　铜屏蔽层电阻和导体电阻比

　　需要判断屏蔽层是否出现腐蚀时，或者重做终端或接头后，进行本项目。在相同温度下，测量铜屏蔽层和导体的电阻，屏蔽层电阻和导体电阻之比应无明显改变。比值增大，可能是屏蔽层出现腐蚀；比值减小，可能是附件中的导体连接点的电阻增大。

5.15.2.2　介质损耗因数测量

　　未老化的交联聚乙烯电缆（XLPE），其介质损耗因数通常不大于 0.001。介质损耗因数可以在工频电压下测量，也可以在 0.1Hz 低频电压下测量，测量电压为 U_0。同等测量条件下，如介质损耗因数较初值有增加明显，或者大于 0.002 时（XLPE），需进一步试验。

5.15.2.3　电缆及附件内的电缆油

a）击穿电压≥45kV。

b）介质损耗因数：在油温100±1℃和场强1MV/m的测试条件下，对于$U_0 = 190kV$的电缆，应不大于0.01；对于$U_0 \leqslant 127kV$的电缆，应不大于0.03。

c）油中溶解气体分析：各气体含量满足下列注意值要求（μL/L），可燃气体总量＜1500；H_2＜500；C_2H_2痕量；CO＜100；CO_2＜1000；CH_4＜200；C_2H_4＜200；C_2H_6＜200。试验方法按GB 7252。

5.15.2.4   主绝缘直流耐压试验

失去油压导致受潮、进气修复后或新做终端、接头后进行本项目。直流试验电压值根据电缆电压并结合其雷电冲击耐受电压值选取，耐压时间为5min。

5.16   接地装置

5.16.1   接地装置巡检及例行试验（见表47、表48）

表 47   接 地 装 置 巡 检 项 目

巡检项目	基准周期	要　　求	说明条款
接地引下线检查	1月	无异常	见5.16.1.1条

表 48   接 地 装 置 例 行 试 验 项 目

例行试验项目	基准周期	要　　求	说明条款
设备接地引下线导通检查	1.220kV 及以上：1 年； 2.110kV/66kV：3 年	1. 变压器、避雷器、避雷针等：≤200mΩ且导通电阻初值差≤50％（注意值）； 2. 一般设备：导通情况良好	见5.16.1.2条
接地网接地阻抗测量	6 年	符合运行要求，且不大于初值的1.3倍	见5.16.1.3条

5.16.1.1   巡检说明

变电站设备接地引下线连接正常，无松脱、位移、断裂及严重腐蚀等情况。

5.16.1.2   接地引下线导通检查

检查设备接地线之间的导通情况，要求导通良好；变压器及避雷器、避雷针等设备应测量接地引下线导通电阻。测量条件应与前一次相同。测量方法参考 DL/T 475。

5.16.1.3   变电站接地网接地阻抗测量

按 DL/T 475 推荐方法测量，测量结果应符合设计要求。

当接地网结构发生改变时也应进行本项目。

5.16.1.4   接地装置诊断性试验（见表 49）

表 49   接地装置诊断性试验项目

诊断性试验项目	要　求	说明条款
接触电压、跨步电压测量	符合设计要求	见5.16.1.4a)条
开挖检查	—	见5.16.1.4b)条

a）接触电压和跨步电压测量：接地阻抗明显增加或者接地网开挖检查或/和修复之后进行本项目，测量方法参见 DL/T 475。

b）开挖检查：当接地网接地阻抗或接触电压和跨步电压测量不符合设计要求，怀疑接地网被严重腐蚀时，应进行开挖检查。修复或恢复之后，应进行接地阻抗、接触电压和跨步电压测量，测量结果应符合设计要求。

5.17   串联补偿装置

5.17.1   串联补偿装置巡检及例行试验（见表50、表51）

5.17.1.1   巡检说明

a）串联补偿装置无异常声响；各电气设备绝缘表面无异物附着；瓷件无裂纹；复合绝缘外套无电蚀和破损。

b）阻尼电抗器线圈表面无电蚀和放电痕迹。

c）各电气连接处、高压引线、均压罩等无残损、错位、松动和异常放电。

d）测量电缆、控制电缆、光纤外观无异常。

e）自备监测系统运行正常。

表 50   串 联 补 偿 装 置 巡 检 项 目

巡检项目	基准周期	要　　求	说明条款
外观检查	1.330kV 及以上：2 周； 2.220kV：1 月	外观无异常	见5.17.1.1条

表 51　　　　　　　　　　　　　　串联补偿装置例行试验项目

例行试验项目	基准周期	要　　求	说明条款
红外热像检测	1.330kV 及以上：1 月；2.220kV：3 月	无异常	见 5.17.1.2 条
例行检查	3 年	见 5.17.1.3 条	见 5.17.1.3 条
金属氧化物限压器	见 5.14 条	见 5.14 条	见 5.14 条
串联电容器	3 年	见 5.17.1.4 条	见 5.17.1.4 条
阻尼电抗器	3 年	见 5.17.1.5 条	见 5.17.1.5 条
分压器分压比校核及参数测量	3 年	初值差不超过±2%	见 5.17.1.6 条
旁路断路器	见 5.7 条	见 5.7 条	见 5.7 条
测量及控制系统	3 年	符合设备技术文件要求	—

5.17.1.2　红外热像检测

检测平台上各设备（可视部分）、电气连接处等，红外热像图显示应无异常温升、温差和/或相对温差。测量和分析方法参考 DL/T 664。

5.17.1.3　例行检查

a）按力矩要求抽检平台的部分螺丝，如有两个以上出现松动，按力矩要求紧固所有螺丝；检查平台上各设备的电气连接是否牢固，必要时进行紧固处理。

b）检查平台支柱绝缘子是否存在裂纹，必要时可以采用超声探伤仪检测。

c）检查电容器是否发生渗漏和铁壳鼓起，发生渗漏或鼓起的电容器应予更换。

d）检查平台各金属部件是否有锈蚀，若有进行防腐处理。

e）检查火花间隙护网是否完整，如有破损需要进行修复；检查火花间隙表面是否有严重积尘或者飞虫，如有则需要清理；检查火花间隙的间距是否符合设备技术文件要求，必要时进行调整；火花间隙触发功能检查正常。

f）检查各测量量、控制电缆、光纤，是否连接良好，外观正常。

g）测控系统按设备技术文件要求进行功能检查。

5.17.1.4　串联电容器

要求逐台进行测量，极对壳绝缘电阻不低于

2500MΩ。电容量与出厂值的差异不超过±5%，否则应予更换。更换的新电容器的电容量以及更换后整组的电容量应符合技术文件要求。

5.17.1.5　阻尼电抗器

在相同测量条件下，线圈电阻的初值差不超过±3%；在额定功率下，电感量的初值差不超过±3%。

除例行试验外，出现下列情形也应进行本项目：

a）经历了短路电流冲击；

b）红外热像检测异常；

c）电抗器表面存在异常放电；

d）电抗器线圈的内、外表面存在碳化、电弧痕迹等异常现象。

5.17.1.6　分压器分压比校核及参数测量

校核分压器的分压比（参考第 5.4.2.3 条）。测量高压臂、低压臂参数。结果应符合设备技术文件要求。

5.18　变电站设备外绝缘及绝缘子

5.18.1　变电站设备外绝缘及绝缘子巡检及例行试验（见表 52、表 53）

5.18.1.1　巡检说明

a）支柱绝缘子、悬式绝缘子、合成绝缘子及设备瓷套或复合绝缘护套无裂纹、破损和电蚀，无异物附着；

b）雾、雨等潮湿天气下的设备外绝缘及绝缘子表面无异常放电。

表 52　　　　　　　　　　　变电站设备外绝缘及绝缘子巡检项目

巡检项目	基准周期	要　　求	说明条款
外观检查	1.330kV 及以上：2 周；2.220kV：1 月；3.110kV/66kV：3 月	外观无异常	见 5.18.1.1 条

表 53　　　　　　　　　　　变电站设备外绝缘及绝缘子例行试验项目

例行试验项目	基准周期	要　求	说明条款
红外热像检测	1.330kV 及以上：1 月； 2.220kV：3 月； 3.110kV/66kV：半年	无异常	见 5.18.1.2 条
例行检查	3 年	见 5.18.1.3 条	见 5.18.1.3 条
现场污秽度评估	3 年	见 5.18.1.4 条	见 5.18.1.4 条
站内盘形瓷绝缘子零值检测	3 年	更换零值绝缘子	见 5.19.1.8 条

5.18.1.2　红外热像检测

检查设备外绝缘、支柱绝缘子、悬式绝缘子等可见部分，红外热像图显示应无异常温升、温差和/或相对温差。测量和分析方法参考 DL/T 664。

5.18.1.3　例行检查

a) 清扫变电站设备外绝缘及绝缘子（复合绝缘除外）。

b) 仔细检查支柱绝缘子及瓷护套的外表面及法兰封装处，若有裂纹应及时处理或更换；必要时进行超声探伤检查。

c) 检查法兰及固定螺栓等金属件是否出现锈蚀，必要时进行防腐处理或更换；抽查固定螺栓，必要时按力矩要求进行紧固。

d) 检查室温硫化硅橡胶涂层是否存在剥离、破损，必要时进行复涂或补涂；抽查复合绝缘和室温硫化硅橡胶涂层的憎水性，应符合技术要求。

e) 检查增爬伞裙，应无塌陷变形，表面无击穿，粘接界面牢固。

f) 检查复合绝缘的蚀损情况。

5.18.1.4　现场污秽度评估

每 3 年或有下列情形之一进行一次现场污秽度评估：

a) 附近 10km 范围内发生了污闪事故；

b) 附近 10km 范围内增加了新的污染源（同时也需要关注远方大、中城市的工业污染）；

c) 降雨量显著减少的年份；

d) 出现大气污染与恶劣天气相互作用所带来的湿沉降（城市和工业区及周边地区尤其要注意）。

现场污秽度测量参见 Q/GDW 152—2006。

如果现场污秽度等级接近变电站内设备外绝缘及绝缘子（串）的最大许可现场污秽度，应采取增加爬电距离或采用复合绝缘等技术措施。

5.18.2　变电站设备外绝缘及绝缘子诊断性试验（见表 54）

5.18.2.1　超声探伤检查

有下列情形之一，对瓷质支柱绝缘子及瓷护套进行超声探伤检查：

a) 若有断裂、材质或机械强度方面的家族缺陷，对该家族瓷件进行一次超声探伤抽查；

b) 经历了 5 级以上地震后要对所有瓷件进行超声探伤。

表 54　变电站外绝缘及绝缘子诊断性试验项目

诊断性试验项目	要　求	说明条款
超声探伤检查	无裂纹和材质缺陷	见 5.18.2.1 条
复合绝缘子和室温硫化硅橡胶涂层的状态评估	符合相关技术标准	见 5.19.1.13 条

5.19　输电线路

5.19.1　输电线路巡检及例行试验（见表 55、表 56）

5.19.1.1　导线与架空地线（含 OPGW 光纤复合地线）

a) 导线和地线无腐蚀、抛股、断股、损伤和闪络烧伤；

b) 导线和地线无异常振动、舞动、覆冰，分裂导线无鞭击和扭绞；

c) 压接管耐张引流板无过热，压接管无严重变形、裂纹和受拔位移；

d) 导线和地线在线夹内无滑移；

e) 导线和地线各种电气距离无异常；

f) 导线上无异物悬挂；

g) OPGW 引下线金具、线盘及接线盒无松动、变形、损坏、丢失；

h) OPGW 接地引流线无松动、损坏。

5.19.1.2　金具

均压环、屏蔽环、联板、间隔棒、阻尼装置、重锤等设备无缺件、松动、错位、烧坏、锈蚀、损坏等现象。

5.19.1.3　绝缘子串

a) 绝缘子串无异物附着；

表 55　　　　　　　　　　　　　　　输 电 线 路 巡 检

巡检项目	基准周期	要　　求	说 明 条 款
导线与架空地线			见 5.19.1.1 条
金具			见 5.19.1.2 条
绝缘子串			见 5.19.1.3 条
杆塔与接地、拉线与基础	1 月	无异常	见 5.19.1.4 条
通道与防护区			见 5.19.1.5 条
辅助设施			见 5.19.1.6 条
线路避雷器			见 5.19.1.7 条

表 56　　　　　　　　　　　　　输 电 线 路 例 行 试 验 项 目

例行试验项目	基准周期	要　　求	说 明 条 款
盘形瓷绝缘子零值检测	1.330kV 及以上：6 年； 2.220kV 及以下：10 年	见 5.19.1.8 条	见 5.19.1.8 条
导线接点温度测量	1.330kV 及以上：1 年； 2.220kV 及以下：3 年	见 5.19.1.9 条	见 5.19.1.9 条
杆塔接地阻抗检测	见 5.19.1.10 条	符合设计要求	见 5.19.1.10 条
线路避雷器检查及试验	见 5.19.1.11 条	见 5.19.1.11 条	见 5.19.1.11 条
现场污秽度评估	3 年	见 5.18.1.4 条	见 5.18.1.4 条

b）绝缘子钢帽、钢脚无腐蚀，锁紧销无锈蚀、脱位或脱落；

c）绝缘子串无移位或非正常偏斜；

d）绝缘子无破损；

e）绝缘子串无严重局部放电现象，无明显闪络或电蚀痕迹；

f）室温硫化硅橡胶涂层无龟裂、粉化、脱落；

g）复合绝缘子无撕裂、鸟啄、变形，端部金具无裂纹和滑移，护套完整。

5.19.1.4　杆塔与接地、拉线与基础

a）杆塔结构无倾斜，横担无弯扭；

b）杆塔部件无松动、锈蚀、损坏和缺件；

c）拉线及金具无松弛、断股和缺件，张力分配应均匀；

d）杆塔和拉线基础无下沉及上拔，基础无裂纹损伤，防洪设施无坍塌和损坏，接地良好；

e）塔上无危及安全运行的鸟巢和异物。

5.19.1.5　通道和防护区

a）无可燃易爆物和腐蚀性气体；

b）树木与输电线路间绝缘距离的观测；

c）无土方挖掘、地下采矿、施工爆破；

d）无架设或敷设影响输电线路安全运行的电力

线路、通信线路、架空索道、各种管道等；

e）未修建鱼塘、采石场及射击场等；

f）无高大机械及可移动式的设备；

g）无其他不正常情况，如山洪爆发、森林起火等。

5.19.1.6　辅助设施

a）各种在线监测装置无移位、损坏或丢失；

b）线路杆号牌及路标、警示标志、防护桩等无损坏或丢失；

c）线路的其他辅助设施无损坏或丢失。

5.19.1.7　线路避雷器

a）线路避雷器本体及间隙无异物附着；

b）法兰、均压环、连接金具无腐蚀，锁紧销无锈蚀、脱位或脱落；

c）线路避雷器本体及间隙无移位或非正常偏斜；

d）线路避雷器本体及支撑绝缘子的外绝缘无破损和明显电蚀痕迹；

e）线路避雷器本体及支撑绝缘子无弯曲变形。

5.19.1.8　盘形瓷绝缘子零值检测

采用轮试的方法，即每年检测一部分，一个周期内完成全部普测。如某批次的盘形瓷绝缘子零值检出率明显高于运行经验值，则对于该批次绝缘子应酌情

缩短零值检测周期。

应用绝缘电阻检测零值时，宜用 5000V 绝缘电阻表，绝缘电阻应不低于 500MΩ，达不到 500MΩ 时，在绝缘子表面加屏蔽环并接绝缘电阻表屏蔽端子后重新测量，若仍小于 500MΩ 时，可判定为零值绝缘子。

自上次检测以来又发生了新的闪络或有新的闪络痕迹的，也应列入最近的检测计划。

5.19.1.9　导线接点温度测量

500kV 及以上直线连接管、耐线引流夹 1 年测量一次，其他 3 年测量一次。接点温度可略高于导线温度，但不应超过 10℃，且不高于导线允许运行温度。在分析时，要综合考虑当时及前 1h 的负荷变化以及大气环境条件。

5.19.1.10　杆塔接地阻抗检测

检测周期见表 57。除 2km 进线保护段和大跨越外，一般采用每隔 3 基（500kV 及以上）或每隔 7 基（500kV 以下）检测 1 基的轮试方式。对于地形复杂、难以到达的区段，轮试方式可酌情自行掌握。如某基

杆塔的测量值超过设计值时，补测与此相邻的 2 基杆塔。如果连续 2 次检测的结果低于设计值（或要求值）的 50%，则轮式周期可延长 50%～100%。检测宜在雷暴季节之前进行。方法参考 DL/T 887。

表 57　杆塔接地阻抗检测周期

位　　置	基准周期
2km 进线保护段 大跨越	1.500kV 及以上：1 年； 2. 其他：2 年
其他	1. 首次：投运后 3 年； 2.500kV 及以上：4 年； 3. 其他：8 年

5.19.1.11　线路避雷器检查及试验

检测及试验的周期和要求见表 58。其中，红外热像检测包括线路避雷器本体、支撑绝缘子、电气连接处及金具等，要求无异常升温、温差和/或相对温差。测量和分析方法参考 DL/T 664。

5.19.1.12　输电线路诊断性试验（见表 59）

表 58　　　　　　　　　　　　　　线路避雷器检查及试验项目

线路避雷器检查及试验项目	要　　求	基准周期
红外热像检测	无异常	1 年
纯空气间隙距离复核及连接金具检查	符合设计要求	3 年
线路避雷器本体及支撑绝缘子绝缘电阻	＞1000MΩ（5000V 绝缘电阻表）（注意值）	停电时且 3 年未测

表 59　　　　　　　　　　　　　　输电线路诊断性试验项目

诊断性试验项目	要　　求	说明条款
复合绝缘子和室温硫化硅橡胶涂层的状态评估	符合相关技术标准	见 5.19.1.13 条
导地线（含大跨越）振动测量	符合相关技术标准	见 5.19.1.14 条
地线机械强度试验	符合相关技术标准	见 5.19.1.15 条
导线弧垂测量	符合相关技术标准	见 5.19.1.16 条
杆塔接地开挖检查	接地导体截面不小于设计值的 80%	见 5.19.1.17 条
线路避雷器本体试验	见 5.14 条	见 5.19.1.18 条

5.19.1.13　复合绝缘子和室温硫化硅橡胶涂层的状态评估

评估周期见表 60，重点对复合绝缘子的机械破坏负荷、界面，以及复合绝缘子和室温硫化硅橡胶涂层的憎水性进行评估。

按家族（制造商、型号和投运年数）从输电线路上随机抽取 6～9 只，依次进行下列三项试验，试验结果应符合要求。此外，用户还应根据多次评估试验结果的稳定性，调整评估周期。

a）憎水性、憎水性迁移特性、憎水性丧失特性和憎水性恢复时间测定。检测方法和判据可参见 DL/T 864。

b）界面试验。包括水煮试验和陡波前冲击电压试验两项。试验程序和判据 GB/T 19519。

c）机械破坏负荷试验。要求 $M_{av} - 2.05S_n$ 应大于 $0.5S_{ML}$，且 $M_{av} \geq 0.65S_{ML}$。其中，S_{ML} 为额定机械负荷；M_{av} 为破坏负荷的平均值；S_n 为破坏负荷的标准偏差。试验方法可参考 GB/T 19519。

表60 **复合绝缘子和室温硫化硅橡胶涂层的状态评估**

	首次评估基准周期	后继评估基准周期
复合绝缘子	6年	根据历次评估结果自定（≤4年）
室温硫化硅橡胶涂层	3年	根据历次评估结果自定（≤2年）

按涂敷材料、涂敷时间和涂敷地点，抽样检查涂层的附着性能，要求无龟裂、粉化、脱落和剥离等现象。抽样检查憎水性，检测方法和判据可参见 DL/T 864，不符合要求时应进行覆涂。

5.19.1.14 导地线（含大跨越）振动测量

怀疑导地线存在异常振动时进行本项目。测量结果应符合设计要求。

5.19.1.15 地线机械强度试验

需要检验地线的机械强度或存在此类家庭缺陷时进行本项目。取样进行机械拉力试验，要求不低于额定机械强度的 80％。

5.19.1.16 导线弧垂测量

根据线路巡检结果实时安排导线弧垂测量。方法和要求见 GB 50233。

5.19.1.17 杆塔接地开挖检查

杆塔接地阻抗显著增加或者显著超过规定值，怀疑严重腐蚀时进行本项目。开挖检查并修复之后应进行杆塔接地阻抗测量。

5.19.1.18 线路避雷器本体试验

当巡检、绝缘电阻测量或红外热像检测显示线路避雷器本体异常时进行本项目；当巡检、绝缘电阻测量或红外热像检测显示支撑绝缘子异常时应予更换。

6 直流设备

6.1 换流变压器

6.1.1 换流变压器巡检及例行检查和试验（见表61、表62）

表61 **换流变压器巡检项目**

巡检项目	基准周期	要 求	说明条款
外观		无异常	见5.1.1.1a）条
油温和绕组温度		符合设备技术文件之要求	见5.1.1.1b）条
呼吸器干燥剂（硅胶）	2周	1/3以上处于干燥状态	见5.1.1.1c）条
冷却系统		无异常	见5.1.1.1d）条
声响及振动		无异常	见5.1.1.1e）条

表62 **换流变压器例行检查和试验项目**

例行试验项目	基准周期	要 求	说明条款
红外热像检测	1月	无异常	见5.1.1.2条

本体油中溶解气体分析	3月	1. 乙炔≤1μL/L（注意值）；
		2. 氢气≤150μL/L（注意值）；
		3. 总烃≤150μL/L（注意值）；
		4. 绝对产气速率：
		  ≤12mL/d（隔膜式）（注意值）
		  或6mL/d（开放式）（注意值）
		5. 相对产气速率≤10％/月（注意值）
			见5.1.1.3条

网侧绕组电阻	3年	1. 相间互差不大于2％（警示值）； 2. 同相初值差不超过±2％（警示值）	见5.1.1.4条
绝缘油例行试验	见7.1条	见7.1条	见7.1条
套管试验	3年	见5.6条	见5.6条

续表

例行试验项目	基准周期	要　　求	说明条款
铁心绝缘电阻	3 年	≥100MΩ（新投运 1000MΩ）（注意值）	见 5.1.1.5 条
有载分接开关检查	见 5.1.1.8 条	见 5.1.1.8 条	见 5.1.1.8 条
测温装置检查		无异常	见 5.1.1.9 条
气体继电器检查	3 年	无异常	见 5.1.1.10 条
冷却装置检查		无异常	见 5.1.1.11 条
压力释放阀检查	解体性检修时	无异常	见 5.1.1.12 条

6.1.2 换流变压器诊断性试验（见表 63）

6.1.2.1 阀侧绕组电阻

当油中溶解气体分析异常或者怀疑存在绕组方面的缺陷时进行本项目。要求见 5.1.1.4 条。

表 63　　　　　　　　　　　　　换流变压器诊断性试验项目

诊断性试验项目	要　　求	说明条款
阀侧绕组电阻	1. 相间互差不大于 2%（警示值）； 2. 同相初值差不超过±2%（警示值）	见 6.1.2.1 条
绕组绝缘电阻	1. 绝缘电阻无显著下降； 2. 吸收比≥1.3 或极化指数≥1.5，或绝缘电阻≥10000MΩ（注意值）	见 5.1.1.6 条
绕组绝缘介质损耗因数（20℃）	≤0.005（注意值）	见 5.1.1.7 条
短路阻抗测量	初值差不超过±3%（注意值）	见 5.1.2.2 条
感应耐压和局部放电量测量	见 6.1.2.2 条	见 6.1.2.2 条
绕组频率响应分析	见 5.1.2.4 条	见 5.1.2.4 条
绕组各分接位置电压比	初值差不超过±0.5%（额定档）；±1%（其他）（警示值）	见 5.1.2.5 条
纸绝缘聚合度测量	聚合度≥250（注意值）	见 5.1.2.8 条
绝缘油诊断性试验	见 7.2 条	见 7.2 条
声级和振动测定	符合设备技术文件要求	见 5.1.2.11 条

6.1.2.2 感应耐压和局部放电量测量

验证主绝缘强度或诊断是否存在局部放电缺陷时进行本项目。感应电压的频率应在 100Hz～400Hz。电压为出厂试验值的 80%，时间按式（3）确定，但应在 15s～60s 之间。耐压幅值应依据变压器状态审慎确定。如同时测量局部放电，应控制各种外部电晕和放电干扰，使整个试验回路的背景干扰低于许可的局部放电水平。具体试验程序参考下列方法：

a）国家标准或行业标准推荐的试验方法；

b）IEC 等国际标准推荐的试验方法；

c）设备技术文件推荐的试验方法或出厂试验方法；

d）适宜于现场条件的其他等效试验方法。

首次使用非标准试验方法时应咨询制造商的意见，或由设备管理者组织专家做出决定。

6.2 平波电抗器

6.2.1 油浸式平波电抗器巡检及例行检查和试验（见表 64、表 65）

表 64　　　　　　　　　　　　　油浸式平波电抗器巡检项目

巡检项目	基准周期	要　　求	说明条款
外观		无异常	见 5.1.1.1a）条
油温和绕组温度		符合设备技术文件之要求	见 5.1.1.1b）条
呼吸器干燥剂（硅胶）	2 周	1/3 以上处于干燥状态	见 5.1.1.1c）条
冷却系统		无异常	见 5.1.1.1d）条
声响及振动		无异常	见 5.1.1.1e）条

表 65 油浸式平波电抗器例行检查和试验项目

例行试验项目	基准周期	技术要求	说明条款
红外热像检测	1 月	无异常	见 5.1.1.2 条
油溶解中气体分析	3 月	1. 乙炔≤1μL/L（注意值）； 2. 氢气≤150μL/L（注意值）； 3. 总烃≤150μL/L（注意值）	见 5.1.1.3 条
绝缘油例行试验	见 7.1 条	见 7.1 条	见 7.1 条
套管试验	3 年	见 5.6 条	见 5.6 条
铁心绝缘电阻	3 年	≥100MΩ（新投运 1000MΩ）（注意值）	见 5.1.1.5 条
测温装置检查	3 年	无异常	见 5.1.1.9 条
气体继电器检查	3 年	无异常	见 5.1.1.10 条
压力释放阀检查	3 年	无异常	见 5.1.1.12 条

表 66 油浸式平波电抗器诊断性试验项目

诊断性试验项目	要 求	说明条款
绕组电阻	初值差不超过±2%（警示值）	见 5.1.1.4 条
绕组绝缘电阻	1. 绝缘电阻无显著下降； 2. 吸收比≥1.3 或极化指数≥1.5，或绝缘电阻≥10000MΩ（注意值）	见 5.1.1.6 条
绕组绝缘介质损耗因数（20℃）	≤0.005（注意值）	见 5.1.1.7 条
电感量测量	初值差不超过±3%（注意值）	见 6.2.2.1 条
纸绝缘聚合度测量	聚合度≥250（注意值）	见 5.1.2.8 条
绝缘油诊断性试验	见 7.2 条	见 7.2 条
声级测量	同等测量条件下声级没有明显变化	见 6.2.2.2 条
振动测量	≤200μm（注意值）	见 6.2.2.3 条

6.2.2 油浸式平波电抗器诊断性试验（见表 66）

6.2.2.1 电感量测量

可采用施加工频电压、测量工频电流来计算电感量的方法。测量时，通过调压器将工频电压施加到电抗器的引线端子上，用电压表和电流表监视电压和电流，逐步升高电压 U，直至电流达到 1A，读取电压值 U，电感量 $L=U/(100\pi)$。

6.2.2.2 声级测量

在运行中出现声响异常，可视情况进行声级测量。测量干式电抗器声级时必须保证与绕组有足够的安全距离。测量方法参考 GB 10229。

6.2.2.3 振动测量

在运行中出现异常振动，可视情况进行振动测量。如果之前进行过振动测量，宜在同等条件下进行，以便比较。测量方法参考 GB 10229。

6.2.3 干式平波电抗器

巡检包括表 64 所列外观、声响及振动；例行检查和试验包括表 65 所列红外热像检查；诊断性试验包括表 66 所列绕组电阻值、电感量测量。

6.3 油浸式电力变压器和电抗器
同第 5.1 条。

6.4 SF₆ 气体绝缘电力变压器
同第 5.2 条。

6.5 电流互感器
同第 5.3 条。

6.6 电磁式电压互感器
同第 5.4 条。

6.7 电容式电压互感器
同第 5.4 条。

6.8 直流电流互感器（零磁通型）

6.8.1 直流电流互感器巡检及例行试验（见表 67、表 68）

表 67　　　　　　　　　　　　　　**直流电流互感器巡检项目**

巡检项目	基准周期	要　　求	说明条款
外观检查	2 周	无异常	见 6.8.1.1 条

表 68　　　　　　　　　　　　　　**直流电流互感器例行试验项目**

例行试验项目	基准周期	要　　求	说明条款
红外热像检测	1 月	无异常温升	见 6.8.1.2 条
一次绕组绝缘电阻	3 年	初值差不超过 −50%（注意值）	见 5.3.1.4 条
电容量及介质损耗因数	3 年	1. 电容量初值差不超过 ±5%（警示值）； 2. 介质损耗因数 ≤0.006（注意值）	见 5.3.1.5 条

6.8.1.1　巡检说明

a）高压引线、接地线等连接正常；本体无异常声响或放电声；瓷套无裂纹；复合绝缘外套无电蚀痕迹或破损；无影响设备运行的异物附着。

b）充油的电流互感器无油渗漏，油位正常，膨胀器无异常升高；充气的电流互感器气体密度值正常，气体密度表（继电器）无异常。

c）二次电流无异常。

6.8.1.2　红外热像检测

检测高压引线连接处、电流互感器本体等，红外热像图显示应无异常温升、温差和/或相对温差。检测和分析方法参考 DL/T 664。

6.8.2　直流电流互感器诊断性试验（见表 69）

表 69　　　　　　　　　　　　　　**直流电流互感器诊断性试验项目**

诊断性试验项目	要　　求	说明条款
绝缘油试验	见第 7 章	见第 7 章
交流耐压试验	1. 一次绕组试验电压为出厂试验值的 80%； 2. 二次绕组之间及末屏对地 2kV	见 5.3.2.1 条
局部放电测量	$1.2U_m/\sqrt{3}$ 下： 　　≤20pC（气体） 　　≤20pC（油纸绝缘及聚四氟乙烯缠绕绝缘） 　　≤50pC（固体）（注意值）	见 5.3.2.2 条
电流比校核	符合设备技术文件要求	见 5.3.2.3 条
绕组电阻测量	与初值比较，应无明显差别	见 5.3.2.4 条

6.9　光电式电流互感器

6.9.1　光电式电流互感器巡检及例行试验（见表70、表71）

6.9.1.1　巡检说明

a）高压引线、接地线等连接正常；本体无异常声响或放电声；瓷套无裂纹；复合绝缘外套无电蚀痕迹或破损；无影响设备运行的异物附着。

b）每月对光电流互感器的传输通道光电流、功率、奇偶校验值等参数进行监视，应无异常。

c）二次电流无异常。

6.9.1.2　红外热像检测

检测高压引线连接处、电流互感器本体等，红外热像图显示应无异常温升、温差和/或相对温差。检测和分析方法参考 DL/T 664。

6.9.1.3　火花间隙检查（如有）

若电流传感器装备了火花间隙，应清洁间隙表面积尘，并确认间隙距离符合设备技术文件要求。

6.9.2　光电式电流互感器诊断性试验

6.9.2.1　激光功率测量

在线监测系统显示光功率不正常时进行本项目。用光通量计测量到达受端的激光功率，并与要求值和上次对应位置的测量值进行比较，偏差不大于 ±5% 或符合设备技术文件要求。必要时可测量光纤系统的衰减值，测量结果应符合设备技术文件要求。

表 70 　　　　　　　　　　　　　　　　光电式电流互感器巡检项目

巡检项目	基准周期	要　　求	说明条款
外观检查	1.500kV：2 周； 2.220kV：1 月； 3.110kV：3 月	无异常	见 6.9.1.1 条

表 71 　　　　　　　　　　　　　　　　光电式电流互感器例行试验项目

例行试验项目	基准周期	要　　求	说明条款
红外热像检测	1.500kV：1 月； 2.220kV：3 月； 3.110kV：半年	无异常温升	见 6.9.1.2 条
火花间隙检查（如有）	1 年	符合设备技术文件要求	见 6.9.1.3 条

表 72 　　　　　　　　　　光电式电流互感器诊断性试验项目

诊断性试验项目	要　　求	说明条款
电流比校核	符合设备技术条件要求	见 5.3.2.3 条
激光功率测量	符合设备技术条件要求	见 6.9.2.1 条

表 73 　　　　　　　　　　　　直流分压器巡检项目

巡检项目	基准周期	要　　求	说明条款
外观检查	2 周	无异常	见 6.10.1.1 条

表 74 　　　　　　　　　　　直流分压器例行试验项目

例行试验项目	基准周期	要　　求	说明条款
红外热像检测	1 月	无异常温升	见 6.10.1.2 条
电压限制装置功能验证	3 年	符合设备技术条件要求	见 6.10.1.3 条
分压电阻、电容值测量	3 年	见 6.10.1.4 条	见 6.10.1.4 条
SF$_6$ 气体湿度检测（SF$_6$ 绝缘）	3 年	≤500μL/L（警示值）	见 8.1 条

6.10　直流分压器

6.10.1　直流分压器巡检及例行试验（见表 73、表 74）

6.10.1.1　巡检说明

a）高压引线、接地线等连接正常；本体无异常声响或放电声；瓷套无裂纹；复合绝缘外套无电蚀痕迹或破损；无影响设备运行的异物。

b）油位（充油）、气体密度（充气）符合设备技术条件要求；气体密度表（继电器）无异常。

c）二次电压无异常。

6.10.1.2　红外热像检测

检测高压引线连接处、分压器本体等，红外热像图示应无异常温升、温差和/或相对温差。检测和分析方法参考 DL/T 664。

6.10.1.3　电压限制装置功能验证

每 3 年或有短路事故时，进行本项目。试验方法和要求参见设备技术文件。一般是用不超过 1000V

绝缘电阻表施加于电压限制装置的两个端子上，应能识别出电压限制装置内部放电。

6.10.1.4　分压电阻、电容值测量

定期或二次侧电压值异常时，测量高压臂和低压臂电阻阻值，同等测量条件下初值差不应超过±2%；如属阻容式分压器，应同时测量高压臂和低压臂的等值电阻和电容值，同等测量条件下初值差不超过±3%，或符合设备技术文件要求。

6.10.2　直流分压器诊断性试验（见表 75）

6.10.2.1　分压比校核

低压侧电压值异常时进行此项目。在 80%～100%的额定电压范围内，在高压侧加任一电压值，测量低压侧电压，校核分压比。简单检查可取更低电压。分压比应与铭牌标志相符。当计量要求时，应测量电压误差，测量结果符合设备计量准确级要求。具体要求参考设备技术文件之规定。

表 75 　　　　　　　　　　　直流分压器诊断性试验项目

诊断性试验项目	要　求	说明条款
分压比校核	符合设备技术条件要求	见 6.10.2.1 条
油中溶解气体分析（油纸绝缘）	1. 乙炔≤2μL/L（注意值）； 2. 氢气≤150μL/L（注意值）； 3. 总烃≤150μL/L（注意值）	见 6.10.2.2 条
绝缘油试验（油纸绝缘）	—	
SF$_6$ 气体成分分析（SF$_6$ 绝缘）	见 8.2 条	见 8.2 条

6.10.2.2 绝缘油试验

怀疑油质受潮、劣化或者怀疑内部可能存在局部放电缺陷时进行本项试验。取样时，务必注意设备技术文件的特别提示（如果有）并检查油位。全密封或设备技术文件明确禁止取油样时不宜进行此项试验。

6.11 高压套管

同第 5.6 节。

6.12 SF$_6$ 断路器

同第 5.7 节。

6.13 气体绝缘金属封闭开关设备

同第 5.8 节。

6.14 直流断路器

6.14.1 直流断路器巡检及例行试验（见表 76、表 77）

表 76 　　　　　　　　　　　直流断路器巡检项目

巡检项目	基准周期	要　求	说明条款
外观检查		外观无异常	见 6.14.1.1a) 条
气体密度值检查（SF$_6$ 型）	1 月	密度符合设备技术文件要求	见 6.14.1.1b) 条
操动机构状态检查		状态正常	见 6.14.1.1c) 条

表 77 　　　　　　　　　　　直流断路器例行试验项目

例行试验项目	基准周期	要　求	说明条款
红外热像检测	1 月	无异常温升	见 6.14.1.2 条
主回路电阻测量	3 年	初值差≤50%或≤制造商规定值（注意值）	见 5.7.1.3 条
SF$_6$ 气体湿度检测	3 年	见 8.1 条	见 8.1 条
例行检查和测试	3 年	无异常	见 6.14.1.3 条
非线性（放电）电阻	6 年	1.U_{1mA}初值差不超过±5%（注意值）； 2.0.75U_{1mA}漏电流初值差≤30%或≤50μA（注意值）	见 6.14.1.4 条
空气断路器直流泄漏	3 年	≤10μA（注意值）	见 6.14.1.5 条
振荡回路电容、电感及电阻值测量	6 年	1. 电容、电感的初值差不超过±5%（注意值）； 2. 电阻的初值差不超过±3%（注意值）	见 6.14.1.6 条

6.14.1.1 巡检说明

a）外观无异常，高压引线、二次控制电缆、接地线连接正常；瓷套、支柱绝缘子无残损、无异物挂接；加热单元功能无异常；分合闸位置及指示正确。

b）SF$_6$ 绝缘断路器气体密度（压力）正常。

c）操动机构状态检查正常（液压机构油压正常；气压机构气压正常；弹簧机构弹簧位置正确）。

6.14.1.2 红外热像检测

检测断口及断口并联元件、引线接头、绝缘子等，红外热像图显示应无异常温升、温差和/或相对温差。检测和分析方法参考 DL/T 664。判断时应该考虑测量时及前 3h 负荷电流的变化情况。

6.14.1.3　例行检查和测试

a) 轴、销、锁扣和机械传动部件检查，如有变形或损坏应予更换；

b) 瓷绝缘件清洁和裂纹检查；

c) 操动机构外观检查，如按力矩要求抽查螺栓、螺母是否有松动，检查是否有渗漏等；

d) 检查操动机构内、外积污情况，必要时需进行清洁；

e) 检查是否存在锈迹，如有需进行防腐处理；

f) 按设备技术文件要求对操动机构机械轴承等活动部件进行润滑；

g) 检查辅助回路和控制回路电缆、接地线是否完好；

h) 检查振荡回路各元件是否存在电蚀、碳化或机械松动等；

i) 在额定操作电压下分、合操作两次，要求操作应灵活，合、分指示及切换开关转换正确。

6.14.1.4　非线性（放电）电阻

测试其绝缘电阻和直流 1mA 电压 U_{1mA} 及 $0.75U_{1mA}$ 下泄漏电流。试验方法及要求参见 5.14.1.4 条。

6.14.1.5　空气断路器直流泄漏

试验电压为直流 40kV。泄漏电流大于 $10\mu A$ 时应引起注意。注意排除瓷护套的影响。

6.14.1.6　振荡回路电容、电感及电阻值测量

每 6 年或巡检、红外检测有异常时进行本项目。要求在同等测量条件下，各元件的初值差不超过设备技术文件要求之规定。其中电容的测量可以采用电桥或数字式电容表，电感测量方法可参考 6.17.2.3 条，电阻的测量可以采用电桥或数字式欧姆表。

6.14.2　直流断路器诊断性试验（见表 78）

表 78　　直流断路器诊断性试验项目

诊断性试验项目	要　　求	说明条款
操动机构检查和测试	符合设备技术文件要求	见 6.14.2.1 条
气体密封试验（SF₆ 型）	≤1%/年或符合设备技术文件要求（注意值）	见 5.3.2.5 条
气体密度监视器校验（SF₆ 型）	符合设备技术文件要求	见 5.3.2.6 条
交流耐压试验	见 6.14.2.2 条	见 6.14.2.2 条
SF₆ 气体成分分析	见 8.2 条	见 8.2 条

6.14.2.1　操动机构检查和测试

投运 9 年或达到机械寿命的 50%，之后每 6 年，进行一次如下各项检查或测试：

a) 机械操作试验，符合设备技术文件要求；

b) 分、合闸线圈电阻值和动作电压检查，符合设备技术条件要求；

c) 操动机构储能过程检查及压力触点检查，符合设备技术文件要求；

d) 二次控制电缆的绝缘检查；

e) 阻尼器功能检查，符合设备技术文件要求；

f) 联锁装置功能检查，符合设备技术文件要求。

6.14.2.2　交流耐压试验

对核心部件或主体进行解体性检修之后或必要时进行本项试验。包括高压对地（合闸状态）和断口间（分闸状态）两种方式。试验在额定充气压力下进行，试验电压为出厂试验值的 80%，频率不超过 300Hz，

耐压时间为 60s，试验方法参考 DL/T 593。

6.15　隔离开关和接地开关

同第 5.11 条。

6.16　耦合电容器

同第 5.12 条。

6.17　交、直流滤波器及并联电容器组、中性线母线电容器

6.17.1　交、直流滤波器及并联电容器组、中性线母线电容器巡检及例行试验（见表 79、表 80）

6.17.1.1　巡检说明

检查电容器是否有渗漏油、鼓起，若有要及时更换（可临时退出运行的）；注意电抗器线圈可视部位是否存在裂纹、碳化、电弧痕迹或颜色改变，线圈顶部是否有鸟巢等异物；注意电阻器的空气进、出口是否被堵塞；注意电流互感器油位是否正常；注意高压引线、接地线连接是否完好。

表 79　　交、直流滤波器及并联电容器组、中性线母线电容器巡检项目

巡检项目	基准周期	要　　求	说明条款
外观检查	2 周	外观无异常	见 6.17.1.1 条

表80　　　　　交、直流滤波器及并联电容器组、中性线母线电容器例行试验项目

例行试验项目	基准周期	要　　求	说明条款
红外热像检测	1月	无异常温升	见 6.17.1.2 条
例行检查	1年	见 6.17.1.3 条	见 6.17.1.3 条
并联电容器组电容量	1年	初值差不超过±2%	见 6.17.1.4 条

6.17.1.2　红外热像检测

检测（如有）电容器、电抗器、电阻器、电流互感器、金属氧化物避雷器等各部件及其所有电气连接部位等，红外热像图显示应无异常温升、温差和/或相对温差。检测和分析方法参考 DL/T 664。

6.17.1.3　例行检查

6.17.1.3.1　电容器例行检查

发生渗漏的电容器应更换，但若渗漏轻微，可根据制造商指导予以修复。出现鼓肚、外壳变色或者运行中红外热像检测显示有温度异常升高的电容器应予更换。

6.17.1.3.2　电阻器例行检查

a) 检查并清洁内部绝缘子、套管，发现有破损的绝缘子或套管应更换；

b) 清洁空气进、出口；

c) 检查电气连接的焊点和螺栓，松动的螺栓要按设备技术文件之力矩要求予以紧固；

d) 检查所有户外瓷绝缘子与连接金具的固定螺栓，并按设备技术文件之力矩要求予以紧固。

6.17.1.3.3　电抗器例行检查

a) 全面检查线圈顶部、底部以及电抗器线圈的内、外表面是否存在碳化、电弧痕迹等异常，发现异常时，重新投运之前应查明原因（必要时咨询制造商）、排除隐患；

b) 检查线圈顶部等是否有异物，如有，予以清除；

c) 随机抽查若干支撑构架螺栓的紧固力矩，如果有一个以上松动，按设备技术文件之提供的力矩要求紧固所有螺栓；

d) 检查接地引下线，若存在松动、腐蚀等应予修复；

e) 保护漆局部不完整或漆剥落应予修复。

6.17.1.4　并联电容器组电容量

电容器组电容量的初值差应不超过±2%。如超过±2%或者退出运行前不平衡电流超过运行保护值的50%，应逐一测量每只电容器的电容量，方法和要求参见 6.17.2.1 条。

6.17.2　交、直流滤波器及并联电容器组、中性线母线电容器诊断性试验（见表81）

表81　　　　交、直流滤波器及并联电容器组、中性线母线电容器诊断性试验项目

诊断性试验项目	要　　求	说明条款
单台电容器电容量测量	与额定值的差异在−5%～10%之间（注意值）	见 6.17.2.1 条
电阻器电阻值测量	初值差不超过±3%（注意值）	见 6.17.2.2 条
电抗器电感量及线圈电阻值测量	电感量初值差不超过±3%（注意值）； 线圈电阻值初值差不超过±3%（注意值）	见 6.17.2.3 条
金属氧化物避雷器	见 6.18 条	见 6.18 条
电流互感器	见 5.3 条	见 5.3 条

6.17.2.1　电容器电容量测量

出现下列情形之一，应测量单台电容器的电容量：

a) 电容器组（臂）的电容量测试结果不能满足表80要求；

b) 有维修试验机会，且退出运行前，不平衡电流超过了50%的运行保护值；

c) 运行中不平衡电流超过设定值，保护跳闸使滤波器退出运行。

单台电容器电容量的初值差应不超过10%，否则应予更换。新的电容器与被更换的电容器的电容量差别应在1%之内（参考铭牌值或例行试验值）。更换电容器之后，不平衡电流应小于20%的运行保护值。

6.17.2.2　电阻器电阻值测量

外观检查、红外热像检测等发现异常，应测量电阻器的电阻值。测量需待电阻器恢复到常温后进行。

同等温度下初值差不超过±3%。温度差异较大时，应修正到同一温度下进行比较。

6.17.2.3 电抗器电感量及线圈电阻值测量

下列情形需要测量电抗器电感量及线圈电阻值：

a) 经历了严重的短路电流；

b) 红外热像检测时，同比温度异常；

c) 外观检查或紫外巡检时，电抗器表面存在异常放电；

d) 电抗器线圈的内、外表面存在碳化、电弧痕迹等异常。

电感量测量方法可参考第6.2.2.1条。

6.18 金属氧化物避雷器

6.18.1 金属氧化物避雷器巡检及例行试验（见表82、表83）

表82　　金属氧化物避雷器巡检项目

巡检项目	基准周期	要　求	说明条款
外观检查	1.500kV 及以上：2 周； 2.220kV：1 月； 3.110kV：3 月	外观无异常	见 6.18.1.1 条

表83　　金属氧化物避雷器例行试验项目

例行试验项目	基准周期	要　求	说明条款
红外热像检测	1.500kV 及以上：1 月； 2.220kV：3 月； 3.110kV：半年	无异常	见 6.18.1.2 条
运行中持续电流检测	1 年	见 5.14.1.3 条	见 5.14.1.3 条
直流 1mA 电压 U_{1mA} 及在 $0.75U_{1mA}$ 下漏电流测量	1.3 年（无持续电流检测）； 2.6 年（有持续电流检测）； 3.9 年（安装于阀厅内的）	1. U_{1mA} 初值差不超过±5% 且不低于 GB 11032 规定值（注意值）； 2. $0.75U_{1mA}$ 漏电流初值差≤30% 或 ≤50μA（注意值）	见 5.14.1.4 条
底座绝缘电阻		≥100MΩ	见 5.14.1.5 条
放电计数器功能检查	见 5.14.1.6 条	功能正常	见 5.14.1.6 条

6.18.1.1 巡检说明

a) 瓷套无裂纹；复合外套无电蚀痕迹；无异物附着；均压环无错位；高压引线、接地线连接正常。

b) 若计数器装有电流表，应记录当前电流值，并与同等运行条件下其他避雷器的电流值进行比较，要求无明显差异。

c) 记录计数器的指示数。

阀厅内的金属氧化物避雷器巡检结合阀检查进行。

6.18.1.2 红外热像检测

用红外热像仪检测避雷器本体及电气连接部位，红外热像图显示应无异常温升、温差和/或相对温差。测量和分析方法参考 DL/T 664。阀厅内的金属氧化物避雷器有条件时进行。

6.18.2 金属氧化物避雷器诊断性试验（见表84）

表84　　金属氧化物避雷器诊断性试验

诊断性试验项目	要　求	说明条款
工频参考电流下的工频参考电压	应符合 GB 11032 或制造商规定	见 5.14.2.1 条
均压电容的电容量	电容量初值差不超过±5% 或满足制造商的技术要求	见 5.14.2.2 条

6.19 电力电缆

同第 5.15 条。

6.20 直流接地极及线路

6.20.1 接地极及线路巡检及例行试验（见表85、表86）

6.20.1.1 巡检说明

a) 杆塔结构完好无盗损、无严重锈蚀，杆号牌、警示牌等附属设施齐全完好。

表 85 　　　　　　　　　　　　接地极及线路巡检项目

巡检项目	基准周期	要　　求	说明条款
接地极及线路巡检	1 月	无异常	见 6.20.1.1 条

表 86 　　　　　　　　　　　　接地极及线路例行试验项目

例行试验项目	基准周期	技术要求	说明条款
测量井水位、水温	3 月	符合设计要求	见 6.20.1.2 条
接地极接地电阻测量	6 年	符合设计要求	见 6.20.1.3 条
接地极电流分布测试	3 年	符合设计要求	见 6.20.1.4 条
极址电感、电容测量	3 年	符合设计要求	见 6.20.1.5 条

b) 导地线无断股、烧伤，无异物挂接，接头连接完好；与树木等跨越物净空距离满足要求。

c) 绝缘子串外观结构完好，无残伞，间隔棒、防振锤、招弧角等状态完好，无松动错位；连接金具完好，无松动变形和严重锈蚀。

d) 杆塔接地装置、极址接地引下线连接良好，无盗损。

e) 检查检测装置和渗水孔防止淤泥堵塞。

f) 杆塔基础及极址周围无冲刷、塌陷。

6.20.1.2　测量井水位、水温

定期检测井水位和水温，结果应符合设备技术文件要求。

6.20.1.3　接地极接地电阻测量

可采用电压—电流长线法测量接地电阻，即向接地极注入直流电流 I，测量电流注入点对零电位参考点的电位 U_g，接地电阻 $R_g = U_g / I$。测量时，要求直流电源的另一接地点（可以是换流站接地网）以及零电位参考点与接地极之间的最小距离大于接地极任意二点间最大距离的 5 倍。直流电流 I 可以是系统停运时由独立试验用直流电源产生（推荐 50A），也可以是系统运行中流经接地极的不平衡电流或是单极大地回路运行时的入地电流。

6.20.1.4　接地极电流分布测试

运行中接地极线路和元件馈电电缆的电流分布应定期检查，采用大口径直流钳形电流表测量，设馈电电缆的电流为 I_i，N 为馈电电缆根数，则分流系数为

$$\eta_i = I_i / \sum_{j=1}^{N} I_j \tag{5}$$

与初值比，η_i 不应有明显变化，或符合设计要求。

6.20.1.5　极址电感、电容测量

电感采用电压—电流法测量，电容采用数值式电容表测量，测量结果应符合设备技术文件要求。

6.20.2　接地极及线路诊断性试验（见表 87）

表 87 　　　接地极及线路诊断性试验项目

诊断性试验项目	要　　求	说明条款
接触电动势和电压测量	符合设计要求	见 6.20.2.1 条
跨步电动势和电压测量	符合设计要求	
开挖检查	—	见 6.20.2.2 条

6.20.2.1　接触电压和跨步电压测量

6.20.2.1.1　下列情形进行本项试验

a) 电流分布发生明显变化或者接地电阻明显增加；

b) 接地极寿命（通常以安时数计算）损失达到 60%、80%、90% 时；

c) 开挖检查之后。

6.20.2.1.2　接触电动势和电压测量

向接地极注入直流电流，测量极址内和附近各金属物件如终端塔、中心塔和分支塔等的接触电动势。测量时，在与金属物件相距 1m 的地面布置电极，测量金属物件上离地面 1.8m 高的点与电极之间的电位差。在测量接触电动势时，直接利用电压表测量；在测量接触电压时，电压表要并联 1000Ω 模拟人体电阻。直流电流 I 可以是系统停运时由独立试验用直流电源产生（推荐 50A），也可以是系统运行中流经接地极的不平衡电流或是单极大地回路运行时的入地电流。测量应采用无极化电极，测量结果应折算到高压直流接地极运行时的最大电流。

6.20.2.1.3　跨步电动势和电压测量

向接地极注入直流电流，根据接地极设计、施工图和接地极馈电电缆分流情况或历史测量结果，选择测量区域，通常在极环附近，特别是电流入地和极环曲率半径较小的位置。方法是在测量点放置一电极，在半径为 1m 的圆弧上用另一电极探测，找出电位差

较大的几点，再以这几点为圆心，重复上述做法，直到找到局部最大跨步电动势和电压。在测量跨步电动势时，直接利用电压表测量；在测量跨步电压时，电压表要并联 1000Ω 模拟人体电阻。直流电流 I 可以是系统停运时由独立试验用直流电源产生（推荐 50A），也可以是系统运行中流经接地极的不平衡电流或是单极大地回路运行时的入地电流。测量应采用无极化电极，测量结果应折算到高压直流接地极运行时的最大工作电流。

6.20.2.2　开挖检查

若接地极极址的接地电阻或馈电电缆的电流分布不符合设计要求，或怀疑接地极地网被严重腐蚀时（如跨步电动势和电压测量结果异常），应开挖检查。修复或恢复之后，要进行接地电阻、接触电压和跨步电压测量，测量结果应符合设计要求。

6.21　接地装置

同第 5.16 条。

6.22　晶闸管换流阀

6.22.1　晶闸管换流阀巡检及例行试验（见表 88、表 89）

表 88　　　　　　　　　　　　　晶闸管换流阀巡检项目

巡检项目	基准周期	要　　求	说明条款
外观检查	≤1 周	无异常（包括一次关灯检查）	见 6.22.1.2 条

表 89　　　　　　　　　　　　　晶闸管换流阀例行试验项目

例行试验项目	基准周期	要　　求	说明条款
红外热像检测	≤2 周	无异常	见 6.22.1.3 条
清揩	≤3 年	清洁	见 6.22.1.4 条
阀检查	3 年	符合设备技术文件要求	见 6.22.1.5 条
冷却回路检查	≤6 年	符合设备技术文件要求	见 6.22.1.6 条
组件均压电容的电容量	6 年	初值差不超过 ±5%（警示值）	见 6.22.1.7 条
均压电容的电容量		初值差不超过 ±5%（警示值）	
均压电阻的电阻值		初值差不超过 ±3%（警示值）	见 6.22.1.8 条
晶闸管阀试验	3 年	符合设备技术文件要求	见 6.22.1.9 条
漏水报警和跳闸试验	1 年	符合设备技术文件要求	见 6.22.1.10 条

6.22.1.1　维护说明

晶闸管换流阀厅内的相对湿度在 60% 以下。如果维修期间相对湿度超过 60%，应采取相应措施保证维修期间相对湿度应控制在 60% 以下。

6.22.1.2　巡检说明

a) 要求阀监控设备工作正常，无缺陷报告；

b) 阀体各部位无烟雾、异味、异常声响和振动；

c) 无明显漏水现象；

d) 检查冷却系统的压力、流量、温度、电导率等仪表的指示应正常；

e) 进行阀厅关灯检查，无异常；

f) 检查阀厅的温度、湿度、通风是否正常。

6.22.1.3　红外热像检测

条件许可时，用红外热像仪对换流阀可视部分进行检测，红外热像图显示应无异常温升、温差和/或相对温差。检测和分析方法参考 DL/T 664。

6.22.1.4　清揩

对阀厅的内壁、阀结构表面屏蔽罩、绝缘子、阳极电抗器等元器件进行清擦、清扫。

6.22.1.5　阀检查

a) 承担绝缘的部件表面无损伤、电蚀和污秽。

b) 所有电气连接完好，无松动。

c) 检查阀电抗器，其表面颜色无异常；检查连接水管、水管接头，要求无漏水、渗水现象；检查各电气元件的支撑横担，要求无积尘、积水等现象。

d) 检查晶闸管控制单元（TE、TVM 或 TCU）以及反向恢复器保护板（RPU），要求外观无异常，插紧到位和插座端子连接完好。

e) 检查组件电容和均压电容，要求外观无鼓起和渗漏油、金属部分无锈蚀、连接部位牢固。

f) 检查各晶闸管堆，蝶弹压紧螺栓，使晶闸管堆压装紧固螺钉与压力板在同一平面上，并用检查蝶弹弹性形变的专用工具校核（只在新安装和更换之后才进行）。

　　g）利用超声波抽检长棒式绝缘子，要求无裂纹。

　　h）等电位电极按不同层、不同部位抽查无异常。

　　i）用力矩扳手检查半层阀间连接母线、电抗器连接母线无异常。

　　j）阀避雷器及其动作的电子回路检查无异常。

　　k）检查光缆连接和排列情况，要求光缆接头插入、锁扣到位，光缆排列整齐。

6.22.1.6　冷却回路检查

　　对水冷系统施加 110%～120% 额定静态压力 15min（如制造商有明确要求，按要求执行），对冷却系统进行如下检查：

　　a）检查每个阀塔主水路的密封性，要求无渗漏。

　　b）检查冷却水管路、水管接头和各个通水元件，要求无渗漏。

　　c）检查漏水检测功能，要求其动作正确。

　　d）检查水系统的压力、流量、温度、电导率等仪表，要求外观无异常，读数合理；同时，要进行总表与分表之间的流量校核，若发现不一致，则视情况进行及时检查。

　　e）检查滤网的过滤性能，符合厂家的技术文本要求。

　　注1：只有在漏水情况下才紧固相应的连接头，要求无泄漏，不宜过紧。通风正常，泄漏指示器正常；每个塔中冷却水流量相等。

　　注2：加有乙二醇的冷却水按厂家技术文件执行。

6.22.1.7　组件电容、均压电容的电容量

　　测量组件电容和均压电容的电容量采用专用测量仪，不必断开接线。要求初值差不超过 ±5%。

6.22.1.8　均压电阻的电阻值

　　测量均压电阻的电阻值采用专用测量仪，不必断开接线。要求初值差不超过 ±3%。

6.22.1.9　晶闸管阀试验

　　a）当监测系统显示在同一单阀内损坏的晶闸管数为冗余数−1时为注意值，当损坏的晶闸管数等于冗余数时为警示值；

　　b）当监测系统显示在同一单阀内晶闸管正向保护触发（BOD触发）的晶闸管数为冗余数−1时为注意值，当晶闸管正向保护触发的晶闸管数等于冗余数时为警示值；

　　c）晶闸管元件的触发开通试验，采用专用试验装置，按厂家的技术文件执行；

　　d）检查晶闸管阀控制单元或阀基电子设备（VCU 或 VBE）和晶闸管阀监测装置（THM 或

TM），功能正常；

　　e）如果更换缺陷的晶闸管，需同时检查控制单元和均压回路。

6.22.1.10　漏水报警和跳闸试验

　　对漏水检测装置进行检查，并作记录，结果应符合设备技术文件要求。

6.22.2　晶闸管换流阀诊断性试验（见表90）

表90　晶闸管换流阀诊断性试验项目

诊断性试验项目	要　求	说明条款
光缆传输功率测量	初值差不超过 ±5%	见 6.22.2.1 条
冷却水管内等电位电极检查	见 6.22.2.2 条	见 6.22.2.2 条
阀电抗器参数测量	符合设备技术文件要求	见 6.22.2.3 条
阀回路电阻值测量	符合设备技术文件要求	见 6.22.2.4 条
内冷水电导率测量	≤0.5μS/cm	见 6.22.2.5 条

6.22.2.1　光缆传输功率测量

　　确认光缆传输功率是否正常时进行。用光通量计测量到达各 TCU 或 TE 或 TVM 的光功率，要求初值差不超过 ±5% 或者符合设备技术文件要求。

6.22.2.2　冷却水管内等电位电极检查

　　拆下冷却水管内的等电位电极，清除电极上的沉积物，检查其有效体积减小的程度，当水中部分体积减小超过 20% 时，需更换，并同时更换 O 型密封圈。

6.22.2.3　阀电抗器参数测量

　　采用施加工频电流、测量电抗器两端工频电压的方法进行电抗值测量，其中施加的工频电流应不小于 5A。要求电抗值的初值差不大于 ±5%。采用电阻电桥进行阀电抗器电阻值测量，要求电阻值的初值差不超过 ±3%。

6.22.2.4　阀回路电阻值测量

　　采用电阻电桥进行阀回路电阻值测量，互相比对，无明显差异。

6.22.2.5　冷却水电导率测量

　　监测冷却水的电导率，要求 20℃ 时的电导率不大于 0.5μS/cm 或符合设备技术文件要求。

7　绝缘油试验

7.1　绝缘油例行试验

　　油样提取应遵循设备技术文件之规定，特别是少油设备。例行试验项目如表91所示。

表 91　　　　　　　　　　　　　　　　　绝缘油例行试验项目

例行试验项目	要　　求	说明条款
视觉检查	透明，无杂质和悬浮物	见 7.1.1 条
击穿电压	1. ≥50kV（警示值），500kV 及以上； 2. ≥45kV（警示值），330kV； 3. ≥40kV（警示值），220kV； 4. ≥35kV（警示值），110kV/66kV	见 7.1.2 条
水分	1. ≤15mg/L（注意值），330kV 及以上； 2. ≤25mg/L（注意值），220kV 及以下	见 7.1.3 条
介质损耗因数（90℃）	1. ≤0.02（注意值），500kV 及以上； 2. ≤0.04（注意值），330kV 及以下	见 7.1.4 条
酸值	≤0.1mg（KOH）/g（注意值）	见 7.1.5 条
油中含气量（v/v）	330kV 及以上变压器、电抗器：≤3%	见 7.1.6 条

7.1.1　视觉检查

凭视觉检测油的颜色粗略判断油的状态。评估方法见表 92。可参考 DL 429.1 和 DL 429.2。

表 92　　　　　　　　　　　　　　　油质视觉检查及油质初步评估

视觉检测	淡黄色	黄色	深黄色	棕褐色
油质评估	好油	较好油	轻度老化的油	老化的油

7.1.2　击穿电压

击穿电压值达不到规定要求时应进行处理或更换新油。测量方法参考 GB/T 507。

7.1.3　水分

测量时应注意油温，并尽量在顶层油温高于 60℃ 时取样。测量方法参考 GB/T 7600 或 GB/T 7601。怀疑受潮时应随时测量油中水分。

7.1.4　介质损耗因数

介质损耗因数测量方法参考 GB/T 5654。

7.1.5　酸值

酸值大于注意值时（参见表 93）应进行再生处理或更换新油。油的酸值按 GB/T 264 测定。

表 93　　　　　　　　　　　　　　　　　酸值及油质评估

酸　值 [mg（KOH）/g]	0.03	0.1	0.2	0.5
油质评估	新油	可继续运行	下次维修时需进行再生处理	油质较差

7.1.6　油中含气量

油中含气量测量方法参考 DL/T 703、DL/T 450 或 DL/T 423。

7.2　绝缘油诊断性试验

新油或例行试验后怀疑油质有问题时应进行诊断试验，试验结果应符合要求，见表 94。

7.2.1　界面张力

油对水的界面张力测量方法参考 GB/T 6541，低于注意值时宜换新油。

7.2.2　抗氧化剂含量

对于添加了抗氧化剂的油，当油变色或酸值偏高时应测量抗氧化剂含量。抗氧化剂含量减少，应按规定添加新的抗氧化剂；采取上述措施前，应咨询制造商的意见。测量方法参考 GB 7602。

7.2.3　体积电阻率

体积电阻率测量方法参考 GB/T 5654 或 DL/T 421。

7.2.4　油泥与沉淀物

当界面张力小于 25mN/m 时进行本项目。测量方法参考 GB/T 511。

7.2.4.1　颗粒数

本项试验可以用来表征油的纯净度。每 10mL 油

中大于 $3\mu m \sim 150\mu m$ 的颗粒数一般不大于 1500 个，大于 1500 个应予注意。大于 5000 个说明油受到了污染。对于变压器，过量的金属颗粒是潜油泵磨损的一个信号，必要时应进行金属成分及含量分析。

表 94　　　　　　　　　　　　　　　　　　绝缘油诊断性试验项目

试验项目	要　　　求	说明条款
界面张力（25℃）	≥19（新投运 35）mN/m（注意值）	见 7.2.1 条
抗氧化剂含量检测	≥0.1%（注意值）	见 7.2.2 条
体积电阻率（90℃）	1. ≥1×10^{10}（新投运 6×10^{10}）Ωm（注意值），500kV 及以上； 2. ≥5×10^{9}（新投运 6×10^{10}）Ωm（注意值），330kV 及以下	见 7.2.3 条
油泥与沉淀物（m/m）	≤0.02%（注意值）	见 7.2.4 条
颗粒数（个/10mL）	≤1500（330kV 及以上）	见 7.2.4.1 条
油的相容性试验	见 7.2.5 条	见 7.2.5 条

7.2.5　油的相容性试验

一般不宜将不同牌号的油混合使用。如混合使用应进行本项目。测量方法和要求参考 GB/T 14542。

8　SF_6 气体湿度和成分检测

8.1　SF_6 气体湿度检测

a) 新投运测一次，若接近注意值，半年之后应再测一次；

b) 新充（补）气 48h 之后至 2 周之内应测量一次；

c) 气体压力明显下降时，应定期跟踪测量气体湿度。

SF_6 气体可从密度监视器处取样，测量方法可参考 DL/T 506、DL/T 914 和 DL/T 915。测量完成之后，按要求恢复密度监视器，注意按力矩要求紧固。测量结果应满足表 95 的要求。

表 95　　　　　　　　　　　　　　　　　SF_6 气体湿度检测说明

试验项目		要　　　求	
		新充气后	运行中
湿度（H_2O） （20℃，0.1013MPa）	有电弧分解物隔室（GIS 开关设备）	≤150μL/L	≤300μL/L（注意值）
	无电弧分解物隔室（GIS 开关设备、电流互感器、电磁式电压互感器）	≤250μL/L	≤500μL/L（注意值）
	箱体及开关（SF_6 绝缘变压器）	≤125μL/L	≤220μL/L（注意值）
	电缆箱及其他（SF_6 绝缘变压器）	≤220μL/L	≤375μL/L（注意值）

8.2　SF_6 气体成分分析

怀疑 SF_6 气体质量存在问题或者配合事故分析时，可选择性地进行 SF_6 气体成分分析。项目和要求见表 96，测量方法参考 DL/T 916、DL/T 917、DL/T 918、DL/T 919、DL/T 920、DL/T 921。

表 96　　　　　　　　　　　　　　　　SF_6 气 体 成 分 分 析

试验项目	要　　　求
CF_4	增加超过≤0.1%（新投运≤0.05%）（注意值）
空气（O_2+N_2）	≤0.2%（新投运 0.05%）（注意值）
可水解氟化物	≤1.0μg/g（注意值）
矿物油	≤10μg/g（注意值）
毒性（生物试验）	无毒（注意值）

续表

试 验 项 目	要　　求
密度（20℃，0.1013MPa）	6.17g/L
SF_6 气体纯度	≥99.8％（质量分数）
酸度	≤0.3μg/g（注意值）
杂质组分（CO、CO_2、HF、SO_2、SF_4、SOF_2、SO_2F_2）	（监督增长情况，μg/g）

附录 A
（规范性附录）
状态量显著性差异分析法

在相近的运行和检测条件下，相同设计、材质和工艺的一批设备，其状态量不应有显著差异，若某台设备某个状态量与其他设备有显著性差异，即使满足注意值或警示值要求，也应引起注意。对于没有注意值或警示值要求的状态量，也可以应用显著性差异分析，作为本标准对部分状态量要求"没有明显变化"或类似要求的判断依据。

状态量显著性差异分析方法如下：设 n（$n \geqslant 5$）

台同一家族设备（如同制造商、同批次设备），某个状态量 X 的当前试验值的平均值为 $\overline{X}$，样本偏差为 S（不含被诊断设备）；被诊断设备的当前试验值为 x，则有显著性差异的条件为：

a) 劣化表现为状态量值减少时（如绝缘电阻）：$x < \overline{X} - kS$；

b) 劣化表现为状态量值增加时（如介质损耗因数）：$x > \overline{X} + kS$；

c) 劣化表现为偏离初值时（如绕组电阻）：$x \notin (\overline{X} - kS, \overline{X} + kS)$。

上列各式中 k 值根据 n 的大小按表 A.1 选取。

表 A.1　　　　　　　　　　　　　　　　k 值与 n 的关系

n	5	6	7	8	9	10	11	13	15	20	25	35	≥45
k	2.57	2.45	2.36	2.31	2.26	2.23	2.20	2.16	2.13	2.09	2.06	2.03	2.01

易受环境影响的状态量，本方法仅供参考；设备台数 $n < 5$ 时，不适宜应用本方法。若不受试验条件影响，显著性差异分析法也适用于同一设备、同一状态量历年试验结果的分析。

附录 B
（规范性附录）
变压器线间电阻到相绕组电阻的换算方法

对于星形联结组别，应测量各相绕组电阻，无中性点引出线的星形联结组别，可测量各线间电阻，按式（B.1）计算各相绕组电阻；对于三角形联结组别，可测量各线间的电阻，然后按式（B.2）计算各相绕组电阻。

$$R_A = \frac{R_{AB} + R_{CA} - R_{BC}}{2}$$

$$R_B = \frac{R_{BC} + R_{AB} - R_{CA}}{2}$$

$$R_C = \frac{R_{BC} + R_{CA} - R_{AB}}{2} \qquad (B.1)$$

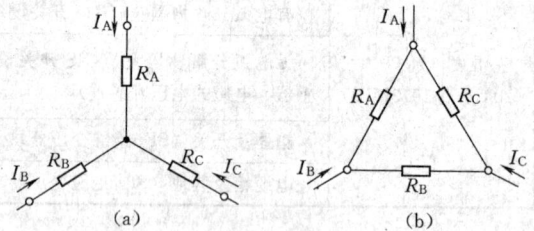

图 B.1　电阻示意图
(a) 星形联结；(b) 三角形联结

$$R_A = \frac{R_{AB}^2 + R_{BC}^2 + R_{CA}^2 - (R_{AB} - R_{BC})^2 - (R_{BC} - R_{CA})^2 - (R_{CA} - R_{AB})^2}{2(R_{BC} + R_{CA} - R_{AB})}$$

$$R_B = \frac{R_{AB}^2 + R_{BC}^2 + R_{CA}^2 - (R_{AB} - R_{BC})^2 - (R_{BC} - R_{CA})^2 - (R_{CA} - R_{AB})^2}{2(R_{AB} + R_{CA} - R_{BC})}$$

$$R_C = \frac{R_{AB}^2 + R_{BC}^2 + R_{CA}^2 - (R_{AB} - R_{BC})^2 - (R_{BC} - R_{CA})^2 - (R_{CA} - R_{AB})^2}{2(R_{BC} + R_{AB} - R_{CA})} \qquad (B.2)$$

式中，R_{AB}、R_{BC}、R_{CA} 为线间电阻；R_A、R_B、R_C 为相绕组电阻。

附录 C
（资料性附录）
直流设备状态量化评价法

C.1　适用范围

本方法用于对尚未暴露缺陷的直流设备进行评估。方法是根据设备状态量及其发展趋势、经历的不良工况以及家族缺陷等信息，对设备状态进行量化分级。本方法是初步的，仅以此作为调整检修和试验周期的参考。

C.2　术语和定义

C.2.1

设备状态评分（简称状态评分）

以百分制对设备状态进行表述的一种方法。100分表示最佳设备状态，0分则表示需要尽快维修的设备。其他情形的状态评分介于0～100分之间。

C.2.2

正劣化

状态量劣化表现为状态量值的增加，如介质损耗因数等。

C.2.3

负劣化

状态量劣化表现为状态量值的减少，如绝缘电阻等。

C.2.4

偏差性劣化

状态量劣化表现为状态量与初始值之间的不一致，如变压器绕组电阻等。

C.2.5

设备岗位权重（简称岗位权重）

根据电压等级、传输容量、用户性质以及网络冗余等因素，对设备重要性的一种划分方法。设备岗位权重分1～10级，10级对应重要性最高的设备，1级对应重要性最低的设备，其他介于1～10级之间。

C.2.6

基础评分

交接试验合格、具备投运条件的新设备，或检修之后验收试验合格可重新投运的设备，对其状态进行一次评分，作为之后评分的基础。这一评分称为基础评分。

C.3　设备状态评分法

C.3.1　设备状态评分法

设备状态评分 G 为

$$G = B \times T \times E \times F \qquad (C.1)$$

式中，B 为基础评分；T 为试验评分；E 为不良工况评分；F 为家族缺陷评分。

C.3.2　基础评分（B）

基础评分可参考表 C.1 按式（C.2）进行。

表 C.1　　设备基础评分参考

项　目	依据及评分
制造和工厂试验	1. 制造商质量信誉良好（$B_1 \leqslant 5$ 分）； 2. 关键工序无返工（$B_2 \leqslant 5$ 分）； 3. 全部工厂试验顺利，且符合相关标准要求（$B_3 \leqslant 5$ 分）； 4. 反映设备状态的试验值远没有接近注意值（$B_4 \leqslant 5$ 分）
运输、安装和交接试验	1. 运输、安装顺利，且完全符合制造商要求（$B_5 \leqslant 4$ 分）； 2. 交接试验全部合格且不受环境因素影响的交接试验与出厂试验基本一致（$B_6 \leqslant 6$ 分）
家族设备安全运行记录	已运行同型设备的可靠性记录良好（$B_7 \leqslant 10$ 分）
运行时间	$B_8 = -$运行年数

$$B = 60 + \sum_{i=1}^{n} B_i \qquad (C.2)$$

C.3.3　试验评分法（T）

试验评分是单个试验项目评分的加权几何平均值。单个项目的评分介于0%～100%之间，100%对应于项目中各状态量远低于注意值或警示值，且没有明显劣化趋势。设一个设备进行了 m 个单项试验，第 i 项试验的评分为 G_i，权重为 W_i（没有给出时取1），则试验评分 T 为

$$T = \sum_{i=1}^{m} W_i \sqrt[m]{\prod_{i=1}^{m} G_i W_i} \qquad (C.3)$$

对核心部件或主体进行了解体性检修的设备，试验评分从检查或/和修复之后重新开始。式（C.3）中仅考虑与设备主体相关联的那部分项目。

C.3.3.1　单个试验项目评分法（1）

本方法适用于有注意值或警示值要求的正劣化及

负劣化状态量的分析。

设注意值为 x_z，警示值为 x_j，最近三次试验值分别为 x，x_1，x_2，其中 x 为当前试验值，x_1 为 t_1 年前（相对于 x）的试验值，x_2 为 t_2 年前（相对于 x）的试验值，且 $t_2 > t_1$。下列各式中，若状态量给出警示值，则 $x' = x_j$；若状态量给出注意值，则 $x' = 1.3x_z$（正劣化）或 $x' = x_z/1.3$（负劣化）。单项试验评分法如式（C.4）~式（C.10），式中 x_f 为该状态量在同类新设备中的平均值，若没有此值，以该设备出厂或交接试验值代之。

a) 仅有一次试验记录时（即 x_1，x_2 不存在）

$$G = G_1(x) = \frac{x' - x}{x - x_f} \times 100\% \qquad (C.4)$$

式中，当 $G < 0$，令 $G = 0$；当 $G > 100$，令 $G = 100$。

b) 有两次试验记录（即 x_2 不存在）：

正劣化

$$G = G_1[x + \max(0, x - x_1)] \qquad (C.5)$$

负劣化

$$G = G_1[x + \min(0, x - x_1)] \qquad (C.6)$$

c) 有 3 次或 3 次以上试验，选最近三次试验值：

正劣化

$$G = G_1\left[x + \max\left(0, \frac{3x - 2x_1 - x_2}{2t_1 + t_2}\right)\right] \qquad (C.7)$$

负劣化

$$G = G_1\left[x + \min\left(0, \frac{3x - 2x_1 - x_2}{2t_1 + t_2}\right)\right] \qquad (C.8)$$

C.3.3.2 单项试验项目评分法（2）

本方法适用于有正负偏差要求的状态量的分析。

设某个状态量的当前试验值为 x，零偏差值（通常为初值或额定值）为 x_0，则 x 的偏差（E）为

$$E = \frac{x - x_0}{x_0} \times 100\% \qquad (C.9)$$

设允许的正偏差为 k_+，允许的负偏差为 k_-，评分方法如式（C.10）

$$G = \min\left(\frac{k_- - E}{k_-}, \frac{k_+ - E}{k_+}\right) \times 100\% \qquad (C.10)$$

当 $G \leqslant 0$ 时，令 $G = 0$。

C.3.4 不良工况评分（E）

不良工况评分在 0%~100% 之间，其中 0% 对应于对设备状态影响最严重的不良工况（包括其累积效应）。对于断路器主要是开断短路电流；对于变压器主要是侵入波、近区（出口）短路等。其他设备暂不考虑不良工况影响。

对于断路器暂考虑开断短路电流一种不良工况

$$E = \left(1 - \sum_{j=1}^{n} I_j^{1.8}/L\right) \times 100\% \qquad (C.11)$$

上式中，I_j 表示第 j 次开断大电流的峰值；L 为设备技术文件给出的累积开断寿命的 80%，kA。设备技术文件没有给出该值时，可以取 3000，或者依据运行经验自定。E 小于 0 时按 0 计。

对于变压器近区或出口短路，可按下式估算

$$E_d = \frac{I^2 - i^2}{0.65I^2} \times 100\% \qquad (C.12)$$

上式中，I 表示允许的最大短路电流的幅值，kA；i 表示实际短路电流幅值，（只考虑达到 I 的 60% 以上的情况），kA；E_d 小于 0 时按 0 计。多于一次，取最大 i 值的一次计算。

保护变压器的避雷器每动作一次算一次不良工况，取 $E_{Lj} = 98.5\%$，暂不计侵入波陡度和幅值。经历 n 次时按下式计算

$$E_L = E_{Lj}^{\sqrt{n}} \times 100\% \qquad (C.13)$$

变压器每经历一次短时急救负荷（设计允许的）算一次不良工况，取 $E_{oj} = 99.0\%$，暂不计过负荷的大小和持续时间。经历 n 次时按下式计算

$$E_0 = E_{oj}^{\sqrt{n}} \times 100\% \qquad (C.14)$$

变压器总的不良工况评分为

$$E = E_d \times E_L \times E_o \times 100\% \qquad (C.15)$$

C.3.5 家族缺陷评分（F）

有家族缺陷时，那些尚未发生或检出家庭缺陷的设备，在隐患消除之前，其状态评分应通过下式评估家族缺陷的影响。计算家庭缺陷评分时，f 是依据缺陷发生的部位和性质（参考表 C.2）确定的。

$$F = 1 - \frac{1 - f}{\sqrt[n]{N}} \qquad (C.16)$$

式中，N 为家族设备总台数；n 为发生该家族缺陷的设备台数（$N > n \geqslant 1$）。

如果涉及家庭缺陷的隐患已消除，就不再考虑其影响。

表 C.2　　　　　　　　　　　　f 取值原则

缺陷	对设备安全运行无大的影响，突发恶化风险很小	暂不危及设备安全运行，突发恶化风险不大	对设备安全运行有一定威胁，可监控	对设备安全运行有一定威胁，不易连续监控	对设备安全运行有现实威胁
评分	86%~100%	61%~85%	31%~60%	16%~30%	0%~15%

C.4 状态评分处理原则

80分及以上等效符合第4.4.2条所列条件；30分及以下等效符合第4.4.3条所列条件。

电力设备预防性试验规程

（南方电网生［2004］3号，
Q/CSG1 0007—2004）

1 范围

本标准规定了各种电力设备预防性试验的项目、周期和要求，用以判断设备是否符合运行条件，预防设备损坏，保证安全运行。

本标准适用于中国南方电网500kV及以下的交流电力设备。高压直流输电设备及其他特殊条件下使用的电力设备可参照执行。进口设备以该设备的产品标准为基础，参照本标准执行。

2 规范性引用文件（略）

3 定义与符号（略）

4 总则

4.1 本标准所规定的各项试验标准，是电力设备技术监督工作的基本要求，是电力设备全过程管理工作的重要组成部分。在设备的维护检修工作中必须坚持预防为主，积极地对设备进行维护，使其能长期安全、经济运行。

4.2 设备进行试验时，试验结果应与该设备历次试验结果相比较，与同类设备或不同相别的试验结果相比较，参照相关的试验结果，根据变化规律和趋势，进行综合分析和判断后作出正确结论。

4.3 遇到特殊情况（例如发现某类设备的同一类故障和缺陷突出），需要调整设备的试验周期时，由各运行单位负责生产的总工程师批准执行。220kV及以上电气设备应报相应的主管生产部门（各分公司、子公司）备案。对老旧设备根据设备状态可适当缩短试验周期。

4.4 在试验周期的安排上应将同间隔设备调整为相同试验周期，需停电取油样或气样的化学试验周期调整到与电气试验周期相同。发电厂电气设备试验周期应结合设备大、小修进行。

4.5 进行耐压试验时，应尽量将连在一起的各种设

备分开来单独试验（制造厂装配的成套设备不在此限）。同一试验电压的设备可连在一起进行试验。已有单独试验记录的若干不同试验电压的电力设备，在单独试验有困难时，也可以连在一起进行试验，此时，试验电压应采用所连设备中的最低试验电压。

4.6 当电力设备的额定电压与实际使用的额定电压不同时，应根据以下原则确定试验电压：

a) 当采用额定电压较高的设备以加强绝缘时，应按照设备的额定电压确定其试验电压；

b) 当采用额定电压较高的设备作为代用时，应按照实际使用的额定电压确定其试验电压；

c) 为满足高海拔地区的要求而采用较高电压等级的设备时，应在安装地点按实际使用的额定工作电压确定其试验电压。

4.7 在进行与温度和湿度有关的各种试验（如测量直流电阻、绝缘电阻、$\tan\delta$、泄漏电流等）时，应同时测量被试品的温度和周围空气的温度和湿度。

进行绝缘试验时，被试品温度不应低于+5℃，户外试验应在良好的天气下进行，且空气相对湿度一般不高于80%。

4.8 110kV及以上设备经交接试验后超过6个月未投入运行，或运行中设备停运超过6个月的，在投运前应进行绝缘项目试验，如测量绝缘电阻、$\tan\delta$、绝缘油的水分和击穿电压、绝缘气体湿度等。35kV及以下设备按1年执行。

4.9 有条件进行带电测试或在线监测的设备，应积极开展带电测试或在线监测。当带电测试或在线监测发现问题时，应进行停电试验进一步核实。如经实用证明利用带电测试或在线监测技术能达到停电试验的效果，可以延长停电试验周期或不做停电试验，同时报省一级公司备案。

4.10 应加强电力设备红外测温工作，具体要求按DL/T 664—1999执行。

4.11 如不拆引线不影响对试验结果的相对判断时，宜采用不拆引线试验的方法进行。

4.12 本标准未包含的电力设备的试验项目，按制造厂规定进行。

4.13 各省公司可根据本标准，结合各自的实际情况，对试验周期、试验项目等作出必要的补充规定。

5 电力变压器及电抗器

5.1 油浸式电力变压器

油浸式电力变压器的试验项目、周期和要求见表1。

表 1   油浸式电力变压器的试验项目、周期和要求

序号	项目	周 期	要 求	说 明
1	油中溶解气体色谱分析	1）新投运及大修后投运 500kV：1，4，10，30 天 220kV：4，10，30 天 110kV：4，30 天 2）运行中： 500kV：3 个月 220kV：6 个月 35kV、110kV：1 年 3）必要时	1）新装变压器油中 H_2 与烃类气体含量（$\mu L/L$）任一项不宜超过下列数值： 总烃：20 H_2：10 C_2H_2：0 2）运行设备油中 H_2 与烃类气体含量（$\mu L/L$）超过下列任何一项值时应引起注意： 总烃：150 H_2：150 C_2H_2：5（35kV～220kV），1（500kV） 3）烃类气体总和的产气速率大于 6mL/d（开放式）和 12mL/d（密封式），或相对产气速率大于 10％月则认为设备有异常	1）总烃包括 CH_4、C_2H_4、C_2H_6 和 C_2H_2 四种气体 2）溶解气体组分含量有增长趋势时，可结合产气速率判断，必要时缩短周期进行跟踪分析 3）总烃含量低的设备不宜采用相对产气速率进行判断 4）新投运的变压器应有投运前的测试数据 5）必要时，如： —出口（或近区）短路后 —巡视发现异常 —在线监测系统告警等
2	油中水分 mg/L	1）准备注入 110kV 及以上变压器的新油 2）注入 500kV 变压器后的新油 3）110kV 及以上：运行中 1 年 4）必要时	投运前： 110kV：≤20 220kV：≤15 500kV：≤10 运行中： 110kV：≤35 220kV：≤25 500kV：≤15	1）运行中设备，测量时应注意温度的影响，尽量在顶层油温高于 50℃时取样 2）必要时，如： —绕组绝缘电阻（吸收比、极化指数）测量异常时 —渗漏油等
3	油中含气量％（体积分数）	500kV 变压器 1）新油注入前后 2）运行中：1 年 3）必要时	投运前：≤1 运行中：≤3	必要时，如： —变压器需要补油时 —渗漏油
4	油中糖醛含量 mg/L	必要时	1）含量超过下表值时，一般为非正常老化，需跟踪检测： 运行年限 / 1～5 / 5～10 / 10～15 / 15～20 糖醛含量 / 0.1 / 0.2 / 0.4 / 0.75 2）跟踪检测时，注意增长率 3）测试值大于 4mg/L 时，认为绝缘老化已比较严重	1）变压器油经过处理后，油中糖醛含量会不同程度的降低，在作出判断时一定要注意这一情况 2）必要时，如： —油中气体总烃超标或 CO、CO_2 过高 —需了解绝缘老化情况时，如长期过载运行后、温升超标后等
5	油中洁净度测试	500kV：必要时	标准在制定中	
6	绝缘油试验	见 12.1 节		

续表

序号	项目	周 期	要 求	说 明
7	绕组直流电阻	1) 3年 2) 大修后 3) 无载分接开关变换分接位置 4) 有载分接开关检修后 5) 必要时	1) 1600kVA 以上变压器，各相绕组电阻相互间的差别不应大于三相平均值的2%，无中性点引出的绕组，线间差别不应大于三相平均值的1% 2) 1600kVA 及以下的变压器，相间差别一般不大于三相平均值的4%，线间差别一般不大于三相平均值的2% 3) 与以前相同部位测得值比较，其变化不应大于2%	1) 如电阻相间差在出厂时超过规定，制造厂已说明了这种偏差的原因，则与以前相同部位测得值比较，其变化不应大于2% 2) 有载分接开关宜在所有分接处测量，无载分接开关在运行分接处测量 3) 不同温度下电阻值按下式换算： $$R_2 = R_1(T + t_2)/(T + t_1)$$ 式中：R_1、R_2 分别为在温度 t_1、t_2 下的电阻值；T 为电阻温度常数，铜导线取235，铝导线取225 4) 封闭式电缆出线或 GIS 出线的变压器，电缆、GIS 侧绕组可不进行定期试验 5) 必要时，如： —本体油色谱判断有热故障 —红外测温判断套管接头或引线过热
8	绕组连同套管的绝缘电阻、吸收比或极化指数	1) 3年 2) 大修后 3) 必要时	1) 绝缘电阻换算至同一温度下，与前一次测试结果相比应无显著变化，一般不低于上次值的70% 2) 35kV 及以上变压器应测量吸收比，吸收比在常温下不低于1.3；吸收比偏低时可测量极化指数，应不低于1.5 3) 绝缘电阻大于 10000MΩ 时，吸收比不低于1.1或极化指数不低于1.3	1) 使用 2500V 或 5000V 兆欧表，对 220kV 及以上变压器，兆欧表容量一般要求输出电流不小于3mA 2) 测量前被试绕组应充分放电 3) 测量温度以顶层油温为准，各次测量时的温度应尽量接近 4) 尽量在油温低于 50℃ 时测量，不同温度下的绝缘电阻值按下式换算： $$R_2 = R_1 \times 1.5^{(t_1 - t_2)/10}$$ 式中：R_1、R_2 分别为温度 t_1、t_2 时的绝缘电阻值 5) 吸收比和极化指数不进行温度换算 6) 封闭式电缆出线或 GIS 出线的变压器，电缆、GIS 侧绕组可在中性点测量 7) 必要时，如： —运行中油介损不合格或油中水分超标 —渗漏油等可能引起变压器受潮的情况

序号	项目	周期	要求	说明
9	绕组连同套管的 $\tan\delta$	1) 3 年 2) 大修后 3) 必要时	1) 20℃时不大于下列数值： 500kV：0.6% 110kV～220kV：0.8% 35kV：1.5% 2) $\tan\delta$ 值与出厂试验值或历年的数值比较不应有显著变化（增量一般不大于 30%） 3) 试验电压： 绕组电压 10kV 及以上：10kV 绕组电压 10kV 以下：U_n	1) 非被试绕组应短路接地或屏蔽 2) 同一变压器各绕组 $\tan\delta$ 的要求值相同 3) 测量温度以顶层油温为准，各次测量时的温度尽量相近 4) 尽量在油温低于 50℃ 时测量，不同温度下的 $\tan\delta$ 值一般按下式换算： $$\tan\delta_2 = \tan\delta_1 \times 1.3^{(t_2-t_1)/10}$$ 式中：$\tan\delta_1$、$\tan\delta_2$ 分别为温度 t_1、t_2 时的 $\tan\delta$ 值 5) 封闭式电缆出线或 GIS 出线的变压器，电缆、GIS 侧绕组可在中性点加压测量 6) 必要时，如： —绕组绝缘电阻、吸收比或极化指数异常时 —油介损不合格或油中水分超标 —渗漏油等
10	电容型套管的 $\tan\delta$ 和电容值	见第 8 章		1) 用正接法测量 2) 测量时记录环境温度及变压器顶层油温 3) 只测量有末屏引出的套管 $\tan\delta$ 和电容值，封闭式电缆出线或 GIS 出线的变压器，电缆、GIS 侧套管从中性点加压，非被试侧短路接地
11	绕组连同套管的交流耐压试验	1) 10kV 及以下：6 年 2) 更换绕组后	全部更换绕组时，按出厂试验电压值；部分更换绕组时，按出厂试验电压值的 0.8 倍	1) 110kV 及以上进行感应耐压试验 2) 10kV 按 35kV×0.8＝28kV 进行
12	铁芯及夹件绝缘电阻	1) 3 年 2) 大修后 3) 必要时	1) 与以前测试结果相比无显著差别 2) 运行中铁芯接地电流一般不应大于 0.1A	1) 采用 2500V 兆欧表（对运行年久的变压器可用 1000V 兆欧表） 2) 只对有外引接地线的铁芯、夹件进行测量 3) 必要时，如：油色谱试验判断铁芯多点接地时
13	穿心螺栓、铁轭夹件、绑扎钢带、铁芯、绕组压环及屏蔽等的绝缘电阻	大修中	220kV 及以上：一般不低于 500MΩ 110kV 及以下：一般不低于 100MΩ	1) 用 2500V 兆欧表 2) 连接片不能拆开可不进行

续表

序号	项目	周期	要求	说明
14	局部放电试验	220kV 及以上： 1）大修更换绝缘部件或部分绕组后 2）必要时	在线端电压为 $1.5U_m/\sqrt{3}$ 时，放电量一般不大于 500pC；在线端电压为 $1.3U_m/\sqrt{3}$ 时，放电量一般不大于 300pC	1）110kV 电压等级的变压器大修后，可参照执行 2）必要时，如：运行中变压器油色谱异常，怀疑存在放电性故障时
15	绕组所有分接的电压比	1）分接开关引线拆装后 2）更换绕组后	1）各分接的电压比与铭牌值相比应无明显差别，且符合规律 2）35kV 以下，电压比小于 3 的变压器电压比允许偏差为 ±1%；其他所有变压器：额定分接电压比允许偏差为 ±0.5%，其他分接的电压比应在变压器阻抗电压值（%）的 1/10 以内，但偏差不得超过 ±1%	
16	校核三相变压器的组别或单相变压器极性	更换绕组后	必须与变压器铭牌和顶盖上的端子标志相一致	
17	空载电流和空载损耗	1）更换绕组后 2）必要时	与前次试验值相比无明显变化	1）试验电源可用三相或单相；试验电压可用额定电压或较低电压（如制造厂提供了较低电压下的测量值，可在相同电压下进行比较） 2）必要时，如：怀疑磁路有缺陷等
18	短路阻抗和负载损耗	1）更换绕组后 2）必要时	与前次试验值相比无明显变化	1）试验电源可用三相或单相；试验电流可用额定值或较低电流（如制造厂提供了较低电流下的测量值，可在相同电流下进行比较） 2）必要时，如：出口短路后
19	绕组变形测试	110kV 及以上： 1）6 年 2）更换绕组后 3）必要时	与初始结果相比，或三相之间结果相比无明显差别，无初始记录时可与同型号同厂家对比	1）每次测试时，宜采用同一种仪器，接线方式应相同 2）对有载开关应在最大分接下测试，对无载开关应在同一运行分接下测试以便比较 3）发电厂厂用高压变压器可参照执行 4）必要时，如：发生近区短路后
20	全电压下空载合闸	更换绕组后	1）全部更换绕组，空载合闸 5 次，每次间隔 5min 2）部分更换绕组，空载合闸 3 次，每次间隔 5min	1）在运行分接上进行 2）由变压器高压侧或中压侧加压 3）110kV 及以上的变压器中性点接地 4）发电机变压器组的中间连接无断开点的变压器，可不进行
21	有载分接开关的试验和检查	1）按制造厂规定 2）大修后	按 DL/T 574—1995 执行	

序号	项目	周期	要求	说明
22	测温装置校验及其二次回路试验	1）3年（二次回路） 2）大修后 3）必要时	1）按制造厂的技术要求 2）密封良好，指示正确，测温电阻值应与出厂值相符 3）绝缘电阻一般不低于1MΩ	1）采用2500V兆欧表 2）必要时，如：怀疑有故障时
23	气体继电器校验及其二次回路试验	1）3年（二次回路） 2）大修后 3）必要时	1）按制造厂的技术要求 2）整定值符合运行规程要求，动作正确 3）绝缘电阻一般不低于1MΩ	1）采用2500V兆欧表 2）必要时，如：怀疑有故障时
24	压力释放器校验及其二次回路试验	1）3年（二次回路） 2）必要时	1）动作值与铭牌值相差应在±10%范围内或符合制造厂规定 2）绝缘电阻一般不低于1MΩ	1）采用2500V兆欧表 2）必要时，如：怀疑有故障时
25	冷却装置及其二次回路检查试验	1）3年（二次回路） 2）大修后 3）必要时	1）投运后，流向、温升和声响正常，无渗漏油 2）强油水冷装置的检查和试验，按制造厂规定 3）绝缘电阻一般不低于1MΩ	1）采用2500V兆欧表 2）必要时，如：怀疑有故障时
26	整体密封检查	1）大修后 2）必要时	1）35kV及以下管状和平面油箱变压器采用超过油枕顶部0.6m油柱试验（约5kPa压力），对于波纹油箱和有散热器的油箱采用超过油枕顶部0.3m油柱试验（约2.5kPa压力），试验时间12h无渗漏 2）110kV及以上变压器在油枕顶部施加0.035MPa压力，试验持续时间24h无渗漏	1）试验时带冷却器，不带压力释放装置 2）必要时，如：怀疑密封不良时
27	套管中的电流互感器试验	大修时	1）绝缘电阻测试 2）变比测试 3）极性测试 4）伏安特性测试	见第6章
28	绝缘纸（板）聚合度	必要时	当聚合度小于250时，应引起注意	1）试验可从引线上绝缘纸、垫块、绝缘纸板等取样数克 2）对运行时间较长（如20年）的变压器尽量利用吊检的机会取样 3）必要时，如：怀疑纸（纸）老化时
29	绝缘纸（板）含水量	必要时	水分（质量分数）一般不大于下值： 500kV：1% 220kV：3%	1）可用所测绕组的tanδ值推算或取纸样直接测量 2）必要时，如：怀疑纸（板）受潮时
30	噪声测量	必要时	与出厂值比较无明显变化	1）按GB 7328—1987的要求进行 2）必要时，如：发现噪声异常时

序号	项目	周期	要 求	说 明
31	箱壳振动	必要时	与出厂值比不应有明显差别	必要时，如：发现箱壳振动异常时
32	红外测温	运行中 500kV：1年2次 110kV、220kV： 1年1次	按 DL/T 664—1999 执行	1）用红外热像仪测量 2）测量套管及接头、油箱壳等部位

5.2 干式变压器

干式变压器的试验项目、周期和要求见表2。

表 2　　　　　　　　　　　干式变压器的试验项目、周期

序号	项目	周期	要 求	说 明
1	绕组直流电阻	1）6年 2）大修后	1）相间差别一般不大于平均值的4%，线间差别一般不大于平均值的2% 2）与以前相同部位测得值比较，其变化不应大于2%	不同温度下电阻值按下式换算： $$R_2 = R_1(T + t_2)/(T + t_1)$$ 式中：R_1、R_2 分别为在温度 t_1、t_2 下的电阻值；T 为电阻温度常数，取 235
2	绕组、铁芯绝缘电阻	1）6年 2）大修后	绝缘电阻换算至同一温度下，与前一次测试结果相比应无显著变化，一般不低于上次值的70%	采用 2500V 或 5000V 兆欧表
3	交流耐压试验	1）6年 2）大修后	按出厂试验电压值的 0.8 倍	10kV 变压器按 35kV×0.8＝28kV 进行
4	测温装置及其二次回路试验	1）6年 2）大修后	1）按制造厂的技术要求 2）指示正确，测温电阻值应和出厂值相符 3）绝缘电阻一般不低于 1MΩ	
5	红外测温	1年1次	按 DL/T 664—1999 执行	1）用红外热像仪测量 2）测量套管及接头、油箱壳等部位 3）只对站用变压器、厂用变压器进行

5.3 SF₆ 气体绝缘变压器

SF₆ 气体绝缘变压器的试验项目、周期和要求见表3。

表 3　　　　　　　　　　　SF₆ 气体绝缘变压器的试验项目、周期

序号	项目	周期	要 求	说 明
1	SF₆ 气体的湿度（20℃的体积分数）	1）1年 2）大修后 3）必要时	运行中：不大于 $500\mu L/L$ 大修后：不大于 $250\mu L/L$	1）按 GB 12022—1989、SD 306 和 DL 506—1992 进行 2）必要时，如： —新装及大修后1年内复测湿度不符合要求 —漏气超过表15中序号2的要求 —设备异常时

序号	项目	周期	要求	说明
2	SF₆ 气体成分分析	1) 大修后 2) 必要时	见 12.3 节	
3	SF₆ 气体泄漏试验	1) 大修后 2) 必要时	无明显漏点	
4	绕组直流电阻	1) 3 年 2) 大修后 3) 必要时	1) 1600kVA 以上变压器,各相绕组电阻相互间的差别不应大于平均值的 2%,无中性点引出的绕组,线间差别不应大于平均值的 1% 2) 1600kVA 及以下的变压器,相间差别一般不大于平均值的 4%,线间差别一般不大于平均值的 2% 3) 与以前相同部位测得值比较,其变化不应大于 2%	1) 如电阻相间差在出厂时超过规定,制造厂已说明了这种偏差的原因,则与以前相同部位测得值比较,其变化不应大于 2% 2) 预防性试验时有载分接开关宜在所有分接处测量,无载分接开关在运行分接处测量 3) 不同温度下电阻值按下式换算: $$R_2 = R_1(T+t_2)/(T+t_1)$$ 式中:R_1、R_2 分别为在温度 t_1、t_2 下的电阻值;T 为电阻温度常数,取 235 4) 封闭式电缆出线或 GIS 出线的变压器,电缆、GIS 侧绕组可不进行定期试验 5) 必要时,如:红外测温判断套管接头或引线过热时
5	绕组连同套管的绝缘电阻、吸收比或极化指数	1) 3 年 2) 大修后 3) 必要时	1) 绝缘电阻换算至同一温度下,与前一次测试结果相比应无显著变化,一般不低于上次值的 70% 2) 35kV 及以上变压器应测量吸收比,吸收比在常温下不低于 1.3;吸收比偏低时可测量极化指数,应不低于 1.5 3) 绝缘电阻大于 10000MΩ 时,吸收比不低于 1.1,或极化指数不低于 1.3	1) 采用 2500V 或 5000V 兆欧表,兆欧表容量一般要求输出电流不小于 3mA 2) 测量前被试绕组应充分放电 3) 必要时,如:对绝缘有怀疑时
6	绕组连同套管的 tanδ	35kV 及以上: 1) 3 年 2) 大修后	1) 20℃时不大于下列数值: 110kV:0.8% 35kV:1.5% 2) tanδ 值与出厂试验值或历年的数值比较不应有显著变化,增量一般不大于 30% 3) 试验电压: 绕组电压 10kV 及以上:10kV 绕组电压 10kV 以下:U_n	1) 非被试绕组应短路接地或屏蔽 2) 同一变压器各绕组 tanδ 的要求值相同 3) 封闭式电缆出线或 GIS 出线的变压器,电缆、GIS 侧绕组可在中性点加压测量
7	铁芯及夹件绝缘电阻	1) 3 年 2) 大修后	1) 与以前测试结果相比无显著差别 2) 运行中铁芯接地电流一般不应大于 0.1A	1) 采用 2500V 兆欧表 2) 只对有外引接地线的铁芯、夹件进行测量
8	交流耐压试验	1) 大修后 2) 必要时	全部更换绕组时,按出厂试验电压值;部分更换绕组时,按出厂试验电压值的 0.8 倍	1) 110kV 变压器采用感应耐压 2) 必要时,如:对绝缘有怀疑时

续表

序号	项目	周期	要求	说明
9	测温装置的校验及其二次回路试验	1）3年 2）大修后 3）必要时	1）按制造厂的技术要求 2）密封良好，指示正确，测温电阻值应和出厂值相符 3）绝缘电阻一般不低于1MΩ	1）采用2500V兆欧表 2）必要时，如：怀疑有故障时
10	红外测温	运行中 500kV：1年2次 110kV、220kV：1年1次	按DL/T 664—1999执行	1）用红外热像仪测量 2）测量套管及接头、油箱壳等部位

5.4 油浸式电抗器（略）

5.5 油浸式串联电抗器（略）

5.6 干式电抗器、阻波器及干式消弧线圈（略）

5.7 油浸式消弧线圈（略）

6 互感器

6.1 油浸式电流互感器

油浸式电流互感器（35kV及以上）的试验项目、周期和要求见表8。

6.2 SF$_6$电流互感器

SF$_6$电流互感器（35kV及以下）的试验项目、周期和要求见表9。

6.3 干式电流互感器

干式电流互感器的试验项目、周期和要求见表10。

表8   油浸式电流互感器的试验项目、周期和要求

序号	项目	周期	要求						说明
1	绕组及末屏的绝缘电阻	1）3年 2）大修后	1）一次绕组对末屏及地、各二次绕组间及其对地的绝缘电阻与出厂值及历次数据比较，不应有显著变化。一般不低于出厂值或初始值的70% 2）电容型电流互感器末屏绝缘电阻不宜小于1000MΩ						1）有投运前数据 2）有2500V兆欧表 3）必要时，如：怀疑有故障时
2	tanδ 及电容量	1）3年 2）大修后 3）必要时	1）主绝缘tanδ（%）不应大于下表中的数值，且与历次数据比较，不应有显著变化：						1）当tanδ值与出厂值或上一次试验值比较有明显增长时，应综合分析tanδ与温度、电压的关系，当tanδ随温度明显变化或试验电压由10kV到$U_m/\sqrt{3}$，tanδ（%）变化绝对量超过±0.3，不应继续运行 2）可以用带电测试tanδ及电容量代替

电压等级 kV 表：

		35	110	220	500
大修后	油纸电容型	1.0	1.0	0.7	0.6
	充油型	3.0	2.0	—	—
	胶纸电容型	2.5	2.0	—	—
	充胶式	2.0	2.0	2.0	—
运行中	油纸电容型	1.0	1.0	0.8	0.7
	充油型	3.5	2.5	—	—
	胶纸电容型	3.0	2.5	—	—
	充胶式	2.5	2.5	2.5	—

2）电容型电流互感器主绝缘电容量与初始值或出厂值差别超过±5%时应查明原因

3）当电容型电流互感器末屏对地绝缘电阻小于1000MΩ时，应测量末屏对地tanδ，其值不大于2%

序号	项目	周 期	要 求	说 明
3	带电测试 tanδ 及电容量	1) 投产后一个月 2) 一年 3) 大修后 4) 必要时	1) 可采用同相比较法，判断标准为： —同相设备介损测量值差值（tanδ_X — tanδ_N）与初始测量值差值比较，变化范围绝对值不超过±0.3%，电容量比值（C_X/C_N）与初始测量电容量比值比较，变化范围不超过±5% —同相同型号设备介损测量值（tanδ_X — tanδ_N）不超过±0.3% 2) 采用其他测试方法时，可根据实际制定操作细则	对已安装了带电测试信号取样单元的电容型电流互感器进行，超出要求时应： 1) 查明原因 2) 缩短试验周期 3) 必要时停电复试
4	油中溶解气体色谱分析及油中水分含量测定	1) 3 年 2) 大修后 3) 必要时	1) 油中溶解气体组分含量（$\mu L/L$）超过下列任一值时应引起注意，总烃：100，H_2：150；一旦发现含有 C_2H_2，应立即停止运行，进行检查 2) 油中水分含量（mg/L）不应大于下表规定： 表格见下	1) 制造厂明确要求不能取油样进行色谱分析时可不进行 2) 对于 H_2 单值升高的，可以考虑缩短周期
5	绝缘油的击穿电压 kV	1) 大修后 2) 必要时	1) 投运前（平板电极） 35kV：≥35 110kV、220kV：≥40 500kV：≥60　　2) 运行中（平板电极） 35kV：≥30 110kV、220kV：≥35 500kV：≥50	1) 全密封电流互感器按制造厂要求进行 2) 必要时，如：怀疑有绝缘故障时
6	局部放电试验	110kV 及以上：必要时	在电压为 $1.2U_m/\sqrt{3}$ 时，视在放电量不大于 20pC	必要时，如：对绝缘性能有怀疑时
7	极性检查	大修后	与铭牌标志相符合	
8	交流耐压试验	1) 大修后 2) 必要时	1) 一次绕组按出厂值的 0.8 倍进行 2) 二次绕组之间及末屏对地的工频耐压试验电压为 2kV，可用 2500V 兆欧表代替	必要时，如：对绝缘性能有怀疑时
9	各分接头的变比检查	1) 大修后 2) 必要时	1) 与铭牌标志相符合 2) 比值差和相位差与制造厂试验值比较应无明显变化，并符合等级规定	1) 对于计量计费用绕组应测量比值差和相位差 2) 必要时，如：改变变比分接头运行时
10	校核励磁特性曲线	继保有要求时	1) 与同类互感器特性曲线或制造厂提供的特性曲线相比较，应无明显差别 2) 多抽头电流互感器可在使用抽头或最大抽头测量	
11	绕组直流电阻	大修后	与出厂值或初始值比较，应无明显差别	包括一次及二次绕组
12	红外测温	500kV：1 年 2 次 220kV 及以下：1 年 1 次	参考 DL/T 664—1999 执行	用红外热像仪测量

序号 4 要求 2) 中的表格：

电压等级 kV	投运前	运行中
110	20	35
220	15	25
500	10	15

表 9   **SF₆ 电流互感器的试验项目、周期和要求**

序号	项目	周期	要求	说明
1	气体湿度 (20℃的体积分数) μL/L	1) 投产后 1 年 1 次，如无异常，3 年测 1 次 2) 大修后	大修后不大于 250，运行中不大于 500	
2	气体泄漏试验	1) 3 年 2) 必要时	无明显漏点	必要时，如：压力继电器显示压力异常
3	绕组的绝缘电阻	1) 大修后 2) 必要时	一次绕组对地、各二次绕组间及其对地的绝缘电阻与出厂值及历次数据比较，不应有显著变化。一般不低于出厂值或初始值的 70%	1) 采用 2500V 兆欧表 2) 必要时，如：怀疑有故障时
4	极性检查	大修后	与铭牌标志相符合	
5	交流耐压试验	1) 大修后 2) 必要时	1) 一次绕组按出厂值的 0.8 倍进行 2) 二次绕组之间及对地的工频耐压试验电压为 2kV，可用 2500V 兆欧表代替 3) 老练试验电压为运行电压	必要时，如： —怀疑有绝缘故障 —补气较多时 (表压小于 0.2MPa) —卧倒运输后
6	各分接头的变比检查	1) 大修后 2) 必要时	1) 与铭牌标志相符合 2) 比值差和相位差与制造厂试验值比较应无明显变化，并符合等级规定	1) 对于计量计费用绕组应测量比值差和相位差 2) 必要时，如：改变变比分接头运行时
7	校核励磁特性曲线	必要时	1) 与同类互感器特性曲线或制造厂提供的特性曲线相比较，应无明显差别 2) 多抽头电流互感器可在使用抽头或最大抽头测量	
8	气体密度继电器和压力表检查	必要时	参照厂家规定	
9	红外测温	500kV：1 年 2 次 220kV 及以下：1 年 1 次	参考 DL/T 664—1999 执行	采用红外热像仪测量

表 10   **干式电流互感器的试验项目、周期和要求**

序号	项目	周期	要求	说明
1	绕组及末屏的绝缘电阻	1) 35kV 及以上：3 年；10kV：6 年 2) 大修后 3) 必要时	1) 一次绕组对末屏及对地、各二次绕组间及其对地的绝缘电阻与出厂值及历次数据比较，不应有显著变化。一般不低于出厂值或初始值的 70% 2) 电容型电流互感器末屏绝缘电阻不宜小于 1000MΩ	1) 采用 2500V 兆欧表 2) 必要时，如：怀疑有故障时

续表

序号	项目	周期	要求	说明
2	tanδ 及电容量	35kV 及以上： 1）3 年 2）大修后 3）必要时	1）主绝缘电容量与初始值或出厂值差别超过±5%时应查明原因 2）参考厂家技术条件进行，无厂家技术条件时主绝缘 tanδ 不应大于 0.5%，且与历年数据比较，不应有显著变化	1）只对 35kV 及以上电容型互感器进行 2）当 tanδ 值与出厂值或上一次试验值比较有明显增长时，应综合分析 tanδ 与温度、电压的关系，当 tanδ 随温度明显变化，或试验电压由 10kV 到 $U_m/\sqrt{3}$，tanδ 变化量绝对值超过±0.3%，不应继续运行 3）对具备测试条件的电容型互感器，可以用带电测试 tanδ 及电容量代替
3	带电测试 tanδ 及电容量	1）投产后一个月 2）一年 3）大修后 4）必要时	1）可采用同相比较法，判断标准为： —同相设备介损测量值差值（$tanδ_X - tanδ_N$）与初始测量值差值比较，变化范围绝对值不超过±0.3%，电容量比值（C_X/C_N）与初始测量电容量比值比较，变化范围不超过±5% —同相同型号设备介损测量值（$tanδ_X - tanδ_N$）不超过±0.3% 2）采用其他测试方法时，可根据实际制定操作细则	只对已安装了带电测试信号取样单元的电容型电流互感器进行，当超出要求时应： 1）查明原因 2）缩短试验周期 3）必要时停电复试
4	交流耐压试验	35kV 及以上：必要时 10kV：6 年	1）一次绕组按出厂的 0.8 倍进行，10kV 电流互感器耐压试验电压按 35kV 进行 2）二次绕组之间及末屏对地的工频耐压试验电压为 2kV，可用 2500V 兆欧表代替	必要时，如：怀疑有绝缘故障时
5	局部放电试验	110kV 及以上：必要时	在电压为 $1.2U_m/\sqrt{3}$ 时，视在放电量不大于 50pC	必要时，如：对绝缘性能有怀疑时
6	各分接头的变比检查	必要时	1）与铭牌标志相符合 2）比值差和相位差与制造厂试验值比较应无明显变化，并符合等级规定	1）对于计量计费用绕组应测量比值差和相位差 2）必要时，如：改变变比分接头运行时
7	校核励磁特性曲线	必要时	1）与同类互感器特性曲线或制造厂提供的特性曲线相比较，应无明显差别 2）多抽头电流互感器可在使用抽头或最大抽头测量	必要时，如：继电保护有要求时
8	红外测温	1 年	参考 DL/T 664—1999 执行	采用红外热像仪测量

6.4　电磁式电压互感器

6.4.1　电磁式电压互感器（油浸式绝缘）

电磁式电压互感器（油浸式绝缘）的试验项目、周期和要求见表 11。

表 11　　　　　　　　电磁式电压互感器（油浸式绝缘）的试验项目、周期和要求

序号	项目	周期	要求	说明
1	绝缘电阻	1）3 年 2）大修后 3）必要时	不应低于出厂值或初始值的 70％	1）采用 2500V 兆欧表 2）必要时，如：怀疑有绝缘缺陷时
2	tanδ(35kV 及以上)	1）绕组绝缘 —3 年 —大修后 —必要时 2）110kV 及以上串级式电压互感器支架： —必要时	1）tanδ（％）不应大于下表中数值： 温度 ℃ / 5 / 10 / 20 / 30 / 40 35kV 大修后 1.5 2.5 3.0 5.0 7.0 35kV 运行中 2.0 2.5 3.5 5.5 8.0 110kV及以上 大修后 1.0 1.5 2.0 3.5 5.0 110kV及以上 运行中 1.5 2.0 2.5 4.0 5.5 2）与历次试验结果相比无明显变化 3）支架绝缘 tanδ 一般不大于 6％	前后对比宜采用同一试验方法
3	油中溶解气体色谱分析及油中水分含量测定	1）3 年 2）大修后 3）必要时	1）一旦发现 C_2H_2 增长，应考虑缩短周期 2）油中溶解气体组分含量（μL/L）超过下列任一值时应引起注意： 总烃：100 H_2：150 C_2H_2：2（220kV） 　　　　3（110kV） 3）油中水分含量（mg/L）不应大于下表规定： 电压等级 kV / 投运前 / 运行中 220 / 15 / 25 110 / 20 / 35	1）全密封互感器按制造厂要求进行 2）必要时，如：怀疑有内部放电时
4	交流耐压试验	1）大修后 2）必要时	1）一次绕组按出厂值的 0.8 倍进行 2）二次绕组之间及其对地的工频耐压标准为 2kV，可用 2500V 兆欧表代替	1）串级式或分级绝缘式的互感器用倍频感应耐压试验，同时应考虑互感器的容升电压（频率 150Hz 时，110kV 为 5％，220kV 为 10％） 2）耐压试验前后，应检查绝缘情况 3）必要时，如：怀疑有绝缘缺陷时
5	局部放电测量	必要时	油浸式相对地电压互感器在电压为 $1.2U_m/\sqrt{3}$ 时，放电量不大于 20pC	1）只对 110kV 及 220kV 进行 2）必要时，如：对绝缘性能有怀疑时
6	空载电流和励磁特性	大修后	1）在额定电压下，空载电流与出厂值比较无明显差别 2）在下列试验电压下，空载电流不应大于最大允许电流： 中性点非有效接地系统：$1.9U_n/\sqrt{3}$ 中性点接地系统：$1.5U_n/\sqrt{3}$	

续表

序号	项目	周期	要 求		说 明
7	联接组别和极性	更换绕组后	与铭牌和端子标志相符		
8	电压比	更换绕组后	与铭牌标志相符		
9	绕组直流电阻测量	大修后	与初始值或出厂值相比较，应无明显差别		
10	绝缘油的击穿电压 kV	1）大修后 2）必要时	投运前： 35kV：≥35 110kV、220kV：≥40	运行中： 35kV：≥30 110kV、220kV：≥35	必要时，如：对绝缘有怀疑时
11	红外测温	1年	参考 DL/T 664—1999 执行		用红外热像仪测量

6.4.2 电磁式电压互感器（SF₆ 气体绝缘）

电磁式电压互感器（SF₆ 气体绝缘）的试验项目、周期和要求见表 12。

表 12　　　　　电磁式电压互感器（SF₆ 气体绝缘）的试验项目、周期和要求

序号	项目	周期	要 求	说 明
1	SF₆ 气体的湿度（20℃的体积分数）μL/L	1）投产后 1 年 1 次，如无异常，3 年 1 次 2）大修后	大修后不大于 250，运行中不大于 500	
2	SF₆ 气体泄漏试验	1）大修后 2）必要时	无明显漏点	
3	绝缘电阻	1）大修后 2）必要时	不应低于出厂值或初始值的 70%	1）采用 2500V 兆欧表 2）必要时，如：怀疑有绝缘缺陷时
4	交流耐压试验	1）大修后 2）必要时	1）一次绕组按出厂值的 0.8 倍进行 2）二次绕组之间及末屏对地的工频耐压试验电压为 2kV，可用 2500V 兆欧表代替	必要时，如： —怀疑有绝缘故障时 —补气较多时（表压小于 0.2MPa） —用倍频感应耐压试验时，应考虑互感器的容升电压
5	空载电流和励磁特性	大修后	1）在额定电压下，空载电流与出厂值比较无明显差别 2）在下列试验电压下，空载电流不应大于最大允许电流： 中性点非有效接地系统：$1.9U_n/\sqrt{3}$ 中性点接地系统：$1.5U_n\sqrt{3}$	
6	联结组别和极性	更换绕组后	与铭牌和端子标志相符	
7	电压比	更换绕组后	与铭牌标志相符	
8	绕组直流电阻	大修后	与初始值或出厂值比较，应无明显差别	
9	红外测温	1年	参考 DL/T 664—1999 执行	用红外热像仪测量

6.4.3　电磁式电压互感器（固体绝缘）

电磁式电压互感器（固体绝缘）的试验项目、周期和要求见表13。

6.5　电容式电压互感器

电容分压器部分的试验项目、周期和要求见第11.2节，其他部分不作要求。

6.6　放电线圈

放电线圈的试验项目、周期和要求见表14。

表13　　　　　电磁式电压互感器（固体绝缘）的试验项目、周期和要求

序号	项目	周期	要求	说明
1	绝缘电阻	1) 6年 2) 大修后 3) 必要时	不应低于出厂值或初始值的70%	1) 采用2500V兆欧表 2) 必要时，如：怀疑有绝缘缺陷时
2	交流耐压试验	1) 6年（10kV） 2) 必要时（35kV及以上）	1) 一次绕组按出厂值的0.8倍进行 2) 二次绕组之间及末屏对地的工频耐压试验电压为2kV，可用2500V兆欧表代替	必要时，如：怀疑有绝缘故障时
3	局部放电试验	必要时	在电压为 $1.2U_m/\sqrt{3}$ 时，视在放电量不大于50pC	必要时，如：对绝缘性能有怀疑时
4	空载电流和励磁特性	大修后	1) 在额定电压下，空载电流与出厂值比较无明显差别 2) 在下列试验电压下，空载电流不应大于最大允许电流： 中性点非有效接地系统：$1.9U_m/\sqrt{3}$ 中性点接地系统：$1.5U_n/\sqrt{3}$	
5	联结组别和极性	更换绕组后	与铭牌和端子标志相符合	
6	电压比	更换绕组后	与铭牌标志相符	
7	绕组直流电阻	1) 大修后 2) 必要时	与初始值或出厂值比较，应无明显差别	必要时，如：怀疑内部有故障时
8	红外测温	1年	参考DL/T 664—1999执行	用红外热像仪测量

表14　　　　　放电线圈的试验项目、周期和要求

序号	项目	周期	要求	说明
1	绝缘电阻	6年	不低于1000MΩ	一次绕组采用2500V兆欧表，二次绕组采用1000V兆欧表
2	交流耐压试验	必要时	试验电压为出厂试验电压的0.8倍	用感应耐压法 必要时，如：怀疑有缺陷时
3	一次绕组直流电阻	6年	与上次测量值相比无明显差异	可采用万用表测量

7　开关设备

7.1　SF₆断路器和GIS（含 H‑GIS）

SF₆断路器和GIS（含 H‑GIS）的试验项目、周期和要求见表15。

表 15			SF$_6$ 断路器和 GIS（含 H-GIS）的试验项目、周期和要求	
序号	项目	周期	要求	说明
1	SF$_6$ 气体的湿度（20℃的体积分数）μL/L	1）投产后1年1次，如无异常，3年1次 2）大修后 3）必要时	1）断路器灭弧室气室 大修后：≤150 运行中：≤300 2）其他气室 大修后：≤250 运行中：≤500	必要时，如： —设备异常时 —发现设备有漏气时
2	SF$_6$ 气体泄漏试验	1）大修后 2）必要时	年漏气率：≤1%或按制造厂要求	1）按 GB 11023—1989 进行 2）对电压等级较高的断路器以及 GIS，因体积大可用局部包扎法检漏，每个密封部位包扎后历时5h，测得的 SF$_6$ 气体含量（体积分数）不大于30μL/L 3）必要时，如：怀疑密封不良时
3	SF$_6$ 气体成分分析	必要时	按第12.3节	必要时，如：当设备出现异常情况，需要用气体成分分析结果查找原因时
4	耐压试验	1）大修后 2）必要时	交流耐压或操作冲击耐压的试验电压为出厂试验电压的0.8倍	1）试验在 SF$_6$ 气体额定压力下进行 2）对 GIS 工频耐压试验时不包括其中的电磁式电压互感器及避雷器，但在投运前应对它们进行试验电压为 $U_m/\sqrt{3}$ 的5min耐压试验 3）罐式断路器的耐压试验方式：合闸对地；分闸状态两端轮流加压，另一端接地 4）对瓷柱式定开距型断路器只做断口间耐压试验 5）耐压试验后的绝缘电阻值不应降低 6）必要时，如：对绝缘性能有怀疑时
5	辅助回路和控制回路绝缘电阻	1）3年 2）大修后	不低于2MΩ	采用500V或1000V兆欧表
6	辅助回路和控制回路交流耐压试验	1）3年 2）大修后	试验电压为2kV	可用2500V兆欧表测量代替
7	断口间并联电容器的绝缘电阻、电容量和 tanδ	1）3年 2）大修后 3）必要时	1）对瓷柱式断路器，与断口同时测量，测得的电容值偏差应在初始值的±5%范围内 tanδ（%）值一般不大于0.5 2）罐式断路器（包括 GIS 中的断路器）按制造厂规定 3）单节电容器见第11.3节规定	1）大修后，对瓷柱式断路器应测量电容器和断口并联后整体的电容值和 tanδ 作为原始数据 2）如有明显变化时，应解开断口单独对电容器进行试验 3）对罐式断路器（包括 GIS 中的 SF$_6$ 断路器）必要时进行试验，试验方法按制造厂规定 4）必要时，如：对绝缘性能有怀疑时

序号	项　目	周　期	要　求	说　明
8	合闸电阻值和合闸电阻的投入时间	1）3 年 2）大修后	1）除制造厂另有规定外，阻值变化允许范围不得大于±5％ 2）合闸电阻的有效接入时间按制造厂规定校核	罐式断路器的合闸电阻布置在罐体内部，只在解体大修时测量
9	断路器的速度特性	大修后	测量方法和测量结果应符合制造厂规定	制造厂无要求时不测量
10	断路器的时间参量	大修后	1）断路器的分、合闸时间，主、辅触头的配合时间应符合制造厂规定 2）除制造厂另有规定外，断路器的分、合闸同期性应满足下列要求： —相间合闸不同期不大于 5ms —相间分闸不同期不大于 3ms —同相各断口间合闸不同期不大于 3ms —同相各断口间分闸不同期不大于 2ms	在额定操作电压（气压、液压）下进行
11	分、合闸电磁铁的动作电压	1）3 年 2）大修后	1）并联合闸脱扣器应能在其交流额定电压的 85％～110％范围或直流额定电压的 80％～110％范围内可靠动作；并联分闸脱扣器应能在其额定电源电压的 65％～120％范围内可靠动作，当电源电压低至额定值的 30％或更低时不应脱扣 2）在使用电磁机构时，合闸电磁铁线圈通流时的端电压为操作电压额定值的 80％（关合电流峰值等于及大于 50kA 时为 85％）时应可靠动作 3）或按制造厂规定	
12	导电回路电阻	1）3 年 2）大修后 3）必要时	1）敞开式断路器的测量值不大于制造厂规定值的 120％ 2）对 GIS 中的断路器按制造厂规定	1）用直流压降法测量，电流不小于 100A 2）必要时，如：怀疑接触不良时

序号	项　目	周　期	要　求	说　明
13	分、合闸线圈直流电阻	更换线圈后	应符合制造厂规定	
14	SF$_6$气体密度继电器（包括整定值）检验	1）大修后 2）必要时	应符合制造厂规定	必要时，如：怀疑设备有异常时
15	压力表校验（或调整），机构操作压力（气压、液压）整定值校验	1）大修后 2）必要时	按制造厂规定	1）对气动机构应校验各级气压的整定值（减压阀及机械安全阀） 2）必要时，如：怀疑压力表有问题或压力值不准确时
16	操作机构在分闸、合闸、重合闸操作下的压力（气压、液压）下降值	大修后	应符合制造厂规定	
17	液（气）压操作机构的泄漏试验	1）大修后 2）必要时	按制造厂规定	"应在分、合闸位置下分别试验" 必要时，如：怀疑操作机构液（气）压回路密封不良时
18	油（气）泵补压及零起打压的运转时间	1）大修后 2）必要时	应符合制造厂规定	必要时，如：怀疑操作机构液（气）压回路密封不良时
19	液压机构及采用差压原理的气动机构的防失压慢分试验	机构大修时	按制造厂规定	
20	闭锁、防跳跃及防止非全相合闸等辅助控制装置的动作性能	大修后	按制造厂规定	
21	GIS中的连锁和闭锁性能试验	大修后	动作应准确可靠	检查GIS的电动、气动连锁和闭锁性能，以防止误动作
22	GIS中的互感器和避雷器	大修后	电流互感器见第6.2节、电压互感器见第6.4.2节、避雷器见第13.3节	
23	触头磨损量测量	必要时	按制造厂规定	必要时，如： —投切频繁时 —投切次数接近电寿命时 —开断故障电流次数较多时

续表

序号	项　目	周　期	要　　求	说　　明
24	运行中局部放电测试	1）投产后1年1次，如无异常，3年1次 2）必要时	应无明显局部放电信号	1）只对运行中的GIS进行测量 2）必要时，如：对绝缘性能有怀疑时
25	红外测温	500kV：1年2次 220kV及以下：1年	按　DL/T　664—1999执行	1）敞开式断路器在热备用状态下，应对断口并联电容器进行测量 2）用红外热像仪测量

7.2　多油断路器和少油断路器

多油断路器和少油断路器的试验项目、周期和要求见表16。

表16　　　　　　　　**多油断路器和少油断路器的试验项目、周期和要求**

序号	项　目	周　期	要　　求	说　　明
1	绝缘电阻	1）1年 2）大修后 3）必要时	1）整体绝缘电阻自行规定 2）断口和有机物制成的提升杆的绝缘电阻在常温下不低于下表数值：　　MΩ<table><tr><td rowspan="2">试验类别</td><td colspan="3">额定电压 kV</td></tr><tr><td>＜24</td><td>24～40.5</td><td>72.5～252</td></tr><tr><td>大修后</td><td>1000</td><td>2500</td><td>5000</td></tr><tr><td>运行中</td><td>300</td><td>1000</td><td>3000</td></tr></table>	1）采用2500V兆欧表 2）必要时，如：怀疑绝缘不良时
2	40.5kV及以上非纯瓷套管和多油断路器的tanδ	1）1年 2）大修后	1）20℃时多油断路器的非纯瓷套管的tanδ（%）值见表23 2）20℃时非纯瓷套管断路器的tanδ（%）值，可比表23中相应的tanδ（%）值增加下列数值：<table><tr><td>额定电压 kV</td><td>126</td><td>40.5（DW1-35，DW1-35D）</td></tr><tr><td>tanδ（%）值的增加数</td><td>1</td><td>3</td></tr></table>	1）在分闸状态下按每支套管进行测量。测量的tanδ（%）超过规定值或有显著增大时，必须落下油箱进行分解试验。对不能落下油箱的断路器，则应将油放出，使套管下部及灭弧室露出油面，然后进行分解试验 2）断路器大修而套管不大修时，应按套管运行中规定的相应数值增加 3）带并联电阻断路器的整体tanδ（%）可相应增加1
3	40.5kV及以上少油断路器的直流泄漏电流	1）1年 2）大修后	1）每一元件试验电压如下：<table><tr><td>额定电压 kV</td><td>40.5</td><td>72.5～252</td></tr><tr><td>试验电压 kV</td><td>20</td><td>40</td></tr></table>2）大修后泄漏电流： 252kV：不宜大于5μA 126kV及以下：不应大于10μA 预防性试验时一般不大于10μA	252kV少油断路器提升杆（包括支持瓷套）的泄漏电流大于5μA时，应引起注意

序号	项 目	周 期	要　　　求	说　　　明
4	断路器对地、断口及相间交流耐压试验	1) 1 年（指12kV 及以下） 2) 大修后 3) 必要时	1) 断路器在分、合闸状态下分别进行 2) 试验电压值按 DL/T 593—1996 规定值的 0.8 倍	1) 对于三相共箱式的油断路器应做相间耐压试验，其试验电压值与对地耐压值相同 2) 必要时，如：对断路器绝缘性能有怀疑时
5	126kV 及以上油断路器提升杆的交流耐压试验	大修后	试验电压按 DL/T 593—1996 规定值的 0.8 倍	1) 耐压设备不能满足要求时分段进行，分段数不应超过 6 段（252kV），或 3 段（126kV），耐压时间为 5min 2) 每段试验电压可取整段试验电压值除以分段数所得值的 1.2 倍或自行规定
6	辅助回路和控制回路交流耐压试验	1) 1 年 2) 大修后	试验电压为 2kV	可用 2500V 兆欧表代替
7	导电回路电阻	1) 1 年 2) 大修后	1) 大修后应符合制造厂规定 2) 运行中根据实际情况规定（可以考虑不大于制造厂规定值的 2 倍）	用直流压降法测量，电流不小于 100A
8	灭弧室的并联电阻值，并联电容器的电容量和 $\tan\delta$	1) 1 年 2) 大修后	1) 并联电阻值应符合制造厂规定 2) 并联电容器与断口同时测量，测得的电容值偏差应在初始值的 ±5% 范围内，$\tan\delta$（%）一般不大于 0.5 3) 单节并联电容器试验见第 11.3 节	1) 大修时，应测量电容器和断口并联后整体的电容值和 $\tan\delta$，作为该设备的原始数据 2) 如有明显变化时，应解开断口单独对电容器进行试验
9	断路器的合闸时间和分闸时间	大修后	应符合制造厂规定	在额定操作电压（气压、液压）下进行
10	断路器的分、合闸速度	大修后	应符合制造厂规定	在额定操作电压（气压、液压）下进行
11	断路器主触头的三相或同相各断口分、合闸的同期性	大修后	应符合制造厂规定	在额定操作电压（气压、液压）下进行

序号	项　目	周　期	要　　　求	说　明
12	操作机构合闸接触器和分、合闸电磁铁的动作电压	1) 大修后 2) 必要时	1) 并联合闸脱扣器应能在其交流额定电压的 85%～110% 范围或直流额定电压的 80%～110% 范围内可靠动作；并联分闸脱扣器应能在其额定电源电压的 65%～120% 范围内可靠动作，当电源电压低至额定值的 30% 或更低时不应脱扣 2) 在使用电磁机构时，合闸电磁铁线圈通流时的端电压为操作电压额定值的 80%（关合电流峰值等于及大于 50kA 时为 85%）时应可靠动作	
13	合闸接触器和分、合闸电磁铁线圈的直流电阻	更换线圈后	应符合制造厂规定	
14	断路器中绝缘油试验	见第 12.2 节		
15	断路器的电流互感器	大修后	见第 6.3 节	
16	红外测温	1 年	按 DL/T 664—1999 执行	1) 断路器在热备用状态下，应对断口并联电容器进行测量 2) 用红外热像仪测量

7.3　真空断路器

真空断路器的试验项目、周期和要求见表17。

表 17　　　　　　　真空断路器的试验项目、周期和要求

序号	项　目	周　期	要　　　求	说　明
1	绝缘电阻	1) 投运后 1 年内进行 1 次，以后母线联络开关、变压器低压侧开关、电容器组开关每 3 年 1 次，其余 6 年 1 次 2) 大修后	1) 整体绝缘电阻按制造厂规定或自行规定 2) 断口和有机物制成的提升杆的绝缘电阻不应低于下表中的数值： MΩ <table><tr><td rowspan="2">试验类别</td><td colspan="3">额定电压　kV</td></tr><tr><td>3～15</td><td>24～40.5</td><td>72.5</td></tr><tr><td>大修后</td><td>1000</td><td>2500</td><td>5000</td></tr><tr><td>运行中</td><td>300</td><td>1000</td><td>3000</td></tr></table>	采用 2500V 兆欧表

序号	项 目	周 期	要 求	说 明
2	交流耐压试验（断路器主回路对地、相间及断口）	1）投运后1年内进行1次，以后母线联络开关、变压器低压侧开关、电容器组开关每3年1次，其余6年1次 2）大修后 3）必要时	试验电压值按 DL/T 593 规定值的 0.8 倍	1）更换或干燥后的绝缘提升杆必须进行耐压试验 2）相间、相对地及断口的耐压值相同 3）12kV 等级运行中有如下情况的，耐压值为 28kV： —中性点有效接地系统 —进口开关设备其绝缘水平低于 42kV 4）必要时，如：怀疑绝缘不良时
3	辅助回路和控制回路交流耐压试验	1）6 年 2）大修后	试验电压为 2kV	可用 2500V 兆欧表代替
4	导电回路电阻	1）投运后1年内进行1次，以后母线联络开关、变压器低压侧开关、电容器组开关每3年1次，其余6年1次 2）大修后 3）必要时	1）大修后应符合制造厂规定 2）运行中根据实际情况规定，建议不大于1.2 倍出厂值	1）用直流压降法测量，电流不小于 100A 2）必要时，如：怀疑接触不良时
5	断路器的合闸时间和分闸时间，分、合闸的同期性，合闸时的弹跳过程	大修后	1）分、合闸时间，分、合闸同期性和触头开距应符合制造厂规定 2）合闸时触头的弹跳时间不应大于 2ms	在额定操作电压下进行
6	操作机构合闸接触器和分、合闸电磁铁的动作电压	1）6 年 2）大修后	1）并联合闸脱扣器应能在其交流额定电压的 85%～110% 范围或直流额定电压的 80%～110% 范围内可靠动作；并联分闸脱扣器应能在其额定电源电压的 65%～120% 范围内可靠动作，当电源电压降至额定值的 30% 或更低时不应脱扣 2）在使用电磁机构时，合闸电磁铁线圈通流时的端电压为额定值的 80%（关合峰值电流等于或大于 50kA 时为 85%）时应可靠动作	
7	合闸接触器和分合闸电磁铁线圈的绝缘电阻和直流电阻	更换线圈后	1）绝缘电阻：大修后应不小于 10MΩ，运行中应不小于 2MΩ 2）直流电阻应符合制造厂规定	采用 500V 或 1000V 兆欧表

序号	项目	周期	要　求	说　明
8	真空灭弧室真空度的测量	母线联络开关、变压器低压侧开关、电容器组开关每3年1次,其余6年1次	应符合制造厂规定	可以用断口耐压试验代替
9	检查动触头上的软连接夹片有无松动	大修后	应无松动	
10	灭弧室的触头开距及超行程	大修后	应符合制造厂规定	
11	触头磨损量测量	必要时	按制造厂技术要求,一般要求触头磨损量不超过2mm	必要时,如: —投切频繁 —开断故障电流接近其型式试验开断次数 —开断负荷电流次数较多

7.4　低压断路器和自动灭磁开关

低压断路器和自动灭磁开关的试验项目、周期和要求见表18。

表 18　　　　　　　低压断路器和自动灭磁开关的试验项目、周期和要求

序号	项目	周　期	要　求	说　明
1	操作机构合闸接触器和分、合闸电磁铁的动作电压	1) 3年 2) 大修后	1) 并联合闸脱扣器应能在其交流额定电压的85%～110%范围或直流额定电压的80%～110%范围内可靠动作;并联分闸脱扣器应能在其额定电源电压的65%～120%范围内可靠动作,当电源电压低至额定值的30%或更低时不应脱扣 2) 在使用电磁机构时,合闸电磁铁线圈通流时的端电压为操作电压额定值的80%(关合电流峰值等于大于50kA时为85%)时应可靠动作	
2	合闸接触器和分、合闸电磁铁线圈的绝缘电阻和直流电阻,辅助回路和控制回路绝缘电阻	1) 3年 2) 更换线圈后	1) 绝缘电阻不应小于2MΩ 2) 直流电阻应符合制造厂规定	采用 500V 或1000V 兆欧表

对自动灭磁开关尚应作常开、常闭触点分合切换顺序,主触头、灭弧触头表面情况和动作配合情况以及灭弧栅是否完整等检查。对新换的 DM 型灭磁开关尚应检查灭弧栅片数。

7.5　重合器（包括以油、真空及 SF_6 气体为绝缘介质的各种 12kV 重合器）

重合器的试验项目、周期和要求见表19。　　　　　　分段器的试验项目、周期和要求见表20。

7.6　分段器（包括以油、真空及 SF₆ 气体为绝缘介　　　**7.7　隔离开关**

质的各种 12kV 分段器）　　　　　　　　　　　　　　隔离开关的试验项目、周期和要求见表21。

表 19　　　　　　　　　　　　**重合器的试验项目、周期和要求**

序号	项　目	周　期	要　求	说　明
1	绝缘电阻	1) 6 年 2) 大修后	1) 整体绝缘电阻自行规定 2) 用有机物制成的拉杆的绝缘电阻不应低于下列数值： 大修后：1000MΩ 运行中：300MΩ	采用 2500V 兆欧表
2	交流耐压试验	1) 6 年 2) 大修后	试验电压值为 42kV×0.8	试验在主回路对地及断口间进行
3	SF₆ 气体泄漏试验	大修后	年漏气率不大于 1% 或按制造厂规定	
4	控制回路的绝缘电阻	1) 6 年 2) 大修后	不应低于 2MΩ	采用 500V 或 1000V 兆欧表
5	辅助和控制回路的交流耐压试验	1) 6 年 2) 大修后	试验电压为 2kV	可用 2500V 兆欧表代替
6	导电回路电阻	1) 6 年 2) 大修后 3) 必要时	1) 大修后应符合制造厂规定 2) 运行中根据实际情况规定	1) 用直流压降法测量，电流值不小于 100A 2) 必要时，如： —开断短路电流大时 —开断次数多时
7	合闸时间，分闸时间，三相触头分、合闸同期性，触头弹跳	大修后	应符合制造厂的规定	在额定操作电压下进行
8	分、合闸速度	大修后	应符合制造厂的规定	
9	合闸电磁铁线圈的操作电压	大修后	在制造厂规定的电压范围内应可靠动作	
10	合闸电磁铁线圈和分闸线圈直流电阻	更换线圈后	应符合制造厂规定	
11	分闸起动器的动作电压	大修后	应符合制造厂规定	
12	最小分闸电流	大修后	应符合制造厂规定	
13	额定操作顺序	大修后	操作顺序应符合制造厂要求	
14	利用远方操作装置检查重合器的动作情况	大修后	按规定操作顺序在试验回路中操作 3 次，动作应正确	
15	检查单分功能可靠性	大修后	将操作顺序调至单分，操作 2 次，动作应正确	
16	绝缘油击穿电压试验	1) 大修后 2) 必要时	大修后：≥35kV 运行中：≥30kV	必要时，如：怀疑进水受潮时

表 20   分段器的试验项目、周期和要求

序号	项目	周期	要求	说明
1	绝缘电阻	1) 6年 2) 大修后	1) 整体绝缘电阻值自行规定 2) 用有机物制成的拉杆的绝缘电阻值不应低于下列数值： 大修后：1000MΩ 运行中：300MΩ 3) 控制回路绝缘电阻值不小于2MΩ	一次回路用2500V兆欧表；控制回路用500V或1000V兆欧表
2	交流耐压试验	大修后	试验电压值为42kV×0.8	试验在主回路对地及断口间进行
3	导电回路电阻	1) 6年 2) 大修后	1) 大修后应符合制造厂规定 2) 运行中根据实际情况规定	用直流压降法测量，电流值不小于100A
4	合闸电磁铁线圈的操作电压	大修后	在制造厂规定的电压范围内应可靠动作	
5	合闸时间、分闸时间，触头分、合闸的同期性	大修后	应符合制造厂的规定	在额定操作电压下进行
6	分、合闸线圈的直流电阻	更换线圈后	应符合制造厂的规定	
7	利用远方操作装置检查分段器的动作情况	大修后	在额定操作电压下分、合闸各3次，动作应正确	
8	SF$_6$气体泄漏试验	1) 大修后 2) 必要时	年漏气率不大于1%或按制造厂规定	必要时，如：对绝缘性能有怀疑时
9	绝缘油击穿电压试验	1) 大修后 2) 必要时	大修后：≥35kV 运行中：≥30kV	必要时，如：怀疑进水受潮时
10	自动计数操作	大修后	按制造厂的规定完成计数操作	

表 21   隔离开关的试验项目、周期和要求

序号	项目	周期	要求			说明
1	有机材料支持绝缘子及提升杆的绝缘电阻	1) 6年 2) 大修后	有机材料传动提升杆的绝缘电阻不得低于下表数值： 　　　　　　　　　　　　　　　　MΩ			采用2500V兆欧表
			试验类别	额定电压　kV		
				3～15	20～40.5	
			大修后	1000	2500	
			运行中	300	1000	
2	交流耐压试验	大修后	试验电压值按DL/T 593—1996规定值的0.8			
3	二次回路的绝缘电阻	1) 6年 2) 大修后	不应低于2MΩ			采用500V或1000V兆欧表

序号	项　目	周　期	要　　求	说　　明
4	二次回路交流耐压试验	1）6 年 2）大修后	试验电压为 2kV	可用 2500V 兆欧表代替
5	操作机构的动作电压试验	大修后	电动机操动机构在其额定操作电压的 80％～110％ 范围内分、合闸动作应可靠	
6	导电回路电阻测量	1）大修后 2）必要时	应符合制造厂规定	1）用直流压降法测量，电流值不小于 100A 2）必要时，如：怀疑接触不良时
7	操动机构的动作情况	大修后	1）电动、气动或液压操动机构在额定操作电压（液压、气压）下分、合闸 5 次，动作应正常 2）手动操作机构操作时灵活，无卡涩 3）闭锁装置应可靠	
8	红外测温	500kV：1 年 2 次 220kV 及以下：1 年	1）按 DL/T 664—1999 执行 2）发现温度异常时应停电检修，并应测量检修前后的导电回路电阻，以积累运行经验	用红外热像仪测量

7.8　高压开关柜

高压开关柜的试验项目、周期和要求见表 22。

表 22　　　　　　　　高压开关柜的试验项目、周期和要求

序号	项　目	周　期	要　　求	说　　明
1	绝缘电阻	1）10kV 母线联络开关、变压器低压侧开关、电容器组开关柜每 3 年 1 次，其余 6 年 1 次 2）大修后	一般不低于 50MΩ	采用 2500kV 兆欧表
2	交流耐压	1）母线联络开关、变压器低压侧开关、电容器组开关柜每 3 年 1 次，其余 6 年 1 次 2）大修后	1）大修后：试验电压值按 DL/T 593—1996 规定值 2）运行中：试验电压值按 DL/T 593—1996 规定值的 0.8，如：<table><tr><td>额定电压 kV</td><td>1min 工频耐受电压 kV</td></tr><tr><td>7.2</td><td>26</td></tr><tr><td>12</td><td>35</td></tr><tr><td>40.5</td><td>76</td></tr></table>	1）试验电压施加方式：合闸时各相对地及相间；分闸时各相断口 2）相间、相对地及断口的试验电压相同

续表

序号	项目	周期	要求	说明
3	断路器、隔离开关及隔离插头的导电回路电阻	1）6年 2）大修后 3）必要时	1）大修后应符合制造厂规定 2）运行中一般不大于制造厂规定值的1.5倍	1）隔离开关和隔离插头回路电阻的测量在有条件时进行 2）必要时，如：怀疑接触不良时
4	辅助回路和控制回路绝缘电阻	1）6年 2）大修后	不应低于2MΩ	采用500V或1000V兆欧表
5	辅助回路和控制回路交流耐压试验	1）6年 2）大修后	试验电压为交流2kV	可用2500V兆欧表代替
6	防误操作性能检查	1）大修后 2）必要时	应符合制造厂规定	必要时，如：对开关柜防误操作性能可靠性有怀疑时

其他型式开关柜，如计量柜，电压互感器柜和电容器柜等的试验项目、周期和要求可参照表22中有关序号进行。柜内主要元件（如互感器、电容器、避雷器等）的试验项目按本标准有关章节规定。

8 套管

套管（20kV及以上）的试验项目、周期和要求见表23。

表23　　　　套管的试验项目、周期和要求

序号	项目	周期	要求	说明
1	主绝缘及电容型套管末屏对地绝缘电阻	1）3年 2）变压器套管、电抗器套管在变压器、电抗器大修后 3）必要时	1）主绝缘的绝缘电阻值一般不应低于下列数值： 110kV及以上：10000MΩ 35kV：5000MΩ 2）末屏对地的绝缘电阻不应低于1000MΩ	1）采用2500V兆欧表 2）变压器套管、电抗器套管的试验周期跟随变压器、电抗器 3）必要时，如： —红外测温发现套管发热 —套管油位不正常或气体压力不正常
2	主绝缘及电容型套管对地末屏tanδ与电容量	1）3年 2）变压器套管、电抗器套管在变压器、电抗器大修后 3）必要时	1）20℃时的tanδ（%）值应不大于下表中数值： （见下表） 2）电容型套管的电容值与出厂值或上一次试验值的差别超出±5%时，应查明原因 3）当电容型套管末屏对地绝缘电阻小于1000MΩ时，应测量末屏对地tanδ，其值不大于2%	1）油纸电容型套管的tanδ一般不进行温度换算，当tanδ与出厂值或上一次试验值比较有明显增长或接近左表数值时，应综合分析tanδ与温度、电压的关系。当tanδ随温度增加明显增大或试验电压由10kV升到$U_m/\sqrt{3}$时，tanδ增量超过±0.3%，不应继续运行 2）测量变压器套管tanδ时，与被试套管相连的所有绕组端子连在一起加压，其余绕组端子均接地，末屏接电桥，正接线测量 3）对具备测试条件的电容型套管可以用带电测试电容量及tanδ代替 4）必要时，如： —红外测温发现套管异常 —套管油位不正常

电压等级 kV		20、35	110	220、500
电容型	油纸	1.0	1.0	0.8
	胶纸	3.0	1.5	1.0
	气体	—	1.0	1.0
	干式	—	1.0	1.0
非电容型	充油	3.5	1.5	—
	充胶	3.5	2.0	—
	胶纸	3.5	2.0	—

续表

序号	项目	周期	要求	说明
3	带电测试 $\tan\delta$ 及电容量	1) 投产后一个月 2) 一年 3) 大修后 4) 必要时	1) 可采用同相比较法，判断标准为： —同相设备介损测量值差值（$\tan\delta_X$ — $\tan\delta_N$）与初始测量值差值比较，变化范围绝对值不超过 $\pm0.3\%$，电容量比值（C_X/C_N）与初始测量电容量比值比较，变化范围不超过 $\pm5\%$ —同相同型号设备介损测量值（$\tan\delta_X$ — $\tan\delta_N$）不超过 $\pm0.3\%$ 2) 采用其他测试方法时，可根据实际制定操作细则	对已安装了带电测试信号取样单元的电容型套管进行，超出要求时应： 1) 查明原因 2) 缩短试验周期 3) 必要时停电复试
4	油中溶解气体色谱分析	必要时	油中溶解气体组分含量（$\mu L/L$）超过下列任一值时应引起注意：H_2：500，CH_4：100；一旦发现含有 C_2H_2，应立即停止运行，进行检查	1) 厂家要求不能取油样时可以不做 2) 必要时，如： —红外测温发现套管发热 —套管油位不正常
5	局部放电测量	110kV 及以上：必要时	1) 变压器及电抗器套管的试验电压为 $1.5U_m/\sqrt{3}$，对油浸纸式及胶浸纸式要求局放量不大于 20pC，对胶粘纸式可由供需双方协议确定 2) 其他套管的试验电压为 $1.05U_m/\sqrt{3}$，对油浸纸式及胶浸纸式要求局放量不大于 20pC，对胶粘纸式可由供需双方协议确定	1) 垂直安装的套管水平存放 1 年以上投运前宜进行本项目试验 2) 必要时，如：怀疑套管存在绝缘缺陷时
6	红外测温	500kV：1 年 2 次 220kV 及以下：1 年	按 DL/T 664—1999 执行	用红外热像仪测量

9　支柱绝缘子和悬式绝缘子、合成绝缘子

9.1　支柱绝缘子和悬式绝缘子

支柱绝缘子和悬式绝缘子的试验项目、周期和要求见表 24。

9.2　合成绝缘子

合成绝缘子的试验项目、周期和要求见表 25。

表 24　支柱绝缘子和悬式绝缘子的试验项目、周期和要求

序号	项目	周期	要求	说明
1	零值绝缘子检测	1) 110kV 及以上变电站 3 年 1 次 2) 110kV 以上线路投运 3 年内进行普测 1 遍，根据普测结果按如下年平均劣化率确定检测周期： ＜0.005%：5～6 年 0.005%～0.01%：3～4 年 ＞0.01%：2 年	1) 对于投运 3 年内年均劣化率大于 0.04%、3 年后检测周期内年均劣化率大于 0.02%，或年劣化率大于 0.1% 时，应分析原因，并采取相应的措施 2) 劣化绝缘子片数在规定的检测次数中达到 110kV 线路 2～3 片、220kV 线路 3 片、500kV 线路 6～8 片时必须立即整串更换	1) 参照 DL/T 626 执行 2) 在运行电压下测量电压分布（或火花间隙） 3) 对多元件针式绝缘子应检测每一元件

序号	项　目	周　期	要　　求	说　　明
2	绝缘电阻	悬式绝缘子及针式绝缘子同上	1）针式支柱绝缘子的每一元件和每片悬式绝缘子的绝缘电阻不应低于 300MΩ，500kV 悬式绝缘子不低于 500MΩ 2）半导体釉绝缘子的绝缘电阻自行规定	1）采用 2500V 兆欧表 2）棒式支柱绝缘子不进行此项试验
3	交流耐压试验	1）随主设备 2）更换绝缘子时	1）支柱绝缘子的交流耐压试验电压值见附录 A 中表 A.1 2）机械破坏负荷为 60kN～300kN 的盘形悬式绝缘子交流耐压均取 60kV	1）棒式绝缘子不进行此项试验 2）35kV 及以下的支柱绝缘子，可在每线安装完毕后一起进行，试验电压按本标准规定
4	绝缘子表面污秽物的等值盐密测量	1 年	参照附录 B 污秽等级与对应附盐密度值检查所测盐密值与当地污秽等级是否一致。结合运行经验，将测量值作为调整耐污绝缘水平和监督绝缘安全运行的依据。盐密值超过规定时，应根据情况采取调爬、清扫、涂料等措施	应分别在户外线路每 5km ～30km 能代表当地污秽程度的至少一串悬垂绝缘子（或悬挂试验串）和一根棒式支柱绝缘子上取样，测量应在当地积污最重的时期进行
5	红外测温	1）500kV 变电站：1 年 2 次；110kV、220kV 变电站：1 年 1 次 2）110kV 及以上线路：每年按照不低于 5％的数量抽检	按 DL/T 664—1999 执行	用红外热像仪测量

注　运行中针式支柱绝缘子和悬式绝缘子的试验项目可在检查零值、绝缘电阻及交流耐压试验中任选一项。玻璃绝缘子不进行 1、2、3 项中的试验。运行中自爆（破）的绝缘子应及时更换。

表 25　　　　　　　　　合成绝缘子的试验项目、周期和要求

序号	项　目	周　期	要　　求	说　　明
1	红外测温	1）500kV 变电站 1 年 2 次；110kV、220kV 变电站 1 年 1 次 2）110kV 及以上线路，每年按照不低于 5％的数量抽检	1）按 DL/T 664—1999 执行 2）红外检测发现有明显发热点时应予更换	登杆塔用红外热像仪检测

注　其他试验项目如憎水性检测、湿工频耐受电压试验、水煮试验、陡波冲击耐受电压试验、密封性能试验、机械破坏负荷试验等，在必要时按 DL/T 864—2003 执行。

10　电力电缆线路

10.1　纸绝缘电力电缆线路

本条仅适用于粘性油纸绝缘电力电缆和不滴流油纸绝缘电力电缆线路。

纸绝缘电力电缆线路的试验项目、周期和要求见表 26。

10.2　橡胶绝缘电力电缆线路

橡塑绝缘电力电缆是塑料绝缘电缆和橡皮绝缘电缆的总称。塑料绝缘电缆包括聚氯乙烯绝缘、聚乙烯绝缘和交联聚乙烯绝缘电力电缆；橡皮绝缘电缆包括乙丙橡皮绝缘电力电缆等。

橡塑绝缘电力电缆线路的试验项目、周期和要求见表 27。

表 26　　　　　　　　　　纸绝缘电力电缆线路的试验项目、周期和要求

序号	项目	周期	要求	说明
1	绝缘电阻	6 年	大于 1000MΩ	额定电压 0.6/1kV 电缆用 1000V 兆欧表；0.6/1kV 以上电缆用 2500V 兆欧表；6/6kV 及以上电缆也可用 5000V 兆欧表
2	直流耐压试验	1) 6 年 2) 大修新做终端或接头后	1) 试验电压值按下表规定，加压时间 5min，不击穿： 　额定电压 U_0/U kV ／ 粘性油纸绝缘试验电压 kV ／ 不滴流油纸绝缘试验电压 kV 　0.61/1 ／ 4 ／ 4 　1.8/3 ／ 12 ／ — 　3.6/6 ／ 24 ／ — 　6/6 ／ 30 ／ — 　6/10 ／ 40 ／ — 　8.7/10 ／ 47 ／ 30 　21/35 ／ 105 ／ — 　26/35 ／ 130 ／ — 2) 耐压结束时的泄漏电流值不应大于耐压 1min 时的泄漏电流值 3) 三相之间的泄漏电流不平衡系数不应大于 2	6/6kV 及以下电缆的泄漏电流小于 10μA，8.7/10kV 电缆的泄漏电流小于 20μA 时，对不平衡系数不作规定
3	红外测温	1 年	参照 DL/T 644—1999 执行	用红外热像仪测量，对电缆终端接头和非直埋式中间接头进行

表 27　　　　　　　　　　橡塑绝缘电力电缆的试验项目、周期和要求

序号	项目	周期	要求	说明
1	主绝缘的绝缘电阻	新作终端或接头后	大于 1000MΩ	0.6/1kV 电缆用 1000V 兆欧表；0.6/1kV 以上电缆用 2500V 兆欧表；6/6kV 及以上电缆可用 5000V 兆欧表
2	外护套绝缘电阻	3 年	每千米绝缘电阻值不低于 0.5MΩ	1) 采用 500V 兆欧表 2) 对外护套有引出线者进行
3	带电测试外护层接地电流	110kV 及以上：1 年	一般不大于电缆负荷电流值的 10%	用钳型电流表测量
4	外护套直流耐压试验	110kV 及以上：必要时	按制造厂规定执行	必要时，如：当怀疑外护套绝缘有故障时

续表

序号	项目	周期	要求	说明
5	主绝缘交流耐压试验	1）大修新作终端或接头后 2）必要时	各电压等级推荐使用频率 20Hz～300Hz 谐振耐压试验，试验电压及时间见下表： | 电压等级	试验电压	时 间
---	---	---
35kV 及以下	$1.6U_0$	60min
110kV	$1.36U_0$	60min
220kV 及以上	$1.12U_0$	60min		1）不具备试验条件时可用施加正常系统相对地电压 24h 方法替代 2）必要时，如：怀疑电缆有故障时
6	红外测温	1）500kV：1年 2 次 2）220kV 及以下：1 年 1 次	参照 DL/T 664—1999 执行	用红外热像仪测量，对电缆终端接头和非直埋式中间接头进行

10.3 自容式充油电缆线路

自容式充油电缆线路的试验项目、周期和要求见表 28。

表 28   自容式充油电缆线路的试验项目、周期和要求

序号	项目	周期	要求	说明
1	主绝缘直流耐压试验	1）新做终端或接头后 2）电缆失去油压并导致受潮或进气经修复后	试验电压值按下表规定，加压时间 5min，不击穿： | 电缆额定电压 U_0/U	GB/T311.1—2002 规定的雷电冲击耐受电压 kV	新做接头、修复后试验电压 kV
---	---	---
64/110	450 550	225 275
127/220	850 950 1050	425 475 510
290/500	1425 1550 1675	715 775 840		
2	外护套和接头外护套的直流耐压试验	3 年	试验电压 6kV，试验时间 1min，不击穿	1）可以用测量绝缘电阻代替，有疑问时再做直流耐压试验 2）本试验可与交叉互联系统中绝缘接头外护套的直流耐压试验结合在一起进行

序号	项 目	周 期	要 求	说 明
3	压力箱供油特性、电缆油击穿电压和电缆油的 $\tan\delta$	与其直接连接的终端或塞止接头发生故障后	1) 压力箱的供油量不应小于压力箱供油特性曲线所代表的标称供油量的 90% 2) 电缆油击穿电压不低于 50kV 3) 100℃时电缆油的 $\tan\delta$ 大于 0.5%	1) 压力箱供油特性的试验按 GB 9326.5—1998 中 6.3 进行 2) 电缆油击穿电压试验按 GB/T 507—1986 规定在室温下测量油的击穿电压 3) $\tan\delta$ 采用电桥以及带有加热套能自动控温的专用油杯进行测量。电桥的灵敏度不得低于 1×10^{-5}，准确度不得低于 1.5%，油杯的固有 $\tan\delta$ 不得大于 5×10^{-5}，在 100℃ 及以下的电容变化率不得大于 2%。加热套控温的灵敏度为 0.5℃ 或更小，升温至试验温度 100℃ 的时间不得超过 1h
4	油压示警系统信号指示及控制电缆线芯对地绝缘电阻	信号指示：6 个月；控制电缆线芯对地绝缘电阻：3 年	1) 信号指示能正确发出相应的示警信号 2) 控制电缆线芯对地绝缘每千米绝缘电阻不小于 1MΩ	1) 合上示警信号装置的试验开关应能正确发出相应的声、光示警信号 2) 绝缘电阻采用 100V 或 250V 兆欧表测量
5	电缆及附件内的电缆油击穿电压、 $\tan\delta$ 及油中溶解气体	1) 测量击穿电压和 $\tan\delta$：3 年 2) 测量油中溶解气体：怀疑电缆绝缘过热老化，或终端、塞止接头存在严重局部放电时	1) 击穿电压不低于 45kV 2) 电缆油在温度 100±1℃ 和场强 1MV/m 下的 $\tan\delta$ 不应大于下列数值： 投运前：0.5% 其余：3% 3) 油中溶解气体组分含量的注意值见下表： 　　　　　　　　　　　μl/L 表格见下	1) 电缆油击穿电压试验按 GB/T 507—1986 规定在室温下测量油的击穿电压 2) $\tan\delta$ 采用电桥以及带有加热套、能自动控温的专用油杯进行测量。电桥的灵敏度不得低于 1×10^{-5}，准确度不得低于 1.5%，油杯的固有 $\tan\delta$ 不得大于 5×10^{-5}，在 100℃ 及以下的电容变化率不得大于 2%。加热套控温的灵敏度为 0.5℃ 或更小，升温至试验温度 100℃ 的时间不得超过 1h
6	红外测温	1) 500kV：1 年 2 次 2) 220kV 及以下：1 年 1 次	参照 DL/T 664—1999 执行	用红外热像仪测量，对电缆终端接头和非直埋式中间接头进行

序号 5 中油中溶解气体组分含量的注意值表：

气体组分	注意值	气体组分	注意值
可燃气体总量	1500	CO_2	1000
H_2	500	CH_4	200
C_2H_2	痕量	C_2H_6	200
CO	100	C_2H_4	200

注　油中溶解气体分析的试验方法和要求按 GB/T 7252—2001（或 DL/T 722—2000）规定。注意值不是判断充油电缆有无故障的唯一指标，当气体含量达到注意值时，应进行追踪分析查明原因，试验和判断方法参照 GB/T 7252—2001（或 DL/T 722—2000）进行。

10.4　交叉互联系统

交叉互联系统的试验项目、周期和要求见表 29。

表29　　　　　　　　　　　交叉互联系统的试验项目、周期和要求

序号	项目	周期	要求	说明
1	电缆外护套、绝缘接头外护套与绝缘夹板的直流耐压试验	3年	在每段电缆金属屏蔽或金属套与地之间施加直流电压5kV，加压时间1min，不应击穿	试验时必须将护层过电压保护器断开，在互联箱中将另一侧的三段电缆金属套都接地
2	护层过电压保护器的绝缘电阻或直流伏安特性	3年	1）伏安特性或参考电压应符合制造厂的规定 2）用1000V兆欧表测量引线与外壳之间的绝缘电阻，其值不应小于10MΩ	
3	互联箱闸刀（或连接片）接触电阻和连接位置的检查	3年	1）在正常工作位置进行测量，接触电阻不应大于20μΩ 2）连接位置应正确无误	1）用双臂电桥 2）在交叉互联系统的试验合格后密封互联箱之前进行；如发现连接错误重新连接后必须重测闸刀（或连接片）的接触电阻

11　电容器

11.1　高压并联电容器、串联电容器和交流滤波电容器

高压并联电容器、串联电容器和交流滤波电容器的试验项目、周期和要求见表30。

11.2　耦合电容器和电容式电压互感器的电容分压器

11.2.1　耦合电容器和电容式电压互感器的电容分压器的试验项目、周期和要求见表31。

11.2.2　电容式电压互感器的电容分压器的电容值与出厂值相差超出±2%范围时，或电容分压器分压比与出厂试验实测分压比相差超过2%时，准确度0.5级及0.2级的互感器应进行准确度试验。

11.2.3　局部放电试验可在其他试验项目判断电容器绝缘有疑问时进行。放电量超过规定时，应综合判断。局部放电量无明显增长时一般仍可用，但应加强监视。

表30　　　高压并联电容器、串联电容器和交流滤波电容器的试验项目、周期和要求

序号	项目	周期	要求	说明
1	极对壳绝缘电阻	1）6年 2）必要时	不低于2000MΩ	1）串联电容器用1000V兆欧表，其他用2500V兆欧表 2）单套管电容器不测 3）必要时，如：熔丝熔断或保护跳闸时
2	电容值	1）6年 2）必要时	1）电容值偏差不超过额定值的−5%～+10%范围 2）电容值不应小于出厂值的95%	
3	并联电阻值测量	1）6年 2）必要时	电阻值与出厂值的偏差应在±10%之内	1）自放电法测量 2）必要时，如：巡视发现有渗漏油或温度异常等
4	外观及渗漏油检查	巡视时	发现外壳变形及漏油时停止使用	观察法
5	红外测温	1年	参照DL/T 664—1999执行	用红外热像仪测量

注　交流滤波电容器组的总电容值应满足交流滤波器的调谐要求。

表 31　耦合电容器和电容式电压互感器的电容分压器的试验项目、周期和要求

序号	项目	周期	要 求	说 明
1	极间绝缘电阻	3 年	一般不低于 5000MΩ	采用 2500V 兆欧表
2	电容值	3 年	1）每节电容值偏差不超出额定值的 $-5\%\sim+10\%$ 范围 2）电容值与出厂值相比，增加量超过 $+2\%$ 时，应缩短试验周期 3）由多节电容器组成的同一相，任何两节电容器的实测电容值相差不超过 5%	当采用电磁单元作为电源测量电容式电压互感器的电容分压器 C_1 和 C_2 的电容量及 $\tan\delta$ 时，应按制造厂规定进行
3	$\tan\delta$	3 年	10kV 下的 $\tan\delta$ 值不大于下列数值： 油纸绝缘 0.5% 膜纸复合绝缘 0.4%	当 $\tan\delta$ 值不符合要求时，可在额定电压下复测，复测值如符合 10kV 下的要求，可继续投运
4	渗漏油检查	巡检时	漏油时停止使用	用观察法
5	低压端对地绝缘电阻	3 年	一般不低于 100MΩ	采用 1000V 兆欧表
6	局部放电试验	必要时	预加电压 $0.8\times1.3U_m$，持续时间不小于 10s，然后在测量电压 $1.1U_m/\sqrt{3}$ 下保持 1min，局部放电量一般不大于 10pC	1）多节组合的耦合电容器可分节试验 2）必要时，如：对绝缘性能或密封有怀疑时
7	工频交流耐压试验	必要时	试验电压为出厂试验电压的 0.8 倍	1）多节组合的耦合电容器可分节试验 2）必要时，如：对绝缘性能有怀疑时
8	带电测试	1 年	1）电容值的偏差超出额定值的 $-5\%\sim+10\%$ 范围时，应停电进行试验 2）与上次测量相比，电容值变化超过 $\pm10\%$ 时，应停电进行试验 3）电容值与出厂试验值相差超过 $\pm5\%$ 时，应增加带电测量次数，若测量数据基本稳定，可以继续运行	1）在运行电压下，用电流表或电流变换器测量流过耦合电容器接地线上的工作电流，并同时记录运行电压，然后计算其电容值 2）对每台由两节组成的耦合电容器，仅对整台进行测量，判断方法中的偏差限值均除以 2。本方法不适用于每台由三节或四节组成的耦合电容器
9	红外测温	1）500kV：1年 2 次 2）110kV、220kV：1 年 1 次	参照 DL/T 664—1999 执行	用红外热像仪测量

11.3　断路器电容器

断路器电容器的试验项目、周期和要求见表 32。

11.4　集合式电容器

集合式电容器的试验项目、周期和要求见表 33。

11.5　高压并联电容器装置

装置中的开关、串联电抗器、并联电容器、电压互感器、电流互感器、放电线圈、母线支架、避雷器及二次回路按本标准的有关规定。

12　绝缘油和六氟化硫气体

12.1　变压器油

12.1.1　变压器油（包含变压器、电抗器、互感器、有载开关、套管等设备中的绝缘油）的试验项目、周期和要求见表 34。如试验周期与设备试验周期有不同时，应按设备试验周期进行。

12.1.2　关于补充油和混油的规定

表 32 断路器电容器的试验项目、周期和要求

序号	项目	周期	要求	说明
1	极间绝缘电阻	3 年	不小于 5000MΩ	采用 2500V 兆欧表
2	电容值	3 年	电容值偏差在额定值的±5％范围内	用交流电桥法
3	$\tan\delta$	3 年	10kV 下的 $\tan\delta$ 值不大于下列数值： 油纸绝缘：0.5％ 膜纸复合绝缘：0.4％	当 $\tan\delta$ 值超过 0.5％后应解开断口单独对电容器进行介损测量
4	渗漏油检查	巡视时	漏油时停止使用	用观察法

表 33 集合式电容器的试验项目、周期和要求

序号	项目	周期	要求	说明
1	相间和极对壳绝缘电阻	6 年	不小于 1000MΩ	1）采用 2500V 兆欧表 2）试验时极间应用短路线短接 3）仅对有六个套管的三相电容器测量相间绝缘电阻
2	电容值	6 年	1）每相电容值偏差应在额定值的−5％～+10％的范围内，且不小于出厂值的 96％ 2）三相中每两线路端子间测得的电容值的最大值与最小值之比不大于 1.06 3）每相用三个套管引出的电容器组，应测量每两个套管之间的电容量，其值与出厂值相差在±5％范围内	
3	绝缘油击穿电压	6 年	15kV 以下：≥25kV 15～35kV：≥30kV	
4	渗漏油检查	巡视时	漏油应修复	观察法
5	红外测温	必要时	参照 DL/T 664—1999 执行	用红外热像仪测量

表 34 变压器油的试验项目、周期和要求

序号	项目	周期	要求		检验方法
			投运前	运行中	
1	外状	3 年	透明、无杂质或悬浮物		外观目视
2	水溶性酸（pH 值）	3 年	＞5.4	≥4.2	GB/T 7598—1987
3	酸值 mgKOH/g	3 年	≤0.03	≤0.1	GB/T 264—1983 或 GB/T 7599—1987
4	闪点（闭口）℃	3 年	≥140（10 号、25 号油）≥135（45 号油）	与新油原始测量值相比不低 10℃	GB/T 261—1983
5	水分 mg/L	1 年	550kV：≤10 220kV：≤15 110kV 及以下：≤20	500kV：≤15 220kV：≤25 110kV 及以下：≤35	GB/T 7600—1987 或 GB/T 7601—1987

续表

序号	项 目	周期	要　求		检 验 方 法
			投运前	运行中	
6	界面张力（25℃）mN/m	3 年	≥35	≥19	GB/T 6541—1986
7	tanδ（90℃）%	3 年	500kV：≤0.7 220kV 及以下：≤1.0	500kV：≤2.0 220kV 及以下：≤4	GB 5654—1985
8	击穿电压 kV	3 年	500kV：≥60 110kV、220kV：≥40 35kV 及以下：≥35	500kV：≥50 110kV、220kV：≥35 35kV 及以下：≥30	电极形状应严格按相应试验方法的规定执行，表中指标是指对平板电极而言，对球形和球盖型电极应考虑换算，参考 GB/T 507—1986 或 LD/T 429.9—1991
9	体积电阻率（90℃）Ω·m	必要时	≥6×10¹⁰	500kV：≥1×10¹⁰ 220kV：≥5×10⁹	DL/T 421—1991 或 GB 5654—1985
10	油中含气量 %（体积分数）	500kV：1 年	500kV：≤1	500kV：≤3	DL/T 450—1991 或 DL/T 423—1991
11	油泥与沉淀物%（质量分数）	3 年	<0.02（以下可忽略不计）		GB/T 511
12	油中溶解气体组分含量色谱分析		变压器、电抗器　　　见第 5 章 互感器　　　　　　　见第 6 章 套管　　　　　　　　见第 8 章 电力电缆　　　　　　见第 10 章		GB/T 17623—1998 或 GB/T 7252—2001

注　1. 互感器、套管油的试验应结合油中溶解气体色谱分析进行，项目、周期见相关章节；对全密封式的互感器和套管，不易取样或补充油，应按制造厂规定决定是否采样。

　　2. 有载调压开关用的变压器油的其他试验项目、周期和要求可按制造厂规定。

　　3. 对变压器及电抗器，取样油温为 40℃～60℃。

　　4. 项目 5 正在被修订。

12.1.2.1　关于补充油的规定

a) 充油电气设备已充入油（运行油）的量不足，需补加一定量的油品使达到电气设备规范油量的行为过程称为"补充油"。电气设备原已充入的油品称为"已充油"；拟补加的油品称为"补加油"。补加油量占设备总油量的份额称为"补加份额"。已充油混入补加油后成为"补后油"。

b) 补加油宜采用与已充油同一油源、同一牌号及同一添加剂类型的油品，并且补充油（不论是新油或已使用的油）的各项特性指标不应低于已充油。

c) 如补加油的补加份额大于 5%，特别当已充油的特性指标已接近表 34 或表 35 规定的运行油质量指标极限值时，可能导致补后油迅速析出油泥。因此在补充油前应预先按额定的补加份额进行油样混合试验

（DL/T 429.7—1991）；确定无沉淀物产生，且介质损耗因数不大于已充油数值，方可进行补充油过程。

d) 如补加油来源或牌号及添加剂类型与已充油不同，除应遵守 b)、c) 项的规定外，还应预先按预定的补加份额进行混合油样的老化试验（DL/T 429.6—1991）。经老化试验的混合油样质量不低于已充油质量，方可进行补充油过程。补加油牌号与已充油不同时，还应实测混合油样的凝点确认其是否符合使用环境的要求。

12.1.2.2　关于混油的规定

a) 尚未充入电气设备的两种或两种以上的油品相混合的行为过程称为"混油"。

b) 对混油的要求应参照 12.1.2.1 "关于补充油的规定"。

c) 油样的混合比应与实际使用的混合比一致，如实际使用的混合比不明确，则采用 1:1 比例混合。

12.2 断路器油

12.2.1 断路器专用油的新油应按 SH 0351—1992 进行验收。

12.2.2 投运前、大修后和运行中断路器油的试验项目、周期和要求见表35。试验周期如与设备试验周期有不同时，应按设备试验周期进行。

12.3 SF₆气体

12.3.1 SF₆新气到货后，充入设备前应按 GB 12022—1989 验收。抽检率为十分之三。同一批相同出厂日期的，只测定含水量和纯度。

12.3.2 SF₆气体在充入电气设备 24h 后方可进行试验。

12.3.3 关于补气和气体混合使用的规定：

——所补气体必须符合新气质量标准，补气时应注意接头及管路的干燥；

——符合新气质量标准的气体均可混合使用。

12.3.4 大修后及运行中 SF₆ 气体的试验项目、周期和要求见表36。试验周期如与设备试验周期有不同时，应按设备试验周期进行。

表35　　　　　　　　　　　　断路器油的试验项目、周期和要求

序号	项目	周期	要求	检验方法
1	外状	1) 3 年 2) 投运前或大修后	透明、无游离水分、无杂质或悬浮物	外观目视
2	水溶性酸 （pH 值）	1) 3 年 2) 投运前或大修后	≥4.2	GB/T 7598—1987
3	游离碳	1) 3 年 2) 投运前或大修后	无较多碳悬浮于油中	外观目视
4	击穿电压 kV	1) 1 年后 2) 投运前或大修 3) 油量为 60kg 以下的少油断路器 3 年或以换油代替	110kV 以上： 投运前或大修后：≥40 运行中：≥35 110kV 及以下： 投运前或大修后：≥35 运行中：≥30	GB/T 507—1986 或 DL/T 429.9—1991
5	水分 mg/L	投运前或大修后	220kV 及以上： 投运前或大修后：≤15 运行中：≤25 110kV 及以下： 投运前或大修后：≤20 运行中：≤35	按 GB/T 7600—1987 或 GB/T 7601—1987
6	酸值 mgKOH/g	投运前或大修后	≤0.1	GB/T 264—1983 或 GB/T 7595—2000
7	闪点（闭口） ℃	投运前或大修后	与新油原始测量值相比不低于 10	GB/T 261—1983

表36　　　　　　　　　　　　SF₆气体的试验项目、周期和要求

序号	项目	周期	要求	说明
1	湿度（20℃体积分数） μL/L	1) 新装及大修后 1 年内复测 1 次，以后 3 年 1 次 2) 大修后 3) 必要时	1) 断路器灭弧室气室大修后不大于 150，运行中不大于 300 2) 其他气室大修后不大于 250，运行中：额定绝对气压≤0.35MPa 的不大于 1000，额定绝对气压＞0.35MPa 的不大于 500	1) 按 GB 12022—1989、SD 306 和 DL 506—1992 进行 2) 必要时，如： ——新装及大修后 1 年内复测湿度不符合要求 ——漏气超过表 15 中序号 2 的要求 ——设备异常时

续表

序号	项目	周期	要求	说明
2	密度（标准状态下） kg/m³		6.16	按 SD 308 进行
3	毒性		无毒	按 SD 312 进行
4	酸度 μg/g		≤0.3	按 SD 307 或用检测管测量
5	四氟化碳（质量百分数）　%	必要时	1）大修后：≤0.05 2）运行中：≤0.1	按 SD 311 进行
6	空气（质量百分数）　%		1）大修后：≤0.05 2）运行中：≤0.2	按 SD 311 进行
7	可水解氟化物 μg/g		≤1.0	按 SD 309 进行
8	矿物油 μg/g		≤10	按 SD 310 进行
9	纯度 %		≥99.8	

13　避雷器

13.1　普阀、磁吹型避雷器

普通阀式避雷器、磁吹型阀式避雷器的试验项目、周期和要求见表 37。

表 37　普阀、磁吹型避雷器的试验项目、周期和要求

序号	项目	周期	要求	说明
1	绝缘电阻	1）3 年 2）怀疑有缺陷时	1）FZ（PBC.LD）、FCZ 和 FCD 型避雷器的绝缘电阻值与出厂值、前一次或同类型的测量数据进行比较，不应有显著变化 2）FS 型避雷器绝缘电阻应不低于 2500MΩ	1）采用 2500V 及以上兆欧表 2）FZ、FCZ、FCD 型主要检查并联电阻通断和接触情况
2	直流电导电流及串联组合元件的非线性因素差值	1）3 年 2）怀疑有缺陷时	1）FZ、FCZ、FCD 型避雷器的电导电流参考值见附录 C 或制造厂规定值，还应与历年数据比较，不应有显著变化 2）同一相内串联组合元件的非线性因数差值，不应大于 0.05，电导电流相差值（%）不应大于 30% 3）直流试验电压如下： 元件额定电压 kV：3　6　10　15　20　30 试验电压 U_1 kV：—　—　—　8　10　12 试验电压 U_2 kV：4　6　10　16　20　24	1）整流回路中应加滤波电容器，其电容值一般为 0.01μF～0.1μF，并应在高压侧测量电流 2）由两个及以上元件组成的避雷器应对每个元件进行试验 3）非线性因数差值及电导电流相差值计算见附录 C 4）如 FZ 型避雷器的非线性因数差值不大于 0.05，但电导电流合格，允许作换节处理，换节后的非线性因数差值不应大于 0.05 5）运行中 PBC 型避雷器的电导电流一般应在 300μA～400μA 范围内 6）每年定期进行交流泄漏电流带电测试的本项目可延长至 6 年进行一次

续表

序号	项目	周期	要求	说明
3	带电测试泄漏电流	1年	1）应注意对同一相历次试验结果的比较，同时也应注意相间试验结果的比较 2）泄漏电流相间差值达1倍以上或与上次数据比较增加50%时，应该分析原因、加强监测，必要时进行停电测试	对具备带电测试条件的进行
4	工频放电电压	1）3年 2）怀疑有缺陷时	1）FS型避雷器工频放电电压在下列范围内： 额定电压 kV：3、6、10 工频放电电压 kV：8～12、15～21、23～33 2）FZ、FCZ型避雷器的工频放电电压参考值见附录C	
5	底座绝缘电阻	1）3年 2）怀疑有缺陷时	不低于5MΩ	采用2500V兆欧表
6	检查放电计数器动作情况	1）3年 2）怀疑有缺陷时	测试3～5次，均应正常动作	
7	运行中避雷器的红外测温	1年	参照DL/T 664—1999执行	用红外热像仪测量

13.2　金属氧化物避雷器

金属氧化物避雷器的试验项目、周期和要求见表38。

表38　　　　　　　　　　金属氧化物避雷器的试验项目、周期和要求

序号	项目	周期	要求	说明
1	绝缘电阻	1）3年 2）怀疑有缺陷时	1）35kV以上：不小于2500MΩ 2）35kV及以下：不小于1000MΩ	采用2500V及以上兆欧表
2	底座绝缘电阻	1）3年 2）怀疑有缺陷时	不小于5MΩ	采用2500V及以上兆欧表
3	检查放电计数器动作情况	1）3年 2）怀疑有缺陷时	测试3～5次，均应正常动作	
4	工频参考电流下的工频参考电压	35kV及以上：怀疑有缺陷时	应符合GB 11032—2000或制造厂的规定	1）测量环境温度（20±15）℃ 2）测量应每节单独进行，整相避雷器有一节不合格，宜整相更换

续表

序号	项目	周期	要求	说明
5	直流 1mA 电压 U_{1mA} 及 $0.75U_{1mA}$ 下的泄漏电流	1) 3 年 2) 怀疑有缺陷时	1) 不低于 GB 11032—2000 规定值 2) U_{1mA} 实测值与初始值或制造厂规定值比较，变化不应大于 ±5% 3) $0.75U_{1mA}$ 下的泄漏电流不应大于 50μA	1) 要记录环境温度和相对湿度，测量电流的导线应使用屏蔽线 2) 初始值系指交接试验或投产试验时的测量值 3) 避雷器怀疑有缺陷时应同时进行交流试验 4) 10kV 开关柜母线避雷器结合开关柜的停电试验进行，主变压器低压侧避雷器结合主变压器的停电试验进行
6	运行电压下的交流泄漏电流	1) 110kV 及以上：新投运后半年内测量一次，运行一年后每年雷雨季前 1 次 2) 怀疑有缺陷时	1) 测量运行电压下全电流、阻性电流或功率损耗，测量值与初始值比较不应有明显变化 2) 测量值与初始值比较，当阻性电流增加 50% 时应该分析原因，加强监测、适当缩短检测周期；当阻性电流增加 1 倍时应停电检查	1) 35kV 及以上运行中避雷器宜采用带电测量方式 2) 应记录测量时的环境温度、相对湿度和运行电压 3) 带电测量宜在避雷器外套表面干燥时进行；应注意相间干扰的影响 4) 避雷器（放电计数器）带有全电流在线检测装置的不能替代本项目试验，应定期记录读数（至少每 3 个月一次），发现异常应及时带电或停电进行阻性电流测试
7	红外测温	1) 500kV：每年 2 次 2) 220kV 及以下：每年 1 次 3) 怀疑有缺陷时	参照 DL/T 664—1999 执行	1) 采用红外热像仪 2) 发现温度异常时应停电检查

注 每年定期进行运行电压下全电流及阻性电流带电测量的，对序号 1、2、3 及 5 的项目可不做定期试验。

13.3 GIS 用金属氧化物避雷器

GIS 用金属氧化物避雷器的试验项目、周期和要求见表 39。

表 39   **GIS 用金属氧化物避雷器在试验项目、周期和要求**

序号	项目	周期	要求	说明
1	运行电压下的交流泄漏电流	1) 1 年 2) 怀疑有缺陷时	1) 测量全电流、阻性电流或功率损耗，测量值与初始值比较，不应有明显变化 2) 当阻性电流增加 50% 时应分析原因，加强监测、缩短检测周期；当阻性电流增加 1 倍时必须停电检查	1) 采用带电测量方式，测量时应记录运行电压 2) 避雷器（放电计数器）带有全电流在线检测装置的不能替代本项目试验，应定期记录读数（至少每 3 个月一次），发现异常应及时进行阻性电流测试
2	检查放电计数器动作情况	怀疑有缺陷时	测试 3~5 次，均应正常动作	

13.4 线路用金属氧化物避雷器

线路用金属氧化物避雷器的试验项目、周期和要求见表 40。

表 40　　　　　　　　　　　线路用金属氧化物避雷器的试验项目、周期和要求

序号	项目	周期	要求	说明
1	本体绝缘电阻	必要时	1）35kV 以上：不低于 2500MΩ 2）35kV 及以下：不低于 1000MΩ	采用 2500V 及以上兆欧表
2	本体直流 1mA 电压 U_{1mA} 及 $0.75U_{1mA}$ 下的泄漏电流	必要时	1）不得低于 GB 11032 规定值 2）U_{1mA} 实测值与初始值或制造厂规定值比较，变化不应大于 ±5% 3）$0.75U_{1mA}$ 下的泄漏电流不应大于 50μA	
3	本体运行电压下的交流泄漏电流	必要时	1）测量全电流、阻性电流或功率损耗，测量值与初始值比较，不应有明显变化 2）当阻性电流增加 50% 时应分析原因；当阻性电流增加 1 倍时应退出运行	
4	本体工频参考电流下的工频参考电压	必要时	应符合 GB 11032—2000 或制造厂的规定	
5	检查放电计数器动作情况	必要时	测试 3～5 次，均应正常动作	
6	复合外套、串联间隙及支撑件的外观检查	必要时	1）复合外套及支撑件表面不应有明显或较大面积的缺陷（如破损、开裂等） 2）串联间隙不应有明显的变形	
7	红外测温	1）1 年 2）必要时	1）参照 DL/T 664—1999 执行 2）发现温度异常时应退出运行	对串联间隙的避雷器不作要求

14　母线

14.1　封闭母线

封闭母线的试验项目、周期和要求见表 41。

表 41　　　　　　　　　　　封闭母线的试验项目、周期和要求

序号	项目	周期	要求			说明
1	绝缘电阻	大修时	1）额定电压为 15kV 及以上全连式离相封闭母线在常温下分相绝缘电阻值不小于 50MΩ 2）6kV 共箱封闭母线在常温下分相绝缘电阻值不小于 6MΩ			采用 2500V 兆欧表
2	交流耐压试验	大修时	额定电压 kV	试验电压 kV		
				出厂	现场	
			≤1	4.2	3.2	
			6	42	32	
			15	57	43	
			20	68	51	
			24	70	53	
3	红外测温	1 年	1）参照 DL/T 644—1999 执行 2）发现温度异常时应退出运行			

14.2 一般母线

一般母线的试验项目、周期和要求见表 42。

16 1kV 及以下的配电装置和电力布线

1k 及以下的配电装置和电力布线的试验项目、周期和要求见表 44。

15 二次回路

二次回路的试验项目、周期和要求见表 43。

表 42　　　　　　　　　　　　一般母线的试验项目、周期和要求

序号	项目	周期	要求	说明
1	绝缘电阻	必要时	不应低于 1MΩ/kV	采用 2500V 兆欧表
2	交流耐压试验	必要时	额定电压在 1kV 以上时，试验电压参照表 24 项目 3 规定；额定电压在 1kV 及以下时，试验电压为 1kV，可用 2500V 兆欧表试验代替，48V 及以下不做交流耐压试验	必要时，如：更换支持绝缘子等
3	红外测温	1 年	1) 参照 DL/T 664—1999 执行 2) 发现温度异常时应退出运行	

表 43　　　　　　　　　　　　二次回路的试验项目、周期和要求

序号	项目	周期	要求	说明
1	绝缘电阻	1) 大修时 2) 更换二次线时	1) 直流小母线和控制盘的电压小母线，在断开所有其他并联支路时不应小于 2MΩ 2) 二次回路的每一支路和断路器大修、隔离开关、操作机构的电源回路不小于 2MΩ；在比较潮湿的地方，允许降到 0.5MΩ	采用 500V 或 1000V 兆欧表
2	交流耐压试验	1) 大修时 2) 更换二次线时	试验电压为 1000V，可用 2500V 兆欧表代替；或按照制造厂的规定	1) 48V 及以下回路不做交流耐压试验 2) 带有电子元件的回路，试验时应将其取出或两端短接

表 44　　　　　　　1kV 及以下的配电装置和电力布线的试验项目、周期和要求

序号	项目	周期	要求	说明
1	绝缘电阻	设备大修时	1) 配电装置每一段的绝缘电阻不应小于 0.5MΩ 2) 电力布线绝缘电阻一般不小于 0.5MΩ	1) 采用 1000V 兆欧表 2) 测量电力布线的绝缘电阻时应将熔断器、用电设备、电器和仪表等断开
2	配电装置的交流耐压试验	设备大修时	试验电压为 1000V，可用 2500V 兆欧表试验代替	配电装置耐压为各相对地，48V 及以下的配电装置不做交流耐压试验
3	检查相位	设备更换或变动接线时	各相两端及其连接回路的相位应一致	

注 1. 配电装置指配电盘、配电台、配电柜、操作盘及载流部分。
　　 2. 电力布线不进行交流耐压试验。

17 1kV 以上的架空电力线路

1kV 以上的架空电力线路的试验项目、周期和要求见表45。

18 接地装置

接地装置的试验和检查项目、周期和要求见表46。

表45 1kV 以上的架空电力线路的试验项目、周期和要求

序号	项 目	周 期	要 求	说 明
1	检查导线连接管的连接情况	1) 3年 2) 线路检修时	1) 外观检查无异常 2) 连接管压接后的尺寸及外形应符合要求	铜线的连接管检查周期可延长至5年
2	悬式绝缘子串的零值绝缘子检测（110kV 及以上）	见表24		
3	线路的绝缘电阻（有带电的平行线路时不测）	线路检修后	根据实际情况综合判断	采用 2500V 及以上的兆欧表
4	检查相位	线路连接有变动时	线路两端相位应一致	
5	间隔棒检查	1) 3年 2) 线路检修时	状态完好，无松动、无胶垫脱落等情况	
6	阻尼设施的检查	1) 3年 2) 线路检修时	无磨损松动等情况	
7	红外测温	110kV 及以上线路投运1年内测量1次，以后根据巡视结果决定	按 DL/T 664—1999 执行	针对导线压接管、跳线连接板进行

注 关于架空电力线路离地距离、离建筑物距离、空气间隙、交叉距离和跨越距离的检查，杆塔和过电压保护装置的接地电阻测量、杆塔和地下金属部分的检查，导线断股检查等项目，应按架空电力线路和电气设备接地装置有关规程的规定进行。

表46 接地装置的试验和检查项目、周期和要求

序号	项 目	周 期	要 求	说 明
1	有效接地系统电力设备的接地电阻	必要时	1) $R \leqslant 2000/I$ 或 $R \leqslant 0.5\Omega$（当 $I > 4000A$ 时） 式中：I 为经接地网流入地中的短路电流（A），R 为考虑到季节变化的最大接地电阻（Ω） 2) 在高土壤电阻率地区，接地电阻按上述要求在技术、经济上超不合理时，允许有较大的数值但不得大于5Ω，且必须采取措施以保证发生接地时，在该接地网上： —接触电压和跨步电压均不超过允许的数值 —不发生高电位引外和低电位引内 3) 按照设计要求	1) 测量接地电阻时，应避免土壤结构不均匀的影响，如在必须的最小布极范围内土壤电阻率基本均匀，可采用各种补偿法，否则，应尽量采用远离法 2) 每3年及必要时验算1次 I 值，并校验设备接地引下线的热稳定 3) 必要时，如： —怀疑地网被腐蚀时 —地网改造后

序号	项目	周期	要求	说明
2	非有效接地系统电力设备的接地电阻	必要时	1) 当接地网与 1kV 及以下设备共用接地时,接地电阻 $R \leqslant 120/I$,且不应大于 4Ω 2) 当接地网仅用于 1kV 以上设备时,接地电阻 $R \leqslant 250/I$,且不应大于 10Ω 式中:I 为经接地网流入地中的短路电流 (A),R 为考虑到季节变化最大接地电阻 (Ω)	必要时,如: —怀疑地网被腐蚀时 —地网改造后
3	检查有效接地系统电力设备接地引下线与接地网连接情况	1) 3 年 2) 必要时	不得有开断、松脱或严重腐蚀等现象	1) 采用测量接地引下线与接地网(或相邻设备)之间的回路电阻值来检查其连接情况,可将所测数据与历次数据比较和相互比较,通过分析决定是否进行挖开检查 2) 有条件的单位应采用通以不小于 5A 的直流电流测量回路电阻的方法来检查地网的完整性和接地引下线的连接情况 3) 必要时,如:怀疑连接线松脱或被腐蚀时
4	抽样开挖检查发电厂、变电站接地网的腐蚀情况	1) 本项目只限于已经运行 10 年以上(包括改造后重新运行达到这个年限)的接地网 2) 以后的检查年限可根据前次挖开检查结果自行决定	不得有开断、松脱或严重腐蚀等现象	根据电气设备重要性和施工安全性,选择 5~8 点沿接地引下线开挖检查,如有疑问还应扩大开挖范围
5	1kV 以下电力设备的接地电阻	必要时	使用同一接地装置的所有这类电力设备,当总容量达到或超过 100kVA 时,其接地电阻不宜大于 4Ω。如总容量小于 100kVA 时,则接地电阻允许大于 4Ω,但不得超过 10Ω	对于在电源处接地的低压电力网(包括孤立运行的低压电力网)中的用电设备,只进行接零不作接地。所有零线的接地电阻就是电源设备的接地电阻,其要求按序号 2 确定,但不得大于相同容量的低压设备的接地电阻
6	独立储油、储气罐及其管道的接地电阻	不超过 6 年	不宜大于 30Ω	
7	发电厂专用设施集中接地装置的接地电阻	不超过 6 年	不宜大于 10Ω	与主接地网连在一起的可不测量,但应按序号 3 的要求检查与接地网的连接情况

序号	项 目	周 期	要 求	说 明
8	露天配电装置避雷针的集中接地电阻	不超过 6 年	不宜大于 10Ω	与主接地网连在一起的可不测量，但应按序号 3 的要求检查与接地网的连接情况
9	独立避雷针（线）的接地电阻	不超过 6 年	不宜大于 10Ω	在高土壤电阻率地区接地电阻难以降到 10Ω 时，允许有较大数值，但应符合防止避雷针（线）对被保护对象及其他物体反击的要求
10	独立微波站的接地电阻	不超过 6 年	不宜大于 5Ω	
11	与架空线直接连接的旋转电机进线段上避雷器的接地电阻	与进线段杆塔接地电阻的测量周期相同	排气式和阀式避雷器的接地电阻，分别应不大于 5Ω 和 3Ω。对于 1500kW 及以下的小型直配电机，如果不采用 DL/T 620—1997 中相应接线时，此值可酌情放宽	

序号	项 目	周 期	要 求		说 明
12	有架空地线的线路杆塔的接地电阻	1）进线段杆塔 2 年 2）其他线路杆塔不超过 5 年	当杆塔高度在 40m 以下时，按下表要求，如杆塔高度达到或超过 40m 时则取下表值的 50%；当土壤电阻率大于 2000Ω·m，接地电阻难以达到 15Ω 时可增加至 20Ω		高度 40m 以下的杆塔，如土壤电阻率很高，接地电阻难以降到 30Ω，可采用 6～8 根总长不超过 500m 的放射形接地体或连续伸长接地体，其接地电阻可不受限。但对于高度达到或超过 40m 的杆塔，其接地电阻也不宜超过 20Ω
			土壤电阻率 Ω·m	接地电阻 Ω	
			100 及以下	10	
			100～500	15	
			500～1000	20	
			1000～2000	25	
			2000 以上	30	
13	无架空地线的线路杆塔接地电阻	1）进线段杆塔 2 年 2）其他线路杆塔不超过 5 年	种 类	接地电阻 Ω	
			非有效接地系统的钢筋混凝土杆、金属杆	30	
			中性点不接地的低压电力网的线路钢筋混凝土杆、金属杆	50	
			低压进户线绝缘子铁脚	30	

19　旋转电机

19.1 同步发电机（略）

19.2 直流电机（略）

19.3 中频发电机（略）

19.4 交流电动机

交流电动机的试验项目、周期和要求见表50。

表 50　　　　　　　　　　　**交流电动机的试验项目、周期和要求**

序号	项　目	周　期	要　　求	说　　明
1	绕组的绝缘电阻和吸收比	1) 小修时 2) 大修时	1) 绝缘电阻值： a) 额定电压 3000V 以下者，室温下不应低于 0.5MΩ b) 额定电压 3000V 及以上者，交流耐压前，定子绕组在接近运行温度时的绝缘电阻值不应低于 U_nMΩ（取 U_n 的千伏数，下同）；投运前室温下（包括电缆）不应低于 U_nMΩ c) 转子绕组不应低于 0.5MΩ 2) 吸收比根据实际情况规定	1) 500kW 及以上的电动机，应测量吸收比（或极化指数），参照表 47 序号 1 2) 3kV 以下的电动机使用 1000V 兆欧表；3kV 及以上者使用 2500V 兆欧表 3) 小修时定子绕组可与其所连接的电缆一起测量，转子绕组可与起动设备一起测量 4) 有条件时可分相测量
2	绕组的直流电阻	1) 1 年（3kV 及以上或 100kW 及以上） 2) 大修时 3) 必要时	1) 3kV 及以上或 100kW 及以上的电动机各相绕组直流电阻值的相互差别不应超过最小值的 2%；中性点未引出者，可测量线间电阻，其相互差别不应超过 1% 2) 其余电动机根据实际情况规定 3) 应注意相互间差别的历年相对变化	必要时，如：怀疑有匝间短路时
3	定子绕组泄漏电流和直流耐压试验	1) 大修时 2) 更换绕组后	1) 试验电压：全部更换绕组时为 $3U_n$；大修或局部更换绕组时为 $2.5U_n$ 2) 泄漏电流相间差别一般不大于最小值的 100%，泄漏电流为 $20\mu A$ 以下者不作规定 3) 500kW 以下的电动机根据实际情况规定	有条件时可分相进行
4	定子绕组的交流耐压试验	1) 大修后 2) 更换绕组后	1) 大修时不更换或局部更换定子绕组后试验电压为 $1.5U_n$，但不低于 1000V 2) 全部更换定子绕组后试验电压为 ($2U_n$＋1000) V，但不低于 1500V	1) 低压和 100kW 以下不重要的电动机，交流耐压试验可用 2500V 兆欧表测量代替 2) 更换定子绕组时工艺过程中的交流耐压试验按制造厂规定
5	绕线式电动机转子绕组的交流耐压试验	1) 大修后 2) 更换绕组后	试验电压如下表所示： <table><tr><td></td><td>不可逆式</td><td>可逆式</td></tr><tr><td>大修不更换转子绕组或局部更换转子绕组后</td><td>$1.5U_k$，但不小于 1000V</td><td>$3.0U_k$，但不小于 2000V</td></tr><tr><td>全部更换转子绕组后</td><td>$2U_k$＋1000V</td><td>$4U_k$＋1000V</td></tr></table>	1) 绕线式电机已改为直接短路启动者，可不做交流耐压试验 2) U_k 为转子静止时在定子绕组上加额定电压于滑环上测得的电压

序号	项目	周期	要求	说明
6	同步电动机转子绕组交流耐压试验	大修时	试验电压为1000V	可用2500V兆欧表测量代替
7	可变电阻器或起动变阻器的直流电阻	大修时	与制造厂数值或最初测得结果比较,相差不应超过10%	3kV及以上的电动机应在所有分接头上测量
8	可变电阻器与同步电动机灭磁电阻器的交流耐压试验	大修时	试验电压为1000V	可用2500V兆欧表测量代替
9	同步电动机及其励磁机轴承的绝缘电阻	大修时	绝缘电阻不应低于0.5MΩ	在油管安装完毕后,用1000V兆欧表测量
10	转子金属绑线的交流耐压	大修时	试验电压为1000V	可用2500V兆欧表测量代替
11	检查定子绕组的极性	接线变动时	定子绕组的极性与连接应正确	1) 对双绕组的电动机,应检查两分支间连接的正确性 2) 中性点无引出者可不检查极性
12	定子铁芯试验	1) 全部更换绕组时或修理铁芯后 2) 必要时	参照表47中序号10	1) 3kV或500kW及以上电动机应做此项试验 2) 如果电动机定子铁芯没有局部缺陷,只为检查整体叠片状况,可仅测量空载损耗值
13	电动机空转并测空载电流和空载损耗	必要时	1) 转动正常,空载电流根据实际情况规定 2) 额定电压下的空载损耗值不得超过原来值的50%	1) 空转检查的时间一般不小于1h 2) 测定空载电流仅在对电动机有怀疑时进行 3) 3kV以下电动机仅测空载电流不测空载损耗
14	双电动机拖动时测量转矩—转速特性	必要时	两台电动机的转矩—转速特性曲线上各点相差不得大于10%	1) 应使用同型号、同制造厂、同期出厂的电动机 2) 更换时,应选择两台转矩—转速特性相近的电动机
15	运行中故障检测	每年2次	检测内容: —鼠笼断条 —气隙偏心 —定子绕组匝间短路	

附　　录

（略）。

8 架空配电线路及设备运行规程（试行）

（SD 292—1988）

第一章　总　　则

第1.0.1条　本规程适用于10kV及以下架空配电线路及其设备的运行。

第1.0.2条　运行单位应贯彻预防为主的方针。根据地区和季节性特点，做好运行、维护工作，及时发现和消除设备缺陷，预防事故发生，提高配电网的供电可靠性，降低线损和运行维护费用，为用户提供优质电能。

第1.0.3条　配电线路应与发电厂、变电所或相邻的维护部门划分明确的分界点。分界点的划分，各地应根据当地情况，制订统一的规定。与用户的分界点划分，应按照《供电营业规则》❶执行。

第1.0.4条　为了保障配电网络的安全运行和便于调度管理，在供电部门所管辖的配电线路上一般不允许敷设用户自行维护的线路和设备。如需要敷设时，必须经供电部门同意，并实行统一调度，以保安全。

第1.0.5条　各级供电部门可以根据规程规定，制订现场运行规程。

第二章　防　　护

第2.0.1条　配电线路及设备的防护应认真执行《电力设施保护条例》及其《实施细则》的有关规定。

第2.0.2条　运行单位要发动沿线有关部门和群众进行护线和做好护线宣传工作，防止外力破坏，及时发现和消除设备缺陷。

第2.0.3条　配电线路对地距离及交叉跨越距离应符合SDJ 206—87《架空配电线路设计技术规程》的要求。修剪树木，应保证在修剪周期内树枝与导线的距离符合上述规定的数值。

第2.0.4条　当线路跨越通航江河时，应采取措施设立标志，防止船桅碰线。

第2.0.5条　配电运行部门的工作人员对下列事项可先行处理，但事后应及时通知有关单位：

（1）修剪超过规定界限的树木。

（2）为处理电力线路事故，砍伐林区个别树木。

（3）消除可能影响供电安全的收音机、电视机天线、铁烟囱或其他凸出物。

第2.0.6条　运行单位对可能威胁线路安全运行的各种施工或活动，应进行劝阻或制止，必要时应向有关单位和个人提出防护通知书。对于造成事故或电力设施损坏者，应按情节与后果，予以处罚或提交公安、司法机关依法惩处。

第三章　架空配电线路的运行

第一节　巡视、检查、维护

第3.1.1条　为了掌握线路的运行状况，及时发现缺陷和沿线威胁线路安全运行的隐患，必须按期进行巡视与检查。

第3.1.2条　线路巡视有以下几种：

（1）定期巡视。由专职巡线员进行，掌握线路的运行状况，沿线环境变化情况，并做好护线宣传工作。

（2）特殊性巡视。在气候恶劣（如：台风、暴雨、覆冰等）、河水泛滥、火灾和其他特殊情况下，对线路的全部或部分进行巡视或检查。

（3）夜间巡视。在线路高峰负荷或阴雾天气时进行，检查导线接点有无发热打火现象，绝缘子表面有无闪络，检查木横担有无燃烧现象等。

（4）故障性巡视。查明线路发生故障的地点和原因。

（5）监察性巡视。由部门领导和线路专责技术人员进行，目的是了解线路及设备状况，并检查、指导巡线员的工作。

第3.1.3条　线路巡视周期按表3-1规定执行。

第3.1.4条　巡视的主要内容：

一、杆塔

（1）杆塔是否倾斜；铁塔构件有无弯曲、变形、锈蚀；螺栓有无松动；混凝土杆有无裂纹、酥松、钢筋外露，焊接处有无开裂、锈蚀；木杆有无腐朽、烧焦、开裂，绑桩有无松动，木楔是否变形或脱出。

（2）基础有无损坏、下沉或上拔，周围土壤有无挖掘或沉陷，寒冷地区电杆有无冻鼓现象。

（3）杆塔位置是否合适，有无被车撞的可能，保护设施是否完好，标志是否清晰。

（4）杆塔有无被水淹、水冲的可能，防洪设施有无损坏、坍塌。

---

❶　国家于1996年10月8日发布施行《供电营业规则》，原《全国供用电规则》废止。

（5）杆塔标志（杆号、相位警告牌等）是否齐全、明显。

表 3－1　　　线路巡视周期表

序号	巡视项目	周　期	备　注
1	定期巡视 1～10kV 线路 1kV 以下线路	市区：一般每月一次 郊区及农村：每季至少一次 一般每季至少一次	
2	特殊性巡视		按需要定
3	夜间巡视	重负荷和污秽地区 1～10kV 线路：每年至少一次	
4	故障性巡视		由配电系统调度或配电主管生产领导决定，一般线路抽查巡视
5	监察性巡视	重要线路和事故多的线路每年至少一次	

（6）杆塔周围有无杂草和蔓藤类植物附生。有无危及安全的鸟巢、风筝及杂物。

二、横担及金具

（1）木横担有无腐朽、烧损、开裂、变形。

（2）铁横担有无锈蚀、歪斜、变形。

（3）金具有无锈蚀、变形；螺栓是否紧固，是否缺帽；开口销有无锈蚀、断裂、脱落。

三、绝缘子

（1）瓷件有无脏污、损伤、裂纹和闪络痕迹。

（2）铁脚、铁帽有无锈蚀、松动、弯曲。

四、导线（包括架空地线、耦合地线）

（1）有无断股、损伤、烧伤痕迹，在化工、沿海等地区的导线有无腐蚀现象。

（2）三相弛度是否平衡，有无过紧、过松现象。

（3）接头是否良好，有无过热现象（如：接头变色、雪先熔化等），连接线夹弹簧垫是否齐全，螺帽是否紧固。

（4）过（跳）引线有无损伤、断股、歪扭，与杆塔、构件及其他引线间距离是否符合规定。

（5）导线上有无抛扔物。

（6）固定导线用绝缘子上的绑线有无松弛或开断现象。

五、防雷设施

（1）避雷器瓷套有无裂纹、损伤、闪络痕迹，表面是否脏污。

（2）避雷器的固定是否牢固。

（3）引线连接是否良好，与邻相和杆塔构件的距离是否符合规定。

（4）各部附件是否锈蚀，接地端焊接处有无开裂、脱落。

（5）保护间隙有无烧损、锈蚀或被外物短接，间隙距离是否符合规定。

（6）雷电观测装置是否完好。

六、接地装置

（1）接地引下线有无丢失、断股、损伤。

（2）接头接触是否良好，线夹螺栓有无松动、锈蚀。

（3）接地引下线的保护管有无破损、丢失，固定是否牢靠。

（4）接地体有无外露、严重腐蚀，在埋设范围内有无土方工程。

七、拉线、顶（撑）杆、拉线柱

（1）拉线有无锈蚀、松弛、断股和张力分配不均等现象。

（2）水平拉线对地距离是否符合要求。

（3）拉线绝缘子是否损坏或缺少。

（4）拉线是否妨碍交通或被车碰撞。

（5）拉线棒（下把）、抱箍等金具有无变形、锈蚀。

（6）拉线固定是否牢固，拉线基础周围土壤有无突起、沉陷、缺土等现象。

（7）顶（撑）杆、拉线柱、保护桩等有无损坏、开裂、腐朽等现象。

八、拉户线

（1）线间距离和对地、对建筑物等交叉跨越距离是否符合规定。

（2）绝缘层是否老化、损坏。

（3）接点接触是否良好，有无电化腐蚀现象。

（4）绝缘子有无破损、脱落。

（5）支持物是否牢固，有无腐朽、锈蚀、损坏等现象。

（6）弛度是否合适，有无混线、烧伤现象。

九、沿线情况

（1）沿线有无易燃、易爆物品和腐蚀性液、气体。

（2）导线对地、对道路、公路、铁路、管道、索道、河流、建筑物等距离是否符合规定，有无可能触及导线的铁烟囱、天线等。

（3）周围有无被风刮起危及线路安全的金属薄

膜、杂物等。

（4）有无威胁线路安全的工程设施（机械、脚手架等）。

（5）查明线路附近的爆破工程有无爆破申请手续，其安全措施是否妥当。

（6）查明防护区内的植树、种竹情况及导线与树、竹间距离是否符合规定。

（7）线路附近有无射击、放风筝、抛扔外物、飘洒金属和在杆塔、拉线上拴牲畜等。

（8）查明沿线污秽情况。

（9）查明沿线江河泛滥、山洪和泥石流等异常现象。

（10）沿线有无违反《电力设施保护条例》的建筑。

第 3.1.5 条　配电线路的检查与维护周期按表 3-2 规定执行。

表 3-2　　　　　　　　　　　　　配电线路预防性检查、维护周期表

序号	项　目	周　期	备　注
1	登杆塔检查（1～10kV 线路）	五年至少一次	木杆、木横担线路每年一次
2	绝缘子清扫或水冲	根据污秽程度	
3	木杆根部检查、刷防腐油	每年一次	
4	铁塔金属基础检查	五年一次	锈后每年一次
5	盐、碱、低洼地区混凝土杆根部检查	一般五年一次	发现问题后每年一次
6	导线连接线夹检查	五年至少一次	
7	拉线根部检查 镀锌铁线 镀锌拉线棒	三年一次 五年一次	锈后每年一次 锈后每年一次
8	铁塔和混凝土杆钢圈刷油漆	根据油漆脱落情况	
9	铁塔紧螺栓	五年一次	
10	悬式绝缘子绝缘电阻测试	根据需要	
11	导线弧垂、限距及交叉跨越距离测量	根据巡视结果	

第二节　运行标准

第 3.2.1 条　杆塔位移与倾斜的允许范围如下。

（1）杆塔偏离线路中心线不应大于 0.1m。

（2）木杆与混凝土杆倾斜度（包括挠度），转角杆、直线杆不应大于 15/1000，转角杆不应向内角倾斜，终端杆不应向导线侧倾斜，向拉线侧倾斜应小于 200mm。

（3）铁塔倾斜度，50m 以下倾斜度应不大于 10/100050m 及以上倾斜度应不大于 5/1000。

第 3.2.2 条　混凝土杆不应有严重裂纹、流铁锈水等现象，保护层不应脱落、酥松、钢筋外露，不宜有纵向裂纹，横向裂纹不宜超过 1/3 周长，且裂纹宽度不宜大于 0.5mm；木杆不应严重腐朽；铁塔不应严重锈蚀，主材弯曲度不得超过 5/1000，各部螺栓应紧固，混凝土基础不应有裂纹、酥松、钢筋外露现象。

第 3.2.3 条　横担与金属应无严重锈蚀、变形、腐朽。铁横担、金具锈蚀不应起皮和出现严重麻点，锈蚀表面积不宜超过 1/2。木横担腐朽深度不应超过横担宽度的 1/3。

第 3.2.4 条　横担上下倾斜、左右偏歪不应大于横担长度的 2%。

第 3.2.5 条　导线通过的最大负荷电流不应超过其允许电流。

第 3.2.6 条　导（地）线接头无变色和严重腐蚀，连接线夹螺栓应紧固。

第 3.2.7 条　导（地）线应无断股；7 股导（地）线中的任一股导线损伤深度不得超过该股导线直径的 1/2；19 股及以上导（地）线，某一处的损伤不得超过 3 股。

第 3.2.8 条　导线过引线、引下线对电杆构件、拉线、电杆间的净空距离，1～10kV 不小于 0.2m，1kV 以下不小于 0.1m。

每相导线过引线、引下线对邻相导体、过引线、

引下线的净空距离，1～10kV 不小于 0.3m，1kV 以下不小于 0.15m。

高压（1～10kV）引下线与低压（1kV 以下）线间的距离，不应小于 0.2m。

第 3.2.9 条　三相导线弛度应力求一致，弛度误差应在设计值的 −5%～＋10% 之内；一般档距导线弛度相差不应超过 50mm。

第 3.2.10 条　绝缘子、瓷横担应无裂纹，釉面剥落面积不应大于 100mm²，瓷横担线槽外端头釉面剥落面积不应大于 200mm²，铁脚无弯曲，铁件无严重锈蚀。

第 3.2.11 条　绝缘子应根据地区污秽等级和规定的泄漏比距来选择其型号，验算表面尺寸。污秽等级标准见附录 A。

第 3.2.12 条　拉线应无断股、松弛和严重锈蚀。

第 3.2.13 条　水平拉线对通车路面中心的垂直距离不应小于 6m。

第 3.2.14 条　拉线棒应无严重锈蚀、变形、损伤及上拔等现象。

第 3.2.15 条　拉线基础应牢固。周围土壤无突起、淤陷、缺土等现象。

第 3.2.16 条　接户线的绝缘层应完整，无剥落、开裂等现象；导线不应松弛；每根导线接头不应多于 1 个，且应用同一型号导线相连接。

第 3.2.17 条　接户线的支持构架应牢固，无严重锈蚀、腐朽。

第 3.2.18 条　导线、接户线的限距及交叉跨越距离应符合部颁 SDJ 2068—1987 的规定。

第四章　配电设备的运行

第一节　变压器和变压器台

第 4.1.1 条　变压器及变压器台的巡视、检查、维护、试验周期按表 4-1 规定执行。

表 4-1　　变压器和变压器台巡视、
检查、维护、试验周期

序号	项目	周期	备注
1	定期巡视	与线路巡视周期相同	
2	清扫套管、检查熔丝等维护工作	一般一年一次	脏污地段适当增加
3	绝缘电阻测量	一年一次	
4	负荷测量	每年至少一次	
5	油耐压、水分试验	五年至少一次	

第 4.1.2 条　变压器和变压器台的巡视、检查内容：

（1）套管是否清洁，有无裂纹、损伤、放电痕迹。

（2）油温、油色、油面是否正常，有无异声、异味。

（3）呼吸器是否正常，有无堵塞现象。

（4）各个电气连接点有无锈蚀、过热和烧损现象。

（5）分接开关指示位置是否正确，换接是否良好。

（6）外壳有无脱漆、锈蚀；焊口有无裂纹、渗油；接地是否良好。

（7）各部密封垫有无老化、开裂，缝隙有无渗漏油现象。

（8）各部螺栓是否完整，有无松动。

（9）铭牌及其他标志是否完好。

（10）一、二次熔断器是否齐备，熔丝大小是否合适。

（11）一、二次引线是否松弛，绝缘是否良好，相间或对构件的距离是否符合规定，对工作人员上下电杆有无触电危险。

（12）变压器台架高度是否符合规定，有无锈蚀、倾斜、下沉；木构件有无腐朽；砖、石结构台架有无裂缝和倒塌的可能；地面安装的变压器，围栏是否完好。

（13）变压器台上的其他设备（如：表箱、开关等）是否完好。

（14）台架周围有无杂草丛生、杂物堆积，有无生长较高的农作物、树、竹、蔓藤类植物接近带电体。

第 4.1.3 条　新的或大修后的变压器投入运行前，除外观检查合格外，应有出厂试验合格证和供电局（电业局）试验部门的试验合格证，试验项目应有以下几项：

（1）变压器性能参数：额定电压（各分接端电压）、额定电流、空载损耗、负载损耗、空载电流及阻抗电压。

（2）工频耐压。

（3）绝缘电阻和吸收比测定。

（4）直流电阻测量。

（5）绝缘油简化试验。

注：有条件的单位，还可做匝、层间绝缘耐压试验。各项试验标准见附录 B。

第 4.1.4 条　新变压器的技术性能应符合 GB 6451.1—1986《三相油浸式电力变压器技术参数和要求》和 GB 1094.1～1094.5—1985《电力变压

器》的规定。

第4.1.5条　变压器停运满一个月者，在恢复送电前应测量绝缘电阻，合格后方可投入运行。搁置或停运6个月以上的变压器，投运前应做绝缘电阻和绝缘油耐压试验。干燥、寒冷地区的排灌专用变压器，停运期可适当延长，但不宜超过8个月。

第4.1.6条　运行变压器所加一次电压不应超过相应分接头电压值的105％。最大负荷不应超过变压器额定容量（特殊情况除外）。上层油温不宜超过85℃。

第4.1.7条　变压器有下列情况之一者应进行检查、处理。

（1）瓷件裂纹、击穿、烧损、严重污秽；瓷裙损伤面积超过100mm²。

（2）导电杆端头过热、烧损、熔接。

（3）漏油、严重渗油、油标上见不到油画。

（4）绝缘油老化，油色显著变深。

（5）外壳和散热器大面积脱漆，严重锈蚀。

（6）有异音、放电声、冒烟、喷油和过热现象等。

第4.1.8条　配电变电器并列运行应符合下列条件：

（1）额定电压相等，电压比允许相差±0.5％。

（2）阻抗电压相差不得超过10％。

（3）接线组别相同。

（4）容量比不得超过3：1。

第4.1.9条　变压器并列前应做核相试验，并列运行后，应在低压侧测量电流分配，在最大负荷时，任何一台变压器都不应过负荷。

第二节　配　变　站

第4.2.1条　配变站的巡视、检查、维护、试验周期按表4-2规定执行。

表4-2　配变站（包括箱式）的巡视、检查、维护、试验周期

序号	项　目	周　期	备　注
1	定期巡视	每月至少一次	重要站适当增加巡视次数
2	清扫及各部检查	每月至少一次	
3	开关维护性修理	每年一次	
4	防火器具检查	每年一次	
5	保护装置、仪表二次线检查、校验	每年一次	

第4.2.2条　配变站的巡视、检查内容：

（1）各种仪表、信号装置指示是否正常。

（2）各种设备、各部接点有无过热、烧伤、熔接等异常现象；导体（线）有无断股、裂纹、损伤；熔断器接触是否良好；空气开关运行是否正常。

（3）各种充油设备的油色、油温是否正常，有无渗、漏油现象；呼吸器中的变色硅胶是否正常。

（4）各种设备的瓷件是否清洁，有无裂纹、损坏、放电痕迹等异常现象。

（5）开关指示器位置是否正确。

（6）室内温度是否过高，有无异音、异味现象；通风口有无堵塞。

（7）照明设备和防火设施是否完好。

（8）建筑物、门、窗等有无损坏；基础有无下沉；有无渗、漏水现象；防小动物设施是否完好、有效。

（9）各种标志是否齐全、清晰。

（10）周围有无威胁安全、影响运行和阻塞检修车辆通行的堆积物等。

（11）接地装置连接是否良好，有无锈蚀、损坏等现象。

第4.2.3条　仪表、保护装置等设备的运行，参照部颁有关专业规程。

第三节　柱上油断路器和负荷开关

第4.3.1条　柱上开关设备的巡视、清扫周期与线路的周期相同，柱上油断路器、油负荷开关绝缘电阻测量每两年进行一次，大修周期不应超过五年，操作频繁的开关应缩短大修周期。

第4.3.2条　巡视检查内容：

（1）外壳有无渗、漏油和锈蚀现象。

（2）套管有无破损、裂纹、严重脏污和闪络放电的痕迹。

（3）开关的固定是否牢固；引线接点和接地是否良好；线间和对地距离是否足够。

（4）油位是否正常。

（5）开关分、合位置指示是否正确、清晰。

第4.3.3条　交接和大修后的柱上开关，应进行下列试验，合格后方可投入运行，其试验项目及其标准如下：

（1）绝缘电阻测量：用2500V兆欧表，绝缘电阻值不低于1000MΩ。

（2）每相导电回路电阻测量：导电回路电阻值不宜大于500μΩ。

（3）工频耐压试验：工频耐压试验值按表4-

3 规定。

表 4-3　柱上开关工频耐压试验值　　kV

型式＼电压等级	10kV	9kV	试验时间
出厂试验	42	32	1min
交接或大修后	38	28	1min

（4）绝缘油试验：按附录 B 表 B-4 规定。

第 4.3.4 条　通过开关的负荷电流应小于其额定电流，断路器安装点的短路容量应小于其额定开断容量。

第四节　隔离开关和熔断器

第 4.4.1 条　隔离开关、熔断器的巡视、检查、清扫周期与线路的周期相同。其巡视、检查内容如下：

（1）瓷件有无裂纹、闪络、破损及脏污。

（2）熔丝管有无弯曲、变形。

（3）触头间接触是否良好，有无过热、烧损、熔化现象。

（4）各部件的组装是否良好，有无松动、脱落。

（5）引线接点连接是否良好，与各部间距是否合适。

（6）安装是否牢固，相间距离、倾斜角是否符合规定。

（7）操动机构是否灵活，有无锈蚀现象。

第 4.4.2 条　检查发现以下缺陷时，应及时处理：

（1）熔断器的消弧管内径扩大或受潮膨胀而失效。

（2）触头接触不良，有麻点、过热、烧损现象。

（3）触头弹簧片的弹力不足，有退火、断裂等情况。

（4）操动机构操作不灵活。

（5）熔断器熔丝管易跌落，上下触头不在一条直线上。

（6）熔丝容量不合适。

（7）相间距离不足 0.5m，跌开式熔断器安装倾斜角超出 15°～30°范围。

第 4.4.3 条　熔断器遮断容量应大于其安装点的短路容量；通过隔离开关和熔断器的最大负荷电流应小于其额定电流。

第五节　电　容　器

第 4.5.1 条　电容器的巡视、检查、清扫与所在线路设备同时进行。

第 4.5.2 条　巡视检查内容：

（1）瓷件有无闪络、裂纹、破损和严重脏污。

（2）有无渗、漏油。

（3）外壳有无鼓肚、锈蚀。

（4）接地是否良好。

（5）放电回路及各引线接点是否良好。

（6）带电导体与各部的间距是否合适。

（7）开关、熔断器是否正常、完好。

（8）并联电容器的单台熔丝是否熔断。

（9）串联补偿电容器的保护间隙有无变形、异常和放电痕迹。

第 4.5.3 条　发现下列情况应停止运行，进行处理：

（1）电容器爆炸、喷油、漏油、起火、鼓肚。

（2）套管破损、裂纹、闪络烧伤。

（3）接头过热、熔化。

（4）单台熔丝熔断。

（5）内部有异常响声。

第 4.5.4 条　电容器运行中的最高温度不得超过制造厂规定值。

第 4.5.5 条　电容器的保护熔丝可按电容器的额定电流的1.2～1.3倍进行整定。

第五章　防雷与接地

第 5.0.1 条　防雷装置应在雷季之前投入运行。

第 5.0.2 条　防雷装置的巡视周期与线路的巡视周期相同。

第 5.0.3 条　防雷装置检查、试验周期为：

避雷器绝缘电阻试验：1～3 年。

避雷器工频放电试验：1～3 年。

第 5.0.4 条　FS 型避雷器的绝缘电阻应大于 2500MΩ。

第 5.0.5 条　FS 型避雷器的工频放电电压应在表 5-1 和表 5-2 的规定范围内。

表 5-1　FS 型普通阀型避雷器工频放电电压

型号	额定电压有效值，kV	工频放电电压有效值，kV	
		不小于	不大于
FS—3	3	9/8	11/12
FS—6	6	16/15	19/21
FS—10	10	26/23	31/33

注　表中分子为新品或大修后数值，分母为运行中避雷器要求满足的数值。

表 5 - 2　　　　低压阀型避雷器工频放电电压

额定电压有效值，kV	工频放电电压有效值，kV	
	不小于	不大于
0.22	0.6	1.0
0.38	1.1	1.6

第 5.0.6 条　接地装置的巡视、检查与其设备的巡视检查同时进行。

第 5.0.7 条　柱上变压器、配变站、柱上开关设备、电容器设备的接地电阻测量每两年至少一次；其他设备的接地电阻测量每四年至少一次。接地电阻测量应在干燥天气进行。

第 5.0.8 条　总容量100kV·A及以上的变压器其接地装置的接地电阻不应大于 4Ω，每个重复接地装置的接地电阻不应大于 10Ω；总容量为 100kV·A以下的变压器，其接地装置的接地电阻不应大于 10Ω，每个重复接地装置的接地电阻不应大于 30Ω，且重复接地不应少于 3 处。

第 5.0.9 条　中性点直接接地的低压电力网中的中性线，应在电源点接地；在配电线路的干线和分干线（支线）终端处，应重复接地；在线路引入车间或大型建筑物处，也应将中性线重复接地。

第 5.0.10 条　柱上开关、隔离开关和熔断器的防雷装置，其接地装置的接地电阻，不应大于 10Ω。

第 5.0.11 条　配变站的接地装置的接地电阻不应大于 4Ω。

第 5.0.12 条　有避雷线的配电线路，其杆塔接地电阻不宜大于表 5 - 3 所列数值。

表 5 - 3　　　　电杆的接地电阻

土壤电阻率 MΩ	工频接地电阻 Ω	土壤电阻率 MΩ	工频接地电阻 Ω
100 及以下	10	1000 以上至 2000	25
100 以上至 500	15	2000 以上·	30
500 以上至 1000	20		

第 5.0.13 条　接地引下线与接地装置应可靠连接。接地引下线一般不与拉线、拉线抱箍相接触。

第六章　事　故　处　理

第 6.0.1 条　事故处理的主要任务：

(1) 尽快查出事故地点和原因，消除事故根源，防止扩大事故。

(2) 采取措施防止行人接近故障导线和设备，避免发生人身事故。

(3) 尽量缩小事故停电范围和减少事故损失。

(4) 对已停电的用户尽快恢复供电。

第 6.0.2 条　配电系统发生下列情况时，必须迅速查明原因，并及时处理。

(1) 断路器掉闸（不论重合是否成功）或熔断器跌落（熔丝熔断）。

(2) 发生永久性接地或频发性接地。

(3) 变压器一次或二次熔丝熔断。

(4) 线路倒杆、断线；发生火灾、触电伤亡等意外事故。

(5) 用户报告无电或电压异常。

第 6.0.3 条　运行单位为便于迅速、有效的处理事故，应建立事故抢修组织和有效的联系办法。

第 6.0.4 条　高压配电线路发生故障或异常现象，应迅速组织人员（包括用电监察人员）对该线路和与其相连接的高压用户设备进行全面巡查，直至故障点查出为止。

第 6.0.5 条　线路上的熔断器或柱上断路器掉闸时，不得盲目试送，必须详细检查线路和有关设备，确无问题后，方可恢复送电。

第 6.0.6 条　中性点不接地系统发生永久性接地故障时，可用柱上开关或其他设备（如用负荷切断器操作隔离开关或跌落熔断器）分段选出故障段。

第 6.0.7 条　变压器一、二次熔丝熔断按如下规定处理：

(1) 一次熔丝熔断时，必须详细检查高压设备及变压器，无问题后方可送电。

(2) 二次熔丝（片）熔断时，首先查明熔断器接触是否良好，然后检查低压线路，无问题后方可送电，送电后立即测量负荷电流，判明是否运行正常。

第 6.0.8 条　变压器、油断路器发生事故，有冒油、冒烟或外壳过热现象时，应断开电源并待冷却后处理。

第 6.0.9 条　事故巡查人员应将事故现场状况和经过做好记录（人身事故还应记录触电部位、原因、抢救情况等），并收集引起设备故障的一切部件，加以妥善保管，作为分析事故的依据。

第 6.0.10 条　事故发生后，运行单位应及时组织有关人员进行调查、分析，制订防止事故的对策。并按有关规定提出事故报告。

第 6.0.11 条　事故处理工作应遵守本规程和其他有关的部颁规程的规定。紧急情况下，可在保障人身安全和设备安全运行的前提下，采取临时措施，但事后应及时处理。

第 6.0.12 条　运行单位应备有一定数量的物资、

器材、工具作为事故抢修用品。

第七章　技术管理

第一节　技术资料

第 7.1.1 条　运行部门应备有以下主要技术资料：

(1) 配电网络运行方式图板或图纸。

(2) 配电线路平面图。

(3) 线路杆位图（表）。

(4) 低压台区图（包括电流、电压测量记录）。

(5) 高压配电线路负荷记录。

(6) 缺陷记录。

(7) 配电线路、设备变动（更正）通知单。

(8) 维护（产权）分界点协议书。

(9) 巡视手册。

(10) 防护通知书。

(11) 交叉跨越记录。

(12) 事故、障碍记录。

(13) 变压器卡片。

(14) 断路器、负荷开关卡片。

(15) 配变站巡视记录。

(16) 配变站运行方式接线图。

(17) 配变站检修记录。

(18) 配变站竣工资料和技术资料。

(19) 接地装置布置图和试验记录。

(20) 绝缘工具试验记录。

(21) 工作日志。

第 7.1.2 条　运行部门应备有下列规程：

(1) 《电力工业管理法规》。

(2) SD 292—1988《架空配电线路及设备运行规程（试行）》。

(3) DL 409—1991《电业安全工作规程（电力线路部分）》。

(4) 《电力设施保护条例》。

(5) SDJ 206—1987《架空配电线路设计技术规程》。

(6) 《电力设备过电压保护设计技术规程》。

(7) 《电力设备接地设计技术规程》。❶

(8) 《电气装置安装工程施工及验收规范》。

(9) 《电业生产人员培训制度》。

(10) 《电气设备预防性试验规程》❷。

(11) DL 558—1994《电业生产事故调查规程》。

(12) 《配电系统供电可靠性统计办法》。

(13) DL/T 572—1995《电力变压器运行规程》。

(14) SDJ 25—1985《并联电容器装置设计技术规程》。

第二节　缺陷管理

第 7.2.1 条　缺陷管理的目的是为了掌握运行设备存在的问题，以便按轻、重、缓、急消除缺陷，提高设备的健康水平，保障线路、设备的安全运行。另一方面对缺陷进行全面分析总结变化规律，为大修、更新改造设备提供依据。

第 7.2.2 条　缺陷按下列原则分类：

(1) 一般缺陷。是指对近期安全运行影响不大的缺陷。可列入年、季检修计划或日常维护工作中去消除。

(2) 重大缺陷。是指缺陷比较严重，但设备仍可短期继续安全运行。该缺陷应在短期内消除，消除前应加强监视。

(3) 紧急缺陷。是指严重程度已使设备不能继续安全运行。随时可能导致发生事故或危及人身安全的缺陷，必须尽快消除或采取必要的安全技术措施进行临时处理。

第 7.2.3 条　运行人员应将发现的缺陷详细记入缺陷记录内，并提出处理意见，紧急缺陷应立即向领导汇报，及时处理。

第三节　设备标志

第 7.3.1 条　配电线路及其设备应有明显的标志，主要标志内容如下：

(1) 配电线路名称和杆塔编号。

(2) 配变站的名称和编号。

(3) 相位标志。

(4) 开关的调度名称和编号。

第 7.3.2 条　变电所配电线的出口和配变站的进、出线应有配电线名称、编号和相位标志。架空配电出线的标志设在出线套管下方（或构架上）。电缆配出线的标志设在户外电缆头下方。

第 7.3.3 条　每基杆塔和变压器台应有名称和编号标志，标志设在巡视易见一侧，同一条线路标志应设在一侧。

---

❶　电力工业部于 1997 年 9 月 2 日发布了 DL/T 621—1997《交流电气装置的接地》，原标准《电力设备接地设计技术规程》已废止。

❷　电力工业部 1996 年 9 月 25 日修订发布 DL/T 596—1996《电力设备预防性试验规程》，替代原水利电力部颁布的《电气设备预防性试验规程》。

第7.3.4条 导线的三相用黄、绿、红三色标志。下列杆塔应设有相色标志。

(1) 每条线的出口杆塔。

(2) 分支杆。

(3) 转角杆。

第7.3.5条 配电站(包括箱式)和变压器应有警告牌。

第四节 电 压 管 理

第7.4.1条 配电运行人员应掌握配电网络中高压线路和低压台区的电压质量情况,运行部门要采取技术措施,为提高供电电压质量而努力。

第7.4.2条 供电局供到用户受电端(产权分界点)的电压变动幅度应不超过受电设备(器具)额定电压的下列指标范围:

1~10kV 用户	±7%
低压动力用户	±7%
低压照明用户	+5%~10%

第7.4.3条 配电线路的电压损失,高压不应超过5%,低压不应超过4%。

第7.4.4条 低压网络每个台区的首、末端每年至少测量电压一次。

第7.4.5条 有下列情况之一者,应测量电压:

(1) 投入较大负荷。

(2) 用户反映电压不正常。

(3) 三相电压不平衡,烧坏用电设备(器具)。

(4) 更换或新装变压器。

(5) 调整变压器分接头。

第五节 负 荷 管 理

第7.5.1条 配电变压器不应过负荷运行,应经济运行,最大负荷电流不宜低于额定电流的60%,季节性用电的专用变压器。应在无负荷季节停止运行。

第7.5.2条 变压器的三相负荷应力求平衡,不平衡度不应大于15%,只带少量单相负荷的三相变压器,中性线电流不应超过额定电流的25%,不符合上述规定时,应将负荷进行调整。不平衡度的计算式为:

$$不平衡度\% = \frac{最大电流-最小电流}{最大电流} \times 100\%$$

第7.5.3条 变压器熔丝选择,应按熔丝的安一秒特性曲线选定。如无特性曲线可按以下规定选用。

(1) 一次熔丝的额定电流按变压器额定电流的倍数选定,10~100kV·A变压器为1~3倍,100kV·A以上变压器为1.5~2倍。

(2) 多台变压器共用一组熔丝时,其熔丝的额定电流按各变压器额定电流之和的1.0~1.5倍选用。

(3) 二次熔丝的额定电流按变压器二次额定电流选用。

(4) 单台电动机的专用变压器,考虑起动电流的影响,二次熔丝额定电流可按变压器额定电流的1.3倍选用。

(5) 熔丝的选定应考虑上下级保护的配合。

附录 A
架空线路污秽分级标准

架空线路污秽分级标准见表A-1。

表 A-1　　　　　　　　　　架空线路污秽分级标准

污秽等级	污 秽 条 件		泄漏比距 cm/kV	
	污 秽 特 征	盐密 mg/cm²	中性点直接接地	中性点非直接接地
0	大气清洁地区及离海岸50km以上地区	0~0.03 (强电解质) 0~0.06 (弱电解质)	1.6	1.9
1	大气轻度污染地区或大气中等污染地区,盐碱地区,炉烟污秽地区,离海岸10~50km地区,在污闪季节中干燥少雾(含毛毛雨)或雨量较多时	0.03~0.01	1.6~2.0	1.9~2.4
2	大气中等污染地区,盐碱、炉烟污秽地区,离海岸3~10km地区,在污闪季节中潮湿多雾(含毛毛雨),但雨量较少时	0.05~0.1	2.0~2.5	2.4~3.0

续表

污秽等级	污 秽 条 件		泄漏比距 cm/kV	
	污 秽 特 征	盐密 mg/cm²	中性点直接接地	中性点非直接接地
3	大气严重污染地区，大气污染而又有重雾的地区，离海岸1～3km及盐场附近重盐碱地区	0.10～0.25	2.5～3.2	3.0～3.8
4	大气特别严重污染地区，严重盐雾侵袭地区，离海岸1km以内的地区	0.25	3.2～3.8	3.8～4.5

附录B
变压器试验标准

一、绝缘电阻测量

使用额定电压为1000～2500V的兆欧表进行测量，其值不低于出厂值的70%。（表B-1为换算系数）。

表 B-1　　绝缘电阻换算系数

温度差℃	5	10	15	20	25	30	35	40	45
换算系数	1.2	1.5	1.8	2.3	2.8	3.4	4.1	5.3	7.6

变压器绝缘电阻测量工作，应在气温5℃以上的干燥天气（湿度不超过75%）进行，测量时断开其他设施，擦净套管，测量变压器的温度，绝缘电阻值不应低于表B-2规定。

二、工频耐压试验

（1）绝缘电阻值低于允许值时，不得进行耐压试验。

（2）新产品和大修后的变压器按表B-3规定值试验合格。

表 B-2　　变压器的绝缘电阻允许值　　MΩ

测量项目 ＼ 温度 ℃	10	20	30	40	50	60	70	80
一次对二次及地	450	300	200	130	90	60	40	25
二次对地	同 上							

表 B-3　　工频耐压试验值

电压等级 kV	高压测 kV		低压测 kV		试验时间
	新 品	大修后	新 品	大修后	
10	35	30	5	4（2）	1min
6	25	21	5	4（2）	1min

注　运行中非标准的变压器，如需做工频耐压试验，可按大修后规定值进行。括号中数字为1965年以前的产品的规定值。

三、直流电阻试验

（1）检查变压器分接头位置是否正常，回路的连接是否良好。

（2）三相线间直流电阻的不平衡度按下式计算不大于2%。

$$不平衡度 = \frac{三相最大值 - 最小值}{平均值} \times 100\%$$

四、绝缘油简化试验

1. 绝缘油的标准，见表B-4规定。

表 B-4　　绝 缘 油 标 准

序号	试验项目	新 油	运行中油
1	闪点 ℃	不低于135℃	（1）可比新油标准低5℃（2）与前次测量值比不低于5℃
2	机械混合物	无	无
3	游离碳	无	无
4	灰分 %	不大于0.005	不大于0.01
5	酸碱反应	pH 值6～7	pH 值不小于4.2
6	水分	无	无
7	电气击穿强度 kV	不低于25	不低于20

2. 为使试验值正确反映绝缘油状况，应注意做好以下几项工作：

（1）取油样的专用瓶必须用白土洗净，进行干燥后才可使用。

（2）取油样必须在干燥天气进行。

（3）取油样前应将变压器放油栓上的污秽擦净、取样后应将瓶盖严，保持干净，防止受潮。

9　电力线路防护规程

（水利电力部〔79〕水电规字第6号）

第1条　为了在统筹兼顾的原则下，确保供电安全和多快好省地建设电力线路，特制定本规程。

第2条　本规程适用于1千伏及以上电力线路的防护，其范围包括架空电力线路、电力电缆线路以及装设在线路杆塔上的开关设备和变电设备。

第3条　电力线路经过地区的机关、工厂、矿山、部队、生产队、学校和居民等有协助保护电力线路的责任。

第4条　电力线路的杆塔、拉线、支柱及附属设施本身所占用的土地和为保证基础稳定所需的土地为留用土地。

留用土地应按国务院颁布的"国家建设征用土地办法"及其他有关规定征用。

第5条　修建电力线路，如需要拆迁房屋、砍伐树木，应与有关单位协商，并按国务院颁布的"国家建设征用土地办法"及其它有关规定执行。

第6条　架空电力线路的防护区为导线边线向两侧延伸一定距离所形成的两平行线内的区域。各级电压线路应延伸的距离规定如下：

```
1～10 千伏……………………5 米
35～110 千伏…………………10 米
154～330 千伏………………15 米
```

架空电力线路经过工厂、矿山、港口、码头、车站、城镇、公社等人口密集的地区，不规定防护区。但导线边线与建筑物之间的距离，在最大计算风偏情况下，不应小于下列数值：

```
1～10 千伏……………………1.5 米
35 千伏………………………3.0 米
60～110 千伏…………………4.0 米
154～220 千伏………………5.0 米
330 千伏………………………6.0 米
```

在无风情况下，导线与不在规划范围内的城市建筑物之间的水平距离，不应小于上列数值的一半。

注： ①导线与城市多层建筑物或规划建筑线之间的距离，指水平距离。

②导线与不在规划范围内的现有建筑物之间的距离，指净空距离。

第7条　水底电缆的防护区为距电缆100米的两平行线内的水域。

第8条　架空电力线路的下面，不应修建屋顶为燃烧材料做成的建筑物。修建耐火屋顶的建筑物，应事先与电力线路运行单位协商。线路下面的建筑物与导线之间的垂直距离在导线最大计算弧垂情况下，不应小于下列数值：

```
1～10 千伏……………………3.0 米
35 千伏………………………4.0 米
60～110 千伏…………………5.0 米
154～220 千伏………………6.0 米
330 千伏………………………7.0 米
```

第9条　架空电力线路通过林区，应砍伐出通道。1～10千伏线路的通道宽度，不应小于线路宽度加10米。35～330千伏线路的通道宽度，不应小于线路宽度加林区主要树种高度的两倍，通道附近超过主要树种高度的个别树木，应砍伐。

在下列情况下，如不妨碍架线施工，可不砍伐通道：

一、树木自然生产高度不超过2米；

二、导线与树木（考虑自然生长高度）间的垂直距离，不小于下列数值：

```
1～10 千伏……………………3.0 米
35～110 千伏…………………4.0 米
154～220 千伏………………4.5 米
330 千伏………………………5.5 米
```

架空电力线路通过公园、绿化区或防护林带，导线与树木间的净空距离，在最大计算风偏情况下，不应小于下列数值：

```
1～10 千伏……………………3.0 米
35～110 千伏…………………3.5 米
154～220 千伏………………4.0 米
330 千伏………………………5.0 米
```

架空电力线路通过果林、经济作物林或城市灌木林不应砍伐出通道。导线与果树、经济作物、城市灌木以及街道行道树之间的垂直距离，不应小于下列数值：

```
1～10 千伏……………………1.5 米
35～110 千伏…………………3.0 米
154～220 千伏………………3.5 米
330 千伏………………………4.5 米
```

第10条　修剪树木，应保证在修剪周期内生长的树枝与导线间的距离，均不小于上述规定的数值。

第11条　在未考虑作交通道路的地点，直接在架空电力线路下面通过的运输车辆或农业机械（包括机上人员）与导线间的距离，不应小于下列数值：

　　1～10 千伏……………………1.5 米

　　35～110 千伏…………………2.0 米

　　154～220 千伏…………………2.5 米

　　330 千伏………………………3.5 米

如通过的车辆或机械（包括机上人员）的高度超过 4 米，应事先取得电力线路运行单位的同意。

第 12 条　在防护区和通道内的防护规定：

一、严禁破坏、拆毁电力线路的一切设备；严禁攀登杆塔以及向导线、绝缘子抛掷任何物体。

二、严禁堆放谷物、草料、易燃物、易爆物以及可能影响供电安全的其他物品。

三、在地下电缆路径的上面，严禁倾倒酸、碱、堆放物品或垃圾。

四、在水底电缆的防护区内，严禁打桩、抛锚、撑篙及设渔梁等。

五、不得修筑畜圈、围墙或围栏；不得利用杆塔或拉线拴牲畜、攀附农作物；不得野炊或烧荒。

六、不得在架空电力线路附近射击、放风筝。

七、在防护区内进行开挖、修建、修缮、筑路、架线、疏浚等施工，在线路附近进行爆破施工，在地下电缆的路径上进行开挖、打桩、敷设地下管道等施工，均应取得电力线路运行单位的同意。必要时，运行单位应派人协助监护。

第 13 条　电力线路运行单位的工作人员，对下列事项可先处理，但事后应及时通知有关单位。

一、修剪超过规定界限的树木。

二、砍伐为处理电力线路事故所必需的林区个别树木。

三、清除可能影响供电安全的收音机天线、铁烟囱或其他凸出物。

四、为处理地下电缆事故，在有关单位的地面上开挖。

第 14 条　电力线路与铁路、道路、河流、管道、索道及各种架空线路交叉或接近，如完全符合《架空送电线路设计技术规程》SDJ 3—79、《架空配电线路设计技术规程》SDJ 4—79 及《电力建设施工及验收暂行技术规范》中的有关规定，可不另签订协议。但建设单位应将有关技术资料，在设计批准前送交有关单位进行核对；有关单位如有意见，应在收到资料后一个月内提出。

---

❶　1kgf＝9.8N。

10　电力电缆运行规程

（电力工业部〔79〕电生字53号）

第一章　总　则

第 1 条　本规程适用于各级电压的电力电缆和控制电缆。电缆的技术标准应符合电工专业标准的要求。有关电缆装置和试验的规定，应以有关专业规程为准。

第 2 条　2000V 及以上电压的电缆线路，其总长度超过 50km 时，应每年统计事故率和保养费用率：

$$事故率＝\frac{100N}{L}，次／（百千米年）$$

$$保养费用率＝\frac{100Y}{L}，万元／（百千米年）$$

此处，L 为 2000V 及以上电压的电缆线路总长度的公里数，N 为当年这些电缆线路在运行中因保护器动作或示警指示等原因而不能送电的次数；Y 为当年这些电缆线路的维修和运行费用的总和（人民币，万元）。

第一节　对电缆线路的基本要求

第 3 条　低油压充油电缆的长期允许油压为 0.5～3kgf/cm²❶。

第 4 条　电缆线路的最高点与最低点之间的最大允许高度差应不超过表1的规定。

第 5 条　电缆线路的最高点和最低点的水平差超过第4条规定者，可采用塞止式接头。

第 6 条　电缆的弯曲半径应不小于下列规定：

1. 纸绝缘多芯电力电缆（铅包、铠装）15 倍电缆外径；

2. 纸绝缘单芯电力电缆（铅包、铠装或无铠装）20 倍电缆外径；

表 1　**电缆线路的最高点和最低点之间的最大允许高度差**

电压 （kV）	有无铠装	铅包 （m）	铝包 （m）
1～3	铠装 无装	25 20	25 25
6～10 20～35	铠装或无铠装	15 5	20

注　1. 水底电缆线路的最低点是指最低水位的水平面。
　　2. 橡胶和塑料电缆的最大允许高度差不受本表限制；
　　3. 充油电缆的允许高度差根据其长期允许油压来确定。

3. 铅包电缆、橡皮绝缘和塑料绝缘电缆及控制电缆（铅包或塑料护层）按制造厂规定。

第7条　不允许将三芯电缆中的一芯接地运行。在三相系统中，用单芯电缆时，三根单芯电缆之间距离的确定，要结合金属护层或外屏蔽层的感应电压和由其产生的损耗，一相对地击穿时危及邻相的可能性，所占线路通道宽度以及便于检修等各种因素全面考虑。

除了充油电缆和水底电缆外，单芯电缆的排列应尽可能组成紧贴的正三角形。

第8条　单芯电缆的铅包只在一接接地时，在铅包另一端上的正常感应电压一般不应超过65V，当铅包正常感应电压超过65V时，应对易于与人身接触的裸露的铅包及与其相连的设备加以适当的遮蔽，或采用将铅包分段绝缘后对三相铅包加以互联的方法。

单芯电缆如有加固铅包的金属加强带，则加强带应和铅包连接在一起、使两者处于同一电位；有铠装丝的单芯电缆如无可靠的外护层时，则这种单芯电缆在任何场合都应将铅包和铠装丝的两端均接地。

第9条　单芯电缆线路的铅包只有一点接地时，其最大感应电压接近护层绝缘击穿强度的各点都应加装护层绝缘保护器，如采用非线性阀片、球间隙等。

单芯电缆线路如连接架空线，而铅包只有一点接地时，应优先考虑在架空线的一侧接地。

单芯电缆线路的铅包只有一点接地时，宜考虑并行敷设一根两端接地的绝缘回流线；回流线的阻抗，尽可能匹配最大零序电流和其对回流线的感应电压。回流线的排列应使其在工作电流时形成的损耗最小；只有当对邻近信号线路无干扰影响时，才可不敷设回流线。

第10条　三相线路使用单芯电缆或分相铅包电缆时，每相周围应无紧靠的铁件构成的铁磁环路。

第11条　电缆线路的正常工作电压，一般不应超过电缆额定电压的15%。电缆线路的升压运动，必须经过试验、鉴定，并经上级主管部门批准。

第12条　在电缆中间接头和终端接头处，电缆的铠装、铅包和金属接头盒应有良好的电气连接，使其处于同一电位。在电缆两端应按"电气设备接地装置规程"的规定接地。

第二节　电缆直接埋在地下的规定

第13条　直接埋在地下的电缆，一般应使用铠装电缆。只有在修理电缆时，才允许使用短段无铠装电缆，但必须外加机械保护。

在选择直埋电缆线路时，应注意直埋电缆的周围泥土，不应含有腐蚀电缆金属包皮的物质（如烈性的酸碱溶液、石灰、炉渣、腐殖物质及有机物渣滓等）；还应注意虫害及严重阳极区。

第14条　电缆埋置深度，电缆之间的净距，与其它管线间接近和交叉的净距，应符合下列规定：

1. 电缆对地面和建筑物的最小净距：

（1）直埋电缆的埋置深度（由地面至电缆外皮）0.7m；

（2）电缆外皮至地下建筑物的基础0.6m（或按当地城市建设局的规定，但最小不得小于0.3m）。

上列第（1）项如电缆穿越农田时，为了防止被农业机械挖伤，可考虑适当加深。

2. 电缆相互水平接近时的最小净距：

（1）控制电缆不作规定；

（2）电力电缆相互间，或与控制电缆间10kV及以下0.1m，10kV以上0.25m；

（3）不同部门使用的电缆（包括通信电缆）相互间0.5m。

上列第（3）项，如电缆用隔板隔开时可降低为0.1m，穿入管中时不作规定。

3. 电缆相互交叉时的最小净距0.5m。

电缆在交叉点前后1米范围内，如用隔板隔开时上述距离可降低为0.25m，穿入管中时不作规定。

4. 电缆与地下管道间接近和交叉的最小净距：

（1）电缆与热力管道（包括石油管道）接近时的净距2m；

（2）电缆与热力管道（包括石油管道）交叉时的净距0.5m；

（3）电缆与其他管道接近或交叉时的净距0.5m。

上列第（1）、（2）两项要求的热力管，视现场情况而采取必要措施，使埋置电缆地点的土壤的温升在任何时间内不超过10℃；上列第（3）项如有保护措施时，则净距不作规定。禁止将电缆平行敷设在管道的上面或下面。

第15条　电缆与树木主干的距离，一般不宜小于0.7m。如城市绿化个别地区达不到上述距离时，可采取措施，由双方协商解决。

第16条　电缆与城市街道、公路或铁路交叉时，应敷设于管中或隧道内。管的内径不应小于电缆外径的1.5倍，且不得小于100mm。管顶距路轨底或公路路面的深度不应小于1m，距排水沟底不应小于0.5m，距城市街道路面的深度不应小于0.7m；管长除跨越公路或轨道宽度外，一般应在二端各伸出2m，在城市街道，管长应伸出车道路面。当电缆和直流电气化铁路交叉时，应有适当的防蚀措施。

第17条　电缆沿铁路敷设时，最小允许接近距离应符合下列规定：

1. 电缆和普通铁路路轨 3m；

2. 电缆和直流电气化铁路路轨不作规定，但应采取适当防蚀措施（见第四章）。

第 18 条 电缆铅包对大地电位差不宜大于正1V。并应不大于当地地下管线预防电蚀管理办法的规定。

第 19 条 从铠装电缆铅包流入土壤内的杂散电流密度，不应大于 $1.5\mu A/cm^2$。

第 20 条 电缆直埋敷设时，电缆沟底必须具有良好土层，不应有石块或其它硬质杂物，否则应铺以 100mm 厚的软土和砂层。电缆敷设好后，上面应铺以 100mm 厚的软土和砂层，然后盖以混凝土保护板，覆盖宽度应超出电缆直径两侧各 50mm。但在不得已的情况下，也允许用砖代替混凝土保护板。

第 21 条 直埋电缆自土沟引进隧道、人井及建筑物时，应穿在管中，并在管口加以堵塞，以防漏水。

第 22 条 电缆从地下或电缆沟引出地面时，地面上 2m 的一段应用金属管或罩加以保护，其根部应伸入地面下 0.1m。在发电厂、变电所内的铠装电缆，如无机械损伤的可能，可不加保护；但对无铠装电缆，则应加以保护。

第 23 条 地下并列敷设的电缆，其中间接头盒位置须相互错开，其净距不应小于 0.5m。

第 24 条 电缆中间接头盒外面应有防止机械损伤的保护盒。塑料电缆中间接头例外。

第 25 条 敷设在郊区及空旷地带的电缆线路，应竖立电缆位置的标志。

第三节 电缆安装在电缆沟内及隧道内的规定

第 26 条 敷设在房屋内、隧道内和不填砂土的电缆沟内的电缆，应采用裸铠装或非易燃性外护层的电缆。电缆线路如有接头，应在接头的周围采取防止火焰蔓延的措施。电缆沟与电缆隧道的防火要求还应符合《火力发电厂设计技术规程》与《变电所设计技术规程》的有关规定。

第 27 条 电缆在隧道和电缆沟内，宜保持表 2 所列的最小允许距离。

第 28 条 电缆固定于建筑物上，水平装置时，电力电缆外径大于 50mm 的，每隔 1000mm 宜加支撑；电力电缆外径小于 50mm 的和控制电缆，每隔 600mm 宜加支撑；排成正三角形的单芯电缆每隔 1000mm 应用绑带扎牢。垂直装置时，电力电缆每隔 1000～1500mm 应加固定。

对于截面积为 1500mm² 或更大的电缆，将其固定在建筑物上时，应充分注意电缆因负荷变化而热胀冷缩所引起的机械力问题，应根据整条电缆线路裕度均匀一致的原则，选用刚性或绕性固定方式。

表 2 电缆在隧道和电缆沟内最小允许距离 （mm）

名　　称		电缆隧道	电缆沟
高度		1900	不作规定
两边有电缆架时，架间水平净距（通道宽）		1000	500
一边有电缆架时，架与壁间水平净距（通道宽）		900	450
电缆架各层间垂直净距	电力电缆：10kV 及以下	200	150
	20kV 或 35kV	250	200
	110kV 及以下	不小于2D+50	
	控制电缆	100	100
电力电缆间水平净距		35（但不小于电缆外径）	35

注 1D 为电缆外径。

第 29 条 电缆隧道和沟的全长应装设有连续的接地线，接地线的两头和接地极联通。接地线的规格应符合《电力设备接地设计技术规程》。电缆铅包和铠装除了有绝缘要求以外应全部互相连接并和接地线连接起来。

第 30 条 装在户外以及装在人井、隧道和电缆沟内的金属结构物均应全部镀锌或涂以防锈漆。

第 31 条 电缆隧道和电缆沟应有良好的排水设施，电缆隧道还应具有良好的通风设施。

第四节 电缆安装在桥梁构架上的规定

第 32 条 架设于桥梁上的电缆，如果经常受到震动，应加垫弹性材料制成的衬垫（如砂枕、弹性橡胶等）。桥堍两端和伸缩缝处应留有电缆松弛部分。以防电缆由于结构胀缩而受到损坏。

第 33 条 架设于木桥上的电缆应穿在铁管中。在其它结构的桥上敷设电缆时，应放在人行道下电缆沟中或穿在耐火材料制成的管中，但在不会有人接触的情况下，电缆可裸露敷设在桥上。

第 34 条 露天敷设的电缆应尽量避免太阳直接照射，必要时可加装遮阳的罩。裸露铠装必要时涂以沥青漆，以防腐蚀。

第五节 电缆敷设在排管内的规定

第 35 条 敷设在排管内的电缆应使用加厚的裸

铅包或塑料护套的电缆。排管应使用对电缆金属包皮没有化学作用的材料做成，排管内表面应光滑。

第 36 条 电缆人井位置和间距，应根据电缆施工时的允许拉力，可按电缆的制造长度和地理位置等而定。一般不宜大于 200m。

第六节 电缆敷设在水底的规定

第 37 条 水底电缆应用金属丝铠装；如果经受拉力不大，允许使用钢带铠装的电缆；在经受拉力大的情况下，因单层铠装丝容易退扭而使电缆打圈。应尽可能采用预扭或绞向相反的双层金属丝铠装。

第 38 条 水底电缆，应是整根的，但允许有软接头。电缆的全长，尽可能埋设在河床下至少 0.5m 深。

第 39 条 水底电缆如不能埋深，应有防止外力损伤的措施。并按照航务部门的规定设置固定的警告标志和河岸监视。在航运频繁的河道内，应尽量在水底电缆的防护区内架设防护钢索。

第 40 条 水底电缆线路平行敷设时，其间距为：

1. 不能埋设时，尽可能保持最高水位水深的 2 倍；

2. 埋设时，按埋设方式或埋设机的工作活动能力而定。

第 41 条 水底充油电缆的油压整定，除了考虑因负荷变化产生的油压变化外，还应考虑在水的最深处的电缆内部油压必须大于该处在最高水位时的水压，防止铅包有渗漏时水分侵入电缆内部。

第七节 安装电缆的其他要求

第 42 条 敷设电缆时，如电缆存放地点在敷设前 24 小时内的平均温度以及敷设现场的温度低于下列数值时，应将电缆预先加热：

1. 纸绝缘电缆，35kV 及以下者，0℃（不滴流电缆按制造厂规定）；

2. 充油电缆，−10℃；

3. 橡皮绝缘电缆，按制造厂制定；

4. 塑料绝缘电缆，0℃。

第 43 条 电缆的预热，可采用下列方法：

1. 用提高周围空气温度的方法加热：当温度为 5～10℃时，需 72h；如温度为 25℃时，则需 24～36h。

2. 用电流通过电缆芯导体加热：加热电流不得大于电缆的额定电流，加热后电缆的表面温度可根据各地气候条件决定，但不得低于 +5℃。用单相电流加热铠装电缆时，应采用能防止在铠装内形成感应电流的电缆芯连接方法。

经过烘热的电缆应尽快敷设，敷设前放置的时间一般不得超过 1 小时。当电缆冷却至低于第 42 条所列的环境温度时，不得再加弯曲。

第 44 条 周围环境温度低于 −10℃时，只有在紧急情况下并在敷设前和敷设中均用电流加热，才允许敷设纸绝缘电缆。

第 45 条 电缆中间接头和终端头应有可靠的防水密封，以防水分侵入。对缺少运行经验的接头和终端头，应通过试验鉴定，逐年逐步增加。

第 46 条 电缆终端头出线应保持固定位置，其带电裸露部分之间及至接地部分的距离不得小于表 3 的规定。

表 3 电缆终端头带电裸露部分之间及至接地部分的距离（mm）

电压（kV）	1～3	6	10	20	35
户内	75	100	125	180	300
户外	200	200	200	300	400

电压（kV）	110	220	330
户内	850/900		
户外	900/1000	1800/2000	2600/2800

注 110kV 及以上为接地系统，其数据中，分子为相对地的距离，分母为相对相之间的距离。

第 47 条 电缆沟、隧道及人井内的电缆和中间接头，以及电缆两端的终端头均应安装铭牌、记载线路名称或号数等。新建及大修后，应校核电缆两端所挂铭牌是否相符。电缆终端头相位颜色应明显，并与电力系统的相位符合。

第 48 条 安装电缆、接头或终端头的施工人员应为经过专门训练的合格的电缆技工。

第 49 条 安装电缆接头或终端头应在气候良好的条件下进行。应尽量避免在雨天、风雪天或湿度较大的环境下安装，安装户外接头或终端头的工作，还须有防止尘土和外来污物的措施。

第八节 电缆备品

第 50 条 电缆应储存在干燥的地方，有搭盖的遮棚，电缆盘下应放置枕垫，以免陷入泥土中。电缆盘不许平卧放置。

第 51 条 对充油电缆的备品，还应定期检查其油压是否在规定范围内和有无渗漏现象。

第 52 条 运行中各级电压的电缆和附件一般均应备有事故备品，以便能满足一次事故内替换损坏电缆和附件的需要，其数量应考虑节约资金和根据过去运行经验决定。有的备品可由电缆网络中的指定机构，集中贮备。

第 53 条 电缆线路有部分通过桥梁或者排管者，

应各有一段事故备品。其长度应足够跨越整个桥梁和排管的距离。

第 54 条　水底电缆因检修困难，修复时间较长，故允许将事故备用电缆事先和线路平行敷设。此外，一般陆地上电缆下应事先敷设一条（或一相）备用电缆。

第 55 条　各电缆运行部门应制订有关事故备品的管理办法。动用事故备品应参照事故备品管理办法执行。

第九节　技术文件

第 56 条　各种型式电缆必须具备电缆截面图（参考附图 1）并注明必要的结构和尺寸。

第 57 条　电缆网络的运行部门应备有该部门所属：

1. 全部电缆线路的地形总图。比例尺一般为 1：5000，主要标明线路名称和相对位置；

2. 电缆网络的系统接线图；

3. 电缆线路路径的协议文件。

第 58 条　直埋电缆线路必须有详细的敷设位置图样（参考附图 2），比例尺一般为 1：500，地下管线密集地段为 1：100（甚至更大），管线稀少地段，为1：1000。平行敷设的电缆线路，尽可能合用一张图纸，但必须标明各条线路相对位置。并标明地下管线剖面图。

第 59 条　有油压的电缆线路应有供油系统压力分布图和油压整定值等资料，并有示警信号接线图。

第 60 条　电缆线路必须有原始装置记录：准确的长度、截面积、电压、型号、安装日期、线路的参数、中间接头及终端头的型号、编号、装置日期（参考附件 2 中表 1、2）。

第 61 条　沿电缆线路如有特殊结构，如桥梁、隧道、人井、排管等，应备有特殊结构的图样。

第 62 条　电缆的接头和终端头的安装及检修，都应具有相应的工艺标准和设计装配总图；总图必需配有详细注明材料的分件图。

第 63 条　电缆线路必须有运行记录：事故日期、地点及原因以及变动原有装置的记录（参考附件 4 中表 1、2）。

第 64 条　电缆线路发生事故或预防性试验击穿等，都必须做好调查记录：部位、原因、检修过程等，据此制订反事故措施计划。调查记录应逐年归入各条线路的运行档案。对原因不明的事故或击穿，应积累后列入课题，集中研究。

第 65 条　电缆线路上的任何变动或修改，都应及时更正相应的技术资料，保持资料的正确性。

第二章　电缆线路机械损伤的防止

第 66 条　电缆运行部门必须了解和掌握全部电缆线路上的挖土情况，并经常督促有关单位切实执行《电力线路防护规程》或当地政府所颁布的有关保护地下管线的规定。

在市郊挖土频繁地段的电缆线路，应有明显的警告标志，并发动群众做好人民护线工作。

对于水底电缆线路，按水域管辖部门的航行规定，划定一定宽度的防护区，禁止船只抛锚，并按船只往来频繁情况，必要时设置瞭望岗哨，配置能引起船只注意的设施。

第 67 条　凡因必须挖掘而暴露的电缆，应由电缆专业人员在场守护，并应告知施工人员有关施工的注意事项，办理书面交底手续。

在水底电缆线路防护区内，发生违反航行规定的事件，应通知水域管辖的有关部门，尽可能采取有效措施，如停止水下工作、弃锚等，避免钩捞水底电缆而引起的损坏事故。

第 68 条　对于被挖掘而全部露出的电缆，应加扩罩并悬吊。悬吊间的距离应不大于 1.5m，单芯电缆不允许用铁丝绑扎悬吊；多芯电缆用铁丝悬吊时，必须用托板衬护。

第 69 条　挖土工程完毕后，守护人员应检查电缆外部情况是否完好无损，安放位置是否正确，待回填盖好电缆保护板后，才可以离开。

第 70 条　电缆守护人员，应将各种挖土记录详细记入守护记录簿内，并签名。

第 71 条　松土地段的电缆线路临时通行重车，除必须采取保护电缆措施外，应将该地段详细记入守护记录簿内。

第三章　电缆绝缘过热和导线连接点损坏的防止

第一节　正常运行时电缆的允许温度和载流量

第 72 条　电缆导体的长期允许工作温度，不应超过表 4 中所列的数字（若与制造厂规定有出入时，应以制造厂规定为准）。

第 73 条　110kV 及以上的直埋电缆，当其表面温度超过 50℃时，应采取降低温度或改善回填土的散热性能等措施。

表 4　电缆导体的长期允许工作温度(℃)

额定电压(kV) 电缆种类	3及以下	6	10	20~35	110~330
天然橡皮绝缘	65	65			
粘性纸绝缘	80	65	60	50	
聚氯乙烯绝缘	65	65			
聚乙烯绝缘			70	70	
交联聚乙烯绝缘	90	90	90	80	
充油纸绝缘				75	75

第74条　电缆正常运行时的长期允许载流量，应根据电缆导体的工作温度，电缆各部分的损耗和热阻，敷设方式，并列条数，环境温度以及散热条件等加以计算确定。附件3列出了部分常用电缆的长期允许载流量供参考。

第75条　电缆原则上不允许过负荷，即使在处理事故时出现的过负荷，也应迅速恢复其正常电流。

第二节　系统短路时电缆的允许温度和允许短路电流

第76条　重要的或检修困难的电缆线路，除了应按允许温度确定电缆允许电流外，对没有熔丝保护的电缆线路，应验算其在短路情况下的热稳定性。当热稳定性不足时，增大电缆截面直至能适应为止。

第77条　系统短路时，电缆导体的最高允许温度不宜超过下列规定：

1. 电缆线路中无中间接头时，按表5规定。

表 5　无中间接头电缆线路在系统短路时电缆导体最高允许温度

绝缘种类	短路时导体最高允许温度（℃）	
天然橡皮绝缘		150
粘性纸绝缘	10kV及以下	铜导体 220 铝导体 200
	20~35kV	175
聚氯乙烯绝缘		120
聚乙烯绝缘		140
交联聚乙烯绝缘	铜导体	230
	铝导体	200
充油纸绝缘		160

2. 电缆线路中有中间接头时：

（1）锡焊接头120℃；

（2）压接接头150℃（但在表5所规定的温度中低于150℃的电缆仍按表5的规定）；

（3）电焊或气焊接头与无接头时相同。

第78条　系统短路时，电缆的允许短路电流可参考下列公式计算：

$$I = \sqrt{\frac{C_v}{a^k \rho_{20}} \ln \frac{1 + a(\theta_s - 20)}{1 + a(\theta_0 - 20)}} \times \frac{A}{\sqrt{t}} \times 10^{-3} \text{kA}$$

式中：A——电缆导体的截面，mm^2；

C_v——电缆导体的热容系数，J/cm^3，铜导体3.5，铝导体2.48；

k——20℃的导体交流电阻与直流电阻之比；

t——短路时间，s；

a——导体电阻系数的温度系数，$1/℃$，铜导体0.00393，铝导体0.004；

θ_s——短路时导体或接头的允许温度，℃；

θ_0——短路前导体的运行温度，℃；

ρ_{20}——20℃时导体的电阻系数，$\Omega \cdot \text{mm}^2/\text{m}$，铜导体0.0184，铝导体0.031。

第三节　电缆温度的监视

第79条　测量直埋电缆温度时，应测量同地段的土壤温度。测量土壤温度的热偶温度计的装置点与电缆间的距离不小于3m，离土壤测量点3m半径范围内，应无其它热源。

第80条　电缆同地下热力管交叉或接近敷设时，电缆周围的土壤温度，在任何时候不应超过本地段其它地方同样深度的土壤温度10℃以上。

第81条　检查电缆的温度，应选择电缆排列最密处或散热情况最差处或有外界热源影响处。

第82条　测量电缆的温度，应在夏季或电缆最大负荷时进行。

第四节　导线连接点损坏的防止

第83条　电缆的导体可参照表6的方法进行连接，并注意下列事项：

表 6　电缆导体的连接方法

导体材料	铜-铜	铝-铝	铜-铝
压　接	○	△	△
电焊或气焊	○	○	●

注　○推荐；△可用；●推荐、但必须用铜铝过渡接头。

1. 铜-铝导体连接宜采用铜铝过渡接头，如采用铜压接管其内壁必须镀锡。

2. 两种不同截面积的铝导体压接时，必须用纯度高于L1级的铝棒特制加工成相适应截面积的压接管。

3. 只要压接工具的压力能达到导线的蠕变强度，不论点压或围压，都可采用。

第 84 条 短路电流不大或者要求抗拉强度不大的电缆线路，铜导体间的连接，可以用锡焊法，但铝导体间的连接，禁止使用化学反应的钎焊法。

第 85 条 铝导体和其它设备的铜件连接或铜导体和其它设备的铝件连接，应该用铜铝过渡接头，如闪光焊铜铝接头、摩擦焊铜铝接头以及铜铝压接过渡接头。只有在电流密度或者短路电流不大的室内连接点，才允许铝和铜件直接用机械法连接。但两者的接触面间应夹以镀锡的铜片过渡。

第 86 条 重要电缆线路的户外引出线连接点，需加强监视，一般可用红外线测温仪或测温笔测量温度。在检修时，应检查各接触面的表面情况。

第四章 电缆的腐蚀及其它故障的预防

第一节 电缆腐蚀的监视和防止

第 87 条 为了监视有杂散电流作用地带的电缆腐蚀情况，必须测量沿电缆线路铅包流入土壤内杂散电流密度。

第 88 条 阳极地区的对地电位差不大于正1V及阴极地区附近无碱性土壤存在时，可认为安全地区。但对阳极地区仍应严密监视。

第 89 条 腐蚀的化合物呈褐色的过氧化铝时，一般可判定为阳极地区杂散电流腐蚀；呈鲜红色（也有呈绿色或黄色）的铅化合物时，一般可判定为阴极地区杂散电流腐蚀。

第 90 条 铅包腐蚀生成物，如为症状及带淡粉红的白红—白色，一般可判定为化学腐蚀。

第 91 条 在杂散电流密集的地方安装排流设备时，应使电缆铠装上任何部位的电位不超过周围土壤的电位 1V 以上。

排流导线应接以串联调整电阻、电流表及熔丝，以便控制杂散电流的大小。

第 92 条 在小的阳极地区采用吸回电极（锌极或镁极）来构成阴极保护时，被保护的电缆铅包电压不应超过 −0.2 ～ −0.5V。

第 93 条 根据化学分析结果，可以判断土壤和地下水的侵蚀程度，如表7所示。

第 94 条 当电缆线路上的局部土壤含有损害电缆铅包的化学物质时，应该该段电缆装于管子内，并有中性的土壤作电缆的衬垫及覆盖，并在电缆上涂以沥青等。

第 95 条 当发现土壤中有腐蚀电缆铅包的溶液时，应即调查附近工厂排出废水情况并采取适当措施和防护办法。

表 7   土壤和地下水的侵蚀程度

土壤和地下水的侵蚀程度		不侵蚀的	中等侵蚀程度的	侵蚀的
侵蚀指标	氢离子浓度（pH）	6.8～7.2	6.8～6 和 7.2～8 之间	6 以下和 8 以上
	一般酸性或碱性（mg/1KOH）	0.05 以下	0.05～1	1 以上
	土壤里有机物（%）	2 以下	2～5	5 以上
	一般硬度（用硬度度数表示）	15 以上	14～9	8 以下
	硫酸离子数量（mg/l）	100 以上	60～100	60 以下
	碳酸气体数量（mg/l）	30 以下	30～80	80 以上
	硝酸离子数量（mg/l）	不计算	0.05 以下	0.05 以上

注 1. pH 用 pH 计来确定；
2. 有机物的数量、用焙烧试量（约 50g）的方法来确定。

第 96 条 为了确定电缆的化学腐蚀，必须对电缆线路上的土壤作化学分析，并有专档记载腐蚀物及土壤等的化学分析资料。

第二节 绝缘变质事故的预防

第 97 条 20～35kV 粘性浸液纸绝缘电缆的终端，不应用无流动性的绝缘胶作填充用，防止垂直部分电缆的干枯。

第 98 条 发现电缆垂直部分的绝缘有干枯现象的，应改装能自动补油的终端头；如不能改善时，按干枯的规律，定期更换。

填有流质绝缘油的终端头，一般应在冬季补油。

第 99 条 充油电缆用的电缆油，一般 2～3 年测量 1 次：

1. 100±2℃ 时的介质损失角正切；

2. 室温下的击穿强度。

三次取样，如价损均大于 0.5%，击穿强度小于 45kV，又排除了其他因素，如油样的沾污、电桥的误差或油样的光老化等，则应作更换绝缘油措施。

油样一般应取自远离油箱的一端，必要时可增加取样点。

第 100 条 电缆终端如有漏油，应擦净并加固密封。如有潮气，应予清除，并用同型号绝缘剂填充，还须监视另一侧高处电缆终端的绝缘干枯情况。

第 101 条　为了预防漏油失压事故，充油电缆线路只要安装完成后，不论其是否投入运行，其油压示警系统必须投入运行。如油压示警系统因检修需要较长时间退出运行时，则必须加强对供油系统的监视。

第五章　电缆的巡查

第一节　巡 查 周 期

第 102 条　电缆线路及电缆线段的巡查：

1. 敷设在土中、隧道中以及沿桥梁架设的电缆，每 3 个月至少 1 次。根据季节及基建工程特点，应增加巡查次数；

2. 电缆竖井内的电缆，每半年至少 1 次；

3. 水底电缆线路，由现场根据具体需要规定，如水底电缆直接敷于河床上，可每年检查一次水底路线情况。在潜水条件允许下，应派遣潜水员检查电缆情况，当潜水条件不允许时，可测量河床的变化情况；

4. 发电厂、变电所的电缆沟、隧道、电缆井、电缆架及电缆线段等的巡查，至少每 3 个月 1 次；

5. 对挖掘暴露的电缆，按工程情况，酌情加强巡视。

第 103 条　电缆终端头，由现场根据运行情况每 1～3 年停电检查 1 次。

装有油位指示的电缆终端头，每年应检视油位高度。污秽地区的电缆终端头的巡视与清扫的期限，可根据当地的污秽程度予以决定。

有油位指示的终端头，每年夏、冬季检查 1 次。

第二节　巡查的主要注意事项

第 104 条　对敷设在地下的每一电缆线路，应查看路面是否正常，有无挖掘痕迹及路线标桩是否完整无缺等。

第 105 条　电缆线路上不应堆置瓦砾、矿渣、建筑材料、笨重物件、酸碱性排泄物或砌堆石灰坑等。

第 106 条　对于通过桥梁的电缆，应检查桥堍两端电缆是否拖拉过紧，保护管或槽有无脱开或锈烂现象。

第 107 条　对于备用排管应该用专用工具疏通，检查其有无断裂现象。

第 108 条　人井内电缆铅包在排管口及挂钩处，不应有磨损现象，需检查衬铅是否失落。

第 109 条　安装有保护器的单芯电缆，在通过短路电流后，或每年至少检查 1 次阀片或球间隙有无击穿或烧熔现象。

第 110 条　对户外与架空线连接的电缆和终端头应检查终端头是否完整，引出线的接点有无发热现象和电缆铅包有无龟裂漏油，靠近地面一段电缆是否被车辆撞碰等。

第 111 条　多根并列电缆要检查电流分配和电缆外皮的温度情况。防止因接点不良而引起电缆过负荷或烧坏接点。

第 112 条　隧道内的电缆要检查电缆位置是否正常，接头有无变形漏油，温度是否异常，构件是否失落，通风、排水、照明等设施是否完整。特别要注意防火设施是否完善。

第 113 条　充油电缆线路不论其投入运行与否，都要检查油压是否正常。油压系统的压力箱、管道、阀门、压力表是否完善。并注意与构架绝缘部分的零件，有无放电现象。

第 114 条　应经常检查临近河岸两侧的水底电缆是否有受潮水冲刷现象，电缆盖板有否露出水面或移位。同时检查河岸两端的警告牌是否完好，瞭望是否清楚。

第三节　巡查结果的处理

第 115 条　巡线人员应将巡视电缆线路的结果，记入巡线记录簿内。运行部门应根据巡视结果，采取对策消除缺陷。

第 116 条　在巡视检查电缆线路中，如发现有零星缺陷，应记入缺陷记录簿内，据以编订月度或季度的维护小修计划。

第 117 条　在巡视检查电缆线路中，如发现有普遍性的缺陷，应记入大修缺陷记录簿内，据以编制年度大修计划。

第 118 条　巡线人员如发现电缆线路有重要缺陷，应立即报告运行管理人员，并作好记录，填写重要缺陷通知单。运行管理人员接到报告后应及时采取措施，消除缺陷。

第六章　电缆的预防性试验

第一节　直流耐压试验

第 119 条　无压力的重要电缆每年至少应试验1次；无压力的其他电缆，至少每 3 年试验 1 次；保持压力的电缆，试验不作规定，但失压修复后，应进行试验；与机组连接的电缆，应在该机组大修时进行试验。

电缆的预防性试验，最好在土壤中水分饱和时进行。

第 120 条　新敷设的有中间接头的电缆线路，在加入运行 3 个月后，应试验 1 次，以后按一般周期试验。

第 121 条　根据试验结果被列为不合格，但经过综合判断允许在监视条件下投入运行的电缆，其试验周期应较标准规定缩短。如果在不少于 6 个月的时期内，经过 3 次以上的试验，其缺陷特性没有变化，则可以按规定周期试验。

第 122 条　2kV 以上油纸电缆的直流试验电压（负极性）如下：

2～10kV	5 倍额定电压
15～35kV	4 倍额定电压
66～110kV	2.6 倍额定电压
220kV	2.3 倍额定电压
330kV	2 倍额定电压

2kV 以上橡塑电缆的直流试验电压如下：

2～35kV	2.5 倍额定电压

第 123 条　试验电压的升高速度约为每秒 1～2kV。到达试验电压以后持续时间为 5min。

第 124 条　在耐压试验中，如发现泄漏电流不稳定或泄漏电流值随试验电压急剧上升或随试验时间增长有上升现象时，应查明原因。如纯属电缆线路的原因，则可提高试验电压及延长试验时间。

第 125 条　电缆连接于其它设备时，应尽可能分开作耐压试验。

第 126 条　三芯电缆试验时，在一相上加电压，其它两相应与铅包一同接地。

铅包一端接地、另一端装有铅包过电压保护器或用球间隙作保护的单芯电缆，在试验时，该端铅包应临时接地。

第 127 条　电缆在每次作耐压试验后，必须通过 0.1～0.2MΩ 的限流电阻放电 3 次以上，然后直接接地。

第 128 条　停电超过 1 个星期但不满 1 个月的电缆，在重新投入运行前，应用摇表测量绝缘电阻。如有疑问时，须用直流高压试验，检查绝缘是否良好。停电超过 1 个月但不满 1 年的，必须用直流高压试验，其试验电压为第 122 条所规定的一半电压，时间为 1min。

停电超过试验周期的，则必须作标准预防性试验。

第 129 条　电缆预防性试验不宜使用交流。

第 130 条　电缆线路的油压示警系统每年用 500V 摇表测试 1 次绝缘电阻，不应低于 1MΩ。

第 131 条　对护层有绝缘要求的电缆线路，应每年测试 1 次绝缘电阻。

第二节　泄漏电流的测定

第 132 条　测量泄漏电流数值，应在试验电压加上 1min 后读取，耐压试验前后均应读取泄漏电流值，以作比较。

第 133 条　电缆经过耐压后的泄漏电流，应不大于耐压前的数值。除塑料电缆外，泄漏电流的不平衡系数应不大于 2；但 6kV 及以下电缆的泄漏值小于 10μA 时，10kV 电缆的泄漏值小于 20μA 时，不平衡系数不作规定；泄漏电流值只作为判断绝缘情况的参考，不作为决定是否能投入运行的标准。

当不平衡系数大于 2 时，必须将连接电缆的三个相的尾线全部拆去后重新再读不平衡系数。

第 134 条　不长的电缆线路，如中间无接头，也可用兆欧表作绝缘电阻试验，测得绝缘电阻数值的不平衡系数如第 133 条规定。兆欧表的电压应用 1000V 及以上的，读取 60s 的绝缘电阻值。

第 135 条　电缆线路的试验结果，必须填写在如附件 4 中表 1 所示的电缆试验及工作记录单上，并归入该电缆线路的运行档案。

第七章　电缆的故障分析

第一节　故障的判定

第 136 条　无论何种电缆，均须在电缆与电力系统完全隔离后，才可进行鉴定故障性质的试验。

第 137 条　鉴定故障性质的试验，应包括每根电缆芯的对地绝缘电阻，各电缆芯间的绝缘电阻和每根电缆芯的连续性。测量的结果应记入测量报告书中。

第 138 条　对有绝缘要求的电缆金属护套，外护层的绝缘应予监视，如有损坏，可参照附件 1 测出损坏点并及时修理。

第 139 条　鉴定故障性质可用兆欧表试验。电缆在运行中或试验中已发现故障，兆欧表不能鉴别其性质时，可用高压直流来测试电缆芯间及芯与铅间的绝缘。

第 140 条　电缆二芯接地故障时，不允许利用另一芯的自身电容作声测试验。

第 141 条　电缆故障的测寻可参照附件 4 的方法。测出故障点距离后，应根据故障的性质，采用声测法或感应法定出故障点的确切位置。充油电缆的漏油点可采用流量法和冷冻法测寻。

第 142 条　电缆或接头故障地点经测定后，其现场位置应与电缆线路图仔细核对。如缺少线路图时，可用感应法测定；两旁有其他电缆的，应该对其相对位置。

第 143 条　电缆或接头经露出后，应检查其型式及位置是否与原始记录中的装置资料及电缆线路图上横断面所指示的位置相符。

第 144 条　电缆或接头故障不明显，在测定范围内经露出而尚不能发现故障点或对该电缆和接头位置有疑问时，应使用感应法或声测法辅助判定之。

第 145 条　电缆故障测寻的资料，应妥善保存于该电缆线路的运行档案内。

第二节　故障的处理及原因分析

第 146 条　发现电缆故障部分后，应按《电业安全工作规程》的规定进行工作。

第 147 条　清除电缆故障部分后，必须进行电缆绝缘的潮气试验和绝缘电阻试验。检验潮气用油的温度为 150℃。对于油纸绝缘电缆，不能以半导体纸有无气泡来判断电缆绝缘的潮气，而应以绝缘纸有无水分作为判断潮气的标准；对于橡塑电缆则以导线内有无水滴作为判断标准。

第 148 条　电缆故障修复后，必须核对相位，并作耐压试验，经合格后，才可恢复运行。

第 149 条　电缆无论为运行或试验故障，其故障部分经发现割除后，应妥慎保存，进行研究并分析原因，采取防止对策。如故障属于制造缺陷的，应提出证实缺陷资料及报告，以便必要时交制造厂。如修理电缆故障无需割断故障段，则应在现场进行详细分析。

第 150 条　修理电缆线路故障，除更改有关装置资料外，必须填写故障测试记录及修理记录，见附件 4 中表 2～3，并分别存档。

第八章　运行前电缆线路设备的验收

第一节　安装中的电缆线路设备的验收

第 151 条　电缆线路在敷设的过程中，运行部门应经常进行监督及分段验收。

第 152 条　在验收安装中的电缆线路时，施工安装机构应具备下列资料：

1. 电缆线路的设计书；

2. 实际线路路径的平面图。此图应根据路径区域内网络发展情况，用 1/200 或 1/500 的比例尺绘制；在房屋内及发变电所附近的路径用 1/50 的比例尺绘制；

3. 电缆线路路径的协议文件及城市电缆规划走廊资料详图；

4. 电缆的制造厂试验合格证；特殊电缆应附必要的技术文件；

5. 建筑工程和隐蔽工程的图纸资料；

6. 敷设后电缆线路的试验资料。

第 153 条　敷设的电缆较原设计有变更时，应征得设计单位同意，并取得有关单位许可后，方可进行。

第二节　竣工后的电缆线路设备的验收

第 154 条　电缆线路竣工后的验收，应由电缆运行部门，设计和施工安装部门的代表所组成的验收小组来进行。

第 155 条　在验收时，施工安装部门应将第 152 条内所列的全部资料交给运行部门。

第 156 条　电缆运行部门对参加运行前的电缆进行电气验收的项目如下：

1. 电缆各芯导体必须完整连续，无断线情况；

2. 按运行需要，测量电缆敷设后的参数：电容、交直流电阻及阻抗；

3. 电缆两端终端头各相的相位，应与电力系统的相位相符合；

4. 单芯电缆的护层绝缘电阻及保护器的残工比（残压与工频承受电压之比）；

5. 充油电缆用油的电性能；

6. 电缆应按"电气设备交接和预防性试验标准"的规定进行试验。

附件 1　测寻电缆故障点的方法

附件 2　电缆线路装置记录的格式

附件 3　电缆长期允许载流量及其校正系数

附件 4　各种记录表格

附图 1　电缆截面图

附图 2　电缆线路图

附件 1

测寻电缆故障点的方法

故障情况			电桥法	感应法	脉冲反射示波器法	脉冲振荡示波器法
接地电阻小于 10kΩ	单相		○	△①	△②	○
	二相	短路接地	○	△①	△②	○
	三相	短路接地	△③	△①	△②	○
	护层接地		○	△①	△②	○
高阻接地			△	×	×	○
断　线			△	×	○	×
闪　路			×	×	×	○

① 结合烧穿法，电阻小于 1000Ω；

② 结合烧穿法，电阻小于 100Ω（电缆波阻抗值的 2～3 倍）；

③ 放全长临时线，或借用其他电缆芯作同线。

注　○—推广方法；△—可用方法；×—不用方法。

附件 2

电缆线路装置记录的格式

表 1   电缆线路装置记录

线路名称 _____   千伏地下电缆路程 _____   电站编号 _____

长度(m)	路线	制造厂	出厂盘号	截面积(mm²)	电压(V)	型式	每芯电阻	每公里电容		已用年数	装置日期	图样编号
								芯与芯间	芯与地间			

总长 _____   单芯总电阻 _____   总电容 _____

终端匣						电缆历史	地点
型	剂	所在地	日期	技工	备注	摘要	

表 2   故 障 记 录

次数	日期		技工姓名	相	故障部分	故障类别	故障原因及所在地	修理情况
	故障	修理						

表 3   接头及终端盒装置记录

_____ V 电缆名称 _____

编号	型式	图样编号	剂	技工姓名	装置日期	备注	编号	型式	图样编号	剂	技工姓名	装置日期	备注	编号	型式	图样编号	剂	技工姓名	装置日期	备注

编号	型式	图样编号	剂	技工姓名	装置日期	备注	编号	型式	图样编号	剂	技工姓名	装置日期	备注	编号	型式	图样编号	剂	技工姓名	装置日期	备注

附件 3

电缆长期允许载流量及其校正系数

表 1　　铅芯纸绝缘，聚氯乙烯绝缘铠装电缆和交联聚乙烯绝缘电缆长期允许载流量

[直接埋在地下时（25℃），土壤热阻系数为 80℃·cm/W]

导体截面 (mm²)	长 期 允 许 载 流 量 （A）													
	1kV						3kV	6kV			10kV		20～35kV	
	二芯		三芯		四芯									
	纸绝缘	聚氯乙烯绝缘	纸绝缘	聚氯乙烯绝缘	纸绝缘	聚氯乙烯绝缘	纸绝缘	纸绝缘	聚氯乙烯绝缘	交联聚乙烯绝缘	纸绝缘	交联聚乙烯绝缘	纸绝缘	交联聚乙烯绝缘
2.5	29.7		28		28		28							
4	39	35	37	30	37	29	37							
6	50	43	46	38	46	37	46							
10	66	56	60	51	60	50	60	55	46	70				
16	86	76	80	67	80	65	80	70	63	95	65	90		
25	112	100	105	88	105	85	105	95	81	110	90	105	80	90
35	135	121	130	107	130	110	130	110	102	135	105	130	90	115
50	168	147	160	133	160	135	160	135	127	165	130	150	115	135
70	204	180	190	162	190	162	190	165	154	205	150	185	135	165
95	243	214	230	190	230	196	230	205	182	230	185	215	165	185
120	275	247	265	218	265	223	265	230	209	260	215	245	185	210
150	316	277	300	248	300	252	300	260	237	295	245	275	210	230
185			340	279	340	284	340	295	270	345	275	325	230	250
240			400	324	400		400	345	313	395	325	375		
300														
400														
500														
625														
800														

注　1. 铜芯电缆载流量为表中数值乘以 1.3 系数；

　　2. 本表为单根电缆容量；

　　3. 单芯塑料电缆为三角排列，中心距等于电缆外径。

表 2　　铝芯纸绝缘聚氯乙烯绝缘铠装电缆和交联聚乙烯绝缘电缆
在空气中（25℃）长期允许载流量

导体截面 (mm²)	长 期 允 许 载 流 量 （A）													
	1kV						3kV	6kV			10kV		20～35kV	
	二芯电缆		三芯电缆		四芯电缆									
	纸绝缘	聚氯乙烯绝缘	纸绝缘	聚氯乙烯绝缘	纸绝缘	聚氯乙烯绝缘	纸绝缘	纸绝缘	聚氯乙烯绝缘	交联聚乙烯绝缘	纸绝缘	交联聚乙烯绝缘	纸绝缘	交联聚乙烯绝缘
2.5	26		24		21		24							
4	34	27	32	23	32	23	32							
6	44	35	40	30	40	30	40			48				
10	60	46	55	40	55	40	55	48	43	60		60		
16	80	62	70	54	70	54	70	60	56	85	60	80		
25	105	81	95	73	95	73	95	85	73	100	80	95	75	85
35	128	99	115	88	115	92	115	100	90	125	95	120	85	110

续表

导体截面 (mm²)	长期允许载流量 (A)													
	1kV						3kV	6kV			10kV		20~35kV	
	二芯电缆		三芯电缆		四芯电缆		纸绝缘	纸绝缘	聚氯乙烯绝缘	交联聚乙烯绝缘	纸绝缘	交联聚乙烯绝缘	纸绝缘	交联聚乙烯绝缘
	纸绝缘	聚氯乙烯绝缘	纸绝缘	聚氯乙烯绝缘	纸绝缘	聚氯乙烯绝缘								
50	160	123	145	111	145	115	145	125	111	155	120	145	110	135
70	197	152	180	138	180	141	180	155	143	190	145	180	135	165
95	235	185	220	167	220	174	220	190	168	220	180	205	165	180
120	270	215	255	191	255	201	255	220	194	255	205	235	180	200
150	307	246	300	225	300	231	300	255	223	295	235	270	200	230
185			345	257	345	266	345	295	256	345	270	320	230	
240			410	305	410		410	345	301		320			
300														
400														
500														
625														
800														

注　1. 铜芯电缆的载流量为表中数值乘以 1.3 系数；

　　2. 本表为单根电缆容量；

　　3. 单芯塑料电缆为三角排列，中心距等于电缆外径。

表 3　　　　　　　　　　　　　环境温度变化时载流量的校正系数

导体工作温度（℃）	环境温度（℃）								
	5	10	15	20	25	30	35	40	45
80	1.17	1.13	1.09	1.04	1.0	0.954	0.905	0.853	0.798
65	1.22	1.17	1.12	1.06	1.0	0.935	0.865	0.791	0.707
60	1.25	1.20	1.13	1.07	1.0	0.926	0.845	0.756	0.655
50	1.34	1.26	1.18	1.09	1.0	0.895	0.775	0.633	0.447

注　环境温度变化时，载流量的校正系数也可按下式计算：

$$校正系数 = \left(\frac{\Delta\theta_2}{\Delta\theta_1}\right)^{\frac{1}{2}}$$

　　式中：$\Delta\theta_1$——导体工作温度与载流量表中规定的环境温度之间的温差，℃；

　　　　　$\Delta\theta_2$——导体工作温度与实际环境温度之间的温度，℃。

表 4　　土壤热阻系数不同时载流量的校正系数

导体截面（mm²）	土壤热阻系数（C·cm/W）				
	60	80	120	160	200
2.5~16	1.06	1.0	0.9	0.83	0.77
25~95	1.08	1.0	0.83	0.80	0.73
120~240	1.09	1.0	0.86	0.78	0.71

注　土壤热阻系数划分为：潮湿地区（指沿海、湖、河畔地区、雨量多地区，如华东、华南地区等），取 60~80；普通土壤（指一般平原地区，如东北、华北等）。取 120；干燥土壤（指高原地区、雨量少的山区、丘陵等干燥地带），取 160~200。

表 5　　电缆直接埋地多根并列敷设时载流量校正系数

并列根数 / 电缆间净距(mm)	1	2	3	4	5	6
100	1.00	0.90	0.85	0.80	0.78	0.75
200	1.00	0.92	0.87	0.84	0.82	0.81
300	1.00	0.93	0.90	0.87	0.86	0.85

并列根数 / 电缆间净距(mm)	7	8	9	10	11	12
100	0.73	0.72	0.71	0.70	0.70	0.69
200	0.80	0.79	0.79	0.78	0.78	0.77
300	0.85	0.84	0.81	0.83	0.83	0.83

表 6　　　　　　　　　　　电缆在空气中多根并列敷设时载流量的校正系数*

并列根数		1	2	3	4	6	4	6
序列方式								
电缆中心距离	s＝d	1.0	0.9	0.85	0.82	0.80	0.80	0.75
	s＝2d	1.0	1.0	0.98	0.95	0.90	0.90	0.90
	s＝3d	1.0	1.0	1.0	0.98	0.96	1.0	0.96

* 本表系相同外径的电缆并列敷设时的载流量校正系数。d 为电缆的外径，当并列敷设的电缆外径不同时，d 值建议取各电缆外径的平均值。

附件 4

各 种 记 录 表 格

表 1　　　　　　　　　　　电缆试验及工作记录单

电站编号	电缆名称	电压(kV)	电缆型式	电缆规范	电缆长度	试验日期		揭示	
								记录	
						年　月　日		统计	

试验理由：定期□监试□运行故障□耐压故障□交接□改接□配合□

试验仪器及仪表：试验变压器□硅整流器□微安表□高阻计□发电机□其他□

绝缘（MΩ）		相	电压(kV)直流	时间(min)	合格或崩溃	泄漏电流（μA）		支持瓷瓶（只）	备注
						kV（直流）时			
						耐压前	耐压后		
黄～地	黄～中	黄							
绿～地	绿～中								
红～地	红～中								
中～地		绿							
黄～绿									
绿～红		红							
红～黄									

诸详填：维修，改接，调电缆与电缆头内容及缺陷情况	＿＿＿端＿＿＿型　　工作人＿＿＿
	＿＿＿端＿＿＿型　　工作人＿＿＿

试验地点＿＿＿天气＿＿＿室温＿＿＿℃试验者＿＿＿审核者＿＿＿

表 2   电 缆 故 障 测 寻 记 录

线路名称：	电压（kV）	长度：	m

故障性质：		接地或短路电阻：	Ω

回线电阻： 端（～）	Ω	端（～）	Ω

等价回线长度（m²）：			m

_____端 正接法： 反接法：	_____端 正接法： 反接法：

次平均距离 端 m	回算距离 m

经声测证明实际故障点距离： 端 m（第 号接头）

校验误差百分率：
$$\frac{校验距离\underline{\hspace{2cm}}实际故障距离\underline{\hspace{2cm}}}{总长度\underline{\hspace{2cm}}} \times 100\% = \quad \%$$

其他故障记录：

校验用仪表 天气 室温

校验日期 年 月 日 试验者 审核者

表3　　　　　　　　　　　　电缆运行、试验、检查损坏调查表

安装后连此次损坏共　　次						原因	运　　行			试验检查		
运行		次	试验		次		▽	—	—◯—	▽	—	—◯—
▽	—	—◯—	▽	—	—◯—							

电缆线路名称＿＿＿＿＿＿＿＿＿＿＿

日期及时间	运行停役		停用时期：　　　日　　时　　分		
	恢复使用		少送电度：		
损坏地点	电缆□		离＿＿＿＿m在＿＿＿路＿＿＿路＿＿＿相损坏		
	接头□		编号＿＿＿在＿＿＿路＿＿＿路＿＿＿相损坏		
	终端头□		在＿＿＿路＿＿＿路＿＿＿相损坏		
有关损坏装置资料	电缆□		＿＿＿V＿＿＿mm² ＿＿＿型号＿＿＿厂名＿＿＿敷设日期＿＿＿		
	接头□		图样编号＿＿＿剂＿＿＿管型＿＿＿技工＿＿＿接头日期＿＿＿		
	终端头□		图样编号＿＿＿剂＿＿＿型式＿＿＿技工＿＿＿接头日期＿＿＿		
损坏原因	电缆□		项号　　　　　　共使用　年　月　日		
	接头□		项号　　　　　　共使用　年　月　日		
	终头端□		项号　　　　　　共使用　年　月　日		
损坏分析	现象：				
	分析：				
试验记录		检修前（μA）			检修后（μA）	
	相与地	黄～地	绿～地	红～地	黄～地	绿～地	红～地
	备　注						
新装置	电缆	＿＿＿V＿＿＿mm²型号＿＿＿厂名＿＿＿长度＿＿＿m敷设日期＿＿＿				
	接头	接头编号＿＿＿图样编号＿＿＿剂＿＿＿接头日期＿＿＿				
	终端头	图样编号＿＿＿剂＿＿＿接头日期＿＿＿				
一般观察		天气　　气温　　℃　　土壤情况　　干/湿/积水				
前次记录		试验日期　　年　月　日				
人　工		接头技工　　其他人工　　　　　　总工日（包括加班人工）				
账　号						
工作进度		通知日时　　动工日时　　完工日时				
路面修复			修改图样及记录单者：			
检修工作情况						

填报＿＿＿＿＿＿　日期＿＿＿＿＿＿　审核＿＿＿＿＿　日期＿＿＿＿＿

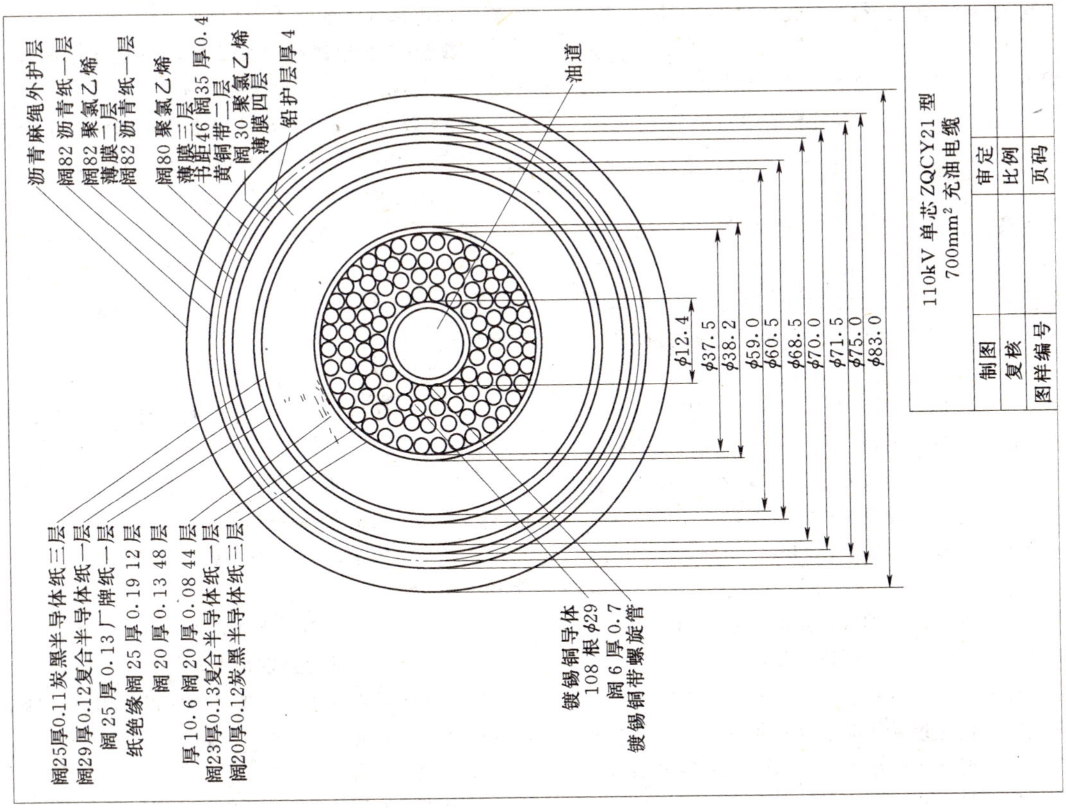

附图 2　电缆线路图

人民造纸

10kV V3 芯 120mm² ZLQ2 型

制图			审定	
复核			比例	
图样编号			日期	

次	日期	修改内容	改	核	审

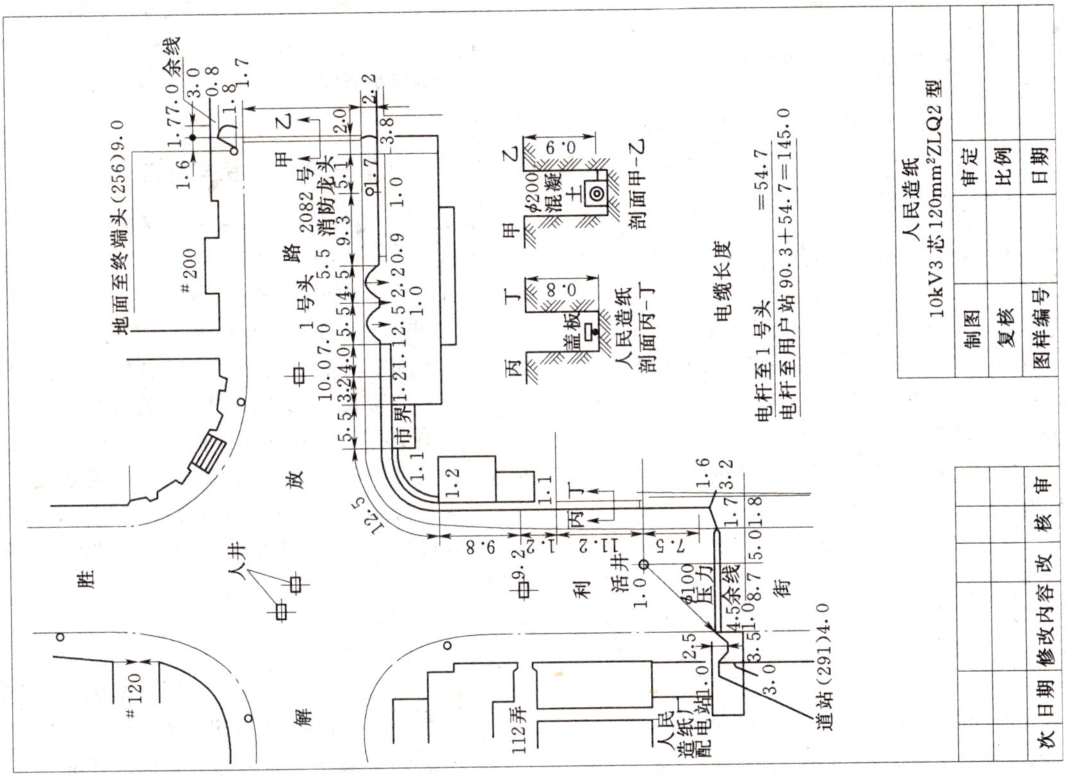

地面至终端头 (256)9.0

#200

#120

胜　解

市界

入中

中中

放

利　活井街

人民造纸配电站

112弄

道站 (2914.0)

中　1 号井　路　2082 号井

消防龙头

剖面甲一乙

甲　乙　Φ200 混凝土

丙　丁　盖板　人民造纸　剖面丙一丁

电缆长度

电杆至 1 号井 90.3

电杆至用户站 90.3+54.7=145.0

附图 1　电缆截面图

110kV 单芯 ZQCY21 型

700mm² 充油电缆

制图			审定	
复核			比例	
图样编号			页码	

沥青麻绳外护层

阔25厚0.11炭黑半导体纸三层

阔29厚0.12复合半导体纸一层

阔82 沥青纸一层

阔25厚0.13厂牌纸12层

阔82 聚氯乙烯

纸绝缘阔25厚0.19 12层

薄膜一层

阔82 沥青纸一层

厚10.6阔20厚0.08 44层

阔80 聚氯乙烯

薄膜三层

阔23厚0.13复合半导体纸一层

书距16阔35厚0.4

阔30聚乙烯

黄铜46阔带一层

薄膜四层

阔20厚0.12炭黑半导体纸三层

铅护层厚4

油道

Φ12.4

Φ37.5

Φ38.2

Φ59.5

Φ60.5

Φ68.5

Φ70.0

Φ71.5

Φ75.0

Φ83.0

镀银铜导体

108 根 Φ29

镀锡铜带0.7

阔6厚0.7

镀锡铜带螺旋管

11 架空送电线路运行规程

（电力工业部　　[79] 电生字 53 号）

第一章　总　　则

第 1 条　本规程适用于 35～330kV 的架空送电线路。

第 2 条　线路的运行维护工作，应贯彻安全第一、预防为主的方针。应加强对线路的巡视检查，认真进行定期检修，以保证线路的安全运行。

第 3 条　每条线路都要有明确的维护界限，应与发电厂、变电所或相邻的维护部门明确划分分界点，不得出现空白点。

分界点一般规定为出口构架耐张线夹或 T 接管（线夹）向线路侧 1m 处。

第 4 条　要建立专责制，每条线路都要有专人定期进行巡视。巡视员可从有经验的检修人员中选配，并尽可能保持稳定。

巡视员必须熟悉专责线路的设备运行状况，掌握设备变化规律和检修技术，熟知有关规程、规定，经常分析运行中出现的异常情况，提出预防事故的措施。

第 5 条　运行单位必须配备一定数量的交通工具，与电力系统调度间应有可靠的通信联系。

第二章　防　　护

第 6 条　线路的防护，应按照部颁《电力线路防护规程》执行。

第 7 条　要发动线路沿线有关部门和群众协助进行护线，以防止外力破坏，及时发现和消除设备缺陷。

第 8 条　在沿线路两侧危险半径范围内，不应进行土石方爆破。危险半径应根据地形、地质情况，爆破方向，药量大小，爆破方法和采取的安全措施等来确定。若须在危险半径范围内进行爆破施工时，运行单位应要求施工单位采取必要的安全措施，并到现场监护。

第 9 条　在线路防护区内修建的建筑物，如妨碍巡线通过时，应留有巡线便道、便门。

第 10 条　在线路附近修筑堤坝、道路及土石方挖掘等，有可能导致导线对地距离不够或危及杆塔及拉线等的安全时，运行单位应要求修建部门采取可靠措施，并到现场检查。

第 11 条　巡线员对危及线路安全运行的施工和行为，应予制止。当线路遭受人为外力破坏造成损失时，应要求肇事者赔偿损失，严重者交公安部门依法惩处。

第三章　巡视与检查

第 12 条　线路的巡视与检查，是为了经常掌握线路的运行状况，及时发现设备缺陷和威胁线路安全运行的情况，并为线路检修提供内容。

第 13 条　线路的巡视和检查，可分为下列几种：

1. 定期巡视，其目的在于经常掌握线路各部件运行状况及沿线情况，并搞好群众护线工作。

2. 特殊巡视，是在气候剧烈变化（大雾、导线结冰、狂风暴雨等）、自然灾害（地震、河水泛滥、森林起火等）、线路过负荷和其它特殊情况时，对全线、某几段或某些部件进行巡视，以发现线路的异常现象及部件的变形损坏。

3. 夜间巡视，是为了检查导线连接器的发热或绝缘子污秽放电情况。

4. 故障巡视，是为了查明线路发生故障接地、跳闸的原因，找出故障点并查明故障情况。

5. 登杆塔巡查，是为了弥补地面巡视的不足，而对杆塔上部部件的巡查。

定期巡视由专责巡线员负责，一般每月进行一次。其它巡视由运行单位根据具体情况确定。

第 14 条　工区（所）及以上单位的领导干部和线路专责技术人员，应定期参加线路巡视，以了解线路运行情况并检查、指导巡视员的工作。

第 15 条　巡视的主要内容：

1. 沿线情况

(1) 防护区内的建筑物，可燃、易爆物品和腐蚀性气体；

(2) 防护区内栽植树、竹；

(3) 防护区内进行的土方挖掘、建筑工程和施工爆破；

(4) 防护区内架设或敷设架空电力线路、架空通信线路、架空索道、各种管道和电缆；

(5) 线路附近修建道路、铁路、码头、卸货场、射击场等；

(6) 线路附近出现的高大机械及可移动的设施；

(7) 线路附近的污染源情况；

(8) 其他不正常现象，如江河泛滥、山洪、杆塔被淹、森林起火等。

2. 道路与桥梁

巡视使用的道路、桥梁的损坏情况。

3. 杆塔与拉线

(1) 杆塔倾斜、横担歪扭及各种部件锈蚀、变形;

(2) 杆塔部件的固定情况:缺螺栓或螺帽,螺栓丝扣长度不够,螺栓松动,铆焊处裂纹、开焊,绑线断裂或松动;

(3) 混凝土杆出现的裂纹及其变化,混凝土脱落,钢筋外露,脚钉缺少;

(4) 木杆木件腐朽、烧焦、开裂、有鸟洞,绑桩松动,木模变形或脱出;

(5) 拉线及部件锈蚀、松弛、断股、抽筋张力分配不均,缺螺栓、螺帽等;

(6) 杆塔及拉线基础培土情况:周围土壤突起或沉陷,基础裂纹、损伤、下沉或上拔、护基沉塌或被冲刷;

(7) 杆塔周围杂草过高,杆塔上有危及安全的鸟巢及蔓藤类植物附生;

(8) 防洪设施坍塌或损坏。

4. 导线、避雷线(包括耦合地线、屏蔽线)

(1) 导线、避雷线锈蚀、断股、损伤或闪络烧伤;

(2) 导线、避雷线弛度变化,相分裂导线间距的变化;

(3) 导线、避雷线的上扬、振动、舞动、脱冰跳跃情况,相分裂导线的鞭击、扭纹;

(4) 连接器过热现象;

(5) 导线在线夹内滑动,释放线夹船体部分自挂架中脱出;

(6) 跳线断股、歪扭变形,跳线与杆塔空气间隙的变化;

(7) 导线对地,对交叉跨越设施及对其他物体距离的变化;

(8) 导线、避雷线上悬挂的风筝及其他外物。

5. 绝缘子、瓷横担

(1) 绝缘子与瓷横担脏污、瓷质裂纹、破碎,钢脚及钢帽锈蚀,钢脚弯曲,钢化玻璃绝缘子自爆;

(2) 绝缘子与瓷横担有闪络痕迹和局部火花放电现象;

(3) 绝缘子串、瓷横担严重偏斜;

(4) 瓷横担绑线松动、断股烧伤;

(5) 金具锈蚀、磨损、裂纹、开焊,开口销及弹簧销缺少、代用或脱出。

6. 防雷设施

(1) 放电间隙变动、烧损;

(2) 避雷器、避雷针和其它设备的连接固定情况;

(3) 管型避雷器动作情况。

7. 接地装置

(1) 避雷线、接地引下线、接地装置间的连接固定情况;

(2) 接地引下线断股、断线、严重锈蚀;

(3) 接地装置严重锈蚀,埋入地下部分外露、丢失。

8. 附件及其他

(1) 预绞丝滑动、断股或烧伤;

(2) 防振器滑跑离位、偏斜、钢丝断股,阻尼线变形、烧伤,绑线松动;

(3) 相分裂导线的间隔棒松动、离位及剪断,连接处磨损和放电烧伤;

(4) 均压环、屏蔽环锈蚀及帽栓松动、偏斜;

(5) 防鸟设施损坏、变形或缺少;

(6) 附属通信设施损坏情况;

(7) 各种检测装置损坏、丢失;

(8) 相位牌、警告牌损坏、丢失,线路名称、杆塔号字迹不清。

第 16 条 故障巡视中,巡线员应将所分担的巡线区段全部巡完,不得中断或遗漏。对所发现的可能造成故障的所有物件均应搜集带回,并对故障现场情况作好详细记录,以作为事故分析的依据和参考。

第 17 条 线路的各种预防性检查、试验项目与其周期规定如表1:

表 1   送电线路预防性检查、试验项目与其周期

序号	项　目	周　期	备　注
1	木结构腐朽情况检查	每年1次	根据木质种类、防腐处理方法等情况,由运行单位决定线路投入运行后,应开始检查的年份
2	混凝土构件缺陷情况检查	每年1次	根据巡视发现问题进行
3	混凝土杆受冻情况检查 (1) 杆内积水 (2) 混凝土杆上拔情况检查	每年1次 每年1次	结冻前进行 解冻后进行

序号	项 目	周 期	备 注
4	铁塔金属基础、拉线地下部分的锈蚀抽查	每5年1次	1. 抽查数量一般为总数的10% 2. 根据土壤腐蚀情况，可适当延长或缩短周期
5	绝缘子测试	每2年1次	1. 根据绝缘子劣化程度，可适当延长或缩短周期 2. 瓷横担和钢化玻璃绝缘子不进行
6	导线连接器的测试和检查 (1) 铝线及钢芯铝线连接器测试 (2) 不同金属连接器检查 (3) 铝并沟线夹检查	每4年1次 每年1次 每年1次	根据设备具体情况，可适当延长或缩短周期
7	导线、避雷线断股检查 (1) 无防振器 (2) 有防振器	每5年1次	投入运行3年后开始进行。根据振动情况，可适当延长或缩短周期 根据情况进行抽查
8	导线弧度、限距、交叉跨越距离的测量		新建线路投入运行1年后须测量1次。以后根据巡视结果决定
9	杆塔接地电阻测试	每5年1次	发、变电站进出口段（1~2km）每2年1次
10	防洪、防冰冻、防火设施检查	每年1次	

第四章 运 行 标 准

第18条 设备运行状况超过下述各条标准时，应进行处理。

杆 塔

第19条 杆塔倾斜、横担歪斜允许范围规定如表2。

第20条 铁塔主材弯曲度不得超过5/1000。

第21条 预应力钢筋混凝土杆不得有裂纹，普通钢筋混凝土杆保护层不得腐蚀脱落、钢筋外露，裂纹宽度不应超过0.2毫米。

第22条 木质杆塔腐朽，其截面不得缩减至50%以下或直径不得缩减至70%以下。

导线及避雷线

第23条 导线及避雷线由于断股、损伤减小截面的处理标准如表3。

表2　　　　　　　　　　杆塔斜、横担歪斜允许范围

类 别	木质杆塔	钢筋混凝土杆	铁 塔
杆塔倾斜度 （包括挠度）	15/1000	15/1000	5/1000（适用于50m及以上高度铁塔） 10/1000（适用于50m以下高度铁塔）
横担歪斜度	10/1000	10/1000	10/1000

表3　　　　　　　　　导线、避雷线断股损伤减小截面的处理标准

处理方法 线别	缠 线	补 修	切断重接
钢芯铝绞线	断股损伤截面不超过铝股总面积7%	断股损伤截面占铝股总面积7%~25%	1. 钢芯断股 2. 断股损伤截面超过铝股总面积25%
钢绞线		断股损伤截面占总面积5%~17%	断股损伤截面超过总面积17%
单金属绞线	断股损伤截面不超过总面积7%	断股损伤截面占总面积7%~17%	断股损伤截面超过总面积17%

第 24 条 钢质导线及避雷器由于腐蚀，其最大计算应力不得大于它的屈服强度。

绝 缘 子

第 25 条 单片绝缘子有下列情况之一者为不合格：

(1) 瓷裙裂纹、瓷釉烧坏、钢脚及钢帽有裂纹、弯曲、严重锈蚀、歪斜、浇装水泥有裂纹；

(2) 瓷绝缘子绝缘电阻小于 300MΩ；

(3) 分布电压值为零。

第 26 条 污秽地区绝缘子串的单位泄漏比距（单位爬距），应满足相应污秽等级的要求。污秽等级的划分及其单位泄漏比距，可参考附录。

第 27 条 直线杆塔绝缘子串，顺线路方向偏斜不得大于 15°。

连 接 器

第 28 条 导线连接器有下列现象，即为不合格：

(1) 与同样长度导线的电压降或电阻比值大于 2.0；两半管的电压降或电阻比值大于 2.0；

(2) 连接器过热；

(3) 运行中探伤发现爆压管内钢芯烧伤断股，爆压不实。

导线、避雷线的驰度与限距

第 29 条 导线、避雷线的驰度误差不得超过 +6% 或 -2.5%。三相不平衡值：档距为 400m 及以下时，不得超过 200mm；档距为 400m 以上时，不得超过 500mm。

第 30 条 相分裂导线水平排列的驰度，不平衡值不宜超过 200mm。垂直排列的间距误差不宜超过 +20% 或 -10%。

第 31 条 导线的限距及交叉距离应符合部颁《架空送电线路设计技术规程》的规定。

接 地 装 置

第 32 条 接地装置应符合部颁《电力设备接地设计技术规程》❶ 的规定。

第五章 维护与检修

第 33 条 线路的维护、检修项目，应按照设备的状况及巡视和测定结果确定。其标准项目及周期见表 4。

表 4　　　　　　　　　　线路维护，检修的标准项目及周期

序号	项 目	周 期	备 注
1	绝缘子清扫 (1) 定期清扫 (2) 污秽区清扫	每年 1 次 每年 2 次	根据线路的污秽情况，采取的防污措施，可适当延长或缩短周期
2	镀锌铁塔紧螺栓	每 5 年 1 次	新线路投入运行 1 年后须紧 1 次
3	混凝土杆、木杆各部紧螺栓	每 5 年 1 次	新线路投入运行 1 年后须紧 1 次
4	铁塔刷油	每 3～5 年 1 次	根据其表层状况决定
5	木杆杆根削腐刷油	每年 1 次	
6	金属基础防腐处理		根据检查结果决定
7	杆塔倾斜扶正		根据巡视测量结果决定
8	并沟线夹紧螺栓	每年 1 次	合检修进行
9	混凝土杆内排水	每年 1 次	结冻前进行（不结冻地区不进行）
10	防护区内砍伐树、竹	每年至少 1 年	根据巡视结果决定
11	巡线道、桥的修补	每年 1 次	根据巡视结果决定

第 34 条 更换部件的检修（如换杆、换横担、换导线、换避雷线、换绝缘子等）要求更换后新部件的强度和参数，不低于原设计的要求。

第六章 事 故 备 品

第 35 条 运行单位应有事故备品、抢修工具、照

---

❶ 电力工业部于 1997 年 9 月 2 日发布 DL/T 621—1997《交流电气装置的接地》，原《电力设备接地设计技术规程》废止。

明设施及必要的通信用具。一般不许它用。抢修使用后，应立即清点补充。

第 36 条 事故备品应根据部颁《电力工业生产设备备品管理试行办法》的规定备齐。

第 37 条 事故备品应有标记、卡片，并设专库、专架存放、妥善保管，保证其不受损伤、不变质和散失，并定期检查试验。

木质备品应注意其保存年限，定期更换补充。金属备品应定期做好涂油防腐工作。

第七章 技 术 管 理

第 38 条 运行单位应备有下列规程及技术资料，并保持其完整和准确。

1. 有关规程：
(1)《电业安全工作规程（电力线路部分)》；
(2)《电力线路防护规程》；
(3)《架空送电线路设计技术规程》；
(4)《电力设备过电压保护设计技术规程》；
(5)《电力设备接地设计技术规程》；
(6)《电力建设施工及验收暂行技术规范（送电线路篇)》；
(7)《架空送电线路运行规程》；
(8)《电业生产人员培训制度》；
(9) 现场规程。

2. 生产技术指示图表：
(1) 地区电力系统线路地理平面图；
(2) 地区电力系统结线图；
(3) 相位图；
(4) 设备一览表；
(5) 设备评级图表；
(6) 事故巡线、抢修组织表。

3. 线路设计、施工技术资料：
(1) 批准的设计文件和图纸；
(2) 征用土地文件；
(3) 与有关单位对交叉跨越处的协议及检查记录；
(4) 有关隐蔽工程的记录；
(5) 接地电阻测量记录；
(6) 修改后的杆塔明细表及施工图；
(7) 非标准规格或无出厂试验的设备材料的试验记录；
(8) 线路的试验记录；
(9) 未按原设计施工的各项明细图、表。
线路无完整的设计文件时，至少应有线路路径图，交叉跨越图，杆塔及基础型式图，电线的安装曲线或安装表，导线及避雷线连接安装图。

4. 线路维护、检修技术记录：
(1) 缺陷记录；
(2) 预防性试验检查记录；
1) 绝缘子测试记录；
2) 导线连接器测试记录；
3) 导线、避雷线弛度及间距测量记录；
4) 导线限距、交叉距离测量记录；
5) 接地电阻测试记录；
6) 木构件腐朽检查记录；
7) 杆塔倾斜测量记录。
(3) 检修记录；
(4) 故障情况记录；
(5) 绝缘保安工具检查试验记录；
(6) 事故备品清册；
(7) 工作日志。

第 39 条 运行单位应加强对设备缺陷的管理，做好缺陷记录，定期进行统计分析，提出处理意见。

设备缺陷按其严重程度分为一般缺陷、重大缺陷和紧急缺陷。

1. 一般缺陷，是指对近期安全运行影响不大的缺陷。可列入年、季度检修计划中消除。

2. 重大缺陷，是指缺陷比较重大，但设备仍可短期继续安全运行的缺陷。应在短期内消除，消除前应加强监视。

3. 紧急缺陷，是指严重程度已使设备不能继续安全运行，随时可能导致发生事故的缺陷。必须尽快消除或采取必要的安全技术措施进行临时处理。

第 40 条 运行单位对每条线路，都要按照部颁《电力设备评级办法》的规定，定期进行评级。参见《发电厂检修规程》的附件。

第 41 条 运行单位应根据线路沿线地形、周围环境及气象条件等特点，对线路划定特殊区域，加强运行中的监视、检查和进行季节性预防工作。特殊区一般应包括污秽区、雷击区、风害区、洪水冲刷区、复冰区、鸟害区、导线避雷线振动区、地面沉陷区及易受外力破坏区等。

第 42 条 巡线员应参加基建和大修更改工程的竣工验收。工程竣工后，运行单位应向施工单位索取符合实际的施工原始记录。

第 43 条 运行单位应定期对运行工作进行总结和分析，积累资料，掌握规律，制定措施，不断提高设备的健康水平和运行的工作水平。

附　录
发电厂、变电所和架空送电线路的电瓷绝缘污秽分级暂行规定

第一条　适用范围

本规定适用于 35～330kV 发电厂、变电所和架空送电线路户外设备的电瓷绝缘。

第二条　污秽等级划分

依据污源特征和瓷件表面的等值附盐密度（简称盐密）大小并结合运行经验划定。新建发电厂、变电所和架空送电线路还要考虑城市和工业区的发展规划进行绝缘设计。当污秽程度介于两污秽等级之间时，应取严重的等级。

测定的盐密是瓷件在一年周期中达到的最大盐密。悬式绝缘子串取盐密最大的一片，通常是靠导线的一片。变电设备的瓷件一般测棒式绝缘子，取盐密最大的一个伞裙。

第三条　绝缘配合

线路和变电设备的电瓷绝缘在各级污秽条件下，应能耐受长期作用的最高工作相电压。断路器灭弧瓷套暂按 2 倍最高工作相电压配合。

注： 330kV 级电网的最高工作相电压为额定相电压1.1 倍。60kV 级电网为 1.2 倍，其余电网为 1.15 倍。

在一般情况下不考虑线路和变电所绝缘间的相互配合问题，但绝缘水平超过标准很多的线路，应在进线段首端采取措施，使变电所避雷器的雷电流不超过额定配合电流。

瓷件在不同污秽条件下要求的绝缘强度，用有效泄漏比距 λ 来表示，并由下式确定绝缘子片数：

$$N \geqslant \frac{\lambda U_0}{KL_0}$$

式中：U_e——额定电压，kV；

L_0——每片悬式绝缘子的几何泄漏距离，cm；

K——绝缘子泄漏距离的有效系数。主要由泄漏比距在运行中提高污耐压的有效性来确定，并以 X-4.5 型悬式绝缘子和普通型棒形支柱绝缘子作为基准，其 K 值取 1。

注： 变电设备的有效泄漏距离或比距按其几何距离或比距乘以有效系数 K 确定。

第四条　送电线路污秽分级规定见附表 1。

附表 1

污秽等级	污秽条件		有效泄漏比距（cm/kV）	
	污源特征	盐密（mg/cm²）	中性点直接接地	中性点非直接接地
0	空气明显污染的地区	<0.03	1.6～1.8	2.0～2.4
1	空气污秽的工业区附近，盐碱地区，炉烟污秽地区	≥0.04～0.10	2.0～2.5	2.6～3.3
2	空气污秽较严重地区或空气污秽而又有重雾的地带，沿海地带及盐场附近、重盐碱地区距化学污源 300～1500m 的污秽较严重地区	≥0.10～0.25	2.5～3.2	3.5～4.4
3	导电率很高的空气污秽地区（冶金或大化工厂附近，火电厂烟囱附近、且附近有冷水塔，严重盐雾侵袭地区，距化学污源 300m 以下的地区）	≥0.25～0.5	3.2～3.8	4.4～5.2

第五条　变电所污秽分级规定见附表 2。

附表 2

污秽等级	污秽条件		有效泄漏比距（cm/kV）	
	污源特征	盐密（mg/cm²）	中性点直接接地	中性点非直接接地
0	大气清洁无明显污染地区	0.02	1.7	2.2
1	大气轻微污染的地区（工业区附近沿海地带及盐场附近）	≥0.02 <0.08	2.5	3.2
2	空气严重污染的地区（化工厂、冶金厂附近）火电厂烟囱附近且附近有冷水塔，严重盐雾侵袭地区	≥0.03 <0.3	3.5	待定

注 1. 变电所中悬式绝缘子串执行送电线路污秽等级规定。

2. 断路器断口间灭弧瓷套的泄漏比距不应小于相对地泄漏比距 1.5 倍。

附录：

1. 等值附盐密度（简称盐密）

$$W_0 = \frac{W}{S}$$

式中：W——被测瓷件表面污秽的等值附盐量，
毫克；

S——被测瓷件的表面积，平方厘米。

等值附盐量测量方法：

对悬式绝缘子，用 300mL 蒸馏水，分 2～3 次，清洗瓷件表面的污秽；对电器瓷件，可按其面积与悬式绝缘子的比例采取适当水量，擦洗瓷件表面污秽。将各次得到的污秽溶液混合后，在直读式等值盐量浓度表（或电导率仪及其它仪表❶）测定盐量浓度（100mL 水中含盐量）。

$$总盐量 W = 盐量浓度 \times \frac{使用总水量(mL)}{100(mL)}$$

2. 泄漏距离的有效系数

几种型式绝缘子的有效系数 K 可暂采用附表 3 中的数值。

附表 3

绝缘子型式	泄漏距离有效系数 K
X - 4.5	1
XFP - 6	0.9
NF - 4.5	0.9
C - 104	0.9
C - 210	1.15
Ⅱ - 4.5	1.0

注 对未测知 K 值的绝缘子，可暂取 $K=1$。

12 继电保护及安全自动装置运行管理规程

（水利电力部 ［82］水电生字第 11 号）

1 总则

1.1 继电保护与安全自动装置（以下简称保护装置）是保证电网安全运行、保护电气设备的主要装置，是组成电力系统整体的不可缺少的重要部分。保护装置配置使用不当或不正确动作，必将引起事故或使事故

扩大，损坏电气设备，甚至造成整个电力系统崩溃瓦解。因此，继电保护人员与电网调度及基层单位运行人员一样，是电网生产第一线人员。

1.2 要加强对继电保护工作的领导。各网局、省局及电业局（供电局）、发电厂（以下简称基层局厂）主管生产的领导和总工程师，要经常检查与了解继电保护工作情况，对其中存在的重要问题应予组织督促解决，对由继电保护引起的重大系统瓦解事故和全厂停电事故负应有的责任。

1.3 继电保护正确动作率及故障录波完好率，应为主管部门考核各基层局、厂的指标之一。对网局及省局应分别以主系统与 220kV 及以上装置为考核重点。

2 继电保护专业机构（略）

3 继电保护机构管辖设备范围及职责

3.1～3.3（略）

3.4 基层局、厂继电保护机构的职责：

3.4.1 对运行保护装置的正常维护及定期检验，按时完成保护装置定值的更改工作。

3.4.2 参加有关的新、扩建工程保护装置的选型设计审核，并进行竣工验收。

3.4.3 事故后或继电保护不正确动作后的临时性检验。

3.4.4 按地区调度及电厂管辖范围，定期编制继电保护整定方案及处理日常的继电保护运行工作。

3.4.5 为地区调度、变电所及发电厂编写继电保护运行说明，供有关部门作为编制运行规程的依据，并审核规程的有关部分。

3.4.6 按规定对继电保护动作情况进行定期的统计分析与总结，提出反事故措施。

3.4.7 贯彻执行反事故措施（包括上级机构确定的），编制保护装置更新改造工程计划。根据整定单位确定的原则接线方案，绘制原理接线等有关图纸，经基层局、厂审定后施工。

3.4.8 对用户会同用电监察部门提出继电保护的原则要求和提供有关定值，监察重要用户继电保护的运行工作。

3.4.9 协助对调度、变电所及发电厂值班人员进行有关保护装置运行方面的技术培训工作。

其余略。

---

❶ 用电导率仪测出污液电导率后，需进行温度校正，再查 20℃下电导率与盐量浓度的关系曲线，从而求得相应的盐量浓度。

4　岗位责任制

4.1～4.2.2（略）

4.2.3　继电运行管理专责人岗位责任：

4.2.3.1　编制继电保护整定方案、继电保护运行说明，根据整定单位确定的反事故措施、改进工程保护原则接线方案，绘制原理接线图；负责处理日常继电保护调度运行事项。

4.2.3.2　收集、整理、健全必要的继电保护图纸资料和电气设备有关参数，制定系统阻抗图、短路电流表。

4.2.3.3　对继电保护的动作情况进行统计分析，并按月填报。每季和年终提出继电保护运行分析总结和改进意见。参加继电保护事故调查和对录波照片的分析。

4.2.3.4　审核重要用户继电保护方式，向用户和用户试验班提供有关参数和保护整定值。

4.2.3.5　负责填写"继电保护及自动装置动作原始记录本"及其"分析记录本"。记录本内应妥善整理及保管录波照片。

4.2.3.6　参加审核继电保护设计。

4.2.3.7　参加设备专责组现场检验工作，了解断电保护的试验。

其余略。

5　调度人员及发电厂、变电所运行人员的继电保护运行工作（略）

6　定值管理

6.1　超高压系统保护装置的整定计算，应符合《110～220kV电网继电保护与安全自动装置运行条例（配置与整定部分）》的规定。

6.2　结合电力系统发展变化，应定期编制或修订系统继电保护整定方案。整定方案的编制应根据：

6.2.1　由调度部分提供、并经领导审定的系统运行方式及运行参数，包括正常的和实际可能的检修运行方式；最大有功及无功潮流（必要时应包括冲击负荷电流值，电动机自起动电流值等）；最低运行电压，非全相运行线路的相序分量，最佳重合闸时间，解列点及系统稳定的具体要求等。

6.2.2　110kV及以上系统计算所需的设备及线路参数，必须采用实际试验值（试验报告）或有据可查。

6.2.3　由计划部门提供的系统近期发展规划与接线。

6.3　整定方案的主要内容应包括：

6.3.1　整定方案对系统近期发展的考虑。

6.3.2　各种保护装置的整定原则以及为防止系统瓦解、全厂停电或保证重点用户用电作特殊考虑的整定原则。

6.3.3　整定计算表及定值表和整定允许的最大电流或有功、无功负荷曲线。

6.3.4　变压器中性点接地点的安排。

6.3.5　正常和特殊方式下有关调度运行的注意事项或规定事项。

6.3.6　系统主接线图、正序及零序阻抗参数图、继电保护配置及定值图。

6.3.7　系统运行、保护配置及整定方面遗留的问题和改进意见。

整定方案编制后，在本保护部门内应经专人分部进行全面校核，集体讨论，然后经有关调度（值长）运行、生技、安监等部门讨论，由相应的网局、省局或基层局、厂总工程师批准后实施。

整定计算原始底稿需整理成册，妥善保管，以便日常运行或事故处理时查对。

6.4　关于整定值通知单的若干规定：

6.4.1　现场保护装置整定值的调整和更改，应按保护装置整定值通知单的要求执行，并依照规定日期完成。

如根据一次系统运行方式的变化，需要更改运行中保护装置的整定值时，须在定值通知单上说明。

在特殊情况下急需改变保护装置定值时，由调度（值长）下令更改定值后，保护装置整定部门应于两天内补发新定值通知单。

6.4.2　网局、省局继电保护部门编发的定值通知单上除编制人签名外，还应经专人复核或科长审核。基层局、厂继电保护部门编发的定值通知单上除编制人签名外，应经专人复核，本部门专责工程师（技术员）审核。出现特殊问题（如不符合有关规程或条例，可能出现严重后果等）应经总工程师批准。

6.4.3　定值通知单一式若干份，应分别发给有关调度（值长）和有关基层局、厂继电保护部门。对新装保护装置应增发定值通知单给基建调试单位。定值通知单应编号并注明编发日期。

6.4.4　因新建、扩建工程使局部系统有较多保护装置需要更改定值时，基层局、厂继电保护部门应在规定期限内，按所要求的顺序更改完毕，以保证各级保护装置互相配合。有特殊困难时，须向有关整定部门提出研究解决办法，由此而引起保护不配合而会引起严重后果者，须经有关部门总工程师批准。

6.5　各级继电保护部门保护装置整定范围的划分：

6.5.1　整定范围一般与调度操作范围相适应。

6.5.2 变电所、发电厂内的变压器、调相机、发电机的保护装置除另有规定或明确者外，一般由设备所在的基层局、厂继电保护部门整定，母线保护、变压器的零序电流、零序电压保护由负责该侧电压系统保护装置的整定部门整定。

6.5.3 低频减载及其他系统稳定装置的定值，由有关调度运行部门为主整定，并书面下达到基层局、厂据以执行。

6.5.4 各级继电保护部门保护装置整定范围的划分，应以书面明确分工负责。整定分界点上的定值限额和等值阻抗（包括最大、最小正序、零序等值阻抗）也要书面明确。需要更改时，必须事向对方提出，经双方协商，原则上，应局部服从全局和可能条件下全局照顾局部，取得一致后，方可修改分界点的限额。修改后，须报送上级继电保护部门备案。

7　检验管理

7.1 对运行中或准备投入运行的保护装置，应按部颁《继电保护及系统自动装置检验条例》和有关检验规程进行定期检验和其他各种检验工作。

7.2 基层局、厂继电保护部门，需根据季节特点、负荷情况并结合一次设备的检修，合理地安排年、季、月的保护装置检验计划。有关调度部门应予支持配合，并作统筹安排，使保护装置定期检验工作能顺利开展。

定期检验工作应掌握进度，及时完成，以减少对系统安全运行的影响，并应保证检验质量。

7.3 检验工作中，须严格执行部颁《电业安全工作规程》及有关保安规程中的有关规定，并按符合设备实际安装情况的正确图纸进行现场检验工作；复杂的检验工作事先应制订实施方案。

7.4 主要厂、站应配备专用试验仪器、整组试验车及试验电源。检验用仪表的精确等级及技术特性应符合规程要求，所有测试仪表均需定期校验，以确保检验质量。

7.5 继电保护检验时，应认真作好记录。检验结束时，应及时向运行人员交待，在配电盘的有关记录簿上作好记录。结束后，应及时整理检验报告。

7.6 当保护装置发生不正确动作后，应及时向上级继电保护部门及整定管辖部门报告，并保留现场原有状态，及时进行事故后的现场检验。检验项目根据不正确动作的具体情况确定。重大事故的检验工作应与上级继电保护及安全部门商定，并应有有关中试所参加协助分析，找出不正确动作原因，制订对策。

8　基建工程设计审核、运行准备与验收

8.1 计划与设计部门在编制系统发展规划、系统设计和确定厂、站一次接线时，应考虑保护装置的技术性能和条件，听取继电保护部门的意见，使系统规划、设计及接线能全面综合地考虑到一次和二次的问题，以保证系统安全、经济、合理。

8.2 新扩建工程设计中，必须从整个系统统筹考虑继电保护相适应的变化，作出安排。系统保护装置设计的选型、配置方案及原理图应符合部颁反措原则，设计部门应事先征求负责系统继电保护整定计算部门的同意。

8.3 新建 110kV 及以上的电气设备及线路参数，应按照有关基建工程验收规程的规定，在投入运行前进行实际测试。测试内容由整定计算部门按实际需要和基建部门商定，测试工作以基建单位为主负责（必要时生产部门可以配合），对测试结果应进行分析并提出测试报告（制造厂已提供可靠实测数据的，可不再进行实测）。

8.4 根据法规第 4 - 8 - 10 条的规定，"新建工程投入时，全部设计并已安装的继电保护和自动装置应同时投入"以保证新建工程的安全投产。为此，负责整定计算的继电保护机构，应配合工程进度及时提出保护整定值。所需的电气一次接线图、保护原理图、电气设备（包括线路）参数等，应根据工程具体情况，由负责工程施工单位或建设单位（或委托工程设计单位）统一归口，按照要求时间（一般在投运前三个月）尽早提交负责整定计算的继电保护机构，以便安排计算。实测参数亦应提前送交，以便进行核算，给出正式整定值（提交的时间由双方按实际核算工作量商定）。

8.5 新建工程保护装置的验收应按设计图纸、设备合同和技术说明书、《电力工业技术管理法规》、《电力建设施工及验收规范》、《火力发电厂基本建设工程启动验收规程》的有关规定为依据。按《继电保护检验条例》及有关规程进行调试，按定值通知单进行整定。所有继电保护和安全自动装置均应在检验和整定完毕，经基层局（厂）进行验收后，才能正式投入运行。

8.6 新安装的保护装置竣工后，其验收主要项目如下：

8.6.1 电气设备及线路有关实测参数完整正确。

8.6.2 全部保护装置竣工图纸符合实际。

8.6.3 装置定值符合整定通知单要求。

8.6.4 检验项目及结果符合检验条例和有关规程的

规定。

8.6.5　核对电流互感器变比及伏安特性，其二次负荷满足误差要求。

8.6.6　检查屏前、后的设备整齐、完好，回路绝缘良好，标志齐全正确。

8.6.7　检查二次电缆绝缘良好，标号齐全、正确。

8.6.8　用一次负荷电流和工作电压进行验收试验，判断互感器极性、变比及其回路的正确性，判断方向、差动、距离、高频等保护装置有关元件及接线的正确性。

8.7　新安装的保护装置投入运行前，安装单位应按照《电力工业技术管理法规》第 4.8.6 条，《火力发电厂基本建设启动验收规程》第二条，《电力建设施工及验收暂行技术规范》电气装置篇第一章第三节的有关规定，向运行单位移交符合实际的竣工图纸、调试记录、厂家说明书及设备技术资料、制造厂随同设备供应的备品备件、生产试验仪器和专用工具等。如整理工作困难而无法全部移交时，可与运行单位协商，但投入运行后一个月以内必须全部移交完毕。

8.8　新装保护在投入运行后一年以内，未经打开铅封和变动二次回路以前，经过分析确认系由于调试和安装质量不良引起保护装置不正确动作或造成事故时，责任属基建单位。运行单位应在投入运行后一年内进行第一次定期检验，检验后或投入运行期满一年以后，保护装置因安装调试不良发生不正确动作或事故时，责任属运行单位。

9　设备定级管理

9.1　评定设备健康水平时，应将一、二次电气设备作为整体进行综合评定，所以保护装置应以被保护设备（如线路、母线、发电机、变压器、电动机等）为单位进行设备定级，而故障录波器则按套进行定级。

9.2　新装保护装置应在第一次定期检验后开始定级。

运行中的保护装置，在每次定期检验后应进行定级，当发现或消除缺陷时，应及时重新定级。

9.3　基层局、厂应建立定级记录簿，年终对保护装置的定级情况进行一次全面分析，提出消除缺陷的措施计划，并逐级上报。

9.4　一类设备的所有保护装置，其技术状况良好，性能完全满足系统安全运行要求，并符合以下主要条件：

9.4.1　保护屏、继电器、元件、附属设备及二次回路无缺陷。

9.4.2　装置的原理、接线及定值正确，符合有关规程、条例规定及反事故措施要求。

9.4.3　图纸资料（包括试验记录、技术参数等）齐全，符合实际。

9.4.4　检验期限、项目及质量符合规程规定。

9.4.5　运行条件良好（包括抗干扰措施）。

9.5　二类设备的保护装置比一类设备稍差，但保护装置无重大缺陷，技术状况和性能不影响系统安全运行。

9.6　三类设备的保护装置或是配备不全，或技术性能不良，因而影响系统安全运行（如动作不可靠或有可能误动作等）。如主要保护装置有下列情况之一时，亦应评为三类设备：

9.6.1　保护未满足系统要求，在故障时能引起系统振荡、瓦解事故或严重损坏主要设备者（如故障切除时间过长、母线保护及线路高频保护应投入而未投入、变压器瓦斯保护未能可靠投入跳闸等）。

9.6.2　未满足反事故措施要求。

9.6.3　供运行人员操作的连接片、把手、按钮等没有标志。

9.6.4　图纸不全，且不符合实际。

9.6.5　故障录波器不能完好录波或未投入运行。

三、工 程 设 计

1 供配电系统设计规范

（GB 50052—1995）

第一章　总　　则

第1.0.1条　为使供配电系统设计贯彻执行国家的技术经济政策，做到保障人身安全，供电可靠，技术先进和经济合理，制订本规范。

第1.0.2条　本规范适用于110kV及以下的供配电系统新建和扩建工程的设计。

第1.0.3条　供配电系统设计必须从全局出发，统筹兼顾，按照负荷性质、用电容量、工程特点和地区供电条件，合理确定设计方案。

第1.0.4条　供配电系统设计应根据工程特点、规模和发展规划，做到远近期结合，以近期为主。

第1.0.5条　供配电系统设计应采用符合国家现行有关标准的效率高、能耗低、性能先进的电气产品。

第1.0.6条　供配电系统设计除应遵守本规范外，尚应符合国家现行的有关标准和规范的规定。

第二章　负荷分级及供电要求

第2.0.1条　电力负荷应根据对供电可靠性的要求及中断供电在政治、经济上所造成损失或影响的程度进行分级，并应符合下列规定：

一、符合下列情况之一时，应为一级负荷：

1. 中断供电将造成人身伤亡时。

2. 中断供电将在政治、经济上造成重大损失时。例如：重大设备损坏、重大产品报废、用重要原料生产的产品大量报废、国民经济中重点企业的连续生产过程被打乱需要长时间才能恢复等。

3. 中断供电将影响有重大政治、经济意义的用电单位的正常工作。例如：重要交通枢纽、重要通信枢纽、重要宾馆、大型体育场馆、经常用于国际活动的大量人员集中的公共场所等用电单位中的重要电力负荷。

在一级负荷中，当中断供电将发生中毒、爆炸和火灾等情况的负荷，以及特别重要场所的不允许中断供电的负荷，应视为特别重要的负荷。

二、符合下列情况之一时，应为二级负荷：

1. 中断供电将在政治、经济上造成较大损失时。例如：主要设备损坏、大量产品报废、连续生产过程被打乱需较长时间才能恢复、重点企业大量减产等。

2. 中断供电将影响重要用电单位的正常工作。例如：交通枢纽、通信枢纽等用电单位中的重要电力负荷，以及中断供电将造成大型影剧院、大型商场等较多人员集中的重要的公共场所秩序混乱。

三、不属于一级和二级负荷者应为三级负荷。

第2.0.2条　一级负荷的供电电源应符合下列规定：

一、一级负荷应由两个电源供电；当一个电源发生故障时，另一个电源不应同时受到损坏。

二、一级负荷中特别重要的负荷，除由两个电源供电外，尚应增设应急电源，并严禁将其它负荷接入应急供电系统。

第2.0.3条　下列电源可作为应急电源：

一、独立于正常电源的发电机组。

二、供电网络中独立于正常电源的专用的馈电线路。

三、蓄电池。

四、干电池。

第2.0.4条　根据允许中断供电的时间可分别选择下列应急电源：

一、允许中断供电时间为15s以上的供电，可选用快速自启动的发电机组。

二、自投装置的动作时间能满足允许中断供电时间的，可选用带有自动投入装置的独立于正常电源的专用馈电线路。

三、允许中断供电时间为毫秒级的供电，可选用蓄电池静止型不间断供电装置、蓄电池机械贮能电机型不间断供电装置或柴油机不间断供电装置。

第2.0.5条　应急电源的工作时间，应按生产技术上要求的停车时间考虑。当与自动启动的发电机组配合使用时，不宜少于10min。

第2.0.6条　二级负荷的供电系统，宜由两回线路供电。在负荷较小或地区供电条件困难时，二级负荷可由一回6kV及以上专用的架空线路或电缆供电。当采用架空线时，可为一回架空线供电；当采用电缆线路时，应采用两根电缆组成的线路供电，其每根电缆应能承受 100％的二级负荷。

第三章　电源及供电系统

第3.0.1条　符合下列情况之一时，用电单位宜设置自备电源：

一、需要设置自备电源作为一级负荷中特别重要负荷的应急电源时或第二电源不能满足一级负荷的条件时。

二、设置自备电源较从电力系统取得第二电源经济合理时。

三、有常年稳定余热、压差、废气可供发电，技术可靠、经济合理时。

四、所在地区偏僻，远离电力系统，设置自备电源经济合理时。

第3.0.2条　应急电源与正常电源之间必须采取防止并列运行的措施。

第3.0.3条　供配电系统的设计，除一级负荷中特别重要负荷外，不应按一个电源系统检修或故障的同时另一电源又发生故障进行设计。

第3.0.4条　需要两回电源线路的用电单位，宜采用同级电压供电。但根据各级负荷的不同需要及地区供电条件，亦可采用不同电压供电。

第3.0.5条　有一级负荷的用电单位难以从地区电力网取得两个电源而有可能从邻近单位取得第二电源时，宜从该单位取得第二电源。

第3.0.6条　同时供电的两回及以上供配电线路中一回路中断供电时，其余线路应能满足全部一级负荷及二级负荷。

第3.0.7条　供电系统应简单可靠，同一电压供电系统的变配电级数不宜多于两级。

第3.0.8条　高压配电系统宜采用放射式。根据变压器的容量、分布及地理环境等情况，亦可采用树干式或环式。

第3.0.9条　根据负荷的容量和分布，配变电所宜靠近负荷中心。当配电电压为 35kV 时亦可采用直降至 220/380V 配电电压。

第3.0.10条　在用电单位内部邻近的变电所之间宜设置低压联络线。

第3.0.11条　小负荷的用电单位宜接入地区低压电网。

第四章　电压选择和电能质量

第4.0.1条　用电单位的供电电压应根据用电容量、用电设备特性、供电距离、供电线路的回路数、当地公共电网现状及其发展规划等因素，经技术经济比较确定。

第4.0.2条　当供电电压为 35kV 及以上时，用电单位的一级配电电压应采用 10kV；当 6kV 用电设备的总容量较大，选用 6kV 经济合理时，宜采用 6kV。低压配电电压应采用 220/380V。

第4.0.3条　当供电电压为 35kV，能减少配变电级数、简化结线及技术经济合理时，配电电压宜采用 35kV。

第4.0.4条　正常运行情况下，用电设备端子处电压偏差允许值（以额定电压的百分数表示）宜符合下列要求：

一、电动机为±5％。

二、照明：在一般工作场所为±5％；对于远离变电所的小面积一般工作场所，难以满足上述要求时，可为＋5％、－10％；应急照明、道路照明和警卫照明等为＋5％、－10％。

三、其它用电设备当无特殊规定时为±5％。

第4.0.5条　供配电系统的设计为减小电压偏差，应符合下列要求：

一、正确选择变压器的变压比和电压分接头。

二、降低系统阻抗。

三、采取补偿无功功率措施。

四、宜使三相负荷平衡。

第4.0.6条　计算电压偏差时，应计入采取下列措施后的调压效果：

一、自动或手动调整并联补偿电容器、并联电抗器的接入容量。

二、自动或手动调整同步电动机的励磁电流。

三、改变供配电系统运行方式。

第4.0.7条　变电所中的变压器在下列情况之一时，应采用有载调压变压器：

一、35kV 以上电压的变电所中的降压变压器，直接向 35kV、10(6)kV 电网送电时。

二、35kV 降压变电所的主变压器，在电压偏差不能满足要求时。

第4.0.8条　10(6)kV 配电变压器不宜采用有载调压变压器；但在当地 10(6)kV 电源电压偏差不能满足要求，且用电单位有对电压要求严格的设备，单独设置调压装置技术经济不合理时，亦可采用 10(6)kV 有载调压变压器。

第4.0.9条　电压偏差应符合用电设备端电压的要求，35kV 以上电网的有载调压宜实行逆调压方式。逆调压的范围宜为额定电压的 0～＋5％。

第4.0.10条　对冲击性负荷的供电需要降低冲击性负荷引起的电网电压波动和电压闪变（不包括电

动机启动时允许的电压下降）时，宜采取下列措施：

一、采用专线供电。

二、与其它负荷共用配电线路时，降低配电线路阻抗。

三、较大功率的冲击性负荷或冲击性负荷群与对电压波动、闪变敏感的负荷分别由不同的变压器供电。

四、对于大功率电弧炉的炉用变压器由短路容量较大的电网供电。

第4.0.11条 控制各类非线性用电设备所产生的谐波引起的电网电压正弦波形畸变率，宜采取下列措施：

一、各类大功率非线性用电设备变压器由短路容量较大的电网供电。

二、对大功率静止整流器，采取下列措施：

1. 提高整流变压器二次侧的相数和增加整流器的整流脉冲数。

2. 多台相数相同的整流装置，使整流变压器的二次侧有适当的相角差。

3. 按谐波次数装设分流滤波器。

三、选用 D，yn11 接线组别的三相配电变压器。

注：D，yn11 结线组别的三相配电变压器是指表示其高压绕组为三角形、低压绕组为星形且有中性点和"11"结线组别的三相配电变压器。

第4.0.12条 设计低压配电系统时宜采取下列措施，降低三相低压配电系统的不对称度。

一、220V 或 380V 单相用电设备接入 220/380V 三相系统时，宜使三相平衡。

二、由地区公共低压电网供电的 220V 照明负荷，线路电流小于或等于 30A 时，可采用 220V 单相供电；大于 30A 时，宜以 220/380V 三相四线制供电。

第五章 无 功 补 偿

第5.0.1条 供配电设计中应正确选择电动机、变压器的容量，降低线路感抗。当工艺条件适当时，宜采取采用同步电动机或选用带空载切除的间歇工作制设备等，提高用电单位自然功率因数的措施。

第5.0.2条 当采用提高自然功率因数措施后，仍达不到电网合理运行要求时，应采用并联电力电容器作为无功补偿装置。当经过技术经济比较，确认采用同步电动机作为无功补偿装置合理时，可采用同步电动机。

第5.0.3条 采用电力电容器作为无功补偿装置时，宜就地平衡补偿。低压部分的无功功率宜由低压电容器补偿；高压部分的无功功率宜由高压电容器补偿。容量较大，负荷平稳且经常使用的用电设备的无功功率宜单独就地补偿。补偿基本无功功率的电容器组，宜在配变电所内集中补偿。在环境正常的车间内，低压电容器宜分散补偿。

第5.0.4条 无功补偿容量宜按无功功率曲线或无功补偿计算方法确定。

第5.0.5条 无功补偿装置的投切方式，具有下列情况之一时，宜采用手动投切的无功补偿装置：

一、补偿低压基本无功功率的电容器组。

二、常年稳定的无功功率。

三、经常投入运行的变压器或配、变电所内投切次数较少的高压电动机及高压电容器组。

第5.0.6条 无功补偿装置的投切方式，具有下列情况之一时，宜装设无功自动补偿装置：

一、避免过补偿，装设无功自动补偿装置在经济上合理时。

二、避免在轻载时电压过高，造成某些用电设备损坏，而装设无功自动补偿装置在经济上合理时。

三、只有装设无功自动补偿装置才能满足在各种运行负荷的情况下的电压偏差允许值时。

第5.0.7条 当采用高、低压自动补偿装置效果相同时，宜采用低压自动补偿装置。

第5.0.8条 无功自动补偿的调节方式，宜根据下列原则确定：

一、以节能为主进行补偿时，采用无功功率参数调节；当三相负荷平衡时，亦可采用功率因数参数调节。

二、提供维持电网电压水平所必要的无功功率及以减少电压偏差为主进行补偿者，应按电压参数调节，但已采用变压器自动调压者除外。

三、无功功率随时间稳定变化时，按时间参数调节。

第5.0.9条 电容器分组时，应满足下列要求：

一、分组电容器投切时，不应产生谐振。

二、适当减少分组组数和加大分组容量。

三、应与配套设备的技术参数相适应。

四、应满足电压偏差的允许范围。

第5.0.10条 接在电动机控制设备侧电容器的额定电流，不应超过电动机励磁电流的 0.9 倍；其馈电线和过电流保护装置的整定值，应按电动机—电容器组的电流确定。

第5.0.11条 高压电容器组宜串联适当参数的电抗器。低压电容器组宜加大投切容量或采用专用投切接触器。当受谐波量较大的用电设备影响的线路上装设电容器组时，宜串联电抗器。

第六章 低 压 配 电

第 6.0.1 条 低压配电电压应采用 220/380 V。带电导体系统的型式宜采用单相二线制、两相三线制、三相三线制和三相四线制。

第 6.0.2 条 在正常环境的车间或建筑物内，当大部分用电设备为中小容量，且无特殊要求时，宜采用树干式配电。

第 6.0.3 条 当用电设备为大容量，或负荷性质重要，或在有特殊要求的车间、建筑物内，宜采用放射式配电。

第 6.0.4 条 当部分用电设备距供电点较远，而彼此相距很近、容量很小的次要用电设备，可采用链式配电，但每一回路环链设备不宜超过 5 台，其总容量不宜超过 10kW。容量较小用电设备的插座，采用链式配电时，每一条环链回路的设备数量可适当增加。

第 6.0.5 条 在高层建筑物内，当向楼层各配电点供电时，宜采用分区树干式配电；但部分较大容量的集中负荷或重要负荷，应从低压配电室以放射式配电。

第 6.0.6 条 平行的生产流水线或互为备用的生产机组，根据生产要求，宜由不同的回路配电；同一生产流水线的各用电设备，宜由同一回路配电。

第 6.0.7 条 在 TN 及 TT 系统接地型式的低压电网中，宜选用 D，yn11 结线组别的三相变压器作为配电变压器。

注：TN 系统——在此系统内，电源有一点与地直接连接，负荷侧电气装置的外露可导电部分则通过保护线（PE线）与该点连接。其定义应符合现行国家标准《电力装置的接地设计规范》的规定。

TT 系统——在此系统内，电源有一点与地直接连接，负荷侧电气装置的外露可导电部分连接的接地极和电源的接地极无电气联系。其定义应符合现行国家标准《电力装置的接地设计规范》的规定。

第 6.0.8 条 在 TN 及 TT 系统接地型式的低压电网中，当选用 Y，yn0 结线组别的三相变压器时，其由单相不平衡负荷引起的中性线电流不得超过低压绕组额定电流的 25%，且其一相的电流在满载时不得超过额定电流值。

注：Y，yn0 结线组别的三相变压器是指表示其高压绕组为星形、低压绕组亦为星形且有中性点和"0"结线组别的三相变压器。

第 6.0.9 条 当采用 220/380V 的 TN 及 TT 系统接地型式的低压电网时，照明和其它电力设备宜由同一台变压器供电。必要时亦可单独设置照明变压器供电。

第 6.0.10 条 由建筑物外引入的配电线路，应在室内靠近进线点便于操作维护的地方装设隔离电器。

附录一
名 词 解 释

本规范用名词	曾用名词	解　　释
一级负荷中特别重要的负荷		中断供电将发生中毒、爆炸和火灾等情况的负荷，以及特别重要场所的不允许中断供电的负荷
应急电源		在正常电源发生故障情况下，为确保一级负荷中特别重要负荷的供电电源
电压偏差	电压偏移	供配电系统改变运行方式和负荷缓慢地变化使供配电系统各点的电压也随之变化，各点的实际电压与系统额定电压之差 ΔU 称为电压偏差。电压偏差 ΔU 也常用与系统额定电压的比值，以百分数表示
逆调压方式		逆调压方式就是负荷大时电网电压向高调，负荷小时电网电压向低调，以补偿电网的电压损失
电压波动		一系列的电压变动或电压包络线的周期性变动，电压的最大值与最小值之差与系统额定电压的比值以百分数表示，其变化速度等于或大于每秒 0.2% 时称为电压波动
电压闪变		负荷急剧的波动造成供配电系统瞬时电压升降，照度随之急剧变化，使人眼对灯闪感到不适，这种现象称为电压闪变
不对称度		不对称度是衡量多相负荷平衡状态的指标。多相系统的电压负序分量与电压正序分量之比值称为电压不对称度；电流负序分量与电流正序分量之比值称为电流不对称度；均以百分数表示
电压正弦波形畸变率		电压正弦波形畸变率 $$U_F = \frac{100}{U_1}\sqrt{\sum_{n=2}^{\infty} U_n^2}\ (\%)$$ 式中 U_1—50Hz 基波电压；U_n—n 次谐波电压
基本无功功率		当用电设备投入运行时所需的最小无功功率。如该用电设备有空载运行的可能，则基本无功功率即为其空载无功功率。如其最小运行方式为轻负荷运行，则基本无功功率为此轻负荷情况下的无功功率

2 低压配电设计规范

（GB 50054—1995）

第一章　总　则

第1.0.1条　为使低压配电设计执行国家的技术经济政策，做到保障人身安全、配电可靠、电能质量合格、节约电能、技术先进、经济合理和安装维护方便，制订本规范。

第1.0.2条　本规范适用于新建和扩建工程的交流、工频500V以下的低压配电设计。

第1.0.3条　低压配电设计应节约有色金属，合理地选用铜铝材质的导体。

第1.0.4条　低压配电设计除应执行本规范外，尚应符合现行的国家有关标准、规范的规定。

第二章　电器和导体的选择

第一节　电器的选择

第2.1.1条　低压配电设计所选用的电器，应符合国家现行的有关标准，并应符合下列要求：

一、电器的额定电压应与所在回路标称电压相适应；

二、电器的额定电流不应小于所在回路的计算电流；

三、电器的额定频率应与所在回路的频率相适应；

四、电器应适应所在场所的环境条件；

五、电器应满足短路条件下的动稳定与热稳定的要求。用于断开短路电流的电器，应满足短路条件下的通断能力。

第2.1.2条　验算电器在短路条件下的通断能力，应采用安装处预期短路电流周期分量的有效值，当短路点附近所接电动机额定电流之和超过短路电流的1%时，应计入电动机反馈电流的影响。

第2.1.3条　当维护、测试和检修设备需断开电源时，应设置隔离电器。

第2.1.4条　隔离电器应使所在回路与带电部分隔离，当隔离电器误操作会造成严重事故时，应采取防止误操作的措施。

第2.1.5条　隔离电器宜采用同时断开电源所有极的开关或彼此靠近的单极开关。

第2.1.6条　隔离电器可采用下列电器：

一、单极或多极隔离开关、隔离插头；

二、插头与插座；

三、连接片；

四、不需要拆除导线的特殊端子；

五、熔断器。

第2.1.7条　半导体电器严禁作隔离电器。

第2.1.8条　通断电流的操作电器可采用下列电器：

一、负荷开关及断路器；

二、继电器、接触器；

三、半导体电器；

四、10A及以下的插头与插座。

第二节　导体的选择

第2.2.1条　导体的类型应按敷设方式及环境条件选择。绝缘导体除满足上述条件外，尚应符合工作电压的要求。

第2.2.2条　选择导体截面，应符合下列要求：

一、线路电压损失应满足用电设备正常工作及起动时端电压的要求；

二、按敷设方式及环境条件确定的导体载流量，不应小于计算电流；

三、导体应满足动稳定与热稳定的要求；

四、导体最小截面应满足机械强度的要求，固定敷设的导线最小芯线截面应符合表2.2.2的规定。

表2.2.2　固定敷设的导线最小芯线截面

敷　设　方　式	最小芯线截面（mm²）	
	铜　芯	铝　芯
裸导线敷于绝缘子上	10	10
绝缘导线敷设于绝缘子上：		
室内　$L \leq 2m$	1.0	2.5
室外　$L \leq 2m$	1.5	2.5
室内外　$2m < L \leq 6m$	2.5	4
$2m < L \leq 16m$	4	6
$16m < L \leq 25m$	6	10
绝缘导线穿管敷设	1.0	2.5
绝缘导线槽板敷设	1.0	2.5
绝缘导线线槽敷设	0.75	2.5
塑料绝缘护套导线扎头直敷	1.0	2.5

注　L 为绝缘子支持点间距。

第2.2.3条　沿不同冷却条件的路径敷设绝缘导线和电缆时，当冷却条件最坏段的长度超过5m，应按该段条件选择绝缘导线和电缆的截面，或只对该段采用大截面的绝缘导线和电缆。

第 2.2.4 条　导体的允许载流量，应根据敷设处的环境温度进行校正，温度校正系数可按下式计算：

$$K = \sqrt{\frac{t_1 - t_0}{t_1 - t_2}} \qquad (2.2.4)$$

式中：K——温度校正系数；

t_1——导体最高允许工作温度（℃）；

t_0——敷设处的环境温度（℃）；

t_2——导体载流量标准中所采用的环境温度（℃）。

第 2.2.5 条　导线敷设处的环境温度，应采用下列温度值：

一、直接敷设在土壤中的电缆，采用敷设处历年最热月的月平均温度；

二、敷设在空气中的裸导体，屋外采用敷设地区最热月的平均最高温度；屋内采用敷设地点最热月的平均最高温度（均取 10 年或以上的总平均值）。

第 2.2.6 条　在三相四线制配电系统中，中性线（以下简称 N 线）的允许载流量不应小于线路中最大不平衡负荷电流，且应计入谐波电流的影响。

第 2.2.7 条　以气体放电灯为主要负荷的回路中，中性线截面不应小于相线截面。

第 2.2.8 条　采用单芯导线作保护中性线（以下简称 PEN 线）干线，当截面为铜材时，不应小于 $10mm^2$；为铝材时，不应小于 $16mm^2$；采用多芯电缆的芯线作 PEN 线干线，其截面不应小于 $4mm^2$。

第 2.2.9 条　当保护线（以下简称 PE 线）所用材质与相线相同时，PE 线最小截面应符合表 2.2.9 的规定。

表 2.2.9　PE 线最小截面

相线芯线截面 S （mm^2）	PE 线最小截面 （mm^2）
$S \leqslant 16$	S
$16 < S \leqslant 35$	16
$S > 35$	$S/2$

注　当采用此表若得出非标准截面时，应选用与之最接近的标准截面导体。

第 2.2.10 条　PE 线采用单芯绝缘导线时，按机械强度要求，截面不应小于下列数值：

有机械性的保护时为 $2.5mm^2$；

无机械性的保护时为 $4mm^2$。

第 2.2.11 条　装置外可导电部分严禁用作 PEN 线。

第 2.2.12 条　在 TN-C 系统中，PEN 线严禁接入开关设备。

注：TN-C 系统——在 TN 系统中，整个系统的中性线与保护线是合一的。其定义应符合现行国家标准《交流电气装置接地设计规范》的规定。TN 系统——在此系统内，电源有一点与地直接连接，负荷侧电气装置的外露可导电部分则通过 PE 线与该点连接。其定义应符合现行国家标准《交流电气装置接地设计规范》的规定。

第三章　配电设备的布置

第一节　一般规定

第 3.1.1 条　本章的规定适用于工业厂房和民用建筑一般场所内的配电设备的布置。

变电所低压配电室的配电设备布置，应符合国家标准《10kV 及以下变电所设计规范》（GB 50053—94）的规定。

第 3.1.2 条　配电室的位置应靠近用电负荷中心，设置在尘埃少、腐蚀介质少、干燥和震动轻微的地方，并宜适当留有发展余地。

第 3.1.3 条　配电设备的布置必须遵循安全、可靠、适用和经济等原则，并应便于安装、操作、搬运、检修、试验和监测。

第 3.1.4 条　配电室内除本室需用的管道外，不应有其它的管道通过。室内管道上不应设置阀门和中间接头；水汽管道与散热器的连接应采用焊接。配电屏的上方不应敷设管道。

第 3.1.5 条　落地式配电箱的底部宜抬高，室内宜高出地面 50mm 以上，室外应高出地面 200mm 以上。底座周围应采取封闭措施，并应能防止鼠、蛇类等小动物进入箱内。

第 3.1.6 条　同一配电室内并列的两段母线，当任一段母线有一级负荷时，母线分段处应设防火隔断措施。

第 3.1.7 条　当高压及低压配电设备设在同一室内时，且二者有一侧柜顶有裸露的母线，二者之间的净距不应小于 2m。

第 3.1.8 条　成排布置的配电屏，其长度超过 6m 时，屏后的通道应设两个出口，并宜布置在通道的两端，当两出口之间的距离超过 15m 时，其间尚应增加出口。

第 3.1.9 条　成排布置的配电屏，其屏前和屏后的通道最小宽度应符合表 3.1.9 的规定。

表 3.1.9　　　　　　　　　　　　**配电屏前后的通道最小宽度**　　　　　　　　　　　　m

配电屏种类		单排布置			双排面对面布置			双排背对背布置			多排同向布置		
		屏前	屏后		屏前	屏后		屏前	屏后		屏间	前、后排屏距墙	
			维护	操作		维护	操作		维护	操作			前排	后排
固定式	不受限制时	1.5	1.0	1.2	2.0	1.0	1.2	1.5	1.5	2.0	2.0	1.5	1.0
	受限制时	1.3	0.8	1.2	1.8	0.8	1.2	1.3	1.3	2.0	2.0	1.3	0.8
抽屉式	不受限制时	1.8	1.0	1.2	2.3	1.0	1.2	1.8	1.0	2.0	2.3	1.8	1.0
	受限制时	1.6	0.8	1.2	2.0	0.8	1.2	1.6	0.8	2.0	2.0	1.6	0.8

注　1. 受限制时是指受到建筑平面的限制、通道内有柱等局部突出物的限制；
　　　2. 控制屏、柜前后的通道最小宽度可按表 3.1.9 的规定执行或适当缩小；
　　　3. 屏后操作通道是指需在屏后操作运行中的开关设备的通道。

第二节　配电设备布置中的安全措施

第 3.2.1 条　在有人的一般场所，有危险电位的裸带电体应加遮护或置于人的伸臂范围以外。

注：①置于伸臂范围以外的保护仅用来防止人无意识地触及裸带电体；

②伸臂范围是指人手伸出后可能触及的区域。

第 3.2.2 条　标称电压超过交流25V（均方根值）容易被触及的裸带电体必须设置遮护物或外罩，其防护等级不应低于《外壳防护等级分类》（GB 4208—84）的 IP2X 级。

第 3.2.3 条　遮护物和外罩必须可靠地固定，并应具有足够的稳定性和耐久性。

第 3.2.4 条　当需要移动遮护物、打开或拆卸外罩时，必须采取下列的措施之一：

一、使用钥匙或其他工具；

二、切断裸带电体的电源，且只有将遮护物或外罩重新放回原位或装好后才能恢复供电。

第 3.2.5 条　当裸带电体用遮护物遮护时，裸带电体与遮护物之间的净距应满足下列要求：

一、当采用防护等级不低于 IP2X 级的网状遮护物时，不应小于 100mm；

二、当采用板状遮护物时，不应小于 50mm。

第 3.2.6 条　容易接近的遮护物或外罩的顶部，其防护等级不应低于《外壳防护等级分类》（GB 4208—84）的 IP4X 级。

第 3.2.7 条　当采用遮护物和外罩有困难时，可采用阻挡物进行保护，阻挡物应能防止下列情况的发生：

一、人体无意识地接近裸带电体；

二、操作设备过程中人体无意识地触及裸带电体。

注：阻挡物用于防止无意识地触及裸带电体，不能防止

故意绕过阻挡物而有意识地触及裸带电体。阻挡物是指栏杆、网状屏障等。

第 3.2.8 条　在有人的一般场所，人距裸带电体的伸臂范围应符合下列规定：

一、裸带电体布置在有人活动的上方时，裸带电体与地面或平台的垂直净距不应小于 2.5m；

二、裸带电体布置在有人活动的侧面或下方时，裸带电体与平台边缘的水平净距不应小于 1.25m；

三、当裸带电体具有防护等级低于 IP2X 级的遮护物时，伸臂范围应从遮护物算起。

第 3.2.9 条　在正常的人工操作时手中需执有导电物件的场所，计算伸臂范围时应计入这些物件的尺寸。

第 3.2.10 条　配电室通道上方裸带电体距地面的高度不应小于下列数值：

一、屏前通道为 2.5m；当低于 2.5m 时应加遮护，遮护后的护网高度不应低于 2.2m；

二、屏后通道为 2.3m；当低于 2.3m 时应加遮护，遮护后的护网高度不应低于 1.9m。

第 3.2.11 条　安装在生产车间和有人场所的开敞式配电设备，其未遮护的裸带电体距地面高度不应小于 2.5m；当低于 2.5m 时应设置遮护物或阻挡物，阻挡物与裸带电体的水平净距不应小于 0.8m，阻挡物的高度不应小于 1.4m；阻挡物内屏前、屏后的通道宽度应符合本规范第 3.1.9 条的规定。

第三节　对建筑的要求

第 3.3.1 条　配电室屋顶承重构件的耐火等级不应低于二级，其他部分不应低于三级。

第 3.3.2 条　配电室长度超过7m时，应设两个出口，并宜布置在配电室的两端。当配电室为楼上楼下两部分布置时，楼上部分的出口应至少有一个通向

该层走廊或室外的安全出口。

配电室的门均应向外开启，但通向高压配电室的门应为双向开启门。

第3.3.3条 配电室的顶棚、墙面及地面的建筑装修应少积灰和不起灰；顶棚不应抹灰。

第3.3.4条 配电室内的电缆沟应采取防水和排水措施。

第3.3.5条 当严寒地区冬季室温影响设备的正常工作时，配电室应采暖。炎热地区的配电室应采取隔热、通风或空调等措施。

有人值班的配电室，宜采用自然采光。在值班人休息间内宜设给水、排水设施。附近无厕所时宜设厕所。

第3.3.6条 位于地下室和楼层内的配电室，应设设备运输的通道，并应设良好的通风和可靠的照明系统。

第3.3.7条 配电室的门、窗关闭应密合；与室外相通的洞、通风孔应设防止鼠、蛇类等小动物进入的网罩，其防护等级不宜低于《外壳防护等级分类》（GB 4208—1984）的 IP3X 级。直接与室外露天相通的通风孔还应采取防止雨、雪飘入的措施。

第四章 配电线路的保护

第一节 一般规定

第4.1.1条 配电线路应装设短路保护、过负载保护和接地故障保护，作用于切断供电电源或发出报警信号。

第4.1.2条 配电线路采用的上下级保护电器，其动作应具有选择性；各级之间应能协调配合。但对于非重要负荷的保护电器，可采用无选择性切断。

第4.1.3条 对电动机、电焊机等用电设备的配电线路的保护，除应符合本章要求外，尚应符合现行国家标准《通用用电设备配电设计规范》（GB 50055—1994）的规定。

第二节 短路保护

第4.2.1条 配电线路的短路保护，应在短路电流对导体和连接件产生的热作用和机械作用造成危害之前切断短路电流。

第4.2.2条 绝缘导体的热稳定校验应符合下列规定：

一、当短路持续时间不大于 5s 时，绝缘导体的热稳定应按下式进行校验：

$$S \geqslant \frac{I}{K}\sqrt{t} \qquad (4.2.2)$$

式中：S——绝缘导体的线芯截面（mm^2）；

I——短路电流有效值（均方根值 A）；

t——在已达到允许最高持续工作温度的导体内短路电流持续作用的时间（s）；

K——不同绝缘的计算系数。

二、不同绝缘、不同线芯材料的 K 值，应符合表4.2.2的规定。

三、短路持续时间小于 0.1s 时，应计入短路电流非周期分量的影响；大于 5s 时应计入散热的影响。

表 4.2.2　　不同绝缘的 K 值

绝缘 线芯	聚氯乙烯	丁基橡胶	乙丙橡胶	油浸纸
铜 芯	115	131	143	107
铝 芯	76	87	94	71

第4.2.3条 当保护电器为符合《低压断路器》（JB 1284—85）的低压断路器时，短路电流不应小于低压断路器瞬时或短延时过电流脱扣器整定电流的 1.3 倍。

第4.2.4条 在线芯截面减小处、分支处或导体类型、敷设方式或环境条件改变后载流量减小处的线路，当越级切断电路不引起故障线路以外的一、二级负荷的供电中断，且符合下列情况之一时，可不装设短路保护：

一、配电线路被前段线路短路保护电器有效的保护，且此线路和其过负载保护电器能承受通过的短路能量；

二、配电线路电源侧装有额定电流为 20A 及以下的保护电器；

三、架空配电线路的电源侧装有短路保护电器。

第三节 过负载保护

第4.3.1条 配电线路的过负载保护，应在过负载电流引起的导体温升对导体的绝缘、接头、端子或导体周围的物质造成损害前切断负载电流。

第4.3.2条 下列配电线路可不装设过负载保护：

一、本规范第4.2.4条一、二、三款所规定的配电线路，已由电源侧的过负载保护电器有效地保护；

二、不可能过负载的线路。

第4.3.3条 过负载保护电器宜采用反时限特性的保护电器，其分断能力可低于电器安装处的短路电流值，但应能承受通过的短路能量。

第4.3.4条 过负载保护电器的动作特性应同时

满足下列条件：

$$I_B \leqslant I_n \leqslant I_z \qquad (4.3.4-1)$$
$$I_2 \leqslant 1.45 I_z \qquad (4.3.4-2)$$

式中：I_B——线路计算负载电流（A）；

I_n——熔断器熔体额定电流或断路器额定电流或整定电流（A）；

I_z——导体允许持续载流量（A）；

I_2——保证保护电器可靠动作的电流（A）。当保护电器为低压断路器时，I_2 为约定时间内的约定动作电流；当为熔断器时，I_2 为约定时间内的约定熔断电流。

注：按公式（4.3.4-1）、式（4.3.4-2）校验过载保护电器的动作特性，当采用符合《低压断路器》（JB 1284—1985）的低压断路器时，延时脱扣器整定电流（I_n）与导体允许持续载流量（I_z）的比值不应大于1。

第4.3.5条　突然断电比过负载造成的损失更大的线路，其过负载保护应作用于信号而不应作用于切断电路。

第4.3.6条　多根并联导体组成的线路采用过负载保护，其线路的允许持续载流量（I_z）为每根并联导体的允许持续载流量之和，且应符合下列要求：

一、导体的型号、截面、长度和敷设方式均相同；

二、线路全长内无分支线路引出；

三、线路的布置使各并联导体的负载电流基本相等。

第四节　接地故障保护

（Ⅰ）一般规定

第4.4.1条　接地故障保护的设置应能防止人身间接电击以及电气火灾、线路损坏等事故。接地故障保护电器的选择应根据配电系统的接地型式，移动式、手握式或固定式电气设备的区别，以及导体截面等因素经技术经济比较确定。

第4.4.2条　防止人身间接电击的保护采用下列措施之一时，可不采用本规范第4.4.1条规定的接地故障保护。

一、采用双重绝缘或加强绝缘的电气设备（Ⅱ类设备）；

二、采取电气隔离措施；

三、采用安全超低压；

四、将电气设备安装在非导电场所内；

五、设置不接地的等电位连接。

注：Ⅱ类设备的定义应符合《电气和电子设备按防触电保护的分类》（GB/T 12501—1992）的规定。

第4.4.3条　本节接地故障保护措施所保护的电气设备，只适用于防电击保护分类为Ⅰ类的电气设备。设备所在的环境为正常环境，人身电击安全电压限值（U_L）为50V。

注：Ⅰ类设备的定义应符合《电气和电子设备按防触电保护的分类》（GB/T 12501—1992）的规定。

第4.4.4条　采用接地故障保护时，在建筑物内应将下列导电体作总等电位联结：

一、PE、PEN 干线；

二、电气装置接地极的接地干线；

三、建筑物内的水管、煤气管、采暖和空调管道等金属管道；

四、条件许可的建筑物金属构件等导电体。

上述导电体宜在进入建筑物处接向总等电位联结端子。等电位联结中金属管道连接处应可靠地连通导电。

第4.4.5条　当电气装置或电气装置某一部分的接地故障保护不能满足切断故障回路的时间要求时，尚应在局部范围内作辅助等电位联结。

当难以确定辅助等电位联结的有效性时，可采用下式进行校验：

$$R \leqslant \frac{50}{I_a} \qquad (4.4.5)$$

式中：R——可同时触及的外露可导电部分和装置外可导电部分之间，故障电流产生的电压降引起接触电压的一段线段的电阻（Ω）；

I_a——切断故障回路时间不超过5s的保护电器动作电流（A）。

注：当保护电器为瞬时或短延时动作的低压断路器时，I_a 值应取低压断路器瞬时或短延时过电流脱扣器整定电流的1.3倍。

（Ⅱ）　TN 系统的接地故障保护

第4.4.6条　TN 系统配电线路接地故障保护的动作特性应符合下式要求：

$$Z_s I_a \leqslant U_0 \qquad (4.4.6)$$

式中：Z_s——接地故障回路的阻抗（Ω）；

I_a——保证保护电器在规定的时间内自动切断故障回路的电流（A）；

U_0——相线对地标称电压（V）。

注：TN 系统——在此系统内，电源有一点与地直接连接，负荷侧电气装置的外露可导电部分则通过 PE 线与该点连接。其定义应符合现行国家标准《交流电气装置接地设计规范》的规定。

第4.4.7条 相线对地标称电压为220V的TN系统配电线路的接地故障保护，其切断故障回路的时间应符合下列规定：

一、配电线路或仅供给固定式电气设备用电的末端线路，不宜大于5s；

二、供电给手握式电气设备和移动式电气设备的末端线路或插座回路，不应大于0.4s。

第4.4.8条 当采用熔断器作接地故障保护，且符合下列条件时，可认为满足本规范第4.4.7条的要求。

一、当要求切断故障回路的时间小于或等于5s时，短路电流（I_d）与熔断器熔体额定电流（I_n）的比值不应小于表4.4.8-1的规定；

二、当要求切断故障回路的时间小于或等于0.4s时，短路电流（I_d）与熔断器熔体额定电流（I_n）的比值不应小于表4.4.8-2的规定。

表4.4.8-1 切断接地故障回路时间小于或等于5s的 I_d/I_n 最小比值

熔体额定电流（A）	4～10	12～63	80～200	250～500
I_d/I_n	4.5	5	6	7

表4.4.8-2 切断接地故障回路时间小于或等于0.4s的 I_d/I_n 最小比值

熔体额定电流（A）	4～10	16～32	40～63	80～200
I_d/I_n	8	9	10	11

第4.4.9条 当配电箱同时有本规范第4.4.7条第一款、第二款所述的两种末端线路引出时，应满足下列条件之一：

一、自配电箱引出的第4.4.7条第一款所述的线路，其切断故障回路的时间不应大于0.4s；

二、使配电箱至总等电位联结回路之间的一段PE线的阻抗不大于 $\dfrac{U_L}{U_0}Z_s$，或作辅助等电位联结。

注：U_L：安全电压限值为50V。

第4.4.10条 TN系统配电线路应采用下列的接地故障保护：

一、当过电流保护能满足本规范第4.4.7条要求时，宜采用过电流保护兼作接地故障保护；

二、在三相四线制配电线路中，当过电流保护不能满足本规范第4.4.7条的要求且零序电流保护能满足时，宜采用零序电流保护，此时保护整定值应大于配电线路最大不平衡电流；

三、当上述一、二款的保护不能满足要求时，应采用漏电电流动作保护。

（Ⅲ） TT系统的接地故障保护

第4.4.11条 TT系统配电线路接地故障保护的动作特性应符合下式要求：

$$R_A I_a \leqslant 50V \qquad (4.4.11)$$

式中：R_A——外露可导电部分的接地电阻和PE线电阻（Ω）；

I_a——保证保护电器切断故障回路的动作电流（A）。当采用过电流保护电器时，反时限特性过电流保护电器的 I_a 为保证在5s内切断的电流；采用瞬时动作特性过电流保护电器的 I_a 为保证瞬时动作的最小电流。当采用漏电电流动作保护器时，I_a 为其额定动作电流 $I_{\Delta n}$。

注：TT系统——在此系统内，电源有一点与地直接连接，负荷侧电气装置外露可导电部分连接的接地极和电源的接地极无电气联系。其定义应符合现行国家标准《交流电气装置接地设计规范》的规定。

第4.4.12条 TT系统配电线路内由同一接地故障保护电器保护的外露可导电部分，应用PE线连接至共用的接地极上。当有多级保护时，各级宜有各自的接地极。

（Ⅳ） IT系统的接地故障保护

第4.4.13条 在IT系统的配电线路中，当发生第一次接地故障时，应由绝缘监视电器发出音响或灯光信号，其动作电流应符合下式要求：

$$R_A I_d \leqslant 50V \qquad (4.4.13)$$

式中：R_A——外露可导电部分的接地极电阻（Ω）；

I_d——相线和外露可导电部分间第一次短路故障的故障电流（A），它计及泄漏电流和电气装置全部接地阻抗值的影响。

注：IT系统——在此系统内，电源与地绝缘或一点经阻抗接地，电气装置外露可导电部分则接地。其定义应符合现行国家标准《交流电气装置接地设计规范》的规定。

第4.4.14条 IT系统的外露可导电部分可用共同的接地极接地，亦可个别地或成组地用单独的接地极接地。

当外露可导电部分为单独接地，发生第二次异相接地故障时，故障回路的切断应符合TT系统接地故障保护的要求。

当外露可导电部分为共同接地，则发生第二次异相接地故障时，故障回路的切断应符合TN系统接地故障保护的要求。

第4.4.15条 IT系统的配电线路，当发生第二次异相接地故障时，应由过电流保护器或漏电电流动作保护器切断故障电路，并应符合下列要求：

一、当IT系统不引出N线，线路标称电压为220/380V时，保护器应在0.4s内切断故障回路，并符合下式要求：

$$Z_s I_a \leqslant \sqrt{\frac{3}{2}} U_0 \quad (4.4.15-1)$$

式中：Z_s——包括相线和PE线在内的故障回路阻抗（Ω）；

I_a——保护器切断故障回路的动作电流（A）。

二、当IT系统引出N线，线路标称电压为220/380V时，保护器应在0.8s内切断故障回路，并应符合下式要求：

$$Z_s I_a \leqslant \frac{1}{2} U_0 \quad (4.4.15-2)$$

式中：Z_s——包括相线、N线和PE线在内的故障回路阻抗（Ω）。

第4.4.16条 IT系统不宜引出N线。

（Ⅴ）接地故障采用漏电电流动作保护

第4.4.17条 PE或PEN线严禁穿过漏电电流动作保护器中电流互感器的磁回路。

第4.4.18条 漏电电流动作保护器所保护的线路及设备外露可导电部分应接地。

第4.4.19条 TN系统配电线路采用漏电电流动作保护时，可选用下列接线方式之一：

一、将被保护的外露可导电部分与漏电电流动作保护器电源侧的PE线相连接，并应符合本规范第4.4.6条的要求；

二、将被保护的外露可导电部分接至专用的接地极上，并应符合本规范第4.4.12条的要求。

第4.4.20条 IT系统中采用漏电电流动作保护器切断第二次异相接地故障时，保护器额定不动作电流$I_{\Delta no}$，应大于第一次接地故障时的相线内流过的接地故障电流。

第4.4.21条 为减少接地故障引起的电气火灾危险而装设的漏电电流动作保护器，其额定动作电流不应超过0.5A。

第4.4.22条 多级装设的漏电电流动作保护器，应在时限上有选择性配合。

第五节 保护电器的装设位置

第4.5.1条 保护电器应装设在操作维护方便，

不易受机械损伤，不靠近可燃物的地方，并应采取避免保护电器运行时意外损坏对周围人员造成伤害的措施。

第4.5.2条 保护电器应装设在被保护线路与电源线路的连接处，但为了操作与维护方便可设置在离开连接点的地方，并应符合下列规定：

一、线路长度不超过3m；

二、采取将短路危险减至最小的措施；

三、不靠近可燃物。

第4.5.3条 当将从高处的干线向下引接分支线路的保护电器装设在距连接点的线路长度大于3m的地方时，应满足下列要求：

一、在分支线装设保护电器前的那一段线路发生短路或接地故障时，离短路点最近的上一级保护电器应能保证符合本规范规定的要求动作；

二、该段分支线应敷设于不燃或难燃材料的管、槽内。

第4.5.4条 短路保护电器应装设在低压配电线路不接地的各相（或极）上，但对于中性点不接地且N线不引出的三相三线配电系统，可只在二相（或极）上装设保护电器。

第4.5.5条 在TT或TN-S系统中，当N线的截面与相线相同，或虽小于相线但已能为相线上的保护电器所保护，N线上可不装设保护；当N线不能被相线保护电器所保护时，应另在N线上装设保护保护，将相应相线电路断开，但不必断开N线。

第4.5.6条 在TT或TN-S系统中，N线上不宜装设电器将N线断开，当需要断开N线时，应装设相线和N线一起切断的保护电器。

当装设漏电电流动作的保护电器时，应能将其所保护的回路所有带电导线断开。在TN系统中，当能可靠地保持N线为地电位时，N线可不需断开。

在TN-C系统中，严禁断开PEN线，不得装设断开PEN线的任何电器。当需要在PEN线装设电器时，只能相应断开相线回路。

第五章 配电线路的敷设

第一节 一般规定

第5.1.1条 配电线路的敷设应符合下列条件：

一、符合场所环境的特征；

二、符合建筑物和构筑物的特征；

三、人与布线之间可接近的程度；

四、由于短路可能出现的机电应力；

五、在安装期间或运行中布线可能遭受的其它应力和导线的自重。

第5.1.2条 配电线路的敷设，应避免下列外部环境的影响：

一、应避免由外部热源产生热效应的影响；

二、应防止在使用过程中因水的侵入或因进入固体物而带来的损害；

三、应防止外部的机械性损害而带来的影响；

四、在有大量灰尘的场所，应避免由于灰尘聚集在布线上所带来的影响；

五、应避免由于强烈日光辐射而带来的损害。

第二节 绝缘导线布线

第5.2.1条 直敷布线可用于正常环境的屋内场所，并应符合下列要求：

一、直敷布线应采用护套绝缘导线，其截面不宜大于 6mm²；布线的固定点间距，不应大于 300mm。

二、绝缘导线至地面的最小距离应符合表5.2.1的规定。

表 5.2.1　　绝缘导线至地面的最小距离

布 线 方 式		最 小 距 离 (m)
导线水平敷设时：	屋内	2.5
	屋外	2.7
导线垂直敷设时：	屋内	1.8
	屋外	2.7

三、当导线垂直敷设至地面低于 1.8m 时，应穿管保护。

第5.2.2条 瓷（塑料）夹布线宜用于正常环境的屋内场所和挑檐下的屋外场所。

鼓形绝缘子和针式绝缘子布线宜用于屋内、外场所。

第5.2.3条 采用瓷（塑料）夹、鼓形绝缘子和针式绝缘子在屋内、屋外布线时，绝缘导线至地面的距离，应符合本规范表5.2.1的规定。

第5.2.4条 采用鼓形绝缘子和针式绝缘子在屋内、屋外布线时，绝缘导线最小间距，应符合表5.2.4的规定。

第5.2.5条 绝缘导线明敷在高温辐射或对绝缘导线有腐蚀的场所时，导线之间及导线至建筑物表面的最小净距，应符合本规范第5.4.4条的规定。

第5.2.6条 屋外布线的绝缘导线至建筑物的最小间距，应符合表5.2.6的规定。

表 5.2.4　　屋内、屋外布线的绝缘导线最小间距

支持点间距（L）	导线最小间距（mm）	
	屋内布线	屋外布线
L≤1.5m	50	100
1.5m＜L≤3m	75	100
3m＜L≤6m	100	150
6m＜L≤10m	150	200

表 5.2.6　　绝缘导线至建筑物的最小间距

布 线 方 式	最小间距 (mm)
水平敷设时的垂直间距 在阳台、平台上和跨越建筑物顶	2500
在窗户上	200
在窗户下	800
垂直敷设时至阳台、窗户的水平间距	600
导线至墙壁和构架的间距（挑檐下除外）	35

第5.2.7条 金属管、金属线槽布线宜用于屋内、屋外场所，但对金属管、金属线槽有严重腐蚀的场所不宜采用。

在建筑物的顶棚内，必须采用金属管、金属线槽布线。

第5.2.8条 明敷或暗敷于干燥场所的金属管布线应采用管壁厚度不小于1.5mm的电线管。直接埋于素土内的金属管布线，应采用水煤气钢管。

第5.2.9条 电线管与热水管、蒸汽管同侧敷设时，应敷设在热水管、蒸汽管的下面。当有困难时，可敷设在其上面。其相互间的净距不宜小于下列数值：

一、当电线管敷设在热水管下面时为 0.2m，在上面时为 0.3m。

二、当电线管敷设在蒸汽管下面时为 0.5m，在上面时为 1m。

当不能符合上述要求时，应采取隔热措施。对有保温措施的蒸汽管，上下净距均可减至 0.2m。

电线管与其它管道（不包括可燃气体及易燃、可燃液体管道）的平行净距不应小于 0.1m。当与水管同侧敷设时，宜敷设在水管的上面。

管线互相交叉时的距离，不宜小于相应上述情况的平行净距。

第5.2.10条 塑料管和塑料线槽布线宜用于屋内场所和有酸碱腐蚀介质的场所，但在易受机械操作

的场所不宜采用明敷。

第5.2.11条 塑料管暗敷或埋地敷设时，引出地（楼）面的一段管路，应采取防止机械损伤的措施。

第5.2.12条 布线用塑料管（硬塑料管、半硬塑料管、可挠管）、塑料线槽，应采用难燃型材料，其氧指数应在27以上。

第5.2.13条 穿管的绝缘导线（两根除外）总截面面积（包括外护层）不应超过管内截面面积的40%。

第5.2.14条 金属管布线和硬质塑料管布线的管道较长或转弯较多时，宜适当加装拉线盒或加大管径；两个拉线点之间的距离应符合下列规定：

一、对无弯管路时，不超过30m；

二、两个拉线点之间有一个转变时，不超过20m；

三、两个拉线点之间有两个转弯时，不超过15m；

四、两个拉线点之间有三个转弯时，不超过8m。

第5.2.15条 穿金属管或金属线槽的交流线路，应使所有的相线和N线在同一外壳内。

第5.2.16条 不同回路的线路不应穿于同一根管路内，但符合下列情况时可穿在同一根管路内：

一、标称电压为50V以下的回路；

二、同一设备或同一流水作业线设备的电力回路和无防干扰要求的控制回路；

三、同一照明灯具的几个回路；

四、同类照明的几个回路，但管内绝缘导线总数不应多于8根。

第5.2.17条 在同一个管道里有几个回路时，所有的绝缘导线都应采用与最高标称电压回路绝缘相同的绝缘。

第三节 钢索布线

第5.3.1条 钢索布线在对钢索有腐蚀的场所，应采取防腐蚀措施。

钢索上绝缘导线至地面的距离，在屋内时为2.5m；屋外时为2.7m。

第5.3.2条 钢索布线应符合下列要求：

一、屋内的钢索布线，采用绝缘导线明敷时，应采用瓷夹、塑料夹、鼓形绝缘子或针式绝缘子固定；用护套绝缘导线、电缆、金属管或硬塑料管布线时，可直接固定于钢索上。

二、屋外的钢索布线，采用绝缘导线明敷时，应采用鼓形绝缘子或针式绝缘子固定；采用电缆、金属管或硬塑料管布线时，可直接固定于钢索上。

第5.3.3条 钢索布线所采用的铁线和钢绞线的截面，应根据跨距、荷重和机械强度选择，其最小截面不宜小于10mm²。钢索固定件应镀锌或涂防腐漆。钢索除两端拉紧外，跨距大的应在中间增加支持点；中间的支持点间距不应大于12m。

第5.3.4条 在钢索上吊装金属管或塑料管布线时，应符合下列要求：

一、支持点最大间距符合表5.3.4的规定。

表5.3.4 钢索上吊装金属管或塑料管支持点的最大间距

布线类别	支持点间距（mm）	支持点距灯头盒（mm）
金属管	1500	200
塑料管	1000	150

二、吊装接线盒和管道的扁钢卡子宽度不应小于20mm；吊装接线盒的卡子不应少于2个。

第5.3.5条 钢索上吊装护套线绝缘导线布线时，应符合下列要求：

一、采用铝卡子直敷在钢索上，其支持点间距不应大于500mm；卡子距接线盒不应大于100mm。

二、采用橡胶和塑料护套绝缘线时，接线盒采用塑料制品。

第5.3.6条 钢索上采用瓷瓶吊装绝缘导线布线时，应符合下列要求：

一、支持点间距不应大于1.5m。线间距离，屋内不应小于50mm；屋外不应小于100mm。

二、扁钢吊架终端应加拉线，其直径不应小于3mm。

第四节 裸导体布线

第5.4.1条 裸导体布线应用于工业企业厂房，不得用于低压配电室。

第5.4.2条 无遮护的裸导体至地面的距离，不应小于3.5m；采用防护等级不低于IP2X的网孔遮栏时，不应小于2.5m。遮栏与裸导体的间距，应符合本规范第3.2.5条的规定。

第5.4.3条 裸导体与需经常维护的管道同侧敷设时，裸导体应敷设在管道的上面。

裸导体与需经常维护的管道（不包括可燃气体及易燃、可燃液体管道）以及与生产设备最凸出部位的净距不应小于1.8m。

当其净距小于或等于1.8m时，应加遮护。

第5.4.4条 裸导体的线间及裸导体至建筑物表

面的最小净距应符合表5.4.4的规定。

表 5.4.4　裸导体的线间及裸导体至建筑物表面的最小净距

固定点间距 L	最小净距（mm）
L≤2m	50
2m<L≤4m	100
4m<L≤6m	150
6m<L	200

硬导体固定点的间距，应符合在通过最大短路电流时的动稳定要求。

第5.4.5条　起重行车上方的裸导体至起重行车平台铺板的净距不应小于2.3m，当其净距小于或等于2.3m时，起重行车上方或裸导体下方应装设遮护。

除滑触线本身的辅助导线外，裸导体不宜与起重行车滑触线敷设在同一支架上。

第五节　封闭式母线布线

第5.5.1条　封闭式母线宜用于干燥和无腐蚀气体的屋内场所。

第5.5.2条　封闭式母线至地面的距离不宜小于2.2m；母线终端无引出线和引入线时，端头应封闭。

当封闭式母线安装在配电室、电机室、电气竖井等电气专用房间时，其至地面的最小距离可不受此限制。

第六节　电缆布线

（Ⅰ）一般规定

第5.6.1条　选择电缆路径时，应按下列要求：

一、应使电缆不易受到机械、振动、化学、地下电流、水锈蚀、热影响、蜂蚁和鼠害等各种损伤；

二、便于维护；

三、避开场地规划中的施工用地或建设用地；

四、电缆路径较短。

第5.6.2条　对于露天敷设的电缆，尤其是有塑料或橡胶外护层的电缆，应避免日光长时间的直晒，必要时应加装遮阳罩或采用耐日照的电缆。

第5.6.3条　电缆在屋内、电缆沟、电缆隧道和竖井内明敷时，不应采用黄麻或其它易延燃的外保护层。

第5.6.4条　电缆不应在有易燃、易爆、可燃的气体管道或液体管道的隧道或沟道内敷设。当受条件限制需要在这类隧道内敷设电缆时，必须采取防爆、防火的措施。

第5.6.5条　电缆不宜在有热管道的隧道或沟道内敷设电力电缆，当需要敷设时，应采取隔热措施。

第5.6.6条　支承电缆的构架，采用钢制材料时，应采取热镀锌等防腐措施；在有较严重腐蚀的环境中，应采取相适应的防腐措施。

第5.6.7条　电缆的长度，宜在进户处、接头、电缆头处或地沟及隧道中留有一定余量。

（Ⅱ）电缆在室内敷设

第5.6.8条　无铠装的电缆在屋内明敷，当水平敷设时，其至地面的距离不应小于2.5m；当垂直敷设时，其至地面的距离不应小于1.8m。当不能满足上述要求时应有防止电缆机械损伤的措施；当明敷在配电室、电机室、设备层等专用房间内时，不受此限制。

第5.6.9条　相同电压的电缆并列明敷时，电缆的净距不应小于35mm，且不应小于电缆外径；当在桥架、托盘和线槽内敷设时，不受此限制。

1kV及以下电力电缆及控制电缆与1kV以上电力电缆宜分开敷设。当并列明敷时，其净距不应小于150mm。

第5.6.10条　架空明敷的电缆与热力管道的净距不应小于1m；当其净距小于或等于1m时应采取隔热措施。电缆与非热力管道的净距不应小于0.5m，当其净距小于或等于0.5m时应在与管道接近的电缆段上，以及由该段两端向外延伸不小于0.5m以内的电缆段上，采取防止电缆受机械损伤的措施。

第5.6.11条　钢索上电缆布线吊装时，电力电缆固定点间的间距不应大于0.75m；控制电缆固定点间的间距不应大于0.6m。

第5.6.12条　电缆在屋内埋地穿管敷设时，或电缆通过墙、楼板穿管时，穿管的内径不应小于电缆外径的1.5倍。

第5.6.13条　桥架距离地面的高度，不宜低于2.5m。

第5.6.14条　电缆在桥架内敷设时，电缆总截面面积与桥架横断面面积之比，电力电缆不应大于40%，控制电缆不应大于50%。

第5.6.15条　电缆明敷时，其电缆固定部位应符合表5.6.15的规定。

表 5.6.15　　　　电缆的固定部位

敷设方式	构架型式	
	电缆支架	电缆桥架
垂直敷设	电缆的首端和尾端	电缆的上端
	电缆与每个支架的接触处	每隔 1.5～2m 处
水平敷设	电缆的首端和尾端	电缆的首端和尾端
	电缆与每个支架的接触处	电缆转弯处
		电缆其他部位每隔 5～10m 处

第 5.6.16 条　电缆桥架内每根电缆每隔50m处、电缆的首端、尾端及主要转弯处应设标记，注明电缆编号、型号规格、起点和终点。

（Ⅲ）电缆在电缆沟或隧道内敷设

第 5.6.17 条　电缆在电缆沟和隧道内敷设时，其支架层间垂直距离和通道宽度的最小净距应符合表5.6.17 的规定。

表 5.6.17　电缆支架层间垂直距离和通道宽度的最小净距　　　　m

名　　称		电缆隧道	电缆沟	
			沟深 0.6m 及以下	沟深 0.6m 以上
通道宽度	两侧设支架	1.0	0.3	0.5
	一侧设支架	0.9	0.3	0.45
支架层间垂直距离	电力线路	0.2	0.15	0.15
	控制线路	0.12	0.1	0.1

第 5.6.18 条　电缆沟和电缆隧道应采取防水措施；其底部排水沟的坡度不应小于 0.5%，并应设集水坑；积水可经集水坑用泵排出，当有条件时，积水可直接排入下水道。

第 5.6.19 条　在多层支架上敷设电缆时，电力电缆应放在控制电缆的上层；在同一支架上的电缆可并列敷设。

当两侧均有支架时，1kV 及以下的电力电缆和控制电缆宜与 1kV 以上的电力电缆分别敷设于不同侧支架上。

第 5.6.20 条　电缆支架的长度，在电缆沟内不宜大于 350mm；在隧道内不宜大于 500mm。

第 5.6.21 条　电缆在电缆沟或隧道内敷设时，支架间或固定点间的最大间距应符合表 5.6.21 的规定。

表 5.6.21　电缆支架间或固定点间的最大间距　　　　m

敷设方式	塑料护套、铝包、铅包、钢带铠装		钢丝铠装
	电力电缆	控制电缆	
水平敷设	1.0	0.8	3.0
垂直敷设	1.5	1.0	6.0

第 5.6.22 条　电缆沟在进入建筑物处应设防火墙。电缆隧道进入建筑物处，以及在进入变电所处，应设带门的防火墙。防火门应装锁。电缆的穿墙处保护管两端应采用难燃材料封堵。

第 5.6.23 条　电缆沟或电缆隧道，不应设在可能流入熔化金属液体或损害电缆外护层和护套的地段。

第 5.6.24 条　电缆沟一般采用钢筋混凝土盖板，盖板的重量不宜超过 50kg。

第 5.6.25 条　电缆隧道内的净高不应低于1.9m。局部或与管道交叉处净高不宜小于 1.4m。

隧道内应采取通风措施，有条件时宜采用自然通风。

第 5.6.26 条　当电缆隧道长度大于7m时，电缆隧道两端应设出口，两个出口间的距离超过 75m 时，尚应增加出口。人孔井可作为出口，人孔井直径不应小于 0.7m。

第 5.6.27 条　电缆隧道内应设照明，其电压不应超过 36V；当照明电压超过 36V 时，应采取安全措施。

第 5.6.28 条　与隧道无关的管线不得穿过电缆隧道。电缆隧道和其他地下管线交叉时，应避免隧道局部下降。

（Ⅳ）电缆埋地敷设

第 5.6.29 条　电缆直接埋地敷设时，沿同一路径敷设的电缆数量不宜超过 8 根。

第 5.6.30 条　电缆在屋外直接埋地敷设的深度不应小于700mm；当直埋在农田时，不应小于1m。应在电缆上下各均匀铺设细砂层，其厚度宜为 100mm，在细砂层应覆盖混凝土保护板等保护层，保护层宽度应超出电缆两侧各 50mm。

在寒冷地区，电缆应埋设于冻土层以下。当受条件限制不能深埋时，可增加细砂层的厚度，在电缆上方和下方各增加的厚度不宜小于 200mm。

第 5.6.31 条　电缆通过下列各地段应穿管保护，穿管的内径不应小于电缆外径的 1.5 倍：

一、电缆通过建筑物和构筑物的基础、散水坡、楼板和穿过墙体等处；

二、电缆通过铁路、道路处和可能受到机械损伤的地段；

三、电缆引出地面 2m 至地下 200mm 处的一段和人容易接触使电缆可能受到机械损伤的地方。

第5.6.32条　埋地敷设的电缆之间及其与各种设施平行或交叉的最小净距，应符合表 5.6.32 的规定。

第5.6.33条　电缆与建筑物平行敷设时，电缆应埋设在建筑物的散水坡外。电缆引入建筑物时，所穿保护管应超出建筑物散水坡 100mm。

第5.6.34条　电缆与热力管沟交叉，当采用电缆穿隔热水泥管保护时，其长度应伸出热力管沟两侧各 2m；采用隔热保护层时，其长度应超过热力管沟和电缆两侧各 1m。

第5.6.35条　电缆与道路、铁路交叉时，应穿管保护，保护管应伸出路基 1m。

第5.6.36条　埋地敷设电缆的接头盒下面必须垫混凝土基础板，其长度宜超出接头保护盒两端 0.6～0.7m。

表 5.6.32　埋地敷设的电缆之间及其与各种设施平行或交叉的最小净距　　m

项　目	敷　设　条　件	
	平行时	交叉时
建筑物、构筑物基础	0.5	
电杆	0.6	
乔木	1.5	
灌木丛	0.5	
1kV 及以下电力电缆之间，以及与控制电缆之间	0.1	0.5 (0.25)
通讯电缆	0.5 (0.1)	0.5 (0.25)
热力管沟	2.0	(0.5)
水管、压缩空气等	1.0 (0.25)	0.5 (0.25)
可燃气体及易燃液体管道	1.0	0.5 (0.25)
铁路	3.0 (与轨道)	1.0 (与轨底)
道路	1.5 (与路边)	1.0 (与路面)
排水明沟	1.0 (与沟边)	0.5 (与沟底)

注　1. 路灯电缆与道路灌木丛平行距离不限；

2. 表中括号内数字，是指局部地段电缆穿管，加隔板保护或加隔热层保护后允许的最小净距；

3. 电缆与铁路的最小净距不包括电气化铁路。

第5.6.37条　电缆带坡度敷设时，中间接头应保持水平；多根电缆并列敷设时，中间接头的位置应互相错开，其净距不应小于 0.5m。

第5.6.38条　带坡度或垂直敷设油浸纸绝缘电缆时，其最大允许高差应符合表 5.6.38 的规定。

表 5.6.38　敷设电缆最大允许高差

有无铠装	最大允许高差（m）	
	铅　包	铝　包
铠装	25	25
无铠装	20	20

注　当油浸纸绝缘电缆敷设的高差超过要求时，可采用不滴流电缆或塑料绝缘电缆。

第5.6.39条　电缆敷设的弯曲半径与电缆外径的比值，不应小于表 5.6.39 的规定。

表 5.6.39　电缆弯曲半径与电缆外径比值

电缆护套类型		电力电缆		其他多芯电缆
		单芯	多芯	
金属护套	铅	25	15	15
	铝	30	30	30
	纹铝套和纹钢套	20	20	20
非金属护套		20	15	无铠装 10 有铠装 15

注　1. 表中未说明者，包括铠装和无铠装电缆；

2. 电力电缆中包括油浸纸绝缘电缆（不滴流电缆在内）和橡塑绝缘电缆，其他电缆指控制信号电缆等。

第5.6.40条　电缆在拐弯、接头、终端和进出建筑物等地段，应装设明显的方位标志，直线段上应适当增设标桩，标桩露出地面宜为 150mm。

（Ⅴ）电缆在排管内敷设

第5.6.41条　电缆在排管内的敷设，应采用塑料护套电缆或裸铠装电缆。

第5.6.42条　电缆排管应一次留足备用管孔数，但电缆数量不宜超过 12 根。当无法预计发展情况时，可留 1～2 个备用孔。

第5.6.43条　当地面上均匀荷载超过 $10t/m^2$ 时或排管通过铁路及遇有类似情况时，必须采取加固措施，防止排管受到机械损伤。

第5.6.44条　排管孔的内径不应小于电缆外径的 1.5 倍。但穿电力电缆的管孔内径不应小于 90mm；穿控制电缆的管孔内径不应小于 75mm。

第5.6.45条 电缆排管的敷设安装应符合下列要求：

一、排管安装时，应有倾向人孔井侧不小于0.5％的排水坡度，并在人孔井内设集水坑，以便集中排水；

二、排管顶部距地面不应小于0.7m，在人行道下面时不应小于0.5m；

三、排管沟底部应垫平夯实，并应铺设厚度不小于60mm的混凝土垫层。

第5.6.46条 排管可采用混凝土管、陶土管或塑料管。

第5.6.47条 在转角、分支或变更敷设方式改为直埋或电缆沟敷设时，应设电缆人孔井。在直线段上，应设置一定数量的电缆人孔井，人孔井间的距离不宜大于100m。

第5.6.48条 电缆人孔井的净空高度不应小于1.8m,其上部人孔的直径不应小于0.7m。

第七节　竖井布线

第5.7.1条 竖井内布线适用于多层和高层建筑物内垂直配电干线的敷设。

第5.7.2条 竖井垂直布线时应考虑下列因素：

一、顶部最大垂直变位和层间垂直变位对干线的影响；

二、导线及金属保护管自重所带来的载重及其固定方式；

三、垂直干线与分支干线的连接方法。

第5.7.3条 竖井内垂直布线采用大容量单芯电缆、大容量母线作干线时，应满足下列条件：

一、载流量要留有一定的裕度；

二、分支容易、安全可靠、安装及维修方便和造价经济。

第5.7.4条 竖井的位置和数量应根据用电负荷性质、供电半径、建筑物的沉降缝设置和防火分区等因素确定。选择竖井位置时尚应符合下列要求：

一、靠近用电负荷中心，应尽可能减少干线电缆的长度；

二、不应和电梯、管道间共用同一竖井；

三、避免邻近烟囱、热力管道及其它散热量大或潮湿的设施。

第5.7.5条 竖井的井壁应是耐火极限不低于1h的非燃烧体。竖井在每层楼应设维护检修门并应开向公共走廊，其耐火等级不应低于三级。同时楼层间应采用防火密封隔离；电缆和绝缘线在楼层间穿钢管时，两端管口空隙应作密封隔离。

第5.7.6条 竖井内的同一配电干线，宜采用等截面导体，当需变截面时不宜超过二级，并应符合保护规定。

第5.7.7条 竖井内的高压、低压和应急电源的电气线路，相互之间的距离应等于或大于300mm，或采取隔离措施，并且高压线路应设有明显标志。当强电和弱电线路在同一竖井内敷设时，应分别在竖井的两侧敷设或采取隔离措施以防止强电对弱电的干扰，对于回路线数及种类较多的强电和弱电的电气线路，应分别设置在不同竖井内。

第5.7.8条 管路垂直敷设时，为保证管内导线不因自重而折断，应按下列规定装设导线固定盒，在盒内用线夹将导线固定：

一、导线截面在50mm² 及以下，长度大于30m时；

二、导线截面在50mm² 以上，长度大于20m时。

附　录
名　词　解　释

附表　　　　名　词　解　释

本规范用名词	解　释
导体绝缘允许最高持续工作温度	电线、电缆在其布线的任一位置上，其绝缘可在长期的持续工作情况下，不受严重损坏地承受的最高温度
导体绝缘允许短路极限温度	电线电缆在短时间的短路电流作用下，不降低其绝缘性能，能承受的允许最高温度
导体载流量	导体在给定条件下运行时，其稳定工作温度不超过规定值的最大负载电流
约定动作电流	在约定时间内能使继电器或脱扣器动作的规定电流值
约定熔断电流	在约定时间内能使熔体熔断的规定电流值
电气装置	用于某一目的，性能互相配合的若干电气设备的组合
固定式设备	牢固安装在支座（支架）上的设备，或用其它方式固定在一定位置上的设备
移动式设备	工作时移动的设备，或在接有电源时能容易地从一处移至另一处的设备
手握式设备	正常使用时要用手握住的移动式设备
Ⅰ类电气设备	除靠基本绝缘防止电击外，还将易触及的外露可导电部分连接到PE线上，当基本绝缘失效时，外露可导电部分一般不致带危险电位的用电设备

续表

本规范用名词	解　释
外露可导电部分	平时不带电压，但故障情况下能带电压的电气装置的容易触及的外露可导电部分
装置外可导电部分	不属电气装置组成部分的可导电部分
等电位联结	使各外露可导电部分和装置外可导电部分电位基本相等的电气连接
电气隔离	为防电击将一电气器件或电路与另外的电气器件或电路完全断开的安全措施
安全超低压	用安全隔离变压器或具有独立绕组的变流器与供电干线隔离的电路中，导体之间或任何一个导体与地之间有效值不超过 50V 的交流电压
保护线（PE 线）	为防电击用来与下列任一部分作电气连接的导线： 1. 外露可导电部分； 2. 装置外可导电部分； 3. 总接地线或总等电位联结端子； 4. 接地极； 5. 电源接地点或人工中性点
中性线（N 线）	与电源的 N 点连接并能起传输电能作用的导体
保护中性线（PEN 线）	具有 PE 线和 N 线两种功能的导体
接地故障回路阻抗	通过接地故障电流的回路内的阻抗，计算此阻抗时，回路始于接地故障点，终于接地故障点
故障电压	发生接地故障时，外露可导电部分或装置外可导电部分对地呈现的电压
三相四线制	是带电导体配电系统的型式之一。三相指 L1、L2、L3 三相，四线指通过正常工作电流的三根相线和一根 N 线，不包括不通过正常工作电流的 PE 线。本章所规定的 TN－C、TN－C－S、TN－S、TT 等接地型式的配电系统均属三相四线制

3　10kV 及以下变电所设计规范

（GB 50053—1994）

第一章　总　　则

第 1.0.1 条　为使变电所设计做到保障人身安全、供电可靠、技术先进、经济合理和维护方便，确保设计质量，制订本规范。

第 1.0.2 条　本规范适用于交流电压 10kV 及以下新建、扩建或改建工程的变电所设计。

第 1.0.3 条　变电所设计应根据工程特点、规模和发展规划，正确处理近期建设和远期发展的关系，远近结合，以近期为主，适当考虑发展的可能。

第 1.0.4 条　变电所设计应根据负荷性质、用电容量、工程特点、所址环境、地区供电条件和节约电能等因素，合理确定设计方案。

第 1.0.5 条　变电所设计采用的设备和器材，应符合国家或行业的产品技术标准，并应优先选用技术先进、经济适用和节能的成套设备和定型产品，不得采用淘汰产品。

第 1.0.6 条　10kV 及以下变电所的设计，除应执行本规范的规定外，尚应符合国家现行的有关设计标准和规范的规定。

第二章　所 址 选 择

第 2.0.1 条　变电所位置的选择，应根据下列要求经技术、经济比较确定：

一、接近负荷中心；

二、进出线方便；

三、接近电源侧；

四、设备运输方便；

五、不应设在有剧烈振动或高温的场所；

六、不宜设在多尘或有腐蚀性气体的场所，当无法远离时，不应设在污染源盛行风向的下风侧；

七、不应设在厕所、浴室或其他经常积水场所的正下方，且不宜与上述场所相贴邻；

八、不应设在有爆炸危险环境的正上方或正下方，且不宜设在有火灾危险环境的正上方或正下方，当与有爆炸或火灾危险环境的建筑物毗连时，应符合现行国家标准《爆炸和火灾危险环境电力装置设计规范》的规定；

九、不应设在地势低洼和可能积水的场所。

第 2.0.2 条　装有可燃性油浸电力变压器的车间内变电所，不应设在三、四级耐火等级的建筑物内；当设在二级耐火等级的建筑物内时，建筑物应采取局部防火措施。

第 2.0.3 条　多层建筑中，装有可燃性油的电气设备的配电所、变电所应设置在底层靠外墙部位，且不应设在人员密集场所的正上方、正下方、贴邻和疏散出口的两旁。

第 2.0.4 条　高层主体建筑内不宜设置装有可燃性油的电气设备的配电所和变电所，当受条件限制必须设置时，应设在底层靠外墙部位，且不应设在人员密集场所的正上方、正下方、贴邻和疏散出口的两旁，并应按现行国家标准《高层民用建筑设计防火规范》有关规定，采取相应的防火措施。

第 2.0.5 条　露天或半露天的变电所，不应设置在下列场所：

一、有腐蚀性气体的场所；

二、挑檐为燃烧体或难燃体和耐火等级为四级的建筑物旁；

三、附近有棉、粮及其他易燃、易爆物品集中的露天堆场；

四、容易沉积可燃粉尘、可燃纤维、灰尘或导电尘埃且严重影响变压器安全运行的场所。

第三章　电气部分

第一节　一般规定

第 3.1.1 条　配电装置的布置和导体、电器、架构的选择，应符合正常运行、检修、短路和过电压等情况的要求。

第 3.1.2 条　配电装置各回路的相序排列宜一致，硬导体应涂刷相色油漆或相色标志。色别应为 L1 相黄色，L2 相绿色，L3 相红色。

第 3.1.3 条　海拔超过1000m的地区，配电装置应选择适用于该海拔高度的电器和电瓷产品，其外部绝缘的冲击和工频试验电压，应符合现行国家标准《高压电气设备绝缘试验电压和试验方法》的有关规定。

高压电器用于海拔超过1000m的地区时，导体载流量可不计其影响。

第 3.1.4 条　电气设备外露可导电部分，必须与接地装置有可靠的电气连接。成排的配电装置的两端均应与接地线相连。

第二节　主接线

第 3.2.1 条　配电所、变电所的高压及低压母线宜采用单母线或分段单母线接线。当供电连续性要求很高时，高压母线可采用分段单母线带旁路母线或双母线的接线。

第 3.2.2 条　配电所专用电源线的进线开关宜采用断路器或带熔断器的负荷开关。当无继电保护和自动装置要求，且出线回路少无需带负荷操作时，可采用隔离开关或隔离触头。

第 3.2.3 条　从总配电所以放射式向分配电所供电时，该分配电所的电源进线开关宜采用隔离开关或隔离触头。

当分配电所需要带负荷操作或继电保护、自动装置有要求时，应采用断路器。

第 3.2.4 条　配电所的10kV或6kV非专用电源线的进线侧，应装设带保护的开关设备。

第 3.2.5 条　10kV或6kV母线的分段处宜装设断路器，当不需带负荷操作且无继电保护和自动装置要求时，可装设隔离开关或隔离触头。

第 3.2.6 条　两配电所之间的联络线，应在供电侧的配电所装设断路器，另侧装设隔离开关或负荷开关；当两侧的供电可能性相同时，应在两侧均装设断路器。

第 3.2.7 条　配电所的引出线宜装设断路器。当满足继电保护和操作要求时，可装设带熔断器的负荷开关。

第 3.2.8 条　向频繁操作的高压用电设备供电的出线开关兼做操作开关时，应采用具有频繁操作性能的断路器。

第 3.2.9 条　10kV或6kV固定式配电装置的出线侧，在架空出线回路或有反馈可能的电缆出线回路中，应装设线路隔离开关。

第 3.2.10 条　采用10kV或6kV熔断器负荷开关固定式配电装置时，应在电源侧装设隔离开关。

第 3.2.11 条　接在母线上的避雷器和电压互感器，宜合用一组隔离开关。配电所、变电所架空进、出线上的避雷器回路中，可不装设隔离开关。

第 3.2.12 条　由地区电网供电的配电所电源进线处，宜装设供计费用的专用电压、电流互感器。

第 3.2.13 条　变压器一次侧开关的装设，应符合下列规定：

一、以树干式供电时，应装设带保护的开关设备或跌落式熔断器；

二、以放射式供电时，宜装设隔离开关或负荷开关。当变压器在本配电所内时，可不装设开关。

第 3.2.14 条　变压器二次侧电压为6kV或3kV的总开关，可采用隔离开关或隔离触头。当属下列情况之一时，应采用断路器：

一、出线回路较多；

二、有并列运行要求；

三、有继电保护和自动装置要求。

第 3.2.15 条　变压器低压侧电压为0.4kV的总开关，宜采用低压断路器或隔离开关。当有继电保护或自动切换电源要求时，低压侧总开关和母线分段开关均应采用低压断路器。

第3.2.16条　当低压母线为双电源，变压器低压侧总开关和母线分段开关采用低压断路器时，在总开关的出线侧及母线分段开关的两侧，宜装设刀开关或隔离触头。

第三节　变压器选择

第3.3.1条　变压器台数应根据负荷特点和经济运行进行选择。当符合下列条件之一时，宜装设两台及以上变压器：

一、有大量一级或二级负荷；

二、季节性负荷变化较大；

三、集中负荷较大。

第3.3.2条　装有两台及以上变压器的变电所，当其中任一台变压器断开时，其余变压器的容量应满足一级负荷及二级负荷的用电。

第3.3.3条　变电所中单台变压器（低压为0.4kV）的容量不宜大于1250kVA。当用电设备容量较大、负荷集中且运行合理时，可选用较大容量的变压器。

第3.3.4条　在一般情况下，动力和照明宜共用变压器。当属下列情况之一时，可设专用变压器：

一、当照明负荷较大或动力和照明采用共用变压器严重影响照明质量及灯泡寿命时，可设照明专用变压器；

二、单台单相负荷较大时，宜设单相变压器；

三、冲击性负荷较大，严重影响电能质量时，可设冲击负荷专用变压器；

四、在电源系统不接地或经阻抗接地，电气装置外露导电体就地接地系统（IT系统）的低压电网中，照明负荷应设专用变压器。

第3.3.5条　多层或高层主体建筑内变电所，宜选用不燃或难燃型变压器。

第3.3.6条　在多尘或有腐蚀性气体严重影响变压器安全运行的场所，应选用防尘型或防腐型变压器。

第四节　所用电源

第3.4.1条　配电所所用电源宜引自就近的配电变压器220/380V侧。重要或规模较大的配电所，宜设所用变压器。柜内所用可燃油油浸变压器的油量应小于100kg。

当有两回路所用电源时，宜装设备用电源自动投入装置。

第3.4.2条　采用交流操作时，供操作、控制、保护、信号等的所用电源，可引自电压互感器。

第3.4.3条　当电磁操动机构采用硅整流合闸时，宜设两回路所用电源，其中一路应引自接在电源进线断路器前面的所用变压器。

第五节　操作电源

第3.5.1条　供一级负荷的配电所或大型配电所，当装有电磁操动机构的断路器时，应采用220V或110V蓄电池组作为合、分闸直流操作电源；当装有弹簧储能操动机构的断路器时，宜采用小容量镉镍电池装置作为合、分闸操作电源。

第3.5.2条　中型配电所当装有电磁操动机构的断路器时，合闸电源宜采用硅整流，分闸电源可采用小容量镉镍电池装置或电容储能。对重要负荷供电时，合、分闸电源宜采用镉镍电池装置。

当装有弹簧储能操动机构的断路器时，宜采用小容量镉镍电池装置或电容储能式硅整流装置作为合、分闸操作电源。

采用硅整流作为电磁操动机构合闸电源时，应校核该整流合闸电源能保证断路器在事故情况下可靠合闸。

第3.5.3条　小型配电所宜采用弹簧储能操动机构合闸和去分流分闸的全交流操作。

第四章　配变电装置

第一节　型式与布置

第4.1.1条　变电所的型式应根据用电负荷的状况和周围环境情况确定，并应符合下列规定：

一、负荷较大的车间和站房，宜设附设变电所或半露天变电所；

二、负荷较大的多跨厂房，负荷中心在厂房的中部且环境许可时，宜设车间内变电所或组合式成套变电站；

三、高层或大型民用建筑内，宜设室内变电所或组合式成套变电站；

四、负荷小而分散的工业企业和大中城市的居民区，宜设独立变电所，有条件时也可设附设变电所或户外箱式变电站；

五、环境允许的中小城镇居民区和工厂的生活区，当变压器容量在315kVA及以下时，宜设杆上式或高台式变电所。

第4.1.2条　带可燃性油的高压配电装置，宜装设在单独的高压配电室内。当高压开关柜的数量为6台及以下时，可与低压配电屏设置在同一房间内。

第4.1.3条　不带可燃性油的高、低压配电装置和非油浸的电力变压器，可设置在同一房间内。

具有符合IP3X防护等级外壳的不带可燃性油的高、低压配电装置和非油浸的电力变压器，当环境允许时，可相互靠近布置在车间内。

注：IP3X防护要求应符合现行国家标准《低压电器外壳防护等级》的规定，能防止直径大于2.5mm的固体异物进入壳内。

第4.1.4条　室内变电所的每台油量为100kg及以上的三相变压器，应设在单独的变压器室内。

第4.1.5条　在同一配电室内单列布置高、低压配电装置时，当高压开关柜或低压配电屏顶面有裸露带电导体时，两者之间的净距不应小于2m；当高压开关柜和低压配电屏的顶面封闭外壳防护等级符合IP2X时，两者可靠近布置。

注：IP2X防护要求应符合现行国家标准《低压电器外壳防护等级》的规定，能防止直径大于12mm的固体异物进入壳内。

第4.1.6条　有人值班的配电所，应设单独的值班室。当低压配电室兼作值班室时，低压配电室面积应适当增大。

高压配电室与值班室应直通或经过通道相通，值班室应有直接通向户外或通向走道的门。

第4.1.7条　变电所宜单层布置。当采用双层布置时，变压器应设在底层。

设于二层的配电室应设搬运设备的通道、平台或孔洞。

第4.1.8条　高（低）压配电室内，宜留有适当数量配电装置的备用位置。

第4.1.9条　高压配电装置的柜顶为裸母线分段时，两段母线分段处宜装设绝缘隔板，其高度不应小于0.3m。

第4.1.10条　由同一配电所供给一级负荷用电时，母线分段处应设防火隔板或有门洞的隔墙。供给一级负荷用电的两路电缆不应通过同一电缆沟，当无法分开时，该电缆沟内的两路电缆应采用阻燃性电缆，且应分别敷设在电缆沟两侧的支架上。

第4.1.11条　户外箱式变电站和组合式成套变电站的进出线宜采用电缆。

第4.1.12条　配电所宜设辅助生产用房。

第二节　通道与围栏

第4.2.1条　室内、外配电装置的最小电气安全净距，应符合表4.2.1的规定。

表4.2.1　　　　　室内、外配电装置的最小电气安全净距　　　　　　　　mm

符号	适用范围	场所	额定电压（kV）			
			<0.5	3	6	10
	无遮栏裸带电部分至地（楼）面之间	室内	屏前 2500 屏后 2300	2500	2500	2500
		室外	2500	2700	2700	2700
A	有IP2X防护等级遮栏的通道净高	室内	1900	1900	1900	1900
	裸带电部分至接地部分和不同相的裸带电部分之间	室内	20	75	100	125
		室外	75	200	200	200
B	距地（楼）面2500mm以下裸带电部分的遮栏防护等级为IP2X时，裸带电部分与遮护物间水平净距	室内	100	175	200	225
		室外	175	300	300	300
	不同时停电检修的无遮栏裸导体之间的水平距离	室内	1875	1875	1900	1925
		室外	2000	2200	2200	2200
C	裸带电部分至无孔固定遮栏	室内	50	105	130	155
	裸带电部分至用钥匙或工具才能打开或拆卸的栅栏	室内	800	825	850	875
		室外	825	950	950	950
	低压母排引出线或高压引出线的套管至屋外人行通道地面	室外	3650	4000	4000	4000

注　海拔超过1000m时，表中符号A项数值应按每升高100m增大1%进行修正。B、C两项数值应相应加上A项的修正值。

第4.2.2条 露天或半露天变电所的变压器四周应设不低于1.7m高的固定围栏（墙）。变压器外廓与围栏（墙）的净距不应小于0.8m，变压器底部距地面不应小于0.3m，相邻变压器外廓之间的净距不应小于1.5m。

第4.2.3条 当露天或半露天变压器供给一级负荷用电时，相邻的可燃油油浸变压器的防火净距不应小于5m，若小于5m时，应设置防火墙。防火墙应高出油枕顶部，且墙两端应大于挡油设施各0.5m。

第4.2.4条 可燃油油浸变压器外廓与变压器室墙壁和门的最小净距，应符合表4.2.4的规定。

表4.2.4 可燃油油浸变压器外廓与
变压器室墙壁和门的最小净距　　mm

变压器容量（kVA）	100～1000	1250及以上
变压器外廓与后壁、侧壁净距	600	800
变压器外廓与门净距	800	1000

第4.2.5条 设置于变电所内的非封闭式干式变压器，应装设高度不低于1.7m的固定遮栏，遮栏网孔不应大于40mm×40mm。变压器的外廓与遮栏的净距不宜小于0.6m，变压器之间的净距不应小于1.0m。

第4.2.6条 配电装置的长度大于6m时，其柜（屏）后通道应设两个出口，低压配电装置两个出口间的距离超过15m时，尚应增加出口。

第4.2.7条 高压配电室内各种通道最小宽度，应符合表4.2.7的规定。

第4.2.8条 当电源从柜（屏）后进线且需在柜（屏）正背后墙上另设隔离开关及其手动操动机构时，柜（屏）后通道净宽不应小于1.5m，当柜（屏）背面的防护等级为IP2X时，可减为1.3m。

表4.2.7 高压配电室内各种通道最小宽度　mm

开关柜布置方式	柜后维护通道	柜前操作通道	
		固定式	手车式
单排布置	800	1500	单车长度+1200
双排面对面布置	800	2000	双车长度+900
双排背对背布置	1000	1500	单车长度+1200

注　①固定式开关柜为靠墙布置时，柜后与墙净距应大于50mm，侧面与墙净距应大于200mm；
②通道宽度在建筑物的墙面遇有柱类局部凸出时，凸出部位的通道宽度可减少200mm。

第4.2.9条 低压配电室内成排布置的配电屏，其屏前、屏后的通道最小宽度，应符合表4.2.9的规定。

表4.2.9 配电屏前、后通道最小宽度　mm

型式	布置方式	屏前通道	屏后通道
固定式	单排布置	1500	1000
	双排面对面布置	2000	1000
	双排背对背布置	1500	1500
抽屉式	单排布置	1800	1000
	双排面对面布置	2300	1000
	双排背对背布置	1800	1000

注　当建筑物墙面遇有柱类局部凸出时，凸出部位的通道宽度可减少200mm。

第五章　并联电容器装置

第一节　一般规定

第5.1.1条 本章适用于电压为10kV及以下作并联补偿用的电力电容器装置的设计。

第5.1.2条 电容器装置的开关设备及导体等载流部分的长期允许电流，高压电容器不应小于电容器额定电流的1.35倍，低压电容器不应小于电容器额定电流的1.5倍。

第5.1.3条 电容器组应装设放电装置，使电容器组两端的电压从峰值（$\sqrt{2}$倍额定电压）降至50V所需的时间，高压电容器不应大于5min；低压电容器不应大于1min。

第二节　电气接线及附属装置

第5.2.1条 高压电容器组宜接成中性点不接地星形，容量较小时宜接成三角形。低压电容器组应接成三角形。

第5.2.2条 高压电容器组应直接与放电装置连接，中间不应设置开关或熔断器。低压电容器组和放电设备之间，可设自动接通的接点。

第5.2.3条 电容器组应装设单独的控制和保护装置，当电容器组为提高单台用电设备功率因数时，可与该设备共用控制和保护装置。

第5.2.4条 单台高压电容器应设置专用熔断器作为电容器内部故障保护，熔丝额定电流宜为电容器额定电流的1.5～2.0倍。

第5.2.5条 当电容器装置附近有高次谐波含量

超过规定允许值时，应在回路中设置抑制谐波的串联电抗器。

第5.2.6条 电容器的额定电压与电力网的标称电压相同时，应将电容器的外壳和支架接地。

当电容器的额定电压低于电力网的标称电压时，应将每相电容器的支架绝缘，其绝缘等级应和电力网的标称电压相配合。

第三节　布　置

第5.3.1条 室内高压电容器装置宜设置在单独房间内，当电容器组容量较小时，可设置在高压配电室内，但与高压配电装置的距离不应小于1.5m。

低压电容器装置可设置在低压配电室内，当电容器总容量较大时，宜设置在单独房间内。

第5.3.2条 安装在室内的装配式高压电容器组，下层电容器的底部距地面不应小于0.2m，上层电容器的底部距地面不宜大于2.5m，电容器装置顶部到屋顶净距不应小于1.0m。高压电容器布置不宜超过三层。

第5.3.3条 电容器外壳之间（宽面）的净距，不宜小于0.1m。电容器的排间距离，不宜小于0.2m。

第5.3.4条 装配式电容器组单列布置时，网门与墙距离不应小于1.3m；当双列布置时，网门之间距离不应小于1.5m。

第5.3.5条 成套电容器柜单列布置时，柜正面与墙面距离不应小于1.5m；当双列布置时，柜面之间距离不应小于2.0m。

第六章　对有关专业的要求

第一节　防　火

第6.1.1条 可燃油油浸电力变压器室的耐火等级应为一级。高压配电室、高压电容器室和非燃（或难燃）介质的电力变压器室的耐火等级不应低于二级。低压配电室和低压电容器室的耐火等级不应低于三级，屋顶承重构件应为二级。

第6.1.2条 有下列情况之一时，可燃油油浸变压器室的门应为甲级防火门：

一、变压器室位于车间内；

二、变压器室位于容易沉积可燃粉尘、可燃纤维的场所；

三、变压器室附近有粮、棉及其他易燃物大量集中的露天堆场；

四、变压器室位于建筑物内；

五、变压器室下面有地下室。

第6.1.3条 变压器室的通风窗，应采用非燃烧材料。

第6.1.4条 当露天或半露天变电所采用可燃油油浸变压器时，其变压器外廓与建筑物外墙的距离应大于或等于5m。当小于5m时，建筑物外墙在下列范围内不应有门、窗或通风孔：

一、油量大于1000kg时，变压器总高度加3m及外廓两侧各加3m；

二、油量在1000kg及以下时，变压器总高度加3m及外廓两侧各加1.5m。

第6.1.5条 民用主体建筑内的附设变电所和车间内变电所的可燃油油浸变压器室，应设置容量为100%变压器油量的贮油池。

第6.1.6条 有下列情况之一时，可燃油油浸变压器室应设置容量为100%变压器油量的挡油设施，或设置容量为20%变压器油量挡油池并能将油排到安全处所的设施：

一、变压器室位于容易沉积可燃粉尘、可燃纤维的场所；

二、变压器室附近有粮、棉及其他易燃物大量集中的露天场所；

三、变压器室下面有地下室。

第6.1.7条 附设变电所、露天或半露天变电所中，油量为1000kg及以上的变压器，应设置容量为100%油量的挡油设施。

第6.1.8条 在多层和高层主体建筑物的底层布置装有可燃性油的电气设备时，其底层外墙开口部位的上方应设置宽度不小于1.0m的防火挑檐。多油开关室和高压电容器室均应设有防止油品流散的设施。

第二节　对建筑的要求

第6.2.1条 高压配电室宜设不能开启的自然采光窗，窗台距室外地坪不宜低于1.8m；低压配电室可设能开启的自然采光窗。配电室临街的一面不宜开窗。

第6.2.2条 变压器室、配电室、电容器室的门应向外开启。相邻配电室之间有门时，此门应能双向开启。

第6.2.3条 配电所各房间经常开启的门、窗，不宜直通相邻的酸、碱、蒸汽、粉尘和噪声严重的场所。

第6.2.4条 变压器室、配电室、电容器室等应设置防止雨、雪和蛇、鼠类小动物从采光窗、通风窗、门、电缆沟等进入室内的设施。

第6.2.5条 配电室、电容器室和各辅助房间的内墙表面应抹灰刷白。地（楼）面宜采用高标号水泥抹面压光。配电室、变压器室、电容器室的顶棚以及变压器室的内墙面应刷白。

第6.2.6条 长度大于7m的配电室应设两个出口，并宜布置在配电室的两端。长度大于60m时，宜增加一个出口。

当变电所采用双层布置时，位于楼上的配电室应至少设一个通向室外的平台或通道的出口。

第6.2.7条 配电所、变电所的电缆夹层、电缆沟和电缆室，应采取防水、排水措施。

第三节 采暖及通风

第6.3.1条 变压器室宜采用自然通风。夏季的排风温度不宜高于45°C，进风和排风的温差不宜大于15°C。

第6.3.2条 电容器室应有良好的自然通风，通风量应根据电容器允许温度，按夏季排风温度不超过电容器所允许的最高环境空气温度计算。当自然通风不能满足排热要求时，可增设机械排风。

电容器室应设温度指示装置。

第6.3.3条 变压器室、电容器室当采用机械通风时，其通风管道应采用非燃烧材料制作。当周围环境污秽时，宜加空气过滤器。

第6.3.4条 配电室宜采用自然通风。高压配电室装有较多油断路器时，应装设事故排烟装置。

第6.3.5条 在采暖地区，控制室和值班室应设采暖装置。在严寒地区，当配电室内温度影响电气设备元件和仪表正常运行时，应设采暖装置。

控制室和配电室内的采暖装置，宜采用钢管焊接，且不应有法兰、螺纹接头和阀门等。

第四节 其　他

第6.4.1条 高、低压配电室、变压器室、电容器室、控制室内，不应有与其无关的管道和线路通过。

第6.4.2条 有人值班的独立变电所，宜设有厕所和给排水设施。

第6.4.3条 在配电室内裸导体正上方，不应布置灯具和明敷线路。当在配电室内裸导体上方布置灯具时，灯具与裸导体的水平净距不应小于1.0m，灯具不得采用吊链和软线吊装。

附录一
名 词 解 释

本规范用名词	解　　释
变电所	10kV及以下交流电源经电力变压器变压后对用电设备供电
配电所	所内只有起开闭和分配电能作用的高压配电装置，母线上无主变压器
露天变电所	变压器位于露天地面上的变电所
半露天变电所	变压器位于露天地面上的变电所，但变压器的上方有顶板或挑檐
附设变电所	变电所的一面或数面墙与建筑物的墙共用，且变压器室的门和通风窗向建筑物外开
车间内变电所	位于车间内部的变电所，且变压器室的门向车间内开
独立变电所	变电所为一独立建筑物
室内变电所	附设变电所、独立变电所和车间内变电所的总称
贮油池	油流入后不致被外部已燃烧的物质延燃的设施
挡油设施	使烧燃的油不致外溢的设施

4 架空绝缘配电线路设计技术规程

（DL/T 601—1996）

1 范围

本规程规定了架空绝缘配电线路、变压器台、开关设备和接户线设计的技术规则。

本规程适用于新建和改建的额定电压为6～10kV（中压）和额定电压为1kV及以下（低压）架空绝缘配电线路工程设计。

2 引用标准

下列标准包含的条文，通过在本标准中的引用而构成为本标准的条文。在标准出版时，所示版本均为有效。所有标准都会被修订，使用本标准的各方应探讨、使用下列标准最新版本的可能性。

　　GB 1000—88　高压线路针式瓷绝缘子

　　GB 1001—86　盘形悬式瓷绝缘子　技术条件

　　GB 12527—90　额定电压 1kV 及以下架空绝缘电缆

　　GB 14049—92　额定电压 10kV、35kV 架空绝缘电缆

　　DL/T 464.1～5—92　额定电压 1kV 及以下架空绝缘电线金具和绝缘部件

　　SDJ 3—87　架空送电线路设计技术规程

　　SDJ 206—87　架空配电线路设计技术规程

3　总则

3.1　架空绝缘配电线路的设计应与城市的总体规划相协调。

　　如无地区配网规划，导体截面宜按 20a 用电负荷发展规划确定。

3.2　下列地区在无条件采用电缆线路供电时应采用架空绝缘配电线路：

　　a) 架空线与建筑物的距离不能满足 SDJ 206 要求的地区；

　　b) 高层建筑群地区；

　　c) 人口密集，繁华街道区；

　　d) 绿化地区及林带；

　　e) 污秽严重地区。

3.3　低压配电系统宜采用架空绝缘配电线路。

4　气象条件

4.1　架空绝缘配电线路设计所采用的气象条件，应根据当地的气象资料（采用 10a 一遇的数值）和附近已有线路的运行经验确定。如当地的气象资料与附录 A 典型气象区接近，宜采用典型气象区所列的数值。

4.2　架空绝缘配电线路的最大设计风速值，应采用离地面 10m 高处、10a 一遇 10min 平均最大值。如无可靠资料，在空旷平坦地区不应小于 25m/s。在山区宜采用附近平坦地区风速的 1.1 倍，且不应小于 25m/s。

4.3　电杆、绝缘导线的风荷载按下式计算：

$$W = 9.807CF\frac{v^2}{16} \tag{1}$$

式中：W——电杆或绝缘导线的风荷载，N；

　　　　C——风载体型系数，采用下列数值：

　　　　　　圆形截面的钢筋混凝土杆，0.6；

　　　　　　矩形截面的钢筋混凝土杆，1.4；

　　　　　　绝缘导线外径小于 17mm，1.2；

　　　　　　绝缘导线外径不小于 17mm，1.1；

　　　　　　绝缘导线复冰（不论直径大小），1.2；

　　　　F——电杆杆身侧面的投影面积或单根绝缘导线外径、集束线外切圆直径与水平档距的乘积，m²；

　　　　v——设计风速，m/s。

　　应按风向与线路走向相垂直的情况计算风荷载（转角杆按线路夹角等分线方向）。

4.4　绝缘配电线路设计冰厚，应根据附近已有线路的运行经验确定。如无资料，除第 1 气象区外，见附录 A。

5　导线

5.1　架空绝缘配电线路所采用的导线应符合 GB 12527、GB 14049 的规定。

　　供计算用的导线性能参数见附录 B。

5.2　绝缘导线及悬挂绝缘导线的钢绞线的设计安全系数均不应小于 3。

5.3　绝缘导线截面的确定应符合下列要求。

5.3.1　应结合地区配电网发展规划选定导线截面，无配电网规划城镇地区的绝缘导线设计最小截面见表 1。

表 1　　**无配电网规划城镇地区绝缘导线设计最小截面**　　mm²

导　线　种　类	中压配电线路		低压配电线路	
	主干线	分支线	主干线	分支线
铝或铝合金芯绝缘线	150	50	95	35
铜芯绝缘线	120	25	70	16

5.3.2　采用允许电压降校验时：

　　a) 中压绝缘配电线路，自供电的变电所二次侧出口至线路末端变压器或末端受电变电所一次侧入口的允许电压降为供电变电所二次侧额定电压（6、10kV）的 5%；

　　b) 低压绝缘配电线路，自配电变压器二次侧出口至线路末端（不包括接户线）的允许电压降为额定低压配电电压（220、380V）的 4%。

5.4　校验导线的载流量时，PE、PVC 绝缘的导线的允许温度采用 +70℃，XLPE 绝缘的导线的允许温度采用 +90℃。绝缘导线载流量的参考数据见附录 C。

5.5　三相四线制低压绝缘配电线路的最小零线截面见表2。单相制的零线截面，应与相线截面相同。

表 2 三相四线制低压绝缘配电线路的最小零线截面   mm²

导线种类	相线截面	最小零线截面
铝或 铝合金芯 绝缘线	50 及以下 70 95 及以上	与相线截面相同 50 不小于相线截面的 50%
铜芯 绝缘线	35 及以下 50 70 及以上	与相线截面相同 35 不小于相线截面的 50%

5.6 悬挂绝缘线的钢绞线的自重荷载应包括绝缘线、钢绞线、绝缘支架质量及 200kg 施工荷重。钢绞线的最小截面不应小于 50mm²。

5.7 绝缘导线的连接，应符合下列要求。

5.7.1 不同金属、不同规格、不同绞向的导线及无承力线的集束线严禁在档距内连接。

5.7.2 在一个档距内，每根导线不应超过一个承力接头。

5.7.3 接头距导线的固定点，不应小于 500mm。

5.8 绝缘导线的弧垂应根据计算确定。导线架设后塑性伸长率对弧垂的影响，宜采用减少弧垂法补偿，弧垂减少的百分数为：

　　——铝或铝合金芯绝缘线，20%；

　　——铜芯绝缘线，7%～8%。

6 绝缘子、金具及绝缘部件

6.1 绝缘配电线路绝缘子应符合 GB 1000 和 GB 1001 的规定。

6.2 低压绝缘配电线路采用的金具及绝缘部件，应符合 DL/T 464.1～5 的规定。

6.3 中压绝缘配电线路紧凑型架设所使用的绝缘支架、绝缘拉棒应符合下列要求：

6.3.1 表面泄漏距离不小于 370mm，Ⅳ级污秽区可适当加大泄漏距离。

6.3.2 交流耐压 42kV，1min。

6.3.3 绝缘支架的安全系数不应小于 5，绝缘拉棒的破坏拉力不小于导线计算拉断力的 90%。且绝缘支架及绝缘拉棒的破坏应力均应满足最大短路电动力的要求。

6.4 不同电压等级、不同敷设方式的绝缘配电线路的绝缘子、金具及绝缘部件的使用应符合下列要求。

6.4.1 单根敷设的中压绝缘配电线路：

　　a）直线杆宜采用针式绝缘子或棒式绝缘子；

　　b）耐张杆宜采用一个悬式绝缘子和一个蝶式绝缘子或两个悬式绝缘子组成的绝缘子串及耐张线夹。

6.4.2 紧凑型敷设的中压绝缘配电线路：

　　a）直线杆应采用悬挂线夹；

　　b）耐张杆承力钢绞线采用耐张线夹，绝缘导线采用绝缘拉棒及耐张线夹；

　　c）档距中应采用绝缘支架。

6.4.3 单根敷设的低压绝缘配电线路：

　　a）直线杆应采用低压针式绝缘子、低压蝶式绝缘子或低压悬挂线夹；

　　b）耐张杆应采用低压蝶式绝缘子、一个悬式绝缘子或低压耐张线夹。

6.4.4 集束敷设、带承力线的低压绝缘配电线路：

　　a）直线杆应采用低压悬挂线夹；

　　b）耐张杆应采用低压耐张线夹。

6.4.5 集束敷设、不带承力线的低压绝缘配电线路：

　　a）直线杆应采用低压集束线悬挂线夹；

　　b）耐张杆应采用低压集束线耐张线夹。

6.5 绝缘配电线路的电瓷外绝缘应根据运行经验和所处地段外绝缘污秽等级选取，如无运行经验，应按附录 D 所规定的数值进行设计。

6.6 绝缘子机械强度的使用安全系数，不应小于下列数值：

　　——棒式绝缘子，2.5；

　　——针式绝缘子，2.5；

　　——悬式绝缘子，2.0；

　　——蝶式绝缘子，2.5。

绝缘子机械强度的安全系数 K 应按下式计算：

$$K = T/T_{max} \qquad (2)$$

式中：T——针式绝缘子的受弯破坏荷载，N；

　　　　　悬式绝缘子的 1h 机电试验的试验荷载，N；蝶式绝缘子的破坏荷载，N；

　　　T_{max}——绝缘子最大使用荷载，N。

6.7 绝缘子的组装方式应防止瓷裙积水。

6.8 金具的使用安全系数不应小于 2.5。

7 导线排列

7.1 分相架设的中压绝缘线三角排列、水平排列、垂直排列均可，中压绝缘线路可单回架设，宜可以多回路同杆架设。

集束型低压架空绝缘电线宜采用专用金具固定在电杆或墙壁上；分相敷设的低压绝缘线宜采用水平排列或垂直排列。

7.2 城市中、低压架空绝缘线路在同一地区同杆架设，应是同一区段电源。

7.3 分相架设的低压绝缘线排列应统一，零线宜靠电杆或建筑物，并应有标志，同一回路的零线不宜高于相线。

7.4 低压架空绝缘线台区中的路灯线也应是架空绝缘电线，低压路灯绝缘线在电杆上不应高于其它相线或零线。

7.5 沿建筑物架设的低压绝缘线，支持点间的距离不宜大于 6m。

7.6 中、低压架空绝缘线路的档距不宜大于 50m，中压耐张段的长度不宜大于 1km。

7.7 中压架空绝缘配电线路的线间距离应不小于 0.4m，采用绝缘支架紧凑型架设不应小于 0.25m。

7.8 同杆架设的中、低压绝缘线路，横担之间的最小垂直距离和导线支承点间的最小水平距离见表 3。

表 3　同杆架设的中低压绝缘线路横担之间的最小垂直距离和导线支承点间的最小水平距离　m

类　别	垂直距离	水平距离
中压与中压	0.5	0.5
中压与低压	1.0	—
低压与低压	0.3	0.3

7.9 中压架空绝缘电线与 35kV 及以上线路同杆架设时，两线路导线间的最小垂直距离见表 4。

表 4　中压架空绝缘电线与 35kV 及以上线路同杆架设时的最小垂直距离　m

电压等级	垂直距离
35kV	2.0
60~110kV	3.0

7.10 中压架空绝缘线路的过引线、引下线与邻相的过引线、引下线及低压线路的净空距离不应小于 0.2m。

中压架空绝缘电线与电杆、拉线或构架间的净空距离不应小于 0.2m。

7.11 低压架空绝缘导线与电杆、拉线或构架的净空距离不应小于 0.05m。

8　电杆、拉线和基础

8.1 架空绝缘配电线路的杆塔分为直线杆型、耐张杆型和混合杆型三类。直线杆型包括直线杆、直线转角杆；耐张杆型包括耐张杆、转角杆和终端杆；混合杆型包括 T 接杆、十字杆、电缆杆等。

直线转角杆的转向不宜大于 15°。

8.2 绝缘线路一般采用水泥杆，条件不允许时亦可采用铁塔和钢管塔。

8.3 各种电杆，应按下列荷载条件进行计算：

　a）最大风速、无冰、未断线；

　b）覆冰、相应风速、未断线；

　c）最低气温、无冰、无风、未断线（适用于转角杆和终端杆）。

8.4 耐张杆和 T 接杆应考虑断线情况，采用下列荷载进行计算：

　a）在同一档内断两相导线，无风、无冰（适用于分相架设单回或多回线路）；

　b）在同一档内断一根承力索，无风、无冰（适用于用承力索架设单回或多回线路），断线情况下，所有导线张力均取导线最大使用张力的 70%，所有承力索张力均取承力索最大使用张力的 80%。

8.5 配电线路的钢筋混凝土杆，应尽量采用定型产品，电杆构造的要求应符合有关国家标准的规定。

8.6 钢筋混凝土杆的强度计算，应采用安全系数计算方法。普通钢筋混凝土杆的强度设计安全系数不应小于 1.7；预应力混凝土杆的强度设计安全系数不应小于 1.8。

混凝土及钢材的设计强度应符合 SDJ 3 的规定。

8.7 需要接地的普通钢筋混凝土杆，应设置接地螺母。接地螺母与主筋应有可靠的电气连接。

采用预应力混凝土杆时，其主筋不应兼作接地引下线。

8.8 转角杆的横担，应根据受力情况确定。一般情况下，15° 以下转角杆，可采用单横担；15°~45° 转角杆，宜采用双横担；45° 以上转角杆，宜采用十字横担。

转角杆宜可不用横担，导线垂直单列式。

8.9 配电线路的金属横担及金属附件应热镀锌。

横担应进行强度计算，选用应规格化，铁横担的最小规格见附录 E。

8.10 拉线应采用镀锌钢绞线，其强度设计安全系数应不小于 2，最小规格不小于 35mm²。

8.11 拉线应根据电杆的受力情况装设。拉线与电杆的夹角宜采用 45°，如受地形限制，可适当减少，但不应小于 30°。

跨越道路的拉线，对路面中心的垂直距离不应小于 6m，对路面的垂直距离不应小于 4.5m，拉桩杆的倾斜角宜采用 10°~20°。

8.12 跨越电车行车线的水平拉线，对路面中心的垂直距离，不应小于 9m。

8.13 钢筋混凝土电杆的拉线从导线之间穿过时，必须装设拉线绝缘子或采取其它绝缘措施，拉线绝缘子距地面不应小于 2.5m。

8.14 拉线棒的直径应根据计算确定，但其直径不应小于 16mm。

拉线棒应热镀锌。严重腐蚀地区，拉线棒直径适当加大 2～4mm 或采取其它有效的防腐措施。

8.15 电杆基础应结合当地的运行经验、材料来源、地质情况等条件进行设计。

8.16 电杆的埋设深度，应进行倾覆稳定验算，单回路的配电线路，电杆最小埋设深度见表 5。

表 5   电杆的最小埋设深度   m

杆高	8.0	9.0	10.0	11.0	12.0	13.0	15.0	18.0
埋深	1.5	1.6	1.7	1.8	1.9	2.0	2.3	2.6～3.0

遇有土松软、流沙、地下水位较高等情况时，应做特殊处理。

8.17 电杆基础的上拔及倾覆稳定安全系数不应小于下列数值：

   a）直线杆，1.5；
   b）耐张杆，1.8；
   c）转角杆、终端杆，2.0。

8.18 钢筋混凝土基础的强度设计安全系数不应小于 1.7，预制基础的混凝土标号不宜低于 200 号。

8.19 绝缘配电线路采用铁塔或非定型产品混凝土杆时，可按 SDJ 3 执行。

9   变压器台和开关设备

9.1 配电变压器台应设在负荷中心或重要负荷附近，且便于更换和检修设备的地方，其配电变压器容量应考虑负荷的发展、运行的经济性等。

9.2 下列电杆不宜装配配电变压器台：

   a）转角杆、分支杆；
   b）设有中压接户线或中压电缆的电杆；
   c）设有线路开关设备的电杆；
   d）交叉路口的电杆；
   e）低压接户线较多的电杆。

9.3 柱上式变压器台宜安装 315kVA 及以下变压器。315kVA 以上的变压器宜采用室内布置或与其它高低压元件组成箱式变电站布置。

9.4 柱上配电变压器台的底部距地面高度不应低于 2.5m。安装变压器后，配电变压器台的平面坡度不大于 1/100。

9.5 柱上配电变压器的一、二次进出线均应采用架空绝缘线，其截面应按变压器额定容量选择，但一次侧引线铜芯不应小于 16mm²，铝芯不应小于 25mm²。

变压器的一、二次侧应分别装设熔断器，一次侧熔断器的底部对地面的垂直高度应不低于 4.5m；二次侧熔断器的底部对地面的垂直高度应不低于 3.5m。各相熔断器间的水平距离：一次侧不应小于 0.5m，二次侧不应小于 0.2m。

9.6 熔断器、避雷器、变压器的接线柱与绝缘导线的连接部位，宜进行绝缘密封。

9.7 熔断器应选用国家定型产品，并应与负荷电流、运行电压及安装点的短路容量相配合。

9.8 配电变压器的熔丝选择宜按下列要求进行：

   ——容量在 100kVA 及以下者，一次侧熔丝额定电流按变压器容量额定电流的 2～3 倍选择。

   ——容量在 100kVA 以上者，一次侧熔丝额定电流按变压器容量额定电流的 1.5～2 倍选择。

   ——变压器二次侧熔丝（片）按二次侧额定电流选择。

9.9 中压绝缘配电线路在下列地区宜装设开关设备：

   a）较长的主干线或分支线；
   b）环形供电网络；
   c）管区分界处。

设备与绝缘导线的连接部位应装设专用绝缘罩。

9.10 在配电线路上装设电容器时，应按有关行业标准的规定执行。

10   防雷和接地

10.1 中压绝缘线路，在居民区的钢筋混凝土电杆宜接地，铁杆应接地，接地电阻均不应超过 30Ω。

10.2 带承力线的架空绝缘配电线路其承力线应接地，其接地电阻不应大于 30Ω。

10.3 柱上开关应装设防雷装置，经常开路运行的柱上开关两侧，均应装设防雷装置，其接地装置的接地电阻不应大于 10Ω。开关金属外壳应接地，接地电阻不大于 10Ω。

10.4 配电变压器应装设防雷装置，该防雷装置应尽量靠近变压器，其接地线应与变压器二次侧中性点及变压器的金属外壳相连接。

10.5 多雷区，宜在变压器二次侧装设避雷器。

10.6 为防止雷电波沿低压绝缘线路侵入建筑物，接户线上绝缘子铁脚宜接地，其接地电阻不大于 30Ω。

10.7 中性点直接接地的低压绝缘线的零线，应在电源点接地。在干线和分支线的终端处，应将零线重复接地。

三相四线供电的低压绝缘线在引入用户处，应将零线重复接地。

10.8 中、低压绝缘配电线路在联络开关两侧，分支杆、耐张杆接头处及有可能反送电的分支线点的导线上应设置停电工作接地点。线路正常工作时停电工作接地点应装设绝缘罩。

10.9 容量为100kVA以上的变压器，其接地装置的接地电阻不应大于4Ω，该台区的低压网络的每个重复接地的电阻不应大于10Ω。

容量为100kVA及以下的变压器，其接地装置的接地电阻不应大于10Ω，该台区的低压网络的每个重复接地的电阻不应大于30Ω。

10.10 接地体的埋设深度不应小于0.6m，接地体不应与地下燃气管、送水管接触。

10.11 接地体宜采用垂直敷设或水平敷设，接地体和接地线的最小规格见表6。锈蚀严重地区的接地体宜加大2～4mm的圆钢直径或扁钢厚度。

表6   接地体和接地线的最小规格

名　称		地　上	地　下
圆钢直径 mm		8	8
扁钢	截面 mm²	48	48
	厚 mm	4	4
角钢厚 mm		—	4
钢管壁厚 mm		—	3.5
镀锌钢绞线或铜线截面 mm²		25	—

11 接户线

11.1 本章适用于架空绝缘线配电线路与用户建筑物外第一支持点之间架空绝缘线的设计。

11.2 中压接户线的档距不宜大于30m。档距超过30m时，应按中压架空绝缘配电线路设计。

低压接户线的档距不宜大于25m。档距超过25m时，应按低压架空绝缘配电线路设计。

11.3 绝缘接户线导线的截面不宜小于下列数值。

11.3.1 中压：

　　a) 铜芯线，25mm²；

　　b) 铝及铝合金芯线，35mm²。

11.3.2 低压：

　　a) 铜芯线，10mm²；

　　b) 铝及铝合金芯线，16mm²。

11.4 中压绝缘接户线的线间距离应按7.7规定。

分相架设的低压绝缘接户线的最小线间距离见表7。

11.5 绝缘接户线受电端的对地面距离，不应小于下列数值：

　　a) 中压，4m；

　　b) 低压，2.5m。

**表7   分相架设的低压绝缘接户线
的最小线间距离**　　　　m

架设方式		档　距	线间距离
自电杆上引下		25及以下	0.15
沿墙敷设	水平排列	4及以下	0.10
	垂直排列	6及以下	0.15

11.6 跨越街道的低压绝缘接户线，至路面中心的垂直距离，不应小于下列数值：

　　a) 通车街道，6m；

　　b) 通车困难的街道、人行道，3.5m；

　　c) 胡同（里、弄、巷），3m。

11.7 中压绝缘接户线至地面的最小距离应按12.2规定。

11.8 低压绝缘接户线与建筑物有关部分的距离，不应小于下列数值：

　　a) 与接户线下方窗户的垂直距离，0.3m；

　　b) 与接户线上方阳台或窗户的垂直距离，0.8m；

　　c) 与阳台或窗户的水平距离，0.75m；

　　d) 与墙壁、构架的距离，0.05m。

11.9 低压绝缘接户线与弱电线路的交叉距离，不应小于下列数值：

　　a) 低压接户线在弱电线路的上方，0.6m；

　　b) 低压接户线在弱电线路的下方，0.3m。

如不能满足上述要求，应采取隔离措施。

11.10 中压接户线与弱电线路的交叉应按12.7规定。

11.11 中压接户线与道路、管道的交叉或接近，应按12.9规定。

11.12 中、低压接户线不应从中压引下线间穿过，且严禁跨越铁路。

11.13 自电杆上引下的低压接户线，应使用悬挂线夹或低压蝶式绝缘子。

11.14 不同金属、不同规格、不同绞向的接户线，严禁在档距内连接。

跨越通车街道的接户线，不应有接头。

11.15 接户线与主干、分支绝缘线如为铜铝连接，应有可靠的铜铝过渡措施。

12 对地距离及交叉跨越

12.1 绝缘导线对地面、建筑物、树木、铁路、道路、河流、管道、索道及各种架空线路的距离，应根据最高气温情况或最大垂直比载求得的最大弧垂和最大风速情况求得的最大风偏计算。

计算上述距离，不应考虑由于电流、太阳辐射以及覆冰不均匀等引起的弧垂增大，但应计及导线架线后塑性伸长的影响和设计施工的误差。

12.2 绝缘导线与地面或水面的最小距离见表8。

表8　导线与地面或水面的最小距离　　m

线路经过地区	线路电压	
	中压	低压
居民区	6.5	6.0
非居民区	5.5	5.0
不能通航也不能浮运的河、湖（至冬季水面）	5.0	5.0
不能通航也不能浮运的河、湖（至50a一遇洪水位）	3.0	3.0

12.3 绝缘配电线路应尽量不跨越建筑物，如需跨越，导线与建筑物的垂直距离在最大计算弧垂情况下，不应小于下列数据：

　　a) 中压，2.5m；

　　b) 低压，2.0m。

　　线路边线与永久建筑物之间的距离在最大风偏的情况下，不应小于下列数值：

　　a) 中压，0.75m（人不宜接近时可为0.4m）；

　　b) 低压，0.2m。

12.4 中压绝缘配电线路通过林区应砍伐出通道。通道净宽度为线路两侧向外各3m。

　　在下列情况下，如不妨碍架线施工，可不砍伐通道。

12.4.1 树木年自然生长高度不超过2m；

12.4.2 导线与树木（考虑自然生长高度）之间的垂直距离，不小于3m。

　　配电线路通过公园、绿化区和防护林带，导线与树木的净空距离在最大风偏情况下不应小于1m。

　　配电线路的导线与街道行道树之间的最小距离见表9。

　　校验导线与树木之间垂直距离，应考虑树木在修剪周期内生长的高度。

12.5 绝缘配电线路与特殊管道交叉，应避开管道的检查井或检查孔，同时，交叉处管道上所有部件应接地。

表9　导线与街道行道树之间的最小距离　　m

最大弧垂情况下的垂直距离		最大风偏情况下的水平距离	
中压	低压	中压	低压
0.8	0.2	1.0	0.5

12.6 绝缘配电线路与甲类火灾危险性的生产厂房、甲类物品库房、易燃、易爆材料堆场以及可燃或易燃、易爆液（气）体贮罐的防火间距，不应小于杆塔高度的1.5倍。

12.7 绝缘配电线路与弱电线路交叉，应符合下列要求。

12.7.1 交叉角应符合表10规定。

表10　绝缘配电线路与弱电线路的交叉角

弱电线路等级	交叉角
一　级	≥45°
二　级	≥30°
三　级	不限制

12.7.2 绝缘配电线路一般架设在弱电线路上方。绝缘配电线路的电杆，应尽量接近交叉点。

12.8 绝缘线与绝缘线之间交叉跨越的最小距离见表11。

表11　绝缘线与绝缘线之间交叉跨越最小距离
　　　　　　　　　　　　　　　　　　m

线路电压	中压	低压
中压	1.0	1.0
低压	1.0	0.5

12.9 绝缘配电线路与铁路、道路、通航河流、管道、索道、人行天桥及各种架空线路交叉或接近的基本要求见表12。

表12　绝缘配电线路与铁路、道路、通航河流、管道、索道、人行天桥及各种架空线路交叉或接近的基本要求

项　目	铁　路			城市道路	电车道	通航河流		弱电线路	
	标准轨道	窄轨	电气化线路		有轨及无轨	主要	次要	一、二级	三级
导线在跨越档内的接头	不应接头	—	—		不应接头	不应接头	—	不应接头	—
导线支持方式	双固定	—	—		双固定	双固定	单固定	双固定	单固定

续表

项目		铁路			城市道路	电车道	通航河流		弱电线路	
		标准轨道	窄轨	电气化线路		有轨及无轨	主要	次要	一、二级	三级
最小垂直距离 m	项目线路电压	至轨顶		接触线或承力索	至路面	至承力索或接触线 / 至路面	至5a一遇洪水位 / 至最高航行水位的最高船桅顶		至被跨越线	
	中压	7.5	6.0	平原地区配电线路入地	7.0	3.0 / 9.0	6.0 / 1.5		2.0	
	低压	7.5	6.0	平原地区配电线路入地	6.0	3.0 / 9.0	6.0 / 1.0		1.0	
最小水平距离 m	项目线路电压	电杆外缘至轨道中心			电杆中心至线路边缘	杆中心至路面边缘 / 杆外缘至轨道中心	与拉纤小路平行的线路，边导线至斜坡上缘		在路径受限制地区，两线路边导线间	
	中压	交叉:5.0 平行:杆高加3.0		平行：杆高加3.0	0.5	0.5 / 3.0	最高电杆高度		2.0	
	低压					0.5 / 3.0			1.0	
备注				山区入地困难时，应协商并签定协议			开阔地区的最小水平距离不得小于电杆高度		1) 两平行线路在开阔地区的水平距离不应小于电杆高度　2) 弱电线路分级见附录E	

项目		电力线路					特殊管道	索道	人行天桥
		1kV及以下	6~10kV	35~110kV	154~220kV	330kV			
导线在跨越档内的接头		交叉不应接头	交叉不应接头	—	—	—	不应接头		—
导线支持方式		单固定	双固定	—	—	—	双固定		—
最小垂直距离 m	项目线路电压	至导线					电力线在上面 / 电力线在下面	电力线在下面至电力线上的保护设施	—
	中压	2	2	3	4	5	3.0 / —	2.0 / 2.0	4.0
	低压	1	2	3	4	5	1.5 / 1.5		3.0
最小水平距离 m	项目线路电压	在路径受限制地区，两线路边导线间					在路径受限制地区，至管、索道任何部分		导线边线至人行天桥边缘
	中压	2.5	2.5	5.0	7.0	9.0	2.0		1.0
	低压			5.0	7.0	9.0	1.5		1.0
备注		两平行线路在开阔地区的水平距离不应小于电杆高度					1) 在开阔地区，与管、索道的水平距离，不应小于电杆高度　2) 特殊管道指架设在地面上的输送易燃、易爆物的管道		

附录 A
典型气象区

典型气象区见表 A1。

表 A1   典 型 气 象 区

气象区		I	II	III	IV	V	VI	VII
大气温度 ℃	最高	+40						
	最低	−5	−10	−5	−20	−20	−40	−20
	导线覆冰	—				−5		
	最大风	+10	+10	−5	−5	−5	−5	−5
风速 m/s	最大风	30	25	25	25	25	25	25
	导线覆冰	10						
	最高、最低气温	0						
覆冰厚度 mm		—	5	5	5	10	10	15
冰的比重		0.9						

附录 B
导线的性能参数

B1 铝线的性能参数见表B1。

表 B1   铝线的性能参数

单线根数	最终弹性系数 N/mm²	线膨胀系数 1/℃
7	59000	23.0×10^{-6}
19	56000	23.0×10^{-6}
37	56000	23.0×10^{-6}
61	54000	23.0×10^{-6}

注 1. 弹性系数值的精确度为±3000N/mm²；
     2. 弹性系数适用于导线受力在 15%～50% 导线计算拉断力时。

B2 铝合金线的性能参数见表B2。

表 B2   铝合金线的性能参数

导线种类	最终弹性系数 N/mm²	线膨胀系数 1/℃
铝合金线	54900～65700	23.0×10^{-6}

注 1. 铝合金线根据其所含合金成分不同而最终弹性系数有差别，故可在此范围内选择。
     2. 弹性系数适用于导线受力在 15%～50% 导线计算拉断力时。

B3 铜线的性能参数见表B3。

表 B3   铜线的性能参数

导线种类	最终弹性系数 N/mm²	线膨胀系数 1/℃
硬铜线	127000	17×10^{-6}
软铜线	98000	17×10^{-6}

注 1. 弹性系数值的精确度为±3000N/mm²；
     2. 弹性系数适用于导线受力在 15%～50% 导线计算拉断力时。

附录 C
架空绝缘电线长期允许载流量及其校正系数

C1 低压单根架空绝缘电线在空气温度为 30℃ 时的长期允许载流量见表 C1。

表 C1   低压单根架空绝缘电线在空气温度为 30℃ 时的长期允许载流量

导体标称截面 mm²	铜导体		铝导体		铝合金导体	
	PVC A	PE A	PVC A	PE A	PVC A	PE A
16	102	104	79	81	73	75
25	138	142	107	111	99	102
35	170	175	132	136	122	125
50	209	216	162	168	149	154
70	266	275	207	214	191	198
95	332	344	257	267	238	247
120	384	400	299	311	276	287
150	442	459	342	356	320	329
185	515	536	399	416	369	384
240	615	641	476	497	440	459

C2 低压集束架空绝缘电线的长期允许载流量为同截面同材料单根架空绝缘电线长期允许载流量的 0.7 倍。

C3 10kV、XLPE 绝缘架空绝缘电线（绝缘厚度 3.4mm）在空气温度为 30℃ 时的长期允许载流量见表 C2。

C4 10kV、XLPE 绝缘薄绝缘架空绝缘电线（绝缘厚度 2.5mm）在空气温度为 30℃ 时的长期允许载流量参照绝缘厚度 3.4mm，10kV、XLPE 绝缘架空绝缘电线长期允许载流量。

C5　10kV集束架空绝缘电线的长期允许载流量为同截面同材料单根架空绝缘电线长期允许载流量的0.7倍。

表 C2　**10kV、XLPE 绝缘架空绝缘电线**
（绝缘厚度3.4mm）在空气温度为30℃
时的长期允许载流量

导体标称截面 mm²	铜导体 A	铝导体 A	铝合金导体 A
25	174	134	124
35	211	164	153
50	255	198	183
70	320	249	225
95	393	304	282
120	454	352	326
150	520	403	374
185	600	465	432
240	712	553	513
300	824	639	608

C6　当空气温度不是30℃时，应将表C1、表C2中架空绝缘电线的长期允许载流量乘以校正系数K，其值由下式确定：

$$K = \sqrt{\frac{t_1 - t_0}{t_1 - 30}}$$

式中：t_0——实际空气温度，℃；

　　　t_1——电线长期允许工作温度，PE、PVC绝缘为70℃，XLPE绝缘为90℃。

按上式计算得到的不同空气温度时的校正系数见表C3。

表 C3　**架空绝缘电线长期允许**
载流量的温度校正系数

t_0	−40	−35	−30	−25	−20	−15	−10	−5	0
K_1	1.66	1.62	1.58	1.54	1.50	1.46	1.41	1.37	1.32
K_2	1.47	1.44	1.41	1.38	1.35	1.32	1.29	1.26	1.22

t_0	+5	+10	+15	+20	+30	+35	+40	+50
K_1	1.27	1.22	1.17	1.12	1.00	0.94	0.87	0.71
K_2	1.19	1.15	1.12	1.08	1.00	0.96	0.91	0.82

注　1. t_0——实际空气温度，℃；
　　　2. K_1——PE、PVC绝缘的架空绝缘电线载流量的温度校正系数；
　　　3. K_2——XLPE绝缘的架空绝缘电线载流量的温度校正系数。

附录 D
架空线路污秽分级标准

架空线路污秽分级标准见表D1。

表 D1　　　　　　　　　　　　**架空线路污秽分级标准**

污秽 等级	污秽条件		泄漏比距 cm/kV	
	污秽特征	盐密 mg/cm²	中性点 直接接地	中性点非 直接接地
0	大气清洁地区及离海岸 50km 以上地区	0～0.03 （强电解质） 0～0.06 （强电解质）	1.6	1.9
1	大气轻度污染地区，或大气中等污染地区； 盐碱地区，炉烟污秽地区，离海岸 10～50km 的地区， 在污闪季节中干燥少雾（含毛毛雨）或雨量较多时	0.03～0.10	1.6～2.0	1.9～2.4
2	大气中等污秽地区；盐碱地区，盐烟污秽地区，离海 岸 3～10km 的地区，在污闪季节潮湿多雾（含毛毛雨） 但雨量较少时	0.05～0.10	2.0～2.5	2.4～3.0
3	大气严重污染地区：大气污秽而又有重雾的地区，离 海岸 1～3km 的地区及盐场附近重盐碱地区	0.10～0.25	2.5～3.2	3.0～3.8
4	大气特别严重污染地区，严重盐雾侵袭地区，离海岸 1km 以内的地区	≥0.25	3.2～3.8	3.8～4.5

附录 E

铁横担的最小规格

铁横担的最小规格见表E1。

表 E1　　　铁横担的最小规格　　　mm

线路电压	高　　压	低　　压
铁横担	＜63×5	＜50×5

附录 F

弱电线路等级

一级——首都与各省（市）、自治区人民政府所在地及其相互间联系的主要线路；首都至各重要工矿城市、海港的线路以及由首都通达国外的国际线路；由邮电部指定的其他国际线路和国防线路。

铁道部与各铁路局及铁路局之间联系用的线路，以及铁路信号自动闭塞装置专用线路。

二级——各省（市）、自治区人民政府所在地与各地（市）县及其相互间的通信线路，相邻两省（自治区）各地（市）、县相互间的通信线路，一般市内电话线路。

铁道局与各站、段及站段相互间的线路，以及铁路信号闭塞装置的线路。

三级——县至区、乡、乡人民政府的县内线路和两对以下的城郊线路；铁路的地区线路及有线广播线路。

5 交流电气装置的接地

（DL/T 621—1997）

1　范围

本标准规定了交流标称电压 500kV 及以下发电、变电、送电和配电电气装置（含附属直流电气装置，并简称为 A 类电气装置）以及建筑物电气装置（简称 B 类电气装置）的接地要求和方法。

2　名词术语

本标准采用下列名词术语。

2.1　接地　ground

将电力系统或建筑物中电气装置、设施的某些导电部分，经接地线连接至接地极。

2.2　工作接地　working ground、系统接地 system ground

在电力系统电气装置中，为运行需要所设的接地（如中性点直接接地或经其他装置接地等）。

2.3　保护接地　protective ground

电气装置的金属外壳、配电装置的构架和线路杆塔等，由于绝缘损坏有可能带电，为防止其危及人身和设备的安全而设的接地。

2.4　雷电保护接地　lightning protective ground

为雷电保护装置（避雷针、避雷线和避雷器等）向大地泄放雷电流而设的接地。

2.5　防静电接地　static protective ground

为防止静电对易燃油、天然气贮罐和管道等的危险作用而设的接地。

2.6　接地极　grounding electrode

埋入地中并直接与大地接触的金属导体，称为接地极。兼作接地极用的直接与大地接触的各种金属构件、金属井管、钢筋混凝土建（构）筑物的基础、金属管道和设备等称为自然接地极。

2.7　接地线　grounding conductor

电气装置、设施的接地端子与接地极连接用的金属导电部分。

2.8　接地装置　grounding connection

接地线和接地极的总和。

2.9　接地网　grounding grid

由垂直和水平接地极组成的供发电厂、变电所使用的兼有泄流和均压作用的较大型的水平网状接地装置。

2.10　集中接地装置　concentrated grounding connection

为加强对雷电流的散流作用、降低对地电位而敷设的附加接地装置，一般敷设 3～5 根垂直接地极。在土壤电阻率较高的地区，则敷设 3～5 根放射形水平接地极。

2.11　接地电阻　ground resistance

接地极或自然接地极的对地电阻和接地线电阻的总和，称为接地装置的接地电阻。接地电阻的数值等于接地装置对地电压与通过接地极流入地中电流的比值。按通过接地极流入地中工频交流电流求得的电阻，称为工频接地电阻；按通过接地极流入地中冲击电流求得的接地电阻，称为冲击接地电阻。

2.12　接地装置对地电位　potential of grounding connection

电流经接地装置的接地极流入大地时，接地装置与大地零电位点之间的电位差。

2.13 接触电位差　touch potential difference

接地短路（故障）电流流过接地装置时，大地表面形成分布电位，在地面上离设备水平距离为 0.8m 处与设备外壳、架构或墙壁离地面的垂直距离 1.8m 处两点间的电位差，称为接触电位差；接地网孔中心对接地网接地极的最大电位差，称为最大接触电位差。

2.14 跨步电位差　step potential difference

接地短路（故障）电流流过接地装置时，地面上水平距离为 0.8m 的两点间的电位差，称为跨步电位差。接地网外的地面上水平距离 0.8m 处对接地网边缘接地极的电位差，称为最大跨步电位差。

2.15 转移电位　diverting potential

接地短路（故障）电流流过接地装置时，由一端与接地装置连接的金属导体传递的接地装置对地电位。

2.16 外露导电部分　exposed conductive part

平时不带电，但故障情况下能带电压的电气装置的容易触及的导电部分。

2.17 装置外导电部分　extraneous conductive part

不属电气装置组成部分的导电部分。

2.18 中性线　neutral conductor

与低压系统电源中性点连接用来传输电能的导线。

2.19 保护线　protective conductor

低压系统中为防触电用来与下列任一部分作电气连接的导线：

a）线路或设备金属外壳；

b）线路或设备以外的金属部件；

c）总接地线或总等电位联结端子板；

d）接地极；

e）电源接地点或人工中性点。

2.20 保护中性线　PEN conductor

具有中性线和保护线两种功能的接地线。

2.21 等电位联结　equipotential bonding

各外露导电部分和装置外导电部分的电位实质上相等的电气连接。

2.22 等电位联结线　equipotential bonding conductor

为确保等电位联结而使用的保护线。

3　A 类电气装置接地的一般规定

3.1 电力系统中电气装置、设施的某些可导电部分应接地。接地装置应充分利用自然接地极接地，但应

校验自然接地极的热稳定。按用途接地有下列 4 种：

a）工作（系统）接地；

b）保护接地；

c）雷电保护接地；

d）防静电接地。

3.2 发电厂、变电所内，不同用途和不同电压的电气装置、设施，应使用一个总的接地装置，接地电阻应符合其中最小值的要求。

注：本标准中接地电阻除另外注明外，均指工频接地电阻。

3.3 设计接地装置时，应考虑土壤干燥或冻结等季节变化的影响，接地电阻在四季中均应符合本标准的要求，但雷电保护接地的接地电阻，可只考虑在雷季中土壤干燥状态的影响。接地装置的接地电阻可按附录 A 计算。

3.4 确定发电厂、变电所接地装置的型式和布置时，考虑保护接地的要求，应降低接触电位差和跨步电位差，并应符合下列要求。

a）在 110kV 及以上有效接地系统和 6～35kV 低电阻接地系统发生单相接地或同点两相接地时，发电厂、变电所接地装置的接触电位差和跨步电位差不应超过下列数值

$$U_t = \frac{174 + 0.17\rho_f}{\sqrt{t}} \qquad (1)$$

$$U_s = \frac{174 + 0.17\rho_f}{\sqrt{t}} \qquad (2)$$

式中：U_t——接触电位差，V；

　　　U_s——跨步电位差，V；

　　　ρ_f——人脚站立处地表面的土壤电阻率，$\Omega \cdot m$；

　　　t——接地短路（故障）电流的持续时间，s。

b）3～66kV 不接地、经消弧线圈接地和高电阻接地系统，发生单相接地故障后，当不迅速切除故障时，此时发电厂、变电所接地装置的接触电位差和跨步电位差不应超过下列数值

$$U_t = 50 + 0.05\rho_f \qquad (3)$$

$$U_s = 50 + 0.2\rho_f \qquad (4)$$

c）在条件特别恶劣的场所，例如水田中，接触电位差和跨步电位差的允许值宜适当降低。

d）接触电位差和跨步电位差可按附录 B 计算。

4　A 类电气装置保护接地的范围

4.1 电气装置和设施的下列金属部分，均应接地：

a）电机、变压器和高压电器等的底座和外壳；

b）电气设备传动装置；

c) 互感器的二次绕组;

d) 发电机中性点柜外壳、发电机出线柜和封闭母线的外壳等;

e) 气体绝缘全封闭组合电器（GIS）的接地端子;

f) 配电、控制、保护用的屏（柜、箱）及操作台等的金属框架;

g) 铠装控制电缆的外皮;

h) 屋内外配电装置的金属架构和钢筋混凝土架构以及靠近带电部分的金属围栏和金属门;

i) 电力电缆接线盒、终端盒的外壳,电缆的外皮,穿线的钢管和电缆桥架等;

j) 装有避雷线的架空线路杆塔;

k) 除沥青地面的居民区外,其他居民区内,不接地、消弧线圈接地和高电阻接地系统中无避雷线架空线路的金属杆塔和钢筋混凝土杆塔;

l) 装在配电线路杆塔上的开关设备、电容器等电气设备;

m) 箱式变电站的金属箱体。

4.2 电气设备和电力生产设施的下列金属部分可不接地:

a) 在木质、沥青等不良导电地面的干燥房间内,交流标称电压380V及以下、直流标称电压220V及以下的电气设备外壳,但当维护人员可能同时触及电气设备外壳和接地物件时除外;

b) 安装在配电屏、控制屏和配电装置上的电测量仪表、继电器和其他低压电器等的外壳,以及当发生绝缘损坏时在支持物上不会引起危险电压的绝缘子金属底座等;

c) 安装在已接地的金属架构上的设备（应保证电气接触良好）,如套管等;

d) 标称电压220V及以下的蓄电池室内的支架;

e) 由发电厂、变电所区域内引出的铁路轨道,但本标准6.2.16所列的场所除外。

5 A 类电气装置的接地电阻

5.1 发电厂、变电所电气装置的接地电阻

5.1.1 发电厂、变电所电气装置保护接地的接地电阻要求如下。

a) 有效接地和低电阻接地系统中发电厂、变电所电气装置保护接地的接地电阻宜符合下列要求:

1) 一般情况下,接地装置的接地电阻应符合下式要求

$$R \leqslant \frac{2000}{I} \qquad (5)$$

式中：R——考虑到季节变化的最大接地电阻,Ω;

I——计算用的流经接地装置的入地短路电流,A。

公式（5）中计算用流经接地装置的入地短路电流,采用在接地装置内、外短路时,经接地装置流入地中的最大短路电流对称分量最大值,该电流应按5～10年发展后的系统最大运行方式确定,并应考虑系统中各接地中性点间的短路电流分配,以及避雷线中分走的接地短路电流。

2) 当接地装置的接地电阻不符合式（5）要求时,可通过技术经济比较增大接地电阻,但不得大于5Ω,且应符合本标准6.2.2的要求。

b) 不接地、消弧线圈接地和高电阻接地系统中发电厂、变电所电气装置保护接地的接地电阻应符合下列要求。

1) 高压与发电厂、变电所电力生产用低压电气装置共用的接地装置应符合下式要求

$$R \leqslant \frac{120}{I} \qquad (6)$$

但不应大于4Ω。

2) 高压电气装置的接地装置,应符合下式要求

$$R \leqslant \frac{250}{I} \qquad (7)$$

式中：R——考虑到季节变化的最大接地电阻,Ω;

I——计算用的接地故障电流,A。

但不宜大于10Ω。

注：变电所的接地电阻值,可包括引进线路的避雷线接地装置的散流作用。

3) 消弧线圈接地系统中,计算用的接地故障电流应采用下列数值：①对于装有消弧线圈的发电厂、变电所电气装置的接地装置,计算电流等于接在同一接地装置中同一系统各消弧线圈额定电流总和的1.25倍。②对于不装消弧线圈的发电厂、变电所电气装置的接地装置,计算电流等于系统中断开最大一台消弧线圈或系统中最长线路被切除时的最大可能残余电流值。

4) 在高土壤电阻率地区的接地电阻不应大于30Ω,且应符合本标准3.4要求。

5.1.2 发电厂、变电所电气装置雷电保护接地的接地电阻

a) 独立避雷针（含悬挂独立避雷线的架构）的接地电阻。在土壤电阻率不大于500Ω·m的地区不应大于10Ω;在高土壤电阻率地区接地电阻应符合DL/T 620—1997《交流电气装置的过电压保护和绝缘配合》的要求。

b) 变压器门型构上避雷针、线的接地电阻应符

合 DL/T 620—1997《交流电气装置的过电压保护和绝缘配合》的要求。

5.1.3 发电厂和变电所有爆炸危险且爆炸后可能波及发电厂和变电所内主设备或严重影响发供电的建（构）筑物，防雷电感应的接地电阻不应大于 30Ω。

5.1.4 发电厂的易燃油和天然气设施防静电接地的接地电阻不应大于 30Ω。

5.2 架空线路的接地电阻

5.2.1 架空线路杆塔保护接地的接地电阻不宜大于 30Ω。

5.2.2 架空线路雷电保护接地的接地电阻应符合 DL/T 620—1997《交流电气装置的过电压保护和绝缘配合》的要求。

5.3 配电电气装置的接地电阻

5.3.1 工作于不接地、消弧线圈接地和高电阻接地系统、向建筑物电气装置（B 类电气装置）供电的配电电气装置，其保护接地的接地电阻应符合下列要求。

a) 与 B 类电气装置系统电源接地点共用的接地装置。

1) 配电变压器安装在由其供电的建筑物外时，应符合下式的要求

$$R \leqslant 50/I \tag{8}$$

式中：R——考虑到季节变化接地装置最大接地电阻，Ω；

I——计算用的单相接地故障电流；消弧线圈接地系统为故障点残余电流。

但不应大于 4Ω。

2) 配电变压器安装在由其供电的建筑物内时，不宜大于 4Ω。

b) 非共用的接地装置，应符合式（7）的要求，但不宜大于 10Ω。

5.3.2 低电阻接地系统的配电电气装置，其保护接地的接地电阻应符合本标准式（5）的要求。

5.3.3 保护配电变压器的避雷器其接地应与变压器保护接地共用接地装置。

5.3.4 保护配电柱上断路器、负荷开关和电容器组等的避雷器的接地线应与设备外壳相连，接地装置的接地电阻不应大于 10Ω。

6 A 类电气装置的接地装置

6.1 接地装置的一般规定

6.1.1 各种接地装置应利用直接埋入地中或水中的自然接地极，并设置将自然接地极和人工接地极分开的测量井。发电厂、变电所除利用自然接地极外，还应敷设人工接地极。

6.1.2 当利用自然接地极和引外接地装置时，应采用不少于两根导体在不同地点与接地网相连接。

6.1.3 在高土壤电阻率地区，可采取下列降低接地电阻的措施：

a) 当在发电厂、变电所 2000m 以内有较低电阻率的土壤时，可敷设引外接地极；

b) 当地下较深处的土壤电阻率较低时，可采用井式或深钻式接地极；

c) 填充电阻率较低的物质或降阻剂；

d) 敷设水下接地网。

6.1.4 在永冻土地区除可采用本标准 6.1.3 的措施外，尚可采取下列措施：

a) 将接地装置敷设在溶化地带或溶化地带的水池或水坑中；

b) 敷设深钻式接地极，或充分利用井管或其他深埋在地下的金属构件作接地极，还应敷设深度约 0.5m 的伸长接地极；

c) 在房屋溶化盘内敷设接地装置；

d) 在接地极周围人工处理土壤，以降低冻结温度和土壤电阻率。

6.1.5 人工接地极，水平敷设的可采用圆钢、扁钢，垂直敷设的可采用角钢、钢管等。接地装置的导体，应符合热稳定与均压的要求，还应考虑腐蚀的影响。按机械强度要求的接地装置导体的最小尺寸应符合表 1 所列规格。

表 1   接地装置导体的最小尺寸

种类	规格及单位		地　上		地　下
			屋内	屋外	
圆钢	直径	mm	6	8	8/10
扁钢	截面	mm²	24	48	48
	厚度	mm	3	4	4
角钢	厚度	mm	2	2.5	4
钢管	管壁厚度	mm	2.5	2.5	3.5/2.5

注 1 地下部分圆钢的直径，其分子、分母数据分别对应于架空线路和发电厂、变电所的接地装置；

2 地下部分钢管的壁厚，其分子、分母数据分别对应于埋于土壤和埋于室内素混凝土地坪中；

3 架空线路杆塔的接地极引出线，其截面不应小于 50mm²，并应热镀锌。

6.1.6 接地装置的防腐蚀设计，应符合下列要求：

a) 计及腐蚀影响后，接地装置的设计使用年限，

应与地面工程的设计使用年限相当。

b) 接地装置的防腐蚀设计, 宜按当地的腐蚀数据进行。

c) 在腐蚀严重地区, 敷设在电缆沟中的接地线和敷设在屋内或地面上的接地线, 宜采用热镀锌, 对埋入地下的接地极宜采取适合当地条件的防腐蚀措施。接地线与接地极或接地极之间的焊接点, 应涂防腐材料。

6.1.7 接地电阻的测量可按照 DL 475—92《接地装置工频特性参数的测量导则》执行。

6.2 发电厂、变电所电气装置的接地装置

6.2.1 发电厂、变电所电气装置的接地装置, 除利用自然接地极外, 应敷设以水平接地极为主的人工接地网。

人工接地网的外缘应闭合, 外缘各角应做成圆弧形, 圆弧的半径不宜小于均压带间距的一半。接地网内应敷设水平均压带。接地网的埋设深度不宜小于 0.6m。

接地网均压带可采用等间距或不等间距布置。

35kV 及以上变电所接地网边缘经常有人出入的走道处, 应铺设砾石、沥青路面或在地下装设两条与接地网相连的均压带。

对于 3~10kV 变电所、配电所, 当采用建筑物的基础作接地极且接地电阻又满足规定值时, 可不另设人工接地。

6.2.2 在有效接地和低电阻接地系统中, 发电厂、变电所电气装置的接地装置, 当接地电阻不符合式(5) 的要求时, 其人工接地网及有关电气装置还应符合以下要求:

a) 为防止转移电位引起的危害, 对可能将接地网的高电位引向厂、所外或将低电位引向厂、所内的设施, 应采取隔离措施。例如: 对外的通信设备加隔离变压器; 向厂、所外供电的低压线路采用架空线, 其电源中性点不在厂、所内接地, 改在厂、所外适当的地方接地; 通向厂、所外的管道采用绝缘段, 铁路轨道分别在两处加绝缘鱼尾板等等。

b) 考虑短路电流非周期分量的影响, 当接地网电位升高时, 发电厂、变电所内的 3~10kV 阀式避雷器不应动作或动作后应承受被赋与的能量。

c) 设计接地网时, 应验算接触电位差和跨步电位差。

6.2.3 当人工接地网局部地带的接触电位差、跨步电位差超过规定值, 可采取局部增设水平均压带或垂直接地极铺设砾石地面或沥青地面的措施。

6.2.4 发电厂、变电所的接地装置应与线路的避雷线相连, 且有便于分开的连接点。当不允许避雷线直接和发电厂、变电所配电装置架构相连时, 发电厂、变电所接地网应在地下与避雷线的接地装置相连接, 连接线埋在地中的长度不应小于 15m。

6.2.5 发电厂、变电所电气装置中下列部位应采用专门敷设的接地线接地。

a) 发电机机座或外壳, 出线柜、中性点柜的金属底座和外壳, 封闭母线的外壳;

b) 110kV 及以上钢筋混凝土构件支座上电气设备的金属外壳;

c) 箱式变电站的金属箱体;

d) 直接接地的变压器中性点;

e) 变压器、发电机、高压并联电抗器中性点所接消弧线圈、接地电抗器、电阻器或变压器等的接地端子;

f) GIS 的接地端子;

g) 避雷器、避雷针、线等的接地端子。

6.2.6 当不要求采用专门敷设的接地线接地时, 电气设备的接地线宜利用金属构件、普通钢筋混凝土构件的钢筋、穿线的钢管和电缆的铅、铝外皮等。但不得使用蛇皮管、保温管的金属网或外皮以及低压照明网络的导线铅皮作接地线。

操作、测量和信号用低压电气设备的接地线可利用永久性金属管道, 但可燃液体、可燃或爆炸性气体的金属管道除外。

利用以上设施作接地线时, 应保证其全长为完好的电气通路, 并且当利用串联的金属构件作为接地线时, 金属构件之间应以截面不小于 $100mm^2$ 的钢材焊接。

6.2.7 在有效接地系统及低电阻接地系统中, 发电厂、变电所电气装置中电气设备接地线的截面, 应按接地短路电流进行热稳定校验。钢接地线的短时温度不应超过 400℃, 铜接地线不应超过 450℃, 铝接地线不应超过 300℃。接地线截面的热稳定校验可按照附录 C 进行。

6.2.8 校验不接地、消弧线圈接地和高电阻接地系统中电气设备接地线的热稳定时, 敷设在地上的接地线长时间温度不应大于 150℃, 敷设在地下的接地线长时间温度不应大于 100℃。

当按 70℃ 的允许载流量曲线选定接地线的截面时, 对于敷设在地上的接地线, 应采用流过接地线的计算用单相接地故障电流的 60%; 对于敷设在地下的接地线, 应采用流过接地线的计算用单相接地故障电流的 75%。

6.2.9 与架空送、配电线路相连的 6~66kV 高压电

气装置中的电气设备接地线，还应按两相异地短路校验热稳定，接地线的短时温度与本标准 6.2.7 相同。

6.2.10　接地线应便于检查，但暗敷的穿线钢管和地下的金属构件除外。潮湿的或有腐蚀性蒸汽的房间内，接地线离墙不应小于 10mm。

6.2.11　接地线应采取防止发生机械损伤和化学腐蚀的措施。

6.2.12　在接地线引进建筑物的入口处，应设标志。明敷的接地线表面应涂 15～100mm 宽度相等的绿色和黄色相间的条纹。

6.2.13　发电厂、变电所电气装置中电气设备接地线的连接应符合下列要求：

　　a) 接地线应采用焊接连接。当采用搭接焊接时，其搭接长度应为扁钢宽度的 2 倍或圆钢直径的 6 倍。

　　b) 当利用钢管作接地线时，钢管连接处应保证有可靠的电气连接。当利用穿线的钢管作接地线时，引向电气设备的钢管与电气设备之间，应有可靠的电气连接。

　　c) 接地线与管道等伸长接地极的连接处，宜焊接。连接地点应选在近处，并应在管道因检修而可能断开时，接地装置的接地电阻仍能符合本标准的要求。管道上表计和阀门等处，均应装设跨接线。

　　d) 接地线与接地极的连接，宜用焊接；接地线与电气设备的连接，可用螺栓连接或焊接。用螺栓连接时应设防松螺帽或防松垫片。

　　e) 电气设备每个接地部分应以单独的接地线与接地母线相连接，严禁在一个接地线中串接几个需要接地的部分。

6.2.14　发电厂、变电所 GIS 的接地线及其连接应符合以下要求：

　　a) 三相共箱式或分相式的 GIS，其基座上的每一接地母线，应采用分设其两端的接地线与发电厂或变电所的接地网连接。接地线并应和 GIS 室内环形接地母线连接。接地母线较长时，其中部宜另加接地线，并连接至接地网。接地线与 GIS 接地母线应采用螺栓连接方式，并应采取防锈蚀措施。

　　b) 接地线截面的热稳定校验，应分别按本标准 6.2.7 或 6.2.8 的要求进行。对于只有 2 条或 4 条接地线，其截面热稳定的校验电流分别取全部接地（短路或故障）电流的 70% 和 35%。

　　c) 当 GIS 露天布置或装设在室内与土壤直接接触的地面上时，其接地开关、金属氧化物避雷器的专用接地端子与 GIS 接地母线的连接处，宜装设集中接地装置。

　　d) GIS 室内应敷设环形接地母线，室内各种设备需接地的部位应以最短路径与环形接地母线连接。GIS 布置于室内楼板上时，其基座下的钢筋混凝土地板中的钢筋应焊接成网，并和环形接地母线相连接。

6.2.15　发电厂、变电所配电装置构架上避雷针（含悬挂避雷线的架构）的集中接地装置应与主接地网连接，由连接点至变压器接地点沿接地极的长度不应小于 15m。

6.2.16　发电厂主厂房、主控制楼、变电所主控制楼（室）和配电装置室屋顶避雷针等的接地线、接地极布置及其与发电厂、变电所电气装置接地网之间的连接方式等，应符合 DL/T 620—1997《交流电气装置的过电压保护和绝缘配合》的要求。

6.2.17　发电厂和变电所有爆炸危险且爆炸后可能波及发电厂和变电所内主设备或严重影响发供电的建筑物防感应雷电过电压的接地线、接地极的布置方式应符合 DL/T 620—1997《交流电气装置的过电压保护和绝缘配合》的要求。

6.2.18　发电厂易燃油、可燃油、天然气和氢气等贮罐，装卸油台、铁路轨道、管道、鹤管、套筒及油槽车等防静电接地的接地位置，接地线、接地极布置方式等应符合下列要求：

　　a) 铁路轨道、管道及金属桥台，应在其始端、末端、分支处以及每隔 50m 处设防静电接地，鹤管应在两端接地。

　　b) 厂区内的铁路轨道应在两处用绝缘装置与外部轨道隔离。两处绝缘装置间的距离应大于一列火车的长度。

　　c) 净距小于 100mm 的平行或交叉管道，应每隔 20m 用金属线跨接。

　　d) 不能保持良好电气接触的阀门、法兰、弯头等管道连接处也应跨接。跨接线可采用直径不小于 8mm 的圆钢。

　　e) 油槽车应设防静电临时接地卡。

　　f) 易燃油、可燃油和天然气浮动式贮罐顶，应用可挠的跨接线与罐体相连，且不应少于两处。跨接线可用截面不小于 25mm² 的钢绞线或软铜线。

　　g) 浮动式电气测量的铠装电缆应埋入地中，长度不宜小于 50m。

　　h) 金属罐罐体钢板的接缝、罐顶与罐体之间以及所有管、阀与罐体之间应保证可靠的电气连接。

6.3　架空线路杆塔的接地装置

6.3.1　高压架空线路杆塔的接地装置可采用下列型式：

　　a) 在土壤电阻率 $\rho \leqslant 100\Omega \cdot m$ 的潮湿地区，可利用铁塔和钢筋混凝土杆自然接地。对发电厂、变电所的进线段应另设雷电保护接地装置。在居民区，当自然接地电阻符合要求时，可不设人工接地装置。

b) 在土壤电阻率 $100\Omega \cdot m < \rho \leqslant 300\Omega \cdot m$ 的地区，除利用铁塔和钢筋混凝土杆的自然接地外，并应增设人工接地装置，接地极埋设深度不宜小于 0.6m。

c) 在土壤电阻率 $300\Omega \cdot m < \rho \leqslant 2000\Omega \cdot m$ 的地区，可采用水平敷设的接地装置，接地极埋设深度不宜小于 0.5m。

d) 在土壤电阻率 $\rho > 2000\Omega \cdot m$ 的地区，可采用 6～8 根总长度不超过 500m 的放射形接地极或连续伸长接地极。放射形接地极可采用长短结合的方式。接地极埋设深度不宜小于 0.3m。

e) 居民区和水田中的接地装置，宜围绕杆塔基础敷设成闭合环形。

f) 放射形接地极每根的最大长度，应符合表 2 的要求。

表 2 放射形接地极每根的最大长度

土壤电阻率 $\Omega \cdot m$	≤500	≤1000	≤2000	≤5000
最大长度 m	40	60	80	100

g) 在高土壤电阻率地区采用放射形接地装置时，当在杆塔基础的放射形接地极每根长度的 1.5 倍范围内有土壤电阻率较低的地带时，可部分采用引外接地或其他措施。

6.3.2 计算雷电保护接地装置所采用的土壤电阻率，应取雷季中最大可能的数值，并按下式计算

$$\rho = \rho_0 \Psi \qquad (9)$$

式中：ρ —— 土壤电阻率，$\Omega \cdot m$；

ρ_0 —— 雷季中无雨水时所测得的土壤电阻率，$\Omega \cdot m$；

Ψ —— 考虑土壤干燥所取的季节系数。

Ψ 采用表 3 所列数值。土壤和水的电阻率参考值可参照附录 F。

表 3 雷电保护接地装置的季节系数

埋深 m	Ψ 值	
	水平接地极	2～3m 的垂直接地极
0.5	1.4～1.8	1.2～1.4
0.8～1.0	1.25～1.45	1.15～1.3
2.5～3.0	1.0～1.1	1.0～1.1
（深埋接地极）		

注　测定土壤电阻率时，如土壤比较干燥，则应采用表中的较小值；如比较潮湿，则应采用较大值。

6.3.3 单独接地极或杆塔接地装置的冲击接地电阻可用下式计算

$$R_i = \alpha R \qquad (10)$$

式中：R_i —— 单独接地极或杆塔接地装置的冲击接地电阻，Ω；

R —— 单独接地极或杆塔接地装置的工频接地电阻，Ω；

α —— 单独接地极或杆塔接地装置的冲击系数。

α 的数值可参照附录 D。

6.3.4 当接地装置由较多水平接地极或垂直接地极组成时，垂直接地极的间距不应小于其长度的两倍；水平接地极的间距不宜小于 5m。

由 n 根等长水平放射形接地极组成的接地装置，其冲击接地电阻可按下式计算

$$R_i = \frac{R_{hi}}{n} \times \frac{1}{\eta_i} \qquad (11)$$

式中：R_{hi} —— 每根水平放射形接地极的冲击接地电阻，Ω；

η_i —— 考虑各接地极间相互影响的冲击利用系数。

η_i 的数值可参照附录 D 选取。

6.3.5 由水平接地极连接的 n 根垂直接地极组成的接地装置，其冲击接地电阻可按下式计算

$$R_i = \frac{\dfrac{R_{vi}}{n} \times R'_{hi}}{\dfrac{R_{vi}}{n} + R'_{hi}} \times \frac{1}{\eta_i} \qquad (12)$$

式中：R_{vi} —— 每根垂直接地极的冲击接地电阻，Ω；

R'_{hi} —— 水平接地极的冲击接地电阻，Ω。

6.3.6 架空线路杆塔的接地线及其连接方式，应符合 DL/T 620—1997《交流电气装置的过电压保护和绝缘配合》的要求。

6.4 配电电气装置的接地装置

6.4.1 户外柱上配电变压器等电气装置的接地装置，宜敷设成围绕变压器台的闭合环形。

6.4.2 配电变压器等电气装置安装在由其供电的建筑物内的配电装置室时，其接地装置应与建筑物基础钢筋等相连。

6.4.3 引入配电装置室的每条架空线路安装的阀式避雷器的接地线，应与配电装置室的接地装置连接，但在入地处应敷设集中接地装置。

7 低压系统接地型式和 B 类电气装置的接地电阻

7.1 系统接地型式

7.1.1 低压系统接地可采用以下几种型式。

a) TN 系统。系统有一点直接接地，装置的外露导电部分用保护线与该点连接。按照中性线与保护线的组合情况，TN 系统有以下 3 种型式：

1) TN-S 系统。整个系统的中性线与保护线是分开的，见图 1。

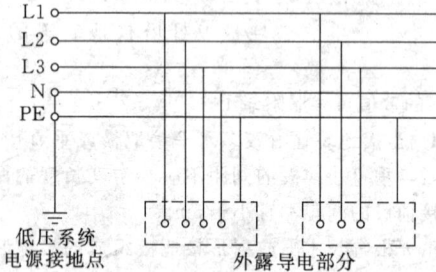

图 1　TN-S 系统，整个系统的中性线与保护线是分开的

2) TN-C-S 系统。系统中有一部分中性线与保护线是合一的，见图 2。

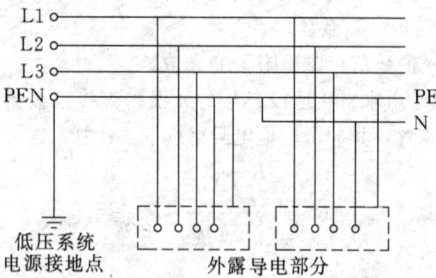

图 2　TN-C-S 系统，系统有一部分中性线与保护线是合一的

3) TN-C 系统。整个系统的中性线与保护线是合一的，见图 3。

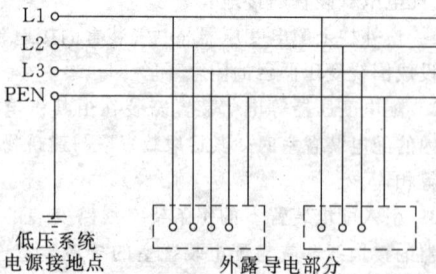

图 3　TN-C 系统，整个系统的中性线与保护线是合一的

b) TT 系统。TT 系统有一个直接接地点，电气装置的外露导电部分接至电气上与低压系统的接地点无关的接地装置，见图 4。

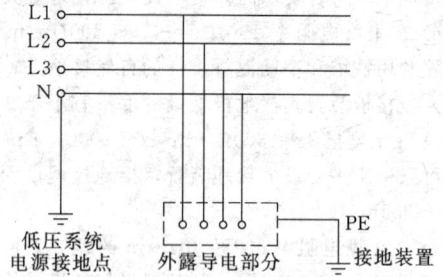

图 4　TT 系统

c) IT 系统。IT 系统的带电部分与大地间不直接连接（经阻抗接地或不接地），而电气装置的外露导电部分则是接地的，见图 5。

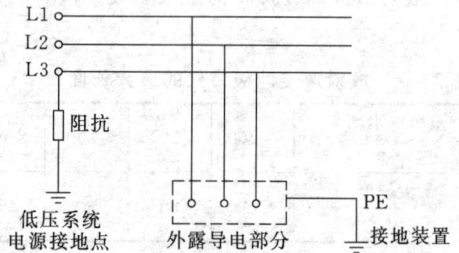

图 5　IT 系统

注

1 图 1～图 5 所示是常用的三相系统的例子。

2 文字代号的意义：

第一个字母表示低压系统的对地关系：

T——一点直接接地；

I——所有带电部分与地绝缘或一点经阻抗接地。

第二个字母表示电气装置的外露导电部分的对地关系：

T——外露导电部分对地直接电气连接，与低压系统的任何接地点无关；

N——外露导电部分与低压系统的接地点直接电气连接（在交流系统中，接地点通常就是中性点）。如果后面还有字母时，字母表示中性线与保护线的组合；

S——中性线和保护线是分开的；

C——中性线和保护线是合一的（PEN）线。

7.2 接地装置的接地电阻和总等电位联结

7.2.1 向 B 类电气装置供电的配电变压器安装在该建筑物外时，低压系统电源接地点的接地电阻应符合下列要求：

a) 配电变压器高压侧工作于不接地、消弧线圈接地和高电阻接地系统，当该变压器的保护接地接地装置的接地电阻符合式（8）要求且不超过 4Ω 时，低压系统电源接地点可与该变压器保护接地共用接地装置。

　　b）当建筑物内未作总等电位联结，且建筑物距低压系统电源接地点的距离超过 50m 时，低压电缆和架空线路在引入建筑物处，保护线（PE）或保护中性线（PEN）应重复接地，接地电阻不宜超过 10Ω。

　　c）向低压系统供电的配电变压器的高压侧工作于低电阻接地系统时，低压系统不得与电源配电变压器的保护接地共用接地装置，低压系统电源接地点应在距该配电变压器适当的地点设置专用接地装置，其接地电阻不宜超过 4Ω。

7.2.2　向 B 类电气装置供电的配电变压器安装在该建筑物内时，低压系统电源接地点的接地电阻应符合下列要求：

　　a）配电变压器高压侧工作于不接地、消弧线圈接地和高电阻接地系统，当该变压器保护接地的接地装置的接地电阻符合本标准 5.3.1 要求时，低压系统电源接地点可与该变压器保护接地共用接地装置。

　　b）配电变压器高压侧工作于低电阻接地系统，当该变压器的保护接地接地装置的接地电阻符合式（5）的要求，且建筑物内采用（含建筑物钢筋的）总等电位联结时，低压系统电源接地点可与该变压器保护接地共用接地装置。

7.2.3　低压系统由单独的低压电源供电时，其电源接地点接地装置的接地电阻不宜超过 4Ω。

7.2.4　TT 系统中当系统接地点和电气装置外露导电部分已进行总等电位联结时，电气装置外露导电部分不另设接地装置。否则，电气装置外露导电部分应设保护接地的接地装置，其接地电阻应符合下式要求

$$R \leqslant 50/I_a \qquad (13)$$

式中：R——考虑到季节变化时接地装置的最大接地电阻，Ω；

　　　　I_a——保证保护电器切断故障回路的动作电流，A。

7.2.5　IT 系统的各电气装置外露导电部分保护接地的接地装置可共用同一接地装置，亦可个别地或成组地用单独的接地装置接地。每个接地装置的接地电阻应符合下式要求

$$R \leqslant 50/I_d \qquad (14)$$

式中：R——考虑到季节变化外露导电部分的接地装置最大接地电阻，Ω；

　　　　I_d——相线和外露导电部分间第一次短路故障的故障电流，A。

7.2.6　B 类电气装置采用接地故障保护时，建筑物内电气装置应采用总等电位联结。对下列导电部分应

采用总等电位联结线互相可靠连接，并在进入建筑物处接向总等电位联结端子板（图 6）：

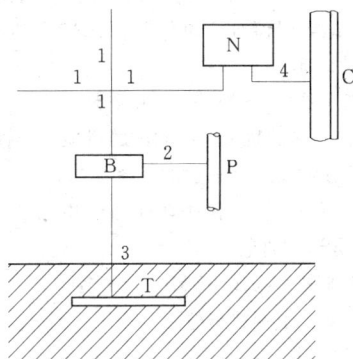

图 6　建筑物内总等电位联结图

1—保护线；2—总等电位联结线；3—接地线；
4—辅助等电位联结线；B—总等电位联结（接地）端子板；N—外露导电部分；C—装置外导电部分；P—金属水管干线；T—接地极

　　a）PE（PEN）干线；

　　b）电气装置的接地装置中的接地干线；

　　c）建筑物内的水管、煤气管、采暖和空调管道等金属管道；

　　d）便于连接的建筑物金属构件等导电部分。

7.2.7　接户线的绝缘子铁脚宜接地，接地电阻不宜超过 30Ω。土壤电阻率在 200Ω·m 及以下地区的铁横担钢筋混凝土杆线路，可不另设人工接地装置。当绝缘子铁脚与建筑物内电气装置的接地装置相连时，可不另设接地装置。人员密集的公共场所的接户线，当钢筋混凝土杆的自然接地电阻大于 30Ω 时，绝缘子铁脚应接地，并应设专用的接地装置。

　　年平均雷暴日数不超过 30、低压线被建筑物等屏蔽的地区或接户线距低压线路接地点不超过 50m 的地方，绝缘子铁脚可不接地。

7.2.8　建筑物处的低压系统电源接地点、电气装置外露导电部分的保护接地（含与功能接地共用的保护接地）、总等电位联结的接地极等可与建筑物的雷电保护接地共用同一接地装置。接地装置的接地电阻，应符合其中最小值的要求。

8　B 类电气装置的接地装置和保护线

8.1　一般要求

8.1.1　接地装置的性能必须满足电气装置的安全和功能上的要求。

8.1.2　按照电气装置的要求，保护接地或功能接地

的接地装置可以采用共用的或分开的接地装置。

8.2　对地连接

8.2.1　接地装置的选择和安装应符合下列要求：

　　a）接地电阻值符合电气装置保护上和功能上的要求，并要求长期有效；

　　b）能承受接地故障电流和对地泄漏电流，特别是能承受热、热的机械应力和电的机械应力而无危险；

　　c）足够坚固或有附加的机械保护；

　　d）必须采取保护措施防止由于电蚀作用而引起对其他金属部分的危害。

8.2.2　接地极可采用下列几种型式：

　　a）圆钢、角钢或钢管；

　　b）钢带；

　　c）板；

　　d）埋于基础内的接地极；

　　e）非钢筋混凝土中的钢筋；

　　f）征得供水部门同意的金属水管系统；

　　g）征得电缆部门同意的铅质包皮和其他金属外皮电缆；

　　h）其他合适的地下构筑物（另见8.2.3d）。

　　注：任何一种接地极的功效取决于当地的各种土壤条件，应选定适合于各种土壤条件的一种或几种接地极以及所要求的接地电阻值。

8.2.3　接地极的安装应符合下列要求：

　　a）接地极的型式及埋入深度必须使土壤的干燥及冻结程度不会过分增加接地极的接地电阻，以免超过所要求的接地电阻值；

　　b）接地极所采用的材质及结构必须经得住由于腐蚀而引起的机械损伤；

　　c）接地装置的设计必须考虑到由于腐蚀可能增加接地极的接地电阻值；

　　d）可燃液体或气体、供暖系统的金属管道严禁用作保护接地极。

8.2.4　接地线的最小截面应符合本标准8.3.1的规定，而埋入土壤内的接地线，其截面应符合表4的规定。接地线与接地极的连接应牢固，且导电良好。

表4　埋入土壤接地线的最小截面

	用机械方法保护的	没用机械方法保护的
有腐蚀保护的	按8.3.1的要求	铜　16mm² 钢　16mm²
没有腐蚀保护的	铜　25mm²	钢　50mm²

8.2.5　电气装置应设置总接地端子或母线，并应与接地线、保护线、等电位联结干线和安全、功能共用

接地装置的功能性接地线等相连接。

8.2.6　断开接地线的装置应便于安装和测量。

8.3　保护线

8.3.1　保护线的最小截面可按照式（15）计算或按照本标准8.3.1b）选择。这两种情况都必须考虑本标准8.3.2的要求。

　　a）最小截面可按下式计算（只适用于断开时间不超过5s），但应采用最接近的标准截面积

$$S_p = \frac{\sqrt{I^2 t}}{k} \tag{15}$$

式中：S_p——截面积，mm²；

　　　　I——忽略保护电器阻抗的预期故障电流值（有效值），A；

　　　　t——保护电器的动作时间，s；

　　　　k——按保护线、绝缘和其他部分的材质以及最初和最终温度决定的计算系数（见附录E）。

　　注

　　1　应考虑回路阻抗的限流作用及保护装置的极限容量；

　　2　需使按此计算得出的截面与故障回路阻抗值相适应；

　　3　应计及连接点的最高允许温度。

　　b）保护线的最小截面应符合表5的规定。

表5　保护线的最小截面

装置的相线截面 S_a mm²	相应保护线的最小截面 S_p mm²
$S_a \leq 16$	S_a
$16 < S_a \leq 35$	16
$S_a > 35$	$S_a/2$

　　注　1　应用本表时，如果得出非标准尺寸，则采用最接近标准截面的导线；

　　2　表中的数值只在保护线的材质与相线相同时才有效。否则，保护线截面的确定要使其得出的电导与应用本表所得的结果相当。

8.3.2　在任何情况下，非供电电缆或电缆外护物组成部分的每根保护线，其截面不应小于下列数值：

　　有机械保护时，2.5mm²；

　　无机械保护时，4mm²。

8.3.3　保护线可由下列部分构成：

　　a）多芯电缆的芯线；

　　b）与带电导线一起在共用外护物内的绝缘线或裸导线；

　　c）固定的裸导线或绝缘线；

　　d）金属外皮，例如某些电缆的护套、屏蔽层及铠装；

　　e）导线的金属导管或其他金属外护物；

f）某些装置外导电部分。

8.3.4 符合下列要求的装置的金属外护物或框架可用作保护线：

　　a）金属外护物或框架的电气持续性不受机械、化学或电化学的损蚀；

　　b）导电性应符合本标准8.3.1的要求；

　　c）应在每个预定的分接点上与其他保护线连接。

8.3.5 布线的护套或金属外皮当符合本标准8.3.4中前两项要求时，均可用作相应回路的保护线。电气用的其他导管严禁用作保护线。

8.3.6 当装置外导电部分符合下列要求时，可用作保护线：

　　a）不受机械、化学或电化学的损蚀；

　　b）导电性应符合本标准8.3.1的要求；

　　c）有防止移动的装置或措施。

8.3.7 征得供排水部门同意的金属水管可作为保护线。煤气管道严禁用作保护线。

8.3.8 装置外导电部分严禁用作保护中性线。

8.3.9 保护线的设计和安装应符合下列要求：

　　a）保护线应采取保护措施，免受机械和化学的损蚀并耐受电动力；

　　b）保护线的接头应便于检查和测试；

　　c）开关电器严禁接入保护线；

　　d）监测对地导通的动作线圈严禁接入保护线。

8.4　接地装置

8.4.1 保护接地的接地装置的设计应符合本标准7.1的规定。当过电流保护装置用于电击保护时，应将保护线与带电导线紧密布置。

8.4.2 功能接地的接地装置的设置应保证设备的正确运行。其具体作法应符合该电气装置对功能接地的接地装置的要求。

8.4.3 保护接地和功能接地共用接地装置时，应满足保护接地的各项要求。保护中性线应符合下列要求：

　　a）TN系统中，固定装置中铜芯截面不小于10mm² 的或铝芯截面不小于16mm² 的电缆，当所供电的那部分装置不由残余电流动作器保护时，其中的单根芯线可兼作保护线和中性线。

　　b）保护中线性应采取防止杂散电流的绝缘措施。成套开关设备和控制设备内部的保护中性线无需绝缘。

　　c）当从装置的任何一点起，中性线及保护线由各自的导线提供时，从该点起不应将两导线连接。在分开点，应分别设置保护线及中性线用端子或母线。保护中性线应接至供保护线用的端子或母线。

8.5　等电位联结接线

8.5.1 等电位联结主母线的最小截面应不小于装置最大保护线截面的一半，并不应小于6mm²。当采用铜线时，其截面不宜大于25mm²。当采用其他金属时，则其截面应承载与之相当的载流量。

8.5.2 连接二个外露电部分的辅助等电位联结线，其截面不应小于接至该二个外露导电部分的较小保护线的截面。连接外露导电部分与装置外导电部分的辅助等电位联结线，其截面不应小于相应保护线截面的一半。

8.5.3 当建筑物的水管被用作接地线或保护线时，水表必须跨接联结，其联结线的截面应根据其被用作保护线、等电位联结线或功能接地接地线的要求而采用适当的截面。

附录 A
（标准的附录）
人工接地极工频接地电阻的计算

A1 垂直接地极的接地电阻可利用下式计算（图A1）

当 $l \gg d$ 时

$$R_V = \frac{\rho}{2\pi l}\left(\ln\frac{8l}{d} - 1\right) \qquad (A1)$$

式中：R_V——垂直接地极的接地电阻，Ω；

　　　　ρ——土壤电阻率，$\Omega \cdot m$；

　　　　l——垂直接地极的长度，m；

　　　　d——接地极用圆钢时，圆钢的直径，m〔当用其他型式钢材时，其等效直径应按下式计算（图A2）：钢管，$d=d_1$；扁钢，$d=\frac{b}{2}$；等边角钢，$d=0.84b$；不等边角钢，$d=0.71\sqrt[4]{b_1 b_2 \ (b_1^2 + b_2^2)}$。

A2 不同形状水平接地极的接地电阻可利用下式

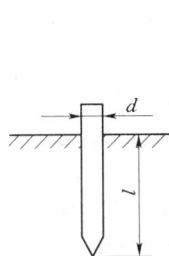

图 A1　垂直接地极的示意图

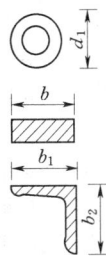

图 A2　几种型式钢材的计算用尺寸

计算

$$R_{\mathrm{h}} = \frac{\rho}{2\pi L}\left(\ln\frac{L^2}{hd} + A\right) \quad\quad (A2)$$

式中：R_{h}——水平接地极的接地电阻，Ω；

L——水平接地极的总长度，m；

h——水平接地极的埋设深度，m；

d——水平接地极的直径或等效直径，m；

A——水平接地极的形状系数。

水平接地极的形状系数可采用表 A1 所列数值。

表 A1 　　　水平接地极的形状系数 A

水平接地极形状	─	∟	人	○	＋
	(1)	(2)	(3)	(4)	(5)
形状系数 A	−0.6	−0.18	0	0.48	0.89
水平接地极形状	□	✳	✳	✳	✳
	(6)	(7)	(8)	(9)	(10)
形状系数 A	1	2.19	3.03	4.71	5.65

A3 水平接地极为主边缘闭合的复合接地极（接地网）的接地电阻可利用下式计算

$$R_{\mathrm{n}} = \alpha_1 R_{\mathrm{e}} \quad\quad (A3)$$

$$a_1 = \left(3\ln\frac{L_0}{\sqrt{S}} - 0.2\right)\frac{\sqrt{S}}{L_0}$$

$$R_{\mathrm{e}} = 0.213\frac{\rho}{\sqrt{S}}(1+B) + \frac{\rho}{2\pi L}\left(\ln\frac{S}{9hd} - 5B\right)$$

$$B = \frac{1}{1 + 4.6\dfrac{h}{\sqrt{S}}}$$

式中：R_{n}——任意形状边缘闭合接地网的接地电阻，Ω；

R_{e}——等值（即等面积、等水平接地极总长度）方形接地网的接地电阻，Ω；

S——接地网的总面积，m^2；

d——水平接地极的直径或等效直径，m；

h——水平接地极的埋设深度，m；

L_0——接地网的外缘边线总长度，m；

L——水平接地极的总长度，m。

A4 人工接地极工频接地电阻的简易计算，可采用表 A2 所列公式。

表 A2 　　人工接地极工频接地电阻 (Ω) 简易计算式

接地极型式	简易计算式
垂直式	$R \approx 0.3\rho$
单根水平式	$R \approx 0.03\rho$
复合式（接地网）	$R \approx 0.5\dfrac{\rho}{\sqrt{S}} = 0.28\dfrac{\rho}{r}$
	或 $R \approx \dfrac{\sqrt{\pi}}{4}\times\dfrac{\rho}{\sqrt{S}} + \dfrac{\rho}{L} = \dfrac{\rho}{4r} + \dfrac{\rho}{L}$

注 1 垂直式为长度 3m 左右的接地极；

　　2 单根水平式为长度 60m 左右的接地极；

　　3 复合式中，S 为大于 $100\mathrm{m}^2$ 的闭合接地网的面积；r 为与接地网面积 S 等值的圆的半径，即等效半径，m。

附录 B
（标准的附录）
发电厂、变电所经接地装置的入地短路电流及电位计算

B1 计算用入地短路电流的计算

厂或所内和厂或所外发生接地短路时，流经接地装置的电流可分别按下式计算

$$I = (I_{\max} - I_{\mathrm{n}})(1 - K_{\mathrm{e}1}) \quad\quad (B1)$$

$$I = I_{\mathrm{n}}(1 - K_{\mathrm{e}2}) \quad\quad (B2)$$

式中： I——入地短路电流，A；

$I_{\max}$——接地短路时的最大接地短路电流，A；

I_{n}——发生最大接地短路电流时，流经发电厂、变电所接地中性点的最大接地短路电流，A；

$K_{\mathrm{e}1}$、$K_{\mathrm{e}2}$——厂或所内、厂或所外短路时，避雷线的工频分流系数。

计算用入地短路电流取两式中较大的 I 值。

B2 发生接地故障时，接地装置的电位、接触电位差和跨步电位差的计算。

a) 接地装置的电位可按下式计算

$$U_{\mathrm{g}} = IR \quad\quad (B3)$$

式中：U_{g}——接地装置的电位，V；

I——计算用入地短路电流，A；

R——接地装置（包括人工接地网及与其连接的所有其他自然接地极）的接地电阻，Ω。

b) 均压带等间距布置时接地网（见图 B1）地表

面的最大接触电位差、跨步电位差的计算。

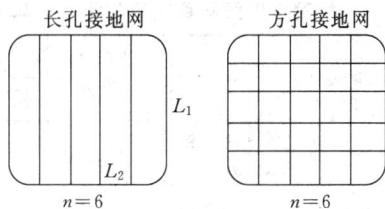

图 B1　接地网的形状

1）接地网地表面的最大接触电位差，即网孔中心对接地网接地极的最大电位差，可按下式计算

$$U_{tmax} = K_{tmax}U_g \qquad (B4)$$

式中：U_{tmax}——最大接触电位差，V；

K_{tmax}——最大接触电位差系数。

当接地极的埋设深度 $h = 0.6 \sim 0.8$m 时，K_{tmax} 可按下式计算

$$K_{tmax} = K_d K_L K_n K_s \qquad (B5)$$

式中：K_d、K_L、K_n 和 K_s——系数，对 30×30m² $\leqslant S \leqslant 500 \times 500$m² 的接地网，可按式（B6）计算。

$$\left. \begin{array}{l} K_d = 0.841 - 0.225\lg d \\ K_L = 1.0 \qquad 方孔接地网 \\ \quad = 1.1\sqrt[4]{L_2/L_1} \qquad 长孔接地网 \\ K_n = 0.076 + 0.776/n \\ K_s = 0.234 + 0.414\lg\sqrt{S} \end{array} \right\} \quad (B6)$$

式中：　n——均压带计算根数；

d——均压带等效直径，m；

L_1、L_2——接地网的长度和宽度。

2）接地网外的地表面最大跨步电位差可按下式计算

$$U_{smax} = K_{smax}U_g \qquad (B7)$$

式中：U_{smax}——最大跨步电位差，V；

K_{smax}——最大跨步电位差系数。

正方形接地网的最大跨步电位差系数可按下式计算

$$K_{smax} = (1.5 - \alpha_2)\ln\frac{h^2 + (h + T/2)^2}{h^2 + (h - T/2)^2} \Big/ \ln\frac{20.4S}{dh} \qquad (B8)$$

$$\alpha_2 = 0.35\left(\frac{n-2}{n}\right)^{1.14}\left(\frac{\sqrt{S}}{30}\right)^{\beta}$$

$$\beta = 0.1\sqrt{n}$$

而 $T = 0.8$m，即跨步距离。

对于矩形接地网，n 值由下式计算

$$n = 2\left(\frac{L}{L_0}\right)\left(\frac{L_0}{4\sqrt{S}}\right)^{1/2}$$

式中：L、L_0——与式（A3）中意义同。

c）均压带非等间距布置时正方形或矩形接地网地表面的最大接触电位差和最大跨步电位差的计算。

1）接地网均压带可按表 B1 所示的不等间距方式布置。

表 B1　接地网不等间距布置网孔边长为网边长百分数　%

网孔序号	1	2	3	4	5	6	7	8	9	10
网孔数	网 孔 边 长 百 分 数									
3	27.50	45.00								
4	17.50	32.50								
5	12.50	23.33	28.33							
6	8.75	17.50	23.75							
7	7.14	13.57	18.57	21.43						
8	5.50	10.83	15.67	18.00						
9	4.50	8.94	12.83	15.33	16.78					
10	3.75	7.50	11.08	13.08	14.58					
11	3.18	6.36	9.54	11.36	12.73	13.46				
12	2.75	5.42	8.17	10.00	11.33	12.33				
13	2.38	4.69	6.77	8.92	10.23	11.15	11.69			
14	2.00	3.86	6.00	7.86	9.28	10.24	10.76			
15	1.56	3.62	5.35	6.82	8.07	9.12	10.01	10.77		
16	1.46	3.27	4.82	6.14	7.28	8.24	9.07	9.77		
17	1.38	2.97	4.35	5.54	6.57	7.47	8.24	8.90	9.47	
18	1.14	2.58	3.86	4.95	5.91	6.76	7.50	8.15	8.71	
19	1.05	2.32	3.47	4.53	5.47	6.26	6.95	7.53	8.11	8.63
20	0.95	2.15	3.20	4.15	5.00	5.75	6.40	7.00	7.50	7.90

注　由于布置对称，表中只列出一半数值。

2）接地网地表面最大接触电位差仍采用式（B4）计算，但 K_{tmax} 变为

$$K_{tmax} = K_{td}K_{th}K_{tL}K'_{tmax}K_{tn}K_{ts} \qquad (B9)$$

式中各系数依次为对最大接触电位差的等效直径、埋深、形状、网孔数和根数影响系数，且

$$K_{td} = 0.401 + 0.522/\sqrt[6]{d}$$

$$K_{th} = 0.257 - 0.095\sqrt[5]{h}$$

$$K_{tL} = 0.168 - 0.002(L_2/L_1) \qquad (L_2 \leqslant L_1)$$

$$K'_{tmax} = 2.837 + 240.021/\sqrt[3]{h}$$

$$K_{tn} = 0.021 + 0.217 \sqrt{n_2/n_1} - 0.132 \, (n_2/n_1) \quad (n_2 \leqslant n_1)$$

$$K_{ts} = 0.054 + 0.410 \sqrt[8]{S}$$

式中：n_1——沿长方向布置的均压带根数；

$\qquad n_2$——沿宽方向布置的均压带根数；

$\qquad h$——水平均压带的埋设深度；

$\quad L_1$、L_2——接地网的长度和宽度。

3）接地网的最大跨步电位差仍采用式（B7）计算，但 K_{smax} 变为

$$K_{smax} = K_{sd} K_{sh} K_{sL} K'_{smax} K_{sn} K_{ss} \qquad (B10)$$

式中各系数依次为对最大跨步电位差的等效直径、埋深、形状、网孔数和根数的影响系数，且

$$K_{sd} = 0.574 - 0.64 \sqrt[3]{d}$$

$$K_{sh} = 383.864 \mathrm{e}^{-2.789 \sqrt[2]{h}}$$

$$K_{sL} = 0.741 - 0.011(L_2/L_1) \quad (L_2 \leqslant L_1)$$

$$K'_{smax} = 0.056 + 1.072/m$$

$$K_{sn} = 0.849 + 0.234 \sqrt[12]{n_2/n_1} \quad (n_2 \leqslant n_1)$$

$$K_{ss} = 0.07 + 1.08 \sqrt{S}$$

式中参数意义同上。

附录 C

（标准的附录）

接地装置的热稳定校验

C1 根据热稳定条件，未考虑腐蚀时，接地线的最小截面应符合下式要求

$$S_g \geqslant \frac{I_g}{c} \sqrt{t_e} \qquad (C1)$$

式中：S_g——接地线的最小截面，mm^2；

$\qquad I_g$——流过接地线的短路电流稳定值，A（根据系统 5～10 年发展规划，按系统最大运行方式确定）；

$\qquad t_e$——短路的等效持续时间，s；

$\qquad c$——接地线材料的热稳定系数，根据材料的种类、性能及最高允许温度和短路前接地线的初始温度确定。

在校验接地线的热稳定时，I_g、t_e 及 c 应采用表 C1 所列数值。接地线的初始温度一般取 40℃。在爆炸危险场所，应按专用规定执行。

a）发电厂、变电所的继电保护装置配置有 2 套速动主保护、近接地后备保护、断路器失灵保护和自动重合闸时，t_e 可按式（C2）取值

$$t_e \geqslant t_m + t_f + t_o \qquad (C2)$$

式中：t_m——主保护动作时间，s；

$\qquad t_f$——断路器失灵保护动作时间，s；

$\qquad t_o$——断路器开断时间，s。

表 C1　校验接地线热稳定用的 I_g、t_e 和 c 值

系统接地方式	I_g	t_e	c		
			钢	铝	铜
有效接地	单（两）相接地短路电流	见 a）和 b）	70	120	210
低电阻接地	单（两）相接地短路电流	2s	70	120	210
不接地、消弧线圈接地和高电阻接地	异点两相接地短路电流	2s	70	120	210

b）配有 1 套速动主保护、近或远（或远近结合的）后备保护和自动重合闸，有或无断路器失灵保护时，t_e 可按式（C3）取值

$$t_e \geqslant t_o + t_r \qquad (C3)$$

式中：t_r——第一级后备保护的动作时间，s。

C2 根据热稳定条件，未考虑腐蚀时，接地装置接地极的截面不宜小于连接至该接地装置的接地线截面的 75%。

附录 D

（标准的附录）

架空线路杆塔接地电阻的计算

D1 杆塔接地装置的工频接地电阻

杆塔水平接地装置的工频接地电阻可利用下式计算

$$R = \frac{\rho}{2\pi L} \left(\ln \frac{L^2}{hd} + A_t \right) \qquad (D1)$$

式中的 A_t 和 L 按表 D1 取值。

表 D1　式（D1）中的参数

接地装置种类	形　状	参　数
铁塔接地装置		$A_t = 1.76$ $L = 4 \, (l_1 + l_2)$
钢筋混凝土杆放射型接地装置		$A_t = 2.0$ $L = 4l_1 + l_2$
钢筋混凝土杆环型接地装置		$A_t = 1.0$ $L = 8l_2$（当 $l_1 = 0$） $L = 4l_1$（当 $l_1 \neq 0$）

D2　杆塔接地装置与单独接地极的冲击系数

杆塔接地装置接地电阻的冲击系数，可利用以下各式计算

铁塔接地装置

$$\alpha = 0.74\rho^{-0.4}(7.0 + \sqrt{L})$$
$$\times [1.56 - \exp(-3.0 I_i^{-0.4})] \qquad (D2)$$

式中：I_i——流过杆塔接地装置或单独接地极的冲击电流，kA；

ρ——以 $\Omega \cdot m$ 表示的土壤电阻率。

钢筋混凝土杆放射型接地装置

$$\alpha = 1.36\rho^{-0.4}(1.3 + \sqrt{L})$$
$$\times [1.55 - \exp(-4.0 I_i^{-0.4})] \qquad (D3)$$

钢筋混凝土杆环型接地装置

$$\alpha = 2.94\rho^{-0.5}(6.0 + \sqrt{L})$$
$$\times [1.23 - \exp(-2.0 I_i^{-0.3})] \qquad (D4)$$

单独接地极接地电阻的冲击系数，可利用以下各式计算：

垂直接地极

$$\alpha = 2.75\rho^{-0.4}(1.8 + \sqrt{L})$$
$$\times [0.75 - \exp(-1.50 I_i^{-0.2})] \qquad (D5)$$

单端流入冲击电流的水平接地极

$$\alpha = 1.62\rho^{-0.4}(5.0 + \sqrt{L})$$
$$\times [0.79 - \exp(-2.3 I_i^{-0.2})] \qquad (D6)$$

中部流入冲击电流的水平接地极

$$\alpha = 1.16\rho^{-0.4}(7.1 + \sqrt{L})$$
$$\times [0.78 - \exp(-2.3 I_i^{-0.2})] \qquad (D7)$$

D3　杆塔自然接地极的冲击系数

杆塔自然接地极的效果仅在 $\rho \leqslant 300\Omega \cdot m$ 才加以考虑，其冲击系数可利用下式计算

$$\alpha = \frac{1}{1.35 + a_i I_i^{1.5}} \qquad (D8)$$

式中：a_i——对钢筋混凝土杆、钢筋混凝土桩和铁塔的基础（一个塔脚）为 0.053；对装配式钢筋混凝土基础（一个塔脚）和拉线盘（带拉线棒）为 0.038。

D4　接地极的利用系数

各种型式接地极的冲击利用系数 η_i 可采用表 D2 所列数值。工频利用系数一般为 $\eta \approx \eta_i / 0.9 \leqslant 1$。但对自然接地极，$\eta \approx \eta_i / 0.7$。

D5　接地电阻的简易计算

表 D2　接地极的冲击利用系数 η_i

接地极型式	接地导体的根数	冲击利用系数	备　注
n 根水平射线（每根长 10～80m）	2	0.83～1.0	较小值用于较短的射线
	3	0.75～0.90	
	4～6	0.65～0.80	
以水平接地极连接的垂直接地极	2	0.80～0.85	$\dfrac{D}{l}$（垂直接地极间距）（垂直接地极长度）$=2\sim3$，较小值用于 $\dfrac{D}{l}=2$ 时
	3	0.70～0.80	
	4	0.70～0.75	
	6	0.65～0.70	
自然接地极	拉线棒与拉线盘间	0.6	
	铁塔的各基础间	0.4～0.5	
	门型、各种拉线杆的各基础间	0.7	

各种型式接地装置工频接地电阻的简易计算式列于表 D3。

表 D3　各种型式接地装置的工频接地电阻简易计算式　　Ω

接地装置型式	杆塔型式	接地电阻简易计算式
n 根水平射线（$n \leqslant 12$，每根长约 60m）	各型杆塔	$R \approx \dfrac{0.062\rho}{n + 1.2}$
沿装配式基础周围敷设的深埋式接地	铁塔	$R \approx 0.07\rho$
	门型杆塔	$R \approx 0.04\rho$
	V 型拉线的门型杆塔	$R \approx 0.045\rho$
装配式基础的自然接地极	铁塔	$R \approx 0.1\rho$
	门型杆塔	$R \approx 0.06\rho$
	V 型拉线的门型杆塔	$R \approx 0.09\rho$
钢筋混凝土杆的自然接地极	单杆	$R \approx 0.3\rho$
	双杆	$R \approx 0.2\rho$
	拉线单、双杆	$R \approx 0.1\rho$
	一个拉线盘	$R \approx 0.28\rho$
深埋式接地与装配式基础自然接地的综合	铁塔	$R \approx 0.05\rho$
	门型杆塔	$R \approx 0.03\rho$
	V 型拉线的门型杆塔	$R \approx 0.04\rho$

注　表中 ρ 为土壤电阻率，$\Omega \cdot m$。

附录 E
（标准的附录）
8.3.1a) 中系数 k 的求取方法

E1 k 值可由下式计算

$$k = \sqrt{\frac{Q_c (B+20)}{\rho_{20}} \ln\left(1 + \frac{\theta_f - \theta_i}{B + \theta_i}\right)} \quad (E1)$$

式中：Q_c——导线材料的体积热容量（表 E1），J/（℃·mm³）；

B——导线在 0℃时的电阻率温度系数的倒数（表 E1），℃；

ρ_{20}——导线材料在 20℃时的电阻率（表 E1），Ω·mm；

θ_i——导线的初始温度，℃；

θ_f——导线的最终温度，℃。

表 E1　　式（E1）中的参数

材料	B ℃	Q_c J/（℃·mm³）	ρ_{20} Ω·mm	$\sqrt{\dfrac{Q_c(B+20)}{\rho_{20}}}$
铜	234.5	3.45×10^{-3}	17.241×10^{-6}	226
铝	228	2.5×10^{-3}	28.264×10^{-6}	148
铅	230	1.45×10^{-3}	214×10^{-6}	42
钢	202	3.8×10^{-3}	138×10^{-6}	78

E2 用法不同或运行情况不同的保护线的各种 k 值可按表 E2、E3 和 E4 选取。

表 E2　　非电缆芯线的绝缘保护线或与电缆外皮接触的裸保护线的 k 值

	保护线的绝缘或电缆外皮		
	PVC	EPR、XLPE	丁基橡胶
最终温度	160℃	250℃	220℃
导线的材质		k	
铜、铝、钢	143	176	166
	95	116	110
	52	64	60

注　导线的初始温度采用 30℃。

表 E3　　多芯电缆中一根芯线用作保护线的 k 值

	绝缘材质		
	PVC	EPR、XLPE	丁基橡胶
初始温度	70℃	90℃	85℃
最终温度	160℃	250℃	220℃
导线的材质		k	
铜	115	143	134
铝	76	94	89

表 E4　　裸导线的 k 值，该裸导线在下列温度下不会有危及任何邻近材料的危险

条件／导线材质	看得见并在限定的范围内	正常条件	火灾危险
最高温度 铜 k	500℃ 228	200℃ 159	150℃ 138
最高温度 铝 k	300℃ 125	200℃ 105	150℃ 91
最高温度 钢 k	500℃ 82	200℃ ·58	150℃ 50

注　1　导线的初始温度采用 30℃；
　　2　所指最高温度 500℃ 和 300℃ 只在它们不损害接头质量时才有效。

附录 F
（提示的附录）
土壤和水的电阻率参考值

F1 表 F1 仅供缺少土壤电阻率数据时参考，一般应以实测值作为设计依据。

表 F1　　土壤和水的电阻率参考值

类别	名称	电阻率近似值 Ω·m	不同情况下电阻率的变化范围 Ω·m		
			较湿时（一般地区、多雨区）	较干时（少雨区、沙漠区）	地下水含盐碱时
土	陶粘土	10	5~20	10~100	3~10
	泥炭、泥灰岩、沼泽地	20	10~30	50~300	3~30
	捣碎的木炭	40			
	黑土、园田土、陶土 白垩土、粘土	50 60	30~100	50~300	10~30
	砂质粘土	100	30~300	80~1000	10~80
	黄土	200	100~200	250	30
	含砂粘土、砂土	300	100~1000	1000 以上	30~100
	河滩中的砂		300		
	煤	350			
	多石土壤	400			
	上层红色风化粘土，下层红色页岩	500 (30%湿度)			
	表层土夹石，下层砾石	600 (15%湿度)			
砂	砂、砂砾	1000	250~1000	1000~2500	—
	砂层深度大于 10m，地下水较深的草原 地面粘土深度不大于 1.5m，底层多岩石	1000			

续表

类别	名 称	电阻率近似值 Ω·m	不同情况下电阻率的变化范围 Ω·m		
			较湿时（一般地区、多雨区）	较干时（少雨区、沙漠区）	地下水含盐碱时
岩石	砾石、碎石	5000	—	—	—
	多岩山地	5000	—	—	—
	花岗岩	200000	—	—	—
混凝土	在水中	40～55	—	—	—
	在湿土中	100～200	—	—	—
	在干土中	500～1300	—	—	—
	在干燥的大气中	12000～18000	—	—	—
矿	金属矿石	0.01～1	—	—	—

6 交流电气装置的过电压保护和绝缘配合

（DL/T 620—1997）

前　言

本标准是根据原水利电力部 1979 年 1 月颁发的 SDJ 7—79《电力设备过电压保护设计技术规程》和 1984 年 3 月颁发的 SD 119—84《500kV 电网过电压保护绝缘配合与电气设备接地暂行技术标准》，经合并、修订之后提出的。

本标准较修订前的两个标准有如下重要技术内容的改变：

1）增补了电力系统电阻接地方式，修订了不接地系统接地故障电流的阈值；

2）对暂时过电压和操作过电压保护，补充了有效接地系统偶然失地保护和并联补偿电容器组、电动机操作过电压保护及隔离开关操作引起的特快暂态过电压保护等内容，对 330kV 系统提出新的操作过电压水平要求，修订了限制 500kV 合闸和重合闸过电压的原则和措施等；

3）增加了金属氧化物避雷器参数选择的要求；

4）增加了变电所内金属氧化物避雷器最大保护距离和 SF₆ GIS 变电所的防雷保护方式的内容；

5）充实并完善了 3kV～500kV 交流电气装置绝缘配合的原则和方法，给出架空线路、变电所绝缘子串、空气间隙和电气设备绝缘水平的推荐值。

本标准发布后，SDJ 7—79 即行废止；SD 119—84 除第六章 500kV 电网电气设备接地外也予以废止。

本标准的附录 A、附录 B 和附录 C 是标准的附录，附录 D、附录 E 和附录 F 是提示的附录。

本标准由电力工业部科学技术司提出。

本标准由电力工业部绝缘配合标准化技术委员会归口。

本标准起草单位：电力工业部电力科学研究院高压研究所。

本标准起草人：杜澍春、陈维江。

本标准委托电力工业部电力科学研究院高压研究所负责解释。

1　范围

本标准规定了标称电压为 3kV～500kV 交流系统中电气装置过电压保护的方法和要求；提供了相对地、相间绝缘耐受电压或平均（50%）放电电压的选择程序，并给出了电气设备通常选用的耐受电压和架空送电线路与高压配电装置的绝缘子、空气间隙的推荐值。

2　定义

本标准采用下列定义。

2.1　电阻接地系统 resistance grounded system

系统中至少有一根导线或一点（通常是变压器或发电机的中性线或中性点）经过电阻接地。

> 注
>
> 1　高电阻接地的系统设计应符合 $R_0 \leqslant X_{C0}$ 的准则，以限制由于电弧接地故障产生的瞬态过电压。一般采用接地故障电流小于 10A。R_0 是系统等值零序电阻，X_{C0} 是系统每相的对地分布容抗。
>
> 2　低电阻接地的系统为获得快速选择性继电保护所需的足够电流，一般采用接地故障电流为 100A～1000A。对于一般系统，限制瞬态过电压的准则是 $(R_0/X_0) \geqslant 2$。其中 X_0 是系统等值零序感抗。

2.2　少雷区 less thunderstorm region

平均年雷暴日数不超过 15 的地区。

2.3　中雷区 middle thunderstorm region

平均年雷暴日数超过 15 但不超过 40 的地区。

2.4　多雷区 more thunderstorm region

平均年雷暴日数超过 40 但不超过 90 的地区。

2.5　雷电活动特殊强烈地区 thunderstorm activity special strong region

平均年雷暴日数超过 90 的地区及根据运行经验雷害特殊严重的地区。

3　系统接地方式和运行中出现的各种电压

3.1　系统接地方式

3.1.1　110kV～500kV 系统应该采用有效接地方式，

即系统在各种条件下应该使零序与正序电抗之比（X_0/X_1）为正值并且不大于3，而其零序电阻与正序电抗之比（R_0/X_1）为正值并且不大于1。

110kV及220kV系统中变压器中性点直接或经低阻抗接地，部分变压器中性点也可不接地。

330kV及500kV系统中不允许变压器中性点不接地运行。

3.1.2　3kV～10kV不直接连接发电机的系统和35kV、66kV系统，当单相接地故障电容电流不超过下列数值时，应采用不接地方式；当超过下列数值又需在接地故障条件下运行时，应采用消弧线圈接地方式：

a）3kV～10kV钢筋混凝土或金属杆塔的架空线路构成的系统和所有35kV、66kV系统，10A。

b）3kV～10kV非钢筋混凝土或非金属杆塔的架空线路构成的系统，当电压为：

1）3kV和6kV时，30A；

2）10kV时，20A。

c）3kV～10kV电缆线路构成的系统，30A。

3.1.3　3kV～20kV具有发电机的系统，发电机内部发生单相接地故障不要求瞬时切机时，如单相接地故障电容电流不大于表1所示允许值时，应采用不接地方式；大于该允许值时，应采用消弧线圈接地方式，且故障点残余电流也不得大于该允许值。消弧线圈可装在厂用变压器中性点上，也可装在发电机中性点上。

表 1　　发电机接地故障电流允许值

发电机额定电压 kV	发电机额定容量 MW	电流允许值 A
6.3	≤50	4
10.5	50～100	3
13.8～15.75	125～200	2
18～20	≥300	1

注　对额定电压为13.8kV～15.75kV的氢冷发电机为2.5A。

发电机内部发生单相接地故障要求瞬时切机时，宜采用高电阻接地方式。电阻器一般接在发电机中性点变压器的二次绕组上。

3.1.4　6kV～35kV主要由电缆线路构成的送、配电系统，单相接地故障电容电流较大时，可采用低电阻接地方式，但应考虑供电可靠性要求、故障时瞬态电压、瞬态电流对电气设备的影响、对通信的影响和继电保护技术要求以及本地的运行经验等。

3.1.5　6kV和10kV配电系统以及发电厂厂用电系统，单相接地故障电容电流较小时，为防止谐振、间歇性电弧接地过电压等对设备的损害，可采用高电阻接地方式。

3.1.6　消弧线圈的应用

a）消弧线圈接地系统，在正常运行情况下，中性点的长时间电压位移不应超过系统标称相电压的15%。

b）消弧线圈接地系统故障点的残余电流不宜超过10A，必要时可将系统分区运行。消弧线圈宜采用过补偿运行方式。

c）消弧线圈的容量应根据系统5～10年的发展规划确定，并应按下式计算：

$$W = 1.35 I_C \frac{U_n}{\sqrt{3}} \tag{1}$$

式中：W——消弧线圈的容量，kVA；

　　　I_C——接地电容电流，A；

　　　U_n——系统标称电压，kV。

d）系统中消弧线圈装设地点应符合下列要求：

1）应保证系统在任何运行方式下，断开一、二回线路时，大部分不致失去补偿。

2）不宜将多台消弧线圈集中安装在系统中的一处。

3）消弧线圈宜接于YN，d或YN，yn，d接线的变压器中性点上，也可接在ZN，yn接线的变压器中性点上。

接于YN，d接线的双绕组或YN，yn，d接线的三绕组变压器中性点上的消弧线圈容量，不应超过变压器三相总容量的50%，并不得大于三绕组变压器的任一绕组的容量。

如需将消弧线圈接于YN，yn接线的变压器中性点，消弧线圈的容量不应超过变压器三相总容量的20%，但不应将消弧圈接于零序磁通经铁芯闭路的YN，yn接线的变压器，如外铁型变压器或三台单相变压器组成的变压器组。

4）如变压器无中性点或中性点未引出，应装设专用接地变压器，其容量应与消弧线圈的容量相配合。

3.2　系统运行中出现于设备绝缘上的电压

3.2.1　系统运行中出现于设备绝缘上的电压有：

a）正常运行时的工频电压；

b）暂时过电压（工频过电压、谐振过电压）；

c）操作过电压；

d）雷电过电压。

3.2.2 相对地暂时过电压和操作过电压的标么值如下：

　　a）工频过电压的 $1.0 \mathrm{p.u.} = U_\mathrm{m}/\sqrt{3}$；

　　b）谐振过电压和操作过电压的 $1.0 \mathrm{p.u.} = \sqrt{2}U_\mathrm{m}/\sqrt{3}$。

　　注：U_m 为系统最高电压。

3.2.3 系统最高电压的范围：

　　a）范围Ⅰ，$3.6 \mathrm{kV} \leqslant U_\mathrm{m} \leqslant 252 \mathrm{kV}$；

　　b）范围Ⅱ，$U_\mathrm{m} > 252 \mathrm{kV}$。

4 暂时过电压、操作过电压及保护

4.1 暂时过电压（工频过电压、谐振过电压）及保护

4.1.1 工频过电压、谐振过电压与系统结构、容量、参数、运行方式以及各种安全自动装置的特性有关。工频过电压、谐振过电压除增大绝缘承受电压外，还对选择过电压保护装置有重要影响。

　　a）系统中的工频过电压一般由线路空载、接地故障和甩负荷等引起。对范围Ⅱ的工频过电压，在设计时应结合实际条件加以预测。根据这类系统的特点，有时需综合考虑这几种因素的影响。

　　通常可取正常送电状态下甩负荷和在线路受端有单相接地故障情况下甩负荷作为确定系统工频过电压的条件。

　　对工频过电压应采取措施加以降低。一般主要采用在线路上安装并联电抗器的措施限制工频过电压。在线路上架设良导体避雷线降低工频过电压时，宜通过技术经济比较加以确定。系统的工频过电压水平一般不宜超过下列数值：

　　　线路断路器的变电所侧　　　1.3p.u.
　　　线路断路器的线路侧　　　　1.4p.u.

　　b）对范围Ⅰ中的 110kV 及 220kV 系统，工频过电压一般不超过 1.3p.u.；3kV～10kV 和 35kV～66kV 系统，一般分别不超过 $1.1\sqrt{3}$ p.u. 和 $\sqrt{3}$ p.u.。

　　应避免在 110kV 及 220kV 有效接地系统中偶然形成局部不接地系统，并产生较高的工频过电压。对可能形成这种局部系统、低压侧有电源的 110kV 及 220kV 变压器不接地的中性点应装设间隙。因接地故障形成局部不接地系统时该间隙应动作；系统以有效接地方式运行发生单相接地故障时间隙不应动作。间隙距离的选择除应满足这两项要求外，还应兼顾雷电过电压下保护变压器中性点标准分级绝缘的要求（参见 7.3.5）。

4.1.2 谐振过电压包括线性谐振和非线性（铁磁）谐振过电压，一般因操作或故障引起系统元件参数出现不利组合而产生。应采取防止措施，避免出现谐振过电压的条件；或用保护装置限制其幅值和持续时间。

　　a）为防止发电机电感参数周期性变化引起的发电机自励磁（参数谐振）过电压，一般可采取下列防止措施：

　　1）使发电机的容量大于被投入空载线路的充电功率；

　　2）避免发电机带空载线路启动或避免以全电压向空载线路合闸；

　　3）快速励磁自动调节器可限制发电机同步自励过电压。发电机异步自励过电压，仅能用速动过电压继电保护切机以限制其作用时间。

　　b）应该采用转子上装设阻尼绕组的水轮发电机，以限制水轮发电机不对称短路或负荷严重不平衡时产生的谐振过电压。

4.1.3 范围Ⅱ的系统当空载线路上接有并联电抗器，且其零序电抗小于线路零序容抗时，如发生非全相运行状态（分相操作的断路器故障或采用单相重合闸时），由于线间电容的影响，断开相上可能发生谐振过电压。

　　上述条件下由于并联电抗器铁芯的磁饱和特性，有时在断路器操作产生的过渡过程激发下，可能发生以工频基波为主的铁磁谐振过电压。

　　在并联电抗器的中性点与大地之间串接一接地电抗器，一般可有效地防止这种过电压。该接地电抗器的电抗值宜按补偿并联电抗器所接线路的相间电容选择，同时应考虑以下因素：

　　a）并联电抗器、接地电抗器的电抗及线路容抗的实际值与设计值的变异范围；

　　b）限制潜供电流的要求；

　　c）连接接地电抗器的并联电抗器中性点绝缘水平。

4.1.4 范围Ⅱ的系统中，当空载线路（或其上接有空载变压器时）由电源变压器断路器合闸、重合闸或由只带有空载线路的变压器低压侧合闸、带电线路末端的空载变压器合闸以及系统解列等情况下，如由这些操作引起的过渡过程的激发使变压器铁芯磁饱和、电感作周期性变化，回路等值电感在 2 倍工频下的电抗与 2 倍工频下线路入口容抗接近相等时，可能产生以 2 次谐波为主的高次谐波谐振过电压。

　　应尽量避免产生 2 次谐波谐振的运行方式、操作方式以及防止在故障时出现该种谐振的接线；确实无

法避免时，可在变电所线路继电保护装置内增设过电压速断保护，以缩短该过电压的持续时间。

4.1.5　范围 I 的系统中有可能出现下列谐振过电压：

a) 110kV 及 220kV 系统采用带有均压电容的断路器开断连接有电磁式电压互感器的空载母线，经验算有可能产生铁磁谐振过电压时，宜选用电容式电压互感器。已装有电磁式电压互感器时，运行中应避免可能引起谐振的操作方式，必要时可装设专门消除此类铁磁谐振的装置。

b) 由单一电源侧用断路器操作中性点不接地的变压器出现非全相或熔断器非全相熔断时，如变压器的励磁电感与对地电容产生铁磁谐振，能产生 2.0p.u ～3.0p.u. 的过电压；有双侧电源的变压器在非全相合闸时，由于两侧电源的不同步在变压器中性点上可出现接近于 2.0p.u. 的过电压，如产生铁磁谐振，则会出现更高的过电压。

c) 经验算如断路器操作中因操动机构故障出现非全相或严重不同期时产生的铁磁谐振过电压可能危及中性点为标准分级绝缘、运行时中性点不接地的 110kV 及 220kV 变压器的中性点绝缘，宜在中性点装设间隙，对该间隙的要求与 4.1.1b) 同。在操作过程中，应先将变压器中性点临时接地。

有单侧电源的变压器，如另一侧带有同期调相机或较大的同步电动机，也类似有双侧电源的情况。

d) 3kV～66kV 不接地系统或消弧线圈接地系统偶然脱离消弧线圈的部分，当连接有中性点接地的电磁式电压互感器的空载母线（其上带或不带空载短线路），因合闸充电或在运行时接地故障消除等原因的激发，使电压互感器过饱和则可能产生铁磁谐振过电压。为限制这类过电压，可选取下列措施：

1) 选用励磁特性饱和点较高的电磁式电压互感器。

2) 减少同一系统中电压互感器中性点接地的数量，除电源侧电压互感器高压绕组中性点接地外，其它电压互感器中性点尽可能不接地。

3) 个别情况下，在 10kV 及以下的母线上装设中性点接地的星形接线电容器组或用一段电缆代替架空线路以减少 X_{C0}，使 $X_{C0} < 0.01X_m$。

注：X_m 为电压互感器在线电压作用下单相绕组的励磁电抗。

4) 在互感器的开口三角形绕组装设 $R_\triangle \leqslant 0.4$ (X_m/K_{13}^{21}) 的电阻（K_{13}^{21} 为互感器一次绕组与开口三角形绕组的变比）或装设其它专门消除此类铁磁谐振的装置。

5) 10kV 及以下互感器高压绕组中性点经 $R_{p·n}$ $\geqslant 0.06X_m$（容量大于 600W）的电阻接地。

4.1.6　3kV～66kV 不接地及消弧线圈接地系统，应采用性能良好的设备并提高运行维护水平，以避免在下述条件下产生铁磁谐振过电压：

a) 配电变压器高压绕组对地短路；

b) 送电线路一相断线且一端接地或不接地。

4.1.7　有消弧线圈的较低电压系统，应适当选择消弧线圈的脱谐度，以便避开谐振点；无消弧线圈的较低电压系统，应采取增大其对地电容等措施（如安装电力电容器等），以防止零序电压通过电容，如变压器绕组间或两条架空线路间的电容耦合，由较高电压系统传递到中性点不接地的较低电压系统，或由较低电压系统传递到较高电压系统，或回路参数形成串联谐振条件，产生高幅值的转移过电压。

4.2　操作过电压及保护

4.2.1　线路合闸和重合闸过电压。

空载线路合闸时，由于线路电感—电容的振荡将产生合闸过电压。线路重合时，由于电源电势较高以及线路上残余电荷的存在，加剧了这一电磁振荡过程，使过电压进一步提高。

a) 范围 II 中，线路合闸和重合闸过电压对系统中设备绝缘配合有重要影响，应该结合系统条件预测空载线路合闸、单相重合闸和成功、非成功的三相重合闸（如运行中使用时）的相对地和相间过电压。

预测这类操作过电压的条件如下：

1) 对于发电机—变压器—线路单元接线的空载线路合闸，线路合闸后，电源母线电压为系统最高电压；对于变电所出线则为相应运行方式下的实际母线电压。

2) 成功的三相重合闸前，线路受端曾发生单相接地故障；非成功的三相重合闸时，线路受端有单相接地故障。

b) 空载线路合闸、单相重合闸和成功的三相重合闸（如运行中使用时），在线路上产生的相对地统计过电压，对 330kV 和 500kV 系统分别不宜大于 2.2p.u. 和 2.0p.u.。

c) 限制这类过电压的最有效措施是在断路器上安装合闸电阻。对范围 II，当系统的工频过电压符合 4.1.1 要求且符合以下参考条件时，可仅用安装于线路两端（线路断路器的线路侧）上的金属氧化物避雷器（MOA）将这类操作引起的线路的相对地统计过电压限制到要求值以下。这些参考条件是：

1) 发电机—变压器—线路单元接线时的参考条件见表 2。

表 2 仅用 MOA 限制合闸、重合闸过电压的条件

系统标称电压 kV	发电机容量 MW	线路长度 km
330	200	<100
	300	<200
500	200	<100
	300	<150
	≥500	<200

2) 系统中变电所出线时的参考条件

330kV   <200km

500kV   <200km

在其他条件下,可否仅用金属氧化物避雷器限制合闸和重合闸过电压,需经校验确定。

d) 范围Ⅰ的线路合闸和重合闸过电压一般不超过 3.0p.u.,通常无需采取限制措施。

4.2.2 空载线路分闸过电压。

空载线路开断时,如断路器发生重击穿,将产生操作过电压。

a) 对范围Ⅱ的线路断路器,应要求在电源对地电压为 1.3p.u. 条件下开断空载线路不发生重击穿。

b) 对范围Ⅰ,110kV 及 220kV 开断架空线路该过电压不超过 3.0p.u.;开断电缆线路可能超过 3.0p.u.。

为此,开断空载架空线路宜采用不重击穿的断路器;开断电缆线路应该采用不重击穿的断路器。

c) 对范围Ⅰ,66kV 及以下系统中,开断空载线路断路器发生重击穿时的过电压一般不超过 3.5p.u.。开断前系统已有单相接地故障,使用一般断路器操作时产生的过电压可能超过 4.0p.u.。为此,选用操作断路器时,应该使其开断空载线路过电压不超过 4.0p.u.。

4.2.3 线路非对称故障分闸和振荡解列过电压。

系统送受端联系薄弱,如线路非对称故障导致分闸,或在系统振荡状态下解列,将产生线路非对称故障分闸或振荡解列过电压。

对范围Ⅱ的线路,宜对这类过电压进行预测。预测前一过电压的条件,可选线路受端存在单相接地故障,分闸时线路送受端电势功角差应按实际情况选取。

当过电压超过 4.2.1b) 所列数值时,可用安装在线路两端的金属氧化物避雷器加以限制。

4.2.4 隔离开关操作空载母线的过电压。

隔离开关操作空载母线时,由于重击穿将会产生幅值可能超过 2.0p.u.、频率为数百千赫至兆赫的高频振荡过电压。这对范围Ⅱ的电气装置有一定危险。为此,宜符合以下要求:

a) 隔离开关操作由敞开式配电装置构成的变电所空载母线时的过电压,可能使电流互感器一次绕组进出线之间的套管闪络放电,宜采用金属氧化物避雷器对其加以保护。

b) 隔离开关操作气体绝缘全封闭组合电器(GIS)变电所的空载母线时,会产生频率更高的过电压,它可能对匝间绝缘裕度不高的变压器构成威胁。为此,宜对采用的操作方式加以校核,尽量避免可能引起危险的操作方式。

4.2.5 3kV~66kV 系统开断并联电容补偿装置如断路器发生单相重击穿时,电容器高压端对地过电压可能超过 4.0p.u.。开断前电源侧有单相接地故障时,该过电压将更高。开断时如发生两相重击穿,电容器极间过电压可能超过 $2.5\sqrt{2}U_{n.c}$。

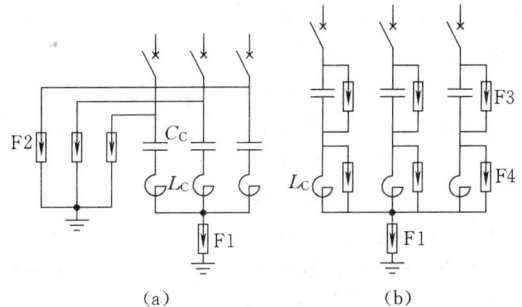

图 1 并联电容补偿装置的避雷器保护接线

(a) 单相重击穿过电压的保护接线;

(b) 单、两相重击穿过电压的保护接线

操作并联电容补偿装置,应采用开断时不重击穿的断路器。对于需频繁投切的补偿装置,宜按图 1 (a) 装设并联电容补偿装置金属氧化物避雷器 (F1 或 F2),作为限制单相重击穿过电压的后备保护装置。在电源侧有单相接地故障不要求进行补偿装置开断操作的条件下,宜采用 F1。断路器操作频繁且开断时可能发生重击穿或者合闸过程中触头有弹跳现象时,宜按图 1 (b) 装设并联电容补偿装置金属氧化物避雷器 (F1 及 F3 或 F4)。F3 或 F4 用以限制两相重击穿时在电容器极间出现的过电压。当并联电容补偿装置电抗器的电抗率不低于 12% 时,宜采用 F4。

注:$U_{n.c}$ 为电容器的额定电压。

4.2.6 操作空载变压器和并联电抗器等的过电压。

a) 开断空载变压器由于断路器强制熄弧(截流)

产生的过电压，与断路器型式、变压器铁芯材料、绕组式、回路元件参数和系统接地方式等有关。

当开断具有冷轧硅钢片的变压器时，过电压一般不超过 2.0p.u.，可不采取保护措施。

开断具有热轧硅钢片铁芯的 110kV 及 220kV 变压器的过电压一般不超过 3.0p.u.；66kV 及以下变压器一般不超过 4.0p.u.。

采用熄弧性能较强的断路器开断激磁电流较大的变压器以及并联电抗补偿装置产生的高幅值过电压，可在断路器的非电源侧装设阀式避雷器加以限制。保护变压器的避雷器可装在其高压侧或低压侧。但高低压侧系统接地方式不同时，低压侧宜装设操作过电压保护水平较低的避雷器。

b) 在可能只带一条线路运行的变压器中性点消弧线圈上，宜用阀式避雷器限制切除最后一条线路两相接地故障时，强制开断消弧线圈电流在其上产生的过电压。

c) 空载变压器和并联电抗补偿装置合闸产生的操作过电压一般不超过 2.0p.u.，可不采取保护措施。

4.2.7 在开断高压感应电动机时，因断路器的截流、三相同时开断和高频重复重击穿等会产生过电压（后两种仅出现于真空断路器开断时）。过电压幅值与断路器熄弧性能、电动机和回路元件参数等有关。开断空载电动机的过电压一般不超过 2.5p.u.。开断起动过程中的电动机时，截流过电压和三相同时开断过电压可能超过 4.0p.u.，高频重复重击穿过电压可能超过 5.0p.u.。采用真空断路器或采用的少油断路器截流值较高时，宜在断路器与电动机之间装设旋转电机金属氧化物避雷器或 R-C 阻容吸收装置。

高压感应电动机合闸的操作过电压一般不超过 2.0p.u.，可不采取保护措施。

4.2.8 66kV 及以下系统发生单相间歇性电弧接地故障时，可产生过电压，过电压的高低随接地方式不同而异。一般情况下最大过电压不超过下列数值：

不接地   3.5p.u.

消弧线圈接地   3.2p.u.

电阻接地   2.5p.u.

具有限流电抗器、电动机负荷，且设备参数配合不利的 3kV～10kV 某些不接地系统，发生单相间歇性电弧接地故障时，可能产生危及设备相间或相对地绝缘的过电压。对这种系统根据负荷性质和工程的重要程度，可进行必要的过电压预测，以确定保护方案。

4.2.9 采用无间隙金属氧化物避雷器限制各类操作

过电压时，其持续运行电压和额定电压不应低于表 3 所列数值。避雷器应能承受操作过电压作用的能量。

4.2.10 为监测范围 Ⅱ 系统运行中出现的工频过电压、谐振过电压和操作过电压，宜在变电所安装过电压波形或幅值的自动记录装置，并妥为收集实测结果。

5 雷电过电压和保护装置

5.1 雷电过电压

5.1.1 设计和运行中应考虑直接雷击、雷电反击和感应雷过电压对电气装置的危害。

5.1.2 架空线路上的雷电过电压。

a) 距架空线路 $S > 65m$ 处，雷云对地放电时，线路上产生的感应过电压最大值可按式（2）计算：

$$U_i \approx 25 \frac{Ih_c}{S} \qquad (2)$$

式中：U_i——雷击大地时感应过电压最大值，kV；

I——雷电流幅值（一般不超过 100），kA；

h_c——导线平均高度，m；

S——雷击点与线路的距离，m。

线路上的感应过电压为随机变量，其最大值可达 $300kV \sim 400kV$，一般仅对 35kV 及以下线路的绝缘有一定威胁。

b) 雷击架空线路导线产生的直击雷过电压，可按式（3）确定：

$$U_S \approx 100I \qquad (3)$$

式中：U_S——雷击点过电压最大值，kV。

雷直击导线形成的过电压易导致线路绝缘闪络。架设避雷线可有效地减少雷直击导线的概率。

c) 因雷击架空线路避雷线、杆顶形成作用于线路绝缘的雷电反击过电压，与雷电参数、杆塔型式、高度和接地电阻等有关。

宜适当选取杆塔接地电阻，以减少雷电反击过电压的危害。

5.1.3 发电厂和变压所内的雷电过电压来自雷电对配电装置的直接雷击、反击和架空进线上出现的雷电侵入波。

a) 应该采用避雷针或避雷线对高压配电装置进行直击雷保护并采取措施防止反击。

b) 应该采取措施防止或减少发电厂和变电所近区线路的雷击闪络并在厂、所内适当配置阀式避雷器以减少雷电侵入波过电压的危害。

c) 按本标准要求对采用的雷电侵入波过电压保护方案校验时，校验条件为保护接线一般应该保证 2km 外线路导线上出现雷电侵入波过电压时，不引起发电厂和变电所电气设备绝缘损坏。

5.2 避雷针和避雷线

5.2.1 单支避雷针的保护范围（图2）。

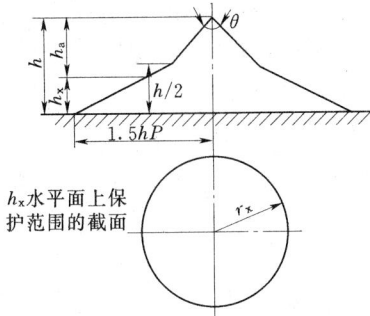

图2　单支避雷针的保护范围
（$h \leqslant 30\text{m}$ 时，$\theta = 45°$）

a）避雷针在地面上的保护半径，应按式（4）计算：

$$r = 1.5hP \qquad (4)$$

式中：r——保护半径，m；

h——避雷针的高度，m；

P——高度影响系数，$h \leqslant 30\text{m}$，$P = 1$；$30\text{m} < h \leqslant 120\text{m}$，$P = \dfrac{5.5}{\sqrt{h}}$；当 $h > 120\text{m}$ 时，取其等于120m。

b）在被保护物高度 h_x 水平面上的保护半径应按下列方法确定：

1）当 $h_x \geqslant 0.5h$ 时

$$r_x = (h - h_x)P = h_a P \qquad (5)$$

式中：r_x——避雷针在 h_x 水平面上的保护半径，m；

h_x——被保护物的高度，m；

h_a——避雷针的有效高度，m。

2）当 $h_x < 0.5h$ 时

$$r_x = (1.5h - 2h_x)P \qquad (6)$$

5.2.2 两支等高避雷针的保护范围（图3）：

a）两针外侧的保护范围应按单支避雷针的计算方法确定。

b）两针间的保护范围应按通过两针顶点及保护范围上部边缘最低点 O 的圆弧确定，圆弧的半径为 R'_0。O 点为假想避雷针的顶点，其高度应按式（7）计算：

$$h_O = h - \frac{D}{7P} \qquad (7)$$

式中：h_O——两针间保护范围上部边缘最低点高度，m；

D——两避雷针间的距离，m。

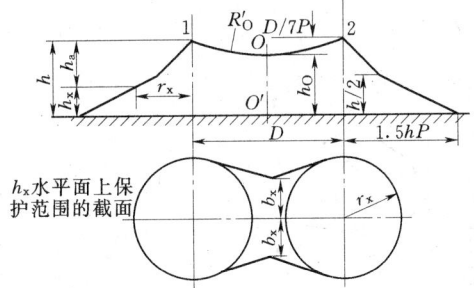

图3　高度为 h 的两等高避雷针的保护范围

两针间 h_x 水平面上保护范围的一侧最小宽度应按图4确定。当 $b_x > r_x$ 时，取 $b_x = r_x$。

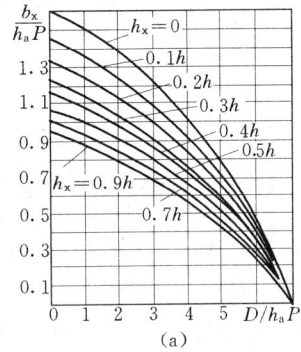

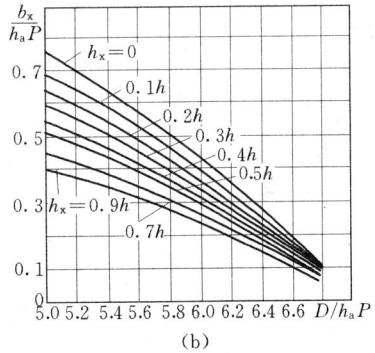

图4　两等高（h）避雷针间保护范围的一侧最小宽度（b_x）与 $D/h_a P$ 的关系
（a）$D/h_a P = 0 \sim 7$；（b）$D/h_a P = 5 \sim 7$

求得 b_x 后，可按图3绘出两针间的保护范围。

两针间距离与针高之比 D/h 不宜大于5。

5.2.3 多支等高避雷针的保护范围［图5（a）及图5（b）］。

a）三支等高避雷针所形成的三角形的外侧保护范围应分别按两支等高避雷针的计算方法确定。如在三角形内被保护物最大高度 h_x 水平面上，各相邻避

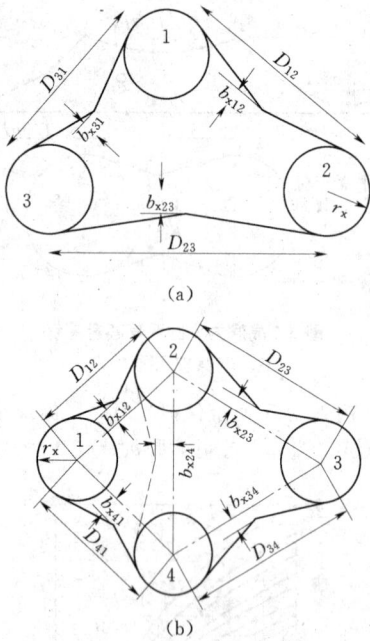

图 5　三、四支等高避雷针在 h_x 水平
面上的保护范围

(a) 三支等高避雷针在 h_x 水平面上的保护范围；
(b) 四支等高避雷针在 h_x 水平面上的保护范围

雷针间保护范围的一侧最小宽度 $b_x \geq 0$ 时，则全部面积受到保护。

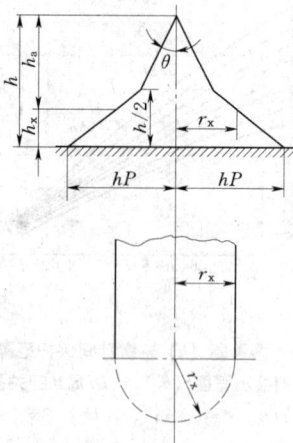

图 6　单根避雷线的保护范围
（$h \leqslant 30m$ 时，$\theta = 25°$）

b）四支及以上等高避雷针所形成的四角形或多角形，可先将其分成两个或数个三角形，然后分别按三支等高避雷针的方法计算。如各边的保护范围一侧最小宽度 $b_x \geqslant 0$，则全部面积即受到保护。

5.2.4　单根避雷线在 h_x 水平面上每侧保护范围的宽度（图 6）。

a）当 $h_x \geqslant \dfrac{h}{2}$ 时

$$r_x = 0.47(h - h_x)P \qquad (8)$$

式中：r_x——每侧保护范围的宽度，m。

b）当 $h_x < \dfrac{h}{2}$ 时

$$r_x = (h - 1.53h_x)P \qquad (9)$$

5.2.5　两根等高平行避雷线的保护范围（图 7）。

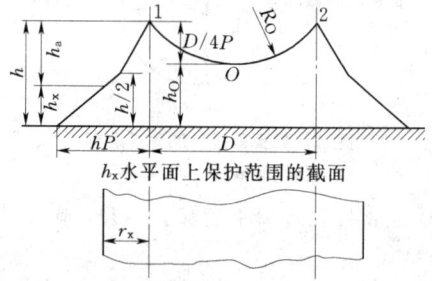

h_x 水平面上保护范围的截面

图 7　两根平行避雷线的保护范围

a）两避雷线外侧的保护范围应按单根避雷线的计算方法确定。

b）两避雷线间各横截面的保护范围应由通过两避雷线 1、2 点及保护范围边缘最低点 O 的圆弧确定。O 点的高度应按式（10）计算：

$$h_O = h - \frac{D}{4P} \qquad (10)$$

式中：h_O——两避雷线间保护范围上部边缘最低点的高度，m；

　　　D——两避雷线间的距离，m；

　　　h——避雷线的高度，m。

c）两避雷线端部的两侧保护范围仍按单根避雷线保护范围计算。两线间保护最小宽度（参见图 3）按下列方法确定：

1）当 $h_x \geqslant \dfrac{h}{2}$ 时

$$b_x = 0.47(h_O - h_x)P \qquad (11)$$

2）当 $h_x < \dfrac{h}{2}$ 时

$$b_x = (h_O - 1.53h_x)P \qquad (12)$$

5.2.6　不等高避雷针、避雷线的保护范围（图 8）。

a）两支不等高避雷针外侧的保护范围应分别按单支避雷针的计算方法确定。

b）两支不等高避雷针间的保护范围应按单支避雷针的计算方法，先确定较高避雷针 1 的保护范围，然后由较低避雷针 2 的顶点，作水平线与避雷针 1 的

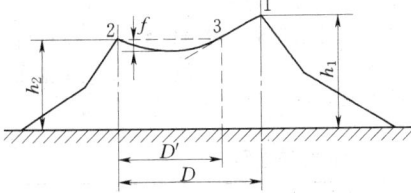

图 8 两支不等高避雷针的保护范围

保护范围相交于点 3，取点 3 为等效避雷针的顶点，再按两支等高避雷针的计算方法确定避雷针 2 和 3 间的保护范围。通过避雷针 2、3 顶点及保护范围上部边缘最低点的圆弧，其弓高应按式（13）计算：

$$f = \frac{D'}{7P} \qquad (13)$$

式中：f——圆弧的弓高，m；

D'——避雷针 2 和等效避雷针 3 间的距离，m。

c）对多支不等高避雷针所形成的多角形，各相邻两避雷针的外侧保护范围按两支不等高避雷针的计算方法确定；三支不等高避雷针，如在三角形内被保护物最大高度 h_x 水平面上，各相邻避雷针间保护范围一侧最小宽度 $b_x \geq 0$，则全部面积即受到保护；四支及以上不等高避雷针所形成的多角形，其内侧保护范围可仿照等高避雷针的方法确定。

d）两根不等高避雷线各横截面的保护范围，应仿照两支不等高避雷针的方法，按式（10）计算。

5.2.7 山地和坡地上的避雷针，由于地形、地质、气象及雷电活动的复杂性，避雷针的保护范围应有所减小。避雷针的保护范围可按式（4）～式（6）的计算结果和依图 4 确定的 b_x 等乘以系数 0.75 求得；式（7）可修改为 $h_0 = h - \frac{D}{5P}$；式（13）可修改为 $f = \frac{D'}{5P}$。

利用山势设立的远离被保护物的避雷针不得作为主要保护装置。

5.2.8 相互靠近的避雷针和避雷线的联合保护范围可近似按下列方法确定（图 9）：

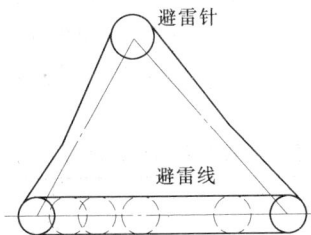

图 9 避雷针和避雷线的联合保护范围

避雷针、线外侧保护范围分别按单针、线的保护范围确定。内侧首先将不等高针、线划为等高针、线，

然后将等高针、线视为等高避雷线计算其保护范围。

5.3 阀式避雷器

5.3.1 采用阀式避雷器进行雷电过电压保护时，除旋转电机外，对不同电压范围、不同系统接地方式的避雷器选型如下：

a）有效接地系统，范围 II 应该选用金属氧化物避雷器；范围 I 宜采用金属氧化物避雷器。

b）气体绝缘全封闭组合电器（GIS）和低电阻接地系统应该选用金属氧化物避雷器。

c）不接地、消弧线圈接地和高电阻接地系统，根据系统中谐振过电压和间歇性电弧接地过电压等发生的可能性及其严重程度，可任选金属氧化物避雷器或碳化硅普通阀式避雷器。

5.3.2 旋转电机的雷电侵入波过电压保护，宜采用旋转电机金属氧化物避雷器或旋转电机磁吹阀式避雷器。

5.3.3 有串联间隙金属氧化物避雷器和碳化硅阀式避雷器的额定电压，在一般情况下应符合下列要求：

a）110kV 及 220kV 有效接地系统不低于 $0.8U_m$。

b）3kV～10kV 和 35kV、66kV 系统分别不低于 $1.1U_m$ 和 U_m；3kV 及以上具有发电机的系统不低于 $1.1U_{m \cdot g}$。

注：$U_{m \cdot g}$ 为发电机最高运行电压。

c）中性点避雷器的额定电压，对 3kV～20kV 和 35kV、66kV 系统，分别不低于 $0.64U_m$ 和 $0.58U_m$；对 3kV～20kV 发电机，不低于 $0.64U_{m \cdot g}$。

5.3.4 采用无间隙金属氧化物避雷器作为雷电过电压保护装置时，应符合下列要求：

a）避雷器的持续运行电压和额定电压应不低于表 3 所列数值。

b）避雷器能承受所在系统作用的暂时过电压和操作过电压能量。

5.3.5 阀式避雷器标称放电电流下的残压，不应大于被保护电气设备（旋转电机除外）标准雷电冲击全波耐受电压的 71%。

5.3.6 发电厂和变电所内 35kV 及以上避雷器应装设简单可靠的多次动作记录器或磁钢记录器。

5.4 排气式避雷器

5.4.1 在选择排气式避雷器时，开断续流的上限，考虑非周期分量，不得小于安装处短路电流的最大有效值；开断续流的下限，不考虑非周期分量，不得大于安装处短路电流的可能最小值。

5.4.2 如按开断续流的范围选择排气式避雷器，最大短路电流应按雷季电力系统最大运行方式计算，并包括非周期分量的第一个半周短路电流有效值。如计算困难，对发电厂附近，可将周期分量第一个半周的有效值乘以 1.5；距发电厂较远的地点，乘以 1.3。最小短路电流应按雷季电力系统最小运行方式计算，且不包括非周期分量。

5.4.3 排气式避雷器外间隙的距离，在符合保护要求的条件下，应采用较大的数值。排气式避雷器外间隙的距离一般采用表 4 所列数值。

表 3   无间隙金属氧化物避雷器持续运行电压和额定电压

系统接地方式		持续运行电压 kV		额定电压 kV	
		相 地	中性点	相 地	中性点
有效接地	110kV	$U_m/\sqrt{3}$	$0.45U_m$	$0.75U_m$	$0.57U_m$
	220kV	$U_m/\sqrt{3}$	$0.13U_m$ $(0.45U_m)$	$0.75U_m$	$0.17U_m$ $(0.57U_m)$
	330kV、500kV	$\dfrac{U_m}{\sqrt{3}}$ $(0.59U_m)$	$0.13U_m$	$0.75U_m$ $(0.8U_m)$	$0.17U_m$
不接地	3kV~20kV	$1.1U_m$；$U_{m \cdot g}$	$0.64U_m$；$U_{m \cdot g}/\sqrt{3}$	$1.38U_m$；$1.25U_{m \cdot g}$	$0.8U_m$；$0.72U_{m \cdot g}$
	35kV、66kV	U_m	$U_m/\sqrt{3}$	$1.25U_m$	$0.72U_m$
消弧线圈		U_m；$U_{m \cdot g}$	$U_m/\sqrt{3}$；$U_{m \cdot g}/\sqrt{3}$	$1.25U_m$；$1.25U_{m \cdot g}$	$0.72U_m$；$0.72U_{m \cdot g}$
低电阻		$0.8U_m$	—	U_m	
高电阻		$1.1U_m$；$U_{m \cdot g}$	$1.1U_m/\sqrt{3}$；$U_{m \cdot g}/\sqrt{3}$	$1.38U_m$；$1.25U_{m \cdot g}$	$0.8U_m$；$0.72U_{m \cdot g}$

注 1 220kV 括号外、内数据分别对应变压器中性点经接地电抗器接地和不接地。

    2 330kV、500kV 括号外、内数据分别与工频过电压 1.3p.u. 和 1.4p.u. 对应。

    3 220kV 变压器中性点经接地电抗器接地和 330kV、500kV 变压器或高压并联电抗器中性点经接地电抗器接地时，接地电抗器的电抗与变压器或高压并联电抗器的零序电抗之比小于等于 1/3。

    4 110kV、220kV 变压器中性点不接地且绝缘水平低于表 21 所列数值时，避雷器的参数需另行研究确定。

表 4   排气式避雷器外间隙的距离

系统标称电压 kV	3	6	10	20	35
最小距离 mm	8	10	15	60	100
最大距离 mm	—	—	—	150~200	250~300

为减少排气式避雷器在反击时动作，应降低与避雷线的总接地电阻，并增大外间隙距离，一般可增大到表 4 所列的外间隙最大距离。

5.4.4 排气式避雷器的设置应符合下列要求：

a) 应避免各避雷器排出的电离气体相交而造成短路。但在开口端固定避雷器，则允许其排出的电离气体相交。

b) 为防止在排气式避雷器的内腔积水，宜垂直安装，开口端向下或倾斜安装，与水平线的夹角不应小于 15°。在污秽地区，应增大倾斜角度。

c) 排气式避雷器应安装牢固，并保证外间隙稳定不变。

d) 标称电压 10kV 及以下系统中用的排气式避雷器，为防止雨水造成短路，外间隙的电极不应垂直布置。

e) 外间隙电极宜镀锌，或采取避免锈水沾污绝缘子的措施。

5.4.5 排气式避雷器应装设简单可靠的动作指示器。

5.5 保护间隙

5.5.1 如排气式避雷器的灭弧能力不能符合要求，可采用保护间隙，并应尽量与自动重合闸装置配合，以减少线路停电事故。保护间隙的主间隙距离不应小于表 5 所列数值。

表 5   保护间隙的主间隙距离最小值

系统标称电压 kV	3	6	10	20	35
间隙距离 mm	8	15	25	100	210

5.5.2 除有效接地系统和低电阻接地系统外，应使单相间隙动作时有利于灭弧，并宜采用角形保护间隙。

保护间隙宜在其接地引下线中串接一个辅助间隙，以防止外物使间隙短路。辅助间隙的距离可采用表6所列数值。

表6 辅助间隙的距离

系统标称电压 kV	3	6、10	20	35
辅助间隙距离 mm	5	10	15	20

6 高压架空线路的雷电过电压保护

6.1 一般线路的保护

6.1.1 送电线路的雷电过电压保护方式，应根据线路的电压等级、负荷性质、系统运行方式、当地原有线路的运行经验、雷电活动的强弱、地形地貌的特点和土壤电阻率的高低等条件，通过技术经济比较确定。

各级电压的送、配电线路，应尽量装设自动重合闸装置。35kV及以下的厂区内的短线路，可按需要确定。

6.1.2 各级电压的线路，一般采用下列保护方式：

a) 330kV和500kV线路应沿全线架设双避雷线，但少雷区除外。

b) 220kV线路宜沿全线架设双避雷线；少雷区宜架设单避雷线。

c) 110kV线路一般沿全线架设避雷线，在山区和雷电活动特殊强烈地区，宜架设双避雷线。在少雷区可不沿全线架设避雷线，但应装设自动重合闸装置。

d) 66kV线路，负荷重要且所经地区平均年雷暴日数为30以上的地区，宜沿全线架设避雷线。

e) 35kV及以下线路，一般不沿全线架设避雷线。

f) 除少雷区外，3kV～10kV钢筋混凝土杆配电线路，宜采用瓷或其他绝缘材料的横担；如果用铁横担，对供电可靠性要求高的线路宜采用高一电压等级的绝缘子，并应尽量以较短的时间切除故障，以减少雷击跳闸和断线事故。

6.1.3 有避雷线的线路，在一般土壤电阻率地区，其耐雷水平不宜低于表7所列数值。

6.1.4 有避雷线的线路，每基杆塔不连避雷线的工频接地电阻，在雷季干燥时，不宜超过表8所列数值。

表7 有避雷线线路的耐雷水平

	标称电压 kV	35	66	110	220	330	500
耐雷水平 kA	一般线路	20～30	30～60	40～75	75～110	100～150	125～175
	大跨越档中央和发电厂、变电所进线保护段	30	60	75	110	150	175

表8 有避雷线的线路杆塔的工频接地电阻

土壤电阻率 Ω·m	≤100	>100～500	>500～1000	>1000～2000	>2000
接地电阻 Ω	10	15	20	25	30

注 如土壤电阻率超过2000Ω·m，接地电阻很难降低到30Ω时，可采用6～8根总长不超过500m的放射形接地体，或采用连续伸长接地体，接地电阻不受限制。

雷电活动强烈的地方和经常发生雷击故障的杆塔和线段，应改善接地装置、架设避雷线、适当加强绝缘或架设耦合地线。

6.1.5 杆塔上避雷线对边导线的保护角，一般采用20°～30°。220kV～330kV双避雷线线路，一般采用20°左右，500kV一般不大于15°，山区宜采用较小的保护角。杆塔上两根避雷线间的距离不应超过导线与避雷线间垂直距离的5倍。

6.1.6 有避雷线的线路应防止雷击档距中央反击导线。15℃无风时，档距中央导线与避雷线间的距离宜符合式（14）要求：

$$S_1 = 0.012l + 1 \tag{14}$$

式中：S_1——导线与避雷线间的距离，m；

l——档距长度，m。

当档距长度较大，按式（14）计算出的 S_1 大于表 10 的数值时，可按后者要求。

6.1.7 中雷区及以上地区 35kV 及 66kV 无避雷线线路宜采取措施，减少雷击引起的多相短路和两相异点接地引起的断线事故，钢筋混凝土杆和铁塔宜接地，接地电阻不受限制，但多雷区不宜超过 30Ω。钢筋混凝土杆和铁塔应充分利用其自然接地作用，在土壤电阻率不超过 100Ω·m 或有运行经验的地区，可不另设人工接地装置。

6.1.8 钢筋混凝土杆铁横担和钢筋混凝土横担线路的避雷线支架、导线横担与绝缘子固定部分或瓷横担固定部分之间，宜有可靠的电气连接并与接地引下线相连。主杆非预应力钢筋如上下已用绑扎或焊接连成电气通路，则可兼作接地引下线。

利用钢筋兼作接地引下线的钢筋混凝土电杆，其钢筋与接地螺母、铁横担间应有可靠的电气连接。

6.1.9 与架空线路相连接的长度超过 50m 的电缆，应在其两端装设阀式避雷器或保护间隙；长度不超过 50m 的电缆，只在任何一端装设即可。

6.1.10 绝缘避雷线的放电间隙，其间隙值应根据避雷线上感应电压的续流熄弧条件和继电保护的动作条件确定，一般采用 10mm～40mm。在海拔 1000m 以上的地区，间隙应相应加大。

6.2 线路交叉部分的保护

6.2.1 线路交叉档两端的绝缘不应低于其邻档的绝缘。交叉点应尽量靠近上下方线路的杆塔，以减少导线因初伸长、覆冰、过载温升、短路电流受热而增大弧垂的影响，以及降低雷击交叉档时交叉点上的过电压。

6.2.2 同级电压线路相互交叉或与较低电压线路、通信线路交叉时，两交叉线路导线间或上方线路导线与下方线路避雷线间的垂直距离，当导线温度为 40℃ 时，不得小于表 9 所列数值。对按允许载流量计算导线截面的线路，还应校验当导线为最高允许温度时的交叉距离，此距离应大于表 15 所列操作过电压间隙距离，且不得小于 0.8m。

**表 9　　同级电压线路相互交叉或与
较低电压线路通信线路交叉时的交叉距离**

系统标称电压 kV	3～10	20～110	220	330	500
交叉距离 m	2	3	4	5	6

6.2.3 3kV 及以上的同级电压线路相互交叉或与较

低电压线路、通信线路交叉时，交叉档一般采取下列保护措施：

　　a）交叉档两端的钢筋混凝土杆或铁塔（上、下方线路共 4 基），不论有无避雷线，均应接地。

　　b）3kV 及以上线路交叉档两端为木杆或木横担钢筋混凝土杆且无避雷线时，应装设排气式避雷器或保护间隙。

　　c）与 3kV 及以上电力线路交叉的低压线路和通信线路，当交叉档两端为木杆时，应装置保护间隙。

　　门型木杆上的保护间隙，可由横担与主杆固定处沿杆身敷设接地引下线构成。单木杆针式绝缘子的保护间隙，可在距绝缘子固定点 750mm 处绑扎接地引下线构成。通信线的保护间隙，可由杆顶沿杆身敷设接地引下线构成。

　　如交叉距离比表 9 所列数值大 2m 及以上，则交叉档可不采取保护措施。

6.2.4 如交叉点至最近杆塔的距离不超过 40m，可不在此线路交叉档的另一杆塔上装设交叉保护用的接地装置、排气式避雷器或保护间隙。

6.3 大跨越档的雷电过电压保护

6.3.1 大跨越档的绝缘水平不应低于同一线路的其他杆塔。全高超过 40m 有避雷线的杆塔，每增高 10m，应增加一个绝缘子，避雷线对边导线的保护角对 66kV 及以下和 110kV 及以上线路分别不宜大于 20° 和 15°。接地电阻不应超过表 8 所列数值的 50%，当土壤电阻率大于 2000Ω·m 时，也不宜超过 20Ω。全高超过 100m 的杆塔，绝缘子数量应结合运行经验，通过雷电过电压的计算确定。

6.3.2 未沿全线架设避雷线的 35kV 及以上新建线路中的大跨越段，宜架设避雷线。对新建无避雷线的大跨越档，应装设排气式避雷器或保护间隙，新建线路并应比表 15 要求增加一个绝缘子。

6.3.3 根据雷击档距中央避雷线时防止反击的条件，大跨越档导线与避雷线间的距离不得小于表 10 的要求。

**表 10　　防止反击要求的大跨越档导线
与避雷线间的距离**

系统标称电压 kV	35	66	110	220	330	500
距离 m	3.0	6.0	7.5	11.0	15.0	17.5

7　发电厂和变电所的雷电过电压保护

7.1 发电厂和变电所的直击雷过电压保护

7.1.1 发电厂和变电所的直击雷过电压保护可采用避雷针或避雷线。下列设施应装设直击雷保护装置：

a) 屋外配电装置，包括组合导线和母线廊道；

b) 火力发电厂的烟囱、冷却塔和输煤系统的高建筑物；

c) 油处理室、燃油泵房、露天油罐及其架空管道、装卸油台、易燃材料仓库等建筑物；

d) 乙炔发生站、制氢站、露天氢气罐、氢气罐储存室、天然气调压站、天然气架空管道及其露天贮罐；

e) 多雷区的列车电站。

7.1.2 发电厂的主厂房、主控制室和配电装置室一般不装设直击雷保护装置。为保护其他设备而装设的避雷针，不宜装在独立的主控制室和35kV及以下变电所的屋顶上。但采用钢结构或钢筋混凝土结构等有屏蔽作用的建筑物的车间变电所可不受此限制。

雷电活动特殊强烈地区的主厂房、主控制室和配电装置室宜设直击雷保护装置。

主厂房如装设避直击雷保护装置或为保护其他设备而在主厂房上装设避雷针，应采取加强分流、装设集中接地装置、设备的接地点尽量远离避雷针接地引下线的入地点、避雷针接地引下线尽量远离电气设备等防止反击的措施，并宜在靠近避雷针的发电机出口处装设一组旋转电机阀式避雷器。

主控制室、配电装置室和35kV及以下变电所的屋顶上如装设直击雷保护装置时，若为金属屋顶或屋顶上有金属结构，则将金属部分接地；若屋顶为钢筋混凝土结构，则将其焊成网接地；若结构为非导电的屋顶时，则采用避雷带保护，该避雷带的网格为8m～10m，每隔10m～20m设引下线接地。

上述接地引下线应与主接地网连接，并在连接处加装集中接地装置。

峡谷地区的发电厂和变电所宜用避雷线保护。

已在相邻高建筑物保护范围内的建筑物或设备，可不装设直击雷保护装置。

屋顶上的设备金属外壳、电缆金属外皮和建筑物金属构件均应接地。

7.1.3 露天布置的GIS的外壳不需装设直击雷保护装置，但应接地。

7.1.4 发电厂和变电所有爆炸危险且爆炸后可能波及发电厂和变电所内主设备或严重影响发供电的建构筑物（如制氢站、露天氢气贮罐、氢气罐储存室、易燃油泵房、露天易燃油贮罐、厂区内的架空易燃油管道、装卸油台和天然气管道以及露天天然气贮罐等），应用独立避雷针保护，并应采取防止雷电感应的措施。

避雷针与易燃油贮罐和氢气天然气等罐体及其呼吸阀等之间的空气中距离，避雷针及其接地装置与罐体、罐体的接地装置和地下管道的地中距离应符合7.1.11a)及7.1.11b)的要求。避雷针与呼吸阀的水平距离不应小于3m，避雷针尖高出呼吸阀不应小于3m。避雷针的保护范围边缘高出呼吸阀顶部不应小于2m。避雷针的接地电阻不宜超过10Ω。在高土壤电阻率地区，如接地电阻难于降到10Ω，允许采用较高的电阻值，但空气中距离和地中距离必须符合7.1.11的要求。避雷针与5000m³以上贮罐呼吸阀的水平距离不应小于5m，避雷针尖高出呼吸阀不应小于5m。

露天贮罐周围应设闭合环形接地体，接地电阻不应超过30Ω（无独立避雷针保护的露天贮罐不应超过10Ω），接地点不应小于两处，接地点间距不应大于30m。架空管道每隔20m～25m应接地一次，接地电阻不应超过30Ω。易燃油贮罐的呼吸阀、易燃油和天然气贮罐的热工测量装置应进行重复接地，即与贮罐的接地体用金属线相连。不能保持良好电气接触的阀门、法兰、弯头等管道连接处应跨接。

7.1.5 7.1.1中所述设施上的直击雷保护装置包括兼作接闪器的设备金属外壳、电缆金属外皮、建筑物金属构件等，其接地可利用发电厂或变电所的主接地网，但应在直击雷保护装置附近装设集中接地装置。

7.1.6 独立避雷针（线）宜设独立的接地装置。在非高土壤电阻率地区，其接地电阻不宜超过10Ω。当有困难时，该接地装置可与主接地网连接，但避雷针与主接地网的地下连接点至35kV及以下设备与主接地网的地下连接点之间，沿接地体的长度不得小于15m。

独立避雷针不应设在人经常通行的地方，避雷针及其接地装置与道路或出入口等的距离不宜小于3m，否则应采取均压措施，或铺设砾石或沥青地面，也可铺设混凝土地面。

7.1.7 110kV及以上的配电装置，一般将避雷针装在配电装置的架构或房顶上，但在土壤电阻率大于1000Ω·m的地区，宜装设独立避雷针。否则，应通过验算，采取降低接地电阻或加强绝缘等措施。

66kV的配电装置，允许将避雷针装在配电装置的架构或房顶上，但在土壤电阻率大于500Ω·m的地区，宜装设独立避雷针。

35kV及以下高压配电装置架构或房顶不宜装避雷针。

装在架构上的避雷针应与接地网连接，并应在其附近装设集中接地装置。装有避雷针的架构上，接地部分与带电部分间的空气中距离不得小于绝缘子串的长度；但在空气污秽地区，如有困难，空气中距离可按非污秽区标准绝缘子串的长度确定。

除水力发电厂外，装设在架构（不包括变压器门型架构）上的避雷针与主接地网的地下连接点至变压器接地线与主接地网的地下连接点之间，沿接地体的长度不得小于 15m。

7.1.8 除水力发电厂外，在变压器门型架构上和在离变压器主接地线小于 15m 的配电装置的架构上，当土壤电阻率大于 350Ω·m 时，不允许装设避雷针、避雷线；如不大于 350Ω·m，则应根据方案比较确有经济效益，经过计算采取相应的防止反击措施，并至少遵守下列规定，方可在变压器门型架构上装设避雷针、避雷线：

a）装在变压器门型架构上的避雷针应与接地网连接，并应沿不同方向引出 3 根～4 根放射形水平接地体，在每根水平接地体上离避雷针架构 3m～5m 处装设一根垂直接地体；

b）直接在 3kV～35kV 变压器的所有绕组出线上或在离变压器电气距离不大于 5m 条件下装设阀式避雷器。

高压侧电压 35kV 变电所，在变压器门型架构上装设避雷针时，变电所接地电阻不应超过 4Ω（不包括架构基础的接地电阻）。

7.1.9 110kV 及以上配电装置，可将线路的避雷线引接到出线门型架构上，土壤电阻率大于 1000Ω·m 的地区，应装设集中接地装置。

35kV、66kV 配电装置，在土壤电阻率不大于 500Ω·m 的地区，允许将线路的避雷线引接到出线门型架构上，但应装设集中接地装置。在土壤电阻率大于 500Ω·m 的地区，避雷线应架设到线路终端杆塔为止。从线路终端杆塔到配电装置的一档线路的保护，可采用独立避雷针，也可在线路终端杆塔上装设避雷针。

7.1.10 火力发电厂烟囱附近的引风机及其电动机的机壳应与主接地网连接，并应装设集中接地装置，该接地装置宜与烟囱的接地装置分开。如不能分开，引风机的电源线应采用带金属外皮的电缆，电缆的金属外皮应与接地装置连接。机械通风冷却塔上电动机的电源线、装有避雷针和避雷线的架构上的照明灯电源线，均必须采用直接埋入地下的带金属外皮的电缆或穿入金属管的导线。电缆外皮或金属管埋地长度在 10m 以上，才允许与 35kV 及以下配电装置的接地网及低压配电装置相连接。

严禁在装有避雷针、避雷线的构筑物上架设未采取保护措施的通信线、广播线和低压线。

7.1.11 独立避雷针、避雷线与配电装置带电部分间的空气中距离以及独立避雷针、避雷线的接地装置与接地网间的地中距离。

a）独立避雷针与配电装置带电部分、发电厂和变电所电气设备接地部分、架构接地部分之间的空气中距离，应符合式（15）的要求：

$$S_a \geqslant 0.2R_i + 0.1h \quad (15)$$

式中：S_a——空气中距离，m；

R_i——避雷针的冲击接地电阻，Ω；

h——避雷针校验点的高度，m。

b）独立避雷针的接地装置与发电厂或变电所接地网间的地中距离，应符合式（16）的要求：

$$S_e \geqslant 0.3R_i \quad (16)$$

式中：S_e——地中距离，m。

c）避雷线与配电装置带电部分、发电厂和变电所电气设备接地部分以及架构接地部分间的空气中距离，应符合下列要求：

对一端绝缘另一端接地的避雷线：

$$S_a \geqslant 0.2R_i + 0.1(h + \Delta l) \quad (17)$$

式中：h——避雷线支柱的高度，m；

Δl——避雷线上校验的雷击点与接地支柱的距离，m。

对两端接地的避雷线：

$$S_a \geqslant \beta'[0.2R_i + 0.1(h + \Delta l)] \quad (18)$$

式中：β'——避雷线分流系数；

Δl——避雷线上校验的雷击点与最近支柱间的距离，m。

避雷线分流系数可按式（19）计算：

$$\beta' = \frac{1 + \dfrac{\tau_t R_i}{12.4(l_2 + h)}}{1 + \dfrac{\Delta l + h}{l_2 + h} + \dfrac{\tau_t R_i}{6.2(l_2 + h)}} \approx \frac{l_2 + h}{l_2 + \Delta l + 2h}$$

$$(19)$$

式中：l_2——避雷线上校验的雷击点与另一端支柱间的距离，$l_2 = l' - \Delta l$，m；

l'——避雷线两支柱间的距离，m；

τ_t——雷电流波头长度，一般取 2.6μs。

d）避雷线的接地装置与发电厂或变电所接地网间的地中距离，应符合下列要求：

对一端绝缘另一端接地的避雷线，应按式（16）校验。对两端接地的避雷线应按式（20）校验：

$$S_e \geqslant 0.3\beta'R_i \quad (20)$$

e）除上述要求外，对避雷针和避雷线，S_a 不宜小于 5m，S_c 不宜小于 3m。

对 66kV 及以下配电装置，包括组合导线、母线廊道等，应尽量降低感应过电压，当条件许可时，S_a 应尽量增大。

7.2 范围Ⅱ发电厂和变电所高压配电装置的雷电侵入波过电压保护

7.2.1 2km 架空进线保护段范围内的杆塔耐雷水平应该符合表 7 的要求。应采取措施防止或减少近区雷击闪络。

7.2.2 具有架空进线电气设备采用标准绝缘水平的 330kV 发电厂和变电所敞开式高压配电装置中，金属氧化物避雷器至主变压器的距离，对于单、双、三和四回进线的情况，分别为 90m、140m、170m 和 190m。对其他电器的最大距离可相应增加 35%。

7.2.3 敞开式发电厂和变电所采用 $1\frac{1}{2}$ 断路器主接线时，金属氧化物避雷器宜装设在每回线路的入口和每一主变压器回路上，母线较长时是否需装设避雷器可通过校验确定。

7.2.4 采用 GIS、主接线为 $1\frac{1}{2}$ 断路器的发电厂和变电所，金属氧化物避雷器宜安装于每回线路的入口，每组母线上是否安装需经校验确定。当升压变压器经较长的气体绝缘管道或电缆接至 GIS 母线时（如水力发电厂）以及接线复杂的 GIS 发电厂和变电所的避雷器的配置可通过校验确定。

7.2.5 范围Ⅱ的变压器和高压并联电抗器的中性点经接地电抗器接地时，中性点上应装设金属氧化物避雷器保护。

7.3 范围Ⅰ发电厂和变电所高压配电装置的雷电侵入波过电压保护

7.3.1 发电厂和变电所应采取措施防止或减少近区雷击闪络。未沿全线架设避雷线的 35kV～110kV 架空送电线路，应在变电所 1km～2km 的进线段架设避雷线。

220kV 架空送电线路，在 2km 进线保护段范围内以及 35kV～110kV 线路在 1km～2km 进线保护段范围内的杆塔耐雷水平应该符合表 7 的要求。

进线保护段上的避雷线保护角宜不超过 20°，最大不应超过 30°。

7.3.2 未沿全线架设避雷线的 35kV～110kV 线路，其变电所的进线段应采用图 10 所示的保护接线。

在雷季，如变电所 35kV～110kV 进线的隔离

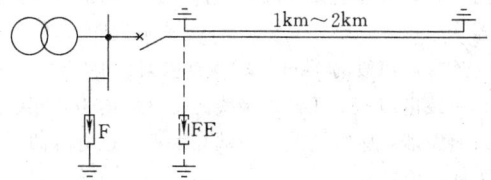

图 10 35kV～110kV 变电所的进线保护接线

开关或断路器可能经常断路运行，同时线路侧又带电，必须在靠近隔离开关或断路器处装设一组排气式避雷器 FE。FE 外间隙距离的整定，应使其在断路运行时，能可靠地保护隔离开关或断路器，而在闭路运行时不动作。如 FE 整定有困难，或无适当参数的排气式避雷器，则可用阀式避雷器代替。

全线架设避雷线的 35kV～220kV 变电所，其进线的隔离开关或断路器与上述情况相同时，宜在靠近隔离开关或断路器处装设一组保护间隙或阀式避雷器。

7.3.3 发电厂、变电所的 35kV 及以上电缆进线段，在电缆与架空线的连接处应装设阀式避雷器，其接地端应与电缆金属外皮连接。对三芯电缆，末端的金属外皮应直接接地［图 11（a）］；对单芯电缆，应经金属氧化物电缆护层保护器（FC）或保护间隙（FG）接地［图 11（b）］。

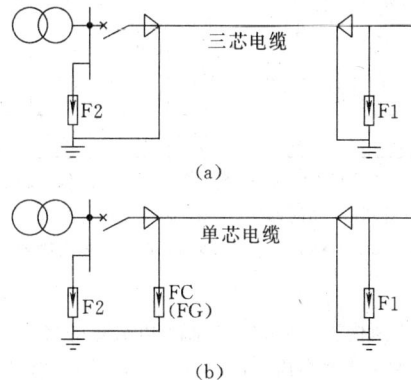

图 11 具有 35kV 及以上电缆段的变电所进线保护接线

（a）三芯电缆段的变电所进线保护接线；
（b）单芯电缆段的变电所进线保护接线

如电缆长度不超过 50m 或虽超过 50m，但经校验，装一组阀式避雷器即能符合保护要求，图 11 中可只装 F1 或 F2。

如电缆长度超过 50m，且断路器在雷季可能经常

断路运行，应在电缆末端装设排气式避雷器或阀式避雷器。

连接电缆段的 1km 架空线路应架设避雷线。

全线电缆—变压器组接线的变电所内是否需装设阀式避雷器，应视电缆另一端有无雷电过电压波侵入的可能，经校验确定。

7.3.4 具有架空进线的 35kV 及以上发电厂和变电所敞开式高压配电装置中阀式避雷器的配置。

a) 每组母线上应装设阀式避雷器。阀式避雷器与主变压器及其他被保护设备的电气距离超过表 11 或表 12 的参考值时，可在主变压器附近增设一组阀式避雷器。

表 11 普通阀式避雷器至主变压器间的最大电气距离 m

系统标称电压 kV	进线长度 km	进线路数			
		1	2	3	≥4
35	1	25	40	50	55
	1.5	40	55	65	75
	2	50	75	90	105
66	1	45	65	80	90
	1.5	60	85	105	115
	2	80	105	130	145
110	1	45	70	80	90
	1.5	70	95	115	130
	2	100	135	160	180
220	2	105	165	195	220

注 1 全线有避雷线进线长度取 2km，进线长度在 1km ～2km 间时的距离按补插法确定，表 12 同此。

2 35kV 也适用于有串联间隙金属氧化物避雷器的情况。

变电所内所有阀式避雷器应以最短的接地线与配电装置的主接地网连接，同时应在其附近装设集中接地装置。

b) 35kV 及以上装有标准绝缘水平的设备和标准特性阀式避雷器且高压配电装置采用单母线、双母线或分段的电气主接线时，碳化硅普通阀式避雷器与主变压器间的最大电气距离可参照表 11 确定。对其他电器的最大距离可相应增加 35%。

金属氧化物避雷器与主变压器间的最大电气距离可参照表 12 确定。对其他电器的最大距离可相应增加 35%。

表 12 金属氧化物避雷器至主变压器间的最大电气距离 m

系统标称电压 kV	进线长度 km	进线路数			
		1	2	3	≥4
110	1	55	85	105	115
	1.5	90	120	145	165
	2	125	170	205	230
220	2	125 (90)	195 (140)	235 (170)	265 (190)

注 1 本表也适用于电站碳化硅磁吹避雷器（FM）的情况。

2 表 12 括号内距离对应的雷电冲击全波耐受电压为 850kV。

注

1 标准绝缘水平指 35kV、66kV、110kV 及 220kV 变压器、电压互感器标准雷电冲击全波耐受电压分别为 200kV、325kV、480kV 及 950kV。

2 110kV 及 220kV 金属氧化物避雷器在标称放电电流下的残压分别为 260kV 及 520kV。

c) 架空进线采用双回路杆塔，有同时遭到雷击的可能，确定阀式避雷器与变压器最大电气距离时，应按一路考虑，且在雷季中宜避免将其中一路断开。

d) 对电气接线比较特殊的情况，可用计算方法或通过模拟试验确定最大电气距离。

7.3.5 有效接地系统中的中性点不接地的变压器，如中性点采用分级绝缘且未装设保护间隙，应在中性点装设雷电过电压保护装置，且宜选变压器中性点金属氧化物避雷器。如中性点采用全绝缘，但变电所为单进线且为单台变压器运行，也应在中性点装设雷电过电压保护装置。

不接地、消弧线圈接地和高电阻接地系统中的变压器中性点，一般不装设保护装置，但多雷区单进线变电所且变压器中性点引出时，宜装设保护装置；中性点接有消弧线圈的变压器，如有单进线运行可能，也应在中性点装设保护装置。该保护装置可任选金属氧化物避雷器或碳化硅普通阀式避雷器。

7.3.6 自耦变压器必须在其两个自耦合的绕组出线上装设阀式避雷器，该阀式避雷器应装在自耦变压器和断路器之间，并采用图 12 的保护接线。

7.3.7 35kV～220kV 开关站，应根据其重要性和进线路数等条件，在母线上或进线上装设阀式避雷器。

7.3.8 与架空线路连接的三绕组自耦变压器、变压器（包括一台变压器与两台电机相连的三绕组变压器）的低压绕组如有开路运行的可能和发电厂双绕组

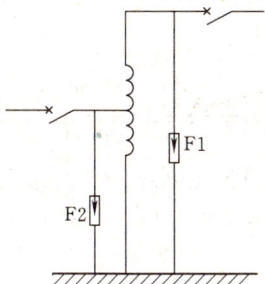

图 12 自耦变压器的典型保护接线

变压器当发电机断开由高压侧倒送厂用电时，应在变压器低压绕组三相出线上装设阀式避雷器，以防来自高压绕组的雷电波的感应电压危及低压绕组绝缘；但如该绕组连有 25m 及以上金属外皮电缆段，则可不必装设避雷器。

7.3.9 变电所的 3kV～10kV 配电装置（包括电力变压器），应在每组母线和架空进线上装设阀式避雷器（分别采用电站和配电阀式避雷器），并应采用图 13 所示的保护接线。母线上阀式避雷器与主变压器的电气距离不宜大于表 13 所列数值。

表 13   阀式避雷器至 3kV～10kV
主变压器的最大电气距离

雷季经常运行的进线路数	1	2	3	≥4
最大电气距离 m	15	20	25	30

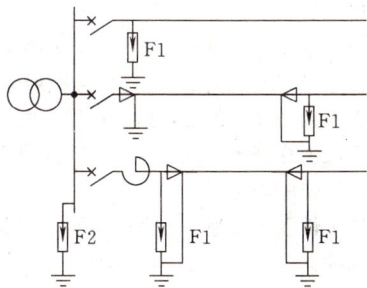

图 13 3kV～10kV 配电装置雷电
侵入波的保护接线

架空进线全部在厂区内，且受到其他建筑物屏蔽时，可只在母线上装设阀式避雷器。

有电缆段的架空线路，阀式避雷器应装设在电缆头附近，其接地端应和电缆金属外皮相连。如各架空进线均有电缆段，则阀式避雷器与主变压器的最大电气距离不受限制。

阀式避雷器应以最短的接地线与变电所、配电所的主接地网连接（包括通过电缆金属外皮连接）。阀式避雷器附近应装设集中接地装置。

3kV～10kV 配电所，当无所用变压器时，可仅在每路架空进线上装设阀式避雷器。

注：配电所指所内仅有起开闭和分配电能作用的配电装置，而母线上无主变压器。

7.4 气体绝缘全封闭组合电器（GIS）变电所的雷电侵入波过电压保护

7.4.1 66kV 及以上进线无电缆段的 GIS 变电所，在 GIS 管道与架空线路的连接处，应装设金属氧化物避雷器（FMO1），其接地端应与管道金属外壳连接，如图 14 所示。

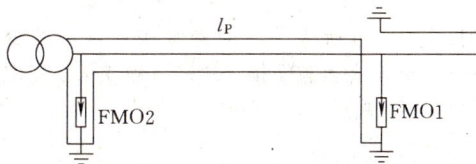

图 14 无电缆段进线的 GIS 变电所保护接线

如变压器或 GIS 一次回路的任何电气部分至 FMO1 间的最大电气距离不超过下列参考值或虽超过，但经校验，装一组避雷器即能符合保护要求，则图 14 中可只装设 FMO1：

66kV   50m
110kV 及 220kV   130m

连接 GIS 管道的架空线路进线保护段的长度应不小于 2km，且应符合 7.2.1 或 7.2.2 的要求。

7.4.2 66kV 及以上进线有电缆段的 GIS 变电所，在电缆段与架空线路的连接处应装设金属氧化物避雷器（FMO1），其接地端应与电缆的金属外皮连接。对三芯电缆，末端的金属外皮应与 GIS 管道金属外壳连接接地 [图 15（a）]；对单芯电缆，应经金属氧化物电缆护层保护器（FC）接地 [图 15（b）]。

电缆末端至变压器或 GIS 一次回路的任何电气部分间的最大电气距离不超过 7.4.1 中的参考值或虽超过，但经校验，装一组避雷器即能符合保护要求，图 15 中可不装设 FMO2。

对连接电缆段的 2km 架空线路应架设避雷线。

7.4.3 进线全长为电缆的 GIS 变电所内是否需装设金属氧化物避雷器，应视电缆另一端有无雷电过电压波侵入的可能，经校验确定。

7.5 小容量变电所雷电侵入波过电压的简易保护

7.5.1 3150kVA～5000kVA 的变电所 35kV 侧，可根据负荷的重要性与雷电活动的强弱等条件适当简化

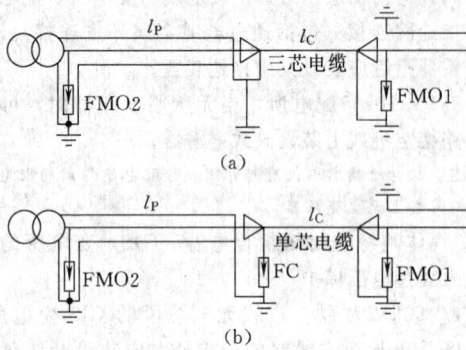

图 15 有电缆段进线的 GIS 变电所保护接线
(a) 三芯电缆段进线的 GIS 变电所保护接线；
(b) 单芯电缆段进线的 GIS 变电所保护接线

保护接线，变电所进线段的避雷线长度可减少到 500m～600m，但其首端排气式避雷器或保护间隙的接地电阻不应超过 5Ω（图 16）。

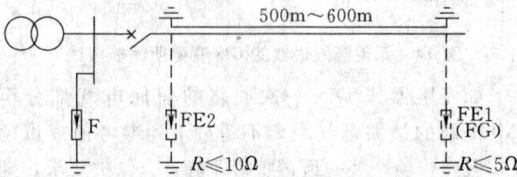

图 16 3150kVA～5000kVA、35kV 变电所的简易保护接线

7.5.2 小于 3150kVA 供非重要负荷的变电所 35kV 侧，根据雷电活动的强弱，可采用图 17（a）的保护接线；容量为 1000kVA 及以下的变电所，可采用图 17（b）的保护接线。

7.5.3 小于 3150kVA 供非重要负荷的 35kV 分支变

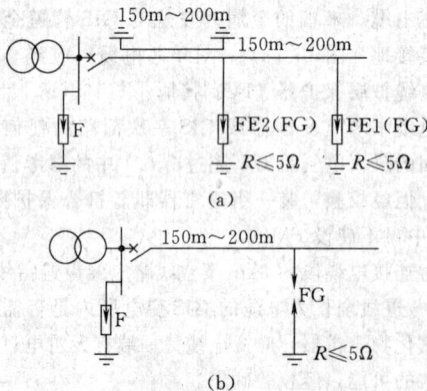

图 17 小于 3150kVA 变电所的简易保护
(a) 采用避雷线保护的接线；
(b) 不采用避雷线保护的接线

电所，根据雷电活动的强弱，可采用图 18 的保护接线。

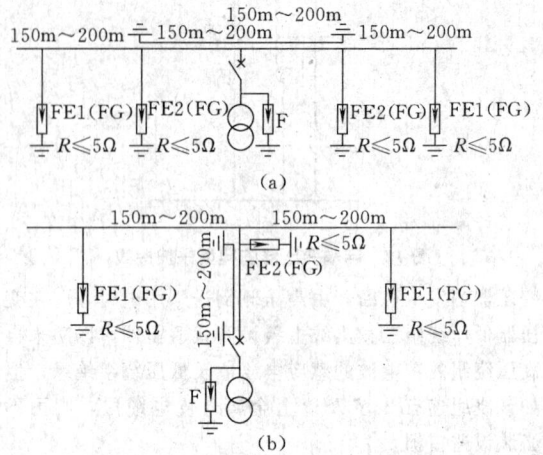

图 18 小于 3150kVA 分支变电所的简易保护
(a) 分支线较短时的保护接线；
(b) 分支线较长时的保护接线

7.5.4 简易保护接线的变电所 35kV 侧，阀式避雷器与主变压器或电压互感器间的最大电气距离不宜超过 10m。

8 配电系统的雷电过电压保护

8.1 3kV～10kV 配电系统中的配电变压器应装设阀式避雷器保护。阀式避雷器应尽量靠近变压器装设，其接地线应与变压器低压侧中性点（中性点不接地时则为中性点的击穿保险器的接地端）以及金属外壳等连在一起接地。

8.2 3kV～10kV Y，yn 和 Y，y（低压侧中性点接地和不接地）接线的配电变压器，宜在低压侧装设一组阀式避雷器或击穿保险器，以防止反变换波和低压侧雷电侵入波击穿高压侧绝缘。但厂区内的配电变压器可根据运行经验确定。

低压侧中性点不接地的配电变压器，应在中性点装设击穿保险器。

8.3 35kV～0.4kV 配电变压器，其高低压侧均应装设阀式避雷器保护。

8.4 3kV～10kV 柱上断路器和负荷开关应装设阀式避雷器保护。经常断路运行而又带电的柱上断路器、负荷开关或隔离开关，应在带电侧装设阀式避雷器，其接地线应与柱上断路器等的金属外壳连接，且接地电阻不应超过 10Ω。

装设在架空线路上的电容器宜装设阀式避雷器保护。

9 旋转电机的雷电过电压保护

9.1 与架空线路直接连接的旋转电机（发电机、同步调相机、变频机和电动机，简称直配电机）的保护方式，应根据电机容量、雷电活动的强弱和对运行可靠性的要求确定。

9.2 单机容量为 25000kW～60000kW 的直配电机，宜采用图 19（a）所示的保护接线。60000kW 以上的电机，不应与架空线路直接连接。

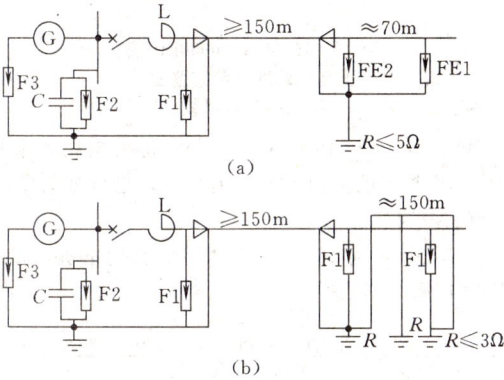

图 19　25000kW～60000kW 直配电机的保护接线

（a）进线段采用耦合地线的保护接线；

（b）进线段采用避雷线的保护接线

1—配电阀式避雷器；F2—旋转电机阀式避雷器；F3—旋转电机中性点阀式避雷器；FE1、FE2—排气式避雷器；G—发电机；L—限制短路电流用电抗器；C—电容器

排气式避雷器 FE1 和 FE2 的冲击放电电压不应超过表 14 所列的数值。

表 14　　排气式避雷器 FE1 和 FE2 的冲击放电电压

系统标称电压 kV	3	6	10
预放电时间为 2μs 的冲击放电电压 kV	40	50	60

FE1 和 FE2 的接地端应用钢绞线连接。钢绞线架设在导线下方；距导线应小于 3m 但大于 2m，并应与电缆首端的金属外皮在装设 FE2 杆塔处连在一起接地，工频接地电阻 R 不应大于 5Ω。

进线电缆段应直接埋设在土壤中，以充分利用其金属外皮的分流作用。如受条件限制不能直接埋设，可将电缆金属外皮多点接地，即除两端接地外，再在两端间的 3 处～5 处接地。

如电缆首端的短路电流较大，按图 19（a）所示的保护接线无适当参数的排气式避雷器可用时，可改用图 19（b）所示的保护接线。

进线段上的阀式避雷器的接地端，应与电缆的金属外皮和避雷线连在一起接地，接地电阻 r 不应大于 3Ω。

9.3 单机容量为 6000kW～25000kW（不含 25000kW）的直配电机，宜采用图 20（a）所示的保护接线。在多雷区，也可采用图 19 所示的保护接线。

如电缆首端的短路电流较大，按图 20（a）所示的保护接线无适当参数的排气式避雷器可用时，可改用图 20（b）所示的保护接线。

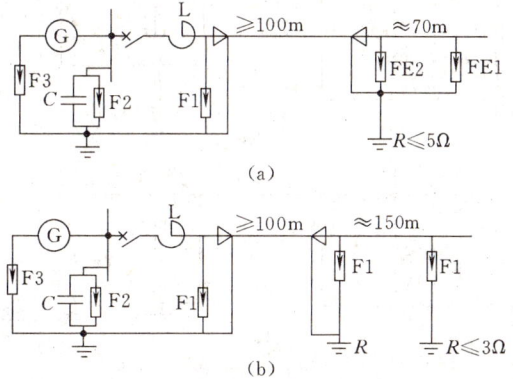

图 20　6000kW～25000kW（不含 25000kW）直配电机的保护接线

（a）进线段采用耦合地线的保护接线；

（b）进线段无耦合地线的保护接线

9.4 单机容量为 6000kW～12000kW 的直配电机，如出线回路中无限流电抗器，可采用图 21 所示的保护接线。在雷电活动特殊强烈地区，宜采用有电抗线

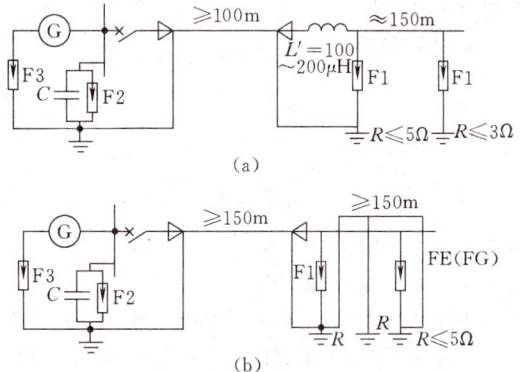

图 21　6000kW～12000kW 直配电机的保护接线

（a）进线段采用电感线圈的保护接线；

（b）进线段采用避雷线的保护接线

圈的图 21（a）所示的保护接线。

9.5 单机容量为 1500kW～6000kW（不含 6000kW）或少雷区 60000kW 及以下的直配电机，可采用图 22 所示的保护接线。

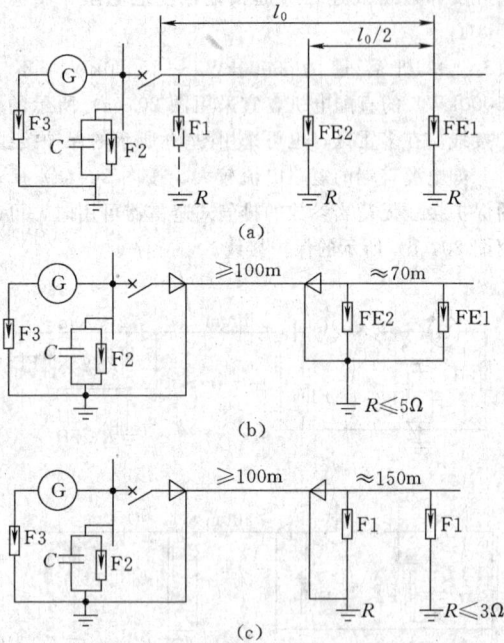

(a)

(b)

(c)

图 22　1500kW～6000kW（不含 6000kW）直配电机和少雷地区 60000kW 及以下直配电机的保护接线
(a) 进线段采用 FE 的保护接线；
(b) 进线段采用耦合地线的保护接线；
(c) 进线段采用 F 的保护接线

在进线保护段长度 l_0 内，应装设避雷针或避雷线。

进线保护段长度与排气式避雷器接地电阻的关系应符合下列要求：

对 3kV 和 6kV 线路

$$\frac{l_0}{R} \geqslant 200 \qquad (21)$$

对 10kV 线路

$$\frac{l_0}{R} \geqslant 150 \qquad (22)$$

式中：l_0——进线保护段长度，m；

R——接地电阻，Ω。

进线保护段长度一般采用 450m～600m。

在进线保护段上如有排气式避雷器 FE2，接地电阻 R 可取两组排气式避雷器 FE1 和 FE2 接地电阻的并联值。

图 22（a）中的阀式避雷器 F1 主要用来保护断

路器或隔离开关。

9.6 单机容量为 1500kW～6000kW 或列车电站的直配电机，可采用图 23 有电抗线圈或限流电抗器的保护接线。

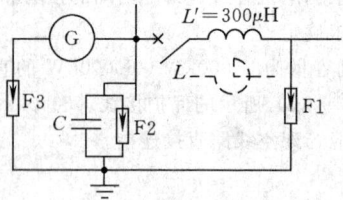

图 23　1500kW～6000kW 直配电机或列车电站直配电机的保护接线

单机容量为 1500kW 以下的直配电机，采用 9.7、9.8 规定的保护方式有困难时，也可采用图 23 所示的保护接线。

9.7 单机容量为 1500kW 及以下的直配电机，宜采用图 24 所示的保护接线。

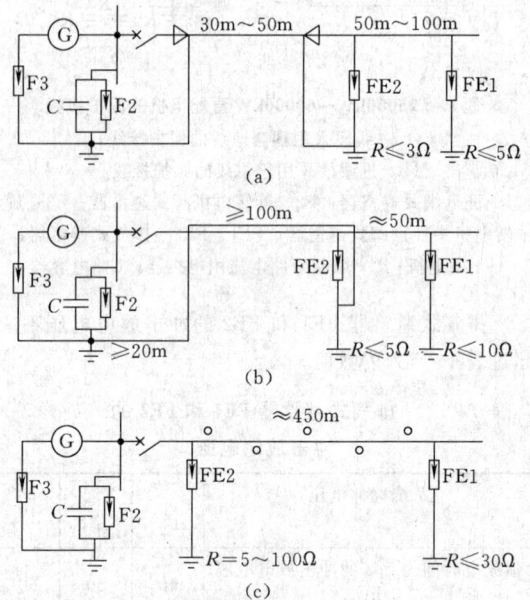

(a)

(b)

(c)

图 24　1500kW 及以下直配电机的保护接线
(a) 进线段采用 FE 的保护接线；(b) 进线段采用避雷线的保护接线；(c) 进线段采用避雷针的保护接线

9.8 容量为 25000kW 及以上的直配电机，应在每台电机出线处装设一组旋转电机阀式避雷器。25000kW 以下的直配电机，避雷器也应尽量靠近电机装设，在一般情况下，避雷器可装在电机出线处；如接在每一组母线上的电机不超过两台，避雷器也可装在每一组母线上。

9.9 如直配电机的中性点能引出且未直接接地，应在中性点上装设旋转电机中性点阀式避雷器。

9.10 保护直配电机用的避雷线，对边导线的保护角不应大于30°。

9.11 为保护直配电机匝间绝缘和防止感应过电压，装在每相母线上的电容器，包括电缆段电容在内应为 $0.25\mu F \sim 0.5\mu F$；对于中性点不能引出或双排非并绕组的电机，应为 $1.5\mu F \sim 2\mu F$（图19～图24）。

电容器宜有短路保护。

9.12 无架空直配线的发电机，如发电机与升压变压器之间的母线桥或组合导线无金属屏蔽部分的长度大于50m，应采取防止感应过电压的措施，在发电机回路或母线的每相导线上装设不小于 $0.15\mu F$ 的电容器或旋转电机阀式避雷器。如已按7.3.8要求装设避雷器，则可不再采取措施，但该避雷器应选用旋转电机阀式避雷器。

9.13 在多雷区，经变压器与架空线路连接的非直配电机，如变压器高压侧的系统标称电压为66kV及以下时，为防止雷电过电压经变压器绕组的电磁传递而危及电机的绝缘，宜在电机出线上装设一组旋转电机阀式避雷器。变压器高压侧的系统标称电压为110kV及以上时，电机出线上是否装设避雷器可经校验确定。

10 绝缘配合

10.1 绝缘配合原则

10.1.1 按系统中出现的各种电压和保护装置的特性来确定设备绝缘水平，即进行绝缘配合时，应全面考虑设备造价、维修费用以及故障损失三个方面，力求取得较高的经济效益。

不同系统，因结构不同以及在不同的发展阶段，可以有不同的绝缘水平。

10.1.2 工频运行电压和暂时过电压下的绝缘配合：

a）工频运行电压下电气装置电瓷外绝缘的爬电距离应符合相应环境污秽分级条件下的爬电比距要求。

b）变电所电气设备应能承受一定幅值和时间的工频过电压和谐振过电压。

10.1.3 操作过电压下的绝缘配合：

a）范围Ⅱ的架空线路确定其操作过电压要求的绝缘水平时，可用将过电压幅值和绝缘强度作为随机变量的统计法，并且仅考虑空载线路合闸、单相重合闸和成功的三相重合闸（如运行中使用时）过电压。

b）范围Ⅱ的变电所电气设备操作冲击绝缘水平以及变电所绝缘子串、空气间隙的操作冲击绝缘强度，以避雷器相应保护水平为基础，进行绝缘配合。

配合时，对非自恢复绝缘采用惯用法；对自恢复绝缘则仅将绝缘强度作为随机变量。

c）范围Ⅰ的架空线路和变电所绝缘子串、空气间隙的操作过电压要求的绝缘水平，以计算用最大操作过电压为基础进行绝缘配合。将绝缘强度作为随机变量处理。

10.1.4 雷电过电压下的绝缘配合。

变电所中电气设备、绝缘子串和空气间隙的雷电冲击强度，以避雷器雷电保护水平为基础进行配合。配合时，对非自恢复绝缘采用惯用法，对自恢复绝缘仅将绝缘强度作为随机变量。

10.1.5 用于操作雷电过电压绝缘配合的波形：

a）操作冲击电压波。至最大值时间 $250\mu s$，波尾 $2500\mu s$。

注：

1 有绕组的电气设备除外。

2 当采用其他波形时，绝缘配合裕度应符合本标准要求。

b）雷电冲击电压波。波头时间 $1.2\mu s$，波尾 $50\mu s$。

10.1.6 进行绝缘配合时，对于范围Ⅱ的送电线路、变电所的绝缘子串、空气间隙在各种电压下的绝缘强度，宜采用仿真型塔（构架）试验数据。

10.1.7 本标准中送电线路、变电所绝缘子串及空气间隙的绝缘配合公式均按标准气象条件给出。当送电线路、变电所因海拔高度引起气象条件变化而异于标准状态时，可参照附录D校正（海拔高度1000m及以下地区，按1000m条件校正），以满足绝缘配合要求，并有如下规定：

a）空气间隙。不考虑雨的影响，仅进行相对空气密度和湿度的校正。

b）绝缘子串。工频污秽放电电压暂不进行校正。

c）操作冲击电压波放电电压。按以下两种方法校正，且按严苛条件取值：

1）考虑雨使绝缘子正极性冲击电压波放电电压降低5%（或采用实测数据），再进行相对空气密度校正；

2）不考虑雨的影响，但进行相对空气密度和湿度的校正。

10.1.8 本标准中关于变电所电气设备绝缘配合的要求，适用于设备安装点海拔高度不超过1000m。当设备安装点海拔高度超过1000m时，可参照10.1.7考虑对设备外绝缘的耐受电压要求。

10.1.9 污秽区电瓷外绝缘的爬电距离按 GB/T 16434—1997《高压架空线路和发电厂、变电所环境污区分级及外绝缘选择标准》执行。

10.1.10 范围 I 的各电压级相对地计算用最大操作过电压的标么值应该选取下列数值：

35kV 及以下低电阻接地系统	3.2
66kV 及以下（除低电阻接地系统外）	4.0
110kV 及 220kV	3.0

3kV～220kV 电力系统，相间操作过电压宜取相对地过电压的 1.3～1.4 倍。

当采用金属氧化物避雷器限制操作过电压时，相对地及相间计算用最大操作过电压的标么值需经研究确定。

10.2 架空送电线路的绝缘配合

10.2.1 0 级污秽区线路绝缘子串。

每串绝缘子片数应符合工频电压的爬电距离要求，同时应符合操作过电压要求。

1) 由工频电压爬电距离要求的线路每串绝缘子片数应符合下式要求：

$$m \geqslant \frac{\lambda U_\mathrm{m}}{K_\mathrm{e} L_0} \qquad (23)$$

式中：m——每串绝缘子片数；

U_m——系统最高电压，kV；

λ——爬电比距，330kV 及以上为 1.45，220kV 及以下为 1.39，cm/kV；

L_0——每片悬式绝缘子的几何爬电距离，cm；

K_e——绝缘子爬电距离的有效系数，主要由各种绝缘子爬电距离在试验和运行中提高污秽耐压的有效性来确定；并以 XP—70 型绝缘子作为基础，其 K_e 值取为 1。

几何爬电距离 305mm 的 XP1—160 型绝缘子的 K_e 暂取为 1。采用其它型式绝缘子时，K_e 应由试验确定。

2) 操作过电压要求的线路绝缘子串正极性操作冲击电压波 50% 放电电压 $\overline{u}_{\mathrm{s.l.i}}$ 应符合式（24）的要求：

$$\overline{u}_{\mathrm{s.l.i}} \geqslant K_1 U_0 \qquad (24)$$

式中：U_0——对范围 II 为线路相对地统计操作过电压，采用空载线路合闸、单相重合闸和成功的三相重合闸（如运行中使用时）中的较高值；对范围 I 为计算用最大操作过电压，kV；

K_1——线路绝缘子串操作过电压统计配合系数，对范围 II 取 1.25，对范围 I 取 1.17。

10.2.2 线路（受风偏影响的）导线对杆塔的空气间隙：

绝缘子串风偏后，导线对杆塔的空气间隙应分别符合工频电压要求 [见式（25）]、操作过电压要求 [见式（26）] 及雷电过电压要求。

悬垂绝缘子串风偏角计算用风压不均匀系数按附录 B 确定。

a) 风偏后线路导线对杆塔空气间隙的工频 50% 放电电压 $\overline{u}_{\mathrm{i.s}}$ 应符合式（25）要求：

$$\overline{u}_{\mathrm{i.s}} \geqslant K_2 u_\mathrm{m}/\sqrt{3} \qquad (25)$$

式中：K_2——线路空气间隙工频电压统计配合系数，对范围 II 取 1.40；对 110kV 及 220kV 取 1.35，对 66kV 及以下取 1.20。

风偏计算用的风速取线路设计最大风速。

b) 风偏后线路导线对杆塔空气间隙的正极性操作冲击电压波 50% 放电电压 $\overline{u}_{\mathrm{s.l.s}}$ 应符合式（26）要求：

$$\overline{u}_{\mathrm{s.l.s}} \geqslant K_3 U_0 \qquad (26)$$

式中：K_3——线路空气间隙操作过电压统计配合系数，对范围 II 取 1.1；对范围 I 取 1.03。

风偏计算用的风速取线路设计最大风速的 0.5 倍。

c) 风偏后线路导线对杆塔空气间隙的正极性雷电冲击电压波 50% 放电电压，可选为绝缘子串相应电压的 0.85 倍（污秽区该间隙可仍按 0 级污秽区配合）。

风偏计算用的风速，对于线路设计最大风速小于 35m/s 的地区，一般采用 10m/s；最大风速在 35m/s 及以上以及雷暴时风速较大的地区，一般采用 15m/s。

10.2.3 送电线路采用 V 型绝缘子串时，V 型串每一分支的绝缘子片数应符合式（23）的要求。导线对杆塔的空气间隙应符合以下三种电压要求：

a) 工频电压。按式（25）确定，但 K_2 对范围 II 取 1.50；对 110kV 及 220kV 取 1.40，对 66kV 及以下取 1.30。

b) 操作过电压。按式（26）确定，但 K_3 对范围 II 取 1.25；对范围 I 取 1.17。

c) 雷电过电压。应符合 6.1.3 线路耐雷水平的要求。

10.2.4 海拔不超过 1000m 地区架空送电线路绝缘子串及空气间隙不应小于表 15 所列数值。在进行绝缘配合时，考虑杆塔尺寸误差、横担变形和拉线施工误差等不利因素，空气间隙应留有一定裕度。

10.2.5 范围 II 的线路绝缘在操作过电压下的闪络率的计算方法可参照附录 E。

10.2.6 具有一般高度杆塔的架空送电线路，雷击跳闸率可按附录 C 计算。

10.3　变电所绝缘子串及空气间隙的绝缘配合

表 15　　　　　**线路绝缘子每串最少片数和最小空气间隙**　　　　　cm

系统标称电压 kV	20	35	66	110	220	330	500
雷电过电压间隙	35	45	65	100	190	230（260）	330（370）
操作过电压间隙	12	25	50	70	145	195	270
工频电压间隙	5	10	20	25	55	90	130
悬垂绝缘子串的绝缘子个数	2	3	5	7	13	17（19）	25（28）

注　1. 绝缘子型式：一般为 XP 型；330kV、500kV 括号内、外分别为 XP1 和 XP2 型。
　　2. 绝缘子适用于 0 级污秽。污秽地区绝缘加强时，间隙一般仍用表中的数值。
　　3. 330kV、500kV 括号内雷电过电压间隙与括号内绝缘子个数相对应，适用于发电厂、变电所进线保护段杆塔。

10.3.1　变电所绝缘子串。

清洁区变电所绝缘子串应同时符合以下三种电压要求：

a) 由工频电压爬电距离要求的变电所每串绝缘子片数参照式（23）确定。其中爬电比距 λ，对Ⅰ级污秽区取同级线路的 1.1 倍。

b) 变电所操作过电压要求的变电所绝缘子串正极性操作冲击电压波 50％ 放电电压 $\bar{u}_{\text{s.s.i}}$ 应符合式（27）要求且不得低于变电所电气设备中隔离开关、支柱绝缘子的相应值。

$$\bar{u}_{\text{s.s.i}} = \frac{U_{\text{p.1}}}{1 - 3\sigma_{\text{s}}} \geq K_4 U_{\text{p.1}} \tag{27}$$

式中：$U_{\text{p.1}}$——对范围Ⅱ为线路型避雷器操作过电压保护水平；对范围Ⅰ则代之以计算用最大操作过电压［式（29）、式（30）和式（33）同此］，kV；

　　　　σ_{s}——绝缘子串在操作过电压下放电电压的变异系数，5％；

　　　　K_4——变电所绝缘子串操作过电压配合系数，取 1.18。

c) 雷电过电压要求的变电所绝缘子串正极性雷电冲击电压波 50％ 放电电压 $\bar{u}_{\text{l}}$ 应符合式（28）要求，且不得低于变电所电气设备中隔离开关、支柱绝缘子的相应值。

$$\bar{u}_{\text{l}} \geq K_5 U_{\text{R}} \tag{28}$$

式中：U_{R}——避雷器（对范围Ⅱ为线路型）在标称雷电流下的额定残压值（对 500kV、330kV 和 220kV 以及 3kV～110kV 分别取标称雷电流为 20kA、10kA 和 5kA），kV；

　　　　K_5——变电所绝缘子串雷电过电压配合系数，取 1.45。

10.3.2　变电所导线对构架的空气间隙。

空气间隙受导线风偏影响时，各种电压下用于绝缘配合的风偏角计算风速的选用原则与送电线路相同。

变电所导线对构架的受风偏及不受风偏影响的空气间隙应符合下列各项要求：

a) 变电所相对地空气间隙（包括不受风偏影响的间隙）与工频电压的配合和送电线路相同，见 10.2.2 a)。

b) 变电所相对地空气间隙的正极性操作冲击电压波 50％ 放电电压 $\bar{u}_{\text{s.s.s}}$ 应符合式（29）要求：

$$\bar{u}_{\text{s.s.s}} = \frac{U_{\text{p.1}}}{1 - 2\sigma_{\text{s.s}}} \geq K_6 U_{\text{p.1}} \tag{29}$$

$$\bar{u}_{\text{s.s.s}} = \frac{U_{\text{p.1}}}{1 - 3\sigma_{\text{s.s}}} \geq K_6 U_{\text{p.1}} \tag{30}$$

式中：$\sigma_{\text{s.s}}$——变电所相对地空气间隙在操作过电压下放电电压的变异系数，5％；

　　　　K_6——变电所相对地空气间隙操作过电压配合系数，有风偏间隙取 1.1［式（29）］，无风偏间隙取 1.18［式（30）］。

c) 变电所相对地空气间隙的正极性雷电冲击电压波 50％ 放电电压 $\bar{u}_{\text{l.s}}$ 应符合式（31）要求：

$$\bar{u}_{\text{l.s}} \geq K_7 U_{\text{R}} \tag{31}$$

式中：K_7——变电所相对地空气间隙雷电过电压配合系数，有风偏间隙取 1.4；无风偏间隙取 1.45。

10.3.3　变电所相间空气间隙。

a) 变电所相间空气间隙的工频 50％ 放电电压 $\bar{u}_{\text{i.p.s}}$ 应符合式（32）要求：

$$\bar{u}_{\text{i.p.s}} \geq K_2 U_{\text{m}} \tag{32}$$

b) 范围Ⅱ变电所相间空气间隙的 50％ 操作冲击电压波放电电压 $\bar{u}_{\text{s.p.s}}$ 应符合式（33）要求：

$$\bar{u}_{\text{s.p.s}} = \frac{K_8 U_{\text{p.1}}}{1 - 3\sigma_{\text{s.p}}} \geq K_9 U_{\text{p.1}} \tag{33}$$

式中：$\sigma_{s.p}$——相间空气间隙在操作过电压下放电电压的变异系数，3.5%；

    K_8——相间与相对地过电压的比值，对范围Ⅱ取1.7，对范围Ⅰ取1.4；

    K_9——变电所相间空气间隙操作过电压配合系数，对范围Ⅱ取1.9，对范围Ⅰ取1.6。

c) 变电所的雷电过电压相间空气间隙可取相应对地间隙的1.1倍。

10.3.4 变电所的最小空气间隙。

a) 海拔不超过1000m地区变电所工频电压要求的最小空气间隙如表16所示。其中对于330kV和500kV为参考值。

表 16 变电所工频电压要求的最小空气间隙   cm

系统标称电压 kV	相对地	相间
35	15	15
66	30	30
110	30	50
220	60	90
330	110	170
500	160	240

b) 对于海拔不超过1000m地区变电所操作和雷电过电压要求的最小空气间隙如表17所示。其中对于330kV和500kV为参考值。

表 17 变电所操作和雷电过电压要求的间隙   cm

系统标称电压 kV	操作过电压		雷电过电压	
	相对地	相间	相对地	相间
35	40	40	40	40
66	65	65	65	65
110	90	100	90	100
220	180	200	180	200
330	230	270	220	240
500	350	430	320	360

c) 海拔不超过1000m地区3kV～20kV高压配电装置的最小户外、户内的相对地、相间空气间隙如表18所示。

10.4 变电所电气设备的绝缘配合

10.4.1 变电所电气设备与工频电压的配合。

a) Ⅰ级污秽区变电所电气设备户外电瓷绝缘的爬电比距λ不应小于1.60cm/kV（户外电瓷绝缘的瓷件平均直径 D_m<300mm）。不同 D_m 的爬电距离按式（34）计算：

$$L \geqslant K_d \lambda U_m \quad (34)$$

式中：L——电气设备户外电瓷绝缘的几何爬电距离，cm；

    K_d——电气设备户外电瓷绝缘爬电距离增大系数。

表 18 3kV～20kV高压配电装置的空气间隙   cm

系统标称电压 kV	户外	户内
3	20	7.5
6	20	10
10	20	12.5
15	30	15
20	30	18

注 相对地、相间取同一值。

K_d 与瓷件直径 D_m 有关，对应不同的 D_m，宜采用如下的爬电距离增大系数 K_d：

$D_m<300mm$ $K_d=1.0$

$300mm \leqslant D_m \leqslant 500mm$ $K_d=1.1$

$D_m>500mm$ $K_d=1.2$

断路器同极断口间灭弧室瓷套的爬电比距不应小于对地爬电比距要求值的1.15（252kV）或1.2（363kV、550kV）倍。

b) 为保证变压器内绝缘在正常运行工频电压作用下的工作可靠性，应进行长时间工频耐压试验。变压器耐压值为1.5倍系统最高相电压。

10.4.2 变电所电气设备应能承受一定幅值和时间的工频过电压和谐振过电压。

10.4.3 范围Ⅱ变电所电气设备与操作过电压的绝缘配合。

a) 电气设备内绝缘：

1) 电气设备内绝缘相对地额定操作冲击耐压与避雷器操作过电压保护水平间的配合系数不应小于1.15。

2) 变压器内绝缘相间额定操作冲击耐压应取其等于内绝缘相对地额定操作冲击耐压的1.5倍。

3) 断路器同极断口间内绝缘额定操作冲击耐压 $U_{s.d}$ 应符合式（35）要求：

$$U_{s.d} \geqslant 1.15U_{p.1} + \sqrt{2}U_m/\sqrt{3} \quad (35)$$

b) 电气设备外绝缘：

1) 电气设备外绝缘相对地干态额定操作冲击耐压与相应设备的内绝缘额定操作冲击耐压相同。淋雨耐压值可低 5%。

2) 变压器外绝缘相间干态额定操作冲击耐压与其内绝缘相间额定操作冲击耐压相同。

3) 断路器、隔离开关同极断口间外绝缘额定操作冲击耐压与断路器断口间内绝缘的相应值相同。

10.4.4 变电所电气设备与雷电过电压的绝缘配合。

a) 变压器内、外绝缘的全波额定雷电冲击耐压与变电所避雷器标称放电电流［参见 10.3.1c)］下的残压间的配合系数取 1.4。

b) 并联电抗器、高压电器、电流互感器、单独试验的套管、母线支持绝缘子及电缆和其附件等的全波额定雷电冲击耐压与避雷器标称放电电流［参见 10.3.1c)］下的残压间的配合系数取 1.4。

c) 变压器、并联电抗器及电流互感器截波额定雷电冲击耐压取相应设备全波额定雷电冲击耐压的

1.1 倍。

d) 断路器同极断口间内绝缘以及断路器、隔离开关同极断口间外绝缘的全波雷电冲击耐压 $U_{l.d}$ 应符合式（36）要求：

$$U_{l.d} \geq U_{l.e} + U_m / \sqrt{3} \qquad (36)$$

式中：$U_{l.e}$——断路器、隔离开关全波额定雷电冲击耐压，kV。

10.4.5 电气设备耐受电压的选择。

对 3kV～500kV 电气设备随其所在系统接地方式的不同、暂时过电压的差别及所选用的保护用阀式避雷器型式、特性的差异，将有不同的耐受电压要求。以下各表所列耐受电压数据适用于海拔高度 1000m 及以下地区的电气设备。

a) 电压范围 I（3.6kV＜U_m≤252kV）电气设备选用的耐受电压。表 19 给出了相应数据。

表 19　　　　　　　　　　　　　　　　**电压范围 I 电气设备选用的耐受电压**

系统标称电压 kV	设备最高电压 kV	设备类别	雷电冲击耐受电压 kV				短时（1min）工频耐受电压（有效值）kV			
			相对地	相 间	断 口		相对地	相 间	断 口	
					断路器	隔离开关			断路器	隔离开关
3	3.6	变压器	40	40	—	—	20	20	—	—
		开关	40	40	40	46	25	25	25	27
6	7.2	变压器	60（40）	60（40）	—	—	25（20）	25（20）	—	—
		开关	60（40）	60（40）	60	70	30（20）	30（20）	30	34
10	12	变压器	75（60）	75（60）	—	—	35（28）	35（28）	—	—
		开关	75（60）	75（60）	75（60）	85（70）	42（28）	42（28）	42（28）	49（35）
15	18	变压器	105	105	—	—	45	45	—	—
		开关	105	105	115		46	46	56	
20	24	变压器	125（95）	125（95）	—	—	55（50）	55（50）	—	—
		开关	125	125	125	145	65	65	65	79
35	40.5	变压器	185/200	185/200	—	—	80/85	80/85	—	—
		开关	185	185	185	215	95	95	95	118
66	72.5	变压器	350	350	—	—	150	150	—	—
		开关	325	325	325	375	155	155	155	197
110	126	变压器	450/480	450/480	—	—	185/200	185/200	—	—
		开关	450、550	450、550	450、550	520、630	200、230	200、230	200、230	225、265
220	252	变压器	850、950	850、950	—	—	360、395	360、395	—	—
		开关	850、950	850、950	850、950	950、1050	360、395	360、395	360、395	410、460

注　1. 分子、分母数据分别对应外绝缘和内绝缘。

　　2. 括号内和外数据分别对应是和非低电阻接地系统。

　　3. 开关类设备将设备最高电压称作"额定电压"。

b) 电压范围Ⅱ（$U_m > 252kV$）电气设备选用的耐受电压。表20给出了相应数据。

c) 电力变压器、高压并联电抗器中性点及其接地电抗器选用的耐受电压。表21给出了相应数据。

表 20　　　　　　　电压范围Ⅱ电气设备选用的耐受电压

系统标称电压 kV	设备最高电压 kV	雷电冲击耐受电压 kV		操作冲击耐受电压 kV			短时（1min）工频耐受电压（有效值）kV	
		相对地	断 口	相对地	相 间	断 口	相对地	断 口
330	363	1050	1050＋205	850	1300	850＋295	460	520
		1175	1175＋205	950	1425		510	580
500	550	1425	1425＋315	1050	1675	1050＋450	630	790
		1550	1550＋315	1175	1800		680	790

表 21　　　　电力变压器、高压并联电抗器中性点及其接地电抗器选用的耐受电压

系统标称电压 kV	系统最高电压 kV	中性点接地方式	雷电全波和截波耐受电压	短时工频耐受电压（有效值）kV
110	126	—	250	95
220	252	直接接地	185	85
		经接地电抗器接地	185	85
		不接地	400	200
330	363	直接接地	185	85
		经接地电抗器接地	250	105
500	500	直接接地	185	85
		经接地电抗器接地	325	140

注　中性点经接地电抗器接地时，其电抗值与变压器或高压并联电抗器的零序电抗之比小于等于1/3。

附　　录

（略）。

7 电力装置的继电保护和自动装置设计规范

（GB 50062—1992）

第一章　总　　则

第1.0.1条　为了在电力装置的继电保护和自动装置的设计中，贯彻执行国家的技术经济政策，做到安全可靠、技术先进和经济合理，制定本规范。

第1.0.2条　本规范适用于各行业 3～110kV 电力线路和设备，单机容量为 25MW 及以下发电机，63MVA 及以下电力变压器等电力装置的继电保护和自动装置的设计。

第1.0.3条　继电保护和自动装置的设计应选用按国家规定鉴定合格的产品。

第1.0.4条　电力装置的继电保护和自动装置设计，除应执行本规范外，尚应符合国家现行的有关标准和规范的规定。

第二章　一　般　规　定

第2.0.1条　电力网中的电力设备和线路，应装设反应短路故障和异常运行的继电保护和自动装置。继电保护和自动装置应能尽快地切除短路故障和恢复供电。

第2.0.2条　电力设备和线路应有主保护、后备保护和异常运行保护，必要时可增设辅助保护。

第2.0.3条　继电保护和自动装置应满足可靠性、选择性、灵敏性和速动性的要求，并应符合下列规定：

一、继电保护和自动装置应简单可靠，使用的元件和接点应尽量少，接线回路简单，运行维护方便，在能够满足要求的前提下宜采用最简单的保护。

二、对相邻设备和线路有配合要求的保护，前后两级之间的灵敏性和动作时间应相互配合。

三、当被保护设备或线路范围内发生故障时，应具有必要的灵敏系数。

四、保护装置应能尽快地切除短路故障。当需要加速切除短路故障时，可允许保护装置无选择性地动作，但应利用自动重合闸或备用电源自动投入装置，缩小停电范围。

第 2.0.4 条　保护装置的灵敏系数，应根据不利正常运行方式和不利故障类型进行计算，必要时，应计及短路电流衰减的影响。各类继电保护的最小灵敏系数，应符合表 2.0.4 的要求。

表 2.0.4　　　　　　　　　　　　　**继电保护的最小灵敏系数**

保护分类	保护类型	组成元件	计 算 条 件	最小灵敏系数
主保护	带方向的电流保护或电压保护	零序、负序方向元件	按被保护区末端金属性短路计算	2
	发电机、变压器、线路及电动机纵联差动保护	差电流元件	按被保护区末端金属性短路计算	2
	平行线路横差方向和电流平衡保护	电流或电压起动元件	线路两侧均未断开前，其中一侧保护按线路中点金属性短路计算	2
	母线完全差动保护	差电流元件	按金属性短路计算	2
	距离保护	距离起动元件	按被保护区末端金属性短路计算	1.5
		距离测量元件		1.3
	电流保护和电压保护	电流元件和电压元件	按被保护区末端金属性短路计算	1.5
	母线不完全差动保护	差电流元件	按金属性短路计算	1.5
	平行线路横差方向和电流平衡保护	电流元件	线路自一侧断开后，按另一侧对端金属性短路计算	1.5
主保护的个别元件	中性点非直接接地保护	电流元件	按被保护区末端金属性短路计算	1.5
	距离保护	负序和零序增量（或实变量）起动元件	按被保护区末端金属性短路计算	4
	平行线路横差方向保护	零序方向元件	线路两侧均未断开前，其中一侧保护按线路中间金属性短路计算	4
			线路一侧断开后，另一侧保护按对侧金属性短路计算	2.5
后备保护	电流保护和电压保护	电流元件、电压元件	按相邻电力设备和线路末端金属性短路计算	1.2

第 2.0.5 条　装有管型避雷器的线路，保护装置的动作时间不应大于 0.08s；保护装置起动元件的返回时间不应小于 0.02s。

第 2.0.6 条　在正常运行情况下，当电压互感器二次回路断线或其它故障能使保护装置误动作时，应装设断线闭锁装置；当保护装置不致误动作时，应装设电压回路断线信号装置。

第 2.0.7 条　在保护装置内应设置由信号继电器或其它元件等构成的指示信号。指示信号应符合下列要求：

一、在直流电压消失时不自动复归，或在直流恢复时仍能维持原动作状态。

二、能分别显示各保护装置的动作情况。

三、对复杂保护装置，能分别显示各部分及各段的动作情况。根据装置具体情况，可设置能反应装置内部异常的信号。

第 2.0.8 条 保护装置采用的电流互感器及中间电流互感器的稳态比误差,不应大于 10%。对 35kV 及以下的线路和设备,当技术上难以满足要求且不致使保护装置误动作时,可允许有较大的误差。

第 2.0.9 条 当采用蓄电池组作直流电源时,由浮充电设备引起的波纹系数不应大于 5%;电压允许波动应控制在额定电压的 5% 范围内。放电末期直流母线电压下限不应低于额定电压的 85%,充电后期直流母线电压上限不应高于额定电压的 115%。

第 2.0.10 条 交流整流电源作为继电保护直流电源时,应符合下列要求:

一、直流母线电压,在最大负荷时保护动作不应低于额定电压的 80%,最高电压不应超过额定电压的 115%。并应采取稳压、隔幅和滤波的措施。电压允许波动应控制在额定电压的 5% 范围内;波纹系数不应大于 5%。

二、当采用复式整流时,应保证在各种运行方式下,在不同故障点和不同相别短路时,保护装置均能可靠动作。

三、对采用电容储能电源的变电所和水电厂,电力设备和线路应具有可靠的远后备保护;在失去交流电源情况下,当有几套保护同时动作时,或在其它情况下消耗直流能量最大时,应保证保护与断路器可靠动作,同一厂所的电源储能电容的组数应与保护的级数相适应。

第 2.0.11 条 当采用交流操作的保护装置时,短路保护可由被保护元件的电流互感器取得操作电源。变压器的瓦斯保护和中性点非直接接地电力网的接地保护,可由电压互感器或变电所所用变压器取得操作电源,亦可增加电容储能电源作为跳闸的后备电源。

第三章 发电机的保护(略)

第四章 电力变压器的保护

第 4.0.1 条 对电力变压器的下列故障及异常运行方式,应装设相应的保护装置:

一、绕组及其引出线的相间短路和在中性点直接接地侧的单相接地短路;

二、绕组的匝间短路;

三、外部相间短路引起的过电流;

四、中性点直接接地电力网中外部接地短路引起的过电流及中性点过电压;

五、过负荷;

六、油面降低;

七、变压器温度升高或油箱压力升高或冷却系统故障。

第 4.0.2 条 0.8MVA 及以上的油浸式变压器和 0.4MVA 及以上的车间内油浸式变压器,均应装设瓦斯保护。当壳内故障产生轻微瓦斯或油面下降时,应瞬时动作于信号;当产生大量瓦斯时,应动作于断开变压器各侧断路器。当变压器安装处电源侧无断路器或短路开关时,可作用于信号。

第 4.0.3 条 对变压器引出线、套管及内部的短路故障,应装设相应的保护装置,并应符合下列规定:

一、10MVA 及以上的单独运行变压器和 6.3MVA 及以上的并列运行变压器,应装设纵联差动保护。6.3MVA 及以下单独运行的重要变压器,亦可装设纵联差动保护。

二、10MVA 以下的变压器可装设电流速断保护和过电流保护。2MVA 及以上的变压器,当电流速断灵敏系数不符合要求时,宜装设纵联差动保护。

三、0.4MVA 及以上,一次电压为 10kV 及以下,线圈为三角-星形连接的变压器,可采用两相三继电器式的过流保护。

四、本条规定的各项保护装置,应动作于断开变压器的各侧断路器。

第 4.0.4 条 变压器的纵联差动保护应符合下列要求:

一、应能躲过励磁涌流和外部短路产生的不平衡电流。

二、差动保护范围应包括变压器套管及其引出线。如不能包括引出线时,应采取快速切除故障的辅助措施。但在 63kV 或 110kV 电压等级的终端变电所和分支变电所,以及具有旁路母线的电气主结线在变压器断路器退出工作由旁路断路器代替时,纵联差动保护可利用变压器套管内的电流互感器,引出线可不再采取快速切除故障的辅助措施。

第 4.0.5 条 对由外部相间短路引起的变压器过电流,应装设相应的保护装置。保护装置动作后,应带时限动作于跳闸,并应符合下列规定:

一、过电流保护宜用于降压变压器。

二、复合电压起动的过电流保护或低电压闭锁的过电流保护,宜用于升压变压器、系统联络变压器和过电流不符合灵敏性要求的降压变压器。

第 4.0.6 条 外部相间短路保护应符合下列规定:

一、双线圈变压器,应装于主电源侧。根据主结线情况,保护装置可带一段或两段时限,以较短的时限动作于缩小故障影响范围，以较长的时限动作于断开变压器各侧断路器。

二、三线圈变压器，宜装于主电源侧及主负荷侧。主电源侧的保护应带两段时限，以较短的时限断开未装保护侧的断路器。当不符合灵敏性要求时，可在所有各侧装设保护装置。各侧保护装置应根据选择性的要求装设方向元件。

第 4.0.7 条 三线圈变压器的外部相间短路保护，可按下列原则进行简化。

一、除主电源侧外，其它各侧保护可仅作本侧相邻电力设备和线路的后备保护。

二、保护装置作为本侧相邻电力设备和线路保护的后备时，灵敏系数可适当降低，但对本侧母线上的各类短路应符合灵敏性要求。

第 4.0.8 条 中性点直接接地的 110kV 电力网中，当低压侧有电源的变压器中性点直接接地运行时，对外部单相接地引起的过电流，应装设零序电流保护，并应符合下列规定：

一、零序电流保护可由两段组成，每段应各带两个时限，并均应以较短的时限动作于缩小故障影响范围；以较长的时限有选择性地动作于断开变压器各侧断路器。

二、双线圈及三线圈变压器的零序电流保护应接到中性点引出线上的电流互感器上。

第 4.0.9 条 110kV 中性点直接接地的电力网中，当低压侧有电源的变压器中性点可能接地运行或不接地运行时，对外部单相接地引起的过电流，以及对因失去接地中性点引起的电压升高，应装设相应的保护装置，并应符合下列规定：

一、全绝缘变压器应按本规范第 4.0.8 条中的规定装设零序电流保护，并应装设零序过电压保护。当电力网单相接地且失去接地中性点时，零序过电压保护宜经 0.3～0.5s 时限动作于断开变压器各侧断路器。

二、分级绝缘变压器的零序保护，应符合下列要求：

1. 中性点装设放电间隙时，应按本规范第 4.0.8 条的规定装设零序电流保护，并增设反应间隙回路的零序电压和间隙放电电流的零序电流电压保护。当电力网单相接地且失去接地中性点时，零序电流电压保护宜经 0.3～0.5s 时限动作于断开变压器各侧断路器；

2. 中性点不装设放电间隙时，可装设两段零序电流保护和一套零序电流电压保护。零序电流保护第一段宜设置一个时限，第二段宜设置两个时限；当每

组母线上至少有一台中性点接地变压器时，第一段和第二段的较短时限宜动作于缩小故障影响范围。零序电流电压保护用在中性点不接地运行时保护变压器，其动作时限应与零序电流保护第二段时限相配合，先切除中性点不接地变压器，后切除中性点接地变压器。当某一组母线上的变压器中性点均不接地时，零序电流保护不应动作于断开母线联络断路器，应先断开中性点不接地的变压器。

第 4.0.10 条 高压侧为单电源，低压侧无电源的降压变压器，不宜装设专门的零序保护。

第 4.0.11 条 0.4MVA 及以上，线圈为星形-星形联结低压侧中性点直接接地的变压器，对低压侧单相接地短路应选择下列保护方式，保护装置应带时限动作于跳闸。

一、利用高压侧的过电流保护时，保护装置宜采用三相式。

二、接于低压侧中性线上的零序电流保护。

三、接于低压侧的三相电流保护。

第 4.0.12 条 0.4MVA 及以上，一次电压为 10kV 及以下，线圈为三角-星形联结，低压侧中性点直接接地的变压器，对低压侧单相接地短路，当灵敏性符合要求时，可利用高压侧的过电流保护。

保护装置带时限动作于跳闸。

第 4.0.13 条 0.4MVA 及以上变压器，当数台并列运行或单独运行并作为其它负荷的备用电源时，应根据可能过负荷的情况装设过负荷保护。对三线圈变压器，保护装置应能反应各侧过负荷的情况。

过负荷保护采用单相式，带时限动作于信号。在无经常值班人员的变电所，过负荷保护可动作于跳闸或断开部分负荷。

第 4.0.14 条 对变压器温度升高和冷却系统故障，应按现行电力变压器标准的要求，装设可作用于信号或动作于跳闸的装置。

第五章 3～63kV 中性点非直接接地电力网中线路的保护

第 5.0.1 条 对 3～63kV 线路的下列故障或异常运行，应装设相应的保护装置：

一、相间短路；

二、单相接地；

三、过负荷。

第 5.0.2 条 对 3～10kV 线路装设相间短路保护装置，应符合下列要求：

一、由电流继电器构成的保护装置，应接于两相

电流互感器上，同一网络的所有线路均应装在相同的两相上；

二、后备保护应采用远后备方式；

三、当线路短路使发电厂厂用母线或重要用户母线电压低于额定电压的 60% 时，以及线路导线截面过小，不允许带时限切除短路时，应快速切除故障；

四、当过电流保护的时限不大于 0.5～0.7s 时，且没有第三款所列的情况，或没有配合上的要求时，可不装设瞬动的电流速断保护。

第 5.0.3 条　在 3～10kV 线路装设的相间短路保护装置，应符合下列规定：

一、对单侧电源线路可装设两段过电流保护：第一段为不带时限的电流速断保护；第二段为带时限的过电流保护。可采用定时限或反时限特性的继电器。对单侧电源带电抗器的线路，当其断路器不能切断电抗器前的短路时，不应装设电流速断保护，此时，应由母线保护或其他保护切除电抗器前的故障。

保护装置仅在线路的电源侧装设。

二、对双侧电源线路，可装设带方向或不带方向的电流速断和过电流保护。对 1～2km 双侧电源的短线路，当采用上述保护不能满足选择性、灵敏性或速动性的要求时，可采用带辅助导线的纵差保护作主保护，并装设带方向或不带方向的电流保护作后备保护。

对并列运行的平行线路宜装设横联差动保护作为主保护，并应以接于两回线电流之和的电流保护，作为两回线同时运行的后备保护及一回线断开后的主保护及后备保护。

第 5.0.4 条　对 35～63kV 线路，可按下列要求装设相间短路保护装置：

一、对单侧电源线路可采用一段或两段电流速断或电流闭锁电压速断作主保护，并应以带时限过电流保护作后备保护。

当线路发生短路，使发电厂厂用母线电压或重要用户母线电压低于额定电压的 60% 时，应能快速切除故障。

二、对双侧电源线路可装设带方向或不带方向的电流电压保护。

当采用电流电压保护不能满足选择性、灵敏性和速动性要求时。可采用距离保护装置。

双侧电源或环形网络中，不超过 3～4km 的短线路，当采用电流电压保护不能满足要求时，可采用带辅助导线的纵差保护作主保护，并应以带方向或不带方向的电流电压保护作后备保护。

三、对并列运行的平行线路，可装设横联差动保护作主保护，并应以接于两回线电流之和的阶段式保护或距离保护作为两回线同时运行的后备保护及一回线断开后的主保护及后备保护。

第 5.0.5 条　对 3～63kV 中性点非直接接地电力网中的单相接地故障，应装设接地保护装置，并应符合下列规定：

一、在发电厂和变电所母线上，应装设接地监视装置，动作于信号。

二、线路上宜装设有选择性的接地保护，并动作于信号。当危及人身和设备安全时，保护装置应动作于跳闸。

三、在出线回路数不多，或难以装设选择性单相接地保护时，可采用依次断开线路的方法，寻找故障线路。

第 5.0.6 条　对可能时常出现过负荷的电缆线路，应装设过负荷保护。保护装置宜带时限动作于信号；当危及设备安全时，可动作于跳闸。

第六章　110kV 中性点直接接地电力网中线路的保护

第 6.0.1 条　对 110kV 线路的下列故障，应装设相应的保护装置：

一、单相接地短路；

二、相间短路。

第 6.0.2 条　110kV 线路后备保护配置宜采用远后备方式。

第 6.0.3 条　对接地短路，应装设相应的保护装置，并应符合下列规定：

一、宜装设带方向或不带方向的阶段式零序电流保护；

二、对某些线路，当零序电流保护不能满足要求时，可装设接地距离保护，并应装设一段或二段零序电流保护作后备保护。

第 6.0.4 条　对相间短路，应装设相应的保护装置，并应符合下列规定：

一、单侧电源线路，应装设三相多段式电流或电流电压保护；

二、双侧电源线路，可装设阶段式距离保护装置。

第 6.0.5 条　在下列情况下，应装设全线速动的主保护：

一、系统稳定有要求时；

二、线路发生三相短路，使发电厂厂用电母线或重要用户电压低于额定电压的 60%，且其它保护不能无时限和有选择性地切除短路时。

第6.0.6条　并列运行的平行线，可装设相间横联差动及零序横联差动保护作主保护。后备保护可按和电流方式连接。

第6.0.7条　电缆线路或电缆架空混合线路，应装设过负荷保护。保护装置宜动作于信号。当危及设备安全时，可动作于跳闸。

第七章　母线的保护

第7.0.1条　对于发电厂和主要变电所的3～10kV母线及并列运行的双母线，在下列情况下应装设专用母线保护：

一、须快速而有选择地切除一段或一组母线上的故障，才能保证发电厂及电力网安全运行和重要负荷的可靠供电时；

二、当线路断路器不允许切除线路电抗器前的短路时。

第7.0.2条　对3～10kV分段母线宜采用不完全电流差动保护，保护装置应接入有电源支路的电流。保护装置应由两段组成，第一段可采用无时限或带时限的电流速断，当灵敏系数不符合要求时，可采用电流闭锁电压速断；第二段可采用过电流保护。当灵敏系数不符合要求时，可将一部分负荷较大的配电线路接入差动回路。

第7.0.3条　对发电厂和变电所的35～110kV电压的母线，在下列情况下应装设专用的母线保护：

一、110kV双母线；

二、110kV单母线，重要的发电厂或变电所的35～63kV母线，根据系统稳定要求或为保证重要用户最低允许电压要求，需要快速地切除母线上的故障时。

第7.0.4条　35～110kV装设专用母线保护，应符合下列要求：

一、双母线的母线保护宜先跳开母联断路器；

二、应增设简单可靠的闭锁装置或采用两个以上元件同时动作为判别条件；

三、应采取措施，减少外部短路产生的不平衡电流的影响，并装设电流回路断线闭锁装置；

四、在一组母线或某一段母线充电合闸时，应能快速而有选择地断开有故障的母线；

五、双母线情况下母线保护动作时，应闭锁平行双回线路的横联差动保护。

第7.0.5条　旁路断路器和兼作旁路的母联或分段断路器上，应装设可代替线路保护的保护装置。

在专用的母联或母线分段断路器上，可装设相电流或零序电流保护，作母线充电合闸时的保护。

第八章　电力电容器的保护

第8.0.1条　对3kV及以上的并联补偿电容器组的下列故障及异常运行方式，应装设相应的保护装置：

一、电容器内部故障及其引出线短路；

二、电容器组和断路器之间连接线短路；

三、电容器组中某一故障电容器切除后所引起的过电压；

四、电容器组的单相接地；

五、电容器组过电压；

六、所连接的母线失压。

第8.0.2条　并联补偿电容器组应按下列规定装设保护装置：

一、对电容器组和断路器之间连接线的短路，可装设带有短时限的电流速断和过电流保护，动作于跳闸。速断保护的动作电流，应按最小运行方式下，电容器端部引线发生两相短路时，有足够灵敏系数整定。过电流保护装置的动作电流，应按躲过电容器组长期允许的最大工作电流整定。

二、对电容器内部故障及其引出线的短路，宜对每台电容器分别装设专用的熔断器。熔丝的额定电流可为电容器额定电流的1.5～2.0倍。

三、当电容器组中故障电容器切除到一定数量，引起电容器端电压超过110%额定电压时，保护应将整组电容器断开。对不同接线的电容器组，可采用下列保护之一：

1. 单星形接线的电容器组可采用中性线对地电压不平衡保护。

2. 多段串联单星形接线的电容器组，也可采用段间电压差动或桥式差电流保护。

3. 双星形接线的电容器组，可采用中性线不平衡电压或不平衡电流保护。

四、电容器组单相接地故障，可利用电容器组所联接母线上的绝缘监察装置进行检出；当电容器组所联接母线有引出线路时，可按本规范第5.0.4条二款的规定装设保护，但安装在绝缘支架上的电容器组，可不再装设单相接地保护。

五、对电容器组的过电压应装设过电压保护，带时限动作于信号或跳闸；

六、对母线失压应装设低电压保护，带时限动作于信号或跳闸。

第8.0.3条　对于电网中出现的高次谐波有可能导致电容器过负荷时，电容器组宜装设过负荷保护，带时限动作于信号或跳闸。

第九章　3kV 及以上电动机的保护（略）

第十章　自动重合闸

第 10.0.1 条　3～110kV 电力网中，在下列情况下，应装设自动重合闸装置：

一、3kV 及以上的架空线路和电缆与架空的混合线路，当用电设备允许且无备用电源自动投入时；

二、旁路断路器和兼作旁路的母联或分段断路器。

第 10.0.2 条　对单侧电源线路的自动重合闸方式的选择应符合下列规定：

一、采用一次重合闸；

二、当电力网由几段串联线路构成时，宜采用重合闸前加速保护动作或顺序自动重合闸。

第 10.0.3 条　对双侧电源线路的自动重合闸方式的选择应符合下列规定：

一、并列运行的发电厂或电力系统之间，具有四条及以上联系的线路或三条紧密联系的线路，可采用不检查同步的三相自动重合闸。

二、并列运行的发电厂或电力系统之间具有两条联系的线路或三条联系不紧密的线路，可采用下列重合闸方式：

1. 当非同步合闸的最大冲击电流超过本规范附录二中规定的允许值时，可采用同步检定和无电压检定的三相重合闸。

2. 当非同步合闸的最大冲击电流不超过本规范附录二中规定的允许值时，可采用不检查同步的三相重合闸。

3. 没有其它联系的并列运行双回线路，当不能采用非同步重合闸时，可采用检查另一回线路有电流的自动重合闸。

三、双侧电源的单回线路，可采用下列重合闸方式：

1. 可采用解列重合闸。

2. 当水力发电厂条件许可时，可采用自同步重合闸。

3. 可采用一侧无电压检定，另一侧同步检定的重合闸。

第 10.0.4 条　自动重合闸装置，应符合下列要求：

一、手动或通过遥控装置将断路器断开或将断路器投入故障线路上而随即由保护装置将其断开时，自动重合闸均不应动作。

二、自动重合闸装置在装置的某些元件损坏以及断电器触点粘住或拒动等情况下，均不应使断路器多次重合。

三、当断路器处于不正常状态不允许实现自动重合闸时，应将自动重合闸装置闭锁。

第十一章　备用电源和备用设备的自动投入装置

第 11.0.1 条　下列情况可装设备用电源或备用设备的自动投入装置（以下简称自动投入装置）：

一、由双电源供电的变电所和配电所，其中一个电源经常断开作为备用；

二、发电厂、变电所和配电所内有互为备用的母线段；

三、发电厂、变电所内有备用变压器；

四、变电所内有两台所用变压器；

五、生产过程中某些重要机组有备用机组。

第 11.0.2 条　自动投入装置，应符合下列要求：

一、保证备用电源在电压、工作回路断开后才投入备用回路。

二、工作回路上的电压，不论因何原因消失时，自动投入装置均应延时动作。

三、手动断开工作回路时，不起动自动投入装置。

四、保证自动投入装置只动作一次。

五、备用电源自动投入装置动作后，如投到故障上，必要时，应使保护加速动作。

六、备用电源自动投入装置中，可设置工作电源的电流闭锁回路。

第十二章　自动低频减载装置（略）

第十三章　同步并列及解列（略）

第十四章　二次回路

第 14.0.1 条　本章适用于继电保护、自动装置、控制、信号的二次回路。

第 14.0.2 条　二次回路的工作电压不应超过 500V。

第 14.0.3 条　互感器二次回路连接的负荷，不应超过继电保护和自动装置工作准确等级所规定的负荷范围。

第 14.0.4 条　发电厂和变电所，以及其他重要的或有专门规定的二次回路应采用铜芯控制电缆和绝缘导线。

在绝缘可能受到油侵蚀的地方，应采用耐油的绝缘导线或电缆。

第 14.0.5 条 按机械强度要求，铜芯控制电缆或绝缘导线的芯线最小截面为：强电控制回路，不应小于 1.5mm²；弱电回路，不应小于 0.5mm²。

电缆芯线截面的选择尚应符合下列要求：

一、电流回路：应使电流互感器的工作准确等级，符合本规范第 2.0.8 条的规定。短路电流倍数无可靠数据时，可按断路器的断流容量确定最大短路电流，电缆芯线截面不应小于 2.5mm²。

二、电压回路：当全部保护装置和安全自动装置动作时（考虑到发展，电压互感器的负荷最大时），电压互感器至保护和自动装置屏的电缆压降不应超过额定电压的 3%。电缆芯线截面不应小于 1.5mm²。

三、操作回路：在最大负荷下，操作母线至设备的电压降，不应超过额定电压的 10%。

第 14.0.6 条 在安装各种设备、断路器和隔离开关的连锁接点、端子排和接地线时，应能在不断开 3kV 及以上一次线的情况下，保证在二次回路端子排上安全地工作。

第 14.0.7 条 电压互感器的一次侧隔离开关断开后，其二次回路应有防止电压反馈的措施。

第 14.0.8 条 电流互感器的二次回路应在一点接地。一般应在配电装置附近经端子排接地。但对于有几组电流互感器连接在一起的保护装置，应在保护屏上经端子排接地。

第 14.0.9 条 电压互感器二次侧中性点或线圈引出端之一应接地。对 110kV 直接接地系统的电压互感器，应设置公共接地点。接地点宜设在控制室内，并应牢固焊接在小母线上。

向交流操作的保护装置和自动装置操作回路供电的电压互感器，应通过击穿保险器接地。采用 B 相直接接地的星形接线的电压互感器，其中性点也应通过击穿保险器接地。

第 14.0.10 条 在电压互感器二次回路中，除开口三角绕组和另有专门规定者外，应装设熔断器或自动开关。

在接地线上不应安装有开断可能的设备。当采用 B 相接地时熔断器或自动开关应装在线圈引出端与接地点之间。

电压互感器开口三角绕组的试验用引出线上，应装设熔断器或自动开关。

第 14.0.11 条 各独立安装单位二次回路的操作电源，应经过专用的熔断器或自动开关。

在发电厂和变电所中，每一安装单位的保护回路和断路器控制回路，可合用一组单独的熔断器或自动开关。

第 14.0.12 条 发电厂和变电所中重要设备和线路的继电保护和自动装置，应有经常监视操作电源的装置。断路器的跳闸回路、重要设备断路器的合闸回路和装有自动合闸装置的断路器合闸回路，应装设监视回路完整性的监视装置。

第 14.0.13 条 在可能出现操作过电压的二次回路内，应采取降低操作过电压的措施。

第 14.0.14 条 屏和屏上设备的前面和后面，应有必要的标志，以标明其所属安装单位及用途。屏上的设备，在布置上应使各安装单位分开，不允许互相交叉。

第 14.0.15 条 接到端子和设备上的电缆芯和绝缘导线应有标志，并应避免跳合闸回路靠近正电源。

第 14.0.16 条 当采用静态保护时，根据保护装置的要求，在二次回路内应采用下列抗干扰措施：

一、在电缆敷设时，首先应充分利用自然屏蔽物的屏蔽作用；

二、采用屏蔽电缆，屏蔽层宜在两端接地；

三、强电和弱电回路不宜合用同一根电缆；

四、保护用电缆与电力电缆不应同层敷设；

五、保护用电缆敷设路径，宜避开高压母线及高频暂态电流的入地点。

附录一
名 词 解 释

附表 1.1 　　　　名 词 解 释

本规范用词	解　释
主保护	满足系统稳定和设备安全要求，能以最快速度、有选择地切除被保护设备和全线路故障的保护
后备保护	主保护或断路器拒动时，用以切除故障的保护。后备保护可分为远后备保护和近后备保护两种方式
远后备保护	当保护或断路器拒动时，由相邻电力设备或线路的保护实现后备
近后备保护	当主保护拒动时，由本电力设备或线路的另一套保护实现后备，当断路器拒动时，由断路器失灵保护实现后备
辅助保护	为补充主保护和后备保护的性能而增设的简单保护
异常运行保护	反应被保护电力设备或线路异常运行状态的保护

续表

本规范用词	解　释
复合电压起动的过电流保护	保护由负序电压、接于线电压的低电压和过电流三个元件组成，负序电压和低电压元件按或回路接线
可靠性	指保护装置该动作时应动作，不该动作时不误动作。前者为信赖性，后者为安全性，即可靠性包括信赖性和安全性
选择性	指首先由故障设备或线路本身的保护切除故障，当故障设备或线路本身的保护拒动时，则由相邻设备或线路的保护切除故障
灵敏性	指在被保护设备或线路范围内金属性短路时，保护装置应具有必要的灵敏系数
速动性	指保护装置应能尽快地切除短路故障，提高系统稳定性，减轻故障设备和线路的损坏程度
停机	保护出口动作于停机，断开发电机断路器并灭磁。对汽轮发电机还要关闭主汽门；对水轮发电机还要关闭导水翼
解列	保护出口动作于解列，断开发电机断路器、母联断路器或分段断路器

附录二
同步电机和变压器在自同步和非同步合闸时允许的冲击电流倍数（略）

8　35～110kV 变电所设计规范

（GB 50059—1992）

第一章　总　则

第 1.0.1 条　为使变电所的设计认真执行国家的有关技术经济政策，符合安全可靠、技术先进和经济合理的要求，制订本规范。

第 1.0.2 条　本规范适用于电压为 35～110kV，单台变压器容量为 5000kVA 及以上新建变电所的设计。

第 1.0.3 条　变电所的设计应根据工程的 5～10 年发展规划进行，做到远、近期结合，以近期为主，

正确处理近期建设与远期发展的关系，适当考虑扩建的可能。

第 1.0.4 条　变电所的设计，必须从全局出发，统筹兼顾，按照负荷性质、用电容量、工程特点和地区供电条件，结合国情合理地确定设计方案。

第 1.0.5 条　变电所的设计，必须坚持节约用地的原则。

第 1.0.6 条　变电所设计除应执行本规范外，尚应符合现行的国家有关标准和规范的规定。

第二章　所址选择和所区布置

第 2.0.1 条　变电所所址的选择，应根据下列要求，综合考虑确定：

一、靠近负荷中心；

二、节约用地，不占或少占耕地及经济效益高的土地；

三、与城乡或工矿企业规划相协调，便于架空和电缆线路的引入和引出；

四、交通运输方便；

五、周围环境宜无明显污秽，如空气污秽时，所址宜设在受污源影响最小处；

六、具有适宜的地质、地形和地貌条件（例如避开断层、滑坡、塌陷区、溶洞地带、山区风口和有危岩或易发生滚石的场所），所址宜避免选在有重要文物或开采后对变电所有影响的矿藏地点，否则应征得有关部门的同意；

七、所址标高宜在 50 年一遇高水位之上，否则，所区应有可靠的防洪措施或与地区（工业企业）的防洪标准相一致，但仍应高于内涝水位；

八、应考虑职工生活上的方便及水源条件；

九、应考虑变电所与周围环境、邻近设施的相互影响。

第 2.0.2 条　变电所的总平面布置应紧凑合理。

第 2.0.3 条　变电所宜设置不低于 2.2m 高的实体围墙。城网变电所、工业企业变电所围墙的高度及形式，应与周围环境相协调。

第 2.0.4 条　变电所内为满足消防要求的主要道路宽度，应为 3.5m。主要设备运输道路的宽度可根据运输要求确定，并应具备回车条件。

第 2.0.5 条　变电所的场地设计坡度，应根据设备布置、土质条件、排水方式和道路纵坡确定，宜为 0.5%～2%，最小不应小于 0.3%，局部最大坡度不宜大于 6%，平行于母线方向的坡度，应满足电气及结构布置的要求。当利用路边明沟排水时，道路及明沟的纵向坡度最小不宜小于 0.5%，局部困难地段不

应小于 0.3%；最大不宜大于 3%，局部困难地段不应大于 6%。

电缆沟及其他类似沟道的沟底纵坡，不宜小于 0.5%。

第 2.0.6 条 变电所内的建筑物标高、基础埋深、路基和管线埋深，应相互配合；建筑物内地面标高，宜高出屋外地面 0.3m；屋外电缆沟壁，宜高出地面 0.1m。

第 2.0.7 条 各种地下管线之间和地下管线与建筑物、构筑物、道路之间的最小净距，应满足安全、检修安装及工艺的要求；并宜符合附录一和附录二的规定。

第 2.0.8 条 变电所所区场地宜进行绿化。绿化规划应与周围环境相适应并严防绿化物影响电气的安全运行。绿化宜分期、分批进行。

第 2.0.9 条 变电所排出的污水必须符合现行国家标准《工业企业设计卫生标准》的有关规定。

第三章 电气部分

第一节 主变压器

第 3.1.1 条 主变压器的台数和容量，应根据地区供电条件、负荷性质、用电容量和运行方式等条件综合考虑确定。

第 3.1.2 条 在有一、二级负荷的变电所中宜装设两台主变压器，当技术经济比较合理时，可装设两台以上主变压器。如变电所可由中、低压侧电力网取得足够容量的备用电源时，可装设一台主变压器。

第 3.1.3 条 装有两台及以上主变压器的变电所，当断开一台时，其余主变压器的容量不应小于 60% 的全部负荷，并应保证用户的一、二级负荷。

第 3.1.4 条 具有三种电压的变电所，如通过主变压器各侧线圈的功率均达到该变压器容量的 15% 以上，主变压器宜采用三线圈变压器。

第 3.1.5 条 电力潮流变化大和电压偏移大的变电所，如经计算普通变压器不能满足电力系统和用户对电压质量的要求时，应采用有载调压变压器。

第二节 电气主接线

第 3.2.1 条 变电所的主接线，应根据变电所在电力网中的地位、出线回路数、设备特点及负荷性质等条件确定。并应满足供电可靠、运行灵活、操作检修方便、节约投资和便于扩建等要求。

第 3.2.2 条 当能满足运行要求时，变电所高压侧宜采用断路器较少或不用断路器的接线。

第 3.2.3 条 35～110kV 线路为两回及以下时，宜采用桥形、线路变压器组或线路分支接线。超过两回时，宜采用扩大桥形、单母线或分段单母线的接线。35～63kV 线路为 8 回及以上时，亦可采用双母线接线。110kV 线路为 6 回及以上的，宜采用双母线接线。

第 3.2.4 条 在采用单母线、分段单母线或双母线的 35～110kV 主接线中，当不允许停电检修断路器时，可设置旁路设施。

当有旁路母线时，首先宜采用分段断路器或母联断路器兼作旁路断路器的接线。当 110kV 线路为 6 回及以上，35～63kV 线路为 8 回及以上时，可装设专用的旁路断路器。主变压器 35～110kV 回路中的断路器，有条件时亦可接入旁路母线。采用 SF₆ 断路器的主接线不宜设旁路设施。

第 3.2.5 条 当变电所装有两台主变压器时，6～10kV 侧宜采用分段单母线。线路为 12 回及以上时，亦可采用双母线。当不允许停电检修断路器时，可设置旁路设施。

当 6～35kV 配电装置采用手车式高压开关柜时，不宜设置旁路设施。

第 3.2.6 条 当需限制变电所 6～10kV 线路的短路电流时，可采用下列措施之一：

一、变压器分列运行；

二、采用高阻抗变压器；

三、在变压器回路中装设电抗器。

第 3.2.7 条 接在母线上的避雷器和电压互感器，可合用一组隔离开关。对接在变压器引出线上的避雷器，不宜装设隔离开关。

第三节 所用电源和操作电源

第 3.3.1 条 在有两台及以上主变压器的变电所中，宜装设两台容量相同可互为备用的所用变压器。如能从变电所外引入一个可靠的低压备用所用电源时，亦可装设一台所用变压器。

当 35kV 变电所只有一回电源进线及一台主变压器时，可在电源进线断路器之前装设一台所用变压器。

第 3.3.2 条 变电所的直流母线，宜采用单母线或分段单母线的接线。采用分段单母线时，蓄电池应能切换至任一母线。

第 3.3.3 条 重要变电所的操作电源，宜采用一组 110V 或 220V 固定铅酸蓄电池组或镉镍蓄电池组。作为充电、浮充电用的硅整流装置宜合用一套。其他变电所的操作电源，宜采用成套的小容量镉镍电池装置或电容储能装置。

第 3.3.4 条 蓄电池组的容量，应满足下列要求：

一、全所事故停电 1h 的放电容量；

二、事故放电末期最大冲击负荷容量。

小容量镉镍电池装置中的镉镍电池容量，应满足分闸、信号和继电保护的要求。

第 3.3.5 条　变电所宜设置固定的检修电源。

第四节　控　制　室

第 3.4.1 条　控制室应位于运行方便、电缆较短、朝向良好和便于观察屋外主要设备的地方。

第 3.4.2 条　控制屏（台）的排列布置，宜与配电装置的间隔排列次序相对应。

第 3.4.3 条　控制室的建筑，应按变电所的规划容量在第一期工程中一次建成。

第 3.4.4 条　无人值班变电所的控制室，应适当简化，面积应适当减小。

第五节　二　次　接　线

第 3.5.1 条　变电所内的下列元件，应在控制室内控制：

一、主变压器；

二、母线分段、旁路及母联断路器；

三、63～110kV 屋内外配电装置的线路，35kV 屋外配电装置的线路。6～35kV 屋内配电装置馈电线路，宜采用就地控制。

第 3.5.2 条　有人值班的变电所，宜装设能重复动作、延时自动解除，或手动解除音响的中央事故信号和预告信号装置。驻所值班的变电所，可装设简单的事故信号和能重复动作的预告信号装置。无人值班的变电所，可装设当远动装置停用时转为变电所就地控制的简单的事故信号和预告信号。

断路器的控制回路，应有监视信号。

第 3.5.3 条　隔离开关与相应的断路器和接地开关之间，应装设闭锁装置。屋内的配电装置，尚应装设防止误入带电间隔的设施。

闭锁联锁回路的电源，应与继电保护、控制信号回路的电源分开。

第六节　照　　明

第 3.6.1 条　变电所的照明设计，应符合现行国家标准《工业企业照明设计标准》的要求。

第 3.6.2 条　在控制室、屋内配电装置室、蓄电池室及屋内主要通道等处，应装设事故照明。

第 3.6.3 条　照明设备的安装位置，应便于维修。屋外配电装置的照明，可利用配电装置构架装设照明器，但应符合现行国家标准《电力装置的过电压

保护设计规范》的要求。

第 3.6.4 条　在控制室主要监屏位置和屏前工作位置观察屏面时，不应有明显的反射眩光和直接眩光。

第 3.6.5 条　铅酸蓄电池室内的照明，应采用防爆型照明器，不应在蓄电池室内装设开关、熔断器和插座等可能产生火花的电器。

第 3.6.6 条　电缆隧道内的照明电压不应高于 36V，如高于 36V 应采取防止触电的安全措施。

第七节　并联电容器装置

第 3.7.1 条　自然功率因数未达到规定标准的变电所，应装设并联电容器装置。其容量和分组宜根据就地补偿、便于调整电压及不发生谐振的原则进行配置。电容器装置宜装设在主变压器的低压侧或主要负荷侧。

第 3.7.2 条　电容器装置的接线，应使电容器组的额定电压与接入电网的运行电压相配合。电容器组的绝缘水平，应与电网的绝缘水平相配合。

电容器装置宜采用中性点不接地的星形或双星形接线。

第 3.7.3 条　电容器装置的电器和导体的长期允许电流，不应小于电容器组额定电流的 1.35 倍。

第 3.7.4 条　电容器装置应装设单独的控制、保护和放电等设备，并应设置单台电容器的熔断器保护。

第 3.7.5 条　当装设电容器装置处的高次谐波含量超过规定允许值或需要限制合闸涌流时，应在并联电容器组回路中设置串联电抗器。

第 3.7.6 条　电容器装置应根据环境条件、设备技术参数及当地的实践经验，采用屋外、半露天或屋内的布置。

电容器组的布置，应考虑维护和检修方便。

第八节　电　缆　敷　设

第 3.8.1 条　所区内的电缆，根据具体情况可敷设在地面槽沟、沟道、管道或隧道中，少数电缆亦可直埋。

第 3.8.2 条　电缆路径的选择，应符合下列要求：

一、避免电缆受到各种损坏及腐蚀；

二、避开规划中建筑工程需要挖掘施工的地方；

三、便于运行维修；

四、电缆较短。

第 3.8.3 条　在电缆隧道或电缆沟内，通道宽度及电缆支架的层间距离，应能满足敷设和更换电缆的要求。

第 3.8.4 条　电缆外护层应根据敷设方式和环境条件选择。直埋电缆应采用铠装并有黄麻、聚乙烯或

聚氯乙烯外护层的电缆。在电缆隧道、电缆沟内以及沿墙壁或楼板下敷设的电缆，不应有黄麻外护层。

第九节　远动和通信

第3.9.1条　远动装置应根据审定的调度自动化规划设计的要求设置或预留位置。

第3.9.2条　遥信、遥测、遥控装置的信息内容，应根据安全监控、经济调度和保证电能质量以及节约投资的要求确定。

第3.9.3条　无人值班的变电所，宜装设遥信、遥测装置。需要时可装设遥控装置。

第3.9.4条　工业企业的变电所，宜装设与该企业中央控制室联系的有关信号。

第3.9.5条　远动通道宜采用载波或有线音频通道。

第3.9.6条　变电所应装设调度通信；工业企业变电所尚应装设与该企业内部的通信；对重要变电所必要时可装设与当地电话局的通信。

第3.9.7条　远动和通信设备应有可靠的事故备用电源，其容量应满足电源中断1h的使用要求。

第十节　屋内外配电装置

第3.10.1条　变电所屋内外配电装置的设计，应符合现行国家标准《3～110kV高压配电装置设计规范》的要求。

第十一节　继电保护和自动装置

第3.11.1条　变电所继电保护和自动装置的设计，应符合现行国家标准《电力装置的继电保护和自动装置设计规范》的要求。

第十二节　电测量仪表装置

第3.12.1条　变电所电测量仪表装置的设计，应符合现行国家标准《电力装置的电测量仪表装置设计规范》的要求。

第十三节　过电压保护

第3.13.1条　变电所过电压保护的设计，应符合现行国家标准《电力装置的过电压保护设计规范》的要求。

第十四节　接　地

第3.14.1条　变电所接地的设计，应符合现行国家标准《电力装置的接地设计规范》的要求。

第四章　土建部分

第一节　一般规定

第4.1.1条　建筑物、构筑物及有关设施的设计应统一规划、造型协调、便于生产及生活，所选择的结构类型及材料品种应经过合理归并简化，以利备料、加工、施工及运行。变电所的建筑设计还应与周围环境相协调。

第4.1.2条　建筑物、构筑物的设计应考虑下列两种极限状态：

一、承载能力极限状态：这种极限状态对应于结构或结构构件达到最大承载能力或不适于继续承载的变形。要求在设计荷载作用下所产生的结构效应应小于或等于结构的抗力或设计强度。计算中所采用的结构重要性系数 γ_0，荷载分项系数 γ，可变荷载组合系数 ψ_c 及其他有关系数均按本规范的有关规定采用，结构的设计强度则应遵照有关的现行国家标准采用。

二、正常使用极限状态：这种极限状态对应于结构或结构构件达到正常使用或耐久性能的某项规定极限值。要求在标准荷载作用下所产生的结构长期及短期效应，不宜超过附录三的规定值。计算中所采用的可变荷载组合系数 ψ_c 及准永久值系数 ψ_q。按本规范的有关规定采用。

第4.1.3条　建筑物、构筑物的安全等级，均应采用二级，相应的结构重要性系数应为1.0。

第4.1.4条　屋外构筑物的基础，当验算上拔或倾覆稳定性时，设计荷载所引起的基础上拔力或倾覆弯矩应小于或等于基础抗拔力或抗倾覆弯矩除以表4.1.4的稳定系数。当基础处于稳定的地下水位以下时，应考虑浮力的影响，此时基础容重取混凝土或钢筋混凝土的容重减 $10kN/m^3$，土容重宜取 $10～11kN/m^3$。

表 4.1.4　基础上拔或倾覆稳定系数

计算方法	荷载类型	
	在长期荷载作用下	在短期荷载作用下
按考虑土抗力来验算倾覆或考虑锥形土体来验算上拔	1.8	1.5
仅考虑基础自重及阶梯以上的土重来验算倾覆或上拔	1.15	1.0

注　短期荷载系指风荷载、地震作用和短路电动力三种，其余均为长期荷载。

第二节　荷　　载

第4.2.1条　荷载分为永久荷载、可变荷载及偶然荷载三类：

一、永久荷载：结构自重（含导线及避雷线自重）、固定的设备重、土重、土压力、水压力等；

二、可变荷载：风荷载、冰荷载、雪荷载、活荷载、安装及检修荷载、地震作用、温度变化及车辆荷载等；

三、偶然荷载：短路电动力、验算（稀有）风荷载及验算（稀有）冰荷载。

第4.2.2条　荷载分项系数的采用应符合下列规定：

一、永久荷载的荷载分项系数 γ_g 宜采用1.2，当其效应对结构抗力有利时宜采用1.0；对导线及避雷线的张力宜采用1.25；

二、可变荷载的荷载分项系数 γ_q 宜采用1.4，对温度变化作用宜采用1.0，对地震作用宜采用1.3，对安装情况的导线和避雷线的紧线张力宜采用1.4；

注： 在大风、覆冰、低温、检修、地震情况下的导线与避雷线张力均作为准永久性荷载处理，其荷载分项系数宜采用1.25，但安装情况的紧线张力宜作可变荷载处理，其荷载分项系数宜采用1.4。

三、偶然荷载的荷载分项系数 γ_{qi} 宜采用1.0。

第4.2.3条　可变荷载的荷载组合系数 ψ_c 应按下列规定采用：

一、房屋建筑的基本组合情况：风荷载组合系数 ψ_{cw} 取0.6；

二、构筑物的大风情况：对连续架构，温度变化作用组合系数 ψ_{ct} 取0.8；

三、构筑物最严重覆冰情况：风荷载组合系数 ψ_{cw} 取0.15（冰厚≤10mm）或0.25（冰厚＞10mm）；

四、构筑物的安装或检修情况：风荷载组合系数 ψ_{cw} 取0.15；

五、地震作用情况：建筑物的活荷载组合系数 ψ_{cw} 取0.5，构筑物的风荷载组合系数 ψ_{cw} 取0.2，构筑物的冰荷载组合系数 ψ_{cj} 取0.5。

第4.2.4条　房屋建筑的活荷载应根据实际的工艺及设备情况确定。其标准值及有关系数不应低于本规范附录四所列的数值。

第4.2.5条　架构及其基础宜根据实际受力条件，包括远景可能发生的不利情况，分别按终端或中间架构来设计，下列四种荷载情况应作为承载能力极限状态的基本组合，其中最低气温情况还宜作为正常使用极限状态的条件对变形及裂缝进行校验。

一、运行情况：取30年一遇的最大风（无冰、相应气温）、最低气温（无冰、无风）及最严重覆冰（相应气温及风荷载）等三种情况及其相应的导线及避雷线张力、自重等；

二、安装情况：指导线及避雷线的架设，此时应考虑梁上作用人和工具重2kN以及相应的风荷载、导线及避雷线张力、自重等；

三、检修情况：根据实际检修方式的需要，可考虑三相同时上人停电检修及单相跨中上人带电检修两种情况的导线张力、相应的风荷载及自重等，对档距内无引下线的情况可不考虑跨中上人；

四、地震情况：考虑水平地震作用及相应的风荷载或相应的冰荷载、导线及避雷线张力、自重等，地震情况下的结构抗力或设计强度均允许提高25％使用，即承载力抗震调整系数采用0.8。

第4.2.6条　设备支架及其基础应以下列三种荷载情况作为承载能力极限状态的基本组合，其中最大风情况及操作情况的标准荷载，还宜作为正常使用极限状态的条件对变形及裂缝进行校验。

一、最大风情况：取30年一遇的设计最大风荷载及相应的引线张力、自重等；

二、操作情况：取最大操作荷载及相应的风荷载、相应的引线张力、自重等；

三、地震情况：考虑水平地震作用及相应的风荷载、引线张力、自重等，地震情况下的结构抗力或设计强度均允许提高25％使用，即承载力抗震调整系数采用0.8。

第4.2.7条　架构的导线安装荷载，应根据所采用的施工方法及程序确定，并将荷载图及紧线时引线的对地夹角在施工图中表示清楚。导线紧线时引线的对地夹角宜取45°～60°。

第4.2.8条　高型及半高型配电装置的平台、走道及天桥的活荷载标准值宜采用1.5kN/m²，装配式板应取1.5kN集中荷载验算。在计算梁、柱和基础时，活荷载乘折减系数：当荷重面积为10～20m²时宜取0.7，超过20m²时宜取0.6。

第三节　建　筑　物

第4.3.1条　主控制楼（室）根据规模和需要可布置成平房、两层或三层建筑。主控制室顶棚到楼板面的净高：对控制屏与继电器屏分开成两室布置时宜采用3.4～4.0m；对合在一起布置时宜采用3.8～4.4m。当采用空调设施时，上述高度可适当降低。

电缆隔层的板间净高宜采用 2.3～2.6m，大梁底对楼板面的净高不应低于 2m。底层辅助生产房屋楼板底到地面的净高宜采用 3.0～3.4m。

第 4.3.2 条　当控制屏与继电器屏采用分室布置时，两部分的建筑装修、照明、采暖通风等设计均宜采用不同的标准。

第 4.3.3 条　对主控制楼及屋内配电装置楼等设有重要电气设备的建筑，其屋面防水标准宜根据需要适当提高。屋面排水坡度不应小于 1/50，并采用有组织排水。

第 4.3.4 条　主控制室及通信室等对防尘有较高要求的房间，地坪应采用不起尘的材料。

第 4.3.5 条　蓄电池室与调酸室的墙面、顶棚、门窗、排风机的外露部分及其他金属结构或零件，均应涂耐酸漆或耐酸涂料。地面、墙裙及支墩宜选用耐酸且易于清洗的面层材料，面层与基层之间应设防酸隔离层。当采用全封闭防酸隔爆式蓄电池并有可靠措施时，地面、墙裙及支墩的防酸材料可适当降低标准。地面应有排水坡度，将酸水集中后作妥善处理。

第 4.3.6 条　变电所内的主要建筑物及多层砖承重的建筑物，在地震设防烈度为 6 度的地区宜隔层设置圈梁，7 度及以上地区宜每层设置圈梁。圈梁应沿外墙、纵墙及横墙设置，沿横墙设置的圈梁的间距不宜大于 7m。否则应利用横梁与圈梁拉通。对于现浇的或有配筋现浇层的装配整体式楼面或屋面，允许不设置圈梁，但板与墙体必须有可靠的连接。

第 4.3.7 条　在地震设防烈度为 6 度及以上的变电所，其主要建筑物及多层砖承重建筑，在下列部位应设置钢筋混凝土构造柱：

一、外墙四角；

二、房屋错层部位的纵横墙交接处；

三、楼梯间纵横墙交接处；

四、层高等于或大于 3.6m 或墙长大于或等于 7m 的纵横墙交接处；

五、8 度及以上地区的建筑物的所有纵横墙交接处；

六、7 度地区的建筑物，纵横墙交接处一隔一设置。

第 4.3.8 条　变电所内的主要砖承重建筑及多层砖承重建筑，其抗震横墙除应满足抗震强度要求外，其间距不应超过附录五的规定。

第 4.3.9 条　多层砖承重建筑的局部尺寸宜符合附录六的规定，但对设有钢筋混凝土构造柱的部位，不受该表限制。

第四节　构　筑　物

第 4.4.1 条　结构的计算刚度，对电焊或法兰连接的钢构件可取弹性刚度，对螺栓连接的钢构件可近似采用 0.80 倍弹性刚度，对钢筋混凝土构件可近似采用 0.60～0.80 倍弹性刚度，对预应力钢筋混凝土构件可近似采用 0.65～0.85 倍弹性刚度。长期荷载对钢筋混凝土结构刚度的影响应另外考虑。

第 4.4.2 条　钢结构构件最大长细比应符合表 4.4.2 的规定。各种架构受压柱的整体长细比，不宜超过 150，当杆件受力有较大裕度时，上述长细比允许放宽 10%～15%。

表 4.4.2　钢结构构件最大长细比

构件名称	受压弦杆及支座处受压腹杆	一般受压腹杆	辅助杆	受拉杆	预应力受拉杆
容许最大长细比	150	220	250	400	不限

第 4.4.3 条　人字柱的受压杆计算长度，可按本规范附录七采用。

第 4.4.4 条　打拉线（条）架构的受压杆件计算长度，可按本规范附录八采用。

第 4.4.5 条　格构式钢梁或钢柱，其弦杆及腹杆的受压计算长度，可按下列规定采用：

一、弦杆：正面与侧面腹杆不叉开布置时，计算长度取 1.0 倍节间长度；正面与侧面腹杆叉开布置且弦杆使用角钢时，计算长度取 1.2 倍节间长度，相应的角钢回转半径取平行轴的值，如弦杆采用钢管则计算长度仍取 1.0 倍节间长度。

二、腹杆：对单系腹杆计算长度取中心线长度；对交叉布置腹杆，当两腹杆均不开断且交会点用螺栓或电焊连接时，计算长度取交叉分段中较长一段的中心线长度。

第 4.4.6 条　人字柱及打拉线（条）柱，其根开与柱高（基础面到柱的交点）之比分别不宜小于 1/7 及 1/5。

第 4.4.7 条　格构式钢梁梁高与跨度之比，不宜小于 1/25，钢筋混凝土梁此比值，不宜小于 1/20。

第 4.4.8 条　架构及设备支架柱插入基础杯口的深度不应小于表 4.4.8 的规定值。根据吊装稳定需要，柱插入杯口深度还应不小于 0.05 倍柱长，但当施工采取设临时拉线等措施时，可不受限制。

表 4.4.8　　柱插入杯口深度

柱的类型		钢筋混凝土矩型、工字型断面	水泥杆	钢管
插入杯口最小深度	架构	1.25B	1.5D	2.0D
	支架	1.0B	1.0D	1.0D

注　B 及 D 分别为柱的长边尺寸与柱的直径。

第五节　采暖通风

第 4.5.1 条　变电所的采暖通风及空调设计应符合现行国家标准《采暖通风与空气调节设计规范》的有关规定。在严寒地区，凡所内有人值班、办公及生活的房间以及工艺、设备需要采暖的房间均应设置采暖设施。在寒冷地区，凡工艺或设备需要，不采暖难以满足生产要求的房间均可设置采暖设施。不属于严寒或寒冷的地区，在主控制室等经常有人值班的房间可根据实际气温情况，采用局部采暖设施。采暖的方式可根据变电所的规模，结合当地经验作技术经济比较后确定，但必须符合工艺及防火要求。

第 4.5.2 条　主控制室及通信室的夏季室温不宜超过 35℃；继电器室、电力电容器室、蓄电池室及屋内配电装置室的夏季室温不宜超过 40℃；油浸变压器室的夏季室温不宜超过 45℃；电抗器室的夏季室温不宜超过 55℃。

第 4.5.3 条　屋内配电装置室及采用全封闭防酸隔爆式蓄电池的蓄电池室和调酸室，每小时通风换气次数均不应低于 6 次。蓄电池室的风机，应采用防爆式。

第六节　防　火

第 4.6.1 条　变电所内建筑物、构筑物的耐火等级，不应低于本规范附录九的要求。

第 4.6.2 条　变电所与所外的建筑物、堆场、储罐之间的防火净距，应符合现行国家标准《建筑设计防火规范》的规定。变电所内部的设备之间、建筑物之间及设备与建筑物、构筑物之间的最小防火净距，应符合本规范附录十的规定。

第 4.6.3 条　变电所应根据容量大小及其重要性，对主变压器等各种带油电气设备及建筑物，配备适当数量的手提式及推车式化学灭火器。对主控制室等设有精密仪器、仪表设备的房间，应在房间内或附近走廊内配置灭火后不会引起污损的灭火器。

第 4.6.4 条　屋外油浸变压器之间，当防火净距小于本规范附录十的规定值时，应设置防火隔墙，墙应高出油枕顶，墙长应大于贮油坑两侧各 0.5m。屋外油浸变压器与油量在 600kg 以上的本回路充油电气设备之间的防火净距不应小于 5m。

第 4.6.5 条　主变压器等充油电气设备，当单个油箱的油量在 1000kg 及以上时，应同时设置贮油坑及总事故油池，其容量分别不小于单台设备油量的 20% 及最大单台设备油量的 60%。贮油坑的长宽尺寸宜较设备外廓尺寸每边大 1m，总事故油池应有油水分离的功能，其出口应引至安全处所。

第 4.6.6 条　主变压器的油释放装置或防爆管，其出口宜引至贮油坑的排油口处。

第 4.6.7 条　充油电气设备间的总油量在 100kg 及以上且门外为公共走道或其他建筑物的房间时，应采用非燃烧或难燃烧的实体门。

第 4.6.8 条　电缆从室外进入室内的入口处、电缆竖井的出入口处及主控制室与电缆层之间，应采取防止电缆火灾蔓延的阻燃及分隔措施。

第 4.6.9 条　设在城市市区的无人值班变电所，宜设置火灾检测装置并遥信有关单位。对位于特别重要场所的无人值班变电所，可以装设自动灭火装置。

附录一
地下管线之间的最小水平净距

附表 1.1　　　　　　　　　　地下管线之间的最小水平净距（m）

管线名称	压力水管	自流水管	热力管和管沟	压缩空气管	通信电缆	电力电缆（直埋 35kV 及以下）	事故排油管
压力水管	1.0	1.5~3.0	1.5	1.0	1.0	1.0	1.0
自流水管	1.5~3.0	—	1.5	1.5	1.0	1.0	1.0
热力管和管沟	1.5	1.5	—	1.5	2.0	2.0	1.0
压缩空气管	1.0	1.5	1.5	—	1.0	1.0	1.0
通信电缆	1.0	1.0	2.0	1.0	—	0.5	1.0

续表

管线名称	压力水管	自流水管	热力管和管沟	压缩空气管	通信电缆	电力电缆（直埋 35kV 及以下）	事故排油管
电力电缆（直埋 35kV 及以下）	1.0	1.0	2.0	1.0	0.5	—	1.0
事故排油管	1.0	1.0	1.0	1.0	1.0	1.0	—

注　① 表列净距应自管或防护设施的外缘算起。
　　② 当热力管与直埋电缆间不能保持 2m 净距时，应采取隔热措施。
　　③ 同沟敷设的管线间距，不应受本表规定限制。
　　④ 压力水管与自流水管之间净距取决于压力水管的管径，管径大于 200mm 应取 3m，管径小于 200mm，应取 1.5m。
　　⑤ 电缆之间的净距，还应满足工艺布置的要求。
　　⑥ 如有充分依据，本表数字可酌量减小。

附录二
地下管线相互交叉或与道路交叉的最小垂直净距

附表 2.1　　　　　　　地下管线相互交叉或与道路交叉的最小垂直净距 (m)

管线名称	压力水管	自流水管	热力管	压缩空气管	通信电缆（直埋）	通信电缆（穿管）	电力电缆（直埋 35kV 及以下）	事故排油管	明沟（沟底）	道路（路面）
压力水管	0.15	0.15	0.15	0.15	0.5	0.15	0.5	0.25	0.5	0.8
自流水管	0.15	0.15	0.15	0.15	0.5	0.15	0.5	0.15	0.5	0.8
热力管	0.15	0.15	0.1	0.15	0.5	0.25	0.5	0.25	0.5	0.7
压缩空气管	0.15	0.15	0.15	0.1	0.5	0.25	0.5	0.25	0.5	0.7
通信电缆（直埋）	0.5	0.5	0.5	0.5	—	—	—	0.25	0.5	1.0
通信电缆（穿管）	0.15	0.15	0.25	0.25	—	—	—	0.25	0.5	1.0
电力电缆（直埋 35kV 及以下）	0.5	0.5	0.5	0.5	—	—	—	0.25	0.5	1.0
事故排油管	0.25	0.15	0.25	0.25	0.5	0.25	0.5	0.25	0.5	1.0

注　① 表列净距应自管或防护设施的外缘算起。
　　② 生活给水管与排水管交叉时，生活给水管应敷设在上面。
　　③ 管沟与管线间的最小垂直净距按本表规定采用，但穿越道路时的最小垂直净距不限。
　　④ 电缆之间的净距应按工艺布置要求确定。
　　⑤ 如有充分依据，本表数字可酌量减小。

附录三
挠度及裂缝的限值

附表 3.1　　　　　　　　　　挠度及裂缝的限值

位置	构件类别	挠度限值	钢筋混凝土结构最大裂缝宽度限值（mm）	预应力混凝土结构裂缝控制等级及 α 值	
				Ⅱ、Ⅲ、Ⅳ级冷拉钢筋	各类钢丝及热处理钢筋
屋内	屋架及跨度大于 9m 的大梁	$l/400$	0.2	二级 $\alpha=0.5$	二级 $\alpha=0.3$
	跨度等于或小于 9m 的大梁	$l/300$	0.2	二级 $\alpha=0.5$	二级 $\alpha=0.3$

续表

位置	构件类别	挠度限值	钢筋混凝土结构最大裂缝宽度限值（mm）	预应力混凝土结构裂缝控制等级及 α 值	
				Ⅱ、Ⅲ、Ⅳ级冷拉钢筋	各类钢丝及热处理钢筋
屋外	架构横梁	$l/200$（跨中），$l/100$（悬臂）	0.2	二级 α＝0.3	一级
	设有隔离开关的横梁	$l/300$	0.2	二级 α＝0.3	一级
	架构单柱	$h/100$	0.2	二级 α＝0.3	一级
	除单柱外的其他架构柱	$h/200$	0.2	二级 α＝0.3	一级
	隔离开关支架柱	$h/300$	0.2	二级 α＝0.3	一级
	其他设备支架柱	$h/200$	0.2	二级 α＝0.3	一级
	独立避雷针（格构式结构）	$h/100$	0.2	二级 α＝0.3	一级

注　① l 及 h 分别为梁的跨度及柱的高度，架构的 h 一般不包含避雷针。
　　② 各类设备支架的挠度，尚应满足设备对支架提出的专门要求。
　　③ 对单根钢管或单根水泥杆独立避雷针，宜根据各地运行经验确定其挠度限值，本规范不作统一规定。
　　④ 裂缝的控制等级及混凝土拉应力限制系数 α 的定义见《混凝土结构设计规范》。

附录四
建筑物均布活荷载及有关系数

附表 4.1　　　　　　　　建筑物均布活荷载及有关系数

项　目	活荷载标准值（kN/m²）	准永久值系数	计算主梁、柱及基础的折减系数	适　用　范　围
不上人屋面	0.7	0	1.0	用于钢筋混凝土屋面，对瓦屋面可用 0.3kN/m²
上人屋面	1.5	0.4	1.0	
主控制室、继电器室及通信室的楼面	4.0	0.8	0.7	如电缆层的电缆，系吊在主控制室或继电器室的楼板上，则应按实际发生的最大荷载考虑
主控制楼电缆层的楼面	3.0	0.8	0.7	
电容器室楼面	4.0～9.0	0.8	0.7	
屋内 3、6、10kV 配电装置开关层楼面	4.0～7.0	0.8	0.7	用于每组开关质量≤8kN，否则应按电气提供值采用
屋内 35kV 配电装置开关层楼面	4.0～8.0	0.8	0.7	用于每组开关质量≤12kN，否则应按电气提供值采用
屋内 110kV 配电装置开关层楼面	4.0～8.0	0.8	0.7	用于每组开关质量≤36kN，否则应按电气提供值采用
放置 110kV 全封闭组合电器楼面	10.0	0.8	0.7	
办公室及宿舍楼面	2.0～2.5	0.5	0.85	
室外楼梯	2.0	0.5	0.9	
室内沟盖板	4.0	0.5	1.0	

注　① 适用于屋内配电装置采用成套柜或采用空气断路器的情况，对 3、6、10、35、110kV 配电装置的开关不布置在楼面上的情况，该楼面的活荷载标准值均可采用 4.0kN/m²。
　　② 屋内配电装置楼面的活荷载，未包括操作荷载。
　　③ 上表各楼面荷载也适用于与楼面连通的走道及楼梯，也适用于运输设备必须经过的阳台。
　　④ 准永久值系数仅在计算正常使用极限状态的长期效应组合时使用。

附录五
砖抗震横墙的最大间距

附表 5.1 砖抗震横墙的最大间距（m）

楼（屋）盖类别	7 度	8 度	9 度
现浇或有配筋现浇层的装配整体式钢筋混凝土	18	15	11
装配式钢筋混凝土	15	11	7

注　① 对屋内配电装置楼，当设有不到顶的间隔墙并在纵墙与间隔墙交接处——设置到顶的构造柱且每层均设置圈梁时，只要强度满足抗震要求，横墙最大间距可不受上表限制。

② 当主控制楼每层设置圈梁，四角及每榀屋架（或每根大梁）下均设置加强型构造柱且三者连成整体并强度满足抗震要求时，横墙的最大间距可按上表放大 30%～40%。加强型构造柱的配筋由强度计算确定。

③ 对单层或双层砖承重的建筑，上表数字可参照使用。

附录六
多层砖承重建筑局部尺寸限值

附表 6.1　多层砖承重建筑局部尺寸限值（m）

类　别	6～度	8 度	9 度
承重窗间墙最小宽度	1.0	1.2	1.5

续表

类　别	6～度	8 度	9 度
承重外墙尽端至门窗洞边的最小距离	1.0	1.5	2.0
非承重外墙尽端至门窗洞边的最小距离	1.0	1.0	1.0
内墙阳角至门窗洞边的最小距离	1.0	1.5	2.0
无锚固女儿墙的最大高度	0.5	0.5	—

注　① 对单层或双层砖承重的建筑，上表数字可参照使用。

② 出入口及穿墙套管上面的女儿墙应有锚固措施。

附录七
人字柱平面内、外压杆的计算长度

一、人字柱的最大长细比应符合附表 7.1 的规定。

二、人字柱平面内、外压杆的计算长度应按下式计算：

$$H_0 = \mu H \qquad (附 7.1)$$

式中　H_0——人字柱平面内、外压杆的计算长度（m）；

μ——人字柱的最大长细比；

H——人字柱的实际长度，按柱根部到柱上部铰点之间的距离计（m）。

附表 7.1　　　　　　人字柱最大长细比（μ）

侧面	正面	人字平面内		人字平面外	
		$\dfrac{N_1}{N_2} \geq 0.6$	$0 \leq \dfrac{N_1}{N_2} < 0.6$	单跨	双跨及以上
	（上绞 下刚）	0.8	0.85	1.0（无端撑） 0.7（有端撑）	0.9（无端撑） 0.7（有端撑）
	（上刚 下刚）	0.7	0.8	0.85（无端撑） 0.7（有端撑）	0.75（无端撑） 0.7（有端撑）

附录八
打拉线（条）柱平面内、外压杆的计算长度

一、打拉线（条）柱的最大长细比应符合附表 8.1 的规定。

二、打拉线（条）柱平面内、外压杆的计算长度应按本规范附录七中（附 7.1）式确定。

附表 8.1　　　　　　　　　　打拉线（条）柱的最大长细比（μ）

侧　面	正　面	拉线（条）平面内	拉线（条）平面外		
			单　跨	双　跨	三跨及以上
		1.0	2.0（无端撑） 0.7（有端撑）	1.6（无端撑） 0.7（有端撑）	1.6（无端撑） 0.7（有端撑）
		1.0	1.2（无端撑） 0.7（有端撑）	1.0（无端撑） 0.7（有端撑）	0.95（无端撑） 0.7（有端撑）

注　① 上图中画的为双侧打拉线（条），单侧拉线（条）也适用。
　　② 表中拉线（条）平面外的 μ 仅适用于各柱的断面及刚度均相同的情况。

附录九
变电所建筑物、构筑物的最低耐火等级

附表 9.1　　　　　　变电所建筑物、构筑物的最低耐火等级

建、构筑物名称		火灾危险性类别	最低耐火等级
主控制室、继电器室（包括蓄电池室）		戊	二级
配电装置室	每台设备油量 60kg 以上	丙	二级
	每台设备油量 60kg 及以下	丁	
油浸变压器室		丙	一级
有可燃介质的电容器室		丙	二级
材料库、工具间（仅贮藏非燃烧器材）		戊	三级
电缆沟及电缆隧道	用阻燃电缆	戊	二级
	用一般电缆	丙	

注　主控制室、继电器室的戊类应具备防止电缆着火延燃的安全措施。

附录十
建筑物、构筑物及设备的最小防火净距

附表 10.1　　　　　建筑物、构筑物及设备的最小防火净距（m）

建、构筑物及设备名称			丙、丁、戊类生产建筑		变压器（油浸）			屋外可燃介质电容器	总事故油池	所内生活建筑	
			耐火等级		电压等级					耐火等级	
			一、二级	三级	35kV	63kV	110kV			一、二级	三级
丙、丁、戊类生产建筑	耐火等级	一、二级	10	12	—	—	—	10	5	10	12
		三级	12	14	—	—	—	10	5	12	14
变压器（油浸）	电压等级	35kV	10	10	5	—	—	10	5	—	—
		63kV	10	10	—	6	—	10	5	—	—
		110kV	10	10	—	—	8	10	5	—	—
屋外可燃介质电容器			10	10	10	10	10		5	15	20

续表

建、构筑物及设备名称	丙、丁、戊类生产建筑		变压器（油浸）			屋外可燃介质电容器	总事故油池	所内生活建筑	
	耐火等级		电压等级					耐火等级	
	一、二级	三级	35kV	63kV	110kV			一、二级	三级
总事故油池	5	5	5	5	5	5	—	10	12
所内生活建筑　耐火等级　一、二级	10	12	—	—	—	15	10	6	7
所内生活建筑　耐火等级　三级	12	14	—	—	—	20	12	7	8

注　① 如相邻两建筑物的面对面外墙其较高一边为防火墙时，其防火净距可不限，但两座建筑物侧面门窗之间的最小净距应不小于 5m。

　　② 耐火等级为一、二级建筑物，其面对变压器、可燃介质电容器等电器设备的外墙的材料及厚度符合防火墙的要求且该墙在设备总高加 3m 及两侧各 3m 的范围内不设门窗不开孔洞时，则该墙与设备之间的防火净距可不受限制；如在上述范围内虽不开一般门窗但设有防火门时，则该墙与设备之间的防火净距应等于或大于 5m。

　　③ 所内生活建筑与油浸变压器之间的最小防火净距，应根据最大单台设备的油量及建筑物的耐火等级确定：当油量为 5～10t 时为 15m（对一、二级）或 20m（对三级）；当油量大于 10t 时为 20m（对一、二级）或 25m（对三级）。

9 3～110kV 高压配电装置设计规范

（GB 50060—1992）

第一章　总　　则

第 1.0.1 条　为使高压配电装置（简称配电装置）的设计。执行我国的技术经济政策，做到安全可靠、技术先进、经济合理和维修方便，制定本规范。

第 1.0.2 条　本规范适用于新建和扩建 3～110kV 配电装置工程的设计。

第 1.0.3 条　配电装置的设计应根据电力负荷性质及容量、环境条件和运行、安装维修等要求，合理地选用设备和制订布置方案，应采用行之有效的新技术、新设备、新布置和新材料。

第 1.0.4 条　配电装置的设计应根据工程特点、规模和发展规划，做到远、近期结合，以近期为主，并适当考虑扩建的可能。

第 1.0.5 条　配电装置的设计必须坚持节约用地的原则。

第 1.0.6 条　配电装置的设计除应执行本规范的规定外，尚应符合国家现行的有关标准和规范的规定。

第二章　一般规定

第 2.0.1 条　配电装置的布置和导体、电器、架构的选择，应满足在当地环境条件下正常运行、安装维修、短路和过电压状态的要求。

第 2.0.2 条　配电装置各回路的相序宜一致，并应有相色标志。

第 2.0.3 条　电压为 63kV 及 110kV 的配电装置，每段母线上宜装设接地刀闸或接地器，对断路器两侧隔离开关的断路器侧和线路隔离开关的线路侧，宜装设接地刀闸。

屋内配电装置间隔内的硬导体及接地线上，应留有接触面和连接端子。

第 2.0.4 条　屋内、外配电装置的隔离开关与相应的断路器和接地刀闸之间应装设闭锁装置。屋内配电装置尚应设置防止误入带电间隔的闭锁装置。

第 2.0.5 条　充油电气设备的布置，应满足在带电时观察油位、油温的安全和方便的要求；并宜便于抽取油样。

第三章　环境条件

第 3.0.1 条　屋外配电装置中的电气设备和绝缘子，应根据污秽程度采取相应的外绝缘标准及其他防尘、防腐措施，并应便于清扫。

第 3.0.2 条　选择裸导体和电器的环境温度应符合表 3.0.2 的规定。

第 3.0.3 条　选择导体和电器的相对湿度，应采用当地湿度最高月份的平均相对湿度。在湿热带地区应采用湿热带型电器产品，在亚湿热带地区可采用普通电器产品，但应根据当地运行经验采取防护措施。

第 3.0.4 条　周围环境温度低于电气设备、仪表和继电器的最低允许温度时，应装设加热装置或采取保温措施。

在积雪、覆冰严重地区，应采取防止冰雪引起事故的措施。

隔离开关的破冰厚度，不应小于设计最大覆冰厚度。

表 3.0.2　选择裸导体和电器的环境温度

类别	安装场所	环境温度（℃）	
		最　高	最低
裸导体	屋外	最热月平均最高温度	
	屋内	该处通风设计温度	
电器	屋外	年最高温度	年最低温度
	屋内电抗器	该处通风设计最高排风温度	
	屋内其他位置	该处通风设计温度	

注　① 年最高（或最低）温度为一年中所测得的最高（或最低）温度的多年平均值。
　　② 最热月平均最高温度为最热月每日最高温度的月平均值，取多年平均值。
　　③ 选择屋内裸导体及其他电器的环境温度，若该处无通风设计温度资料时，可取最热月平均最高温度加 5℃。

第 3.0.5 条　设计配电装置及选择导体和电器时的最大风速，可采用离地 10m 高，30 年一遇 10min 平均最大风速。设计最大风速超过 35m/s 的地区，在屋外配电装置的布置中，宜采取降低电气设备的安装高度、加强设备与基础的固定等措施。

第 3.0.6 条　配电装置的抗震设计应符合现行国家标准《电力设施抗震设计规范》的规定。

第 3.0.7 条　海拔超过 1000m 的地区，配电装置应选择适用于该海拔高度的电器和电瓷产品，其外部绝缘的冲击和工频试验电压应符合现行国家标准的有关规定。

第 3.0.8 条　电压为 110kV 的电器及金具，在 1.1 倍最高工作相电压下，晴天夜晚不应出现可见电晕。

110kV 导体的电晕临界电压应大于导体安装处的最高工作电压。

第 3.0.9 条　对布置在居民区和工业区内的配电装置，其噪声应符合现行国家标准《工业企业噪声控制设计规范》和《城市区域环境噪声标准》的规定。

第四章　导体和电器

第 4.0.1 条　设计所选用的电器允许最高工作电压不得低于该回路的最高运行电压。

设计所选用的导体和电器，其长期允许电流不得小于该回路的最大持续工作电流；对屋外导体和电器尚应计及日照对其载流量的影响。

第 4.0.2 条　配电装置的母线和引线不宜采用铜导体。

第 4.0.3 条　配电装置的绝缘水平应符合现行国家标准《电力装置的过电压保护设计规范》的规定。

第 4.0.4 条　验算导体和电器动稳定、热稳定以及电器开断电流所用的短路电流，应按设计规划容量计算，并应考虑电力系统的远景发展规划。

确定短路电流时，应按可能发生最大短路电流的正常接线方式计算。

第 4.0.5 条　验算导体和电器用的短路电流，应按下列情况进行计算：

一、除计算短路电流的衰减时间常数外，元件的电阻可略去不计。

二、在电气连接的网络中应计及具有反馈作用的异步电动机的影响和电容补偿装置放电电流的影响。

第 4.0.6 条　导体和电器的动稳定、热稳定以及电器的短路开断电流，可按三相短路验算，当单相、两相接地短路较三相短路严重时，应按严重情况验算。

第 4.0.7 条　验算导体短路热效应的计算时间，宜采用主保护动作时间加相应的断路器全分闸时间。当主保护有死区时，应采用对该死区起作用的后备保护动作时间，并应采用相应的短路电流值。

验算电器时宜采用后备保护动作时间加相应的断路器全分闸时间。

第 4.0.8 条　用熔断器保护的电压互感器回路，可不验算动稳定和热稳定。

用高压限流熔断器保护的导体和电器，可根据限流熔断器的特性验算其动稳定和热稳定。

第 4.0.9 条　校核断路器的断流能力，宜取断路器实际开断时间的短路电流作为校验条件。

装有自动重合闸装置的断路器，应计及重合闸对额定开断电流的影响。

第 4.0.10 条　用于切合并联补偿电容器组的断路器，应选用开断性能优良的断路器。

第 4.0.11 条　裸导体的正常最高工作温度不应大于 +70℃，在计及日照影响时，钢芯铝线及管形导体不宜大于 +80℃。

当裸导体接触面处有镀（搪）锡的可靠覆盖层时，其最高工作温度可提高到 +85℃。

第 4.0.12 条　验算短路热稳定时，裸导体的最高允许温度，对硬铝及铝锰合金可取 +200℃，硬铜可取 +300℃，短路前的导体温度应采用额定负荷下的工作温度。

第 4.0.13 条　在按回路正常工作电流选择裸导体截面时，导体的长期允许载流量，应按所在地区的海拔高度及环境温度进行修正。

裸导体的长期允许载流量及其修正系数可按附录一和附录二执行。

导体采用多导体结构时，应计及邻近效应和热屏蔽对载流量的影响。

第4.0.14条　发电厂3～20kV屋外支柱绝缘子和穿墙套管，可采用高一级电压的产品。3～6kV屋外支柱绝缘子和穿墙套管，亦可采用提高两级电压的产品。

第4.0.15条　在正常运行和短路时，电器引线的最大作用力不应大于电器端子允许的荷载。屋外配电装置的导体、套管、绝缘子和金具，应根据当地气象条件和不同受力状态进行力学计算。其安全系数不应小于表4.0.15的规定。

表4.0.15　导体和绝缘子的安全系数

类别	荷载长期作用时	荷载短时作用时
套管、支持绝缘子及其金具	2.5	1.67
悬式绝缘子及其金具	5.3	3.3
硬导体	2.0	1.67
软导体	4	2.5

注　① 悬式绝缘子的安全系数系对应于破坏荷载，若对应于1h机电试验荷载，其安全系数应分别为4和2.5。
　　② 硬导体的安全系数对应于破坏应力，若对应于屈服点应力，其安全系数应分别为1.6和1.4。

第4.0.16条　验算短路动稳定时，硬导体的最大允许应力应符合表4.0.16的规定。

表4.0.16　硬导体的最大允许应力

导体材料	硬铝	硬铜	LF21型铝锰合金管
最大允许应力（MPa）	70	140	90

重要回路的硬导体应力计算，尚应计及动力效应的影响。

第4.0.17条　导体和导体、导体和电器的连接处，应有可靠的连接接头。

硬导体间的连接宜采用焊接。需要断开的接头及导体和电器端子的连接处，应采用螺栓连接。

不同金属的导体连接时，根据环境条件，应采取装设过渡接头等措施。

第4.0.18条　采用硬导体时，应按温度变化、不均匀沉降和振动等情况，在适当的位置装设伸缩接头或采取防震措施。

第五章　配电装置的布置

第一节　安　全　净　距

第5.1.1条　屋外配电装置的安全净距应符合表5.1.1的规定，并应按图5.1.1-1、5.1.1-2和5.1.1-3校验。

表5.1.1　　　　　　　　　　屋外配电装置的安全净距（mm）

符号	适应范围	额定电压（kV）					
		3～10	15～20	35	63	110J	110
A_1	带电部分至接地部分之间 网状遮栏向上延伸线距地2.5m处与遮栏上方带电部分之间	200	300	400	650	900	1000
A_2	不同相的带电部分之间 断路器和隔离开关的断口两侧引线带电部分之间	200	300	400	650	1000	1100
B_1	设备运输时，其外廊至无遮栏带电部分之间 交叉的不同时停电检修的无遮栏带电部分之间 栅状遮栏至绝缘体和带电部分之间	950	1050	1150	1400	1650	1750
B_2	网状遮栏至带电部分之间	300	400	500	750	1000	1100

续表

符 号	适 应 范 围	额 定 电 压 （kV）					
		3～10	15～20	35	63	110J	110
C	无遮栏裸导体至地面之间	2700	2800	2900	3100	3400	3500
	无遮栏裸导体至建筑物、构筑物顶部之间						
D	平行的不同时停电检修的无遮栏带电部分之间	2200	2300	2400	2600	2900	3000
	带电部分与建筑物、构筑物的边沿部分之间						

注　①　110J 系指中性点有效接地电网。
　　②　海拔超过 1000m 时，A 值应进行修正。
　　③　本表所列各值不适用于制造厂的产品设计。

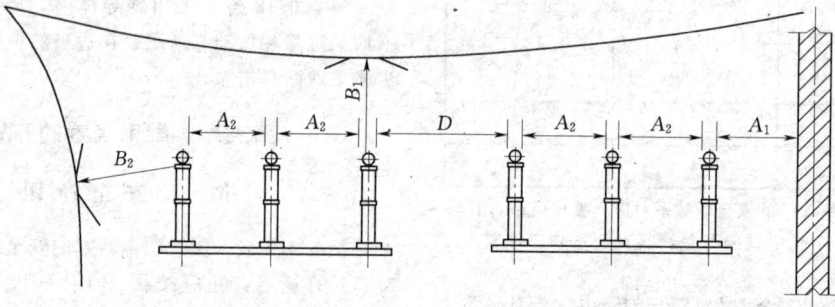

图 5.1.1-1　屋外 A_1、A_2、B_1、D 值校验图

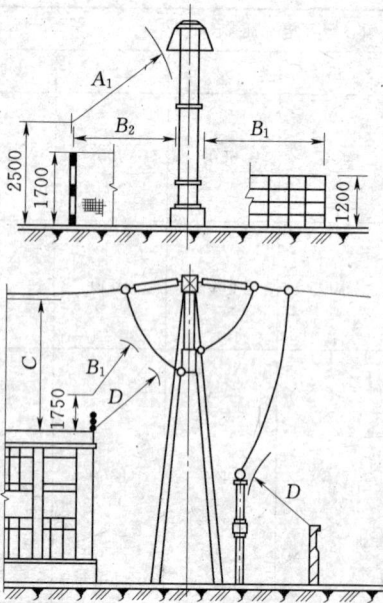

图 5.1.1-2　屋外 A_1、B_1、B_2、C、D 值校验图

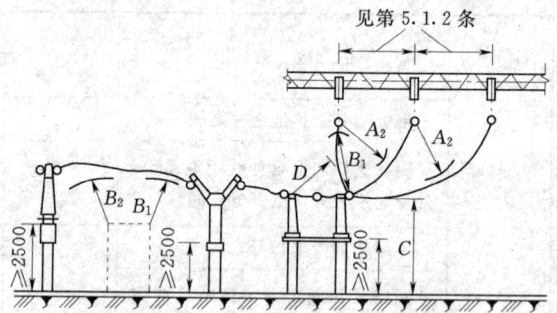

图 5.1.1-3　屋外 A_2、B_1、C 值校验图

当电气设备外绝缘体最低部位距地面小于 2.5m 时，应装设固定遮栏。

第 5.1.2 条　屋外配电装置使用软导线时，在不同条件下，带电部分至接地部分和不同相带电部分之间的安全净距，应根据表 5.1.2 进行校验，并应采用其中最大数值。

第 5.1.3 条　屋内配电装置的安全净距应符合表 5.1.3 的规定，并应按图 5.1.3-1 和图 5.1.3-2 校验。

表 5.1.2 不同条件下的计算风速和安全净距（mm）

条件	校验条件	计算风速（m/s）	A 值	额定电压（kV）			
				35	63	110J	110
雷电过电压	雷电过电压和风偏	10	A_1	400	650	900	1000
			A_2	400	650	1000	1100
操作过电压	操作过电压和风偏	最大设计风速的 50%	A_1	400	650	900	1000
			A_2	400	650	1000	1100
最大工作电压	最大工作电压短路和 10m/s 风速时的风偏		A_1	150	300	300	450
	最大工作电压和最大设计风速时的风偏		A_2	150	300	500	500

注　在气象条件恶劣如最大设计风速为 35m/s 及以上，以及雷暴时风速较大的地区，校验雷电过电压时的安全净距，其计算风速采用 15m/s。

表 5.1.3 屋内配电装置的安全净距（mm）

符号	适 用 范 围	额定电压（kV）								
		3	6	10	15	20	35	63	110J	110
A_1	带电部分至接地部分之间	75	100	125	150	180	300	550	850	950
	网状和板状遮栏向上延伸线距地 2.3m 处与遮栏上方带电部分之间									
A_2	不同相的带电部分之间	75	100	125	150	180	300	550	900	1000
	断路器和隔离开关的断口两侧带电部分之间									
B_1	栅状遮栏至带电部分之间	825	850	875	900	930	1050	1300	1600	1700
	交叉的不同时停电检修的无遮栏带电部分之间									
B_2	网状遮栏至带电部分之间	175	200	225	250	280	400	650	950	1050
C	无遮栏裸导体至地（楼）面之间	2500	2500	2500	2500	2500	2600	2850	3150	3250
D	平行的不同时停电检修的无遮栏裸导体之间	1875	1900	1925	1950	1980	2100	2350	2650	2750
E	通向屋外的出线套管至屋外通道的路面	4000	4000	4000	4000	4000	4000	4500	5000	5000

注　① 110J 系指中性点有效接地电网。
　　② 当为板状遮栏时，其 B_2 值可取 A_1＋30mm。
　　③ 通向屋外配电装置的出线套管至屋外地面的距离，不应小于表 5.1.1 中所列屋外部分之 C 值。
　　④ 海拔超过 1000m 时，A 值应进行修正。
　　⑤ 本表所列各值不适用于制造厂的产品设计。

当电气设备外绝缘体最低部位距地面小于 2.3m 时，应装设固定遮栏。

第 5.1.4 条　配电装置中相邻带电部分的额定电压不同时，应按高的额定电压确定其安全净距。

第 5.1.5 条　屋外配电装置带电部分的上面或下面，不应有照明、通信和信号线路架空跨越或穿过；屋内配电装置裸露带电部分的上面不应有明敷的照明或动力线路跨越。

第二节　型式选择

第 5.2.1 条　配电装置型式的选择，应考虑所在地区的地理情况及环境条件，通过技术经济比较，优先选用占地少的配电装置型式，并宜符合下列规定：

一、市区或污秽地区的 35～110kV 配电装置宜采用屋内配电装置；

二、大城市中心地区或其他环境特别恶劣地区，

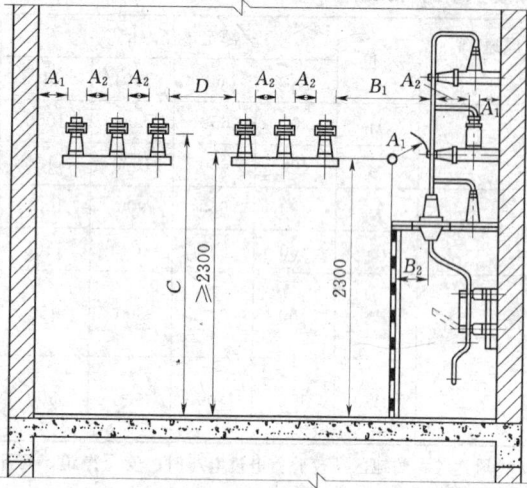

图 5.1.3－1　屋内 A_1、A_2、B_1、B_2、C、D 值校验图

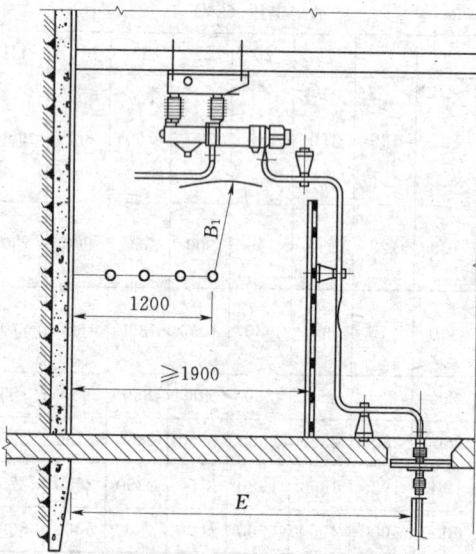

图 5.1.3－2　屋内 B_1、E 值校验图

110kV 配电装置可采用 SF$_6$ 全封闭组合电器（简称 GIS）。

第 5.2.2 条　CIS 宜采用屋内布置。当 GIS 采用屋外布置时，应考虑气温、日温差、日照、冰雹及腐蚀等环境条件的影响。

第 5.2.3 条　当采用管型母线的配电装置时，管型母线选用单管结构，固定方式宜用支持式。

支持式管型母线在无冰无风时的挠度不应大于 $(0.5\sim1.0)D$。

注：D 为管型母线直径。

采用管型母线时，还应分别采取消除端部效应、

微风振动及温差对支持绝缘子产生的内应力等措施。

第三节　通道与围栏

第 5.3.1 条　配电装置的布置，应便于设备的操作、搬运、检修和试验。

屋外配电装置应设置必要的巡视小道及操作地坪。

第 5.3.2 条　配电装置室内各种通道的最小宽度（净距）应符合表 5.3.2 的规定。

表 5.3.2　　　配电装置室内各种通道的
最小宽度（mm）

通道种类 布置方式	维护通道	操作通道	
		固定式	手车式
设备单列布置	800	1500	单车长＋1200
设备双列布置	1000	2000	双车长＋900

注　①　通道宽度在建筑物的墙柱个别突出外，允许缩小 200mm。
　　②　手车式开关柜不需进行就地检修时，其通道宽度可适当减小。
　　③　固定式开关柜靠墙布置时，柜背离墙距离宜取 50mm。
　　④　当采用 35kV 手车式开关柜时，柜后通道不宜小于 1.0m。

第 5.3.3 条　屋内布置的 CIS 应设置通道。其通道宽度应满足运输部件的需要，但不宜小于 1.5m。屋外布置的 GIS，其通道宽度应根据现场作业要求确定。

第 5.3.4 条　设置于屋内的油浸变压器，其外廓与变压器室四壁的最小净距应符合表 5.3.4 的规定。

表 5.3.4　　　油浸变压器外廓与变压器室
四壁的最小净距（mm）

变压器容量（kVA）	1000 及以下	1250 及以上
变压器与后壁、侧壁之间	600	800
变压器与门之间	800	1000

对于就地检修的屋内油浸变压器，变压器室的室内高度可按吊芯所需的最小高度再加 700mm，宽度可按变压器两侧各加 800mm 确定。

第 5.3.5 条　设置于屋内的干式变压器，其外廓与四周墙壁的净距不应小于 0.6m，干式变压器之间的距离不应小于 1m，并应满足巡视维修的要求。

全封闭型的干式变压器可不受上述距离的限制。

第 5.3.6 条　厂区内的屋外配电装置，其周围应

设置围栏，高度不应小于 1.5m。

第 5.3.7 条 配电装置中电气设备的栅状遮栏高度，不应小于 1.2m，栅状遮栏最低栏杆至地面的净距，不应大于 200mm。

配电装置中电气设备的网状遮栏高度，不应小于 1.7m，网状遮栏网孔不应大于 40mm×40mm。

围栏门应装锁。

第 5.3.8 条 在安装有油断路器的屋内间隔内除设置遮栏外，对就地操作的油断路器及隔离开关，应在其操作机构处设置防护隔板，宽度应满足人员操作的范围，高度不应小于 1.9m。

第 5.3.9 条 屋外的母线桥，当外物有可能落在母线上时，应根据具体情况采取防护措施。

第四节　防火与蓄油设施

第 5.4.1 条 3～35kV 双母线布置的屋内配电装置，母线与母线隔离开关之间宜装设耐火隔板。

第 5.4.2 条 当电压等级为 3～35kV 时，屋内断路器、油浸电流互感器和电压互感器，宜装设在两侧有隔墙（板）的间隔内；当电压等级为 63～110kV 时，屋内断路器、油浸电流互感器和电压互感器应装设在有防爆隔墙的间隔内。

总油量超过 100kg 的屋内油浸电力变压器，宜装设在单独的防爆间内，并应设置消防设施。

第 5.4.3 条 屋内单台电气设备总油量在 100kg 以上应设置贮油设施或挡油设施。挡油设施宜按容纳 20% 油量设计，并应有将事故油排至安全处的设施，当事故油无法排至安全处时，应设置能容纳 100% 油量的贮油设施。

排油管内径的选择应能尽快将油排出，但不宜小于 100mm。

第 5.4.4 条 在防火要求较高的场所，有条件时宜选用不燃或难燃的变压器。

在高层民用主体建筑中，设置在首层或地下层的变压器不宜选用油浸变压器，设置在其他层的变压器严禁选用油浸变压器。

布置在高层民用主体建筑中的配电装置，亦不宜采用具有可燃性能的断路器。

第 5.4.5 条 屋外充油电气设备单个油箱的油量在 1000kg 以上。应设置能容纳 100% 油量的贮油池，或 20% 油量的贮油池和挡油墙。

设有容纳 20% 油量的贮油池或挡油墙时，应有将油排到安全处所的设施，且不应引起污染危害。当设置有油水分离的总事故贮油池时，其容量不应小于最大一个油箱的 60% 油量。

贮油池和挡油墙的长、宽尺寸，可按设备外廓尺寸每边相应大 1m 计算。

贮油池的四周，应高出地面 100mm。贮油池内宜铺设厚度不小于 250mm 的卵石层，其卵石直径宜为 50～80mm。

第 5.4.6 条 油重均为 2500kg 以上的屋外油浸变压器之间无防火墙时，其最小防火净距应符合表 5.4.6 的规定。

表 5.4.6　油浸变压器最小防火净距

电压等级（kV）	最小防火净距（m）
35 及以下	5
63	6
110	8

第 5.4.7 条 当屋外油浸变压器之间需设置防火墙时，防火墙的高度不宜低于变压器油枕的顶端高度，防火墙的两端应分别大于变压器贮油池的两侧各 0.5m。

第 5.4.8 条 当火灾危险类别为丙、丁、戊类的生产建筑物外墙距屋外油浸变压器外廓 5m 以内时，在变压器高度以上 3m 的水平线以下及外廓两侧各加 3m 的外墙范围内，不应有门、窗或通风孔。当建筑物外墙距变压器外廓为 10m 以内时，可在外墙上设防火门，并可在变压器高度以上设非燃烧性的固定窗。

注：3～10kV 变压器油量在 1000kg 以下时，其外廓两侧可减为各加 1.5m。

第六章　配电装置对建筑物及构筑物的要求

第 6.0.1 条 配电装置室的建筑，应符合下列要求：

一、长度大于 7m 的配电装置室，应有两个出口，并宜布置在配电装置室的两端；长度大于 60m 时，宜增添一个出口；当配电装置室有楼层时，一个出口可设在通往屋外楼梯的平台处。

二、装配式配电装置的母线分段处，宜设置有门洞的隔墙。

三、充油电气设备间的门若开向不属配电装置范围的建筑物内时，其门应为非燃烧体或难燃烧体的实体门。

四、配电装置室应设防火门，并应向外开启，防火门应装弹簧锁，严禁用门闩。相邻配电装置室之间如有门时，应能双向开启。

五、配电装置室可开窗，但应采取防止雨、雪、小动物、风沙及污秽尘埃进入的措施。配电装置室临街的一面不宜装设窗户。

六、配电装置室的耐火等级，不应低于二级。

配电装置室的顶棚和内墙面应作处理。地（楼）面宜采用高标号水泥抹面并压光；GIS 配电装置室亦可采用水磨石地面。

七、配电装置室有楼层时，其楼层应设防水措施。

八、配电装置室可按事故排烟要求，装设事故通风装置。

GLS 配电装置室应设通风、排风装置。

九、配电装置室内通道应保证畅通无阻，不得设立门槛，并不应有与配电装置无关的管道通过。

第 6.0.2 条 屋外配电装置架构的荷载条件，应符合下列要求：

一、计算用气象条件应按当地的气象资料确定。

二、架构宜根据实际受力条件（包括远景可能发生的不利情况），分别按终端或中间架构设计。

架构设计不考虑断线。

三、架构设计应考虑运行、安装、检修、地震情况时的四种荷载组合：

运行情况：取 30 年一遇的最大风（无冰、相应气温）、最低气温（无冰无风）及最严重覆冰（相应气温及风速）等三种情况及其相应的导线及避雷线张力、自重等。

安装情况：指导线及避雷线的架设，此时应考虑梁上作用人和工具重 2kN 以及相应的风荷载、导线及避雷线张力、自重等。

检修情况：根据实际检修方式的需要，可考虑三相同时上人停电检修（每相导线的绝缘子根部作用人和工具重为 1kN）及单相跨中上人带电检修（人及工具重 1.5kN）两种情况的导线张力、相应的风荷载及自重等；对档距内无引下线的情况可不考虑跨中上人。

地震情况：考虑水平地震作用及相应的风荷载（或相应的冰荷载）、导线及避雷线张力、自重等，地震情况下的结构抗力或设计强度均允许提高 25% 使用。

第 6.0.3 条 配电装置建、构筑物的设计，尚应符合现行国家标准《35～110kV 变电所设计规范》的规定。

附录一
裸导体的长期允许载流量

附表 1.1 矩形铝导体长期允许载流量（A）

导体尺寸 $h×b$ (mm×mm)	单条		双条		三条		四条	
	平放	竖放	平放	竖放	平放	竖放	平放	竖放
40×4	480	503						
40×5	542	562						
50×4	586	613						
50×5	661	692						
63×6.3	910	952	1409	1547	1866	2111		
63×8	1038	1085	1623	1777	2113	2379		
63×10	1168	1221	1825	1994	2381	2665		
80×6.3	1128	1178	1724	1892	2211	2505	2558	3411
80×8	1274	1330	1946	2131	2491	2809	2863	3817
80×10	1427	1490	2175	2373	2774	3114	3167	4222
100×6.3	371	1430	2054	2253	2633	2985	3032	4043
100×8	1542	1609	2298	2516	2933	3311	3359	4479
100×10	1728	1803	2558	2796	3181	3578	3622	4829
125×6.3	1674	1744	2446	2680	2079	3490	3525	4700
125×8	1876	1955	2725	2982	3375	3813	3847	5129
125×10	2089	2177	3005	3282	3725	4194	4225	5633

注 ① 载流量系按最高允许温度+70℃、基准环境温度+25℃、无风、无日照条件计算的。

② 上表导体尺寸中，h 为宽度，b 为厚度。

③ 上表当导体为四条时，平放、竖放时第二、三片间距皆为 50mm。

附表 1.2　　　　　　　　　　　　　**槽形铝导体长期允许载流量及计算用数据**

截面尺寸 (mm)				双槽导体截面 (mm²)	集肤效应系数 K_f	导体载流量 (A)	[ ] [ ]			□ □ □			双槽焊成整体时				共振最大允许距离 (cm)	
h	b	c	r				截面系数 w_y (cm³)	惯性矩 I_y (cm⁴)	惯性半径 r_y (cm)	截面系数 w_x (cm³)	惯性矩 I_x (cm⁴)	惯性半径 r_x (cm)	截面系数 w_{y0} (cm³)	惯性矩 I_{y0} (cm⁴)	惯性半径 r_{y0} (cm)	静力矩 S_{y0} (cm³)	双槽实连时绝缘子间距	双槽不实连时绝缘子间距
75	35	4.0	6	1040	1.012	2200	2.52	6.2	1.09	10.1	41.6	2.83	23.7	89	2.93	14.1		
75	35	5.5	6	1390	1.025	2620	3.17	7.6	1.05	14.1	53.1	2.76	30.1	113	2.85	18.4	178	114
100	45	4.5	8	1550	1.020	2740	4.52	14.5	1.33	22.2	111	3.78	48.6	243	3.96	28.0	295	125
100	45	6.0	8	2020	1.038	3590	5.9	18.5	1.37	27	135	3.70	58	290	3.85	36	203	123
125	55	6.5	10	2740	1.050	4620	9.5	37	1.65	50	290	4.70	100	624	4.80	63	228	139
150	65	7.0	10	3575	1.075	5650	14.7	68	1.97	74	560	5.65	167	1260	6.00	98	252	150
175	80	8.0	12	4880	1.103	6600	25	144	2.40	122	1070	6.65	250	2300	6.90	156	263	147
200	90	10.0	14	6870	1.175	7550	40	254	2.75	193	1930	7.55	422	4220	7.90	252	285	157
200	90	12.0	16	8080	1.237	8800	46.5	294	2.70	225	2250	7.60	490	4900	7.90	290	283	157
225	105	12.5	16	9760	1.285	10150	66.5	490		307	3450	8.50	645	7240	8.70	390	299	163
250	115	12.5	16	10900	1.313	11200	81	660	3.52	360	4500	9.20	824	10300	9.82	495	321	200

注　①　载流系按最高允许温度＋70℃、基准环境温度＋25℃、无风、无日照条件计算的。
　　②　上表截面尺寸中，h 为槽形铝导体高度，b 为宽度、c 为壁厚、r 为弯曲半径。

附表 1.3　　　　　　　　　　　　　**铝锰合金管形导体长期允许载流量及计算用数据**

导体尺寸 D/d (mm)	导体截面 (mm²)	导体最高允许温度为下值时的载流量（A）		截面系数 W (cm²)	惯性半径 r_1 (cm)	惯性矩 l (cm⁴)
		＋70℃	＋80℃			
φ30/25	216	572	565	1.37	0.976	2.06
φ40/35	294	770	712	2.60	1.33	5.20
φ50/45	373	970	850	4.22	1.68	10.6
φ60/54	539	1240	1072	7.29	2.02	21.0
φ70/64	631	1413	1211	10.2	2.37	35.0
φ80/72	954	1900	1545	17.3	2.69	69.2
φ100/90	1491	2350	2054	33.8	3.36	169
φ110/100	1649	2569	2217	41.4	3.72	228
φ120/110	1806	2782	2377	49.9	4.07	299
φ130/116	2705	3511	2976	79.0	4.36	513
φ150/136			3140			

注　①　最高允许温度＋70℃的载流量，系按基准环境温度＋25℃、无风、无日照、辐射散热系数与吸热系数为 0.5、不涂漆条件计算的。
　　②　最高允许温度＋80℃的载流量，系按基准环境温度＋25℃、日照 0.1W/cm²、风速 0.5m/s、海拔 1000m、辐射散热系数与吸热系数为 0.5、不涂漆条件计算的。
　　③　上表导体尺寸中，D 为外径，d 为内径。

附录二

裸导体载流量在不同海拔高度及环境温度下的综合校正系数

附表 2.1   裸导体载流量在不同海拔高度及环境温度下的综合校正系数

导体最高允许温度（℃）	适应范围	海拔高度（m）	实际环境温度（℃）						
			+20	+25	+30	+35	+40	+45	+50
+70	屋内矩形、槽形、管形导体和不计日照的屋外软导线		1.05	1.00	0.94	0.88	0.81	0.74	0.67
+80	计及日照时屋外软导线	1000 及以下	1.05	1.00	0.95	0.89	0.83	0.76	0.69
		2000	1.01	0.96	0.91	0.85	0.79		
		3000	0.97	0.92	0.87	0.81	0.75		
		4000	0.93	0.89	0.84	0.77	0.71		
	计及日照时屋外管形导体	1000 及以下	1.05	1.00	0.94	0.87	0.80	0.72	0.63
		2000	1.00	0.94	0.88	0.81	0.74		
		3000	0.95	0.90	0.84	0.76	0.69		
		4000	0.91	0.86	0.80	0.72	0.65		

10 导体和电器选择设计技术规定

（DL/T 5222—2005）

1 范围

1.0.1 本规定规定了发电厂和变电站新建工程选择（3～500）kV 的导体和电器的基本要求。

1.0.2 本规定适用于发电厂和变电站新建工程选择（3～500）kV 的导体和电器，对扩建和改建工程可参照使用。

1.0.3 涉外工程要考虑供货方或订货方所在国国情，并结合工程的具体情况参照使用。

2 规范性引用文件

略

3 总则

3.0.1 导体和电器选择设计必须贯彻国家的经济技术政策，要考虑工程发展规划和分期建设的可能，以达到技术先进、安全可靠、经济适用、符合国情的要求。

3.0.2 应满足正常运行、检修、短路和过电压情况下的要求，并考虑远景发展。

3.0.3 应按当地使用环境条件校核。

3.0.4 应与整个工程的建设标准协调一致。

3.0.5 选择的导体和电气设备规格品种不宜太多。

3.0.6 在设计中要积极慎重地采用通过试验并经过工业试运行考验的新技术、新设备。

3.0.7 导体和电器选择设计除执行本规定外，尚应执行国家、行业的有关标准、规范、规定。

4 名词术语及定义

GB/T 2900.1、GB/T 2900.15、GB/T 2900.19、GB/T 2900.20 规定的名词术语适用于本规定。

5 基本规定

5.0.1 选用电器的最高工作电压不应低于所在系统的系统最高电压值，电压值应按照 GB 156 的规定选取。

5.0.2 选用导体的长期允许电流不得小于该回路的持续工作电流。对于断路器、隔离开关、组合电器、封闭式组合电器、金属封闭开关设备、负荷开关、高压接触器等长期工作制电器，在选择其额定电流时，应满足各种可能运行方式下回路持续工作电流的要求。

5.0.3 电器的正常使用环境条件规定为：周围空气温度不高于 40℃，海拔不超过 1000m。当电器使用在周围空气温度高于 40℃（但不高于 60℃）时，允许降低负荷长期工作。推荐周围空气温度每增高 1K，减少额定电流负荷的 1.8％；当电器使用在周围空气温度低于＋40℃时，推荐周围空气温度每降低 1K，增加额定电流负荷的 0.5％，但其最大过负荷不得超过额定电流负荷的 20％；当电器使用在海拔超过 1000m（但不超过 4000m）且最高周围空气温度为 40℃时，其规定的海拔每超过 100m（以海拔 1000m 为起点）允许温升降低 0.3％。

5.0.4 校验导体和电器动稳定、热稳定以及电器开断电流所用的短路电流，应按系统最大运行方式下可能流经被校验导体和电器的最大短路电流。系统容量应按具体工程的设计规划容量计算，并考虑电力系统的远景发展规划（宜按该工程投产后 5～10 年规划）。

确定短路电流时，应按可能发生最大短路电流的正常运行方式，不应按仅在切换过程中可能并列运行的接线方式。

5.0.5 校验导体和电器用的短路电流宜符合 GB/T 15544 的规定，并应在下列基本假设下进行：

1　突然短路发生前，三相交流系统对称运行；

2　所有电源的电动势相位角相同；

3　同步和异步电机的转子结构完全对称，定子三相绕组结构完全相同，空间位置相差 120°电气角度；

4　各静止元件的磁路不饱和，电气设备的参数不随电流大小发生变化；

5　短路发生在对称短路电流为最大值的瞬间；

6　不考虑短路点的电弧电阻和变压器的励磁电流；

7　具有分接开关的变压器，其开关位置均在主分接位置；

8　在短路持续时间内，短路类型不变。

5.0.6 用最大短路电流校验导体和电器的动稳定和热稳定时，应选取被校验导体或电器通过最大短路电流的短路点，选取短路点应遵守下列规定：

1　对不带电抗器的回路，短路点应选在正常接线方式时短路电流为最大的地点；

2　对带电抗器的（3～10）kV 出线和厂用分支回路，校验母线与母线隔离开关之间隔板前的引线和套管时，短路点应选在电抗器前；校验其他导体和电器时，短路点宜选在电抗器之后。

5.0.7 计算分裂导线次档距长度和软导线短路摇摆时，应选取计算导线通过最大短路电流的短路点。

5.0.8 用最大短路电流校验开关设备和高压熔断器的开断能力时，应选取使被校验开关设备和熔断器通过的最大短路电流的短路点。短路点应选在被校验开关设备和熔断器出线端子上。

5.0.9 校验电器的开断电流，应按最严重短路型式验算。

5.0.10 仅用熔断器保护的导体和电器可不验算热稳定；除用有限流作用的熔断器保护者外，导体和电器的动稳定仍应验算。

用熔断器保护的电压互感器回路，可不验算动、热稳定。

5.0.11 在校核开关设备开断能力时，短路开断电流计算时间宜采用开关设备实际开断时间（主保护动作时间加断路器开断时间）。

5.0.12 校验跌落式高压熔断器开断能力和灵敏性时，不对称短路分断电流计算时间应取 0.01s。

5.0.13 确定短路电流热效应计算时间时，应遵守下列规定：

1　对导体（不包括电缆），宜采用主保护动作时间加相应断路器开断时间。主保护有死区时，可采用能对该死区起作用的后备保护动作时间，并采用相应处的短路电流值。

2　对电器，宜采用后备保护动作时间加相应断路器的开断时间。

5.0.14 电器的绝缘水平应按附录 B 所列数值选取。在进行绝缘配合时，考虑所采用的过电压保护措施后，决定设备上可能的作用电压，并根据设备的绝缘特性及可能影响绝缘特性的因素，从安全运行和技术经济合理性两方面确定设备的绝缘水平。

5.0.15 在正常运行和短路时，电器引线的最大作用力不应大于电器端子允许的荷载。

屋外配电装置的导体、套管、绝缘子和金具，应根据当地气象条件和不同受力状态进行力学计算，其安全系数不应小于表 5.0.15 所列数值。

表 5.0.15　　导体和绝缘子的安全系数

类　别	载荷长期作用时	载荷短期作用时
套管，支持绝缘子及其金具	2.5	1.67
悬式绝缘子及其金具[a]	4	2.5
软导线	4	2.5
硬导体[b]	2.0	1.67

a　悬式绝缘子的安全系数对应于 1h 机电试验载荷，而不是破坏载荷。若是后者，安全系数则分别为 5.3 和 3.3。

b　硬导体的安全系数对应于破坏应力，而不是屈服点应力。若是后者，安全系数则分别为 1.6 和 1.4。

6 环境条件

6.0.1 选择导体和电器时，应按当地环境条件校核。当气温、风速、湿度、污秽、海拔、地震、覆冰等环境条件超出一般电器的基本使用条件时，应通过技术经济比较分别采取下列措施：

　　1 向制造部门提出补充要求，制订符合当地环境条件的产品；

　　2 在设计或运行中采用相应的防护措施，如采用屋内配电装置、水冲洗、减震器等。

6.0.2 选择导体和电器的环境温度宜采用表6.0.2所列数值。

表 6.0.2　　选择导体和电器的环境温度

类别	安装场所	环境温度℃	
		最高	最低
裸导体	屋外	最热月平均最高温度	
	屋内	该处通风设计温度。当无资料时，可取最热月平均最高温度加5℃	
电器	屋外	年最高温度	年最低温度
	屋内电抗器	该处通风设计最高排风温度	
	屋内其他	该处通风设计温度。当无资料时，可取最热月平均最高温度加5℃	

注1：年最高（或最低）温度为一年中所测得的最高（或最低）温度的多年平均值。

注2：最热月平均最高温度为最热月每日最高温度的月平均值，取多年平均值。

6.0.3 选择屋外导体时，应考虑日照的影响。对于按经济电流密度选择的屋外导体，如发电机引出线的封闭母线、组合导线等，可不校验日照的影响。

　　计算导体日照的附加温升时，日照强度取0.1W/cm²，风速取0.5m/s。

　　日照对屋外电器的影响，应由制造部门在产品设计中考虑。当缺乏数据时，可按电器额定电流的80%选择设备。

6.0.4 选择导体和电器时所用的最大风速，可取离地面10m高、30年一遇的10min平均最大风速。最大设计风速超过35m/s的地区，可在屋外配电装置的布置中采取措施。阵风对屋外电器及电器产品的影响，应由制造部门在产品设计中考虑。

500kV电器宜采用离地面10m高、50年一遇10min平均最大风速。

6.0.5 在积雪、覆冰严重地区，应尽量采取防止冰雪引起事故的措施。隔离开关的破冰厚度，应大于安装场所最大覆冰厚度。

6.0.6 选择导体和电器的相对湿度，应采用当地湿度最高月份的平均相对湿度。对湿度较高的场所，应采用该处实际相对湿度。当无资料时，相对湿度可比当地湿度最高月份的平均相对湿度高5%。

6.0.7 为保证空气污秽地区导体和电器的安全运行，在工程设计中应根据污秽情况选用下列措施：

　　1 增大电瓷外绝缘的有效爬电比距，选用有利于防污的材料或电瓷造型，如采用硅橡胶、大小伞、大倾角、钟罩式等特制绝缘子；

　　2 采用热缩增爬裙增大电瓷外绝缘的有效爬电比距；

　　3 采用六氟化硫全封闭组合电器（GIS）或屋内配电装置。

　　发电厂、变电站污秽分级标准见附录C。

6.0.8 对安装在海拔高度超过1000m地区的电器外绝缘应予校验。当海拔高度在4000m以下时，其试验电压应乘以系数K，系数K的计算公式如下：

$$K = \frac{1}{1.1 - \dfrac{H}{10000}} \qquad (6.0.8)$$

式中：H——安装地点的海拔高度，m。

6.0.9 对环境空气温度高于40℃的设备，其外绝缘在干燥状态下的试验电压应取其额定耐受电压乘以温度校正系数K_t：

$$K_t = 1 + 0.0033(T - 40) \qquad (6.0.9)$$

式中：T——环境空气温度，℃。

6.0.10 选择导体和电器时，应根据当地的地震烈度选用能够满足地震要求的产品。

　　对8度及以上的一般设备和7度及以上的重要设备应该核对其抗震能力，必要时进行抗震强度验算。

　　在安装时，应考虑支架对地震力的放大作用。电器的辅助设备应具有与主设备相同的抗震能力。

6.0.11 电器及金具在1.1倍最高工作相电压下，晴天夜晚不应出现可见电晕，110kV及以上电压户外晴天无线电干扰电压不宜大于500μV，并应由制造部门在产品设计中考虑。

6.0.12 电器噪声水平应满足环保标准要求。电器的连续噪声水平不应大于85dB。断路器的非连续噪声水平，屋内不宜大于 90dB；屋外不应大于 110dB〔测试位置距声源设备外沿垂直面的水平距离为 2m，离地高度（1～1.5)m 处〕。

7　导体

7.1　基本规定

7.1.1　导体应根据具体情况，按下列技术条件进行选择或校验：

1　电流；

2　电晕；

3　动稳定或机械强度；

4　热稳定；

5　允许电压降；

6　经济电流密度。

注：当选择的导体为非裸导体时，可不校验 2 款。

7.1.2　导体尚应按下列使用环境条件校验：

1　环境温度；

2　日照；

3　风速；

4　污秽；

5　海拔高度。

注：当在屋内使用时，可不校验 2、3、4 款。

7.1.3　载流导体一般选用铝、铝合金或铜材料；对持续工作电流较大且位置特别狭窄的发电机出线端部或污秽对铝有较严重腐蚀的场所宜选铜导体；钢母线只在额定电流小而短路电动力大或不重要的场合下使用。

7.1.4　普通导体的正常最高工作温度不宜超过 +70℃，在计及日照影响时，钢芯铝线及管形导体可按不超过 +80℃考虑。

当普通导体接触面处有镀（搪）锡的可靠覆盖层时，可提高到 +85℃。

特种耐热导体的最高工作温度可根据制造厂提供的数据选择使用，但要考虑高温导体对连接设备的影响，并采取防护措施。

7.1.5　在按回路正常工作电流选择导体截面时，导体的长期允许载流量，应按所在地区的海拔及环境温度进行修正。

导体的长期允许载流量及其修正系数可采用附录 D 所列数值。

导体采用多导体结构时，应考虑邻近效应和热屏蔽对载流量的影响。

7.1.6　除配电装置的汇流母线外，较长导体的截面宜按经济电流密度选择。导体的经济电流密度可参照附录 E 所列数值选取。

当无合适规格导体时，导体面积可按经济电流密度计算截面的相邻下一档选取。

7.1.7　110kV 及以上导体的电晕临界电压应大于导体安装处的最高工作电压。

单根导线和分裂导线的电晕临界电压可按下式计算：

$$U_0 = 84 m_1 m_2 K \delta^{\frac{2}{3}} \frac{n r_0}{K_0} \left(1 + \frac{0.301}{\sqrt{r_0 \delta}}\right) \lg \frac{a_{jj}}{r_d}$$
$$(7.1.7)$$

$$\delta = \frac{2.895 p}{273 + t} \times 10^{-3}$$

$$K_0 = 1 + \frac{r_0}{d} 2(n-1) \sin \frac{\pi}{n}$$

式中：U_0——电晕临界电压（线电压有效值），kV；

　K——三相导线水平排列时，考虑中间导线电容比平均电容大的不均匀系数，一般取 0.96；

　K_0——次导线电场强度附加影响系数；

　n——分裂导线根数，对单根导线 $n=1$；

　d——分裂间距，cm；

　m_1——导线表面粗糙系数，一般取 0.9；

　m_2——天气系数，晴天取 1.0，雨天取 0.85；

　r_0——导线半径，cm；

　r_d——分裂导线等效半径，cm；

　　　单根导线：$r_d = r_0$，

　　　双分裂导线：$r_d = \sqrt{r_0 d}$，

　　　三分裂导线：$r_d = \sqrt[3]{r_0 d^2}$，

　　　四分裂导线：$r_d = \sqrt[4]{r_0 \sqrt{2} d^3}$；

　a_{jj}——导线相间几何均距，三相导线水平排列时 $a_{jj} = 1.26a$；

　a——相间距离，cm；

　δ——相对空气密度；

　p——大气压力，Pa；

　t——空气温度，℃，$t = 25 - 0.005H$；

　H——海拔高度，m。

海拔高度不超过 1000m 的地区，在常用相间距离情况下，如导体型号或外径不小于表 7.1.7 所列数值时，可不进行电晕校验。

7.1.8　验算短路热稳定时，导体的最高允许温度，对硬铝及铝镁（锰）合金可取 200℃；硬铜可取 300℃，短路前的导体温度应采用额定负荷下的工作温度。

裸导体的热稳定可用下式验算：

$$S \geqslant \frac{\sqrt{Q_d}}{C} \qquad (7.1.8)$$

$$C = \sqrt{K\ln\frac{\tau + t_2}{\tau + t_1} \times 10^{-4}}$$

式中：S——裸导体的载流截面，mm^2；

　　　Q_d——短路电流的热效应，A^2S；

　　　C——热稳定系数；

　　　K——常数，$WS/（\Omega cm^4）$，铜为 522×10^6，铝为 222×10^6；

　　　τ——常数，℃，铜为 235，铝为 245；

　　　t_1——导体短路前的发热温度，℃；

　　　t_2——短路时导体最高允许温度，℃，铝及铝镁（锰）合金可取 200，铜导体取 300。

表 7.1.7　可不进行电晕校验的最小导体型号及外径

电压 kV	110	220	330	500
软导线 型号	LGJ–70	LGJ–300	LGKK–600 2×LGJ–300	2×LGKK600 3×LGJ500
管型导 体外径 mm	φ20	φ30	φ40	φ60

在不同的工作温度、不同材料下，C 值可取表 7.1.8 所列数值。

表 7.1.8　不同工作温度、不同材料下 C 值

工作 温度 ℃	50	55	60	65	70	75	80	85	90	95	100	105
硬铝及 铝镁 合金	95	93	91	89	87	85	83	81	79	77	75	73
硬铜	181	179	176	174	171	169	166	164	161	159	157	155

7.1.9　导体和导体、导体和电器的连接处，应有可靠的连接接头。

硬导体间的连接应尽量采用焊接，需要断开的接头及导体与电器端子的连接处，应采用螺栓连接。

不同金属的螺栓连接接头，在屋外或特殊潮湿的屋内，应有特殊的结构措施和适当的防腐蚀措施。

金具应选用合适的标准产品。

7.1.10　导体无镀层接头接触面的电流密度，不宜超过表 7.1.10 所列数值。矩形导体接头的搭接长度不应小于导体的宽度。

表 7.1.10　无镀层接头接触面的电流密度

A/mm²

工作电流 A	J_{Cu}（铜-铜）	J_{Al}（铝-铝）
<200	0.31	
200～2000	$0.31 - 1.05（I - 200）\times 10^{-4}$	$J_{Al} = 0.78J_{Cu}$
>2000	0.12	

注：I 为回路工作电流。

7.2　软导线

7.2.1　220kV 及以下软导线宜选用钢芯铝绞线；330kV 软导线宜选用空心扩径导线；500kV 软导线宜选用双分裂导线。

7.2.2　220kV 及以下双分裂导线的间距可取（100～200）mm，330kV 及以上双分裂导线的分裂间距可取（200～400）mm。

载流量较小的回路，如电压互感器、耦合电容器等回路，可采用较小截面的导线。

在确定分裂导线间隔棒的间距时，应考虑短路动态拉力的大小、时间对构架和电器接线端子的影响，避开动态拉力最大值的临界点。对架空线间隔棒的间距可取较大的数值，对设备间的连接导线，间距可取较小的数值。

7.2.3　在空气中含盐量较大的沿海地区或周围气体对铝有明显腐蚀的场所，宜选用防腐型铝绞线或铜绞线。

7.3　硬导体

7.3.1　硬导体除满足工作电流、机械强度和电晕等要求外，导体形状还应满足下列要求：

1　电流分布均匀；

2　机械强度高；

3　散热良好；

4　有利于提高电晕起始电压；

5　安装检修简单，连接方便。

常用的导体型式的有矩形、双槽形和圆管形。

7.3.2　20kV 及以下回路的正常工作电流在 4000A 及以下时，宜选用矩形导体；在（4000～8000）A 时，宜选用槽形导体；在 8000A 以上时，宜选用圆管形导体。

110kV 及以上高压配电装置，当采用硬导体时，宜用铝合金管形导体。

500kV 硬导体可采用单根大直径圆管或多根小直径圆管组成的分裂结构，固定方式可采用支持式或悬吊式。

7.3.3　验算短路动稳定时，硬导体的最大应力不应　大于表 7.3.3 所列数值。

表 7.3.3　　　　　　　　　　　**硬导体的最大允许应力**　　　　　　　　　　MPa

项目	铜/硬铜	导体材料及牌号和状态						
		铝 及 铝 合 金						
		1060 H112	IR35 H112	1035 H112	3A21 H18	6063 T6	6061 T6	6R05 T6
最大允许应力	120/170	30	30	35	100	120	115	125

注：表内所列数值为计及安全系数后的最大允许应力。安全系数一般取 1.7（对应于材料破坏应力）或 1.4（对应于屈服点应力）。

重要回路（如发电机、主变压器回路及配电装置汇流母线等）的硬导体应力计算，还应考虑共振的影响。

7.3.4　校验槽形导体动稳定时，其片间电动力可按　形状系数法进行计算。

7.3.5　屋外管形导体荷载组合可采用表 7.3.5 所列条件。

表 7.3.5　　　　　　　　　　　**荷 载 组 合 条 件**

状态	风　速	自重	引下线重	覆冰重量	短路电动力	地震力
正常时	有冰时的风速最大风速	√ √	√ √	√		
短路时	50%最大风速且不小于 15m/s	√	√		√	
地震时	25%最大风速	√	√			相应震级的地震力

注：√为计算时应采用的荷载条件。

7.3.6　屋外管形导体的微风振动，可按下式校验：

$$v_{js} = f \frac{D}{A} \qquad (7.3.6)$$

式中：v_{js}——管形导体产生微风共振的计算风速，m/s；

　　　f——导体各阶固有频率，Hz；

　　　D——铝管外径，m；

　　　A——频率系数，圆管可取 0.214。

当计算风速小于 6m/s 时，可采用下列措施消除微风振动：

　1　在管内加装阻尼线；

　2　加装动力消振器；

　3　采用长托架。

7.3.7　管形导体在无冰无风正常状态下的挠度，一般不大于（0.5～1）D（D 为导体直径）。

7.3.8　为消除 220kV 及以上管形导体的端部效应，可适当延长导体端部或在端部加装屏蔽电极。

7.3.9　为减少钢构发热，当裸导体工作电流大于 1500A 时，不应使每相导体的支持钢构及导体支持夹板的零件（套管板、双头螺栓、压板、垫板等）构成闭合磁路。对于工作电流大于 4000A 的裸导体的邻近钢构，应采取避免构成闭合磁路或装设短路环等措施。

7.3.10　在有可能发生不同沉陷和振动的场所，硬导体和电器连接处，应装设伸缩接头或采取防振措施。

为了消除由于温度变化引起的危险应力，矩形硬铝导体的直线段一般每隔 20m 左右安装一个伸缩接头。对滑动支持式铝管母线一般每隔（30～40）m 安装一个伸缩接头；对滚动支持式铝管母线应根据计算确定。

7.3.11　导体伸缩接头的截面不应小于其所连接导体截面的 1.2 倍，也可采用定型伸缩接头产品。

7.4　离相封闭母线

7.4.1　离相封闭母线及其成套设备应按下列技术条件选择：

　1　电压；

　2　电流；

　3　频率；

　4　绝缘水平；

　5　动稳定电流；

　6　热稳定电流和持续时间；

7　各部位的允许温度和温升；

8　绝缘材料耐热等级；

9　冷却方式。

7.4.2　离相封闭母线尚应按下列环境条件校验：

1　环境温度；

2　海拔高度；

3　相对湿度；

4　地震烈度；

5　风压；

6　覆冰厚度；

7　日照强度。

7.4.3　离相封闭母线的导体和外壳宜采用纯铝圆形结构。每相导体同一断面上允许用一个或多个绝缘子支撑。支持跨距应避开共振区。

7.4.4　离相封闭母线外壳宜选用全连式，可根据安装条件选用一点或多点接地方式。一点接地时，必须在其中一处短路板上设置一个可靠的接地点；多点接地时，可在每处但至少在其中一处短路板上设置一个可靠的接地点。接地回路应能满足短路电流动稳定、热稳定的要求。

离相封闭母线外壳的防护等级一般为 IP54。

7.4.5　当母线通过短路电流时，外壳的感应电压应不超过 24V。

7.4.6　对于较长垂直段的离相封闭母线应要求厂家进行热平衡计算，计算时应计及垂直段对温升的影响，且整个垂直段部分的最高温度点与最低温度点温度之差不得超过 5℃。

7.4.7　当离相封闭母线采用垂直布置方式时，应对导体和外壳支持强度进行详细的力学计算、校验，确定支架、支柱绝缘子、母线、外壳的强度。并应考虑热胀冷缩对固定方式的影响。

7.4.8　当离相封闭母线的额定电流小于 25kA 时，宜采用空气自然冷却方式，当离相封闭母线的额定电流大于 25kA 时，可采用强制通风冷却方式。

在日环境温度变化比较大或湿度较大的场所宜采用微正压充气离相封闭母线。

7.4.9　为便于现场焊接和安装调试，离相封闭母线相间的外壳净距一般不小于 230mm，边相外壳边缘距墙一般不小于 500mm。当回路中装有断路器时，上列尺寸还应与断路器外形尺寸相协调。

7.4.10　离相封闭母线与设备连接应符合下列条件：

为便于拆卸，连接处应采用螺栓连接，螺栓连接的导电接触面应镀银。当导体额定电流不大于 3000A 时，可采用普通碳素钢紧固件，当导体额定电流大于 3000A 时应采用非磁性材料紧固件。

离相封闭母线外壳和设备外壳之间应绝缘并隔振，但离相封闭母线外壳按全连式要求保证完整回路，且设备应采用封闭母线型设备。

离相封闭母线因设备分段后应在离相封闭母线最低处设置排水阀，以便定期排放壳内凝结水。

7.4.11　在封闭母线的适当位置设检修孔，以便进入壳内进行检修和维护。

7.4.12　对于实行状态检修的电厂可选用在线巡回检测温度报警装置。且在下列地点设置温度传感器：

1　离相封闭母线与发电机连接处；

2　离相封闭母线与主变压器连接处；

3　离相封闭母线与高压厂用变压器连接处；

4　离相封闭母线与发电机出口断路器、隔离开关连接处。

在发电机出线和离相封闭母线连接处设置氢气传感器。

7.4.13　附属设备的选择

所有设备柜体的防护等级应大于 IP54（户外）、IP31（户内）。

所有设备柜体应将电气本体设备和电气控制设备布置于金属封闭的不同小室内。

离相封闭母线应设置三相短路试验装置、伸缩补偿装置。

封闭母线与电器的连接处，导体和外壳应设置可拆卸的伸缩接头。当直线段长度在 20m 左右时以及有可能发生不同沉陷的场所，导体和外壳一般设置焊接的伸缩接头。由屋内引至屋外的穿墙处，一般设置具有密封性能的穿墙套管。

7.4.14　氢冷发电机出线端子箱上应设置排氢孔，端子箱与离相封闭母线连接处应采取密封隔氢措施。

7.5　共箱封闭母线

7.5.1　共箱封闭母线及其成套设备应按下列技术条件选择：

1　电压；

2　电流；

3　频率；

4　绝缘水平；

5　动稳定电流；

6　热稳定电流；

7　绝缘材料耐热等级；

8　各部位的允许温度和温升；

7.5.2　共箱封闭母线尚应按下列环境条件校验：

1　环境温度；

2　海拔高度；

3　相对湿度；

4　地震烈度；

5　风压；

6　覆冰厚度；

7　日照强度。

7.5.3　共箱封闭母线是指三相导体封闭在同一外壳中的金属封闭母线，主要应用于发电厂厂用高压变压器低压侧到高压厂用配电装置之间的连接，也可应用于交流主励磁机出线端子至整流柜间，以及励磁开关柜至发电机转子滑环之间的电气连接。

7.5.4　中小容量的发电机引出线可选用共箱隔相式封闭母线以提高发电机回路的可靠性。

7.5.5　共箱封闭母线在穿外墙处，宜装设户外型导体穿墙套管及密封隔板。

7.5.6　当额定电流大于2500A时，宜采用铝外壳。

7.5.7　对于有水、汽、导电尘埃等的场所，应采用相应防护等级的产品。

7.5.8　母线导体表面宜浸涂或包敷绝缘材料。

7.5.9　导体可采用瓷性或非瓷性材料支持，但非瓷性材料除进行力学计算外，尚应进行保证寿命20年以上的试验。

7.5.10　对于共箱封闭母线内导体的搭接面积及处理工艺应提出要求，并应满足7.3节中的要求。

7.5.11　共箱封闭母线超过20m长的直线段、不同基础连接段及设备连接处等部位，应设置热胀冷缩或基础沉降的补偿装置。

7.5.12　共箱封闭母线的外壳各段间必须有可靠的电气连接，其中至少有一段外壳应可靠接地。共箱母线箱体宜采用多点接地。

7.5.13　共箱封闭母线应避免共振。

7.5.14　各制造段间导体的连接可采用焊接或螺栓连接，与设备的连接应采用螺栓连接。

电流不小于3000A的导体，其螺栓连接的导电接触面应镀银。

当导体额定电流不大于3000A时，可采用普通碳素钢紧固件；当导体额定电流大于3000A时应采用非磁性材料紧固件。

7.5.15　共箱封闭母线的外壳段间可采用焊接或可拆连接，并便于检修。

7.5.16　共箱封闭母线宜在适当部位设置防结露装置。

7.5.17　共箱封闭母线在穿越防火隔墙处或楼板处，其壳外应设防火隔板或用防火材料封堵，防止烟火蔓延。

7.6　电缆母线

7.6.1　电缆母线及其成套设备应按下列技术条件选择：

1　电压；

2　电流；

3　频率；

4　绝缘水平；

5　动稳定电流；

6　热稳定电流。

7.6.2　电缆母线尚应按下列环境条件校验：

1　环境温度；

2　海拔高度；

3　相对湿度；

4　地震烈度；

5　风压；

6　覆冰厚度；

7　日照强度。

7.6.3　电缆母线的电缆宜采用铜芯，芯数宜选用单芯。

7.6.4　当电缆母线中每一个相由多根（或芯）组成时应有保证电流均匀分布的措施。

7.6.5　电缆母线与设备连接应有连接装置。

7.6.6　按工程需要设置：伸缩段、温度补偿段、可调段、换位段。

7.6.7　电缆母线的罩箱应设置防止火焰延燃的阻火设施，施工图中标明阻火分区。

7.6.8　电缆母线中电缆选择按GB 50217要求进行。

7.6.9　单芯电缆的屏蔽层的接地方式应根据电缆母线长短和缆芯荷载的裕度来确定，可采用一点或多点接地方式。

7.6.10　电缆母线的罩箱宜采用多点接地。

7.6.11　电缆母线内电缆支架应采用阻燃材料制作。

7.6.12　防火要求适用于7.5.17条。

7.7　SF₆气体绝缘母线

7.7.1　SF_6气体绝缘母线及其成套设备应按下列技术条件进行选择：

1　电压；

2　电流；

3　频率；

4　绝缘水平；

5　动稳定电流；

6　热稳定电流；

7　额定短路持续时间；

8　绝缘材料耐热等级；

9　各部位的允许温度和温升；

10　绝缘气体密度；

11　年泄漏率。

7.7.2 SF₆ 气体绝缘母线尚应按下列环境条件校验：

　　1　环境温度；

　　2　日温差；

　　3　最大风速；

　　4　相对湿度；

　　5　污秽等级；

　　6　覆冰厚度；

　　7　海拔高度；

　　8　地震烈度。

　　注：当在屋内或地下使用时，可不校验2、3、5、6款。

7.7.3 在技术经济比较合理时，下列场所的 330kV 及以上回路宜选用 SF₆ 气体绝缘母线：

　　1　出线场所特别狭窄的地方；

　　2　和其他电压等级的出线回路交叉时；

　　3　对可靠性要求特别高的场所（如核电站的主变压器出线回路）。

7.7.4 SF₆ 气体绝缘母线的导体材质为电解铜或铝合金，铝合金母线的导电接触部位应镀银。

7.7.5 导电回路的相互连接其结构上应做到：

　　1　固定连接应有可靠的紧力补偿结构，不允许采用螺纹部位导电的结构方式。

　　2　触指插入式结构应保证触指压力均匀。

7.7.6 外壳可以是钢板焊接、铝合金板焊接。并按压力容器有关标准设计、制造与检验。

7.7.7 外壳的厚度，应以设计压力和在下述最小耐受时间内外壳不烧穿为依据：

　　1　电流等于或大于 40kA，0.1s；

　　2　电流小于 40kA，0.2s。

　　设计外壳时，尚应考虑以下各因素：

　　1　外壳充气以前需要抽真空；

　　2　全部压力差可能施加在外壳壁或隔板上；

　　3　发生内部故障的可能性。

7.7.8 SF₆ 气体绝缘母线应划分成若干隔室，以达到满足正常使用条件和限制隔室内部电弧影响的要求。

　　为此，当相邻隔室因漏气或维修作业而使压力下降时，隔板应能确保本隔室的绝缘性能不发生显著的变化。隔板通常由绝缘材料制成，单隔板本身不用来对人身提供电气安全性；然而，对相邻隔室中还存在的正常气体压力，隔板应提供机械安全性。

　　充有绝缘气体的隔室和充有液体的相邻隔室（例如电缆终端或变压器）间的隔板，不应出现任何影响两种介质绝缘性能的泄漏。

　　SF₆ 气体绝缘母线隔室的划分应有利于维修和气体管理。最大气体隔室的容积应和气体服务小车的储气罐容量相匹配。

7.7.9 每个封闭压力系统（隔室）应设置密度监视装置，制造厂应给出补气报警密度值。

7.7.10 SF₆ 气体绝缘母线外壳要求高度密封性。制造厂宜按 GB/T 11023 确定每个气体隔室允许的相对年泄漏率。每个隔室的相对年泄漏率应不大于 1‰。

7.7.11 SF₆ 气体绝缘母线的允许温升应按 GB 7674 的要求执行。

7.7.12 母线中 SF₆ 气体的质量标准应符合 GB/T 8905 的规定。

7.7.13 伸缩节主要用于装配调整（安装伸缩节）、吸收基础间的相对位移或热胀冷缩（温度伸缩节）的伸缩量等。制造厂应根据使用的目的、允许的位移量等来选定伸缩节的结构和位置。

　　在 SF₆ 气体绝缘母线和所连接的设备分开的基础之间允许的相对位移（不均匀下沉）应由制造厂和用户协商确定。

7.7.14 SF₆ 气体绝缘母线宜采用多点接地方式。同一相气体绝缘母线各节外壳之间宜采用铜或铝母线进行电气连接，气体绝缘母线在两端和中间（可根据母线的长度确定中间接地点的数量）三相互连后用一根接地线接地。

7.7.15 接地导线应有足够的截面，具有通过短路电流的能力。

7.7.16 在发生短路故障的情况下，外壳的感应电压不应超过 24V。

7.8　电力电缆

7.8.1 电力电缆应按下列技术条件选择：

　　1　额定电压；

　　2　工作电流；

　　3　热稳定电流；

　　4　系统频率；

　　5　绝缘水平；

　　6　系统接地方式；

　　7　电缆线路压降；

　　8　护层接地方式；

　　9　经济电流密度；

　　10　敷设方式及路径。

7.8.2 电力电缆尚应按下列环境条件校验：

　　1　环境温度；

　　2　海拔高度；

　　3　日照强度。

　　注：当在户内或地下使用时可不校验3款。

7.8.3 电力电缆的选择应满足 GB 50217 的要求。

7.8.4 35kV 以上高压单芯电缆长期允许载流量一

般可按制造厂给出的载流量表查得出或请制造厂提出计算书，当需要进行校核计算时，可按下式进行计算：

$$I = \sqrt{\frac{\Delta\theta - W_d[0.5T_1 + n(T_2 + T_3 + T_4)]}{RT_1 + nR(1+\lambda_1)T_2 + nR(1+\lambda_1+\lambda_2)(T_3 + T_4)}}$$

(7.8.4)

式中：I——一根导体中流过的电流；

$\Delta\theta$——高于环境温度的导体温升；

注：环境温度是在正常状态下周围介质的温度，在敷设或即将敷设电缆的场合下，任何局部热源会有影响，但不考虑由此产生的热量会使电缆周围温度升高。

R——最高工作温度下导体单位长度的交流电阻，Ω/m；

W_d——导体绝缘单位长度的介质损耗，W/m；

λ_1——电缆金属套损耗相对于该电缆所有导体总损耗的比率；

λ_2——电缆铠装损耗相对于该电缆所有导体总损耗的比率；

T_1——一根导体和金属套之间单位长度热阻，$(K·m)/W$；

T_2——金属套和铠装衬垫层之间单位长度热阻，$(K·m)/W$；

T_3——电缆外护层单位长度热阻，$(K·m)/W$；

T_4——电缆表面和周围介质之间单位长度热阻，$(K·m)/W$。

7.8.5　10kV 及以下电力电缆可选用铜芯或铝芯。但在下列情况下应采用铜芯：

1　电机励磁、重要电源、移动式电气设备等需要保持连接具有高可靠性的回路；

2　震动剧烈、有爆炸危险或对铝有腐蚀等严酷的工作环境；

3　耐火电缆。

用于下列情况的电力电缆，宜采用铜芯：

1　紧靠高温设备配置；

2　安全性要求高的重要公共设施中；

3　水下敷设当工作电流较大需增多电缆根数时。

7.8.6　35kV 及以上电力电缆宜采用铜芯。

7.8.7　6kV 及以上电力电缆宜采用交联聚乙烯绝缘。

7.8.8　交流系统中电力电缆缆芯与绝缘屏蔽或金属套之间额定电压的选择，应符合下列规定：

1　中性点直接接地或经低阻抗接地的系统，当接地保护动作不超过 1min 切除故障时，应按 100% 的使用回路工作相电压。

2　对于 a 项外的供电系统，不宜低于 133% 的

使用回路工作相电压；在单相接地故障可能持续 8h 以上，或发电机回路等安全性要求较高的情况，宜采取 173% 的使用回路工作相电压。

7.8.9　电缆截面应按缆芯持续工作的最高温度和短路时的最高温度不超过允许值的条件选择。持续工作的最高温度和短路时的最高温度应满足 GB 50217 的规定。

7.8.10　选择短路计算条件应符合下列规定：

1　计算用系统接线，应采取正常运行方式，且宜按工程建成后（5～10）年规划发展考虑。

2　短路点应选取在通过电缆回路最大短路电流可能发生处。

3　宜按三相短路计算。

4　短路电流作用时间，应取保护切除时间与断路器开断时间之和。对电动机等直馈线，应采取主保护时间；其他情况，宜按后备保护计。

7.8.11　电缆终端的选择原则：

1　终端的额定电压等级及其绝缘水平，不得低于所连接电缆的额定电压等级及其绝缘水平，户外终端外绝缘还应满足所设置环境条件（如污秽、海拔等）要求。

2　终端型式与电缆所连接电器的特点必须适应。

3　与充油电缆连接的终端应能耐受最高工作油压。

4　与六氟化硫全封闭电器相连的电缆终端应采用全封闭式终端，与高压变压器直接相连的电缆终端应采用象鼻式终端，其接口应能相互配合。

5　电缆终端的机械强度，应满足安置处引线拉力、风力和地震力的要求。

7.8.12　交流单相电力电缆金属护层，必须直接接地，且在金属护层上任一点非接地的正常感应电压，应符合下列规定：

1　未采取不能任意接触金属护层的安全措施时，不得大于 50V。

2　除 1 款情况外，不得大于 100V。

7.8.13　交流单相电力电缆金属护层的接地方式选择，应符合下列规定：

1　线路不长，能满足本标准第 7.8.12 条要求时，宜采取在线路一端直接接地（单点互联接地）。

2　线路较长，一端直接接地不能满足本标准第 7.8.12 条要求时，35kV 以上高压电缆输送容量较小时，可采用在线路两端直接接地（全接地）。35kV 以上高压电缆线路较短或利用率很低时，也可采用全接地方式。

3　除 1、2 款外的较长线路，宜划分适当的单元

设置绝缘接头，使电缆金属护层分隔在三个区段以交叉互联接地。每单元系统中三个分隔区段的长度宜均等。

7.8.14 当 35kV 以上交流单相电缆金属护层的电气通路仅有单点互联接地时，在位于远距离未直接接地端，应经护层绝缘保护器（金属护层电压限制器）接地。

7.8.15 交流 110kV 及以上单芯电缆在下列情况下宜沿电缆邻近配置并行回流线。

1 可能出现的工频或冲击感应电压，超过电缆护层绝缘的耐受强度时；

2 需抑制对电缆邻近弱电线路的电气干扰强度时。

7.8.16 对重要回路且可能有过热部位的电缆线路，宜设有温度检测装置。

7.8.17 重要回路单相交流电缆金属屏蔽层以一端直接接地或交叉互联接地时，该电缆线路宜设有护层绝缘监察装置。

8 电力变压器

8.0.1 电力变压器及其附属设备应按下列技术条件选择：

1 型式；
2 容量；
3 绕组电压；
4 相数；
5 频率；
6 冷却方式；
7 联接组别；
8 短路阻抗；
9 绝缘水平；
10 调压方式；
11 调压范围；
12 励磁涌流；
13 并联运行特性；
14 损耗；
15 温升；
16 过载能力；
17 噪声水平；
18 中性点接地方式；
19 附属设备；
20 特殊要求。

8.0.2 变压器及其附属设备尚应按下列使用环境条件校验：

1 环境温度；

2 日温差；
3 最大风速；
4 相对湿度；
5 污秽；
6 海拔高度；
7 地震烈度；
8 系统电压波形及谐波含量。

注：当在屋内使用时，可不检验 2、3、5 款；在屋外使用时，则不检验 4 款。

8.0.3 以下所列环境条件为特殊使用条件，工程设计时应采取相应防护措施，否则应与制造厂协商。

1 有害的烟或蒸汽，灰尘过多或带有腐蚀性、易爆的灰尘或气体的混合物、蒸汽、盐雾、过潮或滴水等；

2 异常振动、倾斜、碰撞和冲击；
3 环境温度超出正常使用范围；
4 特殊运输条件；
5 特殊安装位置和空间限制；
6 特殊维护问题；
7 特殊的工作方式或负载周期，如冲击负载；
8 三相交流电压不对称或电压波形中总的谐波含量大于 5%，偶次谐波含量大于 1%；
9 异常强大的核子辐射。

8.0.4 对于湿热带、工业污秽严重及沿海地区户外的产品，应考虑潮湿、污秽及盐雾的影响，变压器的外绝缘应选用加强绝缘型或防污秽型产品。热带产品气候类型分为湿热型（TH）、干热型（TA）、干湿热合型（T）三种。

8.0.5 变压器可根据安装位置条件，按用途、绝缘介质、绕组型式、相数、调压方式及冷却方式确定选用变压器的类型。在可能的条件下，优先选用三相变压器、自耦变压器、低损耗变压器、无激磁调压变压器。对大型变压器选型应进行技术经济论证。

8.0.6 选择变压器容量时，应根据变压器用途确定变压器负载特性，并参考相关标准中给定的正常周期负载图所推荐的变压器在正常寿命损失下变压器的容量，同时还应考虑负荷发展，额定容量取值应尽可能选用标准容量系列。对大型变压器宜进行经济运行计算。

对三绕组变压器的高、中、低压绕组容量的分配，应考虑各侧绕组所带实际负荷，且绕组额定容量取值应尽可能选用标准系列。

8.0.7 电力变压器宜按 GB/T 6451、GB/T 10228、GB/T 16274 的参数优先选择。

8.0.8 除受运输、制造水平或其他特殊原因限制外应尽可能选用三相电力变压器。

8.0.9 对于检修条件较困难和环境条件限制（低温、高潮湿、高海拔）地区的电力变压器宜选用寿命期内免维护或少维护型。

8.0.10 短路阻抗选择。

1 选择变压器短路阻抗时，应根据变压器所在系统条件尽可能选用相关标准规定的标准阻抗值。

2 为限制过大的系统短路电流，应通过技术经济比较确定选用高阻抗变压器或限流电抗器，选择高阻抗变压器时应按电压分档设置，并应校核系统电压调整率和无功补偿容量。

8.0.11 对于 500kV 电力变压器主绝缘（高—低或高—中）的尺寸、油流静电、线圈抗短路机械强度、耐运输冲撞的能力应由产品设计部门给出详细算据。

8.0.12 分接头及调压方式的选择。

1 分接头一般按以下原则设置：

1）在高压绕组或中压绕组上，而不是在低压绕组上；

2）尽量在星形联接绕组上，而不是在三角形联接的绕组上；

3）在网络电压变化最大的绕组上。

2 调压方式选择原则：

1）无励磁调压变压器一般用于电压及频率波动范围较小的场所。

2）有载调压变压器一般用于电压波动范围大，且电压变化频繁的场所。

3）在满足运行要求的前提下，能用无载调压的尽量不用有载调压。无励磁分接开关应尽量减少分接头数目，可根据系统电压变化范围只设最大、最小和额定分接。

4）自耦变压器采用公共绕组调压时，应验算第三绕组电压波动不超过允许值。在调压范围大，第三绕组电压不允许波动范围大时，推荐采用中压侧线端调压。

8.0.13 电力变压器套管电流互感器参数的选择要求详见电流互感器部分。

8.0.14 电力变压器油应满足 GB 2536 的要求，330kV 以上电压等级的变压器油应满足超高压变压器油标准。

8.0.15 在下述几种情况下一般可选用自耦变压器：

1 单机容量在 125MW 及以下，且两级升高电压均为直接接地系统，其送电方向主要由低压送向高、中压侧，或从低压和中压送向高压侧，而无高压和低压同时向中压侧送电要求者，此时自耦变压器可作发电机升压之用。

2 当单机容量在 200MW 及以上时，用来做高压和中压系统之间联络用的变压器。

3 在 220kV 及以上的变电站中，宜优先选用自耦变压器。

8.0.16 容量为 200MW 及以上的机组，主厂房及网控楼内的低压厂用变压器宜采用干式变压器。其他受布置条件限制的场所也可采用干式变压器。

在地下变电站、市区变电站等防火要求高或布置条件受限制的地方宜采用干式变压器。

8.0.17 对于新型变压器经技术经济比较，确认技术先进合理可选用。

8.0.18 优先选用环保、节能的电力变压器消防方式（如充氮灭火等）。

8.0.19 城市变电站宜采用低噪声变压器。

9 高压开关设备

9.1 基本规定

9.1.1 开关设备及其操动机构应按下列技术条件选择：

1 电压；

2 电流；

3 极数；

4 频率；

5 绝缘水平；

6 开断电流；

7 短路关合电流；

8 失步开断电流；

9 动稳定电流；

10 热稳定电流；

11 特殊开断性能；

12 操作顺序；

13 端子机械载荷；

14 机械和电气寿命；

15 分、合闸时间；

16 过电压；

17 操动机构型式，操作气压、操作电压，相数；

18 噪声水平。

9.1.2 开关设备尚应按下列使用环境条件校验：

1 环境温度；

2 日温差；

3 最大风速；

4 相对湿度；

5 污秽等级；

6 海拔高度；

7 地震烈度。

注：当在屋内使用时，可不校验2、3、5款；在屋外使用时，则不校验4款。

9.2 高压断路器

9.2.1 断路器的额定电压应不低于系统的最高电压；额定电流应大于运行中可能出现的任何负荷电流。

9.2.2 在校核断路器的断流能力时，宜取断路器实际开断时间（主保护动作时间与断路器分闸时间之和）的短路电流作为校验条件。

9.2.3 在中性点直接接地或经小阻抗接地的系统中选择断路器时，首相开断系数应取1.3；在110kV及以下的中性点非直接接地的系统中，则首相开断系数应取1.5。

9.2.4 断路器的额定短时耐受电流等于额定短路开断电流，其持续时间额定值在110kV及以下为4s；在220kV及以上为2s。

对于装有直接过电流脱扣器的断路器不一定规定短路持续时间，如果断路器接到预期开断电流等于其额定短路开断电流的回路中，则当断路器的过电流脱扣器整定到最大时延时，该断路器应能在按照额定操作顺序操作，且在与该延时相应的开断时间内，承载通过的电流。

9.2.5 当断路器安装地点的短路电流直流分量不超过断路器额定短路开断电流幅值的20%时，额定短路开断电流仅由交流分量来表征，不必校验断路器的直流分断能力。如果短路电流直流分量超过20%时，应与制造厂协商，并在技术协议书中明确所要求的直流分量百分数。

9.2.6 断路器的额定关合电流，不应小于短路电流最大冲击值（第一个大半波电流峰值）。

9.2.7 对于110kV以上的系统，当电力系统稳定要求快速切除故障时，应选用分闸时间不大于0.04s的断路器；当采用单相重合闸或综合重合闸时，应选用能分相操作的断路器。

9.2.8 对于330kV及以上系统，在选择断路器时，其操作过电压倍数应满足DL/T 620的要求。

9.2.9 对担负调峰任务的水电厂、蓄能机组、并联电容器组等需要频繁操作的回路，应选用适合频繁操作的断路器。

9.2.10 用于为提高系统动稳定装设的电气制动回路中的断路器，其合闸时间不宜大于（0.04~0.06）s。

9.2.11 用于切合并联补偿电容器组的断路器，应校验操作时的过电压倍数，并采取相应的限制过电压措施。（3~10）kV宜选用真空断路器或SF₆断路器。容量较小的电容器组，也可使用开断性能优良的少油断

路器。35kV及以上电压级的电容器组，宜选用SF₆断路器或真空断路器。

9.2.12 用于串联电容补偿装置的断路器，其断口电压与补偿装置的容量有关，而对地绝缘则取决于线路的额定电压，220kV及以上电压等级应根据所需断口数量特殊订货；110kV及以下电压等级可选用同一电压等级的断路器。

9.2.13 当断路器的两端为互不联系的电源时，设计中应按以下要求校验：

1 断路器断口间的绝缘水平满足另一侧出现工频反相电压的要求；

2 在失步下操作时的开断电流不超过断路器的额定反相开断性能；

3 断路器同极断口间的公称爬电比距与对地公称爬电比距之比一般取为1.15~1.3；

4 当断路器起联络作用时，其断口的公称爬电比距与对地公称爬电比距之比，应选取较大的数值，一般不低于1.2。

当缺乏上述技术参数时，应要求制造部门进行补充试验。

9.2.14 断路器尚应根据其使用条件校验下列开断性能：

1 近区故障条件下的开合性能；

2 异相接地条件下的开合性能；

3 失步条件下的开合性能；

4 小电感电流开合性能；

5 容性电流开合性能；

6 二次侧短路开断性能。

9.2.15 选择断路器接线端子的机械荷载，应满足正常运行和短路情况下的要求。一般情况下断路器接线端子的机械荷载不应大于表9.2.15所列数值。

表 9.2.15 断路器接线端子允许的机械荷载

额定电压 kV	额定电流 A	水平拉力 N		垂直力（向上及向下）N
		纵向	横向	
12		500	250	300
40.5~72.5	≤1250	500	400	500
	≥1600	750	500	750
126	≤2000	1000	750	750
	≥2500	1250	750	1000
252~363	1250~3150	1500	1000	1250
550		2000	1500	1500

注：当机械荷载计算值大于表9.2.15所列数值时，应与制造厂商定。

9.2.16 当系统单相短路电流计算值在一定条件下有可能大于三相短路电流值时，所选择断路器的额定开断电流值应不小于所计算的单相短路电流值。

9.3 发电机断路器

9.3.1 发电机断路器灭弧及绝缘介质可以选用 SF_6、压缩空气或真空，也可以选用少油式。

9.3.2 为减轻因发电机断路器三相不同期合、分而产生负序电流对发电机的影响，发电机断路器宜选用机械三相联动操动机构。

9.3.3 发电机断路器三相不同期合闸时间应不大于10ms，不同期分闸时间应不大于5ms。

9.3.4 发电机断路器可以根据工程具体情况选用卧式或立式布置；安装位置不应存在有害烟雾、水蒸气、盐雾及细菌生长；为减轻发电机断路器异常热应力对断路器套管、基础及母线的影响，宜在断路器与母线连接处增加软连接装置。

9.3.5 在不同的环境和负荷条件下，发电机断路器应能承载发电机最大连续容量时的持续电流，且各部位温度极限不超过规定值。对装有强制冷却装置断路器，当断路器强制冷却系统故障时必须考虑发电机减出力，并校核负荷电流降低速率，允许电流值和允许时间。

9.3.6 在校核发电机断路器开断能力时，应分别校核系统源和发电源在主弧触头分离时对称短路电流值、非对称短路电流值及非对称短路电流的直流分量值；在校核系统源对称短路电流时应考虑厂用高压电动机的影响。

对发电机断路器而言，系统直流分量衰减时间常数 τ 可能大于60ms，因此选择发电机出口断路器时必须校验断路器的直流分断能力。

9.3.7 发电机断路器应具有失步开断能力，其额定失步开断电流应为额定短路开断电流的25%或50%；应校核各种失步状态下的电流值，必要时应采取适当的措施（如装设电流闭锁装置）以保证发电机断路器开断时的电流不超过额定失步开断电流；全反相条件下的开断可以不作为发电机断路器的失步开断校核条件。

9.3.8 发电机断路器开断短路电流、负荷电流及失步电流时，暂态恢复电压应满足相应标准规定，首相开断系数和幅值系数可取1.5。

9.3.9 如发电机断路器在某些情况下兼起隔离开关的作用，应设置观察窗，以便监视断口的状态。

大容量发电机断路器应具有内部空气温度的监测装置，反映断路器分、合闸位置是否正常的监测装置。

10 负荷开关

10.1 基本规定

10.1.1 负荷开关及其操作机构应按下列技术条件选择：

1 电压；
2 电流；
3 频率；
4 绝缘水平；
5 动稳定电流；
6 热稳定电流；
7 开断电流；
8 关合电流；
9 机械荷载；
10 操作次数；
11 过电压；
12 操动机构型式，操作电压，相数；
13 噪声水平。

10.1.2 负荷开关尚应按下列使用环境条件校验：

1 环境温度；
2 最大风速；
3 相对湿度；
4 覆冰厚度；
5 污秽；
6 海拔高度；
7 地震烈度。

注：当在屋内使用时，可不校验2、4、5款；在屋外使用时，则不校验3款。

10.2 高压负荷开关

10.2.1 当负荷开关与熔断器组合使用时，负荷开关应能关合组合电器中可能配用熔断器的最大截止电流。

10.2.2 当负荷开关与熔断器组合使用时，负荷开关的开断电流应大于转移电流和交接电流。

10.2.3 负荷开关的有功负荷开断能力和闭环电流开断能力应不小于回路的额定电流。

10.2.4 选用的负荷开关应具有切合电感、电容性小电流的能力。应能开断不超过10A[（3～35）kV]、25A（63kV）的电缆电容电流或限定长度的架空线充电电流，以及开断1250kVA[（3～35）kV]、5600kVA（63kV）配电变压器的空载电流。

10.2.5 当开断电流超过10.2.4条的限额或开断其电容电流为额定电流80%以上的电容器组时，应与制造部门协商，选用专用的负荷开关。

10.3　重合器

10.3.1　重合器灭弧及绝缘介质可以选用油、真空和 SF_6。

10.3.2　重合器应具有明显的电源侧或负荷侧标志，保护用电流互感器装在重合器电源侧，测量用电流互感器装在重合器负荷侧。

10.3.3　重合器应能开断与额定短路开断电流对应的非对称短路电流。

10.3.4　重合器的额定短路关合电流和额定动稳定电流峰值均为其额定短路开断电流的 2.5 倍。

10.3.5　重合器首相开断系数应取 1.5。

10.3.6　重合器的额定操作顺序中含有四个单元操作，即：

分—t—合分—t—合分—t—合分—闭锁

其中每一单元操作应有快慢两种 $A-s$ 曲线以供选择。t 为产品技术条件规定的最短重合间隔。

10.3.7　额定短路持续时间分 2s 和 4s 两档。对装有串联分闸线圈的重合器，不规定短路持续时间，但当重合器按照其额定操作顺序操作而分闸整定在最慢速时，在开断时间内，重合器应能连续 4 次通过额定短路开断电流。

10.4　分段器

10.4.1　分段器的额定关合电流不宜小于短路电流最大冲击值。

10.4.2　分段器的计数次数为 3 次，并根据需要可调节为 1 或 2 次。跌落式分段器计数次数为 2 次。

10.4.3　分段器没有标准的过负荷电流能力，但制造厂应提供分段器允许的过负荷范围及其运行特性。

10.5　真空接触器

10.5.1　真空接触器应按下列技术条件选择：

1　额定电压；
2　额定电流；
3　额定开断电流；
4　额定关合电流；
5　额定动稳定电流；
6　额定热稳定电流；
7　额定热稳定时间；
8　半波允许通过电流；
9　极限开断电流；
10　绝缘水平；
11　机械寿命；
12　真空接触器合闸电流；
13　真空接触器分闸电流；
14　电气寿命。

10.5.2　真空接触器尚应按下列使用环境条件校验：

1　环境温度；
2　相对湿度；
3　海拔高度；
4　地震烈度。

10.5.3　真空接触器应具有很高的可靠性，能频繁操作，在使用中不应出现误分、误合或拒分、拒合。

10.5.4　真空接触器应具有可靠的机械锁扣装置。

10.5.5　真空接触器应具有动作计数和分合位置指示功能。

11　高压隔离开关

11.0.1　隔离开关及其操作机构应按下列技术条件选择：

1　电压；
2　电流；
3　频率；
4　绝缘水平；
5　动稳定电流；
6　热稳定电流；
7　分合小电流、旁路电流和母线环流；
8　接线端机械荷载；
9　单柱式隔离开关的接触区；
10　分、合闸装置及电磁闭锁装置操作电压；
11　操动机构型式，气动机构的操作气压。

11.0.2　隔离开关尚应按下列使用环境条件校验：

1　环境温度；
2　最大风速；
3　覆冰厚度；
4　相对湿度；
5　污秽；
6　海拔高度；
7　地震烈度。

注：当在屋内使用时，可不校验 2、3、5 款；在屋外使用时，则不校验 4 款。

11.0.3　对隔离开关的型式选择应根据配电装置的布置特点和使用要求等因素，进行综合技术经济比较后确定。

11.0.4　隔离开关应根据负荷条件和故障条件所要求的各个额定值来选择，并应留有适当裕度，以满足电力系统未来发展的要求。

11.0.5　隔离开关没有规定承受持续过电流的能力，当回路中有可能出现经常性断续过电流的情况时，应与制造厂协商。

11.0.6　当安装的 63kV 及以下隔离开关的相间距离小于产品规定的最小相间距离时，应要求制造厂根据使用条件进行动、热稳定性试验。原则上应进行三相试验，当试验条件不具备时，允许进行单相试验。

11.0.7 单柱垂直开启式隔离开关在分闸状态下，动静触头间的最小电气距离不应小于配电装置的最小安全净距 B 值。

11.0.8 为保证检修安全，63kV 及以上断路器两侧的隔离开关和线路隔离开关的线路侧宜配置接地开关。

隔离开关的接地开关，应根据其安装处的短路电流进行动、热稳定校验。

11.0.9 选用的隔离开关应具有切合电感、电容性小电流的能力，应使电压互感器、避雷器、空载母线、励磁电流不超过 2A 的空载变压器及电容电流不超过 5A 的空载线路等，在正常情况下操作时能可靠切断，并符合有关电力工业技术管理的规定。当隔离开关的技术性能不能满足上述要求时，应向制造部门提出，否则不得进行相应的操作。

隔离开关尚应能可靠切断断路器的旁路电流及母线环流。

11.0.10 屋外隔离开关接线端的机械荷载不应大于表 11.0.10 所列数值。机械荷载应考虑母线（或引下线）的自重、张力、风力和冰雪等施加于接线端的最大水平静拉力。当引下线采用软导线时，接线端机械荷载中不需再计入短路电流产生的电动力。但对采用硬导体或扩径空心导线的设备间连线，则应考虑短路电动力。

表 11.0.10　屋外隔离开关接线端允许的机械荷载

额定电压 kV	额定电流 A	水平拉力 N		垂直力（向上、下）N
		纵向	横向	
12		500	250	300
40.5～72.5	≤1250	750	400	500
	≥1600	750	500	750
126	≤2000	1000	750	750
	≥3150	1250	750	1000
252～363	单柱式 1250～3150	2000	1500	1000
	多柱式 1250～3150	1500	1000	1000
550	单柱式 2500～4000	3000	2000	1500
	多柱式 2500～4000	2000	1500	1500

注1：如果机械荷载计算值超过本表规定值时，应和制造厂协商另定。

注2：安全系数为：静态不小于 3.5，动态不小于 1.7。

11.0.11 隔离开关操作机构的型式宜根据工程实际情况选择电动或手动操作机构。

12　72.5kV 及以上气体绝缘金属封闭开关设备

12.0.1 气体绝缘金属封闭开关设备及其操动机构应按下列技术条件选择：

1 电压；

2 电流（主回路的）；

3 频率；

4 绝缘水平；

5 热稳定电流（主回路的和接地回路的）；

6 开断电流；

7 动稳定电流（主回路的和接地回路的）；

8 短路持续时间；

9 操作顺序；

10 机械荷载；

11 机械和电气寿命；

12 分、合闸时间；

13 绝缘气体密度；

14 年漏气率；

15 各组成元件（包括它们的操作机构和辅助设备）的额定值。

12.0.2 气体绝缘金属封闭开关设备尚应按下列使用环境条件校验：

1 环境温度；

2 日温差；

3 最大风速；

4 相对湿度；

5 污秽；

6 覆冰厚度；

7 海拔高度；

8 地震烈度。

注：当在屋内使用时，可不校验 2、3、5、6 款，当在屋外使用时，则不校验 4 款。

12.0.3 在经济技术比较合理时，气体绝缘金属封闭开关设备宜用于下列情况的 63kV 及以上系统：

1 城市内的变电站；

2 布置场所特别狭窄地区；

3 地下式配电装置；

4 重污秽地区；

5 高海拔地区；

6 高烈度地震区。

12.0.4 气体绝缘金属封闭开关设备的各元件按其工作特点尚应满足下列要求：

1 负荷开关元件

1）开断负荷电流；

2）关合负荷电流；

3）动稳定电流；

4）热稳定电流；

5）操作次数；

6）分、合闸时间；

7）允许切、合空载线路的长度和空载变压器的容量；

8）允许关合短路电流；

9）操作机构型式。

2　接地开关和快速接地开关元件

1）关合短路电流；

2）关合时间；

3）关合短路电流次数；

4）切断感应电流能力；

5）操作机构型式，操作气压，操作电压，相数。

注： 如不能预先确定回路不带电，应采用关合能力等于相应的额定峰值耐受能力的接地开关；如能预先确定回路不带电，可采用不具有关合能力或关合能力低于相应的额定峰值耐受电流的接地开关。一般情况下不宜采用可移动的接地装置。

3　电缆终端与引线套管

1）动稳定电流；

2）热稳定电流；

3）安装时的允许倾角。

注： 当气体绝缘金属封闭开关设备与电缆或变压器高压出线端直接连接时，如有必要，宜在两者接口的外壳上设置直流和/或交流试验用套管的安装孔，制造厂应根据用户的要求，提供试验用套管或给出套管安装的有关资料。

其他元件的选择，见本规定有关章节。

12.0.5　选择气体绝缘金属封闭开关设备内的元件时，尚应考虑下列情况：

1　断路器元件的断口布置形式需根据场地情况及检修条件确定，当需降低高度时，宜选用水平布置；当需减少宽度时，可选用垂直布置。

灭弧室宜选用单压式。

2　负荷开关元件在操作时应三相联动，其三相合闸不同期性不应大于 10ms，分闸不同期性不应大于 5ms。

3　隔离开关和接地开关应具有表示其分、合位置的可靠且便于巡视的指示装置，如该位置指示器足够可靠的话，可不设置观察触头位置的观察窗。

4　在气体绝缘金属封闭开关设备停电回路的最先接地点（不能预先确定该回路不带电）或利用接地装置保护封闭电器外壳时，应选择快速接地开关；而在其他情况下则选用一般接地开关。接地开关或快速接地开关的导电杆应与外壳绝缘。

5　电压互感器元件宜选用电磁式，如需兼作现场工频实验变压器时，应在订货中予以说明。

6　在气体绝缘金属封闭开关设备母线上安装的避雷器宜选用 SF_6 气体作绝缘和灭弧介质的避雷器，在出线端安装的避雷器一般宜选用敞开式避雷器。SF_6 避雷器应做成单独的气隔，并应装设防爆装置、监视压力的压力表（或密度继电器）和补气用的阀门。

7　如气体绝缘金属封闭开关设备将分期建设时，宜在将来的扩建接口处装设隔离开关和隔离气室，以便将来不停电扩建。

12.0.6　为防止因温度变化引起伸缩，以及因基础不均匀下沉，造成气体绝缘金属封闭开关设备漏气与操作机构失灵，在气体绝缘金属封闭开关设备的适当部位应加装伸缩节。

伸缩节主要用于装配调整（安装伸缩节），吸收基础间的相对位移或热胀冷缩（温度伸缩节）的伸缩量等。

在气体绝缘金属封闭开关设备分开的基础之间允许的相对位移（不均匀下沉）应由制造厂和用户协商确定。

12.0.7　气体绝缘金属封闭开关设备在同一回路的断路器、隔离开关、接地开关之间应设置联锁装置。线路侧的接地开关宜加装带电指示和闭锁装置。

12.0.8　气体绝缘金属封闭开关设备内各元件应分成若干气隔。气隔的具体划分可根据布置条件和检修要求，在订货技术条款中由用户与制造厂商定。气体系统的压力，除断路器外，其余部分宜采用相同气压。

长母线应分成几个隔室，以利于维修和气体管理。

12.0.9　外壳的厚度，应以设计压力和在下述最小耐受时间内外壳不烧穿为依据。

1　电流等于或大于 40kA，0.1s；

2　电流小于 40kA，0.2s。

12.0.10　气体绝缘金属封闭开关设备应设置防止外壳破坏的保护措施，制造厂应提供关于所用的保护措施方面的充足资料。

制造厂和用户可商定一个允许的内部故障电弧持续时间。在此时间内，当短路电流不超过某一数值时，将不发生电弧的外部效应。此时可不装设防爆膜或压力释放阀。

12.0.11　气体绝缘金属封闭开关设备外壳要求高度密封性。制造厂宜按 GB/T 11023 确定每个气体隔室允许的相对年泄漏率。每个隔室的相对年泄漏率应不大于 1%。

12.0.12 气体绝缘金属封闭开关设备的允许温升应按 GB 7674 的要求执行。

12.0.13 气体绝缘金属封闭开关设备中 SF$_6$ 气体的质量标准应符合 GB/T8905 的规定。

12.0.14 气体绝缘金属封闭开关设备的外壳应接地。

凡不属于主回路或辅助回路的且需要接地的所有金属部分都应接地。外壳、构架等的相互电气连接宜采用紧固连接（如螺栓连接或焊接），以保证电气上连通。

接地回路导体应有足够的截面，具有通过接地短路电流的能力。

在短路情况下，外壳的感应电压不应超过 24V。

13 交流金属封闭开关设备

13.0.1 交流金属封闭开关设备（以下简称开关柜）应按下列技术条件选择：

1 电压；
2 电流；
3 频率；
4 绝缘水平；
5 温升；
6 开断电流；
7 短路关合电流；
8 动稳定电流；
9 热稳定电流和持续时间；
10 分、合闸机构和辅助回路电压；
11 系统接地方式；
12 防护等级。

13.0.2 开关柜尚应按下列使用环境条件校验：

1 环境温度；
2 日温差；
3 相对湿度；
4 海拔高度；
5 地震烈度。

13.0.3 开关柜的型式选择应遵照 DL/T 5153 的有关条款执行。

13.0.4 开关柜的防护等级应满足环境条件的要求。

13.0.5 当环境温度高于 +40℃ 时，开关柜内的电器应按 5.0.3 条的要求降容使用，母线的允许电流可按下式计算：

$$I_t = I_{40} \sqrt{\frac{40}{t}} \qquad (13.0.5)$$

式中： t——环境温度，℃；

I_t——环境温度 t 下的允许电流；

I_{40}——环境温度 40℃ 时的允许电流。

13.0.6 沿开关柜的整个长度延伸方向应设有专用的接地导体，专用接地导体所承受的动、热稳定电流应为额定短路开断电流的 86.6%。

13.0.7 开关柜内装有电压互感器时，电压互感器高压侧应有防止内部故障的高压熔断器，其开断电流应与开关柜参数相匹配。

13.0.8 高压开关柜中各组件及其支持绝缘件的外绝缘爬电比距（高压电器组件外绝缘的爬距离与最高电压之比）应符合如下规定：

1 凝露型的爬电比距。瓷质绝缘不小于 14/18mm/kV（Ⅰ/Ⅱ级污秽等级），有机绝缘不小于 16/20mm/kV（Ⅰ/Ⅱ级污秽等级）。

2 不凝露型的爬电比距。瓷质绝缘不小于 12mm/kV，有机绝缘不小于 14mm/kV。

13.0.9 单纯以空气作为绝缘介质时，开关内各相导体的相间与对地净距必须符合表 13.0.9 的要求。

表 13.0.9 开关内各相导体的相间与对地净距   mm

额定电压 kV	7.2	12 (11.5)	24	40.5
1 导体至接地间净距	100	125	180	300
2 不同相导体之间的净距	100	125	180	300
3 导体至无孔遮拦间净距	130	155	210	330
4 导体至网状遮拦间净距	200	225	280	400

注：海拔超过 1000m 时本表所列 1、2 项值按每升高 100m 增大 1% 进行修正，3、4 项之值应分别增加 1 或 2 项值的修正值。

13.0.10 高压开关柜应具备防止误拉、合断路器，防止带负荷分、合隔离开关（或隔离插头），防止带接地开关（或接地线）送电，防止带电合接地开关（或挂接地线），防止误入带电间隔等五项措施。

14 电抗器

14.1 基本规定

14.1.1 电抗器应按下列技术条件选择：

1 电压；
2 电流；
3 频率；
4 电抗百分数；
5 电抗器额定容量；
6 动稳定电流；
7 热稳定电流；
8 安装方式；

9　进出线型式；

10　绝缘水平；

11　噪声水平。

14.1.2　电抗器尚应按下列使用环境校验：

1　环境温度；

2　相对湿度；

3　海拔高度；

4　地震烈度。

14.2　限流电抗器

14.2.1　普通限流电抗器的额定电流应按下列条件选择：

1　主变压器或馈线回路的最大可能工作电流。

2　发电厂母线分段回路的限流电抗器，应根据母线上事故切断最大一台发电机时，可能通过电抗器的电流选择，一般取该台发电机额定电流的（50～80)%。

3　变电站母线回路的限流电抗器应满足用户的一级负荷和大部分二级负荷的要求。

14.2.2　分裂限流电抗器的额定电流按下类条件选择：

1　当用于发电厂的发电机或主变压器回路时，一般按发电机或主变压器额定电流的70%选择。

2　当用于变电站主变压器回路时，应按负荷电流大的一臂中通过的最大负荷电流选择。当无负荷资料时，可按主变压器额定电流的70%选择。

14.2.3　普通电抗器的电抗百分值应按下列条件选择和校验：

1　将短路电流限制到要求值。

2　正常工作时，电抗器的电压损失不得大于母线额定电压的5%，对于出线电抗器，尚应计及出线上的电压损失。

3　当出线电抗器未装设无时限继电保护装置时，应按电抗器后发生短路，母线剩余电压不低于额定值的（60～70)%校验。若此电抗器接在6kV发电机主母线上，则母线剩余电压应尽量取上限值。

对于母线分段电抗器、带几回出线的电抗器及其他具有无时限继电保护的出线电抗器不必校验短路时的母线剩余电压。

14.2.4　分裂电抗器的自感电抗百分值，应按将短路电流限制到要求值选择，并按正常工作时分裂电抗器两臂母线电压波动不大于母线额定电压的5%校验。

14.2.5　分裂电抗器的互感系数，当无制造部门资料时，一般取0.5。

14.2.6　对于分裂电抗器在正常工作时两臂母线电压的波动计算，若无两臂母线实际负荷资料，则可取一

臂为分裂电抗器额定电流的30%，另一臂为分裂电抗器额定电流的70%。

14.2.7　分裂电抗器应分别按单臂流过短路电流和两臂同时流过反向短路电流两种情况进行动稳定校验。

14.3　并联电抗器

14.3.1　高压并联电抗器除14.1节规定外，还应按下列技术条件选择：

1　最高工作电压；

2　连接方式；

3　励磁特性；

4　谐波电流幅值；

5　感抗偏差；

6　油箱振动的最大双振幅值；

7　中性点电抗器；

8　中性点的绝缘水平；

9　各侧套管式电流互感器。

14.3.2　低压并联电抗器中性点应为线端全绝缘水平。

14.3.3　三相高压并联电抗器应采用三相五柱式。

14.3.4　对于可按系统运行情况投切的并联电抗器应选用自动投切方式。

14.4　并联电抗器中性点小电抗

14.4.1　中性点小电抗应根据电力系统的情况按加速潜供电弧熄灭或抑制谐振过电压的要求选择小电抗值。

14.4.2　中性点小电抗的额定电流按下列条件选择：

1　潜供电流不应大于20A；

2　输电线路三相不平衡引起的零序电流，一般取线路最大工作电流的0.2%；

3　并联电抗器三相电抗不平衡引起的中性点电流，一般取并联电抗器额定电流的（5～8)%。

14.4.3　按故障状况校验小电抗的温升，故障电流可取（200～300)A，时间可取10s。

14.4.4　中性点小电抗的绝缘水平主要取决于出现在中性点上的最大过电压，应根据实际计算的最大过电压确定小电抗的绝缘水平。

15　电流互感器

15.0.1　电流互感器应按下列技术条件选择和校验：

1　一次回路电压；

2　一次回路电流；

3　二次负荷；

4　二次回路电流；

5　准确度等级和暂态特性；

6　继电保护及测量的要求；

7 动稳定倍数；

8 热稳定倍数；

9 机械荷载；

10 温升。

15.0.2 电流互感器尚应按下列使用环境校验：

1 环境温度；

2 最大风速；

3 相对湿度；

4 污秽；

5 海拔高度；

6 地震烈度；

7 系统接地方式。

注： 当在屋内使用时，可不校验 2、4 款；当在屋外使用时，可不校验 3 款。

15.0.3 电流互感器的型式按下列使用条件选择：

1 （3～35）kV 屋内配电装置的电流互感器，根据安装使用条件及产品情况，宜选用树脂浇注绝缘结构。

2 35kV 及以上配电装置的电流互感器，宜采用油浸瓷箱式、树脂浇注式、SF₆ 气体绝缘结构或光纤式的独立式电流互感器。在有条件时，应采用套管式电流互感器。

15.0.4 保护用电流互感器选择

1 330kV、500kV 系统及大型发电厂的保护用电流互感器应考虑短路暂态的影响，宜选用具有暂态特性的 TP 类互感器，某些保护装置本身具有克服电流互感器暂态饱和影响的能力，则可按保护装置具体要求选择适当的 P 类电流互感器。

2 对 220kV 及以下系统的电流互感器一般可不考虑暂态影响，可采用 P 类电流互感器。对某些重要回路可适当提高所选互感器的准确限值系数或饱和电压，以减缓暂态影响。

15.0.5 测量用电流互感器选择

选择测量用电流互感器应根据电力系统测量和计量系统的实际需要合理选择互感器的类型。要求在较大工作电流范围内作准确测量时可选用 S 类电流互感器。为保证二次电流在合适的范围内，可采用复变比或二次绕组带抽头的电流互感器。

电能计量用仪表与一般测量仪表在满足准确级条件下，可共用一个二次绕组。

15.0.6 电力变压器中性点电流互感器的一次额定电流，应大于变压器允许的不平衡电流，一般可按变压器额定电流的 30% 选择。安装在放电间隙回路中的电流互感器，一次额定电流可按 100A 选择。

15.0.7 供自耦变压器零序差动保护用的电流互感器，其各侧变比均应一致，一般按中压侧的额定电流选择。

15.0.8 在自耦变压器公共绕组上作过负荷保护和测量用的电流互感器，应按公共绕组的允许负荷电流选择。

15.0.9 中性点的零序电流互感器应按下列条件选择和校验：

1 对中性点非直接接地系统，由二次电流及保护灵敏度确定一次回路起动电流；对中性点直接接地或经电阻接地系统，由接地电流和电流互感器准确限值系数确定电流互感器额定一次电流，由二次负载和电流互感器的容量确定二次额定电流；

2 按电缆根数及外径选择电缆式零序电流互感器窗口直径；

3 按一次额定电流选择母线式零序电流互感器母线截面。

15.0.10 选择母线式电流互感器时，尚应校核窗口允许穿过的母线尺寸。

15.0.11 发电机横联差动保护用电流互感器的一次电流应按下列情况选择：

1 安装于各绕组出口处时，宜按定子绕组每个支路的电流选择；

2 安装于中性点连接线上时，按发电机允许的最大不平衡电流选择，一般可取发电机额定电流的（20～30）%。

15.0.12 火力发电厂和变电站的电流互感器选择应符合 DL/T 5136 的要求。

16 电压互感器

16.0.1 电压互感器应按下列技术条件选择和校验：

1 一次回路电压；

2 二次电压；

3 二次负荷；

4 准确度等级；

5 继电保护及测量的要求；

6 兼用于载波通讯时电容式电压互感器的高频特性；

7 绝缘水平；

8 温升；

9 电压因数；

10 系统接地方式；

11 机械荷载。

16.0.2 电压互感器尚应按下列使用环境条件校验：

1 环境温度；

2 最大风速；

3　相对湿度；

4　污秽；

5　海拔高度；

6　地震烈度。

注：当在屋内使用时，可不校验2、4款；当在屋外使用时，可不校验3款。

16.0.3　电压互感器的型式按下列使用条件选择：

1　（3～35）kV屋内配电装置，宜采用树脂浇注绝缘结构的电磁式电压互感器。

2　35kV屋外配电装置，宜采用油浸绝缘结构的电磁式电压互感器。

3　110kV及以上配电装置，当容量和准确度等级满足要求时，宜采用电容式电压互感器。

4　SF₆全封闭组合电器的电压互感器宜采用电磁式。

16.0.4　在满足二次电压和负荷要求的条件下，电压互感器宜采用简单接线，当需要零序电压时，（3～20）kV宜采用三相五柱电压互感器或三个单相式电压互感器。

当发电机采用附加直流的定子绕组100%接地保护装置，而利用电压互感器向定子绕组注入直流时，则所用接于发电机电压的电压互感器一次侧中性点都不得直接接地，如要求接地时，必须经过电容器接地以隔离直流。

16.0.5　在中性点非直接接地系统中的电压互感器，为了防止铁磁谐振过电压，应采取消谐措施，并应选用全绝缘。

16.0.6　当电容式电压互感器由于开口三角绕组的不平衡电压较高，而影响零序保护装置的灵敏度时，应要求制造部门装设高次谐波滤过器。

16.0.7　用于中性点直接接地系统的电压互感器，其剩余绕组额定电压应为100V；用于中性点非直接接地系统的电压互感器，其剩余绕组额定电压应为100/3V。

16.0.8　电磁式电压互感器可以兼作并联电容器的泄能设备，但此电压互感器与电容器组之间，不应有开断点。

16.0.9　火电厂和变电站的电压互感器选择还应符合DL/T 5136的要求。

17　高压熔断器

17.0.1　高压熔断器应按下列技术条件选择：

1　电压；

2　电流；

3　开断电流；

4　保护熔断特性。

17.0.2　高压熔断器尚应按下列使用环境条件校验：

1　环境温度；

2　最大风速；

3　污秽；

4　海拔高度；

5　地震烈度。

注：当在屋内使用时，可不校验2、3款。

17.0.3　高压熔断器的额定开断电流应大于回路中可能出现的最大预期短路电流周期分量有效值。

17.0.4　限流式高压熔断器不宜使用在工作电压低于其额定电压的电网中，以免因过电压而使电网中的电器损坏。

17.0.5　高压熔断器熔管的额定电流应大于或等于熔体的额定电流。熔体的额定电流应按高压熔断器的保护熔断特性选择。

17.0.6　选择熔体时，应保证前后两极熔断器之间，熔断器与电源侧继电保护之间，以及熔断器与负荷侧继电保护之间动作的选择性。

17.0.7　高压熔断器熔体在满足可靠性和下一段保护选择性的前提下，当在本段保护范围内发生短路时，应能在最短的时间内切断故障，以防止熔断时间过长而加剧被保护电器的损坏。

17.0.8　保护电压互感器的熔断器，只需按额定电压和开断电流选择。

17.0.9　发电机出口电压互感器高压侧熔断器的额定电流应与发电机定子接地保护相配合，以免电压互感器二次侧故障引起发电机定子接地保护误动作。

17.0.10　变压器回路熔断器的选择应符合下列规定：

1　熔断器应能承受变压器的容许过负荷电流及低压侧电动机成组起动所产生的过电流。

2　变压器突然投入时的励磁涌流不应损伤熔断器，变压器的励磁涌流通过熔断器产生的热效应可按（10～20）倍的变压器满载电流持续0.1s计算，当需要时可按（20～25）倍的变压器满载电流持续0.01s校验。

3　熔断器对变压器低压侧的短路故障进行保护，熔断器的最小开断电流应低于预期短路电流。

17.0.11　电动机回路熔断器的选择应符合下列规定：

1　熔断器应能安全通过电动机的容许过负荷电流；

2　电动机的起动电流不应损伤熔断器；

3　电动机在频繁地投入、开断或反转时，其反复变化的电流不应损伤熔断器。

17.0.12　保护电力电容器的高压熔断器选择，应符合 GB 50227 的规定。

17.0.13　跌落式高压熔断器的断流容量应分别按上、下限值校验，开断电流应以短路全电流校验。

17.0.14　除保护防雷用电容器的熔断器外，当高压熔断器的断流容量不能满足被保护回路短路容量要求时，可采用在被保护回路中装设限流电阻等措施来限制短路电流。

18　中性点接地设备

18.1　消弧线圈

18.1.1　消弧线圈应按下列技术条件选择：

1　电压；

2　频率；

3　容量；

4　补偿度；

5　电流分接头；

6　中性点位移电压。

18.1.2　消弧线圈尚应按下列环境条件校验：

1　环境温度；

2　日温差；

3　相对湿度；

4　污秽；

5　海拔高度；

6　地震烈度。

注：当在屋内使用时，可不校验 2、4 款；在屋外使用时，则不校验 3 款。

18.1.3　消弧线圈宜选用油浸式。装设在屋内相对湿度小于 80% 场所的消弧线圈，也可选用干式。在电容电流变化较大的场所，宜选用自动跟踪动态补偿式消弧线圈。

18.1.4　消弧线圈的补偿容量，可按下式计算：

$$Q = KI_C \frac{U_N}{\sqrt{3}} \qquad (18.1.4)$$

式中：Q——补偿容量，kVA；

　　　K——系数，过补偿取 1.35，欠补偿按脱谐度确定；

　　　I_C——电网或发电机回路的电容电流，A；

　　　U_N——电网或发电机回路的额定线电压，kV。

为便于运行调谐，宜选用容量接近于计算值的消弧线圈。

18.1.5　电网的电容电流，应包括有电气连接的所有架空线路、电缆线路的电容电流，并计及厂、所母线和电器的影响。该电容电流应取最大运行方式下的电流。

发电机电压回路的电容电流，应包括发电机、变压器和连接导体的电容电流，当回路装有直配线或电容器时，尚应计及这部分电容电流。

计算电网的电容电流时，应考虑电网（5～10）年的发展。

18.1.6　装在电网的变压器中性点的消弧线圈，以及具有直配线的发电机中性点的消弧线圈应采用过补偿方式。

对于采用单元连接的发电机中性点的消弧线圈，为了限制电容耦合传递过电压以及频率变动等对发电机中性点位移电压的影响，宜采用欠补偿方式。

18.1.7　中性点经消弧线圈接地的电网，在正常情况下，长时间中性点位移电压不应超过额定相电压的 15%，脱谐度一般不大于 10%（绝对值），消弧线圈分接头宜选用 5 个。

中性点经消弧线圈接地的发电机，在正常情况下，长时间中性点位移电压不应超过额定相电压 10%，考虑到限制传递过电压等因素，脱谐度不宜超过 ±30%，消弧线圈的分接头应满足脱谐度的要求。

中性点位移电压可按下式计算：

$$U_0 = \frac{U_{bd}}{\sqrt{d^2 + v^2}} \qquad (18.1.7)$$

$$v = \frac{I_C - I_L}{I_C}$$

式中：U_0——中性点位移电压，kV；

　　　U_{bd}——消弧线圈投入前电网或发电机回路中性点不对称电压，可取 0.8% 相电压；

　　　d——阻尼率，一般对（60～110）kV 架空线路取 3%，35kV 及以下架空线路取 5%，电缆线路取（2～4）%；

　　　v——脱谐度；

　　　I_C——电网或发电机回路的电容电流，A；

　　　I_L——消弧线圈电感电流，A。

18.1.8　在选择消弧线圈的台数和容量时，应考虑消弧线圈的安装地点，并按下列原则进行：

1　在任何运行方式下，大部分电网不得失去消弧线圈的补偿。不应将多台消弧线圈集中安装在一处，并应避免电网仅装一台消弧线圈。

2　在发电厂中，发电机电压消弧线圈可装在发电机中性点上，也可装在厂用变压器中性点上。当发电机与变压器为单元连接时，消弧线圈应装在发电机中性点上。在变电站中，消弧线圈宜装在变压器中性点上，（6～10）kV 消弧线圈也可装在调相机的中性点上。

3　安装在 YNd 接线双绕组或 YNynd 接线三绕组变压器中性点上的消弧线圈的容量，不应超过变压器三相总容量的 50%，并且不得大于三绕组变压器的任一绕组容量。

4 安装在 YNyn 接线的内铁心式变压器中性点上的消弧线圈容量，不应超过变压器三相绕组总容量的 20%。

消弧线圈不应接于零序磁通经铁心闭路的 YNyn 接线变压器的中性点上（例如单相变压器组或外铁型变压器）。

5 如变压器无中性点或中性点未引出，应装设容量相当的专用接地变压器，接地变压器可与消弧线圈采用相同的额定工作时间。

18.2 接地电阻

18.2.1 接地电阻应按下列技术条件选择和校验：

1 电压；

2 正常运行电流；

3 短时耐受电流及耐受时间；

4 电阻值；

5 频率；

6 中性点位移电压。

18.2.2 接地电阻尚应按下列环境条件校验：

1 环境温度；

2 日温差；

3 相对湿度；

4 污秽；

5 海拔高度；

6 地震烈度。

注：当在屋内使用时，可不校验 2、4 款；在屋外使用时，则不校验 3 款。

18.2.3 中性点电阻材质可选用金属、非金属或金属氧化物线性电阻。

18.2.4 系统中性点经电阻接地方式，可根据系统单相对地电容电流值来确定。当接地电容电流小于规定值时，可采用高电阻接地方式，当接地电容电流值大于规定值时，可采用低电阻接地方式。

18.2.5 当中性点采用高电阻接地方式时，高电阻选择计算如下：

1 经高电阻直接接地

电阻的额定电压：

$$U_R \geqslant 1.05 \times \frac{U_N}{\sqrt{3}} \qquad (18.2.5-1)$$

电阻值：

$$R = \frac{U_N}{I_R \sqrt{3}} \times 10^3 = \frac{U_N}{K I_C \sqrt{3}} \times 10^3 \qquad (18.2.5-2)$$

电阻消耗功率：

$$P_R = \frac{U_N}{\sqrt{3}} \times I_R \qquad (18.2.5-3)$$

式中：R——中性点接地电阻值，Ω；

U_N——系统额定线电压，kV；

U_R——电阻额定电压，kV；

I_R——电阻电流，A；

I_C——系统单相对地短路时电容电流，A；

K——单相对地短路时电阻电流与电容电流的比值，一般取 1.1。

2 经单相配电变压器接地

电阻的额定电压应不小于变压器二次侧电压，一般选用 110V 或 220V。

电阻值：

$$R_{N2} = \frac{U_N \times 10^3}{1.1 \times \sqrt{3} I_C n_\phi^2} \qquad (18.2.5-4)$$

接地电阻消耗功率：

$$P_R = I_{R2} \times U_{N2} \times 10^{-3} = \frac{U_N \times 10^3}{\sqrt{3} n_\phi R_{N2}} \times \frac{U_N}{\sqrt{3} n_\phi}$$

$$= \frac{U_N^2}{3 n_\phi^2 R_{N2}} \times 10^3 \qquad (18.2.5-5)$$

$$n_\phi = \frac{U_N \times 10^3}{\sqrt{3} U_{N2}}$$

式中：n_ϕ——降压变压器一、二次之间的变比；

I_{R2}——二次电阻上流过的电流，A；

U_{N2}——单相配电变压器的二次电压，V；

R_{N2}——间接接入的电阻值，Ω。

18.2.6 当中性点采用低阻接地方式时，接地电阻选择计算如下：

电阻的额定电压：

$$U_R \geqslant 1.05 \times \frac{U_N}{\sqrt{3}} \qquad (18.2.6-1)$$

电阻值：

$$R_N = \frac{U_N}{\sqrt{3} I_d} \qquad (18.2.6-2)$$

接地电阻消耗功率：

$$P_R = I_d \times U_R \qquad (18.2.6-3)$$

式中：R_N——中性点接地电阻值，Ω；

U_N——系统线电压，V；

I_d——选定的单相接地电流，A。

18.3 接地变压器

18.3.1 接地变压器应按下列技术条件选择和校验：

1 型式；

2 容量；

3 绕组电压；

4 频率；

5 电流；

6 绝缘水平；

7 温升；

8 过载能力。

18.3.2 接地变压器尚应按下列使用环境条件校验：

1 环境温度；

2 日温差；

3 最大风速；

4 相对湿度；

5 污秽；

6 海拔高度；

7 地震烈度。

注：当在屋内使用时，可不校验 2、3、5 款，当在屋外使用时，则可不校验 4 款。

18.3.3 当系统中性点可以引出时宜选用单相接地变压器，系统中性点不能引出时应选用三相变压器。有条件时宜选用干式无激磁调压接地变压器。

18.3.4 接地变压器参数选择

1 接地变压器的额定电压

安装在发电机或变压器中性点的单相接地变压器额定一次电压：

$$U_{Nb} = U_N \qquad (18.3.4-1)$$

式中：U_N——发电机或变压器额定一次线电压，kV。

接于系统母线三相接地变压器额定一次电压应与系统额定电压一致。接地变压器二次电压可根据负载特性确定。

2 接地变压器的绝缘水平应与连接系统绝缘水平相一致。

3 接地变压器的额定容量：

单相接地变压器（kVA）：

$$S_N \geqslant \frac{1}{K} U_2 I_2 = \frac{U_N}{\sqrt{3} K n_\varphi} I_2 \quad (18.3.4-2)$$

式中：U_N——接地变压器二次侧电压，kV；

I_2——二次电阻电流，A；

K——变压器的过负荷系数（由变压器制造厂提供）。

三相接地变压器，其额定容量应与消弧线圈或接地电阻容量相匹配。若带有二次绕组还应考虑二次负荷容量。

对 Z 型或 YNd 结线三相接地变压器，若中性点接消弧线圈或电阻的话，接地变压器容量为：

$$S_N \geqslant Q_x \quad S_N \geqslant P_r \qquad (18.3.4-3)$$

式中：Q_x——消弧线圈额定容量；

P_r——接地电阻额定容量。

对 Y/开口 d 结线接地变压器（三台单相），若中性点接消弧线圈或电阻的话，接地变压器容量为：

$$S_N \geqslant \sqrt{3} Q_x / 3 \quad S_N \geqslant \sqrt{3} P_r / 3$$

$$(18.3.4-4)$$

19　变频装置

19.0.1 变频装置应按下列技术条件选择：

1 型式；

2 容量；

3 输入、输出电压；

4 频率；

5 控制方法；

6 起动制动与加/减速特性；

7 频率输出范围；

8 过载能力；

9 温升及冷却方式；

10 旁路功能；

11 接口要求；

12 保护和测量功能；

13 防护等级；

14 效率；

15 功率因数；

16 装置辅助电源电压；

17 噪声。

19.0.2 变频装置尚应按下列使用环境条件校验：

1 环境温度；

2 相对湿度；

3 海拔高度；

4 地震烈度。

19.0.3 装置的输入变压器、旁路接触器等配套一次设备尚应按本规定及其相关标准进行选择校验。

19.0.4 装置除具有本身的各种保护外，还应对电动机及出口相间短路、单相接地短路、断相及过负荷提供保护。此外，装置还宜具有瞬时失电恢复供电后自启动的能力。

19.0.5 装置输入输出两侧电流电压谐波指标应满足 GB/T 14549 的有关规定。当装置对安装地点附近的弱电系统有可能造成干扰时，用户在订货时应提出。

19.0.6 在选择确定变频装置时，尚应考虑装置安装地点至电动机之间的距离因素。

19.0.7 在工作环境温度大于 40℃ 或海拔高度大于 1000m 时，装置宜降容使用。降容修正系数由制造部门给出。

20　过电压保护设备

20.1 避雷器

20.1.1 阀式避雷器应按下列技术条件选择：

1 避雷器额定电压（U_r）；

2 避雷器持续运行电压（U_c）；

　　3　工频放电电压；

　　4　冲击放电电压和残压；

　　5　通流容量；

　　6　额定频率；

　　7　机械载荷。

20.1.2　避雷器尚应按下列使用环境条件校验：

　　1　环境温度；

　　2　最大风速；

　　3　污秽；

　　4　海拔高度；

　　5　地震烈度。

　　注：当在屋内使用时，可不校验2、3款。

20.1.3　采用阀式避雷器进行雷电过电压保护时，除旋转电机外，对不同电压范围，不同系统接地方式的避雷器选型如下：

　　1　有效接地系统，范围Ⅱ应该选用金属氧化物避雷器；范围Ⅰ宜采用金属氧化物避雷器。

　　2　气体绝缘全封闭组合电器和低电阻接地系统应选用金属氧化物避雷器。

　　3　不接地、消弧线圈接地和高电阻接地系统，根据系统中谐振过电压和间歇性电弧接地过电压等发生的可能性及其严重程度，可任选金属氧化物避雷器或碳化硅普通阀式避雷器。

20.1.4　旋转电机的雷电侵入波过电压保护，宜采用旋转电机金属氧化物避雷器或旋转电机磁吹阀式避雷器。

20.1.5　阀式避雷器标称放电电流下的残压（U_{res}），不应大于被保护电器设备（旋转电机除外）标准雷电冲击全波耐受电压（BIL）的71%。

20.1.6　有串联间隙金属氧化物避雷器和碳化硅阀式避雷器的额定电压，在一般情况下应符合下列要求：

　　1　110kV及220kV有效接地系统不低于0.8U_m。

　　2　（3～10）kV和35kV、66kV系统分别不低于1.1U_m和U_m；3kV及以上具有发电机的系统不低于1.1倍发电机最高运行电压。

　　3　中性点避雷器的额定电压，对（3～20）kV和35kV、66kV系统，分别不低于0.64U_m和0.58U_m；对（3～20）kV发电机，不低于0.64倍发电机最高运行电压。

20.1.7　采用无间隙金属氧化物避雷器作为雷电过电压保护装置时，应符合下列要求：

　　1　避雷器的持续运行电压和额定电压应不低于表20.1.7所列数值。

　　2　避雷器能承受所在系统作用的暂时过电压和操作过电压能量。

表 20.1.7　　　　　　　　无间隙金属氧化物避雷器持续运行电压和额定电压

系统接地方式		持续运行电压 kV		额定电压 kV	
		相　地	中性点	相　地	中性点
有效接地	110kV	$U_m/\sqrt{3}$	0.45U_m	0.75U_m	0.57U_m
	220kV	$U_m/\sqrt{3}$	0.13U_m（0.45U_m）	0.75U_m	0.17U_m（0.57U_m）
	330kV、500kV	$U_m/\sqrt{3}$（0.59U_m）	0.13U_m	0.75U_m（0.8U_m）	0.17U_m
不接地	（3～20）kV	1.1U_m；U_{mg}	0.64U_m；$U_{mg}/\sqrt{3}$	1.38U_m；1.25U_{mg}	0.8U_m；0.72U_{mg}
	35kV、66kV	U_m	$U_m/\sqrt{3}$	1.25U_m	0.72U_{mg}
消弧线圈		U_m；U_{mg}	$U_m/\sqrt{3}$　$U_{mg}/\sqrt{3}$	1.25U_m；1.25U_{mg}	0.72U_m；0.72U_{mg}
低电阻		0.8U_m		U_m	
高电阻		1.1U_m；U_{mg}	1.1$U_m/\sqrt{3}$　$U_{mg}/\sqrt{3}$	1.38U_m；1.25U_{mg}	0.8U_m；·0.72U_{mg}

注1：220kV括号外、内数据分别对应变压器中性点经接地电抗器接地和不接地。

注2：330kV、500kV括号外、内数据分别与工频过电压1.3p.u.和1.4p.u.对应。

注3：220kV变压器中性点经接地电抗器接地和330kV、500kV变压器或高压并联电抗器中性点经接地电抗器接地时，接地电抗器的电抗与变压器或高压并联电抗器的零序电抗之比不大于1/3。

注4：110kV、220kV变压器中性点不接地且绝缘水平低于标准时，避雷器的参数需另行确定。

注5：U_m为系统最高电压，U_{mg}为发电机最高运行电压。

20.1.8 保护变压器中性点绝缘的避雷器型式，按表 20.1.8-1 和表 20.1.8-2 选择。

20.1.9 对中性点为分级绝缘的 220kV 变压器，如使用同期性能不良的断路器，变压器中性点宜用金属氧化物避雷器保护。当采用阀型避雷器时，变压器中性点宜增设棒型保护间隙，并与阀型避雷器并联。

20.1.10 无间隙金属氧化物避雷器按其标称放电电流的分类，见表 20.1.10。

20.1.11 系统额定电压 35kV 及以上的避雷器宜配备放电动作记录器。保护旋转电机的避雷器，应采用残压低的动作记录器。

表 20.1.8-1 中性点非直接接地系统中保护变压器中性点绝缘的避雷器

变压器额定电压 kV	35	63
避雷器型式	FZ—15+FZ—10 FZ—30 FZ—35 Y1.5W—55	FZ—40 FZ—60 Y1.5W—55 Y1.5W—60 Y1.5W—72

注：避雷器尚应与消弧线圈的绝缘水平相配合。

表 20.1.8-2 中性点直接接地系统中保护变压器中性点绝缘的避雷器

变压器额定电压 kV	110		220	330	500
中性点绝缘	110kV 级	35kV 级	110kV 级	154kV 级	63kV 级
避雷器型式	FZ—110J FZ—60 Y1.5W—72	Y1.5W—72	FCZ—110 FZ—110J Y1.5W—144	FCZ—154J FZ—154 Y1.5W—84	Y1.5W—96 Y1.5W—102

注：330kV、550kV 变压器中性点所选的氧化锌避雷器是按中性点经小电抗接地来选择的。

表 20.1.10 避雷器按其标称放电电流的分类

标称放电电流 I_n	避雷器额定电压 U_r（有效值） kV	备 注
20kA	420≤U_r≤468	电站用避雷器
10kA	90≤U_r≤468	
5kA	4≤U_r≤25	发电机用避雷器
	5≤U_r≤17	配电用避雷器
	5≤U_r≤90	并联补偿电容器用避雷器
	5≤U_r≤108	电站用避雷器
	42≤U_r≤84	电气化铁道用避雷器
2.5kA	4≤U_r≤13.5	电动机用避雷器
1.5kA	0.28≤U_r≤0.50	低压避雷器
	2.4≤U_r≤15.2	电机中性点用避雷器
	60≤U_r≤207	变压器中性点用避雷器

20.2 阻容吸收器

20.2.1 阻容吸收器应按下列技术条件选择：

1 额定电压；
2 电阻值；
3 电容值；
4 额定频率；
5 绝缘水平；
6 布置型式。

20.2.2 阻容吸收器尚应按下列使用环境条件校验：

1 环境温度；
2 海拔高度。

20.2.3 当用于中性点不接地系统时，应校验所装阻容吸收器电容值，不应影响系统的中性点接地方式。

20.2.4 当用于易产生高次谐波的电力系统时，应注意选用能适应谐波影响的阻容吸收器。

20.2.5 应校验所在回路的过电压水平，使其始终被限制在设备允许值之内。

21 绝缘子及穿墙套管

21.0.1 绝缘子应按下列技术条件选择：

1 电压；
2 动稳定；

　　3　绝缘水平；

　　4　机械荷载。

　　注：悬式绝缘子不校验 2 款。

21.0.2　穿墙套管应按下列技术条件选择和校验：

　　1　电压；

　　2　电流；

　　3　动稳定；

　　4　热稳定电流及持续时间。

21.0.3　绝缘子及穿墙套管尚应按下列使用环境条件校验：

　　1　环境温度；

　　2　日温差；

　　3　最大风速；

　　4　相对湿度；

　　5　污秽；

　　6　海拔高度；

　　7　地震烈度。

　　注：当在屋内使用时，可不校验 2、3、5 款；在屋外使用时，则不校验 4 款。

21.0.4　发电厂与变电所的（3~20）kV 屋外支柱绝缘子和穿墙套管，当有冰雪时，宜采用高一级电压的产品。对（3~6）kV 者，也可采用提高两级电压的产品。

21.0.5　校验支柱绝缘子机械强度时，应将作用在母线截面重心上的母线短路电动力换算到绝缘子顶部。

21.0.6　在校验 35kV 及以上非垂直安装的支柱绝缘子的机械强度时，应计及绝缘子自重、母线重量和短路电动力的联合作用。

　　支柱绝缘子，除校验抗弯机械强度外，尚应校验抗扭机械强度。

21.0.7　屋外支柱绝缘子宜采用棒式支柱绝缘子。屋外支柱绝缘子需倒装时，可用悬挂式支柱绝缘子。屋内支柱绝缘子一般采用联合胶装的多棱式支柱绝缘子。

21.0.8　屋内配电装置宜采用铝导体穿墙套管。对于母线型穿墙套管应校核窗口允许穿过的母线尺寸。

21.0.9　悬式绝缘子型式及每串的片数，可按下列条件选择：

　　1　按系统最高电压和爬电比距选择

　　绝缘子串的有效爬电比距不得小于附录 C 所列数值。在空气污秽地区宜采用防污型绝缘子，并与其他电器采用相同的防污措施。

　　2　按内过电压选择

　　220kV 及以下电压，按内过电压倍数和绝缘子串的工频湿闪电压选择。

　　330kV 及以上电压，按避雷器的操作过电压保护水平和绝缘子串正极性操作冲击 50% 放电电压选择。

　　3　按大气过电压选择

　　由避雷器冲击保护水平确定，且不低于隔离开关和支柱绝缘子的相应值。

　　选择悬式绝缘子应考虑绝缘子的老化，每串绝缘子要预留的零值绝缘子为：

　　（35~220）kV　　　耐张串 2 片；

　　　　　　　　　　　悬垂串 1 片；

　　330kV 及以上　　　耐张串（2~3）片；

　　　　　　　　　　　悬垂片（1~2）片。

21.0.10　选择 V 型悬挂的绝缘子串片数时，应考虑临近效应对放电电压的影响。

21.0.11　在海拔高度为 1000m 及以下的 I 级污秽地区，当采用 X—4.5 或 XP—6 型悬式绝缘子时，耐张绝缘子串的绝缘子片数一般不小于表 21.0.11 数值。

表 **21.0.11**　　**X—4.5 或 XP—6 型绝缘子耐张串片数**

电压 kV	35	63	110	220	330	500
绝缘子片数	4	6	8	13	20	30

注：（330~500）kV 可用 XP—10 型绝缘子。

21.0.12　在海拔高度为（1000~4000）m 地区，当需要增加绝缘子数量来加强绝缘时，耐张绝缘子串的片数应按下式修正：

$$N_H = N[1 + 0.1(H - 1)] \quad (21.0.12)$$

　　式中：N_H——修正后的绝缘子片数；

　　　　　N——海拔 1000m 及以下地区绝缘子片数；

　　　　　H——海拔高度，km。

21.0.13　在空气清洁无明显污秽的地区，悬垂绝缘子串的绝缘子片数可比耐张绝缘子串的同型绝缘子少一片。污秽地区的悬垂绝缘子串的绝缘子片数应与耐张绝缘子串相同。

21.0.14　330kV 及以上电压的绝缘子串应装设均压和屏蔽装置，以改善绝缘子串的电压分布和防止连接金具发生电晕。

附录 A
（规范性附录）
本规定用词说明

略。

附录 B
（规范性附录）
高压输变电设备的绝缘水平

表 B.1 电压范围Ⅰ（1kV＜U_m≤252kV）
的设备的标准绝缘水平　　　　kV

系统标称电压（有效值）	设备最高电压（有效值）	额定雷电冲击耐受电压（峰值）		额定短时工频耐受电压（有效值）
		系列Ⅰ	系列Ⅱ	
3	3.5	20	40	18
6	6.9	40	60	25
'10	11.5	60	75 95	30/42[c]；35
15	17.5	75	95 105	40；45
20	23.0	95	125	50；55
35	40.5	185/200[a]	80/95[c]；85	

续表

系统标称电压（有效值）	设备最高电压（有效值）	额定雷电冲击耐受电压（峰值）		额定短时工频耐受电压（有效值）
		系列Ⅰ	系列Ⅱ	
66	72.5	325	140	
110	126	450/480[a]		185；200
220	252	(750)[b]		(325)[b]
		850		360
		950		395
		(1050)[b]		(460)[b]

注：系统标称电压（3～15）kV所对应设备的系列Ⅰ绝
　　缘水平，在我国仅用于中性点直接接地系统。
a　该栏斜线下之数据仅用于变压器类设备的内绝缘。
b　220kV设备，括号内的数据不推荐选用。
c　设备外绝缘在干燥状态下之耐受电压。

表 B.2　　　　电压范围Ⅱ（U_m＞252kV）的设备的标准绝缘水平　　　　kV

系统标称电压（有效值）	设备最高电压（有效值）	额定操作冲击耐受电压（峰值）					额定雷电冲击耐受电压（峰值）		额定短时工频耐受电压（有效值）
		相对地	相间	相间与相对地之比	纵绝缘[b]		相对地	纵绝缘	相对地
1	2	3	4	5	6	7	8	9	10[c]
330	363	850	1300	1.50	950	850(+295)[a]	1050	注	(460)
		950	1425	1.50			1175		(510)
500	550	1050	1675	1.60	1175	1050(+450)[a]	1425		(630)
		1175	1800	1.50			1550		(680)
							1675		(740)

注：设备纵绝缘的额定冲击耐受电压由两个分量组成，一为相对地的额定雷电冲击耐受电压；另一为反极性的工频耐受电
　　压，其幅值为（0.7～1.0）$\sqrt{\dfrac{2}{3}}U_m$。
a　栏7中括号中之数值是加在同一极对应相端子上的反极性工频电压的峰值。
b　纵绝缘的操作冲击耐受电压选取栏6或栏7之数值，决定于设备的工作条件，在有关设备标准中规定。
c　栏10括号内之短时工频耐受电压值，仅供参考。

表 B.3　　　　　　　　　　　各类设备的雷电冲击耐受电压　　　　　　　　　　　kV

系统标称电压（有效值）	设备最高电压（有效值）	额定雷电冲击（内、外绝缘）耐受电压（峰值）						截断雷电冲击耐受电压（峰值）
		变压器	并联电抗器	耦合电容器、电压互感器	高压电力电缆b	高压电器	母线支柱绝缘子、穿墙套管	变压器类设备的内绝缘
3	3.5	40	40	40		40	40	45
6	6.9	60	60	60		60	60	65
10	11.5	75	75	75		75	75	85
15	17.5	105	105	105	105	105	105	115
20	23.0	125	125	125	125	125	125	140
35	40.5	185/200a	185/200a	185/200a	200	185	185	220
66	72.5	325	325	325	325	325	325	360
		350	350	350	350	350	350	385
110	126	450/480a	450/480a	450/480a	450	450	450	530
		550	550	550	550			
220	252	850	850	850	850	850	935	950
		950	950	950	950 1050	950	950	1050
330	363	1050				1050	1050	1175
		1175	1175	1175	1175 1300	1175	1175	1300
500	550	1425			1425	1425	1425	1550
		1550	1550	1550	1550	1550	1550	1675
		1675	1675	1675	1675	1675		

a　斜线下之数据仅用于该类设备的内绝缘。
b　对高压电力电缆是指热状态下的耐受电压值。

表 B.4　　　　　　　　各类设备的短时（1min）工频耐受电压（有效值）　　　　　　　　kV

系统标称电压（有效值）	设备最高电压（有效值）	内、外绝缘（干试与湿试）				母线支柱绝缘子	
		变压器	并联电抗器	耦合电容器、高压电器、电压互感器和穿墙套管	高压电力电缆	湿试	干试
1	2	3a	4a	5b	6b	7	8
3	3.5	18	18	18/25		18	25
6	6.9	25	25	23/30		23	32
10	11.5	30/35	30/35	30/42		30	42
15	17.5	40/45	40/45	40/55	45/45	40	57
20	23.0	50/55	50/55	50/65	50/55	50	68

续表

系统标称电压（有效值）	设备最高电压（有效值）	内、外绝缘（干试与湿试）				母线支柱绝缘子	
		变压器	并联电抗器	耦合电容器、高压电器、电压互感器和穿墙套管	高压电力电缆	湿试	干试
35	40.5	80/85	80/85	80/95	80/85	80	100
66	72.5	140 160	140 160	140 160	140 160	140 160	165 185
110	126.0	185/200	185/200	185/200	185/200	185	265
220	252.0	360 395	360 395	360 395	360 395 460	360 395	450 495
330	363.0	460 510	460 510	460 510	460 510 570		
500	550.0	630 680	630 680	630 680 740	630 680 740		

注：表中给出的（330～500）kV 设备之短时工频耐受电压仅供参考。
a　该栏中斜线下的数据为该类设备的内绝缘和外绝缘干状态之耐受电压。
b　该栏中斜线下的数据为该类设备的外绝缘干耐受电压。

表 B.5　　　　　　　　　　　电力变压器中性点绝缘水平　　　　　　　　　　　　kV

系统标称电压（有效值）	设备最高电压（有效值）	中性点接地方式	雷电冲击全波和截波耐受电压（峰值）	短时工频耐受电压（有效值）（内、外绝缘，干试与湿试）
110	125	不固定接地	250	95
220	252	固定接地	185	85
		不固定接地	400	200
330	363	固定接地	185	85
		不固定接地	550	230
500	550	固定接地	185	85
		经小电抗接地	325	140

附录 B 中所列各表引自 GB 311.1—1997。

附录 C
（规范性附录）
线路和发电厂、变电站污秽分级标准

表 C.1　　　　　　　　　　线路和发电厂、变电站污秽等级

污秽等级	污秽特征	盐密 mg/cm²	
		线路	发电厂、变电站
0	大气清洁地区及离海岸盐场 50km 以上无明显污秽地区	≤0.03	

续表

污秽等级	污秽特征	盐密 mg/cm²	
		线路	发电厂、变电站
Ⅰ	大气轻度污秽地区，工业区和人口低密集区，离海岸盐场（10～50）km 地区。在污闪季节中干燥少雾（含毛毛雨）或雨量较多时	>0.03～0.06	≤0.06
Ⅱ	大气中等污秽地区，轻盐碱和炉烟污秽地区，离海岸盐场（3～10）km 地区，在污闪季节中潮湿多雾（含毛毛雨）但雨量较少时	>0.06～0.10	>0.06～0.10
Ⅲ	大气污染较严重地区，重雾和重盐碱地区，近海岸盐场（1～3）km 地区，工业与人口密度较大地区，离化学污染源和炉烟污秽（300～1500）m 的较严重污秽地区	>0.10～0.25	>0.10～0.25
Ⅳ	大气特别严重污染地区，离海岸盐场 1km 以内，离化学污染源和炉烟污秽 300m 以内的地区	>0.25～0.35	>0.25～0.35

表 C.2　　　　　　　　各级污秽等级下的爬电比距分级数值

污秽等级	爬电比距 cm/kV			
	线路		发电厂、变电站	
	220kV 及以下	330kV 及以上	220kV 及以下	330kV 及以上
0	1.39 (1.60)	1.45 (1.60)		
Ⅰ	1.39～1.74 (1.60～2.00)	1.45～1.82 (1.60～2.00)	1.60 (1.84)	1.60 (1.76)
Ⅱ	1.74～2.17 (2.00～2.50)	1.82～2.72 (2.00～2.50)	2.00 (2.30)	2.00 (2.20)
Ⅲ	2.17～2.78 (2.50～3.20)	2.27～2.91 (2.50～3.20)	2.50 (2.88)	2.50 (2.75)
Ⅳ	2.78～3.30 (3.20～3.80)	2.91～3.45 (3.20～3.80)	3.10 (3.57)	3.10 (3.41)

注 1：线路和发电厂、变电站爬电比距计算时取系统最高工作电压。表中括号内数字为按额定电压计算值。

注 2：对电站设备 0 级（220kV 及以下爬电比距为 1.48cm/kV、330kV 及以上爬电比距为 1.55cm/kV），目前保留作为过渡时期的污级。

注 3：对处于污秽环境中用于中性点绝缘和经消弧线圈接地系统的电力设备，其外绝缘水平一般可按高一级选取。

注 4：附录 C 所列各表引自 GB/T 16434—1996。

附录 D
（资料性附录）
裸导体的长期允许载流量及其修正系数

表 D.1　　　　铝镁硅系（6063）管形母线长期允许载流量及计算用数据

导体尺寸 D/d mm	导体截面 mm²	导体最高允许温度为下值时的载流量 A		截面系数 W cm³	惯性半径 r_1 cm	截面惯性矩 I cm⁴
		+70℃	+80℃			
φ30/25	216	578	624	1.37	0.976	2.06

续表

导体尺寸 D/d mm	导体截面 mm²	导体最高允许温度为下值 时的载流量 A		截面系数 W cm³	惯性半径 r_1 cm	截面惯性矩 I cm⁴
		+70℃	+80℃			
ϕ40/35	294	735	804	2.60	1.33	5.20
ϕ50/45	373	925	977	4.22	1.68	10.6
ϕ60/54	539	1218	1251	7.29	2.02	21.9
ϕ70/64	631	1410	1428	10.2	2.37	35.5
ϕ80/72	954	1888	1841	17.3	2.69	69.2
ϕ100/90	1491	2652	2485	33.8	3.36	169
ϕ110/100	1649	2940	2693	41.4	3.72	228
ϕ120/110	1806	3166	2915	49.9	4.07	299
ϕ130/116	2705	3974	3661	79.0	4.36	513
ϕ150/136	3145	4719	4159	107	5.06	806
ϕ170/154	4072	5696	4952	158	5.73	1339
ϕ200/184	4825	6674	5687	223	6.79	2227
ϕ250/230	7540	9139	7635	435	8.49	5438

注 1：最高允许温度+70℃的载流量，系按基准环境温度+25℃、无风、无日照、辐射散热系数与吸热系数为 0.5、不涂漆条件计算的。

注 2：最高允许温度+80℃的载流量，系按基准环境温度+25℃、日照 0.1W/cm²、风速 0.5m/s 且与管形导体垂直、海拔 1000m、辐射散热系数与吸热系数为 0.5、不涂漆条件计算的。

注 3：导体尺寸中，D 为外径，d 为内径。

表 D.2 铝镁系（LDRE）管形母线长期允许载流量及计算用数据

导体尺寸 D/d mm	导体截面 mm²	导体最高允许温度为下值 时的载流量 A		截面系数 W cm³	惯性半径 r_1 cm	截面惯性矩 I cm⁴
		+70℃	+80℃			
ϕ30/25	216	491	561	1.37	0.976	2.06
ϕ40/35	294	662	724	2.60	1.33	5.20
ϕ50/45	373	834	877	4.22	1.68	10.6
ϕ60/54	539	1094	1125	7.29	2.02	21.9
ϕ70/64	631	1281	1284	10.2	2.37	35.5
ϕ80/72	954	1700	1654	17.3	2.69	69.2
ϕ100/90	1491	2360	2234	33.8	3.36	169
ϕ110/100	1649	2585	2463	41.4	3.72	228
ϕ120/110	1806	2831	2663	49.9	4.07	299
ϕ130/116	2705	3655	3274	79.0	4.36	513
ϕ150/136	3145	4269	3720	107	5.06	806
ϕ170/154	4072	5052	4491	158	5.73	1339
ϕ200/184	4825	5969	5144	223	6.79	2227
ϕ250/230	7540	8342	6914	435	8.49	5438

注 1：最高允许温度+70℃的载流量，系按基准环境温度+25℃、无风、无日照、辐射散热系数与吸热系数为 0.5、不涂漆条件计算的。

注 2：最高允许温度+80℃的载流量，系按基准环境温度+25℃、日照 0.1W/cm²、风速 0.5m/s 且与管形导体垂直、海拔 1000m、辐射散热系数与吸热系数为 0.5、不涂漆条件计算的。

注 3：导体尺寸中，D 为外径，d 为内径。

表 D. 3　　JL 型铝绞线长期允许载流量　　A　　　　续表

导线规格号	最高允许温度℃	
	+70	+80
10	55	81
16	77	109
25	106	144
40	147	194
63	204	260
100	284	348
125	334	402
160	399	470
200	468	542
250	549	626
315	647	725
400	770	846
450	833	908
500	899	972
560	975	1046
630	1062	1128
710	1156	1218
800	1261	1316
900	1372	1419
1000	1480	1519
1120	1606	1635
1250	1740	1756
1400	1884	1887
1500	1981	1974

导线规格号	最高允许温度为下值时的载流量　A	
	+70℃	+80℃
160	410	478
200	480	551
250	564	636
315	665	737
400	788	856
450	857	924
500	925	988
560	1002	1062
630	1092	1147
710	1189	1238
800	1297	1338
900	1410	1443
1000	1521	1544
1120	1651	1662
1250	1789	1786

注 1：最高允许温度 +70℃ 的载流量，系按基准环境温度
　　　为 +25℃、无日照、无风、导线表面黑度为 0.9 条
　　　件计算的。

注 2：最高允许温度 +80℃ 的载流量，系按基准环境温度
　　　+25℃、日照 0.1W/cm²、风速 0.5m/s、海拔
　　　1000m、导线表面黑度为 0.9 条件计算的。

注 3：JLHA2（JLHAl）型铝合金绞线性能见 GB/T
　　　1179—1999 附表 D2、附表 D3。

a　JLHAl 型铝合金绞线单线截面、额定拉断力比 JLHA2
　　略大，个别规格导线载流量也略大，但均在 5A 以内。

表 D. 4　　JLHA2（JLHAlᵃ）型铝合金
绞线长期允许载流量

导线规格号	最高允许温度为下值时的载流量　A	
	+70℃	+80℃
16	79	110
25	108	146
40	152	197
63	210	263
100	293	354
125	343	408

表 D. 5　　JL/G1A、JL/GIB、JL/G2A、JL/G2B、
JL/G3A 型钢芯铝绞线长期允许载流量

线规格号（钢比%）	最高允许温度为下值时的载流量 A	
	+70℃	+80℃
16（17%）	79	111
25（17%）	109	147
40（17%）	152	198
63（17%）	211	265
100（17%）	293	355
125（6%）	338	405

续表

线规格号（钢比%）	最高允许温度为下值时的载流量 A	
	+70℃	+80℃
125（16%）	345	410
160（6%）	403	473
160（16%）	411	480
200（6%）	473	546
200（16%）	483	553
250（10%）	561	634
250（16%）	568	639
315（7%）	658	732
315（16%）	670	741
400（7%）	781	854
400（13%）	789	859
450（7%）	846	917
450（13%）	855	923
500（7%）	913	981
500（13%）	923	989
560（7%）	990	1055
560（13%）	1002	1064
630（7%）	1078	1139
630（13%）	1090	1147
710（7%）	1175	1231
710（13%）	1188	1240
800（4%）	1273	1324
800（8%）	1282	1330
800（13%）	1294	1338
900（4%）	1386	1429
900（8%）	1395	1434
1000（4%）	1496	1530
1120（4%）	1622	1646
1120（8%）	1635	1654
1250（4%）	1756	1767
1250（8%）	1767	1773

注1：最高允许温度+70℃的载流量，系按基准环境温度为+25℃、无日照、无风、导线表面黑度为0.9条件计算的。

注2：最高允许温度+80℃的载流量，系按基准环境温度+25℃、日照0.1W/cm²、风速0.5m/s、海拔1000m、导线表面黑度为0.9条件计算的。

注3：JL/G1A、JL/G1B、JL/G2A、JL/G2B、JL/G3A型铝合金绞线性能见GB/T 1179—1999附表D4。

表 D.6　JLHA2/G1A、JLHA2/GIB、JLHA2/G3A（JLHA1/G1A、JLHA1/GIB、JLHA1/G3A[a]）型钢芯铝合金绞线长期允许载流量

导线规格号（钢比%）	最高允许温度为下值时的载流量 A	
	+70℃	+80℃
16（17%）	81	112
25（17%）	112	149
40（17%）	156	201
63（17%）	217	269
100（6%）	296	356
125（6%）	347	411
125（16%）	354	416
160（6%）	414	481
160（16%）	423	487
200（6%）	485	554
200（16%）	497	563
250（10%）	576	644
250（16%）	583	649
315（7%）	675	744
315（16%）	688	753
400（7%）	800	864
400（13%）	809	871
450（7%）	869	932
450（13%）	880	939
500（7%）	938	998
500（13%）	950	1005
560（7%）	1018	1073
560（13%）	1030	1081
630（4%）	1101	1153
630（13%）	1120	1166
710（4%）	1201	1246
710（13%）	1221	1260
800（4%）	1310	1347
800（8%）	1318	1352
900（4%）	1424	1453
900（8%）	1434	1458
1000（8%）	1548	1563
1120（8%）	1680	1682

注1：最高允许温度+70℃的载流量，系按基准环境温度为+25℃、无日照、无风、导线表面黑度为0.9条件计算的。

注2：最高允许温度+80℃的载流量，系按基准环境温度+25℃、日照0.1W/cm²、风速0.5m/s、海拔1000m、导线表面黑度为0.9条件计算的。

注3：JLHA2/G1A、JLHA2/G1B、JLHA2/G3A（JLHA1/G1A、JLHA1/G1B、JLHA1/G3A）JLHA2型钢芯铝合金绞线性能见GB/T 1179—1999附表D5、附表D6。

a　JLHA2/G1A、JLHA2/G1B、JLHA2/G3A型钢芯铝合金绞线单线截面、额定拉断力比JLHA1/G1A、JLHA1/G1B、JLHA1/G3A略大，个别规格导线载流量也略大，但均在5A以内。

表 D.7 耐热铝合金钢芯绞线（导电率 60%IACS）长期允许载流量 A

标称截面（铝/钢）mm²	最高允许温度℃								
	+70	+80	+90	+100	+110	+120	+130	+140	+150
400/50	783	853	949	1034	1112	1184	1251	1314	1374
500/65	918	983	1096	1197	1288	1373	1451	1526	1597
630/80	1088	1144	1278	1398	1506	1606	1700	1788	1873
800/100	1279	1323	1481	1622	1749	1867	1978	2082	2181
1440/120	1938	1925	2167	2381	2576	2756	2925	3084	3236

注1：最高允许温度+70℃的载流量，系按基准环境温度+25℃、无日照、无风、导线表面黑度为 0.9 条件计算的。

注2：最高允许温度+80℃～+150℃的载流量，系按基准环境温度+25℃、日照 0.1W/cm²、风速 0.5m/s、海拔 1000m、导线表面黑度为 0.9 条件计算的。

表 D.8 扩径导线主要技术参数和长期允许载流量

项 目	截面 mm²			外径 mm	拉断力 N	弹性系数 N/mm²	线胀系数 1/℃	20℃直流电阻 Ω/km	导线载流量 A		单位重量 kg/km
	铝	钢	总						70℃	80℃	
扩径钢芯铝绞线											
LGJK—300	301	72	373	27.4	143000	86500	$18.1×10^{-6}$	0.100	669	729	1420
LGJK—630	630	150	780	48	206000	71000	$18.1×10^{-6}$	0.04666	1247	1251	2985
LGJK—800	800	150	950	49	215000	67000	$18.1×10^{-6}$	0.03656	1422	1422	3467
LGJK—1000	1000	150	1150	51	225000	63800	$19.3×10^{-6}$	0.02948	1612	1603	3997
LGJK—1250	1250	150	1400	52	235000	60800	$19.9×10^{-6}$	0.02317	1833	1818	4712
铝钢扩径空心导线											
LGKK—600	587	49.5	636	51	152000	73000	$19.9×10^{-6}$	0.0506	1230	1223	2690
LGKK—900	906.4	84.83	991.23	49	209000	59900	$20.4×10^{-6}$	0.03317	1493	1493	3620
LGKK—1400	1387.8	106	1493.8	57	295000	59200	$20.8×10^{-6}$	0.02163	1976	1934	5129
特轻型铝合金线											
LGJQT—1400	1399.6	134.3	1533.9	51	336000	57000	$20.4×10^{-6}$	0.02138	1892	1882	4962

注1：最高允许温度+70℃的载流量系按基准环境温度+25℃、无日照、导线表面黑度为 0.9 条件计算的。

注2：最高允许温度+80℃的载流量系按基准环境温度+25℃、风速 0.5m/s、日照 0.1W/cm²、海拔高度 1000m 及以下、导线表面黑度为 0.9 条件计算的。

表 D.9 矩形铝导体长期允许载流量 A

导体尺寸 h×b mm×mm	单条		双条		三条		四条	
	平放	竖放	平放	竖放	平放	竖放	平放	竖放
40×4	480	503						
40×5	542	562						
50×4	586	613						

导体尺寸 h×b	单条		双条		三条		四条	
mm×mm	平放	竖放	平放	竖放	平放	竖放	平放	竖放
50×5	661	692						
63×6.3	910	952	1409	1547	1866	2111		
63×8	1038	1085	1623	1777	2113	2379		
63×10	1168	1221	1825	1994	2381	2665		
80×6.3	1128	1178	1724	1892	2211	2505	2558	3411
80×8	1274	1330	1946	2131	2491	2809	2863	3817
80×10	1472	1490	2175	2373	2774	3114	3167	4222
100×6.3	1371	1430	2054	2253	2633	2985	3032	4043
100×8	1542	1609	2298	2516	2933	3311	3359	4479
100×10	1278	1803	2558	2796	3181	3578	3622	4829
125×6.3	1674	1744	2446	2680	2079	3490	3525	4700
125×8	1876	1955	2725	2982	3375	3813	3847	5129
125×10	2089	2177	3005	3282	3725	4194	4225	5633

注1：载流量系按最高允许温度+70℃、基准环境温度+25℃、无风、无日照条件计算的。

注2：导体尺寸中，h 为宽度，b 为厚度。

注3：当导体为四条时，平放、竖放第 2、3 片间距离皆为 50mm。

表 D.10　　　**槽形铝导体长期允许载流量及计算数据**

截面尺寸 mm				双槽导体截面 mm²	集肤效应系数 K_t	导体载流量 A	凹 凹 凹			凹 凹 凹			双槽焊成整体时				共振最大允许距离 cm	
h	b	c	r				截面系数 W_y cm²	截面惯性矩 I_y cm⁴	惯性半径 r_y cm	截面系数 W_x cm²	截面惯性矩 I_x cm⁴	惯性半径 r_x cm	截面系数 W_{y0} cm	截面惯性矩 I_{y0} cm⁴	惯性半径 r_{y0} cm	静力矩 S_{y0} cm³	双槽实连时绝缘子间距	双槽不实连时绝缘子间距
75	35	4	6	1040	1.012	2280	2.52	6.2	1.09	10.1	41.6	2.83	23.7	89	2.93	14.1		
75	35	5.5	6	1390	1.025	2620	3.17	7.6	1.05	14.1	53.1	2.76	30.1	113	2.85	18.4	178	114
100	45	4.5	8	1550	1.02	2740	4.51	14.5	1.33	22.2	111	3.78	48.6	243	3.96	28.8	205	125
100	45	6	8	2020	1.038	3590	5.9	18.5	1.37	27	135	3.7	58	290	3.85	36	203	123
125	55	6.5	10	2740	1.05	4620	9.5	37	1.65	50	290	4.7	100	620	4.8	63	228	139
150	65	7	10	3570	1.075	5650	14.7	68	1.97	74	560	5.65	167	1260	6.0	98	252	150
175	80	8	12	4880	1.103	6600	25	144	2.4	122	1070	6.05	250	2300	6.9	156	263	147
200	90	10	14	6870	1.175	7550	40	254	2.75	193	1930	7.55	422	4220	7.9	252	285	157
200	90	12	16	8080	1.237	8800	46.5	294	2.7	225	2250	7.6	490	4900	7.9	290	283	157
220	105	12.5	16	9760	1.285	10150	66.5	490	3.2	307	3450	8.5	645	7240	8.7	390	299	163
250	115	12.5	16	10900	1.313	11200	81	660	3.52	360	4500	9.2	824	10300	9.82	495	321	200

注1：载流量系按最高允许温度+70℃、基准环境温度+25℃、无风、无日照条件计算的。

注2：截面尺寸中，h 为槽形铝导体高度、b 为宽度、c 为壁厚、r 为弯曲半径。

表 D.11　　　　　　　裸导体载流量在不同海拔高度及环境温度下的综合校正系数

导体最高允许温度 ℃	适用范围	海拔高度 m	实际环境温度 ℃						
			+20	+25	+30	+35	+40	+45	+50
+70	屋内矩形、槽形、管形导体和不计日照的屋外软导线		1.05	1.00	0.94	0.88	0.81	0.74	0.67
+80	计及日照时屋外软导线	1000 及以下	1.05	1.00	0.94	0.89	0.83	0.76	0.69
		2000	1.01	0.96	0.91	0.85	0.79		
		3000	0.97	0.92	0.87	0.81	0.75		
		4000	0.93	0.89	0.84	0.77	0.71		
	计及日照时屋外管形导体	1000 及以下	1.05	1.00	0.94	0.87	0.80	0.72	0.63
		2000	1.00	0.94	0.88	0.81	0.74		
		3000	0.95	0.90	0.84	0.76	0.69		
		4000	0.91	0.86	0.80	0.72	0.65		

附录 E

（资料性附录）

导体的经济电流密度

E.1　公式

$$j = \frac{I_{\max}}{S_{ec}} = \sqrt{\frac{A}{\dfrac{F\rho_{20}B \times [1+\alpha_{20}(\theta_m - 20)]}{1000}}}$$

$$\text{(E.1-1)}$$

$$CT = CI + I_{\max}^2 RLF \qquad \text{(E.1-2)}$$

$$F = \frac{N_p N_c \times (\tau P + D) \times \Phi}{1 + i/100} \qquad \text{(E.1-3)}$$

$$\Phi = \sum_{n=1}^{N} (r^{n-1}) = \frac{1 - r^n}{1 - r} \qquad \text{(E.1-4)}$$

$$r = \frac{(1 + a/100)^2 \times (1 + b/100)}{1 + i/100} \qquad \text{(E.1-5)}$$

以上式中：j——导体的经济电流密度，A/mm²；

　A——与导体尺寸有关的单位长度成本的可变部分，元/（m·mm²）；

　S_{ec}——导体的经济截面，mm²；

　$I_{\max}$——第一年导体最大负荷电流，A；

　R——单位长度的视在交流电阻，Ω/m，$R = \rho_{20} B K_1$，Ω/m；

　ρ_{20}——20℃下的电阻率，Ωm；

　B——导体损耗系数，$B = (1 + Y_p + Y_s)(1 + \lambda_1 + \lambda_2)$；

　Y_p——集肤效应系数；

　Y_s——邻近效应系数；

　λ_1——金属护套的损耗系数；

　λ_2——铠装的损耗系数；

　K_1——温度系数，$K_1 = 1 + \alpha_{20}(\theta_m - 20)$；

　α_{20}——导体材料20℃下电阻的温度系数，1/℃；

　θ_m——平均导体运行温度，℃；

　N_p——每回路相线数目；

　N_c——传输同样型号和负荷值的回路数；

　τ——最大负荷损耗时间，h，$\tau = 0.85T$；

　T——最大负荷利用时间，h；

　i——贴现率；

　N——经济寿命，a；

　a——负荷增长率；

　b——能源成本增长率；

　D——由于线路损耗额外的供电容量的成本，元/（kW·a）；

　CI——导体本体及安装成本，元；

　CT——导体总成本，元；

　P——在相关电压水平上1kWh的成本，元/kWh；

　F——由式（E.1-3）定义的辅助量；

　Φ——由式（E.1-4）定义的辅助量；

　r——由式（E.1-5）定义的辅助量。

E.2　经济电流密度曲线

E.2.1　电缆的经济电流密度

图 E.1 适用于发电厂，图 E.2 适用于供电单位，图 E.3 适用于低电价的电力用户，图 E.4 适用于中电价的电力用户，图 E.5 适用于高电价的电力用户。

图中曲线 1 适用于 VV-1 三芯、四芯及 VV22-1 三芯型电力电缆。曲线 2 适用于 YJV-10、VV22-1 四芯、YJV-6、YJV22-6 及 YJV22-10 型电力电缆。曲线 3 适用于 VLV-1 三芯、四芯及 VLV22-1 型电力电缆。曲线 4 适用于 YJLV-10、YJLV-6 及 VLV22-1 四芯型电力电缆。曲线 5 适用于 YJLV22-10、YJLV22-6 型电力电缆。

E.2.2　母线的经济电流密度

图 E.6 适用于发电厂，图 E.7 适用于供电单位，图 E.8 适用于低电价的电力用户，图 E.9 适用于中电价的电力用户，图 E.10 适用于高电价的电力用户。各图中曲线 1 适用于矩型铜母线。曲线 2 适用于共箱铜母线。曲线 3 适用于封闭母线。曲线 4 适用于铝锰合金及铝镁合金管形母线。曲线 5 适用于矩型铝母线及槽形母线。曲线 6 适用于铝绞线、钢芯铝绞线、防腐性钢芯铝绞线及轻型钢芯铝绞线，并同样适用于以上型号的分裂导线。曲线 7 适用于共箱铝母线。

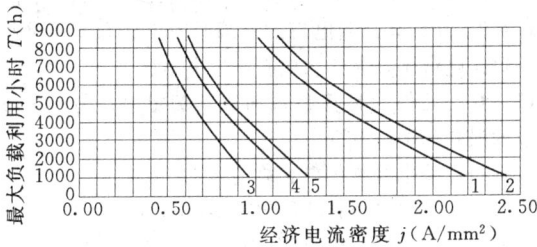

1—VV-1；2—YJV-10；3—VLV-1；
4—YJLV-10；5—YJLV22-10

图 E.1　铜、铝电缆经济电流密度（P＝0.2 元/kWh）

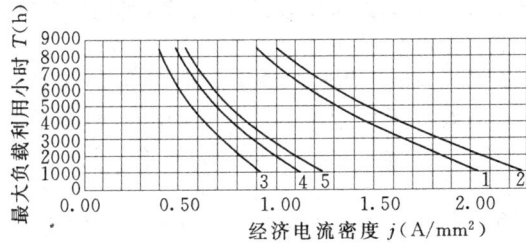

1—VV-1；2—YJV-10；3—VLV-1；
4—YJLV-10；5—YJLV22-10

图 E.2　铜、铝电缆经济电流密度（P＝0.27 元/kWh）

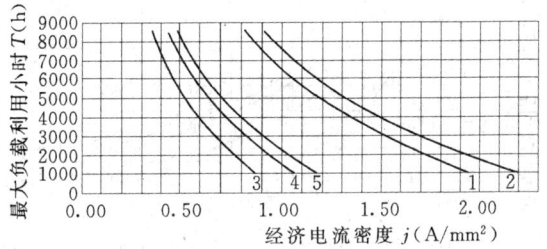

1—VV-1；2—YJV-10；3—VLV-1；
4—YJLV-10；5—YJLV22-10

图 E.3　铜、铝电缆经济电流密度（P＝0.327 元/kWh）

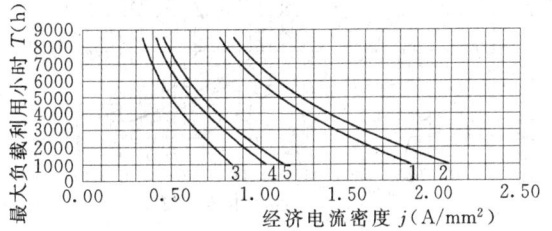

1—VV-1；2—YJV-10；3—VLV-1；
4—YJLV-10；5—YJLV22-10

图 E.4　铜、铝电缆经济电流密度（P＝0.383 元/kWh）

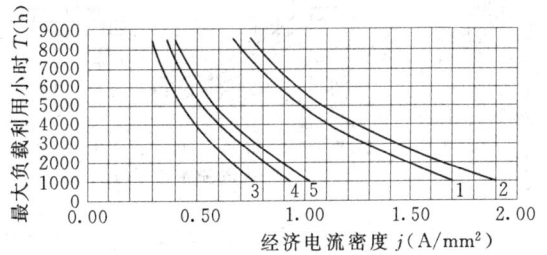

1—VV-1；2—YJV-10；3—VLV-1；
4—YJLV-10；5—YJLV22-10

图 E.5　铜、铝电缆经济电流密度（P＝0.514 元/kWh）

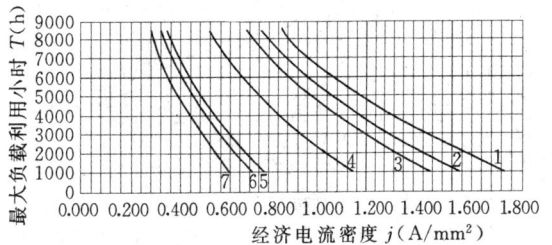

1—矩形铜母线；2—共箱铜母线；3—封闭母线；
4—铝锰合金管形母线；5—矩形铝母线；
6—铝绞线；7—共箱铝母线

图 E.6　铜、铝母线经济电流密度（P＝0.2 元/kWh）

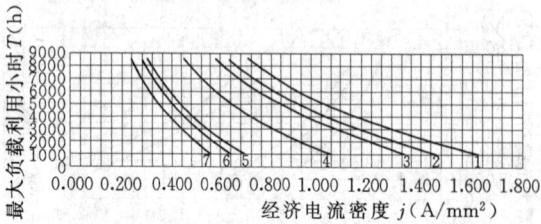

—矩形铜母线；2—共箱铜母线；3—封闭母线；4—铝锰合金管形母线；5—矩形铝母线；6—铝绞线；7—共箱铝母线

图 E.7 铜、铝母线经济电流密度（$P=0.27$ 元/kWh）

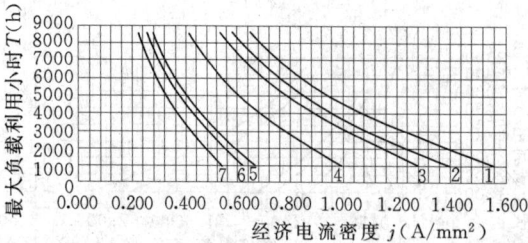

—矩形铜母线；2—共箱铜母线；3—封闭母线；4—铝锰合金管形母线；5—矩形铝母线；6—铝绞线；7—共箱铝母线

图 E.8 铜、铝母线经济电流密度（$P=0.327$ 元/kWh）

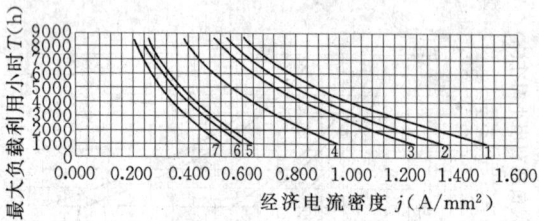

—矩形铜母线；2—共箱铜母线；3—封闭母线；4—铝锰合金管形母线；5—矩形铝母线；6—铝绞线；7—共箱铝母线

图 E.9 铜、铝母线经济电流密度（$P=0.383$ 元/kWh）

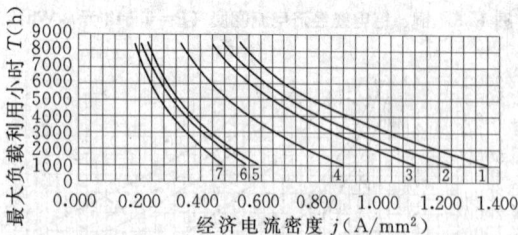

—矩形铜母线；2—共箱铜母线；3—封闭母线；4—铝锰合金管形母线；5—矩形铝母线；6—铝绞线；7—共箱铝母线

图 E.10 铜、铝母线经济电流密度（$P=0.514$ 元/kWh）

E.3 说明

E.3.1 经济电流密度是寻求使导体在寿命期内具有最佳经济性的截面，在选择导体时只作为参考。

E.3.2 在大电流和年运行小时数大的回路中，选择铜导体比铝导体更能同时满足经济性最佳和技术性合理的双重要求。

附录 F
（规范性附录）
短路电流实用计算

F.1 短路电流计算条件

短路电流实用计算中，采用以下假设条件和原则：

F.1.1 正常工作时三相系统对称运行。

F.1.2 所有电源的电动势相位角相同。

F.1.3 系统中的同步和异步电动机均为理想电动机，不考虑电机磁饱和、磁滞、涡流及导体集肤效应等影响；转子结构完全对称；定子三相绕组结构完全相同，空间位置相差 120°电气角度。

F.1.4 电气系统中各元件的磁路不饱和，即带铁心的电气设备电抗值不随电流大小发生变化。

F.1.5 电力系统中所有电源都在额定负荷下运行，其中 50%负荷接在高压母线上。

F.1.6 同步电机都具有自动调整励磁装置（包括强行励磁）。

F.1.7 短路发生在短路电流最大值的瞬间。

F.1.8 不考虑短路点的电弧阻抗和变压器的励磁电流。

F.1.9 除计算短路电流的衰减时间常数和低压网络的短路电流外，元件的电阻都略去不计。

F.1.10 元件的计算参数均取其额定值，不考虑参数的误差和调整范围。

F.1.11 输电线路的电容略去不计。

F.1.12 用概率统计法制定短路电流运算曲线。

F.2 三相短路电流周期分量计算

F.2.1 网络简化

F.2.1.1 高压短路电流计算宜用标么值计算，基准容量可取 $S_j=100MVA$ 或 $S_j=1000MVA$；基准电压可取 $U_j=1.05U_N$（额定电压）。

F.2.1.2 对短路点的电气距离大致相等的同类型发电机可合并为一台等值发电机。

F.2.1.3 同电位的点可以短接，其间的电抗可以略去。

F.2.1.4 计算电抗 X_{js}。可按式（F.2.1.4）计算：

$$X_{js} = X_* \cdot \frac{S_N}{S_j} \qquad (F.2.1.4)$$

式中：X_*——电源到短路点的合成阻抗标么值；

S_N——电源额定容量，MVA；

S_j——基准容量，MVA。

F.2.2 无限大电源供给的短路电流

当供电电源为无穷大或计算电抗 $X_{js} \geqslant 3$ 时，不考虑短路电流周期分量的衰减，此时：

$$I_{zt} = I'' = I_\infty = \frac{I_j}{X_{js}} \qquad (F.2.2)$$

式中：I_{zt}——短路电流 t_s 周期分量的有效值，kA；

      I''——短路电流周期分量的起始有效值，kA；

      I_∞——时间为无穷大短路电流周期分量的有效值，kA；

      I_j——标么制计算中的电流基准值，kA。

F.2.3 有限电源供给的短路电流

根据 X_{js} 查用相应的发电机运算曲线（参见图 F.1～图 F.9），即可得短路电流周期分量的标么值 I_*，有名值按下式计算：

$$I'' = I''_* I_N \qquad (F.2.3-1)$$

$$I_{zt} = I_{*zt} I_N \qquad (F.2.3-2)$$

式中：I_N——电源的额定电流，kA；

      I''_*——0s 周期分量标么值；

      I_{*zt}——ts 周期分量标么值。

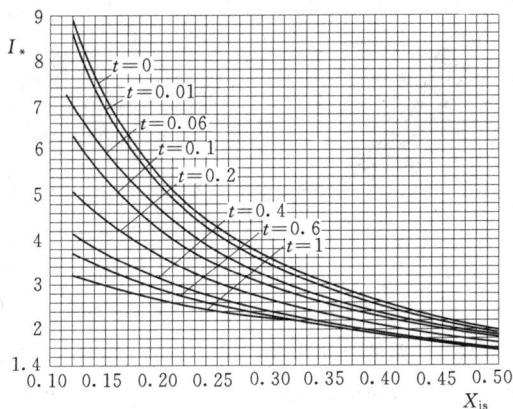

图 F.1　汽轮发电机运算曲线（一）（$X_{js}=0.12～0.50$）

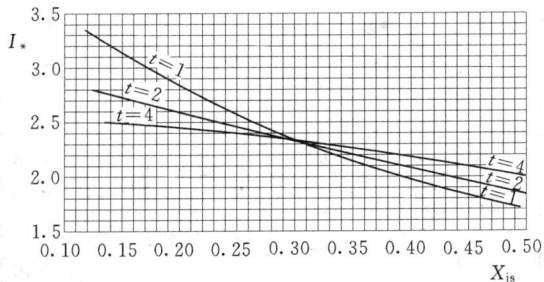

图 F.2　汽轮发电机运算曲线（二）（$X_{js}=0.12～0.50$）

F.2.4 关于同步调相机和同步电动机

在电网中，如果接有同步调相机和同步电动机，应将其视作附加电源，短路电流的计算方式与发电机相同。

F.2.5 励磁参数对计算结果的修正

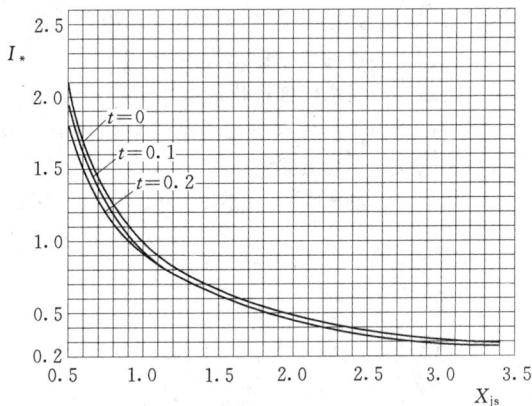

图 F.3　汽轮发电机运算曲线（三）（$X_{js}=0.50～3.45$）

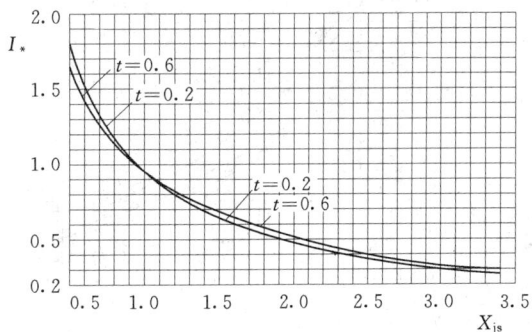

图 F.4　汽轮发电机运算曲线（四）（$X_{js}=0.50～3.45$）

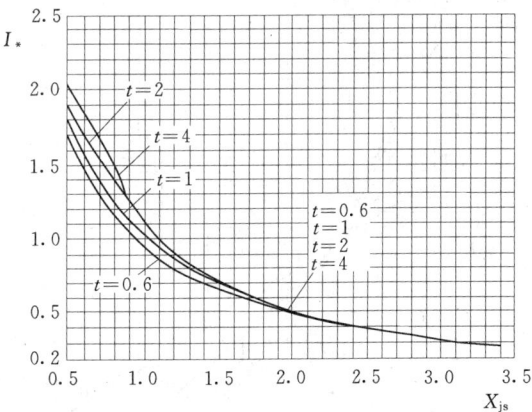

图 F.5　汽轮发电机运算曲线（五）（$X_{js}=0.50～3.45$）

制定运算曲线时，强励顶值倍数取 1.8 倍，励磁回路时间常数，汽轮发电机取 0.25s，水轮发电机取 0.02s，能够代表当前电力系统机组的状况，一般情况下，不必进行修正。当机组励磁方式特殊，其励磁顶值倍数大于 2.0 倍时，可用下式进行校正：

$$\Delta I_{*zt} = (U_{Lmax} - 1.8)\Delta K_L I_{*zt} \qquad (F.2.5)$$

式中：ΔI_{*zt}——强励倍数大于 1.8 时，引起短路电
流的增量标么值；

U_{Lmax}——机组的强励顶值倍数；

I_{*zt}——根据计算电抗查运算曲线所得的 ts
周期分量标么值；

ΔK_L——励磁顶值校正系数，可由表 F.2.5 查取。

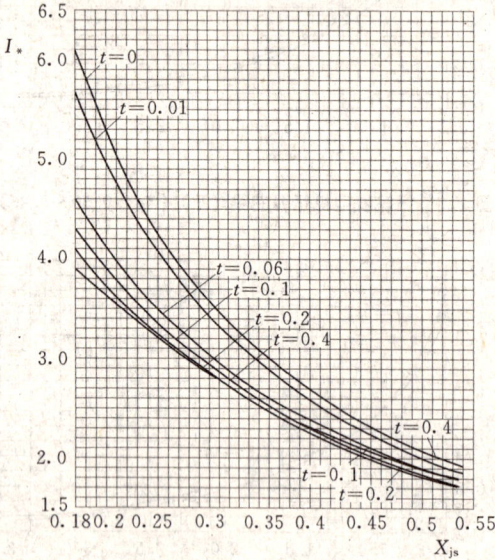

图 F.6　水轮发电机运算曲线（一）（$X_{js}=0.18\sim0.56$）

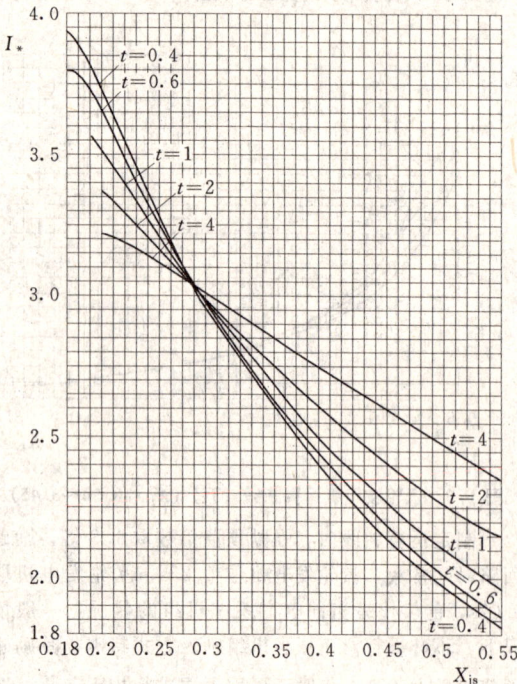

图 F.7　水轮发电机运算曲线（二）（$X_{js}=0.18\sim0.56$）

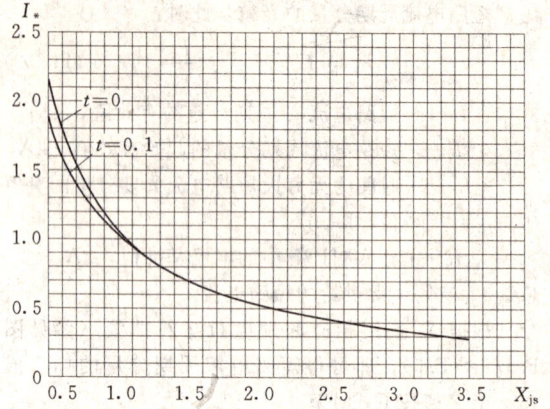

图 F.8　水轮发电机运算曲线（三）（$X_{js}=0.50\sim3.50$）

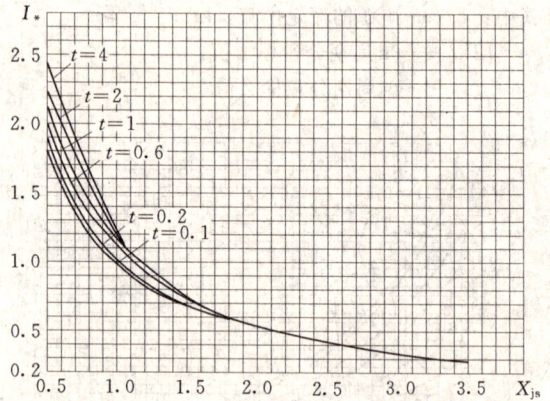

图 F.9　水轮发电机运算曲线（四）（$X_{js}=0.50\sim3.50$）

励磁回路的时间常数，在（$0.02\sim0.56$）s 的范围内，其对短路电流的影响不超过 5%。因此，计算时可不修正。

表 F.2.5　发电机励磁顶值校正系数 ΔK_L

发电机	t s	计算电抗 X_{js}	ΔK_L	备　　注
汽轮	0.6	≤0.15	0.1	
	1	≤0.5	0.2	
	2	≤0.55	0.4～0.3	X_{js} 小者用较大的 ΔK_L 值
	4	≤0.55	0.5～0.4	
水轮	0.6	≤1	0.12～0.18	
	1	≤0.8	0.25	X_{js} 小者用较大的 ΔK_L 值
	2	≤0.8	0.35	
	4	≤0.6	0.5	

注：计算电抗不在表中计算范围以内可不校正。

F.2.6　时间常数引起的修正

制作曲线时，同步发电机的标准参数如表

F.2.6 所示。当实际发电机的时间常数与标准参数差异较大时，应对短路时间 t 进行修正换算，然后用换算过的时间 t''（或 t'）查曲线，以求得 ts 实际短路电流。

当 $t \leqslant 0.06$s 时：

$$t'' = \frac{T''_d(B)}{T''_d} t \qquad (F.2.6-1)$$

$$\left. \begin{array}{l} T''_d(B) = \dfrac{X''_d(B)}{X'_d(B)} T''_{d0}(B) \\[2mm] T''_d = \dfrac{X''_d}{X'_d} T''_{d0} \end{array} \right\} \qquad (F.2.6-2)$$

式中：T''_{d0}，$T''_{d0}(B)$ ——发电机的开路次暂态时间常数；

T''_d，$T''_d(B)$ ——发电机的短路次暂态时间常数；

X''_d，$X''_d(B)$ ——发电机的次暂态电抗；

X'_d，$X'_d(B)$ ——发电机的暂态电抗。

当 $t > 0.06$s 时：

$$t' = \frac{T'_d(B)}{T'_d} t \qquad (F.2.6-3)$$

$$\left. \begin{array}{l} T'_d(B) = \dfrac{X'_d(B)}{X_d(B)} T'_{d0}(B) \\[2mm] T'_d = \dfrac{X'_d}{X_d} T'_d \end{array} \right\} \qquad (F.2.6-4)$$

式中：T'_{d0}，$T'_{d0}(B)$ ——发电机的开路暂态时间常数；

T'_d，$T'_d(B)$ ——发电机的短路暂态时间常数；

X'_d，$X'_d(B)$ ——发电机的暂态电抗；

X_d，$X_d(B)$ ——发电机的同步电抗。

以上各式带有标号（B）者是标准参数；不带标号（B）者是发电机的实际参数。

表 F.2.6　　　　　　　同步发电机的标准参数

机型	X_d（B）	X'_d（B）	X''_d（B）	T'_{d0}（B）	T''_{d0}（B）	T'_d（B）	T''_d（B）
汽轮发电机	1.9040	0.2150	0.1385	9.0283	0.1819	1.0195	0.1172
水轮发电机	0.9851	0.3025	0.2055	5.9000	0.0673	1.8117	0.0457

F.3　三相短路电流非周期分量

F.3.1　基本公式

一个支路的短路电流非周期分量可按下式计算。

起始值：

$$i_{fz0} = -\sqrt{2} I'' \qquad (F.3.1-1)$$

ts 值：

$$i_{jzt} = i_{fz0} e^{-\frac{\omega t}{T_a}} = -\sqrt{2} I'' e^{-\frac{\omega t}{T_a}} \qquad (F.3.1-2)$$

式中：ω——角频率，$\omega = 2\pi f = 314.16$；

T_a——衰减时间常数，$T_a = \dfrac{X_\Sigma}{R_\Sigma}$。

F.3.2　多支路迭加法

复杂网络中各独立支路的 T_a 值相差较大时，不宜采用极限法，而应分别进行计算。

衰减时间常数 T_a 相近的分支可以归并化简。复杂网络常常能够近似地化简为具有（3～4）个独立分支的等效网络，多数情况下甚至可以化简为二支等效网络，一支是系统支路，通常 $T_a \leqslant 15$；另一支是发电机支路，通常 $15 < T_a < 80$。

两个以上支路的短路电流非周期分量可按下式计算。

起始值：

$$i_{fz0} = -\sqrt{2}(I''_1 + I''_2 + \cdots + I''_n) \qquad (F.3.2-1)$$

ts 值：

$$i_{fzt} = -\sqrt{2}\left(I''_1 e^{-\frac{\omega t}{T_{a1}}} + I''_2 e^{-\frac{\omega t}{T_{a2}}} + \cdots + I''_n e^{-\frac{\omega t}{T_{an}}}\right) \qquad (F.3.2-2)$$

式中：I''_1，I''_2，I''_n——各支路短路电流周期分量起始值，kA；

T_{a1}，T_{a2}，T_{an}——各支路衰减时间常数。

F.3.3　衰减时间常数 T_a

在进行各个支路衰减时间常数计算时，其电抗应取归并到短路点的等值电抗（归并时，假定各元件的电阻为零），其电阻应取归并到短路点的等值电阻（归并时，假定各元件的电抗为零）。

若需要计算短路点的综合的等效时间常数 T_a，可将由式（F.3.2-2）所算出之 i_{fzt} 代入式（F.3.1-2）中求算。在做粗略计算时，T_a 可直接选用表 F.3.3-1 中推荐的数值。

表 F.3.3-1　不同短路点等效时间常数的推荐值

短路点	T_a
汽轮发电机端	80
水轮发电机端	60
高压侧母线（主变压器在 100MVA 以上）	40
高压侧母线［主变压器在（10～100MVA）之间］	35
远离发电厂的短路点	15
发电机在出线电抗器之后	40

在求算短路点各支路的衰减时间常数时，如果缺乏电力系统各元件本身的 X/R 数据时，可选用表 F.3.3-2 所列推荐值。

表 F.3.3-2 电力系统各元件的 X/R 值

名　　称	变化范围	推荐值
有阻尼绕组的水轮发电机	35~95	60
75MW 及以上的汽轮发电机	65~120	90
75MW 以下的汽轮发电机	40~95	70
变压器（100~360）MVA	17~36	25
变压器（10~90）MVA	10~20	15
电抗器 1000A 及以下	15~52	25
电抗器大于 1000A	40~65	40
架空线路	0.2~14	6
三芯电缆	0.1~1.1	0.8
同步调相机	34~56	40
同步电动机	9~34	20

F.4 三相短路电流的冲击电流和全电流计算

F.4.1 冲击电流

冲击电流 i_{ch} 按式（F.4.1-1）计算：

$$i_{ch} = \sqrt{2} K_{ch} I'' \qquad (F.4.1-1)$$

$$K_{ch} = 1 + e^{-\frac{0.01\omega}{T_a}} \qquad (F.4.1-2)$$

式中：K_{ch}——冲击系数，可按表 F.4.1 选用。

表 F.4.1 不同短路点的冲击系数推荐值

短　路　点	推荐值
发电机端	1.90
发电厂高压侧母线及发电机电压电抗器后	1.85
远离发电厂的地点	1.80

F.4.2 全电流

短路电流全电流最大有效值 I_{ch} 按式（F.4.2）计算：

$$I_{ch} = I'' \sqrt{1 + 2(K_{ch}-1)^2} \qquad (F.4.2)$$

F.5 不对称短路电流计算

F.5.1 序网

不对称短路电流计算宜采用对称分量法。正序和负序网络与三相短路时的网络相同。零序网络由电力系统元件的零序阻抗构成，在零序闭合回路中，至少应有一个中性点直接接地。

正序阻抗和不旋转元件（变压器、电抗器等）的负序阻抗，均取计算三相短路的阻抗；零序阻抗和旋转元件（发电机、调相机等）的负序阻抗取制造厂提供的数据。

发电机和变压器的中性点若系经过阻抗接地，则必须将阻抗增加 3 倍后始能并入零序网络。

变压器的零序阻抗不仅与构造有关，尚与各绕组的连接方式有关，计算时应根据工程实际情况确定。

F.5.2 合成阻抗

计算不对称短路，首先应求出正序短路电流。正序短路电流的合成阻抗标么值可由式（F.5.2-1）计算：

$$X_* = X_{1\Sigma} + X_{\Delta}^{(n)} \qquad (F.5.2-1)$$

三相短路：$X_{\Delta}^{(3)} = 0$

二相短路：$X_{\Delta}^{(2)} = X_{2\Sigma}$

单相短路：$X_{\Delta}^{(1)} = X_{2\Sigma} + X_{0\Sigma}$

二相接地短路：$X_{\Delta}^{(1.1)} = \dfrac{X_{2\Sigma} X_{0\Sigma}}{X_{2\Sigma} + X_{0\Sigma}}$

式中：$X_{1\Sigma}$——正序网络的合成阻抗标么值；

$\qquad X_{2\Sigma}$——负序网络的合成阻抗标么值；

$\qquad X_{0\Sigma}$——零序网络的合成阻抗标么值；

$\qquad X_{\Delta}^{(n)}$——附加阻抗，与短路类型有关，上角符号表示短路的类型。

计算电抗的算式为：

$$X_{js}^{(n)} = \left(1 + \frac{X_{\Delta}^{(n)}}{X_{1\Sigma}}\right) X_{js}^{(3)} = X_* \cdot \frac{S_N}{S_j} \qquad (F.5.2-2)$$

F.5.3 正序短路电流 $I_{d1}^{(n)}$

各种短路型式的正序短路电流 $I_{d1}^{(n)}$ 的计算方法与三相短路电流相同。在计算电抗 $X_{js}^{(n)} \geqslant 3$ 时，按式（F.2.2）计算；在有限电源系统中，查发电机运算电线，按式（F.2.3-1）和式（F.2.3-2）计算。

F.5.4 合成电流 I_d

短路点的短路电流合成电流 I_d 可用式（F.5.4）计算：

$$I_d^{(n)} = m I_{d1}^{(n)} \qquad (F.5.4)$$

三相短路：$m = 1$

二相短路：$m = \sqrt{3}$

单相短路：$m = 3$

二相接地短路：$m = \sqrt{3}\sqrt{1 - \dfrac{X_{2\Sigma} X_{0\Sigma}}{(X_{2\Sigma} + X_{0\Sigma})^2}}$

式中：m——I_d 与正序电流之比值。

在小接地电流电网中，两相接地短路电流的计算方法与两相短路的情况相同。

在计算非周期分量时，非周期分量的衰减时间常数，理论上是不同的。但一般取 $T_a^{(1)} \approx T_a^{(2)} \approx T_a^{(1.1)} \approx T_a^{(3)}$。

F.6 短路电流热效应计算

F.6.1 基本公式

短路电流在导体和电器中引起的热效应 Q_t 按式 (F.6.1) 计算:

$$Q_t = \int_0^t i_{dt}^2 dt \approx Q_z + Q_f \qquad (F.6.1)$$

式中: Q_z——短路电流周期分量引起的热效应, $kA^2 \cdot s$;

Q_f——短路电流非周期分量引起的热效应, $kA^2 \cdot s$;

i_{dt}——短路电流瞬时值, kA;

t——短路持续时间, s。

F.6.2 短路电流周期分量热效应 Q_z

短路电流周期分量引起的热效应 Q_z 按式 (F.6.2) 计算:

$$Q_z = \frac{(I''^2 + 10I_{zt/2}^2 + I_{zt}^2)t}{12} \qquad (F.6.2)$$

式中: $I_{zt/2}$——短路电流在 $(t/2)$ s 时的周期分量有效值, kA。

当为多支路向短路点供给短路电流时, I''、$I_{zt/2}$ 和 I_{zt} 分别为各个支路短路电流之和。

F.6.3 短路电流非周期分量热效应 Q_f

表 F.6.3   非周期分量等效时间   s

短 路 点	T	
	$t \leqslant 0.1$	$t > 0.1$
发电机出口及母线	0.15	0.2
发电厂升高电压母线及出线发电机电压电抗器后	0.08	0.1
变电所各级电压母线及出线	0.05	

短路电流非周期分量引起的热效应 Q_f 按式 (F.6.3) 计算:

$$Q_f = \frac{T_a}{\omega}(1 - e^{-\frac{2\omega t}{T_a}})I''^2 = TI''^2 \qquad (F.6.3)$$

式中: T——等效时间, s, 为简化工程计算, 可按表 F.6.3 查得。

F.6.4 校验热效应的计算时间

校验热效应的计算时间取短路持续时间 t, 并按式 (F.6.4) 计算:

$$t = t_b + t_d \qquad (F.6.4)$$

式中: t_b——继电保护装置动作时间, s;

t_d——断路器的全分闸时间, s。

F.7 大容量并联电容器组的短路电流计算

F.7.1 一般规定

下列情况可不考虑并联电容器组对短路电流的影响:

1 短路点在出线电抗器后;

2 短路点在主变压器的高压侧;

3 不对称短路;

4 计算 ts 周期分量有效值, 当 $M = \frac{X_S}{X_L} < 0.7$ 时;

或者

对于采用 $(5 \sim 6)\%$ 串联电抗器的电容器装置 $\frac{Q_C}{S_d} < 5\%$ 时;

对于采用 $(12 \sim 13)\%$ 串联电抗器的电容器装置 $\frac{Q_C}{S_d} < 10\%$ 时。

式中: Q_C——并联电容器装置的总容量, Mvar;

S_d——并联电容器装置安装地点的短路容量, MVA;

M——系统电抗与电容器装置串联电抗的比值;

X_S——归算到短路点的系统电抗;

X_L——电容器装置的串联电抗。

采用阻尼措施 (例如在串联电抗器两端并入一个不大的电阻), 使得电容器组的衰减时间常数 $T_C < 0.025s$ 时, 能够有效地抑制并联电容器组对短路电流的影响。

F.7.2 ts 短路电流的计算

短路点的 ts 短路电流周期分量按下式计算:

$$I_{zt} = K_{tc} I_{ts} \qquad (F.7.2)$$

式中: I_{ts}——系统供给的三相短路电流 ts 周期分量有效值, kA;

K_{tc}——考虑电容器助增作用的校正系数, 由图 F.10 和图 F.11 查得。

F.7.3 冲击电流计算

短路点的冲击短路电流按式 (F.7.3) 计算:

$$i_{ch} = K_{chc} i_{chs} \qquad (F.7.3)$$

式中: i_{chs}——系统供给的冲击电流, kA;

K_{chc}——考虑电容器助增作用的冲击校正系数, 由图 F.12 和图 F.13 查得。

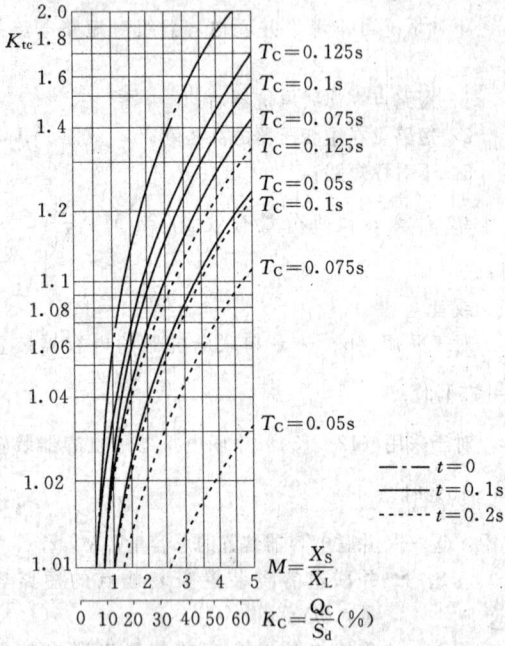

图 F.10　电容器装置助增校正系数曲线 M=12%

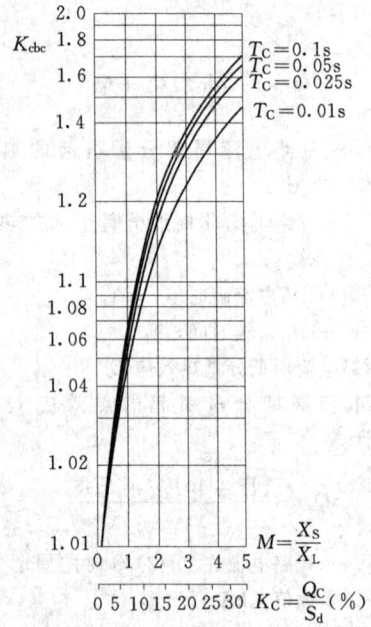

图 F.12　电容器装置助增冲击校正系数曲线 M=6%

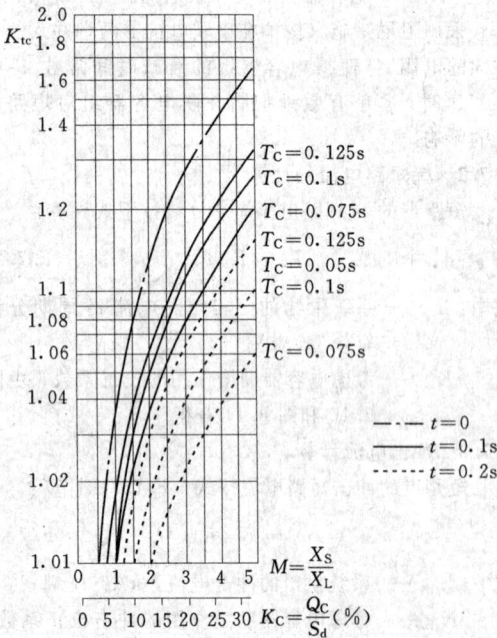

图 F.11　电容器装置助增校正系数曲线 M=6%

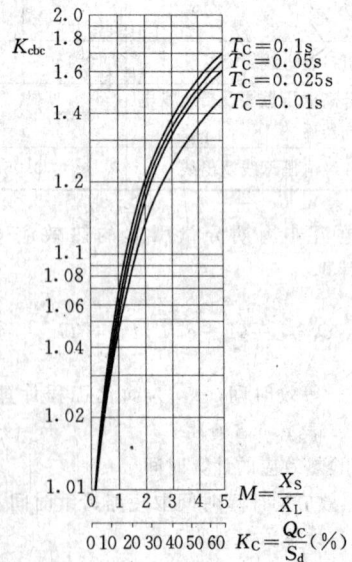

图 F.13　电容器装置助增冲击校正系数曲线 M=13%

附录 G

（资料性附录）

有关法定计量单位名称、符号及换算法

表 G.1　　　　　　　　　有关法定计量单位名称、符合及换算

量的名称及符号	单位名称	单位符号	换算关系						
时间 t	天（日）（小）时 分 秒 毫秒	d h min s ms	1d=24h=86400s 1h=60min=3600s 1s=1000ms						

			米 m	毫米 mm	英寸 in	英尺 ft	海里 n. mile	英里 mile	码 yd
长度 l，(L)	米 厘米 毫米	m cm mm	1	1×10^3	39.37	3.281	0.54×10^{-3}	6.2137×10^{-4}	1.0936
			10^{-3}	1	3.937×10^{-2}	3.281×10^{-3}	0.54×10^{-6}	6.2137×10^{-7}	1.0936×10^{-3}
			2.54×10^{-2}	25.4	1	8.333×10^{-2}	1.371×10^{-5}	1.5783×10^{-5}	2.7778×10^{-2}
			0.3048	304.8	12	1	0.1646×10^{-3}	1.8939×10^{-4}	0.3333
			1.825×10^3	1.825×10^6	7.291×10^4	6076	1	1.1508	2.0254×10^{-3}
			1.6093×10^3	1.6093×10^6	63360	5280	0.869	1	1760
			0.9144	914.4	36	3	4.9374×10^{-4}	5.6818×10^{-4}	1

面积 A，(S)	平方米 平方厘米	m^2 cm^2	$1m^2 = 10000cm^2$ $1hm^2 = 100$ 公亩 $= 15$ 市亩 $= 1$ 垧 $= 10^4 m^2$ 1 英亩 $= 4.047 \times 10^3 m^2 = 6.070$ 市亩 1 市亩 $= 60$ 平方丈 $= 6.667 \times 10^2 m^2$ 1 圆密耳 $= 7.854 \times 10^{-7} in^2 = 5.067 \times 10^{-10} m^2$						
体积 V	平方米 升	m^2 L (1)	$1m^3 = 35.315ft^3 = 2.20 \times 10^2$ 加仑（英）(Ukgal) 1 加仑（英）$= 1.201$ 加仑（美）(Usgal) $= 4.546 \times 10^{-3} m^3$ 1 升（L）$= 1$ 立方米（dm^3）$= 10^{-3}$ 立方米（m^3）						
速度 v	米每秒	m/s							

			千克 kg	磅 lb	吨 t	英吨 UKton	美吨 USton	格令 gt
质量 m	千克 吨	kg t	1	2.20462	10^{-3}	9.842×10^{-4}	1.102×10^{-3}	1.543×10^4

续表

量的名称及符号	单位名称	单位符号	换 算 关 系					
质量 m	千克 吨	kg t	0.4536	1	4.53593×10^{-4}	4.46429×10^{-4}	5×10^{-4}	7000.03
			1000	2204.62	1	0.9842	1.10231	1.54324×10^{7}
			1.01605×10^{3}	2240	1.01605	1	1.12	1.56801×10^{7}
			9.07186×10^{2}	2000	0.90719	0.89286	1	1.40001×10^{7}
			6.47987×10^{-5}	0.14286×10^{-3}	6.47987×10^{-8}	6.37751×10^{-8}	7.14283×10^{-8}	1
力 F，重力 W	牛（顿）	N	1N=0.102kgf					
压力 p 应力	帕 兆帕	Pa MPa	1Pa=1N/m²=1.02×10^{-5}kgf/cm²（工程大气压）=0.0075mmHg 1bar=10^{5}Pa=750.064mmHg=10.1972mH₂O=0.9869标准大气压 1mmHg=1 托，1mmH₂O=1kgf/m²					
功率 P	兆瓦 千瓦 瓦	MW kW W	1MW=1000kW=10^{6}W 1W=1.34102×10^{-3}马力（hp）					
电压 U	伏 千伏	V kV						
级差 L	分贝	dB						
摄氏温度 t，θ	摄氏度	℃						
电流 I	安（培） 毫安	A mA	1A=1000mA					

11 高压配电装置设计技术规程

（DL/T 5352—2006）

1 范围

本标准规定了发电厂和变电站新建工程中 3kV～500kV 高压配电装置设计的基本要求。

本标准适用于发电厂和变电站工程中交流 3kV～500kV 新建配电装置的设计。扩建或改建配电装置的设计可参照执行。

涉外工程要考虑所在国国情，并结合工程的具体情况参照执行。

2 规范性引用文件

略。

3 术语和定义

GB/T 2900.1、GB/T 2900.15、GB/T 2900.19、GB/T 2900.20 确立的术语和定义适用于本标准。

4 总则

4.0.1 高压配电装置的设计应贯彻国家法律、法规。执行国家的建设方针和技术经济政策，符合安全可靠、运行维护方便、经济合理、环境保护的要求。

4.0.2 高压配电装置的设计，应根据电力负荷性质、容量、环境条件、运行维护等要求，合理地选用设备和制定布置方案。在技术经济合理时应选用效率高、能耗小的电气设备和材料。

4.0.3 高压配电装置的设计应根据工程特点、规模和发展规划，做到远、近期结合，以近期为主。

4.0.4 高压配电装置的设计必须坚持节约用地的原则。

4.0.5 高压配电装置的设计，除应执行本规程的规定外，尚应符合现行的有关国家标准和行业标准的规定。

5 基本规定

5.1 敞开式配电装置

5.1.1 配电装置的布置，导体、电气设备、架构的选择，应满足在当地环境条件下正常运行、安装检修、短路和过电压时的安全要求，并满足规划容量要求。

5.1.2 配电装置各回路的相序排列宜一致。一般按面对出线，从左到右、从远到近、从上到下的顺序，相序为 A、B、C。对屋内硬导体及屋外母线桥裸导体应有相色标志，A、B、C 相色标志应为黄、绿、红三色。对于扩建工程应与原有配电装置相序一致。

5.1.3 配电装置内的母线排列顺序，一般靠变压器侧布置的母线为 I 母，靠线路侧布置的母线为 II 母；双层布置的配电装置中，下层布置的母线为 I 母，上层布置的母线为 II 母。

5.1.4 110kV 及以上的屋外配电装置最小安全净距，一般不考虑带电检修。如确有带电检修需求，最小安全净距应满足带电检修的工况。

5.1.5 110kV～220kV 配电装置母线避雷器和电压互感器，宜合用一组隔离开关；330kV 及以上进、出线和母线上装设的避雷器及进、出线电压互感器不应装设隔离开关，母线电压互感器不宜装设隔离开关。

5.1.6 330kV 及以上电压等级的线路并联电抗器回路不宜装设断路器或负荷开关。330kV 及以上电压等级的母线并联电抗器回路应装设断路器和隔离开关。

5.1.7 66kV 及以上的配电装置，断路器两侧的隔离开关靠断路器侧，线路隔离开关靠线路侧，变压器进线隔离开关的变压器侧，应配置接地开关。66kV 及以上电压等级的并联电抗器的高压侧应配置接地开关。

5.1.8 对屋外配电装置，为保证电气设备和母线的检修安全，每段母线上应装设接地开关或接地器；接地开关或接地器的安装数量应根据母线上电磁感应电压和平行母线的长度以及间隔距离进行计算确定。

5.1.9 330kV 及以上电压等级的同杆架设或平行回路的线路侧接地开关，应具有开合电磁感应和静电感应电流的能力，其开合水平应按具体工程情况经计算确定。

5.1.10 110kV 及以上配电装置的电压互感器配置，可以采用按母线配置方式，也可以采用按回路配置方式。

5.1.11 220kV 及以下屋内配电装置设备低式布置时，间隔应设置防止误入带电间隔的闭锁装置。

5.1.12 充油电气设备的布置，应满足带电观察油位、油温时安全、方便的要求；并应便于抽取油样。

5.1.13 配电装置的布置位置，应使场内道路和低压电力、控制电缆的长度最短。发电厂内宜避免不同电压等级的架空线路交叉。

5.2 GIS 配电装置

5.2.1 对气体绝缘金属封闭开关设备（GIS）配电装置，接地开关的配置应满足运行检修的要求。

与 GIS 配电装置连接并需单独检修的电气设备、母线和出线，均应配置接地开关。一般情况下，出线回路的线路侧接地开关和母线接地开关应采用具有关合动稳定电流能力的快速接地开关。110kV～220kV GIS 配电装置母线避雷器和电压互感器可不装设隔离开关。

5.2.2 GIS 配电装置避雷器的配置，应在与架空线路连接处装设避雷器。该避雷器宜采用敞开式，其接地端应与 GIS 管道金属外壳连接。GIS 母线是否装设避雷器，需经雷电侵入波过电压计算确定。

5.2.3 GIS 配电装置感应电压不应危及人身和设备的安全。外壳和支架上的感应电压，正常运行条件下不应大于 24V，故障条件下不应大于 100V。

5.2.4 在 GIS 配电装置间隔内，应设置一条贯穿所有 GIS 间隔的接地母线或环形接地母线。将 GIS 配电装置的接地线引至接地母线，由接地母线再与接地网连接。

5.2.5 GIS 配电装置宜采用多点接地方式，当选用分相设备时，应设置外壳三相短接线，并在短接线上引出接地线通过接地母线接地。

外壳的三相短接线的截面应能承受长期通过的最大感应电流，并应按短路电流校验。当设备为铝外壳时，其短接线宜采用铝排；当设备为钢外壳时，其短接线宜采用铜排。

5.2.6 GIS 配电装置每间隔应分为若干个隔室，隔室的分隔应满足正常运行条件和间隔元件设备检修要求。

6　环境条件

6.0.1　屋外配电装置中的电气设备和绝缘子，应根据当地的污秽分级等级采取相应的外绝缘标准（参见附录 A）。

　　配电装置位置的选择宜避开自然通风冷却塔和机力通风冷却塔的水雾区及其常年盛行风向的下风侧。一般情况下，配电装置布置在自然通风冷却塔冬季盛行风向的上风侧时，配电装置构架边距自然通风冷却塔零米外壁的距离应不小于 25m；配电装置布置在自然通风冷却塔冬季盛行风向的下风侧时，配电装置构架边距自然通风冷却塔的距离应不小于 40m。

　　配电装置构架边距机力通风冷却塔零米外壁的距离，非严寒地区应不小于 40m，严寒地区应不小于 60m。

6.0.2　选择导体和电气设备的环境温度（周围空气温度）应符合表 6.0.2 的规定。

6.0.3　选择导体和电气设备的环境相对湿度，应采用当地湿度最高月份的平均相对湿度。在湿热带地区应采用湿热带型电气设备产品。在亚湿热带地区可采用普通电气设备产品，但应根据当地运行经验采取防护措施，如加强防潮、防凝露、防水、防锈、防霉及防虫害等。

表 6.0.2　选择导体和电气设备的环境温度（周围空气温度）℃

类别	安装场所	环境温度（周围空气温度）	
		最高	最低
裸导体	屋外	最热月平均最高温度	
	屋内	该处通风设计温度	
电气设备	屋外	年最高温度	年最低温度
	屋内	该处通风设计最高排风温度	

注 1：年最高（或最低）温度为一年中所测得的最高（或最低）温度的多年平均值。

注 2：最热月平均最高温度为最热月每日最高温度的月平均值，取多年平均值。

注 3：选择屋内裸导体及其他电气设备的环境温度（周围空气温度），若该处无通风设计温度资料时，可取最热月平均最高温度加 5℃。

6.0.4　周围环境温度低于电气设备、仪表和继电器的最低允许温度时，应装设加热装置或采取其他保温

设施。在积雪、覆冰严重地区，应采取防止冰雪引起事故的措施。隔离开关的破冰厚度，应不小于安装场所的最大覆冰厚度。

6.0.5　选择 330kV 及以下屋外配电装置的导体和电气设备时的最大风速，可采用离地 10m 高，30 年一遇 10min 平均最大风速。选择 500kV 屋外配电装置的导体和电气设备时的最大风速，宜采用离地 10m 高，50 年一遇 10min 平均最大风速。最大设计风速超过 35m/s 的地区，在屋外配电装置的布置中，应采取相应措施。

6.0.6　配电装置的抗震设计应符合 GB 50260 的规定。

6.0.7　海拔超过 1000m 的地区，配电装置应选择适用于高海拔的电气设备、电瓷产品，其外绝缘强度应符合高压电气设备绝缘试验电压的有关规定。

6.0.8　配电装置设计应重视对噪声的控制，降低有关运行场所的连续噪声级。配电装置紧邻居民区时，其围墙外侧的噪声标准应符合 GB 3096、GB 12348 等要求。

6.0.9　330kV 及以上的配电装置内设备遮栏外的静电感应场强水平（离地 1.5m 空间场强），不宜超过 10kV/m，少部分地区可允许达到 15kV/m。

　　配电装置围墙外侧（非出线方向，围墙外为居民区时）的静电感应场强水平（离地 1.5m 空间场强）不宜大于 5kV/m。

6.0.10　330kV 及以上电压等级的配电装置应重视对无线电干扰的控制。在选择导线和电气设备时应考虑到降低整个配电装置的无线电干扰水平。配电装置围墙外 20m 处（非出线方向）的无线电干扰水平不宜大于 50dB。

6.0.11　110kV 及以上电压等级的电气设备及金具在 1.1 倍最高相电压下，晴天夜晚不应出现可见电晕，110kV 及以上电压等级导体的电晕临界电压应大于导体安装处的最高工作电压。

7　导体和电气设备的选择

7.1　一般规定

7.1.1　设计选用的导体和电气设备的最高电压不得低于该回路的最高运行电压，其长期允许电流不得小于该回路的可能最大持续工作电流。屋外导体应考虑日照对其载流量的影响。

7.1.2　验算导体和电气设备额定峰值耐受电流、额定短时耐受电流以及电气设备开断电流所用的短路电流，应按本工程的设计规划容量计算，并应考虑电力系统远景发展规划。

确定短路电流时，应按可能发生最大短路电流的正常接线方式计算。一般可按三相短路验算，当单相或两相接地短路电流大于三相短路电流时，应按严重情况验算，同时要考虑直流分量的影响。

7.1.3　验算裸导体短路热效应的计算时间，宜采用主保护动作时间加相应的断路器全分闸时间。当主保护有死区时，应采用对该死区起作用的后备保护动作时间，并应采用相应的短路电流值。

验算电气设备短路热效应的计算时间，宜采用后备保护动作时间加相应的断路器全分闸时间。

7.1.4　用熔断器保护的导体和电气设备可不验算热稳定；除用具有限流作用的熔断器保护外，导体和电气设备应验算动稳定。

用熔断器保护的电压互感器回路，可不验算动、热稳定。

7.1.5　一般裸导体的正常最高工作温度不应大于70℃，在计及日照影响时，钢芯铝绞线及管形导体不宜大于80℃。

特种耐热导体的最高工作温度可根据制造厂提供的数据选择使用，但要考虑高温导体对连接设备的影响，并采取防护措施。

7.1.6　验算额定短时耐受电流时，裸导体的最高允许温度，对硬铝及铝合金可取200℃，对硬铜可取300℃，短路前的导体温度应采用额定负荷下的工作温度。

7.1.7　按回路正常工作电流选择裸导体截面时，导体的长期允许载流量，应按所在地区的海拔高度及环境温度进行修正。

导体采用多导体结构时，应计及邻近效应和热屏蔽对载流量的影响。

7.1.8　在正常运行和短路时，电气设备引线的最大作用力不应大于电气设备端子允许的荷载。屋外配电装置的导体、套管、绝缘子和金具，应根据当地气象条件和不同受力状态进行力学计算。其安全系数不应小于表7.1.8的规定。

7.2　**导体的选择**

7.2.1　220kV及以下电压等级的软导线宜选用钢芯铝绞线；330kV软导线宜选用钢芯铝绞线或扩径空芯导线；500kV软导线宜选用双分裂导线。

7.2.2　在空气中含盐量较大的沿海地区或周围气体对铝有明显腐蚀的场所，宜选用防腐型铝绞线或铜绞线。

7.2.3　硬导体可选用矩形、双槽形和圆管形。20kV及以下电压等级回路中的正常工作电流在4kA及以下时，宜选用矩形导体；4kA～8kA时，宜选用双槽形导体或管形导体；在8kA以上时宜选用圆管形导体。

表7.1.8　**导体和绝缘子的安全系数**

类　别	荷载长期作用时	荷载短时作用时
套管、支持绝缘子	2.5	1.67
悬式绝缘子及其金具	4	2.5
软导体	4	2.5
硬导体	2.0	1.67

注1：悬式绝缘子的安全系数对应于1h机电试验荷载，而不是破坏荷载。若是后者，安全系数则分别应为5.3和3.3。

注2：硬导体的安全系数对应于破坏应力，若对应于屈服点应力，其安全系数应分别改为1.6和1.4。

66kV及以下配电装置硬导体可采用矩形导体，也可采用管形导体。

110kV及以上配电装置硬导体宜采用管形导体。

7.2.4　硬导体的设计应考虑不均匀沉陷、温度变化和振动等因素的影响。

7.3　**电气设备的选择**

7.3.1　35kV及以下电压等级的断路器，宜选用真空断路器或SF₆断路器；66kV及以上电压等级的断路器宜选用SF₆断路器。在高寒地区，SF₆断路器宜选用罐式断路器，并应考虑SF₆气体液化问题。

7.3.2　隔离开关应根据正常运行条件和短路故障条件的要求选择。

7.3.3　单柱垂直开启式隔离开关在分闸状态下，动静触头间的最小电气距离不应小于配电装置的最小安全净距 B_1 值。

7.3.4　布置在高型或半高型配电装置上层的110kV及以上电压等级的隔离开关宜采用远方/就地电动操动机构。

7.3.5　3kV～35kV配电装置的电流互感器，宜选用树脂浇注绝缘结构；66kV及以上配电装置的电流互感器，根据安装使用条件及产品制造水平，可采用油浸式、SF₆气体绝缘或光纤式的独立式电流互感器；在有条件时（如回路中有变压器套管、断路器套管或穿墙套管等）宜采用套管式电流互感器。

7.3.6　3kV～35kV配电装置内宜采用树脂浇注绝缘结构的电磁式电压互感器；66kV及以上配电装置内宜采用油浸绝缘结构或SF₆气体绝缘的电磁式电压互感器或电容式电压互感器。

7.3.7　35kV及以下采用真空断路器的回路，宜根据被操作的容性或感性负载，选用金属氧化物避雷器或阻容吸收器进行过电压保护。

7.3.8　66kV 及以上配电装置内的过电压保护宜采用金属氧化物避雷器。

7.3.9　装设在屋外的消弧线圈宜选用油浸式；装设在屋内的消弧线圈宜选用干式。

7.3.10　3kV～20kV 屋外支柱绝缘子和穿墙套管当有冰雪时，宜采用提高一级电压的产品；对 3kV～6kV 者可采用提高两级电压的产品。

8　配电装置型式与布置

8.1　最小安全净距

8.1.1　屋外配电装置的最小安全净距宜以金属氧化物避雷器的保护水平为基础确定。其屋外配电装置的最小安全净距不应小于表 8.1.1 所列数值，并按图 8.1.1-1、图 8.1.1-2 和图 8.1.1-3 校验。电气设备外绝缘体最低部位距地小于 2500mm 时，应装设固定遮栏。

表 8.1.1　　　　　　　　　　　屋外配电装置的最小安全净距　　　　　　　　　　　　　　　　　mm

符号	适用范围	图号	系统标称电压 kV								
			3～10	15～20	35	66	110J	110	220J	330J	500J
A_1	1. 带电部分至接地部分之间 2. 网状遮栏向上延伸线距地 2.5m 处与遮栏上方带电部分之间	8.1.1-1 8.1.1-2	200	300	400	650	900	1000	1800	2500	3800
A_2	1. 不同相的带电部分之间 2. 断路器和隔离开关的断口两侧引线带电部分之间	8.1.1-1 8.1.1-3	200	300	400	650	1000	1100	2000	2800	4300
B_1	1. 设备运输时，其设备外廓至无遮栏带电部分之间 2. 交叉的不同时停电检修的无遮栏带电部分之间 3. 栅状遮栏至绝缘体和带电部分之间[1] 4. 带电作业时带电部分至接地部分之间[2]	8.1.1-1 8.1.1-2 8.1.1-3	950	1050	1150	1400	1650	1750	2550	3250	4550
B_2	网状遮栏至带电部分之间	8.1.1-2	300	400	500	750	1000	1100	1900	2600	3900
C	1. 无遮栏裸导体至地面之间 2. 无遮栏裸导体至建筑物、构筑物顶部之间	8.1.1-2 8.1.1-3	2700	2800	2900	3100	3400	3500	4300	5000	7500
D	1. 平行的不同时停电检修的无遮栏带电部分之间 2. 带电部分与建筑物、构筑物的边沿部分之间	8.1.1-1 8.1.1-2	2200	2300	2400	2600	2900	3000	3800	4500	5800

注 1：110J、220J、330J，500J 系指中性点有效接地系统。

注 2：海拔超过 1000m 时，A 值应进行修正（参见附录 B）。

注 3：本表所列各值不适用于制造厂的成套配电装置。

注 4：500kV 的 A_1 值，分裂软导线至接地部分之间可取 3500mm。

注 5：750kV 电压等级屋外配电装置的最小安全净距可参见附录 E。

1) 对于 220kV 及以上电压，可按绝缘体电位的实际分布，采用相应的 B_1 值进行校验。此时，允许栅状遮栏与绝缘体的距离小于 B_1 值，当无给定的分布电位时，可按线性分布计算。校验 500kV 相间通道的安全净距，亦可用此原则。

2) 带电作业时，不同相或交叉的不同回路带电部分之间，其 B_1 值可取（A_2+750）mm。

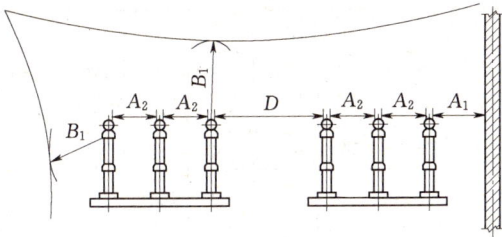

图 8.1.1-1　屋外 A_1、A_2、B_1、D 值校验图

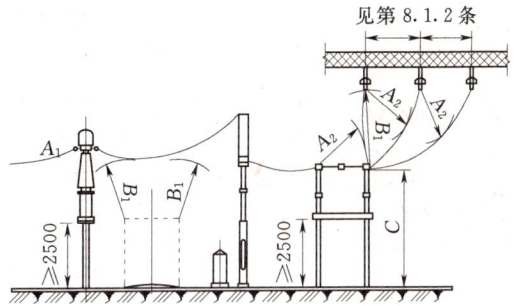

图 8.1.1-3　屋外 A_2、B_1、C 值校验图

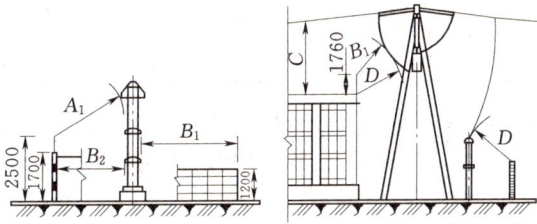

图 8.1.1-2　屋外 A_1、B_1、B_2、C、D 值校验图

8.1.2　屋外配电装置使用软导线时，在不同条件下，带电部分至接地部分和不同相带电部分之间的最小安全净距，应根据表 8.1.2 进行校验，并采用其中最大数值。

8.1.3　屋内配电装置的安全净距不应小于表 8.1.3 所列数值，并按图 8.1.3-1 和图 8.1.3-2 校验。

电气设备外绝缘体最低部位距地小于 2300mm 时，应装设固定遮栏。

表 8.1.2　　　　　　　　　不同条件下的计算风速和安全净距　　　　　　　　　　mm

条件	校验条件	计算风速 m/s	A 值	系统标称电压 kV						
				35	66	110J	110	220J	330J	500J
雷电电压	雷电过电压和风偏	10[1]	A_1	400	650	900	1000	1800	2400	3200
			A_2	400	650	1000	1100	2000	2600	3600
操作电压	操作过电压和风偏	最大设计风速的 50%	A_1	—	—	—	—	1800	2500	3500
			A_2	—	—	—	—	2000	2800	4300
工频电压	1. 最大工作电压、短路和风偏（取 10m/s 风速）	10 或最大设计风速	A_1	150	300	300	450	600	1100	1600
	2. 最大工作电压和风偏（取最大设计风速）		A_2	150	300	500	500	900	1700	2400

1) 在气象条件恶劣的地区（如最大设计风速为 35m/s 及以上，以及雷暴时风速较大的地区）用 15m/s。

表 8.1.3　　　　　　　　　屋内配电装置的最小安全净距　　　　　　　　　　mm

符号	适用范围	图号	系统标称电压 kV								
			3	6	10	15	20	35	66	110J	220L
A_1	带电部分至接地部分之间	8.1.3-1	75	100	125	150	180	300	550	850	1800
	网状和板状遮栏向上延伸线距地 2.3m 处与遮栏上方带电部分之间										
A_2	不同相的带电部分之间	8.1.3-1	75	100	125	150	180	300	550	900	2000
	断路器和隔离开关的断口两侧引线带电部分之间										
B_1	栅状遮栏至带电部分之间	8.1.3-1 8.1.3-2	825	850	875	900	930	1050	1300	1600	2550
	交叉的不同时停电检修的无遮栏带电部分之间										

续表

符号	适用范围	图号	系统标称电压 kV								
			3	6	10	15	20	35	66	110J	220L
B_2	网状遮栏至带电部分之间[1]	8.1.3-1	175	200	225	250	280	400	650	950	1900
C	无遮栏裸导体至地（楼）面之间	8.1.3-1	2500	2500	2500	2500	2500	2600	2850	3150	4100
D	平行的不同时停电检修的无遮栏裸导体之间	8.1.3-1	1875	1900	1925	1950	1980	2100	2350	2650	3600
E	通向屋外的出线套管至屋外通道的路面	8.1.3-2	4000	4000	4000	4000	4000	4000	4500	5000	5500

注1：110J、220J 系指中性点有效接地系统。
注2：海拔超过1000m时，A 值应进行修正（参见附录 B）。
注3：通向屋外配电装置的出线套管至屋外地面的距离，不应小于表 8.1.1 中所列屋外部分之 C 值。
1) 当为板状遮栏时，其 B_2 值可取（A_1+30）mm。

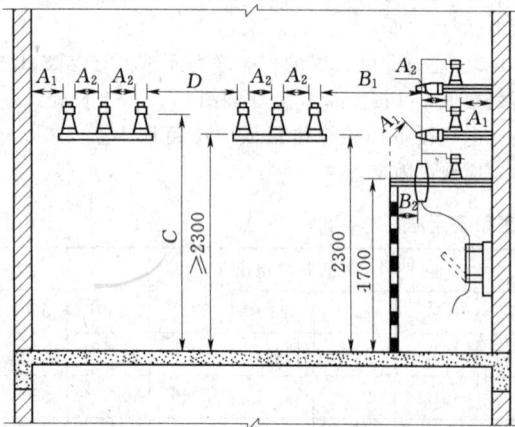

图 8.1.3-1　屋内 A_1、A_2、B_1、B_2、C、D 值校验图

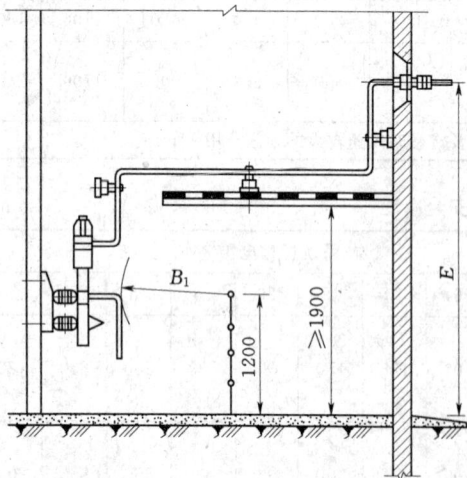

图 8.1.3-2　屋内 B_1、E 值校验图

8.1.4　配电装置中，相邻带电部分的额定电压不同时，应按较高的额定电压确定其最小安全净距。

8.1.5　屋外配电装置带电部分的上面或下面，不应有照明、通信和信号线路架空跨越或穿过；屋内配电装置的带电部分上面不应有明敷的照明、动力线路或管线跨越。

8.2　型式选择

8.2.1　配电装置型式的选择，应根据设备选型及进出线方式，结合工程实际情况，因地制宜，并与发电厂或变电站以及相应水利水电工程总体布置协调，通过技术经济比较确定。在技术经济合理时，应优先采用占地少的配电装置型式。

8.2.2　一般情况下，330kV 及以上电压等级的配电装置宜采用屋外中型配电装置。110kV 和 220kV 电压等级的配电装置宜采用屋外中型配电装置或屋外半高型配电装置。

8.2.3　3kV～35kV 电压等级的配电装置宜采用成套式高压开关柜配置型式。

8.2.4　Ⅳ级污秽地区、大城市中心地区、土石方开挖工程量大的山区的 110kV 和 220kV 配电装置，宜采用屋内配电装置，当技术经济合理时，可采用气体绝缘金属封闭开关设备（GIS）配电装置。

8.2.5　Ⅳ级污秽地区、海拔高度大于 2000m 地区的 330kV 及以上电压等级的配电装置，当技术经济合理时，可采用气体绝缘金属封闭开关设备（GIS）配电装置或 HGIS 配电装置。

8.2.6　地震烈度为 9 度及以上地区的 110kV 及以上配电装置宜采用气体绝缘金属封闭开关设备（GIS）配电装置。

8.3　布置

8.3.1　配电装置的布置应结合接线方式、设备型式及发电厂和变电站的总体布置综合考虑。

8.3.2　220kV～500kV 电压等级，一台半断路器接线，当采用软母线或管型母线配双柱式、三柱式、双柱伸缩式或单柱式隔离开关时，屋外敞开式配电装置应采用中型布置。断路器宜采用三列式、单列式或"品"字形布置。

8.3.3 220kV～500kV 电压等级，双母线接线，当采用软母线或管型母线配双柱式、三柱式、双柱伸缩式或单柱式隔离开关时，屋外敞开式配电装置应采用中型布置。断路器宜采用单列式或双列式布置。

8.3.4 35kV～110kV 电压等级，双母线接线，当采用软母线配普通双柱式或单柱式隔离开关时，屋外敞开式配电装置宜采用中型布置。断路器宜采用单列式布置或双列式布置。

110kV 电压等级，双母线接线，当采用管型母线配双柱式隔离开关时，屋外敞开式配电装置宜采用半高型布置，断路器宜采用单列式布置。

8.3.5 35kV～110kV 电压等级，单母线接线，当采用软母线配普通双柱式隔离开关时，屋外敞开式配电装置应采用中型布置。断路器宜采用单列式布置或双列式布置。

8.3.6 110kV～220kV 电压等级，双母线接线，当采用管型母线配双柱式、三柱式隔离开关时，屋内敞开式配电装置应采用双层布置。断路器宜采用双列式布置。

8.3.7 110kV～500kV 电压等级，当采用气体绝缘金属封闭开关设备（GIS）配电装置时，GIS 配电装置应采用户外低式布置，当环境条件特殊时，也可采用户内布置。

8.3.8 110kV 及以上配电装置当采用管型母线时，管型母线宜选用单管结构。其固定方式可采用支持式或悬吊式。当地震烈度为 8 度及以上时，宜采用悬吊式。

支持式管型母线在无冰无风状态下的挠度不宜大于（0.5～1.0）D（D 为导体直径），悬吊式管型母线的挠度可放宽。

采用支持式管型母线时还应分别对端部效应、微风振动及热胀冷缩采取措施。

8.4 通道与围栏

8.4.1 配电装置通道的布置，应考虑便于设备的操作、搬运、检修和试验。

220kV 及以上屋外配电装置的主干道应设置环形通道和必要的巡视小道，如成环有困难时应具备回车条件。

500kV 屋外配电装置，可设置相间道路。如果设备布置、施工安装、检修机械等条件允许时，也可不设相间道路。

8.4.2 110kV 半高型、高型布置的屋外配电装置，当操作机构布置在零米时，上层可不设置维护通道。

8.4.3 普通中型布置的屋外配电装置内的环形道路及 500kV 配电装置内如需设置相间运输检修道路时，其道路宽度不宜小于 3000mm。

8.4.4 配电装置内的巡视道路应根据运行巡视和操作需要设置，并充分利用地面电缆沟的布置作为巡视路线。

8.4.5 屋内配电装置采用金属封闭开关设备时，室内各种通道的最小宽度（净距），不宜小于表 8.4.5 所列数值：

表 8.4.5　配电装置室内各种通道的最小宽度（净距）　　mm

布置方式	通道分类		
	维护通道	操作通道	
		固定式	移开式
设备单列布置时	800	1500	单车长＋1200
设备双列布置时	1000	2000	双车长＋900

注 1：通道宽度在建筑物的墙柱个别突出处，允许缩小 200mm。
注 2：手车式开关柜不需进行就地检修时，其通道宽度可适当减小。
注 3：固定式开关柜靠墙布置时，柜背离墙距离宜取 50mm。
注 4：当采用 35kV 开关柜时，柜后通道不宜小于 1000mm。

8.4.6 室内油浸变压器外廓与变压器室四壁的净距不应小于表 8.4.6 所列数值：

表 8.4.6　室内油浸变压器外廓与变压器室四壁的最小净距　　mm

变压器容量	1000kVA 及以下	1250kVA 及以上
变压器与后壁、侧壁之间	600	800
变压器与门之间	800	1000

对于就地检修的室内油浸变压器，室内高度可按吊芯所需的最小高度再加 700mm，宽度可按变压器两侧各加 800mm 确定。

8.4.7 设置于室内的无外壳干式变压器，其外廓与四周墙壁的净距不应小于 600mm。干式变压器之间的距离不应小于 1000mm，并应满足巡视维修的要求。对全封闭型干式变压器可不受上述距离的限制。

但应满足巡视维护的要求。

8.4.8 发电厂的屋外配电装置，其周围宜设置高度不低于1500mm的围栏，并在其醒目的地方设置警示牌。

8.4.9 配电装置中电气设备的栅状遮栏高度不应小于1200mm，栅状遮栏最低栏杆至地面的净距，不应大于200mm。

8.4.10 配电装置中电气设备的网状遮栏高度，不应小于1700mm；网状遮栏网孔不应大于40mm×40mm；围栏门应装锁。

8.4.11 在安装有油断路器的屋内间隔内除设置网状遮栏外，对就地操作的断路器及隔离开关，应在其操动机构处设置防护隔板，宽度应满足人员的操作范围，高度不低于1900mm。

8.4.12 屋外裸母线桥，当外物有可能落在母线上时，应根据具体情况采取防护措施。

8.5　防火与蓄油设施

8.5.1 35kV及以下屋内配电装置当未采用金属封闭开关设备时，其油断路器、油浸电流互感器和电压互感器，应设置在两侧有实体隔墙（板）的间隔内；35kV以上屋内配电装置的带油设备应安装在有防爆隔墙的间隔内。总油量超过100kg的屋内油浸变压器，应安装在单独的变压器间，并应有灭火设施。

8.5.2 屋内单台电气设备的油量在100kg以上，应设置储油设施或挡油设施。挡油设施的容积宜按容纳20%油量设计，并应有将事故油排至安全处的设施，当不能满足上述要求时，应设置能容纳100%油量的储油设施。排油管的内径不应小于150mm，管口应加装铁栅滤网。

8.5.3 屋外充油电气设备单台油量在1000kg以上时，应设置储油或挡油设施。当设置有容纳20%油量的储油或挡油设施时，应有将油排到安全处所的设施，且不应引起污染危害。当不能满足上述要求时，应设置能容纳100%油量的储油或挡油设施。储油和挡油设施应大于设备外廓每边各1000mm。储油设施内应铺设卵石层，其厚度不应小于250mm，卵石直径宜为50mm～80mm。

当设置有总事故储油池时，其容量宜按最大一个油箱容量的100%确定。

8.5.4 厂区内升压站单台容量为90000kVA及以上的油浸变压器、220kV及以上独立变电站单台容量为125000kVA及以上的油浸变压器应设置水喷雾灭火系统、合成泡沫喷淋系统、排油充氮系统或其他灭火装置。水喷雾、泡沫喷淋系统应具备定期试喷的条件。对缺水或严寒地区，当采用水喷雾、泡沫喷淋系

统有困难时，也可采用其他固定灭火设施。

8.5.5 油量为2500kg及以上的屋外油浸变压器之间的最小间距应符合表8.5.5的规定。

表8.5.5　屋外油浸变压器之间的最小间距　　　　m

电压等级	最小间距
35kV 及以下	5
66kV	6
110kV	8
220kV 及以上	10

8.5.6 当油量为2500kg及以上的屋外油浸变压器之间的防火间距不满足表8.5.5的要求时，应设置防火墙。

防火墙的耐火极限不宜小于4h。防火墙的高度应高于变压器油枕，其长度应大于变压器储油池两侧各1000mm。

8.5.7 油量在2500kg及以上的屋外油浸变压器或电抗器与本回路油量为600kg以上且2500kg以下的带油电气设备之间的防火间距不应小于5000mm。

8.5.8 在防火要求较高的场所，有条件时宜选用非油绝缘的电气设备。

8.5.9 配电装置中，建构物生产过程中火灾危险性类别及最低耐火等级应符合要求（参见附录C）。

9　配电装置对建筑物及构筑物的要求

9.1　屋内配电装置的建筑要求

9.1.1 长度大于7000mm的配电装置室，应有2个出口。长度大于60000mm时，宜增添1个出口；当配电装置室有楼层时，1个出口可设在通往屋外楼梯的平台处。

9.1.2 汽机房、屋内配电装置楼、主控制楼、集中控制楼及网络控制楼与油浸变压器的外廓间距不宜小于10000mm。当其间距小于10000mm，且5000mm以内时，在变压器外轮廓投影范围外侧各3000mm内的汽机房、屋内配电装置楼、主控制楼、集中控制楼及网络控制楼面向油浸变压器的外墙不应开设门、窗和通风孔；当其间距在5000mm～10000mm时，在上述外墙上可设甲级防火门，变压器高度以上可设防火窗，其耐火极限不应小于0.90h。

9.1.3 屋内装配式配电装置的母线分段处，宜设置有门洞的隔墙。

9.1.4 充油电气设备间的门若开向不属配电装置范

围的建筑物内时，其门应为非燃烧体或难燃烧体的实体门。

9.1.5 配电装置室的门应为向外开的防火门，应装弹簧锁，严禁用门闩，相邻配电装置室之间如有门时，应能向两个方向开启。

9.1.6 配电装置室可开固定窗采光，但应采取防止雨、雪、小动物、风沙及污秽尘埃进入的措施。

9.1.7 配电装置室的顶棚和内墙应作耐火处理，耐火等级不应低于二级。地（楼）面应采用耐磨、防滑、高硬度地面。

9.1.8 配电装置室有楼层时，其楼面应有防渗水措施。

9.1.9 配电装置室应按事故排烟要求，装设足够的事故通风装置。

9.1.10 配电装置室内通道应保证畅通无阻，不得设立门槛，并不应有与配电装置无关的管道通过。

9.1.11 布置在屋外配电装置区域内的继电器小室，宜考虑防尘、防潮、防强电磁干扰和静电干扰的措施。

9.1.12 配电装置中各建、构筑物间最小间距应符合要求（参见附录 D）。

9.2 屋外配电装置架构的荷载条件要求

9.2.1 计算用气象条件应按当地的气象资料确定。

9.2.2 独立架构应按终端架构设计，连续架构可根据实际受力条件分别按终端或中间架构设计。架构设计不考虑断线。

9.2.3 架构设计应考虑正常运行、安装、检修时的各种荷载组合：

正常运行时，应取设计最大风速、最低气温、最厚覆冰三种情况中最严重者；安装紧线时，不考虑导线上人，但应考虑安装引起的附加垂直荷载和横梁上人的 2000N 集中荷载（导线挂线时，应对施工方法提出要求，并限制其过牵引值。使过牵引力不应成为

架构结构强度的控制条件）；检修时，对导线跨中有引下线的 110kV 及以上电压的架构，应考虑导线上人，并分别验算单相作业和三相作业的受力状态。此时，导线集中荷载如下所述。

单相作业：330kV 及以下取 1500N；
　　　　　500kV 及以上取 3500N。

三相作业：330kV 及以下每相取 1000N；
　　　　　500kV 及以上每相取 2000N。

9.2.4 高型和半高型配电装置的平台、走道，应考虑 1500N/m² 的等效均布活荷载。架构横梁应考虑适当的起吊荷载。

9.2.5 330kV～500kV 配电装置的架构，宜设置上横梁的爬梯。

9.3 气体绝缘金属封闭开关设备（GIS）配电装置对土建的要求

9.3.1 GIS 配电装置室内应清洁、防尘，GIS 配电装置室内地面宜采用耐磨、防滑、高硬度地面，并应满足 GIS 配电装置设备对基础不均匀沉降的要求。

9.3.2 GIS 配电装置室内应配备 SF₆ 气体净化回收装置，低位区应配有 SF₆ 泄露报警仪及事故排风装置。

9.3.3 GIS 配电装置布置的设计，应考虑其安装、检修、起吊、运行、巡视以及气体回收装置所需的空间和通道。

9.3.4 屋内 GIS 配电装置两侧应设置安装检修和巡视的通道，主通道宜靠近断路器侧，宽度宜为 2000mm～3500mm；巡视通道不应小于 1000mm。

9.3.5 同一间隔 GIS 配电装置的布置应避免跨土建结构缝。

9.3.6 屋内 GIS 配电装置应设置起吊设备，其容量应能满足起吊最大检修单元要求，并满足设备检修要求。

附录 A

（资料性附录）

线路和发电厂、变电站污秽分级标准/各级污秽等级下的爬电比距分级数值

附录 A 所列各表引自 GB/T 16434—1996。

表 A.1　　　　　　　　　　线路和发电厂、变电站污秽分级标准

污秽等级	污 秽 特 征	盐密 mg/cm²	
		线路	发电厂、变电站
0	大气清洁地区及离海岸盐场 50km 以上无明显污秽地区	≤0.03	—

续表

污秽等级	污秽特征	盐密 mg/cm²	
		线路	发电厂、变电站
I	大气轻度污秽地区，工业区和人口低密集区，离海岸盐场 10km～50km 地区。在污闪季节中干燥少雾（含毛毛雨）或雨量较多时	>0.03～0.06	≤0.06
II	大气中等污秽地区，轻盐碱和炉烟污秽地区，离海岸盐场 3km～10km 地区，在污闪季节中潮湿多雾（含毛毛雨）但雨量较少时	>0.06～0.10	>0.06～0.10
III	大气污染较严重地区，重雾和重盐碱地区，近海岸盐场 1km～3km 地区，工业与人口密度较大地区，离化学污染源和炉烟污秽 300m～1500m 的较严重污秽地区	>0.10～0.25	>0.10～0.25
IV	大气特别严重污染地区，离海岸盐场 1km 以内，离化学污染源和炉烟污秽 300m 以内的地区	>0.25～0.35	>0.25～0.35

表 A.2　　　　　　　各级污秽等级下的爬电比距分级数值

污秽等级	爬电比距 cm/kV			
	线路		发电厂、变电站	
	220kV 及以下	330kV 及以上	220kV 及以下	330kV 及以上
0	1.39 (1.60)	1.45 (1.60)	—	—
I	1.39～1.74 (1.60～2.00)	1.45～1.82 (1.60～2.00)	1.60 (1.84)	1.60 (1.76)
II	1.74～2.17 (2.00～2.50)	1.82～2.72 (2.00～2.50)	2.00 (2.30)	2.00 (2.20)
III	2.17～2.78 (2.50～3.20)	2.27～2.91 (2.50～3.20)	2.50 (2.88)	2.50 (2.75)
IV	2.78～3.30 (3.20～3.80)	2.91～3.45 (3.20～3.80)	3.10 (3.57)	3.10 (3.41)

注1：线路和发电厂、变电站爬电比距计算时取系统最高工作电压。上表括号内数字为按额定电压计算值。

注2：对电站设备 0 级（220kV 及以下爬电比距为 1.48cm/kV、330kV 及以上爬电比距为 1.55cm/kV），目前保留作为过渡时期的污秽等级。

注3：对处于污秽环境中用于中性点绝缘和经消弧线圈接地系统的电力设备，其外绝缘水平一般可按高一级选取。

附录 B
（资料性附录）
海拔大于 1000m 时 A 值的修正

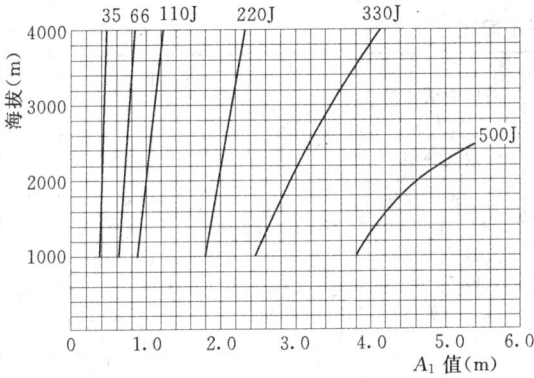

注：A_2 值和屋内的 A_1、A_2 值可按本图之比例递增

图 B.1　海拔大于 1000m 时 A 值的修正

附录 C
（资料性附录）
建、构筑物生产过程中火灾危险性
类别及最低耐火等级表

表 C.1　建、构筑物生产过程中火灾危险性
类别及最低耐火等级表

序号	建、构筑物名称	火灾危险性类别	最低耐火等级
一	主要生产建、构筑物		
1	主控通信楼	戊	二级
2	继电器设备室	戊	二级
3	配电装置楼（室）		
	每台设备充油量 60kg 以上	丙	二级
	每台设备充油量 60kg 及以下	丁	二级
4	屋外配电装置构架和设备支架、微波塔		二级
5	油浸变压器室	丙	一级

序号	建、构筑物名称	火灾危险性类别	最低耐火等级
6	可燃性介质电容器室	丙	二级
7	油浸电抗器室（棚）	丙	二级
二	辅助生产建、构筑物		
1	油处理室	丙	二级
2	露天固定油罐（绝缘油）	丙	二级
3	检修间	丁	二级
4	天桥		
	下部无电缆夹层	戊	二级
	下部有电缆夹层	丙	二级
5	总事故油池		二级
6	给排水及生活、消防水泵房	戊	二级
三	附属建、构筑物		
1	办公室		三级
2	警卫传达室		三级
3	汽车库	丁	二级
4	材料库（仅储藏非燃烧性材料）、工具间	戊	三级
5	材料库	丙	三级
6	锅炉房	丁	二级
7	生活水塔、水池	戊	二级
8	消防器材库	戊	二级

注 1：主控通信楼、继电器设备室当不采取防止电缆着火后延燃的措施时，火灾危险性应为丙类。

注 2：除本表规定的建、构筑物外，其他建、构筑物的火灾危险性及耐火等级应符合 GB 50016 的有关规定。

注 3：火灾危险性系按具有防止电缆着火后延燃的措施考虑。

附录 D
（资料性附录）
建、构筑物最小间距

表 D.1　　　　　　　　　　　建、构筑物最小间距　　　　　　　　　　　　　　m

建、构筑物名称			丙、丁、戊类生产建筑		屋外配电装置	可燃介质电容器室（棚）	总事故储油池	站内生活建筑		站内道路（路边）	围墙
			耐火等级					耐火等级			
			一、二级	三级				一、二级	三级		
丙、丁、戊类生产建筑	耐火等级	一、二级	10	12	10[2]			10	12	无出口时，1.5；有出口，但无车道时，3.0；有出口，有引道时，6～8	[4]
		三级	12	14				12	14		
屋外配电装置			10		—[1]	10	5	10	12	1[3]	—
屋外主变压器	油量 t	5～10	10					15	20		
		>10～50						20	25		
		>50						25	30		
可燃介质电容器室（棚）			10								
油浸电抗器室（棚）			10		—			15	20		
露天油库			12	15	25	15				—	5
总事故储油池			5		—			10	12	1	1
站内生活建筑	耐火等级	一、二级	10	12	10	15	10	6	7	无出口时，1.5；有出口时，3.0	[4]
		三级	12	14	12	20	12	7	8		[4]
围墙			[4]		—		1	[4]		1	—

注1：建、构筑物防火间距应按相邻两建、构筑物外墙的最近距离计算，如外墙有凸出的燃烧构件时，则应从其凸出部分外缘算起。

注2：两座建筑相邻两面的外墙为非燃烧体且无门窗洞口，无外露的燃烧屋檐，其防火间距可按本表减少25％。

注3：两座建筑相邻较高一面的外墙如为防火墙时，其防火间距不限。

注4：建筑物外墙距屋外油浸主变压器和可燃介质电容器设备外廓5m以内时，该墙在设备总高度加3m的水平线以下及设备外廓两侧各3m的范围内，不应设有门窗和通风孔；建筑物外墙距设备外廓5m～10m时，在上述范围内的外墙可设防火门，并可在设备总高度以上设非燃烧性的固定窗。

注5：屋外配电装置与其他建、构筑物的间距除注明者外，均以架构计算，当继电器设备室布置在屋外配电装置场内时，其间距由工艺确定。

注6：屋外油浸变压器之间无防火墙时，其防火净距不得小于下列数值：

35kV	5m
66kV	6m
110kV	8m
220kV 及以上	10m

1) 表内未规定最小间距，用"—"表示者该间距可根据工艺布置需要确定。

2) 屋外配电装置内断路器的油量大于或等于1t时，从断路器外壁距丙、丁、戊类生产建筑或变压器的间距不应小于10m。

3) 屋外配电装置与道路路边的距离不宜小于1.5m，在困难条件下不应小于1m。

4) 围墙与丙、丁、戊类生产建筑和站内生活建筑的间距，在满足消防要求的前提下可以不限。

附录 E

（资料性附录）

750kV 屋外配电装置最小安全净距

表 E.1   750kV 屋外配电装置最小安全净距

符 号		适 用 范 围	数值 mm
A	A_1'	带电导体至接地构架	4800
	A_1''	带电设备至接地构架	5500
	A_2	带电导体相间	7200
$B_1^{2)}$		带电导体至栅栏[1]	6250
		运输设备外廓线至带电导体	
		不同时停电检修的垂直交叉导体之间	
B_2		网状遮栏至带电部分之间	5600
C		带电导体至地面	12000
D		不同时停电检修的两平行回路之间水平距离	7500
		带电导体至围墙顶部	
		带电导体至建筑物边缘	

1) B_1 值可按绝缘体电位的实际分布进行校验。即允许绝缘体至栅栏的距离小于表中 B_1 值。当无给定的分布电位时，可按线性分布计算。校验相间通道的安全净距，也可按此原则。

2) 当考虑带电作业时，人体活动半径取 750mm。

---

12 继电保护和安全自动装置技术规程

（GB/T 14285—2006）

1 范围

本标准规定了电力系统继电保护和安全自动装置的科研、设计、制造、试验、施工和运行等有关部门共同遵守的基本准则。

本标准适用于 3kV 及以上电压电力系统中电力设备和线路的继电保护和安全自动装置。

2 规范性引用文件

略。

3 总则

3.1 电力系统继电保护和安全自动装置的功能是在合理的电网结构前提下，保证电力系统和电力设备的安全运行。

3.2 继电保护和安全自动装置应符合可靠性、选择性、灵敏性和速动性的要求。当确定其配置和构成方案时，应综合考虑以下几个方面，并结合具体情况，处理好上述四性的关系：

　　a) 电力设备和电力网的结构特点和运行特点；

　　b) 故障出现的概率和可能造成的后果；

　　c) 电力系统的近期发展规划；

　　d) 相关专业的技术发展状况；

　　e) 经济上的合理性；

　　f) 国内和国外的经验。

3.3 继电保护和安全自动装置是保障电力系统安全、稳定运行不可或缺的重要设备。确定电力网结构、厂站主接线和运行方式时，必须与继电保护和安全自动装置的配置统筹考虑，合理安排。

继电保护和安全自动装置的配置要满足电力网结构和厂站主接线的要求，并考虑电力网和厂站运行方式的灵活性。

对导致继电保护和安全自动装置不能保证电力系统安全运行的电力网结构形式、厂站主接线形式、变压器接线方式和运行方式，应限制使用。

3.4 在确定继电保护和安全自动装置的配置方案时，应优先选用具有成熟运行经验的数字式装置。

3.5 应根据审定的电力系统设计或审定的系统接线

图及要求，进行继电保护和安全自动装置的系统设计。在系统设计中，除新建部分外，还应包括对原有系统继电保护和安全自动装置不符合要求部分的改造方案。

为便于运行管理和有利于性能配合，同一电力网或同一厂站内的继电保护和安全自动装置的型式、品种不宜过多。

3.6 电力系统中，各电力设备和线路的原有继电保护和安全自动装置，凡不能满足技术和运行要求的，应逐步进行改造。

3.7 设计安装的继电保护和安全自动装置应与一次系统同步投运。

3.8 继电保护和安全自动装置的新产品，应按国家规定的要求和程序进行检测或鉴定，合格后，方可推广使用。设计、运行单位应积极创造条件支持新产品的试用。

4　继电保护

4.1　一般规定

4.1.1　保护分类

电力系统中的电力设备和线路，应装设短路故障和异常运行的保护装置。电力设备和线路短路故障的保护应有主保护和后备保护，必要时可增设辅助保护。

4.1.1.1　主保护

主保护是满足系统稳定和设备安全要求，能以最快速度有选择地切除被保护设备和线路故障的保护。

4.1.1.2　后备保护

后备保护是主保护或断路器拒动时，用以切除故障的保护。后备保护可分为远后备和近后备两种方式。

a）远后备是当主保护或断路器拒动时，由相邻电力设备或线路的保护实现后备。

b）近后备是当主保护拒动时，由该电力设备或线路的另一套保护实现后备的保护；当断路器拒动时，由断路器失灵保护来实现的后备保护。

4.1.1.3　辅助保护

辅助保护是为补充主保护和后备保护的性能或当主保护和后备保护退出运行而增设的简单保护。

4.1.1.4　异常运行保护

异常运行保护是反应被保护电力设备或线路异常运行状态的保护。

4.1.2　对继电保护性能的要求

继电保护装置应满足可靠性、选择性、灵敏性和速动性的要求。

4.1.2.1　可靠性

可靠性是指保护该动作时应动作，不该动作时不动作。

为保证可靠性，宜选用性能满足要求、原理尽可能简单的保护方案，应采用由可靠的硬件和软件构成的装置，并应具有必要的自动检测、闭锁、告警等措施，以及便于整定、调试和运行维护。

4.1.2.2　选择性

选择性是指首先由故障设备或线路本身的保护切除故障，当故障设备或线路本身的保护或断路器拒动时，才允许由相邻设备、线路的保护或断路器失灵保护切除故障。

为保证选择性，对相邻设备和线路有配合要求的保护和同一保护内有配合要求的两元件（如起动与跳闸元件、闭锁与动作元件），其灵敏系数及动作时间应相互配合。

当重合于本线路故障，或在非全相运行期间健全相又发生故障时，相邻元件的保护应保证选择性。在重合闸后加速的时间内以及单相重合闸过程中发生区外故障时，允许被加速的线路保护无选择性。

在某些条件下必须加速切除短路时，可使保护无选择动作，但必须采取补救措施，例如采用自动重合闸或备用电源自动投入来补救。

发电机、变压器保护与系统保护有配合要求时，也应满足选择性要求。

4.1.2.3　灵敏性

灵敏性是指在设备或线路的被保护范围内发生故障时，保护装置具有的正确动作能力的裕度，一般以灵敏系数来描述。灵敏系数应根据不利正常（含正常检修）运行方式和不利故障类型（仅考虑金属性短路和接地故障）计算。

各类短路保护的灵敏系数，不宜低于附录 A 中表 A.1 内所列数值。

4.1.2.4　速动性

速动性是指保护装置应能尽快地切除短路故障，其目的是提高系统稳定性，减轻故障设备和线路的损坏程度，缩小故障波及范围，提高自动重合闸和备用电源或备用设备自动投入的效果等。

4.1.3　制定保护配置方案时，对两种故障同时出现的稀有情况可仅保证切除故障。

4.1.4　在各类保护装置接于电流互感器二次绕组时，应考虑到既要消除保护死区，同时又要尽可能减轻电流互感器本身故障时所产生的影响。

4.1.5　当采用远后备方式时，在短路电流水平低且对电网不致造成影响的情况下（如变压器或电抗器后面发生短路，或电流助增作用很大的相邻线路上发生短路等），如果为了满足相邻线路保护区末端短路时

的灵敏性要求，将使保护过分复杂或在技术上难以实现时，可以缩小后备保护作用的范围。必要时，可加设近后备保护。

4.1.6 电力设备或线路的保护装置，除预先规定的以外，都不应因系统振荡引起误动作。

4.1.7 使用于 220kV～500kV 电网的线路保护，其振荡闭锁应满足如下要求：

　　a) 系统发生全相或非全相振荡，保护装置不应误动作跳闸；

　　b) 系统在全相或非全相振荡过程中，被保护线路如发生各种类型的不对称故障，保护装置应有选择性地动作跳闸，纵联保护仍应快速动作；

　　c) 系统在全相振荡过程中发生三相故障，故障线路的保护装置应可靠动作跳闸，并允许带短延时。

4.1.8 有独立选相跳闸功能的线路保护装置发出的跳闸命令，应能直接传送至相关断路器的分相跳闸执行回路。

4.1.9 使用于单相重合闸线路的保护装置，应具有在单相跳闸后至重合前的两相运行过程中，健全相再故障时快速动作三相跳闸的保护功能。

4.1.10 技术上无特殊要求及无特殊情况时，保护装置中的零序电流方向元件应采用自产零序电压，不应接入电压互感器的开口三角电压。

4.1.11 保护装置在电压互感器二次回路一相、两相或三相同时断线、失压时，应发告警信号，并闭锁可能误动作的保护。

　　保护装置在电流互感器二次回路不正常或断线时，应发告警信号，除母线保护外，允许跳闸。

4.1.12 数字式保护装置，应满足下列要求：

4.1.12.1 宜将被保护设备或线路的主保护（包括纵、横联保护等）及后备保护综合在一整套装置内，共用直流电源输入回路及交流电压互感器和电流互感器的二次回路。该装置应能反应被保护设备或线路的各种故障及异常状态，并动作于跳闸或给出信号。

　　对仅配置一套主保护的设备，应采用主保护与后备保护相互独立的装置。

4.1.12.2 保护装置应尽可能根据输入的电流、电压量，自行判别系统运行状态的变化，减少外接相关的输入信号来执行其应完成的功能。

4.1.12.3 对适用于 110kV 及以上电压线路的保护装置，应具有测量故障点距离的功能。

　　故障测距的精度要求为：对金属性短路误差不大于线路全长的 ±3%。

4.1.12.4 对适用于 220kV 及以上电压线路的保护

装置，应满足：

　　a) 除具有全线速动的纵联保护功能外，还应至少具有三段式相间、接地距离保护，反时限和/或定时限零序方向电流保护的后备保护功能；

　　b) 对有监视的保护通道，在系统正常情况下，通道发生故障或出现异常情况时，应发出告警信号；

　　c) 能适用于弱电源情况；

　　d) 在交流失压情况下，应具有在失压情况下自动投入的后备保护功能，并允许不保证选择性。

4.1.12.5 保护装置应具有在线自动检测功能，包括保护硬件损坏、功能失效和二次回路异常运行状态的自动检测。

　　自动检测必须是在线自动检测，不应由外部手段起动；并应实现完善的检测，做到只要不告警，装置就处于正常工作状态，但应防止误告警。

　　除出口继电器外，装置内的任一元件损坏时，装置不应误动作跳闸，自动检测回路应能发出告警或装置异常信号，并给出有关信息指明损坏元件的所在部位，在最不利情况下应能将故障定位至模块（插件）。

4.1.12.6 保护装置的定值应满足保护功能的要求，应尽可能做到简单、易整定；用于旁路保护或其他定值经常需要改变时，宜设置多套（一般不少于 8 套）可切换的定值。

4.1.12.7 保护装置必须具有故障记录功能，以记录保护的动作过程，为分析保护动作行为提供详细、全面的数据信息，但不要求代替专用的故障录波器。

　　保护装置故障记录的要求是：

　　a) 记录内容应为故障时的输入模拟量和开关量、输出开关量、动作元件、动作时间、返回时间、相别。

　　b) 应能保证发生故障时不丢失故障记录信息。

　　c) 应能保证在装置直流电源消失时，不丢失已记录信息。

4.1.12.8 保护装置应以时间顺序记录的方式记录正常运行的操作信息，如开关变位、开入量输入变位、压板切换、定值修改、定值区切换等，记录应保证充足的容量。

4.1.12.9 保护装置应能输出装置的自检信息及故障记录，后者应包括时间、动作事件报告、动作采样值数据报告、开入、开出和内部状态信息、定值报告等。装置应具有数字/图形输出功能及通用的输出接口。

4.1.12.10 时钟和时钟同步

　　a) 保护装置应设硬件时钟电路，装置失去直流电源时，硬件时钟应能正常工作。

b) 保护装置应配置与外部授时源的对时接口。

4.1.12.11　保护装置应配置能与自动化系统相连的通信接口，通信协议符合 DL/T 667 继电保护设备信息接口配套标准。并宜提供必要的功能软件，如通信及维护软件、定值整定辅助软件、故障记录分析软件、调试辅助软件等。

4.1.12.12　保护装置应具有独立的 DC/DC 变换器供内部回路使用的电源。拉、合装置直流电源或直流电压缓慢下降及上升时，装置不应误动作。直流消失时，应有输出触点以起动告警信号。直流电源恢复（包括缓慢恢复）时，变换器应能自起动。

4.1.12.13　保护装置不应要求其交、直流输入回路外接抗干扰元件来满足有关电磁兼容标准的要求。

4.1.12.14　保护装置的软件应设有安全防护措施，防止程序出现不符合要求的更改。

4.1.13　使用于 220kV 及以上电压的电力设备非电量保护应相对独立，并具有独立的跳闸出口回路。

4.1.14　继电器和保护装置的直流工作电压，应保证在外部电源为 80%～115% 额定电压条件下可靠工作。

4.1.15　对 220kV～500kV 断路器三相不一致，应尽量采用断路器本体的三相不一致保护，而不再另外设置三相不一致保护；如断路器本身无三相不一致保护，则应为该断路器配置三相不一致保护。

4.1.16　跳闸出口应能自保持，直至断路器断开。自保持宜由断路器的操作回路来实现。

4.2　**发电机保护**

4.2.1　电压在 3kV 及以上，容量在 600MW 级及以下的发电机，应按本条的规定，对下列故障及异常运行状态，装设相应的保护。容量在 600MW 级以上的发电机可参照执行。

a) 定子绕组相间短路；

b) 定子绕组接地；

c) 定子绕组匝间短路；

d) 发电机外部相间短路；

e) 定子绕组过电压；

f) 定子绕组过负荷；

g) 转子表层（负序）过负荷；

h) 励磁绕组过负荷；

i) 励磁回路接地；

j) 励磁电流异常下降或消失；

k) 定子铁芯过励磁；

l) 发电机逆功率；

m) 频率异常；

n) 失步；

o) 发电机突然加电压；

p) 发电机起停；

q) 其他故障和异常运行。

4.2.2　上述各项保护，宜根据故障和异常运行状态的性质及动力系统具体条件，按规定分别动作于：

a) 停机　断开发电机断路器、灭磁，对汽轮发电机，还要关闭主汽门；对水轮发电机还要关闭导水翼。

b) 解列灭磁　断开发电机断路器、灭磁，汽轮机甩负荷。

c) 解列　断开发电机断路器，汽轮机甩负荷。

d) 减出力　将原动机出力减到给定值。

e) 缩小故障影响范围　例如断开预定的其他断路器。

f) 程序跳闸　对汽轮发电机首先关闭主汽门，待逆功率继电器动作后，再跳发电机断路器并灭磁。对水轮发电机，首先将导水翼关到空载位置，再跳开发电机断路器并灭磁。

g) 减励磁　将发电机励磁电流减至给定值。

h) 励磁切换　将励磁电源由工作励磁电源系统切换到备用励磁电源系统。

i) 厂用电源切换　由厂用工作电源供电切换到备用电源供电。

j) 分出口　动作于单独回路。

k) 信号　发出声光信号。

4.2.3　对发电机定子绕组及其引出线的相间短路故障，应按下列规定配置相应的保护作为发电机的主保护：

4.2.3.1　1MW 及以下单独运行的发电机，如中性点侧有引出线，则在中性点侧装设过电流保护，如中性点侧无引出线，则在发电机端装设低电压保护。

4.2.3.2　1MW 及以下与其他发电机或与电力系统并列运行的发电机，应在发电机端装设电流速断保护。如电流速断灵敏系数不符合要求，可装设纵联差动保护；对中性点侧没有引出线的发电机，可装设低压过流保护。

4.2.3.3　1MW 以上的发电机，应装设纵联差动保护。

4.2.3.4　对 100MW 以下的发电机变压器组，当发电机与变压器之间有断路器时，发电机与变压器宜分别装设单独的纵联差动保护功能。

4.2.3.5　对 100MW 及以上发电机变压器组，应装设双重主保护，每一套主保护宜具有发电机纵联差动保护和变压器纵联差动保护功能。

4.2.3.6　在穿越性短路、穿越性励磁涌流及自同步或非同步合闸过程中，纵联差动保护应采取措施，减轻电流互感器饱和及剩磁的影响，提高保护动作可靠性。

4.2.3.7 纵联差动保护，应装设电流回路断线监视装置，断线后动作于信号。电流回路断线允许差动保护跳闸。

4.2.3.8 本条中规定装设的过电流保护、电流速断保护、低电压保护、低压过流和差动保护均应动作于停机。

4.2.4 发电机定子绕组的单相接地故障的保护应符合以下要求：

4.2.4.1 发电机定子绕组单相接地故障电流允许值按制造厂的规定值，如无制造厂提供的规定值可参照表1中所列数据。

表 1　发电机定子绕组单相接地故障电流允许值

发电机额定电压/kV	发电机额定容量/MW		接地电流允许值/A
6.3	≤50		4
10.5	汽轮发电机	50～100	3
	水轮发电机	10～100	
13.8～15.75	汽轮发电机	125～200	2ᵃ
	水轮发电机	40～225	
18～20	300～600		1
a 对氢冷发电机为2.5。			

4.2.4.2 与母线直接连接的发电机：当单相接地故障电流（不考虑消弧线圈的补偿作用）大于允许值（参照表1）时，应装设有选择性的接地保护装置。

保护装置由装于机端的零序电流互感器和电流继电器构成。其动作电流按躲过不平衡电流和外部单相接地时发电机稳态电容电流整定。接地保护带时限动作于信号，但当消弧线圈退出运行或由于其他原因使残余电流大于接地电流允许值，应切换为动作于停机。

当未装接地保护，或装有接地保护但由于运行方式改变及灵敏系数不符合要求等原因不能动作时，可由单相接地监视装置动作于信号。

为了在发电机与系统并列前检查有无接地故障，保护装置应能监视发电机端零序电压值。

4.2.4.3 发电机变压器组：对100MW以下发电机，应装设保护区不小于90%的定子接地保护，对100MW及以上的发电机，应装设保护区为100%的定子接地保护。保护带时限动作于信号，必要时也可以动作于停机。

为检查发电机定子绕组和发电机回路的绝缘状况，保护装置应能监视发电机端零序电压值。

4.2.5 对发电机定子匝间短路，应按下列规定装设定子匝间保护：

4.2.5.1 对定子绕组为星形接线、每相有并联分支且中性点侧有分支引出端的发电机，应装设零序电流型横差保护或裂相横差保护、不完全纵差保护。

4.2.5.2 50MW及以上发电机，当定子绕组为星形接线，中性点只有三个引出端子时，根据用户和制造厂的要求，也可装设专用的匝间短路保护。

4.2.6 对发电机外部相间短路故障和作为发电机主保护的后备，应按下列规定配置相应的保护，保护装置宜配置在发电机的中性点侧：

4.2.6.1 对于1MW及以下与其他发电机或与电力系统并列运行的发电机，应装设过流保护。

4.2.6.2 1MW以上的发电机，宜装设复合电压（包括负序电压及线电压）起动的过电流保护。灵敏度不满足要求时可增设负序过电流保护。

4.2.6.3 50MW及以上的发电机，宜装设负序过电流保护和单元件低压起动过电流保护。

4.2.6.4 自并励（无串联变压器）发电机，宜采用带电流记忆（保持）的低压过电流保护。

4.2.6.5 并列运行的发电机和发电机变压器组的后备保护，对所连接母线的相间故障，应具有必要的灵敏系数，并不宜低于附录A中表A.1所列数值。

4.2.6.6 本条中规定装设的以上各项保护装置，宜带有二段时限，以较短的时限动作于缩小故障影响的范围或动作于解列，以较长的时限动作于停机。

4.2.6.7 对于按4.2.8.2和4.2.9.2规定装设了定子绕组反时限过负荷及反时限负序过负荷保护，且保护综合特性对发电机变压器组所连接高压母线的相间短路故障具有必要的灵敏系数，并满足时间配合要求，可不再装设4.2.6.2规定的后备保护。保护宜动作于停机。

4.2.7 对发电机定子绕组的异常过电压，应按下列规定装设过电压保护：

4.2.7.1 对水轮发电机，应装设过电压保护，其整定值根据定子绕组绝缘状况决定。过电压保护宜动作于解列灭磁。

4.2.7.2 对于100MW及以上的汽轮发电机，宜装设过电压保护，其整定值根据定子绕组绝缘状况决定。过电压保护宜动作于解列灭磁或程序跳闸。

4.2.8 对过负荷引起的发电机定子绕组过流，应按下列规定装设定子绕组过负荷保护：

4.2.8.1 定子绕组非直接冷却的发电机，应装设定时限过负荷保护，保护接一相电流，带时限动作于信号。

4.2.8.2　定子绕组为直接冷却且过负荷能力较低（例如低于 1.5 倍、60s），过负荷保护由定时限和反时限两部分组成。

定时限部分：动作电流按在发电机长期允许的负荷电流下能可靠返回的条件整定，带时限动作于信号，在有条件时，可动作于自动减负荷。

反时限部分：动作特性按发电机定子绕组的过负荷能力确定，动作于停机。保护应反应电流变化时定子绕组的热积累过程。不考虑在灵敏系数和时限方面与其他相间短路保护相配合。

4.2.9　对不对称负荷、非全相运行及外部不对称短路引起的负序电流，应按下列规定装设发电机转子表层过负荷保护：

4.2.9.1　50MW 及以上 A 值（转子表层承受负序电流能力的常数）大于 10 的发电机，应装设定时限负序过负荷保护。保护与 4.2.6.3 的负序过电流保护组合在一起。保护的动作电流按躲过发电机长期允许的负序电流值和躲过最大负荷下负序电流滤过器的不平衡电流值整定，带时限动作于信号。

4.2.9.2　100MW 及以上 A 值小于 10 的发电机，应装设由定时限和反时限两部分组成的转子表层过负荷保护。

定时限部分：动作电流按发电机长期允许的负序电流值和躲过最大负荷下负序电流滤过器的不平衡电流值整定。带时限动作于信号。

反时限部分：动作特性按发电机承受短时负序电流的能力确定，动作于停机。保护应能反应电流变化时发电机转子的热积累过程。不考虑在灵敏系数和时限方面与其他相间短路保护相配合。

4.2.10　对励磁系统故障或强励时间过长的励磁绕组过负荷，100MW 及以上采用半导体励磁的发电机，应装设励磁绕组过负荷保护。

300MW 以下采用半导体励磁的发电机，可装设定时限励磁绕组过负荷保护，保护带时限动作于信号和降低励磁电流。

300MW 及以上的发电机其励磁绕组过负荷保护可由定时限和反时限两部分组成。

定时限部分：动作电流按正常运行最大励磁电流下能可靠返回的条件整定，带时限动作于信号和降低励磁电流。

反时限部分：动作特性按发电机励磁绕组的过负荷能力确定，并动作于解列灭磁或程序跳闸。保护应能反应电流变化时励磁绕组的热积累过程。

4.2.11　对 1MW 及以下发电机的转子一点接地故障，可装设定期检测装置。1MW 及以上的发电机应装设专用的转子一点接地保护装置延时动作于信号，宜减负荷平稳停机，有条件时可动作于程序跳闸。对旋转励磁的发电机宜装设一点接地故障定期检测装置。

4.2.12　对励磁电流异常下降或完全消失的失磁故障，应按下列规定装设失磁保护装置：

4.2.12.1　不允许失磁运行的发电机及失磁对电力系统有重大影响的发电机应装设专用的失磁保护。

4.2.12.2　对汽轮发电机，失磁保护宜瞬时或短延时动作于信号，有条件的机组可进行励磁切换。失磁后母线电压低于系统允许值时，带时限动作于解列。当发电机母线电压低于保证厂用电稳定运行要求的电压时，带时限动作于解列，并切换厂用电源。有条件的机组失磁保护也可动作于自动减出力。当减出力至发电机失磁允许负荷以下，其运行时间接近于失磁允许运行限时时。可动作于程序跳闸。

对水轮发电机，失磁保护应带时限动作于解列。

4.2.13　300MW 及以上发电机，应装设过励磁保护。保护装置可装设由低定值和高定值两部分组成的定时限过励磁保护或反时限过励磁保护，有条件时应优先装设反时限过励磁保护。

定时限过励磁保护：

——低定值部分：带时限动作于信号和降低励磁电流。

——高定值部分：动作于解列灭磁或程序跳闸。

反时限过励磁保护：反时限特性曲线由上限定时限、反时限、下限定时限三部分组成。上限定时限、反时限动作于解列灭磁，下限定时限动作于信号。

反时限的保护特性曲线应与发电机的允许过励磁能力相配合。

汽轮发电机装设了过励磁保护可不再装设过电压保护。

4.2.14　对发电机变电动机运行的异常运行方式，200MW 及以上的汽轮发电机，宜装设逆功率保护。对燃汽轮发电机，应装设逆功率保护。保护装置由灵敏的功率继电器构成，带时限动作于信号，经汽轮机允许的逆功率时间延时动作于解列。

4.2.15　对低于额定频率带负载运行的 300MW 及以上汽轮发电机，应装设低频率保护。保护动作于信号，并有累计时间显示。

对高于额定频率带负载运行的 100MW 及以上汽

轮发电机或水轮发电机，应装设高频率保护。保护动作于解列灭磁或程序跳闸。

4.2.16 300MW 及以上发电机宜装设失步保护。在短路故障、系统同步振荡、电压回路断线等情况下，保护不应误动作。

通常保护动作于信号。当振荡中心在发电机变压器组内部，失步运行时间超过整定值或电流振荡次数超过规定值时，保护还应动作于解列，并保证断路器断开时的电流不超过断路器允许开断电流。

4.2.17 对 300MW 及以上汽轮发电机，发电机励磁回路一点接地、发电机运行频率异常、励磁电流异常下降或消失等异常运行方式，保护动作于停机，宜采用程序跳闸方式。采用程序跳闸方式，由逆功率继电器作为闭锁元件。

4.2.18 对调相运行的水轮发电机，在调相运行期间有可能失去电源时，应装设解列保护，保护装置带时限动作于停机。

4.2.19 对于发电机起停过程中发生的故障、断路器断口闪络及发电机轴电流过大等故障和异常运行方式，可根据机组特点和电力系统运行要求，采取措施或增设相应保护。对 300MW 及以上机组宜装设突然加电压保护。

4.2.20 抽水蓄能发电机组应根据其机组容量和接线方式装设与水轮发电机相当的保护，且应能满足发电机、调相机或电动机运行不同运行方式的要求，并宜装设变频起动和发电机电制动停机需要的保护。

4.2.20.1 差动保护应采用同一套差动保护装置能满足发电机和电动机两种不同运行方式的保护方案。

4.2.20.2 应装设能满足发电机或电动机两种不同运行方式的定时限或反时限负序过电流保护。

4.2.20.3 应根据机组额定容量装设逆功率保护，并应在切换到抽水运行方式时自动退出逆功率保护。

4.2.20.4 应根据机组容量装设能满足发电机运行或电动机运行的失磁、失步保护。并由运行方式切换发电机运行或电动机运行方式下其保护的投退。

4.2.20.5 变频起动时宜闭锁可能由谐波引起误动的各种保护，起动结束时应自动解除其闭锁。

4.2.20.6 对发电机电制动停机，宜装设防止定子绕组端头短接接触不良的保护，保护可短延时动作于切断电制动励磁电流。电制动停机过程宜闭锁会发生误动的保护。

4.2.21 对于 100MW 及以上容量的发电机变压器组装设数字式保护时，除非电量保护外，应双重化配置。当断路器具有两组跳闸线圈时，两套保护宜分别

动作于断路器的一组跳闸线圈。

4.2.22 对于 600MW 级及以上发电机组应装设双重化的电气量保护，对非电气量保护应根据主设备配套情况，有条件的也可进行双重化配置。

4.2.23 自并励发电机的励磁变压器宜采用电流速断保护作为主保护；过电流保护作为后备保护。

对交流励磁发电机的主励磁机的短路故障宜在中性点侧的 TA 回路装设电流速断保护作为主保护，过电流保护作为后备保护。

4.3 电力变压器保护

4.3.1 对升压、降压、联络变压器的下列故障及异常运行状态，应按本条的规定装设相应的保护装置：

a) 绕组及其引出线的相间短路和中性点直接接地或经小电阻接地侧的接地短路；

b) 绕组的匝间短路；

c) 外部相间短路引起的过电流；

d) 中性点直接接地或经小电阻接地电力网中外部接地短路引起的过电流及中性点过电压；

e) 过负荷；

f) 过励磁；

g) 中性点非有效接地侧的单相接地故障；

h) 油面降低；

i) 变压器油温、绕组温度过高及油箱压力过高和冷却系统故障。

4.3.2 0.4MVA 及以上车间内油浸式变压器和 0.8MVA 及以上油浸式变压器，均应装设瓦斯保护。当壳内故障产生轻微瓦斯或油面下降时，应瞬时动作于信号；当壳内故障产生大量瓦斯时，应瞬时动作于断开变压器各侧断路器。

带负荷调压变压器充油调压开关，亦应装设瓦斯保护。

瓦斯保护应采取措施，防止因瓦斯继电器的引线故障、震动等引起瓦斯保护误动作。

4.3.3 对变压器的内部、套管及引出线的短路故障，按其容量及重要性的不同，应装设下列保护作为主保护，并瞬时动作于断开变压器的各侧断路器：

4.3.3.1 电压在 10kV 及以下、容量在 10MVA 及以下的变压器，采用电流速断保护。

4.3.3.2 电压在 10kV 以上、容量在 10MVA 及以上的变压器，采用纵差保护。对于电压为 10kV 的重要变压器，当电流速断保护灵敏度不符合要求时也可采用纵差保护。

4.3.3.3 电压为 220kV 及以上的变压器装设数字式保护时，除非电量保护外，应采用双重化保护配置。当断路器具有两组跳闸线圈时，两套保护宜分别动作

于断路器的一组跳闸线圈。

4.3.4　纵联差动保护应满足下列要求：

a) 应能躲过励磁涌流和外部短路产生的不平衡电流；

b) 在变压器过励磁时不应误动作；

c) 在电流回路断线时应发出断线信号，电流回路断线允许差动保护动作跳闸；

d) 在正常情况下，纵联差动保护的保护范围应包括变压器套管和引出线，如不能包括引出线时，应采取快速切除故障的辅助措施。在设备检修等特殊情况下，允许差动保护短时利用变压器套管电流互感器，此时套管和引线故障由后备保护动作切除；如电网安全稳定运行有要求时，应将纵联差动保护切至旁路断路器的电流互感器。

4.3.5　对外部相间短路引起的变压器过电流，变压器应装设相间短路后备保护。保护带延时跳开相应的断路器。相间短路后备保护宜选用过电流保护、复合电压（负序电压和线间电压）启动的过电流保护或复合电流保护（负序电流和单相式电压启动的过电流保护）。

4.3.5.1　35kV～66kV 及以下中小容量的降压变压器，宜采用过电流保护。保护的整定值要考虑变压器可能出现的过负荷。

4.3.5.2　110kV～500kV 降压变压器、升压变压器和系统联络变压器，相间短路后备保护用过电流保护不能满足灵敏性要求时，宜采用复合电压起动的过电流保护或复合电流保护。

4.3.6　对降压变压器、升压变压器和系统联络变压器，根据各侧接线、连接的系统和电源情况的不同，应配置不同的相间短路后备保护，该保护宜考虑能反映电流互感器与断路器之间的故障。

4.3.6.1　单侧电源双绕组变压器和三绕组变压器，相间短路后备保护宜装于各侧。非电源侧保护带两段或三段时限，用第一时限断开本侧母联或分段断路器，缩小故障影响范围；用第二时限断开本侧断路器；用第三时限断开变压器各侧断路器。电源侧保护带一段时限，断开变压器各侧断路器。

4.3.6.2　两侧或三侧有电源的双绕组变压器和三绕组变压器，各侧相间短路后备保护可带两段或三段时限。为满足选择性的要求或为降低后备保护的动作时间，相间短路后备保护可带方向，方向宜指向各侧母线，但断开变压器各侧断路器的后备保护不带方向。

4.3.6.3　低压侧有分支，并接至分开运行母线段的降压变压器，除在电源侧装设保护外，还应在每个分支装设相间短路后备保护。

4.3.6.4　如变压器低压侧无专用母线保护，变压器高压侧相间短路后备保护，对低压侧母线间短路灵敏度不够时，为提高切除低压侧母线故障的可靠性，可在变压器低压侧配置两套相间短路后备保护。该两套后备保护接至不同的电流互感器。

4.3.6.5　发电机变压器组，在变压器低压侧不另设相间短路后备保护，而利用装于发电机中性点侧的相间短路后备保护，作为高压侧外部、变压器和分支线相间短路后备保护。

4.3.6.6　相间后备保护对母线故障灵敏度应符合要求。为简化保护，当保护作为相邻线路的远后备时，可适当降低对保护灵敏度的要求。

4.3.7　与 110kV 及以上中性点直接接地电网连接的降压变压器、升压变压器和系统联络变压器，对外部单相接地短路引起的过电流，应装设接地短路后备保护，该保护宜考虑能反映电流互感器与断路器之间的接地故障。

4.3.7.1　在中性点直接接地的电网中，如变压器中性点直接接地运行，对单相接地引起的变压器过电流，应装设零序过电流保护，保护可由两段组成，其动作电流与相关线路零序过电流保护相配合。每段保护可设两个时限，并以较短时限动作于缩小故障影响范围，或动作于本侧断路器，以较长时限动作于断开变压器各侧断路器。

4.3.7.2　对 330kV、500kV 变压器，为降低零序过电流保护的动作时间和简化保护，高压侧零序一段只带一个时限，动作于断开变压器高压侧断路器；零序二段也只带一个时限，动作于断开变压器各侧断路器。

4.3.7.3　对自耦变压器和高、中压侧均直接接地的三绕组变压器，为满足选择性要求，可增设零序方向元件，方向宜指向各侧母线。

4.3.7.4　普通变压器的零序过电流保护，宜接到变压器中性点引出线回路的电流互感器；零序方向过电流保护宜接到高、中压侧三相电流互感器的零序回路；自耦变压器的零序过电流保护应接到高、中压侧三相电流互感器的零序回路。

4.3.7.5　对自耦变压器，为增加切除单相接地短路的可靠性，可在变压器中性点回路增设零序过电流保护。

4.3.7.6　为提高切除自耦变压器内部单相接地短路故障的可靠性，可增设只接入高、中压侧和公共绕组回路电流互感器的星形接线电流分相差动保护或零序差动保护。

4.3.8　在 110kV、220kV 中性点直接接地的电力网中，当低压侧有电源的变压器中性点可能接地运行或不接地运行时，对外部单相接地短路引起的过电流，以及对因失去接地中性点引起的变压器中性点电压升高，应按下列规定装设后备保护。

4.3.8.1 全绝缘变压器：应按 4.3.7.1 规定装设零序过电流保护，满足变压器中性点直接接地运行的要求。此外，应增设零序过电压保护，当变压器所连接的电力网失去接地中性点时，零序过电压保护经 0.3s～0.5s 时限动作断开变压器各侧断路器。

4.3.8.2 分级绝缘变压器：为限制此类变压器中性点不接地运行时可能出现的中性点过电压，在变压器中性点应装设放电间隙。此时应装设用于中性点直接接地和经放电间隙接地的两套零序过电流保护。此外，还应增设零序过电压保护。用于中性点直接接地运行的变压器按 4.3.7.1 的规定装设保护。用于经间隙接地的变压器，装设反应间隙放电的零序电流保护和零序过电压保护。当变压器所接的电力网失去接地中性点，又发生单相接地故障时，此电流电压保护动作，经 0.3s～0.5s 时限动作断开变压器各侧断路器。

4.3.9 10kV～66kV 系统专用接地变压器应按 4.3.3.1、4.3.3.2、4.3.5 各条的要求配置主保护和相间后备保护。对低电阻接地系统的接地变压器，还应配置零序过电流保护。零序过电流保护宜接于接地变压器中性点回路中的零序电流互感器。当专用接地变压器不经断路器直接接于变压器低压侧时，零序过电流保护宜有三个时限，第一时限断开低压侧母联或分段断路器，第二时限断开主变低压侧断路器，第三时限断开变压器各侧断路器。当专用接地变压器接于低压侧母线上，零序过电流保护宜有两个时限，第一时限断开母联或分段断路器，第二时限断开接地变压器断路器及主变压器各侧断路器。

4.3.10 一次侧接入 10kV 及以下非有效接地系统，绕组为星形——星形接线，低压侧中性点直接接地的变压器，对低压侧单相接地短路应装设下列保护之一：

　　a）在低压侧中性点回路装设零序过电流保护；

　　b）灵敏度满足要求时，利用高压侧的相间过电流保护，此时该保护应采用三相式，保护带时限断开变压器各侧。

4.3.11 0.4MVA 及以上数台并列运行的变压器和作为其他负荷备用电源的单台运行变压器，根据实际可能出现过荷情况，应装设过负荷保护。自耦变压器和多绕组变压器，过负荷保护应能反应公共绕组及各侧过负荷的情况。

　　过负荷保护可为单相式，具有定时限或反时限的动作特性。对经常有人值班的厂、所过负荷保护动作于信号；在无经常值班人员的变电所，过负荷保护可动作跳闸或切除部分负荷。

4.3.12 对于高压侧为 330kV 及以上的变压器，为防止由于频率降低和/或电压升高引起变压器磁密过高而损坏变压器，应装设过励磁保护。保护应具有定时限或反时限特性并与被保护变压器的过励磁特性相配合。定时限保护由两段组成，低定值动作于信号，高定值动作于跳闸。

4.3.13 对变压器油温、绕组温度及油箱内压力升高超过允许值和冷却系统故障，应装设动作于跳闸或信号的装置。

4.3.14 变压器非电气量保护不应启动失灵保护。

4.4 3kV～10kV 线路保护

　　3kV～10kV 中性点非有效接地电力网的线路，对相间短路和单相接地应按本条规定装设相应的保护。

4.4.1 相间短路保护应按下列原则配置：

4.4.1.1 保护装置如由电流继电器构成，应接于两相电流互感器上，并在同一网路的所有线路上，均接于相同两相的电流互感器上。

4.4.1.2 保护应采用远后备方式。

4.4.1.3 如线路短路使发电厂厂用母线或重要用户母线电压低于额定电压的 60% 以及线路导线截面过小，不允许带时限切除短路时，应快速切除故障。

4.4.1.4 过电流保护的时限不大于 0.5s～0.7s，且没有 4.4.1.3 所列情况，或没有配合上要求时，可装设瞬动的电流速断保护。

4.4.2 对相间短路，应按下列规定装设保护：

4.4.2.1 单侧电源线路

　　可装设两段过电流保护，第一段为不带时限的电流速断保护；第二段为带时限的过电流保护，保护可采用定时限或反时限特性。

　　带电抗器的线路，如其断路器不能切断电抗器前的短路，则不应装设电流速断保护。此时，应由母线保护或其他保护切除电抗器前的故障。

　　自发电厂母线引出的不带电抗器的线路，应装设无时限电流速断保护，其保护范围应保证切除所有使该母线残余电压低于额定电压 60% 的短路。为满足这一要求，必要时，保护可无选择性动作，并以自动重合闸或备用电源自动投入来补救。

　　保护装置仅装在线路的电源侧。

　　线路不应多级串联，以一级为宜，不应超过二级。

　　必要时，可配置光纤电流差动保护作为主保护，带时限的过电流保护为后备保护。

4.4.2.2　双侧电源线路

a）可装设带方向或不带方向的电流速断保护和过电流保护。

b）短线路、电缆线路、并联连接的电缆线路宜采用光纤电流差动保护作为主保护，带方向或不带方向的电流保护作为后备保护。

c）并列运行的平行线路

尽可能不并列运行，当必须并列运行时，应配以光纤电流差动保护，带方向或不带方向的电流保护作后备保护。

4.4.2.3　环形网络的线路

3kV～10kV不宜出现环形网络的运行方式，应开环运行。当必须以环形方式运行时，为简化保护，可采用故障时将环网自动解列而后恢复的方法，对于不宜解列的线路，可参照4.4.2.2的规定。

4.4.2.4　发电厂厂用电源线

发电厂厂用电源线（包括带电抗器的电源线），宜装设纵联差动保护和过电流保护。

4.4.3　对单相接地短路，应按下列规定装设保护：

4.4.3.1　在发电厂和变电所母线上，应装设单相接地监视装置。监视装置反应零序电压，动作于信号。

4.4.3.2　有条件安装零序电流互感器的线路，如电缆线路或经电缆引出的架空线路，当单相接地电流能满足保护的选择性和灵敏性要求时，应装设动作于信号的单相接地保护。如不能安装零序电流互感器，而单相接地保护能够躲过电流回路中的不平衡电流的影响，例如单相接地电流较大，或保护反应接地电流的暂态值等，也可将保护装置接于三相电流互感器构成的零序回路中。

4.4.3.3　在出线回路数不多，或难以装设选择性单相接地保护时，可用依次断开线路的方法，寻找故障线路。

4.4.3.4　根据人身和设备安全的要求，必要时，应装设动作于跳闸的单相接地保护。

4.4.4　对线路单相接地，可利用下列电流，构成有选择性的电流保护或功率方向保护：

a）网络的自然电容电流；

b）消弧线圈补偿后的残余电流，例如残余电流的有功分量或高次谐波分量；

c）人工接地电流，但此电流应尽可能地限制在10A～20A以内；

d）单相接地故障的暂态电流。

4.4.5　可能时常出现过负荷的电缆线路，应装设过负荷保护。保护宜带时限动作于信号，必要时可动作于跳闸。

4.4.6　3kV～10kV经低电阻接地单侧电源单回线路，除配置相间故障保护外，还应配置零序电流保护。

4.4.6.1　零序电流构成方式：可用三相电流互感器组成零序电流滤过器，也可加装独立的零序电流互感器，视接地电阻阻值、接地电流和整定值大小而定。

4.4.6.2　应装没二段零序电流保护，第一段为零序电流速断保护，时限宜与相间速断保护相同，第二段为零序过电流保护，时限宜与相间过电流保护相同。若零序时限速断保护不能保证选择性需要时，也可以配置两套零序过电流保护。

4.5　35kV～66kV线路保护

35kV～66kV中性点非有效接地电力网的线路，对相间短路和单相接地，应按本条的规定装设相应的保护。

4.5.1　对相间短路，保护应按下列原则配置：

4.5.1.1　保护装置采用远后备方式。

4.5.1.2　下列情况应快速切除故障：

a）如线路短路，使发电厂厂用母线电压低于额定电压的60%时；

b）如切除线路故障时间长，可能导致线路失去热稳定时；

c）城市配电网络的直馈线路，为保证供电质量需要时；

d）与高压电网邻近的线路，如切除故障时间长，可能导致高压电网产生稳定问题时。

4.5.2　对相间短路，应按下列规定装设保护装置。

4.5.2.1　单侧电源线路

可装设一段或两段式电流速断保护和过电流保护，必要时可增设复合电压闭锁元件。

由几段线路串联的单侧电源线路及分支线路，如上述保护不能满足选择性、灵敏性和速动性的要求时，速断保护可无选择地动作，但应以自动重合闸来补救。此时，速断保护应躲开降压变压器低压母线的短路。

4.5.2.2　复杂网络的单回线路

a）可装设一段或两段式电流速断保护和过电流保护，必要时，保护可增设复合电压闭锁元件和方向元件。如不满足选择性、灵敏性和速动性的要求或保护构成过于复杂时，宜采用距离保护。

b）电缆及架空短线路，如采用电流电压保护不能满足选择性、灵敏性和速动性要求时，宜采用光纤电流差动保护作为主保护，以带方向或不带方向的电流电压保护作为后备保护。

c) 环形网络宜开环运行，并辅以重合闸和备用电源自动投入装置来增加供电可靠性。如必须环网运行，为了简化保护，可采用故障时先将网络自动解列而后恢复的方法。

4.5.2.3 平行线路

平行线路宜分列运行，如必须并列运行时，可根据其电压等级、重要程度和具体情况按下列方式之一装设保护，整定有困难时，允许双回线延时段保护之间的整定配合无选择性：

a) 装设全线速动保护作为主保护，以阶段式距离保护作为后备保护；

b) 装设有相继动作功能的阶段式距离保护作为主保护和后备保护。

4.5.3 中性点经低电阻接地的单侧电源线路装设一段或两段三相式电流保护，作为相间故障的主保护和后备保护；装设一段或两段零序电流保护，作为接地故障的主保护和后备保护。

串联供电的几段线路，在线路故障时，几段线路可以采用前加速的方式同时跳闸，并用顺序重合闸和备用电源自动投入装置来提高供电可靠性。

4.5.4 对中性点不接地或经消弧线圈接地线路的单相接地故障，保护的装设原则及构成方式按本规程4.4.3和4.4.4的规定执行。

4.5.5 可能出现过负荷的电缆线路或电缆与架空混合线路，应装设过负荷保护，保护宜带时限动作于信号，必要时可动作于跳闸。

4.6 110kV～220kV 线路保护

110kV～220kV 中性点直接接地电力网的线路，应按本条的规定装设反应相间短路和接地短路的保护。

4.6.1 110kV 线路保护

4.6.1.1 110kV 双侧电源线路符合下列条件之一时，应装设一套全线速动保护。

a) 根据系统稳定要求有必要时；

b) 线路发生三相短路，如使发电厂厂用母线电压低于允许值（一般为60%额定电压），且其他保护不能无时限和有选择地切除短路时；

c) 如电力网的某些线路采用全线速动保护后，不仅改善本线路保护性能，而且能够改善整个电网保护的性能。

4.6.1.2 对多级串联或采用电缆的单侧电源线路，为满足快速性和选择性的要求，可装设全线速动保护作为主保护。

4.6.1.3 110kV 线路的后备保护宜采用远后备方式。

4.6.1.4 单侧电源线路，可装设阶段式相电流和零序电流保护，作为相间和接地故障的保护，如不能满足要求，则装设阶段式相间和接地距离保护，并辅之用于切除经电阻接地故障的一段零序电流保护。

4.6.1.5 双侧电源线路，可装设阶段式相间和接地距离保护，并辅之用于切除经电阻接地故障的一段零序电流保护。

4.6.1.6 对带分支的110kV线路，可按4.6.5的规定执行。

4.6.2 220kV 线路保护

220kV 线路保护应按加强主保护简化后备保护的基本原则配置和整定。

a) 加强主保护是指全线速动保护的双重化配置，同时，要求每一套全线速动保护的功能完整，对全线路内发生的各种类型故障，均能快速动作切除故障。对于要求实现单相重合闸的线路，每套全线速动保护应具有选相功能。当线路在正常运行中发生不大于100Ω电阻的单相接地故障时，全线速动保护应有尽可能强的选相能力，并能正确动作跳闸。

b) 简化后备保护是指主保护双重化配置，同时，在每一套全线速动保护的功能完整的条件下，带延时的相间和接地Ⅱ、Ⅲ段保护（包括相间和接地距离保护、零序电流保护），允许与相邻线路和变压器的主保护配合，从而简化动作时间的配合整定。如双重化配置的主保护均有完善的距离后备保护，则可以不使用零序电流Ⅰ、Ⅱ段保护，仅保留用于切除经不大于100Ω电阻接地故障的一段定时限和/或反时限零序电流保护。

c) 线路主保护和后备保护的功能及作用。能够快速有选择性地切除线路故障的全线速动保护以及不带时限的线路Ⅰ段保护都是线路的主保护。每一套全线速动保护对全线路内发生的各种类型故障均有完整的保护功能，两套全线速动保护可以互为近后备保护。线路Ⅱ段保护是全线速动保护的近后备保护。通常情况下，在线路保护Ⅰ段范围外发生故障时，如其中一套全线速动保护拒动，应由另一套全线速动保护切除故障，特殊情况下，当两套全线速动保护均拒动时，如果可能，则由线路Ⅱ段保护切除故障，此时，允许相邻线路保护Ⅱ段失去选择性。线路Ⅲ段保护是本线路的延时近后备保护，同时尽可能作为相邻线路的远后备保护。

4.6.2.1 对220kV线路，为了有选择性的快速切除故障，防止电网事故扩大，保证电网安全、优质、经济运行，一般情况下，应按下列要求装设两套全线速动保护，在旁路断路器代线路运行时，至少应保留一套全线速动保护运行。

a) 两套全线速动保护的交流电流、电压回路和直流电源彼此独立。对双母线接线，两套保护可合用交流电压回路；

b) 每一套全线速动保护对全线路内发生的各种类型故障，均能快速动作切除故障；

c) 对要求实现单相重合闸的线路，两套全线速动保护应具有选相功能；

d) 两套主保护应分别动作于断路器的一组跳闸线圈；

e) 两套全线速动保护分别使用独立的远方信号传输设备；

f) 具有全线速动保护的线路，其主保护的整组动作时间应为：对近端故障：≤20ms；对远端故障：≤30ms（不包括通道时间）。

4.6.2.2　220kV 线路的后备保护宜采用近后备方式。但某些线路，如能实现远后备，则宜采用远后备，或同时采用远、近结合的后备方式。

4.6.2.3　对接地短路，应按下列规定之一装设后备保护。

对 220kV 线路，当接地电阻不大于 100Ω 时，保护应能可靠地切除故障。

a) 宜装设阶段式接地距离保护并辅之用于切除经电阻接地故障的一段定时限和/或反时限零序电流保护。

b) 可装设阶段式接地距离保护，阶段式零序电流保护或反时限零序电流保护，根据具体情况使用。

c) 为快速切除中长线路出口短路故障，在保护配置中宜有专门反应近端接地故障的辅助保护功能。

符合 4.6.2.1 规定时，除装设全线速动保护外，还应按本条的规定，装设接地后备保护和辅助保护。

4.6.2.4　对相间短路，应按下列规定装设保护装置：

a) 宜装设阶段式相间距离保护；

b) 为快速切除中长线路出口短路故障，在保护配置中宜有专门反应近端相间故障的辅助保护功能。

符合 4.6.2.1 规定时，除装设全线速动保护外，还应按本条的规定，装设相间短路后备保护和辅助保护。

4.6.3　对需要装设全线速动保护的电缆线路及架空短线路，宜采用光纤电流差动保护作为全线速动主保护。对中长线路，有条件时宜采用光纤电流差动保护作为全线速动主保护。接地和相间短路保护分别按 4.6.2.3 和 4.6.2.4 中的相应规定装设。

4.6.4　并列运行的平行线，宜装设与一般双侧电源线路相同的保护，对电网稳定影响较大的同杆双回线路，按 4.7.5 的规定执行。

4.6.5　不宜在电网的联络线上接入分支线路或分支变压器。对带分支的线路，可装设与不带分支时相同的保护，但应考虑下述特点，并采取必要的措施。

4.6.5.1　当线路有分支时，线路侧保护对线路分支上的故障，应首先满足速动性，对分支变压器故障，允许跳线路侧断路器。

4.6.5.2　如分支变压器低压侧有电源，还应对高压侧线路故障装设保护装置，有解列点的小电源侧按无电源处理，可不装设保护。

4.6.5.3　分支线路上当采用电力载波闭锁式纵联保护时，应按下列规定执行：

a) 不论分支侧有无电源，当纵联保护能躲开分支变压器的低压侧故障，并对线路及其分支上故障有足够灵敏度时，可不在分支侧另设纵联保护，但应装设高频阻波器。当不符合上述要求时，在分支侧可装设变压器低压侧故障启动的高频闭锁发信装置。当分支侧变压器低压侧有电源且须在分支侧快速切除故障时，宜在分支侧也装设纵联保护。

b) 母线差动保护和断路器位置触点，不应停发高频闭锁信号，以免线路对侧跳闸，使分支线与系统解列。

4.6.5.4　对并列运行的平行线上的平行分支，如有两台变压器，宜将变压器分接于每一分支上，且高、低压侧都不允许并列运行。

4.6.6　对各类双断路器接线方式的线路，其保护应按线路为单元装设，重合闸装置及失灵保护等应按断路器为单元装设。

4.6.7　电缆线路或电缆架空混合线路，应装设过负荷保护。保护宜动作于信号，必要时可动作于跳闸。

4.6.8　电气化铁路供电线路：采用三相电源对电铁负荷供电的线路，可装设与一般线路相同的保护。采用两相电源对电铁负荷供电的线路，可装设两段式距离、两段式电流保护。同时还应考虑下述特点，并采取必要的措施。

4.6.8.1　电气化铁路供电产生的不对称分量和冲击负荷可能会使线路保护装置频繁起动，必要时，可增设保护装置快速复归的回路。

4.6.8.2　电气化铁路供电在电网中造成的谐波分量可能导致线路保护装置误动，必要时，可增设谐波分量闭锁回路。

4.7　330kV～500kV 线路保护

4.7.1　330kV～500kV 线路对继电保护的配置和对装置技术性能的要求，除按 4.6.2 及 4.6.3 要求外，还应考虑下列问题：

a) 线路输送功率大，稳定问题严重，要求保护动作快，可靠性高及选择性好；

b) 线路采用大截面分裂导线、不完全换位及紧凑型线路所带来的影响；

c) 长线路、重负荷，电流互感器变比大，二次电流小对保护装置的影响；

d) 同杆并架双回线路发生跨线故障对两回线跳闸和重合闸的不同要求；

e) 采用大容量发电机、变压器所带来的影响；

f) 线路分布电容电流明显增大所带来的影响；

g) 系统装设串联电容补偿和并联电抗器等设备所带来的影响；

h) 交直流混合电网所带来的影响；

i) 采用带气隙的电流互感器和电容式电压互感器，对电流、电压传变过程所带来的影响；

j) 高频信号在长线路上传输时，衰耗较大及通道干扰电平较高所带来的影响以及采用光缆、微波迂回通道时所带来的影响。

4.7.2 330kV～500kV 线路，应按下列原则实现主保护双重化：

a) 设置两套完整、独立的全线速动主保护；

b) 两套全线速动保护的交流电流、电压回路，直流电源互相独立（对双母线接线，两套保护可合用交流电压回路）；

c) 每一套全线速动保护对全线路内发生的各种类型故障，均能快速动作切除故障；

d) 对要求实现单相重合闸的线路，两套全线速动保护应有选相功能，线路正常运行中发生接地电阻为 4.7.3c) 中规定数值的单相接地故障时，保护应有尽可能强的选相能力，并能正确动作跳闸；

e) 每套全线速动保护应分别动作于断路器的一组跳闸线圈；

f) 每套全线速动保护应分别使用互相独立的远方信号传输设备；

g) 具有全线速动保护的线路，其主保护的整组动作时间应为：

对近端故障：≤20ms；

对远端故障：≤30ms（不包括通道传输时间）。

4.7.3 330kV～500kV 线路，应按下列原则设置后备保护：

a) 采用近后备方式；

b) 后备保护应能反应线路的各种类型故障；

c) 接地后备保护应保证在接地电阻不大于下列数值时，有尽可能强的选相能力，并能正确动作跳闸：

330kV 线路：150 Ω；

500kV 线路：300 Ω。

d) 为快速切除中长线路出口故障，在保护配置中宜有专门反应近端故障的辅助保护功能。

4.7.4 当 330kV～500kV 线路双重化的每套主保护装置都具有完善的后备保护时，可不再另设后备保护。只要其中一套主保护装置不具有后备保护时，则必须再设一套完整、独立的后备保护。

4.7.5 330kV～500kV 同杆并架线路发生跨线故障时，根据电网的具体情况，当发生跨线异名相瞬时故障允许双回线同时跳闸时，可装设与一般双侧电源线路相同的保护；对电网稳定影响较大的同杆并架线路，宜配置分相电流差动或其他具有跨线故障选相功能的全线速动保护，以减少同杆双回线路同时跳闸的可能性。

4.7.6 根据一次系统过电压要求装设过电压保护，保护的整定值和跳闸方式由一次系统确定。

过电压保护应测量保护安装处的电压，并作用于跳闸。当本侧断路器已断开而线路仍然过电压时，应通过发送远方跳闸信号跳线路对侧断路器。

4.7.7 装有串联补偿电容的 330kV～500kV 线路和相邻线路，应按 4.7.2 和 4.7.3 的规定装设线路主保护和后备保护，并应考虑下述特点对保护的影响，采取必要的措施防止不正确动作：

4.7.7.1 由于串联电容的影响可能引起故障电流、电压的反相；

4.7.7.2 故障时串联电容保护间隙的击穿情况；

4.7.7.3 电压互感器装设位置（在电容器的母线侧或线路侧）对保护装置工作的影响。

4.8 母线保护

4.8.1 对 220kV～500kV 母线，应装设快速有选择地切除故障的母线保护：

a) 对一个半断路器接线，每组母线应装设两套母线保护；

b) 对双母线、双母线分段等接线，为防止母线保护因检修退出失去保护，母线发生故障会危及系统稳定和使事故扩大时，宜装设两套母线保护。

4.8.2 对发电厂和变电所的 35kV～110kV 电压的母线，在下列情况下应装设专用的母线保护：

a) 110kV 双母线；

b) 110kV 单母线、重要发电厂或 110kV 以上重要变电所的 35kV～66kV 母线，需要快速切除母线上的故障时；

c) 35kV～66kV 电力网中，主要变电所的 35kV～66kV 双母线或分段单母线需快速而有选择地切除一段或一组母线上的故障，以保证系统安全稳定运行和可靠供电。

4.8.3 对发电厂和主要变电所的 3kV～10kV 分段母线及并列运行的双母线，一般可由发电机和变压器的后备保护实现对母线的保护。在下列情况下，应装设专用母线保护：

a) 须快速而有选择地切除一段或一组母线上的故障，以保证发电厂及电力网安全运行和重要负荷的可靠供电时；

b) 当线路断路器不允许切除线路电抗器前的短路时。

4.8.4 对 3kV～10kV 分段母线宜采用不完全电流差动保护，保护装置仅接入有电源支路的电流。保护装置由两段组成，第一段采用无时限或带时限的电流速断保护，当灵敏系数不符合要求时，可采用电压闭锁电流速断保护；第二段采用过电流保护，当灵敏系数不符合要求时，可将一部分负荷较大的配电线路接入差动回路，以降低保护的起动电流。

4.8.5 专用母线保护应满足以下要求：

a) 保护应能正确反应母线保护区内的各种类型故障，并动作于跳闸；

b) 对各种类型区外故障，母线保护不应由于短路电流中的非周期分量引起电流互感器的暂态饱和而误动作；

c) 对构成环路的各类母线（如一个半断路器接线、双母线分段接线等），保护不应因母线故障时流出母线的短路电流影响而拒动；

d) 母线保护应能适应被保护母线的各种运行方式：

1) 应能在双母线分组或分段运行时，有选择性地切除故障母线；

2) 应能自动适应双母线连接元件运行位置的切换。切换过程中保护不应误动作，不应造成电流互感器的开路；切换过程中，母线发生故障，保护应能正确动作切除故障；切换过程中，区外发生故障，保护不应误动作；

3) 母线充电合闸于有故障的母线时，母线保护应能正确动作切除故障母线。

e) 双母线接线的母线保护，应设有电压闭锁元件。

1) 对数字式母线保护装置，可在起动出口继电器的逻辑中设置电压闭锁回路，而不在跳闸出口接点回路上串接电压闭锁触点；

2) 对非数字式母线保护装置电压闭锁接点应分别与跳闸出口触点串接。母联或分段断路器的跳闸回路可不经电压闭锁触点控制。

f) 双母线的母线保护，应保证：

1) 母联与分段断路器的跳闸出口时间不应大于线路及变压器断路器的跳闸出口时间。

2) 能可靠切除母联或分段断路器与电流互感器之间的故障。

g) 母线保护仅实现三相跳闸出口；且应允许接于本母线的断路器失灵保护共用其跳闸出口回路。

h) 母线保护动作后，除一个半断路器接线外，对不带分支且有纵联保护的线路，应采取措施，使对侧断路器能速动跳闸。

i) 母线保护应允许使用不同变比的电流互感器。

j) 当交流电流回路不正常或断线时应闭锁母线差动保护，并发出告警信号，对一个半断路器接线可以只发告警信号不闭锁母线差动保护。

k) 闭锁元件起动、直流消失、装置异常、保护动作跳闸应发出信号。此外，应具有起动遥信及事件记录触点。

4.8.6 在旁路断路器和兼作旁路的母联断路器或分段断路器上，应装设可代替线路保护的保护装置。

在旁路断路器代替线路断路器期间，如必须保持线路纵联保护运行，可将该线路的一套纵联保护切换到旁路断路器上，或者采取其他措施，使旁路断路器仍有纵联保护在运行。

4.8.7 在母联或分段断路器上，宜配置相电流或零序电流保护，保护应具备可瞬时和延时跳闸的回路，作为母线充电保护，并兼作新线路投运时（母联或分段断路器与线路断路器串接）的辅助保护。

4.8.8 对各类双断路器接线方式，当双断路器所连接的线路或元件退出运行而双断路器之间仍联接运行时，应装设短引线保护以保护双断路器之间的连接线故障。

按照近后备方式，短引线保护应为互相独立的双重化配置。

4.9 断路器失灵保护

4.9.1 在 220kV～500kV 电力网中，以及 110kV 电力网的个别重要部分，应按下列原则装设一套断路器失灵保护：

a) 线路或电力设备的后备保护采用近后备方式；

b) 如断路器与电流互感器之间发生故障不能由该回路主保护切除形成保护死区，而其他线路或变压器后备保护切除又扩大停电范围，并引起严重后果时（必要时，可为该保护死区增设保护，以快速切除该故障）；

c) 对 220kV～500kV 分相操作的断路器，可仅考虑断路器单相拒动的情况。

4.9.2 断路器失灵保护的起动应符合下列要求：

4.9.2.1 为提高动作可靠性，必须同时具备下列条件，断路器失灵保护方可起动：

a) 故障线路或电力设备能瞬时复归的出口继电器动作后不返回（故障切除后，起动失灵的保护出口返回时间应不大于 30ms）；

b) 断路器未断开的判别元件动作后不返回。若主设备保护出口继电器返回时间不符合要求时，判别元件应双重化。

4.9.2.2 失灵保护的判别元件一般应为相电流元件；发电机变压器组或变压器断路器失灵保护的判别元件应采用零序电流元件或负序电流元件。判别元件的动作时间和返回时间均不应大于 20ms。

4.9.3 失灵保护动作时间应按下述原则整定：

4.9.3.1 一个半断路器接线的失灵保护应瞬时再次动作于本断路器的两组跳闸线圈跳闸，再经一时限动作于断开其他相邻断路器。

4.9.3.2 单、双母线的失灵保护，视系统保护配置的具体情况，可以较短时限动作于断开与拒动断路器相关的母联及分段断路器，再经一时限动作于断开与拒动断路器连接在同一母线上的所有有源支路的断路器；也可仅经一时限动作于断开与拒动断路器连接在同一母线上的所有有源支路的断路器；变压器断路器的失灵保护还应动作于断开变压器接有电源一侧的断路器。

4.9.4 失灵保护装设闭锁元件的原则是：

4.9.4.1 一个半断路器接线的失灵保护不装设闭锁元件。

4.9.4.2 有专用跳闸出口回路的单母线及双母线断路器失灵保护应装设闭锁元件。

4.9.4.3 与母差保护共用跳闸出口回路的失灵保护不装设独立的闭锁元件，应共用母差保护的闭锁元件，闭锁元件的灵敏度应按失灵保护的要求整定；对数字式保护，闭锁元件的灵敏度宜按母线及线路的不同要求分别整定。

4.9.4.4 设有闭锁元件的，闭锁原则同 4.8.5e)。

4.9.4.5 发电机、变压器及高压电抗器断路器的失灵保护，为防止闭锁元件灵敏度不足应采取相应措施或不设闭锁回路。

4.9.5 双母线的失灵保护应能自动适应连接元件运行位置的切换。

4.9.6 失灵保护动作跳闸应满足下列要求：

4.9.6.1 对具有双跳闸线圈的相邻断路器，应同时动作于两组跳闸回路。

4.9.6.2 对远方跳对侧断路器的，宜利用两个传输通道传送跳闸命令。

4.9.6.3 应闭锁重合闸。

4.10 远方跳闸保护

4.10.1 一般情况下 220kV～500kV 线路，下列故障应传送跳闸命令，使相关线路对侧断路器跳闸切除故障：

a) 一个半断路器接线的断路器失灵保护动作；

b) 高压侧无断路器的线路并联电抗器保护动作；

c) 线路过电压保护动作；

d) 线路变压器组的变压器保护动作；

e) 线路串联补偿电容器的保护动作且电容器旁路断路器拒动或电容器平台故障。

4.10.2 对采用近后备方式的，远方跳闸方式应双重化。

4.10.3 传送跳闸命令的通道，可结合工程具体情况选取：

a) 光缆通道；

b) 微波通道；

c) 电力线载波通道；

d) 控制电缆通道；

e) 其他混合通道。

一般宜复用线路保护的通道来传送跳闸命令，有条件时，优先选用光缆通道。

4.10.4 为提高远方跳闸的安全性，防止误动作，对采用非数字通道的，执行端应设置故障判别元件。对采用数字通道的，执行端可不设置故障判别元件。

4.10.5 可以作为就地故障判别元件起动量的有：低电流、过电流、负序电流、零序电流、低功率、负序电压、低电压、过电压等。就地故障判别元件应保证对其所保护的相邻线路或电力设备故障有足够灵敏度。

4.10.6 远方跳闸保护的出口跳闸回路应独立于线路保护跳闸回路。

4.10.7 远方跳闸应闭锁重合闸。

4.11 电力电容器组保护

4.11.1 对 3kV 及以上的并联补偿电容器组的下列故障及异常运行方式，应按本条规定装设相应的保护：

a) 电容器组和断路器之间连接线短路；

b) 电容器内部故障及其引出线短路；

c) 电容器组中，某一故障电容器切除后所引起剩余电容器的过电压；

d) 电容器组的单相接地故障；

e) 电容器组过电压；

f) 所联接的母线失压；

g）中性点不接地的电容器组，各组对中性点的单相短路。

4.11.2 对电容器组和断路器之间连接线的短路，可装设带有短时限的电流速断和过流保护，动作于跳闸。速断保护的动作电流，按最小运行方式下，电容器端部引线发生两相短路时有足够灵敏系数整定，保护的动作时限应防止在出现电容器充电涌流时误动作。过流保护的动作电流，按电容器组长期允许的最大工作电流整定。

4.11.3 对电容器内部故障及其引出线的短路，宜对每台电容器分别装设专用的保护熔断器，熔丝的额定电流可为电容器额定电流的 1.5～2.0 倍。

4.11.4 当电容器组中的故障电容器被切除到一定数量后，引起剩余电容器端电压超过 110% 额定电压时，保护应将整组电容器断开。为此，可采用下列保护之一：

a）中性点不接地单星形接线电容器组，可装设中性点电压不平衡保护；

b）中性点接地单星形接线电容器组，可装设中性点电流不平衡保护；

c）中性点不接地双星形接线电容器组，可装设中性点间电流或电压不平衡保护；

d）中性点接地双星形接线电容器组。可装设反应中性点回路电流差的不平衡保护；

e）电压差动保护；

f）单星形接线的电容器组，可采用开口三角电压保护。

电容器组台数的选择及其保护配置时，应考虑不平衡保护有足够的灵敏度，当切除部分故障电容器后，引起剩余电容器的过电压小于或等于额定电压的 105% 时，应发出信号；过电压超过额定电压 110% 时，应动作于跳闸。

不平衡保护动作应带有短延时，防止电容器组合闸、断路器三相合闸不同步、外部故障等情况下误动作，延时可取 0.5s。

4.11.5 对电容器组的单相接地故障，可参照 4.4.3 的规定装设保护，但安装在绝缘支架上的电容器组，可不再装设单相接地保护。

4.11.6 对电容器组，应装设过电压保护，带时限动作于信号或跳闸。

4.11.7 电容器应设置失压保护，当母线失压时，带时限切除所有接在母线上的电容器。

4.11.8 高压并联电容器宜装设过负荷保护，带时限动作于信号或跳闸。

4.11.9 串联电容补偿装置，应装设反应下列故障及异常情况的保护：

a）电容器组保护：

1）不平衡电流保护；

2）过负荷保护；

保护应延时告警、经或不经延时动作于三相永久旁路电容器组。

b）MOV（金属氧化物非线性电阻）保护：

1）过温度保护；

2）过电流保护；

3）能量保护。

保护应动作于触发故障相 GAP（间隙），并根据故障情况，单相或三相暂时旁路电容器组。

c）旁路断路器保护：

1）断路器三相不一致保护，经延时三相永久旁路电容器组；

2）断路器失灵保护，经短延时跳开线路两侧断路器。

d）GAP（间隙）保护：

1）GAP 自触发保护；

2）GAP 延时触发保护；

3）GAP 拒触发保护；

4）GAP 长时间导通保护。

保护应动作于三相永久旁路电容器组。

e）平台保护：

反应串联补偿电容器对平台短路故障，保护动作于三相永久旁路电容器组。

f）对可控串联电容补偿装置，还应装设下列保护：

1）可控硅回路过负荷保护；

2）可控阀及相控电抗器故障保护；

3）可控硅触发回路和冷却系统故障保护；

保护动作于三相永久旁路电容器组。

4.12 并联电抗器保护

4.12.1 对油浸式并联电抗器的下列故障及异常运行方式，应装设相应的保护：

a）线圈的单相接地和匝间短路及其引出线的相间短路和单相接地短路；

b）油面降低；

c）油温度升高和冷却系统故障；

d）过负荷。

4.12.2 当并联电抗器油箱内部产生大量瓦斯时，瓦斯保护应动作于跳闸，当产生轻微瓦斯或油面下降时，瓦斯保护应动作于信号。

4.12.3 对油浸式并联电抗器内部及其引出线的相间和单相接地短路，应按下列规定装设相应的保护：

4.12.3.1 66kV 及以下并联电抗器，应装设电流速断保护，瞬时动作于跳闸。

4.12.3.2 220kV～500kV 并联电抗器，除非电量保护，保护应双重化配置。

4.12.3.3 纵联差动保护应瞬时动作于跳闸。

4.12.3.4 作为速断保护和差动保护的后备，应装设过电流保护，保护整定值按躲过最大负荷电流整定，保护带时限动作于跳闸。

4.12.3.5 220kV～500kV 并联电抗器，应装设匝间短路保护，保护宜不带时限动作于跳闸。

4.12.4 对 220kV～500kV 并联电抗器，当电源电压升高并引起并联电抗器过负荷时，应装设过负荷保护，保护带时限动作于信号。

4.12.5 对于并联电抗器油温度升高和冷却系统故障，应装设动作于信号或带时限动作于跳闸的保护装置。

4.12.6 接于并联电抗器中性点的接地电抗器，应装设瓦斯保护。当产生大量瓦斯时，保护应动作于跳闸，当产生轻微瓦斯或油面下降时，保护应动作于信号。

对三相不对称等原因引起的接地电抗器过负荷，宜装设过负荷保护，保护带时限动作于信号。

4.12.7 330kV～500kV 线路并联电抗器的保护在无专用断路器时，其动作除断开线路的本侧断路器外还应起动远方跳闸装置，断开线路对侧断路器。

4.12.8 66kV 及以下干式并联电抗器应装设电流速断保护作电抗器绕组及引线相间短路的主保护；过电流保护作为相间短路的后备保护；零序过电压保护作为单相接地保护，动作于信号。

4.13 异步电动机和同步电动机保护

4.13.1 电压为 3kV 及以上的异步电动机和同步电动机，对下列故障及异常运行方式，应装设相应的保护：

a）定子绕组相间短路；

b）定子绕组单相接地；

c）定子绕组过负荷；

d）定子绕组低电压；

e）同步电动机失步；

f）同步电动机失磁；

g）同步电动机出现非同步冲击电流；

h）相电流不平衡及断相。

4.13.2 对电动机的定子绕组及其引出线的相间短路故障，应按下列规定装设相应的保护：

4.13.2.1 2MW 以下的电动机，装设电流速断保护，保护宜采用两相式。

4.13.2.2 2MW 及以上的电动机，或 2MW 以下，但电流速断保护灵敏系数不符合要求时，可装设纵联差动保护。纵联差动保护应防止在电动机自起动过程中误动作。

4.13.2.3 上述保护应动作于跳闸，对于有自动灭磁装置的同步电动机保护还应动作于灭磁。

4.13.3 对单相接地，当接地电流大于 5A 时，应装设单相接地保护。

单相接地电流为 10A 及以上时，保护动作于跳闸；单相接地电流为 10A 以下时，保护可动作于跳闸，也可动作于信号。

4.13.4 下列电动机应装设过负荷保护：

a）运行过程中易发生过负荷的电动机，保护应根据负荷特性，带时限动作于信号或跳闸。

b）起动或自起动困难，需要防止起动或自起动时间过长的电动机，保护动作于跳闸。

4.13.5 下列电动机应装设低电压保护，保护应动作于跳闸：

a）当电源电压短时降低或短时中断后又恢复时，为保证重要电动机自起动而需要断开的次要电动机；

b）当电源电压短时降低或中断后，不允许或不需要自起动的电动机；

c）需要自起动，但为保证人身和设备安全，在电源电压长时间消失后，须从电力网中自动断开的电动机；

d）属 I 类负荷并装有自动投入装置的备用机械的电动机。

4.13.6 2MW 及以上电动机，为反应电动机相电流的不平衡，也作为短路故障的主保护的后备保护，可装设负序过流保护，保护动作于信号或跳闸。

4.13.7 对同步电动机失步，应装设失步保护，保护带时限动作，对于重要电动机，动作于再同步控制回路，不能再同步或不需要再同步的电动机，则应动作于跳闸。

4.13.8 对于负荷变动大的同步电动机，当用反应定子过负荷的失步保护时，应增设失磁保护。失磁保护带时限动作于跳闸。

4.13.9 对不允许非同步冲击的同步电动机，应装设防止电源中断再恢复时造成非同步冲击的保护。

保护应确保在电源恢复前动作。重要电动机的保护，宜动作于再同步控制回路。不能再同步或不需要再同步的电动机，保护应动作于跳闸。

4.14 直流输电系统保护

直流输电系统的控制与保护可以是统一构成的，其中保护部分的功能应满足本条的要求。

4.14.1 直流输电系统保护应覆盖的区域或设备包括：

a) 交流滤波器、并联电容器和并联电抗器及交流滤波器组的母线；

b) 换流变压器及其交流引线；

c) 换流阀及其交流连线；

d) 直流极母线；

e) 中性母线；

f) 平波电抗器；

g) 直流滤波器；

h) 切换各种运行方式的转换开关、隔离开关及连接线；

i) 双极的中性母线与接地极引线的连接区域；

j) 接地极引线；

k) 直流线路。

4.14.2 直流输电系统保护应能反应如下故障：

a) 交流滤波器组/并联电容器组母线上的各种短路故障、过电压；

b) 交流滤波器组/并联电容器组的电容器故障，电阻、电感的故障或过载，内部的各种短路，以及元器件参数的改变等；

c) 换流变压器及其引线的各种故障（参考变压器保护的有关章节），直流系统对变压器的影响，如直流偏磁；

d) 换流器（含整流和逆变）的故障，包括交流连线的接地或相间短路故障、换流器桥短路、过应力（如过压、触发角过大、过热）、丢失触发脉冲或误触发、换相失败等；

e) 换流阀故障，包括可控硅元件、阀均压阻尼回路、触发元件、阀基电子回路等；

f) 极母线及其相关设备的接地故障及直流过电压；

g) 中性母线开路、接地故障、中性母线上的开关故障；

h) 直流输电线的金属性接地、高阻接地故障、开路、与其他直流线路或交流线路碰接的故障；

i) 金属返回线开路、接地故障；

j) 直流滤波器的电容器故障、其他内部元件的故障或过载、滤波器内部接地以及元器件参数的改变等；

k) 平波电抗器故障；

l) 接地极引线开路、接地故障以及过载；

m) 双极的接地极母线与接地极引线的连接区域的接地故障；

n) 切换各种运行方式的转换开关和隔离开关的故障；

o) 交流系统发生功率振荡或次同步振荡，且直流控制不足以抑制其发展时；

p) 由换流母线或交流系统短路等交流系统故障及直流甩负荷，如，逆变站甩掉全部负荷等扰动引起的直流系统过压；

q) 直流控制系统故障时以及交流系统故障对直流系统产生的扰动，如产生谐波、功率反转等；

r) 并联电抗器的各种故障。

4.14.3 直流输电系统保护设计原则

4.14.3.1 每一保护区应与相邻保护电路的保护区重迭，不能存在保护死区。

4.14.3.2 每一个设备或保护区应具有两套独立的保护，分别使用不同的测量器件、通道、电源和出口，并宜采用不同的构成原理，互为备用。保护的配置应能检测到所有会对设备和运行产生危害的情况。

4.14.3.3 保护应在最短的时间内将故障设备或故障区切除，使故障设备迅速退出运行，并尽可能对相关系统的影响减至最小。

4.14.3.4 保护应能既适用于整流运行，也能适用于逆变运行。

4.14.3.5 由保护起动的故障控制顺序可以通过换流站间的通信系统来优化故障清除后的恢复过程，使故障持续时间最小和系统恢复时间最短。

当换流站间通信系统中断时，如直流系统发生故障，保护应能将系统的扰动减至最小，使设备免受过应力，保证系统安全。

4.14.3.6 直流两个极的保护应完全独立。直流保护的设计应使双极停运率减至最小。

4.14.3.7 应保证在所有条件和运行方式下，直流控制、直流保护及交流保护之间的正确配合，并使故障清除及故障清除后协调恢复得到最优的处理。

4.14.3.8 直流保护与直流控制的功能和参数应正确地协调配合。保护应首先借助直流控制系统的能力去抑制故障的发展，改善直流系统的暂态性能，减少直流系统的停运。

4.14.3.9 所有的保护应具有完备的自检功能。站内工程师应能在系统运行过程中对未投运的备用系统的任何保护功能进行检测，并能对保护的定值进行修改。

4.14.3.10 保护应在硬件、软件上便于系统运行和进行维护。

4.14.3.11 保护应具有数字通信接口，便于系统联网监视、信息共享及远方调度中心控制、查看及监视。

4.14.3.12 直流保护与直流控制的相互配合较多，其间的联系宜采用可靠的数字通信方式。

4.14.3.13 直流保护系统内部应具有完善的故障录波功能，至少要记录保护所使用测点的原始值（未经运算处理）、保护的输出量。

4.14.3.14 直流保护系统宜配置相对独立的数字通道至对站，两极之间的保护通信通道应独立。

5 安全自动装置

5.1 一般规定

5.1.1 在电力系统中，应按照 DL 755 和 DL/T 723 标准的要求，装设安全自动装置，以防止系统稳定破坏或事故扩大，造成大面积停电，或对重要用户的供电长时间中断。

5.1.2 电力系统安全自动装置，是指在电力网中发生故障或出现异常运行时，为确保电网安全与稳定运行，起控制作用的自动装置。如自动重合闸、备用电源或备用设备自动投入、自动切负荷、低频和低压自动减载、电厂事故减出力、切机、电气制动、水轮发电机自起动和调相改发电、抽水蓄能机组由抽水改发电、自动解列、失步解列及自动调节励磁等。

5.1.3 安全自动装置应满足可靠性、选择性、灵敏性和速动性的要求。

5.1.3.1 可靠性是指装置该动作时应动作，不该动作时不动作。为保证可靠性，装置应简单可靠，具备必要的检测和监视措施，便于运行维护。

5.1.3.2 选择性是指安全自动装置应根据事故的特点，按预期的要求实现其控制作用。

5.1.3.3 灵敏性是指安全自动装置的起动和判别元件，在故障和异常运行时能可靠起动和进行正确判断的功能。

5.1.3.4 速动性是指维持系统稳定的自动装置要尽快动作，限制事故影响，应在保证选择性前提下尽快动作的性能。

5.2 自动重合闸

5.2.1 自动重合闸装置应按下列规定装设：

a) 3kV 及以上的架空线路及电缆与架空混合线路，在具有断路器的条件下，如用电设备允许且无备用电源自动投入时，应装设自动重合闸装置；

b) 旁路断路器与兼作旁路的母线联络断路器，应装设自动重合闸装置；

c) 必要时母线故障可采用母线自动重合闸装置。

5.2.2 自动重合闸装置应符合下列基本要求：

a) 自动重合闸装置可由保护起动和/或断路器控制状态与位置不对应起动；

b) 用控制开关或通过遥控装置将断路器断开，或将断路器投于故障线路上并随即由保护将其断开时，自动重合闸装置均不应动作；

c) 在任何情况下（包括装置本身的元件损坏，以及重合闸输出触点的粘住），自动重合闸装置的动作次数应符合预先的规定（如一次重合闸只应动作一次）；

d) 自动重合闸装置动作后，应能经整定的时间后自动复归；

e) 自动重合闸装置，应能在重合闸后加速继电保护的动作。必要时，可在重合闸前加速继电保护动作；

f) 自动重合闸装置应具有接收外来闭锁信号的功能。

5.2.3 自动重合闸装置的动作时限应符合下列要求：

5.2.3.1 对单侧电源线路上的三相重合闸装置，其时限应大于下列时间：

a) 故障点灭弧时间（计及负荷侧电动机反馈对灭弧时间的影响）及周围介质去游离时间；

b) 断路器及操作机构准备好再次动作的时间。

5.2.3.2 对双侧电源线路上的三相重合闸装置及单相重合闸装置，其动作时限除应考虑 5.2.3.1 要求外，还应考虑：

a) 线路两侧继电保护以不同时限切除故障的可能性；

b) 故障点潜供电流对灭弧时间的影响。

5.2.3.3 电力系统稳定的要求。

5.2.4 110kV 及以下单侧电源线路的自动重合闸装置，按下列规定装设：

5.2.4.1 采用三相一次重合闸方式。

5.2.4.2 当断路器断流容量允许时，下列线路可采用两次重合闸方式：

a) 无经常值班人员变电所引出的无遥控的单回线；

b) 给重要负荷供电，且无备用电源的单回线。

5.2.4.3 由几段串联线路构成的电力网，为了补救速动保护无选择性动作，可采用带前加速的重合闸或顺序重合闸方式。

5.2.5 110kV 及以下双侧电源线路的自动重合闸装置，按下列规定装设：

5.2.5.1 并列运行的发电厂或电力系统之间，具有四条以上联系的线路或三条紧密联系的线路，可采用不检查同步的三相自动重合闸方式。

5.2.5.2 并列运行的发电厂或电力系统之间，具有两条联系的线路或三条联系不紧密的线路，可采用同步检定和无电压检定的三相重合闸方式；

5.2.5.3 双侧电源的单回线路，可采用下列重合方式：

a) 解列重合闸方式，即将一侧电源解列，另一侧装设线路无电压检定的重合闸方式；

b) 当水电厂条件许可时，可采用自同步重合闸方式；

c) 为避免非同步重合及两侧电源均重合于故障线路上，可采用一侧无电压检定，另一侧采用同步检定的重合闸方式。

5.2.6 220kV～500kV 线路应根据电力网结构和线路的特点采用下列重合闸方式：

a) 对 220kV 单侧电源线路，采用不检查同步的三相重合闸方式；

b) 对 220kV 线路，当满足本标准 5.2.5.1 有关采用三相重合闸方式的规定时，可采用不检查同步的三相自动重合闸方式；

c) 对 220kV 线路，当满足本标准 5.2.5.2 有关采用三相重合闸方式的规定，且电力系统稳定要求能满足时，可采用检查同步的三相自动重合闸方式；

d) 对不符合上述条件的 220kV 线路，应采用单相重合闸方式；

e) 对 330kV～500kV 线路，一般情况下应采用单相重合闸方式；

f) 对可能发生跨线故障的 330kV～500kV 同杆并架双回线路，如输送容量较大，且为了提高电力系统安全稳定运行水平，可考虑采用按相自动重合闸方式。

注：上述三相重合闸方式也包括仅在单相故障时的三相重合闸。

5.2.7 在带有分支的线路上使用单相重合闸装置时，分支侧的自动重合闸装置采用下列方式：

5.2.7.1 分支处无电源方式

a) 分支处变压器中性点接地时，装设零序电流起动的低电压选相的单相重合闸装置。重合后，不再跳闸。

b) 分支处变压器中性点不接地，但所带负荷较大时，装设零序电压起动的低电压选相的单相重合闸装置。重合后，不再跳闸。当负荷较小时，不装设重合闸装置，也不跳闸。

如分支处无高压电压互感器，可在变压器（中性点不接地）中性点处装设一个电压互感器，当线路接地时，由零序电压保护起动，跳开变压器低压侧三相断路器，重合后，不再跳闸。

5.2.7.2 分支处有电源方式

a) 如分支处电源不大，可用简单的保护将电源解列后，按 5.2.7.1 规定处理；

b) 如分支处电源较大，则在分支处装设单相重合闸装置。

5.2.8 当采用单相重合闸装置时，应考虑下列问题，并采取相应措施：

a) 重合闸过程中出现的非全相运行状态，如引起本线路或其他线路的保护装置误动作时，应采取措施予以防止；

b) 如电力系统不允许长期非全相运行，为防止断路器一相断开后，由于单相重合闸装置拒绝合闸而造成非全相运行，应具有断开三相的措施，并应保证选择性。

5.2.9 当装有同步调相机和大型同步电动机时，线路重合闸方式及动作时限的选择，宜按双侧电源线路的规定执行。

5.2.10 5.6MVA 及以上低压侧不带电源的单组降压变压器，如其电源侧装有断路器和过电流保护，且变压器断开后将使重要用电设备断电，可装设变压器重合闸装置。当变压器内部故障，瓦斯或差动（或电流速断）保护动作应将重合闸闭锁。

5.2.11 当变电所的母线上设有专用的母线保护，必要时，可采用母线重合闸，当重合于永久性故障时，母线保护应能可靠动作切除故障。

5.2.12 重合闸应按断路器配置。

5.2.13 当一组断路器设置有两套重合闸装置（例如线路的两套保护装置均有重合闸功能）且同时投运时，应有措施保证线路故障后仍仅实现一次重合闸。

5.2.14 使用于电厂出口线路的重合闸装置，应有措施防止重合于永久性故障，以减少对发电机可能造成的冲击。

5.3　备用电源自动投入

5.3.1 在下列情况下，应装设备用电源的自动投入装置（以下简称自动投入装置）：

a) 具有备用电源的发电厂厂用电源和变电所所用电源；

b) 由双电源供电，其中一个电源经常断开作为备用的电源；

c) 降压变电所内有备用变压器或有互为备用的电源；

d) 有备用机组的某些重要辅机。

5.3.2 自动投入装置的功能设计应符合下列要求：

a) 除发电厂备用电源快速切换外，应保证在工作电源或设备断开后，才投入备用电源或设备；

b) 工作电源或设备上的电压，不论何种原因消失，除有闭锁信号外，自动投入装置均应动作；

c) 自动投入装置应保证只动作一次。

5.3.3　发电厂用备用电源自动投入装置，除5.3.2的规定外，还应符合下列要求：

5.3.3.1　当一个备用电源同时作为几个工作电源的备用时，如备用电源已代替一个工作电源后，另一工作电源又被断开，必要时，自动投入装置仍能动作。

5.3.3.2　有两个备用电源的情况下，当两个备用电源为两个彼此独立的备用系统时，应装设各自独立的自动投入装置；当任一备用电源能作为全厂各工作电源的备用时，自动投入装置应使任一备用电源能对全厂各工作电源实行自动投入。

5.3.3.3　自动投入装置在条件可能时，宜采用带有检定同步的快速切换方式，并采用带有母线残压闭锁的慢速切换方式及长延时切换方式作为后备；条件不允许时，可仅采用带有母线残压闭锁的慢速切换方式及长延时切换方式。

5.3.3.4　当厂用母线速动保护动作、工作电源分支保护动作或工作电源由手动或分散控制系统（DCS）跳闸时，应闭锁备用电源自动投入。

5.3.4　应校核备用电源或备用设备自动投入时过负荷及电动机自起动的情况，如过负荷超过允许限度或不能保证自起动时，应有自动投入装置动作时自动减负荷的措施。

5.3.5　当自动投入装置动作时，如备用电源或设备投于故障，应有保护加速跳闸。

5.4　暂态稳定控制及失步解列

5.4.1　为保证电力系统在发生故障情况下的稳定运行，应依据 DL 755 及 DL/T 723 标准的规定，在系统中根据电网结构、运行特点及实际条件配置防止暂态稳定破坏的控制装置。

5.4.1.1　设计和配置系统稳定控制装置时，应对电力系统进行必要的安全稳定计算以确定适当的稳定控制方案、控制装置的控制策略或逻辑。控制策略可以由离线计算确定，有条件时，可以由装置在线计算定时更新控制策略。

5.4.1.2　稳定控制装置应根据实际需要进行配置，优先采用就地判据的分散式装置，根据电网需要，也可采用多个厂站稳定控制装置及站间通道组成的分布式区域稳定控制系统，尽量避免采用过分庞大复杂的控制系统。

5.4.1.3　稳定控制系统应采用模块化结构，以便于适应不同的功能需要，并能适应电网发展的扩充要求。

5.4.2　对稳定控制装置的主要技术性能要求：

　　a）装置在系统中出现扰动时，如出现不对称分量、线路电流、电压或功率突变等，应能可靠起动；

　　b）装置宜由接人的电气量正确判别本厂站线路、主变或机组的运行状态；

　　c）装置的动作速度和控制内容应能满足稳定控制的有效性；

　　d）装置应有能与厂站自动化系统和/或调度中心相关管理系统通信，能实现就地和远方查询故障和装置信息、修改定值等；

　　e）装置应具有自检、整组检查试验、显示、事件记录、数据记录、打印等功能。

5.4.3　为防止暂态稳定破坏，可根据系统具体情况采用以下控制措施：

　　a）对功率过剩地区采用发电机快速减出力、切除部分发电机或投入动态电阻制动等；

　　b）对功率短缺地区采用切除部分负荷（含抽水运行的蓄能机组）等；

　　c）励磁紧急控制，串联及并联电容装置的强行补偿，切除并联电抗器和高压直流输电紧急调制等；

　　d）在预定地点将某些局部电网解列以保持主网稳定。

5.4.4　当电力系统稳定破坏出现失步状态时，应根据系统的具体情况采取消除失步振荡的控制措施。

5.4.4.1　为消除失步振荡，应装设失步解列控制装置，在预先安排的输电断面，将系统解列为各自保持同步的区域。

5.4.4.2　对于局部系统，如经验算或试验可能拉入同步、短时失步运行及再同步不会导致严重损失负荷、损坏设备和系统稳定进一步破坏，则可采用再同步控制，使失步的系统恢复同步运行。送端孤立的大型发电厂，在失步时应优先切除部分机组，以利其他机组再同步。

5.5　频率和电压异常紧急控制

5.5.1　电力系统中应设置限制频率降低的控制装置，以便在各种可能的扰动下失去部分电源（如切除发电机、系统解列等）而引起频率降低时，将频率降低限制在短时允许范围内，并使频率在允许时间内恢复至长时间允许值。

5.5.1.1　低频减负荷是限制频率降低的基本措施，电力系统低频减负荷装置的配置及其所断开负荷的容量，应根据系统最不利运行方式下发生事故时，整个系统或其各部分实际可能发生的最大功率缺额来确定。自动低频减负荷装置的类型和性能如下：

　　a）快速动作的基本段，应按频率分为若干级，动作延时不宜超过 0.2s。装置的频率整定值应根据系统的具体条件、大型火电机组的安全运行要求、以及由装置本身的特性等因素决定。提高最高一级的动作频率值，有利于抑制频率下降幅度，但一般不宜超过 49.2Hz；

　　b）延时较长的后备段，可按时间分为若干级，起动频率不宜低于基本的最高动作频率。装置最小动作时间可为 10s～15s，级差不宜小于 10s。

5.5.1.2　为限制频率降低，有条件时应首先将处于抽水状态的蓄能机组切除或改为发电工况，并启动系统中的备用电源，如旋转备用机组增发功率、调相运行机组改为发电运行方式、自动启动水电机组和燃气轮机组等。切除抽水蓄能机组和启动备用电源的动作频率可为 49.5Hz 左右。

5.5.1.3　当事故扰动引起地区大量失去电源（如 20％以上），低频减负荷不能有效防止频率严重下降时，应采用集中切除某些负荷的措施，以防止频率过度降低。集中切负荷的判据应反应受电联络线跳闸、大机组跳闸等，并按功率分档联切负荷。

5.5.1.4　为了在系统频率降低时，减轻弱互联系统的相互影响，以及为了保证发电厂厂用电和其他重要用户的供电安全，在系统的适当地点应设置低频解列控制。

5.5.2　由于某种原因（联络线事故跳闸、失步解列等）有可能与主网解列的有功功率过剩的独立系统，特别是以水电为主并带有火电机组的系统，应设置自动限制频率升高的控制装置，保证电力系统：

　　a）频率升高不致达到汽轮机危急保安器的动作频率；

　　b）频率升高数值及持续时间不应超过汽轮机组（汽轮机叶片）特性允许的范围。

　　限制频率升高控制装置可采用切除发电机或系统解列，例如将火电厂及与其大致平衡的负荷一起与系统其他部分解列。

5.5.3　为防止电力系统出现扰动后，无功功率欠缺或不平衡，某些节点的电压降到不允许的数值，甚至可能出现电压崩溃，应设置自动限制电压降低的紧急控制装置。

5.5.3.1　限制电压降低控制装置作用于增发无功功率（如发电机、调相机的强励，电容补偿装置强行补偿等）或减少无功功率需求（如切除并联电抗器，切除负荷等）。

5.5.3.2　低电压减负荷控制作为自动限制电压降低和防止电压崩溃的重要措施，应根据无功功率和电压水平的分析结果在系统中妥善配置。低电压减负荷控制装置反应于电压降低及其持续时间，装置可按动作电压及时间分为若干级，装置应在短路、自动重合闸及备用电源自动投入期间可靠不动作。

5.5.3.3　电力系统故障导致主网电压降低，在故障清除后主网电压不能及时恢复时，应闭锁供电变压器

的带负荷自动切换抽头装置（OLTC）。

5.5.4　为防止电力系统出现扰动后，某些节点无功功率过剩而引起工频电压升高的数值及持续时间超过允许值，应设置自动防止电压升高的紧急控制。

5.5.4.1　限制电压升高控制装置应根据输电线路工频过电压保护的要求，装设于 330kV 及以上线路，也可装设于长距离 220kV 线路上。

5.5.4.2　对于具有大量电缆线路的配电变电站，如突然失去负荷导致不允许的母线电压升高时，宜设置限制电压升高的装置。

5.5.4.3　限制电压升高控制装置的动作时间可分为几段，例如：第 1 段投入并联电抗器，第 2 段切除其充电功率引起电压升高的线路。

5.6　自动调节励磁

5.6.1　发电机均应装设自动调节励磁装置。自动调节励磁装置应具备下列功能：

　　a）励磁系统的电流和电压不大于 1.1 倍额定值的工况下，其设备和导体应能连续运行、励磁系统的短时过励磁时间应按照发电机励磁绕组允许的过负荷能力和发电机允许的过励磁特性限定。

　　b）在电力系统发生故障时，根据系统要求提供必要的强行励磁倍数，强励时间应不小于 10s。

　　c）在正常运行情况下，按恒机端电压方式运行。

　　d）在并列运行发电机之间，按给定要求分配无功负荷。

　　e）根据电力系统稳定要求加装电力系统稳定器（PSS）或其他有利于稳定的辅助控制。PSS 应配备必要的保护和限制器，并有必要的信号输入和输出接口。

　　f）具有过励限制、低励磁限制、励磁过电流反时限制和 V/F 限制等功能。

5.6.2　对发电机自动电压调节器及其控制的励磁系统性能应符合 GB/T 7409.1～7409.3 的规定，还应满足下列要求：

　　a）大型发电机的自动电压调节器应具有下列性能：

　　1）应有两个独立的自动通道；

　　2）宜能实现与自动准同步装置（ASS）、数字式电液调节器（DEH）和分布式汽机控制系统（DCS）之间的通信；

　　3）应附有过励、低励、励磁过电流反时限制和 V/F 限制及保护装置，最低励磁限制的动作应能先于励磁自动切换和失磁保护的动作；

　　4）应设有测量电压回路断相、触发脉冲丢失和强励时的就地和远方信号；

　　5）电压回路断相时应闭锁强励。

　　b）励磁系统的自动电压调节器应配备励磁系统

接地的自动检测器。

5.6.3 水轮发电机的自动调节励磁装置，应能限制由于转速升高引起的过电压。当需大量降低励磁时，自动调节励磁装置应能快速减磁，否则应增设单独快速减磁装置。

5.6.4 发电机的自动调节励磁装置，应接到两组不同的机端电压互感器上。即励磁专用电压互感器和仪用测量电压互感器。

5.6.5 带冲击负荷的同步电动机，宜装设自动调节励磁装置，不带冲击负荷的大型同步电动机，也可装设自动调节励磁装置。

5.7 自动灭磁

5.7.1 自动灭磁装置应具有灭磁功能，并根据需要具备过电压保护功能。

5.7.2 在最严重的状态下灭磁时，发电机转子过电压不应超过发电机转子额定励磁电压的 3～5 倍。

5.7.3 当灭磁电阻采用线性电阻时，灭磁电阻值可为磁场电阻热态值的 2～3 倍。

5.7.4 转子过电压保护应简单可靠，动作电压应高于灭磁时的过电压值、低于发电机转子励磁额定电压的 5～7 倍；

5.7.5 同步电动机的自动灭磁装置应符合的要求，与同类型发电机相同。

5.8 故障记录及故障信息管理

5.8.1 为了分析电力系统事故和安全自动装置在事故过程中的动作情况，以及为迅速判定线路故障点的位置，在主要发电厂、220kV 及以上变电所和 110kV 重要变电所应装设专用故障记录装置。单机容量为 200MW 及以上的发电机或发电机变压器组应装设专用故障记录装置。

5.8.2 故障记录装置的构成，可以是集中式的，也可以是分散式的。

5.8.3 故障记录装置除应满足 DL/T 553 标准的规定外，还应满足下列技术要求：

5.8.3.1 分散式故障记录装置应由故障录波主站和数字数据采集单元（DAU）组成。DAU 应将故障记录传送给故障录波主站。

5.8.3.2 故障记录装置应具备外部起动的接入回路，每一 DAU 应能将起动信息传送给其他 DAU。

5.8.3.3 分散式故障记录装置的录波主站容量应能适应该厂站远期扩建的 DAU 的接入及故障分析处理。

5.8.3.4 故障记录装置应有必要的信号指示灯及告警信号输出接点。

5.8.3.5 故障记录装置应具有软件分析、输出电流、电压、有功、无功、频率、波形和故障测距的数据。

5.8.3.6 故障记录装置与调度端主站的通信宜采用专用数据网传送。

5.8.3.7 故障记录装置的远传功能除应满足数据传送要求外，还应满足：

a) 能以主动及被动方式、自动及人工方式传送数据；

b) 能实现远方起动录波；

c) 能实现远方修改定值及有关参数。

5.8.3.8 故障记录装置应能接收外部同步时钟信号（如 GPS 的 IRIG—B 时钟同步信号）进行同步的功能，全网故障录波系统的时钟误差应不大于 1ms，装置内部时钟 24h 误差应不大于 ±5s。

5.8.3.9 故障记录装置记录的数据输出格式应符合 IEC 60255—24 标准。

5.8.4 为使调度端能全面、准确、实时地了解系统事故过程中继电保护装置的动作行为，应逐步建立继电保护及故障信息管理系统。

5.8.4.1 继电保护及故障信息管理系统功能要求：

a) 系统能自动直接接收直调厂、站的故障录波信息和继电保护运行信息；

b) 能对直调厂、站的保护装置、故障录波装置进行分类查询、管理和报告提取等操作；

c) 能够进行波形分析、相序相量分析、谐波分析、测距、参数修改等；

d) 利用双端测距软件准确判断故障点，给出巡线范围；

e) 利用录波信息分析电网运行状态及继电保护装置动作行为，提出分析报告；

f) 子站端系统主要是完成数据收集和分类检出等工作，以提供调度端对数据分析的原始数据和事件记录量。

5.8.4.2 故障信息传送原则要求：

a) 全网的故障信息，必须在时间上同步。在每一事件报告中应标定事件发生的时间；

b) 传送的所有信息，均应采用标准规约。

6 对相关回路及设备的要求

6.1 二次回路

6.1.1 本条适用于与继电保护和安全自动装置有关的二次回路。

6.1.2 二次回路的工作电压不宜超过 250V，最高不应超过 500V。

6.1.3 互感器二次回路连接的负荷，不应超过继电保护和安全自动装置工作准确等级所规定的负荷范围。

6.1.4 发电厂和变电所，应采用铜芯的控制电缆和绝缘导线。在绝缘可能受到油浸蚀的地方，应采用耐油绝缘导线。

6.1.5 按机械强度要求，控制电缆或绝缘导线的芯线最小截面，强电控制回路，不应小于 1.5mm²，屏、柜内导线的芯线截面应不小于 1.0mm²；弱电控制回路，不应小于 0.5mm²。

电缆芯线截面的选择还应符合下列要求：

a）电流回路：应使电流互感器的工作准确等级符合继电保护和安全自动装置的要求。无可靠依据时，可按断路器的断流容量确定最大短路电流；

b）电压回路：当全部继电保护和安全自动装置动作时（考虑到电网发展，电压互感器的负荷最大时），电压互感器到继电保护和安全自动装置屏的电缆压降不应超过额定电压的 3％；

c）操作回路：在最大负荷下，电源引出端到断路器分、合闸线圈的电压降，不应超过额定电压的 10％。

6.1.6 安装在干燥房间里的保护屏、柜、开关柜的二次回路，可采用无护层的绝缘导线，在表面经防腐处理的金属屏上直敷布线。

6.1.7 当控制电缆的敷设长度超过制造长度，或由于屏、柜的搬迁而使原有电缆长度不够时，或更换电缆的故障段时，可用焊接法连接电缆（通过大电流的应紧固连接，在连接处应设连接盒），也可经屏上的端子排连接。

6.1.8 控制电缆宜采用多芯电缆，应尽可能减少电缆根数。

在同一根电缆中不宜有不同安装单位的电缆芯。

对双重化保护的电流回路、电压回路、直流电源回路、双跳闸绕组的控制回路等，两套系统不应合用一根多芯电缆。

6.1.9 保护和控制设备的直流电源、交流电流、电压及信号引入回路应采用屏蔽电缆。

6.1.10 在安装各种设备、断路器和隔离开关的连锁接点、端子排和接地线时，应能在不断开 3kV 及以上一次线的情况下，保证在二次回路端子排上安全地工作。

6.1.11 发电厂和变电所中重要设备和线路的继电保护和自动装置，应有经常监视操作电源的装置。各断路器的跳闸回路，重要设备和线路的断路器合闸回路，以及装有自动重合装置的断路器合闸回路，应设回路完整性的监视装置。

监视装置可发出光信号或声光信号，或通过自动化系统向远方传送信号。

6.1.12 在可能出现操作过电压的二次回路中，应采取降低操作过电压的措施，例如对电感大的线圈并联消弧回路。

6.1.13 在有振动的地方，应采取防止导线接头松脱和继电器、装置误动作的措施。

6.1.14 屏、柜和屏、柜上设备的前面和后面，应有必要的标志，标明其所属安装单位及用途。屏、柜上的设备，在布置上应使各安装单位分开，不应互相交叉。

6.1.15 试验部件、连接片、切换片，安装中心线离地面不宜低于 300mm。

6.1.16 电流互感器的二次回路不宜进行切换。当需要切换时，应采取防止开路的措施。

6.1.17 保护和自动装置均宜采用柜式结构。

6.2 电流互感器及电压互感器

6.2.1 保护用电流互感器的要求

6.2.1.1 保护用电流互感器的准确性能应符合 DL/T 866 的有关规定。

6.2.1.2 电流互感器带实际二次负荷在稳态短路电流下的准确限值系数或励磁特性（含饱和拐点）应能满足所接保护装置动作可靠性的要求。

6.2.1.3 电流互感器在短路电流含有非周期分量的暂态过程中和存在剩磁的条件下，可能使其严重饱和而导致很大的暂态误差。在选择保护用电流互感器时，应根据所用保护装置的特性和暂态饱和可能引起的后果等因素，慎重确定互感器暂态影响的对策。必要时应选择能适应暂态要求的 TP 类电流互感器，其特性应符合 GB 16847 的要求。如保护装置具有减轻互感器暂态饱和影响的功能，可按保护装置的要求选用适当的电流互感器。

a）330kV 及以上系统保护、高压侧为 330kV 及以上的变压器和 300MW 及以上的发电机变压器组差动保护用电流互感器宜采用 TPY 电流互感器。互感器在短路暂态过程中误差应不超过规定值。

b）220kV 系统保护、高压侧为 220kV 的变压器和 100MW 级～200MW 级的发电机变压器组差动保护用电流互感器可采用 P 类、PR 类或 PX 类电流互感器。互感器可按稳态短路条件进行计算选择，为减轻可能发生的暂态饱和影响宜具有适当暂态系数。220kV 系统的暂态系数不宜低于 2，100MW 级～200MW 级机组外部故障的暂态系数不宜低于 10。

c）110kV 及以下系统保护用电流互感器可采用 P 类电流互感器。

d）母线保护用电流互感器可按保护装置的要求或按稳态短路条件选用。

6.2.1.4 保护用电流互感器的配置及二次绕组的分配应尽量避免主保护出现死区。按近后备原则配置的两套主保护应分别接入互感器的不同二次绕组。

6.2.2 保护用电压互感器的要求

6.2.2.1 保护用电压互感器应能在电力系统故障时将一次电压准确传变至二次侧，传变误差及暂态响应应符合 DL/T 866 的有关规定。电磁式电压互感器应避免出现铁磁谐振。

6.2.2.2 电压互感器的二次输出额定容量及实际负荷应在保证互感器准确等级的范围内。

6.2.2.3 双断路器接线按近后备原则配备的两套主保护，应分别接入电压互感器的不同二次绕组；对双母线接线按近后备原则配置的两套主保护，可以合用电压互感器的同一二次绕组。

6.2.2.4 电压互感器的一次侧隔离开关断开后，其二次回路应有防止电压反馈的措施。对电压及功率调节装置的交流电压回路，应采取措施，防止电压互感器一次或二次侧断线时，发生误强励或误调节。

6.2.2.5 在电压互感器二次回路中，除开口三角线圈和另有规定者（例如自动调整励磁装置）外，应装设自动开关或熔断器。接有距离保护时，宜装设自动开关。

6.2.3 互感器的安全接地

6.2.3.1 电流互感器的二次回路必须有且只能有一点接地，一般在端子箱经端子排接地。但对于有几组电流互感器连接在一起的保护装置，如母差保护、各种双断路器主接线的保护等，则应在保护屏上经端子排接地。

6.2.3.2 电压互感器的二次回路只允许有一点接地，接地点宜设在控制室内。独立的、与其他互感器无电联系的电压互感器也可在开关场实现一点接地。为保证接地可靠，各电压互感器的中性线不得接有可能断开的开关或熔断器等。

6.2.3.3 已在控制室一点接地的电压互感器二次线圈，必要时，可在开关场将二次线圈中性点经放电间隙或氧化锌阀片接地，应经常维护检查防止出现两点接地的情况。

6.2.3.4 来自电压互感器二次的四根开关场引出线中的零线和电压互感器三次的两根开关场引出线中的 N 线必须分开，不得共用。

6.2.4 电子式互感器

6.2.4.1 数字式保护可采用低电平输出的电子式互感器，如采用磁—光效应、空心线圈或带铁心线圈等低电平输出的电子式电流互感器，采用电—光效应或分压原理等低电平输出的电子式电压互感器。电子式互感器的额定参数、准确等级和有关性能应符合 IEC 60044-7 和 IEC 60044-8 的要求。

6.2.4.2 电子式互感器一般采用数字量输出。数字量输出的格式及通信协议应符合有关国际标准。

6.3 直流电源

6.3.1 继电保护和安全自动装置的直流电源，电压纹波系数应不大于 2%，最低电压不低于额定电压的 85%，最高电压不高于额定电压的 110%。

6.3.2 对装置的直流熔断器或自动开关及相关回路配置的基本要求应不出现寄生回路，并增强保护功能的冗余度。

6.3.2.1 装置电源的直流熔断器或自动开关的配置应满足如下要求：

a) 采用近后备原则，装置双重化配置时，两套装置应有不同的电源供电，并分别设有专用的直流熔断器或自动开关。

b) 由一套装置控制多组断路器（例如母线保护、变压器差动保护、发电机差动保护、各种双断路器接线方式的线路保护等）时，保护装置与每一断路器的操作回路应分别由专用的直流熔断器或自动开关供电。

c) 有两组跳闸线圈的断路器，其每一跳闸回路应分别由专用的直流熔断器或自动开关供电。

d) 单断路器接线的线路保护装置可与断路器操作回路合用直流熔断器或自动开关，也可分别使用独立的直流熔断器或自动开关。

e) 采用远后备原则配置保护时，其所有保护装置，以及断路器操作回路等，可仅由一组直流熔断器或自动开关供电。

6.3.2.2 信号回路应由专用的直流熔断器或自动开关供电，不得与其他回路混用。

6.3.3 由不同熔断器或自动开关供电的两套保护装置的直流逻辑回路间不允许有任何电的联系。

6.3.4 每一套独立的保护装置应设有直流电源消失的报警回路。

6.3.5 上、下级直流熔断器或自动开关之间应有选择性。

6.4 保护与厂站自动化系统的配合及接口

6.4.1 应用于厂站自动化系统中的数字式保护装置功能应相对独立，并应具有数字通信接口能与厂站自动化系统通信，具体要求如下：

a) 数字式保护装置及其出口回路应不依赖于厂、站自动化系统能独立运行；

b) 数字式保护装置逻辑判断回路所需的各种输入量应直接接入保护装置，不宜经厂、站自动化系统及其通信网转接。

6.4.2 与厂、站自动化系统通信的数字式保护装置应能送出或接收以下类型的信息：

a) 装置的识别信息、安装位置信息；

b) 开关量输入（例如断路器位置、保护投入压板等）；

c) 异常信号（包括装置本身的异常和外部回路的异常）；

d) 故障信息（故障记录、内部逻辑量的事件顺序记录）；

e) 模拟量测量值；

f) 装置的定值及定值区号；

g) 自动化系统的有关控制信息和断路器跳合闸命令、时钟对时命令等。

6.4.3 数字式保护装置与厂、站自动化系统的通信协议应符合 DL/T 667 的规定。

厂站内的继电保护信息应能传送至调度端。可在厂、站自动化系统站控层设置继电保护工作站，实现对保护装置信息管理的功能。

6.5 电磁兼容

6.5.1 发电厂和变电所的电磁环境

继电保护和安全自动装置应满足有关电磁兼容标准，使其能承受所在发电厂和变电所内下列电磁干扰引起的后果：

a) 高压电路开、合操作或绝缘山穿、闪络引起的高频暂态电流和电压；

b) 故障电流引起的地电位升高和高频暂态；

c) 雷击脉冲引起的地电位升高和高频暂态；

d) 工频磁场对电子设备的干扰；

e) 低压电路开、合操作引起的电快速瞬变；

f) 静电放电；

g) 无线电发射装置产生的电磁场。

上述各项干扰电平与变电所电压等级、发射源与感受设备的相对位置、接地网特性、外壳和电缆屏蔽特性及接地方式等因素有关，应根据干扰的具体特点和数值适当确定设备的抗扰度要求和采取必要的减缓措施。

6.5.2 装置的抗扰度要求

保护和安全自动装置与外部电磁环境的特定界面接口称为端口，见图1，含电源端口、输入端口、输出端口、通信端口、外壳端口和功能接地端口。

图 1　设备端口示意图

装置各端口对有关的电磁干扰如射频电磁场及其引起的传导干扰、快速瞬变、1MHz 脉冲群、浪涌、静电放电、直流中断和工频干扰等的抗扰度要求，应符合 IEC 60255 - 26 标准及有关国家标准的要求，装置对各类电磁干扰的抗扰度试验标准参见附录 B 表 B.1～表 B.5。

6.5.3 电磁干扰的减缓措施

6.5.3.1 应根据电磁环境的具体情况，采用接地、屏蔽、限幅、隔离及适当布线等措施，以减缓电磁干扰，满足保护设备的抗扰度要求。

6.5.3.2 为人身和设备安全及电磁兼容要求，在发电厂和变电所的开关场内及建筑物外，应设置符合有关标准要求的直接接地网。对继电保护及有关设备，为减缓高频电磁干扰的耦合，应在有关场所设置符合下列要求的等电位接地网。

a) 装设静态保护和控制装置的屏柜地面下宜用截面不小于 $100mm^2$ 的接地铜排直接连接构成等电位接地母线。接地母线应首末可靠连接成环网，并用截面不小于 $50mm^2$、不少于 4 根铜排与厂、站的接地网直接连接。

b) 静态保护和控制装置的屏柜下部应设有截面不小于 $100mm^2$ 的接地铜排。屏柜上装置的接地端子应用截面不小于 $4mm^2$ 的多股铜线和接地铜排相连。接地铜排应用截面不小于 $50mm^2$ 的铜排与地面下的等电位接地母线相连。

6.5.3.3 控制电缆应具有必要的屏蔽措施并妥善接地。

a) 在电缆敷设时，应充分利用自然屏蔽物的屏蔽作用。必要时，可与保护用电缆平行设置专用屏蔽线。

b) 屏蔽电缆的屏蔽层应在开关场和控制室内两端接地。在控制室内屏蔽层宜在保护屏上接于屏柜内的接地铜排；在开关场屏蔽层应在与高压设备有一定距离的端子箱接地。互感器每相二次回路经两芯屏蔽电缆从高压箱体引至端子箱，该电缆屏蔽层在高压箱体和端子箱两端接地。

c) 电力线载波用同轴电缆屏蔽层应在两端分别接地，并紧靠同轴电缆敷设截面不小于 $100mm^2$ 两端接地的铜导线。

d) 传送音频信号应采用屏蔽双绞线，其屏蔽层应在两端接地。

e) 传送数字信号的保护与通信设备间的距离大于 50m 时，应采用光缆。

f) 对于低频、低电平模拟信号的电缆，如热电偶用电缆，屏蔽层必须在最不平衡端或电路本身接地处一点接地。

g) 对于双层屏蔽电缆，内屏蔽应一端接地，外屏蔽应两端接地。

6.5.3.4 电缆及导线的布线应符合下列要求：

a) 交流和直流回路不应合用同一根电缆。

b) 强电和弱电回路不应合用一根电缆。

c) 保护用电缆与电力电缆不应同层敷设。

d) 交流电流和交流电压不应合用同一根电缆。双重化配置的保护设备不应合用同一根电缆。

e) 保护用电缆敷设路径，尽可能避开高压母线及高频暂态电流的入地点，如避雷器和避雷针的接地点、并联电容器、电容式电压互感器、结合电容及电容式套管等设备。

f) 与保护连接的同一回路应在同一根电缆中走线。

6.5.3.5 保护输入回路和电源回路应根据具体情况采用必要的减缓电磁干扰措施。

a) 保护的输入、输出回路应使用空触点、光耦或隔离变压器隔离。

b) 直流电压在 110V 及以上的中间继电器应在线圈端子上并联电容或反向二极管作为消弧回路，在电容及二极管上都必须串入数百欧的低值电阻，以防止电容或二极管短路时将中间继电器线圈短接。二极管反向击穿电压不宜低于 1000V。

6.6 断路器及隔离开关

6.6.1 220kV 及以上电压的断路器应具有双跳闸线圈。

6.6.2 220kV 及以上电压分相操作的断路器应附有三相不一致（非全相）保护回路。三相不一致保护动作时间应为 0.5s～4.0s 可调，以躲开单相重合闸动作周期。

6.6.3 各级电压的断路器应尽量附有防止跳跃的回路。采用串联自保持时，接入跳合闸回路的自保持线圈，其动作电流不应大于额定跳合闸电流的 50%，线圈压降小于额定值的 5%。

6.6.4 各类气压或油（液）压断路器应具有下列输出触点供保护装置及信号回路用：

a) 合闸压力常开、常闭触点（最好还有重合闸压力常开、常闭触点）；

b) 跳闸压力常开、常闭触点；

c) 压力异常常开、常闭触点。

6.6.5 断路器应有足够数量的、动作逻辑正确、接触可靠的辅助触点供保护装置使用。辅助触点与主触头的动作时间差不大于 10ms。

6.6.6 隔离开关应有足够数量的、动作逻辑正确、接触可靠的辅助触点供保护装置使用。

6.7 继电保护和安全自动装置通道

6.7.1 继电保护和安全自动装置的通道应根据电力系统通信网条件，与通信专业协商，合理安排。

6.7.2 装置的通道一般采用下列传输媒介：

a) 光纤（不宜采用自承式光缆及缠绕式光缆）；

b) 微波；

c) 电力线载波；

d) 导引线电缆。

具有光纤通道的线路，应优先采用光纤作为传送信息的通道。

6.7.3 按双重化原则配置的保护和安全自动装置，传送信息的通道按以下原则考虑：

6.7.3.1 两套装置的通道应互相独立，且通道及加工设备的电源也应互相独立。

6.7.3.2 具有光纤通道的线路，两套装置宜均采用光纤通道传送信息，对短线路宜分别使用专用光纤芯；对中长线路，宜分别独立使用 2Mb/s 口，还宜分别使用独立的光端机。具有光纤迂回通道时，两套装置宜使用不同的光纤通道。

对双回线路，但仅其中一回线路有光纤通道且按上述原则采用光纤通道传送信息外，另一回线路传送信息的通道宜采用下列方式：

a) 如同杆并架双回线，两套装置均采用光纤通道传送信息，并分别使用不同的光纤芯或 PCM 终端；

b) 如非同杆并架双回线，其一套装置采用另一回线路的光纤通道，另一套装置采用其他通道，如电力线载波、微波或光纤的其他迂回通道等。

6.7.3.3 当两套装置均采用微波通道时，宜使用两条不同路由的微波通道，在不具备两条路由条件而仅有一条微波通道时，应使用不同的 PCM 终端，或其中一套装置采用电力线载波传送信息。

6.7.3.4 当两套装置均采用电力线载波通道传送信息时，应由不同的载波机、远方信号传输装置或远方跳闸装置传送信息。

6.7.4 当采用电力线载波通道传送允许式命令信号时应采用相—相耦合方式；传送闭锁信号时，可采用相—地耦合方式。

6.7.5 有条件时，传输系统安全稳定控制信息的通道可与传输保护信息的通道合用。

6.7.6 传输信息的通道设备应满足传输时间、可靠性的要求。其传输时间应符合下列要求：

a) 传输线路纵联保护信息的数字式通道传输时间应不大于 12ms；点对点的数字式通道传输时间应不大于 5ms；

b) 传输线路纵联保护信息的模拟式通道传输时间，对允许式应不大于 15ms；对采用专用信号传输设备的闭锁式应不大于 5ms；

c) 系统安全稳定控制信息的通道传输时间应根据实际控制要求确定。原则上应尽可能的快。点对点传输时，传输时间要求应与线路纵联保护相同。

6.7.7 信息传输接收装置在对侧发信信号消失后收信输出的返回时间应不大于通道传输时间。

附录 A

（规范性附录）

短路保护的最小灵敏系数

表 A.1　　　　　　　　　　　　　　　短路保护的最小灵敏系数

保护分类	保护类型	组成元件		灵敏系数	备　注
主保护	带方向和不带方向的电流保护或电压保护	电流元件和电压元件		1.3～1.5	200km 以上线路，不小于 1.3；（50～200）km 线路，不小于 1.4；50km 以下线路，不小于 1.5
		零序或负序方向元件		1.5	
	距离保护	起动元件	负序和零序增量或负序分量元件、相电流突变量元件	4	距离保护第三段动作区末端故障，大于 1.5
			电流和阻抗元件	1.5	线路末端短路电流应为阻抗元件精确工作电流 1.5 倍以上。200km 以上线路，不小于 1.3；（50～200）km 线路，不小于 1.4；50km 以下线路，不小于 1.5
		距离元件		1.3～1.5	
	平行线路的横联差动方向保护和电流平衡保护	电流和电压起动元件		2.0	线路两侧均未断开前，其中一侧保护按线路中点短路计算
				1.5	线路一侧断开后，另一侧保护按对侧短路计算
		零序方向元件		2.0	线路两侧均未断开前，其中一侧保护按线路中点短路计算
				1.5	线路一侧断开后，另一侧保护按对侧短路计算
	线路纵联保护	跳闸元件		2.0	
		对高阻接地故障的测量元件		1.5	个别情况下，为 1.3
	发电机、变压器、电动机纵差保护	差电流元件的启动电流		1.5	
	母线的完全电流差动保护	差电流元件的启动电流		1.5	
	母线的不完全电流差动保护	差电流元件		1.5	
	发电机、变压器、线路和电动机的电流速断保护	电流元件		1.5	按保护安装处短路计算
后备保护	远后备保护	电流、电压和阻抗元件		1.2	按相邻电力设备和线路末端短路计算（短路电流应为阻抗元件精确工作电流 1.5 倍以上），可考虑相继动作
		零序或负序方向元件		1.5	
	近后备保护	电流、电压和阻抗元件		1.3	按线路末端短路计算
		负序或零序方向元件		2.0	
辅助保护	电流速断保护			1.2	按正常运行方式保护安装处短路计算

注 1：主保护的灵敏系数除表中注出者外，均按被保护线路（设备）末端短路计算。
注 2：保护装置如反应故障时增长的量，其灵敏系数为金属性短路计算值与保护整定值之比；如反应故障时减少的量，则为保护整定值与金属性短路计算值之比。
注 3：各种类型的保护中，接于全电流和全电压的方向元件的灵敏系数不作规定。
注 4：本表内未包括的其他类型的保护，其灵敏系数另作规定。

试验后仍应能满足相关设备的性能规范要求。

附录B

（规范性附录）

保护装置抗扰度试验要求

保护装置应能承受表 B.1～B.5 的抗扰度试验，

B.1 外壳端口抗扰度试验（如表 B.1）

B.2 电源端口抗扰度试验（如表 B.2）

B.3 通信端口抗扰度试验（如表 B.3）

B.4 输入和输出端口抗扰度试验（如表 B.4）

B.5 功能接地端口抗扰度试验（如表 B.5）

表 B.1　　　　　　　　　　　　　外壳端口抗扰度试验

序号	电磁干扰类型	试验规范	单　位	参照标准	
				国际标准	国家标准
1.1	射频电磁场 调幅	80－1000 10 80	MHz V/m　非调制，rms ％AM（1kHz）	IEC 60255－22－3	GB/T 14598.9
1.2	静电放电 接触 空气	6 8	kV（放电电压） kV（放电电压）	IEC 60255－22－2	GB/T 14598.14

表 B.2　　　　　　　　　　　　　电源端口抗扰度试验

序号	电磁干扰类型	试验规范		单　位	参照标准	
					国际标准	国家标准
2.1	射频场引起的 传导干扰 调幅	0.15－80 10 150 80		MHz V　非调制，rms Ω　电源阻抗 ％ AM（1kHz）	IEC 60255－22－6	
2.2	快速瞬变 A 级 B 级	5/50 4 2.5 2 5		ns　T_R/T_H kV　峰值 kHz　重复频率 kV　峰值 kHz　重复频率	IEC 60255－22－4	GB/T 14598.10
2.3	1MHz 脉冲群 差模 共模	0.1 75 ≥40 200 1 2.5	1 75 400 200 1 2.5	MHz　频率 ns　T_R Hz　重复频率 Ω 电源阻抗 kV　峰值 kV　峰值	IEC 60255－22－1	GB/T 14598.13
2.4	浪涌 线对线 线对地	1.2/50 (8/20) 2 0.5、1 0 18 0.5、1、2 10 9		μs T_R/T_H 电压(电流) Ω　电源阻抗 kV　放电电压 Ω　耦合电阻 μF　耦合电容 kV　放电电压 Ω　耦合电阻 μF　耦合电容	IEC 60255－22－5	
2.5	直流电压中断	100 5、10、20 50、100、200		％降低 ms 中断时间	IEC 60255－11	GB/T 8367

表 B.3　　　　　　　　　　　　　　　　通信端口抗扰度试验

序号	电磁干扰类型	试验规范		单 位	参照标准	
					国际标准	国家标准
3.1	射频场引起的传导干扰 调幅	0.15 - 80 10 150 80		MHz V　非调制，rms Ω　电源阻抗 %　AM（1 kHz）	IEC 60255 - 22 - 6	
3.2	快速瞬变 　　A 级 　　B 级	5/50 2 5 1 5		ns　T_R/T_H kV　峰值 kHz　重复频率 kV　峰值 kHz　重复频率	IEC 60255 - 22 - 4	GB/T 14598.10
3.3	1 MHz 脉冲群 差模 共模	0.1 75 ≥40 200 0 1	1 75 400 200 0 1	MHz　频率 ns　T_R Hz　重复频率 Ω　电源阻抗 kV　峰值 kV　峰值	IEC 60255 - 22 - 1	GB/T 14598.13
3.4	浪涌 线对地	1.2/50 8/20 2 0.5、1 0 0		μs T_R/T_H 电压 μs T_R/T_H 电流 Ω　电源阻抗 kV　放电电压 Ω　耦合电阻 μF　耦合电容	IEC 60255 - 22 - 5	

表 B.4　　　　　　　　　　　　　　　　输入和输出端口抗扰度试验

序号	电磁干扰类型	试验规范		单 位	参 照 标 准	
					国际标准	国家标准
4.1	射频场引起的传导干扰 调幅	0.15～80 10 150 80		MHz V　非调制，rms Ω　电源阻抗 %　AM（1 kHz）	IEC 60255 - 22 - 6	
4.2	快速瞬变 　　A 级 　　B 级	5/50 4 2.5 2 5		ns　T_R/T_H kV　峰值 kHz　重复频率 kV　峰值 kHz　重复频率	IEC 60255 - 22 - 4	GB/T 14598.10
4.3	1MHz 脉冲群 差模 共模	0.1 75 ≥40 200 1 2.5	1 75 400 200 1 2.5	MHz　频率 ns　T_R Hz　重复频率 Ω　电源阻抗 kV　峰值 kV　峰值	IEC 60255 - 22 - 1	GB/T 14598.13

续表

序号	电磁干扰类型	试验规范	单 位	参 照 标 准	
				国际标准	国家标准
4.4	浪涌	1.2/50（8/20）	μsT_R/T_H 电压（电流）	IEC 60255 - 22 - 5	
		2	Ω 电源阻抗		
		0.5、1	kV 放电电压		
		40	Ω 耦合电阻		
	线对线	0.5	μF 耦合电容		
		0.5、1、2	kV 放电电压		
	线对地	40	Ω 耦合电阻		
		0.5	μF 耦合电容		
4.5	工频干扰			IEC 60255 - 22 - 7	
	A 级　差模	150	V（rms）		
		100	Ω 耦合电阻		
		0.1	μF 耦合电容		
	A 级　共模	300	V（rms）		
		220	Ω 耦合电阻		
		0.47	μF 耦合电容		
	B 级　差模	100	V（rms）		
		100	Ω 耦合电阻		
		0.047	μF 耦合电容		
	B 级　共模	300	V（rms）		
		220	Ω 耦合电阻		
		0.47	μF 耦合电容		

表 B.5　　　　　　　　　　　　　　功能接地端口抗扰度试验

序号	电磁干扰类型	试验规范	单 位	参 照 标 准	
				国际标准	国家标准
5.1	射频场引起的传导干扰	0.15～80	MHz	IEC 60255 - 22 - 6	
		10	V 非调制，rms		
		150	Ω 电源阻抗		
	调幅	80	% AM（1 kHz）		
5.2	快速瞬变	5/50	ns T_R/T_H	IEC 60255 - 22 - 4	GB/T 14598.10
	A 级	4	kV 峰值		
		2.5	kHz 重复频率		
	B 级	2	kV 峰值		
		5	kHz 重复频率		

13 国家电网公司业扩供电方案编制导则（试行）

（国家电网营销〔2007〕655 号）

1　范围

本导则规定了编制业扩供电方案的基本原则，明确了用电负荷分类，以及确定供电方式、电能计量方式、继电保护及自动装置配置的相关技术要求。

本导则适用于国家电网公司所属各区域电网公司、省（自治区、直辖市）电力公司及供电企业对各类客户业扩供电方案的确定。

2　规范性引用文件

略。

3　术语

3.1　供电方案

电力供应的具体实施计划。供电方案包括：供电电源位置、出线方式，供电线路敷设，供电回路数、走径、跨越、客户进线方式、客户受（送）电装置容量、主接线、继电保护方式、电能计量方式、运行方式、调度通信等内容。

3.2　供电方式

电力供应的方法与形式。供电方式包括供电电源的参数，如频率、相数、电压、供电电源的地点、数量、受电装置位置、容量、进线方式、主接线及运行方式，供用电之间的合同关系以及供电时间的时限等。

3.3　配置系数

配置系数是综合考虑了同时率、功率因数、设备负载率等因素影响后，得出的数值。如：住宅小区的配置系数的计算方法可简化为配置变压器的容量（kVA）与住宅小区用电负荷（kW）之比值。

3.4　双电源

由两个独立的供电线路向一个用电负荷实施的供电。这两条线路是由两个电源供电。即由两个变电站或一个有多台变压器单独运行的变电站中的两段母线分别提供的电源。其中一个电源故障时，不会因此而导致另一电源同时损坏。

3.5　保安电源

供给客户保安负荷的电源。保安电源必须是与其他电源无联系而能独立存在的电源，或与其他电源有较弱的联系，当其中一个电源故障断电时，不会导致另一个电源同时损坏的电源。保安电源与其他电源之间必须设置可靠的机械式或电气式联锁装置。

3.6　应急电源

在正常电源发生故障情况下，为确保一级负荷中特别重要负荷的供电电源。

3.7　电能计量方式

根据计量电能的不同对象，以及确定的供电方式及电费管理制度要求，确定电能计量点及电能计量装置的种类、结构及接线等的方法。

3.8　电能质量

供应到客户受电端的电能品质的优劣程度。通常以电压允许偏差、电压允许波动和闪变、电压正弦波形畸变率、三相电压不平衡度、频率允许偏差等指标来衡量。

3.9　谐波源

向公用电网注入谐波电流或在公用电网中产生谐波电压的电气设备。如：电气机车、电弧炉、整流器、逆变器、变频器、相控的调速和调压装置、弧焊机、感应加热设备、气体放电灯以及有磁饱和现象的机电设备。

3.10　大容量非线性负荷

指接入110kV及以上电压等级电力系统的电弧炉、轧钢、地铁、电气化铁路，以及单台4000kVA及以上整流设备等具有波动性、冲击性、不对称性的负荷。

4　确定供电方案的基本原则及要求

4.1　基本原则

4.1.1　应能满足供用电安全、可靠、经济、运行灵活、管理方便的要求，并留有发展余度。

4.1.2　符合电网建设、改造和发展规划的要求；满足客户近期、远期对电力的需求，具有最佳的综合经济效益。

4.1.3　具有满足客户需求的供电可靠性及合格的电能质量。

4.1.4　符合相关国家标准、电力行业技术标准和规程，以及技术装备先进要求，并应对多种供电方案进行技术经济比较，确定最佳方案。

4.2　基本要求

4.2.1　根据客户的用电容量、用电性质、用电时间，以及用电负荷的重要程度，确定高压供电、低压供电、临时供电等供电方式。

4.2.2　根据用电负荷的重要程度确定多电源供电方式，提出保安电源、自备应急电源、非电性质的应急措施的配置要求。

4.2.3　客户的自备应急电源、非电性质的应急措施、谐波治理措施应与供用电工程同步设计、同步建设、同步投运、同步管理。

5　用电负荷分级

5.1　分级原则

用电负荷应根据对供电可靠性的要求，以及中断供电将危害人身安全和公共安全，在政治或经济上造成损失或影响的程度等因素进行分级。

5.2　一级负荷

中断供电将产生下列后果之一的，为一级负荷：

1. 引发人身伤亡的。
2. 造成环境严重污染的。
3. 发生中毒、爆炸和火灾的。
4. 造成重大政治影响、经济损失的。
5. 造成社会公共秩序严重混乱的。

5.3　二级负荷

中断供电将产生下列后果之一的，为二级负荷：

1. 造成较大政治影响、经济损失的。
2. 造成社会公共秩序混乱的。

5.4　三级负荷

不属于一级负荷和二级负荷的为三级负荷。

5.5   重要客户

具有一级负荷兼或二级负荷的客户统称为重要客户。如：国家重要广播电台、电视台、通信中心；重要国防、军事、政治工作及活动场所；重要交通枢纽；国家信息中心及信息网络、电力调度中心、金融中心、证券交易中心；重要宾馆、饭店、医院、学校；大型商场、影剧院等人员密集的公共场所；煤矿、金属非金属矿山、石油、化工、冶金等高危行业的客户。

根据管理需要，可依据负荷分级对重要客户进行细化分类或分级。

6   供电电压等级的确定

6.1   供电额定电压

1. 低压供电：单相为 220V、三相 380V。
2. 高压供电：为 10、35（66）、110、220、330、500kV。

客户需要的供电电压等级在 110kV 及以上时，其受电装置应作为终端变电站设计。

6.2   确定供电电压等级的一般原则

6.2.1   客户的供电电压等级应根据用电最大需量、用电设备容量或受电设备总容量确定。除有特殊需要，供电电压等级一般可参照表1确定。

表 1   客户供电电压等级的确定

供电电压等级	用电设备容量	受电变压器总容量
220V	10kW 及以下单相设备	
380V	100kW 及以下	50kVA 及以下
10kV		100kVA 至 8000kVA（含 8000kVA）
35kV		5MVA 至 40MVA
66kV		15MVA 至 40MVA
110kV		20MVA 至 100MVA
220kV		100MVA 及以上

注：1. 无 35kV 电压等级的，10kV 电压等级受电变压器总容量为 100kVA 至 15000kVA。
　　2. 供电半径超过本级电压规定时，可按高一级电压供电。

6.2.2   具有冲击负荷、波动负荷、非对称负荷的客户，宜采用由系统变电所新建线路或提高电压等级供电的供电方式。

6.3   低压供电

6.3.1   客户单相用电设备总容量在 10kW 及以下时可采用低压 220V 供电。在经济发达地区用电设备总容量可扩大到 16kW。

6.3.2   客户用电设备总容量在 100kW 及以下或受电变压器容量在 50kVA 及以下者，可采用低压 380V 供电。在用电负荷密度较高的地区，经过技术经济比较，采用低压供电的技术经济性明显优于高压供电时，低压供电的容量可适当提高。

6.3.3   农村地区低压供电容量，应根据当地农村电网综合配电小容量、多布点的配置特点确定。

6.4   高压供电

6.4.1   客户用电设备总容量在 100kVA～8000kVA 时（含 8000kVA），宜采用 10kV 供电。无 35kV 电压等级的地区，10kV 电压等级的供电容量可扩大到 15000kVA。

6.4.2   客户用电设备总容量在 5MVA～40MVA 时，宜采用 35kV 供电。

6.4.3   有 66kV 电压等级的电网，客户用电设备总容量在 15MVA～40MVA 时，宜采用 66kV 供电。

6.4.4   客户用电设备总容量在 20MVA～100MVA 时，宜采用 110kV 及以上电压等级供电。

6.4.5   客户用电设备总容量在 100MVA 及以上，宜采用 220kV 及以上电压等级供电。

6.4.6   10kV 及以上电压等级供电的客户，当单回路电源线路容量不满足负荷需求且附近无上一级电压等级供电时，可合理的增加供电回路数，采用多回路供电。

6.5   临时供电

基建施工、市政建设、抗旱打井、防汛排涝、抢险救灾、集会演出等非永久性用电，可实施临时供电。具体供电电压等级取决于用电容量和当地的供电条件。

6.6   居住区住宅用电容量配置

6.6.1   居住区住宅以及公共服务设施用电容量的确定应综合考虑所在城市的性质、社会经济、气候、民族、习俗及家庭能源使用的种类。

6.6.2   建筑面积在 50 平方米及以下的住宅用电每户容量宜不小于 4kW；大于 50 平方米的住宅用电每户容量宜不小于 8kW。

6.6.3   配电变压器容量的配置系数，应根据住宅户数和各地区用电水平，由各省（自治区、直辖市）电力公司确定。

7   供电电源及自备应急电源配置

7.1   配置的一般原则

7.1.1   供电电源应依据客户的负荷等级、用电性质、用电容量、当地供电条件等因素进行技术经济比较，与客户协商确定。

1. 对具有一、二级负荷的客户应采用双电源或多电源供电，其保安电源应符合独立电源的条件。该类客户应自备应急电源，同时应配备非电性质的应急措施。

2. 对三级负荷的客户可采用单电源供电。

7.1.2 双电源、多电源供电时宜采用同一电压等级电源供电。

7.1.3 应根据客户的负荷性质及其对用电可靠性要求和城乡发展规划，选择采用架空线路、电缆线路或架空—电缆线路供电。

7.2 一、二级负荷供电电源的配置规定

7.2.1 一级负荷的供电电源应符合下列规定：

1. 一级负荷的供电除由双电源供电外，应增设保安电源，并严禁将其它负荷接入应急供电系统。

2. 一级负荷的设备的供电电源应在设备的控制箱内实现自动切换，切换时间应满足设备允许中断供电的要求。

7.2.2 二级负荷的供电电源应符合下列规定：

1. 二级负荷的供电应由双电源供电，当一路电源发生故障时，另一路电源不应同时受到损坏。

2. 二级负荷的设备供电应根据电源条件及负荷的重要程度采用下列供电方式之一：

a. 双电源供电，在最末一级配电装置内切换。

b. 双电源供电到适当的配电点互投装置后，采用专线送到用电设备或其控制装置上。

c. 小容量负荷可以用一路电源加不间断电源装置，或一路电源加设备自带的蓄电池组在末端实现切换。

7.3 供电电源点确定的一般原则

7.3.1 电源点应具备足够的供电能力，能提供合格的电能质量，以满足客户的用电需求；在选择电源点时应充分考虑各种相关因素，确保电网和客户端变电所的安全运行。

7.3.2 对多个可选的电源点，应进行技术经济比较后确定。

7.3.3 根据客户的负荷性质和用电需求，确定电源点的回路数和种类。

7.3.4 根据城市地形、地貌和城市道路规划要求，就近选择电源点。路径应短捷顺直，减少与道路交叉，避免近电远供、迂回供电。

7.4 自备应急电源配置的一般原则

7.4.1 自备应急电源配置容量标准必须达到保安负荷的120%。

7.4.2 启动时间满足安全要求。

7.4.3 客户的自备应急电源与电网电源之间应装设可靠的电气或机械闭锁装置，防止倒送电。

7.5 自备应急电源及选择

7.5.1 自备应急电源的种类

1. 独立于正常电源的发电机组。

2. 供电网络中独立于正常电源的专用馈电线路。

3. UPS不间断供应电源（或其它新型电源）。

4. 蓄电池。

5. 干电池。

6. 其它新型自备应急电源技术（设备）。

7.5.2 自备应急电源的选择

1. 允许中断供电时间为15秒以上的供电，可选用快速自启动的发电机组。

2. 自投装置的动作时间能满足允许中断供电时间的，可选用带有自动投入装置的独立于正常电源的专用馈电线路。

3. 允许中断供电时间为毫秒级的供电，可选用蓄电池静止型不间断供电装置、蓄电池机械贮能电机型不间断供电装置或柴油机不间断供电装置。

7.6 应急电源工作时间

应急电源工作的时间应按客户生产技术上要求的停车时间考虑。当与自动启动的发电机组配合使用时，不宜少于10分钟。

8   电气主接线及运行方式的确定

8.1 确定电气主接线的一般原则

8.1.1 根据进出线回路数、设备特点及负荷性质等条件确定。

8.1.2 满足供电可靠、运行灵活、操作检修方便、节约投资和便于扩建等要求。

8.1.3 在满足可靠性要求的条件下，宜减少电压等级和简化接线。

8.2 电气主接线的主要型式

桥形接线、单母线、单母线分段、双母线、线路变压器组。

8.3 客户电气主接线

8.3.1 具有两回线路供电的一级负荷客户，其电气主接线的确定应符合下列要求：

1. 35kV及以上电压等级应采用单母线分段接线或双母线接线。装设两台及以上主变压器。6～10kV侧应采用单母线分段接线。

2. 10kV电压等级应采用单母线分段接线。装设两台及以上变压器。0.4kV侧应采用单母线分段接线。

8.3.2 具有两回线路供电的二级负荷客户，其电气主接线的确定应符合下列要求：

1. 35kV及以上电压等级宜采用桥形、单母线分段、线路变压器组接线。装设两台及以上主变压器。

中压侧应采用单母线分段接线。

2. 10kV 电压等级宜采用单母线分段、线路变压器组接线。装设两台及以上变压器。0.4kV 侧应采用单母线分段接线。

8.3.3 单回线路供电的三级负荷客户，其电气主接线，采用单母线或线路变压器组接线。

8.4 一、二级负荷的客户运行方式

8.4.1 一级负荷客户可采用以下运行方式：

1. 两回及以上进线同时运行互为备用。

2. 一回进线主供、另一回路热备用。

8.4.2 二级负荷客户可采用以下运行方式：

1. 两回及以上进线同时运行。

2. 一回进线主供、另一回路冷备用。

8.4.3 不允许出现高压侧合环运行的方式。

9　电能计量

9.1 电能计量点

电能计量点应设定在供电设施与受电设施的产权分界处。如产权分界处不适宜装表的，对专线供电的高压客户，可在供电变电站的出线侧出口装表计量；对公用线路供电的高压客户，可在客户受电装置的低压侧计量。

9.2 电能计量方式

9.2.1 低压供电的客户，负荷电流为 60A 及以下时，电能计量装置接线宜采用直接接入式；负荷电流为 60A 以上时，宜采用经电流互感器接入式。

9.2.2 高压供电的客户，宜在高压侧计量；但对 10kV 供电且容量在 315kVA 及以下、35kV 供电且容量在 500kVA 及以下的，高压侧计量确有困难时，可在低压侧计量，即采用高供低计方式。

9.2.3 有两路及以上线路分别来自不同供电点或有多个受电点的客户，应分别装设电能计量装置。

9.2.4 客户一个受电点内不同电价类别的用电，应分别装设计费电能计量装置。

9.2.5 有送、受电量的地方电网和有自备电厂的客户，应在并网点上装设送、受电电能计量装置。

9.3 电能计量装置的接线方式

接入中性点绝缘系统的电能计量装置，宜采用三相三线接线方式；接入中性点非绝缘系统的电能计量装置，应采用三相四线接线方式。

9.4 电能计量装置的配置

各类电能计量装置配置的电能表、互感器的准确度等级应不低于表 2 所示值。

表 2　　　　　　　　　　　　　　　电能表、互感器准确度等级

容量范围	电能计量装置类别	准确度等级			
		有功电能表	无功电能表	电压互感器	电流互感器
$S \geq 10000\text{kVA}$	I	0.2S 或 0.5S	2.0	0.2	0.2S 或 0.2*)
$10000\text{kVA} > S \geq 2000\text{kVA}$	II	0.5S 或 0.5	2.0	0.2	0.2S 或 0.2*)
$2000\text{kVA} > S \geq 315\text{kVA}$	III	1.0	2.0	0.5	0.5S
$S < 315\text{kVA}$	IV	2.0	3.0	0.5	0.5S
单相供电（$P < 10\text{kW}$）	V	2.0	—		0.5S

*) 0.2 级电流互感器仅指发电机出口电能计量装置中配用。

注：电能计量装置的分类见附件 B。

9.5 电能计量装置设计及技术要求

应依据《国家电网公司输变电工程典型设计电能计量装置分册》。

9.6 电能信息采集

容量大于 50kVA 的客户应在计量点安装电能量信息采集系统，实现电能信息实时采集与监控。

10　电能质量及无功补偿

10.1 供电电压允许偏差

在电力系统正常状况下，供电企业供到客户受电端的供电电压允许偏差为：

1. 35kV 及以上电压供电的，电压正、负偏差的绝对值之和不超过额定值的 10%。

2. 10kV 及以下三相供电的，为额定值的 ±7%。

3. 220V 单相供电的，为额定值的 +7%，−10%。

10.2 非线性负荷设备接入电网

10.2.1 非线性负荷设备的主要种类

1. 换流和整流装置，包括电气化铁路、电车整流装置、动力蓄电池用的充电设备等。

2. 冶金部门的轧钢机、感应炉和电弧炉。

3. 电解槽和电解化工设备。

4. 大容量电弧焊机。

5. 变频装置。

6. 其他大容量冲击设备的非线性负荷。

10.2.2　客户应委托有资质的专业机构出具非线性负荷设备接入电网的电能质量评估报告（其中大容量非线性客户，须提供省级及以上专业机构出具的电能质量评估报告）。

10.2.3　按照"谁污染、谁治理"、"同步设计、同步施工、同步投运、同步达标"的原则，在供电方案中，明确客户治理污染电能质量的具体措施。

10.3　谐波限值

客户负荷注入公用电网连接点的谐波电压限值及谐波电流允许值应符合《电能质量　公用电网谐波》（GB/T 14549）国家标准的限值。

10.4　电压波动和闪变的允许值

客户的冲击性负荷产生的电压波动允许值，应符合《电能质量　电压波动和闪变》（GB 12326）国家标准的限值。

10.5　无功补偿装置的配置原则

10.5.1　无功电力应分层分区、就地平衡。客户应在提高自然功率因数的基础上，按有关标准设计并安装无功补偿设备。

10.5.2　并联电容器装置，其容量和分组应根据就地补偿、便于调整电压及不发生谐振的原则进行配置。

10.5.3　无功补偿装置宜采用成套装置，并应装设在变压器低压侧。

10.6　功率因数

100kVA 及以上高压供电的电力客户，在高峰负荷时的功率因数不宜低于 0.95；其他电力客户和大、中型电力排灌站、趸购转售电企业，功率因数不宜低于 0.90；农业用电功率因数不宜低于 0.85。

10.7　无功补偿容量计算

10.7.1　电容器的安装容量，应根据客户的自然功率因数计算后确定。

10.7.2　当不具备设计计算条件时，电容器安装容量的确定应符合下列规定：

1. 35kV 及以上变电所可按变压器容量的 $10\% \sim 30\%$ 确定；

2. 10kV 变电所可按变压器容量的 $20\% \sim 30\%$ 确定。

11　继电保护及调度通信自动化

11.1　继电保护设置的基本原则

11.1.1　客户变电所中的电力设备和线路，应装设反应短路故障和异常运行的继电保护和安全自动装置，满足可靠性、选择性、灵敏性和速动性的要求。

11.1.2　客户变电所中的电力设备和线路的继电保护应有主保护、后备保护和异常运行保护，必要时可增设辅助保护。

11.1.3　10kV 及以上变电所宜采用数字式继电保护装置。

11.2　保护方式配置

11.2.1　继电保护和自动装置的设置应符合《电力装置的继电保护和自动装置设计规范》（GB 50062）、《继电保护和安全自动装置技术规程》（GB 14285）的规定。

11.2.2　进线保护的配置应符合下列规定：

1. 110kV 及以上进线保护的配置，应根据经评审后的二次接入系统设计确定。

2. 35kV 进线应装设延时速断及过电流保护；对于有自备电源的客户也可采用阻抗保护。

3. 10kV 进线装设速断或延时速断、过电流保护。对小电阻接地系统，宜装设零序保护。

11.2.3　主变压器保护的配置应符合下列规定：

1. 容量在 0.4MVA 及以上车间内油浸变压器和 0.8MVA 及以上油浸变压器，均应装设瓦斯保护。其余非电量保护按照变压器厂家要求配置。

2. 电压在 10kV 及以下、容量在 10MVA 及以下的变压器，采用电流速断保护和过电流保护分别作为变压器主保护和后备保护。

3. 电压在 10kV 及以上、容量在 10MVA 及以上的变压器，采用纵差保护和过电流保护（或复压过电流）分别作为变压器主保护和后备保护。对于电压为 10kV 的重要变压器，当电流速断保护灵敏度不符合要求时也可采用纵差保护作为变压器主保护。

4. 220kV 主变压器除非电量保护外，应采用两套完整、独立的主保护和后备保护。

11.2.4　220kV 母线及 110kV 双母线宜配置专用母线保护。

11.3　备用电源自动投入装置

11.3.1　备用电源自动投入装置，应具有保护动作闭锁的功能。

11.3.2　10～220kV 侧进线断路器处，不宜装设自动投入装置。

11.3.3　0.4kV 侧，采用具有故障闭锁的"自投不自复""手投手复"的切换方式，不宜采用"自投自复"的切换方式。

11.3.4　一级负荷客户，宜在变压器低压侧的分段开关处，装设自动投入装置。其他负荷性质客户，不宜装设自动投入装置。

11.4　需要实行电力调度管理的客户

11.4.1　受电电压在 10kV 及以上的专线供电客户。

11.4.2　有多电源供电、受电装置的容量较大且内部接线复杂的客户。

11.4.3 有两回路及以上线路供电，并有并路倒闸操作的客户。

11.4.4 有自备电厂并网的客户。

11.4.5 重要客户或对供电质量有特殊要求的客户等。

11.5 通信和自动化

11.5.1 35kV 及以下供电、用电容量不足 8000kVA 且有调度关系的客户，可利用电能量采集系统采集客户端的电流、电压及负荷等相关信息，配置专用通讯市话与调度部门进行联络。

11.5.2 35kV 供电、用电容量在 8000kVA 及以上或 110kV 及以上的客户宜采用专用光纤通道或其他通信方式，通过远动设备上传客户端的遥测、遥信信息，同时应配置专用通讯市话或系统调度电话与调度部门进行联络。

11.5.3 其他客户应配置专用通讯市话与当地供电公司进行联络。

附录 A

本导则用词说明

略。

附录 B

电能计量装置分类

B.0.1 Ⅰ类电能计量装置

月平均用电量 500 万 kWh 及以上或变压器容量为 10000kVA 及以上的高压计费客户、200MW 及以上发电机、发电企业上网电量、电网经营企业之间的电量交换点、省级电网经营企业与其供电企业的供电关口计量点的电能计量装置。

B.0.2 Ⅱ类电能计量装置

月平均用电量 100 万 kWh 及以上或变压器容量为 2000kVA 及以上的高压计费客户、100MW 及以上发电机、供电企业之间的电量交换点的电能计量装置。

B.0.3 Ⅲ类电能计量装置

月平均用电量 10 万 kWh 及以上或变压器容量为 315kVA 及以上的计费客户、100MW 及以下发电机、发电企业厂（站）用电量、供电企业内部用于承包考核的计量点、考核有功电量平衡的 110kV 及以上的送电线路电能计量装置。

B.0.4 Ⅳ类电能计量装置

负荷容量为 315kVA 以下的计费客户、发供电企业内部经济技术指标分析、考核用的电能计量装置。

B.0.5 Ⅴ类电能计量装置

单相供电的电力客户计费电能计量装置。

附录 C

受电变配电所典型主接线

C.0.1 10kV 供电，一组线路变压器组接线

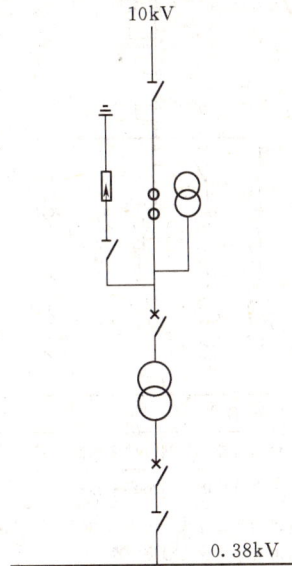

供电电源	10kV 一路供电
受电设备	一台变压器
适用客户	无重要负荷的大容量客户
说明	由 10kV 线路支接经熔断器或 10kV 配电站供电，受电变压器容量 800kVA 及以下的，可不设电源进线断路器，电源进线隔离开关改用负荷开关

C.0.2 10kV 供电，两组线路变压器组接线

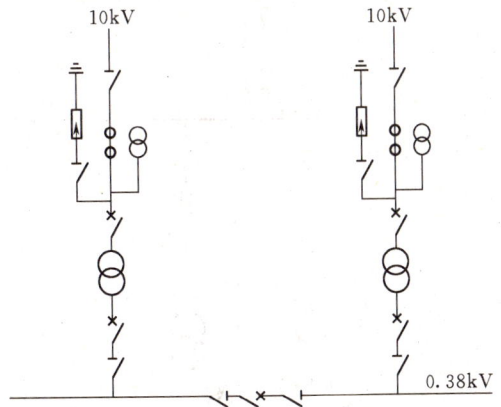

供电电源	10kV 两路常用电源供电，两路供电线路应接自电源变电站的不同母线段
受电设备	两台变压器
适用客户	有重要负荷的中、小容量客户
说明	由 10kV 线路支接经熔断器或 10kV 配电站供电，受电变压器容量 800kVA 及以下的，可不设电源进线断路器，电源进线隔离开关改用负荷开关

C.0.3　10kV 供电，单母线接线 A

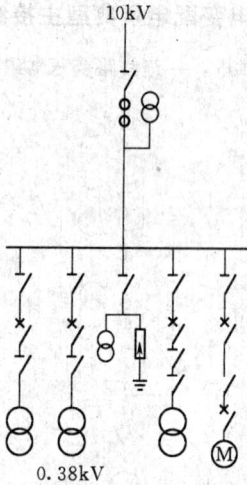

10kV

0.38kV

供电电源	10kV 一路供电
受电设备	多台变压器（包括特种变压器）或高压电动机
适用客户	无重要负荷的中、小容量客户
说明	专线专仓、专线非专仓或由 10kV 线路支接不经熔断器供电的应设电源进线断路器

C.0.4　10kV 供电，单母线接线 B

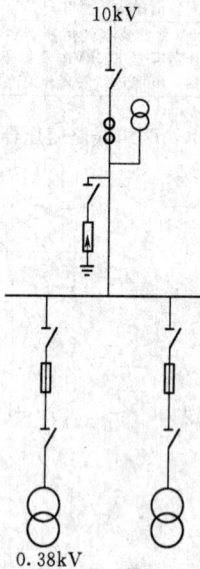

10kV

0.38kV

供电电源	10kV 一路供电，由 10kV 线路支接经熔断器或 10kV 配电站供电
受电设备	2～3 台 500kVA 及以下变压器
适用客户	无重要负荷的小容量客户
说明	配电出线的熔断器保护与供电侧熔断器或断路器保护配合

C.0.5　10kV 供电，单母线分段接线

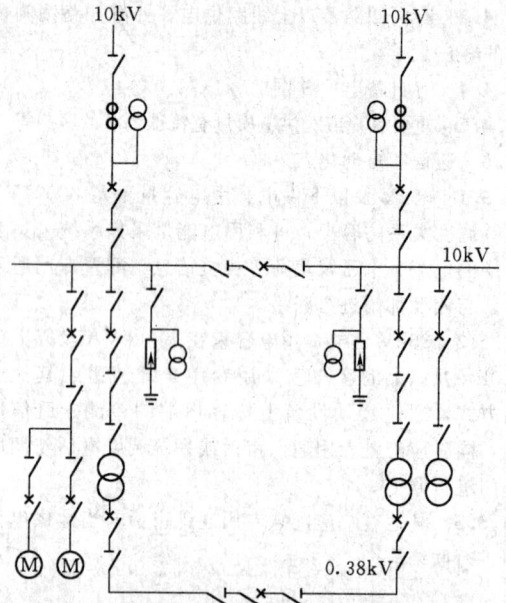

10kV　　　　　　　10kV

10kV

0.38kV

供电电源	10kV 两路常用电源供电，两路供电电源应接自电源变电站的不同母线段
受电设备	多台变压器（包括特种变压器）或高压电动机
适用客户	中等容量客户，可有重要负荷
说明	供电电源间不允许带电并介操作或备用电源自动投入的，宜不设联络回路，成为两个单母线接线

C.0.6　110kV（35kV）供电，10kV 备用，一组线路变压器组接线

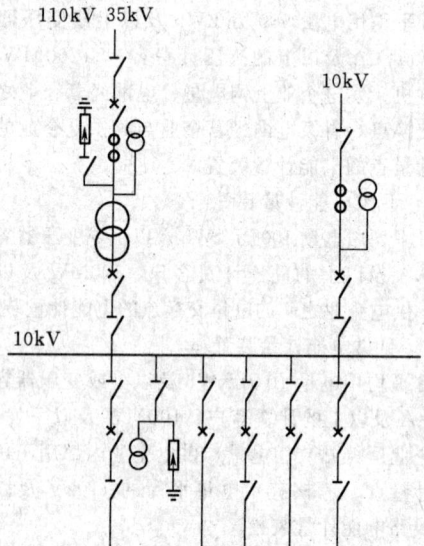

110kV 35kV

10kV

10kV

供电电源	110kV 或 35kV 一路常用电源供电，10kV 一路备用电源供电。备用电源的上级电源应与常用电源分开
受电设备	一台变压器
适用客户	中、大容量客户，可有重要负荷
说明	35kV 供电的，保护、测量需要时可增设一组 35kV 电压互感器

C.0.7 110kV（35kV）供电，二组线路变压器组接线

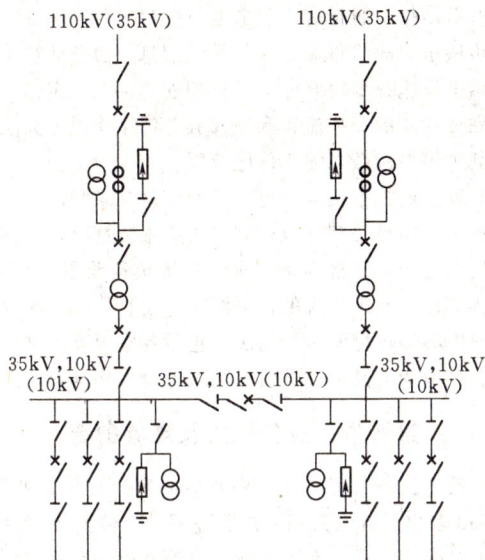

供电电源	110kV 或 35kV 两路常用电源供电，两路供电线路应接自电源变电站的不同母线段
受电设备	两台变压器
适用客户	大、特大容量客户，可有重要负荷
说明	35kV 供电的，保护、测量需要时可增设一组 35kV 电压互感器。本接线方式可扩大到三组线路变压器组

C.0.8 110kV（35kV）供电，内桥接线

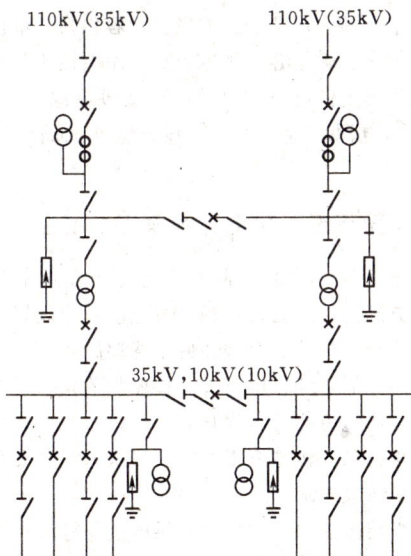

供电电源	110kV 或 35kV 两路常用电源供电，两路供电线路应接自电源变电站的不同母线段
受电设备	两台变压器
适用客户	大、特大容量客户，可有重要负荷
说明	允许供电电源间带电并列操作或备用电源自动投入的宜采用 35kV 供电的，保护、测量需要时可增设一组 35kV 电压互感器 本接线方式可扩大到三组线路变压器组

C.0.9 110kV（35kV）供电，单母线分段接线

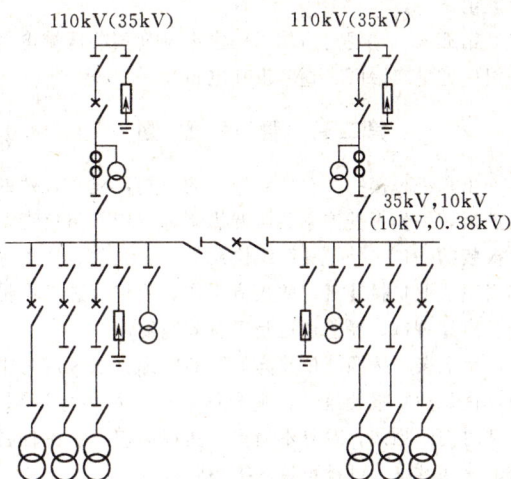

供电电源	110kV 或 35kV 两路常用电源供电，两路供电线路应接自电源变电站的不同母线段或不同电源变电站
受电设备	多台变压器
适用客户	特大容量客户，可有重要负荷
说明	35kV 供电的，保护、测量需要时可增设一组 35kV 电压互感器 35kV 供电的，技术经济合理可采用直降变压器 本接线方式可扩大到三组线路变压器组

14　国家电网公司业扩报装管理规定（试行）

（国家电网营销〔2007〕49号）

第一章　总　则

第一条　为实现建设"一强三优"现代公司的发展目标，全面实践"四个服务"的宗旨，贯彻落实"三个十条"，规范业扩报装工作，提高客户服务水平，制定本规定。

第二条　本规定所称的业扩报装工作包括从受理客户用电申请到向其正式供电为止的全过程。

第三条　业扩报装工作坚持"一口对外、便捷高效、三不指定、办事公开"的原则。通过集约化、精细化管理和技术进步，以营销技术支持系统对业扩报装实行全过程闭环管理，实现业扩报装工作程序标准化、业务流程规范化，简化用电手续，缩短业扩报装周期，提高服务质量和服务效率。

第四条　从事业扩报装工作人员必须遵守《供电

服务规范》和《国家电网公司员工服务"十个不准"》等规定。

第五条 本规定适用于国家电网公司各区域电网公司、省（自治区、直辖市）电力公司。

第二章 管理原则

第六条 按照"一口对外"的原则，建立有效的业扩报装工作管理体系和协调机制。营销部门负责业扩报装的一口对外，并组织协调生产、调度、计划等部门完成业扩报装流程的相应工作。业扩报装工作推行客户经理制、绿色通道制等有效制度。

第七条 按照"便捷高效"的原则，以客户为中心，优化业扩报装流程，整合信息资源和服务资源，做到对内不推诿，对外不搪塞，实现业扩报装流程畅通、信息共享、过程可控、提高时效。

第八条 按照"三不指定"的原则，对客户受电工程的设计、设备订货、工程施工，不得指定设计单位、施工单位和设备材料供应单位。

第九条 按照"办事公开"的原则，在营业场所、客户服务网站或通过宣传资料，公布业扩报装的办理程序、服务标准、收费标准和收费依据，能够方便查询业扩报装工作进程，主动接受客户及社会监督。

第三章 职能分工

第十条 业扩报装工作主要包括：业务受理、现场勘查、确定供电方案及答复、业务收费、受（送）电工程设计的审核、受（送）电工程的中间检查及竣工检验、签订供用电合同、装表、接电、资料归档等。

第十一条 各省（自治区、直辖市）公司营销部是业扩报装业务的归口管理部门，负责制定业扩报装工作标准和管理制度，组织协调生产、调度、计划等部门对110kV及以上电压等级供电方案审批，对地市供电公司业扩报装工作实行服务监督、质量控制与管理考核。

第十二条 地市供电公司营销部负责对业扩报装工作的组织协调及管理实施，并组织审核高压供电客户的《供用电合同》。

第十三条 客户服务中心负责承担业扩报装的具体业务工作。统一受理客户报装接电申请，牵头组织有关专业人员进行现场勘查、确定供电方案，组织受电工程设计的审核、客户用电工程的中间检查、竣工验收，签订供用电合同，装表接电等工作，并及时向客户反馈业扩处理进程。

第十四条 客户服务中心要主动做好与配电业务的有效衔接，履行客户服务的"一口对外"职责，及时传递电力故障报修、业扩报装信息，协调业扩接电与供电设施计划检修停电的合理安排，在规定的时限内完成相应的业扩流程和报修服务等工作，最大限度地减少停电次数，缩小停电范围。

建立业扩报装与配电运行的信息共享制度。客户服务中心向相关部门提供客户业扩报装情况，包括客户用电地址、装接容量、预计最高负荷及平均负荷、电压等级以及现接入的供电线路等信息，配电部门向客户中心提供配网运行情况，包括各电源点的供电线路、供电能力及可开放负荷、供电设施检修等信息。

第四章 业务受理及现场勘查

第十五条 客户服务中心应向客户提供营业厅、95598客户服务电话和客户服务网站、传真等多种业扩报装受理方式。受理的业务事项直接进入营销技术支持系统的处理流程，产生电子工作票传递到下一环节，形成闭环管理。

第十六条 客户服务中心负责牵头组织相关部门到客户用电现场进行供电条件勘查，并与客户协商供电方式、计量方式、受电点等确定供电方案所需的内容。

第十七条 现场勘查的主要内容包括：审核客户的用电需求、确定客户用电容量、用电性质及负荷特性，初步确定供电电源（单电源或多电源）、上一电压等级的电源位置、供电电压、供电线路、计量方案等。

第五章 供电方案确定及答复

第十八条 供电方案的确定要符合国家有关政策、地方经济和社会发展规划及电网发展规划，满足供用电安全、经济、合理和便于管理的要求，并根据客户的用电需求和供电条件，按照相关技术标准和运行规程对供电方案进行优化。

第十九条 供电方案由客户接入系统方案及客户受电系统方案组成。

客户接入系统方案包括：供电电压等级、供电容量、供电电源位置、供电电源数（单电源或多电源）、供电回路数、路径、出线方式、供电线路敷设等。

客户受电系统方案包括：进线方式、受电装置容量、主接线、运行方式、继电保护方式、调度通信、保安措施、电能计量装置及接线方式、安装位置、产权及维护责任分界点、主要电气设备技术参数等。

第二十条 供电方案应在下述时限内书面答复客

户，若不能如期确定供电方案时，应主动向客户说明原因。

自受理之日起，居民客户不超过 3 个工作日；低压电力客户不超过 7 个工作日；高压单电源客户不超过 15 个工作日；高压双电源客户不超过 30 个工作日。

第二十一条 供电方案在有效期限内遇到情况变化，应主动与客户沟通协商、合理调整，重新确定后书面答复客户。

第六章 受电工程设计审核、检查及竣工检验

第二十二条 受电工程设计的审核应依照国家标准、行业标准进行，并以书面形式向客户反馈意见。要积极推行典型设计，倡导采用节能环保的先进技术和产品，禁止使用国家明令淘汰的产品。

受电工程设计的审核时间，低压电力客户不超过 10 个工作日，高压电力客户不超过 30 个工作日。

第二十三条 客户服务中心根据审核同意的客户受电工程设计文件及有关施工标准，组织对客户受电工程中的隐蔽工程进行中间检查，并出具书面整改意见，督导其整改。根据客户的受电装置竣工报告，组织对受电工程进行竣工检验。对检验不合格的，应以书面形式通知客户并督导其整改直至合格。

组织竣工检验时间，自受理之日起，低压电力客户不超过 3 个工作日，高压电力客户不超过 5 个工作日。

第七章 收费管理及合同签订

第二十四条 与业扩有关的收费和开支，应严格执行国家和当地政府的有关规定，严格遵守财经纪律。严禁自立业扩有关收费名目或擅自调整收费标准。

第二十五条 业扩费用由客户服务中心统一收取，其他部门不得对客户收取任何费用。

第二十六条 根据相关法律法规和平等协商原则，正式接电前与客户签订供用电合同。合同条款应按照公司下发的《供用电合同》（参考文本）确定。未签订《供用电合同》的，不得接电。

第八章 装表与接电

第二十七条 电能计量装置原则上安装在供电设施与受电设施的产权分界处。电能计量装置的配置与安装应符合《电能计量装置技术管理规程》（DL/T 448—2000）及相关技术规程的要求。在客户每个受电点内，应按不同电价类别分别安装电能计量装置，予以加封，并由客户在工作凭证上签字（章）。

第二十八条 受电装置检验合格并办结相关手续后，由客户服务中心组织接电。接电期限要求，一般居民客户不超过 3 个工作日，低压电力客户不超过 5 个工作日，高压电力客户不超过 7 个工作日。

第二十九条 接电工作完成后，客户服务中心建立客户档案。客户申请、批复的供电方案、受电工程设计资料、中间检查及竣工检验报告、《供用电合同》等重要文件作为原始资料妥善保存。

第九章 附　则

第三十条 各区域电网公司、省（自治区、直辖市）电力公司根据本规定制定业扩报装工作管理细则。

第三十一条 本规定由国家电网公司营销部负责解释并监督执行。

第三十二条 本规定自发布之日起施行。

15 并联电容器装置设计规范

（GB 50227—95）

1 总则

1.0.1 为使电力工程的并联电容器装置设计贯彻国家的技术经济政策，做到安全可靠、技术先进、经济合理和运行检修方便，制订本规范。

1.0.2 本规范适用于 220kV 及以下变电所、配电所中无功补偿用三相交流高压、低压并联电容器装置的新建、扩建工程设计。

1.0.3 并联电容器装置的设计，应根据安装地点的电网条件、补偿要求、环境状况、运行检修要求和实践经验，确定补偿容量、选择接线、保护与控制、布置及安装方式。

1.0.4 并联电容器装置的设备选型，应符合国家现行的产品标准的规定。

1.0.5 并联电容器装置的设计，除应执行本规范的规定外，尚应符合国家现行的有关标准和规范的规定。

2 术语、符号、代号

2.1 术语

2.1.1　高压并联电容器装置 installation of high voltage shunt capacitors

由高压并联电容器和相应的一次及二次配套设备组成，可独立运行或并联运行的装置。

2.1.2　低压并联电容器装置 installation of low voltage shunt capacitors

由低压并联电容器和相应的一次及二次配套元件组成，可独立运行或并联运行的装置。

2.1.3　并联电容器的成套装置 complete set of installation for shunt capacitors

由制造厂设计组装设备向用户供货的整套并联电容器装置。

2.1.4　单台电容器 capacitor unit

由一个或多个电容器元件组装于单个外壳中并有引出端子的组装体。

2.1.5　电容器组 capacitor bank

电气上连接在一起的一群单台电容器。

2.1.6　电抗率 reactance ratio

串联电抗器的感抗与并联电容器组的容抗之比，以百分数表示。

2.1.7　放电器、放电元件 discharge device、discharge component

装在电容器内部或外部的，当电容器从电源脱开后能将电容器端子间的电压在规定时间内降低到规定值的设备或元件。

2.1.8　串联段 series section

在多台电容器连接组合中，相互并的单台电容器群。

2.1.9　剩余电压 residual voltage

单台电容器或电容器组脱开电源后，电容器端子间或电容器组端子间残存的电压。

2.1.10　涌流 inrush transient current

电容器组投入电网时的过渡过电流。

2.1.11　外熔丝 external fuses

装于单台电容器外部并与其串联连接，当电容器发生故障时用以切除该电容器的熔丝。

2.1.12　内熔丝 internal fuses

装于单台电容器内部与元件或元件组串联连接，当元件发生故障时用以切除该元件或元件组的熔丝。

2.1.13　放电容量 discharging capacity

放电器允许连接的电容器组的容量。

2.1.14　不平衡保护 unbalance protection

利用电容器组内两个相关部分之间的电容量之差形成的电流差或电压差构成的保护。

2.2　符号

序号	符号	含　义
2.2.1	Q_{cx}	发生 n 次谐波谐振的电容器容量
2.2.2	S_d	并联电容器装置安装处的母线短路容量
2.2.3	n	谐波次数
2.2.4	K	电抗率
2.2.5	I_{*ym}	涌流峰值的标么值
2.2.6	β	涌流计算中计及的电源影响系数
2.2.7	Q	电容器组容量
2.2.8	U_c	电容器端子运行电压
2.2.9	U_s	并联电容器装置的母线电压
2.2.10	S	电容器组每相的串联段数

2.3　代号

序号	符号	含　义
2.3.1	C	电容器组
2.3.2	1C、2C、3C	并联电容器装置分组回路编号
2.3.3	C_1、C_2、C_n	单台电容器编号
2.3.4	L	串联电抗器或限流线圈
2.3.5	QS	隔离开关或刀开关
2.3.6	QF	断路器
2.3.7	QG	接地开关
2.3.8	TA	电流互感器
2.3.9	TV	放电器、放电元件
2.3.10	FV	避雷器
2.3.11	FU	熔断器
2.3.12	KM	交流接触器
2.3.13	KA	热断电器
2.3.14	HL	指示灯
2.3.15	U_o	开口三角电压
2.3.16	ΔU	相不平衡电压
2.3.17	ΔI	桥差电流
2.3.18	I_o	中性点不平衡电流

3 接入电网基本要求

3.0.1 高压并联电容器装置接入电网的设计，应按全面规划、合理布局、分级补偿、就地平衡的原则确定最优补偿容量和分布方式。

3.0.2 变电所里的电容器安装容量，应根据本地区电网无功规划以及国家现行标准《电力系统电压和无功电力技术导则》和《全国供用电规则》❶ 的规定计算后确定。当不具备设计计算条件时，电容器安装容量可按变压器容量的 10%～30% 确定。

3.0.3 电容器分组容量，应根据加大单组容量、减少组数的原则确定。

当分组电容器按各种容量组合运行时，不得发生谐振，且变压器各侧母线的任何一次谐波电压含量不应超过现行的国家标准《电能质量—公用电网谐波》的有关规定。

谐振电容器容量，可按下式计算：

$$Q_{cx} = S_d \left(\frac{1}{n^2} - K \right) \qquad (3.0.3)$$

式中：Q_{cx}——发生 n 次谐波谐振的电容器容量（Mvar）；

S_d——并联电容器装置安装处的母线短路容量（MVA）；

n——谐波次数，即谐波频率与电网基波频率之比；

K——电抗率。

3.0.4 高压并联电容器装置应装设在变压器的主要负荷侧。当不具备条件时，可装设在三绕组变压器的低压侧。

3.0.5 当配电所中无高压负荷时，不得在高压侧装设并联电容器装置。

3.0.6 低压并联电容器装置的安装地点和装设容量，应根据分散补偿和降低线损的原则设置。补偿后的功率因数应符合现行国家标准《全国供用电规则》的规定。

4 电气接线

4.1 接线方式

4.1.1 高压并联电容器装置，在同级电压母线上无供电线路和有供电线路时，可采用各分组回路直接接入母线，并经总回路接入变压器的接线方式，见图 A.0.1-1 和图 A.0.1-2。当同级电压母线上有供电线路，经技术经济比较合理时，可设置电容器专用母

线的接线方式，见图 A.0.1-3。

4.1.2 高压电容器组的接线方式，应符合下列规定：

4.1.2.1 电容器组宜采用单星形接线或双星形接线。在中性点非直接接地的电网中，星形接线电容器组的中性点不应接地。

4.1.2.2 电容器组的每相或每个桥臂，由多台电容器串联组合时，应采用先并联后串联的接线方式。

4.1.3 低压电容器或电容器组，可采用三角形接线或中性点不接地的星形接线方式。

4.2 配套设备及其连接

4.2.1 高压并联电容器装置的分组回路，可采用高压电容器组与配套设备连接的方式，见图 A.0.2，并装设下列配套设备：

(1) 隔离开关、断路器或跌落式熔断器等设备。

(2) 串联电抗器。

(3) 操作过电压保护用避雷器。

(4) 单台电容器保护用熔断器。

(5) 放电器和接地开关。

(6) 继电保护、控制、信号和电测量用一次设备及二次设备。

4.2.2 低压并联电容器装置接线，见图 A.0.3，宜装设下列配套元件；当采用的交流接触器具有限制涌流功能和电容器柜有谐波超值保护时，可不装设相应的限流线圈和热继电器：

(1) 总回路刀开关和分回路交流接触器或功能相同的其他元件。

(2) 操作过电压保护用避雷器。

(3) 短路保护用熔断器。

(4) 过载保护用热继电器。

(5) 限制涌流的限流线圈。

(6) 放电器件。

(7) 谐波含量超限保护、自动投切控制器、保护元件、信号和测量表计等配套器件。

4.2.3 串联电抗器宜装设于电容器组的中性点侧。当装设于电容器组的电源侧时，应校验动稳定电流和热稳定电流。

4.2.4 当电容器配置熔断器时，应每台电容器配一只喷逐式熔断器；严禁多台电容器共用一只喷逐式熔断器。

4.2.5 当电容器的外壳直接接地时，熔断器应接在电容器的电源侧。

当电容器装设于绝缘框（台）架上且串联段数为

---

❶ 国家于 1996 年 10 月 8 日发布施行《供电营业规则》，原《全国供用电规则》废止。

二段及以上时，至少应有一个串联段的熔断器接在电容器的电源侧。

4.2.6 电容器组应装设放电器或放电元件。

4.2.7 放电器宜采用与电容器组直接并联的接线方式。当放电器采用星形接线时，中性点不应接地。

4.2.8 低压电容器组装设的外部放电器件，可采用三角形接线或不接地的星形接线，并直接与电容器连接。

4.2.9 高压电容器组的电源侧和中性点侧，宜设置检修接地开关。

4.2.10 高压并联电容器装置的操作过电压保护和避雷器接线方式，应符合下列规定：

4.2.10.1 高压并联电容器装置的分组回路，宜设置操作过电压保护。

4.2.10.2 当断路器仅发生单相重击穿时，可采用中性点避雷器接线方式，见图 A.0.4 - 1，或采用相对地避雷器接线方式，见图 A.0.4 - 2。

4.2.10.3 断路器出现两相重击穿的概率极低时，可不设置两相重击穿故障保护。当需要限制电容器极间和电源侧对地过电压时，其保护方式应符合下列规定：

(1) 电抗率为 12% 及以上时，可采用避雷器与电抗器并联连接和中性点避雷器接线的方式，见图 A.0.4 - 3。

(2) 电抗率不大于 1% 时，可采用避雷器与电容器组并联连接和中性点避雷器接线的方式，见图 A.0.4 - 4。

(3) 电抗率为 4.5%～6% 时，避雷器接线方式宜经模拟计算研究确定。

5 电器和导体的选择

5.1 一般规定

5.1.1 并联电容器装置的设备选型，应根据下列条件选择：

(1) 电网电压、电容器运行工况。

(2) 电网谐波水平。

(3) 母线短路电流。

(4) 电容器对短路电流的助增效应。

(5) 补偿容量及扩建规划、接线、保护和电容器组投切方式。

(6) 海拔高度、气温、湿度、污秽和地震烈度等环境条件。

(7) 布置与安装方式。

(8) 产品技术条件和产品标准。

5.1.2 并联电容器装置的电器和导体的选择，应满足在当地环境条件下正常运行、过电压状态和短路故障的要求。

5.1.3 并联电容器装置的总回路和分组回路的电器和导体的稳态过电流，应为电容器组额定电流的 1.35 倍。

5.1.4 高压并联电容器装置的外绝缘配合，应与变电所、配电所中同级电压的其他电气设备一致。

5.1.5 并联电容器成套装置的组合结构，应便于运输和现场安装。

5.2 电容器

5.2.1 电容器的选型应符合下列规定：

5.2.1.1 可选用单台电容器、集合式电容器和单台容量在 500kvar 及以上的电容器组成电容器组。

5.2.1.2 设置在严寒、高海拔、湿热带等地区和污秽、易燃易爆等环境中的电容器，均应满足特殊要求。

5.2.1.3 装设于屋内的电容器，宜选用难燃介质的电容器。

5.2.1.4 装设在同一绝缘框（台）架上串联段数为二段的电容器组，宜选用单套管电容器。

5.2.2 电容器额定电压的选择，应符合下列要求：

5.2.2.1 应计入电容器接入电网处的运行电压。

5.2.2.2 电容器运行中承受的长期工频过电压，应不大于电容器额定电压的 1.1 倍。

5.2.2.3 应计入接入串联电抗器引起的电容器运行电压升高，其电压升高值按下式计算：

$$U_c = \frac{U_s}{\sqrt{3}S} \cdot \frac{1}{1-K} \qquad (5.2.2)$$

式中：U_c——电容器端子运行电压（kV）；

　　　U_s——并联电容器装置的母线电压（kV）；

　　　S——电容器组每相的串联段数。

5.2.2.4 应充分利用电容器的容量，并确保安全。

5.2.3 电容器的绝缘水平，应按电容器接入电网处的要求选取。

5.2.4 电容器的过电压值和过电流值，应符合国家现行产品标准的规定。

5.2.5 单台电容器额定容量的选择，应根据电容器组设计容量和每相电容器串联、并联的台数确定，并宜在电容器产品额定容量系列的优先值中选取。

5.2.6 低压电容器宜采用自愈式电容器。

5.3 断路器

5.3.1 高压并联电容器装置断路器的选择，除应符合断路器有关标准外，尚应符合下列规定：

5.3.1.1 关合时，触头弹跳时间不应大于 2ms，并不应有过长的预击穿；10kV 少油断路器的关合预击穿时间不得超过 3.5ms。

5.3.1.2 开断时不应重击穿。

5.3.1.3 应能承受关合涌流，以及工频短路电流和电容器高频涌流的联合作用。

5.3.1.4 每天投切超过三次的断路器，应具备频繁操作的性能。

5.3.2 高压并联电容器装置总回路中的断路器，应具有切除所连接的全部电容器组和开断总回路短路电流的能力。条件允许时，分组回路的断路器可采用不承担开断短路电流的开关设备。

5.3.3 投切低压电容器的开关，其接通、分断能力和短路强度，应符合装设点的使用条件。当切除电容器时，不应发生重击穿，并应具备频繁操作的性能。

5.4 熔断器

5.4.1 电容器保护使用的熔断器，宜采用喷逐式熔断器。

5.4.2 熔断器的时间-电流特性曲线，应选择在被保护的电容器外壳的10%爆裂概率曲线的左侧。时间-电流特性曲线的偏差，应符合国家现行标准《高压并联电容器单台保护用熔断器订货技术条件》的有关规定。

5.4.3 熔断器的熔丝额定电流选择，不应小于电容器额定电流的1.43倍，并不宜大于额定电流的1.55倍。

5.4.4 设计选用的熔断器的额定电压、耐受电压、开断性能、熔断特性、抗涌流能力、机械性能和电气寿命，均应符合国家现行标准《高压并联电容器单台保护用熔断器订货技术条件》的规定。

5.5 串联电抗器

5.5.1 串联电抗器的选型，宜采用干式空心电抗器或油浸式铁芯电抗器，并应根据技术经济比较确定。

5.5.2 串联电抗器的电抗率选择应符合下列规定：

5.5.2.1 仅用于限制涌流时，电抗率宜取0.1%～1%。

5.5.2.2 用于抑制谐波，当并联电容器装置接入电网处的背景谐波为5次及以上时，宜取4.5%～6%；当并联电容器装置接入电网处的背景谐波为3次及以上时，宜取12%；亦可采用4.5%～6%与12%两种电抗率。

5.5.3 并联电容器装置的合闸涌流限值，宜取电容器组额定电流的20倍；当超过时，应采用装设串联电抗器予以限制。电容器组投入电网时的涌流计算，应符合本规范附录B的规定。

5.5.4 串联电抗器的额定电压和绝缘水平，应符合接入处电网电压和安装方式要求。

5.5.5 串联电抗器的额定电流不应小于所连接的电容器组的额定电流，其允许过电流值不应小于电容器组的最大过电流值。

5.5.6 变压器回路装设限流电抗器时，应计入其对电容器分组回路的影响和抬高母线电压的作用。

5.6 放电器

5.6.1 当采用电压互感器作放电器时，宜采用全绝缘产品，其技术特性应符合放电器的规定。

5.6.2 放电器的绝缘水平应与接入处电网绝缘水平一致。放电器的额定端电压应与所并联的电容器的额定电压相配合。

5.6.3 放电器的放电性能应能满足电容器组脱开电源后，在5s内将电容器组上的剩余电压降至50V及以下。

5.6.4 当放电器带有二次线圈并用于保护和测量时，应满足二次负荷和电压变比误差的要求。

5.7 避雷器

5.7.1 避雷器用于限制并联电容器装置操作过电压保护时，应选用无间隙金属氧化物避雷器。

5.7.2 与电容器组并联连接的避雷器、与串联电抗器并联连接的避雷器和中性点避雷器的参数选择，应根据工程设计的具体条件进行模拟计算确定。

5.8 导体及其他

5.8.1 单台电容器至母线或熔断器的连接线应采用软导线，其长期允许电流不应小于单台电容器额定电流的1.5倍。

5.8.2 电容器组的汇流母线和均压线的导线截面应与分组回路的导体截面一致。

5.8.3 双星形电容器组的中性点连接线和桥形接线电容器组的桥连接线，其长期允许电流不应小于电容器组的额定电流。

5.8.4 并联电容器装置的所有连接导体，应满足动稳定和热稳定的要求。

5.8.5 用于高压并联电容器装置的支柱绝缘子，应按电压等级、泄漏距离、机械荷载等技术条件选择和校验。

5.8.6 用于高压电容器组不平衡保护的电流互感器，应符合下列要求：

5.8.6.1 额定电压应按接入处电网电压选择。

5.8.6.2 额定电流不应小于最大稳态不平衡电流。

5.8.6.3 应能耐受故障状态下的短路电流和高频涌放电流。并应采取装设间隙或装设避雷器等保护措施。

5.8.6.4 准确等级可按继电保护要求确定。

5.8.7 用于高压电容器组不平衡保护的电压互感器，应符合下列要求：

5.8.7.1 绝缘水平应按接入处电网电压选择。

5.8.7.2 一次额定电压不得低于最大不平衡电压。

5.8.7.3 一次线圈作电容器的放电回路时,应满足放电容量要求。

5.8.7.4 准确等级可按电压测量要求确定。

6 保护装置和投切装置

6.1 保护装置

6.1.1 电容器故障保护方式应根据各地的实践经验配置。

6.1.2 电容器组应装设不平衡保护,并应符合下列规定:

6.1.2.1 单星形接线的电容器组,可采用开口三角电压保护,其接线见图 A.0.5-1。

6.1.2.2 串联段数为二段及以上的单星形电容器组,可采用电压差动保护,其接线见图 A.0.5-2。

6.1.2.3 每相能接成四个桥臂的单星形电容器组,可采用桥式差电流保护,其接线见图 A.0.5-3。

6.1.2.4 双星形接线电容器组,可采用中性点不平衡电流保护,其接线见图 A.0.5-4。

采用外熔丝保护的电容器组,其不平衡保护应按单台电容器过电压允许值整定。采用内熔丝保护和无熔丝保护的电容器组,其不平衡保护应按电容器内部元件过电压允许值整定。

6.1.3 高压并联电容器装置可装设带有短延时的速断保护和过流保护,保护动作于跳闸。

速断保护的动作电流值,在最小运行方式下,电容器组端部引线发生两相短路时,保护的灵敏系数应符合要求;动作时限应大于电容器组合闸涌流时间。

过电流保护装置的动作电流,应按大于电容器组允许的长期最大过电流整定。

6.1.4 高压并联电容器装置宜装设过负荷保护,带时限动作于信号或跳闸。

6.1.5 高压并联电容器装置应装设母线过电压保护,带时限动作于信号或跳闸。

6.1.6 高压并联电容器装置应装设母线失压保护,带时限动作于跳闸。

6.1.7 容量为 0.18MVA 及以上的油浸式铁心串联电抗器宜装设瓦斯保护。轻瓦斯动作于信号,重瓦斯动作于跳闸。

6.1.8 低压并联电容器装置,应有短路保护、过电压保护、失压保护。并宜有过负荷保护或谐波超值保护。

6.2 投切装置

6.2.1 高压并联电容器装置可根据其在电网中的作用、设备情况和运行经验选择自动投切或手动投切方式,并应符合下列规定:

6.2.1.1 兼负电网调压的并联电容器装置,可采用按电压、无功功率及时间等组合条件的自动投切。

6.2.1.2 变电所的主变压器具有有载调压装置时,可采用对电容器组与变压器分接头进行综合调节的自动投切。

6.2.1.3 除上述之外变电所的并联电容器装置,可分别采用按电压、无功功率(电流)、功率因数或时间为控制量的自动投切。

6.2.1.4 高压并联电容器装置,当日投切不超过三次时,宜采用手动投切。

6.2.2 低压并联电容器装置应采用自动投切。自动投切的控制量可选用无功功率、电压、时间、功率因数。

6.2.3 自动投切装置应具有防止保护跳闸时误合电容器组的闭锁功能,并根据运行需要应具有的控制、调节、闭锁、联络和保护功能;应设改变投切方式的选择开关。

6.2.4 并联电容器装置,严禁设置自动重合闸。

7 控制回路、信号回路和测量仪表

7.1 控制回路和信号回路

7.1.1 220kV 变电所的并联电容器装置,宜在主控制室内控制,其他变电所和配电所的并联电容器装置,可就地控制。

7.1.2 高压并联电容器装置的断路器,宜采用一对一的控制方式,其控制回路,应具有防止投切设备跳跃的闭锁功能。

7.1.3 高压并联电容器装置的断路器与相应的隔离开关和接地开关之间,应设置闭锁装置。

7.1.4 高压并联电容器装置,应设置断路器的位置信号、运行异常的预告信号和事故跳闸的信号。

7.1.5 低压并联电容器装置,应具有电容器投入和切除的信号。

7.2 测量仪表

7.2.1 高压并联电容器装置所连接的母线,应有一只切换测量线电压的电压表。

7.2.2 高压并联电容器装置的总回路,应装设无功功率表、无功电度表及每相一只电流表。

7.2.3 当总回路下面连接有并联电容器和并联电抗器时,总回路应装设双方向的无功功率表,并应装设分别计量容性和感性的无功电度表。

7.2.4 高压并联电容器装置的分组回路中,可仅一只电流表。当并联电容器装置和供电线路同接一条母线时,宜在高压并联电容器装置的分组回路中装设无功电度表。

7.2.5 低压并联电容器装置，应具有电流表、电压表及功率因数表。

8　布置和安装设计

8.1　一般规定

8.1.1 高压并联电容器装置的布置和安装设计，应利于分期扩建、通风散热、运行巡视、便于维护检修和更换设备。

8.1.2 高压并联电容器装置的布置型式，应根据安装地点的环境条件、设备性能和当地实践经验，选择屋外布置或屋内布置。一般地区宜采用屋外布置；严寒、湿热、风沙等特殊地区和污秽、易燃易爆等特殊环境宜采用屋内布置。

屋内布置的并联电容器装置，应设置防止凝露引起污闪事故的措施。

8.1.3 低压并联电容器装置的布置型式，应根据设备适用的环境条件确定采用屋内布置或屋外布置。

8.1.4 屋内高压并联电容器装置和供电线路的开关柜，不宜同室布置。

8.1.5 低压电容器柜和低压配电屏可同室布置，但宜将电容器柜布置在同列屏柜的端部。

8.1.6 高压并联电容器装置中的铜、铝导体连接，应采取装设铜铝过渡接头等措施。

8.1.7 电容器组的框（台）架、柜体结构体、串联电抗器的支（台）架等钢结构构件，应采取镀锌或其他有效的防腐措施。

8.1.8 高压电容器组下部地面和周围地面的处理，宜符合下列规定：

8.1.8.1 在屋外电容器组外廓 1m 范围内的地面上，宜铺设卵石层或碎石层，其厚度应为 100mm，并不得高于周围地坪。

8.1.8.2 屋内电容器组下部地面，应有防止液体溢流措施。屋内其他部分可采用混凝土地面；面层宜采用水泥沙浆抹面并压光。

8.1.9 低压电容器室地面，宜采用混凝土地面；面层宜采用水泥沙浆抹面并压光。

8.1.10 电容器的屋面防水标准，不得低于屋内配电装置室。

8.2　高压电容器组的布置和安装设计

8.2.1 电容器组的布置，宜分相设置独立的框（台）架。当电容器台数较少或受到场地限制时，可设置三相共用的框架。

8.2.2 分层布置的电容器组框（台）架，不宜超过三层，每层不应超过两排，四周和层间不得设置隔板。

8.2.3 电容器组的安装设计最小尺寸，应符合表 8.2.3 的规定。

表 8.2.3　　　　　电容器组安装设计最小尺寸（mm）

名称	电容器（屋外、屋内）		电容器底部距地面		框（台）架顶部至顶棚净距
	间距	排间距离	屋外	屋内	
最小尺寸	100	200	300	200	1000

8.2.4 屋内外布置的电容器组，在其四周或一侧应设置维护通道，其宽度不应小于 1.2m。当电容器双排布置时，框（台）架和墙之间或框（台）架相互之间可设置检修走道，其宽度不宜小于 1m。

注：①维护通道系指正常运行时巡视、停电后进行维护检修和更换设备的通道。

②检修走道系指停电后维护检修工作使用的走道。

8.2.5 电容器组的绝缘水平，应与电网绝缘水平相配合。当电容器与电网绝缘水平一致时，应将电容器外壳和框（台）架可靠接地；当电容器的绝缘水平低于电网时，应将电容器安装在与电网绝缘水平相一致的绝缘框（台）架上，电容器的外壳应与框（台）架可靠连接。

8.2.6 电容器套管相互之间和电容器套管至母线或熔断器的连接线，应有一定的松弛度。

严禁直接利用电容器套管连接或支承硬母线。单套管电容器组的接壳导线，应采用软导线由接壳端子上引接。

8.2.7 电容器组三相的任何两个线路端子之间的最大与最小电容之比和电容器组每组各串联段之间的最大与最小电容之比，均不宜超过 1.02。

8.2.8 当并联电容器装置未设置接地开关时，应设置挂接地线的母线接触面和地线连接端子。

8.2.9 电容器组的汇流母线应满足机械强度的要求，防止引起熔断器至母线的连接线松弛。

8.2.10 熔断器的装设位置和角度，应符合下列要求：

8.2.10.1 应装设在有通道一侧。

8.2.10.2 严禁垂直装设。装设角度和弹簧拉紧位置，应符合制造厂的产品技术要求。

8.2.10.3　熔丝熔断后，尾线不应搭在电容器外壳上。

8.2.11　并联电容器装置，可根据周围环境中鸟类、鼠、蛇类等小动物活动的情况，设置防侵袭的封堵、围栏和网栏等设施。

8.3　串联电抗器的布置和安装设计

8.3.1　油浸式铁心串联电抗器，宜布置在屋外；当污秽较重的工矿企业区采用普通设备时，应布置在屋内。屋内安装的油浸式铁心串联电抗器，其油量超过100kg时，应单独设置防爆间隔和贮油设施。

8.3.2　干式空心串联电抗器，宜采用屋外分相布置的水平排列或三角形排列。三相叠装时的安装设计顺序，应符合制造厂规定。

8.3.3　串联电抗器的对地绝缘水平低于电网时，应将其安装在与电网绝缘水平一致的绝缘台上。

8.3.4　干式空心串联电抗器对其四周、上部、下部和基础中的金属构件的距离，以及形成闭合回路的金属构件的距离，均应满足防电磁感应的要求。

8.3.5　干式空心串联电抗器的支柱绝缘子接地，应采用放射形或开口环形，并应与主接地网至少有两点相连。

8.3.6　干式空心串联电抗器组装的零部件，宜采用不锈钢螺栓连接；当采用矩形母线与相邻设备连接时，矩形母线安装应立放。

9　防火和通风

9.1　防火

9.1.1　屋外高压并联电容器装置与其他建筑物或主要电气设备之间的防火净距，应与相应电压等级的配电装置的规定一致；当不能满足规定时，应设防火墙。当相邻的建筑物外墙为防火墙时，防火净距可不受限制。当与其他建筑物连接布置时，其间应设防火墙；防火墙及两侧2m以内的范围，不得开门窗及孔洞。

当高压并联电容器装置设在屋内时，该建筑物的楼板、隔墙、门窗和孔洞均应满足防火要求。

9.1.2　高压、低压并联电容器装置的消防设施和防火通道，应符合下列要求：

9.1.2.1　必须就近设置消防设施。

9.1.2.2　连接于不同主变压器的屋外高压大容量电容器装置之间，宜设置消防通道。

9.1.3　电容器组的框（台）架和柜体，均应采用非燃烧或难燃烧的材料制作。

9.1.4　电容器室应为丙类生产建筑，其建筑物的耐火等级不应低于二级。

9.1.5　当高压电容器室的长度超过7m时，应设两个出口。高压电容器室的门应向外开。相邻两高压电容器室之间的隔墙需开门时，应采用乙级防火门，并应能向两面开启。

高压电容器室，不宜设置采光玻璃窗。

9.1.6　与电容器组相关的沟道，应符合下列规定：

9.1.6.1　高压电容器室通向屋外的沟道，在屋内外交接处应采用防火封堵。

9.1.6.2　电缆沟道的边缘对高压电容器组框（台）架外廓的距离，不宜小于2m；引至电容器组处的电缆，应采用穿管敷设。

9.1.6.3　低压电容器室内的沟道盖板，不应采用可燃烧材料制作。

9.1.7　集合式并联电容器，应设置贮油池或挡油墙，并不得把浸渍剂和冷却油散逸到周围环境中。

9.1.8　高压并联电容器装置，在北方地区，宜布置在变电所冬季最大频率风向的下风侧；南方地区，宜布置在变电所常年最大频率风向的下风侧。

9.2　通风

9.2.1　高压电容器室的通风量，应按消除室内余热计算，余热量包括设备散热量和通过围护结构传入的太阳辐射热。

9.2.2　高压电容器室的夏季排风温度，不宜超过40℃。

9.2.3　串联电抗器小间的通风量，应按消除室内余热计算，但余热量不计入太阳辐射热；排风温度不宜超过45℃，进排风温度差不宜超过15℃。

9.2.4　高压并联电容器装置室，宜采用自然通风。当自然通风不能满足要求时，可采用自然进风和机械排风。

9.2.5　高压并联电容器室的进排风口，应采取防止鸟类、鼠、蛇类等小动物进入和防雨雪飘进的措施。

9.2.6　在风沙较大地区，高压电容器室应设置防尘措施；进风口宜设置过滤装置。

9.2.7　高压并联电容器装置的布置，应减少太阳辐射热对电容器的影响，并宜布置在夏季通风良好的方向上。

9.2.8　应根据当地的气温条件，在高压电容器室的屋面设置保温层或隔热层。

附录A
并联电容器装置接线图例

A.0.1　接入电网方式（图A.0.1-1～图A.0.1-3）。

A.0.2　高压电容器组与配套设备连接（图A.0.2）。

A.0.3　低压并联电容器装置接线（图A.0.3）。

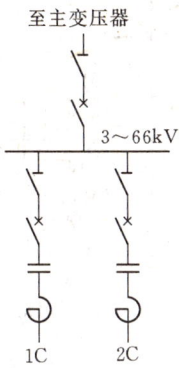

图 A.0.1-1 同级电压母线上无供
电线路时的接入方式

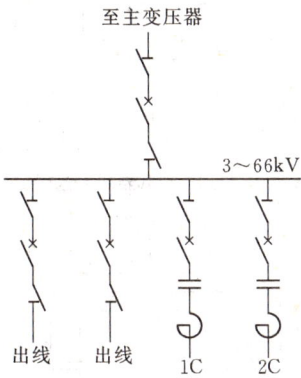

图 A.0.2 高压电容器组与配套设备
连接方式

注：避雷器接线根据工程设计
选定的方式接入。

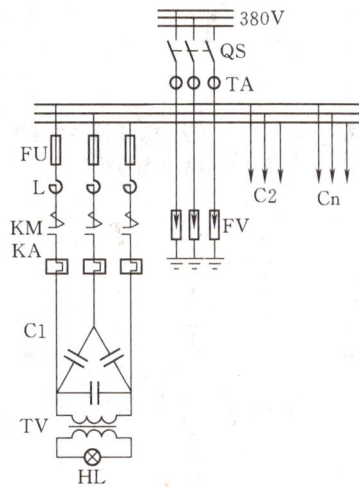

图 A.0.1-2 同级电压母线上有供
电线路时的接入方式

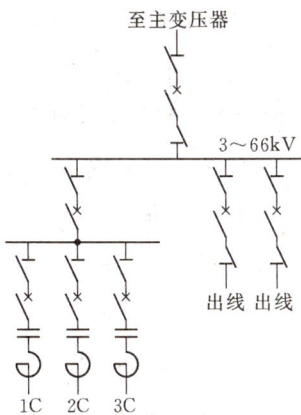

图 A.0.3 低压并联电容器装置接线

注：C2～Cn 回路均与 C1 回路相同。

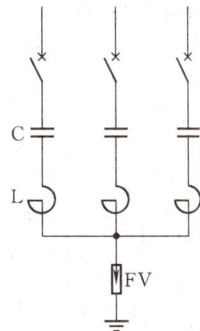

图 A.0.1-3 设置电容器专用
母线的接入方式

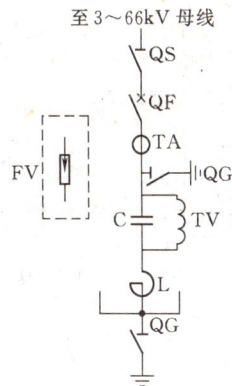

A.0.4 操作过电压保护用避雷器接线方式（图
A.0.4-1～A.0.4-4）。

图 A.0.4-1 中性点
避雷器接线

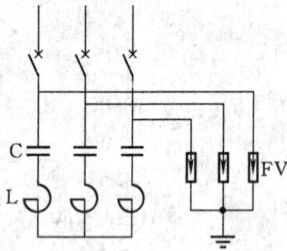

图 A. 0. 4 - 2 相对地避雷器接线

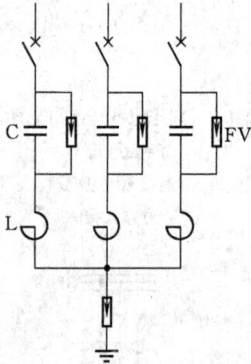

图 A. 0. 4 - 3 避雷器与电抗器并联连接
和中性点避雷器接线

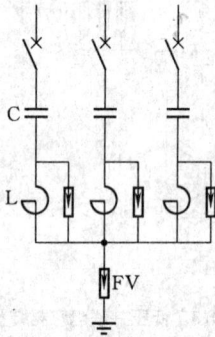

图 A. 0. 4 - 4 避雷器与电容器组并联连接
和中性点避雷器接线

A. 0. 5 高压电容器组保护接线（图 A. 0. 5 - 1～
A. 0. 5 - 4）。

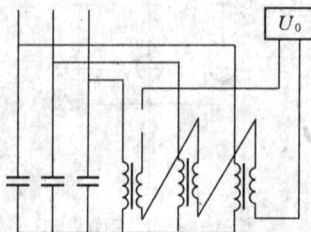

图 A. 0. 5 - 1 开口三角电压保护接线

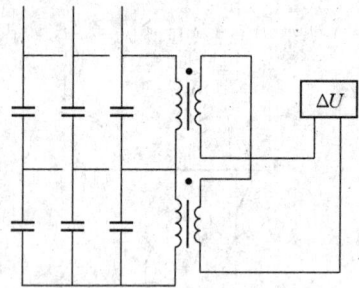

图 A. 0. 5 - 2 相电压差动保护接线

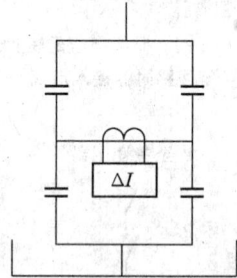

图 A. 0. 5 - 3 桥式差电流保护接线

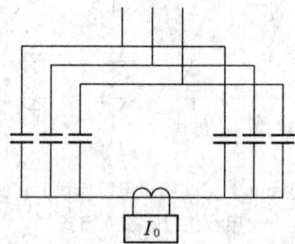

图 A. 0. 5 - 4 中性点不平衡电流保护接线

附录 B
电容器组投入电网时的涌流计算

B. 0. 1 同一电抗率的电容器组单组投入或追加投入
时，涌流应按下列公式计算：

$$I_{* \text{ym}} = \frac{1}{\sqrt{K}} \left(1 - \beta \frac{Q_0}{Q} \right) + 1 \qquad (\text{B. 0. 1})$$

其中

$$\beta = 1 - \frac{1}{\sqrt{1 - \dfrac{Q}{KSd}}}$$

$$Q = Q' + Q_0$$

式中：$I_{* \text{ym}}$——涌流峰值的标么值（以投入的电容器
组额定电流峰值为基准值）；

Q——电容器组总容量（Mvar）；

Q_0——正在投入的电容器组容量（Mvar）；

Q'——所有原已运行的电容器组容量
（Mvar）；

β——电源影响系数。

B.0.2 当有两种电抗率的多组电容器追加投入时，涌流计算应符合下列规定：

B.0.2.1 设正在投入的电容器组电抗率为 K_1，当满足 $\dfrac{Q_c}{K_1 S_d} < \dfrac{2}{3}$ 时，应按下式计算涌流：

$$I_{*ym} = \frac{1}{\sqrt{K_1}} + 1 \qquad (B.0.2)$$

式中：Q_c——同一母线上装设的电容器组总容量
（Mvar）。

B.0.2.2 仍设正在投入的电容器组电抗率为 K_1，当满足 $\dfrac{Q_c}{K_1 S_d} \geqslant \dfrac{2}{3}$ 时，且 $\dfrac{Q_c}{K_2 S_d} < \dfrac{2}{3}$ 时，涌流应按公式（B.0.1）计算，其中：

$$K = K_1$$
$$Q = Q_1 + Q_0$$

式中：Q_1——所有原已运行的电抗率为 K_1 的电容器组容量（Mvar）。

16 电测量及电能计量装置设计技术规程

（DL/T 5137—2001）

1 范围

1.0.1 本规程规定了发电厂、变电所电测量及电能计量装置设计的基本原则、内容和要求。但不包括电气试验室的试验仪表装置。

1.0.2 本规程适用于新建或扩建的汽轮发电机及燃气轮机单机容量为 50MW 及以上的火力发电厂，水轮发电机单机容量为 10MW 及以上的水力发电厂，发电/电动机组单机容量为 10MW 及以上的抽水蓄能发电厂，以及交流额定电压为 35kV～500kV 的变电所和直流额定电压为 100kV～500kV 的直流换流站。

凡不符合上述容量和电压等级的新建或扩建发电厂、变电所和直流换流站可参照执行。

1.0.3 本规程仅规定计算机监测（控）系统电测量及电能计量数据的采集范围，以及采用计算机监测（控）时常测仪表的配置。对于发电厂、变电所计算机监测（控）系统、远动遥测及电量计费系统的设置及功能，应执行相关的规程和规定。

2 引用标准（略）

3 总则

3.0.1 电测量及电能计量装置的设计，必须执行国家的有关技术经济政策，并应做到技术先进、经济合理、准确可靠、监视方便，以满足电力系统安全经济运行和电力商业化运营的需要。

3.0.2 电测量及电能计量装置的设计，除应执行本规程的规定外，还应符合现行的有关国家标准和行业标准的规定。对用户供电线路的电能计量的设计，还应遵照《供电营业规则》和 DL 448 的有关规定。

3.0.3 本规程中提示的附录 B　二次测量仪表满刻度值的计算、附录 C　电测量变送器校准值的计算、附录 E　电测量及电能计量的测量图表，可参照执行。

4 符号、术语

4.1 符号

本规程用符号见表 4.1。

表 4.1　　　　　　　　　　　电 测 量 符 号 表

序号	量的名称	量的符号	单位名称	单位符号	序号	量的名称	量的符号	单位名称	单位符号
1	电阻	R	欧［姆］	Ω	7	无功功率	Q	乏	var
2	电抗	X	欧［姆］	Ω	8	视在功率	S	伏［特］安［培］	VA
3	阻抗	Z	欧［姆］	Ω	9	有功电能［量］	W	瓦［特］［小］时	Wh
4	电流	I	安［培］	A	10	无功电能［量］	W_Q	乏［小］时	varh
5	电压	U	伏［特］	V	11	功率因数	$\lambda(\cos\varphi)$	—	—
6	有功功率	P	瓦［特］	W	12	频率	f	赫［兹］	Hz

4.2　术语（略）

5　常用测量仪表

5.1　一般规定

5.1.1　常用测量仪表的配置应能正确反映电力装置的电气运行参数和绝缘状况。

5.1.2　常用测量仪表指装设在屏、台、柜上的电测量表计，包括指针式仪表、数字式仪表、记录型仪表及仪表的附件和配件等。

5.1.3　常用测量仪表可采用直接仪表测量、一次仪表测量和二次仪表测量方式。

5.1.4　常用测量仪表的准确度最低要求见表5.1.4。

5.1.5　仪表用电流、电压互感器及附件、配件的准确度最低要求见表5.1.5。

表5.1.4　　　　　　　　　　常用测量仪表的准确度最低要求

仪表类型名称	准确度最低要求（级）	仪表类型名称	准确度最低要求（级）
指针式交流仪表	1.5	数字式仪表	0.5
指针式直流仪表	1.0（经变送器二次测量）	记录型仪表	应满足测量对象的准确度要求
指针式直流仪表	1.5		

表5.1.5　　　　　　仪表用电流、电压互感器及附件、配件的准确度最低要求

仪表准确度等级	准确度最低要求（级）			
	电流、电压互感器	变送器	分流器	中间互感器
0.5级	0.5	0.5	0.5	0.2
1.0级	0.5	0.5	0.5	0.2
1.5级	1.0	0.5	0.5	0.2
2.5级	1.0	0.5	0.5	0.5

注　0.5级指数字式仪表的准确度等级。

5.1.6　指针式测量仪表的测量范围，宜使电力设备额定值指示在仪表标度尺的2/3左右。对于有可能过负荷运行的电力设备和回路，测量仪表宜选用过负荷仪表。

5.1.7　对多个同类型电力设备和回路可采用选择测量。根据生产工艺和运行监视的要求，可采用变送器、切换装置和公用二次仪表组成的选测接线。

5.1.8　经变送器的二次测量宜采用磁电系列直流仪表，其满刻度值应与变送器的校准值相匹配，可参照附录B（提示的附录），附录C（提示的附录）计算。

5.1.9　对双向电流的直流回路和双向功率的交流回路，应采用具有双向标度尺的电流表和功率表。对有极性的直流电流、电压回路，应采用具有极性的仪表。

5.1.10　对重载起动的电动机以及有可能出现短时冲击电流的电力设备和回路，宜采用具有过负荷标度尺的电流表。

5.1.11　当发电厂和变电所装设有远动遥测、计算机监测（控）系统时，二次测量仪表、计算机、远动遥测三者宜共用一套变送器。

5.2　电流测量

5.2.1　下列回路，应测量交流电流：

1　同步发电机和发电/电动机的定子回路。

2　主变压器：双绕组变压器的一侧；三绕组变压器（或自耦变压器）的三侧，以及自耦变压器公共绕组回路。

3　厂（所）用变压器：双绕组变压器的一侧及各厂用分支回路；三绕组变压器的三侧。

4　柴油发电机接至低压保安段进线及交流不停电电源的进线回路。

5　10kV及以上的输配电线路和用电线路，以及6kV及以下供电、配电和用电网络的总干线路。

6　220kV～500kV一个半断路器接线，各串的三个断路器回路。

7　母线联络断路器、母线分段断路器、旁路断路器和桥断路器回路。

8　330kV～500kV并联电抗器组、以及10kV～66kV并联电抗器和并联电容器回路。

9　50kVA及以上的照明变压器和消弧线圈回路。

10　55kW及以上的电动机、55kW以下易过负荷电动机及生产工艺要求需要监视的电动机。

11　根据生产工艺的要求，需要监视交流电流的其他回路。

5.2.2　下列回路，应测量三相交流电流：

一次仪表测量方式应采用三个电流表测量三相电流；二次仪表测量方式可采用一个电流表和切换开关选测三相电流。

1　汽轮发电机的定子回路。

2　220kV～500kV 输电线路和 220kV 及以上变压器电压侧回路。

3　330kV～500kV 并联电抗器组和变压器低压侧装有无功补偿装置的回路。

4　照明变压器、照明与动力共用的变压器，以及照明负荷占 15% 及以上的动力与照明混合供电的 3kV 以下的线路。

5.2.3　下列回路，宜测量负序电流：

1　承受负序电流过负荷能力较小（$I < 10$ 或 $I_2 < 0.1I_e$）的大容量汽轮发电机。

2　向显著不平衡负荷（如电气机车和冶炼电炉等，负荷不平衡率超 $0.1I_e$ 者）供电的汽轮发电机。

3　向显著不平衡负荷（负荷不平衡率超过 $0.1I_e$ 者）送电的 3kV 及以上线路和用电线路。

对负序电流的测量，可采用指针式或数字式负序电流表，或者负序电流记录表。仪表测量的准确度应不低于 2.5 级。

5.2.4　下列回路，应测量直流电流：

1　同步发电机、发电/电动机和同步电动机的励磁回路和自动及手动调整励磁的输出回路。

2　直流发电机和直流电动机。

3　蓄电池组和充电及浮充电整流装置的直流输出回路。

4　重要电力整流装置的直流输出回路。

5　根据生产工艺的要求，需要监视直流电流的其他回路。

5.3　电压测量和绝缘监测

5.3.1　下列回路，应测量交流电压：

1　同步发电机和发电/电动机的定子回路。

2　各段电压等级的交流主母线。

3　330kV～500kV 系统联络线路（线路侧）。

4　根据生产工艺的要求，需要监视交流电压的其他回路。

对电力系统电压监视点的高压或中压母线，容量为 50MW 及以上的汽轮发电机电压母线，还应记录母线电压。

5.3.2　下列回路，应监测交流系统的绝缘：

1　同步发电机和电动/发电机的定子回路。

2　中性点非有效接地系统的母线和回路。

5.3.3　中性点有效接地系统的发电厂和变电所的主母线，应测量母线的三个线电压，也可用一只电压表和切换开关选测母线的三个线电压。对于一个半断路器接线的主母线和 6kV 以下的配电母线，可只测量一个线电压。

5.3.4　中性点非有效接地系统的发电厂和变电所的主母线，宜测量母线的一个线电压和监测绝缘的三个相电压，或者使用一只电压表和切换开关选测母线的一个线电压和三个相电压。

5.3.5　发电机定子回路的绝缘监测装置，可用一只电压表和按钮测量发电机电压互感器辅助二次绕组的零件电压，或者用一只电压表和切换开关选测发电机的三个相电压来监视发电机的绝缘状况。

5.3.6　下列回路，应测量直流电压：

1　同步发电机和发电/电动机的励磁回路和自动及手动调整励磁的输出回路。

2　同步电动机的励磁回路。

3　直流发电机回路。

4　直流系统的主母线以及蓄电池组、充电及浮充电整流装置的直流输出回路。

5　重要电力整流装置的输出回路。

6　根据生产工艺的要求，需要监视直流电压的其他回路。

5.3.7　下列回路，应监测直流系统的绝缘：

1　同步发电机和发电/电动机的励磁回路。

2　同步电动机的励磁回路。

3　直流系统的主母线和重要的直流回路。

4　重要电力整流装置的输出回路。

5.3.8　直流系统应装设专用的并能直接测量绝缘电阻值的绝缘监测装置或微机型直流绝缘检测装置，也可装设简易的绝缘监测装置。直流系统绝缘监测装置的测量准确度不应低于 1.5 级。

5.3.9　发电机应单独装设专用的励磁回路绝缘监测装置，其测量准确度不应低于 1.5 级。

5.4　功率测量

5.4.1　下列回路，应测量有功功率：

1　同步发电机和发电/电动机的定子回路。

2　主变压器：双绕组变压器的一侧和三绕组变压器（或自耦变压器）的三侧。

3　厂用高压变压器的高压侧。

4　35kV 及以上的输配电线路和用电线路。

5　旁路断路器、母联（或分段）兼旁路断路器回路和 35kV 及以上的外桥断路器回路。

6　根据生产工艺的要求，需要监视有功功率的其他回路。

5.4.2 主控制室控制的汽轮发电机的机旁控制屏和水轮发电机的机旁控制屏，应装设发电机有功功率表。

5.4.3 对有可能送、受电运行的输配电线路、水轮发电机、发电/电动机和主变压器等设备，应测量双方向有功功率。

5.4.4 在电力系统中担任调频调峰的发电机、100MW 及以上的汽轮发电机以及 330kV～500kV 系统联络线路，还应记录有功功率。

5.4.5 下列回路，应测量无功功率：

1　同步发电机和发电/电动机的定子回路。

2　主变压器：双绕组变压器的一侧和三绕组变压器（或自耦变压器）的三侧。

3　66kV 及以上的输配电线路和用电线路。

4　旁路断路器、母联（或分段）兼旁路断路器回路和 66kV 及以上的外桥断路器回路。

5　330kV～500kV 并联电抗器。

6　根据生产工艺的要求，需要监视无功功率的其他回路。

5.4.6 对有可能进相、滞相运行的同步发电机、发电/电动机和主变压器低压侧装有并联电容器和电抗器的总回路，应测量双方向的无功功率。

5.5　频率测量

5.5.1 频率测量宜采用数字式频率表，测量范围为 45Hz～55Hz，准确度等级不应低于 0.2 级。

5.5.2 下列回路，应测量频率：

1　接有发电机变压器组的各段母线。

2　发电机电压的各段母线。

3　有可能解列运行的各段母线。

5.5.3 汽轮发电机的机旁控制屏和水轮发电机的机旁控制屏上，应测量发电机的频率。

5.6　同步并列测量

5.6.1 发电厂和枢纽变电所应装设手动同步并列的同步测量仪表装置。

5.6.2 当采用手动准同步方式时，宜装设单相组合式手动准同步装置。

5.7　全厂（所）公用电气测量

5.7.1 总装机容量为 200MW 及以上的火力发电厂或调频、调峰的火力发电厂，宜监视和记录的电气参数：

1　主控制室（网络控制室）和单元控制室需监视主电网的频率。对调频或调峰发电厂还要记录主电网的频率。

2　对调频或调峰发电厂主控控制时，热控屏上还需监视主电网的频率。

3　主控制室（网络控制室）要监视和记录全厂总和有功功率。主控制室控制的热控屏上还要监视全厂总和有功功率。

4　主控制室（网络控制室）监视全厂厂用电率。

5.7.2 总装机容量为 200MW 及以上的水力发电厂和调频或调峰的水力发电厂，中央控制室宜监视和记录的电气参数：

1　主电网的频率。

2　全厂总和有功功率。

5.7.3 220kV 及以上的系统枢纽变电所，主控制室宜监视主电网的频率。

5.7.4 为了方便准确监视运行参数的变化，全厂（所）公用电气测量仪表宜采用数字式仪表。

5.8　静止补偿装置的测量

5.8.1 静止补偿装置就地，宜测量下列的参数：

1　一个参考线电压（一般为中压侧）。

2　主变压器中压侧的一个线电压。

3　静止补偿装置用中间变压器高压侧的三相电流。

4　分组电容器、电抗器回路的单相电流。

5　总回路的无功功率。

6　静止补偿装置所接母线的一个线电压。

5.8.2 主控制室，宜测量下列的参数：

1　一个参考线电压（一般为中压侧）。

2　静止补偿装置用中间变压器高压侧的单相电流。

3　分组电容器、电抗器回路的单相电流。

4　总回路的三相电流、无功功率和无功电能。

5.8.3 当总回路下装有并联电容器和电抗器时，应测量双方向的无功功率及分别计量进相、滞相运行的无功电能。

5.9　公用电网谐波的监测

5.9.1 下列回路，宜测量的谐波参数：

1　系统指定谐波监视点（母线）的谐波电压。

2　10kV～66kV 无功补偿装置所连接母线的谐波电压。

3　产生谐波源大用户连接母线的谐波电压。

4　有必要监视产生谐波源用户回路的谐波电流、电压。

5.9.2 谐波电流、电压的测量可采用数字式仪表，测量仪表的准确度应不低于 1.0 级。

5.9.3 直流换流站的谐波测量，可参照本规程第 7.4 节的有关规定。

5.9.4 谐波电流允许值和谐波电压限值，应符合 GB/T 14549 的有关规定。

6 电能计量

6.1 一般规定

6.1.1 电能计量装置应满足发电、供电、用电的准确计量的要求，以作为考核电力系统技术经济指标和实现贸易结算的计量依据。

6.1.2 电能计量装置按其所计量对象的重要程度和计量电能的多少分为5类：

1 I类电能计量装置：月平均用电量5000MWh及以上或变压器容量为10MVA及以上的高压计费用户、200MW及以上发电机、发电/电动机、发电企业上网电量、电网经营企业之间的电量交换点、省级电网经营企业与其供电企业的供电关口计量点的电能计量装置。

2 II类电能计量装置：月平均用电量1000MWh及以上或变压器容量为2MVA及以上的高压计费用户、100MW及以上发电机、发电/电动机、供电企业之间的电量交换点的电能计量装置。

3 III类电能计量装置：月平均用电量100MWh以上或负荷容量为315kVA及以上的计费用户、100MW以下发电机的发电企业厂（站）用电量、供电企业内部用于承包考核的计量点、110kV及以上电压等级的送电线路有功电量平衡的考核用、无功补偿装置的电能计量装置。

4 IV类电能计量装置：负荷容量为315kVA以下的计费用户、发供电企业内部经济技术指标分析、考核用的电能计量装置。

5 V类电能计量装置：单相电力用户计费用的电能计量装置。

6.1.3 电能计量装置准确度最低要求见表6.1.3。

表6.1.3 **电能计量装置准确度最低要求**

电能计量装置类别	准确度最低要求（略）			
	有功电能表	无功电能表	电压互感器	电流互感器
I类	0.5S或0.5	2.0	0.2	0.2S或0.2
II类	0.5S或0.5	2.0	0.2	0.2S或0.2
III类	1.0	2.0	0.5	0.5S或0.5
IV类	2.0	3.0	0.5	0.5S或0.5
V类	2.0	—	—	0.5S或0.5

注 0.2S、0.5S级指特殊用途的电流互感器，适用于负荷电流小，变化范围大（1%～120%）的计量回路。

6.1.4 电能计量装置应采用感应式或电子式电能表。为了方便电能表试验和检修，电能表的电流、电压回路可装设电流、电压专用试验接线盒。

6.1.5 对执行峰谷电价或考核峰谷电量的计量点，应装设复费率电能表；对执行峰谷电价和功率因数调整的计量点，应装设相应的电能表；对按最大需量计收基本电费的计量点，应装设最大需量电能表。

6.1.6 对于双向送、受电的回路，应分别计量送、受的有功电能和无功电流，感应式电能表应带有逆止机构。

6.1.7 对有可能进相和滞相运行的回路，应分别计量进相、滞相的无功电能，感应式电能表应带有逆止机构。

6.1.8 中性点有效接地的电能计量装置应采用三相四线的有功、无功电能表。中性点非有效接地的电能计量装置应采用三相三线的有功、无功电能表。

6.1.9 为提高低负荷时的计量准确性，应选用过载4倍及以上的电能表。对经电流互感器接入的电能表，其标定电流宜不低于电流互感器额定二次电流的

30%（对S级为20%），额定最大电流为额定二次电流的120%左右。

6.1.10 当发电厂和变电所装设有远动遥测、计算机监测（控）时，电能计量、计算机、远动遥测三者宜共用一套电能表。电能表应具有脉冲输出或数据输出，或者同时具有两种输出的功能。脉冲输出参数和数据通信口输出的物理特性及通信规约，应满足计算机和远动遥测的要求。

6.1.11 当电能计量电能表不能满足关口电能计量系统的要求时，应单独装设关口电能表，并设置专用的电能关口计量装置屏。

6.1.12 发电电能关口计量点和系统电能关口计量点当采用电子型电能表时，宜装设两套准确度等级相同的主、副电能表，且电压回路宜装设电压失压计时器。

6.2 有功、无功电能的计量

6.2.1 下列回路，应计量有功电能：

1 同步发电机和发电/电动机的定子回路。

2 主变压器：双绕组变压器的一侧和三绕组变

压器（或自耦变压器）的三侧。

　　3　10kV 及以上的线路。

　　4　旁路断路器、母联（或分段）兼旁路断路器回路。

　　5　厂用、所用电变压器的一侧。

　　6　厂用、所用电源线路及厂外用电线路。

　　7　外接保安电源的进线回路。

　　8　需要进行技术经济考核的高压电动机回路。

　　9　按照电能计量管理要求，需要计量有功电量的其他回路。

6.2.2　下列回路，应计量无功电能：

　　1　同步发电机和发电/电动机的定子回路。

　　2　主变压器：双绕组变压器的一侧和三绕组变压器（或自耦变压器）的三侧。

　　3　10kV 及以上的线路。

　　4　旁路断路器、母联（或分段）兼旁路断路器回路。

　　5　330kV～500kV 并联电抗器。

　　6　按照电能计量管理要求，需要计量无功电量的其他回路。

7　直流换流站的电气测量

7.1　一般规定

7.1.1　直流换流站电测量的数据采集包括交流部分和直流部分。直流部分的数据应按极采集，双极参数可通过计算机计算或采集获得；交流部分的数据采集的基本原则应符合第 5 章、第 6 章和第 8 章的有关规定。

7.1.2　直流换流站除采集本端站的运行参数外，还应采集对端站的主要参数信息数据。

7.1.3　直流电流测量装置的综合误差应在 ±0.5% 的范围内，直流电压测量装置的综合误差应在 ±1.0% 的范围内。

7.1.4　对于双方向的电流、功率回路和有极性的直流电压回路，采集量应有方向或有极性。当这些回路选用仪表测量时，应采用带有方向或有极性的仪表。

7.1.5　直流换流站主控制室内不宜设模拟屏。当设有模拟屏时常测仪表也应精简。

7.2　直流参数监测

7.2.1　下列回路，应采集直流电流：

　　1　本端的每极直流线路。

　　2　本端的地极性回路。

　　3　本端的临时接地回路（投入运行时）。

7.2.2　下列回路，应采集直流电压：

　　1　本端的每极极母线。

　　2　本端的每极中性母线。

　　3　对端的每极的极母线。

7.2.3　下列回路，应采集直流功率：

　　1　本端的每极直流线路。

　　2　本端的双极直流线路。

　　3　对端的每极直流线路。

　　4　对端的双极直流线路

7.2.4　换流站应采集换流阀的电角度：

　　1　整流站的触发角 α。

　　2　逆变站的熄弧角 γ。

7.3　交流参数监测

7.3.1　下列回路，应采集交流电流：

　　1　本端换流变压器交流侧。

　　2　本端换流变压器阀侧。

　　3　本端交流滤波器各大组。

　　4　本端交流滤波器（或并联电容器或电抗器）各分组。

7.3.2　下列回路，应采集交流电压：

　　1　本端换流变压器交流侧。

　　2　本端换流变压器阀侧。

　　3　本端交流滤波器各大组的母线。

7.3.3　下列回路，应采集交流功率：

　　1　本端换流变压器交流侧有功功率。

　　2　本端换流变压器交流侧无功功率。

　　3　本端交流滤波器各大组无功功率。

　　4　本端交流滤波器（或并联电容器或电抗器）各分组无功功率。

　　5　对端交流滤波器（或并联电容器或电抗器）各分组无功功率。

7.3.4　换流站应采集换流变压器交流侧的频率，以及换流站与站外交流系统交换的总无功功率。

7.4　谐波参数监测

7.4.1　下列回路，宜采集直流侧谐波参数：

　　1　本端每极直流线路谐波电流、电压。

　　2　接地极线路谐波电流。

　　3　本端直流滤波器各支路谐波电流。

7.4.2　下列回路，宜采集交流侧谐波参数：

　　1　本端换流变压器谐波电流、电压。

　　2　本端交流滤波器各分组谐波电流。

7.5　电气参数记录

7.5.1　下列回路，宜记录的电气参数：

　　1　本端每极直流输电线路电流。

　　2　本端每极极母线电压。

　　3　本端双极直流功率。

　　4　本端接地极作阳极运行时的 A·h 数。

5 本端换流站与站外交流系统交换的总无功功率。

7.6 电能计量

7.6.1 下列回路，应装设的电能表：

1 换流变压器交流侧有功电能表（0.2级），无功电能表（2.0级）。

2 交流滤波器及无功补偿装置各支路无功电能表（2.0级）。

3 直流输电线路当有条件时，可装设有功电能表（0.2级）。

7.6.2 对有可能双向送、受电的直流线路和换流变压器交流侧，应分别装设送、受电的电能表，并带有逆止机构。

7.6.3 换流变压器交流侧，应装设两套准确度等级相同的主、副电能表。

8 计算机监测（控）系统的测量

8.1 一般规定

8.1.1 计算机监测（控）系统，应执行其他相关的规程和规定。

8.1.2 计算机监测（控）的数据采集的基本原则应符合第5章和第6章的有关规定，计算机监测（控）系统采集的模拟量及电能数据量与电测量及电能计量的规定基本相同，可参照附录E（提示的附录）测量图表中电测量的要求配置。

8.1.3 当采用计算机监测（控）时，通过计算机可对指定的电气参数进行监视和记录，可不装设记录型仪表。

8.1.4 当采用计算机监测（控）时，就地厂（所）用配电盘上应能测量相关的电气参数。

8.2 计算机监测（控）的数据采集

8.2.1 计算机监测（控）的电测量数据采集包括模拟量和电能数据量。

8.2.2 模拟量的采集可采用交流采样方式，也可采用直流采样方式。交流采样指经电流、电压互感器的直接输入方式；直流采样指经变送器的输入方式。

8.2.3 计算机交流采样单元宜由计算机系统配套。交流采样的模拟量可根据运行需要适当增加某些电气计算量。

8.2.4 电能数据量的采集可采用经电能表串行口的数据输入方式，也可采用经电能表脉冲信号输入。

8.3 计算机监测时常测仪表

8.3.1 当采用计算机监测时，控制屏上的测量仪表应简化。

8.3.2 当计算机监测采用直流采样并设有变送器时，

常测仪表宜采用二次仪表测量方式。当计算机监测采用交流采样不设变送器时，测量仪表可采用一次仪表测量方式。

8.4 计算机监控时常测仪表

8.4.1 计算机监控不设模拟屏时，控制室常测仪表宜取消。当计算机监控设模拟屏时，模拟屏上的常测仪表应精简，并可采用计算机驱动的数字式仪表。

8.4.2 当发电厂采用机组计算机监控时，机组后备屏或机旁屏上可参照附录E.2中E.2.1～E.2.4的电测量要求装设发电机部分的常测仪表。

8.4.3 当计算机监控系统时，不宜装设手动准同步装置。但作为发电厂同步的后备手段需要时，也可装设手动准同步装置。

9 电测量变送器

9.0.1 变送器的输入参数应与电流互感器和电压互感器的参数相符合，输出参数应能满足测量仪表、计算机和远动遥测的要求。贸易结算用电能计量不应采用电能变送器。

9.0.2 变送器的模拟量输出可为电流输出或电压输出，或者数字信号输出。变送器的电流输出宜选用4mA～20mA的规范，串联使用。

9.0.3 变送器模拟量输出回路所接入的负荷（包括计算机、遥测装置、测量仪表和连接导线等）不应超过变送器输出的二次负荷值。

9.0.4 变送器的校准值应与二次测量仪表的满刻度值相匹配，可参照附录B（提示的附录）、附录C（提示的附录）计算。

9.0.5 变送器的交流电源宜由交流不停电电源供给。当全厂（所）停电时，不停电电源系统应能保证连续供电时间不少于半小时。

10 测量用电流、电压互感器

10.1 电流互感器

10.1.1 对于Ⅰ、Ⅱ类计费用的电能计量装置，宜按计量点设置专用电流互感器或二次绕组。

10.1.2 电流互感器额定一次电流宜按正常运行的实际负荷电流达到额定值的2/3左右，至少不小于30%（对S级为20%）。也可选用较小变比或二次绕组带抽头的电流互感器。

10.1.3 对于正常负荷电流小、变化范围大（1%I_e～120%I_e）的回路，宜选用特殊用途（S型）的电流互感器。

10.1.4 电流互感器的额定二次电流可选用5A或1A的规范。220kV及以上电压等级宜选用1A的电流互感器。

10.1.5　电流互感器二次绕组中所接入的负荷（包括测量仪表、电能计量装置和连接导线等）应保证实际二次负荷在 25％～100％额定二次负荷范围内。

10.2　电压互感器

10.2.1　对于Ⅰ、Ⅱ类计费用途的电能计量装置，宜按计量点设置专用电压互感器或二次绕组。

10.2.2　电压互感器的主二次绕组额定二次线电压为 100V。

10.2.3　电压互感器二次绕组中所接入的负荷（包括测量仪表、电能计量装置、继电保护和连接导线等），应保证实际二次负荷在 25％～100％额定二次负荷范围内，额定二次负荷功率因数与实际二次负荷的功率因数 0.3～0.5 相接近。

11　测量二次接线

测量二次接线应符合 DL/T 5136 和 DL/T 5065 的有关规定。

11.1　交流电流回路

11.1.1　当几种仪表接在电流互感器的一个二次绕组上时，其接线顺序宜先接指示和积算仪表，再接记录仪表，最后接发送仪表。

11.1.2　当电流互感器二次绕组接有常测与选测仪表时，宜先接常测仪表，后接选测仪表。

11.1.3　直接接于电流互感器二次绕组的一次测量仪表，不宜采用开关切换检测三相电流，必要时应有防止电流互感器二次开路的保护措施。

11.1.4　测量表计和继电保护不宜共用电流互感器的同一个二次绕组。如受条件限制仪表和保护共用一个二次绕组时，宜采取下列措施之一：

　　1　保护装置接在仪表之前，中间加装电流试验部件，以避免仪表校验影响保护装置正常工作。

　　2　加装中间电流互感器将仪表与保护装置从电路上隔开。中间电流互感器的技术特性应满足仪表和保护的要求。

11.1.5　电流互感器的二次绕组的中性点应有一个接地点。测量用二次绕组应在配电装置处接地，和电流的两个二次绕组的中性点应并接和一点接地。

11.1.6　电流互感器二次电流回路的电缆芯线截面，应按电流互感器的额定二次负荷来计算，5A 宜不小于 $4mm^2$，1A 宜不小于 $2.5mm^2$。

11.2　交流电压回路

11.2.1　测量用电压互感器的二次回路允许电压降，应符合以下规定：

　　1　常用测量仪表不大于额定二次电压的 1％

～3％。

　　2　Ⅰ、Ⅱ类电能计量装置不大于额定二次电压的 0.25％。

　　3　Ⅲ、Ⅳ类电能计量装置不大于额定二次电压的 0.5％。

11.2.2　110kV 及以上电压等级设有单独设置专用电压互感器或专用二次绕组时，Ⅰ、Ⅱ、Ⅲ类电能计量装置的电压回路应单独由电压互感器端子箱引接，并装设熔断器或自动开关和监视电压回路完整性。

11.2.3　对贸易结算用的电能计量装置的二次电压回路，35kV 以下应不接入隔离开关辅助接点和熔断器；35kV 及以上应不接入隔离开关辅助接点，但可装设熔断器或自动开关，并监视电压回路完整性。

11.2.4　电压互感器的二次绕组应有一个接地点。对中性点有效接地或非有效接地系统，星形接线的电压互感器主二次绕组应采用中性点一点接地方式；对于中性点非有效接地系统，"V"形接线的电压互感器主二次绕组应采用 B 相一点接地方式。

11.2.5　为了减少电压互感器二次回路的电压降和提高电能计量的准确度，电能表屏可布置在配电装置附近的小室内。

11.2.6　电压互感器二次电压回路的电缆芯线截面，应按 11.2.1 的允许电压降要求计算，一般不小于 $2.5mm^2$。

11.3　二次测量回路

11.3.1　当变送器电流输出串联多个负载时，其接线顺序宜先接二次测量仪表，再接计算机和运动遥测装置。

11.3.2　计算机和远动遥测不应共用电能表的同一脉冲输出或数据口输出。如受条件限制，脉冲回路应有防止短接的隔离措施。

11.3.3　接至计算机和远动遥测系统的弱电信号回路或数据通信回路，应选用专用的计算机屏蔽电缆，电缆屏蔽层的型式宜选用铜带屏蔽。

11.3.4　变送器模拟量输出和电能表脉冲量输出回路，宜选用对绞分屏蔽加总屏蔽的铜芯电缆，芯线截面不小于 $0.75mm^2$。

12　仪表装置安装条件

12.0.1　发电厂和变电所的屏、台、柜上的电气仪表装置的安装设计，应满足仪表正常工作、运行监视、抄表和现场调试的要求。

12.0.2　测量仪表装置宜采用垂直安装方式，其安装高度（指水平中心线距地面）要求如下：

　　1　常用测量仪表为 1200mm～2000mm。

2　电能表和变送器为 1200mm～1800mm。

3　记录型仪表为 800mm～1600mm。

4　开关柜和配电盘上的电能表为 800mm～1800mm。

5　对非标准的屏、台，柜上的仪表可参照本规定的尺寸作适当调整。

12.0.3　控制屏（台）宜选用后设门的屏（台）式结构，电能表屏、变送器屏和记录型表屏宜选用前后设门的柜式结构。一般屏的尺寸为：高×宽×深＝

2200mm×800mm×600mm。

12.0.4　所有屏、台、柜内的电流回路端子排应采用电流试验端子，连接导线宜采用铜芯绝缘软导线，电流回路导线截面不小于 2.5mm²，电压回路不小于 1.5mm²。

附　　录

（略）

四、工程施工验收

1 电气装置安装工程　35kV 及以下架空电力线路施工及验收规范

（GB 50173—1992）

第一章　总　则

第 1.0.1 条　为保证 35kV 及以下架空电力线路的施工质量，促进工程施工技术水平的提高，确保电力线路安全运行，制定本规范。

第 1.0.2 条　本规范适用于 35kV 及以下架空电力线路新建工程的施工及验收。

35kV 及以下架空电力线路的大档距及铁塔安装工程的施工及验收，应按现行国家标准《110～500kV 架空电力线路施工及验收规范》的有关规定执行。

有特殊要求的 35kV 及以下架空电力线路安装工程，尚应符合有关专业规范的规定。

第 1.0.3 条　架空电力线路的安装应按已批准的设计进行施工。

第 1.0.4 条　采用的设备、器材及材料应符合国家现行技术标准的规定，并应有合格证件。设备应有铭牌。

当采用无正式标准的新型原材料及器材时，安装前应经技术鉴定或试验，证明质量合格后方可使用。

第 1.0.5 条　采用新技术、新工艺，应制订不低于本规范水平的质量标准或工艺要求。

第 1.0.6 条　架空电力线路的施工及验收，除按本规范执行外，尚应符合国家现行的有关标准规范的规定。

第二章　原材料及器材检验

第 2.0.1 条　架空电力线路工程所使用的原材料、器材，具有下列情况之一者，应重作检验：

一、超过规定保管期限者。

二、因保管、运输不良等原因而有变质损坏可能者。

三、对原试验结果有怀疑或试样代表性不够者。

第 2.0.2 条　架空电力线路使用的线材，架设前应进行外观检查，且应符合下列规定：

一、不应有松股、交叉、折叠、断裂及破损等缺陷。

二、不应有严重腐蚀现象。

三、钢绞线、镀锌铁线表面镀锌层应良好，无锈蚀。

四、绝缘线表面应平整、光滑、色泽均匀，绝缘层厚度应符合规定。绝缘线的绝缘层应挤包紧密，且易剥离，绝缘线端部应有密封措施。

第 2.0.3 条　为特殊目的使用的线材，除应符合本规范第 2.0.2 条规定外，尚应符合设计的特殊要求。

第 2.0.4 条　由黑色金属制造的附件和紧固件，除地脚螺栓外，应采用热浸镀锌制品。

第 2.0.5 条　各种连接螺栓宜有防松装置。防松装置弹力应适宜，厚度应符合规定。

第 2.0.6 条　金属附件及螺栓表面不应有裂纹、砂眼、锌皮剥落及锈蚀等现象。

螺杆与螺母的配合应良好。加大尺寸的内螺纹与有镀层的外螺纹配合，其公差应符合现行国家标准《普通螺纹直径 1～300mm 公差》的粗牙三级标准。

第 2.0.7 条　金具组装配合应良好，安装前应进行外观检查，且应符合下列规定：

一、表面光洁，无裂纹、毛刺、飞边、砂眼、气泡等缺陷。

二、线夹转动灵活，与导线接触面符合要求。

三、镀锌良好，无锌皮剥落、锈蚀现象。

第 2.0.8 条　绝缘子及瓷横担绝缘子安装前应进行外观检查，且应符合下列规定：

一、瓷件与铁件组合无歪斜现象，且结合紧密，铁件镀锌良好。

二、瓷釉光滑，无裂纹、缺釉、斑点、烧痕、气泡或瓷釉烧坏等缺陷。

三、弹簧销、弹簧垫的弹力适宜。

第 2.0.9 条　环形钢筋混凝土电杆制造质量应符合现行国家标准《环形钢筋混凝土电杆》的规定。安装前应进行外观检查，且应符合下列规定：

一、表面光洁平整，壁厚均匀，无露筋、跑浆等现象。

二、放置地平面检查时，应无纵向裂缝，横向裂缝的宽度不应超过 0.1mm。

三、杆身弯曲不应超过杆长的 1/1000。

第 2.0.10 条　预应力混凝土电杆制造质量应符合现行国家标准《环形预应力混凝土电杆》的规定。安装前应进行外观检查，且应符合下列规定：

一、表面光洁平整，壁厚均匀，无露筋、跑浆等现象。

二、应无纵、横向裂缝。

三、杆身弯曲不应超过杆长的 1/1000。

第 2.0.11 条　混凝土预制构件的制造质量应符合设计要求。表面不应有蜂窝、露筋、纵向裂缝等缺陷。

第 2.0.12 条　采用岩石制造的底盘、卡盘、拉线盘，其强度应符合设计要求。安装时不应使岩石结构的整体性受到破坏。

第三章　电杆基坑及基础埋设

第 3.0.1 条　基坑施工前的定位应符合下列规定：

一、直线杆顺线路方向位移，35kV 架空电力线路不应超过设计档距的 1％；10kV 及以下架空电力线路不应超过设计档距的 3％。直线杆横线路方向位移不应超过 50mm。

二、转角杆、分支杆的横线路、顺线路方向的位移均不应超过 50mm。

第 3.0.2 条　电杆基础坑深度应符合设计规定。电杆基础坑深度的允许偏差应为 +100mm、−50mm。同基基础坑在允许偏差范围内应按最深一坑持平。

岩石基础坑的深度不应小于设计规定的数值。

第 3.0.3 条　双杆基坑应符合下列规定：

一、根开的中心偏差不应超过 ±30mm。

二、两杆坑深度宜一致。

第 3.0.4 条　电杆基坑底采用底盘时，底盘的圆槽面应与电杆中心线垂直，找正后应填土夯实至底盘表面。底盘安装允许偏差，应使电杆组立后满足电杆允许偏差规定。

第 3.0.5 条　电杆基础采用卡盘时，应符合下列规定：

一、安装前应将其下部土壤分层回填夯实。

二、安装位置、方向、深度应符合设计要求。深度允许偏差为 ±50mm。当设计无要求时，上平面距地面不应小于 500mm。

三、与电杆连接应紧密。

第 3.0.6 条　基坑回填土应符合下列规定：

一、土块应打碎。

二、35kV 架空电力线路基坑每回填 300mm 应夯实一次；10kV 及以下架空电力线路基坑每回填 500mm 应夯实一次。

三、松软土质的基坑，回填土时应增加夯实次数或采取加固措施。

四、回填土后的电杆基坑宜设置防沉土层。土层上部面积不宜小于坑口面积；培土高度应超出地面 300mm。

五、当采用抱杆立杆留有滑坡时，滑坡（马道）回填土应夯实，并留有防沉土层。

第 3.0.7 条　现浇基础、岩石基础应按现行国家标准《110～500kV 架空电力线路施工及验收规范》的有关规定执行。

第四章　电杆组立与绝缘子安装

第 4.0.1 条　电杆顶端应封堵良好。当设计无要求时，下端可不封堵。

第 4.0.2 条　钢圈连接的钢筋混凝土电杆宜采用电弧焊接，且应符合下列规定：

一、应由经过焊接专业培训并经考试合格的焊工操作。焊完后的电杆经自检合格后，在上部钢圈处打上焊工的代号钢印。

二、焊接前，钢圈焊口上的油脂、铁锈、泥垢等物应清除干净。

三、钢圈应对齐找正，中间留 2～5mm 的焊口缝隙。当钢圈有偏心时，其错口不应大于 2mm。

四、焊口宜先点焊 3～4 处，然后对称交叉施焊。点焊所用焊条牌号应与正式焊接用的焊条牌号相同。

五、当钢圈厚度大于 6mm 时，应采用 V 型坡口多层焊接。多层焊缝的接头应错开，收口时应将熔池填满。焊缝中严禁填塞焊条或其它金属。

六、焊缝应有一定的加强面，其高度和遮盖宽度应符合表 4.0.2 的规定（见图 4.0.2）。

表 4.0.2　　　焊缝加强面尺寸　　　（mm）

项　目	钢圈厚度 s（mm）	
	<10	10～20
高度 c	1.5～2.5	2～3
宽度 e	1～2	2～3

七、焊缝表面应呈平滑的细鳞形与基本金属平缓

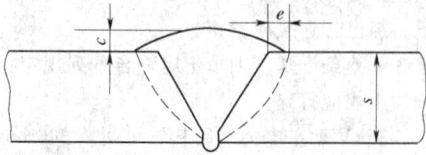

图 4.0.2　焊缝加强面尺寸

连接，无折皱、间断、漏焊及未焊满的陷槽，并不应有裂缝。基本金属咬边深度不应大于 0.5mm，且不应超过圆周长的 10%。

八、雨、雪、大风天气施焊应采取妥善措施。施焊中电杆内不应有穿堂风。当气温低于 -20℃ 时，应采取预热措施，预热温度为 100～120℃。焊后应使温度缓慢下降。严禁用水降温。

九、焊完后的整杆弯曲度不应超过电杆全长的 2/1000，超过时应割断重新焊接。

十、当采用气焊时，应符合下列规定：

1. 钢圈的宽度不应小于 140mm；

2. 加热时间宜短，并采取必要的降温措施，焊接后，当钢圈与水泥粘接处附近水泥产生宽度大于 0.05mm 纵向裂缝时，应予补修；

3. 电石产生的乙炔气体，应经过滤。

第 4.0.3 条　电杆的钢圈焊接后应将表面铁锈和焊缝的焊渣及氧化层除净，进行防腐处理。

第 4.0.4 条　单电杆立好后应正直，位置偏差应符合下列规定：

一、直线杆的横向位移不应大于 50mm。

二、直线杆的倾斜，35kV 架空电力线路不应大于杆长的 3‰；10kV 及以下架空电力线路杆梢的位移不应大于杆梢直径的 1/2。

三、转角杆的横向位移不应大于 50mm。

四、转角杆应向外角预偏、紧线后不应向内角倾斜，向外角的倾斜，其杆梢位移不应大于杆梢直径。

第 4.0.5 条　终端杆立好后，应向拉线侧预偏，其预偏值不应大于杆梢直径。紧线后不应向受力侧倾斜。

第 4.0.6 条　双杆立好后应正直，位置偏差应符合下列规定：

一、直线杆结构中心与中心桩之间的横向位移，不应大于 50mm；转角杆结构中心与中心桩之间的横、顺向位移，不应大于 50mm。

二、迈步不应大于 30mm。

三、根开不应超过 ±30mm。

第 4.0.7 条　以抱箍连接的叉梁，其上端抱箍组装尺寸的允许偏差应在 ±50mm 范围内；分段组合叉梁组合后应正直，不应有明显的鼓肚、弯曲；各部连接应牢固。

横隔梁安装后，应保持水平；组装尺寸允许偏差应在 ±50mm 范围内。

第 4.0.8 条　以螺栓连接的构件应符合下列规定：

一、螺杆应与构件面垂直，螺头平面与构件间不应有间隙。

二、螺栓紧好后，螺杆丝扣露出的长度，单螺母不应少于两个螺距；双螺母可与螺母相平。

三、当必须加垫圈时，每端垫圈不应超过 2 个。

第 4.0.9 条　螺栓的穿入方向应符合下列规定：

一、对立体结构：水平方向由内向外；垂直方向由下向上。

二、对平面结构：顺线路方向，双面构件由内向外，单面构件由送电侧穿入或按统一方向；横线路方向，两侧由内向外，中间由左向右（面向受电侧）或按统一方向；垂直方向，由下向上。

第 4.0.10 条　线路单横担的安装，直线杆应装于受电侧；分支杆、90°转角杆（上、下）及终端杆应装于拉线侧。

第 4.0.11 条　横担安装应平正，安装偏差应符合下列规定：

一、横担端部上下歪斜不应大于 20mm。

二、横担端部左右扭斜不应大于 20mm。

三、双杆的横担，横担与电杆连接处的高差不应大于连接距离的 5/1000；左右扭斜不应大于横担总长度的 1/100。

第 4.0.12 条　瓷横担绝缘子安装应符合下列规定：

一、当直立安装时，顶端顺线路歪斜不应大于 10mm。

二、当水平安装时，顶端宜向上翘起 5°～15°；顶端顺线路歪斜不应大于 20mm。

三、当安装于转角杆时，顶端竖直安装的瓷横担支架应安装在转角的内角侧（瓷横担应装在支架的外角侧）。

四、全瓷式瓷横担绝缘子的固定处应加软垫。

第 4.0.13 条　绝缘子安装应符合下列规定：

一、安装应牢固，连接可靠，防止积水。

二、安装时应清除表面灰垢、附着物及不应有的涂料。

三、悬式绝缘子安装，尚应符合下列规定：

1. 与电杆、导线金具连接处，无卡压现象。

2. 耐张串上的弹簧销子、螺栓及穿钉应由上向下穿。当有特殊困难时可由内向外或由左向右穿入。

3. 悬垂串上的弹簧销子、螺栓及穿钉应向受电侧穿入。两边线应由内向外，中线应由左向右穿入。

四、绝缘子裙边与带电部位的间隙不应小于 50mm。

第 4.0.14 条　采用的闭口销或开口销不应有折断、裂纹等现象。当采用开口销时应对称开口，开口角度应为 $30°\sim60°$。

严禁用线材或其它材料代替闭口销、开口销。

第 4.0.15 条　35kV 架空电力线路的瓷悬式绝缘子，安装前应采用不低于 5000V 的兆欧表逐个进行绝缘电阻测定。在干燥情况下，绝缘电阻值不得小于 500MΩ。

第五章　拉 线 安 装

第 5.0.1 条　拉线盘的埋设深度和方向，应符合设计要求。拉线棒与拉线盘应垂直，连接处采用双螺母，其外露地面部分的长度应为 $500\sim700$mm。

拉线坑应有斜坡，回填土时应将土块打碎后夯实。拉线坑宜设防沉层。

第 5.0.2 条　拉线安装应符合下列规定：

一、安装后对地平面夹角与设计值的允许偏差，应符合下列规定：

1. 35kV 架空电力线路不应大于 $1°$；

2. 10kV 及以下架空电力线路不应大于 $3°$；

3. 特殊地段应符合设计要求。

二、承力拉线应与线路方向的中心线对正；分角拉线应与线路分角线方向对正；防风拉线应与线路方向垂直。

三、跨越道路的拉线，应满足设计要求，且对通车路面边缘的垂直距离不应小于 5m。

四、当采用 UT 型线夹及楔形线夹固定安装时，应符合下列规定：

1. 安装前丝扣上应涂润滑剂；

2. 线夹舌板与拉线接触应紧密，受力后无滑动现象，线夹凸肚在尾线侧，安装时不应损伤线股；

3. 拉线弯曲部分不应有明显松股，拉线断头处与拉线主线应固定可靠，线夹处露出的尾线长度为 $300\sim500$mm，尾线回头后与本线应扎牢；

4. 当同一组拉线使用双线夹并采用连板时，其尾线端的方向应统一；

5. UT 型线夹或花篮螺栓的螺杆应露扣，并应有不小于 1/2 螺杆丝扣长度可供调紧，调整后，UT 型线夹的双螺母应并紧，花篮螺栓应封固。

五、当采用绑扎固定安装时，应符合下列规定：

1. 拉线两端应设置心形环；

2. 钢绞线拉线，应采用直径不大于 3.2mm 的镀锌铁线绑扎固定。绑扎应整齐、紧密，最小缠绕长度应符合表 5.0.2 的规定。

表 5.0.2　　最 小 缠 绕 长 度

钢绞线截面（mm²）	最小缠绕长度（mm）				
	上段	中段有绝缘子的两端	与拉线连接处		
			下端	花缠	上端
25	200	200	150	250	80
35	250	250	200	250	80
50	300	300	250	250	80

第 5.0.3 条　采用拉线柱拉线的安装，应符合下列规定：

一、拉线柱的埋设深度，当设计无要求时，应符合下列规定：

1. 采用坠线的，不应小于拉线柱长的 1/6；

2. 采用无坠线的，应按其受力情况确定。

二、拉线柱应向张力反方向倾斜 $10°\sim20°$。

三、坠线与拉线柱夹角不应小于 $30°$。

四、坠线上端固定点的位置距拉线柱顶端的距离应为 250mm。

五、坠线采用镀锌铁线绑扎固定时，最小缠绕长度应符合表 5.0.2 的规定。

第 5.0.4 条　当一基电杆上装设多条拉线时，各条拉线的受力应一致。

第 5.0.5 条　采用镀锌铁线合股组成的拉线，其股数不应少于 3 股。镀锌铁线的单股直径不应小于 4.0mm，绞合应均匀、受力相等，不应出现抽筋现象。

第 5.0.6 条　合股组成的镀锌铁线的拉线，可采用直径不小于 3.2mm 镀锌铁线绑扎固定，绑扎应整齐紧密，缠绕长度为：

5 股及以下者，上端：200mm；中端有绝缘子的两端：200mm；下缠 150mm，花缠 250mm，上缠 100mm。

当合股组成的镀锌铁线拉线采用自身缠绕固定时，缠绕应整齐紧密，缠绕长度：3 股线不应小于 80mm，5 股线不应小于 150mm。

第 5.0.7 条　混凝土电杆的拉线当装设绝缘子时，在断拉线情况下，拉线绝缘子距地面不应小于 2.5m。

第 5.0.8 条　顶（撑）杆的安装，应符合下列规定：

一、顶杆底部埋深不宜小于 0.5m，且设有防沉措施。

二、与主杆之间夹角应满足设计要求，允许偏差为±5°。

三、与主杆连接应紧密、牢固。

第六章　导　线　架　设

第 6.0.1 条　导线在展放过程中，对已展放的导线应进行外观检查，不应发生磨伤、断股、扭曲、金钩、断头等现象。

第 6.0.2 条　导线在同一处损伤，同时符合下列情况时，应将损伤处棱角与毛刺用 0 号砂纸磨光，可不作补修：

一、单股损伤深度小于直径的 1/2。

二、钢芯铝绞线、钢芯铝合金绞线损伤截面积小于导电部分截面积的 5%，且强度损失小于 4%。

三、单金属绞线损伤截面积小于 4%。

注：① "同一处" 损伤截面积是指该损伤处在一个节距内的每股铝丝沿铝股损伤最严重处的深度换算出的截面积总和（下同）。

② 当单股损伤深度达到直径的 1/2 时按断股论。

第 6.0.3 条　当导线在同一处损伤需进行修补时，应符合下列规定：

一、损伤补修处理标准应符合表 6.0.3 的规定。

表 6.0.3　　**导线损伤补修处理标准**

导线类别	损　伤　情　况	处理方法
铝绞线	导线在同一处损伤程度已经超过第 6.0.2 条规定，但因损伤导致强度损失不超过总拉断力的 5% 时	以缠绕或修补预绞丝修理
铝合金绞线	导线在同一处损伤程度损失超过总拉断力的 5%，但不超过 17% 时	以补修管补修
钢芯铝绞线	导线在同一处损伤程度已经超过第 6.0.2 条规定，但因损伤导致强度损失不超过总拉断力的 5%，且截面积损伤又不超过导电部分总截面积的 7% 时	以缠绕或修补预绞丝修理
钢芯铝合金绞线	导线在同一处损伤的强度损失已超过总拉断力的 5% 但不足 17%，且截面积损伤也不超过导电部分总截面积的 25% 时	以补修管补修

二、当采用缠绕处理时，应符合下列规定：

1. 受损伤处的线股应处理平整；

2. 应选与导线同金属的单股线与缠绕材料，其直径不应小于 2mm；

3. 缠绕中心应位于损伤最严重处，缠绕应紧密，受损伤部分应全部覆盖，其长度不应小于 100mm。

三、当采用补修预绞丝补修时，应符合下列规定：

1. 受损伤处的线股应处理平整；

2. 补修预绞丝长度不应小于 3 个节距，或应符合现行国家标准《电力金具》预绞丝中的规定；

3. 补修预绞丝的中心应位于损伤最严重处，且与导线接触紧密，损伤处应全部覆盖。

四、当采用补修管补修时，应符合下列规定：

1. 损伤处的铝（铝合金）股线应先恢复其原绞制状态；

2. 补修管的中心应位于损伤最严重处，需补修导线的范围应于管内各 20mm 处；

3. 当采用液压施工时应符合国家现行标准《架空送电线路导线及避雷线液压施工工艺规程》（试行）的规定。

第 6.0.4 条　导线在同一处损伤有下列情况之一者，应将损伤部分全部割去，重新以直线接续管连接：

一、损失强度或损伤截面积超过本规范第 6.0.3 条以补修管补修的规定。

二、连续损伤其强度、截面积虽未超过本规范第 6.0.3 条以补修管补修的规定，但损伤长度已超过补修管能补修的范围。

三、钢芯铝绞线的钢芯断一股。

四、导线出现灯笼的直径超过导线直径的 1.5 倍而又无法修复。

五、金钩、破股已形成无法修复的永久变形。

第 6.0.5 条　作为避雷线的钢绞线，其损伤处理标准，应符合表 6.0.5 的规定。

表 6.0.5　　**钢绞线损伤处理标准**

钢绞线股数	以镀锌铁丝缠绕	以补修管补修	锯断重接
7	不允许	断 1 股	断 2 股
19	断 1 股	断 2 股	断 3 股

第 6.0.6 条　不同金属、不同规格、不同绞制方向的导线严禁在档距内连接。

第 6.0.7 条　采用接续管连接的导线或避雷线，应符合现行国家标准《电力金具》的规定，连接后的握着力与原导线或避雷线的保证计算拉断力比，应符合下列规定：

一、接续管不小于 95%。

二、螺栓式耐张线夹不小于 90%。

第 6.0.8 条　导线与连接管连接前应清除导线表

面和连接管内壁的污垢，清除长度应为连接部分的 2 倍。连接部位的铝质接触面，应涂一层电力复合脂，用细钢丝刷清除表面氧化膜，保留涂料，进行压接。

第 6.0.9 条 导线与接续管采用钳压连接，应符合下列规定：

一、接续管型号与导线的规格应配套。

二、压口数及压后尺寸应符合表 6.0.9 的规定。

三、压口位置、操作顺序应按图 6.0.9 进行。

表 6.0.9 钳压压口数及压后尺寸

导线型号		压口数	压后尺寸 D (mm)	钳压部位尺寸 (mm)		
				a_1	a_2	a_3
铝绞线	LJ—16	6	10.5	28	20	34
	LJ—25	6	12.5	32	20	36
	LJ—35	6	14.0	36	25	43
	LJ—50	8	16.5	40	25	45
	LJ—70	8	19.5	44	28	50
	LJ—95	10	23.0	48	32	56
	LJ—120	10	26.0	52	33	59
	LJ—150	10	30.0	56	34	62
	LJ—185	10	33.5	60	35	65
钢芯铝绞线	LGJ—16/3	12	12.5	28	14	28
	LGJ—25/4	14	14.5	32	15	31
	LGJ—35/6	14	17.5	34	42.5	93.5
	LGJ—50/8	16	20.5	38	48.5	105.5
	LGJ—70/10	16	25.0	46	54.5	123.5
	LGJ—95/20	20	29.0	54	61.5	142.5
	LGJ—120/20	24	33.0	62	67.5	160.5
	LGJ—150/20	24	36.0	64	70	166
	LGJ—185/25	26	39.0	66	74.5	173.5
	LGJ—240/30	2×14	43.0	62	68.5	161.5

四、钳压后导线端头露出长度，不应小于 20mm，导线端头绑线应保留。

五、压接后的接续管弯曲度不应大于管长 2%，有明显弯曲时应校直。

六、压接后或校直后的接续管不应有裂纹。

七、压接后接续管两端附近的导线不应有灯笼、抽筋等现象。

八、压接后接续管两端出口处、合缝处及外露部

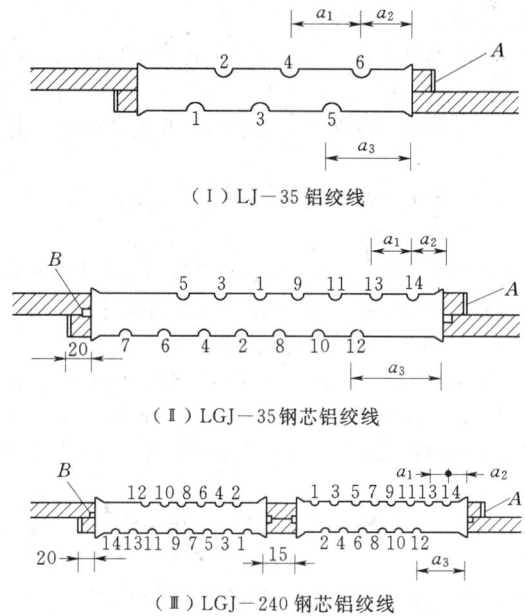

（Ⅰ）LJ—35 铝绞线

（Ⅱ）LGJ—35 钢芯铝绞线

（Ⅲ）LGJ—240 钢芯铝绞线

图 6.0.9 钳压管连接图
1、2、3、…表示压接操作顺序
A—绑线；B—垫片

分，应涂刷电力复合脂。

九、压后尺寸的允许误差，铝绞线钳接管为 ±1.0mm；钢芯铝绞线钳接管为 ±0.5mm。

第 6.0.10 条 导线或避雷线采用液压连接时，应符合国家现行标准《架空送电线路导线及避雷线液压施工工艺规程》中的有关规定。

第 6.0.11 条 35kV 架空电力线路的导线或避雷线，当采用爆炸压接时，应符合国家现行标准《架空电力线路爆炸压接施工工艺规程》（试行）中的有关规定。

第 6.0.12 条 10kV 及以下架空电力线路的导线，当采用缠绕方法连接时，连接部分的线股应缠绕良好，不应有断股、松股等缺陷。

第 6.0.13 条 10kV 及以下架空电力线路在同一档距内，同一根导线上的接头，不应超过 1 个。导线接头位置与导线固定处的距离应大于 0.5m，当有防震装置时，应在防震装置以外。

第 6.0.14 条 35kV 架空电力线路在一个档距内，同一根导线或避雷线上不应超过 1 个直线接续管及 3 个补修管。补修管之间、补修管与直线接续管之间及直线接续管（或补修管）与耐张线夹之间的距离不应小于 15m。

第 6.0.15 条 35kV 架空电力线路观测弧垂时应

实测导线或避雷线周围空气的温度；弧垂观测档的选择，应符合下列规定：

一、当紧线段在 5 档及以下时，靠近中间选择 1 档。

二、当紧线段在 6～12 档时，靠近两端各选择 1 档。

三、当紧线段在 12 档以上时，靠近两端及中间各选择 1 档。

第 6.0.16 条　35kV 架空电力线路的紧线弧垂应在挂线后随即检查，弧垂误差不应超过设计弧垂的＋5％、－2.5％，且正误差最大值不应超过 500mm。

第 6.0.17 条　10kV 及以下架空电力线路的导线紧好后，弧垂的误差不应超过设计弧垂的±5％。同档内各相导线弧垂宜一致，水平排列的导线弧垂相差不应大于 50mm。

第 6.0.18 条　35kV 架空电力线路导线或避雷线各相间的弧垂宜一致，在满足弧垂允许误差规定时，各相间弧垂的相对误差，不应超过 200mm。

第 6.0.19 条　导线或避雷线紧好后，线上不应有树枝等杂物。

第 6.0.20 条　导线的固定应牢固、可靠，且应符合下列规定：

一、直线转角杆：对针式绝缘子，导线应固定在转角外侧的槽内；对瓷横担绝缘子导线应固定在第一裙内。

二、直线跨越杆：导线应双固定，导线本体不应在固定处出现角度。

三、裸铝导线在绝缘子或线夹上固定应缠绕铝包带，缠绕长度应超出接触部分 30mm。铝包带的缠绕方向应与外层线股的绞制方向一致。

第 6.0.21 条　10kV 及以下架空电力线路的裸铝导线在蝶式绝缘子上作耐张且采用绑扎方式固定时，绑扎长度应符合表 6.0.21 的规定。

表 6.0.21　　　　　绑扎长度值

导线截面（mm²）	绑扎长度（mm）
LJ—50、LGJ—50 及以下	≥150
LJ—70	≥200

第 6.0.22 条　35kV 架空电力线路采用悬垂线夹时，绝缘子应垂直地平面。特殊情况下，其在顺线路方向与垂直位置的倾斜角，不应超过 5°。

第 6.0.23 条　35kV 架空电力线路的导线或避雷线安装的防震锤，应与地平面垂直，其安装距离的误差不应大于±30mm。

第 6.0.24 条　10～35kV 架空电力线路当采用并沟线夹连接引流线时，线夹数量不应少于 2 个。连接面应平整、光洁。导线及并沟线夹槽内应清除氧化膜，涂电力复合脂。

第 6.0.25 条　10kV 及以下架空电力线路的引流线（跨接线或弓子线）之间、引流线与主干线之间的连接应符合下列规定：

一、不同金属导线的连接应有可靠的过渡金具。

二、同金属导线，当采用绑扎连接时，绑扎长度应符合表 6.0.25 的规定。

表 6.0.25　　　　　绑扎长度值

导线截面（mm²）	绑扎长度（mm）
35 及以下	≥150
50	≥200
70	≥250

三、绑扎连接应接触紧密、均匀、无硬弯，引流线应呈均匀弧度。

四、当不同截面导线连接时，其绑扎长度应以小截面导线为准。

第 6.0.26 条　绑扎用的绑线，应选用与导线同金属的单股线，其直径不应小于 2.0mm。

第 6.0.27 条　1～10kV 线路每相引流线、引下线与邻相的引流线、引下线或导线之间，安装后的净空距离不应小于 300mm；1kV 以下电力线路，不应小于 150mm。

第 6.0.28 条　线路的导线与拉线、电杆或构架之间安装后的净空距离，35kV 时，不应小于 600mm；1～10kV 时，不应小于 200mm；1kV 以下时，不应小于 100mm。

第 6.0.29 条　1kV 以下电力线路当采用绝缘线架设时，应符合下列规定：

一、展放中不应损伤导线的绝缘层和出现扭、弯等现象。

二、导线固定应牢固可靠，当采用蝶式绝缘子作耐张且用绑扎方式固定时，绑扎长度应符合本规范第 6.0.21 条的规定。

三、接头应符合有关规定，破口处应进行绝缘处理。

第 6.0.30 条　沿墙架设 1kV 以下电力线路，当采用绝缘线时，除应满足设计要求外，还应符合下列规定：

一、支持物牢固可靠。

二、接头符合有关规定，破口处缠绕绝缘带。

三、中性线在支架上的位置，设计无要求时，安装在靠墙侧。

第6.0.31条　导线架设后，导线对地及交叉跨越距离，应符合设计要求。

第七章　10kV及以下架空电力线路上的电气设备

第7.0.1条　电杆上电气设备的安装，应符合下列规定：

一、安装应牢固可靠。

二、电气连接应接触紧密，不同金属连接，应有过渡措施。

三、瓷件表面光洁，无裂缝、破损等现象。

第7.0.2条　杆上变压器及变压器台的安装，尚应符合下列规定：

一、水平倾斜不大于台架根开的1/100。

二、一、二次引线排列整齐、绑扎牢固。

三、油枕、油位正常，外壳干净。

四、接地可靠，接地电阻值符合规定。

五、套管压线螺栓等部件齐全。

六、呼吸孔道通畅。

第7.0.3条　跌落式熔断器的安装，尚应符合下列规定：

一、各部分零件完整。

二、转轴光滑灵活，铸件不应有裂纹、砂眼、锈蚀。

三、瓷件良好，熔丝管不应有吸潮膨胀或弯曲现象。

四、熔断器安装牢固、排列整齐，熔管轴线与地面的垂线夹角为15°～30°。熔断器水平相间距离不小于500mm。

五、操作时灵活可靠、接触紧密。合熔丝管时上触头应有一定的压缩行程。

六、上、下引线压紧，与线路导线的连接紧密可靠。

第7.0.4条　杆上断路器和负荷开关的安装，尚应符合下列规定：

一、水平倾斜不大于托架长度的1/100。

二、引线连接紧密，当采用绑扎连接时，长度不小于150mm。

三、外壳干净，不应有漏油现象，气压不低于规定值。

四、操作灵活，分、合位置指示正确可靠。

五、外壳接地可靠，接地电阻值符合规定。

第7.0.5条　杆上隔离开关安装，尚应符合下列规定：

一、瓷件良好。

二、操作机构动作灵活。

三、隔离刀刃合闸时接触紧密，分闸后应有不小于200mm的空气间隙。

四、与引线的连接紧密可靠。

五、水平安装的隔离刀刃，分闸时，宜使静触头带电。

六、三相连动隔离开关的三相隔离刀刃应分、合同期。

第7.0.6条　杆上避雷器的安装，尚应符合下列规定：

一、瓷套与固定抱箍之间加垫层。

二、排列整齐、高低一致，相间距离：1～10kV时，不小于350mm；1kV以下时，不小于150mm。

三、引线短而直、连接紧密，采用绝缘线时，其截面应符合下列规定：

1. 引上线：铜线不小于16mm²，铝线不小于25mm²；

2. 引下线：铜线不小于25mm²，铝线不小于35mm²。

四、与电气部分连接，不应使避雷器产生外加应力。

五、引下线接地可靠，接地电阻值符合规定。

第7.0.7条　低压熔断器和开关安装各部接触应紧密，便于操作。

第7.0.8条　低压保险丝（片）安装，尚应符合下列规定：

一、无弯折、压偏、伤痕等现象。

二、严禁用线材代替保险丝（片）。

第八章　接　户　线

第8.0.1条　10kV及以下电力接户线的安装，其各部电气距离应满足设计要求。

第8.0.2条　10kV及以下电力接户线的安装，尚应符合下列规定：

一、档距内不应有接头。

二、两端应设绝缘子固定，绝缘子安装应防止瓷裙积水。

三、采用绝缘线时，外露部位应进行绝缘处理。

四、两端遇有铜铝连接时，应设有过渡措施。

五、进户端支持物应牢固。

六、在最大摆动时，不应有接触树木和其它建筑物现象。

七、1kV及以下的接户线不应从高压引线间穿过,不应跨越铁路。

第 8.0.3 条 10kV 及以下由两个不同电源引入的接户线不宜同杆架设。

第 8.0.4 条 10kV 及以下接户线固定端当采用绑扎固定时,其绑扎长度应符合表 8.0.4 的规定。

表 8.0.4   绑 扎 长 度

导线截面 (mm^2)	绑扎长度 (mm)	导线截面 (mm^2)	绑扎长度 (mm)
10 及以下	≥50	25～50	≥120
16 及以下	≥80	70～120	≥200

第九章   接 地 工 程

第 9.0.1 条 接地体规格、埋设深度应符合设计规定。

第 9.0.2 条 接地装置的连接应可靠。连接前,应清除连接部位的铁锈及其附着物。

第 9.0.3 条 接地体的连接采用搭接焊时,应符合下列规定:

一、扁钢的搭接长度应为其宽度的 2 倍,四面施焊。

二、圆钢的搭接长度应为其直径的 6 倍,双面施焊。

三、圆钢与扁钢连接时,其搭接长度应为圆钢直径的 6 倍。

四、扁钢与钢管、扁钢与角钢焊接时,除应在其接触部位两侧进行焊接外,并应焊以由钢带弯成的弧形(或直角形)与钢管(或角钢)焊接。

第 9.0.4 条 采用垂直接地体时,应垂直打入,并与土壤保护良好接触。

第 9.0.5 条 采用水平敷设的接地体,应符合下列规定:

一、接地体应平直,无明显弯曲。

二、地沟底面应平整,不应有石块或其它影响接地体与土壤紧密接触的杂物。

三、倾斜地形沿等高线敷设。

第 9.0.6 条 接地引下线与接地体连接,应便于解开测量接地电阻。

接地引下线应紧靠杆身,每隔一定距离与杆身固定一次。

第 9.0.7 条 接地电阻值,应符合有关规定。

第 9.0.8 条 接地沟的回填宜选取无石块及其它杂物的泥土,并应夯实。在回填后的沟面应设有防沉层,其高度宜为 100～300mm。

第十章   工程交接验收

第 10.0.1 条 在验收时应按下列要求进行检查:

一、采用器材的型号、规格。

二、线路设备标志应齐全。

三、电杆组立的各项误差。

四、拉线的制作和安装。

五、导线的弧垂、相间距离、对地距离、交叉跨越距离及对建筑物接近距离。

六、电器设备外观应完整无缺损。

七、相位正确、接地装置符合规定。

八、沿线的障碍物、应砍伐的树及树枝等杂物应清除完毕。

第 10.0.2 条 在验收时应提交下列资料和文件:

一、竣工图。

二、变更设计的证明文件(包括施工内容明细表)。

三、安装技术记录(包括隐蔽工程记录)。

四、交叉跨越距离记录及有关协议文件。

五、调整试验记录。

六、接地电阻实测值记录。

七、有关的批准文件。

2   电气装置安装工程 低压电器施工及验收规范

(GB 50254—1996)

1   总则

1.0.1 为保证低压电器的安装质量,促进施工安装技术的进步,确保设备安装后的安全运行,制订本规范。

1.0.2 本规范适用于交流 50Hz 额定电压 1200V 及以下、直流额定电压为 1500V 及以下且在正常条件下安装和调整试验的通用低压电器。不适用于无需固定安装的家用电器、电力系统保护电器、电工仪器仪表、变送器、电子计算机系统及成套盘、柜、箱上电器的安装和验收。

1.0.3 低压电器的安装,应按已批准的设计进行施工。

1.0.4 低压电器的运输、保管,应符合现行国家有关标准的规定;当产品有特殊要求时,应符合产品技术文件的要求。

1.0.5 低压电器设备和器材在安装前的保管期限,应为一年及以下;当超期保管时,应符合设备和器材保管的专门规定。

1.0.6 采用的设备和器材，均应符合国家现行技术标准的规定，并应有合格证件，设备应有铭牌。

1.0.7 设备和器材到达现场后，应及时做下列验收检查：

1.0.7.1 包装和密封应良好。

1.0.7.2 技术文件应齐全，并有装箱清单。

1.0.7.3 按装箱清单检查清点，规格、型号，应符合设计要求；附件、备件应齐全。

1.0.7.4 按本规范要求做外观检查。

1.0.8 施工中的安全技术措施，应符合国家现行有关安全技术标准及产品技术文件的规定。

1.0.9 与低压电器安装有关的建筑工程的施工，应符合下列要求：

1.0.9.1 与低压电器安装有关的建筑物、构筑物的建筑工程质量，应符合国家现行的建筑工程施工及验收规范中的有关规定。当设备或设计有特殊要求时，尚应符合其要求。

1.0.9.2 低压电器安装前，建筑工程应具备下列条件：

(1) 屋顶、楼板应施工完毕，不得渗漏。

(2) 对电器安装有妨碍的模板、脚手架等应拆除，场地应清扫干净。

(3) 室内地面基层应施工完毕，并应在墙上标出抹面标高。

(4) 环境湿度应达到设计要求或产品技术文件的规定。

(5) 电气室、控制室、操作室的门、窗、墙壁、装饰棚应施工完毕，地面应抹光。

(6) 设备基础和构架应达到允许设备安装的强度；焊接构件的质量应符合要求，基础槽钢应固定可靠。

(7) 预埋件及预留孔的位置和尺寸，应符合设计要求，预埋件应牢固。

1.0.9.3 设备安装完毕，投入运行前，建筑工程应符合下列要求：

(1) 门窗安装完毕。

(2) 运行后无法进行的和影响安全运行的施工工作完毕。

(3) 施工中造成的建筑物损坏部分应修补完整。

1.0.10 设备安装完毕投入运行前，应做好防护工作。

1.0.11 低压电器的施工及验收除按本规范的规定执行外，尚应符合国家现行的有关标准、规范的规定。

2 一般规定

2.0.1 低压电器安装前的检查，应符合下列要求：

2.0.1.1 设备铭牌、型号、规格，应与被控制线路或设计相符。

2.0.1.2 外壳、漆层、手柄，应无损伤或变形。

2.0.1.3 内部仪表、灭弧罩、瓷件、胶木电器，应无裂纹或伤痕。

2.0.1.4 螺丝应拧紧。

2.0.1.5 具有主触头的低压电器，触头的接触应紧密，采用 $0.05mm \times 10mm$ 的塞尺检查，接触两侧的压力应均匀。

2.0.1.6 附件应齐全、完好。

2.0.2 低压电器的安装高度，应符合设计规定；当设计无规定时，应符合下列要求：

2.0.2.1 落地安装的低压电器，其底部宜高出地面 $50 \sim 100mm$。

2.0.2.2 操作手柄转轴中心与地面的距离，宜为 $1200 \sim 1500mm$；侧面操作的手柄与建筑物或设备的距离，不宜小于 $200mm$。

2.0.3 低压电器的固定，应符合下列要求：

2.0.3.1 低压电器根据其不同的结构，可采用支架、金属板、绝缘板固定在墙、柱或其它建筑构件上。金属板、绝缘板应平整；当采用卡轨支撑安装时，卡轨应与低压电器匹配，并用固定夹或固定螺栓与壁板紧密固定，严禁使用变形或不合格的卡轨。

2.0.3.2 当采用膨胀螺栓固定时，应按产品技术要求选择螺栓规格；其钻孔直径和埋设深度应与螺栓规格相符。

2.0.3.3 紧固件应采用镀锌制品，螺栓规格应选配适当，电器的固定应牢固、平稳。

2.0.3.4 有防震要求的电器应增加减震装置；其紧固螺栓应采取防松措施。

2.0.3.5 固定低压电器时，不得使电器内部受额外应力。

2.0.4 电器的外部接线，应符合下列要求：

2.0.4.1 接线应按接线端头标志进行。

2.0.4.2 接线应排列整齐、清晰、美观，导线绝缘应良好、无损伤。

2.0.4.3 电源侧进线应接在进线端，即固定触头接线端；负荷侧出线应接在出线端，即可动触头接线端。

2.0.4.4 电器的接线应采用铜质或有电镀金属防锈层的螺栓和螺钉，连接时应拧紧，且应有防松装置。

2.0.4.5 外部接线不得使电器内部受到额外应力。

2.0.4.6 母线与电器连接时，接触面应符合现行国家标准《电气装置安装工程母线装置施工及验收规范》的有关规定。连接处不同相的母线最小电气间隙，应符合表 2.0.4 的规定。

表 2.0.4　　　　不同相的母线最小电气间隙

额定电压 (V)	最小电气间隙 (mm)	额定电压 (V)	最小电气间隙 (mm)
$U \leqslant 500$	10	$500 < U \leqslant 1200$	14

2.0.5　成排或集中安装的低压电器应排列整齐；器件间的距离，应符合设计要求，并应便于操作及维护。

2.0.6　室外安装的非防护型的低压电器，应有防雨、雪和风沙侵入的措施。

2.0.7　电器的金属外壳、框架的接零或接地，应符合现行国家标准《电气装置安装工程接地装置施工及验收规范》的有关规定。

2.0.8　低压电器绝缘电阻的测量，应符合下列规定：

2.0.8.1　测量应在下列部位进行，对额定工作电压不同的电路，应分别进行测量。

(1) 主触头在断开位置时，同极的进线端及出线端之间。

(2) 主触头在闭合位置时，不同极的带电部件之间、触头与线圈之间以及主电路与同它不直接连接的控制和辅助电路（包括线圈）之间。

(3) 主电路、控制电路、辅助电路等带电部件与金属支架之间。

2.0.8.2　测量绝缘电阻所用兆欧表的电压等级及所测量的绝缘电阻值，应符合现行国家标准《电气装置安装工程电气设备交接试验标准》的有关规定。

2.0.9　低压电器的试验，应符合现行国家标准《电气装置安装工程电气设备交接试验标准》的有关规定。

3　低压断路器

3.0.1　低压断路器安装前的检查，应符合下列要求：

3.0.1.1　衔铁工作面上的油污应擦净。

3.0.1.2　触头闭合、断开过程中，可动部分与灭弧室的零件不应有卡阻现象。

3.0.1.3　各触头的接触平面应平整；开合顺序、动静触头分闸距离等，应符合设计要求或产品技术文件的规定。

3.0.1.4　受潮的灭弧室，安装前应烘干，烘干时应监测温度。

3.0.2　低压断路器的安装，应符合下列要求：

3.0.2.1　低压断路器的安装，应符合产品技术文件的规定；当无明确规定时，宜垂直安装，其倾斜度不应大于 5°。

3.0.2.2　低压断路器与熔断器配合使用时，熔断器应安装在电源侧。

3.0.2.3　低压断路器操作机构的安装，应符合下列要求：

(1) 操作手柄或传动杠杆的开、合位置应正确；操作力不应大于产品的规定值。

(2) 电动操作机构接线应正确；在合闸过程中，开关不应跳跃；开关合闸后，限制电动机或电磁铁通电时间的联锁装置应及时动作；电动机或电磁铁通电时间不应超过产品的规定值。

(3) 开关辅助接点动作应正确可靠，接触应良好。

(4) 抽屉式断路器的工作、试验、隔离三个位置的定位应明显，并应符合产品技术文件的规定。

(5) 抽屉式断路器空载时进行抽、拉数次应无卡阻，机械联锁应可靠。

3.0.3　低压断路器的接线，应符合下列要求：

3.0.3.1　裸露在箱体外部且易触及的导线端子，应加绝缘保护。

3.0.3.2　有半导体脱扣装置的低压断路器，其接线应符合相序要求，脱扣装置的动作应可靠。

3.0.4　直流快速断路器的安装、调整和试验，尚应符合下列要求：

3.0.4.1　安装时应防止断路器倾倒、碰撞和激烈震动；基础槽钢与底座间，应按设计要求采取防震措施。

3.0.4.2　断路器极间中心距离及与相邻设备或建筑物的距离，不应小于 500mm。当不能满足要求时，应加装高度不小于单极开关总高度的隔弧板。

在灭弧室上方应留有不小于 1000mm 的空间；当不能满足要求时，在开关电流 3000A 以下断路器的灭弧室上方 200mm 处应加装隔弧板；在开关电流 3000A 及以上断路器的灭弧室上方 500mm 处应加装隔弧板。

3.0.4.3　灭弧室内绝缘衬件应完好，电弧通道应畅通。

3.0.4.4　触头的压力、开距、分断时间及主触头调整后灭弧室支持螺杆与触头间的绝缘电阻，应符合产品技术文件要求。

3.0.4.5　直流快速断路器的接线，应符合下列要求：

(1) 与母线连接时，出线端子不应承受附加应力；母线支点与断路器之间的距离，不应小于 1000mm。

(2) 当触头及线圈标有正、负极性时，其接线应与主回路极性一致。

(3) 配线时应使控制线与主回路分开。

3.0.4.6 直流快速断路器调整和试验，应符合下列要求：

(1) 轴承转动应灵活，并应涂以润滑剂。

(2) 衔铁的吸、合动作应均匀。

(3) 灭弧触头与主触头的动作顺序应正确。

(4) 安装后应按产品技术文件要求进行交流工频耐压试验，不得有击穿、闪络现象。

(5) 脱扣装置应按设计要求进行整定值校验，在短路或模拟短路情况下合闸时，脱扣装置应能立即脱扣。

4 低压隔离开关、刀开关、转换开关及熔断器组合电器

4.0.1 隔离开关与刀开关的安装，应符合下列要求：

4.0.1.1 开关应垂直安装。当在不切断电流、有灭弧装置或用于小电流电路等情况下，可水平安装。水平安装时，分闸后可动触头不得自行脱落，其灭弧装置应固定可靠。

4.0.1.2 可动触头与固定触头的接触应良好；大电流的触头或刀片宜涂电力复合脂。

4.0.1.3 双投刀闸开关在分闸位置时，刀片应可靠固定，不得自行合闸。

4.0.1.4 安装杠杆操作机构时，应调节杠杆长度，使操作到位且灵活；开关辅助接点指示应正确。

4.0.1.5 开关的动触头与两侧压板距离应调整均匀，合闸后接触面应压紧，刀片与静触头中心线应在同一平面，且刀片不应摆动。

4.0.2 直流母线隔离开关安装，应符合下列要求：

4.0.2.1 垂直或水平安装的母线隔离开关，其刀片均应位于垂直面上；在建筑构件上安装时，刀片底部与基础之间的距离，应符合设计或产品技术文件的要求。当无明确要求时，不宜小于 50mm。

4.0.2.2 刀体与母线直接连接时，母线固定端应牢固。

4.0.3 转换开关和倒顺开关安装后，其手柄位置指示应与相应的接触片位置相对应；定位机构应可靠；所有的触头在任何接通位置上应接触良好。

4.0.4 带熔断器或灭弧装置的负荷开关接线完毕后，检查熔断器应无损伤，灭弧栅应完好，且固定可靠；电弧通道应畅通，灭弧触头各相分闸应一致。

5 住宅电器、漏电保护器及消防电气设备

5.0.1 住宅电器的安装应符合下列要求：

5.0.1.1 集中安装的住宅电器，应在其明显部位设警告标志。

5.0.1.2 住宅电器安装完毕，调整试验合格后，宜对调整机构进行封锁处理。

5.0.2 漏电保护器的安装、调整试验应符合下列要求：

5.0.2.1 按漏电保护器产品标志进行电源侧和负荷侧接线。

5.0.2.2 带有短路保护功能的漏电保护器安装时，应确保有足够的灭弧距离。

5.0.2.3 在特殊环境中使用的漏电保护器，应采取防腐、防潮或防热等措施。

5.0.2.4 电流型漏电保护器安装后，除应检查接线无误外，还应通过试验按钮检查其动作性能，并应满足要求。

5.0.3 火灾探测器、手动火灾报警按钮、火灾报警控制器、消防控制设备等的安装，应按现行国家标准《火灾自动报警系统施工及验收规范》执行。

6 低压接触器及电动机起动器

6.0.1 低压接触器及电动机起动器安装前的检查，应符合下列要求：

6.0.1.1 衔铁表面应无锈斑、油垢；接触面应平整、清洁。可动部分应灵活无卡阻；灭弧罩之间应有间隙；灭弧线圈绕向应正确。

6.0.1.2 触头的接触应紧密，固定主触头的触头杆应固定可靠。

6.0.1.3 当带有常闭触头的接触器与磁力起动器闭合时，应先断开常闭触头，后接通主触头；当断开时应先断开主触头，后接通常闭触头，且三相主触头的动作应一致，其误差应符合产品技术文件的要求。

6.0.1.4 电磁起动器热元件的规格应与电动机的保护特性相匹配；热继电器的电流调节指示位置应调整在电动机的额定电流值上，并应按设计要求进行定值校验。

6.0.2 低压接触器和电动机起动器安装完毕后，应进行下列检查：

6.0.2.1 接线应正确。

6.0.2.2 在主触头不带电的情况下，起动线圈间断通电，主触头动作正常，衔铁吸合后应无异常响声。

6.0.3 真空接触器安装前，应进行下列检查：

6.0.3.1 可动衔铁及拉杆动作应灵活可靠、无卡阻。

6.0.3.2 辅助触头应随绝缘摇臂的动作可靠动作，且触头接触应良好。

6.0.3.3 按产品接线图检查内部接线应正确。

6.0.4 采用工频耐压法检查真空开关管的真空度，应符合产品技术文件的规定。

6.0.5 真空接触器的接线，应符合产品技术文件的规定，接地应可靠。

6.0.6 可逆起动器或接触器，电气联锁装置和机械连锁装置的动作均应正确、可靠。

6.0.7 星、三角起动器的检查、调整，应符合下列要求：

6.0.7.1 起动器的接线应正确；电动机定子绕组正常工作应为三角形接线。

6.0.7.2 手动操作的星、三角起动器，应在电动机转速接近运行转速时进行切换；自动转换的起动器应按电动机负荷要求正确调节延时装置。

6.0.8 自耦减压起动器的安装、调整，应符合下列要求：

6.0.8.1 起动器应垂直安装。

6.0.8.2 油浸式起动器的油面不得低于标定油面线。

6.0.8.3 减压抽头在 65％～80％ 额定电压下，应按负荷要求进行调整；起动时间不得超过自耦减压起动器允许的起动时间。

6.0.9 手动操作的起动器，触头压力应符合产品技术文件规定，操作应灵活。

6.0.10 接触器或起动器均应进行通断检查；用于重要设备的接触器或起动器尚应检查其起动值，并应符合产品技术文件的规定。

6.0.11 变阻式起动器的变阻器安装后，应检查其电阻切换程序、触头压力、灭弧装置及起动值，并应符合设计要求或产品技术文件的规定。

7 控制器、继电器及行程开关

7.0.1 控制器的安装应符合下列要求：

7.0.1.1 控制器的工作电压应与供电电源电压相符。

7.0.1.2 凸轮控制器及主令控制器，应安装在便于观察和操作的位置上；操作手柄或手轮的安装高度，宜为 800～1200mm。

7.0.1.3 控制器操作应灵活；档位应明显、准确。带有零位自锁装置的操作手柄，应能正常工作。

7.0.1.4 操作手柄或手轮的动作方向，宜与机械装置的动作方向一致；操作手柄或手轮在各个不同位置时，其触头的分、合顺序均应符合控制器的开、合图表的要求，通电后应按相应的凸轮控制器件的位置检查电动机，并应运行正常。

7.0.1.5 控制器触头压力应均匀；触头超行程不应小于产品技术文件的规定。凸轮控制器主触头的灭弧装置应完好。

7.0.1.6 控制器的转动部分及齿轮减速机构应润滑良好。

7.0.2 继电器安装前的检查，应符合下列要求：

7.0.2.1 可动部分动作应灵活、可靠。

7.0.2.2 表面污垢和铁芯表面防腐剂应清除干净。

7.0.3 按钮的安装应符合下列要求：

7.0.3.1 按钮之间的距离宜为 50～80mm，按钮箱之间的距离宜为 50～100mm；当倾斜安装时，其与水平的倾角不宜小于 30°。

7.0.3.2 按钮操作应灵活、可靠、无卡阻。

7.0.3.3 集中在一起安装的按钮应有编号或不同的识别标志，"紧急"按钮应有明显标志，并设保护罩。

7.0.4 行程开关的安装、调整，应符合下列要求：

7.0.4.1 安装位置应能使开关正确动作，且不妨碍机械部件的运动。

7.0.4.2 碰块或撞杆应安装在开关滚轮或推杆的动作轴线上。对电子式行程开关应按产品技术文件要求调整可动设备的间距。

7.0.4.3 碰块或撞杆对开关的作用力及开关的动作行程，均不应大于允许值。

7.0.4.4 限位用的行程开关，应与机械装置配合调整；确认动作可靠后，方可接入电路使用。

8 电阻器及变阻器

8.0.1 电阻器的电阻元件，应位于垂直面上。电阻器垂直叠装不应超过四箱；当超过四箱时，应采用支架固定，并保持适当距离；当超过六箱时应另列一组。有特殊要求的电阻器，其安装方式应符合设计规定。电阻器底部与地面间，应留有间隔，并不应小于 150mm。

8.0.2 电阻器与其它电器垂直布置时，应安装在其它电器的上方，两者之间应留有间隔。

8.0.3 电阻器的接线，应符合下列要求：

8.0.3.1 电阻器与电阻元件的连接应采用铜或钢的裸导体，接触应可靠。

8.0.3.2 电阻器引出线夹板或螺栓应设置与设备接线图相应的标志；当与绝缘导线连接时，应采取防止接头处的温度升高而降低导线的绝缘强度的措施。

8.0.3.3 多层叠装的电阻箱的引出导线，应采用支架固定，并不得妨碍电阻元件的更换。

8.0.4 电阻器和变阻器内部不应有断路或短路；其直流电阻值的误差应符合产品技术文件的规定。

8.0.5 变阻器的转换调节装置，应符合下列要求：

8.0.5.1 转换调节装置移动应均匀平滑、无卡阻，并应有与移动方向相一致的指示阻值变化的标志。

8.0.5.2 电动传动的转换调节装置，其限位开关及信号联锁接点的动作应准确和可靠。

8.0.5.3 齿链传动的转换调节装置，可允许有半个节距的串动范围。

8.0.5.4 由电动传动及手动传动两部分组成的转换调节装置，应在电动及手动两种操作方式下分别进行试验。

8.0.5.5 转换调节装置的滑动触头与固定触头的接触应良好，触头间的压力应符合要求，在滑动过程中不得开路。

8.0.6 频敏变阻器的调整，应符合下列要求：

8.0.6.1 频敏变阻器的极性和接线应正确。

8.0.6.2 频敏变阻器的抽头和气隙调整，应使电动机起动特性符合机械装置的要求。

8.0.6.3 频敏变阻器配合电动机进行调整过程中，连续起动次数及总的起动时间，应符合产品技术文件的规定。

9 电磁铁

9.0.1 电磁铁的铁芯表面，应清洁、无锈蚀。

9.0.2 电磁铁的衔铁及其传动机构的动作应迅速、准确和可靠，并无卡阻现象。直流电磁铁的衔铁上，应有隔磁措施。

9.0.3 制动电磁铁的衔铁吸合时，铁芯的接触面应紧密地与其固定部分接触，且不得有异常响声。

9.0.4 有缓冲装置的制动电磁铁，应调节其缓冲器道孔的螺栓，使衔铁动作至最终位置时平稳，无剧烈冲击。

9.0.5 采用空气隙作为剩磁间隙的直流制动电磁铁，其衔铁行程指针位置应符合产品技术文件的规定。

9.0.6 牵引电磁铁固定位置应与阀门推杆准确配合，使动作行程符合设备要求。

9.0.7 起重电磁铁第一次通电检查时，应在空载（周围无铁磁物质）的情况下进行，空载电流应符合产品技术文件的规定。

9.0.8 有特殊要求的电磁铁，应测量其吸合与释放电流，其值应符合产品技术文件的规定及设计要求。

9.0.9 双电动机抱闸及单台电动机双抱闸电磁铁动作应灵活一致。

10 熔断器

10.0.1 熔断器及熔体的容量，应符合设计要求，并核对所保护电气设备的容量与熔体容量相匹配；对后备保护、限流、自复、半导体器件保护等有专用功能的熔断器，严禁替代。

10.0.2 熔断器安装位置及相互间距离，应便于更换熔体。

10.0.3 有熔断指示器的熔断器，其指示器应装在便于观察的一侧。

10.0.4 瓷质熔断器在金属底板上安装时，其底座应垫软绝缘衬垫。

10.0.5 安装具有几种规格的熔断器，应在底座旁标明规格。

10.0.6 有触及带电部分危险的熔断器，应配齐绝缘抓手。

10.0.7 带有接线标志的熔断器，电源线应按标志进行接线。

10.0.8 螺旋式熔断器的安装，其底座严禁松动，电源应接在熔芯引出的端子上。

11 工程交接验收

11.0.1 工程交接验收时，应符合下列要求：

11.0.1.1 电器的型号、规格符合设计要求。

11.0.1.2 电器的外观检查完好，绝缘器件无裂纹，安装方式符合产品技术文件的要求。

11.0.1.3 电器安装牢固、平正，符合设计及产品技术文件的要求。

11.0.1.4 电器的接零、接地可靠。

11.0.1.5 电器的连接线排列整齐、美观。

11.0.1.6 绝缘电阻值符合要求。

11.0.1.7 活动部件动作灵活、可靠，联锁传动装置动作正确。

11.0.1.8 标志齐全完好、字迹清晰。

11.0.2 通电后，应符合下列要求：

11.0.2.1 操作时动作应灵活、可靠。

11.0.2.2 电磁器件应无异常响声。

11.0.2.3 线圈及接线端子的温度不应超过规定。

11.0.2.4 触头压力、接触电阻不应超过规定。

11.0.3 验收时，应提交下列资料和文件：

11.0.3.1 变更设计的证明文件。

11.0.3.2 制造厂提供的产品说明书、合格证件及竣工图纸等技术文件。

11.0.3.3 安装技术记录。

11.0.3.4 调整试验记录。

11.0.3.5 根据合同提供的备品、备件清单。

3 电气装置安装工程 电力变流设备施工及验收规范

（GB 50255—1996）

1 总则

1.0.1 为保证电力变流设备安装工程的施工质量，

促进工程施工技术水平的提高，确保电力变流设备安全运行，制定本规范。

1.0.2　本规范适用于电力电子器件及变流变压器等组成的电力变流设备安装工程的施工、调试及验收。

1.0.3　电力变流设备的安装，应按已批准的设计进行施工。

1.0.4　电力变流设备及器材的运输、保管，应符合国家现行标准的有关规定。当产品有特殊要求时，尚应符合产品技术文件的要求。

1.0.5　设备及器材在安装前的保管期限，应为一年及以下。当需长期保管时，应符合设备及器材保管的专门规定。

1.0.6　采用的设备及器材，均应符合国家现行技术标准的规定，并应有产品合格证件。设备应有铭牌。

1.0.7　设备及器材到达现场后，应在规定期限内作验收检查，并应符合下列要求：

1.0.7.1　包装及密封应良好。

1.0.7.2　按装箱单检查清点，其规格、数量和技术参数应符合设计要求，附件、备件应齐全。

1.0.7.3　产品的技术文件应齐全，完好无损。

1.0.7.4　按本规范要求，外观检查合格。

1.0.8　施工中的安全技术标准，应符合本规范和现行有关安全技术标准及产品技术文件的规定。对重要的施工项目或工序，尚应制定相应的安全技术措施。

1.0.9　与电力变流设备安装工程有关的建筑工程的施工，应符合下列要求：

1.0.9.1　与电力变流设备安装有关的建筑物和构筑物的建筑工程质量，应符合国家现行的建筑工程的施工及验收规范中的有关规定。

1.0.9.2　设备安装前，建筑工程应具备下列条件：

（1）屋顶、楼板施工完毕，不得有渗漏；

（2）室内地面、门窗、墙壁粉刷等工程应施工完毕，并应符合设计要求；

（3）电力变流设备安装用的基础、沟道、预埋件、预留孔（洞），应符合设计要求；

（4）采暖通风、照明系统等工程，应基本完成，并应符合设计要求；

（5）会损坏已安装的设备或设备安装后不能再进行的装饰工程，应全部结束。

1.0.9.3　设备安装完毕，调试运行前，建筑工程应符合下列要求：

（1）清除构架上的污垢，填补孔洞及装饰工程应结束；

（2）室内抹面工作应结束；

（3）保护性网门、栏杆等安全设施应齐全；

（4）受电后无法进行或影响运行安全的工程，应施工完毕。

1.0.10　设备安装用的紧固件，除地脚螺栓外，应采用镀锌制品。

1.0.11　电力变流设备的施工及验收，除按本规范规定执行外，尚应符合国家现行的有关标准规范的规定。

2　电力变流设备的冷却系统

2.0.1　电力变流设备的油浸冷却系统的安装，应符合下列规定：

2.0.1.1　贮油箱、阀门及管路系统，应无渗漏现象。

2.0.1.2　补充或更换的新油，应符合现行国家标准《电气装置安装工程电气设备交接试验标准》的有关规定。

2.0.1.3　贮油箱油面高度，应与标定的刻度指示线一致。

2.0.1.4　密封用材料应具有耐油性能。

2.0.2　变流装置的进口、出口水管与冷却系统之间，应采用绝缘管连接；当变流装置输出电压在 1000V 以下时，绝缘管长度不宜小于 1.5m。

2.0.3　冷却系统的管道、阀门及管件，在安装前均应吹洗干净；当管道使用无镀层的普通钢管时，管内壁应按设计要求作防腐处理；安装后系统内部应冲洗干净。

2.0.4　电力变流设备水冷却系统的水质，应符合下列要求：

2.0.4.1　设备额定直流电压在 630V 以下时，电导率不应大于 0.5mS/m。

2.0.4.2　设备额定直流电压在 630～1000V 时，电导率不应大于 0.1mS/m。

　　注：自然水冷却的 50V 以下设备，电导率不应大于 0.04S/m，酸度（pH 值）6～9；溶解性总固体含量不应大于 1000mg/L，总硬度（以碳酸钙计）应小于 450mg/L。

2.0.5　液冷却系统的管路应畅通，在额定压力下，其流量及出口水温应符合产品技术条件的规定。

2.0.6　冷却管路的连接应正确可靠，使用软管连接时应无扭折和裂纹。

2.0.7　变流装置内液冷却系统的管路，应施加 200±25kPa 压力进行水压试验，时间为 30min，管路应无渗漏现象。油浸式油箱，应施加 35±5kPa 压力进行油压试验，时间为 12h，应无渗漏和油箱变形现象。对风冷系统应检查风道畅通、过滤器无堵塞现象。

3　电力变流设备的安装

3.0.1　变流柜及控制柜的安装，应符合现行国家标准《电气装置安装工程盘、柜及二次回路结线施工及验收规范》的有关规定。

3.0.2 变流柜及控制柜与基础连接，宜采用螺栓固定。组合式柜间的连接，应采用螺栓连接。

3.0.3 变流柜的非带电金属部分需接地时，应符合现行国家标准《电气装置安装工程接地装置施工及验收规范》中的有关规定。

3.0.4 变流柜的非带电金属部分需与大地绝缘隔离时，在变流柜周围的地面应作绝缘处理；其变流柜周围的绝缘处理范围及绝缘的耐压强度应符合设计要求；距变流柜 1.5m 的范围内，正常情况下能触及到的管道、电缆等均应采用绝缘层隔开。

3.0.5 变流柜及控制柜就位后，柜内外的污垢应清除干净；临时固定器件的绳索等应拆除。

3.0.6 变流柜及控制柜应进行外观检查，并应符合下列要求：

3.0.6.1 插件板的名称与标志应无错位，插件板内的线路应清晰、洁净、无腐蚀、平滑无毛刺、线条无断裂、无条间粘连；各焊点之间应明显断开；线条间相邻边距离应符合国家现行有关标准的规定。

3.0.6.2 插接件的插头及插座的接触簧片应有弹性，且镀层完好；插接时应接触良好可靠。

3.0.6.3 变流元件、熔断器、继电器、信号灯、绝缘子、风机等器件的型号、规格、数量应符合技术文件的要求，并应完整无损。

3.0.6.4 螺栓连接的导线应无松动，线鼻子压接应牢固无开裂。焊接连接的导线应无脱焊、虚焊、碰壳及短路。

3.0.6.5 元件、器件出厂时调整的定位标志不应错位。

3.0.6.6 固定在冷却电极板或散热器上的电力电子元件应无松动。

3.0.7 抽屉式结构的变流设备盘、柜的安装，应符合下列要求：

3.0.7.1 盘、柜的框架应无变形；抽屉在推、拉操作时应灵活轻便。

3.0.7.2 接插式抽屉的动、静触头的接触面及压力，不应小于产品的规定值。抽屉的机械联锁装置应可靠。抽屉的框架与盘、柜体，应接触良好。

3.0.7.3 抽屉内的印刷电路板插拔时应灵活，接触应可靠。

3.0.8 快速熔断器的型号和规格，不得任意调换或代用。

3.0.9 变流元件更换时，新换上的元件的电气性能，应符合下列要求：

3.0.9.1 新换上的变流元件的管形尺寸，应与被更换的元件一致，其极性连接应正确。

3.0.9.2 正向和通态平均电流，应与被更换的元件一致；反向或正（反）向重复峰值电压，不应低于被更换变流元件值。

3.0.9.3 并联支路的变流元件，正向或通态平均电压宜与被更换的变流元件值一致。

3.0.9.4 串联支路的变流元件，其反向漏电流宜与被更换的变流元件值一致。

3.0.9.5 更换的晶闸管门极的触发电压和电流，宜与被更换的变流元件值一致。其维持电流，应符合产品技术条件的规定。

3.0.10 变流元件的拆装，应符合下列规定：

3.0.10.1 对螺栓型整流管或晶闸管，应使用专用的工具拆装；对平板型整流管或晶闸管，应与散热器同时拆装。

3.0.10.2 装配时，在散热器与变流元件的接触面上宜涂以硅脂；其紧固力矩应符合产品技术条件的要求。

3.0.10.3 整流管或晶闸管的散热器装配后，其相与相之间和相与地（外壳）之间的最小电气间隙，应符合产品技术条件的要求。

3.0.11 电力变流设备的电缆敷设与配线，应符合下列规定：

3.0.11.1 控制电缆、屏蔽电缆及电力电缆的敷设，应符合现行国家标准《电气装置安装工程电缆线路施工及验收规范》的有关规定。

3.0.11.2 晶闸管触发系统的脉冲连线，宜采用绞合线或带屏蔽的绞合线。当采用屏蔽线连接时，其屏蔽层应一端可靠接地。

3.0.11.3 电气回路的接线应正确，配线应美观，接线端子应有清晰的编号；强电与弱电回路应分开，与母线的连接应符合现行国家标准《电气装置安装工程母线装置施工及验收规范》的有关规定。

3.0.12 变流设备中的印刷电路板及电子元件的焊接，应符合下列要求：

3.0.12.1 焊接时严禁使用酸性助焊剂；焊接前应除去焊接处的污垢，并在挂锡后进行焊接。

3.0.12.2 电子元器件的焊接，宜使用不大于 30W 的快速电烙铁，其操作时间不宜过长。

3.0.12.3 焊接高灵敏度元件时，应使用电压不高于 12V 的电烙铁，或断开电烙铁电源后再焊接。

3.0.13 电力变流设备中所用的蓄电池的保管、安装及使用，应符合现行国家标准《电气装置安装工程蓄电池施工及验收规范》的有关规定。

4 电力变流设备的试验

4.1 一般规定

4.1.1 本规范中第 4.2.1 条未规定的试验项目,可按国家现行有关标准或产品技术条件的规定进行试验。

4.1.2 电力变流设备的调试,应在设备安装完毕,且设备和安装的质量均应符合要求后进行。

4.1.3 电力变流设备中变流器、变压器、电缆、高压电器或低压电器等电气设备的交接试验,应符合现行国家标准《电气装置安装工程电气设备交接试验标准》的有关规定。

4.1.4 电力变流设备中的测量仪器、仪表的检验,应符合国家现行标准《电测量指示仪表检验规程》及《电力建设施工及验收技术规范(热工仪表及控制装置篇)》的有关规定。

4.2 变流装置的试验

4.2.1 电力变流设备各类装置的交接试验项目,宜符合表 4.2.1 的规定。

表 4.2.1 电力变流设备各类装置的交接试验项目

试 验 项 目	类 型			
	可控整流装置	整流装置	变频装置	逆变电源装置
绝缘试验	√	√	√	√
辅助装置的检验	√	√	√	√
轻载试验	√	√	√	√
电压均衡度试验	√	√	√	—
低压大电流试验	√	√	√	—
电流均衡度试验	√	√	√	—
控制性能的检验	—	√	√	√
保护系统的协调检验	√	√	√	√
稳定性能的检验	√	—	√	√
音频噪声测量				

注 ① 表中符号"√"为需做的试验项目。
② 制造厂在出厂试验未进行表 4.2.1 中的试验项目,应在现场交接试验时,由订货单位协调制造厂与安装单位共同进行。
③ 电力电子开关的试验,可按表 4.2.1 中逆变电源装置的试验项目进行。

4.2.2 绝缘电阻的测量,应符合下列要求:

4.2.2.1 绝缘电阻的测量,应按现行国家标准《电气装置安装工程电气设备交接试验标准》的规定进行,对不同电压等级的设备或回路,应使用相应电压等级的兆欧表进行试验。

4.2.2.2 主回路对二次回路及对地的绝缘电阻值,不应小于 1MΩ/kV。

4.2.2.3 二次回路对地的绝缘电阻值,不应小于 1MΩ;在比较潮湿的地方,不宜小于 0.5MΩ。

注:不包括印刷电路板等弱电回路的绝缘电阻测量。

4.2.3 耐压试验,应符合下列要求:

4.2.3.1 交流耐压试验值,应为产品出厂试验电压值的 85%。

4.2.3.2 当不宜施加交流试验电压时,可按规定施加与交流电压峰值相等的直流电压进行试验。

4.2.3.3 耐压试验时,施加电压上升至试验电压值的时间,不应小于 10s;加至试验电压后的持续时间均为 1min,并应无击穿或闪络现象。

4.2.4 绝缘试验前,对回路中的电子元器件、电容器、压敏电阻、非线性电阻、开关及断路器断口等,均应将其各极短接。对与绝缘试验无电气直接连接的回路或线圈,也应短接,并可靠接地。印刷电路等弱电回路在耐压时,可将其插件板拔出。

4.2.5 辅助装置的检验,应符合下列要求:

4.2.5.1 辅助装置的检验,其绝缘试验应按本规范第 4.2.2~4.2.4 条的规定进行;其他检验工作可采用外施电源进行模拟试验或在轻载试验时同时进行。

4.2.5.2 试验时,可将辅助装置接至额定电压,其运行机能及工作应可靠;测得的有关参数、冷却风机的风速、泵的流量等,应符合设计及产品技术条件的规定。

4.2.6 轻载试验,应符合下列要求:

4.2.6.1 试验可用递升加压,逐步升至设备额定电压,对其设备输出端选用的负载,应能满足所验证的性能要求。加压后对谐波吸收装置的检查,可按国家现行有关标准或产品技术条件的规定进行。

4.2.6.2 试验测得的变流设备静态或输出特性以及控制、保护等性能,均应符合设计及产品技术条件的规定。

4.2.7 电压均衡度试验,应符合下列要求:

4.2.7.1 变流装置的整流臂中的串联整流元件的支路,应作电压均衡度试验,其测试可与轻载或负载试验同时进行。

4.2.7.2 串联连接的整流元件的反向阻断电压、正向阻断电压,可采用瞬态电压测试仪、电子管峰值电压表及示波器等仪器进行测量,其电压均衡度应按下式进行计算,并应符合产品标准的规定:

$$K_u = \frac{\sum U_m}{n_s (U_m)_M} \quad (4.2.7)$$

式中 K_u——电压均衡度;

$\sum U_m$——串联元件承受正(反)向峰值电压的总和(V);

n_s——串联元件数;

$(U_m)_M$——串联元件中分担最大电压值的元件所承受的正(反)向峰值的电压(V)。

4.2.8 低压大电流试验,应符合下列要求:

4.2.8.1 试验时,可将变流装置的直流输出端子直接或通过电抗器短路,交流端子所加低压交流电压应加至能产生连续额定直流电流输出;变流装置的控制设备和辅助设备的工作电源,应单独用其额定电压供电。

4.2.8.2 在额定电流下,按产品技术条件规定的连续通电时间检查各部件和主回路各电气连接点的温升,不应超过产品技术条件的规定,且不应有局部过热现象。

4.2.9 电流均衡度试验,应符合下列要求:

4.2.9.1 当变流装置的整流臂有多只整流元件并联时,应作电流均衡度试验,并应测定其瞬态和稳定电流均衡度。

4.2.9.2 电流均衡度测量,可与低压大电流试验或负载试验同时进行。

4.2.9.3 瞬态电流均衡度,可采用测量电流互感器取样电阻、标准母线段或快速熔断器熔丝上的瞬态电压的方式确定。瞬态电压的测量,可采用瞬态电压测试仪、电子管峰值电压表或示波器进行。

4.2.9.4 稳态电流的测定,可采用钳形电流表测量其电流值或测量标准母线段、快速熔断器熔丝两端的稳态电压降的方式确定。

4.2.9.5 电流均衡度的测定,应以变流装置的额定工况为准。电流均衡度,应按下式进行计算,并应符合产品标准的规定:

$$K_I = \frac{\sum I_a}{n_p (I_a)_M} \qquad (4.2.9)$$

式中 K_I——电流均衡度;

$\sum I_a$——并联支路电流的总和(A);

n_p——并联支路数;

$(I_a)_M$——各并联元件中分担最大电流的元件所承担的正向电流(A)。

4.2.10 控制性能的检验,应符合下列要求:

4.2.10.1 变流装置的控制性能,其静态特性可在轻载试验时进行,动态特性应在带负载工况下进行。

4.2.10.2 各种控制特性的测定方法和要求,应符合国家现行有关标准或产品技术条件的规定。

4.2.11 保护系统的协调检验,应符合下列要求:

4.2.11.1 装置电源和变流装置的过流、过压、超速、欠压、低频、断水、停风以及失脉冲等保护设施的检验、调整及整定,可分别在轻载、低压大电流和带负载工况下进行,或可采用外施电源以模拟试验法进行。

4.2.11.2 各类保护的检验调整方法和整定值,可按设计及产品技术条件规定进行。

4.2.12 稳定性能的检验,应符合下列要求:

4.2.12.1 变流装置的电流、电压、频率的稳定性能和误差的检验,应在实际负载条件下进行。

4.2.12.2 当电网电压、交流系统条件及负载变化均在装置允许波动范围内时,测量其工作性能变化和允许误差,均应符合设计及产品技术条件的规定。

4.2.13 音频噪声的测量,应符合下列要求:

4.2.13.1 应在2m范围内没有声音反射面的场所进行试验。测量应在正对设备操作面垂直距离0.5~1m,距地面高度1.2~1.6m处至少取两个测试点进行测量;测量时测试话筒应正对设备噪声源,取噪声最大一点的数值作为测试值,其值应符合设计和产品技术条件的规定。当设计和产品技术条件无规定时,变流装置在正常运行时产生的噪声,应符合下列规定:

(1) 不需要经常操作、监视或维护的产品不应高于95dB(A);

(2) 需要经常操作、监视或维护的产品以及需要与具有这种设备安装在一起的产品,不应高于80dB(A);

(3) 安装在要求安静环境的产品,不应高于65dB(A)。

4.2.13.2 按现行国家标准《噪声源声功率级的测定》的规定,可采用声级计或其他噪音测量设备进行测量;当采用A声级测量时,应避免周围环境噪声对测量结果的干扰。

5 电力变流设备的工程交接验收

5.0.1 工程交接验收时,应按下列要求进行检查:

5.0.1.1 设备试运行的连续时间、试验工况及应测的参数,应符合合同的技术协议或有关技术文件的规定。

5.0.1.2 设备的外观应完整、无缺损。

5.0.1.3 油浸式变流器或变压器应无渗油;油位指标应正常。

5.0.1.4 高压和低压开关的操作机构、传动装置、辅助接点或闭锁装置,应安装牢固;其动作应灵活可靠,位置指示应正确。

5.0.1.5 设备油漆应完整,母线及电缆相色应正确。

5.0.1.6 设备或装置的外壳接地应良好。

5.0.2 工程交接验收时,应提供下列资料和文件:

5.0.2.1 安装试验记录和竣工图纸。

5.0.2.2 设计变更通知等证明文件。

5.0.2.3 产品说明书、产品合格证、出厂试验报告等技术文件。

5.0.2.4 安装检查和安装中器件紧固、修整、更换的记录。

5.0.2.5 调整、检验以及整定值的记录。

5.0.2.6 设备轻载及负载的试运行记录。

4 电气装置安装工程　盘、柜及二次回路结线施工及验收规范

(GB 50171—1992)

第一章　总　则

第 1.0.1 条 为保证盘、柜装置及二次回路结线安装工程的施工质量，促进工程施工技术水平的提高，确保盘、柜装置及二次回路安全运行，制订本规范。

第 1.0.2 条 本规范适用于各类配电盘、保护盘、控制盘、屏、台、箱和成套柜等及其二次回路结线安装工程的施工及验收。

第 1.0.3 条 盘、柜装置及二次回路结线的安装工程应按已批准的设计进行施工。

第 1.0.4 条 盘、柜等在搬运和安装时应采取防震、防潮、防止框架变形和漆面受损等安全措施，必要时可将装置性设备和易损元件拆下单独包装运输。当产品有特殊要求时，尚应符合产品技术文件的规定。

第 1.0.5 条 盘、柜应存放在室内或能避雨、雷、风、沙的干燥场所。对有特殊保管要求的装置性设备和电气元件，应按规定保管。

第 1.0.6 条 采用的设备和器材，必须是符合国家现行技术标准的合格产品，并有合格证件。设备应有铭牌。

第 1.0.7 条 设备和器材到达现场后，应在规定期限内作验收检查，并应符合下列要求：

一、包装及密封良好。

二、开箱检查型号、规格符合设计要求，设备无损伤，附件、备件齐全。

三、产品的技术文件齐全。

四、按本规范要求外观检查合格。

第 1.0.8 条 施工中的安全技术措施，应符合本规范和国家现行有关安全技术标准及产品技术文件的规定。

第 1.0.9 条 与盘、柜装置及二次回路结线安装工程有关的建筑工程的施工，应符合下列要求：

一、与盘、柜装置及二次回路结线安装有关的建筑物、构筑物的建筑工程质量，应符合国家现行的建筑工程施工及验收规范中的有关规定。当设备或设计有特殊要求时，尚应满足其要求。

二、设备安装前建筑工程应具备下列条件：

1. 屋顶、楼板施工完毕，不得渗漏；

2. 结束室内地面工作，室内沟道无积水、杂物；

3. 预埋件及预留孔符合设计要求，预埋件应牢固；

4. 门窗安装完毕；

5. 进行装饰工作时有可能损坏已安装设备或设备安装后不能再进行施工的装饰工作全部结束。

三、对有特殊要求的设备，安装调试前建筑工程应具备下列条件：

1. 所有装饰工作完毕，清扫干净；

2. 装有空调或通风装置等特殊设施的，应安装完毕，投入运行。

第 1.0.10 条 设备安装用的紧固件，应用镀锌制品，并宜采用标准件。

第 1.0.11 条 盘、柜上模拟母线的标志颜色，应符合表 1.0.11 的规定。

表 1.0.11　模拟母线的标志颜色

电压（kV）	颜色	电压（kV）	颜色
交流 0.23	深灰	交流 110	朱红
交流 0.40	黄褐	交流 154	天蓝
交流 3	深绿	交流 220	紫
交流 6	深蓝	交流 330	白
交流 10	绛红	交流 500	淡黄
交流 13.8～20	浅绿	直流	褐
交流 35	浅黄	直流 500	深紫
交流 60	橙黄		

注　① 模拟母线的宽度宜为 6～12mm。

　　② 设备模拟的涂色应与相同电压等级的母线颜色一致。

　　③ 不适用于弱电屏以及流程模拟的屏台。

第 1.0.12 条 二次回路结线施工完毕在测试绝缘时，应有防止弱电设备损坏的安全技术措施。

第 1.0.13 条 安装调试完毕后，建筑物中的预留孔洞及电缆管口，应做好封堵。

第1.0.14条 盘、柜的施工及验收，除按本规范规定执行外，尚应符合国家现行的有关标准规范的规定。

第二章 盘、柜的安装

第2.0.1条 基础型钢的安装应符合下列要求：

一、允许偏差应符合表2.0.1的规定。

二、基础型钢安装后，其顶部宜高出抹平地面10mm；手车式成套柜按产品技术要求执行。基础型钢应有明显的可靠接地。

表2.0.1 基础型钢安装的允许偏差

项 目	允 许 偏 差	
	mm/m	mm/全长
不直度	<1	<5
水平度	<1	<5
位置误差及不平行度		<5

注 环形布置按设计要求。

第2.0.2条 盘、柜安装在震动场所，应按设计要求采取防震措施。

第2.0.3条 盘、柜及盘、柜内设备与各构件间连接应牢固。主控制盘、继电保护盘和自动装置盘等不宜与基础型钢焊死。

第2.0.4条 盘、柜单独或成列安装时，其垂直度、水平偏差以及盘、柜面偏差和盘、柜间接缝的允许偏差应符合表2.0.4的规定。

表2.0.4 盘、柜安装的允许偏差

项 目		允许偏差 (mm)
垂直度（每米）		<1.5
水平偏差	相邻两盘顶部	<2
	成列盘顶部	<5
盘面偏差	相邻两盘边	<1
	成列盘面	<5
盘间接缝		<2

模拟母线应对齐，其误差不应超过视差范围，并应完整，安装牢固。

第2.0.5条 端子箱安装应牢固，封闭良好，并应能防潮、防尘。安装的位置应便于检查；成列安装时，应排列整齐。

第2.0.6条 盘、柜、台、箱的接地应牢固良好。装有电器的可开启的门，应以裸铜软线与接地的金属构架可靠地连接。

成套柜应装有供检修用的接地装置。

第2.0.7条 成套柜的安装应符合下列要求：

一、机械闭锁、电气闭锁应动作准确、可靠。

二、动触头与静触头的中心线应一致，触头接触紧密。

三、二次回路辅助开关的切换接点应动作准确，接触可靠。

四、柜内照明齐全。

第2.0.8条 抽屉式配电柜的安装尚应符合下列要求：

一、抽屉推拉应灵活轻便，无卡阻、碰撞现象，抽屉应能互换。

二、抽屉的机械联锁或电气联锁装置应动作正确可靠，断路器分闸后，隔离触头才能分开。

三、抽屉与柜体间的二次回路连接插件应接触良好。

四、抽屉与柜体间的接触及柜体、框架的接地应良好。

第2.0.9条 手车式柜的安装尚应符合下列要求：

一、检查防止电气误操作的"五防"装置齐全，并动作灵活可靠。

二、手车推拉应灵活轻便，无卡阻、碰撞现象，相同型号的手车应能互换。

三、手车推入工作位置后，动触头顶部与静触头底部的间隙应符合产品要求。

四、手车和柜体间的二次回路连接插件应接触良好。

五、安全隔离板应开启灵活，随手车的进出而相应动作。

六、柜内控制电缆的位置不应妨碍手车的进出，并应牢固。

七、手车与柜体间的接地触头应接触紧密，当手车推入柜内时，其接地触头应比主触头先接触，拉出时接地触头比主触头后断开。

第2.0.10条 盘、柜的漆层应完整，无损伤。固定电器的支架等应刷漆。安装于同一室内且经常监视的盘、柜，其盘面颜色宜和谐一致。

第三章 盘、柜上的电器安装

第3.0.1条 电器的安装应符合下列要求：

一、电器元件质量良好，型号、规格应符合设计要求，外观应完好，且附件齐全，排列整齐，固定牢固，密封良好。

二、各电器应能单独拆装更换而不应影响其它电器及导线束的固定。

三、发热元件宜安装在散热良好的地方；两个发热元件之间的连线应采用耐热导线或裸铜线套瓷管。

四、熔断器的熔体规格、自动开关的整定值应符合设计要求。

五、切换压板应接触良好，相邻压板间应有足够安全距离，切换时不应碰及相邻的压板；对于一端带电的切换压板，应使在压板断开情况下，活动端不带电。

六、信号回路的信号灯、光字牌、电铃、电笛、事故电钟等应显示准确，工作可靠。

七、盘上装有装置性设备或其它有接地要求的电器，其外壳应可靠接地。

八、带有照明的封闭式盘、柜应保证照明完好。

第 3.0.2 条　端子排的安装应符合下列要求：

一、端子排应无损坏，固定牢固，绝缘良好。

二、端子应有序号，端子排应便于更换且接线方便；离地高度宜大于 350mm。

三、回路电压超过 400V 者，端子板应有足够的绝缘并涂以红色标志。

四、强、弱电端子宜分开布置；当有困难时，应有明显标志并设空端子隔开或设加强绝缘的隔板。

五、正、负电源之间以及经常带电的正电源与合闸或跳闸回路之间，宜以一个空端子隔开。

六、电流回路应经过试验端子，其它需断开的回路宜经特殊端子或试验端子。试验端子应接触良好。

七、潮湿环境宜采用防潮端子。

八、接线端子应与导线截面匹配，不应使用小端子配大截面导线。

第 3.0.3 条　二次回路的连接件均应采用铜质制品；绝缘件应采用自熄性阻燃材料。

第 3.0.4 条　盘、柜的正面及背面各电器、端子牌等应标明编号、名称、用途及操作位置，其标明的字迹应清晰、工整，且不易脱色。

第 3.0.5 条　盘、柜上的小母线应采用直径不小于 6mm 的铜棒或铜管，小母线两侧应有标明其代号或名称的绝缘标志牌，字迹应清晰、工整，且不易脱色。

第 3.0.6 条　二次回路的电气间隙和爬电距离应符合下列要求：

一、盘、柜内两导体间，导电体与裸露的不带电的导体间，应符合表 3.0.6 的要求。

二、屏顶上小母线不同相或不同极的裸露载流部分之间，裸露载流部分与未经绝缘的金属体之间，电气间隙不得小于 12mm；爬电距离不得小于 20mm。

表 3.0.6　　　　允许最小电气间隙
及爬电距离　　　　（mm）

额定电压（V）	电气间隙		爬电距离	
	额定工作电流		额定工作电流	
	≤63A	>63A	≤63A	>63A
≤60	3.0	5.0	3.0	5.0
60<U≤300	5.0	6.0	6.0	8.0
300<U≤500	8.0	10.0	10.0	12.0

第四章　二次回路结线

第 4.0.1 条　二次回路结线应符合下列要求：

一、按图施工，接线正确。

二、导线与电气元件间采用螺栓连接、插接、焊接或压接等，均应牢固可靠。

三、盘、柜内的导线不应有接头，导线芯线应无损伤。

四、电缆芯线和所配导线的端部均应标明其回路编号，编号应正确，字迹清晰且不易脱色。

五、配线应整齐、清晰、美观，导线绝缘应良好，无损伤。

六、每个接线端子的每侧接线宜为 1 根，不得超过 2 根。对于插接式端子，不同截面的两根导线不得接在同一端子上；对于螺栓连接端子，当接两根导线时，中间应加平垫片。

七、二次回路接地应设专用螺栓。

第 4.0.2 条　盘、柜内的配线电流回路应采用电压不低于 500V 的铜芯绝缘导线，其截面不应小于 2.5mm²；其它回路截面不应小于 1.5mm²；对电子元件回路、弱电回路采用锡焊连接时，在满足载流量和电压降及有足够机械强度的情况下，可采用不小于 0.5mm² 截面的绝缘导线。

第 4.0.3 条　用于连接门上的电器、控制台板等可动部位的导线尚应符合下列要求：

一、应采用多股软导线，敷设长度应有适当裕度。

二、线束应有外套塑料管等加强绝缘层。

三、与电器连接时，端部应绞紧，并应加终端附件或搪锡，不得松散、断股。

四、在可动部位两端应用卡子固定。

第 4.0.4 条　引入盘、柜内的电缆及其芯线应符合下列要求：

一、引入盘、柜的电缆应排列整齐，编号清晰，避免交叉，并应固定牢固，不得使所接的端子排受到机械应力。

二、铠装电缆在进入盘、柜后，应将钢带切断，切断处的端部应扎紧，并应将钢带接地。

三、使用于静态保护、控制等逻辑回路的控制电缆，应采用屏蔽电缆。其屏蔽层应按设计要求的接地方式接地。

四、橡胶绝缘的芯线应外套绝缘管保护。

五、盘、柜内的电缆芯线，应按垂直或水平有规律地配置，不得任意歪斜交叉连接。备用芯长度应留有适当余量。

六、强、弱电回路不应使用同一根电缆，并应分别成束分开排列。

第4.0.5条　直流回路中具有水银接点的电器，电源正极应接到水银侧接点的一端。

第4.0.6条　在油污环境，应采用耐油的绝缘导线。在日光直射环境，橡胶或塑料绝缘导线应采取防护措施。

第五章　工程交接验收

第5.0.1条　在验收时，应按下列要求进行检查：

一、盘、柜的固定及接地应可靠，盘、柜漆层应完好、清洁整齐。

二、盘、柜内所装电器元件应齐全完好，安装位置正确，固定牢固。

三、所有二次回路接线应准确，连接可靠，标志齐全清晰，绝缘符合要求。

四、手车或抽屉式开关柜在推入或拉出时应灵活，机械闭锁可靠；照明装置齐全。

五、柜内一次设备的安装质量验收要求应符合国家现行有关标准规范的规定。

六、用于热带地区的盘、柜应具有防潮、抗霉和耐热性能，按国家现行标准《热带电工产品通用技术》要求验收。

七、盘、柜及电缆管道安装完后，应作好封堵。可能结冰的地区还应有防止管内积水结冰的措施。

八、操作及联动试验正确，符合设计要求。

第5.0.2条　在验收时，应提交下列资料和文件：

一、工程竣工图。

二、变更设计的证明文件。

三、制造厂提供的产品说明书、调试大纲、试验方法、试验记录、合格证件及安装图纸等技术文件。

四、根据合同提供的备品备件清单。

五、安装技术记录。

六、调整试验记录。

5　电气装置安装工程　蓄电池施工及验收规范

（GB 50172—1992）

第一章　总　则

第1.0.1条　为保证蓄电池组的工程安装质量，促进工程施工技术水平的提高，确保蓄电池组的安全运行，制订本规范。

第1.0.2条　本规范适用于电压为24V及以上，容量为30A·h及以上的固定型铅酸蓄电池组和容量为10A·h及以上的镉镍碱性蓄电池组安装工程的施工及验收。

第1.0.3条　蓄电池组的安装应按已批准的设计进行施工。

第1.0.4条　采用的设备及器材，应符合国家现行技术标准的规定，并应有合格证件：设备应有铭牌。

第1.0.5条　蓄电池在运输、保管过程中，应轻搬轻放，不得有强烈冲击和振动，不得倒置、重压和日晒雨淋。

第1.0.6条　设备到达现场后，应在规定期限内作验收检查，并应符合下列要求：

一、包装及密封应良好。

二、开箱检查清点，型号、规格应符合设计要求；附件齐全；元件无损坏情况。

三、产品的技术文件应齐全。

四、按本规范要求外观检查合格。

第1.0.7条　蓄电池到达现场后，应在产品规定的有效保管期限内进行安装及充电。不立即安装时，其保管应符合下列要求：

一、酸性和碱性蓄电池不得存放在同一室内。

二、蓄电池不得倒置，开箱存放时，不得重叠。

三、蓄电池应存放在清洁、干燥、通风良好、无阳光直射的室内；存放中，严禁短路、受潮，并应定期清除灰尘，保证清洁。

四、酸性蓄电池的保管室温宜为5～40℃；碱性蓄电池的保管温度不宜高于35℃。存放宜在放电态下，拧上密闭气塞，清理干净，在极柱上涂抹防腐脂。

第1.0.8条　施工中的安全技术措施，应符合本规范和现行有关安全技术标准及产品的技术文件的规定。

第1.0.9条　蓄电池室的建筑工程施工应符合下列要求：

一、与蓄电池安装有关的建筑物的建筑工程质量，应符合国家现行的建筑工程施工及验收规范中的有关规定。

二、蓄电池安装前，建筑工程及其辅助设施应按设计要求全部竣工，并经验收合格。

第1.0.10条　蓄电池室照明灯具的装设位置应便于维护；所用导线或电缆应具有防腐性能或采取防腐措施。

第1.0.11条　蓄电池组的施工及验收除按本规范的规定执行外，尚应符合国家现行的有关标准规范的规定。

第二章　铅酸蓄电池组

第一节　安　　装

第2.1.1条　铅酸蓄电池安装前，应按下列要求进行外观检查：

一、蓄电池槽应无裂纹、损伤，槽盖应密封良好。

二、蓄电池的正、负端柱必须极性正确，并应无变形；防酸栓、催化栓等部件应齐全无损伤；滤气帽的通气性能应良好。

三、对透明的蓄电池槽，应检查极板无严重受潮和变形；槽内部件应齐全无损伤。

四、连接条、螺栓及螺母应齐全。

五、温度计、密度计应完整无损。

第2.1.2条　清除蓄电池槽表面污垢时，对用合成树脂制作的槽，应用脂肪烃、酒精擦拭，不得用芳香烃、煤油、汽油等有机溶剂擦洗。

第2.1.3条　蓄电池组的安装应符合下列要求：

一、蓄电池放置的平台、基架及间距应符合设计要求。

二、蓄电池安装应平稳，间距均匀；同一排、列的蓄电池槽应高低一致，排列整齐。

三、连接条及抽头的接线应正确，接头连接部分应涂以电力复合脂，螺栓应紧固。

四、有抗震要求时，其抗震设施应符合有关规定，并牢固可靠。

五、温度计、密度计、液面线应放在易于检查的一侧。

第2.1.4条　蓄电池的引出电缆的敷设，除应符合现行国家标准《电气装置安装工程　电缆线路施工

及验收规范》中的有关规定外，尚应符合下列要求：

一、宜采用塑料外护套电缆。当采用裸铠装电缆时，其室内部分应剥掉铠装。

二、电缆的引出线应用塑料色带标明正、负极的极性。正极为赭色，负极为蓝色。

三、电缆穿出蓄电池室的孔洞及保护管的管口处，应用耐酸材料密封。

第2.1.5条　蓄电池室内裸硬母线的安装，除应符合现行国家标准《电气装置安装工程　母线装置施工及验收规范》中的有关规定外，尚应采取防腐措施。

第2.1.6条　每个蓄电池应在其台座或槽的外表面用耐酸材料标明编号。

第二节　配液与注液

第2.2.1条　配制电解液应采用符合现行国家标准《蓄电池用硫酸》规定的硫酸，并应有制造厂的合格证件。当采用其它品级的硫酸时，其物理及化学性能应符合本规范附录一的规定。

蓄电池用水应符合国家现行标准《铅酸蓄电池用水》的规定。新配制的稀酸仅在有怀疑时才进行化验。

第2.2.2条　配制或灌注电解液时，必须采用耐酸、耐高温的干净器具。应将浓硫酸缓慢地倒入蒸馏水中，严禁将蒸馏水倒入浓硫酸中，并应使用相应的劳保用品及工具。

新配制的电解液的密度必须符合产品技术条件的规定。

第2.2.3条　注入蓄电池的电解液，其温度不宜高于30℃。当室温高于30℃时，不得高于室温。注入液面的高度应接近上液面线。全组蓄电池应一次注入。

第三节　充　放　电

第2.3.1条　电解液注入蓄电池后，应静置3～5h；液温冷却到30℃以下，室温高于30℃时，待液温冷却到室温时方可充电。但自电解液注入第一个蓄电池内开始至充电之间的放置时间，应符合产品说明书的规定；当产品说明书无规定时，不宜超过8h。

蓄电池的防酸栓、催化栓及液孔塞，在注液完毕后应立即回装。

第2.3.2条　蓄电池的初充电及首次放电，应按产品技术条件的规定进行，不得过充过放。并应符合下列要求：

一、初充电前应对蓄电池组及其连接条的连接情

况进行检查。

二、初充电期间，应保证电源可靠，不得随意中断。

三、充电过程中，电解液温度不应高于 45℃。

第 2.3.3 条 蓄电池初充电时应符合下列要求：

一、采用恒流充电法充电时，其最大电流不得超过制造厂规定的允许最大电流值。

二、采用恒压充电法充电时，其充电的起始电流不得超过允许最大电流值；单体电池的端电压不得超过 2.4V。

三、装有催化栓的蓄电池，当充电电流大于允许最大电流值充电时，应将催化栓取下，换上防酸栓；充电过程中，催化栓的温升应无异常。

第 2.3.4 条 蓄电池充电时，严禁明火。

第 2.3.5 条 蓄电池的初充电结束时应符合下列要求：

一、充电容量应达到产品技术条件的规定。

二、恒流充电法，电池的电压、电解液的密度应连续 3h 以上稳定不变，电解液产生大量气泡；恒压充电法，充电电流应连续 10h 以上不变，电解液的密度应连续 3h 以上不变，且符合产品技术条件规定的数值。

第 2.3.6 条 初充电结束后，电解液的密度及液面高度需调整到规定值，并应再进行 0.5h 的充电，使电解液混合均匀。

第 2.3.7 条 蓄电池组首次放电终了时应符合下列要求：

一、电池的最终电压及密度应符合产品技术条件的规定。

二、不合标准的电池的电压不得低于整组电池中单体电池的平均电压的 2%。

三、电压不合标准的蓄电池数量，不应超过该组电池总数量的 5%。

四、温度为 25℃时的放电容量应达到其额定容量的 85% 以上。当温度不为 25℃而在 10～40℃ 范围内时，其容量可按下式进行换算：

$$C_{25} = \frac{C_t}{1 + 0.008(t - 25)} \quad (2.3.7)$$

式中 t——电解液在 10h 率放电过程中最后 2h 的平均温度（℃）；

C_t——当液温为 t℃时实际测得容量（A·h）；

C_{25}——换算成标准温度（25℃）时的容量（A·h）；

0.008——10h 率放电的容量温度系数。

第 2.3.8 条 首次放电完毕后，应按产品技术要求进行充电，间隔时间不宜超过 10h。

第 2.3.9 条 蓄电池组在 5 次充、放电循环内，当温度为 25℃时，放电容量应不低于 10h 率放电容量的 95%。

第 2.3.10 条 充、放电结束后，对透明槽的电池，应检查内部情况，极板不得有严重弯曲、变形或活性物质严重剥落。

第 2.3.11 条 在整个充、放电期间，应按规定时间记录每个蓄电池的电压、电流及电解液的密度、温度。充、放电结束后，应绘制整组充、放电特性曲线。

第 2.3.12 条 蓄电池充好电后，在移交运行前，应按产品的技术要求进行使用与维护。

第三章 镉镍碱性蓄电池组

第一节 安 装

第 3.1.1 条 蓄电池安装前应按下列要求进行外观检查：

一、蓄电池外壳应无裂纹、损伤、漏液等现象。

二、蓄电池的正、负极性必须正确，壳内部件应齐全无损伤；有孔气塞通气性能应良好。

三、连接条、螺栓及螺母应齐全，无锈蚀。

四、带电解液的蓄电池，其液面高度应在两液面线之间；防漏运输螺塞应无松动、脱落。

第 3.1.2 条 清除壳表面污垢时，对用合成树脂制作的外壳，应用脂肪烃、酒精擦拭；不得用芳香烃、煤油、汽油等有机溶剂清洗。

第 3.1.3 条 蓄电池组的安装应符合下列要求：

一、蓄电池放置的平台、基架及间距应符合设计要求。

二、蓄电池安装应平稳，同列电池应高低一致，排列整齐。

三、连接条及抽头的接线应正确，接头连接部分应涂以电力复合脂，螺母应紧固。

四、有抗震要求时，其抗震设施应符合有关规定，并牢固可靠。

五、镉镍蓄电池直流系统成套装置应符合国家现行技术标准的规定。

盘柜安装应符合现行国家标准《电气装置安装工程 盘、柜及二次回路结线施工及验收规范》中的有关规定。

第 3.1.4 条 蓄电池引线电缆的敷设，应符合现行国家标准《电气装置安装工程 电缆线路施工及验收规范》中的有关规定。电缆引出线应采用塑料色带标明正、负极的极性，正极为赭色，负极为蓝色。

第3.1.5条 蓄电池室内裸硬母线的安装，除应符合现行国家标准《电气装置安装工程 母线装置施工及验收规范》中的有关规定外，尚应采取防腐措施。

第3.1.6条 每个蓄电池应在其台座或外壳表面用耐碱材料标明编号。

第二节 配液与注液

第3.2.1条 配制电解液应采用符合现行国家标准的三级即化学纯的氢氧化钾（KOH），其技术条件应符合本规范附录三的规定。

配制电解液应用蒸馏水或去离子水。

第3.2.2条 电解液的密度必须符合产品技术条件的规定。

第3.2.3条 配制和存放电解液应用耐碱器具，并将碱慢慢倾入水中，不得将水倒入碱中。配制的电解液应加盖存放并沉淀 6h 以上，取其澄清液或过滤液使用。电解液有怀疑时应化验，其标准应符合本规范附录三的要求。

第3.2.4条 注入蓄电池的电解液温度不宜高于 30℃；当室温高于 30℃时，不得高于室温。其液面高度应在两液面线之间。注入电解液后宜静置 1～4h 方可初充电。

第三节 充 放 电

第3.3.1条 蓄电池的初充电应按产品的技术要求进行，并应符合下列要求：

一、初充电期间，其充电电源应可靠。

二、初充电期间，室内不得有明火。

三、装有催化栓的蓄电池应将催化栓旋下，待初充电全过程结束后重新装上。

四、带有电解液并配有专用防漏运输螺塞的蓄电池，初充电前应取下运输螺塞换上有孔气塞，并检查液面不应低于下液面线。

五、充电期间电解液的温度宜为 20±10℃；当电解液的温度低于 5℃或高于 35℃时，不宜进行充电。

第3.3.2条 蓄电池初充电达到规定时间时，单体电池的电压应符合产品技术条件的规定。

第3.3.3条 蓄电池初充电结束后，应按产品技术条件规定进行容量校验，高倍率蓄电池还应进行倍率试验，并应符合下列要求：

一、在 5 次充、放电循环内，放电容量在 20±5℃时应不低于额定容量。当放电时电解液初始温度低于 15℃时，放电容量应按制造厂提供的修正系数进行修正。

二、用于有冲击负荷的高倍率蓄电池倍率放电，在电解液温度为 20±5℃条件下，以 $0.5C_5$ 电流值先放电 1h 情况下继以 $6C_5$ 电流值放电 0.5s，其单体蓄电池的平均电压应为：

超高倍率蓄电池不低于 1.1V；

高倍率蓄电池不低于 1.05V。

三、按 $0.2C_5$ 电流值放电终结时，单体蓄电池的电压应符合产品技术条件的规定，电压不足 1.0V 的电池数不应超过电池总数的 5%，且最低不得低于 0.9V。

注：C_5 为碱性蓄电池的额定容量值。

第3.3.4条 充电结束后，应用蒸馏水或去离子水调整液面至上液面线。

第3.3.5条 在整个充、放电期间，应按规定时间记录每个蓄电池的电压、电流及电解液和环境的温度，并绘制整组充、放电特性曲线。

第3.3.6条 蓄电池充好电后，在移交运行前，应按产品的技术要求进行使用和维护。

第四章 端电池切换器

第4.0.1条 端电池切换器的底板应绝缘良好；接触刷子应转动灵活，并与固定触头接触紧密；接线端子与端电池的连接应正确可靠；接触刷子的并联电阻应良好。手动端电池切换器的旋转手柄顺时针方向旋转时，应使电池数增加。

第4.0.2条 电动端电池切换器及其控制器尚应符合下列要求：

一、滑动接触面接触紧密。

二、接线正确。

三、远方操作正确。切换开关及终端开关动作可靠，且位置指示正确。

四、切换过程中不得有开路和短路现象。

第五章 工程交接验收

第5.0.1条 在验收时应进行下列检查：

一、蓄电池室及其通风、采暖、照明等装置应符合设计的要求。

二、布线应排列整齐，极性标志清晰、正确。

三、电池编号应正确，外壳清洁，液面正常。

四、极板应无严重弯曲、变形及活性物质剥落。

五、初充电、放电容量及倍率校验的结果应符合要求。

六、蓄电池组的绝缘应良好，绝缘电阻应不小于 0.5MΩ。

第5.0.2条 在验收时，应提交下列资料和文件：

一、制造厂提供的产品使用维护说明书及有关技术资料。

二、设计变更的证明文件。

三、安装技术记录，充、放电记录及曲线等。

四、材质化验报告。

五、备件、备品清单。

附录一
铅酸蓄电池用材质及电解液标准

附表 1.1　　铅酸蓄电池用材质及电解液标准

指标名称	浓硫酸	使用中电解液	蒸馏水
硫酸（H_2SO_4）含量（%）	≥92	40～15	
灼烧残渣含量（%）	≤0.05	≤0.02	≤0.01
锰（Mn）含量（%）	≤0.0001	≤0.00004	≤0.00001
铁（Fe）含量（%）	≤0.012	≤0.004	≤0.0004
砷（As）含量（%）	≤0.0001	≤0.00003	
氯（Cl）含量（%）	≤0.001	≤0.0007	≤0.0005
氮氧化物（以 N 计）含量（%）	≤0.001		
还原高锰酸钾物质（O）含量（%）	≤0.002	≤0.0008	≤0.0002
色度测定（ml）	≤2.0		
透明度（mm）	≥50	透明无色	无色透明
电阻率（25℃）（$\Omega \cdot cm$）			≥10×10^4
硝酸及亚硝酸盐（以 N 计）（%）		≤0.0005	≤0.0003
铵（NH_4）含量（%）	≤0.005		≤0.0008
铜（Cu）含量（%）		≤0.002	
碱土金属氧化物（CaO 计）（%）			≤0.005
二氧化硫（SO_2）含量（%）	≤0.007		

附录二
氢氧化钾技术条件

附表 2.1　　氢氧化钾技术条件

指标名称	化学纯
氢氧化钾（KOH）（%）	≥80
碳酸盐（以 K_2CO_3 计）（%）	≤3
氯化物（Cl）（%）	≤0.025
硫酸盐（SO_4）（%）	≤0.01
氮化合物（N）（%）	≤0.001
磷酸盐（PO_4）（%）	≤0.01
硅酸盐（SiO_3）（%）	≤0.1
钠（Na）（%）	≤2
钙（Ca）（%）	≤0.02
铁（Fe）（%）	≤0.002
重金属（以 Ag 计）（%）	≤0.003
澄清度试验	合格

附录三
碱性蓄电池用电解液标准

附表 3.1　　碱性蓄电池用电解液标准

项目	新电解液	使用极限值
外观	无色透明，无悬浮物	
密度	1.19～1.25（25℃）	1.19～1.21（25℃）
含量	KOH240～270g/l	KOH240～270g/l
Cl^-	<0.1g/l	<0.2g/l
$Cl_2^=$	<8g/l	<50g/l
Ca、Mg	<0.1g/l	<0.3g/l
氨沉淀物 Al/KOH	<0.02%	<0.02%
Fe/KOH	<0.05%	<0.05%

6 电气装置安装工程 电缆线路施工及验收规范

（GB 50168—2006）

1 总则

1.0.1 为保证电缆线路安装工程的施工质量，促进电缆线路施工技术水平的提高，确保电缆线路安全运行，制定本规范。

1.0.2 本规范规定了电力电缆线路（以下称电缆线路）安装工程及其附属设备和构筑物设施的施工及验收的技术要求。

1.0.3 本规范适用于额定电压为 500kV 及以下的电力电缆线路及其附属设备和构筑物设施。控制电缆及导引电缆可以参照使用。

1.0.4 矿山、船舶、冶金、化工等有特殊要求的电缆线路的安装工程尚应符合专业规程的有关规定。

电缆线路的安装应按已批准的设计进行施工。

1.0.5 采用的电缆及附件，均应符合国家现行标准及相关产品标准的规定，并应有产品标识及合格证件。

1.0.6 施工中的安全技术措施，应符合本规范及现行有关安全标准及产品的技术文件的规定。对重要的施工项目或关键工序，尚应事先制定有针对性的安全技术措施。

1.0.7 电缆及其附件安装用的钢制紧固件，除地脚螺栓外，应采用热镀锌或等同热镀锌性能的制品。

1.0.8 对有抗干扰要求的电缆线路，应按设计要求采取抗干扰措施。

1.0.9 电缆线路的施工及验收，除按本规范的规定执行外，尚应符合国家现行的有关标准规范的规定。

2　术语

2.0.1 电缆［本体］ cable

电缆线路中除去电缆接头和终端等附件以外的电缆线段部分，通常称为电缆。

注： 有时电缆也泛指电缆线路，即由电缆本体和安装好的附件所组成的电缆系统。

2.0.2 金属套 metallic sheath

均匀连续密封的金属管状包覆层。

2.0.3 铠装层 armour

由金属带或金属丝组成的包覆层，通常用来保护电缆不受外界的机械力作用。

注： 金属带起径向加强保护作用，金属丝起纵向加强保护作用。

2.0.4 ［电缆］终端 termination

安装在电缆末端，以使电缆与其他电气设备或架空输电线相连接，并维持绝缘直至连接点的装置。

2.0.5 ［电缆］接头 joint

连接电缆与电缆的导体、绝缘、屏蔽层和保护层，以使电缆线路连续的装置。

2.0.6 电缆分接（分支）箱 cable dividing box, cable feeding pillar

完成配电系统中电缆线路的汇集和分接功能，但一般不具备控制测量等二次辅助配置的专用电气连接设备。

注： 电缆分接箱常用于城市环网供电和（或）辐射供电系统中分配电能和（或）终端供电。一般直接安装在户外，有时也安装在户内。电缆终端是电缆分接箱内必需的主要部件，通常采用可分离式终端（也称为可分离连接器）或户内终端。

2.0.7 ［电缆］附件 cable accessories

终端、接头、［充油电缆］压力箱、交叉互联箱、接地箱、护层保护器等电缆线路的组成部件的统称。

2.0.8 电缆支架 cable bearer

电缆敷设就位后，用于支持和固定电缆的装置的统称，包括普通支架和桥架。

2.0.9 电缆桥架 cable tray

由托盘（托槽）或梯架的直线段、非直线段、附件及支吊架等组合构成，用以支撑电缆具有连续的刚性结构系统。

2.0.10 电缆导管 cable ducts, cable conduits

电缆本体敷设于其内部受到保护和在电缆发生故障后便于将电缆拉出更换用的管子。有单管和排管等结构形式，也称为电缆管。

3　电缆及附件的运输与贮存保管

3.0.1 电缆及其附件的运输、保管，应符合产品标准的要求，应避免强烈振动、倾倒、受潮、腐蚀，确保不损坏箱体外表面以及箱内部件。

3.0.2 在运输装卸过程中，不得使电缆及电缆盘受到损伤；严禁将电缆盘直接由车上推下；电缆盘不应平放运输、平放贮存。

3.0.3 运输或滚动电缆盘前，必须保证电缆盘牢固，电缆绕紧。充油电缆至压力油箱间的油管应固定，不得损伤。压力油箱应牢固，压力值应符合产品技术要求。

滚动时必须顺着电缆盘上的箭头指示或电缆的缠紧方向。

3.0.4 电缆及其附件到达现场后，应按下列要求及时进行检查：

1 产品的技术文件应齐全；

2 电缆型号、规格、长度应符合订货要求；

3 电缆外观不应受损，电缆封端应严密。当外观检查有怀疑时，应进行受潮判断或试验；

4 附件部件应齐全，材质质量应符合产品技术要求；

5 充油电缆的压力油箱、油管、阀门和压力表应符合产品技术要求且完好无损。

3.0.5 电缆及其有关材料如不立即安装，应按下列要求贮存：

1 电缆应集中分类存放，并应标明型号、电压、规格、长度。电缆盘之间应有通道。地基应坚实，当受条件限制时，盘下应加垫，存放处不得积水；

2 电缆终端瓷套在贮存时，应有防止受机械损伤的措施；

3 电缆附件的绝缘材料的防潮包装应密封良好，并应根据材料性能和保管要求贮存和保管；

4 防火涂料、包带、堵料等防火材料，应根据材料性能和保管要求贮存和保管；

5 电缆桥架应分类保管，不得因受力变形。

3.0.6 电缆及其附件在安装前的保管，其保管期限应为一年及以内。当需长期保管时，应符合设备保管的专门规定。

3.0.7 电缆在保管期间，电缆盘及包装应完好，标识应齐全，封端应严密。当有缺陷时，应及时处理。

充油电缆应经常检查油压，并做记录，油压不得降至最低值。当油压降至零或出现真空时，应及时处理。

4 电缆线路附属设施和构筑物的施工

4.1 电缆导管的加工及敷设

4.1.1 电缆管不应有穿孔、裂缝和显著的凹凸不平，内壁应光滑；金属电缆管不应有严重锈蚀；塑料电缆管应有满足电缆线路敷设条件所需保护性能的品质证明文件。在易受机械损伤的地方和在受力较大处直埋时，应采用足够强度的管材。

4.1.2 电缆管的加工应符合下列要求：

1 管口应无毛刺和尖锐棱角；

2 电缆管弯制后，不应有裂缝和显著的凹瘪现象，其弯扁程度不宜大于管子外径的10%；电缆管的弯曲半径不应小于所穿入电缆的最小允许弯曲半径；

3 无防腐措施的金属电缆管应在外表涂防腐漆，镀锌管锌层剥落处也应涂以防腐漆。

4.1.3 电缆管的内径与电缆外径之比不得小于1.5。

4.1.4 每根电缆管的弯头不应超过3个，直角弯不应超过2个。

4.1.5 电缆管明敷时应符合下列要求：

1 电缆管应安装牢固；电缆管支持点间的距离应符合设计规定；当设计无规定时，不宜超过3m；

2 当塑料管的直线长度超过30m时，宜加装伸缩节；

3 对于非金属类电缆管在敷设时宜采用预制的支架固定，支架间距不宜超过2m。

4.1.6 敷设混凝土类电缆管时，其地基应坚实、平整，不应有沉陷。敷设低碱玻璃钢管等抗压不抗拉的电缆管材时，应在其下部添加钢筋混凝土垫层。电缆管直埋敷设应符合下列要求：

1 电缆管的埋设深度不应小于0.7m；在人行道下面敷设时，不应小于0.5m；

2 电缆管应有不小于0.1%的排水坡度。

4.1.7 电缆管的连接应符合下列要求：

1 金属电缆管不宜直接对焊，宜采用套管焊接的方式，连接时应两管口对准、连接牢固，密封良好；套接的短套管或带螺纹的管接头的长度，不应小于电缆管外径的2.2倍。采用金属软管及合金接头作电缆保护接续管时，其两端应固定牢靠、密封良好；

2 硬质塑料管在套接或插接时，其插入深度宜为管子内径的1.1～1.8倍。在插接面上应涂以胶合剂粘牢密封；采用套接时套管两端应采取密封措施；

注：成排敷设塑料管多采用橡胶圈密封。

3 水泥管宜采用管箍或套接方式进行连接，管孔应对准，接缝应严密，管箍应有防水垫密封圈，防止地下水和泥浆渗入。

4.1.8 引至设备的电缆管管口位置，应便于与设备连接并不妨碍设备拆装和进出。并列敷设的电缆管管口应排列整齐。

4.1.9 利用电缆保护钢管作接地线时，应先焊好接地线，再敷设电缆。有螺纹连接的电缆管，管接头处，应焊接跳线，跳线截面不应小于30mm²。

4.2 电缆支架的配制与安装

4.2.1 电缆支架的加工应符合下列要求：

1 钢材应平直，无明显扭曲。下料误差应在5mm范围内，切口应无卷边、毛刺；

2 支架焊接应牢固，无显著变形。各横撑间的垂直净距与设计偏差不应大于5mm；

3 金属电缆支架必须进行防腐处理。位于湿热、盐雾以及有化学腐蚀地区时，应根据设计做特殊的防腐处理。

4.2.2 电缆支架的层间允许最小距离，当设计无规定时，可采用表4.2.2的规定。但层间净距不应小于2倍电缆外径加10mm，35kV及以上高压电缆不应小于2倍电缆外径加50mm。

4.2.3 电缆支架应安装牢固，横平竖直；托架支吊架的固定方式应按设计要求进行。各支架的同层横档应在同一水平面上，其高低偏差不应大于5mm。托架支吊架沿桥架走向左右的偏差不应大于10mm。

在有坡度的电缆沟内或建筑物上安装的电缆支架，应有与电缆沟或建筑物相同的坡度。

表 4.2.2　　　　　　　　**电缆支架的层间允许最小距离值（mm）**

电缆类型和敷设特征		支（吊）架	桥架
控制电缆明敷		120	200
电力电缆明敷	10kV 及以下（除 6～10kV 变联聚乙烯绝缘外）	150～200	250
	6～10kV 交联聚乙烯绝缘	200～250	300
	35kV 单芯 66kV 及以上，每层 1 根	250	300
	35kV 三芯 66kV 及以上，每层多于 1 根	300	350
电缆敷设于槽盒内		$h+80$	$h+100$

注：h 表示槽盒外壳高度。

电缆支架最上层及最下层至沟顶、楼板或沟底、地面的距离，当设计无规定时，不宜小于表 4.2.3 的数值。

表 4.2.3　电缆支架最上层及最下层至沟顶、楼板或沟底、地面的距离（mm）

敷设方式	电缆隧道及夹层	电缆沟	吊架	桥架
最上层至沟顶或楼板	300～350	150～200	150～200	350～450
最下层至沟底或地面	100～150	50～100	—	100～150

4.2.4　组装后的钢结构竖井，其垂直偏差不应大于其长度的 2‰；支架横撑的水平误差不应大于其宽度的 2‰；竖井对角线的偏差不应大于其对角线长度的 5‰。

4.2.5　电缆桥架的配制应符合下列要求：

1　电缆桥架的质量应符合现行的有关技术标准；

2　电缆桥架的规格、支吊跨距、防腐类型应符合设计要求。

4.2.6　电缆桥架在每个支吊架上的固定应牢固，桥架连接板的螺栓应紧固，螺母应位于桥架的外侧。

铝合金桥架在钢制支吊架上固定时，应有防电化腐蚀的措施。

4.2.7　当直线段钢制电缆桥架超过 30m、铝合金或玻璃钢制电缆桥架超过 15m 时，应有伸缩缝，其连接宜采用伸缩连接板；电缆桥架跨越建筑物伸缩缝处应设置伸缩缝。

4.2.8　电缆桥架转弯处的转弯半径，不应小于该桥架上的电缆最小允许弯曲半径的最大者。

4.2.9　金属电缆支架全长均应有良好的接地。

4.3　电缆线路其他防护设施与构筑物的施工

4.3.1　与电缆线路安装有关的建筑工程的施工应符合下列要求：

1　与电缆线路安装有关的建筑物、构筑物的建筑工程质量，应符合国家现行有关标准规范的规定；

2　电缆线路安装前，建筑工程应具备下列条件：

1）预埋件符合设计，安置牢固；

2）电缆沟、隧道、竖井及人孔等处的地坪及抹面工作结束，人孔爬梯的安装已完成；

3）电缆层、电缆沟、隧道等处的施工临时设施、模板及建筑废料等清理干净，施工用道路畅通，盖板齐全；

4）电缆线路敷设后，不能再进行的建筑工程工作应结束；

5）电缆沟排水畅通，电缆室的门窗安装完毕。

3　电缆线路安装完毕后投入运行前，建筑工程应完成由于预埋件补遗、开孔、扩孔等需要而造成的建筑工程修饰工作。

4.3.2　城市电网的电缆分接箱、箱式变基础及位置应满足设计要求。

4.3.3　电缆工作井的尺寸应满足电缆最小弯曲半径的要求。电缆井内应设有积水坑，上盖金属箅子。

5　电缆的敷设

5.1　一般规定

5.1.1　电缆敷设前应按下列要求进行检查：

1　电缆沟、电缆隧道、排管、交叉跨越管道及直埋电缆沟深度、宽度、弯曲半径等符合设计和规程要求。电缆通道畅通，排水良好。金属部分的防腐层完整。隧道内照明、通风符合设计要求；

2　电缆型号、电压、规格应符合设计要求；

3　电缆外观应无损伤，当对电缆的外观和密封状态有怀疑时，应进行潮湿判断；直埋电缆与水底电缆应试验并合格。外护套有导电层的电缆，应进行外护套绝缘电阻试验并合格；

　　4　充油电缆的油压不宜低于 0.15MPa；供油阀门应在开启位置，动作应灵活；压力表指示应无异常；所有管接头应无渗漏油；油样应试验合格；

　　5　电缆放线架应放置稳妥，钢轴的强度和长度应与电缆盘重量和宽度相配合，敷设电缆的机具应检查并调试正常，电缆盘应有可靠的制动措施；

　　6　敷设前应按设计和实际路径计算每根电缆的长度，合理安排每盘电缆，减少电缆接头。中间接头位置应避免设置在交叉路口、建筑物门口、与其他管线交叉处或通道狭窄处；

　　7　在带电区域内敷设电缆，应有可靠的安全措施；

　　8　采用机械敷设电缆时，牵引机和导向机构应调试完好。

5.1.2　电缆敷设时，不应损坏电缆沟、隧道、电缆井和人井的防水层。

5.1.3　三相四线制系统中应采用四芯电力电缆，不应采用三芯电缆另加一根单芯电缆或以导线、电缆金属护套作中性线。

5.1.4　并联使用的电力电缆其长度、型号、规格应相同。

5.1.5　电力电缆在终端头与接头附近宜留有备用长度。

5.1.6　电缆各支持点间的距离应符合设计规定。当设计无规定时，不应大于表 5.1.6 中所列数值。

表 5.1.6　　电缆各支持点间的距离　（mm）

电缆种类		敷设方式	
		水平	垂直
电力电缆	全塑型	400	1000
	除全塑型外的中低压电缆	800	1500
	35kV 及以上高压电缆	1500	2000
控制电缆		800	1000

　　注：全塑型电力电缆水平敷设沿支架能把电缆固定时，支持点间的距离允许为800mm。

5.1.7　电缆的最小弯曲半径应符合表 5.1.7 的规定。

5.1.8　粘性油浸纸绝缘电缆最高点与最低点之间的最大位差，不应超过表 5.1.8 的规定；当不能满足要求时，应采用适应于高位差的电缆。

5.1.9　电缆敷设时，电缆应从盘的上端引出，不应使电缆在支架上及地面摩擦拖拉。电缆上不得有铠装压扁、电缆绞拧、护层折裂等未消除的机械损伤。

5.1.10　用机械敷设电缆时的最大牵引强度宜符合表

5.1.10 的规定，充油电缆总拉力不应超过 27kN。

表 5.1.7　　　　电缆最小弯曲半径

电缆型式		多芯	单芯
控制电缆	非铠装型、屏蔽型软电缆	6D	—
	铠装型、铜屏蔽型	12D	
	其他	10D	
橡皮绝缘电力电缆	无铅包、钢铠护套	10D	
	裸铅包护套	15D	
	钢铠护套	20D	
塑料绝缘电缆	无铠装	15D	20D
	有铠装	12D	15D
油浸纸绝缘电力电缆	铝套	30D	
	铅套　有铠装	15D	20D
	铅套　无铠装	20D	—
自容式充油（铅包）电缆		—	20D

　　注：表中 D 为电缆外径。

表 5.1.8　　粘性油浸纸绝缘铅包电力电缆的
最大允许敷设位差

电压（kV）	电缆护层结构	最大允许敷设位差（m）
1	无铠装	20
	铠装	25
6～10	铠装或无铠装	15
35	铠装或无铠装	5

表 5.1.10　　电缆最大牵引强度 （N/mm²）

牵引方式	牵引头		钢丝网套		
受力部位	铜芯	铝芯	铅套	铝套	塑料护套
允许牵引强度	70	40	10	40	7

5.1.11　机械敷设电缆的速度不宜超过 15m/min，110kV 及以上电缆或在较复杂路径上敷设时，其速度应适当放慢。

5.1.12　在使用机械敷设大截面电缆时，应在施工措施中确定敷设方法、线盘架设位置、电缆牵引方向，校核牵引力和侧压力（侧压力和牵引力的常用计算公式，参见附录A），配备敷设人员和机具。

5.1.13　机械敷设电缆时，应在牵引头或钢丝网套与牵引钢缆之间装设防捻器。

5.1.14　110kV 及以上电缆敷设时，转弯处的侧压力应符合制造厂的规定；无规定时，不应大于 3kN/m。

5.1.15　油浸纸绝缘电力电缆在切断后，应将端头立即铅封；塑料绝缘电缆应有可靠的防潮封端；充油电缆在切断后尚应符合下列要求：

　　1　在任何情况下，充油电缆的任一段都应有压力油箱保持油压；

　　2　连接油管路时，应排除管内空气，并采用喷油连接；

　　3　充油电缆的切断处必须高于邻近两侧的电缆；

　　4　切断电缆时不应有金属屑及污物进入电缆。

5.1.16　敷设电缆时，电缆允许敷设最低温度，在敷设前 24h 内的平均温度以及敷设现场的温度不应低于表 5.1.16 的规定；当温度低于表 5.1.16 规定值时，应采取措施（若厂家有要求，按厂家要求执行）。

表 5.1.16　　　**电缆允许敷设最低温度**

电缆类型	电缆结构	允许敷设最低温度（℃）
油浸纸绝缘电力电缆	充油电缆	−10
	其他油纸电缆	0
橡皮绝缘电力电缆	橡皮或聚氯乙烯护套	−15
	铅护套钢带铠装	−7
塑料绝缘电力电缆	—	0
控制电缆	耐寒护套	−20
	橡皮绝缘聚氯乙烯护套	−15
	聚氯乙烯绝缘聚氯乙烯护套	−10

5.1.17　电力电缆接头的布置应符合下列要求：

　　1　并列敷设的电缆，其接头的位置宜相互错开；

　　2　电缆明敷时的接头，应用托板托置固定；

　　3　直埋电缆接头应有防止机械损伤的保护结构或外设保护盒。位于冻土层内的保护盒，盒内宜注入沥青。

5.1.18　电缆敷设时应排列整齐，不宜交叉，加以固定，并及时装设标志牌。

5.1.19　标志牌的装设应符合下列要求：

　　1　生产厂房及变电站内应在电缆终端头、电缆接头处装设电缆标志牌；

　　2　城市电网电缆线路应在下列部位装设电缆标志牌：

　　　　1）电缆终端及电缆接头处；

　　　　2）电缆管两端，人孔及工作井处；

　　　　3）电缆隧道内转弯处、电缆分支处、直线段每隔 50～100m。

　　3　标志牌上应注明线路编号。当无编号时，应写明电缆型号、规格及起讫地点；并联使用的电缆应有顺序号。标志牌的字迹应清晰不易脱落；

　　4　标志牌规格宜统一。标志牌应能防腐，挂装应牢固。

5.1.20　电缆的固定，应符合下列要求：

　　1　在下列地方应将电缆加以固定：

　　　　1）垂直敷设或超过 45°倾斜敷设的电缆在每个支架上；

　　　　2）水平敷设的电缆，在电缆首末两端及转弯、电缆接头的两端处；当对电缆间距有要求时，每隔 5～10m 处。

　　2　单芯电缆的固定应符合设计要求；

　　3　交流系统的单芯电缆或分相后的分相铅套电缆的固定夹具不应构成闭合磁路。

5.1.21　沿电气化铁路或有电气化铁路通过的桥梁上明敷电缆的金属护层或电缆金属管道，应沿其全长与金属支架或桥梁的金属构件绝缘。

5.1.22　电缆进入电缆沟、隧道、竖井、建筑物、盘（柜）以及穿入管子时，出入口应封闭，管口应密封。

5.1.23　装有避雷针的照明灯塔，电缆敷设时尚应符合现行国家标准《电气装置安装工程　接地装置施工及验收规范》GB 50169 的有关规定。

5.2　直埋电缆的敷设

5.2.1　在电缆线路路径上有可能使电缆受到机械性损伤、化学作用、地下电流、振动、热影响、腐蚀物质、虫鼠等危害的地段，应采取保护措施。

5.2.2　电缆埋置深度应符合下列要求：

　　1　电缆表面距地面的距离不应小于 0.7m。穿越农田或在车行道下敷设时不应小于 1m；在引入建筑物、与地下建筑物交叉及绕过地下建筑物处，可浅埋，但应采取保护措施；

　　2　电缆应埋设于冻土层以下，当受条件限制时，应采取防止电缆受到损坏的措施。

5.2.3　电缆之间，电缆与其他管道、道路、建筑物等之间平行和交叉时的最小净距，应符合表 5.2.3 的规定。严禁将电缆平行敷设于管道的上方或下方。特殊情况应按下列规定执行：

　　1　电力电缆间及其与控制电缆间或不同使用部门的电缆间，当电缆穿管或用隔板隔开时，平行净距可降低为 0.1m；

　　2　电力电缆间、控制电缆间以及它们相互之间，不同使用部门的电缆间在交叉点前后 1m 范围内，当电缆穿入管中或用隔板隔开时，其交叉净距可降低为 0.25m；

表 5.2.3 电缆之间，电缆与管道、道路、建筑物之间平行和交叉时的最小净距（m）

项　目		最　小　净　距	
		平行	交叉
电力电缆间及其与控制电缆间	10kV 及以下	0.10	0.50
	10kV 以上	0.25	0.50
控制电缆间		—	0.50
不同使用部门的电缆间		0.50	0.50
热管道（管沟）及热力设备		2.00	0.50
油管道（管沟）		1.00	0.50
可燃气体及易燃液体管道（沟）		1.00	0.50
其他管道（管沟）		0.50	0.50
铁路路轨		3.00	1.00
电气化铁路路轨	交流	3.00	1.00
	直流	10.0	1.00
公路		1.50	1.00
城市街道路面		1.00	0.70
杆基础（边线）		1.00	—
建筑物基础（边线）		0.60	—
排水沟		1.00	0.50

注：1 电缆与公路平行的净距，当情况特殊时可酌减。

　　2 当电缆穿管或者其他管道有保温层等防护设施时，表中净距应从管壁或防护设施的外壁算起。

　　3 电缆穿管敷设时，与公路、街道路面、杆塔基础、建筑物基础、排水沟等的平行最小间距可按表中数据减半。

　　3 电缆与热管道（沟）、油管道（沟）、可燃气体及易燃液体管道（沟）、热力设备或其他管道（沟）之间，虽净距能满足要求，但检修管路可能伤及电缆时，在交叉点前后 1m 范围内，尚应采取保护措施；当交叉净距不能满足要求时，应将电缆穿入管中，其净距可降低为 0.25m；

　　4 电缆与热管道（沟）及热力设备平行、交叉时，应采取隔热措施，使电缆周围土壤的温升不超过 10℃；

　　5 当直流电缆与电气化铁路路轨平行、交叉其净距不能满足要求时，应采取防电化腐蚀措施；

　　6 直埋电缆穿越城市街道、公路、铁路，或穿过有载重车辆通过的大门，进入建筑物的墙角处，进入隧道、人井，或从地下引出到地面时，应将电缆敷设在满足强度要求的管道内，并将管口封堵好；

　　7 高电压等级的电缆宜敷设在低电压等级电缆的下面。

5.2.4 电缆与铁路、公路、城市街道、厂区道路交叉时，应敷设于坚固的保护管或隧道内。电缆管的两端宜伸出道路路基两边 0.5m 以上；伸出排水沟 0.5m；在城市街道应伸出车道路面。

5.2.5 直埋电缆的上、下部应铺以不小于 100mm 厚的软土或砂层，并加盖保护板，其覆盖宽度应超过电缆两侧各 50mm，保护板可采用混凝土盖板或砖块。

软土或砂子中不应有石块或其他硬质杂物。

5.2.6 直埋电缆在直线段每隔 50～100m 处、电缆接头处、转弯处、进入建筑物等处，应设置明显的方位标志或标桩。

5.2.7 直埋电缆回填土前，应经隐蔽工程验收合格，并分层夯实。

5.3 电缆导管内电缆的敷设

5.3.1 在下列地点，电缆应有一定机械强度的保护管或加装保护罩：

　　1 电缆进入建筑物、隧道，穿过楼板及墙壁处；

　　2 从沟道引至电杆、设备、墙外表面或屋内行人容易接近处，距地面高度 2m 以下的一段；

　　3 可能有载重设备移经电缆上面的区段；

　　4 其他可能受到机械损伤的地方。

5.3.2 管道内部应无积水，且无杂物堵塞。穿电缆时，不得损伤护层，可采用无腐蚀性的润滑剂（粉）。

5.3.3 电缆排管在敷设电缆前，应进行疏通，清除杂物。

5.3.4 穿入管中电缆的数量应符合设计要求；交流单芯电缆不得单独穿入钢管内。

5.4 电缆构筑物中电缆的敷设

5.4.1 电缆的排列，应符合下列要求：

　　1 电力电缆和控制电缆不宜配置在同一层支架上；

　　2 高低压电力电缆，强电、弱电控制电缆应按顺序分层配置，一般情况宜由上而下配置；但在含有 35kV 以上高压电缆引入柜盘时，为满足弯曲半径要求，可由下而上配置。

5.4.2 并列敷设的电力电缆，其相互间的净距应符合设计要求。

5.4.3 电缆在支架上的敷设应符合下列要求：

　　1 控制电缆在普通支架上，不宜超过 1 层；桥架上不宜超过 3 层；

　　2 交流三芯电力电缆，在普通支吊架上不宜超过 1 层；桥架上不宜超过 2 层；

3　交流单芯电力电缆，应布置在同侧支架上，并加以固定。当按紧贴正三角形排列时，应每隔一定的距离用绑带扎牢，以免其松散。

5.4.4　电缆与热力管道、热力设备之间的净距，平行时应不小于 1m，交叉时应不小于 0.5m；当受条件限制时，应采取隔热保护措施。电缆通道应避开锅炉的看火孔和制粉系统的防爆门；当受条件限制时，应采取穿管或封闭槽盒等隔热防火措施。电缆不宜平行敷设于热力设备和热力管道的上部。

5.4.5　明敷在室内及电缆沟、隧道、竖井内带有麻护层的电缆，应剥除麻护层，并对其铠装加以防腐。

5.4.6　电缆敷设完毕后，应及时清除杂物，盖好盖板。必要时，尚应将盖板缝隙密封。

5.5　桥梁上电缆的敷设

5.5.1　木桥上的电缆应穿管敷设。在其他结构的桥上敷设的电缆，应在人行道下设电缆沟或穿入由耐火材料制成的管道中。在人不易接触处，电缆可在桥上裸露敷设，但应采取避免太阳直接照射的措施。

5.5.2　悬吊架设的电缆与桥梁架构之间的净距不应小于 0.5m。

5.5.3　在经常受到震动的桥梁上敷设的电缆，应有防震措施。桥墩两端和伸缩缝处的电缆，应留有松弛部分。

5.6　水底电缆的敷设

5.6.1　水底电缆不应有接头。当整根电缆超过制造厂的制造能力时，可采用软接头连接。

5.6.2　通过河流的电缆，应敷设于河床稳定及河岸很少受到冲损的地方。在码头、锚地、港湾、渡口及有船停泊处敷设电缆时，必须采取可靠的保护措施。当条件允许时，就深埋敷设。

5.6.3　水底电缆的敷设，必须平放水底，不得悬空。当条件允许时，宜埋入河床（海底）0.5m 以下。

5.6.4　水底电缆平行敷设时的间距不宜小于最高水位水深的 2 倍；当埋入河床（海底）以下时，其间距按埋设方式或埋设机的工作活动能力确定。

5.6.5　水底电缆引到岸上的部分应穿管或加保护盖板等保护措施，其保护范围，下端应为最低水位时船只搁浅及撑篙达不到之处；上端高于最高洪水位。在保护范围的下端，电缆应固定。

5.6.6　电缆线路与小河或小溪交叉时，应穿管或埋在河床下足够深处。

5.6.7　在岸边水底电缆与陆上电缆连接的接头，应装有锚定装置。

5.6.8　水底电缆的敷设方法、敷设船只的选择和施工组织的设计，应按电缆的敷设长度、外径、重量、水深、流速和河床地形等因素确定。

5.6.9　水底电缆的敷设，当全线采用盘装电缆时，根据水域条件，电缆盘可放在岸上或船上，敷设时可用浮筒浮托，严禁使电缆在水底拖拉。

5.6.10　水底电缆不能盘装时，应采用散装敷设法。其敷设程序应先将电缆围绕在敷设船舱内，再经仓顶高架、滑轮、刹车装置至入水槽下水，用拖轮绑拖、自航敷设或用钢缆牵引敷设。

5.6.11　敷设船的选择，应符合下列条件：

1　船舱的容积、甲板面积、稳定性等应满足电缆长度、重量、弯曲半径和作业场所等要求；

2　敷设船应配有刹车装置、张力计量、长度测量、入水角、水深和导航、定位等仪器，并配有通讯设备。

5.6.12　水底电缆敷设应在小潮汛、憩流或枯水期进行，并应视线清晰，风力小于五级。

5.6.13　敷设船上的放线架应保持适当的退扭高度。敷设时根据水的深浅控制敷设张力，应使其入水角为 30°～60°；采用牵引顶推敷设时，其速度宜为 20～30m/min 采用拖轮或自航牵引敷设时，其速度宜为 90～150m/min。

5.6.14　水底电缆敷设时，两岸应按设计设立导标。敷设时应定位测量，及时纠正航线和校核敷设长度。

5.6.15　水底电缆引到岸上时，应将余线全部浮托在水面上，再牵引至陆上。浮托在水面上的电缆应按设计路径沉入水底。

5.6.16　水底电缆敷设后，应做潜水检查，电缆应放平，河床起伏处电缆不得悬空，并测量电缆的确切位置。在两岸必须按设计设置标志牌。

5.7　电缆的架空敷设

5.7.1　架空电缆悬吊点或固定的间距，应符合本规范表 5.1.6 的规定。

5.7.2　架空电缆与公路、铁路、架空线路交叉跨越时，应符合表 5.7.2 的规定。

5.7.3　架空电缆的金属护套、铠装及悬吊线均应有良好的接地，杆塔和配套金具均应进行设计，应满足规程及强度要求。

5.7.4　对于较短且不便直埋的电缆可采用架空敷设，架空敷设的电缆截面不宜过大，考虑到环境温度的影响，架空敷设的电缆载流量宜按小一规格截面的电缆载流量考虑。

5.7.5　支撑架空电缆的钢绞线应满足荷载要求，并全线良好接地，在转角处需打拉线或顶杆。

5.7.6　架空敷设的电缆不宜设置电缆接头。

表 5.7.2　架空电缆与公路、铁路、架空线路交叉跨越时最小允许距离 (m)

交叉设施	最小允许距离	备　注
铁路	7.5	—
公路	6	—
电车路	3/9	至承力索或接触线/至路面
弱电流线路	1	—
电力线路	1/2/3/4/5	电压 (kV) 1 以下/6～10/35～110/154～220/330
河道	6/1	五年一遇洪水位/至最高航行水位的最高船桅顶
索道	1	—

6　电缆附件的安装

6.1　一般规定和准备工作

6.1.1　电缆终端与接头的制作，应由经过培训的熟练工人进行。

6.1.2　电缆终端及接头制作时，应严格遵守制作工艺规程；充油电缆尚应遵守油务及真空工艺等有关规程的规定。

　　三芯电力电缆在电缆中间接头处，其电缆铠装、金属屏蔽层应各自有良好的电气连接并相互绝缘；在电缆终端头处，电缆铠装、金属屏蔽层应用接地线分别引出，并应接地良好。

6.1.3　在室外制作 6kV 及以上电缆终端与接头时，其空气相对湿度宜为 70% 及以下；当湿度大时，可提高环境温度或加热电缆。110kV 及以上高压电缆终端与接头施工时，应搭临时工棚，环境湿度应严格控制，温度宜为 10～30℃。制作塑料绝缘电力电缆终端与接头时，应防止尘埃、杂物落入绝缘内。严禁在雾或雨中施工。

　　在室内及充油电缆施工现场应备有消防器材。室内或隧道中施工应有临时电源。

6.1.4　电缆终端与接头应符合下列要求：

　　1　型式、规格应与电缆类型如电压、芯数、截面、护层结构和环境要求一致；

　　2　结构应简单、紧凑，便于安装；

　　3　所用材料、部件应符合相应技术标准要求；

　　4　35kV 及以下电缆终端与接头主要性能应符合《额定电压 1kV ($U_m = 1.2kV$) 至 35kV ($U_m = 40.5kV$) 挤包绝缘电力电缆及附件》GB/T 12706.1

～12706.4 及相关的其他产品标准的规定；

　　5　35kV 以上至 110kV 电缆终端与接头主要性能应符合《额定电压 110kV 交联聚乙烯绝缘电力电缆及其附件》GB/T 11017.1～11017.3 及相关的其他产品标准的规定；

　　6　220kV 电缆终端与接头主要性能应符合《额定电压 220kV ($U_m = 252kV$) 交联聚乙烯绝缘电力电缆及其附件》GB/Z 18890.1～18890.3 及相关的其他产品标准的规定；

　　7　330kV 和 500kV 电缆终端与接头主要性能应符合国家现行相关产品标准的规定。

6.1.5　采用的附加绝缘材料除电气性能应满足要求外，尚应与电缆本体绝缘具有相容性。两种材料的硬度、膨胀系数、抗张强度和断裂伸长率等物理性能指标应接近。橡塑绝缘电缆应采用弹性大、粘接性能好的材料作为附加绝缘。

6.1.6　电缆线芯连接金具，应采用符合标准的连接管和接线端子，其内径应与电缆线芯匹配，间隙不应过大；截面宜为线芯截面的 1.2～1.5 倍。采用压接时，压接钳和模具应符合规格要求。

6.1.7　控制电缆在下列情况下可有接头，但必须连接牢固，并不应受到机械拉力：

　　1　当敷设的长度超过其制造长度时；

　　2　必须延长已敷设竣工的控制电缆时；

　　3　当消除使用中的电缆故障时。

6.1.8　制作电缆终端和接头前，应熟悉安装工艺资料，做好检查，并符合下列要求：

　　1　电缆绝缘状况良好，无受潮；塑料电缆内不得进水；充油电缆施工前应对电缆本体、压力箱、电缆油桶及纸卷桶逐个取油样，做电气性能试验，并应符合标准；

　　2　附件规格应与电缆一致；零部件应齐全无损伤；绝缘材料不得受潮；密封材料不得失效。壳体结构附件应预先组装，清洁内壁；试验密封，结构尺寸符合产品技术要求；

　　3　施工用机具齐全，便于操作，状况清洁，消耗材料齐备，清洁塑料绝缘表面的溶剂宜遵循工艺导则准备；

　　4　必要时应进行试装配。

6.1.9　电力电缆接地线应采用铜绞线或镀锡铜编织线与电缆屏蔽层的连接，其截面面积不应小于表 6.1.9 的规定。110kV 及以上电缆的接地线截面面积应符合设计规定。

6.1.10　电缆终端与电气装置的连接，应符合现行国家标准《电气装置安装安装工程　母线装置施工及验收规范》GBJ 149 的有关规定。

表 6.1.9　　电缆终端接地线截面（mm²）

电缆截面	接地线截面
16 及以上	接地线截面可与芯线截面相同
16 以下～120	16
150 及以上	25

6.2　安装要求

6.2.1　制作电缆终端与接头，从剥切电缆开始应连续操作直至完成，缩短绝缘暴露时间。剥切电缆时不应损伤线芯和保留的绝缘层。附加绝缘的包绕、装配、收缩等应清洁。

6.2.2　充油电缆线路有接头时，应先制作接头；两端有位差时，应先制作低位终端头。

6.2.3　电缆终端和接头应采取加强绝缘、密封防潮、机械保护等措施。6kV 及以上电力电缆的终端和接头，尚应有改善电缆屏蔽端部电场集中的有效措施，并应确保外绝缘相间和对地距离。

6.2.4　66kV 及以上交联电缆终端和接头制作前，电缆应按要求加热矫直。安装工艺应符合安装说明书和安装图纸的要求。

6.2.5　三芯油纸绝缘电缆应保留统包绝缘 25mm，不得损伤。剥除屏蔽碳墨纸，端部应平整。弯曲线芯时应均匀用力，不应损伤绝缘纸；线芯弯曲半径不应小于其直径的 10 倍。包缠或灌注、填充绝缘材料时，应消除线芯分支处的气隙。

6.2.6　充油电缆终端和接头包绕附加绝缘时，不得完全关闭压力箱。制作中和真空处理时，从电缆中渗出的油应及时排出，不得积存在瓷套或壳体内。

6.2.7　电缆线芯连接时，应除去线芯和连接管内壁油污及氧化层。压接模具与金具应配合恰当。压缩比应符合压缩工艺的要求。压接后应将端子或连接管上的凸痕修理光滑，不得残留毛刺。

6.2.8　三芯电力电缆接头两侧电缆的金属屏蔽层（或金属套）、铠装层应分别连接良好，不得中断，跨接线的截面不应小于本规范表 6.1.9 接地线截面的规定。直埋电缆接头的金属外壳及电缆的金屑护层应做防腐处理。

6.2.9　三芯电力电缆终端处的金属护层必须接地良好；塑料电缆每相铜屏蔽和钢铠应锡焊接地线。电缆通过零序电流互感器时，电缆金属护层和接地线应对地绝缘；电缆接地点在互感器以下时，接地线应直接接地；接地点在互感器以上时，接地线应穿过互感器接地。单芯电力电缆金属护层接地应符合设计要求。

6.2.10　单芯电力电缆的交叉互联箱、接地箱、护层保护器等电缆附件的安装应符合设计要求。

6.2.11　装配、组合电缆终端和接头时，各部件间的配合或搭接处必须采取堵漏、防潮和密封措施。铅包电缆铅封时应擦去表面氧化物；搪铅时间不宜过长，铅封必须密实无气孔。充油电缆的铅封应分两次进行，第一次封堵油，第二次成形和加强，高位差铅封应用环氧树脂加固。

塑料电缆宜采用自粘带、粘胶带、胶粘剂（热熔胶）等方式密封；塑料护套表面应打毛，粘接表面应用溶剂除去油污，粘接应良好。

电缆终端、接头及充油电缆供油管路均不应有渗漏。

6.2.12　充油电缆供油系统的安装应符合下列要求：

1　供油系统的金属油管与电缆终端间应有绝缘接头，其绝缘强度不低于电缆外护层；

2　当每相设置多台压力箱时，应并联连接；

3　每相电缆线路应装设油压监视或报警装置；

4　仪表应安装牢固，室外仪表应有防雨措施，施工结束后应进行整定；

5　调整压力油箱的油压，使其在任何情况下都不应超过电缆允许的压力范围。

6.2.13　电缆终端上应有明显的相色标志，且应与系统的相位一致。

6.2.14　控制电缆终端头可采用热缩型，也可以采用塑料带、自粘带包扎。接头应有防潮措施。

7　电缆线路防火阻燃设施施工

7.0.1　对易受外部影响着火的电缆密集场所或可能着火蔓延而酿成严重事故的电缆线路，必须按设计要求的防火阻燃措施施工。

7.0.2　电缆的防火阻燃可采取下列措施：

1　在电缆穿过竖井、墙壁、楼板或进入电气盘、柜的孔洞处，用防火堵料密实封堵；

2　在重要的电缆沟和隧道中，按设计要求分段或用软质耐火材料设置阻火墙；

3　对重要回路的电缆，可单独敷设于专门的沟道中或耐火封闭槽盒内，或对其施加防火涂料、防火包带；

4　在电力电缆接头两侧及相邻电缆 2～3m 长的区段施加防火涂料或防火包带。必要时采用高强度防爆耐火槽盒进行封闭；

5　按设计采用耐火或阻燃型电缆；

6　按设计设置报警和灭火装置；

7　防火重点部位的出入口，应按设计要求设置防火门或防火卷帘；

8 改、扩建工程施工中，对于贯穿已运行的电缆孔洞、阻火墙，应及时恢复封堵。

7.0.3 防火阻燃材料必须具备下列质量资料：

1 有资质的检测机构出具的检测报告；

2 出厂质量检验报告；

3 产品合格证。

7.0.4 防火阻燃材料使用时，应按设计要求和材料使用工艺提出施工措施，材料质量与外观应符合下列要求：

1 有机堵料不氧化、不冒油，软硬适度具有一定的柔韧性；

2 无机堵料无结块、无杂质；

3 防火隔板平整、厚薄均匀；

4 防火包遇水或受潮后不板结；

5 防火涂料无结块、能搅拌均匀；

6 阻火网网孔尺寸大小均匀，经纬线粗细均匀，附着防火复合膨胀料厚度一致。网弯曲时不变形、不脱落，并易于曲面固定。

7.0.5 涂料应按一定浓度稀释，搅拌均匀，并应顺电缆长度方向进行涂刷，涂刷厚度或次数、间隔时间应符合材料使用要求。

7.0.6 包带在绕包时，应拉紧密实，缠绕层数或厚度应符合材料使用要求。绕包完毕后，每隔一定距离应绑扎牢固。

7.0.7 在封堵电缆孔洞时，封堵应严实可靠，不应有明显的裂缝和可见的孔隙，堵体表面平整，孔洞较大者应加耐火衬板后再进行封堵。电缆竖井封堵应保证必要的强度。有机堵料封堵不应有漏光、漏风、龟裂、脱落、硬化现象；无机堵料封堵不应有粉化、开裂等缺陷。

7.0.8 阻火墙上的防火门应严密，孔洞应封堵；阻火墙两侧电缆应施加防火包带或涂料。

7.0.9 阻火包的堆砌应密实牢固，外观整齐，不应透光。

8 工程交接验收

8.0.1 在工程验收时，应按下列要求进行检查：

1 电缆型号、规格应符合设计规定；排列整齐，无机械损伤；标志牌应装设齐全、正确、清晰；

2 电缆的固定、弯曲半径、有关距离和单芯电力电缆的金属护层的接线等应符合本规范的规定；相序排列应与设备连接相序一致，并符合设计要求；

3 电缆终端、电缆接头及充油电缆的供油系统应固定牢靠；电缆接线端子与所接设备端子应接触良好；互联接地箱和交叉互联箱的连接点应接触良好可靠；充有绝缘剂的电缆终端、电缆接头及充油电缆的供油系统不应有渗漏现象；充油电缆的油压及表计整定值应符合产品技术要求；

4 电缆线路所有应接地的接点应与接地极接触良好，接地电阻值应符合设计要求；

5 电缆终端的相色应正确，电缆支架等的金属部件防腐层应完好。电缆管口封堵应严密；

6 电缆沟内应无杂物，无积水，盖板齐全；隧道内应无杂物，照明、通风、排水等设施应符合设计要求；

7 直埋电缆路径标志，应与实际路径相符。路径标志应清晰、牢固；

8 水底电缆线路两岸，禁锚区内的标志和夜间照明装置应符合设计要求；

9 防火措施应符合设计，且施工质量合格。

8.0.2 隐蔽工程应在施工过程中进行中间验收，并做好签证。

8.0.3 在电缆线路工程验收时，应提交下列资料和技术文件：

1 电缆线路路径的协议文件。

2 设计变更的证明文件和竣工图资料。

3 直埋电缆线路的敷设位置图比例宜为1：500。地下管线密集的地段不应小于1：100，在管线稀少、地形简单的地段可为1：1000；平行敷设的电缆线路宜合用一张图纸，图上必须标明各线路的相对位置，并有标明地下管线的剖面图。

4 制造厂提供的产品说明书、试验记录、合格证件及安装图纸等技术文件。

5 电缆线路的原始记录：

1）电缆的型号、规格及其实际敷设总长度及分段长度，电缆终端和接头的型式及安装日期；

2）电缆终端和接头中填充的绝缘材料名称、型号。

6 电缆线路的施工记录：

1）隐蔽工程隐蔽前检查记录或签证；

2）电缆敷设记录；

3）质量检验及评定记录。

7 试验记录。

附录 A
侧压力和牵引力的常用计算公式

A.0.1 侧压力：

$$P = T/R$$

式中 P——侧压力（N/m）；

T——牵引力（N）；

R——弯曲半径（m）。

A.0.2 水平直线牵引：

$$T \xrightarrow{\quad} T \quad T = 9.8\mu WL$$

A.0.3 倾斜直线牵引：

$$T_1 = 9.8WL(\mu\cos\theta_1 + \sin\theta_1)$$

A.0.4 水平弯曲牵引：

$$T_2 = 9.8WL(\mu\cos\theta_2 - \sin\theta_1)$$

$$T_2 = T_1 e^{\mu\theta}$$

A.0.5 垂直弯曲牵引：

1 凸曲面：

$$T_2 = 9.8WR[(1-\mu^2)\sin\theta + 2\mu(e^{\mu\theta} - \cos\theta)]/(1+\mu^2) + T_1 e^{\mu\theta}$$

$$T_2 = 9.8WR[2\mu\sin\theta + (1-\mu^2)(e^{\mu\theta} - \cos\theta)]/(1+\mu^2) + T_1 e^{\mu\theta}$$

2 凹曲面：

$$T_2 = T_1 e^{\mu\theta} - 9.8WR[(1-\mu^2)\sin\theta + 2\mu(e^{\mu\theta} - \cos\theta)]/(1+\mu^2)$$

$$T_2 = T_1 e^{\mu\theta} - 9.8WR[2\mu\sin\theta + (1+\mu^2)(e^{\mu\theta} - \cos\theta)]/(1+\mu^2)$$

式中　T——牵引力（N）；
　μ——摩擦系数（见表 A.0.5）；
　W——电缆每米重量（kg/m）；
　L——电缆长度（m）；
　θ_1——电缆作直线倾斜牵引时的倾斜角（rad）；
　θ——弯曲部分的圆心角（rad）；
　T_1——弯曲前牵引力（N）；
　T_2——弯曲后牵引力（N）；
　R——电缆变曲时的半径（m）。

表 A.0.5　各种牵引条件下的摩擦系数

牵引条件	摩擦系数
钢管内	0.17～0.19
塑料管内	0.4
混凝土管，无润滑剂	0.5～0.7
混凝土管，有润滑	0.3～0.4
混凝土管，有水	0.2～0.4
滚轮上牵引	0.1～0.2
砂中牵引	1.5～3.5
—	—

注：混凝土管包括石棉水泥管。

7　电气装置安装工程　爆炸和火灾危险环境电气装置施工及验收规范

（GB 50257—96）

1　总则

1.0.1　为保证爆炸和火灾危险环境的电气装置的施工安装质量，促进施工安装技术的进步，确保设备的安全运行以及国家和人民生命财产的安全，制订本规范。

1.0.2　本规范适用于在生产、加工、处理、转运或贮存过程中出现或可能出现气体、蒸汽、粉尘、纤维爆炸性混合物和火灾危险物质环境的电气装置安装工程的施工及验收。

本规范不适用于下列环境：

1.0.2.1　矿井井下。

1.0.2.2　制造、使用、贮存火药、炸药、起爆药等爆炸物质的环境。

1.0.2.3　利用电能进行生产并与生产工艺过程直接关联的电解、电镀等电气装置区域。

1.0.2.4　使用强氧化剂以及不用外来点火源就能自行起火的物质的环境。

1.0.2.5　蓄电池室。

1.0.2.6　水、陆、空交通运输工具及海上油、气井平台。

1.0.3　爆炸和火灾危险环境的电气装置的安装，应按已批准的设计进行施工。

1.0.4　设备和器材的运输、保管，应符合国家有关物资运输、保管的规定；当产品有特殊要求时，尚应符合现行产品标准的要求。

1.0.5　采用的设备和器材，均应符合国家现行技术标准的规定，并应有合格证件。设备应有铭牌，防爆电气设备应有防爆标志。

1.0.6　设备和器材到达现场后，应及时作下列验收检查：

1.0.6.1　包装及密封应良好。

1.0.6.2　开箱检查清点，其型号、规格和防爆标志，应符合设计要求，附件、配件、备件应完好齐全。

1.0.6.3　产品的技术文件应齐全。

1.0.6.4　防爆电气设备的铭牌中，必须标有国家检验单位发给的"防爆合格证号"。

1.0.6.5 按本规范要求作外观检查。

1.0.7 施工中的安全技术措施，应符合本规范和现行有关安全技术标准及产品的技术文件的规定。在扩建与改建工程中，必须遵守生产厂安全生产（运行）规程中与施工有关的安全规定。对重要工序，必须事先制定专项安全技术措施。

1.0.8 与爆炸和火灾危险环境电气装置安装工程有关的建筑工程施工，应符合下列要求：

1.0.8.1 与爆炸和火灾危险环境电气装置安装有关的建筑物、构筑物的工程质量，应符合国家现行的建筑工程的施工及验收规范中的有关规定；当设计及设备有特殊要求时，尚应符合其要求。

1.0.8.2 设备安装前，建筑工程应具备下列条件：

（1）基础、构架应符合设计要求，并应达到允许安装的强度；

（2）室内地面基层施工完毕，并在墙上标出地面标高；

（3）预埋件、预留孔应符合设计要求，预埋的电气管路不得遗漏、堵塞，预埋件应牢固；

（4）有可能损坏或严重污染电气装置的抹面及装饰工程应全部结束；

（5）模板、施工设施应拆除，场地并应清理干净；

（6）门窗应安装完毕。

1.0.8.3 爆炸和火灾危险环境电气装置安装完毕，投入运行前，建筑安装工程应符合下列要求：

（1）缺陷修补及装饰工程应结束；

（2）二次灌浆和抹面工作应结束；

（3）防爆通风系统应符合设计要求并运行合格；

（4）受电后无法进行的和影响运行安全的工程应施工完毕，并验收合格；

（5）建筑照明应交付使用。

1.0.9 设备安装用的紧固件，除地脚螺栓外，应采用镀锌制品。

1.0.10 爆炸性气体环境、爆炸性粉尘环境和火灾危险环境的分区，应符合现行国家标准《爆炸和火灾危险环境电力装置设计规范》的有关规定。

1.0.11 爆炸和火灾危险环境的电气装置的施工及验收，除按本规范规定执行外，尚应符合国家现行的有关标准、规范的规定。

2 防爆电气设备的安装

2.1 一般规定

2.1.1 防爆电气设备的类型、级别、组别、环境条件以及特殊标志等，应符合设计的规定。

2.1.2 防爆电气设备应有"EX"标志和标明防爆电气设备的类型、级别、组别的标志的铭牌，并在铭牌上标明国家指定的检验单位发给的防爆合格证号。

2.1.3 防爆电气设备宜安装在金属制作的支架上，支架应牢固，有振动的电气设备的固定螺栓应有防松装置。

2.1.4 防爆电气设备接线盒内部接线紧固后，裸露带电部分之间及与金属外壳之间的电气间隙和爬电距离，不应小于附录 A 的规定。

2.1.5 防爆电气设备的进线口与电缆、导线应能可靠地接线和密封，多余的进线口其弹性密封垫和金属垫片应齐全，并将压紧螺母拧紧使进线口密封。金属垫片的厚度不得小于 2mm。

2.1.6 防爆电气设备外壳表面的最高温度（增安型和无火花型包括设备内部），不应超过表 2.1.6 的规定。

表 2.1.6　防爆电气设备外壳表面的最高温度

温度组别	T_1	T_2	T_3	T_4	T_5	T_6
最高温度（℃）	450	300	200	135	100	85

注：表中 $T_1 \sim T_6$ 的温度组别应符合现行国家标准《爆炸性环境用防爆电气设备通用要求》的有关规定，该标准是将爆炸性气体混合物按引燃温度分为六组，电气设备的温度组别与气体的分组是相适应的。

2.1.7 塑料制成的透明件或其它部件，不得采用溶剂擦洗，可采用家用洗涤剂擦洗。

2.1.8 事故排风机的按钮，应单独安装在便于操作的位置，且应有特殊标志。

2.1.9 灯具的安装，应符合下列要求：

2.1.9.1 灯具的种类、型号和功率，应符合设计和产品技术条件的要求，不得随意变更。

2.1.9.2 螺旋式灯泡应旋紧，接触良好，不得松动。

2.1.9.3 灯具外罩应齐全，螺栓应紧固。

2.2 隔爆型电气设备的安装

2.2.1 隔爆型电气设备在安装前，应进行下列检查：

2.2.1.1 设备的型号、规格应符合设计要求；铭牌及防爆标志应正确、清晰。

2.2.1.2 设备的外壳应无裂纹、损伤。

2.2.1.3 隔爆结构及间隙应符合要求。

2.2.1.4 接合面的紧固螺栓应齐全，弹簧垫圈等防松设施应齐全完好，弹簧垫圈应压平。

2.2.1.5 密封衬垫应齐全完好，无老化变形，并符合产品的技术要求。

2.2.1.6 透明件应光洁无损伤。

2.2.1.7 运动部件应无碰撞和摩擦。

2.2.1.8 接线板及绝缘件应无碎裂，接线盒盖应紧固，电气间隙及爬电距离应符合要求。

2.2.1.9 接地标志及接地螺钉应完好。

2.2.2 隔爆型电气设备不宜拆装。需要拆装时，应符合下列要求：

2.2.2.1 应妥善保护隔爆面，不得损伤。

2.2.2.2 隔爆面上不应有砂眼、机械伤痕。

2.2.2.3 无电镀或磷化层的隔爆面，经清洗后应涂磷化膏、电力复合脂或204号防锈油，严禁刷漆。

2.2.2.4 组装时隔爆面上不得有锈蚀层。

2.2.2.5 隔爆接合面的紧固螺栓不得任意更换，弹簧垫圈应齐全。

2.2.2.6 螺纹隔爆结构，其螺纹的最少啮合扣数和最少啮合深度，不得小于表2.2.2的规定。

表 2.2.2　螺纹隔爆结构螺纹的最少啮合扣数和最小啮合深度

外壳净容积 V（cm³）	螺纹最小啮合深度（mm）	螺纹最少啮合扣数 ⅡA、ⅡB	ⅡC
V≤100	5.0	6	试验安全扣数的2倍但至少为6扣
100<V≤2000	9.0		
V>2000	12.5		

注：表中ⅡA、ⅡB、ⅡC的分级应符合现行国家标准《爆炸性环境用防爆电气设备通用要求》的有关规定，将爆炸性气体混合物按其最大试验安全间隙或最小点燃电流比将Ⅱ类（工厂用电设备）分为A、B、C三级。

2.2.3 隔爆型电机的轴与轴孔、风扇与端罩之间在正常工作状态下，不应产生碰擦。

2.2.4 正常运行时产生火花或电弧的隔爆型电气设备，其电气联锁装置必须可靠；当电源接通时壳盖不应打开，而壳盖打开后电源不应接通。用螺栓紧固的外壳应检查"断电后开盖"警告牌，并应完好。

2.2.5 隔爆型插销的检查和安装，应符合下列要求：

2.2.5.1 插头插入时，接地或接零触头应先接通；插头拔出时，主触头应先分断。

2.2.5.2 开关应在插头插入后才能闭合，开关在分断位置时，插头应插入或拔脱。

2.2.5.3 防止骤然拔脱的徐动装置，应完好可靠，不得松脱。

2.3　增安型和无火花型电气设备的安装

2.3.1 增安型和无火花型电气设备在安装前，应进行下列检查：

2.3.1.1 设备的型号、规格应符合设计要求；铭牌及防爆标志应正确、清晰。

2.3.1.2 设备的外壳和透光部分，应无裂纹、损伤。

2.3.1.3 设备的紧固螺栓应有防松措施，无松动和锈蚀，接线盒盖应紧固。

2.3.1.4 保护装置及附件应齐全、完好。

2.3.2 滑动轴承的增安型电动机和无火花型电动机应测量其定子与转子间的单边气隙，其气隙值不得小于表2.3.2中规定值的1.5倍；设有测隙孔的滚动轴承增安型电动机应测量其定子与转子间的单边气隙，其气隙值不得小于表2.3.2中的规定。

表 2.3.2　滚动轴承的增安型和无火花型电动机定子与转子间的最小单边气隙值 δ（mm）

极数	$D\leq75$	$75<D\leq750$	$D>750$
2	0.25	$0.25+（D-75）/300$	2.7
4	0.2	$0.2+（D-75）/500$	1.7
6及以上	0.2	$0.2+（D-75）/800$	1.2

注：① D 为转子直径；
　　② 变极电动机单边气隙按最少极数计算；
　　③ 若铁芯长度 L 超过直径 D 的1.75倍，其气隙值按上表计算值乘以 $L/1.75D$；
　　④ 径向气隙值需在电动机静止状态下测量。

2.4　正压型电气设备的安装

2.4.1 正压型电气设备在安装前，应进行下列检查：

2.4.1.1 设备的型号、规格应符合设计要求；铭牌及防爆标志应正确、清晰。

2.4.1.2 设备的外壳和透光部分，应无裂纹、损伤。

2.4.1.3 设备的紧固螺栓应有防松措施，无松动和锈蚀，接线盒盖应紧固。

2.4.1.4 保护装置及附件应齐全、完好。

2.4.1.5 密封衬垫应齐全、完好，无老化变形，并应符合产品技术条件的要求。

2.4.2 进入通风、充气系统及电气设备内的空气或气体应清洁，不得含有爆炸性混合物及其它有害物质。

2.4.3 通风过程排出的气体，不宜排入爆炸危险环境，当排入爆炸性气体环境2区时，必须采取防止火花和炽热颗粒从电气设备及其通风系统吹出的有效措施。

2.4.4 通风、充气系统的电气联锁装置，应按先通风后供电、先停电后停风的程序正常动作。在电气设备通电起动前，外壳内的保护气体的体积不得小于产品技术条件规定的最小换气体积与5倍的相连管道容积之和。

2.4.5 微压继电器应装设在风压、气压最低点的出口处。运行中电气设备及通风、充气系统内的风压、气压值不应低于产品技术条件中规定的最低所需压力值。当低于规定值时，微压继电器应可靠动作，并应符合下列要求：

2.4.5.1 在爆炸性气体环境为 1 区时，应能可靠地切断电源。

2.4.5.2 在爆炸性气体环境为 2 区时，应能可靠地发出警告信号。

2.4.6 运行中的正压型电气设备内部的火花、电弧，不应从缝隙或出风口吹出。

2.4.7 通风管道应密封良好。

2.5 充油型电气设备的安装

2.5.1 充油型电气设备在安装前，应进行下列检查：

2.5.1.1 设备的型号、规格应符合设计要求；铭牌及防爆标志应正确、清晰。

2.5.1.2 电气设备的外壳，应无裂纹、损伤。

2.5.1.3 电气设备的油箱、油标不得有裂纹及渗油、漏油缺陷。油面应在油标线范围内。

2.5.1.4 排油孔、排气孔应通畅，不得有杂物。

2.5.2 充油型电气设备的安装，应垂直，其倾斜度不应大于 5°。

2.5.3 充油型电气设备的油面最高温升，不应超过表 2.5.3 的规定。

表 2.5.3 充油型电气设备油面最高温升

温 度 组 别	油面最高温升 (℃)
T_1、T_2、T_3、T_4、T_5	60
T_6	40

2.6 本质安全型电气设备的安装

2.6.1 本质安全型电气设备在安装前，应进行下列检查：

2.6.1.1 设备的型号、规格应符合设计要求；铭牌及防爆标志应正确、清晰。

2.6.1.2 外壳应无裂纹、损伤。

2.6.1.3 本质安全型电气设备、关联电气设备产品铭牌的内容应有防爆标志、防爆合格证号及有关电气参数。本质安全型电气设备与关联电气设备的组合，应符合现行国家标准《爆炸性环境用防爆电器设备（本质安全型）》的有关规定。

2.6.1.4 电气设备所有零件、元器件及线路，应连接可靠，性能良好。

2.6.2 与本质安全型电气设备配套的关联电气设备的型号，必须与本质安全型电气设备铭牌中的关联电气设备的型号相同。

2.6.3 关联电气设备中的电源变压器，应符合下列要求：

2.6.3.1 变压器的铁芯和绕组间的屏蔽，必须有一点可靠接地。

2.6.3.2 直接与外部供电系统连接的电源变压器其熔断器的额定电流，不应大于变压器的额定电流。

2.6.4 独立供电的本质安全型电气设备的电池型号、规格，应符合其电气设备铭牌中的规定，严禁任意改用其它型号、规格的电池。

2.6.5 防爆安全栅应可靠接地，其接地电阻应符合设计和设备技术条件的要求。

2.6.6 本质安全型电气设备与关联电气设备之间的连接导线或电缆的型号、规格和长度，应符合设计规定。

2.7 粉尘防爆电气设备的安装

2.7.1 粉尘防爆电气设备在安装前，应进行下列检查：

2.7.1.1 设备的防爆标志、外壳防护等级和温度组别，应与爆炸性粉尘环境相适应。

2.7.1.2 设备的型号、规格应符合设计要求；铭牌及防爆标志应正确、清晰。

2.7.1.3 设备的外壳应光滑、无裂纹、无损伤、无凹坑或沟槽，并应有足够的强度。

2.7.1.4 设备的紧固螺栓，应无松动、锈蚀。

2.7.1.5 设备的外壳接合面应紧固严密，密封垫圈完好，转动轴与轴孔间的防尘密封应严密。透明件应无裂损。

2.7.2 设备安装应牢固，接线应正确，接触应良好，通风孔道不得堵塞，电气间隙和爬电距离应符合设备的技术要求。

2.7.3 设备安装时，不得损伤外壳和进线装置的完整及密封性能。

2.7.4 粉尘防爆电气设备的表面最高温度，应符合表 2.7.4 的规定。

表 2.7.4 粉尘防爆电气设备表面最高温度 (℃)

温度组别	无过负荷	有认可的过负荷
T_{11}	215	190
T_{12}	160	145
T_{13}	120	110

注：表中温度组别，应符合现行国家标准《爆炸性环境用防爆电气设备通用要求》的有关规定。

2.7.5 粉尘防爆电气设备安装后，应按产品技术要求做好保护装置的调整和试操作。

3　爆炸危险环境的电气线路

3.1　一般规定

3.1.1　电气线路的敷设方式、路径，应符合设计规定。当设计无明确规定时，应符合下列要求：

3.1.1.1　电气线路，应在爆炸危险性较小的环境或远离释放源的地方敷设。

3.1.1.2　当易燃物质比空气重时，电气线路应在较高处敷设；当易燃物质比空气轻时，电气线路宜在较低处或电缆沟敷设。

3.1.1.3　当电气线路沿输送可燃气体或易燃液体的管道栈桥敷设时，管道内的易燃物质比空气重时，电气线路应敷设在管道的上方；管道内的易燃物质比空气轻时，电气线路应敷设在管道的正下方的两侧。

3.1.2　敷设电气线路时宜避开可能受到机械损伤、振动、腐蚀以及可能受热的地方；当不能避开时，应采取预防措施。

3.1.3　爆炸危险环境内采用的低压电缆和绝缘导线，其额定电压必须高于线路的工作电压，且不得低于500V，绝缘导线必须敷设于钢管内。

电气工作中性线绝缘层的额定电压，应与相线电压相同，并应在同一护套或钢管内敷设。

3.1.4　电气线路使用的接线盒、分线盒、活接头、隔离密封件等连接件的选型，应符合现行国家标准《爆炸和火灾危险环境电力装置设计规范》的规定。

3.1.5　导线或电缆的连接，应采用有防松措施的螺栓固定，或压接、钎焊、熔焊，但不得绕接。铝芯与电气设备的连接，应有可靠的铜—铝过渡接头等措施。

3.1.6　爆炸危险环境除本质安全电路外，采用的电缆或绝缘导线，其铜、铝线芯最小截面应符合表3.1.6的规定。

表3.1.6　**爆炸危险环境电缆和绝缘**
导线线芯最小截面

爆炸危险环境	线芯最小截面面积（mm²）					
	铜			铝		
	电力	控制	照明	电力	控制	照明
1区	2.5	2.5	2.5	×	×	×
2区	1.5	1.5	1.5	4	×	2.5
10区	2.5	2.5	2.5	×	×	×
11区	1.5	1.5	1.5	2.5	2.5	2.5

注：表中符号"×"表示不适用。

3.1.7　10kV及以下架空线路严禁跨越爆炸性气体环境；架空线路与爆炸性气体环境的水平距离，不应小于杆塔高度的1.5倍。当在水平距离小于规定而无法躲开的特殊情况下，必须采取有效的保护措施。

3.2　爆炸危险环境内的电缆线路

3.2.1　电缆线路在爆炸危险环境内，电缆间不应直接连接。在非正常情况下，必须在相应的防爆接线盒或分线盒内连接或分路。

3.2.2　电缆线路穿过不同危险区域或界壁时，必须采取下列隔离密封措施：

3.2.2.1　在两级区域交界处的电缆沟内，应采取充砂、填阻火堵料或加设防火隔墙。

3.2.2.2　电缆通过与相邻区域共用的隔墙、楼板、地面及易受机械损伤处，均应加以保护；留下的孔洞，应堵塞严密。

3.2.2.3　保护管两端的管口处，应将电缆周围用非燃性纤维堵塞严密，再填塞密封胶泥，密封胶泥填塞深度不得小于管子内径，且不得小于40mm。

3.2.3　防爆电气设备、接线盒的进线口，引入电缆后的密封应符合下列要求：

3.2.3.1　当电缆外护套必须穿过弹性密封圈或密封填料时，必须被弹性密封圈挤紧或被密封填料封固。

3.2.3.2　外径等于或大于20mm的电缆，在隔离密封处组装防止电缆拔脱的组件时，应在电缆被拧紧或封固后，再拧紧固定电缆的螺栓。

3.2.3.3　电缆引入装置或设备进线口的密封，应符合下列要求：

（1）装置内的弹性密封圈的一个孔，应密封一根电缆；

（2）被密封的电缆断面，应近似圆形；

（3）弹性密封圈及金属垫，应与电缆的外径匹配；其密封圈内径与电缆外径允许差值为±1mm；

（4）弹性密封圈压紧后，应能将电缆沿圆周均匀地被挤紧。

3.2.3.4　有电缆头腔或密封盒的电气设备进线口，电缆引入后应浇灌固化的密封填料，填塞深度不应小于引入口径的1.5倍，且不得小于40mm。

3.2.3.5　电缆与电气设备连接时，应选用与电缆外径相适应的引入装置，当选用的电气设备的引入装置与电缆的外径不相适应时，应采用过渡接线方式，电缆与过渡线必须在相应的防爆接线盒内连接。

3.2.4　电缆配线引入防爆电动机需挠性连接时，可采用挠性连接管，其与防爆电动机接线盒之间，应按防爆要求加以配合，不同的使用环境条件应采用不同材质的挠性连接管。

3.2.5　电缆采用金属密封环式引入时，贯通引入装置的电缆表面，应清洁干燥；对涂有防腐层，应清除干净后再敷设。

3.2.6 在室外和易进水的地方，与设备引入装置相连接的电缆保护管的管口，应严密封堵。

3.3 爆炸危险环境内的钢管配线

3.3.1 配线钢管，应采用低压流体输送用镀锌焊接钢管。

3.3.2 钢管与钢管、钢管与电气设备、钢管与钢管附件之间的连接，应采用螺纹连接。不得采用套管焊接，并应符合下列要求：

3.3.2.1 螺纹加工应光滑、完整，无锈蚀，在螺纹上应涂以电力复合脂或导电性防锈脂。不得在螺纹上缠麻或绝缘胶带及涂其它油漆。

3.3.2.2 在爆炸性气体环境1区和2区时，螺纹有效啮合扣数：管径为25mm及以下的钢管不应少于5扣；管径为32mm及以上的钢管不应少于6扣。

3.3.2.3 在爆炸性气体环境1区和2区与隔爆型设备连接时，螺纹连接处应有锁紧螺母。

3.3.2.4 在爆炸性粉尘环境10区和11区时，螺纹有效啮合扣数不应少于5扣。

3.3.2.5 外露丝扣不应过长。

3.3.2.6 除设计有特殊规定外，连接处可不焊接金属跨接线。

3.3.3 电气管路之间不得采用倒扣连接；当连接有困难时，应采用防爆活接头，其接合面应密贴。

3.3.4 在爆炸性气体环境1区、2区和爆炸性粉尘环境10区的钢管配线，在下列各处应装设不同型式的隔离密封件：

3.3.4.1 电气设备无密封装置的进线口。

3.3.4.2 管路通过与其它任何场所相邻的隔墙时，应在隔墙的任一侧装设横向式隔离密封件。

3.3.4.3 管路通过楼板或地面引入其它场所时，均应在楼板或地面的上方装设纵向式密封件。

3.3.4.4 管径为50mm及以上的管路在距引入的接线箱450mm以内及每距15m处，应装设一隔离密封件。

3.3.4.5 易积结冷凝水的管路，应在其垂直段的下方装设排水式隔离密封件，排水口应置于下方。

3.3.5 隔离密封的制作，应符合下列要求：

3.3.5.1 隔离密封件的内壁，应无锈蚀、灰尘、油渍。

3.3.5.2 导线在密封件内不得有接头，且导线之间及与密封件壁之间的距离应均匀。

3.3.5.3 管路通过墙、楼板或地面时，密封件与墙面、楼板或地面的距离不应超过300mm，且此段管路中不得有接头，并应将孔洞堵塞严密。

3.3.5.4 密封件内必须填充水凝性粉剂密封填料。

3.3.5.5 粉剂密封填料的包装必须密封。密封填料的配制应符合产品的技术规定，浇灌时间严禁超过其初凝时间，并应一次灌足。凝固后其表面应无龟裂。排水式隔离密封件填充后的表面应光滑，并可自行排水。

3.3.6 钢管配线应在下列各处装设防爆挠性连接管：

3.3.6.1 电机的进线口。

3.3.6.2 钢管与电气设备直接连接有困难处。

3.3.6.3 管路通过建筑物的伸缩缝、沉降缝处。

3.3.7 防爆挠性连接管应无裂纹、孔洞、机械损伤、变形等缺陷；其安装时应符合下列要求：

3.3.7.1 在不同的使用环境条件下，应采用相应材质的挠性连接管。

3.3.7.2 弯曲半径不应小于管外径的5倍。

3.3.8 电气设备、接线盒和端子箱上多余的孔，应采用丝堵堵塞严密。当孔内垫有弹性密封圈时，则弹性密封圈的外侧应设钢质堵板，其厚度不应小于2mm，钢质堵板应经压盘或螺母压紧。

3.4 本质安全型电气设备及其关联电气设备的线路

3.4.1 本质安全型电气设备配线工程中的导线、钢管、电缆的型号、规格以及配线方式、线路走向和标高、与关联电气设备的连接线等，除必须按设计要求施工外，尚应符合产品技术文件的有关规定。

3.4.2 本质安全电路关联电路的施工，应符合下列要求：

3.4.2.1 本质安全电路与关联电路不得共用同一电缆或钢管；本质安全电路或关联电路，严禁与其它电路共用同一电缆或钢管。

3.4.2.2 两个及以上的本质安全电路，除电缆线芯分别屏蔽或采用屏蔽导线者外，不应共用同一电缆或钢管。

3.4.2.3 配电盘内本质安全电路与关联电路或其它电路的端子之间的间距，不应小于50mm；当间距不满足要求时，应采用高于端子的绝缘隔板或接地的金属隔板隔离；本质安全电路、关联电路的端子排应采用绝缘的防护罩；本质安全电路、关联电路、其它电路的盘内配线应分开束扎、固定。

3.4.2.4 所有需要隔离密封的地方，应按规定进行隔离密封。

3.4.2.5 本质安全电路及关联电路配线中的电缆、钢管、端子板，均应有蓝色的标志。

3.4.2.6 本质安全电路本身除设计有特殊规定外，不应接地。电缆屏蔽层，应在非爆炸危险环境进行一点接地。

3.4.2.7 本质安全电路与关联电路采用非铠装和无屏蔽层的电缆时，应采用镀锌钢管加以保护。

3.4.3 在非爆炸危险环境中与爆炸危险环境有直接连接的本质安全电路及关联电路的施工，应符合本规范第 3.4.2 条的规定。

4 火灾危险环境的电气装置

4.1 电气设备的安装

4.1.1 火灾危险环境所采用的电气设备类型，应符合设计的要求。

4.1.2 装有电气设备的箱、盒等，应采用金属制品；电气开关和正常运行产生火花或外壳表面温度较高的电气设备，应远离可燃物质的存放地点，其最小距离不应小于 3m。

4.1.3 在火灾危险环境内，不宜使用电热器。当生产要求必须使用电热器时，应将其安装在非燃材料的底板上，并应装设防护罩。

4.1.4 移动式和携带式照明灯具的玻璃罩，应采用金属网保护。

4.1.5 露天安装的变压器或配电装置的外廓距火灾危险环境建筑物的外墙，不宜小于 10m。当小于 10m 时，应符合下列要求：

4.1.5.1 火灾危险环境建筑物靠变压器或配电装置一侧的墙，应为非燃烧体。

4.1.5.2 在高出变压器或配电装置高度 3m 的水平线以上或距变压器或配电装置外廓 3m 以外的墙壁上，可安装非燃烧的镶有铁丝玻璃的固定窗。

4.2 电气线路

4.2.1 在火灾危险环境内的电力、照明线路的绝缘导线和电缆的额定电压，不应低于线路的额定电压，且不得低于 500V。

4.2.2 1kV 及以下的电气线路，可采用非铠装电缆或钢管配线；在火灾危险环境 21 区或 23 区内，可采用硬塑料管配线；在火灾危险环境 23 区内，远离可燃物质时，可采用绝缘导线在针式或鼓型瓷绝缘子上敷设。但在沿未抹灰的木质吊顶和木质墙壁等处及木质闷顶内的电气线路，应穿钢管明敷，不得采用瓷夹、瓷瓶配线。

4.2.3 在火灾危险环境内，当采用铝芯绝缘导线和电缆时，应有可靠的连接和封端。

4.2.4 在火灾危险环境 21 区或 22 区内，电动起重机不应采用滑触线供电；在火灾危险环境 23 区内，电动起重机可采用滑触线供电，但在滑触线下方，不应堆置可燃物质。

4.2.5 移动式和携带式电气设备的线路，应采用移动电缆或橡套软线。

4.2.6 在火灾危险环境内安装裸铜、裸铝母线，应符合下列要求：

4.2.6.1 不需拆卸检修的母线连接宜采用熔焊。

4.2.6.2 螺栓连接应可靠，并应有防松装置。

4.2.6.3 在火灾危险环境 21 区和 23 区内的母线宜装设金属网保护罩，其网孔直径不应大于 12mm。在火灾危险环境 22 区内的母线应有 IP5X 型结构的外罩，并应符合现行国家标准《外壳防护等级的分类》中的有关规定。

4.2.7 电缆引入电气设备或接线盒内，其进线口处应密封。

4.2.8 钢管与电气设备或接线盒的连接，应符合下列要求：

4.2.8.1 螺纹连接的进线口，应啮合紧密；非螺纹连接的进线口，钢管引入后应装设锁紧螺母。

4.2.8.2 与电动机及有振动的电气设备连接时，应装设金属挠性连接管。

4.2.9 10kV 及以下架空线路，严禁跨越火灾危险环境；架空线路与火灾危险环境的水平距离，不应小于杆塔高度的 1.5 倍。

5 接地

5.1 保护接地

5.1.1 在爆炸危险环境的电气设备的金属外壳、金属构架、金属配线管及其配件、电缆保护管、电缆的金属护套等非带电的裸露金属部分，均应接地或接零。

5.1.2 在爆炸性气体环境 1 区或爆炸性粉尘环境 10 区内所有的电气设备以及爆炸性气体环境 2 区内除照明灯具以外的其它电气设备，应采用专用的接地线；该专用接地线若与相线敷设在同一保护管内时，应具有与相线相等的绝缘。金属管线、电缆的金属外壳等，应作为辅助接地线。

5.1.3 在爆炸性气体环境 2 区的照明灯具及爆炸性粉尘环境 11 区内的所有电气设备，可利用有可靠电气连接的金属管线系统作为接地线；在爆炸性粉尘环境 11 区内可采用金属结构作为接地线，但不得利用输送爆炸危险物质的管道。

5.1.4 在爆炸危险环境中接地干线宜在不同方向与接地体相连，连接处不得少于两处。

5.1.5 爆炸危险环境中的接地干线通过与其它环境共用的隔墙或楼板时，应采用钢管保护，并应按本规范第 3.2.2 条的规定作好隔离密封。

5.1.6 电气设备及灯具的专用接地线或接零保护线，应单独与接地干线（网）相连，电气线路中的工作零线不得作为保护接地线用。

5.1.7 爆炸危险环境内的电气设备与接地线的连接，宜采用多股软绞线，其铜线最小截面面积不得小于 $4mm^2$，易受机械损伤的部位应装设保护管。

5.1.8 铠装电缆引入电气设备时，其接地或接零芯线应与设备内接地螺栓连接；钢带及金属外壳应与设备外接地螺栓连接。

5.1.9 爆炸危险环境内接地或接零用的螺栓应有防松装置；接地线紧前，其接地端子及上述紧固件，均应涂电力复合脂。

5.2 防静电接地

5.2.1 生产、贮存和装卸液化石油气、可燃气体、易燃液体的设备、贮罐、管道、机组和利用空气干燥、掺合、输送易产生静电的粉状、粒状的可燃固体物料的设备、管道以及可燃粉尘的袋式集尘设备，其防静电接地的安装，除应按照国家现行有关防静电接地的标准规范的规定外，尚应符合下列要求：

5.2.1.1 防静电的接地装置可与防感应雷和电气设备的接地装置共同设置，其接地电阻值应符合防感应雷和电气设备接地的规定；只作防静电的接地装置，每一处接地体的接地电阻值应符合设计规定。

5.2.1.2 设备、机组、贮罐、管道等的防静电接地线，应单独与接地体或接地干线相连，除并列管道外不得互相串连接地。

5.2.1.3 防静电接地线的安装，应与设备、机组、贮罐等固定接地端子或螺栓连接，连接螺栓不应小于 M10，并应有防松装置和涂以电力复合脂。当采用焊接端子连接时，不得降低和损伤管道强度。

5.2.1.4 当金属法兰采用金属螺栓或卡子相紧固时，可不另装跨接线。在腐蚀条件下安装前，应有两个及以上螺栓和卡子之间的接触面去锈和除油污，并应加装防松螺母。

5.2.1.5 当爆炸危险区内的非金属构架上平行安装的金属管道相互之间的净距离小于 100mm 时，宜每隔 20m 用金属线跨接；金属管道相互交叉的净距离小于 100mm 时，应采用金属线跨接。

5.2.1.6 容量为 $50m^3$ 及以上的贮罐，其接地点不应少于两处，且接地点的间距不应大于 30m，并应在罐体底部周围对称与接地体连接，接地体应连接成环形的闭合回路。

5.2.1.7 易燃或可燃液体的浮动式贮罐，在无防雷接地时，其罐顶与罐体之间应采用铜软线作不少于两处跨接，其截面不应小于 $25mm^2$，且其浮动式电气测量装置的电缆，应在引入贮罐处将铠装、金属外壳可靠地与罐体连接。

5.2.1.8 钢筋混凝土的贮罐或贮槽，沿其内壁敷设的防静电接地导体，应与引入的金属管道及电缆的铠装、金属外壳连接，并应引至罐、槽的外壁与接地体连接。

5.2.1.9 非金属的管道（非导电的）、设备等，其外壁上缠绕的金属丝网、金属带等，应紧贴其表面均匀地缠绕，并应可靠地接地。

5.2.1.10 可燃粉尘的袋式集尘设备，织入袋体的金属丝的接地端子应接地。

5.2.1.11 皮带传动的机组及其皮带的防静电接地刷、防护罩，均应接地。

5.2.2 引入爆炸危险环境的金属管道、配线的钢管、电缆的铠装及金属外壳，均应在危险区域的进口处接地。

6 工程交接验收

6.0.1 防爆电气设备在安装完毕后，试运前、试运中、交接时除应按有关现行国家标准电气装置安装工程施工及验收规范相应的检查项目及要求进行检查外，尚应按本章各条规定进行检查。

6.0.2 防爆电气设备在试运行中，尚应符合下列要求：

6.0.2.1 防爆电气设备外壳的温度不得超过规定值。

6.0.2.2 正压型电气设备的出风口，应无火花吹出。当降低风压、气压时，微压继电器应可靠动作。

6.0.2.3 防爆电气设备的保护装置及联锁装置，应动作正确、可靠。

6.0.3 工程竣工验收时，尚应进行下列检查：

6.0.3.1 防爆电气设备的铭牌中，必须标明国家指定的检验单位发给的防爆合格证号。

6.0.3.2 防爆电气设备的类型、级别、组别，应符合设计。

6.0.3.3 防爆电气设备的外壳，应无裂纹、损伤；油漆应完好。接线盒盖应紧固，且固定螺栓及防松装置应齐全。

6.0.3.4 防爆充油型电气设备不得有渗油、漏油；其油面高度应符合要求。

6.0.3.5 正压型电气设备的通风、排气系统应通畅，连接正确，进口、出口安装位置符合要求。

6.0.3.6 电气设备多余的进线口，应按规定作好密封。

6.0.3.7 电气线路中密封装置的安装，应符合规定。

6.0.3.8 本质安全型电气设备的配线工程，其线路走向、高程，应符合设计；线路应标有天蓝色的标志。

6.0.3.9 电气装置的接地或接零、防静电接地，应符合设计要求，接地应牢固可靠。

6.0.4 在验收时，应提交下列文件和资料：

6.0.4.1 变更设计部分的实际施工图。

6.0.4.2 变更设计的证明文件。

6.0.4.3 制造厂提供的产品使用说明书、试验记录、合格证件及安装图纸等技术文件。

6.0.4.4 除应按有关现行国家标准电气装置安装工程施工及验收规范相应规定提交有关设备的安装技术记录外，尚应提交有测隙孔的增安型电动机定子、转子间单边气隙的测量记录。

6.0.4.5 除应按有关现行国家标准电气装置安装工程施工及验收规范相应规定提交有关设备的调整、试验记录外，尚应提交正压型电气设备的风压、气压等继电保护装置的调整记录、电气设备试运时外壳的最高温度记录和防静电接地的接地电阻值的测试记录等。

附录 A
防爆电气设备裸露带电部分之间及与金属外壳之间的电气间隙和爬电距离

A.0.1 增安型、无火花型电气设备不同电位的导电部件之间的最小电气间隙和爬电距离，应符合表A.0.1的规定。

表 A.0.1 增安型、无火花型电气设备不同电位的导电部件之间的最小电气间隙和爬电距离

额定电压（V）	最小电气间隙（mm）	最小爬电距离（mm）		
		Ⅰ	Ⅱ	Ⅲ
12	2	2	2	2
24	3	3	3	3
36	4	4	4	4
60	6	6	6	6
127	6	6	7	8
220	6	6	8	10
380	8	8	10	12
660	10	12	16	20
1140	18	24	28	35
3000	36	45	60	75
6000	60	85	110	135
10000	100	125	150	180

注：① 设备的额定电压，可高于表列数值的10%。
② 装入灯座中的额定电压，不大于250V的螺旋灯座灯泡，对于a级绝缘材料最小爬电距离可为3mm。
③ 表中的Ⅰ、Ⅱ、Ⅲ为绝缘材料相比漏电起痕指数分级，应符合现行国家标准《爆炸性环境用防爆电气设备通用要求》的有关规定。Ⅰ级上釉的陶瓷，云母，玻璃；Ⅱ级三聚腈胺石棉耐弧塑料、硅有机石棉耐弧塑料；Ⅲ级为聚四氟乙烯塑料、三聚腈胺玻璃纤维塑料、表面用耐弧漆处理的环氧玻璃布板。

A.0.2 本质安全电路与非本质安全电路裸露导体之间的电气间隙和爬电距离，不得小于表A.0.2的规定值。

表 A.0.2 本质安全电路与非本质安全电路裸露导体之间的电气间隙和爬电距离

额定电压峰值（V）	电气间隙（mm）	胶封中的间距（mm）	爬电距离（mm）	绝缘涂层下的爬电距离（mm）
60	3	1	3	1
90	4	1.3	4	1.3
190	6	2	8	2.6
375	6	2	10	3.3
550	6	2	15	5
750	8	2.6	18	6
1000	10	3.3	25	8.3
1300	14	4.6	36	12
1550	16	5.3	40	13.3

8 电气装置安装工程 高压电器施工及验收规范

（GBJ 147—90）

第一章 总 则

第1.0.1条 为保证高压电器的施工安装质量，促进安装技术的进步，确保设备安全运行，制订本规范。

第1.0.2条 本规范适用于交流500kV及以下空气断路器、油断路器、六氟化硫断路器、六氟化硫封闭式组合电器、真空断路器、隔离开关、负荷开关、高压熔断器、电抗器、避雷器及电容器安装工程的施工及验收。

第1.0.3条 高压电器的安装应按已批准的设计进行施工。

第1.0.4条 设备和器材的运输、保管，应符合本规范要求，当产品有特殊要求时，并应符合产品的要求。

第1.0.5条 设备及器材在安装前的保管，其保管期限应为1年及以下。当需长期保管时，应符合设备及器材保管的专门规定。

第1.0.6条 采用的设备及器材均应符合国家现行技术标准的规定，并应有合格证件。设备应有铭牌。

第1.0.7条 设备及器材到达现场后，应及时作下列验收检查：

一、包装及密封应良好。

二、开箱检查清点，规格应符合设计要求，附件、备件应齐全。

三、产品的技术文件应齐全。

四、按本规范要求作外观检查。

第1.0.8条 施工中的安全技术措施，应符合本规范和现行有关安全技术标准及产品的技术文件的规定。对重要工序，尚应事先制定安全技术措施。

第1.0.9条 与高压电器安装有关的建筑工程施工，应符合下列要求：

一、与高压电器安装有关的建筑物、构筑物的建筑工程质量，应符合国家现行的建筑工程施工及验收规范中的有关规定。当设备及设计有特殊要求时，尚应符合其要求。

二、设备安装前，建筑工程应具备下列条件：

1. 屋顶、楼板施工完毕，不得渗漏；

2. 室内地面基层施工完毕，并在墙上标出地面标高；在配电室内，设备底座及母线的构架安装后，作好抹光地面的工作；配电室的门窗安装完毕；

3. 预埋件及预留孔符合设计要求，预埋件牢固；

4. 进行装饰时有可能损坏已安装的设备或设备安装后不能再进行装饰的工作应全部结束；

5. 混凝土基础及构支架达到允许安装的强度和刚度，设备支架焊接质量符合要求；

6. 模板、施工设施及杂物清除干净，并有足够的安装用地，施工道路通畅；

7. 高层构架的走道板、栏杆、平台及梯子等齐全牢固；

8. 基坑已回填夯实。

三、设备投入运行前，建筑工程应符合下列要求：

1. 消除构架上的污垢，填补孔洞以及装饰等应结束；

2. 完成二次灌浆和抹面；

3. 保护性网门、栏杆及梯子等齐全；

4. 室外配电装置的场地应平整；

5. 受电后无法进行或影响运行安全的工作施工完毕。

第1.0.10条 设备安装用的紧固件，除地脚螺栓外应采用镀锌制品；户外用的紧固件应采用热镀锌制品；电器接线端子用的紧固件应符合现行国家标准《变压器、高压电器和套管的接线端子》的规定。

第1.0.11条 高压电器的瓷件质量，应符合现行国家标准《高压绝缘子瓷件技术条件》和有关电瓷产品技术条件的规定。

第1.0.12条 高压电器的施工及验收除按本规范的规定执行外，尚应符合国家现行的有关标准规范的规定。

第二章 空气断路器

第一节 一般规定

第2.1.1条 本章适用于额定电压为3～500kV的空气断路器。

第2.1.2条 空气断路器到达现场后的保管应符合下列要求：

一、灭弧室、储气筒等应密封良好；

二、环氧玻璃钢导气管、绝缘拉杆等应置于室内保管，不得变形；

三、设备及其瓷件应安置稳妥，不得损坏。

第二节 空气断路器的安装

第2.2.1条 空气断路器及其附件安装前，应进行下列检查：

一、外表应完好，无影响其性能的损伤。

二、环氧玻璃钢导气管不得有裂纹、剥落和破损。

三、绝缘拉杆表面应清洁无损伤，绝缘应良好，端部连接部件应牢固可靠，弯曲度不超过产品的技术规定。

四、瓷套与金属法兰间的粘合应牢固密实，法兰结合面应平整，无外伤或铸造砂眼。

五、灭弧室、分合闸阀、启动阀、主阀、中间阀、控制阀和排气阀及触头的传动活塞等应作部分或整体的解体检查，制造厂规定不作解体且具体保证的部件除外。

六、均压电容器的检查应符合本规范第十一章的有关规定。

七、高强度支柱瓷套外观检查有疑问时，应经探伤试验；不得有裂纹、损伤，并不得修补。

第2.2.2条 空气断路器的基础或支架应符合下列要求：

一、基础的中心距离及高度的误差不应大于10mm。

二、预留孔或预埋铁板中心线的误差不应大于10mm，预埋螺栓的中心线的误差不应大于2mm。

第2.2.3条 空气断路器的安装应在无雨雪及无

风沙天气下进行；部件的解体检查宜在室内或棚内进行。

第2.2.4条　空气断路器部件的解体检查，应符合下列要求：

一、启动阀、主阀、中间阀、控制阀、排气阀等阀门系统及灭弧动触头的传动活塞：

1. 活塞、套筒、弹簧、胀圈等零件应完好、清洁、无锈蚀；滑动工作面涂以产品规定的润滑剂；

2. 橡皮密封垫（圈）应无扭曲、变形、裂纹、毛刺，并应具有良好的弹性；密封垫（圈）应与法兰面或法兰面上的密封槽的尺寸配合；

3. 阀门的排气孔、控制延时用的气孔以及阀门进出气管的承接口应通畅；

4. 阀门的金属法兰面应清洁、平整、无砂眼；

5. 组装时，活塞胀圈的张口应互相错开；活塞运动灵活、无卡阻；弹簧应保持原有的压缩程度。

二、灭弧室的主、辅灭弧触头、并联电阻、均压电容：

1. 触头零件应紧固，灭弧触指弹簧应完整，位置准确，触指上的镀银层应完好；

2. 灭弧室内部应清扫干净，部件的装配尺寸及灭弧动触头传动活塞的行程应符合产品要求；喷口的安装方向正确；

3. 测得的并联电阻、均压电容值应符合产品的规定。

三、传动部件：

1. 转轴应清洁，并涂以适合当地气候的润滑脂；

2. 传动机构系统应动作灵活可靠。

第2.2.5条　空气断路器底座的安装，应符合下列要求：

一、底座应安装稳固，三相底座相间距离误差不应大于5mm。

二、支持瓷套的法兰面应水平；三相联动的空气断路器，其相间瓷套法兰面宜在同一水平面上。

三、储气筒内部应无杂物，并应用压缩空气吹净或吸尘器除净。

第2.2.6条　空气断路器的组装，应符合下列要求：

一、瓷件、环氧玻璃钢导气管、绝缘拉杆等应保持清洁干燥。

二、所有部件的安装位置应正确，并保持其应有的水平或垂直位置；拉紧绝缘子的紧度应适当。

三、连接瓷套法兰所用的橡皮密封垫（圈）不应有变形、开裂或老化龟裂，并应与密封槽尺寸相配合；橡皮密封垫（圈）的压缩量不宜超过其厚度的

1/3或按产品的技术规定执行。

四、灭弧室外接端子应光洁，连接用软导线不应有断股。

五、空气断路器与其传动部分的连接应可靠，防松螺母应拧紧，转轴应涂以适合当地气候的润滑脂。

六、气管与部件的连接，应使铜管的胀口与接头配合严密，胀口不应有裂纹，管子内部应洁净。

第2.2.7条　控制柜、分相控制箱应封闭良好；加热装置应完好。

第三节　调　　整

第2.3.1条　空气断路器的调整及操动试验，应符合下列规定：

一、各项调整数据应符合产品要求；阀门系统功能良好，传动机构及缓冲器应动作灵活，无卡阻。

二、充气时应逐段增高压力，并在各段气压下进行密封检查。升到最高工作气压时，阀体、瓷套法兰、连接接头处应无漏气。

三、调试完毕后，应进行整组空气断路器的漏气量检查，漏气量应符合产品的技术规定。

第2.3.2条　空气断路器的调整，应包括下列内容：

一、分、合闸及自动重合闸的最低动作气压及零气压闭锁。

二、分、合闸及自动重合闸时的气压降。

三、分、合闸及自动重合闸时的动作时间。

调整结果应符合产品的技术规定。

注： 调整过程中，应同时检查控制及通风干燥等低气压系统，气路应通畅。

第2.3.3条　空气断路器的辅助开关接点应动作准确，接触良好，并应与空气断路器的分、合闸和自动重合闸的动作可靠地配合，接点断开后的间隙应符合产品的技术规定。

第2.3.4条　分、合闸位置指示器应动作灵活可靠，指示正确。

第四节　工程交接验收

第2.4.1条　在验收时，应进行下列检查：

一、空气断路器各部分应完整，外壳应清洁，动作性能符合规定。

二、基础及支架应稳固，气动操作时，空气断路器不应有剧烈振动。

三、油漆应完整，相色正确，接地良好。

第2.4.2条　在验收时，应提交下列资料和

文件：

一、交更设计的证明文件。

二、制造厂提供的产品说明书、试验记录、合格证件及安装图纸等技术文件。

三、安装技术记录。

四、调整试验记录。

五、备品、备件及专用工具清单。

第三章 油 断 路 器

第一节 一 般 规 定

第3.1.1条 本章适用于额定电压为3～330kV的油断路器。

第3.1.2条 油断路器在运输吊装过程中不得倒置、碰撞或受到剧烈振动。多油断路器运输时应处于合闸状态。

第3.1.3条 油断路器运到现场后的检查，应符合下列要求：

一、断路器的所有部件、备件及专用工器具应齐全，无锈蚀或机械损伤，瓷铁件应粘合牢固。

二、绝缘部件不应变形、受潮。

三、油箱焊缝不应渗油，外部油漆应完整。

四、充油运输的部件不应渗油。

第3.1.4条 油断路器到达现场后的保管，应符合下列要求：

一、断路器的部件及备件应按其不同保管要求置于室内或室外平整、无积水的场地。

二、断路器的绝缘部件应放置干燥通风的室内，绝缘拉杆应妥善放置。

三、少油断路器的灭弧室内应充满合格的绝缘油，多油断路器存放时应处于合闸状态。

四、断路器的提升装置的钢丝绳等，应有防锈措施。

第二节 油断路器的安装与调整

第3.2.1条 油断路器的基础应符合下列要求：

一、基础的中心距离及高度的误差不应大于10mm。

二、预留孔或预埋铁板中心线的误差不应大于10mm。

三、预埋螺栓中心线的误差不应大于2mm。

第3.2.2条 油断路器的组装应符合下列要求：

一、断路器应安装垂直，并固定牢靠，底座或支架与基础的垫片不宜超过三片，其总厚度不应大于10mm，各片间应焊接牢固。

二、按产品的部件编号进行组装，不得混装。

三、同相各支持瓷套的法兰面宜在同一水平面上，各支柱中心线间距离的误差不应大于5mm；三相联动的油断路器，其相间支持瓷套法兰面宜在同一水平面上，三相底座或油箱中心线的误差不应大于5mm。

四、三相联动或同相各柱之间的连杆，其拐臂应在同一水平面上，拐臂角度应一致，并使连杆与机构工作缸的活塞杆在同一中心线上；连杆拧入深度应符合产品的技术规定，防松螺母应拧紧。

五、支持瓷套内部应清洁，卡固弹簧应穿到底；法兰密封垫应完好，安放位置正确且紧固均匀。

六、工作缸或定向三角架应固定牢固，工作缸的活塞杆表面应洁净，并有防雨、防尘罩。

七、定位连杆应固定牢固，受力均匀。

第3.2.3条 油断路器的灭弧室应作解体检查和清理，复原时应安装正确。制造厂规定不作解体且有具体保证的10kV油断路器，可进行抽查。

第3.2.4条 油断路器的导电部分，应符合下列要求：

一、触头的表面应清洁，镀银部分不得锉磨；触头上的铜钨合金不得有裂纹、脱焊或松动。

二、触头的中心应对准，分、合闸过程中无卡阻现象；同相各触头的弹簧压力应均匀一致，合闸时触头接触紧密。

三、导电部分的编织铜线或可挠软铜片不应断裂，铜片间无锈蚀，固定螺栓应齐全紧固。

四、接线端子的紧固件应符合现行国家标准《电气装置安装工程母线装置施工及验收规范》的有关规定。

第3.2.5条 弹簧缓冲器或油缓冲器应清洁、固定牢靠、动作灵活、无卡阻回跳现象，缓冲作用良好；油缓冲器注入油的规格及油位应符合产品的技术要求。

第3.2.6条 油标的油位指示应正确、清晰。

第3.2.7条 油断路器和操动机构连接时，其支撑应牢固，且受力均匀；机构应动作灵活，无卡阻现象。

第3.2.8条 油气分离装置及排气管内部应清洁，固定应牢靠；油气分离装置内的瓷球应放满；排气管的排出端应有罩盖，排气管的长度及弯头数量应符合规定；排气管口排出端的位置应使其在排气时不致喷射到附近的设备上；相间绝缘隔板应安装垂直牢固。

第3.2.9条 手车式少油断路器的安装，除应符合本章有关规定外，尚应符合下列要求：

一、轨道应水平、平行，轨距应与手车轮距相配合，接地可靠，手车应能灵活轻便地推入或拉出，同型产品应具有互换性。

二、制动装置应可靠且拆卸方便。

三、手车操动时应灵活、轻巧。

四、隔离静触头的安装位置准确，安装中心线应与触头中心线一致，接触良好，其接触行程和超行程应符合产品的技术规定。

五、工作和试验位置的定位应准确可靠。

六、电气和机械联锁装置应动作准确可靠。

第 3.2.10 条　油断路器安装调整时，应配合进行以下各项检查，检查结果应符合产品的技术规定：

一、电动合闸后，用样板检查油断路器传动机构中间轴与样板的间隙。

二、合闸后，传动机构杠杆与止钉间的间隙。

三、行程、超行程、相间和同相各断口间接触的同期性。

第 3.2.11 条　油断路器调整结束后注油前，应进行下列各项检查：

一、油断路器及其传动装置的所有连接部位应连接牢固；机构无变形，锁片锁牢，防松螺母拧紧，闭口销张开。

二、具有压油活塞的油断路器，其压油活塞的尾部螺钉必须拧紧。

三、油断路器内部不得遗留任何杂物，顶盖及检查孔应密封良好。

四、多油断路器的油箱升降机构及钢丝绳等完好，升降机构应操作灵活。

第 3.2.12 条　油断路器和操动机构的联合动作应符合下列要求：

一、在快速分、合闸前，必须先进行慢分、合的操作；

二、在慢分、合过程中，应运动缓慢、平稳，不得有卡阻、滞留现象；

三、产品规定无油严禁快速分、合闸的油断路器，必须充油后才能进行快速分、合闸操作；

四、机械指示器的分、合闸位置应符合油断路器的实际分、合闸状态。

第 3.2.13 条　多油断路器内部需要干燥时，应将其处于合闸状态，并将拉杆的防松螺帽拧紧。干燥过程中，升温及冷却宜以低于每小时 10℃ 的速度均匀变化，干燥最高温度不宜超过 85℃；干燥结束后，应再次检查，绝缘应无脆裂变形，套管无渗胶，螺栓应紧固。

第 3.2.14 条　油箱及内部绝缘部件应采用合格的绝缘油冲洗干净，并注油至规定油位，所有密封处应无渗油现象，并应抽取油样作耐压试验。

第三节　工程交接验收

第 3.3.1 条　在验收时，应进行下列检查：

一、断路器应固定牢靠，外表清洁完整。

二、电气连接应可靠且接触良好。

三、断路器应无渗油现象，油位正常。

四、断路器及其操动机构的联动应正常，无卡阻现象；分、合闸指示正确；调试操作时，辅助开关动作应准确可靠，接点无电弧烧损。

五、瓷套应完整无损，表面清洁。

六、油漆应完整，相色标志正确，接地良好。

第 3.3.2 条　在验收时应提交下列资料和文件：

一、变更设计的证明文件。

二、制造厂提供的产品说明书、试验记录、合格证件及安装图纸等技术文件。

三、安装技术记录。

四、调整试验记录。

五、备品、备件及专用工具清单。

第四章　六氟化硫断路器

第一节　一般规定

第 4.1.1 条　本章适用于 3～500kV 支柱式和罐式的六氟化硫断路器。

第 4.1.2 条　六氟化硫断路器在运输和装卸过程中，不得倒置、碰撞或受到剧烈振动；制造厂有特殊规定标记的，应按制造厂的规定装运。

第 4.1.3 条　六氟化硫断路器到达现场后的检查应符合下列要求：

一、开箱前检查包装应无残损。

二、设备的零件、备件及专用工器具应齐全、无锈蚀和损伤变形。

三、绝缘件应无变形、受潮、裂纹和剥落。

四、瓷件表面应光滑、无裂纹和缺损，铸件应无砂眼。

五、充有六氟化硫等气体的部件，其压力值应符合产品的技术规定。

六、出厂证件及技术资料应齐全。

第 4.1.4 条　六氟化硫断路器到达现场后的保管应符合下列要求：

一、设备应按原包装放置于平整、无积水、无腐蚀性气体的场地，并按编号分组保管；在室外应垫上枕木并加盖篷布遮盖。

二、充有六氟化硫等气体的灭弧室和罐体及绝缘支柱，应定期检查其预充压力值，并做好记录；有异常时应及时采取措施。

三、绝缘部件、专用材料、专用小型工器具及备品、备件等应置于干燥的室内保管。

四、瓷件应妥善安置，不得倾倒、互相碰撞或遭受外界的危害。

第二节　六氟化硫断路器的安装与调整

第 4.2.1 条　六氟化硫断路器的基础或支架，应符合下列要求：

一、基础的中心距离及高度的误差不应大于 10mm。

二、预留孔或预埋铁板中心线的误差不应大于 10mm。

三、预埋螺栓中心线的误差不应大于 2mm。

第 4.2.2 条　六氟化硫断路器安装前应进行下列检查：

一、断路器零部件应齐全、清洁、完好。

二、灭弧室或罐体和绝缘支柱内预充的六氟化硫等气体的压力值和六氟化硫气体的含水量应符合产品技术要求。

三、均压电容、合闸电阻值应符合制造厂的规定。

四、绝缘部件表面应无裂缝、无剥落或破损，绝缘应良好，绝缘拉杆端部连接部件应牢固可靠。

五、瓷套表面应光滑无裂纹、缺损，外观检查有疑问时应探伤检验；瓷套与法兰的接合面粘合应牢固，法兰结合面应平整、无外伤和铸造砂眼。

六、传动机构零件应齐全，轴承光滑无刺，铸件无裂纹或焊接不良。

七、组装用的螺栓、密封垫、密封脂、清洁剂和润滑脂等的规格必须符合产品的技术规定。

八、密度断电器和压力表应经检验。

第 4.2.3 条　六氟化硫断路器的安装，应在无风沙、无雨雪的天气下进行；灭弧室检查组装时，空气相对湿度应小于 80%，并采取防尘、防潮措施。

第 4.2.4 条　六氟化硫断路器不应在现场解体检查，当有缺陷必须在现场解体时，应经制造厂同意，并在厂方人员指导下进行。

第 4.2.5 条　六氟化硫断路器的组装，应符合下列要求：

一、按制造厂的部件编号和规定顺序进行组装，不可混装。

二、断路器的固定应牢固可靠，支架或底架与基

础的垫片不宜超过三片，其总厚度不应大于 10mm；各片间应焊接牢固。

三、同相各支柱瓷套的法兰面宜在同一水平面上，各支柱中心线间距离的误差不应大于 5mm，相间中心距离的误差不应大于 5mm。

四、所有部件的安装位置正确，并按制造厂规定要求保持其应有的水平或垂直位置。

五、密封槽面应清洁，无划伤痕迹；已用过的密封垫（圈）不得使用；涂密封脂时，不得使其流入密封垫（圈）内侧而与六氟化硫气体接触。

六、应按产品的技术规定更换吸附剂。

七、应按产品的技术规定选用吊装器具、吊点及吊装程序。

八、密封部位的螺栓应使用力矩扳手紧固，其力矩值应符合产品的技术规定。

第 4.2.6 条　设备接线端子的接触表面应平整、清洁、无氧化膜，并涂以薄层电力复合脂；镀银部分不得锉磨；载流部分的可挠连接不得有折损、表面凹陷及锈蚀。

第 4.2.7 条　断路器调整后的各项动作参数，应符合产品的技术规定。

第 4.2.8 条　六氟化硫断路器和操动机构的联合动作，应符合下列要求：

一、在联合动作前，断路器内必须充有额定压力的六氟化硫气体。

二、位置指示器动作应正确可靠，其分、合位置应符合断路器的实际分、合状态。

三、具有慢分、慢合装置者，在进行快速分、合闸前，必须先进行慢分、慢合操作。

第三节　六氟化硫气体管理及充注

第 4.3.1 条　六氟化硫气体的管理及充注，应符合本规范第五章第三节的规定。

第四节　工程交接验收

第 4.4.1 条　在验收时，应进行下列检查：

一、断路器应固定牢靠，外表清洁完整；动作性能符合规定。

二、电气连接应可靠且接触良好。

三、断路器及其操动机构的联动应正常，无卡阻现象；分、合闸指示正确；辅助开关动作正确可靠。

四、密度继电器的报警、闭锁定值应符合规定；电气回路传动正确。

五、六氟化硫气体压力、泄漏率和含水量应符合

规定。

六、油漆应完整，相色标志正确，接地良好。

第4.4.2条　在验收时应提交下列资料和文件：

一、变更设计的证明文件。

二、制造厂提供的产品说明书、试验记录、合格证件及安装图纸等技术文件。

三、安装技术记录。

四、调整试验记录。

五、备品、备件、专用工具及测试仪器清单。

第五章　六氟化硫封闭式组合电器

第一节　一般规定

第5.1.1条　本章适用于额定电压为35～500kV的六氟化硫封闭式组合电器。

第5.1.2条　封闭式组合电器在运输和装卸过程中不得倒置、倾翻、碰撞和受到剧烈的振动。制造厂有特殊规定标记的，应按制造厂的规定装运。

第5.1.3条　封闭式组合电器运到现场后的检查应符合下列要求：

一、包装应无残损。

二、所有元件、附件、备件及专用工器具应齐全，无损伤变形及锈蚀。

三、瓷件及绝缘件应无裂纹及破损。

四、充有六氟化硫等气体的运输单元或部件，其压力值应符合产品的技术规定。

五、出厂证件及技术资料应齐全。

第5.1.4条　封闭式组合电器运到现场后的保管应符合下列要求：

一、封闭式组合电器应按原包装置于平整、无积水、无腐蚀性气体的场地并垫上枕木，在室外加篷布遮盖。

二、封闭式组合电器的附件、备件、专用工器具及设备专用材料置于干燥的室内。

三、瓷件应安放妥当，不得倾倒、碰撞。

四、充有六氟化硫等气体的运输单元，应按产品技术规定检查压力值，并做好记录，有异常情况时应及时采取措施。

五、当保管期超过产品规定时，应按产品技术要求进行处理。

第二节　安装与调整

第5.2.1条　封闭式组合电器元件装配前，应进行下列检查：

一、组合电器元件的所有部件应完整无损。

二、瓷件应无裂纹，绝缘件应无受潮、变形、剥落及破损。

三、组合电器元件的接线端子、插接件及载流部分应光洁，无锈蚀现象。

四、各分隔气室气体的压力值和含水量应符合产品的技术规定。

五、各元件的紧固螺栓应齐全、无松动。

六、各连接件、附件及装置性材料的材质、规格及数量应符合产品的技术规定。

七、支架及接地引线应无锈蚀或损伤。

八、密度继电器和压力表应经检验合格。

九、母线和母线筒内壁应平整无毛刺。

十、防爆膜应完好。

第5.2.2条　封闭式组合电器基础及预埋槽钢的水平误差，不应超过产品的技术规定。

第5.2.3条　制造厂已装配好的各电器元件在现场组装时，不应解体检查；如有缺陷必须在现场解体时，应经制造厂同意，并在厂方人员指导下进行。

第5.2.4条　组合电器元件的装配，应符合下列要求：

一、装配工作应在无风沙、无雨雪、空气相对湿度小于80％的条件下进行，并采取防尘、防潮措施。

二、应按制造厂的编号和规定的程序进行装配，不得混装。

三、使用的清洁剂、润滑剂、密封脂和擦拭材料必须符合产品的技术规定。

四、密封槽面应清洁、无划伤痕迹；已用过的密封垫（圈）不得使用；涂密封脂时，不得使其流入密封垫（圈）内侧而与六氟化硫气体接触。

五、盆式绝缘子应清洁、完好。

六、应按产品的技术规定选用吊装器具及吊点。

七、连接插件的触头中心应对准插口，不得卡阻，插入深度应符合产品的技术规定。

八、所有螺栓的紧固均应使用力矩扳手，其力矩值应符合产品的技术规定。

九、应按产品的技术规定更换吸附剂。

注：有关电器设备的安装要求尚应符合本规范有关章节的规定。

第5.2.5条　设备接线端子的接触表面应平整、清洁、无氧化膜，并涂以薄层电力复合脂；镀银部分不得挫磨；载流部分其表面应无凹陷及毛刺，连接螺栓应齐全、紧固。

第三节　六氟化硫气体管理及充注

第5.3.1条　六氟化硫气体的技术条件，应符合

表 5.3.1 的规定。

表 5.3.1　　六氟化硫气体的技术条件

名　称	指　标
空气（N_2+O_2）	≤0.05%
四氟化碳	≤0.05%
水分	≤8ppm
酸度（以 HF 计）	≤0.3ppm
可水解氟化物（以 HF 计）	≤1.0ppm
矿物油	≤10ppm
纯度	≥99.8%
生物毒性试验	无毒

注：表中指标为重量比值。

第 5.3.2 条　新六氟化硫气体应具有出厂试验报告及合格证件。运到现场后，每瓶应作含水量检验；有条件时，应进行抽样作全分析。

第 5.3.3 条　六氟化硫气瓶的搬运和保管，应符合下列要求：

一、六氟化硫气瓶的安全帽、防震圈应齐全，安全帽应拧紧；搬运时应轻装轻卸，严禁抛掷溜放。

二、气瓶应存放在防晒、防潮和通风良好的场所；不得靠近热源和油污的地方，严禁水分和油污粘在阀门上。

三、六氟化硫气瓶与其它气瓶不得混放。

第 5.3.4 条　六氟化硫气体的充注应符合下列要求：

一、充注前，充气设备及管路应洁净、无水分、无油污；管路连接部分应无渗漏。

二、气体充入前应按产品的技术规定对设备内部进行真空处理；抽真空时，应防止真空泵突然停止或因误操作而引起倒灌事故。

三、当气室已充有六氟化硫气体，且含水量检验合格时，可直接补气。

第 5.3.5 条　设备内六氟化硫气体的含水量和漏气率应符合现行国家标准《电气装置安装工程电气设备交接试验标准》的规定。

第四节　工程交接验收

第 5.4.1 条　在验收时，应进行下列检查：

一、组合电器应安装牢靠，外表清洁完整，动作性能符合产品的技术规定。

二、电器连接应可靠，且接触良好。

三、组合电器及其传动机构的联动应正常，无卡

阻现象；分、合闸指示正确；辅助开关及电气闭锁应动作正确可靠。

四、支架及接地引线应无锈蚀和损伤，接地应良好。

五、密度断电器的报警、闭锁定值应符合规定，电气回路传动正确。

六、六氟化硫气体漏气率和含水量应符合规定。

七、油漆应完整，相色标志正确。

第 5.4.2 条　在验收时应提交下列资料和文件：

一、变更设计的证明文件。

二、制造厂提供的产品说明书、试验记录、合格证件及安装图纸等技术文件。

三、安装技术记录。

四、调整试验记录。

五、备品、备件、专用工具及测试仪器清单。

第六章　真空断路器

第一节　一般规定

第 6.1.1 条　本章适用于额定电压为 3～35kV 的户内式真空断路器。

第 6.1.2 条　真空断路器在运输、装卸过程中，不得倒置和遭受雨淋，不得受到强烈振动和碰撞。

第 6.1.3 条　真空断路器运到现场后的检查，应符合下列要求：

一、开箱前包装应完好。

二、断路器的所有部件及备件应齐全，无锈蚀或机械损伤。

三、灭弧室、瓷套与铁件间应粘合牢固，无裂纹及破损。

四、绝缘部件不应变形、受潮。

五、断路器的支架焊接应良好，外部油漆完整。

第 6.1.4 条　真空断路器到达现场后的保管，应符合下列要求：

一、断路器应存放在通风、干燥及没有腐蚀性气体的室内。

二、断路器存放时不得倒置，开箱保管时不得重叠放置。

三、开箱后应进行灭弧室真空度检测。

四、断路器若长期保存，应每 6 个月检查一次，在金属零件表面及导电接触面应涂一层防锈油脂，用清洁的油纸包好绝缘件。

第二节　真空断路器的安装与调整

第 6.2.1 条　真空断路器的安装与调整，应符合

下列要求：

一、安装应垂直，固定应牢靠，相间支持瓷件在同一水平面上。

二、三相联动连杆的拐臂应在同一水平面上，拐臂角度一致。

三、安装完毕后，应先进行手动缓慢分、合闸操作，无不良现象时方可进行电动分、合闸操作。

四、真空断路器的行程、压缩行程及三相同期性，应符合产品的技术规定。

第 6.2.2 条　真空断路器的导电部分，应符合下列要求：

一、导电部分的可挠铜片不应断裂，铜片间无锈蚀；固定螺栓应齐全紧固。

二、导电杆表面应洁净，导电杆与导电夹应接触紧密。

三、导电回路接触电阻值应符合产品的技术要求。

四、电器接线端子的螺栓搭接面及螺栓的紧固要求，应符合现行国家标准《电气装置安装工程母线装置施工及验收规范》的规定。

第三节　工程交接验收

第 6.3.1 条　在验收时，应进行下列检查：

一、真空断路器应固定牢靠，外表清洁完整。

二、电气连接应可靠且接触良好。

三、真空断路器与其操动机构的联动应正常，无卡阻；分、合闸指示正确；辅助开关动作应准确可靠，接点无电弧烧损。

四、灭弧室的真空度应符合产品的技术规定。

五、并联电阻、电容值应符合产品的技术规定。

六、绝缘部件、瓷件应完整无损。

七、油漆应完整、相色标志正确，接地良好。

第 6.3.2 条　在验收时，应提交下列资料和文件：

一、变更设计的证明文件。

二、制造厂提供的产品说明书、试验记录、合格证件及安装图纸等技术文件。

三、安装技术记录。

四、调整试验记录。

五、备品、备件清单。

第七章　断路器的操动机构

第一节　一般规定

第 7.1.1 条　本章适用于与额定电压为 3～500kV 断路器配合使用的气动机构、液压机构、电磁

机构和弹簧机构。

第 7.1.2 条　操动机构在运输和装卸过程中，不得倒置、碰撞或受到剧烈的震动。

第 7.1.3 条　操动机构运到现场后的检查，应符合下列要求：

一、操动机构的所有零部件、附件及备件应齐全。

二、操动机构的零部件、附件应无锈蚀、受损及受潮等现象。

三、充油、充气部件应无渗漏。

第 7.1.4 条　操动机构运到现场后的保管，应符合下列要求：

一、操动机构应按其用途置于室内或室外保管。

二、空气压缩机、阀门等应置于室内保管。

三、控制箱或机构箱应妥善保管，不得受潮。

四、保管时，应对操动机构的金属转动摩擦部件进行检查，并采取防锈措施。

第二节　操动机构的安装

第 7.2.1 条　操动机构的安装，应符合下列要求：

一、操动机构固定应牢靠，底座或支架与基础间的垫片不宜超过 3 片，总厚度不应超过 20mm，并与断路器底座标高相配合，各片间应焊牢。

二、操动机构的零部件应齐全，各转动部分应涂以适合当地气候条件的润滑脂。

三、电动机转向应正确。

四、各种接触器、继电器、微动开关、压力开关和辅助开关的动作应准确可靠，接点应接触良好，无烧损或锈蚀。

五、分、合闸线圈的铁芯应动作灵活，无卡阻。

六、加热装置的绝缘及控制元件的绝缘应良好。

第三节　气动机构

第 7.3.1 条　气动机构的安装除符合本章第二节要求外，尚应符合本节的要求。

第 7.3.2 条　空气压缩机安装时，应经检查并符合下列要求：

一、空气过滤器应清洁无堵塞，吸气阀和排气阀完好，阀片方向不应装反，阀片与阀座接触面的密封应严密。

二、气缸内壁应清洁，无局部磨损的痕迹；气缸盖衬垫应完整严密；气缸的活塞、弹簧胀圈应完整无损，活塞运动过程中胀圈与缸壁贴合应紧密。

三、曲轴与轴瓦应固定良好，销子的位置恰当。

四、冷却器、风扇叶片和电动机、皮带轮等所有附件应清洁并安装牢固，运转时不应产生振动而松脱。

五、气缸内油面应在标线位置。

六、气缸用的润滑油应符合产品的技术要求；气缸油的加温装置应完好。

七、自动排污装置应动作正确，污物应引到室外，不应排在电缆沟内。

八、空气压缩机组的安装应符合国家现行标准《机械设备安装工程施工及验收规范》中的有关要求；空气压缩机组电动机的安装应符合现行国家标准《电气装置安装工程旋转电机施工及验收规范》中电动机章的有关规定。

第7.3.3条　空气压缩机的连续运行时间与最高运行温度不得超过产品的技术规定。

第7.3.4条　空气压缩机组的控制柜及保护柜的安装，应符合下列要求：

一、所有的压力表应经检验合格，压力表的电接点动作正确可靠。

二、柜内配气管应清洁、通畅无堵塞，其布置不应妨碍表计、继电器及其它部件的检修和调试。

三、控制和信号回路应正确，并应符合现行国家标准《电气装置安装工程盘、柜及二次回路结线施工及验收规范》的有关规定。

第7.3.5条　储气罐、气水分离器及截止阀、逆止阀、安全阀和排污阀等，应清洁、无锈蚀；减压阀、安全阀应经检验；阀门动作应灵活、准确可靠；其安装位置应便于操作。

第7.3.6条　储气罐等压力容器应符合国家现行有关压力容器承压试验标准；配气管安装后，应进行承压检查；压力为 1.25 倍额定压力的气压，承压时间为 5min。

第7.3.7条　空气管路的材料性能、管径、壁厚应符合设计要求，并具有强度检验证明。

第7.3.8条　空气管道的敷设，应符合下列规定：

一、管子内部应清洁、无锈蚀。

二、敷管时走径宜短，接头宜少，排管的接头应错开。

三、管道的连接宜采用焊接，焊口应牢固严密；采用法兰螺栓连接时，法兰端面应与管子中心线垂直，法兰的接触面应平整，不得有砂眼、毛刺、裂纹等缺陷；管道与设备间应用法兰或连接器连接，不得焊死。

四、空气管道应固定牢固，其固定卡子间的距离不应大于 2m；空气管道在穿过墙壁或地板时，应通过明孔或另加金属保护管。

五、设计无规定时，管道应在顺排水方向具有不小于 3‰ 的排水坡度；管子的弯曲半径应符合选用管材的要求。

六、管子的伸缩弯头宜平放或稍高于管道敷设平面，不宜积水。

第7.3.9条　全部空气管道系统应以额定气压进行漏气量的检查，在 24h 内压降不得超过 10%。

第7.3.10条　空气压缩机、储气罐及阀门等部件应分别加以编号。阀门的操作手柄应标以开、闭方向。连接阀门的管子上应标以正常工作时的气流方向。

空气管道应按其不同压力涂以不同颜色的油漆。

第四节　液　压　机　构

第7.4.1条　液压机构的安装，除应符合本章第二节规定外，尚应符合下列要求：

一、油箱内部应洁净，液压油的标号应符合产品的技术规定，液压油应洁净无杂质，油位指示应正常。

二、连接管路应清洁，连接处应密封良好，且牢固可靠。

三、补充的氮气及其预充压力应符合产品的技术规定。

四、液压回路在额定油压时，外观检查应无渗油。

五、机构在慢分、合时，工作缸活塞杆的运动应无卡阻和跳动现象，其行程应符合产品的技术规定。

六、微动开关、接触器的动作应准确可靠，接触良好；电接点压力表、安全阀应校验合格，压力释放阀动作应可靠，关闭严密；联动闭锁压力值应按产品的技术规定予以整定。

七、防失压慢分装置应可靠。

第五节　电　磁　机　构

第7.5.1条　电磁机构的安装，除应符合本章第二节的规定外，尚应符合下列要求：

一、辅助开关动作应准确、可靠，接触良好；

二、机构合闸至顶点时，支持板与合闸滚轮间应保持一定间隙，且符合产品的技术规定；

三、分闸制动板应可靠地扣入，脱扣锁钩与底板轴间应保持一定的间隙，且符合产品的技术规定。

第六节　弹　簧　机　构

第7.6.1条　弹簧机构的安装，除应符合本章第二节规定外，尚应符合下列要求：

一、合闸弹簧储能完毕后，辅助开关应即将电动机电源切除；合闸完毕，辅助开关应将电动机电源接通。

二、合闸弹簧储能后，牵引杆的下端或凸轮应与合闸锁扣可靠地锁住。

三、分、合闸闭锁装置动作应灵活，复位应准确而迅速，并应扣合可靠。

四、机构合闸后，应能可靠地保持在合闸位置。

五、弹簧机构缓冲器的行程，应符合产品的技术规定。

第 7.6.2 条　弹簧机构在调整时应符合下列规定：

一、严禁将机构"空合闸"；

二、合闸弹簧储能时，牵引杆的位置不得超过死点；

三、棘轮转动时，不得提起或放下撑牙；

四、当手动慢合闸时需要用螺钉将撑牙支起的操动机构，手动慢合闸结束后应将此支撑螺钉拆除。

第七节　工程交接验收

第 7.7.1 条　在验收时，应进行下列检查：

一、操动机构应固定牢靠，外表清洁完整。

二、电气连接应可靠且接触良好。

三、液压系统应无渗油，油位正常；空气系统应无漏气；安全阀、减压阀等应动作可靠；压力表应指示正确。

四、操动机构与断路器的联动应正常，无卡阻现象；分、合闸指示正确；压力开关、辅助开关动作应准确可靠，接点无电弧烧损。

五、操动机构箱的密封垫应完整，电缆管口、洞口应予封闭。

六、油漆应完整，接地良好。

第 7.7.2 条　在验收时，应提交下列资料和文件：

一、变更设计的证明文件。

二、制造厂提供的产品说明书、试验记录、合格证件及安装图纸等技术文件。

三、安装技术记录。

四、调整试验记录。

五、备品、备件及专用工具清单。

第八章　隔离开关、负荷开关 及高压熔断器

第一节　一般规定

第 8.1.1 条　本章适用于额定电压为 3～500kV 的隔离开关、负荷开关及高压熔断器。

第 8.1.2 条　隔离开关、负荷开关及高压熔断器运到现场后的检查，应符合下列要求：

一、所有的部件、附件、备件应齐全，无损伤变形及锈蚀。

二、瓷件应无裂纹及破损。

第 8.1.3 条　隔离开关、负荷开关及高压熔断器运到现场后的保管，应符合下列要求：

一、设备应按其不同保管要求置于室内或室外平整、无积水的场地。

二、设备及瓷件应安置稳妥，不得倾倒损坏；触头及操动机构的金属传动部件应有防锈措施。

第二节　安装与调整

第 8.2.1 条　隔离开关、负荷开关及高压熔断器安装时的检查，应符合下列要求：

一、接线端子及载流部分应清洁；且接触良好，触头镀银层无脱落。

二、绝缘子表面应清洁，无裂纹、破损、焊接残留斑点等缺陷，瓷铁粘合应牢固。

三、隔离开关的底座转动部分应灵活，并应涂以适合当地气候的润滑脂。

四、操动机构的零部件应齐全，所有固定连接部件应紧固，转动部分应涂以适合当地气候的润滑脂。

第 8.2.2 条　在室内间隔墙的两面，以共同的双头螺栓安装隔离开关时，应保证其中一组隔离开关拆除时，不影响另一侧隔离开关的固定。

第 8.2.3 条　隔离开关的组装，应符合下列要求：

一、隔离开关的相间距离的误差：110kV 及以下不应大于 10mm，110kV 以上不应大于 20mm。相间连杆应在同一水平线上。

二、支柱绝缘子应垂直于底座平面（V 型隔离开关除外），且连接牢固；同一绝缘子柱的各绝缘子中心线应在同一垂直线上；同相各绝缘子柱的中心线应在同一垂直平面内。

三、隔离开关的各支柱绝缘子间应连接牢固；安装时可用金属垫片校正其水平或垂直偏差，使触头相互对准、接触良好；其缝隙应用腻子抹平后涂以油漆。

四、均压环（罩）和屏蔽环（罩）应安装牢固、平正。

第 8.2.4 条　传动装置的安装与调整应符合下列要求：

一、拉杆应校直，其与带电部分的距离应符合现行国家标准《电气装置安装工程母线装置施工及验收

规范》的有关规定；当不符合规定时，允许弯曲，但应弯成与原杆平行。

二、拉杆的内径应与操动机构轴的直径相配合，两者间的间隙不应大于 1mm；连接部分的销子不应松动。

三、当拉杆损坏或折断可能接触带电部分而引起事故时，应加装保护环。

四、延长轴、轴承、连轴器、中间轴轴承及拐臂等传动部件，其安装位置应正确，固定应牢靠；传动齿轮应咬合准确，操作轻便灵活。

五、定位螺钉应按产品的技术要求进行调整，并加以固定。

六、所有传动部分应涂以适合当地气候条件的润滑脂。

七、接地刀刃转轴上的扭力弹簧或其它拉伸式弹簧应调整到操作力矩最小，并加以固定；在垂直连杆上涂以黑色油漆。

第 8.2.5 条　操动机构的安装调整，应符合下列要求：

一、操动机构应安装牢固，同一轴线上的操动机构安装位置应一致。

二、电动或气动操作前，应先进行多次手动分、合闸，机构动作应正常。

三、电动机的转向应正确，机构的分、合闸指示应与设备的实际分、合闸位置相符。

四、机构动作应平稳，无卡阻、冲击等异常情况。

五、限位装置应准确可靠，到达规定分、合极限位置时，应可靠地切除电源或气源。

六、管路中的管接头、阀门、工作缸等不应有渗、漏现象。

七、机构箱密封垫应完整。

八、气动机构的空气压缩机及空气管路尚应符合本规范第七章的有关规定。

第 8.2.6 条　当拉杆式手动操动机构的手柄位于上部或左端的极限位置，或蜗轮蜗杆式机构的手柄位于顺时针方向旋转的极限位置时，应是隔离开关或负荷开关的合闸位置；反之，应是分闸位置。

第 8.2.7 条　隔离开关、负荷开关合闸后，触头间的相对位置、备用行程以及分闸状态时触头间的净距或拉开角度，应符合产品的技术规定。

第 8.2.8 条　具有引弧触头的隔离开关由分到合时，在主动触头接触前，引弧触头应先接触；从合到分时，触头的断开顺序应相反。

第 8.2.9 条　三相联动的隔离开关，触头接触时，不同期值应符合产品的技术规定。当无规定时，应符合表 8.2.9 的规定。

表 8.2.9　三相隔离开关不同期允许值

电压（kV）	相差值（mm）
10～35	5
63～110	10
220～330	20

第 8.2.10 条　隔离开关、负荷开关的导电部分，应符合下列规定：

一、以 0.05mm×10mm 的塞尺检查，对于线接触应塞不进去；对于面接触，其塞入深度：在接触表面宽度为 50mm 及以下时，不应超过 4mm，在接触表面宽度为 60mm 及以上时，不应超过 6mm。

二、触头间应接触紧密，两侧的接触压力应均匀，且符合产品的技术规定。

三、触头表面应平整、清洁，并应涂以薄层中性凡士林；载流部分的可挠连接不得有折损；连接应牢固，接触应良好；载流部分表面应无严重的凹陷及锈蚀。

四、设备接线端子应涂以薄层电力复合脂。

第 8.2.11 条　隔离开关的闭锁装置应动作灵活、准确可靠；带有接地刀刃的隔离开关，接地刀刃与主触头间的机械或电气闭锁应准确可靠。

第 8.2.12 条　隔离开关及负荷开关的辅助开关应安装牢固，并动作准确，接触良好，其安装位置应便于检查；装于室外时，应有防雨措施。

第 8.2.13 条　负荷开关的安装及调整，除符合上述有关规定外，尚应符合下列要求：

一、在负荷开关合闸时，主固定触头应可靠地与主刀刃接触；分闸时，三相的灭弧刀片应同时跳离固定灭弧触头。

二、灭弧筒内产生气体的有机绝缘物应完整无裂纹，灭弧触头与灭弧筒的间隙应符合要求。

三、负荷开关三相触头接触的同期性和分闸状态时触头间净距及拉开角度应符合产品的技术规定。

四、带油的负荷开关的外露部分及油箱应清理干净，油箱内应注以合格油并无渗漏。

第 8.2.14 条　人工接地开关的安装与调整，除应符合上述有关规定外，尚应符合下列要求：

一、人工接地开关的动作应灵活可靠，其合闸时间应符合继电保护的要求。

二、人工接地开关的缓冲器应经详细检查，其压缩行程应符合产品的技术规定。

第8.2.15条 高压熔断器的安装，应符合下列要求：

一、带钳口的熔断器，其熔丝管应紧密地插入钳口内。

二、装有动作指示器的熔断器，应便于检查指示器的动作情况。

三、跌落式熔断器的熔管的有机绝缘物应无裂纹、变形；熔管轴线与铅垂线的夹角应为15°～30°，其转动部分应灵活；跌落时不应碰及其它物体而损坏熔管。

四、熔丝的规格应符合设计要求，且无弯曲、压扁或损伤，熔体与尾线应压接紧密牢固。

第三节　工程交接验收

第8.3.1条 在验收时，应进行下列检查：

一、操动机构、传动装置、辅助开关及闭锁装置应安装牢固，动作灵活可靠；位置指示正确，无渗漏。

二、合闸时三相不同期值应符合产品的技术规定。

三、相间距离及分闸时，触头打开角度和距离应符合产品的技术规定。

四、触头应接触紧密良好。

五、空气压缩装置及管道系统应符合本规范第七章的有关规定。

六、油漆应完整、相色标志正确，接地良好。

第8.3.2条 在验收时，应提交下列资料和文件：

一、变更设计的证明文件。

二、制造厂提供的产品说明书、试验记录、合格证件及安装图纸等技术文件。

三、安装技术记录。

四、调整试验记录。

五、备品、备件及专用工具清单。

第九章　电　抗　器

第9.0.1条 本章适用于混凝土电抗器、干式电抗器、滤波器和阻波器主线圈。

第9.0.2条 设备运到现场后，应进行下列外观检查：支柱及线圈绝缘等应无严重损伤和裂纹；线圈应无变形；支柱绝缘子及其附件应齐全。

第9.0.3条 设备运到现场后，应按其用途放在室内或室外平整、无积水的场地保管；混凝土电抗器保管时应有防雨措施。运输或吊装过程中，支柱或线圈不应遭受损伤和变形。

第9.0.4条 电抗器有下列情况时可进行修补：

一、混凝土支柱的表面裂纹长度不超过柱子径向尺寸的1/3，且其宽度不超过0.5mm时，可予填补，填补后应在表面涂以防潮绝缘漆。

二、混凝土支柱表面漆层损坏处应补涂防潮绝缘漆。

三、混凝土电抗器线圈绝缘有损伤时，应予包扎。

四、干式电抗器线圈绝缘损伤及导体裸露时，应按制造厂的技术规定进行处理。

第9.0.5条 电抗器应按其编号进行安装，并应符合下列要求：

一、三相垂直排列时，中间一相线圈的绕向应与上、下两相相反。

二、两相重叠一相并列时，重叠的两相绕向应相反，另一相与上面的一相绕向相同。

三、三相水平排列时，三相绕向应相同。

第9.0.6条 垂直安装时，各相中心线应一致。

第9.0.7条 电抗器和支承式安装的阻波器主线圈，其重量应均匀地分配于所有支柱绝缘子上。找平时，允许在支柱绝缘子底座下放置钢垫片，但应固定牢靠。

电抗器上、下重叠安装时，应在其绝缘子顶帽上，放置与顶帽同样大小且厚度不超过4mm的绝缘纸板垫片或橡胶垫片；在户外安装时，应用橡胶垫片。

第9.0.8条 悬式阻波器主线圈吊装时，其轴线宜对地垂直。

第9.0.9条 设备接线端子与母线的连接，应符合现行国家标准《电气装置安装工程母线装置施工及验收规范》的规定。当其额定电流为1500A及以上时，应采用非磁性金属材料制成的螺栓。

第9.0.10条 电抗器间隔内，所有磁性材料的部件，应可靠固定。

第9.0.11条 电抗器和阻波器主线圈的支柱绝缘子的接地，应符合下列要求：

一、上、下重叠安装时，底层的所有支柱绝缘子均应接地，其余的支柱绝缘子不接地。

二、每相单独安装时，每相支柱绝缘子均应接地。

三、支柱绝缘子的接地线不应成闭合环路。

第9.0.12条 在验收时，应进行下列检查：

一、支柱应完整、无裂纹，线圈应无变形。

二、线圈外部的绝缘漆应完好。

三、支柱绝缘子的接地应良好。

四、混凝土支柱的螺栓应拧紧。

五、混凝土电抗器的风道应清洁无杂物。

六、各部油漆应完整。

七、阻波器内部的电容器和避雷器外观应完整，连接良好，固定可靠。

第 9.0.13 条　在验收时，应提交下列资料和文件：

一、变更设计的证明文件。

二、制造厂提供的产品说明书、试验记录、合格证件及安装图纸等技术文件。

三、安装技术记录。

四、调整试验记录。

五、备品、备件清单。

第十章　避　雷　器

第一节　一　般　规　定

第 10.1.1 条　本章适用于额定电压 500kV 及以下的普通阀式、磁吹阀式避雷器和金属氧化物避雷器及排气式避雷器。

第二节　阀式避雷器

第 10.2.1 条　避雷器不得任意拆开、破坏密封和损坏元件。

第 10.2.2 条　避雷器在运输存放过程中应立放，不得倒置和碰撞。

第 10.2.3 条　避雷器安装前，应进行下列检查：

一、瓷件应无裂纹、破损，瓷套与铁法兰间的粘合应牢固，法兰泄水孔应通畅。

二、磁吹阀式避雷器的防爆片应无损坏和裂纹。

三、组合单元应经试验合格，底座和拉紧绝缘子绝缘应良好。

四、运输时用以保护金属氧化物避雷器防爆片的上下盖子应取下，防爆片应完整无损。

五、金属氧化物避雷器的安全装置应完整无损。

第 10.2.4 条　避雷器组装时，其各节位置应符合产品出厂标志的编号。

第 10.2.5 条　带串、并联电阻的阀式避雷器安装时，同相组合单元间的非线性系数的差值应符合现行国家标准《电气装置安装工程电气设备交接试验标准》的规定。

第 10.2.6 条　避雷器各连接处的金属接触表面，应除去氧化膜及油漆，并涂一层电力复合脂。

第 10.2.7 条　并列安装的避雷器三相中心应在同一直线上；铭牌应位于易于观察的同一侧。避雷器应安装垂直，其垂直度应符合制造厂的规定，如有歪斜，可在法兰间加金属片校正，但应保证其导电良好，并将其缝隙用腻子抹平后涂以油漆。

第 10.2.8 条　拉紧绝缘子串必须紧固；弹簧应能伸缩自如，同相各拉紧绝缘子串的拉力应均匀。

第 10.2.9 条　均压环应安装水平，不得歪斜。

第 10.2.10 条　放电计数器应密封良好、动作可靠，并应按产品的技术规定连接，安装位置应一致，且便于观察；接地应可靠，放电计数器宜恢复至零位。

第 10.2.11 条　金属氧化物避雷器的排气通道应通畅；排出的气体不致引起相间或对地闪络，并不得喷及其它电气设备。

第 10.2.12 条　避雷器引线的连接不应使端子受到超过允许的外加应力。

第三节　排气式避雷器

第 10.3.1 条　排气式避雷器安装前，应进行下列检查：

一、排气式避雷器的灭弧间隙不得任意拆开调整，其喷口处的灭弧管内径应符合产品的技术规定；

二、绝缘管壁应无破损、裂痕，漆膜无剥落，管口无堵塞；

三、绝缘应良好，试验合格；

四、配件应齐全。

第 10.3.2 条　排气式避雷器的安装，应符合下列要求：

一、避雷器应在管体的闭口端固定，开口端指向下方。当倾斜安装时，其轴线与水平方向的夹角：对于普通排气式避雷器不应小于 15°，无续流避雷器不应小于 45°，装于污秽地区时，应增大倾斜角度。

二、避雷器安装方位，应使其排出的气体不致引起相间或对地闪络，也不得喷及其它电气设备。

三、动作指示盖应向下打开。

四、避雷器及其支架必须安装牢固。

五、应便于观察和检修。

六、无续流避雷器的高压引线与被保护设备的连接线长度应符合产品的技术规定。

第 10.3.3 条　隔离间隙的安装，应符合下列要求：

一、隔离间隙电极的制作应符合设计要求，铁质材料制作的电极应镀锌。

二、隔离间隙轴线与避雷器管体轴线的夹角不应小于 45°。

三、隔离间隙宜水平安装。

四、隔离间隙必须安装牢固，其间隙距离应符合设计规定。

第 10.3.4 条　无续流排气式避雷器的隔离间隙，应符合产品的技术规定。

第四节　工程交接验收

第 10.4.1 条　在验收时，应进行下列检查：

一、现场制作件应符合设计要求。

二、避雷器外部应完整无缺损，封口处密封良好。

三、避雷器应安装牢固，其垂直度应符合要求，均压环应水平。

四、阀式避雷器拉紧绝缘子应紧固可靠，受力均匀。

五、放电计数器密封应良好，绝缘垫及接地应良好、牢靠。

六、排气式避雷器的倾斜角和隔离间隙应符合要求。

七、油漆应完整，相色正确。

第 10.4.2 条　在验收时，应提交下列资料和文件：

一、变更设计的证明文件。

二、制造厂提供的产品说明书、试验记录、合格证件及安装图纸等技术文件。

三、安装技术记录。

四、调整试验记录。

第十一章　电　容　器

第 11.0.1 条　本章适用于电力电容器及耦合电容器的安装。其附属设备的安装应符合本规范和国家现行有关标准、规范的规定。

第 11.0.2 条　电容器在安装前，应进行下列检查：

一、套管芯棒应无弯曲或滑扣。

二、引出线端连接用的螺母、垫圈应齐全。

三、外壳应无显著变形，外表无锈蚀，所有接缝不应有裂缝或渗油。

第 11.0.3 条　成组安装的电力电容器，应符合下列要求：

一、三相电容量的差值宜调配到最小，其最大与最小的差值，不应超过三相平均电容值的 5%；设计有要求时，应符合设计的规定。

二、电容器构架应保持其应有的水平及垂直位置，固定应牢靠，油漆应完整。

三、电容器的配置应使其铭牌面向通道一侧，并有顺序编号。

四、电容器端子的连接线应符合设计要求，接线应对称一致，整齐美观，母线及分支线应标以相色。

五、凡不与地绝缘的每个电容器的外壳及电容器的构架均应接地；凡与地绝缘的电容器的外壳均应接到固定的电位上。

第 11.0.4 条　耦合电容器安装时，不应松动其顶盖上的紧固螺栓，接至电容器的引线不应使其端头受到过大的横向拉力。

第 11.0.5 条　两节或多节耦合电容器叠装时，应按制造厂的编号安装。

第 11.0.6 条　在验收时，应进行下列检查：

一、电容器组的布置与接线应正确，电容器组的保护回路应完整。

二、三相电容量误差允许值应符合规定。

三、外壳应无凹凸或渗油现象，引出端子连接牢固，垫圈、螺母齐全。

四、熔断器熔体的额定电流应符合设计规定。

五、放电回路应完整且操作灵活。

六、电容器外壳及构架的接地应可靠，其外部油漆应完整。

七、电容器室内的通风装置应良好。

第 11.0.7 条　在验收时，应提交下列资料和文件：

一、变更设计的证明文件。

二、制造厂提供的产品说明书、试验记录、合格证件及安装图纸等技术文件。

三、安装技术记录。

四、调整试验记录。

五、备品、备件清单。

9　电气装置安装工程　电气设备交接试验标准

(GB 50150—2006)

1　总则

1.0.1　为适应电气装置安装工程电气设备交接试验的需要，促进电气设备交接试验新技术的推广和应用，制定本标准。

1.0.2　本标准适用于 500kV 及以下电压等级新安装的、按照国家相关出厂试验标准试验合格的电气设备交接试验。本标准不适用于安装在煤矿井下或其他有爆炸危险场所的电气设备。

1.0.3　继电保护、自动、远动、通信、测量、整流装置以及电气设备的机械部分等的交接试验，应分别按有关标准或规范的规定进行。

1.0.4 电气设备应按照本标准进行交流耐压试验，但对 110kV 及以上电压等级的电气设备，当本标准条款没有规定时，可不进行交流耐压试验。

交流耐压试验时加至试验标准电压后的持续时间，无特殊说明时，应为 1min。

耐压试验电压值以额定电压的倍数计算时，发电机和电动机应按铭牌额定电压计算，电缆可按本标准第 18 章规定的方法计算。

非标准电压等级的电气设备，其交流耐压试验电压值，当没有规定时，可根据本标准规定的相邻电压等级按比例采用插入法计算。

进行绝缘试验时，除制造厂装配的成套设备外，宜将连接在一起的各种设备分离开来单独试验。同一试验标准的设备可以连在一起试验。为便于现场试验工作，已有出厂试验记录的同一电压等级不同试验标准的电气设备，在单独试验有困难时，也可以连在一起进行试验。试验标准应采用连接的各种设备中的最低标准。

油浸式变压器及电抗器的绝缘试验应在充满合格油，静置一定时间，待气泡消除后方可进行。静置时间按制造厂要求执行，当制造厂无规定时，电压等级为 500kV 的，须静置 72h 以上；220～330kV 的，须 48h 以上；110kV 及以下的，须 24h 以上。

1.0.5 进行电气绝缘的测量和试验时，当只有个别项目达不到本标准的规定时，则应根据全面的试验记录进行综合判断，经综合判断认为可以投入运行者，可以投入运行。

1.0.6 当电气设备的额定电压与实际使用的额定工作电压不同时，应按下列规定确定试验电压的标准：

　　1　采用额定电压较高的电气设备在于加强绝缘时，应按照设备的额定电压的试验标准进行；

　　2　采用较高电压等级的电气设备在于满足产品通用性及机械强度的要求时，可以按照设备实际使用的额定工作电压的试验标准进行；

　　3　采用较高电压等级的电气设备在于满足高海拔地区要求时，应在安装地点按实际使用的额定工作电压的试验标准进行。

1.0.7 在进行与温度及湿度有关的各种试验时，应同时测量被试物周围的温度及湿度。绝缘试验应在良好天气且被试物及仪器周围温度不宜低于 5℃，空气相对湿度不宜高于 80% 的条件下进行。对不满足上述温度、湿度条件情况下测得的试验数据，应进行综合分析，以判断电气设备是否可以投入运行。

试验时，应注意环境温度的影响，对油浸式变压器、电抗器及消弧线圈，应以被试物上层油温作为测试温度。

本标准中规定的常温范围为 10～40℃。

1.0.8 本标准中所列的绝缘电阻测量，应使用 60s 的绝缘电阻值；吸收比的测量应使用 60s 与 15s 绝缘电阻值的比值；极化指数应为 10min 与 1min 的绝缘电阻值的比值。

1.0.9 多绕组设备进行绝缘试验时，非被试绕组应予短路接地。

1.0.10 测量绝缘电阻时，采用兆欧表的电压等级，在本标准未作特殊规定时，应按下列规定执行：

　　1　100V 以下的电气设备或回路，采用 250V 50MΩ 及以上兆欧表；

　　2　500V 以下至 100V 的电气设备或回路，采用 500V100MΩ 及以上兆欧表；

　　3　3000V 以下至 500V 的电气设备或回路，采用 1000V2000MΩ 及以上兆欧表；

　　4　10000V 以下至 3000V 的电气设备或回路，采用 2500V10000MΩ 及以上兆欧表；

　　5　10000V 及以上的电气设备或回路，采用 2500V 或 5000V10000MΩ 及以上兆欧表；

　　6　用于极化指数测量时，兆欧表短路电流不应低于 2mA。

1.0.11 本标准的高压试验方法，应按国家现行标准《高电压试验技术　第一部分　一般试验要求》GB/T 16927.1、《高电压试验技术　第二部分　测量系统》GB/T 16927.2、《现场绝缘试验实施导则》DL/T 474.1～5 及相关设备标准的规定进行。

1.0.12 对进口设备的交接试验，应按合同规定的标准执行。但在签订设备合同时应注意，其相同试验项目的试验标准，不得低于本标准的规定。

1.0.13 对技术难度大、需要特殊的试验设备、应由具备相应资质和试验能力的单位进行的试验项目，被列为特殊试验项目。特殊试验项目见附录 G。

2　术语

2.0.1 电力变压器　power transformer

具有两个或多个绕组的静止设备，为了传输电能，在同一频率下，通过电磁感应将一个系统的交流电压和电流转换为另一系统的电压和电流，通常这些电流和电压的值是不同的。

2.0.2 油浸式变压器　oil-immersed type transformer

铁心和绕组都浸入油中的变压器。

2.0.3 干式变压器　dry-type transformer

铁心和绕组都不浸入绝缘液体中的变压器。

2.0.4　中性点端子　neutral terminal

对三相变压器或由单相变压器组成的三相组，指连接星形联结或曲折型联结公共点（中性点）的端子，对单相变压器指连接网络中性点的端子。

2.0.5　绕组　winding

构成与变压器标注的某一电压值相对应的电气线路的一组线匝。

2.0.6　分接　tapping

在带分接绕组的变压器中，该绕组的每一个分接连接，均表示该分接的绕组，有一确定值的有效匝数，也表示该分接绕组与任何其他匝数不变的绕组间有一确定值的匝数比。

2.0.7　变压器绕组的分级绝缘　non-uniform insulation of a transformer winding

变压器绕组的中性点端子直接或间接接地时，其中性点端子的绝缘水平比线路端子所规定的要低。

2.0.8　变压器绕组的全绝缘　uniform insulation of a transformer winding

所有变压器绕组与端子相连接的出线端都具有相同的额定绝缘水平。

2.0.9　并联电抗器　shunt inductor

并联连接在系统上的电抗器，主要用于补偿电容电流。

2.0.10　消弧线圈　arc-suppression coil

接于系统中性点和大地之间的单相电抗器，用以补偿因系统发生单相接地故障引起的接地电容电流。

2.0.11　互感器　instrument transformer

是指电流互感器、电磁电压互感器、电容式电压互感器和组合互感器（包括单相组合互感器和三相组合互感器）的统称。由于组合互感器是以电流互感器和电磁式电压互感器组合而成，相关试验参照电流互感器和电压互感器项目。

2.0.12　电压互感器　voltage transformer

包括电磁式电压互感器和电容式电压互感器，如果不特别说明，电压互感器通常指电磁式电压互感器。

2.0.13　接地极　grounding electrode

埋入地中并直接与大地接触的金属导体。

2.0.14　接地线　grounding conductor

电气装置、设施的接地端子与接地极连接用的金属导电部分。

2.0.15　接地装置　grounding connection

接地线和接地极的总和。

2.0.16　接地网　grounding grid

由垂直和水平接地极组成的供发电厂、变电站使用的兼有泄流和均压作用的较大型的水平网状接地装置。

2.0.17　大型接地装置　large-scale grounding connection

110kV 及以上电压等级变电所、装机容量在200MW 及以上火电厂和水电厂或者等效平面面积在5000m² 及以上的接地装置。

3　同步发电机及调相机

3.0.1　容量 6000kW 及以上的同步发电机及调相机的试验项目，应包括下列内容：

1　测量定子绕组的绝缘电阻和吸收比或极化指数；

2　测量定子绕组的直流电阻；

3　定子绕组直流耐压试验和泄漏电流测量；

4　定子绕组交流耐压试验；

5　测量转子绕组的绝缘电阻；

6　测量转子绕组的直流电阻；

7　转子绕组交流耐压试验；

8　测量发电机或励磁机的励磁回路连同所连接设备的绝缘电阻，不包括发电机转子和励磁机电枢；

9　发电机或励磁机的励磁回路连同所连接设备的交流耐压试验，不包括发电机转子和励磁机电枢；

10　测量发电机、励磁机的绝缘轴承和转子进水支座的绝缘电阻；

11　埋入式测温计的检查；

12　测量灭磁电阻器、自同步电阻器的直流电阻；

13　测量转子绕组的交流阻抗和功率损耗（无刷励磁机组，无测量条件时，可以不测量）；

14　测录三相短路特性曲线；

15　测录空载特性曲线；

16　测量发电机定子开路时的灭磁时间常数和转子过电压倍数；

17　测量发电机自动灭磁装置分闸后的定子残压；

18　测量相序；

19　测量轴电压；

20　定子绕组端部固有振动频率测试及模态分析；

21　定子绕组端部现包绝缘施加直流电压测量。

注：1　电压 1kV 及以下电压等级的同步发电机不论其容量大小，均应按本条第 1、2、4、5、6、7、8、9、11、

12、13、18、19 款进行试验；

2 无起动电动机的同步调相机或调相机的起动电动机只允许短时运行者，可不进行本条第 14、15 款的试验。

3.0.2 测量定子绕组的绝缘电阻和吸收比或极化指数，应符合下列规定：

1 各相绝缘电阻的不平衡系数不应大于 2；

2 吸收比：对沥青浸胶及烘卷云母绝缘不应小于 1.3；对环氧粉云母绝缘不应小于 1.6。对于容量 200MW 及以上机组应测量极化指数，极化指数不应小于 2.0。

注：1 进行交流耐压试验前，电机绕组的绝缘应满足本条的要求；

2 测量水内冷发电机定子绕组绝缘电阻，应在消除剩水影响的情况下进行；

3 对于汇水管死接地的电机应在无水情况下进行；对汇水管非死接地的电机，应分别测量绕组及汇水管绝缘电阻，绕组绝缘电阻测量时采用屏蔽法消除水的影响。测量结果应符合制造厂的规定；

4 交流耐压试验合格的电机，当其绝缘电阻折算至运行温度后（环氧粉云母绝缘的电机在常温下）不低于其额定电压 1MΩ/kV 时，可不经干燥投入运行。但在投运前不应再拆开端盖进行内部作业。

3.0.3 测量定子绕组的直流电阻，应符合下列规定：

1 直流电阻应在冷状态下测量，测量时绕组表面温度与周围空气温度之差应在 ±3℃ 的范围内；

2 各相或各分支绕组的直流电阻，在校正了由于引线长度不同而引起的误差后，相互间差别不应超过其最小值的 2%；与产品出厂时测得的数值换算至同温度下的数值比较，其相对变化也不应大于 2%。

3.0.4 定子绕组直流耐压试验和泄漏电流测量，应符合下列规定：

1 试验电压为电机额定电压的 3 倍。

2 试验电压按每级 0.5 倍额定电压分阶段升高，每阶段停留 1min，并记录泄漏电流；在规定的试验电压下，泄漏电流应符合下列规定：

1）各相泄漏电流的差别不应大于最小值的 100%，当最大泄漏电流在 20μA 以下，根据绝缘电阻值和交流耐压试验结果综合判断为良好时，各相间差值可不考虑；

2）泄漏电流不应随时间延长而增大；

当不符合上述 1）、2）规定之一时，应找出原因，并将其消除。

3）泄漏电流随电压不成比例地显著增长时，应及时分析。

3 氢冷电机必须在充氢前或排氢后且含氢量在 3% 以下时进行试验，严禁在置换氢过程中进行试验。

4 水内冷电机试验时，宜采用低压屏蔽法；对于汇水管死接地的电机，现场可不进行该项试验。

3.0.5 定子绕组交流耐压试验所采用的电压，应符合表 3.0.5 的规定。现场组装的水轮发电机定子绕组工艺过程中的绝缘交流耐压试验，应按现行国家标准《水轮发电机组安装技术规范》GB/T 8564 的有关规定进行。水内冷电机在通水情况下进行试验，水质应合格；氢冷电机必须在充氢前或排氢后且含氢量在 3% 以下时进行试验，严禁在置换氢过程中进行。大容量发电机交流耐压试验，当工频交流耐压试验设备不能满足要求时，可采用谐振耐压代替。

表 3.0.5 定子绕组交流耐压试验电压

容量（kW）	额定电压（V）	试验电压（V）
10000 以下	36 以上	$(1000+2U_n) \times 0.8$
10000 及以上	24000 以下	$(1000+2U_n) \times 0.8$
10000 及以上	24000 及以上	与厂家协商

注：U_n 为发电机额定电压。

3.0.6 测量转子绕组的绝缘电阻，应符合下列规定：

1 转子绕组的绝缘电阻值不宜低于 0.5MΩ；

2 水内冷转子绕组使用 500V 及以下兆欧表或其他仪器测量，绝缘电阻值不应低于 5000Ω；

3 当发电机定子绕组绝缘电阻已符合起动要求，而转子绕组的绝缘电阻值不低于 2000Ω 时，可允许投入运行；

4 在电机额定转速时超速试验前、后测量转子绕组的绝缘电阻；

5 测量绝缘电阻时采用兆欧表的电压等级：当转子绕组额定电压为 200V 以上，采用 2500V 兆欧表；200V 及以下，采用 1000V 兆欧表。

3.0.7 测量转子绕组的直流电阻，应符合下列规定：

1 应在冷状态下进行，测量时绕组表面温度与周围空气温度之差应在 ±3℃ 的范围内。测量数值与产品出厂数值换算至同温度下的数值比较，其差值不应超过 2%；

2 显极式转子绕组，应对各磁极绕组进行测量；当误差超过规定时，还应对各磁极绕组间的连接点电阻进行测量。

3.0.8 转子绕组交流耐压试验，应符合下列规定：

1 整体到货的显极式转子，试验电压应为额定电压的 7.5 倍，且不应低于 1200V。

2 工地组装的显极式转子，其单个磁极耐压试验应按制造厂规定进行。组装后的交流耐压试验，应符合下列规定：

1）额定励磁电压为 500V 及以下电压等级，为额定励磁电压的 10 倍，并不应低于 1500V；

2）额定励磁电压为 500V 以上，为额定励磁电压的 2 倍加 4000V。

3　隐极式转子绕组可以不进行交流耐压试验，可采用 2500V 兆欧表测量绝缘电阻来代替。

3.0.9　测量发电机和励磁机的励磁回路连同所连接设备的绝缘电阻值，不应低于 0.5MΩ。回路中有电子元器件设备的，试验时应将插件拔出或将其两端短接。

注：不包括发电机转子和励磁机电枢的绝缘电阻测量。

3.0.10　发电机和励磁机的励磁回路连同所连接设备的交流耐压试验，其试验电压应为 1000V，或用 2500V 兆欧表测量绝缘电阻方式代替。水轮发电机的静止可控硅励磁的试验电压，应按本标准第 3.0.8 条第 2 款的规定进行；回路中有电子元器件设备的，试验时应将插件拔出或将其两端短接。

注：不包括发电机转子和励磁机电枢的交流耐压试验。

3.0.11　测量发电机、励磁机的绝缘轴承和转子进水支座的绝缘电阻，应符合下列规定：

1　应在装好油管后，采用 1000V 兆欧表测量，绝缘电阻值不应低于 0.5MΩ；

2　对氢冷发电机应测量内、外挡油盖的绝缘电阻，其值应符合制造厂的规定。

3.0.12　埋入式测温计的检查应符合下列规定：

1　用 250V 兆欧表测量埋入式测温计的绝缘电阻是否良好；

2　核对测温计指示值，应无异常。

3.0.13　测量灭磁电阻器、自同步电阻器的直流电阻，应与铭牌数值比较，其差值不应超过 10%。

3.0.14　测量转子绕组的交流阻抗和功率损耗，应符合下列规定：

1　应在静止状态下的定子膛内、膛外和在超速试验前后的额定转速下分别测量；

2　对于显极式电机，可在膛外对每一磁极绕组进行测量。测量数值相互比较应无明显差别；

3　试验时施加电压的峰值不应超过额定励磁电压值。

注：无刷励磁机组，当无测量条件时，可以不测。

3.0.15　测量三相短路特性曲线，应符合下列规定：

1　测量的数值与产品出厂试验数值比较，应在测量误差范围内；

2　对于发电机变压器组，当发电机本身的短路特性有制造厂出厂试验报告时，可只录取发电机变压器组的短路特性，其短路点应设在变压器高压侧。

3.0.16　测量空载特性曲线，应符合下列规定：

1　测量的数值与产品出厂试验数值比较，应在测量误差范围以内；

2　在额定转速下试验电压的最高值，对于汽轮发电机及调相机应为定子额定电压值的 120%，对于水轮发电机应为定子额定电压值的 130%，但均不应超过额定励磁电流；

3　当电机有匝间绝缘时，应进行匝间耐压试验，在定子额定电压值的 130%（不超过定子最高电压）下持续 5min；

4　对于发电机变压器组，当发电机本身的空载特性及匝间耐压有制造厂出厂试验报告时，可不将发电机从机组拆开做发电机的空载特性，而只做发电机变压器组的整组空载特性，电压加至定子额定电压值的 105%。

3.0.17　在发电机空载额定电压下测录发电机定子开路时的灭磁时间常数。对发电机变压器组，可带空载变压器同时进行。

3.0.18　发电机在空载额定电压下自动灭磁装置分闸后测量定子残压。

3.0.19　测量发电机的相序，必须与电网相序一致。

3.0.20　测量轴电压，应符合下列规定：

1　分别在空载额定电压时及带负荷后测定；

2　汽轮发电机的轴承油膜被短路时，轴承与机座间的电压值，应接近于转子两端轴上的电压值；

3　水轮发电机应测量轴对机座的电压。

3.0.21　定子绕组端部固有振动频率测试及模态分析，应符合下列规定：

1　对 200MW 及以上汽轮发电机进行；

2　发电机冷态下定子绕组端部自振频率及振型：如存在椭圆形振型且自振频率在 94～115Hz 范围内为不合格；

3　当制造厂已进行过试验，且有出厂试验报告时，可不进行试验。

3.0.22　定子绕组端部现包绝缘施加直流电压测量，应符合下列规定：

1　现场进行发电机端部引线组装的，应在绝缘包扎材料干燥后，施加直流电压测量；

2　定子绕组施加直流电压为发电机额定电压 U_n；

3　所测表面直流电位不应大于制造厂的规定值。

4　直流电机

4.0.1　直流电机的试验项目，应包括下列内容：

1　测量励磁绕组和电枢的绝缘电阻；

2 测量励磁绕组的直流电阻；

3 测量电枢整流片间的直流电阻；

4 励磁绕组和电枢的交流耐压试验；

5 测量励磁可变电阻器的直流电阻；

6 测量励磁回路连同所有连接设备的绝缘电阻；

7 励磁回路连同所有连接设备的交流耐压试验；

8 检查电机绕组的极性及其连接的正确性；

9 测量并调整电机电刷，使其处在磁场中性位置；

10 测录直流发电机的空载特性和以转子绕组为负载的励磁机负载特性曲线；

11 直流电动机的空转检查和空载电流测量。

注： 6000kW 以上同步发电机及调相机的励磁机，应按本条全部项目进行试验。其余直流电机按本条第 1、2、5、6、8、9、11 款进行试验。

4.0.2 测量励磁绕组和电枢的绝缘电阻值，不应低于 0.5MΩ。

4.0.3 测量励磁绕组的直流电阻值，与制造厂数值比较，其差值不应大于 2%。

4.0.4 测量电枢整流片间的直流电阻，应符合下列规定：

1 对于叠绕组，可在整流片间测量；对于波绕组，测量时两整流片间的距离等于换向器节距；对于蛙式绕组，要根据其接线的实际情况来测量其叠绕组和波绕组的片间直流电阻；

2 相互间的差值不应超过最小值的 10%，由于均压线或绕组结构而产生的有规律的变化时，可对各相应的片间进行比较判断。

4.0.5 励磁绕组对外壳和电枢绕组对轴的交流耐压试验电压，应为额定电压的 1.5 倍加 750V，并不应小于 1200V。

4.0.6 测量励磁可变电阻器的直流电阻值，与产品出厂数值比较，其差值不应超过 10%。调节过程中应接触良好，无开路现象，电阻值变化应有规律性。

4.0.7 测量励磁回路连同所有连接设备的绝缘电阻值不应低于 0.5MΩ。

注： 不包括励磁调节装置回路的绝缘电阻测量。

4.0.8 励磁回路连同所有连接设备的交流耐压试验电压值，应为 1000V。或用 2500V 兆欧表测量绝缘电阻方式代替。

注： 不包括励磁调节装置回路的交流耐压试验。

4.0.9 检查电机绕组的极性及其连接，应正确。

4.0.10 调整电机电刷的中性位置，应正确，并满足良好换向要求。

4.0.11 测录直流发电机的空载特性和以转子绕组为负载的励磁机负载特性曲线，与产品的出厂试验资料比较，应无明显差别。励磁机负载特性宜在同步发电机空载和短路试验时同时测录。

4.0.12 直流电动机的空转检查和空载电流测量，应符合下列规定：

1 空载运转时间一般不小于 30min，电刷与换向器接触面应无明显火花；

2 记录直流电机的空转电流。

5 中频发电机

5.0.1 中频发电机的试验项目，应包括下列内容：

1 测量绕组的绝缘电阻；

2 测量绕组的直流电阻；

3 绕组的交流耐压试验；

4 测录空载特性曲线；

5 测量相序；

6 测量检温计绝缘电阻，并检查是否完好。

5.0.2 测量绕组的绝缘电阻值，不应低于 0.5MΩ。

5.0.3 测量绕组的直流电阻，应符合下列规定：

1 各相或各分支的绕组直流电阻值，与出厂数值比较，相互差别不应超过 2%；

2 励磁绕组直流电阻值与出厂数值比较，应无明显差别。

5.0.4 绕组的交流耐压试验电压值，应为出厂试验电压值的 75%。

5.0.5 测录空载特性曲线，应符合下列规定：

1 试验电压最高升至产品出厂试验数值为止，所测得的数值与出厂数值比较，应无明显差别；

2 永磁式中频发电机只测录发电机电压与转速的关系曲线，所测得的曲线与制造厂出厂数值比较，应无明显差别。

5.0.6 测量相序。电机出线端子标号应与相序一致。

5.0.7 测量检温计绝缘电阻并校验温度误差，应符合下列规定：

1 采用 250V 兆欧表测量检温计绝缘电阻；

2 检温计误差应不超过制造厂的规定。

6 交流电动机

6.0.1 交流电动机的试验项目，应包括下列内容：

1 测量绕组的绝缘电阻和吸收比；

2 测量绕组的直流电阻；

3 定子绕组的直流耐压试验和泄漏电流测量；

4 定子绕组的交流耐压试验；

5 绕线式电动机转子绕组的交流耐压试验；

6 同步电动机转子绕组的交流耐压试验；

7 测量可变电阻器、起动电阻器、灭磁电阻器的绝缘电阻；

8 测量可变电阻器、起动电阻器、灭磁电阻器的直流电阻；

9 测量电动机轴承的绝缘电阻；

10 检查定子绕组极性及其连接的正确性；

11 电动机空载转动检查和空载电流测量。

注： 电压 1000V 以下且容量为 100kW 以下的电动机，可按本条第 1、7、10、11 款进行试验。

6.0.2 测量绕组的绝缘电阻和吸收比，应符合下列规定：

1 额定电压为 1000V 以下，常温下绝缘电阻值不应低于 $0.5M\Omega$；额定电压为 1000V 及以上，折算至运行温度时的绝缘电阻值，定子绕组不应低于 $1M\Omega/kV$，转子绕组不应低于 $0.5M\Omega/kV$。绝缘电阻温度换算可按本标准附录 B 的规定进行；

2 1000V 及以上的电动机应测量吸收比。吸收比不应低于 1.2，中性点可拆开的应分相测量。

注：1 进行交流耐压试验时，绕组的绝缘应满足本条的要求；

2 交流耐压试验合格的电动机，当其绝缘电阻折算至运行温度后（环氧粉云母绝缘的电动机在常温下）不低于其额定电压 $1M\Omega/kV$ 时，可不经干燥投入运行。但在投运前不应再拆开端盖进行内部作业。

6.0.3 测量绕组的直流电阻，应符合下述规定：

1000V 以上或容量 100kW 以上的电动机各相绕组直流电阻值相互差别不应超过其最小值的 2%，中性点未引出的电动机可测量线间直流电阻，其相互差别不应超过其最小值的 1%。

6.0.4 定子绕组直流耐压试验和泄漏电流测量，应符合下述规定：

1000V 以上及 1000kW 以上、中性点连线已引出至出线端子板的定子绕组应分相进行直流耐压试验。试验电压为定子绕组额定电压的 3 倍。在规定的试验电压下，各相泄漏电流的差值不应大于最小值的 100%；当最大泄漏电流在 $20\mu A$ 以下时，各相间应无明显差别。试验时的注意事项，应符合本标准第 3.0.4 条的有关规定；中性点连线未引出的不进行此项试验。

6.0.5 定子绕组的交流耐压试验电压，应符合表 6.0.5 的规定。

表 6.0.5 电动机定子绕组交流耐压试验电压

额定电压（kV）	3	6	10
试验电压（kV）	5	10	16

6.0.6 绕线式电动机的转子绕组交流耐压试验电压，应符合表 6.0.6 的规定。

表 6.0.6 绕线式电动机转子绕组交流耐压试验电压

转子工况	试验电压（V）
不可逆的	$1.5U_k + 750$
可逆的	$3.0U_k + 750$

注： U_k 为转子静止时，在定子绕组上施加额定电压，转子绕组开路时测得的电压。

6.0.7 同步电动机转子绕组的交流耐压试验电压值为额定励磁电压的 7.5 倍，且不应低于 1200V，但不应高于出厂试验电压值的 75%。

6.0.8 可变电阻器、起动电阻器、灭磁电阻器的绝缘电阻，当与回路一起测量时，绝缘电阻值不应低于 $0.5M\Omega$。

6.0.9 测量可变电阻器、起动电阻器、灭磁电阻器的直流电阻值，与产品出厂数值比较，其差值不应超过 10%；调节过程中应接触良好，无开路现象，电阻值的变化应有规律性。

6.0.10 测量电动机轴承的绝缘电阻，当有油管路连接时，应在油管安装后，采用 1000V 兆欧表测量，绝缘电阻值不应低于 $0.5M\Omega$。

6.0.11 检查定子绕组的极性及其连接应正确。中性点未引出者可不检查极性。

6.0.12 电动机空载转动检查的运行时间为 2h，并记录电动机的空载电流。当电动机与其机械部分的连接不易拆开时，可连在一起进行空载转动检查试验。

7 电力变压器

7.0.1 电力变压器的试验项目，应包括下列内容：

1 绝缘油试验或 SF_6 气体试验；

2 测量绕组连同套管的直流电阻；

3 检查所有分接头的电压比；

4 检查变压器的三相接线组别和单相变压器引出线的极性；

5 测量与铁芯绝缘的各紧固件（连接片可拆开者）及铁芯（有外引接地线的）绝缘电阻；

6 非纯瓷套管的试验；

7 有载调压切换装置的检查和试验；

8 测量绕组连同套管的绝缘电阻、吸收比或极化指数；

9 测量绕组连同套管的介质损耗角正切值 $\tan\delta$；

10 测量绕组连同套管的直流泄漏电流；

11　变压器绕组变形试验；

12　绕组连同套管的交流耐压试验；

13　绕组连同套管的长时感应电压试验带局部放电试验；

14　额定电压下的冲击合闸试验；

15　检查相位；

16　测量噪音。

注：除条文内规定的原因外，各类变压器试验项目应按下列规定进行：

1　容量为 1600kV·A 及以下油浸式电力变压器的试验，可按本条第 1、2、3、4、5、6、7、8、12、14、15 款的规定进行；

2　干式变压器的试验，可按本条第 2、3、4、5、7、8、12、14、15 款的规定进行；

3　变流、整流变压器的试验，可按本条第 1、2、3、4、5、7、8、12、14、15 款的规定进行；

4　电炉变压器的试验，可按本条第 1、2、3、4、5、6、7、8、12、14、15 款的规定进行；

5　穿芯式电流互感器、电容型套管应分别按本标准第 9 章、第 16 章的试验项目进行试验；

6　分体运输、现场组装的变压器应由订货方见证所有出厂试验项目，现场试验按本标准执行。

7.0.2　油浸式变压器中绝缘油及 SF$_6$ 气体绝缘变压器中 SF$_6$ 气体的试验，应符合下列规定：

1　绝缘油的试验类别应符合本标准表 20.0.2 的规定；试验项目及标准应符合本标准表 20.0.1 的规定。

2　油中溶解气体的色谱分析，应符合下述规定：电压等级在 66kV 及以上的变压器，应在注油静置后、耐压和局部放电试验 24h 后、冲击合闸及额定电压下运行 24h 后，各进行一次变压器身内绝缘油的油中溶解气体的色谱分析。试验应按现行国家标准《变压器油中溶解气体分析和判断导则》GB/T 7252 进行。各次测得的氢、乙炔、总烃含量，应无明显差别。新装变压器油中 H$_2$ 与烃类气体含量（μL/L）任一项不宜超过下列数值：

总烃：20，　　H$_2$：10，　　C$_2$H$_2$：0。

3　油中微量水分的测量，应符合下述规定：变压器油中的微量水分含量，对电压等级为 110kV 的，不应大于 20mg/L；220kV 的，不应大于 15mg/L；330～500kV 的，不应大于 10mg/L。

4　油中含气量的测量，应符合下述规定：电压等级为 330～500kV 的变压器，按照规定时间静置后取样测量油中的含气量，其值不应大于 1%（体积分数）。

5　对 SF$_6$ 气体绝缘的变压器应进行 SF$_6$ 气体含水量检验及检漏：SF$_6$ 气体含水量（20℃的体积分数）一般不大于 250μL/L。变压器应无明显泄漏点。

7.0.3　测量绕组连同套管的直流电阻，应符合下列规定：

1　测量应在各分接头的所有位置上进行；

2　1600kV·A 及以下容量等级三相变压器，各相测得值的相互差值应小于平均值的 4%，线间测得值的相互差值应小于平均值的 2%；1600kV·A 以上三相变压器，各相测得值的相互差值应小于平均值的 2%，线间测得值的相互差值应小于平均值的 1%；

3　变压器的直流电阻，与同温下产品出厂实测数值比较，相应变化不应大于 2%；不同温度下电阻值按照公式（7.0.3）换算。

$$R_2 = R_1 \cdot \frac{T + t_2}{T + t_1} \qquad (7.0.3)$$

式中　R_1、R_2——温度在 t_1、t_2（℃）时的电阻值（Ω）；

T——计算用常数，铜导线取 235，铝导线取 225。

4　由于变压器结构等原因，差值超过本条第 2 款时，可只按本条第 3 款进行比较，但应说明原因。

7.0.4　检查所有分接头的电压比，与制造厂铭牌数据相比应无明显差别，且应符合电压比的规律；电压等级在 220kV 及以上的电力变压器，其电压比的允许误差在额定分接头位置时为 ±0.5%。

注："无明显差别"可按如下考虑：

1　电压等级在 35kV 以下，电压比小于 3 的变压器电压比允许偏差为 ±1%；

2　其他所有变压器额定分接下电压比允许偏差为 ±0.5%；

3　其他分接的电压比应在变压器阻抗电压值（%）的 1/10 以内，但不得超过 ±1%。

7.0.5　检查变压器的三相接线组别和单相变压器引出线的极性，必须与设计要求及铭牌上的标记和外壳上的符号相符。

7.0.6　测量与铁芯绝缘的各紧固件（连接片可拆开者）及铁芯（有外引接地线的）绝缘电阻，应符合下列规定：

1　进行器身检查的变压器，应测量可接触到的穿芯螺栓、轭铁夹件及绑扎钢带对铁轭、铁芯、油箱及绕组压环的绝缘电阻。当轭铁梁及穿芯螺栓一端与铁芯连接时，应将连接片断开后进行试验；

2　不进行器身检查的变压器或进行器身检查的变压器，所有安装工作结束后应进行铁芯和夹件（有外引接地线的）的绝缘电阻测量；

3 铁芯必须为一点接地；对变压器上有专用的铁芯接地线引出套管时，应在注油前测量其对外壳的绝缘电阻；

4 采用 2500V 兆欧表测量，持续时间为 1min，应无闪络及击穿现象。

7.0.7 非纯瓷套管的试验，应按本标准第 16 章的规定进行。

7.0.8 有载调压切换装置的检查和试验，应符合下列规定：

1 变压器带电前应进行有载调压切换装置切换过程试验，检查切换开关切换触头的全部动作顺序，测量过渡电阻阻值和切换时间。测得的过渡电阻阻值、三相同步偏差、切换时间的数值、正反向切换时间偏差均符合制造厂技术要求。由于变压器结构及接线原因无法测量的，不进行该项试验；

2 在变压器无电压下，手动操作不少于 2 个循环、电动操作不少于 5 个循环。其中电动操作时电源电压为额定电压的 85% 及以上。操作无卡涩、连动程序，电气和机械限位正常；

3 循环操作后进行绕组连同套管在所有分接下直流电阻和电压比测量，试验结果应符合本标准第 7.0.3 条、第 7.0.4 条的要求；

4 在变压器带电条件下进行有载调压开关电动操作，动作应正常。操作过程中，各侧电压应在系统电压允许范围内；

5 绝缘油注入切换开关油箱前，其击穿电压应符合本标准表 20.0.1 的规定。

7.0.9 测量绕组连同套管的绝缘电阻、吸收比或极化指数，应符合下列规定：

1 绝缘电阻值不低于产品出厂试验值的 70%。

2 当测量温度与产品出厂试验时的温度不符合时，可按表 7.0.9 换算到同一温度时的数值进行比较。

表 7.0.9 油浸式电力变压器绝缘电阻的温度换算系数

温度差 K	5	10	15	20	25	30	35	40	45	50	55	60
换算系数 A	1.2	1.5	1.8	2.3	2.8	3.4	4.1	5.1	6.2	7.5	9.2	11.2

注：1 表中 K 为实测温度减去 20℃ 的绝对值。

2 测量温度以上层油温为准。

当测量绝缘电阻的温度差不是表中所列数值时，其换算系数 A 可用线性插入法确定，也可按下述公式计算：

$$A = 1.5^{K/10} \quad (7.0.9-1)$$

校正到 20℃ 时的绝缘电阻值可用下述公式计算：
当实测温度为 20℃ 以上时：

$$R_{20} = AR_t \quad (7.0.9-2)$$

当实测温度为 20℃ 以下时：

$$R_{20} = R_t/A \quad (7.0.9-3)$$

式中 R_{20}——校正到 20℃ 时的绝缘电阻值（MΩ）；

R_t——在测量温度下的绝缘电阻值（MΩ）。

3 变压器电压等级为 35kV 及以上且容量在 4000kV·A 及以上时，应测量吸收比。吸收比与产品出厂值相比应无明显差别，在常温下不应小于 1.3；当 R60s 大于 3000MΩ 时，吸收比可不作考核要求。

4 变压器电压等级为 220kV 及以上且容量为 120MV·A 及以上时，宜用 5000V 兆欧表测量极化指数。测得值与产品出厂值相比应无明显差别，在常温下不小于 1.3；当 R60s 大于 10000MΩ 时，极化指数可不作考核要求。

7.0.10 测量绕组连同套管的介质损耗角正切值 tanδ，应符合下列规定：

1 当变压器电压等级为 35kV 及以上且容量在 8000kV·A 及以上时，应测量介质损耗角正切值 tanδ；

2 被测绕组的 tanδ 值不应大于产品出厂试验值的 130%；

3 当测量时的温度与产品出厂试验温度不符合时，可按表 7.0.10 换算到同一温度时的数值进行比较。

表 7.0.10 介质损耗角正切值 tanδ（%）温度换算系数

温度差 K	5	10	15	20	25	30	35	40	45	50
换算系数 A	1.15	1.3	1.5	1.7	1.9	2.2	2.5	2.9	3.3	3.7

注：1 表中 K 为实测温度减去 20℃ 的绝对值。

2 测量温度以上层油温为准。

3 进行较大的温度换算且试验结果超过本条第 2 款规定时，应进行综合分析判断。

当测量时的温度差不是表中所列数值时，其换算

系数 A 可用线性插入法确定，也可按下述公式计算：

$$A = 1.3^{K/10} \qquad (7.0.10 - 1)$$

校正到 20℃ 时的介质损耗角正切值可用下述公式计算：

当测量温度在 20℃ 以上时：

$$\tan\delta_{20} = \tan\delta_t / A \qquad (7.0.10 - 2)$$

当测量温度在 20℃ 以下时：

$$\tan\delta_{20} = A\tan\delta_t \qquad (7.0.10 - 3)$$

式中　$\tan\delta_{20}$——校正到 20℃ 时的介质损耗角正切值；

$\tan\delta_t$——在测量温度下的介质损耗角正切值。

7.0.11 测量绕组连同套管的直流泄漏电流，应符合下列规定：

1 当变压器电压等级为 35kV 及以上且容量在 8000kV·A 及以上时，应测量直流泄漏电流；

2 试验电压标准应符合表 7.0.11 的规定。当施加试验电压达 1min 时，在高压端读取泄漏电流。泄漏电流值不宜超过本标准附录 D 的规定。

表 7.0.11　油浸式电力变压器直流泄漏试验电压标准

绕组额定电压（kV）	6～10	20～35	63～330	500
直流试验电压（kV）	10	20	40	60

注：1　绕组额定电压为 13.8kV 及 15.75kV 时，按 10kV 级标准；18kV 时，按 20kV 级标准。

　　2　分级绝缘变压器仍按被试绕组电压等级的标准。

7.0.12 变压器绕组变形试验，应符合下列规定：

1 对于 35kV 及以下电压等级变压器，宜采用低电压短路阻抗法；

2 对于 66kV 及以上电压等级变压器，宜采用频率响应法测量绕组特征图谱。

7.0.13 绕组连同套管的交流耐压试验，应符合下列规定：

1 容量为 8000kV·A 以下、绕组额定电压在 110kV 以下的变压器，线端试验应按表 7.0.13 - 1 进行交流耐压试验。

2 容量为 8000kV·A 及以上、绕组额定电压在 110kV 以下的变压器，在有试验设备时，可按表 7.0.13 - 1 试验电压标准，进行线端交流耐压试验。

3 绕组额定电压为 110kV 及以上的变压器，其中性点应进行交流耐压试验，试验耐受电压标准为出厂试验电压值的 80%（见表 7.0.13 - 2）。

表 7.0.13 - 1　电力变压器和电抗器交流耐压试验电压标准（kV）

系统标称电压	设备最高电压	交流耐受电压	
		油浸式电力变压器和电抗器	干式电力变压器和电抗器
<1	≤1.1	—	2.5
3	3.6	14	8.5
6	7.2	20	17
10	12	28	24
15	17.5	36	32
20	24	44	43
35	40.5	68	60
66	72.5	112	—
110	126	160	—
220	252	(288) 316	—
330	363	(368) 408	—
500	550	(504) 544	—

注：1　上表中，变压器试验电压是根据现行国家标准《电力变压器 第 3 部分：绝缘水平和绝缘试验和外绝缘空气间隙》GB 1094.3 规定的出厂试验电压乘以 0.8 制定的。

　　2　干式变压器出厂试验电压是根据现行国家标准《干式电力变压器》GB 6450 规定的出厂试验电压乘以 0.8 制定的。

表 7.0.13 - 2　额定电压 110kV 及以上的电力变压器中性点交流耐压试验电压标准（kV）

系统标称电压	设备最高电压	中性点接地方式	出厂交流耐受电压	交接交流耐受电压
110	126	不直接接地	95	76
220	252	直接接地	85	68
		不直接接地	200	160
330	363	直接接地	85	68
		不直接接地	230	184
500	550	直接接地	85	68
		经小阻抗接地	140	112

4 交流耐压试验可以采用外施工频电压试验的方法，也可采用感应电压试验的方法。

试验电压波形尽可能接近正弦，试验电压值为测量电压的峰值除以$\sqrt{2}$，试验时应在高压端监测。

外施交流电压试验电压的频率应为 $45\sim65\text{Hz}$，全电压下耐受时间为 60s。

感应电压试验时，为防止铁芯饱和及励磁电流过大，试验电压的频率应适当大于额定频率。除另有规定，当试验电压频率等于或小于 2 倍额定频率时，全电压下试验时间为 60s；当试验电压频率大于 2 倍额定频率时，全电压下试验时间为：

$$120\times\frac{\text{额定频率}}{\text{试验频率}}(s)，但不少于 15s$$

(7.0.13)

7.0.14 绕组连同套管的长时感应电压试验带局部放电测量（ACLD）：电压等级 220kV 及以上，在新安装时，必须进行现场局部放电试验。对于电压等级为 110kV 的变压器，当对绝缘有怀疑时，应进行局部放电试验。

局部放电试验方法及判断方法，均按现行国家标准《电力变压器 第 3 部分：绝缘水平、绝缘试验和外绝缘空气间隙》GB 1094.3 中的有关规定进行（参见附录C）。

7.0.15 在额定电压下对变压器的冲击合闸试验，应进行 5 次，每次间隔时间宜为 5min，应无异常现象；冲击合闸宜在变压器高压侧进行；对中性点接地的电力系统，试验时变压器中性点必须接地；发电机变压器组中间连接无操作断开点的变压器，可不进行冲击合闸试验。无电流差动保护的干式变压器可冲击 3 次。

7.0.16 检查变压器的相位，必须与电网相位一致。

7.0.17 电压等级为 500kV 的变压器的噪音，应在额定电压及额定频率下测量，噪音值不应大于 80dB（A），其测量方法和要求应按现行国家标准《变压器和电抗器的声级测定》GB/T 7328 的规定进行。

8 电抗器及消弧线圈

8.0.1 电抗器及消弧线圈的试验项目，应包括下列内容：

1 测量绕组连同套管的直流电阻；

2 测量绕组连同套管的绝缘电阻、吸收比或极化指数；

3 测量绕组连同套管的介质损耗角正切值 $\tan\delta$；

4 测量绕组连同套管的直流泄漏电流；

5 绕组连同套管的交流耐压试验；

6 测量与铁芯绝缘的各紧固件的绝缘电阻；

7 绝缘油的试验；

8 非纯瓷套管的试验；

9 额定电压下冲击合闸试验；

10 测量噪音；

11 测量箱壳的振动；

12 测量箱壳表面的温度。

注：1 干式电抗器的试验项目可按本条第 1、2、5、9 款规定进行；

2 消弧线圈的试验项目可按本条第 1、2、5、6 款规定进行；对 35kV 及以上油浸式消弧线圈应增加第 3、4、7、8 款；

3 油浸式电抗器的试验项目可按本条第 1、2、5、6、7、9 款规定进行；对 35kV 及以上电抗器应增加第 3、4、8、10、11、12 款。

8.0.2 测量绕组连同套管的直流电阻，应符合下列规定：

1 测量应在各分接头的所有位置上进行；

2 实测值与出厂值的变化规律应一致；

3 三相电抗器绕组直流电阻值相互间差值不应大于三相平均值的 2%；

4 电抗器和消弧线圈的直流电阻，与同温下产品出厂值比较相应变化不应大于 2%。

8.0.3 测量绕组连同套管的绝缘电阻、吸收比或极化指数，应符合本标准第 7.0.9 条的规定。

8.0.4 测量绕组连同套管的介质损耗角正切值 $\tan\delta$，应符合本标准第 7.0.10 条的规定。

8.0.5 测量绕组连同套管的直流泄漏电流，应符合本标准第 7.0.11 条的规定。

8.0.6 绕组连同套管的交流耐压试验，应符合下列规定：

1 额定电压在 110kV 以下的消弧线圈、干式或油浸式电抗器均应进行交流耐压试验，试验电压应符合本标准表 7.0.13-1 的规定；

2 对分级绝缘的耐压试验电压标准，应按接地端或其末端绝缘的电压等级来进行。

8.0.7 测量与铁芯绝缘的各紧固件的绝缘电阻，应符合本标准第 7.0.6 条的规定。

8.0.8 绝缘油的试验，应符合本标准第 20.0.1 条及第 20.0.2 条的规定。

8.0.9 非纯瓷套管的试验，应符合本标准第 16 章的规定。

8.0.10 在额定电压下，对变电所及线路的并联电抗器连同线路的冲击合闸试验，应进行 5 次，每次间隔时间为 5min，应无异常现象。

8.0.11　测量噪音应符合本标准第 7.0.17 条的规定。

8.0.12　电压等级为 500kV 的电抗器，在额定工况下测得的箱壳振动振幅双峰值不应大于 100μm。

8.0.13　电压等级为 330～500kV 的电抗器，应测量箱壳表面的温度，温升不应大于 65℃。

9　互感器

9.0.1　互感器的试验项目，应包括下列内容：

　　1　测量绕组的绝缘电阻；

　　2　测量 35kV 及以上电压等互感器的介质损耗角正切值 $\tan\delta$；

　　3　局部放电试验；

　　4　交流耐压试验；

　　5　绝缘介质性能试验；

　　6　测量绕组的直流电阻；

　　7　检查接线组别和极性；

　　8　误差测量；

　　9　测量电流互感器的励磁特性曲线；

　　10　测量电磁式电压互感器的励磁特性；

　　11　电容式电压互感器（CVT）的检测；

　　12　密封性能检查；

　　13　测量铁芯夹紧螺栓的绝缘电阻。

　　注：SF₆ 封闭式组合电器中的电流互感器和套管式电流互感器的试验，应按本条第 1、6、7、8、9 款的规定进行。

9.0.2　测量绕组的绝缘电阻，应符合下列规定：

　　1　测量一次绕组对二次绕组及外壳、各二次绕组间及其对外壳的绝缘电阻；绝缘电阻值不宜低于 1000MΩ；

　　2　测量电流互感器一次绕组段间的绝缘电阻，绝缘电阻值不宜低于 1000MΩ，但由于结构原因而无法测量时可不进行；

　　3　测量电容式电流互感器的末屏及电压互感器接地端（N）对外壳（地）的绝缘电阻，绝缘电阻值不宜小于 1000MΩ。若末屏对地绝缘电阻小于 1000MΩ 时，应测量其 $\tan\delta$；

　　4　绝缘电阻测量应使用 2500V 兆欧表。

9.0.3　电压等级 35kV 及以上互感器的介质损耗角正切值 $\tan\delta$ 测量，应符合下列规定：

　　1　互感器的绕组 $\tan\delta$ 测量电压应在 10kV 测量，$\tan\delta$ 不应大于表 9.0.3 中数据。当对绝缘性能有怀疑时，可采用高压法进行试验，在（0.5～1）$U_m\sqrt{3}$ 范围内进行，$\tan\delta$ 变化量不应大于 0.2%，电容变化量不应大于 0.5%；

表 9.0.3　　　$\tan\delta$（%）限值

额定电压 种类	20～35kV	66～110kV	220kV	330～500kV
油浸式电流互感器	2.5	0.8	0.6	0.5
充硅脂及其他干式电流互感器	0.5	0.5	0.5	—
油浸式电压互感器绕组	3	2.5		
串级式电压互感器支架	—	6		
油浸式电流互感器末屏	—	2		

　　注：电压互感器整体及支架介损受环境条件（特别是相对湿度）影响较大，测量时要加以考虑。

　　2　末屏 $\tan\delta$ 测量电压为 2kV。

　　注：本条主要适用于油浸式互感器。SF₆ 气体绝缘和环氧树脂绝缘结构互感器不适用，注硅脂等干式互感器可以参照执行。

9.0.4　互感器的局部放电测量，应符合下列规定：

　　1　局部放电测量宜与交流耐压试验同时进行；

　　2　电压等级为 35～110kV 互感器的局部放电测量可按 10% 进行抽测，若局部放电量达不到规定要求应增大抽测比例；

　　3　电压等级 220kV 及以上互感器在绝缘性能有怀疑时宜进行局部放电测量；

　　4　局部放电测量时，应在高压侧（包括电压互感器感应电压）监测施加的一次电压；

　　5　局部放电测量的测量电压及视在放电量应满足表 9.0.4 中的规定。

9.0.5　互感器交流耐压试验，应符合下列规定：

　　1　应按出厂试验电压的 80% 进行；

　　2　电磁式电压互感器（包括电容式电压互感器的电磁单元）在遇到铁芯磁密较高的情况下，宜按下列规定进行感应耐压试验：

　　　1）感应耐压试验电压应为出厂试验电压的 80%；

　　　2）试验电源频率和试验电压时间参照本标准第 7.0.13 条第 4 款的规定执行；

　　　3）感应耐压试验前后，应各进行一次额定电压时的空载电流测量，两次测得值相比不应有明显差别；

　　　4）电压等级 66kV 及以上的油浸式互感器，感应耐压试验前后，应各进行一次绝缘油的色谱分析，两次测得值相比不应有明显差别；

　　　5）感应耐压试验时，应在高压端测量电压值；

　　　6）对电容式电压互感器的中间电压变压器进行感应耐压试验时，应将分压电容拆开。由于产品结构原因现场无条件拆开时，可不进行感应耐压试验。

表 9.0.4　　允许的视在放电量水平

种　类		测量电压 (kV)	允许的视在放电量水平 (pC)	
			环氧树脂及其他干式	油浸式和气体式
电流互感器		$1.2U_m/\sqrt{3}$	50	20
		$1.2U_m$ (必要时)	100	50
电压互感器	≥66kV	$1.2U_m/\sqrt{3}$	50	20
		$1.2U_m$ (必要时)	100	50
	35kV 全绝缘结构	$1.2U_m$	100	50
		$1.2U_m/\sqrt{3}$	50	20
	35kV 半绝缘结构 (一次绕组一端直接接地)	$1.2U_m/\sqrt{3}$	50	20
		$1.2U_m$ (必要时)	100	50

3 电压等级 220kV 以上的 SF_6 气体绝缘互感器（特别是电压等级为 500kV 的互感器）宜在安装完毕的情况下进行交流耐压试验；

4 二次绕组之间及其对外壳的工频耐压试验电压标准应为 2kV；

5 电压等级 110kV 及以上的电流互感器末屏及电压互感器接地端（N）对地的工频耐压试验电压标准，应为 3kV。

9.0.6 绝缘介质性能试验，对绝缘性能有怀疑的互感器，应检测绝缘介质性能，并符合下列规定：

1 绝缘油的性能应符合本标准表 20.0.1、表 20.0.2 的要求；

2 SF_6 气体的性能应符合如下要求：SF_6 气体充入设备 24h 后取样，SF_6 气体水分含量不得大于 $250\mu L/L$（20℃体积分数）。

3 电压等级在 66kV 以上的油浸式互感器，应进行油中溶解气体的色谱分析。油中溶解气体组分含量（$\mu L/L$）不宜超过下列任一值，总烃：10，H_2：50，C_2H_2：0。

9.0.7 绕组直流电阻测量，应符合下列规定：

1 电压互感器：一次绕组直流电阻测量值，与换算到同一温度下的出厂值比较，相差不宜大于 10%。二次绕组直流电阻测量值，与换算到同一温度

下的出厂值比较，相差不宜大于 15%。

2 电流互感器：同型号、同规格、同批次电流互感器一、二次绕组的直流电阻和平均值的差异不宜大于 10%。当有怀疑时，应提高施加的测量电流，测量电流（直流值）一般不宜超过额定电流（方均根值）的 50%。

9.0.8 检查互感器的接线组别和极性，必须符合设计要求，并应与铭牌和标志相符。

9.0.9 互感器误差测量应符合下列规定：

1 用于关口计量的互感器（包括电流互感器、电压互感器和组合互感器）必须进行误差测量，且进行误差检测的机构（实验室）必须是国家授权的法定计量检定机构；

2 用于非关口计量，电压等级 35kV 及以上的互感器，宜进行误差测量；

3 用于非关口计量，电压等级 35kV 以下的互感器，检查互感器变比，应与制造厂铭牌值相符。对多抽头的互感器，可只检查使用分接头的变比；

4 非计量用绕组应进行变比检查。

9.0.10 当继电保护对电流互感器的励磁特性有要求时，应进行励磁特性曲线试验。当电流互感器为多抽头时，可在使用抽头或最大抽头测量。测量后核对是否符合产品要求，核对方法见附录 E。

9.0.11 电磁式电压互感器的励磁曲线测量，应符合下列要求：

1 用于励磁曲线测量的仪表为方均根值表，若发生测量结果与出厂试验报告和型式试验报告有较大出入（>30%）时，应核对使用的仪表种类是否正确；

2 一般情况下，励磁曲线测量点为额定电压的 20%、50%、80%、100% 和 120%。对于中性点直接接地的电压互感器（N 端接地），电压等级 35kV 及以下电压等级的电压互感器最高测量点为 190%；电压等级 66kV 及以上的电压互感器最高测量点为 150%；

3 对于额定电压测量点（100%），励磁电流不宜大于其出厂试验报告和型式试验报告的测量值的 30%，同批次、同型号、同规格电压互感器此点的励磁电流不宜相差 30%。

9.0.12 电容式电压互感器（CVT）检测，应符合下列规定：

1 CVT 电容分压器电容量和介质损耗角 $\tan\delta$ 的测量结果：电容量与出厂值比较其变化量超过 -5% 或 10% 时应引起注意，$\tan\delta$ 不应大于 0.5%；条件许可时测量单节电容器在 10kV 至额定电压范围内，电

容量的变化量大于1%时判为不合格；

2 CVT电磁单元因结构原因不能将中压连线引出时，必须进行误差试验，若对电容分压器绝缘有怀疑时，应打开电磁单元引出中压连线进行额定电压下的电容量和介质损耗角tanδ的测量；

3 CVT误差试验应在支架（柱）上进行；

4 如果电磁单元结构许可，电磁单元检查包括中间变压器的励磁曲线测量、补偿电抗器感抗测量、阻尼器和限幅器的性能检查，交流耐压试验参照电磁式电压互感器，施加电压按出厂试验的80%执行。

9.0.13 密封性能检查，应符合下列规定：

1 油浸式互感器外表应无可见油渍现象；

2 SF₆气体绝缘互感器定性检漏无泄漏点，有怀疑时进行定量检漏，年泄漏率应小于1%。

9.0.14 测量铁芯夹紧螺栓的绝缘电阻，应符合下列规定：

1 在做器身检查时，应对外露的或可接触到的铁芯夹紧螺栓进行测量；

2 采用2500V兆欧表测量，试验时间为1min，应无闪络及击穿现象；

3 穿芯螺栓一端与铁芯连接者，测量时应将连接片断开，不能断开的可不进行测量。

10 油断路器

10.0.1 油断路器的试验项目，应包括下列内容：

1 测量绝缘电阻；

2 测量35kV多油断路器的介质损耗角正切值tanδ；

3 测量35kV以上少油断路器的直流泄漏电流；

4 交流耐压试验；

5 测量每相导电回路的电阻；

6 测量油断路器的分、合闸时间；

7 测量油断路器的分、合闸速度；

8 测量油断路器主触头分、合闸的同期性；

9 测量油断路器合闸电阻的投入时间及电阻值；

10 测量油断路器分、合闸线圈及合闸接触器线圈的绝缘电阻及直流电阻；

11 油断路器操动机构的试验；

12 断路器均压电容器试验；

13 绝缘油试验；

14 压力表及压力动作阀的检查。

10.0.2 测量绝缘电阻值应符合下列规定：

1 整体绝缘电阻值测量，应参照制造厂规定；

2 绝缘拉杆的绝缘电阻值，在常温下不应低于表10.0.2的规定。

表 10.0.2　绝缘拉杆的绝缘电阻标准

额定电压（kV）	3～15	20～35	63～220	330～500
绝缘电阻值（MΩ）	1200	3000	6000	10000

10.0.3 测量35kV多油断路器的介质损耗角正切值tanδ，应符合下列规定：

1 在20℃时测得的tanδ值，对DW2、DW8型油断路器，不应大于本标准表16.0.3中相应套管的tanδ（%）值增加2后的数值；对DW1型油断路器，不应大于本标准表16.0.3中相应套管的tanδ（%）值增加3后的数值；

2 应在分闸状态下测量每只套管的tanδ。当测得值超过标准时，应卸下油箱后进行分解试验，此时测得的套管的tanδ（%）值，应符合本标准表16.0.3的规定。

10.0.4 35kV以上少油断路器的支柱瓷套连同绝缘拉杆，以及灭弧室每个断口的直流泄漏电流试验电压应为40kV，并在高压侧读取1min时的泄漏电流值，测得的泄漏电流值不应大于10μA；220kV及以上的，泄漏电流值不宜大于5μA。

10.0.5 断路器的交流耐压试验应在分、合闸状态下分别进行，试验电压按照表10.0.5的规定执行。

表 10.0.5　断路器的交流耐压试验标准

额定电压（kV）	最高工作电压（kV）	1min 工频耐受电压（kV）峰值			
		相对地	相间	断路器断口	隔离断口
3	3.6	25	25	25	27
6	7.2	32	32	32	36
10	12	42	42	42	49
35	40.5	95	95	95	118
66	72.5	155	155	155	197
110	126	200	200	200	225
		230	230	230	265
220	252	360	360	360	415
		395	395	395	460
330	363	460	460	520	520
		510	510	580	580
500	550	630	630	790	790
		680	680	790	790
		740	740	790	790

注：1 本表数据引自《高压开关设备的共用订货技术导则》DL/T 593。

2 设备无特殊规定时，采用最高一级试验电压。

10.0.6 测量每相导电回路电阻，应符合下列规定：

1 用电流不小于 100A 的直流压降法测量，电阻值应符合产品技术条件的规定；

2 主触头与灭弧触头并联的断路器，应分别测量其主触头和灭弧触头导电回路的电阻值。

10.0.7 测量断路器的分、合闸时间应在产品额定操作电压、液压下进行。实测数值应符合产品技术条件的规定。

10.0.8 测量断路器分、合闸速度，应符合下列规定：

1 测量应在产品额定操作电压、液压下进行，实测数值应符合产品技术条件的规定；产品无要求时，可不进行；

2 电压等级在 15kV 及以下电压等级的断路器，除发电机出线断路器和与发电机主母线相连的断路器、主变压器出线断路器应进行速度测量外，其余的可不进行。

10.0.9 测量断路器主触头的三相或同相各断口分、合闸的同期性，应符合产品技术条件的规定。

10.0.10 测量断路器合闸电阻的投入时间及电阻值，应符合产品技术条件的规定。

10.0.11 测量断路器分、合闸线圈及合闸接触器线圈的绝缘电阻值不应低于 10MΩ，直流电阻值与产品出厂试验值相比应无明显差别。

10.0.12 断路器操动机构的试验，应符合下列规定：

1 合闸操作。

1) 当操作电压、液压在表 10.0.12-1 范围内时，操动机构应可靠动作；

**表 10.0.12-1　断路器操动机构合闸操作
试验电压、液压范围**

电　压		液　压
直流	交流	
(85%～110%) U_n	(85%～110%) U_n	按产品规定的最低及最高值

注：对电磁机构，当断路器关合电流峰值小于 50kA 时，直流操作电压范围为（80%～110%）U_n。U_n 为额定电源电压。

2) 弹簧、液压操动机构的合闸线圈以及电磁操动机构的合闸接触器的动作要求，均应符合上项的规定。

2 脱扣操作。

1) 直流或交流的分闸电磁铁，在其线圈端钮处测得的电压大于额定值的 65% 时，应可靠地分闸；

当此电压小于额定值的 30% 时，不应分闸；

2) 附装失压脱扣器的，其动作特性应符合表 10.0.12-2 的规定；

表 10.0.12-2　附装失压脱扣器的脱扣试验

电源电压与额定电源电压的比值	小于 35%*	大于 65%	大于 85%
失压脱扣器的工作状态	铁芯应可靠地释放	铁芯不得释放	铁芯应可靠地吸合

注：* 当电压缓慢下降至规定比值时，铁芯应可靠地释放。

3) 附装过流脱扣器的，其额定电流规定不小于 2.5A，脱扣电流的等级范围及其准确度，应符合表 10.0.12-3 的规定。

表 10.0.12-3　附装过流脱扣器的脱扣试验

过流脱扣器的种类	延时动作的	瞬时动作的
脱扣电流等级范围（A）	2.5～10	2.5～15
每级脱扣电流的准确度	±10%	
同一脱扣器各级脱扣电流准确度	±5%	

注：对于延时动作的过流脱扣器，应按制造厂提供的脱扣电流与动作时延的关系曲线进行核对。另外，还应检查在预定时延终了前主回路电流降至返回值时，脱扣器不应动作。

3 模拟操动试验。

1) 当具有可调电源时，可在不同电压、液压条件下，对断路器进行就地或远控操作，每次操作断路器均应正确，可靠地动作，其联锁及闭锁装置回路的动作应符合产品及设计要求；当无可调电源时，只在额定电压下进行试验；

2) 直流电磁或弹簧机构的操动试验，应按表 10.0.12-4 的规定进行；液压机构的操动试验，应按表 10.0.12-5 的规定进行。

表 10.0.12-4　直流电磁或弹簧机构的操动试验

操作类别	操作线圈端钮电压与额定电源电压的比值（%）	操作次数
合、分	110	3
合	85（80）	3
分	65	3
合、分、重合	100	3

注：括号内数字适用于装有自动重合闸装置的断路器及表 10.0.12-1 "注" 的情况。

表 10.0.12-5　液压机构的操动试验

操作类别	操作线圈端钮电压与额定电源电压的比值（%）	操作液压	操作次数
合、分	110	产品规定的最高操作压力	3
合、分	100	额定操作压力	3
合	85（80）	产品规定的最低操作压力	3
分	65	产品规定的最低操作压力	3
合、分、重合	100	产品规定的最低操作压力	3

注：1　括号内数字适用于装有自动重合闸装置的断路器。

　　2　模拟操动试验应在液压的自动控制回路能准确、可靠动作状态下进行。

　　3　操动时，液压的压降允许值应符合产品技术条件的规定。

　　3）对于具有双分闸线圈的回路，应分别进行模拟操动试验。

　　4）对于断路器操动机构本身具有三相位置不一致自动分闸功能的，应根据需要做投入或退出处理。

10.0.13　断路器均压电容器试验，应按本标准第 19 章的有关规定进行。

10.0.14　绝缘油试验，应按本标准第 20 章的规定进行。对灭弧室、支柱瓷套等油路相互隔绝的断路器，应自各部件中分别取油样试验。

10.0.15　压力动作阀的动作值，应符合产品技术条件的规定；压力表指示值的误差及其变差，均应在产品相应等级的允许误差范围内。

11　空气及磁吹断路器

11.0.1　空气及磁吹断路器的试验项目，应包括下列内容：

　　1　测量绝缘拉杆的绝缘电阻；

　　2　测量每相导电回路的电阻；

　　3　测量支柱瓷套和灭弧室每个断口的直流泄漏电流；

　　4　交流耐压试验；

　　5　测量断路器主、辅触头分、合闸的配合时间；

　　6　测量断路器的分、合闸时间；

　　7　测量断路器主触头分、合闸的同期性；

　　8　测量分、合闸线圈的绝缘电阻和直流电阻；

　　9　断路器操动机构的试验；

　　10　测量断路器的并联电阻值；

　　11　断路器电容器的试验；

　　12　压力表及压力动作阀的检查。

　　注：1　发电机励磁回路的自动灭磁开关，除应进行本条第 8、9 款试验外，还应做以下检查和试验：常开、常闭触头分、合切换顺序；主触头和灭弧触头的动作配合；灭弧栅的片数及其并联电阻值；在同步发电机空载额定电压下进行灭磁试验；

　　　2　磁吹断路器试验，应按本条第 2、4、6、8、9 款规定进行。

11.0.2　测量绝缘拉杆的绝缘电阻值，不应低于本标准表 10.0.2 的规定。

11.0.3　测量每相导电回路的电阻值及测试方法，应符合产品技术条件的规定。

11.0.4　支柱瓷套和灭弧室每个断口的直流泄漏电流的试验，应按本标准第 10.0.4 条的规定进行。

11.0.5　空气断路器应在分闸时各断口间及合闸状态下进行交流耐压试验；磁吹断路器应在分闸状态下进行断口交流耐压试验；试验电压应符合表 10.0.5 的规定。

11.0.6　断路器主、辅触头分、合闸动作程序及配合时间，应符合产品技术条件的规定。

11.0.7　断路器分、合闸时间的测量，应在产品额定操作电压及气压下进行，实测数值应符合产品技术条件的规定。

11.0.8　测量断路器主触头三相或同相各断口分、合闸的同期性，应符合产品技术条件的规定。

11.0.9　测量分、合闸线圈的绝缘电阻值，不应低于 10MΩ；直流电阻值与产品出厂试验值相比应无明显差别。

11.0.10　断路器操动机构的试验，应按本标准第 10.0.12 条的有关规定进行。

　　注：对应于本标准表 10.0.12-5 中的"液压"应为"气压"。

11.0.11　测量断路器的并联电阻值，与产品出厂试验值相比应无明显差别。

11.0.12　断路器电容器的试验，应按本标准第 19 章的有关规定进行。

11.0.13　压力动作阀的动作值，应符合产品技术条件的规定。压力表指示值的误差及其变差，均应在产品相应等级的允许误差范围内。

12　真空断路器

12.0.1　真空断路器的试验项目，应包括下列内容：

1　测量绝缘电阻；

2　测量每相导电回路的电阻；

3　交流耐压试验；

4　测量断路器主触头的分、合闸时间，测量分、合闸的同期性，测量合闸时触头的弹跳时间；

5　测量分、合闸线圈及合闸接触器线圈的绝缘电阻和直流电阻；

6　断路器操动机构的试验。

12.0.2　测量绝缘电阻值，应符合下列规定：

1　整体绝缘电阻值测量，应参照制造厂的规定；

2　绝缘拉杆的绝缘电阻值，在常温下不应低于表 10.0.2 的规定。

12.0.3　每相导电回路的电阻值测量，宜采用电流不小于 100A 的直流压降法。测试结果应符合产品技术条件的规定。

12.0.4　应在断路器合闸及分闸状态下进行交流耐压试验。当在合闸状态下进行时，试验电压应符合表 10.0.5 的规定。当在分闸状态下进行时，真空灭弧室断口间的试验电压应按产品技术条件的规定，试验中不应发生贯穿性放电。

12.0.5　测量断路器主触头的分、合闸时间，测量分、合闸的同期性，测量合闸过程中触头接触后的弹跳时间，应符合下列规定：

1　合闸过程中触头接触后的弹跳时间，40.5kV 以下断路器不应大于 2ms；40.5kV 及以上断路器不应大于 3ms；

2　测量应在断路器额定操作电压及液压条件下进行；

3　实测数值应符合产品技术条件的规定。

12.0.6　测量分、合闸线圈及合闸接触器线圈的绝缘电阻值，不应低于 10MΩ；直流电阻值与产品出厂试验值相比应无明显差别。

12.0.7　断路器操动机构的试验，应按本标准第 10.0.12 条的有关规定进行。

13　六氟化硫断路器

13.0.1　六氟化硫（SF_6）断路器试验项目，应包括下列内容：

1　测量绝缘电阻；

2　测量每相导电回路的电阻；

3　交流耐压试验；

4　断路器均压电容器的试验；

5　测量断路器的分、合闸时间；

6　测量断路器的分、合闸速度；

7　测量断路器主、辅触头分、合闸的同期性及配合时间；

8　测量断路器合闸电阻的投入时间及电阻值；

9　测量断路器分、合闸线圈绝缘电阻及直流电阻；

10　断路器操动机构的试验；

11　套管式电流互感器的试验；

12　测量断路器内 SF_6 气体的含水量；

13　密封性试验；

14　气体密度继电器、压力表和压力动作阀的检查。

13.0.2　测量断路器的绝缘电阻值：整体绝缘电阻值测量，应参照制造厂的规定。

13.0.3　每相导电回路的电阻值测量，宜采用电流不小于 100A 的直流压降法。测试结果应符合产品技术条件的规定。

13.0.4　交流耐压试验，应符合下列规定：

1　在 SF_6 气压为额定值时进行。试验电压按出厂试验电压的 80%；

2　110kV 以下电压等级应进行合闸对地和断口间耐压试验；

3　罐式断路器应进行合闸对地和断口间耐压试验；

4　500kV 定开距瓷柱式断路器只进行断口耐压试验。

13.0.5　断路器均压电容器的试验，应符合本标准第 19 章的有关规定。罐式断路器的均压电容器试验可按制造厂的规定进行。

13.0.6　测量断路器的分、合闸时间，应在断路器的额定操作电压、气压或液压下进行。实测数值应符合产品技术条件的规定。

13.0.7　测量断路器的分、合闸速度，应在断路器的额定操作电压、气压或液压下进行。实测数值应符合产品技术条件的规定。现场无条件安装采样装置的断路器，可不进行本试验。

13.0.8　测量断路器主、辅触头三相及同相各断口分、合闸的同期性及配合时间，应符合产品技术条件的规定。

13.0.9　测量断路器合闸电阻的投入时间及电阻值，应符合产品技术条件的规定。

13.0.10　测量断路器分、合闸线圈的绝缘电阻值，不应低于 10MΩ；直流电阻值与产品出厂试验值相比应无明显差别。

13.0.11　断路器操动机构的试验，应按本标准第 10.0.12 条的有关规定进行。

13.0.12　套管式电流互感器的试验，应按本标准第

9章的有关规定进行。

13.0.13 测量断路器内 SF$_6$ 气体含水量（20℃的体积分数），应符合下列规定：

    1 与灭弧室相通的气室，应小于 $150\mu L/L$；

    2 不与灭弧室相通的气室，应小于 $250\mu L/L$；

    3 SF$_6$气体含水量的测定应在断路器充气 48h 后进行。

13.0.14 密封试验可采用下列方法进行：

    1 采用灵敏度不低于 $1×10^{-6}$（体积比）的检漏仪对断路器各密封部位、管道接头等处进行检测时，检漏仪不应报警；

    2 必要时可采用局部包扎法进行气体泄漏测量。以 24h 的漏气量换算，每一个气室年漏气率不应大于 1%；

    3 泄漏值的测量应在断路器充气 24h 后进行。

13.0.15 在充气过程中检查气体密度继电器及压力动作阀的动作值，应符合产品技术条件的规定。对单独运到现场的设备，应进行校验。

14 六氟化硫封闭式组合电器

14.0.1 六氟化硫封闭式组合电器的试验项目，应包括下列内容：

    1 测量主回路的导电电阻；

    2 主回路的交流耐压试验；

    3 密封性试验；

    4 测量六氟化硫气体含水量；

    5 封闭式组合电器内各元件的试验；

    6 组合电器的操动试验；

    7 气体密度继电器、压力表和压力动作阀的检查。

14.0.2 测量主回路的导电电阻值，宜采用电流不小于 100A 的直流压降法。测试结果，不应超过产品技术条件规定值的 1.2 倍。

14.0.3 主回路的交流耐压试验程序和方法，应按产品技术条件或国家现行标准《气体绝缘金属封闭电器现场耐压试验导则》DL/T 555 的有关规定进行，试验电压值为出厂试验电压的 80%。

14.0.4 密封性试验可采用下列方法进行：

    1 采用灵敏度不低于 $1×10^{-6}$（体积比）的检漏仪对各气室密封部位、管道接头等处进行检测时，检漏仪不应报警；

    2 必要时可采用局部包扎法进行气体泄漏测量。以 24h 的漏气量换算，每一个气室年漏气率不应大于 1%；

    3 泄漏值的测量应在封闭式组合电器充气 24h 后进行。

14.0.5 测量六氟化硫气体含水量（20℃的体积分数），应符合下列规定：

    1 有电弧分解的隔室，应小于 $150\mu L/L$；

    2 无电弧分解的隔室，应小于 $250\mu L/L$；

    3 气体含水量的测量应在封闭式组合电器充气 48h 后进行。

14.0.6 封闭式组合电器内各元件的试验，应按本标准相应章节的有关规定进行，但对无法分开的设备可不单独进行。

    注： 本条中的"元件"是指装在封闭式组合电器内的断路器、隔离开关、负荷开关、接地开关、避雷器、互感器、套管、母线等。

14.0.7 当进行组合电器的操动试验时，联锁与闭锁装置动作应准确可靠。电动、气动或液压装置的操动试验，应按产品技术条件的规定进行。

14.0.8 在充气过程中检查气体密度继电器及压力动作阀的动作值，应符合产品技术条件的规定。对单独运到现场的设备，应进行校验。

15 隔离开关、负荷开关及高压熔断器

15.0.1 隔离开关、负荷开关及高压熔断器的试验项目，应包括下列内容：

    1 测量绝缘电阻；

    2 测量高压限流熔丝管熔丝的直流电阻；

    3 测量负荷开关导电回路的电阻；

    4 交流耐压试验；

    5 检查操动机构线圈的最低动作电压；

    6 操动机构的试验。

15.0.2 隔离开关与负荷开关的有机材料传动杆的绝缘电阻值，不应低于本标准表 10.0.2 的规定。

15.0.3 测量高压限流熔丝管熔丝的直流电阻值，与同型号产品相比不应有明显差别。

15.0.4 测量负荷开关导电回路的电阻值，宜采用电流不小于 100A 的直流压降法。测试结果，不应超过产品技术条件规定。

15.0.5 交流耐压试验，应符合下述规定：三相同一箱体的负荷开关，应按相间及相对地进行耐压试验，其余均按相对地或外壳进行。试验电压应符合表 10.0.5 的规定。对负荷开关还应按产品技术条件规定进行每个断口的交流耐压试验。

15.0.6 检查操动机构线圈的最低动作电压，应符合制造厂的规定。

15.0.7 操动机构的试验，应符合下列规定：

    1 动力式操动机构的分、合闸操作，当其电压或气压在下列范围时，应保证隔离开关的主闸刀或接地闸刀可靠地分闸和合闸。

1）电动机操动机构：当电动机接线端子的电压在其额定电压的 80%～110% 范围内时；

2）压缩空气操动机构：当气压在其额定气压的 85%～110% 范围内时；

3）二次控制线圈和电磁闭锁装置：当其线圈接线端子的电压在其额定电压的 80%～110% 范围内时。

2 隔离开关、负荷开关的机械或电气闭锁装置应准确可靠。

注： 1　本条第 1 款第 2 项所规定的气压范围为操动机构的储气筒的气压数值；

2　具有可调电源时，可进行高于或低于额定电压的操动试验。

16　套管

16.0.1　套管的试验项目，应包括下列内容：

1　测量绝缘电阻；

2　测量 20kV 及以上非纯瓷套管的介质损耗角正切值 $\tan\delta$ 和电容值；

3　交流耐压试验；

4　绝缘油的试验（有机复合绝缘套管除外）；

5　SF_6 套管气体试验。

注： 整体组装于 35kV 油断路器上的套管，可不单独进行 $\tan\delta$ 的试验。

16.0.2　测量绝缘电阻，应符合下列规定：

1　测量套管主绝缘的绝缘电阻；

2　66kV 及以上的电容型套管，应测量"抽压小套管"对法兰或"测量小套管"对法兰的绝缘电阻。采用 2500V 兆欧表测量，绝缘电阻值不应低于 1000MΩ。

16.0.3　测量 20kV 及以上非纯瓷套管的主绝缘介质损耗角正切值 $\tan\delta$ 和电容值，应符合下列规定：

1　在室温不低于 10℃ 的条件下，套管的介质损耗角正切值 $\tan\delta$ 不应大于表 16.0.3 的规定；

2　电容型套管的实测电容量值与产品铭牌数值或出厂试验值相比，其差值应在 ±5% 范围内。

16.0.4　交流耐压试验，应符合下列规定：

1　试验电压应符合本标准附录 A 的规定；

2　穿墙套管、断路器套管、变压器套管、电抗器及消弧线圈套管，均可随母线或设备一起进行交流耐压试验。

16.0.5　绝缘油的试验，应符合下列规定：

1　套管中的绝缘油应有出厂试验报告，现场可不进行试验。但当有下列情况之一者，应取油样进行水分、击穿电压、色谱试验：

1）套管主绝缘的介质损耗角正切值超过表

16.0.3 中的规定值；

表 16.0.3　　套管主绝缘介质损耗角正切值 $\tan\delta$（%）的标准

套管主绝缘类型		$\tan\delta$（%）最大值
电容式	油浸纸	0.7 （500kV 套管 0.5）①
	胶浸纸	0.7①
	胶粘纸	1.0（66kV 及以下电压等级套管 1.5）①②
电容式	浇铸树脂	1.5
	气体	1.5
	有机复合绝缘③	0.7
非电容式	浇注树脂	2.0
	复合绝缘	由供需双方商定
其他套管		由供需双方商定

注： ①　所列的电压为系统标称电压。

②　对 20kV 及以上电容式充胶或胶纸套管的老产品，其 $\tan\delta$（%）值可为 2 或 2.5。

③　有机复合绝缘套管的介损试验，宜在干燥环境下进行。

2）套管密封损坏，抽压或测量小套管的绝缘电阻不符合要求；

3）套管由于渗漏等原因需要重新补油时。

2　套管绝缘油的补充或更换时进行的试验，应符合下列规定：

1）换油时应按本标准表 20.0.1 的规定进行；

2）电压等级为 500kV 的套管绝缘油，宜进行油中溶解气体的色谱分析；油中溶解气体组分含量（μL/L）不宜超过下列任一值，总烃：10，H_2：150，C_2H_2：0；

3）补充绝缘油时，除按上述规定外，尚应按本标准第 20.0.3 条的规定进行；

4）充电缆油的套管需进行油的试验时，可按本标准表 18.0.8 的规定进行。

16.0.6　SF_6 套管气体试验，应符合本标准第 9.0.6 和第 9.0.13 条的有关规定。

17　悬式绝缘子和支柱绝缘子

17.0.1　悬式绝缘子和支柱绝缘子的试验项目，应包括下列内容：

1　测量绝缘电阻；

2　交流耐压试验。

17.0.2　绝缘电阻值，应符合下列规定：

1　用于 330kV 及以下电压等级的悬式绝缘子的

绝缘电阻值，不应低于 300MΩ；用于 500kV 电压等级的悬式绝缘子，不应低于 500MΩ；

2 35kV 及以下电压等级的支柱绝缘子的绝缘电阻值，不应低于 500MΩ；

3 采用 2500V 兆欧表测量绝缘子绝缘电阻值，可按同批产品数量的 10% 抽查；

4 棒式绝缘子不进行此项试验；

5 半导体釉绝缘子的绝缘电阻，应符合产品技术条件的规定。

17.0.3 交流耐压试验，应符合下列规定：

1 35kV 及以下电压等级的支柱绝缘子，可在母线安装完毕后一起进行，试验电压应符合本标准附录 A 的规定；

2 35kV 多元件支柱绝缘子的交流耐压试验值，应符合下列规定：

1）两个胶合元件者，每元件 50kV；

2）三个胶合元件者，每元件 34kV。

3 悬式绝缘子的交流耐压试验电压均取 60kV。

18 电力电缆线路

18.0.1 电力电缆线路的试验项目，应包括下列内容：

1 测量绝缘电阻；

2 直流耐压试验及泄漏电流测量；

3 交流耐压试验；

4 测量金属屏蔽层电阻和导体电阻比；

5 检查电缆线路两端的相位；

6 充油电缆的绝缘油试验；

7 交叉互联系统试验。

注：1 橡塑绝缘电力电缆试验项目应按本条第 1、3、4、5 和 7 款进行。当不具备条件时，额定电压 U_0/U 为 18/30kV 及以下电缆，允许用直流耐压试验及泄漏电流测量代替交流耐压试验；

2 纸绝缘电缆试验项目应按本条第 1、2 和 5 款进行；

3 自容式充油电缆试验项目应按本条第 1、2、5、6 和 7 款进行。

18.0.2 电力电缆线路的试验，应符合下列规定：

1 对电缆的主绝缘做耐压试验或测量绝缘电阻时，应分别在每一相上进行。对一相进行试验或测量时，其他两相导体、金属屏蔽或金属套和铠装层一起接地；

2 对金属屏蔽或金属套一端接地，另一端装有护层过电压保护器的单芯电缆主绝缘做耐压试验时，必须将护层过电压保护器短接，使这一端的电缆金属屏蔽或金属套临时接地；

3 对额定电压为 0.6/1kV 的电缆线路应用 2500V 兆欧表测量导体对地绝缘电阻代替耐压试验，试验时间 1min。

18.0.3 测量各电缆导体对地或对金属屏蔽层间和各导体间的绝缘电阻，应符合下列规定：

1 耐压试验前后，绝缘电阻测量应无明显变化；

2 橡塑电缆外护套、内衬层的绝缘电阻不应低于 0.5MΩ/km；

3 测量绝缘用兆欧表的额定电压，宜采用如下等级：

1）0.6/1kV 电缆用 1000V 兆欧表；

2）0.6/1kV 以上电缆用 2500V 兆欧表；6/6kV 及以上电缆也可用 5000V 兆欧表；

3）橡塑电缆外护套、内衬层的测量用 500V 兆欧表。

18.0.4 直流耐压试验及泄漏电流测量，应符合下列规定：

1 直流耐压试验电压：

1）纸绝缘电缆直流耐压试验电压 U_t 可采用下式计算：

对于统包绝缘（带绝缘）：

$$U_t = 5 \times \frac{U_0 + U}{2} \qquad (18.0.4-1)$$

对于分相屏蔽绝缘：

$$U_t = 5 \times U_0 \qquad (18.0.4-2)$$

试验电压见表 18.0.4-1 的规定。

表 18.0.4-1　　　　　纸绝缘电缆直流耐压试验电压（kV）

电缆额定电压 U_0/U	1.8/3	2.6/3	3.6/6	6/6	6/10	8.7/10	21/35	26/35
直流试验电压	12	17	24	30	40	47	105	130

2）18/30kV 及以下电压等级的橡塑绝缘电缆直流耐压试验电压，应按下式计算：

$$U_t = 4 \times U_0 \qquad (18.0.4-3)$$

3）充油绝缘电缆直流耐压试验电压，应符合表 18.0.4-2 的规定。

4）交流单芯电缆的护层绝缘直流耐压试验，可依据本标准第 18.0.9 条的规定。

2 试验时，试验电压可分 4～6 阶段均匀升压，每阶段停留 1min，并读取泄漏电流值。试验电压升至规定值后维持 15min，其间读取 1min 和 15min 时泄漏电流。测量时应消除杂散电流的影响。

3　纸绝缘电缆泄漏电流的三相不平衡系数（最大值与最小值之比）不应大于 2；当 6/10kV 及以上电缆的泄漏电流小于 20μA 和 6kV 及以下电压等级电缆泄漏电流小于 10μA 时，其不平衡系数不作规定。泄漏电流值和不平衡系数只作为判断绝缘状况的参考，不作为是否能投入运行的判据。其他电缆泄漏电流值不作规定。

表 18.0.4－2　　充油绝缘电缆直流耐压
试验电压（kV）

电缆额定电压 U_0/U	雷电冲击耐受电压	直流试验电压
48/66	325	165
	350	175
64/110	450	225
	550	275
127/220	850	425
	950	475
	1050	510
190/330	1175	585
	1300	650
290/500	1425	710
	1550	775
	1675	835

注：1　上列各表中的 U 为电缆额定线电压；U_0 为电缆导体对地或对金属屏蔽层间的额定电压。

2　雷电冲击电压依据现行国家标准《高压输变电设备的绝缘配合》GB 311.1 的规定。

4　电缆的泄漏电流具有下列情况之一，电缆绝缘可能有缺陷，应找出缺陷部位，并予以处理：

1）泄漏电流很不稳定；

2）泄漏电流随试验电压升高急剧上升；

3）泄漏电流随试验时间延长有上升现象。

18.0.5　交流耐压试验，应符合下列规定：

1　橡塑电缆优先采用 20～300Hz 交流耐压试验。20～300Hz 交流耐压试验电压和时间见表 18.0.5。

表 18.0.5　　橡胶电缆 20～300Hz 交流耐压
试验电压和时间

额定电压 U_0/U（kV）	试验电压	时间（min）
18/30 及以下	2.5U_0（或 2U_0）	5（或 60）
21/35～64/110	2U_0	60
127/220	1.7U_0（或 1.4U_0）	60
190/330	1.7U_0（或 1.3U_0）	60
290/500	1.7U_0（或 1.1U_0）	60

2　不具备上述试验条件或有特殊规定时，可采用施加正常系统相对地电压 24h 方法代替交流耐压。

18.0.6　测量金属屏蔽层电阻和导体电阻比。测量在相同温度下的金属屏蔽层和导体的直流电阻。

18.0.7　检查电缆线路的两端相位应一致，并与电网相位相符合。

18.0.8　充油电缆的绝缘油试验，应符合表 18.0.8 的规定。

表 18.0.8　　充油电缆及附件内和压力箱中的
绝缘油试验项目和要求

项目		要　求	试验方法
击穿电压	电缆及附件内	对于 64/110～190/330kV，不低于 50kV 对于 290/500kV，不低于 60kV	按《绝缘油击穿电压测定法》GB/T 507 中的有关要求进行试验
	压力箱中	不低于 50kV	
介质损耗因数	电缆及附件内	对于 64/110～127/220kV 的不大于 0.005 对于 190/330～290/500kV 的不大于 0.003	按《电力设备预防性试验规程》DL/T 596 中的有关要求进行试验
	压力箱中	不大于 0.003	

18.0.9　交叉互联系统试验，方法和要求见附录 F。

19　电容器

19.0.1　电容器的试验项目，应包括下列内容：

1　测量绝缘电阻；

2　测量耦合电容器、断路器电容器的介质损耗角正切值 tanδ 及电容值；

3　耦合电容器的局部放电试验；

4　并联电容器交流耐压试验；

5　冲击合闸试验。

19.0.2　测量耦合电容器、断路器电容器的绝缘电阻应在二极间进行，并联电容器应在电极对外壳之间进行，并采用 1000V 兆欧表测量小套管对地绝缘电阻。

19.0.3　测量耦合电容器、断路器电容器的介质损耗角正切值 tanδ 及电容值，应符合下列规定：

1　测得的介质损耗角正切值 tanδ 应符合产品技术条件的规定。

2　耦合电容器电容值的偏差应在额定电容值的 −5%～10% 范围内，电容器叠柱中任何两单元的实测电容之比值与这两单元的额定电压之比值的倒数之差不应大于 5%；断路器电容器电容值的偏差应在额定电容值的±5%范围内。对电容器组，还应测量各相、各臂及总的电容值。

19.0.4 耦合电容器的局部放电试验，应符合下列规定：

1 对500kV的耦合电容器，当对其绝缘性能或密封有怀疑又有试验设备时，可进行局部放电试验。多节组合的耦合电容器可分节试验；

2 局部放电试验的预加电压值为 $0.8U_m \times 1.3U_m$，停留时间大于10s；降至测量电压值为 $1.1U_m \sqrt{3}$，维持1min后，测量局部放电量，放电量不宜大于10pC。

19.0.5 并联电容器的交流耐压试验，应符合下列规定：

1 并联电容器电极对外壳交流耐压试验电压值，应符合表19.0.5的规定；

2 当产品出厂试验电压值不符合表19.0.5的规定时，交接试验电压应按产品出厂试验电压值的75%进行。

表20.0.1   **绝缘油的试验项目及标准**

表19.0.5 并联电容器交流耐压试验电压标准

额定电压（kV）	<1	1	3	6
出厂试验电压（kV）	3	6	18/25	23/30
交接试验电压（kV）	2.25	4.5	18.76	22.5
额定电压（kV）	10	15	20	35
出厂试验电压（kV）	30/42	40/55	50/65	80/95
交接试验电压（kV）	31.5	41.25	48.75	71.25

注：斜线下的数据为外绝缘的干耐受电压。

19.0.6 在电网额定电压下，对电力电容器组的冲击合闸试验应进行3次，熔断器不应熔断；电容器组中各相电容的最大值和最小值之比，不应超过1.08。

20 绝缘油和SF$_6$气体

20.0.1 绝缘油的试验项目及标准，应符合表20.0.1的规定。

序号	项目	标准				说明
1	外状	透明，无杂质或悬浮物				外观目视
2	水溶性酸（pH值）	＞5.4				按《运行中变压器油、汽轮机油水溶性酸测定法（比色法）》GB/T 7598中的有关要求进行试验
3	酸值，mgKOH/g	≤0.03				按《运行中变压器油、汽轮机油酸值测定法（BTB法）》GB/T 7599中的有关要求进行试验
4	闪点（闭口）（℃）	不低于	DB-10	DB-25	DB-45	按《石油产品闪点测定法（闭口杯法）》GB 261中的有关要求进行试验
			140	140	135	
5	水分（mg/L）	500kV：≤10 220～30kV：≤15 110kV及以下电压等级：≤20				按《运行中变压器油水分含量测定法（库仑法）》GB/T 7600或《运行中变压器油水分测定法（气相色谱法）》GB/T 7601中的有关要求进行试验
6	界面张力（25℃）（mN/m）	≥35				按《石油产品油对水界面张力测定法（圆环法）》GB/T 6541中的有关要求进行试验
7	介质损耗因素 tanδ（%）	90℃时， 注入电气设备前≤0.5 注入电气设备后≤0.7				按《液体绝缘材料工频相对介电常数、介质损耗因数和体积电阻率的测量》GB/T 5654中的有关要求进行试验
8	击穿电压	500kV：≥60kV 330kV：≥50kV 60～220kV：≥40kV 35kV及以下电压等级：≥35kV				1. 按《绝缘油 击穿电压测定法》GB/T 507或《电力系统油质试验方法 绝缘油介电强度测定法》DL/T 429.9中的有关要求进行试验； 2. 油样应取自被试设备； 3. 该指标为平板电极测定值，其他电极可按《运行中变压器油质量标准》GB/T 7595及《绝缘油 击穿电压测定法》GB/T 507中的有关要求进行试验； 4. 注入设备的新油均不应低于本标准

序号	项　目	标　准	说　明
9	体积电阻率 （90℃）（Ω·m）	≥6×10¹⁰	按《液体绝缘材料工频相对介电常数、介质损耗因数和体积电阻率的测量》GB/T 5654 或《绝缘油体积电阻率测定法》DL/T 421 中的有关要求进行试验
10	油中含气量（%） （体积分数）	330～500kV：≤1	按《绝缘油中含气量测定　真空压差法》DL/T 423 或《绝缘油中含气量的测定方法（二氧化碳洗脱法）》DL/T 450 中的有关要求进行试验
11	油泥与沉淀物（%） （质量分数）	≤0.02	按《石油产品和添加剂机械杂质测定法（重量法）》GB/T 511 中的有关要求进行试验
12	油中溶解气体组分含量色谱分析	见本标准的有关章节	按《绝缘油中溶解气体组分含量的气相色谱测定法》GB/T 17623、《变压器油中溶解气体分析和判断导则》GB/T 7252 及《变压器油中溶解气体分析和判断导则》DL/T 722 中的有关要求进行试验

20.0.2 新油验收及充油电气设备的绝缘油试验分类，应符合表 20.0.2 的规定。

表 20.0.2　　　　　　　　电气设备绝缘油试验分类

试验类别	适　用　范　围
击穿电压	1. 6kV 以上电气设备内的绝缘油或新注入上述设备前、后的绝缘油； 2. 对下列情况之一者，可不进行击穿电压试验： （1）35kV 以下互感器，其主绝缘试验已合格的； （2）15kV 以下油断路器，其注入新油的击穿电压已在 35kV 及以上的； （3）按本标准有关规定不需取油的
简化分析	1. 准备注入变压器、电抗器、互感器、套管的新油，应按表 20.0.1 中的第 2～9 项规定进行； 2. 准备注入油断路器的新油，应按表 20.0.1 中的第 2、3、4、5、8 项规定进行
全分析	对油的性能有怀疑时，应按表 20.0.1 中的全部项目进行

20.0.3 绝缘油当需要进行混合时，在混合前，应按混油的实际使用比例先取混油样进行分析，其结果应符合表 20.0.1 中第 8、11 项的规定。混油后还应按表 20.0.2 中的规定进行绝缘油的试验。

20.0.4 SF₆ 新气到货后，充入设备前应按现行国家标准《工业六氟化硫》GB 12022 验收，对气瓶的抽检率为 10%，其他每瓶只测定含水量。

20.0.5 SF₆ 气体在充入电气设备 24h 后方可进行试验。

21　避雷器

21.0.1 金属氧化物避雷器的试验项目，应包括下列内容：

　1　测量金属氧化物避雷器及基座绝缘电阻；

　2　测量金属氧化物避雷器的工频参考电压和持续电流；

　3　测量金属氧化物避雷器直流参考电压和 0.75 倍直流参考电压下的泄漏电流；

　4　检查放电计数器动作情况及监视电流表指示；

　5　工频放电电压试验。

注：1　无间隙金属氧化物避雷器的试验项目应包括本条第 1、2、3、4 款的内容，其中第 2、3 两款可选做一款；

　2　有间隙金属氧化物避雷器的试验项目应包括本条第 1 款、第 5 款的内容。

21.0.2 金属氧化物避雷器绝缘电阻测量，应符合下列规定：

　1　35kV 以上电压：用 5000V 兆欧表，绝缘电阻不小于 2500MΩ；

　2　35kV 及以下电压：用 2500V 兆欧表，绝缘电阻不小于 1000MΩ；

3 低压（1kV 以下）：用 500V 兆欧表，绝缘电阻不小于 2MΩ。

基座绝缘电阻不低于 5MΩ。

21.0.3 测量金属氧化物避雷器的工频参考电压和持续电流，应符合下列要求：

1 金属氧化物避雷器对应于工频参考电流下的工频参考电压，整支或分节进行的测试值，应符合现行国家标准《交流无间隙金属氧化物避雷器》GB 11032 或产品技术条件的规定；

2 测量金属氧化物避雷器在避雷器持续运行电压下的持续电流，其阻性电流或总电流值应符合产品技术条件的规定。

注： 金属氧化物避雷器持续运行电压值参见现行国家标准《交流无间隙金属氧化物避雷器》GB 11032。

21.0.4 测量金属氧化物避雷器直流参考电压和 0.75 倍直流参考电压下的泄漏电流，应符合下列规定：

1 金属氧化物避雷器对应于直流参考电流下的直流参考电压，整支或分节进行的测试值，不应低于现行国家标准《交流无间隙金属氧化物避雷器》GB 11032 的规定，并符合产品技术条件的规定。实测值与制造厂规定值比较，变化不应大于 ±5%；

2 0.75 倍直流参考电压下的泄漏电流值不应大于 50μA，或符合产品技术条件的规定；

3 试验时若整流回路中的波纹系数大于 1.5% 时，应加装滤波电容器，可为 0.01~0.1μF，试验电压应在高压侧测量。

21.0.5 检查放电计数器的动作应可靠，避雷器监视电流表指示应良好。

21.0.6 工频放电电压试验，应符合下列规定：

1 工频放电电压，应符合产品技术条件的规定；

2 工频放电电压试验时，放电后应快速切除电源，切断电源时间不大于 0.5s，过流保护动作电流控制在 0.2~0.7A。

22　电除尘器

22.0.1 电除尘器的试验项目，应包括下列内容：

1 测量整流变压器及直流电抗器铁芯穿芯螺栓的绝缘电阻；

2 测量整流变压器高压绕组及其直流电抗器绕组的绝缘电阻及直流电阻；

3 测量整流变压器低压绕组的绝缘电阻及其直流电阻；

4 测量硅整流元件及高压套管对地绝缘电阻；

5 测量取样电阻、阻尼电阻的电阻值；

6 油箱中绝缘油的试验；

7 绝缘子、隔离开关及瓷套管的绝缘电阻测量和耐压试验；

8 测量电场的绝缘电阻；

9 空载升压试验；

10 电除尘器振打及加热装置的电气设备试验；

11 测量接地电阻。

22.0.2 测量整流变压器及直流电抗器铁芯穿芯螺栓的绝缘电阻，应按本标准第 7.0.6 条规定在器身检查时进行。

22.0.3 在器身检查时测量整流变压器高压绕组及直流电抗器绕组的绝缘电阻和直流电阻，其直流电阻值应与同温度下产品出厂试验值比较，变化不应大于 2%。

22.0.4 测量整流变压器低压绕组的绝缘电阻和直流电阻，其直流电阻值应与同温度下产品出厂试验值比较，变化不应大于 2%。

22.0.5 测量硅整流元件及高压套管对地绝缘电阻，应符合下列规定：

1 在器身检查时进行，硅整流元件两端短路；

2 采用 2500V 兆欧表测量绝缘电阻；

3 绝缘电阻值不应低于产品出厂试验值的 70%。

22.0.6 测量取样电阻、阻尼电阻的电阻值，其电阻值应符合产品技术条件的规定，检查取样电阻、阻尼电阻的连接情况应良好。

22.0.7 油箱中绝缘油的试验，应按本标准第 20 章的规定进行。

22.0.8 绝缘子、隔离开关及瓷套管的绝缘电阻测量和耐压试验，应符合下列规定：

1 采用 2500V 兆欧表测量绝缘电阻，绝缘电阻值不应低于 1000MΩ；

2 对用于同极距在 300~400mm 电场的耐压采用直流耐压 100kV 或交流耐压 72kV，持续时间为 1min 无闪络；

3 对用于其他极距电场的，耐压试验标准应符合产品技术条件的规定。

22.0.9 测量电场的绝缘电阻，采用 2500V 兆欧表，绝缘电阻值不应低于 1000MΩ。

22.0.10 空载升压试验，应符合厂家标准。当厂家无明确规定时，应符合下列规定：

1 同极距为 300mm 的电场，电场电压应上升至 55kV 以上，无闪络。同极距每增加 20mm，电场电压递增不应少于 2.5kV；

2 当海拔高于 1000m 但不超过 4000m 时，海拔每升高 100m，电场电压值允许降低 1%。

22.0.11 电除尘器振打及加热装置的电气设备试验，应符合下列规定：

1 测量振打电机、加热器的绝缘电阻，振打电机绝缘电阻值不应小于 0.5MΩ，加热器绝缘电阻不应小于 5MΩ；

2 交流电机、二次回路、配电装置和馈电线路及低压电器的试验，应按本标准第 6 章、第 23 章、第 24 章、第 27 章的规定进行。

22.0.12 测量电除尘器本体的接地电阻，不应大于 1Ω。

23　二次回路

23.0.1 测量绝缘电阻，应符合下列规定：

1 小母线在断开所有其他并联支路时，不应小于 10MΩ；

2 二次回路的每一支路和断路器、隔离开关的操动机构的电源回路等，均不应小于 1MΩ。在比较潮湿的地方，可不小于 0.5MΩ。

23.0.2 交流耐压试验，应符合下列规定：

1 试验电压为 1000V。当回路绝缘电阻值在 10MΩ 以上时，可采用 2500V 兆欧表代替，试验持续时间为 1min，或符合产品技术规定；

2 48V 及以下电压等级回路可不做交流耐压试验；

3 回路中有电子元器件设备的，试验时应将插件拔出或将其两端短接。

注：二次回路是指电气设备的操作、保护、测量、信号等回路及其回路中的操动机构的线圈、接触器、继电器、仪表、互感器二次绕组等。

24　1kV 及以下电压等级配电装置和馈电线路

24.0.1 测量绝缘电阻，应符合下列规定：

1 配电装置及馈电线路的绝缘电阻值不应小于 0.5MΩ；

2 测量馈电线路绝缘电阻时，应将断路器（或熔断器）、用电设备、电器和仪表等断开。

24.0.2 动力配电装置的交流耐压试验，应符合下列规定：

1 试验电压为 1000V。当回路绝缘电阻值在 10MΩ 以上时，可采用 2500V 兆欧表代替，试验持续时间为 1min，或符合产品技术规定；

2 交流耐压试验为各相对地，48V 及以下电压等级配电装置不做耐压试验。

24.0.3 检查配电装置内不同电源的馈线间或馈线两侧的相位应一致。

25　1kV 以上架空电力线路

25.0.1 1kV 以上架空电力线路的试验项目，应包括下列内容：

1 测量绝缘子和线路的绝缘电阻；

2 测量 35kV 以上线路的工频参数；

3 检查相位；

4 冲击合闸试验；

5 测量杆塔的接地电阻。

25.0.2 测量绝缘子和线路的绝缘电阻，应符合下列规定：

1 绝缘子绝缘电阻的试验应按本标准第 17 章的规定进行；

2 测量并记录线路的绝缘电阻值。

25.0.3 测量 35kV 以上线路的工频参数可根据继电保护、过电压等专业的要求进行。

25.0.4 检查各相两侧的相位应一致。

25.0.5 在额定电压下对空载线路的冲击合闸试验，应进行 3 次，合闸过程中线路绝缘不应有损坏。

25.0.6 测量杆塔的接地电阻值，应符合设计的规定。

26　接地装置

26.0.1 电气设备和防雷设施的接地装置的试验项目应包括下列内容：

1 接地网电气完整性测试；

2 接地阻抗。

26.0.2 测试连接与同一接地网的各相邻设备接地线之间的电气导通情况，以直流电阻值表示。直流电阻值不应大于 0.2Ω。

26.0.3 接地阻抗值应符合设计要求，当设计没有规定时应符合表 26.0.3 的要求。试验方法可参照国家现行标准《接地装置工频特性参数测试导则》DL 475 的规定，试验时必须排除与接地网连接的架空地线、电缆的影响。

27　低压电器

27.0.1 低压电器的试验项目，应包括下列内容：

1 测量低压电器连同所连接电缆及二次回路的绝缘电阻；

2 电压线圈动作值校验；

3 低压电器动作情况检查；

4 低压电器采用的脱扣器的整定；

5 测量电阻器和变阻器的直流电阻；

表 26.0.3　　　　　　　　　　接 地 阻 抗 规 定 值

接地网类型	要　求
有效接地系统	$Z\leqslant2600/I$ 或 $Z\leqslant0.5\Omega$（当 $I>4000A$ 时） 式中　I——经接地装置流入地中的短路电流（A）； 　　　　Z——考虑季节变化的最大接地阻抗（Ω）； 注：当接地阻抗不符合以上要求时，可通过技术经济比较增大接地阻抗，但不得大于 5Ω。同时应结合地面电位测量对接地装置综合分析。为防止转移电位引起的危害，应采取隔离措施
非有效接地系统	1. 当接地网与 1kV 及以下电压等级设备共同接地时，接地阻抗 $Z\leqslant120/I$； 2. 当接地网仅用于 1kV 以上设备时，接地阻抗 $Z\leqslant250/I$； 3. 上述两种情况下，接地阻抗一般不得大于 10Ω
1kV 以下电力设备	使用同一接地装置的所有这类电力设备，当总容量≥100kV·A 时，接地阻抗不宜大于 4Ω；如总容量<100kV·A 时，则接地阻抗允许大于 4Ω，但不大于 10Ω
独立微波站	接地阻抗不宜大于 5Ω
独立避雷针	接地阻抗不宜大于 10Ω 注：当与接地网连在一起时可不单独测量
发电厂烟囱附近的吸风机及该处装设的集中接地装置	接地阻抗不宜大于 10Ω 注：当与接地网连在一起时可不单独测量
独立的燃油、易爆气体储罐及其管道	接地阻抗不宜大于 30Ω（无独立避雷针保护的露天储罐不应超过 10Ω）
露天配电装置的集中接地装置及独立避雷针（线）	接地阻抗不宜大于 10Ω
有架空地线的线路杆塔	当杆塔高度在 40m 以下时，按下列要求；当杆塔高度≥40m 时，则取下列值的 50%；但当土壤电阻率大于 2000Ω·m 时，接地阻抗难以达到 15Ω 时，可放宽至 20Ω。 土壤电阻率≤500Ω·m 时，接地阻抗 10Ω； 土壤电阻率 500～1000Ω·m 时，接地阻抗 20Ω； 土壤电阻率 1000～2000Ω·m 时，接地阻抗 25Ω； 土壤电阻率>2000Ω·m 时，接地阻抗 30Ω
与架空线直接连接的旋转电机进线段上避雷器	接地阻抗不宜大于 3Ω
无架空地线的线路杆塔	1. 非有效接地系统的钢筋混凝土杆、金属杆：接地阻抗不宜大于 30Ω； 2. 中性点不接地的低压电力网线路的钢筋混凝土杆、金属杆：接地阻抗不宜大于 50Ω； 3. 低压进户线绝缘子铁脚的接地阻抗：接地阻抗不宜大于 30Ω

注：扩建接地网应在与原接地网连接后进行测试。

6　低压电器连同所连接电缆及二次回路的交流耐压试验。

注：1　低压电器包括电压为 60～1200V 的刀开关、转换开关、熔断器、自动开关、接触器、控制器、主令电器、起动器、电阻器、变阻器及电磁铁等；

2　对安装在一、二级负荷场所的低压电器，应按本条第 2、3、4 款的规定进行。

27.0.2　测量低压电器连同所连接电缆及二次同路的绝缘电阻值，不应小于 1MΩ；在比较潮湿的地方，可不小于 0.5MΩ。

27.0.3　电压线圈动作值的校验，应符合下述规定：线圈的吸合电压不应大于额定电压的 85%，释放电压不应小于额定电压的 5%；短时工作的合闸线圈应

在额定电压的 85%～110% 范围内，分励线圈应在额定电压的 75%～110% 的范围内均能可靠工作。

27.0.4　低压电器动作情况的检查，应符合下述规定：对采用电动机或液压、气压传动方式操作的电器，除产品另有规定外，当电压、液压或气压在额定值的 85%～110% 范围内，电器应可靠工作。

27.0.5　低压电器采用的脱扣器的整定，各类过电流脱扣器、失压和分励脱扣器、延时装置等，应按使用要求进行整定。

27.0.6　测量电阻器和变阻器的直流电阻值，其差值应分别符合产品技术条件的规定。电阻值应满足回路使用的要求。

27.0.7　低压电器连同所连接电缆及二次回路的交流

耐压试验，应符合下述规定：试验电压为 1000V。当回路的绝缘电阻值在 10MΩ 以上时，可采用 2500V 兆欧表代替，试验持续时间为 1min。

附录 A

高压电气设备绝缘的工频耐压试验电压标准

表 A 高压电气设备绝缘的工频耐压试验电压标准

额定电压（kV）	最高工作电压（kV）	1min 工频耐受电压（kV）有效值											
		电压互感器		电流互感器		穿墙套管				支柱绝缘子、隔离开关			
						纯瓷和纯瓷充油绝缘		固体有机绝缘、油浸电容式、干式、SF₆式		纯瓷		固体有机绝缘	
		出厂	交接	出厂	交接	出厂	交接	出厂	交接	出厂	交接	出厂	交接
3	3.6	25(18)	20(14)	25	20	25(18)	25(18)	25(18)	20(14)	25	25	25	22
6	7.2	30(23)	24(18)	30	24	30(23)	30(23)	30(23)	24(18)	32	32	32	26
10	12	42(28)	33(22)	42	33	42(28)	42(28)	42(28)	33(22)	42	42	42	38
15	17.5	55(40)	44(32)	55	44	55(40)	55(40)	55(40)	44(32)	57	57	57	50
20	24.0	65(50)	52(40)	65	52	65(50)	65(50)	65(60)	52(40)	68	68	68	59
35	40.5	95(80)	76(64)	95	76	95(80)	95(80)	95(80)	76(54)	100	100	100	90
66	69.0	140/185	112/148	140/185	112/148	140/185	140/185	140/185	112/148	165	165	165	148
110	126.0	200/230	160/184	200/230	160/184	200/230	200/230	200/230	160/184	265	265	265	240
220	252.0	395/460	316/368	395/460	316/368	395/460	395/460	395/460	316/368	495	495	495	440
330	363.0	510/630	408/504	510/630	408/504	510/630	510/630	510/630	408/504				
500	550.0	680/740	544/592	680/740	544/592	680/740	680/470	680/470	544/592				

注：1 表中电气设备出厂试验电压参照现行国家标准《高压输变电设备的绝缘配合》GB 311.1；

2 括号内的数据为全绝缘结构电压互感器的匝间绝缘水平；

3 斜杠上下为不同绝缘水平取值，以出厂（铭牌）值为准。

附录 B

电机定子绕组绝缘电阻值换算至运行温度时的换算系数

B.0.1 电机定子绕阻绝缘电阻值换算至运行温度时的换算系数见表 B.0.1。

表 B.0.1 电机定子绕组绝缘电阻值换算至运行温度时的换算系数

定子绕组温度（℃）		70	60	50	40	30	20	10	5
换算系数 K	热塑性绝缘	1.4	2.8	5.7	11.3	22.6	45.3	90.5	128
	B 级热固性绝缘	4.1	6.6	10.5	16.8	26.8	43	68.7	87

表 B.0.1 的运行温度，对于热塑性绝缘为 75℃，对于 B 级热固性绝缘为 100℃。

B.0.2 当在不同温度测量时，可按表 B.0.1 中所列温度换算系数进行换算。例如某热塑性绝缘发电机在 $t=10℃$ 时测得绝缘电阻值为 100MΩ，则换算到 $t=75℃$ 时的绝缘电阻值为 $100/K=100/90.5=1.1$MΩ。

也可按下列公式进行换算：

对于热塑性绝缘：

$$R_t = R \times 2^{(75-t)/10} (MΩ) \qquad (B.0.2-1)$$

对于 B 级热固性绝缘：

$$R_t = R \times 1.6^{(100-t)/10} (MΩ)$$

$$(B.0.2-2)$$

式中 R——绕组热状态的绝缘电阻值；

R_t——当温度为 $t℃$ 时的绕组绝缘电阻值；

t——测量时的温度。

附录C
变压器局部放电试验方法

C.0.1　电压等级为110kV及以上的变压器应进行长时感应电压及局部放电测量试验，所加电压、加压时间及局部放电视在电荷量应符合下列规定：

三相变压器推荐采用单相连接的方式逐相地将电压加在线路端子上进行试验。

施加电压应按图C.0.1所示的程序进行。

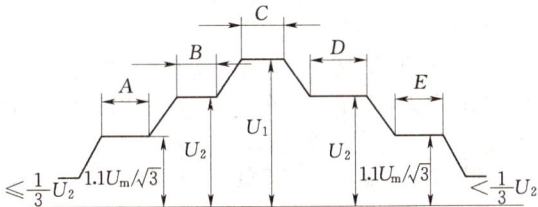

**图 C.0.1　变压器长时感应电压及局部放电测量
试验的加压程序**

注：$A=5\text{min}$；$B=5\text{min}$；$C=$试验时间；
$D \geqslant 60\text{min}$（对于 $U_m \geqslant 300\text{kV}$）或 30min
（对于 $U_m < 300\text{kV}$）；$E=5\text{min}$

在不大于 $U_2/3$ 的电压下接通电源；

电压上升到 $1.1U_m/\sqrt{3}$，保持5min，其中 U_m 为设备最高运行线电压；

电压上升到 U_2，保持5min；

电压上升到 U_1，其持续时间按第7.0.13条第4款的规定执行；

试验后立刻不间断地将电压降到 U_2，并至少保持60min（对于 $U_m \geqslant 300\text{kV}$）或30min（对于 $U_m < 300\text{kV}$），以测量局部放电；

电压降低到 $1.1U_m/\sqrt{3}$，保持5min；

当电压降低到 $U_2/3$ 以下时，方可切断电源。

除 U_1 的持续时间以外，其余试验持续时间与试验频率无关。

在施加试验电压的整个期间，应监测局部放电量。

对地电压值应为：

$$U_1 = 1.7U_m/\sqrt{3} \qquad (\text{C.0.1})$$

$U_2 = 1.5U_m/\sqrt{3}$ 或 $1.3U_m/\sqrt{3}$，视试验条件定。

在施加试验电压的前后，应测量所有测量通道上的背景噪声水平；

在电压上升到 U_2 及由 U_2 下降的过程中，应记录可能出现的局部放电起始电压和熄灭电压。应在 $1.1U_m/\sqrt{3}$ 下测量局部放电视在电荷量；

在电压 U_2 的第一阶段中应读取并记录一个读数。对该阶段不规定其视在电荷量值；

在施加 U_1 期间内不要求给出视在电荷量值；

在电压 U_2 的第二个阶段的整个期间，应连续地观察局部放电水平，并每隔5min记录一次。

如果满足下列要求，则试验合格：

试验电压不产生忽然下降；

在 $U_2 = 1.5U_m/\sqrt{3}$ 或 $1.3U_m/\sqrt{3}$ 下的长时试验期间，局部放电量的连续水平不大于500pC或300pC；

在 U_2 下，局部放电不呈现持续增加的趋势，偶然出现的较高幅值的脉冲可以不计入；

在 $1.1U_m/\sqrt{3}$ 下，视在电荷量的连续水平不大于100pC。

注：U_m 为设备的最高电压有效值。

C.0.2　试验方法及在放电量超出上述规定时的判断方法，均按现行国家标准《电力变压器　第3部分：绝缘水平、绝缘试验和外绝缘空气间隙》GB 1094.3 中的有关规定进行。

附录 D
油浸电力变压器绕组直流泄漏电流参考值

**表 D　　　油浸电力变压器绕组直流泄漏
电流参考值**

额定电压（kV）	试验电压峰值（kV）	在下列温度时的绕组直流泄漏电流值（μA）							
		10℃	20℃	30℃	40℃	50℃	60℃	70℃	80℃
2~3	5	11	17	25	39	55	83	125	178
6~15	10	22	33	50	77	112	166	250	356
20~35	20	33	50	74	111	167	250	400	570
63~330	40	33	50	74	111	167	250	400	570
500	60	20	30	45	67	100	150	235	330

附录 E
电流互感器保护级励磁曲线测量方法

E.0.1　P级励磁曲线的测量与检查，应满足下列要求：

核查电流互感器保护级（P级）准确限值系数是否满足要求有两种间接的方法，励磁曲线测量法和模拟二次负荷法。

1　励磁曲线测量法：

P级绕组的 V-I（励磁）曲线应根据电流互感

器铭牌参数确定施加电压，二次电阻 r_2 可用二次直流电阻 $\bar{r}_2$ 替代，漏抗 x_2 可估算，电压与电流的测量用方均根值仪表。

x_2 估算值见表 E.0.1。

表 E.0.1　　　x_2 估 算 值

电流互感器额定电压	独立结构			GIS 及套管结构
	≤35kV	66～110kV	220～500kV	
x_2 估算值 (Ω)	0.1	0.15	0.2	0.1

例如：

参数：电流互感器额定电压 220kV，被检绕组变化 1000/5A，二次额定负荷 50V·A，$\cos\phi = 0.8$，10P20，则：

额定二次负荷阻抗 $Z_L = \left(\dfrac{50V \cdot A}{5A} \div 5A\right) \times (0.8 + j0.6) = 1.6 + j1.2\,\Omega$

二次阻抗 $Z_2 \approx \bar{r}_2 + jx_2 = 0.1 + j0.2$

其中 $\bar{r}_2$ 为直流电阻实测值。

那么，根据已知铭牌参数"10P20"，在 20 倍额定电流情况下线圈感应电势：

$E\big|_{20In} = 20 \times 5 \mid (Z_2 + Z_L) \mid = 100 \mid 1.7 + j1.4 \mid = 100\sqrt{1.7^2 + 1.4^2} = 220V$

如果在二次绕组端施加励磁电压 220V 时测量的励磁电流 $I_0 > 0.1 \times 20 \times 5A = 10A$ 时，则判该绕组准确限值系数不合格。

2　模拟二次负荷法：

进行基本误差试验时，如果配置相应的模拟二次负荷可间接核对准确限值系数是否满足要求，例如：

电流互感器铭牌参数同上，在正常的差值法检测电流互感器基本误差线路上，将二次负荷 Z'_L 取值改为 $(20-1)Z_2 + 20Z_L$ 即可：

$$Z'_L = (20-1)Z_2 + 20Z_L$$
$$= 19 \times (0.1 + j0.2) + 20 \times (1.6 + j1.2)$$
$$= 33.9 + j27.8\,\Omega \qquad (E.0.1)$$

在接入 Z'_L 时测量额定电流（这里为 1000A）时的复合误差（$\sqrt{f^2 + \delta^2}\%$）大于 10%，则判为不合格，其中 δ 单位取厘弧。

注：1　由于间接法测量没有考虑一次导体及返回导体电流产生的磁场干扰影响，通常间接法测量合格的互感器再用直接法核查，其结果不一定合格；间接法测量不合格的互感器直接法测量其结果基本上不合格，但是间接法测量方法简单易行；

2　有怀疑时，宜用直接法测量复合误差，根据测量结果判定是否合格。

E.0.2　电流互感器暂态特性的核查，应满足下列要求：额定电压为 330kV 及以上电压等级独立式、GIS 和套管式电流互感器，线路容量为 30×10^4 kW 及以上容量的母线电流互感器及容量超过 120×10^4 kW 的变电站带暂态性能的各种电压等级的电流互感器，其具有暂态特性要求的绕组应根据铭牌参数，采用低频法或直流法测量其相关参数，核查是否满足相关要求。

1　交流法。

在二次端子上施加实际正弦波交流电压，测量相应的励磁电流，试验可以在降低的频率下进行，以避免绕组和二次端子承受不能容许的电压。

测量励磁电流应采用峰值读数仪表，以能与峰值磁通值相对应。

测量励磁电压应采用平均值仪表，但刻度为方均根值。

二次匝链磁通道 Φ，可由频率 f' 下的实测所加电压的方均根值 U' 按下式得出：

$$\Phi = \frac{\sqrt{2}}{2\pi f'} \cdot U' \quad (Wb) \qquad (E.0.2-1)$$

额定频率 f 下的等效电压方均根值 U 为：

$$U = \frac{2\pi f}{\sqrt{2}} \cdot \Phi \quad (V, r.m.s.) \qquad (E.0.2-2)$$

所得励磁特性曲线为峰值励磁电流 i_m 与代表峰值通道 Φ 的额定频率等效电压方均根值 U 的关系曲线。

励磁电感由上述曲线在饱和磁通 Φ_s 的 20%～90% 范围内的平均斜率确定：

$$L_m = \frac{\Phi_s}{i_m} = \frac{\sqrt{2}U}{2\pi f i_m} \quad (H) \qquad (E.0.2-3)$$

当忽略二次侧漏抗时，相应于电阻性总负荷 $(R_{et} + R_b)$ 的二次时间常数 T_s 可按下式计算：

$$T_s = \frac{L_s}{R_s} \approx \frac{L_m}{R_{et} + R_b} \quad (S) \qquad (E.0.2-4)$$

当交流法确定剩磁系数 K_r 时，需对励磁电压积分，见图 E.0.2-2，积分的电压和相应的电流在 X—Y 示波器上显示出磁滞回环。如果励磁电流已是饱和磁通 Φ_s 达到的值时，则认为电流过零时的磁通值是剩磁 Φ_r。按定义 $\Phi_r/\Phi_s = \psi_r/\psi_s$，由比率便可求出剩磁系数 K_r。

2　直流法。

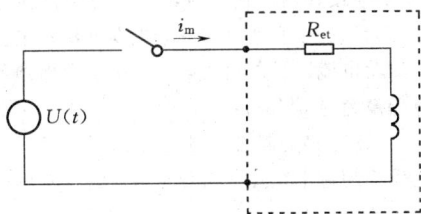

图 E.0.2-1　基本电路

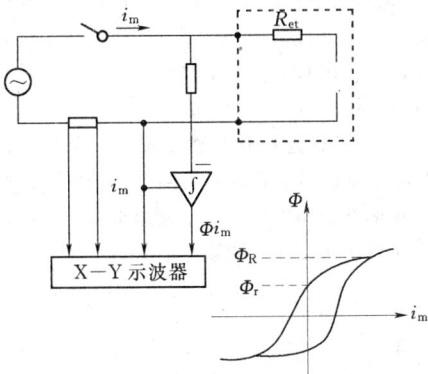

图 E.0.2-2　用磁滞回环确定剩磁系数 K_t

直流饱和法是采用某一直流电压，它能使磁通达到持续为同一值。励磁电流缓慢上升，意味着受绕组电阻电压的影响，磁通测量值是在对励磁的绕组端电压减去与 $R_e i_m$ 对应的附加电压后，再进行积分得出的。典型试验电路见图 E.0.2-3。

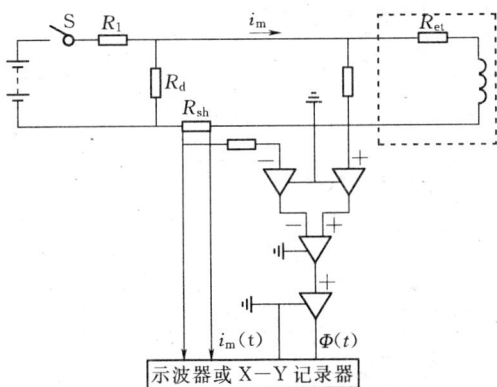

图 E.0.2-3　直流法基本电路

测定励磁特性时，应在积分器复位后立即闭合开关 S。记录励磁电流和磁通的上升值，直到皆达到恒定时，然后切断开关 S。

磁通 $\Phi(t)$ 和励磁电流 $i_m(t)$ 与时间（t）的函数关系的典型试验记录见图 E.0.2-4，其中磁通可以用 Wb 表示，或按公式（E.0.2-2）额定频率等效电

压方均根值 $U(t)$ 表示。

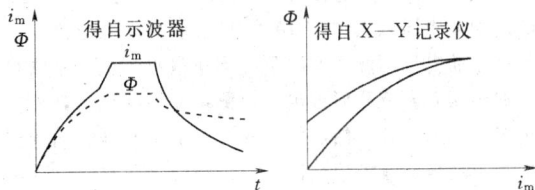

图 E.0.2-4　典型记录曲线

励磁电感（L_m），可取励磁曲线上一些适当点的 $\Phi(t)$ 除以相应的 $i_m(t)$ 得出，或者当磁通值用等效电压方均根值 $U(t)$ 表示时，使用公式（E.0.2-3）。

因为 TPS 和 TPX 级电流互感器要求确定 $\Phi(i_m)$ 特性的平均斜率，故推荐采用 X—Y 记录仪。

一旦开关 S 断开，衰减的励磁电流流过二次绕组和放电电阻 R_d。随之磁通值下降，但它在电流为零时，不会降为零。如选取的励磁电流 i_m 使磁通达到饱和值时，则在电流为零时剩余的磁通值认为是剩磁 Φ_r。

TPS 和 TPX 级电流互感器的铁芯必须事先退磁，退磁的 TPY 级电流互感器的剩磁系数（K_r）用比率 Φ_r/Φ_s 确定。

对于铁芯未事先退磁的 TPY 级电流互感器，其剩磁系数（K_r）可用交换二次端子的补充试验确定。这时的剩磁系数（K_r）计算方法同上，但假定 Φ_r 为第二次试验测得的剩磁值的一半。

附录 F
电力电缆线路交叉互联系统
试验方法和要求

F.0.1　交叉互联系统的对地绝缘的直流耐压试验：试验时必须将护层过电压保护器断开。在互联箱中将另一侧的三段电缆金属套都接地，使绝缘接头的绝缘环也能结合在一起进行试验，然后在每段电缆金属屏蔽或金属套与地之间施加直流电压 10kV，加压时间 1min，不应击穿。

F.0.2　非线性电阻型护层过电压保护器。

1　氧化锌电阻片：对电阻片施加直流参考电流后测量其压降，即直流参考电压，其值应在产品标准规定的范围之内；

2　非线性电阻片及其引线的对地绝缘电阻：将非线性电阻片的全部引线并联在一起与接地的外壳绝缘后，用 1000V 兆欧表测量引线与外壳之间的绝缘电阻，其值不应小于 10MΩ。

F.0.3　交叉互联性能检验：本方法为推荐采用的方

式，如采用本方法时，应作为特殊试验项目。

　　使所有互联箱连接片处于正常工作位置，在每相电缆导体中通以大约100A的三相平衡试验电流。在保持试验电流不变的情况下，测量最靠近交叉互联箱处的金属套电流和对地电压。测量完后将试验电流降至零，切断电源。然后将最靠近的交叉互联箱内的连接片重新连接成模拟错误连接的情况，再次将试验电流升至100A，并再测量该交叉互联箱处的金属套电流和对地电压。测量完后将试验电量降至零，切断电源，将该交叉互联箱中的连接片复原至正确的连接位置。最后再将试验电流升至100A，测量电缆线路上所有其他交叉互联箱处的金属套电流和对地电压。

　　试验结果符合下述要求则认为交叉互联系统的性能是满意的：

　　1）在连接片做错误连接时，试验能表明存在异乎寻常大的金属套电流；

　　2）在连接片正确连接时，将测得的任何一个金属套电流乘以一个系数（它等于电缆的额定电流除以上述的试验电流）后所得的电流值不会使电缆额定电流的降低量超过3%；

　　3）将测得的金属套对地电压乘以上述2）项中的系数后不超过电缆在负载额定电流时规定的感应电压的最大值。

F.0.4　互联箱

　　1　接触电阻：本试验在做完护层过电压保护器的上述试验后进行。将刀闸（或连接片）恢复到正常工作位置后，用双臂电桥测量闸刀（或连接片）的接触电阻，其值不应大于 $20\mu\Omega$；

　　2　闸刀（或连接片）连接位置：本试验在以上交叉互联系统的试验合格后密封互联箱之前进行。连接位置应正确。如发现连接错误而重新连接后，则必须重测闸刀（连接片）的接触电阻。

附录 G
特 殊 试 验 项 目 表

表 G
特 殊 试 验 项 目 表

序号	条款	内　容
1	3.0.14	测量转子绕组的交流阻抗和功率损耗
2	3.0.15	测量三相短路特性曲线
3	3.0.16	测量空载特性曲线
4	3.0.17	在发电机空载额定电压下测录发电机定子开路时的灭磁时间常数
5	3.0.18	发电机在空载额定电压下自动灭磁装置分闸后测量定子残压
6	3.0.20	测量轴电压
7	3.0.21	定子绕组端部固有振动频率测试及模态分析
8	3.0.22	定子绕组端部现包绝缘施加直流电压测量
9	4.0.11	测录直流发电机的空载特性和以转子绕组为负载的励磁机负载特性曲线
10	5.0.5	测录空载特性曲线
11	7.0.12	变压器绕组变形试验
12	7.0.14	绕组连同套管的长时感应电压试验带局部放电测量
13	9.0.4	互感器的局部放电测量
14	9.0.9	互感器误差测量 1　用于关口计算的互感器（包括电流互感器、电压互感器和组合互感器）必须进行误差测量，且进行误差检测的机构（实验室）必须是国家授权的法定计量检定机构； 2　用于非关口计量，电压等级35kV及以上的互感器，宜进行误差测量
15	9.0.12	电容式电压互感器（CVT）检测 2　CVT电磁单元因结构原因不能将中压联线引出时，必须进行误差试验，若对电容分压器绝缘有怀疑时，应打开电磁单元引出中压联线进行额定电压下的电容量和介质损耗角 $\tan\delta$ 的测量

续表

序号	条款	内　容
16	18.0.5	电力电缆交流耐压试验（35kV及以上电压等级）
17	F.0.3	交叉互联性能检验
18	19.0.4	耦合电容器的局部放电试验
19	25.0.3	测量35kV以上线路的工频参数
20	26.0.3	接地阻抗值测量（接地网）
21	全规范中	110kV及以上电压等级电气设备的交、直流耐压试验（或高电压测试）
22	全规范中	各种电气设备的局部放电试验
23	全规范中	SF_6气体和绝缘油（除击穿电压试验外）试验

10　电气装置安装工程　接地装置施工及验收规范

（GB 50169—2006）

1　总则

1.0.1　为保证接地装置安装工程的施工质量，促进工程施工技术水平的提高，确保接地装置安全运行，制定本规范。

1.0.2　本规范适用于电气装置的接地装置安装工程的施工及验收。

1.0.3　接地装置的安装应由工程施工单位按已批准的设计要求施工，工程建设管理单位和监理单位应有专人负责监督。

1.0.4　接地装置施工采用的器材应符合国家现行标准的规定，并应有合格证件。

1.0.5　施工中的安全技术措施，应符合本规范和现行有关安全标准的规定。

1.0.6　接地装置的安装应配合建筑工程的施工，隐蔽部分必须在覆盖前会同有关单位做好中间检查及验收记录。

1.0.7　各种电气装置与主接地网的连接必须可靠，接地装置的焊接质量应符合本规范第3.4.2条的规定，接地、电阻应符合设计规定，扩建接地网与原接地网间应为多点连接。

1.0.8　接地装置验收测试应在土建完工后尽快安排进行；对高土壤电阻率地区的接地装置，在接地电阻难以满足要求时，应由设计确定采取相应措施，验收合格后方可投入运行。

1.0.9　接地装置的施工及验收，除应按本规范的规定执行外，尚应符合国家现行的有关标准规范的规定。

2　术语和定义

2.0.1　接地体（极）　grounding conductor

埋入地中并直接与大地接触的金属导体，称为接地体（极）。接地体分为水平接地体和垂直接地体。

2.0.2　自然接地体　natural earthing electrode

可利用作为接地用的直接与大地接触的各种金属构件、金属井管、钢筋混凝土建筑的基础、金属管道和设备等，称为自然接地体。

2.0.3　接地线　grounding conductor

电气设备、杆塔的接地端子与接地体或零线连接用的在正常情况下不载流的金属导体，称为接地线。

2.0.4　接地装置　grounding connection

接地体和接地线的总和，称为接地装置。

2.0.5　接地　grounded

将电力系统或建筑物电气装置、设施过电压保护装置用接地线与接地体连接，称为接地。

2.0.6　接地电阻　ground resistance

接地体或自然接地体的对地电阻和接地线电阻的总和，称为接地装置的接地电阻。接地电阻的数值等于接地装置对地电压与通过接地体流入地中电流的比值。

注：本规范中接地电阻系指工频接地电阻。

2.0.7　工频接地电阻　power frequency ground resistance

按通过接地体流入地中工频电流求得的电阻，称为工频接地电阻。

2.0.8　零线　null line

与变压器或发电机直接接地的中性点连接的中性线或直流回路中的接地中性线，称为零线。

2.0.9　保护接零（保护接地）　protective ground

中性点直接接地的低压电力网中，电气设备外壳与保护零线连接称为保护接零（或保护接地）。

2.0.10　集中接地装置　concentrated grounding connection

为加强对雷电流的散流作用、降低对地电位而敷设的附加接地装置，如在避雷针附近装设的垂直接地体。

2.0.11　大型接地装置　large-scale grounding connection

110kV 及以上电压等级变电所的接地装置，装机容量在 200MW 以上的火电厂和水电厂的接地装置，或者等效平面面积在 5000m² 以上的接地装置。

2.0.12　安全接地　safe grounding

电气装置的金属外壳、配电装置的构架和线路杆塔等，由于绝缘损坏有可能带电，为防止其危及人身和设备的安全而设的接地。

2.0.13　接地网　grounding grid

由垂直和水平接地体组成的具有泄流和均压作用的网状接地装置。

2.0.14　热剂焊（放热焊接）　exothermic welding

热剂焊（放热焊接）也称之火泥熔接，它是利用金属氧化物与铝粉的化学反应热作为热源，通过化学反应还原出来的高温熔融金属，直接或间接加热工件，达到熔接的目的。

3　电气装置的接地

3.1　一般规定

3.1.1　电气装置的下列金属部分，均应接地或接零：

1　电机、变压器、电器、携带式或移动式用电器具等的金属底座和外壳；

2　电气设备的传动装置；

3　屋内外配电装置的金属或钢筋混凝土构架以及靠近带电部分的金属遮栏和金属门；

4　配电、控制、保护用的屏（柜、箱）及操作台等的金属框架和底座；

5　交、直流电力电缆的接头盒、终端头和膨胀器的金属外壳和可触及的电缆金属护层和穿线的钢管。穿线的钢管之间或钢管和电器设备之间有金属软管过渡的，应保证金属软管段接地畅通；

6　电缆桥架、支架和井架；

7　装有避雷线的电力线路杆塔；

8　装在配电线路杆上的电力设备；

9　在非沥青地面的居民区内，不接地、消弧线圈接地和高电阻接地系统中无避雷线的架空电力线路的金属杆塔和钢筋混凝土杆塔；

10　承载电气设备的构架和金属外壳；

11　发电机中性点柜外壳、发电机出线柜、封闭母线的外壳及其他裸露的金属部分；

12　气体绝缘全封闭组合电器（GIS）的外壳接地端子和箱式变电站的金属箱体；

13　电热设备的金属外壳；

14　铠装控制电缆的金属护层；

15　互感器的二次绕组。

3.1.2　电气装置的下列金属部分可不接地或不接零：

1　在木质、沥青等不良导电地面的干燥房间内，交流额定电压为 400V 及以下或直流额定电压为 440V 及以下的电气设备的外壳；但当有可能同时触及上述电气设备外壳和已接地的其他物体时，则仍应接地；

2　在干燥场所，交流额定电压为 127V 及以下或直流额定电压为 110V 及以下的电气设备的外壳；

3　安装在配电屏、控制屏和配电装置上的电气测量仪表、继电器和其他低压电器等的外壳，以及当发生绝缘损坏时，在支持物上不会引起危险电压的绝缘子的金属底座等；

4　安装在已接地金属构架上的设备，如穿墙套管等；

5　额定电压为 220V 及以下的蓄电池室内的金属支架；

6　由发电厂、变电所和工业、企业区域内引出的铁路轨道；

7　与已接地的机床、机座之间有可靠电气接触的电动机和电器的外壳。

3.1.3　需要接地的直流系统的接地装置应符合下列要求：

1　能与地构成闭合回路且经常流过电流的接地线应沿绝缘垫板敷设，不得与金属管道、建筑物和设备的构件有金属的连接；

2　在土壤中含有在电解时能产生腐蚀性物质的地方，不宜敷设接地装置，必要时可采取外引式接地装置或改良土壤的措施；

3　直流电力回路专用的中性线和直流两线制正极的接地体、接地线不得与自然接地体有金属连接；当无绝缘隔离装置时，相互间的距离不应小于 1m；

4　三线制直流回路的中性线宜直接接地。

3.1.4　接地线不应作其他用途。

3.2　接地装置的选择

3.2.1　各种接地装置应利用直接埋入地中或水中的自然接地体。交流电气设备的接地，可利用直接埋入地中或水中的自然接地体，可以利用的自然接地体如下：

1 埋设在地下的金属管道，但不包括有可燃或有爆炸物质的管道；

2 金属井管；

3 与大地有可靠连接的建筑物的金属结构；

4 水工构筑物及其类似的构筑物的金属管、桩。

3.2.2 交流电气设备的接地线可利用下列自然接地体接地：

1 建筑物的金属结构（梁、柱等）及设计规定的混凝土结构内部的钢筋；

2 生产用的起重机的轨道、走廊、平台、电梯竖井、起重机与升降机的构架、运输皮带的钢梁、电除尘器的构架等金属结构；

3 配线的钢管。

3.2.3 发电厂、变电站等大型接地装置除利用自然接地体外，还应敷设人工接地体，即以水平接地体为主的人工接地网，并设置将自然接地体和人工接地体分开的测量井，以便于接地装置的测试。对于3～10kV的变电站和配电所，当采用建筑物的基础作接地体且接地电阻又能满足规定值时，可不另设人工接地。

3.2.4 人工接地网的敷设应符合以下规定：

1 人工接地网的外缘应闭合，外缘各角应做成圆弧形，圆弧的半径不宜小于均压带间距的一半；

2 接地网内应敷设水平均压带，按等间距或不等间距布置；

3 35kV及以上变电站接地网边缘经常有人出入的走道处，应铺设碎石、沥青路面或在地下装设2条与接地网相连的均压带。

3.2.5 除临时接地装置外，接地装置应采用热镀锌钢材，水平敷设的可采用圆钢和扁钢，垂直敷设的可采用角钢和钢管。腐蚀比较严重地区的接地装置，应适当加大截面，或采用阴极保护等措施。

不得采用铝导体作为接地体或接地线。当采用扁铜带、铜绞线、铜棒、铜包钢、铜包钢绞线、钢镀铜、铅包铜等材料作接地装置时，其连接应符合本规范的规定。

3.2.6 接地装置的人工接地体，导体截面应符合热稳定、均压和机械强度的要求，还应考虑腐蚀的影响，一般不小于表3.2.6-1和表3.2.6-2所列规格。

3.2.7 低压电气设备地面上外露的铜接地线的最小截面应符合表3.2.7的规定。

3.2.8 不要求敷设专用接地引下线的电气设备，它的接地线可利用金属构件、普通钢筋混凝土构件的钢筋、穿线的钢管等。利用以上设施作接地线时，应保证其全长为完好的电气通路。

表 3.2.6-1　　　钢接地体的最小规格

种类、规格及单位		地上		地下	
		室内	室外	交流电流回路	直流电流回路
圆钢直径（mm）		6	8	10	12
扁钢	截面（mm²）	60	100	100	100
	厚度（mm）	3	4	4	6
角钢厚度（mm）		2	2.5	4	6
钢管管壁厚度（mm）		2.5	2.5	3.5	4.5

注：电力线路杆塔的接地体引出线的截面不应小于50mm²，引出线应热镀锌。

表 3.2.6-2　　　铜接地体的最小规格

种类、规格及单位	地上	地下
铜棒直径（mm）	4	6
铜排截面（mm²）	10	30
铜管管壁厚度（mm）	2	3

注：裸铜绞线一般不作为小型接地装置的接地体用，当作为接地网的接地体时，截面应满足设计要求。

表 3.2.7　　　低压电气设备地面上外露的铜接地线的最小截面（mm²）

名　称	铜
明敷的裸导体	4
绝缘导体	1.5
电缆的接地芯或与相线包在同一保护外壳内的多芯导线的接地芯	1

3.2.9 不得利用蛇皮管、管道保温层的金属外皮或金属网、低压照明网络的导线铅皮以及电缆金属护层作接地线。蛇皮管两端应采用自固接头或软管接头，且两端应采用软铜线连接。

3.2.10 在高土壤电阻率地区，接地电阻值很难达到要求时，可采用以下措施降低接地电阻：

1 在变电站附近有较低电阻率的土壤时，可敷设引外接地网或向外延伸接地体；

2 当地下较深处的土壤电阻率较低时，可采用井式或深钻式深埋接地极；

3 填充电阻率较低的物质或压力灌注降阻剂等以改善土壤传导性能；

4 敷设水下接地网。当利用自然接地体和引外接地装置时，应采用不少于2根导体在不同地点与接地网相连接；

5 采用新型接地装置，如电解离子接地极；

6 采用多层接地措施。

3.2.11 在永冻土地区除可采用本规范第3.2.10条的措施外，还可采用以下措施降低接地电阻：

1 将接地装置敷设在溶化地带或溶化地带的水池或水坑中；

2 敷设深钻式接地极，或充分利用井管或其他深埋地下的金属构件作接地极，还应敷设深度约0.5m的伸长接地极；

3 在房屋溶化盘内敷设接地装置；

4 在接地极周围人工处理土壤，以降低冻结温度和土壤电阻率。

3.2.12 在深孔（井）技术应用中，敷设深井电极应注意以下事项：

1 应掌握有关的地质结构资料和地下土壤电阻率的分布，以使深孔（井）接地能在所处位置上收到较好的效果；同时要考虑深孔（井）接地极之间的屏蔽效应，以发挥深孔（井）接地作用；

2 在坚硬岩石地区，可考虑深孔爆破，让降阻剂在孔底呈立体树枝状分布，以降低接地电阻；

3 深井电极宜打入地下低阻层1～2m；

4 深井电极所用的角钢，其搭接长度应为角钢单边宽度的4倍，钢管搭接宜加螺纹套拧紧后两边口再加焊；

5 深井电极应通过圆钢（与水平电极同规格）就近焊接到水平网上，搭接长度为圆钢直径的6倍。

3.2.13 降阻剂材料选择及施工工艺应符合下列要求：

1 材料的选择应符合设计要求；

2 应选用长效防腐物理性降阻剂；

3 使用的材料必须符合国家现行技术标准，通过国家相应机构对降阻剂的检验测试，并有合格证件；

4 降阻剂的使用，应该因地制宜地用在高电阻率地区、深井灌注、小面积接地网、射线接地极或接地网外沿；

5 严格按照生产厂家使用说明书规定的操作工艺施工。

3.2.14 接地装置的防腐应符合技术标准的要求。当采用阴极保护方式防腐时，必须经测试合格。

3.3 接地装置的敷设

3.3.1 接地体顶面埋设深度应符合设计规定。当无规定时，不应小于0.6m。角钢、钢管、铜棒、铜管等接地体应垂直配置。除接地体外，接地体引出线的垂直部分和接地装置连接（焊接）部位外侧100mm范围内应做防腐处理；在做防腐处理前，表面必须除锈并去掉焊接处残留的焊药。

3.3.2 垂直接地体的间距不宜小于其长度的2倍。水平接地体的间距应符合设计规定。当无设计规定时不宜小于5m。

3.3.3 接地线应采取防止发生机械损伤和化学腐蚀的措施。在与公路、铁路或管道等交叉及其他可能使接地线遭受损伤处，均应用钢管或角钢等加以保护。接地线在穿过墙壁、楼板和地坪处应加装钢管或其他坚固的保护套，有化学腐蚀的部位还应采取防腐措施。热镀锌钢材焊接时将破坏热镀锌防腐，应在焊痕外100mm内做防腐处理。

3.3.4 接地干线应在不同的两点及以上与接地网相连接。自然接地体应在不同的两点及以上与接地干线或接地网相连接。

3.3.5 每个电气装置的接地应以单独的接地线与接地汇流排或接地干线相连接，严禁在一个接地线中串接几个需要接地的电气装置。重要设备和设备构架应有两根与主地网不同地点连接的接地引下线，且每根接地引下线均应符合热稳定及机械强度的要求，连接引线应便于定期进行检查测试。

3.3.6 接地体敷设完后的土沟其回填土内不应夹有石块和建筑垃圾等；外取的土壤不得有较强的腐蚀性；在回填土时应分层夯实。室外接地回填宜有100～300mm高度的防沉层。在山区石质地段或电阻率较高的土质区段应在土沟中至少先回填100mm厚的净土垫层，再敷接地体，然后用净土分层夯实回填。

3.3.7 明敷接地线的安装应符合下列要求：

1 接地线的安装位置应合理，便于检查，无碍设备检修和运行巡视；

2 接地线的安装应美观，防止因加工方式造成接地线截面减小、强度减弱、容易生锈；

3 支持件间的距离，在水平直线部分宜为0.5～1.5m；垂直部分宜为1.5～3m；转弯部分宜为0.3～0.5m；

4 接地线应水平或垂直敷设，亦可与建筑物倾斜结构平行敷设；在直线段上，不应有高低起伏及弯曲等现象；

5 接地线沿建筑物墙壁水平敷设时，离地面距离宜为250～300mm；接地线与建筑物墙壁间的间隙宜为10～15mm；

6 在接地线跨越建筑物伸缩缝、沉降缝处时，应设置补偿器。补偿器可用接地线本身弯成弧状代替。

3.3.8 明敷接地线，在导体的全长度或区间段及每个连接部位附近的表面，应涂以 15～100mm 宽度相等的绿色和黄色相间的条纹标识。当使用胶带时，应使用双色胶带。中性线宜涂淡蓝色标识。

3.3.9 在接地线引向建筑物的入口处和在检修用临时接地点处，均应刷白色底漆并标以黑色标识，其代号为"⏚"。同一接地体不应出现两种不同的标识。

3.3.10 在断路器室、配电间、母线分段处、发电机引出线等需临时接地的地方，应引入接地干线，并应设有专供连接临时接地线使用的接线板和螺栓。

3.3.11 当电缆穿过零序电流互感器时，电缆头的接地线应通过零序电流互感器后接地；由电缆头至穿过零序电流互感器的一段电缆金属护层和接地线应对地绝缘。

3.3.12 发电厂、变电所电气装置下列部位应专门敷设接地线直接与接地体或接地母线连接：

1 发电机机座或外壳、出线柜，中性点柜的金属底座和外壳，封闭母线的外壳；

2 高压配电装置的金属外壳；

3 110kV 及以上钢筋混凝土构件支座上电气设备金属外壳；

4 直接接地或经消弧线圈接地的变压器、旋转电机的中性点；

5 高压并联电抗器中性点所接消弧线圈、接地电抗器、电阻器等的接地端子；

6. GIS 接地端子；

7 避雷器、避雷针、避雷线等接地端子。

3.3.13 避雷器应用最短的接地线与主接地网连接。

3.3.14 全封闭组合电器的外壳应按制造厂规定接地；法兰片间应采用跨接线连接，并应保证良好的电气通路。

3.3.15 高压配电间隔和静止补偿装置的栅栏门铰链处应用软铜线连接，以保持良好接地。

3.3.16 高频感应电热装置的屏蔽网、滤波器、电源装置的金属屏蔽外壳，高频回路中外露导体和电气设备的所有屏蔽部分和与其连接的金属管道均应接地，并宜与接地干线连接。与高频滤波器相连的射频电缆应全程伴随 100mm² 以上的铜质接地线。

3.3.17 接地装置由多个分接地装置部分组成时，应按设计要求设置便于分开的断接卡，自然接地体与人工接地体连接处应有便于分开的断接卡。断接卡应有保护措施。扩建接地网时，新、旧接地网连接应通过

接地井多点连接。

3.3.18 电缆桥架、支架由多个区域连通时，在区域连通处电缆桥架、支架接地线应设置便于分开的断接卡，并有明显的标识。

3.3.19 保护屏应装有接地端子，并用截面不小于 4mm² 的多股铜线和接地网直接连通。装设静态保护的保护屏，应装设连接控制电缆屏蔽层的专用接地铜排，各盘的专用接地铜排互相连接成环，与控制室的屏蔽接地网连接。用截面不小于 100mm² 的绝缘导线或电缆将屏蔽电网与一次接地网直接相连。

3.3.20 避雷引下线与暗管敷设的电、光缆最小平行距离应为 1.0m，最小垂直交叉距离应为 0.3m；保护地线与暗管敷设的电、光缆最小平行距离应为 0.05m，最小垂直交叉距离应为 0.02m。

3.4 接地体（线）的连接

3.4.1 接地体（线）的连接应采用焊接，焊接必须牢固无虚焊。接至电气设备上的接地线，应用镀锌螺栓连接；有色金属接地线不能采用焊接时，可用螺栓连接、压接、热剂焊（放热焊接）方式连接。用螺栓连接时应设防松螺帽或防松垫片，螺栓连接处的接触面应按现行国家标准《电气装置安装工程 母线装置施工及验收规范》GBJ 149 的规定处理。不同材料接地体间的连接应进行处理。

3.4.2 接地体（线）的焊接应采用搭接焊，其搭接长度必须符合下列规定：

1 扁钢为其宽度的 2 倍（且至少 3 个棱边焊接）；

2 圆钢为其直径的 6 倍；

3 圆钢与扁钢连接时，其长度为圆钢直径的 6 倍；

4 扁钢与钢管、扁钢与角钢焊接时，为了连接可靠，除应在其接触部位两侧进行焊接外，并应焊以由钢带弯成的弧形（或直角形）卡子或直接由钢带本身弯成弧形（或直角形）与钢管（或角钢）焊接。

3.4.3 接地体（线）为铜与铜或铜与钢的连接工艺采用热剂焊（放热焊接）时，其熔接接头必须符合下列规定：

1 被连接的导体必须完全包在接头里；

2 要保证连接部位的金属完全熔化，连接牢固；

3 热剂焊（放热焊接）接头的表面应平滑；

4 热剂焊（放热焊接）的接头应无贯穿性的气孔。

3.4.4 采用钢绞线、铜绞线等作接地线引下时，宜用压接端子与接地体连接。

3.4.5 利用本规范第 3.2.2 条所述的各种金属构件、

金属管道、穿线的钢管等作为接地线时，连接处应保证有可靠的电气连接。

3.4.6 沿电缆桥架敷设铜绞线、镀锌扁钢及利用沿桥架构成电气通路的金属构件，如安装托架用的金属构件作为接地干线时，电缆桥架接地时应符合下列规定：

1 电缆桥架全长不大于 30m 时，不应少于 2 处与接地干线相连；

2 全长大于 30m 时，应每隔 20～30m 增加与接地干线的连接点；

3 电缆桥架的起始端和终点端应与接地网可靠连接。

3.4.7 金属电缆桥架的接地应符合下列规定：

1 电缆桥架连接部位宜采用两端压接镀锡铜鼻子的铜绞线跨接。跨接线最小允许截面积不小于 4mm²；

2 镀锌电缆桥架间连接板的两端不跨接接地线时，连接板每端应有不少于 2 个有防松螺帽或防松垫圈的螺栓固定。

3.4.8 发电厂、变电站 GIS 的接地线及其连接应符合以下要求：

1 GIS 基座上的每一根接地母线，应采用分设其两端的接地线与发电厂或变电站的接地装置连接。接地线应与 GIS 区域环形接地母线连接。接地母线较长时，其中部应另加接地线，并连接至接地网；

2 接地线与 GIS 接地母线应采用螺栓连接方式；

3 当 GIS 露天布置或装设在室内与土壤直接接触的地面上时，其接地开关、氧化锌避雷器的专用接地端子与 GIS 接地母线的连接处，宜装设集中接地装置；

4 GIS 室内应敷设环形接地母线，室内各种设备需接地的部位应以最短路径与环形接地母线连接。GIS 置于室内楼板上时，其基座下的钢筋混凝土地板中的钢筋应焊接成网，并和环形接地母线连接。

3.5 避雷针（线、带、网）的接地

3.5.1 避雷针（线、带、网）的接地除应符合本章上述有关规定外，尚应遵守下列规定：

1 避雷针（带）与引下线之间的连接应采用焊接或热剂焊（放热焊接）；

2 避雷针（带）的引下线及接地装置使用的紧固件均应使用镀锌制品。当采用没有镀锌的地脚螺栓时应采取防腐措施；

3 建筑物上的防雷设施采用多根引下线时，应在各引下线距地面 1.5～1.8m 处设置断接卡，断接卡应加保护措施；

4 装有避雷针的金属筒体，当其厚度不小于 4mm 时，可作避雷针的引下线。筒体底部应至少有 2 处与接地体对称连接；

5 独立避雷针及其接地装置与道路或建筑物的出入口等的距离应大于 3m。当小于 3m 时，应采取均压措施或铺设卵石或沥青地面；

6 独立避雷针（线）应设置独立的集中接地装置。当有困难时，该接地装置可与接地网连接，但避雷针与主接地网的地下连接点至 35kV 及以下设备与主接地网的地下连接点，沿接地体的长度不得小于 15m；

7 独立避雷针的接地装置与接地网的地中距离不应小于 3m；

8 发电厂、变电站配电装置的架构或屋顶上的避雷针（含悬挂避雷线的构架）应在其附近装设集中接地装置，并与主接地网连接。

3.5.2 建筑物上的避雷针或防雷金属网应和建筑物顶部的其他金属物体连接成一个整体。

3.5.3 装有避雷针和避雷线的构架上的照明灯电源线，必须采用直埋于土壤中的带金属护层的电缆或穿入金属管的导线。电缆的金属护层或金属管必须接地，埋入土壤中的长度应在 10m 以上，方可与配电装置的接地网相连或与电源线、低压配电装置相连接。

3.5.4 发电厂和变电所的避雷线线档内不应有接头。

3.5.5 避雷针（网、带）及其接地装置，应采取自下而上的施工程序。首先安装集中接地装置，后安装引下线，最后安装接闪器。

3.6 携带式和移动式电气设备的接地

3.6.1 携带式电气设备应用专用芯线接地，严禁利用其他用电设备的零线接地；零线和接地线应分别与接地装置相连接。

3.6.2 携带式电气设备的接地线应采用软铜绞线，其截面不小于 1.5mm²。

3.6.3 由固定的电源或由移动式发电设备供电的移动式机械的金属外壳或底座，应和这些供电电源的接地装置有可靠连接；在中性点不接地的电网中，可在移动式机械附近装设接地装置，以代替敷设接地线，并应首先利用附近的自然接地体。

3.6.4 移动式电气设备和机械的接地应符合固定式电气设备接地的规定，但下列情况可不接地：

1 移动式机械自用的发电设备直接放在机械的同一金属框架上，又不供给其他设备用电；

2 当机械由专用的移动式发电设备供电，机械

数量不超过 2 台，机械距移动式发电设备不超过 50m，且发电设备和机械的外壳之间有可靠的金属连接。

3.7 输电线路杆塔的接地

3.7.1 在土壤电阻率 $\rho \leqslant 100\Omega \cdot m$ 的潮湿地区，可利用铁塔和钢筋混凝土杆的自然接地，接地电阻低于 10Ω。发电厂、变电站进线段应另设雷电保护接地装置。在居民区，当自然接地电阻符合要求时，可不另设人工接地装置。

3.7.2 在土壤电阻率 $100\Omega \cdot m < \rho \leqslant 500\Omega \cdot m$ 的地区，除利用铁塔和钢筋混凝土杆的自然接地，还应增设人工接地装置，接地极埋设深度不宜小于 0.6m，接地电阻低于 15Ω。

3.7.3 在土壤电阻率 $500\Omega \cdot m < \rho \leqslant 2000\Omega \cdot m$ 的地区，可采用水平敷设的接地装置，接地极埋设深度不宜小于 0.5m。$500\Omega 1 \cdot m < \rho \leqslant 1000\Omega \cdot m$ 的地区，接地电阻不超过 20Ω。$1000\Omega \cdot m < \rho \leqslant 2000\Omega \cdot m$ 的地区，接地电阻不超过 25Ω。

3.7.4 在土壤电阻率 $\rho > 2000\Omega \cdot m$ 的地区，接地极埋设深度不宜小于 0.3m，接地电阻不超过 30Ω；若接地电阻很难降到 30Ω 时，可采用 6～8 根总长度不超过 500m 的放射形接地极或连续伸长接地极。

3.7.5 放射形接地极可采用长短结合的方式，每根的最大长度应符合表 3.7.5 的要求：

表 3.7.5 放射形接地极每根的最大长度

土壤电阻率（Ω·m）	≤500	≤1000	≤2000	≤5000
最大长度（m）	40	60	80	100

3.7.6 在高土壤电阻率地区采用放射形接地装置时，当在杆塔基础的放射形接地极每根长度的 1.5 倍范围内有土壤电阻率较低的地带时，可部分采用外引接地或其他措施。

3.7.7 居民区和水田中的接地装置，宜围绕杆塔基础敷设成闭合环形。

3.7.8 对于室外山区等特殊地形，不能按设计图形敷设接地体时，应根据施工实际情况在施工记录上绘制接地装置敷设简图，并标明相对位置和尺寸，作为竣工资料移交。原设计为方形或封闭环形时，应按设计施工，以便于检修维护。

3.7.9 在山坡等倾斜地形敷设水平接地体时宜沿等高线开挖，接地沟底面应平整，沟深不得有负误差，并应清除影响接地体与土壤接触的杂物，以防止接地体受雨水冲刷外露，腐蚀生锈；水平接地体敷设应平直，以保证同土壤更好接触。

3.7.10 接地线与杆塔的连接应接触良好可靠，并应便于打开测量接地电阻。

3.7.11 架空线路杆塔的每一腿都应与接地体引下线连接，通过多点接地以保证可靠性。

3.7.12 混凝土电杆宜通过架空避雷线直接引下，也可通过金属爬梯接地。当接地线直接从架空避雷线引下时，引下线应紧箍杆身，并每隔一定距离与杆身固定一次，以保证电气通路顺畅。

3.8 调度楼、通信站和微波站二次系统的接地

3.8.1 调度通信综合楼内的通信站应与同一楼内的动力装置、建筑物避雷装置共用一个接地网。

3.8.2 调度通信综合楼及通信机房接地引下线可利用建筑物主体钢筋和金属地板构架等，钢筋自身上、下连接点应采用搭焊接，且其上端应与房顶避雷装置、下端应与接地网、中间应与各层均压网或环形接地母线焊接成电气上连通的笼式接地系统。

3.8.3 位于发电厂、变电站或开关站的通信站的接地装置应至少用 2 根规格不小于 40mm×4mm 的镀锌扁钢与厂、站的接地网均压相连。

3.8.4 通信机房房顶上应敷设闭合均压网（带）并与接地装置连接，房顶平面任一点到均压带的距离均不应大于 5m。

3.8.5 通信机房内应围绕机房敷设环形接地母线，截面应不小于 90mm² 的铜排或 120mm² 的镀锌扁钢。围绕机房建筑应敷设闭合环形接地装置。环形接地装置、环形接地母线和房顶闭合均压带之间，至少用 4 根对称布置的连接线（或主钢筋）相连，相邻连接线之间的距离不宜超过 18m。

3.8.6 机房内各种电缆的金属外皮、设备的金属外壳和框架、进风道、水管等不带电金属部分、门窗等建筑物金属结构以及保护接地、工作接地等，应以最短距离与环形接地母线连接。电缆沟道、竖井内的金属支架至少应两点接地，接地点间距离不宜超过 30m。

3.8.7 各类设备保护地线宜用多股铜导线，其截面应根据最大故障电流确定，一般为 25～95mm²；导线屏蔽层的接地线截面面积，应大于屏蔽层截面面积的 2 倍。接地线的连接应确保电气接触良好，连接点应进行防腐处理。

3.8.8 连接两个变电站之间的导引电缆的屏蔽层必须在离变电站接地网边沿 50～100m 处可靠接地，以大地为通路，实施屏蔽层的两点接地。一般可在进变电站前的最后一个工井处实施导引电缆的屏蔽层接地。接地极的接地电阻 $R \leqslant 4\Omega$。

3.8.9 屏蔽电源电缆、屏蔽通信电缆和金属管道引入室内前应水平直埋 10m 以上，埋深应大于 0.6m，电缆屏蔽层和铁管两端接地，并在入口处接入接地装置。如不能埋入地中，至少应在金属管道室外部分沿长度均匀分布在两处接地，接地电阻应小于 10Ω；在高土壤电阻率地区，每处的接地电阻不应大于 30Ω，且应适当增加接地处数。

3.8.10 微波塔上同轴馈线金属外皮的上端及下端应分别就近与铁塔连接，在机房入口处与接地装置再连接一次；馈线较长时应在中间加一个与塔身的连接点；室外馈线桥始末两端均应和接地装置连接。

3.8.11 微波塔上的航标灯电源线应选用金属外皮电缆或将导线穿入金属管，金属外皮或金属管至少应在上下两端与塔身金属结构连接，进机房前应水平直埋 10m 以上，埋深应大于 0.6m。

3.8.12 微波塔接地装置应围绕塔基做成闭合环形接地网。微波塔接地装置与机房接地装置之间至少用 2 根规格不小于 40mm×4mm 的镀锌扁钢连接。

3.8.13 直流电源的"正极"在电源设备侧和通信设备侧均应接地，"负极"在电源机房侧和通信机房侧应接压敏电阻。

3.9 电力电缆终端金属护层的接地

3.9.1 110kV 及以上中性点有效接地系统单芯电缆的电缆终端金属护层，应通过接地刀闸直接与变电站接地装置连接。

3.9.2 在 110kV 及以上电缆终端站内（电缆与架空线转换处），电缆终端头的金属护层宜通过接地刀闸单独接地，设计无要求时，接地电阻 $R \leqslant 4\Omega$。电缆护层的单独接地极与架空避雷线接地体之间，应保持 3～5m 间距。

3.9.3 安装在架空线杆塔上的 110kV 及以上电缆终端头，两者的接地装置难以分开时，电缆金属护层通过接地刀闸后与架空避雷线合一接地体，设计无要求时，接地电阻 $R \leqslant 4\Omega$。

3.9.4 110kV 以下三芯电缆的电缆终端金属护层应直接与变电站接地装置连接。

3.10 配电电气装置的接地

3.10.1 户外配电变压器等电气装置的接地装置，宜在地下敷设成围绕变压器台的闭合环形。

3.10.2 配电变压器等电气装置安装在由其供电的建筑物内的配电装置室时，其接地装置应与建筑物基础钢筋等相连。

3.10.3 引入配电装置室的每条架空线路安装的避雷器的接地线，应与配电装置室的接地装置连接，但在入地处应敷设集中接地装置。

3.10.4 配电电气装置的接地电阻值应符合设计要求。

3.11 建筑物电气装置的接地

3.11.1 按照电气装置的要求，安全接地、保护接地或功能接地的接地装置可以共用的或分开的接地装置。

3.11.2 建筑物的低压系统接地点、电气装置外露导电部分的保护接地（含与功能接地、保护接地共用的安全接地）、总等电位联结的接地极等可与建筑物的雷电保护接地共用同一接地装置。接地装置的接地电阻应符合其中最小值的要求。

3.11.3 接地装置的安装应符合以下要求：

　　1 接地极的型式、埋入深度及接地电阻值应符合设计要求；

　　2 穿过墙、地面、楼板等处应有足够坚固的机械保护措施；

　　3 接地装置的材质及结构应考虑腐蚀而引起的损伤。必要时采取措施，防止产生电腐蚀。

3.11.4 电气装置应设置总接地端子或母线，并与接地线、保护线、等位连接干线和安全、功能共用接地装置的功能性接地线等相连接。

3.11.5 断开接地线的装置应便于安装和测量。

3.11.6 埋入土壤内的接地线的最小截面应符合表 3.11.6 的规定。

表 3.11.6　　　　埋入土壤内的接地线的最小截面（mm²）

名　称	铜	钢
有防腐蚀保护的（没有采用机械方法保护）	16	16
没有防腐蚀保护的	25	50

3.11.7 等电位联结主母线的最小截面不应小于装置最大保护线截面的一半，并不应小于 6mm²。当采用铜线时，其截面不应小于 2.5mm²。当采用其他金属时，则其截面应承载与之相当的载流量。

3.11.8 连接两个外露导电部分的辅助等电位联结线，其截面不应小于接至该两个外露导电部分的较小保护线的截面。连接外露导电部分与装置外导电部分的辅助等电位联结线，其截面不应小于相应保护线截面的一半。

4　工程交接验收

4.0.1 在验收时应按下列要求进行检查：

　　1 按设计图纸施工完毕，接地施工质量符合本规范要求；

　　2 整个接地网外露部分的连接可靠，接地线规格正确，防腐层完好，标识齐全明显；

　　3 避雷针（带）的安装位置及高度符合设计

要求；

4 供连接临时接地线用的连接板的数量和位置符合设计要求；

5 接地电阻值及设计要求的其他测试参数符合设计规定。

4.0.2 在交接验收时，应向甲方提交下列资料和文件：

1 实际施工的记录图；

2 变更设计的证明文件；

3 安装技术记录（包括隐蔽工程记录等）；

4 测试记录。

11 电气装置安装工程 起重机电气装置施工及验收规范

（GB 50256—96）

1 总则

1.0.1 为保证起重机电气装置的施工安装质量，促进施工安装技术的进步，确保设备安全运行，制定本规范。

1.0.2 本规范适用于额定电压 0.5kV 以下新安装的各式起重机、电动葫芦的电气装置和 3kV 及以下滑接线安装工程的施工及验收。

1.0.3 起重机电气装置的安装，应按已批准的设计及产品技术文件进行施工。

1.0.4 起重机电气设备的运输、保管，应符合国家现行标准的有关规定。当产品有特殊要求时，尚应符合产品的要求。

1.0.5 采用的设备及器材，均应符合国家现行技术标准的规定，并应有合格证件。设备应有铭牌。

1.0.6 设备及器材到达现场后，应作下列验收检查：

1.0.6.1 包装完整，密封件密封应良好。

1.0.6.2 开箱检查清点，规格应符合设计要求，附件、备件应齐全。

1.0.6.3 产品的技术文件应齐全。

1.0.6.4 外观检查应无损坏、变形、锈蚀。

1.0.7 施工中的安全技术措施，应符合本规范和现行有关安全技术标准及产品技术文件的规定。

1.0.8 与起重机电气装置安装有关的建筑工程施工，应符合下列要求：

1.0.8.1 与起重机电气装置安装有关的建筑物、构筑物的建筑工程质量，应符合国家现行的建筑工程的

施工及验收规范中的有关规定。当设备及设计有特殊要求时，尚应符合其要求。

1.0.8.2 设备安装前，建筑工程应具备下列条件：

（1）起重机上部的顶棚不应渗水；

（2）混凝土梁上预留的滑接线支架安装孔和悬吊式软电缆终端拉紧装置的预埋件、预留孔位置应正确，孔洞无堵塞，预埋件应牢固；

（3）安装滑接线的混凝土梁，应完成粉刷工作。

1.0.9 起重机电气装置的构架、钢管、滑接线支架等非带电金属部分，均应涂防腐漆或镀锌。

1.0.10 设备安装用的紧固件，除地脚螺栓外，应采用镀锌制品。

1.0.11 起重机非带电金属部分的接地，应符合下列要求：

1.0.11.1 装有接地滑接器时，滑接器与轨道或接地滑接线，应可靠接触。

1.0.11.2 司机室与起重机本体用螺栓连接时，应进行电气跨接；其跨接点不应少于两处。跨接宜采用多股软铜线，其截面面积不得小于 $16mm^2$，两端压接接线端子应采用镀锌螺栓固定；当采用圆钢或扁钢进行跨接时，圆钢直径不得小于 12mm，扁钢截面的宽度和厚度不得小于 40mm×4mm。

1.0.11.3 起重机的每条轨道，应设两点接地。在轨道端之间的接头处，宜作电气跨接；接地电阻应小于 4Ω。

1.0.12 起重机电气装置的施工及验收，除按本规范的规定执行外，尚应符合国家现行的有关标准规范的规定。

2 滑接线和滑接器

2.0.1 滑接线的布置，应符合设计要求；当设计无规定时，应符合下列要求：

2.0.1.1 滑接线距离地面的高度，不得低于 3.5m；在有汽车通过部分滑接线距离地面的高度，不得低于 6m。

2.0.1.2 滑接线与设备和氧气管道的距离，不得小于 1.5m；与易燃气体、液体管道的距离，不得小于 3m；与一般管道的距离，不得小于 1m。

2.0.1.3 裸露式滑接线应与司机室同侧安装；当工作人员上下有碰触滑接线危险时，必须设有遮拦保护。

2.0.2 滑接线的支架及其绝缘子的安装，应符合下列要求：

2.0.2.1 支架不得在建筑物伸缩缝和轨道梁结合处安装。

2.0.2.2 支架安装应平正牢固，并应在同一水平面或垂直面上。

2.0.2.3 绝缘子、绝缘套管不得有机械损伤及缺陷；表面应清洁；绝缘性能应良好；在绝缘子与支架和滑接线的钢固定件之间，应加设红钢纸垫片。

2.0.2.4 安装于室外或潮湿场所的滑接线绝缘子、绝缘套管，应采用户外式。

2.0.2.5 绝缘子两端的固定螺栓，宜采用高标号水泥砂浆灌注，并应能承受滑接线的拉力。

2.0.3 滑接线的安装，应符合下列要求：

2.0.3.1 接触面应平正无锈蚀，导电应良好。

2.0.3.2 额定电压为 0.5kV 以下的滑接线，其相邻导电部分和导电部分对接地部分之间的净距不得小于 30mm；户内 3kV 滑接线其相间和对地的净距不得小于 100mm；当不能满足以上要求时，滑接线应采取绝缘隔离措施。

2.0.3.3 起重机在终端位置时，滑接器与滑接线末端的距离不应小于 200mm；固定装设的型钢滑接线，其终端支架与滑接线末端的距离不应大于 800mm。

2.0.3.4 型钢滑接线所采用的材料，应进行平直处理，其中心偏差不宜大于长度的 1/1000，且不得大于 10mm。

2.0.3.5 滑接线安装后应平直；滑接线之间的距离应一致，其中心线应与起重机轨道的实际中心线保持平行，其偏差应小于 10mm；滑接线之间的水平偏差或垂直偏差，应小于 10mm。

2.0.3.6 型钢滑接线长度超过 50m 或跨越建筑物伸缩缝时，应装设伸缩补偿装置。

2.0.3.7 辅助导线宜沿滑接线敷设，且应与滑接线进行可靠的连接；其连接点之间的间距不应大于 12m。

2.0.3.8 型钢滑接线在支架上应能伸缩，并宜在中间支架上固定。

2.0.3.9 型钢滑接线除接触面外，表面应涂以红色的油漆或相色漆。

2.0.4 滑接线伸缩补偿装置的安装，应符合下列要求：

2.0.4.1 伸缩补偿装置应安装在与建筑物伸缩缝距离最近的支架上。

2.0.4.2 在伸缩补偿装置处，滑接线应留有 10～20mm 的间隙，间隙两侧的滑接线端头应加工圆滑，接触面应安装在同一水平面上，其两端间高差不应大于 1mm。

2.0.4.3 伸缩补偿装置间隙的两侧，均应有滑接线支持点，支持点与间隙之间的距离，不宜大

于 150mm。

2.0.4.4 间隙两侧的滑接线，应采用软导线跨越，跨越线应留有余量，其允许载流量不应小于电源导线的允许载流量。

2.0.5 滑接线的连接，应符合下列要求：

2.0.5.1 连接后应有足够的机械强度，且无明显变形。

2.0.5.2 接头处的接触面应平正光滑，其高差不应大于 0.5mm，连接后高出部分应修整平正。

2.0.5.3 型钢滑接线焊接时，应附连接托板；用螺栓连接时，应加跨接软线。

2.0.5.4 轨道滑接线焊接时，焊条和焊缝应符合钢轨焊接工艺对材料和质量的要求，焊好后接触表面应平直光滑。

2.0.5.5 圆钢滑接线应减少接头。

2.0.5.6 导线与滑接线连接时，滑接线接头处应镀锡或加焊有电镀层的接线板。

2.0.6 分段供电滑接线的安装，应符合下列要求：

2.0.6.1 分段供电的滑接线，当各分段电源允许并联运行时，分段间隙应为 20mm；不允许并联运行时，分段间隙应比滑接器与滑接线接触长度大 40mm；3kV 滑接线，应符合设计要求。

2.0.6.2 分段供电不允许并联运行的滑接线间隙处，应采用硬质绝缘材料的托板连接，托板与滑接线的接触面，应在同一水平面上。

2.0.6.3 滑接线分段间隙的两侧相位应一致。

2.0.7 3kV 滑接线的安装除应符合本规范第 2.0.1～2.0.6 条的规定外，尚应符合下列要求：

2.0.7.1 高压绝缘子安装前应进行耐压试验，并应符合现行国家标准《电气装置安装工程电气设备交接试验标准》的有关规定。

2.0.7.2 3kV 滑接线固定装置的构件，铸铜长夹板、短夹板、托板、垫板、辅助连接板及接线板等在安装前，应按设计图制作完毕；当所采用的型钢、双沟铜线分段组装时，应按相编号，接缝应严密、平直。

2.0.8 软电缆的吊索和自由悬吊滑接线的安装，应符合下列要求：

2.0.8.1 终端固定装置和拉紧装置的机械强度，应符合要求，其最大拉力应大于滑接线或吊索的最大拉力。

2.0.8.2 当滑接线和吊索长度小于或等于 25m 时，终端拉紧装置的调节余量不应小于 0.1m；当滑接线和吊索长度大于 25m 时，终端拉紧装置的调节余量不应小于 0.2m。

2.0.8.3 滑接线或吊索拉紧时的弛度，应根据其材

料规格和安装时的环境温度选定，滑接线间的弧度偏差，不应大于20mm。

2.0.8.4 滑接线与终端装置之间的绝缘应可靠。

2.0.9 悬吊式软电缆的安装，应符合下列要求：

2.0.9.1 当采用型钢作软电缆滑道时，型钢应安装平直，滑道应平正光滑，机械强度应符合要求。

2.0.9.2 悬挂装置的电缆夹，应与软电缆可靠固定，电缆夹间的距离，不宜大于5m。

2.0.9.3 软电缆安装后，其悬挂装置沿滑道移动应灵活、无跳动，不得卡阻。

2.0.9.4 软电缆移动段的长度，应比起重机移动距离长15%～20%，并应加装牵引绳，牵引绳长度应短于软电缆移动段的长度。

2.0.9.5 软电缆移动部分两端，应分别与起重机、钢索或型钢滑道牢固固定。

2.0.10 卷筒式软电缆的安装，应符合下列要求：

2.0.10.1 起重机移动时，不应挤压软电缆。

2.0.10.2 安装后软电缆与卷筒应保持适当拉力，但卷筒不得自由转动。

2.0.10.3 卷筒的放缆和收缆速度，应与起重机移动速度一致；利用重砣调节卷筒时，电缆长度和重砣的行程应相适应。

2.0.10.4 起重机放缆到终端时，卷筒上应保留两圈以上的电缆。

2.0.11 安全式滑接线的安装，应符合下列要求：

2.0.11.1 安全式滑接线的安装，应按设计规定或根据不同结构型式的要求进行，当滑接线长度大于200m时，应加装伸缩装置。

2.0.11.2 安全式滑接线的连接应平直，支架夹安装应牢固，各支架夹之间的距离应小于3m。

2.0.11.3 安全式滑接线支架的安装，当设计无规定时，宜焊接在轨道下的垫板上；当固定在其他地方时，应做好接地连接，接地电阻应小于4Ω。

2.0.11.4 安全式滑接线的绝缘护套应完好，不应有裂纹及破损。

2.0.11.5 滑接器拉簧应完好灵活，耐磨石墨片应与滑接线可靠接触，滑动时不应跳弧，连接软电缆应符合载流量的要求。

2.0.12 滑接器的安装，应符合下列要求：

2.0.12.1 滑接器支架的固定应牢靠，绝缘子和绝缘衬垫不得有裂纹、破损等缺陷，导电部对地的绝缘应良好，相间及对地的距离应符合本规范第2.0.3条的有关规定。

2.0.12.2 滑接器应沿滑接线全长可靠地接触，自由无阻地滑动，在任何部位滑接器的中心线（宽面）不

应超出滑接线的边缘。

2.0.12.3 滑接器与滑接线的接触部分，不应有尖锐的边棱；压紧弹簧的压力，应符合要求。

2.0.12.4 槽型滑接器与可调滑杆间，应移动灵活。

2.0.12.5 自由悬吊滑接线的轮型滑接器，安装后应高出滑接线中间托架，并不应小于10mm。

3 配线

3.0.1 起重机上的配线，应符合下列要求：

3.0.1.1 起重机上的配线除弱电系统外，均应采用额定电压不低于500V的铜芯多股电线或电缆。多股电线截面面积不得小于1.5mm²；多股电缆截面面积不得小于1.0mm²。

3.0.1.2 在易受机械损伤、热辐射或有润滑油滴落部位，电线或电缆应装于钢管、线槽、保护罩内或采取隔热保护措施。

3.0.1.3 电线或电缆穿过钢结构的孔洞处，应将孔洞的毛刺去掉，并应采取保护措施。

3.0.1.4 起重机上电缆的敷设，应符合下列要求：

(1) 应按电缆引出的先后顺序排列整齐，不宜交叉；强电与弱电电缆宜分开敷设，电缆两端应有标牌；

(2) 固定敷设的电缆应卡固，支持点距离不应大于1m；

(3) 电缆固定敷设时，其弯曲半径应大于电缆外径的5倍；电缆移动敷设时，其弯曲半径应大于电缆外径的8倍。

3.0.1.5 起重机上的配线应排列整齐，导线两端应牢固地压接相应的接线端子，并应标有明显的接线编号。

3.0.2 起重机上电线管、线槽的敷设，应符合下列要求：

3.0.2.1 钢管、线槽应固定牢固。

3.0.2.2 露天起重机的钢管敷设，应使管口向下或有其他防水措施。

3.0.2.3 起重机所有的管口，应加装护口套。

3.0.2.4 线槽的安装，应符合电线或电缆敷设的要求，电线或电缆的进出口处，应采取保护措施。

4 电气设备及保护装置

4.0.1 起重机电气设备安装前，应核对设备尺寸；其设备安装的部位、方向及管线位置，应符合设计和设备技术条件的要求。

4.0.2 配电屏、柜的安装，应符合下列要求：

4.0.2.1 配电屏、柜的安装，应符合现行国家标准

《电气装置安装工程盘、柜及二次回路结线施工及验收规范》的有关规定。

4.0.2.2 配电屏、柜的安装，不应焊接固定，紧固螺栓应有防松措施。

4.0.2.3 户外式起重机配电屏、柜的防雨装置，应安装正确、牢固。

4.0.3 电阻器的安装，应符合下列要求：

4.0.3.1 电阻器直接叠装不应超过四箱，当超过四箱时应采用支架固定，并保持适当间距；当超过六箱时应另列一组。

4.0.3.2 电阻器的盖板或保护罩，应安装正确，固定可靠。

4.0.4 制动装置的安装，应符合下列要求：

4.0.4.1 制动装置的动作应迅速、准确、可靠。

4.0.4.2 处于非制动状态时，闸带、闸瓦与闸轮的间隙应均匀，且无摩擦。

4.0.4.3 当起重机的某一机构是由两组在机械上互不联系的电动机驱动时，其制动器的动作时间应一致。

4.0.5 行程限位开关、撞杆的安装，应符合下列要求：

4.0.5.1 起重机行程限位开关动作后，应能自动切断相关电源，并应使起重机各机构在下列位置停止：

（1）吊钩、抓斗升到离极限位置不小于 100mm 处；起重臂升降的极限角度符合产品规定；

（2）起重机桥架和小车等，离行程末端不得小于 200mm 处；

（3）一台起重机临近另一台起重机，相距不得小于 400mm 处。

4.0.5.2 撞杆的装设及其尺寸的确定，应保证行程限位开关可靠动作，撞杆及撞杆支架在起重机工作时不应晃动。撞杆宽度应能满足机械（桥架及小车）横向窜动范围的要求，撞杆的长度应能满足机械（桥架及小车）最大制动距离的要求。

4.0.5.3 撞杆在调整定位后，应固定可靠。

4.0.6 控制器的安装，应符合下列要求：

4.0.6.1 控制器的安装位置，应便于操作和维修。

4.0.6.2 操作手柄或手轮的安装高度，应便于操作与监视，操作方向宜与机构运行的方向一致，并应符合现行国家标准《控制电气设备的操作件标准运动方向》的规定。

4.0.7 照明装置的安装，应符合下列要求：

4.0.7.1 起重机主断路器切断电源后，照明不应断电。

4.0.7.2 灯具配件应齐全，悬挂牢固，运行时灯具应无剧烈摆动。

4.0.7.3 照明回路应设置专用零线或隔离变压器，不得利用电线管或起重机本身的接地线作零线。

4.0.7.4 安全变压器或隔离变压器安装应牢固，绝缘良好。

4.0.8 当起重机的某一机构是由两组在机械上互不联系的电动机驱动时，两台电动机应有同步运行和同时断电的保护装置。

4.0.9 起重机防止桥架扭斜的联锁保护装置，应灵敏可靠。

4.0.10 起重机的音响信号装置，应清晰可靠。

4.0.11 起重量限制器的调试，应符合下列要求：

4.0.11.1 起重限制器综合误差，不应大于 8%。

4.0.11.2 当载荷达到额定起重量的 90% 时，应能发出提示性报警信号。

4.0.11.3 当载荷达到额定起重量的 110% 时，应能自动切断起升机构电动机的电源，并应发出禁止性报警信号。

5　工程交接验收

5.0.1 起重机进行试运转前，电气装置应具备下列条件：

5.0.1.1 电气装置安装已全部结束。

5.0.1.2 电气回路接线正确，端子固定牢固、接触良好，标志清楚。

5.0.1.3 电气设备和线路的绝缘电阻值符合现行国家标准《电气装置安装工程电气设备交接试验标准》的有关规定。

5.0.1.4 电源的容量、电压、频率及断路器的型号、规格符合设计和使用设备的要求。

5.0.1.5 保护接地或接零良好。

5.0.1.6 电动机、控制器、接触器、制动器、电压继电器和电流继电器等电气设备经检查和调试完毕，校验合格。

5.0.1.7 安全保护装置经模拟试验和调整完毕，校验合格。声光信号装置显示正确、清晰可靠。

5.0.2 无负荷的试运，应符合下列要求：

5.0.2.1 操纵机构操作的方向与起重机各机构的运行方向，应符合设计要求。

5.0.2.2 分别开动各机构的电动机，运转应正常，并测取空载电流。

5.0.2.3 各安全保护装置和制动器的动作，应准确可靠。

5.0.2.4 配电屏、柜和电动机、控制器等电气设备，应工作正常。

5.0.2.5 各运行和起升机构沿全程至少往返三次，应无异常现象。

5.0.2.6　采用软电缆供电的机构，其放缆和收缆的速度应与运行机构的速度一致。

5.0.2.7　两台以上电动机传动的运行机构和起升机构运转方向正确，起动和停止应同步。

5.0.3　当进行静负荷试运时，电气装置应符合下列要求：

5.0.3.1　逐级增加到额定负荷，分别作起吊试验，电气装置均应正常。

5.0.3.2　当起吊 1.25 倍的额定负荷距地面高度为 100～200mm 处，悬空时间不得小于 10min，电气装置应无异常现象。

5.0.4　当进行动负荷试运时，电气装置应符合下列要求：

5.0.4.1　按操作规程进行控制，加速度、减速度应符合产品标准和技术文件的规定。

5.0.4.2　各机构的动负荷试运，应在 1.1 倍额定载荷下分别进行，在整个试验过程中，电气装置均应工作正常，并应测取各电动机的运行电流。

5.0.5　在验收时，应提交下列资料和文件：

5.0.5.1　竣工图。

5.0.5.2　设计变更证明文件、设备及材料代用单。

5.0.5.3　制造厂提供的产品合格证书、产品说明书、安装图纸等技术文件。

5.0.5.4　安装技术记录（包括设备检查、安装质量检查记录）。

5.0.5.5　调整试验记录（包括设备、线路绝缘电阻、接地电阻测试记录和试运转记录等）。

5.0.5.6　备品备件交接清单。

12 电气装置安装工程　旋转电机施工及验收规范

（GB 50170—2006）

1　总则

1.0.1　为保证旋转电机安装工程的施工质量，促进工程施工技术水平的提高，确保旋转电机安全运行，制定本规范。

1.0.2　本规范适用于旋转电机中的汽轮发电机、调相机和电动机安装工程的施工及验收。不适用于水轮发电机的施工及验收。

1.0.3　旋转电机的运输、保管，应符合本规范规定。当产品有特殊要求时，尚应符合产品技术文件的规定。

1.0.4　设备在安装前的保管要求，其保管期限应为一年及以内。当需长期保管时，应符合设备保管的专门规定。

1.0.5　采用的设备及器材应符合国家现行有关标准的规定，并应有合格证件。设备应有铭牌。

1.0.6　设备和器材到达现场后，应在规定期限内做验收检查，并应符合下列要求：

　　1　包装及密封应良好；

　　2　型号、规格应符合设计要求，附件、备件应齐全；

　　3　产品的技术文件应齐全；

　　4　按本规范要求，外观检查合格。

1.0.7　施工中的安全技术措施，应符合本规范和国家现行有关安全标准及产品的技术文件的规定。对重要的施工项目或工序，尚应事先制定安全技术措施。

1.0.8　与旋转电机安装工程有关的建筑工程的施工应符合下列要求：

　　1　与旋转电机安装有关的建筑物、构筑物的建筑工程质量应符合国家现行有关标准的规定；

　　2　设备安装前，建筑工程应具备下列条件：

　　1)　结束屋顶、楼板工作，不得有渗漏现象；

　　2)　混凝土基础应达到允许安装的强度；

　　3)　现场模板、杂物清理完毕；

　　4)　预埋件及预留孔符合设计，预埋件牢固。

　　3　设备安装完毕投入运行前，建筑工程应完成下列工作：

　　1)　二次灌浆和抹面工作，二次灌浆强度达到要求；

　　2)　通风小室的全部建筑工程。

1.0.9　在有爆炸或火灾危险性的场所装设旋转电机时，除应符合本规范规定外，尚应符合现行国家标准《电气装置安装工程　爆炸和火灾危险环境电气装置施工及验收规范》GB 50257 的有关规定。

1.0.10　旋转电机的机械部分的安装及试运行要求，应符合国家现行的有关专业规程的规定。

1.0.11　旋转电机的施工及验收除按本规范规定执行外，尚应符合国家现行有关标准规范的规定。

1.0.12　对引起机组的施工验收，应按合同规定的标准执行。但在签订设备进口合同时应注意，验收标准不得低于本规范的规定。

2　汽轮发电机和调相机

2.1　一般规定

2.1.1　本章适用于容量在 6000kW 及以上固定厂房

内的同步汽轮发电机、调相机安装工程的施工及验收。

2.1.2 电机基础、地脚螺栓孔、沟道、孔洞、预埋件及电缆管的位置、尺寸和质量，应符合设计和国家现行有关标准的规定。

2.1.3 采用条型底座的电机应有 2 个及以上明显的接地点。

2.2 保管、搬运和起吊

2.2.1 电机到达现场后，外观检查应符合下列要求：

1 包装完整，在运输过程中无碰撞损坏现象；

2 铁芯、转子等的表面及轴颈的保护层完整，无损伤和锈蚀现象；

3 水内冷电机定子、转子进出水管管口的封闭完好；氢内冷转子表面所有进出风道口，应已用堵头封堵；

4 充氮运输的电机，氮气压力符合产品的要求。

2.2.2 电机到达现场后，安装前的保管应符合下列要求：

1 电机放置前应检查枕木垛、卸货台、平台的承载能力；

2 电机的转子和定子应存放在清洁、干燥的仓库或厂房内，当条件不允许时，可就地保管，但应有防火、防潮、防尘、保温及防止小动物进入等措施；

3 电机存放处的周围环境温度应符合产品技术条件的规定，水内冷电机不应低于 5℃；充氮保管的电机，氮气压力应符合产品的要求；

4 转子存放时，不得使护环受力，应使大齿处于支撑位置；水内冷和氢冷电机的水汽进出孔道，必须封严。水内冷电机应使用干燥、清洁的压缩空气吹扫水内冷绕组；

5 保管期间，应每月检查一次，轴颈、铁芯、集电环等处不得有锈蚀；并按产品的要求定期盘动转子；

6 对大型发电机定子、转子绕组，应定期使用兆欧表测量绝缘电阻，当保管条件有变化时，应及时测量绝缘电阻；当发现绝缘电阻值明显下降时，应查明原因，采取措施。

2.2.3 电机定子在起吊和搬运中，受力点位置应符合产品技术文件的规定。定子上专用吊环的螺扣应全部拧紧。

转子起吊时，护环、轴颈、小护环、进出水水箱、风扇、集电环、氢冷转子的槽楔风斗等不得作为着力点。轴颈应包扎保护，吊绳不得与风扇、集电环、进出水水箱、氢冷转子的槽楔风斗等碰触。吊绳与转子的绑扎部位应采用能起保护作用的垫块垫好。

2.2.4 大型电机定子的运输应考虑就位时的方向。

2.3 定子和转子的安装

2.3.1 电机的铁芯、绕组、机座内部应清洁，无尘土、油垢和杂物。

2.3.2 绕组的绝缘表面应完整，无伤痕和起泡现象。端部绕组与绑环应紧靠垫实，紧固件和绑扎件应完整，无松动，螺母应锁紧。

2.3.3 铁芯硅钢片应无锈蚀、松动、损伤或金属性短接。通风孔和风道应清洁、无杂物阻塞。

2.3.4 埋入式测温元件的引出线和端子板应清洁、绝缘，其屏蔽接地应良好。埋设于汇水管水支路处的测温元件应安装牢固，测温元件应完好。

2.3.5 定子槽楔应无裂纹、凸出及松动现象。每根槽楔的空响长度符合制造厂工艺规范的要求，端部槽楔必须嵌紧；槽楔下采用波纹板时，应按产品要求进行检查。

2.3.6 进入定子膛内工作，应保持洁净，严禁遗留物件，不得损伤绕组端部和铁芯。

2.3.7 转子上的紧固件应紧牢，平衡块不得增减或变位，平衡螺丝应锁牢。氢内冷转子应按制造厂规定进行通风检查，检查结果应符合制造厂的规定。

风扇叶片应安装牢固，无破损、裂纹及焊口开裂，螺栓应锁牢。

2.3.8 穿转子时，应使用专用工具，不得碰伤定子绕组和铁芯。

2.3.9 凸极式电机的磁极绕组绝缘应完好，磁极应稳固，磁极间撑块和连接线应牢固。

2.3.10 电机的空气间隙和磁场中心应符合产品的要求。

2.3.11 安装端盖前，电机内部应无杂物和遗留物，冷却介质及气封通道应通畅。安装后，端盖接合处应紧密。采用端盖轴承的电机，端盖接合面应采用 10mm × 0.05mm 塞尺检查，塞入深度不得超过 10mm。

2.3.12 电机的引线及出线的安装应符合下列要求：

1 引线及出线的接触面良好、清洁、无油垢，镀银层不应锉磨；

2 引线及出线的连接应使用力矩扳手紧固，当采用钢质螺栓时，连接后不得构成闭合磁路；

3 大型发电机的引线及出线连接后，应做相关试验检查，按制造厂的规定进行绝缘包扎处理。

2.3.13 励磁用绕组（P 棒）的绝缘检查及引出线的连接应符合产品技术条件的规定，无规定时应与主绕组及主回路要求相同。

2.3.14 无刷励磁机与电机转子绕组的电气连接应符

合产品技术条件的要求。

2.4　集电环和电刷的安装

2.4.1 集电环应与轴同心，晃度应符合产品技术条件的规定；当无规定时，晃度不宜大于 0.05mm。集电环表面应光滑，无损伤及油垢。

2.4.2 接至刷架的电缆，不应使刷架受力，其金属护层不应触及带有绝缘垫的轴承。

2.4.3 电刷架及其横杆应固定，绝缘衬管和绝缘垫应无损伤、无污垢，并应测量其绝缘电阻。

2.4.4 刷握与集电环表面间隙应符合产品技术要求；当产品无规定时，其间隙可调整为 2～3mm。

2.4.5 电刷的安装调整应符合下列要求：

1　同一电机上应使用同一型号、同一制造厂的电刷；

2　电刷的编织带应连接牢固，接触良好，不得与转动部分或弹簧片相碰触。具有绝缘垫的电刷，绝缘垫应完好；

3　电刷在刷握内应能上下自由移动，电刷与刷握的间隙应符合产品的规定；当无规定时，其间隙可为 0.10～0.20mm；

4　恒压弹簧应完整无机械损伤，型号和压力应符合产品技术条件的规定。同一极上的弹簧压力偏差不宜超过 5%；

5　电刷接触面应与集电环的弧度相吻合，接触面积不应小于单个电刷截面的 75%。研磨后，应将炭粉清扫干净；

6　非恒压的电刷弹簧，压力应符合其产品的规定；当无规定时，应调整到不使电刷冒火的最低压力；同一刷架上每个电刷的压力应均匀；

7　电刷应在集电环的整个表面内工作，不得靠近集电环的边缘。

2.5　氢冷电机

2.5.1 氢冷电机引出线的绝缘包扎，一般由制造厂现场实施，并按制造厂标准验收；套管表面应清洁、无损伤和裂纹，出线箱法兰应分别与套管法兰、电机本体的结合面密合。

出线套管安装前应进行电气绝缘试验，并应按有关规定做气密试验，试验合格后再进行安装。

2.5.2 氢冷电机必须分别对定子、转子及氢、油、水系统管路等做严密性试验。试验合格后，可做整体性气密试验。试验压力和技术要求应符合制造厂规定。

2.5.3 氢冷电机的氢气质量应符合制造厂的规定。当制造厂无规定时，应符合以下要求：

氢气纯度：＞96%；

气体混合物内含氧量：≤2%；

机内压力下，氢气湿度：$-25℃ ≤ t_d$（露点）$≤0℃$。

2.5.4 氢冷电机的安装，除应符合本节规定外，尚应符合本章其他有关规定及现行国家标准《透平型同步电机技术要求》GB/T 7064 中的有关规定。

2.6　水内冷电机

2.6.1 安装前，定子、转子等水回路应按产品要求分别做水压试验。

2.6.2 电机的冷却水应采用汽轮机的冷凝水或经除盐处理的水，水质应符合表 2.6.2 的规定。

表 2.6.2　水内冷电机冷却水水质标准

项　目	标　准
外　观	透明纯净，无机械混合物
pH 值（25℃）	7.0～9.0
电导率（μs/cm）（25℃）	0.5～1.5 (5.0)
硬度（μ/mol/L）	<2.0
含铜量（μg/L）	≤40
溶氨量（μg/L）	<300
溶氧量（μg/L）	≤30

注：1　电机启动时，冷却水的电导率不宜大于 5.0μs/cm。
　　2　括号内为开启式水系统规定数据。

2.6.3 绝缘水管不得碰及端盖，不得有凹瘪现象，绝缘水管相互之间不得碰触或摩擦。当有碰触或摩擦时应使用软质绝缘物隔开，并应使用不刷漆的软质带扎牢。

2.6.4 定子引出线套管应清洁，无伤痕和裂纹，密封试验和电气绝缘试验应合格。

2.6.5 电机的检漏装置应清洁、干燥。

2.6.6 水内冷电机的定子、转子安装后应做正、反冲洗，分支水回路应畅通。入口水压、流量应符合制造厂规定。

2.6.7 水内冷电机的安装，除应符合本节规定外，尚应符合本章其他有关规定。

2.7　干燥

2.7.1 新装电机的绝缘电阻，应符合现行国家标准《电气装置安装工程　电气设备交接试验标准》GB 50150 的有关规定。当不符合时，应对电机进行干燥。

2.7.2 电机干燥时应符合下列要求：

1　温度应缓慢上升，升温速率应按制造厂技术要求，一般可为每小时升 5～8℃；

2　铁芯和绕组的最高允许温度，应根据绝缘等级确定；

　　3　带转子进行干燥的电机当温度达到 70℃ 以后，应至少每隔 2h 将转子转动 180°；

　　4　水内冷电机定子宜采用水质合格的热水循环干燥，初始阶段水与空心铜管的温度差不得大于 15℃，逐步加热后水温不宜高于 70℃；当采用直流电加热法时，在定子绕组与绝缘水管连接处的接头上，使用温度计测得的温度不应高于 70℃；

　　5　水内冷电机转子可采用直流电加热法干燥，当采用电阻法测量温度时，其温度不应高于 65℃；

　　6　当吸收比及绝缘电阻值符合要求，并在同一温度下经 5h 稳定不变时，可认为干燥合格；

　　7　当电机在就位后干燥时，宜与风室干燥同时进行；

　　8　电机干燥后，当不及时启动时，宜有防潮措施。

2.7.3　经交流耐压试验合格的电机，当接近运行温度或环氧粉云母绝缘的电机在常温时，且按额定电压计算绝缘电阻值不低于 $1M\Omega/kV$ 均可投入运行。

3　电动机

3.1　一般规定

3.1.1　本章适用于异步电动机、同步电动机、励磁机及直流电机的安装。

3.1.2　电机性能应符合电机周围工作环境的要求。

3.1.3　电机基础、地脚螺栓孔、沟道、孔洞、预埋件及电缆管位置、尺寸和质量，应符合设计和国家现行有关标准的规定。

3.2　保管和起吊

3.2.1　电机运达现场后，外观检查应符合下列要求：

　　1　电机应完好，不应有损伤现象；

　　2　定子和转子分箱装运的电机，其铁芯、转子和轴颈应完整，无锈蚀现象；

　　3　电机的附件、备件应齐全，无损伤；

　　4　产品出厂技术资料应齐全。

3.2.2　电机及其附件宜存放在清洁、干燥的仓库或厂房内；当条件不允许时，可就地保管，但应有防火、防潮、防尘及防止小动物进入等措施。

　　保管期间，应按产品的要求定期盘动转子。

3.2.3　起吊电机转子时，不应将吊绳绑在集电环、换向器或轴颈部分。

　　起吊定子和穿转子时，不得碰伤定子绕组和铁芯。

3.3　检查和安装

3.3.1　电机安装时，电机的检查应符合下列要求：

　　1　盘动转子应灵活，不得有碰卡声；

　　2　润滑脂的情况正常，无变色、变质及变硬等现象。其性能应符合电机的工作条件；

　　3　可测量空气间隙的电机，其间隙的不均匀度应符合产品技术条件的规定，当无规定时，各点空气间隙与平均空气间隙之差与平均空气间隙之比宜为 ±5%；

　　4　电机的引出线鼻子焊接或压接应良好，编号齐全，裸露带电部分的电气间隙应符合国家有关产品标准的规定；

　　5　绕线式电机应检查电刷的提升装置，提升装置应有"启动"、"运行"的标志，动作顺序应是先短路集电环，后提起电刷。

3.3.2　当电机有下列情况之一时，应做抽转子检查：

　　1　出厂日期超过制造厂保证期限；

　　2　经外观检查或电气试验，质量可疑时；

　　3　开启式电机经端部检查可疑时；

　　4　试运转时有异常情况。

　　注：当制造厂规定不允许解体者，发现本条所述情况时，另行处理。

3.3.3　电机抽转子检查，应符合下列要求：

　　1　电机内部清洁无杂物；

　　2　电机的铁芯、轴颈、集电环和换向器应清洁，无伤痕和锈蚀现象；通风孔无阻塞；

　　3　绕组绝缘层应完好，绑线无松动现象；

　　4　定子槽楔应无断裂、凸出和松动现象，按制造厂工艺规范要求检查，端部槽楔必须嵌紧；

　　5　转子的平衡块及平衡螺丝应紧固锁牢，风扇方向应正确，叶片无裂纹；

　　6　磁极及铁轭固定良好，励磁绕组紧贴磁极，不应松动；

　　7　鼠笼式电机转子铜导电条和端环应无裂纹，焊接应良好；浇铸的转子表面应光滑平整；导电条和端环不应有气孔、缩孔、夹渣、裂纹、细条、断条和浇铸不满等现象；

　　8　电机绕组应连接正确，焊接良好；

　　9　直流电机的磁极中心线与几何中心线应一致；

　　10　检查电机的滚动轴承，应符合下列要求：

　　1) 轴承工作面应光滑清洁，无麻点、裂纹或锈蚀，并记录轴承型号；

　　2) 轴承的滚动体与内外圈接触良好，无松动，转动灵活无卡涩，其间隙符合产品技术条件的规定；

　　3) 加入轴承内的润滑脂应填满其内部空隙的 2/3；同一轴承内不得填入不同品种的润滑脂。

3.3.4　电机的换向器或集电环应符合下列要求：

1 表面应光滑，无毛刺、黑斑、油垢。当换向器的表面不平整度达到 0.2mm 时，应进行处理；

2 换向器片间绝缘应凹下 0.5～1.5mm。换向片与绕组的焊接应良好。

3.3.5 电机电刷的刷架、刷握及电刷的安装应符合下列要求：

1 同一组刷握应均匀排列在与轴线平行的同一直线上；

2 刷握的排列，应使相邻不同极性的一对刷架彼此错开；

3 各组电刷应调整在换向器的电气中性线上；

4 带有倾斜角的电刷的锐角尖应与转动方向相反；

5 电机电刷的安装除应符合本条规定外，尚应符合本规范第 2 章第 4 节的要求。

3.3.6 箱式电机的安装，尚应符合下列要求：

1 定子搬运、吊装时应防止定子绕组的变形；

2 定子上下瓣的接触面应清洁，连接后使用 0.05mm 的塞尺检查，接触应良好；

3 必须测量空气间隙，其误差应符合产品技术条件的规定；

4 定子上下瓣绕组的连接，必须符合产品技术条件的规定。

3.3.7 多速电机的安装，应符合下列要求：

1 电机的接线方式、极性应正确；

2 连锁切换装置应动作可靠；

3 电机的操作程序应符合产品技术条件的规定。

3.3.8 有固定转向要求的电机，试车前必须检查电机与电源的相序并应一致。

4 工程交接验收

4.0.1 发电机和调相机的启动运行，从电机开始转动至并入系统应保持铭牌出力，连续运行时间应符合相关规定。

氢气直接冷却的电机在充空气状态下不得加励磁运行。氢气间接冷却的电机在充空气状态下运行时，其功率的大小和定子、转子的温升应符合现行国家标准《透平型同步电机技术要求》GB/T 7064 的有关规定。

4.0.2 电机试运行前的检查应符合下列要求：

1 建筑工程全部结束，现场清扫整理完毕；

2 电机本体安装检查结束，启动前应进行的试验项目已按现行国家标准《电气装置安装工程 电气设备交接试验标准》GB 50150 试验合格；

3 冷却、调速、润滑、水、氢、密封油等附属系统安装完毕，验收合格，水质、油质或氢气质量符合要求，分部试运行情况良好；

4 发电机出口母线应设有防止漏水、油、金属及其他物体掉落等设施；

5 电机的保护、控制、测量、信号、励磁等回路的调试完毕，动作正常；

6 测定电机定子绕组、转子绕组及励磁回路的绝缘电阻，应符合现行国家标准《电气装置安装工程 电气设备交接试验标准》GB 50150 的有关规定；有绝缘的轴承座的绝缘板、轴承座及台板的接触面应清洁干燥，使用 1000V 兆欧表测量，绝缘电阻值不得小于 0.5MΩ；

7 电刷与换向器或集电环的接触应良好；

8 盘动电机转子时应转动灵活，无碰卡现象；

9 电机引出线应相序正确，固定牢固，连接紧密；

10 电机外壳油漆应完整，接地良好；

11 照明、通讯、消防装置应齐全。

4.0.3 电动机宜在空载情况下做第一次启动，空载运行时间宜为 2h，并记录电机的空载电流。

4.0.4 电机试运行中的检查应符合下列要求：

1 电机的旋转方向符合要求，无异声；

2 换向器、集电环及电刷的工作情况正常；

3 检查电机各部温度，不应超过产品技术条件的规定；

4 滑动轴承温度不应超过 80℃，滚动轴承温度不应超过 95℃；

5 电机振动的双倍振幅值不应大于表 4.0.4 的规定。

表 4.0.4 电机振动的双倍振幅值

同步转速（r/min）	3000	1500	1000	750 及以下
双倍振幅值（mm）	0.05	0.085	0.10	0.12

4.0.5 氢冷电机在额定氢压下的漏氢量应符合产品技术要求。漏氢试验时应按下式计算漏氢量：

$$\Delta V = 69.38V/H[(P_1 + B_1)/(273 + t_1) - (P_2 + B_2)/(273 + t_2)] \quad (4.0.5)$$

式中 ΔV——在规定状态 $P_0 = 1.01 \times 10^5$ Pa（一个标准大气压），$t_0 = 20℃$ 下的漏氢量（m^3/d）；

V——发电机充氢容积（m^3）；

H——漏氢试验持续时间（h）；

P_1、P_2——试验开始及结束时发电机氢气压力（kPa）；

B_1、B_2——试验开始及结束时发电机周围环境的大气压力（kPa）；

t_1、t_2——试验开始及结束时发电机氢气温度（℃）。

4.0.6　交流电动机的带负荷启动次数，应符合产品技术条件的规定；当产品技术条件无规定时，可符合下列规定：

1　在冷态时，可启动 2 次。每次间隔时间不得小于 5min；

2　在热态时，可启动 1 次。当在处理事故以及电动机启动时间不超过 2～3s 时，可再启动 1 次。

4.0.7　电机在验收时，应提交下列资料和文件：

1　设计变更的证明文件和竣工图资料；

2　制造厂提供的产品说明书、检查及试验记录、合格证件及安装使用图纸等技术文件；

3　安装验收技术记录、签证和电机抽转子检查及干燥记录等；

4　调整试验记录及报告。

13　电气装置安装工程　电力变压器、油浸电抗器、互感器施工及验收规范

（GBJ 148—90）

第一章　总　则

第1.0.1条　为保证电力变压器、油浸电抗器（以下简称电抗器）、电压互感器及电流互感器（以下简称互感器）的施工安装质量，促进安装技术的进步，确保设备安全运行，制订本规范。

第1.0.2条　本规范适用于电压为 500kV 及以下，频率为 50Hz 的电力变压器、电抗器、互感器安装工程的施工及验收。

消弧线圈的安装可按本规范第二章的有关规定执行；特殊用途的变压器、电抗器、互感器的安装，应符合制造厂和专业部门的有关规定。

第1.0.3条　电力变压器、电抗器、互感器的安装应按已批准的设计进行施工。

第1.0.4条　设备和器材的运输、保管，应符合本规范要求，当产品有特殊要求时，并应符合产品的要求。

变压器、电抗器在运输过程中，当改变运输方式时，应及时检查设备受冲击等情况，并作好记录。

第1.0.5条　设备及器材在安装前的保管，其保管期限应为一年及以下。当需长期保管时，应符合设备及器材保管的专门规定。

第1.0.6条　采用的设备及器材均应符合国家现行技术标准的规定，并应有合格证件设备应有铭牌。

第1.0.7条　设备和器材到达现场后，应及时作下列验收检查：

一、包装及密封应良好。

二、开箱检查清点，规格应符合设计要求，附件、备件应齐全。

三、产品的技术文件应齐全。

四、按本规范要求作外观检查。

第1.0.8条　施工中的安全技术措施，应符合本规范和现行有关安全技术标准及产品的技术文件的规定。对重要工序，尚应事先制定安全技术措施。

第1.0.9条　与变压器、电抗器、互感器安装有关的建筑工程施工应符合下列要求：

一、与电力变压器、电抗器、互感器安装有关的建筑物、构筑物的建筑工程质量，应符合国家现行的建筑工程施工及验收规范中的有关规定。当设备及设计有特殊要求时，尚应符合其要求。

二、设备安装前，建筑工程应具备下列条件：

1. 屋顶、楼板施工完毕，不得渗漏；

2. 室内地面的基层施工完毕，并在墙上标出地面标高；

3. 混凝土基础及构架达到允许安装的强度，焊接构件的质量符合要求；

4. 预埋件及预留孔符合设计，预埋件牢固；

5. 模板及施工设施拆除，场地清理干净；

6. 具有足够的施工用场地，道路通畅。

三、设备安装完毕，投入运行前，建筑工程应符合下列要求：

1. 门窗安装完毕；

2. 地坪抹光工作结束，室外场地平整；

3. 保护性网门、栏杆等安全设施齐全；

4. 变压器、电抗器的蓄油坑清理干净，排油水管通畅，卵石铺设完毕；

5. 通风及消防装置安装完毕；

6. 受电后无法进行的装饰工作以及影响运行安全的工作施工完毕。

第1.0.10条　设备安装用的紧固件，除地脚螺栓外，应采用镀锌制品。

第1.0.11条　所有变压器、电抗器、互感器的瓷件表面质量应符合现行国家标准《高压绝缘子瓷件技术条件》的规定。

第1.0.12条 电力变压器、电抗器、互感器的施工及验收除按本规范的规定执行外，尚应符合国家现行的有关标准规范的规定。

第二章 电力变压器、油浸电抗器

第一节 装卸与运输

第2.1.1条 8000kVA及以上变压器和8000kVAR及以上的电抗器的装卸及运输，必须对运输路径及两端装卸条件作充分调查，制定施工安全技术措施，并应符合下列要求：

一、水路运输时，应做好下列工作：

1. 选择航道，了解吃水深度、水上及水下障碍物分布、潮汛情况以及沿途桥梁尺寸；

2. 选择船舶，了解船舶运载能力与结构，验算载重时船舶的稳定性；

3. 调查码头承重能力及起重能力，必要时应进行验算或荷重试验。

二、陆路运输用机械直接拖运时，应做好下列工作：

1. 了解道路及其沿途桥梁、涵洞、沟道等的结构、宽度、坡度、倾斜度、转角及承重情况，必要时应采取措施；

2. 调查沿途架空线、通讯线等高空障碍物的情况；

3. 变压器、电抗器利用滚轮在现场铁路专用线作短途运输时，应对铁路专用线进行调查与验算，其速度不应超过0.2km/h；

4. 公路运输速度应符合制造厂的规定。

第2.1.2条 变压器或电抗器装卸时，应防止因车辆弹簧伸缩或船只沉浮而引起倾倒，应设专人观测车辆平台的升降或船只的沉浮情况。

卸车地点的土质、站台、码头必须坚实。

第2.1.3条 变压器、电抗器在装卸和运输过程中，不应有严重冲击和振动。电压为220kV及以上且容量为150000kVA及以上的变压器和电压为330kV及以上的电抗器均应装设冲击记录仪。冲击允许值应符合制造厂及合同的规定。

第2.1.4条 当利用机械牵引变压器、电抗器时，牵引的着力点应在设备重心以下。运输倾斜角不得超过15°。

第2.1.5条 钟罩式变压器整体起吊时，应将钢丝绳系在下节油箱专供起吊整体的吊耳上，并必须经钟罩上节相对应的吊耳导向。

第2.1.6条 用千斤顶顶升大型变压器时，应将千斤顶放置在油箱千斤顶支架部位，升降操作应协调，各点受力均匀，并及时垫好垫块。

第2.1.7条 充氮气或充干燥空气运输的变压器、电抗器，应有压力监视和气体补充装置。变压器、电抗器在运输途中应保持正压，气体压力应为0.01～0.03MPa。

第2.1.8条 干式变压器在运输途中，应有防雨及防潮措施。

第二节 安装前的检查与保管

第2.2.1条 设备到达现场后，应及时进行下列外观检查：

一、油箱及所有附件应齐全，无锈蚀及机械损伤，密封应良好。

二、油箱箱盖或钟罩法兰及封板的联接螺栓应齐全，紧固良好，无渗漏；浸入油中运输的附件，其油箱应无渗漏。

三、充油套管的油位应正常，无渗油，瓷体无损伤。

四、充气运输的变压器、电抗器，油箱内应为正压，其压力为0.01～0.03MPa。

五、装有冲击记录仪的设备，应检查并记录设备在运输和装卸中的受冲击情况。

第2.2.2条 设备到达现场后的保管应符合下列要求：

一、散热器（冷却器）、连通管、安全气道、净油器等应密封。

二、表计、风扇、潜油泵、气体继电器、气道隔板、测温装置以及绝缘材料等，应放置于干燥的室内。

三、短尾式套管应置于干燥的室内，充油式套管卧放时应符合制造厂的规定。

四、本体、冷却装置等，其底部应垫高、垫平，不得水淹，干式变压器应置于干燥的室内。

五、浸油运输的附件应保持浸油保管，其油箱应密封。

六、与本体联在一起的附件可不拆下。

第2.2.3条 绝缘油的验收与保管应符合下列要求：

一、绝缘油应储藏在密封清洁的专用油罐或容器内。

二、每批到达现场的绝缘油均应有试验记录，并应取样进行简化分析，必要时进行全分析。

1. 取样数量：大罐油，每罐应取样，小桶油应按表2.2.3取样。

表 2.2.3　　　绝缘油取样数量

每批油的桶数	取样桶数
1	1
2~5	2
6~20	3
21~50	4
51~100	7
101~200	10
201~400	15
401 及以上	20

2. 取样试验应按现行国家标准《电力用油（变压器油、汽轮机油）取样》的规定执行。试验标准应符合现行国家标准《电气装置安装工程电气设备交接试验标准》的规定。

三、不同牌号的绝缘油，应分别储存，并有明显牌号标志。

四、放油时应目测，用铁路油罐车运输的绝缘油，油的上部和底部不应有异样；用小桶运输的绝缘油，对每桶进行目测，辨别其气味，各桶的商标应一致。

第 2.2.4 条　变压器、电抗器到达现场后，当三个月内不能安装时，应在一个月内进行下列工作：

一、带油运输的变压器、电抗器：

1. 检查油箱密封情况；

2. 测量变压器内油的绝缘强度；

3. 测量绕组的绝缘电阻（运输时不装套管的变压器可以不测）；

4. 安装储油柜及吸湿器，注以合格油至储油柜规定油位，或在未装储油柜的情况下，上部抽真空后，充以 0.01~0.03MPa，纯度不低于 99.9%、露点低于−40℃的氮气。

二、充气运输的变压器、电抗器：

1. 应安装储油柜及吸湿器，注以合格油至储油柜规定油位；

2. 当不能及时注油时，应继续充与原充气体相同的气体保管，但必须有压力监视装置，压力应保持为 0.01~0.03MPa，气体的露点应低于−40℃。

第 2.2.5 条　设备在保管期间，应经常检查。充油保管的应检查有无渗油，油位是否正常，外表有无锈蚀，并每六个月检查一次油的绝缘强度；充气保管的应检查气体压力，并做好记录。

第三节　排　　氮

第 2.3.1 条　采用注油排氮时，应符合下列规定：

一、绝缘油必须经净化处理，注入变压器、电抗器的油应符合下列要求：

电气强度：　　500kV　不应小于　60kV；

　　　　　　330kV　不应小于　50kV；

　　　　　　63~220kV　不应小于　40kV。

含水量：　　500kV　不应大于　10ppm；

　　　220~330kV　不应大于　15ppm；

　　　110kV　不应大于　20ppm。

　　　　　　　　　　（ppm 为体积比）

$\tan\delta$：　　　　　　　不应大于 0.5%（90℃时）。

二、注油排氮前，应将油箱内的残油排尽。

三、油管宜采用钢管，内部应进行彻底除锈且清洗干净。如用耐油胶管，必须确保胶管不污染绝缘油。

四、绝缘油应经脱气净油设备从变压器下部阀门注入变压器内，氮气经顶部排出；油应注至油箱顶部将氮气排尽。最终油位应高出铁芯上沿 100mm 以上。油的静置时间不应小于 12h。

第 2.3.2 条　采用抽真空进行排氮时，排氮口应装设在空气流通处。破坏真空时应避免潮湿空气进入。当含氧量未达到 18% 以上时，人员不得进入。

第 2.3.3 条　充氮的变压器、电抗器需吊罩检查时，必须让器身在空气中暴露 15min 以上，待氮气充气扩散后进行。

第四节　器　身　检　查

第 2.4.1 条　变压器、电抗器到达现场后，应进行器身检查。器身检查可为吊罩或吊器身，或者不吊罩直接进入油箱内进行。当满足下列条件之一时，可不进行器身检查。

一、制造厂规定可不进行器身检查者。

二、容量为 1000kVA 及以下，运输过程中无异常情况者。

三、就地生产仅作短途运输的变压器、电抗器，如果事先参加了制造厂的器身总装，质量符合要求，且在运输过程中进行了有效的监督，无紧急制动、剧烈振动、冲撞或严重颠簸等异常情况者。

第 2.4.2 条　器身检查时，应符合下列规定：

一、周围空气温度不宜低于 0℃，器身温度不应低于周围空气温度；当器身温度低于周围空气温度时，应将器身加热，宜使其温度高于周围空气温度 10℃。

二、当空气相对湿度小于75％时，器身暴露在空气中的时间不得超过16h。

三、调压切换装置吊出检查、调整时，暴露在空气中的时间应符合表2.4.2的规定。

表2.4.2　　　　　　　　　调压切换装置露空时间

环境温度（℃）	>0	>0	>0	<0
空气相对湿度（％）	65以下	65～75	75～85	不控制
持续时间不大于（h）	24	16	10	8

四、空气相对湿度或露空时间超过规定时，必须采取相应的可靠措施。

时间计算规定：带油运输的变压器、电抗器，由开始放油时算起；不带油运输的变压器、电抗器，由揭开顶盖或打开任一堵塞算起，到开始抽真空或注油为止。

五、器身检查时，场地四周应清洁和有防尘措施；雨雪天或雾天，不应在室外进行。

第2.4.3条　钟罩起吊前，应拆除所有与其相连的部件。

第2.4.4条　器身或钟罩起吊时，吊索与铅垂线的夹角不宜大于30°，必要时可采用控制吊梁。起吊过程中，器身与箱壁不得有碰撞现象。

第2.4.5条　器身检查的主要项目和要求应符合下列规定：

一、运输支撑和器身各部位应无移动现象，运输用的临时防护装置及临时支撑应予拆除，并经过清点作好记录以备查。

二、所有螺栓应紧固，并有防松措施；绝缘螺栓应无损坏，防松绑扎完好。

三、铁芯检查：

1. 铁芯应无变形，铁轭与夹件间的绝缘垫应良好；

2. 铁芯应无多点接地；

3. 铁芯外引接地的变压器，拆开接地线后铁芯对地绝缘应良好；

4. 打开夹件与铁轭接地片后，铁轭螺杆与铁芯、铁轭与夹件、螺杆与夹件间的绝缘应良好；

5. 当铁轭采用钢带绑扎时，钢带对铁轭的绝缘应良好；

6. 打开铁芯屏蔽接地引线，检查屏蔽绝缘应良好；

7. 打开夹件与线圈压板的连线，检查压钉绝缘应良好；

8. 铁芯拉板及铁轭拉带应紧固，绝缘良好。

四、绕组检查：

1. 绕组绝缘层应完整，无缺损、变位现象；

2. 各绕组应排列整齐，间隙均匀，油路无堵塞；

3. 绕组的压钉应紧固，防松螺母应锁紧。

五、绝缘围屏绑扎牢固，围屏上所有线圈引出处的封闭应良好。

六、引出线绝缘包扎牢固，无破损、拧弯现象；引出线绝缘距离应合格，固定牢靠，其固定支架应紧固；引出线的裸露部分应无毛刺或尖角，其焊接应良好；引出线与套管的连接应牢靠，接线正确。

七、无励磁调压切换装置各分接头与线圈的连接应紧固正确；各分接头应清洁，且接触紧密，弹力良好；所有接触到的部分，用0.05mm×10mm塞尺检查，应塞不进去；转动接点应正确地停留在各个位置上，且与指示器所指位置一致；切换装置的拉杆、分接头凸轮、小轴、销子等应完整无损；转动盘应动作灵活，密封良好。

八、有载调压切换装置的选择开关、范围开关应接触良好，分接引线应连接正确、牢固，切换开关部分密封良好。必要时抽出切换开关芯子进行检查。

九、绝缘屏障应完好，且固定牢固，无松动现象。

十、检查强油循环管路与下轭绝缘接口部位的密封情况。

十一、检查各部位应无油泥、水滴和金属屑末等杂物。

注：①变压器有围屏者，可不必解除围屏，本条中由于围屏遮蔽而不能检查的项目，可不予检查。

②铁芯检查时，其中的3、4、5、6、7项无法拆开的可不测。

第2.4.6条　器身检查完毕后，必须用合格的变压器油进行冲洗，并清洗油箱底部，不得有遗留杂物。箱壁上的阀门应开闭灵活、指示正确。导向冷却的变压器尚应检查和清理进油管节头和联箱。

第五节　干　　燥

第2.5.1条　变压器、电抗器是否需要进行干燥，应根据本规范附录一"新装电力变压器及油浸电抗器不需干燥的条件"进行综合分析判断后确定。

第 2.5.2 条　设备进行干燥时，必须对各部温度进行监控。当为不带油干燥利用油箱加热时，箱壁温度不宜超过 110℃，箱底温度不得超过 100℃，绕组温度不得超过 95℃；带油干燥时，上层油温不得超过 85℃；热风干燥时，进风温度不得超过 100℃。

干式变压器进行干燥时，其绕组温度应根据其绝缘等级而定。

第 2.5.3 条　采用真空加温干燥时，应先进行预热。抽真空时，将油箱内抽成 0.02MPa，然后按每小时均匀地增高 0.0067MPa 至表 2.5.3 所示极限允许值为止。

表 2.5.3　　变压器、电抗器抽真空的极限允许值

电压 （kV）	容量 （kVA）	真空度 （MPa）
35	4000～31500	0.051
63～110	16000 及以下	0.051
	20000 及以上	0.08
220 及 330	—	0.101
500	—	＜0.101

抽真空时应监视箱壁的弹性变形，其最大值不得超过壁厚的两倍。

第 2.5.4 条　在保持温度不变的情况下，绕组的绝缘电阻下降后再回升，110kV 及以下的变压器、电抗器持续 6h，220kV 及以上的变压器、电抗器持续 12h 保持稳定，且无凝结水产生时，可认为干燥完毕。

也可采用测量绝缘件表面的含水量来判断干燥程度，表面含水量应符合表 2.5.4 的规定。

表 2.5.4　　绝缘件表面含水量标准

电压等级（kV）	含水量标准（%）
110 及以下	2 以下
220	1 以下
330～500	0.5 以下

第 2.5.5 条　干燥后的变压器、电抗器应进行器身检查，所有螺栓压紧部分应无松动，绝缘表面应无过热等异常情况。如不能及时检查时，应先注以合格油，油温可预热至 50～60℃，绕组温度应高于油温。

第六节　本体及附件安装

第 2.6.1 条　本体就位应符合下列要求：

一、变压器、电抗器基础的轨道应水平，轨距与轮距应配合；装有气体继电器的变压器、电抗器，应使其顶盖沿气体继电器气流方向有 1‰～1.5‰的升高坡度（制造厂规定不须安装坡度者除外）。当与封闭母线连接时，其套管中心线应与封闭母线中心线相符。

二、装有滚轮的变压器、电抗器，其滚轮应能灵活转动，在设备就位后，应将滚轮用能拆卸的制动装置加以固定。

第 2.6.2 条　密封处理应符合下列要求：

一、所有法兰连接处应用耐油密封垫（圈）密封；密封垫（圈）必须无扭曲、变形、裂纹和毛刺，密封垫（圈）应与法兰面的尺寸相配合。

二、法兰连接面应平整、清洁；密封垫应擦拭干净，安装位置应准确；其搭接处的厚度应与其原厚度相同，橡胶密封垫的压缩量不宜超过其厚度的 1/3。

第 2.6.3 条　有载调压切换装置的安装应符合下列要求：

一、传动机构中的操作机构、电动机、传动齿轮和杠杆应固定牢靠，连接位置正确，且操作灵活，无卡阻现象；传动结构的摩擦部分应涂以适合当地气候条件的润滑脂。

二、切换开关的触头及其连接线应完整无损，且接触良好，其限流电阻应完好，无断裂现象。

三、切换装置的工作顺序应符合产品出厂要求；切换装置在极限位置时，其机械联锁与极限开关的电气联锁动作应正确。

四、位置指示器应动作正常，指示正确。

五、切换开关油箱内应清洁，油箱应做密封试验，且密封良好；注入油箱中的绝缘油，其绝缘强度应符合产品的技术要求。

第 2.6.4 条　冷却装置的安装应符合下列要求：

一、冷却装置在安装前应按制造厂规定的压力值用气压或油压进行密封试验，并应符合下列要求：

1. 散热器、强迫油循环风冷却器，持续 30min 应无渗漏；

2. 强迫油循环水冷却器，持续 1h 应无渗漏，水、油系统应分别检查渗漏。

二、冷却装置安装前应用合格的绝缘油经净油机循环冲洗干净，并将残油排尽。

三、冷却装置安装完毕后应即注满油。

四、风扇电动机及叶片应安装牢固，并应转动灵活，无卡阻；试转时应无振动、过热；叶片应无扭曲变形或与风筒碰擦等情况，转向应正确；电动机的电源配线应采用具有耐油性能的绝缘导线。

五、管路中的阀门应操作灵活，开闭位置应正确；阀门及法兰连接处应密封良好。

六、外接油管路在安装前，应进行彻底除锈并清洗干净；管道安装后，油管应涂黄漆，水管应涂黑漆，并应有流向标志。

七、油泵转向应正确，转动时应无异常噪声、振动或过热现象；其密封应良好，无渗油或进气现象。

八、差压继电器、流速继电器应经校验合格，且密封良好，动作可靠。

九、水冷却装置停用时，应将水放尽。

第 2.6.5 条　储油柜的安装应符合下列要求：

一、储油柜安装前，应清洗干净。

二、胶囊式储油柜中的胶囊或隔膜式储油柜中的隔膜应完整无破损；胶囊在缓慢充气胀开后检查应无漏气现象。

三、胶囊沿长度方向应与储油柜的长轴保持平行，不应扭偏；胶囊口的密封应良好，呼吸应通畅。

四、油位表动作应灵活，油位表或油标管的指示必须与储油柜的真实油位相符，不得出现假油位。油位表的信号接点位置正确，绝缘良好。

第 2.6.6 条　升高座的安装应符合下列要求：

一、升高座安装前，应先完成电流互感器的试验；电流互感器出线端子板应绝缘良好，其接线螺栓和固定件的垫块应紧固，端子板应密封良好，无渗油现象。

二、安装升高座时，应使电流互感器铭牌位置面向油箱外侧，放气塞位置应在升高座最高处。

三、电流互感器和升高座的中心应一致。

四、绝缘筒应安装牢固，其安装位置不应使变压器引出线与之相碰。

第 2.6.7 条　套管的安装应符合下列要求：

一、套管安装前应进行下列检查：

1. 瓷套表面应无裂缝、伤痕；

2. 套管、法兰颈部及均压球内壁应清擦干净；

3. 套管应经试验合格；

4. 充油套管无渗油现象，油位指示正常。

二、充油套管的内部绝缘已确认受潮时，应干燥处理；110kV 及以上的套管应真空注油。

三、高压套管穿缆的应力锥应进入套管的均压罩内，其引出端头与套管顶部接线柱连接处应擦拭干净，接触紧密；高压套管与引出线接口的密封波纹盘结构（魏德迈结构）的安装应严格按制造厂的规定进行。

四、套管顶部结构的密封垫应安装正确，密封应良好，连接引线时，不应使顶部结构松扣。

五、充油套管的油标应面向外侧，套管末屏应接地良好。

第 2.6.8 条　气体继电器的安装应符合下列要求：

一、气体继电器安装前应经检验鉴定。

二、气体继电器应水平安装，其顶盖上标志的箭头应指向储油柜，其与连通管的连接应密封良好。

第 2.6.9 条　安全气道的安装应符合下列要求：

一、安全气道安装前，其内壁应清拭干净。

二、隔膜应完整，其材料和规格应符合产品的技术规定，不得任意代用。

三、防爆隔膜信号接线应正确，接触良好。

第 2.6.10 条　压力释放装置的安装方向应正确；阀盖和升高座内部应清洁，密封良好；电接点应动作准确，绝缘应良好。

第 2.6.11 条　吸湿器与储油柜间的连接管的密封应良好；管道应通畅；吸湿剂应干燥；油封油位在油面线上或按产品的技术要求进行。

第 2.6.12 条　净油器内部应擦拭干净，吸附剂应干燥；其滤网安装方向应正确并在出口侧；油流方向应正确。

第 2.6.13 条　所有导气管必须清拭干净，其连接处应密封良好。

第 2.6.14 条　测温装置的安装应符合下列要求：

一、温度计安装前应进行校验，信号接点应动作正确，导通良好；绕组温度计应根据制造厂的规定进行整定。

二、顶盖上的温度计座内应注以变压器油，密封应良好，无渗油现象；闲置的温度计座也应密封，不得进水。

三、膨胀式信号温度计的细金属软管不得有压扁或急剧扭曲，其弯曲半径不得小于 50mm。

第 2.6.15 条　靠近箱壁的绝缘导线，排列应整齐，应有保护措施；接线盒应密封良好。

第 2.6.16 条　控制箱的安装应符合现行的国家标准《电气装置安装工程盘、柜及二次回路接线施工及验收规范》的有关规定。

第七节　注　油

第 2.7.1 条　绝缘油必须按现行的国家标准《电气装置安装工程电气设备交接试验标准》的规定试验合格后，方可注入变压器、电抗器中。

不同牌号的绝缘油或同牌号的新油与运行过的油混合使用前，必须做混油试验。

第 2.7.2 条　注油前，220kV 及以上的变压器、电抗器必须进行真空处理，处理前宜将器身温度提高到20℃以上。真空度应符合本规范第2.5.3条中的规定，真空保持时间：220～330kV，不得少于8h；500kV，不得少于24h。抽真空时，应监视并记录油箱的变形。

第2.7.3条　220kV及以上的变压器、电抗器必须真空注油；110kV者宜采用真空注油。当真空度达到本规范第2.5.3条规定值后，开始注油。注油全过程应保持真空。注入油的油温宜高于器身温度。注油速度不宜大于100L/min。油面距油箱顶的空隙不得少于200mm或按制造厂规定执行。注油后，应继续保持真空，保持时间：110kV者不得少于2h；220kV及以上者不得少于4h。500kV者在注满油后可不继续保持真空。

真空注油工作不宜在雨天或雾天进行。

第2.7.4条　在抽真空时，必须将在真空下不能承受机械强度的附件，如储油柜、安全气道等与油箱隔离；对允许抽同样真空度的部件，应同时抽真空。

第2.7.5条　变压器、电抗器注油时，宜从下部油阀进油。对导向强油循环的变压器，注油应按制造厂的规定执行。

第2.7.6条　设备各接地点及油管道应可靠的接地。

第八节　热油循环、补油和静置

第2.8.1条　500kV变压器、电抗器真空注油后必须进行热油循环，循环时间不得少于48h。

热油循环可在真空注油到储油柜的额定油位后的满油状态下进行，此时变压器或电抗器不抽真空，当注油到离器身顶盖200mm处时，热油循环需抽真空。真空度应符合本规范第2.5.3条的规定。

真空净油设备的出口温度不应低于50℃，油箱内温度不应低于40℃。经过热油循环的油应达到现行的国家标准《电气装置安装工程电气设备交接试验标准》的规定。

第2.8.2条　冷却器内的油应与油箱主体的油同时进行热油循环。

第2.8.3条　往变压器、电抗器内加注补充油时，应通过储油柜上专用的添油阀，并经净油机注入，注油至储油柜额定油位。注油时应排放本体及附件内的空气，少量空气可自储油柜排尽。

第2.8.4条　注油完毕后，在施加电压前，其静置时间不应少于下列规定：

110kV及以下，24h；
220kV及330kV，48h；
500kV，72h。

第2.8.5条　按第2.8.4条静置完毕后，应从变压器、电抗器的套管、升高座、冷却装置、气体继电器及压力释放装置等有关部位进行多次放气，并启动潜油泵，直至残余气体排尽。

第2.8.6条　具有胶囊或隔膜的储油柜的变压器、电抗器必须按制造厂规定的顺序进行注油、排气及油位计加油。

第九节　整体密封检查

第2.9.1条　变压器、电抗器安装完毕后，应在储油柜上用气压或油压进行整体密封试验，其压力为油箱盖上能承受0.03MPa压力，试验持续时间为24h，应无渗漏。

整体运输的变压器、电抗器可不进行整体密封试验。

第十节　工程交接验收

第2.10.1条　变压器、电抗器的起动试运行，是指设备开始带电，并带一定的负荷即可能的最大负荷连续运行24h所经历的过程。

第2.10.2条　变压器、电抗器在试运行前，应进行全面检查，确认其符合运行条件时，方可投入试运行。检查项目如下：

一、本体、冷却装置及所有附件应无缺陷，且不渗油。

二、轮子的制动装置应牢固。

三、油漆应完整，相色标志正确。

四、变压器顶盖上应无遗留杂物。

五、事故排油设施应完好，消防设施安全。

六、储油柜、冷却装置、净油器等油系统上的油门均应打开，且指示正确。

七、接地引下线及其与主接地网的连接应满足设计要求，接地应可靠。

铁芯和夹件的接地引出套管、套管的接地小套管及电压抽取装置不用时其抽出端子均应接地；备用电流互感器二次端子应短接接地；套管顶部结构的接触及密封应良好。

八、储油柜和充油套管的油位应正常。

九、分接头的位置应符合运行要求；有载调压切换装置的远方操作应动作可靠，指示位置正确。

十、变压器的相位及绕组的接线组别应符合并列运行要求。

十一、测温装置指示应正确，整定值符合要求。

十二、冷却装置试运行应正常，联动正确；水冷装置的油压应大于水压；强迫油循环的变压器、电抗器应起动全部冷却装置，进行循环 4h 以上，放完残留空气。

十三、变压器、电抗器的全部电气试验应合格；保护装置整定值符合规定；操作及联动试验正确。

第 2.10.3 条 变压器、电抗器试运行时应按下列规定进行检查：

一、接于中性点接地系统的变压器，在进行冲击合闸时，其中性点必须接地。

二、变压器、电抗器第一次投入时，可全电压冲击合闸，如有条件时应从零起升压；冲击合闸时，变压器宜由高压侧投入；对发电机变压器组接线的变压器，当发电机与变压器间无操作断开点时，可不作全电压冲击合闸。

三、变压器、电抗器应进行五次空载全电压冲击合闸，应无异常情况；第一次受电后持续时间不应少于 10min；励磁涌流不应引起保护装置的误动。

四、变压器并列前，应先核对相位。

五、带电后，检查本体及附件所有焊缝和连接面，不应有渗油现象。

第 2.10.4 条 在验收时，应移交下列资料和文件：

一、变更设计部分的实际施工图。

二、变更设计的证明文件。

三、制造厂提供的产品说明书、试验记录、合格证件及安装图纸等技术文件。

四、安装技术记录、器身检查记录、干燥记录等。

五、试验报告。

六、备品备件移交清单。

第三章 互 感 器

第一节 一 般 规 定

第 3.1.1 条 互感器在运输、保管期间应防止受潮、倾倒或遭受机械损伤；互感器的运输和放置应按产品技术要求执行。

第 3.1.2 条 互感器整体起吊时，吊索应固定在规定的吊环上，不得利用瓷裙起吊，并不得碰伤瓷套。

第 3.1.3 条 互感器到达现场后，除按本规范第 1.0.6 条进行检查外，尚应作下列外观检查：

一、互感器外观应完整，附件应齐全，无锈蚀或机械损伤。

二、油浸式互感器油位应正常，密封应良好，无渗油现象。

三、电容式电压互感器的电磁装置和谐振阻尼器的封铅应完好。

第二节 器 身 检 查

第 3.2.1 条 互感器可不进行器身检查，但在发现有异常情况时，应按下列要求进行检查：

一、螺栓应无松动，附件完整。

二、铁芯应无变形，且清洁紧密，无锈蚀。

三、绕阻绝缘应完好，连接正确、紧固。

四、绝缘支持物应牢固，无损伤，无分层裂。

五、内部应清洁，无油垢杂物。

六、穿心螺栓应绝缘良好。

七、制造厂有特殊规定时，尚应符合制造厂的规定。

第 3.2.2 条 互感器器身检查时，尚应符合本规范第 2.4.2 条的有关规定。

第 3.2.3 条 110kV 及以上互感器应真空注油。

第三节 安 装

第 3.3.1 条 互感器安装时应进行下列检查：

一、互感器的变比分接头的位置和极性应符合规定。

二、二次接线板应完整，引线端子应连接牢固，绝缘良好，标志清晰。

三、油位指示器、瓷套法兰连接处、放油阀均应无渗油现象。

四、隔膜式储油柜的隔膜和金属膨胀器应完整无损，顶盖螺栓紧固。

第 3.3.2 条 油浸式互感器安装面应水平；并列安装的应排列整齐，同一组互感器的极性方向应一致。

第 3.3.3 条 具有等电位弹簧支点的母线贯穿式电流互感器，其所有弹簧支点应牢固，并与母线接触良好，母线应位于互感器中心。

第 3.3.4 条 具有吸湿器的互感器，其吸湿剂应干燥，油封油位正常。

第 3.3.5 条 互感器的呼吸孔的塞子带有垫片时，应将垫片取下。

第 3.3.6 条 电容式电压互感器必须根据产品成套供应的组件编号进行安装，不得互换。各组件连接处的接触面，应除去氧化层，并涂以电力复合脂；阻尼器装于室外时，应有防雨措施。

第 3.3.7 条 具有均压环的互感器，均压环应安装牢固、水平，且方向正确。具有保护间隙的，应按制造厂规定调好距离。

第 3.3.8 条　零序电流互感器的安装,不应使构架或其它导磁体与互感器铁芯直接接触,或与其构成分磁回路。

第 3.3.9 条　互感器的下列各部位应予良好接地:

一、分级绝缘的电压互感器,其一次绕组的接地引出端子,电容式电压互感器应按制造厂的规定执行。

二、电容型绝缘的电流互感器,其一次绕组末屏的引出端子、铁芯引出接地端子。

三、互感器的外壳。

四、备用的电流互感器的二次绕组端子应先短路后接地。

五、倒装式电流互感器二次绕组的金属导管。

第 3.3.10 条　互感器需补油时,应按制造厂规定进行。

第 3.3.11 条　运输中附加的防爆膜临时保护应予拆除。

第四节　工程交接验收

第 3.4.1 条　在验收时,应进行下列检查:

一、设备外观应完整无缺损。

二、油浸式互感器应无渗油,油位指示应正常。

三、保护间隙的距离应符合规定。

四、油漆应完整,相色应正确。

五、接地应良好。

第 3.4.2 条　在验收时,应移交下列资料和文件:

一、变更设计的证明文件。

二、制造厂提供的产品说明书、试验记录、合格证件及安装图纸等技术文件。

三、安装技术记录、器身检查记录、干燥记录。

四、试验报告。

附录一　新装电力变压器及油浸电抗器不需干燥的条件

一、带油运输的变压器及电抗器:

1. 绝缘油电气强度及微量水试验合格;

2. 绝缘电阻及吸收比(或极化指数)符合规定;

3. 介质损耗角正切值 tanδ(%)符合规定(电压等级在 35kV 以下及容量在 4000kVA 以下者,可不作要求)。

二、充气运输的变压器及电抗器:

1. 器身内压力在出厂至安装前均保持正压。

2. 残油中微量水不应大于 30ppm;电气强度试验在电压等级为 330kV 及以下者不低于 30kV,500kV 者不应低于 40kV。

3. 变压器及电抗器注入合格绝缘油后:

(1)绝缘油电气强度及微量水符合规定;

(2)绝缘电阻及吸收比(或极化指数)符合规定;

(3)介质损耗角正切值 tanδ(%)符合规定。

注:①上述绝缘电阻、吸收比(或极化指数)、tanδ(%)及绝缘油的电气强度及微量水试验应符合现行的国家标准《电气装置安装工程电气设备交接试验标准》的相应规定。

②当器身未能保持正压,而密封无明显破坏时,则应根据安装及试验记录全面分析作出综合判断,决定是否需要干燥。

三、采用绝缘件表面的含水量判断时,应符合本规范第 2.5.4 条的规定。

14　电气装置安装工程　母线装置施工及验收规范

(GBJ 149—90)

第一章　总　　则

第 1.0.1 条　为保证硬母线、软母线、绝缘子、金具、穿墙套管等母线装置的安装质量,促进安装技术的进步,确保设备安全运行,制订本规范。

第 1.0.2 条　本规范适用于 500kV 及以下母线装置安装工程的施工及验收。

第 1.0.3 条　母线装置的安装应按已批准的设计进行施工。

第 1.0.4 条　设备和器材的运输、保管,应符合本规范要求,当产品有特殊要求时,并应符合产品的要求。

第 1.0.5 条　设备及器材在安装前的保管,其保管期限应为一年及以下。当需长期保管时,应符合设备及器材保管的专门规定。

第 1.0.6 条　采用的设备和器材均应符合国家现行技术标准的规定,并应有合格证件。设备应有铭牌。

第 1.0.7 条　设备和器材到达现场后,应及时作下列验收检查:

一、包装及密封应良好。

二、开箱检查清点,规格应符合设计要求,附件、备件应齐全。

三、产品的技术文件应齐全。

四、按本规范要求作外观检查。

第1.0.8条 施工中的安全技术措施，应符合本规范和现行有关安全技术标准及产品的技术文件的规定。对重要工序，尚应事先制定安全技术措施。

第1.0.9条 与母线装置安装有关的建筑工程施工应符合下列要求：

一、与母线装置安装有关的建筑物、构筑物的工程质量应符合国家现行的建筑工程施工及验收规范中的有关规定；当设计及设备有特殊要求时，尚应符合其要求。

二、母线装置安装前，建筑工程应具备下列条件：

1. 基础、构架符合电气设备的设计要求；

2. 屋顶、楼板施工完毕，不得渗漏；

3. 室内地面基层施工完毕，并在墙上标出抹平标高；

4. 基础、构架达到允许安装的强度，焊接构件的质量符合要求，高层构架的走道板、栏杆、平台齐全牢固；

5. 有可能损坏已安装母线装置或安装后不能再进行的装饰工程全部结束；

6. 门窗安装完毕，施工用道路通畅；

7. 母线装置的预留孔、预埋铁件应符合设计的要求。

三、母线装置安装完毕投入运行前，建筑工程应

符合下列要求：

1. 预埋件、开孔、扩孔等修饰工程完毕；

2. 保护性网门、栏杆以及所有与受电部分隔绝的设施齐全；

3. 受电后无法进行的和影响运行安全的工作施工完毕；

4. 施工设施应拆除和场地应清理干净。

第1.0.10条 母线装置安装用的紧固件，除地脚螺栓外应采用符合国家标准的镀锌制品，户外使用的紧固件应用热镀锌制品。

第1.0.11条 绝缘子及穿墙套管的瓷件，应符合现行国家标准《高压绝缘子瓷件技术条件》和有关电瓷产品技术条件的规定。

第1.0.12条 母线装置的施工及验收除按本规范的规定执行外，尚应符合国家现行的有关标准规范的规定。

第二章　母 线 安 装

第一节　一 般 规 定

第2.1.1条 母线装置采用的设备和器材，在运输与保管中应采用防腐蚀性气体侵蚀及机械损伤的包装。

第2.1.2条 铜、铝母线、铝合金管母线当无出厂合格证件或资料不全时，以及对材质有怀疑时，应按表2.1.2的要求进行检验。

表2.1.2 　　　　　　　　　母线的机械性能和电阻率

母线名称	母线型号	最小抗拉强度（N/mm²）	最小伸长率（%）	20℃时最大电阻率（Ω·mm²/m）
铜母线	TMY	255	6	0.01777
铝母线	LMY	115	3	0.0290
铝合金管母线	$LF_{21}Y$	137	—	0.0373

第2.1.3条 母线表面应光洁平整，不应有裂纹、折皱、夹杂物及变形和扭曲现象。

第2.1.4条 成套供应的封闭母线、插接母线槽的各段应标志清晰，附件齐全，外壳无变形，内部无损伤。

螺栓固定的母线搭接面应平整，其镀银层不应有麻面、起皮及未覆盖部分。

第2.1.5条 各种金属构件的安装螺孔不应采用气焊割孔或电焊吹孔。

第2.1.6条 金属构件及母线的防腐处理应符合

下列要求：

一、金属构件除锈应彻底，防腐漆应涂刷均匀，粘合牢固，不得有起层、皱皮等缺陷；

二、母线涂漆应均匀，无起层、皱皮等缺陷；

三、在有盐雾、空气相对湿度接近100%及含腐蚀性气体的场所，室外金属构件应采用热镀锌；

四、在有盐雾及含有腐蚀性气体的场所，母线应涂防腐涂料。

第2.1.7条 支柱绝缘子底座、套管的法兰、保护网（罩）等不带电的金属构件应按现行国家标准

《电气装置安装工程接地装置施工及验收规范》的规定进行接地。接地线宜排列整齐，方向一致。

第2.1.8条　母线与母线，母线与分支线，母线与电器接线端子搭接时，其搭接面的处理应符合下列规定：

一、铜与铜：室外、高温且潮湿或对母线有腐蚀性气体的室内，必须搪锡，在干燥的室内可直接连接。

二、铝与铝：直接连接。

三、钢与钢：必须搪锡或镀锌，不得直接连接。

四、铜与铝：在干燥的室内，铜导体应搪锡，室外或空气相对湿度接近100%的室内，应采用铜铝过渡板，铜端应搪锡。

五、钢与铜或铝：钢搭接面必须搪锡。

六、封闭母线螺栓固定搭接面应镀银。

第2.1.9条　母线的相序排列，当设计无规定时应符合下列规定：

一、上、下布置的交流母线，由上到下排列为A、B、C相，直流母线正极在上，负极在下。

二、水平布置的交流母线，由盘后向盘面排列为A、B、C相，直流母线正极在后，负极在前。

三、引下线的交流母线由左至右排列为A、B、C相，直流母线正极在左，负极在右。

第2.1.10条　母线涂漆的颜色应符合下列规定：

一、三相交流母线：A相为黄色，B相为绿色，C相为红色，单相交流母线与引出相的颜色相同。

二、直流母线：正极为赭色，负极为蓝色。

三、直流均衡汇流母线及交流中性汇流母线：不接地者为紫色，接地者为紫色带黑色条纹。

四、封闭母线：母线外表面及外壳内表面涂无光泽黑漆，外壳外表面涂浅色漆。

第2.1.11条　母线刷相色漆应符合下列要求：

一、室外软母线、封闭母线应在两端和中间适当部位涂相色漆。

二、单片母线的所有面及多片、槽形、管形母线的所有可见面均应涂相色漆。

三、钢母线的所有表面应涂防腐相色漆。

四、刷漆应均匀，无起层、皱皮等缺陷，并应整齐一致。

第2.1.12条　母线在下列各处不应刷相色漆：

一、母线的螺栓连接及支持连接处、母线与电器的连接处以及距所有连接处10mm以内的地方。

二、供携带式接地线连接用的接触面上，不刷漆部分的长度应为母线的宽度或直径，且不应小于50mm，并在其两侧涂以宽度为10mm的黑色标志带。

第2.1.13条　母线安装时，室内、室外配电装置安全净距应符合表2.1.13-1、表2.1.13-2的规定。当电压值超过本级电压，其安全净距应采用高一级电压的安全净距规定值。

表2.1.13-1　　　　　　　　　室内配电装置的安全净距（mm）

符号	适用范围	图号	额定电压（kV）										
			0.4	1～3	6	10	15	20	35	60	110J	110	220J
A_1	1. 带电部分至接地部分之间 2. 网状和板状遮栏向上延伸线距地2.3m处与遮栏上方带电部分之间	2.1.13-1	20	75	100	125	150	180	300	550	850	950	1800
A_2	1. 不同相的带电部分之间 2. 断路器和隔离开关的断口两侧带电部分之间	2.1.13-1	20	75	100	125	150	180	300	550	900	1000	2000
B_1	1. 栅状遮栏至带电部分之间 2. 交叉的不同时停电检修的无遮栏带电部分之间	2.1.13-1 2.1.13-2	800	825	850	875	900	930	1050	1300	1600	1700	2550

续表

符号	适用范围	图号	额定电压（kV）										
			0.4	1～3	6	10	15	20	35	60	110J	110	220J
B_2	网状遮栏至带电部分之间	2.1.13－1 2.1.13－2	100	175	200	225	250	280	400	650	950	1050	1900
C	无遮栏裸导体至地（楼）面之间	2.1.13－1	2300	2375	2400	2425	2450	2480	2600	2850	3150	3250	4100
D	平行的不同时停电检修的无遮栏裸导体之间	2.1.13－1	1875	1875	1900	1925	1950	1980	2100	2350	2650	2750	3600
E	通向室外的出线套管至室外通道的路面	2.1.13－2	3650	4000	4000	4000	4000	4000	4000	4500	5000	5000	5500

注：①110J、220J系指中性点直接接地电网；

②网状遮栏至带电部分之间当为板状遮栏时，其B值可取A_1＋30mm；

③通向室外的出线套管至室外通道的路面，当出线套管外侧为室外配电装置时，其至室外地面的距离不应小于表2.1.13－2中所列室外部分之C值；

④海拔超过1000m时，A值应按图2.1.13－6修正；

⑤本表所列各值不适用于制造厂生产的成套配电装置。

表 2.1.13－2　　　　室外配电装置的安全净距（mm）

符号	适用范围	图号	额定电压（kV）									
			0.4	1～10	15～20	35	60	110J	110	220J	330J	500J
A_1	1. 带电部分至接地部分之间 2. 网状遮栏向上延伸距地面2.5m处遮栏上方带电部分之间	2.1.13－3 2.1.13－4 2.1.13－5	75	200	300	400	650	900	1000	1800	2500	3800
A_2	1. 不同相的带电部分之间 2. 断路器和隔离开关的断口两侧引线带电部分之间	2.1.13－3	75	200	300	400	650	1000	1100	2000	2800	4300
B_1	1. 设备运输时，其外廓至无遮栏带电部分之间 2. 交叉的不同时停电检修的无遮栏带电部分之间 3. 栅状遮栏至绝缘体和带电部分之间 4. 带电作业时的带电部分至接地部分之间	2.1.13－3 2.1.13－4 2.1.13－5	825	950	1050	1150	1400	1650	1750	2550	3250	4550
B_2	网状遮栏至带电部分之间	2.1.13－4	175	300	400	500	750	1000	1100	1900	2600	3900
C	1. 无遮栏裸导体至地面之间 2. 无遮栏裸导体至建筑物、构筑物顶部之间	2.1.13－4 2.1.13－5	2500	2700	2800	2900	3100	3400	3500	4300	5000	7500

符号	适用范围	图号	额定电压（kV）									
			0.4	1～10	15～20	35	60	110J	110	220J	330J	500J
D	1. 平行的不同时停电检修的无遮栏带电部分之间 2. 带电部分与建筑物、构筑物的边沿部分之间	2.1.13-3 2.1.13-4	2000	2200	2300	2400	2600	2900	3000	3800	4500	5800

注：①110J、220J、330J、500J 系指中性点直接接地电网；

②栅状遮栏至绝缘体和带电部分之间，对于 220kV 及以上电压，可按绝缘体电位的实际分布，采用相应的 B 值检验，此时允许栅状遮栏与绝缘体的距离小于 B_1 值。当无给定的分布电位时，可按线性分布计算。500kV 相间通道的安全净距，亦可用此原则；

③带电作业时的带电部分至接地部分之间（110J～500J），带电作业时，不同相或交叉的不同回路带电部分之间，其 B_1 值可取 A_2+750mm；

④500kV 的 A_1 值，双分裂软导线至接地部分之间可取 3500mm；

⑤海拔超过 1000m 时，A 值应按图 2.1.13-6 进行修正；

⑥本表所列各值不适用于制造厂生产的成套配电装置。

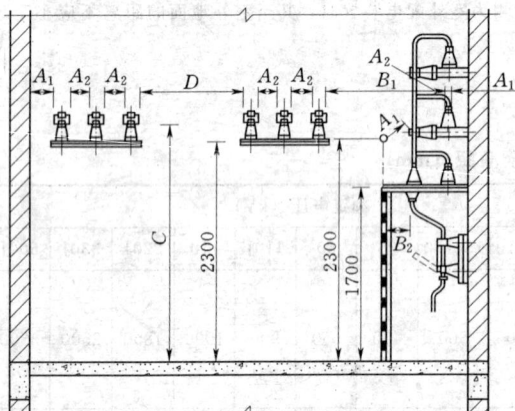

图 2.1.13-1　室内 A_1、A_2、B_1、B_2、C、D 值校验

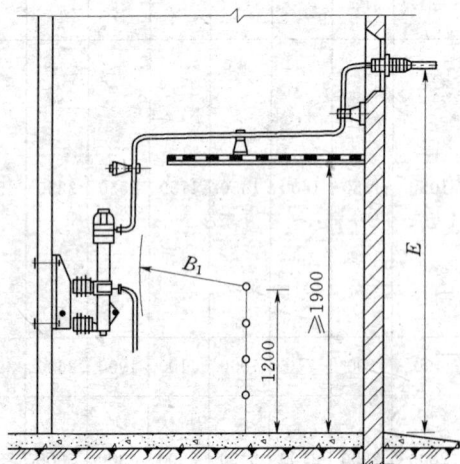

图 2.1.13-3　室外 A_1、A_2、B_1、D 值校验

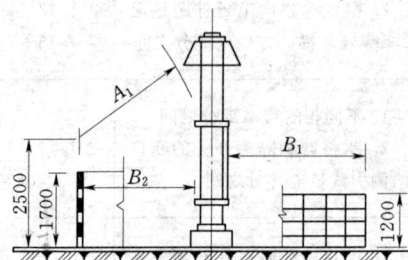

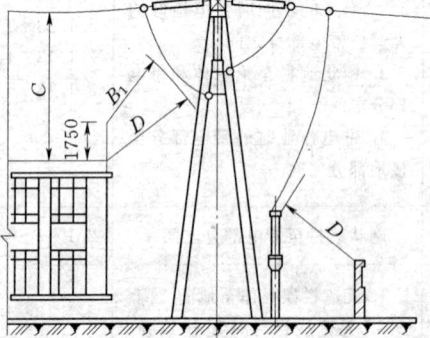

图 2.1.13-2　室内 B_1、E 值校验

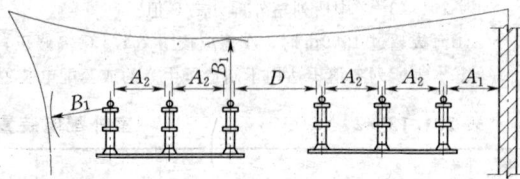

图 2.1.13-4　室外 A_1、B_1、B_2、C、D 值校验

图 2.1.13−5　室外 A_2、B_1、C 值校验

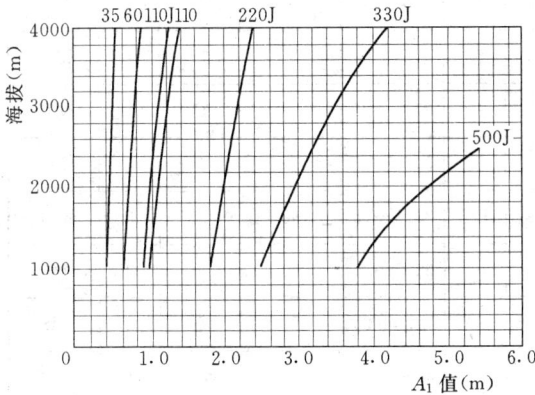

图 2.1.13−6　海拔大于 1000m 时，A 值的修正
（A_2 值和室内的 A_1、A_2 值可按本图之比例递增）

第二节　硬母线加工

第 2.2.1 条　母线应矫正平直，切断面应平整。

第 2.2.2 条　矩形母线的搭接连接，应符合表 2.2.2 的规定；当母线与设备接线端子连接时，应符合现行国家标准《变压器、高压电器和套管的接线端子》的要求。

第 2.2.3 条　相同布置的主母线、分支母线、引下线及设备连接线应对称一致，横平竖直，整齐美观。

第 2.2.4 条　矩形母线应进行冷弯，不得进行热弯。

第 2.2.5 条　母线弯制时应符合下列规定（图 2.2.5）：

一、母线开始弯曲处距最近绝缘子的母线支持夹板边缘不应大于 0.25L，但不得小于 50mm。

二、母线开始弯曲处距母线连接位置不应小于 50mm。

三、矩形母线应减少直角弯曲，弯曲处不得有裂纹及显著的折皱，母线的最小弯曲半径应符合表 2.2.5 的规定。

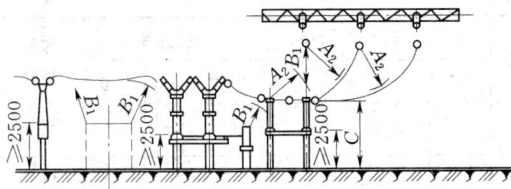

四、多片母线的弯曲度应一致。

表 2.2.2　　　　　　　　　　　　　**矩形母线搭接要求**

搭接形式	类别	序号	连接尺寸（mm）			钻孔要求		螺栓规格
			b_1	b_2	a	ϕ（mm）	个数	
	直线连接	1	125	125	b_1 或 b_2	21	4	M20
		2	100	100	b_1 或 b_2	17	4	M16
		3	80	80	b_1 或 b_2	13	4	M12
		4	63	63	b_1 或 b_2	11	4	M10
		5	50	50	b_1 或 b_2	9	4	M8
		6	45	45	b_1 或 b_2	9	4	M8
	直线连接	7	40	40	80	13	2	M12
		8	31.5	31.5	63	11	2	M10
		9	25	25	50	9	2	M8
	垂直连接	10	125	125		21	4	M20
		11	125	100～80		17	4	M16
		12	125	63		13	4	M12
		13	100	100～80		17	4	M16
		14	80	80～63		13	4	M12
		15	63	63～50		11	4	M10
		16	50	50		9	4	M8
		17	45	45		9	4	M8

搭接形式	类别	序号	连接尺寸（mm）			钻孔要求		螺栓规格
			b_1	b_2	a	ϕ (mm)	个数	
	垂直连接	18	125	50～40		17	2	M16
		19	100	63～40		17	2	M16
		20	80	63～40		17	2	M14
		21	63	50～40		13	2	M12
		22	50	45～40		11	2	M10
		23	63	31.5～25		11	2	M10
		24	50	31.5～25		9	2	M8
	垂直连接	25	125	31.5～25	60	11	2	M10
		26	100	31.5～25	50	9	2	M8
		27	80	31.5～25	50	9	2	M8
	垂直连接	28	40	40～31.5		13	1	M12
		29	40	25		11	1	M10
		30	31.5	31.5～25		11	1	M10
		31	25	22		9	1	M8

表 2.2.5　　　　　　　母线最小弯曲半径 (R) 值

母线种类	弯曲方式	母线断面尺寸（mm）	最小弯曲半径（mm）		
			铜	铝	钢
矩形母线	平弯	50×5 及其以下	$2a$	$2a$	$2a$
		125×10 及其以下	$2a$	$2.5a$	$2a$
	立弯	50×5 及其以下	$1b$	$1.5b$	$0.5b$
		125×10 及其以下	$1.5b$	$2b$	$1b$
棒形母线		直径为 16 及其以下	50	70	50
		直径为 30 及其以下	150	150	150

第 2.2.6 条　矩形母线采用螺栓固定搭接时，连接处距支柱绝缘子的支持夹板边缘不应小于 50mm；上片母线端头与下片母线平弯开始处的距离不应小于 50mm（图 2.2.6）。

第 2.2.7 条　母线扭转 90°时，其扭转部分的长度应为母线宽度的 2.5～5 倍（图 2.2.7）。

第 2.2.8 条　母线接头螺孔的直径宜大于螺栓直径 1mm；钻孔应垂直、不歪斜，螺孔间中心距离的误差应为 ±0.5mm。

第 2.2.9 条　母线的接触面加工必须平整、无氧化膜。经加工后其截面减少值：铜母线不应超过原截面的 3%；铝母线不应超过原截面的 5%。

具有镀银层的母线搭接面，不得任意锉磨。

第 2.2.10 条　铝合金管母线的加工制作应符合下列要求：

一、切断的管口应平整，且与轴线垂直。

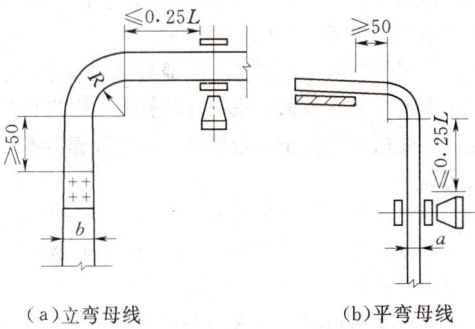

（a）立弯母线　　　　（b）平弯母线

图 2.2.5　硬母线的立弯与平弯

a—母线厚度；b—母线宽度；L—母线两支持点间的距离

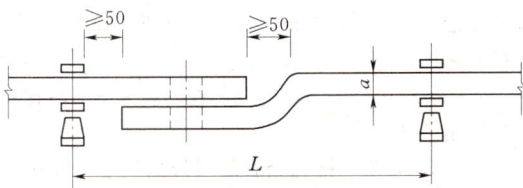

图 2.2.6　矩形母线搭接

L—母线两支持点之间的距离

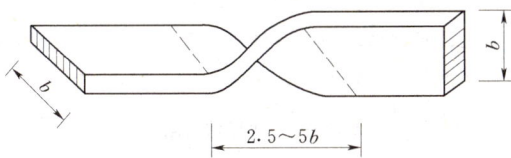

图 2.2.7　母线扭转 90°

b—母线的宽度

二、管子的坡口应用机械加工，坡口应光滑、均匀、无毛刺。

三、母线对接焊口距母线支持器夹板边缘距离不应小于 50mm。

四、按制造长度供应的铝合金管，其弯曲度不应超过表 2.2.10 的规定。

表 2.2.10　铝合金管允许弯曲度值

管子规格（mm）	单位长度（m）内的弯度（mm）	全长（L）内的弯度（mm）
直径为 150 以下冷拔管	<2.0	<2.0×L
直径为 150 以下热挤压管	<3.0	<3.0×L
直径为 150～250 热挤压管	<4.0	<4.0×L

注：L 为管子的制造长度（m）。

第三节　硬母线安装

第 2.3.1 条　硬母线的连接应采用焊接、贯穿螺栓连接或夹板及夹持螺栓搭接；管形和棒形母线应用专用线夹连接，严禁用内螺纹管接头或锡焊连接。

第 2.3.2 条　母线与母线或母线与电器接线端子的螺栓搭接面的安装，应符合下列要求：

一、母线接触面加工后必须保持清洁，并涂以电力复合脂。

二、母线平置时，贯穿螺栓应由下往上穿，其余情况下，螺母应置于维护侧，螺栓长度宜露出螺母 2～3 扣。

三、贯穿螺栓连接的母线两外侧均应有平垫圈，相邻螺栓垫圈间应有 3mm 以上的净距，螺母侧应装有弹簧垫圈或锁紧螺母。

四、螺栓受力应均匀，不应使电器的接线端子受到额外应力。

五、母线的接触面应连接紧密，连接螺栓应用力矩扳手紧固，其紧固力矩值应符合表 2.3.2 的规定。

表 2.3.2　钢制螺栓的紧固力矩值

螺栓规格（mm）	力矩值（N·m）
M8	8.8～10.8
M10	17.7～22.6
M12	31.4～39.2
M14	51.0～60.8
M16	78.5～98.1
M18	98.0～127.4
M20	156.9～196.2
M24	274.6～343.2

第 2.3.3 条　母线与螺杆形接线端子连接时，母线的孔径不应大于螺杆形接线端子直径 1mm。丝扣的氧化膜必须刷净，螺母接触面必须平整，螺母与母线间应加铜质搪锡平垫圈，并应有锁紧螺母，但不得加弹簧垫。

第 2.3.4 条　母线在支柱绝缘子上固定时应符合下列要求：

一、母线固定金具与支柱绝缘子间的固定应平整牢固，不应使其所支持的母线受到额外应力。

二、交流母线的固定金具或其它支持金具不应成闭合磁路。

三、当母线平置时，母线支持夹板的上部压板应与母线保持 1～1.5mm 的间隙，当母线立置时，上部压板应与母线保持 1.5～2mm 的间隙。

四、母线在支柱绝缘子上的固定死点，每一段应设置一个，并宜位于全长或两母线伸缩节中点。

五、管形母线安装在滑动式支持器上时，支持器的轴座与管母线之间应有 1～2mm 的间隙。

六、母线固定装置应无棱角和毛刺。

第 2.3.5 条　多片矩形母线间，应保持不小于母线厚度的间隙；相邻的间隔垫边缘间距离应大于 5mm。

第 2.3.6 条　母线伸缩节不得有裂纹、断股和折皱现象；其总截面不应小于母线截面的 1.2 倍。

第 2.3.7 条　终端或中间采用拉紧装置的车间低压母线的安装，当设计无规定时，应符合下列规定：

一、终端或中间拉紧固定支架宜装有调节螺栓的拉线，拉线的固定点应能承受拉线张力。

二、同一档距内，母线的各相弛度最大偏差应小于 10%。

第 2.3.8 条　母线长度超过 300～400m 而需换位时，换位不应小于一个循环。槽形母线换位段处可用矩形母线连接，换位段内各相母线的弯曲程度应对称一致。

第 2.3.9 条　插接母线槽的安装，尚应符合下列要求：

一、悬挂式母线槽的吊钩应有调整螺栓，固定点间距离不得大于 3m。

二、母线槽的端头应装封闭罩，引出线孔的盖子应完整。

三、各段母线槽的外壳的连接应是可拆的，外壳之间应有跨接线，并应接地可靠。

第 2.3.10 条　重型母线的安装尚应符合下列规定：

一、母线与设备连接处宜采用软连接，连接线的截面不应小于母线截面。

二、母线的紧固螺栓：铝母线宜用铝合金螺栓，铜母线宜用铜螺栓，紧固螺栓时应用力矩扳手。

三、在运行温度高的场所，母线不应有铜铝过渡接头。

四、母线在固定点的活动滚杆应无卡阻，部件的机械强度及绝缘电阻值应符合设计要求。

第 2.3.11 条　封闭母线的安装尚应符合下列规定：

一、支座必须安装牢固，母线应按分段图、相序、编号、方向和标志正确放置，每相外壳的纵向间隙应分配均匀。

二、母线与外壳间应同心，其误差不得超过

5mm，段与段连接时，两相邻段母线及外壳应对准，连接后不应使母线及外壳受到机械应力。

三、封闭母线不得用裸钢丝绳起吊和绑扎，母线不得任意堆放和在地面上拖拉，外壳上不得进行其它作业，外壳内和绝缘子必须擦拭干净，外壳内不得有遗留物。

四、橡胶伸缩套的连接头、穿墙处的连接法兰、外壳与底座之间、外壳各连接部位的螺栓应采用力矩扳手紧固，各接合面应密封良好。

五、外壳的相间短路板应位置正确，连接良好，相间支撑板应安装牢固，分段绝缘的外壳应作好绝缘措施。

六、母线焊接应在封闭母线各段全部就位并调整误差合格，绝缘子、盘形绝缘子和电流互感器经试验合格后进行。

七、呈微正压的封闭母线，在安装完毕后检查其密封性应良好。

第 2.3.12 条　铝合金管形母线的安装，尚应符合下列规定：

一、管形母线应采用多点吊装，不得伤及母线。

二、母线终端应有防晕装置，其表面应光滑、无毛刺或凹凸不平。

三、同相管段轴线应处于一个垂直面上，三相母线管段轴线应互相平行。

第四节　硬母线焊接

第 2.4.1 条　母线焊接所用的焊条、焊丝应符合现行国家标准；其表面应无氧化膜、水分和油污等杂物。

第 2.4.2 条　铝及铝合金的管形母线、槽形母线、封闭母线及重型母线应采用氩弧焊。

第 2.4.3 条　焊接前应将母线坡口两侧表面各 50mm 范围内清刷干净，不得有氧化膜、水分和油污；坡口加工面应无毛刺和飞边。

第 2.4.4 条　焊接前对口应平直，其弯折偏移不应大于 0.2%（图 2.4.4-1）；中心线偏移不应大于 0.5mm（图 2.4.4-2）。

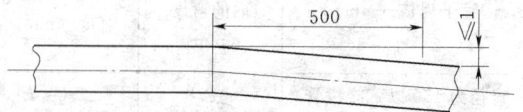

图 2.4.4-1　对口允许弯折偏移

第 2.4.5 条　每个焊缝应一次焊完，除瞬间断弧外不得停焊；母线焊完未冷却前，不得移动或受力。

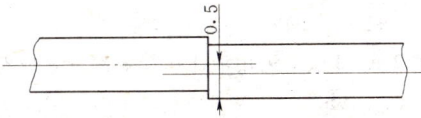

图 2.4.4-2　对口中心线允许偏移

第 2.4.6 条　母线对接焊缝的上部应有 2～4mm 的加强高度；330kV 及以上电压的硬母线焊缝应呈圆弧形，不应有毛刺、凹凸不平之处；引下线母线采用搭接焊时，焊缝的长度不应小于母线宽度的两倍；角焊缝的加强高度应为 4mm。

第 2.4.7 条　铝及铝合金硬母线对焊时，焊口尺寸应符合表 2.4.7 的规定；管形母线的补强衬管的纵向轴线应位于焊口中央，衬管与管母线的间隙应小于 0.5mm（图 2.4.7）。

表 2.4.7　　　　　　　　　　　　对口焊焊口尺寸（mm）

母线类别	焊口形式	母线厚度 a	间隙 c	钝边厚度 b	坡口角度 α（°）
矩形母线		<5	<2		
		5	1～2	1.5	65～75
		6.3～12.5	2～4	1.5～2	65～75
管形母线		3～6.3	1.5～2	1	60～65
		6.3～10	2～3	1.5	60～75
		10～20	3～5	2～3	65～75

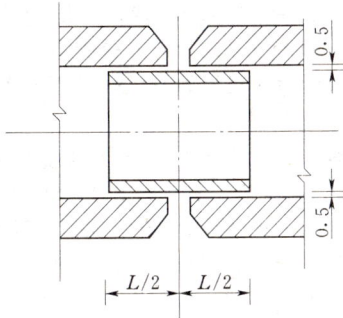

图 2.4.7　衬管位置图

L—衬管长度

第 2.4.8 条　母线对接焊缝的部位应符合下列规定：

一、离支持绝缘子母线夹板边缘不应小于 50mm。

二、母线宜减少对接焊缝。

三、同相母线不同片上的对接焊缝，其错开位置不应小于 50mm。

第 2.4.9 条　母线施焊前，焊工必须经过考试合格，并应符合下列要求：

一、考试用试样的焊接材料、接头型式、焊接位置、工艺等应与实际施工时相同。

二、在其所焊试样中，管形母线取二件，其它母线取一件，按下列项目进行检验，当其中有一项不合格时，应加倍取样重复试验，如仍不合格时，则认为考试不合格：

1. 表面及断口检验：焊缝表面不应有凹陷、裂纹、未熔合、未焊透等缺陷；

2. 焊缝应采用 X 光无损探伤，其质量检验应按有关标准的规定；

3. 焊缝抗拉强度试验：铝及铝合金母线，其焊接接头的平均最小抗拉强度不得低于原材料的 75%；

4. 直流电阻测定：焊缝直流电阻应不大于同截面、同长度的原金属的电阻值。

第 2.4.10 条　母线焊接后的检验标准应符合下列要求：

一、焊接接头的对口、焊缝应符合本规范有关规定。

二、焊接接头表面应无肉眼可见的裂纹、凹陷、缺肉、未焊透、气孔、夹渣等缺陷。

三、咬边深度不得超过母线厚度（管形母线为壁厚）的 10%，且其总长度不得超过焊缝总长度的 20%。

第五节　软母线架设

第 2.5.1 条　软母线不得有扭结、松股、断股、其它明显的损伤或严重腐蚀等缺陷；扩径导线不得有明显凹陷和变形。

第 2.5.2 条　采用的金具除应有质量合格证外，尚应进行下列检查：

一、规格应相符，零件配套齐全。

二、表面应光滑，无裂纹、伤痕、砂眼、锈蚀、滑扣等缺陷，层不应剥落。

三、线夹船形压板与导线接触面应光滑平整，悬垂线夹的转动部分应灵活。

四、330kV 及以上电压级用的金具表面必须光洁、无毛刺和凸凹不平之处。

第 2.5.3 条　软母线与金具的规格和间隙必须匹配，并应符合现行国家标准。

第 2.5.4 条　软母线与线夹连接应采用液压压接或螺栓连接。

第 2.5.5 条　软母线和组合导线在档距内不得有连接接头，并应采用专用线夹在跳线上连接；软母线经螺栓耐张线夹引至设备时不得切断，应成为一整体。

第 2.5.6 条　放线过程中，导线不得与地面摩擦，并应对导线严格检查。当导线有下列情况之一者，不得使用：

一、导线有扭结、断股和明显松股者。

二、同一截面处损伤面积超过导电部分总截面的 5%。

第 2.5.7 条　新型导线应经试放，确定安装方法和制定措施后，方可全面施工。

第 2.5.8 条　切断导线时，端头应加绑扎；端面应整齐、无毛刺，并与线股轴线垂直。压接导线前需要切割铝线时，严禁伤及钢芯。

第 2.5.9 条　当软母线采用钢制各种螺栓型耐张线夹或悬垂线夹连接时，必须缠绕铝包带，其绕向应与外层铝股的旋向一致，两端露出线夹口不应超过 10mm，且其端口应回到线夹内压住。

第 2.5.10 条　当软母线采用压接型线夹连接时，导线的端头伸入耐张线夹或设备线夹的长度应达到规定的长度。

第 2.5.11 条　软导线和各种连接线夹连接时，尚应符合下列规定：

一、导线及线夹接触面均应清除氧化膜，并用汽油或丙酮清洗，清洗长度不应少于连接长度的 1.2 倍，导电接触面应涂以电力复合脂。

二、软导线线夹与电器接线端子或硬母线连接时，应按本规范第 2.2.2 条和第 2.3.2 条的有关规定执行。

第 2.5.12 条　液压压接前应先进行试压，合格后方可进行施工压接。试件应符合下列规定：

一、耐张线夹，每种导线取试件两件。

二、设备线夹、T 型线夹、跳线线夹每种导线取试件一件。

三、试压结果应符合规定。

第 2.5.13 条　采用液压压接导线时，应符合下列规定：

一、压接用的钢模必须与被压管配套，液压钳应与钢模匹配。

二、扩径导线与耐张线夹压接时，应用相应的衬料将扩径导线中心的空隙填满。

三、压接时必须保持线夹的正确位置，不得歪斜，相邻两模间重叠不应小于 5mm。

四、接续管压接后，其弯曲度不宜大于接续管全长的 2%。

五、压接后不应使接续管口附近导线有隆起和松股，接续管表面应光滑、无裂纹，330kV 及以上电压的接续管应倒棱、去毛刺。

六、外露钢管的表面及压接管口应刷防锈漆。

七、压接后六角形对边尺寸应为 0.866D，当有任何一个对边尺寸超过 0.866D+0.2mm 时应更换钢模（D 为接续管外径）。

八、液压压接工艺应符合国家现行标准《架空送电线路导线及避雷线液压施工工艺规程》（试行）的有关规定。

第 2.5.14 条　螺栓连接线夹应用力矩扳手紧固。

第 2.5.15 条　使用滑轮放线或紧线时，滑轮的直径不应小于导线直径的 16 倍；滑轮应转动灵活；轮槽尺寸应与导线匹配。

第 2.5.16 条　母线弛度应符合设计要求，其允许误差为 +5%、-2.5%，同一档距内三相母线的弛度应一致，相同布置的分支线，宜有同样的弯度和弛度。

第 2.5.17 条　扩径导线的弯曲度，不应小于导线外径的 30 倍。

第 2.5.18 条　线夹螺栓必须均匀拧紧，紧固 U 型螺丝时，应使两端均衡，不得歪斜；螺栓长度除可调金具外，宜露出螺母 2～3 扣。

第 2.5.19 条　母线跳线和引下线安装后，应呈似悬链状自然下垂；其与构架及线间的距离不得小于本规范表 2.1.13-2 的规定。

第 2.5.20 条　软母线与电器接线端子连接时，不应使电器接线端子受到超过允许的外加应力。

第 2.5.21 条　具有可调金具的母线，在导线安装调整完毕之后，必须将可调金具的调节螺母锁紧。

第 2.5.22 条　安装组合导线时，尚应符合下列规定：

一、组合导线的圆环、固定用线夹以及所使用的各种金具必须齐全，圆环及固定线夹在导线上的固定位置应符合设计要求，其距离误差不得超过±3%，安装应牢固，并与导线垂直。

二、载流导线与承重钢索组合后，其弛度应一致，导线与终端固定金具的连接应符合本章第三节中的有关规定。

第三章 绝缘子与穿墙套管

第3.0.1条 绝缘子与穿墙套管安装前应进行检查，瓷件、法兰应完整无裂纹，胶合处填料完整，结合牢固。

第3.0.2条 绝缘子与穿墙套管安装前应按现行国家标准《电气装置安装工程电气设备交接试验标准》的规定试验合格。

第3.0.3条 安装在同一平面或垂直面上的支柱绝缘子或穿墙套管的顶面，应位于同一平面上；其中心线位置应符合设计要求。

母线直线段的支柱绝缘子的安装中心线应在同一直线上。

第3.0.4条 支柱绝缘子和穿墙套管安装时，其底座或法兰盘不得埋入混凝土或抹灰层内。

支柱绝缘子叠装时，中心线应一致，固定应牢固；紧固件应齐全。

第3.0.5条 三角锥形组合支柱绝缘子的安装，除应符合本规范有关规定外，并应符合产品的技术要求。

第3.0.6条 无底座和顶帽的内胶装式的低压支柱绝缘子与金属固定件的接触面之间应垫以厚度不小于1.5mm的橡胶或石棉纸等缓冲垫圈。

第3.0.7条 悬式绝缘子串的安装应符合下列要求：

一、除设计原因外，悬式绝缘子串应与地面垂直，当受条件限制不能满足要求时，可有不超过5°的倾斜角。

二、多串绝缘子并联时，每串所受的张力应均匀。

三、绝缘子串组合时，联结金具的螺栓、销钉及锁紧销等必须符合现行国家标准，且应完整，其穿向应一致，耐张绝缘子串的碗口应向上，绝缘子串的球头挂环、碗头挂板及锁紧销等应互相匹配。

四、弹簧销应有足够弹性，闭口销必须分开，并不得有折断或裂纹，严禁用线材代替。

五、均压环、屏蔽环等保护金具应安装牢固，位置应正确。

六、绝缘子串吊装前应清擦干净。

第3.0.8条 穿墙套管的安装应符合下列要求：

一、安装穿墙套管的孔径应比嵌入部分大5mm

以上，混凝土安装板的最大厚度不得超过50mm。

二、额定电流在1500A及以上的穿墙套管直接固定在钢板上时，套管周围不应成闭合磁路。

三、穿墙套管垂直安装时，法兰应向上，水平安装时，法兰应在外。

四、600A及以上母线穿墙套管端部的金属夹板（紧固件除外）应采用非磁性材料，其与母线之间应有金属相连，接触应稳固，金属夹板厚度不应小于3mm，当母线为两片及以上时，母线本身间应予固定。

五、充油套管水平安装时，其储油柜及取油样管路应无渗漏，油位指示清晰，注油和取样阀位置应装设于巡回监视侧，注入套管内的油必须合格。

六、套管接地端子及不用的电压抽取端子应可靠接地。

第四章 工程交接验收

第4.0.1条 在验收时，应进行下列检查：

一、金属构件加工、配制、螺栓连接、焊接等应符合国家现行标准的有关规定。

二、所有螺栓、垫圈、闭口销、锁紧销、弹簧垫圈、锁紧螺母等应齐全、可靠。

三、母线配制及安装架设应符合设计规定，且连接正确、螺栓紧固，接触可靠；相间及对地电气距离符合要求。

四、瓷件应完整、清洁；铁件和瓷件胶合处均应完整无损，充油套管应无渗油，油位应正常。

五、油漆应完好；相色正确；接地良好。

第4.0.2条 在验收时，应提交下列资料和文件：

一、设计变更部分的实际施工图。

二、设计变更的证明文件。

三、制造厂提供的产品说明书、试验记录、合格证件、安装图纸等技术文件。

四、安装技术记录。

五、电气试验记录。

六、备品备件清单。

15 架空绝缘配电线路施工及验收规程

(DL/T 602—1996)

1 范围

本标准规定了架空绝缘配电线路器材检验、施工技术要求、工程验收规则。

本规程适用于新建和改建的额定电压 6～10kV（中压）和额定电压 1kV 及以下（低压）架空绝缘配电线路的施工及验收。

2　引用标准

略。

3　器材检验

3.1　一般要求

3.1.1　器材应符合现行国家标准，无国家标准时，应符合现行行业标准，无正式标准的新型器材，须经有关部门鉴定合格后方可采用。

3.1.2　器材须有出厂试验报告、产品合格证。

3.1.3　器材须进行下列检查，且符合：

　　a）外观检查无损坏或变形；

　　b）型号、规格正确；

　　c）技术文件齐全。

3.1.4　发现器材有下列情况之一者，应重做试验：

　　a）超过规定保管期限；

　　b）损伤或变形；

　　c）对产品质量有怀疑。

3.2　架空绝缘线（或称架空绝缘电缆）

3.2.1　中压架空绝缘线必须符合 GB 14049 的规定。

3.2.2　低压架空绝缘线必须符合 GB 12527 的规定。

3.2.3　安装导线前，应先进行外观检查，且符合下列要求：

　　a）导体紧压，无腐蚀；

　　b）绝缘线端部应有密封措施；

　　c）绝缘层紧密挤包，表面平整圆滑，色泽均匀，无尖角、颗粒，无烧焦痕迹。

3.3　金具及绝缘部件

3.3.1　低压金具及绝缘部件应符合 DL/T 464.1～5 的规定。

3.3.2　安装金具前，应进行外观检查，且符合下列要求：

　　a）表面光洁，无裂纹、毛刺、飞边、砂眼、气泡等缺陷；

　　b）线夹转动灵活，与导线接触的表面光洁，螺杆与螺母配合紧密适当；

　　c）镀锌良好，无剥落、锈蚀。

3.3.3　绝缘管、绝缘包带应表面平整，色泽均匀。

3.3.4　绝缘支架，绝缘护罩应色泽均匀，平整光滑，无裂纹，无毛刺、锐边关合紧密。

3.4　绝缘子

3.4.1　绝缘子应符合 GB 772 的规定。

3.4.2　安装绝缘子前应进行外观检查，且符合下列要求：

　　a）瓷绝缘子与铁绝缘子结合紧密；

　　b）铁绝缘子镀锌良好，螺杆与螺母配合紧密；

　　c）瓷绝缘子轴光滑，无裂纹、缺釉、斑点、烧痕和气泡等缺陷。

3.5　钢筋混凝土电杆

3.5.1　普通钢筋混凝土电杆应符合 GB 396 的规定，预应力钢筋混凝土电杆应符合 GB 4623 的规定。

3.5.2　安装钢筋混凝土电杆前应进行外观检查，且符合下列要求：

　　a）表面光洁平整，壁厚均匀，无偏心、露筋、跑浆、蜂窝等现象；

　　b）预应力混凝土电杆及构件不得有纵向、横向裂缝；

　　c）普通钢筋混凝土电杆及细长预制构件不得有纵向裂缝，横向裂缝宽度不应超过 0.1mm，长度不超过 1/3 周长；

　　d）杆身弯曲不超过 2/1000。

3.6　混凝土预制构件

混凝土预制构件表面不应有蜂窝、露筋和裂缝等缺陷，强度应满足设计要求。

3.7　拉线

3.7.1　拉线应符合 GB 1200 的规定。

3.7.2　安装拉线前应进行外观检查，且符合下列规定：

　　a）镀锌良好，无锈蚀；

　　b）无松股、交叉、折叠、断股及破损等缺陷。

3.8　电气设备

3.8.1　电气设备必须符合相应的产品标准规定及产品使用要求。

3.8.2　安装电气设备前应进行外观检查，且符合下列要求：

　　a）外表整齐，内外清洁无杂物；

　　b）操作机构灵活无卡位；

　　c）通、断动作应快速、准确、可靠；

　　d）辅助触点通断准确、可靠；

　　e）仪表与互感器变比及接线、极性正确；

　　f）紧固螺母拧紧，元件安装正确、牢固可靠；

　　g）母线、电路连接紧固良好，并且套有绝缘管；

　　h）保护元件整定正确；

　　i）随机元件及附件齐全。

4　电杆基坑

4.1　基坑施工前的定位应符合下列规定：

a) 直线杆：顺线路方向位移不应超过设计档距的 5%，垂直线路方向不应超过 50mm；

b) 转角杆：位移不应超过 50mm。

4.2 基坑底使用底盘时，坑底表面应保持水平，底盘安装尺寸误差应符合下列规定：

a) 双杆两底盘中心的根开误差不应超过 30mm；

b) 双杆的两杆坑深度差不应超过 20mm。

4.3 在设计未作规定时电杆埋设深度应符合表1。

表 1　　　　电杆埋设深度表　　　　m

杆长	8.0	9.0	10.0	11.0	12.0	13.0	15.0	18.0
埋深	1.5	1.6	1.7	1.8	1.9	2.0	2.3	2.6～3.0

遇有土松软、流沙、地下水位较高等情况时，应做特殊处理。

4.4 变压器台的电杆在设计未作规定时，其埋设深度不应小于 2.0m。

4.5 电杆基础采用卡盘时，应符合下列规定：

a) 卡盘上口距地面不应小于 0.5m；

b) 直线杆：卡盘应与线路平行并应在线路电杆左、右侧交替埋设；

c) 承力杆：卡盘埋设在承力侧。

4.6 电杆组立后，回填土时应将土块打碎，每回填 500mm 应夯实一次。

4.7 回填土后的电杆坑应有防沉土台，其埋设高度应超出地面 300mm。沥青路面或砌有水泥花砖的路面不留防沉土台。

4.8 采用抱杆立杆，电杆坑留有滑坡时，滑坡长度不应小于坑深，滑坡回填土时必须夯实，并留有防沉土台。

4.9 现场浇筑基础

杆塔和拉线基础中的钢筋混凝土工程施工及验收，除应遵守本标准的规定外，并应符合我国有关国家标准的规定。

4.10 基础钢筋焊接应符合我国有关国家标准的规定。

4.11 不同品种的水泥可在同一基础中使用，但不应在同一个基础腿中混合使用。出现此类情况时，应分别制作试块并作记录。

4.12 当等高腿转角、终端塔设计要求采取预偏措施时，其基础的四个基腿顶面应按预偏值，抹成斜平面，并应共在一个整斜平面内。

4.13 浇筑混凝土的模板宜采用钢模板，其表面应平整且接缝严密。支模时应符合基础设计尺寸的规定。混凝土浇筑前模板表面应涂脱模剂，拆除后应立即将表面残留的水泥、砂浆等清除干净。当不用模板进行

混凝土浇筑时，应采取防止泥土等杂物混入混凝土中的措施。

4.14 浇筑基础中的地脚螺栓及预埋件应安装牢固。安装前应除去浮锈，并将螺纹部分加以保护。

4.15 主角钢插入式基础的主角钢应连同铁塔最下段结构组装找正，并应加以临时固定，在浇筑中应随时检查其位置。

4.16 基础施工中，混凝土的配合比设计应根据砂、石、水泥等原材料及现场施工条件，按有关国家标准的规定，通过计算和试配确定，并应有适当的强度储备。储备强度值应按施工单位的混凝土强度标准差的历史水平确定。

4.17 现场浇筑混凝土采用人工搅拌时，应先将水泥、黄砂、石子搅拌数次后，再加水搅拌均匀。浇筑混凝土时，每隔 300mm 厚度捣固一次，以保证浇筑质量。

4.18 混凝土浇筑质量检查应符合下列规定：

a) 塌落度每班日检查 1～2 次；

b) 混凝土的强度检查，每项工程试块取 1～2 组，当原材料变化、配比变更时应另外制作。

4.19 现场浇筑基础混凝土的养护应符合下列规定。

4.19.1 浇筑后应在 12h 内开始浇水养护，当天气炎热、干燥有风时，应在 3h 内进行浇水养护，养护时应在基础模板外加遮盖物，浇水次数应能保持混凝土表面始终湿润。

4.19.2 混凝土浇水养护日期，对普通硅酸盐和矿渣硅酸盐水泥拌制的混凝土不得少于 5d，当使用其他品种水泥时，其养护日期应符合有关国家标准的规定。

4.19.3 基础拆模经表面检查合格后应立即回填土，并应对基础外露部分加遮盖物，按规定期限继续浇水养护，养护时应使遮盖物及基础周围的土始终保持湿润。

4.19.4 采用养护剂养护时，应在拆模并经表面检查合格后立即涂刷，涂刷后不再浇水。

4.19.5 日平均气温低于 5℃ 时不得浇水养护。

4.20 基础拆模时，应保证混凝土表面及棱角不损坏，且强度不应低于 2.5MPa。

4.21 浇筑铁塔基础腿尺寸的允许偏差应符合下列规定：

a) 保护层厚度：−5mm；

b) 立柱及各底座断面尺寸：−1%；

c) 同组地脚螺栓中心对立柱中心偏移：10mm。

4.22 浇筑拉线基础的允许偏差应符合下列规定：

a) 基础尺寸偏差：断面尺寸，−1%；拉环中心

与设计位置的偏移：20mm；

b) 基础位置偏差：拉环中心在拉线方向前、后、左、右与设计位置的偏差：1‰L，L为拉环中心至杆塔拉线固定点的水平距离。

4.23 整基铁塔基础在回填夯实后尺寸允许偏差见表2。

4.24 对混凝土表面缺陷的修整应符合有关国家标准的规定。

4.25 现场浇筑基础混凝土的冬季施工应符合有关国家标准的规定。

5　杆塔组装

5.1 混凝土电杆及预制构件在装卸运输中严禁互相碰撞、急剧坠落和不正确的支吊，以防止产生裂缝或使原有裂缝扩大。

5.2 运至桩位的杆段及预制构件，放置于地平面检查，当端头的混凝土局部碰损时应进行补修。

5.3 电杆起立前顶端应封堵良好。设计无要求时，下端可不封堵。

5.4 钢圈连接的钢筋混凝土电杆，焊接时应符合下列规定：

a) 应由经过焊接专业培训并经考试合格的焊工操作，焊完后的电杆经自检合格后，在规定位打上焊工的代号钢印。

b) 钢圈焊口上的油脂、铁锈、泥垢等物应清除干净。

c) 应按钢圈对齐找正，中间留2～5mm的焊口缝隙。如钢圈有偏心，其错口不应大于2mm。

表 2　　　　　整基基础尺寸施工允许偏差　　　　　　　　　　mm

项　　　　目		地脚螺栓式		主角钢插入式		高塔基础
		直线	转角	直线	转角	
整基基础中心与中心桩间的位移	横线路方向	30	30	30	30	30
	顺线路方向		30		30	
基础根开及对角线尺寸		±2‰		±1‰		±0.7‰
基础顶面或主角钢操平印记间相对高差		5		5		5

注　1. 转角塔基础的横线路方向是指内角平分线方向；顺线路方向是指转角平分线方向。

　　2. 基础根开及对角线是指同组地脚螺栓中心之间或塔腿主角钢准线间的水平距离。

　　3. 相对高差是指抹面后的相对高差。转角塔及终端塔有预偏时，基础顶面相对高差不受5mm的限制。

　　4. 高低腿基础顶面标高差是指与设计标高之比。

d) 焊口符合要求后，先点焊3～4处，然后对称交叉施焊。点焊所用焊条应与正式焊接用的焊条相同。

e) 钢圈厚度大于6mm时，应采用V型坡口多层焊接，焊接中应特别注意焊缝接头和收口的质量。多层焊缝的接头应错开，收口时应将熔池填满。焊缝中严禁堵塞焊条或其他金属。

f) 焊缝应有一定的加强面，其最小高度和宽度见表3。

g) 焊缝表面应以平滑的细鳞形与基本金属平缓连接，无折皱、间断、漏焊及未焊满的陷槽，并不应有裂纹。基本金属的咬边深度不应大于0.5mm，当钢材厚度超过10mm时，不应大于1.0mm，仅允许有个别表面气孔。

h) 雨、雪、大风时应采取妥善措施后，方可施焊。施焊中杆内不应有穿堂风。当气温低于－20℃，应采取预热措施，预热温度为100～120℃，焊后应使温度缓慢下降。

表 3　　焊缝加强面的最小高度和宽度　　mm

焊缝加强面尺寸	钢圈厚度δ	
	<10	10～20
高度c	1.5～2.5	2～3
宽度e	1～2	2～3
示意图		

i) 焊完后的电杆其分段弯曲度及整杆弯曲度不得超过对应长度的2/1000，超过时，应割断重新焊接。

5.5 当采用气焊时，还应符合下列规定：

a) 钢圈的宽度，一般不应小于140mm；

b) 尽量减少加热时间，并采取必要降温措施。

焊接后，钢圈与水泥粘接处附近的水泥产生宽度大于 0.05mm 纵向裂缝，应用环氧树脂补修膏涂刷；

　　c）电石产生的乙炔气体，应经过滤；

　　d）氧气纯度应在 98.5％ 以上。

5.6　电杆的钢圈焊接头应按设计要求进行防腐处理。设计无规定时，可将钢圈表面铁锈和焊缝的焊渣与氧化层除净，先涂刷一层红樟丹，干燥后再涂刷一层防锈漆处理。

5.7　铁塔基础符合下列规定时方可组立铁塔。

5.7.1　经中间检查验收合格。

5.7.2　混凝土的强度符合下列规定：

　　a）分解组塔时为设计强度的 70％；

　　b）整体立塔时为设计强度的 100％，遇特殊情况，当立塔操作采取有效防止影响混凝土强度的措施时，可在混凝土强度不低于设计强度 70％ 时整体立塔。

5.8　自立式转角塔、终端塔应组立在倾斜平面的基础上，向受力反方向产生预倾斜，倾斜值应视塔的刚度及受力大小由设计确定。架线挠曲后，塔顶端仍不应超过铅垂线而偏向受力侧。当架线后塔的挠曲超过设计规定时，应会同设计单位处理。

5.9　拉线转角杆、终端杆、导线不对称布置的拉线直线单杆，在架线后拉线点处不应向受力侧倾倒。向反受力侧（轻载侧）的偏斜不应超过拉线点高的 3％。

5.10　塔材的弯曲度应符合 GB 2694 的规定。对运至桩位的个别角钢当弯曲度超过长度的 2‰ 时，可采用冷矫正，但不得出现裂纹。

5.11　铁塔组立后，各相邻节点间主材弯曲不得超过 1/750。

5.12　铁塔组立后，塔脚板应与基础面接触良好，有空隙时应垫铁片，并应灌筑水泥砂浆。直线型塔经检查合格后可随即浇筑保护帽。耐张型塔应在架线后浇筑保护帽。保护帽的混凝土应与塔脚板上部铁板接合严密，且不得有裂缝。

5.13　电杆立好后，应符合下列规定：

5.13.1　直线杆的横向位移不应大于 50mm；电杆的倾斜不应使杆梢的位移大于杆梢直径的 1/2；

5.13.2　转角杆应向外角预偏，紧线后不应向内角倾斜，向外角的倾斜不应使杆梢位移大于杆梢直径；

5.13.3　终端杆应向拉线侧预偏，紧线后不应向拉线反方向倾斜，拉线侧倾斜不应使杆梢位移大于杆梢直径；

5.14　双杆立好后应正直，位置偏差不应超过下列规定数值：

　　a）双杆中心与中心桩之间的横向位移：50mm；

　　b）迈步：30mm；

　　c）两杆高低差：20mm；

　　d）根开：±30mm。

5.15　线路横担的安装：直线杆单横担应装于受电侧；90°转角杆及终端杆当采用单横担时，应装于拉线侧。

5.16　杆塔部件组装有困难时应查明原因，严禁强行组装。个别螺孔需扩孔时，应采用冷扩，扩孔部分不应超过 3mm。

5.17　横担安装应平整，安装偏差不应超过下列规定数值：

　　a）横担端部上下歪斜：20mm；

　　b）横担端部左右扭斜：20mm。

5.18　带叉梁的双杆组立后，杆身和叉梁均不应有鼓肚现象。叉梁铁板、抱箍与主杆的连接牢固、局部间隙不应大于 50mm。

5.19　导线为●●平排列时，上层横担距杆顶距离不宜小于 200mm。

5.20　以螺栓连接的构件应符合下列规定：

　　a）螺杆应与构件面垂直，螺头平面与构件间不应有空隙；

　　b）螺栓紧好后，螺杆丝扣露出的长度：单螺母不应小于 2 扣，双螺母可平扣；

　　c）必须加垫圈者，每端垫圈不应超过 2 个。

5.21　螺栓的穿入方向应符合下列规定。

5.21.1　立体结构：

　　a）水平方向者由内向外；

　　b）垂直方向者由下向上。

5.21.2　平面结构：

　　a）顺线路方向者，双面构件由内向外，单面构件由送电侧向受电侧或按统一方向；

　　b）横线路方向者，两侧由内向外，中间由左向右（面向受电侧）或统一方向；

　　c）垂直方向者，由下而上。

5.22　绝缘子安装应符合下列规定。

5.22.1　安装牢固，连接可靠。

5.22.2　安装时应清除表面灰垢、泥沙等附着物及不应有的涂料。

5.22.3　悬式绝缘子安装，尚应遵守下列规定：

　　a）安装后防止积水；

　　b）开口销应开口至 60°～90°，开口后的销子不应有折断、裂痕等现象，不应用线材或其他材料代替开口销子；

　　c）金具上所使用的闭口销的直径必须与孔径配

合，且弹力适度；

　　d）与电杆、导线金属连接处，不应有卡压现象。

5.23　同杆架设的多回路线路，横担间的最小垂直距离见表4。

表4　同杆架设多回路线路横担间的
　　　　　　最小垂直距离　　　　　　m

架设方式	直　线　杆	分支或转角杆
中压与中压	0.5	0.2/0.3
中压与低压	1.0	—
低压与低压	0.3	0.2˚（不包括集束线）

　　中压绝缘线路与35kV线路同杆架设时，两线路导线之间垂直距离不应小于2.0m。

5.24　工程移交时，杆塔上应有下列固定标志：

　　a）杆塔号及线路名称或代号；

　　b）耐张型杆塔、分支杆的相位标志；

　　c）在多回路杆塔上应注明每回路的布置及线路名称。

6　拉线安装

6.1　拉线安装应符合下列规定：

6.1.1　拉线与电杆的夹角不宜小于45°，当受地形限制时，不应小于30°；

6.1.2　终端杆的拉线及耐张杆承力拉线应与线路方向对正，分角拉线应与线路分角线方向对正，防风拉线应与线路方向垂直；

6.1.3　拉线穿过公路时，对路面中心的距离不应小于6m，且对路面的最小距离不应小于4.5m。

6.2　采用UT型线夹及楔形线夹固定的拉线安装时：

　　a）安装前丝扣上应涂润滑剂；

　　b）线夹舌板与拉线接触应紧密，受力后无滑动现象，线夹凸肚应在尾线侧，安装时不应损伤线股；

　　c）拉线弯曲部分不应明显松脱，拉线断头处与拉线应有可靠固定。拉线处露出的尾线长度不宜超过0.4m；

　　d）同一组拉线使用双线夹时，其尾线端的方向应统一；

　　e）UT型线夹的螺杆应露扣，并应有不小于1/2螺杆丝扣长度可供调紧。调整后，UT型线夹的双螺母应并紧。

6.3　拉桩杆的安装应符合设计要求。设计无要求，应满足以下几点：

　　a）采用坠线的，不应小于杆长的1/6；

　　b）无坠线的，应按其受力情况确定，且不应小

于1.5m；

　　c）拉桩杆应向受力反方向倾斜10°～20°；

　　d）拉桩坠线与拉桩杆夹角不应小于30°；

　　e）拉桩坠线上端固定点的位置距拉桩杆顶应为0.25m。

6.4　当一基电杆上装设多条拉线时，拉线不应有过松、过紧、受力不均匀等现象。

6.5　埋设拉线盘的拉线坑应有滑坡（马道），回填土应有防沉土台，拉线棒与拉线盘的连接应使用双螺母。

6.6　采用顶杆（撑杆）安装时，应符合下列规定：

　　a）符合设计要求；

　　b）顶杆底部埋深不小于0.5m；

　　c）与主杆连接紧密、牢固。

7　导线架设

7.1　放线

7.1.1　架设绝缘线宜在干燥天气进行，气温应符合绝缘线制造厂的规定。

7.1.2　放紧线过程中，应将绝缘线放在塑料滑轮或套有橡胶护套的铝滑轮内。滑轮直径不应小于绝缘线外径的12倍，槽深不小于绝缘线外径的1.25倍，槽底部半径不小于0.75倍绝缘线外径，轮槽槽倾角为15°。

7.1.3　放线时，绝缘线不得在地面、杆塔、横担、瓷瓶或其他物体上拖拉，以防损伤绝缘层。

7.1.4　宜采用网套牵引绝缘线。

7.2　绝缘线损伤的处理

7.2.1　线芯损伤的处理：

7.2.1.1　线芯截面损伤不超过导电部分截面的17%时，可敷线修补，敷线长度应超过损伤部分，每端缠绕长度超过损伤部分不小于100mm。

7.2.1.2　线芯截面损伤在导电部分截面的6%以内，损伤深度在单股线直径的1/3之内，应用同金属的单股线在损伤部分缠绕，缠绕长度应超出损伤部分两端各30mm。

7.2.1.3　线芯损伤有下列情况之一时，应锯断重接：

　　a）在同一截面内，损伤面积超过线芯导电部分截面的17%；

　　b）钢芯断一股。

7.2.2　绝缘层的损伤处理：

7.2.2.1　绝缘层损伤深度在绝缘层厚度的10%及以上时应进行绝缘修补。可用绝缘自粘带缠绕，每圈绝缘粘带间搭压带宽的1/2，补修后绝缘自粘带的厚度应大于绝缘层损伤深度，且不少于两层。也可用绝缘

护罩将绝缘层损伤部位罩好，并将开口部位用绝缘自粘带缠绕封住。

7.2.2.2 一个档距内，单根绝缘线绝缘层的损伤修补不宜超过三处。

7.3 绝缘线的连接和绝缘处理

7.3.1 绝缘线连接的一般要求。

7.3.1.1 绝缘线的连接不允许缠绕，应采用专用的线夹、接续管连接。

7.3.1.2 不同金属、不同规格、不同绞向的绝缘线，无承力线的集束线严禁在档内做承力连接。

7.3.1.3 在一个档距内，分相架设的绝缘线每根只允许有一个承力接头，接头距导线固定点的距离不应小于 0.5m，低压集束绝缘线非承力接头应相互错开，各接头端距不小于 0.2m。

7.3.1.4 铜芯绝缘线与铝芯或铝合金芯绝缘线连接时，应采取铜铝过渡连接。

7.3.1.5 剥离绝缘层、半导体层应使用专用切削工具，不得损伤导线，切口处绝缘层与线芯宜有 $45°$ 倒角。

7.3.1.6 绝缘线连接后必须进行绝缘处理。绝缘线的全部端头、接头都要进行绝缘护封，不得有导线、接头裸露，防止进水。

7.3.1.7 中压绝缘线接头必须进行屏蔽处理。

7.3.2 绝缘线接头应符合下列规定：

　　a）线夹、接续管的型号与导线规格相匹配；

　　b）压缩连接接头的电阻不应大于等长导线的电阻的 1.2 倍，机械连接接头的电阻不应大于等长导线的电阻的 2.5 倍，档距内压缩接头的机械强度不应小于导体计算拉断力的 90%；

　　c）导线接头应紧密、牢靠、造型美观，不应有重叠、弯曲、裂纹及凹凸现象。

7.3.3 承力接头的连接和绝缘处理。

7.3.3.1 承力接头的连接采用钳压法、液压法施工，在接头处安装辐射交联热收缩管护套或预扩张冷缩绝缘套管（统称绝缘护套），其绝缘处理示意图见附录 A。

7.3.3.2 绝缘护套管径一般应为被处理部位接续管的 1.5～2.0 倍。中压绝缘线使用内外两层绝缘护套进行绝缘处理，低压绝缘线使用一层绝缘护套进行绝缘处理。各部长度见附录 A。

7.3.3.3 有导体屏蔽层的绝缘线的承力接头，应在接续管外面先缠绕一层半导体自粘带和绝缘线的半导体层连接后再进行绝缘处理。每圈半导体自粘带间搭压带宽的 1/2。

7.3.3.4 截面为 $240mm^2$ 及以上铝线芯绝缘线承力接头宜采用液压法施工。

7.3.3.5 钳压法施工。

　　a）将钳压管的喇叭口锯掉并处理平滑。

　　b）剥去接头处的绝缘层、半导体层，剥离长度比钳压接续管长 60～80mm。线芯端头用绑线扎紧，锯齐导线。

　　c）将接续管、线芯清洗并涂导电膏。

　　d）按附录 B 规定的压口数和压接顺序压接，压接后按钳压标准矫直钳压接续管。

　　e）将需进行绝缘处理的部位清洗干净，在钳压管两端口至绝缘层倒角间用绝缘自粘带缠绕成均匀弧形，然后进行绝缘处理。

7.3.3.6 液压法施工。

　　a）剥去接头处的绝缘层、半导体层，线芯端头用绑线扎紧，锯齐导线，线芯切割平面与线芯轴线垂直。

　　b）铝绞线接头处的绝缘层、半导体层的剥离长度，每根绝缘线比铝接续管的 1/2 长 20～30mm。

　　c）钢芯铝绞线接头处的绝缘层、半导体层的剥离长度，当钢芯对接时，其一根绝缘线比铝接续管的 1/2 长 20～30mm，另一根绝缘线比钢接续管的 1/2 和铝接续管的长度之和长 40～60mm；当钢芯搭接时，其一根绝缘线比钢接续管和铝接续管长度之和的 1/2 长 20～30mm，另一根绝缘线比钢接续管和铝接续管的长度之和长 40～60mm。

　　d）将接续管、线芯清洗并涂导电膏。

　　e）按附录 C 规定的各种接续管的液压部位及操作顺序压接。

　　f）各种接续管压后压痕应为六角形，六角形对边尺寸为接续管外径的 0.866 倍，最大允许误差 S 为 $(0.866×0.993D+0.2)$ mm，其中 D 为接续管外径，三个对边只允许有一个达到最大值，接续管不应有肉眼看出的扭曲及弯曲现象，校直后不应出现裂缝，应锉掉飞边、毛刺。

　　g）将需要进行绝缘处理的部位清洗干净后进行绝缘处理。

7.3.3.7 辐射交联热收缩管护套的安装。

　　a）加热工具使用丙烷喷枪，火焰呈黄色，避免蓝色火焰。一般不用汽油喷灯，若使用时，应注意远离材料，严格控制温度。

　　b）将内层热缩护套推入指定位置，保持火焰慢慢接近，从热缩护套中间或一端开始，使火焰螺旋移动，保证热缩护套沿圆周方向充分均匀收缩。

　　c）收缩完毕的热缩护套应光滑无皱折，并能清晰地看到其内部结构轮廓。

d) 在指定位置浇好热熔胶，推入外层热缩护套后继续用火焰使之均匀收缩。

e) 热熔部位冷却至环境温度之前，不准施加任何机械应力。

7.3.3.8 预扩张冷缩绝缘套管的安装：

将内外两层冷缩管先后推入指定位置，逆时针旋转退出分瓣开合式芯棒，冷缩绝缘套管松端开始收缩。采用冷缩绝缘套管时，其端口应用绝缘材料密封。

7.3.4 非承力接头的连接和绝缘处理。

7.3.4.1 非承力接头包括跳线、T 接时的接续线夹（含穿刺型接续线夹）和导线与设备连接的接线端子。

7.3.4.2 接头的裸露部分须进行绝缘处理，安装专用绝缘护罩。

7.3.4.3 绝缘罩不得磨损、划伤，安装位置不得颠倒，有引出线的要一律向下，需紧固的部位应牢固严密，两端口需绑扎的必须用绝缘自粘带绑扎两层以上。

7.4 紧线

7.4.1 紧线时，绝缘线不宜过牵引。

7.4.2 紧线时，应使用网套或面接触的卡线器，并在绝缘线上缠绕塑料或橡皮包带，防止卡伤绝缘层。

7.4.3 绝缘线的安装弛度按设计给定值确定，可用弛度板或其他器件进行观测。绝缘线紧好后，同档内各相导线的弛度应力求一致，施工误差不超过±50mm。

7.4.4 绝缘线紧好后，线上不应有任何杂物。

7.5 绝缘线的固定

7.5.1 采用绝缘子（常规型）架设方式时绝缘线的固定。

7.5.1.1 中压绝缘线直线杆采用针式绝缘子或棒式绝缘子，耐张杆采用两片悬式绝缘子和耐张线夹或一片悬式绝缘子和一个中压蝶式绝缘子。

7.5.1.2 低压绝缘线垂直排列时，直线杆采用低压蝶式绝缘子；水平排列时，直线杆采用低压针式绝缘子；沿墙敷设时，可用预埋件或膨胀螺栓及低压蝶式绝缘子，预埋件或膨胀螺栓的间距以 6m 为宜。低压绝缘线耐张杆或沿墙敷设的终端采用有绝缘衬垫的耐张线夹，不需剥离绝缘层，也可采用一片悬式绝缘子与耐张线夹或低压蝶式绝缘子。

7.5.1.3 针式或棒式绝缘子的绑扎，直线杆采用顶槽绑扎法；直线角度杆采用边槽绑扎法，绑扎在线路外角侧的边槽上。蝶式绝缘子采用边槽绑扎法。使用直径不小于 2.5mm 的单股塑料铜线绑扎。

7.5.1.4 绝缘线与绝缘子接触部分应用绝缘自粘带缠绕，缠绕长度应超出绑扎部位或与绝缘子接触部位两侧各 30mm。

7.5.1.5 没有绝缘衬垫的耐张线夹内的绝缘线宜剥去绝缘层，其长度和线夹等长，误差不大于 5mm。将裸露的铝线芯缠绕铝包带，耐张线夹和悬式绝缘子的球头应安装专用绝缘护罩罩好。

7.5.2 中压绝缘线采用绝缘支架架设时绝缘线的固定。

7.5.2.1 按设计要求设置绝缘支架，绝缘线固定处缠绕绝缘自粘带。带承力钢绞线时，绝缘支架固定在钢绞线上。终端杆用耐张线夹和绝缘拉棒固定绝缘线，耐张线夹应安设绝缘护罩。

7.5.2.2 240mm^2 及以下绝缘线采用钢绞线的截面不得小于 50mm^2。钢绞线两端用耐张线夹和拉线包箍固定在耐张杆上，直线杆用悬挂线夹吊装。

7.5.3 集束绝缘线的固定。

7.5.3.1 中压集束绝缘线直线杆采用悬式绝缘子和悬挂线夹，耐张杆采用耐张线夹。

7.5.3.2 低压集束绝缘线直线杆采用有绝缘衬垫的悬挂线夹，耐张杆采用有绝缘衬垫的耐张线夹。

7.5.4 中压绝缘线路每相过引线、引下线与邻相的过引线、引下线及低压绝缘线之间的净空距离不应小于 200mm；中压绝缘线与拉线、电杆或构架间的净空距离不应小于 200mm。

7.5.5 低压绝缘线每相过引线、引下线与邻相的过引线、引下线之间的净空距离不应小于 100mm；低压绝缘线与拉线、电杆或构架间的净空距离不应小于 50mm。

7.5.6 停电工作接地点的设置。

7.5.6.1 中低压绝缘线路及线路上变压器台的一、二次侧应设置停电工作接地点。

7.5.6.2 停电工作接地点处宜安装专用停电接地金具，用以悬挂接地线。

8 电器设备的安装

8.1 杆上变压器的变压器台的安装应符合下列规定。

8.1.1 安装牢固，水平倾斜不应大于台架根开的 1/100。

8.1.2 一、二次引线应排列整齐、绑扎牢固。

8.1.3 变压器安装后，套管表面应光洁，不应有裂纹、破损等现象；油枕油位正常，外壳干净。

8.1.4 变压器外壳应可靠接地；接地电阻应符合规定。

8.2 跌落式熔断器的安装应符合下列规定。

8.2.1 各部分零件完整、安装牢固。

8.2.2 转轴光滑灵活、铸件不应有裂纹、砂眼。

8.2.3 绝缘子良好，熔丝管不应有吸潮膨胀或弯曲现象。

8.2.4 熔断器安装牢固、排列整齐、高低一致，熔管轴线与地面的垂线夹角为 $15°\sim30°$。

8.2.5 动作灵活可靠，接触紧密。

8.2.6 上下引线应压紧，与线路导线的连接应紧密可靠。

8.3 低压刀开关、隔离开关、熔断器的安装应符合下列规定。

8.3.1 安装牢固、接触紧密。开关机构灵活、正确，熔断器不应有弯曲、压偏、伤痕等现象。

8.3.2 二次侧有断路设备时，熔断器应安装于断路设备与低压针式绝缘子之间。

8.3.3 二次侧无断路设备时，熔断器应安装于低压针式绝缘子外侧。

8.3.4 不应以线材代替熔断器。

8.4 杆上避雷器的安装应符合下列规定。

8.4.1 绝缘子良好，瓷套与固定抱箍之间应加垫层。

8.4.2 安装牢固，排列整齐、高低一致。

8.4.3 引线应短而直，连接紧密，采用铜芯绝缘线，其截面应不小于：
a）上引线：$16mm^2$；
b）下引线：$25mm^2$。

8.4.4 与电气部分连接，不应使避雷器产生外加应力。

8.4.5 引下线应可靠接地、接地电阻值应符合规定。

8.5 杆上中压开关的安装应符合下列规定。

8.5.1 安装牢固可靠，水平倾斜不大于托架长度的 1/100。

8.5.2 引线的连接处应留有防水弯。

8.5.3 绝缘子良好、外壳干净，不应有渗漏现象。

8.5.4 分合动作正确可靠，指示清晰。

8.5.5 外壳应可靠接地。

8.6 杆上隔离开关安装应符合下列规定。

8.6.1 绝缘子良好、安装牢固。

8.6.2 操作机构动作灵活。

8.6.3 合闸时应接触紧密，分闸时应有足够的空气间隙，且静触头带电。

8.6.4 与引线的连接应紧密可靠。

8.7 杆上电容器的安装应符合下列规定。

8.7.1 安装牢固可靠。

8.7.2 接线正确，接触紧密。

8.8 箱式变电所的施工应符合下列规定。

8.8.1 箱式变电所基础应符合设计规定，平整、坚实、不积水，留有一定通道。

8.8.2 箱式变电所应有足够的操作距离及平台，周围留有巡视走廊。

8.8.3 电缆沟布置合理。

8.8.4 外壳应可靠接地。

9 对地距离及交叉跨越

9.1 对地距离

9.1.1 绝缘线在最大弧垂时，对地面及跨越物的最小垂直距离见表5。

表5   绝缘线在最大弧垂时，对地面及跨越物的最小垂直距离   m

线路经过地区	线路电压		线路经过地区	线路电压	
	中压	低压		中压	低压
繁华市区	6.5	6.0	至电车行车线	3.0	3.0
一般城区	5.5	5.0	至河流最高水位（通航）	6.0	6.0
交通困难地区	4.5	4.0	至河流最高水位（不通航）	3.0	3.0
至铁路轨顶	7.5	7.5	与索道距离	2.0	1.5
城市道路	7.0	6.0	人行过街桥	4.0	3.0

9.1.2 绝缘配电线路应尽量不跨越建筑物，如需跨越，导线与建筑物的垂直距离在最大计算弧垂情况下，不应小于下列数据：
a）中压：2.5m；
b）低压：2.0m。
线路边线与永久建筑物之间的距离在最大风偏的情况下，不应小于下列数值：
a）中压：0.75m（人不能接近时可为0.4m）；
b）低压：0.2m。

9.1.3 中压配电线路通过林区应砍伐出通道。通道净宽度为线路边导线向外各3m。
在下列情况下，如不妨碍架线施工，可不砍伐通道。

9.1.3.1 树木自然生长高度不超过2m；

9.1.3.2 导线与树木（考虑自然生长高度）之间的垂直距离，不小于3m。
配电线路通过公园、绿化区和防护林带，导线与树木的净空距离在风偏情况下不应小于1m。

配电线路的导线与街道行道树之间的最小距离见表6。

表6　导线与街道行道树之间的最小距离 m

最大弧垂情况下的垂直距离		最大风偏情况下的水平距离	
中　压	低　压	中　压	低　压
0.8	0.2	1.0	0.5

校验导线与树木之间垂直距离，应考虑树木在修剪周期内生长的高度。

9.2　交叉跨越距离

9.2.1　绝缘线对民用天线的距离在最大风偏时应不小于1m。

9.2.2　绝缘线与弱电线路的交叉应符合下列规定：

　　——强电在上，弱电在下；

　　——与一级弱电线路交叉时交叉角不小于45°，与二级弱电线路交叉时交叉角不小于30°。

9.2.3　绝缘线与弱电线路的最小距离见表7。

9.2.4　绝缘线与绝缘线之间交叉跨越的最小距离见表8。

表7　绝缘线与弱电线路的最小距离 m

类　别	中　压	低　压
垂直距离	2.0	1.0
水平距离	2.0	1.0

表8　绝缘线与绝缘线之间交叉跨越最小距离 m

线路电压	中　压	低　压
中　压	1.0	1.0
低　压	1.0	0.5

9.2.5　绝缘线与架空裸线间交叉跨越距离应符合裸线交叉跨越距离规定。

10　接户线

10.1　接户线指架空绝缘线配电线路与用户建筑物外第一支持点之间的一段线路。

10.1.1　低压接户线档距不宜超过25m，中压接户线档距不宜大于30m。

10.1.2　绝缘接户线导线的截面不应小于下列数值。

10.1.2.1　中压：

　　a）铜芯线，25mm²；

　　b）铝及铝合金芯线，35mm²。

10.1.2.2　低压：

　　a）铜芯线，10mm²；

　　b）铝及铝合金芯线，16mm²。

10.1.3　接户线不应从1～10kV引下线间穿过，接户线不应跨越铁路。

10.1.4　不同规格不同金属的接户线不应在档距内连接，跨越通车道的接户线不应有接头。

10.1.5　两个电源引入的接户线不宜同杆架设。

10.1.6　接户线与导线如为铜铝连接必须采用铜铝过渡措施。

10.1.7　接户线与主杆绝缘线连接应进行绝缘密封。

10.1.8　接户线零线在进户处应有重复接地，接地可靠，接地电阻符合要求。

10.2　接户线对地及交叉跨越距离。

10.2.1　分相架设的低压绝缘接户线的线间最小距离见表9。

表9　分相架设的低压绝缘接户线的线间最小距离 m

架设方式		档　距	线间距离
自电杆上引下		25及以下	0.15
沿墙敷设	水平排列	4及以下	0.10
	垂直排列	6及以下	0.15

10.2.2　绝缘接户线受电端的对地面距离，不应小于下列数值：

　　a）中压，4m；

　　b）低压，2.5m。

10.2.3　跨越街道的低压绝缘接户线，至路面中心的垂直距离，不应小于下列数值：

　　a）通车街道，6m；

　　b）通车困难的街道、人行道，3.5m；

　　c）胡同（里、弄、巷），3m。

10.2.4　中压绝缘接户线至地面的垂直距离按9.1。

10.2.5　分相架设的低压绝缘接户线与建筑物有关部分的距离，不应小于下列数值：

　　a）与接户线下方窗户的垂直距离，0.3m；

　　b）与接户线上方阳台或窗户的垂直距离，0.8m；

　　c）与阳台或窗户的水平距离，0.75m；

　　d）与墙壁、构架的距离，0.05m。

10.2.6　低压绝缘接户线与弱电线路的交叉距离，不应小于下列数值：

　　a）低压接户线在弱电线路的上方，0.6m；

　　b）低压接户线在弱电线路的下方，0.3m。

如不能满足上述要求，应采取隔离措施。

10.3 接户线的固定要求。

10.3.1 在杆上应固定在绝缘子或线夹上，固定时接户线不得本身缠绕，应用单股塑料铜线绑扎。

10.3.2 在用户墙上使用挂线钩、悬挂线夹、耐张线夹和绝缘子固定。

10.3.3 挂线钩应固定牢固，可采用穿透墙的螺栓固定，内端应有垫铁，混凝土结构的墙壁可使用膨胀螺栓，禁止用木塞固定。

11 工程交接验收

11.1 工程验收时应提交下列资料。

11.1.1 施工中的有关协议及文件。

11.1.2 设计变更通知单及在原图上修改的变更设计部分的实际施工图、竣工图。

11.1.3 施工记录图。

11.1.4 安装技术记录。

11.1.5 接地记录，记录中应有接地电阻值、测试时间、测验人姓名。

11.1.6 导线弧垂施工记录，记录中应明确施工线段、弧垂、观测人姓名、观测日期、气候条件。

11.1.7 交叉跨越记录，记录中应明确跨越物设施、跨越距离、工作质量负责人。

11.1.8 施工中所使用器材的试验合格证明。

11.1.9 交接试验记录。

11.2 工程验收时应进行下列检查。

11.2.1 绝缘线型号、规格应符合设计要求。

11.2.2 电杆组合的各项误差应符合规定。

11.2.3 电器设备外观完整无缺损，线路设备标志齐全。

11.2.4 拉线的制作和安装应符合规定。

11.2.5 绝缘线的弧垂、相间距离、对地距离及交叉跨越距离符合规定。

11.2.6 绝缘线上无异物。

11.2.7 配套的金具、卡具应符合规定。

11.3 交接试验。

11.3.1 测量绝缘电阻。

11.3.1.1 中压架空绝缘配电线路使用2500V绝缘电阻表测量，电阻值不低于1000MΩ。

11.3.1.2 低压架空绝缘配电线路使用500V绝缘电阻表测量，电阻值不低于0.5MΩ。

11.3.1.3 测量线路绝缘电阻时，应将断路器或负荷开关、隔离开关断开。

11.3.2 相位正确。

11.3.3 冲击合闸试验。

　　在额定电压下对空载线路冲击合闸3次，合闸过程中线路绝缘不应有损坏。

附录 A
承力接头连接绝缘处理示意图

A1 承力接头钳压连接绝缘处理见图A1。

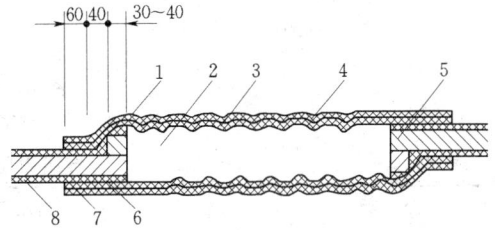

图 A1　承力接头钳压连接绝缘处理示意图
1—绝缘粘带；2—钳压管；3—内层绝缘护套；4—外层绝缘护套；5—导线；6—绝缘层倒角；
7—热熔胶；8—绝缘层

A2 承力接头铝绞线液压连接绝缘处理见图A2。

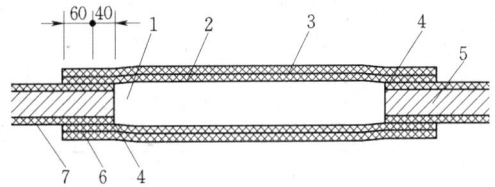

图 A2　承力接头铝绞线液压连接绝缘处理示意图
1—液压管；2—内层绝缘护套；3—外层绝缘护套；
4—绝缘层倒角，绝缘粘带；5—导线；
6—热熔胶；7—绝缘层

A3 承力接头钢芯铝绞线液压连接绝缘处理见图 A3。

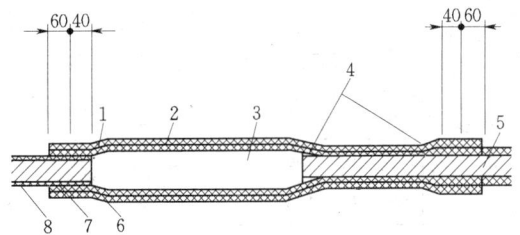

图 A3　承力接头钢芯铝绞线液压连接绝缘处理示意图
1—内层绝缘护套；2—外层绝缘护套；3—液压管；
4—绝缘粘带；5—导线；6—绝缘层倒角，绝缘
粘带；7—热熔胶；8—绝缘层

附录 B
导线钳压示意图及压口尺寸

B1 导线钳压口尺寸和压口数见表 B1。

B2 导线钳压方法见图B1。

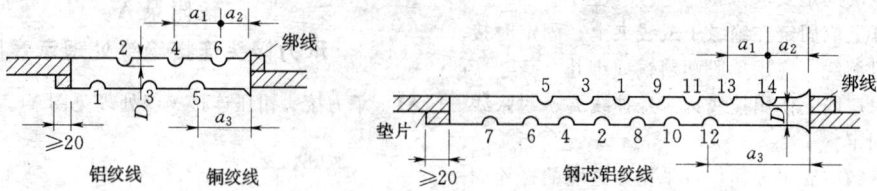

图 B1　导线钳压示意图

注：压接线上数字 1、2、3、…表示压接顺序

表 B1 　　　　　　　　　　　　　　　　导线钳压口尺寸和压口数

导　线　型　号		钳压部位尺寸			压口尺寸 D	压口数
		a_1 mm	a_2 mm	a_3 mm	mm	
钢芯铝绞线	LGJ—16	28	14	28	12.5	12
	LGJ—25	32	15	31	14.5	14
	LGJ—35	34	42.5	93.5	17.5	14
	LGJ—50	38	48.5	105.5	20.5	16
	LGJ—70	46	54.5	123.5	25.5	16
	LGJ—95	54	61.5	142.5	29.5	20
	LGJ—120	62	67.5	160.5	33.5	24
	LGJ—150	64	70	166	36.5	24
	LGJ—185	66	74.5	173.5	39.5	26
铝绞线	LJ—16	28	20	34	10.5	6
	LJ—25	32	20	35	12.5	6
	LJ—35	36	25	43	14.0	6
	LJ—50	40	25	45	16.5	8
	LJ—70	44	28	50	19.5	8
	LJ—95	48	32	56	23.0	10
	LJ—120	52	33	59	26.0	10
	LJ—150	56	34	62	30.0	10
	LJ—185	60	35	65	33.5	10
铜绞线	TJ—16	28	14	28	10.5	6
	TJ—25	32	16	32	12.0	6
	TJ—35	36	18	36	14.5	6
	TJ—50	40	20	40	17.5	8
	TJ—70	44	22	44	20.5	8
	TJ—95	48	24	48	24.0	10
	TJ—120	52	26	52	27.5	10
	TJ—150	56	28	56	31.5	10

注　压接后尺寸的允许误差铜钳压管为±0.5mm，铝钳压管为±1.0mm。

附录 C

导线液压顺序示意图

C1 钢芯铝绞线钢芯对接式钢管的施压顺序见图 C1。

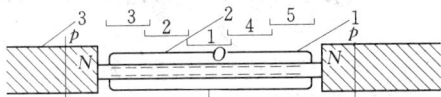

**图 C1　钢芯铝绞线钢芯对
接式钢管的施压顺序**

1—钢芯；2—钢管；3—铝线

C2 钢芯铝绞线钢芯对接式铝管的施压顺序见图 C2。

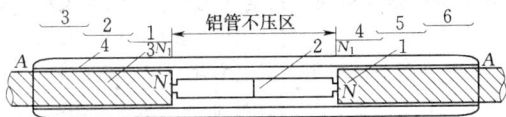

**图 C2　钢芯铝绞线钢芯对
接式铝管的施压顺序**

1—钢芯；2—已压钢管；3—铝线；4—铝管

C3 钢芯铝绞线钢芯搭接式钢管的施压顺序见图 C3。

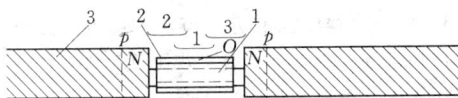

图 C3　钢芯铝绞线钢芯搭接式钢管的施压顺序

1—钢芯；2—钢管；3—铝线

C4 钢芯铝绞线钢芯搭接式铝管的施压顺序见图 C4。

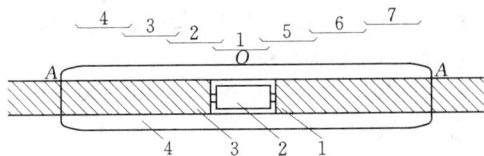

图 C4　钢芯铝绞线钢芯搭接式铝管的施压顺序

1—钢芯；2—已压钢管；3—铝线；4—铝管

16 建筑电气工程施工质量验收规范

（GB 50303—2002）

1 总则

1.0.1 为了加强建筑工程质量管理，统一建筑电气工程施工质量的验收，保证工程质量，制定本规范。

1.0.2 本规范适用于满足建筑物预期使用功能要求的电气安装工程施工质量验收。适用电压等级为 10kV 及以下。

1.0.3 本规范应与国家标准《建筑工程施工质量验收统一标准》GB 50300—2001 和相应的设计规范配套使用。

1.0.4 建筑电气工程施工中采用的工程技术文件、承包合同文件对施工质量验收的要求不得低于本规范的规定。

1.0.5 建筑电气工程施工质量验收除应执行本规范外，尚应符合国家现行有关标准、规范的规定。

2 术语

2.0.1 布线系统　wiring system

一根电缆（电线）、多根电缆（电线）或母线以及固定它们的部件的组合。如果需要，布线系统还包括封装电缆（电线）或母线的部件。

2.0.2 电气设备　electrical equipment

发电、变电、输电、配电或用电的任何物件，诸如电机、变压器、电器、测量仪表、保护装置、布线系统的设备、电气用具。

2.0.3 用电设备　current-using equipment

将电能转换成其他形式能量（例如光能、热能、机械能）的设备。

2.0.4 电气装置　electrical installation

为实现一个或几个具体目的且特性相配合的电气设备的组合。

2.0.5 建筑电气工程（装置）　electrical installation in building

为实现一个或几个具体目的且特性相配合的、由电气装置、布线系统和用电设备电气部分的组合。这种组合能满足建筑物预期的使用功能和安全要求，也能满足使用建筑物的人的安全需要。

2.0.6 导管　conduit

在电气安装中用来保护电线或电缆的圆形或非圆形的布线系统的一部分，导管有足够的密封性，使电线电缆只能从纵向引入，而不能从横向引入。

2.0.7 金属导管　metal conduit

由金属材料制成的导管。

2.0.8 绝缘导管　insulating conduit

没有任何导电部分（不管是内部金属衬套或是外部金属网、金属涂层等均不存在），由绝缘材料制成的导管。

2.0.9 保护导体（PE）　protective conductor（PE）

为防止发生电击危险而与下列部件进行电气连接的一种导体：

——裸露导电部件；

——外部导电部件；

——主接地端子；

——接地电极（接地装置）；

——电源的接地点或人为的中性接点。

2.0.10　中性保护导体（PEN）　PEN conductor

一种同时具有中性导体和保护导体功能的接地导体。

2.0.11　可接近的　accessible

（用于配线方式）在不损坏建筑物结构或装修的情况下就能移出或暴露的，或者不是永久性地封装在建筑物的结构或装修中的。

（用于设备）因为没有锁住的门、抬高或其他有效方法用来防护，而许可十分靠近者。

2.0.12　景观照明　landscape lighting

为表现建筑物造型特色、艺术特点、功能特征和周围环境布置的照明工程，这种工程通常在夜间使用。

3　基本规定

3.1　一般规定

3.1.1　建筑电气工程施工现场的质量管理，除应符合现行国家标准《建筑工程施工质量验收统一标准》GB 50300—2001 的 3.0.1 规定外，尚应符合下列规定：

1　安装电工、焊工、起重吊装工和电气调试人员等，按有关要求持证上岗；

2　安装和调试用各类计量器具，应检定合格，使用时在有效期内。

3.1.2　除设计要求外，承力建筑钢结构构件上，不得采用熔焊连接固定电气线路、设备和器具的支架、螺栓等部件；且严禁热加工开孔。

3.1.3　额定电压交流 1kV 及以下、直流 1.5kV 及以下的应为低压电器设备、器具和材料；额定电压大于交流 1kV、直流 1.5kV 的应为高压电器设备、器具和材料。

3.1.4　电气设备上计量仪表和与电气保护有关的仪表应检定合格，当投入试运行时，应在有效期内。

3.1.5　建筑电气动力工程的空载试运行和建筑电气照明工程的负荷试运行，应按本规范规定执行；建筑电气动力工程的负荷试运行，依据电气设备及相关建筑设备的种类、特性，编制试运行方案或作业指导书，并应经施工单位审查批准、监理单位确认后

执行。

3.1.6　动力和照明工程的漏电保护装置应做模拟动作试验。

3.1.7　接地（PE）或接零（PEN）支线必须单独与接地（PE）或接零（PEN）干线相连接，不得串联连接。

3.1.8　高压的电气设备和布线系统及继电保护系统的交接试验，必须符合现行国家标准《电气装置安装工程电气设备交接试验标准》GB 50150 的规定。

3.1.9　低压的电气设备和布线系统的交接试验，应符合本规范的规定。

3.1.10　送至建筑智能化工程变送器的电量信号精度等级应符合设计要求，状态信号应正确；接收建筑智能化工程的指令应使建筑电气工程的自动开关动作符合指令要求，且手动、自动切换功能正常。

3.2　主要设备、材料、成品和半成品进场验收

3.2.1　主要设备、材料、成品和半成品进场检验结论应有记录，确认符合本规范规定，才能在施工中应用。

3.2.2　因有异议送有资质试验室进行抽样检测，试验室应出具检测报告，确认符合本规范和相关技术标准规定，才能在施工中应用。

3.2.3　依法定程序批准进入市场的新电气设备、器具和材料进场验收，除符合本规范规定外，尚应提供安装、使用、维修和试验要求等技术文件。

3.2.4　进口电气设备、器具和材料进场验收，除符合本规范规定外，尚应提供商检证明和中文的质量合格证明文件、规格、型号、性能检测报告以及中文的安装、使用、维修和试验要求等技术文件。

3.2.5　经批准的免检产品或认定的名牌产品，当进场验收时，宜不做抽样检测。

3.2.6　变压器、箱式变电所、高压电器及电瓷制品应符合下列规定：

1　查验合格证和随带技术文件，变压器有出厂试验记录；

2　外观检查：有铭牌，附件齐全，绝缘件无缺损、裂纹，充油部分不渗漏，充气高压设备气压指示正常，涂层完整。

3.2.7　高低压成套配电柜、蓄电池柜、不间断电源柜、控制柜（屏、台）及动力、照明配电箱（盘）应符合下列规定：

1　查验合格证和随带技术文件，实行生产许可证和安全认证制度的产品，有许可证编号和安全认证标志。不间断电源柜有出厂试验记录；

2　外观检查：有铭牌，柜内元器件无损坏丢失、

接线无脱落脱焊，蓄电池柜内电池壳体无碎裂、漏液，充油、充气设备无泄漏，涂层完整，无明显碰撞凹陷。

3.2.8　柴油发电机组应符合下列规定：

　　1　依据装箱单，核对主机、附件、专用工具、备品备件和随带技术文件，查验合格证和出厂试运行记录，发电机及其控制柜有出厂试验记录；

　　2　外观检查：有铭牌，机身无缺损，涂层完整。

3.2.9　电动机、电加热器、电动执行机构和低压开关设备等应符合下列规定：

　　1　查验合格证和随带技术文件，实行生产许可证和安全认证制度的产品有许可证编号和安全认证标志；

　　2　外观检查：有铭牌，附件齐全，电气接线端子完好，设备器件无缺损，涂层完整。

3.2.10　照明灯具及附件应符合下列规定：

　　1　查验合格证，新型气体放电灯具有随带技术文件；

　　2　外观检查：灯具涂层完整，无损伤，附件齐全。防爆灯具铭牌上有防爆标志和防爆合格证号，普通灯具有安全认证标志；

　　3　对成套灯具的绝缘电阻、内部接线等性能进行现场抽样检测。灯具的绝缘电阻值不小于2MΩ，内部接线为铜芯绝缘电线，芯线截面积不小于0.5mm²，橡胶或聚氯乙烯（PVC）绝缘电线的绝缘层厚不小于0.6mm。对游泳池和类似场所灯具（水下灯及防水灯具）的密闭和绝缘性能有异议时，按批抽样送有资质的试验室检测。

3.2.11　开关、插座、接线盒和风扇及其附件应符合下列规定：

　　1　查验合格证，防爆产品有防爆标志和防爆合格证号，实行安全认证制度的产品有安全认证标志；

　　2　外观检查：开关、插座的面板及接线盒盒体完整、无碎裂、零件齐全，风扇无损坏，涂层完整，调速器等附件适配；

　　3　对开关、插座的电气和机械性能进行现场抽样检测。检测规定如下：

　　　1）不同极性带电部件间的电气间隙和爬电距离不小于3mm；

　　　2）绝缘电阻值不小于5MΩ；

　　　3）用自攻锁紧螺钉或自切螺钉安装的，螺钉与软塑固定件旋合长度不小于8mm，软塑固定件在经受10次拧紧退出试验后，无松动或掉渣，螺钉及螺纹无损坏现象；

　　　4）金属间相旋合的螺钉螺母，拧紧后完全退出，反复5次仍能正常使用。

　　4　对开关、插座、接线盒及其面板等塑料绝缘材料阻燃性能有异议时，按批抽样送有资质的试验室检测。

3.2.12　电线、电缆应符合下列规定：

　　1　按批查验合格证，合格证有生产许可证编号，按《额定电压450/750V及以下聚氯乙烯绝缘电缆》GB 5023.1～5023.7标准生产的产品有安全认证标志；

　　2　外观检查：包装完好，抽检的电线绝缘层完整无损，厚度均匀。电缆无压扁、扭曲，铠装不松卷。耐热、阻燃的电线、电缆外护层有明显标识和制造厂标；

　　3　按制造标准，现场抽样检测绝缘层厚度和圆形线芯的直径；线芯直径误差不大于标称直径的1%；常用的BV型绝缘电线的绝缘层厚度不小于表3.2.12的规定；

表3.2.12　　　　　　　　　　　　　　　**BV型绝缘电线的绝缘层厚度**

序　号	1	2	3	4	5	6	7	8	9	10	11	12	13	14	15	16	17
电线芯线标称截面积（mm²）	1.5	2.5	4	6	10	16	25	35	50	70	95	120	150	185	240	300	400
绝缘层厚度规定值（mm）	0.7	0.8	0.8	0.8	1.0	1.0	1.2	1.2	1.4	1.4	1.6	1.6	1.8	2.0	2.2	2.4	2.6

　　4　对电线、电缆绝缘性能、导电性能和阻燃性能有异议时，按批抽样送有资质的试验室检测。

3.2.13　导管应符合下列规定：

　　1　按批查验合格证；

　　2　外观检查：钢导管无压扁、内壁光滑。非镀锌钢导管无严重锈蚀，按制造标准油漆出厂的油漆整；镀锌钢导管镀层覆盖完整、表面无锈斑；绝缘导管及配件不碎裂、表面有阻燃标记和制造厂标；

　　3　按制造标准现场抽样检测导管的管径、壁厚及均匀度。对绝缘导管及配件的阻燃性能有异议时，按批抽样送有资质的试验室检测。

3.2.14　型钢和电焊条应符合下列规定：

　　1　按批查验合格证和材质证明书；有异议时，按批抽样送有资质的试验室检测；

　　2　外观检查：型钢表面无严重锈蚀，无过度扭曲、弯折变形；电焊条包装完整，拆包抽检，焊条尾部无锈斑。

3.2.15 镀锌制品（支架、横担、接地极、避雷用型钢等）和外线金具应符合下列规定：

1 按批查验合格证或镀锌厂出具的镀锌质量证明书；

2 外观检查：镀锌层覆盖完整、表面无锈斑，金具配件齐全，无砂眼；

3 对镀锌质量有异议时，按批抽样送有资质的试验室检测。

3.2.16 电缆桥架、线槽应符合下列规定：

1 查验合格证；

2 外观检查：部件齐全，表面光滑、不变形；钢制桥架涂层完整，无锈蚀；玻璃钢制桥架色泽均匀，无破损碎裂；铝合金桥架涂层完整，无扭曲变形，不压扁，表面不划伤。

3.2.17 封闭母线、插接母线应符合下列规定：

1 查验合格证和随带安装技术文件；

2 外观检查：防潮密封良好，各段编号标志清晰，附件齐全，外壳不变形，母线螺栓搭接面平整、镀层覆盖完整、无起皮和麻面；插接母线上的静触头无缺损、表面光滑、镀层完整。

3.2.18 裸母线、裸导线应符合下列规定：

1 查验合格证；

2 外观检查：包装完好，裸母线平直，表面无明显划痕，测量厚度和宽度符合制造标准；裸导线表面无明显损伤，不松股、扭折和断股（线），测量线径符合制造标准。

3.2.19 电缆头部件及接线端子应符合下列规定：

1 查验合格证；

2 外观检查：部件齐全，表面无裂纹和气孔，随带的袋装涂料或填料不泄漏。

3.2.20 钢制灯柱应符合下列规定：

1 按批查验合格证；

2 外观检查：涂层完整，根部接线盒盒盖紧固件和内置熔断器、开关等器件齐全，盒盖密封垫片完整。钢柱内设有专用接地螺栓，地脚螺孔位置按提供的附图尺寸，允许偏差为±2mm。

3.2.21 钢筋混凝土电杆和其他混凝土制品应符合下列规定：

1 按批查验合格证；

2 外观检查：表面平整，无缺角露筋，每个制品表面有合格印记；钢筋混凝土电杆表面光滑，无纵向、横向裂纹，杆身平直，弯曲不大于杆长的1/1000。

3.3 工序交接确认

3.3.1 架空线路及杆上电气设备安装应按以下程序进行：

1 线路方向和杆位及拉线坑位测量埋桩后，经检查确认，才能挖掘杆坑和拉线坑；

2 杆坑、拉线坑的深度和坑型，经检查确认，才能立杆和埋设拉线盘；

3 杆上高压电气设备交接试验合格，才能通电；

4 架空线路做绝缘检查，且经单相冲击试验合格，才能通电；

5 架空线路的相位经检查确认，才能与接户线连接。

3.3.2 变压器、箱式变电所安装应按以下程序进行：

1 变压器、箱式变电所的基础验收合格，且对埋入基础的电线导管、电缆导管和变压器进、出线预留孔及相关预埋件进行检查，才能安装变压器、箱式变电所；

2 杆上变压器的支架紧固检查后，才能吊装变压器且就位固定；

3 变压器及接地装置交接试验合格，才能通电。

3.3.3 成套配电柜、控制柜（屏、台）和动力、照明配电箱（盘）安装应按以下程序进行：

1 埋设的基础型钢和柜、屏、台下的电缆沟等相关建筑物检查合格，才能安装柜、屏、台；

2 室内外落地动力配电箱的基础验收合格，且对埋入基础的电线导管、电缆导管进行检查，才能安装箱体；

3 墙上明装的动力、照明配电箱（盘）的预埋件（金属埋件、螺栓），在抹灰前预留和预埋；暗装的动力、照明配电箱的预留孔和动力、照明配线的线盒及电线导管等，经检查确认到位，才能安装配电箱（盘）；

4 接地（PE）或接零（PEN）连接完成后，核对柜、屏、台、箱、盘内的元件规格、型号，且交接试验合格，才能投入试运行。

3.3.4 低压电动机、电加热器及电动执行机构应与机械设备完成连接，绝缘电阻测试合格，经手动操作符合工艺要求，才能接线。

3.3.5 柴油发电机组安装应按以下程序进行：

1 基础验收合格，才能安装机组；

2 地脚螺栓固定的机组经初平、螺栓孔灌浆、精平、紧固地脚螺栓、二次灌浆等机械安装程序；安放式的机组将底部垫平、垫实；

3 油、气、水冷、风冷、烟气排放等系统和隔振防噪声设施安装完成；按设计要求配置的消防器材齐全到位；发电机静态试验、随机配电盘控制柜接线检查合格，才能空载试运行；

4 发电机空载试运行和试验调整合格,才能负荷试运行;

5 在规定时间内,连续无故障负荷试运行合格,才能投入备用状态。

3.3.6 不间断电源按产品技术要求试验调整,应检查确认,才能接至馈电网路。

3.3.7 低压电气动力设备试验和试运行应按以下程序进行:

1 设备的可接近裸露导体接地(PE)或接零(PEN)连接完成,经检查合格,才能进行试验;

2 动力成套配电(控制)柜、屏、台、箱、盘的交流工频耐压试验、保护装置的动作试验合格,才能通电;

3 控制回路模拟动作试验合格,盘车或手动操作,电气部分与机械部分的转动或动作协调一致,经检查确认,才能空载试运行。

3.3.8 裸母线、封闭母线、插接式母线安装应按以下程序进行:

1 变压器、高低压成套配电柜、穿墙套管及绝缘子等安装就位,经检查合格,才能安装变压器和高低压成套配电柜的母线;

2 封闭、插接式母线安装,在结构封顶、室内底层地面施工完成或已确定地面标高、场地清理、层间距离复核后,才能确定支架设置位置;

3 与封闭、插接式母线安装位置有关的管道、空调及建筑装修工程施工基本结束,确认扫尾施工不会影响已安装的母线,才能安装母线;

4 封闭、插接式母线每段母线组对接续前,绝缘电阻测试合格,绝缘电阻值大于 $20M\Omega$,才能安装组对;

5 母线支架和封闭、插接式母线的外壳接地(PE)或接零(PEN)连接完成,母线绝缘电阻测试和交流工频耐压试验合格,才能通电。

3.3.9 电缆桥架安装和桥架内电缆敷设应按以下程序进行:

1 测量定位,安装桥架的支架,经检查确认,才能安装桥架;

2 桥架安装检查合格,才能敷设电缆;

3 电缆敷设前绝缘测试合格,才能敷设;

4 电缆电气交接试验合格,且对接线去向、相位和防火隔堵措施等检查确认,才能通电。

3.3.10 电缆在沟内、竖井内支架上敷设应按以下程序进行:

1 电缆沟、电缆竖井内的施工临时设施、模板及建筑废料等清除,测量定位后,才能安装支架;

2 电缆沟、电缆竖井内支架安装及电缆导管敷设结束,接地(PE)或接零(PEN)连接完成,经检查确认,才能敷设电缆;

3 电缆敷设前绝缘测试合格,才能敷设;

4 电缆交接试验合格,且对接线去向、相位和防火隔堵措施等检查确认,才能通电。

3.3.11 电线导管、电缆导管和线槽敷设应按以下程序进行:

1 除埋入混凝土中的非镀锌钢导管外壁不做防腐处理外,其他场所的非镀锌钢导管内外壁均做防腐处理,经检查确认,才能配管;

2 室外直埋导管的路径、沟槽深度、宽度及垫层处理经检查确认,才能埋设导管;

3 现浇混凝土板内配管在底层钢筋绑扎完成,上层钢筋未绑扎前敷设,且检查确认,才能绑扎上层钢筋和浇捣混凝土;

4 现浇混凝土墙体内的钢筋网片绑扎完成,门、窗等位置已放线,经检查确认,才能在墙体内配管;

5 被隐蔽的接线盒和导管在隐蔽前检查合格,才能隐蔽;

6 在梁、板、柱等部位明配管的导管套管、埋件、支架等检查合格,才能配管;

7 吊顶上的灯位及电气器具位置先放样,且与土建及各专业施工单位商定,才能在吊顶内配管;

8 顶棚和墙面的喷浆、油漆或壁纸等基本完成,才能敷设线槽、槽板。

3.3.12 电线、电缆穿管及线槽敷线应按以下程序进行:

1 接地(PE)或接零(PEN)及其他焊接施工完成,经检查确认,才能穿入电线或电缆以及线槽内敷线;

2 与导管连接的柜、屏、台、箱、盘安装完成,管内积水及杂物清理干净,经检查确认,才能穿入电线、电缆;

3 电缆穿管前绝缘测试合格,才能穿入导管;

4 电线、电缆交接试验合格,且对接线去向和相位等检查确认,才能通电。

3.3.13 钢索配管的预理件及预留孔,应预埋、预留完成;装修工程除地面外基本结束,才能吊装钢索及敷设线路。

3.3.14 电缆头制作和接线应按以下程序进行:

1 电缆连接位置、连接长度和绝缘测试经检查确认,才能制作电缆头;

2 控制电缆绝缘电阻测试和校线合格,才能接线;

3 电线、电缆交接试验和相位核对合格，才能接线。

3.3.15 照明灯具安装应按以下程序进行：

1 安装灯具的预埋螺栓、吊杆和吊顶上嵌入式灯具安装专用骨架等完成，按设计要求做承载试验合格，才能安装灯具；

2 影响灯具安装的模板、脚手架拆除：顶棚和墙面喷浆、油漆或壁纸等及地面清理工作基本完成后，才能安装灯具；

3 导线绝缘测试合格，才能灯具接线；

4 高空安装的灯具，地面通断电试验合格，才能安装。

3.3.16 照明开关、插座、风扇安装：吊扇的吊钩预埋完成；电线绝缘测试应合格，顶棚和墙面的喷浆、油漆或壁纸等应基本完成，才能安装开关、插座和风扇。

3.3.17 照明系统的测试和通电试运行应按以下程序进行：

1 电线绝缘电阻测试前电线的接续完成；

2 照明箱（盘）、灯具、开关、插座的绝缘电阻测试在就位前或接线前完成；

3 备用电源或事故照明电源作空载自动投切试验前拆除负荷，空载自动投切试验合格，才能做有载自动投切试验；

4 电气器具及线路绝缘电阻测试合格，才能通电试验；

5 照明全负荷试验必须在本条的1、2、4完成后进行。

3.3.18 接地装置安装应按以下程序进行：

1 建筑物基础接地体：底板钢筋敷设完成，按设计要求做接地施工，经检查确认，才能支模或浇捣混凝土；

2 人工接地体：按设计要求位置开挖沟槽，经检查确认，才能打入接地极和敷设地下接地干线；

3 接地模块：按设计位置开挖模块坑，并将地下接地干线引到模块上，经检查确认，才能相互焊接；

4 装置隐蔽：检查验收合格，才能覆土回填。

3.3.19 引下线安装应按以下程序进行：

1 利用建筑物柱内主筋作引下线，在柱内主筋绑扎后，按设计要求施工，经检查确认，才能支模；

2 直接从基础接地体或人工接地体暗敷埋入粉刷层内的引下线，经检查确认不外露，才能贴面砖或刷涂料等；

3 直接从基础接地体或人工接地体引出明敷的引下线，先埋设或安装支架，经检查确认，才能敷设引下线。

3.3.20 等电位联结应按以下程序进行：

1 总等电位联结：对可作导电接地体的金属管道入户处和供总等电位联结的接地干线的位置检查确认，才能安装焊接总等电位联结端子板，按设计要求做总等电位联结；

2 辅助等电位联结：对供辅助等电位联结的接地母线位置检查确认，才能安装焊接辅助等电位联结端子板，按设计要求做辅助等电位联结；

3 对特殊要求的建筑金属屏蔽网箱，网箱施工完成，经检查确认，才能与接地线连接。

3.3.21 接闪器安装：接地装置和引下线应施工完成，才能安装接闪器，且与引下线连接。

3.3.22 防雷接地系统测试：接地装置施工完成测试应合格；避雷接闪器安装完成，整个防雷接地系统连成回路，才能系统测试。

4 架空线路及杆上电气设备安装

4.1 主控项目

4.1.1 电杆坑、拉线坑的深度允许偏差，应不深于设计坑深100mm、不浅于设计坑深50mm。

4.1.2 架空导线的弧垂值，允许偏差为设计弧垂值的±5%，水平排列的同档导线间弧垂值偏差为±50mm。

4.1.3 变压器中性点应与接地装置引出干线直接连接，接地装置的接地电阻值必须符合设计要求。

4.1.4 杆上变压器和高压绝缘子、高压隔离开关、跌落式熔断器、避雷器等必须按本规范第3.1.8条的规定交接试验合格。

4.1.5 杆上低压配电箱的电气装置和馈电线路交接试验应符合下列规定：

1 每路配电开关及保护装置的规格、型号，应符合设计要求；

2 相间和相对地间的绝缘电阻值应大于0.5MΩ；

3 电气装置的交流工频耐压试验电压为1kV，当绝缘电阻值大于10MΩ时，可采用2500V兆欧表摇测替代，试验持续时间1min，无击穿闪络现象。

4.2 一般项目

4.2.1 拉线的绝缘子及金具应齐全，位置正确，承力拉线应与线路中心线方向一致，转角拉线应与线路分角线方向一致。拉线应收紧，收紧程度与杆上导线数量规格及弧垂值相适配。

4.2.2 电杆组立应正直，直线杆横向位移不应大于50mm，杆梢偏移不应大于梢径的1/2，转角杆紧线后不向内角倾斜，向外角倾斜不应大于 1 个梢径。

4.2.3 直线杆单横担应装于受电侧，终端杆、转角杆的单横担应装于拉线侧。横担的上下歪斜和左右扭斜，从横担端部测量不应大于 20mm。横担等镀锌制品应热浸镀锌。

4.2.4 导线无断股、扭绞和死弯，与绝缘子固定可靠，金具规格应与导线规格适配。

4.2.5 线路的跳线、过引线、接户线的线间和线对地间的安全距离，电压等级为 6～10kV 的，应大于 300mm；电压等级为 1kV 及以下的，应大于 150mm。用绝缘导线架设的线路，绝缘破口处应修补完整。

4.2.6 杆上电气设备安装应符合下列规定：

　1　固定电气设备的支架、紧固件为热浸镀锌制品，紧固件及防松零件齐全；

　2　变压器油位正常、附件齐全、无渗油现象、外壳涂层完整；

　3　跌落式熔断器安装的相间距离不小于 500mm；熔管试操动能自然打开旋下；

　4　杆上隔离开关分、合操动灵活，操动机构机械锁定可靠，分合时三相同期性好，分闸后，刀片与静触头间空气间隙距离不小于 200mm；地面操作杆的接地（PE）可靠，且有标识；

　5　杆上避雷器排列整齐，相间距离不小于 350mm，电源侧引线铜线截面积不小于 16mm²、铝线截面积不小于 25mm²；接地侧引线铜线截面积不小于 25mm²，铝线截面积不小于 35mm²。与接地装置引出线连接可靠。

5　变压器、箱式变电所安装

5.1　主控项目

5.1.1 变压器安装应位置正确，附件齐全，油浸变压器油位正常，无渗油现象。

5.1.2 接地装置引出的接地干线与变压器的低压侧中性点直接连接；接地干线与箱式变电所的 N 母线和 PE 母线直接连接；变压器箱体、干式变压器的支架或外壳应接地（PE）。所有连接应可靠，紧固件及防松零件齐全。

5.1.3 变压器必须按本规范第 3.1.8 条的规定交接试验合格。

5.1.4 箱式变电所及落地式配电箱的基础应高于室外地坪，周围排水通畅。用地脚螺栓固定的螺帽齐全，拧紧牢固；自由安放的应垫平放正。金属箱式变电所及落地式配电箱，箱体应接地（PE）或接零（PEN）可靠，且有标识。

5.1.5 箱式变电所的交接试验，必须符合下列规定：

　1　由高压成套开关柜、低压成套开关柜和变压器三个独立单元组合成的箱式变电所高压电气设备部分，按本规范 3.1.8 的规定交接试验合格；

　2　高压开关、熔断器等与变压器组合在同一个密闭油箱内的箱式变电所，交接试验按产品提供的技术文件要求执行；

　3　低压成套配电柜交接试验符合本规范第 4.1.5 条的规定。

5.2　一般项目

5.2.1 有载调压开关的传动部分润滑应良好，动作灵活，点动给定位置与开关实际位置一致，自动调节符合产品的技术文件要求。

5.2.2 绝缘件应无裂纹、缺损和瓷件瓷釉损坏等缺陷，外表清洁，测温仪表指示准确。

5.2.3 装有滚轮的变压器就位后，应将滚轮用能拆卸的制动部件固定。

5.2.4 变压器应按产品技术文件要求进行检查器身，当满足下列条件之一时，可不检查器身。

　1　制造厂规定不检查器身者；

　2　就地生产仅做短途运输的变压器，且在运输过程中有效监督，无紧急制动、剧烈振动、冲撞或严重颠簸等异常情况者。

5.2.5 箱式变电所内外涂层完整、无损伤，有通风口的风口防护网完好。

5.2.6 箱式变电所的高低压柜内部接线完整、低压每个输出回路标记清晰，回路名称准确。

5.2.7 装有气体继电器的变压器顶盖，沿气体继电器的气流方向有 1.0%～1.5% 的升高坡度。

6　成套配电柜、控制柜（屏、台）和动力、照明配电箱（盘）安装

6.1　主控项目

6.1.1 柜、屏、台、箱、盘的金属框架及基础型钢必须接地（PE）或接零（PEN）可靠；装有电器的可开启门，门和框架的接地端子间应用裸编织铜线连接，且有标识。

6.1.2 低压成套配电柜、控制柜（屏、台）和动力、照明配电箱（盘）应有可靠的电击保护。柜（屏、台、箱、盘）内保护导体应有裸露的连接外部保护导体的端子，当设计无要求时，柜（屏、台、箱、盘）内保护导体最小截面积 S_p 不应小于表 6.1.2 的规定。

6.1.3 手车、抽出式成套配电柜推拉应灵活，无卡阻碰撞现象。动触头与静触头的中心线应一致，且触头接触密集，投入时，接地触头先于主触头接触；退出时，接地触头后于主触头脱开。

表 6.1.2 保护导体的截面积

相线的截面积 S （mm²）	相应保护导体的最小截面积 Sp （mm²）
S≤16	S
16＜S≤35	16
35＜S≤400	S/2
400＜S≤800	200
S＞800	S/4

注：S 指柜（屏、台、箱、盘）电源进线相线截面积，且两者（S、S_p）材质相同。

6.1.4 高压成套配电柜必须按本规范第 3.1.8 条的规定交接试验合格，且应符合下列规定：

1 继电保护元器件、逻辑元件、变送器和控制用计算机等单体校验合格，整组试验动作正确，整定参数符合设计要求；

2 凡经法定程序批准，进入市场投入使用的新高压电气设备和继电保护装置，按产品技术文件要求交接试验。

6.1.5 低压成套配电柜交接试验，必须符合本规范第 4.1.5 条的规定。

6.1.6 柜、屏、台、箱、盘间线路的线间和线对地间绝缘电阻值，馈电线路必须大于 0.5MΩ；二次回路必须大于 1MΩ。

6.1.7 柜、屏、台、箱、盘间二次回路交流工频耐压试验，当绝缘电阻值大于 10MΩ 时，用 2500V 兆欧表摇测 1min，应无闪络击穿现象；当绝缘电阻值在 1～10MΩ 时，做 1000V 交流工频耐压试验，时间 1min，应无闪络击穿现象。

6.1.8 直流屏试验，应将屏内电子器件从线路上退出，检测主回路线间和线对地间绝缘电阻值应大于 0.5MΩ，直流屏所附蓄电池组的充、放电应符合产品技术文件要求；整流器的控制调整和输出特性试验应符合产品技术文件要求。

6.1.9 照明配电箱（盘）安装应符合下列规定：

1 箱（盘）内配线整齐，无绞接现象。导线连接紧密，不伤芯线，不断股。垫圈下螺丝两侧压的导线截面积相同，同一端子上导线连接不多于 2 根，防松垫圈等零件齐全。

2 箱（盘）内开关动作灵活可靠，带有漏电保护的回路，漏电保护装置动作电流不大于 30mA，动作时间不大于 0.1s。

3 照明箱（盘）内，分别设置零线（N）和保护地线（PE 线）汇流排，零线和保护地线经汇流排配出。

6.2 一般项目

6.2.1 基础型钢安装应符合表 6.2.1 的规定。

表 6.2.1 基础型钢安装允许偏差

项 目	允许偏差	
	mm/m	mm/全长
不直度	1	5
水平度	1	5
不平行度	—	5

6.2.2 柜、屏、台、箱、盘相互间或与基础型钢应用镀锌螺栓连接，且防松零件齐全。

6.2.3 柜、屏、台、箱、盘安装垂直度允许偏差为 1.5‰，相互间接缝不应大于 2mm，成列盘面偏差不应大于 5mm。

6.2.4 柜、屏、台、箱、盘内检查试验应符合下列规定：

1 控制开关及保护装置的规格、型号符合设计要求；

2 闭锁装置动作准确、可靠；

3 主开关的辅助开关切换动作与主开关动作一致；

4 柜、屏、台、箱、盘上的标识器件标明被控设备编号及名称，或操作位置，接线端子有编号，且清晰、工整、不易脱色；

5 回路中的电子元件不应参加交流工频耐压试验；48V 及以下回路可不做交流工频耐压试验。

6.2.5 低压电器组合应符合下列规定：

1 发热元件安装在散热良好的位置；

2 熔断器的熔体规格、自动开关的整定值符合设计要求；

3 切换压板接触良好，相邻压板间有安全距离，切换时，不触及相邻的压板；

4 信号回路的信号灯、按钮、光字牌、电铃、电笛、事故电钟等动作和信号显示准确；

5 外壳需接地（PE）或接零（PEN）的，连接可靠；

6 端子排安装牢固，端子有序号，强电、弱电端子隔离布置，端子规格与芯线截面积大小适配。

6.2.6 柜、屏、台、箱、盘间配线：电流回路应采用额定电压不低于 750V、芯线截面积不小于 2.5mm² 的铜芯绝缘电线或电缆；除电子元件回路或类似回路外，其他回路的电线应采用额定电压不低于 750V、芯线截面不小于 1.5mm² 的铜芯绝缘电线或电缆。

二次回路连线应成束绑扎，不同电压等级、交流、直流线路及计算机控制线路应分别绑扎，且有标识；固定后不应妨碍手车开关或抽出式部件的拉出或推入。

6.2.7 连接柜、屏、台、箱、盘面板上的电器及控制台、板等可动部位的电线应符合下列规定：

1 采用多股铜芯软电线，敷设长度留有适当裕量；

2 线束有外套塑料管等加强绝缘保护层；

3 与电器连接时，端部绞紧，且有不开口的终端端子或搪锡，不松散、断股；

4 可转动部位的两端用卡子固定。

6.2.8 照明配电箱（盘）安装应符合下列规定：

1 位置正确，部件齐全，箱体开孔与导管管径适配，暗装配电箱箱盖紧贴墙面，箱（盘）涂层完整；

2 箱（盘）内接线整齐，回路编号齐全，标识正确；

3 箱（盘）不采用可燃材料制作；

4 箱（盘）安装牢固，垂直度允许偏差为1.5‰；底边距地面为1.5m，照明配电板底边距地面不小于1.8m。

7 低压电动机、电加热器及电动执行机构检查接线

7.1 主控项目

7.1.1 电动机、电加热器及电动执行机构的可接近裸露导体必须接地（PE）或接零（PEN）。

7.1.2 电动机、电加热器及电动执行机构绝缘电阻值应大于 0.5MΩ。

7.1.3 100kW 以上的电动机，应测量各相直流电阻值，相互差不大于最小值的 2%；无中性点引出的电动机，测量线间直流电阻值，相互差不应大于最小值的 1%。

7.2 一般项目

7.2.1 电气设备安装应牢固，螺栓及防松零件齐全，不松动。防水防潮电气设备的接线入口及接线盒盖等应做密封处理。

7.2.2 除电动机随带技术文件说明不允许在施工现场抽芯检查外，有下列情况之一的电动机，应抽芯检查：

1 出厂时间已超过制造厂保证期限，无保证期限的已超过出厂时间一年以上；

2 外观检查、电气试验、手动盘转和试运转，有异常情况。

7.2.3 电动机抽芯检查应符合下列规定：

1 线圈绝缘层完好、无伤痕，端部绑线不松动，

槽楔固定、无断裂，引线焊接饱满，内部清洁，通风孔道无堵塞；

2 轴承无锈斑，注油（脂）的型号、规格和数量正确，转子平衡块紧固，平衡螺丝锁紧，风扇叶片无裂纹；

3 连接用紧固件的防松零件齐全完整；

4 其他指标符合产品技术文件的特有要求。

7.2.4 在设备接线盒内裸露的不同相导线间和导线对地间最小距离应大于 8mm，否则应采取绝缘防护措施。

8 柴油发电机组安装

8.1 主控项目

8.1.1 发电机的试验必须符合本规范附录 A 的规定。

8.1.2 发电机组至低压配电柜馈电线路的相间、相对地间的绝缘电阻值应大于 0.5MΩ；塑料绝缘电缆馈电线路直流耐压试验为 2.4kV，时间 15min，泄漏电流稳定，无击穿现象。

8.1.3 柴油发电机馈电线路连接后，两端的相序必须与原供电系统的相序一致。

8.1.4 发电机中性线（工作零线）应与接地干线直接连接，螺栓防松零件齐全，且有标识。

8.2 一般项目

8.2.1 发电机组随带的控制柜接线应正确，紧固件紧固状态良好，无遗漏脱落。开关、保护装置的型号、规格正确，验证出厂试验的锁定标记应无位移，有位移应重新按制造厂要求试验标定。

8.2.2 发电机本体和机械部分的可接近裸露导体应接地（PE）或接零（PEN）可靠，且有标识。

8.2.3 受电侧低压配电柜的开关设备、自动或手动切换装置和保护装置等试验合格，应按设计的自备电源使用分配预案进行负荷试验，机组连续运行 12h 无故障。

9 不间断电源安装

9.1 主控项目

9.1.1 不间断电源的整流装置、逆变装置和静态开关装置的规格、型号必须符合设计要求。内部结线连接正确，紧固件齐全，可靠不松动，焊接连接无脱落现象。

9.1.2 不间断电源的输入、输出各级保护系统和输出的电压稳定性、波形畸变系数、频率、相位、静态开关的动作等各项技术性能指标试验调整必须符合产品技术文件要求，且符合设计文件要求。

9.1.3 不间断电源装置间连线的线间、线对地间绝缘电阻值应大于 0.5MΩ。

9.1.4 不间断电源输出端的中性线（N 极），必须与由接地装置直接引来的接地干线相连接，做重复接地。

9.2 一般项目

9.2.1 安放不间断电源的机架组装应横平竖直，水平度、垂直度允许偏差不应大于 1.5‰，紧固件齐全。

9.2.2 引入或引出不间断电源装置的主回路电线、电缆和控制电线、电缆应分别穿保护管敷设，在电缆支架上平行敷设应保持 150mm 的距离；电线、电缆的屏蔽护套接地连接可靠，与接地干线就近连接，紧固件齐全。

9.2.3 不间断电源装置的可接近裸露导体应接地（PE）或接零（PEN）可靠，且有标识。

9.2.4 不间断电源正常运行时产生的 A 声级噪声，不应大于 45dB；输出额定电流为 5A 及以下的小型不间断电源噪声，不应大于 30dB。

10 低压电气动力设备试验和试运行

10.1 主控项目

10.1.1 试运行前，相关电气设备和线路应按本规范的规定试验合格。

10.1.2 现场单独安装的低压电器交接试验项目应符合本规范附录 B 的规定。

10.2 一般项目

10.2.1 成套配电（控制）柜、台、箱、盘的运行电压、电流应正常，各种仪表指示正常。

10.2.2 电动机应试通电，检查转向和机械转动有无异常情况；可空载试运行的电动机，时间一般为 2h，记录空载电流，且检查机身和轴承的温升。

10.2.3 交流电动机在空载状态下（不投料）可启动次数及间隔时间应符合产品技术条件的要求；无要求时，连续启动 2 次的时间间隔不应小于 5min，再次启动应在电动机冷却至常温下。空载状态（不投料）运行，应记录电流、电压、温度、运行时间等有关数据，且应符合建筑设备或工艺装置的空载状态运行（不投料）要求。

10.2.4 大容量（630A 及以上）导线或母线连接处，在设计计算负荷运行情况下应做温度抽测记录，温升值稳定且不大于设计值。

10.2.5 电动执行机构的动作方向及指示，应与工艺装置的设计要求保持一致。

11 裸母线、封闭母线、插接式母线安装

11.1 主控项目

11.1.1 绝缘子的底座、套管的法兰、保护网（罩）及母线支架等可接近裸露导体应接地（PE）或接零（PEN）可靠。不应作为接地（PE）或接零（PEN）的接续导体。

11.1.2 母线与母线或母线与电器接线端子，当采用螺栓搭接连接时，应符合下列规定：

　　1 母线的各类搭接连接的钻孔直径和搭接长度符合本规范附录 C 的规定，用力矩扳手拧紧钢制连接螺栓的力矩值符合本规范附录 D 的规定；

　　2 母线接触面保持清洁，涂电力复合脂，螺栓孔周边无毛刺；

　　3 连接螺栓两侧有平垫圈，相邻垫圈间有大于 3mm 的间隙，螺母侧装有弹簧垫圈或锁紧螺母；

　　4 螺栓受力均匀，不使电器的接线端子受额外应力。

11.1.3 封闭、插接式母线安装应符合下列规定：

　　1 母线与外壳同心，允许偏差为 ±5mm；

　　2 当段与段连接时，两相邻段母线及外壳对准，连接后不使母线及外壳受额外应力；

　　3 母线的连接方法符合产品技术文件要求。

11.1.4 室内裸母线的最小安全净距应符合本规范附录 E 的规定。

11.1.5 高压母线交流工频耐压试验必须按本规范第 3.1.8 条的规定交接试验合格。

11.1.6 低压母线交接试验应符合本规范第 4.1.5 条的规定。

11.2 一般项目

11.2.1 母线的支架与预埋铁件采用焊接固定时，焊缝应饱满；采用膨胀螺栓固定时，选用的螺栓应适配，连接应牢固。

11.2.2 母线与母线、母线与电器接线端子搭接，搭接面的处理应符合下列规定：

　　1 铜与铜：室外、高温且潮湿的室内，搭接面搪锡；干燥的室内，不搪锡；

　　2 铝与铝：搭接面不做涂层处理；

　　3 钢与钢：搭接面搪锡或镀锌；

　　4 铜与铝：在干燥的室内，铜导体搭接面搪锡；在潮湿场所，铜导体搭接面搪锡，且采用铜铝过渡板与铝导体连接；

　　5 钢与铜或铝：钢搭接面搪锡。

11.2.3 母线的相序排列及涂色，当设计无要求时应符合下列规定：

　　1 上、下布置的交流母线，由上至下排列为 A、B、C 相；直流母线正极在上，负极在下；

　　2 水平布置的交流母线，由盘后向盘前排列为 A、B、C 相；直流母线正极在后，负极在前；

3 面对引下线的交流母线，由左至右排列为 A、B、C 相；直流母线正极在左，负极在右；

4 母线的涂色：交流，A 相为黄色、B 相为绿色、C 相为红色；直流，正极为赭色、负极为蓝色；在连接处或支持件边缘两侧 10mm 以内不涂色。

11.2.4 母线在绝缘子上安装应符合下列规定：

1 金具与绝缘子间的固定平整牢固，不使母线受额外应力；

2 交流母线的固定金具或其他支持金具不形成闭合铁磁回路；

3 除固定点外，当母线平置时，母线支持夹板的上部压板与母线间有 1～1.5mm 的间隙；当母线立置时，上部压板与母线间有 1.5～2mm 的间隙；

4 母线的固定点，每段设置 1 个，设置于全长或两母线伸缩节的中点；

5 母线采用螺栓搭接时，连接处距绝缘子的支持夹板边缘不小于 50mm。

11.2.5 封闭、插接式母线组装和固定位置应正确，外壳与底座间、外壳各连接部位和母线的连接螺栓应按产品技术文件要求选择正确，连接紧固。

12 电缆桥架安装和桥架内电缆敷设

12.1 主控项目

12.1.1 金属电缆桥架及其支架和引入或引出的金属电缆导管必须接地（PE）或接零（PEN）可靠，且必须符合下列规定：

1 金属电缆桥架及其支架全长应不少于 2 处与接地（PE）或接零（PEN）干线相连接；

2 非镀锌电缆桥架间连接板的两端跨接铜芯接地线，接地线最小允许截面积不小于 4mm^2；

3 镀锌电缆桥架间连接板的两端不跨接接地线，但连接板两端不少于 2 个有防松螺帽或防松垫圈的连接固定螺栓。

12.1.2 电缆敷设严禁有绞拧、铠装压扁、护层断裂和表面严重划伤等缺陷。

12.2 一般项目

12.2.1 电缆桥架安装应符合下列规定：

1 直线段钢制电缆桥架长度超过 30m、铝合金或玻璃钢制电缆桥架长度超过 15m 设有伸缩节；电缆桥架跨越建筑物变形缝处设置补偿装置；

2 电缆桥架转弯处的弯曲半径，不小于桥架内电缆最小允许弯曲半径，电缆最小允许弯曲半径见表 12.2.1-1；

3 当设计无要求时，电缆桥架水平安装的支架间距为 1.5～3m；垂直安装的支架间距不大于 2m；

表 12.2.1-1　电缆最小允许弯曲半径

序号	电缆种类	最小允许弯曲半径
1	无铅包钢铠护套的橡皮绝缘电力电缆	10D
2	有钢铠护套的橡皮绝缘电力电缆	20D
3	聚氯乙烯绝缘电力电缆	10D
4	交联聚氯乙烯绝缘电力电缆	15D
5	多芯控制电缆	10D

注：D 为电缆外径。

4 桥架与支架间螺栓、桥架连接板螺栓固定紧固无遗漏，螺母位于桥架外侧；当铝合金桥架与钢支架固定时，有相互间绝缘的防电化腐蚀措施；

5 电缆桥架敷设在易燃易爆气体管道和热力管道的下方，当设计无要求时，与管道的最小净距，符合表 12.2.1-2 的规定；

6 敷设在竖井内和穿越不同防火区的桥架，按设计要求位置，有防火隔堵措施；

7 支架与预埋件焊接固定时，焊缝饱满；膨胀螺栓固定时，选用螺栓适配，连接紧固，防松零件齐全。

12.2.2 桥架内电缆敷设应符合下列规定：

表 12.2.1-2　与管道的最小净距（m）

管道类别		平行净距	交叉净距
一般工艺管道		0.4	0.3
易燃易爆气体管道		0.5	0.5
热力管道	有保温层	0.5	0.3
	无保温层	1.0	0.5

1 大于 45°倾斜敷设的电缆每隔 2m 处设固定点；

2 电缆出入电缆沟、竖井、建筑物、柜（盘）、台处以及管子管口处等做密封处理；

3 电缆敷设排列整齐，水平敷设的电缆，首尾两端、转弯两侧及每隔 5～10m 处设固定点；敷设于垂直桥架内的电缆固定点间距，不大于表 12.2.2 的规定。

表 12.2.2　电缆固定点的间距（mm）

电缆种类		固定点的间距
电力电缆	全塑型	1000
	除全塑型外的电缆	1500
控制电缆		1000

12.2.3 电缆的首端、末端和分支处应设标志牌。

13 电缆沟内和电缆竖井内电缆敷设

13.1 主控项目

13.1.1 金属电缆支架、电缆导管必须接地（PE）或接零（PEN）可靠。

13.1.2 电缆敷设严禁有绞拧、铠装压扁、护层断裂和表面严重划伤等缺陷。

13.2 一般项目

13.2.1 电缆支架安装应符合下列规定：

1 当设计无要求时，电缆支架最上层至竖井顶部或楼板的距离不小于 150～200mm；电缆支架最下层至沟底或地面的距离不小于 50～100mm；

2 当设计无要求时，电缆支架层间最小允许距离符合表 13.2.1 的规定；

表 13.2.1 电缆支架层间最小允许距离 (mm)

电缆种类	支架层间最小距离
控制电缆	120
10kV 及以下电力电缆	150～200

3 支架与预埋件焊接固定时，焊缝饱满；用膨胀螺栓固定时，选用螺栓适配，连接紧固，防松零件齐全。

13.2.2 电缆在支架上敷设，转弯处的最小允许弯曲半径应符合本规范表 12.2.1-1 的规定。

13.2.3 电缆敷设固定应符合下列规定：

1 垂直敷设或大于 45°倾斜敷设的电缆在每个支架上固定；

2 交流单芯电缆或分相后的每相电缆固定用的夹具和支架，不形成闭合铁磁回路；

3 电缆排列整齐，少交叉；当设计无要求时，电缆支持点间距，不大于表 13.2.3 的规定；

表 13.2.3 电缆支持点间距 (mm)

电缆种类		敷设方式	
		水平	垂直
电力电缆	全塑型	400	1000
	除全塑型外的电缆	800	1500
控制电缆		800	1000

4 当设计无要求时，电缆与管道的最小净距，符合本规范表 12.2.1-2 的规定，且敷设在易燃易爆气体管道和热力管道的下方；

5 敷设电缆的电缆沟和竖井，按设计要求位置，

有防火隔堵措施。

13.2.4 电缆的首端、末端和分支处应设标志牌。

14 电线导管、电缆导管和线槽敷设

14.1 主控项目

14.1.1 金属的导管和线槽必须接地（PE）或接零（PEN）可靠，并符合下列规定：

1 镀锌的钢导管、可挠性导管和金属线槽不得熔焊跨接接地线，以专用接地卡跨接的两卡间连线为铜芯软导线，截面积不小于 4mm²；

2 当非镀锌钢导管采用螺纹连接时，连接处的两端焊跨接接地线；当镀锌钢导管采用螺纹连接时，连接处的两端用专用接地卡固定跨接接地线；

3 金属线槽不作设备的接地导体，当设计无要求时，金属线槽全长不少于 2 处与接地（PE）或接零（PEN）干线连接；

4 非镀锌金属线槽间连接板的两端跨接铜芯接地线，镀锌线槽间连接板的两端不跨接接地线，但连接板两端不少于 2 个有防松螺帽或防松垫圈的连接固定螺栓。

14.1.2 金属导管严禁对口熔焊连接；镀锌和壁厚小于等于 2mm 的钢导管不得套管熔焊连接。

14.1.3 防爆导管不应采用倒扣连接；当连接有困难时，应采用防爆活接头，其接合面应严密。

14.1.4 当绝缘导管在砌体上剔槽埋设时，应采用强度等级不小于 M10 的水泥砂浆抹面保护，保护层厚度大于 15mm。

14.2 一般项目

14.2.1 室外埋地敷设的电缆导管，埋深不应小于 0.7m。壁厚小于等于 2mm 的钢电线导管不应埋设于室外土壤内。

14.2.2 室外导管的管口应设置在盒、箱内。在落地式配电箱内的管口，箱底无封板的，管口应高出基础面 50～80mm。所有管口在穿入电线、电缆后应做密封处理。由箱式变电所或落地式配电箱引向建筑物的导管，建筑物一侧的导管管口应设在建筑物内。

14.2.3 电缆导管的弯曲半径不应小于电缆最小允许弯曲半径，电缆最小允许弯曲半径应符合本规范表 12.2.1-1 的规定。

14.2.4 金属导管内外壁应防腐处理；埋设于混凝土内的导管内壁应防腐处理，外壁可不防腐处理。

14.2.5 室内进入落地式柜、台、箱、盘内的导管管口，应高出柜、台、箱、盘的基础面 50～80mm。

14.2.6 暗配的导管，埋设深度与建筑物、构筑物表面的距离不应小于 15mm；明配的导管应排列整齐，

固定点间距均匀，安装牢固；在终端、弯头中点或柜、台、箱、盘等边缘的距离150～500mm范围内设

有管卡，中间直线段管卡间的最大距离应符合表14.2.6的规定。

表 14.2.6　　　　　　　　　　管 卡 间 最 大 距 离

敷设方式	导 管 种 类	导管直径（mm）				
		15～20	25～32	32～40	50～65	65 以上
		管卡间最大距离（m）				
支架或沿墙明敷	壁厚＞2mm 刚性钢导管	1.5	2.0	2.5	2.5	3.5
	壁厚≤2mm 刚性钢导管	1.0	1.5	2.0	—	—
	刚性绝缘导管	1.0	1.5	1.5	2.0	2.0

14.2.7　线槽应安装牢固，无扭曲变形，紧固件的螺母应在线槽外侧。

14.2.8　防爆导管敷设应符合下列规定：

　　1　导管间及与灯具、开关、线盒等的螺纹连接处紧密牢固，除设计有特殊要求外，连接处不跨接接地线，在螺纹上涂以电力复合酯或导电性防锈酯；

　　2　安装牢固顺直，镀锌层锈蚀或剥落处做防腐处理。

14.2.9　绝缘导管敷设应符合下列规定：

　　1　管口平整光滑；管与管、管与盒（箱）等器件采用插入法连接时，连接处结合面涂专用胶合剂，接口牢固密封；

　　2　直埋于地下或楼板内的刚性绝缘导管，在穿出地面或楼板易受机械损伤的一段，采取保护措施；

　　3　当设计无要求时，埋设在墙内或混凝土内的绝缘导管，采用中型以上的导管；

　　4　沿建筑物、构筑物表面和在支架上敷设的刚性绝缘导管，按设计要求装设温度补偿装置。

14.2.10　金属、非金属柔性导管敷设应符合下列规定：

　　1　刚性导管经柔性导管与电气设备、器具连接，柔性导管的长度在动力工程中不大于0.8m，在照明工程中不大于1.2m；

　　2　可挠金属管或其他柔性导管与刚性导管或电气设备、器具间的连接采用专用接头；复合型可挠金属管或其他柔性导管的连接处密封良好，防液覆盖层完整无损；

　　3　可挠性金属导管和金属柔性导管不能做接地（PE）或接零（PEN）的接续导体。

14.2.11　导管和线槽，在建筑物变形缝处，应设补偿装置。

15　电线、电缆穿管和线槽敷线

15.1　主控项目

15.1.1　三相或单相的交流单芯电缆，不得单独穿于

钢导管内。

15.1.2　不同回路、不同电压等级和交流与直流的电线，不应穿于同一导管内；同一交流回路的电线应穿于同一金属导管内，且管内电线不得有接头。

15.1.3　爆炸危险环境照明线路的电线和电缆额定电压不得低于750V，且电线必须穿于钢导管内。

15.2　一般项目

15.2.1　电线、电缆穿管前，应清除管内杂物和积水。管口应有保护措施，不进入接线盒（箱）的垂直管口穿入电线、电缆后，管口应密封。

15.2.2　当采用多相供电时，同一建筑物、构筑物的电线绝缘层颜色选择应一致，即保护地线（PE线）应是黄绿相间色，零线用淡蓝色；相线用：A相——黄色、B相——绿色、C相——红色。

15.2.3　线槽敷线应符合下列规定：

　　1　电线在线槽内有一定余量，不得有接头。电线按回路编号分段绑扎，绑扎点间距不应大于2m；

　　2　同一回路的相线和零线，敷设于同一金属线槽内；

　　3　同一电源的不同回路无抗干扰要求的线路可敷设于同一线槽内；敷设于同一线槽内有抗干扰要求的线路用隔板隔离，或采用屏蔽电线且屏蔽护套一端接地。

16　槽板配线

16.1　主控项目

16.1.1　槽板内电线无接头，电线连接设在器具处；槽板与各种器具连接时，电线应留有余量，器具底座应压住槽板端部。

16.1.2　槽板敷设应紧贴建筑物表面，且横平竖直、固定可靠，严禁用木楔固定；木槽板应经阻燃处理，塑料槽板表面应有阻燃标识。

16.2　一般项目

16.2.1 木槽板无劈裂，塑料槽板无扭曲变形。槽板底板固定点间距应小于 500mm；槽板盖板固定点间距应小于 300mm；底板距终端 50mm 和盖板距终端 30mm 处应固定。

16.2.2 槽板的底板接口与盖板接口应错开 20mm，盖板在直线段和 90°转角处应成 45°斜口对接，T 形分支处应成三角叉接，盖板应无翘角，接口应严密整齐。

16.2.3 槽板穿过梁、墙和楼板处应有保护套管，跨越建筑物变形缝处槽板应设补偿装置，且与槽板结合严密。

17　钢索配线

17.1　主控项目

17.1.1 应采用镀锌钢索，不应采用含油芯的钢索。钢索的钢丝直径应小于 0.5mm，钢索不应有扭曲和断股等缺陷。

17.1.2 钢索的终端拉环埋件应牢固可靠，钢索与终端拉环套接处应采用心形环，固定钢索的线卡不应少于 2 个，钢索端头应用镀锌铁线绑扎紧密，且应接地（PE）或接零（PEN）可靠。

17.1.3 当钢索长度在 50m 及以下时，应在钢索一端装设花篮螺栓紧固；当钢索长度大于 50m 时，应在钢索两端装设花篮螺栓紧固。

17.2　一般项目

17.2.1 钢索中间吊架间距不应大于 12m，吊架与钢索连接处的吊钩深度不应小于 20mm，并应有防止钢索跳出的锁定零件。

17.2.2 电线和灯具在钢索上安装后，钢索应承受全部负载，且钢索表面应整洁、无锈蚀。

17.2.3 钢索配线的零件间和线间距离应符合表 17.2.3 的规定。

表 17.2.3　钢索配线的零件间和线间距离(mm)

配线类别	支持件之间最大距离	支持件与灯头盒之间最大距离
钢管	1500	200
刚性绝缘导管	1000	150
塑料护套线	200	100

18　电缆头制作、接线和线路绝缘测试

18.1　主控项目

18.1.1 高压电力电缆直流耐压试验必须按本规范第 3.1.8 条的规定交接试验合格。

18.1.2 低压电线和电缆，线间和线对地间的绝缘电阻值必须大于 0.5MΩ。

18.1.3 铠装电力电缆头的接地线应采用铜绞线或镀锡铜编织线，截面积不应小于表 18.1.3 的规定。

表 18.1.3　电缆芯线和接地线截面积（mm²）

电缆芯线截面积	接地线截面积
120 及以下	16
150 及以上	25

注：电缆芯线截面积在 16mm² 及以下，接地线截面积与电缆芯线截面积相等。

18.1.4 电线、电缆接线必须准确，并联运行电线或电缆的型号、规格、长度、相位应一致。

18.2　一般项目

18.2.1 芯线与电器设备的连接应符合下列规定：

　　1 截面积在 10mm² 及以下的单股铜芯线和单股铝芯线直接与设备、器具的端子连接；

　　2 截面积在 2.5mm² 及以下的多股铜芯线拧紧搪锡或接续端子后与设备、器具的端子连接；

　　3 截面积大于 2.5mm² 的多股铜芯线，除设备自带插接式端子外，接续端子后与设备或器具的端子连接；多股铜芯线与插接式端子连接前，端部拧紧搪锡；

　　4 多股铝芯线接续端子后与设备、器具的端子连接；

　　5 每个设备和器具的端子接线不多于 2 根电线。

18.2.2 电线、电缆的芯线连接金具（连接管和端子），规格应与芯线的规格适配，且不得采用开口端子。

18.2.3 电线、电缆的回路标记应清晰，编号准确。

19　普通灯具安装

19.1　主控项目

19.1.1 灯具的固定应符合下列规定：

　　1 灯具重量大于 3kg 时，固定在螺栓或预埋吊钩上；

　　2 软线吊灯，灯具重量在 0.5kg 及以下时，采用软电线自身吊装；大于 0.5kg 的灯具采用吊链，且软电线编叉在吊链内，使电线不受力；

　　3 灯具固定牢固可靠，不使用木楔。每个灯具固定用螺钉或螺栓不少于 2 个；当绝缘台直径在 75mm 及以下时，采用 1 个螺钉或螺栓固定。

19.1.2 花灯吊钩圆钢直径不应小于灯具挂销直径，且不应小于 6mm。大型花灯的固定及悬吊装置，应

按灯具重量的 2 倍做过载试验。

19.1.3　当钢管做灯杆时，钢管内径不应小于 10mm，钢管厚度不应小于 1.5mm。

19.1.4　固定灯具带电部件的绝缘材料以及提供防触电保护的绝缘材料，应耐燃烧和防明火。

19.1.5　当设计无要求时，灯具的安装高度和使用电压等级应符合下列规定：

　　1　一般敞开式灯具，灯头对地面距离不小于下列数值（采用安全电压时除外）：

　　1）室外：2.5m（室外墙上安装）；

　　2）厂房：2.5m；

　　3）室内：2m；

　　4）软吊线带升降器的灯具在吊线展开后：0.8m。

　　2　危险性较大及特殊危险场所，当灯具距地面高度小于 2.4m 时，使用额定电压为 36V 及以下的照明灯具，或有专用保护措施。

19.1.6　当灯具距地面高度小于 2.4m 时，灯具的可接近裸露导体必须接地（PE）或接零（PEN）可靠，并应有专用接地螺栓，且有标识。

19.2　一般项目

19.2.1　引向每个灯具的导线线芯最小截面积应符合表 19.2.1 的规定。

表 19.2.1　　导线线芯最小截面积（mm²）

灯具安装的场所及用途		线芯最小截面积		
		铜芯软线	铜线	铝线
灯头线	民用建筑室内	0.5	0.5	2.5
	工业建筑室内	0.5	1.0	2.5
	室外	1.0	1.0	2.5

19.2.2　灯具的外形、灯头及其接线应符合下列规定：

　　1　灯具及其配件齐全，无机械损伤、变形、涂层剥落和灯罩破裂等缺陷；

　　2　软线吊灯的软线两端做保护扣，两端芯线搪锡；当装升降器时，套塑料软管，采用安全灯头；

　　3　除敞开式灯具外，其他各类灯具灯泡容量在 100W 及以上者采用瓷质灯头；

　　4　连接灯具的软线盘扣、搪锡压线，当采用螺口灯头时，相线接于螺口灯头中间的端子上；

　　5　灯头的绝缘外壳不破损和漏电；带有开关灯头，开关手柄无裸露的金属部分。

19.2.3　变电所内，高低压配电设备及裸母线的正上方不应安装灯具。

19.2.4　装有白炽灯泡的吸顶灯，灯泡不应紧贴灯罩；当灯泡与绝缘台间距离小于 5mm 时，灯泡与绝

缘台间应采取隔热措施。

19.2.5　安装在重要场所的大型灯具的玻璃罩，应采取防止玻璃罩碎裂后向下溅落的措施。

19.2.6　投光灯的底座及支架应固定牢固，枢轴应沿需要的光轴方向拧紧固定。

19.2.7　安装在室外的壁灯应有泄水孔，绝缘台与墙面之间应有防水措施。

20　专用灯具安装

20.1　主控项目

20.1.1　36V 及以下行灯变压器和行灯安装必须符合下列规定：

　　1　行灯电压不大于 36V，在特殊潮湿场所或导电良好的地面上以及工作地点狭窄、行动不便的场所行灯电压不大于 12V；

　　2　变压器外壳、铁芯和低压侧的任意一端或中性点，接地（PE）或接零（PEN）可靠；

　　3　行灯变压器为双圈变压器，其电源侧和负荷侧有熔断器保护，熔丝额定电流分别不应大于变压器一次、二次的额定电流；

　　4　行灯灯体及手柄绝缘良好，坚固耐热耐潮湿；灯头与灯体结合紧密，灯头无开关，灯泡外部有金属保护网、反光罩及悬吊挂钩，挂钩固定在灯具的绝缘手柄上。

20.1.2　游泳池和类似场所灯具（水下灯及防水灯具）的等电位联结应可靠，且有明显标识，其电源的专用漏电保护装置应全部检测合格。自电源引入灯具的导管必须采用绝缘导管，严禁采用金属或有金属护层的导管。

20.1.3　手术台无影灯安装应符合下列规定：

　　1　固定灯座的螺栓数量不少于灯具法兰底座上的固定孔数，且螺栓直径与底座孔径相适配；螺栓采用双螺母锁固；

　　2　在混凝土结构上螺栓与主筋相焊接或将螺栓末端弯曲与主筋绑扎锚固；

　　3　配电箱内装有专用的总开关及分路开关，电源分别接在两条专用的回路上，开关至灯具的电线采用额定电压不低于 750V 的铜芯多股绝缘电线。

20.1.4　应急照明灯具安装应符合下列规定：

　　1　应急照明灯的电源除正常电源外，另有一路电源供电；或者是独立于正常电源的柴油发电机组供电；或由蓄电池柜供电或选用自带电源型应急灯具；

　　2　应急照明在正常电源断电后，电源转换时间为：疏散照明≤15s；备用照明≤15s（金融商店交易所≤1.5s）；安全照明≤0.5s；

3 疏散照明由安全出口标志灯和疏散标志灯组成。安全出口标志灯距地高度不低于 2m，且安装在疏散出口和楼梯口里侧的上方；

4 疏散标志灯安装在安全出口的顶部，楼梯间、疏散走道及其转角处应安装在 1m 以下的墙面上。不易安装的部位可安装在上部。疏散通道上的标志灯间距不大于 20m（人防工程不大于 10m）；

5 疏散标志灯的设置，不影响正常通行，且不在其周围设置容易混同疏散标志灯的其他标志牌等；

6 应急照明灯具，运行中温度大于 60℃ 的灯具，当靠近可燃物时，采取隔热、散热等防火措施。当采用白炽灯，卤钨灯等光源时，不直接安装在可燃装修材料或可燃物件上；

7 应急照明线路在每个防火分区有独立的应急照明回路，穿越不同防火分区的线路有防火隔堵措施；

8 疏散照明线路采用耐火电线、电缆，穿管明敷或在非燃烧体内穿刚性导管暗敷，暗敷保护层厚度不小于 30mm。电线采用额定电压不低于 750V 的铜芯绝缘电线。

20.1.5 防爆灯具安装应符合下列规定：

1 灯具的防爆标志、外壳防护等级和温度组别与爆炸危险环境相适配。当设计无要求时，灯具种类和防爆结构的选型应符合表 20.1.5 的规定；

表 20.1.5   灯具种类和防爆结构的选型

爆炸危险区域 防爆结构 照明设备种类	Ⅰ区		Ⅱ区	
	隔爆型 d	增安型 e	隔爆型 d	增安型 e
固定式灯	○	×	○	○
移动式灯	△	—	○	○
携带式电池灯	○	—	○	—
镇流器	○	△	○	○

注：○为适用；△为慎用；×为不适用。

2 灯具配套齐全，不用非防爆零件替代灯具配件（金属护网、灯罩、接线盒等）；

3 灯具的安装位置离开释放源，且不在各种管道的泄压口及排放口上下方安装灯具；

4 灯具及开关安装牢固可靠，灯具吊管及开关与接线盒螺纹啮合扣数不少于 5 扣，螺纹加工光滑、完整、无锈蚀，并在螺纹上涂以电力复合酯或导电性防锈酯；

5 开关安装位置便于操作，安装高度 1.3m。

20.2 一般项目

20.2.1 36V 及以下行灯变压器和行灯安装应符合下列规定：

1 行灯变压器的固定支架牢固，油漆完整；

2 携带式局部照明灯电线采用橡套软线。

20.2.2 手术台无影灯安装应符合下列规定：

1 底座紧贴顶板，四周无缝隙；

2 表面保持整洁、无污染，灯具镀、涂层完整无划伤。

20.2.3 应急照明灯具安装应符合下列规定：

1 疏散照明采用荧光灯或白炽灯；安全照明用卤钨灯，或采用瞬时可靠点燃的荧光灯；

2 安全出口标志灯和疏散标志灯装有玻璃或非燃材料的保护罩，面板亮度均匀度为 1：10（最低：最高），保护罩应完整、无裂纹。

20.2.4 防爆灯具安装应符合下列规定：

1 灯具及开关的外壳完整，无损伤、无凹陷或沟槽，灯罩无裂纹，金属护网无扭曲变形，防爆标志清晰；

2 灯具及开关的紧固螺栓无松动、锈蚀，密封垫圈完好。

21 建筑物景观照明灯、航空障碍标志灯和庭院灯安装

21.1 主控项目

21.1.1 建筑物彩灯安装应符合下列规定：

1 建筑物顶部彩灯采用有防雨性能的专用灯具，灯罩要拧紧；

2 彩灯配线管路按明配管敷设，且有防雨功能。管路间、管路与灯头盒间螺纹连接，金属导管及彩灯的构架、钢索等可接近裸露导体接地（PE）或接零（PEN）可靠；

3 垂直彩灯悬挂挑臂采用不小于 10# 的槽钢。端部吊挂钢索用的吊钩螺栓直径不小于 10mm，螺栓在槽钢上固定，两侧有螺帽，且加平垫及弹簧垫圈紧固；

4 悬挂钢丝绳直径不小于 4.5mm，底把圆钢直径不小于 16mm，地锚采用架空外线用拉线盘，埋设深度大于 1.5m；

5 垂直彩灯采用防水吊线灯头，下端灯头距离地面高于 3m。

21.1.2 霓虹灯安装应符合下列规定：

1 霓虹灯管完好，无破裂；

2 灯管采用专用的绝缘支架固定，且牢固可靠。灯管固定后，与建筑物、构筑物表面的距离不小

于 20mm；

3 霓虹灯专用变压器采用双圈式，所供灯管长度不大于允许负载长度，露天安装的有防雨措施；

4 霓虹灯专用变压器的二次电线和灯管间的连接线采用额定电压大于 15kV 的高压绝缘电线。二次电线与建筑物、构筑物表面的距离不小于 20mm。

21.1.3 建筑物景观照明灯具安装应符合下列规定：

1 每套灯具的导电部分对地绝缘电阻值大于 2MΩ；

2 在人行道等人员来往密集场所安装的落地式灯具，无围栏防护，安装高度距地面 2.5m 以上；

3 金属构架和灯具的可接近裸露导体及金属软管的接地（PE）或接零（PEN）可靠，且有标识。

21.1.4 航空障碍标志灯安装应符合下列规定：

1 灯具装设在建筑物或构筑物的最高部位。当最高部位平面面积较大或为建筑群时，除在最高端装设外，还应在其外侧转角的顶端分别装设灯具；

2 当灯具在烟囱顶上装设时，安装在低于烟囱口 1.5～3m 的部位且呈正三角形水平排列；

3 灯具的选型根据安装高度决定；低光强的（距地面 60m 以下装设时采用）为红色光，其有效光强大于 1600cd。高光强的（距地面 150m 以上装设时采用）为白色光，有效光强随背景亮度而定；

4 灯具的电源按主体建筑中最高负荷等级要求供电；

5 灯具安装牢固可靠，且设置维修和更换光源的措施。

21.1.5 庭院灯安装应符合下列规定：

1 每套灯具的导电部分对地绝缘电阻值大于 2MΩ；

2 立柱式路灯、落地式路灯、特种园艺灯等灯具与基础固定可靠，地脚螺栓备帽齐全。灯具的接线盒或熔断器盒，盒盖的防水密封垫完整；

3 金属立柱及灯具可接近裸露导体接地（PE）或接零（PEN）可靠。接地线单设干线，干线沿庭院灯布置位置形成环网状，且不少于 2 处与接地装置引出线连接。由干线引出支线与金属灯柱及灯具的接地端子连接，且有标识。

21.2 一般项目

21.2.1 建筑物彩灯安装应符合下列规定：

1 建筑物顶部彩灯罩完整，无碎裂；

2 彩灯电线导管防腐完好，敷设平整、顺直。

21.2.2 霓虹灯安装应符合下列规定：

1 当霓虹灯变压器明装时，高度不小于 3m；低于 3m 采取防护措施；

2 霓虹灯变压器的安装位置方便检修，且隐蔽在不易被非检修人触及的场所，不装在吊顶内；

3 当橱窗内装有霓虹灯时，橱窗门与霓虹灯变压器一次侧开关有联锁装置，确保开门不接通霓虹灯变压器的电源；

4 霓虹灯变压器二次侧的电线采用玻璃制品绝缘支持物固定，支持点距离不大于下列数值：

　　水平线段：0.5m；
　　垂直线段：0.75m。

21.2.3 建筑物景观照明灯具构架应固定可靠，地脚螺栓拧紧，备帽齐全；灯具的螺栓紧固、无遗漏。灯具外露的电线或电缆应有柔性金属导管保护；

21.2.4 航空障碍标志灯安装应符合下列规定：

1 同一建筑物或建筑群灯具间的水平、垂直距离不大于 45m；

2 灯具的自动通、断电源控制装置动作准确。

21.2.5 庭院灯安装应符合下列规定：

1 灯具的自动通、断电源控制装置动作准确，每套灯具熔断器盒内熔丝齐全，规格与灯具适配；

2 架空线路电杆上的路灯，固定可靠，紧固件齐全、拧紧，灯位正确；每套灯具配有熔断器保护。

22 开关、插座、风扇安装

22.1 主控项目

22.1.1 当交流、直流或不同电压等级的插座安装在同一场所时，应有明显的区别，且必须选择不同结构、不同规格和不能互换的插座；配套的插头应按交流、直流或不同电压等级区别使用。

22.1.2 插座接线应符合下列规定：

1 单相两孔插座，面对插座的右孔或上孔与相线连接，左孔或下孔与零线连接；单相三孔插座，面对插座的右孔与相线连接，左孔与零线连接；

2 单相三孔、三相四孔及三相五孔插座的接地（PE）或接零（PEN）线接在上孔。插座的接地端子不与零线端子连接。同一场所的三相插座，接线的相序一致；

3 接地（PE）或接零（PEN）线在插座间不串联连接。

22.1.3 特殊情况下插座安装应符合下列规定：

1 当接插有触电危险家用电器的电源时，采用能断开电源的带开关插座，开关断开相线；

2 潮湿场所采用密封型并带保护地线触头的保护型插座，安装高度不低于 1.5m。

22.1.4 照明开关安装应符合下列规定：

1 同一建筑物、构筑物的开关采用同一系列的产品，开关的通断位置一致，操作灵活、接触可靠；

2　相线经开关控制；民用住宅无软线引至床边的床头开关。

22.1.5　吊扇安装应符合下列规定：

1　吊扇挂钩安装牢固，吊扇挂钩的直径不小于吊扇挂销直径，且不小于8mm；有防振橡胶垫；挂销的防松零件齐全、可靠；

2　吊扇扇叶距地高度不小于2.5m；

3　吊扇组装不改变扇叶角度，扇叶固定螺栓防松零件齐全；

4　吊杆间、吊杆与电机间螺纹连接，啮合长度不小于20mm，且防松零件齐全紧固；

5　吊扇接线正确，当运转时扇叶无明显颤动和异常声响。

22.1.6　壁扇安装应符合下列规定：

1　壁扇底座采用尼龙塞或膨胀螺栓固定；尼龙塞或膨胀螺栓的数量不少于2个，且直径不小于8mm。固定牢固可靠；

2　壁扇防护罩扣紧，固定可靠，当运转时扇叶和防护罩无明显颤动和异常声响。

22.2　一般项目

22.2.1　插座安装应符合下列规定：

1　当不采用安全型插座时，托儿所、幼儿园及小学等儿童活动场所安装高度不小于1.8m；

2　暗装的插座面板紧贴墙面，四周无缝隙，安装牢固，表面光滑整洁、无碎裂、划伤，装饰帽齐全；

3　车间及试（实）验室的插座安装高度距地面不小于0.3m；特殊场所暗装的插座不小于0.15m；同一室内插座安装高度一致；

4　地插座面板与地面齐平或紧贴地面，盖板固定牢固，密封良好。

22.2.2　照明开关安装应符合下列规定：

1　开关安装位置便于操作，开关边缘距门框边缘的距离0.15～0.2m，开关距地面高度1.3m；拉线开关距地面高度2～3m，层高小于3m时，拉线开关距顶板不小于100mm，拉线出口垂直向下；

2　相同型号并列安装及同一室内开关安装高度一致，且控制有序不错位。并列安装的拉线开关的相邻间距不小于20mm；

3　暗装的开关面板应紧贴墙面，四周无缝隙，安装牢固，表面光滑整洁、无碎裂、划伤，装饰帽齐全。

22.2.3　吊扇安装应符合下列规定：

1　涂层完整，表面无划痕、无污染，吊杆上下

扣碗安装牢固到位；

2　同一室内并列安装的吊扇开关高度一致，且控制有序不错位。

22.2.4　壁扇安装应符合下列规定：

1　壁扇下侧边缘距地面高度不小于1.8m；

2　涂层完整，表面无划痕、无污染，防护罩无变形。

23　建筑物照明通电试运行

23.1　主控项目

23.1.1　照明系统通电，灯具回路控制应与照明配电箱及回路的标识一致；开关与灯具控制顺序相对应，风扇的转向及调速开关应正常。

23.1.2　公用建筑照明系统通电连续试运行时间应为24h，民用住宅照明系统通电连续试运行时间应为8h。所有照明灯具均应开启，且每2h记录运行状态1次，连续试运行时间内无故障。

24　接地装置安装

24.1　主控项目

24.1.1　人工接地装置或利用建筑物基础钢筋的接地装置必须在地面以上按设计要求位置设测试点。

24.1.2　测试接地装置的接地电阻值必须符合设计要求。

24.1.3　防雷接地的人工接地装置的接地干线埋设，经人行通道处埋地深度不应小于1m，且应采取均压措施或在其上方铺设卵石或沥青地面。

24.1.4　接地模块顶面埋深不应小于0.6m，接地模块间距不应小于模块长度的3～5倍。接地模块埋设基坑，一般为模块外形尺寸的1.2～1.4倍，且在开挖深度内详细记录地层情况。

24.1.5　接地模块应垂直或水平就位，不应倾斜设置，保持与原土层接触良好。

24.2　一般项目

24.2.1　当设计无要求时，接地装置顶面埋设深度不应小于0.6m。圆钢、角钢及钢管接地极应垂直埋入地下，间距不应小于5m。接地装置的焊接应采用搭接焊，搭接长度应符合下列规定：

1　扁钢与扁钢搭接为扁钢宽度的2倍，不少于三面施焊；

2　圆钢与圆钢搭接为圆钢直径的6倍，双面施焊；

3　圆钢与扁钢搭接为圆钢直径的6倍，双面施焊；

4　扁钢与钢管，扁钢与角钢焊接，紧贴角钢外

侧两面，或紧贴 3/4 钢管表面，上下两侧施焊；

5 除埋设在混凝土中的焊接接头外，有防腐措施。

24.2.2 当设计无要求时，接地装置的材料采用为钢材，热浸镀锌处理，最小允许规格、尺寸应符合表24.2.2的规定：

表 24.2.2 最小允许规格、尺寸

种类、规格及单位		敷设位置及使用类别			
		地上		地下	
		室内	室外	交流电流回路	直流电流回路
圆钢直径（mm）		6	8	10	12
扁钢	截面（mm²）	60	100	100	100
	厚度（mm）	3	4	4	6
角钢厚度（mm）		2	2.5	2.5	6
钢管管壁厚度（mm）		2.5	2.5	3.5	4.5

24.2.3 接地模块应集中引线，用干线把接地模块并联焊接成一个环路，干线的材质与接地模块焊接点的材质应相同，钢制的采用热浸镀锌扁钢，引出线不少于 2 处。

25 避雷引下线和变配电室接地干线敷设

25.1 主控项目

25.1.1 暗敷在建筑物抹灰层内的引下线应有卡钉分段固定；明敷的引下线应平直、无急弯，与支架焊接处，油漆防腐，且无遗漏。

25.1.2 变压器室、高低压开关室内的接地干线应有不少于 2 处与接地装置引出干线连接。

25.1.3 当利用金属构件、金属管道做接地线时，应在构件或管道与接地干线间焊接金属跨接线。

25.2 一般项目

25.2.1 钢制接地线的焊接连接应符合本规范第24.2.1条的规定，材料采用及最小允许规格、尺寸应符合本规范第24.2.2条的规定。

25.2.2 明敷接地引下线及室内接地干线的支持件间距应均匀，水平直线部分 0.5～1.5m；垂直直线部分1.5～3m；弯曲部分 0.3～0.5m。

25.2.3 接地线在穿越墙壁、楼板和地坪处应加套钢管或其他坚固的保护套管，钢套管应与接地线做电气连通。

25.2.4 变配电室内明敷接地干线安装应符合下列规定：

1 便于检查，敷设位置不妨碍设备的拆卸与检修；

2 当沿建筑物墙壁水平敷设时，距地面高度250～300mm；与建筑物墙壁间的间隙 10～15mm；

3 当接地线跨越建筑物变形缝时，设补偿装置；

4 接地线表面沿长度方向，每段为 15～100mm，分别涂以黄色和绿色相间的条纹；

5 变压器室、高压配电室的接地干线上应设置不少于 2 个供临时接地用的接线柱或接地螺栓。

25.2.5 当电缆穿过零序电流互感器时，电缆头的接地线应通过零序电流互感器后接地；由电缆头至穿过零序电流互感器的一段电缆金属护层和接地线应对地绝缘。

25.2.6 配电间隔和静止补偿装置的栅栏门及变配电室金属门铰链处的接地连接，应采用编织铜线。变配电室的避雷器应用最短的接地线与接地干线连接。

25.2.7 设计要求接地的幕墙金属框架和建筑物的金属门窗，应就近与接地干线连接可靠，连接处不同金属间应有防电化腐蚀措施。

26 接闪器安装

26.1 主控项目

26.1.1 建筑物顶部的避雷针、避雷带等必须与顶部外露的其他金属物体连成一个整体的电气通路，且与避雷引下线连接可靠。

26.2 一般项目

26.2.1 避雷针、避雷带应位置正确，焊接固定的焊缝饱满无遗漏，螺栓固定的应备帽等防松零件齐全，焊接部分补刷的防腐油漆完整。

26.2.2 避雷带应平正顺直，固定点支持件间距均匀、固定可靠，每个支持件应能承受大于 49N（5kg）的垂直拉力。当设计无要求时，支持件间距符合本规范第25.2.2条的规定。

27 建筑物等电位联结

27.1 主控项目

27.1.1 建筑物等电位联结干线应从与接地装置有不少于 2 处直接连接的接地干线或总等电位箱引出，等电位联结干线或局部等电位箱间的连接线形成环形网路，环形网路应就近与等电位联结干线或局部等电位箱连接。支线间不应串联连接。

27.1.2 等电位联结的线路最小允许截面应符合表27.1.2的规定：

表 27.1.2　线路最小允许截面（mm²）

材　料	截　　面	
	干线	支线
铜	16	6
钢	50	16

27.2　一般项目

27.2.1　等电位联结的可接近裸露导体或其他金属部件、构件与支线连接应可靠，熔焊、钎焊或机械紧固应导通正常。

27.2.2　需等电位联结的高级装修金属部件或零件，应有专用接线螺栓与等电位联结支线连接，且有标识；连接处螺帽紧固、防松零件齐全。

28　分部（子分部）工程验收

28.0.1　当建筑电气分部工程施工质量检验时，检验批的划分应符合下列规定：

　　1　室外电气安装工程中分项工程的检验批，依据庭院大小、投运时间先后、功能区块不同划分；

　　2　变配电室安装工程中分项工程的检验批，主变配电室为1个检验批；有数个分变配电室，且不属于子单位工程的子分部工程，各为1个检验批，其验收记录汇入所有变配电室有关分项工程的验收记录中；如各分变配电室属于各子单位工程的子分部工程，所属分项工程各为1个检验批，其验收记录应为一个分项工程验收记录，经子分部工程验收记录汇入分部工程验收记录中；

　　3　供电干线安装工程分项工程的检验批，依据供电区段和电气线缆竖井的编号划分；

　　4　电气动力和电气照明安装工程中分项工程及建筑物等电位联结分项工程的检验批，其划分的界区，应与建筑土建工程一致；

　　5　备用和不间断电源安装工程中分项工程各自成为1个检验批；

　　6　防雷及接地装置安装工程中分项工程检验批，人工接地装置和利用建筑物基础钢筋的接地体各为1个检验批，大型基础可按区块划分成几个检验批；避雷引下线安装6层以下的建筑为1个检验批，高层建筑依均压环设置间隔的层数为1个检验批；接闪器安装同一屋面为1个检验批。

28.0.2　当验收建筑电气工程时，应核查下列各项质量控制资料，且检查分项工程质量验收记录和分部（子分部）质量验收记录应正确，责任单位和责任人的签章齐全。

　　1　建筑电气工程施工图设计文件和图纸会审记录及洽商记录；

　　2　主要设备、器具、材料的合格证和进场验收记录；

　　3　隐蔽工程记录；

　　4　电气设备交接试验记录；

　　5　接地电阻、绝缘电阻测试记录；

　　6　空载试运行和负荷试运行记录；

　　7　建筑照明通电试运行记录；

　　8　工序交接合格等施工安装记录。

28.0.3　根据单位工程实际情况，检查建筑电气分部（子分部）工程所含分项工程的质量验收记录应无遗漏缺项。

28.0.4　当单位工程质量验收时，建筑电气分部（子分部）工程实物质量的抽检部位如下，且抽检结果应符合本规范规定。

　　1　大型公用建筑的变配电室，技术层的动力工程，供电干线的竖井，建筑顶部的防雷工程，重要的或大面积活动场所的照明工程，以及5％自然间的建筑电气动力、照明工程；

　　2　一般民用建筑的配电室和5％自然间的建筑电气照明工程，以及建筑顶部的防雷工程；

　　3　室外电气工程以变配电室为主，且抽检各类灯具的5％。

28.0.5　核查各类技术资料应齐全，且符合工序要求，有可追溯性；各责任人均应签章确认。

28.0.6　为方便检测验收，高低压配电装置的调整试验应提前通知监理和有关监督部门，实行旁站确认。变配电室通电后可抽测的项目主要是：各类电源自动切换或通断装置、馈电线路的绝缘电阻、接地（PE）或接零（PEN）的导通状态、开关插座的接线正确性、漏电保护装置的动作电流和时间、接地装置的接地电阻和由照明设计确定的照度等。抽测的结果应符合本规范规定和设计要求。

28.0.7　检验方法应符合下列规定：

　　1　电气设备、电缆和继电保护系统的调整试验结果，查阅试验记录或试验时旁站；

　　2　空载试运行和负荷试运行结果，查阅试运行记录或试运行时旁站；

　　3　绝缘电阻、接地电阻和接地（PE）或接零（PEN）导通状态及插座接线正确性的测试结果，查阅测试记录或测试时旁站或用适配仪表进行抽测；

4 漏电保护装置动作数据值，查阅测试记录或用适配仪表进行抽测；

5 负荷试运行时大电流节点温升测量用红外线遥测温度仪抽测或查阅负荷试运行记录；

6 螺栓紧固程度用适配工具做拧动试验；有最终拧紧力矩要求的螺栓用扭力扳手抽测；

7 需吊芯、抽芯检查的变压器和大型电动机，吊芯、抽芯时旁站或查阅吊芯、抽芯记录；

8 需做动作试验的电气装置，高压部分不应带电试验，低压部分无负荷试验；

9 水平度用铁水平尺测量，垂直度用线锤吊线尺量，盘面平整度拉线尺量，各种距离的尺寸用塞尺、游标卡尺、钢尺、塔尺或采用其他仪器仪表等测量；

10 外观质量情况目测检查；

11 设备规格型号、标志及接线，对照工程设计图纸及其变更文件检查。

附录A 发电机交接试验

表A   发电机交接试验

序号	部位	内容	试 验 内 容	试 验 结 果
1	静态试验	定子电路	测量定子绕组的绝缘电阻和吸收比	绝缘电阻值大于 0.5MΩ 沥青浸胶及烘卷云母绝缘吸收比大于 1.3 环氧粉云母绝缘吸收比大于 1.6
2			在常温下，绕组表面温度与空气温度差在±3℃范围内测量各相直流电阻	各相直流电阻值相互间差值不大于最小值2%，与出厂值在同温度下比差值不大于2%
3			交流工频耐压试验 1min	试验电压为 1.5U_n＋750V，无闪络击穿现象，U_n 为发电机额定电压
4		转子电路	用 1000V 兆欧表测量转子绝缘电阻	绝缘电阻值大于 0.5MΩ
5			在常温下，绕组表面温度与空气温度差在±3℃范围内测量绕组直流电阻	数值与出厂值在同温度下比差值不大于2%
6			交流工频耐压试验 1min	用 2500V 摇表测量绝缘电阻替代
7		励磁电路	退出励磁电路电子器件后，测量励磁电路的线路设备的绝缘电阻	绝缘电阻值大于 0.5MΩ
8			退出励磁电路电子器件后，进行交流工频耐压试验 1min	试验电压 1000V，无击穿闪络现象
9		其他	有绝缘轴承的用 1000V 兆欧表测量轴承绝缘电阻	绝缘电阻值大于 0.5MΩ
10			测量检温计（埋入式）绝缘电阻，校验检温计精度	用 250V 兆欧表检测不短路，精度符合出厂规定
11			测量灭磁电阻，自同步电阻器的直流电阻	与铭牌相比较，其差值为±10%
12	运转试验		发电机空载特性试验	按设备说明书比对，符合要求
13			测量相序	相序与出线标识相符
14			测量空载和负荷后轴电压	按设备说明书比对，符合要求

附录B 低压电器交接试验

表B   低压电器交接试验

序号	试验内容	试验标准或条件
1	绝缘电阻	用 500V 兆欧表摇测，绝缘电阻值≥1MΩ；潮湿场所，绝缘电阻值≥0.5MΩ
2	低压电器动作情况	除产品另有规定外，电压、液压或气压在额定值的85%～110%范围内能可靠动作
3	脱扣器的整定值	整定值误差不得超过产品技术条件的规定
4	电阻器和变阻器的直流电阻差值	符合产品技术条件规定

附录C　母线螺栓搭接尺寸

表 C   母 线 螺 栓 搭 接 尺 寸

搭 接 形 式	类别	序号	连接尺寸（mm）			钻孔要求		螺栓规格
			b_1	b_2	a	ϕ (mm)	个数	
	直线连接	1	125	125	b_1 或 b_2	21	4	M20
		2	100	100	b_1 或 b_2	17	4	M16
		3	80	80	b_1 或 b_2	13	4	M12
		4	63	63	b_1 或 b_2	11	4	M10
		5	50	50	b_1 或 b_2	9	4	M8
		6	45	45	b_1 或 b_2	9	4	M8
	直线连接	7	40	40	80	13	2	M12
		8	31.5	31.5	63	11	2	M10
		9	25	25	50	9	2	M8
	垂直连接	10	125	125	—	21	4	M20
		11	125	100～80	—	17	4	M16
		12	125	63	—	13	4	M12
		13	100	100～80	—	17	4	M16
		14	80	80～63	—	13	4	M12
		15	63	63～50	—	11	4	M10
		16	50	50	—	9	4	M8
		17	45	45	—	9	4	M8
	垂直连接	18	125	50～40	—	17	2	M16
		19	100	63～40	—	17	2	M16
		20	80	63～40	—	15	2	M14
		21	63	50～40	—	13	2	M12
		22	50	45～40	—	11	2	M10
		23	63	31.5～25	—	11	2	M10
		24	50	31.5～25	—	9	2	M8
	垂直连接	25	125	31.5～25	60	11	2	M10
		26	100	31.5～25	50	9	2	M8
		27	80	31.5～25	50	9	2	M8
	垂直连接	28	40	40～31.5	—	13	1	M12
		29	40	25	—	11	1	M10
		30	31.5	31.5～25	—	11	1	M10
		31	25	22	—	9	1	M8

附录 D　母线搭接螺栓的拧紧力矩

表 D　　　　　　　　　　　母线搭接螺栓的拧紧力矩

序号	螺栓规格	力矩值（N·m）	序号	螺栓规格	力矩值（N·m）
1	M8	8.8～10.8	5	M16	78.5～98.1
2	M10	17.7～22.6	6	M18	98.0～127.4
3	M12	31.4～39.4	7	M20	156.9～196.2
4	M14	51.0～60.8	8	M24	274.6～343.2

附录 E　室内裸母线最小安全净距

表 E　　　　　　　　　　　室内裸母线最小安全净距（mm）

序号	适 用 范 围	图号	额定电压（kV）			
			0.4	1～3	6	10
A_1	1. 带电部分至接地部分之间 2. 网状和板状遮栏向上延伸线距地 2.3m 处与遮栏上方带电部分之间	图 E.1	20	75	100	125
A_2	1. 不同相的带电部分之间 2. 断路器和隔离开关的断口两侧带电部分之间	图 E.1	20	75	100	125
B_1	1. 栅状遮栏至带电部分之间 2. 交叉的不同时停电检修的无遮栏带电部分之间	图 E.1 图 E.2	800	825	850	875
B_2	网状遮栏至带电部分之间	图 E.1	100	175	200	225
C	无遮栏裸导体至地（楼）面之间	图 E.1	2300	2375	2400	2425
D	平行的不同时停电检修的无遮栏裸导体之间	图 E.1	1875	1875	1900	1925
E	通向室外的出线套管至室外通道的路面	图 E.2	3650	4000	4000	4000

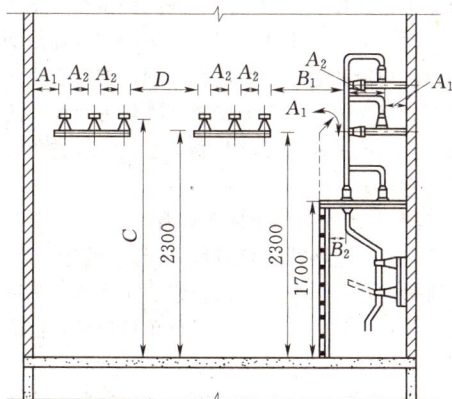

图 E.1　室内 A_1、A_2、B_1、B_2、C、D 值校验

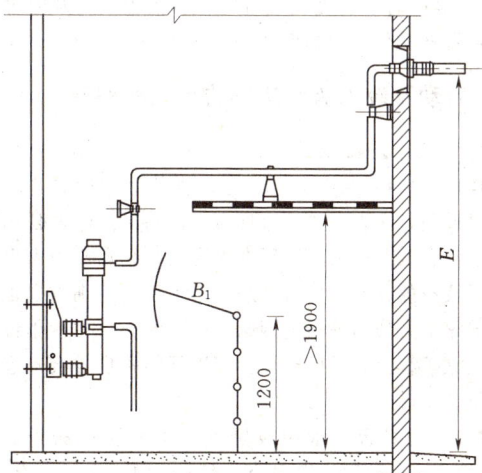

图 E.2　室内 B_1、E 值校验

17 110kV 及以上送变电工程启动及竣工验收规程

(DL/T 782—2001)

1 适用范围

本规程适用于 110kV 及以上的各类新建送变电工程的启动及竣工验收。规模很小的工程和 110kV 以下送变电工程的启动验收可参照执行。国外成套设备进口的工程还应按合同的规定进行启动及竣工验收。

2 总体要求

2.1 110kV 及以上送变电建设工程移交生产运行前，必须进行启动和竣工验收。送变电工程的启动验收是全面检查工程的设计、设备制造、施工、调试和生产准备的重要环节，是保证系统及设备能安全、可靠、经济、文明地投入运行，并发挥投资效益的关键性程序。

2.2 110kV 及以上送变电工程的启动试运行和工程的竣工验收必须以批准的文件、设计文件、国家及行业主管部门颁发的有关送变电工程建设的现行标准、规范、规程和法规为依据。工程质量应按有关的工程质量验收标准进行考核。

2.3 凡是新（扩、改）建的送变电工程项目的质量必须经过电力建设质量监督机构审查认可，否则严禁启动试运。

2.4 经过启动验收合格的送变电工程，应及时办理固定资产交付使用的手续。

3 启动及竣工验收工作的组织和职责

3.1 启动验收委员会

3.1.1 110kV 及以上送变电工程的启动验收，一般由建设项目法人或省（直辖市、自治区）电力公司主持。跨省区工程由工程所在电力集团公司或国家电力公司授权的分公司主持。跨大区工程、特别重要工程由国家电力公司或报请国家主持验收，由主持单位组织成立工程启动验收委员会（以下简称启委会）进行工作。

3.1.2 启委会一般由投资方、建设项目法人、省（直辖市、自治区）电力公司有关部门、运行、设计、施工、监理、调试、电网调度、质量监督等有关单位代表组成，必要时可邀请主要设备的制造厂参加。启

委会设主任委员 1 名、副主任委员和委员若干名，由建设项目法人与有关部门协调，确定组成人员名单。

3.1.3 启委会必须在送变电工程投运前根据工作需要尽早组成并开始工作，直到办理完竣工验收移交生产手续为止。

3.1.4 启委会的职责：

3.1.4.1 组织并批准成立启委会下设的工作机构。根据需要成立启动试运指挥组和工程验收检查组，在启委会领导下进行工作。

3.1.4.2 在启动试运前审查批准启动调试方案，检查启动调试准备工作；审查工程验收检查组的报告，工程是否已按设计完成，质量是否符合验收规范的要求，交接验收试验是否齐全、合格，安全卫生设施是否同时完成，生产运行准备工作是否就绪；协调工程启动外部条件，决定工程启动试运时间和其他有关事宜。

3.1.4.3 在启动试运后审核启动调试、试运报告，主持工程移交生产的事宜、办理工程竣工移交手续，决定工程质量评价等级、签署工程启动竣工验收证书和移交生产交接书，决定需要处理的遗留问题（包括内容、要求、负责完成单位和应完成的日期），协调和决定专用工具、备品备件、工程资料移交事宜，部署工程总结、系统调试总结等工作。

3.2 启动试运指挥组的组成和职责

3.2.1 启动试运指挥组一般由建设、调度、调试、运行、施工安装、监理等单位组成。设组长 1 名，副组长 2 名（调度、调试单位各 1 名），由启委会任命。

3.2.2 启动试运指挥组的主要职责：组织有关单位编制启动调试大纲、方案，按照启委会审定的启动和系统调试方案负责工程启动、调试工作；对系统调试和试运中的安全、质量、进度全面负责。启动试运指挥组根据工作需要下设调度组、系统调试组、工程配合组，分别负责调度操作、系统调试测试、提出测试报告、在启动前和启动期间进行工程检查和安全设施装置检查、巡视抢修、现场安全等工作。启动试运指挥组在工作完成后向启动验收委员会报告，并负责出具调试报告。

3.3 工程验收检查组的组成和职责

3.3.1 工程验收检查组由建设、运行、设计、监理、施工、质量监督等单位组成。设组长 1 名，由工程建设单位出任；副组长 1 名，由运行单位出任，由启委会任命。

3.3.2 工程验收检查组的主要职责：核查工程质量的预检查报告，组织各专业验收检查，听取各专业验收检查组的验收检查情况汇报，审查验收检查报告，

责成有关单位消除缺陷并进行复查和验收；确认工程是否符合设计和验收规范要求，是否具备试运行及系统调试条件，核查工程质量监督部门的监督报告，提出工程质量评价的意见，归口协调并监督工程移交和备品备件、专用工器具、工程资料的移交。

3.4 参加启动试运的有关单位的主要职责

3.4.1 建设项目法人应做好启委会成立之前的准备工作，提供为编制启动调试所需工程设计文件和资料，全面协助启委会做好工程启动试运全过程的组织管理，检查、协调竣工验收的日常工作。

3.4.2 各施工单位应按设计文件、施工及验收规范、有关施工规程、导则和设备的安装及调试要求，完成工程的建筑、安装工作。在启动试运行期间做好设备操作监护、配合、巡视检查、事故处理、试验配合和现场安全、消防、治安保卫、消除缺陷和文明环境等工作；提供工程设备安装调试等有关文件、资料和质量检查报告、试验报告，提供启动所需的备品备件和专用工器具等，配备参加启动及竣工验收工作的人员和处理故障的手段。

3.4.3 调试单位应按合同负责编制启动和系统调试大纲、调试方案，报启委会审查批准，在启动前全面检查启动调试系统的安全措施是否齐备，启动调试的条件是否具备；负责组织人员并配备测试手段，完成启动、调试、试运中的调试、测试工作；提出调试报告和调试总结。

3.4.4 生产运行人员应在工程建设过程中提前介入，以便熟悉设备特性，参与编写或修订运行规程。通过参加竣工验收检查和启动、调试和试运行，运行人员应进一步熟悉操作，摸清设备特性，检查编写的运行规程是否符合实际情况，必要时进行修订。生产运行单位应在工程启动试运前完成各项生产准备工作：生产运行人员定岗定编、上岗培训，编制运行规程，建立设备资料档案、运行记录表格，配备各种安全工器具、备品备件和保证安全运行的各种设施。参与编制调试方案和验收大纲。负责接受调度令并进行各项运行操作，与其他有关方面共同处理事故。

3.4.5 设计单位在启动调试期间对出现的问题从设计角度提出解决办法，并配合施工单位提供完整的符合实际的竣工图纸。如合同另有约定，按合同约定执行。

3.4.6 监理单位应按合同进行工程质量检查和启动试运阶段的监理工作。提供全部监理认可的文件。参与竣工验收检查和启动的工作。

3.4.7 工程质量监督机构应对工程质量进行有效地监督，参加工程启动及竣工验收检查工作，对工程总体质量提出评价意见。

3.4.8 建设项目法人在工程启动前三个月向电网调度部门提供相关资料和系统情况，提前两周提供实测参数。

3.4.9 电网调度部门根据建设项目法人提供的相关资料和系统情况，经过计算及时提供各种继电保护装置的整定值以及各设备的调度编号和名称；根据调试方案编制并审定启动调度方案和系统运行方式，核查工程启动试运的通信、调度自动化、保护、电能测量、安全自动装置的情况；审查、批准工程启动试运申请和可能影响电网安全运行的调整方案；发布操作命令，负责在整个启动调试和试运行期间的系统安全。

3.4.10 主要设备制造单位应按合同要求在启动调试期间做好现场技术服务。

4 工程竣工验收检查

4.1 工程竣工验收检查是在施工单位进行三级自检的基础上，由监理单位进行初检。初检后由建设单位会同运行、设计等单位进行预检。预检后由启委会工程验收检查组进行全面的检查和核查，必要时进行抽查和复查，并将结果向启委会报告。

4.2 电力建设监督站按职责对重点监督项目进行监督检查，出具质量监督报告，并向电力建设质量中心站提出质量监督检查申请，由电力建设质量中心站实施工程质量监督检查，对工程总体质量作出评价意见，出具质量监督检查报告。

4.3 每次检查中发现的问题在每个阶段中加以消缺，消缺之后要重新检查。工程启动之前，启委会要对工程质量是否具备启动条件作出决定，在启动进行调试和试运行期间出现的问题要责令消除，对工程遗留问题启委会还要逐一记录在案，明确限期完成的单位和完成的日期。

5 工程带电启动应具备的条件

5.1 由试运指挥组提出的工程启动、系统调试、试运方案已经启委会批准；调试方案已经调度部门批准；工程验收检查组已向启动验收委员会报告，确认工程已具备启动带电条件；工程质量监督机构已对工程进行检查，已有认可文件。

5.2 变电站启动带电必须具备的条件。

5.2.1 变电站生产运行人员已配齐并已持证上岗，试运指挥组已将启动调试试运方案向参加试运人员交底。

5.2.2 生产运行单位已将所需的规程、制度、系统图表、记录表格、安全用具等准备好，投入的设备已有调度命名和编号，已向调度部门办理新设备投运申请。

5.2.3 投入系统的建筑工程和生产区域的全部设备和设施，变电站的内外道路、上下水、防火、防洪工程等均已按设计完成并经验收检查合格。生产区域的场地平整，道路畅通，影响安全运行的施工临时设施已全部拆除，平台栏杆和沟道盖板齐全、脚手架、障碍物、易燃物、建筑垃圾等已经清除，带电区域已设明显标志。

5.2.4 电器设备的各项试验全部完成且合格，有关记录齐全完整。带电部位的接地线已全部拆除，所有设备及其保护（包括通道）、调度自动化、安全自动装置、微机监控装置以及相应的辅助设施均已安装齐全，调试整定合格且调试记录齐全。验收检查发现的缺陷已经消除，已具备投入运行条件。

5.2.5 各种测量、计量装置、仪表齐全，符合设计要求并经校验合格。

5.2.6 所用电源、照明、通信、采暖、通风等设施按设计要求安装试验完毕，能正常使用。

5.2.7 必须的备品备件及工具已备齐。

5.2.8 运行维护人员必须的生活福利设施已经具备。

5.2.9 消防设施齐全，并经验收合格，能投入使用。

5.3 送电线路启动带电必须具备的条件。

5.3.1 承担线路启动试运行及维护的人员已配齐并持证上岗，试运指挥组已将启动调试试运方案向参加启动试运人员交底。

5.3.2 线路的杆塔号、相位标志和设计规定的有关防护设施等已经检查验收合格，影响安全运行的问题已处理完毕。

5.3.3 线路上的障碍物与临时接地线（包括两端变电站）已全部拆除。

5.3.4 已确认线路上无人登杆作业，危及人身安全和安全运行的一切作业均已停止，已向沿线发出带电运行通告，并已做好启动试运前的一切检查维护工作。

5.3.5 按照设计规定的线路保护（包括通道）和自动装置已具备投入条件。

5.3.6 送电线路带电前的试验（线路绝缘电阻测定、相位核对、线路参数和高频特性测定）已完成。

5.3.7 维护人员必须的生活福利设施及交通工具已按规定配备。

5.3.8 线路带电期间的巡视人员已上岗，并已准备好抢修的手段。

5.3.9 线路工程的各种图纸、资料、试验报告等齐全、合格。运行所需的规程、制度、档案、记录及各

种工器具、备品备件准备齐全。

6 工程的带电启动调试和试运行

6.1 启委会确认工程已具备带电启动条件后，由启委会下达工程启动带电运行命令。由试运指挥组实施启动和系统调试计划。按批准的调试方案和调度方案进行系统调试直至完成。

6.2 变电站的启动试运行

6.2.1 启动试运行按照启动试运方案和系统调试大纲进行，系统调试完成后经连续带电试运行时间不应少于24h。对新主变压器进行5次空载冲击合闸试验（如在系统调试时已经进行，则此时不必重复进行）。变电站的启动试运行宣告结束。

6.2.2 试运行完成后，应对各项设备作一次全面检查，处理发现的缺陷和异常情况。对暂时不具备处理条件而又不影响安全运行的项目，由启动验收委员会决定负责处理的单位和完成时间。

6.2.3 由于设备制造质量缺陷，不能达到规定要求，由建设项目法人或总承包商通知制造厂负责消除设备缺陷，施工单位应积极配合处理，并作出记录。

6.2.4 试运行过程中，应对各项运行数据和设备的运行情况作出详细记录。由调试指挥组写出试运行报告。

6.3 送电线路的启动试运行

6.3.1 系统调试完成后经连续带电试运行时间不少于24h，并对线路以额定电压冲击合闸3次（如冲击合闸在系统调试时已做，试运行不必重复进行），线路的启动试运行宣告结束。

6.3.2 试运行完成后，如发现线路存在缺陷和异常情况，要组织人员进行消缺处理，并记录在案。

7 工程的移交

7.1 工程完成启动、调试、试运行和竣工验收检查后，由启委会决定办理工程向生产运行单位移交。工程在正式移交前，试运行后，工程由启委会明确由生产运行单位负责运行管理，变电站和线路的安全保卫工作即由生产运行单位负责。

7.2 工程的移交由启委会办理启动竣工验收证书，按证书的内容，签定启委会鉴定书和移交生产运行交接书，列出工程遗留问题处理清单，明确移交的工程范围、专用工器具、备品备件和工程资料清单。

7.3 工程资料的移交

7.3.1 施工单位在试运行后1个月内移交完毕。工程启动带电前需移交的部分应提前移交。施工单位移交的资料由建设项目法人（建设单位）根据需要向有

关单位分发。移交的资料包括设计文件、设计变更、电缆清册、设备产品资料、合格证、工厂产品试验检验记录、工程材料质量证明及检验记录、工程质量检查及缺陷处理记录、隐蔽工程检查记录、设备安装调试记录、试验报告、由施工单位负责办理的全部协议文件等，并由施工单位提供竣工图纸（设计单位配合，如合同另有约定，按合同约定执行）。

7.3.2 工程监理单位在试运行完成后1个月内移交全部监理认可文件。

7.3.3 系统调试单位在试运行完成后1个月内提供系统调试方案、调试报告和试运行报告。

7.3.4 设备监造单位提交全部监造工作报告和有关文件。

7.3.5 按国家和电力行业规定，在工程竣工验收后应将整个工程有关资料建立工程档案。

附录 A
（标准的附录）

送变电工程
启动竣工验收证书
（范本）

工程名称＿＿＿＿＿＿＿＿＿＿

工程启动验收委员会
＿＿＿年＿＿＿月＿＿＿日

目　次

A1　工程规模及主要技术经济指标 …………… 873
A2　工程启动验收委员会鉴定书 …………… 874
A3　工程移交生产交接书 …………… 875

A1　工程规模及主要技术经济指标

A1.1　变电工程规模及主要技术经济指标

工程名称		站　　址	
围墙内占地总面积		本期占地面积	
场地利用系数		规划占地面积	
站区建筑物总面积		主控楼建筑面积	
批准概算		工程批准单位造价	
工程竣工决算		竣工决算单位造价	
开工日期		竣工日期	
试运行日期		投产日期	
本期主变压器容量		规划主变压器容量	
本期无功补偿装置容量		规划无功补偿装置容量	
电压等级	本期出线回数	规划出线回数	母线结构
kV			
kV			
kV			

A1.2　线路工程规模及主要技术经济指标

工程名称			
电压等级			
起止点			
工程批准概算		单位造价	
工程竣工决算		单位造价	
开工日期		竣工日期	
试运行日期		投产日期	
导线型号	一般： 跨越：	主要塔型	
地线型号	一般： 跨越：	跨越塔型	
线路长度	线路总长	km	
	其中：双回路	km	
	其中：大跨越	km	

实际完成主要工程量：
土石方量　　m³　　混凝土量　　m³
基础基数总计　　基
　　其中：一般基础　　基　　岩石基础　　基
　　　　　掏挖爆扩基础　　基　　预制基础　　基
　　　　　灌注桩　　基
杆塔基数　　基　　接地基数　　基
架线长度　　km　　大跨越　　处
线路拆迁建筑物　　m²

A2　工程启动验收委员会鉴定书

　　工程启动验收委员会于　　年　　月　　日对_____ kV _____工程进行了启动调试、试运行，并对工程全部设施的质量进行了验收检查，工程启动验收委员会认为工程启动、调试和 24h 试运行正常、性能满足设计要求，工程质量符合国家规定达到设计和施工验收规范标准，工程质量总评为　　级，启动和竣工验收工作符合工程启动及竣工验收规程的要求。工程启动验收委员会认定，本工程已具备交接验收条件，同意从　　年　　月　　日起交付生产运行单位，可以正式投入运行。

　　工程遗留问题按清单要求限期完成。

　　附件：1. 工程启动验收委员会委员名单

　　　　　2. 工程启动试运指挥组成员名单

　　　　　3. 工程验收检查组成员名单

　　　　　4. 工程遗留问题处理清单

　　　　　5. 工程建设有关单位代表名单

　　　　　　　　工程启动验收委员会

　　　　　　　　主任委员（签字）：

　　　　　　　　　　　年　　月　　日

A2.1　工程启动验收委员会委员名单

工程启动验收委员会委员名单

工程启动 验收委员会	姓名	单位	职务/职称	签名
主任委员				
副主任委员				
副主任委员				
副主任委员				
委员				
委员				
委员				
委员				
委员				
委员				
委员				
委员				

A2.2　工程启动试运指挥组成员名单

工程启动试运指挥组成员名单

启动试运指挥组	姓名	单位	职务/职称	签名
组长				
副组长				
副组长				
成员				
成员				
成员				
成员				
成员				
成员				
成员				
成员				
成员				
成员				
成员				

A2.3　工程验收检查组成员名单

工程验收检查组成员名单

工程验收检查组	姓名	单位	职务/职称	签字
组长				
副组长				
副组长				
成员				
成员				
成员				
成员				
成员				
成员				
成员				
成员				
成员				
成员				

A2.4   工程遗留问题处理清单

工程遗留问题处理清单

序号	内　容	负责单位	限期完成日期

A2.5   工程建设有关单位代表名单

工程建设有关单位代表名单

单　　位	姓　名	单位、职务、职称	签字
工程项目法人代表			
工程设计单位			
施工单位			
施工单位			
工程监理单位			
系统调试单位			
生产运行单位			
工程质量监督中心站			

A3   工程移交生产交接书

_____ kV _____工程已于　　年　　月

日经工程启动验收委员会认定已具备交接验收条件，交接双方同意办理正式交接，自即日起，按移交的范围和内容由移交单位交付给接收单位，由接收单位使用并负责保管和维护。

遗留问题按启动验收委员会的决定由移交单位负责，按清单所列的内容、负责单位和日期的要求按时完成。

年　　月　　日

附件：1. 工程移交有关单位代表名单
　　　　2. 移交工程范围
　　　　3. 移交专用工器具清单
　　　　4. 移交备品备件清单
　　　　5. 向生产运行单位移交资料清单

A3.1   工程移交有关单位代表名单

工程移交有关单位代表名单

单位代表	姓　名	单　　位	职务/职称	签字
建设单位				
接收单位				
设计单位				
施工单位				
施工单位				
监理单位				
调试单位				
调度单位				

A3.2   移交工程范围

移交工程范围

A3.3   移交专用工器具清单

移交专用工器具清单

序号	名称	规格	数量	建设方代表	接收方代表

A3.4 移交备品备件清单

移交备品备件清单

序号	名称	规格	数量	建设方代表	接收方代表

A3.5 向生产运行单位移交资料清单

向生产运行单位移交资料清单

序号	名称	卷、册、页数	移交方代表	接收方代表

附录 B
（提示的附录）

工程档案资料
工程竣工验收后应将整个工程有关资料建立工程档案

B1 变电工程档案资料

B1.1 工程建设依据性文件及资料

（a）可研报告和立项审批文件。

（b）工程初步设计审查意见及批复文件。

（c）所址审批文件、征地文件及其合同、拆迁协议等（规划、土地、林业、环保、建设、通信、军事、民航等部门）。

（d）工程基建年度投资计划。

（e）重要会议纪要、报告。

B1.2 工程设计文件资料

（a）初步设计及批准工程概算。

（b）施工图设计及工程预算。

B1.3 工程设计、施工、监理及设备、材料供货等招投标文件、资料及其合同、协议

B1.4 工程施工、安装及调试的文件资料

（a）工程开工报告。

（b）施工组织设计。

（c）施工技术交底及施工协调会议记录。

（d）建筑、安装原始记录。重要施工技术措施，安全、质量措施。

（e）工程施工质量文件（原材料和器材出厂质量合格证明和试验记录、各阶段质量检查验收评定文件，不合格品处理报告）。

（f）隐蔽工程记录及签证书。

（g）工程质量监督、工程监理文件、纪要。

（h）施工质量事故报告和永久性缺陷记录。

（i）变电所一、二次设备试验报告（含通信、远动、微机监控、安全自动装置等）。

B1.5 设备文件

（a）进口设备、引进技术批准文件。

（b）进口设备商检、报关、索赔文件。

（c）设备开箱资料、装箱单、质保书、合格证、安装使用说明书、图纸、出厂试验报告、维护手册、备品备件等技术文件。

（d）设备缺陷处理记录。

（e）设备监造工作报告。

B1.6 工程竣工、系统试运行文件

（a）系统调试方案、调度方案、系统调试报告、测试记录、试运行记录和报告。

（b）工程竣工报告、启委会工程验收检查组的检查报告、电力工程建设质量监督站和中心站的报告及工程质量评价评级意见。

（c）齐全、完整、准确并加盖竣工章的竣工图。

（d）全部设计变更联系单和认可证明。

（e）工程启动验收证书（包括启委会鉴定书、移交生产交接书、移交专用工器具、备品备件、资料清单、工程遗留问题处理清单）。

（f）竣工决算报告（含设备清册、材料清册、财务账册）。

B1.7　变电所运行管理资料

按《变电运行管理制度》中规定的各种规程、记录、图表、档案。

B2　送电线路工程档案资料

B2.1　工程建设依据性文件及资料

（a）可研报告和审批文件。

（b）工程初步设计审查意见及批复文件。

（c）路径审批文件及合同、协议等（规划、土地、林业、环保、建设、通信、军事、民航等部门）。

（d）工程基建年度投资计划。

（e）重要会议纪要、材料。

B2.2　工程设计文件资料

（a）初步设计及批准工程概算。

（b）施工图设计及工程预算。

B2.3　工程设计、施工、监理、调试及设备、材料供货等招投标文件及其合同、协议

B2.4　工程施工文件、资料

（a）工程开工报告。

（b）施工组织设计。

（c）施工技术交底及施工协调会议记录。

（d）施工原始记录。

（e）工程施工质量文件（原材料和器材出厂质量合格证明和试验记录、各阶段质量检查验收评定文件，不合格品处理报告）。

（f）隐蔽工程记录及签证书。

（g）工程质量监督、建设监理文件、纪要。

（h）施工质量事故报告和永久性缺陷记录。

（i）塔基占地、拆迁、林木砍伐等补偿文件、协议、合同等。

B2.5　工程竣工试运行文件、资料

（a）线路参数测试方案、措施和试验报告。

（b）工程竣工报告、启委会工程验收检查组的检查报告、电力工程建设质量监督站和中心站的报告及工程质量评价评级意见。

（c）齐全、完整、准确并加盖竣工章的竣工图。

（d）全部设计变更联系单和认可证明。

（e）工程启动验收证书（包括启委会鉴定书、移交生产交接书、移交专用工器具、备品备件、资料清单、工程遗留问题处理清单）。

（f）竣工决算报告（含设备清册、材料清册、财务账册）。

B2.6　工程运行管理资料

按《送电线路运行规程》中规定的各种规程、制度、记录、图表、档案。

所有的档案资料应符合下述规定：①国家档案局《关于印发〈建设项目（工程）档案验收办法〉的通知》（国档发［1992］8号）；②国家档案局、国家计委《关于印发〈基本建设项目档案资料管理暂行规定〉的通知》（国档发［1988］4号）；③GB/T 182—89《科学技术档案案卷构成的一般要求》；④《电力工业企业档案分类规则及分类表》（能源部能源办［1991］231号）。

五、电　能　质　量

①　电能质量　电力系统频率允许偏差

（GB/T 15945—1995）

1　主题内容与适用范围

本标准规定了电力系统频率允许偏差值及其测量仪表的基本要求。

本标准适用于正常运行下标称频率为 50Hz 的电力系统。

本标准不适用于电气设备的频率允许偏差。

2　术语

2.1　频率偏差 frequency deviation
系统频率的实际值和标称值之差。

2.2　频率变动 frequency variation
频率变化过程中相邻极值频率之差。

2.3　冲击负荷 impact load
生产（或运行）过程中周期性或非周期性地从电网中取用快速变动功率的负荷。

3　频率偏差允许值

3.1　电力系统正常频率偏差允许值为 ±0.2Hz。当系统容量较小时，偏差值可以放宽到 ±0.5Hz。

3.2　用户冲击负荷引起的系统频率变动一般不得超过 ±0.2Hz，根据冲击负荷性质和大小以及系统的条件也可适当变动限值，但应保证近区电力网、发电机组和用户的安全、稳定运行以及正常供电。

4　测量仪表

用于频率偏差指标评定的测量，须用具有统计功能的数字式自动记录仪表，其绝对误差不大于 0.01Hz。

②　电能质量　供电电压允许偏差

（GB/T 12325—2003）

1　范围

本标准规定了供电电压允许偏差。

本标准适用于交流 50 Hz 电力系统在正常运行条件下供电电压对标称系统电压的偏差。

本标准不适用于瞬态和非正常运行情况。

2　规范性引用文件

下列文件中的条款通过本标准的引用而成为本标准的条款。凡是注日期的引用文件，其随后所有的修改单（不包括勘误的内容）或修订版均不适用于本标准，然而，鼓励根据本标准达成协议的各方研究是否可使用这些文件的最新版本。凡是不注日期的引用文件，其最新版本适用于本标准。

GB 156—2003　标准电压

3　术语和定义

下列术语和定义适用于本标准。

3.1

标称系统电压　nominal system voltage
系统设计选定的电压
[GB 156—2003 的 3.1]。

3.2

供电端　supply terminals
供电部门的配电系统与用户电气系统的联结点
[GB 156—2003 的 3.3]。

3.3

供电电压　supply voltage
在供电端相对相或相对中性异体的电压
[GB 156—2003 的 3.4]。

3.4

电压偏差　deviation of voltage
电力系统正常运行的电压偏移。计算公式如下：

$$电压偏差(\%) = \frac{实测电压 - 标称系统电压}{标称系统电压} \times 100\%$$

4　供电电压的允许偏差

4.1　35 kV 及以上供电电压正、负偏差的绝对值之和不超过标称系统电压的 10%。

注：如供电电压上下偏差同号（均为正或负）时，按较大的偏差绝对值作为衡量依据。

4.2　10 kV 及以下三相供电电压允许偏差为标称系统电压的 ±7%。

4.3 220 V 单相供电电压允许偏差为标称系统电压的 +7%、−10%。

4.4 对供电电压允许偏差有特殊要求的用户，由供用电双方协议确定。

3 电能质量 电压波动和闪变

（GB 12326—2000）

前 言

本标准是电能质量系列标准之一，目前已制定颁布的电能质量系列国家标准有：《供电电压允许偏差》（GB 12325—1990）；《电压允许波动和闪变》（GB 12326—1990）；《公用电网谐波》（GB/T 14549—1993）；《三相电压允许不平衡度》（GB/T 15543—1995）和《电力系统频率允许偏差》（GB/T 15945—1995）。

本标准参考了国际电工委员会（IEC）电磁兼容（EMC）标准 IEC 61000-3-7 等（见参考资料），对国标 GB 12326—1990 进行了全面的修订。

和 GB 12326—1990 相比，这次修订的主要内容有：

1）将系统电压按高压（HV）、中压（MV）和低压（LV）划分，分别规定了相关的限值，以及对用户指标的分配原则；

2）将国标中闪变指标由引用日本 ΔV_{10} 改为 IEC 的短时间闪变 P_{st} 和长时间闪变 P_{lt} 指标，以和国际标准接轨，并符合中国国情；

3）将电压波（变）动限值和变动频度相关联，使标准对此指标的规定更切合实际波动负荷对电网的干扰影响；

4）将原标准中以电压波（变）动为主，改为以闪变值为主（原标准中 ΔV_{10} 均为推荐值），以和国际标准相对应；

5）对于单个用户闪变允许指标按其协议容量占总供电容量的比例分配，并根据产生干扰量及系统情况分三级处理（原标准中无此内容），既使指标分配较合理，又便于实际执行；

6）引入了闪变叠加、传递等计算公式，高压系统中供电容量的确定方法以及电压变动的计算和闪变的评估等内容，并给出一些典型的实例分析；

7）对 IEC 61000-4-15 规定的闪变测量仪作了介绍，并作为标准的附录 A，以利于测量仪器的统一；

8）整个标准按国际 GB/T 1.1 和 GB/T 1.2 有关规定作编写。原标准名称的引导要素"电能质量"英译为"Power quality of electric energy supply"改为国际上通用的"Power quality"，并将本标准名称改为《电能质量 电压波动和闪变》。

作为电磁兼容（EMC）标准，IEC 61000-3-7 等涉及的内容相对较多，论述上不够简洁。在国标修订中选取相关内容，基本上删去对概念和原理的解释部分，因为国内将陆续发布等同于 IEC 61000 的 EMC 系列标准，可作为执行电能质量国家标准参考。对于国标中所需要的一些定义、符号和缩略语，以及相关闪变测量仪规范和闪变（P_{st}）的表达式等，主要参考了 IEC 61000-3-3、IEC 61000-4-15。

须指出，在采用 IEC 61000 相关内容中，本标准对于下列几点作了修改：

1）按 IEC 标准，对闪变 P_{st}、P_{lt} 指标，每次评定测量时间至少为一个星期，取 99% 概率大值衡量。这样规定，在电网中实际上难以执行。本标准中对闪变 P_{st} 指标规定取 1 天（24h）测量，而且取 95% 概率大值衡量；对 P_{lt} 指标，原则上规定不得超标。

2）对于电压变动，除了按变动频率 r 范围给出限值外，还补充了随机性不规则的电压变动的限值以及测量和取值方法。

3）在 IEC 标准中，除了电磁兼容值外还引入"规划值"，规划值原则上不大于兼容值，是由电力部门根据负荷和电网结构等特点自行规定的目标值，本标准不采用"兼容值"或"规划值"，一律用"限值"概念。

4）IEC 61000-3-7 实际上只对中、高压波动负荷的兼容限值作了规定，对于低压，主要是控制单台设备的限值，已由 IEC 61000-3-3 和 IEC 61000-3-5 中作了规定。（国内将有等同标准），在制定本标准中，鉴于中、低压设备兼容值相同（见 IEC 61000-3-7），而国产低压电气设备大多未按 IEC 标准检验其电压波动和闪变指标，故将低压也作了规定，以使标准较为完整。

本标准从实施之日起，代替 GB 12326—1990。

本标准的附录 A、附录 B 都是标准的附录。

本标准的附录 C、附录 D 都是提示的附录。

本标准由经贸委电力局提出。

本标准由全国电压电流等级和频率标准化技术委员会归口。

本标准起草单位：国家电力公司电力科学研究院、清华大学、北京供电局、北京钢铁设计研究总院、机械科学研究院。

本标准主要起草人：林海雪、孙树勤、赵刚、陈斌发、王敬义、李世林。

1 范围

本标准规定了电压波动和闪变的限值及测试、计算和评估方法。

本标准适用于交流 50 Hz 电力系统正常运行方式下，由波动负荷引起的公共连接点电压的快速变动及由此可能引起人对灯闪明显感觉的场合。

2 引用标准

GB 156—1993 标准电压

3 定义

本标准采用以下定义。

3.1 公共连接点 point of common coupling (PCC)

电力系统中一个以上用户的连接处。

3.2 波动负荷 fluctuating load

生产（或运行）过程中从供电网中取用快速变动功率的负荷。例如：炼钢电弧炉、轧机、电弧焊机等。

3.3 电压方均根值曲线 $U(t)$ R. M. S. voltage shape, $U(t)$

每半个基波电压周期方均根值 (r. m. s.) 的时间函数。

3.4 电压变动特性 $d(t)$ relative voltage change characteristic, $d(t)$

电压方均根值变动的时间函数，以系统标称电压的百分数表示。

3.5 电压变动 d relative voltage change, d

电压变动特性 $d(t)$ 上，相邻两个极值电压之差。

3.6 电压变动频率 r rate of occurrence of voltage changes, r

单位时间内电压变动的次数（电压由大到小或由小到大各算一次变动）。同一方向的若干次变动，如间隔时间小于 30 ms，则算一次变动。

3.7 闪变时间 t_f flicker time, t_f

一个有时间量钢的值，表示电压变动的闪变影响，和波形、幅值以及频率均有关。

3.8 电压波动 voltage fluctuation

电压方均根值一系列的变动或连续的改变。

3.9 闪变 flicker

灯光照度不稳定造成的视感。

3.10 闪变仪 flickermeter

一种测量闪变的专用仪器（见附录 A）。

注：一般测量 P_{st} 和 P_{lt}。

3.11 短时间闪变值 P_{st} short term severity, P_{st}

衡量短时间（若干分钟）内闪变强弱的一个统计量值（见附录 A）。$P_{st}=1$ 为闪变引起视感刺激性的通常限值。

3.12 长时间闪变值 P_{lt} long term severity, P_{lt}

由短时间闪变值 P_{st} 推算出，反映长时间（若干小时）闪变强弱的量值（见附录 A）。

3.13 累积概率函数 cumulative probability function (CPE)

其横坐标表示被测量值（例如瞬时闪变值），纵坐标表示超过对应横坐标值的时间占整个测量时间的百分数（见图 A2）。

4 电压变动和闪变的限值

4.1 电力系统公共连接点，由波动负荷产生的电压变动限值和变动频率、电压等级有关，见表 1。

4.2 电力系统公共连接点，由波动负荷引起的短时间闪变值 P_{st} 和长时间闪变值 P_{lt} 应满足表 2 所列的限值。

表 1 电压变动限值

r, h^{-1}	d,%	
	LV、MV	HV
$r \leqslant 1$	4	3
$1 < r \leqslant 10$	3	2.5
$10 < r \leqslant 100$	2*	1.5*
$100 < r \leqslant 1000$	1.25	1

注
1 很少的变动频率 r（每日少于 1 次），电压变动限值 d 还可以放宽，但不在本标准中规定。
2 对于随机性不规则的电压波动，依 95% 概率大值衡量，表中标有"*"的值为其限值。
3 本标准中系统标称电压 U_N 等级按以下划分：

低压（LV）	$U_N \leqslant 1$ kV
中压（MV）	1 kV $< U_N \leqslant 35$ kV
高压（HV）	35 kV $< U_N \leqslant 220$ kV

表 2 各级电压下的闪变限值

系统电压等级	LV	MV	HV
P_{st}	1.0	0.9 (1.0)	0.8
P_{lt}	0.8	0.7 (0.8)	0.6

注
1 本标准中 P_{st} 和 P_{lt} 每次测量周期分别取为 10min 和 2h（下同）。
2 MV 括号中的值仅适用于 PCC 连接的所有用户为同电压级的用户场合。

4.3 任何一个波动负荷用户在电力系统公共连接点单独引起的电压变动和闪变值一般应满足下列要求。

4.3.1 电压变动的限值如表1所列。

4.3.2 闪变限值根据用户负荷大小、其协议用电容量占供电容量的比例以及系统电压，分别按三级作不同的规定和处理。

4.3.2.1 第一级规定。满足本级规定，可以不经闪变核算，允许接入电网。

　　a) 对于 LV 和 MV 用户，第一级限值见表3。

表 3　LV 和 MV 用户第一级限值

r，min^{-1}	$k = (\Delta S/S_{sc})_{max}$，%
$r < 10$	0.4
$10 \leqslant r \leqslant 200$	0.2
$200 < r$	0.1

注
1　表中 ΔS 为波动负荷视在功率的变动；S_{sc} 为 PCC 短路容量。
2　已通过 IEC 61000-3-3 和 IEC 61000-3-5 的 LV 设备均视为满足第一级规定。

　　b) 对于 HV 用户，满足 $(\Delta S/S_{sc})_{max} < 0.1\%$。

4.3.2.2 第二级规定。须根据用户闪变的发生值和限值作比较后确定。

每个用户按其协议用电容量 S_i（$S_i = P_i/\cos\varphi_i$）和供电容量 S 之比，考虑上一级对下一级闪变传递的影响（下一级对上一级的传递一般忽略）等因素后确定闪变限值。不同电压等级之间闪变传递系数 T 如表4所列。

表 4　不同电压等级间闪变传递系数

	HV-MV T_{HM}	HV-LV T_{HL}	MV-LV T_{ML}
范　围	0.8~1.0	0.8~1.0	0.95~1.0
一般取值	0.9	0.9	1.0

用户闪变限值的计算如下：

　　a) 对于 MV 和 LV 单个用户，首先求出接于 PCC 的全部负荷产生闪变的总限值 G：（以 MV 用户为例写公式）

$$G_{MV} = \sqrt[3]{L_{MV}^3 - T_{HM}^3 L_{HV}^3} \tag{1}$$

式中：L_{MV} 和 L_{HV} 分别为 MV 和 HV 的闪变限值（见表2）；

T_{HM} 为 HV 对 MV 的闪变传递系数（见表4）。

则单个用户闪变限值 E_{iMV} 为：

$$E_{iMV} = G_{MV} \sqrt[3]{\frac{S_i}{S_{MV}} \cdot \frac{1}{F_{MV}}} \tag{2}$$

式中：F_{MV} 为波动负荷的同时系数，其典型值 $F_{MV} = 0.2~0.3$（但必须满足 $S_i/F_{MV} \leqslant S_{MV}$）。式（1）、（2）中，如将下标作适当替换（例如 MV 换为 LV，T_{HM} 换为 T_{HL} 或 T_{ML} 等）则可以用于 LV 用户的计算。式（1）、（2）对于短时间闪变（P_{st}）和长时间闪变（P_{lt}）均适用。

　　b) 对于 HV 单个用户，闪变限值计算式为

$$E_{iMV} = L_{HV} \sqrt[3]{\frac{S_i}{S_{tHV}}} \tag{3}$$

式中：S_{tHV} 为接 S_i 的 PCC 总供电容量，确定方法见附录 B。

　　c) 对于某些相对较小的用户，利用式（2）、（3）求出的闪变限值可能过严，如用户未超过表5规定的基本闪变值，则仍允许接网。

表 5　基 本 闪 变 值

E_{psti}	E_{plti}
0.35	0.25

4.3.2.3 第三级规定了超标（超过第二级限值）用户和过高背景闪变水平的处理原则。

由于 PCC 上并不都是波动负荷，按第二级条件计算，某些用户若是超标的，但实际背景闪变水平比较低，或者超标的概率很低（例如每周不超过1%时间），电力企业可以酌情（包括考虑近期的发展）放宽限值。反之，如背景水平已接近于表2规定值，则应适当减少分配的指标，研究采用补偿设备的可能性，并应分析背景水平高的原因，采取必要的降低闪变水平措施。

5　电压变动和闪变的测量条件、取值

5.1 本标准电压变动值 d、短时间闪变值 P_{st} 和长时间闪变值 P_{lt} 指的是电力系统正常运行的较小方式下，波动负荷变化最大工作周期的实测值。例如：炼钢电弧炉应在熔化期测量；轧机应在最大轧制负荷周期测量；三相负荷不平衡时应在三相测量值中取最严重的一相的值。

注
1　对于三相等概率波动的负荷可以任意选取一相测量。
2　设计所取的短路容量可以用投产时系统最大短路容量乘系数0.7。

5.2 对于随机性不规则的电压波动，电压变动实测值应不少于50个，以95%概率大值作为判断依据。短时间闪变值测量周期取为10min，每天（24 h）不得超标7次（70 min）；长时间闪变值测量周期取为

2h，每次均不得超标。

注：95%概率大值指的是将实测值按由大到小的次序排列，舍弃前面 5%的大值，取剩余的实测值中最大值。

6　闪变的叠加和传递

根据新用户投入前后公共连接点实测的闪变值，可以利用以下有关计算公式，推算出新用户实际上产生的闪变值。

6.1 n 个波动负荷各自引起的闪变及背景闪变在同一节点上相互叠加，其短时间闪变值可按下式计算：

$$P_{st} = \sqrt[m]{(P_{st1})^m + (P_{st2})^m + \cdots + (P_{stn})^m} \quad (4)$$

式中：m 值取决于主要闪变源的性质及其工况的重叠可能性；

$m=1$ 用于波动负荷引起电压变动同时发生重叠率很高的状况；

$m=2$ 用于随机波动负荷引起电压变动同时发生的状况（例如熔化期重叠的电弧炉）；

$m=3$ 用于波动负荷引起的电压变动同时发生的可能性很小的状况（比较常用）；

$m=4$ 仅用于熔化期不重叠的电弧炉所引起的电压变动合成。

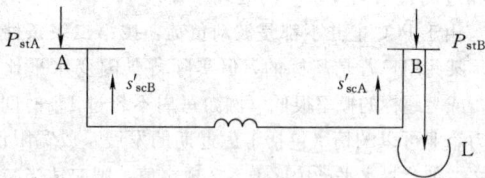

图 1　闪变传递计算示意

6.2 如图 1 所示，电力系统不同母线结点上闪变的传递可按下式简化计算：

$$P_{stA} = T_{BA} \cdot P_{stB} \quad (5)$$

式中：$T_{BA} = \dfrac{S'_{scA}}{S_{scA} - S'_{scA}}$ 为结点 B 短时间闪变值传递到结点 A 的传递系数；

P_{stA} 结点 B 短时间闪变值传递到结点 A，在结点 A 引起的短时间闪变值；

P_{stB} 结点 B 上的短时间闪变值；

S'_{scA} 结点 B 短路时结点 A 流向结点 B 的短路容量；

S_{scA} 结点 A 的短路容量；

S'_{scB} 结点 A 短路时结点 B 流向结点 A 的短路容量。

图 1 中 L 为波动负荷。

当 $S'_{scA}=0$，而 $S_{scA}=S'_{scB}$ 时，$P_{stA}=P_{stB}$

6.3 某台设备在系统短路容量为 S_{sc0} 时 P_{st0} 已知，当短路容量变为 S_{sc1} 时 P_{st1} 按下式计算：

$$P_{st1} = P_{st0} \cdot \frac{S_{st0}}{S_{sc1}} \quad (6)$$

公式（4）、（5）、（6）原则上也可用于长时间闪变值的相关计算。

7　电压变动的计算

对于平衡的三相负荷

$$d \approx \frac{\Delta S_i}{S_{sc}} \times 100\% \quad (7)$$

式中：ΔS_i 为负荷容量的变化量；

S_{sc} 为考察点（一般为 PCC）的短路容量。

当已知三相负荷的有功功率和无功功率的变化量分别为 ΔP_i 和 ΔQ_i 时，则用下式计算：

$$d = \frac{R_L \Delta P_i + X_L \Delta Q_i}{U_N^2} \times 100\% \quad (8)$$

式中：R_L、X_L 分别为电网阻抗的电阻和电抗分量。

在高压电网中，一般 $X_L \gg R_L$，则

$$d \approx \frac{\Delta Q}{S_{sc}} \times 100\% \quad (9)$$

式（7）～（9）中，ΔS_i、ΔP_i 和 ΔQ_i 要根据负荷变化性质确定。

对于由某一相间单相负荷变化引起的电压变动

$$d \approx \frac{\sqrt{3}\Delta S_i}{S_{sc}} \times 100\% \quad (10)$$

8　闪变的评估

不同类型的电压波动，P_{st} 有不同的评估方法，如表 6 所列。

表 6　　　　闪变的评估方法

电压变动类型	P_{st} 评估方法
各种类型电压波动（在线评估）	直接测量
$U_t(t)$ 已确定的所有电压波动	仿真法，直接测量
周期性等间隔电压波动（图2、图3）	利用 $P_{st}=1$ 曲线
电压变动间隔时间大于 1 s 的电压波动（图4、图5、图6）	闪变时间分析法、仿真法、直接测量

8.1　闪变仪

各种类型的电压波动均可以用符合 IEC 61000-4-15 的闪变仪直接测量来评估，这是闪变量值判定的基准方法。

8.2　仿真法

当负荷变动特性和 PCC 的系统阻抗已知时，可

以计算负荷引起的电压变动 $d(t)$，然后由闪变仪的模拟程序求出相应的 P_{st}。本法需要专门的程序，其精度主要取决于负荷特性的数学模型。

8.3　用 $P_{st}=1$ 曲线分析

对于周期性等间隔矩形波（或阶跃波）、正弦波和三角波的电压变动，当已知电压变动 d 和频度 r 时，可以利用图 2（或表 7）由 r 查出对应于 $P_{st}=1$ 的电压变动 d_{Lim}，则：

$$P_{st} = F \cdot \frac{d}{d_{Lim}} \qquad (11)$$

式中：F 为波形系数。对于矩形波（或阶跃波）$F=1$；对于正弦波和三角波查图 3。

表 7　　　周期性矩形（或阶跃）电压变动的单位闪变（$P_{st}=1$）曲线对应数据

d,%	3.0	2.9	2.8	2.7	2.6	2.5	2.4	2.3	2.2	2.1	2.0	1.9	1.8
r，min^{-1}	0.76	0.84	0.95	1.06	1.20	1.36	1.55	1.78	2.05	2.39	2.79	3.29	3.92
d,%	1.7	1.6	1.5	1.4	1.3	1.2	1.1	1.0	0.95	0.90	0.85	0.80	0.75
r，min^{-1}	4.71	5.72	7.04	8.79	11.16	14.44	19.10	26.6	32.0	39.0	48.7	61.8	80.5
d,%	0.70	0.65	0.60	0.55	0.50	0.45	0.40	0.35	0.29	0.30	0.35	0.40	0.45
r，min^{-1}	110	175	275	380	475	580	690	795	1052	1180	1400	1620	1800

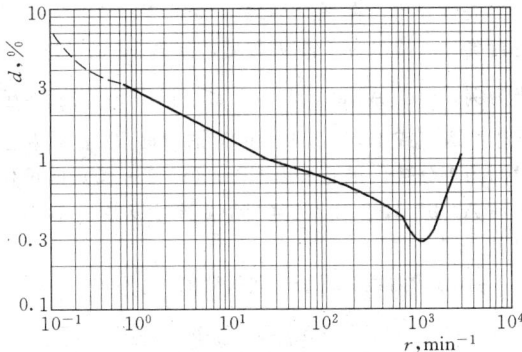

图 2　周期性矩形（或阶跃）电压
变动的单位闪变（$P_{st}=1$）曲线

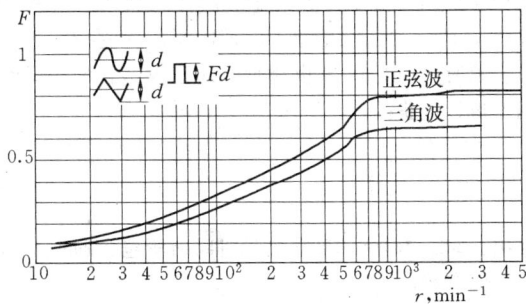

图 3　周期性正弦波和三角波电压波动的波形系数

8.4　闪变时间分析法

在求 P_{st}（或 P_{lt}）时分别选取产生闪变较严重的 10min（或 2h）时段的 $d(t)$ 作分析，把各种变动波形利用波形系数等值为阶跃变动波形，求出闪变时间 t_f（s）来评估 P_{st}（或 P_{lt}）。

对每个波形

$$t_f = 2.3 \times (F d_{max})^3 \qquad (12)$$

式中：F 为波形系数。对于阶跃波 $F=1$；对于双阶梯波、斜坡波、三角波和矩形波，查图 4、图 5；对于直接起动的电动机，$F\approx1$；对于采取缓冲措施的电动机，查图 6。

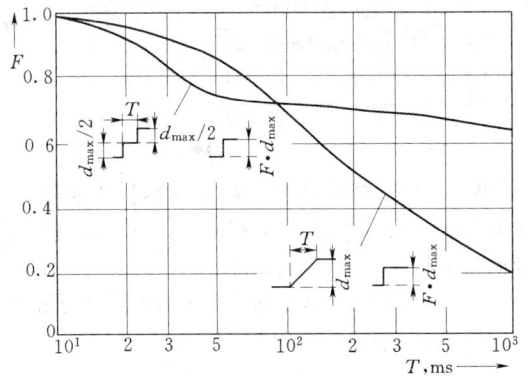

图 4　双阶梯波和斜坡波电压变动的波形系数

将规定时段（10 min，2 h）内 $d(t)$ 的 t_f 总和求出，则

$$P_{st} = \sqrt[3]{\frac{\sum t_f}{600}} \qquad (13)$$

$$P_{lt} = \sqrt[3]{\frac{\sum t_f}{120 \times 60}} \qquad (14)$$

闪变时间分析法一般用于电压变动间隔大于 1s 且电压变动波形为上列几种的组合，所求的 P_{st}、P_{lt}

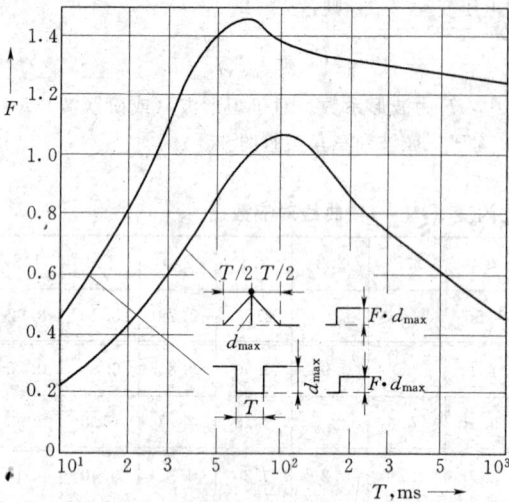

图 5　三角波和矩形波电压变动的波形系数

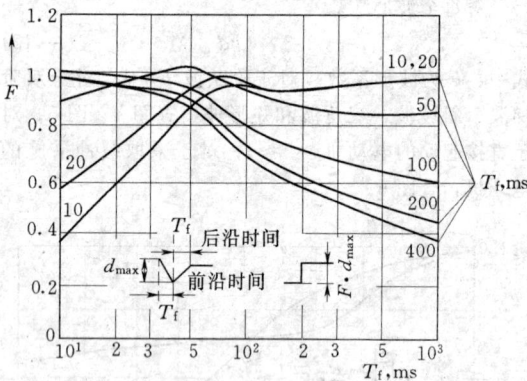

图 6　具有不同前后沿的电动机起动电压波形系数

值和直接测量结果相比，误差在 $\pm10\%$ 以内。电压变动间隔小于 1s，不推荐用此法。

8.3、8.4 中方法仅适用于特定的电压波动场合。一些典型的实例分析见附录 C。

附录 A

（标准的附录）

闪变的测量和计算式

根据 IEC 61000-4-15 制造的 IEC 闪变仪是目前

国际上通用的测量闪变的仪器，有模拟式的也有部分或全部是数字式两种结构，其简化原理框图如图 A1 所示。

框 1 为输入级，它除了用来实现把不同等级的电源电压（从电压互感器或输入变压器二次侧取得）降到适用于仪器内部电路电压值的功能外，还产生标准的调制波，用于仪器的自检。框 2、3、4 综合模拟了灯-眼-脑环节对电压波动的反应。其中框 2 对电压波动分量进行解调，获得与电压变动成线性关系的电压；框 3 的带通加权滤波器反映了人对 60W230V 钨丝灯在不同频率的电压波动下照度变化的敏感程度，通频带为 $0.05\text{Hz}\sim35\text{Hz}$；框 4 包含一个平方器和时间常数为 300ms 的低通滤波器，用来模拟灯-眼-脑环节对灯光照度变化的暂态非线性响应和记忆效应。框 4 的输出 $S(t)$ 反映了人的视觉对电压波动的瞬时闪变感觉水平，如图 A2 a）所示，可对 $S(t)$ 作不同的处理来反映电网电压引起的闪变情况。进入框 5 的 $S(t)$ 值是用积累概率函数 CPF 的方法进行分析。在观察期内（10min），对上述信号进行统计。图中为了简明起见，分为 10 级。以第 7 级为例，由图 A2 a），$T_7=\sum\limits_{i=1}^{5}t_i$，用 CPF_7 代表 S 值处于 7 级（或 $1.2\sim1.4$ p.u.）的时间 T_7 占总观察时间的百分数，相继求出 CPF_i（$i=1\sim10$）即可作出图 A2 b）CPF 曲线。实际仪器分级数应不小于 64 级。

由 CPF 曲线获得短时间闪变值：

$$P_{\text{st}}=\sqrt{0.0314P_{0.1}+0.0525P_1+0.0657P_3+0.28P_{10}+0.08P_{50}}$$

（A1）

式中：$P_{0.1}$、P_1、P_3、P_{10}、P_{50} 分别为 CPF 曲线上等于 0.1%、1%、3%、10% 和 50% 时间的 $S(t)$ 值。

长时间闪变值 P_{lt} 由测量时间段内包含的短时间闪变值计算获得：

$$P_{\text{lt}}=\sqrt[3]{\frac{1}{n}\sum_{j=1}^{n}(P_{\text{st}j})^3}$$

（A2）

式中：n 为长时间闪变值测量时间内所包含的短时间闪变值个数。

P_{st} 和 P_{lt} 由图 A1 框 5 输出。

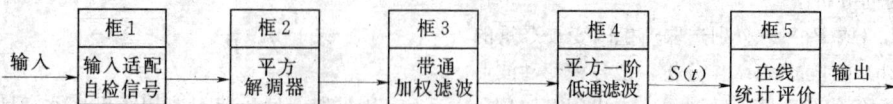

图 A1　IEC 闪变仪模型的简化框图

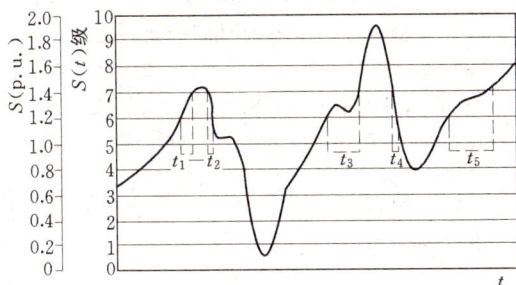

(a)

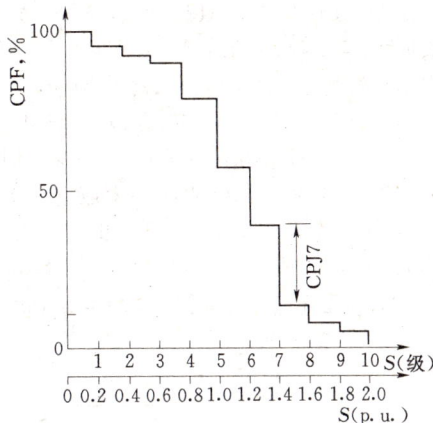

(b)

图 A2 由 $S(t)$ 曲线作出的 CPF 曲线示例

附录 B

(标准的附录)

高压(HV) 总供电容量 S_{tHV} 的估算方法

当 S_i 用户接于某单台变压器二次侧母线（PCC）上时，S_{tHV} 即为主变压器的供电容量。对于某些用户（特别是 220kV 级用户），其 PCC 可能有多个供电源，S_{tHV} 可以用下列方法估算：

第一种近似估算：在 PCC 最大需求日（或计及将来发展），所供给的 HV 用户总容量为 $\sum S_{iHV}$，就取为 S_{tHV}。但当 PCC 附近有较大的波动负荷时，则按第二种近似估算。

第二种近似估算：如图 B1 所示。设 1 为所考虑的结点，2、3 为其附近有较大波动负荷的结点。先按第一种估算法，求出 S_{tHV1}、S_{tHV2}、S_{tHV3}。然后求出工频下传递系数 K_{2-1}、K_{3-1}。"传递系数" K_{j-i} 是结点 j 注入 1 p.u. 电压时在 i 结点引起的电压。K_{j-i} 计算一般需要计算机程序，但 6.2 条给出简化的算法，在许多情况下能很快求出近似的结果。由此得：$S_{tHV} = S_{tHV1} + K_{2-1} \times S_{tHV2} + K_{3-1} \times S_{tHV3}$。

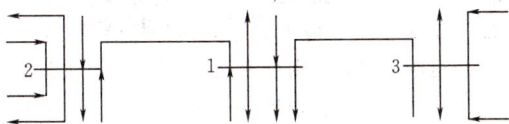

图 B1 第二种近似估算 S_{tHV} 示意

附录 C

(提示的附录)

一些典型的实例分析

C1 轧钢机负荷

已知某轧钢机投产后，在供电的 PCC 上产生周期性电压波动，其波形如图 C1 所示，该供电点（中压）总的允许短期闪变值 $G_{Pst} = 0.72$，供电总容量 30MVA，轧钢厂的协议供电容量为 3MVA，用电同时系数为 0.3，试分析轧钢机接网对闪变的影响。

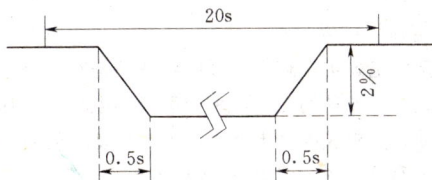

图 C1 轧机电压变动示例

分析：由图 C1，在运行周期 20s 中有 2 次电压变动，则电压变动频度 $r = 2/20$（s^{-1}）$= 6$（min^{-1}），由表 3 和式（7）可知，不满足第一级限值规定。由式（2）求出该用户闪变限值 $E_{Pst} = 0.72 \times \sqrt[3]{\dfrac{3}{30 \times 0.3}} = 0.5$，由图 4 对于 0.5s 斜坡电压变动，查得 $F = 0.3$，由式（12）得 $t_f = 2.3 \times (0.3 \times 2)^3 = 0.5$（s）。

10min 内，对于变动 $10 \times 6 = 60$ 次，代入式（13），得：

$$P_{st} = \sqrt[3]{\dfrac{60 \times 0.5}{600}} = 0.37 < E_{Pst}$$

结论：该轧钢机引起的闪变符合第二级规定。

C2 多台绞车负荷

已知三台 5MW 矿井绞车，供电的 PCC 为 35kV，$S_{SC} = 400MVA$，分配给绞车的闪变限值 $E_{Pst} = 0.5$；单台绞车典型的无功功率变动周期如图 C2 所示。三台绞车大体上同时运行，但不完全重叠，试分析闪变的影响。

分析：从图 C2 可以看出，一开始和中间两段为斜坡电压变动，由于 $T>1s$，从图 4 可知，波形系数很小，如将其折算为等值阶跃电压变动，其值也很小，可以忽略。在单台绞车开车后 6s 处有 $\Delta Q=4\text{Mvar}$，根据式 (9)，相应 $d_1=1\%$；在 45s 停车时有 $\Delta Q=2.5\text{Mvar}$，相应有 $d_2=0.63\%$；对 d_1 和 d_2 分别按 60s 周期（即 $r=1$ 次/min）考虑。查图 2 得 $d=2.7\%$（对应 $P_{st}=1$），则由式 (11) d_1 产生 $P_{st1}=1/2.7=0.37$；由 d_2 产生 $P_{st2}=0.63/2.7=0.23$。根据式 (4)，取 $m=3$，单台绞车闪变为 $P_{st}=\sqrt[3]{0.37^3+0.23^3}=0.40$，三台绞车合成闪变 P_{st}

$=\sqrt[3]{3\times0.4^3}=0.58>E_{Pst}$

结论：需要作第三级评定。

本例也可以用闪变时间分析：由式 (12) 求出 $t_{f1}=2.3\times1^3=2.3$ (s)，$t_{f2}=2.3\times0.63^3=0.575$ (s)；三台绞车 10min 内 $\sum t_f=\sum t_{f1}+\sum t_{f2}=3\times(2.3\times10+0.575\times10)=86.25$ (s)，代入式 (13)，P_{st} $=\sqrt[3]{\dfrac{86.25}{600}}=0.524>E_{Pst}$。其结论基本上和直接用 P_{st} 分析一致。

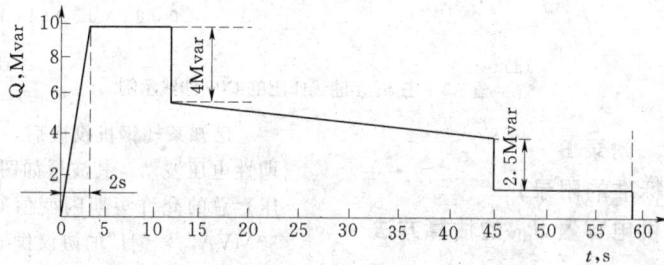

图 C2　单台绞车运行典型的无功波动周期

C3　电弧炉负荷

交流电弧炉在运行过程中，特别是在熔化期，随机且大幅度波动的无功功率会引起供电母线电压的严重波动，并构成闪变干扰。图 C3 为最简化的电弧炉等值电路单线图。图中 U_0 为供电电压；X_0 为电弧炉供电回路的总阻抗（包括供电系统、电炉变压器和短网阻抗）；R 为回路的总电阻，以可变的电弧电阻 R_A 为主；$P+jQ$ 为电路复功率。

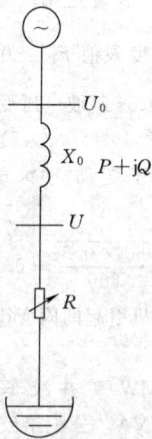

图 C3　最简化的电弧炉
等值电路的单线图

不难证明，当 R 变化时，电弧炉运行的功率 P、

Q 如图 C4 所示，按半圆轨迹移动，其直径 $\overline{OD}=S_d=\dfrac{U_0^2}{X_0}$ 为理想的最大短路（$R=0$）容量。图中 A 为熔化期的额定运行点，φ_N 为相应的回路阻抗角，$\cos\varphi_N=0.7\sim0.85$；B 点为电极三相短路运行点，此时 $R_A=0$，φ_d 为短路回路阻抗角，$\cos\varphi_d=0.1\sim0.2$。

预测计算时可以取最大无功变动量：

$$\Delta Q_{max}=\overline{CE}=\overline{OE}-\overline{OC}$$
$$=\overline{OB}\sin\varphi_d-\overline{OA}\sin\varphi_N$$
$$=\overline{OD}(\sin^2\varphi_d-\sin^2\varphi_N) \qquad (C1)$$

则有 $\qquad\Delta Q_{max}=S_d(\sin^2\varphi_d-\sin^2\varphi_N)$

由于 $\sin^2\varphi_d\approx1$，则

$$\Delta Q_{max}\approx S_d\cos^2\varphi_N \qquad (C2)$$

实际上电弧炉在熔化期电极和炉料（或熔化后钢水）接触可以有开路（$R=\infty$，对应与 O 点）和短路（$R_A=0$，$R\approx0$，对应于 D 点）两种极端状态，当相继出现这两种状态时则得到：

$$\Delta Q_{max}\approx S_d \qquad (C3)$$

由式 (C1)~(C3) 代入式 (9) 即得到相应的 d，其中由式 (C1)、(C2) 得到的称为"最大无功功率变动量"，电弧炉引起 PCC 电压变动，一般可以用此值作为预测值，对照表 1 中限值（标有"＊"）；由式 (C3) 得到的称为"短路压降" d，此值为理论上最大的 d_{max}。

交流电弧炉引起的闪变大小主要和 d（或 d_{max}）

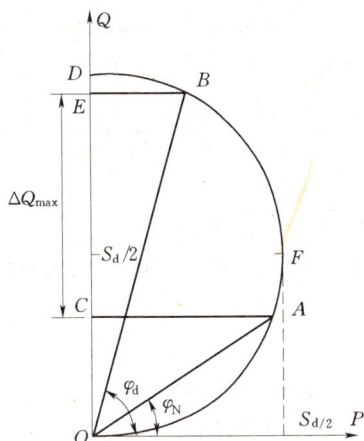

图 C4 电弧炉运行的功率圆图

有关，但也和冶炼的工艺、炉料的状况有关，可以粗略地用下式预测：

$$P_{st} = 0.5d \qquad (C4)$$

或

$$P_{st(max)} = 0.5d_{max} \qquad (C5)$$

直流电弧炉是将三相交流整流为直流，采用单电极冶炼。直流电弧电流比交流要稳定，因此对电网的干扰要明显小于交流电弧炉，其产生的电压波动和闪变约为同容量交流炉的一半。

附录 D
（提示的附录）
参 考 资 料

[1] IEC 61000-3-3：1994 Electromagnetic compatibility (EMC)—Part 3：Limits—Section 3：Limitation of voltage fluctuations and flicker in low-voltage supply systems for equipment with rated current≤16 A

[2] IEC 61000-3-5：1994 Electromagnetic compatibility (EMC)—Part 3：Limits—Section 5：Limitation of voltage fluctuations and flicker in low-voltage power supply systems for equipment with rated current greater than 16A

[3] IEC 61000-3-7：1996 Electromagnetic compatibility (EMC)—Part 3：Limits—Section 7：Assessment of emission limits for fluctuating loads in MV and HV power systems—Basic EMC publication

[4] IEC 61000-4-15：1997 Electromagnetic compatibility (EMC)—Part 4：Testing and measurement techniques—Section 15：Flickermeter—Functional and design specifications

4 电能质量 三相电压允许不平衡度

（GB/T 15543—1995）

1 主题内容与适用范围

本标准规定了三相电压不平衡度的允许值及其计算、测量和取值方法。

本标准适用于交流额定频率为 50Hz 电力系统正常运行方式下由于负序分量而引起的公共连接点的电压不平衡。

2 术语、符号

2.1 不平衡度 ε unbalance factor ε

指三相电力系统中三相不平衡的程度，用电压或电流负序分量与正序分量的方均根值百分比表示。电压或电流不平衡度分别用 ε_U 或 ε_I 表示。

2.2 正序分量 Positive-sequence component

将不平衡的三相系统的电量按对称分量法分解后，其正序对称系统中的分量。

2.3 负序分量 negative-sequence component

将不平衡的三相系统的电量按对称分量法分解后，其负序对称系统中的分量。

2.4 公共连接点 point of common coupling

电力系统中一个以上用户的连接处。

3 电压不平衡度允许值

3.1 电力系统公共连接点正常电压不平衡度允许值为 2%，短时不得超过 4%（取值见附录 A）。

电气设备额定工况的电压允许不平衡度和负序电流允许值仍由各自标准规定，例如旋转电机按 GB 755《旋转电机基本技术要求》规定。

3.2 接于公共连接点的每个用户，引起该点正常电压不平衡度允许值一般为 1.3%，根据连接点的负荷状况、邻近发电机、继电保护和自动装置安全运行要求，可作适当变动，但必须满足 3.1 条的规定。

4 用户引起的电压不平衡度允许值换算

电压不平衡度允许值一般可根据连接点的正常最小短路容量换算为相应的负序电流值，作为分析或测算依据；邻近大型旋转电机的用户，其负序电流值换算时应考虑旋转电机的负序阻抗。有关不平衡度的计算见附录 B。

5 不平衡度的测量（见附录 A）

附录 A
不平衡度的测量和取值
（补充件）

A1 本标准中 ε 值指的是在电力系统正常运行的最小方式下负荷所引起的电压不平衡度为最大的生产（运行）周期中的实测值。例如炼钢电弧炉应在熔化期测量；对于日波动负荷，可取典型日 24h 测量。

A2 本标准规定的正常 ε 允许值，对于波动性较小的场合，应和实测的五次接近数值的算术平均值对比；对于波动性较大的场合，应和实测值的 95％概率值对比，以判断是否合格。其短时允许值是指任何时刻均不能超过的限值。

为了实用方便，实测值的 95％概率值可将实测值（不少于 30 个）按由大到小次序排列，舍弃前面 5％的大值，取剩余实测值中的最大值；对于日波动负荷，也可以按日累计超标时间不超过 72min，且每 30min 中超标时间不超过 5min 来判断。

A3 不平衡度测量仪器应满足本标准的测量要求。每次测量，一般按 3s 方均根取值，对于离散采样的测量仪器，推荐按下式计算：

$$\varepsilon = \sqrt{\frac{1}{m}\sum_{k=1}^{m}\varepsilon_k^2} \qquad (A1)$$

式中：ε_k——在 3s 内第 k 次测得的不平衡度；

m——在 3s 内均匀间隔取值次数（$m \geqslant 6$）。

对于特殊情况，由供用电双方另行商定。

仪器的电压不平衡度测量的绝对误差不超过 0.2％；电流不平衡度测量的绝对误差不超过 1％。

附录 B
不平衡度的计算
（补充件）

B1 不平衡度的表达式

$$\varepsilon_U = \frac{U_2}{U_1} \times 100(\%) \qquad (B1)$$

式中：U_1——三相电压的正序分量方均根值，V；

U_2——三相电压的负序分量方均根值，V。

如将式（B1）中 U_1、U_2 换为 I_1、I_2，则为相应的电流不平衡度 ε_I 的表达式。

B2 不平衡度的准确计算式

B2.1 在有零序分量的三相系统中，应用对称分量法，分别求出正序分量和负序分量，由式（B1）求出不平衡度。

B2.2 在没有零序分量的三相系统中，当已知三相量 a、b、c 时，用下式求不平衡度：

$$\varepsilon = \sqrt{\frac{1 - \sqrt{3 - 6L}}{1 + \sqrt{3 - 6L}}} \times 100(\%) \qquad (B2)$$

式中： $L = (a^4 + b^4 + c^4)/(a^2 + b^2 + c^2)^2$

B3 不平衡度的近似计算式

B3.1 设公共连接点的正序阻抗与负序阻抗相等，则

$$\varepsilon_U = \frac{\sqrt{3}I_2 \cdot U_L}{10S_K}(\%) \qquad (B3)$$

式中：I_2——电流的负序值，A；

S_K——公共连接点的三相短路容量，MV·A；

U_L——线电压，kV。

B3.2 相间单相负荷引起的电压不平衡度表达式

$$\varepsilon_U = \frac{S_L}{S_K} \times 100(\%) \qquad (B4)$$

式中：S_L——单相负荷容量，MV·A。

5 电能质量 公用电网谐波

（GB/T 14549—1993）

1 主题内容与适用范围

本标准规定了公用电网谐波的允许值及其测试方法。

本标准适用于交流额定频率为 50Hz，标称电压 110kV 及以下的公用电网。

标称电压为 220kV 的公用电网可参照 110kV 执行。

本标准不适用于暂态现象和短时间谐波。

2 引用标准

GB 156 额定电压

3 术语

3.1 公共连接点 point of common coupling
用户接入公用电网的连接处。

3.2 谐波测量点 harmonic measurement points
对电网和用户的谐波进行测量之处。

3.3 基波（分量）fundamental（component）
对周期性交流量进行傅立叶级数分解，得到的频率与工频相同的分量。

3.4 谐波（分量）harmonic（component）

对周期性交流量进行傅立叶级数分解，得到频率为基波频率大于1整数倍的分量。

3.5 谐波次数（h）harmonic order（h）

谐波频率与基波频率的整数比。

3.6 谐波含量（电压或电流）harmonic content（for voltage or current）

从周期性交流量中减去基波分量后所得的量。

3.7 谐波含有率 harmonic ratio（HR）

周期性交流量中含有的第h次谐波分量的方均根值与基波分量的方均根值之比（用百分数表示）。

第h次谐波电压含有率以HRU_h表示，第h次谐波电流含有率以HRI_h表示。

3.8 总谐波畸变率 total harmonic distortion（THD）

周期性交流量中的谐波含量的方均根值与其基波分量的方均根值之比（用百分数表示）。

电压总谐波畸变率以THD_u表示，电流总谐波畸变率以THD_i表示。

3.9 谐波源 harmonic source

向公用电网注入谐波电流或在公用电网中产生谐波电压的电气设备。

3.10 短时间谐波 short duration harmonics

冲击持续的时间不超过2s，且两次冲击之间的间隔时间不小于30s的电流所含有的谐波及其引起的谐波电压。

注：谐波术语的数学表达式见附录A（补充件）。

4 谐波电压限值

公用电网谐波电压（相电压）限值见表1。

表 1　　　公用电网谐波电压限值

电网标称电压（kV）	电压总谐波畸变率（%）	各次谐波电压含有率（%）	
		奇 次	偶 次
0.38	5.0	4.0	2.0
6	4.0	3.2	1.6
10			
35	3.0	2.4	1.2
66			
110	2.0	1.6	0.8

5 谐波电流允许值

5.1 公共连接点的全部用户向该点注入的谐波电流分量（方均根值）不应超过表2中规定的允许值。当公共连接点处的最小短路容量不同于基准短路容量时，表2中的谐波电流允许值的换算见附录B（补充件）。

5.2 同一公共连接点的每个用户向电网注入的谐波电流允许值按此用户在该点的协议容量与其公共连接点的供电设备容量之比进行分配。分配的计算方法见附录C（补充件）。

6 测量

测量谐波的方法、数据处理及测量仪器的规定见附录D（补充件）。

表 2　　　　　　　　　　注入公共连接点的谐波电流允许值

标准电压（kV）	基准短路容量（MVA）	谐波次数及谐波电流允许值 A											
		2	3	4	5	6	7	8	9	10	11	12	13
0.38	10	78	62	39	62	26	44	19	21	16	28	13	24
6	100	43	34	21	34	14	24	11	11	8.5	16	7.1	13
10	100	26	20	13	20	8.5	15	6.4	6.8	5.1	9.3	4.3	7.9
35	250	15	12	7.7	12	5.1	8.8	3.8	4.1	3.1	5.6	2.6	4.7
66	500	16	13	8.1	13	5.4	9.3	4.1	4.3	3.3	5.9	2.7	5.0
110	750	12	9.6	6.0	9.6	4.0	6.8	3.0	3.2	2.4	4.3	2.0	3.7

标准电压（kV）	基准短路容量（MVA）	谐波次数及谐波电流允许值 A											
		14	15	16	17	18	19	20	21	22	23	24	25
0.38	10	11	12	9.7	18	8.6	16	7.8	8.9	7.1	14	6.5	12
6	100	6.1	6.8	5.3	10	4.7	9.0	4.3	4.9	3.9	7.4	3.6	6.8
10	100	3.7	4.1	3.2	6.0	2.8	5.4	2.6	2.9	2.3	4.5	2.1	4.1
35	250	2.2	2.5	1.9	3.6	1.7	3.2	1.5	1.8	1.4	2.7	1.3	2.5
66	500	2.3	2.6	2.0	3.8	1.8	3.4	1.6	1.9	1.5	2.8	1.4	2.6
110	750	1.7	1.9	1.5	2.8	1.3	2.5	1.2	1.4	1.1	2.1	1.0	1.9

注　220kV基准短路容量取2000MVA。

附录 A
谐波术语的数学表达式
（补充件）

A1　第 h 次谐波电压含有率 HRU_h

$$HRU_h = \frac{U_h}{U_1} \times 100(\%) \tag{A1}$$

式中：U_h——第 h 次谐波电压（方均根值）；
　　　U_1——基波电压（方均根值）。

A2　第 h 次谐波电流含有率 HRI_h：

$$HRI_h = \frac{I_h}{I_1} \times 100(\%) \tag{A2}$$

式中：I_h——第 h 次谐波电流（方均根值）；
　　　I_1——基波电流（方均根值）。

A3　谐波电压含量 U_H

$$U_H = \sqrt{\sum_{h=2}^{\infty} (U_h)^2} \tag{A3}$$

A4　谐波电流含量 I_H

$$I_H = \sqrt{\sum_{h=2}^{\infty} (I_h)^2} \tag{A4}$$

A5　电压总谐波畸变率 THD_u

$$THD_u = \frac{U_H}{U_1} \times 100(\%) \tag{A5}$$

A6　电流总谐波畸变率 THD_i

$$THD_i = \frac{I_H}{I_1} \times 100(\%) \tag{A6}$$

附录 B
谐波电流允许值的换算
（补充件）

当电网公共连接点的最小短路容量不同于表 2 基准短路容量时，按式（B1）修正表 2 中的谐波电流允许值：

$$I_h = \frac{S_{k1}}{S_{k2}} I_{hp} \tag{B1}$$

式中：S_{k1}——公共连接点的最小短路容量，MVA；
　　　S_{k2}——基准短路容量，MVA；
　　　I_{hp}——表 2 中的第 h 次谐波电流允许值，A；
　　　I_h——短路容量为 S_{k1} 时的第 h 次谐波电流允许值。

附录 C
谐波的基本计算式
（补充件）

C1　第 h 次谐波电压含有率 HRU_h 与第 h 次谐波电流分量 I_h 的关系

$$HRU_h = \frac{\sqrt{3}Z_h I_h}{10U_N}(\%) \tag{C1}$$

近似的工程估算按式（C2）或式（C3）计算

$$HRU_h = \frac{\sqrt{3}U_N h I_h}{10S_k}(\%) \tag{C2}$$

或

$$I_h = \frac{10S_k HRU_h}{\sqrt{3}U_N h}(\%) \tag{C3}$$

式中：U_N——电网的标称电压，kV；
　　　S_k——公共连接点的三相短路容量，MVA；
　　　I_h——第 h 次谐波电流，A；
　　　Z_h——系统的第 h 次谐波阻抗，Ω。

C2　两个谐波源的同次谐波电流在一条线路的同一相上迭加，当相位角已知时按式（C4）计算

$$I_h = \sqrt{I_{h1}^2 + I_{h2}^2 + 2I_{h1}I_{h2}\cos\theta_h} \tag{C4}$$

式中：I_{h1}——谐波源 1 的第 h 次谐波电流，A；
　　　I_{h2}——谐波源 2 的第 h 次谐波电流，A；
　　　θ_h——谐波源 1 和谐波源 2 的第 h 次谐波电流之间的相位角。

当相位角不确定时，可按式（C5）进行计算

$$I_h = \sqrt{I_{h1}^2 + I_{h2}^2 + K_h I_{h1} I_{h2}} \tag{C5}$$

式中 K_h 系数按表 C1 选取。

表 C1　　公式（C5）中系数 K_h 的值

h	3	5	7	11	13	9｜>13｜偶次
K_h	1.62	1.28	0.72	0.18	0.08	0

两个以上同次谐波电流叠加时，首先将两个谐波电流叠加，然后再与第三个谐波电流相叠加，以此类推。

两个及以上谐波源在同一节点同一相上引起的同次谐波电压叠加的计算式与式（C4）或式（C5）类同。

C3　在公共连接点处第 i 个用户的第 h 次谐波电流允许值（I_{hi}）按式（C6）计算：

$$I_{hi} = I_h(S_i/S_t)^{1/\alpha} \tag{C6}$$

式中：I_h——按附录 B 换算的第 h 次谐波电流允许值，A；
　　　S_i——第 i 个用户的用电协议容量，MVA；
　　　S_t——公共连接点的供电设备容量，MVA；
　　　α——相位叠加系数，按表 C2 取值。

表 C2　　　　相位叠加系数

h	3	5	7	11	13	9｜>13｜偶次
α	1.1	1.2	1.4	1.8	1.9	2

附录 D
测量谐波的方法、数据
处理及测量仪器
（补充件）

D1 谐波电压（或电流）测量应选择在电网正常供电时可能出现的最小运行方式，且应在谐波源工作周期中产生的谐波量大的时段内进行（例如：电弧炼钢炉应在熔化期测量）。

当测量点附近安装有电容器组时，应在电容器组的各种运行方式下进行测量。

D2 测量的谐波次数一般为第 2 到第 19 次，根据谐波源的特点或测试分析结果，可以适当变动谐波次数测量的范围。

D3 对于负荷变化快的谐波源（例如：炼钢电弧炉、晶闸管变流设备供电的轧机、电力机车等），测量的间隔时间不大于 2min，测量次数应满足数理统计的要求，一般不少于 30 次。

对于负荷变化慢的谐波源（例如：化工整流器、直流输电换流站等），测量间隔和持续时间不作规定。

D4 谐波测量的数据应取测量时段内各相实测量值的 95％ 概率值中最大的一相值，作为判断谐波是否超过允许值的依据。

但对负荷变化慢的谐波源，可选五个接近的实测值，取其算术平均值。

注：为了实用方便，实测值的 95％ 概率值可按下述方法近似选取：将实测值按由大到小次序排列，舍弃前面 5％ 的大值，取剩余实测值中的最大值。

D5 谐波的测量仪器。

D5.1 仪器的功能应满足本标准测量要求。

D5.2 为了区别暂态现象和谐波，对负荷变化快的谐波，每次测量结果可为 3s 内所测值的平均值。推荐采用式（D1）计算：

$$U_h = \sqrt{\frac{1}{m}\sum_{k=1}^{m}(U_{hk})^2} \qquad (D1)$$

式中：U_{hk}——3s 内第 k 次测得的 h 次谐波的方均根值；

m——3s 内取均匀间隔的测量次数，$m \geq 6$。

D5.3 仪器准确度

谐波测量仪的允许误差见表 D1。

D5.4 仪器有一定的抗电磁干扰能力，便于现场使用。仪器应保证其电源在标称电压 ±15％，频率在 49Hz～51Hz 范围内电压总谐波畸变率不超过 8％ 条件下能正常工作。

D6 对不符合 D5.2 条规定的仪器，可用于负荷变化

慢的谐波源的测量。如用于负荷变化快的谐波源的测量，测量条件和次数应分别符合 D1 和 D3 条的规定。

D7 在测量的频率范围内，仪用互感器、电容式分压器等谐波传感设备应有良好的频率特性，其引入的幅值误差不应大于 5％，相角误差不大于 5°。在没有确切的频率响应误差特性时，电流互感器和低压电压互感器用于 2500Hz 及以下频率的谐波测量；6～110kV 电磁式电压互感器可用于 1000Hz 及以下频率测量；电容式电压互感器不能用于谐波测量。在谐波电压测量中，对谐波次数或测量精度有较高需要时，应采用电阻分压器（$U_N < 1kV$）或电容式分压器（$U_N \geq 1kV$）。

表 D1   谐波测量仪的允许误差

等级	被测量	条 件	允许误差
A	电压	$U_h \geq 1\%U_N$ $U_h < 1\%U_N$	$5\%U_h$ $0.05\%U_N$
	电流	$I_h \geq 3\%U_N$ $I_h < 3\%U_N$	$5\%I_h$ $0.15\%I_N$
B	电压	$U_h \geq 3\%U_N$ $U_h < 3\%U_N$	$5\%U_h$ $0.15\%U_N$
	电流	$I_h \geq 10\%U_N$ $I_h < 10\%U_N$	$5\%I_h$ $0.50\%I_N$

注 ① U_N 为标准电压，U_h 为谐波电压；I_N 为额定电流，I_h 为谐波电流。

② A 级仪器频率测量范围为 0～2500Hz，用于较精确的测量，仪器的相角测量误差不大于 ±5° 或 ±1°；B 级仪器用于一般测量。

6 电力系统电压和无功电力管理条例

（中华人民共和国能源部 1988 年颁布，
1988 年实施）

第一章 总 则

第一条 电压是电能主要质量指标之一。电压质量对电网稳定及电力设备安全运行、线路损失、工农业安全生产、产品质量、用电单耗和人民生活用电都有直接影响。无功电力是影响电压质量的一个重要因素。各级电力部门和各用电单位都要加强电压和无功电力的管理，切实改善电网电压和用户端受电电压。

第二条　为使各级电压质量符合国家标准，各级电力部门要做好电网的规划、建设和管理，使电网结构、布局、供电半径、潮流分布经济合理。各级电压的电力网和电力用户都要提高自然功率因数，并按无功分层分区和就地平衡以及便于调整电压的原则，安装无功补偿设备和必要的调压装置。

第三条　电压和无功电力实行分级管理。各网、省局、地（市）县供电（电业）局都要切实做好所属供电区的无功电力和电压质量管理工作。制订职责范围和协作制度，并指定一个职能部门设专（兼）职负责归口管理。各级电力部门要对所管辖电网（包括输配电线路、变电站和用户）的电压质量和无功电力、功率因数和补偿设备的运行进行监察、考核。各电力用户都要向当地供电部门按期报送电压质量和无功补偿设备的安装容量和投入情况，以及无功电力和功率因数等有关资料。电网和用户都要提高调压装置和无功补偿设备的运行水平。

第二章　电力系统和用户受电端的电压监测与考核

第四条　电网各级调度部门对其调度管辖范围内的电网进行电压的监测并由归口单位进行考核，并选定一批能反映电网电压水平的监测点。一、二次网的电压监测点电压应根据满足正常条件下的下级供电电压（或用户受电端）的要求，并应根据系统安全、经济运行、负荷变化和发电方式变化及有关规程等要求规定高峰、低谷时的正常电压数值和允许的电压偏移范围，并进行监测。所有变电站和带地区供电负荷发电厂 10（6）kV 母线是中压配电网的电压监测点。其电压应根据保证中、低压用户受电端电压合格的要求，规定其高峰、低谷电压值和允许的电压偏移范围并进行监测。当运行电压超过规定范围时，各级电力调度部门要密切配合，采取措施进行调整。

第五条　供电（电业）局应选定一批有代表性的用户作为电压质量考核点，应包括：110kV 及以上供电的和 35（63）kV 专线供电的用户；其他 35（63）kV 用户和 10（8）kV 的用户每 10000kW 负荷至少设一个并应包括对电压有较高要求的重要用户和每个变电站 10（8）kV 母线所带有代表性线路的末端用户；低压（380/220V）用户至少每百台配电变压器设一个。应设在有代表性的低压配电网的首末二端和部分重要用户。

第六条　各发电厂（包括并入电网运行的企业自备电厂、地方电厂、小水电、余热电厂，下同）和一

次变电站对电压、电流、有功和无功电力等运行参数，全天按小时进行记录或记录式仪表自动打印记录，变电站 10（6）kV 母线和用户电压考核的电压，应用记录式（统计式）仪表进行统计。

第七条　各级电力调度部门应按月平衡各级电网分地区、分变电站的无功出力和负荷（高峰和低谷），分析电网潮流和电压的变化，要大力开展无功优化工作，据以安排合理的运行方式，调整无功出力，改善电压质量，提高经济运行水平，并为改善电网结构和增置无功补偿和调压设备（包括并联电抗器）提供依据。

第三章　发电厂、变电站的调压及无功补偿设备的管理

第八条　电力调度部门要根据电网负荷变化和调整电压的需要编制和下达发电厂、变电站的无功出力曲线或电压曲线。

第九条　发电厂的发电机和变电站的调相机要严格按照调度下达的无功出力曲线或电压曲线按逆调压的原则运行，没有特殊情况或未经调度同意，不得任意改变无功出力，并要按调度的规定，定期报送发电机的有功—无功负荷曲线（$P-Q$ 曲线）。水、火电厂在系统需要时，按调度指令，发电机可改为调相运行。

第十条　变电站装设的并联电容器、电抗器组，除事故和危及设备安全情况外，都要按照调度命令或电压曲线按逆调压的原则运行。

第十一条　当电网电压偏移和波动幅度较大时，按设计规程，应采用有载调压变压器，对 220kV（直接带 10kV 地区负荷）和 110kV 及以下电压的变电站至少采用一级有载调压；已建成的上述变电站和分接头不合适的变压器应根据需要逐步改造和更换为有载调压变压器。对 220kV（不带 10kV 地区负荷）及以上电压的变电站根据系统调压是否需要，对变压器可靠性的影响及投资进行综合研究后确定。用电单位若需装置调压设备，应报请电力部门批准。

变压器的分接头要按照电压管理范围分级管理，有载调压变压器的分接头要按照电压曲线或调度命令及时调整。

第四章　电力用户的功率因数及无功补偿设备的管理

第十二条　用户在当地供电局规定的电网高峰负荷时的功率因数，应达到下列规定：

高压供电的工业用户和高压供电装有带负荷调整

电压装置的电力用户功率因数为 0.90 及以上，其他 100kVA（kW）及以上电力用户和大、中型电力排灌站功率因数为 0.85 及以上，趸售和农业用电功率因数为 0.80 及以上。

凡功率因数未达到上述规定的新用户，供电局可拒绝接电。

第十三条 电力用户装设的各种无功补偿设备（包括调相机、电容器、静补和同步电动）要按照负荷和电压变动及时调整无功出力，防止无功电力倒送。

自备电厂、地方电厂、小水电、余热电厂的机组都应按照双方协议或调度规定方式运行。

第十四条 为调动用户改善电压，管好无功设备的积极性，凡受电容量在 100kVA（kW）及以上的用户均应按国家批准的《功率因数调整电费办法》的有关规定，实行功率因数考核和电费调整。

第五章　电力系统无功电源的建设

第十五条 各级电力部门和电力用户都要按无功电力分层分区和就地平衡的原则，做好无功补偿设备的规划、设计、建设，合理安排无功电源。电力部门在建设有功电源同时，应根据电网结构、潮流分布等情况建设相应的无功补偿设备，不留缺口。并应纳入建设计划与有功配套建设，同时投产。

第十六条 新建或扩建的发电机不仅应能送出无功，而且应能吸收无功，调相机应合理扩大迟相容量，以适应高电压、大电网无功补偿的需要。

第六章　附　　则

第十七条 各网、省局可结合本地区实际情况，制定本条例的实施细则。

第十八条 本条例自发布之日起施行。

7　国家电网公司电力系统无功补偿配置技术原则

（国家电网公司 2004 年 8 月 24 日颁布，
2004 年 8 月 24 日实施）

第一章　总　　则

第一条 为保证电压质量和电网稳定运行，提高电网运行的经济效益，根据《中华人民共和国电力法》等国家有关法律法规、《电力系统安全稳定导则》、信息来源：《电力系统电压和无功电力技术导则》、《国家电网公司电力系统电压质量和无功电力管理规定》等相关技术标准和管理规定，特制定本技术原则。

第二条 国家电网公司各级电网企业、并网运行的发电企业、电力用户均应遵守本技术原则。

第二章　无功补偿配置的基本原则

第三条 电力系统配置的无功补偿装置应能保证在系统有功负荷高峰和负荷低谷运行方式下，分（电压）层和分（供电）区的无功平衡。分（电压）层无功平衡的重点是 220kV 及以上电压等级层面的无功平衡，分（供电）区就地平衡的重点是 110kV 及以下配电系统的无功平衡。无功补偿配置应根据电网情况，实施分散就地补偿与变电站集中补偿相结合，电网补偿与用户补偿相结合，高压补偿与低压补偿相结合，满足降损和调压的需要。

第四条 各级电网应避免通过输电线路远距离输送无功电力。500（330）kV 电压等级系统与下一级系统之间不应有大量的无功电力交换。500（330）kV 电压等级超高压输电线路的充电功率应按照就地补偿的原则采用高、低压并联电抗器基本予以补偿。

第五条 受端系统应有足够的无功备用容量。当受端系统存在电压稳定问题时，应通过技术经济比较，考虑在受端系统的枢纽变电站配置动态无功补偿装置。

第六条 各电压等级的变电站应结合电网规划和电源建设，合理配置适当规模、类型的无功补偿装置。所装设的无功补偿装置应不引起系统谐波明显放大，并应避免大量的无功电力穿越变压器。35kV～220kV 变电站，在主变最大负荷时，其高压侧功率因数应不低于 0.95，在低谷负荷时功率因数应不高于 0.95。

第七条 对于大量采用 10kV～220kV 电缆线路的城市电网，在新建 110kV 及以上电压等级的变电站时，应根据电缆进、出线情况在相关变电站分散配置适当容量的感性无功补偿装置。

第八条 35kV 及以上电压等级的变电站，主变压器高压侧应具备双向有功功率和无功功率（或功率因数）等运行参数的采集、测量功能。

第九条 为了保证系统具有足够的事故备用无功容量和调压能力，并入电网的发电机组具备满负荷时功率因数在 0.85（滞相）～0.97（进相）运行的能力，新建机组应满足进相 0.95 运行的能力。为了平衡 500（330）kV 电压等级输电线路的充电功率，在电厂侧可以考虑安装一定容量的并联电抗器。

第十条 电力用户应根据其负荷性质采用适当的无功补偿方式和容量，在任何情况下，不应向电网反送无功电力，并保证在电网负荷高峰时不从电网吸收无功电力。

第十一条 并联电容器组和并联电抗器组宜采用自动投切方式。

第三章 500（330）kV 电压等级
变电站的无功补偿

第十二条 500（330）kV 电压等级变电站容性无功补偿配置

500（330）kV 电压等级变电站容性无功补偿的主要作用是补偿主变压器无功损耗以及输电线路输送容量较大时电网的无功缺额。容性无功补偿容量应按照主变压器容量的 10%～20% 配置，或经过计算后确定。

第十三条 500（330）kV 电压等级变电站感性无功补偿配置

500（330）kV 电压等级高压并联电抗器（包括中性点小电抗）的主要作用是限制工频过电压和降低潜供电流、恢复电压以及平衡超高压输电线路的充电功率，高压并联电抗器的容量应根据上述要求确定。主变压器低压侧并联电抗器组的作用主要是补偿超高压输电线路的剩余充电功率，其容量应根据电网结构和运行的需要而确定。

第十四条 当局部地区 500（330）kV 电压等级短线路较多时，应根据电网结构，在适当地点装设高压并联电抗器，进行无功补偿。以无功补偿为主的高压并联电抗器应装设断路器。

第十五条 500（330）kV 电压等级变电站安装有两台及以上变压器时，每台变压器配置的无功补偿容量宜基本一致。

第四章 220kV 变电站的无功补偿

第十六条 220kV 变电站的容性无功补偿以补偿主变压器无功损耗为主，并适当补偿部分线路的无功损耗。补偿容量按照主变压器容量的 10%～25% 配置，并满足 220kV 主变压器最大负荷时，其高压侧功率因数不低于 0.95。

第十七条 当 220kV 变电站无功补偿装置所接入母线有直配负荷时，容性无功补偿容量可按上限配置；当无功补偿装置所接入母线无直配负荷或变压器各侧出线以电缆为主时，容性无功补偿容量可按下限

配置。

第十八条 对进、出线以电缆为主的 220kV 变电站，可根据电缆长度配置相应的感性无功补偿装置。每一台变压器的感性无功补偿装置容量不宜大于主变压器容量的 20%，或经过技术经济比较后确定。

第十九条 220kV 变电站无功补偿装置的分组容量选择，应根据计算确定，最大单组无功补偿装置投切引起所在母线电压变化不宜超过电压额定值的 2.5%。一般情况下无功补偿装置的单组容量，接于 66kV 电压等级时不宜大于 20Mvar，接于 35kV 电压等级时不宜大于 12Mvar，接于 10kV 电压等级时不宜大于 8Mvar。

第二十条 220kV 变电站安装有两台及以上变压器时，每台变压器配置的无功补偿容量宜基本一致。

第五章 35kV～110kV 变电站的
无功补偿

第二十一条 35kV～110kV 变电站的容性无功补偿装置以补偿变压器无功损耗为主，并适当兼顾负荷侧的无功补偿。容性无功补偿装置的容量按主变压器容量的 10%～30% 配置，并满足 35kV～110kV 主变压器最大负荷时，其高压侧功率因数不低于 0.95。

第二十二条 110kV 变电站的单台主变压器容量为 40MVA 及以上时，每台主变压器应配置不少于两组的容性无功补偿装置。

第二十三条 110kV 变电站无功补偿装置的单组容量不宜大于 6Mvar，35kV 变电站无功补偿装置的单组容量不宜大于 3Mvar，单组容量的选择还应考虑变电站负荷较小时无功补偿的需要。

第二十四条 新建 110kV 变电站时，应根据电缆进、出线情况配置适当容量的感性无功补偿装置。

第六章 10kV 及其它电压等级
配电网的无功补偿

第二十五条 配电网的无功补偿以配电变压器低压侧集中补偿为主，以高压补偿为辅。配电变压器的无功补偿装置容量可按变压器最大负载率为 75%，负荷自然功率因数为 0.85 考虑，补偿到变压器最大负荷时其高压侧功率因数不低于 0.95，或按照变压器容量的 20%～40% 进行配置。

第二十六条 配电变压器的电容器组应装设以电压为约束条件，根据无功功率（或无功电流）进行分组自动投切的控制装置。

第七章 电力用户的无功补偿

第二十七条   电力用户应根据其负荷特点，合理配置无功补偿装置，并达到以下要求：100kVA 及以上高压供电的电力用户，在用户高峰负荷时变压器高压侧功率因数不宜低于 0.95；其他电力用户，功率因数不宜低于 0.90。

第八章 附   则

第二十八条   本技术原则由国家电网公司负责解释。

第二十九条   本技术原则自颁发之日起执行。

六、电 能 计 量

**电能计量装置安装
接线规则**

（DL/T 825—2002）

1　范围

本标准规定了电力系统中计费用和非计费用交流电能计量装置的接线方式及安装规定。

本标准适用于各种电压等级的交流电能计量装置。

电能计量装置中弱电输出部分由于尚无统一规范，故暂不包括在内。

2　规范性引用文件

下列文件中的条款通过本标准的引用而成为本标准的条款。凡是注日期的引用文件，其随后所有的修改单（不包括勘误的内容）或修订版均不适用于本标准，然而鼓励根据本标准达成协议的各方研究是否可使用这些文件的最新版本。凡是不注日期的引用文件，其最新版本适用于本标准。

GB 156　标准电压

GB 1404　酚醛模塑料

GB/T 2681　电工成套装置中的导线颜色

GB/T 16934　电能计量柜

GB 16935.1　低压系统内设备的绝缘配合　第一部分原理、要求和试验

DL/T 448　电能计量装置技术管理规程

DL/T 5137　电测量及电能计量装置设计技术规范

3　术语

下列术语和定义适用于本标准：

3.1　电能计量装置　electric energy metering device

为计量电能所必须的计量器具和辅助设备的总体（包括电能表和电压、电流互感器及其二次回路等）。

3.2　试验接线盒　test terminal block

用以进行电能表现场试验及换表时，不致影响计量单元各电气设备正常工作的专用部件。

3.3　中性点非有效接地系统　ineffective neutral-point grounded system

中性点不接地、经高值阻抗接地、谐振接地的系统。本系统也称小电流接地系统。

3.4　中性点有效接地系统　effective neutral-point grounded system

中性点直接接地系统或经一低值阻抗接地的系统。本系统也称为大电流接地系统。

3.5　谐振接地系统　resonant grounded system

中性点经消弧线圈接地的系统。

3.6　低压电力系统（简称低压）　low voltage distribution network

一般低压指小于 1kV 的电压，但本标准中专指 220/380V 电力系统。

3.7　高压电力系统（简称高压）　high voltage power system

本标准中指大于 1kV 的电力系统。电压等级见 GB 156。

3.8　分相接法　split phase connection

各相电流互感器分别单独与电能表对应相的电流线路连接。

3.9　完全星型接法　star connection

三相四线电路各相电流互感器的二次回路，按 Y 形方式连接。

3.10　不完全星型接法　incomplete star connection

三相三线电路两相（一般为 U、W 相）电流互感器的二次回路，按 V 形方式连接。

4　技术要求

4.1　接线方式

4.1.1　低压计量

4.1.1.1　低压供电方式为单相二线者应安装单相有功电能表。

4.1.1.2　低压供电方式为三相者应安装三相四线有功电能表，有考核功率因数要求者，应加装三相无功电能表。特殊情况亦可安装三只感应式无止逆单相有功电能表。

4.1.2　高压计量

4.1.2.1　中性点非有效接地系统一般采用三相三线有功、无功电能表，但经消弧线圈等接地的计费用户

且年平均中性点电流（至少每季测试一次）大于 $0.1\%I_N$（额定电流）时，也应采用三相四线有功、无功电能表。

4.1.2.2 中性点有效接地系统应采用三相四线有功、无功电能表。

4.1.3 电能计量装置常用的几种典型接线图见附录 A。电能表的实际配置按不同计量方式确定，有功电能表、无功电能表根据需要可换接为多费率电能表、多功能电能表。

4.2 二次回路

4.2.1 所有计费用电流互感器的二次接线应采用分相接线方式。非计费用电流互感器可以采用星型（或不完全星型）接线方式（简称：简化接线方式）。

4.2.2 电压、电流回路 U、V、W 各相导线应分别采用黄、绿、红色线，中性线应采用黑色线或采用专用编号电缆。导线颜色见 GB/T 2681。

4.2.3 电压、电流回路导线均应加装与图纸相符的端子编号，导线排列顺序应按正相序（即黄、绿、红色线为自左向右或自上向下）排列。

4.2.4 导线应采用单股绝缘铜质线；电压、电流互感器从输出端子直接接至试验接线盒，中间不得有任何辅助接点、接头或其他连接端子。35kV 及以上电压互感器可经端子箱接至试验接线盒。导线留有足够长的裕度。110kV 及以上电压互感器回路中必须加装快速熔断器。

4.2.5 经电流互感器接入的低压三相四线电能表，其电压引入线应单独接入，不得与电流线共用，电压引入线的另一端应接在电流互感器一次电源侧，并在电源侧母线上另行引出，禁止在母线连接螺丝处引出。电压引入线与电流互感器一次电源应同时切合。

4.2.6 电流互感器二次回路导线截面 A 应按式（1）进行选择，但不得小于 $4mm^2$。

$$A = \rho L 10^6 / R_L \ (mm^2) \qquad (1)$$

式中：ρ——铜导线的电阻率，此处 $\rho=1.8\times10^{-8}\Omega\cdot m$；

　　　　L——二次回路导线单根长度，m；

　　　　R_L——二次回路导线电阻，Ω。

R_L 值按式（2）进行计算：

$$R_L \leqslant \frac{S_{2N} - I_{2N}^2(K_{jx2}Z_m + R_k)}{K_{jx}I_{2N}^2} \qquad (2)$$

式中：K_{jx}——二次回路导线接线系数，分相接法为 2，不完全星形接法为 $\sqrt{3}$，星形接法为 1；

K_{jx2}——串联线圈总阻抗接线系数，不完全星形接法时如存在 V 相串联线圈（例：接入 90°跨相无功电能表）则为 $\sqrt{3}$，其余均为 1；

S_{2N}——电流互感器二次额定负荷，VA；

I_{2N}——电流互感器二次额定电流，A，一般为 5A；

Z_m——计算相二次接入电能表电流线圈总阻抗，Ω；

R_k——二次回路接头接触电阻，Ω，一般取 $0.05\Omega\sim0.1\Omega$，此处取 0.1Ω。

根据以上设定值，对分相接法的二次回路导线截面可按式（3）计算：

$$A \geqslant 0.9L/(S_{2N} - 25Z_m - 2.5)\ (mm^2) \qquad (3)$$

4.2.7 电压互感器实际二次负荷在不同接线方式下，有不同的计算方法，参见附录 B。

4.2.8 电压互感器二次回路导线截面应根据导线压降不超过允许值进行选择，但其最小截面不得小于 $2.5mm^2$。I、II 类电能计量装置二次导线压降的允许值为 $0.2\%U_{2N}$，其他类电能计量装置二次导线压降的允许值为 $0.5\%U_{2N}$。此处允许值包括比差和角差，即按式（4）计算：

$$\Delta U_{2N}\% = \sqrt{f^2 + \delta^2} \times 100\% \qquad (4)$$

式中：f——电压互感器二次回路导线引起的比差；

　　　　δ——电压互感器二次回路导线引起的角差（弧度），如以（'）为单位的角差是 θ，δ 则按式（5）计算：

$$\delta = 2.9 \times 10^{-4}\theta \qquad (5)$$

凡仅考虑比差的计算方法均不可采用，如负荷矩法等。采用感应式电能表时的选择可见附录 C。

4.2.9 电压互感器及高压电流互感器二次回路均应只有一处可靠接地。高压电流互感器应将互感器二次 n_2 端与外壳直接接地，星形接线电压互感器应在中心点处接地，V—V 接线电压互感器在 V 相接地。

4.2.10 双回路供电，应分别安装电能计量装置，电压互感器不得切换。

4.3 直接接通式电能表

4.3.1 属金属外壳的直接接通式电能表，如装在非金属盘上，外壳必须接地。

4.3.2 直接接通式电能表的导线截面应根据额定的正常负荷电流按表 1 选择。所选导线截面必须小于端钮盒接线孔。

表 1 　　　负荷电流与导线截面选择表

负荷电流 （A）	铜芯绝缘导线截面 （mm²）
$I < 20$	4.0
$20 \leqslant I < 40$	6.0
$40 \leqslant I < 60$	7×1.5
$60 \leqslant I < 80$	7×2.5
$80 \leqslant I < 100$	7×4.0

注：按 DL/T 448—2000 规定，负荷电流为 50A 以上时，宜采用经电流互感器接入式的接线方式。

4.4 二次回路的绝缘测试

二次回路的绝缘测试是指测量绝缘电阻。绝缘配合见 GB 16935.1。

绝缘电阻测量，采用 500V 兆欧表进行测量，其绝缘电阻不应小于 5MΩ。试验部位为：所有电流、电压回路对地；各相电压回路之间；电流回路与电压回路之间。

5 安装要求

5.1 计量柜（屏、箱）

5.1.1 63kV 及以上的计费电能表应配有专用的电流、电压互感器或电流互感器专用二次绕组和电压互感器专用二次回路。

5.1.2 35kV 电压供电的计费电能表应采用专用的互感器或电能计量柜。电能计量柜见 GB/T 16934 规定。

5.1.3 10kV 及以下电力用户处的电能计量点应采用全国统一标准的电能计量柜（箱），低压计量柜应紧靠进线外，高压计量柜则可设置在主受电柜后面。

5.1.4 居民用户的计费电能计量装置，必须采用符合要求的计量箱。

5.2 电能表

5.2.1 电能表应安装在电能计量柜（屏）上，每一回路的有功和无功电能表应垂直排列或水平排列，无功电能表应在有功电能表下方或右方，电能表下端应加有回路名称的标签，二只三相电能表相距的最小距离应大于 80mm，单相电能表相距的最小距离为 30mm，电能表与屏边的最小距离应大于 40mm。

5.2.2 室内电能表宜装在 0.8m～1.8m 的高度（表水平中心线距地面尺寸）。

5.2.3 电能表安装必须垂直牢固，表中心线向各方

向的倾斜不大于 1°。

5.2.4 装于室外的电能表应采用户外式电能表。

5.3 互感器

5.3.1 为了减少三相三线电能计量装置的合成误差，安装互感器时，宜考虑互感器合理匹配问题，即尽量使接到电能表同一元件的电流、电压互感器比差符号相反，数值相近；角差符号相同，数值相近。当计量感性负荷时，宜把误差小的电流、电压互感器接到电能表的 W 相元件。

5.3.2 同一组的电流（电压）互感器应采用制造厂、型号、额定电流（电压）变比、准确度等级、二次容量均相同的互感器。

5.3.3 二只或三只电流（电压）互感器进线端极性符号应一致，以便确认该组电流（电压）互感器一次及二次回路电流（电压）的正方向。

5.3.4 互感器二次回路应安装试验接线盒，便于实负荷校表和带电换表，试验接线盒的技术要求见附录 D。

5.3.5 低压穿芯式电流互感器应采用固定单一的变化，以防发生互感器倍率差错。

5.3.6 低压电流互感器二次负荷容量不得小于 10VA。高压电流互感器二次负荷可根据实际安装情况计算确定。

电流互感器二次负荷容量按式（6）计算：

$$S = I_{2N}^2 (K_{jx} R_L + K_{jx2} Z_m + R_k) \tag{6}$$

5.4 熔断器

5.4.1 35kV 以上电压互感器一次侧安装隔离开关，二次侧安装快速熔断器或快速开关。35kV 及以下电压互感器一次侧安装熔断器，二次侧不允许装接熔断器。

5.4.2 低压计量电压回路在试验接线盒上不允许加装熔断器。

5.5 电力用户用于高压计量的电压互感器二次回路，应加装电压失压计时仪或其他电压监视装置。

5.6 施工结束后，电能表端钮盒盖、试验接线盒盖及计量柜（屏、箱）门等均应加封。

5.7 基本施工工艺

基本要求是：按图施工、接线正确；电气连接可靠、接触良好；配线整齐美观；导线无损伤、绝缘良好。

5.7.1 二次回路接线应注意电压、电流互感器的极性端符号。接线时可先接电流回路，分相接线的电流互感器二次回路宜按相色逐相接入，并核对无误后，再连接各相的接地线。简化接线方式的电流互感器二次回路，可利用公共线，分相接入时公共线只与该相

另一端连接，其余步骤同上。电流回路接好后再按相接入电压回路。

5.7.2 二次回路接好后，应进行接线正确性检查。

5.7.3 电流互感器二次回路每只接线螺钉只允许接入两根导线。

5.7.4 当导线接入的端子是接触螺钉，应根据螺钉的直径将导线的末端弯成一个环，其弯曲方向应与螺钉旋入方向相同，螺钉（或螺帽）与导线间、导线与导线间应加垫圈。

5.7.5 直接接入式电能表采用多股绝缘导线，应按表计容量选择。遇若选择的导线过粗时，应采用断股后再接入电能表端钮盒的方式。

5.7.6 当导线小于端子孔径较多时，应在接入导线上加扎线后再接入。

附录 A
（规范性附录）
电能计量装置常用的几种典型接线图

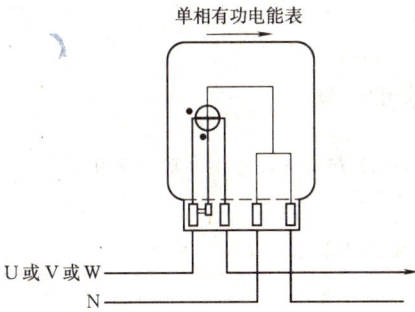

图 A.1　单相计量有功负荷直接接入方式

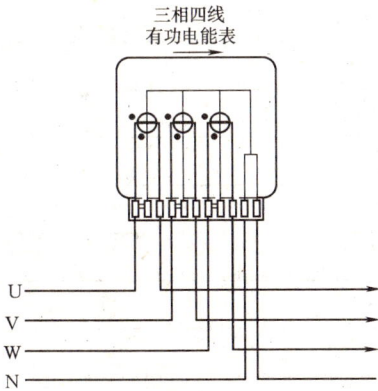

图 A.2　低压计量有功电能直接接入方式

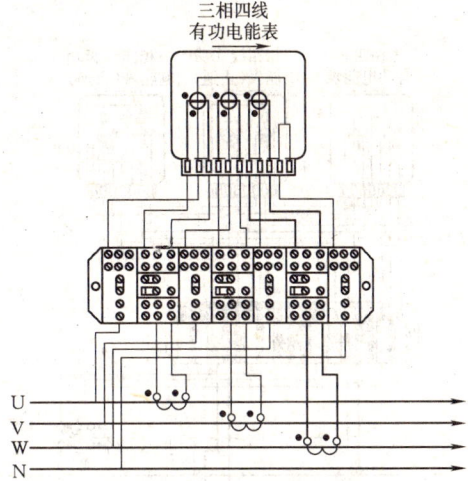

图 A.3　低压计量有功电能分相接线方式

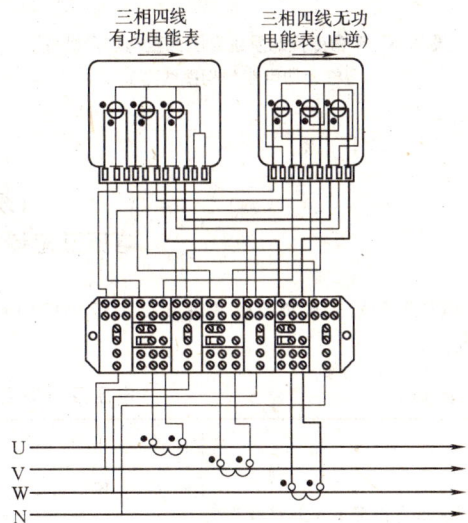

图 A.4　低压计量有功及无功电能电流分相接线方式

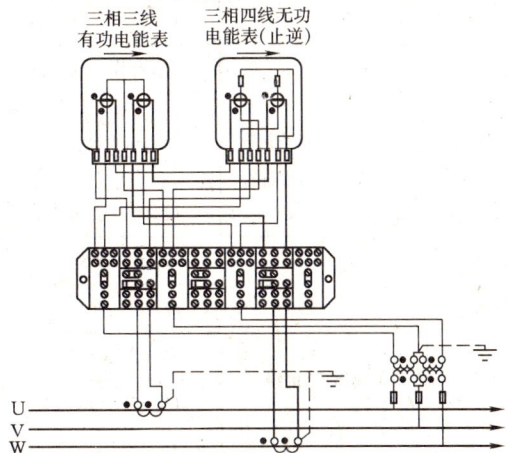

图 A.5　非有效接地系统高压计量有功及
感性无功电能分相接线方式

三相四线
有功电能表　　三相四线无功
电能表(止逆)　　三相四线无功
电能表(止逆)

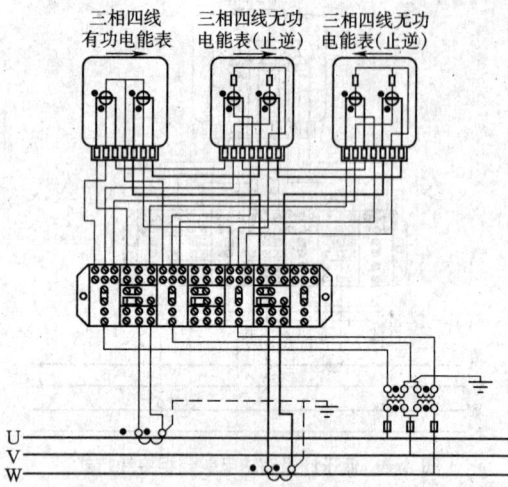

U
V
W

图 A.6　非有效接地系统高压计量有功及感性、
容性无功电能分相接线方式

三相四线
有功电能表　　三相四线无功
电能表(止逆)　　三相四线无功
电能表(止逆)

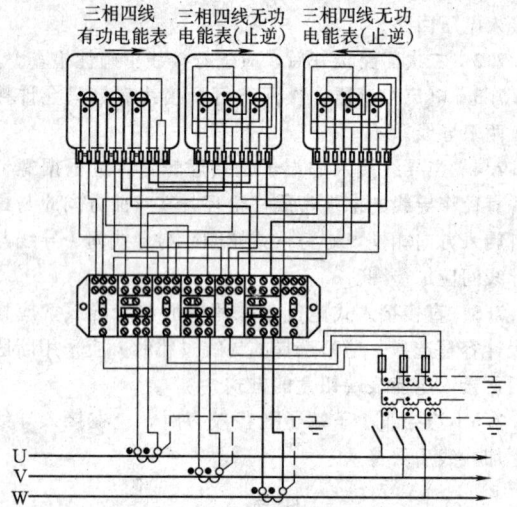

U
V
W

图 A.7　有效接地系统高压计量有功及感性、
容性无功电能分相接线方式

附录 B
(规范性附录)
电压互感器实际二次负荷的计算

电压互感器二次负荷仅考虑所接表计电压回路的负荷，不同接线方式下，各相有功功率和无功功率见表 B.1 所示。

表 B.1　　　　　　　　　　　　　电压互感器各相有功功率和无功功率

TV 和负荷都是 V 形接线	$P_{uv} = W_{uv}\cos\varphi_{uv}$
	$Q_{uv} = W_{uv}\sin\varphi_{uv}$
	$P_{vw} = W_{vw}\cos\varphi_{vw}$
	$Q_{vw} = W_{vw}\sin\varphi_{vw}$
TV V 形接线、负荷△形接线	$P_{uv} = W_{uv}\cos\varphi_{uv} + W_{wu}\cos\,(\varphi_{wu}+60°)$
	$Q_{uv} = W_{uv}\sin\varphi_{uv} + W_{wu}\sin\,(\varphi_{wu}+60°)$
	$P_{vw} = W_{vw}\cos\varphi_{vw} + W_{wu}\cos\,(\varphi_{wu}-60°)$
	$Q_{vw} = W_{vw}\sin\varphi_{vw} + W_{wu}\sin\,(\varphi_{wu}-60°)$
TV 和负荷都是 Y 形接线	$P_u = W_u\cos\varphi_u$
	$Q_u = W_u\sin\varphi_u$
	$P_v = W_v\cos\varphi_v$
	$Q_v = W_v\sin\varphi_v$
	$P_w = W_w\cos\varphi_w$
	$Q_w = W_w\sin\varphi_w$

TV Y形接线、负荷 V形接线	$P_u = (1/\sqrt{3}) \, W_{uv} \cos (\varphi_{uv} - 30°)$
	$Q_u = (1/\sqrt{3}) \, W_{uv} \sin (\varphi_{uv} - 30°)$
	$P_v = (1/\sqrt{3}) \, [W_{uv} \cos (\varphi_{uv} + 30°) + W_{vw} \cos (\varphi_{vw} - 30°)]$
	$Q_v = (1/\sqrt{3}) \, [W_{uv} \sin (\varphi_{uv} + 30°) + W_{vw} \sin (\varphi_{vw} - 30°)]$
	$P_w = (1/\sqrt{3}) \, W_{vw} \cos (\varphi_{vw} + 30°)$
	$Q_w = (1/\sqrt{3}) \, W_{vw} \sin (\varphi_{vw} + 30°)$
TV Y形接线、负荷△形接线	$P_u = (1/\sqrt{3}) \, [W_{uv} \cos (\varphi_{uv} - 30°) + W_{wu} \cos (\varphi_{wu} + 30°)]$
	$Q_u = (1/\sqrt{3}) \, [W_{vu} \sin (\varphi_{uv} - 30°) + W_{wu} \sin (\varphi_{wu} + 30°)]$
	$P_v = (1/\sqrt{3}) \, [W_{vu} \cos (\varphi_{uv} + 30°) + W_{vw} \cos (\varphi_{vw} - 30°)]$
	$Q_v = (1/\sqrt{3}) \, [W_{uv} \sin (\varphi_{uv} + 30°) + W_{vw} \sin (\varphi_{vw} - 30°)]$
	$P_w = (1/\sqrt{3}) \, [W_{vw} \cos (\varphi_{vw} + 30°) + W_{wu} \cos (\varphi_{wu} - 30°)]$
	$Q_w = (1/\sqrt{3}) \, [W_{vw} \sin (\varphi_{vw} + 30°) + W_{wu} \sin (\varphi_{wu} - 30°)]$

注：1. 电压互感器各相视在功率 $W = \sqrt{P^2 + Q^2}$，各相功率因数角 $\varphi = \tan^{-1} (Q/P)$。

2. 表中 W_{uv}、W_{vw}、W_{wu}、W_u、W_v、W_w 分别是 UV、VW、WU、U、V、W 相所接表计的视在功率，可根据表 B.2 选取，φ_{uv}、φ_{vw}、φ_{wu}、φ_u、φ_v、φ_w 是各相表计的功率因数角。

表 B.2 　　　　　　　　　　　　电压线路功率消耗极限

表计等级	0.5 级	1 级	2 级	3 级
有功电能表（$I_{max} < 4I_b$）	3W 和 12VA	3W 和 12VA	2W 和 8VA	
有功电能表（$I_{max} \geqslant 4I_b$）			2W 和 8VA	
无功电能表			5W 和 10VA	5W 和 10VA
60°无功电能表			5W 和 10VA	5W 和 10VA
多功能电能表（单相）	4W 15VA	3W 和 11VA		
多功能电能表（三相）	4W 15VA	4W 15VA	3W 和 13VA	6W 和 13VA
电子式电能表	2W 和 10VA	2W 和 10VA	2W 和 10VA	2W 和 10VA

附录 C

（规范性附录）

电压互感器二次回路导线截面的选择

C.1 根据电能表套数选择导线截面

对高压三相三线计量回路，电压互感器为 V形接线，负荷接三相三线有功电能表和 60°型无功电能表（如采用其他型式电能表，可按公式自行计算列表使用），选择二次导线截面简便的方法是参照表 C.1、表 C.2。

表 C.1、表 C.2 分别列出了二次导线压降为 $\Delta U \leqslant 0.5\% U_{2N}$ 和 $\Delta U \leqslant 0.2\% U_{2N}$ 时，电压互感器与电能表在一定距离下，导线截面和电能表套数的关系，按一只三相三线有功电能表和一只 60°型无功电能表作为一套电能表考虑。

表 C.1　三相三线系统当压降 $\Delta U \leqslant 0.5\% U_{2N}$ 时根据套数选择导线截面选择参照表

导线截面（mm²） ＼ 电能表与 TV 的距离（m）	30	50	100	150	200
2.5	6	4	2	1	0
4	8	5	3	2	1
6	10	7	4	3	2
8		9	6	4	3
10			7	5	4
15				6	5
25					8

表 C.2　　三相三线系统当压降 $\Delta U \leqslant 0.2\% U_{2N}$
时根据套数选择导线截面参照表

导线截面（mm²） ＼ 电能表与 TV 的距离（m）	30	50	100	150	200
2.5	3	2	1		
4	4	3	1	1	
6	5	3	2	1	1
8		4	3	2	1
10			3	3	2
15				3	2
25					4

附录 D
（规范性附录）
试验接线盒的技术要求

D.1　试验接线盒功能

D.1.1　带负荷现场校表。

D.1.2　带负荷换表。

D.2　试验接线盒的型式

试验接线盒分为接线式和插接式两种。电能计量装置接线图集中各种接线图的试验接线盒，均按接线式试验接线盒绘制。

D.2.1　接线式接线盒

接线式接线盒结构示意图如图 D.1 所示，共有 7 组端子组成，其中电流线路用 3 组，每组有 3 只接线端子，每只端子上下是一个整体，端子间用联片进行连接或断开。电压线路用 4 组，每组有 3 只接线孔，它们是一个整体，上下是断开的，采用联片进行连接或断开。具体使用方法可见《电能计量装置接线图集》中有关"试验接线盒的接线"内容。

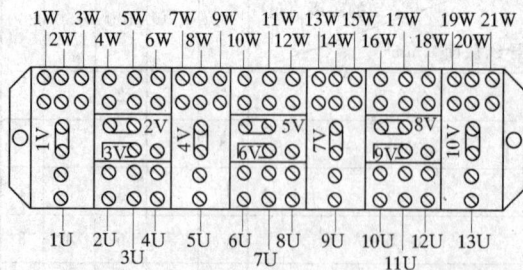

注：1V、4V、7V、10V—电压连接端子，运行时接通。
2V、5V、8V—电流短接端子，运行时 2V、5V
及 8V 接通，其余断开。
其余端子的连接方法参见接线图。
图 D.1　接线式接线盒结构示意图

D.3　试验接线盒的技术性能要求

D.3.1　材料技术性能

要求达到三防（霉、潮、蛀），能耐高温，并可阻燃。（即 GB 1404《酚醛模塑料》中推荐按电气类 $PF_2 E_2$ 品级技术指标要求）主要技术性能应符合表 D.1 的要求。

表 D.1　　接线盒主要材料的技术性能

序号	名称	单位	指标
1	变形温度	℃	≥140
2	吸水性	mg	≤15
3	冲击强度	kJ/m²	≥2.0
4	绝缘电阻	Ω	$\geqslant 10^{12}$
5	介电强度（90°）	MV/m	≥5.8

D.3.2　工频耐压

接线盒的各端子间及各端子对地间加交流 50Hz、2500V、1min 进行工频耐压试验，应无击穿及闪络现象。

D.3.3　绝缘电阻

接线盒的各端子间及各端子对地间绝缘电阻应不小于 30MΩ（1000V 兆欧表）。

D.3.4　热稳定性能

热稳定性能应符合表 D.2 的要求。

表 D.2　　　　热稳定性能要求表

试验电流 A	允许极限温升℃
5	25
10	30
15	40
20	60

D.3.5　耐盐雾性能

经盐雾试验后，仍能符合下列规定：

D.3.5.1　铜端子的主要表面应无灰色或浅绿色腐蚀痕迹。

D.3.5.2　紧固件的主要表面应无白色或灰黑色腐蚀痕迹。

D.3.6　可靠性

接线式接线盒在电流回路连片通 10A，电压回路通 5A 情况下应能可靠地断开或闭合，电寿命不少于 1000 次。

2 电能计量装置技术管理规程

（DL/T 448—2000）

1 范围

本标准规定了电能计量装置管理的内容、方法及技术要求。

本标准适用于电力企业贸易结算用和企业内部经济技术指标考核用的电能计量装置的管理。

2 引用标准

下列标准所包含的条文，通过在本标准中引用而构成为本标准的条文。本标准出版时，所示版本均为有效。所有标准都会被修订，使用本标准的各方应探讨使用下列标准最新版本的可能性。

GB 3925—83 2.0级交流电度表的验收方法

GB/T 15239—94 孤立批计数抽样检验程序及抽样表

GB/T 17442—1998 1和2级直接接入静止式交流有功电度表验收检验

GBJ 63—90 电力装置的电测量仪表装置设计规范

DL/T 645—1997 多功能电能表通信规约

JJG 597—89 交流电能表检定装置

JJG 1033—92 计量标准考核规范

SDJ 9—87 电测量仪表装置设计技术规程

SD 109—83 电能计量装置检验规程

《中华人民共和国计量法》

《中华人民共和国计量法实施细则》

《中华人民共和国电力法》

《供电营业规则》（电力工业部第8号令1996年10月8日）

3 总则

电能计量装置的管理必须遵守《中华人民共和国计量法》、《中华人民共和国计量法实施细则》、《中华人民共和国电力法》、《供电营业规则》等有关法律、法规的规定，并接受国家有关部门的监督。

3.1 电能计量装置包括各种类型电能表、计量用电压、电流互感器及其二次回路、电能计量柜（箱）等。

3.2 电能计量装置管理的目的是为了保证电能计量量值的准确、统一和电能计量装置运行的安全可靠。

3.3 电能计量装置管理是指包括计量方案的确定、计量器具的选用、订货验收、检定、检修、保管、安装竣工验收、运行维护、现场检验、周期检定（轮换）、抽检、故障处理、报废的全过程管理，以及与电能计量有关的电压失压计时器、电能量计费系统、远方集中抄表系统等相关内容的管理。

3.4 电能计量装置管理以供电营业区划分范围，以供电企业、发电企业管理为基础，分类、分工、监督、配合，统一归口管理为原则。

3.4.1 供电企业负责管理本供电营业区内所有用于贸易结算（含发电厂上网电量）和本企业内部考核技术、经济指标的电能计量装置。

3.4.2 发电企业负责管理本企业内部考核用电能计量装置，并配合当地供电企业管理与本企业有关的贸易结算用电能计量装置。

3.4.3 电力企业的运行部门和电力用户负责电能计量装置日常监护。

3.4.4 省级及以上电网经营企业负责本网（含发电企业）电能计量装置管理工作。

3.4.5 省级及以上电网经营企业的电能计量技术机构是本网的电能计量技术监督部门，负责对发、供电企业电能计量装置管理工作的技术监督、指导和帮助。

3.5 全面推行计算机技术在电能计量装置管理上的应用，建立电能计量装置微机管理信息系统。

4 技术管理机构及职责

4.1 供电企业

4.1.1 技术管理机构

供电企业应有电能计量技术管理机构，负责本供电营业区内的电能计量装置业务归口管理，并设立电能计量专职（责）人，处理日常计量管理工作。电能计量专职（责）人的职责见附录A。

供电企业应根据工作需要和管理方便设立电能计量技术机构。电能计量技术机构应具有用以进行各项工作的工作场所；应有专职（责）工程师，负责处理疑难计量技术问题、管理维护标准装置和标准器、电能计量计算机信息系统和人员技术培训等。

4.1.2 电能计量技术机构的职责

a) 贯彻执行国家计量工作方针、政策、法规及行业管理的有关规定。

b) 按照国家电能计量检定系统表建立电能计量标准并负责其使用、维护和管理，其常规项目和定额见附录G。

c) 参与电力建设工程、地方公用电厂、用户自备电厂并网、用电业扩工程中有关电能计量方式的确定、电能计量设计方案审查；开展电能计量装置的竣工验收。

d）负责电能计量器具的选用，编制电能计量器具的订货计划；负责新购入电能计量器具的验收。

e）开展电能计量器具的检定、修理和其他计量测试工作；负责电能计量装置的安装、维护、现场检验、周期检定（轮换）及抽检工作。管理各类电能计量印证。

f）开展电能计量故障差错的查处及本供电营业区内有异议的电能计量装置的检定，处理。

g）电能计量装置资产和电能计量技术资料的管理。

h）电能计量人员的技术培训及管理。

i）实施计量新技术的推广计划和计量技术改造。

j）参与电能量计费系统和集中抄表系统的选用、安装与管理。

k）负责编报有关电能计量装置管理的各类总结、报表（见附录C、附录D、附录E、附录F和附录K）。

l）完成上级交办的其他计量任务。

4.2 发电企业

4.2.1 技术管理机构

发电企业负责本企业电能计量装置的管理工作，并设立计量专职（责）工程师处理日常管理工作；设立电测计量室，开展正常的电能计量业务工作。

4.2.2 电测计量室的电能计量技术管理职责

a）执行国家计量工作方针、政策、法规及行业管理的有关规定，执行本企业电能计量管理的各项规章制度。

b）建立、使用、维护和管理本企业的电能计量标准。

c）开展本企业除贸易结算以外的其他电能计量装置的检定、修理、安装和维护等工作。

d）配合电网经营企业做好本企业贸易结算用电能计量装置的验收、现场检验、周期检定（轮换）、故障处理等工作。

4.3 电网经营企业

4.3.1 技术管理机构

电网经营企业应有其供电营业区内的电能计量管理机构，并应设立电能计量专职（责）管理人员，处理日常管理工作。电能计量专职（责）人的职责见附录A。

电网经营企业应设立本网的电能计量技术机构。

4.3.2 技术管理机构职责

a）贯彻执行国家计量工作方针、政策、法规及行业管理的有关规定；负责制订本网电能计量管理的各项规章制度，技术规范，并督促实施。

b）组织制订本网电能计量标准建设规划及本网电能计量标准的管理。

c）组织制订贸易结算及考核电力系统经济技术指标计量点的电能计量装置的配置、更新与发展规划。

d）收集并汇总电能计量技术情报与新产品信息，组织制订本网电能计量技术改进与新技术推广计划。

e）组织本网电能计量器具的选型和运行质量的监督考核。

f）参与规定电压等级以上的电力建设工程、用电业扩工程供电方案中有关电能计量方式的确定和电能计量装置设计审定。

g）组织对电能计量重大故障、差错和窃电案件的调查与处理。

h）组织本网的电能计量技术业务培训与经验交流活动。

i）负责电能计量业务管理方面的考核、统计、分析、报表和总结工作。

4.3.3 电网经营企业的电能计量技术机构的职责

a）执行国家电能计量方针、政策、法律法规和行业有关规定，完成管理部门下达的工作任务。

b）参与制订全网电能计量标准建设规划。负责建立、使用和维护本网最高电能计量标准。

c）开展本网的电能计量技术监督、技术咨询、技术服务和周期检定工作。

d）负责220kV及以上电压互感器和5000A及以上电流互感器的检定（含现场检验）。

e）负责本网关口电能计量装置的竣工验收、故障查处和现场抽检。

f）负责对网内有争议的电能计量装置进行技术检定。

g）对网内在用的电能计量器具进行质量监督抽检。

h）负责建立、使用和维护电能计量器具常规型式试验设备，配合管理部门开展电能计量器具的选型试验。

i）收集并汇总电能计量技术情报与新产品信息，开展电能计量技术研究，提出并实施电能计量技术改进与新技术开发推广规划。

j）承担本网电能计量技术经验交流工作和对本网发、供电企业计量检定人员进行技术培训。

k）承担技术管理机构委派的其他技术工作。

5 电能计量装置的分类及技术要求

5.1 电能计量装置分类

运行中的电能计量装置按其所计量电能量的多少和计量对象的重要程度分五类（Ⅰ、Ⅱ、Ⅲ、Ⅳ、Ⅴ）进行管理。

5.1.1 Ⅰ类电能计量装置

月平均用电量 500 万 kWh 及以上或变压器容量为 10000kVA 及以上的高压计费用户、200MW 及以上发电机、发电企业上网电量、电网经营企业之间的电量交换点、省级电网经营企业与其供电企业的供电关口计量点的电能计量装置。

5.1.2 Ⅱ类电能计量装置

月平均用电量 100 万 kWh 及以上或变压器容量为 2000kVA 及以上的高压计费用户、100MW 及以上发电机、供电企业之间的电量交换点的电能计量装置。

5.1.3 Ⅲ类电能计量装置

月平均用电量 10 万 kWh 及以上或变压器容量为 315kVA 及以上的计费用户、100MW 以下发电机、发电企业厂（站）用电量、供电企业内部用于承包考核的计量点、考核有功电量平衡的 110kV 及以上的送电线路电能计量装置。

5.1.4 Ⅳ类电能计量装置

负荷容量为 315kVA 以下的计费用户、发供电企业内部经济技术指标分析、考核用的电能计量装置。

5.1.5 Ⅴ类电能计量装置

单相供电的电力用户计费用电能计量装置。

5.2 电能计量装置的接线方式

a）接入中性点绝缘系统的电能计量装置，应采用三相三线有功、无功电能表。接入非中性点绝缘系统的电能计量装置，应采用三相四线有功、无功电能表或 3 只感应式无止逆单相电能表。

b）接入中性点绝缘系统的 3 台电压互感器，35kV 及以上的宜采用 Y，y 方式接线；35kV 以下的宜采用 V，v 方式接线。接入非中性点绝缘系统的 3 台电压互感器，宜采用 YN，yn 方式接线。其一次侧接地方式和系统接地方式相一致。

c）低压供电，负荷电流为 50A 及以下时，宜采用直接接入式电能表；负荷电流为 50A 以上时，宜采用经电流互感器接入式的接线方式。

d）对三相三线制接线的电能计量装置，其 2 台电流互感器二次绕组与电能表之间宜采用四线连接。对三相四线制连接的电能计量装置，其 3 台电流互感器二次绕组与电能表之间宜采用六线连接。

5.3 准确度等级

a）各类电能计量装置应配置的电能表、互感器的准确度等级不应低于表 1 所示值。

表 1　　　　　　准 确 度 等 级

电能计量装置类别	准 确 度 等 级			
	有功电能表	无功电能表	电压互感器	电流互感器
Ⅰ	0.2S 或 0.5S	2.0	0.2	0.2S 或 0.2*)
Ⅱ	0.5S 或 0.5	2.0	0.2	0.2S 或 0.2*)
Ⅲ	1.0	2.0	0.5	0.5S
Ⅳ	2.0	3.0	0.5	0.5S
Ⅴ	2.0	—	—	0.5S
*）0.2 级电流互感器仅指发电机出口电能计量装置中配用。				

b）Ⅰ、Ⅱ类用于贸易结算的电能计量装置中电压互感器二次回路电压降应不大于其额定二次电压的 0.2%；其他电能计量装置中电压互感器二次回路电压降应不大于其额定二次电压的 0.5%。

5.4 电能计量装置的配置原则

a）贸易结算用的电能计量装置原则上应设置在供用电设施产权分界处；在发电企业上网线路、电网经营企业间的联络线路和专线供电线路的另一端应设置考核用电能计量装置。

b）Ⅰ、Ⅱ、Ⅲ类贸易结算用电能计量装置应按计量点配置计量专用电压、电流互感器或者专用二次绕组。电能计量专用电压、电流互感器或专用二次绕组及其二次回路不得接入与电能计量无关的设备。

c）计量单机容量在 100MW 及以上发电机组上网贸易结算电量的电能计量装置和电网经营企业之间购销电量的电能计量装置，宜配置准确度等级相同的主副两套有功电能表。

d）35kV 以上贸易结算用电能计量装置中电压互感器二次回路，应不装设隔离开关辅助接点，但可装设熔断器；35kV 及以下贸易结算用电能计量装置中电压互感器二次回路，应不装设隔离开关辅助接点和熔断器。

e）安装在用户处的贸易结算用电能计量装置，10kV 及以下电压供电的用户，应配置全国统一标准的电能计量柜或电能计量箱；35kV 电压供电的用户，宜配置全国统一标准的电能计量柜或电能计量箱。

f) 贸易结算用高压电能计量装置应装设电压失压计时器。未配置计量柜（箱）的，其互感器二次回路的所有接线端子、试验端子应能实施铅封。

g) 互感器二次回路的连接导线应采用铜质单芯绝缘线。对电流二次回路，连接导线截面积应按电流互感器的额定二次负荷计算确定，至少应不小于 $4mm^2$。对电压二次回路，连接导线截面积应按允许的电压降计算确定，至少应不小于 $2.5mm^2$。

h) 互感器实际二次负荷应在 $25\%\sim100\%$ 额定二次负荷范围内；电流互感器额定二次负荷的功率因数应在 $0.8\sim1.0$；电压互感器额定二次功率因数应与实际二次负荷的功率因数接近。

i) 电流互感器额定一次电流的确定，应保证其在正常运行中的实际负荷电流达到额定值的 60% 左右，至少应不小于 30%。否则应选用高动热稳定电流互感器以减小变比。

j) 为提高低负荷计量的准确性，应选用过载 4 倍及以上的电能表。

k) 经电流互感器接入的电能表，其标定电流宜不超过电流互感器额定二次电流的 30%，其额定最大电流应为电流互感器额定二次电流的 120% 左右。直接接入式电能表的标定电流应按正常运行负荷电流的 30% 左右进行选择。

l) 执行功率因数调整电费的用户，应安装能计量有功电量、感性和容性无功电量的电能计量装置；按最大需量计收基本电费的用户应装设具有最大需量计量功能的电能表；实行分时电价的用户应装设复费率电能表或多功能电能表。

m) 带有数据通信接口的电能表，其通信规约应符合 DL/T 645 的要求。

n) 具有正、反向送电的计量点应装设计量正向和反向有功电量以及四象限无功电量的电能表。

6　投运前的管理

6.1　电能计量装置设计审查

各类电能计量装置的设计方案应经有关的电能计量人员审查通过。

a) 电能计量装置设计审查的依据是 GBJ 63、SDJ 9、本标准及用电营业方面的有关管理规定。

b) 设计审查的内容包括计量点、计量方式（电能表与互感器的接线方式、电能表的类别、装设套数）的确定；计量器具型号、规格、准确度等级、制造厂家、互感器二次回路及附件等的选择、电能计量

柜（箱）的选用、安装条件的审查等。

c) 发电企业上网电量计量点、电网经营企业之间贸易结算电量计量点、省级电网经营企业与其供电企业供电关口计量点的电能计量装置的设计审查应由电网经营企业的电能计量专职（责）管理人员、电网经营企业电能计量技术机构和有关发、供电企业电能计量管理或专业人员参加。

d) c) 条规定以外的电能计量装置的设计审查应由有关的供电企业和发电企业的电能计量管理机构管理或专业人员参加。

e) 电能计量装置的设计审查，应由参加审查的人员写出审查意见并由各方代表签字。

f) 凡审查中发现不符合规定的部分应在审查结论中明确列出，并应由原设计部门进行修改设计。

g) 用电营业部门在与用户签订供用电合同、批复供电方案时，对电能计量点和计量方式的确定以及电能计量器具技术参数等的选择应有电能计量技术机构专职（责）工程师会签。

6.2　电能计量器具的订货

a) 电能计量技术机构应根据业扩发展和正常轮换的需要编制常用电能计量器具的订货计划。

b) 电力建设工程中电能计量器具的订货，应根据审查通过的电能计量装置设计所确定的厂家、型号、规格、等级等组织订货。

c) 订货合同中电能计量器具的技术要求应符合本标准和国家电力行业有关标准的规定。

d) 订购的电能计量器具应具有制造计量器具许可证、进网许可证（行业已发证的产品）和出厂检验合格证。

e) 电能计量器具的各项性能和技术指标应符合相应国家或电力行业标准的要求。

f) 凡首次在当地供电企业使用的电能计量器具应进行小批量试用。

6.3　电能计量器具的验收

a) 发、供电企业应制订电能计量器具订货验收管理办法，购进的电能计量器具应严格验收。

b) 验收的内容包括：装箱单、出厂检验报告（合格证）、使用说明书、铭牌、外观结构、安装尺寸、辅助部件、功能和技术指标测试等，均应符合订货合同的要求。

c) 发、供电企业订购的电能计量器具或装置应由其电能计量技术机构根据验收管理办法进行验收；建设单位或电力用户的订货，有关功能和技术指标的测试或检定宜由当地供电企业的电能计量技术机构进行，也可委托上级电力部门的电能计量技术机构

进行。

d) 首次购入的电能计量器具应首先随意抽取 3 只以上进行全面检测、检查工艺质量，以评价其质量水平，合格后再按 6.3 条 e) 项的要求进行验收。

e) 新购入的 2.0 级电能表，应按 GB 3925 和国家电力行业的有关规定进行验收。1 级和 2 级直接接入静止式交流有功电能表应按 GB/T 17442 和国家电力行业有关规定进行验收；其他新购入的电能表、互感器的验收参照 GB 3925 或 GB/T 17442 抽样方法抽样，其检验项目和技术指标参照相应产品的国际、国家或行业标准的验收检查项目或出厂检验项目进行。

f) 经验收的电能计量器具应出具验收报告，合格的由电能计量技术机构负责人签字接收，办理入库手续并建立计算机资产档案。验收不合格的，应由订货单位负责更换或退货。

6.4 资产管理

发、供电企业应建立电能计量装置资产档案，制订电能计量资产管理制度，内容包括标准装置、标准器具、试验用仪器仪表、工作计量器具等的购置、入库、保管、领用、转借、调拨、报废、淘汰、封存和清查等。

6.4.1 资产档案

发、供电企业电能计量技术机构应用计算机建立资产档案，专人进行资产管理并实现与相关专业的信息共享。资产档案应有可靠的备份和用于长期保存的措施。保存地点应有防尘、防潮、防盐雾、防高温、防火和防盗等措施。

a) 资产档案应按资产归属和类别分别建立，并能方便的分类、分型号、分规格等进行查询和统计。

b) 资产档案内容应有资产编号、名称、型号、规格、等级、出厂编号、生产厂家、价格、生产日期、验收日期等。

c) 资产编号应标注在显要位置。供电企业建立的资产编号宜采用条形码形式。每年应对资产和档案进行一次清点，做到档案与实物相一致。

6.4.2 库房管理

a) 电能计量器具应区分不同状态（待验收、待检、待装、淘汰等）分区放置，并应有明确的分区线和标志。

b) 待装电能计量器具还应分类、分型号、分规格放置。

c) 待装电能表应放置在专用的架子或周转车上，不得叠放，取用应方便。

d) 电能表、互感器的库房应保持干燥、整洁、空气中不含有腐蚀性的气味。库房内不得存放电能计量器具以外的其他任何物品。

e) 电能计量器具出、入库应及时进行计算机登记，作到库存电能计量器具与计算机档案相符。

f) 库房应有专人负责管理，应建立严格的库房管理制度。

6.4.3 报废与淘汰

6.4.3.1 下列电能计量器具应予淘汰或报废

a) 在现有技术条件下，调整困难或不能修复到原有准确度水平的，或者修复后不能保证基本轮换周期（以统计资料为准）的器具。

b) 绝缘水平不能满足现行国家标准的计量器具和上级明文规定不准使用的产品。

c) 性能上不能满足当前管理要求的产品。

6.4.3.2 经报废的电能计量器具应进行销毁，并在资产档案中及时销账（注明报废日期）。

6.5 电能计量装置的安装及安装后的验收

6.5.1 电网经营企业应根据本标准制订本网电能计量装置安装与验收管理细则。

6.5.2 电能计量装置的安装应严格按通过审查的施工设计或用户业扩工程确定的供电方案进行。

a) 安装的电能计量器具必须经有关电力企业的电能计量技术机构检定合格。

b) 使用电能计量柜的用户或发、输、变电工程中电能计量装置的安装可由施工单位进行，其他贸易结算用电能计量装置均应由供电企业安装。

c) 电能计量装置安装应执行电力工程安装规程的有关规定和本标准的规定。

d) 电能计量装置安装完工应填写竣工单，整理有关的原始技术资料，做好验收交接准备。

6.5.3 电能计量装置投运前应进行全面的验收。

验收的项目及内容是：技术资料、现场检查、验收试验、验收结果的处理。

a) 电网经营企业之间贸易结算用电能计量装置和省级电网经营企业与其供电企业的供电关口电能计量装置的验收由当地省级电网经营企业负责组织，以省级电网经营企业的电能计量技术机构为主，当地供电企业配合，涉及发电企业的还应有发电企业电能计量管理人员配合。其他投运后由供电企业管理的电能计量装置应由供电企业电能计量技术机构负责验收；发电企业管理的用于内部考核的电能计量装置由发电企业的计量管理机构负责组织验收。

b) 验收的技术资料如下：

1) 电能计量装置计量方式原理接线图，一、二次接线图，施工设计图和施工变更资料；

2）电压、电流互感器安装使用说明书、出厂检验报告、法定计量检定机构的检定证书；

3）计量柜（箱）的出厂检验报告、说明书；

4）二次回路导线或电缆的型号、规格及长度；

5）电压互感器二次回路中的熔断器、接线端子的说明书等；

6）高压电气设备的接地及绝缘试验报告；

7）施工过程中需要说明的其他资料。

c）现场检查内容如下：

1）计量器具型号、规格、计量法制标志、出厂编号应与计量检定证书和技术资料的内容相符；

2）产品外观质量应无明显瑕疵和受损；

3）安装工艺质量应符合有关标准要求；

4）电能表、互感器及其二次回路接线情况应和竣工图一致。

d）验收试验：

1）检查二次回路中间触点、熔断器、试验接线盒的接触情况；

2）电流、电压互感器实际二次负载及电压互感器二次回路压降的测量；

3）接线正确性检查；

4）电流、电压互感器现场检验。

e）验收结果的处理：

1）经验收的电能计量装置应由验收人员及时实施封印。封印的位置为互感器二次回路的各接线端子、电能表接线端子、计量柜（箱）门等；实施铅封后应由运行人员或用户对铅封的完好签字认可。

2）经验收的电能计量装置应由验收人员填写验收报告，注明"计量装置验收合格"或者"计量装置验收不合格"及整改意见，整改后再行验收。

3）验收不合格的电能计量装置禁止投入使用。

4）验收报告及验收资料应归档。

7 运行管理

7.1 运行档案管理

a）电能计量技术机构应用计算机对投运的电能计量装置建立运行档案，实施对运行电能计量装置的管理并实现与相关专业的信息共享。

b）运行档案应有可靠的备份和用于长期保存的措施。并能方便地进行分用户类别、分计量方式和按计量器具分类的查询统计。

c）电能计量装置运行档案的内容包括用户基本

信息及其电能计量装置的原始资料等。

主要有：

1）互感器的型号、规格、厂家、安装日期；二次回路连接导线或电缆的型号、规格、长度；电能表型号、规格、等级及套数；电能计量柜（箱）的型号、厂家、安装地点等。

2）Ⅰ、Ⅱ类电能计量装置的原理接线图和工程竣工图。

3）Ⅰ、Ⅱ类电能计量装置投运的时间及历次改造的内容、时间。

4）安装、轮换的电能计量器具型号、规格等内容及轮换的时间。

5）历次现场检验误差数据。

6）故障情况记录等。

7.2 运行维护及故障处理

a）安装在发、供电企业生产运行场所的电能计量装置，运行人员应负责监护，保证其封印完好，不受人为损坏。安装在用户处的电能计量装置，由用户负责保护封印完好，装置本身不受损坏或丢失。

b）当发现电能计量装置故障时，应及时通知电能计量技术机构进行处理。贸易结算用电能计量装置故障，应由供电企业的电能计量技术机构依照《中华人民共和国电力法》及其配套法规的有关规定进行处理。

c）电能计量技术机构对发生的计量故障应及时处理，对造成的电量差错，应认真调查、认定，分清责任，提出防范措施。并根据有关规定进行差错电量的计算。

d）对于窃电行为造成的计量装置故障或电量差错，用电管理人员应注意对窃电事实的依法取证，应当场对窃电事实写出书面认定材料，由窃电方责任人签字认可。

e）对造成电能计量差错超过 10 万 kWh 及以上者，应及时上报省级电网经营企业用电管理部门。

7.3 现场检验

a）电能计量技术机构应制订电能计量装置的现场检验管理制度。编制并实施年、季、月度现场检验计划。现场检验应执行 SD 109 和本标准的有关规定。现场检验应严格遵守电业安全工作规程。

b）现场检验用标准器准确度等级至少应比被检品高两个准确度等级，其他指示仪表的准确度等级应不低于 0.5 级，量限应配置合理。电能表现场检验标准应至少每 3 个月在试验室比对一次。

c）现场检验电能表应采用标准电能表法，利用光电采样控制或被试表所发电信号控制开展检验。宜使用可测量电压、电流、相位和带有错接线判别功能的电能表现场检验仪。现场检验仪应有数据存储和通信功能。

d) 现场检验时不允许打开电能表罩壳和现场调整电能表误差。当现场检验电能表误差超过电能表准确度等级值时应在 3 个工作日内更换。

e) 新投运或改造后的 Ⅰ、Ⅱ、Ⅲ、Ⅳ 类高压电能计量装置应在一个月内进行首次现场检验。

f) Ⅰ 类电能表至少每 3 个月现场检验一次；Ⅱ 类电能表至少每 6 个月现场检验一次；Ⅲ 类电能表至少每年现场检验一次。

g) 高压互感器每 10 年现场检验一次，当现场检验互感器误差超差时，应查明原因，制订更换或改造计划，尽快解决，时间不得超过下一次主设备检修完成日期。

h) 运行中的电压互感器二次回路电压降应定期进行检验。对 35kV 及以上电压互感器二次回路电压降，至少每两年检验一次。当二次回路负荷超过互感器额定二次负荷或二次回路电压降超差时应及时查明原因，并在一个月内处理。

i) 运行中的低压电流互感器宜在电能表轮换时进行变比、二次回路及其负载检查。

j) 现场检验数据应及时存入计算机管理档案，并应用计算机对电能表历次现场检验数据进行分析，以考核其变化趋势。

7.4 周期检定（轮换）与抽检

a) 电能计量技术机构应根据电能表运行档案、本规程规定的轮换周期、抽样方案和地理区域、工作量情况等，应用计算机，制订出每年（月）电能表的轮换和抽检计划。

b) 运行中的 Ⅰ、Ⅱ、Ⅲ 类电能表的轮换周期一般为 3~4 年。运行中的 Ⅳ 类电能表的轮换周期为 4~6 年。但对同一厂家、型号的静止式电能表可按上述轮换周期，到周期抽检 10%，做修调前检验，若满足 7.4d) 条要求，则其他运行表计允许延长一年使用，待第二年再抽检，直到不满足 7.4d) 条要求时全部轮换。Ⅴ 类双宝石电能表的轮换周期为 10 年。

c) 对所有轮换拆回的 Ⅰ~Ⅳ 类电能表应抽取其总量的 5%~10%（不少于 50 只）进行修调前检验，且每年统计合格率。

d) Ⅰ、Ⅱ 类电能表的修调前检验合格率为 100%，Ⅲ 类电能表的修调前检验合格率应不低于 98%。Ⅳ 类电能表的修调前检验合格率应不低于 95%。

e) 运行中的 Ⅴ 类电能表，从装出第六年起，每年应进行分批抽样，做修调前检验，以确定整批表是

否继续运行，抽样统计表见附录 H。

1) 抽样程序应参照 GB/T 15239 进行，采用二次抽样方案。抽样时应先选定批量，然后抽取样本。批量已经确定，不允许随意扩大或缩小。

2) 选定批量时，应将同一厂家、型号、生产批次的电能表划分成批量为 501~3200 只的若干批，按方案 A 进行抽样和判定。若同一厂家型号生产批次的电能表数量不足 500 只时，仍按一批处理，但应按方案 B 进行抽样和判别。具体方案如下：

$$\begin{vmatrix} n_1; & A_1, & R_1 \\ n_2; & A_2, & R_2 \end{vmatrix} = \begin{vmatrix} 32; & 1, & 4 \\ 32; & 4, & 5 \end{vmatrix}$$

（方案 A：批量为 501~3200 只时）

$$\begin{vmatrix} n_1; & A_1, & R_1 \\ n_2; & A_2, & R_2 \end{vmatrix} = \begin{vmatrix} 20; & 0, & 2 \\ 20; & 1, & 2 \end{vmatrix}$$

（方案 B：批量为 500 只及以下时）

式中：n_1——第一次抽样样本量；

n_2——第二次抽样样本量；

A_1——第一次抽样合格判定数；

A_2——第二次抽样合格判定数；

R_1——第一次抽样不合格判定数；

R_2——第二次抽样不合格判定数。

3) 根据对样本进行修调前检验的结果，若在第一样本中发现的不合格品数小于或等于第一次抽样合格判定数，则判定该批为合格批。若在第一样本中发现的不合格品数大于或等于第一次抽样不合格判定数，则判定该批为不合格批。若在第一样本中发现的不合格品数，大于第一合格判定数同时又小于第一不合格判定数，则抽第二样本进行检定。若在第一和第二样本中发现的不合格品数总和小于或等于第二合格判定数，则判该批为合格批。若在第一和第二样本中发现的不合格品总数大于或等于第二不合格判定数，则判定该批为不合格批。

4) 判定为合格批的，该批表可以继续运行；判定为不合格批的，应将该批表全部拆回。

5) 电能计量管理机构专责人应根据电能表运行档案确定批量，并用随机方式确定样品，监督抽样检验结果。

f) 低压电流互感器从运行的第 20 年起，每年应抽取 10% 进行轮换和检定，统计合格率应不低于 98%，否则应加倍抽取、检定、统计合格率，直至全部轮换。

g) 对安装了主副电能表的电能计量装置，主副电能表应有明确标志，运行中主副电能表不得随意调换，对主副表的现场检验和周期检定要求相同。两只表记录的电量应同时抄录。当主副电能表所计电量之差与主表所计电量的相对误差小于电能表准确度等级值的 1.5 倍时，以主电能表所计电量作为贸易结算的电量；否则应对主副电能表进行现场检验，只要主电能表不超差，仍以其所计电量为准；主电能表超差而副表不超差时才以副电能表所计电量为准；两者都超差时，以主电能表的误差计算退补电量。并及时更换超差表计。

7.5　运输

a) 待装电能表和现场检验用的计量标准器、试验用仪器仪表在运输中应有可靠有效的防震、防尘、防雨措施。经过剧烈震动或撞击后，应重新对其进行检定。

b) 电能计量技术机构应配置进行高、低压电能计量装置安装、轮换和现场检验所必需的具有良好减震性能的专用电力计量车。专用电力计量车不准挪作他用。

8　计量检定与修理

8.1　环境条件

a) 电能计量技术机构应有足够面积的检定电能表和互感器的试验室，以及进行电能表修理和开展电压、电流互感器检修的工作间，制订试验室管理制度，并严格执行。

b) 电能表检定宜按单相、三相、常规性能试验、标准以及不同等级的区别，有分别的试验室。

c) 电能表、互感器的检定试验室和开展常规计量性能试验的试验室，其环境条件应符合有关检定规程的要求。电能表的试验室应有良好的恒温性能，温度场应均匀，并应设立与外界隔离的保温防尘缓冲间。

d) 检定电压互感器和检定电流互感器的试验室宜分开，且均应具有足够的高压安全工作距离；被检互感器和检定操作台应装设有闭锁机构的安全遮栏。

e) 电能表的外检修室，应具有吸尘装置，并与内检修工作室、恒温试验室分开。内、外检修工作室的温度均应保持在 (15～30)℃范围内。

f) 互感器检修间应有清灰除尘的装置以及必要的起吊设备。

g) 进入恒温试验室的人员，应穿戴防止带入灰尘的衣帽和鞋子。夏季在恒温试验室工作的计量检定人员必须配备防寒服。

8.2　计量标准器和标准装置

a) 最高计量标准器等级应根据被检计量器具的

准确度等级、数量、测量量程和计量检定系统表的规定配置（详见附录 B）。

b) 计量标准器应配备齐全。工作标准器的配置，应根据被检计量器具的准确度等级、规格、工作量大小确定。

c) 计量标准装置应选用检定工作效率高且带有数据通信接口的产品。如：全自动、多表位且能和管理计算机联网等功能的装置。检定数据应能自动存入管理计算机且不能被人为改变。选用时应首先征求上级管理部门意见。

d) 电能计量标准装置必须经过计量标准考核合格并取得计量标准合格证后才能开展检定工作。计量标准考核（复查）应执行 JJG 1033。

e) 开展电能表检定的标准装置，应按 JJG 597 的要求定期进行检定，并具有有效期内的检定证书。

f) 电能计量标准装置应定期及在计量标准器送检前后或修理后进行比对，建立计算机数据档案、考核其稳定性。

g) 电能计量标准装置考核（复查）期满前 6 个月必须重新申请复查；更换主标准器后应按JJG 1033 的规定办理有关手续；环境条件变更时应重新考核。

h) 电能计量标准器、标准装置经检定不能满足等级要求但能满足低一等级的各项技术指标的，经本省省级电网经营企业的电能计量技术机构技术认可和本省省级电网经营企业批准允许降级使用。

i) 电能计量技术机构应制订电能计量标准维护管理制度，建立计量标准装置履历书。电能计量标准应明确专人负责管理。

8.3　人员

a) 从事检定和修理的人员应具有高中及以上的文化水平。应掌握必要的电工学、电子技术和计量基础知识；熟悉电能计量器具方面的原理、结构；能操作计算机进行工作。

b) 从事计量检定的人员应经业务培训考核合格，并取得计量检定员证后才能开展工作。

c) 电能计量检定人员的考核（复查）应按照《计量检定员考核管理办法》进行。

d) 计量检定人员中断检定工作一年以上重新工作，应进行实际操作考核。

e) 计量检定人员应保持相对稳定，计量检定人员调动应征求上级管理部门意见。

f) 计量检定人员调离电力企业的计量工作岗位时应收回其计量检定员证。

8.4　检定

a) 电能计量检定应执行计量检定系统表和计量

检定规程。对尚无计量检定规程的，省级电网经营企业应根据产品标准制订相应的检定方法。对大批量同厂家、同型号、同规格电能表的检定，经长期使用，严格调整误差和控制误差曲线，并确认在全部有效负荷范围内符合计量检定规程规定的前提下，可适当减少误差测量点，但要经省级电网经营企业电能计量管理部门批准。

b）检定电能表时，其实际误差应控制在规程规定基本误差限的 70% 以内。

c）经检定合格的电能表在库房中保存时间超过 6 个月应重新进行检定。

d）电能表、互感器的检定原始记录应逐步实现无纸化，并应及时存入管理计算机进行管理。原始记录至少保存三个检定周期。

e）经检定合格的电能表应由检定人员实施封印。

f）电能计量技术机构应指定人员，对检定合格的电能表每周随机抽取一定比例，用指定的同一台标准装置复检，并对照原记录考核每个检定员的检定工作质量、所选用电能表的质量和核对标准装置的一致性。

g）临时检定。

1）电能计量技术机构受理用户提出有异议的电能计量装置的检验申请后，对低压和照明用户，一般应在 7 个工作日内将电能表和低压电流互感器检定完毕；对高压用户，应根据 SD 109 在 7 个工作日内先进行现场检验。现场检验时的负荷电流应为正常情况下的实际负荷。如测定的误差超差时，应再进行试验室检定。

2）电能表临时检定时，按下列用电负荷确定误差。

对高压用户或低压三相供电的用户，一般应按实际用电负荷确定电能表的误差，实际负荷难以确定时，应以正常月份的平均负荷确定误差，即

$$平均负荷 = \frac{正常月份用电量（kWh）}{正常月份的用电小时数（h）}$$

对照明用户一般应按平均负荷确定电能表误差，即

$$平均负荷 = \frac{上次抄表期内的月平均用电量（kWh）}{30 \times 5（h）}$$

照明用户的平均负荷难以确定时，可按下列方法确定电能表误差，即

$$误差 = \frac{I_{max}时的误差 + 3 \times I_b时的误差 + 0.2 I_b时的误差}{5}$$

式中：I_{max}——电能表的额定最大电流；

I_b——电能表的标定电流。

注：各种负荷电流时的误差，按负荷功率因数为 1.0 时的测定值计算。

3）临时检定电能表、互感器时不得拆启原封印。临时检定的电能表、互感器暂封存 1 个月，其结果应及时通知用户，备用户查询。

4）电能计量装置现场检验结果应及时告知用户，必要时转有关部门处理。

5）临时检定均应出具检定证书或检定结果通知书。

h）修调前检验。

1）修调前检验的负荷点为：$\cos\varphi = 1.0$ 时，I_{max}、I_b 和 $0.1 I_b$ 三点。

2）修调前检验的判定误差为：

$$误差 = \frac{I_{max}时的误差 + 3 \times I_b时的误差 + 0.1 I_b时的误差}{5}$$

式中：I_{max}——额定最大电流；

I_b——标定电流。

误差的绝对值应小于电能表准确度等级值。

3）修调前检验电能表不允许拆起原封印。

8.5　修理

a）轮换拆回的感应式电能表应进行拆洗、检查和重新组装。

b）轮换拆回的电子式电能表应对表计外部和内部进行灰尘清除。对有电池作备用电源的表计应根据电池的统计使用寿命，确定是否应更换并进行相应处理。

c）省级电网经营企业电能计量管理部门应制订电能表、互感器修理工艺。

8.6　多功能电能表编程器及密码管理

a）电能计量技术机构应制订多功能电能表编程器及密码的管理制度，并严格执行。

b）应有防止失密、丢失或遗忘的安全保存措施。

9　电能计量信息管理

电能计量管理部门应建立电能计量装置计算机管理信息系统并实现与用电营业及其他有关部门的联网。

9.1　资产档案信息

电能计量资产档案应分类管理、内容详实、查询方便。包括：标准设备档案；电能表档案；电压互感器档案；电流互感器档案；其他测试仪器仪表档案等。

9.1.1　标准设备档案

资产名称、资产编号、型号、规格、等级、常数、脉冲常数、制造厂名、出厂编号、购置日期、购价、使用日期、报废日期、报废原因、保管地点、保管人等。

9.1.2　电能表档案

资产名称、产权、资产编号、型号、规格、等级、常数、脉冲常数、制造厂名、出厂编号、购置日期、购价、使用日期、报废日期、报废原因。

通过电能表资产档案应能按以上的任一特征或组合特征进行查询统计。

9.1.3　互感器档案

资产名称、产权、资产编号、制造厂名、出厂编号、型式、容量、级别、变比、出厂日期、报废日期、报废原因等。应能按上面的各特征参数进行查询，或者任意特征组合查询。

9.2　检测数据档案信息

根据以下数据，应用计算机分析每一计量器具或标准的计量性能并作出工作安排，特别是按年、季、月分别生成电能表的轮换计划、抽检计划和现场检验计划，进行误差和表计的统计。

a) 标准计量器具历次送检测试的数据；

b) 标准装置历次检验数据；

c) 电能表、互感器现场检验数据；

d) 电能表历次检定原始记录；

e) 互感器检定原始记录；

f) 其他测试设备及仪器的历次检定数据。

9.3　运行电能计量装置档案

通过运行档案可对任一计量器具的整个运行过程进行了解；也可以用户为线索，查询统计在该用户中使用过的电能表。

根据运行档案计算机应能制订出电能计量装置现场检验计划、轮换计划和抽检计划并分类统计各类电能计量器具的运行情况。

a) 按运行电能计量器具的资产编号建立运行电能计量装置分类一览表；

b) 运行关口电能计量点配置图及其计量装置配置、历次变更情况记录；

c) 高压电能计量点配置图及其计量装置配置和历次变更情况记录；

d) 分区、分类、按户建立运行低压三相电能计量装置配置及历次变更情况记录；

e) 分区、分类、按户建立在用单相电能计量装置配置及历次变更情况。

9.4　法规、文件及技术资料档案

a) 技术资料应实施分类管理，包括：

1)《中华人民共和国电力法》及其配套法规、《中华人民共和国计量法》及其配套法规；

2) 各类标准及规程；

3) 各类证书及计量标准考核文件；

4) 文件档案；

5) 各有关一次、二次接线图，计量点配置图，电能计量装置图纸等资料；

6) 标准装置（或检定装置）、标准器及试验用仪器仪表等的说明书、图纸等；

7) 各种管理制度等。

b) 技术资料管理应做到内容全、版本新、检索方便和保管妥善。

c) 应用计算机进行资料的检索和管理，积极推行并逐步实现技术资料的计算机信息化。

d) 根据标准装置（或检定装置）考核证书、标准器检定证书和有关管理办法的规定制订标准考核申请计划和送检计划。

9.5　人员档案

a) 电能计量管理机构应建立电能计量人员的计算机管理档案。

b) 建立的电能计量人员档案，应能按性别、年龄、工作年限、检定证号、学历等进行查询统计。

9.6　管理和检定工作自动化

a) 电能计量技术机构应积极采用先进的技术及装备，实现检定过程控制自动化和各类检定、检测数据的存储、分析。

b) 通过建立电能计量信息管理系统实现与相关专业工作票的无纸化传递及相关信息共享。

c) 借助电能量计费系统和远方自动抄表系统，加强对电能计量装置的运行状况的动态分析。

10　电能计量印、证管理

10.1　电能计量印、证的种类

a) 检定证书；

b) 检定结果通知书；

c) 检定合格证；

d) 测试报告；

e) 封印（检定合格印、安装封印、现校封印、管理封印和抄表封印等）；

f) 注销印。

10.2　各类证书和报告应执行国家统一的标准格式

各种封印和注销印的格式、样式应由省级电网经营企业统一规定。电能计量管理机构应制订电能计量印证的管理办法。

10.3　计量印、证的制做

a) 计量印、证应定点监制，由电能计量技术机构负责统一制作和管理。

b) 所有计量印、证必须编号（计量钳印字头应有编号）并备案。编号方式应统一规定。

c) 制作计量印、证时应优先考虑选用防伪性能

强的产品。

10.4 计量印、证的使用

a）电能计量印、证的领用发放只限于电能计量技术机构内从事计量管理、检定、安装、轮换、检修的人员，领取的计量印、证应与其所从事的工作相适应。其他人员严禁领用。

b）计量印、证的领取必须经电能计量技术机构负责人审批，领取时印模必须和领取人签名一起备案。使用人工作变动时必须交回所领取的计量印、证。

c）从事检定工作的人员只限于使用检定合格印；从事安装和轮换的人员只限于使用安装封印；从事现场检验的人员只限于使用现校封印；电能计量技术机构的主管和专责工程师（技术员）有权使用管理封印。运行中计量装置的检定合格印和各类封印未经本单位电能计量技术机构主管或专责工程师（技术员）同意不允许启封（确因现场检验工作需要，现场检验人员可启封必要的安装封印）。抄表封印只适用于必须开启柜（箱）才能进行抄表的人员，且只允许对电能计量柜（箱）门和电能表的抄读装置进行加封。注销印适用于对淘汰电能计量器具的封印。

d）现场工作结束后应立即加封印，并应由用户或运行维护人员在工作票封印完好栏上签字。实施了各类封印的人员应对自己的工作负责，日常运行维护人员应对检定合格印和各类封印的完好负责。

e）经检定的标准计量器具或装置，应在其显著位置粘贴标记；合格的，粘贴检定合格标记；不合格的，粘贴检定不合格标记。对暂时停用的应粘贴停用或封存标记。

f）经检定的工作计量器具，合格的，检定人员加封检定合格印，出具"检定合格证"；对计量器具检定结论有特殊要求的，合格的，检定人员加封检定合格印，出具"检定证书"，不合格的，出具"检定结果通知书"。

g）"检定证书"、"检定结果通知书"必须字迹清楚、数据无误、无涂改，且有检定、核验、主管人员签字，并加盖电能计量技术机构计量检定专用章。

h）安装封印只准对计量二次回路接线端子、计量柜（箱）及电能表表尾实施封印。

i）电能计量技术机构应根据本单位的具体情况，制订出与本标准印、证管理相适应的实施细则，明确本单位电能计量印、证的发放范围及使用权限，以及违反管理规定的处罚办法等。

10.5 计量印、证的年审、更换

a）电能计量技术机构应制订计量印、证的年审制度并严格执行。每年应对所有计量印、证以及使用

情况进行一次全面的检查核对。

b）计量合格印和各类封印应清晰完整。出现残缺、磨损时应立即停止使用并及时登记收回和作废、封存。需更换的应按照10.3的规定重新制作更换。更换后应重新办理领取手续。

11 技术考核与统计

11.1 电能计量装置管理情况的考核与统计指标

11.1.1 计量标准器和标准装置的周期受检率与周检合格率

$$周期受检率=\frac{实际检定数}{按规定周期应检定数}\times100\%$$

$$周检合格率=\frac{实际检定合格}{实际检定数}\times100\%$$

周期受检率应不小于100%；周检合格率应不小于98%。

11.1.2 在用计量标准装置周期考核（复查）率

$$周期考核率=\frac{实际考核数}{到周期应考核数}\times100\%$$

在用电能计量标准装置周期考核率为：100%。

11.1.3 运行电能计量装置的周期受检（轮换）率与周检合格率

11.1.3.1 电能表

$$周期轮换率=\frac{实际轮换数}{按规定周期应轮换数}\times100\%$$

$$修调前检验率=\frac{修调前检验数}{实际轮换回的电能表数}\times100\%$$

$$修调前检验合格率=\frac{修调前检验合格数}{实际修调前检验数}\times100\%$$

$$现场检验率=\frac{实际现场检验数}{按规定周期应检验数}\times100\%$$

$$现场检验合格率=\frac{实际现场检验合格数}{实际现场检验数}\times100\%$$

对于长期处于备用状态或现场检验时不满足检验条件（负荷电流低于被检表标定电流10%或低于标准表额定电流20%等）的电能计量装置，经实际检测，可计入实际检验数，但应填写现场检验记录。统计时视为合格。

周期轮换率应达100%；现场检验率应达100%；Ⅰ、Ⅱ类电能表现场检验合格率应不小于98%。Ⅲ类电能表现场检验合格率应不小于95%。

11.1.3.2 电压互感器二次回路电压降周期受检率应达100%

计算公式

$$周期受检率=\frac{实际检定数}{按规定周期应检定数}\times100\%$$

11.1.4 计量故障差错率

计量故障差错率 $= \dfrac{\text{实际发生故障差错次数}}{\text{运行电能表、互感器总数}} \times 100\%$

计量故障差错率应不大于 1%。

11.2 统计与报表

电能计量技术机构对评价电能计量装置管理情况的各项统计与考核指标、用户计量点和计量资产，至少每年全面统计一次，并报上级主管部门。具体统计与上报期限，由电网经营企业规定。

附录 A
（标准的附录）
电能计量专职（责）人的职责

A1 省级及以上电网经营企业的电能计量专职（责）人的职责

（1）贯彻执行国家和上级制订的法规、标准、规程及计量工作方针、政策。

（2）组织制订考核电力系统经济技术指标的电能计量装置的配置、更新与发展规划。

（3）参与电力建设工程、规定电压等级以上的用电业扩工程供电方案中有关电能计量方式的确定和电能计量装置设计的审查。

（4）组织制订全网（全省）电能计量技术改进与新技术推广计划，收集并汇总电能计量技术情报与新产品信息。

（5）组织全网（全省）电能计量技术业务培训与技术交流。

（6）参与制订全网（全省）电能计量标准建设规划，并组织实施所辖发、供电企业电能计量标准的配置工作。

（7）组织制订全网（全省）电能计量技术规范和计量管理制度。

（8）组织全网（全省）电能计量设备、仪表、仪器选型及加强质量管理。

（9）参与电能计量重大差错、故障及重大窃电案件的调查和处理。

（10）负责电能计量业务管理方面的考核、统计与报表工作。

A2 供电企业电能计量专职（责）人的职责

（1）贯彻执行国家和上级制订的法规、标准、规程及计量工作方针、政策。

（2）组织制订与实施地区电网内的电能计量装置的配置、更新与发展规划。

（3）参与电力建设工程、地方公用电厂和用户自备电厂并网及用电业扩工程供电方案中有关电能计量方式的确定和电能计量装置设计的审查。

（4）监督检查电能表、互感器和计量标准设备的检定（轮换、现场检验）计划的执行情况；组织印模、印钳的标准化管理。

（5）组织制订与实施电能计量技术改进和新技术推广计划；收集并汇总电能计量技术情报与新产品信息；监督检查新购入计量产品的质量。

（6）负责组织有关电能计量技术业务的培训与交流。

（7）负责办理电能表、互感器和计量标准设备的封存、报废、淘汰手续。

（8）组织电能计量重大差错、故障和重大窃电案件的调查与处理。

（9）制定电能计量技术规范和计量管理制度。

（10）负责电能计量业务管理方面的考核、统计与报表工作。

附录 B
（标准的附录）
电能计量标准及试验设备的配置要求

B1 网、省级电网经营企业电能计量技术机构计量标准的配置

（1）配置 0.01 级单相和 0.02 级三相电能计量标准。

（2）配置 0.001 级别 10kV～35kV 电压互感器标准，（0～2000）A 电流互感器标准。

（3）配置 0.005 级别 35kV～220kV 电压互感器标准，（2000～10000）A 电流互感器标准。

（4）配置多功能三相电能表试验装置。

（5）其他相关设备参照仪表监督方面的有关规定。

B2 供电企业电能计量技术机构

（1）配置 0.1（0.2）级三相电能表标准装置。对所辖供电区内有 30 只以上 0.2 级三相电能表，应配置 0.05 级三相电能表标准装置；拥有 30 只以上 0.1 级电能表，经上级主管部门批准，可配置 0.03 级电子式三相电能表标准装置。

（2）配置 0.2（0.3）级单相电能表标准装置。

（3）配置 0.01 级互感器检定装置，根据工作需要可配置 0.005 级电流比较仪、感应分压器（双级电压互感器）。

（4）配置必要的试验设备：0.1（0.2）级功率表、电压表、电流表；具有足够分辨率的数字式功率表、毫伏表、工频频率表、失真度测量仪、示波器、磁感应测量仪等。

（5）现场检验用 0.05（0.1）级标准电能表（校验仪）；电压互感器二次回路压降测试仪，互感器变比在线测试仪。

（6）电能表、互感器的绝缘强度试验设备；电能表走字试验设备。

（7）模拟现场的电能计量与试验装置。

（8）其他有关电能计量装置检定、检修与配置零件的必要设备与工具。

B3　发电企业电能计量技术机构

（1）配置 0.1(0.2) 级电子式三相电能表标准装置。

（2）配置现场检验用 0.1（0.2）级标准电能表（校验仪）。

（3）配置电压互感器二次回路压降测试仪。

附录 C

（标准的附录）

电能计量装置管理考核指标

（电能计量报表一）

填报单位：　　　（公章）　　　　　　　　　　　　　　　　　　　　　　　　　　　　　　　　年度　　　半年

序号	考核项目		应检数（只、台）	周期受检（换）率		周检合格率	
				实检数	受检率	周检合格数	合格率
1	电能表周期检定（轮换）	合　计			％	···	％
		Ⅰ类电能表			％	···	％
		Ⅱ类电能表			％	···	％
		Ⅲ类电能表			％	···	％
		Ⅳ类电能表			％	···	％
2	电能表修调前检验	合　计			％		％
		Ⅰ类电能表			％		％
		Ⅱ类电能表			％		％
		Ⅲ类电能表			％		％
		Ⅳ类电能表			％		％
3	电能表现场检验	合　计			％		％
		Ⅰ类电能表			％		％
		Ⅱ类电能表			％		％
		Ⅲ类电能表			％		％
4	高压互感器周期检定（首检、现检）	TV 检定			％		％
		TA 检定			％		％
5	35kV 及以上 TV 二次压降检验	系　统			％		％
		用　户			％		％
6	标准装置主标准器周期检验	电能表			％		％
		互感器			％		％
7	现场检验用标准器具周期检定	电能表			％		％
		互感器			％		％
8	在用电能计量标准装置考核（复查）率				％		％
9	电能计量故障差错率	％	9.1	故障差错电量（万 kW·h）			
9.2	故障差错次数	计量原因		备　注			
		其他原因					
9.2.1	互感器变比差错		9.2.8	接线差错			
9.2.2	高压 TA 匝间短路		9.2.9	倍率差错			
9.2.3	电能表电气，机械故障		9.2.10	TA 开路			
9.2.4	多功能表电池故障		9.2.11	TV 断熔丝			
9.2.5	多功能表编程错误		9.2.12	雷击烧表			
9.2.6	表脉冲采样故障		9.2.13	过负荷烧表			
9.2.7	表通信功能故障		9.2.14	过负荷烧 TA			
9.3	TV 二次压降追补电量（万 kW·h）						

单位主管：　　　　　　　审核：　　　　　　　制表：　　　　　　　填报日期：

附录 D
（标准的附录）
电能计量装置资产管理统计表
（电能计量报表二）

填报单位：　　　（公章）　　　　　　　　　　　　　　　　填报日期：　　　年　　月　　日

1			电　能　计　量　点		
1.1	低压单相		1.8	Ⅳ类用户	
1.2	低压三相		1.9	Ⅴ类用户	
1.3	高压三相三		1.10	省际关口点	
1.4	高压三相四		1.11	地市关口点	
1.5	Ⅰ类用户		1.12	电厂上网点	
1.6	Ⅱ类用户		1.13	线损考核点	
1.7	Ⅲ类用户				

2		电　能　计　量　器　具（只、台）			
2	器具类别	运　　行		库　存	总　量
		电业资产	用户资产		
2.1	电能表				
2.1.1	单相电能表				
2.1.1.1	感应式单相表				
2.1.1.2	电子式单相表				
2.1.1.3	单相分时表				
2.1.1.4	单相预付费表				
2.1.2	三相有功表				
2.1.2.1	高压三相有功				
2.1.2.1.1	感应式有功表				
2.1.2.1.2	电子式多功表				
2.1.2.1.3	机电式多功表				
2.1.2.1.4	预付费电能表				
2.1.2.2	低压三相有功				
2.1.2.2.1	感应式有功表				
2.1.2.2.2	电子式多功表				
2.1.2.2.3	机电式多功表				
2.1.2.2.4	预付费电能表				
2.1.3	三相无功表				
2.1.3.1	高压三相无功				
2.1.3.1.1	感应式无功表				
2.1.3.1.2	电子式无功表				
2.1.3.2	低压三相无功				
2.1.3.2.1	感应式无功表				
2.1.3.2.2	电子式无功表				
2.1.4	最大需量表				
2.1.4.1	机械式需量表				

续表

2	电 能 计 量 器 具（只、台）				
	器具类别	运 行		库 存	总 量
		电业资产	用户资产		
2.1.4.2	机电式需量表				
2.1.5	有、无功双向电子式多功能表				
2.2	互感器				
2.2.1	电流互感器				
2.2.1.1	高压电流互感器				
2.2.1.2	低压电流互感器				
2.2.2	电压互感器				
2.2.2.1	电磁电压互感器				
2.2.2.2	电容电压互感器				

审　核：　　　　　　　　　　　　　　　　　　　　　　　　制　表：

附录 E
（标准的附录）
电能计量检测设备资产管理统计表
（电能计量报表三）

填报单位：（公章）　　　　　　　　　　　　填报日期：　　年　月　日

序号	设 备 类 别	在 用	封 存	报 废	总 量
1. 标准电能表（只）					
1.1	0.01 级				
1.2	0.02 级				
1.3	0.05 级				
1.4	0.1 级				
1.5	0.2 级				
2. 标准互感器（台）					
2.1	0.0001 级分压器				
2.2	0.001 级分压器				
2.3	0.002 级分压器				
2.4	0.005 级分压器				
2.5	0.01 级电压互感器				
2.6	0.02 级电压互感器				
2.7	0.05 级电压互感器				
2.8	0.1 级电压互感器				
2.9	0.0002 级电流比较仪				
2.10	0.001 级电流比较仪				

序　号	设　备　类　别		在　用	封　存	报　废	总　量
2.11	0.005 级电流比较仪					
2.12	0.01 级电流互感器					
2.13	0.02 级电流互感器					
2.14	0.05 级电流互感器					
2.15	0.1 级电流互感器					
3. 电能表标准装置（套）						
3.1	0.01 级单相					
3.2	0.01 级三相					
3.3	0.02 级单相					
3.4	0.02 级三相					
3.5	0.03 级单相					
3.6	0.03 级三相					
3.7	0.05 级单相					
3.8	0.05 级三相					
3.9	0.1 级单相					
3.10	0.1 级三相					
3.11	0.2 级单相					
3.12	0.2 级三相					
3.13	0.3 级单相					
3.14	0.3 级三相					
3.15	0.05 级现场检验标准					
3.16	0.1 级现场检验标准					
3.17	0.2 级现场检验标准					
3.18	多功能表验收检验装置					
4. 互感器标准装置（套）						
4.1	电压互感器标准装置	35kV 以上				
		35kV 及以下				
4.2	电流互感器标准装置					
4.3	互感器现场校验装置					
5. 电能表走字试验装置（套）						
6. 电能表耐压试验装置（套）						
7. 测试仪器仪表（只）						

审　核：　　　　　　　　　　　　　　　　　　　　　　　　　　　制　　表：

附录 F
（标准的附录）
重要电能计量装置配置统计表
（电能计量报表四）

填报单位：　　　　　　　　　　　　　　　　　　　　　　　　　　　　　　　　　　　　　年　　　　季

序号	项　目		应配数	已配数	配置率（%）	备　注
1	0.5 级及以上电能表					
2	反向无功表	机　械				
		电　子				
3	失压计时器					
4	0.2S 级电流互感器（只）					
5	0.2 级电压互感器（只）					
6	0.38kV 计量箱					
7	6～10kV 计量柜					
8	35kV 专用互感器计量柜					
9	35kV 以上计量专用二次绕组、专用回路					

部门领导：　　　　　　　　　制　表：　　　　　　　　　　　　　　　　　　　填报时间：

附录 G
（提示的附录）
电能计量常规项目最低工作定额
与配备人员参考标准

序号	项　目	最低工作定额	配备人员	备　注
1	单相表检定	20 只/（日·人）	2～1 人/（年·万只）	
2	高压三相表检定	4 只/（日·人）	1～0.5 人/（年·千只）	
3	高压三相表检测	6 只/（日·人）	0.66～0.33 人/（年·千只）	
4	低压三相表检定	6 只/（日·人）	0.66～0.33 人/（年·千只）	
5	低压三相表检修	8 只/（日·人）	0.5～0.25 人/（年·千只）	
6	单相表修调前检验或新表验收	30 只/（日·人）	1.33～0.66 人/（年·万只）	
7	高压三相表修调前检验或新表验收	6 只/（日·人）	0.66～0.33 人/（年·千只）	
8	低压三相表修调前检验或新表验收	8 只/（日·人）	0.5～0.25 人/（年·千只）	
9	多功能表检定（含分时表）	2 只/（日·人）	2.5～1.25 人/（年·千只）	
10	多功能表检修（含分时表）	3 只/（日·人）	5～2.5 人/（年·千只）	
11	最大需量表检定	2 只/（日·人）	2～1 人/（年·千只）	老型机械表
12	最大需量表检修	1 只/（日·人）	4～2 人/（年·千只）	老型机械表

序号	项　目	最低工作定额	配　备　人　员	备　注
13	电能表走字试验	—	1.5～1 人/（年·万只）	
14	低压电流互感器检定	50 台/（日·2 人）	1.33～0.66 人/（年·万台）	
15	高压电流互感器检定	10（6）kV 15 台/（日·2 人）35kV 及以上 6 台/（日·2 人）	0.4～0.2 人/（年·千台）	
16	单相电压互感器检定	15 台/（日·2 人）	0.5～0.25 人/（年·千台）	
17	三相电压互感器检定	5 台/（日·2 人）	1.6～0.8 人/（年·千台）	
18	电能表现场检验（含分时表）	3 户（套）/（日·2 人）	2.66～1.33 人/［年·千户（套）］	
19	电压互感器二次压降检验	3 户（组）/（日·2 人）	4～2 人/［年·千户（组）］	
20	高压互感器二次负荷检验	4 户（组）/（日·2 人）	2～1 人/［年·千户（组）］	
21	高压互感器现场检定	1 户（组）/（日·4 人）	16～8 人/［年·千户（组）］	
22	单相表周检（拆换）	20 只/（日·2 人）	2.66～1.33 人/（年·万只）	
23	高压三相表周检（拆换）	4 只/（日·2 人）	4～2 人/（年·千只）	
24	低压三相表周检（拆换）	10 只/（日·2 人）	0.66～0.33 人/（年·千只）	
25	单相计量装置安装	3 户/（日·2 人）	4～2 人/（年·千户）	
26	三相计量装置安装	1 户/（日·2 人）	8～4 人/（年·千户）	
27	0.2～0.05 级标准表检定	1 只/（日·人）	4～2 人/（年·千只）	
28	0.2～0.05 级标准表检修	1 只/（日·人）	4～2 人/（年·千只）	
29	单相电能表标准装置首次检定	1 台/1.5～2（日·2 人）	—	
30	单相电能表标准装置周期检定	1 台/（日·2 人）	—	
31	三相电能表标准装置首次检定	1 台/（2～3 日·2 人）	—	
32	三相电能表标准装置周期检定	1 台/（2 日·2 人）	—	
33	标准电压互感器检定	（变比 7 档及以下）5 台/（日·2 人）（变比 7 档及以下）4 台/（日·2 人）	—	
34	标准电流互感器检定	（变比 15 档及以下）2 台/（日·2 人）（变比 15 档及以下）1 台/（日·2 人）	—	
35	计量资产管理	—	至少 1 人（1～0.5 人/万只）	
36	计量装置技术管理	—	至少 1 人（2～1 人/千户高压）	
37	倍率计算与管理	—	1～0.5 人/千户高压	
38	标准装置与试验设备检修	—	至少 2 人	
39	高压计量装置故障处理	—	2 人/千户	
40	低压计量装置故障处理	—	2 人/万户	
41	计算机管理	—	至少 1 人（2 人/千户高压）或（2 人/万户低压）	

附录 H

（提示的附录）

V 类电能表抽样检验考核统计表

批　号	批　量	样本量	厂　家	型　号	投运年份	不合格数	结　论

附录 J

（提示的附录）

电能计量人员技术职称
系列与结构建议

J1　电能计量专业技术职称
　　高级计量工程师（高级技师）　　　　　（高级）
　　　　计量工程师（计量技师）　　　　　（中级）
　　助理计量工程师　　　　　　　　　　　（初级）
　　　　计量技术员　　　　　　　　　　　（初级）
J2　电能计量检定机构人员文化结构
　　省级检定机构——大、中专生比例为 4∶6

　　地（市）级检定机构——大专及以上 30％，中专生 50％，高中、技校 20％
　　县级检定机构——大专及以上 20％，中专生 45％，高中、技校 35％
J3　电能计量专业技术人员构成
　　省级检定机构——高级 10％，中级 50％，初级 40％
　　地（市）级检定机构——高级 5％，中级 30％，初级 60％
　　县级检定机构——中级 20％，初级 60％
　　注：电能计量专业技术人员包括从事电能计量管理和技术工作的技术员、助理工程师、工程师、高级工程师以及从事电能计量工作多年的技师等。

附录 K
（提示的附录）
电能计量人员统计表
（电能计量报表五）

填报单位：　　　（公章）　　　　　　　　　　　　　　填报日期：　　　年　　月　　日

项目 单位	人员总数			持证 检定 人员	文 化 程 度					人 员 构 成						备注
	管理 人员	其他	合计		大专 及以上	中专	高中	技校	初中 及以下	高工	工程师	技师	助工	技术员	工人	
合　计																

注：人员构成一项上，每人只统计一次，不重复统计。如：工人岗位的技术员只统计在技术员一栏中，不重复在工人一栏中统计。

3　电能计量装置检验规程

（SD 109—1983）

本规程适用于电力系统中考核经济技术指标和计收电费的新装及运行中的电能计量装置（包括安装式感应系有功、无功电能表，最大需量表，以及与它们连用的电流、电压互感器及二次回路）和携带型精密电能表的检验。

1　电能计量装置的分类办法和检验周期

1.1　分类办法

考核技术经济指标和计收电费的电能计量装置按其计量的重要性分为四类。其类别和相应计量装置的准确度等级要求如表 1 所示。

表1

类　别	计　量　对　象	电能计量装置的准确度等级		
		有功电能表	无功电能表	测量用互感器
第Ⅰ类	10000kW 及以上发电机发电量； 120000kVA 及以上变压器供电量； 主网线损与 220kV 及以上地区分界电量； 月平均用电量 1 百万度及以上计费用户	0.5	2.0	0.2
第Ⅱ类	10000kW 以下发电机发电量； 发电厂总厂用电量及供电量； 月平均用电量 10 万 kWh 及以上计费用户	1.0	2.0	0.5
第Ⅲ类	月平均用电量 10 万 kWh 以下的高压计费用户； 320kVA 及以上变压器的计费用户	1.0	2.0	0.5
第Ⅳ类	320kVA 以下变压器低压计费用户； 其他非计费的计量	2.0	3.0	0.5

注　①用户计费容量的分类界限，允许各地区根据具体情况作适当地调整；
　　②100000kW 以下的发电机也允许安装 1.0 级有功电能表及 0.5 级互感器。

1.2　检验周期

运行中的电能计量装置应分别按下列周期轮换和现场检验：

a. Ⅰ类电能表：每 3 个月至少现场检验 1 次，每 2～3 年轮换 1 次。

b. Ⅱ类电能表：每 6 个月至少现场检验 1 次，每 2～3 年轮换 1 次。

c. Ⅲ类电能表：每年至少现场检验 1 次，每 2～3 年轮换 1 次。

d. Ⅳ类电能表：三相电能表每 2～3 年轮换 1 次，单相电能表每 5 年轮换 1 次。

e. Ⅰ、Ⅱ类电能计量装置的电流互感器、电压互感器：每 5 年至少现场检验 1 次。

f. 用于量值传递的携带型精密电能表。供现场检验用的，每 3～4 个月检验 1 次，经常使用的每 6 个月检验 1 次，其他的 1 年检验 1 次。

2　电能表的检验项目

电能表在投入使用前，必须在试验室内经过下列项目的检验。

a. 直观检查。
b. 起动试验。
c. 潜动试验。
d. 基本误差的测定。
e. 绝缘强度试验。
f. 走字试验（对安装式电能表）。
g. 需量指示器试验（对最大需量表）。

对Ⅰ、Ⅱ、Ⅲ类电能表，还应按规定的周期在现场实际负载下测定误差。

新购置的批量电能表和新型式、改型以及大修后的电能表，应按相应的国家标准、专业标准（部标准）或产品技术条件的要求，抽取一定比例的试品，进行全部或部分必要的电气和机械性能试验。

3　电能表的技术要求及检验方法

3.1　直观检查

3.1.1 外部检查的内容和要求如下：

a. 铭牌的标志应完整、清楚。

b. 计度器不应偏斜，字轮式计度器除末位字轮外，其余字轮数字被遮盖部分不得超过字高的 1/5。

c. 转盘上应有明显的供计读转数的有色标记。

d. 玻璃窗应完整、牢固、清晰，密封良好。

e. 外壳及底座完好无凹陷，油漆无剥落现象。

f. 端钮盒牢固、无损伤，盒盖上或端钮盒上应有接线图或接线标志。

g. 固定外壳的及端钮盒内的螺丝和铅封穿孔必须完好无缺损，接地部分不得锈蚀或涂漆。

3.1.2 内部检查的内容及要求（调前试验和故障检验除外）：

a. 垫带完整，密封良好。

b. 固定计度器、轴承及调整装置的螺丝、固定磁钢和驱动元件的螺丝，均应紧固、无缺损。

c. 转轴应直，转盘应平整，其平面与电磁铁、永久磁钢的磁极端面应平行，且位置适中。

d. 蜗轮与蜗杆齿的啮合深度应在齿高的 1/2 左右。

e. 焊接部分质量可靠，无虚焊现象。

f. 表内应无铁屑或其他杂物。

3.1.3 携带型精密电能表还应检查下列内容：

a. 计度器的回零机构操作应灵活，回灵后指针偏离零位的距离不应超过刻度盘最小分格的 1/5。

b. 水平仪应完好，调节正常；量限转换开关转动灵活，接触良好；起、停开关操作灵活，接触良好。

3.2 绝缘强度试验

3.2.1 所有安装式电能表必须进行工频电压试验。

3.2.1.1 在室温和空气相对湿度为 85% 以下（对使用条件为 A_1 和 B_1 组）或 95% 以下（A 和 B 组）时，对被试电能表施以频率为 50Hz 实际正弦波形的交流电压，历时 1min，不应出现击穿和电弧放电现象，也不应出现机构损伤。

工频试验电压值按下述规定选取：

a. 所有线路对金属外壳间或对绝缘材料外壳的金属外露部分及金属支架间为 1.5kV。

b. 电流和电压线路间及不同相的电流线路间为 600V。

3.2.1.2 试验电压应在 5~10s 内由零平稳地升至规定值并保持 1min。然后以同样的速度降至零。

试验装置高压侧功率应不小于 500VA。

3.2.2 必要时，对安装式电能表还应进行冲击电压试验。冲击电压试验应在工频电压试验之前进行。

在 3.2.1.1 规定的环境条件下，对被试电能表的所有线路与金属外壳间或与绝缘材料外壳的金属外露部分及金属支架之间，电流与电压线路之间，以及不同相的电流线路之间施以波形为 $1.2/50\mu s$、峰值为 6kV 的冲击电压，在相同极性下试验 10 次，不应出现电弧放电和击穿现象，也不应出现机械损伤。

3.2.3 对携带型精密电能表，仅用 500V 兆欧表测定其所有线路与金属外壳或与绝缘材料的金属外露部分之间和不同电气回路之间（辅助线路除外）的绝缘电阻。在室温和周围空气相湿度不大于 85% 的条件下，其绝缘电阻值不应低于 2.5MΩ。

3.3 起动试验

3.3.1 电能表在额定电压、额定频率、功率因数（或无功功率因数）为 1 的条件下，当负载电流不超过表 2 规定的值时，转盘应不停地转动。

对于具有止逆器的电能表和运行中的 2.0 级单相电能表，允许其起动电流比表 2 规定值增加 0.5% 的标定电流。

3.3.2 试验时，计度器同时进位的字轮不应多于 2 个；其他试验条件应符合 3.5.1.1 项的规定。

表 2

电能表准确度等级	0.2	0.5	1.0	2.0	3.0
起动电流（标定电流的百分数）	0.3	0.3	0.5	0.5	1.0

3.4 潜动试验

3.4.1 当安装式电能表的电流线路中无电流，而加于电压线路的电压为额定值的 80%~110% 时，电能表转盘的转动不得超过 1 整转。

对于携带型精密电能表，当电压线路不加电压，电流线路通以标定电流，在计数器停止计数时，其示值在 1min 内应无明显的变化。

3.4.2 试验时，对新购的电能表先后加 80% 和 110% 的额定电压；运行中的电能表仅加 110% 的额定电压。

对于经互感器接入的电能表，必要时，可在 $\cos\varphi=1$ 或 $\sin\varphi=1$ 的条件下，给电流线路通以 1/5 的起动电流，检查电能表是否潜动。

3.4.3 试验时，其他条件应符合 3.5.1 款的有关规定。

3.5 基本误差的测定

3.5.1 确定电能表基本误差时，应遵守下列条件。

3.5.1.1 对电能表基本误差有影响的量的偏差，不应超过表 3 的规定。外界磁场的允许量应满足表 4 的要求。

3.5.1.2 测定三相电能表基本误差时，其相序一般应符合接线图的规定❶。且三相电压和电流应基本对称，其不对称程度不应超过表 5 的规定。

3.5.1.3 电能表应在其电压线路加额定电压不少于 60min，电流线路通以标定电流不少于 15min 后测定基本误差。

根据实验数据，对某些电能表，通电预热的时间也可以延长或缩短，但缩短后的时间不得少于 15min。

3.5.1.4 对字轮式计度器，应只有转动最快的字轮在转动。

3.5.1.5 电能表必须在盖好外壳，所有的封装螺丝

---

❶ 对于低压三相有功电能表和 90°型三相无功电能表，如果经过试验证实元件间干扰均可忽略，则允许采用不同于接线图所规定的相序或接线方式测定基本误差。

紧固后，测定基本误差。

3.5.2　电能表的基本误差以相对误差表示，在3.5.1规定的条件下，其值应符合下列规定。

3.5.2.1　单相和平衡负载时的三相有功电能表（安装式）的基本误差不应超过表6的规定。

3.5.2.2　平衡负载时的三相无功电能表的基本误差不应超过表7的规定。

3.5.2.3　负载不平衡（在三相电压对称的条件下，任一电流线路中有电流而其余电流线路中无电流）时，三相有功电能表和三相无功电能表的基本误差不应超过表8的规定。

3.5.2.4　携带型精密电能表的基本误差不应超过表9的规定。

在使用两只或三只单相电能表组合测量三相电能的情况下，应当将它们按实际使用的三相接线方式检验；亦可通过计算的办法求出其组合误差，计算的方法按3.5.8.2项和3.5.8.3项的规定。

对于供在现场检验使用的标准电能表，其经常使用负载范围内的基本误差不应超过表9所规定值的60%。

表3

电能表的准确度等级	0.2	0.5	1.0	2.0	3.0
影　响　量	偏差的允许值				
环境温度对标准值的偏差℃	±2	±2	±3	±3	±3
电压对额定值的偏差%	±0.2	±0.5	±1.0	±1.0	±1.0
频率对额定值的偏差%	±0.2	±0.5	±0.5	±0.5	±0.5
波形畸变系数%	2	2	5	5	5
电能表对垂直位置的倾斜角度＊	0.5	0.5	1	1	1

＊　有水准仪的电能表，应调至水平。

表4

电能表准确度等级	0.2	0.5	1.0	2.0	3.0
外磁场允许量	外界磁场引起电能表相对误差的改变%				
	0.05	0.1	0.2	0.3	0.3

注　标准温度规定为20℃，当不能满足规定的温度条件时，在10～30℃范围内，允许使用已知的电能表温度系数对测定的结果进行修正。

表5

被试电能表准确度等级	0.5	有功1.0 无功2.0	有功2.0 无功3.0
相或线电压与其平均值之差%（相对于平均值）	±0.5	±0.5	±1.0
各相电流与其平均值之差%（相对于平均值）	±1.0	±2.0	±2.0
各个相电流与对应相电压的相位差之间的差值度	2	2	2

表6

负载电流 （标定电流的百分数）	功率因数 cosφ	电能表准确度等级		
		0.5	1.0	2.0
		基本误差%		
5	1	±1.00	±1.5	±2.5
10～I_{max}	1	±0.50	±1.0	±2.0
10	0.5（感性）	±1.00	±1.5	±2.5
20～I_{max}	0.5（感性）	±0.50	±1.0	±2.0
	0.8（容性）	±0.50	±1.0	—

注　I_{max}—额定最大电流。

表 7

负载电流 （标定电流的百分数）	无功功率因数 $\sin\varphi$	电能表准确度等级	
		2.0	3.0
		基本误差%	
5	1	±3.0	±4.0
10～I_{max}	1	±2.0	±3.0
20～I_{max}	0.5	±2.0	±3.0

表 8

负载电流 （标定电流的百分数）	功率因数 （或无功功率因数） $\cos\varphi$（或 $\sin\varphi$）	电能表的准确度等级				
		0.2	0.5	1.0	2.0	3.0
		基本误差%				
20～100	$\cos\varphi=1$	±0.50	±1.0	±2.0	±3.0	—
100	$\cos\varphi=0.5$（感性）	±0.50	±1.0	±2.0	±3.0	—
20～100	$\sin\varphi=1$（感性或容性）	—	—	—	±3.0	±4.0
100	$\sin\varphi=0.5$（感性或容性）	—	—	—	±3.0	±4.0

表 9

负载电流 （标定电流的百分数）	功率因数 $\cos\varphi$	电能表的准确度等级	
		0.2	0.5
		基本误差%	
10	1	±0.30	±0.75
20～120	1	±0.20	±0.50
20	0.5（感性）	±0.30	±0.75
50～120	0.5（感性）0.8（容性）	±0.20	±0.50

注　①0.2级电能表的负载电流范围供参考。
　　②$\cos\varphi=0.8$ 容性负载，只限于额定电压为 100V 的单相有功电能表。

3.5.3　基本误差的测定一般应在下列负载下进行。必要时可适当地增加或减少负载点，但必须保证所检验的电能表符合 3.5.1 款的规定。

3.5.3.1　安装式电能表按表 10 所规定的负载测定基本误差。

3.5.3.2　携带型精密有功电能表按表 11 规定的负载测定基本误差。

3.5.3.3　三相有功和无功电能表在三相电压对称的条件下，逐相通以表 12 所规定的负载电流，进行不平衡负载下基本误差的测定。

3.5.3.4　测定基本误差时，负载电流应按逐次减小的顺序，且应在每一负载电流下待转速稳定后进行。

3.5.4　基本误差的测定可以采用瓦秒法或标准电能表法。使用的检验装置及标准仪表应符合下列要求。

3.5.4.1　电能表检验装置的综合误差不应超过表 13 的规定。装置的其他技术条件应符合水利电力部《交流电表检验装置检定方法（SD 111—1983）》的规定。

3.5.4.2　标准仪表和监视仪表的相对误差，以及在试验时负载功率的相对变化，对用瓦秒法和标准电能表法应分别不超过表 14 和表 15 的规定。

3.5.4.3　标准仪表的相对误差，在检验有效期内的相对变化不应超过其规定值的 1/2。

3.5.5　用"瓦秒法"测定电能表误差，可以采用以下两种方式。

3.5.5.1　当采用在固定转盘转数的情况下以测量时间的方式确定电能表相对误差时，相对误差值按公式（1）计算

$$\gamma=\frac{T-t}{t}\times100 \qquad (1)$$

式中　γ——电能表相对误差的百分值，%；

　　　　t——实测时间，即电能表在恒定功率 P 下其转盘转 N_r 时，标准计时器实测的时

间，s。

T——算定时间（或称理论时间），即电能表在恒定功率 P 下，按照铭牌常数计算，转盘转 Nr 所需的时间，s。

算定时间 T 按公式（2）计算

$$T = \frac{3600 \times 1000N}{CP} \quad (2)$$

式中　N——选定的转数，rad；

　　　C——电能表的常数，r/kW（kvar）h；

　　　P——恒定功率，W。

表 10

电能表的种类	负载电流（标定电流的百分数）	
	$\cos\varphi=1$ 或 $\sin\varphi=1$ （感性或容性）	$\cos\varphi=0.5$（感性）$\cos\varphi=0.8$（容性）或 $\sin\varphi=0.5$（感性或容性）
单相有功电能表	10，50，100	20，100
宽负载电能表（$I_{max} \geqslant 2I_b$）	5，10，100，I_{max}	10，100，I_{max}
直接接入式三相有功电能表	5，10，100，150	20，100
经互感器接入式有功电能表	5，10，50，100	20，100
直接接入式三相无功电能表	10，100，150	20，100
经互感器接入三相无功电能表	10，50，100	20，100

注　I_b—标定电流。

表 11

量　限	负载电流（标定电流的百分数）		
	$\cos\varphi=1$	$\cos\varphi=0.5$ 感　性	$\cos\varphi=0.8$ 容　性
基本量限	10，20，50（75），100	20，50（75），100	50，100
其余量限	20，50，100	50，100	—

注　表 11 中括弧所列负载电流，系对供现场检验用的携带型精密电能表的要求。

表 12

负载电流（标定电流的百分数）	
$\cos\varphi=1$ 或 $\sin\varphi=1$（感性或容性）	$\cos\varphi=0.5$ 或 $\sin\varphi=0.5$（感性或容性）
10，100	100

表 13

被试电能表准确度等级	0.2	0.5	1.0	2.0	3.0
检验装置综合误差%	0.06	0.15	0.30	0.6	0.90

表 14

被试电能表准确度等级	标准仪表的相对误差%			监视用电压表的相对误差%	负载功率的相对变化%
	功率表	标准互感器*	计时器		
0.2	0.04	0.01	0.002	0.20	0.02
0.5	0.10	0.02	0.01	0.50	0.05
1.0	0.20	0.05	0.02	0.50	0.10
2.0	0.30	0.10	0.10	1.0	0.20
3.0	0.30	0.20	0.20	1.0	0.20

*　标准互感器的相对误差是指测量功率时标准互感器的合成误差。

表 15

被试电能表 准确度等级	标准仪表的相对误差%		监视仪表的相对误差%		负载功率的 相对变化%
	标准电能表	标准互感器	功率表	电压表	
0.2	0.04	0.01	0.50	0.20	0.20
0.5	0.10	0.02	0.50	0.50	0.50
1.0	0.20	0.05	0.50	0.50	0.50
2.0	0.40	0.10	0.50	1.0	0.50
3.0	0.50	0.20	0.50	1.0	0.50

测定误差时，转数 N 的选择应保证算定时间 T 对于 1.0 级及以上准确度等级的电能表不少于 100s，2.0 级和 3.0 级不少于 50s。当采用自动计时时，允许缩短算定时间，但必须保证转数 N 不少于 1r。

3.5.5.2 当采用固定测量时间而计读转盘转数（仅适用于转盘转数分度值可以读取的电能表）的方式测定电能表相对误差时，电能表的相对误差 γ 按公式（3）计算

$$\gamma = \frac{n - n_0}{n_0} \times 100, \% \qquad (3)$$

式中 n——实测转数，r，即在固定的测量时间 t，电能表转盘在恒定功率 P 下的实际转数；

n_0——算定转数，r，即电能表在上述条件下，按照常数计算，应转的转数。

算定转数 n_0 按公式（4）计算

$$n_0 = \frac{CPt}{3600 \times 1000} \qquad (4)$$

公式（4）中测量时间 t 不应少于 60s。同时还应使电能表转数满足读数精度的要求，即转盘的最小分度与转数相比不应超过被检电能表基本误差规定值的 1/5。

3.5.6 用标准电能表法测定电能表相对误差时，应遵守下列规定。

3.5.6.1 被检电能表的相对误差按公式（5）计算

$$\gamma = \frac{n_0 - n}{n} \times 100, \% \qquad (5)$$

式中 n——标准电能表的实测转数，r；

n_0——算定转数，即按照铭牌常数计算被检电能表转数为 N 转时，标准电能表应转的转数，r。

算定转数 n_0 按公式（6）计算

$$n_0 = \frac{C_0}{C_x} NK \qquad (6)$$

式中 C_0、C_x——标准电能表和被检电能表的铭牌

常数，r/kWh（kvarh）；

K——系数。

系数 K 按公式（7）计算

$$K = \frac{1}{K_I K_U K_L K_Y K_J} \qquad (7)$$

式中 K_I、K_U——与标准电能表连用的标准电流和电压互感器的额定变比；

K_L、K_Y——被检电能表铭牌标注的电流和电压互感器的额定变比；

K_J——接线系数，按 3.5.8 规定。

3.5.6.2 测定误差时，在每一负载下，应适当地选择被检电能表的转数 N，使得标准电能表的算定转数（读数盘最小分格为 0.01r）或算定脉冲数 * 不少于表 16 的规定。且在任何情况下都不得少于 1r。

表 16

被检电能表准确度等级	0.2	0.5	1.0	2.0	3.0
标准电能表算定转数	—	10	5	3	2.5
标准电能表算定脉冲数	10000	5000	2000	1000	800

3.5.7 电能表在每一负载下测定基本误差，都至少应读取两次数据。然后取其算术平均值作为该负载下测定的实际值，但对有明显错误的读数应该舍去。

如果算得的误差接近于基本误差极限值（在极限值的 80%～120% 之间）时，应再至少进行两次测量，取这两次与原测得之数据的算术平均值计算相对误差。

3.5.8 测定电能表相对误差可按下列的方式接线。

3.5.8.1 检验单相有功电能表的接线如图 1 所示。图中 W_0 是单相标准电能表或功率表。

3.5.8.2 检验三相三线有功电能表的接线如图 2 所示。图中 W_{01} 和 W_{02} 是单相标准电能表或功率表。

当使用两只单相标准电能表（或功率表）时，标准读数应为两只单相标准表读数的代数和。接线系数

---

* 当用电子计数器计读标准电能表转盘转数时，转盘转数用与其成正比的脉冲个数表示。

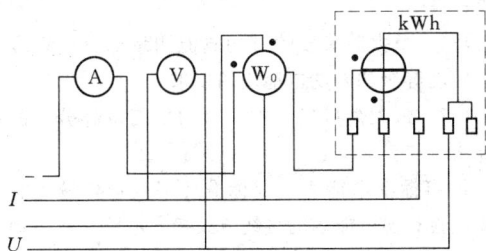

图 1　检验单相有功电能表的接线

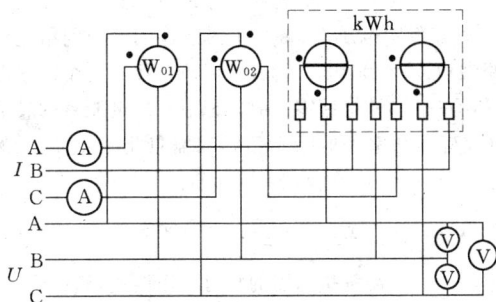

图 2　检验三相三线有功电能表的接线

$K_J=1$。标准表的组合误差按公式（8）计算

$$\gamma = \gamma_1 \frac{\cos(30°+\varphi)}{\sqrt{3}\cos\varphi} + \gamma_2 \frac{\cos(30°-\varphi)}{\sqrt{3}\cos\varphi} \qquad (8)$$

式中　γ——两只单相标准电能表（或功率表）的组合误差，%；

　　　γ_1、γ_2——接入 V 相电流线路和 W 相电流线路的标准电能表（或功率表）在相应负载下的相对误差，%；

　　　φ——负载功率因数角，(°)。

3.5.8.3　检验三相四线有功电能表的接线如图 3 所示。

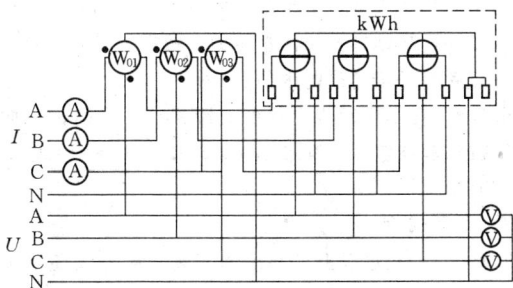

图 3　检验三相四线有功电能表的接线

当使用三只单相标准电能表（或功率表）时，标准的读数应为三只单相标准表读数的代数和。接线系数 $K_J=1$。标准表的组合误差为三只单相标准表相对误差的算术平均值。

3.5.8.4　检验带附加电流线圈和 90°型的三相四线三元件无功电能表的接线分别如图 4、图 5 所示。

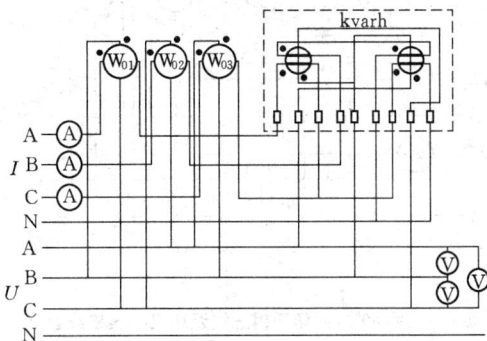

图 4　检验带附加电流线圈三相四线无功电能表的接线

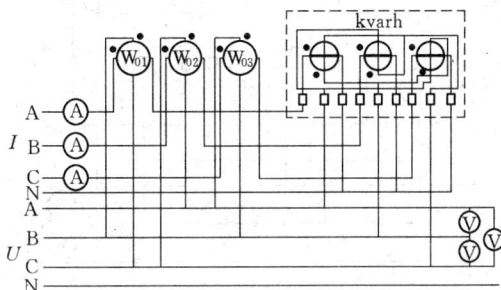

图 5　检验 90°型三相四线三元件无功电能表的接线

图 4 和图 5 中标准表为一只三相四线标准有功电能表（或功率表）或三只单相标准有功电能表（或功率表）。当使用三只单相标准表时，标准的读数应为三只单相标准表读数之代数和。

接线系数 $K_J=\sqrt{3}/3$。

3.5.8.5　具有 60°内相角的三相三线无功电能表可以采用下列三种接线之一进行检验：

a. 采用 Y/△—11 电压互感器和两只单相或一只三相二元件标准有功电能表（或功率表）检验 60°内相角三相三线无功电能表的接线如图 6 所示。

Y/△—11 电压互感器应和标准表一起检验。

当图 6 中标准表为两只单相标准有功电能表（或功率表）时，标准读数应为两只单相标准表读数的代数和。接线系数 $K_J=1$。

b. 用两只单相标准功率表并把电压线路接成人工中性点的方式检验具有 60°内相角的三相三线无功电能表的接线如图 7 所示。

图 7 中标准读数应为两只单相标准功率表读数的代数和。接线系数 $K_J=\sqrt{3}$。

图 7 中附加电阻 R_b 与两只单相标准功率表的内

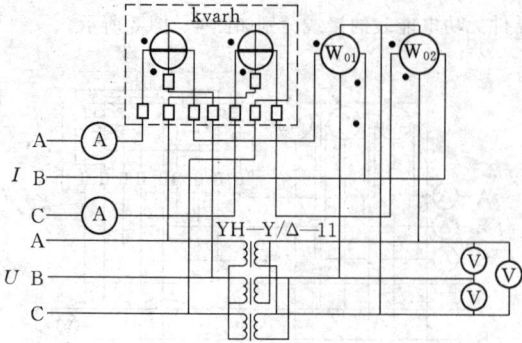

图6　检验60°内相角三相三线无功电能表接线之一

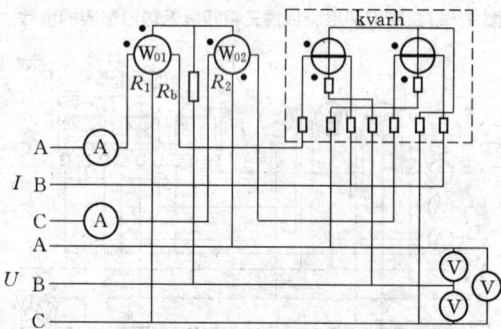

图7　检验60°内相角三线三相无功电能表接线之二

阻 R_1、R_2 三者之间电阻值相互之差不应大于 0.2%。

c. 用90°移相变压器检验具有60°内相角的三相三线无功电能表的接线如图8所示。标准读数应为两只单相标准表读数的代数和。接线系数 $K_J = 1$。

90°移相变压器应和标准电能表（或功率表）一起检验。

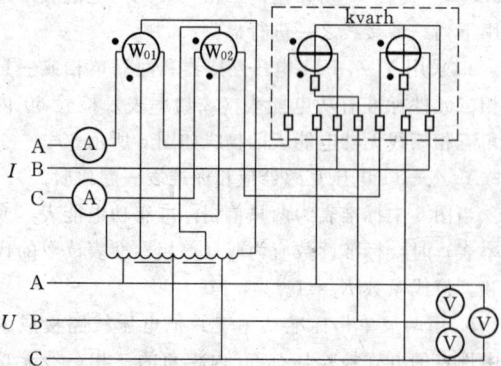

图8　检验60°内相角三相三线无功电能表接线之三

3.6　需量指示器的试验

3.6.1　最大需量表的验收试验应按相应的专业标准或技术条件进行。运行中的最大需量表按下列规定

检验。

3.6.1.1　最大需量表的有功电能测量部分应符合相应准确度等级的有功电能表的要求。

3.6.1.2　最大需量指示部分（功率测量部分）的检验方法及要求如下：

a. 将标准电能表（或标准功率表）和最大需量表按检验有功电能表的接线方式接入电路，通电预热时间不少于 15min。

b. 将需量指示针（留针）置于算定值的80%左右，推动针复零，脱扣机构处于刚脱扣状态。

c. 在额定电压、$\cos\varphi = 1$ 的条件下，分别给电流线路通以50%和100%的标定电流，经过一个需量时限 T，在推动针返回零位时，记下标准电能表的转数 N（或标准功率表的指示值）和需量指示值 P_x，然后按公式（9）计算相对引用误差：

$$\gamma_P = \frac{P_x - P_0}{P_M} \times 100 \qquad (9)$$

式中　γ_P——需量指示器的相对引用误差，%；

P_M——需量指示器的测量上限，kW；

P_0——通过最大需量表的实际功率，kW。

实际功率 P_0 按公式（10）计算

$$P_0 = \frac{60N}{C_0 T} \qquad (10)$$

式中　C_0——标准电能表常数，r/kWh；

N——标准电能表转数，r；

T——需量指示器的时限，min。

当采用标准功率表作标准表时，其指示值即为实际功率 P_0，在试验过程中应保持功率恒定。

d. 需量指示器的相对引用误差 γ_P 不应大于 ±2%。

3.6.1.3　时限机构的误差试验应在额定电压、额定频率下，用秒表测定从推动针回零开始，到脱扣机构再次脱扣，推动针又一次返零为止所需的时间，其误差不应超过一个需量时限的±1%。

3.6.1.4　对于用同步电机的时限机构，尚需试验同步电机的起动电压，其最小起动电压应不高于额定电压的60%。

3.7　走字试验

3.7.1　所有经过以上试验后的安装式电能表还必须较长时间地通电，进行走字试验，检查或校核以下项目：

a. 基本误差测定中的差错。

b. 计度器传动与进位是否正常。

c. 电能表常数和倍率是否正确。

3.7.2　走字试验的方法和要求如下：

选用性能稳定的电能表作为标准表，与一批被检表相比较。

在通电前，被检电能表的计度器除最末一位字轮外，其余字轮的示数均为 9。在电压线路加以额定电压，电流线路通以 10% 的标定电流，cosφ≈1 的条件下，被检电能表计度器示数的改变不应少于 5 个字。在缩短试验时间，允许在计度器所有字轮进位之后，将通入电流线路的电流增大到标定电流或额定最大电流继续进行试验。

3.7.3　对于经走字试验后计度器示数误差过大的电能表，除了已知的明显故障外，均应校核电能表的常数。

电能表的常数可以在通电的情况下校核，校核方法是：记取计度器末位字轮数字改变量、计读电能表转盘的转数，并据此计算出电能表常数；也可以用其他方法，例如数齿轮齿数比的方法等。

计度器末位字轮改变一个数字时，转盘的转数按公式（11）计算

$$N_1 = \frac{bC}{10^a} \tag{11}$$

式中　N_1——计度器末位字轮改变一个数字时转盘转数，r；

　　　b——铭牌倍率，未标注者为 1；

　　　a——计度器小数位数，无小数时为 0；

　　　C——电能表铭牌常数，r/kWh（r/kvarh）。

3.8　检验结果的处理

3.8.1　电能表的相对误差值，应按表 17 所规定的间距化整。在需要引入检验装置系统误差进行修正时，应先修正后化整。

表 17

电能表准确度等级	0.2	0.5	1.0	2.0	3.0
化整间距	0.02	0.05	0.1	0.2	0.2

判断电能表的基本误差是否超过规定值时，应以化整后的数据为准。

3.8.2　检验合格的电能表，均需加检验单位的封印，并将检验结果和有效期等有关项目填入检验证（单）。

3.8.3　在对计量结果有异议的电能表进行检验时，若检验装置的综合误差大于被检电能表基本误差规定值的 1/5 时，可以用高准确度等级的检验装置进行复验；也允许用检验装置已定的误差修正检验结果。

3.8.4　对计量结果有异议的电能表的检验，均需填写详细的检验报告。在未按有关规定处理之前，均不许拆启原封印。

4　电能表的现场检验

4.1　检验项目

4.1.1　运行中的电能表按本规程第 1.2 条规定的周期在安装现场检验时，应检验以下内容：

a. 在实际运行中测定电能表的误差。

b. 检查电能表和互感器的二次回路接线是否正确。

c. 检查计量差错和不合理的计量方式。

4.1.2　现场检验工作至少由两人担任，并应严格遵守水利电力部颁发的《电业安全工作规程》的有关规定。

4.2　误差测定

4.2.1　在现场实际运行中测定电能表的误差宜用标准电能表法。标准电能表的使用应遵守下列规定：

a. 标准电能表必须具备运输和保管中的防尘、防潮和防震措施，且附有温度计。

b. 标准电能表必须按固定相序使用，并且有明显的相别标志。

c. 标准电能表接入电路的通电预热时间，除在标准电能表的使用说明中另有明确规定者外，均应遵守 3.5.1.3 项的规定。

d. 标准电能表和试验端子之间的连接导线应有良好的绝缘，中间不允许有接头，亦应有明显的极性和相别标志。

e. 电压回路的连接导线以及操作开关的接触电阻、引线电阻之总和不应大于 0.2Ω，必要时也可以与标准电能表连接在一起校准。

4.2.2　现场检验条件应符合下列要求：

a. 电压对额定值的偏差不应超过 ±10%。

b. 频率对额定值的偏差不应超过 ±5%。

c. 环境温度应在 0～35℃ 之间。

d. 通入标准电能表的电流应不低于其标定电流的 20%。

e. 现场负载功率应为实际的经常负载。当负载电流低于被检电能表标定电流的 10% 或功率因数低于 0.5 时，不宜进行误差测定。

f. 其他检验条件应符合 3.5.1 款的有关规定。

4.2.3　现场测定误差时，标准电能表应按 3.5.8 款规定的接线方式接入专用的试验端子。

4.2.4　在 4.2.2 款规定的条件下，运行中的电能表在实际负载下的相对误差应符合表 18 的要求。

4.2.5　当现场测定电能表的相对误差超过规定值时，一般应更换电能表。如超差的范围不大于规定值的 1.5 倍，或虽未超差但已接近极限值时，只允许通过

适当的调整永久磁钢或更换下轴承以改变误差。调整永久磁钢必须在实际负载电流不低于电能表标定电流 1/3 的条件下进行。

表 18

电能计量装置类别	I	II	III
有功电能表的准确度等级	0.5	1.0	1.0
无功电能表的准确度等级	2.0	2.0	3.0

注　对尚未更换 0.5 级有功电能表的 I 类电能计量装置，暂时可按 1.0 级有功电能表的规定要求。

4.3　接线检查

4.3.1　运行中的电能表和测量用互感器二次接线正确性的检查，可以采用作相量图（六角图）的方法，也可以采用其他方法，如相位表法、力矩法等。检查应在电能表接线端处进行。

4.3.2　根据作出的相量图和实际负载电流及功率因数相比较，分析确定电能表的接线是否正确。如有错误，应根据分析的结果在测量表上更正后重新作相量图。如仍然不能确定其错误接线的实际状况，则应停电检查。

4.4　计量差错与不合理计量方式的检查

4.4.1　在现场检验电能表时，应检查下列计量差错：

a. 电能表倍率差错。电能表的计费倍率 K_G 应按公式（12）计算。

$$K_G = \frac{K_L K_y}{K_L' K_y'} K_n \qquad (12)$$

式中　K_L、K_y——与电能表联用的电流互感器和电压互感器的变比；

K_L'、K_y'——电能表铭牌上标示的电流互感器和电压互感器的变比；

K_n——电能表铭牌标示的倍率，未标示者为 1。

b. 电压互感器熔断器熔断或二次回路接触不良。

c. 电流互感器二次接触不良或开路。

4.4.2　在现场检验电能表时，还应检查下列不合理的计量方式：

a. 电流互感器的变比过大，致使电能表经常在 1/3 标定电流以下运行的；电能表与其他二次设备共用一组电流互感器的。

b. 电压与电流互感器分别接在电力变压器不同电压侧的；不同的母线共用一组电压互感器的。

c. 无功电能表与双向计量的有功电能表无止逆器的。

d. 电压互感器的额定电压与线路额定电压不相符的。

4.4.3　在新装和改装的电能计量装置投运前，均应在停电的情况下，在安装现场对计量装置进行下列项目的检查和试验：

a. 检查计量方式的正确性与合理性。

b. 检查一次与二次接线的正确性。

c. 核对倍率。

d. 核对电能表的检验证（单）。

e. 在现场实际接线状态下检查互感器的极性（或接线组别），并测定互感器的实际二次负载以及该负载下互感器的误差。

f. 测量电压互感器二次回路的电压降。

5　测量用互感器的检验

5.1　检验项目及检验设备

5.1.1　所有新装或经检修、改制的互感器均须经过检验方允许使用。

运行中的互感器应按规定的周期检验。

5.1.2　检验项目：

a. 直观检查。

b. 绝缘试验。

c. 极性试验（对三相电压互感器为接线组别）。

d. 退磁（仅对电流互感器进行）。

e. 误差测定（包括在现场实际二次负载下对互感器误差及实际二次负载的测定）。

f. 其他试验。例如伏安特性、空载电流、温升、动稳定、热稳定、损失角等项试验，仅在验收或必要时进行。试验的标准和要求应按有关的标准和规程的规定进行。

5.1.3　测定互感器误差的主要设备如下：

a. 标准电流互感器、电压互感器。

b. 互感器校验仪（或校验线路）。

c. 电流、电压负载箱。

d. 电源设备（包括升流器、升压器和调节装置）。

5.1.4　标准互感器的准确度等级至少应比被检互感器高两个等级。且其误差在检验有效期内的相对变化不应超过其允许值的 1/3。

5.1.5　互感器校验仪引起的测量误差不应大于被检互感器允许误差的 1/10。

5.1.6　电流负载箱。额定频率为 50Hz，电流在额定值的 10%～120% 范围内，环境温度为 20±5℃ 时，电流负载箱的允许误差不应超过表 19 的规定。当环境温度每改变 10℃ 时，负载箱误差的相对变化不应超过±2%。

5.1.7　电压负载箱。额定频率为 50Hz，在额定电压的 20％～120％范围内，环境温度为 20±5℃时，其有功部分和无功部分的允许误差均不应超过±3％。环境温度每改变 10℃，其误差的相对变化不应超过±2％。

表 19

额定电流，A	允许误差 %	
	有功部分	无功部分
1	$\pm 3+0.02\times\dfrac{100}{R}$	$\pm 3+0.02\times\dfrac{100}{X}$
5	$\pm 3+0.003\times\dfrac{100}{R}$	$\pm 3+0.003\times\dfrac{100}{X}$

注 表 19 中 R、X 分别表示负载箱阻抗额定值的有功和无功部分。

　　a. 有无损伤，绝缘套管是否清洁。对油浸式，尚应观察油标指示位置是否合乎规定。

　　b. 铭牌及必要的标志是否完整（包括参数、极性符号等）。

5.2.2　极性试验

5.2.2.1　利用与已知极性的标准互感器相比较的办法确定互感器的极性。

5.2.2.2　直流法。可用干电池和万用表（直流毫伏档），按图 9 的方式接线。若极性正确，在合开关的瞬间，万用表的指针应从零向正方向偏转，断开关的瞬间万用表的指针应向相反的方向偏转。

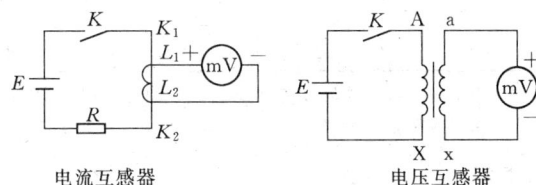

图 9　用直流法检查互感器极性的接线

　　用直流法检查互感器极性时，直流电源应接在电压互感器的高电压侧或电流互感器的小电流侧。

5.2.2.3　除直流法外，也可以采用其他可靠的方法检查互感器的极性。

5.2.3　三相电压互感器的接线组别试验

　　三相电压互感器的正确接线组别应为 Y/Y—12 组，它可用下述的方法判定：

5.2.3.1　按图 10 接线，在三相电压互感器的一次（高压侧）AB 间接 1.5～3V 的干电池，当合开关 K 的瞬间，在二次（低压侧）从电压表上分别观察 ab、bc、ac 间电压的极性（电压表正指示为"＋"，反指示为"－"）。然后再依次加电压于 BC、AC 间，重复上述观察，当电压表指示的极性有如表 20 所示时，则被试三相电压互感器的接线组别即为 Y/Y—12 组。

5.2　一般项目的技术要求及试验方法

5.2.1　直观检查

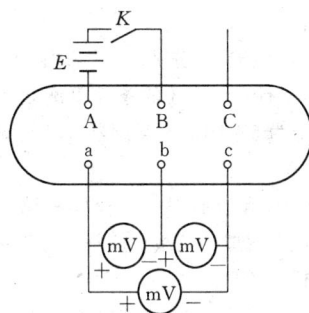

图 10　直流法试验三相电压互感器接线组别的接线

5.2.3.2　三相电压互感器接线组别试验也可以采用其他可靠的方法，如双电压表法、瓦特表法等。

5.2.4　退磁

　　电流互感器在进行误差试验之前须退磁，以消除或减小铁芯的剩磁感应。退磁宜采用下述方法进行：

　　在电流互感器的二次侧接一个相当于其额定负载 10～20 倍的可变电阻，在一次通以工频交流电流，将电流从零平滑地升至额定值的 120％，再将电流均匀缓慢地降至零，然后再依次减小可变电阻至其值的 1/2、1/5、1/10，重复上述过程。对于多次级的互感器，其余铁芯的二次线圈此时均应短路。

5.2.5　绝缘试验

　　互感器应有足够的绝缘强度，其要求和试验方法应按水利电力部颁发的《电力设备交接与预防性试验标准》的要求进行。

5.3　误差测定

5.3.1　一般规定

　　互感器的误差测定，应采用互感器校验仪（或校验线路）进行。

　　试验时，应按校验仪使用说明所规定的线路接线。

表 20

二次＼一次	AB	BC	AC
ab	+	−	+
bc	−	+	+
ac	+	+	+

互感器及升压、升流设备离开校验仪（或校验线路）的距离应保证必要的安全和校验准确度的要求。但最少不应小于 3m。

5.3.2 电流互感器的误差测定

5.3.2.1 测定电流互感器误差时，其二次负载应符合下列规定：

a. 电流互感器应分别在其额定二次负载的 100％、25％及 cosφ＝0.8 的条件下测定误差。但对二次额定电流为 5A 的电流互感器，其负载的下限不应小于 2.5VA。

b. 连接导线和校验仪（或校验线路）在标准电流互感器二次所构成的负载，应符合标准电流互感器检验证书上标明的负载。

c. 当使用负载箱时，被试电流互感器应用专用的定值二次导线，导线的总电阻值应符合负载箱所注明的数值。

d. 当检验具有两个及以上二次线圈（分别绕在不同铁芯上）的电流互感器时，不受检验的二次线圈应短路或接入实际负载。

5.3.2.2 电流互感器的允许误差如表 21 所示。

对于需要计算合成误差的电流互感器，应根据实际需要增加必要的误差测定点。

5.3.2.3 在测定 0.2 级电流互感器的误差时，每点应测两次，先电流升，后电流降，取两次测量的算术平均值。两次误差测量值的差（即变差）不应超过表 22 的规定。

5.3.2.4 在安装现场检验电流互感器时，除了在规定的二次负载下测定误差外，还须在实际二次负载下测量误差，并对互感器的实际二次负载值进行测量。

5.3.3 电压互感器的误差测定

电压互感器的误差测定应遵守下列规定。

5.3.3.1 标准电压互感器二次与校验仪之间的连接导线应有足够的截面积，以保证其电阻压降引起的误差不超过电压互感器允许误差的 1/10。

二次导线压降引起的误差按下式计算

$$f = \frac{W_2}{U_2^2} r_2 \cos\varphi_2 \times 100, \% \qquad (13)$$

$$\delta = \frac{W_2}{U_2^2} r_2 \sin\varphi_2 \times 100, \% \qquad (14)$$

式中 f——二次导线压降引起的相对幅值差，％；

δ——二次导线压降引起的相位差，′；

W_2——电压互感器二次负载值，VA；

U_2——电压互感器二次额定电压，V；

r_2——电压互感器二次连接导线的电阻值，Ω；

φ_2——电压互感器二次负载的功率因数角，(°)。

表 21

电流互感器准确度等级	额定一次电流百分数％	允许误差	
		比值差％	相位差分
0.2	5	±0.75	±30
	10	±0.50	±20
	20	±0.35	±15
	100～120	±0.20	±10
0.5	5	±1.50	±90
	10	±1.00	±60
	20	±0.75	±45
	100～120	±0.50	±30
1.0	5	±3.0	±180
	10	±2.0	±120
	20	±1.5	±90
	100～120	±1.0	±60
3.0	50	±3.0	—
	100～120	±3.0	—

注 被检互感器的实际误差曲线，不应超过表 21 允许误差值所形成的折线范围。

表 22

一次额定电流的百分数％	允许变差	
	比值差％	相位差分
10	0.1	2.0
20～120	0.05	1.0

5.3.3.2 测定电压互感器误差时的一次额定电压和二次负载值如表 23 所示。

表 23

电压互感器的准确度等级	二次负载 (cosφ_2＝0.8)	一次额定电压百分数％
0.2, 0.5, 1.0	额定值	80, 100, 110
	1/4 额定值	100
3.0	额定值	100
	1/4 额定值	100

5.3.3.3　电压互感器的允许误差如表24所示。

5.4　三相电压互感器的误差测定

5.4.1　三相电压互感器应在其一次加以对称且相序相符的三相电压，二次侧接以三相平衡负载（负载按△形连接，每相为额定值的1/3）的条件下，分别测量U_{AB}/u_{ab}、U_{BC}/u_{bc}、U_{CA}/u_{ca}三对线电压的比值差和相位差。其接线如图11所示。

表24

一次额定电压百分数%	电压互感器准确度等级	允许误差	
		比值差%	相位差分
80～110	0.2	±0.20	±10
80～110	0.5	±0.50	±20
80～110	1.0	±1.0	±40
80～110	3.0	±3.0	—

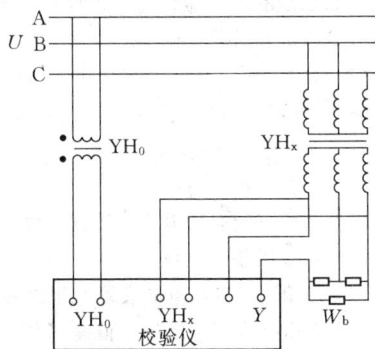

图11　三相电压互感器误差试验接线

5.4.2　对于新装和运行中的三相电压互感器以及由三只单相电压互感器按 Y/Y 形连接，或两只单相电压互感器按 V/V 形连接所组成的三相电压互感器组，均须在现场实际二次负载下按三相接线测量其误差，并遵守 5.3.3.1 项的规定。

5.4.3　在不具备三相试验条件时，对于三相电压互感器组，也允许使用单相电源测定每只单相电压互感器的误差，然后经过计算，间接求出在现场实际负载下的三相电压互感器的误差。测量和计算的办法如下。

5.4.3.1　依次对三相电压互感器组的一次侧各线间施以规定的电压，分别在以下两种情况下测出相应的二次线电压的误差：

　　a. 被测量的线间二次接以额定负载（或任意已知负载），且其功率因数（$\cos\varphi_b$）为1；

　　b. 被测量的线间二次空载。

5.4.3.2　根据额定二次负载（或任意已知负载）和二

次空载两次测得的误差即可按公式（15）和（16）计算现场实际二次负载下三相电压互感器的线电压误差

$$f = f_0 - \frac{W_2}{W_{2n}}\left[(f_0 - f_n)\cos\varphi_2 + 0.0291(\delta_0 - \delta_n)\sin\varphi_2\right] \quad (15)$$

$$\delta = \delta_0 - \frac{W_2}{W_{2n}}\left[(\delta_0 - \delta_n)\cos\varphi_2 - 34.38(f_0 - f_n)\sin\varphi_2\right] \quad (16)$$

式中　f_0、f_n——空载和额定二次负载（或任意已知负载）时测得的电压互感器比值差，%；

　　　　δ_0、δ_n——空载和额定二次负载（或任意已知负载）时测得的电压互感器相位差，（′）；

　　　　W_{2n}——额定二次负载（或任意已知负载），VA；

　　　　W_2——实际二次负载，VA；

　　　　φ_2——实际二次负载的功率因数角，（°）。

5.4.3.3　对于 Y/Y₀ 型连接的三相电压互感器组也允许参照与 5.4.3.1 项相应的方法依次测量并计算相电压误差（计算时每相的实际二次负载值应从△换算为等值的 Y 形负载），再按公式（17）～（22）计算出线电压误差

$$f_{ab} = \frac{f_a + f_b}{2} + 0.0084(\delta_a - \delta_b) \quad (17)$$

$$f_{bc} = \frac{f_b + f_c}{2} + 0.0084(\delta_b - \delta_c) \quad (18)$$

$$f_{ca} = \frac{f_a + f_c}{2} + 0.0084(\delta_c - \delta_a) \quad (19)$$

$$\delta_{ab} = \frac{\delta_a + \delta_b}{2} + 9.924(f_b - f_a) \quad (20)$$

$$\delta_{bc} = \frac{\delta_b + \delta_c}{2} + 9.924(f_c - f_b) \quad (21)$$

$$\delta_{ca} = \frac{\delta_a + \delta_c}{2} + 9.924(f_a - f_c) \quad (22)$$

5.4.4　三相电压互感器的实际二次负载可以在测量三相电压互感器误差时（见图11接线）用校验仪的电压负载测量线路测量；也允许在互感器二次端子处施以对称且相序正确的低电压，用校验仪测量；对于运行中的三相电压互感器的负载可以用钳形相位伏安表测量。

5.5　电压互感器二次回路电压降引起的误差的测量

5.5.1　对于Ⅰ类电能计量装置，其电压互感器二次回路电压降不应超过额定二次电压的 0.25%；Ⅱ类和Ⅲ类不应超过 0.5%，否则应采取改进措施。

5.5.2　电压互感器二次回路的电压降引起的误差宜用互感器校验仪直接测量，也可以用钳形相位伏安表

间接测量。直接测量的方法如下。

5.5.2.1 按图 12 接线，即照校验电压互感器的线路接线，依次测量 U_{ab}、U'_{ab} 间，U_{bc}、U'_{bc} 间和 U_{ca}、U'_{ca} 间的误差。然后按公式（23）、（24）计算电能表端子到电压互感器二次端子之间的线电压幅值相对误差和相位角误差

$$f_x = f'_x + f_0 \tag{23}$$

$$\delta_x = \delta'_x + \delta_0 \tag{24}$$

式中　f_x、δ_x——电压互感器二次回路电压降引起的线电压幅值相对误差（%）及相位差（′）；

f'_x、δ'_x——测量时校验仪比值差刻度盘和相位差刻度盘的读数；

f_0、δ_0——隔离变压器和其连接导线引起的比值差和相位差。

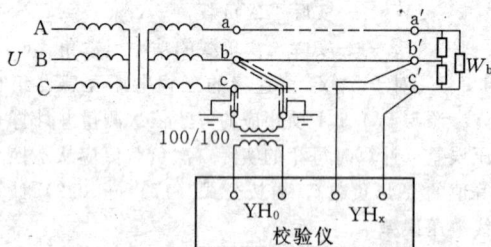

图 12　用校验仪直接测量电压互感器二次回路电压降引起的误差的接线

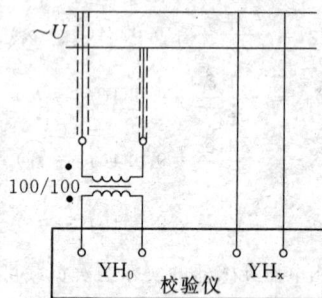

图 13　自检接线

隔离变压器的比值差 f_0 和相位差 δ_0 之值可以用图 13 所示的自检线路测量。注意测量的读数均应乘以 -1，即为 f_0 和 δ_0 之值。

5.5.2.2 图 12 中连接电压互感器二次端子和校验仪之间的导线，应该是专用的屏蔽导线，其屏蔽层应可靠接地。

5.6　检验结果的处理

5.6.1 所有经过检验的互感器均应将检验结果填入检校证书（单）。

5.6.2 互感器误差的数据应按表 25 化整。判断互感器的误差是否超过允许值时，应以化整后的数据为准。

表 25

互感器准确度等级		0.2	0.5	1.0	3.0
化整间距	比值差 %	0.02	0.05	0.1	0.2
	相位差 分	1	2	5	—

6　电能计量装置的综合误差的计算

对于Ⅰ、Ⅱ、Ⅲ类电能计量装置，应按整个装置的综合误差进行考核。电能计量装置的综合误差包括：

a. 电能表的误差。

b. 互感器的合成误差。

c. 电压互感器二次回路电压降引起的合成误差。

6.1　互感器合成误差的计算

采用三相三线有功电能计量方式时，互感器的合成误差按公式（25）计算

$$\gamma_h = 0.5(f_{I1} + f_{I2} + f_{v1} + f_{v2}) + 0.0084[(\delta_{I1} - \delta_{v1}) \\ - (\delta_{I2} - \delta_{v2})] + 0.289[(f_{I2} + f_{v2}) \\ - (f_{I1} + f_{v1})]tg\varphi + 0.0145[(\delta_{I1} \\ - \delta_{v1}) + (\delta_{I2} - \delta_{v2})]tg\varphi \tag{25}$$

式中　γ_h——三相三线有功电能计量方式时互感器的合成误差（%）；

f_{I1}、δ_{I1}——三相三线有功电能表第一组测量元件所联用电流互感器的比值差（%）和相位差（′）；

f_{I2}、δ_{I2}——三相三线有功电能表第二组测量元件所联用电流互感器的比值差（%）和相位差（′）；

f_{v1}、δ_{v1}——三相三线有功电能表第一组测量元件所联用电压互感器的比值差（%）和相位差（′）；

f_{v2}、δ_{v2}——三相三线有功电能表第二组测量元件所联用电压互感器的比值差（%）和相位差（′）；

φ——负载功率因数角（°）。

对于使用 0.2 级互感器的Ⅰ类电能计量装置，其互感器在经常运行的负载（或月平均负载）下的合成误差不应大于 $\pm 0.5\%$，其他误差不应大于 $\pm 1.0\%$，否则应采取改善措施。

6.2　电压互感器二次回路电压降引起的误差

在三相三线有功电能测量中，电压互感器二次回路电压降引起的合成误差 γ_d 按公式（26）计算

$$\gamma_d = \frac{f_1 + f_2}{2} + \frac{\delta_2 - \delta_1}{119} + \left(\frac{f_2 - f_1}{3.46} - \frac{\delta_1 + \delta_2}{68.8} \right) tg\varphi, \% \tag{26}$$

式中 f_1、f_2 ——与三相三线有功电能表第一组测量元件和第二组测量元件联用的电压互感器二次回路电压降引起的幅值相对误差,%;

δ_1、δ_2 ——与三相三线有功电能表第一组测量元件和第二组测量元件联用的电压互感器二次回路电压降引起的相位差,(');

φ ——负载功率因数角,(°)。

6.3 综合误差的计算

测量三相三线有功电能时,电能计量装置在经常运行负载（或月平均负载）下的综合误差按公式 (27) 计算

$$\gamma = \gamma_b + \gamma_h + \gamma_d, \% \tag{27}$$

式中 γ ——三相三线有功电能计量装置的综合误差,%;

γ_b ——三相三线有功电能表的相对误差,%。

表 26

电能计量装置的类别	Ⅰ	Ⅱ	Ⅲ
综合误差　%	±0.70	±1.2	±1.2

注　对于安装 1.0 级有功电能表和 0.5 级互感器的 Ⅰ 类电能计量装置,其综合误差应符合 Ⅱ 类电能计量装置的综合误差的要求。

电能计量装置的综合误差,在电能表的经常运行负载（或月平均负载）下,不应超过表 26 的规定。

附录 A
（补充件）
按原第一机械工业部标准《交流电能表》电（D）28—61 生产的（包括 1965 年以前进口的）电能表,其基本误差和起动电流的规定

电（D）28—61 对有功电能表基本误差的规定可参见表 A1;对无功电能表基本误差的规定可参见表 A2;对起动电流的规定参见表 A3。

表 A1

负载电流 I_b %	功率因数 $\cos\varphi$	基本误差%			
		单相有功电能表的准确度等级		三相有功电能表的准确度等级	
		2.0	2.5	2.0	2.5
5	1	±3.0	—	±3.5	—
10	1	±2.0	±3.5	±2.5	±3.5
50	1	±2.0	±2.5	±2.0	±2.5
100	1	±2.0	±2.5	±2.0	±2.5
125	1	—	—	±2.0	±2.5
150	1	±2.0	±2.5	—	—
10	0.5	±3.5	—	—	—
20	0.5	±2.5	±4.0	±2.5	±3.5
50	0.5	±2.0	±3.0	±2.0	±2.5
100	0.5	±2.0	±3.0	±2.0	±2.5

表 A2

负载电流 I_b %	无功功率因数 $\sin\varphi$	基本误差%		
		三相无功电能表的准确度等级		
		2.0	2.5	4.0
5	1	±4.0	—	—
10	1 及 0.5	±2.5	±3.5	±5.0
50	1 及 0.5	±2.0	±2.5	±4.0
100	1 及 0.5	±2.0	±2.5	±4.0
125	1 及 0.5	±2.0	±2.5	±4.0

表 A3

电能表的准确度等级	2.0	2.5	4.0
起动电流 I_b　%	1.0	1.0	1.0

注　对于具有止逆器的电能表，其起动电流允许比表 A3 的规定增加 0.5% 的标定电流。

附录 B

（补充件）

交流电能的典型计量方式

B.1　计量单相有功电能时，使用一只单相有功电能表按图 B1（a）和（b）的方式接线。

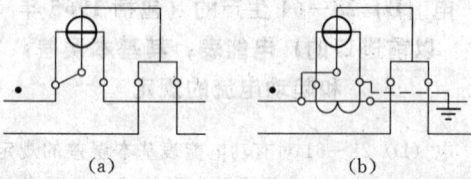

图 B1　用一只单相有功电能表计量单相有功电能的接线
（a）直接接入方式；（b）经电流互感器接入方式

B.2　计量三相三线有功电能，可用一只三相三线有功电能表或两只单相有功电能表按图 B2 的方式接线。

B.3　计量三相四线有功电能，可用三只单相有功电能表或一只三相四线有功电能表按图 B3 的方式接线。

B.4　用 60°内相角三相无功电能表计量三相三线无功电能时，按图 B4 的方式接线。

B.5　用三相四线三元件无功电能表计量三相四线无功电能时，按图 B5 的方式接线。

B.6　用带附加电流线圈的三相四线无功电能表计量三相四线无功电能时，按图 B6 的方式接线。

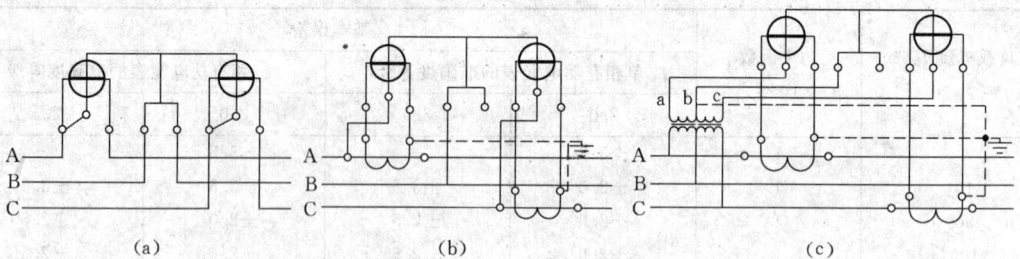

图 B2　用两只单相或一只三相三线有功电能表计量三相三线有功电能的接线
（a）直接接入式；（b）经电流互感器接入式；（c）经电流、电压互感器接入式

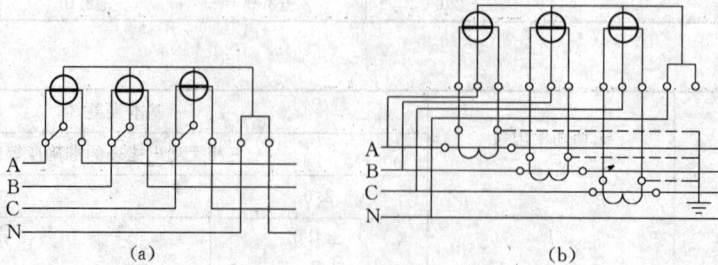

图 B3　计量三相四线有功电能的接线
（a）直接接入式；（b）经电流互感器接入式

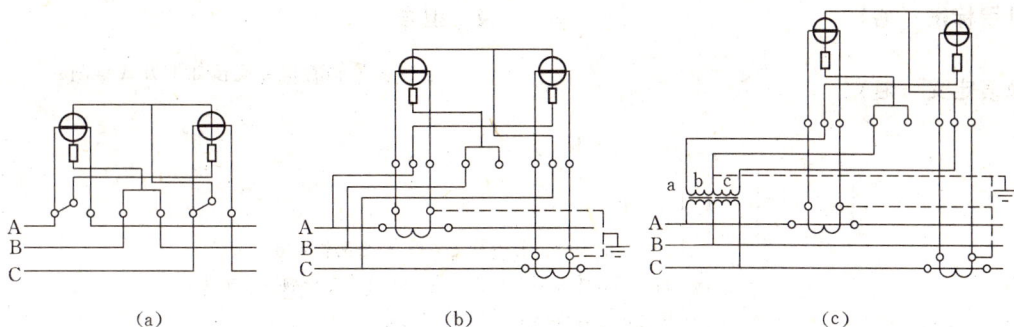

图 B4 用60°内相角三相无功电能表计量三相三线无功电能的接线

(a) 直接接入式；(b) 经电流互感器接入式；(c) 经电流、电压互感器接入式

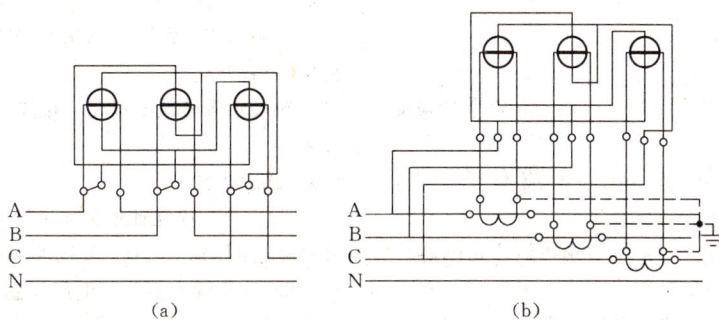

图 B5 用三相四线三元件无功电能表计量三相四线无功电能的接线

(a) 直接接入式；(b) 经电流互感器接入式

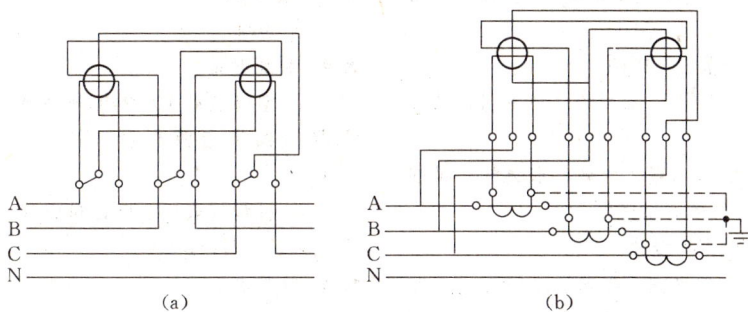

图 B6 用带附加电流线圈的三相四线无功电能表计量三相四线无功电能的接线

(a) 直接接入式；(b) 经电流互感器接入式

4 电能计量柜

(GB/T 16934—1997)

1 范围

本标准适用于户内，交流 50Hz、额定电压 0.38

～35kV、额定电流 20～1000A 与电力用户供电线路配合使用相同金属结构型式的高、低压整体式电能计量柜和 0.38～220kV 高、低压分体式电能计量柜（如计量互感器柜、计量仪表柜）。

条文中，凡指名"整体式"者，仅适用对整体式电能计量柜的规定。不指名者，则对整体式或分体式电能计量柜均适用。

2 引用标准（略）

3 术语定义（略）

4 型号

电能计量柜的型号应按如下方式编制：

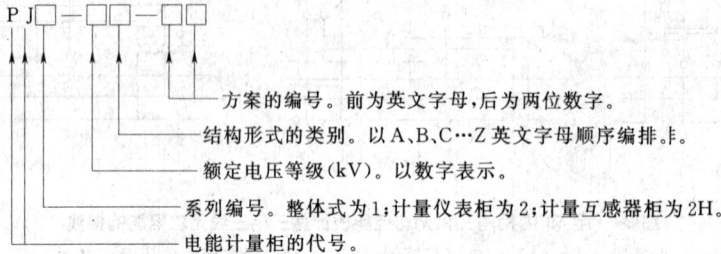

```
P J□－□□－□□
```

方案的编号。前为英文字母，后为两位数字。

结构形式的类别。以 A、B、C…Z 英文字母顺序编排。

额定电压等级（kV）。以数字表示。

系列编号。整体式为 1；计量仪表柜为 2；计量互感器柜为 2H。

电能计量柜的代号。

5 要求

5.1 使用条件

a）环境温度：－5℃～40℃，且 24h 内平均温度不应超过＋35℃。

b）相对湿度：＋20℃时，不应高于 90%；＋40℃时，不应高于 50%。

c）海拔高度：对 0.38kV～35kV 整体式电能计量柜，不应超过 2000m。

d）倾斜度：对柜（箱）壳体不应超过 3°；对电能表不应超过 1°。

5.2 特殊使用条件

下列任一情况均作为特殊使用条件，订货时应向制造厂家提出：

a）与 5.1 规定的条件不相同。

b）环境温度和空气压力剧变时，在柜内、外会出现异常凝露。

c）有可能被尘埃、烟雾、盐雾、水蒸气、腐蚀性（或放射性微粒）气体严重污染。

d）易受毒菌或微生物侵蚀。

e）安装在有可能受火灾、爆炸、剧烈震动、外力冲击的危险场所和地震烈度为 7 度及以上的地区。

5.3 外壳

外壳应采用金属材料的封闭式结构。

a）整体式电能计量柜，可以由单个柜（箱）或以几个柜（箱）并列组合而成。其外形及结构应与其相邻的高、低压开关成套设备协调配合。

b）分体式电能计量柜，可以由单个或几个柜（箱）组合而成。当与高、低压开关成套柜（箱）并列安装时，其外形及结构应与相邻的高、低压开关成套设备协调配合；分离安装的计量仪表柜，宜采用定型的柜（箱）作外壳。

5.4 防护等级

不应低于 GB 4208 规定的 IP20 级。

5.5 安装方式

柜式应落地固定安装。箱式可以采用墙挂或嵌墙安装。

5.6 额定电压

a）整体式电能计量柜和计量互感器柜，以其主电路的额定电压标示。有：0.38kV、6kV、10kV、35kV。

b）计量仪表柜，以电压互感器的额定二次电压（100V）标示。

c）辅助单元控制、信号额定电压。

交流为 220V；直流有：48V、110V、220V。

5.7 额定频率

为 50Hz。

5.8 额定电流

a）整体式电能计量柜和计量互感器柜，以其主电路的额定电流标示，分：630A、800A、1000A 三档。

b）计量仪表柜，以计量电流互感器的额定二次电流标示，1A 或 5A。

5.9 绝缘水平

应符合 7.3.7 和 7.3.8 的规定。

5.10 电气设备和导电体的温升

应符合 7.3.3 的规定。

5.11 计量电流互感器

a）额定一次电流有

20A、30A、40A、50A、60A、75A、100A、（150A）、160A、200A、（300A）、315A、400A、500A、（600A）、630A、750A、800A、1000A。

注：括号中的电流为旧型号产品的规格。

b）应具有两组二次绕组，其中一组用于计量，为电能计量绕组；另一绕组用于其他功能。

c) 额定二次电流

1A 或 5A。

d) 准确度级别

电能计量绕组有：0.2 级、0.2S 级、0.5 级、0.5S 级；另一绕组为 0.5 级。

e) 额定输出

有：10VA、20VA、30VA、50VA。

f) 二次绕组的负载功率因数

为 0.8（感性）。

g) 短时耐受电流和峰值耐受电流

应满足 7.3.9 的规定。

h) 其他，应符合 GB 1208 的规定。

5.12 计量电压互感器

a) 额定一次电压

有：6kV、10kV、35kV。

b) 额定二次电压

为 100V。

c) 准确度级别

电能计量绕组有：0.2 级、0.5 级；另一绕组为 0.5 级。

d) 额定输出

有：15VA、20VA、30VA、50VA。

e) 电能计量绕组负载功率因数

为 0.3～0.5（感性）。

f) 其他，应符合 GB 1207 的规定。

5.13 电能表（特种电能表）的配置、规格及接线，应符合 GBJ 63 及 DL 448 的规定，误差应符合 DL 460 的规定。电能表的选型宜采用

a) 宽过载长寿命的电能表；

b) 直接接入式电能表的最大电流选用：10A、20A、30A、40A、60A、80A；经电流互感器接入式电能表的标定电流选用 0.3A、1A、1.5A、3A。

5.14 计量互感器与电能表准确度级别的配合应符合表 1 的规定。

表 1 计量互感器与电能表准确度级别的配合

适用于各类用户的电能计量柜	准确度级别			
	有功电能表	无功电能表	电压互感器	电流互感器
Ⅰ	0.5	2.0	0.2	0.2 或 0.2S
Ⅱ	1.0	2.0	0.2 或 0.5（注）	0.5（注）0.2 或 0.2S
Ⅲ	1.0	2.0	0.5	0.5 或 0.5S
Ⅳ	2.0	3.0	0.5	0.5 或 0.5S

注 此处的 0.5 级电压互感器和 0.5 级电流互感器，在正常工作电压、负荷电流及实际的二次负载下，如其合成误差符合对 0.2 级互感器的要求时，也可以选用 0.5 级。

5.15 电能计量装置综合误差

应符合 7.3.10 的表 11 规定。

5.16 二次电路

5.16.1 计量电流互感器电路

a) 电能表及其他设备，应分别接于各自专用二次绕组。

b) 二次负载不应超过额定输出，且不应低于额定输出的 25％。

c) 计算电路，应先经试验盒后再接入电能表。

5.16.2 计量电压互感器

a) 电能表及其他设备，应分别接于各自专用二次绕组。

b) 二次负载不应超过额定输出，且不应低于额定输出的 25％。

c) 整体式电能计量柜计量互感器的二次侧不应装设熔断器（自动开关）和串接隔离开关的辅助触头；计量互感器柜的出线侧可以装设快速熔断器（自动开关），但不应串接隔离开关的辅助触头。

d) 计量电路，应先经试验盒后再接至电能表。

e) 计量电路不应作为辅助单元的供电电源。

f) 计量电路中应装设失压计时器。

g) 电能表在负荷电流 $0.2I_b \sim I_{max}$ 或 $0.2I_b \sim I_b$ 范围内，计量电路电压降所引起的计量误差应符合 7.3.10 的表 9 规定。

5.16.3 二次电路铜导线截面积

a) 计量单元的电流电路导线截面积不应小于 $4mm^2$；电压电路导线截面积不应小于 $2.5mm^2$。

b) 辅助单元的控制、信号等导线截面积不应小于 $1.5mm^2$。

5.16.4 二次电路导线外皮颜色应采用

A 相为黄色；B 相为绿色；C 相为红色；零线为淡蓝色；接地线为黄和绿双色。

5.16.5 二次电路导线的线中间不应有接头，多股导线的端头应搪锡。

5.17 整体式电能计量柜应装设防止误操作的安全联锁装置。

5.18 电气接地应符合 GB 3906、GB 7251 及 JB 5777.2 的规定。

5.19 电气安全防护距离应满足 GB 3906、GB 7251、JB 5777.2 和 7.3.6 的规定。

5.20 信号灯和按钮的颜色应采用

合闸为红色，分闸为绿色。

5.21 电能计量柜（计量仪表柜除外）的外壳面板上，应按 JB 5777.2 的规定，设置主电路的模拟图形。

5.22 计量电压互感器的隔离开关操作机构上应装设机械型弹子挂锁。

5.23 电能计量柜的门上应装设机械型弹子门锁和备有可铅封的设施。

5.24 仪表观察窗应采用厚 4mm 无色透明的玻璃，面积应满足抄表和监视的要求。

5.25 电能计量柜（计量仪表柜除外）内应设置观察和检修用的照明灯具。

5.26 电能表应固定安装在电能表夹具上。

5.27 可移动部件与固定部分间的连接导线中间不应有接头；经常需要拆卸部件的连接导线，应留有适当裕度。

5.28 电能表安装高度及间距

a）电能表距地面不应低于 600mm；

b）电能表与电能表之间的水平间距不应小于 80mm；

c）电能表与试验盒之间的垂直间距不应小于 40mm；

d）试验盒与周围壳体结构件之间的间距不应小于 40mm。

5.29 壳体和机械组件应具有足够的机械强度，在储运、安装、操作、检修时不应发生有害的变形。

5.30 柜中各单元之间宜以隔板或以箱（盒）式组件区分和隔离。

5.31 柜式结构的电能计量柜顶部应设置吊装用挂环。

5.32 电气设备及部件应选用符合其产品标准要求经鉴定合格的产品。应按产品安装使用说明书的要求进行安装和接线。

5.33 电能计量柜应做出厂检验和型式检验。

6 出厂检验

6.1 检验项目

a）外观检验；

b）机械特性和机械操作检验；

c）接线正确性和安装可靠性检验；

d）工频耐受电压检验；

e）互感器合成误差、电能表误差检验和电压互感器二次电路电压降引起的计量误差检验；

f）通电操作检验。

6.2 检验方法按 GB 3906、GB 7251、JB 5777.2、JB 5777.3 的规定进行。

7 型式试验

用以验证电能计量柜的电气、机械性能以及制造工艺是否符合本标准的要求。试验应由制造厂家提请国家指定的检验部门进行。样品应是经出厂检验合格的产品，全部试验项目应在同一台样品上做。

7.1 试验项目

a）一般检查；

b）主电路电阻测量（不包括电压互感器的一次绕组的引接线）；

c）温升试验；

d）机械试验；

e）接地保护电路有效性试验；

f）电气安全距离和爬电距离的测量；

g）绝缘电阻测量和绝缘水平试验；

h）短时耐受电流和峰值耐受电流试验；

i）计量单元准确度试验；

j）操作震动试验；

k）局部放电试验。

7.2 下列情况之一，应再次做型式试验。

a）产品转厂生产。

b）停产三年后再次生产。

c）成批大量生产时，每隔五年做定期抽验。

d）设计、制造工艺或采用的电气设备、部件以及结构、材料已作了较大的修改，有可能影响产品性能时，按情况之不同再次做全部项目或个别项目的型式试验。

7.3 试验方法

7.3.1 一般检查

主要检查外观和装配质量。通常以目测和用平台、直尺进行，检查项目如下：

a）柜内安装的电气设备及部件，应是鉴定合格的产品，具有检验合格证且符合设计、制造工艺和设备明细表的要求。

b）在距柜体 1000mm 处，目测壳体及漆膜表面应平整均匀，无明显流痕起缝、透底漆、刷痕、擦伤及机械杂物且焊缝无夹渣、焊裂、焊穿。

c) 柜体结构不应松动和变形，标准紧固件及零部件不应松动或脱落。

d) 柜体的高、深尺寸的偏差不应超过±3mm；宽尺寸的偏差不应超过$\pm^0_3$mm；前后、左右侧面、底面对角线尺寸偏差的绝对值不应超过3mm。

e) 柜门、面板的凹凸度，在每1000mm范围内不应超过3mm且相邻两个平行边尺寸的偏差绝对值不应超过3mm。

f) 主电路中的母线和支持绝缘件应无裂纹、锤痕、破损；母线颜色、标志和相序的布置应符合表2的规定。

g) 按短时耐受电流、峰值耐受电流和温升限值的规定检查母线（含辅助母线）的截面积是否符合规定。

h) 检查二次电路的导线截面及外皮颜色是否符合5.16.3及5.16.4的规定。

i) 检查电路接线是否正确；二次电路接线有无回路编号标志；导线的敷设及捆扎是否符合规定。

表2 主电路母线颜色及相序排列

相 别	颜 色	母线安装相互位置（从柜正面看）		
		垂直排列	水平排列	引下线
A	黄色	上	远	左
B	绿色	中	中	中
C	红色	下	近	右
中性线、零线	淡蓝色	最下	最近	最右
接地线	黄和绿双色	—	—	—

j) 检查柜内供电与用户两部分的区分、隔离、防护是否符合规定；柜门、铅封设施及防误操作安全联锁装置是否完备、好用。

k) 检查观察窗的尺寸是否满足抄表和监视要求；是否采用厚度不小于4mm的无色透明玻璃；边框是否采用铝合金型材或具有足够强度的工程塑料构成；密封性能是否良好。

7.3.2 主电路电阻的测量

a) 测量条件

对6kV~35kV电能计量柜，按GB 763的规定，在温升试验前后，分别进行主电路、隔离开关、触头的电阻测量。对0.38kV电能计量柜可以不进行主电路的电阻测量。

b) 测量方法

测量应采用直流电压降法，在载流导体的温度与环境温度相同的条件下进行，测量电流宜采用100A。

c) 测量判据

在温升试验和机械寿命试验的前、后电阻差值不应超过试验初始时测值的20%。

7.3.3 温升试验

a) 试验条件

1) 将电能计量柜置于无阳光照射、无热辐射影响、无外来气流干扰、空气流速不大于150m/s且有一定空间的试验室内，装上侧板、隔板、关闭柜门，使之处于正常工作条件。

2) 选择一个或几个符合额定分散系数规定且能获得有代表性的最高温升试验电路，通以三相50Hz，频率变化范围+2%~+5%，电流偏差不大于+2%，波形失真不大于5%的正弦波额定工作试验电流下测定环境温度。

3) 试验应在环境温度不低于+10℃和不高于+40℃的情况下进行。若低于+10℃，则温升读数可以采用气温每降低1K增加4‰的近似线性关系对试验结果作修正，但不得在0℃以下或+40℃以上环境温度的条件下进行试验。

4) 试验时，柜子两端主电路导体的试验连接导线不应对柜有明显传入或导出热量。连接导线的长度不应小于2000mm。主母线的材质、规格、尺寸应记入试验报告中。

5) 对裸露的涂、镀触头的表面，应在寿命试验后再做一次温升试验。

b) 试验方法

1) 发热温度应采用热电偶法进行测量。测点位置宜选择在各部件温度最高或裕度最小的部位。

2) 为加速试验，在不影响试验结果和电能计量柜结构允许强度下可以采用大于规定的试验电流将试品预热。预热进行至全部测点中的任何一点首先达到预期温升的80%左右为止。

3) 在试验电流保持不变下，如各部分温升在 3h 内的变化不超过 2K 则可以认为温升已稳定。试验只进行至温升稳定为止。

c) 试验判据

如温升稳定后测值不超过表 3 规定，且柜内温度和在电压允许变化的范围内仍能正常工作，则认为温升试验已通过。

7.3.4 机械试验

a) 机械操作试验

以检查电能计量柜在规定的操作条件下，隔离开关，断路器、手车的操作性能的可靠性。试验时施加正常操作力，且不允许对以上设备和联锁装置进行调整。

隔离开关、断路器应进行分闸、合闸试验各 50 次；手车应进行抽出，插入试验各 25 次。

表 3 温 升 试 验 限 值

额定电压 kV	试 验 部 位	最高允许温度 ℃	周围空气温度为+40℃时的允许温升 K
0.38	母线固定连接处为： a. 裸铜－裸铜合金，裸铝或裸铝合金	90	50
	b. 铜搪锡	100	60
	c. 铝搪锡	95	55
	d. 操作手柄	55 (65)	15 (25)
	e. 可接触外壳	70	30
6~35	用螺栓或其他等效方法连接的导体接合部分为： a. 裸铜－裸铜合金和裸铝或裸铝合金	90	50
	b. 铜搪锡或铝搪锡	105	65
	c. 镀银或镀镍	115	75
	触头为： a. 裸铜或裸铜合金	75	35
	b. 镀锡	90	50
	c. 镀银或镀镍	105	65

注 括号中的数值仅用于绝缘材料的手柄。

b) 联锁装置试验

将联锁装置处于联锁状况，在对断路器、隔离开关进行试验 50 次及对手车进行 25 次的误操作试验中，如隔离开关、断路器、手车不能被误操作，柜门不能被误开启，且试验前、后的操作力基本相同，而联锁装置仍能正常工作，则证明联锁装置可靠耐用。

c) 机械寿命试验

以验证电能计量柜在规定的机械性能、空载操作次数和不更换零部件的条件下，承受机械操作的稳定性。

1) 试验条件

试验应按产品技术文件的规定进行润滑，在试验过程中不应再作机械调整和维护，否则应重新计次数。如机械寿命试验前所做的机械操作试验后未再作调整，则其试验次数可累计入机械寿命试验次数中。

试验次数：对主电路隔离开关和联锁装置应能经受分、合闸操作各 2000 次；对可移开式柜、其主、辅电路的触头、触头罩以及联锁装置应能经受手车从工作位置至抽出位置，又从抽出位置再推入至工作位置各 500 次。

2) 试验判据

在试验中及试验后应能正常操作并具有承受规定的额定电流、绝缘水平电压、短路电流耐受能力且试验中不应出现拒合、拒分；试验后未出现零部件过度磨损、脱落或永久性变形；主电路电阻应符合 7.3.2 的规定；可移开式柜在机械寿命试验的前后，在工作、断开、试验位置时手车与固定骨架上总接地螺栓间的接触电阻值不应大于 1000μΩ。若达不到以上规定要求，则应在作调整后再次进行试验。

7.3.5 接地保护电路有效性试验

a）试验项目及方法

对电能计量柜中有可能出现超过安全电压的设备、部件、活动门、面板、操作把手等应测量其与主接地点间的直流电阻，以检验接地保护电路是否有效。

对可移开式柜，应试验其固定部分与手车间的接地是否良好。可以用电桥以直流电压降法测量，其直流电阻不应大于 $1000\mu\Omega$。

对 0.38kV 柜，如中性线母线与三相母线并排布置时，应将中性线与它最近的一条母线间进行短路耐受电流试验，以验证接地保护电路的耐受短路电流能力。如中性线母线与三相母线分离布置，则可免做此项试验。

b）试验判据

如接地直流电阻小于规定值且短路电流未引起连续性损坏，则认为该项试验已通过。

7.3.6　电气安全距离的测量

a）测量条件及方法

可以采用简单量具检测柜内不同极性裸露带电导体相互间以及它与外壳等结构件间的电气安全距离。对可移开式柜，应检测的手车不同位置时的电气间隙距离。

测量时，应考虑到外壳、部件、内部屏蔽物的外形有可能发生变化，故测量要在短时耐受电流和峰值耐受电流试验之后再进行。

b）测量判据

电气安全距离应符合表 4 的规定。

7.3.7　绝缘电阻测量

a）测量部位

断路器、隔离开关处于合闸位置，测量不同相间、主电路与二次电路间的绝缘电阻；断路器、隔离开关处于分闸位置，测量同相进出线断口的绝缘电阻；电压、电流互感器二次绕组间的绝缘电阻；各带电部件与金属构件间的对地绝缘电阻。

表 4　　　　电气安全距离允许最小值

测量项目，mm ＼ 额定电压，kV	0.38	6	10	35
相间、相对地	20	100	125	300
各相对门及侧板	—	130	155	400
各相对网门或对封板	—	200	225	500

b）试验判据

对 0.38kV 柜用 500V 的兆欧表，对 6kV～35kV 柜用 2500V 的兆欧表，施加电压 1min 以上。在环境温度为 $20℃\pm5℃$、相对湿度 $50\%～90\%$ 的条件下，计量单元及辅助单元的绝缘电阻不应小于 $2M\Omega$，主电路的绝缘电阻不应小于 $10M\Omega$。

7.3.8　绝缘水平试验

试验应在绝缘电阻测量后进行并按各电路耐受电压之不同分别试验。

a）试验条件

主电路各相对地和相与相间的绝缘耐受试验，应将所有开关合闸（手车处于工作位置）。以主电路的各相分别轮流与试验电源的高压端连接，其他电路及辅助电路与接地导体或柜构架相联后再与试验电源的接地端连接。

隔离断口间的绝缘耐受试验的试验电压见表 5 的规定。隔离断口是指主电路中的可移开或可以抽出的插头与插座间的间距。

计量、辅助电路绝缘耐受试验：将计量、监控、辅助电路相连接；电流互感器二次绕组应短路并与地脱开；电压互感器二次绕组应开路。试验电压施加于电路与接地的构架间。

b）试验电压

试验电压按表 5 规定施加。

表 5　　　　　　　　　　　　　绝缘耐受试验电压　　　　　　　　　　　　　　　　　　kV

额定电压 (有效值)	最高工作电压 (有效值)	雷电冲击耐受电压 (峰值)		1min 工频耐受电压 (有效值)		二次电路 1min 工频耐受电压 (有效值)
		对地、相间	隔离断口	对地、相间	隔离断口	
0.38	0.4	—	—	3	3	2
6	6.9	57	57	32	32	2
10	11.5	75	85	42	52	2
35	40.5	185	218	95	118	2

c）试验程序

1）工频耐受电压试验

工频耐受电压试验前将过电压保护元件解除。当主电路的相间、相对地、隔离断口间的绝缘电阻合格时才允许施加试验电压。应先按表 5 规定试验电压的 30%～50% 施加于试验部位，然后在 10s～30s 内逐渐升至规定的试验电压后维持 1min。

2）雷电冲击耐受电压试验

雷电冲击耐受电压试验也应将过电压保护元件解除，电流互感器二次绕组应短路并接地（小变比的允许在一次侧短接）。冲击电压发生器的接地端应与柜内总接地端相连接，将高压端电压分别施加于主电路的相间、相对地间和断口间，在标准大气压下使之承受正极性全波，$1.2/50\mu s$ 的冲击试验电压 15 次。

d）试验判据

在 15 次雷电冲击耐受试验中，如母线支持瓷件的自恢复绝缘放电次数不超过 2 次；电流、电压互感器（非自恢复绝缘）未发生破坏性放电；在 1min 工频耐受电压试验中，如未发生击穿或闪络，则认为两项试验通过。

7.3.9 短时耐受电流和峰值耐受电流试验

a）试验条件和方法

1）条件

试验应在装配完整的电能计量柜上进行。将柜按正常工作条件放置，以 50Hz（允许偏差±10%）适当电压的三相试验电源对主电路的进线端通入按表 6 规定的试验电流。

试验电源导线和短路导线应具有足够的机械强度和截面积，连接后对柜内任何部件不应产生附加应力。

2）方法

电流互感器应按正常工作条件安装，将二次绕组短路并可靠接地。

对 0.38kV 柜，三相短路电流不大于 10kA 时可免做短时耐受电流和峰值耐受电流试验，但 6kV～35kV 柜，两项试验均应做。短时耐受电流和峰值耐受电流试验联合进行时，其 I^2t 值和峰值 I_p 不应小于表 6 的规定值且 I^2t 与规定值之差不应大于 10%；I_p 值与规定值之差不应大于 5%。两种试验分别进行时也应满足表 6 所列相应要求。

b）试验程序

程序 1：将电流互感器接入主电路，按表 6 的试验电流及持续时间的规定进行试验；

表 6 短时耐受试验电流和峰值耐受试验电流

额定电压 kV	电流互感器额定一次电流 A	短时耐受电流及持续时间		峰值耐受电流（峰值）kA
		短时耐受电流（有效值）kA	试验持续时间 s	
0.38	800	15	1	31.50
10	20	5	2	12.50
	30、40	8	2	20
	50、60	10	2	25
	75	16	2	40
	100、(150)、160、200	20	2	50
	(300)、315、400、500	25	4	62.50
	(600)、630、(750)、800	31.50	4	80
	1000	40	4	100
35	50	8	2	20
	100	16	2	40
	(150)、160、200	20	2	50
	(300)、315、400、500	25	4	62.50

注 括号中的额定电流为老产品规格。

程序 2：将电流互感器的一次绕组短接，按相同类型开关柜规定的 I^2t 值和 I_p 值进行试验。

c）试验判据

经以上两种耐受电流试验后的电能计量柜在冷却

至环境温度（10℃～40℃）后如能全部满足下列要求时，则认为试验通过。

1) 如支持绝缘件及绝缘套管未发生变形或损坏，断路器、隔离开关的动、静触头未烧熔且能再分、合闸各3次；

2) 退磁后电流互感器的误差与试验前的误差不超过该级别规定的50％且仍能符合该级别准确度规定的要求；

3) 能再经受90％短时工频耐受电压的试验；

4) 浇注式电流互感器应再加做局部放电试验，局部放电量不应大于50pC为合格。

7.3.10 计量单元准确度试验

a) 试验项目

1) 计量电流互感器和计量电压互感器的误差（比值差和相位差）；

2) 计量电压互感器二次电路电压降引起的计量误差；

3) 电能表的误差；

4) 计量互感器的合成误差；

5) 整体式电能计量柜的综合误差。

b) 试验条件

1) 主电路输入5％～120％额定电流；

2) 计量单元电压为电压互感器80％～120％额定二次电压；

3) 计量电压互感器二次负载功率因数为0.3（感性）～1。

c) 试验方法

1) 按GB 1207和GB 1208规定的试验方法，测出计量电压、电流互感器的比值差和相角差后以计算法得出其复合误差，再以两者的复合误差计算得出互感器的合成误差。

2) 按DL 460规定的试验方法和计算公式得出电能表的误差。

3) 用电压互感器试验仪器测出电压互感器二次电路的电压降后再经计算得出电压降引起的计量误差。

4) 电能计量柜的综合误差按下式计算得出。

综合误差　　$Y（\%）=Y_b+Y_h+Y_d$

式中　Y_b——电能表的相对误差（％）；

Y_h——互感器的合成误差（％）；

Y_d——电压互感器二次电路电压降引起的计量误差（％）。

d) 试验判据

1) 计量电压互感器的误差应符合表7的规定。

2) 计量电流互感器的误差应符合表8的规定。

3) 计量电压互感器二次电路电压降引起的计量误差应符合表9的规定。

4) 电能表的基本误差应符合表10的规定。

5) 电能计量装置的综合误差应符合表11的规定。

7.3.11 操作震动试验

将电能计量柜按正常工作条件固定，在其二次电路中施加额定电压，主电路中通以额定电流后操作隔离开关分、合闸各15次。在操作过程中计量单元、监控单元及辅助单元的电气设备及部件不应发生异常。

表7　　　　　　　　　　　　　　　　计量电压互感器的误差限

准确度	额定一次电压的百分数％	比值差 ％	相位差 （′）	二次负载功率因数 cosφ
0.2 级	80～120	±0.20	±10	0.3～0.5（感性）
0.5 级	80～120	±0.50	±20	0.3～0.5（感性）

表8　　　　　　　　　　　　　　　　计量电流互感器的误差限

准确度	在下列额定电流百分数时的比值差 ％				在下列额定电流百分数时的相位差 （′）			
	5	20	100	120	5	20	100	120
0.2 级	±0.75	±0.35	±0.20	±0.20	±30	±15	±10	±10
0.2S 级	±0.35	±0.20	±0.20	±20	±15	±10	±10	±10
0.5 级	±1.50	±0.75	±0.50	±0.50	±90	±45	±30	±30
0.5S 级	±0.75	±0.50	±0.50	±0.50	±45	±30	±30	±30

表 9　　　　　　　　　　　　计量电压互感器二次电路电压降限　　　　　　　　　　　　　%

适用于各种用户的电能计量柜类别	I		II		III	
	分体式	整体式	分体式	整体式	分体式	整体式
相对额定二次电压的百分数	0.25	0.10	0.50	0.20	0.50	0.20

注　试验方法宜采用电桥比较仪法。

表 10　　　　　　　　　　　　三相电能表的基本误差限　　　　　　　　　　　　　%

负载电流	功率因数 $\cos\varphi$	基本误差		
		0.5 级	1.0 级	2.0 级
$0.05I_b$	1.0	±1.00	±1.50	±2.50
$0.1I_b \sim I_{max}$	1.0	±0.50	±1.00	±2.00
$0.1I_b$	0.5（感性）	±1.30	±0.50	±2.50
	0.8（容性）	±1.30	±1.00	—
$0.2I_b \sim I_{max}$	0.5（感性）	±0.80	±1.00	±2.00
	0.8（容性）	±0.80	±1.00	—
特殊用户需用时 $0.2I_b \sim I_b$	0.25（感性）	±2.50	±3.50	—
	0.5（容性）	±1.50	±2.50	—

表 11　　　　　　　　　　　　电能计量装置的综合误差限　　　　　　　　　　　　　%

电能计量装置类别	I	II	III
允许综合误差限	±0.70	±1.20	±1.20

7.3.12　局部放电试验

采用浇注式固体绝缘的计量电流、电压互感器的 6kV～35kV 电能计量柜，在全部绝缘试验项目结束后应再进行局部放电试验。

a) 试验电源

电流互感器采用 50Hz 交流电源。为防止电流互感器的激磁电流过大，可以提高试验电源的频率，但不应超过 400Hz（电压波形应为正弦波）。

b) 试验电路

电流互感器的局部放电试验电路按图 1 接线。相对地接线的电压互感器局部放电试验电路按图 2 接线，并将铁芯和金属外壳均接至二次绕组端子 a、x 上。

c) 试验程序

应在不超过 1/3 试验电压下接通电源，升压至 $1.3U_m$（$U_m = 1.15U_N$）最高试验电压保持 10s，再不间断地降至 $1.1/\sqrt{3}U_m$ 试验电压并保持 1min 以上，读取局部放电量值。当降至 $1/3U_m$ 试验电压以下时切除试验电源。

d) 试验判据

在施加试验电压过程中，如电源电压未突然下降

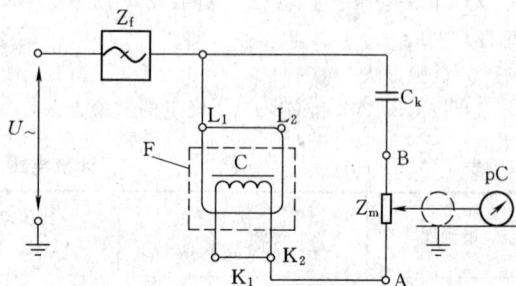

L₁、L₂——一次绕组的端子；K₁、K₂——二次绕组数端子；
Z_m——测量阻抗；C_k——耦合电容器；C——铁芯；
F——金属外壳；Z_f——滤波器（可以不用）；
pC——电荷测量仪表

图 1　电流互感器局部放电试验电路接线

且在施加测量电压期间所测得的视在放电量不超过 50pC 为合格。

8　标志

8.1　产品铭牌上应标示下列项目

a) 制造厂名及注册商标；

b) 负责定点的单位名称；

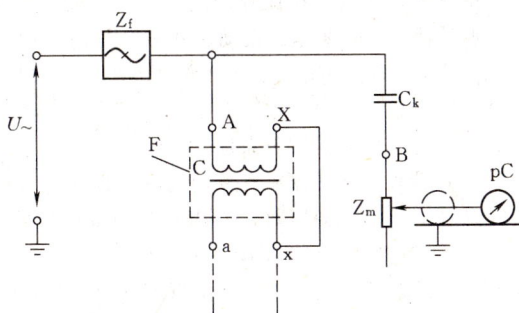

A、X——次绕组的端子；a、x—二次绕组的端子；

Z$_m$—测量阻抗；C$_k$—耦合电容器；C—铁芯；

F—金属外壳；Z$_f$—滤波器（可不用）；

pC—电荷测量仪表

图 2 电压互感器局部放电试验电路接线

c) 产品名称；

d) 型号及适用于电力用户的类别；

e) 额定电压、额定电流和互感器变比（指整体式电能计量柜和计量互感器柜）；

f) 质量；

g) 出厂编号；

h) 出厂日期。

8.2 产品包装箱标志

应标示下列项目：

a) 制造厂名；

b) 产品名称；

c) 型号及适用于电力用户的类别；

d) 收货单位名称、地址及运输到站名称；

e) 包装箱尺寸及运输质量；

f) 按 GB 191 的规定绘写运输用图形和文字标志。

9 装箱文件资料

装箱文件资料一式两份应随箱提交用户。项目为：

a) 装箱清单；

b) 安装使用说明书；

c) 电气原理图和安装接线图；

d) 出厂检验单和检验合格证。

10 运输和贮存

应按 JB 3084 的规定进行。

5 电能计量装置的安装、使用规定

（华北电集营［2001］102 号）

为了保证电能计量装置准确地测量电能，正确安装与合理地选择使用互感器和电能表是电能计量工作中很重要的环节。为此特制定本规定。

1 电能计量装置的选择

电能表与互感器应合理选择其型式、容量、准确度等级等。

1.1 电度表的选择

1.1.1 准确度等级

根据《电能计量装置技术管理规程》（DL 448—2000）规定，电能计量装置是按照设备容量和月用电量分类，不同类别的电能表、互感器，对准确度等级要求不同。应按规定配置表的等级。

1.1.2 型式

电能表型式的选择应与供电电压、供电方式相适应，否则将无法正确计量，可参照表 1 进行选择；同时还应注意用户用电性质和用电类别的不同而存在着电价差别，故应对不同类别的负荷分别装表。

表 1   **电能表型式的选择**

供电电压	供电方式	电能表型式
35kV 及以上	三相（中性点不接地）	三相三线 100V 有功、无功表
35kV 及以上	三相（中性点接地或经消弧线圈接地）	三相四线 $100/\sqrt{3}$ V
3～10kV	三相	三相三线 100V（有功、无功）
380/220V	三相四线	三相四线 380/220V（有功、无功）
380V	三相三线	三相三线 380/220V（有功、无功）
220V	单相	单相 220V

1.1.3 容量

电能表的容量用标定电流 I_b 表示。使用中应使线路正常负荷电流等于或接近电能表的标定电流，但不允许超过电能表的额定最大电流。

1.2 互感器的选择

对测量用的互感器除考虑使用场所外，还应根据以下几个参数进行选择，即额定电压、额定变比、准确度等级、额定负荷等，必要时还需考虑热稳定、动稳定性能。

1.2.1 额定电压

电流互感器的额定电压应符合《电力设备额定电压及周波》（GB 156—1959）的规定，选择时要使被测线路电压 U_x 与电流互感器额定电压 U_n 适应，即

$$U_x \leqslant U_n$$

对电压互感器，额定一次电压和额定二次电压应符合《电压互感器》（GB 1207—1997）中的规定，选择时要求一次绕组额定电压 U_n 大于接入的被测线路电压 U_x 的 0.9 倍，小于被测线路电压的 1.1 倍，即

$$0.9U_x < U_n < 1.1U_x$$

1.2.2 准确度等级

根据发电机、变压器的容量及用户月用电量选择互感器的准确度等级。

1.2.3 额定变比

对电流互感器，额定二次电流规定为 5A 或 1A，一般选为 5A。选择时应使正常运行的一次电流为其额定值的 2/3 以上，至少不得低于 1/3。

1.2.4 额定负荷

若接入互感器的二次负荷超过其额定值时，则准确等级下降。根据国家标准规定，一般测量用电流、电压互感器的二次负荷 S（VA）必须在额定二次负荷 S_{2n} 和下限负荷范围内，即

$$0.25S_{2n} \leqslant S \leqslant S_{2n}$$

《电压互感器》（GB 1207—1997）中规定的电压互感器额定二次负荷为以下数值：

单相——15，25，40，50，60，80，100，150，200，250，400，500，1000VA；

三相——45，75，120，180，300，450VA。

电流互感器的额定二次负荷标准值在《电流互感器》（GB 1208—1997）中规定为：

5，10，15，20，25，30，40，50，60，80，100VA。

1.3 二次回路导线截面的选择

互感器二次回路的连接导线应采用铜质单芯绝缘线。连接导线的截面积应由计算来确定。对电流二次回路，应按电流互感器的额定二次负荷来计算，但至少不应小于 4（或 2.5）mm²；对电压二次回路，应按允许的电压降来计算，但至少不应小于 2.5mm²。

2 电能计量装置的保管

2.1 电能表与互感器的保管

电能表与互感器在保管期间，应避免潮湿、高温、腐蚀性气体、灰尘、振动、外磁场等因素的影响，致使其绝缘受潮，误差特性变化，为此应按以下条件进行保管及进行管理。

2.2 电能表与互感器保管条件

1. 电能表与互感器应有专门的库房按容量大小分类存放。库房应保持清洁、干燥，室内常年温度应在 0～40℃ 范围内，相对湿度不超过 85％，空气中不应有足以引起腐蚀的气体，且温度不应有剧烈的变化。表库内禁止存放易燃及有腐蚀性的物品，表库周围应无强烈振动源及磁场。

2. 电能表应保存在库房内干燥的货架上，每一间隔中叠放高度不超过五层，装在纸盒内的电能表叠放高度一般不超过 10 层。对于 0.5 级以上的电能表应在原包装条件下贮存。

3. 充油互感器应放在指定地点，置于高出地面 10cm 的支架上，不得直接受到日晒、雨淋、长期存放还应进行包装，存放地点温度不低于 −30℃。储存期间应旋紧贮油柜顶部的贮油孔盖，且每半年测量绝缘油的酸值及绝缘电阻一次，如发现受潮或油面降低到正常油位以下应及时处理。

3 电能计量装置的安装要求

3.1 安装注意事项

1. 根据《供电营业规则》的规定，供电企业按照国家电价政策，对用户不同受电点和不同用电类别的用户分别安装计费电能表。但对高压用户的成套设备装有自备电能表和互感器的，经供电企业同意也可用作计费电能表。用户内部专为考核用电指标和用户之间分摊电费的电能表由用户自行安装。

2. 供电企业与用户之间的计费电能表、互感器安装前均应经过检定，并有合格证；其他非计费的电能计量装置也须经国家法定计量单位检定合格，并有合格证。合格证的时间均应在有效期内。

3. 装设在 63kV 及以上计量点的计费电能表应使用互感器的专用二次回路；装设在 63kV 以下计量点的计费电能表应设专用互感器，不得与保护、测量仪表等回路共用。

4. 安装前应对电能表、互感器进行直观检查，外表应完整无损，油浸式互感器无渗漏油现象，铭牌及极性标志应完整清楚，封印齐全，密封完好，并附有接线图。

5. 发电厂、变电所 35kV 及以上的电能表宜集中安装在专用的电能计量盘上，对地高度一般不得小于 0.6m。

3.2　安装场所的选择

按照《供电营业规则》的规定，计费电能表应安装在供用电双方产权分界点处；如不装在分界处，变压器有功、无功损耗和线路损失由产权所有者负担。其安装场所应以供电企业抄表方便、不妨碍电能计量装置正常运行的原则确定，安装场所温度一般应在0℃~40℃之间。但下列场所不宜安装电能计量装置：

（1）湿气、腐蚀性气体、灰尘过多，振动影响大的场所。

（2）化学药品、易燃易爆物品储藏场所，接近热气系统0.5m以内的场所。

（3）高压、电气、机械、锅炉等工作人员难于接近的危险场所。

（4）湿度、温度变化大，日光直射的场所。

3.3　安装位置的确定

居民用电的电能表一般应装设在进户线入户处的廊下、过道，且固定在不易受振动的墙上。其他用户的电能表应安装在专用计量箱内。

如一个用户在同一个受电点需同时并排安装几只电能表时，其电能表之间的最小距离应在10cm以上，对于大容量的电能表还应适当加大间距。

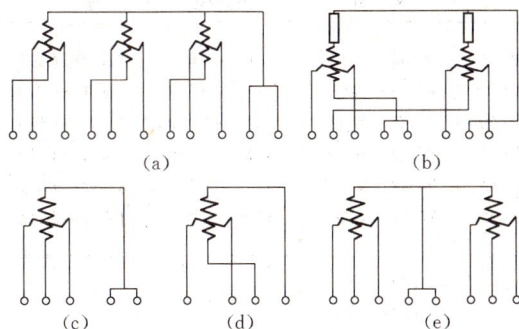

图1　电能表引出线的排列与标志

低压电流互感器应安装在电能表的最近处，位于电能表的上方或侧面。计费计算机的安装应采用专用计量盘、计量箱、计量柜的方式。专用计量盘宜用木材或厚度不大于1mm的铁板制成。

3.4　二次接线

1. 二次接线的一般要求

（1）按图安装，接线正确；

（2）电气连接接触牢固良好；

（3）二次连接导线的绝缘及导线无损伤；

（4）配线整齐、清晰、美观。

2. 端子的排列与标志

（1）电能表：电能表电流、电压线圈在端钮盒上的排列从左向右用数字表示。图1是部分电能表的内部引线排列情况。对于每一组元件电流、电压线圈的两个出线端，左边接电源侧，右边接负荷侧。

（2）电流互感器：电流互感器引出线端子标记如图2所示。一次绕组出线端标志，首端为L1，末端为L2；二次绕组出线端标志首端为K1，末端为K2，当中间有抽头时，自首端起依次标为K1、K2、K3等。对具有多个二次绕组的电流互感器，应分别在各个二次绕组的出线端标志"K"前加注数字，如1K1、1K2；2K1、2K2等。L1与K1、L2与K2为同极性端，也叫同名端。接线时注意一、二次绕组端头排列标志，应使一次电流自L1端流向L2端，二次电流自K1端流出，经外部回路流回到K2端。有时由于现场条件的限制，也可以使一次电流自L2流向L1端，但二次电流也应自K2端流出，经外部回路流到K1端。

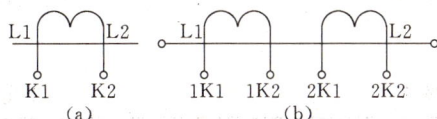

图2　电流互感器出线端的标志

（a）一个二次绕组的电流互感器；（b）多个二次绕组的电流互感器

（3）电压互感器出线端标志《电压互感器》（GB 1207—1997）规定如下：

1）单相电压互感器：一次绕组首端为U，末端为X；二次绕组首端为u，末端为x；零序电压绕组首端为uD，末端为xD。单相电压互感器出线端标志见图3（a）。

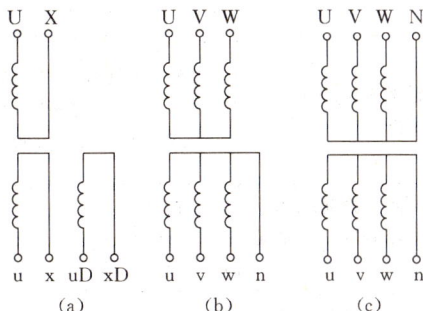

图3　电压互感器出线端的标志

（a）单相电压互感器；（b）、（c）三相电压互感器

2）三相电压互感器：它的三个一次绕组首端分别为U—V—W，末端接在一起为N；三个二次绕组首端分别为u—v—w，末端接在一起为n，三相电压

互感器出线端标志见图 3（b）、（c）。

3. 数字编号

对于发电厂、变电所较复杂的电能计量装置接线，同继电保护、控制回路一样，要在互感器、电能表接线端进行数字标号，目的是让工作人员看到标号之后，能够知道这一回路的作用和性质，便于进行维护和校验。测量回路数字标号，以"百位数字"为一组，在回路中连接于一点上的所有导线，须以相同的回路标号，如遇有线圈、触点、电阻等元件所间隔的回路，即视为不同的线段，须以不同的回路标号，图 4 分别是电流和电压回路标号的一例。表 2 是二次交流回路数字标号的一般规定。

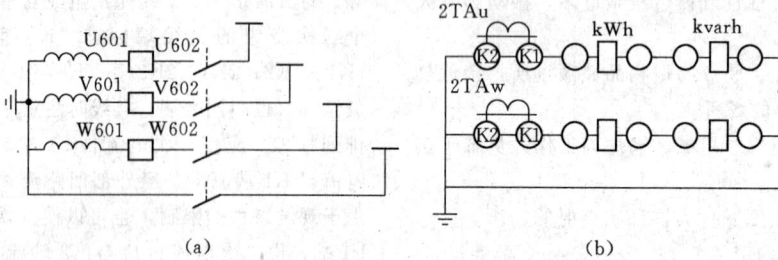

图 4　电能计量回路数字标号一例
（a）电压回路；（b）电流回路

表 2　　　　　　　　　　　　　　　　二次交流回路数字标号

回路名称	用途	回路标号组				
		U 相	V 相	W 相	中性线	零 序
保护装置及测量仪表电流回路	TA	U401～U409	V401～V409	W401～W409	N401～N409	L401～L409
	1TA	U411～U419	V411～V419	W411～W419	N411～N419	L411～L419
	2TA	U421～U429	V421～V429	W421～W429	N421～N429	L421～L429
	9TA	U491～U499	V491～V499	W491～W499	N491～N499	L491～L499
	10TA	U501～U509	V501～V509	W501～W509	N501～N509	L501～L509
	19TA	U591～U599	V591～V599	W591～W599	N591～N599	L591～L599
	1LTA	LL411～LL419				
	2LTA	LL421～LL429				
保护装置及测量仪表电压回路	TV	U601～U609	V601～V609	W601～W609	N601～N609	L601～L609
	1TV	U611～U619	V611～V619	W611～W619	N611～N619	L611～L619
	2TV	U621～U629	V621～V629	W621～W629	N621～N629	L621～L629
经隔离开关辅助触点或继电器切换后的电压回路	6～10kV	U（V、W）760～769　N600				
	35kV	U（V、W、L）730～739　N600				
绝缘检查电压表的公共回路		U700	V700	W700	N700	